# 中国改革开放新时期年鉴

## 1982年

中国民主法制出版社
2015 · 北京

**图书在版编目（CIP）数据**

中国改革开放新时期年鉴．1982年／王振川主编．—北京：中国民主法制出版社，2015.1

ISBN 978-7-5162-0737-6

Ⅰ．①中…　Ⅱ．①王…　Ⅲ．①改革开放—中国—1982—年鉴 Ⅳ．① D616-54

中国版本图书馆 CIP 数据核字（2015）第 029212 号

---

**图书出品人：**肖启明
**图 书 策 划：**刘海涛
**责 任 编 辑：**石　松　董　理

---

**书　名**／中国改革开放新时期年鉴（1982年）
**作　者**／王振川　主编

---

**出 版·发 行**／中国民主法制出版社
**地　址**／北京市丰台区玉林里7号（100069）
**电　话**／63055259（总编室）　63057714（发行部）
**传　真**／63055259
**http:** //www.npcpub.com
**E-mail:** mzfz@ npcpub.com
**经　销**／新华书店
**开　本**／16开　787毫米 ×1092毫米
**印　张**／63.625　**字数**／1939千字
**版　本**／2015年1月第1版　2015年1月第1次印刷
**印　刷**／涿州市星河印刷有限公司印刷

---

**书　号**／ISBN 978-7-5162-0737-6
**定　价**／800.00元

# 《中国改革开放新时期年鉴》编委会

# 日期索引

【三月】



【四月】

【五月】



【六月】

【七月】



【八月】

## 【九月】



## 【十月】

## 【十一月】



## 【十二月】

## 1月1日

**《人民日报》发表社论《一年更比一年好 定叫今年胜去年》**

声声爆竹送别了1981年的最后一天，嘹亮的钟声迎来了新的一年。全国各族人民喜气洋洋地庆祝元旦。展望新的一年，一个比去年更好的前景出现在我们眼前。

我们的日子一年比一年好，去年就比前年好：全党的工作取得了新的进展；各个地区，各个民族，各行各业，各条战线，都作出了新的贡献；国民经济继续好转，政治局面更加安定。在祖国辽阔的土地上，从中原到边疆，从工厂到农村，到处是生机勃勃的景象。唐朝诗人杜甫写过两句诗："天时人事日相催，冬至阳生春又来。"我们今天确实处在一个由乱到治、由穷到富的大变化、大发展的历史潮流中。我们完全有信心、有把握，在新的一年里，在建设社会主义物质文明和精神文明的斗争中，取得比去年更大的进展。

这种信心和把握，根据何在呢?

全党的思想统一了，这是一。十一届六中全会，标志着我们党在指导思想上完成了拨乱反正的历史任务。全党、全军和全国各族人民，在学习《决议》的过程中，在实践的教育中，对重大的历史是非和现行政策的认识，达到了前所未有的一致。这种思想上的一致，是我们的力量之所在，是中国政治安定的基础，是我们各项事业胜利发展的保证。在我们党的历史上，七大所达到的团结一致，导致了新民主主义革命在全国的胜利；新中国成立初期对一系列方针政策的一致，导致了由新民主主义革命向社会主义革命的顺利发展；毫无疑问，现在这种在新的基础上的一致，必将引导我们达到新的胜利。

找到了适合我国国情的发展经济的新路子，这是二。三十多年来，我们在经济建设上急于求成，走过不少弯路。现在终于理出了十条方针，速度比较实在，经济效益比较好。这一套积极而又稳妥的方针，使我国国民经济开始走上了健康发展的道路。方针定了，路子对了，我国经济发展的潜力就能充分发挥出来，这是毫无疑问的。

人民群众的积极性起来了，这是三。我们的一切工作都是为了人民，也都依靠于人民。人民群众的积极性，这是最可宝贵的。三中全会以来党的路线、方针、政策，已经给人民带来了实惠。特别是农村实行各种不同形式的生产责任制，八亿农民的生活有了明显的改善。可以说，党的政策从来没有像现在这样深入人心，像现在这样把亿万人的社会主义积极性调动起来。这是不可战胜的力量。

当然，我们的工作还有缺点，我们的面前还有困难。但是，有了上述三个最基本的条件，我们坚信，没有什么缺点是不能克服的，没有什么困难是不能战胜的，在新的一年里，我们一定能赢得比去年更大的胜利。

全党和全国人民要把握这个新的形势，振奋精神，努力工作。"人是要有一点精神的"。中国人民是有志气的，中国工人阶级是有高度主人翁责任感的，中国共产党人是全心全意为人民服务的。让我们发扬这些光荣的传统，用之于踏踏实实的工作，向着新的胜利前进!

**中共中央批转《全国农村工作会议纪要》(简称1982年中央一号文件)**

党中央在作出关于加快农业发展的决定以后，又就提高农产品收购价格，健全农业生产责任制，发展多种经营等问题，采取一系列的政策措施，进行了农村经济的调整和改革，从而激发了亿万农民的生产积极性，促进了农村经济的蓬勃发展。目前广大农民在实践中又提出了一些新的问题。这些问题必须及时有效地加以解决，才能进一步发动群众，发展大好形势，有力地推动农业生产全面持续的增长。

关于农业生产责任制

(一)截至目前，全国农村已有90%以上的生产队建立了不同形式的农业生产责任制；大规模的变动已经过去，现在，已经转入了总结、完善、稳定阶段。

建立农业生产责任制的工作，获得如此迅速的进展，反映了亿万农民要求按照中国农村的实际状况来发展社会主义农业的强烈愿望。生产责任制的建立，不但克服了集体经济中长期存在的吃"大锅饭"的弊病，而且通过劳动组织、计酬方法等环节的改进，带动了生产关系的部分调整，纠正了长期存在的管理过分集中、经营方式过于单一的缺点，使之更加适合于我国农村的经济状况。目前，我国农村的主体经济形式，是组织规模不等、经营方式不同的集体经济。与它并存的，还有国营农场和作为辅助的家庭经济。这样一种多样化的社会主义农业经济结构，有利于促进社会生产力的更快发展和社会主义制度优越性的充分发挥。它必将给农村经济建设和社会发展带来广阔的前景。实践证明，党在三中全会以来所制定和实行的农村政策是完全正确的，各地各级党组织在这方面所做的工作是卓有成效的、具有深远意义的。

由于这是一场牵动亿万群众的深刻而复杂的变革，时间短，任务重，经验不足，在工作中存在这样那样的问题是难免的。需要我们采取积极而又慎重的态度，毫不松懈地做好生产责任制的完善工作。因此,从现在起,除少部分地区和社队外,从全局来讲,应当稳定下来。各级领导,包括省、地、县、社的主要负责同志,要深入基层,调查研究,有计划地培训干部,总结经验,统一认识,解决实际问题,使现行的农业生产责任制,包括农、林、牧、副、渔各业的责任制能够进一步完善起来。

(二)各级党的领导应向干部和群众进行宣传解释,说明:我国农业必须坚持社会主义集体化的道路,土地等基本生产资料公有制是长期不变的,集体经济要建立生产责任制也是长期不变的。

目前实行的各种责任制,包括小段包工定额计酬,专业承包联产计酬,联产到劳,包产到户、到组,包干到户、到组,等等,都是社会主义集体经济的生产责任制。不论采取什么形式,只要群众不要求改变,就不要变动。

前一个时期有些人认为,责任制只是包干到户一种形式,包干到户就是"土地还家"、平分集体财产、分田单干。这完全是一种误解。包干到户这种形式,在一些生产队实行以后,经营方式起了变化,基本上变为分户经营、自负盈亏;但是,它是建立在土地公有基础上的,农户和集体保持承包关系,由集体统一管理和使用土地、大型农机具和水利设施,接受国家的计划指导,有一定的公共提留,统一安排烈军属、五保户、困难户的生活,有的还在统一规划下进行农业基本建设。所以它不同于合作化以前的小私有的个体经济,而是社会主义农业经济的组成部分;随着生产力的发展,它将会逐步发展成更为完善的集体经济。

(三)健全与完善农业生产责任制的工作,仍应按照中共中央印发的《关于进一步加强和完善农业生产责任制的几个问题》的文件精神,坚持因地制宜分类指导的原则。在各地建立的生产责任制中,实行联产计酬的占生产队总数的80%以上,一般地讲,联产就需要承包。联产承包制的运用,可以恰当地协调集体利益与个人利益,并使集体统一经营和劳动者自主经营两个积极性同时得到发挥,所以能普遍应用并受到群众的热烈欢迎。目前存在于不同地区的名目众多而又各具特色的责任制形式,是群众根据当地不同生产条件灵活运用承包形式的结果。

在经济发展水平较低,没有多少技术分工,而且又以种植业为主,没有多少集体副业的社队,一般是按人劳比例,或者按劳力平均分包耕地;在经济比较发达,已形成了较细的专业分工和技术分工的社队,则一般是由劳力按农、林、牧、副、渔、工等项分业和某些技术分工而实行专业承包;在情况介乎二者之间的地区则宜二者皆用。

适于个人分散劳动的生产项目,可以包到劳力、包到户;需要协作劳动的生产项目,可以包到组。承包到组、到户、到劳力,只是体现劳动组织的规模大小,并不一定标志生产的进步与落后,但必须与当时当地的生产需要相适应,宜统则统,宜分则分,通过承包把统和分协调起来,有统有包。

包工、包产、包干,主要是体现劳动成果分配的不同方法。包干大多是"包交提留",取消了工分分配,方法简便,群众欢迎。但这种方法一般只适用于某些宜于分散经营的项目和单一经营的单位。在副业收入比重较大,从而所形成的经济关系和劳动方式也比较复杂的社队,为实现劳动的等量交换,就要有一个共同计算标准,还有必要采用包工、包产或以产计工以及其他计酬方法,实行统一分配,以便合理平衡各类从业人员的报酬。

总之,不同形式的承包,都有它在一定地点和条件下的适应性和局限性,即使在一个生产队内,也可以因生产项目、作业种类不同而采取多种形式。各级领导干部在推导群众确定生产责任制形式时,一定要下苦功夫向实践学习,向群众学习,尊重群众的创造精神,真正做到因队制宜。切不可凭主观好恶硬推、硬扭,重复"一刀切"的错误,也不可撒手不管,任其自流。

(四)在建立和完善农业生产责任制的过程中,必须坚持土地的集体所有制,切实注意保护耕地和合理利用耕地。

集体所有的耕地、园地、林地、草地、水面、滩涂以及荒山、荒地等的使用,必须服从集体的统一规划和安排,任何单位和个人一律不准私自占有。集体划分给社员长期使用的自留地、自留山以及宅基地,所有权仍属集体。

不论实行何种类型的承包责任制,土地的承包必须力求合理。在实行包产到户、包干到户的地方,提倡根据生产的需要按劳力或人劳比例承包土地;由于劳力强弱、技术高低不同,承包土地的数量也可以不同。国家职工和干部不承包土地。社员承包的土地应尽可能连片,并保持稳定。这样才能充分调动社员的积极性,提高土地的利用率,并体现按劳分配的原则。集体可以留下少量机动地,暂由劳多户承包,以备调剂使用。为了保证土地所有权和经营权的协调与统一,社员承包的土地,必须依照合同规定,在集体统一计划安排下,从事生产。为了提高土地生产率,鼓励社员在承包土地上加工经营,应按照加工经营后增加的效益给以合理报酬。

严禁在承包土地上盖房、葬坟、起土。社员承包的土地,不准买卖,不准出租,不准转让,不准荒废,否则,集体有权收回;社员无力经营或转营他业时应退还集体。

我国人多地少，控制人口、保护耕地是我们的重大国策。要严格控制机关、企业、团体、部队、学校、社队占用耕地，特别是城市附近的菜地更不应占用；对非法占用或不合理占用的必须加以纠正和处理。今后，应制定各级土地利用规划和严格的土地管理法令。当前要抓紧帮助农民搞好农村房屋建设的规划。

集体土地上的公共建筑、生产设施、树木，以及其他公共财产，都是社会主义公共积累，也是集体经济继续发展的基础，必须妥为保护，可以采取有利于生产的适当的经营方式，但决不可任意破坏。对乘机巧取、强占、哄抢、私分、破坏者，要严肃处理。

（五）要把完善生产责任制的工作和促进农业生产的全面发展目标密切联系起来。当前发展多种经营和商品生产，已成为广大群众的迫切要求，我们的工作必须紧紧跟上。正如一个县的领导同志所讲的："责任制是启动器，多种经营是突破口，两个环子一齐抓，集体个人一齐上，生产力再次大解放。"生产队要因地制宜制定全面发展农、林、牧、副、渔、工、商的规划，有计划地做好劳动力的安排，并选择相应的生产责任制形式。即使在那些目前基本上实行分户经营的生产队，也应逐步量力而行地从事一些多种经营项目，如林场、茶场、果园、养殖场等，逐步发展专业分工和专业承包，逐步改变按人口平均包地、"全部劳力归田"的做法，把剩余劳力转移到多种经营方面来。

（六）实行各种承包责任制的生产队，必须抓好订立合同的工作，把生产队与农户、作业组、专业人之间的经济关系和双方的权利、义务用合同形式确定下来。这是集体经济管理工作的主要手段，必须认真做好。公共建设劳务、计划生育和统购派购任务也应纳入合同。合同可以由粗到细，形式要便于群众理解和接受。签订合同要民主协商，签订之后必须遵守。

### 关于改善农村商品流通

（七）根据目前国家财力状况，今后一个时期农副产品收购价格必须采取基本稳定的方针。增加农民的收入，不能指望提高收购价格或降低收购基数，而只能主要依靠发展商品生产，实现多产畅销。当前存在的一个突出问题是，一方面农村商业不适应发展商品经济的需要，以致农村多种经营刚有初步发展就出现了流通不畅，买难卖难等问题，造成生产性浪费；一方面也存在着一些单位抬价抢购紧缺商品，冲击国家计划的情况。因此，必须采取切实措施，改善农村商业，疏通流通渠道，加强市场管理，以保证农业生产迅速发展，为国家提供更多的产品，为农民增加更多的收入。

（八）农业经济是国民经济的重要组成部分，要以计划经济为主，市场调节为辅。粮棉油等产品仍须坚持统购统销的政策。实行派购的二类农副产品，要确定合理的收购基数，一定几年；某些不便定基数的品种，也要确定合理的购留比例。基数以外的产品，有些仍由国家收购，有些按比例收购一部分，有些全部由社队和农民自行处理。基数外产品的收购价格，允许按照市场供求状况实行一定范围的浮动。城市郊区要鼓励农民多种蔬菜，原来的菜地不得任意改种，以保障和改善城市的蔬菜供应。要逐步推行合同制，通过合同把国家计划任务和农民的生产安排更好地协调起来。

农副产品收购，要坚持国家、集体、个人三兼顾，不能只顾一头。前几年国家提高了农副产品收购价格，并对收购政策作了一些必要的调整，农民从中得到了很大好处。要使这些行之有效的政策、措施保持基本稳定，以照顾农民的既得利益，保证农业生产持续稳定地发展。同时，要教育农民顾全大局，保证按规定质量完成农副产品交售任务，支援工业、城市和出口，力争为国家建设多做贡献。

（九）农村供销合作社是城乡经济交流的一条主要渠道，同时也是促进农村经济联合的纽带。要恢复和加强供销社组织上的群众性、管理上的民主性和经营上的灵活性，使它在组织农村经济生活中发挥更大的作用。供销合作社要逐步进行体制改革。各省、自治区、直辖市可以选择一两个县就以下办法进行试验：基层供销社恢复合作商业性质，在自愿原则下扩大吸收生产队和农民入股，经营利润按股金和按交售农副产品数量分红，实行民主管理，把供销社的经营活动同农民的经济利益联系起来；县级供销社改为基层社的联合社；县联社和基层社都实行独立核算，自负盈亏，向国家交纳所得税的制度；改革后供销社原有国家职工的一切待遇不变。

（十）必须多方设法疏通和开辟流通渠道。国营商业和供销合作社要充分利用现有经营机构，打破地区封锁，按照经济规律组织商品流通，大力开展产品推销工作。同时，要有计划地试办和发展社队集体商业，如贸易货栈、联合供销经理部和农工商联合企业等等，逐步实现多成分、多渠道、少环节。各级商业部门应把积极支持和指导社队开展推销和采购业务活动当作自己的一项重要任务。各级计划、财政、物资和交通等部门，应把社队集体商业、社队企业和农工商联合企业列入户头，给予方便。农村商业实行多渠道后，当地人民政府应当加强领导，划分业务范围，做好协调、疏导和管理工作。农村各种商业组织和个人运销活动，都要严格遵守政府的政策、法令，服从工商管理。

（十一）要在保证完成计划上调任务的前提下，积极开展农副产品的就地加工、产品精选和综合利用。这既可以提高产品的利用率和经济价值，又可以减少产品推销、贮存和运输的困难。除农村社队要继续发展农副产品加工业外，商业部门对于收购的农副产品，也可以自己加工，或与社队联合加工和委托社员进行家庭加工，走收购—加工—销售的路子。农村的加工业，要根据经济效益原则，由主管部门协同地方作出规划，有步骤地发展，避免盲目性。

关于农业科学技术

（十二）农业可以吸收多学科的科学技术成就，成为知识密集的产业部门。在充分发扬我国传统农业技术优点的同时，广泛借助现代科学技术的成果，走投资省、耗能低、效益高和有利于保护生态环境的道路，将使我国的农村面貌发生巨大的变化。过去，在领导农业生产中，对科学的作用认识不够，忽视智力投资和现有人才的使用，必须及时改正。

（十三）农业科学研究工作要在调整和整顿的基础上，动员组织各方面的研究力量，紧密结合农、林、牧、渔等业生产近期和长远的需要，拟定一批科研重点项目，如培育优良品种，改进耕作制度和栽培技术，实行科学施肥和合理用水，研制新的高效低残毒农药，有选择地推广适用的农业机械等，有计划地进行科学技术攻关。各级农业科研、教育和推广机构要相互配合，加强协作。国家农委和国家科委要加强领导，共同做好农业科技的组织协调工作。

（十四）要恢复和健全各级农业技术推广机构，充实加强技术力量。重点办好县一级推广机构，逐步把技术推广、植保、土肥等农业技术机构结合起来，实行统一领导，分工协作，使各项技术能够综合应用于生产。各地要把现有农业科技成果分类排队，制订计划，因地制宜，分期推广。

目前各地正在试行多种形式的农业技术责任制，开展群众性的技术协作和科普活动，效果很好，应注意总结、提高。

（十五）要进一步搞好农业资源调查和农业区划这一基础工作，为合理开发、利用、保护农业自然资源、调整农业生产结构和布局提供科学依据。当前要抓紧土地、水、生物等资源和重点开发地区的调查，特别要加强农业资源的保护工作，制止某些地区生态环境继续恶化；抓好县级农业区划和成果的应用。在区划的基础上，制定土地利用和农村建设的总体规划，把山、水、田、林、路的治理，生产、生活、科学、教育、文化、卫生、体育等设施的建设和农村小城镇的建设，全面规划好。

（十六）教育是发展科学技术的基础。有关部门要调整和加强农业院校的领导班子，进一步改善办学条件。县级以及县以下农村的中学要设置农业课程，有的可以改为农业专科学校。继续抓好各级农业领导干部和管理干部以及职工的专业培训，组织师资进修，训练各类专业技术干部。高等农业院校和中等农业学校都要拿出必要的力量承担培训任务。要积极创造条件，加强农民教育，抓紧扫盲工作，提高科学文化水平。

（十七）目前，我国广大农村正在兴起一个学科学、用科学的热潮。农业科技人员要深入农村，安心农业，钻研业务，努力工作，热心为农民和农业生产服务，作出新贡献。各级党组织和农业部门对农业科技人员要在政治上、生活上给予关心，工作上给予支持；并要做好考核、晋升、表彰和奖励工作。今后要逐年分配大中专毕业生到公社一级去担任技术工作，按国家干部待遇。对自学成才的农民技术员，各地可采取定期考试、考核办法，发给证书，给予技术补贴或择优录用。

关于提高经济效益、改善生产条件

（十八）农业生产应和其他各部门一样，十分重视经济效益原则，强调发掘内涵性潜力。长期以来，不讲效益，不讲经济核算，铺张浪费，增产不增收，是一种普遍现象。必须教育干部、群众，切实改正。

我国人多地少，调整期间，农业建设投资有限，要力争做到以最少投入获得最大收益。无论种植业、养殖业、农村工业副业，都必须强调提高单产，提高劳动生产率。粮食和经济作物的增产，主要靠改变广种薄收，实行精耕细作，集约经营，改造中产、低产田。畜牧业要强调提高出栏率、出肉率和产毛率。其他各业都应努力提高经济效益。

（十九）按农、林、牧、副、渔全面发展的要求建立合理的生产结构，可以获得综合经济效益，并增加农业经济的内部积累。合理的生产结构必须避免过去生产单一化的错误，与此同时，又必须注意使个别地区因地制宜的发展计划和全国的合理布局协调起来。各地在调整生产结构中，必须执行中共中央、国务院转发国家农委《关于积极发展农村多种经营的报告》的通知中提出的“决不放松粮食生产，积极开展多种经营”的方针。在土地利用方面，主要是将本来不宜于种粮食，而适宜种其他作物的耕地逐步改为合理种植；在适宜的地区，发展国家急需的原料如棉花、糖料等生产；积极发展多种经营，重点应放在开发山区、水域、滩涂、草原和发展家庭养殖业方面。这些方面存在着巨大的潜力，要广开生产门路，向农业生产的广度和深度进军，而不宜片面地鼓励在有限的耕地上搞自由种植，同时注意不要破坏水土保持和生态平衡。城乡居民的粮食供应决不可掉以轻心，必须保证粮食生产持续稳步地增长。

只有建立起一个多种经营综合发展的合理的生产结构，实行合理的社会分工，才能吸收农村广大劳动力为社会创造财富，否则，将大量劳动力缩集在十几亿亩土地的种植业上，必将使劳动生产率下降和农村经济萎缩。只有在多种经营的基础上发展社会分工，才有利于动员农村的人力资源。在短短一年多的时间内,实行了专业承包责任制,发展了一大批专业户,涌现出很多饲养能手、种植能手和各类能工巧匠,并开拓出新的生产领域,向生产的社会化、专业化方向发展。这证明:生产、就业、消费三者是互相依存、互相促进的。多种经营综合发展,路子将越走越宽,形势会越来越好。

发展多种经营,要集体与个人一齐上。对现有社队企业必须进行整顿,改善经营管理和民主管理,进一步办好。在现阶段,多数地区,很多项目应主要靠农家经营。近年的经验证明,发展家庭副业,发展专业户,可以充分利用分散的物力、财力和具有技术专长的人才。这是一项巨大的经济资源。对于家庭副业和专业户,必须实行积极扶持的政策,在资金、技术、供销等各方面给以帮助和指导;与此同时,要注意适应生产发展的需要,组织必要的协作和联合。既要倡导在生产队内个人与个人、个人与集体的协作和联合,也要允许跨社队、跨地区的协作和联合。

(二十)现在我国的林业和畜牧业,是国民经济的薄弱环节,应采取有效措施,尽快使它们恢复和发展起来。要把振兴林业作为国土整治的一项根本大计,要认真贯彻执行1981年3月中共中央、国务院关于保护森林发展林业若干问题的决定和1982年12月五届人大第四次会议关于开展全民义务植树运动的决议。建议有关部门尽快研究建立林业基金制度,实行以林养林。

发展畜牧业要农区牧区两手抓。农区要把一切行之有效的、鼓励畜牧业发展的政策落实到各家各户,充分利用农区劳力充足,设备和饲料条件较好,农牧结合较紧的长处,大力发展畜牧业。牧区要在切实调查的基础上,明确划分草原权属,更好地保护和建设草原。在辽阔的边疆和大片荒山、荒地上,要继续有计划地组织飞机播种,种树、种草。

(二十一)要着重抓好水利、农机、化肥等项投资的利用效益,改善农业生产条件。

新中国成立以来,水利建设成绩很大,但有不小的浪费和损失。今后,大型水利建设,必须根据总体流域规划,按择优原则和基建程序进行,花钱多效益小的缓办,无效益的不办。已建成又有效益的,要搞好配套,建一处成一处。投入使用的,要抓好科学管理。小型农田水利建设要继续积极量力进行,讲求实效。要总结推广先进的灌溉技术和耕作措施,切实做到科学用水、计划用水、节约用水。城乡工农业用水应重新核定收费制度。无灌溉条件或暂时无力兴修水利的旱地,要因地制宜,搞好旱作。

我国耕作制度复杂,劳力众多,集体经济力量薄弱,农业机械化必须有步骤、有选择地进行。在今后相当长的时期内,必须是机械化、半机械化、手工工具并举,人力、畜力、机电动力并用,工程措施和生物技术措施相结合。各地应根据自己的情况推广适宜技术和集约经营。

要积极增产磷、钾和微量元素肥料,改变化肥构成,提高施用效益。要重视利用农家肥、绿肥、豆科作物,发展薪炭林、小水电、沼气池,实行秸秆还田,以调节土壤化学物理性能,增加土壤有机质。化肥分配应在地区间作合理调剂,增加对中、低产地区的化肥供应。

要努力生产高效低残毒农药,力争尽快取代原有的那些高残毒农药。

(二十二)集体经济的核算单位,要建立经济核算制度,搞好经济活动分析,降低生产成本。社队的财务整顿,要认真总结试点经验,分批展开,争取一两年内完成。通过整顿,健全财务管理制度,特别是民主监督的制度。要整顿编制,缩减人员补贴,减轻不合理负担。要清产核资,实行固定资产折旧制度,以利于设备更新和技术改造。要培训经营管理人员,稳定财会队伍,积极试行会计专业化,以提高经营管理水平。

### 关于加强思想政治工作和基层组织建设

(二十三)近年来,党在农村进行了大量的工作,取得了显著的成效。同时也要看到,农村的思想政治工作还存在着涣散软弱的状况。必须采取措施切实加以改进。

广大农民群众是愿意在党的领导下走社会主义道路的。他们拥护党的三中全会以来的各项方针政策,努力发展生产,支援“四化”建设。这是基本的方面。但是在现阶段,有些农民还不可避免地保存着旧社会遗留的思想和习惯,这就需要工人阶级的政党给以经常的教育和正确的引导。我们必须动员各方面的力量,采取一切行之有效的方法,在广大农村开展深入的思想政治教育和政策教育,并把这种教育经常化,不断对农民灌输社会主义思想,为建设具有高度精神文明和高度物质文明的新农村而努力。

1981年冬到1982年春,各地要围绕建立健全生产责任制这个中心,结合实际的工作问题和思想问题,进行“两不变”、“三兼顾”的宣传教育,使农民懂得:我国农业必须坚持社会主义农业集体化的道路,公有制长期不变,生产责任制长期不变;要国家、集体、个人三方面兼顾,不能只顾一头。集体提留、国家任务都必须保证完成。应当向农民讲清,三年来,国家在照顾农民利益方面已尽了最大努力,农民也要照顾国家经济困难,努力发展生产,增加商品,多做贡献。

(二十四)落实党在农村的一切方针、政策和完成各项工作任务,都必须依靠农村基层组织,包括党的组织、政权组织、经济组织和群众团体。否则,一切工作都会落空。

当前一些地方，由于放松了领导，生产队的机构和领导班子陷于瘫痪、半瘫痪状态，致使很多工作无人负责。完善生产责任制，首先要把社队的领导班子搞好，使生产队把应负的经济职能和政权职能担当起来。

要使同志们了解：实行责任制以后，有些事情分散到农户承担，这样更需要改进工作方法，加强集体统一领导、统一管理和协调的工作，干部的担子不是轻了而是重了。生产大队、生产队作为集体经济组织，仍应保留必要的经济职能。要负责合理分配和调剂承包地，管好和用好耕地；安排生产计划、基本建设和推广新技术；签订和执行经济合同，完成征购任务和集体提留；照顾烈属军属和安排困难户的生产、生活等。同时，作为基层政权，特别是公社、大队还要做好社会救济、教育卫生、计划生育、民兵训练、治安保卫、民事调解等各项工作，保护社会主义经济，保证国家法律、法令的执行。

要给基层干部以合理报酬，同时也要注意精减人员，减轻群众负担。要从农村工作的实际出发，经过试点，逐步建立各级干部的岗位责任制，加强行政纪律。

(二十五)党的农村基层组织是团结广大群众前进的核心和战斗堡垒。欲正民风，必先正党风。农村的党组织和广大党员干部过去曾经团结和带领农民群众进行了伟大的革命战争和土地改革，接着又团结和带领农民群众开展了伟大的互助合作运动。我们党以自己的实践和模范作用，取得了农民的信任和拥护。现在我国正处在一个大变化大发展的新时期，作为执政党的党员，更应保持和发扬全心全意为人民服务的传统，坚定地站在人民一边，尊重群众的意愿，代表群众的利益，振作精神，研究新问题，学会新本领，团结和带领农民进行农村经济的调整和改革，为农业现代化作出自己的贡献。

当前，特别要站在群众前头带领群众做好完善生产责任制的工作。那种不顾群众利益，违背群众要求，损公利己，或者放弃职守的行为，都是同共产党员的称号不相容的。当然应当首先看到，农村的党员和党的干部，长期战斗在第一线，艰苦奋斗，任劳任怨，是我们的依靠力量。对于那些富于创造精神，工作出色的，要给予鼓励和表扬。对那些精神不振、作风不正的党员和干部，必须进行教育和批评。属于上级的责任，领导要主动承担。从1982年起，要以县或公社为单位，利用农闲时间有计划地对农村党员，首先是社队干部进行分批轮训。要组织他们学习六中全会的决议和党在农村的各项政策，用整风精神总结经验，开展批评与自我批评，分清是非，提高觉悟。在思想政治教育的基础上，健全党课制度和民主生活制度，把农村支部建设好，使基层支部真正成为坚强的战斗核心，以保证党对政权组织、经济组织和群众团体的领导，保证各项工作任务的完成。

### 中共中央副主席邓小平在北京会见由民族解放阵线党政治局委员穆罕默德·哈吉·亚拉率领的阿尔及利亚政府代表团

邓小平说，我们两国有着相同的经历，两国人民都是通过同一种方式取得革命胜利的。我们两国的关系是一种战斗友谊的关系。今后，我们不但要加强双边关系，还要加强两国在国际事务中的合作。

在谈到国际形势时，邓小平说，我们第三世界国家要发展自己是需要战斗的。帝国主义、霸权主义、新老殖民主义是不希望我们取得发展的。因此，第三世界国家应该加强它们之间的友好关系，开辟更广阔的合作领域。

邓小平还向阿尔及利亚客人介绍了我国国内的情况。他说，新中国成立30多年来，我们犯了一些错误、走过弯路。现在，党的十一届三中全会制定的方针、政策见效了，我们取得了很大的进步。

亚拉说，我们衷心祝愿中国在今后的岁月里繁荣昌盛，祝阿中友谊不断发展。

### 沪皖纺织联合开发公司在安徽马鞍山成立

一家新型的跨地区的经济联合体——沪皖纺织联合开发公司，在安徽马鞍山市正式办公。这是迄今为止，上海市向安徽省实行技术转移的第一家联合企业。投资由上海、安徽两地各提供50%。公司实行独立核算，自负盈亏。

### 江苏丹徒县丁卯桥发现一处唐代金银器窖藏

共出土了唐代金银器900多件，出土数量之多，在新中国的考古史上尚属首次。

## 1月2日

### 中共中央 国务院作出《关于国营工业企业进行全面整顿的决定》

一

为了进一步贯彻执行党的国民经济调整、改革、整顿、提高的方针，充分发挥现有国营工业企业的潜力，提高经济效益，促进我国国民经济状况的根本好转，中共中央、国务院决定：从1982年起，用两三年时间，有计划有步骤地、点面结合地、分期分批地对所有国营工业企业进行全面的整顿工作。

国营工业企业是国民经济的命脉。职工队伍精神面貌的好坏，生产经营经济效益的高低，对我国社会主义现代化建设关系极大。党的十一届三中全会以来，各地区、各部门贯彻执行党的国民经济调整、改革、整顿、提高的方针，在整顿企业领导班子、扩大企业自主权、实行职工民主管理、建立经济责任制、改善经营管理、培训职工队伍等方面，做了大量工作，并且在真正从我国实际情况出发，走发展国民经济新路子方面有了一个良好的开端。但是，企业整顿工作的进展是不平衡的，整顿得好的是少数，处于中间状态的是多数，没有认真进行整顿、管理混乱、存在严重问题的也是少数。即使整顿工作搞得好的企业，距离社会主义现代化企业管理的要求，也还有很大差距。目前相当多的企业，程度不同地存在着领导班子软弱涣散，精神不振，思想政治工作薄弱，机构臃肿，人浮于事，劳动纪律松弛，产品质量低，浪费严重，经济效益很差等现象。少数企业领导班子不纯，受资本主义思想侵蚀，搞不正之风，违反财经纪律，甚至弄虚作假，偷税抗税，截留上交利润，营私舞弊，贪污受贿，等等。不认真解决这些问题，就不可能争取国民经济状况的根本好转，更不可能把我们的企业真正建设成为社会主义现代化企业。因此，根据企业的具体情况，采取分类指导的原则进行全面整顿，是今后两三年内党和政府的一项重要任务。要加强领导，充分发挥企业领导干部和广大职工的积极性、主动性，扎扎实实地进行这项工作，圆满地完成任务。

二

企业的全面整顿，是对企业工作进行综合治理，包括整顿领导班子、职工队伍、管理制度、劳动纪律、财经纪律、党的作风和加强思想政治工作等一系列的工作。通过整顿，把这些工作互相结合起来，根据各个企业的具体情况，分别轻重缓急，有步骤地加以解决，使企业各项工作得到落实，真正走上发展国民经济的新路子。当前要围绕提高经济效益，着重做好以下五项工作：

第一，整顿和完善经济责任制，改进企业经营管理，搞好全面计划管理、质量管理和经济核算工作。

实行经济责任制的目的，是要在国家计划指导下，搞好企业经营管理，把企业和职工的经济利益同承担的经济责任和实现的经济效果联系起来，使广大职工以主人翁的态度，在生产经营活动中取得最好的经济效益。它是调动企业与职工的积极性，解决企业与企业之间、企业内部职工之间吃“大锅饭”问题的有效途径，是整顿企业的关键的一环。要在企业的全面整顿中进一步总结经验，不断地完善经济责任制，明确企业对国家的经济责任，并赋予企业一定的经济权限，使企业的经济利益与企业生产经营成果好坏直接联系，把责、权、利三者统一起来。

不能把经济责任制仅仅看成是一个利益分配问题。企业的责任首先是要按照国家计划要求和市场需要，生产出适销对路、价廉物美的产品，满足社会需要，提高经济效益。企业创造的经济收益，首先要为国家做贡献，使国家增收；其次才是企业多留、职工多得。为此企业必须在国家计划指导下，实行企业内部的全面计划管理，把生产、技术、供销、财务等各方面工作，落实到每一个岗位、每一个人。在实行全面计划管理的同时，要继续推行全面质量管理和全面经济核算，以保证品种增加、质量提高、成本降低、利润增长，实现全面的经济效益。

在企业内部实行经济责任制，同样要按照责、权、利相结合的原则，从科室、车间到班组、个人，建立和健全岗位责任制，使个人的经济利益与集体成果、个人劳动贡献相联系，贯彻按劳分配原则。要健全原始记录、计量、统计、核算等基础工作，制定生产与消耗的平均先进定额，加强定额管理；总结现行的按劳分配经验，探索更加合理的分配办法；结合生动的思想政治工作，把职工群众的积极性引导到改进生产技术、不断创新、改善经营管理、提高全面经济效益的正确轨道上来。

第二，整顿和加强劳动纪律，严格执行奖惩制度。

现代社会化的大生产，不能没有严明的劳动纪律。十年内乱期间无政府主义盛行，流毒至今尚未完全肃清。要大力加强对职工群众的主人翁思想教育，建立自觉遵守劳动纪律的风尚。为了加强劳动纪律，必须建立严格的奖惩制度。对劳动态度好、遵纪守法、成绩卓著的职工要给予表扬和奖励；对严重违反劳动纪律的，企业有权按照有关规定给予经济或行政的处分，屡教不改的，要加重处分，直到辞退和开除。

一些企业的经验证明，制定《职工守则》是教育职工加强劳动纪律的有效措施。为此，中华全国总工会要会同有关方面，认真总结这方面的经验，起草一个全国通行的《职工守则》(以下简称《守则》)，报国务院审批后颁布执行。在《守则》颁布之前，各企业可以制定本企业的《职工守则暂行规定》，经职工代表大会审议通过施行。各企业还应该根据《守则》的要求，制定相应的奖惩制度，以保证《守则》的贯彻执行。

第三，整顿财经纪律，健全财务会计制度。

国营工业企业的全部固定资产和流动资金都是国家的财产，任何人不得侵占。企业的盈利要按规定进行分配，不允许化大公为小公，更不允许化公为私。一切违法和违反财经纪律的行为，必须坚决制止和予以制裁。

要对执行财经制度的情况进行一次认真的清查，健全财务会计制度，严格执行财经纪律。对犯有一般错误的人员，要进行批评教育；对犯有营私舞弊、贪污盗窃等罪行的人员,要分别予以惩处。企业领导干部和财务人员要以身作则,模范地遵守财经纪律。如果违犯,要加重处罚,追究经济责任直至法律责任。全体职工都要敢于同损害国家财产、侵占国家利益的坏人坏事作斗争。对于模范遵守财经纪律和保护国家资财有功的人员,要给予表彰和奖励。

第四,整顿劳动组织,按定员定额组织生产,有计划地进行全员培训,坚决克服人浮于事、工作散漫的现象。

整顿劳动组织要同建立岗位责任制结合起来进行。岗位责任制的核心是工作责任心,要在提高职工思想觉悟的基础上,明确每一生产岗位和工作岗位的职责,并根据生产技术和业务工作的要求,规定配备人员的质量和数量标准,逐步做到严格按标准配备合格的人员。努力做到人尽其才,各尽所能。要有计划地、分期分批地对职工进行轮训,不断提高职工的思想政治和技术业务水平。这要成为一个长期坚持不懈的制度。

凡由于技术、年龄、健康等条件,不适于本岗位工作的人员,可以改任其他工作,或经过其他专业训练后,转到其他岗位工作。凡符合退休、离休条件的,要妥善安置。今后凡是新入厂的或改变工种、工作的职工,都必须经过训练和考核合格,才能上岗工作。

全员培训要同人事考核、晋升、提拔和工资调整等相结合,建立和健全一套全面的人事管理制度。

抽调轮训的职工,左轮训期间发给基本工资,不发奖金。对于学习态度好、学习成绩优良的,可以发给奖学金。

为了认真做好全员培训工作,大企业要建立培训中心,中小企业单独建立有困难的,可以联合建立或由上级主管部门统一建立。要抽调得力干部负责培训中心的领导工作。可以脱产或半脱产培训,也可以业余培训。凡是完成了规定的学业,考试合格的,发给结业证书。

企业按定员、定额整顿劳动组织和管理机构,有富余的人员,除了组织轮训外,一部分可以充实生活服务机构,一部分可以参加劳动服务机构,开辟和发展新的生产门路。

为了逐步实行生产经营与生活服务的分工,有条件的企业,可以设生活服务公司,统一管理宿舍、食堂、托儿新、医务室、澡堂等生活福利设施,做好为职工的生活服务工作。生活福利工作要逐步实行企业化、社会化。

为了安排暂时富余的职工和待业青年就业,企业可以单独或联合举办劳动服务公司,从事社会所需要的生产或劳动服务。劳动服务公司作为企业附属的集体所有制单位,可以为本企业服务,也可以为社会服务。但必须独立经营、独立核算、自负盈亏,不允许和企业混在一起,吃“大锅饭”。

企业要选派工作积极负责、任劳任怨、作风正派的同志到生活服务公司和劳动服务公司担任领导职务。由企业调到劳动服务公司工作的职工,保留全民企业职工的身份。

第五,整顿和建设领导班子,加强对职工的思想政治教育。

围绕以上各项整顿工作,要进一步整顿和建设企业的领导班子,克服某些领导班子存在的涣散、软弱、臃肿、老化以及官僚主义等现象,要把优秀的、懂技术业务的中青年干部选拔到领导岗位上来。

所有的企业都要遵循党委集体领导、职工民主管理、厂长行政指挥的根本原则。要认真贯彻执行《国营工业企业职工代表大会暂行条例》和即将颁发的《国营工厂厂长工作暂行条例》《中国共产党工业企业基层组织工作条例》,在党委领导下,建立和健全厂长负责制和职工代表大会制,使企业逐步建设起一个既有民主又有集中的领导体制。少数经过批准进行改革领导制度试点的企业,要继续进行试点,以便探索能够更好地体现党的领导,体现民主管理和加强厂长统一指挥的新的领导制度。

为了提高工作效率,企业生产行政的领导班子要精干。厂级领导干部要逐步实现革命化、年轻化、知识化、专业化。厂长(经理)要由能够坚持四项基本原则,坚决执行党的方针政策,懂得生产技术和有关的经济法规,善于经营管理,为人正派,联系群众,身体健康,能胜任繁重的领导工作的同志担任。主要领导干部年轻化暂时有困难的企业,要选拔45岁以下,思想品德好,年富力强,具有专业知识,能联系群众的干部,担任副厂长(副经理)或其他副职,加以培养。

在调整企业领导班子的时候,一部分厂级干部,可以根据专长,安排到研究室、顾问室、监察室、职工培训中心,担任领导工作或顾问,政治与生活待遇不变。体弱多病不能胜任工作的,可以安排退休、离休,在政治和生活待遇上要妥善照顾。一切对革命有过贡献的年老体弱的同志都应该懂得,积极地推荐、提拔、支持对党忠诚、年轻有为的同志来接班,是自己义不容辞的光荣任务。

整顿企业必须加强和改善党对企业的领导。企业党组织与企业行政组织要逐步实行分工,除重大方针和决策要由党委讨论决定外,企业的日常生产行政工作由厂长(经理)负责,党委的主要精力要用到抓思想政治工作和党的建设上,通过党的组织工作和宣传教育工作,通过党员的模范带头作用,切实加强党对企业的思想政治领导，监督和保证企业坚持社会主义方向，严格执行党和政府的各项方针、政策、计划，遵守国家的制度、法令，保护国家和人民的利益，保证企业各项政治任务和经济任务的完成，正确处理国家、企业和职工个人三者的利益关系。

经过整顿的企业，要把企业党委建设成为一个能够团结企业全体职工，贯彻执行党的方针、政策，坚持民主集中制原则的，坚强有力的领导核心。党委书记应当由党性强，作风正派，坚决并善于执行党的路线、方针、政策，有一定的生产和管理知识，能密切联系群众和掌握全面工作的党员担任；另外，配备一名德才兼备、年富力强的副书记，作为书记的助手。

企业党组织要大力加强职工代表大会的工作，要充分发挥工会、共青团组织的作用。

企业党组织要经常联系实际，对职工进行坚持四项基本原则的教育、形势教育和爱国主义教育。特别要加强对青年职工的教育，提高职工的政治素质。对职工进行脱产或不脱产的培训，除了上文化课、技术或业务课外，也要上政治课，并严格考核学习成绩。

三

企业的整顿工作，要在企业党组织的领导下依靠现有的领导班子和职工群众进行。对那些存在严重问题，不能胜任工作的领导班子，要采取调动工作的办法，适当调整。至于领导班子的进一步加强和充实，应该在企业整顿过程中逐步解决。企业主要领导干部的人选，要采取上级调配与民主选举相结合的办法，认真选定。党委书记要在党内充分酝酿，并广泛征求党外群众的意见，经党的委员会选举产生，报上级党委审批。厂长除在必要时由上级调配以外，要在实行经济责任制和整顿企业的基础上，积极创造条件，逐步实行民主选举，并按照干部管理权限，报请上级机关批准任命。

四

企业全面整顿是建设性的整顿，除了当前首先要做好前述围绕提高经济效益的五项工作外，还要有一个系统的、全面的建设规划。要认真总结和吸取过去建设"五好"企业、"大庆式"企业等一切行之有效的经验，把企业的整顿和建设紧密结合进行。企业在整顿中进行建设的基本要求，可以概括为：搞好三项建设，达到六好要求。"三项建设"即通过全面整顿，逐步地建设起一种又有民主、又有集中的领导体制，逐步地建设起一支又红又专的职工队伍，逐步地建设起一套科学文明的管理制度；"六好要求"即通过"三项建设"使企业能够正确地处理国家、企业、职工个人三者的经济关系，出色地完成国家计划，达到三者兼顾好、产品质量好、经济效益好、劳动纪律好、文明生产好、政治工作好，成为"六好企业"。

有关"三项建设"的具体内容、"六好要求"的具体标准，各工业部门和各地区可以根据自己的特点和具体情况，参照最近经委提出的整顿企业的要求，分别作出规定。

五

企业的全面整顿，要点面结合进行。各工业部门要根据当前围绕提高经济效益的五项工作和"三建"、"六好"目标，制定一个适合本部门特点的全面整顿规划，对不同类别和不同水平的企业，规定不同的要求和整顿的步骤，进行分类指导。所有企业都要结合自己的具体情况，制定本企业的整顿规划。

面上企业的整顿工作，必须抓紧。各企业首先要按照中央转发国家经委党组《关于工业学大庆问题的报告》的通知精神，进行深入细致的思想教育工作，讲清中国工人阶级的优秀品质、光荣革命传统和伟大历史使命，使广大职工以国家主人翁的态度，积极参加和做好企业的整顿工作。要引导大家向先进地区、先进行业、先进单位、先进人物学习，向先进科学技术和经营管理学习，向科学要本领，拜行家做老师，把广大职工充分发动起来，在每个企业中形成比先进、学先进、赶先进、帮后进、创造"六好企业"的热烈气氛，以推动企业的整顿工作和其他各项工作。

为了使整顿企业的工作做得更好，国务院各主管部、委要会同各省、自治区、直辖市派出负责干部，并配备一些熟悉生产、技术、经营管理、劳动工资、财务会计等业务干部和党群工作干部，组成蹲点调查组，在地方党委和政府的统一领导下，分期分批到骨干企业调查研究，进行必要的指导，帮助解决问题，及时总结经验，指导面上的整顿工作。同时，吸取实践经验，不断提高领导水平。每个行业首先要挑选几个对国计民生有重大作用的骨干企业，作为第一批蹲点调有单位。这些重点企业可以是基础好的先进单位，也可以是问题较多的后进单位，以便取得先进更先进和后进赶先进的两种经验，并及时宣传推广。

中央要求，在两三年内，全国两千个骨干企业，能够在国务院各主管部、委和省、自治区、直辖市直接帮助下，扎扎实实地、分批地完成整顿任务。地区和县市也要根据实际情况，在所属企业中选择重点，组织蹲点调查组去进行帮助，以点带面，做好整顿工作。

凡是上级主管部门未派蹲点调查组协助整顿的企业，都要按本决定的精神，自行整顿，不要等待；凡能解决的问题，要主动地、及时地解决。有关主管部门在第一批重点企业整顿工作结束以后，要从取得整顿工作经验的蹲点调查组中，选拔精干力量，组织巡回检查组，到上述企业进行检查，凡达到整顿标准的，即可验收；不符合标准的，要派蹲点调查组予以协助，继续进行整顿。

所有企业，在整顿完毕之后，都要由上级主管部门检查验收。衡量企业整顿成功与否的主要标志，是看产品质量的优劣，产量的多少，经济效益的高低，对国家贡献的大小。

党中央、国务院充分相信，我们的企业经过全面整顿以后，必将出现一个崭新的面貌。希望工业战线上的全体干部和职工奋发努力，完成企业整顿的各项任务，搞好"三项建设"，达到"六好要求"，为建设具有高度物质文明和精神文明的、具有中国特色的社会主义现代化企业的伟大目标而奋斗。

**《人民日报》发表社论《振奋精神多产煤多运煤》**

今年是我国国民经济实行进一步调整方针的第二年，也是第六个五年计划的第二年。今年工农业总产值计划比去年增长4%，并力争超过。能不能完成这个任务，在很大程度上取决于煤炭的生产和运输。省、区、市党政领导同志对今年的煤炭生产，都要高度重视。按照现在的计划，要保证完成今年的工农业增长任务，煤炭有缺口。因为别的能源短时间上不去，要解决动力、燃料、能源问题，主要就落在煤炭身上了。如何把煤炭搞上去，中央的方针政策早已定了，现在的关键是要认真抓，煤炭部门要抓紧，各级党政领导同志也要抓紧。只要大家都重视起来，都抓紧了，完成今年煤炭生产计划是完全可能的，搞得好还有可能超过。

要把煤炭生产搞上去，煤炭工业的干部、工人要有一个干劲十足的精神状态。煤炭作为主要能源，对国民经济的发展关系极大。煤炭生产必须保持必不可少的数量，才能保证工农业总产值增长4%。前两年，煤炭工业在稳住6亿吨产量的前提下，利用时机进行调整，取得了成绩，特别是采掘失调状况已有较大改善。从今年起，煤炭产量将开始回升，从稳步增产中完成调整任务。今后煤炭生产要保持一定的增长速度，这是全局的需要。广大煤矿职工要充分认清这个形势，发扬主人翁的责任感，树立全局观念，振奋精神，挖掘潜力，克服困难，确保今年煤炭生产计划的完成。

去年前几个月，煤炭生产情况一度不好，一个重要的原因，就是年初没有抓紧。经过工作，从8月份开始，大批干部振奋精神，加强领导，深入井下，跟班劳动，生产很快好转，产量逐步上升。我们应当接受这个教训，今年一切工作尽力往前赶，早作安排，争取主动。为了保证全年生产任务的完成，今年第一季度要力争多生产一点。第一季度有元旦和春节两个节日。因此，每月、每旬、每天都要抓紧，作出妥善安排。只要第一季度搞好了，全年的生产也就主动了。

提高采煤工作面单产，是今年增产的侧重点。全国统配煤矿采煤工作面单产，近两年连续下降。单产下降说明煤炭工业是有潜力可挖的。各方面的工作要为提高单产服务。对不同的工作面要有不同的要求。统配煤矿中，炮采工作面占大多数。如果今年炮采工作面的单产提高到1980年或去年10月份的水平，仅这一项，全国统配煤矿即可增产900万吨。因此，提高单产，炮采工作面是重点。

已经投产的新井要力争达到设计能力。从1976年以来，全国统配矿投产新井共43处，设计能力2200多万吨。要努力使这些新矿井尽快达到设计能力。对衰老矿井，要根据不同条件，想方设法多出一些煤。河北省井陉煤矿是个开采近80年的老矿，这个矿的职工千方百计地在老区中复采，使采煤工作面回收率提高15%—25%，采区回收率达到90%，比全国煤矿平均回收率高20%以上。这种千方百计的挖掘潜力，爱护煤炭资源的精神，值得各地学习。

最重要的一条是对企业进行全面整顿。根据煤炭企业的特点，当前整顿的主要内容是：从整顿思想作风入手整顿领导班子；从整顿劳动组织、劳动纪律入手整顿队伍；从搞好定额入手整顿工资奖励；从抓好采掘工作面的基础工作入手整顿生产技术管理；从查浪费、堵漏洞、整顿财经纪律入手整顿经营管理。只有搞好整顿，煤炭生产才能稳步发展，才能振奋职工的精神状态，使各项工作走上正轨。

煤炭部门要多产煤，铁路部门要多运煤。1982年煤炭运量增长幅度较大，而且集中增加在山西、内蒙古、宁夏、河南等省、区。铁路职工要振奋精神，克服困难，勇挑重担。在能力、机车、车辆都很紧张的条件下，要首先保证重点物资的运输，特别是要集中力量运输煤炭，做到国家统配煤矿生产的煤炭不积压。

1981年，广大煤矿职工艰苦奋斗，在调整任务繁重的情况下，使煤炭产量稳住6亿吨，超额完成国家计划，为国民经济各部门作出了贡献。我们相信，在新的一年里，煤矿广大职工，一定能够作出更大的贡献。

**据新华社报道1981年中国进出口贸易总额超过国家计划6%以上**

**1981年全国农村用电达400多亿度**

据《人民日报》报道，在贯彻执行国民经济的调整方针中，随着农村发电量的增长，1981年全国农村用电量达到420亿度，比1980年增长近14%。

党的十一届三中全会以后，社队企业发展很快，用电量越来越大。随着农民收入的增加，电视机、电风扇等家用电器流向农村，1981年农村照明和生活用电量增长也较大。

**中央军委发布命令授予刘柏林以“雷锋式的战士”荣誉称号**

刘柏林生前是沈阳部队工程兵工兵某团二连战士，1981年1月入伍。1981年9月15日，刘柏林因奋勇抢救旅客列车牺牲。中央军委的命令指出，刘柏林是牢记我军宗旨，爱人民、为人民的优秀子弟兵，是落实“四有、三讲、两不怕”，建设社会主义精神文明的典范，是80年代又一个雷锋式的英雄战士。命令号召全军指战员，特别是广大青年，要以刘柏林同志为榜样，树立远大的共产主义理想，坚持四项基本原则，自觉抵制各种非无产阶级思想的影响，振奋精神，刻苦学习，脚踏实地做好每一项工作，勤勤恳恳地为人民服务，为把我军建设成一支强大的现代化、正规化的革命军队而努力奋斗！

## 1月3日

**《人民日报》发表社论《珍惜每寸土地是我们的国策》**

我国人口多，耕地少，这是一个矛盾。这个矛盾，随着人口的增长和建设事业的发展，将越来越尖锐。赵紫阳同志在全国五届人大四次会议上的报告中指出：“十分珍惜每寸土地，合理利用每寸土地，应该是我们的国策。”对于这个问题，我们必须高度重视。

长期以来，我们往往只看到我国“地大物博”，而没有充分注意到我国山地、沙漠和戈壁多，每人平均占有耕地面积少的情况；加上我们缺乏经验，尚未建立一套完整的土地管理法规和措施，以致从1957年到1977年的20年间，因城乡建设用地、自然灾害报废等原因，使全国耕地减少了4亿多亩。党的十一届三中全会后，农村经济政策逐步落实，农民富起来了，大批建房，社队企业发展，在这种新形势下，如果我们再不加强土地管理，合理使用土地，耕地面积就会进一步减少，有些城镇郊区和人口比较密集的农村，少则几年，多则一二十年，即将无地可耕。着手抓这个问题，现在到了刻不容缓的时候了。我们一定要像抓人口问题那样抓土地管理问题，严格控制对耕地的占用。

“要尊重社队自主权，社队和农民盖房占地，何必去管它。”这种看法是不对的。我国农业在实行各种形式的生产责任制后，基本生产资料（主要是土地）的公有制仍是长远不变的，社员对自留地（山）和承包的责任田，有耕作的使用权，无土地的所有权，不准对土地进行买卖、出租和擅自毁田建房。农村建房用地，涉及个人和集体的关系，生活和生产的关系，社队加工业和农业生产的关系，要统筹兼顾，合理安排，任何放任自流，只顾一头的做法，都是不利于千家万户的长远利益的。土地是有限的资源，是不可再生、不可取代的生产资料，占一亩就少一亩。在耕地面积紧张的情况下，应当加强领导，教育广大群众珍惜每寸土地，合理利用每寸土地。要知道，我们这方面的“家当”是不多的，任意浪费，不仅会给我们这一代人造成损失，还将给子孙后代留下不可挽回的严重后果。

多年来土地浪费严重，重要原因之一是法制不严，缺乏管理。去年4月，国务院颁布了《关于制止农村建房侵占耕地的紧急通知》，引起地方各级政府的重视。黑龙江、浙江、陕西、广西等省、区，搞好立法，落实加强土地管理的具体措施，有些地方毁田建房的歪风基本制止，效果是显著的。它们的主要经验是，不仅省、区制定土地管理办法，市、县也制定实施办法，社队制定土地管理的“乡规民约”，层层都有土地管理的机构或人员，从上到下形成土地管理网，这就为落实土地管理工作奠定了基础。各地都应当结合本地情况，搞好立法，加强管理。今后建房用地，要严格履行申请、审查、批准等法定制度，任何机关、企业和个人不准擅自占地建房或越权批准占用土地。城市郊区要严格控制对农田的占用，注意保护菜地面积。凡是违背法定制度占地建房的，不论什么人什么单位，都必须严肃处理，情节严重者，要依法没收。

要通过统一规划，把农村建房引导到正确的轨道上来。全国各地已经开展的农业自然资源调查和农业区划工作，是统一规划和合理安排农村建设的基础工作。已经完成农业区划的县，要接着搞土地利用总体规划和社队土地利用规划，根据自然条件和经济条件，实行山、水、田、林、路、村的统一安排，确定村镇的布点和范围。要注意因地制宜，充分利用山形地势，远期近期结合，本着节约土地，有利生产，方便生活的原则，搞好农村的建房用地规划。基本建设即使非占用耕地不可，用地也要严加限制；建房必须有规划，布局和结构要紧凑、合理，因地制宜地选择建筑形式和建筑材料，尽量向空间发展。有些省的经验证明，通过统一规划，合理布局，可以做到不占或少占耕地，有的甚至在改造旧村镇中，增加了耕地面积。浙江省海宁县辛江公社新德大队，经过统一规划，改造旧住宅，建设新住宅区，占地面积减少了39%，每户社员有两楼两底，有天井和猪羊棚。社员们高兴地说：“新住房就是好，住得舒服占地少。”

随着农村商品经济的发展，社员收入的不断增加，预计今后5年间或10年间，将会出现8亿农民建房的高潮。各级领导要预见大好形势可能带来的新问题，迅速行动起来，把土地管理工作和农村建设的规划工作尽快赶到前面去。每个县的人代会和政府都要把这个工作列为一项议程，抓好组织保证和技术保证，树立几个不同类型的典型，逐步改造目前还比较落后的农村，建设我们繁荣、富庶、文明的社会主义新农村。

**中央纪委发出通知要求各级纪委干部认真学习陈云同志《要讲真理，不要讲面子》的重要讲话**

通知说：去年 12 月 31 日，经党中央批准发表了陈云同志在党的第七次全国代表大会上发言的一部分《要讲真理，不要讲面子》。这篇 36 年前的发言，现在公开发表，这篇发言所讲的道理，在我们为争取党风能有一个决定性好转的今天，具有特别重要的意义。

没有批评和自我批评，端正党风是不可能的，而没有《要讲真理，不要讲面子》的精神便不能进行认真的批评和自我批评，这应是人所共知的真理。

党的每个纪检干部，首先是领导干部务必反复阅读，认真学习陈云同志这篇发言，并身体力行。要响应中央最近的号召：勇敢地拿起批评和自我批评的武器，正确对待功劳和错误，清除自己身上的政治灰尘、政治微生物，有准备地进行“正确的而不是歪曲的，认真的而不是敷衍的批评和自我批评”，切实改进领导作风，克服官僚主义，克服领导工作中的涣散软弱状态；摆正人民、党和个人的关系，更好地担负起党所交给我们的任务，“搞好党风严肃党纪”；更有力地和一切不正之风作斗争，争取党风在不久的将来有一个决定性的好转。

**国务院发出通令严格限制发展小炼油厂坚决取缔小土炼油炉**

国务院向各省、自治区、直辖市人民政府和国务院财经各部门发出通令，严格限制发展小炼油厂和取缔小土炼油炉。

通令说，近几年来，一些地方和公社、生产队，自行筹集资金，盲目建设了一些小炼油厂和大批的土炼油炉。油田所在地区的一些公社、生产队和少数社员群众，还私自建了一大批土炼油炉。各地的小炼油厂，多数加工手段简单，技术经济指标落后，管理水平低，产品质量差，单位能耗高，资源利用浪费很大。至于那些小土炼油炉，大都是油源来路不正，产品低劣，不但严重浪费原油，而且污染环境，危及油田安全。某些违法犯罪分子，利用各种手段，破坏石油生产，盗窃原油，投机倒把，骗钱牟利，危害更大。

国务院的通令规定：

一、坚决取缔小土炼油炉。对目前分布在油田上的以及其他地区的小土炼油炉，各有关省、自治区、直辖市人民政府，要由领导干部负责，组织强有力的工作组，深入现场，做好群众工作，采取有效措施，限期关闭，停止生产。

二、严格实行油田落地油的统一管理，提高原油商品率。任何其他单位和个人都不得私自动用和处理落地原油。对于强占、哄抢、倒卖、贩运原油和落地油者要依法处理。

三、今后，任何单位、任何个人都不准再搞土法炼油，不准加工和制造土炼油设备；任何地区和单位，都不准再批准建设小炼油厂，都不准再扩大现有小炼油厂的规模。

四、目前正在建设一次加工能力(常减压蒸馏装置)的小炼油厂，应立即停止建设。

五、认真整顿现有的炼油厂，严格控制、适当压缩现有小炼油厂的原油加工量。小炼油厂加工所需的原油和生产的产品，都要纳入国家计划统一分配；财政收入要按规定上交。小炼油厂在不增加原油加工量的前提下，要逐步完善加工工艺，增加产品品种，提高产品质量；要加强经营管理，降低能耗，减少加工损失，同时注意搞好环境保护，消除三废污染。

**国务院副总理姬鹏飞在人民大会堂会见由意大利共产主义青年联盟总书记马尔科·富马加利率领的意大利共青联代表团**

**《简明中国历史图册》出版**

据《人民日报》报道，由中国历史博物馆编辑的《简明中国历史图册》共 10 分册，已由天津人民美术出版社出齐。这部图册是我国第一部形象化的通史，图文并茂，条理清楚，脉络分明，通俗易懂。这套图册采用近 4000 幅插图。相当大的部分采用了解放以来新发现与新出土的文物图片，以及历代美术作品和各种工艺品图片，内容丰富多彩。

**胡娜在墨西哥城举行的第四届“白宫杯”青少年网球赛中获得女单冠军**

**全国爱卫会发出《关于开展 1982 年春季爱国卫生运动的通知》**

通知说，根据中央指示和五届人大四次会议政府工作报告的精神，1982 年爱国卫生运动的重点是要集中力量搞好城市环境卫生，认真解决“脏”的问题。首先要着重抓好大中城市的闹市区、旅游点、车站、机场、码头、影剧院、公园、农贸市场、饮食业、旅馆、厂矿企业、机关学校、楼群和居民大院的清洁卫生，达到清洁、整齐、美观。同时，要把农村的水、粪管理搞好。当前，各级爱卫会要在各级党委、政府的领导下，尽快组织春节期间的卫生突击活动，认真抓好以下几项工作：

一、尽快恢复和健全周末卫生清扫制度，逐步建立全民卫生日。

二、整顿市容，改变环境。不仅要抓卫生突击活动，而且要有计划地进行卫生治本建设。

三、交通、服务行业和公共娱乐场所必须制定严格的卫生制度，认真做好清扫和用具清洗消毒工作，保持经常性的整洁卫生。

四、城镇的农贸市场必须合理布局，建立健全农贸市场的清洁卫生管理制度。

五、认真执行《中华人民共和国食品卫生条例》，加强食品卫生管理，严禁出售霉坏变质食品。

六、继续组织群众因地制宜地大力开展除四害。当前要采取综合防治措施，消灭越冬蚊蝇和老鼠。

七、在农村要积极组织群众开展粪便管理、改善饮水条件和环境卫生活动，积极做好新农村的卫生建设工作，改善农民的生活和居住条件。

八、对元旦、春节卫生突击活动要及时进行检查评比。对在清洁卫生第一线辛勤劳动的环境卫生职工、民办保洁员、卫生监督员要做好节日慰问工作。

## 1月4日

### 中央纪委在北京召开纪检工作座谈会

会议于1月4日至6日召开。中纪委副书记王鹤寿主持了座谈会。

参加座谈会的有中纪委负责人，中央和国家机关部分部委和北京、天津、河北三省市纪检组织负责人，北京大学、清华大学和北京师范大学党委书记等50多人。

与会者结合学习陈云同志《要讲真理，不要讲面子》的文章，联系实际，进行了热烈的讨论。座谈会殷切期望党的组织要发挥战斗堡垒作用；党的领导干部特别是高级干部，要起模范带头作用；广大群众要对各级党组织和党员干部认真监督；各级纪检干部要坚持党性，忠于职守，毫不留情地同不正之风进行斗争。

#### 总结工作，增强信心

搞好党风，关系重大。王鹤寿同志说：正确路线的贯彻必须依靠好的党风来保证。三中全会以来，党的路线、方针、政策是正确的，但只有正确路线，没有端正的党风，"四化"依然实现不了。因为，如果党的组织不纯，思想不纯，作风不纯，怎么能去贯彻和实施党的正确路线呢？北京大学党委书记韩天石说：我们应该充分看到端正党风的有利条件。我们党内大多数同志作风是正的，广大群众对党风不正是深恶痛绝的。

党风正在好转。与会同志用大量事实说明了我国当前政治生活中的这个实际。自从中纪委和各级纪检组织重新建立以来，在党中央的高度重视和正确领导下，在亿万群众的支持下，取得了很大的成绩。去年一年仅中纪委直接、间接处理的3000多个案件，绝大多数是群众来信来访和报刊上反映的。有的群众为了同不正之风作斗争，不怕打击。有的纪检干部为了伸张正义，顶住压力。不少犯错误的干部，知错必改，取得了人民群众的信任。一些违法乱纪的人和事，得到了应有的处理，严肃了党纪和国法。这一切使人们增强了信心。

#### 党风不正仍很严重

党风不正仍是一个亟待解决的严重问题。

大家在发言中，列举了党风不正在当前的主要表现：

政治思想上严重不纯。有少数党员干部背离党中央的路线，甚至公开和党中央唱反调。有的违背四项基本原则，存在着资产阶级自由化倾向。有个地区的负责人公然攻击党中央，攻击三中全会路线，可是就处理不了。有些党员眼睛里没党。国家建委有个中外合营企业的经理，在北京饭店包了房子住，自己给自己增加工资。党组织发现后找他谈话，他竟说，领导我的是董事会。有的党员干部，心中没有共产主义大目标，忘掉了党为人民服务的宗旨，个人主义第一，想的是票子、房子、孩子。有的领导干部，通过拉关系、走后门，把自己的子女硬往大学里塞，往国外送，影响很坏。

经济上捞一把，进行违法乱纪活动。有的党员和干部搞走私，投机倒把，贪污盗窃，行贿受贿。有的公安人员利用办理户口、办出国签证等，进行敲诈勒索，接受贿赂。浙江省丽水县公安局的一个股长，编造假材料，为一妇女办理去港手续，受贿17英寸电视机一台。有些人借出国机会，违反纪律，谋取私利。有人名曰花了一点钱，实则向人家要东西，不顾国格、人格。

作风上严重的官僚主义。有的干部高高在上，精神萎靡不振，对群众的疾苦漠不关心，工作不负责任，办事推诿、拖沓。官僚主义作风，不仅影响"四化"建设，而且助长不正之风。

#### 不正之风保护不正之风

与会的同志讨论了纠正不正之风为什么那么困难。他们认为原因是多方面的，有些党委缺乏战斗力，在不正之风面前表现得软弱无力；有的党员干部自己参与搞不正之风；有的自己的子女、亲戚、朋友搞了不正之风，就千方百计进行包庇，特别是批评高级干部，更要费九牛二虎之力。煤炭部纪检组组长任志恒说：河南有个矿务局，局长搞不正之风，很严重。省财政局组织人检查，省委研究要严肃处理，但也有个别负责人说情，还说如果河南有一万个问题要处理，这个问题也排不上号,甚至还要提拔这个人。座谈会上,很多同志插话,这一定要处理,有一万个就要处理一万个。

这些都说明,现在要执行党的纪律,开展正常的批评和自我批评,很不容易。

为了同不正之风进行有效的斗争,许多同志提出要对党员进行党性教育,使每个党员时刻牢记党的宗旨和奋斗目标,以无产阶级先进分子要求自己。中纪委副书记张策说,共产党员一定要坚持党和人民的利益,不能当好好先生,该提的意见必须提,对坏人坏事不能漠然置之。不然,共产党员不起作用,怎么带领人民搞“四化”呢?国家经委纪检组组长周仲英语重心长地说:我们这些老党员老干部,不过是长期革命斗争中的幸存者,现在,搞好党风,首先要从自己做起,否则就对不起先烈,对不起养育我们的人民。

端正党风,必须加强党的建设,提高党组织的战斗力。中纪委副书记赵毅敏十分强调这个问题。他说,党的组织不管党员,不管党风,不知道什么是党性原则,怎么能带领党员和群众前进呢?我们要把党的生活健全起来,让合格的党员做支部工作,经常展开批评和自我批评,使基层党组织真正成为战斗堡垒,端正党风就有保证。

全党动手　上帮下促

河北省纪委第一书记曹幼民结合本省的实际说:党风问题事关党的生死存亡,是一个全局性的问题,必须全党动手,尤其是第一书记必须带头抓。为解决河北问题,党中央派人到河北宣讲六中全会的精神,形成一个上帮下促的局面,全省的面貌就发生了变化。有的县盖房子占耕地,群众意见大,县委第一书记主持县委开了几次生活会,开展批评和自我批评,问题很快就解决了。

铁道部纪委常务书记慕纯农说:解一个疙瘩,单靠自身力量是难以解决的。要靠两头夹攻。上头的问题解决了,下边的问题就好办了。

北京市委纪委筹备组副组长杨浚说:北京市刹吃喝风,中纪委和北京市委都很重视,收效较大。如果中纪委、北京市委不下大的决心,这个问题是难以解决的。当然,刹吃喝风也有不少阻力,有的人手脚不干净,参与了吃喝,当然不愿意管,同病相怜嘛!即使管也讲情面,大事化小,小事化了。

参加座谈的一些同志指出,帮,是帮坚持真理的人,帮犯错误的人改正错误。要保护广大群众同不正之风斗争的积极性。

参加座谈的同志普遍认为,抓党风仅靠纪检部门是不够的。首先要各级党委重视,特别是第一书记要亲自抓党风。职能部门协同作战。要上下左右,一齐动手,打总体战,进行综合治理。

自己干净才能帮助别人洗澡

今年党风要有一个决定性的好转,纪检干部要以身作则,坚持真理,不讲面子,为端正党风努力奋斗。慕纯农同志说:元旦前,铁道部纪委召开生活会,纪委内部开展批评和自我批评,还准备召开在北京地区十几个部属单位的纪委书记会议,共同研究纪委干部应该怎么办?延安整风时,有一句话叫作“脱裤子,割尾巴”。现在端正党风,纪检干部自己不干净,怎么帮助别人洗澡呢?

中纪委副秘书长李之琏说:有的党的纪律检查部门,对于纠正不正之风,维护党的纪律的工作缺乏勇气,一遇到困难就束手无策,止步不前,或者不主动同不正之风和违法乱纪现象进行斗争,观望等待;上级批一件办一件,不批不办,回避矛盾,多一事不如少一事;或者为了照顾个别领导人的面子,而不向上级反映问题;上级追查时才勉强应付一下,讲了面子,就丢弃了党的原则,丧失了战斗力。有的地方对违反党纪的同志不是按照党的原则严肃处理,而是用种种歪道理来为其开脱,如“过去有功劳”,“认识问题”,“已作检查”,“下不为例”等为理由不予处理。我们纪检干部一定要振奋精神,把为真理而奋斗的精神体现到我们每项工作中。

经过讨论,参加座谈的同志一致认为,三年来,党风没有根本好转,与我们工作不力有关。今年中纪委和各级纪委都要认真抓党风,重点是:(一)纠正思想领域的不正之风,坚持四项基本原则,坚持党的路线、方针、政策,反对资产阶级自由化;(二)抓经济领域的不正之风,保证“四化”建设的顺利进行;(三)反对官僚主义作风,卓有成效地为人民服务。王鹤寿同志说:过去,我们提倡“五不怕”的精神,黄克诚同志说纪检干部还要不怕撕破面子,不怕打黑枪,现在看来还得加上不怕丢选票,不怕评不上工资。总之,要有公而忘私的献身精神,才能做到铁面无私,做好纪检工作。

中纪委副书记章蕴在座谈会期间,听取一个涉及少数领导干部的诈骗案时,不顾情面,指名道姓要一位负责干部作检查,并提出对犯有严重错误的干部要尽快作出处理。

与会的同志满怀信心地谈到,中国共产党有批评和自我批评的光荣传统,我们一定能够坚持讲真理,不讲面子,坚定地运用批评和自我批评武器,纠正党内的不正之风,使今年的党风有个决定性的好转。

**中国科协在北京召开农业技术承包经验交流会**

到会的200多名县科协和公社科普协会的代表,交流了各地开展农业技术承包活动的情况和经验。他们介绍的情况和经验表明,农业技术承包是把科学技术送到农民手里,使它直接服务于生产,迅速转变为生产力的有力措施,经济效果十分显著。中国科协副主席裴丽生在会上讲了话。

这种技术承包一般是一方(县科协及其所属学会、协会、研究会或公社科普协会、科技人员等)和另一方(生产队、专业组或农户)签订科学技术联产奖赔合同或科学种田合同等,以保证科学技术得到应用,使农业增产,农民增收,同时培训农民技术骨干,要求双方都严格执行合同规定。如果按合同指标实现超产,超产部分双方分成;如果因技术措施不当而减产,减产部分由科协部门赔偿。技术承包的范围包括粮食作物、多种经营、农机使用、良种繁育、作物栽培、防治病虫害、果树保养以及新技术引进等。

**国务院副总理万里在北京会见农业技术承包经验交流会的成员**

万里同志说,当前我国农村出现了一个十分可爱、可喜的形势,很多农民已经在生产中认识到了科学技术是生产力,他们要学科学、用科学。各级党委和科技界要充分认识这种形势,站在这个形势的前头,带领农民向科学技术进军,促进这个大好形势。国务院有关部委的负责人和一些农业专家参加了会见。

万里同志说,我赞成和支持总结农业技术承包责任制的经验,并希望在总结经验的基础上不断完善与推广这项活动。他说,我国经济建设的十条方针,第一条就是发展农业。如果不把农业放在首位,放在基础的位置上,就谈不上"四化"建设。发展农业靠政策,靠科学,政策也是科学,是社会科学。一句话,靠科学去发展农业,解决10亿人民的吃穿问题,解决发展中国的经济问题。

万里同志说,中国农民积累了丰富的生产经验,科学家应当同农民相结合,把我国农业传统的技术经验与现代科学技术结合起来,创造出适合中国国情的农业向现代化前进的新路子。

他说,不要轻视农民中的技术专家、能工巧匠。他们与高等学校毕业的专业科技人才,加上相当数量的中学生,就是一支重要的农业科技力量。我们要用多种组织形式,把他们组织起来,共同攻关,用到农业发展最需要的地方去。政府要在物质条件上给予支持。

万里同志特别强调普及农业科学技术的重要性。他说,现在农民的生产积极性起来了,还需要有个科学性,应该通过各种办法大力普及农业科学技术,使领导农业和从事农业的人都知道一定的农业科技知识。

**中国和南斯拉夫在北京签订两项经济合作合同**

这两项合同是:南斯拉夫向中国提供种子加工厂成套设备和技术服务合同,中国向南斯拉夫提供新疆细毛种羊和技术服务合同。

南斯拉夫提供的种子加工厂年产1万吨,主要用于加工小麦、大豆和玉米种子。中国向南斯拉夫提供的细毛种羊共630只。双方将互派技术人员为对方提供技术指导。

这两项合同是根据中南两国农业和食品工业合作委员会第三次会议的规定商议的,由中国农垦进出口服务公司和南斯拉夫贝尔格莱德农业联合企业签订。

中国农垦进出口服务公司经理关继云,南斯拉夫贝尔格莱德农业联合企业总经理米洛依科·维廖维奇代表双方在合同上签字。农垦部部长高扬、南斯拉夫驻中国大使奥斯托依奇出席了签字仪式。

**中国将释放7名被俘越南军人**

中国外交部第一亚洲司副司长张德维,约见越南驻华大使馆参赞陈曰河,受权通知他中国将在春节前夕,释放被俘的越南军人梅青传等7人。张德维说,这7名越南军人,是在侵入中国境内,进行侦察、破坏活动时,被中国边防部队和民兵俘获的。经中国有关部门审查,他们都供认侵犯了中国的领土主权。中国政府本着人道主义精神,决定在1月15日在友谊关释放他们,使他们回国同亲人团聚。张德维说,在这次释放被俘越军人员的同时,中国还将把越南渔民武成山等4人交给越南方面。这些渔民是在非法进入中国西沙群岛金银岛海面,他们的船只触礁沉没时被中国方面救起的。张德维在这次谈话中,还受权答复了越南外交部1981年12月28日照会中提出的在春节期间双方"不在两国边境地区进行敌对武装活动、开枪开炮"的建议,张德维指出,"正如中国方面过去曾多次指出的那样,越南方面的这种'建议'是虚伪的,完全是为了欺骗世界舆论,蒙蔽越南人民,掩盖其反华的罪恶行径。中越两国边境地区出现的紧张局势,是越南当局推行反华仇华和地区霸权主义政策造成的。无论春节期间或者任何其他时候,只要越南方面不对中国边境进行军事挑衅和侵犯活动,中国方面就不会给予还击,中越边境地区就能得到和平与稳定。"

**王震等党和国家领导人在人民大会堂会见出席全国少数民族文学创作评奖发奖大会和全国农村文化艺术工作先进集体 先进工作者表彰大会的全体人员**

王震、乌兰夫、赛福鼎、谷牧、姚依林、胡厥文、班禅额尔德尼·确吉坚赞、薄一波、杨静仁、刘澜涛、董其武和文化部、国家民委、中国文联、中国作家协会的负责人参加了会见。

**电视剧艺术委员会第一次会议在北京召开**

中央宣传部批准，在文化部领导下的电视剧艺术委员会于1月4日成立。文化部副部长陈荒煤主持召开了第一次会议。与会同志研究、讨论了电视剧艺术委员会的方针、任务。大家一致认为，随着电视事业的发展，电视剧已经成为我国最现代化、最迅速、最普及的群众艺术，应为建设社会主义的高度精神文明作出更大的贡献。电视剧艺术委员会要坚持为人民服务、为社会主义服务的方向，坚持双百方针，协调有关电视剧创作各方面关系，加强组织戏剧界、电影界、文学界的创作力量，调动各方面积极因素，大力发展和繁荣电视剧创作。

电视剧艺术委员会由金山任主任，赵寻、司徒慧敏、李连庆任副主任。

**中国田径协会中国体育记者协会公布1981年全国优秀田径运动员名单**

名单共有8人，他们在1981年比赛中的成绩进入了世界前20名或创造了亚洲纪录。

邹振先，辽宁选手，男子三级跳远亚洲和全国纪录保持者。在1981年第四届亚洲田径锦标赛中获冠军；在第十一届世界大学生运动会上获冠军；在第三届世界杯田径赛中，以17.34米的优异成绩获亚军。这个成绩为1981年世界三级跳远成绩的第三名。

朱建华，上海选手，在1981年第四届亚洲田径锦标赛中，以2.30米的成绩取得男子跳高冠军。这个成绩为1981年世界男子跳高成绩的第五名(并列)。在第十一届世界大学生运动会上获得亚军。

刘玉煌，福建选手，在第十一届世界大学生运动会上，以8.11米的成绩获得男子跳远亚军，创造了亚洲和全国新纪录。这个成绩并列1981年世界男子跳远成绩的第九名。

郑达真，福建选手，全国女子跳高纪录保持者。在第十一届世界大学生运动会上，以1.91米的成绩获第四名。这个成绩并列1981年世界女子跳高成绩的第十九名。

唐国丽，山东选手，全国女子标枪纪录保持者。1981年在第四届亚洲田径锦标赛中，以61.64米的成绩获得冠军，并创造亚洲和全国纪录。

沈丽娟，浙江选手，亚洲和全国女子铅球纪录保持者。1981年在北京地区第三次田径赛中，以18.15米的成绩打破亚洲和全国女子铅球纪录；在第四届亚洲田径锦标赛中又以17.75米的成绩获得冠军。

叶佩素，浙江选手，1981年在第四届亚洲田径锦标赛中，以5445分(手计时)的成绩获得女子7项全能第一名；在全国田径分区赛中，又以5518分(手计时)的成绩创造亚洲和全国7项全能新纪录。

章会芬，陕西选手，1981年在全国田径锦标赛中，以59秒24的成绩打破亚洲和全国女子400米栏纪录。

## 1月5日

**共青团中央在北京召开共青团省区市委书记座谈会**

会议于1月5日至14日召开。与会的同志学习了胡耀邦同志对团中央领导同志的谈话，以及陈云同志《要讲真理，不要讲面子》的文章。大家运用批评和自我批评的武器，回顾了过去一年的工作，既肯定了成绩，又着重找出了不足之处。会议根据党中央关于建设物质文明和精神文明的号召，讨论了1982年全团的工作任务。

习仲勋同志到会做了重要讲话。他说，共青团在新时期担负着繁重的任务，党对你们寄予很大的希望。你们要更加放手工作，打开新局面，率领团员和广大青年在建设社会主义物质文明和精神文明的斗争中争当先锋。

习仲勋同志说，加强共青团自身建设很重要。要求团员成为合格团员，要求团支部成为先进团支部，首先要求各级团的领导机关，特别是领导班子要做表率。他强调，共青团应该经常研究新情况，提出新见解，这样才有朝气，才能带领青年前进，才叫党的助手。

习仲勋同志还说，共青团要继承和发扬延安精神。一个是有革命理想，一个是艰苦奋斗。团干部要在行动上做表率。

在谈到青年要勤奋学习时，习仲勋同志勉励大家要认真学习马列和毛主席的著作，学习老一辈革命家的著作。共青团的干部要坚持真理，不要讲面子，在开展批评与自我批评方面，也要带头。

习仲勋同志还说，党要管团。团是党的助手，团是党的很重要的方面军。青年工作是全党的工作，各级党委要对这一点有足够的重视。

与会同志学习了中央领导同志的讲话，深深地体会到党中央对共青团的信任和重托。大家认为，要肩负起共青团的光荣任务，各级团的干部要努力做到政治上很坚强，行动上做榜样。

韩英同志代表团中央书记处作了总结，对团中央书记处工作中的缺点和不足作了自我批评，并谈了改进措施。

与会的同志经过认真讨论，一致认为1982年全团工作总的要求是：认真贯彻党的十一届六中全会精神，狠抓团的思想建设和组织建设，增强团组织的战斗力，更加广泛深入地开展“三热爱”教育和“五讲四美”、新长征突击手活动,进一步发挥团员青年在建设社会主义物质文明和精神文明中的先锋作用,以新的成绩迎接共青团十一大的召开。

一、进一步加强和改进团的思想政治工作。今年要把热爱党、热爱祖国、热爱社会主义制度教育广泛开展起来,引导青年坚持四项基本原则,树立坚定正确的政治方向。要理直气壮地宣传党的路线、方针、政策,坚定不移地用马列主义世界观和共产主义道德教育青年,引导青年继承和发扬革命传统,抵制资本主义思想、封建残余思想的侵蚀,克服无政府主义和极端个人主义思想的影响。要继续广泛开展"五讲四美"活动,为争取社会风气的决定性好转做贡献。今年3月开展"文明礼貌月",把学雷锋树新风的活动引向深入;9月前后结合迎接国庆,使"三热爱"教育活动形成强大的声势。

二、继续开展争当新长征突击手活动。继续发动青年开展立足本职创一流、争做能手、多做贡献活动。

三、加强团的自身建设。当前,要把创先进团支部活动和做合格团员的教育抓出成效来。继续做好发展团员工作。加强团的各级领导班子的建设。

**全国有色金属工业工作会议在北京举行**

国家有色金属工业管理总局于1月5日至13日召开全国有色金属工业工作会议,研究加快发展有色金属工业的具体技术经济政策和措施。

与会人员分析了我国有色金属工业的现状,肯定了新中国成立以来,特别是近几年有色金属工业取得的成绩,同时也实事求是地指出存在的问题。他们根据赵紫阳总理提出的我国今后经济建设的十条方针,结合有色金属工业的实际情况,提出了发展有色金属工业的13个方面的具体技术经济政策和措施。主要内容有:坚持把矿山生产建设放在有色金属工业的首位。加快改革有色金属企业的产品结构,努力提高产品质量,扩大品种,更好地为工农业和轻工市场、消费品工业服务,为国民经济的技术改造、国防现代化建设和出口服务。要依靠科学技术发展有色金属工业。要优先发展铝工业。继续大搞综合利用,搞好环境保护。要把再生有色金属的回收和生产纳入计划,不断提高产量。

会议还提出,有色金属企业的建设周期要力求缩短,提高投资效果;要有重点、分步骤地搞好现有骨干企业的技术改造,充分挖掘生产潜力;要搞好企业管理。此外,还要学会利用外资,从易入手争速效;要稳步进行管理体制的改革。会议期间,国务院领导同志听取了汇报后指出,发展有色金属是我们的优势,十年内要有所作为。特别是我国铝和水电资源都很丰富,要充分利用这两个优势,实行铝、电联合开发。

**第四次全国农作物育种工作会议在北京召开**

为了总结经验,明确任务,制定措施,组织起来协作攻关,使作物育种工作为加快农业生产发展和实现农业现代化发挥更大的作用,国家农委、国家科委委托农业部于1月5日至14日召开第四次全国农作物育种工作会议。

参加会议的有29个省、自治区、直辖市农业厅(局)、农科院、农业高等院校等单位的领导和作物育种专家,以及有关部门的科研和行政管理人员,共计有320多人。会议收到了有关作物育种的总结报告和研究论文210多篇。还有13位著名育种专家、教授在大会上介绍了经验。这是1966年召开第三次全国作物育种工作会议之后,我国农作物育种界的一次盛会。

**中共中央副主席李先念在人民大会堂会见意大利《团结报》驻京记者锡格蒙德·金兹伯格**

**国务院副总理姬鹏飞在人民大会堂设宴欢迎英国掌玺大臣汉弗莱·阿特金斯**

姬鹏飞首先指出,中英两国对当前国际重大问题的看法有许多共同之处。他说,撒切尔夫人领导的英国政府对遏制苏联霸权主义的扩张所采取的坚定态度,我们一直予以高度的评价。他表示相信,在当前动荡不安的国际形势下,加强两国的政治磋商,加深相互的了解,对于反对霸权主义、维护世界和平,是十分重要的。

姬鹏飞说,中英两国升格为大使级关系十年来,两国的关系有了很大的发展。可以预期,只要我们双方继续努力,今后中英关系的发展是大有可为的,前景是很广阔的。

阿特金斯大臣说,尽管我们在政治和经济思想上有很大不同,但两国有着广泛的共同利益。特别是,我们都有维护世界和平,反抗来自任何方面的扩张主义和侵略,坚持主权原则的共同决心。因此,我们继续在这些方面和其他方面频繁地交换意见是很重要的。

**解放军总政治部在北京召开全军政治工作会议**

会议于1月5日至12日在北京召开。会议要求全军在新的一年里继续加强政治思工作,着重抓好继续深入学习和贯彻《关于建国以来党的若干历史问题的决议》(以下简称《决议》),大力建设社会主义精神文明,保证调整方针顺利实现,促进现代化、正规化革命军队建设,进一步提高部队的战斗力。

会议强调指出,现在,我们党、国家和军队的大政方针都已确定，目标、任务都已明确，我们的任务就是要通过强有力的政治工作，鼓干劲，抓落实，使全军广大指战员进一步振奋革命精神，扎扎实实地工作，为贯彻落实好这些大政方针而奋斗，保证军队工作在1982年有一个新的更大的进展。

中共中央副主席、中央军委主席邓小平，中共中央、中央军委副主席叶剑英，先后对会议作了重要指示。会议期间还学习了胡耀邦、赵紫阳、陈云等中央领导同志最近的重要讲话；学习了陈云同志的《要讲真理，不要讲面子》的文章。

国务院副总理兼国防部部长耿飚、中央军委秘书长杨尚昆，先后到会讲了话。

总政治部主任韦国清作了题为《1981年全军政治工作的基本情况和1982年的主要任务》的报告。他说，党的十一届三中全会以来，军队政治工作紧跟党中央的部署，不断向前发展，不断有所进步，形势一年比一年好，1981年前进的步子更大一些。全军自觉坚持四项基本原则，贯彻执行党的路线、方针、政策，从法卡山、扣林山的战斗到几个省的抗洪抢险，从华北地区的演习和阅兵到战备训练、施工、生产、科研等各项任务，都完成得比较好。官兵团结和军政军民团结有了新的进展。大量事实证明，政治挂帅、思想领先的原则，在任何时候、对任何工作都适用。在新的形势下，政治工作仍然是我军的生命线，只能加强，不能削弱。军队越是现代化正规化，越要加强政治工作。他指出，今后摆在我们政治工作面前第一位的任务，仍然是要抓好党的路线方针政策的学习和贯彻。我们一定要充分运用已经取得的好经验，把工作做得更好。

到会同志结合部队实际，认真回顾和总结了1981年全军政治工作的成就和经验。一致认为，这一年政治工作指导思想明确、重点突出，对关系全局的大事，如四项基本原则、党的路线方针政策和《决议》等的学习贯彻，行动快，抓得紧，效果好，有力地保证了党对军队的绝对领导，保持了军队建设正确的政治方向，并且在做好新时期的政治思想工作中，总结了许多新的经验。

会议着重研究和确定了1982年全军政治工作的主要任务。这就是：继续深入学习贯彻《决议》，更加广泛地开展建设社会主义精神文明的活动，使部队的政治思想觉悟有新的提高；认真贯彻调整方针，切实做好调整中的思想工作和组织工作，按照革命化、知识化、专业化、年轻化的要求进一步加强干部队伍建设；大力加强基层建设，着重搞好党支部建设，打好基层政治工作的坚实基础；整顿党委和机关的思想作风，使思想领导涣散软弱状态和党风有个决定性的好转，卓有成效地做好各方面的工作。

参加会议的有总政治部副主任梁必业、甘渭汉、黄玉昆、颜金生、朱云谦、史进前、华楠，全军各大单位和军级政治工作领导干部。

**国务院副总理薄一波在人民大会堂参加首都高等院校应届毕业生报告会**

首都12000多名高等院校应届毕业生和来自天津一些高等院校的200多名应届毕业生代表一起参加了报告会。教育部部长蒋南翔主持报告会。

薄一波说，首都和全国大专院校的这一届毕业生，政治思想和文化知识的素质都是比较好的。你们走上工作岗位，将为祖国的“四化”建设增添一批新的力量。伟大的事业在期待着你们，国家和人民祝贺你们，欢迎你们！

薄一波阐述了我国当前政治上更加安定团结、经济上进一步好转的好形势之后，向应届毕业生提出了五点希望：

第一，要坚持四项基本原则，在任何情况下，不论遇到什么风浪，都不要有任何动摇。在前一个时期，社会上出现了一股资产阶级自由化的思潮，否定四项基本原则。在反对这种错误思潮的斗争中，大专院校的广大学生的表现是好的，显示出优良的政治素质，希望大家继续保持正确的政治方向。有很少数学生受这种错误思潮的影响，有一些不符合四项基本原则的思想，希望经过批评与自我批评改正过来。应届毕业生走上工作岗位以后，要继续认真学习马列主义、毛泽东思想，学习党中央的方针政策。

第二，要深入实际，坚持理论联系实际。毕业生们要立志做大事，立志成才，到基层去，到第一线去经受锻炼。没有经过基层实践锻炼的人，取得的知识是不全面的。无论到什么岗位上，都要注意联系实际。你们上了几年大学，学了很多知识，但是你们的知识还是书本知识比较多，实践经验比较缺乏。只有把理论和实践结合起来的知识，才是完全的知识。今后你们一方面在工作中还要坚持继续学习，另一方面要用更多的时间，更多的精力，在理论联系实际上下功夫，学会办事，学会处理和解决实际问题。只有这样，你们才能锻炼成为建设社会主义事业的有用人才。

要三，要虚心向工农群众学习，向有实践经验、有学问的同志学习。你们走上工作岗位以后，要抱着恭谨勤劳的态度，虚心求教的态度，同工农群众打成一片。要切切实实地做好调查研究，认真钻研业务，注意了解新情况，研究新问题，不懂就问，热忱地向别的同志请教。

第四，要继续保持青年人的革命朝气和实事求是精神。党中央号召全党和全国人民振奋革命精神，建设“两个文明”，各条战线都正在采取有力措施，改进工作，提高效率，振奋精神。你们走上工作岗位，把青年人的革命朝气带进去，一定会增加新的血液，新的力量。你们要用实事求是的态度看待可能碰到的各种问题。道路从来就不是平坦的，只要依靠党，依靠群众，坚持真理，修正错误，问题一定可以逐步求得正确的解决。青年人对于光明的前景，更应当有坚定的信心。

第五，希望大家安排好自己的生活。到新的岗位，不能设想那里什么都会事先安排得妥妥当当。有些地方还比较艰苦，你们要有足够的精神准备。同时，希望大家注意锻炼身体，以保持旺盛的精力。

薄一波在讲话中还对有关的各级领导也提出了几点希望。他说，这一届毕业生，是社会主义现代化建设的生力军，党和政府对他们寄予极大的希望。我在这里代表国务院，希望各级领导认真地做好关心、培养和正确使用应届大学毕业生的工作，为他们创造适当的工作、学习、生活等各方面的条件。

中共北京市委第一书记段君毅和中央有关部委、北京市有关部门以及首都高等院校负责人等出席了大会。

**《刘少奇选集》上卷出版**

中共中央文献编辑委员会编辑的《刘少奇选集》上卷由人民出版社出版，在全国各省、自治区、直辖市的新华书店发行。

《刘少奇选集》上卷共31万字，集中了刘少奇同志新中国成立以前最重要的讲话、文章、书信和电报38篇，其中22篇没有公开发表过。选集记录了刘少奇同志在党的建设、白区工作、工人运动、统一战线、抗日游击战争和根据地建设等方面建立的不朽功绩，反映了他对作为党的集体智慧结晶的毛泽东思想的形成和发展所做的杰出贡献。

**全国气象局长会议在北京召开**

会议于1月5日至16日召开。国务院副总理万里参加会议。

会议总结了过去一年的工作，研究部署了1982年的任务。会议对气象部门带有全局性的问题，如气象部门的调整和整顿工作，气象服务的方向等，经过讨论，基本上取得了一致的看法。

会议期间，万里同志听取了中央气象局领导同志关于会议情况的汇报。

万里要求气象工作者要提高服务质量，当好人民的“情报员”，天气预报要逐步做到准确、迅速，讲求经济效益，更好地为农业、工业、交通运输业、渔业、航海业等各行各业服务。

万里同志在全国气象局长会议上说，新中国成立以来，气象工作成绩很大，特别是去年成绩更为突出。他向广大气象工作者表示慰问和感谢。他要求对长年累月战斗在高山、沙漠、海岛等环境艰苦地区的气象人员，给予更大的关心和照顾。

会议研究确定，1982年的气象工作将继续贯彻以调整为中心的八字方针，精简机构，加强基层建设，狠抓灾害性天气预报，全面提高服务质量。

会议要求各地气象部门必须千方百计，利用多种手段，在为农业服务的同时，加强为工业、科研和国防现代化服务。要重视并做好气象为人民群众的生活服务。

会议要求各级气象台、站，1982年要在汛期前及早部署，努力把长、中、短期天气预报搞好，把短期和短时的天气预报做得更准确些，为保障“四化”建设作出贡献。

## 1月6日

**国务院副总理姬鹏飞在人民大会堂会见并宴请柬埔寨诺罗敦·西哈努克亲王**

**国务院副总理余秋里在北京会见美国制造商汉诺威银行（汉华实业银行）董事长兼行长约翰·麦吉利卡迪一行**

## 1月7日

**《人民日报》发表姚力文 吴智棠文章《党和人民的宝贵精神财富——学习〈刘少奇选集〉上卷》**

《刘少奇选集》（以下简称《选集》）上卷问世了。上卷包括新中国成立以前新民主主义革命时期的38篇文章。通读《选集》，我们深切地认识到，刘少奇同志之所以能成长为伟大的马克思主义者，能对人民的解放事业建立不朽功绩，能对作为党的集体智慧结晶的毛泽东思想的形成和发展作出杰出贡献，最主要之点，在于他一贯坚持马列主义的普遍真理同中国革命具体实践相结合的原则。他善于运用马克思主义的立场、观点、方法解决革命斗争中的各种实际问题，重视总结中国革命的实践经验，注意克服教条主义和经验主义，努力用适当方式反对“左”的或右的倾向，进行两条战线的斗争。这是少奇同志高尚的政治品格和优良学风的体现，也是我们今天需要学习和发扬的好传统。

*运用马克思主义的立场、观点、方法解决中国革命的实际问题*

在中国共产党诞生的前夕，列宁曾经对东方的共产主义者提出必须把一般共产主义的理论和实践运用于主要群众是农民、需要解决的问题不是反对资本而是反对中世纪残余这样一个特别崇高而困难的任务。在我国,列宁所说的这个反对中世纪残余的民主革命,已经由以毛泽东同志为主要代表的中国共产党人,经过长期的英勇奋斗,创造性地胜利地完成了。

少奇同志在党和人民的集体奋斗中,一贯恪守列宁的上述教导。他说:"中国社会历史发展的具体道路和欧洲各国社会历史发展的道路比,有其更大的特殊性。因此,要使马克思主义中国化,要用马列主义的原理来解释中国社会历史实践,并指导这种实践,就觉得特别困难些。"(《刘少奇选集》上卷第222页。以下引文均引自该书,只注页码)少奇同志在长期的革命生涯中,为克服这种困难,进行了坚持不懈的努力。无论何时,他都自觉地运用马克思主义的立场、观点、方法来解决革命斗争中的实际问题。比如1936年春到1938年,少奇同志肩负党中央的重托,奔赴抗日前线的平津和山西,把党关于建立抗日民族统一战线的总任务与华北地区当时当地的具体情况紧密结合起来,出色地领导了华北地区党的工作的转变和抗日斗争的猛烈发展,就是一个范例。

1935年12月党中央在陕北瓦窑堡举行会议,对变化了的客观形势作了科学分析,决定了建立民族统一战线的策略,动员千百万群众反对日本帝国主义,变国内战争为全民族的抗日战争。这在我国革命和我党的发展进程中,确是一个极重要的历史转变。少奇同志是怎样推动这一转变,怎样把党的总任务、总策略变为华北人民的实际行动的呢?

少奇同志刚到北方局的时候,日本帝国主义正加紧向华北腹地侵略,企图变中国为它独占的殖民地,亡国灭种的大祸威胁着华北和全国各阶层人民,激起了新的民族革命浪潮,阶级关系发生急剧的变动。我党提出的抗日统一战线的新政策,获得各阶层人民的赞成,"停止内战、一致抗日"的口号,成为广大群众的呼声。另外,红军及陕甘边区同全国其他地区还处于隔离状态,遵义会议后党中央的正确路线在白区还未得到很好的贯彻;由于国民党的血腥统治,也由于党内"左"倾机会主义错误,白区党组织遭受极大的摧残;华北地区保留下来的若干党组织和一批中下级干部,还被"左"倾错误思想严重统治着。

针对上述情况,少奇同志首先集中力量做好党的工作的转变。他尖锐地指出,决不能"以叫几句统一战线的口号为满足","必须在党内提出彻底转变全般工作的问题"。(第58页)他进一步阐明,目前党的工作的转变,"是有两重性质的:(一)因为环境的变动,政策的改变,需要改变我们斗争的组织的与工作的方式。(二)因为在党与群众工作中还存在着错误的恶劣的传统,需要肃清与改变"。(第56页)实行党与群众工作的彻底的转变,特别是使许多同志改变多年来所执行并坚信为正确的关门主义与冒险主义的传统,使他们认识到自己过去在党与群众工作中所熟悉的那一套是错误的,"是一个极艰难的任务,然后这是决定一切的东西"。(第57页)

在少奇同志看来,清除"左"的传统影响,提高党员的政治理论水平,巩固与发展党的组织,是民族统一战线中实现无产阶级的领导权,动员千百万群众走上抗日战场,夺取抗战胜利的"唯一的保障"。为此,他通过办好党内指导刊物,写信、写文章,发表宣言,利用有影响的公开报刊讨论问题等多种方式,深刻解释政治形势的变动和实行抗日统一战线的正确性和重要性,系统地揭露了多年的"左"倾错误及其严重危害,引导各级党组织自觉地实行党的新的指导方针和斗争策略。

少奇同志在组织华北党的全盘工作的转变中,特别注意抓好对干部的选拔、考查和思想教育这一中心环节。他严肃批评了一些领导机关和领导干部用官僚主义与空谈的态度对付党的决议以及宣传上的形式化与文件的八股化,并教育干部坚持革命精神和务实精神的结合,实行工作作风和领导方式的转变,以正确建立党和群众的关系。他号召全党同志必须进行艰苦的工作与学习,"学习过去的经验,学习马克思列宁主义的理论,学习马克思列宁主义的方法",必须坚决抛弃主观主义与形式主义,坚决肃清关门主义与冒险主义的历史传统,以实现党和群众工作的彻底转变。

少奇同志向党员和干部阐明,"广泛的民族革命统一战线,成为我党领导中国革命到胜利之路的中心问题和主要关键"。(第24页)他在实践中紧紧抓住这一主要关键,并指导北方局踏踏实实地做了大量的宣传工作和组织工作。一方面,他和北方局通过各种方式号召广大群众为武装保卫平津、保卫华北而斗争,并以共产党员和在"一二·九"运动中涌现的积极分子为骨干,以各界救国联合会、民族解放先锋队、平津学生救国会等爱国团体为主要形式,发展轰轰烈烈的抗日救亡运动,在斗争中进一步壮大这些进步的群众性组织。另一方面,他又正确估计了宋哲元、阎锡山等华北地方实力派和其他上层人物在形势逼迫和群众推动下有转向同共产党合作抗日的可能。他果断地决策,派出得力的干部和党员,通过多种形式和关系同他们进行接洽和联络,开展建立上层的抗日民族统一战线工作。所有这些,对团结华北一切可能抗日的势力,进而推动全面抗战的实现，起了重大作用。随着抗日战争的爆发，特别是在太原沦陷和国民党正规军溃退的情况下，少奇同志依据党中央和毛泽东同志的指示，及时地向华北党组织和全区军民指出，独立自主地开展人民游击战争是华北人民的中心任务和抗日的主要斗争方式。他抓住有利时机，迅速地把工作重点转到领导敌后的游击战争和根据地的创建上来，并指导了敌后第一个抗日民主政权——晋察冀边区政府的建立。这样，华北地区的抗日民族统一战线便迅速发展到一个崭新的阶段。

实事求是地开展反对错误倾向的斗争，是少奇同志领导华北党组织实行正确转变的重要经验之一。在1936年11月，他就指出："当现在民族统一战线还没有正式形成以前，拒绝统一战线的'左'倾思想是主要危险。但是民族统一战线形成以后，右倾思想就将逐渐地成为主要危险。"（第47页）教条主义者王明在抗日民族统一战线问题上犯的先"左"倾后右倾的严重错误，证明了少奇同志这一预见的准确性。少奇同志坚持从实际出发的原则，在抗日战争爆发之前主要反对了"左"倾关门主义与冒险主义的恶劣传统，有力地促进了抗日民族统一战线的形成；在抗日战争爆发后直至党召开六届六中全会期间，主要反对了王明迁就大地主大资产阶级的右倾投降主义，为实现和捍卫党在抗日民族统一战线中的领导权，为推动党对抗日战争各项领导工作的迅速发展，作出了卓越的贡献。

少奇同志以自己的实践证明：马克思列宁主义是"观察一切社会现象、处理一切社会问题的武器"（第116页），"理论正确，指导正确，革命就能胜利"。（第409页）这确是一条颠扑不破的真理。

*对毛泽东思想的形成和发展作出贡献*

少奇同志重视概括中国革命的丰富经验，对毛泽东思想的形成和发展做了杰出的贡献。因限于篇幅，我们仅就以下几个问题的某些方面略加介绍。

*一、关于新民主主义革命的理论和策略*

无产阶级经过共产党掌握革命的领导权，是保证民主革命的彻底胜利并使之转变为社会主义革命的关键。少奇同志在1926年5月通过总结早期工人运动、特别是"五卅"运动的经验，对中国社会各阶级的政治态度及其相互关系作了科学分析，明确肯定："工人阶级在国民革命运动中之领导地位，是确凿不移的。"（第1页）到了抗日战争爆发的前后，少奇同志更加明确指出："中国的民主革命不能由资产阶级的领导来完成，而要由无产阶级在同资产阶级争夺领导权的斗争中来完成。"无产阶级在民族革命中"不应充当资产阶级的帮手，而要建立自己的独立领导"。（第48、49页）同时，对保证无产阶级领导权所必须解决的依靠谁、团结谁、打倒谁的问题，联合一切可能联合的同盟军、在一定条件下甚至联合次要的敌人去打倒主要的敌人的问题，在情况发生变化时及时改变战略和策略、采取相应的斗争方式和组织方式等问题，都在理论上政策上作了阐述。

在统一战线问题上，少奇同志既注意原则的坚定性，又注意策略的灵活性；一贯坚持党的独立自主原则，又十分讲究斗争艺术。他认为无产阶级必须组织成为坚强的独立力量，才能团聚小资产阶级和农民的力量，使自己成为统一战线的中坚。他深刻论述了正确处理战略任务与策略转变的关系，统一战线与阶级斗争的关系，上层统一战线与组织下层群众的关系，对同盟者的错误和动摇给予高度警惕和必要批评等问题。在新中国成立前夕，他还强调指出，经过人民政协这个统一战线的组织形式，巩固和发展全国人民和一切爱国分子的大团结，不仅是实行新民主主义的需要，而且也是将来实行社会主义的需要。

在民主革命时期，白区（国民党统治区）的城市斗争是配合农村武装斗争的一条重要战线。少奇同志在同"打倒一切，一切不合作，一切斗争到底"的"左"倾错误作斗争的实践中逐步形成关于白区工作的正确的理论、方针和策略原则。其基本点是：第一，党的组织隐蔽精干，积蓄力量，并随时输送自己的力量到农村去，以配合农村根据地的武装斗争，推动全国革命形势的发展。第二，白区工作的策略指导应根据形势的变化来恰当组织防御或进攻，反对盲目和莽撞。第三，领导群众的斗争要善于利用敌人内部的矛盾，联合多数，反对当前的主要敌人；要根据当时当地的环境和条件，提出群众可能接受的口号、要求和斗争方式；尽量运用合法斗争手段，但不搞合法主义；重视公开工作和秘密工作的严格区别及其联系，并使二者巧妙地结合起来，以保存和发展革命力量。所有这些，都是我们党的新民主主义革命理论和实践的一个重要部分。

政权问题是革命的基本问题。抗日战争初期，少奇同志就主张，把开展人民游击战争、创建敌后抗日根据地同建立民主的抗日政权结合起来。他认为，我党领导下的抗日民主政权"具有新中国雏形"的意义。（第225页）少奇同志富有特色的贡献之一，是在政权建设中阐明了民主法制问题的重要性。他考虑到中国的历史传统，强调必须在党内和人民群众中广泛深入地进行民主教育，特别是各级政府的工作同志和领导同志要加紧对民主的学习、修养和锻炼。他还具体提出应有专人研究资产阶级在革命时期的民主主义、社会主义国家的民主主义和中国的新民主主义,研究各国的宪法,并写出教材,制定出关于民主的法律,规定制裁那些侵犯民权的官员的办法等。这样,才能有效地克服官僚主义、宗派主义等不良现象。

二、关于党的建设的学说

少奇同志对党的建设理论有突出建树。他指出,党的建设必须把思想建设摆在首位,这是我们党的性质决定的。党的思想建设应从加强党员的思想修养做起。党的利益高于一切,是我们党员思想和行动的最高原则。他深刻阐明了理论建设是思想建设最重要的一环,强调学习理论与加强思想意识修养的一致性,共产党员在改造客观世界的实践中改造主观世界、增强党性锻炼的重要性。由于我们党员大量出身于农民小资产阶级,党内存在着各种非无产阶级的思想,用马克思主义这个无产阶级的科学思想来教育和改造我们的党员便成了最主要的任务。少奇同志还着重指出提高理论水平,区分真假马克思主义,保证党的指导思想的正确,是我们党的各种经验中最重要的经验。1948年冬少奇同志就预见到,在党随着革命的胜利而变为全国性的执政党之后,"我们要管理全中国,事情更艰难了",而且"胜利后,一定会有些人腐化、官僚化",因此,要保持无产阶级政党的纯洁性,在提高纪律性的同时,加强党的思想理论建设具有更重大的意义。

党的思想建设是党的组织建设的基础,而组织建设又是思想建设的保证。少奇同志认为坚持民主集中制原则是党的组织建设必须遵循的"规律",因为它正确地决定了和反映了党的领导者与被领导者的关系,党的上级组织与下级组织的关系,党员个人与党的整体的关系,党的中央、党的各级组织与党员群众的关系。他深刻指出,"党内民主的实质,就是要发扬党员的自动性与积极性,提高党员对党的事业的责任心,发动党员或党员的代表在党章规定的范围内尽量发表意见,以积极参加党对于人民事业的领导工作,并以此来巩固党的纪律和统一"。(第365页)鉴于在中国这个落后的农业国家里容易出现称王称霸的个人专制主义现象,少奇同志特别强调要扩大党内民主。"我们不只是要在形式上执行一些民主手续,更要紧的是我们要提倡一种民主的工作精神。"(第66页)领导机关应当尊重每一个同志的意见和应有的权利;负责人员在党内没有特权,应倾听同志的意见,接受下面的批评,用平等的兄弟的态度对待同志,大公无私地处理问题。但实行高度的民主又"必须保证是按照有利于党的事业(即人民的事业)的方向进行"。(第366页)所以,既要反对反映特权阶级思想的个人专制主义,又要反对主要来源于小资产阶级散漫性的无政府倾向。

正确进行党内的批评和斗争,是克服错误倾向、加强党的建设的不可缺少的武器。少奇同志总结了党的历史经验特别是在王明"左"倾错误统治下搞过火斗争的痛苦经验,批评了他那种机械地理解列宁原则、把党内斗争绝对化的错误,系统地论述了党内斗争的性质、内容、来源,指明了对党内斗争应采取的正确的态度、方式和方法。在我们党内,必须着重解决无产阶级思想与非无产阶级思想的矛盾,解决这一矛盾的斗争"主要的是思想斗争",因此,必须采取对党负责的严肃的态度和说理的方法,既要反对自由主义与调和主义,又要反对机械的、过火的斗争和无原则纠纷。少奇同志反复强调,要禁止一切违犯党章党纪的斗争方式,要纠正"对什么小缺点也要加上政治上的'机会主义'等大帽子",并"滥用组织手段甚至党外斗争的手段来惩罚同志"(第156页)等恶劣做法;坚决主张要划清革命和反革命的界限、党内斗争和党外斗争的界限,正确对待犯错误的同志。

少奇同志在许多文章中阐述了群众、阶级、政党和领袖的关系问题。他指出,无产阶级和人民群众必须在自己的先锋队的领导下才能获得解放;同时,无产阶级先锋队又必须在各方面,首先在政治上代表人民群众的利益,必须用正确的态度和方法去对待和领导群众,如果脱离了群众就有被敌人扼杀的危险。少奇同志在阐明无产阶级领袖在历史上的作用和人民革命事业需要很多有威信的领袖的同时,指出党的领袖必须模范地遵守民主集中制原则,在党内党外都要实行彻底的群众路线,一切按人民的意志去办事;领袖不是站在党员群众之上,而是结合于党员群众之中;不是站在党组织之上来命令党、支配党,而是站在党组织之内服从党,受党的支配,对于反民主的个人专制主义倾向,"应该完全肃清它"。

三、关于群众路线的理论和原则

少奇同志一贯应用党的群众路线的原则来研究和解决党的建设和其他工作中的各种重大问题,因而把群众路线的理论原则推进到新的高度。他指出:"我们党的一切组织与一切工作必须密切地与群众相结合"(第342页);所谓走群众路线,就是领导机关和领导干部制定政策、考虑问题、决定办法时,都要坚持从群众中来到群众中去的原则。他阐明人民群众的利益就是党的利益,测量政策的正确与否,要以最大多数人民的最大利益为标准。

少奇同志还指出,只有坚持无产阶级立场,有纯洁的党性,有革命精神,牢固树立一切为了人民群众的观点,一切向人民群众负责的观点,相信群众自己解放自己的观点,向人民群众学习的观点,并实行一般号召和个别指导相结合的方法,才能彻底实行群众路线。他说，干部的群众观点和走群众路线的好坏，以及联系群众是否密切，应该是鉴定干部的最重要的一项标准。

实行群众路线的重要课题之一，是在革命斗争中正确地领导群众运动。少奇同志指出，在发动和组织群众的过程中，一定要坚持群众自愿和自动要求的原则；要把关心群众的经济利益和加强思想教育结合起来，努力提高群众的觉悟程度和组织程度；要注意在斗争实践中培养成千上万的群众领袖。他深刻阐明："没有秩序、没有纪律的群众运动，不算真正的群众运动。"(第241页)

在延安整风时期，包括少奇同志在内的一些同志，对于"毛泽东思想"的提出，作了探讨和酝酿，在这个基础上，少奇同志在党的第七次代表大会上，对我党在长期的艰苦的奋斗中所形成的毛泽东思想作了科学概括。对于毛泽东思想的本质特征、主要内容、科学价值、指导作用和它产生的历史条件以及我们对它应持的态度等等，作了系统的深刻的论述。少奇同志指出：毛泽东思想"就是马克思列宁主义的理论与中国革命的实践之统一的思想"(第333页)，把毛泽东思想确定为党的指导思想，是经过实践检验的结果，反映了人民的利益和愿望。少奇同志的上述论述，获得党的"七大"的批准，因而有力地帮助了全党正确认识和掌握毛泽东思想的精神实质，促进了全党在马列主义、毛泽东思想基础上实现空前的团结。

少奇同志的理论是来自革命实践又服务于革命实践的，他是当之无愧的马克思主义理论家。

反对教条主义和经验主义

少奇同志在坚持马克思列宁主义的普遍真理同中国革命具体实践相结合的过程中，反复强调必须以正确态度对待马列主义，既要反对教条主义，又要反对经验主义。

教条主义者把马列主义看成是同客观事物无关、无须接受革命实践检验、无须在实践中加以丰富和发展的僵化的条文。"他们虽然读了马克思列宁主义的书籍，但是，不能把这些书籍中的马克思列宁主义的原理和结论当作行动的指南，运用到活生生的具体实际问题上去。他们以背诵个别的原理和结论而自满，甚至以'真正'的马克思列宁主义者自居，然而他们决不是真正的马克思列宁主义者，他们的活动方法是和马克思列宁主义完全相反的。"(第106页)少奇同志把这种人描绘为"跛足式的马克思主义者"。他多次指出，学习马克思主义，必须掌握它的精神实质，善于独立地运用马克思主义的世界观和方法论来调查和分析现实的事物，研究自己所处的时代和本国无产阶级所处的各方面情势的特点，活泼地指导革命斗争，改造现实，同时也改造自己。这样，才能把自己锻炼成为马克思列宁式的、无产阶级的革命家。正是在这个问题上，少奇同志堪称为我们的表率。特别是在本世纪20年代后期和30年代前期，当国际工人运动和我们党内盛行着把马克思主义教条化、把共产国际决议和苏联经验神圣化的错误倾向时，少奇同志曾在白区群众斗争的策略和方针问题上，对这种倾向进行斗争，甚至在遭受压制、打击和撤职的情况下，忍辱负重，毫不气馁，还写了《批评"退出黄色工会"的策略》等文章。这充分表现了他为捍卫无产阶级的利益和马列主义的纯洁性而坚韧地战斗的无产阶级革命家的高风亮节。

经验主义者不重视学习革命理论，忽视马克思列宁主义的指导作用，而把某些零碎的、一时的、片面性的经验误认为普遍真理。这种人或者以为斗争勇敢、革命坚决就行，用不着有马列主义理论的修养；或者以怕犯教条主义为借口，厌恶理论学习，甚至以为学不学马列主义也一样当干部。少奇同志严肃地批评了这种错误倾向，指出："不学习就要犯经验主义，而且已经犯了。"(第413、414页)他还说那些经验主义者是"爬行的马克思主义者，看得不远，迷失方向"。(第416页)为了提高全党的理论水平，防止和克服经验主义的错误，少奇同志曾经用了很大精力来办党校、办训练班、办党报党刊，亲自写文章、讲党课、作报告，坚持用马列主义的理论，用关于历史的和现状的知识来教育党员和干部。在《论共产党员的修养》《答宋亮同志》《对马列学院第一班学员的讲话》和《对华北记者团的谈话》等文中，少奇同志反复阐明加强理论修养的极端重要性、经验主义的危险性和克服它的必要性。当然，少奇同志反对经验主义并不是否定革命实践经验的重要意义。他多次指出："没有经验，没有理论上、方法上的修养，就没法判断"；(第405页)对于中国革命的经验和外国革命的经验"必须都学，废弃一面是不对的"；"任何一个重要革命问题的解决，光有根据具体情况的具体分析还不行，还必须参照各国的革命经验、历史经验"。(第415页)同时，少奇同志又强调，只有以马克思主义为指导，对实践经验进行总结，把它"提到政策、理论的高度"，才能全面深刻地认识事物的本质，才能避免犯经验主义错误。

少奇同志把马列主义的普遍真理同中国革命的具体实践结合起来，是经历了一个不断深化的过程的，他的认识是随着实践的发展而向前发展的。同任何站在历史潮流前头指导历史前进的伟大人物一样，少奇同志在工作中也曾经出现过失误。但是，他一贯严于律己，勇于进行自我批评，这种高尚品格和优良作风也在《选集》中体现出来了。这部《选集》中的个别观点，今天看来也许欠完善，然而总的说来，《选集》是中国人民革命胜利的历史经验的结晶，是老一辈无产阶级革命家为党、为人民、为民族呕心沥血、英勇奋斗的见证。它是全党和全国人民的宝贵的精神财富。

**全国工交企业思想政治工作座谈会在天津举行**

会议于1月7日至12日举行。

中共中央组织部、中共中央宣传部、全国总工会、共青团中央等9个中央部门，上海、北京、天津、辽宁等10个省、市的有关负责同志和部分企业的代表参加了会议。座谈会由国家经委副主任赵荫华主持，国家经委主任袁宝华在会上讲了话。

会议提出，1982年工交企业要教育广大职工振奋精神，保持和发扬工人阶级本色，以主人翁的态度积极贯彻调整方针，搞好企业的全面整顿，完善经济责任制，努力地、全面地完成国家计划。

现在，各地工交企业中青年职工一般都占到半数以上，有的企业达到80%多。要结合各项工作和职工思想实际，进行形势、任务和党的方针政策的教育，使广大职工增强信心，振作革命精神，同心同德干“四化”；要进行坚持四项基本原则的教育，教育职工热爱党、热爱社会主义、热爱新中国，反对资产阶级自由化思潮；要加强工人阶级主人翁责任感的教育，使广大职工了解工人阶级的光荣传统、优良品质和伟大历史使命，发扬中国工人阶级的民族自豪感和革命英雄主义精神；要学习大庆油田自力更生、艰苦创业的革命精神，学习国家女排发愤图强、为国争光、敢于拼搏的精神，提倡艰苦奋斗，忘我劳动，为国家分担困难的献身精神，反对一切“向钱看”的思想，教育职工自觉摆正国家、企业、职工三者利益的关系，做到个人利益服从集体利益，局部利益服从整体利益，眼前利益服从长远利益，等等。

会议还讨论和研究了建立、健全党委领导下的厂长负责制和党委领导下的职工代表大会制，把思想政治工作和经济工作结合起来一道去做，开展比、学、赶、帮、超的活动和社会主义劳动竞赛，加强思想政治工作队伍的组织建设和业务建设，准备召开全国工交战线思想政治工作会议等问题。

**金陵石油化学总公司在南京成立**

该公司由南京炼油厂、栖霞山化肥厂、南京烷基苯厂、南京化工厂、钟山化工厂、南京长江石油化工厂和南京塑料厂联合组成。

金陵石油化学总公司成立后，所属企业的产供销、人财物由总公司统一管理、统一安排，将可大大提高石油资源的综合利用水平。

**国务院副总理谷牧在北京会见由董事长迪诺·金铁利率领的意大利考克斯公司代表团**

**教育部在北京召开高等学校教师提职工作座谈会**

会议决定从1982年起把教师提职工作经常化、制度化。

会议回顾三年来高等学校教师提职工作，总结了五条经验：一、必须加强党的领导，明确教师提职工作的指导思想，认真贯彻执行坚持标准、保证质量、全面考核、择优提升的工作方针，做好各级领导、干部和教师的思想政治工作；二、必须坚持又红又专的要求，全面掌握政治条件和业务条件，正确处理教学与科研、理论与实践的关系，防止片面性；三、必须建立和健全对政治、教学、科研、外语等方面严格的全面的考核制度和教师的考核档案；四、必须建立和健全各级评审组织，充分发挥学术（评审）委员会的作用，依靠同行专家进行业务评审；五、必须加强师资培养和管理工作，把教师提职工作与师资培养、管理工作紧密结合起来。

教育部副部长高沂在会上讲了话。他说，国家建立教师职称制度是为了加强师资队伍的建设，鼓励教师出色地完成本职工作，不断提高教学质量和科研水平，为培养合格的专门人才作出更大的贡献。这是确定与提升教师职称的根本出发点和目的。离开这个出发点和目的，为提职而提职，在提职工作中搞论资排辈，迁就照顾，互相攀比，降格以求，就失去了定职和提职的意义。

**列车上改用塑料饭盒**

据《人民日报》报道，前列车餐车上旅客使用的铝制饭盒，将逐渐被一种塑料饭盒所代替。

济南塑料九厂新近为列车餐车试制成功了一种塑料饭盒，它用聚丙烯做原料，无毒，无味，表面光洁，刚性好，耐热性强。塑料饭盒制成后经高温消毒装入无菌袋内密闭包装，使用时取出就可直接装饭。

## 1月8日

**《人民日报》发表社论《首先要保障计划渠道畅通》**

在农副产品收购工作中，目前一个十分突出的问题是：国家下达的商品派购任务，特别是市场上偏紧、快销的商品，往往完成得不好。计划渠道，即流通领域的主渠道货源不足，已经影响了市场安排和物价稳定。

去年我国农业收成较好，经济作物有较大幅度的增长，为什么国家计划收购的某些商品反而不能完成任务呢？主要是商品流通由单一渠道变成多渠道之后，各渠道对紧俏利大的商品争相抢购，对量大利微的商品推靠、等待。农民手里多的东西往往卖不出去,少的东西又往往被抬价抢购。这种状况,对于国民经济的发展,对人民生活的安排和提高是不利的。

三中全会以后,我们改变了过去那种少渠道、多环节的商品流通体系,商品生产发展了,这是一个很大的进步。但是,在我们社会主义国家,应当以计划经济为主,以市场调节为辅。我们搞活市场,要有领导有计划,决不同于资本主义的自由竞争。社会主义的商品流通渠道,应当有主有次。在我国目前情况下,只有计划渠道才是主渠道。其他渠道,则是计划渠道的补充和助手,只能围绕计划渠道发挥作用,而不能干扰、破坏计划渠道。

在商品流通中,承担主渠道使命的是国营商业(在农村主要是供销合作社)。国家依靠国营商业对市场实行计划调节。国营商业是城乡市场的主体,人民生活必需品的收购和供应,地区之间的物资调剂和平衡,物价的平抑等,主要依靠国营商业来进行。多渠道的商品流通,正像一个大型水利灌溉网,有干渠、支渠和毛渠,尽管商品不像流水那样,必须由干渠到支渠,再由支渠到毛渠,但干渠的主导作用和其他渠道的配合作用,道理是一样的。主渠道不畅或流量不足,其他渠道即使畅通了,也很可能把经济生活搞乱,而不是搞活。目前各地一些农贸市场出现的物价不稳,投机倒把分子乘机作乱,就是和那里的国营商业不能左右市场紧密相关的。为了保证主渠道畅通,国家规定对不同的商品采用不同的购销形式。对重要的商品实行统购、派购和按计划实行供应,就是计划渠道的一种购销形式。国营商业完成上述任务,是受命完成国家计划。它的这种职能应当得到各级政府以及有关方面的支持和保障。对于计划渠道的物资,其他渠道在国营商业完成任务以前,未经必要手续不得擅自插手经营。

对主渠道的冲击和破坏,目前除了某些集体和个体的经营渠道外,主要是国营企业自己在“混战”。工厂到产地购进原料,商店到产地直接进货,一些外贸部门也到处伸手,你一竿子插到底,他一竿子插到底,而不顾及当地国营商业的统派任务是否完成了。由于不遵守主管部门的部署,本来是计划渠道的商品,没有经过主渠道,无计划地流向四面八方,结果是搞乱了物价,削弱和打乱了国家的整体计划。对此,国营商业和工商行政管理部门有责任进行调剂、管理和平衡。我们是社会主义国家,必须坚持计划经济,同时发挥市场调节的辅助作用。以搞活市场为名,忽视计划调节或取消计划调节是错误的。市场调节不能冲击计划经济,更不能代替计划经济,如果不注意这一点,我们的经济生活是要吃苦头的。

作计划,办事情,想问题,都要顾全大局。保证主渠道畅通,就是顾全流通领域的大局。目前我国经济正处在调整阶段,经济工作的大政方针已经确定。解决渠道之间的关系,要随着国家财政经济状况的不断改善,逐步加以调整,不能离开总的经济形势,片面强调局部利益或以局部利益冲击全体利益。

**国务院发出《关于坚决稳定市场物价的通知》**

第五届全国人民代表大会第四次会议责成国务院在今年的经济工作中,“注意在发展生产和大力节约的基础上,进一步加强财政、信贷和物价管理,保持财政收支的基本平衡,保证市场物价的基本稳定。”为此,特就稳定市场物价问题,作如下通知。

一、凡由国家规定牌价的工农业商品,在全国各地的零售价格,一律执行国家的规定,不得提高。

二、各种议价商品,在全国各大城市、中等城市、小城市、工矿区、县城和县以下城镇的零售价格,只能降低,不许提高。

三、以上两条规定,适用于一切国营商业,合作社商业,社队企业,农工商联合企业,信托公司,贸易货栈,国营或集体经营的自销门市部,展销会,试销专柜,城市生产服务合作社,军人服务部和代销点等全民的、集体的销售单位,以及经销国家商品的个体户。以上这些单位和个人都必须严格执行本规定,不得违反。

四、一、二类日用工业品不准搞议价。三类工业品实行工商企业协商定价的品种范围,要严格控制。

五、农产品收购价格要贯彻基本稳定的方针。一、二类农副产品,非经国务院批准,任何地区和部门,都不准自行提价或变相提价,在完成国家收购任务之前,不许议价成交或上集市出售。到三类农副产品集中产区进行采购的单位,要向当地工商行政管理部门登记,服从统一管理,统一分配货源,不准相互哄抬价格。

六、凡规定有季节差价的商品,仍应根据不同季节调整价格。国家有统一规定的,按国家的统一规定执行;国家没有统一规定的,由省、自治区、直辖市人民政府加以规定,并布告周知。

七、各级税务机关必须严格照章收税,对欠缴税款的,必须立即追缴。

各级人民银行要加强信贷管理,控制货币投放。对购销活动要进行监督,发现违反本通知规定的,要在信贷、结算支付上加以限制。

八、一切机关、团体、部队、事业单位,不准从事倒手转卖从中渔利的活动。

九、集市贸易是社会主义商业的补充,要按照国家的政策,加强管理,做好工作,继续搞活,发挥它的积极作用。要坚决打击投机倒把和哄抬物价等不法行为。对少数蓄意造谣惑众扰乱市场的人,要认真查清,严肃处理。

十、各级人民政府在本通知发布后，要组织有关部门进行几次物价大检查，并动员广大人民群众对违反本通知的行为进行揭发检举。对于确实违反本通知的单位，可以采取罚款，停发奖金，扣发应当负责的人员工资，给予行政处分等措施。对于拒付罚款和非法收入的单位和个人，物价部门有权通知银行或信用社从其存款中强行划拨。违反物价纪律情节严重的，工商行政部门可以勒令停业，并向司法部门提出控告。物价大检查，以后要定期进行，不得放松。

各级人民政府要进一步加强对物价工作的领导，充实市、县和工商企业的物价工作人员，组织各有关部门的力量，坚决贯彻执行本通知的各项规定。

### 中央纪委就江苏省机械进出口分公司副经理陈寿阳向外商索取贿赂并贪污公款一事发出《必须严肃处理党员干部中的违法乱纪案件》的通报

去年1月，江苏省机械进出口分公司副经理陈寿阳，带领公司业务员、翻译戴贵颉和徐州市淮海皮革厂副厂长、工程师申可中，去意大利接洽皮革机械进口业务。在此期间，陈寿阳用极为卑劣的手法，声称“失窃”，以“借钱”为名，接受了外商贿赂。接受贿赂后，他在商务谈判中不顾国家利益，一味屈从外商提出的苛刻要求，使国家在政治上和经济上遭受损失。陈寿阳3人在国外还用谎报交通费、旅馆费、小费等手段，贪污公款购买个人消费品。

中共江苏省委认为，陈寿阳的上述行为，违反了党纪国法，情节恶劣，后果严重，不仅使国家在经济上遭受损失，而且在政治上有损民族尊严，败坏了祖国的声誉。他已经完全丧失共产党员的条件，堕落成了一个刑事犯罪分子。省委同意省委纪律检查委员会提出的给予陈寿阳开除党籍的处分，并建议撤销其行政职务，由司法机关依法惩办。

省委并决定将这一事件在全省党内通报。

中纪委通报指出，纠正党员干部中的违法乱纪行为，抵制资产阶级腐朽思想的侵蚀，端正党风，根本问题在于经常进行思想教育，健全党内民主生活，开展批评与自我批评，清除我们队伍中的政治灰尘，这是一个重要方面。但对那些违法乱纪者，必须严格执行纪律。凡是蜕化变质丧失党员条件的，必须清除出党；对那些触犯刑律的，要交司法部门依法惩处。决不能姑息迁就，贻害于党。

中央纪委的通报指出，江苏省委对陈寿阳的处理是完全正确的，各地也应抓紧处理此类案件。通报强调说，共产党员是以为人民利益而奋斗为其根本宗旨的，他们艰苦奋斗、流血牺牲，不是为个人利益，而是为广大人民谋福利。但有些党员已经背弃了这个宗旨，他们为着追逐个人私利，不择手段，投机倒把、走私贩私、贪污盗窃、行贿受贿、侵吞哄抢国家资财等等，完全丧失了共产党员的条件。我们有些党组织对这些违法乱纪行为，有的视而不见，听之任之；有的大事化小，敷衍了事；有的说情开脱，包庇纵容。党组织的这种软弱涣散的状况，致使某些违法乱纪行为得以蔓延开来。

通报最后说，当前全体党员都要认真学习和实践陈云同志的《要讲真理，不要讲面子》的讲话精神，增强党性，坚决克服我们队伍中组织上、思想上、作风上的不纯，增强战斗力，以承担历史赋予我们的重任。

### 中华人民共和国1982年国库券条例

（1982年1月8日国务院常务会议通过）

第一条　为了调整和发展国民经济，适当集中各方面的财力，进行社会主义现代化建设，逐步提高人民物质和文化生活水平，确定发行1982年中华人民共和国国库券。

第二条　国库券的发行对象是：国营企业、集体所有制企业、企业主管部门和地方政府；机关、团体、部队、事业单位和农村富裕社队；城乡人民个人。

第三条　国库券每年发行的数额由国务院确定，并从当年1月1日开始发行。交款期限，单位交款6月30日结束，个人交款9月30日结束。

第四条　国库券的利率，单位购买的，年息定为4%；个人购买的，年息定为8%。

国库券计息，一律从当年7月1日算起，提前交款的不贴息。

国库券利息在偿还本金时一次付给，不计复利。

第五条　国库券以人民币为计算单位。单位购买的，发给国库券收据，可以记名，可以挂失；个人购买的，发给国库券。国库券票面额，分为1元、5元、10元、50元、100元和1000元六种。

第六条　国库券的还本付息，自发行后的第六年起办理。个人购买的，一次抽签，按发行额分5年作5次偿还，每次偿还总额的20%；单位购买的，不举行抽签，按单位购买总额平均分5年作5次偿还。

第七条　国库券的发行和还本付息事宜，由中国人民银行及其所属机构办理。

第八条　国库券筹集的资金，由国务院根据国民经济发展和综合平衡的需要，统一安排使用。

第九条　国库券不得当作货币流通，不得自由买卖。

第十条　伪造国库券或破坏国库券信用者，依法惩处。

第十一条　国库券条例的解释，国务院授权财政部办理。

**中国第一批最小最薄的机械手表样表试制成功**

样表是由上海钟表工业公司重庆钟表工业公司和青岛手表厂联合设计。这是我国手表工业向小型化发展的一个突破。

该手表机芯的直径只有17.2毫米，比1分硬币还小，厚度为3.78毫米。配上一条小巧的表带，它既是计时用具又是一件装饰品。

**全国摄影工作会议在北京召开**

中国摄影家协会于1月8日至14日在召开全国摄影工作会议，对1981年全国的摄影创作、理论研究和摄影展览等进行了总结，并安排了1982年的工作。

会议认为，在过去的一年里，摄影创作活跃，影展和评奖活动频繁，出现了不少反映"四化"建设和祖国新风貌的好作品，摄影理论研究和评论工作也逐步深入。但在深度和广度上都还不够，还不能满足时代和人民的要求，因此要进一步地深入生活，反映伟大的时代和社会主义新人。会议期间，中央宣传部副部长、中国文联主席周扬到会讲了话，号召广大摄影工作者深入生活，真实地反映人们的心灵美、精神美。他说：摄影艺术有很大的社会影响，它有着光荣的革命传统，延安时期拍摄了很多好片子，都很珍贵；现在要拍摄我们这个时代的东西，要反映社会主义"四化"的建设者、保卫者和新事物，要继承革命的传统，也要不断地创新。

## 1月9日

**煤炭部6位老同志响应党中央的号召辞去副部长党组成员职务**

最近，党中央、国务院分别批准了他们的请求。

这6位老同志是：钟子云、王新三、贺秉章、杨一夫、赵子尚、贾林放。他们都是国内革命战争或抗战时期参加革命的，大都在煤炭战线工作了几十年，为党的事业作出了贡献。现在这些同志年事已高，多次请求离休或退居第二线。

**国务院侨办同在北京学习的华侨和外籍华人学生以及台港澳学生举行座谈会**

全国人大常委会副委员长、国务院侨办主任廖承志出席座谈会并讲了话。他询问了到会学生的学习和生活情况，祝贺大家身体好、学习好，与家庭联系好；勉励大家学好普通话，多交朋友。

台湾同胞、学生代表叶家植在发言中说，她出生在台湾、旅居巴西，去年来北京外语学院学习，得到老师和同学们的热情关怀，生活得非常愉快。发言的还有北京语言学院、北京大学、华侨补习学校的学生代表。

全国台湾同胞联谊会会长林丽韫到会祝贺。她说，30年前，她从台湾到日本，然后回到祖国学习，当时才19岁，心情也和大家一样，盼望祖国尽快富强起来。她希望同学们好好学习，为民族团结和祖国的统一作出贡献。

出席座谈会的还有教育部、北京市政府、全国侨联、全国青联、全国学联和全国台联等单位的负责人。

**林业部在北京召开全国各省 自治区 直辖市林业厅(局)长会议**

会议传达了中央书记处关于开展全民义务植树运动的指示精神，学习了人大关于全民义务植树的《决议》，进一步研究了实施办法草案，大家表示，一定要振奋精神，争取在义务植树的第一年打下一个好的基础。

会议经过充分讨论，确定今年抓好以下几项措施：第一，通过各种形式，大力宣传人大关于义务植树的《决议》，宣传森林的作用和林业的重要性，使广大干部和群众都能充分认识义务植树的重要意义。第二，切实做好植树的规划。栽什么树，栽到什么地方，先栽哪里，后栽哪里，各单位团体的人员力量如何组织，各地都要事先做好规划，并且做好细致的安排。义务植树用地，应在不出本县、本市的原则下，就地就社就队安排，防止过去那种远距离调动，大兵团作战的形式主义偏向。有国营林场、社队林场和国社合作林场的，可优先安排到这些地方去，以便于管护。没有林场的地方，要落实好造林地，明确责任区。要按系统、按单位、按社队，摸清参加义务植树的人员，把劳动力组织好。第三，准备好需要的苗木。在开展义务植树的第一年，要把大规模育苗当作一个重要内容来抓。各地要积极办好现有的国营苗圃和社队苗圃，并安排必需数量的土地和专业人员，扩建和新建苗木基地，努力培育适合当地的良种壮苗。同时，积极鼓励和帮助需苗单位自办苗圃，还要提倡城镇家庭和农村社员庭院育苗和营养钵育苗。第四，要加强对义务植树运动的领导。最近，国务院已批准成立了首都绿化委员会，由北京市焦若愚市长任主任委员。各地也应当尽快把绿化委员会成立起来。林业部门一定要在绿化委员会领导下，当好参谋，积极做好具体工作。

会议指出，从全国范围来讲，今年主要是做好各项准备工作，包括调查研究，规划安排，抓好育苗，搞好一批试点，等等。具体到一个地方，就要区别情况，如果条件确实成熟或者部分成熟的，就可以全面展开或部分展开。切忌不问情况，一哄而起，打无准备之仗。只有这样，才能使义务植树运动既轰轰烈烈又扎扎实实地开展起来。

**1981年收购废旧物资总值19亿元**

据《人民日报》报道，全国供销合作总社统计，1981年，全国供销系统共收购废旧物资1130万吨，总值达19亿元，分别比前年增长3.7%和3.2%。

废旧物资的加工利用和科研工作也取得了新的进展。废旧物资80%以上是工业原料，回收利用大批废旧物资，对于支援工农业生产，节约自然资源，降低生产成本起了积极作用。

**南京汽车工业联营公司在南京成立**

一种新型经济组织，江苏、安徽、福建、江西和武汉五省、市汽车工业联合体——南京汽车工业联营公司在南京成立。

该公司将成为我国研制和生产优质轻型系列(1吨到4吨)载重汽车的主要基地，并逐步建设成为一个工贸结合、产销结合、科研与生产结合的新型经济组织。汽车工业联营公司成立以后，将按照专业化协作和经济合理的原则，对所属企业的产品结构、技术结构和组织体制进行调整改组，有步骤地将原来的"全能厂"分别改造为专业厂、点，同时加强科研和产品发展工作，努力定出一条振兴我国汽车工业的新路子。

南京汽车联营公司，受到国务院领导同志的关心和直接指导。

**教育部在北京召开1982年攻读硕士学位研究生招生工作会议**

会议确定1982年招收国内攻读硕士学位的研究生11000人，出国预备研究生1300人。这两种研究生的招生工作将同时进行。报名日期为2月13日至2月16日。定于4月3日、4日、5日3天举行考试。会议希望各工矿企业、研究机构、机关、部队、学校，要从大局出发，积极支持符合报考条件的人员报考，努力为国家输送人才。

会上制定了《1982年国内攻读硕士学位研究生和出国预备研究生招生工作的规定》(以下简称《规定》)。《规定》指出，报考人员必须拥护中国共产党的领导，拥护社会主义制度，遵纪守法，热爱劳动，决心为社会主义现代化建设而勤奋学习，努力攀登科学高峰，必须是高等学校本科毕业或具有同等学力，身体健康，年龄不超过35周岁(1947年9月1日后出生)。

1978年9月入学、1982年6月毕业的高等学校四年制本科学生，1978年2月入学、1982年6月毕业的高等学校四年半制本科学生，凡符合条件者，均可报考。1978年2月入学、1982年1月毕业的高等学校四年制本科毕业生，应当服从国家统一分配，及早走上工作岗位。其中有志深造者可以在职人员身份报考研究生。

高等学校本科未进入最后一学期的在校学生以及专科应届毕业生不能报考。对于个别已经修完大学本科学分或学完大学本科必修课程，成绩优秀，能够提前毕业者，经所在学校推荐，招生单位审查，认为符合报考条件的，准许报考。报考人员填报志愿时，只能填写一个学科(专业)，但可填写同一学科(专业)相近研究方向的两个招生单位。接到准考证的在职人员，所在单位应酌情给予2—3周的备考和参加考试的假期。今年研究生的考试科目为政治理论课、外国语、基础课、专业基础课和专业课等5—6门。入学考试成绩不公布，试卷不准查阅。

《规定》强调招生单位要根据德、智、体全面衡量，择优录取，确保质量，宁缺毋滥的原则，认真做好录取工作。录取时，既要看业务水平，更要看政治态度；既要考虑政治、业务情况，也要注意身体健康；既要以考试成绩为主，也要参考平时成绩和表现，不可偏废。

研究生入学后3个月内，由招生单位认真进行政治、文化、健康复查。对不符合条件的，由招生单位批准，取消其学籍。经查实确系徇私舞弊、"走后门"的，何时查出，何时取消其学籍。

《规定》提出，出国预备研究生委托少数全国重点学校和研究机构代为选拔。出国预备研究生考试的科目和试题，与代选单位招收国内攻读硕士学位研究生相同，但对外语考试成绩的要求应高于国内攻读硕士学位研究生。

**中国乒乓球选手在英国克劳利镇举行的诺里奇国际乒乓球锦标赛中获得7项冠军**

中国选手获得男女团体冠军之后，又夺得全部五个单项的冠军。

在男子单打决赛中，滕义以3∶1战胜江嘉良，赢得冠军。

在女子单打决赛中，陈莉莉以3∶2战胜戴丽丽，夺得冠军。

陈莉莉同陈新华以2∶0战胜南朝鲜的卢润宽和梁英子夺得混合双打冠军。

滕义和范长茂在男子双打决赛中，以2∶0战胜江嘉良和陈新华，获得冠军。

戴丽丽和陈洁玲以2∶0战胜了陈莉莉和谢小燕获得女子双打冠军。

## 1月10日

**交通部部长彭德清参加在交通部召开的直属单位计划工作会议**

彭德清提出了振兴我国水运事业的十项工作任务。

彭德清同志说，包括内河、沿海和远洋运输在内的我国水运事业，经过新中国成立32年来的建设，取得了较大成绩，有了一个较好的基础。但是与世界上先进的工业国家相比，与“四化”建设和外贸发展的要求相比，差距还很大，交通运输在国民经济中仍然是突出的薄弱环节。振兴水运事业，加速发展交通运输，是“四化”建设的客观需要。

彭德清同志提出振兴水运事业的十项工作任务是：

一、加速发展海洋船队。目前，我国的进出口物资有90%要靠海运来完成，而我国海洋船队的运力很不适应，要加速发展。

二、加快港口建设速度，扩大港口吞吐能力。在统一的规划下，欢迎鼓励省区市和厂矿企业积极投资建设中小港口和货主专用码头，交通部在设计、施工等方面给予支持和帮助。同时要切实抓好现有港口的技术改造和设备更新。

三、积极开发、利用内河，充分发挥水运的优越性。当前，要选择几条投资少、发挥效益快的主要干线河流，进行重点投资。首先要加强长江干线建设，同时抓紧京杭运河济宁至杭州段、西江贵县至广州段的航道建设以及淮河的开发利用。同时，要有重点地解决重要河流的闸坝碍航问题。

四、积极支持沿海和长江沿线各省市发展远洋运输，大力提倡和发展合营的远洋船队。同时要进一步改革长江现有管理体制，长江干线港口要对地方船舶开放，并根据外贸运输的需要和沿江沿海港口的情况，积极研究准备增加对外开放港口。

五、调整远洋运价，实行薄利多运，提高竞争能力。改变现在“一刀切”和一定几年不变的运价制定办法，实行浮动运价，随行就市，以适应瞬息万变的国际运价。此外，还要进一步改变“官商”作风，主动登门揽货。

六、大力开展对外经营业务，在国际航运市场上进一步打开局面。

七、大力发展集装箱运输。当前要以远洋运输总公司为主，把远洋、港口、外轮代理公司、汽车运输总公司等各方面的力量统一组织起来，逐步形成集装箱运输网，扩大水陆集装箱联运能力。

八、抓好修造船工业和为水运服务的各项配套建设。

九、科研、设计和教育，要更好地为发展水运事业服务。

十、加强水运行政管理，发挥政府职能机构的作用。行政管理要集中统一，不能政出多门。

**全国铁路营业里程已达5万公里**

据《人民日报》报道，新中国成立32年来，铁路建设事业有了较大的发展。新建的铁路平均每年800公里。截至1981年年底，全国铁路营业里程已达5万公里。

经过这些年的努力，全国铁路网的骨架已初步形成。在关内，形成了由几条纵向和横向线路组成的铁路骨架：南北向的纵干线有：京沪线、京广线、太焦—焦枝—枝柳线(太原—焦作—枝城—柳州)、宝成—成昆线；东西向的横干线有：京包—包兰线、陇海—兰新线、沪杭—浙赣—湘黔—贵昆线。东北的铁路以滨州—滨绥线为一横，哈大线为一纵，形成“丁”字形骨架。京沈线、京承—锦承线、京通线三条铁路把山海关内外的铁路连接起来。

32年来，全国铁路共修建交付使用4000多座隧道，总延长约1800公里；修建交付使用14000多座桥梁，总延长接近1000公里。黄河上由解放初的两座铁路桥增加到了13座。过去没有一座桥的长江，已相继在武汉、南京、重庆、枝城修起四座大型铁路桥，第五座长江大桥正在九江修建。同时，铁路部门还积极改造原有线路，增修复线8000公里，电气化铁路1600多公里，新建和扩建枢纽40多处，大大提高了运输能力。1981年客运量初步统计为9.45亿人次，比1950年增长了5倍；货运量为10.48亿吨，比1950年增长9.5倍。

我国铁路建设虽然取得了初步成就，但建设速度、技术水平、经济效果仍不能适应国民经济发展的需要。

**中国第一座钢筋混凝土彩色电视发射塔在武汉破土动工**

这座电视发射塔总高度达220米，建在长江、汉水汇合处附近的龟山顶上。塔身采用钢筋混凝土圆筒形结构。

**国务院副总理余秋里 康世恩在人民大会堂会见挪威国家广播公司总经理前石油能源大臣耶尔德一行**

## 1月11日

**中共中央发出《紧急通知》传达对干部走私贩私**

**贪污受贿等严重违法犯罪行为采取紧急措施的指示**

中共中央发出《紧急通知》，传达中共中央政治局常委关于对一些干部走私贩私，贪污受贿，把大量国家财产窃为己有等严重违法犯罪行为采取紧急措施的指示。中共中央政治局常委指出，对于这个严重毁坏党的威信，关系我党生死存亡的重大问题，全党一定要抓住不放，雷厉风行地加以解决。

同日上午，中共中央书记处召开会议，决定派数名中央部门的领导人立即去广东、福建、浙江、云南等省，传达中共中央政治局常委的指示，采取紧急措施，开展打击走私贩私、贪污受贿的活动。

**国务院发出通知要求各级人民政府认真清理外单位拖欠社队款项**

国务院最近就转发农业部有关报告发出通知，要求各级人民政府加强领导，清理外单位拖欠农村人民公社基本核算单位款项，把清理外单位欠款和社员超支欠款，作为农村社队整顿财务的一项重要内容。

通知指出，今后任何单位和个人同社队和农民进行经济往来，都要坚持自愿互利、等价交换的原则，及时结算。通知还要求各级银行、信用社，对清理工作积极协助，并发挥监督作用。

农业部的报告说，外单位拖欠农村社队款项逐年增多。据23个省、自治区、直辖市统计，累计到1980年年底，外单位欠款共达113亿元，比上年增加11.2%，平均每个农业人口合17.5元，有的拖欠时间长达一二十年之久。外单位长期大量欠款，成为集体经济的沉重负担，造成生产队资金短缺、影响分配，挫伤了社员的生产积极性。

**中宣部发出通知要求各地做好春节宣传工作使群众过一个文明健康欢乐的节日**

通知要求各地结合本地区、本单位的情况，在春节期间大力宣传党的三中全会以来各条战线所取得的一系列成就，宣传经济建设的十条方针和光明前景。各条战线、各行各业都要表彰一批先进人物。要宣传他们的好思想、好作风、好经验，以激励人们奋发向上，为国家争做贡献。

通知说，春节期间要宣传建设社会主义精神文明，破旧俗，立新风，提倡节俭美德，反对铺张浪费，特别要抓好婚事新办的宣传教育。城市里要深入开展“五讲四美”活动，进一步搞好社会秩序、社会风气，促进安定团结。农村中要通过制定乡规民约、评比五好家庭等活动，发扬社会主义新风尚。全国各地都要在节日前集中力量进行卫生大清扫，美化环境。

通知要求把节日的文化活动开展得丰富多彩，富有教育意义。要充分发挥基层群众文化工作机构、阵地作用。要支持、赞助那些民间和少数民族喜闻乐见的健康的传统文娱体育活动，坚决反对赌博、封建迷信等有害活动。要切实安排好城乡电影放映工作，特别要让边乡僻壤的群众看上电影。各级专业文艺团体要积极组织下乡下厂为工农群众演出。要通过节日活动，促进公社所在地、重要集镇的文化中心的建立。

通知强调春节期间各地要广泛开展拥政爱民、拥军优属活动，进一步密切军政、军民关系。还要做好对退休职工、待业青年和五保户、困难户的访问工作，关心他们的生活。

通知还要求安排好归国华侨、港澳台人士、外国专家、留学生和外宾的活动，使他们同全国人民一道欢度节日。

中宣部的通知说，共产党员、共青团员和各级干部要发挥带头作用，做移风易俗、“五讲四美”、建设社会主义物质文明和精神文明的模范。要通过春节宣传活动，使广大城乡更加喜气洋洋，社会风气显著好转，群众干“四化”的劲头更足，掀起建设社会主义物质文明和精神文明的高潮。

**1981年工业总产值增长4%完成总值5000多亿元**

据国家统计局统计，1981年，我国工业部门共完成生产总值5190亿元，比1980年增长4%，超过年初计划增长3%的要求。

由于各部门坚决贯彻中央的方针政策，广大职工振奋精神，努力克服困难，去年工业生产总的形势是逐季上升、健康发展的。

**外交部副部长章文晋在北京同美国助理国务卿霍尔德里奇举行会谈**

**中国松针育苗在湖北获得成功**

据《人民日报》报道，湿地松是从外国引进的速生优良树种，但由于种源不足，不能满足造林需要。去年，湖北荆州地区林科所总结经验教训，要用水培生根的新办法，把经过处理的针叶放入一种培养液中，促使针叶生根，结果平均生根率达79%，最高达92%，成苗率达50%左右。

**中国考古学会第三次年会在杭州举行**

这次年会有两个专题：一是东南沿海地区的新石器文化；二是青瓷及其窑址。

有一个时期，我国的考古工作主要集中在黄河流域。新中国成立以来，特别是近些年来，我国沿海各省的考古工作迅速发展起来,发现了多种原始文化。尤其是浙江余姚河姆渡等处新石器时代较早遗存的发现,为探讨中国文化的起源问题提供了新资料。这一地区出土的陶器、工具和栽培水稻等遗物,证明长江流域与黄河流域一样是中国文化的发源地。大家较一致的意见是:长江下游苏南浙北一带,距今7000—4000年间的原始文化存在有马家浜文化—崧泽文化—良渚文化这样的序列,江北地区的原始文化也有类似的序列。但这两个地区的遗存各有特点,应予区分。

中国是瓷的祖国。过去的研究工作大多停留在青瓷器本身。近几年来,考古工作者在浙江龙泉对宋元明时期的窑址进行科学发掘,发现了烧造青瓷的窑址、作坊址和大量遗物,这就把瓷器研究与当时的社会生产、人们的生活以及瓷器工艺等联系起来,把瓷器研究推向新的阶段。这次年会把青瓷及其窑址列为专题,代表们介绍了龙泉窑的发掘资料,对龙泉青瓷的分期、龙泉窑在长期发展过程中的变化及其规律作了探讨;对龙泉青瓷与其他瓷窑系的关系也作了分析。

**《艾思奇文集》第一卷出版**

据《人民日报》报道,《艾思奇文集》第一卷,已由人民出版社出版。

艾思奇同志是我们党的卓越哲学家,是中国马克思主义哲学工作的先驱者。他从30年代初起,在宣传和研究哲学理论上,做了大量工作,为党的理论事业作出了很大的贡献。为了纪念艾思奇同志,保存他留下的丰富的哲学遗产,人民出版社编辑出版了这部文集。

《艾思奇文集》第一卷,收辑了艾思奇在全国解放前所写的部分文章,共50多万字。

《艾思奇文集》由周扬同志作“序”,“序”的最后说:“我们希望,《艾思奇文集》的出版,将鼓励当代的青年哲学家们继承作者始终饱满的热忱,在新时期的思想战线上为捍卫和发展马克思列宁主义、毛泽东思想不断作出勇猛坚实的努力。”

**《国际私法基础》出版**

据《人民日报》报道,姚壮、任继圣所著《国际私法基础》一书,已由中国社会科学出版社出版。该书系统简明地阐述了处理涉外民法关系的原则、政策、规范,对外贸易中的货物买卖、运输、保险、支付,专利权、商标权和著作权的国际保护,涉外婚姻、家庭和继承,涉外民事案件的诉讼程序及仲裁程序等内容。此书力求从我国的实际情况出发,在阐明基本原理的同时,列举了中外一些典型的事例,以帮助读者理解。此书对从事外经、外贸工作的同志亦有参考价值。

## 1月12日

**党和国家领导人胡耀邦 邓小平 李先念 陈云等在人民大会堂接见参加全军政治工作会议的全体成员**

中央军委秘书长杨尚昆、总政治部主任韦国清也参加了接见。

**第三次全国人口普查工作会议在北京举行**

会议于1月12日至17日举行。国务院副总理陈慕华参加会议并指出,现在距离7月1日正式普查不到半年了,任务繁重,时间紧迫,各级党委和政府要加强领导,进一步做好准备工作,把我国历史上最大的一次人口普查工作搞好。

陈慕华副总理再次强调这次全国人口普查的重大意义。她说,这是更好地掌握我国基本国情的一次大规模的社会调查。搞好这次普查,对于指导今天的工作和制定长远的社会经济发展规划都有重要作用,并将产生深远的影响。这次人口普查,不仅为我国人民所关心,而且受到世界的瞩目,同时,也得到联合国的资助与合作。

陈慕华指出,这次人口普查工作首要的、根本的要求是普查资料的高度准确性。因此,人口普查的各个阶段、各个环节的工作,都要保证人口普查资料的准确。

陈慕华副总理在讲话中回顾了两年多来全国人口普查的准备工作。她说,1979年年底国务院成立人口普查领导小组以后,各省、自治区、直辖市人民政府相继成立了人口普查领导小组及其办事机构,并且在各有关部门的共同努力下进行了人口普查试点、整顿户口、筹建电子计算机站、培训干部等多方面的工作,取得了良好的成果。当前要严格按照计划进度,进一步做好全部准备工作,特别要加强人口普查的宣传教育,积极培训普查人员和计算机技术人员,并做好物质上的准备。

会议提出,各省、自治区、直辖市要分期分批地开展地区级和县级试点,为全面普查打下更为扎实的基础。

会议要求从现在起,广泛展开人口普查的宣传,并以今年6月份作为人口普查宣传月。会议指出,人口普查涉及各族人民中的每一个人,普查工作能不能圆满完成,取决于广大群众是不是积极支持和通力合作,如实地申报每个普查项目。为此,必须使人口普查的重大意义和有关规定为家喻户晓,人人明白。

会议认为,做好普查员的选调和培训工作,对普查工作的质量具有决定性的影响。

会议指出,这次普查要用电子计算机处理大量数据,要求具有高度的科学性、严密性、准确性。只有依靠各级党委和人民政府的统一领导,才能把各有关部门的力量组织起来,把广大群众发动起来,按质按时地办好这件事。会议要求各级党委和人民政府迅速建立健全人口普查的领导机构和办事机构,并且要选调得力干部做这项工作。

会议强调指出,普查登记是整个普查中最关紧要的基础工作,一切准备工作首先是为了在普查登记中记录下准确资料。会议要求在普查登记标准时间前后的半个月到20天,各级人民政府要在不影响生产的条件下,把人口普查列为中心任务。普查登记以后,还要组织必要的力量,认真做好普查质量抽样检查等项工作。

**1981年水运部门运输生产取得良好成绩**

据《人民日报》报道,内河、沿海的客货运输、远洋运输以及江海港口吞吐量,均全面完成或超额完成了全年计划。长江航运局提前7天完成了全年货物运输计划,完成利润比原计划增长22.9%。中国远洋运输公司提前15天超额完成了全年货运量计划,完成利润比原计划增长37.7%。

江苏、浙江、湖北、广东等省的水运部门,在努力搞好全民所有制企业经营管理的同时,还积极扶持集体水运企业。去年以来,许多集体水运企业学习农业实行了联产计酬的经济责任制,大力开展短途客货运输,对沟通城乡物资交流,搞活农村经济起到了很大的促进作用。

**外交部发言人就美国宣布拟向台湾出售飞机一事答记者问**

发言人说:美国向台湾出售武器、包括出售飞机的问题,现在正由中国政府同专程来京的美国助理国务卿霍尔德里奇进行商谈。在双方正在会谈期间,美国政府宣布拟向台湾出售飞机的决定,对此中国政府提出强烈的抗议。整个美国售台武器问题,是事关中国主权的重大问题,必须由美国政府同中国政府商谈才能取得解决,美国政府任何单方面的决定,中国政府决不接受。

**《创业史》及农村题材创作讨论会在西安召开**

据《人民日报》报道,由中国作家协会西安分会、西北大学中文系、《延河》文学月刊社等单位联合发起的"《创业史》及农村题材创作学术讨论会",不久前在西安召开。

与会同志除对如何具体评价《创史业》展开了热烈的讨论之外,还就柳青生活、创作道路的意义,以及塑造新人形象等问题交换了意见。

**全国马列文艺论著研究会在安徽黄山举行第三次学术讨论会**

会议集中讨论了艺术规律问题。

在讨论创作个性与"自我表现"问题时,与会同志认为:要尊重和发挥创作个性,但不能把创作个性归结为"自我表现"。"自我表现"作为口号是不科学的。

**大气污染有线遥测系统在山东淄博建成投入使用**

这种监测大气污染的有线遥测系统适合我国中小城市使用。它由一个中心站和6个无人监测点组成。可遥测二氧化硫、风向、风速3个项目,测定数据经市电话缆输送到中心站控制室。监测结果自动显示、打印。具有数据准、投资少、效率高等特点。

## 1月13日

**中共中央发出《关于加强政法工作的指示》**

指示要求全党动手,认真落实"综合治理"的方针,务使社会风气、社会治安在年内有明显的好转。同时要求各级政法部门继续克服"左"的思想影响,防止右的偏差,根据新情况,改革不合理的体制、规章制度,探索新路子,解决新问题。

**中共中央副主席邓小平在中共中央政治局会议上作题为《精简机构是一场革命》的重要讲话**

我讲几点意见。

第一点,精简机构是一场革命。精简这个事情可大啊!如果不搞这场革命,让党和国家的组织继续目前这样机构臃肿重叠、职责不清,许多人员不称职、不负责,工作缺乏精力、知识和效率的状况,这是不可能得到人民赞同的,包括我们自己和我们下面的干部。这确是难以为继的状态,确实到了不能容忍的地步,人民不能容忍,我们党也不能容忍。我们要坚持社会主义道路,要坚持实现四个现代化,能够容忍这种状况继续下去?所有老干部都要认识,实现干部队伍的革命化、年轻化、知识化、专业化,是革命和建设的战略需要,也是我们老干部的最光荣最神圣的职责;是我们对党的最后一次历史性贡献,也是对我们每个人党性的一次严重考验。所以,这件事情必须解决,而且早就应该解决。但是,早了没有条件。现在,我们经过粉碎"四人帮",又经过十一届三中全会一直到六中全会,创造了这个条件。我们现在可以把这个问题提到议事日程上来了。再晚些解决行不行呢?晚解决更困难,问题的本身会更严重，牵扯的问题也更多，牵扯的人肯定一年比一年多。还有一点，这个问题涉及很多老同志。现在确实也有个好的条件，因为许多觉悟比较高的老同志还在，能够带头，也能够克服阻力，只要大家取得一致意见，解决这个问题比较容易。所以，时间不能再拖了。总之，这是一场革命。当然，这不是对人的革命，而是对体制的革命。这场革命不搞，让老人、病人挡住比较年轻、有干劲、有能力的人的路，不只是四个现代化没有希望，甚至于要涉及亡党亡国的问题，可能要亡党亡国。如果不进行这场革命，不论党和政府的整个方针、政策怎样正确，工作怎样有成绩，我们却只能眼睁睁地看着党和政府的机构这样地缺少朝气、缺少效率，正确的方针、政策不能充分贯彻，工作不能得到更大的成绩，我们怎么能得到人民的谅解，我们自己又怎样能安心？不要只看到我们的工作确实有成绩，天天暴露的问题不晓得有多少啊！

第二点，这个问题要涉及几百万人。精简不是百万人，是几百万。按中央这一级来说，要精简1/3。就下面来说，我看不止1/3。就是1/4，也有500万人。当然，不完全是干部，还有一般服务人员、工作人员，也可以减少。所谓精简，是说各部门各单位都要确定编制，一部分人在岗位上工作，其他的人抽出来轮训，学习考试合格以后，到岗位上工作，再让现在岗位上的人去接受轮训。总之，这是涉及几百万大、中、小干部的问题。如果企业、事业单位整顿起来，涉及的人就更多了。单单机关就涉及大约四五百万人的问题。所以，这个问题很大。正是因为大，工作就要做细。但是，第一条决心要大，第二条才是工作要细。再细，也难免有照顾不周到的地方，这个话要说到前面。特别是时间这么紧，我们说用两年来的时间完成这场革命，是很紧的。所以，决心要大。我们政治局确定之后，要坚定不移，不能受干扰。现在一些外国人也在议论，说我们搞这件事情看起来要失败。我们下面的干部都觉得困难得很。我还是那个话，困难确实困难，但是只要我们下了决心，坚定不移，我不相信搞不成。不是要抱必胜的信心吗？我看这样的事应该抱必胜的信心。因为没有别的选择，这件事不能犹豫，不能妥协，也不能半途而废。发生问题，其中包括示威，都要预料到。不要原则赞成，一涉及本身的利害，问题就来了。在精简中如果发生什么游行示威呀，贴大字报呀，都不要怕。在处理精简问题的时候，又不可避免地要牵涉到一部分人中间的派性，处理的人牵扯着这派那派，是很复杂的问题。但是，不管怎样，对这场革命要坚定不移。下了决心，就要顽强，不动摇，出点乱子不要紧，吓不住我们。

第三点，我建议政治局原则上批准中央国家机关的精简方案。中央直属机关的方案不够具体，可能减的人还少了。我这里说一句不客气的话，可能革命精神不够。中央直属机关不是拆大庙，但小庙多得很嘛。还有每个庙的菩萨也太多，很有文章可做的，不要以为没有好多油水。比如群众团体，工青妇现在趁这个机会搞一个精简的方案，搞一个精简的机构，造成一个好传统。过去，工青妇的人也不多的，本来机构并不大，现在相当大。事业单位也不是没有油水。国务院系统精简百分之三十多一点，中央党群系统只精简百分之几恐怕太少了。对中央直属机关的方案也原则批准，但是，应该再去摸一摸，不要以为没有油水。总之，这个方案的革命性还不够。

军队正在考虑，坚决减少军队的人数。

精简方案批准以后就开始着手实行，首先找一两个部门研究编制、定额。如国务院，副总理究竟几个适当？这次会议有的同志提出两个，两个也可以考虑，可能不够一点，如果两个能够行得通，我也赞成。再加几个国务委员。这些国务委员相当于副总理，将来可以出访。国务委员的任务可以比较机动，总理可以分配他做这样那样的事。如果有国务委员，副总理少几个也可以，这个问题也研究一下。部委的精简现在就可以着手。最好先搞一两个部门，有些什么典型经验，有些什么反应，有些什么问题，跟大家见面，这样别的部门进行起来就心中有数，事情好办。总之，中央这一级的精简规定半年时间。要理个头绪出来，半年的时间应该够了。人员的处理是另一件事，但是机构要理出眉目。人员完全处理妥当可能要比较长的时间。把一个一个部门的编制搞出来，我看半年时间应该够了。如果实在不够，顶多三个季度，不能再迟了。当然，省、自治区、直辖市待中央机关进行一段时间以后也可以着手，不必等到中央处理完毕再开始。我们的方案确定了，又有了几个典型经验，各地方就可以开始搞。中央一级先找一两个单位，如说首先从外贸系统开始，试试看。还找一个什么单位？可否找合并简便一点的水利部、电力部？看看究竟有些什么问题。会有各种各样的反应，会从各种各样角度提出问题。精简方案不可能一下子很完备，大体上差不多就行了。原则上是从紧，要放宽很容易。这一次我们紧了之后，硬着头皮不放宽。比如规定定额，副部长是几个人，以后人员可以动，但是名额不能动，这样有利于进进出出。要不然不得了。要做到进一个人真不容易。这样做了，才能给我们起用比较年轻的干部创造一个条件。定了额，每个同志都要实实在在顶一个人做事，不能挂名和半挂名。有些同志说自己还行，到真正需要顶着干的时候，究竟行不行？那就要经得起考验了。要我做8小时工作，我就肯定不行。

总之，今天原则批准这两个方案，就着手干。经过个把月，抓一两个典型，制定编制，规定定额，规定各单位和各个人的职责界限，包括具体的人事安排，看有什么问题。

最后，第四点，这一次革命，不但要注意出的问题，还特别要注意进的问题。刚才说，有几百万人要出，应该注意解决好；但第一位应该着眼于进。部长也好，司局长也好，选什么人，什么人进，这最重要。包括军队也是这个问题最重要。进和出，进摆在第一位。选人要选好，要选贤任能。选贤任能这个话就有德才资的问题。贤就是德，能无非是专业化、知识化，有实际经验，身体能够顶得住。这次我们让多余的或者身体不好的老同志退休、离休，或者换到适当的位置（我说的适当位置就是荣誉职务了），什么人来接替？人一定要选好。还是老话，要坚决贯彻陈云同志讲的几条，几种人不能放进去啊！人有的是。进，最关键的问题是选比较年轻的。当然，可能有个过渡，一两年内，部长还要岁数大一点的同志当，特别是刚精简以后。这是很明白的一个道理。国务院机构缩小，部委的权力就要加大，部委又要加大企业、事业单位的权力。这也是拨乱反正。副部长、司局长要选年轻的，尽量选年轻的。开国时的部长都是年轻的，那个时候差不多都是三四十岁嘛。现在我们好多骨干，就是五十年代、六十年代的大学毕业生，比那个时候我们部长的知识多得多。精简是革命，选贤任能也是革命。出面解决好，更重要的是解决进。这是一道手脚，不要以后再来搞运动解决这个事情。这次也算是一个小运动。我们说大运动不搞了，这次搞个小运动，但不是用过去搞运动的方法。

我就讲这么四点意见。

**国务院发出《关于实行粮食征购、销售、调拨包干一定三年的通知》**

通知指出：国务院决定，从1982年粮食年度开始，对各省、自治区、直辖市实行粮食征购、销售、调拨包干一定三年的办法。粮食部根据中央关于改革经济管理体制的原则和1981年10月全国粮食会议讨论的意见，拟定了《关于实行“粮食征购、销售、调拨包干一定三年”的粮食管理办法》。国务院同意这个办法，请认真贯彻执行。

**中宣部发出通知要求各级党委宣传部门认真学习宣传陈云同志《要讲真理，不要讲面子》的重要讲话**

通知说，陈云同志1945年在党的第七次全国代表大会上发言的一部分《要讲真理，不要讲面子》公开发表后，在广大干部和群众中已经普遍引起了很好的反响。各级党委宣传部门除组织干部认真学习陈云同志这篇发言外，要继续认真地做好宣传教育。要通过学习和宣传教育，进一步贯彻去年中央关于加强思想领导的指示，坚决克服涣散软弱状态，开展批评和自我批评，发扬党的优良传统，使党风有一个决定性的好转。要运用报刊、广播、电视等宣传工具，经常突出地表扬和支持那些敢于讲真理、不讲面子，向错误言论和不正之风作坚决斗争的同志；严肃地批评那些满身骄气，一触即跳，批评不得的人，使“要讲真理，不要讲面子”的思想，深入到广大党员干部和群众中去，在社会上形成一股强劲的正气。

通知还说，宣传真理的人，自己首先要敢于讲真理。党的宣传部门，尤其是领导干部，要带头认真学好陈云同志的发言，并以之作为镜子，对照自己，检查工作，坚持两分法，发扬成绩，克服缺点，使自己真正做到只讲真理，不讲面子。

**全国旅游饭店工作会议在北京闭幕**

会议提出的要求振奋精神，扎实工作，努力办好中国风格的旅游饭店。

会议提供的材料表明，近几年来，随着我国旅游事业的发展，目前全国已有203个饭店用于接待自费来华的旅游客人，这些饭店拥有床位7.5万多个，从事服务管理工作的职工5万多人。许多饭店、宾馆的设备有所改善，服务质量有所提高。1981年，仅中国国际旅行社、中国旅行社和中国青年旅行社就接待了自费来华的旅客110多万人。在改善经营管理的基础上，多数旅游饭店扭亏为盈，增加了收入。

参加全国旅游饭店工作会议的同志，学习了中央领导同志最近对旅游工作的指示，强调在旅游饭店工作中应当坚决贯彻“走中国式旅游道路”的原则，把饭店办得更有特色。

会议本着批评和自我批评的精神，认真检查了饭店工作中存在的缺点。会议对旅游饭店职工的服务态度、卫生工作、饮食工作都提出了具体要求。会议还要求，春节后各地拿出一个月的时间，对旅游饭店的工作进行一次整顿。

**国家建委在北京召开会议推广鞍钢的经验**

鞍山钢铁公司结合企业技术改造治理工业污染的经验，引起中央有关部门的高度重视。国家基本建设委员会于1月13日至15日在北京召开专门会议，介绍并推广鞍钢这方面的经验。

出席会议的同志认为，鞍钢的经验，好就好在他们自力更生，结合老企业的技术改造，从综合利用资源、能源入手，来解决工业污染问题，把发展生产和保护环境较好地结合了起来。这种做法，不仅花钱少，见效快，而且能变害为利,变废为宝,取得了较好的经济效果和环境效果。

我国的工业污染,很大一部分是由于工业企业设备陈旧、工艺落后,资源、能源利用率低造成的。据有关部门测算,目前,我国的能源利用率平均不到30%。我国的工业原材料消耗也很高。在一些化工企业中,往往只有1/3的原料转化为产品,其余2/3的原料都变成"三废"排放掉了。会议希望各工业部门和企业参照鞍钢的经验,制定结合企业技术改造治理污染的具体规划,把治理环境污染的工作更快地推向前进,取得更大的成绩。

**解放军副总参谋长伍修权在北京会见并宴请日本防卫厅长官官房防卫审议官西广整辉**

**中国科学院 上海生物化学研究所等单位完成酵母丙氨酸转移核糖核酸的人工全合成**

中国科学院秘书长郁文在中科院召开的院计划会议的报告中宣布:中国科学院、上海生物化学研究所等单位,经过13年的努力,已于去年年底胜利地完成了酵母丙氨酸转移核糖核酸的人工全合成。合成产物显示了转移丙氨酸(即将丙氨酸掺入到蛋白质中去)的活性。这是继我国在世界上第一次人工全合成牛胰岛素之后,取得的又一重要成就,标志着我国在人工合成生物大分子的研究方面继续居于世界先进行列。

**1981年中国科学院取得科研成果1000多项**

中国科学院秘书长郁文说,据中国科学院所属的71个单位统计,1981年全院共取得1015项科研成果。在发展新技术、新工艺为国民经济服务方面,使用我们自己研制的多光谱扫描仪、微波辐射计等仪器设备,进行了天津、渤海环境遥感和渡口二滩水电工程地质遥感试验,积累了大量资料。在遗传工程的研究方面,进行了分子遗传学和基因工程技术的打基础的工作,开始着手针对某些社会应用目标开展实验研究。激光技术的研究也在稳步发展,研制出了高精度可调谐环形染料激光器、微微秒量级锁模激光器,用于光通信的砷化镓激光器的使用寿命已达到1万小时以上。稀土钢冶炼工艺和加入方法的研究也取得了可喜成果,为稀土在钢中的应用打开了新的前景。

郁文还谈到了应用性成果的推广情况。他说,这一年多来全院同工业企业部门共签订了技术转让和成果推广合同近200项。中国科学院与造船厂合作设计的船用柴油机增压器,性能优于国外名牌产品;利用本院提供的发酵法生产氨基酸的技术,即将建成可供年产复方氨基酸大输液1千万瓶的氨基酸车间。固氮蓝藻作为晚稻肥源、单倍体育种、病毒与微生物杀虫剂、昆虫性息素、沙漠和沼泽改良等先进农业生产技术,正在扩大推广。他预期在经济体制改革、产品结构改革和企业技术改造的推动下,科研同经济的发展必将日益紧密结合,科学技术推动生产发展的作用必将日益显现出来。

**中国研制的电火箭首次进行空间飞行试验取得成功**

中国科学院空间科学技术中心电推进研究室研制的两台脉冲等离子体发动机,在有关方面的大力协同下,首次成功地进行了空间飞行试验。这次飞行试验的成功,标志着我国电火箭的科研工作进入了一个新的阶段,使我国有了一种新型的空间微推力火箭发动机。

电火箭具有推力小,比冲高,寿命长,动作快速,操作灵活等特点,它适用于各种卫星及航天飞行的姿态控制和轨道修正。

我国是第四个进行电火箭空间飞行试验的国家。这次试验的目的,是要在真实的空间环境下证实整个电火箭系统的工作情况,验证地面试验研究的结果,了解电火箭对其他系统的影响,从而促进这一新技术的进一步研究和应用。在这次飞行试验中,根据遥测结果判定,两台发动机工作正常,整个试验达到了预期的目的。

**祝嘉铭成为中国排球界第一位国际级教练**

上海男子排球队主教练祝嘉铭,经过国际排联考核后,被任命为国际级排球教练员。他也是我国排球界第一个国际级教练。

## 1月14日

**中共中央主席胡耀邦在中央书记处会议上作题为《关于对外经济关系问题》的发言**

为了打开新的局面,指导对外经济关系的全面发展,中央和国务院需要一个系统的有分量的文件。这样的文件,应当涉及对外经济关系的一系列根本问题,总结正反两个方面的历史经验和新鲜经验,提出明确有力的方针和政策。

现在,我讲几点意见。

第一点,对外经济关系究竟是个什么性质的问题?

前几年邓小平同志就提出,对外经济工作,是关系我国四个现代化建设的一个战略问题。我是完全赞成这个提法的。

我在前面用的是“对外经济关系”,而没有说“对外贸易”,因为对外经济关系的内容,比对外贸易广泛得多。马克思那篇有名的《经济学手稿(1857—1858年)》的《导言》,在说明了社会生产的各个环节及其相互关系之后,指出还应当研究“生产的国际关系”,并且认为,应当把这种关系作为经济学的专门篇章来研究,包括“国际分工”、“国际交换”、“输出和输入”、“汇率”等方面的内容。我看这个提示很重要,简单扼要地指明了在近代条件下,经济问题决不是一国的现象,必须联系到国际关系来加以考察,而不能同国际关系割裂开来。讨论今天中国的对外经济关系,我们不应当忽略马克思的这个重要观点。

当代世界的绝大多数国家,也许只有极个别的国家除外,都把对外经济关系问题放在极其重要的地位。许多国家和地区,例如日本、新加坡和中国香港,甚至把它放在生死攸关的地位。马克思、恩格斯早在100多年前就指出,随着资本主义世界市场的形成,各民族之间经济上的互相往来和互相依赖,逐步取代了原来的闭关自守和自给自足状态。近几十年来,特别是第二次世界大战以后,这种情况又有了空前巨大的发展。这是一个基本的历史事实,也是社会发展的必然趋势。我们今天对待中国的对外经济关系,也决不应当忽略这一点。

新中国成立以来,我们在对外经济关系方面,经历了曲折的过程,没有取得很大发展。这当然不能归因于我们宁愿闭关自守,而是有当时的历史原因的。第一,是因为以美国为首的世界主要资本主义国家,长期敌视和封锁我们,对我国搞禁运。第二,是因为从60年代起,苏联撕毁同我国的经济合同,我们同苏联和东欧一些国家的经济关系大为缩小。第三,是因为一个时期内,特别是“文化大革命”中,严重地曲解了自力更生的方针。自力更生的方针是完全正确的,但是如果加以曲解,把它同发展对外经济关系对立起来,那就是完全错误的了。

大约从1972年起,在我国的对外经济关系方面,情况开始有所转变,逐步打开了一点局面。直到粉碎“四人帮”以后,特别是党的十一届三中全会,才明确地向全党提出了大力发展对外经济关系的问题。这是小平同志提出的,陈云、李先念等同志完全赞成的。这是一个很有远见的决策。在这以后,在1978年至1980年这段时间里,我们的对外经济关系确实取得了不同于过去情况的重大进展,同时也在某些具体问题上发生了一些偏差。有鉴于此,我们应当总结经验,把步子放稳当一点。不过也不要因此就产生错觉,似乎应当退缩,而不敢再积极发展对外经济关系了。总结经验,是为了把我们这个社会主义国家的对外经济关系搞得更好,否则就不符合三中全会的方针了。刚刚有些起色,怎么能够因为出了一点问题,就退缩呢?

前不久,中央书记处一致认为,我们的社会主义现代化建设,要利用两种资源——国内资源和国外资源,要打开两个市场——国内市场和国际市场,要学会两套本领——组织国内建设的本领和发展对外经济关系的本领。这就把对外经济关系的战略地位,进一步地明确起来了。按照这个观点,我们在对外经济关系问题上,还要大大地开阔眼界,提高水平。当前我们要注意的是,很好地总结经验,经过系统的思考和继续努力,制定一整套正确的方针、政策和措施,走出一条适合中国情况和国际情况的发展我国对外经济关系的路子。只有这样,我们才能真正有效地克服各种因循保守的陈旧观念,克服盲目性和自发性,打开新局面,掌握主动权。

第二点,为什么发展对外经济关系是现代化建设的一个重要战略问题?

这个问题,实质上也就是如何清醒地认识我们今天究竟是在什么样的历史条件下,在什么样的国情下,在哪些有利的和不利的条件下,进行现代化建设的问题。

我们的有利条件,在我看来,主要是四条:

第一,除台湾省外,已经在全国范围内确立了社会主义的经济制度和政治制度,把生产资料的私人所有制改造成为公有制,把剥削阶级分子改造成为自食其力的劳动者,国民经济命脉已经掌握在代表工人阶级和全体劳动人民的国家手中。

第二,已经在指导思想上完成了拨乱反正的任务,开始形成了一整套实现四个现代化的路线、方针和政策,有了一个能够驾驭四个现代化航向的坚强的党中央。

第三,依靠强大的国防部队,我们有力量保卫我国人民的和平建设;同时,由于实行正确的对外政策,我们在世界上有巨大的政治信誉。

第四,国际条件也很有利于我们集中力量进行现代化建设。无论是为了赚钱或者为了摆脱经济陷于萧条和危机,资本主义国家都愿意发展同我国的经济交往。

我们的不利条件,在我看来,也有四条:

第一,虽然我们已经拥有一定的技术力量,甚至在某些方面达到了相当先进的水平,但是总的说来,我们的装备、工艺、技术队伍和经营管理的水平,毕竟还很落后,同世界先进水平还有不小的距离。

第二,虽然我们已经拥有相当可观的物质基础,并且每年还可略多地积累一些资金,但是毕竟很有限,大约一年只有700亿元左右的固定资产投资。国内资金缺乏的状况，相当长时期内不可能有很大改变。

第三，资源丰富是一个优势，但许多资源实际上还埋在地下睡大觉。因此，这种优势只是潜在的优势，不是现实的优势。

第四，人口太多，负担沉重。劳动资源虽然丰富，但是还缺乏充分发挥的条件。当然，劳动力如果充分发挥出来，又可以变包袱为财富。

我认为，以上这些有利和不利的条件，是我们考虑今天中国的经济问题，包括对外经济关系问题的出发点。正是从这种历史条件出发，我们一定要艰苦奋斗，自力更生，独立自主地进行社会主义现代化建设，这是绝对不能有丝毫动摇的。10亿人口大国的现代化事业，应当而且只能放在自己力量的基点上。除此之外，难道还有什么别的出路吗？但是另一方面，也正是从这种历史条件出发，我们又绝对不能囿于过去的狭小圈子里，把自力更生曲解为闭关自守、孤立奋斗。我们一定要在自力更生的基础上，把视野从国内范围扩展到国际范围，不但要放手地调动国内一切可以调动的积极因素，而且要放手地利用国外一切可以为我所用的因素，以天下之长，补一国之短。用《管子》的话来说，就是要使"天下之宝，一为我用"。只有这样，通过对外经济联系借助国外资金和先进技术尽快地发展我们的民族工业，才能使我们面临的困难得到更为顺利的解决，使社会主义现代化建设事业得到更加迅速的发展。我们所说的对外经济关系的战略意义，就在这里。

在对外关系问题上，我国近代历史所提供的经验教训是够多的了。曾经有过两种人。一种是崇洋媚外，奴颜婢膝，结果是丧权辱国，被人民所唾弃。从慈禧太后、袁世凯到蒋介石，都是如此。另一种是闭关自守，夜郎自大，结果是自甘落后，被历史所淘汰。清朝末年那些视中国为"天朝"，把外国一概看作"蛮夷"的顽固派，不就是这样一流人物吗？在今天新的历史条件下，在一部分人们当中，包括在我们一部分党员和一部分干部当中，这两种倾向都仍然在不同程度上有所反映。这大概也可以算是一种历史的遗产吧。有些人在外国人面前自惭形秽，以为外国一切都好，我们什么都不行。有些人却又生怕对外开放，以为不开放或少开放，才能天下太平。这两种倾向，有一个共同点，就是都不相信我们今天作为一个发展中的伟大社会主义国家，在对外关系方面，能够开辟一个全新的局面。

我们的同志，首先是一切从事对外活动包括对外经济活动的同志，一定要从战略上深刻地认识对外关系，特别是对外经济关系的意义，敢于和善于跳到更广阔的天地里去，打开新的局面；同时又一定要善于防止和克服各种消极现象，坚持社会主义的原则和共产主义方向。既要学会游泳，又不被淹死。这是保证我们对外工作健康发展，保证我们建设事业胜利的必不可少的和极端重要的条件。

第三点，对外经济关系要有一整套正确的方针和政策。

这就是说，我们不能就事论事，零零星星地办事，走到哪里算哪里，而是要有一套贯通全局的系统的章法，要有科学预见。为此，就要切实地掌握对外经济关系的主要问题和特点。

对外经济关系有什么特点呢？

第一，是同外商打交道，不是同自己人打交道。对自己人还可以讲纪律，必要时强调服从，搞点一厢情愿；对外商就不能来这一套，而只能讲信誉，讲协议，讲合同，讲平等互利，讲两相情愿。由此出发，我们既要有对内的严格纪律，又要有对外的灵活反应。

第二，涉及多种对象和多方面的内容，有些问题甚至影响到国家的整个经济和社会生活。由此出发，我们各个地方、部门和单位就不能在对外经济活动中各行其是，让外商钻空子，让肥水落了外人田，而要统一领导，全面规划。只有在这样的前提下，才能更好地发挥各方面的主动性和积极性。

以上两个方面，综合起来，就是四句话：统一领导，全面规划，灵活反应，严格纪律。请同志们考虑，这四句话作为一个总的工作原则，可不可以呢？

对外经济关系所包含的问题千头万绪，概括起来，无非一个输出，一个输入，或者叫作一个出口，一个进口。而这两方面，又是互相制约，互相渗透，互为条件的。因此，对外经济关系的一个中心问题，就是正确处理这两个方面的关系，使它们辩证地结合起来。

围绕这个中心，我认为可以提出以下六个问题，来着重地加以讨论：第一，要善于吸引国外资金；第二，要正确引进国外先进科学技术；第三，要大力发展国际劳务合作；第四，要大力促进国内产品进入国际市场；第五，要正确掌握对外经济援助；第六，要正确处理对外关系中政治和经济的关系。只要我们在这六个问题上，思路明确，政策对头，措施得力，对外经济关系就一定能够年年有所发展，有所进步，并且越来越充分地发挥对于国内建设的促进作用。

第四点，应该如何吸引国外资金？

在我看来，这是当前我们在对外经济关系上亟待解决而又远远没有解决好的一个突出问题。

所以要把吸引外资提到这样重要的地位，是因为我们现代化建设事业所面临的第一个困难，就是缺乏资金。我们现在不是英雄无用武之地，960万平方公里难道还小吗？我们是英雄无用武之器啊！

所以把吸引外资提到这样重要的地位，还因为从资本主义国家和地区尽可能地吸引资金，这对我们是一件新事，过去长期没有接触过。其实，苏联在半个世纪以前，在 20 世纪的二三十年代，遵循列宁的方针，在极端困难的条件下，就搞过租让制。租让制企业，多的时候达到 200 多个，利用外资达到几千万金卢布，胆子相当大！

今天我们利用外资的方式，大体有三种：第一种，吸引直接投资，包括合资经营、合作经营、合作开发、补偿贸易，以及加工装配等等；第二种，争取外国政府和国际金融组织提供的中长期、中低利贷款，以及各种名目的开发基金、救济基金等等；第三种，一般商业贷款。就近期来说，我认为吸引直接投资，应当成为最重要的方式。它有两大好处：一是同投资者的利益直接挂钩，共担风险；二是可以更好地学习人家的先进技术和经营管理经验。许多国家的成功事例证明，这种合资或合作经营的企业，本身就是一个个经济和技术的训练班。美国那个大资本家哈默，当年同列宁见过面，现在愿意同我们合作开发山西平朔露天煤矿，可能投资 2.5 亿美元到 3 亿美元。争取到 100 个哈默这样的人，就是一个可观的数字。

为了有效地吸引直接投资，需要一套开明的方针。第一是大中小项目一起上，当前以中小为主，这样见效快。第二是欢迎外国资本家、华侨资本家和港澳、台湾资本家一起来。第三是适当放宽政策，让他有利可图。你不让他赚点钱，就没有吸引力，局面就打不开嘛！有胆有识地放手地干，才能争取时间。

至于一般商业贷款，我赞成陈云同志的意见，一定要谨慎些。既然是贷款，总要还本付息，还要国内配套，势必有很多限制。当然，对于中长期、中低利的贷款，特别是自由外汇，可以稍微大胆一点，但毕竟有限。资本家总还是资本家嘛！只要是资本家，他总是要追求高额利润的。东欧国家债台高筑的教训，尤其应当引以为戒。今后对于贷款的调子，要适当放低一些。也不要用什么“优惠贷款”之类的说法，有多少“优惠”呢？无非利息稍低一点而已，叫它“低利贷款”也就可以了。

总之，要解放思想，并及时总结经验，培养典型，成功一个就可以带动一片，一步一步地打开局面。

第五点，如何正确引进国外先进科学技术？

引进国外先进科学技术，路子宽广，不要理解得太狭窄。这方面的内容，大致可以包括五大项：一是先进设备或部件；二是新型和优质的材料；三是新的原理、数据和配方；四是新的工艺和科学的操作规程；五是先进的经营管理方法。

关于引进设备。走过一点弯路，但是也要具体分析。进口一点成套设备，不但过去是必要的，今后也有必要。过去的问题，一是引进成套设备太多，二是重复，三是没有同时买技术，四是自己又不钻研，没有很好消化推广。大体是这么四大缺点。接受了教训，今后就可以一步一步地搞得更好。

关于引进新型的优质材料。我们自己首先要努力搞，特别要鼓励我们的专家和技术人员密切联系生产，掌握新的科学技术，为国争气。但是同时一定要充分地估计到，我们建设所需要的各种原材料，特别是新型的优质材料，将会长期紧张。引进新型的优质材料，不可避免地将是一个长期的方针。世界各国，包括新技术比较全面发展的国家，如美国、日本、西德也都是这种情况。

关于引进先进的科学技术知识和经营管理方法。应当承认，我们脚踏实地地向世界学习不够，下苦功夫不够。科学技术的信息、情报，搜集的并不少，每年有两三千万美元的科技书刊进口，出国考察恐怕还要花上亿美元，究竟得到了多少东西？我们要进一步提倡广大干部、知识分子和工人大长中国人的志气。向科学要本领，拜行家做老师，这两句话应当成为一个行动口号。在全党，在广大干部、知识分子和工人当中，以至在全社会和全民族，要努力造成一种奋发图强、刻苦学习的风气，这是至关紧要的一件大事。

有一个严重问题，这里顺便说一下，就是今后一定不要再分散地和盲目地进口消费品了。我的意见，除国家统一安排以外，不准任何部门和地方擅自进口消费品。有些地方和部门现在那种私自进口消费品的做法，实际上是打击民族工业，是一种最可耻的行为，最大的投机倒把！这不是引进先进技术，是误国误民。

这里还有一个问题，就是要在国家的统一领导下，管好用好中央各部门和地方的外汇。看到一个材料，说甘肃去年地方外汇 1500 万美元，留成 600 多万美元，但就是这点外汇也不用到刀刃上。除少数地、市进口了一点急需设备和医疗器械，大多数地、市都是盲目进口什么手表、自行车、缝纫机之类，而且质量低劣，上当受骗！据说除此之外，就不知道该进口什么东西了。你看，辛辛苦苦得来一点外汇，不晓得拿来进口急需的设备、技术和原材料，从而扩大生产，取得更多的外汇，却自己浪费到进口劣质消费品上，让外国人又赚回去！这种情况能够继续下去吗？

第六点，如何大力开展国际劳务合作？

人多是我们的一大问题，但劳动力多又是我们的最大优势。现在的问题，不是没有劳动积极性，也不是无用武之地，主要是没有资金和原材料。出路何在呢？看起来，今后相当长历史时期内，最主要和最可靠的办法是两条：第一是加快发展农村多种经营，在城市广开就业门路，这是密集型劳动，可以安排大量劳动力，产品还可以出口。第二是面向全世界,积极发展国际劳务合作。

我们的国际劳务合作,刚刚起步。1981年,对外承包工程总金额达到4.9亿多美元,实际收汇1亿多美元,按合同派在国外的劳动力1.7万多人。但是,这同我们的潜力相比,同国外市场的需要相比,特别是同其他一些发展中国家相比,我们做的事情还是太少太少了。我们建筑业对外承包工程,已经在国际市场上显示了相当强的竞争力,同时又带动了国产建筑材料的出口。可见,这件事确实是大有可为的。

劳务合作,不仅是对外承包工程,还应当包含以下三个方面的内容。第一,是来料、来样、来图加工,即广东同志所说的"三来"。第二,是走出去,到国外开设各种企业。第三,还要大力发展旅游事业。外国人说临潼兵马俑是世界八大奇观之一,去年有五万外国人参观。我们要改善旅游条件,并且下决心把向旅游者卖的东西的价钱合理地降下来,薄利多销。这样做的好处,第一是扩大了就业;第二是赚了外汇。改善交通和旅馆条件,最好是由国家同地方一起搞,社队经济富裕又有积极性的也可以参加。河南那个刘庄大队,前年就有几十万元资金没有地方投,去年的集体经济总收入,又比前年增长了23%。

看起来,今后相当长时期内,我们在国际上最有竞争力的,还是工资低廉的劳动力。来料加工,要指导沿海各省市大力开展。但是一定要注意,成品应外销,不允许内销,否则就不是来料加工了。

第七点,如何更大规模地促进国内产品进入国际市场?

我们国内产品的出口,规模过于狭小,这是一个严酷的事实。我国人口占世界人口将近1/4,而1980年出口在世界市场上的比重不到1%,只有9‰,名列第28位。当然,这几年工作是做得好的,进展比较快,但也不能估计过高。

三十几年来,出口规模如此狭小,原因很多,有客观历史原因,也有主观原因。当然,不必过于责备我们主观上的失误,但是必须清醒地认识这个严酷的事实,并且力争在不太长的时间内有个较大发展。

前几天看了一个录像片,讲阿曼情况。它那里年产石油1500万吨,其中一千三四百万吨用于出口。过去阿曼老苏丹卖了石油,买回黄金来埋在地下,完全是土老财的办法。老苏丹让位以后,改变方针,把钱用来办工厂,开矿山,修道路,办学校,几年来发展很快。这个情况,我感到很有启发。我们在进口与出口的关系问题上,是不是也有一个打破老框框、打开新局面的问题呢?

一般地说出口是外贸的基础。只有进口,没有出口,当然不行。历来讲几大平衡,就包括外汇收支平衡嘛。但这是不是说,在进出口的具体安排上,在每一年度的安排上,都要定死一条,出口多少才能进口多少呢?我认为不能这样说。这里就有一个统筹安排,正确认识和处理进口与出口的辩证关系的问题。出口而后能够进口,只是事情的一个方面;另一方面,进口又能够带动和促进出口。比如在缺乏原材料的情况下,只有进口原材料,或者发展来料加工,才能促进出口。又比如引进设备和技术,从而提高产品的数量和质量,提高竞争能力,这同样也是进口带动出口。日本和其他许多国家和地区的成功经验,不是已经充分地说明了这一点吗?如果不是这样,只讲出口多少才能进口多少,它们能够生存吗?所以,以出养进和以进养出,二者是辩证的关系。这种关系,只有在运动过程中,包括跨年度的运动过程中,才能实现合理的平衡,得到合理的解决。

扩大国内产品的出口,方针和方向是什么呢?在这个问题上,也需要总结一下我们的历史经验。过去,某些产品的出口,在很大程度上是依靠挤国内消费需要。当然,50年代那时没有多少东西,只好走这条路;如果今后仍然这样走下去,就不妥当了。挤一点高档产品出口,挤一点农副产品出口,这是可以的。但是如果搞得过分,把主要希望寄托在这上面,那就会同国内需要发生尖锐的矛盾,只好压缩国内人民的消费,又使国内加工工业不能顺利向前发展,而国内商品不足,又会打击人民的积极性,助长国内市场的投机倒把。讲得彻底一点,如果一个国家单纯依靠农产品出口和大量进口国外的消费工业品,这是殖民地半殖民地类型的经济。有同志可能会说,美国也大量出口农产品。我认为这种说法,没有抓住问题的实质。美国农业已经差不多工厂化,而且大幅度地超过了国内市场的需要,这与第三世界国家的情况完全不同。美国农产品大量出口,实质上是过剩产品的倾销。而第三世界国家向发达资本主义国家出售农产品,买进消费的工业品,却是在不等价的交换关系中遭受富国的剥削和损害。我们不能走这样的路,否则就要犯错误。

按照正确的方针,应当怎样办呢?我认为主要应当向着以下四个方面去努力。

第一,积极扩大矿产品的出口。煤炭、石油要挤一些出口,还要努力发展有色金属和稀有金属矿产品的出口。过去有种说法,凡是战略物资不能出口。这是一种过时的陈旧观念。超级大国的战略武器已经储备得过量了,你那一点点战略物资为什么不能出口?在这个问题上也要解放思想。当然,为了防止压价,要有计划地安排出口,要取得有利的交换条件,但是首先必须解除禁令。

第二,积极扩大机电产品的出口。几年来,这方面进展比较快。机械、船舶出口也有大量增加,但潜力还很大。要动员我们的机械工业,包括军工和民用两部分的几百万职工,努力提高质量,改进技术,打入国际市场,为国争光。

第三,进一步发展我国的轻纺产品和特有的手工艺产品,诸如瓷器、挑花、中成药、服装、刺绣、雕刻等几千几百种产品的出口。

第四,发展我国的土特产品,诸如茶叶、中药材、畜产品、野生名菜、果脯等等的出口。

当然,除此之外,在必要的时候,也还要适当挤一点内外销都需要的货源较紧的人民生活消费品出口,但主要应当是上面所说的那四项。

为了发展出口,我也赞成这样一系列方针和办法。例如:要采取适当的扶助出口的政策,要打破等客上门的方式,走出去搞销售网、情报网、服务网;要不断提高我们的产品的信誉,讲质量,讲履约,要解决运输和港口的问题,中央地方一起上,大、中、小港口一起上;要统一组织,发挥各部门、各地方的积极性;以及打开同苏联和东欧国家的贸易,等等。

第八点,如何正确地支援第三世界?

支援第三世界各国人民保卫民族独立、发展民族经济和反对帝国主义、霸权主义、殖民主义的正义斗争,是我们不可推卸的国际义务。三十几年来,我们在这方面做了大量的工作。虽然也有一些失误和教训,但总的说来,名声是好的,在国际事务中发挥了重大的积极作用。

第三世界多数国家都同我们友好,有反对帝国主义、霸权主义、殖民主义的积极性,但它们的社会制度、政治制度和经济发展水平,却有很大不同。第三世界各国当局在对待帝国主义、超级大国的态度上,在对待本国人民的态度上,也有种种差别。对于第三世界国家的国内社会经济政治状况和阶级状况,我们至今还很少研究,不甚了了,甚至可以说还处在一团混沌的状态。除了几个社会主义国家以外,可以看到有些国家是大地主、大资产阶级的军事专制,有些国家是民族资产阶级的军事专制,还有些国家可能是比较开明的资产阶级和小资产阶级联合专政,以及其他,等等。就经济发展水平而论,第三世界的大多数国家是穷国和最穷国,但也有少数国家很富。从按人口平均的国民生产总值来看,世界前三名是阿拉伯联合酋长国、卡塔尔和科威特,都是第三世界国家。还有不少第三世界国家,比我们富得多。鉴于以上这些复杂情况,我认为,对于支援第三世界国家的方针,包括经济援助和经济交往的方针,究竟应当如何具体执行,如何分别对待,需要过细地加以研究。

比如说,当前一个不可忽视的动向,就是第三世界许多国家都在进行相当规模的国防建设和经济建设,拉丁美洲、非洲、中近东、海湾国家和东南亚许多国家都是如此。我们很可以同它们搞经济合作,也很可以搞一点军火贸易。当然,在这类交往中,既不应当无所作为,也不要想趁机捞一把。

又比如说,对一些处在艰难时期,并且遭受侵略和威胁的穷苦国家,只要有可能,就要给以军事的和经济的支持和援助。军事援助,中央有条原则,一般只收成本费。至于经济援助,根据历史经验,那种完全奉送的办法,对双方都不利。当然,要处理得当。要注意一个问题,绝对不可在国际上造成一种印象,似乎前些年我们到处送钱交朋友,现在却只算经济账,连老朋友都可以丢。要告诉我们的同志,支援第三世界国家是一个带有战略性质的问题,切不可掉以轻心。

我同一些外国人谈话,感到第三世界许多国家是希望我们帮助它们开发的。包括委内瑞拉、巴西,也说欢迎到它们那里开厂子。它们说,第一、第二世界国家到它们国家开厂子,欺负它们,甚至颠覆它们,对中国人它们值得过。我们能否在这方面也打开一点出路?据说印度近年在国外,以第三世界国家为主要对象,发展合资企业,很有成效。我们也应当在这方面作出更多的事情。

第九点,要正确认识政治和经济的关系问题。

对外经济活动要搞上去,就要打破一些老框框,摆正政治和经济的关系。

长期以来有种观点,说经济要服从政治。这种提法有部分的道理,但不全面。从马克思主义的基本观点来看,经济和政治是相互影响、相互作用的,归根结底还是经济决定政治。在对外关系问题上,同样也是这样。大家看吧,如果对外经济关系搞得好,不断发展,政治上的外交就好办;反之,如果对外经济关系打不开局面,政治上的外交也就不可避免地受到限制,缺乏生命力。去年我们说经济要调整,日本一些资本家以为没有生意好做了,放肆地骂我们,后来一看不是那么回事,还有希望,他们又不骂了。许多国家政治上可以尖锐对立,但是经济上照样往来,因为双方经济利益需要嘛!不但资产阶级国家,而且一切国家,政治背后都有一个重大的经济利益问题。这是国际上的通常现象,因此,我们一切外事部门,一切从事外事工作的同志,都要努力了解世界各国,特别是你所到的那个国家的经济和政治的全盘情况。不仅要了解上层人物的动向,还要了解背景;不仅要研究这个国家的政治和文化,还要研究它的经济和历史。

在政治同经济的关系问题上,我认为还应当强调一点:对外国一切先进科学文化和经营管理知识,一定要努力学习和钻研；而对一切资产阶级腐朽思想的影响，一定要坚决抵制。现在有些人恰恰相反。对人家真正先进的东西，他们不学不钻，置若罔闻，而对资本主义那些糜烂透顶的坏东西，他们却如获至宝，风靡一时。这个问题，一定要尖锐地提出来，引起全党和全国人民的警觉和注意。要严肃对外经济活动纪律，明确规定出几条来，一切从事对外经济工作的人员，都必须认真遵守。任何人违反时，都要给以党纪、政纪、国法处置。要加强爱国主义和国际主义的教育，使我们的党员、干部和公民，都懂得在对外交往中，抵制资本主义思想的腐蚀，维护民族尊严和利益，维护党和国家的声誉。

第十点，扩展对外经济关系的深远意义。

我国社会主义现代化建设事业能不能在本世纪搞出一个名堂来，这是中央领导同志反复考虑的一个重大问题。我们是有信心的。但是就全党来说，有些同志信心不是很足，少数人甚至是怀疑的。当然，现在谁也不可能一下子说清楚我们现代化建设的名堂究竟可以搞多大，而只能估计一个大致轮廓。我的初步看法是，如果搞得好，可能搞成一个比较大的名堂，如果搞不好，那就只能搞点小名堂或者中名堂。这里一个有决定意义的问题，就是我们能不能在最近这几年内，真正打开局面。

打开局面是不容易的。抗战初期，毛泽东同志和刘少奇同志着重强调的就是打开局面这四个字。少奇同志讲得好，凡属转折时期，就有个打开局面的问题。历史的事实就是这样。中国近代史上，太平天国开始一段，曾经打开了局面，但是打到南京以后就不行了，没有局面了。孙中山起来，辛亥革命打开了局面，但是他过世以后也停顿了，没有局面了。这种历史的曲折告诉我们，一切站在历史潮流前面的人们，要打开局面，就要有点眼力、魄力和毅力，并且要有一整套正确的战略和战术。否则就不可能打开局面，即使一时打开，也不能持久，不能取得彻底的胜利，甚至功败垂成。

就我们当前任务来说，就经济领域来说，要打开局面，我认为主要取决于四个环节：

第一，农业的潜力能不能继续发挥，特别是多种经营能不能来一个大的发展。

第二，工业潜力能不能发挥出来，特别是企业整顿能不能较快地作出成效。

第三，对外经济关系能不能较快地发展起来。

第四，国内财政金融和商业流通能不能更加健康地向前发展。

如果20年内，我们的对外经济活动，仅就对外贸易的规模来说，扩大到现在的4倍，就是1600亿元。这样的规模似乎很大，实际上不过只占现在世界贸易额的4%。

唐朝有位杰出政治家和理财家叫作陆贽的，讲过这样一段话："吝少失多，廉贾不处；溺近迷远，中人所非。"我看这段话讲得好，对我们做经济工作的同志应当有所启发。那种吝少失多，因小失大的事情，一切高明的、善于薄利多销、把生意真正做活的商人即"廉贾"们，是不会干的。那种溺近迷远、拘泥于眼前利害而迷失远大前景的想法和做法，甚至具有普通见识的人们也会懂得是错误的。这就是说，一定要善于看大局，看到事物的总体和发展的前景，有战略眼光，而不要目光短浅。

我们不是经常讲要同心同德吗？同心就是大家想到一起，同德就是大家战斗在一起。只要我们大家在战略思想上真正统一起来，在战术行动上真正协调起来，想到一起，又战斗在一起，局面就一定能够打开。当然，这要有一个过程。在这个过程中，我们用交换意见和调查研究的办法来求得同心，以战斗在一起的实践来求得同德。总而言之，让我们大家同心同德，打开局面，来发展我们祖国的社会主义现代化建设事业。

**全国新闻工作者协会和中国国际信托投资公司在北京举行中外记者招待会**

由中国国际信托投资公司董事长兼总经理荣毅仁介绍中国吸收外资和国际信托投资公司的业务开展情况。

荣毅仁说，坚持对外开放政策，增强我国自力更生的能力，是我国经济建设十大方针中的一项重要方针。今年，我国吸收外资、开展对外经济技术合作与交流，将要有一个新的进步和发展。

他说，今年中国国际信托投资公司组织外商投资和吸收外资自行投资的工作，主要放在这样一些方面：引进必要的技术设备，对国内中小企业进行改造和扩建；发展轻纺、食品、石油化工和基础化学工业；组织生产国家短缺、急需的建筑材料；开发有色金属和其他矿产资源；改造地方煤矿、加强交通等薄弱环节，组织煤炭出口。荣毅仁还回答了中外记者提出的有关问题。

**1981年城镇储蓄继续增长职工人均存款320元**

据《人民日报》报道，1981年，我国城镇储蓄在连续两年大幅度增长的基础上继续增加，每个职工平均储蓄存款达到320多元。

据中国人民银行初步统计，1981年年末，我国城镇储蓄存款达到353.79亿元，比1980年年末增加71.3亿元，增长25.2%。储蓄户增到1.3亿多户。

**中日软件中心在北京成立**

由中国计算机技术服务公司同日本电气公司为共

同开发和生产计算机软件，合作建立的一个中心。中日合办软件中心的主要任务是在中国培训软件技术人员，并对各行业的经营管理人员进行计算机基础知识的教育，以促进中国各领域中推广应用计算机。

四机部部长钱敏，日本电气公司会长小林宏治，日本驻中国大使鹿取泰卫等出席了今天的开幕式。

**国务院副总理谷牧会见由总裁昆南率领的美国皮博地煤炭公司代表团**

昆南同高扬文等煤炭部负责人就山西平朔露天煤矿的合作开发事宜交换了意见。

**解放军总政治部在北京举行拥政爱民 拥军优属报告会**

总政治部邀请"爱国拥军模范"、"人民子弟兵的好妈妈"赵趁妮和30多个先进集体的代表，来京座谈、交流先进经验。

总政治部领导同志向子弟兵的好母亲赵趁妮赠送了金匾，向拥政爱民、拥军优属先进集体赠送了锦旗。

民政部副部长张凯、总政治部副主任梁必业在会上讲话。

报告会由总政治部副主任华楠主持。总政治部主任韦国清、副主任黄玉昆和驻京部队的3000多名指战员出席了报告会。

**中日首次合作电影《一盘没有下完的棋》在东京开机**

影片是中日两国电影工作者正式合作摄制的第一部影片。影片以日本军国主义者发动的侵华战争为背景，通过描写中日两个围棋手的家庭在战争中和战后数十年间的悲欢离合，反映了战争给两国人民带来的灾难，歌颂了中日人民的友谊。

这部影片的中国导演是段吉顺，主要演员有孙道临、黄宗英、沈冠初等；日本导演是佐藤纯弥，主要演员有三国连太郎、三田佳子、绀野美沙子等。

## 1月15日

**国务院发出《关于严格控制到著名风景游览胜地开会的通知》**

近年来，中央各部门和各地的一些单位和人员，以各种名目到桂林开会和出差的人员相当多，给当地的供应、食宿、运输造成很大压力，也严重影响了接待国外旅游者的工作．其他风景游览胜地也有类似情况．为此，特通知如下：

一、各部门、各单位在旅游旺季(4月至11月)，不要到桂林、杭州、苏州、西安、青岛、大连等地开会．如必须在这些地方开会，需事先征得该省(区)人民政府的同意。

二、各单位要建立严格审核的报销制度，教育出差人员不准利用出差之便，以各种借口，用公款到风景游览区游山玩水。违者，其游览旅费自行负担。

三、接待国外旅游者比较集中的城市的宾馆、饭店，在旅游旺季，未经主管部门批准，不得接受安排会议任务。

上述通知请严格遵照执行。

国务院

1982年1月15日

**国务院在北京召开沿海9省区市对外经济工作座谈会**

座谈会的中心议题是：发挥沿海地区的优势，加强对外经济贸易工作，促进国民经济的发展。

参加这次座谈会的沿海9省、自治区、直辖市是北京、天津、上海、辽宁、河北、山东、江苏、浙江、广西。沿海地区交通方便，经济比较发达，技术水平较高，劳动力充足，历来是我国对外贸易的通商口岸和同国外进行文化交流的纽带，在我国对外贸易中有举足轻重的地位。1980年，沿海地区(包括广东、福建)的外贸收购总额占全国的3/4。因此，进一步发挥这些地区的优势，争取对外经济贸易有一个较快的发展，对于整个国民经济的发展具有重要意义。

国务院召开的这次座谈会，着重讨论了沿海省市对外经济贸易要抓的几项工作：

(一)在内外销统筹安排的原则下，努力增加出口的比重。要瞄准国际水平，大力提高出口产品的质量、档次，增加花色品种，创造名牌产品，使我国的出口商品在国际市场上接受检验，促进生产技术和经营管理水平的提高。

(二)抓住当前有利时机，大胆利用外资，积极引进适用的先进技术和必要的关键设备，对现有企业(特别是中小企业)进行改造。这样做，用钱少，周转快，见效大，有利于企业的设备更新，加速产品的升级换代。凡是国民经济调整和发展需要，地方、部门、企业能够自借自还资金，具备生产建设条件的项目，都要积极去办，同时，要认真做好引进技术、设备的消化、创新等工作，尽快向内地推广。

(三)加强国际经济合作和技术交流。沿海地区，特别是大中城市，要发挥本地的优势，采取以进养出、来料加工、来件装配、合资经营、合作生产、补偿贸易、租赁业务以及技术劳务出口、咨询服务等办法，促进对外经济合作的广泛开展。尤其要大力发展来料加工，成品出口，凡是有生产能力，原料有稳定来源，产品质量好，在国外有销路，对国家有利的商品，都应放手去搞。

（四）积极地、有步骤地改革经济贸易管理体制，为全国提供经验。要在统一领导下，扩大沿海省、自治区、直辖市的对外贸易经营权，并贯彻责、权、利相结合的原则，自负盈亏，相应承担国家下达的出口创汇任务。不具备实行独立核算、自负盈亏体制的，也要核定换汇成本，年终考核，增盈减亏部分实行分成奖励。在调动各方面积极性，把外贸搞活的同时，必须加强联合、协调和管理。

（五）积极开展同内地省、自治区的经济联合和技术协作，更好地为发展内地经济服务。

沿海9省、自治区、直辖市和国务院有关部委的负责人出席了这次座谈会，国务院副总理谷牧到会讲了话。

**机械手表 黑白电视机 半导体收音机 弹力呢等纯涤纶织物陆续降低零售价格**

经国务院批准，国产的机械手表、黑白电视机、半导体收音机和弹力呢等纯涤纶织物四类商品，从1月15日开始陆续降低零售价格。这是党的十一届三中全会以来，又一次降低日用工业品的销售价格，也是我国国民经济稳步健康发展的生动体现。

这次降价的国产机械手表，共有100多个牌号和规格，降价幅度为10%到15%，部分品种超过20%。

国产各种规格的黑白电视机也将适当降价。半导体收音机降价的重点是国营企业生产的普及型产品，有的将降低10%左右；高档品种也将视具体情况适当降价。国产弹力呢等纯涤纶织物，分别具体情况，将降价10%—15%。各种规格纯涤纶织物的降价幅度，由产地物价主管部门具体核定。

这四类商品中，除手表有统一零售价格外，其他三类商品，产地和销地执行的零售价格不一样，由各地根据总的降价幅度，具体计算降价金额，因此各地的降价时间、降价金额将不完全一样。

**1981年度全国粮食征购计划超额完成**

到1月15日止，入库的粮食达995亿斤，超过计划3.6%，比去年同期多入库49亿斤。

这个年度各地征购粮食的进度普遍比较快，目前已有24个省、自治区、直辖市完成和超额完成了全年的粮食征购计划。受灾严重的四川、黑龙江早在去年11月下旬和12月初就完成了征购计划。农村粮食供应一向比较紧张的甘肃、宁夏、云南等省、自治区也比往年提前完成了征购任务。许多老商品粮地区这个年度继续为国家作出贡献，如辽宁省的昌图县交售了10亿多斤粮食，在全国2000多个县中居首位；江苏的兴化县、吉林的怀德县、黑龙江的巴彦县仍名列前茅。一些长期低产贫困地区也开始向国家交售粮食。

各地入库的粮食品种构成发生了新的变化。往年征购薯类较多的安徽、河南等省，这个年度收购的稻谷、小麦比往年显著增加。辽宁省征购稻谷19.4亿斤，是新中国成立32年来收购最多的一年。

各地入库的粮食质量普遍比较好，多数地区入库的粮食中，80%以上是中等以上的好粮。东北三省玉米的水分比上年降低了2%—3%。

**西南能源联合开发总公司在北京成立**

该公司是社会主义经济结构的一种新形式，具有法人资格的经济实体，有独立经营的自主权，实行独立核算，自负盈亏。

**解放军转业干部分别在全国29个省区市的集训点举行结业典礼**

解放军转业干部经过为期近半年的政法专业集训，于1月15日前分别在全国29个省区市的集训点上举行结业典礼。

在集训结业典礼上，学员们一致表示要服从需要，听从分配，决心在新的工作岗位上，勤于学习，勇于实践，为保卫人民生活和“四化”建设努力工作，争当一名光荣称职的政法干部。

**中国高等学校从1982年起授予本科毕业生学士学位**

据新华社报道，国务院最近已批准首批授予学士学位的高等学校共458所，这些高等学校将在应届毕业生中首批授予学士学位。

首批授予学士学位的高等学校包括综合性大学和理工、财经、师范、农林、医药等各类院校。这些学校都是经国务院批准建立并已在1978年以前（含1978年）招收本科学生、师资和教学条件达到规定要求的高等学校。这些学校首批授予学士学位的专业名单，暂由各校学位评定委员会根据教育部以及有关主管部门已同意设立的专业和规定的要求审核确定，并由学校报主管部门和教育部备案。

**中国重新进入世界十大出版国行列**

《经济参考》披露，1979年全国除台湾省外共出版各种书籍17212种，占世界第十位，亚洲第二位。这表明，我国又重新进入了世界十大出版国家的行列。

《经济参考》说，我国1956年曾是世界十大出版国家之一。由于众所周知的原因,我国出版事业在十年动乱中落到了世界先进国家的后面,三中全会以后才迅速赶了上来。

**中国劳动学会在北京成立**

中国劳动学会是一个专门研究劳动科学的群众性学术团体。

中国劳动学会成立以后,将把我国从事劳动科学研究、教学以及劳动部门具有一定水平和经验的工作人员组织起来,以马列主义、毛泽东思想为指导,结合我国的实际,对劳动理论、劳动政策和实际问题进行研究,推动我国劳动科学的发展。

学会选举康永和为会长。学会还聘请了13位著名经济学家和长期从事劳动工作的同志担任顾问。他们是(以姓氏笔画为序):于光远、马洪、马文瑞、邓力群、史怀璧、朱学范、刘子久、成仿吾、宋平、周光春、骆耕漠、费孝通、薛暮桥。

## 1月16日

**三机部7位副部长辞去副部长和党组成员的职务**

中央批准三机部赵健民、段子竣、王振乾、朱涤新、肖友明、张良诚、徐昌裕7位同志辞去副部长和党组成员的职务,改任三机部顾问;顾问吴继周、李兆翔同志辞去党组成员的职务。老同志此举受到航空工业战线广大职工的赞扬。

三机部部党组向全行业发出了通知,要求各级领导干部和全体职工,要很好地学习老同志这种胸怀全局,以党的事业为重,不计较个人得失的共产主义品德。部党组提出做到"约法四章",即坚持"四个不变":

(一)政治上尊重不变。过去我们对老同志很尊重,今后要更加尊重。(二)工作中发挥老同志二线的领导作用不变。使他们真正成为我们工作的坚强后盾。(三)政治待遇不变。看文件、听报告等要与在一线工作的同志一样。(四)工作、生活条件不变。办公、用房等要真心实意地照顾好。

退居二线的老同志也表示:人老志不老,思想不应老,活到老,革命到老,一定要在力所能及的情况下做好工作。

**全国台联会长林丽韫致电慰问旅美数学博士陈文成的夫人陈素贞**

电文如下:

美国匹兹堡市卡内基—梅隆大学转陈文成博士夫人陈素贞女士:

从台湾报纸报道获悉,台湾各界1000多人为陈文成博士举行公祭,请允许我代表中华全国台湾同胞联谊会向您致以深切的慰问。

在祖国大陆生活的广大台湾同胞对陈文成博士不幸逝世表示哀悼。望您节哀,并继陈博士遗志,为祖国的统一富强,为台湾人民的自由幸福而努力。欢迎您在方便的时候带着孩子来祖国大陆度假。

中华全国台湾同胞联谊会 林丽韫

1982年1月16日于北京

**中国研制成功大型弯管机**

据新华社报道,我国研制成功推拉组合大型弯管机。最近经有关部门鉴定,弯管质量完全符合技术标准,决定正式投入生产。

大型不锈钢管的冷弯技术只有少数技术先进的国家能掌握,多年来我国大型化肥、尿素生产装置所用的高压不锈钢弯管都是依赖进口的。这台大型弯管机的研制成功,不仅填补了国内的空白,将来投产后还可为国家节约大量外汇。

## 1月17日

**《人民日报》发表社论《坚持对外开放政策发挥沿海地区优势》**

坚持对外开放政策,增强我国自力更生的能力,这是赵紫阳总理在五届人大四次会议上提出的我国经济建设十条方针之一。

当今世界上,没有一个国家不同别的国家发展经济贸易往来,闭关锁国的时代不复存在了。党的十一届三中全会确定对外开放政策以来,对外经济贸易工作得到普遍的重视,发展快,形势好。实践证明,坚持对外开放政策,对"四化"建设大有好处。我们要利用两种资源,首先是国内资源,其次是国际资源;开拓两个市场,首先是国内市场,其次是国际市场;学会两套本领,即管理国内经济和开展对外经济贸易的本领。在经济建设中,我们历来坚持自力更生为主,争取外援为辅的方针。但是不能把自力更生理解为自给自足,闭关自守。发展对外经济贸易,同坚持自力更生为主的方针并不矛盾。外为我用,洋为中用,加强内外交流,扬长避短,恰恰是为了增强我们自力更生建设"四化"的力量。

我国的沿海地区,有同国外进行经济、文化等方面交流的悠久历史。沿海地区拥有数量相当可观的轻工、纺织、钢铁、机械、石油、化工、建筑材料、电子工业的骨干工厂,技术力量较为雄厚,是我国工业的集中地区。1980年,沿海地区工农业总产值占全国的57%,工业产值占全国的62%。这些地区生产的中、高档商品,在国际市场上具有一定的竞争能力。

沿海地区1980年收购的出口产品,约占全国出口产品收购总额的3/4,在整个对外经济贸易中,占有越来越重要的地位。只要头脑清醒,措施得当,这些地区的对外经济贸易,可以搞得更好一些,在运用国外资金和国外资源上,步子也可以迈得更大些。

沿海地区发展进料加工大有可为。近几年,上海、天津、广东、江苏在这方面走得比较快。这些地方用国外原料加工的出口产品,已占当地外贸收购总额的一半或将近一半。现在进料加工的范围主要是纺织、轻工行业。今后,只要我们有生产能力,原料来源稳定,产品在国外有销路,算总账对国家有利,都可以放开手脚去做。例如机械、化工、电子等工业,在需要和可能的情况下,都可以实行进料加工。为鼓励进料加工的开展,政策上、体制上存在的某些问题,应该妥善加以解决。

沿海地区的工业企业,大约占全国工业企业的45%,其中绝大多数是中小企业。这些企业为国家的经济建设和出口贸易作出了很大贡献。但不少企业设备有待更新,技术亟须改造。改造好成千上万的中小企业,可以进一步节约能源,提高产品质量,增加花色品种,增强在国际市场的竞争能力。改造这些中小企业,除了依靠自身力量外,还要适当利用外资,引进适用的先进的技术和设备,加快改造的步伐。天津针织厂利用外资进口关键设备,产值很快增加一倍,利润增加两倍,目前已还清1979年前的两次贷款。上海、北京和其他一些地区也正在有重点地利用外资,改造一批企业,其中多数是中小项目,效果很好。当然,我们提倡利用外资改造中小企业,决不意味着可以一哄而起,盲目从事。必须统筹安排,做好规划,改革的项目要选准选好,要做好可行性研究,对于出口换汇能力强、经济效益大、国民经济的短线项目,应当优先安排,在政策上也需要适当放宽。

举办中外合资企业,沿海地区也可利用自己的优势,在平等互利的原则下,进一步谋求同国外厂商合作,在国内或到国外进行合营或加工及承包业务。目前在吸收外资问题上,应当强调解放思想,放开手脚,实事求是,积累经验,扎扎实实地做好工作,以适应社会主义现代化建设的需要。

沿海与内地有着不可分割的联系。我们强调善于利用国外原料、国外资金,充分发挥沿海地区的优势,使沿海地区经济发展得更快一些,不仅仅是为了建设沿海地区,也是为了带动内地建设。沿海与内地要加强经济联合和技术协作,互相支援,这对于促进我国整个经济技术水平的提高,是有很大好处的。

**国务院人口普查领导小组副组长李成瑞答新华社记者问**

在第三次全国人口普查工作会议期间,新华社记者访问了国务院人口普查领导小组副组长,国家统计局局长李成瑞,请他回答了关于人口普查的十个问题。

一问:第三次全国人口普查的目的和意义是什么?

答:人口普查,也叫国情调查。它是以调查人口为中心,查清国家基本情况的一种重要方法,是一次大规模的调查研究。我国在1953年和1964年先后进行过两次人口普查,对于当时加强民主政权的建设、制订经济建设计划都起到了很好的作用。从第二次人口普查以来,已经过了18个年头。我国的人口状况已经发生了很大变化,进行一次新的人口普查,以便更好地了解我国当前的实际情况是完全必要的。应当说,这次人口普查,对于准确地掌握全国人口数字,进一步查清全国人口的分布和社会经济构成情况,以利于更好地进行国民经济调整和社会主义现代化建设,有计划地控制人口增长,统筹安排人民的物质和文化生活,具有重大意义。

二问:我国有户口登记制度和经常性的人口统计制度,为什么还要进行人口普查?

答:户口登记和经常性人口统计的项目比较少,又由于受到条件的限制,准确性往往不高。只有通过人口普查,才能全面地准确地掌握有关全国人口的大量数据。

三问:这次人口普查和前两次普查相比有什么特点?

答:主要有三个特点:第一,普查的规模更大了,1953年第一次普查时全国人口数是6亿,1964年第二次普查时全国人口数为7.2亿,这次可能超过10亿。这样大规模的人口普查,在中国历史上和世界历史上都是空前的。第二,普查项目增多了,这次准备普查19个项目,比第二次全国人口普查增加了10项。第三,首次使用电子计算机处理人口普查的大量数据。借助于电子计算机,不仅能做到准确、迅速,而且可以从事手工计算难以做到的多种加工。一张19个项目的普查登记表,经过电子计算机处理,可以进行各种交叉比较,制出上百种重要统计表,整理出几万页统计资料。

四问:这次人口普查比上次普查增加了哪些项目?

答:增加的项目主要包括这样四个方面:第一,增加了常住人口的户口状况的项目,这有利于防止人口登记的遗漏和重复,有利于了解人口居住和迁移状况;第二,增加了关于经济特征的项目,包括在业人口的行业和职业,不在业人口状况,这对于全面了解劳动力的使用情况、合理使用我国丰富的劳动力资源、促进国民经济有计划按比例的发展，具有重要意义；第三，增加了关于生育特征的项目，包括妇女生育的子女总数和存活子女总数、1981年生育胎次等，这对于研究和制定我国人口政策、人口规划，具有重要意义；第四，增加了1981年出生、死亡人数的项目，这对于核实我国人口出生率、死亡率，推算我国人口的平均寿命具有重要意义。

五问：这次人口普查的对象是否包括常住在我国的外国人和我国的出国人员？

答：我们这次普查，同过去两次人口普查一样，只查本国人，不查外国人。至于我国出国工作和学习的人员，虽然普查时不在国内，但他们的永久住地在国内，所以仍属普查对象。

六问：一个普通公民能为这次人口普查做些什么？

答：人口普查是关系到全体人民的一件大事。用实际行动支持人口普查，是每一个公民的光荣义务。如实地、准确地申报每一个普查项目，以保证普查资料的科学性，这是他们对人口普查工作最好的支持。为了申报确实，对家庭人员的有关情况，如出生年月日、有业人口从事的具体工种等，最好事先在家里弄清楚，做好申报的准备。此外，还可以随时向周围的人们做些口头宣传解释。

七问：为什么要以1982年6月30日24时作为全国人口普查登记的标准时间？

答：我国前两次和这次人口普查，都是以6月30日24时(即7月1日零时)为普查登记的标准时间。这主要是考虑到这个时间的人口流动较少，便于查清人口。同时，也便于普查资料的历史对比。这个时间虽然农村活动较多，但就全国大多数地区来说，还不是农村最忙的季节。从以往的实践经验看，这个时间规定是比较适宜的。

八问：这次人口普查的结果何时公布？

答：全国总户数，总人口数，各省、自治区、直辖市男女人口和各民族人口等数字，在今年10月份即可公布。这是用手工汇总的主要数字。至于电子计算机汇总的所有普查项目的材料和各个项目的交叉比较材料，则要等到机器汇总完毕以后才能发表。

九问：全部普查资料汇总出来之后，是否每一个公社，每一个街道都可以从中找到它们的数据？

答：是的。电子计算机汇总的几万页材料中，不仅将有全国的、分省的详细指标，有分县、市较详细的指标，还有分公社、街道的主要指标。这些材料，对于我们了解自己的国情、省情、市情、县情等都具有重要意义。

十问：对于我国这次人口普查，联合国给予了哪些支持和援助？

答：联合国人口活动基金拨出1560万美元资助我国这次人口普查。联合国援助的资金除了用于派遣电子计算机专家和人口普查专家的费用外，大部分用于购置普查所需的电子计算机。目前已到货的有8台，还有13台将在今年5月以前交货。联合国技术合作部、联合国统计司还派专家来我国考察和协助这次人口普查。此外，美国、日本的有关机构也曾对我国技术人员的培训等方面给予合作和支持。这些资助和合作，对我国人口普查起到了有益的作用。对此，我们表示衷心感谢。

**全国冶金工业工作会议在北京举行**

冶金工业部负责人号召冶金战线的领导干部和职工要认真学习和推广首都钢铁公司推行经济责任制、整顿企业和提高经济效益的经验。

会上，首钢的代表详细介绍了他们的经验。冶金部负责人把首钢的经验概括为六条：一、近三年来坚持不懈地搞整顿，特别是以落实岗位责任制为中心，扎扎实实地建立了一整套基础管理工作。二、经济责任制落实得好，内容比较全面，实行层层包，全面包。各级各单位不仅包利润，而且包产量、质量、品种、合同、消耗、成本、资金、安全、环境保护和协作要求，并把包干任务一直落实到每个班组和个人。三、在推行经济责任制中制定经济技术指标，坚持先进的原则。首钢的许多包干指标高于全国先进水平。四、搞好企业内部生产关系的协调。五、实行严格的考核与奖惩制度。六、围绕着经济责任制加强了思想政治工作。

**中央军委发出通令嘉奖全军25个支援地方抗洪救灾的先进单位**

通令说，1981年夏季，一些省、自治区、直辖市的一些地区，连降大雨、暴雨或冰川消融，引起山洪暴发，江河泛滥，造成了严重的洪水灾害。许多村庄、城镇被洪水淹没，不少群众被洪水围困，大量国家财产受到严重威胁。在紧急关头，驻灾区部队广大指战员和民兵，在当地党委和人民政府的统一领导下，发扬“不怕艰难困苦、不怕流血牺牲”的革命精神，英勇顽强地和洪水搏斗，在抢救人民生命和国家财产中作出了重大贡献。部队在抗洪救灾中，经受了考验和锻炼，涌现出一大批先进单位和个人，受到各级党政领导机关和广大人民群众的称赞，密切了军政、军民关系。通令希望受到嘉奖的先进单位的全体干部战士，珍惜荣誉，谦虚谨慎，发扬成绩，总结经验，把各项工作做得更好。

通令号召全军指战员、广大民兵，学习这些先进单位热爱党、热爱祖国、热爱人民，在困难面前勇挑重担的革命精神；学习他们不怕艰难困苦、不怕流血牺牲的革命英雄气概和英勇顽强的战斗作风；学习他们纪律严明，先人后己，处处维护人民利益的崇高品质；学习他们善于严密组织部队，广泛开展政治思想工作的领导艺术和干部身先士卒、处处带头的模范作用。要振奋革命精神，学先进，赶先进，争当建设社会主义精神文明的光荣标兵，在建设现代化、正规化革命军队中，在保卫和建设社会主义祖国的斗争中，作出新的更大的贡献。

**邓兆祥升任海军副司令员**

据《人民日报》报道，原国民党海军"重庆号"巡洋舰舰长邓兆祥，现已升任为中国人民解放军海军副司令员。这是最近经中共中央批准，中央军委任命的。1949年2月25日，"重庆号"巡洋舰舰长邓兆祥于上海吴淞口率舰起义驶往解放区烟台港。30多年来，他一直在人民海军担任领导工作。升任新职前，为海军北海舰队副司令员。

**1981年全国十佳运动员评选揭晓发奖大会在北京工人体育馆举行**

评选由首都18家新闻单位联合举办。

当选的10名最佳运动员是：

孙晋芳(242966票)

郎　平(235453票)

陈肖霞(223298票)

郭跃华(223008票)

容志行(219509票)

李月久(214498票)

邹振先(210461票)

童　玲(168421票)

吴数德(141854票)

李小平(83340票)

首都18家新闻单位代表、人民日报社副总编辑王若水，最佳运动员代表孙晋芳，国家体委主任李梦华先后讲了话。随后，首都新闻单位负责人向10名最佳运动员发了奖品。10名最佳运动员获得的奖品是，首都著名画家作的画各一幅和上海无线电四厂赞助的凯歌牌14英寸黑白电视机各1台。

**李玲蔚在日本举行的1982年尤尼克斯杯羽毛球公开赛中获女子单打冠军**

## 1月18日

**《人民日报》发表评论员文章《迎接第三次全国人口普查》**

党中央、国务院决定，以今年7月1日零时为标准时间，进行第三次全国人口普查。在10亿人口的国家举行人口普查，规模之大，在我国历史上是空前的，在世界历史上也没有过。我们的工作，不仅为全国人民所关心，还为世界人士所瞩目。从现在起到7月1日正式开始普查，只有不到半年的时间。各省、自治区、直辖市党委和人民政府要切实把这项工作抓紧，检查各项准备工作的进展情况，有针对性地解决普查工作中的问题，把这次人口普查工作做好。

人口普查是一个大规模的社会调查，它将为我们制定各项政策和规划提供依据。实事求是，一切从实际出发，是我们党的优良传统。我们制定方针、政策、规划，都应该先对实际情况进行调查研究，掌握我国的基本国情。国情包括社会、政治、经济、国土、资源、人口等等许多方面。10亿人口、8亿农民是我国的基本国情。弄清国情必须普查人口。

人口是社会政治经济发展的重要因素。只有千方百计发展生产，提高经济效益，同时控制人口增长，才有可能比较快地提高我国的经济水平和人民生活水平。要制定我国人口政策，必须掌握人口的情况。如何更准确地说明我国人口的现状、我国人口发展的趋势以及我国人口对于国民经济发展的影响等等，需要经过人口普查工作，从取得的准确资料中得出正确的结论。这次人口普查规定的各项调查内容，都是了解我国人口情况所必须掌握的最基本的资料。

通过普查得到的资料，不仅对国家制定政策，而且对各省、自治区、直辖市以至县和公社，结合实际认真贯彻执行国家政策，都是重要的依据。人口普查还可提供大量确实可靠的资料，对社会科学研究工作也有重要意义。

人口普查工作首要的、根本的要求是普查资料的高度准确性。准确性的含义，就是要如实地反映客观实际的情况，而不受其他因素的影响。一是一，二是二，当时是什么情况，就登记什么情况，不允许瞒报、虚报。

人口普查工作涉及每户每人，工作量大，任务繁重。要充分做好准备工作。其中一项重要的准备工作，就是广泛的宣传教育。各级领导要充分认识人口普查的重要意义。对于广大群众，要做好深入的宣传工作，解除各种顾虑，保证普查资料准确无误。

这次普查规模大、项目多、任务重，需要严密组织，认真按照统一安排的进度去做。要节约办普查。凡是能够节省的费用一定要节省，能够不花的钱一定不花，处处注意精打细算。一方面要节约，另一方面该办的事，还是要办，而且要办好。我国这次人口普查工作，意义重大，在世界上也有大的影响。希望各级党委和政府对人口普查工作进行切实有力的领导，各省、自治区、直辖市人民政府分管这项工作的负责同志，在人口普查的各主要环节都要亲自抓一抓，及时帮助解决实际工作中的困难问题。

**中宣部和全国妇联在北京约请中央和国家机关等26个单位的负责人举行座谈会**

会议研究在婚姻家庭领域建设社会主义精神文明问题。

前不久，中共中央主席胡耀邦就婚姻家庭问题在一份材料上写的批语指出：家庭仍是我国社会的细胞，我们对婚姻家庭问题处理得好坏，直接影响我国社会的发展。对婚姻家庭问题，不但要用正确的法律去约束，还要靠正确的社会舆论去引导。社会舆论，即社会的道德风尚力量，比起法律来，大得不可估量。建议妇联联合共青团、工会、文化团体、教育界把这件事抓起来，抓它十来年，出现一个整个国家、整个民族家家和睦，人人相爱的新局面。座谈会讨论了胡耀邦同志这一批语。康克清、朱穆之、廖井丹、罗琼、宋侃夫、高占祥等出席了座谈会。

大家在座谈中指出，当前我国的婚姻家庭状况，总的说是好的，民主、和睦、团结的新型家庭已成为家庭关系的主体。但是，也存在一些问题。例如一些男女青年的婚姻自主权利得不到保障，受到家长或其他人的包办和干涉；一些人对婚姻自主有错误理解，草率结婚，草率离婚；有些人以钱财作为缔结婚姻的前提条件，搞买卖婚姻；有些人结婚大操大办、铺张浪费，等等。要解决这些问题，不但要用正确的法律去约束，还要靠正确的社会舆论去引导。这是完全正确的。

有些同志在发言中说，周恩来同志和邓颖超同志根据他们相处几十年的实践，参酌了许多正反两方面的事例，提出夫妻关系的“八互”，即互敬、互爱、互信、互勉、互帮、互让、互谅、互慰。这“八互”是应该倡导和学习的。

一些参加座谈会的同志指出，有些人曲解婚姻法关于离婚问题的规定，喜新厌旧、遗弃原配偶；充当“第三者”，破坏他人家庭。针对这种行动，我们必须全面正确地宣传婚姻法关于离婚问题的规定，大力宣传和提倡社会主义婚姻道德，宣传无产阶级的婚姻恋爱观，批判那种离开社会主义道德，离开对家庭、子女的义务，离开社会责任追求所谓个人幸福的错误思想和行为。要教育“第三者”，不要把自己的幸福建立在别人的痛苦之上；破坏他人家庭是一种罪过，是极不道德的。有些同志指出，在婚姻家庭问题上，我们既要反对封建主义的包办婚姻，也要反对资产阶级的腐朽思想和生活方式。要宣传婚姻法关于履行结婚登记即为合法夫妇的法制观念；要提倡文明、节俭、愉快地办婚事，反对大操大办、铺张浪费的做法。

参加座谈的同志认为，有关单位要密切协作，每年要集中地抓几次婚姻家庭问题的教育。各单位的党、政组织和群众组织要关心青年人的婚姻和群众的家庭问题；要积极开展“五好家庭”活动；共产党员，特别是领导干部要做到“三不”、“两带头”，即不包办子女婚事，不大操大办，不做有损社会主义道德的事情；带头遵守社会主义道德，带头执行婚姻法，从这个领域里促进党风的好转，带动社会风尚的根本好转。

**1981年农副产品收购超计划总值235.4亿元**

据全国供销合作总社统计，1981年全国农副产品收购总值共235.4亿元，超额完成了全年计划，比1980年增长7%。其中增长幅度较大的有贵州、云南、新疆、辽宁、江苏、山东、吉林等省、自治区，增长幅度都在10%—34%之间。

**电视 广播微波接力设备研制成功**

我国研制成功第一套可以同时用于传送电视、广播信号的“电视广播微波接力设备”，经国家科委、四机部、国家广播电视总局、中央广播事业局和江苏省有关单位审定，各项技术指标达到设计要求，同意在全国推广使用。

电视广播微波接力设备用于电视、广播节目的传送和电波覆盖。在江苏省电子工业局的组织领导下，有关单位经过一年时间研制成功。这套设备传输长度为1000公里，中间有24个接力站。它能同时向相互方向或单方向传送一路彩色电视和伴音信号，二路语言广播或一路立体声广播，一路导频和一路勤务电话；还能传送电报、电话、传真、数据和监控、监测信号，并可与卫星电视广播地面接收设备接口，传送从卫星上接收的电视广播中频信号。

**“九·一八”事变史学术讨论会在沈阳召开**

辽宁社会科学院、辽宁省历史学会和辽宁大学历史系在沈阳联合召开全国“九·一八”事变史学术讨论会。

一、关于“九·一八”事变的起因。与会者一致认为，“九·一八”事变是二三十年代我国半封建半殖民地社会及日本帝国主义政治经济发展的必然结果；侵华是日本的基本国策，1929年的世界经济大危机加速了其实施步骤。那些把事变原因归咎于中国的“外来压力说”，把事变说成某些个人的行为所致和为日本政府开脱的“军人专擅说”，都是不符合历史事实的。

二、关于苏联对“九·一八”事变的态度。多数同志指出，苏联当时对中国基本上是支持的，可是它出售中东路权实际上是对伪满洲国的变相承认。也有同志认为，鉴于苏联当时的处境，取谨慎态度是可以理解的。

三、关于美国对“九·一八”事变的态度。有人认为，美国反对日本发动的“九·一八”事变，只是起初太软弱，日本轰炸锦州后即逐渐强硬起来，所以，说“美国当时是日本的头号帮凶”是不符合史实的。另一种观点则认为，美国实行绥靖政策，怂恿日本，姑息养奸，牺牲中国，确是日本的帮凶。

四、关于国联的态度。大部分同志认为，国联反映英法的立场，既不完全支持日本，亦不完全支持中国。过去在援引李顿报告书时有断章取义的现象，事实上该报告书承认东北是中国的领土，否认伪满洲国。

## 1月19日

**《人民日报》发表对外友协会长王炳南的文章《坚持外事工作的优良作风》**

虚心使人进步，骄傲使人落后。作为一个共产党员，一定要严格要求自己，敢于正视自己的缺点和错误，把自己摆在适当的位置上。千万不能骄傲，一骄傲就要犯错误。我们党由小变大、由弱变强，最后领导全国人民取得革命斗争的胜利，关键在于我们有正确的路线、方针和政策，也在于我们有优良的传统和作风。今天我国正处在新的历史时期，要实现“四化”的宏伟目标，必须端正党风，恢复和发扬我们党的优良传统。

新中国成立初期，我们的物质条件差，但那时干部的精神面貌和作风好，社会道德风尚好，使访华的外宾深受感动，觉得中国确实是一个不同于资本主义世界的社会主义国家。那时，我们外事工作有高度集中统一的领导，有严格的组织性、纪律性，有良好的分工与协作关系。周总理经常教育我们涉外工作的干部要站稳立场，掌握政策，严守纪律；同外国人交往中要戒骄戒躁，不卑不亢；工作要主动、及时、细致、准确，一丝不苟，精益求精；要勇于承担责任，错了就改，不文过饰非。这些都是周总理自己身体力行的。周总理曾在外交部全体工作人员大会上公开检查自己过去所犯的错误，并说，我讲这些问题，是为了使同志们更了解我、帮助我、监督我。还说过：人有两个耳朵，要听顺耳的话，也要听逆耳的话。这种勇于自我批评的精神，对我们教育很深刻。有一次，周总理对一件事处理不当，不但自己指出这个错误，而且亲自写了一张条子，压在玻璃板底下，以便经常看到，引以为戒。他反对弄虚作假，反复教育干部要实事求是。这些优良的思想作风，应该得到发扬。

十年动乱，我们的道德风尚和优良传统受到破坏。近几年，我们实行对外开放政策。为了扩大对外贸易，引进先进技术，发展旅游事业和扩大对外友好交往，这样做是完全必要的，也是有成效的。但在工作中、交往中，一定要注意资产阶级思想对我们人民的腐蚀作用。曾有外宾问我：你们是古老的、有优秀文化的国家，今天开放旅游事业，是西方来影响你们，还是你们影响西方呢？这是个很严肃的问题。从最近一个时期反映出来的情况，也可以看到我们新中国成立初期曾批判过的崇洋媚外思想又冒了头，很值得我们注意。为了“四化”建设，有计划、有目的地出国访问、考察、留学是应该的。但近几年，也有些部门和单位，巧立名目出国，盲目派代表团，有的出国后不是勤奋工作，而是大量花费外汇，游山玩水，损公肥私。有的在涉外工作中，不注意保守党和国家机密，有的甚至有意泄露机密。还有的为了捞钱，丢了志气，没有骨气。中国有句古语，“人穷志不穷”，穷要穷得有志气有骨气，而现在有的人却在金钱面前成了软骨头。也有的人，盲目追求资产阶级生活方式，缺乏民族自尊心和自豪感，缺乏爱国主义思想。这些都反映出，我们现在对干部教育不够，许多人不了解我们民族的历史。我们的民族是有光辉历史的民族，这是要使我们的党员、干部都懂得的。

要纠正这些不正之风，首先要端正党风。陈云同志说：“执政党的党风问题是有关党的生死存亡的问题。”这的确值得全党引起高度的重视和警惕。我们应该拿起批评和自我批评的武器，讲真理，不讲面子，切切实实地检查我们工作中的缺点、错误；特别是高级领导干部要自觉地把自己身上的坏东西统统丢掉。群众对我们的要求并不高。胡耀邦同志担任党的主席后仍住原来的房子，赵紫阳同志出国访问后从广州乘班机回到北京，在群众中广为传颂。群众的眼睛首先是看着各级领导同志，不是听你讲得怎样，主要看你做得怎样。不管你地位多高，讲得再好，如不以身作则，也是无用的。你解决了一两个群众最关心的问题，群众就会看在眼里，记在心里，并从中受到教育鼓舞，增强信心。

**外贸部部长郑拓彬在北京设宴欢迎以工商部部长巴商特·拉伊为团长的毛里求斯政府贸易代表团**

**全国城市绿化学术讨论会在广西桂林召开**

全体代表向全国城市绿化工作者倡议：积极宣传开展全民义务植树运动的重要意义，协助有关部门做好义务植树的动员、组织和技术培训工作，严格按照科学态度办事，保证质量，不搞形式主义，扎扎实实地开展全民义务植树运动。

代表们的倡议书提出，要考虑城市绿化的特点，认真做好绿化种植规划，做到树木花草合理布局。居民区的种植规划设计，要发动居民群众参加，以便更切合实际地反映居民的要求；要做好苗木的准备工作，协助有关单位制定苗木规划。根据城市绿化的需要和适地适树的原则，培育良种壮苗，提出提高成苗率和出苗率的有效办法，抓好绿化养护工作，协助各级绿化委员会制定绿化植树的各种规章制度和条例法令，努力做到栽一株，活一株，积极参加城市绿化的科学研究工作，组织技术攻关，早出成果。

**《西藏研究》出版发行**

据《人民日报》报道，我国第一本研究西藏学的学术性专门刊物——《西藏研究》，最近出版发行。

此刊物由西藏社会科学院编辑、出版。刊物分藏、汉文两种文本，它主要刊登国内西藏学研究人员撰写的有关西藏政治、经济、历史、宗教、语言、文学等方面的学术论文；同时还登载有关西藏风土人情、文物古迹考证等方面的文章。

**王观澜逝世**

共产主义战士、全国人民代表大会常务委员会委员、农业部顾问组组长王观澜因病于1月19日在北京逝世，终年76岁。

王观澜同志是无产阶级革命家、中国共产党的优秀党员，是我们党最早从事农民运动和土地革命的领导人之一。1925年加入中国共产主义青年团，1926年转为共产党员。1930年后，他历任革命根据地县委书记，闽粤赣军区政治部组织部长、宣传部长、中央工农政府机关报《红色中华》总编辑，土地部副部长、查田运动指导委员会主任。红军长征期间，他任一、三军团地方工作部科长，军委干部团地方工作团主任。中央红军到达陕北后，他历任接收延安中央工作团主任，中央土地部部长、农委主任，陕甘宁边区党委副书记、统战委员会主任，为发展边区农业生产，指导国民党统治区的农民运动，培训抗日领导干部，扩大统一战线，作出了重大贡献。

## 1月20日

**1981年我国住宅等公用设施投资172亿元**

据国家统计局初步统计：1981年，国家用于基本建设的每百元投资中，就有41元是用于建设职工住宅、学校、医院、城市公用设施、科研机关的实验室和商店等，是新中国成立以来非生产性建设投资比重最大的一年，投资总额达172亿元。

在住宅建设方面，去年国家在大力压缩基本建设投资的情况下，两次追加了住宅建设的资金，使全年住宅建设的投资额达到109亿元，比1980年不仅没有减少，反而增加了2亿多元。这一年，全国住宅施工面积1.4亿平方米，竣工7500万平方米。其中，国家拨款新建专供高级知识分子使用的住宅有53万平方米，使大约2000名高级知识分子的家庭搬进了新居。

去年全国高等院校共新建校舍450万平方米，比前年增长50%以上，也是新中国成立以来增长最多的一年。

城市建设方面去年也取得了较好的成绩。上海市和北京市各建成了一个供水工程，连同其他城市建成的供水设施，全国去年共新增供水能力190万吨。城市居民使用煤气、液化气的住户也有了增加。不少城市还新建了污水处理工程、公园和大型娱乐场所，有的开展了大规模的植树活动，使城市环境面貌有了改善。

**国务院副总理谷牧在北京会见国际羊毛局总局局长莱克赛博士 副总局长麦克菲**

**外贸部部长郑拓彬在北京宴请由科摩罗伊斯兰联邦共和国财政经济计划和外贸部部长赛义德·卡菲率领的政府贸易代表团**

**国家科委发明评选委员会批准27项发明并决定予以奖励**

国家科委发明评选委员会召开第十次会议，审查批准了27项发明，决定给予奖励。会议决定，国家科委发明评选委员会批准奖励的发明项目，自公布之日起，3个月以内，任何人如有异议，均可向国家科委成果局提出。公布之后3个月内如无人提出异议，即行授奖。这次审查批准的奖励项目如下：

二等奖：

柴油机复合式燃烧系统　天津大学史绍熙、赵奎翰、许斯都

广谱抗肿瘤抗菌素平阳霉素　中国医学科学院抗菌素研究所甄永苏、许鸿章、林赴田、李电东、李茜、薛

玉川、张广善、杨小萍、田佩玉，华北制药厂张鹤镛、徐亲民、贺秉坤、徐卓琨，天津河北制药厂戴丽华、雷平

JW—1型无机胶粘剂制造工艺及粘接技术　贺孝先及研制组

三等奖：

半自动织物褶皱弹性仪　上海市纺织科学研究院、浙江丝绸科学研究院、宁波纺织仪器厂、上海印染公司

选针式提花毛巾袜机　上海织袜五厂吴昆义、陈志杰、黄滨山

低压铸造大型铜铸件包内液面跟踪连续测定装置　大连工学院高钦、张国梁，大连造船厂张允祥、刘德明、徐安顺、肖英昌

三维应力分析的全息光弹性材料和实验技术　清华大学戴福隆、钟国成等

新型超硬高速钢　北京钢铁学院陈景榕，大冶钢厂董密林，四五六厂金裕林，七三八厂李自辉等

新凝油剂合成工艺及其使用配方　华东石油学院杨光华、阮济之、杨九金、杨劲、向正为、张俊，中国人民解放军五七六〇八部队王乃骏、王海涛、陈宏达，兰州炼油厂杨国轩、郭辅唐

新型起爆药制造工艺　吴喜初、胡鉴铭、胡素珍、杨新安、龙庆秋、李敦明

丁腈羧固化剂的固化新工艺　中国科学院长春应用化学研究所王震芳、季鸣、时华

山二〇〇型、医工七八型硫酸钡干燥混悬剂的新处方及新工艺　上海第一医学院华山医院陈根芳、唐祖英、王宏图、陈星荣，上海医药工业研究院庄心洁、沙碧如、陈乐权，上海马陆制药厂杨忠德、沈秀英

驱绦虫新药——鹤草酚(鹤草芽有效成分)及鹤草芽制剂　沈阳药学院、辽宁省药物研究所朱廷儒、李铣、于润海、武振安、冯玉书等，抚顺市第四医院洪性干、王初党、曹跃环等，中国医学科学院药物研究所黄量、梁晓天，湖南医药工业研究所沈家祥、宁德章、张丽云、李瑞英等

GT—四〇一有机硅烧蚀涂料　GT—四〇一研究组

火帽生产自动机　王玉亮、徐瑞林

聚氯乙烯胶泥及其制作工艺　冶金部建筑研究总院姚国芳、陈曼卿、徐伯清、彭光华，第十三冶金建设公司姜风桐、宋廷经，第十七冶金建设公司魏达莹、郑惠康、陈世珍

混凝土轨枕道钉硫磺锚固　铁道部铁道科学研究院铁道建筑科学研究所姚明初、梁健博、王亚芹、王光钰

衍射频谱和投影成像的激光准直系统　湖北综合勘察院陆学智、曹德良、吴品述

四等奖：

XSG—1型熔割水泥制品用的旋流式割咀　沈阳新光机械厂樊国清、王小光、袁志远

新型近红外滤光玻璃　中国科学院上海硅酸盐研究所黄熙怀、陈学贤、肖家宁

七一二型防近红外涂料　中国科学院上海硅酸盐研究所程如光、冯冠海、吴顺喜、王正深，上海长征造漆厂宋新元、霍丽嘉、顾逸群

高稳定度电压型低能级压电冲击波换能器　同济大学邵志常、倪乃深，六机部七一三所裘佐霖

丁烷喷雾蜡脱油工艺及其设备　石油部喷雾蜡脱油会战组

MSO脱硫催化剂　郑州大学庞锡涛、刘铭

硫酸生产用新型低温钒催化剂　南京化工公司研究院钒催化剂组

自动切药机　李廷坤等

水接收装置　管善扬、李荣定、穆志凯、曾估贵、陈洪才、李胜生

**“海峡之声音乐会——献给台湾同胞的歌”在北京民族文化宫举行首场演出**

中共中央政治局委员、全国人大常委会副委员长乌兰夫、全国政协副主席刘澜涛，中央有关部门负责人汪锋、张执一、李贵、张香山等，以及600多名在京台湾同胞，出席了音乐会。

在音乐会上，首都歌唱演员李光羲、李双江、吴培文、靳玉竹、姜嘉锵、叶英、李谷一、蒋大为、罗天婵、刘秉义、王洁实、谢莉斯、张暴默等，演唱了深为人们喜爱乐听的优秀歌曲和台湾歌曲。

音乐会由中华全国台湾同胞联谊会、福建省台湾同胞联谊会、中国音乐家协会、中国音协福建分会、中央人民广播电台、解放军福建前线广播电台、福建人民广播电台、中央电视台、福建省电视台联办。

**《中国建设》杂志创刊30周年纪念会在宋庆龄故居举行**

《中国建设》杂志是宋庆龄名誉主席于1952年1月创办的。她生前还为杂志撰写文章30多篇。《中国建设》创刊当年，每期发行还不到1万份，现在发行量已增长20倍；原来只发行英文版，现在增加了西班牙文、法文、阿拉伯文、德文、葡萄牙文和中文6个文版，销行140多个国家和地区。

许德珩、黄华、朱穆之、周培源、楚图南、周巍峙、屈武、周而复、薛暮桥、张友渔以及路易·艾黎、马海德、史密斯等400多人出席纪念集会。

黄华在大会上致辞。

朱穆之希望《中国建设》杂志能更好地向各国人

民介绍当前我国正在进行的物质文明建设和精神文明建设的情况。

《中国建设》杂志社总编辑爱泼斯坦代表杂志社向出席集会的同志和朋友表示感谢。

史密斯也在会上讲了话。

邓颖超、朱学范分别打电话或写信祝贺《中国建设》创刊30周年。

**宋庆龄在北京的故居被列为全国重点文物保护单位**

**国务院副总理陈慕华 卫生部部长钱信忠等检查北京市容和食品卫生**

陈慕华副总理等先后来到了西长安街的新风饭馆、西单菜市场、宣内大街、新街口大街、地安门大街等地察看。

陈慕华副总理等认为，北京市最近一段时间卫生工作有不少改进，希望继续努力。他们建议，搞好首都的卫生，一定要重视街道基层组织的建设，要把卫生、计划生育、治安、青少年教育、绿化等工作结合起来做。搞得好的街道、饭店，还要为其他单位培养人才。

## 1月21日

**《人民日报》发表社论《要有计划地全面整顿企业》**

党中央、国务院决定，从今年开始，用两三年时间，有计划有步骤地、点面结合地、分期分批地对国营工业企业进行全面整顿。

三中全会以来，在整顿企业方面做了大量工作。但是，进展很不平衡，整顿得好的企业只是少数，多数处于中间状态，还有少数尚未认真整顿，管理混乱，问题严重。不认真解决这些问题，就不可能取得国民经济的根本好转，更不可能真正建设成为社会主义现代化企业。

企业的全面整顿，是对企业进行综合治理，包括整顿领导班子、职工队伍、管理制度、劳动纪律、财经纪律、端正党的作风、加强政治思想工作等。在整顿过程中，要把这些工作结合起来，根据各个企业的具体情况，分别轻重缓急，有步骤地加以解决。当前要着重做好以下几项工作：

第一，整顿和完善经济责任制，改进企业经营管理，搞好全面计划管理、质量管理和经济核算工作。

实行经济责任制的目的，是在国家计划指导下，搞好企业经营管理，把企业和职工的经济利益，同承担的经济责任和实现的经济效果联系起来，使广大职工以主人翁的态度，在生产经营活动中创造最好的经济效益。

不能把经济责任制仅仅看成是一个利益分配问题。企业的责任首先是按照国家计划要求和市场需要，生产适销对路、价廉物美的产品，满足社会需要。

第二，整顿和加强劳动纪律，严格执行奖惩制度。

现代社会化的大生产，不能没有严明的劳动纪律。十年内乱期间，无政府主义盛行，流毒至今尚未肃清。对职工要大力加强主人翁的思想教育，自觉地遵守劳动纪律。同时必须建立严格的奖惩制度。对劳动态度好、遵纪守法、成绩卓著的职工，给予表扬和奖励；对严重违反劳动纪律的，给予经济的或行政的处分，屡教不改的，要加重处分，直到辞退和开除。

第三，整顿财经纪律，健全财务会计制度。

国营工业企业的全部固定资产和流动资金都是国家的财产，任何人不得侵占。企业的盈利要按规定进行分配，不允许化大公为小公，更不允许化公为私。对一切违法和违反财经纪律的行为，必须坚决制止和予以制裁。

要对执行财经制度情况进行一次认真的清查，健全财务制度，严格执行财经纪律。对犯有一般错误的人员，进行批评教育；对犯有营私舞弊、贪污盗窃等罪行的人员，分别予以惩处。企业领导干部和财务人员要以身作则，模范地遵守财经纪律。如果违犯，要加重处罚，追究经济责任直至法律责任。全体职工要敢于同损害国家财产、侵占国家利益的坏人坏事作斗争。对于模范遵守财经纪律和保护国家资财有功的人员，给予表彰和奖励。

第四，整顿劳动组织，按定员定额组织生产，有计划地进行全员培训，坚决克服人浮于事、工作散漫的现象。

整顿劳动组织要同建立岗位责任制结合进行。岗位责任制的核心是工作责任心，要在提高职工思想觉悟的基础上，明确每一生产岗位和工作岗位的职责，并根据生产技术和业务工作的要求，规定配备人员的质量和数量标准，逐步做到严格按标准配备合格的人员。有计划地、分期分批地对职工进行轮训，不断提高职工的思想政治和技术业务水平。这要成为长期坚持不懈的制度。

第五，整顿和建设领导班子，加强对职工的思想政治教育。

要围绕以上各项工作，进一步整顿和建设企业的领导班子，克服某些领导班子存在的涣散、软弱、臃肿等现象。所有的企业都要遵循党委集体领导、职工民主管理、厂长行政指挥的根本原则，建立和健全厂长负责制和职工代表大会制。

为了提高工作效率，企业的领导班子要精干。厂级领导干部要逐步实现革命化、年轻化、知识化、专业化。厂长（经理）要由能够坚持四项基本原则，坚决执行党的方针政策，懂得生产技术和有关的经济法规，善于经营管理，为人正派，联系群众，身体健康，能胜任繁重的领导工作的同志担任。企业党组织与企业行政组织要逐步实行分工，重大方针和决策要由党组织讨论决定，企业的日常生产行政工作由厂长（经理）负责，党组织的主要精力要用到抓政治思想工作和党的建设上，通过党的组织工作和宣传教育工作，通过党员的模范带头作用，切实加强党对企业的思想政治领导，监督和保证企业坚持社会主义方向，严格执行党和政府的各项方针、政策、计划。

除了做好以上五项工作外，还要有一个系统的、全面的建设规划。可以概括为：搞好“三项建设”，达到“六好要求”。“三项建设”即通过全面整顿，逐步地建设起一种又有民主、又有集中的领导体制，逐步地建设起一支又红又专的职工队伍，逐步地建设起一套科学文明的管理制度；“六好要求”即通过“三项建设”使企业能够正确地处理国家、企业、职工个人三者的经济关系，出色地完成国家计划，达到三者兼顾好、产品质量好、经济效益好、劳动纪律好、文明生产好、政治工作好，成为“六好企业”。

**国务院侨办 全国侨联和北京市人民政府侨办 北京市侨联在北京展览馆剧场联合举行首都归国华侨1982年春节联欢晚会**

归侨、侨眷、来北京旅游探亲的华侨、港澳同胞、台湾同胞，以及在北京学习的华侨学生和外籍华人学生等2700多人出席了晚会。

国务院侨务办公室副主任、全国侨联副主席、北京市侨联主席连贯代表廖承志、庄希泉，向大家致以新春节日的问候，并请他们转达对海外亲人的节日祝愿。他希望广大归侨、侨眷、海外侨胞在祖国“四化”建设和促进祖国统一方面做贡献。

**中共中央副主席李先念在北京饭店同黄文欢欢聚互祝新春快乐**

**中国首次为外商万里拖带巨舶取得成功**

中国海洋工程服务公司广州分公司“穗救201”号远洋拖轮，为外商从日本拖带“塞蒙特7号”大海驳，已于本月21日安全抵达目的地科威特，宣告我国首次为外商万里拖带巨舶取得了成功。

“塞蒙特7号”是一艘油轮改装的8万吨级大海驳，船宽36米，长180米；把这样庞然大物从佐世保拖到科威特，全程共1.1万多海里，任务异常艰巨。几个月来，“穗救201”号远洋拖轮的船员，勇敢顽强地战胜了第十五号台风和九级强风，安全地到达目的地，创造了我国远洋拖轮的新纪录。

**中国珍宝展览在布鲁塞尔美术宫举行预展仪式**

佛兰芒语区负责文化事务的执行机构主席卡雷尔·波马，比利时武装部队总参谋长贡蒂埃中将，中国驻比利时大使郑为之，各国驻比利时的外交使节，华侨代表，以及2000多名比利时各界人士出席了预展仪式。

该展览共有展品133件。展品都是公元前500年至公元907年期间最有代表性的珍宝原件。

这是中国珍宝第一次在西欧进行大型展览，它是根据中比两国签订的协定而组织的。

**《刘伯承回忆录》出版**

据新华社报道，《刘伯承回忆录》最近由上海文艺出版社出版。

《刘伯承回忆录》，收集了刘伯承同志及其战友和记者、作家写的关于他的革命活动的回忆和记叙文章65篇，共30多万字。在刘伯承同志亲自撰写的文章中，除已经发表过的《回顾长征》《我们在太行山上》《千里跃进大别山》等名篇外，还增加了《二野在解放战争中》和《〈烈士传〉序言》。他的战友们记叙刘伯承的革命活动的文章，大部分是这次组织新写的。李达的《誓师抗日，东渡黄河》，陈皓的《五月反“扫荡”的日日夜夜》，张生华的《审慎、果断、坚定、远谋》，杨国宇的《千里跃进记》，李德生的《全局中的一着好棋》，金凤的《难忘的一课》，王文治的《休假》等，从不同的角度，对刘伯承的军事才能和赫赫战功作了精彩的描绘。

过去曾在革命根据地或蒋管区报刊上发表过的文章，如张香山的《记刘伯承将军》，荒煤的《在晋东南前线》，以及朱穆之、李普访问刘伯承将军的报道，这次也收进了《回忆录》。《回忆录》还精选了刘伯承在各个历史时期的珍贵照片21幅和手迹5幅。这些文章和照片，生动地记叙了刘伯承同志充满传奇的革命斗争生涯。

**国务院副总理陈慕华在北京看望计划生育工作做得好的单位和独生子女家庭并向他们表示节日的慰问**

月坛街道办事处和天桥街道办事处是北京市计划生育工作做得好的单位，它们把计划生育工作同卫生、妇女、民政、调解、治安工作结合起来做，收到很好的效果。陈慕华同志向这里的干部表示感谢。她说，你们任务多，工作很辛苦。希望在新的一年里，你们街道的卫生、计划生育等各项工作取得更好的成绩。

同陈慕华副总理一道访问的还有栗秀真、周伯萍、白介夫等。

## 1月22日

**中央纪委转发中共浙江省委关于检查温州市某些部门 企业进行投机诈骗情况的报告并发出通报**

中共中央纪律检查委员会转发了中共浙江省委关于检查温州市某些部门、企业进行投机诈骗情况的报告,并就此事发出通报,要求各级纪委、党委像浙江省委一样,下决心抽出强有力的干部,彻底检查,严肃处理一些重大案件,扎扎实实地做几件端正党风、严肃党纪国法的事,以引起大家警惕,造成反对一切歪风邪气的声势,使人民群众亲眼看到我们党对整顿党风有决心,说话是算数的。

中共浙江省委的报告说,1981年7月,中央一位负责同志在反映温州市某些部门、企业投机诈骗活动严重的一份材料上写了重要批语。省委常委讨论了这个批语,提出了贯彻执行的意见。同时,从省级机关抽调了20名干部,组成检查组,由常委李朝龙带领去温州检查。温州市和所属各县的党委也都召开常委会,传达和讨论了中央领导同志的批语,组织了130名干部参加检查。

报告说,这次检查,重点查清了制售假药、骗卖所谓"青锋钢菜刀"、乱编滥印谬误百出的书刊和倒卖经济合同这四个重大诈骗案件。检查的情况表明,在温州市和所属几个县的部分社队企业和某些部门中,少数人的投机诈骗活动,手段恶劣,危害严重,情况是触目惊心的。

报告说,温州市这些违法乱纪、投机诈骗的严重情况,既有社会上的问题,又有党内和干部队伍内部的问题。在检查过程中,我们根据中央领导同志批语的精神,首先查清几个大案,追根子,从领导上找原因,目前对已查清的23个重点案件的有关人员,按照党的政策,分别给予法律制裁和党纪、政纪处分。对触犯刑律的,有7人已依法逮捕,四人收容审查。对于包庇纵容、直接参与投机诈骗活动的15名领导干部和区社干部,作了纪律处分。对行骗造成的欠款,各县也在积极设法清退,已退还外省有关单位欠款28.65万元。这样处理以后,群众反映很好。一些犯有违法行为的人受到震慑,主动上门投案,表示愿意悔改,积极退还赃款。

中共中央纪律检查委员会的通报说,温州市的上述事件是何等严重,何等触目惊心。此类明目张胆违法乱纪的活动,如果再不彻底检查,严肃惩处,还谈什么党性、党风,还有什么党纪国法可言!

通报说,温州市的投机诈骗活动为什么如此猖獗而且长期刹不下来?说主要是这些单位的领导软弱涣散,还不能说明问题,这些单位的领导首先不是什么"软弱涣散"的问题,而是某些领导人的思想逐渐变质了,道路走错了。难道把放宽政策,搞活经济的方针歪曲为一切"向钱看",为投机诈骗分子大开绿灯,还只是领导的"软弱涣散"吗?这些单位的某些领导人几乎为犯罪分子做到了一切,要资金给资金,要名义给名义,放手地给开介绍信,发工作证,成千上万地发给所谓供销员有效空白合同书,任他们随意使用,招摇撞骗。对揭发人还妄加罪名隔离审查。当问题揭露以后又为犯罪分子开脱,说情包庇。甚至把投机诈骗的厂评为"先进单位"、发给奖状,如此等等。这些领导干部究竟把权力给了谁,支持了谁,是为了什么人的利益,难道不是很清楚的吗?

通报说,有位县委领导干部在作自我批评时说,"陈罗福利用我们的权,我们则贪他的利,互相利用,各图私利,损害党的威信和人民的利益。这是件令人痛心的事"。能作自我批评是好的,但不要只就事论事。既要抓紧党内的思想教育,又要严肃执行党纪,才能克服这种败坏党风的事。

**国务院参事和中央文史研究馆馆员在中南海举行春节座谈会**

薄一波副总理出席座谈会,向大家致以节日问候。

文史馆馆员平均年龄85岁,国务院参事最小的也60多岁了。座谈会上,老人们畅谈了对国家建设的意见。

**全国总工会主席倪志福等在北京看望杭宝华 刘再祥等工人及其家属**

中共中央政治局委员、中华全国总工会主席倪志福和北京市总工会主席彭思明等,先后来到"二七"老工人杭宝华、刘再祥、刘炳波、左士俊和全国劳动模范陈发的家中,向他们和他们的家属祝贺新年。

全国总工会顾问张天民、全国总工会副主席韩荣华和北京市总工会副主席许平来到已故清洁工人时传祥的家中,向他的夫人吴秀亭祝贺春节。

**国务院批准恢复梧州至香港(包括澳门)的直达客运业务**

梧州是广西壮族自治区东部的"水上门户",也是广西的主要出口口岸。上通南宁、柳州、桂林,下达广州、香港、澳门。梧州至香港航线,全程436公里,水深滩少,航行条件较好。

国务院这次批准恢复梧州直通港澳的客运，对发展我国旅游事业和对外贸易具有重要意义。

**煤炭部在北京召开电话会议**

煤炭工业部召开电话会议，向奋战在煤炭生产建设和煤炭运输部门的职工表示亲切的节日慰问，祝他们春节愉快，并在节日期间继续为国家多做贡献。

煤炭工业部部长高扬文要求各地煤矿领导干部在节日期间做好以下几项工作：一、安排好在第一线劳动职工的生活和文化娱乐活动，保证他们吃好、玩好、休息好，保持饱满的劳动热情；二、做好保勤工作，保证第一线有足够的劳动力；三、采取有效措施，保证安全生产；四、做好设备维修工作；五、组织好煤炭的装车工作，做到快装快运，保证电站、机车和大城市的用煤。

**中共中央副主席李先念在北京邀请柬埔寨诺罗敦·西哈努克亲王出席冷餐晚会**

**国务院副总理谷牧在人民大会堂会见由财政经济计划和外贸部部长赛义德·卡菲率领的科摩罗政府贸易代表团**

**国务院副总理谷牧在人民大会堂会见毛里求斯工商部部长巴商特·拉伊和工商部常务秘书毛伦**

## 1月23日

**宋任穷 姚依林 杨尚昆等党和国家领导人看望刘伯承 徐向前 聂荣臻等老同志**

中共中央、国务院、中央军委部分领导同志看望了刘伯承、徐向前、聂荣臻、蔡畅、邓颖超、黄克诚、萧劲光、粟裕等老同志，祝他们春节愉快，身体健康。

一起看望老同志的还有：罗荣桓同志的夫人林月琴、彭德怀同志的夫人浦安修、任弼时同志的夫人陈琮英、儿子任远远，陈毅同志的儿子陈昊苏，以及军委办公厅主任肖洪达等。

**国务院副总理万里 姬鹏飞在人民大会堂同在华工作的外国专家共迎新春**

万里、姬鹏飞在人民大会堂四川厅同外国朋友亲切交谈，感谢他们为中国人民的革命和建设事业作出了重要贡献。

在座的40多位专家，都是在30年代至60年代初期来到中国的。

国务院外国专家局局长吴凡吾讲了话，祝专家们节日愉快，健康长寿。

**民政部部长程子华 解放军总政治部副主任颜金生分别在中央人民广播电台发表春节广播讲话**

程子华高度赞扬人民解放军在保卫和参加“四化”建设、抗洪救灾、支援社会主义公益事业等方面所作出的贡献，向全军指战员、烈军属、革命残废军人、复员退伍军人表示亲切的慰问和节日祝贺。他说，在新的一年里，各级民政部门，要在党委和政府的领导下，紧紧围绕发展安定团结和继续调整国民经济这个中心任务，努力做好烈军属、残废军人优抚和退伍军人安置工作，为进一步密切军政军民关系，鼓舞部队士气，作出新的贡献。

颜金生在讲话中代表全军指战员衷心感谢政府和人民对部队的关怀和支持。他说在过去的一年里，各级政府和各族人民热情关怀爱护子弟兵，为支援部队保卫祖国、战备训练、国防施工、农副业生产和政治思想建设，做了大量工作。

颜金生要求全军指战员要振奋革命精神，扎扎实实工作，把我军建设成为一支强大的现代化、正规化的革命军队，同全国人民紧密团结在一起，为保卫祖国安全、保卫世界和平，为实现祖国统一大业，为把我国建设成为现代化的、高度民主的、高度文明的社会主义强国而英勇奋斗。

**台盟总部在北京举行新春敬老会**

10多位老盟员和年长台湾同胞出席了敬老会。他们的年龄都在70岁以上，最高的已91岁。出席敬老会的还有已故老一辈台湾同胞的夫人。

台盟总部主席蔡啸在讲话中，热烈赞扬这些年长者为祖国建设事业和祖国和平统一事业作出的贡献，祝他们身体健康，新春愉快。

老盟员、台湾同胞中的年长者陈逸松、王万得、张秋海、何灼华、余赞义、陈耀雄等先后发言，表达他们盼望祖国早日实现和平统一的心情，有的还朗诵了自己写的诗。

全国政协、中央统战部的有关负责人也到会向他们祝贺节日。

**中央军委常委王震 全国人大常委会副委员长廖承志到海南岛慰问海南军民**

王震、廖承志先后访问了驻海南岛陆军某部西岛守备营、榆林海军基地、驻岛海军航空兵某部和崖县南海公社西瑁洲大队、陵水县新村港渔民村以及陵水县一些基层单位，向当地军民表示亲切慰问，并且询问了军队建设、工农业生产、群众生活的情况，还看了我国自己设计、制造的导弹护卫舰和炮兵操炮表演。

王震在同大家座谈时说,在过去的一年里,海南党政军民团结一致,在保卫祖国、建设海南方面,都取得了胜利,立了功劳。海南在革命斗争史上有光荣的历史,它是中国革命光荣历史的一部分,希望海南广大军民在新的一年里发扬革命传统,在军队建设和社会主义经济建设中取得更大成就,在保卫祖国、开发建设海南的工作中立新功。廖承志勉励大家要好好学习,再接再厉,把海南建设得更好。

**陈肖霞获得美国第一洲际银行体育基金会的世界奖选拔委员会评选的"亚洲最佳运动员"称号**

## 1月24日

**国务院在人民大会堂举行春节团拜会**

胡耀邦、赵紫阳、李先念、华国锋、彭真等同志出席团拜会,他们代表中共中央和国务院向大家,向全国工人、农民、解放军指战员、知识分子、干部和各界人士,向台湾同胞、港澳同胞和国外侨胞,向帮助我国进行社会主义建设的外国专家们,致以亲切的慰问和节日祝贺。

中共中央主席胡耀邦主持团拜会,祝贺大家身体健康、新春愉快。他说,今天同去年新年茶话会一样,摆在同志们面前的还是清茶一杯。座上清茶依旧,不同的是,我们的国家整个的形势在继续好转,兴旺发达,国家景象常新。两句话合起来,就是:座上清茶依旧,国家景象常新。

中共中央副主席李先念在团拜会上讲话。

全国人大常委会副委员长、民革中央副主席朱学范,全国人大常委会副委员长、民建中央主任委员胡厥文,全国人大常委会副委员长、全国政协副主席、九三学社中央主席许德珩,全国政协副主席董其武,全国政协常务委员、民盟中央副主席、社会学家费孝通,卫生部顾问马海德,全国政协委员马璧教授,先后在团拜会上讲话。他们在讲话中回顾了过去一年里国家工作取得的成绩,展望了今后的美好前景,对祖国"四化"建设和实现和平统一的大业,充满了信心。

参加团拜的还有党和国家领导人韦国清、乌兰夫、余秋里、张廷发、耿飚、倪志福、彭冲、陈慕华、赛福鼎、万里、习仲勋、谷牧、宋任穷、杨得志、胡乔木、姚依林、阿沛·阿旺晋美、史良、杨尚昆、班禅额尔德尼·确吉坚赞、康世恩、薄一波、姬鹏飞、杨静仁、张爱萍、黄华,最高人民检察院检察长黄火青,中共中央军委常委韩先楚、杨勇、王平、陈锡联,全国政协副主席刘澜涛、李维汉、康克清、周建人、庄希泉、胡子昂、胡愈之、王昆仑、包尔汉、周培源、钱昌照、刘斐,在京的中共中央委员、全国人大常委会委员、全国政协常务委员,中央和国家机关各部门、人民解放军各总部和各军兵种的负责人,各民主党派、各人民团体的负责人,首都工人、农民、解放军指战员、知识分子、机关干部和各界人士的代表,已故老同志和知名人士的亲属,在京的台湾同胞、港澳同胞和国外侨胞,帮助我国进行社会主义建设的外国专家和朋友。

**中共中央副主席李先念在春节团拜会上的讲话**

同志们、朋友们:

春节,是我国的传统节日。今天,我们欢聚一堂,举行团拜,同全国各族人民一起,送别旧岁,迎接新春的到来。我代表中共中央和国务院,向在座的各位同志、各位朋友,向全国的工人、农民、解放军指战员、知识分子、广大干部和各界人士,向台湾同胞、港澳同胞和国外侨胞,向帮助我国进行社会主义建设的外国专家们,致以亲切的慰问和节日的祝贺。

春节期间,传统的习惯,要走亲访友,恭贺新禧。我们过节,既要欢乐,又要俭朴。今年中央恢复团拜会,请大家在一起叙谈叙谈,欢欢喜喜过个节。不设酒席,只备清茶,这样欢度春节,有树新风之意。

今天我们送别旧岁,心情更加舒畅。回顾过去的一年,我们的国家喜事很多。全国人民的思想更加统一,社会更加安定,国民经济的调整更有成效,科学技术和文化体育都取得更光辉的成果,各方面的工作一年更比一年好。我们满怀信心,要在新的一年里夺取更大的胜利。

1982年,我们的国内工作,目标是很明确的。在建设社会主义物质文明方面,要争取一个较大的进展。全国人大五届四次会议,确定了正确的发展国民经济的方针、政策和任务。接着中共中央又召开了省、自治区、直辖市党委第一书记座谈会,进一步研究了发展国民经济的一些原则问题和具体措施。我们是社会主义国家,不但工业经济,而且农业经济也必须以计划经济为主,市场调节为辅。不能认为农村实行各种生产责任制以后,就可以不要计划了。国家建设要全国一盘棋,按统一计划办事。国民收入的分配,在逐步改善城乡人民生活的同时,要有一定的积累进行经济、文化的建设。我们要巩固稳定经济的成果,继续保持财政、信贷的收支基本平衡和物价的基本稳定,从各方面下功夫提高经济效益。在继续调整国民经济的同时,争取经济的发展速度比1981年高一些。工农业总产值的增长速度,1981年计划是3%,实际达到4%;1982年计划是4%,力争达到5%。各项经济工作都要做得扎扎实实。希望全国的工人、农民、科学技术人员和广大干部，充分发挥自己的聪明才智，为完成和超额完成各项经济任务作出更大贡献。在建设社会主义精神文明方面，要争取一个较大的进展。精神文明的范围很广，任务艰巨。各级党委各级政府和各群众团体，都要认真做好这个工作。希望做政治思想工作的同志，做科学教育工作的同志，做文化艺术工作的同志，做体育卫生工作的同志，大家共同努力，作出新的成绩。我们要着重抓两件事：一是精简机构，克服官僚主义，提高工作效率。这是发展革命事业，推进“四化”建设的战略决策。我们一定要把这件事做好。决心要大，工作要细。中央机关要在今年内完成精简任务，作出榜样。精简机构不仅要把机构在组织上搞精干，更重要的是选贤任能，把大批优秀的中青年干部提到领导岗位上来，提高各机构的工作质量和工作效率。由于精简而调离原来工作岗位的干部，我们将妥善处理；除了年老体弱的同志将要退休离休以外，其余的同志我们都将使他们能够有条件更好地为伟大的社会主义现代化建设事业服务。二是要严肃处理经济上的和其他方面的重大犯罪案件，首先要认真查处那些与负责干部有牵连的现行的经济上的重大犯罪案件。证据确凿、情节严重的，一定要从严从速依法处理。这是关系到我们党和国家前途命运的重大问题，要雷厉风行，一抓到底。在处理这些案件的同时，一定要在党内外大张旗鼓地进行教育，整顿有关组织，严密有关制度，努力堵塞漏洞，防止同类案件继续发生。其他社会治安问题，我们将继续加强全面整顿。这两件事抓好了，全党、全军、全国各级政府机构和企业的工作人员以及各族人民中的政治思想工作加强了，我们的党风、政纪和社会风气就会有一个大的变化。

1982年，全国各族人民将要讨论宪法修改草案。全国人大五届五次会议将要审议宪法修改草案，审议我国第六个国民经济和社会发展五年计划草案。中国共产党将要召开第十二次全国代表大会。

举目观天下，我们国家是安定团结的，世界却动荡不安。在对外关系上，我们的方针是一贯的。同友好国家和各国人民一道，继续坚持反对霸权主义，反对帝国主义，反对侵略扩张，维护世界和平。中国政府和中国人民的这个立场是坚定不移的。我们坚决反对到处伸手妄图称霸世界和干涉别国内政的霸权主义，也坚决反对侵占别国领土的扩张主义。不管霸权主义者和扩张主义者把手伸向哪里，我们都坚决反对。我们愿意在和平共处五项原则的基础上，积极发展同各国的外交关系和经济文化往来。我们决不会拿原则做交易，更不会靠乞求过日子。任何人妄想侵犯我国主权，干涉我国内政，阻挠我国统一，我们都绝对不允许，永远不允许。

我们党有个好传统，就是愿意积极同党外人士广交朋友。肝胆相照，荣辱与共。我国人民有个好传统，就是愿意积极同各国人民广交朋友。独立自主，友好往来。要把中国的事情办好，需要依靠中国人民的共同努力。要把世界的事情办好，需要依靠各国人民的共同努力。在国内，我们要巩固和扩大爱国统一战线。在国际上，要巩固和扩大反霸权反侵略的统一战线。这两个统一战线发展了，中国的事情和世界的事情就好办了。

人勤春来早。我们要振奋精神，把各项工作抓紧，一天也不放松。1982年要成为大长志气的一年，奋发图强的一年，积极进取的一年，取得更大成就的一年。

祝全国各族人民更加团结！

祝全国各条战线的工作更上一层楼！

祝同志们和国内外朋友们健康！

祝德高望重的老同志、老朋友长寿！

**中央书记处书记彭冲到北京市公安局东城分局朝阳门派出所慰问公安干警**

彭冲和公安干警围坐在一起，亲切交谈，询问了他们的工作学习和生活情况。彭冲说，党中央对公安战线和广大公安干警非常关心。你们在第一线工作，任务很繁重，很辛苦。全国学首都，首都要做表率。你们肩负着重要的任务，要继承革命传统，全心全意为人民服务，把工作做好。

同彭冲一起看望公安干警的还有公安部部长赵苍璧、中央政法委员会秘书长刘复之、北京市市长焦若愚等。

## 1月25日

**中共中央主席胡耀邦看望叶剑英 刘伯承 徐向前聂荣臻 蔡畅 邓颖超等老同志**

中共中央主席胡耀邦等领导同志，看望叶剑英、刘伯承、徐向前、聂荣臻、蔡畅、邓颖超等为党为人民立下了巨大功勋的老一辈无产阶级革命家，向他们致新春祝贺，希望他们保重身体，健康长寿，对党和国家的工作多作指导。

**中共中央副主席陈云在中南海就加强计划经济工作问题举行座谈会**

座谈会是在中南海陈云同志办公室进行的。

陈云说，“一年之计在于春”。我今天要讲的是怎样坚持以计划经济为主，市场调节为辅的问题。我们国家是计划经济，工业要以计划经济为主；农业实行生产责任制以后,仍然要以计划经济为主。我们办企业更要加强计划性,要讲究产品有没有销路,原料从哪里来,经营怎样搞。现在我们有些地方不那么讲究这些问题。

陈云说,国家搞计划要有重有轻,有先有后。只要我们脚踏实地,按部就班地干,经济发展就快;如果急于求成,经济发展就慢。人民生活是要改善的,第一要吃饭,而且要吃饱,不能吃得太差,但是也不能吃得太好。第二要建设。一个国家吃光用光,那这个国家就没有希望。只有吃饱后,国家还有余力来建设,这才有希望。

参加座谈的同志说,坚持计划经济为主、市场调节为辅的原则十分重要。要在广大干部中牢固地树立起这一观点。

国务院副总理、国家计委主任姚依林,国家计委副主任宋平、柴树藩、李人俊、房维中以及王玉清同志等,参加了座谈。

**中央书记处书记宋任穷和中共北京市委书记王宪到京郊看望社员向他们祝贺春节**

**中央书记处书记胡乔木在北京参加中国文字改革委员会主任会议并发表讲话**

中国文字改革委员会以及有关方面负责同志董纯才、吕叔湘、王力、张友渔、倪海曙、唐守愚、周有光、李荣、刘涌泉、王揖参加了会议。

会上,胡乔木同志重申了党中央、国务院在50年代规定的中国文字改革委员会的三项任务,即:推广普通话;推广汉语拼音方案;简化汉字。接着,胡乔木同志就这三项任务,从历史、现状和今后工作提出了意见。

他着重指出:(一)推广普通话的工作要在学校教育和社会教育中继续加强。(二)汉语拼音方案是经过长时间广泛讨论、采取慎重步骤制定的,它不但是由国务院提请全国人民代表大会讨论通过和推行多年的方案,而且已经得到了世界上的公认,没有任何理由动摇。现在需要的是迅速制定正词法规则和解决扩大实际应用范围的一系列技术问题。(三)关于简化汉字方案,需要进一步加以完善,以适应汉字信息化的要求,特别是要使汉字便于编码输入电子计算机,这不但是我国现代化建设的迫切需要,也是世界各国在使用汉字文献中的迫切需要。

胡乔木同志肯定了文字改革工作所取得的成绩。他热切希望新的一代把文字改革工作的火焰继续燃烧下去,争取文字改革工作更大的全面的进步。

## 1月26日

**外交部部长黄华在北京设宴欢迎马耳他外交部部长亚历克斯·塞贝拉斯·特里戈纳一行**

黄华在祝酒时说,中马两国建交十年来,两国友好关系的发展非常迅速、非常良好。他指出,中国一贯主张,广大第三世界国家应该加强团结,在国际事务中发挥积极的作用。世界上的事情,决不允许超级大国发号施令,垄断包办。他表示,中国政府坚决支持马耳他政府奉行的中立和不结盟的外交政策。

特里戈纳说,马中两国关系有了很大的发展。中国帮助建造的中马友好船坞和两国开展的许多经济合作项目,是发展中国家以平等、互相谅解的精神进行合作的楷模。他说,我们两国的合作是具有战略意义的,因为我们都致力于世界的和平与稳定。

**黄植诚任人民空军某航校副校长**

据新华社报道,原国民党空军少校飞行考核官黄植诚去航校上任。黄植诚任职的航校是人民空军一所优秀的学校,20多年来培养了大批飞行员,为空军建设作出了出色的贡献。全校师生热烈欢迎黄植诚来校担任领导工作。

## 1月27日

**全国人大常委会委员长叶剑英致电祝贺毛诺·科伊维斯托当选芬兰共和国总统**

电文如下:

在您荣任芬兰共和国总统之际,谨向阁下表示衷心的祝贺,祝您在承担这一崇高职务中取得成功,祝中芬两国友好关系不断发展。

**中国空军飞行安全已居于世界先进行列**

据有关部门统计,近5年来,中国空军飞行安全已居于世界先进行列。

## 1月28日

**中共中央 国务院批转公安部《关于释放和安置原国民党县团以下党政军特人员的方案》**

**国家旅游总局在北京举行记者招待会**

国家旅游总局局长韩克华在记者招待会上说:我们要把一年接待500万名外国旅游者作为今后一个时期的奋斗目标。他说,为了达到这个目标,要提倡实干精神,不说大话,不说空话,一步一个脚印地去干。

韩克华谈到今年的工作时,提出主要抓好四项工作:一、走中国式旅游道路。在旅游风景区和饭店的建设上,一定要保持和发扬中国的特色。在为外宾组织夜间文娱活动方面,应安排具有中国传统的、民族的、地方的节目。二、努力提高服务质量。今年旅游部门要把提高服务质量作为一项突出的中心工作来抓,要从服务态度、卫生和饮食供应三个方面着手,务于今年内能有一个较明显的改观。三、抓好旅游客人的安全工作。各地的旅游车队要有严格的纪律,有健全的岗位责任制和奖惩制度。四、抓好旅游企业的整顿和评先进的工作。全国旅游系统准备今年召开一次表彰大会,对服务态度、服务质量好的先进工作者,包括翻译导游人员、饭店服务人员和司机等,进行表扬和奖励。

韩克华最后说,我们的对外联系,将不断扩大,凡是愿意组织到中国旅游的、有信誉的国外旅行社,我们都愿意和它们合作,照顾它们的利益。

## 1月29日

**国务院批转《国家农委、农业部关于整顿社队财务的意见》**

意见要求各级人民政府把整顿社队财务,杜绝损失浪费和贪污,提高经济效益,作为当前农村工作的一项重要任务,结合完善生产责任制、开展多种经营等其他农村各项工作,认真抓好,并且坚持不懈,扎扎实实地抓下去。

《国家农委、农业部关于整顿社队财务的意见》主要内容是:

一、财务整顿的主要任务是澄清家底,克服混乱,健全制度,改善管理,堵塞漏洞,增收节支,基本目的是提高经济效益。因此,要以发动群众,民主讨论,总结经验教训,改进经营管理这种经常工作的方式进行,防止重犯过去搞政治运动打击面过宽的偏差。要着重清理当前实有的财产和建立健全今后的制度,对过去的账目不要追溯太远,除群众反映强烈的外,一般以三中全会为界限。

二、整顿社队财务要在各级党委和人民政府的统一领导下,经过试点之后有计划有步骤分批进行,争取在一两年内全面整顿一次。整顿工作要同落实生产责任制紧密结合,按照不同形式的生产责任制,实行分类指导。对实行包干到户的队,要分别清理好集体统一管理的和分户负责管理的固定资产,以及粮食物资、现金存款和债权债务;解决好集体财产今后的管理和使用问题;结算好社员上交各项粮款的账目。

三、对清理出来的经济问题,要严格按照党的政策,实事求是地进行处理。

四、为了巩固整顿的成果,必须建立健全县、社经营管理机构,充实经营管理人员。公社经营管理站尚未建立的地方,应迅速建立健全起来。

**1981年我国城乡零售市场商品销售量持续增长**

国家统计局新近提供的资料表明,1981年我国城乡零售市场商品——不论吃的、穿的还是用的,销售量都持续增长。

据统计,1981年,社会商品零售总额为2350亿元,比1980年增加210亿元,增长9.8%(扣除零售商品价格提高的因素,则增长7.7%)。去年社会商品零售总额同1978年相比,增加了791.4亿元,增长50.8%。这是贯彻执行三中全会以来的各项方针政策,城乡人民收入增加的结果。

据分析,1981年的城乡市场出现了几个新变化:

乡村商品零售额增长的幅度大于城市。去年城镇商品零售额1026亿元,比1980年增长8%;乡村商品零售额1324亿元,比上年增长11.3%。

用的商品销售额的增长大于吃的和穿的商品。去年,市场销售的火柴、肥皂、缝纫机、手表、自行车、铅笔等15种主要用的商品,比上年增长10.5%。其中缝纫机增长28%,自行车增长17.9%,电视机增长44.4%。粮、油、肉等10种主要吃的商品销售额只增长4.5%,棉布等10种主要穿的商品只增长6%。

各种流通渠道的商品零售额全面增长,补充渠道商品零售额增长幅度更大些。1981年,全民所有制商业(包括饮食业)的零售额比上年增长了3.5%;集体所有制商业零售额增长了34.2%;经工商行政部门批准的183万户个体商业的零售额增加了2.2倍;工业部门自销的商品,也比1980年增加了31.5%。全年城乡集市贸易成交额达290亿元,比上年增长23.2%。

国家统计局认为,当前市场上还存在的问题,一是零售商品货源的增长仍然赶不上社会商品购买力增长的需要,必须继续大力发展消费品生产,及时组织收购,扩大货源;二是国内商业库存中不适销的商品有增加的趋势,对于超储商品,必须组织力量,认真清查,抓紧推销;三是市场上投机倒把等违法行为比较严重,必须采取有效措施予以打击制裁。

**中国银行发放外汇贷款经济效果显著**

据不完全统计,截至1981年年底,中国银行已向中央30个部、局、公司和二十几个省、自治区、直辖市的有关部门、企业,累计发放外汇贷款64.4亿美元。这些外汇贷款使用的范围包括轻纺工业、交通运输业、能源化工业、冶金机械业、商业、外贸和旅游事业等部门。

企业向银行贷款需要还本付息,改变了过去依靠国家拨款的"供给制"办法,推动了许多贷款单位精打细算,尽量节约外汇贷款。

许多企业使用外汇贷款后,注意加速资金周转,尽快归还贷款。中国银行给纺织工业部门共发放了233个项目的贷款,其中5%的项目,在一年内就偿还了贷款;68%的项目,在一年半内归还贷款;19%的项目没用两年便还清了贷款;还有8%的项目,三年还清。

**胰岛B细胞功能临床研究获新成果**

据《人民日报》报道,我国医学界对胰岛B细胞功能临床研究取得可喜成果。

从1981年3月起,我国医学工作者开始进行胰岛B细胞功能的临床研究。由上海市内分泌研究所、人民解放军海军总医院、北京医院、北京儿童医院、天津医学院、中山医学院、第四军医大学7个单位组成的协作组,先后对1085例正常人、糖尿病及肝病患者进行研究。他们用我国自己研制的人胰岛素原C肽放射免疫分析试剂药盒,完成了正常人不同剂量葡萄糖耐量试验、馒头餐试验、不同类型糖尿病和肝病中糖代谢、胰岛素、C肽的研究,在我国首次取得了一系列例数较大、数据完整可靠、有较高理论和实用价值的成果。最近,在北京召开的鉴定会上,协作组报告了这项研究成果和学术论文,我国内分泌学界专家、教授一致评价这项成果在某些方面达到了国际先进水平。

**张道中与西德科学家合作研制出世界第一台双光子激光器**

据《人民日报》报道,张道中与西德科学家在共同进行的实验中第一次成功地观察到了两种类型的双光子受激作用,即两个能量相同的光子(物理上称为简并双光子发射)和不同能量的两个光子(非简并)的受激发射和放大。有关这项工作的研究报告已在美国《物理评论通讯》1981年第四十七卷上发表,英国《新科学家》和美国《激光集锦》杂志也刊登了介绍和评价。

## 1月30日

**中共中央发出《关于检查一次知识分子工作的通知》**

各省、自治区、直辖市党委和人民政府党组,各大军区、省军区、野战军党委,中央各部委,国家机关各部委党组,军委各总部、各军兵种党委,各人民团体党组:

中央同意中央组织部、中央宣传部、中央统战部《关于专业人员出国出境问题的报告》和国务院科技干部局党组《关于充分发挥中青年科技干部作用的报告》,现转发给你们,望参照执行。

近几年,要求出国出境的知识分子日益增多,不少人去而不归,这个情况必须引起全党高度重视。

中央历来强调,没有知识分子,我们的事情就不能做好,我们需要建立一支坚持社会主义道路的,具有专业知识和能力的宏大的干部队伍。历史证明,我国广大知识分子是热爱祖国、热爱党、热爱社会主义的,他们同工人、农民一道在革命和建设中发挥了巨大作用,是社会主义现代化建设事业中一支不可缺少的重要依靠力量,但是,由于过去"左"的错误影响没有彻底肃清,至今还有一些地区和单位的领导干部对知识分子在新时期的地位和作用认识不足,对党的十一届三中全会以来中央的有关政策不认真落实,尤其对中青年知识分子关心不够,许多人的专长不能充分发挥,工作、学习和生活中的困难得不到妥善解决,加上实行开放政策以后,一些知识分子受到资产阶级思潮的影响,而我们的思想政治工作又很薄弱,致使要求出国出境的知识分子仍在增加。

解决这个问题的根本途径是,认真落实中央关于知识分子的政策和归侨政策,进一步消除党内和社会上对他们的偏见。要真正做到:政治上一视同仁,工作上放手使用,生活上关心照顾。对德才兼备、年富力强、有组织领导能力的,要大胆提拔到各级领导岗位上来,并有计划地加强对他们的培训。各级党委对知识分子要做生动的、实际的、有效的思想政治工作,加强坚持四项基本原则的教育,激发他们的爱国主义精神,增强他们的民族自信心和自豪感。领导干部特别是党的高级领导干部,要和知识分子交朋友,了解他们的思想、工作和生活情况,倾听他们的意见,对他们作出的成绩,要给予表扬;对他们的疑虑,要多作解释;对一些不正确观点,要耐心帮助他们改正。目前,各行各业的业务骨干,大多是中年知识分子,他们担负的任务特别繁重,而工作、学习和生活条件都比较差,要切实帮助他们解决那些应该解决而经过努力能够解决的实际困难。在这个问题上,要批评和克服熟视无睹、拖延不决的官僚主义态度。对专业人员和归侨申请出国出境会亲的审批,要适当放宽。对已在国外定居和滞留不归的专业人员,各驻外使、领馆和其他驻外代表机构要有专人负责,经常了解他们的情况,多做团结教育工作;对要求回国的,应该热情欢迎,妥善安排。只要我们政策对头,做好工作,随着国内经济形势的进一步好转,知识分子外流的情况就会逐步改变,已经出国出境的,会有许多人回来参加祖国的社会主义现代化建设事业。要相信广大知识分子为了国家和民族的兴旺,能够和党同心同德,艰苦奋斗,克服前进道路上的困难。

中央要求,各级党委要在上半年检查一次知识分子工作,切实研究制定改进措施,力争在短期内作出成绩。是否调动了广大知识分子的积极性,充分发挥他们的才能并取得成果,应作为衡量一个地区和单位领导工作优劣的重要标志之一。各省、自治区、直辖市党委,中央各部委,国家机关各部委党组,解放军总政治部,都要将对知识分子工作的检查情况和改进措施,于1982年6月底以前,向中央作出报告。

中共中央

1982年1月30日

**国务院发布《中华人民共和国对外合作开采海洋石油资源条例》**

《中华人民共和国对外合作开采海洋石油资源条例》已经1982年1月12日国务院常务会议通过,现予公布,自1982年1月30日起施行。

**中华人民共和国对外合作开采海洋石油资源条例**

**第一章 总 则**

第一条 为促进国民经济的发展,扩大国际经济技术合作,在维护国家主权和经济利益的前提下允许外国企业参与合作开采中华人民共和国海洋石油资源,特制定本条例。

第二条 中华人民共和国的内海、领海、大陆架以及其他属于中华人民共和国海洋资源管辖海域的石油资源,都属于中华人民共和国国家所有。

在前款海域内,为开采石油而设置的建筑物、构筑物、作业船舶,以及相应的陆岸油(气)集输终端和基地,都受中华人民共和国管辖。

第三条 中国政府依法保护参与合作开采海洋石油资源的外国企业的投资、应得利润和其他合法权益,依法保护外国企业的合作开采活动。

在本条例范围内,合作开采海洋石油资源的一切活动,都应当遵守中华人民共和国的法律、法令和国家的有关规定;参与实施石油作业的企业和个人,都应当受中国法律的约束,接受中国政府有关主管部门的检查、监督。

第四条 中华人民共和国石油工业部是对外合作开采海洋石油资源的政府主管部门,依据国家确定的合作海区、面积,决定合作方式,划分合作区块;依据国家长期经济计划制定同外国企业合作开采海洋石油资源的规划;制订对外合作开采海洋石油资源的业务政策和审批海上油(气)田的总体开发方案。

第五条 中华人民共和国对外合作开采海洋石油资源的业务,统一由中国海洋石油总公司全面负责。

中国海洋石油总公司是具有法人资格的国家公司,享有在对外合作海区内进行石油勘探、开发、生产和销售的专营权。

中国海洋石油总公司根据工作需要,可以设立地区公司、专业公司、驻外代表机构,执行总公司交付的任务。

第六条 中国海洋石油总公司就对外合作开采石油的海区、面积、区块,通过组织招标,采取签订石油合同方式,同外国企业合作开采石油资源。

前款石油合同,经中华人民共和国外国投资管理委员会批准,即为有效。

中国海洋石油总公司采取其他方式运用外国企业的技术和资金合作开采石油资源所签订的文件,也应当经中华人民共和国外国投资管理委员会批准。

**第二章 石油合同各方的权利和义务**

第七条 中国海洋石油总公司通过订立石油合同同外国企业合作开采海洋石油资源,除石油工业部或石油合同另有规定者外,应当由石油合同中的外国企业一方(以下称外国合同者)投资进行勘探,负责勘探作业,并承担全部勘探风险;发现商业性油(气)田后,由外国合同者同中国海洋石油总公司双方投资合作开发,外国合同者并应负责开发作业和生产作业,直至中国海洋石油总公司按照石油合同规定在条件具备的情况下接替生产作业。外国合同者可以按照石油合同规定,从生产的石油中回收其投资和费用,并取得报酬。

第八条 外国合同者可以将其应得的石油和购买的石油运往国外,也可以依法将其回收的投资、利润和其他正当收益汇往国外。

第九条 参与合作开采海洋石油资源的中国企业、外国企业,都应当依法纳税,缴纳矿区使用费。

前款企业的雇员,都应当依法缴纳个人所得税。

第十条 为执行石油合同所进口的设备和材料,按照国家规定给予减税、免税,或者给予税收方面的其他优惠。

第十一条 外国合同者应当按照《中华人民共和国外汇管理暂行条例》的规定,开设银行账户。

第十二条 外国合同者在执行石油合同中应当使用适用而先进的技术和经营管理经验,并有义务向中国一方执行石油合同的有关人员(以下称中方人员)转让技术,传授经验;在石油作业中必须优先雇用中方人员,逐步扩大中方人员的比例,并应对中方人员有计划地进行培训。

第十三条 外国合同者在执行石油合同中,必须及时地、准确地向中国海洋石油总公司报告石油作业情况;完整地、准确地取得各项石油作业的数据、记录、样品、凭证和其他原始资料,并定期向中国海洋石油总公司提交必要的资料和样品以及技术、经济、财会、行政方面的各种报告。

第十四条 外国合同者为执行石油合同应当在中华人民共和国境内设立分支机构或代表机构，并依法履行登记手续。

前款机构的住所地应当同中国海洋石油总公司共同商量确定。

第十五条 本条例第三条、第八条、第九条、第十条、第十四条的规定，对向石油作业提供服务的外国承包者，类推适用。

**第三章 石油作业**

第十六条 作业者必须根据本条例和石油工业部颁布的有关开采石油资源的规定，参照国际惯例，制订油(气)田总体开发方案和实施生产作业，以达到尽可能高的石油采收率。

第十七条 外国合同者为执行石油合同，应当使用中华人民共和国境内现有的基地，如需设立新基地，必须位于中华人民共和国境内。

前款新基地的具体地点，以及在特殊情况下需要采取的其他措施，都必须经中国海洋石油总公司书面同意。

第十八条 中国海洋石油总公司有权派人参加外国作业者为执行石油合同而进行的总体设计和工程设计。中华人民共和国境内的设计公司在具有竞争力的条件下优先承包上述的总体设计和工程设计。

第十九条 为执行石油合同而需建造的所有设施，包括人工岛、平台、建筑物、构筑物等，在质量、价格、交货期和服务工作具有竞争力的条件下，作业者必须优先同中华人民共和国境内的制造工厂、工程公司签订承包合同。

第二十条 为执行石油合同所需的设备和材料，在具有竞争力的条件下，作业者、承包者都必须优先采购、使用中华人民共和国制造和提供的设备和材料。

第二十一条 为执行石油合同所需的物探、钻井、潜水、飞机、船舶、基地等方面的服务，在价格、效率和服务工作具有竞争力的条件下，作业者、承包者都必须优先同中华人民共和国境内的有关单位签订承包和服务合同。

第二十二条 外国合同者为执行石油合同，除租用第三方的设备外，按计划和预算所购置和建造的全部资产，当外国合同者的投资按照规定得到补偿后，其所有权属于中国海洋石油总公司，在合同期内，外国合同者仍然可以依据合同的规定使用这些资产。

第二十三条 本条例第十三条所规定的各项石油作业的数据、记录、样品、凭证和其他原始资料，其所有权属于中国海洋石油总公司。

前款数据、记录、样品、凭证和其他原始资料的使用和转让、赠与、交换、出售、公开发表以及运出、传送出中华人民共和国，都必须按照石油工业部制定的《资料管理规定》执行。

第二十四条 作业者和承包者在实施石油作业中，应当遵守中华人民共和国有关环境保护和安全方面的法律规定，并参照国际惯例进行作业，保护渔业资源和其他自然资源，防止对大气、海洋、河流、湖泊和陆地等环境的污染和损害。

第二十五条 石油合同区产出的石油，应当在中华人民共和国登陆，也可以在海上油(气)外输计量点运出。如需在中华人民共和国以外的地点登陆，必须经石油工业部批准。

第二十六条 在战争、战争危险或其他紧急状态下，中国政府有权征购、征用外国合同者所得的和所购买的石油的一部或全部。

**第四章 附 则**

第二十七条 在合作开采海洋石油资源活动中，外国企业和中国企业间发生的争执，应当通过友好协商解决。通过协商不能解决的，由中华人民共和国仲裁机构进行调解、仲裁，也可以由合同双方协议在其他仲裁机构仲裁。

第二十八条 作业者、承包者违反本条例规定实施石油作业，石油工业部有权提出警告，并限期纠正。如未能在限定的期限内纠正，石油工业部有权采取必要的措施，直至停止其实施石油作业。由此造成的一切经济损失，由责任方承担。

对严重违反本条例规定的责任者，石油工业部可处以罚款，直至向司法机关提起诉讼。

第二十九条 本条例所用的术语，其定义如下：

1.“石油”是指蕴藏在地下的、正在采出的和已经采出的原油和天然气。

2.“开采”是泛指石油的勘探、开发、生产和销售及其有关的活动。

3.“石油合同”是指中国海洋石油总公司同外国企业为合作开采中华人民共和国海洋石油资源，依法订立的包括石油勘探、开发和生产的合同。

4.“合同区”是指在石油合同中为合作开采石油资源以地理坐标圈定的海域面积。

5.“石油作业”是指为执行石油合同而进行的勘探、开发和生产作业及其有关的活动。

6.“勘探作业”是指用地质、地球物理、地球化学和包括钻勘探井等各种方法寻找储藏石油的圈闭所做的全部工作，以及在已发现石油的圈闭上为确定它有无商业价值所做的钻评价井、可行性研究和编制油(气)田的总体开发方案等全部工作。

7.“开发作业”是指从石油工业部批准油(气)田的总体开发方案之日起，为实现石油生产所进行的设计、建造、安装、钻井工程等及其相应的研究工作,并包括商业性生产开始之前的生产活动。

8.“生产作业”是指一个油(气)田从开始商业性生产之日起,为生产石油所进行的全部作业以及与其有关的活动,诸如采出、注入、增产、处理、贮运和提取等作业。

9.“外国合同者”是指同中国海洋石油总公司签订石油合同的外国企业。外国企业可以是公司,也可以是公司集团。

10.“作业者”是指按照石油合同的规定负责实施作业的实体。

11.“承包者”是指向作业者提供服务的实体。

第三十条 本条例的施行细则由石油工业部制定。

第三十一条 本条例自公布之日起施行。

**由中国援建的几内亚科巴甘蔗农场移交给几内亚**

双方在几内亚工业部举行了交接证书签字仪式。几内亚工业部部长马马迪·卡巴和中国驻几内亚大使馆临时代办钱习之出席了签字仪式。

**中国连环画展览在意大利普拉托开幕**

展览受到观众的热烈欢迎。展览会上展出了各种题材的连环画原作共500多幅,其中包括《西厢记》《白光》《逼上梁山》《蔡文姬》等。这次展览是第五届连环画和科学幻想国际会议展览的组成部分。

## 1月31日

**国家科委邀请部分农业专家座谈1982年农业科学技术工作的重点问题**

近日,国家科委负责人在沈阳农学院、北京农业大学和中国农业科学院,邀请部分农业科学家座谈今年农业科学技术工作的重点问题。农业科学家们认为,今年各地在总结、完善与稳定各种形式农业生产责任制,进一步调整和逐步建立多种经营综合发展的合理的农业生产结构的同时,有关农业科技工作应认真抓好以下五个方面:

一、今年农业生产的主攻目标,应放在低产和中产方面。抓紧发展粮食生产,经济作物和粮食面积比例要稳定下来。以粮食生产来说,全国低、中产田地面积约占70%左右。如果能使这一部分田地的单产有较大幅度的提高,对全国粮食增产就有极大影响。云南省农科院院长陈侃声在昭通地区总结中、低产地增产经验时,提出了“油水技术”这个通俗概念,即因地制宜、有针对性地推广某些成熟的、农民易于采用而又能马上取得增产效益的技术措施。

农民一年到头都在同旱涝病虫等等自然灾害作斗争。农业科技人员应该不断总结出各种各样的抗灾的“应变技术”,各地预做必要的准备,以免临时措手不及。

二、帮助解决城市的菜食、肉食市场的供需矛盾,稳定物价,努力保证人民日常生活的基本需要。这是一个十分迫切的问题。除了有一系列的经济政策需要研究解决外,也有一系列科学技术课题需要安排“攻关”。

为了活跃市场,各地可因地制宜发展各种特产。

三、配合经济部门有计划地发展农产品的综合利用,搞好与之相适应的加工、贮藏、运输、销售等环节的技术,以提高农产品的产值。

四、对农村建设要有全面规划。

农民纷纷要求盖房是件好事,但必须同土地的合理利用,能源、交通、生态环境、卫生等问题统筹安排,以及村庄、集镇、县城的合理布局,加以全面规划。各地都应该很快搞一些试点。

五、正在兴起的广大农民学科学、用科学的热潮,不仅对农业生产的发展会带来重大的效果,而且也是在我国农村建设高度社会主义精神文明的重要内容。农村党、政组织,应该把农村各方面的力量,采取各种形式组织起来,同专业的农业科学技术人员一起,组成一支浩浩荡荡的队伍,向农业科学技术进军。

**共青团中央宣布年满7岁的少年儿童都可以戴上红领巾**

共青团中央最近作出决定,今后从小学一年级开始,经过一段时间的队章学习,把年满7周岁并愿意加入中国少年先锋队的小朋友,全部戴上红领巾。

这个决定是团中央在今年1月写给全国一、二年级小朋友的一封信中宣布的。这封信刊登在《中国儿童》杂志1982年第一期上。信中指出:“中国少年先锋队是少年儿童自己的组织,是学习共产主义的学校,你们一定会积极地申请加入少先队吧!在入队前,你们应该认识队旗,学会系红领巾、敬队礼、唱队歌和呼号,还要懂得它们的意义;应该做一件对人民有益的事。入队以后,应该继续学习和遵守队章,学习和继承少先队的光荣传统,向先锋学习,立志做共产主义接班人。”

**中国和北也门在萨那签订民用航空运输协定**

这项协定规定,两国政府在民用航空运输方面进行协作,并为对方提供必要的方便。

中国民航总局副局长林征和也门民航气象总局副局长哈米德·古马斯分别代表各自的政府在协定上

签字。

**解放军总参谋部 总政治部 总后勤部发出通知要求全军开展义务植树活动**

解放军总参谋部、总政治部、总后勤部最近发出通知,要求全军认真贯彻五届人大四次会议关于开展全民义务植树运动的决议,广泛、深入、持久地开展义务植树运动,多植树,造好林,为完成绿化祖国的历史任务而努力奋斗。

通知说,五届人大四次会议作出的《关于开展全民义务植树运动的决议》,是绿化祖国,治理山河,维护和改善生态环境的一项重大战略措施,必将对美化祖国,激发人民的爱国热忱,促进国家富足、民族繁荣、社会文明起重大的推动作用。全军要认真学习,大张旗鼓地进行宣传。要根据开展全民义务植树运动的精神,结合部队的任务,拟制或修订营区绿化规划,因地制宜,合理布局,在三五年内做到营区按基地面积计算,每15平方米左右要有一棵成活树;面积大、空地多、条件好的单位,人均成活树要达到20株以上。

通知说,开展义务植树运动,必须大抓育苗,办好苗圃,培育良种壮苗,逐步实现树苗自给。每年"植树节"前后或适宜植树的季节,要组织驻在营区有劳动能力的干部、战士、职工、家属,每人植树3—5棵,或者完成相应劳动量的育苗、管护和其他绿化任务,要讲究实效,包栽、包活、包管,要加强对营区林木的管理、抚育,确保林木正常生长。采伐更新营区林木,必须按规定经过批准,任何单位和个人都不准随意砍伐,更不准破坏。

全军要积极参加地方组织的植树造林活动。对当地绿化委员会每年分配给军队的支援地方植树绿化任务,要妥善安排,按规定完成。地方划给军队经营的成片林地,要组织专人抚育管理,保证成林、成材。

通知要求,军以上单位和造林任务重的单位要成立绿化委员会,统一负责本单位营区绿化和参加地方义务植树的组织领导工作。

各级绿化委员会每年要对参加义务植树的情况组织一次检查,成绩优异的应给予表扬、奖励,成绩不好的要进行批评教育,做到赏罚分明。

**《徐特立文集》《怀念徐特立同志》重新出版**

据《人民日报》报道,为纪念无产阶级革命家、杰出的教育家徐特立诞辰105周年,湖南人民出版社重新出版了《徐特立文集》《怀念徐特立同志》两书。

徐老对马列主义哲学、政治经济学,特别是教育学,都有比较深刻的研究,并撰写了大量的文章。

由长沙师范学校搜集、编辑而成的《徐特立文集》,收入了徐老1914年至1965年半个世纪的文章、书信、日记共149篇。《怀念徐特立同志》一书收入了党中央和毛泽东、朱德等老一辈无产阶级革命家给徐老的祝寿信和诗词等,从各个侧面比较系统地记述了徐老的革命经历。

**中国队夺得第十二届国际羽毛球锦标赛(汤姆斯杯)亚洲西区预赛冠军**

**周跃军在堪培拉国际击剑邀请赛女子个人花剑决赛中夺冠**

22岁的周跃军以8∶6战胜澳大利亚史密斯获得冠军。

## 2月1日

**国务院发出《关于1982年向城乡人民发行国库券的通知》**

通知说，其中由全民所有制单位和集体所有制单位购买20亿元；城乡人民购买20亿元。个人购买的国库券，利率定为年息8%。

通知说，当前我国的政治经济形势是好的，国家财政状况也有所好转。但是财政困难、资金不足，仍然是我们经济建设中面临的一个问题。解决这个问题的根本出路，在于努力发展生产，厉行节约，反对浪费，提高经济效益；同时，也要采取适当的方式，动员和筹集一部分社会资金，用于国家建设。我国50年代，曾多次发行经济建设公债，动员全国人民把一部分可能节约的资金，集中起来支援国家建设，这对补充当时社会主义建设资金不足，起了良好的作用。近几年来，随着经济调整措施的贯彻和工农业生产的发展，农民收入有了显著提高，城市就业人数不断增加，职工收入也有所提高，向城乡人民发行一定数量的国库券是有条件的。

通知说，向城乡人民发行国库券不但可以筹集一部分社会资金用于国家建设，也有利于激发全国人民支援社会主义建设的爱国热忱，发扬艰苦奋斗、勤俭节约的社会风尚。

通知要求各级人民政府认真做好宣传动员工作，说明发行国库券的政治意义和经济意义，动员城乡人民根据自己的经济能力积极购买国库券，完成和超额完成国家确定的发行任务，切勿按人头平分，更不准搞硬性摊派和强迫命令。

**新型水上运输工具“钢质浮箱”通过技术鉴定**

国内首创的新型水上运输工具——“钢质浮箱”，最近通过了技术鉴定。这种新型“钢质浮箱”是由上海船舶设计院设计，东沟船厂承建的。它为我国内河、浅水航道运送特大件开创了新路子，具有推广价值。

**中国人口学会在杭州召开农村生育率问题学术讨论会**

(一)农村妇女生育率的历史和现况。

会上提供的调查材料说明，新中国成立30多年来，特别是从70年代加强计划生育工作以来，我国妇女的生育状况有了显著变化。妇女初婚年龄普遍提高。1949年前，一般是18岁左右，也有更早的，60年代提高到20岁以上，70年代以后，平均初婚年龄为23岁左右，北方更高一些。初育年龄也普遍提高。解放前总是当年结婚，第二年就生孩子，解放后，在50年代，平均初育年龄是21岁多一点，70年代后期提高到25岁。30岁以前是生育高峰期，35岁以后再生育的已经很少了。生育孩子数大大减少。解放前，每个妇女平均要生6个左右孩子，到50年代，约生5个多一点，60年代降到4个多，70年代前期有的地方已降到2.2个。70年代后期到今，平均每个妇女生育孩子数，全国各地区情况不同，有的省低些，有的省高些，总的又进一步降低。生育胎次间隔也延长了。解放前，妇女生育相当密，解放后，初胎到生第二胎一般经过3年，第二胎到第三胎间隔时期都在3年以上或更长些。这些事实说明计划生育工作取得了很大成绩。

(二)推行生产责任制以后，对计划生育带来哪些影响？

有些同志认为，有利因素多于不利因素。理由是土地等生产资料相对固定到户，社员要集中精力搞生产，多生孩子会影响经济收入；真正贯彻按劳分配，克服吃“大锅饭”平均主义的弊病，使多子女的社员占不到便宜；现有劳动力的充分使用，剩余劳动力增多，制约人们少生孩子；对劳动力质量要求提高，有利于晚婚、晚育、少生、优生，搞好计划生育。

许多同志则认为，推行农业生产责任制与搞好计划生育，从根本上讲，目标是完全一致的，但在具体贯彻上也存在矛盾。不利于计划生育的因素主要有：家庭劳动力多少、强弱以及性别等与农民经济利益有直接的关系，从而影响计划生育；在农民经济收入大大增加的情况下，原来计划生育工作上的奖惩措施对非计划生育的制约力较小；实行生产责任制以后，有的地方对老弱社员的照顾不够，集体福利事业有所削弱，养儿防老的思想在一部分社员中滋长；农村生育上原来的一套社会管理和社会监督等组织措施已经不适应新的形势。

面对推行生产责任制以后出现的新情况，如何做好计划生育工作，控制人口增长？大家共同的认识是，继续切实贯彻执行中共中央关于控制人口增长的公开信的精神，大力提倡一对夫妇只生育一个孩子，杜绝生育第三胎。

**原广州电信局党委书记 局长王维经与其妻因走私投机倒把被依法逮捕**

初步查明，王维经和妻子王敏(退休干部)自1978年以来，用各种手段向港商、港澳同胞在广东省的亲友套汇港币8000多元；利用职权，用人民币偷换外汇兑换券4000元；并通过各种渠道，在香港、澳门、广州、潮阳县等地，购买彩色电视机、黑白电视机、收录两用机、电子计算器、手表等商品，先后两次运到山东烟台市和文登县进行高价倒卖，从中牟取暴利。

广州市人民检察院、中级人民法院,经过多方查证,王维经罪证确凿,已经触犯刑律,决定依法逮捕,进行审讯,依法判处。

## 2月2日

### 卫生部在北京召开全国药政工作会议

卫生部于2月2日至9日在北京召开全国药政工作会议,讨论研究了药政立法等问题。

卫生部部长钱信忠在会上讲话指出,为了保障我国10亿人民用药安全有效,更好地为"四化"建设服务,必须把药品、医疗器械的管理工作提高到一个新水平。

会议根据各地医药部门在执行现有药政法规、条例和办法中所反映出来的问题,研究了制定《中华人民共和国药政法》的指导思想、基本原则、主要内容和条款,以期做到有法必依,违法必究。这次起草的药政法将送给有关部门征求意见,并呈报上级领导机构审批,然后颁布施行。

会议认为,我国拥有中西药品的种类、规格繁多,应该监督、检验的药品面广量大,必须进一步采取措施健全机构和加强药检队伍建设。会议还交流了各地加强法制,做好药政管理和药品检验工作等经验。

## 2月3日

### 国务院决定对现有企业进行技术改造

国务院最近作出决定,要求各地区各部门对现有企业有重点、有步骤地进行技术改造。国务院认为,改变过去以新建企业作为扩大再生产主要手段的做法,实行以技术改造作为扩大再生产主要手段的方针,这是争取我国财政经济状况根本好转,促进现有企业的现代化,把整个国民经济逐步转移到新的技术基础上来,发展我国经济的一项战略措施。

决定说,各级干部和广大职工对此必须有充分的认识,共同努力,实现我国经济发展的这一战略转变。决定指出,技术改造必须从我国实际情况出发,走自己的路。应该采用适合我国资源条件、科技水平和管理水平,又能带来良好经济效益的先进技术,不能统统要求最新技术,片面求洋、求新。

技术改造要以提高社会经济效益为目标,坚决改变那种追求形式,不讲实效的做法。

决定还强调,技术改造是一项长期任务,必须全面规划,有重点、有步骤地进行。

### 中国和哥伦比亚政府关于种植和利用竹子的技术合作文件签字仪式在波哥大举行

哥伦比亚外交部部长卡洛斯·莱莫斯·西蒙兹,经济发展部部长加夫列尔·梅洛·格瓦拉和中国驻哥伦比亚大使赵政一代表各自政府签署了有关文件。

文件规定,中国向哥伦比亚派遣种植竹子的技术人员和手工艺专家,以传授手工竹编的工艺。

### 共青团中央和教育部在人民大会堂召开全国三好学生 优秀学生干部和先进集体代表会议

这是新中国成立以来第一次全国三好学生、优秀学生干部和先进集体代表会议。

教育部副部长曾德林主持开幕式。共青团中央书记处书记周鹏程在会上宣读了共青团中央和教育部关于表彰三好学生、优秀学生干部和先进集体的决定以及受表彰的449名三好学生、优秀学生干部和52个先进集体的名单。

大会在向被表彰的三好学生、优秀学生干部和先进集体的代表颁发了奖状、奖章和证书。

当年参加过五四运动、一二·九运动的革命老前辈和曾经长期做过青年学生工作的领导同志以及有关部门的负责人许德珩、荣高棠、刘导生、黄辛白、张文松、高占祥、李海峰、韩天石、孙力余、周之奇、林炎志等出席了今天的大会。

许德珩同志在会上发表了热情洋溢的讲话。他说,毛泽东同志曾把青年比作早晨八九点钟的太阳,太阳是有光和热的。我这九十老人来参加你们的会议,就是要向你们学习,发出自己的光和热。我在旧中国生活了60年,在新中国已生活32年。社会主义新中国来之不易,是我们无数先烈抛头颅、洒热血换来的。希望你们坚持四项基本原则,用自己的光和热,将社会主义事业推向前进。他祝愿三好学生和先进工作者更上一层楼。

共青团中央书记处书记陈昊苏在会上作了题为《坚持全面发展的正确方向,让千千万万学生进入三好行列》的报告。陈昊苏在报告中就当前如何把全国大中学校的三好活动进一步引向深入和争取更大成效的问题,着重讲了三点意见:

一、坚持全面发展的方向,以三好为目标,正确处理德育、智育、体育三个基本方面的关系。

陈昊苏指出,党的教育方针是开展三好活动的依据,三好活动是贯彻教育方针的具体措施。三好所代表的德育、智育、体育等三个基本方面,是一个整体,缺一不可,不能偏废。当前在一部分学生中存在重智育,轻德育、体育的现象,应当引起重视和纠正。他说,我们认为这三者之间的正确关系是:思想品德好应该领先,学习好是主体,身体好则是前两者的物质基础。陈昊苏强调,目前,全党上下都在致力于社会主义物质文明和精神文明的建设。学校的任务是传播知识和培养人才，也可以说学校是精神文明的摇篮。青年学生应成为建设社会主义精神文明的先锋。

二、在实践中不断解决矛盾，摸索开展三好活动行之有效的方法。

陈昊苏说，三好活动要贯穿在学校的各项思想教育活动中，要教育学生提高对三好活动意义的认识。

他指出，大量事实证明，三好活动不但不影响人才的成长，恰恰是为人才的成长打下坚实的基础，发挥着促进作用。在学校开展三好活动，是符合人才成长规律的。

三、学校共青团组织要把开展三好活动作为一项主要任务，切实抓好。

陈昊苏指出，现在共青团已是学校中的主要群众组织，高等学校的团员已占全体学生的百分之八九十，三好活动实际上成了学校共青团组织进行思想建设的重要内容，是团组织在学校中的一项主要工作。他说，经验证明，寓思想教育于活动之中，通过活动使学生接受教育，是大、中学校开展三好活动的一条共同经验。共青团组织要和学生会等有关方面配合，围绕思想品德教育，开展主题团日、主题班会活动，成立学雷锋小组，组织社会调查，走访英雄人物，植树造林，美化校园，举办文艺晚会等；围绕学习，组织学生社团活动，开展学科趣味游戏和学科竞赛，建立班级图书角，举办讲座等；围绕体育锻炼，开展各种体育比赛。

陈昊苏最后希望广大青年学生要跟上全国军民前进的步伐，振奋革命精神，按照社会主义现代化建设提出的要求，做德、智、体全面发展的人才。

**中国哈尔滨雪像队在日本札幌市举行的第九届国际雪像比赛中获得B组冠军**

**“护士之歌”演唱会在北京举行**

新中国成立以来第一次“护士之歌”演唱会，在首都体育馆举行。

卫生部部长钱信忠、副部长谭云鹤、季宗权、郭子恒，以及国家计划生育委员会、中华护理学会的负责人栗秀真、陈坤惕、王琇瑛，代表全国妇联的老护士沈元晖等出席了演唱会。

“护士之歌”演唱会是由中华护理学会、解放军总后卫生部、北京部队后勤卫生部、中国医学科学院、中医研究院、北京医学院、北京市卫生局、中国广播艺术合唱团、健康报社联合主办的。

## 2月4日

**《人民日报》发表社论《争取今年农业生产有更大的发展》**

今天立春，农事活动开始繁忙起来。“一年之计在于春”，农村的广大干部和社员，总结了去年的经验，信心倍增，精神振奋，积极为夺取1982年农业的全面丰收，献计献策，及早开始行动。

我国农村形势一年比一年好，许多地方是三年迈出三大步。通过对生产关系的调整，联产承包责任制在更多社队推行和逐步完善，农业经济结构和布局日趋合理，生产力进一步得到解放。去年虽遇到少有的自然灾害，全国粮食总产量仍接近1979年的历史最高水平，主要经济作物都有较大幅度的增长，多种经营雨后春笋般地发展起来，农民生活有了显著改善。广大农村政治安定，经济繁荣，农民生产致富、勤劳兴业的积极性很高。广大农村多年来少有的这种可喜形势，是夺取农业生产更大发展的有利条件。在新的一年，我们要乘胜前进，努力开拓新局面，争取农业生产按照国家计划有一个更全面的更大的发展，为国民经济的调整改革提供更强大的物质基础，使八亿农民的生活有进一步的改善。

赵紫阳总理在五届人大四次会议上阐述我国经济建设的十条方针时提出，为了发展农村经济，“我们的方针是，决不放松粮食生产，积极开展多种经营”。今年，国家要求巩固和发展商品粮生产基地，继续办好国营农场和农垦事业，争取粮食生产超过历史最高水平；经济作物和林、牧、渔各业要继续全面发展；要广开生产门路，大力发展多种经营和各项副业，不断向生产的深度和广度进军。各项生产，都要在积极发展中注意合理布局，努力提高经济效益。

我国人口众多，逐步做到粮食自给，不断提高人均占有水平，是长期的战略目标。要保证粮食稳步增长，首先需要稳定粮食播种面积。三年来在全国范围内调整农业生产的结构和布局的工作是稳妥的、成功的。粮食播种面积减少了1亿多亩，粮食总产量却从1978年的不足6100亿斤，发展到1981年的6500多亿斤，1979年到1981年三年的平均总产量，高于1978年400亿斤左右。国家急需的棉花、油料、糖料等经济作物得到迅速发展。这说明土地的利用已比较合理。基于这种情况，就全国范围讲，我们应把粮食的播种面积稳定下来，不要再继续减少。

稳定粮食作物种植面积，积极发展多种经营，这是完全能够做到的。很多地方的经济作物刚刚恢复和发展，在提高单产方面潜力还很大。我国自然资源十分丰富，大量的山地、丘陵、草原、江河、湖泊、塘堰以及滩涂海域可资利用。过去发展农业，常常把视野局限于现有的耕地和粮食种植业，以致路子越走越窄。今后，只要我们树立全面发展的观念，有计划地开发利用各种自然资源，不断开辟新的生产领域，发展经济作物和多种经营就有十分广阔的天地。

要发展今年的农业生产，需要强调国家计划指导，做到以计划经济为主，市场调节为辅。整个农业生产的安排，应当注意到局部的发挥优势服从全局的合理布局。在农民的生产积极性空前高涨的情况下，加强国家的计划指导，引导农民按照社会的需要发展生产，防止和纠正生产中的盲目性，才能保护农民的积极性不受挫伤。凡是适宜种粮食的地方，都应当识大局，顾大体，按照国家计划，积极发展粮食生产，以多向国家提供商品粮为荣，为"四化"建设作出更多贡献。积极发展多种经营，同样要接受国家计划的指导。多种经营的产品，无论数量还是品种都远远不够，需要大力发展。但是，经济作物和多种经营是商品生产，每种产品的社会需要量都是受多种因素制约的。哪些产品需要发展，哪些需要控制数量，提高质量，都要通观全局，作出符合实际的计划。如果只根据局部的一时的市场情况安排生产，就可能形成盲目生产，供需失调，产品积压，使农民和国家的利益受到损害。

必须坚持尊重生产队和生产者个人的自主权。农业生产经过两三年来的调整、改革，现在国家对农业生产的计划指导是正确的，兼顾国家、集体和农民个人的利益，从根本上说符合群众的愿望，农民乐于执行。各地近几年创造出许多实行国家计划指导和尊重农民自主权相结合的好办法。例如，积极地有步骤地推广经济合同，通过经济合同把集体和社员个人的生产活动同国家计划衔接起来，把国家计划落实到每一个生产单位；为了按计划进行生产，对农村干部和农民进行三兼顾的教育，使大家自觉地把局部的需要和全局的需要结合起来，在国家计划指导下，全面发展农业生产，等等。

目前，全国农村已有90%以上的生产队建立了不同形式的生产责任制，努力做好生产责任制的完善工作，是夺取今年农业丰收的有力保证。要向广大基层干部和农民进行"两个不变"的宣传教育，使大家了解，我国农业必须坚持社会主义集体化的道路，坚持土地等基本生产资料公有制长期不变，集体经济实行生产责任制长期不变。不论采取什么形式的责任制，只要群众不要求改变，就不要改变。完善责任制，要继续坚持因地制宜分类指导的原则，有利于促进农业生产的全面发展。劳动力的安排和责任制的形式要保证全面发展规划的实现。要抓紧做好签订各种承包合同。1981年的分配工作即将结束，一定要保证去年的合同兑现，维护合同的严肃性。在实行包干到户的地方，要着重帮助困难户搞好备耕，争取今年平衡增产。

夺取今年农业丰收，需要认真做好多方面的工作。要推广和学习一些地方改进和完善生产责任制、搞活农村经济、改革生产技术的先进经验；要大力提倡农、工、商各方面通力协作，做好生产资料的供应工作，等等。保证出色地完成这些工作，需要有一批有高度事业心，敢于负责，善于联系群众的基层干部。目前，有些地方的基层组织涣散软弱，许多工作无人负责。各地党委要高度重视这种情况，抓紧做好健全和整顿农村基层组织的工作。广大农村基层干部、共产党员、农业科技人员以及商业工作者，长期战斗在生产第一线，艰苦奋斗，任劳任怨。几年来农业生产的发展，农村形势的迅速好转，同他们的努力是分不开的。在新的一年中，战斗在农业第一线的同志们，加强调查研究，及时了解新情况，解决新问题，继续艰苦工作，为今年农业生产更全面更大的发展作出新贡献。

**南京烷基苯厂建成投产**

该厂的主要装置是从国外进口的成套设备，辅助工程、设备则由国内设计、配套。设计能力为年产烷基苯5万吨，洗衣粉2.5万吨。烷基苯是生产洗衣粉的主要原料，该厂烷基苯产量可生产洗衣粉25万吨，约合目前全国洗衣粉年产量的60%。这样，我国洗衣粉原料做到了基本自给。

该厂于1976年10月破土动工，1980年11月建成投产。试生产一年来，主要设备运转正常。到去年11月初，已生产烷基苯4.4万吨，质量达到国际先进水平。去年由于不再进口烷基苯，节约外汇4000多万美元，超过了该厂进口技术、设备所需的外汇总额。

**《中华人民共和国和南斯拉夫社会主义联邦共和国领事条约》在北京签订**

国务院副总理兼外交部部长黄华和南斯拉夫驻中国大使米尔科·奥斯托依奇，分别代表本国在条约上签字。签字毕，奥斯托依奇大使高兴地对黄华副总理和张灿明副外长说："我们两国关系又向前走了一步。"黄华说："领事条约的签订为我们两国进一步发展多种领域的合作关系带来了方便。"

**国家科委 国防科委 中国科协和二机部联合召开全国同位素会议**

会议于2月4日至10日召开。

国务院副总理张爱萍参加会议。他指出，我国原子能事业已经发展到一个新阶段。今后，我国的原子能科研、生产和应用，要把重点转移到为国民经济和人民生活服务上来。张爱萍在回顾我国原子能事业发展的历史时指出，我国的原子能事业是在国际上受卡、被封锁，国内经济发展出现暂时困难的情况下，为了打破核垄断、核讹诈和保卫祖国,党、政府和人民节衣缩食,自力更生,大力协同发展起来的。今后,要在继续完成保卫祖国任务的同时,实行重点转移,推动原子能的和平利用。

他指出,为了实现转移,要做好两方面工作。一方面,广为宣传,把原子能的起码知识告诉人民,让大家知道原子能既不神秘,更不可怕,是能够促进国民经济的发展,为人民生活福利作出贡献的。同时,要告诉人民,原子能具有一定的危害性,只要产品质量合格,严格执行操作规程,有安全措施,危害性是完全可以避免的。

另一方面,要有组织有计划地进行原子能和平利用工作,首先是将已有的科研成果推广应用。国家科委、科协、二机部要统一规划,大力协同,各尽其责,共同负责。二机部是原子能科研、生产的骨干。国家科委负责规划、科研协调工作。生产与应用都要纳入国家计委、国家经委的计划,科协还要把普及原子能科学技术知识的工作做好。其他有关部门都要积极作出贡献。

会上,国家科委副主任赵东宛介绍了我国同位素生产、应用的基本情况和今后协作攻关的设想。中国科协书记处书记林勃民和二机部副部长姜圣阶分别介绍了科协和二机部所担负的工作。

会议要求广大从事原子能研究的科学技术人员和管理人员,发扬勇攀高峰精神,大力协同,多出成果,多用成果,让原子能科学技术在经济建设和人民生活中发挥更大的作用。

会议期间,代表们听取了10位专家关于原子能科学技术在农业、医学、工业方面应用的综述性报告。有54个单位介绍了应用的成果,10个单位介绍了同位素技术管理方面的经验。代表们参观了同位素与射线应用展览以及二机部原子能研究所和中国农业科学院原子能利用研究所。会上,成立了以著名核化工专家姜圣阶为组长的国家科委同位素应用专业组,讨论了第六个五年计划期间同位素与辐射研究的发展规划。

**中国农科院原子能利用研究所所长徐冠仁在全国同位素会议上谈中国原子能在农业上的应用**

徐冠仁在全国同位素会议上提出,我国的核技术除面向种植业外,今年应该大力向畜牧业、林业、水产业和加工业方面推广应用,特别是应当用于我国大农业中亟须解决的重大问题。

徐冠仁在题为《核技术与大农业》的报告中说,现在我国大约有700多专业人员从事研究核技术在各种农业中的应用,正初步形成一个原子能在农业上应用的研究体系。他认为,这个体系将促进和加速我国大农业的现代化。

在谈到同位素与辐射在农业上取得的研究成果时,他说,我国利用辐射直接或间接选育出的新品种或新品系约有150多个,单就农作物而言,主要的几种作物总推广面积已超过1亿亩,每年增产粮食约50亿斤。从经济效果看,辐射育种投资少,收益与投资比较,则几十倍或上百倍地增长。

他说,辐射对生物的生长和发育也有影响,我国利用小剂量辐射处理柞蚕和家蚕的卵,在一定条件下,使柞蚕和家蚕的产茧量提高,并且茧丝也增长。这一技术已在国内十几个省推广,普遍增产一成至二成,利用放射性同位素和稳定性核素标记化合物,研究作物的营养与代谢、肥料的吸收与利用、土壤中水分与盐碱的动态,可以为合理施肥、灌溉、耕作提供科学依据,使农作物得到增产。

徐冠仁说,有些单位正在试验研究用核技术防治害虫,利用放射性同位素诊断牲畜的疾病,近年来还开展了肉类、水产、蔬菜、水果、干果、药材、烟酒等的辐照保藏、保鲜和改进品质的试验,都取得了一定的成效。

**教育部 卫生部 国家体委等10个部门联合发出《保护学生视力工作实施办法(试行)》并发出通知**

教育部、卫生部、国家体委、国家建委、文化部、中央广播事业局、共青团中央、全国妇联、中国人民保卫儿童全国委员会和中国红十字会总会10个部门最近联合颁布《保护学生视力工作实施办法(试行)》,并为此专门发了通知。

通知希望各级教育、卫生、体委、建委、文化、广播事业、共青团、妇联、红十字会等部门,要在当地政府的统一领导下,分工协作,密切配合,大力进行宣传教育,使全社会都认识到保护学生视力的重要性和迫切性,都来积极、热情地关心和做好这项工作。

《保护学生视力工作实施办法(试行)》规定,各级教育、卫生、体委等部门应有领导分管、专人负责保护学生视力工作。由教育部门牵头,会同卫生、体委等部门协商研究,统一计划,统一布置,统一检查,统一总结。

学校应把保护学生视力工作列入学校工作计划,指定一名校长负责,做到期初有计划,期中有检查,期末有总结;并把保护学生视力工作作为学校评先进集体、优秀教师条件之一。班主任应把保护学生视力工作作为自己的工作职责之一。各科教师应重视教学卫生,改进教学方法,提高教学质量,严格按照教育计划、教学大纲的规定组织教学活动,不得用各种形式任意增加课时和在节假日补课。

学校卫生人员、保健教师,每学期应制订保护学生视力工作计划及措施,并与班主任及有关人员密切协作,认真做好保护学生视力工作。

《保护学生视力工作实施办法(试行)》要求学校的教学用房(教室、阅览室、实验室)要符合卫生标准,课桌椅应按学生身高配置,要定期调换学生的座位。每日学习时间(包括自习)与课外活动小学生不超过6小时,中学生不超过7小时,大学生不超过8小时。要认真上好体育课,坚持开展课外体育活动,积极施行《国家体育锻炼标准》,做好广播体操,保证每日1小时的体育锻炼。学生每日上下午要各做眼保健操一次。要保证学生睡眠时间,每日小学生不少于10小时,中学生不少于9小时,大学生不少于8小时。要培养学生良好的用眼卫生习惯,要做到:读写姿势端正、眼睛距书本1市尺;看书、写字半小时到1小时要休息片刻;不躺在床上看书,不在行进的车中看书,不在暗弱或强光下看书、写字。小学生使用的铅笔要色泽饱和,浓淡适中,勿削过细过尖。学生书写字体不宜过小。

学校要经常向学生家长宣传保护视力的重要性和方法,使家长为学生创造良好的学习条件,改进家庭采光和照明,督促学生遵守合理的生活制度。卫生防疫站要对学校做好经常性和预防性卫生监督、预防近视工作的技术指导和学生视力监测工作。眼科专业人员要参加和指导防治学生近视眼工作。

**中国社科院历史研究所和国家文物局古文献研究室就如何搞好敦煌 吐鲁番文物 文献的研究工作在北京举行座谈会**

专家们指出,敦煌、吐鲁番文物、文献是研究我国古代社会历史和文化的珍贵史料,为举世所瞩目,目前世界上许多国家的学者都在从事这方面的研究。我国专家、学者一定要奋发努力,在这一研究中取得更为突出的成果。

会上,专家们就今后如何加强研究工作提出了一些建设性意见。他们认为,敦煌、吐鲁番文物、文献整理研究工作,要纳入国家古籍整理规划;要采取新的科学技术和完善的管理措施,保护好敦煌、吐鲁番的文物文献;组织力量,调查研究,尽快搞出一套敦煌、吐鲁番文物文献总目;还要加强研究队伍的建设,有条件的老专家要做好培养研究生的工作。

专家们还建议,成立有关敦煌、吐鲁番的学术研究组织,积极创造条件,支持建立相应的研究中心,协调规划全国各有关单位的研究工作,在适当的时候召开全国学术讨论会。

李一氓、季羡林、常书鸿、尹达、翁独健等60多位专家、学者参加了座谈会。

**杨国夫逝世**

全国政协第五届全国委员会常委、人民解放军济南部队顾问组组长杨国夫因病于2月4日在北京逝世,终年77岁。

杨国夫1929年参加中国工农红军。1930年转入中国共产党。土地革命战争时期,任红军游击队分队长、特务队队长,红四军第十二师三十五团连长,第十师三十团副营长、营长,红三十军第九十师二六九团副团长、二七〇团团长。抗日战争时期,任八路军山东人民抗日游击第三支队副司令员、司令员,山东纵队第三旅副旅长,清河军区司令员,渤海军区司令员兼第七师师长。解放战争时期,任东北民主联军第七师师长,第六纵队副司令员,第四野战军四十三军副军长,江西军区副司令员。中华人民共和国成立后,任中南军区第一文化速成中学副校长、校长,济南军区副司令员、顾问。1955年被授予中将军衔。是第四届全国人民代表大会代表,中国人民政治协商会议第四届全国委员会委员,第五届全国委员会常务委员,山东省政协第四届委员会副主席。

## 2月5日

**国务院发布《征收排污费暂行办法》**

为了促进企业、事业单位加强经营管理,节约和综合利用资源,治理污染,改善环境,国务院最近发布《征收排污费暂行办法》,并为此发出通知。通知指出,征收排污费是用经济手段加强环境保护的一项较好的办法,这一工作牵涉面大,政策性强,希望各级人民政府加强领导,有计划、有重点地逐步推广实施。

《征收排污费暂行办法》共计13条。

办法规定:

——一切企业、事业单位,都应当执行国家发布的《工业"三废"排放试行标准》等有关标准。省、自治区、直辖市人民政府批准和发布了地区性排放标准的,位于当地的企业、事业单位应当执行地区性排放标准。对超过上述标准排放污染物的企业、事业单位要征收排污费;对其他排污单位,要征收采暖锅炉烟尘排污费。

——对缴纳排污费后仍未达到排放标准的排污单位,从开征第三年起,每年提高征收标准5%。排污单位经过治理和加强管理,已经达到排放标准,或者显著降低排污数量和浓度,可向当地环境保护部门申请,经监测属实,应当停止或减少收费。

——排污费按月或按季征收。排污单位不论其隶属关系和所有制关系,都应当根据当地环境保护部门的缴费通知单,在20天内向指定银行缴付排污费。逾期不缴的,每天增收滞纳金1‰。

——企业单位缴纳的排污费,可以从生产成本中列支。事业单位缴纳的排污费,先从单位包干结余和预算外资金中开支,如有不足,可以从单位事业费中列支。

——征收的排污费,纳入预算内,作为环境保护补助资金,按专项资金管理,不参与体制分成。环境保护补助资金,由环境保护部门会同财政部门统筹安排使用。它应当主要用于补助重点排污单位治理污染源,以及环境污染的综合性治理措施。环境保护补助资金,通过建设银行监督拨款。

《征收排污费暂行办法》将从今年7月1日起正式施行。

**国家物价总局就国务院关于稳定物价的通知作出具体规定并发出通知**

国家物价总局为贯彻国务院关于坚决稳定市场物价的通知,最近发出通知,对一些重要问题作出具体规定。

——国务院《通知》第一条规定,不得提高工农业商品零售价格,这里所说的“工农业商品”,既包括消费品,也包括化肥、农药、农业机具等农业生产资料。凡擅自提高这些商品零售价格的,要坚决纠正过来。某些商品需要降低零售牌价的,必须按照物价分工管理权限的规定,报经批准后调整。

——为了切实稳住工农业品的零售价格,对有关产品的收购价、出厂价(不包括工业内部结算价格)、调拨价、供应价、批发价也要严格控制。

——议价商品的零售价格,已经突破了1980年12月7日议价水平的,应进行检查整顿。其中有条件降低的,必须降下来。

——实行平价定量供应的基本生活必需品,不得提高价格或降低质量标准,不得扩大议价销售比例、变相涨价,也不得擅自把平价商品转为议价销售,从中牟利。

同人民生活关系密切的各项服务、修理等非商品收费标准,要进行检查整顿,加强管理。

——木材的价格应当严格按照国务院1981年下达的《关于制止变相议价和随便加价的通知》执行。

——国务院《通知》中说的一、二类农副产品不准变相提价,内容包括降低收购基数,提高议购比例,扩大议价幅度,自定超购加价或价外补贴,抬高物价,以及乱付费用等。对违反国家统一规定的,要追究责任,哪一级定的哪一级负责,哪个地区定的哪个地区负责。

**全国妇联发出《关于纪念“三八”国际劳动妇女节的通知》**

通知要求各级妇联在今年“三八”节时,广泛开展“三八”红旗手(集体)和“五好”家庭评比活动,在广大妇女群众、广大家庭中,掀起学先进、赶先进、创先进的热潮。通知指出,全国妇联决定在明年适当时候开会表彰这些先进集体、先进个人。

全国妇联在通知中,就“三八”国际劳动妇女节即将到来,向战斗在各条战线的各族姐妹们致以崇高的敬意和节日的祝贺。

通知说,我国广大妇女,现在正和各族人民一起,振奋革命精神,同心同德,为建设社会主义物质文明和精神文明;为促进台湾回归祖国,完成统一祖国大业;为加强同世界各国妇女特别是加强同第三世界国家妇女的友谊和团结,扩大国际妇女反霸权、反侵略的统一战线而努力奋斗。通知说,为在新的一年里各项工作取得更大的胜利,全国妇联热切希望各族妇女:

(一)奋发图强,在建设社会主义物质文明方面作出更大贡献。首先要把国民经济搞上去。各行各业的妇女,要发扬中国女排艰苦奋斗、为革命拼搏的精神,创第一流成绩,为国争光。战斗在工矿企业的女职工,特别是在轻纺工业、商业、服务等行业中作为主力军的女职工,要树立主人翁思想,增强光荣感和责任感,为提高产品质量和经济效益,发挥更大的作用。战斗在农业战线上的女社员,要学科学,用科学,还要发挥妇女心灵手巧的特长,广开生产门路,发展多种经营和家庭副业,向生产的广度和深度进军,为完善农业生产责任制,促进农业经济的进一步繁荣兴旺,使国家、集体和家庭尽快富裕起来,发挥自己的聪明才智。战斗在文教科技战线的妇女,也要为发展国民经济作出贡献。

(二)精心培育下一代,把儿童、少年工作做得更好。要广泛团结社会各方面力量,做好儿童、少年工作。特别要关心广大农村儿童的身心健康。各行各业的妇女和儿童、妇女工作者,要更加热爱儿童,全心全意为下一代服务。要尽力办好托幼事业,宣传科学育儿知识。家长要加强对子女特别是对独生子女的教育,用自己的好思想、好品德和良好的家庭环境熏陶感染孩子。家庭教育要和学校、社会教育密切结合,按照党的教育方针,培养孩子德、智、体、美全面发展。

(三)建立美满幸福的婚姻家庭,维护妇女的合法权益。在婚姻家庭领域里,要坚持按婚姻法办事,坚持社会主义的道德标准。广大妇女要和全国人民一起,继续深入学习和正确理解婚姻法。要坚决反对包办、买卖婚姻,反对干涉婚姻自由和借婚姻索取财物,实行婚姻自主;要树立无产阶级恋爱观、婚姻观,破除封建残余思想和资产阶级腐朽思想,反对草率结婚和草率离婚;提倡文明、节俭、欢乐办婚事,反对铺张浪费;夫妻之间要建立真挚的爱情，本着对双方、对家庭、对后代、对社会负责的态度，相互担负道德义务和法律责任，建立互敬、互爱、互信、互勉、互助、互让、互谅、互慰的夫妻关系，反对喜新厌旧或破坏他人家庭的不道德行为。要破除封建的家长制作风和资产阶级的利己主义思想，尽心赡养老人，树立尊老爱幼、民主和睦的新风尚；还要自觉实行计划生育，勤俭持家，遵纪守法，搞好邻里团结。打击拐卖、残害妇女儿童的违法行为，关心妇女疾苦，维护妇女的合法权益。

（四）努力学习，提高政治、文化、科技水平。要努力学习马列主义、毛泽东思想，学习党的路线、方针和政策，坚持四项基本原则。当前，特别要继续学习党的十一届六中全会通过的《关于建国以来党的若干历史问题的决议》和赵紫阳总理在五届人大四次会议上所作的《当前的经济形势和今后经济建设的方针》的报告。要树立社会主义事业必胜的信心，热爱共产党，热爱社会主义祖国，热爱集体，摆正国家、集体和个人三者之间的关系。要继承和发扬党的优良传统，抵制资产阶级自由化和封建残余思想的影响，在促进社会风气根本好转中起模范带头作用。各族广大妇女、特别是女青年，要以顽强的毅力努力掌握先进的科学技术和经营管理知识，把自己锻炼成为又红又专的优秀人才。

通知说，在今年的“三八”妇女节，各级妇联应本着建设社会主义物质文明和精神文明“两手抓”的精神，广泛开展“三八”红旗手(集体)和“五好”家庭评比活动，在广大妇女群众、广大家庭中，掀起学先进、赶先进、创先进的热潮，争当“三八”红旗手(集体)，争做“五好”家庭。全国妇联决定在明年适当时候开会表彰。今后妇联组织要抓好这两个评比活动，根据各地的不同情况，在不同时期提出不同的内容和要求，使这两个评比活动不断取得新的进展。

全国妇联在通知中提出，今年的“三八”节纪念活动，要搞得生动活泼，小型多样。可以召开经验交流会、报告会、座谈会、技术表演会等等，宣传各族、各行各业的“三八”红旗手(集体)及其他先进代表人物，介绍“五好”家庭典型和勇于维护妇女儿童合法权益的优秀妇女干部。可以组织妇女植树造林，绿化祖国，开展爱国卫生和其他公益活动。可以动员社会各个方面的力量，适当解决当地妇女迫切需要解决又有可能解决的实际问题，关心妇女疾苦，为妇女儿童多做好事。妇联组织可以开些民主会，听取群众的意见，检查自己的工作。有常驻外宾、专家和外宾来访的城市，可举行中外妇女联欢活动。纪念活动要因地制宜，讲究实效，使今年的“三八”节成为全国各族妇女为建设社会主义的物质文明和精神文明而团结战斗的节日。

**国务院副总理张爱萍在人民大会堂会见由国防部秘书长朱塞佩·皮奥瓦诺中将率领的意大利军事代表团**

**家用照明节能灯研制成功**

华东电子管厂最近生产一种家用照明节能灯。这种灯耗电只有15瓦，但与40瓦的普通白炽灯泡的亮度相等，其寿命是普通白炽灯泡的5倍，可以用作台灯、壁灯、装饰灯等。

**全国三好学生 优秀学生干部和先进集体代表会议在人民大会堂闭幕**

大会一致通过给全国大、中学生的倡议书《争当建设社会主义精神文明的先锋》。

共青团中央书记处书记陈昊苏主持闭幕式。著名科学家严济慈出席会议并讲了话。

教育部副部长曾德林在闭幕大会上就我国当前教育战线的形势、任务和青年学生如何树立马克思主义世界观的问题讲了话。

曾德林指出，社会主义学校的根本任务是培养德智体全面发展的又红又专的人才。在学校教育中，德育具有重要的地位，而德育的根本任务就是要用马克思主义世界观和共产主义道德教育学生，使他们具有高度的爱国主义思想和社会主义、共产主义觉悟。要通过马列主义、毛泽东思想的学习、向工农学习和一定的生产劳动、社会实践的锻炼，培养学生逐步树立无产阶级的阶级观点、劳动观点、群众观点和辩证唯物主义观点。只有树立了这四个基本观点，才能为树立马克思主义世界观奠定基础。

曾德林强调，在目前来说，树立阶级观点就是要坚持无产阶级立场，坚持四项基本原则，抵制腐朽的资产阶级思想和封建残余思想的侵蚀，克服各种错误思潮的影响。树立劳动观点，就是要树立热爱劳动、热爱劳动人民的思想，坚持知识分子与工农相结合、脑力劳动与体力劳动相结合。树立群众观点，就是要培养集体主义精神，树立为人民服务的思想。树立辩证唯物主义观点，就是掌握马克思主义的世界观，坚持实事求是的革命精神和科学态度。

曾德林希望受到团中央、教育部表彰的三好学生、优秀学生干部和先进集体的代表们要谦虚谨慎，戒骄戒躁；不断提高思想觉悟，努力学习文化科学知识，进一步加强身体锻炼，还要积极做好社会工作；在学校里要更好地发挥带头作用、骨干作用、桥梁作用，将来走上工作岗位后，仍应继续保持光荣，成为各条战线的先进工作者，为祖国的社会主义现代化建设作出应有的贡献。

**全国三好学生 优秀学生干部和先进集体代表给全国大中学生发出《争当建设社会主义精神文明的先锋》的倡议书**

倡议书说，党中央号召我们青年学生要争当建设社会主义精神文明的先锋。我们与会代表决心以实际行动响应党中央的号召，和广大同学一道，更加广泛深入地开展创三好活动，在建设社会主义精神文明中打先锋，当模范。

一、争当建设社会主义精神文明的先锋，必须坚持四项基本原则。要从史入手，认真读一点中国近代史和现代史，并努力学习马列主义和毛泽东思想的基本理论，学会运用辩证唯物主义、历史唯物主义的基本观点来认识中国革命的艰苦历程和胜利前进的方向，坚定热爱党、热爱祖国、热爱社会主义的信念，立志成为一个献身“四化”、振兴中华的有为青年。

二、争当建设社会主义精神文明的先锋，就要集中精力，刻苦攻读，出色地完成党和人民交给我们的学习任务。我们今天的学习，既是为建设社会主义物质文明做准备，又是为建设社会主义精神文明做贡献。我们80年代的青少年，风华正茂，一定要十分珍惜宝贵的学习机会，力争多学一些知识和本领，莫让青春年华付东流。

三、争当建设社会主义精神文明的先锋，就要努力提高自己的共产主义道德水平。做到全心全意为人民服务，关心集体、团结同学、热爱劳动、勤俭节约、爱护公物、遵纪守法，自觉抵制和克服各种剥削阶级思想的侵蚀和影响，勇于同各种违法乱纪行为和不正之风作斗争。

四、争当建设社会主义精神文明的先锋，就要更加积极地投入到“五讲四美”活动中去。首先要把我们的学校变成文明的场所，使校园到处充满文明之风。还要带头植树造林，栽花种草，美化环境，把我们的学校装点得像花园一样。在即将开始的“文明礼貌月”活动中，我们要大张旗鼓地学雷锋、做好事，以实际行动，为社会风气的决定性好转作出贡献。

**习仲勋 胡乔木 薄一波等党和国家领导人在中南海怀仁堂会见出席全国三好学生 优秀学生干部和先进集体代表会议的全体代表**

来自全国的170多名三好学生、优秀学生干部、先进集体代表在中南海怀仁堂举行座谈会。团中央书记处书记陈昊苏首先向党和国家领导人介绍出席会议的代表情况。安徽芜湖一中高二学生江涛同学15岁时，在一次科技活动事故中，不幸失去双手，但他不畏困难，仍然以顽强的毅力刻苦学习，在全国25省市数学竞赛中获一等奖。陈昊苏介绍江涛的事迹时，党和国家领导人向他鼓掌表示鼓励。接着太原机械学校的蒋平，江西财经学院的韩鸥，天津体校的李惠荣，华中农学院的蒋在坤，云南大理师范学校的赵银生，安徽芜湖一中的江涛等代表汇报了自己坚持三好的体会。

胡乔木说：你们做得很好，值得全国同学学习。三好要坚持下去，要一辈子做到三好，要活到老，学到老，我们这些人，也还要做三好学生。要不断扩大三好队伍，要下决心把学校变成三好的学校，把社会变成三好的社会。要实现这个目标是很不容易的，要经过几代人的努力才能实现。现在要下这个决心，要永远不动摇。他还希望青少年学生学习中国近代史，懂得我们党是怎样产生和发展的。要树立为理想的社会、为祖国的繁荣富强而勇于担风险的精神。

习仲勋同志对同学们说：希望大家保持荣誉，团结同学，不忘重任，奋发图强。还要发扬延安精神，学习老一辈革命家刻苦学习，艰苦奋斗，为革命事业自我牺牲的精神。

薄一波同志说：青年学生要看清自己所处的时代，是建设四个现代化的社会主义强国的时代，要为这个目标奋斗。他希望大家“要立志做大事，不要立志做大官”，要立志在各自的岗位上把工作、学习搞好。

党和国家领导人的亲切勉励和语重心长的话，激起了全场代表的一阵阵热烈掌声。座谈会自始至终洋溢着老一代关怀新一代，新一代尊敬老一代的亲切气氛。会议结束时，胡乔木对同学们说：我们的心永远和你们在一起。习仲勋说：你们打先锋，我们在你们后面。薄一波说：长江后浪推前浪。

参加座谈会的还有教育部部长蒋南翔、团中央第一书记韩英及有关方面负责人。

**国务院批转林业部等部门《关于加强鸟类保护执行中日候鸟保护协定的请示》**

国务院批转了林业部、外交部、外贸部、财政部、国务院环境保护领导小组、国家城市建设总局、中国科学院和共青团中央联名提出的《关于加强鸟类保护执行中日候鸟保护协定的请示》，要求加强鸟类保护。这项请示报告提出全国应认真做好几个方面的工作：

一、大力开展宣传教育工作。确定每年4月至5月初的一个星期为“爱鸟周”(具体时间由省、自治区、直辖市规定)。爱鸟周中，可以组织报告会或座谈会，邀请专家讲课，也可以组织青少年到野外、自然保护区、禁猎区、公园去观看鸟类，开展挂置人工巢箱，保护和招引益鸟等活动，使他们从小树立“保护鸟类，人人有责”的思想，逐渐养成爱鸟护鸟的习惯。

二、加强保护管理，禁止乱捕滥猎。国家规定保护的珍稀鸟类，必须严加保护，任何单位和个人，未经林业主管部门批准，不得捕猎、买卖和运输。在城镇、工矿区、自然保护区、禁猎区、旅游区、风景区和公园，禁止狩猎，禁止捡蛋、捣窝和使用毒药、排铳(炮)、气枪等破坏鸟类资源的狩猎工具和狩猎方法。

三、增划候鸟自然保护区。建议在全国和省、自治区、直辖市自然保护区区划中，将候鸟的主要繁殖地、越冬地、迁徙路线上的主要停歇地，特别是对保护候鸟有重要价值的岛屿、湖泊、沼泽、海涂等划为候鸟自然保护区。对某些应当保护，但由于某种原因而又不能划为自然保护区的地区，可以划为禁猎区。

四、开展环志工作。环志工作对保护和合理利用候鸟资源，对科研、国防、植保、疾病防治等都具有重要意义。从1899年以来，全世界已环志3000多万只鸟，亚洲东部各国1963年至1970年就环志了1200多种候鸟。环志是执行中日候鸟保护协定一项必不可少的工作，将由林业部会同中国科学院研究办理。

五、加强鸟类产品的收购和出口管理工作。经济鸟类及其产品，是一项重要的出口物资，应在不破坏资源的前提下，有计划地组织生产、收购和出口。凡是国家规定保护的鸟类，未经林业部门批准猎捕的，供销、外贸、城建等部门和花鸟商店(公司)、标本公司(厂)以及动物园等单位不得收购，外贸部门不得出口。

**《人民日报》发表评论员文章《发人深思的教训》**

原广州市电信局党委书记、局长王维经，伙同其妻王敏，利用职权，走私套汇、投机倒把，触犯刑律，被广州市中级人民法院依法逮捕。

王维经夫妇是参加革命多年的老干部，受过党的多年教育。但是，他们经受不住资产阶级糖衣炮弹的袭击，丧失了共产党员的品德，成了违犯党纪国法的罪犯。这件事说明，资产阶级思想已经严重地侵蚀了我们党的肌体，腐蚀了我们党的某些意志薄弱的党员和干部。

王维经夫妇走私套汇、投机倒把的犯罪活动，是在1980年前后发生的。群众早有揭发检举，广州市电信局职工于去年年初就已提出控告，广州市人民检察院于去年6月提起公诉，王维经却直到最近才被逮捕归案。这样一拖几年的案件，并非绝无仅有。所以出现这种情况，一是领导机关存在着严重的官僚主义，对群众的揭发检举很不重视，优柔寡断，软弱无力；二是有些同志从老同志、老关系、老朋友的庸俗关系出发，对某些人的犯罪行为熟视无睹，姑息迁就，不愿挺身而出进行斗争；三是有些人贪小便宜，接受贿赂，本身就不干净，因而对犯罪分子知情不报，甚至纵容包庇，为之开脱罪责。凡此种种，形成了打击歪风、端正党风的阻力。不冲破这些阻力，走私贩私是很难刹住的。

当前，我们的经济形势很好，党风也有了很大好转。要争取党风有个决定性的好转，就一定要坚决打击走私贩私、贪污受贿等严重违法犯罪行为，抓住这个严重毁坏党的威信、关系我们党的生死存亡的重大问题不放，雷厉风行地加以解决。越是涉及大人物、大机关的大案件，越要抓住不放，从严处理。对少数情节严重的犯罪干部、特别是占据重要职务的犯罪干部，必须依法逮捕，依法予以严厉的制裁。

我们实行对外开放政策，加强国际经济技术交流，是坚定不移的。走私套汇、投机倒把，同正常的对外经济贸易往来，是根本不同的两码事。任仲夷同志在广东省委最近召开的地市委书记会议上说过一段话："对外开放，对内放宽，主要是指经济政策，党风决不能开放，党纪决不能开放，而只能更严。"说得好！对于王维经这样的案件，就是要按照党纪国法，严加处理。

## 2月6日

**中国和斯里兰卡两国领导人就中斯建交25周年互致贺电**

叶剑英委员长在贺电中说："中斯建交25年来，两国的传统友谊，在和平共处五项原则的基础上得到了令人满意的发展。中斯两国的友好合作关系已成为国与国之间关系的良好范例。进一步巩固和发展这一关系符合我们两国人民的利益和心愿。我确信，在未来的岁月里，在双方共同努力下，中斯友谊之花将越开越鲜艳。"

赵紫阳总理在贺电中说："25年来，两国的友好合作关系在政治、经济、文化等各个领域里都得到了加强。中国政府和人民将一如既往，同贵国政府和人民一道，为不断巩固和发展中斯友谊而共同努力。"

贾亚瓦德纳总统在贺电中说："我们两国之间的友谊是久经考验的，是建立在牢固的基础之上的。"纪念建交25周年揭开了两国历史关系的新篇章。

他说："斯中两国之间现存的友好合作关系不仅有利于我们两国人民，而且符合第三世界的利益，同时也有助于促进世界和平的事业。"

普雷马达萨总理在贺电中说："斯中两国在历史上有着亲密的友好关系，这一传统的纽带在过去的岁月中得到了加强。我坚信，在今后的年代里，我们两国之间热情友好的关系将为了我们的相互利益和幸福继续向前发展。"外交部部长黄华和哈米德外长也互致了贺电。

**全国政协在北京召开全国政协各工作组组长联席会议**

会议强调，全国政协各工作组在1982年要进一步宣传、贯彻党和国家的方针、政策，推动各界人士为实现“四化”、完成祖国统一大业和保卫世界和平作出新的贡献。

这次会议总结了全国政协工作组的经验，研究、部署了今年的工作。会议认为，人民政协集中了我国各民族、各阶层、各党派、各行各业和爱国力量的许多代表人士，它是中国共产党领导下的最广泛的统一战线组织，是联系广大人民群众的重要纽带。做好人民政协工作，对巩固和发展我国安定团结的政治局面，加强和扩大爱国统一战线，建设高度的社会主义物质文明和精神文明，具有重要的意义。全国政协各个工作组是全国政协进行经常性活动的重要组织，是联系和团结委员、各界人士为实现三大任务服务的好形式。1981年各工作组召开座谈会21次，举行各种报告会54次，组织参观和调查研究活动17次，开展了一些专业活动，为党政机关的工作提出了不少宝贵意见和建议。

参加会议的同志在总结工作时谈到工作组工作的一些特点和优点：第一，工作组是由委员和有代表性的各界人士组成的，在京委员已有800多位参加，还有非委员的各界知名人士参加，联系面广，有利于巩固和扩大爱国统一战线、调动一切可以调动的积极性；第二，工作组是按专业及统一战线各个方面划分的，人才很多，工作组的工作活跃了，有利于发挥他们各自的专长，对有关部门的工作起到咨询作用，发挥人民政协的政治协商和民主监督的作用；第三，工作组活动的方式方法灵活多样，便于开展多方面的工作。

会议确定全国政协工作组今年应从下列方面加强工作：进一步密切联系政协委员和各界人士，经常反映他们和各方面群众的意见和要求，对国家各项工作提出批评和建议；进一步加强调查研究和专业活动，发挥各方面专家、学者的积极作用；进一步宣传、贯彻党和国家的方针政策，推动各界人士积极参加国家的建设事业；进一步加强和扩大同一切爱国力量的联系，为完成国家统一大业作出新贡献；了解落实各项政策中的问题，协助有关单位认真落实政策；加强国际问题的研究，积极配合有关单位和组织宣传国家的外交政策，开展人民外交活动。许多同志还提出，全国政协的不少老人，是中国近代和现代历史的见证人，有很丰富的阅历，各工作组要请这些老人向青年人进行爱国主义教育。

全国政协副主席兼秘书长刘澜涛主持联席会议并讲了话，他希望各工作组解放思想，大胆放手工作，在1982年，进一步活跃工作组的工作，打开新局面，争取大进步。

全国政协工作组办公室、国际问题组、文化组、教育组、工商组、医药卫生组、华侨组、民族组、科技组、宗教组、妇女组、法制组、对台组、经济建设组、城市建设组、体育组的负责人出席了会议。

**三机部269名局厂级干部退休离休**

党的三中全会以来，三机部党组对老同志退居二、三线的工作和选拔中青年干部比较重视。目前，在局、厂、所、院、校级干部中已有269名同志退居二、三线，其中当顾问的163人，离休的106人。

最近，7位副部长当顾问，带了个好头。在老部长的带动下，又有一些局级干部提出申请，主动退居二、三线，为提拔年轻同志创造条件。

部党组不仅注意做好老同志退居二、三线的工作，同时还十分重视选拔培养中青年干部。几位老部长也把这项工作当作历史责任担当起来。他们积极推荐、热情扶植和培养中青年干部，并采取多种形式走群众路线，把选贤任能放在第一位，努力选准选好。现在已选拔了30多名50岁左右的年富力强、文化程度较高、有专业知识的同志分别担任部、局领导职务。

**国务院发布《广告管理暂行条例》并发出通知**

新中国第一个广告管理暂行条例经国务院批准将从今年5月1日起施行。

国务院为发布这个条例新近向各地区、各部门发出了通知。通知说，近年来，广告在促进生产、扩大流通、指导消费、活跃经济、方便人民生活以及发展国际经济贸易等方面，发挥了积极的作用。但是，由于广告工作无章可循，经营广告的单位各自为政，在广告内容、广告设计和广告经营等方面，都存在着一些混乱现象。有的广告内容虚假，欺骗群众；有的经营单位有时单纯为了赚钱，在宣传某些商品特别是外国高档消费品时，不注意国家的政策和我国国情，造成了不良影响。通知要求，各地区、各部门认真组织有关人员学习和贯彻这个条例，并在近期对广告管理工作进行一次整顿。

《广告管理暂行条例》共有19条。条例规定，广告的管理机关是工商行政管理总局和地方各级工商行政管理局。专营广告的广告公司和兼营或者代理广告业务的企业、事业单位，必须按照工商企业登记管理条例的规定，申请登记，领取营业执照。未经登记，或者申请登记未获批准的，不得承办广告业务；承办外商广告的单位，必须经省、自治区、直辖市以上进出口管理委员会审查同意。私人不得经营广告业务。

条例规定，申请刊登、播放、设置、张贴广告的单位，必须是持有营业执照的企业或经过政府批准设立的单位。广告内容必须清晰明白，实事求是。不得以任何形式弄虚作假,蒙蔽或者欺骗用户和消费者。有缺陷的处理商品,试制和试销商品,都应当在广告中注明,不得给人以误认。

条例规定,医药、食品类商品广告,必须有卫生机关的证明;度量衡器类商品广告,必须有计量机关的证明;标明获奖荣誉的商品广告,必须有颁奖部门的证明;使用商标的商品广告,必须有注册商标的证明;标明质量合格的商品广告,必须有质量监督检验机构的鉴定证明。《广告管理暂行条例》还规定,广告的内容如有违反国家政策、法令的,有损我国各民族尊严的,有反动、淫秽、丑恶、迷信内容的,有诽谤性宣传的,有违反国家保密规定的,都禁止刊登、播放、设置和张贴。

对于违反《广告管理暂行条例》规定的广告刊户,工商行政管理部门应当视其具体情节,给予警告或者罚款的处分;对于违反条例规定的广告经营单位,分别情节轻重,给予警告、罚款、暂停营业或者吊销广告营业执照的处分。广告刊户违反暂行条例的规定,给用户和消费者造成损失的,应当负责赔偿损失。违反这个条例的规定,情节恶劣、后果严重的,由人民法院依法处理。

**《人民日报》发表农业部调查组的文章《怎样完善农业生产责任制》**

建立农业生产责任制,是部分调整集体经济经营方式和生产关系的重大措施,经过三年的实践,已显示出解放农业生产力的巨大作用。现在人们议论的中心已不是责任制要不要、好不好的问题,而是如何使各种形式的生产责任制更加完善和稳定,更加适应农业生产的全面发展。下面,我们根据最近在福建、江西、湖南三省的调查,提出几个值得注意的问题。

加强具体指导

农业生产责任制的建立,冲破了多年来形成的"左"的框框,各种不同的思想认识、思想顾虑不可避免地反映出来。从各地情况看,主要还是两个误解的问题,即把多种责任制形式误认为只提倡包干到户一种形式,又把包干到户误认为就是"土地还家"、平分集体财产、分田单干。这两种误解,在一部分群众方面表现为要求分光集体财产,不要统一计划指导,不愿交集体提留,不积极完成征购派购任务,甚至哄抢乱占集体财物等;在一部分干部方面表现为顾虑重重,消极观望,或者与群众顶牛,限制群众的正当要求,或者撒手不管,放弃领导等。这就需要各级党组织和政府加强具体指导,做好思想政治工作,既要向群众作解释,更要提高干部的觉悟。干部的思想认识端正了,就可以影响和带动群众正确认识和不断完善生产责任制。

指导群众完善生产责任制,要尊重和总结群众的实践经验,引导群众选择更适合当地情况和更为健全的责任制形式。湖南省醴陵县去年11月份开展了一次农业生产责任制的检查验收,抽查了237个大队、410个生产队,找了700多个基层干部座谈,走访了328户社员。检查验收的情况表明,凡是生产责任制搞得好的队,都是领导班子比较强,懂政策,敢管理,干群关系也比较融洽;反之则问题较多。因此,加强具体指导的重点,是抓好基层领导班子建设,抓好对基层干部的培训。

醴陵县东富公社,发动干部群众讨论了两个问题:一、"双包"后究竟需要不需要干部?二、"双包"后大队、生产队干部的主要职责是什么?经过讨论,大家认识到建立生产责任制,不是不需要干部,而是干部的责任更重了。仅以生产队来说,干部的职责就有十几项之多:执行党和政府的方针、政策和法令,做好思想政治工作;管理好生产队的土地、资金、固定财产和集体经营项目;落实种植计划,落实农业基本建设规划,组织统一管水抗灾;推广科学种田;负责承包合同的制定与兑现,检查督促承包户的生产,帮助"四缺户"(缺劳力、缺技术、缺资金、缺农具)解决具体困难;督促社员完成国家征购派购任务和集体的提留;做好优抚工作和五保户、困难户的照顾;做好农贷发放和偿还工作;抓好计划生育和卫生防疫工作;组织社员广开生产门路,解决剩余劳力的出路等。这样一讨论,干部受到鼓舞,社员提高认识,干群之间更加融洽了,并较顺利地议定了干部的补贴人数和标准。大队和生产队领导班子的稳定和加强,就可充分发挥领导职能。

处理好统与包的关系

统与包是农业生产责任制中对立统一的两个方面,它们互相依存和互相促进,只有逐步达到协调合理,才能使生产责任制不断发展完善。

所谓统,是指某些宜于集体经营管理的生产项目、生产环节以及相应的生产设施,由生产队实行统一经营、统一组织和管理;所谓包,是指某些适宜分散经营的生产项目、生产活路以及相应的生产资料,承包到组、到劳或到户。统与包的前提是一致的,即基本生产资料的公有制不变,基本核算单位不变,按劳分配的基本原则不变;目的是共同的,即有利于发展农业生产,壮大集体经济,增加社员收入,为国家为社会提供更多的农副产品。正确处理统与包的关系,就是要真正做到宜统则统,宜包则包,统得适当,包得合理,把集体统一经营的优越性同社员个人的积极性结合起来,获得最佳经济效果。

当前,在统与包的关系上,一部分地区和一部分社队处理得不够好,或者统得不适当,或者包得不合理,据湖南省1981年冬对十个地、州、市的统计,实行包干到户的26万多个生产队中,有统一经营项目的占68.3%,能实行统一管理的占14.6%,尚有17.1%的队基本上不搞统一经营。可见,完善生产责任制,要突出抓好这17%左右搞得比较差的队。

各地都把坚持"几统一"作为完善生产责任制的主要内容和标准。所谓"几统一",即:统一生产计划;统一管理和使用大中型农机具;统一管水和组织抗灾;统一搞农业基本建设;统一经营宜于集体经营的工副业和茶、果、林、牧场;统一安排对烈军属、五保户和困难户的照顾。此外,有的地方还统一浸种催芽、防治病虫害等,以保证质量,防止农药中毒事故。统一经营的具体形式,要从实际出发,因地制宜,由群众民主讨论确定。该统而没有统的,应本着缺什么补什么的原则,引导群众逐步地完善起来。对于目前存在的某些错误做法,要逐步加以纠正。湖南浏阳县重点抓了一些社队按土改分田分山、排挤外来户的问题。湘乡县纠正了平分集体财产、不留公共积累、不定上交任务的偏向。不少地方还逐步调整解决了土地分得过碎、牲畜轮户喂养以及包产、包干指标过低等问题。

同发展多种经营相结合

前一个时期,许多地方的领导精力主要放在大田生产责任制的推行方面,当前要着力使农林牧副渔工、商各业都建立健全生产责任制,促进农村经济的全面发展。

江西宜春地区在落实1982年农林牧副渔全面发展的生产计划时,先把各业需要的土地、劳力、资金作出安排,然后根据群众意愿和生产实际,建立相适应的生产责任制。准备实行"双包"的社队,为了避免发生按人口平均分田、全部劳力归田的做法,提倡"先专后包",即先搞专业分工,把多种经营的劳力定下来,搞好专业承包,然后再把大田包产到户或包干到户(搞多种经营的劳力,一般只分人头田,不分责任田)。已实行"双包"的生产队,也抽出一部分劳力搞多种经营,并对已承包的土地作必要的调整。

湖南省华容等县创立了一种适应性更广的责任制形式,全称是"统一经营、专业分工、责任到劳、包干分配"。即以统一经营为前提,兼顾个体经营,做到宜统则统,统包适当;以专业分工为方向,改变自给自足的自然经济,鼓励有专长的社员从事林牧副渔工商各业;以责任到劳为立足点,避免完全按人头平分田土,将耕地的30%按人头平分,70%按在队务农的劳动底分分包,完全离田的劳力不分包责任田;以包干分配为核心,克服分配中的平均主义和财务不民主,只要完成上交国家的,留够集体的,剩下都是社员自己的。这种"统、专、包"责任制形式,更能适应农村多种经济项目并存的特点,更能反映一个生产队多种责任制形式存在的状况。它既发挥了统一经营的优越性,又充分调动了社员的生产积极性。

建立健全合同制

经济合同是协调经济活动的一种契约,也是为完成某项经济任务而需要履行一定义务与行使一定权利的保证。实行各种承包责任制,就要求把生产队与农户、作业组、专业人之间的经济关系和双方的权利、义务,用合同形式确定下来。

湖南华容县万庾公社月形十队推行合同制的做法是:一、全面签订合同。与社员户签订了水稻"三定"承包、交粮、留粮合同,耕牛和小型农具折价到户、分年收款合同,农业技术推广联产承包合同,上交食油、生猪、鲜蛋合同;与专业户和专业劳力签订了副业交钱记工合同;与在大队企业劳动的社员签订了在场劳动、在场分配、向生产队交积累的合同;与生产队干部签订了固定补贴、岗位责任制合同,做到了有责任制就有合同。二、切实搞好鉴证。签订合同时,邀请大队、公社派干部参加,并在合同上签名盖章。合同双方和负责鉴证的单位各保存合同一份,以便检查监督。三、积极组织兑现。为了彻底解除社员的顾虑,使他们放心地搞生产,生产队采取分段兑现的办法,即每项任务完成,每季作物收获后,及时按合同的规定兑现。如由于自然灾害等原因影响合同兑现,由双方协商,并经社员大会讨论,征得鉴证单位的同意,对原合同进行必要的修订。

从调查情况看,各地都有相当一部分生产队未签订合同;有的虽有合同,但内容不全,手续不够完备,执行得也不坚决,以致难以兑现,影响了年终分配和来年合同的签订。福建省1981年抓落实生产责任制较早,全省约有2/3的队签订了合同,已签订合同的队中,仍有1/3搞得不够好。据湖南省1981年冬对湘潭、常德、衡阳、零陵、怀化5个地区21万多个生产队的摸底,真正按三兼顾原则签订了1982年责任制合同的只占40.9%。

因此,在完善生产责任制过程中,我们要结合年终决算分配,加强社会主义、爱国主义和集体主义教育,同时抓好合同的兑现,并认真总结经验,建立健全合同制。

**国务院副总理万里在人民大会堂会见路透社社长格伦·伦弗鲁一行**

**国务院副总理万里在北京会见美国麻省理工学院丁肇中教授**

**教育部在人民大会堂举行座谈会纪念徐特立诞辰**

**105周年**

教育部部长蒋南翔主持座谈会。中共中央书记处书记习仲勋到会讲了话。

习仲勋说,徐特立同志生前在我们党内,在我国教育界、思想界拥有很高的声望,很多党的干部、知识分子把他看作是学习的楷模。可惜他在1968年林彪、康生、江青一伙肆虐的时候郁郁去世,没有得到应有的悼念,今天我们来补这一课,纪念他革命的一生,学习他革命的精神,是很有意义的。

习仲勋说,徐特立同志生于1877年。他经历了清末、民初、北洋军阀政府和国民党统治几个朝代,饱尝忧患,终于从一个民主主义者跃进为坚定的共产主义革命家。他的传奇的一生贯穿了为真理而斗争的精神,永远值得后人景仰。

习仲勋指出,我们纪念徐特立同志,有三点需要特别提出来学习。

一、崇高的共产主义理想。习仲勋说,徐特立同志是在1927年蒋介石背叛革命,很多共产党员人头落地,不少动摇分子纷纷脱党和隐退的最严重关头,毅然决然地走到我们党的队伍中来的。这不仅显示了他有惊人的革命胆略,更重要的是表明他有坚强的共产主义信念。这是难能可贵的。现在很有必要在我们的同志中间唤起这种精神,在青年中间发扬这种精神。

二、顽强的学习精神。习仲勋说,徐特立同志光辉的一生,确实是"活到老,学到老,改造到老"的典范。

三、非常质朴的作风。习仲勋指出,在徐老身上体现了最优良的党风。我们每个共产党员都要以徐特立同志做榜样,增强党性锻炼,树立好的党风,并且把它推广到广大青年和全国人民中间去。

座谈会上,当年与徐特立一起工作过的以及与他有过交往的蒋南翔、武衡、于光远、董纯才、曹瑛、刘英、曾三、张健、陶端予等先后发了言。他们在发言中赞扬和回忆了徐特立光辉的一生。

蒋南翔说,徐特立同志为了党为了人民辛勤地教育子孙后代共73年,培养了几代人,确实是桃李满天下,不愧为人民师表,不愧为革命党人和全体人民的模范。在他60寿辰的时候,毛泽东同志在祝贺信中赞誉他说:"你是革命第一、工作第一、他人第一。"当全党祝贺他70大寿时,周恩来同志给他题了"人民之光,我党之荣"的赞词。这确实是一个实事求是的评价。今天我们纪念徐特立同志,就是要形象地宣传中国共产党人的革命榜样,认真地发扬老解放区教育的光荣传统,为把我们伟大的祖国建设成现代化的有高度民主和高度文明的社会主义强国而奋斗。出席座谈会的有首都教育界、科学界、中直机关和北京市大中小学的领导人、教师共150多人。

**北京高校德育研究会正式成立**

这个研究会的主要任务,是在辩证唯物主义和历史唯物主义的指导下,研究大学德育在培养人才中的地位和作用,研究大学德育的目的和对大学生进行德育过程中的各种客观规律。

**全国职工教育管理委员会等5部门发出《关于切实搞好青壮年职工文化、技术补课工作的联合通知》**

全国职工教育管理委员会、教育部、国家劳动总局、中华全国总工会和共青团中央发出的《关于切实搞好青壮年职工文化、技术补课工作的联合通知》(以下简称《通知》)说,在最近几年内不失时机地给青壮年职工补上文化、技术课,使他们成为合格的当班人,进而成为"四化"建设的骨干,是一项具有重大战略意义的任务。

《通知》要求各地区、各部门和事业单位要根据实际情况,对青壮年职工补课工作提出具体目标和要求,制定切实可行的规划,明确逐年的进度,采取有效的措施,来保证完成补课任务。

《通知》还对青壮年职工文化、技术补课的内容、要求、办学形式、考核办法等分别作了部署,其中包括补课结业由业务部门严格考试,合格者发给合格证书;通过自学完成专业技术学习的青壮年职工,允许其参加业务部门的考试,考证合格的同样发给合格证书;文化、技术补课考核成绩应列入职工档案,并作为晋级的依据之一等内容。

## 2月7日

**工商行政管理总局有关负责人就加强市场管理打击投机倒把活动答新华社记者问**

问:当前加强市场管理,打击投机倒把活动的意义何在?

答:十一届三中全会以来,我国市场形成了"三多一少"(多种经济成分,多种经营形式,多条流通渠道,少环节)的流通体制,经济日趋活跃,购销两旺。但是由于某些工农业产品的发展还赶不上人民的需要,经济立法不健全,管理工作跟不上,一些单位和个人,利用供求之间矛盾,违反国家经济政策,大搞非法经营。有些地方投机倒把活动相当猖獗,严重破坏了国家计划经济,损害了国家和群众的利益,特别是某些领导干部参与走私贩私活动,严重损坏了党的威信。因此,必须加强市场管理,严厉打击走私贩私和投机倒把活动,决不能让这种非法活动继续存在下去。经济要搞活,监督检查必须加强,这样才能保护正当经营,更好地贯彻执行以计划经济为主,市场调节为辅的方针,使市场活而不乱，保证国民经济有秩序地向前发展。

问：哪些行为属于投机倒把活动？

答：投机倒把活动，一般是指违反国家金融、外汇、金银、物资和工商管理法规，非法从事工商业活动，牟取暴利，破坏社会主义经济秩序的行为。1981年1月7日，国务院在关于加强市场管理打击投机倒把和走私活动的指示中已有明确规定，概括起来：一是投机倒卖。例如，违反国家政策规定，倒卖工农业生产资料；抬价抢购倒卖国家计划收购的物资；从国营商业和供销社零售商店套购商品，转手倒卖；个人坐地转手批发倒卖；倒卖计划供应票证和银行有价证券；倒卖外货、外币、金银、珠宝、文物、贵重药材等。二是居间牟利。例如，黑市经纪；买空卖空；转手渔利；以替企业、事业等单位办理业务为名，巧立名目，招摇撞骗，掠取财物等。三是降质抬价。例如欺行霸市、囤积居奇、哄抬物价；偷工减料，掺杂使假，以假充真，造成严重危害等。四是支持投机倒把活动，从中分成，牟取非法收入。当前投机倒把活动比较突出的是，倒卖紧俏工农业生产资料和生活资料，倒卖外货、金银、外币、文物、贵重药材、买空卖空等。在已查获的大案中，参与投机倒把活动的机关、企业单位以及干部、职工占有相当的比重。他们打着"为国营"、"为集体"、"活跃经济"等招牌，里勾外联，破坏国家政策，破坏计划经济，危害极大。

问：应当怎样看待"二道贩子"？对他们应当采取什么政策？

答："二道贩子"是指不是出卖自己生产的产品，而是买进商品转手卖出，从中获利的人。这种活动有国家允许的，有不允许的。我们应当打击"二道贩子"违反国家政策规定，投机倒把，哄抬物价，破坏市场秩序的行为。他们当中有的人跑到产地抬价抢购国家计划收购的物资，破坏国家收购任务的完成；有的从国营商店或者集体零售商店把零售的商品，特别是紧俏商品套购出来，转手加价出卖，从中牟取高额利润，坑害群众。对这些违法活动，必须坚决取缔，情节严重的要经予经济处罚，直至刑事处罚。但是，对"二道贩子"的正当贩运活动，应当给予保护。例如农村社员经过生产队同意，在不影响国家收购任务完成的前提下，对允许上市的农副产品，从事个人力所能及(肩挑、手提、人拉、自行车驮)的贩运活动；合作商店、合作小组和有证个体商贩，在营业执照规定的范围内，从事农副产品的贩运活动；有证商贩按照国家规定，经营的用小商品等。这些正当的贩卖活动，对活跃市场，拾遗补"缺"，方便群众是有好处的，应该给予保护。

问：加强市场管理，打击投机倒把活动，应该采取哪些措施？

答：第一，各级党和政府领导机关要加强干部的思想教育。现在有些干部对搞活经济、放宽政策有片面理解。他们认为搞活经济就是"经济自由"；放宽政策，就是"各行其是"。他们对违反经济政策和国家法令的行为熟视无睹，不闻不问，甚至参与投机倒把等非法活动。因此各级党政领导机关必须对干部加强政策教育和法制教育，使干部提高认识，分清是非。

第二，要加强对经济活动的监督和管理，把专门机构的管理和依靠群众的监督结合起来。各有关部门要密切配合，对集体和个体商贩要进行整顿，对投机违法触犯刑法的犯罪分子必须依法制裁。对国家干部，特别是领导干部进行走私贩私、投机倒把活动的要从严处理，决不能姑息养奸。

第三，国营和集体商店要端正经营作风，严格纪律，认真执行商品供应政策，不准为了单纯追求利润和多发奖金而随意大批销售国家计划收购和派购的商品；零售店不准"卖大号"，商店职工不准为投机倒把分子提供方便或内外勾结从中牟利。严重违反规定的，应给予经济、行政处分，直至追究法律责任。

**全国纺织工业厅局长会议在北京召开**

会议决定调整产品品种，生产更多更好的适应国内外市场需要的纺织品，同时，对产品质量不好，花色品种不适销对路的产品，采用行政和经济的手段限制生产。

会议决定今后要严格按计划生产。在完成国家计划以后，有生产能力、有涤纶原料的地区和企业，可以超产一些市场畅销的、含涤纶成分少的涤棉床单布、装饰用布、毛巾被和针织品。对那些不按计划、不顾群众需要、盲目追求产值而生产质量低劣，品种花色不适销的产品的工厂，要停止供给原材料，不安排生产任务。有的企业要进行停产整顿，限期改进或转产其他适销产品。

会议还决定，凡是不合格的产品，不得计算产值、产量，对盲目生产造成积压，要追究企业以至有关主管部门的责任。

**1981年全国有17个中型糖厂竣工投产**

据《人民日报》报道，连同改建扩建，全国新增产糖能力21万多吨，比上年增长60%。

在建设新厂的同时，不少地区注意了老厂挖潜、革新、改造、扩大生产能力。福建漳州、莆田糖厂和广东中山糖厂，经过扩建后生产能力增加了1倍。

**1982年全国漫画展览在北京闭幕**

经过评选，有37幅作品获佳作奖。

获奖佳作名单如下(按姓氏笔画为序)：

于化鲤的《不能光喊》、于世铎的《李杜遇难》、王宇的《狗咬刺猬》、韦启美的《有门儿与没门儿》、王者琦的《某公下蛋》、王治华的《难以忍受》、王树忱的《取经归来图》、王复羊的《小夜曲》、王益生的《航空母舰》、石嘉琦的《同性相斥》、叶春旸的《一对小花狗》、叶景文的《描红》、刘庆涛的《一拍即合》、刘秉亮的《饱人缺粮》、孙以增的《铿锵有声》、孙泽良的《明天加班》、孙绍波的《与日俱增》、李时民的《假戏真做》、李忠翔的《动物篇》、李滨声的《丫环带路》、沈天呈的《崂山道士的新咒语》、阿达的《擦掉一小块漆》、张金荣的《无题》、范立夫的《自扫门前雪》、杨仁敏的《越管越宽》、杨成忠的《时髦的刺猬》、林积令的《无题》、周松生的《桂林会议甲天下》、和非的《不是为了爱情》、陈惠龄的《我是黄河》、罗远明的《孙悟空求救》、段纪夫的《雨后春笋》、徐茂林的《磨杵图》、贾书敏的《等失主》、詹同的《百鬼斩尽独留此精》、缪印堂的《讲经》、潘顺祺的《棋迷》。

## 2月8日

### 公安部信访处了结大批信访老户案件

据《人民日报》报道，从1979年以来，公安部曾多次部署各地公安机关认真调查处理信访老户的工作，并组织信访处先后派出57个工作组，携带信访老户案卷，深入到20个省、自治区、直辖市，会同地方公安部门，就地调查处理。在各地公安机关的共同努力下，共查结老户案件2880起，占老户总数的89%。经过三年的艰苦工作，使来信来访稳步下降。据统计，1981年与1980年比较，来信下降26.9%，来访下降39.2%。

随着全国大批冤假错案平反纠正，近几年来，公安部信访处来信来访数量明显减少，但信访老户的比重却逐年增加。经了解，所谓老户，一般都来信来访三次至五次以上，其中相当一部分人确有冤情或实际问题需要解决。为了给这些人排难解忧，信访处变上访为“下访”，派出工作组，把进京上访的老户引到基层，就地调查解决他们的问题，收效甚好。可是，由于人力有限，只靠自己的力量，大量老户问题难以尽快办完。从1980年12月起，经公安部领导同意，他们又先后将2591起信访老户案件，向所在省、自治区、直辖市交办查处，并派工作组下去，“三堂会审”，检查落实，大大加快了查结速度，到去年年底，交办案件已查结2252起，占总数的86.9%。此外，各省、自治区、直辖市公安厅、局还自己提出信访老户3000多起，到去年年底已查结2000多起。

公安部信访处深入基层调查处理信访老户案件的经验是：

坚持实事求是原则，肃清“左”的影响，平反一切冤假错案。粉碎“四人帮”以来，广大公安干警解放思想，认真贯彻党的十一届三中全会以来的路线、方针、政策，做了大量拨乱反正的工作。但仍有少数同志受“左”的思想影响，态度不端正，对于一些冤假错案顶着不办或留下尾巴，特别是有的人对自己经办的错案，不愿承认错误，寻找借口，不予纠正，造成一些老户反复上访。针对这种情况，他们反复强调坚持实事求是，凡冤假错案，不管谁批的，都要坚决平反纠正，不留尾巴。遇有顶着不办的，查明事实，明确表态，并通知有关公安机关研究解决。

实行“三定一包”，限期报查结果。要求各地对交办查处的信访老户的问题，分别落实到地、县公安处、局和办案单位，定办案人，定具体措施，定结案时间，一包到底，限期解决。结案时，逐级审查，层层把关，每案均要写出结案报告。经审查事实不清，证据不足，定性处理不当的，退回补充调查，重新议处。最后，把复查结果与上访人见面，征求意见，凡属合情合理的意见要求，尽量予以采纳和解决；事实确有重大出入的，要再作调查。

深入实际，调查研究，执行政策。老户一般都是“老大难”，或情况复杂，是非界限不易分清；或经办人顶着不办以及留尾巴；或申诉人坚持过高要求；或上访者歪曲事实真相。解决这类问题，要求比一般案件下更大的功夫。他们在查处前，均再次听取上访人申诉，查阅原始档案，找证人核实情况，对有争议和似是而非的问题重新调查。在问题搞准确、材料搞扎实的基础上，根据政策，妥当处理，该平反的平反，该解决实际问题的就解决实际问题。对于无理取闹的，采取批评教育或召开“听证会”“说理会”方式，摆事实，讲道理，指出无理，晓以利害。对极个别犯有罪行、屡教不改者，依法处理。

领导重视，亲自动手。公安部主管信访工作的部、厅领导同志都亲自抓这项工作。信访处除留下主持日常接待工作的负责人外，其余处、科级干部都多次带工作组下基层查处老户案件。各省、自治区、直辖市公安厅、局和地、县公安处、局的领导同志，也都把查处老户案件列为重要议事日程，亲自开会传达，研究部署。很多主管厅、局、处、科长带队下去，督促，检查，指导。有些领导同志还通过参与办案或自己包几个案子，总结经验，以点带面，推动工作，使许多疑难案件迎刃而解。

### 中国金融学会在南宁举行第一届年会

年会就积聚社会资金、发挥贷款经济效益等问题，交流了各种观点。

大家认为，随着国民经济体制的改革，国家资金分配发生了变化,预算内的资金相对地减少了,地方、企业及预算外的资金相对地增多了。在这种情况下,要充分发挥银行的作用,运用银行信用把分散的资金聚集起来。这对于回笼货币、平衡社会购买力、稳定市场物价、发展生产,对于存款者和国家,都是十分有利的。

怎样更多地聚集社会资金?代表们认为,一要采取有力的措施,如搞好宣传和服务、调整利率、增加储蓄种类和网点、加强农村信用合作社的工作等,发展城乡储蓄事业,把城乡人民手中的钱吸收到银行,纳入国家信贷计划,统一安排使用。二要运用多种多样的方式,例如开办企业单位的定期存款,由银行办理发行债券业务,在大中城市和少数有条件的县办理信托业务等,引导企业单位把有限的资金尽可能用到国家急需而经济效益又好的生产建设需要上去。此外,开展保险业务,既能建立经济补偿制度,又能起聚集资金的作用。就我国目前经济情况和条件看,可能组织起来的财产保险、人身保险、劳动保险、农村保险事业,每年就可积聚几十亿元甚至几百亿元的保险基金。

提高银行贷款经济效益是当前讲究用财之道的重要方面。怎样提高贷款的经济效益?代表们认为,一是要继续坚持择优扶持的原则,把有限的资金优先用在花钱少、见效快、收益大的生产建设上,争取在较短时间内多提供产品和资金。这就要求银行大力支持农村商品经济的发展,支持消费品生产的发展,支持现有企业有步骤地进行技术改造。二是要提高流动资金的使用效果。现在,工商企业流动资金占用过多,周转缓慢,是经济调整中亟待解决的重要问题之一。代表们建议,应当把流动资金贷款利息与企业利润挂起钩来。为了把呆滞资金搞活,还应当考虑把逾期贷款、超储积压贷款、挤占挪用贷款加收的利息,从企业利润分成中支付。三是要统一管理信贷资金。现在有的地区成立各种形式的投资公司,有的地区指定银行在计划外拿钱搞集资。这些做法,实际上都是把存在银行并已安排运用的资金抽出去,在计划外搞基本建设或用于其他方面。这样做的后果,不是多发票子,就是减少正常生产和商品流通所需要的贷款。信贷资金必须由银行统一计划、统一政策、统一管理。社会主义金融事业必须坚持集中统一的方针,集资筹款不能另起炉灶,而应当通过银行办理。

**全国化工厅局长会议在北京举行**

化工部副部长秦仲达提出,1982年化工生产增长速度达到3%。

**外交部副部长何英在北京会见以阿·萨拉府拉兹为团长的伊朗代表团**

**中国和朝鲜卫生合作协定1982—1983年度执行计划在北京签字**

卫生部副部长黄树则和朝鲜保健部副部长崔元石在计划上签了字。

卫生部部长钱信忠,朝鲜驻中国大使全明洙出席了签字仪式。

**全国城市图书发行工作会议在北京举行**

会议于2月8日至11日举行。中宣部副部长廖井丹在会上说,发行工作是社会主义阵地,一定要牢牢掌握好。

## 2月9日

**中共中央 国务院发出《关于进一步做好计划生育工作的指示》**

控制人口增长的问题,是我国社会主义现代化建设中面临的一个重大战略问题,也是全党和全国各族人民十分关心的问题。70年代以来,我国计划生育工作取得了显著成效,人口自然增长率已由1970年的26‰,下降到1980年的12‰以下,10年累计少生6000多万人,初步扭转了人口无计划增长的局面,为国民经济的发展创造了有利的条件。1980年9月,中共中央发出《致全体共产党员、共青团员的公开信》,要求广大党团员带头,做到一对夫妇只生育一个孩子,得到广大党团员和群众的热烈响应。一年多来,独生子女领证率提高,多胎率下降,计划生育工作有了新的进展。

目前突出的问题是,我国人口自然增长率正面临回升趋势。这是因为:50年代和60年代生育高峰中出生的人,已陆续进入结婚、生育期;农村实行各种形式的生产责任制后,计划生育工作遇到了许多新情况、新问题,原来的一些办法有的已不适应,有些地方出现了放任自流的现象;新婚姻法实行后,结婚年龄比提倡晚婚的年龄提前了几个年龄组,1981年结婚人数比1980年成倍增长。计划生育工作面临的这种新情况,应当引起我们的高度重视。为了巩固和发展计划生育工作的成果,正确执行党的方针政策,特作如下指示:

一、要充分认识计划生育工作的战略意义

如何使人口增长同国民经济的增长相适应,这是我国必须解决的一个重大问题。新中国成立后相当一段时间内,由于我们对人口问题在认识上有片面性,强调人多好,致使我国人口增长过快,与生产的发展不相适应,人民在吃饭、穿衣、住房、交通、教育、就业、卫生等方面都遇到越来越大的困难,也是国家在短时间内难以改变贫穷落后面貌的一个重要原因。而且,由于我国的人口基数大,年龄构成轻,如果不下最大的决心，采取坚决而又恰当有效的措施，实行计划生育，把人口增长的势头控制下来，出生率稍有提高，新增加人口的绝对数就很大，对于四个现代化的建设，以及给我们的子孙后代，都会带来十分不利的影响。摆在我们面前有两种可能：或者是严格地有效地控制人口的增长，使全体人民的生活水平逐步提高，国家建设逐年扩大；或者是控制不严，措施不力，听任人口继续大量增长，从而既不能改善人民生活，也不能很好地进行经济、文化、国防的建设。二者必居其一。因此，全党同志、全国人民必须清醒地认识控制人口增长的重要性，看到做好这项工作，不仅是为了解决我们当前的困难，而且是为了中华民族子孙后代的长远利益。

我国实行计划生育，是在10亿人口、8亿农民这样一个情况下进行的。传统的“多子多福”、重男轻女等旧思想，在人民群众中的影响还是很深很广的；农村实行生产责任制后，农民要求多生、生男孩，认为生活好了，多生几个孩子没关系，孩子多了可以增加劳动力，多分责任田。旧思想在新形势下产生的矛盾，给我们的工作造成了特殊的艰巨性。

我们应该看到，实行计划生育，控制人口增长，同农村实行生产责任制的目的是完全一致的，都是为了在发展经济的基础上提高人民生活水平。新中国成立30多年以来，我国的国民经济得到了很大发展，工农业生产的产量和产值的绝对数都较大，有的在世界上名列前茅，但是由于人口增长较快，每人所得仍很少，大大低于世界平均水平。我国地大物博，资源丰富是事实，但土地和资源是有限的，人数越多，每人平均的份额就越少。因此，依靠增加人口来致富是不可能的，也是不可取的。何况我国农村劳力实际上已处于过剩状况。我们的出路在于实行正确的经济政策，在积极发展生产的同时，坚定地毫不动摇地实行计划生育，使人口增长同国民经济的增长相适应，以逐步改善人民的生活，否则经济发展速度和人民生活的改善就会受到影响。

计划生育是关系到我国社会主义现代化建设成败的大事。我们党和政府的各级领导和广大干部必须有针对性地向全体人民进行长期的、深入的、坚持不懈的宣传教育，让越来越多的人真正懂得开展计划生育，控制人口增长的重大意义以及这个任务的迫切性、艰巨性，逐步变为大家的自觉行动。

中共中央、国务院要求报刊、广播、电视、出版、戏剧、电影、音乐、曲艺等宣传文艺单位和各种学校，根据自己的特长，运用各种宣传途径和宣传形式，经常不断地宣传《公开信》、赵紫阳总理在五届人大四次会议《政府工作报告》中有关控制人口问题的论述和本指示的精神。要广泛宣传计划生育搞得好的单位和个人，宣传他们的典型事例和先进经验。宣传工作不仅要有一定的数量，还要不断提高质量，加强针对性。县一级要逐步建立计划生育宣传指导站。中央宣传部和各省、自治区、直辖市党委宣传部门，要定期督促检查，把这项宣传工作真正做好。

二、要控制人口数量，提高人口素质

社会主义事业不但需要人口有计划地发展，同时要求我们的人民德智体全面发展。因此，我们的计划生育工作要继续提倡晚婚、晚育、少生、优生。具体要求是：

国家干部和职工、城镇居民，除特殊情况经过批准者外，一对夫妇只生育一个孩子。

农村普遍提倡一对夫妇只生育一个孩子，某些群众确有实际困难要求生二胎的，经过审批可以有计划地安排。不论哪一种情况都不能生三胎。

对于少数民族，也要提倡计划生育，在要求上，要适当放宽一些。具体规定由民族自治地方和有关省、自治区，根据当地实际情况制定，报上一级人大常委会或人民政府批准后执行。

优生、优育是提高中华民族人口素质很重要的方面，要对各族群众特别是青年进行优生、优育知识的宣传教育。医疗卫生单位要积极创造条件，设立优生咨询门诊，说服有遗传性疾病的夫妇不要生育，以免造成家庭和社会的负担。要加强妇幼保健工作，做好孕产期保健、婴幼儿喂养和早期教育等方面的工作。

男女青年适当地晚婚、晚育(按法定年龄推迟三年以上结婚为晚婚，妇女24周岁以上生育的为晚育)，对于调节生育高峰，对于青年们的学习和工作以及家庭幸福，都是有利的，必须大力提倡。

三、实行必要的奖励和限制，保证计划生育工作的顺利开展

计划生育工作，应以思想教育和鼓励为主。对于经过多次教育仍不按计划生育的，应实行必要的经济限制。进行奖励和限制的同时必须加强思想教育工作，使他们认识到计划生育的意义，增强计划生育的光荣感和责任感。

对独生子女及其家庭的奖励和照顾，各地已有一些可行的办法，如发给独生子女保健费，由夫妇双方所在单位各负担50%；国家职工中的独生子女母亲，经本人申请，单位批准，适当延长产假，产假期间工资照发，并不影响其调资、晋级；农村实行生产责任制的地区和单位，对独生子女家庭包产低一些，或多承包责任田。各地究竟采取哪种办法，数量以多少为宜，各省、自治区、直辖市可根据本地具体情况，制定切实可行的办法予以实施。

《公开信》提出“在入托儿所、入学、就医、招工、招生、城市住房和农村住宅基地分配等方面，要照顾独生子女及其家庭”，教育、卫生、劳动、民政、农委等有关部门和工会应认真研究制定出切实可行的办法。农村社员年老丧失劳动能力、独生子女不在身边的，应按照当地的有关规定，与无子女老人一样给予照顾，农村应积极举办敬老院等养老事业。中国人民保险公司，要经过调查研究，积极试办老年人的社会保险。

对于不按计划生育的，要给予适当的经济限制。国家干部和职工，城镇居民，计划外生第二胎的，要取消其按合理生育所享受的医药、福利等待遇，还可视情况扣发一定比例的工资，或不得享受困难补助、托幼补助。对农村社员超生的子女不得划给责任田、自留地；或对超生子女的社员给予少包责任田，或提高包产指标等限制。

我们要求广大党员、团员和全体干部、职工，要带头实行上述各项规定。他们中坚持不按计划生育的，有关组织要进行说服教育，对于多次劝说无效、情节恶劣、影响很坏的，除了经济上的限制以外，还要给予必要的纪律或行政处分。处分的批准权限在县、团级以上单位。

对于破坏计划生育的坏人，要发动群众及时揭露，政法及有关部门应严肃处理。

关于奖励经费来源，根据我国目前的经济状况，可实行以下办法：国营和城镇集体企业职工的独生女保健费，由企业福利基金、利润留成中解决，如确有困难的可报经财政部门批准，在企业管理费中补充；机关、学校等行政事业单位，由职工福利费项下开支，如有困难，可在单位行政费或事业费中解决；城镇待业人员的独生子女保健费，可暂由计划生育事业费开支；农村实行包产到户、包干到户的地方，采取多承包一些责任田或降低一些包产指标的办法来奖励独生子女户，一些地方仍可由公益金支付独生子女保健费，数量应和城镇奖励费大体相当。对于每年平均收入不足50元的困难地区，经县人民政府批准，由国家补助50%，国家财政和地方财政各负担一半。

过去，在中央没有具体规定的情况下，各省、自治区、直辖市制定了一些暂行办法，总的说来，对于推动计划生育工作的开展，起了积极的作用。今后，凡是适用的应继续执行，与本指示抵触的，应结合当地实际情况，有步骤地进行调整，或根据本指示精神制定具体政策规定和实施细则。

中央和国家机关有关部委驻省、自治区、直辖市的直属单位，执行所在省、自治区、直辖市的规定。中国人民解放军，可根据本指示的精神，结合军队的实际，制定具体实施办法。

四、要加强计划生育的技术指导和药具供应

计划生育要以避孕为主，在二三十年的生育年龄中，做到这一点是相当艰巨的事情。办好这件事情是计划生育、医药卫生和科研部门义不容辞的光荣责任。各级计划生育部门、卫生医药部门、科研部门和医疗单位，要结合实际，加强计划生育的科学研究，研究出安全、有效、方便、经济的避孕方法和药物；要提高计划生育技术指导工作的质量和节育手术水平，做到质量第一，安全第一，确保受术者的安全。

各级医药部门要加强避孕药具的生产和供应，防止积压或脱销，满足群众需要。

五、各级党委和人民政府要加强对计划生育工作的领导

计划生育工作是一件大事，涉及面广，政策性强，各级党委和人民政府，必须把它提到重要的议事日程，加强调查研究、检查督促，抓紧抓好。要把人口计划纳入国民经济和社会发展计划，按照生育规律，抓早、抓细、抓实。对于在实践中出现的新情况、新问题，要及时加以研究解决。各人民团体，特别是妇联、工会和共青团组织，都要继续积极宣传、坚决执行党和政府关于计划生育的方针、政策、指示和计划，主动配合、支持计划生育部门做好工作。无论实行哪种形式的生产责任制，都必须把计划生育摆进去，两种生产一起抓。现在有些地区统一建立计划生育和农业生产的干部岗位责任制，社员生产、生育双包合同制等，这些行之有效的办法要进一步总结完善和推广。

要健全充实各级计划生育管理机构，省、地、县建立计划生育委员会或相应的机构，根据需要配备精干的领导班子和相应的工作人员，列入行政编制；公社要配齐专职干部，现有人员经过考核符合条件的按干部管理；大队和生产队要有一名领导干部抓计划生育工作，并妥善解决他们的误工补贴。各级干部、组织部门，要选调一些有经验、懂政策，有事业心的干部，充实到各级计划生育部门，要支持他们的工作，帮助解决工作中的问题，加强干部的培训。各级领导干部和计划生育工作人员，要认真学习党的有关政策，提高政治思想水平和业务能力，改进工作方法，关心群众生活，帮助群众解决思想问题和实际问题，坚决反对和防止违法乱纪的行为。认真对待有关计划生育的来信来访工作。

我们相信，为了加快我国四个现代化的进程，为了中华民族的繁荣昌盛，为了子孙后代的幸福，全体共产党员、共青团员、广大干部和群众，一定会从大局出发，以实际行动积极响应党和国家的号召，自觉自愿地实行计划生育，为控制我国人口增长作出贡献。

**《人民日报》发表评论员文章《高瞻远瞩 狠抓思**

**想教育这一环》**

1982年,我们在建设社会主义物质文明方面,要有一个较大的进展;在建设社会主义精神文明方面,也要有一个较大的进展。我们面临的任务是繁重的。如果把眼光看远一点,看到十年、二十年内我们要达到的目标,我们更会感到任务的艰巨。实现我们面前光荣而艰巨的任务,有一点需要提请全党注意,就是必须加强思想领导,抓紧思想教育。

在思想领导问题上,我们党是有优良传统的。毛泽东同志在中央苏区时期,延安时期,解放战争时期,直到新中国成立初期,都是十分注重思想领导的。他在这方面提出的许多重要观点,是非常精辟和完全正确的。他在《论联合政府》中指出:"掌握思想教育,是团结全党进行伟大政治斗争的中心环节。如果这个任务不解决,党的一切政治任务是不能完成的。"毛泽东同志这几句话,我们决不应当忘记。

我们国家现在正处在一个由乱到治,由穷到富,大变化、大发展的重要历史时期。我们党在三中全会以来的路线方针之所以是正确的,之所以大得人心,根本原因就在于反映了这个大变化、大发展的历史要求,反映了人民的根本利益和愿望。但这是不是说,既然党的路线方针是正确的,就能够自然而然地成为每一个党员、每一个干部以至每一个人的自觉行动呢?那还不是。从当前人们思想的实际状况来看,在我们几千万干部和几千万党员当中,在整个人民当中,真正坚信我们国家确实处在这个大变化、大发展的时期,坚信我们国家一定能够由乱到治、由穷到富,并且自觉地为之英勇献身的,还只是比较少数的人。大多数人是向往这种前途的,但是又有种种担心;另外有些人则在怀疑、犹豫、徘徊;还有极少数人,则是坚决反对这个大变化、大发展的,他们要倒退,要推翻现在的制度和领导。情况既然是这样,那么我们在思想战线上的一个根本任务,就是要使我们党的正确路线方针,真正成为广大党员、干部的坚定不移的意志和信念,真正成为亿万人民自己的思想、意识和舆论。

看一看我们党在抗日战争时期和解放战争时期的历史吧。1938年,毛泽东同志发表了《论持久战》,强有力地武装了党和人民。以后在抗日战争的任何艰难困苦情况下,我们绝大多数干部和人民,都能够坚信只要坚持持久抗战,最后胜利就一定是我们的。解放战争时期也是这样。"打倒蒋介石,解放全中国",大家坚信这一条,一心一意,没有多少人怀疑,终于经过三年解放战争,推翻了国民党的反动统治。这就叫作精神力量变成了物质力量。而我们现在,还远远没有做到这一点。这既有客观原因,也有主观原因。客观的原因,是十年内乱和林彪、"四人帮"这样严重的破坏,拨乱反正需要时间。主观的原因,则是我们各级领导,高瞻远瞩,狠抓思想教育这一环做得不够。这后一方面的问题,正是我们现在必须再一次提起全党注意的。

马克思说过,统治阶级的思想就是社会上占统治地位的思想。马克思的这个观点,是就一个社会形态发展的全过程来说的,而不是说一个社会在自己的开始阶段,它的统治阶级的思想就能够立即成为全社会的占统治地位的思想。要达到这个地步,不可避免地需要经历一个长久的过程。任何社会都是如此,社会主义社会也不例外。这就要求我们党,作为领导社会主义的无产阶级先锋队,一定要善于抓社会意识,抓社会舆论,抓社会风尚,也就是说,一定要善于抓精神文明的建设。我们的思想工作,理论工作,文学艺术工作,新闻工作,我们的一切舆论工具,都应当围绕着这个中心服务。但是所有这些方面的工作,我们现在都还做得很不够。这也难怪,我们有些做思想工作的同志,他本身对思想工作的意义和力量就认识不足。还有一些文艺工作者,是那样热衷于搞什么爱情至上。所以,党中央指出的涣散软弱状态,这决不是仅仅指哪一个部门,而是指我们全党。如果我们再不深刻地注意这个问题,不用更大的精力来解决这个问题,我们的困难会更多。

加强思想教育,首先要抓好对党员的教育。我们党是执政党。我国每25个人中就有一个共产党员。如果我们的党员都有很高的觉悟,都能起模范带头作用,那对整个社会将会产生无可估量的推动力量。我们要认真组织干部、党员结合历史问题的决议和中央的各项重大决策,学习马列主义、毛泽东思想,使大家更加自觉地坚决地执行党的路线、方针、政策。要普遍进行党性党风党纪的教育,使我们的党风有一个决定性的好转,从而带动民风的好转。最近党中央决定大力精简机构,克服官僚主义,提高工作效率;决定严肃处理经济等方面的重大犯罪案件,首先是认真查处那些与负责干部有牵连的现行的经济上的重大犯罪案件。这两件大事,都是关系"四化"的成败,关系党和国家前途命运的重大问题。一定要在党内外,首先在党员、干部中加强思想教育,保证这两件大事的顺利进行。

**国家经委对全国工交系统干部培训工作提出要求**

这些要求是:一、重点抓好县级以上企业领导干部和优秀中青年干部的培训。首先要在两三年内使全国大中型企业的厂长具有中等以上文化科学知识,熟悉本行的生产经营业务,懂得有关的经济法规,善于经营管理,准备选进领导班子的中青年干部,应当使他们在走上领导岗位之前基本上具备这些条件。二、1985年以前，要使生产、财务、销售、劳动工资等各类专业干部都能参加一次比较系统的专业训练，提高他们的专业基础理论和业务水平。三、结合精简机构，对那些30岁至50岁的干部进行轮训，提高他们的业务能力。这些要求是国家经委负责人在今天闭幕的全国工交系统干部教育工作座谈会上提出来的。

**国务院副总理方毅在北京会见美国麻省理工学院丁肇中教授**

**中国代表团团长田进在日内瓦参加裁军谈判委员会会议并发表讲话**

田进指出，两个拥有最大武器库的超级大国应该首先裁军，这是裁军的一项根本原则。

田进说："如果在现阶段不区别各国军备水平的极大悬殊，不考虑对国际和平与安全的威胁来自何方，笼统地要所有核国家和军事上有相当实力的国家一起进行裁军，这只能有助于超级大国长期保持军事优势和进行侵略、扩张、威胁、讹诈的能力。"

田进说："两个超级大国之间的军备竞赛不仅没有减缓，新的一轮军备竞赛又已展开。

"一个超级大国在大力宣扬其'80年代的和平纲领'的同时，正急剧发展其军事实力，夺取全面军事优势。它在核武器方面取得大体均势后，还在加紧发展和改进分导式多弹头洲际导弹，继续部署机动中程导弹，并建造新型导弹潜艇，力争在技术上超过其对手。在常规军备方面，它在保持数量优势的情况下，正在大力改进武器装备的质量。

"另一个超级大国不甘示弱，也在继续增加军费，发展新型战略导弹和导弹潜艇，并加强常规部队的作战能力。

"这清楚地说明，裁军缺乏实际进展的根本原因，是由于超级大国没有以实际行动来表明它们所声称的裁军意愿，完全不考虑世界人民对裁军的迫切愿望和合理要求。"

**卫生部 交通部 铁道部和中国民航总局联合颁布《中华人民共和国国境口岸卫生监督办法》**

办法是为了加强国境口岸和国际航行交通工具的卫生工作，改善卫生面貌，控制和消灭传染源，切断传播途径，防止传染病由国外传入和由国内传出而制定的，也是现行的中华人民共和国国境卫生检疫条例的补充。其主要内容是对港口、机场、车站、关口和停留在这些处所的国际航行船舶、飞机和车辆以及食品、饮用水和从业人员的卫生要求。

办法还规定了国境卫生检疫机关设立中华人民共和国国境口岸卫生监督员。此外，还规定了对执行国境口岸卫生监督办法作出显著成绩的单位和个人给予表扬和奖励，对违犯者根据不同情况，给予警告、罚款、直至提请司法机关依法惩处。

## 2月10日

**中央纪委就辽宁省委纪委《关于铁法矿务局一些干部和工人接受骗子马喜光贿赂情况的报告》发出通报**

通报指出，这是又一起触目惊心的行贿诈骗案。这个案子值得引起我们深思的是：像马喜光这样一个在20年前就因投机倒把、诈骗犯罪被判刑的人，为什么近些年来屡犯前科，不但未得到加重惩罚，反而却被我们的一些党员和干部倍加信任，奉为上宾，进而使他的诈骗活动能够畅行无阻地持续两年之久？其中一条很重要的原因，犹如马喜光本人所说的，他是"用现金和物资铺平道路"的。在这条"道路"上，铁法矿务局直接、间接接受马喜光贿赂和礼物的113人中，就有33名科级以上的干部，45名共产党员。这些党员、干部，有的并非不知道马喜光其人其事，也并非都没有看穿马喜光的所作所为，但是就因为他们财迷心窍，利令智昏，忘记了党的宗旨，丧失了党的原则，替坏人说话，为坏人办事，客观上成了坏人的"保护伞"。

通报指出，目前，辽宁省有关党政组织已依法对马喜光及有关人员进行了严肃处理。在处理过程中，矿务局党组织还以马喜光案件为反面教材，对职工群众切实加强遵纪守法教育。我们认为这样做是正确的。各级党组织和广大党员干部都要从马喜光的行贿诈骗案中汲取教训，每个共产党员必须以党员的标准严格要求自己，自觉地加强世界观的改造，廉洁奉公，遵纪守法，并敢于向各种坏人坏事作斗争。经过全党努力，争取党风在今年有一个决定性的好转。

**中国国际信托投资公司董事长荣毅仁在记者招待会上宣布中国国际信托投资公司试行改革扩大自主权**

经国务院批准，中国国际信托投资公司开始试行若干经济办法，扩大自主权，进行改革，以便在引进和利用外资工作中减少烦琐手续、提高工作效率，加强经济效益。

今后，中国国际信托投资公司将一次上报"六五"计划期间拟引进外资的总金额、投资方向和重点；在年度计划中，除国家计划项目外，余额留作公司结合具体情况自行安排项目，报国家主管部门备案。这个公司的资本总额，国务院已批准从原来的2亿元增加到6亿元。

今后,公司引进外资的投资方向将放在下列六个方面:一、引进必要的技术设备,对国内现有企业进行改造和适当扩建;二、发展轻纺、食品、石油化学和基础化学工业;三、组织生产国家短缺、急需的建筑材料;四、开发有色金属和其他矿产资源;五、改造地方煤矿,结合平衡交通、铁路和港口等薄弱环节,组织煤炭出口;六、利用国外资源,在国外投资或与外商合作办厂,补充国内急需而又短缺的物资。

荣毅仁说:中国国际信托投资公司是以吸收外资从事信托投资为主的国际金融业务机构,其性质类似信托投资银行,并经国家外汇管理总局批准,经营外汇业务。此外,凡公司参加投资的企业所需设备、物资及生产的产品,经国家进出口委批准,公司有权开展进出口业务。

在人事制度方面,除国家统一调配外,将同时采取自行招考招聘、择优录取、广罗人才的方针。在工资、奖励制度方面,也将按照按劳分配的原则试行改革。

**葛洲坝水利枢纽二江电站第三号发电机组正式并网发电**

单机容量为12.5万千瓦的三号发电机组,同葛洲坝已经发电的两台17万千瓦机组一样,也是目前世界上大型的低水头转桨式机组之一。机组总重3400吨,高45米,水轮机转轮直径为10.3米。这台机组从去年年底投入试运行以来,完成了投产要求的各个项目的试验。目前,机组满负荷运行,情况正常。

**国务院副总理杨静仁在人民大会堂会见以阿·萨拉夫拉兹为团长的伊朗代表团**

**中苏国境河流航行联合委员会举行第二十四次例会**

1982年2月10日至3月16日,中国和苏联国境河流航行联合委员会在我国黑龙江省黑河市举行了第二十四次例会。

双方讨论了中苏国境河流黑龙江、乌苏里江和额尔古纳河的航行和航道业务问题,并就讨论的大部分问题达成了协议。双方同意第二十五次例会在苏联举行,具体日期另行商定。双方就上述协议签订了会议纪要。

**全国同位素与射线应用展览会在北京举行**

展览会共分三个部分,第一部分展出了我国生产的各种放射性同位素制剂、放射性药物、放射免疫分析药箱和各种放射源。展览会提供的资料表明,国产的同位素产品已有250多种,供应全国1200多家用户。第二部分展出的是同位素与射线在工业、农业、医疗卫生方面应用取得的成果。其中有用辐射方法培育的各种农作物良种,用辐照保鲜的土豆、洋葱、大蒜,以及辐照后在常温下存放了两个多月仍不变质腐败的鲜肉和熟食等。

展品中还有各种同位素仪器、仪表、各种射线探测仪器和安全防护设备。

大量展品说明,原子能为国民经济和人民生活服务是有广阔前途的。

**长江流域水质监测站网体系基本形成**

据《人民日报》报道,长江全流域已建立水质监测站网178个。这些站网担负着监测水质、监视污染以及水源保护等任务。

据长江水源保护局负责人说,水质监测是水源保护工作的耳目。目前,长江流域的水质监测站网发展还不平衡。今后将进一步建立健全测站建设,使长江水质监测工作朝着标准化迈进。

## 2月11日

**中共中央书记处在北京召开广东 福建两省座谈会**

会议讨论如何更坚决、更有效地贯彻执行中央《紧急通知》,进一步开展打击经济领域中违法犯罪活动的斗争,同时认真总结经验,端正对外经济活动的指导思想,促进对外经济活动健康发展,继续试办好经济特区。会议指出,我们只有旗帜鲜明地坚决严肃地开展反对资本主义思想腐蚀的斗争,才能正确地健全地实行对外开放和对内搞活经济的政策。这不但是广东、福建两省的问题,全国各地和各个部门都毫不例外。

**国务院批转中国人民银行《关于国内保险业务恢复情况和今后发展意见的报告》并发出通知**

国务院在批转这一报告的通知中说,开展保险业务是一件利国利民的好事,是国民经济活动中不可缺少的一环。

通知指出,积极开展保险业务,逐步建立我国的经济补偿制度,对于保障企业正常生产和经营,安定人民生活,减少社会财富损失,都是有利的。同时,也是积聚建设资金的一个重要渠道。各地区、各有关部门都要重视和加强这项工作,并给予大力支持,帮助解决业务开展中的一些实际困难。保险工作涉及企业和群众的经济利益、政策性很强。开展保险业务要坚持自愿的原则,态度要积极,步子要稳妥。各级保险公司要加强调查研究,搞好专业干部的培训,不断提高政策业务水平。要注意经常总结经验,使我国的保险事业有一个大的发展,为社会主义现代化建设作出贡献。

中国人民银行《关于国内保险业务恢复情况和今后发展意见的报告》说，自从1979年国务院批准恢复国内保险业务以来，截至1981年10月，除西藏外，已在28个省、自治区、直辖市的大中城市和少数县，建立保险专业机构477个，银行代理处803个，现有保险专业人员5700余人。恢复和办理了企业财产保险、家庭财产保险和汽车保险等业务，共承保企业近10万个、家庭90余万户、汽车13万辆，获得经济保障的财产总值达2000亿元，其中国营企业财产为1935亿元，约占企业固定资产和流动资金的23%。

报告提出，今后国内保险的方针是：积极开展业务，积聚保险基金，组织经济补偿，防止灾害损失，增进社会福利，为我国社会主义现代化建设服务。要在巩固和发展国营企业财产保险的同时，积极开展货物运输保险、汽车保险、船舶保险、渔船保险等业务。积极办理集体经济、个体经济的财产保险和面向广大群众的家庭财产保险，在条件具备的城市和矿区，有计划地重点办理简易人身保险和团体人身保险等业务。对属于社会保险性质的职工福利保险、养老年金保险等业务，要根据需要与可能，通过试点，总结经验，稳步推广。为了适应农村经济发展的新形势，要在调查研究的基础上，按照落实农村经济政策的需要，从各地的实际情况出发，积极创造条件，抓紧做好准备，逐步试办农村财产保险、牲畜保险等业务。

**国务院副总理薄一波在北京会见以福尔盖主席为首的法国国家航空总局代表团**

代表团在北京参加了法国生产、我国重新组装的第一架“海豚”直升机的飞行表演活动，并同我有关方面商谈进一步加强航空技术合作事宜。

**国务院副总理谷牧在人民大会堂会见由吉恩·山普斯董事长率领的美国固本煤炭公司代表团**

谷牧同他们就合作开发山西省平朔露天煤矿的问题进行了友好的交谈。

煤炭工业部部长高扬文、副部长孔勋参加了会见。

**国务院副总理康世恩在北京会见以美国海外工程集团副总裁谭密励为首的布朗·路特公司代表团**

代表团是应中国船舶工业公司邀请前来进一步商谈有关近海采油平台的技术合作问题。

**外交部照会越南驻华大使馆强烈抗议越南方面对中国边境地区进行军事挑衅和入侵活动**

**中国科技大学聘请美国麻省理工学院丁肇中为名誉教授**

**商务印书馆在人民大会堂举行纪念建馆85周年庆祝会**

庆祝会由商务印书馆董事长陈翰伯主持。

中共中央副主席陈云写了贺词。贺词说：“商务印书馆是我在那里当过学徒店员，也进行过阶级斗争的地方。应该说商务印书馆在解放前是中国的一个很重要的文化教育事业单位。”

前来祝贺的有全国人大常委会副委员长许德珩，全国政协副主席胡愈之，有关方面负责人王惠德、于光远、叶圣陶、夏衍、周巍峙以及得到商务印书馆指导、帮助过的知名学者，曾在商务印书馆工作过的老前辈、老同志等共600多人。

中宣部副部长王惠德在讲话中要求商务印书馆广泛地吸收人类社会文化上、学术上的成就，各个国家的成就，从而推动我国社会主义精神文明建设的发展。

**1982年全国花样滑冰比赛在吉林长春结束**

黑龙江、新疆、内蒙古、吉林四个省、区和哈尔滨体育学院的14个花样滑冰队参加的这次比赛，共有39个项目，其中冰上舞蹈是我国首次列为正式比赛项目。

哈尔滨市队在比赛中夺金牌24枚。黑龙江省队获5枚，吉林省和吉林市队各获4枚，长春市队和哈尔滨体院队各获1枚。

获得各项比赛总成绩第一名的运动员是：

单人滑(规定图形、规定自由滑、自由滑)：成年男子组——许兆晓(黑龙江省)；成年女子组——包振华(吉林省)；少年男子甲组——罗长宇(吉林市)；少年女子甲组——于丽杰(哈尔滨市)；少年男子乙组——李炎(哈尔滨市)；少年女子乙组——贾曙光(哈尔滨市)；少年男子丙组——刘海英(哈尔滨市)；少年女子丙组——姜一兵(哈尔滨市)。

双人滑(规定自由滑、自由滑)：栾波、姚滨(哈尔滨市)。

冰上舞蹈(规定舞蹈、定形舞蹈、自由舞蹈)：奚鸿雁、赵小雷(哈尔滨市)。

**郝一军逝世**

国家经济委员会党组成员、经委副主任郝一军，因病于2月11日在北京逝世，终年66岁。

郝一军同志是山东省烟台市人，1938年参加“抗日民主先锋队”，同年10月加入中国共产党。曾任胶东区委统战部敌工干事、福山县人民政府县长兼县大队长、上海市军管会工务处处长、工务局军管专员、交通部党组成员、办公厅主任兼政策研究室主任、国务院港口口岸工作领导小组秘书长兼办公室主任等职。

## 2 月 12 日

**中共中央转发《全国统战工作会议纪要》并发出通知**

各省、自治区、直辖市党委，各大军区、省军区党委，中央各部委，国务院机关各部委党组，军委各总部、各军兵种党委，各人民团体党组：

中央同意《全国统战工作会议纪要》(以下简称《纪要》)的基本内容，现转发给你们。望你们结合本地区、本部门的实际情况，认真贯彻执行。

应该指出，粉碎“四人帮”以来，特别是党的十一届三中全会以后，统战工作取得了很大的成绩。我国的爱国统一战线已经逐步恢复和形成了生气勃勃的局面，并在一些方面有所发展。在执行 80 年代的三大任务中，在整个建设现代化的社会主义强国的新的历史时期中，统一战线仍然是我党的一大法宝。全党同志必须懂得，只要阶级还没有最后消灭，共产党还存在，就要坚持党与非党的合作，坚持统一战线。要继续肃清“左”的影响，防止和克服关门主义、包揽一切的错误倾向，进一步发展和壮大爱国统一战线，团结一切可以团结的力量，调动一切积极因素，为实现新时期的各项任务而共同奋斗。当前，各级党委和统战部门要认真总结经验，狠抓各项统战政策的落实，同党外朋友真正建立起肝胆相照、荣辱与共的关系。

胡耀邦等同志在这次全国统战工作会议上的讲话已由中央统战部发给你们，可连同《纪要》一起传达到县、团级以上干部，并可将主要精神向民主党派和党外人士传达。

中共中央

1982 年 2 月 12 日

**全国统战工作会议纪要**

(1982 年 1 月 23 日)

全国统战工作会议于 1981 年 12 月 21 日至 1982 年 1 月 6 日在北京召开。参加会议的有各省、自治区、直辖市及部分地(市)党委统战部和党中央机关、国家机关有关部门的负责人。会议根据党的十一届六中全会一致通过的《关于建国以来党的若干历史问题的决议》精神和中央领导同志最近对统战工作的指示，讨论了当前统战工作面临的新形势和新任务，着重研究了如何尽快地、切实地落实各项统战政策。平杰三同志受部的委托就会议的主要议题作了发言，杨静仁同志传达了 1981 年 12 月中央召开的各省、自治区、直辖市党委第一书记座谈会的精神，廖承志同志到会作了对台和侨务工作的报告。这次会议，敞开了思想，交流了情况和经验，开展了批评和自我批评，提出了不少很好的意见和建议，是一次开得很好的会议。

1 月 3 日，中央书记处听取了会议情况的汇报。1 月 5 日，中央领导同志会见了全体与会同志，胡耀邦、彭冲、习仲勋、宋任穷、李维汉、廖承志等同志讲了话。乌兰夫同志在闭幕会上也讲了话。中央领导同志的重要讲话，从理论上阐明了新时期统一战线的基本问题，明确指出了今后统战工作的主要任务，给与会同志很大的启发和鼓舞。

一、统一战线仍然是我们党的一个重要法宝，全党必须重视统战工作中央领导同志强调指出，全党同志都要认识新时期统一战线的重要意义。目前不少同志，包括做统战工作的干部，对此认识不足。如果不首先解决认识问题，统战工作就搞不上去。

过去，我们党夺取政权靠统一战线、武装斗争、党的建设三大法宝。今天，我们面临建设现代化社会主义强国，实现祖国大统一和国际上反对霸权主义、保卫世界和平三大历史任务，仍然要在工人、农民、知识分子亲密团结的基础上，调动千军万马，联合最广大的同盟军，组织最广泛的统一战线。在今后一个相当长的历史时期内，统一战线仍然有强大的生命力，仍然是我们党的一大法宝。只要阶级还没有最后消灭，共产党还存在，就要坚持党与非党的合作，坚持统一战线。千万不要以为靠我们党孤军奋斗就能完成三大历史任务。关门主义、孤家寡人、“清一色”、包打天下这些“左”的思想都是错误的，一定要纠正。要使全党认识到，如果不搞好爱国统一战线，我们就会遇到极大困难，甚至遭受严重挫折。

为了加强党与非党的合作，加强党领导的爱国统一战线，我们的工作范围是十分广泛的。工作的对象有各民主党派、无党派知名人士、非党的知识分子干部、起义和投诚的原国民党军政人员、原工商业者、少数民族的上层人物、爱国的宗教领袖人物、去台湾人员的家属和亲友、港澳朋友和归国侨胞，以及国外侨胞等各个方面。他们的主要特点是，比较有知识，比较有广泛的社会联系，有为祖国出力的强烈愿望，这是主流。我们要充分估计他们政治上的进步和爱国热情，充分发挥他们的积极作用。今后，我们党和党外朋友的关系，应当成为肝胆相照、荣辱与共的亲密关系。

中央领导同志又指出，统战工作是全党的工作，做好统战工作是各级党委的职责。重要的事情，党委主要负责同志要亲自出面抓。在党委统一领导下，各有关部门分工合作。统战部门的任务是“了解情况，研究政策，调整关系，安排人事”，当好党委在统战工作方面的参谋和助手。

二、对三年来统战工作的估计会议认为，三年来，在中央的正确领导下，统战工作取得了很大的成绩。主要表现在：(一)落实各项统战政策，做了艰苦细致的工作，成效显著。如改正错划“右派”，区别“三小”，平反冤假错案，贯彻民族政策、宗教政策、知识分子政策、原工商业者政策和起义、投诚人员政策等等，这对于巩固和发展安定团结的政治局面，调动一切积极因素为社会主义现代化建设服务，产生了重要作用和深远影响。(二)统战工作的重点转到为社会主义现代化建设服务的轨道上来，取得了一些新的经验。(三)人民政协、各民主党派和有关团体的工作都已恢复和活跃起来。(四)在各界党外人士中普遍进行了四项基本原则和爱国主义的教育。(五)开展了对台和港澳的统战工作。(六)普遍传达了1979年10月中央批准的全国统战工作会议文件，在党内进行了统战政策的再教育。目前，统一战线的形势是好的，同五年以前相比，局面根本改观。被林彪、“四人帮”摧残的统一战线，经过几年功夫，已经开始恢复到生气蓬勃的局面，有些方面还有新发展。党外朋友的心情舒展，他们的爱国热情高涨，台湾、港澳爱国人士和爱国侨胞感到高兴和放心。我国各民族、各阶层、各党派和一切爱国力量的大团结增强了。这是全党贯彻执行三中全会路线、拨乱反正的重大成果，也是各级统战部门的同志和党外的同志共同努力的结果。

会议认为，在肯定成绩的同时，要看到统战工作中还存在不少的问题。正如中央领导同志指出的，统战工作不是做得多，而是少，不是右，而是“左”。统战工作目前存在的主要问题是政策还不够落实，遗留问题比较多，比起落实党内干部政策来说，对党外人士政策的落实比较差、慢、难。党内相当一部分同志，包括一些领导干部，不重视统战工作，“清一色”、关门主义、对民主党派和党外人士不信任，不认真落实统战政策等情况还程度不同地存在着。“左”的思想仍然是阻碍统战政策落实的主要倾向。

会议认为，中央领导同志指出，统战部门不要有衙门作风，不要有畏难、怕“右倾”、怕算账的害怕心理，不要有训人姿态，这是对统战部门十分中肯的批评，也是有力的鞭策。

三、今后统战工作的主要任务根据中央领导同志的意见，会议认为，今年要使统战工作有一个较大的进展，主要应抓好以下四件事：

(一)抓好统一战线理论政策的宣传教育，提高全党对新时期统一战线重要性的认识，这是做好统战工作的前提。中央领导同志指出，要多想些办法，采取多种形式，大造舆论，进行统一战线理论、政策的宣传教育。除了统战部门本身以外，还包括宣传、文教部门和组织部门等有关同志，要先把这一部分人的思想武装起来，特别是使各级领导干部充分认识到统战工作的重要，才能影响和推动全局。当前，要把胡耀邦等中央领导同志的重要讲话印发到县级以上党委和宣传、组织、统战等部门，在党内组织传达和学习，并重温毛泽东、周恩来、刘少奇等同志关于统一战线的论著。各级党校要增设统一战线的课程。

(二)要放手让各民主党派和有关人民团体独立自主地开展工作。在政治思想上，应当加强党的领导；在工作中，要放手让他们发挥主动性和创造性。统战部门不要干涉，不要包办代替。他们的积极性、主动性充分发挥出来了，比统战部门单独去做工作，可以多几倍的力量。这是统战工作的群众路线，是极其重要的方式。

要认真地贯彻执行“长期共存、互相监督”的方针，切实尊重各民主党派在宪法赋予的权利和义务范围内的政治自由、组织独立和法律上平等地位，使我国在共产党领导下的多党派合作，在四项基本原则的政治基础上进一步发展。

人民政协是我国各民族、各阶层、各党派、各人民团体、各界人士和一切爱国力量的统一战线组织。要依靠政协各级组织，动员各种社会力量，开展各方面的统战工作。有关国家大事、党的方针政策和统一战线的许多工作和问题，都要拿到政协去协商。

要继续加强对各界人士进行四项基本原则和爱国主义的教育，发挥各级政协、各民主党派和有关人民团体在组织学习、实行自我教育工作中的积极作用。

(三)狠抓各项统战政策的落实，下定决心力争在一两年内得到基本上合情合理的圆满解决。落实各项统战政策，关系到同盟者的利益，关系到党和国家的信誉，是一项严肃的政治任务。各级统战部门要在党委领导下，对统战政策的落实情况进行调查研究，做到情况明，心中有数。要加强检查督促，对发现的问题要督促有关部门一个个解决。工作要扎扎实实，落到实处，一抓到底。要抓住典型，对落实政策好的要表扬，对落实不好的要批评，对顶着不办的要报告党委严肃处理。中央领导同志要我们敢于理直气壮落实政策，不要有畏难情绪，要迎难而上。实在有困难，落实不下去，要向各级党委以至中央请示汇报。

会议对以下两个具体政策问题的落实，提出了具体意见：

(1)关于落实在大陆的台属政策、台胞政策和原国民党起义、投诚人员的政策。这项工作任务重，涉及部门多，建议在对台工作领导小组牵头下，由统战、组织、宣传、公安、法院、财政、劳动、民政、房管等部门抽调力量，组成精干的专门班子，经过调查研究，提出贯彻执行中央〔1981〕38号、44号文件的实施方案。对落实这项政策所需的经费、劳动指标等，建议请各省、自治区、直辖市党委加以解决。

（2）关于落实归还被占用的私房政策问题。建议各省、自治区、直辖市把落实政策所需的房屋列入城市建设规划，每年拿出一定数量的房屋作为落实退还私房之用，在几年之内分期分批地解决。国家干部占用的私房，经过组织上另行安排可以腾出的，一定要尽快腾出退还。对无理取闹、阻挠落实私房政策的，应由有关单位给予纪律处分。

有些地方的政协、民主党派、工商联的办公用房至今仍被占用未还，或尚未得到合理的解决，要求各地党委重视这个问题，务必定期抓紧解决。

（四）必须妥善安排党外人士。1983年将召开第六届全国人大和第六届全国政协会议，这是我国政治生活中的一件大事。人事安排的任务很繁重，涉及许多部门，各级统战部从现在起要加强调查研究，着手准备，通盘考虑。会议对党外人士的安排问题，初步有以下几点意见：

（1）对党外人士安排的原则是：

1. 应着重安排政治上有代表性的、对“四化”建设作出重要贡献的和对台湾有影响的党外人士。

2. 对长期同我党合作的党外上层代表人物，只要他们还健在，就要保留他们的职务。

3. 要积极选拔党外新的代表人物，特别是德才兼备、有突出贡献的非党中年知识分子。

4. 尽量减少兼职。

（2）现在各级人大、政协中党员比例普遍偏高，为了改变这种状况，需要规定适当的党内、外的比例。在一般的情况下，各级人大代表，党内可略高于党外；各级政协委员，党外必须高于党内。各级人大常委会和政协常委会，也应规定适当的党内外比例。

（3）应坚决贯彻中央〔1981〕3号文件，在国务院各部委和省、自治区、直辖市的厅局正副领导职务中，安排一定数量的党外人士。

全国县和县一级的单位，都应安排一名党外的副县长。在县级人大常委会中，非党人士一般应占1/3左右，在县级人民政府领导班子中，也要安排一些非党人士。

（4）对党外人士的安排工作，除各级人民代表需经选举产生外，其他各方面的安排，在今年内就要着手调整。人民代表中党外候选人的提名和政协全部名单的安排（党内的由组织部提出），按中央规定都应由统战部负责主管。在安排党外人士的工作中，必须注意广泛听取各民主党派和党外人士的意见，请他们提名，并同他们进行认真的讨论和充分的协商。

这次会议也讨论到民族工作和宗教工作，但没有作为主要议题。民族工作和宗教工作的问题，中央统战部、国家民委和国务院宗教局将分别召开国家民族事务委员会第二次委员（扩大）会议和第九次全国宗教工作会议专门研究。

四、统战部门的组织建设和思想建设会议认为，目前各地统战部门的机构编制和干部力量少而弱，不能适应工作发展的要求。根据中央领导同志的意见，统战部门的干部要适当充实和加强，统战部门所需增加的干部，由各地党委在干部编制总额中加以调整。会议认为在县一级一般都要设统战机构。

会议认为，为了完成统战工作的繁重任务，统战部门本身亟须提高思想，改进作风。第一，要结合总结经验，认真学习中央关于新时期统战工作的方针政策，努力提高理论政策水平，克服“左”的思想影响，放宽政治视野，从思想上真正解决中央向我们指出的“统战部门要有统战观点”的问题。第二，要加强调查研究，各级领导干部要深入实际，深入基层，研究新情况、新问题，向党委提出政策性的建议，重大问题主动向党委请示汇报。第三，要亲切地联系党外朋友，发扬民主作风。统战部门的干部特别是领导干部要广交朋友，每个人要有几个知交，直接听取党外朋友的批评、建议。对党外人士要平等相待，商量办事，坚决克服和纠正包办代替、关门主义、官僚主义和衙门作风。

毛泽东同志为我们党制定了统一战线这一法宝，周恩来同志是我们党建立以来从事统一战线工作的杰出模范。与会的全体同志热烈响应胡耀邦同志的倡议：所有做统战工作的干部都要以周恩来同志为榜样，学习他坚信无产阶级一定要解放全人类的远大眼光和革命气魄；平等待人的民主精神；见义勇为的革命品格；严于律己的高尚品德。我们要克服软弱无能的思想，振奋精神，鼓足干劲，把新时期统一战线工作推向前进。

**国务院副总理姬鹏飞在北京会见由瑞士苏黎世市市长西格蒙德·魏德迈尔率领的苏黎世代表团**

代表团将前往昆明参加昆明市与苏黎世市缔结友好城市的议定书签字仪式。姬鹏飞表示希望通过结成友好城市，进一步发展两国人民的友谊。

**中国和朝鲜国境河流航运合作委员会第二十一次会议协议书在沈阳签字**

中方首席代表张绍仪和朝方首席代表赵基锡分别在协议书上签字。在此之前，双方就中朝国境河流航运合作的有关问题进行了会谈并取得了一致意见。

**解放军总后勤部在北京召开由全军各大单位营房

部领导同志参加的绿化工作座谈会

会上,总后勤部政委王平同志传达了中央军委主席邓小平的指示:“军队在植树造林中,要积极地多做工作,除搞好营区植树造林外,营区外十公里范围内,要与地方共同协商搞好植树造林。”

王平同志说,小平同志的意思是要军队带个头,因而对军队提出了更高、更明确的要求。我们全军都要坚决贯彻执行。全军绿化工作是有很大成绩的,无论营区绿化还是支援地方植树造林都作出了贡献。但与党和国家的要求还有相当的差距,而且面临着的任务还很艰巨。全军一定要认真落实小平同志的指示,首先搞好营区的绿化,同时要积极支援地方搞绿化。

王平强调指出,今年是开展全民植树造林运动的第一年,第一炮一定要打响,这是人民解放军义不容辞的光荣任务,也是军队对祖国社会主义现代化建设的贡献。因此,要把植树造林当作一件大事来抓,各级党委要列入议事日程,组织司、政、后共同来抓。首先搞好宣传教育工作,大造舆论,把所有的人都动员起来,做到家喻户晓。再就是要抓好落实,讲求实效,保证成活,不搞形式主义。

《科学对社会的影响》中文版出版发行

据新华社报道,联合国教科文组织刊物《科学对社会的影响》中文版,从今年起在我国出版发行。

《科学对社会的影响》杂志,围绕当代科学技术对社会的、特别是发展中国家的不断增长的巨大影响及其后果,从世界范围的各个角度进行分析、比较和探索。作者为各国科学技术、科研管理和有关决策领导人、专家等,读者对象是从事和关心这些领域工作的研究人员、教师、干部,特别是领导干部。

五种国产收音机被誉为“五大名旦”

北京牡丹牌收音机和江苏南京生产的熊猫牌,上海生产的春雷牌、红灯牌、海燕牌收音机,被誉为“五大名旦”。

## 2月13日

国务院发布《村镇建房用地管理条例》并发出通知

国务院在发布《村镇建房用地管理条例》(以下简称《条例》)的通知中说,为了使《条例》尽快落实到基层,望各省、自治区、直辖市人民政府抓紧时间研究制定实施办法,结合本地区实际情况,对村镇建房用地限额和省、地、县三级具体审批权限等问题作出规定,并督促所属县级人民政府及时订出具体宅基地面积标准,抓紧进行村镇规划,迅速建立起村镇建房审批制度,做到有章可循,有人管理,坚决刹住乱占滥用耕地之风。《条例》发布以前发生的强占耕地建房、买卖出租建房用地事件,应参照《条例》有关规定严肃进行处理。

《条例》分总则、统一规划、用地标准、审批制度、奖惩、附则共6章25条。

《条例》在“总则”中强调,村镇建房必须统一规划、节约用地,凡能利用荒地的,不得占用耕地;凡能利用坡地、薄地的,不得占用平地、好地、园地。

《条例》重申:农村人民公社、生产大队、生产队的土地,分别归公社、大队、生产队集体所有。社员对宅基地、自留地、自留山、饲料地和承包的土地,只有按照规定用途的使用权,没有所有权。不得在自留地、自留山、饲料地和承包的土地上建房、葬坟、开矿和毁田打坯、烧砖瓦等。

《条例》规定,严禁买卖、出租和违法转让建房用地。

《条例》指出,在村镇内,个人建房和社队企业、事业单位建设用地,都应照章办理申请、审查、批准的手续。

《条例》在“奖惩”一章中说,未经批准擅自占用集体土地建房或进行建设的,限期将土地退回集体,并处以罚款。造成经济损失的,责令赔偿。对于社队干部和国家工作人员,还应根据情节给予行政处分。

《条例》规定,建房或建设用地超出批准数量的,批准后占而不用的,限期将土地退回集体。《条例》强调,社队干部和国家工作人员在审批建房用地方面,利用职权营私舞弊、打击报复的,应根据情节,追究行政责任、经济责任直至刑事责任。

国务院发布《矿山安全条例》和《矿山安全监察条例》并发出通知

为贯彻安全生产方针,保障矿山职工的安全和健康,促进采掘工业的发展,国务院最近发布《矿山安全条例》和《矿山安全监察条例》,并为此发出通知,要求各有关地区、部门和企业集中一段时间,认真组织广大职工学习这两个条例,以高度负责的精神做好矿山安全工作。

国务院在通知中强调指出,矿山的安全是关系到对职工生命安全负责,保护国家财产和保证生产建设正常进行的重大问题。搞好矿山安全工作,关键在于矿山主管部门和矿山企业的领导干部要有对革命事业高度负责的精神和深入细致的工作作风,带头严格执行条例的规定,经常深入生产第一线跟班下井,调查研究,检查督促,及时发现和消除事故的隐患,做到以防为主。要采取有力措施,从技术、设备以及生产管理上加强和改善安全卫生设施,积极创造保证矿山安全生产的条件。

通知还说,今后,凡新建、改建、扩建的矿山,其劳动条件和安全卫生设施都必须符合条例的规定,否则不准投产。对于在条例公布以前已经投产的国营矿山,其劳动条件和安全卫生设施达不到规定标准的,必须纳入调整计划,限期达到。对于社队经营的矿山,有关部门要积极予以支持,帮助它们创造条件,逐步达到矿山安全的要求。

国务院发布的《矿山安全条例》,共分总则、国营矿山、社队矿山、责任和处罚及附则5个章节71条。在总则中,明确规定:矿山企业及其主管部门都必须建立安全生产责任制,建立安全机构、工业卫生机构和矿山救护队,开展矿山安全技术和工业卫生的科学研究工作,以及对职工进行安全教育,搞好技术培训等。此外,还规定了矿山企业职工在安全生产方面的权利和义务。

《矿山安全监察条例》是为了监督矿山企业及其主管部门认真执行《矿山安全条例》,实行国家对矿山的安全监察制度而制定的。

它规定各级劳动部门均须设置矿山安全监察机构和矿山安全监察员。矿山安全监察机构的职权,主要是宣传安全生产方针和劳动保护的政策、法令,监督《矿山安全条例》的贯彻执行等。矿山安全监察员凭其证件,有权随时进入所负责范围内的现场进行检查,发现有危及职工安全健康情况时,有权要求立即改正或限期解决。

这两个条例都将在今年7月1日起正式施行。

**全国儿童生活用品委员会组织各地生产儿童用品**

据《人民日报》报道,全国儿童生活用品委员会在深入调查研究的基础上,提出了发展我国儿童生活用品的工作方针、政策和措施,为儿童生活用品的发展做了大量的工作。

针对儿童食品数量不足、品种少、生产条件差等问题,委员会的儿童食品组开会研究制定了不同年龄儿童营养和卫生标准、开辟蛋白质来源和营养添加剂方案。

过去生产儿童食品供应的是一些议价粮油,现在粮食部批示一律按平价供应,降低成本。商业部了解到童装花色品种单调的主要原因是童装面料没有列入生产计划,特地下文,要求各地优先安排,保证用料,还提出薄利多销,不要在儿童身上赚钱。儿童玩具组对开发儿童智力玩具的生产也十分关心。他们几次组织调查组到一些省、市走访,还和幼教人员座谈,了解孩子们的喜好,积极组织生产各种玩具。

儿童生活用品委员会由国家经委、轻工业部、纺织部、商业部、粮食部、教育部和卫生部联合组成。

**国务院副总理黄华在北京会见联合国亚洲及太平洋经济社会委员会执行秘书基勃里亚一行**

**对外友协会长王炳南在北京宴请洛伊斯·斯诺夫人和斯诺的亲属好友**

**中国医学科学院首都医院在治疗妇科肿瘤——绒癌方面达到国际先进水平**

据《人民日报》报道,该医院从1958年到1975年共收治绒癌患者392例,治疗期间和之后5年内死亡的,1958年为89.2%,1973年至1975年下降到21.4%。

在卫生部召开的绒癌研究成果鉴定会上,专家们认为这一成果的意义不仅为根治绒癌找到了一种效果较好的方法,同时为征服其他妇科恶性肿瘤开创了一条新的途径。

由宋鸿钊教授带领的绒癌研究小组,还在理论方面进行了探讨。他们通过临床和尸检资料的分析研究,阐明了绒癌和恶性葡萄胎发生、发展过程,据此提出了一个以病变发展过程为依据的临床分期标准。这一分期方法现已得到国内外的赞同和采用。此外,他们对这两种病的肺转移、脑转移的发生机制等问题也进行了研究,并取得一定的成果。

**全国各地推荐上报优秀医药科技成果275项**

国家医药总局宣布,3年多以来各地推荐上报的优秀医药科技成果共有275项,其中有9项已获得国家发明奖。

这些优秀科技成果,大多已应用于生产,对防治疾病和提高经济效益都起了显著作用。

**中国植保学会提出控制病 虫 草 鼠四害挽回农业生产损失的建议**

中国植物保护学会就加强我国植物保护工作,控制病、虫、草、鼠四害,挽回农业生产损失,保障人民健康的问题,最近向有关部门提出了建议。

建议指出,控制农作物病、虫、草、鼠四害是提高我国农产品质量的重大问题。

## 2月14日

**《人民日报》发表1937年3月10日毛泽东致斯诺的信《我们都感谢你的》**

"我们都感谢你的。"这是毛泽东同志1937年3

月10日写给斯诺的信中的一句话。这句话,真切地表达了我国人民对斯诺的深挚感情。信的全文如下:

斯诺先生:

自你别去后,时时念到你的,你现在谅好?

我同史沫得列(特莱)谈话,表示了我们政策的若干新的步骤,今托便人寄上一份,请收阅,并为宣播,我们都感谢你的。

此问健康!

毛泽东

3月10日于延安

自1937年直至1972年生命的最后一息,斯诺在近40年辗转奔波、纵横驰骋的动荡生涯中,一直珍藏着这封信。斯诺去世后,当时我国驻瑞士大使陈志方同志和夫人王静同志在协助斯诺夫人洛伊斯·惠勒整理斯诺遗物时,发现了这一珍贵的革命文物,并将它影印下来。在斯诺逝世10周年纪念日前夕,陈志方同志把毛泽东同志这封亲笔信的影印件送交中国革命博物馆《埃德加·斯诺与中国展览》筹备组。

毛泽东同志曾多次表示过对斯诺的谢意。1938年春,毛泽东同志对一位德国记者说:"当其他人谁也不来的时候,斯诺来到这里调查我们的情况,并帮助我们把事实公诸于世。……我们将永远记住他曾为中国做过一件巨大的工作。他是为建立友好关系铺平道路的第一人。"1939年9月斯诺第二次访问陕北革命根据地时,毛泽东同志在延安的一次干部会上把斯诺介绍给大家,并指出《西行漫记》是一本真实地报道了我们的情况,介绍了我们党的政策的书,是外国人报道中国革命最成功的两部著作之一。

新中国诞生后,斯诺辛勤地在太平洋两岸传递信息,三度访问我国,为增进中美两国人民之间的了解和友谊,为使世界人民更好地认识新中国,又做了大量的工作,直至生命的最后一息。

中国人民永远怀念并感谢真诚的朋友埃德加·斯诺。

**纺织部在北京召开全国纺织工业厅局长会议**

会议决定调整产品品种,生产更多更好的适应国内外市场需要的纺织品,同时,对产品质量不好,花色品种不适销对路的产品,采用行政和经济的手段限制生产。

目前,在我国消费市场上,一部分涤棉布、中长纤维织物、涤纶长丝针织品等化纤织物,由于产品质量不好,花色品种不对路等原因销路不好,但一些花色新颖、优质价廉的纺织品经常供不应求。为了适应市场的需要,会议决定,在今年的纺织生产中,要多安排含涤纶成分较少价格较低的涤棉混纺布、细薄中长织物以及单支纱薄型织物、涤粘中长纺派力司、维棉花布等纺织品的生产,并请商业部门协助配合,积极收购和推销。

会议决定今后要严格按计划生产。在完成国家计划以后,有生产能力、有涤纶原料的地区和企业,可以超产一些市场畅销的、含涤纶成分少的涤棉床单布、装饰用布、毛巾被和针织品。对那些不按计划、不顾群众需要、盲目追求产值而生产质量低劣,品种花色不适销的产品的工厂,要停止供给原材料,不安排生产任务。有的企业要进行停产整顿,限期改进或转产其他适销产品。

会议还决定,凡是不合格的产品,不得计算产值、产量,对盲目生产造成积压,要追究企业以至有关主管部门的责任。

**全国机械工业厅局长会议在北京闭幕**

第一机械工业部部长饶斌在全国机械工业厅局长会议上说,过去年一年的艰苦努力,我国机械工业已经战胜困难,越过谷底,开始逐步上升。搞活机械工业的路子多得很,机械工业大有用武之地。

薄一波副总理在听取会议情况汇报时也指出,去年,机械工业干得很好。今年只要保持这种势头,增长5%是可以做到的。

去年,由于国民经济调整,一机部系统各企业纳入国家计划的生产任务不到实际生产能力的1/3,面临着严重的困难。广大职工在困难面前表现出了良好的精神状态。他们积极扩大服务领域,由过去基本上只为冶金、化工等重工业服务,扩大到轻工、纺织、食品、农业、商业、服务业、环境保护等15个方面服务,为这些部门提供了大批机电装备。与此同时,他们还千方百计提高产品质量,增加产品品种,以周到的服务争取用户,路子越走越宽,生产任务完成得很好。去年,一机部系统超额22%完成了年产值计划,提供新产品1300多种。机电产品的出口额比上一年增长28%,是历年来增长速度最快的。

会议在总结去年工作的基础上,研究和确定了今年的方针任务。会议认为,1982年一机部系统的生产任务肯定会比去年增加。会议确定,今年一机部系统仍然要扩大服务领域,提高适应能力,发展多品种生产,为国民经济各部门提高经济效益创造条件。这不仅是今年的工作方针,也是一机部系统一个长远的重要的方针。会上着重介绍了无锡机床厂扩大服务领域的经验。

**解放军总政治部发出通知要求全军继续深入开展学雷锋 学英模 树新风活动**

通知说,今年3月5日,是毛泽东同志等老一辈革命家号召学雷锋的19周年。全军要进一步学雷锋、学英模、树新风，落实“四有、三讲、两不怕”的要求，推动建设精神文明先进连队和先进个人的群众性活动的广泛开展。

通知要求全军各部队要广泛深入地宣传雷锋的崇高思想和学雷锋的重大意义。要认真组织干部战士学习毛泽东同志等老一辈革命家为雷锋的题词，学习《雷锋日记》《雷锋的故事》，组织雷锋事迹报告会，参观雷锋事迹展览，还要宣传在雷锋精神影响下涌现出来的各方面的先进典型。通过宣传教育，引导干部战士像雷锋那样，认真刻苦地学习马列和毛泽东同志的著作，改造世界观，做到有理想，讲道德，守纪律，发扬艰苦奋斗的革命传统，努力争当建设精神文明的先进个人。要把开展这一活动与解决干部战士的现实思想结合起来，教育干部战士自觉服从革命需要，正确对待革命分工，像雷锋那样，胸怀革命理想，做好本职工作，干一行，爱一行，钻一行，以扎扎实实的工作成绩，为保卫祖国、建设“四化”作出贡献。全军还要搞好以植树造林为主要内容的社会主义公益劳动，搞好营区、驻地的绿化工作，积极参加地方政府和群众团体组织的植树造林活动。要继续搞好清洁卫生、美化环境、修桥补路和为军烈属、五保户、孤寡病残老人做好事的活动。

通知说，活动的形式要多种多样，适合青年战士特点。

**卫生部发出《全国医院工作条例》**

## 2月15日

**中共中央主席胡耀邦在中南海颐年堂会见美国麻省理工学院丁肇中教授**

**纪念斯诺逝世10周年大会在北京大学举行**

廖承志、黄华、黄镇、王炳南等和斯诺夫人、斯诺的亲属好友以及北大师生1000多人出席了纪念大会。

黄华在纪念大会上发表讲话。他说，斯诺的一生，是中美两国人民友谊的最好见证。他于1928年来到中国，生活和工作了13年，中国解放后他又3次来访，作了长时间的和广泛的参观访问。他40年如一日，同情和支持中国人民的正义斗争，在中美人民的友谊史上写下了光辉的篇章。

黄华说，斯诺作为一个正直的新闻记者来到中国以后，以他敏锐的观察力、质朴的同情心和追求真理的求实精神，通过独立的观察和思考，逐步认识到中国历史发展的主流和方向，他对中国人民改造自己国家的事业倾注了巨大的热情。在抗战前夕，他满腔热情支持“一二·九”学生运动。1936年7月，他进入陕北苏区，行程3000里，历时逾百日，写下了震动世界的名著《西行漫记》，大大鼓舞了中国人民反抗日本帝国主义侵略的斗志，也鼓舞了反法西斯斗争的各国人民。新中国成立后，由于当时美国政府执行敌视中国的政策，斯诺在1960年才被批准第一次重访阔别已久的中国。在这以后的十年间，他写了大量介绍新中国的文章、书籍，为促进各国人民对中国的了解作出了新的贡献。他说，斯诺在临终前深情地留下了一句话：“我热爱中国”，对此，中国人民深为感动。今天我愿代表中国人民以同样的深情说：“中国人民也同样热爱你，亲爱的朋友。”中国人民将永远怀着友爱、尊敬和感激的心情怀念他，怀念一切在中国革命艰苦的年代同情支持过我们的国际友人。

黄华说，斯诺离开我们已十年了。十年来，中国国内外都发生了巨大变化。中美两国已正式建交，两国人民的友谊和交流正在不断发展。他说，在国与国之间的关系上有时有乌云笼罩，前途可能坎坷不平，但人民之间的友谊是长青的。中国人民将永远与美国人民和世界各国人民团结在一起，为增进相互间的了解和友谊，为维护世界和平、争取人类更美好的明天而共同努力。

斯诺夫人也在会上讲了话。她说，斯诺临终前留下的遗愿已经实现了，他的一部分骨灰葬在他早年一度任教的燕园，一部分葬在美国哈德孙河畔的一个花园里。如同他生前所做的那样，中美两国人民跨越空间，进一步把美中两国联结在一起。她说，在中美两国人民之间出现了一种充满活力的关系，这种关系的产生是由于那些在中国人民的斗争期间成为中国的朋友、并对中国始终不渝的人们的努力。我们今天在这里集会是为继续发展这种联系。

纪念大会由王炳南主持并致辞。

会上，斯诺的好友路易·艾黎，马海德，戴蒙德夫人也先后讲了话。

参加纪念大会的还有斯诺的好友戴蒙德大夫，鲍威尔和夫人，罗森夫人等，以及在京的美国专家和其他美国客人，对外文委、对外友协、文联、作协、记协、中国革命博物馆、中国社会科学院、北京市人民政府等单位的负责人和各界知名人士。美国驻中国大使恒安石也应邀出席了纪念大会。

**民航总局在北京召开6个管理局和各省区局主要负责人参加的工作会议**

会议于2月15日至24日举行。国务院副总理耿飚说，在国民经济调整期间，我国的民航事业仍要继续发展。今年首先要整顿民航企业，提高经济效益。从现有飞机数量、技术力量来看,大有潜力可挖。

中国民航于1979年摘掉连续十年亏损帽子,当年实现利润2600多万元;去年经济效益明显提高,利润达1.2亿多元,比1980年增长126%。三年创外汇收入5亿多美元。航空运输总周转量也以每年递增21%的幅度上升。民航在企业化的道路上迈出了可喜的一步。

为了进一步发挥民用航空这个现代化企业在社会主义建设中的积极作用,会议认真总结了1981年的工作,着重研究落实今年的工作任务。与会同志们谈到,民航这几年虽然取得一些成绩,但与社会主义现代化企业管理的要求,还有很大差距。民航企业的潜力还没有充分发挥出来。经营管理水平仍跟不上形势发展的需要。因此,民航企业在经济效益方面要有一个明显的提高,必须做好以下三项工作:一是根据首都机场建立经济责任制的试点经验,在全民航系统逐步推行经济责任制,有计划地进行企业全面整顿;二是狠抓安全飞行,努力改进服务工作;三是加强思想政治工作,继续搞好社会主义精神文明建设。

**中国海洋石油总公司在北京成立**

该公司是依据《中华人民共和国对外合作开采海洋石油资源条例》经国务院批准的具有法人资格的国家公司。它全面负责开采我国海洋石油对外合作的业务,享有在对外合作海区内进行石油勘探、开发、生产和销售的专营权。

中国海洋石油总公司的具体任务是:根据我国政府批准的合作海区、面积和划分的区块,组织招标工作,与外国企业进行谈判和签订石油合同;参与外国合作者进行的油田开发和建设的设计工作,协助有关部门、地区、企业与外国合作者签订设备建造、承包服务等合同;按照国家计划完成海洋石油资源的勘探、开发和生产任务。

中国海洋石油总公司由石油工业部领导,总部设在北京。秦文彩任总经理。

**国务院副总理谷牧在北京会见前来商谈合作开发山西平朔露天煤矿的美国岛溪煤炭公司代表团**

**中国和科威特在科威特城签订文化合作协定**

协定规定,两国将促进和发展在文化、教育、科学、卫生、体育、出版、新闻和广播方面的合作。这个协定是由中国对外文化联络委员会副主任王阑西和科威特文化、艺术和文学全国委员会秘书长穆萨里·阿德瓦尼签订的。

**国务院批准24个城市为我国首批历史文化名城**

新华社报道:国务院最近批准24个城市为我国首批历史文化名城。国务院要求各级人民政府切实加强领导,做好这些城市的保护和管理工作。这24个城市是:北京、承德、大同、南京、苏州、扬州、杭州、绍兴、泉州、景德镇、曲阜、洛阳、开封、江陵、长沙、广州、桂林、成都、遵义、昆明、大理、拉萨、西安、延安。

**首都文艺界集会纪念人民音乐家聂耳诞辰70周年**

胡乔木出席了大会。

文化部代部长周巍峙在大会上作了题为《中国无产阶级革命音乐先驱者的道路》的专题报告。他在报告中说,聂耳的歌曲是时代的号角,人民的战歌。在《大路歌》《开路先锋》《码头工人歌》《新女性》等歌曲里,聂耳塑造了觉醒了的、英勇地战斗着的中国工人阶级的音乐形象,这在中国音乐史上还是第一次。在《义勇军进行曲》《毕业歌》《自卫歌》等歌曲中,那激动人心的旋律充分地表现了中国人民不畏强暴英勇奋斗的革命精神。聂耳的歌曲,在中国人民争取民族解放的斗争中,产生了巨大而深远的影响,在中国近代音乐的历史发展中,开辟了一条新的音乐道路。

周巍峙在报告中指出,聂耳的歌之所以能开一代新风,产生那么大的艺术感染力,是因为聂耳能以无产阶级的、革命的世界观来指导自己的创作。今天,作为新时代的音乐家,要像聂耳那样,善于倾听时代的声音,紧跟时代前进的步伐,和人民同呼吸,共悲欢;要像聂耳那样学会运用马克思主义的世界观去观察社会、体验生活、指导创作;要像聂耳那样刻苦钻研业务,认真研究和掌握民族音乐的优秀传统,创作出反映我们时代的真的、善的、美的音乐,去丰富人民的精神生活,培养共产主义情操,提高人们的精神境界,树立起良好的社会风尚。

周扬、夏衍、贺敬之、司徒慧敏、李伟、赵沨、卢肃、李焕之、时乐濛、胡可、李连庆、吴祖强、王松声、张权等有关方面负责人以及首都文艺界1500多人出席了大会。

**《埃德加·斯诺与中国》展览会在北京开幕**

展览会介绍了斯诺的青少年时代,他在旧中国的探索,访问陕北苏区,在抗日战争年代和三次访问新中国的许多动人事迹。

姚依林、王炳南等同志陪同斯诺夫人和斯诺的亲属、好友一起参观了展览。斯诺夫人为展览会开幕剪了彩。

## 2月16日

**《人民日报》发表评论员文章《旗帜鲜明地支持**

先进》

目前在各个地区、各条战线，先进人物正在越来越多地涌现出来。这是我们国家走向中兴的兴旺景象，是建设社会主义精神文明的可喜成果，是振奋人心的大好事情。

但是，现在有一种奇怪的现象：不少先进人物不愿受表扬，不愿登报纸，不愿接受荣誉称号和物质奖励。他们有难言的苦衷和烦恼，有人甚至说："我千不该万不该，不该当先进！"

《昭明文选·运命论》中有这么几句话："木秀于林，风必摧之；堆出于岸，流必湍之；行高于人，众必非之。"当然，在今天的社会主义时代里，这种现象是不应该存在的。但是，在有些地方，有些单位，确实存在着"摧秀木"的寒风。先进人物中，有的因抵制不正之风而遭到打击，有的因孜孜不倦于发明创造而受到压制，有的因争取多做贡献而招致嫉妒，有的因乐于助人而被讽刺。尤其是那些原来落后或是犯过错误而转变成为先进的同志，更容易成为被挖苦、奚落的对象。甚至像杜芸芸这样赤诚的青年，在上交10万元遗产支援"四化"建设之后，竟也招来少数人的闲言闲语、冷嘲热讽。

这是一股歪风，应当引起各级领导的高度警觉。如果一个地方，一个单位，搞不正之风、走邪门歪道、拉拉扯扯、浑浑噩噩的人吃得开，坚持真理、敢于斗争、埋头苦干、多做贡献的人反倒被孤立、受打击，感到很大的精神压力，那就是一种病态。不医治这种病态，是非不分，香臭不辨，先进和落后颠倒过来，何以谈得上党风和社会风气的决定性好转？我们必须克服思想领导的涣散软弱状态，旗帜鲜明、满腔热情地支持先进人物，教育和引导人们学先进赶先进，严肃批评那种孤立和打击先进人物的现象。

这里，我们要向先进分子和那些决心争当先进的同志说几句话。在你们暂时受到孤立和打击的时候，千万不要灰心，不要屈服。要看到党和广大群众是爱护你们、支持你们的。杜芸芸是收到了几封讽刺、挖苦的信，但她收到赞扬和支持的信上千封。正气与歪风，是千与几之比！不久前，党中央负责同志了解到杜芸芸受到极少数人非难之后，还专门作了指示，强调要造成一个强大舆论，来表扬、支持先进分子和先进行为。这种舆论正在日渐强大起来。两年前北京市有个中学生失足落水，几位解放军和工人见义勇为、前往营救反而被有的青年人讥讽为是为了"立功"、"入党"。现在救人于水火的事例时有所闻，而讽刺挖苦这种崇高行为的话却难得听到了。这是思想教育和舆论谴责的结果，是一种进步。每一个争当先进的同志，要有顶着风言风语前进的勇气，只要自己做得对，就要坚持下去，要相信先进的思想和行动终会得到人们的理解和赞同，即使被孤立、受打击，也只是暂时的。

对先进人物要求高一些是对的，但也不能苛求，不能要求他们十全十美。他们在某一方面或是某些方面表现了先进的思想，做到了其他人暂时还没有做到的事情，但也可能有这样那样的缺点和弱点，也会像一般人那样有不少个人问题需要正确而妥善地处理，这些都是正常的。对先进人物的宣传要实事求是，不夸大拔高，不刻意渲染。有些做领导工作和做宣传工作的同志，总以为把自己树立或报道的典型说得越完美、越高大越好，殊不知这样做反而引起群众的怀疑甚至反感，也不利于先进人物的成长。

"万紫千红才是春。"让学先进赶先进在我们祖国的大地上蔚然成风！让绚丽多彩的先进之花，在四面八方吹来的和煦春风中怒放！

### 中央国库券推销委员会正式成立

国务院秘书长杜星垣同志任主任委员，财政部部长王丙乾、中国人民银行副行长邱晴任副主任委员，国家经委、国家农委、中国农业银行、全国总工会、全国妇联、共青团中央、中国人民解放军总后勤部各一位负责同志担任委员。

中央国库券推销委员会的职责是，组织领导全国国库券的推销工作；做好宣传工作，发动各地区、各单位和各阶层人民群众踊跃认购国库券；听取各地区、各部门推销国库券工作的汇报，及时解决出现的问题，组织交流先进经验；向国务院报告全国国库券推销工作的情况。委员会下设办公室，具体办理全国国库券推销的日常工作。

### 人民银行全国经济信息工作会议在上海召开

会议发布消息：中国人民银行总行在去年一年内收到经济信息资料4000多期，提供给领导机关和经济部门，为提高经济效益作出了贡献。

现在，从人民银行总行到各省、自治区、直辖市分行之间，华东、西北两个大区，还有许多省市的各级银行之间，都已初步形成了不同规模的经济信息网。各地人民银行围绕国民经济调整的动向、市场动态、资金流向、社会服务行业的变化等问题，搜集、交流了大量经济信息。银行部门还对自行车、手表、缝纫机、电视机、拖拉机、平板玻璃、烟、啤酒等100多个产品和一部分行业，进行了产销调查和预测。这些经济信息，不少受到领导同志的重视。去年年初，人民银行上海市分行作的有关中文打字机产品供应紧缺的调查预测，受到上海市领导的重视，立即要求上海市主管局和银行采取措施，促使打字机生产成倍增长。武汉市有关领导部门对这个信息也很重视,及时充实生产厂的技术力量,增拨科研经费,使打字机产量迅速提高。

人民银行全国经济信息工作会议认为,做好经济信息工作是在新的历史条件下充分发挥银行作用的前提。各级人民银行必须把主要精力放在开展经济调查和交流经济信息工作上。1982年人民银行要进一步扩大预测产品的品种,逐步开展为企业服务的咨询业务和国际经济调查。今年各级银行还要切实加强基础工作,建立起包括企业、产品、国民经济情况和银行业务资料四个方面的经济档案,逐步建立银行经济信息的专业机构,充实和培训专业人员,分工协作,加快传递经济信息,以适应新形势的要求。

**中国海洋石油总公司发出对外合作开采海洋石油资源的第一轮招标通知书**

第一轮招标将分两批进行。根据我国政府确定的对外合作海区和面积,第一批招标的海区是南黄海北部和南海珠江口盆地地球物理勘探协议区。第二批是南黄海南部、北部湾盆地南部和莺歌海盆地西部地球物理勘探协议区。

这一轮招标的海域面积约15万平方公里,共组成43个招标区块。

第一批的招标通知书、招标区块分布图以及投标者须知,均已发送参与这些海域地球物理勘探工作的各有关外国石油公司。

**全国人大常委会副委员长朱学范在人民大会堂会见以挪威总工会主席图尔·哈沃森为团长的挪威总工会代表团**

**国务院副总理谷牧在北京会见国际独立油轮船东协会主席包玉刚和由他率领的国际独立油轮船东协会访华团**

**全国优秀体育教师授奖大会在人民大会堂举行**

来自各省、自治区、直辖市的93名优秀体育教师的代表领取了奖章和证书。

国务院副总理杨静仁出席大会并讲话。他说,《光明日报》《体育报》《文汇报》联合举办的“千名优秀体育教师奖”评选活动,动员全社会了解、尊重、支持体育教师的工作,这对于发展学校体育、培养全面发展的优秀建设人才和体育人才具有重要意义。

杨静仁说,我们全国从幼儿园到大学的几十万名体育教师,肩上的责任是很重的,工作是很辛苦、很光荣的。每当各条战线的先进青年创造出优异成绩时,每当体育健儿为国赢得荣誉时,党和人民就想到广大教师、其中包括体育教师为他们的成长所付出的心血。这次获奖的千名优秀体育教师,是人民群众从几十万名体育教师中评选出来的。他们的荣誉,也是全国几十万名体育教师的荣誉。希望全国体育教师进一步创造优异成绩,培养出更多的优秀人才,为建设社会主义精神文明作出更大贡献。

教育部部长蒋南翔,国家体委主任李梦华,《光明日报》《文汇报》《体育报》代表徐才,以及优秀体育教师代表王良田,也在授奖大会上讲了话。

## 2月17日

**中办转发中央宣传部《关于深入开展“五讲四美”活动的报告》**

《关于深入开展“五讲四美”活动的报告》(以下简称《报告》)中规定:每年3月为“全民文明礼貌月”。

中央书记处的指示说:“五讲四美”活动是目前建设社会主义精神文明的一个重要组成部分,全体共产党员、共青团员、国家干部一定要在这个活动中做全国人民的表率,中央希望在开展群众性的“五讲四美”活动中,使党风和干部作风有一个显著的转变。

《报告》说,“五讲四美”活动开展以来,凡是认真抓紧、注重落实的地方,群众精神面貌和社会风气、社会秩序、社会治安都开始有不同程度的好转。不少城市的市容和厂容、校容、店容有了可喜变化。部队走在建设社会主义精神文明的前列。青少年积极学雷锋、树新风,用实际行动争做建设社会主义精神文明的先锋。学校的文明礼貌教育,在贯彻《学生守则》的基础上,搞得更有成效。商业、服务和公用、交通等部门,把“五讲四美”列为企业管理和劳动竞赛的内容。街道和农村涌现出一批“五好家庭”。一些过去不为人注意的角落(如工读学校、少管所等),也吹进了“五讲四美”新风。各地反映,这个活动符合广大人民要求改变社会风气的强烈愿望,因而收效较好。

《报告》在谈到当前“五讲四美”活动存在的主要问题时,要求各级领导在指导思想上要进一步正确理解和处理好物质文明和精神文明的关系,把建设高度的精神文明作为一件具有战略意义的大事来抓。《报告》指出,“五讲四美”活动是建设精神文明的一个重要部分,需要狠下功夫,扎扎实实抓。在领导上要克服“一阵风”的毛病,切忌空喊,要坚持韧性战斗,订出具体措施,切实抓出成效来。

《报告》说,“五讲四美”活动要在城乡开展,先着重抓大、中城市。1982年主要抓好三件事:(一)搞好环境卫生,解决一个“脏”字。着重抓闹市区、旅游点、车站、码头、机场、剧场、楼群、居民大院等公共场所，力求做到清洁、整齐、美观，同时使最不文明、最不卫生的角落和地段面貌有较大改观。(二)整顿公共秩序，解决一个“乱”字。搞好交通秩序，做到文明乘车，顺序上下，扶老携幼，安全礼让。在影剧院、体育场(馆)和其他公共活动场所不起哄、不打闹，人人做文明观众。(三)提高服务质量，解决一个“差”字。发动营业员、服务员、司机、售票员、医护人员、民警等在树立文明礼貌新风中起模范作用，做到说话和气，礼貌待人，优质服务。同时要向群众宣传尊重服务人员的劳动，支持他们的工作。

《报告》说，在抓三个重点时，首先要抓好清洁卫生，使环境净化、绿化、美化。特别要认真抓常见的不讲卫生的不良现象，如随地吐痰和乱扔果皮、烟头、纸屑等。要发动男女老少都来宣传、规劝，辅以必要的惩戒措施，务求家喻户晓，逐渐形成良好习惯。要坚持机关周末卫生制度。大、中城市可根据各自情况组织全民卫生日活动。园林部门要落实城市绿化规划。所有机关、部队、学校、工厂、街道都要利用一切空闲地面，种树、种草、种花，做到见缝插针，力争空地皆绿。对已有的树、草、花等绿化设施，要订出管理办法，有人经营、保护、监督，不使随意糟踏。

《报告》说，各地区、各部门要按照上述要求，从实际出发，制定本地区、本系统1982年“五讲四美”活动规划。各单位要根据规划，结合本单位存在的问题，一个一个地解决。目前，对已引起城乡人民普遍不满的大办婚事、买卖婚姻以及迷信、赌博等，应集中一段时间，大张旗鼓地进行宣传教育，力求把树新风和破旧俗、刹歪风结合起来。

《报告》要求各地大力加强宣传、教育，把“五讲四美”变成群众的自觉行动。要使广大干部、群众认识到：建设社会主义物质文明，必须同时建设社会主义精神文明。深入开展“五讲四美”活动，对于克服社会上存在的一些旧的、不健康的、消极的现象，提高人们的道德和情操，加强革命的组织性纪律性，改善人们从事劳动、工作、生活的环境，促进物质文明的建设，都具有巨大的意义。要组织各宣传教育部门并发动所有干部、教师、家长，运用多种多样的形式和方法，做好人民群众和青少年的思想教育工作。

《报告》要求报纸、刊物、广播、电视、电影、戏剧、音乐、曲艺等，都要认真加强宣传“五讲四美”，造成建设社会主义精神文明的浓厚气氛。

《报告》说，有些部门注意结合本系统的实际，对职工进行职业道德的教育，制定行为守则；有的地方制定了“乡规民约”。这些都是群众进行自我教育的好形式，并已取得很好的效果。各地可以先抓社会性强、接触群众面广的商店、服务行业、公共事业、医院等单位，发动职工制定本行业、本单位的职工行为守则。经过试点和总结，各个系统还可分别订出本系统的守则。在开展“五讲四美”活动中，要发展已受到群众欢迎的组织形式和活动形式。各地的学雷锋小组、青年服务队，为烈军属、残废人、困难户“送温暖”的包户小组，街道为双职工服务的“支前”小组等，都广泛传播了“五讲四美”新风，发挥了移风易俗的作用，应继续发展和推广。

《报告》说，根据历年3月5日前后集中开展“向雷锋同志学习”活动的传统做法，工会、共青团、妇联等单位建议规定每年3月为“全民文明礼貌月”。每年“全民文明礼貌月”活动，可因时因地制宜，各有重点。今年“全民文明礼貌月”可围绕1982年“五讲四美”活动的三个重点进行。

《报告》说，开展“五讲四美”活动，除了宣传教育外，也要有一定的物质条件做保障。应该按照综合治理的精神，组织与“五讲四美”活动有关的重点部门和单位，本着勤俭办事业的精神，为消除“脏”、“乱”、“差”现象，共同规划，改善、维修、增设必要的设施。

《报告》说，“五讲四美”活动面广、牵涉部门多，各级党委要抓总，要定期进行检查、督促。具体工作可由党委宣传部牵头。“五讲四美”活动的全国重点是北京、上海、天津、沈阳、哈尔滨、太原、南京、杭州、武汉、广州、西安、重庆12个城市，首都尤其要作出榜样。各省、自治区、直辖市也要选择几个城市作为自己的重点。要注意及时表彰“五讲四美”积极分子和工厂、商店、学校、医院、街道、社队、家庭等先进单位。

《报告》要求中央和各级党政机关，国家干部，特别是领导干部，要积极参加“五讲四美”活动，以身作则，严格要求，成为人民群众和青少年的表率。党和共青团的基层组织要把“五讲四美”列入组织生活内容，督促全体共产党员、共青团员搞好思想作风，坚决抵制歪风邪气，做建设社会主义精神文明的先锋。

**国务院正式批准建设京广铁路衡阳至广州复线工程**

**《人民日报》发表赵维臣的文章《谈经济联合的几种形式》**

经济联合问题，是社会主义经济发展中一个重要课题，它标志着社会大生产的发展，生产技术的广泛应用，也标志着生产要素的有机结合，它符合社会经济发展客观要求，也是经济调整改组的重要内容。我们在过去组织经济联合多从改革隶属关系入手，基本上是在权力上转圈子，在一个行业内转来转去，不敢跨前一步，更不敢打破原有界限。

三中全会以后，在党中央一系列正确的经济决策指引下，全国组织经济联合，发展是比较快的，经济效果是比较显著的，并有了新的突破。基本经验是从全国着眼，从中心城市着手，打破中央、地方之间、地区之间、行业之间的壁垒森严的界限，充分发挥各方面的积极性。

一、目前经济联合体约有十种形式

(一)生产要素的联合。生产要素的联合，是将生产过程中互相依存、互相联系、相互配套的生产元素，有机地结合起来，进行深度加工，综合利用。这种形式的联合，目前我国是从石油、化工行业开始的。如上海高桥地区、南京栖霞山地区、抚顺地区就是以生产要素为主的石油、化工企业的联合。

公司成为紧密联合的经济实体。可以充分发挥企业的生产能力，有效地进行新产品、新技术的开发，使宝贵的石油资源得到综合利用。

(二)产品的联合。按产品组织联合，主要是以名牌产品为主体，组织产品相同或工艺相近的企业联合起来，扩大名牌产品的生产能力，变小批量生产为大批量生产。这种联合形式，从发展方向来看，可以逐步形成以名牌产品为主体的多种经济联合实体，它具有比较好的经济效益和强大的竞争能力，为实现专业化社会大生产创造条件。

目前产品联合的类型有三种：一是以名牌产品为主体联合一批企业；二是将名牌产品的零部件扩散带动一批企业；三是将同一产品多种型号压缩一批企业。这种联合形式比较普遍，各行业都有，但轻工、纺织、机械行业比较多。常州市围绕全国名牌产品手扶拖拉机成立拖拉机公司，虽然遇到激烈的市场竞争，但由于实行联合经济、联合发展新产品，坚持产品质量以优取胜，品种以新取胜，服务以好取胜，价格以廉取胜，使生产年年有增长。

(三)工艺性联合。工艺性联合，目前有两种形式：一种是将各行业相同的工艺生产联合起来。变分散生产为集中生产，变小批量生产为专业化生产；另一种是按产品工艺的先后顺序组成封闭式的连续性生产。这种联合形式，对于挖掘企业潜力、提高生产效率、降低成本、提高质量、节约能源都有重要作用。像铸、锻、热处理、电镀生产中心，生产协作，就属于工艺性的生产联合。

(四)地区性联合。地区性联合，主要是以中心城市为主体的联合。在一个市内，除对全市的工、农、商、贸等各行业，由市政府统一规划，进行改组、调整、联合以外，还可以将城市附近的小城镇联合起来，形成一个卫星城市。这种联合形式，是今后城市发展的一条途径。对于缩小工农差别、城乡差别、解决城市过于膨胀、劳动就业、城镇职工生活和繁荣经济，改变“大而全”、“小而全”的落后状况，都具有重要意义。

(五)跨地区联合。跨地区联合，就是打破地区、行业、隶属关系和所有制的界限，根据国家建设的需要，进行经济的和技术方面的联合。目前这种联合形式发展很快，从过去主要在物质方面的协作发展到经济技术合作，从自发的零星的联合发展到省、区、市一级有组织、有领导的横向联合。这种联合的形式，投资少，见效快，收益大，对于挖掘各方面的潜力，把地方企业的财力物力吸收到国家急需的生产建设上来，发挥地区的优势，加快经济发展速度，都是有好处的。

(六)跨行业的联合。跨行业的联合，就是打破行业、条条的界限，实行不同行业、不同部门的联合。目前这种联合形式比较多，如轻、重工业的联合、工商之间的联合、工贸之间的联合以及军民之间的联合等等。这种联合形式，有利于克服行业内部产、供、销方面的薄弱环节，有利于克服管理体制中不合理的状况，从而实现较好的经济效益。

(七)城乡联合。城乡联合，也可以叫工农联合。一般是城市里的生产单位与农村中县、社、队生产单位的联合。由市内工业提供设备、技术和生产管理，县、社、队提供原料、场地和劳动力。目前这种联合的内容，主要有两种：一种是城市里的副食品工厂与农村中的农、副、土特产品单位联合，实行联合加工。这种形式，可以充分利用农村的原料，就地就近加工，效果比较好，应大力提倡；另一种，城内的工厂，为了扩大生产能力，与农村社、队联合建新厂，或者是把零部件扩散到农村去加工。这种形式应遵循有关方面的规定，要注意几个问题：(1)产品要有销路，原料要有来源，不能与大工业争原料和能源；(2)占地要经过有关部门的批准，符合城建规划；(3)利润分成要合理，避免种种不正之风。

(八)技术设备联合。技术设备的联合内容比较广，一般是在技术协作、技术转让和设备制造项目上进行的联合。要充分发挥科研和大专院校的技术力量，通过技术设备联合，可以推动科学技术的广泛交流，把先进的技术应用到生产建设上去。

(九)资源、资金的联合。所谓资源的联合，一般是为了利用或开发资源双方进行的联合。资金联合，是一方投资给另一方或双方共同投资兴办的项目的联合。这种资源、资金的联合形式，打破了所有制的界限，可以把大量的社会游资聚集起来，开发资源和兴办生产建设事业，对于弥补国家的财力不足，满足工农业生产建设的需要，都是有利的。

(十)联合开发。目前大体有三种形式：第一种省与省联合开发；第二种跨行业、跨省市大型开发；第三种与国外联合开发。

经济联合有很多的优越性,可以概括十点:有利于生产专业化;有利于生产社会化;有利于生产合理化;有利于经营多样化;有利于资源的综合利用;有利于资金的综合运用;有利于设备的充分利用;有利于技术水平的提高;有利于劳动生产率的提高;有利于经济效益的综合提高(利润、税收、成本、资金、能源)。

二、经济联合促进了改革

1. 经济联合体涉及权力结构的改革。经济联合直接促进权力结构的改革,过去经济联合公司多以部门为主,这次经济联合成立起来的公司,多数以省市为主,加大了地方责任,便于就地集中指挥,这是一个显著的不同,权力往下移,不是上收,这是一种发展方向,要进一步实践,总结提高。当然也不排除以部门为主的。不搞一种模式,要围绕提高经济效益,从实际出发。

权力下移的另一层意思,各种经济联合公司应注意不要把权力过多地向上移,处理好集权和分权的关系,要发挥工厂的积极性,这是十分重要的。

2. 经济联合涉及体制结构的改革。经济联合首先碰到的是隶属关系问题,有的公司涉及中央部门的直属厂、省市直属厂、地区直属厂,像这类公司谁领导,都有个隶属关系的改变。如南京金陵石油化学总公司,一个厂直属轻工部,三个厂直属省化工厅,三个厂直属南京市,分属石油、化工、轻纺三大行业。这次国务院批准该公司直属江苏省政府,所属七个厂隶属关系一律改为省属。这是一种比较彻底的经济联合公司,也体现了体制结构的改革。还有一种松散的经济联合,那就不一定改变隶属关系。

**国务院副总理黄华在北京会见斯诺夫人以及斯诺的亲属和好友**

**中国 捷克斯洛伐克1982年交换货物和付款协定在北京签字**

我国外贸部副部长陈洁,捷克斯洛伐克政府贸易代表团团长、联邦外贸部副部长米·布尔萨分别代表本国政府在协定上签字。

外贸部部长郑拓彬出席了签字仪式。

**1977—1981年全国优秀科技图书发奖大会在北京民族文化宫举行**

许德珩、廖井丹、周培源、裴丽生、张维、杨显东、金善宝、陈翰伯等向优秀科技图书作者发奖。

这是我国首次对科技图书进行全面的评奖。1977—1981年,我国共出版编著了科技图书15000多种,经过评选,从全国69家出版社推荐的237种好书中,评出得奖的优秀科技图书73种。国内16位著名科学家担任了这次评选工作的顾问。"全国优秀科技图书奖"是中国出版工作者协会在香港东方文化事业公司赞助下设立的,旨在发展我国科学技术,促进科技出版事业。

此次被评选获奖的优秀科技图书,包括理、工、农、医等方面,在理论学术著作、应用技术、工具书、教材、科普书籍和技术史等。

**潘梓年追悼会在北京举行**

中国共产党优秀党员、原中国科学院哲学社会科学部副主任兼哲学研究所所长,第一、二、三届全国人民代表大会代表潘梓年同志追悼会,在八宝山革命公墓礼堂举行。潘梓年同志于1972年4月10日病故,终年79岁。

陈云、邓颖超、王任重、胡乔木、许德珩、史良、刘澜涛、陆定一、李维汉、程子华,以及有关方面负责同志送了花圈。

## 2月18日

**中共中央副主席邓小平在人民大会堂会见柬埔寨诺罗敦·西哈努克亲王和夫人**

邓小平说:我们能够顺利地进行体制改革工作,是因为这几年我们实现了政治上的稳定和政策的连续性。

西哈努克亲王说:"现在真相大白了。国际上很注意你们国内的稳定。世界舆论希望您身体健康,以便完成您为自己的国家和民族所承担的历史使命。"

邓小平向西哈努克谈到了我国当前的情况。他说:"现在我们正在搞体制改革。官僚主义、机构臃肿、人浮于事的现象必须消除。干部老化问题也到了非解决不可的时候了。我们下了很大的决心,把它当作一次革命,当然这是对体制的革命,而不是对人的革命。"

邓小平说:"体制改革工作才开始一个月。从一个月的情况看,工作进行得很顺利。我们党内同志,包括老同志在内,对这个问题的认识是一致的。现在看来,体制改革工作所需要的时间会比原先设想的要短得多。这项工作行得通的本身就证明我们的国家是稳定的。"

西哈努克亲王说:"这确实是一件具有历史意义的事情,是一次建设性的革命。"

邓小平对柬埔寨人民反对越南侵略、争取民族解放的斗争表示坚决支持。他说,我们希望柬埔寨抗越三方首脑能够尽早会晤,坚持联合,取得积极成果。

**中宣部就如何搞好首个"全民文明礼貌月"约请**

**中央和北京40个单位的同志举行座谈会**

座谈会讨论如何把今年3月第一个“全民文明礼貌月”活动搞得有声有色，推动社会主义精神文明的建设。

座谈会由中宣部副部长廖井丹主持。大家对于中央书记处同意把每年3月规定为“全民文明礼貌月”感到鼓舞，认为这是把多年来学雷锋活动和去年以来开展的“五讲四美”活动进一步制度化、群众化的一项有力措施，是继续改造社会风气、倡导社会主义精神文明的一个重要步骤。大家认为，这样做，可以集中地动员舆论，组织群众，造成声势，解决当前社会风气中一两个亟待解决的问题。

大家在讨论中认为，确定今年的“全民文明礼貌月”活动着重解决“脏”、“乱”、“差”三个问题，目标明确，内容具体，对搞好环境卫生、整顿公共秩序、提高服务质量，一定能取得成效。

中宣部副部长朱穆之在座谈会上说，党中央提出，1982年要在建设社会主义精神文明方面争取一个较大的进展。精简机构，打击经济领域中的犯罪活动，是我们要着重抓的两件事。与此同时，大力开展“五讲四美”活动，就使建设社会主义精神文明的内容更充实了。他提出，要把“全民文明礼貌月”活动搞好，首都要作出榜样。要大张旗鼓地宣传，要有具体措施。

团中央书记高占祥希望各级团组织在活动中，要牢牢掌握思想教育这个中心环节，大力提倡“为您服务，为民造福”的新风尚；自觉遵守和维护社会公德的新风尚；人与人之间相互尊重的新风尚；自己动手去创造美好环境的新风尚；团干部要带头。全国总工会副主席宋侃夫说，在开展“全民文明礼貌月”活动中，要对工人进行历史唯物主义的教育；进行文明礼貌和主人翁责任感的教育；进行爱党、爱国、爱社会主义、爱企业、爱集体、爱本职工作的教育，教育工人兼顾国家、集体、个人三者利益。要组织工人学业务，学技术，学科学文化知识。全国妇联书记处书记胡德华要求各级妇联把开展“全民文明礼貌月”活动和纪念“三八”国际劳动妇女节结合起来，和开展“三八”红旗手活动、“五好家庭”活动结合起来。商业部副部长冯骥要求各级商业部门和企业单位立即动员和组织广大职工，以文明经营、礼貌待人、优质服务、方便群众为重点，深入持久地开展学雷锋、树新风活动。

**国务院批转国家机械委 国家能源委发出《关于加速工业锅炉更新改造节约能源的报告》**

报告要求各地区、各部门，都要重视并认真抓紧抓好这项工作，尽快改变我国工业锅炉的落后面貌。

国家机械委员会、能源委员会在报告中指出：据1980年统计，全国拥有工业锅炉(不包括电站、机车、船舶用锅炉)20万台、37万蒸吨，平均热效率55%，年耗煤量2亿吨，约占全国原煤产量的1/3。其中2蒸吨以下小容量锅炉12.6万台、10.2万蒸吨，平均热效率还不到40%，年耗煤量占全国工业锅炉总耗煤量的37.5%。

报告中提出：加速全国工业锅炉的更新改造，必须通盘规划，从实际出发，先易后难，从更新小容量低效率的老式锅炉入手，与逐步推行集中供热、热电联产相结合，力求扎扎实实地取得节能效果。从今年起，用5年时间，全部更新6万台铸铁锅炉和兰开夏等老式锅炉；在10年内用高效锅炉逐步代替手烧锅炉。

报告中提出，今后各锅炉制造厂不再生产铸铁锅炉和兰开夏等老式低效锅炉；1986年以后，各单位一律不得再使用老式低效锅炉。凡制造锅炉的工厂，必须经一机部和国家劳动总局批准，发给制造许可证。未经批准，任何工厂、单位不得再生产工业锅炉。

**中海油总公司负责人就第一轮招标相关问题答新华社记者问**

问：我国海上石油资源的情况如何？

答：我国海域辽阔，其中200米水深范围内的大陆架面积就有100多万平方公里。60年代以来，我国有关部门对近海大陆架进行了地球物理普查工作，发现了渤海、黄海、东海、南海的珠江口、北部湾、莺歌海等沉积盆地，总面积达62万平方公里，同时也打了一批有工业价值的油井，并在渤海建起了3个采油平台。1979年以来，我们和外国石油公司签订物探协议，由它们提供资金和技术，又在南海、南黄海42万平方公里的海域内，进行了高质量的地球物理勘测工作；同时在渤海和南海北部湾分别与法国、日本的石油公司签订勘探开发的石油合同，勘探工作都获得了好的成果。通过以上工作，证明这些盆地沉积厚，构造多，生油储油条件好。中外专家认为，油气资源丰富，具有良好的含油气远景。

问：为什么要与外国石油公司合作？

答：加快海上石油资源开发，对我国的“四化”建设有重要作用。在海上寻找和开采石油，要同惊涛骇浪作战，无论进行勘探还是搞生产建设，条件都与陆地上有很大的差别。如技术要比陆上复杂得多，建设资金要比陆上高得多，建设周期要比陆上长，风险要比陆上大。因此当今世界海洋石油开发活动，绝大多数国家都采取国际合作的方式。在欧洲北海油田参与合作的外国石油公司，英国海域有200多家，挪威海域有45家。根据我国政府的对外开放政策，尽量利用一些外资和技术，是加快开发海上石油资源的重要途径。

问：什么叫招标？

答：招标是国际贸易交往中通常采用的一种办法，就海洋石油开采的招标来说，就是资源国通过各石油公司之间的竞争，择优授予投标者合作进行石油勘探、开发、生产权益的一种方式。一般的做法是，资源国划定对外合作海域和招标区块，通过报纸、官方文件等宣布招标决定，或者有选择地邀请某些外国石油公司进行投标。感兴趣的外国石油公司可向资源国主管部门或国家石油公司提出书面申请，经批准后外国石油公司即填报投标书。资源国根据投标者所报的投标条件及其他有关因素择优决定中标者。经过谈判，正式签订合同。

问：在哪里招标？

答：根据1979年我们与外国石油公司签订的南海、南黄海8个地球物理勘探协议，其中除海南岛以南的物探协议区另有安排外，其他7个物探协议区，即南海珠江口4个物探协议区、南海北部湾盆地南部和莺歌海盆地西部物探协议区、南黄海北部物探协议区、南黄海南部物探协议区，总面积约40万平方公里，其中分别拿出1/3或全部面积进行第一轮招标。

问：什么人有申请投标的资格？

答：根据1979年同外国石油公司所签订的物探协议的规定，只有参与了物探协议、承担了物探费用的外国石油公司，才具有对所参与的物探协议区申请投标的资格。据统计，第一轮招标共有12个国家的46家公司有资格申请投标。

问：如何进行第一轮招标？

答：第一轮招标将分两批进行。第一批包括南黄海北部物探协议区和南海珠江口盆地4个物探协议区；第二批包括南黄海南部物探协议区、南海北部湾盆地南部和南海莺歌海盆地西部物探协议区。两批在发招标通知书的时间上前后错开一个月左右。

招标的步骤是：发招标通知书；各参与物探协议的外国公司报名申请投标，截止时间是今年3月30日；投标申请者向中国海洋石油总公司领取招标的各种有关文件；从开始发放招标文件之日起的100天内，愿意投标的公司可单独或组成集团提出报价书和交纳投标手续费；中国海洋石油总公司统一启封全部报价书，并组成评标委员会，进行综合评标。经初步评标后，本公司将自行选择与任何投标者进行谈判，自行决定中标者，并签订合同。

问：在对外合作开采海洋石油资源中，外国公司有哪些权利和义务？

答：在《中华人民共和国对外合作开采海洋石油资源条例》中已有明确规定。外商在合同区内的投资和各种合法活动均受我国法律的保护；外国合同者可按合同规定，从生产的石油中回收投资和费用、取得报酬，并可将其根据石油合同分得或购买的石油运往国外，以及将回收的投资、利润和其他正当收益汇往国外。外国企业及其雇员均应遵守中华人民共和国的法律、法令和国家的有关规定，接受中国政府有关主管部门的检查和监督，并依法缴纳税金。外国合同者须依法在中国设立分支机构或代表机构、开设银行账户等。

问：合作开采海上石油资源，会不会影响我国的权益？

答：在《中华人民共和国对外合作开采海洋石油资源条例》中，已明确规定了维护资源国的主权和经济利益的条款，主要是明确规定我国拥有石油资源的所有权和管辖权，合作区的海域和资源、产品属我国所有；合作区的海域和面积大小以及选择合作对象，都由我国决定；油田建成投产回收投资后，固定资产归我国所有；我们按合同规定在条件具备时可接替生产操作；合作中的重大问题如油田开发方案等由我国审批；在一切合作的活动中，我们都有权参加，并派人监督；石油基地必须设在我国境内；在具有竞争力的条件下，必须优先采购我国的物资和使用服务；合作中取得的各种资料，未经我国批准，不得以任何方式泄露、出售、转让或公开发表。当然，在合作中给外国合同者一定的合法权益，这也是必要的，是符合互利原则的。总之，我们认为石油资源的对外合作开采不会影响我国的权益。

问：中国海洋石油总公司与中华人民共和国石油公司、中国石油天然气勘探开发公司以及总公司与其所属地区公司的关系如何？

答：根据《中华人民共和国对外合作开采海洋石油资源条例》规定，中国海洋石油总公司成立以后，过去由中华人民共和国石油公司、中国石油天然气勘探开发公司与外国公司签订的有关海域的石油合同和地球物理勘探协议，其权利和义务全部移交给这个公司。中国海洋石油总公司是一个国家公司，也是一个有限公司。各地区公司隶属总公司领导，只负责经营管理本海区石油勘探、开发和生产，完成总公司交付的任务。

**中华全国广告协会在北京成立**

该协会的主要任务是：积极开展广告学术交流活动，探讨社会主义广告的性质、方向和任务；举办广告设计作品展览，传播推广先进的设计；开展国际广告学术交流；编辑出版广告学术书刊和交换有关资料。

**国务院副总理薄一波在北京会见美国芝加哥第一国民银行行长理查德·托马斯一行**

**中蒙边界联合检查委员会会议在乌兰巴托举行**

2月18日到4月3日，为完成中华人民共和国政府和蒙古人民共和国政府1964年签订的边界议定书规定的对边界进行联合检查的任务，中蒙边界联合检查委员会第一次会议在乌兰巴托举行。双方讨论了联合检查的有关问题，签署了会议纪要。

**国务院 中央军委发出指示要求各部队积极参加营区外义务植树**

据新华社报道，国务院、中央军委指示，要求人民解放军各部队认真贯彻军委主席邓小平对军队义务植树提出的具体要求，除搞好营区植树造林外，还要积极参加营区外10公里范围内的义务植树。指示说，植树造林、绿化祖国是全国人民的光荣义务，是人民解放军义不容辞的责任，也是军队对祖国建设应做的贡献。广大指战员要做绿化祖国的尖兵。军队在营区外植树，要与当地政府协商，根据部队驻地所在城市、农村和平原、山地、海防、边防等不同情况，因地制宜，明确义务植树的任务，在当地绿化委员会统一部署和指导下，分期分批组织实施。

指示对军队在营区外植树的苗木供给、种植、管护、林权所有和收益分配等问题都作了明确规定，要求各地林业部门要大力支持军队植树造林工作，主动帮助部队解决树种、苗木来源和技术指导，为部队搞好植树造林创造必要的条件。部队也要主动与当地政府和林业部门协商解决有关军队义务植树中的问题。各地绿化委员会应吸收当地驻军领导同志参加。

**全国中小学生电动车辆模型通讯赛在上海举行授奖仪式**

高中组获得前三名的是：江苏省常州市一中李冽，上海平凉二中袁强，北京西城区少年宫李冬山。

初中组前三名是：上海五十一中学卢勇，常州市一中唐平，广东台山白水中学谭仲伟和四川重庆市203中学钟庆并列第三。

小学组前三名是：重庆市冶金一小张苏越，重庆市树人小学吴雪晖，上海市欧阳路少年宫赵阳。

为表彰有关学校和科技辅导老师在培养科技人才方面作出的成绩，对获奖学生所在的学校和他们的老师，授以荣誉奖杯和奖品。

**《农业经营管理经验选编(1981)》出版**

**于树德逝世**

全国政协第五届常务委员于树德同志因病于2月18日在北京逝世，终年88岁。

于树德同志是河北省静海县人，早年参加辛亥革命，1918年留学日本，开始接触马克思主义，1922年经李大钊推荐出席列宁召开的远东民族会议。大革命时期，他在李大钊领导下参与主持北京、天津的学生运动，并参与了国民党的改组工作，曾任国民党中央执行委员。大革命失败后，他从事教学和著述工作，是我国最早讲授合作社理论者之一。新中国成立后，他先后担任中央合作事业管理局副局长、中华全国供销合作总社监事会副主任、政协第二、三届全国委员会委员，政协第四届全国委员会常务委员。

## 2月19日

**中共中央副主席邓小平在北京会见美国依柏斯公司副总裁美籍工程专家吴光叔博士**

**《人民日报》发表社论《发挥农村基层组织的领导职能》**

我国农业的加快发展，要坚持社会主义集体化道路和公有制长期不变，坚持农业生产责任制长期不变；要兼顾国家、集体、个人三方面的利益。坚持“两不变”，实现“三兼顾”，主要依靠农村基层组织充分发挥领导职能，正确执行党和政府的政策法令。现在，农村生产责任制的建立已告一段落，进一步加强农村基层组织的建设，对于完善农业生产责任制，全面发展农村经济，有着决定作用，这是当前农村工作的一项重大任务。

这几年，广大农村基层组织坚决执行党的三中全会以来的方针、政策，广大基层干部任劳任怨，团结和带领社员群众艰苦奋斗，卓有成效地进行农村经济的调整和改革，使全国90%以上的生产队建立了生产责任制，低产区、困难区开始解决了群众的温饱问题，高产区、中产区继续增产增收，整个农村出现了新中国成立以来少有的好形势。同时，我们应当看到，农村一部分生产队的机构和领导班子涣散，少数甚至陷于瘫痪或半瘫痪状态，不能履行基层组织的领导职能。为什么形成这种情况？主要是有的大队、生产队干部误认为“实行责任制，干部没啥事”，不用领导了；有的社员误认为“包干到了户，何必要干部”，想摆脱领导，摆脱集体。一些生产队成了空架子，干部不管事了，会计不记账了，社员承包多少耕地没有记录，牲畜保本保值没有存根，集体财产没有登记，征购和提留任务落实不了，甚至发生平分集体财产和影响安定团结等不良现象。这些情况说明，有计划地整顿农村基层组织，切实发挥它们的领导作用，是十分重要的。

整顿和加强农村基层组织，要坚持思想领先的原则，消除对生产责任制的种种误解。要组织干部、社员认真学习中央有关文件，引导大家充分认识：实行承包责任制，尤其是包干到户，经营方式起了变化，基本上变为分户经营，自负盈亏；但这是建立在土地公有基础上的，农户和集体保持承包关系，由集体统一管理土地、大型农机具和水利设施，接受国家的计划指导，有一定的公共提留，统一安排烈军属、五保户、困难户的生活，完全不同于合作化以前的个体经济，不是分田单干，而是社会主义农业经济的组成部分。因此，只有维护集体经济的主体地位，充分发挥生产队的领导职能，才有利于促进社会生产力的更快发展和社会主义制度优越性的充分发挥。

生产队作为经济主体，即使包干到户，也应当履行以下的职责：一、管好集体财产，维护集体所有制；二、合理分配和调剂社员承包地，管好耕地；三、安排生产计划和农业基本建设；四、做好技术推广的指导工作；五、组织必要的生产协作；六、签订和执行经济合同，督促社员完成征购任务，交纳公共提留，管好、用好公积金和公益金等；七、照顾烈军属和安排困难户的生产、生活；八、搞好集体（包括队户之间往来）的财务会计和统计工作；九、领导好由队统一经营的生产项目和工副业；十、对社员进行政治思想工作。同时，生产队还要协助公社、生产大队落实社会救济、教育卫生、计划生育、民兵训练、治安保卫、民事调解等各项基层政权工作，保护社会主义经济，保证国家法律、法令的执行。生产队把应负的领导职能担当起来，既是农村经济发展的要求，也符合广大社员的利益和愿望。

农村基层组织的领导职能，要靠干部去执行。当前，在全面发展农村经济中，不断出现一些新问题。部分基层干部对这些新的问题不敢管、不愿管，更大量的情况是不会管。因此，培训农村基层干部，引导他们适应新形势，学会新本领，较快地胜任本职工作，是一项迫切的任务。从今年起，要以县或公社为单位，利用农闲时间，有计划地对大队、生产队干部进行分批轮训，组织他们学习四项基本原则、六中全会决议和党在农村的各项政策，用整风精神总结经验，分清是非，提高政策水平，改进工作方法；同时，要组织他们学习农业科学技术和经营管理业务知识，以逐步建设起一支革命化、专业化、知识化、年轻化的农村基层干部队伍。

在农村基层组织内部，要健全民主生活制度，开展批评与自我批评。我们的农村基层干部绝大多数是好的，一部分干部存在着一些缺点和毛病，有少数干部不好，社员意见较多。对于那些富于创造精神、工作出色、密切联系群众、能够打开新局面的干部，要给予鼓励和表扬。对于那些精神不振、作风不正的干部，对于那些侵犯群众利益的干部，要加强教育，开展批评与自我批评，帮助他们改正缺点错误。对于社员很不满意的干部，要严格掌握政策，充分做好思想工作，进行民主改造。要支持干部大胆工作，但不能限制群众民主生活；对干部进行批评是必要的，但要防止个别坏人钻空子。对于极少数聚众赌博、带头搞封建迷信以及其他歪风邪气的人，上级要敢于挺身而出，严肃认真地开展批评或斗争，直至给予法律、纪律处分。要扶正祛邪，使农村基层组织真正成为团结广大群众前进的坚强核心。

关心基层干部的生活，保证他们合理的报酬，是稳定和加强农村基层组织的必要措施。有少数实行包干到户的生产队，公共提留收不起来，干部补贴不落实，影响了基层干部的积极性。这就要向社员进行教育，讲清基层干部为发展集体经济搞好经营管理，辛辛苦苦为大家办事，完全应当得到合理的补贴。有一些大队、生产队，干部人数偏多，补贴偏高，要适当地精减人数，适当减低补贴，以减轻群众的经济负担，密切干群关系。广大社员是通情达理的，只要讲清道理，充分进行民主讨论，对干部的生活报酬问题，是可以妥善解决的。

目前，各地正在总结经验，完善农林牧副渔各业的生产责任制。认真加强农村基层领导班子的建设，重点把一部分班子涣散、少数处于瘫痪或半瘫痪状态的生产队整顿好，做到队委会不散，集体所有制不变，集体财产保管妥当，责任制更加完善，集体经济继续发展，我们广大农村的经济形势和政治形势就一定会越来越好。

**国务院颁布《第三次全国人口普查办法》**

《第三次全国人口普查办法》共28条，对于第三次全国人口普查的组织领导、普查对象、普查项目、普查方法、普查的标准时间、普查的质量检查和普查资料的汇总公布等，都作了明确规定。

组织领导：人口普查工作，在国务院和地方各级人民政府领导下进行。省、地、县各级人民政府均设置人口普查领导小组及其办公室；人民公社、镇和街道办事处，设置人口普查办公室；生产大队和居民委员会，设置人口普查小组，负责人口普查的组织实施。

普查对象：人口普查的对象是具有中华人民共和国国籍并在中华人民共和国境内居住的人。

普查区的划分：农村，以生产大队辖区为普查区；市、镇以居民委员会辖区为普查区。

普查员和普查指导员：人口普查的登记工作，由普查员担负，普查指导员负责指导、检查，基层干部和群众积极分子给予协助。普查员和普查指导员，由县、市人民政府选调。

登记方法：可以在普查区内按照方便群众的原则，

分片设立人口普查站,由基层干部组织户主或户主指定的户内熟悉情况的人到站申报;也可以由普查员到户访问填报。不论采取哪种方法,普查员都要按照人口普查表的项目逐户逐人询问清楚,逐项填写,申报人都须如实报告,做到不重不漏,准确无误。

现役军人的普查:中国人民解放军的现役军人,不论驻在哪里,都由部队领导机关统一进行普查。

复查工作:一个或几个普查区普查完毕后,普查指导员要按照规定的复查方法全面进行复查,发现差错,经核实后,予以改正。

登记质量的检查和评价:在人口普查填报和复查工作完毕后,要按照规定的抽样方法,对抽出的样本,重新进行调查,对普查的质量作出评价。抽查人员不得在原来参加普查的基层单位参加质量抽查工作。

登记、复查和质量检查的时间要求:普查登记工作,在1982年7月10日以前完成;复查工作,在1982年7月15日以前完成;质量抽查工作,在1982年8月底以前完成。

普查资料的汇总和公布:人口普查的几项主要数字,于1982年9月底以前,先用手工汇总报送国务院,经国务院审批后发布公告;普查的全部资料,由电子计算机进行全面汇总,报送国务院,经审批后公布。

**中国在巴黎成立旅游办事处**

中国驻法国大使姚广、中国旅行游览事务管理总局副局长万复为办事处成立举行了招待会。出席招待会的有法国旅游、文化、新闻界人士200多人。

## 2月20日

**中共中央作出《关于建立老干部退休制度的决定》**

一、我们党是一个具有悠久斗争历史的大党。经过长达60多年的光荣的战斗历程,党在自己的队伍中聚集了大量的一代又一代的久经锻炼的老干部。新中国成立以前,在新民主主义革命的四个时期中,即在大革命时期、土地革命战争时期、抗日战争时期和解放战争时期中参加革命的老干部,至今健在的还有250万人。其中已经离休退休的只是少部分人,大部分人还留在工作岗位上。现在的问题是,这些老干部,不少同志现在年事已高,不少同志即将进入老年,他们仍然担负各种领导岗位上的繁重工作,这就使各级领导班子老化的状况,达到相当严重的地步。妥善地安排新老干部有秩序有步骤地实行适当的交替,已经成为当前摆在我们全党面前的一个重大课题,成为新的历史时期中,党和国家干部制度根本改革的重要组成部分。

还在50年代后期和60年代前期,党中央和毛泽东同志就曾经提出过新老干部的适当交替的问题。但是由于指导思想的偏差和实际工作的失误,没有能够解决。历时十年的"文化大革命",把党和国家各级组织中的领导骨干作为"走资派"打倒,同时提拔了一大批投机分子的野心分子,更使党的马克思列宁主义、毛泽东思想的组织路线和组织工作遭到极大的破坏,使干部制度和干部队伍陷于空前严重的混乱状态,大大延误了这个问题的正确解决。现在,在新的历史时期中,经过从十一届三中全会到六中全会的卓有成效的工作,党在指导思想上拨乱反正的历史任务已经胜利完成,党的思想、政治和组织状况已经大为改善,安定团结的政治局面已经大为巩固。在这样的情况下,中央认为,把新老干部适当交替的问题提到全党的重要议事日程上来,有秩序有步骤地加以妥善解决的时机和条件,已经成熟了。

二、我们党的老干部是党的宝贵财富。在长期和残酷的革命战争中,在战火纷飞和白色恐怖的年代里,我们党的老干部出生入死,不怕牺牲,英勇奋斗,为推翻反动统治,为民族和人民的解放,为建立新中国,作出了巨大贡献。新中国成立以后,他们又同全国各族人民一道,把长期贫穷落后的中国,建设成为一个具有独立的比较完整的社会主义工业体系和国民经济体系,经济、文化和科学技术都有了相当可观的基础的、发展中的伟大的社会主义国家。十年内乱时期,他们中的绝大多数同志坚持了马克思列宁主义、毛泽东思想的原则立场,同林彪、江青反革命集团进行了各种形式的坚韧斗争。近几年,他们在党的十一届三中全会路线指引下,为拨乱反正,推进社会主义现代化建设事业,做了大量的工作。中国革命和建设的历史反复证明,我们党的老干部,不愧为中国人民伟大事业的中坚力量。没有这样大量的老干部,没有中国革命各个时期中牺牲的先烈和今天仍然健在的老同志,没有他们的艰苦卓绝、可歌可泣的长期斗争,中国人民革命和建设事业的胜利和发展,是不可想象的。对于党的老干部的不可磨灭的历史功勋,我们全党全军和全国各族人民,我们的子孙后代,都是决不会忘记,也决不应当忘记的。

但是,今天仍然健在的老干部的相当一部分,毕竟年老体弱,精力差了,越来越难以承受领导工作的沉重负担。这是不可抗拒的自然规律。有鉴于此,为了使我们的事业后继有人,保持我们党的路线、方针和政策的连续性,保持党的领导稳定性,必须用极大的努力,选拔和培养成千上万的德才兼备、年富力强的中青年干部,使他们参与各级的各种领导工作,得到更多的实际有效的锻炼,逐步地从老干部手里接好班。我们的老同志,要为党的事业着想,为人民的长远利益着想,以天下为己任，高高兴兴、满腔热情地欢迎和支持资历较浅、年纪较轻的优秀干部担负主要领导职务，同时使自己退出主要领导岗位，转到比较超脱的地位。这是老干部在新的历史时期的一项重大和光荣的历史责任。为了保证新老干部适当交替的顺利进行，并使一切将要退下来的老干部都能得到妥善的安排，中央认为，建立老干部离休退休和退居二线的制度，是必要的。

三、老干部离休退休和退居二线的制度，是保障党和国家政治生活正常进行和健全发展的一项极其重要的制度，必须立即着手有系统地建立和健全起来，使之经常化，并且严格地加以实行。不同国家和社会各有自己的退休制度，这些制度不可避免地各有自己的特殊性。我们的老干部离休退休和退居二线的制度，当然也必须从我党我国的实际情况出发，从广大老干部的实际情况出发。只有这样，才能真正做到合情合理，使退下来的老同志各得其所，才能有利于新老合作，巩固和发展安定团结的政治局面，才能强有力地促进我们的社会主义现代化建设事业。

老干部离休退休年龄的界限，考虑到当前干部的实际状况和接替条件，应当规定：担任中央、国家机关部长、副部长，以及省、自治区、直辖市纪律检查委员会和法院、检察院主要负责干部的、正职一般超过65岁。副职一般不超过60岁。担任司局长一级的干部，一般不超过60岁。当然，个别未到离休退休年龄，但因身体不好，难以坚持正常工作的，经过组织批准，可以提前离休退休。另一方面，个别虽已达到离休退休年龄，但因工作确实需要，身体又可坚持正常工作的，经过组织批准，也可以在一定时间内暂不离休退休，继续担任领导职务。

退居二线，包括当顾问和荣誉职务，不属于离休退休。那些身体还好、又有比较丰富的领导经验和专业知识、但因年龄或名额限制不宜进入领导班子的老干部，可以安排担任负有一定职责的顾问，或从事某一方面的调查研究、参谋咨询的工作。那些为党的事业作出重大贡献、威望比较高、但是坚持正常领导工作(包括当顾问)有困难的老干部，可以安排适当的荣誉职务。担任顾问和荣誉职务不宜重叠，原则上一人一职。

至于原来担任领导职务的著名专家、学者和文艺家，如果年事已高。则应当大力支持他们把宝贵的时间和精力集中用于研究和著述，为他们配备必要的助手和提供较好的工作条件，也可以让他们担任某些荣誉职务，除有特殊情况外，一般不必再从事行政领导工作。

除了上述原则规定之外，中央认为，还应当强调指出，在党和国家领导人中，需要保留少量超过离休退休年龄界限的老革命家。特别是在当前和今后一个时期的历史条件下，我们这样一个大国，更需要有若干位经验丰富、德高望重，能够深谋远虑、统筹全局，而且精力尚能工作的老同志，留在党和国家的中枢领导岗位上。这是全局的需要，是保持国内安定团结和正确处理国际关系的需要，是完全符合党和人民根本利益的。

四、老干部离休退休后，一定要很好地安排照顾，基本政治待遇不变，生活待遇还要略为从优，并注意很好地发挥他们的作用。这应当成为我们党和国家的坚定不移的政策原则之一。

我们党是无产阶级政党，我们国家是社会主义国家，我们的老干部毕生以革命为业，而并不经营什么私人产业。同时，老干部离休退休，虽然离开了原来的工作岗位，不担任行政领导职务了，但在思想上、政治上和组织上并不因此而同样退休，任何一个共产党员的革命意志和组织纪律是绝对不能“退休”、“离休”的，他们仍然应当是共产主义革命者，仍然肩负着为人民服务，对人民负责的政治责任。因此，对于一切离休退休的老干部，他们的政治待遇，包括阅读文件、听重要报告、参加某些重要会议和重要政治活动等等，应当一律不变。生活待遇，包括医疗和交通工具等等，也应当一律不变。

新中国成立以前参加革命的不少老干部，老骥伏枥，壮心不已，决心在离休退休之后，无条件地终身坚持艰苦奋斗，这种高尚的革命精神是值得作为楷模在全党大力提倡和学习的。但是，考虑到许多老干部在长期的革命岁月中作出了重大贡献，又积劳成疾，体质越来越弱，在生活和治疗中都不同程度地会遇到一些困难，中央决定分别给以适当的补助。具体标准和实施办法，由中央组织部负责拟订。这样做，表达了党和人民对于老同志保持身体健康和较好地安排生活的应有关怀。中央相信，这个规定，必将得到全党同志和全国各族人民的衷心赞同。

对离休退休的老干部的服务工作，应由他们离休退休时所在的工作单位负责。原则上，在哪个地方离休退休，就居住在哪个地方。如果本人希望回乡或到某些适宜的地区定居，也应当积极地为他们安排，提供方便。

为了统筹解决老干部离休退休方面的问题，各级党委的组织部门应当建立健全老干部工作机构，专司其事。各级党政军的主要负责同志也应当经常督促检查，并且定期地把这一方面的工作提到党委的议事日程上来。

五、对于一切已经和即将离休退休的老干部，中央寄予殷切的期盼。这些老同志，在他们工作的几十年时间里，用巨大的精力和热情为中国人民的改革事业作出自己的贡献，并以此写成了他们自己的光荣历史。

离休退休以后,党交给他们的主要任务,是健康长寿,继续写完他们的光荣历史。中央希望他们,继续关心党的事业,关心国家和人民的命运,并在力所能及的范围内,为党为人民作出新的贡献。

我们已有不少老同志,离休退休之后,仍然热心于社会主义祖国的物质文明和精神文明的建设事业,并且利用一切适合于自己情况的方式,参加各种社会活动,保持同群众的联系,进行社会调查,或者认真写作有益于人民和青年的著作,或者积极参加有益于社会的轻微体力劳动,切切实实、点点滴滴地为人民做好事。他们不但严于律已,而且抱着高度的政治责任感,严格地教育和要求自己的子女和其他亲属。必须充分认识,老同志的这一件一件事情本身似乎并不轰轰烈烈,但是整个来说,它对我们社会的改造,特别是对青少年的教育,具有不可估量的巨大而又深远的意义。党的报刊要经常地如实地宣传报道这些老同志的事迹。

中央还希望一切离休退休和退居二线的老干部,向现在中央工作的老一辈无产阶级革命家学习。这几位老革命家,虽然由于党和人民的需要,服从党中央的决定,还要留在党和国家的领导岗位上,但他们是那样大公无私地、诚心实意地扶持在资历上、能力上、经验上不如自己的同志出来主持工作,而把自己的位置摆在后面,并且把这当作对党和人民的光荣责任和愉快的事。他们对大量日常性质的问题,放手地让处在第一线的同志去处理,而对重大问题,则又是那样认真地运用自己的丰富经验和政治智慧,竭心尽智地帮助处在第一线的同志出主意,并同集体的政治经验和集体的智慧相结合,尊重党中央的集体领导。这种马克思主义的革命精神和科学方法,正是在新的历史时期中,老同志应当如何发挥作用的极好榜样。

一切离休退休老干部的子女和其他亲属,都应当热情地赞助和支持老同志愉快地离休退休,同时应当更好地继承和发扬革命前辈艰苦奋斗的革命精神,沿着革命前辈的光荣的战斗道路前进。

六、在老干部离休退休的同时,大胆提拔中青年干部到各级主要领导的岗位上来,这是一个问题的两个方面,应当充分地估计到,经过新中国成立三十几年的工作和斗争,我们党确实已经培养和造就了一大批德才兼备、年富力强的优秀中青年干部。他们政治上坚强,有比较丰富的专业知识,有领导能力,经过锻炼和考验,而又精力充沛,完全有条件担任各种领导工作。这是我们党的希望所在,也是我们党具有伟大生命力的表现。如果看不到这一点,或者对这一点估计不足,而在选拔省、自治区、直辖市和中央、国家机关领导干部时总是在60岁以上的同志当中打圈子,拿不出魄力,打不开局面,就回贻误我们的事业,就会犯不可原谅的历史性错误。

选拔中青年干部,必须坚持德才兼备、年富力强这个正确标准。首先要看政治表现,要考察他们在“文化大革命”中的表现,特别是十一届三中全会以来的表现。德不好的,虽有某一方面的才能,但不能忠诚地为人民服务,在他们用实际行动切实改正并取得群众谅解信赖以前,一个也不能选拔到领导岗位上。那些跟随林彪、江青一伙“造反”起家的人,帮派思想严重的人和打砸抢分子,以及近几年来在政治上严重破坏党的生活准则和在经济上严重违法乱纪的人,现在还占据领导岗位的。要坚决撤下来。至于对比较年轻干部的领导经验,则不能要求过高。只有把他们放到领导工作的实践中去,才能够使他们由经验不多变为经验较多,愈益成熟起来。在这个问题上,一定要防止和克服任何论资排辈和求全责备的思想。对于德才兼备、年富力强的中青年女干部,尤应重视,不可歧视。中央相信,在十一届三中全会以来正确政治路线、思想路线和组织路线的指引下,只要我们真正依靠党的各级组织,依靠党内外广大群众,同时依靠广大富有经验、知人善任的老干部,善于集中群众的智慧,靠群众的眼力来识别和提拔干部,而不是少数几个人说了算,就一定能够把接班的同志选准,把这件大事办好。即使有个别人没有选准,或者后来经不起考验,变得不好,那也不难及时调整,无碍大局。

中央认为有必要唤起全党同志深刻地注意我们党的历史经验。我们党在走上历史舞台并且开始领导千百万人民群众进行伟大斗争的时候,甚至直到新中国成立的时候,党的各级领导者,包括今天仍然健在的老同志,几乎都是很年轻或者比较年轻的。在新的历史时期中,更应当充分地相信,只要继承和发扬党的优良传统,贯彻执行民主集中制,加强集体领导,发挥集体智慧,依靠老同志的帮助和支持,广大年轻和比较年轻的接班的新干部就一定能够领导人民,开辟更加光辉灿烂的远大前途。

七、建立老干部离休退休和退居二线的制度,妥善解决新老干部适当交替的问题,这是一场干部制度方面的深刻改革,是关系我们党兴旺发达,国家长治久安,社会主义现代化建设宏伟事业能够顺利实现的具有战略意义的重大决策。能否正确对待这件大事,对于我们各级党委和每一个共产党员,都是一次严峻的党性考验。

我们的同志应当理解,在职时努力工作是对党和人民负责的表现,由于年事已高、力不从心,不适应工作要求而退居二线或离休退休,也是对党和人民负责的表现。

我们的同志应当具有无产阶级的面向未来的宽广

胸怀,敢于打破一切轻视优秀中青年干部的习惯势力,欢迎新生力量的成长。看不起新生力量,不是唯物主义者应有的态度。

所有在职干部,都要尊重离休退休老干部,虚心向他们请教,热忱地体贴他们,做到对自己严格要求,对离休退休的老同志好好照顾,并且努力在全社会范围内造成敬老尊贤的优良风尚。那种对老干部在职时照顾备至,离休退休后就冷眼相待的恶劣做法,一定要批评制止。

中央相信,只要全党同心协力,坚定不移,不论遇到什么干扰和阻力都决不半途而废,就一定能成功地解决新老干部适当交替的问题,逐步建立起一整套适应社会主义现代化建设需要的领导体制和干部制度,并且用党章和国家法律的形式固定下来,造成一个我们的革命事业后继有人、兴旺发达的全新的局面,为胜利完成我们在新时期的宏伟历史任务奠定坚实基础。

**《人民日报》发表社论《坚决打击经济领域的犯罪活动》**

打击经济领域的犯罪活动,是党中央下决心要在今年抓紧解决的问题之一。这场斗争是关系到我们党和国家盛衰兴亡的大问题,非搞好不可。

一个时期以来,在一些地区和部门的干部甚至少数负责干部中,不同程度地存在着走私贩私,贪污受贿,把大量国家财产窃为己有等严重违法犯罪行为,破坏社会主义经济,破坏社会主义制度,严重地污染社会风气,严重地腐蚀我们党的肌体,损害党的威信。对于这样的重大问题,全党一定要抓住不放,雷厉风行地加以解决。对那些情节严重的犯了罪的干部,首先是占据重要职位的犯了罪的干部,必须依法给以严厉的法律制裁。

早在中国人民革命取得全国胜利的前夕,毛泽东同志尖锐地指出:"可能有这样一些共产党人,他们是不曾被拿枪的敌人征服过的,他们在这些敌人面前不愧英雄的称号;但是经不起人们用糖衣裹着的炮弹的攻击,他们在糖弹面前要打败仗。我们必须预防这种情况。"为了解决这个问题,我们在50年代初期开展了"三反"、"五反"的斗争。30年过去了,资本主义腐朽思想的侵蚀仍然是一个严重的问题。现在,我们实行对外经济开放的方针,同世界上170多个国家和地区发展了经济贸易往来,这是现代化建设的需要,今后还要扩大这种来往,这是不能动摇的既定方针。打击经济领域的犯罪活动正是为了更好地贯彻这一方针。但是,对随之而来的消极影响和资本主义腐朽思想的侵蚀,我们须保持清醒的头脑,予以高度的警惕。

我们必须严肃对待这一场斗争,大张旗鼓、雷厉风行地运用法律武器来保卫社会主义制度和"四化"建设。我们着重解决经济上的严重犯罪活动,首先是把那些负责干部中现行的经济上的重大犯罪案件,认真查处;同时对近两年来发生而没有严肃处理的经济上的重大犯罪案件,加以处理。只要重大案件解决了,小的案件就好办多了。在全国范围内,只要认真处理一批这样的案件,并且大张旗鼓地公之于众,广大干部和人民就会兴高采烈,党风和整个社会风气就会得到很大的扭转。

这场腐蚀、反腐蚀的斗争已经开始。各省、自治区、直辖市和中央各部门以及部队的党委,一定要采取坚决有力的措施把这场斗争进行到底,如果哪里的党委优柔寡断,对干部中首先是负责干部中在经济上存在的严重问题熟视无睹,姑息养奸,中央将追究责任。当然,对清查和处理经济上的重大犯罪案件,要下大决心,要实事求是。一定要把犯罪事实核对清楚,保证材料确凿无误。我们有决心有信心取得这场斗争的胜利!

**全国工业交通工作会议在天津召开**

会议于2月20日至3月4日召开。

国务院总理赵紫阳在会上就当前我国的经济工作发表了重要讲话。

会议传达了国务院领导同志的重要意见。会议要解决的主要问题有以下三个:今年的工交生产要有一个扎扎实实、经济效益比较好的增长速度;要使今年能源的生产、节约、调运和交通运输工作切实有所前进;要把今年整顿企业的具体安排确定下来。

受国务院的委托,国家经委主任袁宝华在会上作了报告。

袁宝华回顾了1981年我国工交生产取得的成绩和存在的问题,然后说:关于今年的工业生产和交通运输工作,党中央、国务院的大政方针已经定了,现在关键是狠抓落实,保持政策的连续性和稳定性,扎扎实实地实现"保四争五",即确保工业总产值比去年增长4%,力争增长5%的目标。

袁宝华指出,千方百计提高经济效益,这是发展消费品生产,调整重工业服务方向,组织交通运输工作的核心问题。现在不少企业忽视社会需要,片面地追求产值和利润,一边生产一边积压,搞了不少无效劳动。我们必须严格按照国家计划组织生产,按国家计划调拨产品。要坚持速度与效益统一,数量与质量统一,在提高产品质量、增加花色品种、降低成本、产品适销对路的前提下增加产量、讲求生产的有效性。凡预测不准,计划不当的,要根据社会需求情况,及时调整计划;产值利润计划和经济效益发生矛盾的时候,要服从经济效益。

袁宝华强调要大力增产适销对路的产品。他说:

根据城乡购买力的增长和人民群众需求的变化，使耐用消费品、纺织品、服装、食品、饮料、小商品、中小农具、日用化工、民用家具、文体保健用品以及少数民族和旅游特需用品的生产，在数量上有较大增长，质量上有明显提高，花色品种上有显著增加。

袁宝华讲到提高经济效益的其他措施。

袁宝华说，我们要认真贯彻执行党中央的指示，在抓好物质文明的同时，抓好精神文明的建设，使我们的党风、厂风有一个根本的转变。

会议通过讨论，还就解决能源生产、节约和煤炭运输问题，分期分批对企业进行全面整顿的问题，加强企业的思想政治工作，特别是搞好对城市人民的经济形势宣传教育问题等，进行了认真的研究，并作出部署。

参加这次会议的有各省、自治区、直辖市和国务院工交、财贸、军工等部门的负责人，还有部分中小城市和先进企业的代表，以及经济界的专家和学者。

**国务院总理赵紫阳在全国工业交通工作会议上发表题为《关于当前经济工作的几个问题》的讲话**

这次全国工业交通工作会议，围绕着提高经济效益，搞好今年工业生产和交通运输的问题，展开了讨论，交流了经验，研究了措施。大家反映，这次会议抓得早，指导思想比较明确，中心比较突出，开得是好的，对今年的工交工作将会有很大推动。现在讲以下几点意见：

（一）关于提高经济效益问题

全国工业生产在去年取得很大成绩的基础上，今年一开始又有新的进展。从1、2月份的情况看，势头是好的。看来，今年实现“保四争五”的发展速度是完全可能的。今年的危险，主要不是能不能增长4%或5%的问题，而是可能发生不注意经济效益的问题。据反映，目前层层加码、压产值指标的情况还是不少的。中央提出今年“保四争五”，已经考虑到各省的计划增长速度，列入了国家的统一计划。但是，有些地方和部门下达指标时，又不顾条件层层加码。大家想把产值搞多一些，把增长速度搞快一些，这是无可非议的。在调整时期，我国国民经济的发展，必须保持一定的速度，不能认为速度越低越好。问题在于要把速度和效益统一起来。我们要努力实现效益又好、产值增长又快的目标，这样的速度高一些当然好。如果只追求产值，不顾效益，这样的“速度”，不仅无益，反而有害，不如搞扎实一点好，以免务虚名，受实害。现在主要的问题不是忽视产值，而是忽视效益。一些地方和单位在增加产值上劲头很大，对提高经济效益却重视不够，或者停留在口头上，缺乏切实有力的措施。国务院认为，当前有必要强调端正工业生产上的指导思想，就是说，要讲求经济效益，有一个扎扎实实的没有水分的速度。不仅工业生产上是这样，在基本建设、流通领域，以至整个经济工作中，都有个端正指导思想的问题。

长期以来，我们在工业生产上不顾效益，盲目追求产值增长，办了很多蠢事。在1958年以后的几年，在“文化大革命”中，产值的水分相当大，浪费十分严重，这方面的教训是很深刻的。粉碎“四人帮”以后也还有这个问题。去年虽然水分比过去少了一些，但是许多地方在第四季度上得很猛，也带来一些问题。各省都要对去年速度中的水分计算一下，使头脑清醒。盲目追求产值增长的结果，势必造成大量物资积压。据国家统计局的资料，1981年年末商业部门库存超储积压的主要产品有58种。有些产品从局部看，增产是有利的，但从全局看，就恰恰相反。像华东、东北等地本来能源就十分紧张，有些地方却大量超计划生产铁合金等耗能高的产品出口，使华东、东北电网能源供应，不得不靠“寅吃卯粮”超负荷发电来维持。这样下去，不仅使比例失调加剧，而且必然会重复发生过去那种“工业报喜，商业报忧，仓库积压，财政虚收”的现象，最后还得靠银行发票子来补窟窿，致使国家和人民受实害。如果说过去没有经验，做一点蠢事难以避免；那么，现在应当学得聪明一些，决不能继续干过去那种蠢事了。小平同志曾经指出，注意经济效益是各项工作的一条十分重要的方针。我们应当在提高经济效益上挖潜力，求速度。去年在五届人大四次会议上，国务院提出经济建设的十条方针，其核心就是提高经济效益。既然全国人民代表大会批准了这个方针，我们在行动上就要体现这一方针，不能停留在口头上。今年我们一定要在提高经济效益上有个大的转变，开创出一个新局面。

我们讲经济效益，首先应当明确这样一个主要观点，就是要以尽量少的活劳动消耗和物质消耗，生产出更多符合社会需要的产品。前半句是讲要尽可能地节约，使活劳动和物质的消耗尽量减少；后半句是讲要创造出更多的社会财富，在这里关键是产品必须“符合社会需要”。只是讲生产出更多的产品还不行，这个提法不能体现经济效益。如果产品不是社会所需要的，生产得越多，浪费就越大。所以，我们生产的产品，包括质量、花色、品种，也包括一定的数量极限，必须符合社会需要，适销对路。这种需要，是现实的需要，是适合于现实投资水平和购买力水平的需要。社会需要是多方面的，有生产的需要，有生活消费的需要，对两大部类的产品都有要求。社会需要是随着生产建设的发展和人民生活的改善而不断地变化的，各个阶段各有不同的需要，各个地区也各有其特殊的需要。不论生产高中档产品，还是生产大路货，都要符合社会的需要。只有产品符合社会的需要,才能使它的劳动消耗得到社会的承认,才能使它的价值和使用价值得以实现,不致成为无效的劳动,成为无用的东西。我们的计划,应当从全局出发,瞻前顾后,尽可能地反映社会的要求,符合社会发展的需要。这样才能使国民经济有计划、按比例地协调发展。产品不符合社会需要,不适销对路,就谈不上按比例地、协调地发展。我们过去在经济工作中,恰恰忽视了这个根本点,因而发生许多问题。以尽量少的活劳动消耗和物质消耗,生产出更多符合社会需要的产品,这正是社会主义基本经济规律的要求,国民经济有计划按比例发展规律的要求。社会主义国家应当很好地研究社会需要,不断地满足社会需要,这是我们共产党人的宗旨。这个指导思想,必须牢固地树立起来。全党搞经济工作,应当在尽量节约活劳动消耗和物质消耗上下功夫,在符合社会需要上下功夫,努力在提高经济效益上走出一条新路子来。

提高经济效益的问题,涉及各个方面,难度相当大。符合社会需要为什么不容易做到,主要有两个原因:一个是认识上的限制。社会需要并不是一下子就能看清的,特别是事先不容易看得那么清楚,往往是在市场发生商品脱销的时候才知道缺,在仓库里积压得满满的时候才感到多。这就需要及时了解社会需要,了解市场的变化和趋势,改进和提高计划工作水平。另一个原因就是利益关系问题。我们要给企业以一定的利益,也要承认和照顾地方一定的利益。不承认这种利益就会吃"大锅饭",大家都可以不负责任;但给了一定的利益,部门、地区、企业就容易按自己的利益决定自己的经济活动。部门、地区、企业的决策有些是符合社会需要的,有些是和社会需要背道而驰的。有些产品,明明同社会需要对不上号,还要照常生产,工厂可以照拿利润,地方可以多得分成,商业部门、物资部门收购起来积压在仓库里也不着急,因为到最后要由国家的财政包起来。这样,产值中的虚假现象就长期存在而得不到解决。因此,提高经济效益,除了企业要改善经营管理、提高科学技术水平等以外,从根本上讲,牵涉到经济体制、经济结构的问题,要靠调整经济结构,改革经济体制来解决,否则没有出路。但是,我们也不能等经济体制改革好了,经济结构调整好了,再来行动。在当前体制不合理、结构不合理、价格不合理的情况下,解决这个问题需要充分发挥领导的作用,就是说要加强计划指导和行政干预,加强监督和检查。各级计委、经委有个重要的任务,就是发现积压的情况要负责查清,进行具体分析和认真处理。凡是符合社会需要的产品,只是由于流通环节上的问题而积压下来的,要积极加强推销工作,特别是要打开农村的销路,有的还要打开国际市场的销路;对那些明明社会不需要的产品,从全局看属于不合理的产品,就要采用行政的和经济的手段,坚决实行行政干预,不要怕得罪人。有些产品,的确生产过多了,就要限制生产。有些产品一时短缺,也不要一哄而上。我们讲经济效益,不仅要看到眼前的、局部的效益,更重要的是要看到长远的、全局的效益。为了使生产的产品符合社会需要,除了根据市场变化及时调整计划,采取行政干预和经济措施外,必须加强市场预测,改进计划工作。同时要尽快制定、公布产品的经济技术标准和建厂标准,严格执行,以制止盲目建厂、盲目生产。

把经济工作转移到提高经济效益的轨道上来,是实现财政经济状况根本好转的关键。我们应当全力以赴,作出成效,这是经济战线广大干部、职工面临的新课题,也是对我们大家的新考验。

关于当前的工业交通工作,大家反映比较集中的是能源、交通问题。我讲三点:第一,煤炭部、铁道部、交通部要进一步作出努力,把煤炭生产搞好,把调拨和运输搞好。今年头两个月煤炭生产情况是不错的,运输也是好的。但按计划调拨执行得比较差,要采取切实的措施,扭转这种状况;第二,各地要按照能源供应情况安排生产,对工业生产增长速度的要求,应同当地的能源供应求得平衡,否则就会落空。现在有些地方自己提出很高的指标,然后又要求国家多调煤炭,这是办不到的;第三,能源供应当前不可能再增加,出路主要靠节约,要千方百计在节约能源上想办法,不如此矛盾无法解决。

(二)关于坚持计划经济为主和全国一盘棋的问题

陈云同志最近对经济工作作了一系列重要指示,再次强调:我们的国家必须坚持以计划经济为主,市场调节为辅;国家建设必须是全国一盘棋;必须执行"一要吃饭,二要建设"的根本方针。同时还指出,经济特区现在第一位的任务是认真总结经验。这些都是经济建设中的重大方针原则问题,是针对当前经济生活中存在的问题而提出来的,有重要的现实意义。这些指示,同我们在经济工作上近几年所采取的对外实行开放、对内实行搞活经济的政策,是一致的。

党的十一届三中全会以来,我们在国家的统一领导和计划指导下,实行对外开放政策和对内搞活经济的政策,方向是正确的,成绩是主要的,没有这些改革,就没有今天这样好的形势。这是首先必须肯定的。但是,在执行对外开放、对内搞活经济的政策时,必须保持清醒的头脑,坚持陈云同志提出的上述几项原则。这也是我们党多年来坚持的根本方针和政策,不能放弃和削弱。现在,我们既要看到开放、搞活所取得的成绩的一面,也要清醒地认识到,开放和搞活以后,也不可避免地会带来一些问题。对此,我们既要敢于利用目前国际国内的有利条件,坚持对外开放、对内搞活经济的政策,以促进我国经济的发展,不能对已定的正确方针发生动摇;同时又必须足够地看到带来的问题,不能熟视无睹,放任不管。我们现在强调实行计划经济为主,强调全国一盘棋,也正是为了使我们头脑清醒,采取措施,防止和解决出现的问题,正确地健全地实行对外开放、对内搞活经济的政策,巩固计划经济的阵地,并为经济体制的进一步改革创造条件。

我们实行对外开放的政策,是为了把国外的先进技术、经营管理知识以及能够为我所用的资金引进来,以推进我国的社会主义现代化建设。既然开放,总会带来一些资本主义的坏东西、坏影响。走私贩私、投机诈骗、贪污受贿等活动会在某些地方和单位泛滥起来,资本主义的生活方式和腐朽思想会侵蚀我们党的肌体,干部队伍中某些意志薄弱者可能被“糖衣炮弹”所击中,党风、民风可能被污染。我们党曾经有过几次在实行新的重要政策和处在新的历史转折的时候,提出要警惕被资本主义腐蚀的问题。一次是抗战初期的国共合作,当时需要解决的主要问题是克服宗派主义和关门主义,走出去,打开统一战线的新局面。同时,党中央明确指出,要保持共产党在思想上、政治上、组织上的独立性,坚持独立自主的立场,防止党内发生问题。那一次我们搞得很好,利用当时的有利形势,大大发展了我们的力量,开创出了一个新局面,我们党没有被腐化,反而变得更加坚强。第二次是解放战争胜利后,我们党取得全国政权,由农村进入城市,面对花花世界。当时党中央、毛泽东同志及时提醒全党,要警惕资产阶级“糖衣炮弹”的袭击,接着又进行了“三反”、“五反”运动。那时我们党在政治上、思想上、组织上的状况非常好,经受住了考验。这一次我们利用国际国内有利条件,实行对外开放政策和对内搞活经济的政策,又面临着一场新的严峻的考验。这一次在国内国外,特别是国际上,资本主义腐朽思想对我们党的影响,比前两次大得多,也严重得多。而且由于经过十年动乱,党的优良传统和作风受到损害。所以在这个新的历史时期,更需要及时向全党提出警惕被资本主义腐蚀的问题,敲起警钟,清醒头脑,振奋精神,坚定意志,经受住这个考验。

现在,走私贩私、投机诈骗、贪污受贿等经济领域中的违法犯罪活动,比1952年“三反”、“五反”时严重得多。这些东西对党的组织和干部队伍的腐蚀相当严重,对整个社会风尚的毒化相当厉害,如不从现在开始立即开展坚决的斗争,再过两三年,在某些地区就会积重难返,无法收拾。这是在新的历史条件下,即对外实行开放政策和对内实行搞活经济政策的条件下,资本主义思想腐蚀的突出表现。同经济领域中各种违法犯罪活动的斗争,是我们在新时期内整个反对资本主义腐蚀的斗争的一个重要组成部分。这场斗争是不可避免的,是长期的。正如耀邦同志指出的,这是一个关系我们党的生死存亡,关系我们国家兴旺还是衰败的极其重大的问题。

我们要充分认识经济领域中各种违法犯罪活动的严重性、危害性和危险性,提高我们搞好这场斗争的自觉性。如果对走私贩私、投机诈骗、贪污受贿等犯罪活动不给予坚决有力的打击,不只物质文明的建设必将受到很大破坏,而且精神文明的建设也根本提倡不起来。现在打击经济犯罪活动,又搞“文明礼貌月”活动,群众讲,这样搞好,有希望了。经济战线各单位,一定要把这一斗争坚决进行到底,决不能走过场。当然,我们进行这场斗争,不采取搞运动的办法,而是采取办案的办法,特别是要抓一些重大案件的处理。这一斗争要结合企业的全面整顿、财务大检查来进行。要通过整顿和检查,发现线索,加强调查,查清问题,严肃处理,打击犯罪分子,教育广大干部。同时,要建立和健全各项规章制度,堵塞漏洞,使犯罪分子无空子可钻。这样做,就会对改善经营管理,搞好经济核算,提高经济效益,起到推动作用。

另一个值得注意的问题是,经济领域中的本位主义、分散主义以及自由化的倾向,近来有所滋长。这是新的历史条件下出现的又一重要问题。我们在国内实行搞活经济的政策,对地方下放部分权力,对企业扩大自主权,是为了调动地方、部门、企业和群众的积极性,使地尽其力,物尽其用,人尽其才,振兴我国国民经济。扩权、搞活以后,也容易产生本位主义、分散主义以及自由化的倾向,削弱和摆脱国家的统一计划,干扰和分割社会主义的统一市场,影响全国一盘棋。有些地方和单位不从国家的整体利益观察和处理问题,而是从局部、从自己的利益上打算盘:对上,不服从国家的统一计划,损大公肥小私;对左邻右舍,以邻为壑,损他人以利自己;对外,不执行统一对外、联合对外的政策,自相倾轧,肥水落到了外人田。比如,现在不管社会需要,不顾国家整体利益和长远利益,盲目建设、盲目生产的现象还不少。有些地方,统购派购任务也被冲掉了。地区之间搞经济封锁比较严重,这方面的事例很多。我们是统一的社会主义国家,要有统一的计划,统一的国内市场,决不能搞成一个省一个市场。如果那样搞,对我们国家政治上、经济上带来的后果将是不堪设想的。又如在对外贸易上,地区、部门、企业之间,竞相削价、互相拆台的现象也比较突出,已蒙受到不少损失。这样互相拆台,结果地方、企业得小利,而国家受大害。

为了加强经济工作的集中统一,必须坚持大计划、小自由,大集中、小分散,摆正全国一盘棋和发挥地方积极性的关系。对那些错误做法,国家就是要干预,要令行禁止,决不能各搞一套。

一、在对外贸易上一定要坚持统一对外、联合对外。在扩大地方、部门的某些外贸权限以后,必须采取有力措施,坚决制止多头对外、竞相削价的错误做法。在外贸上适当扩大地方权力,这是必要的,但同时必须切实解决同类产品联合对外销售的问题。要以主要口岸为中心,组织同类产品出口的联营,加强协调,加强管理。特别是沿海九省市,按地区扩大外贸权力后,更要加强同类产品的联合对外,切实防止在外贸上自成体系的倾向,以免割断传统的、历史的协作关系。有关部门应当制定必要的办法,以中心城市、主要口岸为依托,加强协调和联合。

二、国家计划调拨的产品,包括农副产品,必须严格按计划执行。不得扣留自用,或拿去搞协作,议价出售。

三、坚决纠正地区之间搞经济封锁。凡是按国家标准生产的合格产品,按国家计划定点生产的产品,除按计划调拨的以外,允许在全国销售,企业有权自行选购,各地党政机关不得干预。如有违反,企业有权抵制。

要关心老根据地、少数民族地区和边远地区。适合由当地生产的产品,要从技术、设备等方面给以支援和帮助,使这些地区的经济有更大的发展。

四、物价和税收管理制度必须集中统一。未经国务院批准,任何地方、部门、单位都不得擅自变动税率,自行减税或加税。凡属国家物价管理权限范围内的产品价格,不经国务院批准,不准擅自提价或降价。

陈云同志讲,当前经济特区第一位的任务是总结经验。我看不仅特区,也不仅广东、福建两省,全国都有个认真总结经验的问题。国内搞活经济的一些改革,外贸体制上的一些改革,都需要回顾和总结,使我们保持清醒的头脑,切实解决出现的问题,以便使经济体制改革健康地深入地开展下去。比如企业扩大自主权、实行经济责任制是必须坚持的,但确实有个利润如何分配的问题,如何做到国家、集体和个人三者兼顾,国家得多少,企业得多少,个人分多少,采取什么分配形式较为恰当等,都要认真研究。企业扩大自主权后,对企业的管理和监督也要相应跟上去。对地方适当分一些权是必要的,但应研究怎样避免块块之间搞封闭式经济体制,避免可能产生的本位主义和分散主义倾向,不使它影响全国经济上必要的集中统一,影响全国一盘棋。外贸体制一方面应注意如何发挥各级各单位的积极性,一方面又要防止在外商面前,自己同自己竞争,挖自己的墙脚,这也需要认真总结经验。总之,对外坚持开放政策,对内坚持搞活经济的政策是不会改变的;改革的方向是坚定不移的。但对存在的问题要重视,经验教训要总结。这样做,正是为了今后更好地推进改革。

关于改革问题,初步的打算是:

一、已经实行的经济政策今年总的不变,保持政策的稳定性和连续性。在处理经济利益的政策上,国家对企业,国家、企业对个人,大体稳定在去年国家规定的做法和水平上,但个别单位存在极不合理现象的,要作适当调整。

二、今年还要考虑明年怎么办的问题。要通过总结经验,提出对已实行的政策、措施明年如何补充、完善和调整的意见。看来大致有三种情况:一种是方向对、效果好的,就坚持。另一种是方向也是对的,但有某些副作用,只要管理跟上去就能解决的,应继续实行,加强管理,使它巩固和完善;如果根本方向是对的,但在相当时期内管理工作不可能跟上去,副作用还不能消除,这种情况就要作适当调整。再一种是政策措施不恰当的,明年要适当改正。不管怎么改,总的精神是把加强集中统一和搞活经济结合起来,在全国一盘棋原则和国家计划指导下,充分调动地方、部门、企业和群众的积极性。

三、要尽快把经济体制改革的总体规划搞出来,使改革有个长远的打算。

(三)关于企业的全面整顿和企业的调整问题

要提高经济效益,必须下功夫把企业整顿好。否则,一切工作都没有基础。关于整顿的目的、要求、方针、政策,党中央和国务院已经作了明确规定。我再着重说几点:

一、今年第一批整顿的,要选择那些问题比较多、潜力大、急迫需要整顿的大中型骨干企业。好的企业不要占很多,问题多的要先整顿。这些企业整顿好了,经济效益可以很快提高。有些企业领导班子强、基础工做好,由他们自己搞,或者放后一点搞。根据这个精神,各地确定的企业整顿的名单要重新调整一下。

二、要重点抓好企业领导班子的配备和领导制度的改革。从国务院这次机构改革的情况看,调整充实企业领导班子的步子可以迈得大一些,搞得精干有力一些。中央机关一改,对企业会有很大推动。企业里人才很多,年纪在40岁左右、熟悉业务、德才兼备的干部和技术人员大有人在,应选拔一批进领导班子,使领导班子能够向年轻化、知识化、专业化、革命化方面大进一步,有个明显的变化。为达到这个目的,在这次整顿中,选配企业的正副经理、正副厂长,应该有一个年龄限制。除了像鞍山钢铁公司这样的特大型企业,或者像中国船舶公司这样的全国性公司以外,正副经理、厂长应尽量配备50岁以下的,最多不超过55岁。党委书记、职工代表大会负责人年纪可以稍大一点，但也不能太大。有些同志在企业里不到退休年龄，身体还好，可以退到二线，做参谋、顾问、咨询工作。有的同志建议大型骨干企业要选相当于大学程度的、有一定实践经验的同志当厂长，这个意见好。有的企业如果选大学程度的人当厂长有困难，至少也要选具有中专程度的，或自学成才的。在这次整顿中把企业领导班子配好，企业的面貌才可能有大的变化。

三、认真实行定员定额和职工轮训。这次机构改革以后，中央机关的大批干部都要组织学习、轮训。这是具有战略意义的一件事。在这次整顿企业中，随着经济责任制的落实，也要下决心把多余的职工调出来学习，坚持搞下去，几年后我们整个职工队伍的水平就会发生变化。把多余的人都泡在车间、班组里，弊病很多，一定要改。各地要努力创造这方面的经验。

四、切实加强领导。各级党委和政府要把全面整顿企业的工作列入议事日程，领导同志要亲自抓，各级经委和工业交通各部、各厅局要具体抓，蹲点组要真正蹲下去抓。中央决定，各省、自治区、直辖市今年暂不进行机构改革，以便集中精力做好企业的整顿和其他各项工作。中央各部也要有专人负责，不要因为机构的变动而影响工作。要求有关各部立即开会研究，制定规划，派出蹲点组。国家经委要检查督促。我们一定要扎扎实实地搞两三年整顿，把企业的各项基础工作做好，达到中央的要求，使企业的经济效益大大提高，出现一个崭新的面貌。

与此相联系的，还有个企业调整问题。关停并转那些产品不符合社会需要、耗能很多、长期亏损的工业企业，制止盲目地新办工业企业，这是提高社会综合经济效益，实现企业结构合理化、工业布局合理化的一项积极措施。考虑到今年要重点进行企业整顿，又要处理经济违法案件，还要实行机构改革，工作量很大。因此，1982年企业调整的工作只能在一定范围内进行。首先是关停那些耗能特别高的冶金厂、化工厂，产品质量很差的机械厂、电子厂，经济效益很低的炼油厂，以及同先进企业争原材料、燃料、动力的某些县社工业企业。还要组织力量对企业摸底排队，制定调整企业的规划和关停企业的具体处理办法，为明年有计划地开展这一工作做好准备。

同时，还要注意有步骤、有重点地抓好企业的技术改造。在目前经济调整时期，一方面许多机械厂任务严重不足，而2000多万吨钢材却存放在仓库里，基建队伍也没有多少事干，还照样开工资，出管理费；另一方面工厂设备又日益老化，有些已到了非更新不可的地步。能不能想办法从哪里“启动”一下，使各方面都活动起来呢？可以考虑通过卖方信贷的形式，由银行贷一笔款给机械厂，把钢材转给它们，由它们加工成效能高的新设备，卖给需要的单位，把效能差、耗能高的旧设备换下来。这并不要花很多钱，因为进行技术改造，在一般情况下，设备就占投资的85%左右，其他还要搞一点土建，费用不多，可由地方或企业自筹解决。这样一搞，积压的钢材有了出路，机械工业活了，可供回炉冶炼的废钢铁增多，冶金工业也带动起来，国家的税利收入将要增加，工厂的技术装备水平也会发生新变化。第二汽车制造厂去年试行这个办法，效果良好。技术改造，设备更新，今年就要起步。要围绕节约能源来进行，首先抓锅炉、汽车、变压器、水泵、风机等几种重要产品和一些基础元器件的改造。要抓好鞍山钢铁公司、南京化学工业公司等大企业的技术改造，取得经验再行推广。

（四）关于财政问题

1981年由于贯彻前年12月中央工作会议精神，认真抓了调整，财政情况比预计的好。财政收入完成年计划的102.8%，收支相抵，财政赤字比向五届人大四次会议报告的27亿元还少。但是，财政上还存在相当大的困难，今年的财政预算还列有赤字30亿元。所以，我们既要看到形势好的一面，又要看到今年财政上有潜在危险的一面。如果不能实现财政收支的基本平衡，财政赤字增大，势必增发货币，影响市场物价的基本稳定，影响安定团结的局面。

今年总的精神是要巩固稳定经济的成果，在此基础上稳步前进。无论如何不能在经济初步稳定以后就掉以轻心，把潜伏着的危险重新激化起来。因此，中央和国务院要求，要进一步贯彻调整、改革、整顿、提高的方针，继续保持财政收支、信贷收支的基本平衡和物价的基本稳定。这不仅是经济问题，而且是政治问题。

解决财政问题，从根本上讲，是要努力发展生产，提高经济效益，搞好增收节支。除了已经部署的要继续大力发展消费品生产，改变重工业服务方向，认真整顿企业等以外，还应重点抓好以下几个问题：

一、稳定农副产品的收购价格。现在货币投放多，各种补贴多，财政负担很重。1981年国家对30多种商品补贴达到320亿元，其中80%以上是和农副产品的价格有关。这两年农副产品虽然提价很少，但加价、议价占的比重越来越大，农副产品的实际收购价格仍在步步上升。解决这个问题，总的来讲，政策要稳定，但超过政策界限、突出不合理的，应加以调整。要参照浙江等地的做法，确定农副产品的统购派购基数；原来放弃了这个办法的地方，应当把它恢复起来。有些新产区到今年已过了三年，明年要考虑重新确定合理的征购任务或征购所占的比重。对超购加价、议价，也要予以整顿和控制。

二、奖金的发放要加以控制。在省、自治区、直辖市范围内,今年大体稳定在去年水平上,重点放在解决发放中的平均主义,贯彻按劳分配,使奖金真正发挥作用。乱发奖金的现象要坚决纠正。

三、严肃财政纪律,加强监督检查,堵塞跑冒滴漏。现在不少企业乱摊成本、偷漏税款、截留上缴利润等已达到相当严重的程度。必须引起重视,加以解决。年初进行的财务大检查收效不错,应继续进行。发现的问题应及时处理,不能大事化小,小事化了。

四、基本建设投资一定要控制。现在列入计划的属于财政支出的基本建设,不可能有大的突破,但用自筹资金、企业自有资金和银行贷款搞的固定资产投资,数量已经相当大。这里面问题不少,各省、自治区、直辖市要检查一下,有些项目效益很差,该停的要停下来,该继续进行的,要研究怎样把资金用好。再一个问题是,有些地方自己设立投资信托公司,拉走银行存款去搞建设。总的看,钱就是那么多,你这边搞了投资信托公司,他那边银行的存款就少了,实质上是把本来一部分用于流动资金的贷款,转向了基本建设,拉长了基本建设战线,不利于提高经济效益。现在重申,除了由国务院批准和委托有关部门批准的投资信托公司外,所有投资信托公司都交给银行。筹集、使用资金的任务一律交由银行办理,不能脱离银行另搞一套。

总的讲,现在我们的整个经济形势已经走出“锅底”,但潜在的危险并未根本消除,宁可把问题估计得重一些,决不能掉以轻心,盲目乐观。

(五)关于加强思想政治工作的问题

在新的形势下,思想政治工作决不应当削弱,而应当加强。多年来我们的政治机关忙于搞运动,如何做好经济领域的思想政治工作还缺乏一套完整的经验。我们应当下功夫研究总结这方面的经验。思想政治工作,应当根据四个现代化建设的要求,同经济工作结合起来,同职工思想实际结合起来,做到有的放矢,真正解决问题。这次会议讨论了怎样加强思想政治工作,介绍了大庆油田加强职工队伍建设的经验,天津碱厂通过学习厂史和中国近代史,开展热爱党、热爱祖国、热爱社会主义教育的经验。这些都比较生动,比较实际,具有说服力。我们要通过细致的思想政治工作,使坚持四项基本原则,兼顾国家、集体、个人三者的利益,“一要吃饭,二要建设”等根本指导方针和原则,在职工思想上扎根,在工作中落实。

党的十一届三中全会以来,党和政府在农村、城市都为改善人民的生活做了最大的努力,大多数群众是满意的。当前城市人民的思想状况总的说是稳定的、向上的。也要看到,现在城市里有少数人还不大满意,有一些牢骚。其中还有个别别有用心的分子,唯恐天下不乱。看来有必要在今年选择一个适当时机,在城市普遍进行一次生动的经济形势的教育。要通过这一教育,向城市居民全面地算一算账,让广大群众了解,粉碎“四人帮”以后特别是三中全会以后的几年,国家是在什么情况下来解决人民生活问题的。物价涨了多少,人民收入增加多少,国家对城市人民补贴多少,就业增加多少,工资奖金总额增加多少,职工住宅增加多少,耐用消费品销售增加多少,城市储蓄增加多少,都一笔笔地摆开算算。全国有一本账,从1979年到1981年三年:安排回城的、城镇的待业青年2600万人;新建城市职工和居民住宅2.2亿平方米;国家每年对农副产品销售价格的补贴增加到200多亿元。职工工资总额1981年比1978年增加251亿元,增长44%;职工年平均工资由1978年的614元,增加到1981年的772元,增长25.7%,等等。每个城市、每个企业、每个单位也都有这样一本账,要通过事实、数字来说话。对存在的问题,也要实事求是地讲清楚。比如党政机关干部、科研人员、教师,集体企业一部分职工,实际收入提高不多,甚至有所下降。可以让群众公开地把意见讲出来,便于有针对性地进行教育,也便于改进我们的工作。从上海、辽宁、徐州等地进行教育的结果看,这样做,大多数群众会明白真相,消除误解,感到党和国家确实尽了最大的努力,为人民谋福利。上海第二织布厂通过算账,原来一谈生活问题就有牢骚怨气的职工,也变得心平气顺,干活有劲了。宁波市绣服厂一位党支部书记,她讲了几句很深刻、很客观的话。她说,工人讲,这几年,一是口袋里钞票多了;二是物价也涨了;三是收入支出仔细算算,还是口袋里钞票多了;四是青年人的要求也高了。工人群众是非常通情达理的。只要我们认真进行经济形势教育,正气就能更好地树起来,流言蜚语就没有市场。

通过经济形势的教育,我们还应当进一步引导人民群众,充分认识我国的国情,树立勤俭建国、艰苦奋斗的思想。我国是一个发展中的社会主义国家,人口多,底子薄,各方面建设的任务十分繁重。生活的改善只能随着生产的发展而逐步实现,提出不切实际的过高要求,是不对的,不能实现的。在生活问题上,我们既不能简单地同发达的资本主义国家类比,也不能同盛产石油的国家或某些靠加工繁荣起来的国家和地区类比。为了把我们伟大的祖国建设得更加繁荣富强,为了使全体人民达到“小康”的水平进而过更富裕的生活,必须经过长期的艰苦奋斗。这就需要认真落实“一要吃饭,二要建设”的方针。人民生活需要逐步改善,但也有个量力而行的问题,我们还需要拿出一部分资金和物资,投入建设,不断扩大再生产,向四个现代化进军,这是全国人民的根本利益所在。如果只讲生活享受,分光吃光,不搞建设，富裕的生活是永远不会到来的。我们要通过教育，使人们正确认识和处理好建设和生活、积累和消费的关系，把目前利益同长远利益结合起来。

我们深信，今年经过打击经济领域里的违法犯罪活动，提倡建设精神文明，加上经济形势的教育，人们的精神就会大振，社会的风尚也会大为好转。

**中央纪委和福建省有关领导机关严厉查处工商管理干部参与走私贩私案**

据《人民日报》报道，福建晋江县最近严肃处理了一件县工商管理干部和走私贩私分子勾结，进行走私贩私活动的案件。在中央纪律检查委员会，福建省有关领导机关的直接干预下，排除干扰，基本上查清了真相，主犯晋江县工商局干部施园目，已被开除党籍，依法逮捕，进行审理。

**国务院副总理谷牧在人民大会堂设宴欢迎罗马尼亚副总理兼外贸和国际经济合作部部长科尔内尔·布尔蒂卡**

谷牧说，中罗两党、两国和两国人民之间有着深厚的革命友谊。

布尔蒂卡说，罗中两国之间的友谊与合作是罗中两国党政领导人长期努力的结晶，是经得起考验的。罗马尼亚党很重视继续发展同中国在各个领域里的友好合作关系。

**外贸部部长郑拓彬同罗马尼亚副总理兼外贸和国际经济合作部部长科尔内尔·布尔蒂卡在北京举行会谈**

双方就中罗两国政府1982年度交换货物和付款议定书达成了协议。根据协议，1982年两国之间的贸易额将比上年度有增长。

**文化部 国家民委和中国美协在北京民族文化宫举行全国少数民族美术作品展览评奖揭晓发奖大会**

班禅额尔德尼·确吉坚赞、杨静仁、刘澜涛、周扬、贺敬之、周巍峙、江平、李贵、吴雪、吴作人、江丰等参加大会并向获奖者发了奖。

此次获奖的作品共152件，其中优秀奖9件，佳作奖126件。汉族作者反映少数民族生活作品获表彰奖的17件。获奖作者共178人，其中少数民族作者143人。

## 2月21日

**《人民日报》发表评论员文章《必须严惩执法犯法分子》**

施园目身为工商管理局的干部，竟破坏国家有关工商管理的法律、法令和政策，利用职权包庇纵容走私贩私分子，甚至参与走私贩私活动。对这类目无党纪国法；公然执法犯法者，必须根据党纪国法从重惩处，以儆效尤。

近几年来，一些地区走私贩私活动日益猖獗，规模越来越大。一个很重要的原因，就是我们的一些机关和企业事业单位的党员和干部，特别是一些占据重要职位的干部，被资产阶级糖衣炮弹所击中，同不法分子相勾结，狼狈为奸。现已查明，有相当一批走私贩私活动，是内外勾结进行的。这些和走私贩私分子勾结的干部掌握着大小不同的权力，有些甚至是相当负责的干部，这就难怪有些走私贩私活动能够披着“合法”的外衣，明目张胆地进行，旁人难以过问。我们必须坚决同这种腐败势力作斗争，严厉惩处那些胆敢执法犯法的党员干部，才能有效地打击走私贩私和投机倒把等不法活动，有效地制止经济领域的不正之风和违法乱纪行为。

坚决制止内外勾结进行走私贩私活动，严惩执法犯法分子，是一场严重的斗争。这类不法活动，往往一个案子牵连不少人，涉及不少单位，其中有些还是领导机关和领导干部，他们为了保自己，或者采取各种办法为犯罪分子窝赃销赃；或者制造种种借口为犯罪分子开脱罪责，企图大事化小，小事化了，或者把问题复杂化。就拿施园目这样一个干部来说，他利用职权包庇纵容和直接参与走私贩私的犯罪活动，早就被发觉了，但是直到前不久才逮捕归案。类似这种长期拖延，没有及时严肃处理的情况不是个别的。这里可能有几种情况：一种是领导班子涣散软弱，明知是违法乱纪的事也不敢处理；一种是派性作怪，有意无意地袒护违法犯罪分子；一种是领导干部本身也受到资本主义腐朽思想的侵蚀，自己不干净，因而知情不办，或者多方袒护犯罪分子。无论是哪种情况，都说明我们内部存在漏洞，其结果都是使党纪、政纪和法纪废弛，纵容走私贩私活动。为了巩固和发展社会主义经济，保障国家和人民的经济利益，更好地执行对外开放政策，特别是为了使我们党和国家健康的肌体不在政治上被腐蚀，我们一定要冲破重重阻力，坚决同这种犯罪活动作斗争。对于那些有走私贩私、投机倒把、行贿受贿和贪污盗窃行为的干部和职工，都应在查清事实的基础上，依法予以惩处；对于坦白交代、洗手不干确有悔改表现的人，可酌情从轻处理；对那些袒护犯罪分子的党员干部，应视情节的轻重，对他们进行严肃的批评，给予必要的纪律处分，直至追究法律责任。我们一定要严肃党纪、政纪和法纪，决不能姑息养奸、养痈遗患。

**国家计委 国家经委等 7 部门联合发出通知要求采取行政和经济的办法克服自行车 缝纫机 手表和钟的盲目发展**

国家计委、国家经委、国家机械工业委员会、轻工业部、财政部、中国人民银行和中国人民建设银行联合通知强调,各地区、各有关部门一定要认真加强自行车、缝纫机、手表、钟等行业发展的计划性,切实讲究经济实效,严格贯彻国家规划要点中确定的有关方针、政策和规定。已定点的企业要按照布点规划的规模要求,制定本企业的发展规划,可以提前完成规划的 1985 年的产量指标,但不能超过规划确定的扩建规模。对不在规划内的非定点生产单位,各地区要会同有关部门积极进行调整。银行不再给这些企业贷款、拨款,有关部门不再提供产品图纸、技术资料以及元配件、零部件(包括次品),也不对这些企业的职工进行技术培训。

通知还规定,对上述四种产品的现有生产企业,一律不再减税免税。

**财政部公布《中华人民共和国外国企业所得税法施行细则》**

(1982 年 2 月 17 日国务院批准,1982 年 2 月 21 日财政部公布)

第一条　本细则依据《中华人民共和国外国企业所得税法》(以下简称税法)第十八条的规定制定。

第二条　税法第一条所说的设立机构,是指外国企业在中国境内设有从事生产、经营的机构、场所或营业代理人。

前款所说的机构、场所,主要包括管理机构、分支机构、代表机构和工厂、开采自然资源的场所以及承包建筑、安装、装配、勘探等工程的场所。

第三条　外国企业同中国企业合作生产、合作经营,除另有规定者外,合作双方应当分别缴纳所得税。

第四条　税法第一条所说的生产、经营所得,是指外国企业从事工、矿、交通运输、农、林、牧、渔、饲养、商业、服务以及其他行业的生产、经营所得。

税法第一条所说的其他所得,是指股息、利息所得,出租或者出售财产所得,转让专利权、专有技术、商标权、版权等项所得,以及其他营业外收益。

第五条　税法第四条所说征收地方所得税的应纳税的所得额,与税法第三条所说的应纳税的所得额相同,都是按照本细则第九条所列公式计算出来的所得额。

第六条　税法第四条第二款所说生产规模小、利润低的企业,是指全年所得额在 100 万元以下的外国企业。

第七条　税法第五条所说的利润率低的企业,包括深井开采煤矿资源、利润率低的外国企业。

第八条　外国企业所得税的纳税年度,指公历每年 1 月 1 日起,至 12 月 31 日止。

外国企业按照前款规定的纳税年度计算有困难的,可以提出申请,报当地税务机关批准后,采用本企业满 12 个月的会计年度计算纳税。

第九条　应纳税所得额的计算公式如下:

一、工业:

1. 本期生产成本 = 本期生产耗用的直接材料 + 直接工资 + 制造费用

2. 本期产品成本 = 本期生产成本 + 期初半成品、在产品盘存 - 期末半成品、在产品盘存

3. 产品销售成本 = 本期产品成本 + 期初产品盘存 - 期末产品盘存

4. 产品销售净额 = 产品销售总额 -(销货退回 + 销货折让)

5. 产品销售利润 = 产品销售净额 - 产品销售成本 - 产品销售税金 -(销售费用 + 管理费用)

6. 应纳税所得额 = 产品销售利润 + 其他业务利润 + 营业外收入 - 营业外支出

二、商业:

1. 销货净额 = 销货总额 -(销货退回 + 销货折让)

2. 销货成本 = 期初商品盘存 + [本期进货 -(进货退出 + 进货折让)+ 进货费用] - 期末商品盘存

3. 销货利润 = 销货净额 - 销货成本 - 销货税金 -(销货费用 + 管理费用)

4. 应纳税所得额 = 销货利润 + 其他业务利润 + 营业外收入 - 营业外支出

三、服务业:

1. 业务收入净额 = 业务收入总额 -(业务收入税金 + 营业支出 + 管理费用)

2. 应纳税所得额 = 业务收入净额 + 营业外收入 - 营业外支出

四、其他行业:参照以上公式计算。

第十条　下列各项,在计算应纳税所得额时,不得列为成本、费用或损失:

一、机器设备、建筑设施等固定资产的购置、建造支出;

二、购进各项无形资产的支出;

三、资本的利息;

四、所得税税款和地方所得税税款;

五、违法经营的罚金和被没收财物的损失;

六、各项税收的滞纳金和罚款;

七、风、水、火等灾害损失有保险赔款部分;

八、用于中国境内公益、救济性质以外的捐赠款;

九、支付给总机构的特许权使用费；

十、与生产、经营业务无关的其他支出。

第十一条　外国企业支付给总机构同本企业生产、经营有关的合理的管理费，以及支付给总机构直接提供服务所发生的实际费用，应当提供总机构的证明文件和单据凭证，并附有注册会计师签证的会计报告，经企业所在地的税务机关审核同意后，可以列支。

外国企业同中国企业合作生产、合作经营，在合同中订有摊销总机构管理费的协议，经当地税务机关审核认可的，可以按照合同确定的方法列支。

第十二条　外国企业支付的借款利息，应当提供借款付息的证明文件，经当地税务机关审核，属于正常借款的，准予按合理的利率列支。

第十三条　外国企业用于同生产、经营业务有关的合理的交际应酬费，应当提供确实的记录或单据凭证，分别在下列限度内，准予作为费用列支：

一、全年销货净额在1500万元以下的，其交际应酬费不得超过销货净额的3‰；全年销货净额超过1500万元的，其超过部分的交际应酬费，不得超过该部分销货净额的1‰。

二、全年业务收入总额在500万元以下的，其交际应酬费不得超过业务收入总额的10‰；全年业务收入总额超过500万元的，其超过部分的交际应酬费，不得超过该部分业务收入总额的3‰。

第十四条　外国企业在用的固定资产，应当按期逐年计算折旧。固定资产是指使用年限在1年以上的房屋、建筑物、机器、机械、运输工具和其他与生产经营有关的设备等。不属于生产、经营主要设备的物品，单位价值在500元以下，使用期限又较短的，可以按实际使用数列为费用。

第十五条　固定资产的计价，应当以原价为准。

外国企业同中国企业在合作生产、合作经营中，作为投资的固定资产，以合作各方议定的价格作为原价。

购进的固定资产，以进价加运费、安装费和使用前所发生的有关费用作为原价。

自制、自建的固定资产，以制造、建造过程中所发生的实际支出作为原价。

从国外运进自有已经使用过的固定资产，应当提供该项资产的原价和已使用年数的证明以及有关的市场价格资料，重新按质估价。不能提供确实证明的，由企业估价，报当地税务机关按质核定其价格。

第十六条　固定资产应当从投入使用的月份起计算折旧。年度中间停止使用的固定资产，应当自停用月份的次月起，停止计算折旧。

从事开采海洋石油资源的企业，在开发阶段的投资，以油(气)田为单位，全部累计作为资本支出，从本油(气)田开始商业性生产的月份起计算折旧。

第十七条　固定资产的折旧，应当先估计残值，从固定资产原价中减除，残值以原价的10%为原则；对于需要少留或不留残值的，应当报经当地税务机关批准；采用综合计算折旧的，可以不留残值。

固定资产的折旧，一般应当采用直线法平均计算。

第十八条　各类固定资产，计算折旧的年限如下：

一、房屋、建筑物，最短年限为20年；

二、火车、轮船、机器设备和其他生产设备，最短年限为10年；

三、电子设备和火车、轮船以外的运输工具以及与生产经营业务有关的器具、工具、家具等，最短年限为5年。

外国企业由于特殊原因，需要加速折旧或改变折旧方法的，可以提出申请，经当地税务机关审核后，逐级上报财政部批准。

从事开采海洋石油资源的企业，在开发阶段及其以后的投资所形成的各类固定资产，可以综合计算折旧。折旧的年限，不得少于6年。

从事开采煤矿资源的企业，比照适用前款的规定。

第十九条　固定资产在使用过程中，因扩充、更换、翻修和技术改造而增加价值，并延长了使用年限的，所发生的支出，应当作为资本支出，不得列为费用。

固定资产提取折旧足额后仍可继续使用的，不再计算折旧。

第二十条　转让或变价处理固定资产的收入，减除未折旧的净额或残值后的差额，列为当年度的损益。

第二十一条　外国企业受让专利权、专有技术、商标权、版权、场地使用权和其他特许权等无形资产，按照合理的价格所支付的金额，从开始使用的月份起，分期摊销。

外国企业同中国企业在合作生产、合作经营中，作为投资的前款无形资产，可以按照协议、合同规定的金额，从开始使用的月份起，分期摊销。

前两款无形资产在受让时或者作为投资时规定有使用期限的，可以按照规定期限分期摊销；没有规定使用期限的，摊销期限不得少于10年。

第二十二条　外国企业在筹办期间所发生的费用，应当在开始生产、经营后，分期摊销。摊销期限不得少于5年。

从事开采海洋石油资源的企业所发生的合理的勘探费用，可以在已经开始商业性生产的油(气)田收入中分期摊销。摊销期限不得少于1年。

第二十三条　商品、原材料、在产品、半成品、产成品和副产品等的盘存，应当按照成本价计算。计算方法，可以在先进先出、移动平均和加权平均等方法中，由企业选用一种。需要变更计算方法的,应当报经当地税务机关批准。

第二十四条 外国企业不能提供准确的成本、费用凭证,不能正确计算应纳税所得额的,由当地税务机关按其销货净额或业务收入总额,参照同行业或类似行业的利润水平,核定其利润率,计算应纳税的所得额。

外国企业承包勘探、开发海洋石油资源的工程作业,按其承包收入总额核定利润率,计算应纳税的所得额。

第二十五条 外国的航空、海运企业从事国际运输业务,都以其在中国境内装载客货收入总额的百分之五为应纳税的所得额。

第二十六条 外国企业同中国企业合作生产,采取产品分成方式的,分得产品时,即为取得收入,按照卖给第三方的销售价格或参照当时的市场价格计算收入额。

从事合作开采海洋石油资源的外国企业,在分得原油时即为取得收入,按参照国际市场同类品质的原油价进行定期调整的价格,计算收入额。

第二十七条 税法第十一条所说的来源于中国的股息、利息、租金、特许权使用费和其他所得,解释如下:

股息,是指从中国境内企业取得的股息或分享的利润;

利息,是指从中国境内取得的存款、贷款的利息;购买各种债券的利息以及垫付款、延期付款等项的利息;

租金,是指将财产租给中国境内租用者而取得的租金;

特许权使用费,是指提供在中国境内使用的各种专利权、专有技术、版权、商标权等而取得的收入;

其他所得,是指上述各项所得以外,经财政部确定征税的所得。

第二十八条 前条所说来源于中国的股息、利息、租金、特许权使用费和其他所得,除另有规定者外,都按照收入全额计算应纳税额,税款由支付单位在每次支付的款额中扣缴。

第二十九条 税法第十一条所说国际金融组织,是指联合国所属国际货币基金组织、世界银行、国际开发协会、农业发展基金组织等金融机构;所说优惠利率,是指比国际金融市场一般利率至少低百分之十的利率。

第三十条 税法第十一条所说的中国国家银行,包括中国人民银行、中国银行、中国农业银行、中国人民建设银行、中国投资银行和经国务院批准的对外经营外汇存放款信贷业务的国际信托投资公司等。

第三十一条 税法第十一条第四款所说的存款利息所得,不包括外国银行在中国国家银行按照低于国际金融市场利率的存款所取得的利息。低于国际金融市场利率的存款利息所得,免征所得税。

第三十二条 税法第十一条所说支付的款额,包括现金支付、汇拨支付、转账支付的金额,以及用有价证券、实物支付时折算的金额。

第三十三条 税法第七条规定的分季预缴所得税额,可以按照实际计算的季度利润额预缴,也可以按照本年度计划利润额或上年度所得额计算的应纳税额的四分之一预缴。

第三十四条 外国企业营业不满1年的,按照实际营业期间的所得额,适用税法所规定的税率,计算缴纳所得税。

第三十五条 外国企业的开业、停业,应当分别在开业后或停业前三十天内,按照税法第十条的规定,向当地税务机关办理开业或停业的税务登记。

第三十六条 外国企业在纳税年度内无论盈利或亏损,都应当按照规定期限,向当地税务机关报送所得税申报表和会计决算报表;除另有规定者外,还应当附送在中华人民共和国登记的注册会计师的查账报告。

第三十七条 外国企业如遇特殊原因,不能按照规定期限报送纳税申报表时,应当在报送期限内提出申请,经当地税务机关批准,可以适当延长,并相应延长汇算清缴的期限。

缴纳税款期限和报送报表期限的最后一日,如遇公休假日,可以顺延。

第三十八条 外国企业的财务收支以实行权责发生制为原则。各项会计记录必须正确、完整,都应当有合法的凭证作为记账依据。

第三十九条 外国企业所用会计凭证、账簿和报表,应当使用中国文字记载,也可以使用中、外两种文字。

会计凭证、账簿和报表,至少保存十五年。

第四十条 外国企业的销货发票和营业收款凭证,应当报经当地税务机关批准后,方可使用。

第四十一条 税务机关派出人员,对企业的财务、会计和纳税情况进行检查时,应当出示证件,并负责保密。

第四十二条 外国企业所得为外国货币的,分季预缴所得税,应当按照填开纳税凭证当日国家外汇管理总局公布的外汇牌价,折合成人民币缴纳税款;年度终了后汇算清缴所得税应补、应退的税款,按照纳税年度终了的最后一日国家外汇管理总局公布的外汇牌价,折合成人员币进行退补。

第四十三条　外国企业违反税法第八条、第九条第一款、第十条、第十二条规定的,税务机关根据情节轻重,可处以5,000元以下的罚金。

第四十四条　外国企业违反本细则第三十九条第二款、第四十条规定的,税务机关根据情节轻重,可处以5000元以下的罚金。

第四十五条　税法第十五条第三款所说的偷税、抗税,解释如下:

偷税,是指纳税人有意违反税法规定,伪造、涂改、销毁账册、票据或记账凭证,虚列、多报成本、费用,隐瞒、少报应纳税的所得额或收入额,逃避纳税或骗回已纳税款等违法行为。

抗税,是指纳税人违抗税法规定,拒不办理纳税申报和提供纳税证明文件、单据凭证;拒绝接受税务机关对财务、会计和纳税情况进行检查;拒不依法缴纳税款、罚金等违法行为。

第四十六条　税务机关根据税法和本细则规定处以罚金的案件,应当填发违章案件处理通知书。

第四十七条　外国企业按照税法第十六条的规定,提出申请复议的案件,税务机关应当在接到申请后三个月内作出处理决定。

第四十八条　外国企业所得税申报表和纳税凭证,由中华人民共和国财政部税务总局统一印制。

第四十九条　本细则的解释权,属于中华人民共和国财政部。

第五十条　本细则以《中华人民共和国外国企业所得税法》的公布施行日期为施行日期。

## 2月22日

### 五届全国人大常委会第二十二次会议在北京举行

彭真副委员长主持会议。会上,全国人大常委会法制委员会副主任高克林作了关于修改《中华人民共和国民事诉讼法草案》的说明。高克林说,五届人大四次会议曾经作出原则批准民事诉讼法草案,并授权全国人大常委会审议修改,公布试行的决议。大会之后,全国人大常委会法制委员会研究了人民代表、政协委员、法制委员、中央各政法机关和有关部门对原草案提出的意见,本着便利人民进行诉讼,便利人民法院办案,有助于安定团结的精神,对原草案进行了修改。高克林还就一些具体修改内容作了说明。

乌兰夫、韦国清、彭冲、廖承志、许德珩、史良、习仲勋、杨尚昆、班禅额尔德尼·确吉坚赞副委员长出席了会议。

国务院副总理杨静仁,最高人民检察院检察长黄火青,各省、自治区、直辖市人大常委会负责人,列席了会议。会议从23日起,将分组逐条讨论和审议《中华人民共和国民事诉讼法草案(修改稿)》。

### 各省区市公安厅局长电话会议在北京召开

公安部副部长吕剑光在会议上说:今年1月份全国整顿社会治安的工作取得较好的效果,刑事案件大幅度下降。

吕剑光在电话会议上通报了今年1月全国整顿社会治安工作的进展情况:1月份全国发生的各类刑事案件,比上月和去年同期都下降29%,其中重大、特大案件比上月下降20.5%,比去年同期下降6.9%。18个大城市1月份发生的各类刑事案件,比上月下降25%,比去年同期下降36.8%,其中重大、特大案件比上月下降19.5%,比去年同期下降21.6%。

吕剑光说,全国社会治安情况能有这样的进展,主要是由于各省、自治区、直辖市对治安工作普遍抓得早,抓得紧,特别是各级党委都很重视。各地公安机关在省、自治区、直辖市党委和政府的领导下,进一步加强了工作。他指出,这是一个好的开头,但不能放松工作。当前,危害社会治安的因素还大量存在。

吕剑光要求各地公安机关进一步强化基层基础工作,提高发现、控制犯罪的能力,减少发案;继续集中打击流窜犯;狠抓重点地区和重点方面,对经济领域中的犯罪活动,雷厉风行地进行查破;要通过开展"全民文明礼貌月"活动,积极促进对社会治安的综合治理。

席国光副部长在电话会议上传达了公安部关于开展"文明礼貌月"活动的通知。他说,这一活动对整顿社会治安秩序,加强公安工作,提高公安队伍素质,具有重要意义。

### 《人民日报》发表评论员文章《一要吃饭二要建设》

"人民生活是要改善的,第一要吃饭,而且要吃饱,不能吃得太差,但是也不能吃得太好。第二要建设。一个国家吃光用光,那这个国家就没有希望。只有吃饱后,国家还有余力来建设,这才有希望。"陈云同志这段话,完整地阐述了改善人民生活与国家进行建设的辩证关系。

国家建设与人民生活的改善,两者互为条件,相互促进,相互制约。经济建设的目的,归根到底是为了满足人民的物质和文化生活需要,但是,改善人民生活需要具备一个前提条件,就是进行经济建设,不断扩大生产。正确处理好两者的关系,是我们社会主义国家必须解决的重要课题。在这个问题上,我们有成功的经验,也有不少教训。我们应该总结经验教训,从我国的实际情况出发,正确地安排人民的生活和国家建设。

现在有些现象值得我们重视。有些人只想改善生活，不顾国家建设，这样就会自觉或不自觉地吃光用光。少数企业和个别地方的干部，无视社会主义整体利益和国家法律，用各种不正当的办法挖国家的墙脚，结果是亏了国家，到头来还是损害了人民。例如，有些企业不顾生产有无增长，产品质量有无提高，滥发奖金和津贴；有些地方不顾国家的农副产品统购派购任务是否完成，任意用提价、加价、议价办法来增加农民的收入。这种化大公为小公、损公利私的做法，如不设法纠正，势必损害国家的利益，损害人民的长远利益。

三中全会以来，我们坚决纠正了片面强调基本建设，忽视人民生活的错误，为改善人民生活尽了最大的努力。例如，提高了农副产品的收购价格，减轻了部分地区农村的税收负担，扩大了城镇劳动就业，实行了物质鼓励和奖金制，兴建了大批职工住宅，等等，使城乡绝大多数人民的实际收入有了增加。由于采取这些措施改善人民生活，国民收入的分配比例发生了显著变化，消费基金在国民收入中的比重，已由1978年的63.5%，上升到1981年的70%左右，积累部分相应下降。应当肯定，为改善人民生活采取的这些措施是必要的，但不能超过国家财力物力可能负担的程度。在今后几年调整国民经济过程中，我们要继续改善人民生活，但是不能花钱过多，否则势必增加财政赤字，扩大货币发行。如发生这种情况，将对稳定物价很不利，我们应该尽量避免。

人民生活的改善，必须建立在生产发展的基础上。马克思再分配理论告诉我们，生产决定分配。就是说，人民生活改善的程度，决定于生产发展的快慢，有了物质基础，改善生活才有条件。因此，我们首先要根据社会和人民生活的需要，千方百计地发展农业和消费品工业。我们应该努力增加生产，增加财政收入，统筹安排人民生活和国家建设，在发展生产的基础上，逐步改善人民生活。

总之，要正确处理积累和消费的关系。人民生活改善的速度不能高于生产发展和劳动生产率提高的速度，人民购买力增加的幅度要同社会消费品的增长幅度相适应，国民收入中的积累部分必须保持一定增长速度和比重。各级经济部门领导同志，应该自觉地遵循这些原则，以此作为准绳，妥善安排人民生活和经济建设。

### 全国数量经济学第一次讨论会在西安召开

讨论会于2月22日到3月3日召开。讨论会是由中国数量经济研究会和中国社会科学院经济研究所等6个单位发起的。

参加讨论会的专家们认为，过去30多年我国经济建设所以没有取得应有的效益，一个重要原因就是忽视了数量的研究和分析。讨论会围绕着提高经济效益，着重讨论了数量经济学理论、经济系统与投入产出分析、经济计量模型和经济预测四个问题。

### 中国第一家民间外贸服务机构——上海机电产品对外咨询服务公司在上海成立。

该公司的任务是，采用灵活的工作方法，在外商和国内企业之间，牵线搭桥，承办各种经济技术咨询工作，推动机电产品出口，促进对外经济技术交流和合作。

### 中国和民主德国在柏林签订关于1982年交换货物和付款协定

经双方努力，今年两国的贸易额有所增长。

中国政府贸易代表团团长、外贸部副部长王润生和民主德国贸易代表团团长、外贸部副部长欧根·卡特纳分别代表本国政府在协定上签字。

### 国防部部长耿飚在人民大会堂会见由阿尔及利亚空军司长阿布德里少校率领的人民军空军代表团

耿飚在会见时说，中阿两国人民和军队很早就开始互相帮助、互相支援，今后，我们可以发展更为密切的友好关系。

阿布德里说，这次我们同中国朋友就进一步加强阿中两国空军之间的友好关系进行了成功的会谈，对此我们感到十分满意。他在谈到两国关系时说，阿尔及利亚人民永远不会忘记，在我们进行解放战争的年代里，中国首先向我们提供了多种形式的支持和帮助。

### 外交部副部长浦寿昌在新德里举行的"新德里磋商"(南南会议)全体会议上发言

浦寿昌表示，中国积极支持发展中国家加强团结合作，争取建立新的国际经济秩序，努力发展独立的民族经济。

他指出："进入80年代以来，世界经济情况的不断恶化加重了不公正、不平等的现存国际经济关系对发展中国家的危害。一些发达国家坚持消极立场，使南北谈判停滞不前。"

他说："坎昆会议后，人们曾经期望，国家元首和政府首脑们在那次会议上所表示的意愿将化为行动，在联合国以一种紧迫感支持就发动全球谈判达成一致意见。但由于美国的一再阻挠，使人们的期望落了空。"

他说："第三十四届联合国大会通过关于全球谈判的34/138决议已经两年多了。两年多以来世界经济情况的发展，使早日发动全球谈判的迫切性和必要性更加突出了。人们越来越认识到,发展中国家在各个具体领域里要求解决的问题,不论是它们当前的急需或者是它们长远的发展,都涉及对现存国际经济关系的逐步改革。因此通过全球谈判,根据这些问题互相联系的关系,采取全面和整体的解决办法,才能使这些具体问题得到合理的解决。当前,许多发展中国家,特别是最不发达国家,确实有一些紧迫问题亟待解决。它们希望在一些重要领域里采取紧急措施的要求,应当得到充分的理解和支持。当然,这不是说我们可以放松促使全球谈判早日发动的努力。相反,在一些具体领域里谋求紧急措施,正需要全球谈判会议发挥中心作用,进行协调和给予指导。这样可以更好地保证这些紧急措施符合发展中国家长远发展利益的需要,有利于推动建立国际经济新秩序的进程,而不至于成为脱离建立国际经济新秩序这一根本目标的权宜措施。”浦寿昌说:“当前严峻的世界经济形势,南北谈判的停滞不前,都要求发展中国家格外加强相互之间的经济合作。发展中国家进行经济合作,促进各自的经济独立和集体自力更生,逐步摆脱在经济上对发达国家的依附关系,这本身就会促使现存国际经济关系发生根本变化,同时也会增强发展中国家对发达国家的谈判地位。”

他说:“我们深信,只要采取的步骤和措施切实可行,讲究实效,真正体现平等互利的原则,并且在条件许可的情况下给予最不发达国家适当的照顾,南南合作一定会稳步发展起来,并且结出丰硕的果实。”

中国代表说:“中国作为一个发展中的社会主义国家,同其他发展中国家同命运、共呼吸,历来把加强同发展中国家的经济技术合作作为自己坚定不移的政策。尽管中国的经济还比较落后,财力、物力有限,30多年来我们还是在力所能及的范围内,在平等互利的基础上,同许多发展中国家在贸易、工业、农业、交通运输等各个领域里开展了有成效的经济技术合作。目前,中国经济正处于调整阶段,这种合作的规模暂时受到一些限制。但是,我国同发展中国家加强经济技术合作的对外政策是不会改变的。随着调整工作的实现和中国经济的稳步发展,我国将努力扩大这种合作的领域和规模,争取为全球范围内的南南合作作出更多的贡献。”

中国代表最后说:“可以断言,发展中国家争取经济独立,建立新的国际经济秩序的共同事业,必将同当年争取政治独立一样,冲破一切困难和阻挠,取得最后的胜利。”

浦寿昌在讲话中还对荣获第二届第三世界基金奖的坦桑尼亚总统尼雷尔表示祝贺和敬意。

**《现代国际关系》(论丛)第一辑出版**

现代国际关系研究所主编的《现代国际关系》(论丛)第一辑,已由时事出版社出版。该论丛是为适应广大读者了解和研究国际形势、国际关系发展的需要而出版的。第一辑有反对霸权主义斗争的几个突出问题的论述,有对苏美两霸战略问题的分析,有论述日美关系展望、里根的“经济复兴计划”和西欧通货膨胀问题的文章,还有对印度的经济、中美洲和加勒比地区形势的分析。此外,并辟有人物和资料专栏,介绍了法国总统密特朗和美国的一些思想库资料等。

## 2月23日

**全国供销合作总社发出通知要求各省区市供销合作社坚决纠正化肥经营中的不正之风**

通知说,当前,有不少地区在化肥经营中出现了严重的不正之风,主要是:有的领导人不顾国家计划,随意“批供”,影响计划分配的兑现;有的干部、职工利用职权,多买优质肥自用;有的单位违反政策,以肥易物,搞不正当交易;有的单位把计划内化肥,擅自抬高售价,从中渔利;有的干部、职工内外勾结,投机倒把,搞非法活动。

通知指出,以上发生的问题,违反了政策,破坏了计划,损害了群众利益,引起群众的强烈不满,严重影响了党群关系,必须坚决纠正。通知作出了五条规定:

一、各级供销社要立即对化肥经营中的不正之风,认真地进行检查。通过检查,对广大干部、职工进行一次遵纪守法的教育。领导干部要以身作则、严于律己,认真执行政策,严格遵守制度,个人一律不准“批供”。对其他部门的领导人“批供”,应说明情况予以抵制。供销社的干部、职工购买化肥,要与农民同等对待,按规定办事,严禁利用职权抢先多买优质肥,必须坚决纠正“近水楼台先得月”的错误做法。

二、加强计划管理,坚持按计划供应。

三、坚决执行国务院关于稳定市场物价的通知。凡是计划内供应的化肥,必须按国家制定的价格执行,不准擅自提价。严禁把计划内化肥,转为计划外高价出售。

四、坚决制止以化肥换购汽车及其他物资,搞不正当交易。一经发现,必须认真处理,彻底追究领导机关及有关人员的责任。

五、配合有关部门加强市场管理,打击投机倒把。

**外贸部部长郑拓彬在北京同厄瓜多尔工商部部长奥尔兰多·阿尔西瓦尔·桑托斯率领的政府代表团举行会谈**

**中国代表团特别顾问申健在新德里出席“新德里磋商”(南南会议)并发表谈话**

申健说:“南南合作是增强我们在南北谈判中地位和改革现存国际经济关系的力量所在,也是摆脱对发达国家的经济依附的主要手段。”

他说:“在建立新的国际经济秩序过程中,南南合作与南北谈判是不可分割的两个方面。”

在谈到发展中国家在南南合作中取得的经验时,申健说,中国代表团认为,按照发展中国家在实践中摸索出的一些切实可行的原则开展南南合作是十分重要的。这些原则是:

第一,南南合作应该坚定不移地朝着发展独立的民族经济、加强集体自力更生的方向努力,并按照平等互利、互相照顾的原则进行。

第二,南南合作的总规划应该考虑到发展中国家的不同利益和要求,使参加合作的各方都能受益,并且对最不发达国家的特殊困难给予优惠照顾。

第三,合作的项目应该根据实际情况力求切实可行,讲究实效,发挥各自的经济优势,共同提高自力更生的能力。

第四,区域性和全球性跨区域的经济合作,应该互相促进,互为补充。

第五,南南合作应该有助于增进发展中国家的团结,加强对发达国家的谈判地位,推动新的国际经济秩序的建立。

申健说,虽然每个发展中国家对一些具体问题存在着不同的要求和某些分歧。但是,它们面临着共同任务,根本利害一致。因此它们之间的分歧是不难克服的。

他说:“中国是一个发展中的社会主义国家,属于第三世界。我们和广大发展中国家,过去有共同的遭遇,当前又面临着共同任务。我们一贯重视南南合作。”他接着回顾了新中国成立30多年来中国同发展中国家进行的经济技术合作和贸易往来,并表示,中国“愿意用开辟新的合作领域、采取多种合作方式、从双边、三边合作到多边合作等办法,扩大这种合作”。

**解放军总政治部发出通知要求全军指战员积极参加“全民文明礼貌月”活动**

通知对部队参加“全民文明礼貌月”活动提出如下要求:

一、加强建设社会主义精神文明、开展“全民文明礼貌月”活动的宣传教育。各部队要广泛深入地宣传建设社会主义精神文明的战略意义,宣传今年的“全民文明礼貌月”活动着重解决的问题,使中央的要求家喻户晓,深入人心,成为指战员的自觉行动,并持之以恒。

二、立即行动起来,积极参加到“全民文明礼貌月”活动中去,并作出表率。各部队要认真开展爱国卫生运动和植树造林活动,净化、绿化、美化营区和营区周围的环境;要严格遵守部队的条令、条例,保持良好的营区秩序,自觉遵守交通秩序和公共场所的各项规定;要积极增进部队内部和军政军民之间的团结,时时、处处讲文明、讲礼貌。各军分区、人武部要积极组织、发动广大民兵参加这项活动。

三、积极配合地方搞好“全民文明礼貌月”活动。凡有部队驻扎的地方,一定要使当地不卫生的角落和地段的面貌有较大的改观;驻少数民族地区的部队,要尊重当地的风俗习惯;驻城镇的部队,特别是驻大城市的部队,更要抓住重点,作出成效。

四、各级领导和政治机关,对“全民文明礼貌月”中需要着重解决的问题,要提出具体要求,采取切实措施加以解决。各级领导干部要以身作则。要及时督促检查,总结经验,表彰先进,使“全民文明礼貌月”的活动搞得扎扎实实,卓有成效,推动部队加强社会主义精神文明的建设。

**中共中央 国务院作出《关于严禁进口、复制、销售、播放反动黄色下流录音录像制品的规定》**

《关于严禁进口、复制、销售、播放反动黄色下流录音录像制品的规定》(以下简称《规定》)中指出,对于录音录像制品的进口必须严格加强管理。凡属内容反动和黄色下流的录音录像制品,任何单位和个人不得公开或私下出售、复制、出租、代客转录和播放,也不得从海外电视、广播中收录或转播这类节目,招揽观众。凡私人携带入境和由其他途径输入的唱片、有声录音带、录像带,发现内容反动、黄色下流的,一律按海关规定没收,情节严重者应课以罚款。

《规定》指出,对于外国录音录像制品中并非黄色下流的,其中健康的、正当的或虽只有娱乐性但尚非低级趣味的部分,必须区别对待。为满足广大文艺工作者和人民群众欣赏、借鉴外国文艺节目的需要,促进各国人民间的交流,对海外文艺录音录像制品,由国家指定的音像出版单位有选择地出版。非国家指定的音像出版单位,一律不得经营上述业务。

关于国内生产唱片、有声录音带和录像带的工厂,利用剩余生产能力为外商进行唱片、有声录音带、录像带来料加工业务,规定必须经省级以上主管部门严格审查批准。凡内容反动、黄色下流或者没有版权证明的录音录像制品,一律不得加工。来料加工产品只许外销,一律不准在国内销售或作任何其他非法处理,包括播放、转录、赠送等。

《规定》要求，自本规定发布之日起，凡不符合本规定的从事反动、黄色下流的录音录像制品进口、复制生产、销售等业务者，应一律取缔。尚未售出的内容有害的录音录像制品，一律在上级监督下消磁、销毁或封存。流散在社会上的上述有害制品，应发动群众，通过教育，动员持有者自动交出或销毁。

《规定》要求国家干部、共产党员、共青团员要带头遵守；并动员社会上各方面的力量来监督、检查本规定的执行。违反本规定的党员干部，除依法惩处外，并按党纪政纪从严处分。

**国务院公布第二批全国重点文物保护单位共62处**

**动画片《三个和尚》在第三十二届西柏林国际电影节短片电影比赛中荣获柏林银熊奖**

动画片《三个和尚》形象生动，妙趣横生。在电影节期间，这部片子共上映5场，每次放映时，观众笑声朗朗，掌声不断。电影节一位工作人员散场后说：“很少见到这么风趣，富有幽默感的好短片。”

## 2月24日

**《人民日报》发表社论《树立全国一盘棋思想》**

我国是社会主义国家，生产资料公有制占绝对优势，这就决定了我们进行经济建设，必须实行“计划经济为主、市场调节为辅”的方针。要想在行动上做到按国家统一计划办事，首先在认识上要树立全国一盘棋思想。国家是一个有机的整体，进行经济建设要各个方面互相协调，不能你东我西，各自为政。“全国一盘棋”应该成为经济建设的一个重要指导思想。

坚持全国一盘棋，就要树立全局观念、整体观念。棋坛名手对阵，无论横车跃马，还是飞象走卒，都要从全局来衡量。为了换取全局的优势，有时舍车丢马在所不惜。经济建设也是一样，为了全国这盘大棋，各部门、各地区直至厂矿企业、农村生产队，都要识大体，顾大局，时刻想着十亿人民，想着社会主义祖国，做到局部利益服从整体利益，眼前利益服从长远利益。正如一些同志说的，要打国家的“大算盘”，不能只打个人、部门、地方的“小算盘”；要从全局的利益出发，讲“北京话”、“普通话”，不能只代表局部的利益，只讲“地方话”。当然，地方利益、企业利益包括个人利益，只要是合理的、正当的，都是应该承认和照顾的。

在当前，坚持全国一盘棋的中心问题，是正确认识和处理计划经济与市场调节的关系。计划经济体现了我国社会主义制度的优越性，体现了国家和人民的根本利益。市场调节是计划经济的辅助和补充，必须以计划经济为指导。市场调节同计划经济，不是平行关系，而是从属的关系。市场调节只能在计划经济允许的范围里边活动，决不能越出这个范围。对于市场调节，我们要利用它，更要领导它。

我们思想上一定要明确，无论农业生产，还是工业生产，都要坚持“计划经济为主、市场调节为辅”这个方针。那种认为农村实行了各种生产责任制，可以不要国家计划指导的思想；那种认为厂矿企业扩大了自主权，可以不严格执行国家计划的思想，都是缺乏全国一盘棋思想的表现，都是错误的。试想，如果农民盲目种植对自己有利的作物，工厂盲目生产赚钱多的产品，就必然要冲垮国家计划，还谈什么有计划按比例地进行社会主义经济建设呢？说到底，农民也好，生产队也好，厂矿企业也好，只能在国家计划允许的范围以内活动。这个道理，广大农民和职工都会想得通的。

在经济建设中，各个部门、地区、行业以及厂矿企业、生产队之间，都是互相依存、互相联系，有着错综复杂的关系。要使国家各项生产建设计划顺利完成，需要互相配合，共同努力。凡纳入国家计划的产品，生产部门要按计划生产，按计划交货；商业、物资、外贸、交通运输部门要按计划收购、调拨和供应。生产、建设、流通等各个领域，都要把完成国家计划作为首要任务。

一个时期以来，少数部门、地区、企业的领导干部，看问题、办事情，不是从全局的利益出发，而是把本地区、本部门、本企业的局部利益摆到第一位。如在发展消费品生产中，看到热门货有利可图，就不顾主客观条件，一哄而起。有一个省盲目建立40多家洗衣机厂，造成产品积压，浪费了原材料，消耗了能源。而真正受群众欢迎的名牌产品，却依然供不应求。收音机、电视机、手表、自行车、电风扇等耐用消费品的生产，都存在这样的问题。与此同时，有些人民群众日常需要的大路货、小商品，由于利润很小或没有利润，就出现减产甚至停产的现象。在农村，由于没有加强计划指导，有一些地区出现了烟叶种植面积急剧增加的问题，也出现了油菜籽发展过于迅猛的问题。不妥善解决这些问题，就会给我们经济建设的全局带来损失。

个别地区，还出现这样的现象：为了推销质量低劣的本地产品，不惜采取地区封锁手段，不准其他省、市的优质产品进入他们管辖的范围。这是不容许的。无论哪一个地区，都是中华人民共和国的一部分。只要是中华人民共和国的产品，可以在全国的任何地区销售，任何地区、任何部门、任何领导人，都没有权阻止。要允许正当的竞争，不能保护落后。

实行计划经济，要有必要的行政干预。当然，处理经济问题，在一般情况下，还是采用经济的办法。今后工业生产有必要规定这么一条:凡是市场不需要的产品不得生产。对消耗高、质量差、产品不对路的企业,要继续进行关、停、并、转。有些能源供应紧张地区的土焦炉、小炼油厂、小电石厂、小铅厂、小铁厂,为了全局的利益,该停的坚决停下来,对耗电高的社队工业,也应严加限制。

坚持全国一盘棋,加强计划管理,决不意味着恢复过去那种集中过多、管得过死的老办法。近几年来,我们在农业、工业、财贸等方面进行了一些改革。这些改革尽管还是局部的、探索性的,但是已经取得了显著成效。经济搞活的方针是完全正确的,不仅不会改变,还要继续坚持。坚持全国一盘棋,坚持计划经济为主、市场调节为辅的方针,目的是把国家的统一领导和企业、生产队正当的自主权结合起来,真正做到管而不死,活而不乱。

**中共中央主席胡耀邦在中南海会见罗共中央政治执行委员会委员 政府副总理科尔内尔·布尔蒂卡**

胡耀邦指出,中罗两党、两国的关系是很好的,是经得起考验的。中国党政领导人很重视继续发展同罗马尼亚的友好合作关系。

胡耀邦说,扩大中罗两国经济合作的关键是开辟合作的新领域。我们希望,在双方的共同努力下,使我们的经济合作关系更为理想。

布尔蒂卡说,我们这次对中国的访问很成功。我们同中国领导人讨论了继续发展罗中两国的经济合作问题,我们双方都有决心扩大经济合作的领域。

**中共中央副主席邓小平在北京见民主柬埔寨国家主席团主席乔森潘**

邓小平赞扬民主柬埔寨政府坚持联合抗越的正确立场,并希望柬埔寨各爱国力量以民族利益为重,尽快地联合起来。邓小平对乔森潘同西哈努克亲王这次在北京会晤就促进联合抗越所取得的积极成果表示赞赏。

乔森潘表示,民主柬埔寨政府将始终坚持联合抗越的原则立场,决心同所有抗越爱国力量一道把斗争进行到底。会见时在座的有:国务院副总理兼外交部部长黄华,外交部副部长韩念龙,中国驻民主柬埔寨大使孙浩。民主柬埔寨驻中国大使毕姜也参加了会见。会见后,邓小平设宴款待民主柬埔寨客人。

**农业部负责人就如何夺取农业更大丰收答《人民日报》记者问**

问:今年国家对农业的发展提出了新的更高的要求,提出这些要求的根据是什么?夺取今年农业丰收的条件如何?

答:赵紫阳总理在五届人大四次会议上提出,发展农村经济,必须贯彻“决不放松粮食生产,积极开展多种经营”的方针。根据这一方针,要求今年争取粮食产量超过历史最高水平,经济作物和林牧渔以及多种经营、社队企业等各业,要继续全面发展,还要求努力提高经济效益,做到增产增收增贡献。实现这个目标,将为国民经济的调整改革提供较好的物质基础,广大农民的生活也将得到进一步改善。

实现今年国家对发展农业的要求,是有充分可能的。三中全会以来发展农村经济的一系列方针、政策,使几亿农民生产积极性越来越高,随着生产责任制的稳定完善,集体经济统一经营的优越性和社员个人的积极性,将会更好地结合起来。农业连年丰收,农村扩大再生产的能力大大提高。历年形成的农业基本建设的基础和大批科研成果将发挥更大作用。国家在物资、技术上对农业的支援,也有所加强。今年国家对农村供应的化肥数量有所增加,质量和品种搭配也有改善。国家加强了对技术骨干的培训工作,广大农业科技干部活跃在农业生产第一线,及时对农业生产进行技术指导。目前农村政治安定,经济初步繁荣,形势很好,这些都是夺取今年农业更大丰收的极为有利的条件。

问:当前夏季粮油生产的形势如何?有些什么问题需要着重解决?

答:夏收粮油生产在全年农业生产中占有重要地位。当前夏季粮油生产存在一个突出问题是:小麦播种面积减少,冬前苗情不如往年好,北方小麦主产区旱情严重。但目前距离夏收还有三四个月,改变苗情夺取丰收的回旋余地还很大。近来气温偏暖,苗情开始好转,只要克服麻痹思想和松劲情绪,进一步健全麦田管理责任制,抓紧管理,切实抓好防灾抗灾和防御“倒春寒”的工作,夺取夏季粮油丰收是完全可能的。

问:为什么现在对农业生产要强调加强计划性?应当怎样落实国家计划?

答:当前强调这个问题,是由于有些地方存在不顾国家计划的自由种植倾向。近几年来,党在农村放宽经济政策,收到了显著效果,农业生产发展了,农村经济搞活了。但值得注意的是,有些同志以为实行各种生产责任制以后,似乎可以不要国家计划了;有些同志把尊重生产队自主权,误认为可以放松领导,放松计划管理。因此,在种植计划安排和农副产品征购、派购上,有些地方出现缺乏国家观念、只顾局部和个人利益的倾向。这是前进中出现的问题。但如果任其发展,势必冲击国家计划,也将损害农民的根本利益。因此,必须强调坚持以计划经济为主、市场调节为辅的方针。

正确处理粮食生产和多种经营的关系,是当前加强国家计划指导的一个中心问题。从全国范围来说，经过几年的调整，粮食作物和经济作物面积的比例已基本合理。当前要保证粮食生产稳步增长，必须把粮食种植面积稳定下来，不要再继续减少。大豆是我国人民需要的植物蛋白质的主要来源，是传统的出口产品，应该积极发展。经济作物中，除棉花、甜菜在北方可以按照国家计划扩大种植外，其他作物，特别是油菜籽、烤烟，要按国家计划，严格控制种植面积，在提高单产和质量上下功夫。大城市和工矿区的郊区，应坚持以生产蔬菜为主的方针，按照国家计划种好蔬菜，保证市场供应。大中城市和工矿区所需要的禽、蛋、奶等产品，要下决心加速实现自给。要认真落实各项养猪政策，积极发展生猪生产，保证派购任务的完成。发展多种经营，要把注意力放在开发利用广阔的山地、丘陵、草原和水面上。

农业生产要坚持计划经济为主的原则，首先必须做好政治思想工作。要深入细致地对基层干部和农民进行“三兼顾”的宣传教育，使他们自觉地把局部利益与全局利益结合起来。同时，还要相应地采取一些经济措施。目前有些地方推行经济合同制，即由国家收购部门同生产队签订收购农副产品和供应主要生产资料的产购供销合同，这是实现国家计划的重要手段。签订合同可以使产购双方互通信息，协调双方利益，共同研究如何落实国家计划。应该认真总结经验，积极地有步骤地推广合同制。为了发展粮食生产，稳定农民负担，保证粮食供求平衡，今年国家对省、区、市实行粮食任务包干一定三年的办法。各地应抓紧把一定三年的粮食征超购包干任务落实到生产队，以便生产单位合理安排种植计划。

问：在完善生产责任制方面，当前应着重做好哪几方面的工作？

答：努力完善生产责任制，是夺取今年农业丰收的决定性环节。根据中央的指示精神和各地的实践经验，完善生产责任制，目前应从四个方面努力。一是要认真地进行“两个不变”的宣传教育，说明我国农业必须坚持社会主义集体化的道路，坚持土地等基本生产资料公有制长期不变，集体经济实行生产责任制长期不变。不论采取什么形式的责任制，只要群众不要求改变，就不要变动。要使干部和群众明确方向，解除怕变的顾虑。二是要坚持因地制宜分类指导的原则，帮助生产队处理好统与包的关系，使集体统一经营的优越性同社员个人的积极性都能够很好发挥。三是要把完善生产责任制同发展多种经营结合起来，生产队要因地制宜制定全面发展农林牧副渔和多种经营的规划，并选择相应的责任制形式，有计划地及时地把剩余劳力转移到多种经营和社队企业方面来。四是要加强基层组织的建设。要迅速改变一些基层组织涣散软弱，许多工作无人负责的状态，要教育基层干部抓紧落实生产计划和签订经济合同，使国家计划任务与生产队的生产安排更好地协调起来。

问：如何做好农业技术的推广工作，以适应广大农村干部和农民学科学、用科学的迫切要求？

答：技术推广工作是使农业科研成果变为直接生产力的中心一环，要进一步搞好农业技术推广，需要做大量的宣传教育和组织工作。

首先指导思想要明确，必须充分发挥我国传统农业技术的作用，采用现代科学技术成果，必须符合投资省、耗能低、效益高和有利于保护生态环境的要求。

要切实加强对技术推广工作的领导，加强县一级的技术推广机构。要逐步把技术推广、植保、土肥等农业技术组织统一领导起来，使各项技术能够综合应用于生产。目前各地正在试行的多种形式的农业技术责任制和技术承包合同制，效果都很好，应注意总结提高。要采取各种有效的形式，大力宣传普及科学技术知识，指导农民合理种植、灌溉、施肥、用药等，以提高经济效果。

要加强农业技术推广工作，还必须认真抓好农业技术培训工作。加快培训速度，提高培训质量。

问：夺取今年农业丰收，要求各行各业怎样更好地进行支援？

答：夺取今年农业丰收，需要农、工、商各方面的通力协作。

农业部门要切实改变作风，加强调查研究，及时了解新情况、新问题，当好各级党委和政府的参谋；要因地制宜地总结推广科研成果和先进经验，加强对中、低产地区的技术指导，要管好用好各项农业资金和物资。不违农时地保质保量地供应农村所需的生产资料，是夺取今年农业丰收的重要保证。有关部门在这方面已作了安排，希望进一步做好工作。抗灾需要的燃料、电力和其他物资，各地要及早安排和供应。同时，希望有关部门疏通农产品流通渠道，加强市场管理，支援农村有计划地发展商品经济。

现在各级党委和政府已经积极行动起来，发动广大干部群众投入春耕生产。我们坚信，在党中央的路线、方针、政策指引下，只要大家振奋精神，扎扎实实做好工作，就一定能够完成和超额完成今年的农业生产任务。

**煤炭部和浙江签订合资建矿协议**

协议规定，浙江省在1982年到1985年4年内，从地方财政中拿出1.5亿元给煤炭部统筹使用。煤炭部决定将这笔资金用于改造新汶矿务局的孙村、协庄，义马矿务局的杨村和潞安矿务局的漳村4处矿井；并从1983年起，按每集资100元供1吨煤计算，每年在国家分配指标以外供给浙江省一定数量的煤炭作为偿还，一直到2013年为止。

**中国和罗马尼亚1982年交换货物和付款议定书在北京签字**

外贸部部长郑拓彬和罗马尼亚政府副总理兼外贸和国际经济合作部部长科尔内尔·布尔蒂卡分别代表本国政府在议定书上签字。议定书规定：中国向罗马尼亚提供焦炭、有色金属、轻纺、化工和机床等商品；罗马尼亚向中国提供钢材、化工和机械设备等商品。国务院副总理谷牧，罗马尼亚驻中国大使杜米特列斯库，出席了签字仪式。

**中国科学院在北京举行科学报告会**

中国科学院党组书记、主席团执行主席李昌同志发表讲话，国家科委副主任、中国科学院主席团成员于光远同志作了题为《对所谓人体特异功能的历史的、科学的分析》的报告。他用有说服力的材料和论证，再次批评两年来的"人体特异功能"的研究和宣传。

李昌同志说，我对"耳朵认字"等所谓人体特异功能，是不相信的。他说，我们对于人体的认识，正像对其他物体的认识一样，是不断发展，没有穷尽的，还有许多课题需要研究。我个人是不反对对人体作严肃的科学的研究的。

他说，四年前徐州宣传有个小孩能隔墙见物，曾轰动一时，以后又传说北京有个小孩能"耳朵认字"。中国科学院心理研究所派人去做过试验，证明都是假的。中国科学院上海分院院长也告诉我，他们也亲身经历过类似的事例。现在还有人说：除了有形人外，还有无形人，除了有形世界之外，还有无形世界。如果有同志问，你那个无形人同鬼魂有什么区别？无形世界同阴间世界有什么不同？我不知道他们的答案将是怎样的。他还说，科学的任务是探索自然的规律，坚持真理，克服谬误。弄虚作假，讲些无根无据、玄而又玄的东西，和魔术(公开地诚实地声明是假的)与迷信就分不清了，而又坚持说自己是真的，这样就不对了。

于光远在报告中指出，近两年来，我国对"耳朵认字"一类的所谓人体特异功能作了大规模的宣传，已经走得非常远了。比如，《自然杂志》去年9月发表一篇报告，说"特异人"可以用意念转运物体。在转运过程中，有一个从有到无(即消失)，再从无到有(即再现)的过程，什么手表和果蝇都可以先钻进脑子，进入通常人不能察觉的"异态"世界，然后再从脑子里钻出来，回到常态。还有人竟然宣传有什么"有形人"和"无形人"，"有形世界"和"无形世界"，说开发"无形世界"将是人类文明的伟大进步等等。这些都是很不科学的。

于光远说，人体特异功能研究，《自然杂志》1982年第1期一篇文章中就说它属于超心理学范畴。超心理学又叫心灵学，就是伪科学。因为它并不符合科学研究的标准。比如，任何科学的试验都是可以重复的。连国外一本既不相信也不反对特异功能的心理学史都说，超心理学的实验没有一次能重复的。人体特异功能的宣传者们搬出"诚则灵"来作根据，说只有相信的人才能试验成功，不相信的人有一种反意念，就试验不出来。这怎么能使人信服它是科学的呢？

他在报告的最后举例说，现在这种宣传，在国家建设、人民生活中已经产生了一些不好的影响。这是毋庸讳言的。为此，我们要求停止这种不科学的宣传。

**"全国大学生书法竞赛"优秀作品展览在北京美术馆开幕**

展览由文化部、教育部、全国学联、中国书法家协会、《中国青年报》社、《中国青年》杂志社联合举办。

此次展览会共展出作品143件，其中包括各地著名书法家的题词，在"全国大学生书法竞赛"活动中获奖的大学生书法作品，少数民族大学生的藏文、蒙文书法作品，在我国学习的外国留学生的中文书法作品以及1件台湾大学生的书法作品。

中国书法家协会副主席赵朴初为展览会题了会标。

**中国科技片《冰川》在贝尔格莱德举办的第十二届国际科技片电影节上获得荣誉奖**

**赖际发逝世**

一贯忠诚于党和人民事业的共产主义战士赖际发同志因病于2月24日在北京逝世，终年71岁。

赖际发同志生前曾任建筑材料工业部部长、党组书记和国家建委顾问、全国政协常委等职务。

## 2月25日

**中共中央副主席邓小平在人民大会堂会见摩洛哥首相马蒂·布阿比德一行**

邓小平说，中国将继续实行对外开放政策。我们主要是引进先进的技术和管理知识，吸收对我们有用的资金。但是，贪污、行贿、走私等坏东西、腐朽的东西决不能引进来。

邓小平说，我们实行对外开放政策，一些不良的影响也会随之而来。问题是要消除这些影响。在这方面,我们要有清醒的头脑,要采取切实有效的措施,甚至实行严厉的法律制裁。在反对这些坏东西的同时,我们要提倡精神文明,教育我们的后代要有理想,讲道德,守纪律,有礼貌,要艰苦奋斗。每个人都要有爱国主义精神,有民族自尊心,这与实现四个现代化是密切相关的。

邓小平在谈到中国对一些重大国际问题的看法时说,在当前动乱的世界形势下,第三世界国家相互配合,相互合作是十分重要的。他指出,中摩两国在许多重大问题的一致看法,是发展两国友好关系的基础。

布阿比德说,在同中国方面的会谈中,我们发现双方在许多重大国际问题的观点是一致的。摩中之间的关系正沿着正确的道路向前发展。

**中宣部等16个单位发出《动员起来,扎扎实实抓好“全民文明礼貌月”活动的联合通知》**

通知要求各地一定要把今年3月第一个“全民文明礼貌月”活动搞好,开个好头,搞出个样子来。

通知说,中央办公厅根据中央书记处指示,转发下达中宣部《关于深入开展“五讲四美”活动的报告》后,不少地方和部门已认真部署了这项工作。请各地宣传部、工会、共青团、妇联、爱卫会、教育、文化、卫生、体育、公安、商业、交通、铁道、邮电、林业、民航等部门和其他人民团体,认真做好思想发动工作,动员广大干部、群众积极参加“全民文明礼貌月”活动。这一活动既要有声势,又要扎扎实实,不能停留在一般号召上,应结合实际,提出具体目标和采取得力措施,以取得明显的效果。活动开始时,各地要请主要负责同志出面讲话(包括在电台、电视台讲话)。各级领导干部要以身作则,带头参加这次活动,起好表率作用。

通知说,今年的“全民文明礼貌月”活动,要具体抓好以下项目:(1)发动各行各业,家家户户,人人动手,搞好环境卫生,特别是要规劝、制止随地吐痰、乱扔果皮纸屑、乱倒垃圾、污水等恶习,使不卫生的地段、角落,面貌有明显的改观。(2)商业、服务行业、卫生、教育、公安、交通、邮电、铁路、民航等系统的各单位,要切实抓好文明礼貌教育。发动职工群众提出改进服务态度,提高服务质量的具体措施,制定或改订服务公约和职工守则,开展评比、评选活动,争当“五讲四美”的模范,同时又要教育群众做文明乘客、文明顾客、文明观众,提倡相互尊重的新风尚。(3)加强管理,制定必要的规章制度,并组织力量,发动群众,整顿车站、码头、主要街道、旅游区、公共电(汽)车及影(剧)院、体育场(馆)、医院、农贸市场等公共场所的秩序。(4)整顿市容,清理标语、广告牌,用反映“文明礼貌月”的具体内容的标语和宣传画(如“请勿随地吐痰”、“请爱护花木”、“请遵守交通规则”等)代替过时的标语和不健康的或者设置不当的广告。标语的设置不在多,要注意整齐、美观。(5)组织干部、群众特别是青年职工和青少年学生学雷锋、做好事、送温暖,有计划地参加维护公共卫生、公共秩序和交通秩序等社会公益活动。倡导青少年做建设社会主义精神文明的先锋。(6)各地要因地因时制宜,采取切实措施,部署好植树造林,栽花种草活动。

通知指出,“全民文明礼貌月”活动要讲究实效,狠抓落实。各地政府的领导同志在3月份要组织有关部门负责人,周密规划,精心组织力量,亲自下去检查督促,解决问题,特别是要检查那些和群众生活密切相关的部门和单位,如饮食业、服务业、商店、医院、邮电局(所)、街道、集体宿舍、机关大院、食堂、公共电(汽)车、车站、机场等。各系统、各单位,既要有专人负责,又要开展群众性的监督、检查。

通知要求报刊、广播、电视和文艺团体,要大张旗鼓地、有声有色地、持续地搞好“全民文明礼貌月”的舆论宣传工作。宣传要生动活泼、抓好典型,有表扬,有批评,大兴“五讲四美”新风,使干部、群众受到一次生动的建设社会主义精神文明的教育。

通知强调,各地要通过今年的“全民文明礼貌月”活动,为深入持久地开展“五讲四美”活动打下好的基础。各地各部门对“全民文明礼貌月”活动要认真总结,表彰先进,因势利导地把群众创造的好经验推广到基层,使“五讲四美”活动经常化制度化。

这个通知是由中央宣传部、全国总工会、共青团中央、全国妇联、中央爱卫会、教育部、文化部、卫生部、国家体委、公安部、商业部、交通部、铁道部、邮电部、林业部、民航总局联合发出的。

**中国化工建设总公司在北京成立**

公司本部设在北京。公司主要业务经营范围是:出口化工成套设备,包括化工成套工厂、车间和生产单元;承包海外化学工程和出口劳务;承接来料、来图、来样加工,来件装配,以及合资经营;负责化工专有技术、技术专利的进出口等。

**中国轻工学会第五次常务理事(扩大)会议在北京召开**

会议强调要充分发挥专家、工程技术人员的作用,积极开发和利用国内外先进技术,学术活动要与生产建设紧密结合,为大力发展适销对路的轻工业品服务。这届理事会,推选轻工业部部长宋季文为理事长,增补副部长余建亭为副理事长。

**中国生产力经济学研究会在武汉召开第一届年会**

中国生产力经济学研究会从2月25日至3月4日在武汉市召开首届年会。参加这次会议的有来自全国除西藏和台湾以外的28个省、自治区、直辖市的科研机构、学术团体、高等院校以及有关部门的经济理论工作者和实际工作者140多人。

中共湖北省委第一书记陈丕显等出席了大会开幕式。中国生产力经济学研究会理事长于光远在会上作了报告。

会上,代表们交流了1980年11月中国生产力经济学研究会成立以来的新的研究成果,提出了1982年的重大研究课题,改选了理事会。

**中国和摩洛哥王国文化协定在北京签字**

这项协定是为了加强中摩两国之间的友好关系和促进两国在文化领域的交流而签订的。协定说,签字双方同意根据平等互利的原则,发展两国在文化、教育、科学、卫生、体育、出版和新闻广播等方面的交流和合作。

国务院副总理陈慕华、对外文委主任黄镇,布阿比德首相的主要随行人员和摩洛哥驻中国大使哈尔凯特,出席了签字仪式。

**解放军总后勤部在北京召开全军医学科学技术大会**

会议于2月25日到3月10日召开。大会决定,把现有的人力、物力组织起来,开展多种形式的医疗、教学、科研大协作,同心协力向医学科学技术现代化进军。

中央军委秘书长杨尚昆出席了大会。

国务院副总理张爱萍到会讲话。他希望部队从事医学科学事业的同志,要有为人民造福、为解放军指战员服务的高尚思想,树立理论与实践相结合的科学态度。要消除门户之见,互相学习,互相交流,取长补短,发扬风格,为发展医学科学作出更大贡献。

1979年至1981年,全军获奖的科技成果共有620项。现在,部队常见病、多发病的防治技术,有的已进入国内外先进行列;战伤救治和创伤外科技术有明显提高,断肢再植的成功率和烧伤救治都达到国内外先进水平;对核、化学、生物等武器医学防护的应用研究,取得了新的进展;军事航空、航海医学水平不断提高。在这次大会上,为发展我军医学科学技术作出显著成绩的69个先进集体和62名先进个人受到了表彰。

会议认为,搞好医疗、教学、科研大协作,把各方面的积极性充分调动起来,这是当前发展我军医学科学技术、提高工作效率和质量的一个关键问题。会议认真研究了"六五"期间向医学科学技术现代化进军的奋斗目标,讨论和修订了《全军医疗、教学、科研协作实施方案》,确定要组织好重点科研项目的协作攻关,力争尽快有所突破;组织知名专家、教授广泛传播新知识、新技术,使医疗、教学、科研水平共同得到提高;组织好人才交流,努力做到人尽其才。

会议指出,在组织协作攻关中,各单位和科技人员要充分重视政治思想工作,发扬良好的道德风尚,克服本位主义、名利思想,讲大局,讲团结,讲风格,互相支持,并肩前进。

解放军副总参谋长张震、伍修权,总政治部副主任颜金生,卫生部部长钱信忠等到会讲了话。

总后勤部部长洪学智、政委王平主持了会议。

**《中国电影五十年回顾展》在意大利都灵市的罗马影院开幕**

这是在国外举行的规模最大一次中国影展。在为期两周左右的影展期间,观众将能在这里的几家影院看到100余部片子,其中70%是中华人民共和国成立后摄制的,也有解放前和中国电影事业初期的作品。

由中国电影家协会副主席陈荒煤率领的中国电影代表团一行10人出席了开幕式。

中国驻意大利大使馆公使杨清华出席开幕式并讲了话。

开幕式上放映了中国影片《马路天使》。

## 2月26日

**《人民日报》发表社论《把粮食作物播种面积稳定下来》**

今年农业生产的一项重要任务是继续增产粮食,争取粮食产量超过历史最高水平。根据我国目前的物质条件和技术条件,要使粮食总产稳定增长,必须有一定的播种面积作保证。因此,就全国来说,粮食作物面积必须稳定下来,不应再减少。

农业战线的同志需要明确两个问题:第一,我们的农业生产是以计划经济为主,市场调节为辅的。因此,国家要加强农作物种植的统筹兼顾、全面安排,对粮食和其他主要农产品的生产要加强计划指导。每一个地区、每一个单位制订生产计划,都要接受国家计划的指导;每一个局部的布局,都要服从国家全局的布局。如果只看到局部和农民一时的利益,只从一时一地的利益出发,什么有利就种什么,用挤粮食作物面积的办法来发展一时收益较多的生产,就会产生盲目性,对全局不利,到头来对局部、对农民也是不利的。第二,经过三年的调整,对于过去那种片面强调单一抓粮食以致农作物布局很不合理的状况，大都作了纠正，总的说布局已经大体合理，应当稳定下来。我们的方针是“决不放松粮食生产，积极开展多种经营”。过去单一抓粮食生产，影响多种经营的发展，是不对的；反过来，忽视粮食生产，同样是不对的。10亿人口，吃饭是头等大事。目前，我国的粮食消费水平还较低，对“决不放松粮食生产”这一点，决不能有任何动摇。我们必须对广大农民和基层干部进行“三兼顾”的教育，向大家讲清农业生产的全面情况，教育大家识大体顾大局，自觉服从国家计划，确保粮田面积，努力提高单产，继续发展粮食生产。

不少地方按照国家计划的要求，正在农作物布局比较合理的基础上，稳定粮食作物播种面积，全面安排经济作物的种植面积，保证两者都能稳定增产；去年受灾比较严重和前两年粮食增长速度较慢的地方，决心适当扩大粮食播种面积，争取粮食生产有所发展，这是很对的。也有些地方，没有认真考虑粮食供求的情况，去年冬播粮食作物已经减少，今年继续压缩粮食作物的播种面积；有些经济作物例如油菜、烟叶，这几年发展较快，国家要求不再增加种植面积，实际上这些作物的播种面积仍在继续扩大。这种现象如果发展下去，就难以按照国家计划稳定地增产粮食。同时，某些经济作物也有可能出现产量相对过剩和区域分布的不平衡，造成调运不及时，加工不了，销路不畅，以致积压损坏等现象。这对于国民经济的综合平衡和农村经济的健康发展是不利的，值得引起高度注意。

稳定粮食播种面积，要同推行合同制落实国家粮食包干任务结合起来。从今年起，国家开始实行粮食征购(包括超购任务)、销售、调拨包干一定三年的办法，并采取合同制的形式把它稳定下来。粮食任务包干和订经济合同，体现了国家计划为主，市场调节为辅的原则，计划与合同规定的任务必须保证完成。要把这个任务层层落实下去，使每个社队和农民心中有数，知道自己消费多少，交给国家多少，在保证完成粮食包干任务的前提下，合理安排种植计划。通过落实包干任务和签订经济合同，做到既保证国家计划的完成，又尊重生产队的自主权，发挥社员的生产积极性。

巩固和发展商品粮基地，是发展粮食生产的一个重要方面。商品粮基地的广大干部和群众，过去艰苦奋斗，努力增产粮食，积极提供商品粮，为国家建设和改善城乡人民的生活，作出了很大贡献。同时，国家实行了调减征购基数和超购加价等措施，保护粮农的利益，使粮农的收益不断有所增加。但是，也应看到，这两年一些老商品粮区也有缩减粮食播种面积、粮食生产下降的趋势，影响了国家征购任务的完成，也影响了畜牧等行业的发展。要鼓励这些地区的农民继续发展粮食生产，同时采取措施，切实解决种植粮食作物收入低的问题，在投资分配、生产资料、某些紧缺商品和建筑材料供应等方面，给予照顾，以调动这些地区粮农的生产积极性，继续为国家多做贡献。

**中央军委纪委在北京召开全体会议**

中央军委纪律检查委员会要求全军把广泛深入地进行党风党纪教育同严格执行党的纪律结合起来，勇敢地拿起批评和自我批评武器，带头搞好党风。

会议认为，一年来，全军党风有了明显好转。1982年全军各级纪委要进一步做好党的纪律检查工作。主要任务是：监督各级党组织和广大党员严格执行《准则》，保证党的路线、方针、政策的贯彻执行，注意纠正经济领域里的各种不正之风。

会议强调指出，要完成党中央提出的争取党风有一个决定性好转的任务，全军要勇敢地拿起批评和自我批评武器，同各种不正之风作坚决斗争。各级党组织要认真学习陈云同志《要讲真理，不要讲面子》的讲话，把开展批评和自我批评形成制度。各级领导干部要以身作则，起表率作用。广大党员和干部要自觉地把自己置于群众的监督之下，虚心听取群众的批评，接受群众监督。要广泛深入地开展党性和党风党纪教育，严格执行党的纪律。全军各级纪委要充分发挥自己的职能，抓检查、抓落实、抓典型。

**中国丝绸公司在北京成立**

公司对全国丝绸生产及购销业务实行一体化的经营管理。

中国丝绸公司第一届董事会推选林海云为名誉董事长，王磊为董事长，贾石、寿汉卿为副董事长，决定王明俊为中国丝绸公司总经理。总公司暂设北京，条件具备后迁往上海。丝绸公司成立后，执行原来分属于纺织工业部、外贸部、商业部、供销合作总社的茧丝绸供产销业务和管理职权，实行一体化的经营和管理。

中国丝绸公司是全民所有制的专业化企业，是工贸结合的经济实体，具有法人地位。

**邮电部决定优惠发展邮电事业**

邮电部发布消息，从今年起将在经济方面对邮电事业采取一些优惠政策，以尽快改变我国邮电通信的落后面貌。这样，人们打电话的困难，可望在几年的时间内得到缓和了。

优惠政策主要是：

——增加投资。今年先把国家对邮电事业的投资比重从长期徘徊在占基建投资0.8%左右提高到1.2%，投资总额可达2.5亿多元。

——邮电部门的利润和外汇收入的自留比例，分别由原来的80%和60%提高到90%。这样邮电部门就有更多的机动财力添置设备和进行技术改造。

——由银行以低息贷款等多种方式，支持邮电部门在北京、上海等地使用程序控制电话交换机等新技术。

——同意邮电部门租用国际通信卫星信道以组织国内通信，加强通信能力。

由于多年来国家用于邮电事业的投资太少，使邮电事业长期处于严重落后状态。现在我国每100人只拥有0.43部电话，低于印度、非洲。全国城市拥有的自动电话仅130多万门，还抵不上一个香港。全国大中城市的电话普遍存在装不上、打不通、听不清的状况；省会以上城市的市内电话的接通率一般还不到40%。由于国际电话不畅通，有的外国人抱怨“中国是一个没有电话的国家”。邮电通信的落后状况已经严重地影响了“四化”建设的进程。根据初步规划，国家采取上述优惠政策后，到1985年，我国邮电通信的紧张状况可望有所缓和。那时，全国的城市市内电话将达到270多万门，北京、上海、天津、广州四市每100个人将拥有4部电话，全国大中城市的市内电话接通率可以达到60%以上。国内省会以上城市的长途电话绝大部分实现自动拨号通话。

**中国和蒙古1982年互相供应货物议定书在北京签字**

外贸部副部长陈洁和蒙古外贸部副部长纳·巴布分别代表本国政府在议定书上签字。

外贸部部长郑拓彬出席了签字仪式，并在签字前会见了纳·巴布团长和由他率领的蒙古人民共和国政府贸易代表团。

蒙古驻中国大使楚龙巴特尔参加了签字仪式和会见。

**中国和保加利亚关于1982年交换货物和付款协定在索非亚签字**

根据协定规定，1982年中保两国贸易额比1981年有所增长。

中国政府贸易代表团团长、外贸部副部长王润生和保加利亚政府贸易代表团团长、外贸部副部长格·布特夫分别代表本国政府在协定上签字。

## 2月27日

**《人民日报》发表社论《要实实在在的速度》**

发展国民经济要有一定的速度，这是毫无疑问的。问题在于要什么样的速度。党和政府要求的、广大人民群众需要的是没有水分的、实实在在的、经济效益高的速度。今年的国家计划，工农业总产值要比去年增长4%，力争达到5%，这个速度必须保证没有水分，一是一，二是二，这样的速度才有“后劲”。

今年1月份，已经开了个好头，经济形势是好的。今年的主要问题，不是能不能达到“保四争五”的速度，这看来是不成问题的。现在要注意的是采取什么手段达到这个指标。各个经济部门和厂矿企业的同志，要认真讨论今年的发展速度如何保证没有水分？过去有的企业片面追求产值，不看供需情况如何，什么产品产值大就拼命生产什么，不管产品质量如何，是否有销路，结果是一面大量生产，一面大量积压。例如，化纤布去年已经生产多了，商业库存积压，今年生产计划又安排多了，正如人们常说的，“工业报喜，商业报忧，仓库积压，财政虚收”。这方面的教训不能再重复了。各地区、各部门、各企业都要按照国家计划要求，从整体利益出发，切实采取有效措施，防止这种现象发生。

讲速度，必须坚持实事求是。如果速度过高，留下很大缺口，不仅难于实现，还可能给国民经济造成新的不协调，到头来可能更慢。如果没有一定的速度，又会使经济发展和人民生活发生困难，更无法为以后的发展积蓄力量。“不怕慢，就怕弯”，讲的是不能超越客观实际可能，任意夸大主观意志的作用，盲目追求高指标，高速度，急于求成，欲速不达。我们要纠正“左”的错误指导思想，坚持实事求是，拨乱反正，决不是说速度越慢越好，指标越低越好。目前，人民特别是农民的购买力不断提高，国家财政经济仍有困难。如果国民经济没有一定的增长速度，既不能满足人民的需要，也不可能解决国家财政困难。人常常有一点惰性，如果误认为速度越慢越好，指标越低越好，那就不利于各级干部提高经营管理水平。急于求成是办不到的，缺乏信心是不应该的。我们既要反对急于求成，也要反对消极松懈。含有水分的速度，不符合实事求是的精神。如有些产品重复计算产值；有的产品质量不好，卖不出去，长期积压在仓库里，也算入总产值；甚至有的废次品也算产值等等，这样计算出来的总产值，及其与上年、上季、上月比较出来的增长速度，就不是真速度。

为了取得尽可能快的速度，各级干部要振奋精神，鼓足干劲。振奋精神，不是讲大话，搞高指标，说空话，搞形式主义，而是满怀信心，知难而进，脚踏实地，认真钻研新情况，解决新问题，找出新办法，打开新局面。鼓足干劲，不是盲目乱干，急于求成，而是钻研技术，挖掘潜力，埋头实干，艰苦奋斗。

要速度不要水分，关键是把速度和效益紧密联系起来。速度是衡量经济发展的重要标志。但是，速度不能完全反映经济效益，它只算产出，不算投入。经济效益则既算投入，又算产出。要争取扎扎实实、没有水分的速度，就要讲品种、质量、销路。没有高质量，没有好销路，是虚假的速度。你生产的产品不对路，质量不好，卖不出去，生产越多越糟糕。这种虚假的速度，徒虚名而得实祸。只有使速度与效益一致起来，才能得到真正的实惠。

**宪法修改委员会在人民大会堂召开第二次全体会议**

会议讨论审议宪法修改委员会秘书处拟订的《中华人民共和国宪法修改草案(讨论稿)》。

宪法修改委员会副主任委员彭真主持会议。他说，宪法修改委员会秘书处自1980年9月17日成立以来，做了大量的工作，广泛地征求了各地区各部门和各方面人士对修改宪法的意见，拟出了《中华人民共和国宪法修改草案(讨论稿)》。他请委员们就宪法修改草案讨论稿进行充分讨论和审议。

宪法修改委员会秘书长胡乔木在会上作了《中华人民共和国宪法修改草案(讨论稿)》的说明。

我国现在的宪法是1978年五届人大一次会议通过的。1980年9月，五届人大三次会议决定由宪法修改委员会提出中华人民共和国宪法修改草案，经过全民讨论后，提交五届人大四次会议审议。由于宪法修改牵涉的范围很广，任务繁重，1981年没有完成修改草案。为了求得修改工作尽可能完善些，1981年12月13日，五届人大四次会议决定将宪法修改工作的期限推迟。现在宪法修改草案(讨论稿)已经提出，将按原定程序，经宪法修改委员会审议修改后，提请五届全国人大常委会作出决定，予以公布，全国各族人民进行讨论。然后，再由宪法修改委员会根据讨论意见修改，提交五届全国人大五次会议审议。

**国务院发出《关于开展全民义务植树运动的实施办法》**

为了切实贯彻执行第五届全国人民代表大会第四次会议《关于开展全民义务植树运动的决议》，特制定如下实施办法。

一、县以上各级人民政府均应成立绿化委员会，统一领导本地区的义务植树运动和整个造林绿化工作。各级绿化委员会由当地政府的主要领导同志，以及有关部门和人民团体的负责同志组成。委员会的办公室设在同级政府的主管部门，不另增加编制。

个别地方，由于气候、土地等条件限制确实难以开展植树运动的，经省、自治区、直辖市绿化委员会批准，可以不开展全民义务植树运动，不成立绿化委员会。

二、各级绿化委员会应当组织和推动本地区各部门、各单位，通过各种形式，广泛深入地宣传《关于开展全民义务植树运动的决议》和本实施办法，宣传全民植树、绿化祖国的重大意义，认真做好思想动员，提高认识，造成声势，做到家喻户晓，人人皆知。同时，要努力做好调查研究、规划安排、苗木培育、技术训练等准备工作，有计划有步骤地开展植树运动，要扎扎实实，讲求实效，不搞形式主义和“一刀切”。

三、凡是中华人民共和国公民，男11岁至60岁，女11岁至55岁，除丧失劳动能力者外，均应承担义务植树任务，各单位要将人数据实统计上报当地绿化委员会，作为分配具体任务的依据。

县级绿化委员会在分配义务植树任务时，要按照每人每年植树3棵至5棵的要求，确定具体指标，因地制宜地进行灵活多样的安排。可以按单位划分责任地段，承担整地、育苗、栽植和管护任务；也可以按相应劳动量，分配承担造林绿化的某一单项和几个单项的任务。此项任务，可以一年一定，也可以一定几年。

对11岁至17岁的青少年，应当根据他们的实际情况，就近安排力所能及的劳动。

四、此项义务劳动，限于用在本县、本市所辖范围，营造国有林和集体林。义务植树的地段或参加绿化劳动的项目，各地要经过周密的调查研究，作出统一规划和安排。城市要优先搞好风景游览区、名胜古迹和主要街道等公共场所的绿化。农村要尽快搞好“四旁”绿化和农田防护林建设。机关、团体、企业、学校等单位和居民区，都要大力植树、种草、栽花，美化环境。

五、使用义务劳动，在国有土地上栽植的树木，林权归现在经营管理这些土地的单位所有；没有明确经营管理单位的，由当地政府指定的部门、单位所有。在集体土地上义务栽植的树木，林权归集体单位所有。如果情况特殊，另有协议或合同，按协议或合同的规定办理。对林权所有单位，县以上人民政府要发给证书，切实保护其合法权益。

六、为确保义务植树所需苗木，各地应当努力办好现有的国营苗圃和集体苗圃，并安排必需数量的土地和专业人员，扩建和新建苗木基地，培育良种壮苗。凡是有条件的单位，都要积极自办苗圃。提倡城镇家庭和农村社员开展营养钵育苗。

七、对义务栽植的树木和现有的林木，必须大力加强培育管护，确保成活成林，不受破坏。林木所有的单位或承担管护义务的单位，应当根据情况组织林场、专业队或确定专人负责管护。要严肃法制和纪律，建立爱林护林的乡规民约。采伐更新，必须按照森林法的规定，经过林业或园林部门批准。城市绿地要严加保护，不得侵占破坏。违者要给予经济处罚或法律制裁。

八、植树绿化，要讲究科学，注重实效。要培训技术骨干，加强技术指导，普及植树绿化的技术知识，严格按照技术规程办事，保证质量。

九、对义务植树，各单位每年都要进行检查，并将完成情况据实上报。绿化委员会应当定期组织评比，成绩优异的，要给予表扬和奖励；年满18岁的成年公民无故不履行此项义务的，所在单位要进行批评教育，责令限期补栽，或者给予经济处罚。整个单位没有完成任务的，要追究领导责任，并由当地绿化委员会收缴一定数额的绿化费。

十、各级林业和园林部门，应当在绿化委员会领导下，会同有关部门，努力搞好规划设计和苗木培育等各项具体工作。基层机构不健全的，应当充实和加强。

十一、义务植树所需的苗木费、管护费，应当根据自力更生勤俭节约的原则，一般由林权所有单位负责解决。有的单位因绿化任务大，资金困难，确实无力承担全部费用的，按单位隶属关系，由各级财政酌情解决。参加义务植树的单位和个人所需交通等费用，由参加单位自理。

十二、开展全民义务植树运动是促进整个造林绿化的一个重大措施。各地在开展此项运动时，必须同加快整个造林绿化工作结合起来，在苗木、经费、技术力量的使用和林木管护等方面进行统筹安排，既要搞好义务植树，又要完成年度造林绿化计划。对于一个地方来说，完成了义务植树任务，但整个造林绿化工作没有做好，不能给予表扬和奖励。

十三、根据《关于开展全民义务植树运动的决议》和本实施办法的规定，各省、自治区、直辖市人民政府可以结合实际情况，制定实施细则。

人民解放军指战员参加营区外义务植树的办法，按国务院、中央军委《关于军队参加营区外义务植树的指示》(〔1982〕3号)的规定执行；营区内植树办法，由解放军总部另定。但各地人民政府必须密切合作，合理规划，帮助军队解决应解决的实际问题。

**中央绿化委在北京成立并举行第一次会议**

万里主持了第一次会议。会议要求县以上各级人民政府成立绿化委员会，统一领导本地区的义务植树运动和整个造林绿化工作。各级绿化委员会由当地政府的主要领导同志，以及有关部门和人民团体的负责同志组成。各级绿化委员会要通过各种形式，广泛深入地宣传全国人民代表大会《关于开展全民义务植树运动的决议》和国务院的《实施办法》，宣传全民植树、绿化祖国的重大意义，做到家喻户晓，人人皆知。同时，要努力做好调查研究、规划安排、苗木培育、技术训练等准备工作，有计划有步骤地开展植树运动。会议指出开展全民义务植树运动是促进整个造林绿化的一个重大措施。各地在开展此项运动时，必须同加快整个造林绿化工作结合起来，既要搞好义务植树，又要完成年度造林绿化计划。会议号召全国的职工、农民、解放军指战员、广大青少年以及一切可以参加植树的人们，积极动员起来，坚决贯彻全国人大决议，为建设社会主义的物质文明和精神文明、加速城乡绿化，美化祖国河山，作出应有的贡献。

**中央绿化委员会名单**

主任委员
万　里
副主任委员
雍文涛　林业部部长
洪学智　中国人民解放军总后勤部部长
杜星垣　国务院秘书长
韩　光　国家建委主任
委　员
李海峰　团中央书记处书记
王　云　全国妇联书记处书记
刘　实　全国总工会书记处书记
曾德林　教育部副部长
甘子玉　国家计委副主任
邱纯甫　国家经委副主任
迟浩田　中国人民解放军副总参谋长
颜金生　中国人民解放军总政治部副主任
范子瑜　中国人民解放军总后勤部副部长
沈　图　国家民航总局总局长
田一农　财政部副部长
刘培植　农业部副部长
李伯宁　水利部副部长
王西萍　交通部副部长
吴　钰　铁道部技术顾问(副部级)
贾慧生　煤炭部副部长
杨玉山　轻工部副部长
马玉槐　林业部副部长
秦仲方　国家城建总局副总局长
中央绿化委员会办公室主任：雍文涛(兼)

**全国妇联为纪念“三八”国际劳动妇女节在北京召开婚姻家庭道德问题座谈会**

与会同志指出，婚姻家庭道德问题，涉及千家万户，是一个重要的社会问题，是建设社会主义精神文明的一个重要方面，直接影响着我国社会的发展。

中国社会科学院副院长张友渔说，在封建社会里，婚姻家庭是建立在宗法等级制度上的奴隶式婚姻家庭，婚姻由父母包办。资产阶级提出婚姻自由、男女平等、一夫一妻等口号，这比封建社会是一个进步，但是婚姻家庭是建立在个人主义和买卖自由基础上的，使婚姻家庭关系变成了单纯的金钱关系。只有在社会主义国家里，才可能实现真正的婚姻自由、男女平等、一夫一妻制和尊老爱幼。

全国总工会副主席宋侃夫说，工人阶级要在这方面起模范作用。当前，有一些青年工人对恋爱、婚姻不严肃，早恋早婚，未婚先孕，喜新厌旧，还有虐待老人等不道德的现象。我们要教育青年工人把爱情婚姻建立在共同革命事业的基础上。老工人要带头移风易俗，支持子女同旧的传统观念决裂。

全国妇联副主席、中国婚姻家庭研究会会长雷洁琼在讲话中指出，现在有一些人以感情不好为借口而随意提出离婚，这是不严肃的。提出离婚要考虑到感情，但也要考虑到子女的合法权利和对家庭承担的责任、义务。那种以感情破裂为借口而随意离婚的行为，是不道德的。

司法部公证律师司司长王汝琪、北京市高级法院副院长张冲霄谈到法律与婚姻道德的关系。她们指出，法律和道德都属于上层建筑。法律具有强制性，犯了法就要受到法律制裁。道德则是靠人们的信念、习惯和舆论的力量来维持。谁违反了道德规范，就要受到社会舆论和个人内心的谴责。因此，在处理婚姻家庭问题时，既要靠法律约束，又要靠社会道德的力量。我们除了向人民宣传婚姻法外，还要宣传婚姻道德。

共青团中央书记高占祥说，每个青年都希望找到一个理想的伴侣。在选择对象时，不仅要注意外表美，还要特别注意人的政治思想和道德品质。有一句古话叫作“娶妻娶德不取色”，古代有识之士尚能如此，我们80年代新一辈更应重视人的品德。男女双方既是情投意合的伴侣，又是同甘共苦的战友，在欢乐的日子里共享幸福，在艰苦的条件下同舟共济，在受挫折的时候互相勉励，在“四化”的征途中携手前进。

中央纪律检查委员会审理室副主任孙彤辉说，共产党人在家里，不论他在家庭成员中处于什么地位，都应当自觉地排除封建传统观念和资产阶级思想的影响，尽到一个共产党员的责任。首先自己起模范作用，并宣传教育带领全家人爱国、守法、树立新风尚。

北京师范大学教授关瑞梧等也在会上讲了话。全国妇联副主席罗琼、黄甘英等参加了座谈会。

**中宣部等16个单位在北京联合召开全国19个城市电话会议**

会议希望这些城市在“全民文明礼貌月”活动中能够起模范带头作用。

这19个城市是：北京、上海、天津、沈阳、哈尔滨、武汉、广州、南京、成都、重庆、太原、西安、杭州、福州、昆明、大连、青岛、桂林、洛阳。这些城市的市委书记和宣传部部长参加了电话会议。

中共中央书记处书记、宣传部部长王任重在电话会议上讲了话。他说，这19个城市搞好了，就会推动其他中小城镇，并逐步影响广大农村。他向19个城市提出了几点要求：

第一，要利用各种形式进行广泛的宣传，使“全民文明礼貌月”活动家喻户晓，老幼皆知。

第二，党政军机关要带头，要动员所有学校、企业、事业单位以及街道居民都参加到这一活动中来，形成一个轰轰烈烈的群众运动。

第三，各个城市的党委和政府要根据本市的情况，把“全民文明礼貌月”的活动具体化，要有计划有组织地进行，不要“打乱仗”，不要搞劳民伤财的形式主义，要使这一活动既轰轰烈烈，又扎扎实实，收到实效。

第四，“全民文明礼貌月”活动结束时，要进行检查评比，表扬先进，总结经验，进一步制定或者修订全年“五讲四美”活动的具体规划，落实到每一个基层单位。

第五，各地宣传、新闻单位要及时宣传报道当地“全民文明礼貌月”活动的情况，介绍好的经验，报道先进典型。

中共北京市委书记刘导生，中共上海市委副书记陈沂在电话会议上分别介绍了北京和上海开展“全民文明礼貌月”活动的准备情况。

电话会议由中宣部副部长朱穆之主持。

联合召开电话会议的其他15个单位是：全国总工会、共青团中央、全国妇联、中央爱委会、教育部、文化部、卫生部、国家体委、公安部、商业部、交通部、铁道部、邮电部、林业部、民航总局。这些单位负责人出席了会议。

**中国和加拿大1982—1983年文化交流计划在北京签字**

对外文委副主任姚仲明，加拿大国际文化交流总局局长吉尔斯·勒费博夫尔分别代表本国政府在计划书上签字。根据这个计划，两国将在文化艺术、档案、博物馆、新闻、广播、电视、电影、出版、体育、人文和社会科学等方面进行合作。对外文委主任黄镇、加拿大驻中国大使高文出席了签字仪式。

**中国和英国在北京签订1982年标准化合作议定书**

## 2月28日

**胡耀邦等党和国家领导人与首都军民参加"全民文明礼貌月"活动**

首都党政军民学200多万人走上街头，打扫卫生，维持交通秩序，宣传文明礼貌，开展学雷锋、树新风活动，以浩大的声势和扎实的行动揭开了"全民文明礼貌月"活动的序幕。中央书记处成员和党政军领导机关以及北京市的领导同志也参加了活动。

胡耀邦、彭冲、万里、习仲勋、谷牧、杨得志、胡乔木、姚依林，北京市委第一书记段君毅等中直机关干部200多人来到北海公园西岸的马路上打扫卫生。

姬鹏飞、杨静仁、黄华等同志和国务院机关干部来到府右街一带的胡同里打扫卫生。韦国清、耿飚、杨尚昆、王平、陈锡联等同志来到北海公园东岸，和军委机关干部一起，把路面打扫得干干净净。正在北京参加全国人大常委会的委员和一些省区市的人大常委负责同志共80多人，来到木樨地至玉泉路的"军民友谊街"打扫卫生。

**中共中央 国务院发出《关于认真做好第三次全国人口普查工作的指示》**

人口普查，是查清我国国情、国力的一项重要工作。准确地掌握我国人口的分布及构成情况，对于从我国实际情况出发，更好地进行社会主义现代化建设，安排人民的物质和文化生活，制定人口政策和规划，具有重大意义。为此，中共中央、国务院1980年6月决定，1982年7月1日进行第三次全国人口普查。一年多来，各省、自治区、直辖市和各部门共同努力，做了大量准备工作，是有成效的。国务院已批准颁发了《第三次全国人口普查办法》。为了高质量地完成这次人口普查任务，特作如下指示：

一、各级党委和人民政府要切实加强领导。人口普查工作必须在各级党委和人民政府的统一领导下进行。现在，离正式普查登记只有4个月的时间了。各级党委和人民政府要全面检查一下各项准备工作的落实情况，切实解决实际工作中的问题，特别要注意选调得力干部，建立和健全各级人口普查机构。各级人民政府要根据全国人口普查工作总的部署和要求，做好周密的安排，围绕提高人口普查资料的准确程度这个中心，做好各个环节的工作。从6月末起，在半个月左右的时间内，要把人口普查作为一项中心任务，做到人口普查和工农业生产两不误。普查登记以后，还要做好一系列汇总工作。各项工作必须保证质量，如果某项工作达不到规定的质量标准，必须返工重做。

二、各级党委宣传部门要对人口普查的宣传工作作出统一安排，广泛深入地进行宣传动员。工会、共青团、妇联等人民团体应主动配合，运用各种宣传手段，采取群众喜闻乐见的各种形式，宣传人口普查的意义、内容和要求，做到家喻户晓，人人明白，以取得全国各族人民的积极支持。宣传工作从现在起就要逐步展开，6月份作为人口普查宣传月，掀起一个高潮。

共产党员、共青团员、各级干部都要以身作则，模范地执行人口普查办法，并向周围群众有针对性地进行宣传。

三、切实做好普查人员的选调和培训工作。人口普查是一项极为复杂、细致的工作，需要及时组织几百万人包括普查员、编码员、录入员的队伍，才能顺利进行。在短期内组织和培训好这样一支队伍，任务是艰巨的。各级人民政府必须按照《第三次全国人口普查办法》的有关规定选调和培训各类普查人员。被选调人员的单位，要当作一项政治任务，保证抽调合格的人员参加普查工作。

四、节约办普查。人口普查经费要在保证完成普查任务的前提下，精打细算，厉行节约。普查经费，除财政部拨一部分外，不足的由地方财政解决。普查所需要的物质条件，计划、商业、物资、交通、电力等部门要予以保证。

我国是世界上人口最多的国家。在10亿人口这样一个大国进行人口普查，从我国的历史来说，规模之大是空前的。我们的工作不仅为全国人民所关心，而且为世界人士所瞩目。各级党委和人民政府一定要高度重视，加强领导，有计划、有步骤、高标准、严要求地做好每个环节的工作，胜利完成第三次全国人口普查任务。

## 3月1日

**《人民日报》发表社论《人人都要履行植树造林的光荣义务》**

东风送暖，植树造林的黄金季节到来了。去年12月，五届人大四次会议作出了《关于开展全民义务植树运动的决议》(以下简称《决议》)，昨天，国务院颁布了《关于开展全民义务植树运动的实施办法》，我们要深入学习，广泛宣传，认真贯彻执行，动员全国各族人民投身到绿化祖国的行列中来。

开展全民义务植树运动，是建设社会主义物质文明和精神文明，造福子孙的一项大事。五届人大四次会议作出的《决议》，是加速绿化祖国的号召书和动员令，也是一个法律性的文件。按照规定“每人每年种3棵至5棵树”，是一种法定的、带强制性的公益劳动。如同适龄青年有服兵役保卫祖国的义务一样，凡是规定范围内的公民，都有植树造林的义务。发达的林业是国家富足，民族繁荣，社会文明的标志之一。把全民义务植树用法律形式固定下来，代表了国家和人民的根本利益。对于这样一项极为严肃的大事，各级党政军领导要高度重视起来，努力做好思想发动工作和具体组织工作。今年是开展全民义务植树的第一年。我们一定要开好头，起好步，有计划有步骤地开展植树运动，做到轰轰烈烈，扎扎实实，为绿化祖国大地打下一个好基础。

为了加强对全民义务植树运动的领导，中央绿化委员会已经成立。县以上的各级人民政府，要按照国务院《实施办法》的规定，迅速地把各级绿化委员会建立起来，并由主要领导同志负责，统一领导本地区的义务植树和整个造林绿化工作。目前，大多数省、自治区、直辖市的绿化委员会已经相继成立，许多党政军负责同志亲自参加义务植树，有力地推动了这些地区义务植树运动的开展。各地的实践证明，只要领导真正重视起来，把这项工作提到重要议事日程，不仅义务植树运动开展起来了，而且推动了整个造林绿化工作。不少地方林业方面存在的经费不足、基层机构不健全等实际困难问题，也逐步得到解决，为发展林业创造了有利的条件。

在充分做好思想发动，建立健全领导机构的同时，还要抓紧做好植树造林的实际工作。从全国范围来讲，今年主要是做好义务植树的各项准备工作，包括调查研究、规划安排、搞好一批试点等等。具体到一个地方，要区别情况，因地制宜。在条件成熟或部分成熟的地区，就应当全面展开或部分展开造林活动。造林，也不能打无准备之仗，切忌不问具体情况一哄而起。要做好科学的规划和严密的组织工作。栽什么树，栽到什么地方，先栽哪里，后栽哪里，都要做好细致的安排。育苗是造林的基础，应当先行一步。要办好现有国营苗圃和社队苗圃，并安排必要数量的土地和专业人员，扩建和新建苗木基地。有条件的单位可自办苗圃，城镇家庭和农村社员提倡采用营养钵育苗。要加强栽植后的管护工作，真正做到造一片、管一片、成一片。植树以后，要按照政策的规定，明确林权归属，切实保证其合法权益。按照森林法的规定，严肃护林法纪，建立爱林护林的乡规民法，广泛发动群众，切实保护好林木。各单位每年都要进行义务植树的检查，定期组织评比，成绩优异的，给予表扬奖励；无故不履行造林义务的，所在单位要进行批评教育、责令补栽或给予经济处罚。整个单位没有完成任务的，要追究领导责任。

**中国麻类及麻制品出口交易会在北京开幕**

这是中国第一次举办的中国麻类及麻制品出口交易会。全国17个省、自治区、直辖市生产和出口的黄麻、红麻、亚麻、苎麻、大麻、剑麻和麻袋、麻布、麻纱、麻线、麻绳等各类麻制品。交易会上还陈列了各式各样化学纤维包装物料。

**中共中央副主席李先念在北京会见多米尼加劳动党副主席胡安·贝·梅希亚和反帝爱国联盟第一副主席伊格纳西奥·罗德里格斯·恰皮尼**

**解放军总政治部在北京举行“学雷锋 学英模 树新风”报告大会**

大会号召广大指战员向“雷锋式干部”李俊甲学习，做建设社会主义精神文明的标兵。

李俊甲是北京部队某部一营教导员。他自觉走雷锋成长的道路，在平凡的岗位上作出了显著成绩，成为我军建设社会主义精神文明的好榜样。李俊甲所在师的政治部主任郭为燊在会上介绍了李俊甲的模范事迹。他说，李俊甲认真学习马列主义、毛泽东思想，努力树立远大革命理想；他热爱部队，热爱基层，在各个岗位上都积极努力工作；他关心同志，爱护群众，走到哪里就把好事做到哪里；他艰苦朴素，克己奉公，一直保持着旺盛的革命斗志。他入伍12年，曾三次立三等功，一次立一等功，多次被评为“模范团员”、“优秀党员”，还被北京部队评为“雷锋式干部”。李俊甲的先进事迹，使参加大会的驻京部队3000多名指战员受到很大的教育。

李俊甲在讲话中说，我的每一点进步，都是党的培养和同志们热情帮助的结果。我一定要以雷锋为榜样，更加刻苦学习马列主义、毛泽东思想，振奋革命精神，在自己的工作岗位上埋头苦干，努力走在建设社会主义精神文明活动的前列，为建设现代化、正规化革命军队作出更大的贡献。

总政治部副主任黄玉昆在讲话中指出，全军在过去的一年中建设精神文明的活动已经取得了很大成绩，部队的精神面貌发生了可喜的变化，涌现出许多学雷锋、树新风的先进单位和一大批雷锋式的先进人物。李俊甲就是他们当中的优秀代表，是建设社会主义精神文明的先进典型。全军指战员要向李俊甲学习。要更加广泛深入地开展创造建设精神文明的先进连队和先进个人的群众性活动，做"四有、三讲、两不怕"的革命军人，使全军在有理想、讲道德、守纪律和发扬艰苦奋斗的革命传统等方面有新的重大进步，推动各项工作的落实，进一步提高我军的战斗力。

**中国电影电视技术学会在北京成立**

中国电影电视技术学会是学术性的群众组织。它将为加强电影电视相互间的技术交流与合作，加强同电影电视有关的生产、科研部门交流与合作等，促进我国电影电视事业的发展，而积极地开展各种活动。夏衍、司徒慧敏、李连庆、王枫、程默等有关方面负责人出席了今天的成立大会并讲了话。出席成立大会的还有刘述周、李元如、袁文殊等有关方面领导和从事电影电视技术工作的专家200多人。

## 3月2日

**五届全国人大常委会第二十二次会议举行全体会议**

会议由彭真副委员长主持。

国务院总理赵紫阳在会上作了《关于国务院机构改革问题的报告》。

乌兰夫、韦国清、彭冲、廖承志、许德珩、史良、习仲勋、杨尚昆、班禅额尔德尼·确吉坚赞副委员长出席了会议。

国务院副总理万里、余秋里、方毅、谷牧、姚依林、陈慕华、薄一波、杨静仁、黄华，最高人民检察院检察长黄火青，列席了会议。

各省、自治区、直辖市人大常委会负责人，在京的全国政协常务委员，列席了会议。

委员们从3月3日起分组讨论和审议赵紫阳总理的报告。

**国务院总理赵紫阳在五届全国人大常委会第二十二次会议上作《关于国务院机构改革问题的报告》**

各位委员：

我们国家正在进行的政府机构改革工作，是举国瞩目的一件大事。五届人大四次会议闭幕以后，两个多月来，这项工作进展得比较顺利，比我们原来预料的要好。现报告如下，请予审议。

（一）国务院机构改革的方案和进展情况

现在，我们国家的大政方针已定，安定团结的局面日益巩固，政府机构的改革势在必行，改革的条件也已成熟。抓紧做好这项工作，是推进社会主义现代化建设的极其重要的一环。五届人大四次会议一结束，国务院根据这次大会决议的精神，在对政府各项工作作出全面安排的同时，立即有步骤地着手进行国务院和所属各部、委的机构改革。中共中央对此作了明确的原则指示，胡耀邦同志、邓小平同志和中共中央政治局其他常委同志提出了许多重要意见。经过国务院常务会议多次讨论，经过国务院各部、委负责同志反复研究，经过多方面地听取意见和充分酝酿，现在国务院机构改革的总体方案已经初步拟定。各部、委的机构改革工作，正在积极而又深入细致地全面展开。先行一步的12个单位，在机构设置、部局两级领导人选和机关人员编制等方面，已经提出了具体的实施方案。

国务院机构的改革，首先必须改进国务院本身的领导体制和领导方法，以加强集中统一领导，提高工作效率。因此，我们建议，减少副总理，设国务委员，由国务院总理、副总理、国务委员和秘书长组成国务院常务会议。国务院现有副总理13人，减为2人。国务委员的职位相当于副总理级。一部分兼任部长或委员会主任，一部分为专职委员。他们受总理或国务院常务会议委托负责某些方面的工作和重要的专项任务，在对外事务中经总理委托可代表总理进行重要活动。国务院常务会议是国务院的日常领导工作机构，在总理主持下，负责对国务院职权范围内的各项重要工作进行领导和决策。

国务院各部、委和国务院直属机构、办公机构的设置，必须做到分工合理，职责分明，机构精干，提高工作效率。根据重叠的机构撤销、业务相近的机构合并的原则，拟将现有的98个部、委、直属机构和办公机构，裁减、合并为52个左右。其中，部、委由52个裁并为39个，直属机构由41个裁并为10个，办公机构由5个裁并为3个。此外，国务院现在还有临时性的领导小组、办公室、委员会等各种非常设机构45个，这些机构绝大部分都要撤销，其工作由各有关部、委承担。国务院和各部、委的机构精简之后，工作人员编制约为3.2万人，比现在的4.9万人减少1/3左右。

全国工作的重心转移到社会主义现代化建设上来之后，国务院第一位的任务是领导经济建设。为了搞好社会主义的计划经济，特别是搞好战略性的长期规划，国家计划委员会的工作必须进一步加强。国家日常经济活动的指挥必须集中统一，目前领导多头、管理分散的状况必须改变，为此决定重新组建国家经济委员会并扩大其职权和业务范围。国民经济年度计划执行情况的督促检查，农业、工业、基本建设、铁路交通、财政金融、内外贸易各部门当年经济技术活动中需要组织协调的事项，统一由国家经委负责。国家当年的经济体制改革工作，也由国家经委负责组织实施。撤销现有的国家农业委员会、国家机械工业委员会、国家能源委员会和国务院财贸小组，它们主管的业务一部分由重新组建的国家经委负责，一部分划归有关的部。撤销现有的国家基本建设委员会，它主管的业务分别划归新组建的城乡建设环境保护部、国家经委和国家计委。国家科学技术委员会今后的主要任务是，研究科学技术政策，会同国家计委和国家经委提出重大的科学技术研究课题，组织协调科学技术力量进行攻关；科学技术规划和生产技术工作分别划归国家计委和国家经委，使科学技术和经济建设更加紧密地结合起来。国防工业办公室和国防科学技术委员会合并，统一管理国防工业的科研试验和生产工作。

根据国务院的部署，各部、委行动很快，第一批先行一步的12个单位已经取得了令人高兴的成果。电力工业部和水利部合并组建水利电力部的方案，商业部、全国供销合作总社和粮食部合并组建商业部的方案，国家进出口管理委员会、对外贸易部、对外经济联络部和国家外国投资管理委员会合并组建对外经济贸易部的方案，都已经分别酝酿成熟。国务院管理供销合作事业的行政机构同商业部合并后，中华全国供销合作总社这个群众组织仍然对内对外开展必要的活动。保持部的建制不动的化学工业部、煤炭工业部和纺织工业部，都已经分别提出了内部机构精简方案。裁并部、委的方案和新的部长人选经这次全国人大常委会审议批准后，就可以立即付诸实施，按新的建制开始工作了。

从以上12个单位的改革方案来看，机构臃肿、领导班子老化和人浮于事的状况，将有很大的改变。这些单位精简后，部级单位由12个减到6个；部内的司、局级行政机构由180个减到112个；机关工作人员的编制，由原有的8693人，减到5864人，减少33%。变化最大的是部、局两级领导班子精干了，副职大大减少了。部长、副部长原有117人，现在配备27人，减少77%。正副司、局长原有617人，现在配备304人，减少51%。

这些单位精简后，部级领导干部的平均年龄，将由64岁降到57岁；司、局级干部的平均年龄，将由59岁降到53岁。大学文化程度的干部，在部级领导班子中，将由原来的31%提高到48%；在司、局一级，将由原来的32%提高到45%。新提拔的领导干部，有部长2人，副部长5人，正副司、局长57人。这些情况表明，在干部的年轻化、知识化和专业化方面，向前迈进了可喜的一步。

在机构改革中，广大干部特别是老干部，表现了高度的革命自觉性。许多老同志认为，我们这次主动地进行国家机构的改革，搞好新老干部的交替，废除实际上存在的领导干部职务的终身制，为子孙后代立个榜样，定个规矩，这是我们社会主义事业发展的客观要求，的确具有重大的现实意义和深远的历史意义。许多老同志高高兴兴地从领导岗位上退下来，满腔热忱地推荐年富力强的同志担负领导工作。他们说得好，退是为了进，个人退下来了，我们党和国家的事业定将更好地前进。许多老同志在主动申请退休离休或退居二线以后，为了把机构改革这个历史性的任务完成得更好，他们仍然为国操荣，深入群众，调查研究，思考种种方案，物色优秀人选，认真负责地提出自己的意见。他们这种对革命事业认真负责、忠心耿耿的高尚品德，是十分令人感动的。许多中、青年干部表示，一定要很好地向老同志学习，谦虚谨慎，努力工作，接好革命的班。我们的干部队伍，不愧为中国共产党长期培养教育的、用毛泽东思想武装起来的队伍。这支队伍，胸怀全局，不谋私利，是完全可以信赖的。他们以革命事业为重的高度觉悟，是机构改革工作得以顺利进行的重要保证。

两个多月来，尽管机构改革的任务很重，牵涉面很大，但它没有引起任何纷扰或业务的停顿，政府的各项实际工作都一直在有领导、有秩序地进行。我们的国家是稳定的。全国的政治形势和经济形势都是好的。这充分表明，经过中共中央十一届三中全会以来一系列强有力的拨乱反正措施，政治秩序已经稳定，政治生活已经正常。这也充分表明，关于改革政府机构的决策深得全国的人心，我们完全有能力完成这项重大改革。那种畏难的情绪，悲观的情绪，无所作为的情绪，是完全没有根据的。国外有些幸灾乐祸的人评论说，中国正在进行一场“毫无希望”的改革。这种预言只能以彻底破产告终。

(二)基本方针和几项主要工作

我们国家政府机构的改革工作已经有了一个良好的开端。现在，摆在我们面前的任务，就是要总结经验，乘胜前进。

今年年初，在中共中央政治局讨论机构改革问题的一次会议上，邓小平同志明确指出，在一定意义上，机构改革是一场革命。但这是一场对于机构、体制的革命，而不是对于人的革命。小平同志的这个论断，是完全正确的，十分重要的。目前，机构臃肿、层次重叠、职责不清、效率很低的状况,已经到了不能容忍的地步。我们要坚持社会主义道路,要实现四个现代化,就必须进行这场革命。如果不进行这场革命,党和政府正确的方针政策就不能充分贯彻,官僚主义严重和工作效率低下的问题就不能真正克服,那样,我们的事业就没有希望。用革命的精神来进行这场重大的改革,这就是我们的基本方针。我们的改革,只能前进,不能后退。决心要大,工作要细。首先要有必胜的信心,同时要稳步前进,做好深入细致的思想工作和组织工作。国务院前一段的机构改革工作,就是本着这样的精神进行的。今后,我们还要这样做。

国务院认为,根据上述基本方针和前一段的实践,在机构改革中,必须扎扎实实地做工作,重点解决好以下四个问题。

第一,必须首先明确各部门及其所属机构的任务和职责范围。通过这次机构改革,一定要坚决改变那种分工不合理、职责不分明的状况。只能因事用人,决不能因人设事。一个机构可以办的,就不要设许多机构;一级机构可以办的,就不要设几级机构;一个人可以办的,就不要配备几个人。每个机构,每个人,负什么责,办什么事,都要有个章程。第一批先行单位的机构改革工作,就是从认真讨论机构的职责范围入手的,今后各单位也都要这样做。机构精简之后,还要进一步深入研究各部门上下左右之间的工作关系。举例来说,国务院各部、委之间的关系,国务院各部、委同各省、自治区、直辖市政府及其所属厅、局之间的关系,行政组织同经济组织之间的关系,以及政府机构怎样才能更好地管理企业事业单位并为它们服务,这些问题都要一一研究清楚,订出切实可行的规章制度。过去种种互相扯皮、互相推诿和无人负责的现象,固然是官僚主义作风的一种表现,但也有相当大的部分是职责不清、分工不明造成的。我们只有认真解决好这方面的问题,才能更有效地为人民办事。

第二,选贤任能,配备和建设好领导班子。这是最重要的一环。在国务院各部、委,关键是配备好部、委和司、局两级领导班子。领导班子要精干,要逐步实现革命化、年轻化、知识化、专业化。部的正副职配备三人至五人,司、局的正副职配备两人至三人。部长的年龄,一般不超过 65 岁;副部长和正副司、局长的年龄,一般不超过 60 岁。考虑到干部的现状和工作的交替需要有一个过程,经过上级批准,有的年龄可以大一些,作为一定时期的过渡。配备领导班子,不能只从现有成员中挑选,必须注意选拔德才兼备的比较年轻的干部。要注意培养选拔女干部和少数民族干部。跟随林彪、江青一伙"造反"起家的人,帮派思想严重的人,打砸抢分子,以及近几年在政治上或经济上严重违法乱纪的人,绝对不能提上来,一个也不能提上来,已经在领导岗位上的必须坚决撤下去。

第三,认真安排好老干部退休离休和退居二线的工作。从这次开始,要废除实际上存在的领导干部职务的终身制,使干部退休离休和退居二线这件事制度化。我们的国家是经过了长期革命战争建立起来的社会主义国家。大批的老同志不仅在革命战争时期进行了艰苦卓绝的斗争,而且在新中国成立以后为建立和巩固国家政权,为开创和发展社会主义事业,作出了巨大的贡献。以这批老同志为中坚,为骨干,在各条战线上形成了一支坚强的干部队伍。30 多年来,我们所以能够战胜许多风浪,克服许多困难,使社会主义事业在实践中取得了巨大的成就,是同我们有这样一支干部队伍分不开的。我们要把老一辈无产阶级革命家开创的事业不断推向前进,继往开来,必须继续依靠这支队伍,并且有秩序、有步骤地解决好新老干部的交替问题。国务院各部、委都有相当数量的老干部要退休离休,各单位要认真负责地把这件事安排好。老干部退休离休之后,主要的任务是继续用自己的言论和行动写好写完自己的革命历史,教育青年一代,并尽可能采取适合于自己条件的方式为人民服务。他们的政治待遇和生活待遇不变,对在生活上和医疗上确有困难的同志给以适当的补助。这样做是符合人民的意愿的。除了退休离休的以外,有些老干部身体还好,有比较丰富的领导经验和专业知识,但因年龄或名额的限制,没有进入领导班子,退到了第二线。这些老干部,有的可以担负一定职责的顾问,有的可以参加一定的调查研究、参谋咨询和检查监督工作,有的可以从事力所能及的科学教育文化活动或多种社会公益活动。总之,这些都要一一落实,使所有退休离休和退居二线的老干部,都能各得其所。

第四,切实加强干部的轮训工作,提高整个干部队伍的素质。这是一项具有战略意义的重大建设。新中国成立初期曾经着重进行过这项工作,但是后来中断了,吃了很大的亏,是一个严重的失策。现在必须把这项工作提到重要的议事日程上来,下决心,花本钱,进行智力投资。目前国家机关工作人员过多,其中许多人又没有认真钻研和精通专业,当然不是一件好事,但他们大多数人毕竟已经有了相当的工作经验和业务能力,能够继续在国家所需要的各种岗位上为社会主义现代化事业贡献力量。这对我们在精简机构以后分期分批地轮训干部,也是一个有利条件。因此,这次精简,各部门编制只定额不定人,不定谁是编内、谁是编外。只要有条件学习的,都要为他们创造学习的机会,轮流组织他们学习文化知识和社会主义现代化建设的各种本领。学习一段再工作,工作一段又去学习,在学习和工作中分别进行考核,从中陆续选拔优秀干部到更需要更适当的重要岗位上去。我们的事业在发展中,迫切需要各种具有新的专业知识的人才。干部轮训搞好了,干部才干增长了,我们的事业肯定会发展得更好更快,由此而产生的效果是不可估量的。

国务院认为,坚决执行上述基本方针,认真做好上述主要工作,机构改革肯定会健康地向前发展。机构精简了,工作效率必将有所提高,但要真正适应四个现代化建设的需要,还必须进一步改革经济管理体制,改革工作制度和工作作风。我们不仅要革臃肿机构的命,而且还要革不合理的体制和制度的命,革形形色色官僚主义作风的命。如前所说,我们所进行的这场深刻的革命,是要改革国家行政机构中那些同经济文化政法等各项建设的需要不相适应的部分,而不是革什么人的命。为了更好地解决体制改革这个难度最大的问题,国务院建议成立国家经济体制改革委员会,由总理兼主任,负责体制改革的总体设计。今后我们在各项改革中不论遇到多么大的困难和阻力,都要以不屈不挠的革命精神去克服它们,努力把国务院建设成为机构精干、工作效能高、密切联系群众、很少官僚主义习气的政权组织。

(三)提请批准和任免的事项

一、提请原则批准国务院机构改革的初步方案;批准设国务委员;批准将电力工业部和水利部合并组建水利电力部,将商业部、全国供销合作总社和粮食部合并组建商业部,将国家进出口管理委员会、对外贸易部、对外经济联络部和国家外国投资管理委员会合并组建对外经济贸易部。

二、提请批准设立国家经济体制改革委员会,由总理兼主任。

三、提请任命钱正英为水利电力部部长,刘毅为商业部部长,陈慕华为对外经济贸易部部长,秦仲达为化学工业部部长。煤炭工业部部长仍由高扬文担任。纺织工业部部长仍由郝建秀担任。

四、提请免去李鹏的电力工业部部长职务,钱正英的水利部部长职务,王磊的商业部部长职务,牛荫冠的全国供销合作总社主任职务,赵辛初的粮食部部长职务,谷牧的国家进出口管理委员会主任、国家外国投资管理委员会主任职务,郑拓彬的对外贸易部部长职务,陈慕华的对外经济联络部部长职务,孙敬文的化学工业部部长职务。

各位委员:

我们政府机构的改革是一项十分艰巨复杂的工作,现在只是开了一个头。就国务院的机构改革来说,第一批已经提出精简方案的单位,待全国人大常委会批准后,将方案付诸实施,还要继续做大量的工作。尚未提出精简方案的单位,待方案确定后,将由国务院分批向全国人大常委会报告。在机构改革中,一定要确保工作、改革两不误,决不允许发生松懈、脱节和混乱现象,决不允许贻误工作和影响生产。各省、自治区、直辖市政府的机构改革,除个别条件比较成熟的地区经国务院批准可以在适当时机进行试点外,一律从明年开始。总之,我们决心排除一切困难,坚定不移地把机构改革工作做好,不断地完善政府工作制度,克服官僚主义,提高工作效率,使政府机构的工作作风和工作面貌焕然一新。

我的报告完了。请各位委员审议。

**全国妇联在人民大会堂举行在京部分离休和即将离休妇女工作者座谈会**

全国妇联主席康克清主持了座谈会。康克清说,在座的许多人都愉快而又自觉地退居二线、三线,还有一部分也很快要退下来。我们在退下来之前要把中青年干部提拔起来,把班交好。她希望大家要退休不退色,继续关心革命事业,为培养和教育青年一代多做工作。

延安时期中央妇委委员、全国妇联第一任组织部部长、现任中央组织部顾问帅孟奇在缅怀往事的时候说,我们妇女干部都是在党的培养下成长起来的。在各个革命历史时期,大家认真贯彻执行党的方针政策,不怕流血牺牲,和男同志一道上战场,为新中国和妇女的解放作出了贡献。今天,我们国家正处在大变革的历史时期,应该看到我们的干部队伍老化了。我们要响应党的号召,要热心培养、推荐中青年干部,把他们提拔到领导岗位上;要积极配合各级党组织端正党风,并从自己带头做起,要用自己活生生的革命经历教育好自己的子孙和青年一代,帮助他们正确处理好国家、集体和个人之间的关系。

帅孟奇在谈到在座的同志大都已经离休和一部分同志即将离休时说,我们虽然不在其位了,但思想却不能退位,仍然要坚持学习,关心天下大事;要坚持批评和自我批评的武器,保持党的优良传统和作风。

延安时期原中央妇委秘书长、现在离休的卢竞如,原中央妇委秘书长、东北妇联党组书记、现教育部顾问郭明秋,原延安洛杉矶托儿所所长、全国妇联国际部副部长、现已离休的沈元晖,原在陕甘宁边区工作、现任西苑中医研究院顾问尤祥斋,原陕甘宁边区妇联干部、现已离休的白青山,原冀鲁豫妇女干部、现任粮食科学设计院副院长范世钧,原冀中区妇救会主任、现任林业部教育司顾问赵亚平,在会上作了口头或书面发言。

全国妇联副主席罗琼、曾宪植、黄甘英、林丽韫等参加了座谈会。

**国务院副总理薄一波在人民大会堂会见由南斯拉夫科学艺术院院长西洛特可维奇率领的代表团**

薄一波向客人们介绍了中国的政治和经济形势。他说，中共中央的领导核心是坚强的，在人民群众中享有很高的威望。目前，中国正在进行机构改革和打击经济领域里的犯罪活动。我们党有勇气、有力量解决这两个问题。在谈到中南两国关系时，薄一波说，两国存在着十分良好的关系，今后可以在更多的领域里加强合作和交流。

西洛特可维奇表示，两国可以相互借鉴的地方很多，南斯拉夫将组织一些人员来研究中国。

**教育部试行《高等学校学生守则》和《中等专业学校学生守则》(试行草案)并发出通知**

通知说，守则体现了党和国家对高等学校、中等专业学校学生在政治思想和道德品质方面的基本要求，是每个学生应该遵守的行为准则和道德规范。每年新生入学，都应认真进行一次遵守守则和学校规章制度的教育，使学生从入学起就知道应该怎样做，不应该怎样做，引导学生自觉遵守守则，树立良好的校风，促进学生德智体全面发展。

通知强调，要在学校党委统一领导下，各职能部门密切配合，共同做好思想政治工作和行政管理工作。要教育党团员学生成为执行守则的模范。广大教师要做到教书育人，言传身教，用守则教育学生，要求学生。

通知还指出，各地区、各学校可以从本地区和本学校的实际情况出发，对守则的条文加以补充。少数民族地区的学校，可增加必须执行党的民族政策、加强民族团结、尊重少数民族风俗习惯内容等。

**高等学校学生守则(试行草案)**

一、热爱祖国，拥护中国共产党的领导，立志为社会主义事业服务，为人民服务。

二、认真学习马列主义、毛泽东思想，逐步树立无产阶级的阶级观点、劳动观点、群众观点、辩证唯物主义观点。

三、勤奋学习，努力掌握基础理论、专业知识与基本技能。

四、坚持体育锻炼，积极参加体力劳动和军事训练。

五、尊敬师长，尊重职工，关心集体，正确开展批评与自我批评。

六、遵守社会公德，爱护公共财物，勤俭节约，讲究卫生。

七、遵守国家法令，遵守学校规章制度，保守国家机密。

八、听从祖国召唤，服从国家分配。

**中等专业学校学生守则(试行草案)**

一、热爱祖国，拥护中国共产党的领导，立志为社会主义事业服务，为人民服务。

二、学习马列主义、毛泽东思想，逐步树立无产阶级的阶级观点、劳动观点、群众观点、辩证唯物主义观点。

三、热爱专业，学好理论知识和技能。

四、坚持体育锻炼，讲究卫生，积极参加劳动。

五、关心集体，爱护公物，勤俭节约，遵守社会公德。

六、诚实谦虚，尊敬师长，尊重职工，开展批评与自我批评。

七、遵守学校规章制度，遵守国家法令，保守国家机密。

八、听从祖国召唤，服从组织安排。

**中共中央书记处决定把北京官园作为中国儿童少年活动中心**

**中宣部副部长周扬参加在北京举行的中国戏剧家协会常务理事会第二次(扩大)会议**

周扬指出：戏剧应该在建设社会主义精神文明中发挥重大作用，剧作家、表演艺术家们要责无旁贷地担负起宣传"五讲四美"的任务，通过戏剧对人民起积极的、持久的、潜移默化的影响。因此，戏剧工作者要拿出勇气，努力革新，以对人民高度负责的精神，认真、刻苦地从事创作和演出。

他说，戏曲要革新，不革新不行，这个革新包括剧本创作、表演艺术、剧团体制等各方面。他希望剧作者们不回避现实题材，真实地反映时代的矛盾和斗争，走现实主义的创作道路。同时，他还希望剧作家和表演艺术家好好合作，严肃认真地整理我国丰富的传统戏剧遗产，取其精华，去其糟粕，为今天的时代服务；要继承和发展各种艺术流派，表演艺术家们要注意提高自己的艺术修养，又要提高自己的思想文化教育和道德品质的修养。老作家阳翰笙也在会上讲了话。他说，今天的党中央为繁荣文学艺术创造了良好的条件，文艺工作者要振奋精神，为建设社会主义精神文明作出积极的贡献。文艺工作者应该深入生活，下去好好看一看。

**全国儿童歌舞座谈会在北京举行**

文化部、全国少年儿童文化艺术委员会、中国舞蹈家协会、中国儿童歌舞研究会，于3月2日到9日在北京召开全国儿童歌舞座谈会，讨论如何用歌舞艺术，培养教育少年儿童的心灵美。

这是新中国成立以来第一次召开这样的会议。与会代表认为，对少年儿童进行“五讲四美”的教育，有着极为重要的意义。根据儿童的特点，通过歌舞艺术，在他们心中播下美的种子，促进他们的智力、体力的健康发展。他们相信，通过这次会议，对各地的少年儿童歌舞工作将会产生有力的推动作用，为建设社会主义精神文明作出更大的努力。

## 3月3日

**《人民日报》发表评论员文章《老干部光荣的神圣的职责》**

我们国家正在有步骤地着手精简机构的工作。邓小平同志最近明确指出，这是一场革命。搞好这场革命，需要全党同志、广大干部共同努力。我们的老干部责任尤其重大，应当站在这场革命的前头。

这次精简机构，或者叫改革机构，要坚决改变部门林立、机构臃肿、层次繁多、人浮于事的状况。在改革过程中，要把一批德才兼备、年富力强、有知识有专长的优秀同志提拔到领导岗位上来，同时要有一批老同志从第一线退下来。这是一次意义深远的改革，确实关系到我们党和国家的盛衰兴亡。

现在，我们国家在政治上、经济上的大政方针已经确定了，各方面的工作已经走上正轨。当前要着重解决的问题之一，是提高工作效率，克服官僚主义。工作效率不高，不仅因为机构、体制上有许多不合理的地方，也因为干部队伍的现状远远不能适应“四化”建设的需要。这方面的问题，一是领导班子普遍老化，不少同志难以担当繁重的任务，有的甚至不能坚持八小时工作；二是领导干部人数偏多，副职虚职过多；三是文化偏低，懂专业会管理的干部少。实现干部队伍的革命化、年轻化、知识化和专业化刻不容缓。如果不进行这场革命，任凭机构臃肿重叠、职责不清，许多人员工作缺乏精力、知识和效率的情况继续存在下去，那么，不论党和政府的方针政策怎样正确，也不能充分贯彻。不及早进行新老干部的适当交替，让老人、病人挡住比较年轻、有干劲、有能力的人的路，就会贻误“四化”大业，就谈不上党和国家的兴旺发达。

所有的老同志都应当充分认识机构改革的必要性和迫切性。我们的老干部，在党的领导下奋斗了几十年，对中国人民革命和建设事业的胜利和发展，作出了不可磨灭的贡献。到了晚年，什么是最重要的事情？什么是为党出力的最好的所在？就是帮助党选拔一大批优秀的中青年干部上台。中央负责同志多次指出，老干部要把选拔中青年干部作为第一位的庄严职责。别的工作做不好固然要作自我批评，这项工作做不好，就要犯历史性的错误。我们必须以对人民高度负责的精神，帮助党选贤任能，满腔热情地欢迎和支持资历较浅、年纪较轻的优秀干部担负主要领导职务，自己则退出主要领导岗位，转到比较超脱的地位。这是老干部光荣的神圣的职责，是在晚年对党做的最大贡献。

我们的老干部，经过长期革命斗争的锻炼，受过党的多年教育，绝大多数是能够顾全大局的。我们相信，在当前机构改革这场革命中，老同志将会用行动写下自己历史光彩的一页，为革命后代树立一个好的榜样。

**公安部在北京召开命名大会授予浙江衢州公安局消防中队战士邵裕桥“雷锋式民警”荣誉称号及全国公安战线一级英雄模范奖章**

中共中央政治局委员、书记处书记彭冲，国务院副总理杨静仁和公安部的领导同志出席了大会。来自全国各省、自治区、直辖市的公安战线代表和中央、国家机关保卫部门的代表共1300多人参加了大会。会上，彭冲同志向邵裕桥发了奖状和奖章。

邵裕桥同志1978年入伍，1979年入党，今年24岁。几年来，他先后利用休息时间，无微不至地照料18户体弱病残的孤寡老人。为了保护国家、集体和人民的生命财产，几年来他参加了70多次灭火战斗，每次都战斗在险情大、火势猛的地方。曾连续三次荣立三等功，先后受到当地党委、团委和省、地、市公安机关的表彰嘉奖。

公安部副部长吕剑光在会上宣读的命名决定中指出：邵裕桥同志热爱党、热爱人民、热爱社会主义制度，具有高度的政治觉悟；他不为名、不为利、不怕苦、不怕死，具有全心全意为人民服务的高尚品质；他刻苦学习，钻研业务，具有干一行、爱一行、专一行的实干精神。他是一个有理想、有信念、有道德、有抱负的先进青年，是公安队伍社会主义精神文明建设的优秀代表，是公安战线雷锋式的模范民警。

公安部在命名决定中号召全国公安保卫人员要以邵裕桥同志为榜样，坚持四项基本原则，刻苦学习马列主义、毛泽东思想，模范地执行党中央的路线、方针和政策，全心全意为人民服务，密切联系群众，努力建设社会主义精神文明，自觉抵制各种非无产阶级思想的影响，振奋精神，抓紧工作，为争取社会治安工作和公安队伍建设取得决定性进展而努力奋斗。

公安部副部长席国光在讲话中要求公安战线的共产党员、共青团员、全体干警，坚决响应党中央的号召，在当前开展的“全民文明礼貌月”活动中，起先锋模范作用。

邵裕桥在会上表示：要保持过去那么一股革命热情，那么一种拼命精神，踏着雷锋的足迹，一步一个脚印地走下去，做一个雷锋式的战士。

**工业经济管理师资干部培训班在昆明开学**

培训班由中国经济学团体联合会和云南省联合举办，参加培训班的学员，有省、市、地、县工业经济管理干部和职工教育干部、大中企业的领导干部以及技术、管理人员共220多名。

培训班聘请全国著名的有关方面专家、学者担任讲课。学员们将通过半年的学习，比较深入地理解社会主义经济理论和工业经济管理理论，提高管理企业的能力。

**解放军总参谋部 总政治部 总后勤部在北京联合召开义务植树动员大会**

动员大会号召全军各部队立即行动起来，在义务植树运动中当尖兵，打头阵，坚持不懈地为实现绿化祖国的宏伟目标努力奋斗。

动员大会由总政治部主任韦国清主持。

总后勤部部长洪学智在会上宣读了国务院、中央军委《关于军队参加营区外义务植树的指示》和三总部《关于贯彻执行五届人大四次会议“关于开展全民义务植树运动的决议”的通知》。

中央军委秘书长杨尚昆在会上讲话。他说，动员全军积极投入全民义务植树运动中去，对于激发广大指战员的爱国热忱，奋力建设社会主义物质文明和精神文明，必将产生深远的影响。对军队来说，植树造林还具有重要的战略意义。他指出，近几年来，全军的植树造林工作取得了可喜成绩。全军营区四旁植树保存数达1.2亿株，还积极支援了地方植树。党和国家要求军队一方面要大力搞好营区绿化，同时协助地方把营区外10公里范围内的植树绿化搞好，空军还要派出飞机担负空中播种造林和种草的任务。各部队要按照这个要求，结合实际，统一部署，周密安排，狠抓落实。他说，全军指战员还要做爱林的模范，护林的标兵。驻京机关、部队要带个好头，走在前面，以模范行动推动全军绿化植树工作。

林业部部长雍文涛、北京市市长焦若愚、国家城建总局副局长秦仲方、驻京部队陆、海、空军代表在会上讲了话。

**解放军在北京成立绿化委员会。**

绿化委员会由主任委员洪学智，副主任委员迟浩田、颜金生、范子瑜和7名委员组成。

**纪念斯诺学术讨论会在武汉结束**

这是中国首次举行的纪念斯诺学术讨论会。

来自全国10个省、自治区、直辖市的作家、教授、学者、新闻工作者的代表，对斯诺一生为增进中美两国人民之间的相互了解和友谊作出的贡献给予高度的评价。会上收到的论文着重分析了斯诺思想发展的道路和他毕生进行活动的多种特点，论述了斯诺的《西行漫记》等著作在国际报告文学史上的地位，肯定了他的一些报告文学的历史文献价值。

会上，专程来华参加斯诺逝世10周年纪念活动的斯诺夫人洛伊斯·斯诺发表了热情洋溢的讲话，并放映了珍贵的幻灯资料向与会者介绍斯诺生平。

讨论会还就今后深入开展对斯诺的研究提出了建议。在纪念斯诺逝世10周年之际举行的这次学术讨论会，是由中国人民对外友好协会湖北分会和国际报告文学研究会中南分会等单位联合举办的。

**中国戏剧家协会第三届常务理事会第二次(扩大)会议在北京闭幕**

会议提出：在新的一年里，全国20多万名戏剧工作者要团结在党中央周围，为繁荣我国社会主义戏剧，为建设社会主义精神文明，作出更大的努力！

中国剧协是我国文艺界最大的一个群众团体，拥有会员3900多人。这次常务理事会是2月26日到3月3日举行的。

会议期间，中宣部副部长周扬、贺敬之、文化部代部长周巍峙曾到会并讲话。

贺敬之在讲话中指出，戏剧事业要跟上时代的步伐，在我们的戏剧舞台上，要反映新时代的新生活，塑造社会主义新人；要宣传无产阶级的世界观、道德观，提高人民群众的思想觉悟水平。因此，大力提倡戏曲现代戏仍然是我们的方向。他说，提高戏剧创作和戏剧工作的质量，戏剧界需要来一个广泛的学习运动，老年、中年、青年都要学，学政治，学马列，学美学，学文学发展史等，这是基本功；要深入生活，和人民群众打成一片；要纠正文艺队伍的各种不正之风。同时，要精简机构，加强和改善党的领导，在文艺界造成一个在马列主义指导下的百花齐放、百家争鸣的局面。

周巍峙在讲话中说，我国戏剧界拥有一支庞大的队伍，戏剧在群众中具有深厚的基础，有强烈的艺术感染力，今后文化行政部门要更主动地支持剧协做好这支队伍的工作，促进戏剧的繁荣。

阳翰笙、曹禺、张庚、吴雪、马彦祥、凤子等著名戏剧家先后讲话，剧协秘书长刘厚生作了会务工作报告。

大会讨论了1982年的工作计划，其中有：剧协与文化部联合举办优秀戏剧创作评奖，组织作家深入生活，召开全国戏剧评论工作者座谈会、戏剧创作座谈会和剧作者读书会，举办全国舞台美术展览等。

**民族问题5种丛书编委会议在北京召开**

会议于3月3日至9日召开。国务院副总理杨静仁参加会议。杨静仁说,改善和发展社会主义的民族关系,加强民族团结,是社会主义精神文明建设的一项重要内容。我们各民族干部群众都要自觉地做维护和增进民族团结的模范。

民族问题5种丛书为:《中国少数民族》《中国少数民族简史丛书》《中国少数民族语言简志丛书》《中国少数民族自治地方概况丛书》《中国少数民族社会历史调查丛刊》。

会议就编写丛书的学术问题和工作问题进行了讨论,并制定了相应的规划和措施。

## 3月4日

**《人民日报》发表社论《高质量地完成人口普查任务》**

人口普查,是查清我国国情、国力的一项重要工作。赵紫阳总理在五届人大四次会议的政府工作报告中指出,我们要求得国民经济的稳步前进、健康发展,就要切实改变长期以来在“左”的思想指导下的一套做法,真正从我国实际出发,走出一条速度比较实在、经济效益比较好、人民可以得到更多实惠的新路子。为此,就必须对我国的国情有一个比较全面、详细的了解。国情包括的方面很多。人是社会的主体,是社会生产关系的体现者,是物质财富的创造者和消费者。人口数量,尤其是人口的分布和性别、年龄、民族、文化程度、行业和职业等构成情况,是一个国家最基本的国情。我们要有计划地进行社会主义现代化建设,安排好人民的物质生活和文化生活,制定可行的人口政策和规划,首先必须把我国的人口情况查清楚。我国自1964年第二次人口普查以来,已有18年了,进行第三次人口普查,实在是社会主义建设的迫切需要。

人口普查要高度准确。中共中央和国务院指示精神的核心问题,是要求确保普查的质量,就是说普查要围绕着资料的准确性这个中心来进行。

在我们这样一个幅员辽阔,人口众多,交通、通信条件还比较差,对电子计算机的使用还缺乏经验的国家中,进行人口普查,要保证普查质量,使数据的收集和汇总达到高度的准确性,不是一件容易的事。各级党委和政府必须认真贯彻党中央和国务院的指示精神,充分发挥社会主义制度的优越性,发动和依靠广大干部和群众,根据人口普查的部署和要求,切实加强对这项工作的领导,周密计划,逐级负责,实行质量控制,善始善终地做好一系列组织和技术工作。

要保证人口普查的准确性,还需要上百万普查员、编码员、录入员共同努力。各级人民政府和普查机构,要认真做好这些人员的选调和培训工作。

人口普查和每一家、每一户都有关系,需要全国各族人民积极合作和支援。要运用各种宣传工具,采取多种形式,广泛深入地进行宣传教育,使人口普查的意义、内容和要求为广大群众所了解,真正做到家喻户晓,人人明白,大家都来积极参加,如实申报,才能确保普查数据的可靠性。

为了取得准确的人口资料,我们要坚决贯彻执行国务院颁布的《第三次全国人口普查办法》。这个普查办法,是根据中共中央和国务院指示的原则,经过各地试点反复实践逐步形成的,是适合我国实际的,是我们进行人口普查的法规和依据。在这样一次大规模的人口普查中,全国上下都严格遵循这个统一的法规,才能避免和减少遗漏、重复和差错,取得人口普查的准确资料。

现在离全国统一的正式普查登记时间只有四个月了,任务繁重,时间紧迫。我们要坚决贯彻党中央和国务院的指示,抓紧准备,一项一项、一件一件地落实,保证高标准高质量地完成第三次全国人口普查任务。

**中共中央副主席李先念在北京会见由朝鲜记者同盟中央委员会常务副委员长朴灿根率领的朝鲜记者同盟代表团**

**中国代表团团长田进在日内瓦裁军谈判委员会会议上发言**

田进指出,两个超级大国应立即停止核军备竞赛和首先实行核裁军。

他说,“停止试验、发展和生产核武器,还必须伴随着核武器的大量削减和销毁,才能起减少核战争危险的实际作用。”

田进指出,中国正在大力进行经济建设,并不愿在发展核武器方面花费资源。“但是,面临超级大国的核威胁,我们不得不掌握必要的防御力量来保卫我国的独立、安全和经济建设。我们进行的核试验的次数是非常有限的。”田进重申,“中国在任何时候,任何情况下都不首先使用核武器,与此立场相联系,我们不对无核国家和无核地区使用或威胁使用核武器。”

**《明清史讲义》出版**

《明清史讲义》是已故明清史专家孟森于30年代在北京大学历史系讲授明清史的讲稿,已由北大历史系商鸿逵教授整理,编成上下两册,由中华书局出版。上册讲明史,下册讲清史。

## 3月5日

**《人民日报》发表社论《提高经济效益是根本出发点》**

今年我国的工业增长速度,是要保证完成4%,争取达到5%,也就是我们常说的"保四争五"。从1月份的生产情况来看,各地区、各部门积极性很高,达到这个增长速度是完全可能的。当前,应该引起大家注意的是如何提高经济效益,把经济效益同一定的增长速度统一起来。

讲求经济效益,一两年来,不少地区和企业的领导已经重视起来,采取了有效措施,获得了明显的成就。但是,一般来说,经济效益低仍然是一个突出的问题。主要表现在:滞销产品积压过多,产品质量不稳定甚至下降,能源消耗高,可比成本上升,亏损面、亏损额增加,全员劳动生产率降低。因此,提高经济效益是摆在我们面前迫切需要解决的重要课题。经济效益应该成为一切经济工作的根本出发点,从指导思想上要有一个大的转变。

经济效益与增长速度应该是统一的。没有经济效益的速度是无效劳动,没有一定的增长速度,经济效益也要受到限制,无法满足人民和社会日益增长的需要。长期以来,一些经济部门和厂矿企业,只重数量不顾质量,只重多快不顾好省,只管完成生产任务,不顾国家仓库积压,就是说,干了不少蠢事。如果不及时敲敲警钟,打打预防针,有可能重蹈覆辙。从今年1月份的实际情况来看,有些地区已经出现了这种苗头。例如,一些产品去年年底就有积压,今年开头又大量超产。对于这类产品,应该限产而不能鼓励增产。又如电的消耗,我们知道,今年的工业生产计划是建立在能源生产增长1%、能源消耗节约3%的基础上。今年1月份用电量的增长却大大超过了生产增长的幅度。因此,在能源紧缺的地区,耗能高的产品宁可少生产,也不能多消耗电。上述两个例子说明:在产值、利润的增长与经济效益的提高发生矛盾的时候,要服从经济效益。这样做,从表面上看减少了产值和利润,实际上是减少了水分,得到了实在的速度。

有的同志顾虑用行政干预办法限产,会影响企业的积极性。我们认为,计划经济允许范围内的积极性,应该保护;不符合国家计划的盲目积极性,应该限制。我们要把积极性引导到提高经济效益的正道上来。

为了提高经济效益,必须发动千百万职工,从千万个企业的实际出发,千方百计献计献策。从国务院召开的全国工业交通工作会议讨论的结果来看,应该做好下列几项工作。

提高产品质量,使产品适销对路。天津从发展名牌优质产品入手,发挥自己的优势,丰富了轻工业市场,还与内地企业形成了合理的分工。有的地方提出,组织生产要考虑三条:市场有需要,出口有前途,产品有信誉。全国很多地方拖拉机积压,常州市的拖拉机却供不应求。原因何在?常州市的同志答复:关键是产品质量高、适销对路。

缺电缺煤缺水地区,做好节电节煤节水工作。在能源紧缺的地区,如华东和东北,节能就是最大的经济效益。对地方和企业的同志多做思想工作,对干部和职工做好宣传工作,使他们提高认识,增强计划用电和节约用电的紧迫感。除节能外,还要做好煤炭的增产和调运工作。加强矿路协作,争取产运均衡。在严重缺水的城市如天津、青岛、大连等,认真节约用水,就能提高经济效益。

实行经济核算,重视经营销售。我们企业的领导干部,由于历史的原因,往往只重视生产管理,忽视经营工作,不管产品销售。这是造成产品积压、成本高、消耗大、经济效率低的重要原因。现在有的地方开始重视经营销售,尽管做法还很不完善,但毕竟向搞好经营前进了一步。

组织技术攻关,解决生产中的关键问题,把科研成果及时应用到生产上。要纠正科技人员中只重视写作论文不愿意解决技术难题,只重视科研不愿意搞技术革新等思想。

把企业的经济效益与社会的经济效益联系起来。有些产品从一个企业来看,经济效益很小,有的甚至亏损,但这种产品是人民生活或经济建设所必需的,它就有较大的社会经济效益。因此,不能只看企业的经济效益,不顾社会的经济效益。企业的经济效益要服从社会的经济效益。提高经济效益还要做好其他工作,如打击经济领域的犯罪活动,做好政治思想工作,全面整顿企业等等,因为经济效益是做好各方面工作的最后综合反映。

各级经济工作领导干部,要充分认识计划经济为主的必要性。对内搞活经济的方针是正确的,长期坚持不变。同时要研究和解决搞活经济以后的新问题。比如,经济工作中开始露头的分散主义和本位主义就应该及时处理,不要讲面子,更不要怕得罪人。我们必须维护必要的集中统一,强调全国一盘棋。当然,对于边疆少数民族地区,在安排计划时应该给以照顾。

提高经济效益是这次全国工交会议讨论的中心,通过讨论提高了认识,大家认为有必要端正工业、交通工作的指导思想,从单纯重视产值、速度转变到重视经济效益的轨道上来。我们相信,只要这个问题真正在思想上、行动上获得解决,今年的工交生产必将出现一个新局面。也只有提高了经济效益，人民才能在工农业的增长中得到实惠，得到看得见摸得着的好处。

**五届全国人大常委会第二十二次会议举行全体会议**

会议听取了谷牧副总理关于第二次中日政府成员会议的总结报告、石油工业部副部长秦文彩受国务院委托作的关于我国海上石油对外合作勘探开发情况的汇报、公安部部长赵苍璧受国务院委托作的国务院关于宽大释放全部在押的原国民党县团以下党政军特人员的建议的说明，还听取了外交部副部长仲曦东受国务院委托作的关于建议批准《禁止或限制使用某些可被认为具有过分伤害力或滥杀滥伤作用的常规武器公约》(以下简称《公约》)有关问题的说明。这个《公约》是1981年4月10日在联合国总部开放签署的。我国代表在这一年9月代表我国政府在《公约》上签字，并发表了签署声明。

彭冲副委员长主持会议。乌兰夫、韦国清、廖承志、许德珩、史良、杨尚昆、班禅额尔德尼·确吉坚赞副委员长出席了会议。

列席全体会议的有最高人民检察院检察长黄火青和各省、自治区、直辖市人大常委会负责人。

**国务院副总理谷牧向五届全国人大常委会第二十二次会议作《关于第二次中日政府成员会议的总结报告》**

第二次中日政府成员会议，是1981年12月15日至16日在东京召开的。参加会议的有以谷牧、黄华副总理为首的中国国务院成员和以樱内义雄外务大臣为首的日本国内阁成员。

谷牧在报告中谈到，在这次中日政府成员会议上，双方探讨了今后加强合作的途径，并就当前国际形势交换了意见。双方认为，在当前严峻的国际形势下，中日加强合作具有十分重要的意义。

他说，在经济合作方面，中日双方具有共同的认识和需要。在这次会议上，双方的发言都把加强两国合作同战略全局和长远利益联系在一起，认为中日经济合作具有广阔的前景。日方几位大臣在发言中都强调，日中经济合作为两国的发展和增进相互利益作出了巨大贡献，并在维护亚洲和世界和平的事业中占有重要地位，在当今国际形势复杂多变的年代，比任何时候都更加需要加强日中两国的合作关系。他说，日方当前最关心的有以下几个问题：落实合作项目、按计划向日本出口煤炭；共同勘探开发石油；粮食、饲料生产方面的合作；关于开展老厂、中小企业改造方面的合作。

谷牧说，举行中日政府成员会议，有助于双方增进理解，加深友谊，密切合作。这是双方的共同认识，双方都同意把这一制度坚持下去。

**石油工业部副部长秦文彩在五届全国人大常委会第二十二次会议上汇报海上石油对外合作的情况和第一轮招标工作**

秦文彩说，加快海上石油的勘探开发，对今后增加石油后备储量和增加产量，发展我国石油工业，有重要的战略意义。

秦文彩说，从60年代初期开始，我国石油、地质部门就在我国大陆架开展了勘探工作，证实在我国海域有良好的找油前景，我国海上可以找到有商业价值的油田。1979年以来，根据党的十一届三中全会确定的对外开放政策，我们利用外国资金和技术，开展了南海、南黄海、渤海、北部湾等海域的石油对外合作。通过勘探和钻探工作，使我们对这些海域的地质情况和含油气前景有了更全面的了解；通过同外国石油公司的合作，培养了我们的人才，提高了队伍的技术和管理水平；在经济上我们也有所收益。

秦文彩说，今年1月30日，国务院已正式发布了《中华人民共和国对外合作开采海洋石油资源条例》。这个条例公布后，大多数外国石油公司和法律、能源方面的专家认为，条例为海上石油合作提供了法律依据，是向前迈进了一大步。条例既维护了中国的主权和经济利益，也保证了外商的合法权益，是公正合理的。按照条例规定，中国海洋石油总公司已于2月15日成立。今后，我们将依据条例，做好我国海上石油对外合作的工作。

秦文彩说，现在第一轮招标已经开始，海域是南海珠江口盆地、北部湾盆地南部、莺歌海盆地西部、南黄海北部盆地和南黄海南部盆地等物探协议区。今年一年谈判签订合同，1983年外商展开勘探，1986年后可陆续出油。我们要精心努力地工作，边干边学边总结，为国家争取更好的经济效益。

**公安部部长赵苍璧向五届全国人大常委会二十二次会议作关于宽大释放全部在押的原国民党县团以下党政军特人员的建议和说明**

赵苍璧说，1975年3月，根据四届全国人大常委会第二次会议通过的《关于特赦释放全部在押战争罪犯的决定》，特赦释放了全部在押的战争罪犯；同年12月，遵照中共中央的指示，宽大释放了在押的原国民党县团以上党政军特人员，在国内外产生了良好的影响。目前尚有原国民党县团以下党政军特人员4237名仍在服刑，这些人经过长期教育改造，基本上达到了改恶从善的标准。考虑到这个实际情况，当前对正在服刑的原国民党县团以下党政军特人员,全部宽大释放,并给予政治权利,是十分必要的。这样做,可以进一步巩固和发展我国政治上的安定团结,有利于调动一切积极因素,推动社会主义现代化建设。

赵苍璧说,按照党和国家的历来政策,结合当前实际情况,对这次宽大释放的人员,要予以妥善安置。当地政府、社队和他们的亲属,应当欢迎他们回去,并积极做好安置工作。对家居台湾、本人愿意回去的,准许其回台湾,并发足路费,提供方便。

**中国广告协会改名中国广告学会**

中国广告协会改名为中国广告学会,由工商行政管理总局领导。

此学会的主要任务是:积极开展广告学术交流活动;探讨社会主义广告的性质、方向和任务;推广先进的广告设计,编辑广告学术书刊;开展国际广告学术交流活动。

**中国国际交流协会会长李一氓在北京会见荷兰前议员荷共政治局委员尤普·沃尔夫**

**中美在人民大会堂签署互免海运 空运企业运输收入税收协定**

根据协定,缔约一方的企业在经营海运、空运国际运输中的业务收入、利润只在该缔约国纳税。这些收入和利润包括客运、货运和邮政运输业务的收入和利润等。财政部部长王丙乾和美国驻中国大使恒安石,分别代表本国政府在协定上签字。

**全国新闻工作者协会在北京为纪念"三八"国际劳动妇女节举行中外记者招待会**

全国妇联书记处书记吴全衡、张洁珣、胡德华在会上向记者们介绍了有关我国妇女、儿童、婚姻家庭等方面情况,并回答了记者们提出的问题。

她们在介绍情况时谈到,1949年中国的女职工为60万人,到1980年已发展到3400万人,占职工总数的34%。在旧中国从事科技工作的妇女寥寥无几,目前,在全国529万多名科技工作者中,妇女占31.6%,其中副教授以上的有3500人,工程师和讲师以上的有10万人。医务工作者中妇女占一半以上。

**《新闻战线》邀请在京的部分文字工作者就如何防止和消灭报刊上的文字错误等问题举行座谈**

座谈会上,中国社会科学院文学研究所的吴世昌同志指出:报纸的文字错误不仅仅是语言问题,背后的实质比语言还重要。现代报纸应该是包罗万象,政治、经济、天文、地理,等等。报纸编辑要做个全能的才子才能应付得了。《人民日报》《光明日报》,这么大的报纸,确实需要有老师,不是一个语言教师,而是各种教师。《人民日报》聘请四五位顾问应该是可以的。《泰晤士报》就是这样的,专请人找错,而且研究什么时候出错,为什么出错。研究问题,报上的缺点、动向、读者反映,都是专门有人做的。他们请大学教授做科学顾问。所以,关于科学方面的问题,《泰晤士报》也是权威的。地方报可能没有这个能力,但是,《人民日报》可以这样做。要真正请老师,请顾问,医学顾问、科学顾问。

北京大学的朱德熙同志说:报纸上的语言好不好,关系重大,因为它对社会上的文风有很大影响。就改进报刊语言来说,我们这些人能起多大作用呢?你们应该自力更生。我记得50年代《人民日报》《北京日报》都有评报专栏,自己找自己的毛病。这就很好。经常这样做,引起大家的重视,就会有效果。这里有个态度问题。有人不重视语言文字,认为写稿子注意语言是咬文嚼字,文章只要能看懂就行,不必讲究文字。如果大家都抱这种态度,我们报纸的文风就没有希望改进了。

纯粹的语言问题也不能轻视,我想借这个机会转达北大中文系陆俭明同志的一点意见。两报一刊1978年元旦社论中有这样一句话:"'四人帮'疯狂破坏的党的干部政策、知识分子政策、民族政策,在各个方面造成的严重恶果,正在逐步清除。"这第一个"的"字不能要,有了"的"字,就变成说党的政策造成的严重恶果了。他指出,除了报纸以外,文学作品对文风的影响也很大。有很多作家语言很好,但也有一些作家语言不很好或很不好。乔木同志说作家要注意语言,这是非常对的。

《中国语文》编辑部的陈章太同志说,现在报刊的语言,比前些年有了很大的改进,但比起"文革"前还是差一些。现在报刊上的主要错误分为三大类:一类是内容或政治性错误,另一类是事实或知识性错误,第三类是语言文字上的错误。当然,也还有编辑技术上的错误,但那是次要的。

别的不论,就语言错误来看,大概有几个方面:1.标题,有的不鲜明、不生动、有歧义,甚至题文不合。2.文理不通。主要是不合逻辑,不合事理,失去照应,省略不当,词语搭配不当,句子不完整,以及语法上的其他错误。3.用词不当,或者生造词语,滥用方言词语。4.滥用古汉语词语,半文不白,不通俗,不口语化。5.错用标点符号或乱用标点符号。6.写错别字。

为什么会造成这些错误?不外以下原因:

1.首先是有关人员不重视或不够重视。2.有些作者、记者、编辑、校对以及有关人员缺乏基本功的训练。3.报刊语言上的错误较多，不规范的毛病不少，这也是整个社会文化水平不够高，语文运用混乱的反映。4.制度不严，职责不明，检查总结不够及时，不够经常，不够细致。关键是前两条。凡事就怕认真，重视了，认真抓了，又加强基本功训练，切实提高基本能力，那就好办了，问题自然会逐步得到解决。

《人民日报》的安岗同志说，报纸在语言上对人们的影响很大、很广。如果报纸能在语言纯洁、语言规范、语言美等方面做得好一点，就可以给整个民族以好的影响。安岗说：语言学家都是报刊的先生，我们办一天报就得向老师学一天。

在座谈会上发言的还有：中国人民大学的胡明扬、王国璋同志，北京语言学院的毛成栋同志，北京师范学院的徐仲华同志，北京师大附中的时雁行同志。他们从不同角度进一步阐明纯洁报刊语言的重要意义，批评了轻视语言文字工作不良倾向，并举出一些具体事例，说明报刊、广播中语言文字错误的严重性。《解放军报》《光明日报》《工人日报》《北京日报》和《北京晚报》的同志们，在发言中都表示一定要把好关，努力消灭文字错误。

**刘澜波逝世**

中国共产党的优秀党员、忠诚的共产主义战士刘澜波同志，因病于3月5日在北京逝世，终年78岁。

刘澜波同志生前曾任中国共产党第八届中央委员会候补委员、第十一届中央委员会委员、国务院顾问、中国共产党中央纪律检查委员会常务委员会委员、第二届全国政协常务委员和第三届全国人大常委会委员等职务。

## 3月6日

**五届全国人大常委会二十二次会议举行全体会议**

会议听取全国人大常委会副委员长兼法制委员会主任习仲勋关于建议作出惩治贪污、受贿、走私、套汇、投机倒把牟取暴利、诈骗、盗窃公共财物、盗卖珍贵文物罪行的决定的说明。

习仲勋说，近两三年来，贪污、受贿、行贿、走私、套汇、投机倒把牟取暴利、诈骗、盗窃或蓄意毁坏公共财物、盗窃或盗卖金银、盗窃盗卖或蓄意毁坏珍贵文物等犯罪活动大量增加。有些案件，数额巨大，情节很严重。特别是极少数国家工作人员与社会上的犯罪分子内外勾结，进行这些经济犯罪活动，危害极大，不但严重腐蚀了干部、群众，败坏了社会风气，而且严重破坏社会经济秩序，破坏国家经济建设。为了适应打击这些经济犯罪活动的需要，建议对《刑法》作补充和修改的决定。

彭真副委员长主持会议。乌兰夫、韦国清、彭冲、廖承志、许德珩、胡厥文、萧劲光、史良、杨尚昆、班禅额尔德尼·确吉坚赞副委员长出席了会议。

国务院副总理薄一波、最高人民检察院检察长黄火青，以及各省、自治区、直辖市人大常委会的负责人列席了会议。

**全国政协妇女组在北京邀请部分政协女常委女委员社会知名人士的夫人和已故知名人士的夫人庆祝“三八”妇女节**

大家在座谈中表示要为建设社会主义的物质文明和精神文明，为实现统一祖国的大业，积极贡献自己的力量。

全国政协副主席刘澜涛参加座谈，并向她们表示节日祝贺。

全国政协妇女组组长、全国妇联副主席罗琼在会上说，我们身处新社会、新时代的姐妹们，年年涌现新人新事，为社会主义祖国谱新曲、写新史。最近几年，各省、自治区、直辖市表彰了大批“五好家庭”、“模范家庭”，这些先进典型对于鼓励妇女积极投身社会主义建设，起了很好的作用。各位大姐在长期的革命斗争中和社会主义建设中，都是有贡献的。有的同志还支持丈夫、儿女为国为民立功劳，人民是不会忘记的。她希望大家为建设社会主义的物质文明和精神文明，为倡导社会主义的婚姻家庭道德风尚、精心培育后代，为台湾海峡两边的姐妹早日团聚，再立新功。

邵力子的夫人傅学文、老舍的夫人胡絜青、蔡廷锴的夫人罗西欧、刘念智的夫人、全国三八红旗手卓碧玉，北京市特级教师霍懋征，五机部工程师潘复兰，钱昌照的夫人沈性元，民革中央委员王枫等在会上讲了话。

民主党派的女负责人李文宜等参加了座谈。

**外汇管理总局全国分局局长和中国银行分行行长会议在北京闭幕**

会议确定，1982年的外汇工作要在“用、管、改”三个方面下功夫，进一步发挥外汇资金在社会主义建设中的作用。1982年要进一步用好外汇资金，为“四化”建设服务，特别是要开办一些新的方便用户的贷款项目。会议要求有关部门和企业，在进口机器、设备等物资时，尽量使用中国银行与有关国家的银行签订的买方信贷。会议强调，要坚持国家对外汇集中管理、统一经营的方针，同走私套汇、倒卖外汇等扰乱金融市场的违法行为作坚决斗争。当前，要集中力量，加强与有关部门配合，严肃处理经济领域的重大犯罪案件。

**国办发出通知要求各地做好棉花枯 黄萎病检疫和防治工作**

通知说，棉花枯、黄萎病是两种毁灭性病害，棉花感病后，重者枯萎死亡，造成绝产；轻者影响产量，影响纤维长度、强度和品级等内在品质。这种病能随种子远距离传播，一旦传入，病菌能在土壤中长期生存，难以根除。通知说，为了确保我国棉花生产的安全，现将有关做好棉花枯、黄萎病检疫和防治工作的几项要求通知如下：

一、做好宣传工作，使棉区的领导和群众充分认识棉花枯、黄萎病危害的严重性和做好检疫及种子处理工作的重要意义。

二、在今春棉花播种前，各产棉省、自治区、直辖市农业部门，要认真对从病区调入的棉种进行一次清查，并对可能带病的种子进行消毒处理。

三、在棉花生长期间，要组织力量，有计划、有重点地进行病害发生情况的调查。在调查研究的基础上，分清重病区、轻病区和零星发病区。重病区可推广以抗病品种为主的综合防治措施。在轻病区和零星病区，要及时铲除病株，消灭病点，控制蔓延。为了保护无病区，今后向无病区调运的棉种，必须经过植物检疫部门的检疫，并经消毒处理后推广。未经植物检疫部门同意的，一律不准向无病区推广。对违犯检疫规定者，要进行批评教育，追究经济责任，严肃处理。

四、健全棉种管理制度。建立无病棉花良种繁育基地，加强产地检疫工作。今后，棉花品种的繁育推广，经营调剂，要由种子部门统一管理。科研单位不得随意扩散未经审定的新品种，在安排新品种扩大试验时，必须征得所在省、自治区、直辖市植物检疫部门的同意。

五、全国棉花枯、黄萎病科研协作组，要把选育高产优质兼抗枯、黄萎病的新品种，以及研究种子、土壤消毒技术列入重点科研项目。

**中国财务会计咨询公司在北京成立**

中国财务会计咨询公司是中国财政学会和中国会计学会发起组织的专业咨询服务企业。这个公司接受国内外经济机构、国际经济组织、企业、社团或个人以及其他单位的委托，提供财务、税务和会计方面的各项咨询服务。今天举行的董事会第一次会议，选举许毅为董事长，杨纪琬、薛葆鼎、刘礼欣、胡静为副董事长；确定胡静为总经理，颜泽夔为副总经理。

**解放军总参谋部 总政治部分别召开妇女座谈会纪念“三八”妇女节**

**邹利敏在纽约举行的美国杯体操赛单项比赛中获男子自由体操冠军**

中国22岁的男选手邹利敏在比赛中，以9.75分的成绩获得男子自由体操第一名。

## 3月7日

**《人民日报》发表社论《矿山安全的长治久安之计》**

矿山的安全直接关系职工的生命和健康，关系国家财产和生产建设能否正常进行，必须引起高度重视，还要有必要的法律保证。国务院最近颁发的《矿山安全条例》《矿山安全监察条例》，就是保证安全生产、文明生产，促进“四化”建设的重要法规。各地区、部门、企业要组织广大职工认真学习和贯彻执行。

制定和实行安全经济法规，是加强社会主义法制的一项基本建设，是安全生产的一项长治久安之计。几年来，我们抓安全工作的建设，取得了一定的成绩。1980年下半年国务院严肃处理“渤海二号”事故后，去年上半年全国煤矿安全生产抓得很紧，伤亡事故比上年同期下降12%。但是，由于我国矿山的生产条件比较差，过去我国又缺少统一的安全法规，缺少强有力的国家监督检查制度，有些规章制度在十年内乱中又遭到严重破坏，伤亡事故较多的状况并没有根本扭转。现在有了矿山安全法规，安全工作有了法律依据，我们应当认真贯彻执行，切实搞好矿山安全工作。

搞好矿山安全要有法律保证，但关键还在于矿山主管部门和矿山企业的领导干部，要有对革命事业高度负责的精神和深入细致的工作作风；否则，法律也难以发挥应有的作用。矿山职工终日同岩石、钢铁打交道，而且水、火无情，不安全因素多，稍一疏忽就会出问题。领导干部肩负党和人民交给的重任，应当时刻关心广大职工的生命、健康和国家财产的安全，来不得半点马虎大意。领导干部要带头严格执行安全法规，经常深入第一线，调查研究，检查督促，及时发现和消除隐患，做到以防为主。要坚决克服片面追求产量，忽视安全，一味蛮干，不讲科学，违章指挥，违章操作的现象。只要主管部门和企业的领导干部，对广大职工的生命和国家财产高度负责，把工作做细，又建立严格的科学的规章制度，即使设备条件差一些，许多事故还是可以避免或减少的。

贯彻执行矿山安全法规必须严肃认真，做到有法必依，违法必究。过去工矿企业事故多，同类事故重复发生，一个重要原因，就是对事故处理不力。尽管中央三令五申对事故要“三不放过”，处理起来往往阻力重重，一拖再拖，有的大事化小，敷衍了事，不了了之。这种现象不改变，矿山安全状况就不可能好转。处分也是教育。《矿山安全条例》(以下简称《条例》)规定，凡违反安全法规有关规定的，都应当根据情况追究主要领导人或当事人、事故肇事者的责任，情节轻微的，给以批评教育，情节严重的，分别给予行政处分、罚款，直至提交司法机关依法惩处。必须坚决执行这些规定，在实践中建立安全经济法规的权威。要加强监督检查工作，把安全监察工作提高到应有的重要位置。监督检查机构的人员要精干，敢于坚持原则，同违反《条例》的人、事作斗争，确实对安全工作起到监督和推动的作用。

为了贯彻执行安全法规，要进一步加强安全生产的宣传教育，做到全体职工都知道法规条例与操作规程。要正确认识和处理安全与生产的关系，牢固树立安全第一的思想，生产越紧张，越要抓安全，事故减少了，才能保障生产正常进行。那种认为搞好安全工作，生产会下降；生产上去了，事故也要上升的看法是错误的。要作出规划，搞好安全生产培训工作。培训的重点一是领导干部，二是新工人。新工人缺乏知识，上岗位前要轮训一遍。矿山的广大职工应当自觉地履行《条例》中规定的权利和义务，共同把安全生产搞好。

**康克清等全国妇联负责同志在中南海同首都8000多位妇女一起欢庆“三八”妇女节**

参加庆祝活动的有全国“三八”红旗手、女劳动模范、女先进工作者。她们表示，一定要十分珍惜妇女半边天这个光荣称号，要在建设社会主义的物质文明和精神文明的事业中多做贡献，为祖国增光。

参加活动的还有：全国妇联副主席罗琼、黄甘英、林丽韫，全国妇联书记处书记王云、张洁珣、梁柯平，北京市妇联主任徐光等。

**全国企业财务检查取得初步效果增加财政收入13亿元**

据《人民日报》报道，自去年12月国务院发出关于开展企业财务检查的通知以来，从中央到地方，对这项工作都很重视。前一阶段的企业财务检查工作已经取得初步效果：

第一，严肃了财经纪律，增加了财政收入。据26个省、自治区、直辖市的不完全统计，从去年以来，共查出各种违反财经纪律的金额25亿元(不包括查出的偷漏税款13亿元)，其中能够增加财政收入的为13亿元，去年已经入库8亿多元。第二，进一步揭露了企业财务管理混乱、损失浪费严重等问题，为整顿企业作了准备。第三，发现了不少经济违法案件，包括某些重大的违法案件的线索，有利于进一步打击经济领域的不正之风，严肃党纪国法。

财政部有关负责人说，国务院已经决定，企业财务检查工作要继续进行下去，国务院派出的检查组，仍要帮助各地继续开展财务检查工作，并且要把财务检查同正在逐步展开的企业整顿结合起来。检查中要抓重大的经济违法案件，严格法纪，查清后就要严肃处理。目前对企业财务检查，地区之间、部门之间发展还很不平衡，有少数地区领导抓得不紧，工作进展不快，要帮助这些地区尽快行动起来。

**国家体委决定五届全运会增加艺术体操和帆板比赛项目**

**中国队在米尔海姆举行的西德邓洛普羽毛球国际邀请赛中获得2项冠军**

吴迪西夺得女子单打冠军，吴迪西和林瑛获得女子双打冠军。

## 3月8日

**《人民日报》发表社论《发挥妇女在建设“两个文明”中的作用》**

今年的“三八”节，在全国人民轰轰烈烈、扎扎实实地开展第一个文明礼貌月的活动中来到了。我们向全国各条战线为建设社会主义物质文明和精神文明而奋斗的广大妇女姐妹们，致以热烈的节日祝贺！向台湾、港澳女同胞和海外女侨胞们，表示亲切的慰问！

中国妇女具有勤劳、勇敢、善良的优秀品质，是我国社会主义建设的一支强大的主力军。在各条战线、各个岗位上，都有她们战斗的英姿，都有她们为人民服务的硕果。她们正确处理婚姻问题，做尊老爱幼的模范，以高尚的情操树立文明礼貌的新风。我们的女劳模、女青年突击手、“三八”红旗手、女先进工作者们，更是中国妇女的骄傲，人民学习的榜样。在中国共产党领导下，在社会主义的中国，广大妇女的聪明才智已经和正在得到很好的发挥。

把我国建设成为高度物质文明和高度精神文明的社会主义强国，是包括广大妇女在内的全国人民伟大、光荣的任务。一切愿为祖国繁荣富强而奋斗的妇女，大有用武之地。当前正在进行的精简机构、打击经济领域的犯罪活动，进一步整顿社会治安，用端正党风来带动民风好转等重大任务，必将有效地促进“两个文明”的建设。具有光荣革命传统的中国妇女，要努力生产，努力工作，坚决同各种歪风邪气作斗争，充分发挥自己在“两个文明”建设中的积极性和创造性，为完成党中央提出的战斗任务，作出新的贡献。

恩格斯曾引用傅立叶的话说："妇女解放的程度是衡量普遍解放的天然标准。"我国妇女的科学文化水平还比较低，特别是奋战在工农业生产第一线的广大妇女，迫切需要掌握先进的生产技术，从笨重的体力劳动下解放出来。有关部门要为她们学科学、用科学创造条件。各族妇女要奋发图强，努力学习，发挥自己心灵手巧的特长，广开生产门路，发展多种经营和家庭副业，向生产的广度和深度进军，为人民创造更多的物质财富。在轻纺、财贸、医护、教育、托幼等事业中，女同志占有相当大的比例。她们尽职尽责，努力按照"五讲四美"要求去做，对于改变社会风气，将会起很大的作用。

中国妇女历来重视教育子女。徐霞客的母亲教子"志在四方"，陶侃的母亲拒收儿子的"官物"，田稷子的母亲"责子受金"，等等，在历史上传为美谈。今天做父母的，更要为子女作出表率，下功夫教育自己的子女，在潜移默化中养成孩子的好思想、好习惯。对于独生子女，要引导他们尊敬师长，团结同学，热爱集体，讲文明懂礼貌。现在城市、乡村正在开展的"五好家庭"活动，对于促进家庭和睦，邻里相帮、互助、互爱，起了很好的作用。要更广泛深入地发动群众，进一步开展"五好家庭"活动。特别要教育青年妇女用社会主义的思想情操和道德风尚，正确对待恋爱、婚姻和家庭问题。已婚妇女要自觉地实行计划生育，勤俭持家，赡养父母，团结邻里，进一步树立家庭新风。

各级领导同志要十分重视妇女工作，定期进行研究和指导。对于干涉婚姻自由，迫害妇女的行为，要进行说理斗争；对于个别地方出现的摧残、拐骗妇女的坏人，要坚决依法制裁，保护妇女儿童的合法权益。

"竹外桃花三两枝，春江水暖鸭先知。"愿妇女姐妹们沐浴着明媚的春光，奋力争上游，和男同志并驾齐驱，在社会主义建设中充分发挥半边天的作用。

**五届全国人大常委会第二十二次会议在人民大会堂闭幕**

会议通过了关于国务院机构改革问题的决议，原则批准国务院机构改革初步方案。会议认为，赵紫阳总理的报告阐述的政府机构改革的基本方针和提出的几项主要工作，是正确的，切实可行的。会议要求国务院和经过批准在今年试点的地方人民政府，应根据这个报告和国务院的部署，以高度负责的革命精神，做好深入细致的工作，保证把政府机构改革这件大事办好。决定1983年展开机构改革工作的各省、自治区、直辖市人民政府，也要抓紧做好准备工作。

会议通过了关于严惩严重破坏经济的罪犯的决定。决定指出，为了打击走私、套汇、投机倒把牟取暴利、盗窃公共财产、盗卖珍贵文物和索贿受贿等经济犯罪活动，严厉惩处这些犯罪分子和参与、包庇或者纵容这些犯罪活动的国家工作人员，有必要对《中华人民共和国刑法》的一些有关条款作相应的补充和修改。决定中列举了经过补充和修改后的条文。新的条文规定，对那些走私、套汇、投机倒把牟取暴利罪，盗窃罪，贩毒罪，盗运珍贵文物出口罪，情节特别严重的，处十年以上有期徒刑、无期徒刑或者死刑，可以并处没收财产；国家工作人员利用职务犯上述罪行，情节特别严重的，从重处罚；国家工作人员索取、收受贿赂，比照贪污罪论处，情节特别严重的，处无期徒刑或者死刑。会议认为，这个决定对国家和全体人民利益关系重大，所有单位都要采取一切有效方法，对全体人员反复进行宣传教育，做到家喻户晓，人人皆知。

会议通过了《中华人民共和国民事诉讼法(试行)》，决定自1982年10月1日起试行。

会议还通过了关于宽大释放全部在押的原国民党县团以下党政军特人员的决定，决定对在押的原国民党县团以下党政军特人员全部予以宽大释放，并给予政治权利。会议还通过了关于批准《禁止或限制使用某些可被认为具有过分伤害力或滥杀滥伤作用的常规武器公约》的决定。会议还通过了任免事项。

全国人大常委会副委员长杨尚昆主持了下午的全体会议。彭真、乌兰夫、韦国清、彭冲、廖承志、许德珩、胡厥文、萧劲光、史良、习仲勋、班祥额尔德尼·确吉坚赞副委员长出席了会议。国务院副总理黄华，最高人民检察院检察长黄火青，各省、自治区、直辖市的人大常委会负责人列席了会议。

**全国人大常委会关于国务院机构改革问题的决议**

第五届全国人民代表大会常务委员会第二十二次会议，审议了国务院总理赵紫阳《关于国务院机构改革问题的报告》，对国务院机构改革工作的进展情况表示满意，并决定如下：

一、原则批准国务院机构改革初步方案。

二、国务院设国务委员若干人。国务委员的职位相当于国务院副总理级，是国务院常务会议组成人员。

三、将电力工业部和水利部合并，设立水利电力部，将商业部、全国供销合作总社和粮食部合并，设立商业部，将进出口管理委员会、对外贸易部、对外经济联络部和外国投资管理委员会合并，设立对外经济贸易部。

四、设立国家经济体制改革委员会，由国务院总理兼主任。

会议认为，政府机构的改革工作，是关系到国家前途和社会主义现代化建设的一件大事。赵紫阳总理的报告阐述的政府机构改革的基本方针和提出的几项主要工作，是正确的，切实可行的。国务院和经过批准在今年试点的地方人民政府，应该根据这个报告和国务院的部署，以高度负责的革命精神，做好深入细致的工作，保证把政府机构改革这件大事办好。决定1983年展开机构改革工作的各省、自治区、直辖市人民政府，也要抓紧做好准备工作。在改革过程中，一定要做到各项工作和生产建设有领导、有秩序地顺利进行，决不允许发生贻误工作和影响生产的现象。会议要求各级政府不断地完善政府工作制度，认真克服官僚主义，提高工作效率，更好地为人民服务，更有效地领导社会主义现代化建设事业。

**全国人大常委会关于严惩严重破坏经济的罪犯的决定**

（1982年3月8日第五届全国人民代表大会常务委员会第二十二次会议通过）

鉴于当前走私、套汇、投机倒把牟取暴利、盗窃公共财物、盗卖珍贵文物和索贿受贿等经济犯罪活动猖獗，对国家社会主义建设事业和人民利益危害严重，为了坚决打击这些犯罪活动，严厉惩处这些犯罪分子和参与、包庇或者纵容这些犯罪活动的国家工作人员，有必要对《中华人民共和国刑法》(以下简称《刑法》)的一些有关条款作相应的补充和修改。现决定如下：

一、对《刑法》有关条款做下列补充和修改：

（一）对《刑法》第一百一十八条走私、套汇、投机倒把牟取暴利罪，第一百五十二条盗窃罪，第一百七十一条贩毒罪，第一百七十三条盗运珍贵文物出口罪，其处刑分别补充或者修改为：情节特别严重的，处十年以上有期徒刑、无期徒刑或者死刑，可以并处没收财产。

国家工作人员利用职务犯前款所列罪行，情节特别严重的，按前款规定从重处罚。本决定所称国家工作人员，包括在国家各级权力机关、各级行政机关、各级司法机关、军队、国营企业、国家事业机构中工作的人员，以及其他各种依照法律从事公务的人员。

（二）对《刑法》第一百八十五条第一款和第二款受贿罪修改规定为：国家工作人员索取、收受贿赂的，比照《刑法》第一百五十五条贪污罪论处；情节特别严重的，处无期徒刑或者死刑。

（三）国家工作人员，无论是否司法人员，利用职务包庇、窝藏本条（一）、（二）规定的犯罪分子，隐瞒、掩饰他们的犯罪事实的，都按《刑法》第一百八十八条徇私舞弊罪的规定处罚；

国家工作人员的亲属或者已离职的国家工作人员，犯上述罪行的，按《刑法》第一百六十二条第二款包庇罪的规定处罚；

为上述犯罪分子销毁罪证或者制造伪证的，按《刑法》第一百四十八条伪证罪的规定处罚；

对执法人员和揭发检举作证人员进行阻挠、威胁、打击报复的，按《刑法》第一百五十七条妨害社会管理秩序罪或者第一百四十六条报复陷害罪的规定处罚。

犯前四款罪，事前与本条（一）、（二）所列举的罪犯通谋的，以共同犯罪论处。

（四）对于本条（一）、（二）、（三）所列的犯罪人员，有追究责任的国家工作人员不依法处理，或者因受阻挠而不履行法律所规定的追究职责的；对犯罪人员和犯罪事实知情的直接主管人员或者仅有的知情的工作人员不依法报案和不如实作证的，分别比照《刑法》第一百八十七条、第一百八十八条、第一百九十条所规定的渎职罪处罚。

二、本决定自1982年4月1日起施行。

凡在本决定施行之日以前犯罪，而在1982年5月1日以前投案自首，或者已被逮捕而如实地坦白承认全部罪行，并如实地检举其他犯罪人员的犯罪事实的，一律按本决定施行以前的有关法律规定处理。凡在1982年5月1日以前对所犯的罪行继续隐瞒拒不投案自首，或者拒不坦白承认本人的全部罪行，亦不检举其他犯罪人员的犯罪事实的，作为继续犯罪，一律按本决定处理。

三、本决定对国家和全体人民利益关系重大，所有国家机关、军队、企业、事业机构、农村社队、政党组织、人民团体、学校、报纸、电台和其他宣传单位，自本决定公布之日起，都有义务采取一切有效方法，对全体工作人员、指战员、职工、学生和城乡居民，反复进行通俗的宣传解释，做到家喻户晓，人人皆知。

附：《刑法》有关条文

**第一百一十八条**　以走私、投机倒把为常业的，走私、投机倒把数额巨大的或者走私、投机倒把集团的首要分子，处三年以上十年以下有期徒刑，可以并处没收财产。

**第一百五十二条**　惯窃、惯骗或者盗窃、诈骗、抢夺公私财物数额巨大的，处五年以上十年以下有期徒刑；情节特别严重的，处十年以上有期徒刑或者无期徒刑，可以并处没收财产。

**第一百七十一条**　制造、贩卖、运输鸦片、海洛因、吗啡或者其他毒品的，处五年以下有期徒刑或者拘役，可以并处罚金。

一贯或者大量制造、贩卖、运输前款毒品的，处五年以上有期徒刑，可以并处没收财产。

**第一百七十三条**　违反保护文物法规，盗运珍贵文物出口的,处三年以上十年以下有期徒刑,可以并处罚金;情节严重的,处十年以上有期徒刑或者无期徒刑,可以并处没收财产。

第一百八十五条　国家工作人员利用职务上的便利,收受贿赂的,处五年以下有期徒刑或者拘役。赃款、赃物没收,公款、公物追还。

犯前款罪,致使国家或者公民利益遭受严重损失的,处五年以上有期徒刑。

向国家工作人员行贿或者介绍贿赂的,处三年以下有期徒刑或者拘役。

第一百五十五条　国家工作人员利用职务上的便利,贪污公共财物的,处五年以下有期徒刑或者拘役;数额巨大,情节严重的,处五年以上有期徒刑;情节特别严重的,处无期徒刑或者死刑。

犯前款罪的,并处没收财产,或者判令退赔。

受国家机关、企业、事业单位、人民团体委托从事公务的人员犯第一款罪的,依照前两款的规定处罚。

第一百八十八条　司法工作人员徇私舞弊,对明知是无罪的人而使他受追诉、对明知是有罪的人而故意包庇不使他受追诉,或者故意颠倒黑白做枉法裁判的,处五年以下有期徒刑、拘役或者剥夺政治权利;情节特别严重的,处五年以上有期徒刑。

第一百六十二条　窝藏或者作假证明包庇反革命分子的,处三年以下有期徒刑、拘役或者管制;情节严重的,处三年以上十年以下有期徒刑。

窝藏或者作假证明包庇其他犯罪分子的,处二年以下有期徒刑、拘役或者管制;情节严重的,处二年以上七年以下有期徒刑。

犯前两款罪,事前通谋的,以共同犯罪论处。

第一百四十八条　在侦查、审判中,证人、鉴定人、记录人、翻译人对与案件有重要关系的情节,故意作虚假证明、鉴定、记录、翻译,意图陷害他人或者隐匿罪证的,处二年以下有期徒刑或者拘役;情节严重的,处二年以上七年以下有期徒刑。

第一百五十七条　以暴力、威胁方法阻碍国家工作人员依法执行职务的,或者拒不执行人民法院已经发生法律效力的判决、裁定的,处三年以下有期徒刑、拘役、罚金或者剥夺政治权利。

第一百四十六条　国家工作人员滥用职权、假公济私,对控告人、申诉人、批评人实行报复陷害的,处二年以下有期徒刑或者拘役;情节严重的,处二年以上七年以下有期徒刑。

第一百八十七条　国家工作人员由于玩忽职守,致使公共财产、国家和人民利益遭受重大损失的,处五年以下有期徒刑或者拘役。

第一百九十条　司法工作人员私放罪犯的,处五年以下有期徒刑或者拘役;情节严重的,处五年以上十年以下有期徒刑。

**全国人大常委会委员长叶剑英签署第8号令发布《中华人民共和国民事诉讼法(试行)》**

《中华人民共和国民事诉讼法(试行)》已由中华人民共和国第五届全国人民代表大会常务委员会第二十二次会议于1982年3月8日通过,现予公布,自1982年10月1日起试行。

委员长　叶剑英

1982年3月8日

**中华人民共和国民事诉讼法(试行)**

(1982年3月8日第五届全国人民代表大会常务委员会第二十二次会议通过)

**第一编　总　则**

**第一章　任务和基本原则**

第一条　中华人民共和国民事诉讼法以宪法为根据,结合我国民事审判工作的经验和实际情况制定。

第二条　中华人民共和国民事诉讼法的任务,是保证人民法院查明事实,分清是非,正确适用法律,及时审理民事案件,确认民事权利义务关系,制裁民事违法行为,保护国家、集体和个人的权益,教育公民自觉遵守法律。

第三条　凡在中华人民共和国领域内进行民事诉讼,必须遵守本法。

法律规定由人民法院审理的行政案件,适用本法规定。

第四条　民事案件的审判权由人民法院行使。

人民法院依照法律规定对民事案件独立进行审判,不受行政机关、团体和个人的干涉。

第五条　人民法院审理民事案件,必须以事实为根据,以法律为准绳;对于诉讼当事人在适用法律上一律平等;保障诉讼当事人平等地行使诉讼权利。

第六条　人民法院审理民事案件,应当着重进行调解;调解无效的,应当及时判决。

第七条　人民法院审理民事案件,应当根据需要和可能,派出法庭巡回审理,就地办案。

第八条　人民法院审判民事案件,依照法律规定实行两审终审、公开审判、合议和回避制度。

第九条　各民族公民都有用本民族语言、文字进行民事诉讼的权利。

在少数民族聚居或者多民族共同居住的地区,人民法院应当用当地民族通用的语言、文字进行审判和发布法律文书。

人民法院应当对不通晓当地民族通用的语言、文字的诉讼参与人提供翻译。

第十条　民事诉讼当事人有权对争议的问题进行辩论。

第十一条　民事诉讼当事人有权在法律规定的范围内处分自己的民事权利和诉讼权利。

第十二条　人民检察院有权对人民法院的民事审判活动实行法律监督。

第十三条　机关、团体、企业事业单位对损害国家、集体或者个人民事权益的行为,可以支持受损害的单位或者个人向人民法院起诉。

第十四条　人民调解委员会是在基层人民政府和基层人民法院指导下,调解民间纠纷的群众性组织。

人民调解委员会依照法律规定,根据自愿原则,用说服教育的方法进行调解工作。当事人对调解达成的协议应当履行;不愿调解或者调解不成的,可以向人民法院起诉。

人民调解委员会调解案件,如有违背政策法律的,人民法院应当予以纠正。

第十五条　民族自治地方的人民代表大会和它的常务委员会,根据宪法和本法的原则,结合当地民族的具体情况,可以制定某些变通或者补充的规定。自治区的规定,报全国人民代表大会常务委员会备案。自治州、自治县的规定,报自治区或者省人民代表大会常务委员会批准,并报全国人民代表大会常务委员会备案。

**第二章　管　辖**

第一节　级别管辖

第十六条　基层人民法院管辖第一审民事案件,但是本法另有规定的除外。

第十七条　中级人民法院管辖下列第一审民事案件:

(一)涉外案件;

(二)在本辖区有重大影响的案件。

第十八条　高级人民法院管辖在本辖区有重大影响的第一审民事案件。

第十九条　最高人民法院管辖下列第一审民事案件:

(一)在全国有重大影响的案件;

(二)认为应当由自己审判的案件。

第二节　地域管辖

第二十条　民事诉讼由被告户籍所在地人民法院管辖;被告的户籍所在地与居所地不一致的,由居所地人民法院管辖。

对企业事业单位、机关、团体提起的民事诉讼,由被诉单位所在地人民法院管辖。

同一诉讼的几个被告户籍所在地、居所地在两个以上人民法院辖区的,各该人民法院都有管辖权。

第二十一条　下列民事诉讼,由原告户籍所在地人民法院管辖;原告的户籍所在地与居所地不一致的,由居所地人民法院管辖:

(一)非军人对军人提起的诉讼;

(二)对不在中华人民共和国领域内居住的人提起的有关身份关系的诉讼;

(三)对正在被劳动教养的人提起的诉讼;

(四)对正在被监禁的人提起的诉讼。

第二十二条　因侵权行为提起的诉讼,由侵权行为地人民法院管辖。

第二十三条　因合同纠纷提起的诉讼,由合同履行地或者合同签订地人民法院管辖。

第二十四条　铁路、公路、水上运输和联合运输中发生的诉讼,由负责查处该项纠纷的管理机构所在地人民法院管辖。

第二十五条　航空运输中发生的诉讼,由运输始发地、目的地或者合同签订地人民法院管辖。

第二十六条　因航空事故追索损害赔偿提起的诉讼,由事故发生地或者航空器最初降落地人民法院管辖。

第二十七条　因船舶碰撞或者其他海事损害事故追索损害赔偿的诉讼,由受害船舶最初到达地、加害船舶被扣留地或者加害船舶船籍港所在地人民法院管辖。

第二十八条　追索海难救助费用的诉讼,由救助地或者被救助船舶最初到达地人民法院管辖。

第二十九条　第二十二条至第二十八条的规定执行有困难的,可以适用第二十条或者第二十一条的规定。

第三十条　下列案件,由本条规定的人民法院专属管辖:

(一)因不动产提起的诉讼,由不动产所在地人民法院管辖;

(二)港口作业中发生的诉讼,由港口所在地人民法院管辖;

(三)因登记发生的诉讼,由登记机关所在地人民法院管辖;

(四)继承遗产的诉讼,由被继承人生前户籍所在地或者主要遗产所在地人民法院管辖。

第三十一条　两个以上人民法院都有管辖权的诉讼,原告可以选择其中一个人民法院起诉;原告向两个以上有管辖权的人民法院起诉的,由最先收到起诉状的人民法院受理。

第三节　移送管辖和指定管辖

第三十二条　人民法院发现受理的案件不属自己管辖时,应当移送有管辖权的人民法院,受移送的人民法院不得再自行移送。

第三十三条　有管辖权的人民法院由于特殊原因,不能行使管辖权的,由上级人民法院指定管辖。

管辖权发生争议,由争议双方协商解决;协商解决不了的,报它们的共同上级人民法院指定管辖。

第三十四条　上级人民法院有权审判下级人民法院管辖的第一审民事案件,也可以把自己管辖的第一审民事案件交下级人民法院审判。

下级人民法院对它所管辖的第一审民事案件,认为需要由上级人民法院审判的,可以报请上级人民法院审判。

**第三章　审判组织**

第三十五条　人民法院审判第一审民事案件,由审判员、陪审员共同组成合议庭或者由审判员组成合议庭。合议庭的成员,必须是单数。

简单的民事案件,由审判员一人独任审判。

陪审员在人民法院执行职务时,和审判员有同等权利。

第三十六条　人民法院审判第二审民事案件,由审判员组成合议庭。合议庭的成员,必须是单数。

第二审人民法院发回重审的案件,原审人民法院应当按照第一审程序另行组成合议庭。

审理再审案件,原来是第一审的,按照第一审程序另行组成合议庭;原来是第二审的,按照第二审程序另行组成合议庭。

第三十七条　合议庭的审判长由院长或者庭长指定审判员一个担任;院长或者庭长参加审判的,由院长或者庭长担任。

第三十八条　合议庭评议案件,实行少数服从多数的原则。评议应当制作笔录,由合议庭成员签名。评议中的不同意见,必须如实记入笔录。

第三十九条　重大、疑难的民事案件的处理,由院长提交审判委员会讨论决定。审判委员会的决定,合议庭必须执行。

**第四章　回　避**

第四十条　审判人员有下列情形之一的,必须自行回避,当事人也有权用口头或者书面方式申请他们回避:

(一)是本案当事人或者当事人的近亲属;

(二)与本案有利害关系;

(三)与本案当事人有其他关系,可能影响对案件公正审理的。

前款规定,适用于书记员、翻译人员、鉴定人。

第四十一条　当事人申请回避,应当说明理由,在案件开始审理时提出;回避事由得知或者发生在审理开始以后的,也可以在法庭辩论终结前提出。

被申请回避的人员,应当暂停执行职务。但是,案件需要采取的紧急措施除外。

第四十二条　院长担任审判长时的回避,由审判委员会决定;审判人员的回避,由院长决定;其他人员的回避,由审判长决定。

第四十三条　人民法院对申请回避所作的决定,可以采取口头或者书面的形式。当事人对决定不服的,可以申请复议一次。复议期间,不停止本案的审理。

**第五章　诉讼参加人**

第一节　当事人

第四十四条　有诉讼权利能力的人可以作为民事诉讼的当事人。

企业事业单位、机关、团体可以作为民事诉讼的当事人,由这些单位的主要负责人作为法定代表人。

第四十五条　当事人有权委托代理人,有权申请回避,提供证据,进行辩论,请求调解,提起上诉,申请执行。

经人民法院许可,当事人可以查阅本案的庭审材料,请求自费复制本案的庭审材料和法律文书。但是,涉及国家机密或者个人隐私的材料除外。

当事人必须依法行使诉讼权利,遵守诉讼秩序,履行发生法律效力的判决、裁定和调解协议。

第四十六条　双方当事人可以自行和解。原告可以放弃或者变更诉讼请求。被告可以承认或者反驳诉讼请求,有权提起反诉。

第四十七条　当事人一方或者双方为二人以上,其诉讼标的是共同的,或者诉讼标的是同一种类、人民法院认为可以合并审理的,为共同诉讼。

共同诉讼的一方当事人对诉讼标的有共同权利、义务的,其中一人的诉讼行为经全体承认,对全体发生效力;对诉讼标的没有共同权利、义务的,其中一人的诉讼行为对其他共同诉讼人不发生效力。

第四十八条　对当事人争议的诉讼标的,第三人认为有独立请求权的,有权提起诉讼,成为诉讼当事人。

对当事人争议的诉讼标的,第三人虽然没有独立请求权,但是案件处理结果同他有法律上的利害关系的,可以申请参加诉讼,或者由人民法院通知他参加诉讼。

第二节　诉讼代理人

第四十九条　没有诉讼行为能力的人,由他的法定代理人代为诉讼;没有法定代理人的,由人民法院指定代理人。

法定代理人之间互相推诿代理责任的,由人民法院指定其中一人代为诉讼。

第五十条　当事人、法定代表人、法定代理人,都可以委托一人至二人代为诉讼。

当事人的近亲属、律师、社会团体和当事人所在单位推荐的人，以及经人民法院许可的其他公民，都可以被委托为诉讼代理人。

第五十一条 委托他人代为诉讼，必须向人民法院提交由委托人签名或者盖章的授权委托书。

授权委托书必须记明委托事项和权限。诉讼代理人代为承认、放弃或者变更诉讼请求，进行和解，提起反诉或者上诉，必须有被代理人的特别授权。

侨居在国外的中国公民委托代理人的授权委托书，必须经我国驻该国的使、领馆证明，没有使、领馆的，由爱国的华侨团体证明。

第五十二条 诉讼代理权限的变更或者解除，当事人应当书面告知人民法院，并由人民法院通知对方当事人。

第五十三条 代理诉讼的律师，可以依照有关规定查阅本案有关材料，但是对涉及国家机密或者个人隐私的材料，必须对当事人和其他人保密。经人民法院许可，其他诉讼代理人可以查阅本案庭审材料，但是涉及国家机密或者个人隐私的材料除外。

第五十四条 离婚案件有诉讼代理人的，本人除不能表达意志的以外，仍应出庭；确因特殊情况无法出庭的，必须向人民法院提交书面意见。

**第六章 证 据**

第五十五条 证据有下列几种：

（一）书证；

（二）物证；

（三）视听资料；

（四）证人证言；

（五）当事人的陈述；

（六）鉴定结论；

（七）勘验笔录。

以上证据必须经过查证属实，才能作为认定事实的根据。

第五十六条 当事人对自己提出的主张，有责任提供证据。

人民法院应当按照法定程序，全面地、客观地收集和调查证据。

第五十七条 人民法院有权向有关单位和个人调取证据，有关单位和个人不得拒绝。

人民法院对机关、团体、企业事业单位和个人提出的证明文书，应当辨别真伪，审查确定其效力。

第五十八条 人民法院对于涉及国家机密或者个人隐私的证据应当保密。需要向当事人出示的，不得在公开开庭时进行。

第五十九条 人民法院对经过公证证明的法律行为、法律事实和文书，应当确认其效力。但是，有相反证据足以推翻公证证明的除外。

第六十条 书证应当提交原件。物证应当提交原物。提交原件或者原物确有困难的，可以提交复制品、照片、副本、节录本。

提交外文书证，必须附送中文译本。

第六十一条 凡是知道案件情况的人，都有义务出庭作证。有关单位的负责人应当支持证人作证。证人确有困难不能出庭的，经人民法院许可，可以提交书面证言。

不能正确表达意志的人，不能作证。

第六十二条 人民法院对当事人的陈述，应当结合本案的其他证据，审查确定能否作为认定事实的根据。

当事人拒绝陈述的，不影响人民法院根据证据确定对案件事实的认定。

第六十三条 人民法院需要解决专门性问题时，有关部门有义务按照人民法院的通知，指派有专业知识的人进行鉴定。

鉴定人有权了解进行鉴定所需要的案件材料，询问当事人、证人。

鉴定人应当提出书面鉴定结论，在鉴定书上签名或者盖章，并由鉴定人所在单位加盖公章，证明鉴定人身份。

第六十四条 勘验物证或者现场，勘验人必须出示人民法院的证件，邀请当地基层组织或者有关单位派人参加。当事人或者他的成年家属应当到场；拒不到场的，不影响勘验的进行。

有关单位和个人根据人民法院的通知，有义务保护现场，协助勘验工作。

勘验人勘验时，可以对物证或者现场进行拍照和测量，对勘验情况和结果应当制作笔录，由勘验人、当事人和被邀参加人签名或者盖章。

第六十五条 在证据可能灭失或者以后难以取得的情况下，诉讼参加人可以申请证据保全，人民法院也可以主动采取保全措施。

**第七章 期间、送达**

第一节 期 间

第六十六条 期间包括法定期间和人民法院指定的期间。

期间以时、日、月、年计算。期间开始的时和日，不计算在期间内。

期间届满的最后一日是节假日的，以节假日后的第一日为期间届满的日期。

期间不包括在途时间。诉讼文书在期满前交邮的，不算过期。

第六十七条　当事人因不可抗拒的事由或者其他正当理由耽误期限的，在障碍消除后的十日内，可以申请顺延期限；是否准许，由人民法院决定。

第二节　送　达

第六十八条　送达诉讼文书必须有送达回证，由受送达人在送达回证上记明收到日期，签名或者盖章。

受送达人在送达回证上的签收日期为送达日期。

第六十九条　人民法院送达诉讼文书，应当直接送交受送达人，本人不在的，交他的同住成年家属签收；受送达人已向人民法院指定代收人的，交代收人签收。

第七十条　受送达人拒绝接收诉讼文书的，送达人应当邀请有关基层组织的代表或者其他人到场，说明情况，在送达回证上记明拒收事由和日期，由送达人、见证人签名或者盖章，把诉讼文书留在受送达人的住处，即视为送达。

第七十一条　直接送达诉讼文书有困难的，可以委托其他人民法院代为送达，或者邮寄送达。邮寄送达，以挂号回执上注明的收件日期为送达日期。

第七十二条　受送达人是军人的，通过其所在部队团以上单位的政治机关转交。

第七十三条　受送达人是被监禁的，通过其所在监所或者劳动改造单位转交。

受送达人是被劳动教养的，通过其劳动教养单位转交。

第七十四条　代为转交的机关、单位收到诉讼文书后，必须立即交受送达人签收。

第七十五条　受送达人下落不明，或者用本章规定的其他方式无法送达的，公告送达。自发出公告之日起，经过三个月，即视为送达。

公告送达，应当在案卷中记明原因和经过。

**第八章　对妨害民事诉讼的强制措施**

第七十六条　人民法院对必须到庭的被告，经两次合法传唤，无正当理由拒不到庭的，可以拘传。

第七十七条　诉讼参与人或者其他人有下列行为之一的，人民法院可以根据情节轻重，予以训诫、责令具结悔过或者予以罚款、拘留；构成犯罪的，依法追究刑事责任：

(一)伪造、隐藏、毁灭证据；

(二)指使、贿买他人作伪证；

(三)隐藏、转移、变卖、毁损已被查封、扣押的财产；

(四)以暴力、威胁或者其他方法阻碍司法工作人员执行职务，或者扰乱司法机关的工作秩序；

(五)对司法工作人员、证人、鉴定人、勘验人、诉讼参加人、协助执行的人，进行侮辱、诽谤、诬陷、殴打或者以其他方法进行打击报复；

(六)有义务协助执行的人，对人民法院的协助执行通知书，无故推拖、拒绝或者妨碍执行。

第七十八条　罚款的金额，为人民币二百元以下。

拘留的期限，为十五日以下。

被拘留的人，由人民法院交公安机关看管。在拘留期间，被拘留人承认并改正错误的，人民法院可以决定提前解除拘留。

罚款和拘留，可以合并使用。

第七十九条　拘传、罚款、拘留，必须经人民法院院长批准。

罚款、拘留，用决定书。本人对罚款、拘留不服的，可以申请复议一次。复议期间，不停止决定的执行。

**第九章　诉讼费用**

第八十条　当事人进行民事诉讼，应当依照规定交纳案件受理费。财产案件，除交纳案件受理费外，并依照规定交纳其他诉讼费用。

收取诉讼费用的办法另行制定。

**第二编　第一审程序**

**第十章　普通程序**

第一节　起诉和受理

第八十一条　起诉必须符合以下条件：

(一)原告是与本案有直接利害关系的个人、企业事业单位、机关、团体；

(二)有明确的被告、具体的诉讼请求和事实根据；

(三)属于人民法院管辖范围和受诉人民法院管辖。

第八十二条　起诉应当向人民法院递交起诉状，并按被告人数提出副本。

书写起诉状确有困难的，可以口诉，由人民法院记入笔录，并告知对方当事人。

第八十三条　起诉状应当记明以下事项：

(一)当事人的姓名、性别、年龄、民族、籍贯、职业、工作单位和住址，企业事业单位、机关、团体的名称、所在地和法定代表人的姓名、职务；

(二)诉讼请求和所根据的事实与理由；

(三)证据和证据来源，证人姓名和住址。

第八十四条　人民法院对于下列起诉，分别情况，予以处理：

(一)违反治安管理处罚条例的案件，告知原告向公安机关申请解决；

(二)依法应当由其他行政机关处理的争议，告知原告向有关行政机关申请解决；

(三)对判决、裁定已经发生法律效力的案件，当事人又起诉的，告知原告按申诉处理；

(四)依法在一定时期内不得起诉的案件，在不得

起诉的期限内起诉的,不予受理;

(五)判决不准离婚的案件,没有新情况、新理由,在六个月内又起诉的,不予受理。

第八十五条　人民法院接到起诉状或者口头起诉,经审查,符合本法规定的受理条件的,应当在七日内立案,不符合本法规定的受理条件的,应当在七日内通知原告不予受理,并说明理由。

第二节　审理前的准备

第八十六条　人民法院对追索赡养费、扶养费、抚育费、抚恤金和劳动报酬的案件,应当在受理后五日内将起诉状副本发送被告;被告在收到后十日内提出答辩状。其他案件的起诉状副本,应当在受理后五日内发送被告;被告在收到后十五日内提出答辩状。

被告不提出答辩状的,不影响人民法院审理。

第八十七条　审判人员必须认真审阅诉讼材料,进行调查研究,收集证据。

有关单位有义务协助人民法院进行调查。

第八十八条　人民法院派出人员进行调查时,应当先向被调查人出示证件。

调查笔录经被调查人校阅后,由被调查人、调查人签名或者盖章。

第八十九条　人民法院在必要时可以委托外地人民法院调查。

委托调查,必须提出明确的项目和要求。受委托人民法院可以主动补充调查。

受委托人民法院收到委托书后,应当在三十日内完成调查;因故不能完成的,应当在上述期限内函告委托人民法院。

第九十条　起诉或者应诉的人不符合当事人条件的,人民法院应当通知符合条件的当事人参加诉讼,更换不符合条件的当事人。

第九十一条　必须共同进行诉讼的当事人没有参加诉讼的,人民法院应当通知其参加诉讼。

第三节　诉讼保全和先行给付

第九十二条　人民法院对于可能因当事人一方的行为或者其他原因,使判决不能执行或者难以执行的案件,可以根据对方当事人的申请,或者依职权作出诉讼保全的裁定。

人民法院接受当事人诉讼保全的申请后,对情况紧急的,必须在四十八小时内作出裁定,并开始执行。

第九十三条　诉讼保全限于诉讼请求的范围,或者与本案有关的财物。

诉讼保全采取查封、扣押、冻结、责令提供担保或者法律准许的其他方法。

人民法院对查封、扣押的物品,不宜长期保存的,可以变卖,保存价款。

第九十四条　人民法院决定采取诉讼保全措施,可以令申请人提供担保;拒绝提供的,驳回申请。

申请人败诉的,应当赔偿被申请人因诉讼保全所遭受的财产损失。

第九十五条　人民法院对下列案件,必要时可以书面裁定先行给付,并立即执行:

(一)追索赡养费、扶养费、抚育费、抚恤金的;

(二)追索劳动报酬的;

(三)其他需要先行给付的。

第九十六条　当事人不服诉讼保全或者先行给付裁定的,可以申请复议一次。复议期间,不停止裁定的执行。

第四节　调　解

第九十七条　人民法院受理的民事案件,能够调解的,应当在查明事实、分清是非的基础上进行调解,促使当事人互相谅解,达成协议。

第九十八条　人民法院进行调解,可以由审判员一人主持,也可以由合议庭主持,并且尽可能就地进行。

第九十九条　人民法院进行调解,根据案件需要,可以邀请有关单位和群众协助。被邀请的单位和个人,应当协助人民法院进行调解。

第一百条　调解达成协议,必须双方自愿,不得强迫。

第一百零一条　调解达成协议,应当制作调解书,由审判人员、书记员署名,并加盖人民法院印章。调解书送达后,即具有法律效力。

对不需要制作调解书的协议,应当记入笔录,由双方当事人、审判人员、书记员签名或者盖章后,即具有法律效力。

第一百零二条　调解未达成协议或者调解书送达前一方翻悔的,人民法院应当进行审判,不应久调不决。

第五节　开庭审理

第一百零三条　人民法院审理民事案件,除涉及国家机密、个人隐私或者法律另有规定的以外,一律公开进行。

离婚案件当事人申请不公开审理的,可以不公开审理。

第一百零四条　人民法院审理民事案件,应当根据需要和可能,派出法庭巡回就地开庭审理。

人民法院派出法庭巡回审理时,除重大、复杂的案件以外,适用简易程序。

第一百零五条　人民法院审理民事案件,应当在开庭三日前通知当事人和其他诉讼参与人。公开审理的,应当公告当事人姓名、案由和开庭的时间、地点。

第一百零六条 开庭审理前,书记员应当查明当事人和其他诉讼参与人是否到庭,宣布法庭纪律。

开庭审理时,由审判长或者独任审判员核对当事人,宣布案由,宣布审判人员、书记员名单,告知当事人的诉讼权利和义务,询问当事人是否申请回避。

第一百零七条 法庭调查按下列顺序进行:

(一)询问当事人和当事人陈述;

(二)告知证人的权利义务,询问证人,宣读未到庭的证人证言;

(三)询问鉴定人,宣读鉴定结论;

(四)出示书证、物证和视听资料;

(五)宣读勘验笔录。

第一百零八条 当事人在法庭上可以提出新的证据。

当事人经法庭许可,可以向证人、鉴定人、勘验人发问。

当事人可以要求重新进行鉴定、调查或者勘验,是否准许,由人民法院决定。

第一百零九条 原告增加诉讼请求,被告提出反诉;第三人提出与本案有关的诉讼请求,可以合并审理。

第一百一十条 法庭辩论按下列顺序进行:

(一)原告及其诉讼代理人发言;

(二)被告及其诉讼代理人答辩;

(三)双方互相辩论。

法庭辩论终结,由审判长按原告、被告的先后顺序征询双方最后意见。

第一百一十一条 法庭辩论终结,可以再行调解;调解未达成协议的,依法作出判决。

第一百一十二条 原告经人民法院两次合法传唤,无正当理由拒不到庭的,或者未经法庭许可中途退庭的,可以按撤诉处理;被告反诉的,可以缺席判决。

第一百一十三条 被告经人民法院两次合法传唤,无正当理由拒不到庭的,或者未经法庭许可中途退庭的,除适用本法第七十六条规定外,可以缺席判决。

第一百一十四条 宣判前,原告申请撤诉的,是否准许,由人民法院裁定。

第一百一十五条 人民法院宣告判决,一律公开进行。当庭宣判的,应当在十日内发送判决书;定期宣判的,宣判后立即发给判决书。

宣告判决时,必须告知当事人上诉权利、上诉期限和上诉审法院。

宣告离婚判决,必须告知当事人在判决发生法律效力前不得另行结婚。

第一百一十六条 有下列情形之一的,延期审理:

(一)必须到庭的当事人和其他诉讼参与人没有到庭;

(二)因当事人申请回避不能进行审理;

(三)需要通知新的证人到庭,调取新的证据,重新鉴定、勘验,或者需要补充调查;

(四)其他应当延期审理的情况。

第一百一十七条 书记员应当将法庭审理的全部活动记入笔录,由审判人员和书记员签名。

法庭笔录应当当庭宣读,也可以告知当事人和其他诉讼参与人当庭或者在五日内阅读。当事人和其他诉讼参与人认为对自己的陈述记载确有遗漏或者差错的,有权申请补正。

法庭笔录由当事人和其他诉讼参与人签名或者盖章;拒绝签名盖章的,记明情况附卷。

第六节 诉讼中止和终结

第一百一十八条 有下列情形之一的,中止诉讼:

(一)一方当事人死亡,需要等待继承人参加诉讼;

(二)一方当事人丧失诉讼行为能力,尚未确定法定代理人;

(三)一方当事人因不可抗拒的事由,不能参加诉讼;

(四)本案必须以另一案的审理结果为依据,而另一案尚未审结;

(五)其他应当中止诉讼的情况。

中止诉讼的原因消除后,恢复诉讼程序。

第一百一十九条 有下列情形之一的,终结诉讼:

(一)原告死亡,没有继承人,或者继承人放弃诉讼权利;

(二)被告死亡,没有遗产,也没有应当承担义务的人;

(三)一方当事人死亡,中止诉讼满六个月没有继承人参加诉讼;

(四)离婚案件一方当事人死亡。

第七节 判决和裁定

第一百二十条 判决书应当写明:

(一)案由、诉讼请求、争议的事实和理由;

(二)判决认定的事实、理由和适用的法律;

(三)判决结果和诉讼费用的负担;

(四)上诉期限和上诉审法院。

判决书由审判人员、书记员署名,加盖人民法院印章。

第一百二十一条 人民法院审理的案件,其中一部分事实已经清楚,可以就该部分先行判决。

第一百二十二条 裁定适用于下列范围:

(一)驳回起诉;

(二)关于诉讼保全和先行给付;

(三)准予或者不准撤诉;

(四)中止或者终结诉讼;

(五)补正判决书中的失误;

(六)其他需要裁定解决的事项。

对第(一)项裁定,可以上诉。

裁定书由审判人员、书记员署名,加盖人民法院印章。口头裁定的,记入笔录。

第一百二十三条　最高人民法院的判决、裁定,以及依法不准上诉或者超过上诉期没有上诉的判决、裁定,是发生法律效力的判决、裁定。

**第十一章　简易程序**

第一百二十四条　基层人民法院和它派出的法庭审理简单的民事案件,可以适用本章规定的简易程序。

第一百二十五条　对简单的民事案件,原告可以口头起诉。

当事人双方可以同时到基层人民法院或者它派出的法庭,请求解决争议。基层人民法院或者它派出的法庭可以当即审理,也可以另定日期审理。

第一百二十六条　基层人民法院和它派出的法庭审理简单的民事案件,可以用简便方式随时传唤当事人、证人。

第一百二十七条　简单的民事案件由审判员一人独任审判,并不受本法第一百零五条、第一百零七条、第一百一十条规定的限制。

**第十二章　特别程序**

第一节　一般规定

第一百二十八条　人民法院审理选民名单案件、宣告失踪人死亡案件、认定公民无行为能力案件和认定财产无主案件,适用本章规定。本章没有规定的,适用本法和其他法律的有关规定。

第一百二十九条　依照本章程序审理的案件,实行一审终审。选民名单案件或者重大、疑难的案件,由审判员组成合议庭审判;其他案件由审判员一人独任审判。

第一百三十条　人民法院在依照本章程序审理案件的过程中,发现本案属于民事权益争议的,应当裁定终结特别程序,并告知利害关系人按照普通程序或者简易程序另行起诉。

第二节　选民名单案件

第一百三十一条　公民不服选举委员会对于选民名单的申诉所作的决定,向选区所在地的基层人民法院起诉。

第一百三十二条　人民法院受理选民名单案件后,必须在选举前审理。

审理时,起诉人、选举委员会的代表和有关公民必须参加。

人民法院的判决书,应当立即送达选举委员会和起诉人,并通知有关公民。

第三节　宣告失踪人死亡案件

第一百三十三条　利害关系人要求宣告失踪人死亡的申请,向失踪人最后居所地的基层人民法院提出。

申请书应当写明失踪的事实、时间和请求,并附有公安机关关于该公民失踪的书面证明。

第一百三十四条　人民法院受理宣告失踪人死亡案件后,应当发出寻找失踪人的公告。公告期间为一年。

公告期间届满,人民法院根据被宣告失踪人死亡的事实是否得到确认,作出终结审理的裁定或者宣告死亡的判决。

第一百三十五条　被宣告死亡的公民重新出现,经本人或者利害关系人申请,人民法院应当作出新判决,撤销原判决。

第四节　认定公民无行为能力案件

第一百三十六条　申请认定公民无行为能力,由其近亲属或者所在单位,向该公民户籍所在地基层人民法院提出。

申请书应当写明该公民无行为能力的事实和根据。

第一百三十七条　人民法院受理申请后,必要时应当对被要求认定为无行为能力的公民进行鉴定;申请人已提供鉴定结论的,应当对鉴定结论进行审查。

第一百三十八条　人民法院审理认定公民无行为能力的案件,必要时应当为该公民指定代理人,并且应当询问本人;本人健康情况许可的,应当传唤到庭。

第一百三十九条　人民法院判决认定该公民为无行为能力的人,应当依法为他指定监护人。

人民法院认定申请无理的,应当予以驳回。

第一百四十条　人民法院根据被认定为无行为能力的人或者他的监护人的申请,证实该公民无行为能力的原因已经消除的,应当作出新判决,撤销原判决。

第五节　认定财产无主案件

第一百四十一条　申请认定财产无主,由有关机关、团体、企业事业单位、基层组织或者个人,向财产所在地基层人民法院提出。

申请书应当写明财产的种类、数量以及要求认定财产无主的根据。

第一百四十二条　人民法院对认定财产无主的申请,经审查核实,公告满一年后无人认领的,即判决认定财产无主,收归国家或者集体所有。

第一百四十三条　判决认定财产无主后,原财产所有人或者合法继承人出现,并对财产提出请求的,人民法院审查属实后,应当作出新判决,撤销原判决。

## 第三编 第二审程序、审判监督程序

### 第十三章 第二审程序

第一百四十四条 当事人不服地方各级人民法院第一审判决、裁定的,有权向上一级人民法院提起上诉。

第一百四十五条 对判决提起上诉的期限为十五日,对裁定提起上诉的期限为十日。

第一百四十六条 上诉状的内容,应当包括当事人的姓名,企业事业单位、机关、团体的名称及其法定代表人的姓名;原审人民法院名称、案件的编号和案由;上诉的请求和理由。

第一百四十七条 上诉状应当通过原审人民法院提出,并且按照对方当事人的人数提出副本。

当事人直接向第二审人民法院上诉的,第二审人民法院应当在五日内将上诉状发交原审人民法院。

第一百四十八条 原审人民法院收到上诉状,应当在五日内将上诉状副本送达对方当事人。对方当事人收到上诉状副本,应当在十五日内提出答辩状。当事人不提出答辩状的,不影响人民法院审理。

原审人民法院收到上诉状、答辩状,应当连同全部案卷和证据,尽快报送第二审人民法院。

第一百四十九条 第二审人民法院必须全面审查第一审人民法院认定的事实和适用的法律,不受上诉范围的限制。

第一百五十条 第二审人民法院对上诉案件,应当组成合议庭,开庭审判。经过阅卷和调查,询问当事人,在事实核对清楚后,合议庭认为不需要开庭审判的,也可以径行判决。

第二审人民法院审判上诉案件,可以在本法院进行,也可以到案件发生地或者原审人民法院所在地就地进行。

第一百五十一条 第二审人民法院对上诉案件,经过审理,按照下列情形,分别处理:

(一)原判决认定事实清楚,适用法律正确的,判决驳回上诉,维持原判;

(二)原判决认定事实清楚,但是适用法律错误的,依法改判;

(三)原判决认定事实不清,证据不足,或者由于违反法定程序可能影响案件正确判决的,裁定撤销原判,发回原审人民法院重审,也可以查清事实后改判。

当事人对重审案件的判决、裁定,可以上诉。

第一百五十二条 第二审人民法院对不服第一审人民法院裁定的上诉案件的处理,一律使用裁定。

第一百五十三条 第二审人民法院审理上诉案件,可以进行调解。调解达成协议,应当制作调解书,由审判人员、书记员署名,并加盖人民法院印章。调解书送达后,原审人民法院的判决即视为撤销。

第一百五十四条 第二审人民法院宣判前,上诉人申请撤回上诉的,由第二审人民法院裁定。

第一百五十五条 第二审人民法院审判上诉案件,除依照本章规定外,适用第一审普通程序。

第一百五十六条 第二审人民法院的判决、裁定,是终审的判决、裁定。

### 第十四章 审判监督程序

第一百五十七条 各级人民法院院长对本院已经发生法律效力的判决、裁定,发现确有错误,需要再审的,提交审判委员会讨论决定。

最高人民法院对地方各级人民法院已经发生法律效力的判决、裁定,上级人民法院对下级人民法院已经发生法律效力的判决、裁定,发现确有错误的,有权提审或者指令下级人民法院再审。

第一百五十八条 当事人、法定代理人对已经发生法律效力的判决、裁定,认为确有错误的,可以向原审人民法院或者上级人民法院申诉,但是不停止判决、裁定的执行。

人民法院对已经发生法律效力的判决、裁定的申诉,经过复查,认为原判决、裁定正确,申诉无理的,通知驳回;原判决、裁定确有错误的,由院长提交审判委员会讨论决定。

第一百五十九条 按照审判监督程序决定再审的案件,裁定中止原判决的执行。裁定由院长署名,加盖人民法院印章。

第一百六十条 人民法院按照审判监督程序再审的案件,原来是第一审的,按照第一审程序审判,所作的判决、裁定,当事人可以上诉;原来是第二审的,或者是上级人民法院提审的,按照第二审程序审判,所作的判决、裁定,是发生法律效力的判决、裁定。

## 第四编 执行程序

### 第十五章 一般规定

第一百六十一条 发生法律效力的民事判决、裁定和调解协议,以及刑事判决、裁定中的财产部分,由原第一审人民法院执行。

法律规定由人民法院执行的其他法律文书,由有管辖权的人民法院执行。

第一百六十二条 执行过程中,案外人对执行标的提出异议的,执行员应当进行审查。无理由的,予以驳回;有理由的,报院长批准中止执行,由合议庭审查或者审判委员会讨论决定。

第一百六十三条 执行工作由执行员、书记员进行;重大执行措施,应当有司法警察参加。

采取强制执行措施时,执行员应当向被执行人或者他的成年家属出示证件;并将执行情况制作笔录,由在场的有关人员签名或者盖章。

第一百六十四条　有关单位和个人都有义务按照人民法院的通知,协助执行。无故推拖、拒绝或者妨碍执行的,依照本法第七十七条的规定处理。

第一百六十五条　被执行人、被执行的财产在外地的,可以委托当地人民法院代为执行。受委托人民法院收到委托函件后,应当在十五日内开始执行;执行完毕后,应当把执行结果及时函复委托人民法院。

**第十六章　执行的移送和申请**

第一百六十六条　发生法律效力的民事判决、裁定、调解协议和其他应当由人民法院执行的法律文书,当事人必须履行。一方拒绝履行的,由审判员移送执行员执行,对方当事人也可以向人民法院申请执行。

第一百六十七条　仲裁机构的裁决发生法律效力后,一方当事人不履行的,对方当事人可以向有管辖权的人民法院申请执行。

第一百六十八条　公证机关依法赋予强制执行效力的债权文书,一方当事人不履行的,对方当事人可以向有管辖权的基层人民法院申请执行。受申请的人民法院发现公证文书确有错误的,不予执行,并通知原公证机关。

第一百六十九条　申请执行的期限,双方或者一方当事人是个人的为一年;双方是企业事业单位、机关、团体的为六个月。

前款规定的期限,从法律文书规定履行期限的最后一日起计算;法律文书规定分期履行的,从规定的每次履行期限的最后一日起计算。

第一百七十条　执行员接到申请执行书或者移交执行书,应当在十日内了解案情,并通知被执行人在指定的期限内履行。逾期不履行的,强制执行。

**第十七章　执行措施**

第一百七十一条　人民法院为扣留、提取被执行人的储蓄存款或者劳动收入而发出的协助执行通知书,有关单位必须按照办理。

人民法院决定扣留、提取劳动收入时,应当保留被执行人及其所供养家属的生活必需费用。

第一百七十二条　人民法院查封、扣押、冻结、变卖被执行人的财产,应当保留被执行人必要的生产工具和他本人及其所供养家属的生活必需品。

采取前款措施,必须经人民法院院长批准。

第一百七十三条　人民法院查封、扣押财产时,应当通知被执行人或者他的成年家属到场;拒不到场的,不影响执行。被执行人的工作单位和财产所在地的基层组织应当派人参加。

对于被查封、扣押的财产,必须造具清单,由在场人签名或者盖章后,交被执行人或者他的成年家属一份。

第一百七十四条　被查封的财产,执行员可以指定被执行人负责保管;因被执行人的过错造成的损失,由被执行人承担。

第一百七十五条　财产被查封、扣押后,执行员应当通知被执行人在指定期限内履行法律文书确定的义务;逾期不履行的,交有关单位收购、变卖。

第一百七十六条　法律文书指定交付的财物或者票证,由执行员传唤双方当事人当面交付,或者由执行员转交,并由被交付人签收。

有关单位持有该项财物或者票证的,应当根据人民法院的协助执行通知书转交,并由被交付人签收。

当事人以外的人持有该项财物或者票证的,人民法院通知其交出。拒不交出的,强制执行。

第一百七十七条　强制迁出房屋或者强制退出土地,由院长签发公告,通知被执行人在指定的期限内履行。逾期不履行的,由执行员强制执行。

强制执行时,被执行人的工作单位和房屋、土地所在地的基层组织应当派人参加。被执行人或者他的成年家属应当到场;拒不到场的,不影响执行。执行员应当将强制执行情况记入笔录,由在场人签名或者盖章。

强制执行的财物,由人民法院派人运至指定处所,交给被执行人或者他的成年家属;因拒绝接收而造成的损失,由被执行人承担。

第一百七十八条　对于法律文书指定的行为,执行员应当通知被执行人履行;无正当理由拒不履行的,人民法院可以委托有关单位或者其他人完成,费用由被执行人负担。

第一百七十九条　执行企业事业单位、机关、团体的存款,由银行、信用合作社根据人民法院的协助执行通知书划拨或者转交。

第一百八十条　被执行人被执行的财产,不能满足所有申请人要求的,按下列顺序清偿:

(一)工资、生活费;

(二)国家税收;

(三)国家银行和信用合作社贷款;

(四)其他债务。

不足清偿同一顺序的申请人要求的,按比例分配。

第一百八十一条　在执行中,双方当事人自行和解达成协议的,执行员应当将协议内容记入笔录,由双方当事人签名或者盖章。

**第十八章　执行中止和终结**

第一百八十二条　有下列情形之一的,人民法院裁定中止执行:

(一)申请人表示可以延期执行;

(二)案外人对执行提出确有理由的异议;

(三)被执行人短期内无偿付能力;

(四)一方当事人死亡,需要等待继承人继承权利或者承担义务;

(五)人民法院认为应当中止执行的其他情况。

造成中止的情况消失后,恢复执行。

第一百八十三条 有下列情形之一的,人民法院裁定终结执行:

(一)申请人撤销申请;

(二)据以执行的法律文书被撤销;

(三)被执行人死亡,无遗产可供执行,又无义务承担人;

(四)追索赡养费、扶养费、抚育费案件的权利人死亡;

(五)人民法院认为应当终结执行的其他情况。

第一百八十四条 中止和终结执行的裁定,送达当事人后立即生效。

**第五编 涉外民事诉讼程序的特别规定**

**第十九章 一般原则**

第一百八十五条 外国人、无国籍人、外国企业和组织在中华人民共和国领域内进行民事诉讼,适用本编规定。本编没有规定的,适用本法其他有关规定。

第一百八十六条 外国人、无国籍人在人民法院起诉、应诉,同中华人民共和国公民有同等的诉讼权利和义务。

外国企业和组织在人民法院起诉、应诉,依照本法规定享有诉讼权利,承担诉讼义务。

第一百八十七条 外国法院对中华人民共和国公民、企业和组织的民事诉讼权利加以限制的,人民法院对该国公民、企业和组织的民事诉讼权利,实行对等原则。

第一百八十八条 对享有司法豁免权的外国人、外国组织或者国际组织提起的民事诉讼,人民法院根据中华人民共和国法律和我国缔结或者参加的国际条约的规定办理。

第一百八十九条 中华人民共和国缔结或者参加的国际条约同本法有不同规定的,适用该国际条约的规定。但是,我国声明保留的条款除外。

第一百九十条 人民法院审理涉外案件,用中华人民共和国通用的语言、文字。当事人要求提供翻译的,可以提供,费用由当事人负担。

第一百九十一条 外国人、无国籍人、外国企业和组织在人民法院起诉、应诉,委托律师代理诉讼的,必须委托中华人民共和国的律师。

不在中华人民共和国领域内居住的外国人、无国籍人,寄给中国律师或者中国公民的授权委托书,必须经所在国公证机关证明,并经我国驻该国使、领馆认证,才具有效力。

**第二十章 仲 裁**

第一百九十二条 对外经济、贸易、运输和海事中发生的纠纷,当事人有书面协议提交中华人民共和国的涉外仲裁机构仲裁的,不得向人民法院起诉;没有书面协议的,可以向人民法院起诉。

外国企业、组织之间的经济、贸易、运输和海事中发生的纠纷,当事人按照书面协议,可以提交中华人民共和国的涉外仲裁机构仲裁,也可以向有管辖权的人民法院起诉。

第一百九十三条 经中华人民共和国的涉外仲裁机构裁决的案件,当事人不得向人民法院起诉。

第一百九十四条 中华人民共和国的涉外仲裁机构根据当事人的申请,认为需要采取保全措施的,应当提请被申请人财产所在地或者仲裁机构所在地的中级人民法院裁定。

第一百九十五条 对中华人民共和国的涉外仲裁机构的裁决,一方当事人不履行的,对方当事人可以申请该仲裁机构所在地或者财产所在地的中级人民法院依照本法的有关规定执行。

**第二十一章 送达、期间**

第一百九十六条 人民法院对不在中华人民共和国领域内居住的当事人送达诉讼文书,可以用下列方式:

(一)通过外交途径送达;

(二)对中国籍当事人,可以委托所在国的中华人民共和国使、领馆代为送达;

(三)当事人所在国的法律允许邮寄送达的,邮寄送达;

(四)当事人所在国和中华人民共和国有司法协助协议的,可以委托外国法院代为送达,或者按协议规定的其他方式送达;

(五)由当事人的诉讼代理人送达;

(六)不能用上述方式送达的,公告送达。自公告之日起,满六个月,即视为送达。

第一百九十七条 被告不在中华人民共和国领域内居住的,人民法院在送给被告的起诉状副本上加盖收文印章,通知被告在收到起诉状副本后六十日内提出答辩状。被告申请延期的,可以准许,所延期限不得超过三十日。

第一百九十八条 不在中华人民共和国领域内居住的当事人,不服第一审人民法院判决的上诉期为六十日。被上诉人在收到上诉状副本后,应当在六十日内提出答辩状。当事人不能在规定期限内提起上诉或者提出答辩状,申请延期的,可以准许,所延期限不得超过三十日。

**第二十二章 诉讼保全**

第一百九十九条 人民法院裁定准许当事人诉讼保全的申请后,应当责令被申请人提供担保;拒不提供的,即发布扣押命令,扣押其财产。

第二百条 人民法院决定扣押的财产,需要监督的,应当通知有关单位实行监督,费用由被申请人负担。由于申请错误所造成的损失和费用,由申请人负担。

第二百零一条 人民法院解除扣押的命令由执行员执行,或者通知监督单位执行。

**第二十三章 司法协助**

第二百零二条 根据中华人民共和国缔结或者参加的国际条约,或者按照互惠原则,人民法院和外国法院可以互相委托,代为一定的诉讼行为。

外国法院委托的事项同中华人民共和国的主权、安全不相容的,予以驳回;不属于人民法院职权范围的,应当说明理由,退回外国法院。

第二百零三条 中华人民共和国人民法院发生法律效力的判决,或者仲裁机构确定的裁决,申请人要求强制执行的,如果被申请人或者他的财产不在我国领域内,人民法院可以根据我国缔结或者参加的国际条约,或者按照互惠原则,委托外国法院协助执行。

第二百零四条 中华人民共和国人民法院对外国法院委托执行的已经确定的判决、裁决,应当根据中华人民共和国缔结或者参加的国际条约,或者按照互惠原则进行审查,认为不违反中华人民共和国法律的基本准则或者我国国家、社会利益的,裁定承认其效力,并且依照本法规定的程序执行。否则,应当退回外国法院。

第二百零五条 外国法院委托中华人民共和国人民法院代为送达、协助执行的法律文书,以及委托代为一定诉讼行为的委托书,必须附有中文译本。

人民法院委托外国法院代为送达、协助执行的法律文书,以及委托代为一定诉讼行为的委托书,必须附有外文译本。

**全国人大常委会关于宽大释放全部在押的原国民党县团以下党政军特人员的决定**

(1982年3月8日第五届全国人民代表大会常务委员会第二十二次会议通过)

第五届全国人民代表大会常务委员会第二十二次会议,审议了国务院提出的关于宽大释放全部在押的原国民党县团以下党政军特人员的建议,决定:对在押的原国民党县团以下党政军特人员,全部予以宽大释放,并给予政治权利。

**全国人大常委会关于批准《禁止或限制使用某些可被认为具有过分伤害力或滥杀滥伤作用的常规武器公约》的决定**

(1982年3月8日第五届全国人民代表大会常务委员会第二十二次会议通过)

第五届全国人民代表大会常务委员会第二十二次会议决定,批准凌青代表我国政府于1981年9月14日签署的《禁止或限制使用某些可被认为具有过分伤害力或滥杀滥伤作用的常规武器公约》。

**全国人大常委会批准任免的名单**

(1982年3月8日第五届全国人民代表大会常务委员会第二十二次会议通过)

任命吴濂为青海省人民检察院检察长;何侠为陕西省人民检察院检察长。任命路升云为山东省人民检察院检察长,免去刘干的山东省人民检察院检察长职务。任命李希曾为山西省人民检察院检察长,免去李景文的山西省人民检察院检察长职务。

**国务院任命6个部副部长名单**

1982年3月8日国务院常务会议通过,任命:

李鹏、李代耕、李伯宁为水利电力部副部长;

姜习、潘遥、宋克仁、季铭为商业部副部长;

郑拓彬、魏玉明、贾石、吕学俭为对外经济贸易部副部长,李克、陈洁、王品清为对外经济贸易部部长代表(副部长级);

王瑞庭、何正璋为纺织工业部副部长;

于洪恩、刘辉、叶青、胡富国为煤炭工业部副部长;

林殷才、冯伯华、贾庆礼、杨光启为化学工业部副部长。

**全国人大常委会决定任免的名单**

(1982年3月8日第五届全国人民代表大会常务委员会第二十二次会议通过)

一、任命钱正英(女)为水利电力部部长。

免去李鹏的电力工业部部长职务,钱正英(女)的水利部部长职务。

二、任命刘毅为商业部部长。

免去王磊的商业部部长职务,朱荫冠的全国供销合作总社主任职务,赵辛初的粮食部部长职务。

三、任命陈慕华(女)兼任对外经济贸易部部长。

免去谷牧的进出口管理委员会主任、外国投资管理委员会主任职务,郑拓彬的对外贸易部部长职务,陈慕华(女)的对外经济联络部部长职务。

四、任命秦仲达为化学工业部部长。

免去孙敬文的化学工业部部长职务。

**全国政协五届常委会十八次会议在北京举行**

会议于3月8日、9日召开。会议通过的决议号召各民主党派、各人民团体和各界爱国人士,协助党和政府为建立起适应社会主义现代化建设需要的新的领导体制和干部制度而努力。

全国政协副主席乌兰夫、刘澜涛主持了这次常委会。

会议讨论了国务院进行机构改革的问题。全国政协副主席钱昌照、董其武,常委吴亮平、孙毅、孙晓村、吴茂荪、孙承佩、杨放之、赵子立、覃异之等在发言中表示,坚决拥护赵紫阳总理的报告。大家指出,机构改革是一件大事,势在必行。赵紫阳总理报告中提出的基本方针和做法令人鼓舞。上行下效,现在国务院的改革先行了一步,带了个好头。他们说,在改革中,老干部退休离休和退居二线,注意选拔德才兼备的年富力强的中青干部,这说明老干部党性很强,觉悟很高,不愧为经过多年革命斗争考验的老战士,也证明中国共产党是一个坚强的有战斗力的党。大家提出,老干部退休离休和退居二线后,有关部门要继续发挥他们的作用,让他们用亲身经历对青少年进行爱国主义、社会主义、集体主义和艰苦奋斗的教育,把党的优良传统传给青年一代。有关部门可以组织身体好的退休离休老干部向群众宣讲党的历史,调查研究实际工作中的问题,向党和政府提出建议。常委们对国务院精简机构工作还提出了许多建设性的意见。

会议通过了《政协第五届全国委员会常务委员会第十八次会议决议》(以下简称《决议》)。《决议》认为,采取果断措施进行机构改革,对于克服官僚主义,实现四个现代化,将产生巨大的推动作用,具有重大的现实意义和深远的历史意义。

出席会议的还有全国政协副主席康克清、胡子昂、荣毅仁、萧克、包尔汉、周培源,全国政协常务委员、全国人大常委会副委员长班禅额尔德尼·确吉坚赞等。

**国务院副总理陈慕华 全国妇联主席康克清和柬埔寨诺罗敦·西哈努克亲王的夫人等中外妇女在人民大会堂同庆“三八”妇女节**

康克清指出,今年庆祝“三八”节,正逢我国首次开展“全民文明礼貌月”活动。这一活动是建设社会主义精神文明的一个重要步骤。她说,近年来,在社会主义精神文明建设中,我国广泛开展“五讲四美”和“五好”家庭的活动,出现了许多动人的事迹。

康克清强调,当前,我国妇女正和全国人民一道,意气风发地从事社会主义的物质文明和精神文明的建设。今年庆祝“三八”节,全国妇联希望全国广大妇女,学先进,赶先进,创先进,争当“三八”红旗手和红旗集体,争取成为“五好”家庭,为培养下一代作出新成绩。

康克清说,每逢佳节,我们对台湾姐妹的思念之情更加深切。我们欢迎台湾各妇女团体和各界姐妹回来探亲访友,参观游览,共叙骨肉之情。我们希望能早日同台湾的姐妹欢聚一堂,共庆“三八”节。

她指出,中国妇女有珍视与平与友谊的传统。我们将继续发展同各国妇女的友好往来,不断增进相互了解、友谊和合作,为维护妇女儿童权益,为反帝、反殖、反霸,反对侵略扩张、维护世界和平,作出不懈的努力。

各民主党派、各群众团体的女负责人,女科技工作者,全国“三八”红旗手,劳动模范,先进工作者,回国观光的海外侨胞,回大陆探亲的港澳、台湾同胞,以及应邀来访的女外宾和来我国旅游的各国女士,都参加了联欢。

**中共中央副主席李先念在北京会见法国共产党代表团**

**国务院副总理谷牧在北京会见世界银行高级副行长斯特恩一行**

双方在谈话中表示,将进一步加强世界银行同中国方面的合作。谷牧说,中国立足于自力更生建设自己国家,但作为世界银行成员国的中国,希望双方的合作关系进一步发展,这不论对世界经济和中国的现代化建设都是有益的。斯特恩说,援助发展中国家进行建设是世界银行的宗旨,我们希望世界银行在中国的合作项目将增多。

**国务院副总理姬鹏飞在北京会见日本社会党中央组织指导部部长押田三郎一行**

**国务院副总理余秋里在北京会见日本国际贸易促进会关西本部理事长木村一三**

**外交部就越南出动炮艇袭击中国渔船酿成严重流血事件照会越南驻华大使馆表示强烈抗议**

全文如下:

越南社会主义共和国驻华大使馆:

中华人民共和国外交部就越南舰艇悍然袭击中国渔船的严重事件申述如下:

1982年3月3日9时25分(北京时间),中国南海渔业公司所属渔船11艘,正在东经107度50分、北纬17度40分的南中国海公海上进行捕捞作业,突然遭到越军两艘炮艇(其中一艘舷号SO 272)以猛烈炮火袭击。中国122号渔船中弹起火爆炸,船上18人下落不明；419号渔船中弹14发，船长等6人受伤；108号渔船中弹起火，并被越军连船带人劫走。

必须指出，最近一个时期，越南当局不顾中国方面的一再抗议，继续对中国边境地区进行武装挑衅和入侵活动，还多次派船侵犯中国领海，进行骚扰破坏。现在，越南竟然出动舰艇，向在公海上进行捕捞作业的中国渔船发动袭击，酿成严重流血事件。事后，越南当局开动宣传机器，捏造谎言，反诬“近40艘中国武装船只，侵入越南海域进行侦察、挑衅活动”，玩弄倒打一耙的卑劣伎俩，以图掩盖它赤裸裸的海盗行径。越南当局制造的这一严重事件决不是偶然和孤立的。它再次说明，越南当局在向民主柬埔寨爱国军民加紧发动军事进攻、不断侵犯泰国边境的同时，正在有计划、有步骤地掀起新的反华浪潮，蓄意加剧中越两国之间的紧张状态。这不能不引起中国方面的严重关注。

中国政府对越南当局袭击中国渔船、肆意践踏国际公法的严重事件提出强烈抗议，并严正要求越南当局立即交还被劫走的中国渔民和渔船并赔偿损失，停止对中国渔船的袭击活动和在中越边境地区的军事挑衅行动。否则，由此引起的一切后果必须由越南当局承担。

中华人民共和国外交部

1982年3月8日于北京

**中国政府贸易代表团访问巴西**

访问期间，中国政府贸易代表团分别同巴西总统府计划秘书处主任德尔芬·内托等举行了会谈。

访问期间，两国在巴西利亚举行了中巴贸易混合委员会第二次会议。双方于10日签署了会议纪要。

**《中华人民共和国刑事诉讼法概论》出版**

由唐永祥、何显光、庄淑珍、孙孝福合编的《中华人民共和国刑事诉讼法概论》，由群众出版社出版。该书对我国刑事诉讼法的基本原则，刑事诉讼中的管辖、证据、强制措施，刑事诉讼中的立案、侦查、起诉以及一审、二审的审判程序，死刑复核程序，审判监督程序，作了比较全面系统的论述。

**中国音协理事会在北京召开**

会议于3月8日至12日召开。1982年的总任务是：繁荣音乐创作和表演，活跃音乐理论研究和评论，促使群众音乐生活健康发展，为建设高度的社会主义精神文明发挥音乐艺术的积极作用。

中宣部副部长、中国文联主席周扬和文化部代部长周巍峙出席了这次理事会。周扬在讲话中指出，在建设社会主义精神文明中，我们的文学艺术工作者，音乐工作者负有很大责任。文艺工作者应该深入生活，多接触群众，呼吸新鲜空气。周扬还说，我们要继续贯彻“双百”方针，音乐风格应允许多种多样。我们要抵制资产阶级思想的腐蚀，反对封建主义的旧思想，音乐工作者应该帮助听众提高音乐欣赏水平，培养高尚的情操。

周巍峙在讲话中说，音乐工作者要加强责任感，要继承光荣的革命传统，要与人民群众相结合，创作出更多的健康、向上、优美的音乐作品，以团结和教育人民，特别是广大青年，振奋革命精神，对于音乐创作和表演中的问题，要采取民主讨论的方法，促使音乐艺术在建设社会主义精神文明中发挥更大作用。

## 3月9日

**全国政协五届常务委员会十八次会议决议**

（1982年3月9日通过）

中国人民政治协商会议第五届全国委员会常务委员列席了第五届全国人民代表大会常务委员会第二十二次会议，听取了国务院赵紫阳总理关于国务院机构改革问题的报告。经过认真讨论，一致热烈拥护，认为报告提出的政府机构改革的基本方针和做法是正确的，对国务院精简机构方案和进展情况表示满意。

会议认为，采取果断措施进行机构改革，坚决改变机构臃肿、层次繁多、职责不清、效率太低的状况，是完全必要的。这是一场深刻的革命，对于克服官僚主义、改善领导作风，提高工作效率，建设革命化、知识化、专业化、年轻化的领导班子，实现四个现代化，都将产生巨大的推动作用，具有重大的现实意义和深远的历史意义。

会议认为，广大老干部在机构改革中，表现了高度的自觉性。他们久经考验，在长期的革命和建设事业中，为中国人民作出了宝贵的贡献。这次他们又以胸怀全局，以国家利益为重的精神支持机构改革，起了带头、表率作用，今后一定会以不同形式继续为国为民作出新的贡献。

会议认为，为了后继有人，保持党和国家的路线、方针、政策的连续性，必须选拔和培养大批德才兼备、年富力强的中青年干部，有计划地搞好新老干部的交替。会议深信，在中国共产党的正确领导下，依靠老干部的帮助和支持，一定能够顺利完成这个重大的历史任务，保证国家的兴旺发达，长治久安。

会议认为，对待机构改革这件大事，必须既具有革命精神，又要有科学态度，决心要大，工作要细，步骤要稳，只能前进，不能后退。会议希望国务院和有关部门进一步做好工作，对报告提出的四个重点问题，采取妥善的措施和办法，认真扎实地加以解决，务求落到实处，一抓到底。

会议号召各民主党派、各人民团体、各界爱国人士，协助党和政府为逐步建立起适应社会主义现代化建设需要的新的领导体制和干部制度而努力。

**农工党全国组织工作会议在北京闭幕**

会议号召成员在全国统战工作会议的精神指导下，为实现我国的社会主义现代化建设、完成祖国统一大业和保卫世界和平作出贡献。近两年来，中国农工民主党的组织发展工作很活跃，到1981年12月底，在全国共发展新成员2068人。目前农工民主党成员总数已达8387人。在全国16个省、自治区、直辖市恢复和建立了561个基层组织。这次会议传达学习了全国统战工作会议精神。

**全国石油工作会议在大庆召开**

会议提出石油工业系统要大力加强资源勘探，提高开发效果，争取使原油产量在稳产1亿吨的基础上有一个持续的稳步的增长。近年来，石油部门对我国陆上东部、西部地区和海洋石油资源的初步评价说明，我国的石油资源条件是好的，增加储量的潜力是大的，这就为我国原油产量在稳产1亿吨的基础上逐步有所增长，提供了良好的客观条件。当前的问题是必须大力加强勘探工作，尽快打开新的局面，以迅速增加石油储量。为此，会议要求各油田把勘探工作放到重要地位，千方百计采取措施，提高勘探效率和成果，并积极采用和发展勘探新技术，以解决地质条件复杂地区的勘探问题。各油田负责人还在会上表示，要自力更生筹集更多的资金，用于勘探开发。

会议还交流了各石油企业开展总结评比、学先进、找差距、加强职工队伍建设的经验，讨论研究了石油企业进行全面整顿、改革企业管理、提高经济效益的原则、步骤和办法，并做了具体部署。

**中国垒协负责人就一些人利用即将在中国台北举行的世界女子垒球锦标赛企图公开制造“两个中国”发表谈话**

中国垒球协会负责人指出，最近美国在国际垒联的一些人无视国际垒联代表大会的决议，利用即将在中国台北市举行的世界女子垒球锦标赛，企图公开制造“两个中国”，这是绝对不能允许的。他希望国际垒联严格遵守关于台湾问题的决议。

垒协负责人说，第五届世界女子垒球锦标赛将于今年7月2日至11日在我国台北市举行。我国垒球协会是国际垒联的会员，有权参加这次世界锦标赛。目前我们正在为参加这次比赛而积极进行准备。

垒协负责人指出，相互比赛可以促进运动技术的发展，增进运动员之间的了解和友谊。我们历来鼓励我国运动员怀着这种精神参加各种比赛。这次世界女子垒球锦标赛在我国台北举行，更使我们运动员有机会前往与祖国大陆隔绝了30多年的台湾，与台湾的运动员进行技术交流，畅叙骨肉情谊。因此，这不仅是海峡两岸的运动员们的殷切期望，而且也是全中国人民，包括台湾同胞、港澳同胞和海外侨胞的共同心愿。他们都希望大陆和台湾的运动员能够在祖国的土地上一道参加世界比赛，为中华民族争光。

垒协负责人指出，国际垒联1981年5月代表大会批准了其执委会的决议，规定台湾的垒球组织的名称为“中国台北垒球协会”，不得使用原来的旗和歌。这个决议的出发点就是承认只有一个中国，即中华人民共和国，中国台北垒球协会只能作为中国的一个地方性组织参加活动。但是，我们注意到，最近美国在国际垒联的一些人无视国际垒联代表大会的决议，竟然把中国领土的一部分当作一个独立国家对待，并以此为借口，扬言锦标赛的组织者可以在锦标赛的开、闭幕式上使用台湾的所谓“国旗”、“国歌”，企图公开制造“两个中国”。这是绝对不能容许的。为此，我会已3次致电国际垒联秘书长阐明我原则立场。

垒协负责人强调说，台湾是我国领土的一部分，而不是一个“国家”。正是根据这一基本事实，国际垒联才就台湾垒球组织的名称、旗、歌问题通过了专门决议。因此根本谈不上按照一般礼仪规定在台北的世界锦标赛上使用台湾的所谓“国旗”、“国歌”。现在国际上有少数人企图利用这次锦标赛玩弄早已破产的“两个中国”的伎俩。这是我们决不能容忍的。国际垒联应立即采取措施，切实保证在本届锦标赛的所有正式场合以及所有正式文件和出版物上不出现所谓“中华民国”的名称、旗和歌。

垒协负责人最后说，目前我们尚未收到参加本届世界锦标赛的邀请书。但是，各项准备工作已经积极展开。参加锦标赛的我国国家队队员正在进行初选，将于今年4月全国垒球联赛后确定。我们希望国际垒联严格遵守关于台湾问题的决议。我们也希望中国台北垒球协会和台湾当局不要节外生枝，设置障碍，阻挠我国家女子垒球队去台北参加 世界锦标赛，辜负全体同胞的期望。

**对外友协会长王炳南在北京会见玛丽安·赫德林副主席率领的瑞典中国友好联合会代表团**

## 3月10日

**《人民日报》发表社论《人人都要宣传和协助实行这个保卫社会主义制度的重要决定》**

五届全国人大常委会二十二次会议，经过热烈的讨论，一致通过了《关于严惩严重破坏经济的罪犯的决定》(以下简称《决定》)。

这是一项保卫我国社会主义制度的重要决定，是对《中华人民共和国刑法》(以下简称《刑法》)一些有关条款的补充和修改。为什么要作出这样的决定呢？近两三年来，我国在对外经济关系方面，实行了开放政策，对我们的社会主义现代化建设起了积极的作用。无疑，我们今后仍将坚持这项政策。但是，我们也不能不清楚地看到，由于十年内乱对党风政风军风民风的破坏，在面临对外经济开放的新的历史条件下，我们队伍中极少数不坚定不忠诚的干部被资本主义思想腐蚀了，极少数共产党员极少数干部走上了可耻的违犯党纪国法的堕落道路；这些败类和社会上的败类互相勾结利用，致使走私、套汇、投机倒把牟取暴利、盗窃公共财物、倒卖珍贵文物和索贿受贿等破坏社会主义经济、破坏社会主义制度的犯罪活动大量增加，已到了触目惊心、不可容忍的地步。经济领域的种种犯罪活动，特别是一些重大案件，严重干扰党的方针政策的贯彻执行，扰乱社会经济秩序，危害国家经济建设，破坏社会主义法制，损害国家主权，腐蚀干部群众，败坏党风和社会风气，不论在经济上还是在政治上，对我国的社会主义事业和人民利益已经成为一个极大的祸害。同这个祸害作斗争，关系到党和国家的盛衰兴亡，任何人都要负起应有的责任，任何人都不能置身事外，熟视无睹。必须采取有力的措施，严惩这类犯罪活动，才能坚持四项基本原则，保证社会主义物质文明建设和社会主义精神文明建设的顺利进行。我们必须把打击经济领域的犯罪活动，看成是当前全国在政治上、经济上的一场资本主义腐蚀与社会主义反腐蚀的严重斗争，要提到捍卫社会主义制度的高度来认识。全国人大常委会通过的《决定》，正是根据当前这种新情况作出的，非常必要，完全符合全国人民的利益和心愿。

这个《决定》有三个明显的特点：

一是对经济罪犯的量刑从重，情节特别严重的，规定可以判处无期徒刑和死刑。制定《刑法》时对目前经济犯罪中的许多复杂情况不易预见，当时的问题也没有发展到像现在这样严重，因而有的量刑偏轻。对这类罪犯量刑的最高刑期，除了盗窃罪、伪造货币罪、盗运珍贵文物出口罪中情节特别严重的可以处无期徒刑外，多数刑期都在七年以下。除了情节特别严重的贪污罪犯和抢劫公共财物而致人重伤、死亡的以外，没有规定死刑。加以许多国家工作人员有法不依，执法不严，违法不究，就使得一些情节恶劣、后果严重的重大案件，得不到法律的有效制裁。新通过的《决定》，对情节特别严重的经济罪犯，规定可以“处十年以上有期徒刑、无期徒刑或者死刑”。这就大大加强了刑法的威力。党和人民政府从来主张尽量少杀人、不杀人。但是，触目惊心的经济犯罪事实已经到了非严厉惩处不可的地步。对少数罪大恶极的分子就是要处以极刑，杀一儆百。这样做，不但有利于打击犯罪分子的嚣张气焰，也有利于教育和挽救更多的人。

二是对国家工作人员从严，违法必究。现在经济犯罪案件为什么那么多？一些案件为什么牵涉面那么广，性质那么严重？一些大案要案为什么打击不力，或者处理不了？就是因为同某些国家工作人员甚至负相当责任的干部有直接或间接的关系，或者是由于某些有关干部的包庇宽纵。因此，要制止经济犯罪活动，必须着重解决国家工作人员的违法问题。《决定》把参与犯罪活动的国家工作人员同普通犯罪人员区别开来，规定从重处罚。同时，对国家工作人员包庇、窝藏犯罪分子的，打击报复执法人员和揭发检举作证人员的，有追究责任而不依法处理或因受阻挠而不履行法律所规定的追究职责的，知情而不依法报案和不如实作证的，规定分别按徇私舞弊罪、妨害社会管理秩序罪或报复陷害罪、渎职罪处罚。只有严格追究和处理少数干部的有法不依、徇私舞弊、贪赃枉法甚至执法犯法的行为，才能有力地打击社会上的犯罪分子，刹住经济领域的不正之风，纯洁干部队伍，保持人民政府清正廉洁的光荣传统。

三是对罪犯实行坦白从宽，抗拒从严。《决定》一经公布，到了生效期，就要不折不扣地执行。作出《决定》的目的，是为了预防和减少犯罪。我们的政策仍然是宽严结合。这个决定规定于4月1日起施行，同时规定在5月1日前，对过去的犯罪活动能够投案自首，全部坦白交代，积极检举揭发的，一律按过去的有关法律条文处理，否则就作为继续犯罪，坚决按新的《决定》处理。这就体现了严中有宽的精神，给犯罪分子留下了及时悔改的机会。时不我待。一切希望从宽处理的犯罪分子，都要认清形势，抓紧5月1日以前的时机，迅速投案自首，如实交代揭发。这是他们的唯一出路，唯一光明前途。他们的一切亲属、友好和上级，也要抓紧这个宝贵的时机，千方百计地动员这些犯罪分子迅速投案自首，如实交代自己的罪行和揭发别人的罪行。

坚决打击经济领域中违法犯罪活动的斗争，对国家和全体人民利益关系重大，全党全军和全国各族人民殷切期望这场斗争取得完全胜利。各级党委和人民政府，要以法律作武器，联系当地的实际，大张旗鼓地对《决定》作通俗的宣传讲解，做到家喻户晓，人人皆知。要认真执行《决定》，狠狠打击经济犯罪活动。所有共产党员、国家干部和所有公民，都有义务同违法犯罪分子进行斗争。公安司法部门，要及时侦破、起诉、审理经济犯罪案件，根据《决定》精神，召开有教育意义的宣判大会，威慑犯罪分子。党的各级领导部门，首先是各级纪律检查部门，对于党员干部中的犯罪活动决不能姑息迁就。必须把对这些犯罪分子严肃执行党纪作为当前整顿党风的决定环节，一抓到底，无论遇到什么阻力也不能手软，不到水落石出决不罢休。当然，党纪不能代替国法，触犯刑律的一律必须受到法律制裁。严惩罪犯的决定是大得人心的。可以相信，随着《决定》的实施，打击经济领域犯罪活动的斗争一定会进入一个高潮。随着这一斗争的普遍深入开展，我们的党风政风军风民风一定会有一个显著的好转，我们的广大干部队伍一定会出现人人以廉洁奉公为光荣、以损公肥私为羞辱的新气象，我们的社会道德面貌也将接着走上一个新的发展阶段。

**全国政协在政协礼堂举行常委座谈会**

全国人大常委会法制委员会副主任张友渔在会上就《中华人民共和国宪法修改草案(讨论稿)》作了说明。

全国政协副主席刘澜涛主持了座谈会。常委们将分组讨论宪法修改草案(讨论稿)。

**全国总工会在人民大会堂举行怀念张浩座谈会**

与会同志要求全国职工学习张浩同志的高贵品质和革命精神，继承和发扬我国工人阶级的优良传统，保持工人阶级的本色，为建设社会主义物质文明和精神文明努力奋斗。

张浩同志原名林育英，1922 年 2 月加入中国共产党，是我党早期的优秀党员和我国工人运动的卓越领导人之一。

座谈会由中华全国总工会主席倪志福主持。出席座谈会的有我国工人运动的老前辈，张浩同志的老战友，以及张浩同志的夫人涂俊明等 110 多人。

赵毅敏、曹瑛、吴亮平、王鹤寿、李达、郭述申、李颉伯、卢竞如、胡奇才等先后在座谈会上发言。

**全国保险工作会议在北京结束**

会议指出：1981 年，我国国内保险工作已从重点恢复开始走向全面发展，业务日趋活跃。

据统计，去年国内保险的总金额为 2560 亿元，比前年增长 77.2%，其中企业财产的保险金额为 2470 亿元，占全国固定资产和流动资金的比例，由 1980 年的 15.6% 上升到 20.6%。

去年办理的保险种类增多了。如汽车及第三者责任保险，全国各省、自治区、直辖市都已开办。去年共承保各类汽车 20 余万辆。家庭财产保险也在各地相继开办，参加保险的家庭已有 210 万户。货物运输保险、船舶保险和渔船保险等业务也有所增长。在经济发展较快的地区，城乡集体经济和个人的各种保险业务呈现发展的趋势。上海市就试办了集体企业职工的养老年金和医疗保险。江苏、浙江、黑龙江等省，在进一步发展城镇保险业务的同时，深入农村了解实行生产责任制以后出现的新形势、新情况，调查农民对保险的要求，试办了农村家庭财产、奶牛、渔船、拖拉机等保险业务，为逐步富裕起来的农村办了好事，深受群众欢迎。在去年四川等地的洪水灾害中，保险发挥了经济补偿作用，有力地支持了受灾地区的企业恢复生产，帮助了受灾居民重建家园。

会议提出，1982 年的保险工作要适应国民经济进一步调整的需要，坚持贯彻为生产服务、为群众服务和自愿的原则，促使保险工作有一个较大的发展。

会议研究了当前的经济形势后提出，今年国内保险的主要任务是：在继续巩固和发展企业财产保险的同时，进一步发展以企业为对象的其他各项保险(如货物运输保险、船舶保险等)；积极办理城乡居民的财产保险；在条件具备的地区积极开展团体人身保险和人身意外伤害保险，重点试办简易人身保险；在调查研究的基础上，有计划、有步骤地试办农村牲畜保险和养猪保险。在开展各项保险业务时，态度要积极，步子要稳妥，要加强业务管理，提高工作质量。在开展国外保险业务中，要广开渠道，采取各种灵活做法，大力发展各项业务，为国家积累更多的外汇资金。

**中国科协 全国总工会等 6 个单位联合发出《坚持科学造林 讲究造林效果》的倡议**

倡议如下：

一、要认真学习并掌握科学造林的知识和技术。过去一些地方植树造林时单纯追求数量，忽视质量，只管栽植，不讲管护，不讲究实效，以致长期造林不见林。在植树运动中，我们必须提倡尊重科学，讲究经济效果的科学态度和求实精神，严格按照技术规程办事，保栽、保活、保证质量。

二、要认真选择树种。造林要采用既适合土地的生长条件又符合种植目的的树种。要尽可能采用当地生长良好的乡土树种和已经成功的外来树种造林，而不可轻率引进不适合当地自然条件的外来树种。

三、要选用良种，培育壮苗。采种育苗是植树造林的基础。一般以用材为目的的造林树种，应在树干通直圆满、生长迅速、材质良好、发育健壮、无病无虫的母树上采集种子。对以收获木本粮油为目的的经济林，应注意母树上产品的产量与质量；至于其他目的的植树造林，如城市绿化、工厂美化和防护林、薪炭林等，都应以其特殊目的为准来选择优良母树，这样才能保证所有苗木的质量。

四、要注意造林树种的搭配，提倡营造混交林。

五、要加强保护、抚育和管理。植树造林后需做到抚育管理不放松，保护不松劲。

## 3月11日

**《人民日报》发表社论《加强法制建设 便利人民诉讼》**

第五届全国人民代表大会常务委员会根据第五届全国人民代表大会第四次会议的授权，审议通过了《中华人民共和国民事诉讼法(试行)》，决定从今年10月1日开始试行。这是我国法制建设的一件大事。

民事诉讼法是程序法。它的任务是从司法程序方面保证人民法院查明事实，分清是非，正确适用法律，及时审理民事案件，确认民事权利义务关系，制裁民事违法行为，保护国家、集体和个人的权益，教育公民自觉遵守法律。随着我国现代化建设事业的发展，各种经济包括对外经济贸易往来日益增加，经济合同大量增多，需要运用法律进行调整的经济的、民事的关系和纠纷随之增多，有必要更多更快地增加经济的和民事的立法。为了加强经济司法工作，维护社会主义经济秩序，促进经济发展和中外经济贸易交流，保障社会主义现代化建设的顺利进行，迫切需要制定民事诉讼法。同时，为了维护社会的安定团结，及时正确地处理民事案件，防止矛盾激化，特别是防止转化成刑事犯罪案件，也很有必要制定民事诉讼法。

制定了民事诉讼法，人民法院审理民事案件，人民进行民事诉讼，就有法可依，有章可循。它既要坚持社会主义法制原则，规定科学的程序和制度，保障办案质量；又要便利人民诉讼，巩固和发展安定团结的政治局面。现在公布的《民事诉讼法(试行)》，总结了我国民事审判工作的经验，把过去革命根据地的优良传统和新中国成立以来行之有效的制度与程序，用法律条文固定下来；同时根据民事审判工作在社会主义现代化建设时期出现的新情况、新问题，做了相应的规定。这是一部从我国实际出发、具有我国特点的大法。

《民事诉讼法(试行)》的许多规定便于法院审判案件，有利于提高办案的质量和效率。它的许多条文具体地保障了人民的诉讼权利，也规定了诉讼参加人必须遵守诉讼秩序，履行发生法律效力的判决、裁定和调解协议等种种义务。对于妨害民事诉讼的行为，规定了予以制止或制裁的强制措施；对构成犯罪的，还要依法追究刑事责任。这就有利于树立民事审判工作应有的权威，使民事审判工作能够正常地有效地进行，更好地保障人民群众的合法权益。

根据我国几十年来成功的经验，《民事诉讼法(试行)》规定："人民法院审理民事案件，应当根据需要和可能，派出法庭巡回就地开庭审理。"同时规定，基层人民法院和它派出的法庭审理简单的民事案件可以用简易程序。原告可以口头起诉。基层人民法院或者法庭可以当即审理，可以用简便方式随时传唤当事人和证人。第二审人民法院审理上诉案件时，也可以到案件发生地或者原审人民法院所在地就地进行。诸如此类的规定，为人民群众、特别是农民提供了很大的方便，也有利于人民法院深入调查案情，更好更快地办案。我国是农民人口众多的大国，我们无论办什么事情都要考虑农民的情况，尽可能照顾他们的需要，解决他们的困难。《民事诉讼法(试行)》的许多条文，正是贯彻了这一精神。

《民事诉讼法(试行)》规定："人民法院审理民事案件，应当着重进行调解。"大量事实证明，通过调解，促使双方达成协议，解决问题，好处较多：一是省事；二是免得原告、被告之间有伤感情。这是解决民事纠纷，维护和加强人民团结的好办法。因此，《民事诉讼法(试行)》专门列有"调解"一节，在审判程序的各个阶段都分别作了有关"调解"的规定，贯彻了"着重进行调解"的精神。同时，为了防止调解过久，拖延时日，增加当事人的困难，又规定："调解未达成协议或者调解书送达前一方翻悔的，人民法院应当进行审判，不应久调不决。"

根据我国的经验，解决民事纠纷，还要充分发挥人民调解委员会的作用。据统计，1980年和1981年，各地人民调解委员会调解的民间纠纷，都是法院处理的第一审民事案件的10倍左右。它处理问题方便、及时，把大量的人民内部矛盾解决在第一线，消除在萌芽状态中。这对于防止矛盾激化，减少诉讼，维护和加强社会的安定团结都大有好处，很受群众欢迎。因此，在《民事诉讼法(试行)》中确定人民调解委员会应有的法律地位，是完全必要的。

把人民调解和法院调解的成功经验用法律条文固定下来，是我国《民事诉讼法(试行)》最大的特点之一，是我国司法工作为人民服务，千方百计便利人民，促进安定团结的本质特征的重要体现。

《民事诉讼法(试行)》的制定，经历了比较周密细致的调查研究和反复审议、修改的过程。现在公布试行，一方面是为了适应形势发展和人民群众的需要；另一方面也是为了通过实践的检验，进一步总结经验，把它修改得更加完善。试行日期之前，各级司法部门要在当地党委和政府的领导下，做好各项准备工作，采取适当方式训练干部，在人民中进行广泛的宣传，使这一部对健全社会主义法制具有重要作用的大法得以顺利实施。

**首都绿化委员会在人民大会堂举行全民义务植树绿化首都动员大会**

中共中央书记处书记、国务院副总理、中央绿化委员会主任委员万里出席大会并讲话。

会议目的是迎接我国各族人民劳动的、战斗的植树节，动员首都人民积极参加义务植树运动，尽快把北京建设成为更加优美、更加清洁的第一流现代文明城市。

北京市市长、首都绿化委员会主任委员焦若愚主持大会并讲了话。

他说，党的三中全会以来，在党中央、国务院的亲切关怀下，在中央各部门和驻京部队的大力支持下，北京的绿化工作有了新的进展，取得了一定的成绩。但是，我们的工作同党和人民的要求相比，同先进省、自治区、直辖市相比，还有很大的差距。城市绿化覆盖率不高，风景游览区绿化进展不快，风沙危害区缺林少树，宜林荒山还有650万亩没有绿化。这种状况同首都的地位极不相称。

他说，植树造林，绿化祖国，这是建设社会主义，造福子孙后代的伟大事业，是治理山河、维护和改善生态环境的一项重大战略措施，也是我们贯彻中央书记处关于首都建设方针，建设首都精神文明的一项重要任务，各级党委、各级政府一定要当作大事来搞。

中国人民解放军北京军区副政委吴岱、北京市总工会主席彭思明、房山县十渡公社党委书记安金祥、共青团北京市市委书记金鉴、北京市妇女联合会主任徐光等，分别在大会上发了言。

中央绿化委员会、首都绿化委员会和中共北京市委、市人民政府、中央国家机关、解放军驻京部队的负责同志雍文涛、迟浩田、颜金生、赵武成、宋一平、范子瑜、马玉槐、赵鹏飞、王纯、王宪、刘导生等出席了大会。

**国务院副总理万里在全民义务植树绿化首都动员大会上的讲话**

同志们：

在一年一度的植树节到来之际，在第一个“全民文明礼貌月”活动蓬勃开展的时候，首都绿化委员会今天召开全民义务植树绿化首都动员大会，我代表党中央、国务院和中央绿化委员会，向大会致以热烈的祝贺！

这个大会，对于贯彻全国五届人大四次会议《关于开展全民义务植树运动的决议》(以下简称《决议》)和国务院《关于开展全民义务植树运动的实施办法》，进一步落实中央书记处关于北京建设的四项建议，动员广大军民，加速绿化美化首都，推动全国的义务植树工作，必将产生积极的影响。

五届人大四次会议通过《决议》，是国家最高权力机关第一次作出这样的决议。这是一个加速“四化”建设，治理河山，发展我国林业，造福子孙，建设社会主义物质文明和精神文明的重大决策。这个《决议》公布以后，在全国引起巨大反响，得到各族人民的热烈拥护和广泛支持。在各级党政军负责同志的带领下，一个有千千万万军民参加的义务植树的热潮，正在全国迅速兴起。这个事实本身生动地说明，人大的《决议》代表了国家和亿万人民的根本利益。

大家知道，由于我国森林面积小，覆盖率低，水土流失严重，生态平衡的状况越来越差。这种落后状况，已经严重地影响到国土质量、经济建设和人民生活。为了扭转这种局面，必须采取有效措施治理国土，发展林业。这是国家的一项根本大计。现在，全国人民代表大会把义务植树，作为一项法律确定下来，是完全必要的。按照《决议》的规定，每人每年种3棵至5棵树，就是一种法定的、必须执行的公益性劳动。凡是规定范围内的公民，都有植树造林、整治国土的义务，人人都要受这个法律的约束，自觉地履行这项光荣义务。

发达的林业是国家富足、民族繁荣、社会文明的一个标志。当前全国开展的文明礼貌月活动，一个重要内容就是要搞全民义务植树运动。植树造林，绿化祖国，既是树木，又是树人，起着文明教育的作用。《决议》规定凡是年满11岁的中国公民，除老弱病残者外，都要参加这一活动。这样，不仅年满18岁的成年公民，而且年满11岁至17岁的未成年青少年，从小也能参加这个有意义的活动。通过为国家、社会服务的公益活动，使全体人民发扬高度爱国热忱，养成热爱祖国的一花一草一木的习惯，培养集体主义、共产主义的道德风尚，提高人民的思想境界和高尚情操，朝着建设社会主义祖国的伟大目标前进。

各级党政军负责同志，对于开展全民义务植树这样一件大事，一定要高度重视，把它摆到十分重要的位置上，认真抓紧抓好。所有单位的负责人，不仅要亲自带头参加和完成义务植树的任务，而且要努力做好思想工作，及时解决各种思想认识问题和实际问题，真正把广大干部群众义务植树、绿化祖国的积极性调动起来，踊跃参加到义务植树的行列中去。要切实加强对全民义务植树工作的领导。中央绿化委员会已经成立，开始工作。目前全国已有27个省、自治区、直辖市和370多个地、县(旗)成立了绿化委员会，而且由主要领导同志担任主任委员。尚未成立绿化委员会的省、自治区、直辖市和地、县，要尽快把绿化委员会成立起来，统一领导本地区的义务植树和整个造林绿化工作。许多事例说明，由于各级党委和政府真正重视起来，不仅义务植树运动开展得很好，而且推动了整个造林绿化工作。目前有的地方存在的一些实际困难和问题，只要领导重视，是完全可以解决的。

同志们，今年是开展全民义务植树运动的第一年，全国各族人民，各行各业，都要积极行动起来，讲求实效，扎扎实实地搞好今年的植树造林，使运动有一个良好的开端。

8亿农民是开展义务植树的一支强大的队伍。当前，农村的义务植树和造林绿化，应当首先搞好四旁绿化和农田防护林建设；因地制宜发展速生用材林和各种经济林；在燃料紧张的农村，要积极营造薪炭林；并继续搞好“三北”防护林体系的建设。

各个城市，要广泛发动群众，搞好城区和郊区的义务植树。要按照城市园林绿化规划，植树、栽花、种草，维护和改善生态环境，调节气候，净化空气，减少声害，防风固沙，美化市容。这是建设社会主义现代化城市的一项重要任务。要切实保护城市绿化用地，不准随意侵占。要广泛发动和依靠群众，加强城市树木的保护工作。

各个工厂、矿山、机关、学校、农场、牧场，都要把本单位空闲的土地绿化起来，并按照当地绿化委员会的统一安排，完成义务植树任务。铁路、公路、水利等单位，要制定铁路、公路、河流、水库周围绿化的规划，在当地绿化委员会统筹安排下，组织义务植树，尽快把这些地方绿化起来。

人民解放军全体指战员，在义务植树运动中，要起模范带头作用。各部队除把营区内的绿化搞好以外，还要积极参加营区外十公里范围内的义务植树活动。各地人民政府要和当地驻军密切配合，共同努力，让附近的荒山、荒地早日披上绿装。

广大青少年是植树造林、绿化祖国的一支朝气蓬勃的生力军。希望广大青少年积极响应党和政府关于义务植树的号召，人人争当义务植树的突击手，争当保护林木的哨兵，个个为绿化祖国贡献力量。

苗木是造林的基础，各行各业都要狠抓育苗工作。有了苗木的，今年就要发动群众，不失时机地把树栽好；凡是苗木不足的地方，必须抓紧育苗工作，为今后的义务植树和整个绿化工作做好充分准备。

北京，是我们伟大祖国的首都，又是风沙影响较大的文化古城。解放以来，城市园林绿化、农村植树造林工作已经取得很大成绩。但城区还有许多应该植树、种草、栽花的地方，特别是文化古迹、游览胜地的绿化和保护必须加强，郊区也还有大片宜林荒山。希望北京带个头，在绿化首都、改善环境等方面，作出更大成绩。在京的中央党政军民机关、团体、事企业单位和驻京部队，要在首都绿化委员会的统一领导和部署下，积极行动，成为表率。通过全市人民的努力，尽快把我们的首都，建设成为绿树成荫，百花盛开，绿草铺地的优美、清洁、具有第一流水平的现代文明城市。

同志们，明天就是植树节。这是我国各族人民一个劳动的、战斗的节日，是一个建设祖国、绿化祖国的节日。今年的植树节，随着全民义务植树运动的展开，使这个传统节日增添了新的光辉。在植树造林的黄金季节里，我们中华儿女，一定要以坚忍不拔的精神，积极行动起来，贯彻全国人大《决议》，在全党全军全国各族人民中逐渐养成一个植树造林、爱林护林的社会风气，使义务植树、绿化祖国的活动年年岁岁、世世代代地开展下去，以改造社会、改造自然的革命气魄，把我们伟大祖国的河山建设得更加美好，为全体人民造福，为子孙后代造福。

**国家统计局公布近三年城市职工家庭生活水平低收入职工家庭生活困难问题调查结果**

据国家统计局对北京、上海、天津等46个城市8715户职工家庭收支调查的结果表明，1981年和1978年比较，平均每户家庭人口减少，就业人口增加，就业者的负担减轻，职工家庭生活水平显著提高。

*1981年平均每人每月生活费收入比1978年提高31.3%*

1981年，职工家庭每人每月可用作生活费的收入38.64元，比1980年的37元增加1.64元，提高4.4%；比1978年的26.33元增加12.31元，提高46.8%，剔除职工生活费用价格上涨因素，实际收入提高31.3%。

职工家庭每人每月生活费收入提高的主要原因是：

(一)由于采取提高部分职工工资级别，实行奖励制度，使就业者的收入有了增加。1981年平均每个就业者月收入(包括工资和其他收入)达68.8元，比1978年提高26.4%。

(二)由于采取安置待业青年就业，广开就业门路，发展社会主义各项事业，职工家庭就业人口增加。1981年平均每户就业人口为2.39人，比1978年增加9.6%；职工家庭人口就业面达到56.4%，比1978年扩大7.8%。这就是说,在职工家庭中,1978年2.06人当中有一个就业者,到1981年1.77人当中就有一个就业者。

(三)由于计划生育逐步深入人心,职工家庭人口减少。1981年平均每户家庭人口4.24人,比1978年减少5.6%。家庭人口减少,使职工家庭平均每人每月生活费收入相对地增加了。

绝大多数职工家庭平均每人月收入超过20元

1981年在8,715户职工家庭中,不同收入水平的户占总户数的比例是:

收入在60元以上的户,占6.5%;

收入在50—60元之间的户,占11.9%;

收入在35—50元之间的户,占42.3%;

收入在25—35元之间的户,占31.8%;

收入在20—25元之间的一些略有困难户,占5.4%;

收入在20元以下的困难户,只占2.1%。

职工家庭消费的各类生活品全面增长消费构成发生了新的变化

1981年,职工家庭平均每人每月生活费支出38.07元,比1978年增长46.8%。其中,用于购买商品支出35.03元,占92%;用于房租、水电、学杂费、保育费、交通费、邮电费、文娱费、医疗、理发、洗澡、修理等非商品支出3.04元,占8%。

职工家庭每人每月购买的各类消费品占全部购买商品支出的比重,1981年同1978年比较,食品由64%下降为61.6%,穿着商品由15.1%上升为16.1%,日用品和文娱用品由14%上升为16.6%,燃料由3%下降为2.1%。这种新的变化,说明职工家庭在首先满足吃、穿需要以后,把增加的收入逐步转向购买日用品和文娱用品等方面,标志着职工生活水平的不断提高。

职工家庭拥有的电视机增长3.2倍,其他耐用消费品也显著增长

1981年年底,平均每100户职工家庭拥有电视机58架(其中彩色电视机0.6架),比1978年增长3.2倍;自行车125辆,增长13.4%;缝纫机70架,增长32%;手表241只,增长27.4%;收音机100架,增长61.2%。此外,平均每100户职工家庭拥有的电风扇、洗衣机、大衣柜、沙发、写字台、电唱机、录音机、照相机等耐用消费品的数量也比1978年显著增长。

职工家庭居住状况有了一定的改善

近三年来,国家用于住宅建设的投资增加,住宅施工力量增强,建设步伐加快,建成交付使用的住宅面积激增。1979年到1981年,全国城镇共建成的职工住宅面积近2.2亿平方米,相当于1966年到1977年12年的总和。从职工家计调查的调查户住房情况来看,1981年年底职工家庭平均每人居住面积达到5.27平方米,比1978年增加近1平方米。

当前职工生活中的几个问题

三中全会以来,职工家庭收入增加和生活水平提高的情况是明显的,广大职工反映是好的。但当前职工家庭生活中,还有一些问题需要继续研究解决:

一、部分职工家庭生活受到了物价上涨的影响。自1981年11月18日起,全国提高烟、酒零售价格以后,有些商品零售价格也随着上涨,与此同时,尽管降低了涤棉布的零售价格,全年平均零售价格水平还是在1980年上涨的基础上又上涨了2%多,从而加重了职工的经济负担,使部分收入水平较低的职工家庭生活受到了影响。因此,各地区、各有关部门必须坚决贯彻执行国务院1982年1月8日发出的《关于坚决稳定市场物价的通知》,把零售物价基本稳定下来。

二、一部分低收入职工家庭生活困难问题需要逐步解决。这些低收入职工,家庭人口多,工资收入少,经济负担重,生活困难。在全民所有制单位中,还有一小部分职工的工资级别从1956年以来,一直没有调整过,由于物价上涨,他们的实际工资有不同程度的下降。对于这两部分职工,今后在安置职工子女就业和调整职工工资时,需要适当予以照顾。

三、部分职工家庭住房情况仍较紧张。

1981年年底的城镇职工家庭中还有37.4%的户住房紧张。其中,无房户占3.2%,男女老少居住在一起的不方便户占9.7%,拥挤户占24.5%。这些住房困难的职工迫切希望本单位和有关部门优先考虑解决他们的住房问题。

**全国人大常委会副委员长彭冲在人民大会堂设宴欢迎英国议会代表团**

代表团由保守党后座委员会主席爱德华·杜坎和工党下院议员阿瑟·博藤利率领。

彭冲说,70年代以来,两国关系获得了进一步的发展,我们两国对许多重大国际问题有着相同或相似的看法。我们希望,中国人大和英国议会之间的良好关系,将会促进两国关系和人民友谊的进一步发展,而且也将有利于反对霸权主义和维护世界和平的事业。彭冲表示,我们希望在平等互利的基础上加强与英国的经济合作关系。

杜坎说,在当前这个多事之秋的世界上,的确存在着危险。有许多事情等待我们两国政府和人民去完成、去捍卫,希望双方为实现我们的共同愿望而尽最大努力。

**外交部部长黄华在人民大会堂同上沃尔特外长蒂**

**安塔尔布姆举行会谈**

**国务院公布第二批全国重点文物保护单位名单**

(一)革命遗址及革命纪念建筑物(共10处)

林则徐销烟池与虎门炮台旧址(1839年　广东省东莞县),太平天国天王府遗址(1853年至1864年　江苏省南京市),义和团吕祖堂坛口遗址(1900年　天津市),安源路矿工人俱乐部旧址(1922年　江西省萍乡市),八七会议会址(1927年　湖北省武汉市),西安事变旧址(1936年　陕西省西安市),白求恩模范病室旧址(1938年　山西省五台县),西柏坡中共中央旧址(1948年　河北省平山县),北京宋庆龄故居(1963年　北京市北河沿),宋庆龄墓(1981年　上海市万国公墓)。

(二)石窟寺(共5处)

巩县石窟(北魏至宋　河南省巩县),须弥山石窟(北朝至唐　宁夏回族自治区固原县),乐山大佛(唐　四川省乐山市),柏孜克里克千佛洞(唐至元　新疆维吾尔自治区吐鲁番县),飞来峰造像(五代至元　浙江省杭州市)。

(三)古建筑及历史纪念建筑物(共28处)

修定寺塔(唐　河南省安阳县),玉泉寺及铁塔(宋　湖北省当阳县),万部华严经塔(辽　内蒙古自治区呼和浩特市),华林寺大殿(宋　福建省福州市),开元寺(宋至清　福建省泉州市),灵岩寺(唐至清　山东省长清县),玄妙观三清殿(宋　江苏省苏州市),岩山寺(金　山西省繁峙县),北岳庙(元　河北省曲阳县),紫霄宫(明　湖北省均县),显通寺(明至清　山西省五台县),哲蚌寺(明　西藏自治区拉萨市),色拉寺(明　西藏自治区拉萨市),皇史宬(明　北京市),悬空寺(明　山西省浑源县),天一阁(明至清　浙江省宁波市),古观象台(明至清　北京市),经略台真武阁(明　广西壮族自治区容县),瞿昙寺(明　青海省乐都县),北京城东南角楼(明　北京市),都江堰(秦至清　四川省灌县),蓬莱水城及蓬莱阁(明　山东省蓬莱县),太和宫金殿(清　云南省昆明市),豫园(明至清　上海市),恭王府及花园(清　北京市),网师园(清　江苏省苏州市),程阳永济桥(民国　广西壮族自治区三江侗族自治县),拉卜楞寺(清　甘肃省夏河县)。

(四)石刻及其他(共2处)

常德铁幢(宋　湖南省常德市),地藏寺经幢(大理——公元937年至1094年　云南省昆明市)。

(五)古遗址(共10处)

元谋猿人遗址(旧石器时代　云南省元谋县),蓝田猿人遗址(旧石器时代　陕西省蓝田县),大汶口遗址(新石器时代　山东省泰安县),河姆渡遗址(新石器时代　浙江省余姚县),周原遗址(西周　陕西省扶风县、岐山县),铜录山古铜矿遗址(周至汉　湖北省大冶县),丸都山故城(高句丽——公元前37年至公元668年　吉林省集安县),湖田古瓷窑址(五代至明　江西省景德镇市),金上京会宁府遗址(金　黑龙江省阿城县),明中都皇故城及皇陵石刻(明　安徽省凤阳县)。

(六)古墓葬(共7处)

司马迁墓和祠(西汉至宋　陕西省韩城县),杨粲墓(宋　贵州省遵义市),宋陵(北宋　河南省巩县),李时珍墓(明　湖北省蕲春县),郑成功墓(清　福建省南安县),清昭陵(清　辽宁省沈阳市),成吉思汗陵(1954年迁建　内蒙古自治区伊金霍洛旗)。

**周恩来一篇重要佚文被发现**

1982年第一期《近代史研究》刊登了周恩来同志的一篇重要佚文:《新四军皖南部队惨被围歼真相》。发现这篇佚文的是中国人民大学的张涛同志。

周恩来这篇重要佚文,主要讲了八个问题:

一、关于所谓新四军违抗命令不受调遣的问题;

二、关于新四军渡江路线问题;

三、关于新四军移动时间问题;

四、所谓"藉端要索"问题;

五、究竟谁打谁的问题;

六、所谓要在江南建立根据地的问题;

七、叶项正副军长与新四军部队;

八、取消番号与审判军长。

**《修辞学习》创刊**

《修辞学习》以中小学语文教师、大中学生和其他语文工作者为主要对象。它的编辑方针是普及与提高相结合,理论与实践相结合,注意从当代语言学理论高度探讨修辞学问题,为求知识性、实用性、学术性兼备,达到普及修辞知识、繁荣修辞科学、推动修辞教学、指导语言运用之目的。

《修辞学习》设有修辞学基本知识、古今名家作品的修辞技巧赏析、修辞学理论研究与学术争鸣等20多个栏目,文章力求短小精悍,生动活泼,雅俗共赏。

本杂志由中国修辞学会华东分会主办,江西人民出版社出版。

## 3月12日

**中共中央副主席邓小平到北京西山参加植树活动**

林业部部长雍文涛参加了植树活动。邓小平同志说:植树,要选好树的品种,要选那些长得快、能成材的。栽下后要有人管理,保证成活。植树不要占用好地。

**首都各界人士在北京中山公园中山堂举行仪式纪念孙中山逝世57周年**

民革中央副主席屈武主持仪式。

董其武代表全国政协，平杰三代表中共中央统战部，廖承志同志，王昆仑代表民革中央，雷洁琼代表北京市人民政府，侯镜如代表民革北京市委员会，向孙中山先生像献了花篮。

全国政协副主席刘澜涛、钱昌照和有关方面负责人参加了纪念仪式。

参加仪式的首都各界人士及在北京的民革中央常委、中委、候补中委有：李贵、彭友今、楚图南、缪云台、陈逸松、王克俊、孙起孟、孙晓村、严信民、苏子蘅、李纯青、李铁铮、杨拯民、赵子立、凌其翰、黄维、黄鼎臣、程思远、萨空了、裴昌会、郑洞国、甘祠森、吴茂荪、贾亦斌、孙越崎、王枫、许宝骙、许闻天、苏从周、李平衡、吴秀峰、何柱国、沈求我、张克明、陈建晨、陈铭德、邵恒秋、周颖、覃异之、傅学文、焦实斋、廖运周、谭惕吾、王彦亭、王家桢、王静如、方贤旭、宁光堃、刘瑶章、李觉、李文澜、沈性元、张丰胄、张廉云、陈迩冬、宗之发、罗西欧、骆介子、黄翔、谌小岑、颜明宜、刘甲樱、李霄路、焦琦、郭彤、王仁、田富达、葛志成、梁容若、李奇中、陈修和、张知行、刘春方、余湛邦、万枚子、杨玉清、唐鸿烈、林玲玉、高戈、李恕、史林峰、吴惟诚、浦洁修、孙孚凌、丁贡南、夏翔、关士雄、司徒擎、陈炳基。美籍人士袁晓园也参加了仪式。

**国务院副总理兼国防部部长耿飚在北京会见上沃尔特外交合作部部长费利克斯·蒂安塔尔布姆上校**

**国务院副总理谷牧在北京会见日中经济协会理事长井上猛及其一行**

**国务院副总理谷牧在北京会见美国华侨总商会董事长应行久**

**文化部在合肥召开9省市表演艺术团体整顿改革座谈会**

座谈会由文化部副部长吴雪主持。文化部代部长周巍峙在讲话中指出，剧团整顿、改革的目的是加强和改善党的领导，促进艺术事业发展，有利于多出作品，多出人才。调整、改革中要充分发扬民主，注重调查研究，上下同心同德把表演艺术团体建设好。

**《中国日报》(英文)获得1981年全世界新闻界关于人口问题报道二等奖**

在华盛顿举行的授奖仪式上联合国人口活动基金执行主任拉斐尔·萨拉斯把青铜奖章授予《中国日报》的代表、《人民日报》驻华盛顿记者袁先禄。

全世界新闻界关于人口问题报道奖，是由设在美国的非政府性机构“人口行动委员会”主办的。这个机构受到世界上135个国家的领导人、议员、企业家和人口专家约22000人的支持。

“人口行动委员会主任”威尔纳·福尔诺斯称赞《中国日报》关于人口问题的报道“广泛而经常”，“对人口问题作了坚持不懈的清晰的报道”。

**共青团中央 教育部 国家体委联合举办1982年全国小学基层队小足球赛**

为了推动基层小足球比赛活动，培养少年儿童德、智、体全面发展，团中央、教育部、国家体委联合举办的1982年全国市、县(区)小学基层队小足球比赛已经开始。

## 3月13日

**中共中央副主席李先念 全国人大常委会副委员长彭真 乌兰夫在北京西山参加植树活动**

李先念说：“植树造林，绿化祖国，保持生态平衡，这是关系到国家兴旺的问题。植树要因地制宜，根据各地不同的气候、土壤等条件，栽植不同品种的树。有关的科研单位要研究这个问题。”彭真强调了育苗对搞好植树造林的重要性。乌兰夫提出要好好保护林木，不使林木受到破坏。李先念说，对破坏森林的要依法惩办。

**九三学社在杭州召开全国工作会议**

九三学社于3月13日至20日在杭州召开由各地方组织秘书长参加的全国工作会议。

与会者们认真学习了全国统战工作会议精神，着重讨论了在新的一年里九三学社如何适应新形势的要求，在工作上打开新局面的问题。会上交流了工作经验，对如何推动成员在建设社会主义物质文明和精神文明方面更好地发挥作用问题也进行了探讨。会上还研究了在工程技术、科学文教、医药卫生等方面继续发展组织的问题。

**《人民日报》发表评论员文章《坚决打击制作 贩卖淫秽物品的犯罪活动》**

在严厉制裁经济领域犯罪活动的斗争中，我们还要注意打击制作、偷运、贩卖淫秽书刊、图片和电视录像等物品的犯罪活动。

近几年来，有少数不法分子利用我国实行开放政策之机,从国外和港澳地区把国内历来禁止制作、贩卖、传播的诲淫性的书刊、画片、照片、录像带、录音带等偷运入境,出售牟利。还有人把这类淫秽物品加以翻印传播。这类活动已在部分群众中造成严重后果:有的地方风气变坏,一些青少年身心受到严重摧残,有的甚至走上了犯罪的道路。我们决不可忽视资产阶级腐朽思想的侵蚀。

我们实行开放政策,主要是引进先进的科学技术和管理知识,吸收有用的资金,决不能把腐朽的文化引进来。黄色书刊,渲染色情或凶杀的录像,是资本主义、帝国主义文化中最肮脏最腐朽的东西。即使在资本主义社会,这些货色也受到一切正派人士的鄙弃和抵制,受到不同程度的法律限制。我们是社会主义国家,我们的文化应该是有益于人民身心健康的社会主义文化,应该鼓舞人们为社会主义事业而献身。建设社会主义物质文明和精神文明,需要吸收古今中外一切有益于人民的文化,绝对不能允许早已被清除了的帝国主义、资本主义和封建主义腐朽的文化垃圾卷土重来,在社会主义国土上泛滥。

根据我国《刑法》第一百七十条的规定,以营利为目的,制作、贩卖淫书淫画,即构成"妨害社会管理秩序罪";从海外偷运诲淫性物品到国内,按照《刑法》第一百一十六、一百一十八和一百一十九条,也构成走私罪。《中华人民共和国治安管理处罚条例》(以下简称《条例》)第五条第七款也规定:"出售、出租业经取缔的反动、淫秽、荒诞的书刊、画册、图片",属于扰乱公共秩序的行为,应该按《条例》加以处罚。公安司法机关要立即行动起来,运用法律武器,采取有效措施,严查严办这类犯罪活动,及时制止各种淫秽物品在社会上流传。对走私诲淫性物品的首恶分子,应依法从重处罚。对制作(包括翻制)、贩卖和蓄意传播淫书淫画、录像带、录音带的不法活动,要严查严办,为首的和教唆犯要严惩。各级党委及其纪律检查机关,要教育党员、干部自觉抵制资产阶级腐朽文化的侵蚀。干部、党员,尤其是担负领导职务的党员,如果从事或参与诲淫性物品走私等非法活动,一定要开除党籍,从严查办。收藏黄色书刊、淫秽图片和电视录像的,经教育后主动交出者,不予追究;隐藏不报、拒不交出者,要予以惩处。今后,引进录像、唱片和书刊,要坚持归口管理;任何人都不准借口"工作需要"进口淫秽书刊、图片和电视录像、录音带。要动员受毒害的人们,尤其是青少年检举揭发从事诲淫性物品走私的不法分子,使那些不法分子无处躲藏。

我们坚定不移地长期实行对外开放政策。在这种情况下,要做一个坚定的清醒的马克思主义者,一刻也不能放松对资产阶级腐朽思想的警惕和斗争,一定要用大力量建设社会主义精神文明。现在,一个大兴"五讲四美"新风的"全民文明礼貌月"活动已经在全国广泛展开。各级党委和各级人民政府要因势利导,把文明活动经常化、制度化。只要我们头脑清醒,措施得当,就一定可以立于不败之地。

**中国和上沃尔特在北京签订贸易协定**

协定中指出,双方本着合作互利精神,相互给予最惠国待遇,同时,为进一步加强两国的贸易关系,成立由双方代表组成的混合委员会。

今天同时签订了一项关于中国派遣医疗队赴上沃尔特工作的议定书。

国务院副总理兼外交部部长黄华,上沃尔特外交合作部部长费利克斯·蒂安塔尔布姆代表各自政府在协定和议定书上签字。

**国际中小型氮肥工艺技术会议在北京开幕**

会议是联合国工业发展组织为了向发展中国家介绍中国独立自主、自力更生发展中、小型氮肥的经验,交流工艺技术,促进发展中国家的氮肥工业而召开的。

化学工业部副部长冯伯华致了开幕词。联合国工业发展组织高级区域顾问斯尔文斯特·潘费尔在会上致辞。

出席会议的有联合国工业发展组织有关人员,澳大利亚、孟加拉国、英国、埃及、匈牙利、印度、意大利、约旦、墨西哥、巴基斯坦、秘鲁、罗马尼亚、斯里兰卡、苏丹、泰国、美国等国家和中国的代表、专家共60多人。

联合国开发计划署驻华代表夏龙和高级工业发展现场顾问郗辛先生,也参加了开幕式。

**国务院副总理姚依林在人民大会堂会见由保守党后座委员会主席爱德华·杜坎和工党下院议员阿瑟·博藤利率领的英国议会代表团**

## 3月14日

**《人民日报》发表社论《坚持科学的正确的人口政策》**

控制人口增长的问题,是我国社会主义现代化建设中面临的一个重大战略问题。为了长期地有效地做好计划生育工作,赵紫阳总理在五届人大四次会议上阐明了我国的人口政策,提出了本世纪内我国控制人口的目标。他指出:"限制人口的数量,提高人口的素质,这就是我们的人口政策。我们要求全国上下为着人民的利益,民族的前途,为实现本世纪末把我国人口控制在12亿以内的目标,作出坚持不懈的努力。"

限制人口的数量,提高人口的素质,是符合我国国情的科学的正确的政策。限制数量,就要求晚婚、晚育、少生;提高素质,就要求优生、优育。这两个方面的统一,有利于社会主义现代化的建设,有利于人民群众物质文化生活水平的提高,有利于中华民族的繁荣昌盛。一般说来,为了优生优育,我们应当坚持少生;在当前和今后一个相当长的时期内,更应当强调少生。这是因为,50年代和60年代生育高峰中出生的人已陆续进入结婚生育期;农村实行各种形式的生产责任制后,计划生育工作遇到了许多新情况、新问题,有些地方出现了放任自流的现象;新婚姻法实行后,结婚年龄比提倡晚婚的年龄提前了几个年龄组,1981年结婚人数比1980年成倍增长。这种种新情况,预示着我国面临着一个人口自然增长率回升的趋势。如不及时加以有效地控制,2000年时我国人口总数便会超过13亿,大大突破本世纪内我国人口控制在12亿之内的目标。为此,中共中央、国务院在《关于进一步做好计划生育工作的指示》中,作了具体规定:国家干部和职工、城镇居民,除特殊情况经过批准者外,一对夫妇只生育一个孩子。农村普遍提倡一对夫妇只生育一个孩子,某些群众确有实际困难要求生二胎的,经过审批可以有计划地安排,但不论哪一种情况都不能生三胎。对于少数民族,可根据实际情况适当放宽,但也要提倡计划生育。这些具体的政策规定,是瞻前顾后,权衡利弊,从必要性和现实可能性等多方面进行综合考察之后订出来的,它必然会得到全国各民族人民的拥护。

控制人口数量,决不只是少生几个孩子的问题,而是关系到我国社会主义现代化建设成败的大事情。社会主义经济工作的一个大方针是:一要使10亿人民有饭吃;二要进行社会主义建设。只顾吃饭,吃光用光,国家没有希望。人口增长过快,势必给吃饭、穿衣、住房、交通、教育、就业、医疗卫生等方面造成越来越大的压力。摆在我们面前有两种可能性:或者是严格地有效地控制人口增长;或者是控制不严,措施不力,听任人口继续增长,导致既不能改善人民生活,也不能很好地进行经济、文化、国防建设的后果。二者必居其一。我们相信,全党同志、全国人民会清醒地看到问题的严重性,自觉地贯彻执行控制人口增长的政策规定。

我国10亿人口,8亿在农村。贯彻执行人口政策,农村是重点。农业经济是全国经济的重要组成部分,农业经济也必须以计划经济为主。农村实行生产责任制以后,一定要把人口计划纳入农业发展计划,使人口增长同国民经济增长相适应,以逐步提高人民生活水平。生产发展了,孩子生少了,富裕的步子就迈得更大了。农民是懂得这个道理的。农村各级党组织和人民政府,要从农民的实际情况出发,多做宣传教育工作,帮助农民克服"多子多福"、"重男轻女"等错误的传统观念的束缚,正确处理国家利益、集体利益和个人利益的关系,自觉地实行计划生育。

在严格控制人口增长的同时,要大力提倡优生、优育。优生、优育,是为了保证我们的下一代个个都能成为建设"四化"的有用之才,提高中华民族的素质。过去,由于我国科学文化落后,又缺乏这方面的宣传教育和明确的法规,生下一些"先天愚型"痴呆病人,这种人生活不能自理,更不能创造财富,本人又十分痛苦。对于现有的这些病人,我们当然要从人道主义出发给予妥善安置。在严格控制人口增长的今天和以后,我们则要通过优生教育避免以至杜绝再生这种有先天缺陷的后代。在一些国家,已经实行了优生保护法,明确规定遗传精神病、遗传性智能缺陷、严重的遗传性畸形等几十种疾病患者不得生育。我国的婚姻法已经规定近亲不能结婚,这是防止出生遗传性病孩的一个重要规定,要坚持贯彻执行。我们还要逐步制定有关的优生法规,大力宣传优生优育的知识。

为了保证人口政策的顺利执行,实行一些奖励和限制是必要的。对独生子女在入托、入学、就医、招工、招生、城市住房和农村宅基地分配等方面,要创造条件,给予照顾。教育、卫生、劳动、民政、农委、工会等有关部门,应认真研究制定出切实可行的办法。对不按计划生育者,农村和城市要在加强思想教育的同时,采取必要和可行的限制办法。

计划生育工作是一件大事,涉及面广,政策性强,各级党委和人民政府,要把它列为重要的议事日程,加强调查研究,检查督促,抓紧抓好。要把人口计划纳入国民经济和社会发展计划,按照生育规律,抓早、抓细、抓实。对于在实践中出现的新情况、新问题,要及时加以研究解决,防止强迫命令,反对违法乱纪。各人民团体,特别是妇联、工会和共青团组织,要继续宣传、坚决执行党和政府关于计划生育的政策,主动配合、支持计划生育部门做好工作。我们相信,有各级各部门的紧密配合,有广大人民的支持,我们科学的正确的人口政策,一定可以坚持下去,我国人口的增长必能得到有效的控制。

**中共中央主席胡耀邦等党和国家领导人到北京郊区参加义务植树活动**

胡耀邦向记者说,党中央号召全国人民大力开展植树造林运动,这件事意义重大。但要达到预期的效果,必须转变作风,不要搞形式主义,不要搞表面上的轰轰烈烈,要做扎扎实实的工作,彻底改变过去某些地方那种年年种树不见林的状况。我们要准备干上二十年、三十年,把植树造林这件事情办好。

胡耀邦还说,开展植树造林,要解决好树苗不足的问题,要把采种育苗工作抓紧。工厂、机关、学校都要利用小块空地培植树苗。这样,既不浪费土地,又好管理。胡耀邦希望广大青少年要在采种育苗工作中发挥积极作用。

参加今天植树活动的其他领导有:方毅、耿飚、彭冲、陈慕华、万里、习仲勋、王任重、谷牧、姚依林、康世恩、薄一波、姬鹏飞、杨静仁、张爱萍、黄华。北京市市委第一书记段君毅也参加了植树活动。

**国家档案局在北京召开中央机关主管档案工作的办公厅主任会议**

国家档案局要求各机关在机构改革中加强档案管理工作。要做好精简机构中文件、档案的收集、清理、妥善移交和集中管理工作,防止因机构变动、人员调走而使文件、档案受到损失,防止发生失密和泄密事故。

会议指出,机构变动以后,新组建的机构仍然要坚持执行中央和国务院规定的党政档案统一管理、文电合一管理、科技档案按专业管理、文书处理部门立卷等重要制度。

会议还要求各部门继续做好培训档案干部的工作,以提高档案管理的科学水平。

**国际垒联秘书长波特致电中国垒协主席魏明**

全文如下:

北京体育馆路九号中国垒球协会主席魏明致国际垒联仝体会员协会:

关于中国台北垒球协会的世界锦标赛的邀请电传,其中提到了“中华民国”。这是由于组织委员会疏忽而被包括进去的。应不予置理。

国际垒联秘书长 波 特

1982年3月14日 俄克拉何马

**《宗教史话》出版**

吉林人民出版社出版的《宗教史话》(张文建著),介绍了世界三大“一神教”(犹太教、基督教、伊斯兰教)产生、发展和变迁的历史。

## 3月15日

**《人民日报》发表评论员文章《在新的历史时期做好统战工作》**

党的十一届三中全会以来,大力拨乱反正,落实了统一战线政策。近两年来,各民主党派得到较快的发展,并积极开展工作,在“四化”建设中的作用越来越显著。

1939年10月,毛泽东同志总结了建党18年的经验,在《〈共产党人〉发刊词》指出:“统一战线,武装斗争,党的建设,是中国共产党在中国革命中战胜敌人的三个法宝,三个主要的法宝。”在民主革命的长期斗争中,我们党依靠三大法宝,取得了伟大的胜利。在建设现代化的社会主义强国的新的历史时期,还要不要统一战线这个法宝呢?回答是肯定的。因为新的历史时期的任务,是全国人民的事业,是整个民族的事业,我们党只有团结和领导全国人民去共同奋斗才能完成。离开统一战线这个法宝是绝对不行的。事实上,我国在今后一个相当长的历史时期内,统战的对象不是越来越少,而是越来越多;统战工作的范围不是越来越狭小,而是越来越宽广。

统一战线是中国革命胜利的第一大法宝,是毛泽东同志提出来的。在实际斗争中,在中国民主革命时期和社会主义时期的几十年时间内,为建立、巩固和发展我们党所领导的革命统一战线作出最大贡献的,则是周恩来同志。周恩来同志不愧是我们党建立以来从事统一战线工作的第一个模范。他为我们党和中国革命事业,争取、团结和教育了一批又一批的党外朋友。他在国内和国外朋友的心目中,赢得了崇高的威望,为我们党增添了光彩。当我们党在斗争中发生失误和遭受挫折的时候,由于有周恩来同志的崇高形象,使许多朋友理解和原谅我们的许多失误,增强了对我们党的同情和信赖。周恩来同志一生对中国革命统一战线所作的巨大贡献,他所留下的光辉形象和精神力量是永存的。我们全党和一切做统战工作的同志,都应该努力以周恩来同志为榜样。

学习什么呢?

第一,要努力学习周恩来同志坚信无产阶级一定要解放全人类的远大眼光和革命气魄。

《共产党宣言》说过,无产者在革命中失去的只是锁链,而他们获得的将是整个世界。马克思说,无产阶级只有解放全人类,才能最后地解放自己。我们的周恩来同志,正是因为具有这种马克思主义的远大眼光和革命气魄,并且把这种眼光和气魄贯串到他所从事的一切实际工作包括统战工作中去,因而他在中国革命的艰难曲折的伟大斗争中,敢于到任何最危险、最艰苦、最复杂的地方去,坚定不移,临危不惧,从来没有丝毫的动摇和犹疑。也正因为周恩来同志具有远大眼光和革命气魄,所以他不但能够在任何复杂环境中,始终如一地保持崇高理想和清白节操;而且能够胸怀广阔,气度恢宏,站在解放全人类的高度,争取、团结和改造一切可以争取的人们,充分显示出伟大无产阶级革命家在思想上、政治上和道义上的精神威力。

第二,要努力学习周恩来同志平等待人的民主精神。

周恩来同志在任何强大的敌人面前,都是顶天立地的好汉,而在人民和人民的一切朋友面前,却从来没有任何架子。他总是平等待人,循循善诱,同朋友们商量问题,在切磋、商量当中提高对方,因而使人们在接受他的领导的时候不感觉到有丝毫的勉强。他深刻地懂得光凭领导地位并不能使人得到知识和经验,因而他总是面向群众,广泛结交朋友,并且通过同人民群众的经常的密切的联系,通过各种方式的坦率交谈,汲取群众智慧以提高自己,同时又热情地帮助朋友,激励人们前进。正因为这样,周恩来同志就能够避免思想的僵化,始终保持不断前进的活力,直到生命的最后一息。

第三,要努力学习周恩来同志见义勇为的革命风格。

周恩来同志不但在革命斗争中敢于承担最困难的任务,而且在革命队伍内部的是非问题上,也敢于主持公道。正确的东西,敢于坚持;自己错了,敢于自我批评;人家错了,敢于帮助人家;人家冤枉了,敢于仗义执言;自己所领导的范围出了问题,敢于承担责任,保护广大干部的积极性。这些都是见义勇为的革命风格的体现。当然,在"文化大革命"中,他自己讲过,也说了一点违心的话,但是我们全党同志都深深地理解,在那种极端复杂的特殊条件下周恩来同志为保护党和人民,做了何等可贵的贡献啊!

第四,要努力学习周恩来同志严于律己的高尚品德。

周恩来同志总是感到自己的不足,因而总是十分严格地要求自己。干到老,学到老,改造到老——这是他经常讲并且完全做到了的名言,确实应当成为我们全党同志的座右铭。他注重身教,身体力行,对自己身边工作的同志也从来都是严格要求的。他工作勤奋,夜以继日,多少年如一日,甚至身带重病也不稍松懈,他的这种精神,为全党同志、与党长期合作的知心朋友和全国人民所永志不忘,许多外国朋友也深为感动。

这里讲的几条,远不是我们应该向周恩来同志学习的全部内容。仅就统战工作方面说,确是非常丰富,够我们学习一辈子的了。

周恩来同志离开我们六年多了。他一生对统一战线工作的巨大贡献和他的精神、品德和风格,是永存的。全党同志和一切做统战工作的同志,都应该做他的学生。今天我们从事统战工作的同志,都是周恩来同志所参与开创和精心培植起来的党的统战事业的继承者。我们应当无愧于前人。在新的历史时期,满怀信心、埋头苦干地做好统战工作,保证我们的事业不断取得新的胜利。

**原商业部 粮食部 全国供销合作总社合并为商业部**

根据全国人大常委会的决定,原商业部、粮食部、全国供销合作总社已合并为商业部,并于今日起开始工作。

商业部作为国务院国内商业的职能部门,根据党中央、国务院关于国内商业的方针、政策,和以计划经济为主,市场调节为辅的原则,协调各种经济成分的商业活动,组织全国的商品流通,这样就使城乡市场有了统一的领导和统筹安排,保证了城乡流通渠道的畅通,能使商业工作更好地为工农业生产、为人民生活服务。

此次合并,精简了行政机构,调整和加强了管理商品的专业公司,逐步把行政和企业分开。计划、财会、物价、劳动工资等综合性行政管理机构由原来两部一社的39个减少为18个。原来负责经营棉麻、食品、油脂、百货、纺织等商品的17个专业局改为18个公司,统管城乡此类商品,并逐步向企业化过渡。机构精简以后,部长和副部长级干部减少了84%,司局级干部减少了45%。部级领导干部的平均年龄为56岁,司局级干部平均年龄为54岁。

**国务院副总理杨静仁在人民大会堂会见香港中华回教博爱社主席脱维善 香港中国回教协会主席白建中**

脱维善在谈到他的访华观感时说,中国的宗教生活恢复得很好,对此感到很高兴。

杨静仁说,民族平等、民族区域自治政策和宗教信仰自由政策,是我国的一贯政策。他希望香港的伊斯兰教人士多来内地看看。国务院宗教事务局代局长乔连升、副局长海明,中国伊斯兰教协会主任张杰、副主任沈遐熙,参加了会见。

**中华全国新闻工作者协会和朝鲜记者同盟友好合作协议在北京签字**

中华全国新闻工作者协会第一书记王揖和朝鲜记者同盟中央委员会常务副委员长朴灿根分别代表各自的新闻组织在协议上签字。

新华社社长、中华全国新闻工作者协会主席团执行主席曾涛,朝鲜驻中国大使全明洙出席了签字仪式。

**中南五省(区)在长沙举行党史资料征集工作会议**

3月15至20日,谭震林、王首道、萧克、袁任远、唐天际等老同志应邀出席了会议。长沙会议研究了如何适应新形势,更好地开展党史资料征集工作的问题,提出了全面规划,狠抓落实的方针。会议在许多老前辈革命家的关怀下,经过中央和地方有关部门的共同努力,取得了圆满的结果,对中南五省,甚至对全国的党史资料征集工作,都起到了促进作用。

长沙会议证明,由有关省、自治区、直辖市联合召开党史资料征集工作会议,有利于检查推动工作,交流经验,商讨和解决共同关心的问题,是发挥地方的主动性、积极性,做好党史资料征集工作的好形式。

**南方曲艺优秀节目观摩演出在苏州举行**

观摩演出从3月15日开始到27日结束。来自南方14个省、自治区、直辖市和解放军的代表队,一共带来了47个曲种的77个节目,分12台演出。

**我国选手在瑞典羽毛球公开锦标赛中分别获得女子单打 双打冠军**

中国选手在瑞典马尔默结束的瑞典羽毛球公开锦标赛中,吴迪西以2∶1胜吴健秋获得女子单打冠军。女子双打决赛中,徐蓉和吴健秋以2∶0胜吴迪西和林瑛获得冠军。

## 3月16日

**宪法修改委员会第二次全体会议在人民大会堂结束**

会议决定由宪法修改委员会秘书处根据这次会议讨论的意见,对《中华人民共和国宪法修改草案(讨论稿)》做进一步的修改。

宪法修改委员会副主任委员彭真主持会议。他说,宪法修改委员会第二次全体会议在3月9日至3月16日进行了分组讨论,委员们对宪法修改草案(讨论稿)逐条进行了讨论,提出了修改意见。五届全国人大常委会二十二次会议结束后,委员们座谈讨论了这个修改草案(讨论稿),也提出了不少修改意见。这期间,还收到了全国政协常务委员,中央和国家机关各部门负责人,各省、自治区、直辖市负责人提出的修改意见。宪法修改委员会认为,许多修改意见提得很好,拟在今后的修改过程中充分考虑和吸收。彭真说,宪法修改委员会委员都认为,秘书处拟出的宪法修改草案(讨论稿)可以作为修改的基础,由秘书处根据这次会议和各方面提出的意见进一步修改后,提交宪法修改委员会第三次全体会议讨论修改。

**国务院颁布《关于全国性专业公司管理体制的暂行规定》**

《规定》指出:全国性专业公司是企业的一种组织形式,是生产和经营的经济实体,不同于行政管理机构,不套用行政管理级别。

**国务院发出《合理化建议和技术改进奖励条例》**

**第一章 总 则**

第一条 为了鼓励职工积极提合理化建议,努力进行技术革新,促进国民经济的发展,加快社会主义现代化建设,制定本条例。

第二条 凡是职工(集体或个人)提出的有关改进生产的合理化建议或技术改进,经过实验研究和实际应用,使某一单位的生产或工作取得显著效益的,均按本条例给予奖励。

第三条 合理化建议和技术改进的内容包括以下各类:

(一)工业产品、建筑结构的改进和质量的提高,生物品种的改良和发展,以及发展新产品。

(二)工艺方法,试验、检验方法,栽培技术、植物保护技术,养殖技术,安全技术,医疗、卫生、劳动保护技术及物资储藏、养护、运输技术等的改进。

(三)工具、设备、仪器、装置的改进。

(四)更有效地利用原料、材料、燃料、动力、设备及自然条件的技术措施。

(五)设计、统计、计算技术及其他技术的改进。

第四条 本条例适用于全民所有制的企、事业单位。非全民所有制单位可参照本条例执行。

**第二章 奖 励**

第五条 合理化建议和技术改进的奖励,应当贯彻精神鼓励与物质鼓励相结合,以精神鼓励为主的原则。对合理化建议或技术改进作出贡献者,给予表扬,发给奖状和奖金。

第六条 被采用的合理化建议或技术改进的奖励,按年经济效果大小分为四等:

| 奖励等级 | 年经济效果 | 奖金 | 荣誉奖 |
|---|---|---|---|
| 一 | 100万元以上 | 1000元至2000元 | 奖状 |
| 二 | 10万元以上 | 500元至1000元 | 奖状 |
| 三 | 1万元以上 | 200元至500元 | 奖状 |
| 四 | 不满1万元 | 200元以下 | 表扬 |

被采用的合理化建议或技术改进的年经济效果,从采用时起,按一年的经济效果计算。

第七条 对改善劳动条件、保证安全生产、消除公害污染等不能直接以经济效果计算的合理化建议或技术改进,按其作用意义大小评定奖励等级。

第八条 集体完成项目的奖金,按贡献大小合理分配。

第九条 奖励的审批权限:合理化建议和技术改进的奖励,由采用单位审查批准,报上级主管部门备案。

第十条 奖金由采用单位支付。生产单位支付的奖金计入生产成本费,非生产单位支付的奖金在事业费中列报。

**第三章　审查和处理**

第十一条　企、事业单位应有相应的机构或人员负责合理化建议和技术改进的审查、实施、奖励等工作。建议人和审查单位之间发生争议时,可提请上级主管部门处理。

第十二条　重大的和本单位无法处理的合理化建议或技术改进,应报请上级主管部门处理。采用后由采用单位给予奖励。

第十三条　合理化建议和技术改进必须经过试验或鉴定,成功之后才能采用。

第十四条　对弄虚作假骗取荣誉的,要进行批评教育,并扣回已发的奖金,情节严重的,还要给以纪律处分。

**第四章　附　则**

第十五条　本条例由国家经济委员会负责解释。

第十六条　各省、自治区、直辖市人民政府和国务院各部门可根据本条例,结合具体情况,制定实施细则。

第十七条　本条例自发布之日起施行。1963年发布的《技术改进奖励条例》同时废止。

**外经贸部部长陈慕华在北京参加中外记者招待会**

陈慕华宣布,新组建的对外经济贸易部将继续执行我国的对外开放政策,根据统一政策、统一计划、统一对外的原则进一步发展同外国的经济贸易关系。

她说,对外经济贸易部是根据人大常委会的决定,由原国家进出口管理委员会、对外贸易部、对外经济联络部和国家外资管理委员会合并组成的。它将担负起原两委、两部的任务,统一领导和管理我国对外贸易和经济合作等工作。过去,对外经济活动由四个部门分头管理,机构有重叠之处。如原进出口委、外贸部、外经部都分别设有对世界不同地区进行经济活动的机构,加多了人员配备,工作中也有重复交叉现象。把两委、两部合并,既有利于精简机构和人员,也有利于更有效率地贯彻党和国家关于发展对外贸易和经济合作的方针政策。

陈慕华部长说,对外经济贸易部的主要任务是:贯彻执行党中央、国务院关于发展对外经济贸易的方针、政策,广泛开展各种形式的国际经济活动,大力发展对外贸易,做好对第三世界国家的经济技术援助和合作,积极利用外资,引进适用的先进技术,开展对外承包工程和劳务合作。

陈慕华说,对外经济贸易部确定设置20个机构,比原来的40个减少一半。干部比原来减少了33%。根据领导班子要精干,要逐步实现革命化、年轻化、知识化、专业化的精神,配备正副部长5人,部长代表3人,部领导的平均年龄由61岁降到58岁。配备正副局长61人,比原来减少56%,平均年龄为54岁,比原来降低5岁。这些领导干部中具有大专学校文化水平的占65%。

陈慕华说:“随着建设事业的进展,我国同外国经济合作的规模将逐步扩大,合作领域也要广泛得多。贸易额预期将以大于国民经济增长的速度发展,利用外资、引进适用先进技术也有广阔的前景。”她说:“机构改革后,我们将努力使工作作风和工作效率有较大的改进和提高。”

**中国垒协致电国际垒联秘书长波特强烈抗议利用“邀请电”制造“两个中国”**

中国垒球协会致电国际垒球联合会秘书长波特,就中国台北垒球协会3月13日从美国洛杉矶发出的第五届世界女子垒球锦标赛“邀请电”中竟然把举办地点中国台北称为“中华民国”一事提出强烈抗议,坚决要求国际垒联立即宣布此“邀请电”作废。

中国垒协的电报全文如下:

致国际垒联秘书长波特先生:

1. 我会曾四次打电报给你,阐明我们的立场,即:中国台北垒球协会举办第五届世界女子垒球锦标赛时必须严格遵守国际垒联关于该协会的决议。你在来电中一再保证在这次锦标赛的所有文件等材料中将只用中国台北垒球协会的名称和徽记。但是在中国台北垒球协会3月13日发给国际垒联各会员协会的邀请电中,竟然说这届锦标赛将在“中华民国”台湾台北举行。人们注意到,这一邀请电是在国际垒联同台北垒协长时间协商后发出的。这是明目张胆的制造“两个中国”。对此我会表示强烈抗议。

2. 你在3月14日来电中说,邀请电提到“中华民国”,是“组织委员会的疏忽”造成的,要我们“不予置理”,这纯属欺人之谈。这不是什么“疏忽”,而是精心策划的。对于这样的政治阴谋,难道能够“不予置理”吗?为了维护国际垒联关于中国台北垒协的决议,我们坚决要求国际垒联立即宣布中国台北垒球协会3月13日的邀请电作废。

中华人民共和国垒球协会<br>1982年3月16日

**外交部部长黄华在北京会见联合国副秘书长拉菲丁·艾哈迈德一行**

双方就当前的国际形势、特别是东南亚地区的局势,交换了意见。

黄华说,目前威胁世界和平的两个热点仍然是阿富汗问题和柬埔寨问题。苏联、越南正在玩弄偷梁换柱的手法,企图掩盖它们的侵略扩张行径。为了维护世界和平与安全,联合国应该继续动员各方面的力量,制止它们违反联合国宪章的露骨侵略,反对任何牺牲阿富汗人民、柬埔寨人民独立和主权谋求同苏联、越南妥协的企图。这种企图实际上帮了侵略者的忙。黄华重申了中国政府支持柬埔寨各个爱国力量联合抗越斗争的立场。

艾哈迈德说,他很高兴向中国政府介绍他访问东盟5国首都和越南、老挝首都的情况。他转达了联合国秘书长佩雷斯·德奎利亚尔对赵紫阳总理和黄华副总理的问候。

**国务院副总理谷牧在人民大会堂会见由董事长弗里德里希斯率领的联邦德国德累斯登银行代表团**

**中国和叙利亚在大马士革签署一项长期贸易协定和一项新的支付议定书**

中国驻叙利亚大使陆维钊和叙利亚经济和外贸部副部长奥马尔·加姆勒分别代表两国政府在协定和议定书上签字。

协定规定,双方给对方提供优惠待遇,协定有效期5年,在到期前3个月,经双方同意,协定可继续延长。

议定书规定,两国之间的贸易采用可兑换的货币来支付,废除两国1963年2月签署的记账支付方式。

**中国佛教协会会长赵朴初在东京被日本佛教传道协会授予传道功劳奖**

授奖仪式由佛教传道协会会长沼田惠范主持。

协会理事长宫本正尊在授奖时致辞,赞扬赵朴初为日中友好和佛教交流作出了重大贡献,还赞扬他在书法和诗词方面的成就。

**1981年《儿童文学》作品评选揭晓在北京举行授奖大会**

团中央书记高占祥和儿童文学老作家严文井、陈模、金近等到会向获奖者表示祝贺。

总计35篇作品获奖,其中有小说12篇,童话6篇,散文报告文学5篇,诗歌7首。此外,还有美术作品5篇。这些作品是:

《新星女队一号》(庄之明)、《一扇敞开的窗》(杨福庆)、《雀儿妈妈和它的孩子》(邱勋)、《一个刀枪不入的孩子》(王路遥)、《新伙伴》(贺晓彤)、《两道杠》(谷应)、《熄灭》(刘心武)、《SEE YOU》(程玮)、《对门儿》(单虹)、《桂花酒》(刘叶超)、《小十五儿》(卢振中)、《南冠草》(钱世明);《小狗的小房子》(孙幼军)、《脏话收购站》(郑渊洁)、《小鹿》(鲁曼曼)、《双花城》(刘庭华)、《丁丁和包包》(郭明志)、《灰灰和花斑皇后》(路玉、葛冰);《支柱》(郭兰燕)、《知春鸟》(杨羽仪)、《播撒欢乐的人》(黄祖培)、《金竹筐》(乔传藻)、《少年达尔文》(董仁威);《鸟儿的来信》(金波)、《彩色的童年》(瞿琮)、《写给中国女排的大姐姐》(陈满平)、《小马虎的"遗失广告"》(刘秀山)、《我对哥哥说》(刘炳钧)、《小玲玲的诗》(管用和)、《小草的歌》(许洁);《山丹丹(封面)》(刘文西)、《小花朵朵(封三)》(吴强年)、《小狗的小房子(插图)》(吴文渊)、《小十五儿(插图)》(王帷震)、《雀儿妈妈和它的孩子(插图)》(王金泰)。

高占祥在讲话中说,好的文学作品是吸引孩子们健康向上的阶梯,坏的作品是引诱孩子堕落向下的滑梯,一定要为孩子们写出更多的好作品,把美好的精神文明的种子播撒在孩子们的心田里。

## 3月17日

**《人民日报》发表评论员文章《支持先进人物打击歪风邪气》**

全国劳动模范、五届人大代表、天津市商业战线的著名人物张士珍,不愧为反贪污盗窃活动的勇士。但是,她不仅没有得到有力的支持,反而遭到各方面的讽刺和嘲弄;由她倡议和领导的防止贪污盗窃活动试点小组被撤销了;她在本单位的工作中遭受的非难接踵而来……这是一个值得深思的问题。

造成这种反常情况的原因之一,是经过十年动乱,一些领导干部的革命意志消磨了,养成了一种做"老好人",当"好好先生"的毛病。个别革命意志衰退的人,只关心自己的小天地,热衷于为自己的儿女安排工作和住房,将党和人民的利益置之脑后,在是非面前含含糊糊,丧失了向坏人坏事作斗争的勇气。这样的领导干部,如果不及时猛省,振作起来,怎能给予先进模范人物以应有的支持呢?

有的领导干部公然违反财经纪律,与贪污活动有牵连,本身就不干净,因此害怕"拔出萝卜带出泥"来,这是有些部门反贪污斗争不力的原因。这样的领导干部当权,如果不把自己的手脚洗干净,怎能支持先进人物反贪污盗窃的斗争?

张士珍同志需要得到支持,各个地区和部门的先进模范人物需要得到支持。如果任凭先进人物被孤立、受打击,那么,任何工作,例如这里说的商业部门的反贪污盗窃斗争,都是不可能搞好的。商业部门在开展精神文明活动中,要教育和引导人们向先进人物学习,批判"近水楼台先得月","久在河边站,哪能不湿鞋"等错误论调,改进经营管理,健全规章制度,堵塞各种漏洞。

好的风气要依靠全社会的力量来培养,坏的风气要依靠全社会的力量来扫除。在同歪风邪气斗争中,共产党员应当站在支持先进分子的前列。

**茅以升被美国全国工程科学院选为国外院士**

**全国古籍整理出版规划会议在北京召开**

会议于 3 月 17 日至 24 日召开。会议主要讨论 1982 年至 1990 年古籍整理出版规划。规划草案提出,在今后 9 年中将要整理出版各类古籍 2600 多种。

国务院古籍整理出版规划小组组长李一氓在会上讲了话。他说,古籍是中国文明的历史标志。普及中国文学知识、中国历史知识、中国哲学知识,会加强各民族的团结和发扬爱国主义精神。

李一氓在阐述了整理古籍的方法后说,在整理古籍中,还必须提倡在文、史、哲各方面,多做些通论性的、或专题性的学术工作。他强调要用马克思主义的立场、观点从事学术研究。

李一氓指出,不断培养新生力量,这是我们的事业能够继续和发展的关键所在。他说,我们希望从现在开始逐渐充实古籍整理工作队伍,并建议在下半年开一次中青年古典文史哲学者的会议。

李一氓还提出,把敦煌文物文献资料的整理出版,纳入这次全国古籍整理出版规划之中。

这次会议,是古籍整理出版规划小组恢复成立以来召开的第一次规划会议。80 多位学识渊博的老学者、老专家、老教授、老编辑,怀着造福后代的宏愿前来参加了会议。

**国家体委在北京举行围棋段位证书颁发仪式**

聂卫平、陈祖德、吴淞笙等取得首批高段位证书。

**中英风湿病学讨论会在北京结束**

会议于 3 月 17 日至 19 日召开,由中华医学会内科学会和英国普施公司医务部联合召开。

我国 6 位风湿病学专家和英国 6 位风湿病学专家分别作了有关方面的学术报告。

英国专家在交流的 10 篇学术报告中,着重介绍了他们在风湿病临床中诊断和治疗的经验、关节炎病的发病机理,以及普施公司研制的治疗关节炎药布洛芬的药理作用等。

会议期间,双方代表还到首都医院对 6 例疑难的风湿病的鉴别诊断和治疗进行了讨论。

参加这次讨论会的,有我方代表团 9 人,英方代表团 7 人。从全国各地前来参加 20 日即将召开的全国风湿病学学术会议的 110 名代表,也到会听取了学术报告。

## 3 月 18 日

**由轻工业部工艺美术公司经营的中国工艺美术品对外展销部在北京全国农业展览馆内正式营业**

展销部经销全国各地生产的雕刻、陶瓷、金银制品、抽纱、刺绣、编结、绘画、地毯、红木家具等各类工艺美术品。其中有著名工艺美术家的精心杰作,也有民间艺人制作的有浓厚地方和民族特色的产品。

**中国向联合国纳米比亚基金和联合国南非信托基金分别赠款两万美元**

捐款作为 1982 年中国对这两笔基金的资助。中国代理常驻联合国代表梁子藩将这两笔赠款的支票交给联合国秘书长佩雷斯·德奎利亚尔,并重申中国支持纳米比亚人民和南非人民为争取民族独立和民族解放所进行的正义斗争。

**中国和古巴在哈瓦那签署 1982 年贸易议定书**

这项议定书是由中国政府的代表卢绪章与古巴外贸部副部长何塞·德拉富恩特签署的。

**亚通组织技术小组会议在北京召开**

3 月 18 日至 22 日,亚洲—太平洋通讯社组织(简称亚通组织)技术小组会议在北京召开。

技术小组会议着重讨论了亚洲各国通讯社之间交换新闻的情况,并解决了一些技术性的问题。在闭幕会议上,各国代表强调指出,这次会议是富有成果的。他们认为,亚洲各国之间加强新闻交流对增进相互之间的了解和友谊具有重要意义,并将为建立世界新闻新秩序作出贡献。

亚通组织主席艾哈迈德·穆斯塔法·哈桑,亚太地区交流监督小组主席林良实和技术小组成员印度尼西亚安塔拉通讯社等 5 个通讯社代表,拜访了新华社。曾涛社长在会见中祝贺技术小组会议的成功,并祝愿新华社和亚太地区各国通讯社之间的关系日益发展。

**中国佛教协会会长赵朴初被授予日本京都佛教大学名誉博士学位**

## 3 月 19 日

**国际石油工程会议在北京开幕**

会议是由中国石油学会石油工程学会和石油工程师学会共同发起召开的。

会议两主席之一、美国壳牌石油公司生产部副总裁唐奈德·拉赛尔主持了开幕式,会议的另一位主席、中国石油学会石油工程学会理事长谭文彬致开幕词。

石油工业部副部长、中国石油学会副理事长闵豫,石油工程师学会主席克莱德·巴顿在开幕式上讲话。

**中国和毛里塔尼亚在努瓦克肖特重新签署一项关于中国向毛里塔尼亚派遣医疗队的议定书**

毛里塔尼亚卫生和社会事务部部长优素福·迪亚加纳和中国驻毛里塔尼亚大使赵源分别代表两国政府在议定书上签字。

根据议定书,中国将派遣由24人组成的医疗队,前往毛里塔尼亚的基法和塞利巴比医院工作。

**中国选手在第三十届丹麦羽毛球公开锦标赛中获得2项冠军**

中国羽毛球运动员在丹麦哥本哈根举行的第三十届丹麦羽毛球公开锦标赛中,吴健秋获得女子单打的冠军,林瑛和吴迪西获得女子双打的冠军。

## 3月20日

**国家3年用于改善人民生活资金1400多亿元**

据财政部初步统计,从1979到1981的3年间,国家用于增加城乡人民收入和改善人民生活的资金已达1400多亿元,占这3年国家财政收入的31%,比例之大是新中国成立以来不曾有过的。

这是党的十一届三中全会以来,调整国民经济的比例关系,改变过去国家资金用于积累过多,用于消费过少的状况所取得的巨大成果。

用于改善人民生活的这1400多亿元资金,包括以下几个方面:

一、提高农副产品收购牌价和超购加价幅度,442亿元;

二、减轻农村部分税收负担,78亿元;

三、增加职工工资和实行奖励制度,300亿元;

四、城镇陆续安排就业2600万人,这部分职工工资为105亿元;

五、农用柴油、农业用电、民用煤和肉、蛋、禽以及进口粮、棉、糖、化肥、农药等价格补贴341亿元;

六、城镇职工住宅竣工面积2.2亿平方米,同前三年比较共增加1.3亿平方米,增加开支152亿元(其中由国家财政预算开支部分为50亿元);

七、大中城市从工商企业利润中提取5%的资金用于城市公用设施的维护和建设,28亿元。

以上七项,有的是农民受益,有的是城镇职工和居民受益。

**国务院副总理陈慕华在中南海紫光阁会见日本亚洲交流协会理事长北村博昭**

**国务院副总理谷牧在北京会见日中经济协会常任顾问冈崎嘉平太一行**

**教育部发出《全日制五年制小学音乐教学大纲(试行草案)》并发出通知**

大纲在全国试行,并为此向各省、自治区、直辖市教育厅(局)发了通知。

通知指出,音乐教育是进行美育,贯彻全面发展方针的重要组成部分。根据少年儿童的年龄特征,在小学阶段加强音乐教育尤为重要。

通知要求各地教育部门要加强对音乐教育的领导,切实抓好音乐教师的培训、提高工作,注意总结经验,发现问题,及时研究解决。

通知说,《全日制五年制小学音乐教学大纲(试行草案)》为指导性教学大纲,各地可以根据本地区情况和需要做适当调整,逐步达到大纲的要求。

《全日制五年制小学音乐教学大纲(试行草案)》共分五个部分:一、目的任务;二、内容与方法;三、学业考查;四、课外活动;五、教学设备;最后,还附有对各年级的具体教学要求。

**电影公司将采取4条措施积极开展农村科教片放映工作**

据《人民日报》报道,广大农村推行生产责任制以来,出现"科学技术争着学,科学广播争着听,科学电影争着看,科技人员争着请"的可喜局面。1980年以来,全国每年有40亿人次看科教、新闻片。为了做好科教片发行放映工作,电影发行公司准备采取4条措施:一、选择好节目,紧密配合农业生产。发行放映农业科教片,做到因地制宜,对口对路。除了农业知识外,还要多放些多种经营、卫生、防治病虫害的影片。二、供应好拷贝。在充分使用好现有的几十万个拷贝的同时,根据各地需要加印拷贝,尽早安排洗印、供应。三、扩大宣传。选择一批适合农村放映的科教片,编印成目录,分发到各县、各公社、各生产大队,供各地选映、选租、选购。对影片中介绍的技术措施、药剂配方、化肥和农药使用办法、其他专有名词等,将与科教片厂配合,印成说明书,随科教片放映时散发。四、降低片租。电影队或集镇电影院在放故事片时加映科教片,或组织专场放映。

**曹大元在东京举行的第四届世界业余围棋锦标赛中获得冠军**

**中南体育合作和技术交流计划在北京签字**

国家体委副主任路金栋和南斯拉夫驻中国大使奥斯托依奇在北京签署了中华人民共和国体育运动委员会和南斯拉夫社会主义联邦共和国体育联合会1982年体育合作和技术交流计划。

根据这项计划,今年两国将派出田径、柔道、篮球、排球、游泳、跳水和国际象棋等项目的运动队进行互访,并在手球和水球项目方面进行技术合作。

## 3月21日

**中组部有关负责同志就农村实行生产责任制后如何加强党的基层组织建设问题发表谈话**

中组部有关负责同志指出,目前,全国农村已有90%以上的生产队建立了不同形式的生产责任制,许多地方党的基层组织加强了对这项工作的领导,作出了很大成绩。但由于实行农业生产责任制是一场深刻而复杂的变革,加上上级领导机关对这项工作的具体帮助指导不够,有些党的基层组织在思想、工作作风等方面一时不能适应,出现了一些基层组织涣散,甚至瘫痪、半瘫痪状态。因此,进一步加强党的农村基层组织建设是摆在各级党委面前的一项十分重要而迫切的任务。

中组部有关负责同志说:农村实行各种形式的生产责任制以后,过去那种催种催收一类的事情确实少了,但是党的基层组织的领导责任并没有减轻。当前党的基层组织的主要任务是,认真宣传和贯彻执行党的方针、政策和指示,及时解决实行生产责任制过程中出现的新问题,不断完善农业生产责任制,教育群众正确处理国家、集体、个人三者利益的关系。

为了完成上述任务,就需要共产党员在各方面起模范带头作用,向不良倾向作斗争。

中组部负责同志指出,为了更好地发挥党员的模范带头作用,凡是大事都要坚持先党内后党外的原则。要建立党员联系群众的制度,听取群众的意见和要求;在支部工作中要开展创先进党支部,争做优秀党员的活动;还要严格党的组织生活,开展批评和自我批评,对消极落后、违法乱纪的党员要进行帮助教育,直至给予必要的党纪处分。

中组部负责同志说,加强基层组织建设,就必须要求党的基层组织改进领导方法和工作作风。

实行党政分工,发挥管委会的职能作用。要敢抓敢管,克服涣散软弱状态。要把思想政治工作做到生产中去,做到每家每户去。要坚持疏导的方法,摆事实,讲道理,耐心地进行说服教育。基层组织的活动,要从实际出发,讲究实效。要根据本地区实行的生产责任制形式,确定活动方式。注意发挥党小组的作用。支委、党员要以身作则,作出样子。要求社员做到的,支委、党员首先做到,要求社员不做的,支委、党员坚持不做。

最后,中组部负责同志强调指出,各级党委和组织部门一定要加强对党的农村基层组织建设的领导,要把党的基层组织建设工作列入议事日程,党委要有一名副书记,组织部要有一名副部长分管党的基层组织工作。抓紧配好各级党委做组织工作的干部。地、县委要大力培训基层干部,要办好地、县委党校。

各级党委和组织部门的主要领导同志,每年都要深入基层,调查研究。省、地、县委每年要召开一次党的基层组织工作会议。县以下党委每个成员还要联系几个党支部,以点带面,把工作作出成效。对一部分处于瘫痪、半瘫痪状态的党支部,要派人帮助整顿,切实地把后进支部的问题解决好。

**国务院副总理康世恩在北京会见挪威石油能源部国务秘书汉斯·亨里克·拉姆一行**

康世恩对中挪两国在工业、科技方面尤其在能源方面的合作表示满意。他说,随着中国海上石油开采工作的发展,中挪之间有许多事情可以进行合作。

**全国首届中学生评选"我所喜欢的十本书"揭晓大会在太原举行**

评选出的十本书是:《红岩》(作者罗广斌、杨益言),《青春万岁》(作者王蒙),《许茂和他的女儿们》(作者周克芹),《李自成》(作者姚雪垠),《新一代最可爱的人》(作者理由等),《科学发现纵横谈》(作者王梓坤),《爱国与信仰》(作者华罗庚等),《青年修养十二讲》(共青团中央宣传部编),《写作一百例》(上海教育出版社编)和《语文基础知识》(湖北教育学院编)。

由山西师范学院发起的这项评书活动,得到了中共中央宣传部、教育部和共青团中央的支持和指导。中共山西省委专门就如何搞好这次活动进行了研究。

## 3月22日

**全国政协副主席王首道 萧克 中顾委委员袁任远唐天际等同志在湖南长沙参加义务植树**

正在湖南省视察工作的王首道、萧克、袁任远、唐天际等同志和当地干部、群众一起在长沙南郊的天际岭林场参加义务植树活动。王首道等同志很关心湖南建设事业的发展,他们说,十年树木,百年树人。我们都是上了年纪的湖南人,希望家乡把林业生产搞得更好,为子孙后代造福。唐天际同志兴致勃勃地为林场挥笔题字:"山清水秀,万物皆春。"湖南省和长沙市的党、政领导同志孙国治、刘夫生、王治国、董志文等以及省直机关的干部和林业工作者也一起参加植树活动。

**国务院批转财政部《关于清查偷漏欠税情况和加强税收工作的报告》并发出通知**

通知要求,各级人民政府切实加强对税收工作的领导,强化税收在国民经济中的杠杆作用,进一步健全和加强税务机构,支持税务部门做好工作。

通知指出,各地区、各部门都不得超越权限擅自决定减免税收。凡属全国统一规定的税收法令,都要严格执行。所有纳税单位和个人,都必须自觉地履行纳税义务。拖欠税款屡催不交的,除按规定通知银行扣交外,还要追究有关人员的责任。各级税务机关一定要秉公执法,坚决克服管理偏松,监督不力的状态。要积极促进生产,大力组织收入,为平衡国家财政预算作出贡献。

财政部向国务院的报告中说,自 1981 年 5 月在全国范围内开展清查偷漏欠税工作以来,在各级党政领导重视和有关部门的支持下,取得了很大成效,全国共查出偷漏欠税 13 亿多元,并依法处理了一些重大的偷税抗税案件。这对严肃税收法纪,增加财政收入,平衡 1981 年国家财政收支,缩小财政赤字,起了重要作用。

报告说,从这次查出的问题看,企业偷税漏税相当普遍。无论是国营企业,还是集体企业,偷税漏税的面都相当大。有些企业是由于对税法规定不熟悉,财务制度不健全,发生了错交漏交。但确有不少企业是有意偷税漏税,手法多种多样。特别是有的企业偷税漏税,还得到上级机关某些领导人的支持。税务部门也存在征管不严、监督不力的问题。一些行之有效的制度,没有很好坚持。税务机构不健全,干部力量不足,该查的没有查,该管的没有管。

财政部在报告中对于如何加强税收工作,提出了五点意见:

(一)各级人民政府进一步加强对税收工作的领导。要经常检查税收政策的执行情况,透过税收工作了解企业在经营管理上存在的问题,督促有关部门和企业改进经营管理。要支持税务干部执行税法,使他们理直气壮地抓收入,抓管理,同经济领域里的不正之风作斗争。

(二)要加强税收法制。现在税收法制还不够健全,要抓紧做好立法工作。现行税法中某些不合理、不完备的地方,要及时加以修订。同时,还要加强税收宣传和纳税辅导工作,讲清政策精神和具体规定,做到家喻户晓,自觉地履行纳税义务。要严格按照国务院的规定办事,保证应交纳的税款及时交入国库。企业单位发生的偷漏欠税行为,应该按照税法规定处理。偷税抗税情节严重或殴打税务干部、围攻税务机关的,要追究刑事责任。

(三)要严格税收的集中统一管理。现行税收管理体制,对各级税收管理权限,都有明确规定。属于哪一级的权限,就应该由哪一级办理,不能把权限层层下放,也不能超越权限,擅自处理税收负担问题。凡不符合税收管理权限规定的,都要切实纠正过来。

(四)要把依法纳税作为企业整顿的一项重要内容。不论国营企业或集体企业都应模范地遵守国家的税收政策与法令,及时地足额地交纳税款,决不能片面追求本单位的利益,挤税增利,扩大留成,搞歪门邪道。更不能用偷税漏税的手法,化大公为小公,侵犯国家利益。

(五)健全税务机构,提高干部的政策业务水平。

**全国淡水渔业工作会议在北京召开**

会议是新中国成立以来第一次全国淡水渔业工作会议。会议代表讨论了党中央、国务院领导同志关于发展渔业的指示,大家认为我国发展淡水渔业的客观条件和主观条件是好的。代表们算了一笔账:全国 3 亿亩水面,目前可以养殖的有 7500 万亩。其中池塘 1600 多万亩,加上经过改造后可以养殖的和国家计划建设的商品鱼基地各 200 万亩,共达 2000 万亩左右。这类小水面养鱼,平均亩产提高到 300 斤是可以办到的。仅此一项可年产 300 万吨。湖泊、水库、河沟的可养殖面积约有 5000 多万亩,亩产 40 斤,就是 100 万吨。近几年新发展的社员家庭养鱼,正在恢复的稻田养鱼,如果搞得好,产量也是可观的。还有 2 亿多亩水面,每年也能捕捞四五十万吨鱼。以上几项加起来,淡水鱼年产量就可达到四五百万吨。代表们还指出,80 年代初淡水渔业的发展有了一个较好的开端。但是,由于淡水渔业长期没有摆上位置,基础差、起步晚,80 年代末年产量达到 400 万吨以上,年递增率要达到 15%,决不是轻而易举的。除了要有正确的方针、政策,还要有得力的措施,要动员各方面的力量,充分利用各种水面,实行以养为主,养殖、增殖、种植、捕捞相结合的方针。要发挥国营渔场、水库和农场渔业生产单位的骨干、示范作用,重点发展社队渔业,鼓励社员家庭和机关、部队、企事业单位开展副业养鱼,要继续抓紧商品鱼基地的建设,城市本身也要抓好城郊养鱼,做到国营、集体和个人一起上。

这次会议是经国务院批准,由国家农委主持召开的。

**葛洲坝二期工程全面展开**

建设者们提出了新的战斗口号:“用新思想、新作风、新工艺、新水平,创建第二期全优工程。”

目前,数万名葛洲坝建设者已把主要力量投入到宏伟的第二期工程建设中去。大江基坑安全施工的屏障——大江上、下游围堰,已于3月上旬全部完工。围堰内1000万立方米的积水已全部抽干。亘古奔流的长江主河道在这里第一次展露出布满灰白色卵石的河床面貌。面积达90万平方米的大江基坑内,钻机轰鸣,炮声震天,数百台电铲、装载机、推土机和载重卡车日夜作业,大面积的土石方基础开挖已全面展开,有的部位挖到了河床底下30米的深处。整个施工现场,呈现一派紧张繁忙、热气腾腾的景象。

为了保护和发展鲟鱼资源,将在葛洲坝二期工程大坝下游为将来建设的过鱼建筑物预留位置。

**中国民航广州直升机服务公司在广州成立**

该公司是根据中国经济调整的要求和石油招标工作的需要,经中国民航总局批准的具有法人实体的企业性公司。它全面负责为勘探、开采中国南海石油的中外企业提供直升机服务飞行的业务。

**外交部部长黄华在人民大会堂设宴欢迎巴西外长拉米罗·萨赖瓦·格雷罗**

黄华说,格雷罗作为第一位巴西外长来中国访问,这标志着中巴两国友好关系进一步发展。他热情赞扬巴西人民近十年来善于吸取他国先进的技术和经验,充分开发和利用本国资源,在经济建设中取得了举世瞩目的发展。

黄华说:“在国际政治舞台上,巴西主持正义,维护联合国宪章和国际关系准则,保卫地区安全和世界和平,积极主张建立公正、合理的国际经济新秩序,赢得了各国人民的尊敬。”

黄华说,中巴建交以来,两国人民的了解和友谊不断加深,可以断言,今后两国在许多方面互相学习,互补短长,进行交流和合作的前景是十分广阔的。

格雷罗说:“我们对两国关系的未来感到乐观并充满信心。我们相信对话和合作是国家之间共存的有效形式。”他说,中国和巴西作为发展中的大国都认识到在现代化和为民造福的道路上面临的挑战是艰巨的。“我们不仅应加强双边交流并使之多样化,也需要加强同其他发展中国家的交往。总之,我们还应像前不久的坎昆会议一样,共同捍卫那些为发展和幸福而斗争的国家和人民的利益和愿望。”

**中国和菲律宾在马尼拉签订中菲文化协定的1982—1983年执行计划。**

中国对外文委副主任姚仲明和菲律宾外交部部长罗慕洛代表各自政府在执行计划上签了字。根据这项计划,两国在1982—1983年将派出20个艺术家、作家、学者、运动员和教练代表团进行互访,并举行艺术展览会。

**上海天主教区和爱国会就罗马教皇恶意诽谤中国召开联席会议**

会议坚决支持中国天主教教务委员会负责人杨高坚3月19日就罗马教皇“为中国教难祈祷”发表的声明,抗议罗马教皇约翰—保罗二世对我国教会的恶意诽谤。

天主教上海教区主教,中国天主教主教团团长,上海市天主教爱国会主任张家树主教主持了会议。

与会的200多位神职人员和教徒代表义正词严地谴责了约翰—保罗二世敌视我国的行径。他们指出,正当我国广大天主教友满怀喜悦心情过正常宗教生活并和全体人民一起为振兴中华而团结奋斗的时候,约翰—保罗二世竟然不顾现实,污蔑我国有什么“教难”,甚至诬称“中国天主教教友正在经历着基督徒早期的遭遇”,这显然是妄证,是恶意诽谤。

**1981年全国优秀短篇小说发奖大会在北京举行**

周扬、贺敬之、张光年、沙汀、冯牧、李英敏、赵寻、唐弢、严文井、朱子奇、魏巍、孔罗荪、草明、张僖、刘剑青等首都文艺界人士500多人出席了发奖大会。

中国作协书记处常务书记、《人民文学》副主编葛洛在大会上致祝词。他说,对过去一年的文学创作,群众普遍认为,成绩很大,但还不够使人感到满足。能够震撼人心的作品不够多,强烈感染人的作品也不够多。葛洛说,我们要进一步发展文学创作,进一步提高创作的质量,就必须沿着革命现实主义的康庄大道继续前进。不是回避而是勇于揭示现实生活中的矛盾冲突,努力塑造社会主义新人的形象,并且在艺术上下功夫,努力创新,充分发挥社会主义文学的战斗威力。他希望作家们进一步学习和领会毛泽东同志《在延安文艺座谈会上的讲话》的基本精神,努力做到和当前的伟大时代相结合,深入到群众中去,紧握手中笔,为“四化”大业,为建设社会主义精神文明作出应有的贡献。

周扬、丁玲、张光年向获奖者颁发了奖金和获奖证书。

《内当家》作者王润滋代表获奖者在大会上发言。

最后,丁玲在大会上讲话。她结合自己长时期的创作实践,殷切希望作家,特别是青年作家加强自己的马克思主义的学习和艺术修养,要以一个普通人的身份到人民群众中去,和人民群众交朋友,同人民群众同呼吸,共命运。

这些获奖作品是:王润滋的《内当家》(《人民文学》第三期),赵本夫的《卖驴》(《钟山》第二期),乌热尔图的《一个猎人的恳求》(《民族文学》第五期),陈建功的《飘逝的花头巾》(《北京文学》第六期),简嘉的《女炊事班长》(《青春》第八期),达理的《路障》(《海燕》第十期),刘厚明的《黑箭》(《人民文学》第五期),迟松年的《普通老百姓》(《鸭绿江》第二期),周克芹的《山月不知心里事》(《四川文学》第八期),舒群的《少年 chen 女》(《人民文学》第四期),汪曾祺的《大淖记事》(《北京文学》第四期),林斤澜的《头像》(《北京文学》第七期),刘绍棠的《蛾眉》(《长春》第一期),张一弓的《黑娃照相》(《上海文学》第七期),古华的《爬满青藤的木屋》(《十月》第二期),韩少功的《飞过蓝天》(《中国青年》第十三期),王安忆的《本次列车终点》(《上海文学》第十期),航鹰的《金鹿儿》(《新港》第四期),鲁南的《拜年》(《山东文学》第八期),王振武的《最后一篓春茶》(《芳草》第三期)。

**广州筹建中国第一个眼库**

中国第一个眼库在广州中山医学院眼科医院筹备就绪,为对更多盲人施行复明手术创造条件。

为支持眼库的建设,在今年 1 月举行的全国防盲治盲学术会议上,100 多名眼科专家签名倡议,志愿死后献出眼球。此后,有 40 多名医生、教师、干部、工人响应倡议,其中有广州市副市长罗培元、陈安良等。

**中国第一个病历自动传送系统通过鉴定**

此系统在北京医学院第一附属医院经过 10 个月试运行后,最近通过了有关部门的技术鉴定。

这套光电认址式病历自动传送装置是由第一机械工业部自动化研究所研制的,传送距离为 62.85 米,自去年 4 月在医院投入使用以来,平均每日传送病历 150 多车。

**中国人口学会在北京召开常务理事会**

会议回顾学会成立一年来的工作情况,研究 1982 年学会的主要任务。

会议强调,人口问题的研究要为我国的社会主义现代化建设服务,特别要为计划生育工作服务。常务理事会号召我国人口学者积极参加今年进行的第三次全国人口普查工作,宣传人口普查的重要性,参加人口普查的具体实践,研究人口普查中提出的新问题。会议决定在今年的理事会上围绕人口与经济问题开展学术讨论。此外,分别召开一次人口学理论座谈会和少数民族人口调研会,今冬或明春召开一次人口与资源专题讨论会。

## 3 月 23 日

**全国人大常委会副委员长谭震林在湖南攸县参加植树活动**

中共湖南省委第一书记毛致用、省委书记王治国也参加了今天的植树活动。

**国务院科技干部局下发《聘请科学技术人员兼职的暂行办法》和《实行科学技术人员交流的暂行办法》**

新华社报道,国务院科级干部局最近颁布《聘请科学技术人员兼职的暂行办法》和《实行科学技术人员交流的暂行办法》。

《聘请科学技术人员兼职的暂行办法》规定,科学研究、教学、医疗、工农业生产等单位,可以根据科学技术工作的需要,临时聘请中、高级科技人员担任顾问(学术技术指导)或承担讲课、讲学、科研、设计等兼职任务;凡中、高级科技人员在完成本职工作任务的前提下,经所在单位同意,可以接受外单位的临时聘请;各单位聘请兼职人员,除需征得本人及所在单位同意外,可以采用合同形式规定聘请兼职人员的工作内容、兼职期限和待遇等;兼职人员在兼职期间的工作成绩或科技成果,由聘请单位负责鉴定,并将鉴定材料转给原单位记入本人业务考绩档案;对兼职的科技人员,要在精神鼓励的同时,给予一定的物质报酬。

《实行科学技术人员交流的暂行办法》规定,各单位科技干部主管部门,可以在符合本人专业知识范围的原则下,根据条件和需要,有计划地组织科技人员到外单位定期工作。工作期限一般为半年至一年,期满后回原单位工作;地区、部门、单位之间,可以根据科学技术任务需要及科技人员余缺情况,采取签订短期或长期的科学技术合作合同、技术经济合同、借调合同、聘请兼职合同的形式交流科技人员;各种专业学会和科技服务团体,可以采取签订技术经济合同的形式,组织科技人员有计划地为工农业经济部门和厂矿企业开展技术咨询、技术推广、技术服务或技术培训等项工作;各单位在开展科学技术协作中签订合同时,应在合同中明确规定合作项目、双方承担的技术经济责任以及完成任务后相互之间计算协作报酬的办法,并从协作报酬中提取适当的比例奖励参加协作的科技人员。

国务院科技干部局在下发上述两个暂行办法时,还要求各单位树立全局观点,克服本位主义和分散主义,积极支持、鼓励科技人员为社会主义建设多做贡献,同时做好思想政治工作,适当控制科技人员工作任务和时间,以保证他们完成本职工作、业务进修和身体健康。

**外经贸部部长陈慕华在北京会见巴西外长拉米罗·萨赖瓦·格雷罗**

**外交部副部长何英在曼谷举行的亚太经济社会委员会全体会议上发表讲话**

何英重申，中国政府将同其他发展中国家一道，为建立新的国际经济秩序和在联合国范围内早日发动全球谈判而共同努力。

何英说，去年以来，世界政治和经济形势仍然十分动荡，“包括亚太地区的发展中国家在内的广大发展中国家，在不同程度上都受到发达国家转嫁经济困难和不公正的国际经济旧秩序的损害，它们的经济发展更加困难”。“也正是在这种形势下，发展中国家普遍强烈要求改革旧的国际经济秩序，并要求为此尽快发动全球谈判。”“令人遗憾的是，由于一个主要发达国家持僵硬态度，全球谈判至今不能开始。”

何英说：“中国政府认为，现存的不公正、不平等的国际经济关系，不仅严重危害发展中国家的经济发展，而且对整个世界经济的振兴也是不利的。”

他说，为了改善南北经济关系、促进国际合作，发展中国家曾经提出过许多合理的建议。我国赵紫阳总理在坎昆首脑会议上曾提出了五项原则主张，强调指出：应该支持发展中国家实现经济上的独立自主和集体自力更生；应该按照公平合理和平等互利的原则，改革现存的国际经济秩序；应该把建立国际经济新秩序这一根本目标，同解决发展中国家当前的紧迫问题，正确地密切地结合起来；应该承认发展中国家有权采取适合本国国情的发展战略；应该积极推动旨在改善发展中国家经济地位的南北谈判。我们愿在这里重申，中国政府将继续遵循上述原则，同其他发展中国家一道，为建立新的国际经济秩序和在联合国范围内早日发动全球谈判，而共同努力。

何英指出，建立国际经济新秩序必然会遇到重重困难和巨大的阻力，为建立国际经济新秩序，“首先要靠广大发展中国家立足于单独和集体的自力更生，加强互相合作与支援，逐步壮大自己的力量。发展中国家进行经济合作，促进各自的经济独立和集体自力更生，不断增大我们在国际经济领域中所占的比重，逐步摆脱在经济上对发达国家的依附关系，这本身就是从结构上改革旧的国际经济秩序的一个重要组成部分。在这方面，我们高兴地看到发展中国家克服重重困难，在经济发展上取得了新的进步；发展中国家之间的区域合作也有了新的发展。”“这一切都证明，虽然我们发展中国家现在经济还比较落后，但是只要我们采取正确的、合乎国情的发展战略，不照抄、照搬外来的‘模式’，同时加强我们彼此的合作、加强集体自力更生，就能够一步步地实现经济独立和昌盛的伟大目标。”

何英指出：“我们提倡加强自力更生和发展中国家之间的合作，这并不排斥南北之间在平等互利基础上的经济技术交流；更不能成为发达国家减轻或推卸对于发展中国家所应承担的责任和义务的借口。”

何英在谈到阿富汗和柬埔寨问题时说：“大小霸权主义者的侵略扩张行径对本地区的经济发展和社会稳定，都构成了严重的威胁。它们对阿富汗和柬埔寨的侵略和军事占领，不仅践踏了本地区独立国家的主权，破坏了被侵略国家人民的和平生活，造成了成百万难民的流离失所，也给邻国带来沉重的负担，而且已经成为严重破坏亚太地区和平与安全的根源。因此，反对霸权主义的侵略扩张，维护本地区和世界的和平与稳定，也是一个关系到争取经济发展和维持社会安定的重大问题。”他重申：“中国政府认为，霸权主义的侵略政策，应该受到国际上的严厉的谴责，本地区反对外来侵略和军事占领的国家和人民，应该得到国际上的广泛支持和同情。一切外国侵略军队应当从有关国家撤走；让这些国家的人民充分行使自己的自决权利。”

何英最后说：“我们支持有利于发展中国家建设独立的民族经济的一切国际合作措施。在本地区，中国政府将一如既往，在力所能及的范围内支持亚太经社会发起的交流与合作。中国愿同本地区众多的友好国家一道，为促进亚太国家的友好合作，为按照公平合理、平等互利的原则改革现存的国际经济秩序，促进亚太地区的经济发展，而共同作出不懈的努力！”

**文艺理论学习班第一期在北京开学**

文化部代部长周巍峙讲了第一课。

文艺理论学习班将分期分批轮训文化部所属单位的业务骨干。参加第一期文艺理论学习班的共有60多名学员，他们是文化部各司局和电影系统、艺术团体、艺术院校、艺术研究等单位从事业务领导工作、编导工作和理论研究工作的人员。

**第一届博物馆学学术讨论会在北京举行**

讨论会于3月23日至27日在北京举行，共收到论文98篇。

**中央气象局和中国气象学会在北京集会纪念世界气象日**

## 3月24日

**《人民日报》发表评论员文章《坦白从宽》**

全国人大常委会作出《关于严惩严重破坏经济的

罪犯的决定》(以下简称《决定》)后,许多地区都有一批犯罪分子,慑于法律和政策的威力,投案自首,主动退赃,有的还揭发检举了其他人的罪行,经政法部门查明属实,给予从宽处理。事实说明,只有坦白交代,才是犯有经济罪行的分子的唯一出路。

坦白从宽,抗拒从严,是党的一贯政策。人大常委会的决定,从总的方面来说,对经济罪犯量刑从重,对国家工作人员处理从严,但也体现了严中有宽的精神。《决定》于4月1日起施行,同时规定在5月1日以前投案自首,或者已被逮捕而如实地坦白承认全部罪行,并如实地检举其他犯罪人员的犯罪事实的,一律按过去的有关法律规定处理,否则就作为继续犯罪,一律从重从严处理。党和人民政府是坚决维护法律尊严的,是说话算数的。凡是对过去的犯罪活动能够投案自首,主动退赃,如实交代揭发的,无论情节轻重,都会得到从宽处理。一切犯罪人员对这一点都不应有怀疑。

目前,打击经济犯罪活动的斗争正在走向深入。广大人民群众擦亮了眼睛,提高了警觉。党和政府下定决心,不管什么人犯了罪,不管案情多么复杂,阻力多大,都要弄个水落石出。"天网恢恢,疏而不失。"任何犯罪分子如果还不认清形势,还要心存侥幸,以为可以继续隐瞒自己的罪行,逃避法律的制裁,这就是继续犯罪,就要自食按《决定》从重从严处理的苦果。你们过去犯罪,是因为利令智昏,如果继续执迷不悟,就要罪上加罪。现在醒悟过来,彻底交代,为时还不算晚。到5月1日,时间不多了,错过时机,是会后悔莫及的。

《决定》的公布,对违法犯罪人员震动极大,许多人思想斗争激烈,心神不定。各级领导要掌握这个有利形势,进一步搞好对《决定》的宣传讲解。要加强对犯罪分子的思想工作,促使他们及早悔悟,打消顾虑,不但彻底交代自己的罪行,而且大胆揭发其他犯罪人员的罪行。还要做好犯罪者的家属、亲友的工作,动员他们规劝犯罪分子弃旧图新,改恶从善。党的政策具有很大的威力。只要我们正确地掌握政策精神,该严的严,该宽的宽,一定会使打击经济犯罪活动的斗争更顺利地开展起来,并且教育挽救一批可能挽救过来的人。

最后,我们还要对犯罪分子说几句话:两条道路摆在你们面前。何去何从,终究要靠你们自己选择。我们是希望你们走坦白从宽的路!

**全国农业银行分行行长会议在北京闭幕**

会议要求,今年农村金融工作要围绕提高经济效益这个中心,大力筹集资金,管好用好资金,继续支持农林牧副渔各业和农村工商业的全面发展。

参加会议的农业银行行长们认为,提高农业贷款的经济效益,是今年农村金融工作的重要任务。金融部门的干部必须深入研究生产领域和流通领域中的实际问题,努力使贷款放得准、用得好。会议确定,在今年的农村金融工作中,要优先将农村资金用于国家计划规定的主要农产品的生产。要配合有关部门落实粮食种植计划,努力提高单位面积产量,提高粮食的商品率,实现增产增收;同时要按照国家计划支持农村发展多种经营,支持开发山区、水域、滩涂、草原;要支持城市郊区搞好蔬菜生产,支持平原和丘陵地区发展苗圃,以适应全民植树运动的需要。

为了适应农村商品生产的发展,搞好工农业产品的交换,会议要求农村金融部门进一步做好农村商业信贷工作,积极支持农村商业部门搞好农副产品的收购,保证主要农副产品能按照国家计划收购起来,完成上调任务。与此同时,要积极支持农村商业部门组织好工业品下乡,搞好农业生产资料和日用工业品的供应,安排好农村市场。

会议指出,农业银行还要加强社队企业的信贷管理,区别不同行业、不同生产经营单位的情况以及产品在市场售销情况和前景,确定贷款的原则,促进社队企业进行调整和整顿,使社队工业健康发展。

关于如何提高贷款的经济效益,与会同志提出要抓好四个方面的工作:(一)各项信贷计划的安排,要符合国家计划经济为主,市场调节为辅的方针;(二)积极帮助企业挖掘内部资金潜力,搞活资金和物资;(三)管好用好信贷资金,完善信贷管理办法,坚持择优扶持和有借有还的原则;(四)搞好市场信息工作,把宏观经济效益和微观经济效益统一起来。

**外经贸部部长陈慕华在中南海紫光阁会见由农业和食品工业部副部长阿德里安·罗戈杰亚努率领的罗马尼亚农业代表团**

**外经贸部部长陈慕华在中南海紫光阁会见日本野村证券公司社长田渊节也一行**

**以国务院副总理姬鹏飞为首的中国政府友好代表团在巴基斯坦总统府与总统齐亚·哈克举行会谈**

齐亚说,日益增进的巴中友谊经受了时间的考验,这种友谊不仅对巴中两国有利,而且也有助于促进世界的和平与稳定。

齐亚说:"使我们满意和愉快的是,巴中不仅奉行和平共处和双边合作的政策,而且对所有国际问题的看法完全一致。"

姬鹏飞说:"中巴友谊是经受了长时期考验的友谊,中巴两国人民是可以互相信赖的好朋友。巴基斯坦朋友可以相信,尽管未来国际风云变幻莫测,中国政府和人民仍将一如既往,坚定地站在巴基斯坦一边,坚决支持巴基斯坦政府和人民维护民族独立和国家主权、反对外来侵略和干涉的正义斗争。"

**中国银行董事长兼行长卜明在纽约举行招待会庆祝中国银行纽约分行开业**

美国官员、银行界知名人士以及经济界的海外侨胞共约400人出席了招待会。

中国银行在国际金融和贸易结算中起着重要作用。它同146个国家和地区的1071家银行及其2920家分行建立了代理关系。到去年为止,中国银行同80家美国银行建立了全面代理关系。

**中国驻泰国大使沈平参加在曼谷举行的亚太经社委员会全体会议并发言**

沈平说,中国愿与亚太地区各国一起,为促进本区域的粮食安全而共同努力。

沈平表示中国代表团支持把粮食问题作为本届年会的重点议题。他说:"对于我们这个人口十分密集、目前粮食生产和消费水平都还比较低的亚太地区来说,妥善解决粮食问题,尤其具有重大的现实意义。"

沈平说:"我们认为,立足于发展粮食和农业生产来解决粮食问题的途径是正确的。我们高兴地看到,从70年代中期以来,本地区的粮食生产逐步有所发展,一些发展中国家已经做到了粮食自给或基本自给。但是,也应该看到,本地区粮食的生产和供应还不能适应人口日益增长和逐步改善人民生活的需要。"

他强调说:"我们认为,要解决好粮食问题,建立起世界的粮食安全,决不能脱离建立新的国际经济秩序,而应将其作为建立新的国际经济秩序的总体行动的一个组成部分,并且同其他领域的行动取得协调,尽可能地列为优先项目。"

沈平在发言中结合本地区情况,提出妥善解决粮食问题,首先要加快发展粮食生产,这是建立粮食安全的必不可少的物质基础。其次应逐步建立粮食储备制度,包括国家的、几个国家联合的和区域性的粮食储备体系。最后增加对发展中国家的农业发展资金援助和建立"国际农业发展基金"。

沈平在发言中还介绍了中国的发展粮食和农业生产情况,表示中国愿和与会各国代表一道,为促进本地区的粮食安全而共同努力。

**中国电影展览在罗马开幕**

由罗马市政府和意中友好协会联合主办的中国电影展览开幕。意大利电影、文化、新闻和其他各界友好人士100多人出席了开幕式。

## 3月25日

**中共中央副主席邓小平在北京会见巴西外长拉米罗·萨赖瓦·格雷罗**

邓小平说:"从当前国际形势来看,第三世界国家之间发展关系和加强合作非常重要。"

他说,尽管我们第三世界国家在政治上、经济上取得了进步,但世界上总有一些人看不起我们,想欺侮我们,因此我们要十分重视发展第三世界国家之间的关系,把它提到当前的议事日程上来。

邓小平说:"第三世界国家之间有许多地方可以互相借鉴。第三世界国家之间加强合作,对各自的发展是非常重要的环节。"

他说,中国和巴西都是发展中国家,又都是大国,两国应该把友好合作关系发展得更好。特别是在当前动荡不安的国际局势下,中巴两国更应该加强来往,发展各个领域的合作。

邓小平还向巴西贵宾介绍了中国为了推进"四化"建设当前正在抓的两件大事。他说,精简机构工作进行得很顺利。从两个月的情况来看,我们的老干部顾大局,是经得起考验的。他指出,打击经济领域的犯罪活动也很重要,不把这件事办好,我们的对外经济开放政策就不能得到很好贯彻。邓小平说:"现在我们面临的问题成堆,有些问题很复杂,但这是可以解决的。总之,中国的情况可以归结为两句话:一是很落后;二是有希望。"

格雷罗外长说:"巴西很有兴趣听取中国的意见,关心中国国内事态的发展。"格雷罗外长表示相信,巴中两国在政治、经济、科技、文化等方面的交流和合作必将向前发展。

**《人民日报》发表评论员文章《对干部申诉要主动负责处理》**

十一届三中全会以来,各级党委、政府和组织部门在落实干部政策方面做了大量工作,取得了很大成绩。值得注意的是,当前有些地方和部门产生了松劲情绪。有的工作不负责任,怕麻烦,对干部的申诉,以种种借口推托不管,拖着不办;有的单位和负责人"左"的流毒仍然很深,对自己亲手处理的错案,更是不愿复查改正,致使一些错被处理的干部的问题长期拖延,不得解决。

落实干部政策,平反冤假错案,是拨乱反正的一个重要方面。这件大事决不能半途而废。"实事求是,有错必纠"是党的一贯方针,要始终坚持。对干部的申诉，各级党委、政府和组织部门要主动负责查明情况，按照党的政策正确处理。定性错了的要坚决改正，部分错了的要部分改正，没有错、但本人提出无理要求的要予以教育批评。对大案、要案，领导人要亲自抓，一抓到底。

党组织要领导党员、干部为党的事业努力奋斗，同时要关心党员、干部的疾苦，帮助他们解决本应解决的问题。处理干部的申诉，是各级党委、政府和组织部门应尽的职责，不能视作额外负担，推托不管，拒之门外。那些错被处理的干部吃了“左”倾错误的苦头，受到了不公正的待遇，我们的同志要设身处地为他们着想，怀着满腔热情，为解决他们的问题负责到底。要积极主动地办这件事，应由本单位处理的干部问题，当然义不容辞；即使某个干部的问题确应由别的单位解决，但他既然申诉到这里来了，我们也要站在党的立场上，尽自己的力量，主动帮助他解决问题，而不能一推了事。

上级党委、政府和组织部门对所属组织这方面工作的进展情况，要不断进行检查，对搞得不好的，要批评、督促，把一切冤假错案切实解决好，处理好。

**中宣部在北京就开展“全民文明礼貌月”活动约请中央和北京市30多个单位的同志举行座谈会**

座谈会交流“全民文明礼貌月”活动开展以来的情况。大家认为，这次“全民文明礼貌月”活动声势浩大、中心突出、工作扎实、效果明显，增强了全国人民搞好社会主义精神文明建设的信心和决心。今后要继续抓好思想教育这个中心环节，使“五讲四美”活动深入持久地开展下去。

中共中央书记处书记王任重在座谈会上讲了话。他说，“全民文明礼貌月”活动开展以来，取得的成绩是显著的。要把经验认真总结一下。总结经验，是为了坚持下去。从各地情况来看，要使“五讲四美”活动经常化、制度化，首先要抓思想教育。共产党就是要提倡共产主义思想和道德。提倡共产主义思想和道德，最重要的是要正确解决人与人之间的关系。要提倡团结友爱，互相尊重，互相帮助。要提倡大公无私的精神和集体主义思想，树立国家主人翁的责任感。要通过开展“全民文明礼貌月”活动，对人民进行教育，大力表扬好人好事，扶正祛邪，培养具有共产主义思想的一代新人。

王任重指出，在抓好思想教育的同时，还要抓具体措施、规章制度，学校、工厂、机关都要有自己的规章制度，治脏治乱也要有规章制度；要有群众监督，维护社会公德，人人有权，人人有责；要有纪律，对那些不听批评、坚持不改的人，要执行纪律。只要我们坚持不懈地将“五讲四美”活动更深入、更广泛地开展下去，社会风气一定会有根本好转。

中宣部副部长廖井丹、团中央书记高占祥、中共北京市委书记刘导生也先后在座谈会上发了言。他们回顾了“全民文明礼貌月”活动开展以来所取得的成绩和存在的问题，提出了关于今后“五讲四美”活动经常化、制度化的意见。他们认为，“全民文明礼貌月”活动开展以来，城市环境卫生面貌有了较大的变化，社会秩序有所好转，交通事故减少，服务工作有了改进，人们的道德水平有了提高，人与人之间的关系有了改善。广大群众对此是满意的。但各地的情况是不平衡的。有的地区和单位的领导干部，对于精神文明建设推动物质文明建设、保证物质文明建设的社会主义方向的重要意义认识不足，因而思想发动工作做得不够。有的存在“一阵风”和形式主义的问题。有的地区和单位还有不少“死角”，没有联系本单位的实际提出改进目标和具体措施。他们指出，今后要继续大造社会舆论，为“五讲四美”活动经常化、制度化打下坚实的思想基础。要抓紧检查、督促，做好总结评比工作，使“全民文明礼貌月”活动善始善终。对今后深入开展“五讲四美”活动要作出具体安排。

**全国煤炭工业先进集体和劳动模范代表会议在北京举行**

会议于3月25日至4月2日召开。参加会议的有来自全国各地煤矿的先进集体和劳动模范代表共2000多人。144名职工被授予全国煤炭工业劳动模范称号，110个单位被命名为全国煤炭工业先进集体。

党和国家领导人李先念、余秋里、王震、余秋里、万里、康世恩出席会议。

中共中央政治局委员、国务院副总理余秋里在闭幕会上作了重要讲话。

大会宣读了出席会议的全体代表《致全国煤炭战线全体职工和家属的一封信》。信中说，这次会议胜利闭幕了。我们决心把会议上学到的好思想、好品德、好作风、好经验带回去，传播开来，变成整个煤炭战线的共同财富，成为我们前进的强大动力。代表们在信中还提出，和大家一起共同办好三件事：一是掀起一个学习先进，争当先进的热潮；二是掀起一个学文化知识，学科学技术，学科学管理的热潮；三是更加广泛地开展为“四化”立功的社会主义劳动竞赛，提高经济效益，搞好安全生产，努力完成和超额完成今年的煤炭生产建设计划和各项任务。

**国务院副总理余秋里在全国煤炭工业先进集体和劳动模范代表闭幕会上发表讲话**

余秋里说：现在和今后一个相当长的时期，煤炭都是我国的主要能源，是进行社会主义经济建设的重要物质基础。煤炭职工队伍是我国工人阶级中一支历史悠久、人数众多、富有光荣革命传统的队伍。广大煤炭工人长期战斗在地下，成年累月地与水、火、瓦斯、煤尘作斗争，自己见不到阳光，却把光和热献给了国家和人民。我们要在全社会范围内，进一步发扬尊重矿工、爱护矿工、关心矿工的优良风尚。

余秋里指出，出席这次会议的2000多位同志，是全国煤炭职工的优秀代表，是煤炭工业战线的骨干力量。各位代表的模范事迹令人感动，先进经验极为可贵，闪烁着工人阶级的革命精神和崇高品德。概括起来，主要有这样几点：有高度的政治觉悟，坚持四项基本原则，热爱党，热爱祖国，热爱社会主义，热爱煤炭事业，有共产主义的劳动态度，不为名，不为利，夜以继日，忘我劳动；有吃大苦、耐大劳的精神，敢于打硬仗，善于克服困难，英勇顽强，无所畏惧；有刻苦学习，为国争光的志气；有严格的科学态度；有自觉的组织纪律性；有爱护国家资财，精打细算的勤俭作风；有大公无私、廉洁奉公的道德风尚。代表们的模范事迹和先进经验，又一次证明了马克思主义的这样一条原理：在一定条件下，物质和精神可以互相转化，物质可以变精神，精神可以变物质。我们必须发扬艰苦创业，积极进取的革命精神，克服那种顾虑重重，缩手缩脚，这也不可能，那也办不到的畏难情绪。

余秋里说：经过近几年的调整，年产6亿吨原煤的生产基础得到进一步巩固。可以说，现在发展煤炭工业的有利条件，比以往任何时候都好。国民经济的发展，要求能源生产有一个稳定的、持续的增长速度。当前和今后一个时期，我国能源产量的增长主要还是依靠煤炭。煤炭工业战线的同志，应当积极承担起这个光荣的重任。要在国家统一计划的指导下，调动各方面的积极性、充分发挥现有企业的作用，合理安排建设布局，执行正确的建设方针，搞好当前与长远的衔接，探索出一条投资较省、见效较快、经济效益较好的发展煤炭工业的路子。

党中央号召全党、全军和全国各族人民，努力建设社会主义物质文明和精神文明。在这次会议以后，煤炭工业战线，要迅速掀起学习先进的热潮，大张旗鼓地表彰先进集体和模范人物，系统地总结和推广他们的经验；进一步加强政治思想工作，深入开展“五讲四美”活动；坚定不移地树立无产阶级正气，抵制资产阶级思想的侵蚀，打击经济领域里的违法犯罪活动；切实抓好安全生产，努力完成建设任务，认真关心职工生活，出现一个新的局面。

**中国和巴西科学技术合作协定在北京签署**

外交部部长黄华和巴西外长拉米罗·萨赖瓦·格雷罗，分别代表各自政府在协定上签了字。

协定说，中巴两国政府将在互相尊重主权和互不干涉内政的原则基础上，加强两国在科学技术领域的合作，促进两国科学技术的发展。

协定规定，双方进行科技合作的方式包括相互派遣或聘请科技人员和专家，共同研究科技课题，组织报告会、讨论会和讲座，相互交换科技资料和情报，交换研究和实验成果等。协定说，缔约双方同意成立中巴科学技术合作混合委员会，负责办理有关执行本协定及其补充协议的事宜。

**中国煤炭开发总公司和美国西方石油公司岛溪煤炭公司关于合作编制开发山西省平朔矿区安太堡露天煤矿可行性研究报告议定书在北京签字**

议定书规定，双方合作的方式是契约式合资经营，共同投资，共担风险。

中国煤炭开发总公司董事长孔勋和美国西方石油公司董事长哈默分别代表各自公司在议定书上签字。

国务院副总理康世恩出席了签字仪式。

**外交部部长黄华在北京会见芬兰外交部国务秘书杜奥维宁一行**

**教育部在北京召开全国学校推广普通话工作会议**

会议于3月25至29日召开。教育部副部长张文松在会议上提出：推广普通话工作是教育部门的重要任务之一，应作为建设社会主义精神文明的一项重要内容来提倡、宣传。

会上，传达了胡乔木同志关于加强推广普通话的意见，交流了经验，研究了关于加强推广普通话的要求和措施。

会议指出，推广普通话的方针仍然是“大力提倡，重点推行，逐步普及”。推广普通话，普及普通话，是我国一项重要的语言政策。它是关系到国家的统一，人民的团结，社会的进步的大事；是建设高度民主、高度文明的社会主义现代化强国必不可缺少的一项措施；是一项重要的战略任务。

会议强调指出，要搞好普通话推广工作，在当前和今后一个时期教育战线必须认真做好四项工作：

一、提高认识，加强领导。会议要求各地做到经费落实，组织落实，层层有人抓，整个教育系统的各有关方面都要关心和担负起推广普通话的责任。

二、从学校，从基础教育抓起。教育系统负有推广普通话的主要责任。学校是推广普通话的重要基地，广大师生是推广普通话的重要力量。我国的学生大约占全国人口的1/5，只要认真抓住学校这一关，充分利用青少年学习语言的有利时机，从幼儿园和小学一年级开始抓起，就能保证下一代都学好普通话，并逐步在社会上普及普通话。

三、抓好师资的培训工作。师范院校的学生在校必须学会汉语拼音和普通话，毕业后能用普通话教学，这是做好推广普通话工作的关键。其次要抓好在职教师的培训。

四、推动和配合有关各部门、各行业做好社会的推广普通话工作。社会的服务行业、商业、交通、铁路、邮电、旅游等部门，急需推广普通话，教育部门要大力协助他们把推广普通话工作做好。

会议期间，上海、广东、湖北、云南、山东、黑龙江等13个省、市的代表在大会上发言，介绍了他们开展推广普通话工作的经验，著名语言学家吕叔湘、文字改革专家周有光作了关于推广普通话的专题报告，代表们还认真讨论了《全国师范院校、中、小学推广普通话五年规划(草案)》。教育部副部长张承先，中国文字改革委员会副主任倪海曙先后在会上讲了话。

**全国部分省区市连环画出版工作座谈会在湖南岳阳召开**

座谈会于3月25日至30日召开。会议提出："出版更多更好的现代题材连环画，系统地向少年儿童和青年介绍中国共产党领导人民进行60年艰苦卓绝斗争的历史，培养他们具有共产主义的理想、道德和情操。这是出版工作者的一项光荣任务。"

座谈会认为，在当前，要着重出好革命斗争故事和革命先烈事迹、反映社会主义各条战线的先进集体和英雄人物事迹等题材的连环画。连环画的编辑出版要有利于帮助少年儿童树立远大理想，有利于培养他们的共产主义道德品质，有利于他们学习革命历史和继承革命传统，有利于他们的智力开发和提高科学文化水平。

与会者们指出，对古代题材要有所选择，那些武侠、侦探、公案、言情小说，一般就不要改编成连环画了。无论现代题材还是古代题材，都要坚持质量第一，决不能粗制滥造。要坚决摒弃那些不健康的、宣传封建迷信和荒诞淫秽内容的连环画。

16个省、自治区、直辖市的19家出版单位代表出席了会议。

## 3月26日

**中共中央主席胡耀邦在首都医院探望国际友人路易·艾黎**

胡耀邦代表中共中央和老一辈的革命领导人向艾黎表示亲切的问候，祝他早日恢复健康。

胡耀邦说，中国革命经过了十年的曲折道路，受了很大损失，现在已开始恢复，但还需要一定的时间才能改变中国贫穷落后的面貌。他希望艾黎保重身体，长命百岁，能亲眼看到中国的繁荣富强。他建议艾黎康复后到各处走走，做些调查，对中国的建设提出批评和意见。

艾黎对胡耀邦和其他中央领导人对他的关怀表示感谢。他表示，中国人民的革命和建设事业是大有希望的。

陪同胡耀邦去探望艾黎的还有中国人民对外友好协会会长王炳南。

**中共中央副主席邓小平在人民大会堂会见美国西方石油公司董事长哈默和由他率领的美国西方石油公司代表团**

邓小平对中国煤炭开发总公司和美国西方石油公司所属岛溪煤矿公司在煤炭方面签署的协议书表示祝贺，并希望双方的合作能够扎实地向前发展。

**外交部发言人钱其琛在中外记者新闻发布会上就苏联最高苏维埃主席团主席勃列日涅夫在塔什干发表的讲话发表谈话**

谈话如下：

"我们注意到3月24日苏联勃列日涅夫主席在塔什干发表的关于中苏关系的讲话。我们坚决拒绝讲话中对中国的攻击。在中苏两国关系和国际事务中，我们重视的是苏联的实际行动。"

**外交部照会美国驻华大使馆抗议美国利用移民限额制造"两个中国"**

中国外交部向美国驻华大使馆递交照会，抗议美国方面在移民问题上把台湾作为一个"单独的外国"看待，制造"两个中国"，要求美国政府从速采取步骤，纠正这一错误，同时保证今后不再发生类似事件。

去年12月，美国国会在修订1961年援外法时，通过了一项修正案，规定对来自台湾的移民单独给予每年不超过2万名的签证限额。12月29日，这项修正案已经美国总统签署生效。

按照美国的移民法，独立国家或自治领、委任统治地、联合国托管地等政治实体，如经美国国务卿"批准"作为"单独的外国"看待，就能获得每年不超过2万名的去美国的移民限额。中美建交以后，截至上述修正案通过以前，美国政府一直把从我国大陆和从台湾省去美国的移民，统一计算在给中国的移民限额之内。但是，1979年美国制定的《与台湾关系法》的有关条款，却在原则上规定，台湾可以按照美国的移民法作为独立国家，单独享受移民限额。这是美国违反两国建交公报原则，无视中国主权、干涉中国内政的无理规定。而去年年底美国国会通过的上述立法修正案，则进一步明确宣布，美国移民法中所提到的“批准”，“应认为已经给予台湾(中国)”。

我们并不反对美国增加从中国，包括从台湾去美国的移民限额。但是，很明显，这项修正案的实质是在移民问题上，把台湾从中国划分出来，另外作为一个“单独的外国”看待，其法律后果是进一步把《与台湾关系法》的有关规定付诸实施，这是美国方面又一个公开制造“两个中国”的行动。

去年11月，中国驻美大使馆在得知这一制造“两个中国”的立法行动后，当即向美方明确地表示反对。但是，美国国会仍然通过了上述修正案并由里根总统签署生效。随后，美国国务院已将该修正案付诸实施。对此，中国驻美大使柴泽民今年2月8日致函美国众议院外委会亚太小组委员会主席索拉兹众议员，并把这封信抄送美国国务院，重申我国政府一贯反对美国把台湾当作一个国家或“单独的实体”看待的立场。

中国外交部人士指出，台湾是中国的一个省，决不是什么“单独的外国”，更不是自治领、委任统治地或联合国托管地。台湾作为中国领土的一部分这一法律地位，已为世界上100多个国家和联合国所承认，美国政府自己也已在中美建交联合公报中确认这一点。美国的《与台湾关系法》和援外法修正案在移民问题上把台湾作为一个国家看待，是公然违反中美建交联合公报和国际关系准则的行为。

**国务院副总理兼对外经贸部部长陈慕华在北京会见由贸易和航运部秘书德梅尔率领的斯里兰卡贸易代表团**

**中国和匈牙利1982年交换货物和付款协定在北京签字**

对外经济贸易部部长代表陈洁和匈牙利政府贸易代表团团长、外贸部副部长安普鲁什·亚诺什分别代表本国政府签署了这项协定。

国务院副总理兼对外经济贸易部部长陈慕华出席了签字仪式。

**中国和瓦努阿图签署建交联合公报**

中华人民共和国和瓦努阿图共和国决定从1982年3月26日起正式建立外交关系。双方签署的建交联合公报全文如下：

中华人民共和国政府和瓦努阿图共和国政府决定建立大使级外交关系，并互派大使。

瓦努阿图共和国政府承认中华人民共和国政府为中国的唯一合法政府，并支持中华人民共和国政府和人民为维护国家独立、主权和领土完整所作的努力。

中华人民共和国政府支持瓦努阿图共和国政府和人民为维护国家独立、主权和领土完整以及发展民族经济所作的努力。

两国政府同意在互相尊重主权和领土完整、互不干涉内政、平等互利的原则基础上发展两国之间的友好合作关系。

两国政府同意，在两国建交后，根据国际惯例，为对方外交代表执行任务提供一切必要的协助。

| | |
|---|---|
| 中华人民共和国 | 瓦努阿图共和国政府 |
| 特命全权大使 | 总理兼外交部部长 |
| 申志伟 | 沃尔特·哈迪·利尼 |

1982年3月26日于维拉港

**解放军总参谋长杨得志在人民大会堂设宴欢迎瑞典三军总司令列纳特·荣上将一行**

杨得志说，近年来中瑞两国人民和军队之间的良好关系不断发展。杨得志表示相信，列纳特·荣上将的访问，必将为进一步发展这种关系作出新的贡献。

列纳特·荣上将说，我们两国军队加强相互了解和接触是有益的。我们都愿意为世界和平而努力，两国武装力量的首要目标就是为世界和平作出贡献。他说，瑞中两国在很多方面有很大差别，但是你们在人民军队建设上的一些做法是值得我们借鉴的。

**全军绿化委员会在北京召开电话会议**

会议要求全军各部队再接再厉，不失时机地开展植树造林运动，保质保量地完成今年植树造林任务。

全军绿化委员会主任委员洪学智、副主任委员迟浩田、颜金生出席了会议。副主任委员范子瑜代表全军绿化委员会总结了前段时间全军植树绿化工作，提出了进一步搞好植树绿化的具体要求。他说，当前，全军营区内外植树已初见成效。但是，不要松劲。各部队都要本着因地制宜、实事求是、突出重点、合理布局的要求，制定出长远规划，把植树绿化工作扎扎实实地开展下去。还没有完成今年植树任务的部队，要不失时机，抓紧完成任务。已经完成植树任务的部队，要在管理上下功夫，努力提高树木的成活率。各部队要教育干部、战士、职工、家属把爱树护林当作自己的自觉行动，造成护林光荣的良好风尚。各部队要把大办育苗、办好苗圃作为今年绿化工作的重点，逐步做到苗木自给，为今后年年植树打下良好基础。

**中国农科院研制成功“植物防病膜剂”**

据《人民日报》报道，中国农业科学院农业气象研究室经过多年努力，研制成功“植物防病膜剂”，防治黄瓜白粉病和霜霉病、苹果炭疽病和轮纹病等植物真菌病害，效果显著。

“植物防病膜剂”所形成的膜，不影响植株的光合作用和正常的生长发育。这种物质的原料，国内丰富，利于工厂化生产和大面积施用。

**1981 年全国优秀电视剧评选结果揭晓**

评选活动由《文汇报》、中央电视台和上海电视台联合举办，有 10 部电视剧获奖。

获一等奖的是《新岸》；获二等奖的是《大地的深情》《卖大饼的姑娘》；获三等奖的是《你是共产党员吗》《洁白的手帕》《能媳妇》《一千零一票》《开市大吉》《水乡一家人》《爸爸妈妈和孩子》。

**国家档案局 国家建委和国家农委联合发出通知要求各级建委 农委和档案管理部门重视建立村镇建设的档案**

通知指出，党的十一届三中全会以来，农村经济迅速发展，农民生活水平不断提高，农村建房越来越多。为了把农村的这一历史性重大变化记载下来，村镇也应该像城市一样有自己的建设档案。

通知要求各地要建立村镇建设档案的形成、积累和归档制度，完整地、系统地保存村镇建设中形成的规划、设计、施工图纸、图表和其他基础调查材料。各级档案事业管理部门要积极配合有关专业主管机关，做好监督、检查和业务指导工作。

## 3 月 27 日

**《人民日报》发表社论《在城市普遍进行经济形势教育》**

在广大城镇，包括厂矿企业中，正在有计划地进行经济形势的宣传教育，引导群众正确认识当前的经济形势，消除一部分人的误解和疑虑。这对于提高城镇人民的政治觉悟，鼓舞士气，大有好处。在经济战线上，通过提倡精神文明，打击经济犯罪活动，加上经济形势的教育，职工群众的精神必将大为振奋，社会风尚必会进一步好转，促进经济形势的顺利发展。

三中全会以来，党和政府采取了一系列重大措施，在财政困难的情况下，尽最大努力改善人民生活。在农村，大幅度地提高农副产品收购价格和超购加价，使广大农民获得很大好处。在城市，安排了 2600 万人就业，每个家庭就业人数多了，工资收入相应增加。去年全国职工工资总额比前年增加 40 多亿元。几次调整部分职工的工资，按月发放奖金和副食补贴。这就使绝大多数城乡人民的实际收入有了较多的增加，生活得到进一步改善。国家和企业拨出大量资金，兴建了 2.2 亿平方米城市住宅。用于城市居民生活必需品的销售价格补贴，仅粮、油即达 300 多亿元。用于城市交通、自来水等市政公用设施，以及文教、卫生、医疗、托幼等事业的建设投资，每年也有几十亿元。总之，三年多来，国家用在改善人民生活上的钱，是新中国成立以来任何时候都无法相比的。我们并不隐讳，国家财政仍有一些赤字，国民经济潜在的危险还未完全消除。党政机关干部、科技人员、教师和集体企业一部分职工，收入增加不多，有的实际生活水平有所下降。相当数量的职工家庭，住房仍然比较拥挤，各个城市都有缺房户。这些问题，随着生产的发展将会逐步解决，有的正在解决。

有些干部、群众，围绕经济方面的某些具体问题，比如，某些商品涨价了，个人生活上还有某些不方便，等等，产生这样那样的意见，影响聚精会神地进行生产和工作。“横看成岭侧成峰，远近高低各不同。”由于每个人接触的事物、所处的环境、了解的情况各不相同，由于观察事物的角度、出发点不同，更多的情况是只看到个别没有看到整体，只看到局部没有看到全局，所以产生这样那样的思想问题。我们必须正视这种情况，了解群众的情绪，研究群众的议论，把经济形势的宣传教育搞好。只要领导重视起来，干部、群众中的一些思想认识问题，是可以通过学习和讨论解决的。

对我们的经济形势，应该理直气壮地进行宣传。要实事求是，用生动的、有说服力的事实去说话，既要讲已经取得的成绩，也要摆实际存在的问题。对于具体问题进行具体分析。比如，对物价问题，既要承认某些商品销售价有所上涨，对人民生活也有影响；也要说明在人民生活费支出中占很大比重的基本生活必需品，价格是基本保持稳定的。要把少数商品暂时短缺与整个国民经济的发展区别开来，把某些商店变相涨价、自行提价与国家有计划地调整价格区别开来。只要把经济形势的全貌，事物的真相，向人民群众讲清楚，广大群众自己就会得出正确的结论。

进行经济形势的宣传教育，一定要有针对性，从广大群众最关心的问题入手，从本单位和群众的思想实际出发。过去进行形势教育，往往不结合本单位的实际和职工思想，结果收效不大。这次进行形势教育，一定要深入群众作调查，真正做到有的放矢。常州市很多工厂事先摸清职工的思想，理直气壮地解答问题，效果就比较好。

组织群众讨论，进行算账、对比，是个好办法。近两年来，我们国家每个城市、企业以至家庭，在经济上都有不小的变化，都有一本经济账。宁波市绣服厂一位支部书记在算账以后说，这几年，一是职工口袋里的钱多了；二是物价涨了；三是收入支出相抵，口袋里的钱还是多了；四是有些青年要求也高了。这话说得很客观、很深刻。我们要广泛采取这种算账对比办法，算经济收入账看生活水平的提高，算国家补贴账看党和政府对人民的关怀，算生产发展账看调整、改革、整顿、提高方针的必要性，使群众尤其是青年从自身生活的改善中看清整个经济形势确实好、党的政策确实正确。这是一种群众自我教育的好形式，看得见，摸得着，群众容易接受。

进行经济形势教育，要牢固地树立国情观念。我们国家底子薄，经济、文化、科学技术都还落后，要把我国建设成为繁荣富强的社会主义现代化强国，需要经过长期的艰苦奋斗。只有在发展生产的基础上，才能逐步改善城乡人民的生活。现在生活虽然有所改善，毕竟是初步的，要想进一步改善人民生活，根本出路在于大力发展生产。我们必须坚决贯彻“一要吃饭、二要建设”的方针，正确处理生产建设和人民生活的关系，依靠城市职工，为国家分担困难，多做贡献，努力把生产建设搞上去。只有艰苦奋斗，搞好生产建设，才能为改善人民生活提供物质条件。

**国务院副总理谷牧在珠海 深圳检查工作**

3月27日至4月3日，谷牧在珠海、深圳两个经济特区检查工作时说，设置经济特区是中央的重要决策，一定要把经济特区办好。他赞扬了两个特区两年多来在建设上取得的成绩，希望特区建设者们按照中央的要求，坚持实行对外开放政策，并认真总结经验，以便更好地前进。

谷牧对蛇口工业区先搞“五通一平”(通路、通水、通电、通下水管道、通电讯，平整场地)基础工程，成片开发土地的经验，表示赞赏。他认为，利用外资成片开发土地，创造投资条件，从单项引进发展为综合性一揽子引进的做法是可行的。

谷牧说，深圳、珠海两个特区，在短短两年多时间内就打开了局面，取得了显著的成绩，充分说明中央关于试办特区的决策是完全正确的。

他说，对外开放政策不会变，办特区的决策不会变，一定要下决心把经济特区办好。他要求既要看到成绩，又要正视特区发展中出现的问题，认真总结经验，继续前进。他还就有关外汇使用和管理，进口商品流通，以及打击经济领域的违法犯罪活动，精神文明建设等问题，提出了意见。

谷牧还先后到南海、江门、新会、中山等地，听取了有关实行特殊政策，灵活措施，促进工农业生产发展的情况汇报。

**国家经委在北京召开生产办公会议**

会议要求各地区、各部门认真吸取去年年初生产下降的教训，千万不能放松生产领导，要做到机构改革与生产指挥工作两不误，把第二季度的工交生产工作做得更好，为实现今年工交生产增长速度“保四争五”的目标打下牢固的基础。

国家经委指出，虽然第一季度的工交生产取得了较好的成绩，但是，经济效益不够理想，必须认真对待。比如，耗能高的铁合金、电石等产品的产量，以及国家限产的化纤织物的产量仍然超过计划数额；锦纶丝袜、电风扇等目前滞销的轻纺工业产品，库存量继续有所增加。

对于第二季度工业、交通部门的生产工作，国家经委提出：

——指导思想上一定要注意以提高经济效益为中心，把速度和效益统一起来，以取得经济效益好、没有水分的扎扎实实的增长速度。国家经委决定在4月份公布今年第一季度各省、自治区、直辖市的主要经济效果指标执行情况，目的正是为了促使各地区、各部门注意提高工业生产的经济效益。

——除因为受到能源等客观原因限制生产的产品外，各种适销对路的工业产品的质量，都要争取做到时间过半、完成国家计划过半，主要技术经济指标要力争超过去年水平。

——各地区、各部门、各企业必须千方百计，继续抓好能源的节约工作。各地的工业发展速度，要根据能源供应情况适当加以控制。

——注意生产中的安全工作。5月份要开展全国安全生产月活动。

——搞好企业整顿工作。

**1981年国家补贴居民吃菜资金近3亿元**

据《人民日报》报道，国家1981年用于全国35个大中城市居民吃菜的补贴金，平均每人将近6元。这些城市全年直接用于蔬菜补贴的金额达2.99亿元。

**全国人大常委会副委员长韦国清在人民大会堂会见由人民行动党副总书记加斯东·阿库里奥率领的秘鲁人民行动党代表团**

韦国清说，中国和秘鲁同属第三世界。中国共产党和秘鲁人民行动党都强调要从本国人民的传统和智慧中吸取营养，从各自的国情出发来建设自己的国家。中国共产党愿意在完全独立、平等、互相尊重、互不干涉内政的原则基础上,同世界各国旨在维护民族独立、争取社会进步、保卫世界和平、愿意同我们友好的政党建立和发展关系。

阿库里奥说,中国共产党致力于增进全体人民的福利,这一切促使我们同中国共产党结下友好的关系。我们也将同一切要求维护经济和社会独立、捍卫世界和平的政党发展关系。

**国务院副总理姚依林在北京会见法国巴黎荷兰银行董事长兼总经理阿伯雷率领的巴黎荷兰银行代表团**

**中国博物馆协会在北京成立**

**1982年杭州国际桥牌邀请赛闭幕**

浙江省副省长、组织委员会主任王家扬,省体委负责人陶振民,向获得第一名的香港二队、第二名日本东京一队、第三名北京队发了奖杯。

## 3月28日

**《人民日报》发表评论员文章《必须严惩泄露国家机密的罪犯》**

《中国财贸报》前负责人李光诒向外国人泄露党和国家的重要机密,构成刑事犯罪,已被人民法院依法判处有期徒刑。人民法院运用法律武器惩治泄露党和国家机密的犯罪分子,这是完全必要的完全正确的,它维护了党纪国法的严肃性,体现了在法律面前人人平等的原则,对于教育国家工作人员严守党和国家机密将起重要作用。

保守党和国家的机密,是关系到党和国家安全的大事,是社会主义革命和建设取得胜利的重要保证,是每个公民应尽的义务。早在1951年6月,中央人民政府政务院就公布了《保守国家机密暂行条例》。粉碎"四人帮"后,鉴于经过十年内乱,一些人的保密观念淡薄了,泄密事件不时发生,根据第五届人大常委会第十二次会议通过的决议,于1980年4月重新公布了这一条例。1980年1月施行的我国《刑法》第一百八十六条第一款规定:"国家工作人员违反国家保密法规,泄露国家重要机密,情节严重的,处七年以下有期徒刑、拘役或者剥夺政治权利。"为了增强党员的保密观念,《关于党内政治生活的若干准则》规定:"每个党员都必须严守党和国家的机密,并同泄露党和国家机密的现象作坚决的斗争。""凡属党内不许对外公开的事情,不准向党外传布。"

所有这些都说明,党和政府历来重视保密工作,多次在党内外进行广泛深入的教育,阐明严守党和国家机密的极端重要性。广大党员、干部提高了觉悟,自觉遵纪守法,失密泄密现象比前些年有所减少。但是,有一些人仍然缺乏保密观念,不注意保守党和国家的机密。特别值得注意的是,极少数党员领导干部,经不起资产阶级糖衣炮弹的袭击,置党纪国法于不顾,随意向外国人泄露党和国家的重要机密。李光诒就是一个突出的例子。他是一个党员领导干部,在党内生活多年,对党的保密纪律和国家的保密法律是完全清楚的。他并没有任何对外联络的任务,也未经任何人批准,竟在一段相当长的时间内,多次向外国人泄露大量的党和国家机密。这是党的纪律和国家的法律所绝对不能允许的。对这种明知故犯的人如不严加惩处,就不足以教育党员和国家工作人员增强保密观念,就不能保护党和国家的安全。

李光诒泄露党和国家机密,走上犯罪道路的事件,虽然是个别的,但是如何防止失密泄密的事情继续发生,仍是一个值得引起普遍重视的问题。由于林彪、"四人帮"对保密工作的严重破坏,有些人中毒较深,保密观念十分淡薄,他们的头脑里还存在着"保密无用"、"无密可保"等错误认识。例如,有的人为了炫耀自己,往往热衷于传布机密;有的人对家属、子女、亲友随意让看不该看的机密文件,讲不该讲的保密事情。这些人如不吸取李光诒犯罪的教训,自己就可能走上犯罪的道路,也会给党和国家造成重大的损失。

党的十一届三中全会以来,我们的国家进入了新的历史时期,实行对外开放政策,我国的国际交往和来我国的外国人日益增加。在这种情况下,我们更需要增强保密观念,加强保密工作。在同外国人交往中,我们要做到热情相待,又要注意内外有别。对少数外国特务、间谍和别有用心的人乘机混杂其间,窃取我党和国家机密的活动,必须保持高度的警惕。

保密工作是保护党和国家安全的重要的工作。各级党委和政府要加强对保密工作的领导,加强对党员干部的保密教育,使他们增强保密观念,养成保密习惯。党和国家的各级领导干部、特别是高级干部,更要严格要求自己,做严守党和国家机密的模范,以实际行动带领广大党员、干部同各类失密、泄密的现象作坚决的斗争。各地政法机关,要正确运用法律武器,对无视国家保密法规、造成严重泄密者,不论其职位高低,都要依法追究刑事责任,以确保党和国家机密的安全。

**新华社就天津市水产局原领导班子严重不纯问题发表评论员文章《严重的事件 深刻的教训》**

全文如下:

天津市水产局原领导班子严重不纯的问题,是一个深刻的教训,值得引起各级党委的注意。

党中央曾多次指出,要十分重视领导班子的整顿和建设。要坚决把“三种人”——跟随林彪江青一伙造反起家的人、帮派思想严重的人、打砸抢分子,以及抵制党的十一届三中全会以来的路线、方针、政策的人,从各级领导班子中清除出去。这是一个关系到我们能不能坚持党的领导,能不能保证党的马克思主义路线延续下去,能不能顺利进行社会主义现代化建设的极其重大的问题。天津市水产局领导班子严重不纯的问题再次提醒我们,对这个问题,我们决不能掉以轻心。

粉碎“四人帮”已经五年多了,为什么还会发生像天津市水产局这样的严重问题呢?一种情况是,有的单位由于揭批“四人帮”不彻底,在组织上、思想上仍然存在着严重不纯的状况;另一种情况是,有些单位的负责人存在着官僚主义,没有抓紧领导班子的整顿和建设,甚至被“三种人”一时的表现蒙蔽住了。

天津市水产局领导班子的问题教育我们,搞好各级领导班子的建设和整顿,首先,要搞好组织部门的建设和整顿。各级组织部门要保持纯洁,要坚决贯彻党的十一届三中全会的路线、方针和政策;要有坚强的组织观念,大公无私,决不能拉帮结派,任人唯亲;作风上要深入细致、实事求是。其次,要注意加强经常的干部考察工作。对严重不纯的领导班子,发现一个,立即解决一个。特别值得注意的是,在机构改革、配备新的领导班子时,各级党委不但要注意“出”,尤其要注意“进”,绝对不能让“三种人”和抵制三中全会路线、方针、政策的人进领导班子,已经进来的要坚决清理出去,以保证各级领导班子政治上和组织上的纯洁性,保证党的路线、方针、政策能顺利地得到贯彻执行。

**中国缩微出版物进出口公司在北京成立**

中国缩微出版物进出口公司是中国国际书店的分支机构,它与国内各大图书馆、历史档案馆、学术机构和出版部门建立业务合作关系。由这个公司摄制和发行的缩微品包括部分中国善本珍本书籍,绝版图书,丛书,报刊,历史档案和文献资料等。这个公司同时也接受国外订户委托代办中国出版物中部分专题论著和单篇论文的缩微品摄制业务。

**中国选手在伦敦举行的1982年全英羽毛球公开锦标赛中获得2项冠军**

女子单打决赛是在两名中国选手之间进行的。张爱玲以2:0战胜了李玲蔚获得冠军。林瑛和吴迪西在决赛中以2:0击败了印度尼西亚名将维拉华蒂和达玛扬蒂,夺得冠军。

**严红在第十届国际青年游泳(短池)比赛中获3枚金牌**

不满15岁的中国女选手严红在南斯拉夫萨格勒布举行的第十届国际青年游泳(短池)100米蝶泳、200米蝶泳和400米个人混合泳的比赛中,分别以1分5秒60、2分21秒45和5分4秒01的成绩夺得这3个项目的第一名。

## 3月29日

**国务院批转国家计委 国家经委和国家物资总局《关于确保完成国家重要物资调拨计划的报告》并发出通知**

通知强调,未经批准,任何企业、任何机关都不准任意修改或不执行国家计划。擅自截留国家计划内物资,冲击、破坏国家计划,实际上也是经济领域中的违法乱纪行为。各地区、各部门必须严肃对待,采取措施迅速纠正,对情节严重者,要给予必要的处分或绳之以法。

国务院通知说,中央多次强调,必须坚持计划经济为主,市场调节为辅,必须按国家计划办事。希望各地区、各部门树立全国一盘棋的思想,局部利益服从全局利益。既要把经济搞活,又要维护必要的集中统一。要在国家计划的指导下,在现有各项经济政策允许的范围内,发挥各自的积极性,坚决防止和克服各自为政的分散现象。该调出的物资必须按国家计划调出,计划指标如需要调整,必须按规定的程序申报批准。

通知要求国家计委、国家经委和物资总局要经常检查物资调拨计划的执行情况,推广好的经验,及时解决计划执行中的问题,以确保完成国家计划。

国家计委、国家经委和国家物资总局给国务院的报告中指出,1982年上半年,国家统一分配的重要物资、钢材、木材、水泥,由于一些企业截留、自销、自营出口或地方留用增多,致使分配资源减少,影响了生产和建设。

《报告》说,目前钢材、木材被截留的情况十分严重。矛盾比较突出的是薄板。各地钢铁企业上半年比计划少报了176000吨。供应比较紧张的中厚钢板、带钢也都有类似情况。一些地区截留木材的情况也很严重。一些地方和企业动用、自销国家统一分配的水泥也不少。1982年,大中型水泥厂少报列入国家统一分配计划的水泥达81万吨。

《报告》要求各地区、各部门按照计划经济的原则,对1982年国家计划统一分配的物资,必须严格管理,坚决纠正截留、动用国家重要物资资源的做法,以保证国民经济计划各方面的需要。企业产品自销必须严格遵守国家规定的范围,对企业不按规定进行自销的问题,各地区、各部门要结合企业整顿,认真进行检查处理。

**最高人民检察院检察长黄火青就五届全国人大常委会第二十二次会议通过的《关于严惩严重破坏经济的罪犯的决定》答新华社记者问**

问:五届人大常委会第二十二次会议通过的《关于严惩严重破坏经济的罪犯的决定》从4月1日起就要正式施行了,请您谈一谈这个决定对于当前同经济犯罪活动作斗争的意义。

答:《关于严惩严重破坏经济的罪犯的决定》将有力地推动当前打击经济领域中违法犯罪活动的斗争的深入发展,保证社会主义现代化建设的顺利进行。

由于十年内乱对社会道德风气的破坏,以及资本主义腐朽思想与资产阶级生活方式的影响,近几年来经济领域中的违法犯罪活动大量增加。特别是在一些边境地区,走私、套汇、投机倒把、盗卖珍贵文物和行贿受贿等违法犯罪活动相当猖獗。尤其不可忽视的是,现在有某些国家机关、企业事业单位和集体经济单位参与了走私、套汇、投机倒把的活动,甚至有极少数的共产党员、国家干部,也与社会上的违法分子沆瀣一气,互相勾结,进行犯罪活动。当前经济领域中违法犯罪活动的严重程度,在一些地方,确实已经达到令人愤怒的地步。

反对经济领域里的犯罪活动,是新的历史条件下阶级斗争的表现,是一场资本主义腐蚀与社会主义反腐蚀的斗争。这是关系到我们国家和全体人民的利益,关系到我国社会主义制度的巩固,关系到我们党和国家的盛衰兴亡的重大问题。如果我们不采取坚决的措施,严厉打击和及时遏制这种犯罪活动,而听任那些社会蛀虫和败类继续为非作歹,那就会在政治上、经济上给我们带来不堪设想的后果。因此,全国人大常委会作出的《关于严惩严重破坏经济的罪犯的决定》,是符合广大人民群众的要求的,是有利于社会主义现代化建设事业的。

我国的《刑法》,是1979年7月1日经第五届全国人民代表大会第二次会议通过,于1980年1月1日起施行的。两年多来,经济领域中的违法犯罪活动日渐突出,出现了新的情况和特点。这样,客观形势的变化和法制建设的需要,就要求对《刑法》的某些规定加以修改和补充。古今中外的法律条文,都不是一成不变的,都是在实践的过程中,不断总结经验,加以修改和补充,日渐完善起来的。

这次人大常委会通过的决定的特点,一是对严重破坏经济的罪犯量刑从重。情节特别严重的,规定可以判处无期徒刑或死刑。二是对国家工作人员中的违法犯罪分子在处理上从严。

全国人大常委会之所以作出这样的规定,目的在于加强《刑法》的威力,有利于打击犯罪分子的嚣张气焰,有利于打击国家工作人员中极少数徇私舞弊、贪赃枉法以及执法犯法的犯罪分子,也有利于教育挽救更多的人。

人大常委会的决定,给我们以有力的法律武器。这项决定的贯彻实施,必将进一步加强打击经济犯罪的斗争。

问:全国人大常委会的决定宣布从4月1日起施行,为什么又规定对在5月1日以前投案自首,坦白承认罪行、检举其他犯罪人员的罪行的,按以前的有关法律规定处理?

答:全国人大常委会决定中作出这样的规定,充分体现了我们党和人民政府对犯罪分子实行惩办与宽大相结合,坦白从宽,抗拒从严的一贯政策。犯罪分子投案自首、坦白承认全部罪行,并如实检举其他犯罪人员的犯罪事实,表明他们对自己所犯罪行有所认识,愿意改正。对这样的人从宽处理,有利于改造他们并教育挽救其他犯罪人员。人大常委会的决定自4月1日起施行,又对在5月1日以前投案自首,或者已被逮捕而如实地坦白承认全部罪行,并如实地检举其他犯罪人员的犯罪事实的,一律按本决定施行以前的有关法律规定处理,这是为了给犯罪分子一个自新的机会,促使他们改过自新。最近,不少地方的犯罪分子主动投案自首,积极退赃,有的还检举揭发了其他人的罪行,得到了从宽处理。这是一条自新之路。在这里,我们要正告那些犯有严重破坏经济罪行的人:你们应该幡然悔悟,迅速投案自首,坦白承认全部罪行,并如实地检举其他犯罪人员的犯罪事实,这才是唯一的出路,切不可丧失时机。如果执迷不悟,继续隐瞒罪行,拒不投案自首,或销毁罪证,阻挠他人揭发检举,甚至行凶报复,制造事端,那就是继续犯罪,必将自绝于人民,受到法律的严厉惩处。犯罪分子的家属和亲友,应该规劝和督促他们痛改前非,尽快投案自首,坦白认罪,切勿自误。

问:请谈谈在这场斗争中走群众路线的问题。

答:我们国家当前的形势很好。安定团结的局面日益巩固。经济调整很有成效。我们的广大干部和人民群众是好的,经济领域中的违法犯罪分子只是极少数。因此,严惩严重破坏经济的犯罪活动,我们不采用群众运动的办法。当然,这并不是说,不需要走群众路线了。群众路线是我们党的基本工作路线,离开了群众,我们将一无所成。要进行当前这样一场尖锐复杂的斗争,必须认真实行专门机关和群众相结合的方针。

对重大案件,有些就需要在一定范围内动员了解情况的群众,包括罪犯的家属,揭发、检举有严重犯罪行为的人。

严重破坏经济的违法犯罪行为,早为人民群众所深恶痛绝。人大常委会的决定得到了人民群众的热烈拥护。人民群众一定会以国家主人翁的姿态,积极同那些违法犯罪分子作坚决的斗争。

问:人民检察院作为国家法律监督机关,在这场斗争中如何发挥作用?

答:检察机关是我国人民民主专政的工具。打击反革命分子和其他各种刑事犯罪分子,维护人民民主专政制度,维护社会主义法制,保护社会主义的全民所有的财产和劳动群众集体所有的财产,保卫社会主义现代化建设的顺利进行,是我们义不容辞的职责。各级检察机关要尽最大的努力,认真贯彻执行人大常委会的决定,努力发挥法律监督机关的作用,恪尽自己的职责。

各级检察机关要采取多种形式,积极宣传人大常委会决定的重要意义和内容。要坚决支持人民群众揭发经济违法犯罪活动。要密切配合有关部门,依法从重从快处理情节特别严重的经济犯罪案件。检察工作人员要刚正廉洁,奉公守法,决不容许徇私枉法,纵容包庇罪犯,如有执法犯法情事,一定要从严惩处。在办案中,要坚持原则,执法如山。我们的作风要实事求是,工作要深入细致。要重调查研究,重证据,掌握确凿材料,做到不枉不纵。

打击经济违法犯罪的斗争正在逐步深入发展。党中央、人大常委会、国务院的决心很大,措施很有力。对于斗争的胜利,我们是充满信心的。

**全国税务工作会议在北京结束**

会议在总结去年税收工作的基础上,着重讨论了如何进一步做好今年的税收工作。会议指出,1981年,在贯彻国民经济调整方针的过程中,税收上采取了一系列政策措施,该减免的减免,该开征的开征,发挥了税收的奖励、限制和调节作用。去年,全国工商税和盐税共收入551.4亿元,超额5.2%完成了国家计划,比1980年增加41.4亿元,为实现财政收支的基本平衡作出了贡献。

会议指出,目前工商税收已占到财政收入的一半以上,今后,随着税收制度的逐步改革,税收在社会主义建设中的作用将越来越大。因此,要大力抓好1982年的税收工作。各级税务部门要在调查研究的基础上,帮助企业广开生产门路,提高产品质量,疏通流通渠道,降低成本,提高经济效益。凡是有利于调整,有利于生产发展的事情,就要大力支持,积极促进,从发展生产中扩大税源,增加税收收入。

会议强调,要进一步加强税收管理,严肃税收法纪。在税收管理上,要坚持集中统一,不能各行其是,一定要严格按规定办事,任何地方、部门和单位都不得擅自变动税率,自行减税。要加强对企业纳税情况的监督检查,对于严重偷税抗税行为,要坚决依法处理。要通过税收的检查管理,了解走私套汇、投机倒把、贪污受贿等重大经济案件。及时反映情况,揭露问题,配合有关部门,同经济领域里的违法乱纪行为作斗争。

会议经过研究,决定总结税制改革的试点经验,有条件的可适当扩大试点。国营企业交纳所得税,除原来试点的企业要继续试行以外,今年还要对县办工交企业扩大试行征收所得税;为了促进专业化协作生产的发展,将在机器机械、农业机具及日用机械行业中试行增值税;还准备在石油、煤炭行业中试行资源税等。在改革税制的同时,还要根据国民经济调整的要求,对现行的一些税收政策规定,作必要的改进,以便更好地发挥税收的经济杠杆作用。

**中宣部在四川 湖北召开工业经济宣传工作经验交流会**

会议于3月29日至4月11日召开。会议对如何加强企业党的宣传工作和在城镇进行经济形势宣传问题进行了研究。

会议是在我国实行对外开放和对内搞活经济出现新气象,同时也出现了一些新问题的情况下召开的。中宣部副部长廖井丹同志在会上作了讲话。会议总结出了一条基本经验:在经济领域,思想政治工作与经济工作,要统一抓,不可偏废。会议指出,当前摆在全党和全国人民面前的两大奋斗目标,是要抓好物质文明和精神文明的建设。企业经济工作要讲经济规律,要讲经济责任和经济效益,要发挥企业职工代表大会的作用,要实行按劳分配和奖惩制度,要严格劳动纪律等等,这些都是搞好社会主义企业经营管理的基本方针、政策。但是,同时必须加强党的思想工作、宣传工作,要讲思想领先,要提高人的思想觉悟,要讲思想政治工作保证经济工作的社会主义方向。这两个都要讲,不能只讲一个,丢掉另一个。首钢、大庆、天津碱厂、葛洲坝工程局、武汉手表厂、重庆塑料五厂等企业在会上介绍的经验说明,在新形势下,党的宣传工作不是可以放松,而是要求更高了,任务更重了。

会议指出,新形势下企业宣传工作的根本任务和目的,是要向职工进行马列主义、毛泽东思想的宣传教育,增强人们对社会主义优越性的信念,解决好坚持社会主义道路和树立共产主义理想的问题。在会议交流经验中,各地各单位谈到了如何根据各自的特点,进行工业经济责任制的目的和意义的宣传教育，三兼顾教育，主人翁教育，近代史教育，经济形势的宣传教育，爱国主义教育等等。会议指出，所有这些教育，都是为了提高人们的社会主义觉悟，教育人们自觉坚持走社会主义道路，教育职工热爱社会主义祖国。

会议还就对企业干部、党团员、职工群众的宣传教育工作，分别提出了不同的具体要求。对企业干部，特别是领导干部，要加强经济理论、哲学思想、方针政策、防止资本主义思想腐蚀党的肌体等教育，提高经济理论和政策思想水平，增强全局观念。对党员要进行党风、党性、党纪的教育，对新党员，还要进行党的基本知识的教育。作为一个共产党员，不能只讲按劳分配，而应该是发扬公而忘私、助人为乐、不计报酬、为人民利益甘愿作出自我牺牲的共产主义精神。为人民服务、"为共产主义奋斗终生"，这是我们每个共产党员的誓言，也是我们党的光荣传统。在宣传教育中，应该理直气壮地、响亮地向每个党员提出来，并要求在实际行动中见效果，真正做到各级党委起到领导核心作用，支部起到战斗堡垒作用，共产党员起到先锋模范作用。

会议强调指出，当前对广大职工，特别是青年职工要加强社会发展史、近代史等历史知识的教育，加强马列主义、毛泽东思想基本知识的普及教育，加强关于工人阶级基本知识和无产阶级世界观等的教育，使他们懂得新中国是从哪里来的，懂得没有共产党就没有新中国，只有社会主义能够救中国等道理，从而振奋精神，努力为"四化"作出贡献。

"五讲四美"是精神文明建设的重要组成部分，是移风易俗、建立社会主义人与人之间良好关系的大事。会议要求工交企业把"五讲四美"活动同生产、工作、生活结合起来，把它纳入规章制度；订立文明公约，做到经常化、制度化，建立文明工厂、文明车间、文明班组。

**国务院副总理姬鹏飞在北京会见以阿米卡尔·卡布拉尔非洲青年组织全国副书记特奥巴尔多·戈麦斯·巴尔布扎为团长的几内亚比绍青年代表团**

**中国和瑞典在人民大会堂签订关于相互保护投资的协定**

这是我国同外国签订的第一个双边保护投资的协定。国务院副总理兼对外经济贸易部部长陈慕华出席了签字仪式。对外经济贸易部副部长魏玉明和松德费尔特大使分别代表本国政府在协定上签了字。

**中国和菲律宾在马尼拉签订关于联合拍摄影片《苏禄王与中国皇帝》的协定**

根据协定，影片中的中国人将由中国演员扮演，菲律宾人由菲律宾演员扮演。影片定于年内开始拍摄。

这部影片是以一件真实的历史事实为背景的。1417年菲律宾苏禄王帕杜卡·帕哈拉率领数百人到中国访问，明成祖(永乐)给他们以盛情的接待。苏禄王在回国途中不幸病死在中国，明成祖又下令以帝王之礼安葬他。影片反映了中菲两国的传统友谊。

**9位天文工作老专家在西安举行的中国天文学会成立60周年纪念大会上受到表彰**

这九位老专家，早年培育和保存了天文学的"种子"；在新中国，他们为奠定我国天文学现代化的基础立下了功劳。紫金山天文台台长张钰哲，曾经获得7000多次小行星的成功观测，并先后发现800多颗新的小行星。上海天文台的组建者、名誉台长李珩，长期献身于天文科学研究和普及工作，80岁后还承担了《中国大百科全书·天文卷》副主编和《辞海》编委等工作。北京天文馆名誉馆长、我国现代天文学创业元老陈遵妫著作甚丰，目前正撰写《中国天文学史》一书。曾出席1922年中国天文学会成立大会的老前辈陈展云，先后参加过青岛观象台、紫金山天文台、云南天文台前身的凤凰山点的创建工作。北京天文台研究员、1979年被评为全国三八红旗手的邹仪新和她的丈夫、中国科学院数学研究所研究员叶述武，由于对天文学都有优异贡献，因而同时获得表彰。在这"九老"中，还有在培养天文学人才方面有突出贡献的南京大学天文系教授赵却民；对天文测时等科学研究工作有卓著功绩的上海天文台顾问、高级工程师龚惠人；从事中国天文学史研究成绩斐然的北京天文馆研究员、顾问李鉴澄。

## 3月30日

**国务院发出《机械工业技术改造试行条例》**

**全国煤炭工业先进集体和劳动模范代表会议全体大会在北京召开**

全国煤炭工业战线有144名职工被授予全国煤炭工业劳动模范称号，110个单位被命名为全国煤炭工业先进集体。

煤炭工业部要求全国煤炭企业和广大职工认真学习先进集体和劳动模范的好思想、好作风、好经验，找差距，订措施，广泛深入地开展为"四化"立功的比学赶帮超的社会主义劳动竞赛，把煤炭队伍建设成为思想先进、技术熟练、纪律严明、团结协作的优秀队伍，确保煤炭工业生产建设任务的完成，为"四化"建设多出煤,出好煤。

煤炭工业部部长高扬文在会上,要求全体煤矿职工像劳动模范那样热爱党,热爱社会主义,热爱祖国,热爱煤炭事业,以高度的主人翁责任感和共产主义劳动态度,献身煤炭事业;像劳动模范那样,大公无私,一不为名,二不为利,团结协作,助人为乐;要像劳动模范那样,有一股敢于创新,积极进取的精神,努力提高文化水平,科学技术水平和管理水平;要像劳动模范那样,奉公守法,自觉遵守纪律和规章制度,并且敢于同违法乱纪、歪风邪气和不良倾向进行坚决斗争。

高扬文还希望在整个煤炭战线掀起一个学文化知识、学科学技术、学科学管理的热潮,广泛发动群众,形成一个以提高文化水平为荣,以掌握技术操作本领为荣,以努力发明创造为荣的新风气。广大职工要向科学要本领,拜行家做老师,为促进煤炭工业发展,为建设两个文明,作出更大的贡献。

**中共中央副主席李先念在北京会见由人民行动党副总书记加斯东·阿库里奥率领的秘鲁人民行动党代表团**

**中日外交事务当局定期协商会谈在东京举行**

中日外交事务当局第三次定期协商会谈于3月30日和31日在东京举行。

双方认为,这次定期协商是有成效的,将有助于增进两国间的理解和友好合作。

中国外交部副部长符浩和日本外务审议官柳谷谦介参加了会谈。中国驻日本大使宋之光也参加了会谈。

## 3月31日

**中共中央印发题为《关于我国社会主义时期宗教问题的基本观点和基本政策》的文件**

文件指出:解放以后,经过社会经济制度的深刻改造和宗教制度的重大改革,我国宗教的状况已经起了根本的变化,宗教问题上的矛盾已经主要是属于人民内部的矛盾。尊重和保护宗教信仰自由,是党对宗教问题的基本政策,是一直要贯彻执行到将来宗教自然消亡的时候为止的政策。

**中共中央副主席邓小平在北京会见国际奥委会主席胡安·安东尼奥·萨马兰奇**

邓小平称赞国际奥委会同中国的积极合作,并希望双方的合作进一步发展。

萨马兰奇说,国际奥委会同中国方面的合作是卓有成效的。国际奥委会在开展体育活动方面,对中国抱有很大希望。他说,中国近年来在发展体育运动方面取得很大成绩,进步很快。他表示乐意明年来中国参观全运会。

**《人民日报》发表社论《愿文明之花迎风怒放》**

第一个"全民文明礼貌月"过去了,它在欣欣向荣的祖国大地上增添了一片春色,在社会主义精神文明的建设中留下了美好的一页。

一个月来,全国亿万人民积极响应党中央、国务院的号召,意气风发地投入改造社会、移风易俗的各项公益活动中,表现了极大的热忱。从天真烂漫的少年儿童,风华正茂的青年朋友,到霜染鬓发的领导干部,多少人走向社会、走上街头,为社会造福,为人民服务。经过这一个月的努力,许多城市的环境卫生有所改观,公共秩序有所好转,服务质量有所提高。在治"脏"方面成绩更为显著:一座座"垃圾山"被搬掉了,一条条污水沟被治理了,公共场所的痰迹少了,常年扫帚不到的卫生"死角"初步改变了面貌,不少机关、工厂、部队、学校、商店在狠抓环境"净化"的基础上,又抓了"绿化"和"美化"。一些城市里纷纷创建的"红领巾卫生街"和开展的"我爱校前一条街"的活动,是改变环境卫生面貌、进行社会公德教育方面出现的新事物。青少年中学雷锋、树新风活动有了新的发展,"青年服务队"、"学雷锋小组"迎时代春风,送千家温暖,丰富了"全民文明礼貌月"的内容,为社会主义精神文明的建设提供了新的经验。

一滴水可以看出太阳的光辉。"全民文明礼貌月"中出现的可喜现象,令人深切地感到,改变"脏"、"乱"、"差"的现状是能够做到的;创造良好的卫生环境,建立安定的社会秩序,提高服务质量是大有希望的。一个月前,有些同志对开展这项活动是不以为然的,他们怀疑究竟能够取得多大效果。事实上,改不卫生的恶习,除不文明的沉疴,的确不是一件容易的事。但是,千里之行始于足下,一个理想的环境是由一点一滴的努力创造出来的。"文明礼貌月"就是千里之行的第一步。现在,我们已经胜利地迈出了这一步。实践证明,只要各级领导以身作则,身体力行;只要每个人都认识自己的责任,尽到自己的义务,就能够改变"脏"、"乱"、"差"的状况,就能够改变整个社会风气,就能够根治十年沉疴,扫除天下积弊。我们应该有这样的信心。

最近,邓小平同志把我国的情况归结为两句话:一是很落后;二是有希望。我们确有不少落后的东西、落后的地方。环境卫生的"脏",公共秩序的"乱",服务质量的"差",就是一种落后。开展"文明礼貌月"活动,是和落后作斗争;转变社会风气,进行"四化"建设,也是和落后作斗争。我们不讳言街头的垃圾和痰迹，也不掩饰政治生活和经济建设中的缺点和失误。这正是我们有信心、有力量的表现。只要我们不尚空谈，注重实干，治“脏”、治“乱”、治“差”，改革政治、调整经济，都是能够大有作为的。

一个月的时间是短暂的。净化环境，整顿公共秩序，改善服务质量，都只能说仅仅有了一个良好的开端。就全国来看，有的地方抓得扎实，成果显著；有的地方只限于一般的号召，缺乏具体的指导和切实的措施；也还有少数没有触动的“死角”。改掉不文明、不卫生的积习，培养良好的社会风尚，不可能毕其功于一役，未来的任务还十分艰巨。我们既要充分看到“文明礼貌月”的成绩和意义，又不能估计过高。有些同志担心这是“一阵风”，过不了多久，老毛病、老习惯又会恢复。这是值得引起警惕的。我们一定要发扬“韧”的战斗精神，珍惜这一个月开创出来的新局面，注意认真总结和坚持“文明礼貌月”中一些行之有效的好经验、好做法，使之经常化、制度化，不断地巩固和发展“文明礼貌月”的成果。

愿蓓蕾初绽的文明之花，在祖国大地上迎风怒放！

**中国出口第二艘2.7万吨远洋货轮**

由大连造船厂建造的远洋货轮“远望号”在大连举行交船仪式。全国人大常委会副委员长廖承志及其夫人，香港联成轮船有限公司董事长包玉星及其夫人出席仪式。

**1982年出口皮鞋洽谈会在郑州举行**

新加坡、科威特、澳大利亚以及我国港澳等国家和地区的90多位客商参加了洽谈会。

**外经贸部部长陈慕华在中南海紫光阁会见日本国际贸易促进协会副会长萩原定司**

**中国为联合国教科文组织的国际交流发展计划捐款10万美元**

捐款用以帮助第三世界交流事业的发展。中国常驻教科文组织的代表苏林最近会见了教科文组织总干事姆博，转交了中国教科文全国委员会主任高沂就此事致总干事的一封信，并当面转交了一张10万美元的支票。姆博感谢中国政府的积极支持。

**外经贸部副部长郑拓彬率领的中国政府贸易代表团结束对埃及访问回国**

访问期间，中埃双方签订了1982年贸易议定书。按议定书规定，埃及除向中国出口传统商品棉花外，还将首次向中国出口亚麻布、家具和染料。

**中国制成一套汉文自动照相排字系统**

据《人民日报》报道，上海中华印刷厂与有关部门科技工作者合作研制成功的一套汉文自动照相排字系统，性能良好，所排版面符合中国印刷出版的要求。这种排字系统已于1981年6月正式投入生产。这套设备可以排汉文和外文书刊。平均每分钟可以稳定地排出400—500个字符。相当于日文某些同类照相排字系统的水平。这套系统可存储4种字体2.8万个字符，高于外国同类照相排字系统排中文版的功能。

**中国对虾人工育苗技术取得重大突破**

据《人民日报》报道，我国对虾人工育苗技术取得重大突破，进入世界主要养虾国家的行列。

这套技术已经在我国沿海各对虾养殖场和社队普及。人工培育的虾苗不仅满足了目前养虾生产的需要，去年还首次在渤海进行了人工放流。

## 4月1日

**《人民日报》发表评论员文章《坚定不移地同腐败现象作斗争》**

我们在3月15日《做清醒的马克思主义者》评论中,曾经说过:我们党是工人阶级先锋队,是领导中国这样一个大国的党,只要党自身的肌体是健全的,能够有效地抵御各种“病菌”的侵蚀,自己不倒下去,自己不烂下去,始终和人民在一起,那么,任何敌对力量要把我们搞烂,把我们推倒,都是不可能得逞的。正是在这个意义上,应该说,主要的危险不是来自别的方面,而是来自我们党内不坚定分子的腐化变质。

坚定不移地同党内、特别是同某些党员负责干部的腐败现象作斗争,是党中央近几年来始终抓住不放的一个重大问题。粉碎“四人帮”以来,中央首先是反对“两个凡是”,提出恢复和发扬党的实事求是的优良传统和作风;接着是反对个人崇拜。“两个凡是”也好,个人崇拜和突出宣传个人也好,都不是无产阶级的彻底唯物主义思想,而是违反无产阶级党性的腐朽的东西,也可以说是属于思想上作风上腐败的问题。后来,中央提出坚持四项基本原则,提出反对官僚主义,也反对无政府主义和极端个人主义,之后又提出反对资产阶级自由化。所有这些,实质上也都是属于从思想上、政治上和组织上克服各种腐败现象。三中全会以后,我们党恢复了中央纪律检查委员会。五中全会又通过了《关于党内政治生活的若干准则》,为坚持党的无产阶级纯洁性,反对党内的各种腐败现象立了规矩。中纪委成立以后,第一步是突出地反对特殊化,制定了一个关于高级干部生活待遇的规定,起了好作用。接着在全党范围内,突出地强调了党员和干部,特别是领导干部,必须忠实于党的路线、方针和政策,有力地刹住了那股从政治上严重腐蚀和败坏我们党的歪风。从去年起,中央开始突出地抓经济领域中的不正之风,今年更加尖锐地把干部中的经济犯罪问题提到全党的重要议事日程上来。这个简单的回顾,说明了党中央对整顿党风党纪、坚决同党内的各种腐败现象作斗争,确实是紧紧抓住不放的。

我们党是在“四人帮”造成的党风不正,纪律松弛,思想上、政治上、组织上和作风上问题很多的情况下,进入对外实行经济开放、对内提倡搞活经济的新的历史时期。正因为这样,形形色色的犯罪分子比较容易在党内找到他们的合谋者;也正因为这样,我们必须把反对和打击经济领域中的违法犯罪活动,作为今后一个时期整顿党风党纪的中心任务之一。

这场经济领域中打击违法犯罪活动的斗争,关系到党的事业的成败,关系到国家的兴衰。全国人大常委会已经作出《关于严惩严重破坏经济的罪犯的决定》。现在,问题的严重性已经提出了,惩治的法律已经制定了,能不能把这场斗争坚持下去,关键要看领导机关有没有决心。可以说,第一是决心,第二是决心,第三还是决心,看决心究竟大不大。决心大,坚定不移地把这场斗争进行到底,就可以挽救许多人,及时地清除党和国家肌体上的腐化变质的部分,保持党的纯洁性,使我们党的事业的胜利发展在本世纪内获得强有力的保证。中央曾明确规定“两个必须”,“两个不许”。即:对于走私贩私,投机诈骗,贪污受贿,把大量国家和集体财产窃为己有等严重违法犯罪行为,必须抓住不放,雷厉风行地加以处理;对情节严重的犯罪干部,特别是占据重要职位的犯罪干部,必须依法制裁。对干部中首先是负责干部中在经济上存在的严重问题,不许熟视无睹,知情不报;不许优柔寡断,姑息包庇。党中央的这个决心,是下定了的。各地党委也应当下这样的决心。因为这件事的意义太重要了,不狠狠抓住这一环,党就会先是有某些部分腐化,尔后有更多的部分腐化,以致“和平演变”,成为不治之症。

有的同志担心,是不是又要搞运动,又会重犯扩大化的错误,甚至怀疑这样搞是不是“左”了,因而犹豫不定,难下决心。这种想法是不对的。中央已经明确宣布不搞运动,不搞人人过关,用办案的办法,重点打击要案大案,其目的就是防止发生诬告和人人自危等混乱现象。中央还规定,在处理上要把违法犯罪行为同工作中的失误加以区别,给犯罪分子以坦白从宽的机会和时间。有这样一些明确的规定,把这场斗争限制在确有其事的范围之内,就可以避免扩大化,何“左”之有?如果我们面对这场不可避免的严重斗争,昏昏然,糊里糊涂,听任资产阶级腐朽的东西侵蚀我们党,那倒确实是右了。

有的同志担心打击经济犯罪活动,影响开放政策的贯彻执行,顾虑重重,决心难下。这种想法也是不对的。对外实行经济开放,对内实行搞活经济,包括试办经济特区,允许广东、福建两省在经济上实行特殊政策和灵活措施,都是正确的,今后仍然要这样做。但是,对外开放也好,对内搞活也好,都是为了加快国家的社会主义现代化建设,为了全体人民的利益,而决不是为了填满某些人的私囊,养肥那些损公利私、损人利己的经济犯罪分子。特殊政策,则是在统一国策之下的特殊;灵活措施,也只能是在坚定的原则立场之上的灵活。离开了社会主义方向,丢掉了共产主义原则,那叫什么特殊政策、灵活措施?明确这一点,并不损害那些以正当手段来同我们做生意的外国资本家和港澳工商业者的合法利益,也不损害国内那些在政策允许的范围内积极经营的国营单位、集体单位和个体户的合法利益。可以这样说，只有打击经济犯罪活动，杜绝各种歪门邪道，才能保障各方面的合法利益，真正打开经济工作的新局面。在这种情况下，我们有什么理由踌躇不决、养痈遗患？

打击经济领域犯罪活动的斗争，完全符合党心、军心、民心，也受到海外爱国侨胞和外国朋友的好评。人们对这场斗争极为关注，期望很大。我们一定要统一认识，统一行动，上下一心，军民一致，毫不动摇地把这个斗争进行到底。

**民盟中央在全国政协礼堂举行纪念张澜先生诞辰110周年大会**

张澜先生是民盟创始人之一、前民盟中央主席。

中共中央政治局委员、全国人大常委会副委员长、中共中央统战部部长乌兰夫，中共中央书记处书记、全国人大常委会副委员长习仲勋，全国政协副主席刘澜涛，各民主党派和有关人民团体负责人屈武、胡子昂、叶圣陶、严信民、黄鼎臣、金善宝、李纯青、林丽韫等出席大会。

乌兰夫在纪念大会上讲话，对张澜先生表示深切的怀念和崇高的敬意。他说，张澜先生是我国的民主革命家，可敬的爱国主义者，中国民主同盟杰出的领导人，中国共产党的亲密朋友。

乌兰夫说，近百年来，我国无数具有民主主义思想的先进人物和爱国志士，为了救国救民，勇敢地起来进行战斗，在人民民主革命史上谱写了光辉壮丽的篇章。张澜先生就是他们的光荣代表之一。

他说，张澜先生早在辛亥革命前夕就参加了领导四川人民反帝反封建的保路运动。“五四”运动以后，他在四川提倡民主办学，支持学生的进步活动。抗战期间，他拥护中国共产党团结抗日的主张，反对国民党反动派消极抗战、积极反共的政策。解放战争时期，他以大无畏的精神，揭露国民党反动派发动内战的阴谋，支持中国共产党提出的停止内战、建立联合政府的政治主张。旧政协会议期间，他作为中国民主同盟的领导人，同中国共产党密切配合，协调行动。1946年他指示民盟总部发表声明，断然拒绝参加伪国大，孤立了国民党反动派，坚持了中国民主同盟的正确立场，坚持了人民民主统一战线。1947年11月，他在上海被国民党反动派监视，仍然坚信“在中国，民主将最后战胜”。他为新中国的创立立下了不朽的功绩。新中国成立后，他参加了人民民主政权的领导工作，是我国德高望重的国家领导人之一。

乌兰夫说，张澜先生的一生，是随着中国革命历史发展不断前进的、战斗的一生。他从旧民主主义革命到新民主主义革命，再到同中国共产党亲密合作，接受中国共产党的领导，终于实现了他推翻旧社会、创建新中国的夙愿。他是一位与日俱进的、受到人们尊敬的、坚决拥护中国共产党领导、走社会主义道路的爱国老人。他离开我们已经27年了。现在，我们的国家发生了巨大的变化，社会主义革命和社会主义建设事业都取得了光辉的成就，爱国统一战线不断巩固和发展。特别是党的十一届三中全会以来，全国各族人民在中国共产党领导下，同心同德，为把我国建设成为现代化的社会主义强国，不断创造出新的成就。这充分显示了我国社会主义制度的优越性和在中国共产党领导下，实行多党派合作的优点。毛泽东同志曾经指出：“国事是国家的公事，不是一党一派的私事。”我们党同各民主党派、无党派民主人士实行团结合作，这是一项坚定不移的原则。在新的历史时期，我们要继续贯彻同各民主党派长期共存、互相监督的方针；切实尊重各民主党派在宪法赋予的权利义务范围内的政治自由、组织独立和法律平等的地位；同党外朋友真正建立起肝胆相照、荣辱与共的关系；大力支持各民主党派和人民团体独立自主地开展工作。乌兰夫希望各民主党派充分发挥积极性、主动性和创造性，进一步开辟民主党派工作的新局面，团结一切可以团结的力量，为把我们的祖国建设成为高度民主的、高度文明的、现代化的社会主义强国，为完成祖国统一大业、为反对霸权主义、保卫世界和平而共同奋斗。

民盟中央主席史良委托民盟中央副秘书长罗涵先宣读了她的讲话稿。史良在讲话稿中回顾了张澜先生的生平事迹，表达了对张澜先生的崇敬怀念之情。她指出，张澜是一位热诚的民主主义者，爱国主义者，坚强的民主战士，他的一生是为中国的独立、自由、民主、和平而奋斗的一生。她勉励民盟同志努力学习张澜先生的战斗精神和高尚品德，为我们国家的大统一、大团结，为建设社会主义的物质文明和精神文明，作出贡献。

全国政协副主席、民建中央副主任委员、全国工商联主任委员胡子昂在讲话中说，张澜先生曾经在一条崎岖不平的道路上摸索前进，几十年曲折复杂的斗争实践，使他认识到唯有中国共产党才能领导人民，拯救祖国，振兴中华。所以，他终于走上了跟共产党走的道路。胡子昂在回顾了与张澜先生相识和交往的往事之后说，在旧中国，张澜先生面临血腥的白色恐怖，毫无惧色，充满信心，坚持战斗，坚定地站在人民一边；新中国成立后，他积极参加人民民主政权的工作，曾任中央人民政府副主席、全国人大常委会副委员长、全国政协副主席，为中国人民的革命和建设事业贡献了自己的力量，直到生命的最后一息。胡子昂说，张澜先生是民盟的光荣,也是中国知识分子的光荣,我们应当学习他,紧密团结在中国共产党周围,不断巩固和扩大爱国统一战线,为实现中国人民的三大任务而努力。

民盟中央副主席楚图南主持纪念大会。

张澜先生的儿子张乔啬、女儿张淑延,有关方面负责人和民盟中央负责人平杰三、李贵、方知达、彭友今、张友渔、华罗庚、萨空了、李文宜、费孝通、闻家驷、高天和民盟的成员1000人,参加了纪念大会。

**全国妇联发出关于向庄惜英同志学习的通知**

通知说,广东省潮阳县邮电局工人、女共产党员庄惜英是当前广大妇女勇敢地同经济领域中违法犯罪活动作斗争的榜样。我们号召广大妇女干部和妇女群众要学习庄惜英坚定地站在党和国家利益的立场上,时刻保持清醒的头脑和高度的警惕,为维护党纪国法,不怕打击迫害,以大无畏的战斗精神向经济领域中违法犯罪活动进行坚决斗争的精神。

通知要求各级妇联组织要加强宣传教育工作。要根据各自地区的特点,向广大妇女进行反腐蚀教育,增强妇女群众抵制资产阶级思想侵蚀的能力。

**全国物资系统在国家计划指导下搞活物资流通取得显著经济效益**

据《人民日报》报道,三年来,他们在改进物资分配供应办法,物资经营实行企业化,合理组织物资流通等方面做了大量的工作,开始走出了一条新的路子。

——改进物资分配供应办法。从1979年开始,物资部门在实行计划分配调拨的同时,根据资源情况对一部分重要物资采取了多种灵活供应的办法。如:取消了对部分钢材、化工产品和机电产品分配指标的限制,实行敞开供应;对有色金属和铸造生铁等,根据用户需要由物资部门发给"供应票",用户可以不受时间、地点、品种规格的限制,随时到物资供应点选购;维修、科研单位需用的零星材料和零配件,不用事先申请订货,随到随买。这样做,大大加快了物资周转,降低了社会库存。

——物资经营实行企业化。目前,全国物资部门共建立城乡物资经营网点27000多个,各种类型的生产资料商场64个。这些网点和商场,既供应计划内的物资,又开展代销、代购、代加工、代托运和帮助各企业调剂余缺等业务;既为各生产建设单位处理积压物资,又协助推销新产品;既有现货展销,又有期货交易,服务形式多种多样,服务态度热情周到,深受用户的欢迎。

近两年来,这些物资网点还开展了一项大受企业赞扬的物资承包供应和配套供应业务,不仅使生产建设单位的物资供应有了可靠的保证,大大加快了建设进度,还减少了采购人员满天飞。

——按照合理流向和经济区域组织物资流通,节省流通费用。云南省过去有44个县按行政区划进货,迂回运输路程达6600多公里,仅钢铁、水泥两项一年就浪费运输500多万元。目前,这个省已有22个县解决了迂回运输问题。

由于物资部门初步搞活了物资流通,加速了物资的周转,使经济效益有了明显的提高。1980年和1981年,全国物资销售总额分别达到472亿元和447亿元,分别比1979年增长9.5%和3.7%。这样高的增长速度是新中国成立以来少有的。1981年,定额流动资金周转天数比1979年缩短15天,少占用国家资金21.6亿元。

**古代铜鼓展览在北京民族文化宫开幕**

中共中央政治局委员、统战部部长乌兰夫、国务院副总理杨静仁参观了展览,祝贺我国解放以来第一次举办中国古代铜鼓展出。

参加这次展出的120面铜鼓,是新中国成立后在桂、黔、粤、滇、川等省、自治区出土的一部分。展览由中国古代铜鼓研究会、民族文化宫等9个单位联合主办。

**中国佛教协会会长赵朴初把在日本获得的佛教传道功劳奖金208万日元捐献给中国佛教协会**

## 4月2日

**国家民委在北京举行第二次委员(扩大)会议**

会议于4月2日至4月14日举行。

会议总结了1979年5月召开的第一次委员(扩大)会议以来的工作,确定了今后的工作任务。国务院副总理、国家民委主任杨静仁到会讲了话。他强调,在今年内,要力求使民族关系有一个显著的改善,民族团结有一个大的发展,民族经济工作有所进步。在谈到经济建设和全国各民族大团结的关系时,他说,经济建设和民族团结是互相促进的,没有坚强的民族团结,要搞好经济建设是不可能的,同样,不促进民族地区的经济发展,民族团结就没有坚实的基础。国家民委副主任江平作了工作报告。出席会议的委员和民族事务部门的负责同志以及中央有关单位的代表共197人,就会议议题进行了讨论。

为了进一步推动民族团结事业,会议建议通过立法建立"民族节",以多种多样生动活泼的形式,经常开展向全国各族人民宣传党的民族政策,表彰民族团结先进单位和模范的活动。

会议一致认为,做好民族工作,巩固各民族的团结,关键是发展少数民族地区的经济。去年,国家民委派出调查组,对内蒙古、云南、广东、湖南等少数民族地区的经济情况进行调查研究,并在有关部门协助下,组织内地与少数民族地区经济对口支援,促进了民族地区工、农、牧业的发展。

会议认为,正确处理经济方面的民族问题,抓好经济工作,仍然是民族工作的一项迫切任务。各级民委要积极配合有关部门做好经济工作,争取尽可能快地基本上改变少数民族地区的面貌。

**美国亚洲问题研究协会在美国芝加哥举行中国辛亥革命讨论会**

来自台湾海峡两岸的中国历史学者第一次在国际学术会议上交流他们的研究成果。通过讨论,学者们促进了了解,有助于进一步推动对这场伟大革命的学术研究。

应美国亚洲问题研究协会的邀请,中国著名近代史学者、中央文献研究室副主任、北京大学教授胡绳,华中师范学院历史系教授章开沅、中国社会科学院近代史研究所中华民国史研究室主任李宗一和中国社会科学院哲学研究所研究员李泽厚参加了讨论会。应邀参加的台湾学者有台湾大学兼任教授秦孝仪、台湾大学历史系教授张忠栋、台湾师范大学历史系主任林明德、台北中央研究院近代史研究所研究员张玉法和台湾政治大学兼任教授李云汉。

大陆和台湾的学者事先都向大会提交了他们关于辛亥革命的论文。在讨论会上,他们分别对自己的论文作进一步阐述,和解答会上所提出的问题。

500多名美国和其他国家的学者出席了讨论会。他们对中国大陆和台湾学者能聚集一堂进行学术讨论表现了很大的兴趣和热情,并祝贺中国学者在辛亥革命学术研究方面取得的成果。

**全国水电防汛工作会议在南宁召开**

会议总结了近一两年来防汛工作的经验,明确提出必须进一步贯彻"以防为主,防重于抢"的防汛方针。

会议提出,要完成今年的水电防汛任务,全国水电系统各级领导和广大职工要作出艰苦的努力。各级水电部门一定要克服麻痹思想,消除侥幸心理,切实加强防汛工作的领导。要迅速建立和健全各大区电管局、省(区)电力局的防汛机构,实行防汛工作分级管理责任制,建立各种规章制度,逐步实现水电工程的完善化和水电防汛工作制度化。各工程局和水电厂还应加速水文、雨量站网的建设,完善通讯设施,改变当前报汛手段不足、水情站网不完善、通信不畅的状况。

会议表彰了去年防汛抗洪取得优异成绩的15个先进单位,它们是:第四水电工程局、00632部队、330工程局、葛洲坝水力发电厂、长江流域规划办公室、刘家峡水电厂、石泉水电厂、大化水电站工程指挥部、中南勘测设计院、西北勘测设计院、长寿水电厂、第八水电工程局、西北电管局、黄河中上游水量调度办公室、第四水电工程局刘家峡分局,并分别授予锦旗和奖状。

**国务院副总理姚依林在人民大会堂会见参加亚非保险再保险联合会第二十二届执委会的全体代表**

**亚非保险再保险联合会第二十二届执委会在北京召开**

参加会议的有菲律宾、埃及、伊朗、伊拉克、科威特、摩洛哥、尼日利亚、土耳其、赞比亚、朝鲜民主主义人民共和国和中国11个国家的29位代表。本届会议主席、菲律宾中华保险公司总裁杨应琳主持会议。

**全国妇联主席康克清在北京会见由罗马尼亚妇女理事会副主席奥·索洛莫奈斯库率领的罗马尼亚妇女代表团**

**徐州手表厂试制出盲人手表**

据《人民日报》报道,徐州手表厂最近试制成盲人手表。盲人只要打开这种表的表盖,用手指触摸表针和表面上的凸点,就能得知手表的读数。

盲人表是我国钟表行业的空白。徐州手表厂在有关部门的支持下,于去年年底积极着手研制。研制成的启开式全钢防震17钻统一机芯盲人手表,表针比国外盲人手表牢固,价格仅为进口盲人表的1/4,全国各地都能修理。

**中国笔会中心在北京举行会员(扩大)会议**

会议选出的13名副会长是:丁玲、王蒙、叶君健、艾青、冯至、冯牧、朱子奇、刘白羽、严文井、陈荒煤、夏衍、萧三、曹禺。

笔会中心副会长兼秘书朱子奇汇报了中国笔会中心的工作。中国笔会中心自1980年成立以后,先后多次派出作家参加国际笔会在南斯拉夫、巴黎、塞浦路斯和伦敦举行的会议,增进了与世界各国文学家的了解与友谊。

**《食品周报》创刊**

由商业部食品酿造研究所主办的我国第一张食品专业科普报纸《食品周报》创刊。该周报主要刊登食品专业的新闻、评论、工作研究及有关市场动态、烹饪技术、食谱等知识性、趣味性的文章。

**“八十年代新一辈”青年歌曲征集评选揭晓**

活动由中央人民广播电台文艺部，共青团中央文体部，各省、自治区、直辖市人民广播电台文艺部和各省、自治区、直辖市团委文体部联合举办。《青春进行曲》《振兴中华》等30首歌曲得奖。

**中国运动员在苏联里加体操邀请赛上获3项冠军**

杨岳山获得男子自由体操、鞍马2项冠军，俞枫夺得平衡木冠军。

## 4月3日

**《人民日报》发表社论《政策要保持稳定 问题要抓紧解决——论总结完善农业生产责任制》**

近来，凡是到农村看一看的人，莫不说农村生产确有发展，农民生活确有改善，群众满意，就是怕变。首先，怕生产责任制政策变，希望这个政策千万不要变，这是普遍的呼声。

党中央在今年年初发布的一号文件中指出，从现在起，全国农村生产责任制的大规模变动已经过去，应当转入总结、完善、稳定阶段。当前应当向群众宣传两个不变，即：“我国农业必须坚持社会主义集体化的道路，土地等基本生产资料公有制是长期不变的，集体经济要建立生产责任制也是长期不变的。”这是符合农民群众的愿望和目前农村经济发展要求的重大决策。

生产关系要适应生产力的性质。只有当着不改变生产关系，生产力就不能继续向前发展的时候，改变生产关系才是必要的，有积极意义的。既已改变，实践又证明改变是适当的，就要在一个时期内保持相对稳定，以利于促进新的生产力发育成长，并使其自身日趋完善。建立和健全农业生产责任制，关系到分配制度和经营方式，是涉及生产关系变革的问题，如果不按客观经济规律办事，随心所欲地变来变去，必然要脱离实际，脱离群众，到头来还得走回头路。在这方面，我们是有教训的。过去，一度认为集体经济越公越好，规模越大越好，而不顾当时当地生产力的水平，不断朝着“公”与“大”的方向变，曾引发出吃大锅饭、平均主义的错误，长期影响了生产发展。

党的三中全会以来，为了纠正这种错误，我们在全国范围内分批推行农业生产责任制，特别是“联产承包制”，从而引起农村集体经济的重大变化。集体经济过去是一个模式普盖全国，现在是组织规模不等，经营方式各异，充分体现了因地制宜的原则。这样做的结果，增产效果是显著的，深得群众拥护。实践证明，这个变革是成功的。今后应该立即扎扎实实地进行一段完善责任制的工作，而不宜频繁变动。我国农业经济的基础依然是比较脆弱的，再经不起过度震荡了，群众怕变的呼声，是必须倾听必须接受的。

群众怕变，究竟是怕什么样的变？看来，他们既怕变到过去的平均主义、吃大锅饭，也怕变到小农经济的单干时代。他们绝大多数是想通过“联产承包”责任制，摆脱大锅饭、瞎指挥和某些管理人员的不正之风，而不是要摆脱社会主义和党的领导。中央提出的“两不变”，正是反映群众的这种要求，也是两条最基本的政策界限。只要各级领导认真负责地向群众做好宣传教育工作，使中央提出的两个长期不变的基本政策被群众所掌握，就能在亿万群众的热情支持下，把完善责任制的工作做好，就能激发群众与干部的革命精神，把工作大大推进一步。

完善责任制，应当联系一个总的目标，这就是探索一种有利于繁荣农村生产的社会主义农业经济体制。这种体制是否优越，取决于能不能满足以下一些要求：既有利于发挥集体统一经营的优越性，又有利于调动个体成员的积极性；既要照顾生产队集体利益和农民个人的利益，又要照顾国家建设的总体制益；既要吃饭，讲近期效益，又要建设，讲长远效益；既要鼓励农民发挥各自专长，劳动致富，又要扶贫助难，共同发展。满足上述要求，就可以保障社会生产力通畅发展。我国农业合作化已经历了30年的历史，各个地区经济基础和工作基础不同，群众对责任制形式会有不同的选择，各地应因地制宜，该统则统，该包则包，使上述各项要求在不同条件下得到体现。完善生产责任制应当在坚持土地等生产资料公有制，坚持党的领导这两个大前提下，鼓励干部勇于从实际出发，支持群众的首创精神，在因地制宜的“宜”字上下功夫，使我们的社会主义事业蓬蓬勃勃地向前发展。

来自农村的另一个普遍呼声，是要尽快地解决群众面临的一些迫切问题。确如大家所说，“农村形势大好，但问题不少”。我国幅员辽阔，各地情况千差万别，中央的任何一项正确政策要变为亿万群众的实际行动，总要通过无数个中间环节，这就不可避免地受到这样那样的影响和作用。如推行生产责任制这样一个牵动千家万户的群众行动，时间短促(各县分别计算，一般是几个月时间)，事先酝酿不够，群众闻风而动了，而领导落在后面，在这种情况下，出点问题是在所难免的。

例如：在一些地方，组织涣散，社会治安不好；土地划分和利用不当；对少数困难户的照顾不够；承包合同尚未建立，或虽已建立，但有人违反；财务混乱，无人清理；少数地方原有的公共财产被哄分、哄拿无人制止；应该统一管理统一经营的公共工程、企业，无人去办；计划生育失控，办学受影响；一家一户的干劲很大，但缺乏共同的事业计划，等等。诸如此类的问题，和我们所取得的成绩相比，乃是次要的局部的和暂时性的。但如久不解决，就会阻碍集体经济向前进步，甚至涣散瓦解，造成严重损失。而只要抓紧工作，这些问题要解决并不难，关键在于领导。山西、安徽、湖北、山东等省的经验可供参考。这些省的做法是，首先要求各级党的组织，特别是县委，振作起来，敢于正视问题，不要回避问题，不要互相埋怨，而要敢于负责，敢于抓工作，不失时机地整顿基层，训练干部，统一认识。要普遍建立干部岗位责任制，严明奖罚。要派足够数量的干部下乡蹲点，调查研究，一个队一个队，一件事一件事地抓，有什么问题，就解决什么问题。要当好参谋，像过去合作化运动初期那样仔细，那样认真。还要求比那时更加重视走群众路线。果能如此，少则一年，多则二三年，就会全面改观。

中央的政策已经得到群众热烈拥护，为今后农村工作进一步发展打下基础，对农村各项建设的巨大促进作用将越来越充分地显示出来。只要加强党的领导，紧紧依靠群众，任何困难都可以克服，各种问题都可以解决。这就是我们的结论。

**国家农委 国家科委在北京召开“农业科技推广奖”授奖大会**

大会授予220项重大农业科技推广项目“农业科技推广奖”，并颁发了奖金。参与这些项目并作出重大贡献的1428个单位、924人，分别获得农业科技推广奖状和农业科技推广奖励证书。

受奖的这批重大农业科技推广项目，有农业54项，林业40项，畜牧业16项，水产、水利、农垦各30项，气象20项。它们的共同特点是经济效益高，已经在生产实践中发挥了作用。北京市畜牧局的同志代表获奖单位在会上讲话，表示今后要进一步和高等院校、科研单位团结协作，把教学、科研、技术推广和生产紧密结合起来，力争在较短的时间，把农业技术的推广工作提到一个新水平。

参加这次授奖大会的，有国家农委、国家科委、中国科协、全国妇联、共青团中央、中国农业银行以及有关业务部门的负责同志，还有一批农业专家和科技人员。国家科委副主任童大林主持会议，国家农委副主任何康宣读了授奖通知。国家农委副主任张平化代表国家农委、国家科委授奖并讲话。他指出：农业靠科学，当前，最现实、最有效的办法，就是要抓好农业科技成果的推广和运用。新中国成立以来，农科战线成果数以千计，已经用于生产并取得效益的仅1/3左右，还有许多成果尚未推广，潜力很大，希望战斗在农业战线上的广大科技人员再接再厉，进一步做好推广工作，为农业现代化作出更大的贡献。

**国家建委在北京召开基本建设工作座谈会**

国家建委副主任彭敏提出：在精简机构中，要加强对基建工作的领导，切实做到精简机构和基建工作两不误。

1982年第一季度，全国基建情况是好的。能源、轻纺、交通运输、原材料工业方面的一些重点工程建设进度加快。两淮、兖州、邯郸等煤矿区的一些大型矿井超额完成了一季度进尺计划。1、2月份全国城镇住宅竣工面积达74万平方米，比去年同期增加16%。但是，有的部门忙于精简机构，对基建工作抓得不紧，有的部门在精简机构过程中，基建工作衔接不够好，因而一些亟须处理的问题未能及时解决。彭敏指出：第二季度是基建施工的好季节，一定要处理好精简机构与基建工作的关系，千万不能放松对基建工作的领导，加强日常指挥调度，搞好工作衔接，切实做到精简机构和基建工作两不误。

彭敏同志说，1982年基建工作要着重抓好以下几项：缩短建设工期，提高投资效益，抓紧投产项目和重点项目的建设，抓好建设、设计、施工单位的整顿工作，扎扎实实做好基建前期工作，坚持按基建程序办事，加强基本建设管理的基础工作，努力提高基建管理水平。

**全国妇联主席康克清在北京会见由吉布提妇女联盟副主席法杜姆·阿哈迈德率领的妇女代表团**

**王晓明获伦敦国际体操赛男子全能冠军**

中国选手王晓明在伦敦举行的《每日镜报》国际体操赛中，以56.25分的总成绩夺得男子全能冠军。

## 4月4日

**《人民日报》发表社论《讲求生财之道》**

宋朝政治家王安石说过：“因天下之力，以生天下之财，取天下之财，以供天下之费。自古治世，未尝以不足为天下之公患也，患在治财无其道耳。”说明生财有道，乃是解决财力不足的根本出路。广辟生财之道，需要探索的问题很多，当前要着重解决三个问题：解放思想，发展生产，提高经济效益。

解放思想。我们所讲的解放思想，决不是不讲客观规律，更不是提倡蛮干瞎干，而是要从实际出发，遵循实事求是的原则。当前，我们的实际情况是：一方面，各地方、各部门、各单位都感到钱不够；另一方面，“遍地是黄金”，却没有人去挖去捡。一方面，农民和职工的收入增加了，对衣、食、住、行、用等几方面都提出了新的要求；另一方面，我们的某些生产还是老样子，适销的产品生产不足，不适销的产品却照样生产。一方面，许多企业感到“吃不饱”，不少人无事可干；另一方面，社会迫切需要的许多行业又很少人去干。以农村来说，缝纫机、自行车、手表、闹钟、水泥和玻璃等建筑材料长期供应不足。以城市来说，住房难，吃饭难，做衣难，修理难，人们议论纷纷。此外，增加出口产品的生产也有巨大的潜力。这些状况都说明，只要解放思想，加强市场预测，摸清社会生产和人民生活的脉搏，上述问题是可以解决的，因而生财的门路是十分广阔的。

发展生产是增加财政收入的基础。但是，我们在领导和组织生产的过程中，千万不可重蹈覆辙，片面追求产量产值，片面追求发展速度。以往曾出现过的那种“工业报喜，商业报忧，仓库积压，财政虚收”的状况，是务虚名而受实祸。在国民经济调整中，比例严重失调的状况还没有完全改变过来，我们必须保持清醒的头脑。讲求生财之道，就当前而言，应当注意以下几方面的问题：

第一，努力增加适销对路、优质低耗、能够增产增收的产品，力争扎扎实实、没有水分的速度，真正使国家和人民得到实惠。

第二，打破条条块块的限制，按照专业化协作的原则组织生产。这是技术进步，增加品种，提高质量，降低成本的有效途径。

第三，大力发展综合利用。我们许多有色金属矿是属于多种金属的共生矿，要最大限度地加以综合利用。生产规模越大，废气、废液、废料越多，可以广泛发展综合利用，变废为宝，变害为利。

第四，充分发挥现有企业的潜力。把以往扩大再生产主要靠建新厂，改为主要靠对老企业有计划有步骤地进行技术改造和设备更新。

第五，力求节约能源和原材料，从节约中求增产。

第六，发展集体所有制企业和必要的个体经营。在饮食服务行业、手工业和其他劳动密集行业，尤其应当如此。

第七，按照经济的合理流向，组织商品流通，杜绝迂回运输，降低流转费用，节约流动资金。

第八，完善经济责任制，改善经营管理，加强经济核算。这件事办好了，就可以提高生产，增加收入，是不要投资的“投资”。

当然，解放思想，广开生产门路，努力发展生产，都要围绕提高经济效益这个前提来进行。搞社会主义现代化建设，不能像小商人那样，只顾眼前，不顾长远，只顾局部，不顾整体。我们讲究提高经济效益，讲求生财之道，要有远大的战略眼光和全局观点。既要算细账，更要算大账。有些事情，比如办小烟厂、小纺织厂、小炼油厂，从一个企业、一个地区看，也许有益，但从全局看，以小挤大，以落后挤先进，则是得不偿失的蠢事。有些事情，比如水利、造林、交通、能源、港口码头建设等等，投资多，暂时没有效益或效益不显著，但从长远看，对今后国民经济的发展却是不可少的。总之，我们要千方百计地提高生产、建设、流通等各个领域的经济效益，使国民收入和国家财政收入的增长幅度高于、至少不低于工农业生产总值的增长幅度，这是提高经济效益的一个重要标志。

讲求生财之道，广辟财源，要充分发挥广大群众的积极性。只要我们向群众说明家底，讲清政策，运用正确的工作方法，把人民群众充分发动起来，就一定可以把生产搞上去，就可以使有限的资金发挥更大的经济效益，我们国家的财源就会一天比一天充裕起来。

**国务院35个部委院抓紧落实知识分子政策**

据《人民日报》报道，国务院35个部、委、院在国务院科技干部局协同下，对所属在京单位的高级知识分子政策落实情况进行了一次检查。他们边检查，边解决实际问题，在短短两个月内，处理了许多长期悬而未决的问题。

据检查，这35个部、委、院在党的三中全会以后，为落实党的知识分子政策做了大量的工作，是有很大成绩的。这35个部、委、院在京高级科技人员约占国家机关在京单位高级知识分子的1/2，其中约90%的冤假错案已平反，28%的高级科技人员进入了各级领导班子，118名老专家配备了助手，241人夫妇两地分居问题得到解决，住房条件解决较好或目前住房情况尚可的有2300多户。检查中也还发现有不少问题尚未解决，计有政治遗留问题472件，工作条件急待改善的163件，2000多户住房较挤。

对待这些问题，各部、委、院和科技干部局本着实事求是、不讲空话的原则，做到能解决的问题立即解决。他们主要做了以下几项工作：一、在调查研究的基础上，实事求是地对61个人的政治结论进行了复查，原结论纯系错误的予以否定，查无实据的予以改正，结论不妥的予以修改。二、清理了81人的档案材料，对档案中存入的不实材料作了清理。三、协助各级党组织制订了在高级知识分子中发展党员的工作计划。其中15个部、委、院的高级知识分子中，近几年已经有244人成为共产党员；其他申请入党的高级知识分子，各级党组织也作了具体帮助的安排。四、本着实际可能,为一些老专家配备了助手,改善了一些专家的住房条件等问题。

检查组认为,检查工作所以取得较大成绩,主要有两条经验:一、各部、委领导重视党中央的指示和知识分子政策,决心大,行动快。二、检查班子是由各部、委主要领导和人事、教育、科技部门领导人组成,知情况、有实权,所以能做到问题当即解决,不推不拖。

国务院科技干部局负责人说,国务院35个部、委、院关于落实知识分子政策情况检查说明:党的三中全会以来各单位、各地方贯彻党的知识分子政策是有很大成绩的,但是也还有不少问题亟待解决,进行一次政策落实情况大检查,促进遗留问题的解决是非常必要的。这是充分发挥知识分子在"四化"建设中作用的大事,应当引起各级领导的重视。他说,国务院35个单位的经验还证明,许多长期悬而未决的问题,看来似乎很难解决,但是只要进行切实的调查,按党的原则、政策办事,解决起来也并不难。要紧的是各级领导重视这项工作,亲自动手。

**中组部在北京召开发展党员工作座谈会**

参加会议的有各省、自治区、直辖市党委组织部的负责同志,以及中直机关、国家机关临时党委组织部和总政组织部的负责同志。座谈会研究讨论了在新形势下,如何保证新党员质量,做好发展党员工作,提高党的战斗力的问题。中组部副部长杨士杰主持会议,中组部部长宋任穷到会讲了话。

座谈会分析了目前党员队伍和发展党员工作的基本状况。粉碎"四人帮"以来的四年间,全国共发展新党员460多万名,占现有党员的12%。现在,全国党员总数达到3900多万。但是由于林彪、江青反革命集团的破坏,我们工作指导上的某些失误,以及历史形成的其他一些原因,现有党员队伍还存在着一些不能适应新形势、新任务要求的问题。

座谈会认为,明确在新形势下发展党员的指导思想和要求,是做好发展党员工作的前提。今后发展党员工作,要从建设"两个文明"、坚持四项基本原则和培养共产主义事业接班人这个战略任务来考虑。又要考虑到目前党风还没有根本好转的问题。就全国来说,既不能停止发展,也决不可大发展。只能在坚持党员标准的原则下,适当发展。发展党员工作要有计划性。要增加青年成分,要逐步改善党员分布和构成中存在的问题,更要注意把具有高度政治觉悟和各种业务才能的先进分子吸收到党内。

座谈会认为,在新的历史时期对党员提出了新的更高的要求。发展每个党员,都必须坚持党员标准,严格履行入党手续。切实保证新党员质量。要严格防止那些跟随林彪、江青反革命集团造反起家的人,帮派思想严重的人,打砸抢分子混入党内。

座谈会认为,做好对申请入党的积极分子的培养教育和考察工作,选好发展对象,是做好发展党员工作的基础。基层组织对要求进步的同志注意进行党的基本知识教育,并通过分配一定的社会工作进行实际锻炼。

座谈会还研究了进一步加强在知识分子中发展党员的工作。要吸收那些确实具备党员条件的各类专业技术人员入党,注意在中、小学教师和大专院校学生中接收党员,要注意在妇女中发展党员。少数民族地区,要充分重视把少数民族中具备党员条件的先进分子吸收到党内来。

座谈会还研究了在青年中加强发展党员工作的问题,各级党委组织部门、宣传部门和共青团、工会、妇联都要加强对青年的教育工作。青年人的觉悟提高了,要求入党的就会增多。25岁以下的青年入党,应从共青团中发展。

座谈会指出,各级党委要加强对发展党员工作的领导,对不同地方和单位实行分类指导。目前有相当一部分党的基层组织涣散软弱,需要进行整顿。在这些单位,或虽已经过整顿但问题仍然很多的,要整顿好以后才能发展党员。对那些党的力量薄弱,发展党员工作基础差的单位,要具体帮助。

各级党委组织部门对发展党员工作,每年要检查一两次,总结交流经验,发现问题及时解决。

**全国党校经济管理教学座谈会在中央党校召开**

会议着重讨论了党校为培养"四化"建设干部而开设经济管理专业课程的问题,同时交流了部分党校讲授经济管理课程的经验,提出今后要加强协作,根据党校特点共同搞好经济管理课程的教学和科研工作。

**人民银行全国分行行长会议在北京结束**

会议提出,1982年银行工作要努力集聚社会资金,提高信贷资金使用的经济效益,继续贯彻执行国民经济进一步调整的方针,保持信贷收支的基本平衡。

会议认为,当前银行信贷资金的经济效益不高,是一个突出的问题。工商企业流动资金占用多,周转慢。1981年,国营工业和商业流动资金贷款,比上年年末分别增长9.1%和14%,而工业总产值和商品零售额只分别增长2.2%和4.2%。少数中短期设备贷款项目的经济效益,也没有达到预期的要求。

会议要求,各级银行要加强信贷工作的调查研究和监督管理,积极促进企业搞好产销计划的衔接,努力做到产品适销对路。要采取切实可行措施,把今年降低流动资金占用水平百分之二三的要求落实到基层。

会议提出，要坚持以销定产、以销定购、以销定贷的原则，对工业企业和商业部门都要按照国家计划和销售情况掌握贷款。对虽已纳入国家计划、但产大于销的产品，银行要从严掌握贷款。对不按国家计划和供货合同，不按限产规定超产而无销路的产品，坚决不予贷款。

**全国人大常委会副委员长乌兰夫在北京设宴欢迎澳大利亚参议院议长哈罗德·威廉·扬一行**

乌兰夫说，中澳建交已经进入第十年了。在这十年中，我们两国友好合作关系在各个领域中都取得了令人鼓舞的发展。我们深信，中澳两国友好合作关系必将在现有的坚实基础上继续得到加强和发展。

哈罗德·扬说，澳中两国有着丰富的资源，希望我们两国——一个在亚洲太平洋地区的北面，一个在南面，能为这一地区作出更大贡献。我们希望通过澳中两国间的密切合作来鼓励和推动其他国家也加强合作，以有助于亚太地区和世界的和平与稳定。

**解放军副总参谋长伍修权在北京设宴欢迎比利时陆军参谋长德·维尔德尔中将一行**

**中国选手在1982年香港国际射击锦标赛上获8项团体和8项个人冠军**

中国选手在为期一周的比赛中共夺得了8项团体冠军和8项个人冠军，并打破了一项全国纪录。

中国运动员岳明、李川、徐建春和金跃康在双向飞碟团体赛中，以击中564靶的成绩获得团体冠军，并打破了祝长富、岳明、金跃康和徐建春去年创造的561靶的全国纪录。

中国选手获得的其他项目的冠军是：自选手枪团体(2183环)，个人姜鸿(555环)；气手枪团体(2250环)，个人姜鸿(568环)；小口径自选步枪60发卧射团体(2336环)，个人史延兵(593环)；手枪速射团体(2327环)，个人李钟琪(593环)；气步枪立射团体(2199环)，个人刘志忠(565环)；标准手枪团体(2220环)，个人邓泽宁(565环)；大口径手枪团体(2319环)，个人李钟琪(586环)；双向飞碟个人岳明(190靶)。

## 4月5日

**《人民日报》发表评论员文章《坚持党员标准 保证新党员质量》**

粉碎"四人帮"以来，许多基层党组织吸收了一批坚决拥护党的路线、在"四化"建设中作出贡献的优秀分子入党，给党增加了新鲜血液，党内外群众的反映是比较好的。少数基层组织在这一工作中发生了一些问题，没有严格掌握党员标准，把一些不具备党员条件的人吸收到党内。

切实保证新党员质量，是加强党的建设，提高党的战斗力的一个重要方面。我们要从坚持四项基本原则和培养共产主义事业接班人这个战略任务来考虑，还要考虑到目前党风还没有根本好转，存在着思想、组织、作风不纯的问题。因此，在发展党员的时候，必须切实掌握党员的标准，着重解决思想上入党的问题。我们要吸收的党员，要认真学习马列主义、毛泽东思想，树立远大的革命理想，具有高尚的革命品德，决心为共产主义事业而奋斗终生；坚决拥护和执行党的路线、方针、政策，在政治上同党保持一致；刻苦钻研文化、科学和业务知识，在生产、工作中起模范带头作用；坚持党和人民的利益高于一切的原则，个人利益要服从党的利益，勇于同损害党的利益的不良思想和行为作斗争。而绝对不能吸收那些抵制和反对党的三中全会以来的路线、方针、政策，搞资产阶级自由化，想利用执政党地位牟取私利的人入党。

做好对申请入党的积极分子的培养教育和考察，选好发展对象，是做好发展党员工作，保证党员质量的基础。党的基层组织要满腔热情地关怀积极分子的进步和成长，通过办训练班、上党课等多种形式，对他们进行党的性质、纲领、奋斗目标和党员必备条件的教育，帮助他们端正入党动机。同时，要全面考察他们的思想觉悟、政治品质和工作表现，对他们本人的历史、家庭主要成员和主要社会关系也要了解清楚。

发展党员必须严格按照党章规定，个别履行入党手续。支部大会讨论前，要广泛听取党内外群众的意见。党委审批前，要派人谈话。要召开党委会集体讨论审批，不能个人或少数人批准。要防止突击发展和"凑数"的现象，坚决杜绝纳亲纳派、"走后门"入党，点名入党以及用党员称号做交易等不正之风。对违犯者要进行严肃处理，情节严重的，要绳之以党纪。对确属利用不正之风入党的人，一律不予承认。

对预备党员要继续加强教育考察，按时讨论他们的转正问题，防止和纠正平时不教育、不考察，到期草率转正或其他处理的做法。

发展党员工作是党的建设中一项经常性的重要工作，党员的质量好不好，直接关系到党的事业能否兴旺发达、后继有人，关系到党在人民群众心目中的威望和形象。各级党委应加强对发展党员工作的领导，定期讨论研究，定期检查总结，发现问题及时解决。只有这样，才能掌握好党员标准，切实保证新党员的质量。

**外交部部长黄华在北京设宴欢迎所罗门群岛外交外贸部部长伊齐基尔·阿莱布亚一行**

**国务院副总理万里在人民大会堂会见由瑞典气象学会理事长达尔斯特隆博士率领的瑞典气象学会代表团**

**解放军总参谋长杨得志在人民大会堂会见比利时陆军参谋长德·维尔德尔中将**

**《中国自然保护展览》在北京自然博物馆开幕**

展览共分保护自然界的生态平衡、生态系统基本知识、保护动植物物种资源和中国的自然保护事业等四大部分。举办这样的大型展览,在我国还是第一次。

展览是由国务院环境保护领导小组办公室、中国动物学会、中国自然科学博物馆协会、北京自然博物馆联合举办的。

**全国优秀广播剧奖发奖大会在中央广播大楼举行**

中宣部副部长贺敬之要求文艺工作者深入生活,写出更多思想内容深刻,艺术性强,表现时代精神、时代典型人物的好作品。中央广播事业局副局长左漠野在会上讲了话。

获奖的15个剧目是:《金鹿儿》(天津台)、《镢柄成亲》(河北台)、《求索》(中央台)、《白玉兰》(福建台)、《晶莹的心》(中央台)、《一座雕像的诞生》(广东台)、《至高无上的爱》(上海台)、《你是共产党员吗?》(黑龙江台)、《诗人纳扎尔》(新疆台)、《爱迪生的后半生》(浙江台)、《书记推磨》(湖南台)、《道路就在你脚下》(安徽台)、《向警予》(湖北台)、《追随》(哈尔滨台)、《亲事》(北京台)。

此次评奖活动是由中央人民广播电台和中国戏剧家协会联合举办的。

## 4月6日

**中共中央副主席邓小平在北京会见英国前首相爱德华·希思**

邓小平在会见时说:香港的主权是中国的。中国要维护香港作为自由港和国际金融中心的地位,也不影响外国人在那里的投资,在这个前提下,由香港人,包括在香港的外国人管理香港。我们新宪法有规定,允许建立特别行政区,由香港人自己组成政府,不管是华人,英国人或其他人都可参加,可以做政府雇员嘛,甚至成为香港政府的成员都可以考虑。各种制度也不变,对外可用"中国香港"的名字发展民间关系,如贸易、商业关系。到那时可能还保留护照。对英国来说,商业方面不会受到任何影响,还可以发展。

在谈到1997年收回香港的问题时,邓小平指出:如果中国那时不把香港的主权收回来,我们这些人谁也交不了账。希思说:这个问题条约里写得很清楚。邓小平指出:新界的租借,香港的割让,是过去不平等条约定的,现在实际上是废除条约的问题。

**全国人大常委会委员长叶剑英电贺金日成当选朝鲜国家主席**

电文如下:

欣闻您再次当选为朝鲜民主主义人民共和国主席,我谨代表中国政府和中国人民,并以我个人的名义,向您表示最热烈的祝贺。

您的再次当选,显示了朝鲜人民对您的高度尊敬和无限信任。几十年来,在您的正确领导下,朝鲜人民在反对外来侵略、捍卫国家主权和建设社会主义的斗争中,取得了伟大的成就。我们坚信,在这次最高人民会议精神的鼓舞下,朝鲜人民必将在建设祖国和实现自主和平统一的斗争中,取得新的更大的胜利。

祝您在领导工作中取得新的成就。

祝中朝两国人民在长期斗争中用鲜血凝成的伟大友谊和战斗团结与日俱增。

祝您健康长寿。

**外交部部长黄华和约旦外交大臣马尔万·卡赛姆就中约建交5周年互致贺电**

黄华的贺电说:"中约建交五年来,两国的友好合作关系在和平共处五项原则的基础上得到了令人满意的发展,这是符合中约两国人民的根本利益的。中国政府和人民将始终不渝地支持约旦政府和人民为维护国家主权、发展民族经济和反对以色列侵略扩张所进行的正义斗争。我深信,在我们双方的共同努力下,我们两国之间的友好合作关系和两国人民的友谊将不断巩固和发展。"

马尔万·卡赛姆的贺电说:"我们满意地看到,两国关系在过去五年中获得了迅速的发展,双方在各方面进行了积极的合作。为了两国的利益,我们将努力发展这种关系。我愿借此机会向阁下转达约旦政府和人民对中国政府和人民不断支持阿拉伯人民正义事业的立场表示赞赏。"

**外交部部长黄华在北京同所罗门群岛外交外贸部部长伊齐基尔·阿莱布亚举行会谈**

黄华说,中国政府一贯主张国家不分大小,不分贫富,都应该平等相待。中国愿意在和平共处五项原则的基础上同一切国家发展关系。他对所罗门群岛在促进南太平洋地区的和平与稳定、发展区域合作方面所做的努力表示赞赏。

阿莱布亚说,所罗门群岛人民一直把中国当作自己可以信赖的朋友。我们两国都不干涉其他国家的内政。我们都主张在这个基础上发展在各个领域的合作。

## 4月7日

**《人民日报》发表新华社评论员文章《认真学习和贯彻执行〈全国农村工作会议纪要〉》**

最近中共中央转发了《全国农村工作会议纪要》,这对于目前各地农村社队正在总结、完善、稳定农业生产责任制,促进春耕生产,意义重大。广大农村干部和社员,一定要认真学习、深刻领会这个文件精神,结合本地区的实际情况,坚决贯彻执行,继续艰苦努力,争取今年农业有一个更好的发展。

实践证明,党的十一届三中全会以来,我们的农村政策是正确的,我国农村经济近几年的变化和发展是令人鼓舞的。但是必须看到,我国农业的基础毕竟比较脆弱,工作中也还存在着不少问题。许多地方的基层干部,甚至一些相当负责的干部,对当前农村形势和农业生产责任制的认识,并不完全一致,也有的社员群众,把包产到户、包干到户误认为是土地还家、分田单干。这些都表明,认真学习《全国农村工作会议纪要》,用这个文件精神来统一认识,指导行动,推进工作,显得十分迫切。

《全国农村工作会议纪要》,是继三中全会制定、四中全会通过的《中共中央关于加快农业发展若干问题的决定》之后党在农村工作的又一个纲领性文件。它用马列主义、毛泽东思想,系统地总结了近几年来我国农村经济调整和改革的极其丰富的实践经验,并且把过去的一些问题进一步地明确起来,把一些新的问题也及时地提了出来。文件关于完善和稳定农业生产责任制、改善农村商品流通、推进农业科学技术、提高经济效益和改善生产条件、加强思想政治工作和基层组织建设等问题,都作了精辟的论述和有了明确的规定。因此,学好这个文件、掌握其精神实质,就成为广大农村工作者的刻不容缓的任务。不仅如此,农村基层干部还必须原原本本地向社员群众宣讲文件精神,组织大家学习讨论,做到家喻户晓,人人皆知。这样,理论一旦被群众掌握,就会变成巨大的物质力量。

学习《全国农村工作会议纪要》,首先要抓住它的中心思想,领会它的精神实质。文件宣布,目前,全国农村已有90%以上的生产队建立了不同形式的农业生产责任制;大规模的变动已经过去,现在已经转入总结、完善、稳定阶段。我国农业必须坚持社会主义集体化的道路,土地等基本生产资料公有制是长期不变的,集体经济要建立生产责任制也是长期不变的。这就是当前农村工作的核心。

要完善、稳定农业生产责任制,就要求干部社员对不同形式的生产责任制有一个正确的认识。我国幅员广阔,各地情况千差万别,生产发展水平各不相同,这就需要有各种不同形式的生产责任制与之相适应,而每一种形式都有其在一定条件下的适应性和局限性,不能主观臆断地把它分为"低级"、"高级"。《全国农村工作会议纪要》充分肯定了各种不同形式的农业生产责任制的作用,指出生产责任制的建立,不但克服了集体经济中长期存在的吃"大锅饭"的弊病,而且通过劳动组织、计酬方法等环节的改进,带动了生产关系的部分调整,纠正了长期存在的管理过分集中、经营方式过于单一的缺点,使之更加适合我国农村的经济状况。文件对于前一段争论较多的包产到户、包干到户,也明确肯定它们是社会主义农业经济的组成部分。这就从根本上解决了所谓"看生产喜人,看方向愁人"和"干部怕错,社员怕变"等问题,避免在完善、稳定生产责任制中,可能产生的某些人凭主观好恶出发,硬推、强扭的偏差。

要完善、稳定生产责任制,还必须对社会主义集体化道路有正确的理解。我国农业必须坚持社会主义集体化道路,这是坚定不移的,毫无疑义的。对此,大家似乎没有什么不同意见。但是,究竟什么是社会主义集体化道路?长期以来,认识是各种各样的。有的人认为,只有"三级所有,队为基础,集体劳动,统一分配"这种模式才是社会主义集体经济。现在文件明确地指出,目前,我国农村的主体经济形式,是组织规模不等、经营方式不同的集体经济。与它并存的,有国营农场,也有作为辅助的家庭经济。这样一种多样化的社会主义农业经济结构,有利于促进社会生产力的更快发展和社会主义制度优越性的充分发挥。它必将给农村经济建设和社会发展带来广阔的前景。这就告诉人们,社会主义农业的集体经济不能只有一种模式,像我们现在有些地方实行的那样,在主要生产资料公有的基础上,通过各种承包合同关系,把分散的农户同集体、国家联系起来,这也是一种社会主义集体经济,而且就我国目前大多数地方的生产力水平、农民觉悟水平和干部管理水平来看,这种形式无疑地更受社员群众的欢迎。《全国农村工作会议纪要》关于这个问题的论述,有助于广大干部群众进一步地解放思想,开阔视野,加深对社会主义集体农业的理解。

学习《全国农村工作会议纪要》还必须有一个好的学风和正确的态度。不能凭个人的好恶,断章取义,各取所需，片面地理解甚至歪曲文件的精神。例如，文件上明明说，“承包到组、到户、到劳力，只是体现劳动组织的规模大小，并不一定标志生产的进步与落后，但必须与当时当地的生产需要相适应，宜统则统，宜分则分”。有些同志离开“宜”字抽象地去争论什么“统”好还是“包”好。主张“统”的人说，要坚持集体化方向嘛；主张包的人说，“包”也是集体经济嘛。各执一端，莫衷一是。其实，如果全面地领会文件精神，根据当时当地情况在“宜”字上下功夫，这种分歧就不致产生，产生了也完全可以很快就一致起来的。同样，当前农村在前进过程中认识上、工作上出现的其他问题，我们相信，只要有一个好的学风，全面地学习和运用中央文件，用文件精神武装广大农村干部，都不难一一得到正确的解决，从而使农村形势以方兴未艾的势头继续向前发展。

**共青团中央发出关于纪念“五四”青年节的通知**

通知要求各地团组织通过今年纪念“五四”活动，发扬爱国主义传统，加强共产主义思想教育，巩固和扩大“全民文明礼貌月”活动的成果，动员团员青年为建设社会主义精神文明和物质文明作出新贡献。

通知说，通过“五四”纪念活动，各地要对青年进行热爱祖国、热爱社会主义、热爱党的教育，学习我国近代革命斗争历史、学习“五四”运动先驱和老一辈无产阶级革命家热爱祖国、献身人类的崇高品质；要教育青年树立革命人生观，抵制资本主义思想的腐蚀，坚信社会主义制度的优越性，提高民族自尊心和自信心；要进行经济形势的教育，带领青年把爱国热忱变为建设祖国的实际行动，立足本职，刻苦学习，艰苦奋斗。通知说，各地团组织要认真总结“全民文明礼貌月”经验，大力倡导共产主义道德风尚。把学雷锋、做好事、送温暖列入各级团组织的一项经常性工作。

**解放军总政治部发出关于纪念“五四”青年节的通知**

通知要求各单位在“五四”前后要组织团员青年认真学习毛泽东同志的《五四运动》《青年运动的方向》两篇著作，学习党中央领导同志和老一辈无产阶级革命家关于树立远大革命理想的论述，进行革命传统教育，使广大团员青年发扬“五四”革命精神，树立社会主义和共产主义的远大理想，更加热爱我们亲爱的党，伟大的祖国，英雄的人民，光荣的军队；更加自觉地讲道德，守纪律，发扬艰苦奋斗的革命传统，坚决抵制资本主义思想侵蚀，努力做好本职工作，积极开展以“四有、三讲、两不怕”为内容的建设社会主义精神文明先进连队和先进个人活动，为党为祖国为人民做贡献。

**国务院副总理姬鹏飞在北京会见由罗马尼亚妇女理事会副主席奥·索洛莫奈斯库率领的罗马尼亚妇女代表团**

**全国人大常委会副委员长乌兰夫在北京会见葡萄牙里斯本市政厅主席努诺·克鲁兹·阿贝卡西斯**

**全国政协城建组在北京召开保护风景名胜区座谈会**

座谈会上，学者、专家和知名人士指出，我国的文物古迹和风景名胜是我国美好河山的锦上之花，是象征中华民族古老、文明、伟大的重要标志之一。保护好文物古迹、风景名胜，对于培养人们的民族自尊心和自信心，激发大家的爱国热忱，建设社会主义的物质文明和精神文明，有着重要的意义，一定要把这一有益于子孙后代的事情做好。

与会人士认为，当前突出的是：风景名胜区没有划定范围，管理体制混乱、管理机构不健全，一些风景名胜区继续遭到破坏。

会上对保护风景名胜、文物古迹提出了一些具体建设，其中包括：对全国风景资源进行调查，尽快确定风景名胜区的等级和范围，把那些闻名中外、具有独特的自然和人文景观、规模较大的风景名胜区列为国家重点风景名胜区，划定范围，标名界区，建立档案，坚决加以保护和管理；建立、健全风景名胜区的管理体制和管理机构，实行统一管理，改变目前有些地方政出多门，各行其是的现象；制定关于保护文物古迹、风景名胜的条例、法规和法令；做好对保护文物古迹、风景名胜的宣传教育工作；认真培养保护文物古迹、风景名胜的技术人才。

在座谈会上发言的有韩光、萨空了、吴亮平、魏传统、程思远、邵宇、犬伟长、郑孝燮、犬昌照、赵朴初、沈其震、单士元、刘开渠、华君武、黄翔、沈性元、张西洛、邵井蛙。叶浅予作了书面发言。

**全国电影文学编辑工作会议在北京召开**

会议由文化部电影局举办，于4月7日至4月17日召开。中宣部部长邓力群到会作了讲话，强调共产党员文艺家应有共产主义的理想、信念和目标。他希望大家努力学习马列主义、毛泽东思想，多到基层去深入群众，到工厂、农村跑一跑，看一看。

来自全国各故事片厂的电影文学编辑、有关领导以及在京的有关单位的代表，共100多人参加了会议。到会同志认为，提高影片质量，是当前电影的中心问题。电影文学剧本是电影艺术创作、制片的文学基础。电影质量要提高，首先要提高电影文学剧本的质量。会议交流了电影文学编辑工作经验。编辑们呼吁有关方面领导和文艺刊物重视电影文学创作，提高电影文学剧本质量，希望有见解、有生活、有修养的作家多写电影文学剧本，为繁荣电影事业，提高电影艺术质量，为建设社会主义精神文明多做贡献。

会议讨论了今明两年电影题材规划。据北京、上海、长春、珠江、西安、八一等11个电影制片厂的统计，1982年故事片生产可达100部左右。其中，有二三十部已经完成，其他大部分正在积极拍摄或筹备中。

国家农委副主任何康、《中国青年报》副总编钟沛璋分别应邀到会作了关于农村形势和青年问题的专题报告。

陈荒煤、陈播、丁峤先后在讲话中强调，电影艺术要努力塑造社会主义新人，热情地、形象生动地宣传马列主义、毛泽东思想，宣传共产主义理想，用共产主义精神教育人民；希望各电影厂生产出多种多样题材、风格、样式的高质量影片，以满足广大观众的要求。

**中国书店4年收购中外古旧书刊600多万部(册)**

据《人民日报》报道，从1978年以来，中国书店收购了解放前后出版的中外古旧书刊683万多部(册)。其中包括宋版古本《说文解字五音韵谱》《诗集传》和一些明清时期刻印的珍善古本。

中国书店是全国最大的古旧书店之一。他们不仅同许多专家、学者、藏书家建立了广泛的联系，还深入到农村访书收书。

中国书店积极进行古旧书刊的复制出版，中外期刊、古旧残书的修补和配套工作，他们先后和中华书局、北京师范大学、故宫博物院等单位共同协作，抢救、清理了古书木板40多万片，借用了其中比较完整的书板100多种，6万多块板片，正在陆续印刷成书。

## 4月8日

**国务院决定成立中国农村发展研究中心**

研究中心是国务院领导下的研究咨询机构。其任务是遵循中共的路线、方针，联络全国研究农村和农业问题的各方面力量，协调研究计划，组织多学科攻关，在信息资料和成果交流等方面提供服务，在有关问题上向中共中央、国务院和有关部门提出建议，提供咨询。

研究中心将着重研究和探讨以下问题：农村经济体制改革问题；农村经济以计划为主、市场调节为辅问题；农业与整个国民经济各部门协调发展问题；农村全面建设的战略问题；农业各种经营和农村综合发展问题；农业生产结构问题；农业技术改造问题；以及农民生活思想，农村人口控制，农村精神文明的建设等问题。

研究中心设评议委员会，负责对重大研究成果作出评价，并草拟向中共中央、国务院和有关部门提出的建议文件和咨询意见。

**北京市委 北京市人民政府在人民大会堂举行首都“全民文明礼貌月”活动总结表彰大会**

中共中央书记处书记、国务院副总理万里代表党中央和国务院到会祝贺并讲话。

大会由中共北京市委第二书记、北京市长焦若愚主持。中共北京市委书记刘导生作了首都“全民文明礼貌月”活动的总结报告。他在报告中首先代表市委、市政府向在这次活动中取得优异成绩的1056个先进集体和先进个人表示热烈的祝贺，向参加首都文明礼貌月活动的中央机关、驻京部队的同志和全市各级干部、广大群众表示亲切的慰问。他说，今天的大会，既是总结经验、巩固成果的大会，又是深入持久地开展“五讲四美”活动、建设社会主义精神文明的动员大会。

刘导生总结了全市开展“全民文明礼貌月”活动所取得的成果和经验，对今后持久深入地搞好首都社会主义精神文明建设作了具体部署。他指出，首都的第一个“全民文明礼貌月”活动胜利结束了。党中央和国务院给了我们很大的鼓励和支持。但是，我们应当清醒地看到，要解决“脏、乱、差”，改变社会风气，需要做长期的、坚持不懈的努力。我们要以这次文明礼貌月活动作为新的起点，再接再厉，下更大的决心，发扬韧性战斗精神，长期坚持下去，进一步落实中央书记处关于首都建设方针的四项指示，努力实现中央提出的使首都面貌三年一小变，五年一中变，十到十五年一大变的号召，把首都建设得更加清洁美丽、繁荣昌盛。

解放军空军司令部、中共北京市崇文区委、共青团北京市西城区委三个先进单位的代表介绍了他们开展文明礼貌月活动的做法和经验。北京市总工会主席彭思明代表市总工会、共青团北京市市委、北京市妇联宣读了关于制定《首都人民文明公约》的倡议书和《首都人民文明公约》全文。全场通过了倡议书。

段君毅、颜金生、王惠德、宋侃夫、高占祥、宋一平、叶林、王纯、白介夫、叶子龙、陆禹、范瑾和中共中央直属机关、中央国家机关、人民解放军驻京部队领导机关、北京市各部门的负责同志，以及受表彰的先进单位和先进个人代表等共6000多人出席了大会。

**国务院副总理万里在北京市"全民文明礼貌月"活动总结表彰大会上的讲话**

同志们：

今天，北京市召开这样一个隆重的大会，总结、交流经验，表彰先进，很适时，很有意义。我代表党中央和国务院向同志们表示亲切的慰问和祝贺！

在这次"全民文明礼貌月"活动中，北京市人民热烈响应党中央和国务院的号召，在市委和市人民政府的领导下，积极动手治"脏"、治"乱"、治"差"，努力实现首都环境的净化、绿化、美化，促进社会风气和人与人关系进一步向好的方面变化，取得了明显的成绩，成了好的榜样。这是首都人民的责任，也是首都人民的光荣。

从全国范围看，也同样是工农兵学商，男女老青少，人人讲清洁，人人讲秩序，人人讲礼貌，整个活动有声有色，卓有成效。大中城市及一些县镇，环境卫生面貌普遍都有改观，公共秩序有不同程度的好转，各方面服务人员的服务态度和服务质量也有一定改进。"学雷锋、做好事"的活动遍及城乡，助人为乐、为民造福的风尚正在成为人民群众特别是青少年的自觉行动。事实证明：我们倡导的"五讲四美"活动是深得人心的，我们为转变社会风气、建设精神文明而作出的努力是一定会得到成功的。

这次文明礼貌月活动是一次移风易俗、改造社会的群众性实践活动。对它的成果和经验，应该认真地加以总结和发扬。北京市委和市人民政府已作出《关于巩固"全民文明礼貌月"成果，深入开展"五讲四美"活动的决定》，我很赞成。我想强调的一点是，这次活动给予我们最大的启示，是"事在人为"四个字。环境面貌的改观，社会风气的变化，无疑都是可贵的。但尤其具有深远意义的还在于我们许多党员、团员、干部、群众，在文明礼貌月活动中振奋了精神，增强了信心。这是一种很大的精神力量，现在到处可以感到它的存在。以往有些同志对"四化"建设和争取党风、社会风气、社会治安三个根本好转缺少信心。党中央不久前曾经强调，马克思主义就是要给人们以信心、勇气和力量。这次"全民文明礼貌月"活动又提供了一个富有说服力的生动事实，说明只要下定决心，克服无所作为的消极状态，脚踏实地做好工作，不但"脏、乱、差"能治，而且争取三个根本好转也大有希望。人们经常怀念50年代和60年代初那种良好的社会风气和人与人之间团结和睦的关系，但那是从天上掉下来的吗？是当时社会固有的吗？并不是。那种良好的风气和友爱关系的形成，正是我们党做了表率并坚持不懈地教育人民、教育青少年的结果，是党所代表和倡导的革命风尚不断克服旧社会遗留的腐败现象和污秽空气的结果。既然我们当时可以在一片废墟上清除旧社会的精神垃圾，而建立起为世人称道的新风尚和新关系，那么，我们现在应该同样有充分的理由相信，尽管经过十年内乱的败坏和污染，我们党的好作风、好传统，社会主义祖国的好风气、好传统，一定会得到恢复，并且更加发扬光大，提到新的高度，在这个问题上抱悲观的态度是完全错误的，怀疑人民的觉悟和青年向上、奋起的主流，也是没有根据的。"全民文明礼貌月"活动的一个重大成果，就是使我们更多的同志看到了这种前景，并决心用认认真真、扎扎实实的工作去争取这种前景的实现。这是非常重要的，也是特别珍贵的。

同志们：第一个"全民文明礼貌月"活动结束了。这次集中的群众活动，各项工作都做得很好。现在的问题是如何坚持下去，扩大、推广到经常性的"五讲四美"活动中去，运用到建设社会主义精神文明的具体工作中去。

赵紫阳总理在开展"全民文明礼貌月"活动的动员讲话中，曾指出搞好"五讲四美"、改善社会风气，"不仅是建设社会主义精神文明的一项重要内容和目标，也是建设社会主义物质文明的必要条件，对促进国家经济建设的发展，具有十分巨大的意义"。根据党中央关于首都建设的四条方针，北京市的社会主义物质文明和精神文明建设都必须进一步加强。首都作为全国的政治中心，在两个文明一起抓的前提下，要把建设精神文明放在首要的地位，用更多的精力去做思想工作，做群众工作，去抓"五讲四美"活动的深入发展。在全国，各级党政领导机关、人民团体、宣传部门和基层单位，都要坚持不懈地贯彻两个文明一起抓的指导思想，旗帜鲜明而又循序渐进地在人民群众中进行共产主义思想、品德教育，特别要结合实际生动地在青少年中进行共产主义思想的宣传教育，广泛开展学雷锋小组和青年服务队等各种公益活动，把共产主义精神贯穿、融汇到青少年的实践中去。那种认为社会主义阶段道德规范只能限于按劳分配，讲共产主义道德会"超越历史阶段"的看法，是错误的。至于抛弃共产主义思想原则，宣扬极端的利己主义，更是不能允许的。我们坚持共产主义道德，就要坚决抵制资本主义的腐蚀，坚决反对形形色色的"精神污染"，这在当前是一个非常重大的任务。

还要逐步建立必要的法规和制度，把思想教育与相应的行为规范、纪律约束结合起来。治理"脏、乱、差"，必须纳入城市管理和市政建设规划。大规模群众活动的成果，也要通过健全制度和加强管理来巩固。北京市各群众团体倡议全市人民订立《首都人民文明公约》，这是很有意义的。农村可以推广乡规民约，工厂应抓紧制定工人守则，学校、商店、机关、街道、各种公共场所、各项公共车辆都要依据“五讲四美”的要求订立和修订群众性的守则或公约。在一些容易出现公害、火灾和其他不安全事故的地方，以及一些容易有坏分子滋事的地方，要加强防范工作。人民是历史的主人，也是文明的主人。在强调制度、纪律的时候，要特别注意发挥人民群众的积极性和主动性，依靠群众自己教育自己，自己管理自己。

同志们：党中央已经把深入开展“五讲四美”活动列为全党全民的一件大事。希望北京市和全国各级党政领导、各有关部门和人民团体，都把这件事情放到自己的重要议事日程上，用抓“全民文明礼貌月”活动的决心来抓好“五讲四美”活动的经常化；继续为“五讲四美”造成强大而持久的舆论；防止松劲情绪和“一阵风”的倾向，继续振奋精神，加紧工作，争取社会主义精神文明建设的新胜利。

**中国技术进口总公司为哈尔滨电缆厂完成了引进无氧铜杆技术的谈判**

谈判成交的价钱比哈尔滨电缆厂原先与外商谈的降低了25%。这是中国技术进口总公司改变作风开展为地方代理服务业务所完成的一个项目。两年来中技公司已为地方代理引进技术、进口成套设备和生产线40项，其中有轻工、纺织、化工、农林和建材等方面国内急需的技术和设备，总成交金额近1亿美元。他们的工作受到了各地的欢迎，得到了中央领导同志的赞扬。

**外交部部长黄华在北京会见美国参议院前外委会主席丘奇**

**外经贸部部长陈慕华在人民大会堂会见由加蓬总理府负责海运的国务秘书朱利安·卡玛亚率领的联合国非洲经济委员会代表团**

**中国和葡萄牙文化科学技术合作协定在北京签字**

这项为期5年的协定是本着互利和加强两国友好合作关系的愿望而签订的。

对外文委主任黄镇和葡萄牙驻中国大使安东尼奥·加西亚分别代表本国政府在协定上签字。

**全国人大常委会副委员长廖承志在人民大会堂会见日本新闻协会副会长福田利光和专务理事江尻进**

**为期三周的中国电影节分别在荷兰的阿姆斯特丹鹿特丹和德尔夫特市举行首映仪式**

**敦煌壁画展览会在东京开幕**

展览会是由日中文化交流协会和日本《每日新闻》社联合举办的。此次展出的56幅壁画临本和七躯彩色塑像，概括地反映了敦煌艺术的内容、风格和成就。

**巴金捐赠一批珍藏外文书刊**

著名文学家巴金将珍藏多年的2000余册外文书刊捐赠给国家图书馆——北京图书馆。这是巴金捐赠给北京图书馆的第二批书刊。

**国家医药管理总局局长胡昭衡就医药产品质量对新华社记者发表谈话**

胡昭衡指出，我国医药工业必须确保药品和医疗器械的质量，做到安全有效，切实按照人民群众防病治病、卫生保健的需要做好医药产品的生产和供应工作。

胡昭衡说，医药产品是人民生活中一种特殊的必需品，不用时无人问津，需要时急如星火，好的能救命，坏的能害人。这些特点要求它的产品质量必须符合国家标准，安全有效，万无一失。可是前几年，许多地方都发现为图财赚钱乱办药厂，产品粗制滥造的现象，这已经引起了各地医药工业部门的重视。他们在调整中对制药厂初步进行了整顿，共关停并转了近600家不合格的制药厂，坚决取缔了一些非法制造、销售假药、劣质药的单位和个人，对保障人民健康和生命安全起了重要的作用。但是，胡昭衡指出，对医药产品质量问题不能掉以轻心，各级医药工业部门都要把这件关系人民生命的大事摆到重要地位，继续抓好。

胡昭衡谈到医药生产和供应工作既是一项社会主义的经济事业，又是人民福利保健事业，这一双重性质决定医药工业必须根据社会保健和人民疾病防治的需要来制定生产、供应计划和发展规划。生产的药品品种要齐全，规格要配套，供应要及时，只能药等病，不能病等药。当前值得注意的是有的地方一些药材、药品出现脱销，各级医药工业部门必须深入调查研究，采取切实措施解决。同时也要防止药品积压，过期失效，霉损变质，给国家带来不必要的损失。他谈到近年来各地制药厂通过“截长补短”的办法，减少了积压的磺胺、氨基比林、链霉素、四环素等药品的生产，增产了抗癌药三尖杉、降压药去脂舒、心血管药慢心律等各种新药，受到患者欢迎的抗肝炎药阿卡明的产量成倍增长。临床应用疗效好的氨苄青霉素、羟氨苄青霉素、头孢菌素等半合成抗菌素也开始成批生产。这是提高医药工业生产经济效益的一个重要方面。

胡昭衡指出，目前有些地区的医药工业生产仍然存在着片面追求产值和增长速度、不重视产品质量的倾向。他强调今年一定要坚持以国家计划指导为主，辅之以必要的行政干预手段，进一步搞好医药工业生产的统一管理，对中西药品和医疗器械的质量、品种、规格、产量、成本、库存量、资金周转费用等经济技术指标实行统一计划，统一下达，全面考核。逐步摸索出一条适应我国医药工业发展的新路子，为各族人民的卫生保健事业作出更多的贡献。

## 4月9日

**中共中央副主席李先念等党和国家领导人在人民大会堂接见出席国家民委第二次委员(扩大)会议和宗教会议的代表**

**国务院发出《关于严禁在招收、调配职工工作中搞不正之风的通知》**

十年内乱，“四人帮”败坏了党风、政纪，在招收、调配职工工作中的不正之风相当普遍。粉碎“四人帮”以后，由于党中央制定了《关于党内政治生活的若干准则》，在党中央领导下，加强了对干部的教育和纪律检查工作，国务院也一再强调加强政纪、法纪，反对不正之风，各级政府都在这方面做了许多工作，因此情况有所好转。但是，这股歪风至今尚未刹住。例如，一些领导干部依仗权势安插子女、亲友；一些干部利用职权弄虚作假，违法把农村的子女、亲友弄进城里安排工作；一些干部损害国家利益，通过“走后门”将自己的子女、亲友调到条件比较好的城市、单位或工作岗位；一些干部在招收、调配职工的工作中贪污受贿、徇私舞弊。这些情况在许多地方仍然相当严重。

招收、调配职工工作中的不正之风，是当前党风不正、政纪不张的主要表现之一。人民群众对此极为不满。不坚决刹住这股歪风，不仅会破坏党和政府同人民群众的关系，挫伤群众的社会主义积极性，而且会直接妨害国民经济调整、改革、整顿、提高方针的贯彻，妨害社会主义“四化”建设的顺利进行。各级政府和各有关部门，必须在各级党委的领导下，严重注意这个问题，采取切实可行的措施，进一步加强这方面的工作，务必在今年内取得显著成效，将这股歪风基本上刹住。为此，特作如下通知：

一、加强对干部的教育，提高干部的思想觉悟。各级政府及所属各部门、各单位，要组织广大干部反复学习《关于党内政治生活的若干准则》(以下简称《准则》)和党中央、国务院的有关指示精神，不断提高觉悟，使大家真正认识不正之风的危害，真正认识能否搞好党风、政纪是关系“四化”建设成败，关系党和社会主义国家兴衰存亡的问题。要教育干部树立全心全意为人民服务的思想，一切从人民的利益出发，决不利用职权谋取私利。要教育干部认真执行《准则》和遵纪守法。要大张旗鼓地表扬遵纪守法、敢于同不正之风作斗争的好人好事。总之，要通过正面教育，表扬先进和严肃处理违法乱纪案件，不断增强广大干部、特别是各级领导干部对党、对国家、对人民的责任感，克己奉公，以身作则，模范地遵守和执行党和国家的有关政策、法令，敢抓敢管，坚决同招收、调配职工以及其他方面的不正之风作斗争。

二、明确职责，加强对招收、调配职工政策执行情况的监督检查。正确地贯彻执行包括招收、调配职工在内的各项劳动政策，监督检查政策的执行情况，纠正在招收、调配职工工作中的不正之风，是各级劳动、人事部门的重要职责。各级劳动、人事部门，应当振奋革命精神，克服涣散软弱状态和无所作为的思想，勇敢地承担起责任。首先，各级劳动、人事部门干部一定要执法守法，廉洁奉公，不得利用职权谋取私利，更不准收受贿赂徇私舞弊；一定要坚持原则，秉公办事，不论不正之风来自何方，都要坚决抵制。其次，各级劳动、人事部门，要在各级党委和政府的领导下，对招收、调配职工工作中的违法乱纪问题，认真进行检查、处理，不能畏难而退，听之任之；遇有处理不了的问题，要及时向领导部门反映，否则就是失职。今后，在这方面发生严重违法乱纪问题，长期得不到检查处理又不向上反映的，要追究有关主管部门和劳动、人事部门以至各级政府主要负责人的责任。

三、严格执行政策，完善各种制度。中共中央、国务院有关招收、调配职工的各项政策、规定，必须严格执行。全民所有制和区、县以上集体所有制单位从社会上招收职工，必须根据国家和省、自治区、直辖市下达的劳动计划，任何单位不得超计划，擅自增加职工。招收职工的来源和对象，必须按当地劳动、人事部门规定的范围，并且在当地劳动、人事部门的统筹安排下，实行公开招收，自愿报名，德、智、体全面考核，择优录取的办法。所有新从社会上招收录用的职工，都要在本单位张榜公布，接受群众的审查和监督。一般不能从农村招收职工(包括临时工、合同工等)，非从农村招收不可的，必须报经省、自治区、直辖市人民政府批准，批准权限不能下放。招收退休、退职工人的子女，必须严格按照国发〔1978〕104号和〔1981〕164号文件的精神执行，不得扩大招收范围，不得降低招工条件，特别是从农村招收退休、退职工人的子女，必须严格审查，防止弄虚作假，冒名顶替。各单位要严格用人制度。人员的招收、调动，必须从生产、工作需要出发，一切要通过组织，由有关的主管人员集体讨论决定。政府各级领导干部，首先是劳动、人事部门的领导干部，不准个人批条子,不能个人说了算。集体所有制单位职工,一般不得转到全民所有制单位,个别需要到全民所有制单位工作的,应当有增人指标,并要事前报经地、市以上劳动、人事部门批准,不得再将审批权下放。为了更好地防止和克服招收、调配职工中的不正之风,各地区和各部门可以根据中央、国务院有关规定的精神,制定必要的制度,不断完善招收、调配职工的办法。

四、严肃处理违法乱纪的案件,维护政策、法令的严肃性。发现招收、调配职工工作中的违法乱纪问题,要认真查清,严肃处理。特别是涉及某些领导干部的重大典型案件,各级政府一定要组织力量,在各级党委的领导和支持下,认真检查处理,发现一件,查处一件,决不放松、姑息。当前,检查处理的重点,主要是某些领导干部和劳动、人事部门干部利用职权,弄虚作假,非法把农村的子女、亲友弄进城镇安排工作,以及在招收、调配职工工作中贪污受贿、徇私舞弊的问题。

处理这类案件,一般应贯彻以下原则:《准则》公布以前的从宽,但情节严重、群众意见大的,也必须严肃处理;《准则》公布以后的从严,特别是对《准则》公布前后连续违法乱纪、搞不正之风的,一定要严加惩处。对于违法乱纪的人员,不论是什么人,都应视情节轻重,给予必要的处理,直至给予纪律处分,或依法制裁;越是领导干部或劳动、人事干部执法犯法的,越要加重处理。凡属违法乱纪、搞不正之风招收和调进的人员,一经发现即应退回。特别是非法从农村招收的人员,一律要退回农村去,绝对不能使违法乱纪者占到便宜。在处理违法乱纪和不正之风的案件中,要特别注意保护揭发、检举的同志,决不允许打击报复,一旦发现有打击报复者,必须迅速从严处理,伸张正气。

五、切实加强领导,领导干部要亲自动手,层层抓紧。纠正招收、调配职工工作中的不正之风,是端正党风、政纪,改变社会风气的一个重要方面。它涉及的问题相当复杂,处理起来常常遇到种种阻力。因此,各级政府必须在各级党委的领导下,切实加强对这项工作的具体领导。主要领导同志要亲自抓。要一级抓一级,抓住不放,抓出成效来。要支持各级劳动、人事部门的工作,为他们撑腰,充分发挥他们的作用。

各省、自治区、直辖市和各部门接此通知后,应当结合自己的实际情况,研究提出具体贯彻的措施。并且于最近期间,对本地区、本部门这方面的情况,进行一次检查,于六月底前将贯彻执行这一通知和检查的情况和国务院写一专题报告。在"六五"期间,每年都要对招收、调配职工政策的执行情况进行一次普遍检查,并将结果报告国务院。

**国务院决定对确已失去使用价值的机电产品作报废处理**

《决定》指出,据1981年6月底统计,全国机电产品库存总值603亿元。这些库存产品大多数是好的,但确有相当一部分由于种种原因已经失去了使用价值。前两年在全国清仓核库、清产核资中,各地区、各部门报废处理了一批库存机电产品,但是由于受到核销流动资产损失指标的限制,有不少需要报废的,未能处理。这些已经失去使用价值的产品,不但占用仓库,需要花费人力、物力和财力进行维护保养,而且造成物资和资金的虚假现象,妨碍对企业经营管理的考核,影响国家计划中物力、财力的平衡计算。

《决定》规定报废产品的范围是:

(一)凡全民所有制的企业事业单位、供销机构和物资部门在1980年年底以前入库的机电产品,有下列情形之一的,准予报废:粗制滥造,质量低劣,不符合技术标准的;保管不善,严重锈损,或超过规定存放期限不能再使用的;技术落后,耗能很高,效率很低,已被淘汰的;由于基本建设或技术措施项目停建或工艺变更,无法改作他用的专用设备或非标准设备。

(二)报废产品中,如尚有使用价值的单机或零部件,应在鉴定和批准报废时明确规定拆下利用。除此以外所有报废产品,应按照批准的报废清单,一律作为废金属回收冶炼,不准再流入社会继续使用。

(三)生产机电产品企业的库存产成品和1981年及以后入库的产品,均不属于本决定报废范围。

对于报废产品的财务处理,报废产品的鉴定和审批,国务院《决定》都作了具体规定。

国务院《决定》强调指出,这项工作是国民经济调整中的一件大事。国务院各部门、地方各级人民政府应切实加强领导,实事求是,严肃谨慎,把这项工作做好。各单位要组成由领导干部、工人、技术人员参加的"三结合"小组,对报废产品逐件进行认真清理鉴定,写出技术鉴定报告,说明报废理由。其中属于大型、专用、价值较高的产品,除本单位鉴定外,还应由主管部门组织设计、制造、使用部门的技术人员和有关人员再次鉴定。力争做到该报废的坚决报废,不该报废的不予报废,决不扩大报废范围。应当通过报废处理,分析造成报废的原因,吸取教训,改进今后的工作。在报废处理过程中,要严格执行纪律,加强监督检查,如发现有借库存机电产品报废之机,进行弄虚作假,隐瞒私分,贪污盗窃和肆意破坏国家财产的行为,要依照党纪国法,及时严肃处理。

**扩大企业自主权以来的3年国家留给企业各种资金280多亿元**

财政部发布消息:党的十一届三中全会以来,国家为了改变财权集中过多、统得过死的状况，进行了扩大企业自主权、建立经济责任制的试点，成效十分显著。据初步统计，扩大企业自主权以后，原来由财政直接分配转为企业所有部分的资金，1979年到1981年3年共约280多亿元，其中企业基金49亿元，利润留成142亿元，盈亏包干分成70亿元，利改税企业多得好处和其他留成20亿元。

财政部有关方面负责人说，上述留归企业的资金，大部分是合理的，企业用这些钱办了不少事情，对发展生产和增加收入起了好的作用。但是，也有一小部分是不合理的，有些企业通过挤、摊、挪、占，或者压低基数等手段，挖走了一些国家收入。

**全国文物商店工作会议在北京召开**

47家文物商店由于在收集流散文物为博物馆等单位提供藏品方面作出成绩受到表彰。

会议讨论修订了文物商店管理条例。会议指出，按照国务院的有关规定，文物商店的主要任务，是通过商业手段来收集和保护流散在社会上的文物。它是文物管理事业的一部分，而不是一般的商业部门。但是，现在有些单位单纯追求经济利润，赚钱的事就多干，不赚钱的事就少干，以至于偏离了方向，妨碍了主要任务的完成。会议要求各地文物商店立即制止这种错误倾向。

**中共中央书记处书记胡乔木到北京朝阳工读学校看望学生**

胡乔木向同学们提出三点希望：第一，要牢记自己的进步来之不易，它归功于党、社会、家庭的帮助和自己的努力；第二，要坚持下去，不走回头路；第三，不怕困难，充满信心，跟党走到底。

胡乔木指出，工读学校不仅要让学生转变思想，还要让他们学会一门技术，使他们将来能自立于社会，这叫作救人要救到底。他建议，工读学校将来可考虑增办职业教育班，学生从工读班毕业升入职业班，再从职业班进入社会，这样就业问题就好解决了。

## 4月10日

**中共中央副主席邓小平在中共中央政治局讨论《中共中央、国务院关于打击经济领域中严重犯罪活动的决定》的会议上发表讲话**

邓小平指出：经济犯罪这股风来得很猛。如果我们党不严重注意，不坚决刹住这股风，那么，我们的党和国家确实要发生会不会"改变面貌"的问题。有四个方面的事情，四个方面的工作和斗争，要伴随着我们整个社会主义现代化建设的进程走。这四个方面的工作，或者叫坚持社会主义道路的四项必要保证，即：第一，体制改革；第二，建设社会主义精神文明；第三，打击经济犯罪活动；第四，整顿党的作风和党的组织，包括坚持党的领导，改善党的领导。在实现四个现代化过程中，我们要有两手，一手就是坚持对外开放和对内搞活经济的政策；一手就是坚决打击经济犯罪活动。没有打击经济犯罪活动这一手，不但对外开放政策肯定要失败，对内搞活经济的政策也肯定要失败。

**国务院发布《关于老干部离职休养制度的几项规定》**

规定指出，对新中国成立前参加中国共产党所领导的革命战争，脱产享受供给制度待遇的和从事地下革命工作的老干部，达到离职休养年龄的，试行离职休养的制度。已经退休的干部，符合本规定的，应当改为离休。

**中央纪委发出《抓紧对子女的教育是革命干部的责任》的通报**

通报指出，这是又一起高干子弟恶性犯罪案件。我们再次看到，有极少数高干子弟，违法乱纪，无法无天，已经到了不能容忍的程度。领导干部子女，特别是高干子女犯罪，虽然是极少数，但影响很大。如不作严肃处理，就会直接损害党与群众的关系，损害党的威信。这是一个值得严重注意的问题，必须引起全党的警惕。

中纪委通报说：1979年8月，中纪委曾发出《关于"两熊"流氓集团犯罪问题》的通报，要求全体党员、干部，特别是高级干部必须严重警惕，教育好自己的子女，把他们培养成革命事业的接班人。1981年12月中央纪委又发出《要高度重视对干部子女的教育工作》的通报，要求各级党组织制定措施，把社会、学校和家庭的教育紧密结合起来，教育子女抵制剥削阶级腐朽思想的侵蚀，以利于他们的健康成长。从各方面反映的情况看来，对子女的教育问题必须再次提醒各级领导干部重视。何辉燕同志对儿子犯罪所表示的态度是可取的，向组织所作的保证是郑重的。

为着引起全党对这一问题的重视，中央纪委要求：

(一)各级领导干部，特别是高级干部，必须把教育子女作为自己义不容辞的责任。对子女的教育实质上是以社会主义思想反对资本主义思想腐蚀斗争的一个重要方面，决不能放任自流或掉以轻心。忽视或放松这一工作，是对党的事业不负责任的态度，是党性不纯的表现。

(二)干部子女犯罪，特别是已经工作的子女犯罪，应由其本人负责。党的各级领导干部，如果发现子女违法乱纪,就要提请主管部门秉公处理;亲属、家长只有协助组织处理之责,决不许袒护包庇。

(三)各级政法机关的党组织,要教育所属工作人员,在查处干部子女违法乱纪案件时,要坚持原则,打破顾虑,不论是谁的子女,只要查实其犯罪活动,就必须依法处理。决不能屈服于各种压力,更不能用其父之功,折其子之罪。

(四)要把对子女的教育问题作为党的生活会的内容之一。各级领导干部今年内要在党的生活会上检查一下自己教育子女的情况,如有错误,应作检讨;对教子有方,培养子女成为先进分子的父母,应予表扬。

**《人民日报》发表社论《钱要用在"刀刃"上》**

长期以来,我们用钱不大讲究效果。不少地方、部门和单位,在经济建设中争项目、争资金,至于钱怎么用好,却不大讲究。结果,钱花得不少,往往收益不大,甚至得不偿失。党的十一届三中全会以来,我们初步总结了经济建设中的经验和教训,全面地进行经济调整和改革,国民经济比例失调的状况开始有所好转。但是,怎样把钱用在"刀刃"上,使它充分发挥效益,仍然是一个有待解决的课题。

资金使用效果,是各方面工作的综合反映。当前,要着重解决两个方面的问题:一是正确合理地分配资金;二是健全资金使用的责任制。合理分配和用好资金,把它用到最急需的地方,是一件具有重大意义的事。正像俗话说的,好钢要用在刀刃上。如果把好钢用在刀背上,就是干了蠢事,而这样的蠢事我们曾经干过,有的地方和部门还继续在干。例如,有些基本建设项目,投资额很大,但由于决策草率,上马匆忙,计划不周,建了拆,拆了建,浪费了大量资金。又如,一方面能源和原材料供应紧张;另一方面又办了一些消耗高、产品质量差又不适销对路的企业,浪费能源和原材料。这些教训实在太深切了。

社会主义经济是计划经济。各项建设事业要有计划、按比例地发展,人民生活要相应地改善,但钱就那么多,于是产生了合理分配、善于使用的问题。哪是重点,哪是非重点,谁个先办,谁个后办,必须在全国一盘棋的指导思想下通盘筹划。这首先是决策和计划部门的责任。合理的、准确的计划可以求得最大的节约,计划不当造成的浪费往往是最大的浪费。这是我们多年来一条重要的经验教训。各级领导部门在想问题、做计划的时候,切忌主观与草率,一定要进行可行性研究,占有详尽资料,注意听取不同意见,以提高决策和计划的科学性。

把有限的资金用在"刀刃"上,不只是计划部门的事,各地方、各部门、各单位也负有应尽的职责。这里有一个树立全局观念,自觉服从国家计划指导的问题。是刀背还是刀刃,要站在全局来看,才能作出正确的判断。从全国看是刀刃的,从局部看可能是刀背;从局部看是刀刃的,从全国看可能是刀背。我们必须反复宣传这个道理,不要再发生只从局部利益出发争投资,以致出现把好钢用在刀背上的现象。

国家的每一分钱,都是人民滴滴汗水凝成的,决不允许挥霍浪费。浪费是极大的犯罪。我们必须从上到下建立资金使用的责任制度,把权、责、利三者正确地结合起来。要明确规定审批资金部门的权限,明确规定应负的经济责任,制定奖罚的具体办法,加强监督与检查工作。对于那些大量浪费资金,情节严重的,除追究经济责任外,还必须追究法律责任,不论职位高低,都必须依法制裁。只有既加强思想政治工作,又有一套完善、严格的责任制度,才能有效地提高资金使用的效果。

赵紫阳总理在五届人大四次会议的报告中指出,要讲究生财、聚财、用财之道。全国上上下下,各行各业,都要针对面临的新情况、新问题,从实际出发,很好地讲求生财之道,实行正确的聚财政策,把宝贵的资金用在刀刃上,促使国民经济稳步发展,蒸蒸日上。

**国务院发出《关于在工业品购销中禁止封锁的通知》**

通知,要求各省、自治区、直辖市人民政府,国务院各部委、各直属机构认真执行十项规定。

通知说,我国的经济是社会主义经济,必须坚持以计划经济为主,市场调节为辅。在国家计划指导下,维护社会主义的统一市场,保障国内生产的各种工业品正常流通,这样才能搞活经济,促进生产的发展,达到提高经济效益的目的。

通知指出,最近一个时期,许多地区出现了对外地生产的工业品进行封锁的情况。这些地区生产的某些机电产品、农机产品和其他工业产品,尽管质量不高、性能很差、用户不欢迎,却强行在本地区推销,同时又硬性规定不准本地用户到外地选购同类优质产品。有些地区为此还成立了审批机构,甚至强迫撤销本地用户已经签订的外购合同,强制银行拒付货款。类似的情况,在有些部门之间也不断发生。这种搞地区或部门封锁,用行政命令保护落后的做法,对国家经济的全局是极为有害的。这样做,势必削弱国家统一计划,分割社会主义统一市场,不利于发挥地区的生产优势和优质产品的增产,不利于生产技术的交流和组织社会化大生产,更不利于国民经济的调整和经济效益的提高。

为了坚决纠正这种错误做法,国务院作出十条规定：

1. 在国家计划许可的范围内，在经济合理的原则下，企业、事业单位和供销部门，有权到外地区、外部门择优选购各种工业品，任何地区、部门和个人，不得加以限制和阻挠。

2. 凡按国家标准生产的合格工业产品和国家定点生产的工业产品，以及受用户欢迎的其他工业产品，在优先完成国家任务以后，可以在全国范围内销售和接受订货，任何地区和部门不得加以干涉。

3. 设计部门在选用设备(包括利用库存设备)和供应部门在提供成套设备时，都应贯彻择优的原则，优先选用质量好、性能好、价格合理的设备，不受地区、部门的限制。

4. 经济技术落后的地区、部门和企业要虚心地向经济技术先进的地区、部门和企业学习。经济发达地区要发扬社会主义协作精神，积极帮助不发达地区发展工业，提高生产技术、产品质量和管理水平。

5. 国务院各工业主管部门，在安排机电产品、农机产品、耐用消费品及其他工业品的生产计划时，对于地区性的需要，在产品同质、同价的情况下，应就地就近安排生产。对优质名牌产品，要鼓励其增产；对质量差的产品，应采取有效措施提高其质量。不适销对路的产品，有的要限制生产，有的要停止生产。

6. 少数民族地区和经济不发达地区，对机电产品、农机产品及耐用消费品的选购，同样必须贯彻择优的原则，不得搞封锁。对本地区能够生产自给的日用消费品及轻工产品，在一定时期内可以适当控制外购，但必须努力提高产品质量，做到价廉物美。

7. 要坚决刹住商品流通领域中的不正之风，严禁采取搞回扣、给推销费推荐费、请客送礼、行贿受贿、任意压价、硬性搭配长线产品等不正当手段推销产品。对搞这些不正之风的单位或个人，要追究经济责任和行政责任，违犯国家法律的，要依法制裁。

8. 各级银行应当支持用户和供销部门合理使用资金，择优选购产品。对妨碍择优选购产品和违反财务制度的错误做法，要坚决抵制。

9. 各省、自治区、直辖市和各部门凡是搞了限制向外地和外部门采购工业产品的规定和其他类似规定的，应一律废止；所有审批外购工业产品的机构，应一律撤销。

10. 经济特区仍应继续执行国家有关特区的政策法令，过去没有对本通知所涉及的方面作出规定的，也要按本通知执行。

**国务院发出《企业职工奖惩条例》**

(国务院1982年3月12日常务会议通过，4月10日发布施行)

**第一章　总　则**

第一条　根据中华人民共和国宪法的有关规定，为增强企业职工的国家主人翁责任感，鼓励其积极性和创造性，维护正常的生产秩序和工作秩序，提高劳动生产率和工作效率，促进社会主义现代化建设，特制定本条例。

第二条　企业职工必须遵守国家的政策、法律、法令，遵守劳动纪律，遵守企业的各项规章制度，爱护公共财产，学习和掌握本职工作所需要的文化技术业务知识和技能，团结协作，完成生产任务和工作任务。

第三条　企业实行奖惩制度，必须把思想政治工作同经济手段结合起来。在奖励上，要坚持精神鼓励和物质鼓励相结合，以精神鼓励为主的原则；对违反纪律的职工，要坚持以思想教育为主、惩罚为辅的原则。

第四条　本条例适用于全民所有制企业和城镇集体所有制企业的全体职工。对企业中由国家行政机关任命的工作人员给予奖励或惩罚，其批准权限和审批程序按照《国务院关于国家行政机关工作人员的奖惩暂行规定》办理。

**第二章　奖　励**

第五条　对于有下列表现之一的职工，应当给予奖励：

(一)在完成生产任务或者工作任务、提高产品质量或者服务质量、节约国家资财和能源等方面，作出显著成绩的；

(二)在生产、科学研究、工艺设计、产品设计、改善劳动条件等方面，有发明、技术改进或者提出合理化建议，取得重大成果或者显著成绩的；

(三)在改进企业经营管理，提高经济效益方面作出显著成绩，对国家贡献较大的；

(四)保护公共财产，防止或者挽救事故有功，使国家和人民利益免受重大损失的；

(五)同坏人、坏事作斗争，对维持正常的生产秩序和工作秩序、维持社会治安，有显著功绩的；

(六)维护财经纪律、抵制歪风邪气，事迹突出的；

(七)一贯忠于职守，积极负责，廉洁奉公，舍己为人，事迹突出的；

(八)其他应当给予奖励的。

第六条　对职工的奖励分为：记功、记大功，晋级，通令嘉奖，授予先进生产(工作)者、劳动模范等荣誉称号。在给予上述奖励时，可以发给一次性奖金。

第七条　记功、记大功、发给奖金，授予先进生产(工作)者的荣誉称号，由工会提出建议，企业或者企业的上级主管部门决定。发放奖金一般一年进行一次，在企业劳动竞赛奖的奖金总额内列支。

通令嘉奖，由各级人民政府或者企业主管部门决定。

授予劳动模范称号的办法，另行制定。

第八条 对职工给予奖励，需经所在单位群众讨论或评选，并按照第七条规定的权限办理。职工获得奖励，由企业记入本人档案。

第九条 对职工中有发明、技术改进或合理化建议，符合第五条第(二)项规定的，按照《发明奖励条例》《合理化建议和技术改进奖励条例》给予奖励，不再重复发给奖金。

第十条 经常性的生产奖、节约奖的发放原则、奖金来源、提奖办法，按照国家有关规定办理。

**第三章 处 分**

第十一条 对于有下列行为之一的职工，经批评教育不改的，应当分别情况给予行政处分或者经济处罚：

(一)违反劳动纪律，经常迟到、早退，旷工，消极怠工，没有完成生产任务或者工作任务的；

(二)无正当理由不服从工作分配和调动、指挥，或者无理取闹，聚众闹事，打架斗殴，影响生产秩序、工作秩序和社会秩序的；

(三)玩忽职守，违反技术操作规程和安全规程，或者违章指挥，造成事故，使人民生命、财产遭受损失的；

(四)工作不负责任，经常产生废品，损坏设备工具，浪费原材料、能源，造成经济损失的；

(五)滥用职权，违反政策法令，违反财经纪律，偷税漏税，截留上缴利润，滥发奖金，挥霍浪费国家资财，损公肥私，使国家和企业在经济上遭受损失的；

(六)有贪污盗窃、投机倒把、走私贩私、行贿受贿、敲诈勒索以及其他违法乱纪行为的；

(七)犯有其他严重错误的。

职工有上述行为，情节严重，触犯刑律的，由司法机关依法惩处。

第十二条 对职工的行政处分分为：警告，记过，记大过，降级，撤职，留用察看，开除。在给予上述行政处分的同时，可以给予一次性罚款。

第十三条 对职工给予开除处分，须经厂长(经理)提出，由职工代表大会或职工大会讨论决定，并报告企业主管部门和企业所在地的劳动或者人事部门备案。

第十四条 对职工给予留用察看处分，察看期限为一至二年。留用察看期间停发工资，发给生活费。生活费标准应低于本人原工资，由企业根据情况确定。留用察看期满以后，表现好的，恢复为正式职工，重新评定工资；表现不好的，予以开除。

第十五条 对于受到撤职处分的职工，必要的时候，可以同时降低其工资级别。

给予职工降级的处分，降级的幅度一般为一级，最多不要超过两级。

第十六条 对职工罚款的金额由企业决定，一般不要超过本人月标准工资的20%。

第十七条 对于有第十一条第(三)项和第(四)项行为的职工，应责令其赔偿经济损失。赔偿经济损失的金额，由企业根据具体情况确定，从职工本人的工资中扣除，但每月扣除的金额一般不要超过本人月标准工资的20%。如果能够迅速改正错误，表现良好的，赔偿金额可以酌情减少。

第十八条 职工无正当理由经常旷工，经批评教育无效，连续旷工时间超过15天，或者一年以内累计旷工时间超过30天的，企业有权予以除名。

第十九条 给予职工行政处分和经济处罚，必须弄清事实，取得证据，经过一定会议讨论，征求工会意见，允许受处分者本人进行申辩，慎重决定。

第二十条 审批职工处分的时间，从证实职工犯错误之日起，开除处分不得超过五个月，其他处分不得超过三个月。

职工受到行政处分、经济处罚或者被除名，企业应当书面通知本人，并且记入本人档案。

第二十一条 在批准职工的处分以后，如果受处分者不服，可以在公布处分以后十日内，向上级领导机关提出书面申诉。但在上级领导机关未作出改变原处分的决定以前，仍然按照原处分决定执行。

第二十二条 职工被开除或者除名以后，一般在企业所在地落户。

如果本人要求迁回原籍，应当按照从大城市迁到中小城市、从沿海地区迁到内地或者边疆、从城镇迁到农村的原则办理。

符合本条规定的，企业主管部门应当事先同迁入地的公安部门联系。迁入地公安部门应当凭企业主管部门的证明，办理落户手续。迁回农村的，生产队应当准予落户。

第二十三条 受到警告、记过、记大过处分的职工在受处分满半年以后，受到撤职处分的职工在满一年以后，受到留用察看处分的职工在被批准恢复为正式职工以后，在评奖、提级等方面，应当按照规定的条件，与其他职工同样对待。

第二十四条 对于弄虚作假、骗取奖励的职工，应当按照情节轻重，给予必要的处分。

第二十五条 对于滥用职权，利用处分职工进行打击报复或者对应受处分的职工进行包庇的人员，应当从严予以处分，直至追究刑事责任。

第四章　附　则

第二十六条　各省、自治区、直辖市人民政府和国务院各部门,可以根据本条例的规定,制定实施办法。

第二十七条　各级劳动部门有权对执行本条例的情况进行监督检查。

第二十八条　本条例自发布之日起施行。

**国家经委等部门联合制定《定期公布主要经济效果指标的实施细则》**

国家经委、国家计委、国家统计局、财政部、国家劳动总局和中国人民银行联合制定《定期公布主要经济效果指标的实施细则》(以下简称《细则》)指出,根据前不久在天津召开的全国工业交通工作会议的精神,为了互通情报,促进各地区、各行业、各企业之间在提高经济效益上开展比学赶帮超活动,从今年4月开始,按月报送、按季公布各省、自治区、直辖市主要经济效果指标完成情况。

《细则》确定按季公布的主要经效指标共十六项:工业总产值和增长率;主要工业产品产量完成计划情况;主要工业产品质量稳定提高率;工业产品优质品率;主要工业产品的原材料、燃料动力消耗降低率;每万元产值消耗能源和降低率;工业企业销售收入和增长率;工业企业实现利润和增长率;工业企业上交利润和增长率;工业企业产值利税率;工业企业销售收入利润率;工业企业定额流动资金周转天数和加速率;工业企业产成品资金占用额和降低率;工业企业可比产品成本降低额和降低率;工业企业全员劳动生产率和增长率;工业企业职工重伤、死亡人数和降低率。

为了从宏观上考察各地工业生产经济效果的动态情况,《细则》还规定以下十项指标要把今年成绩和去年同期进行对比,按照改善、持平、下降的不同情况分别计分,进行综合分析。这十项指标是:工业总产值增长率;主要工业产品质量稳定提高率;主要工业产品原材料、燃料动力消耗降低率;工业企业销售收入增长率;工业企业实现利润增长率;工业企业上交利润增长率;工业企业定额流动资金周转加速率;工业企业可比产品成本降低率;全员劳动生产率增长率和每千名职工死亡人数降低率。

定期公布各省、自治区、直辖市工业生产主要经济效果指标是一项新的工作,也是一项具有重要意义的工作。目前,各级经委、计委、统计、财政、银行、劳动和工业主管部门正在通力协作,加紧工作,保证按时上报。

**农牧渔业部　化工部　卫生部等六单位联合发出《农药登记规定》并发出通知**

农牧渔业部、林业部、化工部、卫生部、商业部和国务院环境保护领导小组联合颁布了《农药登记规定》(以下简称《规定》),自1982年10月1日起施行。

颁布《规定》的通知中指出:我国是世界上农药生产和使用量较多的国家之一,但是由于农药管理法规不健全和登记制度尚未建立,在农药生产、进口、销售和使用中都存在不少问题,不仅造成经济损失,而且污染环境,危害人民健康。加强对农药的管理,迅速建立农药登记制度是十分必要和迫切的。

《规定》中要求:在我国使用的农药应符合高效、安全、经济的原则。凡国内生产农药新产品,投产前必须进行登记,未经批准登记的农药不得生产、销售和使用。对已登记过的农药品种,如改变剂型(包括改变含量)或变更使用范围,应申请补充登记。凡证实对环境、人、畜和其他有益生物有严重危害的农药,可撤销登记或限制使用。对《规定》颁布前已生产的农药,要分期分批审查,补办登记手续。

《规定》中还要求:外国厂商向我国销售农药必须进行登记,未经批准登记的产品不准进口。外国农药在我国进行田间药效试验和示范试验,须经审查批准后才能进行。

**中国垒球协会就支持日本垒球协会关于易地举行第五届世界女子垒球锦标赛的建议复电国际垒球联合会秘书长波特**

电报全文如下:

国际垒联秘书长波特先生:

鉴于中国台北垒球协会和中国台北奥委会的负责人在你8日来电以后仍一再宣称,不放弃升"国旗",奏"国歌"。对此你没有给予驳斥和否认。我们认为,不升台湾的所谓"国旗"、不奏台湾的所谓"国歌"问题没有得到确实保证。因此,我们完全支持日本垒球协会关于易地举行第五届世界女垒锦标赛的建议,希望国际垒联立即作出易地举行的决定。

中国垒球协会

1982年4月10日

**中国国际广播电台播发评论员梅达题为《第五届世界女子垒球锦标赛必须易地举行》的评论**

评论说,国际垒球联合会秘书长波特在4月5日、6日到中国台湾活动之后向国际垒联各会员协会宣称,第五届世界女子垒球锦标赛如期在台北举行,中国台北垒协已同意在锦标赛期间的开幕式或锦标赛的其他任何时候不升旗不奏歌。但是就在波特刚刚离开台北,中国台北垒协和中国台北奥委会的负责人就一再宣称他们决不放弃在锦标赛期间使用所谓"中华民国"的旗和歌,对此,波特至今丝毫不予否认或驳斥。这些事实充分说明波特所声称的中国台北垒协已同意不升旗、不奏歌和遵守国际奥委会规则，只不过是企图诱使人们上当的幌子。

评论指出，波特4月6日同中国台北垒协联合发表的声明里，避而不谈旗和歌这样一个极其关键的问题，是一个精心设下的圈套。它给台北方面在旗和歌的问题上要弄手腕提供了条件。事实上，中国台北垒协这样一个地方性机构，至今仍以主办国的一个国家组织自居，并以此援引国际奥委会及国际垒联的规章，说它有权升他们的所谓"国旗"，奏他们的所谓"国歌"。这说明，中国台北垒协至今仍坚持其违反国际奥委会和国际垒联决议的顽固立场，从而已失去了举办这届锦标赛的资格。

评论表示支持中国垒协10日复电波特关于希望国际垒联立即作出易地举行女垒赛的决定。

评论最后强调说，"只有采取易地举行的办法，才是正确解决这一问题的可行途径，才能避免对国际奥委会和国际垒联的章程和决议的进一步破坏，才能保持国际垒球界的团结，而不受某些人妄图利用这次锦标赛达到其不可告人的政治目的的干扰。"

**全国人大常委会副委员长班禅额尔德尼·确吉坚赞在人民大会堂会见以全日本佛教协会会长金子日威为名誉团长 松井大周为团长的日莲宗友好访华团**

**全国人大常委会副委员长班禅额尔德尼·确吉坚赞在人民大会堂会见由伊藤武议长率领的日本静冈县议会友好访华团**

**外交部部长黄华获得1981年国际和平与合作金奖个人奖**

中国驻巴基斯坦大使徐以新代表黄华领奖。

**国务院科技干部局发出科技干部学龄要作为分房工龄的通知**

通知要求各单位在分配住房时，将科学技术干部的学龄作为分房工龄列入分房条件。科技人员在研究生院、大学、大专规定的学习时间作为分房工龄。中等专业学校的校龄，以高中毕业后进入中专作为计算分房工龄的起点。

通知说，目前许多单位分配住房，单纯以工龄长短作为主要条件，以致学龄长，工龄短，结婚晚，子女小的科技人员，与同年龄职工相比，形成"读书愈多，分房愈晚"的状况，这是很不合理的。

通知说：科技人员的住房，不仅是生活条件，实际上也是工作条件和学习条件。现代科学技术发展迅速，科技人员必须不断地努力学习，增加科学技术知识积累，才能适应工作需要。而他们的学习与一部分工作常常是下班后继续在宿舍内进行的，因此要保证必要的住房条件。

**中国逻辑与语言函授大学在北京举行成立大会**

中国社会科学院副院长于光远在会上说："学习逻辑与语言，不光是为了写文章，而是要把社会主义各项事业建立在科学基础上，使人们在社会主义建设中办事科学化。说话、写文章要讲究逻辑，概念清楚，语言准确，就要在群众中大力开展逻辑、语言科学的教育。"

这所函授大学是中国逻辑与语言研究会主办的。办学的宗旨是：根据党的教育方针，通过函授、自学辅导等形式，向社会普及逻辑、语法修辞和写作知识，帮助宣传干部、文书秘书及其他群众增强文字表达能力，提高写作水平，为"四化"建设培养语文工作人才。

逻辑与语言函授大学的招生对象是宣传干部、文书秘书、中学语文教师、政法工作者及具有中等文化水平的工人、农民、待业青年等；学制为一年；开设《逻辑》《语法修辞》《写作》三门课程。

逻辑与语言函授大学聘请王力、金岳霖、董纯才任名誉校长；聘请张志公、周礼全、张寿康、徐仲华、温公颐、江天骥、吕叔湘、王方名、朱星、朱德熙、周祖谟等任顾问。

## 4月11日

**国务院批准教育部《关于1982年高等学校招生工作的意见》**

《关于1982年高等学校招生工作的意见》(以下简称《意见》)指出，1982年高等学校的招生工作原则上仍按照国务院批准的《1981年高等学校招生工作的规定》执行。在总结经验的基础上，今年也作了一些新的规定。

报考高等学校的条件

1982年报考高等学校的条件是：必须拥护中国共产党，热爱社会主义祖国，遵守法纪，热爱劳动，决心为社会主义现代化建设勤奋学习；高中毕业或同等学力；身体健康；未婚；年龄最大不超过25周岁(1957年9月1日后生)。报考外语院校和专业的考生，年龄不超过23岁(1959年9月1日后生)；报考师范学校外语系(科)的，可放宽到25周岁(1957年9月1日后生)。国家和集体企事业单位的职工，须经所在单位批准，方能报考。中等师范学校和中小学的公办教师限报师范院校，民办教师不限。

国家不包分配工作的职业学校和农业中学的毕业生，可以报考高等学校。报考对口专业的，在与其他考生同等条件下,优先录取。

下列人员不能报考:广播电视大学(仅限在职职工)、职工高等学校、农民高等学校等脱产和半脱产学制两年以上的在校学生;中等专业学校和技工学校的应届毕业生、在校学生以及无正当理由退学的学生(在这些学校毕业后工作满两年的,经批准可以报考专业对口的高等学校);中学在校学生;1981年已被高等学校录取而不服从分配的考生。

报考青年应在户口所在县(区)报名。报考外语院校或系(科)专业的考生,可以兼报文科。报名日期,由各省、自治区、直辖市招生委员会确定公布。

预选是高考制度的一项方向性的改革

《意见》指出,预选是高考制度的一项方向性的改革。已经实行预选的省、自治区,应认真总结经验,改进预选方法,继续搞好预选。其他省、自治区、直辖市今年是否实行预选,由各地自行决定。两年来的经验证明,由中学根据毕业考试成绩,结合平时成绩,德智体全面考核,择优预选的办法比较好,应予提倡,而不要另增加一次预选考试。对往届高中毕业生,可以参加中学毕业考试或单独组织考试进行预选。

1982年全国统一考试定于7月7日至9日举行。文史类(包括外语)考政治、语文、数学、历史、地理、外语共六门;理工农医类考政治、语文、数学、物理、化学、生物、外语共七门。今年外语考试成绩,本科按70%计入总分。从1983年起,百分之百计入总分。报考专科学校考生的外语成绩是否计入总分,由各省、自治区、直辖市确定。今年生物成绩满分为50分。报考外语院校、系(科)、专业的考生,外语除笔试外,应进行口试,笔试成绩全部计入总分,数学成绩作为参考分。从1983年起,数学成绩全部计入总分。文史类语文、理工农医类数学还将出附加题,附加题的分数计入总分。

今年仍将实行考试成绩只通知考生本人,不公布,不查卷的办法。

考生所在单位要如实反映考生的情况,严肃认真地对考生的政治态度、思想觉悟、道德品质作出全面鉴定。各级卫生部门要加强对考生身体健康检查工作的领导,指定条件较好的县级以上医院承担健康检查任务。体检人员应正确掌握体检标准,认真负责做好体检工作。有条件的省、自治区、直辖市可在全国统一考试之前对考生进行健康检查。高考体检标准(包括军事院校招生体检标准)由各地向考生公布。高中要建立和健全学生健康记录卡片制度,把学生平时的健康状况及既往病史,如实地载入学生健康记录卡片,作为高等学校录取时参考。

德智体全面考核、择优录取

要认真贯彻德智体全面考核、择优录取的原则。录取的办法是:在政审、体检合格的前提下,从高分到低分分段,参照考生所填志愿顺序,注意相关科目成绩,德智体全面考核、择优录取。各省、自治区、直辖市划分数段时,应给录取院校有一定的选择余地。考生的语文、数学成绩(报考外语专业的语文成绩),其中有一门达不到规定要求的,应随下一个分数段分发档案。对语文、数学成绩的具体要求,由各省、自治区、直辖市根据考试成绩规定。

《意见》指出,应届高中毕业生在高中阶段受地区级以上表彰的"三好"学生和优秀学生干部,以及参加地区级以上体育竞赛获单项前五名或集体前三名的主力队员,分别由地区级以上教育部门或体育运动委员会证明,考分达到当地规定的体检或调档分数线的,可提上一个分数段投放档案(其中优秀学生干部,低于体检或调档分数线五分以内的,经省、自治区、直辖市招生委员会批准,可破格录取)。

农林、水利、矿业、石油、地质院校,由各省、自治区、直辖市确定,可以试行如下录取新生的办法:凡第一志愿报考上述院校,达到当地规定的体检或调档分数线的,各地招生办公室将其档案材料一次投放;非第一志愿的,按以往办法投档。由有关院校从高分到低分德智体全面考核、择优录取。要注意录取本系统的在职职工及其子女。

中国人民大学的哲学、国际共产主义运动史、中共党史、法律和新闻专业,从1982年起在北京、上海、武汉、重庆、西安、沈阳试行招收具有三年以上实践经验的在职干部。这些人员应由所在单位推荐,参加统考。

体育院校或系科招生,从1982年起,要注重文化课的考试成绩。对于文化成绩过低的考生,即使本科成绩突出,也不能录取。

有条件校系试行新生参加一年劳动制度

为了全面贯彻党的教育方针,培养学生的劳动观点和组织纪律性,树立共产主义道德风尚,从今年起,在有条件的教育部部属的个别高等学校或系,经教育部批准,试行新生参加一年劳动的制度(试行期间原学制不变,教学计划由学校适当安排)。

《意见》强调,必须重申制止招生中的舞弊行为。各级领导和党员干部要认真执行中共中央纪律检查委员会关于必须坚决制止高校招生中不正之风的通报的规定。各级领导必须重视和加强对考试工作的领导,坚决抵制和反对那种打着为群众谋利益的旗号单纯追求升学率,纵容考场舞弊的行为。各地对发生的考场舞弊事件,必须认真查处,追究责任,并视情节轻重给予处分,直至依法惩办。考生舞弊者,应取消其参加统考资格,下一年度也不准报考;已入学者,取消入学资格。对扰乱考场秩序,威胁监考人员人身安全的,就由公安部门依法论处,参与这类事件的考生三年内不准报考。对于政审、体检、录取中的舞弊行为,同样按上述精神处理。

**中国运动员在英国国际击剑赛中获得三项冠军**

中国的杨世生夺得男子佩剑个人赛的冠军,潭志辉获重剑个人赛的冠军。由王锐基、张宝仁和孔令森组成的中国队,在男子佩剑团体赛中夺得冠军。

**城乡人民每天摄取食物热量近3年增长15%**

据《人民日报》报道,随着食品生产和供应情况的改善,我国人民平均每天从食物中得到的热量最近3年中已经从1978年的2311千卡提高到2366千卡,增长了15.4%。国家统计局最近提供的这个资料,从又一个侧面说明了党的十一届三中全会以来我国城乡居民的生活水平有所提高。

## 4月12日

**中共中央国务院发出《关于〈宪法修改草案〉中规定农村人民公社政社分开问题的通知》**

通知指出,人民公社政社分开是一件很复杂、很细致的工作,不可草率,匆忙改变,必须有领导、有准备、有计划、有步骤、有秩序地进行。

**全国数量经济学会在西安召开第一次讨论会**

与会代表对数量经济学的对象和任务以及今后我国数量经济学的发展,发表了各自的意见。

到会学者讨论了如何建立和发展中国式的数量经济学的问题。他们认为,数量经济学的研究是以密切联系实际和以深刻的理论分析为前提的。因此,我们建立和发展数量经济学,必须根据我国的实际情况,以马克思主义政治经济学为指导,进行创造性的研究。对于国外的数理学派、经济计量学和各种经济模型,要采取分析的态度,既要多方吸取外国的经验和方法,又要从我国的实际出发,看到我国和外国社会制度、生产技术、经济结构和经济发展程度等各方面的不同,不能离开我国的国情,离开马克思主义的指导,离开社会主义的计划统计工作来生搬硬套外国的经验。

到会同志指出,投入产出法是我国经济管理工作中应用较多的一种数量经济方法,它不仅可在全国范围内,在各地区、部门中使用,而且可以用于基层企业,提高它们的现代化管理水平。我们应该进一步开展投入产出法的宣传普及工作,找出一条简便的编表途径,加强对各种投入产出模型的研究。

会上,对广泛开展经济预测等问题,也进行了探讨。到会同志认为,为了加快我国数量经济学的发展,必须克服经济理论研究与数量经济方法应用研究脱节的现象,加强经济学者和数学家之间的联系与协作。

**《人民日报》发表崔敏的文章《打击严重经济犯罪的锐利武器》**

最近,全国人大常委会通过了关于严惩严重破坏经济的罪犯的决定,对于《刑法》的有关条款做了一些重要的补充和修改,为我们提供了同各种严重经济犯罪作斗争的锐利武器。

(一)

两年多的实践证明,我国制定颁布的第一部《刑法》,是一部基本上适合我国具体情况的好法。但是,由于在制定《刑法》时,经济领域严重犯罪的问题还没有突出地暴露出来,而且难以预见,因此,当时对这类案件所规定的量刑标准,已不适合目前的情况。例如,仅在第一百五十条和第一百五十五条,对情节特别严重的贪污罪和致人重伤、死亡的抢劫罪规定可以判处死判,而对其他各种经济犯罪,都没有规定死刑。对伪造货币罪、盗窃罪和盗运珍贵文物出口罪中情节特别严重的,规定了可以判处无期徒刑,其他条款所规定的刑期,一般都在七年有期徒刑以下。对于走私、投机倒把等犯罪,一般规定处三年以下的刑期,只对走私、投机倒把的惯犯、数额巨大的或者走私、投机倒把集团的首要分子,才规定处三年以上十年以下有期徒刑。在实际执行中,某些地方又未能严格依法办事,存在着执法不严、违法不究的现象,致使一些情节恶劣、后果严重的重大经济犯罪案件,未能受到有力的打击。

当前,经济领域中的走私贩私、投机倒把、贪污盗窃、索贿受贿、倒卖珍贵文物的严重犯罪活动,已经到了触目惊心的地步。实践表明,如果我们不同这类犯罪行为进行最坚决最严肃的斗争,那么,严重的经济犯罪活动就会蔓延到更广大的地区,造成难以想象的后果。对此,我们必须保持清醒的头脑,充分认清这场斗争的严重性和紧迫性,准备进行长期的反复的斗争。

《决定》修改了《刑法》原来规定的某些条文,加重了对几种严重经济犯罪的刑罚。《决定》第一条第(一)项规定,对《刑法》第一百一十八条走私、套汇、投机倒把牟取暴利罪,第一百五十二条盗窃罪,第一百七十一条贩毒罪,第一百七十三条盗运珍贵文物出口罪,补充或者修改为:"情节特别严重的,处十年以上有期徒刑、无期徒刑或者死刑,可以并处没收财产。"《刑法》原对走私、投机倒把罪规定的最高刑期为十年;对贩毒罪规定只能判处有期徒刑;对盗窃罪和盗运珍贵文物出口罪,情节严重的,也只规定可以判处无期徒刑。现在的《决定》,对这几种严重经济犯罪,都规定了可以判处死刑。《刑法》第一百七十一条规定对贩毒罪可以并处罚金，现在的《决定》修改为可以并处没收财产。总之，对这几种严重经济犯罪的处罚都大大地升了格。这里应当说明一下：没收财产也是一种严厉的刑罚，它同《刑法》第六十条所规定的追缴犯罪分子非法所得的一切财物，或者责令退赔，以及没收违禁品和供犯罪用的本人财物，不是一回事。没收财产是指除了上述非法的财物以外，把犯罪分子个人所有的财产的一部或全部无偿地收归国有，这就彻底地剥夺了他们进行犯罪活动的"血本"。这一着，对于制服各种经济罪犯来说，同样是一种有效的手段。

（二）

《决定》的各项规定，体现了对国家工作人员利用职务犯罪从严惩处的精神，是完全正确的。俗话说："执法犯法，罪加一等。"对国家工作人员利用职务便利进行犯罪活动的，理应从重处罚，这个道理至为浅显，谁都可以理解。然而现在的《决定》，不仅仅是体现了这种一般意义上的从严从重，而且具有比这层意思更为深刻的含义。

新中国成立初期大张旗鼓地开展的三反五反运动，严厉惩治了那些贪污腐化分子，并及时地挽救了一大批干部。其后的一段时期，成为我们的党风和整个社会风尚最好的一段时期。后来，十年内乱严重败坏了党的优良传统与作风，使得各种沉渣泛起。近几年来，实行对外开放以后，更有少数干部被酒、色、财、器所击倒，滑向了犯罪的深渊；还有的干部利用职权，对犯罪分子包庇纵容，在实际上形成了一层保护网。有些执法人员，在遇到某些阻力以后，便放弃职守，不敢依法追究和判处，致使一些重大经济犯罪案件处理不下去。这种情况严重地损害了党和国家的威望，如果任其继续发展下去，就可能使更多的人腐化变质，以致形成难以根治的顽症。这正是当前我们所面临的危险。对于这个关系到党的生死存亡、关系到国家的兴衰盛败的严重问题，我们决不可以丧失警觉，掉以轻心。

为了同党和国家机关中某些干部的腐败现象作斗争，必须采取极为严厉的法律措施，必要时，应当开杀戒，杀一儆百，有效地制止经济犯罪，教育和挽救更多的人。为此，《决定》明确规定：对国家工作人员利用职务犯罪的，实行从重处罚。《决定》指出："本决定所称国家工作人员，包括在国家各级权力机关、各级行政机关、各级司法机关、军队、国营企业、国家事业机构中工作的人员，以及其他各种依照法律从事公务的人员。"这就比《刑法》第八十三条的规定，更为明确。最后一句"以及其他各种依照法律从事公务的人员"，范围很宽，凡是依照法律实际从事公务的人员，都应当包括在内，按照国家工作人员对待。

这次《决定》的规定，具体而严密，堵塞了许多漏洞，使那些贪赃枉法甚至执法犯法的极少数犯罪分子，都难逃法网。广大人民坚决拥护对他们实行严厉的制裁，贯彻这一《决定》，必将大大提高党和政府的威信，并将使我们的党风政风军风民风有一个显著转变。

（三）

坦白从宽，抗拒从严，是我们同犯罪分子作斗争中历来行之有效的正确政策。在打击和惩治严重经济犯罪中，仍应坚定不移地贯彻执行。这次颁布的《决定》，也体现了宽严结合、分化瓦解的斗争策略。总的精神是从严惩处，但是严中有宽，网开一面，给犯罪分子留了一条自首或者坦白交代、争取宽大处理的出路。《决定》第二条规定："本决定从 1982 年 4 月 1 日起施行。"同时规定："在 1982 年 5 月 1 日以前投案自首，或者已被逮捕而如实地坦白承认全部罪行，并如实地检举其他犯罪人员的犯罪事实的，一律按本决定施行以前的有关法律规定处理。"这就给一切已经身陷泥潭的经济罪犯，提供了一个争取光明前途的机会。这次《决定》同《刑法》原定条款，对于经济犯罪的量刑幅度，悬殊很大，因此，一切希望得到宽大处理的犯罪分子，切勿错过这个时机，赶紧投案自首或者彻底坦白交代，争取光明的前途。当然，也肯定会有一些抗拒到底的死硬分子，他们心存侥幸，准备以身试法，对于这些蠢家伙究竟怎么办呢?《决定》也规定得很清楚，那就"作为继续犯罪，一律按本决定处理"。这就体现了抗拒从严的精神。奉劝那些仍在犹豫观望的犯罪分子，快快丢掉幻想，相信党和政府的政策，走坦白从宽之路为好。

**《人民日报》发表孙尚清的文章《关于我国经济发展战略问题的认识》**

经济发展战略是现在人们经常谈论的一个问题。对这个问题的研究，目前还处在刚开始的阶段，研究成果还比较少，我的理解也是很初步很肤浅的。

我们社会主义社会是个以公有制为基础的社会。这样一个社会的发展，要求我们自觉地规划出战略性的目标，然后组织各方面的力量有步骤地实现这些目标，以推动我们这个社会向前发展。实现社会发展的战略目标需要有一系列的战略，而经济发展战略则是实现社会发展总战略目标的基本战略。这是因为经济发展是社会发展的基础，离开经济的发展谈社会其他方面的发展是不可能的。社会的性质不同，社会发展战略也不一样。即使是同样性质的国家，经济发展战略也会有很大差别。这种差别主要是由各国的具体社会经济特点决定的。

我认为，在明确生产关系性质的前提下，人口、技术、资源是制定经济发展战略的基本依据。

第一是人口。如果一个社会经济发展战略离开了社会的人口状况，那么，这个发展战略肯定是错误的，或者是不能实现的。因为人口从两个方面影响着经济活动。一方面，人是生产者。人可以变成劳动者，劳动者就要生产。另一方面，人又是消费者。人为了生存，为了必要的享受，为了进一步地发展，就要有生存、享受和发展的物质资料。人为社会生产出财富，同时也要从社会取得财富来满足自己的需要。制定经济发展战略，要从本国人口的状况、构成出发。毛主席早就强调过我们办事情想问题要从我国6亿人口出发。陈云同志也一再讲，我国是10亿人口、8亿农民的国家，要从这一点来考虑问题。这实际上讲的是一种战略思想。对于这一点没有争论。包括资产阶级一些经济战略研究者都不否定这样一个因素。

我们制定经济发展战略，不仅一般地考虑人口的作用，还必须充分考虑我国人口的各种具体状况。

我国农业人口多，但农业劳动生产率很低，因而农业给社会提供的剩余产品就比较少。这种情况对于积累的规模，经济发展的速度，各产业的发展，科学、教育、文化、卫生水平的提高，都是一个很重要的制约因素。

我们在经济发展战略中怎样对待人口，这也是个很重要的问题。按照马克思主义的原理，在有计划发展的社会里，人口增长和物质资料的增长应当保持相互适应。从一般理论上说，马克思主义对待人口的态度，更重视人是生产者，要发掘人作为生产者的潜力来满足社会发展和人类发展的需要。但在人们对自然资源开发的水平还比较低、开发能力还比较弱的时候，我国人口已经膨胀起来了，达到了近10亿。在这种情况下，马克思主义者理所当然地要把控制人口的增长作为解决人口增长和物质资料增长之间的矛盾的极其重要的方法。因此，决不能够把我们的观点和外国一些经济发展战略研究报告中关于人口的片面观点混为一谈。

另一方面，我们必须积极设法充分发挥现有人口的作用。人是生产力中最重要的因素。这个道理是对的。问题是把劳动人口的作用加以很好地组织和发挥，需要有一系列社会的条件。比如目前的待业青年，他们可以为社会创造财富，但是我们暂时还无法一下子给他们配备那么多的生产资料，使他们从事生产劳动和非生产劳动。我们必须努力创造条件，把现有人口中劳动力的作用充分发挥出来。这是一个很重要的课题。还有人口的素质，包括体魄健康，更重要的是知识水平。这也是发挥现有人口积极作用的条件。总之，人口问题是我们制定经济发展战略的一个必须考虑的重大问题，也是我们制定经济发展战略的一个重要依据。

第二是技术。经济发展战略撇开技术就失去了任何科学意义。技术的发展将越来越快，这是肯定无疑的。用马克思主义的观点来看，技术已经是发展现代生产力的主要手段了。发展生产力，从理论上说有三条基本途径，一是靠增加劳动力；二是通过生产力诸要素在宏观和微观上的合理组织；三是通过技术革新和技术革命。现代生产力的提高越来越主要依赖技术的提高，所以技术是我们经济发展战略的很重要的依据。技术可以分为物质化的技术和知识形态的技术。物质化的技术表现为设备、计量和测试手段等，成为生产资料。知识形态的技术，表现为人对技术的发明和掌握，人的知识和技能。作为经济发展战略支点的技术，既包括物质化的技术，也包括知识形态的技术。物质化的技术，如果没有具备相应知识和技能的劳动者去掌握和操纵它们，那还是一堆死的东西。因此，在制定经济发展战略时，应把物质化技术和知识形态技术及其发展变化趋势统一起来考虑。

第三是资源。制定经济发展战略也离不开资源情况，因为经济发展总是要从资源的开发中来提高生产力。一种是人类加过工的资源，成为生产的原材料、燃料、动力；还有一种是没有加过工的，马克思叫作“自然富源”。为了有效地正确利用自然界给我们提供的资源，我们必须加强对资源的勘探，向资源的深度和广度进军。从根本上说，没有资源的开发，也就没有经济的发展。但是，对资源的开发和利用又要依靠技术的发展。目前我们对资源的勘探还是比较落后的，勘探的技术力量还很少。虽然资源条件对我们有利，但人口多技术低又把资源的许多优势给削弱了。比如，我们的国土很辽阔，土地资源和其他自然资源丰富，农、林、牧的土地面积约占国土面积的46%，但按人口平均，每人只有6.6亩，而世界平均每人33亩，我们仅占世界平均数的五分之一。我国耕地面积按人平均约为1.5亩，世界平均每人是5.5亩，不到世界平均数的三分之一。我国林地约有18亿亩，每人平均1.8亩，世界平均每人15亩，我们只占世界平均数的八分之一。这些数字说明，我们国土虽然广阔，资源也很丰富，但由于人多，按人口平均数就低于甚至大大低于世界人口平均占有量的水平。

因此，在制定经济发展战略时，应当把人口、技术和资源这几个因素统一起来考虑，不能把它们各自孤立起来。我们人多，8亿农民所在的农村劳动生产率很低，粮食的商品率只有15%。工业劳动生产率也不高。在这样的情况下，我们国家的建设资金的积累就不可能很多很快，生产的发展也不可能很快，广大人民的物质和文化生活水平的提高都将是比较缓慢的。所以,我们经济发展战略的指导思想,必须反对速成论,而要树立长期奋斗的思想。回顾新中国成立以来走过的道路,可以看出,我们在很多时候没有把经济发展战略的基本因素联系起来统一加以考虑,因而老是想把我们这样一个幅员如此之大、人口如此之多、生产水平如此之低的国家,通过苦战几年或十几年赶超一些经济发达的国家。这种想法显然是不符合实际的。

上述人口、技术、资源这三个经济发展战略的基本依据,正是与生产力的三个要素大致吻合。生产力经济学研究这三个要素的统一,研究生产力的发展和运动规律,就能为我们制定经济发展战略提供一个科学依据。它同生产关系规律结合在一起,就将使经济发展战略建立在牢固的科学基础上。

**国务院副总理姚依林在人民大会堂会见委内瑞拉中央银行行长莱奥波尔多·迪亚斯·布鲁斯亚尔**

姚依林说,加强同拉美国家的经济关系是中国的一贯政策。他希望进一步发展中国同委内瑞拉在金融和贸易方面的合作关系。迪亚斯说,委中贸易将会得到不断发展。

**国务院副总理杨静仁在人民大会堂会见由国务部长兼体育部长杰拉尔德·里根率领的加拿大体育代表团**

里根部长表示支持中国关于参加第五届世界女子垒球锦标赛问题上所持的严正立场。杨静仁副总理对里根先生的立场表示感谢。

**中国经济学团体联合会加入国际经济协会**

据《经济学周报》报道:在我国经济学界与外国经济学家交往日益增多的情况下,中国经济学团体联合会加入国际经济协会。

这家周报说,国际经济协会是各国经济团体的联合组织,在国际经济学界占有重要地位。它是根据联合国教科文组织的倡议于1950年成立的,现有团体会员54个。我国经济学家参加国际经济协会,有助于对世界经济问题、经济思想和动向的了解;有助于与各国经济学家的学术交流,增进各国对我国的了解。

**中国选手在第十届亚洲自行车锦标赛上获得3项冠军**

第十届亚洲自行车锦标赛在泰国首都曼谷闭幕。

我国女选手许蓉珍和周素英分别以4分18秒77和1分19秒28的成绩夺得3000米个人追逐赛和1000米个人计时赛冠军,女运动员孙景琴在60公里公路个人赛中,以1小时47分17秒74夺得冠军。

## 4月13日

**中共中央 国务院向全国公布《关于打击经济领域中严重犯罪活动的决定》**

(一)

为了有效地发展社会主义的物质文明和精神文明的建设,今年以来,党中央着重抓了两件大事,一是作为体制改革的一个组成部分的机构改革;二是打击经济领域中的严重犯罪活动。全党、全军和全国各族人民对这两件大事都热烈拥护,极为关注,切望我们贯彻始终,夺取胜利。

目前,机构改革的工作,正在中央党政军机关顺利进行中,国务院并已决定成立经济体制改革委员会,统一研究、筹划和领导全国的经济体制改革工作。对经济领域中严重犯罪活动的打击,正在全国范围内逐步展开。1月,中央发出了《紧急通知》;2月,中央召开了广东、福建两省座谈会,批转了座谈会纪要;3月,全国人大常委会通过了《关于严惩严重破坏经济的罪犯的决定》。3个月来,各地初步揭发和处理了一批走私贩私、贪污受贿等严重犯罪案件,一些久拖不决的案件正在得到解决,严重破坏经济的犯罪分子受到震慑,歪风邪气有所收敛。斗争已经取得了初步效果。党政军全体同志、特别是各级领导机关,务必下定决心,把这一斗争进行到底。

(二)

党的十一届三中全会以来,党中央和国务院的领导是正确的。我们已经胜利地实现了工作着重点的转移。经济建设执行调整、改革、整顿、提高的方针已经获得显著成就,实行对外开放和对内搞活经济政策的工作正在有效地取得进展,城乡人民的生活也已经得到明显的改善。党的纪律有所加强,党的作风有所好转。但是我们在充分肯定这些成绩的同时,必须清醒地看到,我们的经济政治生活中还存在着一些阴暗方面。特别令人触目惊心的是,近两三年来,走私贩私、贪污受贿、投机诈骗、盗窃国家和集体财产等严重犯罪活动有了明显的增加,在少数地区、少数人员中还相当猖獗。这些严重破坏经济的犯罪活动,往往是由国家机关和企业事业单位内的少数人员同社会上的不法分子相勾结进行的,有时还打着国家或集体的幌子,有的甚至受到某些领导干部的支持。问题远比1952年“三反”时严重。出现这种情况的主要原因,是由于林彪、江青反革命集团严重破坏了我们的党风、民风,少数人受他们散布的无政府主义、极端个人主义思想的毒害很深;我们队伍中有些意志薄弱的人在新形势下经不起考验，贪图享乐，利令智昏；这几年在实行对外开放和对内搞活经济这两项完全正确的政策时，党的思想政治工作和政府部门的一些必要的管理措施没有及时跟上，对于已经发现的某些严重破坏经济的罪犯也没有及时给予充分有力的打击。当前经济领域中的严重犯罪活动，已经和正在腐蚀我们的干部队伍，损害我们党、政府、军队的肌体和国家的信誉，毒化人们的思想，污染社会风气，破坏经济建设，妨碍对外开放和对内搞活经济政策的正确执行，影响社会安定。如果继续听其发展，就将对我国社会主义事业的前途产生极大的危害。

打击经济领域中的严重犯罪活动，是我国社会主义社会在新的历史条件下阶级斗争在经济领域内的重要表现。在共产党员和国家工作人员中进行这场坚持共产主义纯洁性、反对腐化变质的斗争，关系到我国社会主义现代化建设的成败，关系到我们党和国家的盛衰兴亡。由于特定的历史条件，这场斗争必然是长期的、持久的。全党必须对此有清醒的认识和高度的警惕，统一思想，统一步调，决不能等闲视之，或者各行其是。

现在，有些同志看不到经济领域中严重犯罪活动的巨大危害性，没有清醒地认识到开展这场斗争的必要性和迫切性，担心这样做会偏离经济建设的中心任务，妨碍现代化建设事业的发展，对执行对外开放和对内搞活经济的政策会招致不良影响。这种看法是完全错误的，并且是当前对经济领域中严重犯罪活动进行斗争的主要思想障碍。必须清醒地看到，如果我们听任经济领域中的严重犯罪活动自由泛滥，我们的现代化建设就无法顺利进行；只有在坚定执行现行各项经济政策的同时，坚决打击严重破坏经济的罪犯，才能保证我国现代化建设沿着社会主义的轨道前进，才能使对外实行开放和对内搞活经济的政策得到正确执行。

(三)

为了保卫我们党的共产主义纯洁性，保卫我国的社会主义制度和各族人民的利益，我们一定要坚定不移、坚持不懈地打击经济领域中的严重犯罪活动。在这个斗争中，一方面态度要坚决，打击要有力；另一方面，重点要明确，步骤要稳妥，工作要做细。对严重破坏经济的罪犯必须抓住不放，雷厉风行地加以处理；对那些情节严重的犯罪干部，必须查明情况，依法制裁。对一般案件和重大案件，重点抓重大案件；对历史积案和现行案件，重点抓现行案件；对社会上的普通案件和国家机关、企业事业内部的案件或它们与社会上不法分子共谋进行的案件，重点抓与国家机关、企业事业有关的案件。总之，要集中力量抓紧处理大案要案，并且着重整顿党的组织、干部作风和严密各项管理制度。为了便于分工，中央和省一级一般可以共同着重抓地专一级以上的问题，县一级的问题一般可以由省一级负责；但县一级性质特别严重的问题中央也要过问，县一级以下特别严重的问题省一级也要过问。

对严重破坏经济的罪犯，不管是什么人，不管他属于哪个单位，不论他的职务高低，都要铁面无私，执法如山，决不允许有丝毫例外，更不允许任何人袒护、说情、包庇。

如有违反，无论是谁，一律要追究责任。在打击经济领域中严重犯罪活动的同时，对其他方面的严重违法乱纪行为也必须坚决予以查处。但是，决不要把这场斗争的范围任意扩大到广大城乡的普通工人、农民和其他劳动群众(不包括其中的少数要犯)中去。带有一定群众性的轻微违法案件，也应适当处理，不能听其泛滥和升级。一般地说，对待这些问题，要以进行教育和改进管理制度为主。因为这不是当前斗争的中心，可以稍缓一些时候解决，以免分散精力，甚至转移目标。

为了顺利地、正确地打击经济领域中的严重犯罪活动，当前，各级党政军领导机关和领导同志必须着重克服对这方面的严重情况熟视无睹、无动于衷的麻痹态度，以及对开展这场斗争顾虑重重、优柔寡断的畏难情绪。同时，考虑到过去历次政治运动的教训，也要防止和反对不进行调查研究，不掌握实际情况，靠主观臆断规定指标和进度，硬找斗争对象或者对问题任意升级等错误做法。还要防止个别自己有问题的人故意制造假象，嫁祸于人的阴谋。

打击经济领域中的严重犯罪活动，一定要正确掌握政策，严格区分和正确处理两类不同性质的矛盾。要划清工作失误同违法犯罪的界限，划清经济上的不正之风同经济犯罪的界限，划清走私贩私、贪污受贿、投机诈骗同实行对外开放、对内搞活经济政策中由于某些制度、办法不完善而发生的问题的界限。在判定罪责时，要划清个人贪污同化大公为小公的界限。对于在经济上犯有不那么严重的罪行的人，在他们决心悔改和清退赃款赃物以后，可以减轻或免予处分。

打击经济领域中的严重犯罪活动，坚决不搞群众运动，更不允许搞人人过关。但对于情节比较复杂、牵涉面比较广的大案要案，一定要充分走群众路线，即在一定的范围内，发动了解情况的群众如实揭发检举有严重犯罪行为的人员。对某些案件的处理，也可以提交直接有关的群众讨论，征求意见，以求处理平允，并使群众得到教育。要认真调查研究，在任何情况下都不允许搞逼、供、信，都不允许株连无辜亲友。要根据确凿事实，区别不同情况，按照党纪、政纪、军纪和国法，慎重处理每一个案件。

走私贩私、贪污受贿、投机诈骗、盗窃国家和集体财产，都是犯罪行为，在我国的宪法和法律、我党的党章和党内生活准则中都有明确规定，大是大非的界限很清楚。有些人对于许多严重破坏经济的大案要案，也推说什么“政策不明，不好处理”，这是完全错误的。只要我们严格按照党规党法、政纪、军纪、司法程序和法律规定办事，坚持以事实为根据，以法律为准绳，坚持重证据而不轻信口供，预先宣布各项政策界限和严格规定各项工作方法，就一定能够做到稳准狠地打击一切严重破坏经济的犯罪分子。

（四）

五届人大常委会第二十二次会议通过的《关于严惩严重破坏经济的罪犯的决定》(以下简称《决定》)，根据新的情况，对我国《刑法》的有关条款作了相应的补充和修改，这就使坚决打击严重破坏经济的犯罪活动、严惩这些犯罪分子有了更加有力的法律武器。各级党政军组织要坚决保证这个《决定》的贯彻实施。

人大常委会的《决定》中明确规定：“凡在本决定施行之日以前犯罪，而在 1982 年 5 月 1 日以前投案自首，或者已被逮捕而如实地坦白承认全部罪行，并如实地检举其他犯罪人员的犯罪事实的，一律按本决定施行以前的有关法律规定处理。凡 1982 年 5 月 1 日以前对所犯的罪行继续隐瞒拒不投案自首，或者拒不坦白承认本人的全部罪行，亦不检举其他犯罪人员的犯罪事实的，作为继续犯罪，一律按本决定处理。”《决定》公布以后，立即显示了社会主义法律的威力。许多犯罪分子投案自首，主动退赃，交代揭发问题。对他们的这种行动，要表示欢迎，经调查属实后，一定要依法予以从宽处理。所有犯罪分子都应认清形势，抓紧时机，走“坦白从宽”的道路；如果心存侥幸，错过时机，就一定要依照人大常委会通过的《决定》从严惩处。当然，在过了这个期限以后，有些人如能确实悔过自新，投案自首，如实地交代揭发问题，主动退赃，仍然可以按照有关政策和法律规定，受到比较宽大的处理。但是政策和法律决不会宽大无边，任何继续隐瞒罪行和继续犯罪的案犯，决不会逃脱法律和人民的严厉惩处。

（五）

坚持党的对外实行开放和对内搞活经济的政策，同坚决打击经济领域中的严重犯罪活动是并行不悖的。对外实行开放，对内搞活经济，是我们党根据社会主义现代化建设需要所采取的从实际出发的坚定不移的政策，这一政策决不会由于打击严重破坏经济的罪犯而发生改变和动摇。当然，如大家所知，实行这一政策，必然会有一部分不坚定分子腐化变质，必然会有一部分不法分子乘机进行破坏社会主义经济的活动。为此，我们一定要采取相应的管理措施，规定正确的政策界限，加强思想政治教育，坚决严肃地进行反腐化变质的斗争。只有这样，才能够正确地健康地实行对外开放、对内搞活经济的政策；否则，我国的对外经济活动和现代化建设就无法得到预期的效果，就会偏离社会主义轨道而陷入歧途，甚至归于失败。我们决不能因为实行对外开放和对内搞活经济的政策就忽视、放松和不敢进行这场斗争，也决不能因为进行这场斗争而对已经被实践证明是正确的政策发生动摇。

实行对外开放和对内搞活经济的政策，必须坚持以计划经济为主、市场调节为辅的根本原则，凡属重要的经济活动都要纳入国家计划的轨道。必须加强对外经济活动的统一领导，严格外汇管理，严格遵守国家统一规定的外汇牌价，严禁任何单位和个人之间或他们与国外人员之间不按国家牌价互相私自倒买倒卖外汇。要坚决纠正有的地方听任外汇黑市猖獗的危险现象。开展对外经济活动，必须只限于由国家批准的单位按国家规定的原则和程序进行，严禁任何单位和个人擅自以任何名义任何形式进行这一活动。严禁国家机关和企业事业单位的工作人员个人经商。

我们实行对外开放政策，受到海外侨胞和港澳同胞的赞助，许多外国工商界的有识之士也积极同我们谋求经济合作和扩大贸易往来。在这方面，已经打开了新局面，收到了成效。我们一定要继续坚定不移地实行这一政策，积极吸引国外投资，正确引进国外先进科学技术，努力发展对外经济关系。一切国际金融组织和外国工商界人士，只要遵守我国法律，遵守平等互利原则，我们就欢迎他们来我国投资，并且确保他们的合法权益和正当利润。我们对海外侨胞和港澳同胞关心和支援祖国现代化建设的行动给予高度评价，同样欢迎他们向祖国投资，并且按照国家法律确保他们的合法权益和正当利润。我们打击经济领域中的严重犯罪活动，完全与这些同我们进行正常合法营业而不进行非法活动的工商界人士无关，恰恰相反，是为了保证继续发展与他们的健康交往，也避免他们受到我国的一些不法分子的欺骗敲诈。

所有从事对外经济工作的同志都要认真学习，刻苦钻研，努力使自己真正成为一个政治坚强、业务熟练、廉洁奉公的专业工作者。我们的同志在开展对外经济活动中，既要自觉坚持自己的共产主义纯洁性、维护祖国利益和荣誉的爱国立场，又要善于同外国工商界人士进行交往。对一切以正当手段来同我们做生意、同我们进行经济合作的外国工商界人士、海外侨商和港澳工商业者，我们都继续持欢迎态度，以礼相待，都要主动地同他们协商问题，洽谈业务，正常交往。

（六）

打击经济领域中的严重犯罪活动，是为了扫除障碍，促进工农业生产的发展，保证各项工作的顺利进行，加快现代化建设的步伐。各级党政军领导机关都要坚决执行党中央和国务院确定的方针政策，妥善安排，精心指导，加强思想政治工作，防止任何影响生产和工作的消极因素发生，并且都要把这一点作为检验自己工做好坏的主要标志。

我们一定要继续坚定不移地实行对内搞活经济的政策。要在社会主义公有制经济占绝对优势的根本前提下，实行多种经济形式和多种经营方式长期并存。按照国民经济的需要适当发展城镇集体经济和劳动者个体经济，增加劳动就业的渠道。在坚持计划经济为主和全国一盘棋的根本原则下，继续实行对地方下放部分权力，对企业扩大自主权，继续推行和完善多种形式的企业经济责任制和农业生产责任制，加强城乡物资交流，繁荣城乡市场等一系列行之有效的政策和措施。要保护城镇集体经济、个体劳动者和小商小贩的正当经营和正常业务活动。打击投机盗窃诈骗的罪犯，要严格按照《刑法》第一百一十八条规定的，“以走私、投机倒把为常业的；走私、投机倒把数额巨大的或者走私、投机倒把集团的首要分子”；第一百五十二条规定的，“惯窃、惯骗或者盗窃、诈骗、抢夺公私财物数额巨大的”人员为惩处对象。对于虽不是严重破坏经济的罪犯，但确实扰乱城乡市场管理、妨害国家物资购销和损害城乡人民利益的人，也要依法查处。但除情节特别严重已经触犯上述刑律者外，一般要在以后制定相应的工商管理法规、改进物资购销办法和健全市场管理制度中逐步加以解决。关于农村社队企业和城市工商企业关系中的不正之风，除了少数已经构成严重犯罪的重大问题以外，一般也要在整顿社队企业、加强工商管理和物资管理的过程中解决。关于一些地方发生的哄抢国家物资的严重问题，必须认真处理，国务院将对此作出专门决定。

对于在对内搞活经济、发展生产中，积极努力、廉洁奉公、成绩显著的干部，要鼓励，要表扬，要帮助他们总结经验，发扬成绩，克服缺点，保护并发挥他们的工作积极性。对于实行对内搞活经济政策中已经发现的问题，党中央和国务院有关部门要认真调查研究，在摸清情况后，陆续分别制定恰当的解决办法。凡是没有看准的问题，不要匆忙处理。

（七）

在新的历史条件下，在坚持四项基本原则、反对腐化变质的长期斗争中，我们的许多党员和干部，将要反复经受严峻考验。我们一定要在党内，在党的干部特别是中高级干部，以及他们的子女亲属中，加强共产主义思想教育，加强社会主义法制教育，严肃党的纪律，严格管理监督。我们党的干部特别是中高级干部，都要重新学习列宁和毛泽东同志的有关论述，严肃地坚决地保持我们党的工人阶级先锋队的性质，保持共产党员的共产主义纯洁性，决不允许降低共产党员的思想水平和政治觉悟，更不允许共产党员腐化变质。每个共产党员都要忠实履行入党时的庄严誓言，牢记全心全意为人民服务是我们党的根本宗旨，牢记实现共产主义远大理想是我们党的最终目的，为共产主义奋斗终生。

打击经济领域中的严重犯罪活动，是在当前条件下最实际、最有效的整党整风的措施之一。共产党员必须旗帜鲜明，立场坚定。谁如果在这场斗争中消极畏缩，对犯罪分子纵容、姑息甚至包庇，谁就是党性严重不纯，就不配做一个共产党员，更不配做一个担负领导责任的共产党员。对那些抛弃共产主义理想，进行各种犯罪活动，破坏社会主义事业的所谓共产党员和国家干部，都必须分别按照党纪、政纪、军纪和国法给以应得的处分。对一切有严重犯罪行为、必须依法判刑的党员干部，不管党龄长短，地位高低，都应坚决撤销他们的职务，开除他们的党籍。对极少数思想、政治和组织都严重不纯的党政组织，要有领导有计划地坚决进行整顿。对极个别确实已经烂掉的党政组织和企业事业单位，要由有关上级党委、政府及有关部门派坚强的干部或工作组，在查明情况后予以改组或解散，并做好重新组建的工作。这样做了，我们党和政府的面貌将为之一新，人民的精神将为之一振，社会风气将为之一变，我们的队伍将更加坚强有力，社会主义现代化建设的事业将会得到更大的发展。

（八）

打击经济领域中的严重犯罪活动，是今年也是今后长时期内全党的一项重大任务。当前各级党政组织都要在抓好工农业生产的同时，集中更多的精力，领导好这场斗争。各级党政军的主要负责同志都要亲自组织力量，认真调查研究，掌握好方针政策。

各省、自治区、直辖市党委和政府从现在起，要抓紧处理一批大案要案，并选派得力干部具体负责，一抓到底。各地要根据实际情况，陆续公布几个已经审讯完毕并作出正确判决的大案要案，以鼓舞、教育广大干部和群众。各省、自治区、直辖市党委和政府，中央党政军各部门，今年要每月向党中央、国务院和中央纪律检查委员会报告一次工作进展的情况和问题。

党的各级纪律检查委员会应当成为党委领导这场斗争的坚强有力的办事机构。属于党内纪律的问题要由党的纪律检查委员会处理，对特别重大的问题要报请同级或上级党委处理。涉及触犯刑律的问题，要由司法机关依法处理。各级公安、检察、法院等有关部门要密切协作，充分尽到各自所负担的庄严职责。

地方和军队要互相支持，密切配合。全国各地驻军都必须毫无例外地在各地党委领导下，打击经济领域中的严重犯罪活动。

要紧密结合工作的进展情况，采取多种方式，运用典型案例，向党员、干部和群众进行生动具体的思想政治教育。要大张旗鼓地宣传经济领域中犯罪活动的严重性、危害性和反对腐化变质的必要性、迫切性；宣传坚持社会主义道路、坚持热爱社会主义祖国、坚持祖国的利益和荣誉高于一切的重要性；宣传廉洁奉公光荣，遵法守纪光荣，贪污受贿可耻，走私盗窃可耻，反对坏人坏事光荣，包庇坏人坏事可耻；宣传党对胜利地进行这场斗争的方针、政策和措施；宣传和表扬勇敢顽强地进行这一斗争的一切好人好事。要大力支持和保护斗争中的积极分子，坚决打击对这些同志威胁、贿买、陷害甚至行凶报复的坏人坏事。要提高党员、干部、解放军指战员和人民群众的思想政治觉悟，增强识别、抵制资本主义腐朽思想、封建主义残余影响和其他腐朽思想以及抵制资产阶级生活方式的能力，鼓励全体党员、团员、国家工作人员、解放军指战员、人民群众和一切爱国志士自觉地同歪风邪气和犯罪行为进行坚决斗争。

各级党政军领导机关，要不断地研究新情况，解决新问题，针对工作中暴露出来的漏洞，建立健全各种规章制度，及时改进工作。凡属于自己职责范围内的事情，都要抓紧解决；凡自己无权解决的事情，都要积极提出意见，向上级请示报告。

我们的党是一支马列主义和毛泽东思想武装的、久经考验的、有强大战斗力的革命队伍，是我国社会主义事业的领导核心。我们的党、军队和全国各族人民，经过长期的英勇斗争，打败过阶级敌人各种形式的进攻。在新的历史时期，在党中央的领导下，全党、全军和全国各族人民团结一致，共同努力，必定能够夺取打击经济领域中严重犯罪活动的斗争的全胜。

**中共中央主席胡耀邦在北京设宴欢迎罗马尼亚共产党总书记尼古拉·齐奥塞斯库**

胡耀邦在欢迎宴会上发表讲话。

胡耀邦热情颂扬了中罗友谊，高度评价了罗马尼亚在社会主义建设各个领域取得的巨大发展。

齐奥塞斯库在讲话中强调，我们十分珍惜罗马尼亚和中国之间的友谊和合作。在任何情况下，我们两国人民都一直像好朋友那样共同行动，始终为加强彼此的合作和团结而共同努力。

**中共中央主席胡耀邦在欢迎罗马尼亚共产党总书记尼古拉·齐奥塞斯库宴会上的讲话**

尊敬的尼古拉·齐奥塞斯库同志和埃列娜·齐奥塞斯库同志，尊敬的罗马尼亚同志们，同志们，朋友们：

齐奥塞斯库同志是深受中国人民尊敬的老朋友。他在60年代和70年代，三次访问我国，同毛泽东主席、周恩来总理以及我们党和国家的其他领导人建立了真挚的革命友谊，为中罗友好作出了卓越的贡献。今天，在80年代的第三个春天，他再次应邀来我国进行访问。故人相聚，我们感到格外的高兴。我代表中国共产党中央委员会、中国政府和中国人民，向罗马尼亚共产党总书记、罗马尼亚社会主义共和国总统尼古拉·齐奥塞斯库同志和埃列娜·齐奥塞斯库同志，以及全体罗马尼亚贵宾，表示最热烈的欢迎。

罗马尼亚共产党是坚强的无产阶级政党。罗马尼亚人民是英雄的人民。在齐奥塞斯库同志和罗马尼亚共产党的领导下，罗马尼亚人民坚定地沿着社会主义道路前进。你们在社会主义建设的各个领域中，都取得了巨大的发展。你们坚定地捍卫着国家主权和民族尊严。你们在国际事务中反对强权，维护世界和平与人类进步事业。罗马尼亚党和人民的这种坚定的原则立场和大无畏的英勇气概，赢得了世界爱好和平的国家和人民的赞扬。中国共产党和中国人民以钦佩的心情，注视着你们的伟大成就，并祝你们在今后的斗争中取得新的成就。

中罗两党两国的关系，是在波涛汹涌、复杂多变的国际局势中发展起来的。从新中国成立的第一天起，我们两党两国就建立起了革命的团结友好的关系。齐奥塞斯库同志担任罗马尼亚共产党总书记的十七年来，又把这种崇高的友谊不断地推向前进。使我们中国共产党人不能忘怀的是，当我们用自己的脑子考虑问题，用自己的腿走路，而遭到别人横加干涉的时候，正是以您——齐奥塞斯库同志为代表的罗马尼亚共产党人，敢于主持正义，坚持了无产阶级国际主义，坚持了国际关系的基本准则。这也就是对我们最可宝贵的信任和支持。中国有句古话：岁寒然后知松柏之苍劲。我们相信，经过了长期严峻考验锻炼的中罗两党、两国人民之间的伟大友谊，有如参天松柏，万古长青。

齐奥塞斯库同志1978年第三次来中国访问到今天，差一个月就是整整四年了。四年来，我们党和人民同心同德，休戚与共，果断而又有步骤地消除“文化大革命”所造成的严重恶果。我们的经济逐步有了好转，人民生活逐步有了改善。国内各民族、各阶层和各部分人民之间的团结，大为增强。我们所致力的社会主义民主和法制的健全，收到了一定的效果。现在，我们正在进行机构改革，提倡社会主义精神文明，改进工作作风，同党和国家工作人员中的腐败现象作斗争，以推动社会主义各项建设的顺利进行。可以说,我们的经济已经走上了稳步健康发展的道路,我们当前的政治局面是新中国成立以来最好的时期之一。虽然我们面前还有许多困难有待克服,还有许多问题有待解决,但是我们相信,经过我们全党和全国人民长期不懈的努力,一定能够稳步地达到建设现代化的社会主义强国的目的。

按照我们两党中央和两国政府的协议,齐奥塞斯库同志这次来我国访问,就是要共同商讨如何进一步发展我们两国之间的经济合作关系。我们两国的经济关系曾经达到一个相当可观的规模,但是在前进中,我们各自都遇到了这样那样的一些问题。因此,我们需要借这次会晤的机会,本着相互支持、相互谅解的精神,一起来研究和探索新的合作途径,确定我们经济合作的稳妥可靠的目标。哪怕一个时期合作规模上升的幅度小一点,但是可以肯定,随着我们两国各自国民经济的发展,我们经济合作的道路将是非常广阔的。我们的政治、经济、科技、文化各方面合作的向前发展,将有力地促进我们两个国家共同富裕,共同繁荣。

我们之间已经开始了亲切的会谈。按照我们历来会晤的良好做法,我们还将就共同关心和感兴趣的问题,比如国际形势问题,国际共运问题,我们之间各方面的合作问题,我们两党相互学习和交流经验的问题,自由地同志式地交换意见。在这样一种方式的交谈中,当然难免有这样那样的差异,但这都是由于经历不同,环境不同,具体条件不同所产生的正常现象。无论如何,我们的共同理想,共同的奋斗目标,在一系列重大问题上的一致,是主要的,是把我们紧紧联结在一起的根本所在。我相信,我们的这次会谈一定能够取得积极的成果和完满的成功。

现在我提议:为中罗两党、两国和两国人民的伟大友谊,为齐奥塞斯库同志和埃列娜·齐奥塞斯库同志以及罗马尼亚全体同志的身体健康和生活愉快,干杯!

**中共中央主席胡耀邦同罗马尼亚共产党总书记尼古拉·齐奥塞斯库在人民大会堂举行第一次会谈**

**国务院发布《中华人民共和国公证暂行条例》**

**第一章 总 则**

第一条 为健全国家公证制度,以维护社会主义法制,预防纠纷,减少诉讼,特制定本条例。

第二条 公证是国家公证机关根据当事人的申请,依法证明法律行为、有法律意义的文书和事实的真实性、合法性,以保护公共财产,保护公民身份上、财产上的权利和合法利益。

第三条 公证处是国家公证机关。公证处应当通过公证活动,教育公民遵守法律,维护社会主义法制。

**第二章 公证处的业务**

第四条 公证处的业务如下:

(一)证明合同(契约)、委托、遗嘱;

(二)证明继承权;

(三)证明财产赠与、分割;

(四)证明收养关系;

(五)证明亲属关系;

(六)证明身份、学历、经历;

(七)证明出生、婚姻状况、生存、死亡;

(八)证明文件上的签名、印鉴属实;

(九)证明文件的副本、节本、译本、影印本与原本相符;

(十)对于追偿债款、物品的文书,认为无疑义的,在该文书上证明有强制执行的效力;

(十一)保全证据;

(十二)保管遗嘱或其他文件;

(十三)代当事人起草申请公证的文书;

(十四)根据当事人的申请和国际惯例办理其他公证事务。

**第三章 公证处的组织和领导**

第五条 直辖市、县(自治县,下同)、市设立公证处。经省、自治区、直辖市司法行政机关批准,市辖区也可设立公证处。

第六条 公证处受司法行政机关领导。

公证处之间没有隶属关系。

第七条 公证处设公证员、助理公证员。根据需要,可以设主任、副主任。

主任、副主任由公证员担任。主任、副主任领导公证处的工作,并且必须执行公证员职务。

主任、副主任、公证员、助理公证员分别由直辖市、县、市人民政府依照干部管理的有关规定任免。

第八条 有选举权和被选举权的公民,符合下列条件之一的,可以被任命为公证员:

(一)经见习合格的高等院校法律专业毕业生,并从事司法工作、法律教学工作或者法学研究工作一年以上的;

(二)在人民法院、人民检察院曾任审判员、检察员职务的;

(三)在司法行政机关从事司法业务工作两年以上,或者在其他国家机关、团体、企业事业单位工作五年以上,并具有相当中等法律学校毕业生的法律知识的;

(四)曾任助理公证员职务二年以上的。

第九条 经见习合格的高等、中等法律学校毕业生,以及具有同等学力的国家工作人员,可以被任命为助理公证员。

**第四章　管　辖**

第十条　公证事务由申请人户籍所在地、法律行为或者事实发生地的公证处管辖。

第十一条　涉及财产转移的公证事务由申请人户籍所在地或者主要财产所在地的公证处管辖。

第十二条　申请办理同一公证事务的若干个当事人的户籍所在地不在一个公证处辖区,或者财产所在地跨几个公证处辖区时,由当事人协商,可向其中任何一个公证处提出申请。如当事人不能达成协议,由有关公证处从便民出发协商管辖。

第十三条　公证处之间如因管辖权而发生争议,由其共同上级司法行政机关指定管辖。

第十四条　司法部和各省、自治区、直辖市司法行政机关有权指定某项公证事务由某一公证处办理。

第十五条　我国驻外国大使馆、领事馆可以接受在驻在国的我国公民的要求,办理公证事务。

**第五章　办理公证的程序**

第十六条　当事人申请公证,应当亲自到公证处提出书面或口头申请。如果委托别人代理的,必须提出有代理权的证件。但申请公证证明委托、声明书、收养子女、遗嘱、签名印鉴的,不得委托别人代理;当事人确有困难时,公证员可到当事人所在地办理公证事务。

国家机关、团体、企业事业单位申请办理公证,应当派代表到公证处。代表人应当提出有代表权的证件。

第十七条　公证员不许办理本人、配偶或本人、配偶的近亲属申请办理的公证事务,也不许办理与本人或配偶有利害关系的公证事务。

当事人有申请公证员回避的权利。

第十八条　公证员必须审查当事人的身份和行使权利、履行义务的能力;审查当事人申请公证的事实和文书以及有关文件是否真实、合法。

第十九条　公证处对当事人提供的证明,认为不完备或有疑义时,有权通知当事人作必要的补充或者向有关单位、个人调查,索取有关证件和材料。有关单位、个人有义务给予协助。

第二十条　公证员应当按照司法部规定或批准的格式制作公证文书。

第二十一条　公证文书办理完毕后,应留存一份附卷。根据当事人的需要,制作若干份副本连同正本发给当事人。

第二十二条　公证处办理公证事务,应当按规定收费。公证费收费办法由司法部另行制定。

第二十三条　公证人员对本公证处所办理的公证事务,应当保守秘密。

第二十四条　依照第四条第十款规定,经过公证处证明有强制执行效力的债权文书,一方当事人不按文书规定履行时,对方当事人可以向有管辖权的基层人民法院申请执行。

第二十五条　公证处对不真实、不合法的事实与文书应拒绝公证。公证处拒绝当事人申请办理公证时,应当向当事人用口头或者书面说明拒绝的理由,并且说明对拒决不服的申诉程序。

当事人对公证处的拒绝不服或者认为证员处理不当,可以向公证处所在地的市、县司法行政机关或者上级司法行政机关申诉,由受理机关作出决定。

第二十六条　公证处或者它的同级司法行政机关、上级司法行政机关,如发现已经发出的公证文书有不当或者错误,应当撤销。

第二十七条　当事人申请办理的公证文书如系发往国外使用的,除按本章规定的程序办理外,还应送外交部或者省、自治区、直辖市外事办公室和有关国家驻我国大使馆、领事馆认证。但文书使用国另有规定或者双方协议免除领事认证的除外。

**第六章　附　则**

第二十八条　本条例适用于在中国居住的外国公民。

第二十九条　本条例由司法部负责解释。

第三十条　本条例自发布之日起施行。

**中国垒球协会副主席王亦洲在北京举行的记者招待会上发表谈话**

王亦洲指出,国际垒联秘书长波特制造第五届世界女子垒球锦标赛的政治问题都已解决的假象,是为了诱使一些国际垒联的会员协会派队去台北参加这次比赛,以遂其制造“两个中国”的目的。这是中国绝对不能容许的。中国垒协建议国际垒联立即作出决定,易地举行这次比赛。

王亦洲说,今年2月初,我们在美国与国际垒联秘书长波特会晤时就指出,在锦标赛的比赛场地、开、闭幕式和比赛中,中国台北垒协的名、旗、歌、徽必须按国际垒联决议办。波特明确表示国际垒联不会同意台湾方面使用“中华民国”名称,他们只能使用“中国台北垒协”名称。波特还表示,关于旗、歌问题,在国际垒联能够管辖的范围内他将要求中国台北垒协完全按照国际垒联关于中国台北垒协的决议办事。事隔数日,波特在中国台北就违背诺言,公开宣称中国台北垒协在锦标赛开、闭幕式上可以使用所谓“中华民国”的旗和歌。为此,中国垒协在2月19日立即致电波特,指出他允许使用所谓“中华民国”的旗和歌是违反国际垒联决议的,要求他严格按决议办事。此后,我们又针对波特在复电中的辩解于2月27日、3月4日、3月

14日3次去电报阐明我们的立场,驳斥他的无理借口。

王亦洲说,在世界女子垒球锦标赛的"邀请电"问题上,波特在事前给中国垒协的电报中一再保证,在这次锦标赛的所有文件等材料中将只用中国台北垒球协会的名称和徽记。他还向记者表示,台湾方面原先印好的"邀请书"因不符合国际垒联规定而已经作废,并且说,已要求中国台北垒协重新发邀请,如不符规定就另行选择比赛地点。但是,3月13日中国台北垒协发出的"邀请电"中,仍然使用了"中华民国"的名称。

王亦洲说,这是一个精心策划的政治阴谋,是明目张胆地搞"两个中国"。对此,中国垒协已提出强烈抗议,并要求国际垒联立即宣布这个"邀请电"作废。

王亦洲指出,美国在国际垒联中的一些人和中国台北垒协中的某些人的行径,遭到了国际垒联众多会员协会的强烈反对。这些协会坚决要求国际奥委会和国际垒联关于中国台北问题的决议必须在第五届世界女垒锦标赛中得到尊重,否则他们将不派队参加这次比赛。"在这样的情况下,波特先生4月2日晚上在香港向我表示,在本届锦标赛上只用国际奥委会和国际垒联的旗,用国际奥委会的歌;当时我就对波特先生表示:既然中国台北垒协不遵守国际奥委会和国际垒联的决议,锦标赛就应另选其他地点举行。波特先生当时对我说:如果台北的组委会不按国际奥委会和国际垒联关于中国台北问题的决议的原则办事,就要考虑把锦标赛移出台北。"可是,波特和中国台北垒协中的某些人磋商之后,竟错误地确认中国台北垒协是"主管垒球的国家组织",对于不允许中国台北垒协使用所谓"中华民国"的旗和歌只字未提。中国台北垒协和中国台北奥委会的负责人接着多次宣称没有放弃在锦标赛上使用所谓"中华民国"的名称和它的旗、歌的权利等。对此,波特既不予制止,也不予驳斥,这就说明了波特代表国际垒联对各会员协会发的电报说"中国台北垒球协会已同意在第五届世界女垒锦标赛期间的开幕式或锦标赛期间任何时候都不升旗不奏歌"完全是骗人的。

王亦洲最后说,鉴于以上的情况,中国垒协已于4月10日致电国际垒联秘书长波特,表示完全支持日本垒球协会关于易地举行第五届世界女垒锦标赛的建议,希望国际垒联立即作出易地举行的决定。

## 4月14日

### 中共中央致电祝贺金日成70寿辰

全文如下:

平壤朝鲜劳动党中央委员会亲爱的金日成同志:

在您70寿辰的时候,我们代表中国共产党和中国人民,向您致以最热烈的、衷心的祝贺。

您是朝鲜劳动党和朝鲜人民久经考验的伟大领袖,是朝鲜无产阶级革命家的杰出代表。您在半个多世纪的革命生涯中,把马克思列宁主义的普遍真理同朝鲜革命的具体实践相结合,以不屈不挠的意志战胜重重困难,领导朝鲜人民抗击帝国主义侵略,争取民族独立和捍卫革命成果,开创和发展社会主义事业,取得了一个又一个的辉煌胜利。在以您为首的朝鲜劳动党的英明领导下,朝鲜从落后的殖民地迅速转变为自主、自立、自卫的社会主义国家,坚定地站在世界被压迫人民一边,积极声援各国人民的革命斗争,在国际事务中发挥着日益重要的作用。您为朝鲜的无产阶级革命事业建立的宏伟业绩,为世界人民的进步事业作出的杰出贡献将永放光芒。

您是中国人民的亲密战友。您非常珍视传统的中朝友谊,并为它的巩固和发展作出了坚持不懈的努力。您领导朝鲜共产主义者和兄弟的朝鲜人民,发扬崇高的无产阶级国际主义精神,真诚地援助我国人民的革命斗争,积极支持我国的社会主义现代化建设事业。中朝两党、两国和两国人民用鲜血凝成的,建立在马克思列宁主义和无产阶级国际主义基础上的战斗友谊和革命团结,经受住了历史的种种考验。中国共产党和中国人民将一如既往,积极加强和发展中朝两国人民的友好合作关系,并坚决支持朝鲜劳动党和朝鲜人民反对美国的侵略干涉、争取祖国自主和平统一的正义斗争;坚决支持朝鲜的社会主义建设事业。

衷心祝愿您健康、长寿。祝愿勤劳、智慧的朝鲜人民在贯彻执行朝鲜劳动党六大决议的斗争中取得新的成就。

中国共产党中央委员会

1982年4月14日

### 外交部发言人就美国向台湾出售与军事有关的零配件发表声明

声明全文如下:

1982年4月13日,美国政府正式通知美国国会,将向台湾出售与军事有关的零配件。中国政府对这一侵犯中国主权的行动向美国政府提出强烈抗议。

美国政府向台湾出售与军事有关的零配件一事,早在1981年12月美国政府非正式通知美国国会的时候,中国政府就表示了强烈的反对。在交涉过程中,美方向中方一再解释:这批零配件是在坎昆和华盛顿中美高级会晤前向台湾承诺的,不是新的武器出售;这次只是涉及零配件,没有武器供应;在中美双方继续就解决美国售台武器问题的商谈过程中,美国不考虑对台湾的军事转让问题。中国政府曾表示注意到美方的上述3点解释和保证。目前中美双方关于美国售台武器问题的商谈尚在进行。如果美国政府继续无视中国的主权,背弃上述对中方的保证,它必须承担由此而引起的一切后果。

**全国人大常委会副委员长朱学范在人民大会堂会见由埃及工人工会总联合会副主席穆罕默德·艾哈迈德·阿凯利率领的埃及工联代表团**

**甘肃省科学院生物研究所试验采用组织培养法培育百合幼苗获得成功**

据《人民日报》报道,甘肃省生物研究所研究的组织培养法,是用百合瓣的小切块培养百合幼苗。据计算,用这一方法可提高百合繁殖率10倍以上,成本也相应降低。目前,他们培育出的试管苗已移栽到泥土中,长势良好,正准备过渡到田间试种。

## 4月15日

**中共中央主席胡耀邦在北京同罗马尼亚共产党总书记尼古拉·齐奥塞斯库继续举行会谈**

在会谈中,胡耀邦通报了我国的基本情况。他着重谈到了中共十一届三中全会巨大的历史意义。

胡耀邦同齐奥塞斯库还就国际形势和进一步发展双边关系问题交换了看法。他们都表示相信,中罗两国在政治、经济等各个领域的关系一定会不断发展。

**全国蔬菜商品交流会在徐州举行**

参加会议的各省、自治区、直辖市以及省辖市和重点产区的代表,共签订了购销合同1227份,交流各种蔬菜近10亿斤。京、津、沪等大中城市一年四季的“缺口菜”基本上有了着落。

通过蔬菜商品交流会来疏通渠道、调剂余缺,这种形式早在五六十年代就曾进行过多次,后来,被废弃了。蔬菜产供销中的计划性被削弱了,一些城市把吃外调菜叫“磕头菜”、“关系菜”,造成推销员、采购员“满天飞”,或一处积压,一处脱销,或此处烂菜,彼处脱销等,这次会议正是恢复了计划管理的好传统。各地根据自己的产销实际购进销出,会议实际上起了在全国范围内对蔬菜的平衡作用。

蔬菜生产季节性强,人民群众对蔬菜要求品种多,数量大,各地既要立足当地、自力更生,但又没有一个地区和城市是完全自给自足的。对蔬菜进行品种调剂、季节调剂、余缺调剂,各地都十分需要。在这次会议上,北方各省市从南方产区购进了大量的冬春两季所需要的大椒、韭黄、芹菜,同时向南方各省市推销了大量的大白菜、土豆、葱、姜之类,就充分证明了这一点。

**国家水产总局在大连召开全国海珍品增殖养殖座谈会**

会议研究发展海珍品生产的措施。

海珍品包括鲍鱼、海参、干贝等,含有大量的蛋白,营养价值高,是美味佳肴,也是市场上紧俏商品。座谈会上,许多代表认为,党的十一届三中全会以来,由于在压缩海洋捕捞量,保护渔业资源的同时,加强了海水养殖事业,近两三年来,我国海珍品增殖养殖生产有了一定的发展。

会议提出,对海珍品增殖和养殖,要在巩固既有成果的同时,实行积极而又稳步发展的方针,各级水产部门要认真组织抓好海珍品生产、科研、管理工作,为提供更多的海珍品,改善广大人民的生活而努力。

**1982年春季中国出口商品交易会在广州开幕**

这是1957年首次举办以来的第五十一届交易会。

这届交易会的时间由过去的1个月缩短为20天,规模也缩小为主要由经营重工业产品的外贸公司参加,组成五金矿产、化工、机械、机械设备、仪器、冶金、科学器材、特艺品交易团和新时代联合交易团。

中国出口商品交易会负责人对新华社记者说,参加本届交易会的贸易界朋友可能已经注意到,当前我国正在开展打击经济领域中严重犯罪活动的斗争。这场斗争将促进我国更好地贯彻对外开放和对内搞活经济的政策,保障我国社会主义现代化建设顺利进行,保证我们继续发展和世界各地贸易界朋友的健康交往。

**中国加强同联合国的经济往来开辟对外经济合作的新渠道**

对外经贸部发布消息:据统计,近几年我国向联合国各机构提供的捐款有2000多万元人民币,承办了援助发展中国家的各类项目70多个。这些项目包括在我国举办各种培训或考察活动,提供设备、派出专家进行技术指导等。现在已在我国建立了7个区域培训研究中心,包括:国际针灸班,亚太地区综合养鱼研究和培训中心,援助沼气开发推广研究和培训中心,小水电研究和培训中心,加强初级卫生保健中心,农村综合发展示范中心和桑蚕培训中心等。不少项目已取得了成效。如根据我国政府和联合国开发计划署达成的协议,在广东珠江水产研究所举办了8期淡水养鱼培训班后,已有10多个国家建造了“中国式的产卵孵化系统池”,在繁殖推广我国优良家鱼。

我国在向联合国有关机构提供一些捐款的同时,也开始接受这些机构向我国提供的经济技术援助。据统计,到1981年年底止,联合国的有关机构承诺的援款为2.28多亿美元,已经安排或正在执行的援款为1.27亿美元,已使用了5500万美元。建设项目近200个,涉及工业、农业、商业、交通运输、文教卫生、建筑、人口普查、科研等。绝大多数为百万美元以内的中小项目,超过百万美元的大型项目有18个。如联合国人口活动基金援款购买的21台大型电子计算机,可望在今年7月1日进行的全国人口普查工作中发挥作用。联合国开发计划署援建的北京国际经济信息中心,已经基本建成,主要设备已开始运转。

联合国提供的援助是无偿援助,其资金来源于联合国100多个会员国的自愿捐款。这些捐款按照联合国的规定是向经济比较落后的国家提供的。

**全国人大常委会副委员长习仲勋在人民大会堂会见以瑞典总工会主席贡纳·尼尔松为团长的瑞典总工会代表团**

**外经贸部部长陈慕华在人民大会堂会见由商业部秘书依斯哈尔·哈克率领的巴基斯坦政府贸易代表团**

陈慕华说,中巴两国有着良好的合作关系,在经济贸易方面也获得了较大的发展。

陈慕华出席中巴两国政府贸易议定书的签字仪式。我国对外经济贸易部部长代表陈洁和依斯哈尔·哈克分别代表本国政府在议定书上签字。

**外经贸部部长陈慕华在北京会见由瓦尔特·赛普董事长率领的西德商业银行代表团**

**中国为发展中国家培训渔业技术人员**

来自6个发展中国家的9名渔业技术人员,开始在无锡市学习中国淡水养鱼综合技术。

这是中国与联合国开发计划署合作在无锡培训的第二批外国学员。这批学员来自缅甸、马来西亚、巴基斯坦、巴布亚新几内亚、斯里兰卡和泰国。培训班为期4个月。

这期培训班设置人工孵化、鱼种培育、成鱼饲养管理、鱼病防治等课程。长江水产研究所的专家们将向学员们讲授养鱼业、种植业、畜禽饲养业互相促进的技术和方法。

**河北工学院邹仁鋆教授被正式授予英国皇家化学会特许化学家称号**

邹仁鋆教授是中国化工学会理事和国际学术交流委员会委员,在研究石油烃裂解基础理论方面有很深的造诣。

**中国环境培训班在北京师范大学举行开学典礼**

培训班是在联合国教科文组织的支持下举办的。

培训班的65名学员来自全国23个省、自治区、直辖市的部分师范院校、重点中学及幼儿园的教师、干部。培训期为15天,将由国务院环境保护领导小组办公室、教育部科技局、北师大环境科学研究所等单位的负责人和专家,讲授环境科学的基本理论及我国的环境保护政策等专题。

教育部副部长杨蕴玉、国务院环境保护领导小组办公室副主任苏民、联合国开发计划署驻京办事处代表助理密特朗女士等出席了开学典礼并讲了话。

**《汉日词典》出版**

我国第一部《汉日词典》业已出版。它是一部中型的综合性汉日双语语文词典,共收词5.5万余条,360万字。它以收录一般词语为主,兼收部分科技词语及社会科学词语;一般词语主要收录现代汉语普通话词语,同时收录一定数量的成语、谚语等。

该书由吉林大学《汉日词典》编辑部编写,吉林人民出版社出版。

**全国政协医药卫生组在北京举行报告会**

卫生部外事局局长薛公绰介绍了我国援外医疗队的工作情况。他说,我国援外医疗队19年来在西亚和非洲地区治疗伤病员共达5200万人次。目前我国有34个医疗队活跃在西亚和非洲地区,参加援外医务人员共有1000多人。

薛公绰说,我国向西亚和非洲地区派医疗队是从1963年开始的。19年来,我国先后向41个国家和地区派出了医疗队。参加援外工作的医务人员,除治疗伤病员外,还为第三世界国家培养了大批医务人员。我国医疗队员在援外工作中的辛勤劳动,增进了中国人民和第三世界国家人民之间的友谊。

参加报告会的政协委员在座谈时认为,向第三世界国家派出医疗队,有助于加强我国人民与第三世界国家人民之间的联系以及相互支援,这是一项重要的工作,应当进一步加强和改进,使之发挥更大的作用。

报告会由全国政协医药卫生组组长沈其震主持。

## 4月16日

**中共中央副主席邓小平在北京会见罗马尼亚共产党总书记尼古拉·齐奥塞斯库**

邓小平说,在当前动荡的国际形势下,两党两国密切合作、相互支持是十分重要的。齐奥塞斯库同志这次访问本身也是十分重要的。

齐奥塞斯库说，两国领导人相互接触、交换意见是很必要的。我们应该进一步加强双边合作和在国际事务中的合作。

**《人民日报》发表社论《提高认识 加强领导》**

中共中央、国务院《关于打击经济领域中严重犯罪活动的决定》(以下简称《决定》)已经全文发表。这个决定，明确地指出和科学地分析了近几年来经济领域严重犯罪活动的状况和危害性，规定了打击严重经济犯罪活动的政策，阐明了坚持共产主义的纯洁性、坚持社会主义道路、坚持对外开放政策及对内搞活经济政策的重要意义。这是一个极其重要的文件。把这个文件公之于报章，昭示于天下，表明党和国家对于打击经济领域中的严重犯罪活动，是下了决心的，表明党和国家是深刻了解全党、全军、全国各族人民的共同愿望，决心坚定不移地把这场斗争进行到底的。

十一届三中全会以来，在党中央、国务院的正确领导下，我们的各项方针政策已经取得显著成效，社会主义现代化建设事业正在顺利进行，党的纪律有所加强，党的作风有所好转。但是，由于林彪、江青反革命集团的余毒还在继续发生影响，由于一些党的组织没有坚强地、有效地开展思想政治工作，由于政府部门的一些必要的管理措施没有及时跟上，也由于对于已经发生的某些严重破坏经济的犯罪没有及时给予有力的打击，使得近两三年来，不仅发生了从不同方面歪曲地理解和执行党的政策的现象，而且经济领域中的严重犯罪情况有增无减，已经有为数不少的干部陷进了经济犯罪的泥坑。其中个人犯罪的，非法获利动辄万元以上；集体作案的，国家蒙受损失竟以数十万元计。更值得引起严重注意的是，这些犯罪活动的背后，常有某些领导干部的纵容和支持；个别地方和单位的党政组织，在资本主义思想腐蚀下，甚至已经变质。如果不坚决刹住这股歪风，而是任其泛滥，那就不可避免地会有更多的组织变质，会有更多的党员、干部变质，会使得我们的社会主义现代化建设事业受到很大损害。这是摆在我们面前的现实的危险。每一个共产党员，每一个国家干部，特别是领导干部，对于这场关系到我国社会主义现代化建设成败得失，关系到党和国家盛衰兴亡的严重斗争，决不能掉以轻心、等闲视之。

打击经济领域中的严重犯罪活动，是新的历史条件下我国社会主义社会中阶级斗争在经济领域的重要表现。我们要按照《决定》的精神，一方面，态度要坚决，打击要有力；另一方面，重点要明确，步骤要稳妥，工作要做细。走私贩私、贪污受贿、投机诈骗、盗窃国家和集体财产，都是触犯刑律的犯罪行为，只要我们严格按照司法程序和法律规定办事，坚持以事实为根据，以法律为准绳，一定能够做到稳准狠地打击一切严重破坏经济的犯罪分子。这场斗争，不是一年半年，不是一次两次可以结束的。这是一场长期的经济的斗争。现在，斗争还是刚刚开始，有些地方和部门抓得还不够得力。《决定》给了我们一个有力的武器。各地区、各部门、各单位都要提高认识，统一思想，加强领导，一抓到底，坚决贯彻执行党中央、国务院的《决定》。

经济领域中严重犯罪活动的事实严肃地提醒我们，必须在全党、全军和全国各族人民中，特别是在党员干部中，进行深入的、细致的、生动活泼的共产主义教育。我们党是工人阶级的先锋队。我们国家是人民民主专政的社会主义国家。党和国家的这一性质决不能有丝毫的改变和动摇。我们必须坚持落实、完善和发展三中全会以来党和国家制定的各项行之有效的方针政策，包括对外开放、对内搞活经济的政策，同时又必须教育全党同志，在共产主义思想体系的指导下观察和处理一切社会问题、一切社会关系，理解和执行各项方针政策，时刻保持自己的共产主义纯洁性。大量党员、干部坚决抵制资本主义思想的腐蚀，一些党员、干部在这种腐蚀面前堕落为可耻的俘虏，现实生活中天天遇到的这些正面和反面的事例，都是我们进行共产主义教育的极好教材。

我们的事业正在向着社会主义现代化建设宏伟目标胜利前进。过去的一切困难、阻力和破坏，都已经被我们一一克服。现在和将来的一切困难、阻力和破坏，也必将进一步振奋我们的精神，磨砺我们的斗志，被我们一一战胜。让我们团结起来，行动起来，迎接新的斗争和新的胜利！

**全国饲料工作会议在北京召开**

商业部于4月16日至26日召开全国饲料工作会议。提供的材料说，近三年来，我国已新建、改建每小时产一吨以上的配、混合饲料加工厂358个，年生产能力达150万吨。

**《人民日报》发表评论员文章《中国的原则立场决不会动摇》**

美国政府4月13日正式通知美国国会，决定向中国台湾出售一批与军事有关的零配件。对此，我外交部发言人代表中国政府向美国政府提出了强烈抗议，表达了中国人民的严正立场。

美国向台湾出售武器是侵犯中国主权的行动。中国只有一个，台湾是中国的一部分，中华人民共和国政府是中国的唯一合法政府，这是美国政府在中美建交联合公报中确认了的。在中美正式建交之后，美国继续向台湾出售武器,干涉中国的内政,就是公然违反建交公报所规定的指导两国关系的原则,就是背弃它在建交公报中明确承担的义务。对于美国无视中国主权的行为,中国政府一贯强烈反对,这是理所当然的,也是人所共知的。

正因为如此,去年12月,当美国政府非正式通知美国国会关于向台湾出售这批零配件一事时,我国当即提出了抗议。之后,美国方面一再向中国方面作出三点解释:一是这批零配件是在去年10月坎昆和华盛顿中美高级会晤之前向台湾承诺的,是在中美双方决定就美国向台湾出售武器举行会谈之前的订货,而不是新的出售;二是此次出售仅仅涉及零配件,并无武器供应;三是在双方继续就解决美国向台湾出售武器问题商谈过程中,美国将不考虑对台湾的军事转让问题,即在中美就此问题进行会谈期间,美国将不向台湾出售武器。鉴于美方作出了这三点具有约束性的解释和保证,中国方面才从大局考虑,采取下不为例、以观后效的态度。当然,中国反对美国向台湾出售武器问题所持的一贯立场决无改变。如果美方背弃对中方所作的三点保证,它必须承担一切后果。

现在,中美关系仍然处于严重关头,美国向台湾出售武器的问题,并未得到解决。中美关系可能倒退的危机依然存在。美国政府多次在口头上表示重视中美之间的关系,可是实际上,它坚持要持续地向台湾出售武器,并且明里暗里搞些小动作,继续玩弄"两个中国"和"一中一台"。这种做法当然是不能允许的。美国向台湾出售武器,是事关中国主权的重大问题。无视中国的主权是无法解决这个问题的。中美两国关系必须以互相尊重主权和领土完整、互不干涉内政的原则为基础。违反这一条根本原则,两国关系不要说进一步发展,就是维持现状也不可能。

**中国和罗马尼亚政府关于发展经济科学技术和文化合作的5个文件在北京签字**

国务院副总理兼对外经济贸易部长陈慕华和罗马尼亚第一副总理扬·丁卡分别代表本国政府在两国关于发展经济和科学技术合作的长期纲领协定上签字。

协定有效期为10年。双方将根据两国的经济需要与可能,支持发展经济和科学技术的长期合作,其主要目的是提高生产技术和产品质量水平,增加各方面的物质生产和经济效益。

双方同意探讨生产技术合作和科技合作的可能性,并商定以下合作领域:石油工业、冶金工业、煤炭工业、电力、机械制造工业、电子工业、化学工业、建筑和建材工业、轻工业、农业、和平利用原子能工业。

双方将根据两国经济的实际需要与可能共同努力,采取有效措施,积极寻求扩大商品交换的品种范围,不断完善商品的结构,充分利用多种方式和渠道,使两国的贸易额逐年稳步增长。

双方签署的其他4个文件是:两国政府关于和平利用核能合作协定,两国政府文化合作协定1982—1985年执行计划,两国政府卫生合作协定1981—1985年度执行计划和两国科学技术合作委员会第二十二届会议议定书。

**国务院副总理万里在人民大会堂会见由英国皇家学会副会长阿诺德·伯金爵士率领的英国皇家学会代表团**

**国务院副总理姬鹏飞在北京设宴欢迎以中央书记处书记西蒙·桑切斯·蒙特罗为团长的西班牙共产党考察团**

**中苏1982年交换货物和付款协定在北京签字**

对外经济贸易部副部长贾石和苏联政府贸易代表团团长、对外贸易部第一副部长根·基·茹拉夫廖夫分别代表本国政府在协定上签字。同时,双方副部长还就两国边境贸易问题进行了换文。

国务院副总理兼对外经济贸易部部长陈慕华出席了签字仪式,并在签字前会见了根·基·茹拉夫廖夫和由他率领的苏联政府贸易代表团成员。

**解放军各总部和国防科委分别召开"全民文明礼貌月"表彰大会**

总参谋长杨得志、总政治部主任韦国清、总后勤部政委王平、国防科委主任张爱萍等领导同志分别参加了各单位的表彰大会。

受到总参谋部表彰的先进单位有70个、先进个人116名。总政治部着重宣扬和推广了中国人民革命军事博物馆建设精神文明的经验,并在"军博"召开了现场会。总后勤部通报表彰了30个先进集体和186名先进个人。国防科委给21个先进团支部颁发了奖状和奖品。这些先进单位和个人的共同特点是,以"四有、三讲、两不怕"为标准,在"全民文明礼貌月"活动中争做建设社会主义精神文明的光荣标兵,全心全意为人民群众做了大量好事,本职工作、营区卫生和绿化都取得了显著成绩。

**由中国研制发展的一种中短程旅客机——"运七"成功完成单发起降试飞**

国务院副总理耿飚、张爱萍接见了全体试飞人员,对飞机在试飞中表现出的良好性能与制造部门和试飞人员所取得的成绩表示祝贺。

单发起降试飞是“运七”飞机的重要试飞科目。目的是通过试飞,确认飞机的两台发动机在一台发生损坏或操纵失灵的情况下,仍能保证正常起飞降落的安全性。民航第八大队承担了这次试飞任务。他们以“一不怕苦、二不怕死”的革命精神和严格的科学态度,刻苦钻研,反复训练,于1982年4月4日、7日进行了试飞。飞行结果良好,完全符合试飞大纲要求。

这种“运七”飞机,是有关厂、所研制发展的一种多用途飞机。飞机最大平飞速度为每小时518公里,最大商载4.7吨。客机型可载乘员48名。还有客货混合型和货机型。“运七”飞机定型投产交付使用后,将可陆续取代现有的陈旧飞机。

**1982年全国举重锦标赛在武汉结束**

从4月8日至16日的比赛中,有全国21个单位的168名运动员参加。共有4人4次打破3项亚洲纪录;6人12次打破8项全国纪录。江苏队蝉联团体冠军。

**中国两名运动员在全国线操纵无线电遥控航空模型比赛中创造两项世界纪录**

四川运动员赵济和在(F2A—27)活塞式发动机线操纵模型飞机圆周速度项目中,以每小时200.055公里的成绩超过了美国运动员吉姆·瓦德保持的每小时178.72公里的世界纪录;广东运动员刘汉茂在(F3A—53)无线电遥控模型飞机封闭速度项目中,以每小时174.22公里的成绩超过了苏联运动员亚历山大·高劳克霍夫保持的每小时162公里的世界纪录。

**全国中医医院和高等中医教育工作会议在长沙召开**

4月16日至22日,在湖南衡阳举行的全国中医医院和高等中医教育工作会议,认真总结交流了中医医院和高等中医教育的经验。大家认为,坚持中医中药的特点,是办好中医医院和中医院校的关键。

卫生部副部长崔月犁和来自全国各省、自治区、直辖市主管中医工作的负责同志参加了这次会议。

到会同志提出,中医要发展,特别要提高质量和水平,要建立一批按照中医的规律和特点进行医、教、研的中医基地。

这次会议还讨论通过了《全国中医医院工作条例(试行)》。

## 4月17日

**全国人大常委会副委员长廖承志在人民大会堂会见由东京都议长菅沼元治率领的日本东京都议会友好代表团**

**外交部部长黄华在北京会见尼日利亚外交部国务部长博洛科尔**

**对外友协会长王炳南在北京会见由荷兰中国友好协会组织的荷兰知名人士代表团**

**第三次中法医学日活动在北京开幕**

卫生部部长、中华医学会名誉会长钱信忠在为法国医学访华团访问我国举行的欢迎招待会上宣布活动开幕。

在此期间,专程前来参加此项活动的法国医学访华团中的12位医学教授,将同我医学界人士就眼科、心内科、儿科、皮肤科、神经科等11个科目举行学术座谈和交流。

**全国唐诗讨论会在陕西西安召开**

来自全国各地的学者170余名,其中有程千帆、金启华、陈迩冬、华钟彦、胡国瑞、吴调公、舒芜、姚奠中等老教授、专家,也有中青年唐诗研究工作者。

会议首先交流了唐诗研究的经验,总结了唐诗研究的成果。他们一致认为:只有以马列主义、毛泽东思想为指导,才能汲取其精华,总结出规律,使唐诗研究在深度和广度上有所突破,提高唐诗研究的水平,这样,才有助于建设社会主义的精神文明,繁荣和发展社会主义文艺创作。

**中国队在杭州举办的第二届亚洲杯象棋赛中获得两项冠军**

中国队获得男子团体冠军,谢思明蝉联女子单人赛冠军。

## 4月18日

**中国国际经济咨询公司专业法律顾问处正式成立**

此机构按照《律师暂行条例》的规定与北京市法律顾问处配合,接受中外当事人的委托,主要办理与对外经济、贸易、金融信托投资有关的非讼事件;为提供法律咨询,参加订立各项经济合同的谈判,草拟修订有关合同、协议、章程,以及审查、证明其他法律文件等。

**中共中央副主席李先念在北京会见澳大利亚共产党(马列)主席希尔**

国务院副总理姚依林在人民大会堂会见由宫崎贵副会长率领的日本全国农业协同组合联合会友好代表团。

## 4月19日

**中央国家机关党组织坚持党员标准 积极发展知识分子和业务骨干入党**

据《人民日报》报道,中央国家机关各级党组织近几年来重视在知识分子和业务骨干中发展党员。1980年中央国家机关共发展党员3040名,其中专业技术人员有1324名,占43.5%;1981年发展党员3130名,其中专业技术人员有1641名,占52%。

中央国家机关一些单位的党组织为了改变业务骨干中党员较少的情况,近几年里按照积极而又慎重的方针,把发展党员的重点放在科技人员和业务骨干方面。中国科学院过去科研第一线党的力量比较薄弱。粉碎“四人帮”以后,特别是党的三中全会以来,科学院的党组织已吸收了一批老科学家和中层业务骨干入党。1977年至1981年,科学院共发展新党员884名,其中科技人员558名。新入党的科技人员中,助理研究员以上的就有410名,其中有著名科学家严济慈、华罗庚、叶笃正、张文裕、贝时璋、尹赞勋、吴文俊、马大猷、王绶琯、林兰英、陈世骧、吴仲华、林同骥、杨乐、张广厚等。人民出版社近年来发展的9名新党员中,有8名是业务骨干。文化部、国家体委等单位的党组织,发展了一批积极要求入党的知名人士加入党的组织。其中有文艺界的刘开渠、袁世海、方掬芬、吴祖光、崔美善、胡松华、谢添、王人美、凌元,体育界的黄健、齐祖谭、胡祖荣、王维俭、李月久、李凤楼、牟作云、梁淖辉等。

在发展新党员过程中,中央国家机关党组织认真加强了对发展对象的培养教育和考察工作。不少单位指定专人,对要求入党的积极分子进行帮助教育,着重解决好他们的思想入党问题。

对那些由于个人历史或家庭、社会关系比较复杂,长期被拒于党外的老积极分子,国家机关各单位的党组织注意按照党的政策,妥善解决他们的入党问题。

由于坚持了党员标准,中央国家机关近年来发展的新党员,绝大多数都能发挥共产党员的先锋模范作用。他们有的刻苦钻研业务,有的经常为群众做好事,有的勇于和不正之风作斗争,不少人被评为先进工作者、三八红旗手、新长征突击手和优秀共产党员。

**《人民日报》发表评论员文章《管好村镇建房用地》**

最近,国务院颁布了《村镇建房用地管理条例》(以下简称《条例》),重申党和政府有关农村土地问题的基本政策,对农村村庄和集镇建房用地的若干问题,作出明确合理的规定。国务院在通知中,要求各地结合实际情况,尽快把这个《条例》落实下去,坚决刹住乱占滥用耕地之风。这是目前农村一项不可忽视的重要工作。

近几年,农村经济形势显著好转,社队集体和农民纷纷建造新房,改善居住条件。这是一件大好事。但是,许多地方对这项涉及亿万农民切身利益的活动,没有纳入领导工作的日程,加之缺乏统一规划和健全的管理制度,一些干部搞不正之风,致使乱占滥用耕地建房的现象十分严重。这个问题如果再不下决心认真解决,将会严重危害“四化”建设,并且遗患子孙后代。

不准随意侵占社会主义公有制的集体耕地,是党和政府的一贯政策。从1962年党的八届十中全会通过的《人民公社工作条例修正草案》,到党的十一届三中全会制定的两个农业文件,都规定:生产队的所有土地,包括社员的自留地、自留山、宅基地等,一律不准出租和买卖;生产队的所有土地,不经县级政府机关批准,任何单位和个人都不得占用;社员新建住房的地点,要由生产队统一规划,尽可能不占用耕地。去年4月,针对一些地方毁田建房的严重情况,国务院又发出了《关于制止农村建房侵占耕地的紧急通知》。为什么党中央、国务院为此三令五申,在一些地方仍然没有加以重视呢?一个重要原因,就是那里的有关领导机关和负责同志,对管理好土地的重要性认识不足,因而对随意占地建房这种十分严重的现象,制止不力,甚至睁一只眼闭一只眼,不管不问,听之任之。也有一部分干部,本身就乱占耕地建房,在这方面带了头,产生了很坏的影响。

当然,也应当承认,过去村镇建房用地缺乏健全统一的管理制度,有关建房用地标准、审批制度等不够明确,也给实际工作带来一定困难。现在,国务院发布了《条例》,排除了这个困难。各地要认真按照国务院通知的要求,抓紧制订实施方案,对村镇建房用地限额、宅基地面积标准和审批权限、审批制度等,早日作出具体规定,做到有章可循,有人管理。同时要抓紧进行先粗后细的村镇规划,以保证《条例》尽快在基层落实。

村镇建房用地问题,与广大农民切身利益密切相关,要注意对基层干部和社员做政治思想工作,向群众深入宣讲《条例》的精神,让群众自觉遵守,互相监督,保证《条例》的实施。我们要对群众进行耐心细致的说服教育,启发群众以大局为重,正确处理国家、集体和个人的关系;要维护国家法令的严肃性,严格依法行事。《条例》明确规定,凡擅自占地建房的,将受到限期退回土地、罚款、赔偿等惩处。对社队干部和国家工作人员，还要给予行政处分。国务院“通知”中还特别指出：在《条例》发布以前发生的强占耕地建房事件，也要参照《条例》规定，严肃处理。对某些干部利用职权营私舞弊等行为，要追究行政责任、经济责任直至刑事责任，决不能一味迁就宽容。只要我们坚决按《条例》办事，就一定能够扭转目前农村土地使用方面的某些混乱状态，使土地管理工作逐步走向制度化。

**中国科学院上海分院等总结经验提出从十个方面为经济建设服务**

科学院如何为经济建设服务？中国科学院上海分院、上海科学院最近就这个问题进行了调查总结，提出要从10个方面更好地为经济建设服务。

一、参加各种形式的协作攻关。如市里出面组织的协作攻关，科学院内部组织有关研究所协作攻关，以及个别研究所单独承担攻关任务。仅上海市科技协作交流会最近提出的1200多项技术攻关课题，科学院认为在技术上比较有把握，可以组织力量承接的就有近300项。

二、推广转让科研成果。1977年到1981年，各研究所共取得科研成果1500多项。其中2/3以上是应用性成果，不少成果经济效果比较显著。上海硅酸盐研究所与有关所协作研制成功的远红外辐射涂料，上海有机所研制成功的远红外干燥促进剂，已在全国几十个行业应用。

三、开展技术咨询。据上海有机所和冶金所不完全统计，每个所一年接受咨询服务4000次以上。

四、对引进技术进行剖析。一些研究所有较强的基础研究力量，有比较先进的仪器设备，可以对引进的化工、电子和元器件等进行剖析。上海有机所应有关部门的要求，派3名科技人员对从国外引进的快速电镀液进行剖析，半年就取得了成功。

五、进行人才支援。上海两院有1万多名科技人员，可以拿出一部分技术力量支援其他单位。几年来，分院各所已有400多名科技人员输送到地方单位，大多数担任了领导职务和成了业务骨干。科学院还采取兼职、借调等形式进行支援。

六、接受技术培训。上海分院各所去年为外单位1036人进行了技术培训，取得了较好的效果。

七、帮助测试分析。上海两院各所有比较现代化的理化测试手段和人才，可以帮助有关单位进行各种理化测试分析。

八、研制仪器设备。分院各研究所的电子室和金工车间，4年来研制了800多台件仪器设备。其中有些是填补国内空白，有的达到了国际先进水平。

九、生产小批量产品。上海分院和上海科学院的不少所都有实验工厂和生产工厂，可以为工业、教育和科研单位提供小批量的产品。上海原子核所研制的同位素液体闪烁计数器，自动化程度超过了从国外引进的同类产品。

十、提供文献资料。中科院上海图书馆1981年为院内外许多单位复制文献资料25.5万件以上。

**中共中央副主席李先念在人民大会堂会见以巴基斯坦联合通讯社社长穆赫塔尔·扎曼为团长的巴联社代表团**

**国务院副总理姬鹏飞在北京同索马里第二副总统库勒米举行会谈**

**丹麦王国政府向中国政府提供政府贷款的协定在北京签字**

国务院副总理兼对外经济贸易部部长陈慕华出席了签字仪式。

对外经济贸易部副部长魏玉明、丹麦驻华大使托宁·彼得森分别代表双方政府在协定上签了字。

根据协定，丹麦政府向中国政府提供1.25亿丹麦克朗的无息贷款。这些贷款将用于在我国黑龙江、吉林、北京、广州改造和建设乳品厂、牛奶公司、糖厂和轻质陶粒制品厂。

**全国人大常委会副委员长乌兰夫在人民大会堂会见由奥斯卡·马米主席率领的意大利众议院内政事务委员会代表团**

代表团访华主要是考察中国在发生自然灾害(如地震、水灾等)时，政府所采取的措施。

**军事题材文学创作座谈会在北京举行**

座谈会由中国作家协会和人民解放军总政治部文化部于4月19日至28日联合召开。参加会议的有来自全国和全军的140多位文学工作者。

作协副主席张光年主持会议。

中国作家协会主席巴金，委托作协副主席冯牧在会上宣读了他的书面发言。他说，军事题材是文学创作题材中很重要的一个方面。我们许多作家积累了丰富的创作经验，同时也都感到有一些创作思想、创作问题需要研究、探讨。这次座谈会可以总结、交流我们自己的经验，肯定成绩，看到不足，提高对军事题材创作的重要性的认识，增强责任感，以推动军事题材文学创作更好地发展。

总政文化部部长刘白羽以《努力建设我国新的历史时期的社会主义军事文学》为题，在会上作了长篇发言。发言着重讲了发展军事题材文学创作的重要意义；大力提高新时期军事文学创作的水平和加强对军事题材文学创作的领导问题。

刘白羽说，我们的国家已经进入了一个新的历史时期，要求作家、艺术家通过自己的作品，在建设社会主义精神文明方面，在培养社会主义新人方面，发挥强大的作用。在这一神圣的历史任务面前，军事题材文学作品，有其他题材作品所不能替代的教育作用。好的军事题材文学作品，是进行爱国主义、革命英雄主义和国际主义、共产主义教育的“生活教科书”，是军队广大指战员和广大人民特别是青少年所不可少的。

刘白羽说，大力地较快地提高军事文学的质量，是当前面临着的一个相当紧迫的问题。要鲜明、生动地塑造人物；要深刻反映矛盾，构思真实感人的情节；要努力提高作品的思想境界；关键是深入生活，努力创新。他说，我们的军事文学在塑造艺术典型方面是有许多经验值得总结的。近年来，在“抽象的永恒的人性”观点影响下，少数作者把所谓“人的本质”看成是非社会性的东西，并以这种观点去观察生活、描述生活，出现了一些倾向不好和不健康的作品，虽然不多，但是应该从中吸取经验教训。

刘白羽指出，建设新时期的社会主义军事文学，必须在党的领导下，旗帜鲜明地坚持四项基本原则，在当前反对资产阶级自由化和反对资本主义腐蚀的斗争中，作家要做坚定的、清醒的、有作为的马克思主义者；要坚定不移地贯彻党的“百花齐放，百家争鸣”的方针，开展积极的、健康的文艺评论，进行正确的批评和自我批评；还要采取一些措施，帮助作家开阔眼界，提高思想。他说，我希望，我们的军事文学在新长征的途程中，在我国社会主义文学战线上放射出奇光异彩。

出席大会的有贺敬之、华楠、周巍峙、丁玲、林默涵、陈沂、陈荒煤、沙汀、魏传统、马识途等各有关方面的负责人。

**中国跳伞运动员在1982年太平洋跳伞比赛中夺得3项冠军**

在集体定点跳伞比赛中，中国运动员夺得冠军。杨永明和杨洪舟分别夺得男子个人定点跳伞的冠军和亚军。由张金相、李东强、杨涛和李建国组成的中国队，在4人造型跳伞比赛中，夺得冠军。

## 4月20日

**中共中央副主席邓小平在北京会见几内亚比绍共和国国家元首若奥·贝尔纳多·维埃拉**

邓小平说，同广大第三世界国家一样，中国和几内亚比绍面临同样的问题和任务。我们两国都面临发展经济，维护民族独立和国家主权的问题，都肩负建设国家，提高人民生活水平的任务。我们第三世界国家需要加强合作和交流。

维埃拉主席介绍了几内亚比绍的国内情况。他说，我们国家正在不断克服困难，向前发展。维埃拉主席表示几内亚比绍愿同中国加强友好合作关系。

**《人民日报》发表社论《坚决制止破坏国家资财的行为》**

我们的国家是社会主义国家，国营经济和国家资源是我国各族人民的共同财富，保护好国营经济和国家资源，是全体人民的神圣职责。

我国宪法规定：“社会主义的公共财产不可侵犯。”禁止任何人利用任何手段，破坏社会主义经济和公共利益。“矿藏、水流，国有的森林、荒地和其他海陆资源，都属于全民所有。”我国刑法规定，破坏社会主义建设，侵犯全民所有的财产，是犯罪行为。

然而，宪法和刑法的规定，在一些地区，并没有引起人们足够的重视。在少数企业、单位和矿区、林区、交通线上，出现了一些破坏国家资源、财产，阻挠经济建设的现象。例如，哄抢国营企业财产；滥采乱挖国家矿藏资源；乱砍滥伐森林资源；国家征用土地以后，某些住户长期拒不搬迁，阻挠经济建设顺利进行；滥挖路基、设置路障，严重影响火车、汽车通行；等等。

当前，一个非常值得注意的现象是，某些单位、部门和地方的领导干部，对破坏国家财产的行为听之任之，采取极不负责的官僚主义态度，不敢抓，不敢管，遇事推拖，躲避矛盾，使本来不难解决的问题，久拖不决，给社会主义事业带来很大损失。发生这种现象，还由于一些干部缺乏国家观念、整体观念，本位主义、分散主义严重，个别人甚至或明或暗地包庇、纵容、支持这些错误行为。这是党纪国法绝对不能允许的。

保护国家资源、财产，人人有责。所有共产党员、国家干部以及广大群众，都应当挺身而出，同破坏国家资财、阻挠经济建设的行为进行坚决的斗争，积极采取措施，维护国家资财，使其不遭受损失。全国所有的地区、县、社、城镇、矿区等，都要认真进行检查，看看有没有国家财产和资源遭受破坏的情况，一旦发现，就及时制止，严肃处理。

有人替破坏国家资财的行为制造借口，说什么这样做的出发点是让一部分人先富起来。这是对党的劳动致富政策的误解和歪曲，至少是一种糊涂观念。我们说的让一部分人先富起来，指的是走正路，不是搞邪门歪道。我们提倡的是劳动致富、正当经营致富，让城乡人民用自己劳动的汗水和聪明才智创造财富，增加收入。绝对不能错误地理解为,为了个人致富,就可以哄抢国营企业的财产,偷盗国家的物资,乱挖国家的矿山,砍伐国家的森林。这种做法,实际上是挖社会主义的墙脚。

有的人借口说,这是为了群众的利益。他们所说的照顾"群众利益",实际上是迎合少数人的落后意识,乘机敲国家的竹杠,揩国家的油。这是极端错误的。大家都知道,群众利益包括长远利益和眼前利益,整体利益和局部利益。一般地说,国家利益代表了群众的长远利益和整体利益。真正代表群众利益,就是既要关心群众的眼前利益和局部利益,更要关心群众的长远利益和整体利益。全民所有制经济,社会主义公共财产,是群众长远利益和整体利益的根本所在。一旦损害了群众的长远利益和整体利益,群众的眼前利益和局部利益归根到底也就落空了。

保护国家财产和资源,是向人民群众进行爱国主义教育和共产主义教育的一项重要内容。各地区、各单位在建设精神文明的活动中,要对群众进行保护国家财产和资源,支持四个现代化建设的思想教育,大力表彰保护国家财产、资源的好人好事。要订立乡规民约,讲究社会公德,养成爱护国家财产,爱护公共财物的良好社会风气。

制止破坏国家资财、阻挠经济建设的行为,关键在于各级干部要增强全局观念,树立全国一盘棋思想。不能把地区的利益、单位的利益和国家利益对立起来。不能错误地认为,国营经济家大业大,侵占、蚕食一点没有关系。不能对"靠山吃山,靠水吃水"进行歪曲,错误地搞什么"靠工厂吃工厂","靠铁路吃铁路","靠森林吃森林","靠矿区吃矿区"。破坏国家资财的现象长期存在,反映了一部分地方领导干部精神不振。其实,只要振作精神抓工作,深入现场调查了解,严肃认真地对待已经出现的问题,该谁负责谁就负责,该哪个单位管就哪个单位管,该怎么处理就怎么处理,那些看起来很难解决的问题,很快就可以解决的。许多地方的经验都证明了这一点。

国家的资源、财产,是进行社会主义现代化建设的物质前提,应该受到国家法律的保护。所有的城乡群众、团体、单位、各级领导干部,都要对国家负责,对现代化建设负责,牢固树立法制观念,养成遵法守纪的习惯,同破坏国家资财的行为进行严肃的、坚持不懈的斗争。人民政府要进一步加强经济立法工作,切实做到有法必依,执法必严,违法必究。我们提倡对国家资财负责,坚决克服那种涣散、软弱、无人管理的混乱状态。

**国务院侨办 国家城建总局在北京联合召开落实华侨私房政策座谈会**

座谈会于4月20日至26日举行。全国人大常委会副委员长廖承志在座谈会上说,团结广大侨胞,扩大和巩固爱国统一战线,是我们的国策。落实党的侨务政策,当前主要是落实华侨私房政策。这是关系到发展爱国统一战线,促进"四化"建设和祖国统一大业的大事,意义重大,任务繁重。他希望各级党委高度重视这一工作,切实加强领导,把这项工作做好。

来自各地的人员在会上汇报了本地区落实华侨私房政策的情况,交流了经验,并对有关政策进行了座谈。国务院侨务办公室副主任彭光涵、国家城建总局副局长曹洪涛在会上讲了话。他们回顾了近几年落实华侨私房政策工作所取得的进展。他们谈到,尽管国家经济困难,许多城市住房紧张,落实华侨私房政策的工作仍取得了较大进展。但是,目前这项工作的进展很不平衡。要使这一政策进一步得到落实,还需要做艰苦的工作。

会议认为,当前的工作重点是要抓紧清退十年内乱期间被挤占的华侨私房。对于历史遗留下来的华侨房屋问题,各地应当从本地区的实际情况出发,积极主动地订出规划,有步骤有计划地进行处理。对那些不属于落实政策范围和虽属于落实政策范围但目前尚不能解决的问题,应当切实地做好有关人员的思想工作,以利于安定人心。

**全国锡业科技工作会议在云南个旧召开**

会议于4月20日至24日举行。这是新中国成立以来首次举行的全国性的锡业会议,由国家科委、冶金部和国家有色金属总局联合召开。会议总结了1978年以来我国锡业方面39项经过省级以上鉴定的较大的科研新成果。

会议介绍了云南锡业公司、广西大厂矿务局等单位取得的科技成果和经验,落实了近期的科研项目,并制定了发展锡业的一些措施。

国务院副总理方毅出席会议并讲了话。他说,党中央和国务院强调,有色金属工业是我国优势产业之一。锡具有许多优良的性能,是工业生产和人民生活、国防军工常用的一种重要的不可缺少的金属材料。随着科学技术的发展,锡的应用领域将继续扩大。我国锡的资源得天独厚,发展锡业又有了较好的物质和技术基础,经济效益比较高,在发挥有色金属工业优势中应该把锡业放在前列。

方毅同志说,振兴锡业,科学技术必须先行。要从地质、采矿、选矿、冶炼和产品结构改革等方面有效地开展科研工作,并将科研成果运用于生产建设,对现有生产进行技术改造。在今后一段时间内,科技工作的重点要放在加强地质工作和矿山的采矿工艺，提高锡的采选、冶炼回收率，改变锡的产品结构和消费结构，研究锡的代用和回收再生、资源的综合利用和环境保护等几个方面，把厂矿企业、研究单位、高等院校和中国科学院有关单位的力量组织起来，实行社会主义的分工和大协作，联合攻关，一抓到底，作出更大的成绩。方毅同志还强调，做好振兴锡业的各项工作，关键在于加强党的领导。目前有些地方出现乱采滥挖破坏资源的情况，造成了严重的损失浪费。对这个问题我们一定要严肃对待，坚决贯彻执行国务院1981年发出的关于加强锡的产销管理和坚决制止乱采滥挖锡矿资源的通知，决不允许浪费和破坏资源的情况继续下去。

**中国第一条岩棉生产线在北京投产**

据《人民日报》报道，这条生产线是北京新型建筑材料厂从瑞典引进的，年设计生产能力为20万立方米。生产的产品有岩棉板，岩棉轻板、岩棉缝板、岩棉保温带等品种。

这条生产线建成投产后，可以满足国内需要。石油、化工、电力、造船等生产部门已纷纷订货。

**全国人大常委会副委员长乌兰夫在人民大会堂会见民主也门社会党中央委员法德勒·穆哈辛·阿卜杜拉一行**

**对外友协会长王炳南在北京会见并宴请由瑞士中国协会主席维克托·乌布里希率领的瑞中协会代表团**

## 4月21日

**中共中央主席胡耀邦在中南海会见索马里第二副总统侯赛因·库勒米·阿弗拉**

胡耀邦说，中国人民对非洲充满着诚挚和友好的希望。第一，我们希望非洲国家和睦相处，防止外来势力的侵略和颠覆，避免被各个击破。新老殖民主义、霸权主义都对非洲不怀好心，企图分而治之。第二，我们希望非洲各国内部加强团结，致力于建设民主的、独立的、逐步繁荣的国家。

胡耀邦表示中国将进一步加强同索马里和其他非洲国家之间的友好合作关系。

库勒米说，我们十分珍视索中两国的友谊和合作。

**《人民日报》发表评论员文章《必须坚持选拔干部的德才兼备原则》**

在机构改革中，一大批老同志将离休退休或退居第二线，一大批优秀的中青年干部将被选拔到各级领导岗位上来。这“出”的问题很重要，必须解决好；“进”的问题更重要，尤其要解决好。选拔什么人，配备一个什么样的领导班子，不仅关系到机构改革能不能收到预期的效果，而且关系到我们党的路线能否持久延续，社会主义事业能否兴旺发达。

老干部是我们党和国家的宝贵财富。在这次机构改革中，为了有秩序、有步骤地搞好新老干部的交替，在各级领导班子中，我们必须保留一批富有经验的老干部，但是，我们特别要注意的是选进更大数量的中青年干部。应当充分地肯定，经过新中国成立三十几年的工作和斗争，我们已经培养和造就了一大批德才兼备、年富力强的优秀中青年干部。他们政治上坚强，有比较丰富的专业知识，有一定的领导能力而又精力充沛，完全有条件接过革命重担，胜任各种领导工作。这是我们党和国家的希望所在，也是我们的事业具有强大生命力的表现。看不到我们党有一个巨大的人才宝库，看不见新生力量，在选拔中青年干部的问题上顾虑重重，没有魄力，打不开局面，就会贻误“四化”大业，就会犯不可原谅的历史性错误。

我们党选拔干部，历来坚持德才兼备的原则。根据这个原则，选拔干部首先要看政治表现，看政治上是否靠得住。这就要考察干部在“文化大革命”中的表现，特别是十一届三中全会以来的表现。

“文化大革命”对于每一个干部都是极其严峻的考验。看一个干部的政治表现、政治品质，离不开“文化大革命”这段历史，离不开考察他们在那场政治斗争中几个关键时刻的表现。中央多次强调，那些跟随林彪、江青一伙“造反”起家的人、帮派思想严重的人和打砸抢分子，现在还占据领导岗位的，必须坚决撤下来，当然更要注意防止这三种人乘机构改革之机进入领导班子。这是绝对含糊不得、马虎不得的。在这个问题上麻痹大意，就会后患无穷。还有一些干部犯有严重错误但不属于这“三种人”，对他们的处理采取“宜宽不宜严”的方针，给他们在实践中将功补过的机会，这是必要的，但在没有经过较长时期的严格考察、确实证明其彻底改正错误之前，不能列为选拔对象。有的同志把对犯错误干部处理从宽的方针搬到挑选优秀干部上来，降低选拔人才的政治要求，那是不妥当的。

十一届三中全会，是我们党的历史上一个伟大的转折。对三中全会以来的路线、方针、政策抱什么态度，是一个干部在政治上是否可以信赖的更重要的依据。这就要看他是否真正在政治上和中央保持一致，是否坚决地按党的路线、方针、政策办事，是否忠实地遵循党的生活准则，言行一致地起模范和表率作用。选拔干部首先要考虑那些在“文化大革命”中表现好，三中全会以来也表现好的同志。有些同志在“文化大革命”

中虽然没有什么问题，甚至可以说表现较好，但对三中全会以来的路线、方针、政策抵触很大，采取抵制的态度，选拔这样的干部显然是不适当的。也有一些干部在“文化大革命”中，由于“左”倾错误指导的影响，曾经在某个时候、某个问题上犯过错误，但已作过认真的检讨，这几年执行党的路线、方针、政策坚决，工作成绩显著。对于这些同志必须采取谅解、信任的态度，该选拔的还是要大胆选拔。

至于近几年来在政治上严重破坏党的生活准则的人，在经济上严重违法乱纪的人，绝对不能提上来，一个也不能提上来，已经在领导岗位上的必须撤下来。这种人在政治上不堪信任，是无需多说的。

选拔干部，首先要注意德，同时要注意才。德不好的，虽有某一方面的才能，但不能忠诚地为人民服务，把这样的人选进领导班子里是于人民不利的。缺乏才能的人，虽然德好，也难以承担重任，勉强选拔上来，同样会误大事。所以，一定要从实践证明政治上靠得住的干部中，精心挑选才能比较出众的同志，让他们来担当继往开来的历史重任。选贤任能，选贤是指的有德，任能是指要有比较丰富的专业知识，有实际经验和领导能力。这里需要注意的是，对比较年轻干部的领导经验，不能要求过高。只有把他们放到领导工作的实践中去，才能够使他们由经验不多变为经验较多，愈益成熟起来。在这个问题上，一定要防止和克服论资排辈、求全责备的思想。

要选拔出德才兼备的优秀中青年干部，把“进”的问题解决好，重要的一条是实行领导与群众相结合，真心诚意地走群众路线。靠少数人了解情况、识别干部，总难免有局限性；靠少数人的力量，也难以克服干部问题上的旧观念、旧习惯，难以消除宗派主义、任人唯亲等不正之风的干扰。我们相信，在党的正确的政治路线、思想路线和组织路线的指引下，只要我们真正依靠党的各级组织，依靠党内外广大群众，同时依靠广大富有经验、知人善任的老干部，就一定能把接班的同志选准，把这件大事办好。

**宪法修改委员会第三次会议通过宪法修改草案**

宪法修改委员会第三次会议在人民大会堂结束。会议从4月12日起共举行了9次全体会议，对宪法修改草案(修改稿)逐章逐条地进行了讨论审议。

会议一致通过了《中华人民共和国宪法修改草案》。

会议还一致通过了宪法修改委员会给全国人大常委会的《关于提请公布〈中华人民共和国宪法修改草案〉交付全国各族人民讨论的建议》。

会议由宪法修改委员会副主任委员彭真主持。

**国务院农林财贸部委(局)检查落实高级知识分子政策情况**

据《人民日报》报道，去年年底以来，国家人事局根据中央组织部的统一部署，在国务院农林、财贸各部委(局)在京单位的协助下，对33个直属机关、院校的863名高级知识分子的政策落实情况，进行了一次检查。这次检查中，各单位对落实高级知识分子政策工作共提出96个问题，其中报请有关部门解决的54个(有10个已经基本解决或正在解决中)，属于本系统本单位解决的42个。农林、财贸各单位本着不推、不拖、不等、不靠的原则，凡是本单位本系统能够解决的，尽快认真研究，现已大部分解决。

这次检查的内容主要有以下三个方面：

一、政治上关怀信任，妥善解决政策遗留问题。农林、财贸各部委(局)的高级知识分子在“文化大革命”中被立案审查的有315人，其中309人已经得到平反和改正。这次针对遗留的6人的政治问题进行复核，采取个别谈心，征求意见的办法，原结论不妥的予以改正；原结论无事实根据的予以否定；需要维持原结论的也和本人交换意见，做好思想工作。北京林学院党委专门研究了高级知识分子的入党问题。除了及时发展3名条件成熟的教授入党以外，各级党组织还制定了培养规划。

二、工作上放手使用，委以重任。据检查，近3年来，农林、财贸各部委(局)共有480名兼备业务专长和领导能力的高级知识分子，被选拔担任部、局、处级领导职务，占高级知识分子总数的55%。但也有少数高级知识分子工作安排不甚合适。调查组协助进行了调整。如农垦部一位高级工程师，曾留学美国学习土地规划。检查前在翻译室工作。农垦部决定将他调到荒地勘测设计院任顾问。

三、生活上关心和照顾。这次检查还促进了各单位改善高级知识分子的住房、用车、医疗等生活条件。财政部37名高级知识分子中有32名在最近调整了住房，他们中已不存在住房困难户了。检查前，年近八旬的北京农业大学一级教授俞大绂看病很不方便。检查组与有关部门联系，为他办了新的医疗关系。

国家人事局检查组认为，近3年来，农林、财贸各部委(局)在落实高级知识分子政策方面做了许多工作。高级知识分子对此比较满意。这对于发挥他们在“四化”建设中的作用，意义很大。但是，工作的进展还很不平衡，有一些问题拖而又拖，亟待解决。与此同时，对中年知识分子的工作、生活条件的改善，还有许多工作要做。这些同志在科研、教学第一线，大多是骨干力量。他们对我国的社会主义物质文明和精神文明建设贡献越来越多。抓紧对这部分知识分子政策落实情况的检查,注意改善他们的生活、工作条件是当务之急。

### 国务院各部委为各地选调专业技术干部

据统计,国务院各部委从1981年10月以来为安徽省、河北省、福建省厦门市、江苏省连云港市、辽宁省阜新市、山东省烟台地区和潍坊地区等地推荐了近千名技术干部,各地已初步确定接收其中的近400名。这些干部大多数是50年代和60年代初的大、中专毕业生,具有较高的理论水平和较丰富的实践经验。他们大部分长期夫妻两地分居,困难比较大。这些干部到新的地区工作后,夫妻得到团聚,既支援了其他地区的"四化"建设,也解决了他们的实际困难。

### 全国总工会 共青团中央 全国妇联联合提出《广泛开展学先进、赶先进活动》的报告

最近,全国总工会、共青团中央、全国妇联,在调查研究的基础上,就如何发挥先进人物的作用,把学赶先进的活动广泛开展起来的问题,提出了报告。

报告说,当前我国面临着建设"两个文明"的艰巨任务,迫切需要大批先进人物和先进集体带动广大群众前进。工、青、妇各级组织,要认真贯彻党中央关于学赶先进的指示,振奋精神,努力工作,充分发挥先进人物的作用,广泛开展比学赶帮超的立功竞赛,开展争当劳动模范、先进生产者、新长征突击手和三八红旗手的活动,把社会主义物质文明和精神文明的建设推向前进。

*学进行,赶先进,充分发挥先进人物的作用*

为了切实推动比学赶帮超活动,报告提出如下几点意见:

一、重视先进,支持先进。依靠先进人物去团结、引导、带动广大群众向"四化"建设的目标前进,是实现党的领导的重要方法。各级党政领导和群众组织,应以高度的政治责任感,旗帜鲜明地支持先进,大力传播先进思想和先进经验;对那种嫉贤妒能,自己不求上进也不允许别人前进的错误思想,要批评教育;对诬陷、打击先进的行为,要严肃查处,其中证据确凿、情节严重者,要追究法律责任。要加强思想政治工作,努力造成有利于比学赶帮超活动开展的良好政治环境,并把学赶先进活动的开展情况,作为衡量一个地区、一个单位党风和社会风气好坏的一个重要标志。

二、认真做好评比和树立先进的工作。各行业各部门在选模范、树标兵的时候,要坚持评选标准,保证质量。先进模范人物,要在群众性总结评比的基础上,自下而上地选拔产生,不能勉强凑数,更不能由领导者说了算。对先进人物,不能求全责备。要求先进人物"年年有创造,事事都带头",是难以做到的。要特别注意培养、壮大青年先进人物的队伍。先进的队伍是发展变化的,应避免把先进模式化、永恒化、绝对化,要经常注意发现新典型。

三、加强对先进人物的宣传。近几年来,对先进人物的宣传不够集中,形式不够多样,声势不大,尽管表扬的人数不少,却没有在群众中留下深刻的印象。为了尽快造成先进光荣的社会舆论,报告建议各级党的宣传部门,包括报刊、广播、电视、电影、戏剧、出版等单位,采取各种形式,加强对先进人物的宣传。工会、共青团、妇女组织的报刊和文化宫、俱乐部等宣传阵地,要把宣传先进作为自己经常突出的任务。对于那些具有时代特点、作出重大贡献的英雄模范人物,要比较系统、连续地宣传介绍。

四、切实做好总结推广先进经验的工作。正确地总结推广先进经验,是搞好比学赶帮超活动的中心环节,要扎扎实实地做好组织工作,避免生搬硬套,大轰大嗡,参观成灾,真正把各种行之有效的先进经验,特别是同行业、同工种的经验学习好,推广好,使之变为社会的共同财富。

五、加强对先进人物的培养教育。党的培养教育和群众的帮助,是造就先进人物的根本保证。要教育先进人物正确对待群众,谦虚谨慎,戒骄戒躁,善于向群众学习,取长补短,不断进步。尤其要教育先进人物正确对待困难和挫折,不怕讽刺打击,培养坚忍不拔的政治素质,迎着困难前进。要积极创造条件,提高先进人物的技术、业务能力和科学文化水平,帮助他们做到又红又专。对先进人物的提拔使用,要实事求是,注意同他们的专业和工作能力相适应。有些地方存在的先进人物兼职多,会议多,社会活动多的问题,要切实加以解决。

*切实解决先进人物遇到的一些实际问题*

报告说,在不少地方和单位,学赶先进的气氛比较淡薄,先进人物不同程度地存在着苦恼和难处,突出的问题有:

一、有些先进人物遭讽刺、打击,思想压力大。有的先进人物因多做贡献而招嫉妒;有的因坚持原则、勇于负责而被讽刺;也有的因孜孜不倦于发明创造而受非难。据调查,126名全国棉纺织能手中,受到挖苦、责难的有66人,占52.4%。全国劳动模范、宁夏银川棉纺织厂挡车工臧青,近年来每年都超额完成纺纱任务,并经常利用公休时间为新工人传授技术,有人竟在黑板上写出"劳模不要再显了"的讽刺标语。在一些地方,先进的再先进不易,后进的变先进更难。湖南长沙饭店青年标兵孔建国年少时误入歧途,粉碎"四人帮"后,她获得新生,工作认真负责,荣获新长征突击

手的称号,当选为市政协委员。但是,对她的怀疑、讽刺、造谣接踵而来,使这个开始了新生活的青年精神上受到严重摧残,甚至想自杀。

二、兼职多,会议多,社会活动多,生产时间得不到保证。据上海对212位劳动模范统计,有158人兼有各种社会工作,其中兼3职以上的有65人,最多的身兼10职。

由于多种职务和荣誉称号集中在少数先进人物身上,经常参加会议和社会活动,使不少人长期脱离工作岗位,疏远了同群众的联系,影响了先进作用的发挥。

三、劳动时间长,体力消耗大,工作负担过重。先进人物为了弥补因开会、参加社会活动而失去的时间,一般都自动加班加点。有的单位的领导,不顾客观条件,要求先进人物事事带头,盲目压担子,提出一些不切实际的要求。由于工作过累,使一部分先进人物体质下降,不少人带病坚持工作。武汉市江汉区商业系统60名青年先进人物中,每天加班加点的42人,占70%。全国三八红旗手、蚌埠铸锻厂工人杨兰英,近几年平均每年加班170天。上海市黄浦区19位劳模每天工作11小时,其中有4位劳模全年无一天休息。

四、学习与深造难以保证,个人生活方面也存在一些实际问题。先进人物反映,当上“标兵”、“模范”后,入学深造难,业余学习时间也得不到保证。有些单位领导对先进人物的切身利益和实际困难照顾不够,不少人在婚姻、住房、生活等方面,存在一些困难。

报告建议,各地区、各基层单位在上半年对发挥先进作用的情况进行一次认真的检查,切实解决存在的问题,推动学赶先进的活动更加广泛、深入地向前发展。

**对外友协在北京集会庆祝国际友人路易·艾黎来华55周年**

全国人大常委会副委员长廖承志、国务院副总理兼外交部部长黄华会见了路易·艾黎同志。

路易·艾黎生于新西兰,是中国人民的同志、战友。他从1927年来中国以后,一直同情和支持中国人民的革命斗争,为中国的革命事业做了大量工作,赢得了我国人民和世界进步人士的尊敬。毛泽东主席和周恩来总理生前曾多次会见他。

王炳南说,在半个多世纪中,艾黎同志对中国革命和建设的贡献是巨大的、多方面的和长时期的。我们庆祝艾黎同志来华55周年,也就是庆祝半个多世纪来他同中国人民结成的深厚友谊。

王炳南在讲话中介绍了路易·艾黎支持中国人民革命斗争的事迹。他说,在中国国内革命的早期,艾黎就冒着危险,通过各种途径为江西苏区送去医药和电讯器材,掩护和支持我们党的地下工作。抗日战争爆发后,他和斯诺、尼姆·威尔斯等人发起“工合”运动,为支援八路军、新四军,为抗日战争的胜利作出了贡献。他说,新中国成立后,路易·艾黎积极投身于反侵略战争、保卫世界和平的运动,同时开始了他的写作生活,出版了63部著作和译作,介绍了新中国革命和建设的成就。

王炳南赞扬艾黎同志不但有高度的思想觉悟和洞察事物的敏锐眼光,而且还有勇敢、坚韧、喜欢探索真理和勇于实践的品质。他说,艾黎同志不愧是新西兰人民优秀的儿子。王炳南会长最后祝愿艾黎同志健康长寿。

艾黎同志说,多年来我万分有幸能对中国了解得这么多、这么深,并且逐步认识到只要中国人民团结一致,继续前进,几乎什么事情都能做到。

他说,中国的革命正进入新的阶段,它的成功使全世界人民充满希望。10亿人民使这片古老的大地重现繁荣,千百万儿童正在成长,从革命中吸取教训,反对束缚他们手脚的一切羁绊。

艾黎同志说,在中国的55年给我带来了很大幸福,带来了亲眼目睹许多梦想变成现实的欢欣和于片草难生处见繁花吐艳的喜悦。他对中国方面长时间里给予他的支持、同情和工作、生活中的照顾表示感谢。

对外友协向艾黎同志赠送了楚图南副会长书写的题字“松柏长青”。

**文化部在北京举行1981年优秀影片授奖大会**

大会由电影局副局长丁峤主持。邓力群、贺敬之、周巍峙、司徒慧敏、刘锡庚、张景华、吴雪、李英敏、冯牧、袁文殊等有关方面负责人以及首都文艺工作者、观众共2000多人参加授奖大会。

中国电影家协会副主席陈荒煤在讲话中说,1981年电影生产获得了显著成绩。故事片共完成105部。在题材、风格、样式的多样化,主题开掘的深度等方面都较之过去有所突破;反映当代现实生活题材的影片占50%;农村题材、工业题材和少年儿童题材的影片有所增加。其中,《喜盈门》受到城乡广大观众的欢迎,在上映8个月的时间里,观众已达到3亿1565万人次;一批中青年导演成长起来,去年有30多位中青年导演第一次独立拍片。陈荒煤说,新闻纪录片和科教片也出现不少好作品。陈荒煤指出,去年完成的故事片中,好的和比较好的还不够多。有相当部分的影片质量不高,还有的影片存在着政治情绪不健康,思想境界低下,宣扬资产阶级生活方式,情节虚假,粗制滥造等一些现象。

陈荒煤在讲话中强调说,电影生产必须继续坚持四项基本原则，坚决贯彻文艺为人民服务、为社会主义服务的方向和双百方针，进一步使题材、风格、样式多样化，多方面地反映人民群众丰富多彩的生活，不断满足广大人民群众的需要。陈荒煤还强调指出，电影工作者，是从事精神生产的，是人类灵魂的工程师，自己必须要有美好的灵魂。要时刻考虑人民群众的喜好和要求，真正使自己的作品深入10亿人民的心。要积极开展批评和自我批评，特别是要欢迎广大电影观众的批评和督促。陈荒煤希望电影工作者努力学习马列主义、毛泽东思想，积极深入生活，用共产主义思想指导创作。

共28部影片获文化部1981年优秀影片奖。

获奖的故事片有9部：上影厂的《喜盈门》、西影厂的《西安事变》、青年厂的《邻居》、上影厂的《南昌起义》、青年厂的《沙鸥》、八一厂的《路漫漫》、北影厂的《伤逝》、珠影厂的《乡情》、峨影厂的《被爱情遗忘的角落》。

获奖的儿童故事片1部：长影厂的《绿色钱包》。

获奖的戏曲艺术片1部：上影厂的《李慧娘》。

获奖的美术片1部：上海美影厂的《南郭先生》。

新影厂的《先驱者之歌》《莫让年华付水流》，八一厂的《钢铁长城》《飞翔》，新影厂的《自古华山一条路》《麻鸭化宝》6部影片获优秀纪录片奖。

上海科影厂的《蜜蜂王国》《万里长城》，农影厂的《白蚁王国》，长影厂的《长白山珍奇》，上海科影厂的《胆结石的奥秘》，北京科影厂的《蚜茧蜂》《地膜覆盖》，上海科影厂的《幼儿家庭教育》8部影片获优秀科教片奖。

获奖的译制片有上海译制片厂的《远山的呼唤》、长影厂的《妈妈的生日》。

## 4月22日

**五届全国人大常委会第二十三次会议举行**

全国人大常委会委员长叶剑英主持会议。

宪法修改委员会副主任委员彭真受叶剑英主任委员的委托，代表宪法修改委员会在会上作了《关于中华人民共和国宪法修改草案的说明》。

出席会议的全国人大常委会副委员长有：乌兰夫、韦国清、廖承志、阿沛·阿旺晋美、许德珩、萧劲光、史良、习仲勋、杨尚昆、班禅额尔德尼·确吉坚赞。

最高人民法院院长江华，最高人民检察院检察长黄火青，在京的全国政协常务委员，各省、自治区、直辖市人大常委会负责人列席了会议。

**宪法修改委员会副主任委员彭真在五届全国人大常委会二十三次会议上作《关于中华人民共和国宪法修改草案的说明》**

现在，我受叶剑英主任委员的委托，代表宪法修改委员会，作关于宪法修改草案的说明。

新中国成立以来，我国曾经制定过三部宪法，即1954年、1975年、1978年的宪法。其中1954年的宪法比较完善，1975年和1978年的两部宪法限于当时的历史条件，都很不完善。在1978年年底举行的中国共产党十一届三中全会以后，国家形势已经有了很大变化和发展，1978年宪法已经不能适应当前情况的需要，因此这次做了较大的修改，并且在健全人民民主制度方面比1954年宪法有较大的发展。

这个宪法修改草案是宪法修改委员会根据五届全国人大三次会议关于修改宪法和成立宪法修改委员会的决议，经过一年半的工作，广泛征求各地方、各部门、各方面的意见，经过认真地详细地讨论拟定的。草案分《序言》《总纲》《公民的基本权利和义务》《国家机构》《国旗、国徽、首都》5个部分。除序言外，共有条文一百四十条。下面，我就8个主要问题加以说明。

(一)宪法修改草案序言肯定了坚持四项基本原则，就是坚持社会主义，坚持人民民主专政，坚持马列主义、毛泽东思想，坚持中国共产党的领导。这是我国近代历史基本经验的总结，是经过实践检验的真理，它反映了我国历史发展的规律。

20世纪，中国发生了翻天覆地的伟大历史变革，至少有四件大事：

第一件，孙中山先生领导的辛亥革命，废除了封建帝制，创立了中华民国。从此以后，谁要再想做皇帝，就不那么容易了。但是，这次革命的成果被反动势力篡夺了，没有完成推翻帝国主义和封建主义压迫和剥削的历史任务，中国仍然没有摆脱半殖民地、半封建的状态。

第二件，中国人民在以毛泽东主席为领袖的中国共产党领导下，推翻了帝国主义、封建主义、官僚资本主义的统治，建立了中华人民共和国。100多年以来，许多先进的中国人，为了争取国家的独立和富强，曾经提出过各种救国方案，结果都失败了。中国共产党成立以后，在长期的革命斗争中形成了马列主义的普遍原理和中国的具体实际相结合的毛泽东思想，才指引革命取得了胜利。从此，结束了旧中国四分五裂、任人宰割的局面，中国人民掌握了国家的权力，成为国家的主人。

第三件，在中国这样一个大国里，我们用3年时间恢复了遭受长期战争破坏的国民经济，继续完成了民主革命的任务。1956年就顺利地基本完成了生产资料私有制的社会主义改造，消灭了几千年的剥削制度，建立起社会主义制度。

第四件，经济建设取得了重大的成就。仅以机械工业和能源工业为例，1950年，我们不能制造精密机床、大型机床，年产石油20万吨、煤4300万吨。现在，我们能造汽车、飞机和导弹，有了270万台品种较齐全的机床，年产1亿吨石油、6亿吨煤。我国的经济发展水平同发达国家相比，虽然还比较落后，32年中间也有失误和曲折，但是经济发展速度无论与过去比，还是与外国比，都是比较快的。我国已基本形成了独立的、比较完整的而不是依赖外国的，社会主义的而不是资本主义的工业体系和国民经济体系。农业有了较大的发展，基本上解决了10亿人口吃饭穿衣的问题。在工农业生产发展的基础上，人民的物质生活和文化生活有了较大的改善。我们建设社会主义现代化强国已经有了坚实的物质基础。

草案序言明确指出，中国新民主主义革命的胜利和社会主义事业的胜利，都是中国共产党领导中国人民，在马列主义、毛泽东思想的指引下取得的。中国人民今后将继续坚持四项基本原则，把我国建设成为具有现代化工业、现代化农业、现代化国防和现代化科学技术的，高度民主的，高度文明的社会主义国家。

坚持四项基本原则，最重要的是坚持中国共产党的领导和坚持社会主义。历史事实告诉我们，在我国，没有马列主义、毛泽东思想武装起来的中国共产党的领导，不可能取得革命胜利，也不可能坚持社会主义。当然，坚持党的领导，决不是说党不会犯错误。过去，党犯过大大小小的错误，但是每次错误党都自己纠正了。错误被纠正的结果，革命事业都得到新的、更大的发展。建设社会主义这样伟大的、崭新的事业，党和人民是边摸索边前进的，今后在前进道路上还可能犯这样那样的错误。但是，为最大多数人民谋求最大利益的中国共产党，一定能够在实践检验中，同人民一起，总结经验，坚持真理，修正错误，不断改善党的领导，加强党的战斗力，把我们的事业推向前进。

坚持共产党的领导，最根本的、最主要的是靠党的思想政治领导的正确，靠党的路线、方针、政策的正确；是靠党和人民群众的密切联系，党的主张经过反复和群众商量，集中群众的意见，反映最大多数人民的最大利益；是靠广大党员的带头和模范作用。同时，共产党在国家生活中的领导和活动，都是在宪法和法律的范围内进行的。宪法修改草案规定，一切权力属于人民，人民行使国家权力的机关是人民代表大会。党和人民的意见只有经全国人大和它的常委会通过和决定，才能成为法律，成为国家意志。党领导人民制定宪法和法律，党也领导人民遵守宪法和法律。在我国，宪法和法律是党的主张和人民意志的统一。

（二）宪法修改草案总纲第一条规定，我国是“工人阶级领导的、以工农联盟为基础的人民民主专政的社会主义国家”。这是国体，它确定了我们国家的性质和各阶级在国家中的地位。

草案序言指明，人民民主专政即无产阶级专政。我国的人民民主专政是无产阶级专政的一种具体形式。我国有8亿农民，没有巩固的工农联盟，就没有工人阶级领导的广泛的统一战线，就没有巩固的中华人民共和国，就不可能建成社会主义。草案总纲现在的规定，确切地反映了我们的国情和阶级状况，也可以防止对无产阶级专政的歪曲和滥用。

国体是从阶级关系上讲的。我国知识分子的绝大多数已经属于工人阶级的一部分，农民中也有不少知识分子。工农联盟就包括了知识分子。如果把知识分子在阶级关系中单列出来，就等于把知识分子当作一个独立的阶级，并且划在工农之外了。这种提法不符合实际情况和历史发展的必然趋势，势必在人们思想上和实际工作中引起不必要的混乱。

在我国，剥削阶级作为阶级已经消灭，社会主义民主正在不断加强和完善。这是人类历史上为最大多数人享有的最广泛的高度民主。但是，由于国内的因素和国际的影响，阶级斗争在一定范围内还将长期存在。间谍、特务和新老反革命分子，还在进行反革命活动。贪污受贿、走私贩私、投机诈骗、盗窃公共财产等严重犯罪活动，是新的历史条件下阶级斗争的重要表现。我们必须保持清醒头脑，提高警惕，保持国家的专政职能。草案规定，“国家维护社会秩序，镇压叛国的和反革命的活动，制裁危害社会治安、破坏社会主义经济和其他犯罪的活动，惩办和改造刑事犯罪分子”。这是保卫和发扬社会主义民主所必需的。

（三）社会主义制度是我国的根本制度。在我国，全民所有制经济、劳动群众集体所有制经济和劳动者个体经济，各在一定范围内有其优越性，虽然它们的地位和作用不同，但都是不可缺少的。宪法修改草案规定，我国“社会主义经济制度的基础是生产资料的社会主义公有制，即全民所有制和劳动群众集体所有制。它消灭了人剥削人的制度，实行各尽所能，按劳分配的原则”。全民所有制经济“是国民经济中的主导力量”。在农村，集体所有制经济是主要的经济形式，适合现阶段我国农业生产力发展水平，因而是优越的、进步的。在城镇手工业、修理业、服务业等行业中，也都有一部分适于采取集体所有制经济形式。在我国城乡都还存在一些个体经济，它们在相当长的时期内是全民所有制经济和集体所有制经济所不能代替的。草案规定，“在法律规定范围内的城乡劳动者个体经济，是社会主义公有制经济的补充”，“参加农村集体经济组织的劳动者有权在法律规定的范围内经营自留地、自留山、家庭副业和饲养自留畜”。

这里需要提一下，草案规定我国允许外国在中国的合法投资和中外经济合作。我国在自力更生的基础上，按照平等互利的原则，利用外资，引进先进技术，对加速社会主义现代化建设是有利的。

(四)社会主义社会的发展是以高度发达的生产力为物质基础的。生产资料私有制的社会主义改造基本完成以后，工作重点当然要转移到经济建设上来。党的八大就确定了这个方针，但在以后的实践中，没有坚定不移地实现这个转移。党的十一届三中全会重新确定了这一战略方针。宪法修改草案规定，“今后中国人民的根本任务是集中力量进行社会主义现代化建设”，国家通过各种方式“不断提高劳动生产率和经济效益，发展社会生产力”。我国有10亿人民，有丰富的资源，人和物的潜力都很大。全国人民动员起来，发挥社会主义制度的优越性，依靠自己的劳动，艰苦奋斗，人尽其才，地尽其利，物尽其用，那就没有克服不了的困难，社会主义现代化建设一定能够实现。

(五)在建设高度物质文明的同时，建设高度的精神文明，是一项长期的任务。它包括两个方面，一是进行思想道德教育；二是发展教育、科学、文化事业。目的是使全国各族人民，男女老少，都成为有理想、有道德、守纪律和有文化的人。宪法修改草案规定，“国家提倡爱祖国、爱人民、爱劳动、爱科学、爱社会主义的公德，在人民中进行爱国主义、集体主义和国际主义、共产主义的思想道德教育”。并且规定，国营企业和城乡集体经济组织的劳动者要以国家主人翁的态度对待自己的劳动，公民都有义务保守国家秘密，爱护公共财产，遵守劳动纪律，遵守公共秩序，尊重社会公德和优良风俗习惯。“公民有维护祖国的安全、荣誉和利益的义务，不得有危害祖国的安全、荣誉和利益的行为。”

(六)提高全体人民的文化、科学、技术水平，对于建设社会主义的物质文明和精神文明，是不可缺少的条件。我们不但要有一大批具有较高水平的业务知识和专门技术的专家、学者，而且要有广大的有文化的工农群众。列宁说过，在一个文盲的国家内是不能建成共产主义社会的。如果广大工农群众缺乏必要的文化知识，就不可能实现四个现代化，不利于发扬社会主义民主和健全社会主义法制，也不可能有效地克服官僚主义。宪法修改草案规定，国家有计划地发展社会主义的教育、科学、文化事业，举办并鼓励社会力量举办各种学校，扫除文盲，普及初级教育，发展中等教育、职业教育和高等教育。国家培养青年、少年、儿童在德育、智育、体育等方面全面发展。在办好正规学校的同时，“国家发展各种文化教育设施，对工人、农民和其他劳动者进行政治、文化、科学、技术、业务教育”，“国家推行全国通用的普通话”，加强工农教育、业余教育、半工半读教育、电视广播教育和职工在职轮训，通过各种方式提倡和支持工人、农民、其他劳动者和国家工作人员走自学成才之路。现在，我们的大学和中学毕业生日益增多，各企业事业组织、农村社队、社会团体、国家机关都有大量的知识分子，有条件办各种各样的学校，动员一切文化水平较高的人帮助文化水平较低的人学习，组织起来，教学相长，并且实行相应的考核晋升制度。这样，我们不仅可以加速扫除文盲，而且可以在较短的时间内提高全体人民的文化、科学、技术水平。

(七)关于公民的基本权利。人民民主专政的政权和社会主义制度保证我国公民享有比资本主义制度下更广泛的和真实的基本权利。宪法修改草案根据社会主义民主和社会主义法制的原则，对公民的基本权利作了切实的、明确的规定。

草案恢复了1954年宪法关于公民在法律面前一律平等的规定。我国的法律是工人阶级领导全国人民制定的，是广大人民的意志和利益的集中表现。人民服从法律，就是接受工人阶级的领导，服从人民自己的意志。在这样的法律面前一律平等，是我国公民的一项基本权利，也是社会主义法制的一条基本原则。草案规定，“一切国家机关和人民武装力量、各政党和各社会团体、各企业事业组织都必须遵守宪法和法律。任何组织或者个人都不得有超越宪法和法律的特权”。

人民通过民主选举产生的代表行使权力，组织政府，管理国家，并且监督和有权罢免各级政权的组成人员，这是人民最大的、最根本的权利。草案规定，我国年满十八周岁的公民，除依照法律被剥夺政治权利的人以外，都有选举权和被选举权。在剥削制度消灭以后，有选举权和被选举权的人数日益增多，根据1981年全国普选统计，选民占十八周岁以上公民人数的99.9%以上。这样广泛的民主，体现了我国社会主义民主的特点。

我国公民有宗教信仰的自由。这是马列主义、毛泽东思想对待宗教信仰问题的一贯方针。草案恢复和发展了1954年宪法的有关规定，写得更加明确具体。在我国，不论信仰宗教的公民，还是不信仰宗教的公民，在政治上的共同点是爱国、拥护社会主义。有些人信仰这种或者那种宗教，这是客观存在的社会意识形态问题，决不能、也不应该采取强制手段去解决。草案规定，“任何国家机关、社会团体和个人不得强制公民信仰宗教或者不信仰宗教，不得歧视信仰宗教的公民和不信仰宗教的公民”。“国家保护正常的宗教活动”，但是“任何人不得利用宗教进行反革命活动，或者进行破坏社会秩序、损害公民身体健康、妨碍国家教育制度的活动”。同时，中国的宗教应由中国的宗教信徒自传、自治、自养，草案为此规定“宗教不受外国的支配”。

为了切实保护公民的人身权利和人格尊严不受侵犯，草案规定，人身自由不受侵犯，禁止非法拘禁、剥夺或者限制公民的人身自由，非法搜查公民的身体；人格尊严不受侵犯，禁止用任何方法对公民进行侮辱和诽谤；住宅不受侵犯，禁止非法搜查或者侵入。

我国公民有劳动和休息的权利，受教育的权利，在丧失劳动能力的情况下获得物质帮助的权利，享受社会保险、社会救济、公费医疗等福利。为了保证这些权利的实现，草案规定了国家相应的基本政策和根本措施。

草案规定，“公民的权利和义务不可分离。任何公民享有宪法和法律规定的权利，同时有遵守宪法和法律的义务”。世界上从来不存在什么绝对的、不受任何限制的自由和权利。国家保障公民合法的自由和权利，不允许任何组织或者个人侵犯，但也决不允许任何人利用这种自由和权利进行反革命活动和其他破坏社会秩序、生产秩序、工作秩序的犯罪活动。草案规定，我国“公民在行使自由和权利的时候，不得损害国家的、社会的、集体的利益和其他公民的合法的自由和权利”。

（八）宪法修改草案规定，“国家机构实行民主集中制的原则”。这是我们国家的政体。我们的政权是由人民掌握的，是由99.9%以上的人掌握的。人民“通过各种途径和形式，管理国家事务，管理经济和文化事业，管理社会事务”，实行高度民主基础上的高度集中，真正掌握国家的、民族的和自己的命运。草案关于国家机构的一些规定，体现了我国国家体制的重要改革和新的发展。

第一，加强人民代表大会制度，扩大全国人大常委会的职权。

人民代表大会制度是我国的根本政治制度。草案规定，“人民行使国家权力的机关是全国人民代表大会和地方各级人民代表大会”。全国人大是最高国家权力机关，统一行使国家最高权力。由于全国人大代表人数较多，不便经常进行工作、行使职权，曾经设想减少人数。但是，我国国大人多，有50多个民族，2000多个县，各阶级、各阶层、各民族、各地方、各方面、各政党在全国人大中都需要有适当数量的代表，人数少了不行。因此，草案将原来属于全国人大的一部分职权交由它的常委会行使，扩大全国人大常委会的职权和加强它的组织，更好地发挥国家最高权力机关的作用。全国人大常委会委员实际上也可以说是常务代表，是代表各方面的，人数又比较适当，经常开会比较方便。草案规定，全国人大和全国人大常委会“行使国家立法权，制定法律和法令”；增加设立了一些专门委员会，审议和拟订有关议案；全国人大常委会委员长、副委员长、秘书长组成委员长会议，处理全国人大常委会的重要日常工作；常委会委员“不得担任国家行政机关、审判机关和检察机关的职务”，这样实际上多数常委会委员可以是专职的。草案根据几年来行之有效的经验，规定省、自治区、直辖市人大常委会负责人参加全国人大常委会会议，这将加强全国人大常委会同地方和群众的联系，使全国人大常委会的决定更能符合全国范围内的实际情况和需要。

为了发挥地方国家权力机关的作用，草案还规定县级以上的地方人大设立常委会。

第二，草案恢复设立国家主席，对内对外代表国家，向全国人大提名总理人选；根据全国人大和全国人大常委会的决定，公布法律，任免国务院组成人员，批准和废除同外国缔结的条约和重要协定，并且行使宪法规定的其他职权。新中国成立以后的实践证明，设立国家主席对健全国家体制是必要的，比较符合我国各族人民的习惯和愿望。

第三，为了提高国务院的行政工作效率，草案明确规定，国务院实行总理负责制，各部、各委员会实行部长、主任负责制。副总理的人数规定为二至四人，设立国务委员，由总理、副总理、国务委员、秘书长组成国务院常务会议。总理召集和主持国务院常务会议和国务院全体会议。

第四，草案规定，国家设立中央军事委员会，领导全国武装力量。中央军委实行主席负责制，军委主席由全国人大选举和罢免。至于武装力量的建设，还是归国务院管。这就明确了军队在国家体制中的地位，有利于加强武装力量的革命化、现代化、正规化的建设，同时也便于应付当前世界动荡不定的局势。

第五，草案根据发挥中央和地方两个积极性的原则，规定中央和地方适当分权，在中央的统一领导下，加强了地方的职权，肯定了省、自治区、直辖市人大和它的常委会有权制定和颁布地方性法规。我们国家很大，一个省就有几千万以至上亿人，相当一个大、中国家，各地政治、经济、文化发展很不平衡，这样规定，有利于各地因时因地制宜，发挥主动性、积极性，加速整个国家的建设。

第六，加强民族区域自治。我国是各民族共同缔造的统一的多民族国家。各民族之间已形成平等、团结、互助的社会主义民族关系。在少数民族聚居的地方实行区域自治，是我们一贯的政策。草案扩大了民族自治地方的自治权，规定自治区主席、自治州州长、自治县县长由实行区域自治的民族人员担任；在国家计划指导下，自治机关自主地管理地方性的经济建设事业和教育、科学、文化、卫生、体育事业；国家在民族自治地方开发资源、建设企业的时候，应当照顾民族自治地方的利益。草案还规定，国家帮助民族自治地方从当地各民族中大量培养各级干部、各种专业人才和技术工人，从财政、物资、技术等方面帮助各少数民族加速发展经济、文化建设事业。历史事实证明，只有在统一的国家内实行民族区域自治，才能抵御外来的侵略和颠覆活动，保障整个国家和各民族的共同繁荣。这是符合全国各族人民的共同利益的。

第七，加强基层政权。基层政权是人民民主专政政权的基础组织，是国家各项工作的一个重要落脚点。基层政权真正掌握在人民手里，由人民直接选举、监督和罢免，同时接受上级政权的领导或者监督。这样，社会主义高度民主就有了坚实的基础。

为了加强农村基层政权，健全农村集体经济组织，草案按照政社分开的原则，规定设立乡政权，保留人民公社作为集体经济组织。这既有利于改进和加强政权工作，密切政权同群众的联系，也有利于集体经济组织的发展。政社分开，只是把政权那一部分职权分出去，公社、大队、生产队的企业和其他一切财产的所有权，仍然不变。这一点，要向广大农民群众和社队干部讲清楚，以免引起不必要的思想混乱，造成经济、生产上的损失。至于如何实施，各地要从自己的实际情况出发，有领导、有计划、有秩序地进行，不要草率行事和“一刀切”。

居民委员会、村民委员会是我国长期行之有效的重要组织形式。实践证明，搞得好的地方，它在调解民间纠纷、维护社会秩序、办好公共事务和公益事业、搞好卫生等方面都起了很大作用。这次将它列入宪法修改草案，规定它是群众自治性组织。它和基层政权的关系，由法律具体规定。

宪法修改草案关于国家机构的规定，加强和发展了人民代表大会制度。在中央，国家主席、国务院、中央军委主席、最高人民法院和最高人民检察院，都由全国人大产生，各有分工，各司其职，都对全国人大和它的常委会负责，受其监督。这样，国家权力的合理分工和有效行使，将使我们的国家比过去更能经得起风险，更能保障社会主义事业的发展。同时，从中央到基层，各级国家权力机关、行政机关职权的划分更加合理、清楚，有利于实行严格的工作责任制，提高工作效率，克服官僚主义。国家政治体制的改革，正在进行的机构改革和经济体制改革，以及其他领导体制的改革，将使我们整个国家体制更加完备、更加健全，有力地保证社会主义现代化建设的顺利进行。

宪法修改草案已经宪法修改委员会第三次全体会议于4月21日通过，请全国人大常委会公布，交付全国各族人民讨论。宪法修改委员会将根据全民讨论的意见，再做修改，提请第五届全国人民代表大会第五次会议审议。

**《人民日报》发表评论员文章《国营农场要努力提高经营水平》**

国营农场的调整改革已收到效果。去年不少地方严重受灾，国营农场系统盈亏相抵后仍然盈利两亿多元。为了巩固扭亏增盈的成果，为国家提供更多的农副产品，积累更多的建设资金，需要每一个国营农场都扎扎实实地提高经营水平。

各地农场的经营水平很不平衡，去年继续亏损的农场仍有35%，有些原已转为盈利的农场再度亏损。亏损的单位，除了一些条件过差的高寒和边远地区的农场以外，大多数是由于经营单一，经济基础薄弱。黑龙江省国营农场，由前年高盈利转为去年大亏损，主要是由于农田基本建设较差，抗灾能力低，遭受了特大的洪涝灾害；经济收入门路不多，也是重要因素之一。江苏省国营农场去年同样受灾，但场场盈利，就是因为近年发展了70多项多种经营，增加了收益，加强了农田建设，减轻和补偿了受灾损失。造成亏损的另一个原因，是有些国营农场生产成本过高。据对229个亏损农场进行调查，平均每生产价值100元的产品，就要亏损17.6元。其中89个农场，每斤水稻和小麦的生产成本，高达2—3角。因此，改变单一经营，降低生产成本，是当前国营农场提高经营水平的重点。

国营农场经营潜力较大，具有资源丰富、劳动力充裕、机械和动力装备较多的好条件。只要因地因场制宜，实行以一业为主、全面发展的方针，开展多种经营的门路是广阔的。或者搞集约经营，或者进行劳动密集型生产，把种植业、养殖业和加工业都发展起来，就能够多路进财，多方聚财，逐步增强农场的经济实力。这里需要强调的是，既要看到开辟多种经营门路的广度，又要注意到综合利用发展的深度。把种植业、养殖业和加工业联系起来，进行综合经营，就可以取得投资少、收入大的经济效益。河北省芦台农场实行农牧工商综合经营，效益就很显著。现在，国营农场大都实行了财务包干，只要严格按国家计划经济办事，在完成农副产品上调任务和财务包干任务后，可以充分行使自主权，利用多余产品和资财，走农工商综合经营的路子，为稳定地扭亏增盈打下扎实的经济基础。当然，国营农场是全民所有制企业，不能不顾国家计划要求，片面追求市场价格，盲目发展多种经营。同时，兴办多种经营项目要注意原料可靠，品种对路，质量优良，生产确实是社会需要的产品。这样才能立足于不败之地。

据上述229个亏损农场调查分析，国营农场生产成本过高，主要由于非生产人员多，劳动生产率低，财务物资管理混乱，营业外开支大(主要为政策性、社会性开支)等因素造成的。其中营业外开支问题要由国家统筹解决，农场内部则要彻底克服吃“大锅饭”的思想，加强经济核算，严格管理制度，改善经营方法，尽量减少活劳动消耗和物资消耗。从近年许多盈利农场的实践来看，在切实制定生产指标、成本指标、劳动定额和财务物资管理制度的前提下，建立和完善各个岗位的经济责任制，把企业的经营成果和职工的劳动报酬紧密联系起来，责任分明，奖罚有度，是行之有效的好办法。这样，不但可以使职工执行指标和定额心中有数，而且能够调动职工增收节支的积极性。国营农场内部实行各种形式的经济责任制，各个承包单位在生产规划、主要产品处理、主要物资供应、劳力调配、奖赔办法等方面，都要执行农场的统一领导和规定。这有利于发挥统一经营的优越性，发挥机械作业的效能。要合理兼顾国家积累、农场收入和职工个人所得的利益，防止任意压低指标定额，扩大利润分成比例，滥发奖金的现象；更不能实行实物包产包干，违背国营农业统一经营的原则和制度。

最近，中共中央批转的《全国农村工作会议纪要》指出：“农业生产应和其他各部门一样，十分重视经济效益原则，强调发掘内涵性潜力。”国营农场从开展多种经营和降低生产成本入手，认真改善经营管理，目的就是发挥农场内部各种资源的潜力，节约消耗，实现较高的经济效益。这是国营农场整顿企业的中心任务。

**中国和几内亚比绍政府在北京签订文化协定**

几内亚比绍共和国国家元首、革命委员会主席维埃拉和国务院总理赵紫阳出席了签字仪式。

对外文委副主任王仲方和几内亚比绍青年与体育国务秘书科雷亚分别代表本国政府在协定上签字。

与此同时，卫生部部长钱信忠和几内亚比绍卫生和社会事务部长佩雷拉签署了两国政府关于中国派遣医疗队赴几内亚比绍工作的议定书。

**国务院副总理杨静仁在人民大会堂会见阿拉伯也门共和国总统侯贝希**

**外交部部长黄华在北京设宴欢迎巴基斯坦外长雅各布·汗**

黄华重申，不管国际风云如何变幻莫测，在维护民族独立和国家主权，反对外来威胁和干涉的斗争中，中国政府和人民将始终站在巴基斯坦政府和人民一边。

黄华说，中巴友谊是深入人心，有着牢固基础的。在建设各自国家和维护世界和平的事业中，我们总是互相支持，互相帮助。这已成为我们两国关系中的一个特点。两国对重大国际问题的看法是一致的。两国在国际事务中一直紧密配合，进行着卓有成效的合作。

雅各布·汗说，伟大的中国人民在重大的地区性和国际问题上与我们的观点和目标是一致的。因为我们两国的各项政策均建立在普遍受尊重的国家间关系的原则基础上。

**对外友协会长王炳南在北京会见并宴请由奥地利国民议会第二议长明柯维奇率领的奥中友协代表团**

**中英合作生产轻型多用途越野汽车**

北京汽车制造厂和英国珀金斯发动机股份有限公司在中外记者招待会上宣布，两家已达成协议，将长期合作生产四轮驱动式轻型多用途越野汽车。

按照协议规定，新的轻型越野汽车使用北京汽车制造厂制造的车身和底盘，并负责总装配；由珀金斯公司提供发动机、变速箱和附件，并负责向国际市场推销。

**解放军各部队采取切实措施防止污染保护环境和自然资源**

全军各大单位普遍成立了环境保护机构，建立规章制度。师以上单位及军队所属工厂，成立了环境保护领导小组。全军环境保护办公室组织力量深入到近300个工厂、医院、锅炉房、油库和港湾码头进行调查研究，摸清了全军现有各类污染源的基本情况，制定出环境保护长远规划和措施。近两年来，全军全力抓了工厂污染源、医院污水和锅炉烟尘等污染的治理工作。到目前为止，全军企业化工厂污染源已治理了1/7。其中危害严重、工程量大的染整和制革废水治理，已完成了1/3。全军1/4医院修建了污水处理设施。驻北京、上海、天津等大城市的部队取暖、洗澡锅炉大部分采取了消烟除尘措施。此外，油库、港湾码头含油污水和导弹推进剂废液等污染的治理，也已制定了规划并开展了一些技术研究和试点工作。各单位还积极利用太阳能、余热和沼气等，对于消除污染、改善环境起到了良好的作用。

为了进一步推动全军环境保护工作的开展，人民解放军总参谋部、总政治部、总后勤部最近又颁发了《中国人民解放军环境保护暂行条例》，对全军环境保护工作的方针政策、任务职责、基本要求和实施方法，作了明确的规定。

**崔科·顿珠次仁逝世**

全国政协常务委员、西藏自治区人大常委会副主任崔科·顿珠次仁,因患胃癌久治无效,于4月22日在拉萨逝世,终年67岁。

## 4月23日

**中共中央副主席邓小平在北京会见巴基斯坦外交部部长雅各布·汗**

邓小平说,中巴两国的友谊经受了时间的考验。两国在相互信任基础上相互支持,这是很可贵的。两国在国际事务中的合作也是很好的。他表示相信,这种亲密的关系将会长期巩固下去。

雅各布·汗对巴中两国友好关系的发展表示满意。他说,巴基斯坦人民对中国人民怀有十分亲切的感情。

**列席五届全国人大常委会二十三次会议的在京全国政协常务委员就修改宪法问题举行座谈**

座谈会由全国政协副主席刘澜涛主持,全国政协常务委员、宪法修改委员会副秘书长张友渔向委员们介绍了《中华人民共和国宪法修改草案》的修改过程。委员们分组进行了讨论。

**《人民日报》发表社论《把农民的积极性组织到发展生产建设上来——再论总结、完善农业生产责任制》**

党的农村政策极大地激发了农民的劳动积极性,各级领导面临的新任务,就是要把广大群众的积极性进一步引导到生产建设上来。人的积极性是长期起作用的根本因素,它是做好一切工作的基础;要使这种积极性转化成为有效的物质力量,就要正确地把它引向社会生产,即通过一定的生产方式,使它同一定的生产条件相结合,达到发展社会生产的要求。农村建立各种生产责任制以后,群众生产经营的主动性大大提高了,但是,在生产建设的很多环节上,靠一家一户的行动是不够的,甚至是无能为力的,必须做好组织工作,在生产中发挥社会协同的、群体的力量。否则,群众的积极性就会受到限制,甚至受到挫伤。

发挥群众的积极性,首要的是搞好当前的生产。在那些实行联产承包、尤其是分户经营的地方,如何按照计划要求进行种植,需要给以指导;如何解决耕畜、种子、肥料、育苗、排灌等生产条件和技术措施问题,需要给以帮助。应当看到,我国农业的生产水平虽然不高,但已有相当程度的社会化,只有在群众发挥积极性的基础上加强领导,才能取得更大经济效益,符合社会的和劳动者个人的利益。

把群众的积极性组织到发展生产建设上来,还必须根据当前和长远相结合的精神,提出一定时期的发展目标。每个社队都要定出自己的长期建设规划。规划包括的时期可以是三年五年,也可以是十年八年。规划的范围,应当包括农林牧副渔工商的发展指标;包括合理利用各种自然资源,合理调节劳动力,大力发展多种经营的计划;包括发展水利、肥料、良种、机械等技术措施的安排;包括增加收入、扩大公共积累,进行农业基本建设、改善生产条件的步骤;包括计划生育、文教卫生、扶贫优抚、治安保卫等各项建设的设想,等等。一时还不能做得详尽和确切的,可以先有一个粗略的设想,留待日后补充修正,但至少也要有几项可能办到而又切实有效的增产措施。做规划要上下结合进行,基础是社、队。县一级也可以提出几项基本的指导指标。规划要由群众讨论决定,使它真正成为广大群众认为切实可行的共同斗争纲领。

当前各地正进行完善生产责任制的工作。衡量一种生产责任制形式是否适宜和完善,基本的标志是看它是否符合本社本队群众的要求,能否促进生产的发展。如果各个社、队都有了经过充分讨论的发展规划,眼界开阔了,生产门路广了,发展目标明确了,那么,责任制形式如何确定,何者统一经营为宜,何者分户经营为好,怎么统,怎么包,利弊得失如何,可由群众权衡和抉择,完善生产责任制的许多具体问题也容易解决。凡事"预则立",有了预见和准备,才可以减少片面性,避免盲目性,使制度稳定,人心稳定。从这样的意义上说,制定发展规划是完善生产责任制的重要内容和必要前提。

制定发展规划,有利于团结教育农民,激励人们奋发前进。党的十一届三中全会以后,我们适当调整了农村政策,纠正了忽视农民物质利益的偏向,取得了显著的成效。这方面的工作还要继续做好。但是,照顾农民的物质利益,决不意味着提倡农民各奔前程,放弃共同努力的经济目标;决不是只讲一时一己的利益,不顾长远利益和整体利益。必须肯定,农民的社会主义积极性是其本质的方面,选择各种责任制形式的农民,都是既要解决温饱问题又要发展生产的,是有着集体协同发展生产的愿望的,关键在于党的正确领导和艰苦的工作。我们决不可重犯瞎指挥的错误,但是如果不能顺应农民的根本要求,放弃领导,也会脱离群众。社、队有了发展规划,作为奔向农业现代化目标的第一步,可以反映农民的眼前利益和长远利益、个人利益和集体利益的结合。这样的目标,人们看得见,听得进,并且身体力行,计日程功,必会起到动员群众、团结群众、把群众的积极性组织起来的作用。必能唤起人们艰苦奋斗、立志改变农村面貌的革命精神,鼓励人们为共同目标贡献力量和才智。因此,做规划又是经济工作和政治思想工作相结合,教育引导农民前进的一种有效形式。

总之,我们希望广大农村干部、科学技术工作者动员起来,扎扎实实地把农村发展规划做好,把广大农民的积极性引导到发展生产建设的斗争中去。

**中法有限元方法讨论会在北京结束**

讨论会由中国科学院计算中心和法国国家信息与自动化研究所联合召开。中国、法国、美国、西德、日本、意大利的52位科学家参加了讨论会。中外科学家共宣读了44篇论文。

**中阿经济合作贸易混合委员会会议在北京结束**

以经济部商业国务秘书处贸易促进局局长罗伯特·安东尼奥·莫里为团长的阿根廷政府代表团和以对外经济贸易部局长李树德为团长的中国政府代表团出席会议。对外经济贸易部副部长贾石和阿根廷驻华大使埃克托尔·阿尔维托·苏维萨也出席了会议。双方表示愿意促进两国经济贸易关系的进一步发展。

贾石副部长和苏维萨大使签订了1982—1984年阿根廷向中国提供棉花的协议。

**中国科技代表团和澳大利亚科学技术部在堪培拉签署一项讨论纪要**

国家科委副主任童大林和澳大利亚科学技术部秘书长特加尔特分别在纪要上签字。纪要决定双方在畜牧业生产、植物栽培、能源开发和利用、医学科学、有色金属和矿产的开发和利用以及其他许多方面进行具体合作。

**郑达真 刘美玲在北京举行的优秀田径运动员比赛中分别平一项亚洲纪录 打破一项全国纪录**

22岁的女子跳高选手郑达真,成功地越过了1.93米的高度,平了日本运动员福光久代1981年在东京创造的女子跳高亚洲纪录,同时也打破了她本人保持的1.92米的全国纪录。天津选手刘美玲在女子100米栏比赛中,以13秒4的成绩,打破了13秒5的全国纪录。

## 4月24日

**《人民日报》发表社论《保护和发展民族工业》**

我国实行对外开放政策,获得初步成效,对于促进“四化”建设起了作用。这是众所周知的。在执行这个政策的过程中,出现了一些新问题,也无须否认。现在,我们从总结经验、改进工作出发,探讨这样一个问题:一个以计划经济为主的社会主义国家,有没有保护民族工业的问题?如果说,在过去相当长的时期里,这个问题还不显得那样突出;那么,应该承认,随着对外开放、对内搞活经济政策的实施,引进国外先进技术多了,进口国外先进设备多了,保护民族工业的问题,越来越尖锐地提到我们面前来了。

请看:各种外国牌号的运货卡车和载人轿车在奔驰;巧立名目进口的“工具车”、“两用车”成批出现;而我国在50年代建成的第一汽车制造厂连年任务不足,大量设备闲置;70年代建成的第二汽车制造厂生产也不饱满,还有不少汽车制造厂面临减产的威胁。

再请看:外国的石油无缝钢管大量进口,而成都无缝钢管厂任务不足;某些矿山设备、大型制氧机等,国家已经买了国外先进制造技术,已经能够制造技术先进、质量较高的产品,在国内还是打不开销路,有的使用单位还坚持向国外订货,再由国外包给国内制造。

至于进口电视机、收录机、手表在我国市场上行销,损害了国产同类产品的市场,更是有目共睹的。

如此等等,还不足以说明保护和发展民族工业,已经成为我国经济工作中一个十分严重的问题吗?

保护和发展民族工业,这个口号由来已久。早在我国还处于半封建半殖民地社会时,先进的中国人就提出了这个问题。清末改良派领袖康有为在著名的《公车上书》中疾呼:“徒使洋货流行,而禁吾民制造,是自蹙其国也。”旧中国的工业史,就是一部中国人民在帝国主义和买办资产阶级的欺凌压榨下,挣扎图存的辛酸史。

为什么在我国进入社会主义社会30多年之后,保护和发展民族工业又成为一个问题呢?这不是简单的历史重演,而是在我国进入新的历史时期,随之出现的新问题。在这个历史发展的新时期,我们实行对外开放和对内搞活经济的新政策,这是一个很大的转变,是完全正确的,出现一些新的问题,也是不可避免的。新问题只能用新办法解决。这就是说,我们必须实行开放政策,引进外资,引进新技术,进口国内一时还不能制造的新设备;但是所有这一切都是为了发展自己的工业,因而引进的东西必须消化,必须结合我国的实际加以研究和发展,使之国产化。这就是我们必须学会的新本领。新中国成立初期,帝国主义的禁运,确实曾经激励了我国人民把立足点放在国内,自力更生,奋发图强,但即使在那个时候,我们也是力争外援,力求与外国打交道,这是中外人士所共知的。现在条件变了,我们有可能恢复并发展同国际间的交流,不应该关起门来搞现代化,也不可能关起门来实现现代化。对外开放同自力更生一样,是我们的基本政策,也可以说是实现“四化”的必由之路。我们要坚定不移地沿着这条道路走下去。

今天的中国，是社会主义的中国。我国实行的是计划经济，以计划经济为主，市场调节为辅。我们在制订国民经济计划时，在对外签订经济技术合同和进出口贸易协定时，既要引进先进技术，进口必要的先进的关键设备，又要严格限制进口国内能够制造并能满足生产需要的设备。应该引进的必须引进，不这样做就要重犯闭关自守的错误。不该进的坚决不进，否则也会犯依赖外国、食外不化、永远不能独立自主的错误。

我们的同志应该看到，世界各国经济竞争日益激烈。经济发达的美国、日本以及欧洲经济共同体各国，都采取各种措施，保护、扶持、鼓励本国工业的利益和民族工业的发展，发展中国家则把民族工业视为国家的命脉。我们是社会主义国家，更应该有计划地取人所长，补我所短，使我国民族工业茁壮成长。这里最主要的是局部利益和整体利益、眼前利益和长远利益的关系问题。我们承认，引进某些外国先进技术，进口某些外国优质产品，从生产国际化的观点来看，是合理的。但是，从把我国推向工业化的进程看，就必须重视保护和发展民族工业。如果国内能够制造，技术性能基本上已经达到国际水平，价格又便宜，仍要进口外国货，那么，这种进口就会阻碍民族工业的发展，甚至打击民族工业，损害我国人民的整体利益和长远利益，就值得考虑，需要审查，应该限制。要看到，我国民族工业，包括机器制造工业，经过30多年的发展，已经有了相当的基础，这是国内外都承认的。我们有什么理由妄自菲薄呢？那种不加分析地认为中国货一定不如外国货的想法，是没有根据的，也太没有志气。在北京饭店曾经进行过这样一场高压聚乙烯的交易：进口单位是中国企业，出口单位也是中国企业，外商从中买空卖空，坐收渔利。这种因中国人看不起中国货而帮人家赚中国人钱的事，今后再也不应该发生了。

当然，在保护和发展民族工业的同时，对于我国工业许多落后的地方，需要设法改进，急起直追。躺在保护政策上，甘于落后是不行的。中国人民是有志气的。我们相信，在党中央的正确领导下，坚持对外开放政策，增强自力更生的能力，我国民族工业一定会有新的振兴，一定会有大的发展。

**香港一批工商界人士在广州增加投资**

据《人民日报》报道，香港一批工商界人士新近决定在广州加倍投资，将投放合办"中国酒店"的资金由5000万美元增加到1亿美元。

决定扩大投资的人士包括香港新合成发展有限公司董事局主席冯景禧，这个公司的股东李嘉诚、胡应湘、郑裕彤、郭得胜、李兆基。

**中国第一座农业科学会堂在陕西武功杨陵建成**

据《人民日报》报道，武功县距西安不到200华里，解放前这里就有西北农学院，解放后又陆续建立起陕西省农林科学院、西北水土保持研究所、西北植物研究所、西北水利科学研究所、陕西省微生物研究所、陕西林业研究所、西北林学院等农业科研教学单位，共拥有2600多名科教人员，3000多亩实验基地，科技图书100多万册，大型科研教学仪器150多台。

科学会堂的建成，为这个地区交流学术、提高科研水平、发展农业生产提供了有利条件。

**外交部部长黄华在北京同冰岛外交部部长奥·约翰内松举行会谈**

**解放军总参谋长杨得志在人民大会堂设宴欢迎法国三军参谋长让努·拉卡兹上将**

**全国人大常委会副委员长杨尚昆在人民大会堂会见由奥地利国民议会第二议长罗兰德·明柯维奇率领的奥中友协代表团**

**中联部部长乔石在北京会见并宴请马达加斯加最高革命委员会长者蒙贾·乔纳**

**1982年中等专业学校 中等师范学校和技工学校总共将招收新生63万人**

**中国羽毛球协会主席朱仄被选为亚羽联代主席**

## 4月25日

**中共中央主席胡耀邦 副主席邓小平在人民大会堂会见阿尔及利亚民主人民共和国总统沙德利·本·杰迪德**

邓小平说，中阿两国多年来相互合作、相互支持，两国的关系是很好的。两国在为建立国际经济新秩序进行的斗争中也合作得很好。

他说，当前不仅要把南北对话提到议事日程上来，南南合作也是一个非常重要的问题。第三世界国家要发展，就需要不断加强自身合作。第三世界国家各有特点和长处，可以互相借鉴，是有能力进行合作的，合作领域是很广阔的。

邓小平指出，中国很尊重阿尔及利亚在加强第三世界国家的团结合作、在发展不结盟运动中所起的作用。他表示相信，阿尔及利亚今后在反对霸权主义、维护世界和平、建立国际经济新秩序的斗争中将起更大的作用。

胡耀邦说,总统这次来访使我们有机会充分交换意见。“我相信,阿尔及利亚贵宾这次访问将进一步加强中阿两国的合作和友谊。”

沙德利说,加强第三世界国家之间、加强阿中两国之间的磋商是十分重要的。他说,阿尔及利亚是不结盟国家,它在把注意力集中在南南合作的同时,也注意南北对话。加强南南合作对第三世界国家人民有好处。“我们不能让超级大国主宰世界、主宰我们第三世界国家的命运。”

### 《人民日报》发表评论员文章《认真检查一次知识分子工作》

中共安徽省委遵照党中央提出的检查一次知识分子工作的要求,正在认真检查知识分子政策和归侨政策的落实情况。其他省、自治区、直辖市也在陆续开展这项工作。

知识分子问题是党和国家十分关心的问题。我国社会主义物质文明和精神文明的建设,离开知识分子是不能成功的。这几年,党在知识分子问题上做了一系列拨乱反正的工作,从理论上和政策上阐明、肯定了我国广大知识分子和工人、农民一样,是劳动人民的一部分,是党的一支重要的依靠力量。同时,下大力量平反知识分子中的冤、假、错案,调整一批用非所学、用非所长的专门人才,评定技术职称,并为改善知识分子的工作和生活条件作了许多努力。但是,应当指出,落实知识分子政策的工作在各地区、各部门是很不平衡的,少数地区和部门至今收效甚微,有的人对此甚至抱有抵触情绪。由于极左的错误思想没有肃清,有些地区和单位的领导干部对知识分子在新时期的地位和作用认识不足,对知识分子艰苦复杂的脑力劳动的特点认识不清,仍然存在着许多偏见。因此,认真检查一次知识分子工作,是完全必要的。

检查知识分子工作,是为了深入了解情况,切实解决问题。要通过这次检查,进一步落实党的知识分子政策和归侨政策,进一步消除党内和社会上对他们的偏见,真正做到政治上一视同仁,工作上放手使用,生活上关心照顾。这次检查除了继续注意解决老一辈高级知识分子工作中存在的问题以外,要特别着重检查和解决中青年知识分子工作中存在的问题。我国知识分子队伍中,中青年是绝大多数。科研、教学、文化宣传、卫生、工交、农林等各行各业的业务骨干,大多数是中年知识分子。他们在各种岗位上担负着承前启后、继往开来的历史责任。他们的工作、学习和生活条件一般都较差,存在问题比较多。如果不以战略眼光看待这些同志中存在的上述问题,并逐步加以解决,我们就可能犯历史性的错误。这次检查,要贯彻边检查边解决问题的精神。凡本单位、本系统、本地区经过努力能够解决的,要尽快解决,反对熟视无睹、拖延不决的官僚主义态度。本单位、本地区一时难以解决的,也要提出解决问题的办法、措施和建议,向上级报告,同时向群众做好解释工作。

我国广大知识分子是热爱祖国、热爱党、热爱社会主义的,他们对国家的困难是能够体谅的。为了国家和民族的兴旺,我们应该认真做好这次检查工作,切实研究和制定改进措施,力争在短期内作出成绩。要通过这次检查,树立起这样一个观念:是否调动了广大知识分子的积极性,充分发挥了他们的聪明才智,这是衡量一个地区、一个单位领导工作优劣的一个重要标志。

### 中国对外合作开采海洋石油资源第一轮招标报名工作全部结束

中国海洋石油总公司发布消息:我国对外合作开采海洋石油资源的第一轮招标报名工作已全部结束。有资格参加投标的46家外国石油公司中,有40家报名申请投标。

中国海洋石油总公司在今年2月16日和3月16日分别发出第一轮对外合作开采海洋石油资源的第一批和第二批招标通知书。这两批招标的海域是:南黄海北部、南海珠江口盆地、南黄海南部、北部湾盆地南部、莺歌海盆地西部共7个地球物理勘探协议区的43个区块,总面积为15万平方公里。

### 中国队在突尼斯城体操赛中获得11项冠军

中国上海队在比赛中获得男子团体总分第一名。在男子比赛中,赵建国获得个人全能(57.05分)、自由体操、鞍马、吊环(并列)和单杠五枚金牌。张寅获吊环(并列)和双杠两枚金牌。

中国女运动员刘红获得个人全能(37.45分)、跳马和高低杠3项第一名。

## 4月26日

### 五届全国人大常委会二十三次会议举行全体会议

会议通过了关于公布《中华人民共和国宪法修改草案》的决议,决定公布《中华人民共和国宪法修改草案》,交付全国各族人民讨论。

在前两天的分组讨论中,委员们一致同意宪法修改委员会关于公布《中华人民共和国宪法修改草案》交付全国各族人民讨论的建议,并对宪法修改草案提出了一些修改意见,这些意见将转交宪法修改委员会,在全民讨论之后进行修改时一并研究。

乌兰夫副委员长主持了会议，彭真、韦国清、廖承志、阿沛·阿旺晋美、许德珩、萧劲光、史良、习仲勋、杨尚昆、班禅额尔德尼·确吉坚赞副委员长出席了会议。

最高人民法院院长江华、最高人民检察院检察长黄火青和各省、自治区、直辖市人大常委会负责人，列席了会议。

**全国人大常委会关于公布《中华人民共和国宪法修改草案》的决议**

（1982年4月26日第五届全国人民代表大会常务委员会第二十三次会议通过）

（一）第五届全国人民代表大会常务委员会第二十三次会议同意中华人民共和国宪法修改委员会的建议，决定公布《中华人民共和国宪法修改草案》，交付全国各族人民讨论。

（二）全国各级国家机关、军队、政党组织、人民团体以及学校、企业事业组织和街道、农村社队等基层单位，在1982年5月至1982年8月期间，安排必要时间，组织讨论《中华人民共和国宪法修改草案》，提出修改意见，并逐级上报。

（三）全国各族人民在讨论《中华人民共和国宪法修改草案》中提出的修改意见，由各省、自治区、直辖市人民代表大会常务委员会以及人民解放军总政治部、中央国家机关各部门、各政党组织、各人民团体分别于1982年8月底以前报送宪法修改委员会，由宪法修改委员会根据所提意见对《中华人民共和国宪法修改草案》做进一步修改后，提请第五届全国人民代表大会第五次会议审议。

**中华人民共和国宪法修改草案**

**序言**

中国是世界上历史最悠久的国家之一。中国各族人民共同创造了光辉灿烂的民族文化，具有光荣的革命传统。

一八四〇年以后，封建的中国逐渐变成半殖民地、半封建的国家。中国人民为国家独立、民族解放和民主自由进行了前仆后继的英勇奋斗。

二十世纪，中国发生了翻天覆地的伟大历史变革。

一九一一年孙中山先生领导的辛亥革命，废除了封建帝制，创立了中华民国。但是革命成果被反动势力篡夺。中国仍然没有摆脱半殖民地、半封建的状态。

一九四九年，以毛泽东主席为领袖的中国共产党领导中国人民，经历了长期艰难曲折的武装斗争和其他形式的斗争，推翻了帝国主义、封建主义和官僚资本主义的统治，取得了新民主主义革命的伟大胜利，建立了中华人民共和国。从此，中国人民掌握了国家的权力，成为国家的主人。

中华人民共和国成立以后，我国社会逐步实现了由新民主主义到社会主义的过渡。人剥削人的制度已经消灭，社会主义制度已经确立。工人阶级领导的、以工农联盟为基础的人民民主专政即无产阶级专政得到巩固和发展。中国人民解放军和全国人民一道，战胜了帝国主义、霸权主义的武装挑衅和颠覆阴谋，维护了国家的独立和安全。经济建设取得了重大的成就，独立的、比较完整的社会主义工业体系和国民经济体系已经基本形成。广大人民的生活有了较大的改善。教育、科学、文化等事业有了很大的发展，社会主义思想教育取得了显著的成绩。

中国新民主主义革命的胜利和社会主义事业的胜利，都是中国共产党领导中国人民，在马克思列宁主义的普遍原理和中国的具体实际相结合的毛泽东思想的指引下，坚持真理，修正错误，战胜许多艰难险阻而取得的。今后中国人民的根本任务是集中力量进行社会主义现代化建设。中国人民将继续在中国共产党领导下，在马克思列宁主义、毛泽东思想指引下，坚持人民民主专政，坚持社会主义道路，不断完善社会主义的各项制度，发扬社会主义民主，健全社会主义法制，自力更生，艰苦奋斗，逐步把我国建设成为具有现代化工业、现代化农业、现代化国防和现代化科学技术的，高度民主的，高度文明的社会主义国家。

在我国，剥削阶级作为阶级消灭以后，阶级斗争还将在一定范围内长期存在。中国人民对敌视和破坏我国社会主义制度的国内外的敌对势力和敌对分子，必须进行斗争。

台湾是中华人民共和国的神圣领土的一部分。完成统一祖国的大业是包括台湾同胞在内的全中国人民的神圣职责。

在长期的革命和建设的进程中，已经结成由中国共产党领导的，有各民主党派和各人民团体参加的，包括全体社会主义劳动者、拥护社会主义的爱国者和拥护祖国统一的爱国者的广泛的统一战线，这个统一战线将继续巩固和扩大。中国人民政治协商会议是统一战线的重要组织，过去发挥了重要的历史作用，今后在国家的政治生活、社会生活和对外友好活动中，在进行社会主义现代化建设、维护国家团结和统一的斗争中，将进一步发挥它的重要作用。

中华人民共和国是全国各民族共同缔造的统一的多民族国家。平等、团结、互助的社会主义民族关系已经确立，并将继续加强。国家根据各少数民族的特点和需要，坚持不懈地帮助各少数民族地区加速经济和文化的发展，以促进全国各民族的共同繁荣。

中国革命和建设的成就是同世界人民的支持分不

开的。中国的前途是同世界的光明前途紧密地联系在一起的。中国坚持互相尊重主权和领土完整、互不侵犯、互不干涉内政、平等互利、和平共处的五项原则,发展同各国的外交关系和经济、文化的交流;坚持反对帝国主义、霸权主义、殖民主义,加强同世界各国人民的团结,支持被压迫民族和发展中国家维护民族独立、发展民族经济的正义斗争,为维护世界和平与促进人类进步事业而努力。

本宪法记载了中国人民奋斗的成果,规定了国家的根本制度和根本任务,是国家的根本法,具有最高的法律效力。全国各族人民、一切国家机关和人民武装力量、各政党和各社会团体、各企业事业组织,都必须以宪法为根本的活动准则,并负有维护宪法的尊严、保证宪法的实施的职责。

**第一章　总　纲**

第一条　中华人民共和国是工人阶级领导的、以工农联盟为基础的人民民主专政的社会主义国家。

社会主义制度是中华人民共和国的根本制度。禁止任何人以任何形式破坏社会主义制度。

第二条　中华人民共和国的一切权力属于人民。

人民行使国家权力的机关是全国人民代表大会和地方各级人民代表大会。

人民有权依照法律的规定,通过各种途径和形式,管理国家事务,管理经济和文化事业,管理社会事务。

第三条　中华人民共和国的国家机构实行民主集中制的原则。

全国人民代表大会和地方各级人民代表大会都由民主选举产生,对人民负责,受人民监督。

国家行政机关、审判机关、检察机关都由国家权力机关产生,对它负责,受它监督。

中央和地方的国家机构职权的划分,遵循在中央的统一领导下,充分发挥地方的主动性、积极性的原则。

第四条　中华人民共和国各民族一律平等。国家保障各少数民族的合法的权利和利益,维护和发展各民族的平等、团结、互助关系。禁止对任何民族的歧视和压迫,禁止破坏民族团结的行为,反对大民族主义和地方民族主义。

各少数民族聚居的地方实行区域自治,设立自治机关,行使自治权。各民族自治地方都是中华人民共和国不可分离的部分。

各民族都有使用和发展自己的语言文字的自由,都有保持或者改革自己的风俗习惯的自由。

第五条　国家维护社会主义法制的统一和尊严。

一切法律、法令和法规都不得与宪法相抵触。

一切国家机关和人民武装力量、各政党和各社会团体、各企业事业组织都必须遵守宪法和法律。任何组织或者个人都不得有超越宪法和法律的特权。

第六条　中华人民共和国的社会主义经济制度的基础是生产资料的社会主义公有制,即全民所有制和劳动群众集体所有制。它消灭了人剥削人的制度,实行各尽所能,按劳分配的原则。

第七条　国营经济是社会主义全民所有制经济,是国民经济中的主导力量。国家保障国营经济的巩固和发展。

第八条　矿藏、水流、森林、山地、草原、荒地、滩涂和其他海陆自然资源,都属于国家所有,即全民所有。由法律规定属于集体所有的森林和山地、草原、荒地、滩涂除外。

第九条　农村人民公社、农业生产合作社和其他各种形式的合作社经济,是社会主义劳动群众集体所有制经济。参加农村集体经济组织的劳动者有权在法律规定的范围内经营自留地、自留山、家庭副业和饲养自留畜。

城镇中的手工业、工业、建筑业、运输业、商业、服务业等行业的各种形式的合作社经济,也是社会主义劳动群众集体所有制经济。

国家保护城乡集体经济组织的合法的权利和利益,鼓励、指导和帮助集体经济的发展。

第十条　城市的土地属于国家所有。

农村、镇和城市郊区的土地,除由法律规定属于国家所有的以外,属于集体所有;宅基地和自留地、自留山,也属于集体所有。

国家为了公共利益的需要,可以依照法律的规定对土地实行征用。

任何组织或者个人不得侵占或者买卖、租赁土地。

第十一条　在法律规定范围内的城乡劳动者个体经济,是社会主义公有制经济的补充。国家保护个体经济的合法的权利和利益。

国家通过行政管理,并通过国营经济和集体经济对个体经济的经济联系,指导、帮助和监督个体经济。

第十二条　中华人民共和国允许外国的企业和其他经济组织或者个人依照中华人民共和国法律的规定在中国投资,同中国的企业或者其他经济组织进行各种形式的经济合作。

在中国境内的外国企业和其他外国经济组织以及中外合资经营企业,都必须遵守中华人民共和国的法律。它们的合法的权利和利益受中华人民共和国法律的保护。

第十三条　社会主义的公共财产神圣不可侵犯。

国家保护社会主义的公共财产,保障土地、林木、水和其他自然资源的合理利用,保护珍贵的动物和植物。

禁止任何组织或者个人利用任何手段侵占或者破坏国家的和集体的财产，侵占或者破坏矿藏、水流、森林、草原和其他海陆自然资源。

第十四条 国家保护公民的合法的收入、储蓄、房屋和其他合法财产的所有权。

第十五条 国家依照法律的规定保护公民的私有财产的继承权。

第十六条 国家通过提高劳动者的思想觉悟和文化、科学、技术水平，完善经济管理体制和企业经营管理制度，实行各种形式的社会主义责任制，厉行节约，反对浪费，以不断提高劳动生产率和经济效益，发展社会生产力。

国家合理安排积累和消费，兼顾国家、集体和个人的利益，在发展生产的基础上，逐步改善人民的物质生活和文化生活，增强国防力量。

第十七条 国家在社会主义公有制基础上实行计划经济。国家通过经济计划的综合平衡和市场调节的辅助作用，保证国民经济按比例地协调发展。

禁止任何组织或者个人利用任何手段扰乱社会经济秩序，破坏国家的经济计划。

第十八条 国营企业在服从国家的统一领导和全面完成国家计划的前提下，在法律规定的范围内，有经营管理的自主权。

国营企业职工依照法律规定，通过职工代表大会和其他形式，参加企业管理。

第十九条 集体经济组织在接受国家计划的指导，遵守有关法律的前提下，有独立进行经济活动的自主权。

集体经济组织依照法律规定实行民主管理，由它的全体劳动者选举和罢免管理人员，决定经营管理的重大问题。

第二十条 国家有计划地发展社会主义的教育事业、科学事业、卫生体育事业、文艺事业、出版发行事业、新闻广播电视事业、图书馆博物馆文化馆事业和其他文化事业。

国家举办并鼓励社会力量举办各种学校，扫除文盲，普及初级教育，发展中等教育、职业教育和高等教育。

国家发展各种文化教育设施，对工人、农民和其他劳动者进行政治、文化、科学、技术、业务教育。

国家推行全国通用的普通话，以利于文化教育事业的发展。

第二十一条 国家有计划地培养为社会主义服务的知识分子，扩大知识分子的队伍，充分发挥知识分子在社会主义现代化建设中的作用。

第二十二条 国家提倡爱祖国、爱人民、爱劳动、爱科学、爱社会主义的公德，在人民中进行爱国主义、集体主义和国际主义、共产主义的思想道德教育，反对资本主义思想、封建残余思想和其他腐朽思想的影响。

第二十三条 国家提倡和推行计划生育，使人口同经济和社会发展的各项计划相适应。

第二十四条 国家保护生活环境和生态平衡，组织和鼓励植树造林，防治污染和其他公害。

第二十五条 国家保护名胜古迹、珍贵文物和其他重要历史文化遗产。

第二十六条 一切国家机关必须严格实行工作责任制，不断改进工作，提高工作效率，反对官僚主义。

一切国家机关和国家工作人员必须依靠人民的支持，经常保持同人民的密切联系，倾听人民的意见和建议，接受人民的监督，努力为人民服务。

第二十七条 国家维护社会秩序，镇压叛国的和反革命的活动，制裁危害社会治安、破坏社会主义经济和其他犯罪的活动，惩办和改造刑事犯罪分子。

第二十八条 中华人民共和国的武装力量属于人民。它的任务是巩固国防，抵抗侵略，保卫祖国，保卫人民的和平劳动，参加国家建设事业，随时随地为人民的利益服务。

国家加强武装力量的革命化、现代化、正规化的建设。

第二十九条 中华人民共和国的行政区域划分如下：

(一)全国分为省、自治区、直辖市；

(二)省、自治区分为自治州、县、自治县、市；

(三)县、自治县分为乡、民族乡、镇。

直辖市和较大的市分为区、县。自治州分为县、自治县、市。

自治区、自治州、自治县都是民族自治地方。

第三十条 国家在必要时得设立特别行政区。在特别行政区内实行的制度按照具体情况由法律规定。

第三十一条 中华人民共和国对于因为争取人类进步、维护和平事业、进行科学工作而受到迫害的外国人，给以居留的权利。

**第二章 公民的基本权利和义务**

第三十二条 中华人民共和国公民在法律面前一律平等。

公民的权利和义务不可分离。任何公民享有宪法和法律规定的权利，同时有遵守宪法和法律的义务。

第三十三条 中华人民共和国年满十八周岁的公民，不分民族、种族、性别、职业、家庭成分、宗教信仰、教育程度、财产状况、居住期限，都有选举权和被选举权。但是依照法律被剥夺政治权利的人除外。

第三十四条 中华人民共和国公民有言论、出版、集会、结社、游行、示威的自由。

第三十五条 中华人民共和国公民有宗教信仰的自由。

任何国家机关、社会团体和个人不得强制公民信仰宗教或者不信仰宗教,不得歧视信仰宗教的公民和不信仰宗教的公民。

国家保护正常的宗教活动。任何人不得利用宗教进行反革命活动,或者进行破坏社会秩序、损害公民身体健康、妨碍国家教育制度的活动。

宗教不受外国的支配。

第三十六条 中华人民共和国公民的人身自由不受侵犯。

任何公民、非经人民检察院批准或者人民法院决定,并由公安机关执行,不受逮捕。

禁止非法拘禁或者以其他方法非法剥夺或者限制公民的人身自由,禁止非法搜查公民的身体。

第三十七条 中华人民共和国公民的人格尊严不受侵犯。禁止用任何方法对公民进行侮辱和诽谤。

第三十八条 中华人民共和国公民的住宅不受侵犯。禁止非法搜查或者非法侵入公民的住宅。

第三十九条 中华人民共和国公民的通信自由和秘密受法律的保护。除因国家安全或者追查刑事犯罪的需要,由公安机关或者检察机关依照法律规定的程序对通信进行检查外,任何组织或者个人不得以任何理由妨碍公民的通信自由和秘密。

第四十条 中华人民共和国公民对于任何国家机关和国家工作人员,有提出批评和建议的权利;对于任何国家机关和国家工作人员的违法失职行为,有向有关国家机关提出申诉、控告或者检举的权利。但是任何人不得捏造或者歪曲事实蓄意进行诬告陷害。

对于公民的申诉、控告或者检举,有关国家机关必须查清事实,负责处理。任何人不得压制和打击报复。

由于国家机关和国家工作人员侵犯公民权利而受到损失的人,有依照法律规定取得赔偿的权利。

第四十一条 中华人民共和国公民有劳动的权利和义务。

国家通过各种途径,创造劳动就业条件,并在发展生产的基础上,逐步改善劳动条件,加强劳动保护,提高劳动报酬。

劳动是一切有劳动能力的公民的光荣职责。国营企业和城乡集体经济组织的劳动者,要以国家主人翁的态度对待自己的劳动。国家提倡社会主义劳动竞赛,奖励劳动模范和先进工作者,保护和奖励发明。国家提倡公民从事义务劳动。

国家对就业前的公民进行必要的劳动就业训练。

第四十二条 中华人民共和国劳动者有休息的权利。

国家发展劳动者休息和休养的设施,规定职工的工作时间和休假制度。

第四十三条 中华人民共和国公民在年老、疾病或者丧失劳动能力的情况下,有从国家和社会获得物质帮助的权利。国家发展为公民享受这些权利所需要的社会保险、社会救济和医疗卫生事业。

国家实行职工的退休制度。

国家保障残废军人的生活,抚恤烈士家属,优待军人家属。

国家帮助安排盲、聋、哑等残废人的生活,对他们进行专门的教育。

第四十四条 中华人民共和国公民有受教育的权利和义务。

国家培养青年、少年、儿童在德育、智育、体育等方面全面发展。

第四十五条 中华人民共和国公民有进行科学研究、文学艺术创作和其他文化活动的自由。国家对于从事教育、科学、技术、文学、艺术和其他文化事业的公民的有利于人民利益和人类进步事业的创造性工作,给以鼓励和帮助。

第四十六条 中华人民共和国妇女在政治的、经济的、文化的、社会的和家庭的生活等各方面享有同男子平等的权利。男女同工同酬。

婚姻、家庭、母亲和儿童受国家的保护。子女有赡养父母的义务。禁止破坏婚姻自由,禁止虐待老人、妇女和儿童。

第四十七条 中华人民共和国保护华侨的正当的权利和利益,保护归侨和侨眷的合法的权利和利益。

第四十八条 中华人民共和国公民在行使自由和权利的时候,不得损害国家的、社会的、集体的利益和其他公民的合法的自由和权利。

第四十九条 中华人民共和国公民有维护国家统一和全国各民族团结的义务。

第五十条 中华人民共和国公民必须保守国家秘密,爱护公共财产,遵守劳动纪律,遵守公共秩序,尊重社会公德和优良风俗习惯。

第五十一条 中华人民共和国公民有维护祖国的安全、荣誉和利益的义务,不得有危害祖国的安全、荣誉和利益的行为。

第五十二条 保卫祖国、抵抗侵略是中华人民共和国每一个公民的神圣职责。

依照法律服兵役和参加民兵组织是中华人民共和国公民的光荣义务。

第五十三条 中华人民共和国公民有依照法律纳税的义务。

## 第三章 国家机构

### 第一节 全国人民代表大会

第五十四条 中华人民共和国全国人民代表大会是最高国家权力机关。它的常设机关是全国人民代表大会常务委员会。

第五十五条 全国人民代表大会和全国人民代表大会常务委员会行使国家立法权,制定法律和法令。

全国人民代表大会和全国人民代表大会常务委员会通过的除了法律以外的决定、决议统称法令,法令具有同法律同等的约束力。

第五十六条 全国人民代表大会由省、自治区、直辖市和军队选出的代表组成。各少数民族都应当有适当名额的代表。

全国人民代表大会代表的选举由全国人民代表大会常务委员会主持。

全国人民代表大会代表名额和代表产生办法由选举法规定。

第五十七条 全国人民代表大会每届任期五年。

全国人民代表大会任期届满的两个月以前,全国人民代表大会常务委员会必须完成下届全国人民代表大会代表的选举。如果遇到不能进行选举的非常情况,由全国人民代表大会常务委员会以全体委员的三分之二以上的多数通过,全国人民代表大会延长任期到下届全国人民代表大会举行第一次会议为止。

第五十八条 全国人民代表大会会议每年举行一次,由全国人民代表大会常务委员会召集。如果全国人民代表大会常务委员会认为必要,或者有五分之一以上的代表提议,可以临时召集全国人民代表大会会议。

第五十九条 全国人民代表大会举行会议的时候,选举主席团主持会议。

第六十条 全国人民代表大会行使下列职权:

(一)修改宪法;

(二)制定和修改刑事、民事、国家机构的和其他的基本法律;

(三)选举中华人民共和国主席、副主席;

(四)根据中华人民共和国主席的提名,决定国务院总理的人选;根据国务院总理的提名,决定国务院副总理、国务委员、各部部长、各委员会主任、审计长、国务院秘书长的人选;

(五)选举中央军事委员会主席;根据中央军事委员会主席的提名,决定中央军事委员会其他组成人员的人选;

(六)选举最高人民法院院长;

(七)选举最高人民检察院检察长;

(八)审查和批准国民经济和社会发展计划和计划执行情况的报告;

(九)审查和批准国家的预算和预算执行情况的报告;

(十)批准省、自治区和直辖市的建置;

(十一)决定特别行政区的设立及其制度;

(十二)决定战争和和平的问题;

(十三)应当由最高国家权力机关行使的其他职权。

第六十一条 全国人民代表大会有权罢免下列人员:

(一)中华人民共和国主席、副主席;

(二)国务院总理、副总理、国务委员、各部部长、各委员会主任、审计长、国务院秘书长;

(三)中央军事委员会主席和中央军事委员会其他组成人员;

(四)最高人民法院院长;

(五)最高人民检察院检察长。

第六十二条 宪法的修改,由全国人民代表大会常务委员会或者五分之一以上的全国人民代表大会代表提议,并由全国人民代表大会以全体代表的三分之二以上的多数通过。

法律、法令和其他议案由全国人民代表大会以全体代表的过半数通过。

第六十三条 全国人民代表大会常务委员会由下列人员组成:

委员长,

副委员长若干人,

秘书长,

委员若干人。

全国人民代表大会常务委员会组成人员中,应当有适当名额的少数民族代表。

全国人民代表大会选举并且有权罢免全国人民代表大会常务委员会的组成人员。

全国人民代表大会常务委员会的组成人员不得担任国家行政机关、审判机关和检察机关的职务。

第六十四条 全国人民代表大会常务委员会每届任期同全国人民代表大会每届任期相同,它行使职权到下届全国人民代表大会选出新的常务委员会为止。

委员长、副委员长连选得连任,但是连续任职不得超过两届。

第六十五条 全国人民代表大会常务委员会行使下列职权:

(一)解释宪法,监督宪法的实施;

(二)制定和修改除应由全国人民代表大会制定的

法律以外的其他法律；

（三）在全国人民代表大会闭会期间，对全国人民代表大会制定的基本法律，进行部分的修改和补充；

（四）解释法律和法令；

（五）在全国人民代表大会闭会期间，审查和批准国民经济和社会发展计划、国家预算在执行过程中所必须的部分调整方案；

（六）监督国务院、中央军事委员会、最高人民法院和最高人民检察院的工作；

（七）撤销国务院制定的同宪法、法律和法令相抵触的行政法规、决议和命令；

（八）撤销省、自治区、直辖市国家权力机关制定的同宪法、法律、法令、行政法规相抵触的地方性法规和决议；

（九）在全国人民代表大会闭会期间，根据国务院总理的提名，决定各部部长、各委员会主任、审计长、国务院秘书长的任免；

（十）在全国人民代表大会闭会期间，根据中央军事委员会主席的提名，决定中央军事委员会主席以外的其他组成人员的任免；

（十一）根据最高人民法院院长的提请，任免最高人民法院副院长、审判员和审判委员会委员；

（十二）根据最高人民检察院检察长的提请，任免最高人民检察院副检察长、检察员和检察委员会委员，并批准省、自治区、直辖市的人民检察院检察长的任免；

（十三）根据审计长的提请，任免副审计长和审计员，并批准省、自治区、直辖市的审计长的任免；

（十四）决定驻外全权代表的任免；

（十五）决定同外国缔结的条约和重要协定的批准和废除；

（十六）规定军人和外交人员的衔级制度和其他专门衔级制度；

（十七）规定和决定授予国家的勋章和荣誉称号；

（十八）决定特赦；

（十九）在全国人民代表大会闭会期间，如果遇到国家遭受武装侵略或者必须履行国际间共同防止侵略的条约的情况，决定战争状态的宣布；

（二十）决定全国总动员或者局部动员；

（二十一）决定全国或者个别省、自治区、直辖市的戒严；

（二十二）全国人民代表大会授予的其他职权。

第六十六条　全国人民代表大会常务委员会委员长主持全国人民代表大会常务委员会的工作，召集全国人民代表大会常务委员会会议。副委员长、秘书长协助委员长工作。

委员长、副委员长、秘书长组成委员长会议，处理全国人民代表大会常务委员会的重要日常工作。

第六十七条　全国人民代表大会常务委员会举行会议的时候，各省、自治区、直辖市人民代表大会常务委员会主任或者副主任一人参加。

第六十八条　全国人民代表大会常务委员会对全国人民代表大会负责并报告工作。

第六十九条　全国人民代表大会设立民族委员会、法律委员会、财政经济委员会、教育科学委员会、外事委员会和其他需要设立的专门委员会。在全国人民代表大会闭会期间，各专门委员会受全国人民代表大会常务委员会的领导。

各专门委员会在全国人民代表大会和全国人民代表大会常务委员会领导下审议和拟订有关议案。

第七十条　全国人民代表大会和全国人民代表大会常务委员会认为必要的时候，可以组织关于特定问题的调查委员会，并且根据调查委员会的报告，作出相应的决议。

调查委员会进行调查的时候，一切有关的国家机关、社会团体和公民都有义务向它提供必要的材料。

第七十一条　全国人民代表大会代表和全国人民代表大会常务委员会委员，有权依照法律规定的程序提出属于全国人民代表大会和全国人民代表大会常务委员会职权范围内的立法性议案。

第七十二条　全国人民代表大会代表在全国人民代表大会开会期间，全国人民代表大会常务委员会委员在常务委员会开会期间，有权依照法律规定的程序，向国务院、最高人民法院、最高人民检察院和国务院各部、各委员会提出质询案。受质询的机关必须负责答复。

第七十三条　全国人民代表大会代表，非经全国人民代表大会会议主席团许可，在全国人民代表大会闭会期间非经全国人民代表大会常务委员会许可，不受逮捕或者刑事审判。

第七十四条　全国人民代表大会代表在全国人民代表大会各种会议上的发言和表决，不受法律追究。

第七十五条　全国人民代表大会代表同原选举单位和人民保持密切联系，听取和反映人民的意见和要求，并且在自己参加的生产、工作和社会活动中，协助宪法和法律的实施。

第七十六条　全国人民代表大会代表受原选举单位的监督。原选举单位有权依照法律规定的程序随时撤换本单位选出的代表。

第七十七条　全国人民代表大会和全国人民代表大会常务委员会的组织和工作程序由法律规定。

第二节　中华人民共和国主席

第七十八条　中华人民共和国主席对内对外代表

国家。

中华人民共和国副主席协助主席工作。

第七十九条 有选举权和被选举权的年满四十五周岁的中华人民共和国公民可以被选为中华人民共和国主席、副主席。

中华人民共和国主席、副主席每届任期五年,连选得连任,但是连续任职不得超过两届。

第八十条 中华人民共和国主席根据全国人民代表大会的决定和全国人民代表大会常务委员会的决定,公布法律,任免国务院总理、副总理、国务委员、各部部长、各委员会主任、审计长、国务院秘书长,授予国家的勋章和荣誉称号,发布特赦令,发布戒严令,宣布战争状态,发布动员令。

第八十一条 中华人民共和国主席接受外国使节;根据全国人民代表大会常务委员会的决定,派遣和召回驻外全权代表,批准和废除同外国缔结的条约和重要协定。

第八十二条 中华人民共和国副主席受主席的委托,可以代行主席的部分职权。

第八十三条 中华人民共和国主席、副主席行使职权到下届全国人民代表大会选出的主席、副主席就职为止。

第八十四条 中华人民共和国主席缺位的时候,由副主席继任主席的职位。

中华人民共和国副主席缺位的时候,由全国人民代表大会补选。

中华人民共和国主席、副主席都缺位的时候,由全国人民代表大会补选;在补选以前,由全国人民代表大会常务委员会委员长暂时代理主席的职位。

第三节 国务院

第八十五条 中华人民共和国国务院,即中央人民政府,是最高国家权力机关的执行机关,是最高国家行政机关。

第八十六条 国务院由下列人员组成:

总理,

副总理二至四人,

国务委员若干人,

各部部长,

各委员会主任,

审计长,

秘书长。

国务院实行总理负责制。各部、各委员会实行部长、主任负责制。

国务院的组织由法律规定。

第八十七条 国务院每届任期同全国人民代表大会每届任期相同。

总理、副总理、国务委员连续任职不得超过两届。

第八十八条 总理领导国务院的工作。副总理、国务委员协助总理工作。

总理、副总理、国务委员、秘书长组成国务院常务会议。

总理召集和主持国务院常务会议和国务院全体会议。

第八十九条 国务院行使下列职权:

(一)根据宪法、法律和法令,规定行政措施,制定和批准行政法规,发布决议和命令;

(二)规定各部和各委员会的任务和职责,统一领导各部和各委员会的工作,并且领导不属于各部和各委员会的全国性的行政工作;

(三)统一领导全国地方各级国家行政机关的工作,规定中央和省、自治区、直辖市的国家行政机关的职权的具体划分;

(四)编制和执行国民经济和社会发展计划和国家预算;

(五)领导和管理经济工作和城乡建设;

(六)领导和管理教育、科学、文化、卫生、体育和计划生育工作;

(七)领导和管理民族事务,保障少数民族的平等权利和民族自治地方的自治权利;

(八)保护华侨的正当的权利和利益;

(九)领导和管理民政、公安、司法行政和监察工作;

(十)管理对外事务,同外国缔结条约和协定;

(十一)领导武装力量的建设;

(十二)改变或者撤销各部部长、各委员会主任发布的不适当的行政法规、命令和指示;

(十三)改变或者撤销地方各级国家行政机关的不适当的决议和命令;

(十四)批准省、自治区、直辖市的区域划分,批准自治州、县、自治县、市的建置和区域划分;

(十五)决定省、自治区、直辖市范围内部分地区的戒严;

(十六)审定行政机构的编制,依照法律的规定,任免、培训、考核和奖惩行政人员;

(十七)全国人民代表大会和全国人民代表大会常务委员会授予的其他职权。

第九十条 国务院向全国人民代表大会或者全国人民代表大会常务委员会就下列事项提出议案:

(一)国民经济和社会发展计划和计划执行情况;

(二)国家的预算和预算执行的情况;

(三)必须由全国人民代表大会常务委员会批准和废除的同外国缔结的条约和重要协定;

(四)必须由全国人民代表大会或者全国人民代表大会常务委员会决定的任免;

(五)其他必须由全国人民代表大会或者全国人民代表大会常务委员会以法律或者法令规定的事项。

第九十一条　国务院各部部长、各委员会主任负责本部门的工作;召集和主持部务会议或者委务会议;根据法律、法令和国务院的行政法规、决议、命令,在本部门的权限内,发布命令、指示和部门性质的行政法规。

第九十二条　国务院设立审计机关,对各级政府和它们所属的财政金融机构、企业事业组织的财政、财务收支活动进行审计监督。

审计机关依照法律规定独立行使审计监督权,不受其他行政机关、团体和个人的干涉。

第九十三条　国务院对全国人民代表大会负责并报告工作;在全国人民代表大会闭会期间,对全国人民代表大会常务委员会负责并报告工作。

第四节　中央军事委员会

第九十四条　中华人民共和国设立中央军事委员会,领导全国武装力量。

第九十五条　中央军事委员会实行主席负责制。

第九十六条　中央军事委员会主席每届任期五年,连选得连任,但是连续任职不得超过两届。

第九十七条　中央军事委员会主席对全国人民代表大会负责;在全国人民代表大会闭会期间,对全国人民代表大会常务委员会负责。

第五节　地方各级人民代表大会和地方各级人民政府

第九十八条　省、直辖市、县、市、市辖区、乡、民族乡、镇设立人民代表大会和人民政府。

地方各级人民代表大会和地方各级人民政府的组织由法律规定。

自治区、自治州、自治县设立自治机关。自治机关的组织和工作由宪法第三章第六节规定。

第九十九条　地方各级人民代表大会是地方国家权力机关。

县级以上的地方各级人民代表大会设立常务委员会。

第一百条　省、直辖市、设区的市的人民代表大会代表由下一级的人民代表大会选举;县、不设区的市、市辖区、乡、民族乡、镇的人民代表大会代表由选民直接选举。

地方各级人民代表大会代表名额和代表产生办法由选举法规定。

第一百零一条　省、直辖市、设区的市的人民代表大会每届任期五年。县、不设区的市、市辖区、乡、民族乡、镇的人民代表大会每届任期三年。

第一百零二条　地方各级人民代表大会在本行政区域内,保证宪法、法律、法令、行政法规的遵守和执行;依照法律规定的权限,通过和发布决议,审查和决定地方的经济建设、文化建设和公共事业建设的计划。

县级以上的地方各级人民代表大会审查和批准本行政区域内的国民经济和社会发展计划、预算以及它们的执行情况。

民族乡的人民代表大会可以依照法律规定的权限采取适合民族特点的具体措施。

第一百零三条　省、直辖市的人民代表大会和它们的常务委员会,在不同宪法、法律、法令、行政法规相抵触的前提下,可以制定和颁布地方性法规,报全国人民代表大会常务委员会备案。

第一百零四条　地方各级人民代表大会分别选举并且有权罢免本级人民政府的省长和副省长、市长和副市长、县长和副县长、区长和副区长、乡长和副乡长、镇长和副镇长。

县级以上的地方各级人民代表大会选举并且有权罢免本级人民法院院长和本级人民检察院检察长。选出或者罢免人民检察院检察长,须报上级人民检察院检察长提请该级人民代表大会常务委员会批准。

第一百零五条　省、直辖市、设区的市的人民代表大会代表受原选举单位的监督;县、不设区的市、市辖区、乡、民族乡、镇的人民代表大会代表受选民的监督。

地方各级人民代表大会代表的选举单位和选民有权依照法律规定的程序随时撤换自己选出的代表。

第一百零六条　县级以上的地方各级人民代表大会常务委员会由主任、副主任和委员组成,对本级人民代表大会负责并报告工作。

县级以上的地方各级人民代表大会选举并且有权罢免本级人民代表大会常务委员会的组成人员。

第一百零七条　县级以上的地方各级人民代表大会常务委员会主持本级人民代表大会代表的选举;讨论、决定本行政区域内各方面工作的重大事项;监督本级人民政府、人民法院和人民检察院的工作;撤销本级人民政府和下一级人民政府的不适当的决议和命令;撤销下一级人民代表大会的不适当的决议;依照法律规定的权限决定国家机关工作人员的任免;在本级人民代表大会闭会期间,补选上一级人民代表大会出缺的代表和撤换上一级人民代表大会的个别代表。

设区的市、县的人民代表大会常务委员会主持市辖区、乡、民族乡、镇的人民代表大会代表的选举。

第一百零八条　地方各级人民政府,是地方各级国家权力机关的执行机关,是地方各级国家行政机关。

地方各级人民政府每届任期同本级人民代表大会

每届任期相同。

第一百零九条　地方各级人民政府依照法律规定的权限，管理本行政区域的经济、教育、科学、文化、卫生、体育事业、城乡建设事业和财政、公安、民政、计划生育等行政工作，发布决议和命令，任免、培训、考核和奖惩行政工作人员。

第一百一十条　县级以上的地方各级人民政府领导所属各工作部门和下级人民政府的工作，有权改变或者撤销所属各工作部门的不适当的命令、指示和下级人民政府的不适当的决议、命令。

第一百一十一条　县级以上的地方各级人民政府设立审计机关。地方各级审计机关依照法律规定独立行使审计监督权，向本级人民政府和上一级审计机关负责。

第一百一十二条　地方各级人民政府对本级人民代表大会负责并报告工作。县级以上的地方各级人民政府在本级人民代表大会闭会期间，对本级人民代表大会常务委员会负责并报告工作。

地方各级人民政府对上一级国家行政机关负责并报告工作。全国地方各级人民政府都是国务院统一领导下的国家行政机关，都服从国务院。

第一百一十三条　城市和农村按居民居住地区设居民委员会或者村民委员会，作为基层群众性自治组织。居民委员会、村民委员会的主任、副主任和委员由居民直接选举和罢免。这些群众性自治组织同基层政权的相互关系由法律规定。

居民委员会、村民委员会设人民调解、治安保卫、公共卫生等委员会，办理本居住地区的公共事务和公益事业，调解民间纠纷，协助维护社会治安，并且向人民政府反映群众的意见和要求，提出建议和进行监督。

第六节　民族自治地方的自治机关

第一百一十四条　民族自治地方的自治机关是自治区、自治州、自治县的人民代表大会和人民政府。

民族自治地方的自治机关的组织，应当根据宪法第三章第五节规定的关于地方国家机关的组织的基本原则。

第一百一十五条　自治区、自治州、自治县的人民代表大会中，除实行区域自治的民族的代表外，其他居住在本行政区域内的民族也应当有适当名额的代表，各民族代表的具体名额由民族自治地方的自治条例规定。

第一百一十六条　自治区主席、自治州州长、自治县县长由实行区域自治的民族人员担任。

第一百一十七条　自治区、自治州、自治县的自治机关依照宪法、民族区域自治法和其他法律规定的权限行使自治权，同时行使宪法第三章第五节规定的地方国家机关的职权。

第一百一十八条　民族自治地方的人民代表大会有权依照当地民族的政治、经济和文化的特点，制定自治条例和单行条例。自治区的自治条例和单行条例，报全国人民代表大会常务委员会批准后生效。自治州、自治县的自治条例和单行条例，报省或者自治区的人民代表大会常务委员会批准后生效，并报全国人民代表大会常务委员会备案。

第一百一十九条　民族自治地方的自治机关有管理地方财政的自治权。凡是依照国家财政体制的规定属于民族自治地方的财政收入，都应当由民族自治地方的自治机关自主地安排使用。

第一百二十条　民族自治地方的自治机关在国家计划的指导下，自主地管理地方性的经济建设事业。

国家在民族自治地方开发资源、建设企业的时候，应当照顾民族自治地方的利益。

第一百二十一条　民族自治地方的自治机关自主地管理本地方的教育、科学、文化、卫生、体育事业，保护和整理民族的文化遗产，发展和繁荣优良的民族文化。

第一百二十二条　民族自治地方的自治机关依照国家的军事制度和当地的实际需要，经国务院批准，可以组织本地方维护社会治安的公安部队。

第一百二十三条　民族自治地方的自治机关在执行职务的时候，依照本民族自治地方自治条例的规定，使用当地民族通用的一种或者几种语言文字。

第一百二十四条　国家保障各民族自治地方的自治机关根据本地方实际情况贯彻执行国家的法律和政策的自治权，并且从财政、物资、技术等方面帮助各少数民族加速发展经济建设和文化建设事业。

国家帮助民族自治地方从当地各民族中大量培养各级干部、各种专业人才和技术工人。

第七节　人民法院和人民检察院

第一百二十五条　中华人民共和国人民法院是国家审判机关。

第一百二十六条　中华人民共和国设立最高人民法院、地方各级人民法院和专门人民法院。

最高人民法院院长每届任期五年，连选得连任，但是连续任职不得超过两届。

人民法院的组织由法律规定。

第一百二十七条　人民法院审理案件，除法律规定的特别情况外，一律公开进行。被告人有权获得辩护。

第一百二十八条　人民法院依照法律规定独立行使审判权，不受行政机关、团体和个人的干涉。

第一百二十九条　最高人民法院是最高审判

机关。

最高人民法院监督地方各级人民法院和专门人民法院的审判工作，上级人民法院监督下级人民法院的审判工作。

第一百三十条　最高人民法院对全国人民代表大会和全国人民代表大会常务委员会负责。地方各级人民法院对产生它的国家权力机关负责。

第一百三十一条　中华人民共和国人民检察院是国家的法律监督机关。

第一百三十二条　中华人民共和国设立最高人民检察院、地方各级人民检察院和专门人民检察院。

最高人民检察院检察长每届任期五年，连选得连任，但是连续任职不得超过两届。

人民检察院的组织由法律规定。

第一百三十三条　人民检察院依照法律规定独立行使检察权，不受行政机关、团体和个人的干涉。

第一百三十四条　最高人民检察院是最高检察机关。

最高人民检察院领导地方各级人民检察院和专门人民检察院的工作，上级人民检察院领导下级人民检察院的工作。

第一百三十五条　最高人民检察院对全国人民代表大会和全国人民代表大会常务委员会负责。地方各级人民检察院对本级国家权力机关和上级人民检察院负责。

第一百三十六条　各民族公民都有用本民族语言文字进行诉讼的权利。人民法院和人民检察院对于不通晓当地通用的语言文字的诉讼参与人，应当为他们翻译。

在少数民族聚居或者多民族共同居住的地区，应当用当地通用的语言进行审讯；起诉书、判决书、布告和其他文件应当使用当地通用的文字。

第一百三十七条　人民法院、人民检察院和公安机关办理刑事案件，应当分工负责，互相配合，互相制约，以保证准确有效地执行法律。

**第四章　国旗、国徽、首都**

第一百三十八条　中华人民共和国国旗是五星红旗。

第一百三十九条　中华人民共和国国徽，中间是五星照耀下的天安门，周围是谷穗和齿轮。

第一百四十条　中华人民共和国首都是北京。

**五届全国人大常委会第二十三次会议举行全体会议**

会议听取国务院总理赵紫阳作《关于国务院机构改革进展情况和三项议案的说明》。

会议由彭真副委员长主持，副委员长乌兰夫、韦国清、廖承志、阿沛·阿旺晋美、许德珩、萧劲光、史良、习仲勋、杨尚昆、班禅额尔德尼·确吉坚赞、朱学范出席了会议。

国务院副总理万里、余秋里、姚依林、康世恩、陈慕华、薄一波、姬鹏飞、杨静仁、黄华，最高人民法院院长江华，最高人民检察院检察长黄火青，在京的全国政协常务委员，各省、自治区、直辖市人大常委会负责人，列席了会议。

**国务院总理赵紫阳在五届全国人大常委会第二十三次会议全体会议上作《关于国务院机构改革进展情况和三项议案的说明》**

赵紫阳宣布：国务院各部、委机构的组建工作已经完成。

赵紫阳在《关于国务院机构改革进展情况和三项议案的说明》中谈到，从2月下旬召开的人大常委会第二十二次会议闭幕以后，机构改革工作在国务院各部、委全面展开，取得了新的进展。经过这一段的紧张工作，我们已经完成了国务院各部、委的组建工作，并且提出了新的领导人选。进展得比较快的部、委，它们所属的司、局机构及其领导人选也已确定，其他部、委的司、局机构和领导人选，在5月份内基本上可以定下来。总体来看，进展是很顺利的。

全国人大常委会第二十二次会议已经批准了减少副总理，设国务委员，由国务院总理、副总理、国务委员和秘书长组成国务院常务会议，作为国务院日常工作的集体领导机构的建议。

赵紫阳提出了国务院副总理、国务委员和国务院秘书长的人选，请求批准任命。

赵紫阳说，国务院原有52个部、委，经过这次机构改革，总共设置41个部、委。他提出了国务院部、委机构改革实施方案和一些部、委的领导人选的任命建议。

赵紫阳说，经过这次机构改革和人事变动，据38个部、委的统计，除兼职的部长、主任以外，共有正副部长、正副主任167人，比原有的505人减少338人，减少67%；他们的平均年龄为58岁，比原来减少6岁；具有大学文化水平的干部原来占37%，现在提高到了52%。据28个部、委的统计，原设有司、局机构720个，现在减少到488个，减少32%；正副司局长原有2450人，现在减少到1398人，减少43%；他们的平均年龄原来是59岁，现在减少到54岁；具有大学文化水平的干部原来占36%，现在提高到了49%。

赵紫阳向五届全国人大常委会第二十三次会议作的《关于国务院机构改革进展情况和三项议案的说明》中提出，国务院机构改革后要继续做好四项工作。

他说，从机构改革的第一步来说，我们已经顺利地完成了国务院各部、委机构的组建和新的领导班子的配备，取得了决定性的胜利。但是，从机构改革最终要达到改进工作作风、提高工作效率的目的来说，我们的工作还刚刚开始。因此，我们还要本着革命的精神，继续做好各项工作。

赵紫阳提出的要继续做好的四项工作是：

一、必须进一步明确各部、委的职责范围。各部、委的工作任务是什么，怎样完成这些任务，都要搞得清清楚楚。各部、委的领导干部都要振奋精神，大胆负责，认真做好自己职权范围内的事情。凡是各部自己可以解决的问题，都应该独立负责地主动解决好，不要事情不分大小都向国务院请示。各部对于自己所属的企业事业单位，也要适当扩大他们的权力，加重他们的责任，不要包揽他们的工作。这样，才能更好地克服官僚主义、事务主义，提高工作效率。各单位之间过去长期不协调、相互推诿的事情，这次一定要摆到桌面上来，讨论清楚，作出明文规定，记录在案，认真遵行。各部、委间凡是需要经常会商的问题，都要定出定期合议的制度。各部、委内部机构的职责分工和各项工作制度，国务院工作人员的守则和工作纪律，都要很快地制定出来。所有工作人员特别是领导干部，都要充分发挥主动精神，勇于把对人民、对全局有利的事情担当起来。

二、必须认真做好老干部的安排工作。国务院过去对干部退休制度已做过规定，最近又对老干部离职休养的制度作出了具体规定。我们应该认真按照这方面的规定执行，该退休、离休的就退休、离休，使干部的退休、离休经常化、制度化。对退居二线工作的老干部，要注意充分发挥他们的作用，但也要根据工作需要和干部本人的条件，实事求是，不要因人设事。既要发挥退居二线的老干部的作用，又要使新的领导班子放手工作，把担子挑起来。

三、必须切实抓紧干部轮训工作。这是进行智力投资，积蓄力量，准备发展的一件具有战略意义的大事。这次机构改革的重要目的之一，就是要有计划地抽出大批干部去学习。只有这样做，才能提高我们干部队伍的素质，以适应现代化建设的需要。今后干部的学历和业务技术学习的好坏，要作为考核干部的重要内容，作为使用和提拔干部的一项重要依据。各部、委的干部轮训，原则上由各部、委自己负责，并且要同本部门、本系统的工作业务密切结合起来。

四、必须保证完成紧缩国务院工作人员编制的任务。定额不定员不等于没有编制。国务院整个工作人员编制精简1/3左右的要求要努力实现，并且要把编制定额落实到各个具体单位。紧缩编制必须是真正的紧缩，绝对不允许弄虚作假。今后任何部、委要增加编制，必须经过国务院批准，不得擅自增加或变相增加。过去借调的干部，除确因工作需要列入现有编制的以外，应一律送回原单位。

赵紫阳说，我们的任务是繁重的，工作是大量的。如果不把这些工作做好，不仅难以巩固机构改革已经取得的成果，而且还将功亏一篑。在1982年内，我们要在这些方面作出显著的成绩。

他说，目前我们正在进行的机构改革工作，是服务于经济体制改革工作的，也应当是它的一个重要内容。机构改革以及整个经济体制的改革，连同打击经济领域中的违法犯罪活动，建设社会主义精神文明，和中共中央一再强调的整顿党风问题，是互相关联的四件大事，是坚持四项基本原则和实现四个现代化的重要保证。我们一定要使这次机构改革善始善终，达到预期的目的。

### “全民文明礼貌月”活动总结座谈会在北京召开

4月26日至5月4日，中宣部、共青团中央根据党中央的指示召开座谈会。

确立“两个文明一起抓”的指导思想

中宣部部长邓力群传达了中央领导同志最近关于精神文明建设和党的其他方面工作的意见，使大家深刻认识到，搞好精神文明建设，是坚持社会主义道路、实现四个现代化建设的根本保证之一。深入持久地开展“五讲四美”活动，是同实现党的长远历史任务密切不可分的。

座谈会总结了我国第一个“全民文明礼貌月”活动的成果和经验，着重讨论了如何经常地、持久地开展“五讲四美”活动的问题。会议指出，第一个“全民文明礼貌月”活动是在一年多来群众性的“五讲四美”活动基础上开展的，其声势规模之大，社会效果之好，群众影响之深，都是多年来少有的。这是一次亿万人民自觉地、热情地、有组织地参加的移风易俗、改造社会的实践活动，为我们依靠和发动群众建设社会主义精神文明提供了有益的经验。经过这次活动，全国多数大中城市和一些县镇、农村的环境面貌发生了可喜的变化，人与人的关系得到了一定程度的改善，特别是通过这一活动，进一步振奋了革命精神，使广大党员、干部和人民群众增强了搞好党风、社会风气、社会治安的信心。

会议认为，第一个“全民文明礼貌月”里，在很短时间内发动了亿万人民群众，取得比预料更好的效果，主要原因是党中央和国务院的号召正确地反映了人民的愿望和要求，各级党、政、军领导干部亲自动手和带头实干，党组织发挥了核心作用，政府发挥了组织、指挥作用，军队起了很好的表率作用，团组织发挥了助手作用，共产党员、共青团员发挥了模范作用。各单位、各部门、各地区都从自己的实际出发，充分发动、组织、依靠群众，实行“公害公治”，使整个活动扎扎实实，有声有色。

会议指出，在充分估价这次活动的成果和经验，充分肯定人民群众的积极性和首创精神的同时，还必须看到我们工作中的不足和组织、指导活动上的缺点。这主要是有些地方、有些同志对这一活动的重大意义认识不足，思想教育不够深入细致，有的结合本单位的实际不够，致使这一活动没有在这些地方很好地落实到基层。现在，群众要求把“全民文明礼貌月”活动的成果和经验扩大和运用到经常性的“五讲四美”活动中去，继续为改造社会风气、建设精神文明作出更多看得见、摸得着的成绩来。我们应当因势利导，乘胜前进，把这项活动持久地、有成效地进行下去。

会议强调指出，“五讲四美”活动经常化的关键，在于各级领导要坚定地确立“两个文明一起抓”的指导思想。那种把两个文明对立起来，习惯于只抓经济建设而轻视精神文明建设的思想和做法应该纠正。

“五讲四美”活动之所以可贵，就在于它是当前具体条件下党的思想政治工作群众化的一种创造。它以通俗、明白的群众语言，把共产党人改造社会、移风易俗的根本要求同解决我国当前社会生活、社会风气中的实际问题结合了起来。它使我们找到了一个在实践中教育、培养、训练一代社会主义新人的好办法。

坚持用共产主义思想、道德教育人民

会议认为，深入开展“五讲四美”活动的中心环节是要坚持用共产主义思想、道德教育人民。“五讲四美”活动既是从我国人民群众当前的道德水准出发，又是以共产主义道德原则作指导的。当前，在工人中要抓好工人阶级历史使命和优良传统的教育，增强主人翁责任感；在农民中，要抓好兼顾国家、集体、个人三者利益的教育，提倡劳动致富，先公后私，助人为乐；在青少年中，要抓好热爱祖国、热爱党、热爱社会主义制度的教育，帮助他们逐步树立正确的人生观、世界观。民族地区要进一步加强民族团结的教育。在处理人民内部的各种关系上，要大力提倡顾大局，讲原则，互相尊重，团结互助，公平信实，为人民服务，对人民负责。要把共产主义道德原则具体运用到社会公德、职业道德和婚姻家庭道德等领域中去。报刊、广播、电视和文艺作品要经常宣传反映共产主义思想、道德的新人新事新风尚。开展“五讲四美”活动，也是反腐蚀斗争的一个重要方面。要教育党员和党的干部坚持共产主义思想的纯洁性，教育人民特别是青少年提高民族自尊心和自信心，使我国各族人民，无论是男是女，是老是少，是党员还是非党员，都成为有理想、有道德、有文化、守纪律的人。

各级领导干部要抓好基层起表率作用

会议认为，“五讲四美”活动要落实到基层。各级领导干部要深入基层，抓住重点，抓好典型，亲自调查研究，加强检查督促，把基层领导好。要在充分进行思想教育的基础上，建立、健全必要的规章制度，使之经常化、制度化。治脏、治乱、治差，要纳入各地市政建设规划。各大中城市都要通过立法来加强城市管理，维护社会公德。工交、财贸企业、学校、文艺、体育、卫生等事业单位和街道都要制定和修改本系统、本单位的守则或公约。农村也要结合实际，制定乡规民约。要不断壮大开展“五讲四美”活动的骨干队伍。执行制度和法规，要实行专业队伍和群众性的检查、督促相结合。各级党委和政府要实行整体规划，坚持“综合治理”，不图形式，不走过场，扎扎实实地干，切实加强对这项活动的具体领导。各级领导干部要继续发扬党的优良传统，在“五讲四美”活动中起表率作用。

王震、万里、习仲勋、王任重、薄一波等领导同志会见了到会的全体同志，并讲了话。

出席这次座谈会的有各省、自治区、直辖市和南京、杭州、青岛、福州、三明、沈阳、大连、哈尔滨、太原、西安、武汉、洛阳、广州、桂林、成都、重庆、昆明17个城市的党委的主管书记、宣传部部长、团委书记，以及中央有关部门的负责同志共130多人。

**中共中央政治局委员王震国务院副总理万里等党和国家领导人在北京会见出席“全民文明礼貌月”活动总结座谈会的全体同志**

出席会议的还有习仲勋、王任重、薄一波。

王任重同志在讲话中说，这次文明礼貌月活动是一次检阅，说明我们的党是有战斗力的。我们要巩固和发展已有的成绩，在总结经验的基础上，进一步组织起来，把“五讲四美”活动坚持下去。已有的一些组织形式，要把它巩固起来，发展下去，使“五讲四美”活动经常化、制度化。要一手抓物质文明建设，一手抓精神文明建设。在党政分工的前提下，党委要用更多的精力来抓精神文明建设，做好思想政治工作，以调动广大人民群众的积极性，发扬国家主人翁的责任感，搞好物质文明建设。要扎扎实实前进，取得新的进展。

万里同志在讲话中强调说：事在人为，贵在坚持。只要我们加强党的领导，加强政府工作，发扬愚公移山精神，“全民文明礼貌月”活动的成果和经验一定能够得到发扬光大。我国人民的道德水平，一定能像过去曾经达到过的那样，在世界上享有盛誉。

薄一波同志在讲话中提出,“五讲四美”活动为“四化”建设所必需,应当把开展“五讲四美”活动和大力提倡自力更生精神结合起来,和经济建设结合起来,提高民族自信心,促进物质文明建设。

王震同志说:把“五讲四美”活动坚持下去,使它成为中华民族的道德风尚,这是一件了不起的事情。10亿人民用马列主义、毛泽东思想武装起来,一定会对中华民族的发展和对世界人类的解放事业作出重大贡献。

中共中央宣传部部长邓力群,副部长郁文、王惠德、贺敬之,顾问周扬、廖井丹,共青团中央第一书记韩英、书记高占祥,参加了会见。

**共青团中央全国妇联全国总工会中国科协中国文联发出《关于庆祝1982年“六一”国际儿童节的联合通知》**

通知希望全社会进一步发扬热爱下一代的社会主义新风尚。

通知说,去年上半年党中央发出加强儿童少年工作的指示以后,社会各界热烈响应,广大儿童少年工作者精神振奋,使这条战线出现了前所未有的生动活泼、春意盎然的景象。

通知接着指出,一年来这一方面的工作所取得的成绩是:抚育、培养、教育儿童少年的重大意义,已开始为人们所认识;为儿童办好事、办实事已初步形成社会风尚;有关儿童少年工作的部门、团体互相协作,使孩子们需要的物质、精神产品有了较大幅度的增长;学校、社会、家庭三结合对儿童进行教育,已有了良好的开端。通知指出,由于各方面的努力,广大儿童少年的道德风貌有了可喜的变化,正朝着共产主义接班人的目标健康成长。

通知在谈到儿童少年工作今后的任务时指出,要形成整个国家、整个社会都关怀少年儿童健康成长的优良风尚。要宣传抚育、培养、教育儿童少年是建设社会主义物质文明和精神文明的基础;宣传关怀下一代,是一种社会主义的美德,要大力表彰全心全意为下一代服务的好人好事;要宣传正确的教育观点和方法,培养儿童少年真正成为合格的共产主义接班人。

通知号召社会各界为孩子们办好事。希望工厂、企业、机关、团体、城镇街道和农村的社队,在力所能及的条件下,为孩子们办几件好事,例如在城镇增加儿童活动的场所,解决双职工子女的午餐问题和假期的校外生活问题,为托幼园所和小学增加设备,改善条件。在农村,需要发展方便群众的各种形式的托幼组织;要教育家长送学龄儿童入学。对边远地区特别是少数民族地区儿童的保健和教育,要给予更多的关怀。各界热心人士,要尽自己的可能,为下一代的健康成长出一份力。

通知希望广大儿童少年工作者努力学习,钻研业务,不断加深对本职工作的认识,坚定事业心;希望保教工作者精心培育婴幼儿,正确理解并进行早期教育;希望教师、少先队辅导员改进教学、教育方法,当前要为减轻学生负担,促进学生全面发展创造经验;希望儿童文艺科技工作者为孩子们提供丰富的精神食粮;希望儿童生活用品的研究设计人员,为儿童少年提供更多廉价优质的产品。

通知说,为了表扬全国儿童少年工作者的优异成绩,全国儿童少年工作协调委员会决定在明年适当时候,评选、表彰一批全国先进儿童少年工作者,并给直接为孩子们服务的、连续工龄满25年的同志,颁发“园丁”纪念章。希望全国儿童少年工作者,从现在开始掀起学先进、赶先进、创先进的热潮,以优异的成绩迎接明年全国性的评选、表彰活动。

通知还说,今年全国各地庆祝“六一”的活动,要因地制宜,面向基层和向全体儿童少年,小型多样,适合不同年龄儿童少年的身心特点,使孩子们过一个有意义的愉快的节日。

**对外友协会长王炳南在北京设宴欢迎以主席阿尔维为团长的巴基斯坦—中国友好协会代表团**

**国际氮肥专题学术讨论会在福州开幕**

会议由福建省农业科学院和国际肥料发展中心、国际水稻研究所联合举办。

会议主要是交流国际上近年来提高化肥利用率,尤其是球肥深施的经验,同时介绍我国在开辟有机肥源,合理使用有机肥、化肥方面的技术。

中外科学家将在这次会上宣读专题论文,讲授各国在提高化肥利用率方面的理论研究、实验设计和数据处理方法等。

来自15个国家的专家和学者参加了会议。我国参加会议的专家和学者来自北京、上海、湖北、江苏、四川、安徽和福建等省、市。

农委副主任何康在开幕式上致欢迎词,国际肥料发展中心副总所长斯登戈博士和国际水稻研究所副总所长格林兰博士也分别讲了话。

**民航266号客机在桂林上空失事**

从广州飞往桂林中国民航3303次航班的266号客机于4月26日下午4时44分,在离桂林45公里的恭城县上空失事,机上104名乘客和8名机组人员全部遇难。

飞机失事后,国务院、中国民用航空总局立即派负责干部前往现场,同广西壮族自治区有关方面共同进行善后工作。

**沙千里逝世**

中国人民政治协商会议第五届全国委员会副主席、第五届全国人民代表大会常务委员会委员、全国人大常委会法制委员会副主任、中国共产党的优秀党员沙千里同志因病医治无效,于1982年4月26日在北京医院逝世,享年81岁。

沙千里同志青年时期就要求进步,追求真理。抗日战争前后,他执行律师职务,积极参与党领导的抗日救亡运动。1936年11月,他同沈钧儒、史良等著名爱国人士因积极参加抗日救国活动被国民党反动派逮捕入狱,是国内外闻名的“七君子”之一。1938年他参加了中国共产党。他为党为人民奋斗了数十年,把毕生精力贡献给了伟大的共产主义事业。

## 4月27日

**《人民日报》发表中办中央党校调查组的文章《完善农业生产责任制中的几个认识问题》**

前一段时间,我们到一些地区的农村调查,感到进一步完善农业生产责任制,需要解决几个认识问题。

一、对待生产责任制的完善要有科学的态度

从所到的地方看,责任制发展到现阶段的一个新情况是,各种形式的责任制都在广采诸家之长,补自己之短。例如在一些原来实行“统一经营、联产到劳”的地方,有的吸取了“大包干”分配简便的长处,采用“定额上交”的办法;有的向专业承包发展。在“包干到户”的一些地方,有的吸取了“统一经营”的优点,恢复和增加了“统一管理”的项目和“统一经营”的成分。在“专业承包”的地方,有的在一些经营项目上运用“联产到劳”或“大包干”的做法。有的地方综合各种责任制形式中适合本地实际的做法,兼收并蓄,实行了“统一经营、专业分工、责任到劳、包干分配”的形式的责任制。这说明各种责任制在完善过程中已在某些方面突破各自初期的形式,向着更加符合当地生产力水平、干部管理水平和农民的觉悟程度的方向发展。这种新变化,是农村广大干部和社员在继续坚持党的实事求是的思想路线下创造的,它更有利于充分发挥集体经济的优越性和劳动者个人的积极性,促使农业生产更快地发展。

但是,在这种新的情况下,有的干部却用自己头脑中先入为主的责任制模式,去指导责任制的完善工作;有的干部不能从全局角度判断问题,往往“唯上”、“唯报”,硬要推行某一种责任制形式,使一些真正按照本地实际情况采取相宜形式的社队,反而感到有压力。从实际情况来看,责任制的完善还在实践中。各地情况千差万别,生产水平各不相同,在坚持“两不变”的前提下,要允许干部、社员从本地的实际出发,确定责任制形式,允许对已实行的责任制有一个接受实践检验和观察比较的过程,不要把一种形式绝对化。即使是少数社队实行与本地区责任制主要形式不同的责任制,也要注意保护他们的积极性,支持他们因地制宜地做好完善工作。领导机关要深入调查研究,认真总结新经验,用科学的态度引导群众稳定和完善生产责任制,注意防止新的“一刀切”。

二、“统”和“分”是辩证统一的

目前,许多地方都把正确处理好“统”和“分”,作为完善生产责任制的重要环节来抓。但在这个问题上,存在两种片面的认识:一是有人听到“统”字就反感,认为“一统就死”;二是一些原来认为“一分就乱”的人,现在一说要“统”,就想什么都“统”,用老办法来“裁剪”新事物。这都是把“统”和“分”绝对对立起来,因此影响着责任制的完善。

“统”和“分”是现阶段农业集体经济管理中不能分割的两个方面,实质上是生产力和生产关系的矛盾运动在生产责任制上的表现。正确处理好两者关系,才能做到“统而不死,分而不乱”。

一要“统”和“分”得当。“统”有着统一经营和统一管理的分别,前者是集体统一组织生产和进行分配,后者是集体在农户独立经营、自负盈亏的基础上所作的管理性工作,例如统一安排种植计划、监督合同兑现等。“分”有着分户经营和统一经营下分散作业的区分。虽然,统一经营下也会有些分散经营项目,分户经营的也会有统一经营的成分,但处于次要地位。不同规模的经营都有一定地点、条件下的适应性和局限性。正确处理“统”和“分”,首先要根据当地的实际,确定统一经营还是分户经营。

二要互相结合。实行了统一经营,又需要根据农业生产的特点,把某些作业分到组、户、劳进行,有些项目分散经营,以利解决一些农活质量难以统计监督的困难,发挥个人的主动性、创造性。例如,江苏高邮县的一些地方,把制定规划布局,调配大中型农机具,安排小段计划和耕作、水利建设中大项农活等关键性生产措施(包括选良种等),作为“统”的范围,由各级干部负责管理。收、栽、种,田间管理,出售农副产品,修理农具和购置小农具,分别承包到人负责。育秧、放水、挖田外“三沟”等农活,又是有统有分。这样“统中有分”,就可以“统而不死”,既发挥集体经济的优越性,又使社员有更多安排生产、经营家庭副业等的自主权和机动权,调动生产者个人的劳动积极性。分户经营为主的,又必须有必要的统一管理,以解决一家一户难以克服的困难和保证公共事业的建设。例如,兰考县的左寨、黄口两个大队,水利条件基本一样。黄口大队在实行生产责任制时分了机井,平了渠沟,去年大旱,有水浇不上,小麦减产2万斤;左寨保留了对机井和水沟的统一管理,大旱之年夺丰收,增产12万斤。可见,有没有适当的统一管理,生产的效果截然不同。

三要选择相应的承包制,使"统"和"分"协调合理。采取承包的形式,可以更好地把劳动报酬和经营效果结合起来,恰当地协调集体利益与个人利益,使集体统一经营和劳动者自主经营两个积极性同时得到发挥。现行的各种承包责任制,都包含着"统"和"分"的形式,当然在内容和程度上是不同的。选择何种责任制,都要根据当地实际,从有利于发挥集体经济的优越性和劳动者个人的生产积极性、有利于促进生产的发展出发。

总之,研究实际情况,使"统"和"分"合理,对完善责任制有重大的关系。现在,由于经验不足等原因,一些地方不同程度地存在着"分得过散"的问题,这些地方应在继续解决好"分"的同时,重点解决好"统"的问题。当然,这种"统"不是凭主观想象,而是应当根据生产力的发展要求和国家、集体、社员的共同利益加以确定。这样的"统",广大农民是欢迎的,也是引导农民进一步走集体化道路的有效手段。

三、要把调动社员个人的劳动积极性和合理运用生产力诸要素结合起来

生产责任制的建立,极大地调动了农民的积极性。这是几年来农业生产迅速发展的重要原因之一。但是,有些地方无视已经形成的某些生产条件,片面强调农户个体积极性的作用,所有土地按人平均包种,"全部劳力归田"。这样,某些专人负责的大田作业的工种工序也都改由各家各户进行,不仅影响了劳动效率和集体多种经营的发展,而且搞不好还可能产生某些破坏性后果。

江西宜春地区对这个问题处理得较好。他们在统一经营下,按照农林牧副渔工商全面发展、综合经营的方针,对劳动力和自然资源作了全面规划:大田作业以田定工,以工投劳;其余劳力组织起来发展多种经营,按技术专长和劳力强弱合理分工,联产计酬,做到了"有业承包,无业创业","先专后包,包中有专"。这种做法,已显示出它的积极作用:一是"全部劳力归田"的状况开始向专业承包转变;二是发挥了劳动力的专长,使现有的种田能手向大田集中,能工巧匠向多种经营集中,并在发展专业生产中培养出更多的各种各样的能手;三是残弱劳力也能各得其所。宜春地区注意把调动劳动者的生产积极性同合理利用生产力诸要素结合起来,考虑确定适宜的责任制形式。这样做,既通过联产计酬调动了社员的积极性,又通过专业分工开展了多种经营,使劳动者与生产资料恰当地结合起来,保证了农业生产向综合经营、专业化、社会化方向发展。几年来责任制的形式相对稳定,出现了生产蓬勃发展,集体经济巩固壮大,社员收入成倍增长,社会秩序安定的局面。

宜春地区的经验给我们的启示是,在责任制已经建立的地方,应该在基本稳定的基础上,把合理组织利用生产力诸要素,作为完善责任制的重要内容,而不是继续变换责任制的形式。农业生产的发展,要靠发挥农民的积极性,又要靠对劳动积极性的合理组织和利用,使其与生产资料合理结合。劳动力的合理使用,如协作和分工所产生的新的生产力,马克思就称之为"社会劳动的自然力",我们应重视这种"自然力"的利用。

四、不应把按劳分配理解为"不折不扣的劳动所得"

我们在一些地方发现,现在有一种忽视集体的倾向。这种倾向反映在分配上,就是集体提留得不到保证,照顾烈军属、"五保户"的费用无着落,有些集体福利的事业也无法兴办。

这种情况的出现,除了领导不力之外,是因为有些人对按劳分配原则有误解。有人认为劳动产品不折不扣全部归已,才是最彻底的"按劳分配";要彻底实行按劳分配,就不应交集体提留。这个问题本来是清楚的。马克思在《哥达纲领批判》中早就指出,按劳分配是社会总产品在扣除掉生产、扩大再生产的费用之后,再扣除集体消费(如学校、保健设施等)和社会救济基金之后进行的。"每一个生产者,在作了各项扣除之后,从社会方面正好领回他所给予社会的一切。"十分明显,实行按劳分配同必要的集体提留不是矛盾的,不能不加分析地把劳动者承担适当公共费用,说成是按劳分配"不彻底"或是平均主义。农民在增加生产,增加收入的前提下,逐步增加公积金和公益金,正是社会主义原则所要求的,是集体经济优越性的一个具体表现,也是符合农民的根本利益的。我们要解决的是过去集体经济中普遍存在的"干多干少一个样"的平均主义,以及一部分干部由于化公为私、多吃多占,影响分配兑现的问题。生产责任制的建立,对解决这些问题起了重要的作用,今后要继续做好这方面的工作。但必要的集体提留应该保证。这是当前正确处理个人与国家、集体关系的一个主要问题。解决这个问题,要进行必要的政治思想工作,澄清对按劳分配原则的误解。

五、实行生产责任制是农民和干部学习办社会主义农业的好课堂

目前实行的农业生产责任制，不仅使生产者明确了劳动责任，而且涉及对集体经济的劳动组织、劳动形式和计酬方法等环节的改进，实质上是对农村生产关系不适应部分的调整。这是一场牵动亿万群众的深刻变革。这场变革，给集体经济带来了新的转机，促进了农村经济的繁荣和发展，并且引起了包括人们思想观念在内的一系列深刻的变化。

我们调查发现，建立健全生产责任制的过程，就是人们从过去“左”的思想束缚下解放出来的过程，也是人们接受科学社会主义思想教育的过程。经过这几年的实践，人们深切地体会到，现阶段这种组织规模不等、经营方式不同、管理上有“统”有“分”的集体经济形式，才是符合我国农村经济状况的社会主义集体经济。那些在公有制基础上实行分户经营的，通过承包合同关系，同集体和国家联系起来，也是一种集体经济。我国农业长期发展缓慢，这并不是集体经济本身的问题，而是“左”的东西反复干扰的结果。人们这样去认识问题，就能开阔思想境界，更自觉地坚持集体化方向。事实说明，实行生产责任制的实践，对广大干部和农民来说，确实是学习在农村如何走社会主义道路的好课堂。

“生气勃勃的创造性的社会主义是由人民群众自己创立的”。目前存在于不同地区的各种形式的责任制是在党的领导下，广大农民群众自己创造的。在这个过程中，农民同时创造了克服自身残存的旧思想和旧习惯的条件。湖南华容县在完善生产责任制中，发动群众认真总结实行责任制以来的经验，创造了具有自己特色的“统一经营，专业分工，联产到劳”的责任制。这种责任制不仅更有利于发展生产，增加收入，向专业化方向发展，而且也是对一些农民自己原来要求“平分土地”、独自经营的小农经济思想的否定。可见，从实际出发，尊重群众首创精神建立起来的集体经济的生产责任制，对农民才有吸引力。完善责任制的工作，本身就是对农民进行社会主义教育的有效手段。

生产责任制，把责任和经济利益联系起来，为社员学文化、学技术赋予了内在的经济动力。当前农村出现一个可喜的现象，广大农民学文化学技术的积极性空前高涨。农技人员被“踩烂门槛，扯破衣角”，农技图书供不应求。我们要珍视农民这种积极性，把组织社员、干部学文化、学技术、学管理作为完善责任制的一项重要任务来抓，要像土改、合作化时期办冬学、办夜校那样认真去做。随着文化教育水平的提高，懂科学、有技术、会管理的人才将不断产生出来。

目前，生产责任制已在农村普遍建立，正在进一步总结、完善、稳定。我们要加深对党中央强调的集体化道路和生产责任制长期不变的重大意义的认识，对出现的新情况、新问题，认真分析，妥善解决。我们相信，随着生产责任制的日趋完善，必将给农村经济建设和社会发展带来广阔的前景。

**国务院人口普查领导小组副组长李成瑞就第三次人口普查准备工作在北京中外记者招待会上发表谈话**

李成瑞说，我国第三次人口普查准备工作进展顺利，这一艰巨复杂的任务能够胜利完成。

李成瑞指出，这次人口普查的目的，是准确地掌握我国人口的数字、地区分布及构成情况，以便从我国实际出发，更好地进行社会主义现代化建设，安排人民的物质生活和文化生活，制定人口政策和规划。

李成瑞说，这次人口普查的全部工作，是按三个阶段安排的。准备阶段从1980年1月起至1982年6月底止，为时两年半。到目前，已完成或正在进行以下准备工作：

——县以上的各级普查机构已全部建立起来。

——国务院人口普查办公室于1980年7月1日在江苏省无锡市和无锡县的94.6万人口中进行了普查试点。各省、直辖市、自治区在343万人口中进行了省一级的普查试点。

——中共中央、国务院联合发出了《关于认真做好第三次全国人口普查工作的指示》，国务院颁布了《第三次全国人口普查办法》，国务院人口普查领导小组制定了关于工作规划、机构设置等方面的文件，国务院人口普查领导小组办公室制定了各项工作细则和手工汇总、机器汇总的表格。

——国务院于今年1月召开了第三次全国人口普查工作会议，各省、自治区、直辖市相继召开了人口普查工作会议，传达和落实了国务院的指示。

——电子计算机安装工作接近完成。这次人口普查，除我国自己购置了8台电子计算机以外，联合国人口活动基金组织援助电子计算机21台，已全部到货。预计可在5月21日安装调试完毕。

——逐级负责、分期培训人口普查工作人员。正在陆续培训的干部，包括近1000名计算机技术人员，4000名数据录入人员，10万名编码人员，400万名普查员，100万名普查指导员。

李成瑞还介绍了另两个阶段的工作安排。1982年7月1日至7月15日为普查登记阶段，将完成登记和复查工作；8月底以前完成调查登记的质量抽样检查工作。1982年7月16日至1984年年底，为普查资料处理阶段。1982年9月底以前，用手工逐级汇总出全国和各省、自治区、直辖市的户数、男女人数、民族、文

化程度等主要数字，经国务院审批后发布公告。1984年年底以前，用电子计算机汇总出全部普查数字，编成各种汇总表，经国务院审批后公布。

李成瑞还谈到，联合国人口活动基金组织、联合国开发署、联合国技术合作部、联合国统计司对我国这次人口普查给予了物质技术援助，并派遣了专家来帮助工作。我们表示深切的感谢。

**全国劳动模范和先进人物代表座谈会在北京召开**

座谈会于4月27日至5月2日召开。党和国家领导人王震、万里、习仲勋、姚依林、薄一波，以及全国妇联、共青团中央、中共北京市委、市人民政府等部门的负责人，出席了开幕式。

201名全国各地劳动模范和先进人物代表出席会议。

中共中央书记处书记、国务院副总理万里在会上作了重要讲话。

万里说，在座的代表和全国的劳动模范、先进人物的事迹虽然各有特点，但有一个共同之点，就是都具有高度的社会主义觉悟，崇高的爱国主义思想，强烈的国家主人翁责任感和忘我劳动的实干精神。劳动模范、先进人物继承和发扬了我国工人阶级的革命传统和优良品质，体现了我国工人阶级的本色。经过这次座谈会，要把这些先进思想和优良品质传播到全体职工和广大人民群众中去，使之成为全社会亿万人民的共同思想。

万里说，工人阶级是我们国家的领导阶级，是社会主义物质文明和精神文明建设的主力军，对于实现我国社会主义现代化的宏伟目标，担负着光荣而艰巨的重任。他向到会的劳动模范和先进人物提出了三点希望：一，继续发扬热爱祖国、热爱党、热爱社会主义的精神，坚持四项基本原则，反对资产阶级自由化倾向，努力提高自己的政治素质，在当前打击经济领域严重犯罪活动的斗争中要立场坚定，旗帜鲜明。二，发扬艰苦创业的精神，以提高经济效益为中心，进一步搞好社会主义物质文明的建设。要尽最大努力消除和改善那种质次价高的产品，向人民提供大量物美价廉的优质产品和良好周到的服务。三，进一步提高工人阶级的主人翁责任感，继续加强社会主义精神文明的建设。要继续加强对青年职工的教育和培养，使他们成为积极奋发、掌握先进技术、遵纪守法的新一代。

万里最后说，在开展学赶先进的活动中，各级党组织要加强领导，注意发现先进、表彰先进、支持先进人物的首创精神，传播他们的先进思想和先进经验，充分发挥他们的带头作用、骨干作用和桥梁作用。工、青、妇的各级组织，要做深入细致的群众思想工作和组织工作。把学赶先进、为“四化”立功的竞赛活动，更加广泛、深入和持久地开展下去。

会议向全国职工提出倡议说：工人阶级要走在我国社会主义物质文明和精神文明建设的前列，充分发挥国家领导阶级的作用。要在进行“两个文明”建设的实践中，把全国的职工队伍建设成为一支最有理想、最有组织性纪律性、最富于主人翁精神和献身精神、最肯努力钻研现代化科学技术知识的先进队伍。

倡议还提出了八条《全国职工守则》，作为全国职工共同遵守的道德规范和行为准则。倡议希望全国各族职工都要按照《全国职工守则》的内容，积极参加制定适合本单位特点的《职工守则》；每一位职工或每一个班组也要制定贯彻《职工守则》的具体规划，以便进一步提高职工的觉悟程度和组织程度，为社会主义现代化建设作出更大的贡献。

全总主席倪志福在闭幕会上作总结。

倪志福说，这次座谈会虽然规模不大，但却反映了我国历史发展新时期的鲜明特点。与会代表绝大多数是党的十一届三中全会以来涌现的新的先进模范人物，许多老模范在这期间也作出了新的贡献。这一事实生动地证明了十一届三中全会以来党的路线、方针、政策的正确性及其带来的丰硕成果。

倪志福高度评价了座谈会上交流的先进经验，接着对进一步开展学赶先进的活动提出了几点意见：(一)广大职工要提高对先进模范人物的认识和学习先进、赶超先进的自觉性，自觉地尊敬、爱护、支持、学习先进模范人物的先进思想和模范行动，造成人人都为“两个文明”建设争先进、比贡献的热烈局面。(二)要有学赶先进的信心和勇气，勤奋学习，努力提高自己的共产主义思想觉悟，发扬为争取社会主义现代化事业的胜利而拼搏的精神，勇敢地投身到学赶先进的洪流中去。(三)要比先进，找差距。通过职工群众向先进学习、向先进看齐的自觉行动，把少数先进模范人物的先进水平，变成大多数职工共同达到的水平，并进而产生新的先进模范人物，创造出新的更高的先进水平，从而推动社会主义建设事业不断前进。

**全国劳动模范和先进人物代表座谈会通过《全国职工守则》**

守则全文如下：

一、热爱祖国，热爱共产党，热爱社会主义。

二、热爱集体，勤俭节约，爱护公物，积极参加管理。

三、热爱本职，学赶先进，提高质量，讲究效率。

四、努力学习，提高政治、文化、科技、业务水平。

五、遵纪守法，廉洁奉公，严格执行规章制度。

六、关心同志,尊师爱徒,和睦家庭,团结邻里。

七、文明礼貌,整洁卫生,讲究社会公德。

八、扶植正气,抵制歪风,拒腐蚀,永不沾。

据中华全国总工会负责人介绍,这个守则是为贯彻执行党中央、国务院《关于国营工业企业进行全面整顿的决定》而制定的。

这位负责人还说,职工守则与企业的厂规厂纪既有密切联系,又有鲜明的界限。厂规厂纪是企业根据国家法令制定的行政规章制度,企业行政对违反规章制度的职工,可以按照规定给予经济制裁或纪律处分;守则则是职工群众自我教育的公约性规定,是正面引导职工群众共同遵守的准则。通过贯彻执行职工守则,对职工进行工人阶级优良传统教育,增强职工群众的主人翁责任感,提高职工群众遵守国家法令和厂规厂纪的自觉性。这样,既有利于贯彻执行企业的规章制度和巩固劳动纪律,也有利于医治十年动乱造成的创伤,把全国职工队伍建设成为一支最有理想、最有组织性纪律性、最富于主人翁精神和献身精神、最肯努力钻研现代化科学技术知识的先进队伍。

**国务院副总理姬鹏飞在人民大会堂会见由主席蒙塔兹·阿里·阿尔维率领的巴基斯坦中国友好协会代表团**

**全国妇联主席康克清在人民大会堂会见由赞比亚妇女同盟执行书记坎卡萨夫人率领的赞比亚妇女代表团**

**中共中央书记处书记胡乔木在北京参加全国军事题材文学创作座谈会**

胡乔木说,军事题材文学作品,是对当代青年和人民进行爱国主义和国际主义教育的最好武器,也是对青年进行革命人生观和革命传统教育的最好武器。我们充满信心地希望,这次会议可以成为军事题材文学发展的一个转折点。

胡乔木说,我们的中华人民共和国是在革命战争中诞生的,我们军队是有史以来最好最伟大的军队,它有着光荣的革命传统,在革命的各个历史阶段产生了许多可歌可泣的英雄人物。我军的历史是人类历史上无与伦比的。这历史能培养人们最高尚的情操,最伟大的献身精神,最坚强的革命信念。因此,写军事题材文学著作,不仅对部队、对战士进行教育是非常必要的,而且对全国人民,特别是对青年进行教育是非常必要的。所以军事题材文学在整个文学事业里面占有特殊地位。

胡乔木说,有一个短暂时期,青年读者对军事题材文学作品没有像新中国成立初期那样高的热情,这是历史造成的,是暂时现象。我们社会主义事业在前进,在正常的轨道上前进,随着我们事业的前进,一些思想混乱一步步被克服,青年读者也逐渐从"文化大革命"中产生的迷惘、怀疑、失望情绪中转变过来。在青年读者中,在整个青年中,爱国主义思想正在一步步地高涨,逐渐恢复了对中国共产党、对人民解放军、对社会主义事业的信仰。所以,我们对中国整个文艺事业的前途,包括社会主义军事题材文学创作的前途是完全有信心的。我们看到这个光明的前途正在到来,不可避免地到来。

胡乔木说,为着迎接军事题材文学创作新的繁荣,新的高潮,我们要对军事题材文学的含意有一个更加广泛的认识。要认真总结经验,开阔视野,刻画英雄人物。要深入生活,加强军内外作家团结,把这次座谈会提出的各项要求尽快地、充分地实现,写出新时代的优秀作品来。

中共中央宣传部部长邓力群和有关方面负责人周扬、华楠、朱穆之、郁文、王惠德、贺敬之、刘白羽、周巍峙、张光年等,出席了大会。

## 4月28日

**五届全国人大常委会二十三次会议举行全体会议**

会议听取国务院副总理姚依林《关于1982年经济和社会发展计划草案的报告》、财政部部长王丙乾《关于1982年国家预算草案的报告》、国家建委副主任吕克白关于《国家建设征用土地条例(草案)》的说明。

会议由习仲勋副委员长主持,彭真、乌兰夫、韦国清、廖承志、阿沛·阿旺晋美、许德珩、史良、杨尚昆、班禅额尔德尼·确吉坚赞、朱学范副委员长出席了会议。

最高人民检察院检察长黄火青,在京的全国政协常务委员,各省、自治区、直辖市人大常委会负责人,列席了会议。

**国务院副总理兼国家计划委员会主任姚依林在五届全国人大常委会二十三次会议上作《关于一九八二年经济和社会发展计划草案的报告》**

各位委员:

第五届全国人民代表大会第四次会议,原则批准了国务院提出的一九八二年经济和社会发展计划草案的要点,并授权全国人民代表大会常务委员会在这个计划草案中的一些具体问题进一步落实后,予以审议批准。五届人大四次会议闭幕以后,国务院一方面把一九八二年经济和社会发展计划草案的要点下达各部门、各地方,据此先行安排今年的各项工作;一方面对计划草案中存在的问题进行研究落实。经过这一段时间的工作，当时计划草案中存在的一些有待解决的问题，已经基本上得到解决。现在，我受国务院的委托，提出关于一九八一年计划执行情况和一九八二年计划草案的报告。

一、一九八一年计划执行情况

经过全国各族人民的共同努力，一九八一年国民经济计划已经胜利实现。计划完成的情况，比原来预计的要好。

1. 农业总产值，按一九七〇年不变价格计算，原预计可以达到计划规定的一千六百九十亿元，比上年增长百分之四；实际完成一千七百二十亿元(注1)，比上年增长百分之五点七。各种主要农产品中，粮食产量同原来预计基本一致，多数经济作物产量超过原来的预计。一九八一年全国粮食产量达到三亿二千五百零二万吨，比上年增加四百五十万吨，增长百分之一点四；棉花产量二百九十六万八千吨，比上年增加二十六万吨，增长百分之九点六；油料产量一千零二十万吨，比上年增加二百五十一万吨，增长百分之三十二点七；糖料产量三千六百零二万吨，比上年增加六百九十一万吨，增长百分之二十三点七。猪牛羊肉的产量和水产品的产量都超额完成了计划。农村副业有了较大的发展。农业的内部结构和生产布局有了进一步改善。整个农业的形势是令人鼓舞的。

2. 工业总产值，按一九七〇年不变价格计算，原预计可以达到计划规定的五千一百一十亿元或者稍多一点，比上年增长百分之三左右；实际完成五千一百九十九亿元(注2)，比上年增长百分之四点一。其中，轻工业产值增长百分之十四点一，重工业产值下降百分之四点七。轻工业产值占工业总产值的比重，由上年的百分之四十六点九上升到百分之五十一点四。在一百种工业产品中，有八十七种完成和超额完成了计划。纱、布、呢绒、丝织品、糖、啤酒、合成洗涤剂、自行车、缝纫机、手表、平板玻璃、水泥等产品的产量，都比上年有较大幅度的增长。原煤、原油的产量基本上保持上年的水平，发电量比上年增长百分之二点九；钢产量比上年下降百分之四点一，但成材率有所提高。

铁路、水运、公路、民航和邮电部门完成计划的情况也是好的，基本上保证了各项重要物资和旅客的运输。

3. 基本建设投资总额完成四百二十八亿元，比上年减少一百一十一亿元，减少百分之二十点六。年末在建的大中型项目为六百六十三个，比上年减少二百四十一个。基本建设投资的使用方向继续有所改进。用于轻纺工业的投资占投资总额的比重，由上年的百分之九点一上升到百分之十；同改善人民物质文化生活直接有关的非生产性建设的投资占投资总额的比重，由上年的百分之三十三点七上升到百分之四十一点一。固定资产交付使用率比上年提高。列入国家计划的二十七种主要产品的新增生产能力，有二十四种完成和超额完成了计划。

4. 财政收支，初步统计，总收入达到一千零六十四亿三千万元，总支出一千零八十九亿七千万元(包括国外借款收支)。收支相抵，财政赤字为二十五亿四千万元，比原预计的赤字二十七亿二千万元略少一些。

5. 社会商品零售总额达到二千三百五十亿元，比上年增长百分之九点八(剔除零售物价上升的因素，实际增长百分之七点二)。全年零售物价总水平(包括国营牌价、议价和集市贸易价的加权平均数)比上年上升百分之二点四。除蔬菜、烟、酒等商品涨价较多外，大部分生活必需品的价格是基本稳定的。

全国进出口贸易总额达到七百三十五亿三千万元，比上年增长百分之二十九；其中，出口总额比上年增长百分之三十五点五，进口总额比上年增长百分之二十三点一。剔除价格和汇率变动的因素，全国进出口贸易总额增长百分之十一；其中，出口总额增长百分之十八，进口总额增长百分之五。

6. 科学、教育、文化、卫生等事业有了新的发展。全国取得的重大科学技术研究成果三千一百项，其中经国家批准的创造发明一百二十项。杂交水稻等优良品种的大面积推广，在农业增产中起了显著的作用。工业部门试制的新产品和试验的新工艺有上万种，其中半数已投入生产。

全国普通高等学校招生二十七万五千人，超过了计划规定的指标；在校学生达到一百二十八万人，比上年增长百分之十二。高等学校的专业调整也取得了进展，财经、政法、轻工等薄弱专业有所加强。中等学校的结构改革取得了初步成绩，职业中学、农业中学招生四十二万四千人，比上年增长百分之三十八。医院病床增加三万五千张。电影、电视、广播、出版、新闻等事业继续发展。体育战线取得了很好的令人振奋的成绩。

7. 城乡人民生活继续有所改善。根据国家统计局的抽样调查，农民每人收入全年平均达到二百二十三元，比上年的一百九十一元增长百分之十六点八。全民所有制单位职工的工资总额比上年增长百分之五点二。全国城镇共安排八百二十万人就业。中小学教师、体育工作者和一部分医务工作人员提高了工资。

从计划的执行情况来看，我国工农业生产在经济的大幅度调整中仍然以一定的速度向前发展，各方面的比例关系已进一步趋向协调，全国经济形势基本上是稳定的，最困难的时期已经过去，各项事业开始走上稳步发展的轨道。这个事实证明,一九八〇年十二月中共中央工作会议决定的对国民经济实行进一步调整的方针和采取的主要措施,以及一九八一年三月六日人大常委会第十七次会议《关于批准国务院调整今年国民经济计划和国家财政收支报告的决议》,是完全正确的、适时的。回顾去年年初,我们提出要经过一年的努力,在前两年出现庞大财政赤字的情况下,实现财政收支基本平衡,当时有些同志担心能否实现。由于我们凭借社会主义计划经济的优越性,由于各地方、各部门顾全大局,协调一致,共同努力,我们不仅实现了财政收支基本平衡,而且在大量节减开支的同时,使农业以百分之五以上、工业以百分之四以上的速度增长。这充分说明,社会主义制度具有战胜困难的强大力量。

当然,也要清醒地看到,当前国民经济中还存在一些值得重视的问题。主要是:一九八一年财政收支基本平衡主要是在大幅度紧缩支出的条件下实现的,因而还是不够巩固的。能源的产需平衡和交通运输还相当紧张,还在很大程度上制约着整个工业生产的增长速度。一部分消费品的增长还赶不上人民需要的增长,保持市场物价基本稳定仍然是一个艰巨的任务。各方面经济效益差的情况还没有多大改变,有的甚至有所下降。一九八一年全民所有制工业企业全员劳动生产率比上年下降百分之一点八,可比产品总成本比上年上升百分之一,有些产品的质量有所下降,物质消耗有所上升。有一部分企业盲目追求产值,不注意产品的适销对路,造成一些工业产品超储积压,使工业生产增长速度中还含有少量“水分”。这些情况说明,国民经济中潜藏着的危险虽然有所缓和,但还没有根本消除,对此决不能盲目乐观,掉以轻心。

二、一九八二年计划的任务和主要指标

国务院确定,一九八二年经济和社会发展的主要任务是,进一步贯彻执行调整、改革、整顿、提高的方针,巩固和发展一九八一年稳定经济的成果,继续保持财政收支基本平衡和市场物价基本稳定,努力提高经济效益,使国民经济的发展速度比一九八一年有所提高。各项具体任务和主要指标安排如下。

(一)争取农业有一个更好的收成,使农、林、牧、副、渔各业全面发展。

一九八二年计划农业总产值比一九八一年预计增长百分之四。粮食产量三亿三千三百五十万吨,比一九八一年预计增加八百五十万吨,增长百分之二点六。棉花、糖料的产量都比一九八一年继续增长。林牧、副、渔各业都要有一个新的发展。为了实现上述要求,要稳定和完善各种形式的生产责任制,进一步调动广大农民的生产积极性。更好地贯彻执行因地制宜、多种经营的方针。粮食生产要十分抓紧,不能丝毫放松,粮食播种面积要稳定下来,不能再减少。经济作物的发展,主要靠提高单位面积产量,种植面积要加以控制。积极推广行之有效的增产经验和农业生产的先进技术,努力提高农业的生产率和经济效益。要积极发展林业,开展全民义务植树运动,保护森林资源,控制水土流失,注意生态平衡。这要作为一项长期的战略任务,坚持不懈地进行下去。

(二)继续以较快的速度发展轻工业,进一步调整重工业的服务方向。

一九八二年计划轻工业产值比一九八一年预计增长百分之七,重工业产值增长百分之一,整个工业总产值增长百分之四,并在执行中力争超过。纱的产量三百二十四万吨,比一九八一年预计增长百分之三点四;糖三百二十万吨,增长百分之六点七;自行车、缝纫机、表等耐用消费品的产量都规定有较大幅度的增长。原煤产量六亿二千五百万吨,其中统配矿三亿四千五百万吨,比一九八一年预计增长百分之三点九;原油产量一亿吨,保持一九八一年生产水平;发电量三千一百三十亿度,增长百分之二点六。钢产量,为了减轻能源的压力,着重提高产品质量,增加“短线”品种,安排三千四百万吨,比一九八一年预计减少百分之四。

一九八二年的工业生产要把提高经济效益放在首要地位,在这个基础上求得一个扎扎实实的、没有“水分”的增长速度。讲求经济效益,首先要保证生产的产品符合社会需要。要提高质量,改进品种,注意产品的适销对路,坚决防止和纠正那种不顾社会需要、片面追求产值的错误做法。努力搞好市场预测,及时了解社会需要的变化和趋势,以指导生产和流通。当前特别要注意了解广大农村市场的变化和要求,努力为农村提供越来越多的适合农民需要的消费品和生产资料。讲求经济效益,还要十分注意节约活劳动消耗和物质消耗。特别要千方百计地降低能源消耗和原材料消耗,力求用尽可能少的能源和原材料,生产更多的符合社会需要的产品,使整个工业生产的经济效益有一个显著提高。就全国来说,一九八二年要求能源消耗降低百分之三,企业成本降低百分之二至百分之三,产品质量和劳动生产率都要提高,上交的税收和利润也要比一九八一年有较多的增加。

交通运输,一九八二年铁路货运量计划为十亿四千万吨,比一九八一年预计增长百分之一。要切实增强铁路紧张区段的通过能力和重点港口的吞吐能力。注意发挥水运、公路的作用。进一步发展邮电通讯事业。

(三)努力增收节支,使财政收支继续保持基本平衡。

一九八二年计划财政总收入为一千一百零四亿五千万元,总支出为一千一百三十四亿五千万元(包括国外借款收支)。收支相抵,有赤字三十亿元。为了尽可能地缩小财政赤字,保持国家财政收支基本平衡,首先要通过提高经济效益,增加国家的财政收入。同时,继续控制基本建设拨款,尽可能地节减其他各项财政支出。文教和国防开支做了适当增加。

适应经济体制初步改革后的新情况,要积极发挥银行筹集和运用资金的作用。要从多方面采取措施,扩大城乡居民的储蓄,努力把社会闲散资金集中起来,支援国家必要的建设。同时,银行一定要严格按照国家计划规定的货币发行指标和信贷支出指标发放贷款。各地方、各部门筹款、集资进行建设,应当按照国务院的规定,通过银行的渠道办理,并且纳入国家计划,以保证信贷收支的基本平衡。

(四)继续控制基本建设规模,合理安排投资使用方向。

一九八二年基本建设投资总额计划为三百八十亿元,更新改造措施资金为二百五十亿元。两项合计,整个固定资产投资总额为六百三十亿元。

在一九八二年计划的基本建设投资总额中,国家预算内直接安排的投资为一百八十六亿三千万元,部门、地方和企业的自筹投资为八十一亿元。由于一九八二年财政还有赤字,木材、水泥等物资平衡还有缺口,基本建设投资总额在计划上不宜再多安排。在执行过程中,如果财力、物力确有可能,下半年可视具体情况经国务院批准后,有计划地适当增加一点。去年把基本建设规模压缩下来,是经济调整的一大成绩,决不能由于形势稍有好转,又不适当地扩大基本建设规模。

基本建设投资,应当主要用于在建项目的续建工程,对新上项目要严格控制。国家预算内的投资,主要用于交通、能源等基础设施的建设。在交通建设中,重点是加强晋煤外运的能力。其他项目的建设,应当尽量利用地方、部门和企业的自筹资金。用自筹资金和银行贷款安排的建设,应当由计划部门会同有关部门进行财力、物力的综合平衡,积极引导用于国家急需的方面。要继续有计划地扶持边疆和少数民族地区经济和文化事业的发展。

企业的更新改造措施,主要靠企业自有资金和银行贷款进行。应当提高企业自有资金中用于更新改造的比重。现在这个比重多数企业不过百分之二、三十,一九八二年要提高到百分之三、四十,以后还要逐步提高。

整个固定资产投资计划,今后要由各级计划部门统一管起来,统筹安排,合理使用,防止各行其是,盲目建设。

(五)搞好市场供需平衡,保持物价基本稳定,努力扩展对外贸易。

一九八二年计划社会商品购买力为二千四百四十亿元,比一九八一年预计增长百分之八;当年社会商品货源为二千三百八十亿元,同购买力比较,差额为六十亿元。为了缩小这个差额,平衡市场供需,一方面,要在计划执行过程中尽可能地多增产一些适销对路的产品,并动用一部分库存,以增加市场商品的供应;另一方面,要适当控制社会购买力的增长。职工的奖金和各种补贴要整顿,认真纠正滥发或者变相发放奖金的做法。企业的利润留成和盈亏包干分成,要按国家规定提取,凡超越规定、留用利润过多的,要加以纠正。按规定留给企业的部分,也要多用于发展生产和职工必要的集体福利事业,个人所得部分不能太多。今年农产品的收购价格不提高;统购、派购任务要保证完成,不能随意降低;超购加价和议价的范围、幅度,要严格按照国家规定办理。个别产品价格补贴过多的,要进行适当调整。对于社会集团购买力,要继续加以控制。

商业部门要努力做好购销工作,减少流通环节,加速商品周转,改进服务态度,提高服务质量。同时,要了解市场的需要以及消费的变化,帮助生产部门及时调整产品结构,使产品做到适销对路。

要继续加强市场管理和物价管理,严禁随意提价和变相提价,坚决打击投机倒把、走私和偷税活动,保持市场物价基本稳定。国营商业和合作社商业要发挥平抑市场物价的作用。

对外贸易进出口总额将进一步增长。由于某些商品要满足国内市场的需要,出口数量的增加受到一定限制,而为了促进国内的生产建设,进口物资又必须增加,这样,进出口贸易将会出现一定逆差。要努力增加出口收汇,尽可能地降低换汇成本。严格控制进口,节约用汇,减少亏损。积极有效地利用外资,引进适合我国情况的先进技术。

(六)加强科学技术研究,发展文化教育卫生事业。

一九八二年列入全国科技计划的新产品试制、中间试验、重大科学研究和工业化试验项目共四百多项。要围绕技术改造和生产建设中急需解决的关键技术问题,组织各方面的科技力量协同攻关。要积极推广现有科技成果,促进经济发展。

继续搞好现有高等院校的整顿、提高,加快中等教育结构的改革。积极发展函授、业余、电视大学和走读大学,为国家多培养人才。一九八二年计划普通高等学校招生三十万人,比一九八一年增加二万五千人。深入开展爱国卫生运动,努力提高医疗质量,加强防病、治病工作,增加妇产、儿科和急需的专科病床。

进一步繁荣文艺创作,有计划地发展电影、电视、广播、出版、新闻等事业。继续开展群众性的体育活动,加强体育队伍的建设。

(七)在发展生产的基础上,保证人民生活稳定,并且继续有所改善。

坚决控制人口增长。要根据目前出现的人口自然增长率上升的新情况,采取有力的对策,抓紧计划生育工作。

继续妥善安排城镇劳动就业。一九八二年计划安排五百六十万人,主要是通过发展城镇集体所有制经济和个体经济来安排就业。

继续调整没有实行奖金制度的国家机关、科学文教卫生等部门工作人员的工资。

在增加农业生产、降低生产成本的基础上,使农民的收入继续有所增加。

进一步改善城镇居民的居住条件,大力增加农村建筑材料的供应。搞好环境保护,减少"三废"污染。加强劳动保护,注意安全生产。

上述各项计划指标,是在去年十一月份对一九八一年计划预计完成情况的基础上拟订的。一九八一年计划实际执行结果,同当时的预计有些出入,许多指标的实绩比预计要高,只有个别指标比预计低。现在,一九八二年已进入第二季度,没有必要、也没有可能再对年度计划进行全面的调整。在计划执行中,凡是社会确实需要的产品,可以根据条件的可能,超额完成计划;凡是供过于求的产品,则必须严格按计划规定的指标进行生产,不得超过。

三、振奋精神,做好工作,完成和超额完成一九八二年计划

一九八二年已经过去三个多月了。从第一季度的情况来看,国民经济发展的趋势是很好的。工业总产值完成一千二百九十三亿元,占全年计划的百分之二十四点二,比去年同期增长百分之十一点六。其中,轻工业生产增长百分之十四点六;重工业生产保持了去年第四季度以来回升的好形势,比去年同期增长百分之八点五;化工、建筑材料和部分机械产品的产量都比去年同期增加。特别是煤炭的生产形势比较好,统配矿产量比去年同期增长百分之十,按全年计划进度检查,第一季度已超产三百二十五万吨。多数工业产品的质量稳定或者有所提高,一部分消耗指标有所下降。社会商品零售总额达到六百二十三亿五千万元,比去年同期增长百分之八点八。财政收支情况也是比较好的。存在的主要问题是,一些"长线"产品的库存量还有增加,能源和交通运输仍然比较紧张,部分产品的质量有所下降,有些消耗指标有所上升。预算内国营工业企业一至三月累计上交利润八十八亿元,比去年同期增长百分之三点六,大大低于生产的增长速度。这种情况说明,现在的问题,主要不是能不能实现计划规定的增长速度,而是必须着重注意讲求经济效益。目前的关键,是要认真贯彻执行赵紫阳总理在五届人大四次会议上的政府工作报告中提出的十条方针,采取切实有效的措施,从各方面提高经济效益。为此,在经济工作中应当着重抓好以下几件事情:

第一,集中力量进行企业的全面整顿和必要的改组。

国务院提出,要用两三年时间,有步骤地对现有企业进行全面整顿。这是挖掘企业潜力、提高经济效益、增加财政收入的一项重要措施。关于整顿企业的目的、要求和方针、政策,党中央和国务院已经作了明确的规定,各部门、各地方都要作出具体部署,认真贯彻执行。今年首先要选择那些问题比较多、潜力大、迫切需要整顿的大中型骨干企业,进行整顿。在整顿中,重点要抓好企业领导班子的配备和领导制度的改革,有计划地实行定员定额和职工轮训,加强企业管理的各项基础工作,加强企业财务会计工作。通过整顿,要使企业的经济效益有一个大的改进,出现一个新的面貌。

结合企业整顿,还要继续抓好企业调整。这是提高整个工业经济效益和逐步实现企业结构合理化的重要途径。今年的企业调整,首先是要关停一批能耗很高、经济效益很低、产品质量很差的工厂,包括一些县社工业在内。同时,各部门都要组织力量按行业搞好企业调整规划,为今后有计划地进一步开展这一工作做好准备。

第二,有重点地进行设备更新和技术改造。

在搞好企业整顿、调整的基础上,要把企业的设备更新和技术改造作为一项重大任务抓起来。要围绕节约能源,首先抓锅炉、汽车、变压器、水泵、风机等几种重要产品和一些基础元器件的改造。要抓好少数重点企业的技术改造,以便取得经验,逐步推广。企业要根据需要和可能,制订更新改造计划,经过上级审定后实施,防止不分轻重缓急、齐头并进。

各部门要按行业制定正确的技术政策,并选择一批确有成效的重大科技成果,认真组织推广。要进一步做好科学技术由实验室向生产转移,单纯军用向军民兼用转移,沿海向内地转移,国外向国内转移,以促进生产建设的发展。要进一步落实党的知识分子政策,充分发挥科研机构和科研人员在技术改造中的作用。

第三,提高投资效果。

基本建设的周期长、造价高,是当前国民经济中的一个突出问题。从今年起,要把缩短建设周期、降低工程造价这件事紧紧抓住,作出切实的成效。

继续认真清理在建项目。重新审定建设项目的工期和所需投资。要选择一批重点项目,按建设进度把投资和材料打足,建立严格的工期责任制,有关方面共同努力,保证实现。所有建设项目,特别是大型项目,都要尽量采取分期建设、分期投产、尽早收益的办法。

凡是不急需的,建设条件不落实的,或者建成以后不能正常生产的项目,要坚决收摊子,把投资和物资撤下来。该收尾的工程,一定要尽快收尾交付使用,不能长期拖着"吃基建饭"。

新上项目,必须做好建设前期的准备工作,不能仓促上马。

进一步推行基建投资由财政拨款改为银行贷款的办法,以促使建设单位加强经济核算,提高投资效果。各方面向建设单位的收费,都要按照规定的标准办事,不合理的标准要加以修订。

要改革设计,努力提高设计质量,降低不合理的、过高的设计标准。要严格施工纪律,提高施工效率。

第四,压缩流动资金。

流通环节多,产品库存多,资金周转慢,这是我们经济管理落后的一个重要表现。如果工作做得好,能够节约百分之二、三的流动资金占用量,就可以节省出七十亿至一百亿元资金。要结合企业整顿,把企业流动资金的占用额,逐步压缩到合理的水平。今后超过国家核定占用额的部分,要提高银行利息;严重不合理的,银行应不予贷款。要认真清理仓库,超储积压部分,有的要加以利用、改制,有的要登记报废。

第五,巩固和提高经济体制初步改革的成果。

这两年,我们的经济体制进行了一些初步改革,对搞活经济起了显著的作用。但也带来一些新的问题,需要认真总结经验,采取相应的措施加以解决,使改革健康进行。

当前经济领域中存在的一个突出问题,是在实行对外开放、对内搞活经济的政策以后,走私贩私、投机诈骗、贪污受贿等违法犯罪活动,在某些地方和单位泛滥起来。经济领域的违法犯罪活动,不仅严重地损害社会主义经济,而且侵蚀我们党的肌体,毒化党风、民风,这是我国社会主义社会在新的历史条件下阶级斗争在经济领域的重要表现。如果不对这些违法犯罪活动开展坚决的斗争,就不可能保证我们的经济沿着社会主义轨道健康发展,也不可能正确地健全地实行对外开放、对内搞活经济的政策。第五届全国人民代表大会常务委员会第二十二次会议通过了《关于严惩严重破坏经济的罪犯的决定》,最近党中央和国务院又作出了《关于打击经济领域中严重犯罪活动的决定》,各地方、各部门必须认真贯彻执行,下定决心,把这一斗争进行到底。在斗争中要结合企业整顿和机构改革,建立健全各项规章制度,堵塞漏洞,使之对改善经营管理、提高经济效益起有力的推动作用。

经济领域中另一个值得注意的问题是,本位主义、分散主义以及自由化倾向有所滋长。有些地方和单位不从国家整体利益出发观察问题和处理问题,不服从国家的统一计划,以邻为壑,损大公肥小私,盲目生产,盲目建设。这种情况,削弱国家的统一计划,干扰和分割社会主义的统一市场,必须坚决加以纠正。我们的经济是社会主义计划经济。在经济工作中,必须坚持以计划经济为主、市场调节为辅的原则,必须坚持全国一盘棋的原则。在搞活经济的同时,要加强国家计划的指导,努力改进计划工作,维护计划的严肃性,并且使各项具体管理工作和经济监督工作相应地跟上来。各地方、各部门、各企业都要加强全局观念,努力完成国家计划规定的生产任务和上调任务。不能以任何借口挤国家计划,也不能以任何形式摆脱、冲击国家计划。

第六,各个方面都要厉行节约、反对浪费。

现在各个方面都感到资金不足、物资供应不足。但是,在国家计划分配的资金和物资的使用中,又普遍存在着使用不当以及大量浪费的现象。工农业生产、商品流通和基本建设中的浪费现象是十分明显的,在科学研究、文化、教育、卫生等事业中,在机关、团体、部队的行政开支中,同样存在着铺张浪费的现象。我们有许多开支到底取得多大经济效果,有些开支是否真正进行了经济核算,都经不起检查。为了争取国家财政经济状况的根本好转,应当在一切领域中提倡精打细算,首先把现有的资金和物资管好、用好,而不能一方面对浪费现象听之任之;另一方面又伸手向国家要钱要物资。我们要逐步地建立起资金和物资使用的监督和考核制度,建立起相应的奖惩制度。勤俭建国、勤俭办一切事业,仍然是我们必须遵守的一项重要原则。

第七,加强经济工作中的思想政治工作。

加强思想政治工作,提高人们的思想觉悟,不仅是建设社会主义精神文明的重要内容,也是建设社会主义物质文明的必要条件。不振奋人们的革命精神,即使有了物质条件和很好的措施,也不能见效。

思想政治工作要密切结合经济工作去做,做到有的放矢,真正解决问题。要教育人们坚持四项基本原则,正确对待个人、集体和国家的关系,正确对待"一要吃饭,二要建设"的根本指导方针,处理好眼前利益和长远利益的关系,树立起全局观念和整体观念,同心协力地为发展国民经济积极地工作和劳动。

当前,要普遍进行一次生动的经济形势的教育。要通过事实和数字,说明我国经济发展的大好形势,说明近三年来国家对改善人民生活所做的努力,引导群众充分认识我国的国情,进一步树立勤俭建国、艰苦奋斗的思想。各级领导干部要改进作风,克服官僚主义,以身作则,带头恢复和发扬与群众同甘共苦的优良传统。

只要把思想政治工作做好了,又把各项具体的经济和技术的措施落实了,一九八二年计划规定的各项任务就一定能够完成和超过。

各位委员!当前我国生产建设中还存在不少问题,国家财政还有困难。这些问题和困难,归根到底,是由于生产、建设、流通等各个领域的经济效益不高造成的。因此,克服困难的根本途径,是要千方百计地提高经济效益。这是一切经济活动的根本出发点,也是走经济建设新路子的核心问题。走经济建设的新路子,对计划工作、经济工作和各项事业提出了新的要求,不仅要在指导思想上有一个大的转变,而且要使各项具体工作都围绕着提高经济效益来进行。只要我们真正这样做了,我们就一定能够经过几年的努力,争取财政经济状况的根本好转,并且为第七个五年计划时期国民经济的健康发展做好必要的准备。

以上报告,请予审议。

注1:一九八一年农业总产值按一九八〇年不变价格计算为二千三百一十二亿元。

注2:一九八一年工业总产值按一九八〇年不变价格计算为五千一百七十八亿元。

**财政部部长王丙乾在五届全国人大常委会二十三次会议上作《关于 九八二年国家预算草案的报告》**

各位委员:

第五届全国人民代表大会第四次会议,审议了一九八一年国家概算的执行情况和一九八二年国家预算收支指标,并且授权全国人民代表大会常务委员会,在一九八一年国家决算和一九八二年国家预算正式编成以后,予以审查批准。一九八一年的国家决算,目前正在逐级编制,根据初步汇总的数字,总收入一千零六十四亿三千万元,总支出一千零八十九亿七千万元,收支相抵,支大于收二十五亿四千万元,收入和支出都比原来预计的数字大一些,赤字则比原来预计的数字小一些,总的情况是好的。这一年的国家决算待正式编成后,再报请审批。现在,我受国务院委托,提出一九八二年国家预算草案的报告,请予审查。

一、一九八二年国家预算草案

一九八二年,全国财政经济情况将继续朝着好转的方向发展。年初以来,各地区、各部门继续贯彻执行在经济上实行进一步调整、在政治上实现进一步安定的方针,生产建设和其他经济事业有了新的发展;建设社会主义精神文明的活动在社会上逐步展开;与此同时,打击经济领域中严重犯罪活动也正在进行;政府机构改革的工作已开始有步骤地实施;这些都预示着今年将是全国政治经济形势取得良好发展的又一个年头。为了适应当前形势发展的需要,一九八二年的国家预算收支,在原来指标的基础上,作了必要的调整。预算安排的基本原则是:坚持计划经济为主、市场调节为辅,通过增加生产,提高经济效益,努力增加国家财政收入;继续控制基本建设规模和各项财政支出,适当增加能源、交通等投资,并适当增加文教和国防支出;稳定现行的分配政策,使城乡人民生活在生产发展的基础上继续有所改善;继续保持财政、信贷收支的基本平衡和市场物价的基本稳定,使国民经济有一个稳定的发展。

根据上述要求,现在编成的一九八二年国家预算草案,总收入为一千一百零四亿五千万元,总支出为一千一百三十四亿五千万元,收支相抵,支大于收三十亿元。同第五届全国人民代表大会第四次会议审议通过的一九八二年国家预算收支指标比较,收入和支出各增加五亿元,支出大于收入的差额仍为三十亿元。这个差额,要在执行中依靠增产节约,争取缩小一些。

一九八二年国家预算总收入,比上年增加四十亿二千万元。各类收入的情况是:企业收入三百四十四亿一千万元,各项税收六百四十六亿元,其他收入二亿四千万元,中央财政集中的企业基本折旧基金二十二亿元,发行国库券收入四十亿元,国外借款收入五十亿元。

一九八二年国家预算总收入,主要是按照经济和社会发展计划中工农业总产值和社会商品零售额的增长比例计算的。同时,考虑了降低企业成本,扭转经营性亏损,整顿企业财务,加强税收工作,以及实行烟草专营和烟酒提价所能增加的收入;也考虑了降低涤棉布、电视机、收音机、手表、弹力呢等商品的销售价格,继续对主要农副产品和人民生活基本必需品进行价格补贴,继续安排城镇待业青年就业,以及提高冶金、化工、林业等企业维持简单再生产费用所减少的收入。总的说,收入预算是安排得比较积极的,也是可靠的。

一九八二年国家预算总支出,比上年增加四十四亿八千万元。各类主要支出的情况是:

(一)基本建设拨款二百九十七亿三千万元。其中,国家直接安排的基本建设投资为一百八十六亿三千万元,比上年增加十亿元,主要用于能源、交通等基础设施的建设;地方用机动财力安排的投资和基建储备资金共为六十一亿元,利用国外借款安排的投资为五十亿元,都比上年有所减少。

(二)企业挖潜改造资金和新产品试制费五十四亿二千万元,数字同上年基本持平。此外,按规定留给国营企业的基本折旧基金和利润留成中用于这方面的资金,还有二百多亿元。总的看,这方面的钱是不少的,应当统筹安排,合理使用,提高资金的使用效果。

(三)增拨企业流动资金二十四亿元。这笔资金主要用于新投产的企业和某些物资储备的需要。目前生产和流通领域里占用的资金很多,物资积压严重,国家正在采取措施,督促企业把流动资金的占用量逐步压缩到合理的水平。

(四)支援农村人民公社支出和各项农业事业费七十六亿一千万元,比上年有所增加。我们发展农业,主要靠政策、靠科学、靠集体经济的力量,同时国家也要给予必要的支援。目前国家用于支援农业的资金,数额是不小的,一定要管好用好,充分发挥经济效益。

(五)文教卫生科学事业费一百八十亿元。这项经费,在连续几年增加的基础上,今年又增加七亿八千万元。此外,地方和企业也有相当一部分资金用于这方面的开支。这几年,虽然国家财政困难很大,但为了加快文教卫生科学事业的发展,还是尽了很大的努力。从一九七七年到一九八一年五年中,国家财政收入平均每年递增百分之五点三,文教卫生科学事业费平均每年递增百分之十五。当然,目前文教卫生和科学事业方面需要解决的问题确实很多,由于国家财力物力有限,有些问题只能逐步地加以解决。

(六)国防战备费一百七十八亿七千万元,比上年增加十亿七千万元。为了加速军队现代化、正规化的建设,适当增加这方面的支出是必要的。

(七)行政管理费七十八亿元,比上年增加五亿六千万元。主要是因为公安、检察、司法工作需要进一步加强,一部分军队干部转业到机关工作,这方面的人员工资、办公费和业务费用需要相应地增加。

(八)总预备费二十七亿元。其中,中央预备费十亿元,地方预备费十七亿元。

(九)国外借款还本付息三十五亿五千万元。预计到一九八二年年底,由国家财政负责的国外借款,余额为五十多亿美元。

上述国家预算草案,继续保持了财政收支的基本平衡,这将有利于控制市场物价,逐步消除国民经济中潜在的危险,保持经济上的稳定。同时,在预算的安排中,也适当照顾了今后国民经济发展的需要,为下一步建设作准备。这个预算草案还考虑了在发展生产的基础上继续改善人民生活。对于安排城镇待业青年就业问题,继续解决没有实行奖金制度的国家机关、科学文教卫生等部门中工作人员的工资调整问题,都作了适当安排。

应当承认,一九八二年国家预算草案也是安排得比较紧的。去年财政收支的基本平衡,主要是靠大幅度压缩支出实现的,今年有些必需的开支还要增加,因此,在收入同支出之间,还有一些差额。平衡今年的财政收支,将主要依靠增加收入,并严格控制支出。现在看来,收入任务的完成,尚有待于各地区、各部门进行艰苦的工作,而预算支出在执行中还可能遇到一些事先难以预料的开支问题。为了实现全年收支基本平衡,我们必须狠抓增产节约,努力增加收入,认真节约支出,力争在预算执行过程中缩小财政赤字。

二、为实现一九八二年国家预算而努力

今年已经过去三个多月了。从第一季度的收支看,总的情况是良好的。全季财政收入二百三十八亿元,完成年度预算的百分之二十一点七;财政支出二百亿元,完成年度预算的百分之十七点八;收支相抵,收大于支三十八亿元(去年第一季度收大于支近四十亿元)。可见,收入和支出的进度都比较正常。值得注意的是,去年财政收支实现了基本平衡,加上今年第一季度的生产和收入情况又比较好,一些单位出现了松劲情绪,各方面提出的追加支出比较多。最近国务院已通知各地区、各部门,一定要注意控制支出,坚决防止扩大今年的收支差额,影响国家预算平衡任务的实现。

为了确保今年财政收支的基本平衡,我们必须充分认识当前的大好形势和有利条件,坚决排除各种困难,扎扎实实地做好以下几项工作。

首先,要围绕提高经济效益,发动广大群众,进一步开展增产节约的活动。增加生产、厉行节约是我们增加社会主义财富的基本源泉,也是解决当前财政困难、资金不足的有效途径。从今年生产发展的趋势来看,国家计划规定的指标是完全可以实现的。我们应当努力争取生产增长的速度超过一点,经济效益提高一些。特别要注意把速度和效益统一起来,努力实现扎扎实实、没有"水分"的速度,防止效益差、"水分"多、务虚名、受实害。我们讲经济效益,就是要以尽量少的劳动消耗和物质消耗,生产出更多的符合社会需要的产品。企业的各项产品都要努力做到消耗低、质量好、适销对路。如果消耗高、质量次、不适销对路,生产越多,浪费越大。新中国成立以来,我们曾经先后搞过几次清产核资,报废了大量产品,教训是很深的。这种得不偿失的事情,今后一定要努力避免。我们今年一定要在提高经济效益上挖潜力,求速度,并确保增产增收,使财政收入与工农业生产同比例增长。这是完成和超额完成一九八二年国家预算的首要条件。

第二,要整顿企业财务和加强税收工作,大力组织财政收入。为了挖掘现有企业的潜力,提高经济效益,增加财政收入,国务院已经决定,用两三年的时间,分批地有计划地对现有企业进行全面整顿。最近,各地正在对企业进行财务大检查,发现财务混乱、账目不实、乱摊成本、乱拉资金、截留和挪用国家收入等问题相当普遍。这不但影响企业正常的生产经营活动,而且难以正确地反映、核算和分析企业的经济效益。因此,在企业整顿中,一定要把财务整顿放到重要位置上来。各级企业主管部门和基层企业的领导人,都要重视和支持财务会计工作,不能把它看成可有可无、碍手碍脚的事情。要通过这次整顿,加强企业财务会计方面的基础工作,实行全面的经济核算制,使企业财务混乱的状况有一个根本的转变。同时,还要通过整顿财务,堵塞收支上的漏洞,把原来被某些企业非法挖走的国家财政收入收回来。我们估计,这项工作搞好了,今年可能收回二十亿元左右,这将大大有利于平衡国家财政收支。为了切实加强税收工作,发挥税收在国民经济中的杠杆作用,国务院还决定,今年要进一步加强和健全税务机构,配备强有力的干部担任领导职务,并增加一批税务干部。税收是一项政策性很强的工作,全国税政必须统一。凡属全国统一规定的税收法令,各地区、各部门必须严格执行,不得超越权限,擅自减免税收。所有纳税单位和个人,都必须自觉地履行纳税义务。企业单位收回的货款,必须首先交纳税款;拖欠税款屡催不交的,除按规定通知银行扣交外,还要追究有关人员的责任。各级税务机关要秉公执法,坚决改变管理偏松、监督不力的状态。

第三,按照实事求是、量力而行的原则,把支出切实控制在国家财力可能的范围以内。在国民经济调整时期,生产和财政收入增长的速度不可能很高,而我们要办的事情很多,资金的需要与可能之间的矛盾相当尖锐。这就需要坚持有多少钱、办多少事和少花钱、多办事的原则,按照国家计划和预算进行控制。鉴于今年预算平衡相当紧张,从现在起,除了个别特殊情况以外,应当停止追加新的支出。基本建设投资要控制在国家计划指标以内,不要超过,以免拉长战线,物资供应不上,打消耗战。其他各项财政支出,已根据事业发展的需要和财力的可能,作了适当安排;在执行中要精打细算,节约使用,不要突破预算指标。各项非生产性开支和社会集团购买力,要继续进行控制,以缓和市场商品供应的压力。

在经济建设中,我们要注意发挥银行的作用。要通过银行信贷业务,在信贷计划基本平衡的前提下,有计划地运用一部分地方、企业以及个人的存款,支援国家经济建设。但要看到,银行的信贷资金来源也是有限度的,而且把这一部分存款用于建设,还需要进行财力与物力的综合平衡。因此,银行贷款要按照计划发放,不能随便超过,并且要讲求经济效益,没有效益不予贷款。企业归还贷款要按规定办事,从贷款项目新增加的利润中归还,不能挖原有的利润。

第四,继续坚持现行的财力分配政策,保持政策的稳定性和连续性。党的十一届三中全会以来,为了改变过去那种积累和消费比例严重失调,以及财权集中过多、统得过死的状况,国家在财力分配政策方面作了适当的调整。据财政部初步统计,从一九七九年到一九八一年,国家共计拿出一千四百多亿元,用于提高农副产品收购价格,减轻农村税收负担,安排城镇待业青年就业,增加职工工资,实行奖励制度,对部分农业生产资料和人民生活基本必需品实行价格补贴,以及兴建城镇职工住宅和城市建设。国家还通过实行企业基金制度、利润留成、盈亏包干等办法,在三年间给企业留下二百八十多亿元,由企业支配使用。现在,城乡人民生活有了改善,企业的财权也已经扩大,在这种情况下,我们就要注意把财力的分配稳定在国家财力许可的范围之内,坚持实事求是,量力而行,不要做力所不及的事情。要在稳定政策的前提下,对某些不合理的部分逐步地进行一些必要的调整和整顿。今年,农产品的收购价格不提高,统购、派购任务要保证完成,不能随意降低,超购加价和议价的范围、幅度,要严格按照国家规定办理。在现行各种产品的价格补贴中,个别产品补贴过多的,要适当地进行调整。对企业职工发放的奖金、补贴,由于有些企业不按国家规定办事,已经发生滥发或变相发放的情况,正在进行整顿。对企业实行的利润留成和盈亏包干办法,要严格按照国家的规定执行,凡超越规定、留用利润过多的,要加以纠正。总之,合理的、政策允许的,要坚决保护;不合理的、超越政策规定的,要切实纠正;采取非法手段取得的收入,要严肃处理。

第五,严肃国家法纪,同经济领域里的犯罪活动进行坚决的斗争。当前正在进行的这场斗争,是在新的历史条件下阶级斗争在经济领域里的重要表现。搞好这场斗争,才能正确地执行对外实行开放和对内搞活经济的政策,才能保证我国现代化建设沿着社会主义轨道前进。各地查出的经济犯罪案件说明,经济犯罪活动往往同违犯财经纪律联系在一起。各级财政、税务部门应当通过财政监督,发现和提供经济犯罪案件的线索,在当地人民政府的领导下,密切配合公安、检察、司法等机关,搞好这场斗争。当然,经济犯罪活动同违犯财经纪律行为是有区别的,两者不能混淆。在处理这两类案件时,凡属破坏经济的犯罪活动,应当按照第五届全国人民代表大会常务委员会第二十二次会议通过的《关于严惩严重破坏经济的罪犯的决定》和最近党中央、国务院作出的《关于打击经济领域中严重犯罪活动的决定》以及有关的国家法律,区别不同情况,提交司法机关,依法处理。凡属违犯财经纪律的问题,则应按照国家的有关法令和规定,严肃认真地处理。对某些单位采取非法手段取得的收入，原则上都要追回，不能让他们在经济上得到好处；情节严重的应当追究单位领导人和有关人员的责任，并给以纪律制裁。财政部门还要在这个基础上，检查现行财政制度和财务管理工作中的漏洞和缺陷，抓紧财政立法，健全经济法规。

各位委员：目前我国的政治经济形势很好。尽管在我们面前还有不少困难，但都是前进中的困难，经过努力，是可以克服的。去年我们已经扭转了财政出现大量赤字的局面，今年实现财政收支基本平衡也是能够做到的。我们一定要振奋精神，实事求是，团结一致，同心同德，为完成和超额完成一九八二年国家预算而奋斗。

**宪法修改委员会副秘书长胡绳举行记者招待会介绍《中华人民共和国宪法修改草案》的有关情况**

胡绳向 100 多位中外记者谈到，这部宪法修改草案比过去的几部宪法有了进展，有些条文恢复了 1954 年宪法的规定，有些条文是以前的宪法所没有的。他向记者们介绍了宪法的修改过程，并回答了大家提出的问题。

**国务院发出《关于制止企业职工从事不正当经济活动牟取额外收入问题的通知》**

近几年来，随着企业整顿工作的开展，广大职工的精神面貌发生了可喜的变化。绝大多数职工努力生产，积极工作，为"四化"建设作出了新的贡献。这是职工队伍的主流。但是，也有少数职工为了牟取额外收入，从事不正当的经济活动，给社会经济秩序、企业生产经营管理和职工身心健康带来不利的影响。从总体上看，这类事情害多利少，如果放任下去，会产生严重后果。为了制止这种不良倾向的蔓延滋长，加强职工队伍建设，整顿劳动纪律，建立企业良好的生产秩序，特作如下通知：

一、企业职工必须履行自己的职责，坚持四项基本原则，保持和发扬工人阶级的优良传统，树立主人翁责任感，热爱本职工作，遵纪守法，忘我劳动，完成或超额完成生产计划和工作任务，努力为"四化"建设多做贡献。各企业要进一步建立健全各项生产管理和劳动管理制度，贯彻执行按劳分配原则，搞好职工福利工作，热情帮助职工解决生活困难。

二、企业所有职工都不允许从事不正当经济活动，牟取额外收入。

1. 企业职工不得借故请假，甚至旷工，或利用业余时间私揽外活，私自受聘承担外单位工作，牟取额外收入。

2. 企业职工不得使用企业的设备、能源和原材料，或利用企业的供销关系和科研成果，从事本企业规定以外的任务，牟取额外收入。

3. 企业职工不得从事个体经营、贩运、倒卖工农业产品等活动。

4. 企业职工不得从事投机倒把、买空卖空和走私活动。

5. 企业领导和管理人员不得为不正当的经济活动提供人力、资金、物资和设备，不许同从事非法经营者进行合作、交易，从中渔利或收受贿赂。

三、企业对从事不正当经济活动牟取额外收入的职工，必须进行认真教育，分别情况，严肃处理。

1. 对从事不正当经济活动牟取额外收入的职工，要以正面教育为主，辅之以必要的纪律，使他们限期改正。

2. 对于本通知下达后，仍然违反企业规章制度、劳动纪律或借故请假、旷工从事不正当经济活动牟取额外收入的职工，要根据情节轻重给予适当经济制裁或行政处分，对他们所请病假、事假应作旷工处理。

3. 对于因从事不正当经济活动牟取额外收入而造成生产事故、人身事故或在其他方面严重损害国家、集体利益的职工，除给予必要的行政处分外，必须令其赔偿经济损失。

4. 对于严重违法乱纪、屡教不改的职工，企业有权按照有关规定给予开除处分，并依法追究经济责任和法律责任。

四、企业不得擅自使用外单位的职工。因生产、工作需要必须聘用外单位职工时，应先征得职工所在单位的同意，由双方单位签订协议或订立合同。对经过双方单位协商同意借用的人员，应按照规定支付工资、奖金、补贴等劳动报酬。劳动报酬付给职工所在单位，按规定发给职工本人。任何单位都不准违反规定，支付高额报酬，违者应受财经纪律处分。对于聘用外单位退休职工做技术和业务指导的，必须严格按照《国务院关于严格执行工人退休、退职暂行办法的通知》(国发〔1981〕164 号)的规定办理，各省、自治区、直辖市聘用上海等沿海城市的退休职工，还要按国家经委、财政部、国家劳动总局《关于在学习上海等地先进技术、管理经验活动中开展技术经济协作的暂行办法》(经企〔1981〕457 号)执行。

五、工商行政管理、财政、税收、银行等部门，应积极配合企业及其主管部门做好制止职工从事不正当经济活动牟取额外收入的工作，堵塞漏洞，确保企业和国家利益不受损害。企业财务部门要切实负起责任，加强财务监督，不得支付擅自使用外单位职工和其他不正当经济活动的费用。

六、各级企业主管部门或地方政府，可以按照上述通知精神，结合本部门、本地区的实际情况，作出具体规定。

**中办转发中国科协党组和共青团中央《关于全国青年自学经验交流会情况的报告》**

中央书记处认为，建设社会主义现代化强国，需要各方面的有专业知识的优秀人才。从我国目前教育的现状来看，由于高等学校和中等专业学校招生的数量有限，每年的小学、初中和高中毕业生中都各有很多人不能升入高一级的学校。这种状况在短期内不可能有很大的改变，即使将来教育事业有了很大的发展，在相当长的时期内，也不可能做到人人都上大学。因此，必须大力倡导青年自学。

中央书记处指出，把广大青年的精力引导到勤奋学习上来，对于转变社会风气，促进青年的健康成长，建设社会主义精神文明都具有重要的意义。不仅各级党政领导机关要重视这件事，教育、劳动人事、科技等部门，工会、共青团、妇联、科协等人民团体，以及整个社会和每个家庭，都要关心和支持这件事，并且认真负责地做好自己应承担的工作。各地区各部门各单位要根据自己的实际情况，多想些办法，为青年自学创造一些必要的条件。

中央书记处要求，对自学青年的考核、待遇、使用等方面的问题，教育、劳动人事、科技等有关部门和共青团、科协等人民团体，应主动协商、密切配合，有计划、有组织地进行调查研究，逐步制定出一套切实可行的办法，以利于进一步调动广大青年学习的积极性，为尽快地培育现代化建设人才作出更大的贡献。

中国科协党组、共青团中央在给党中央的报告中，汇报了几年来我国广大青年学习的情况和青年在自学中遇到的一些问题。建议各级党政领导机关要进一步重视、支持青年自学。即使是对那些根据自己的兴趣和爱好自学的青年，只要在积极做好本职工作的前提下，学习对社会有益，也要予以关心和支持。对于那些压制、打击青年学习的人，要给予批评、教育，严重的应该受到处分。要加强对青年自学的指导工作，有条件的地方可以成立青年自学“咨询站”、“指导站”等机构，有关部门要帮助配备适当的人员，并给予必要的物质支援。对于自学成才的青年，应制定出适合自学特点的考核办法，以利于更好地调动青年学习的积极性。

**中央国家机关开展“全民文明礼貌月”活动经验交流会在北京举行**

中央国家机关临时党委在会上强调，各单位要把社会主义精神文明建设放在重要地位，深入持久地抓下去，为实现党风、社会风气和社会治安的根本好转而努力。

去年以来，中央国家机关各部委广泛开展了“五讲四美”活动，特别是党中央提出中央机关要做全国的表率以后，各单位做了很多工作，机关面貌发生了较大变化。在“全民文明礼貌月”活动中，中央国家机关共有30个部、委机关和直属单位，因成绩优异被评为北京市的先进单位。

煤炭部机关党委、铁道部北京材料总厂、四机部四〇一职工医院的同志介绍了他们开展“全民文明礼貌月”活动的经验。中央国家机关临时党委副书记王正代表机关党委，就深入开展“五讲四美”活动和加强社会主义精神文明的建设提出了要求。他指出，各单位要把对干部、职工进行共产主义思想教育，作为深入开展“五讲四美”活动和加强精神文明建设的中心来抓。要把“五讲四美”活动和精神文明建设，同执行《关于党内政治生活的若干准则》，进行遵纪守法的教育，打击经济犯罪活动，清理黄色下流的书刊、歌曲以及进行经济形势的教育等工作结合起来；把进行社会主义、共产主义教育同反对资本主义思想腐蚀和封建主义残余影响的斗争结合起来。各单位要结合机构改革，建立各项工作的制度和守则，明确职责权限，提高办事效率和工作质量，克服官僚主义。

中央国家机关临时党委书记宋一平，副书记王锐、王凌和各单位机关党委、办公厅负责同志、先进单位的代表2000人参加了会议。

**全国妇联主席康克清在人民大会堂会见以朝鲜劳动党中央委员会候补委员李秀月为团长的朝鲜民主妇女同盟代表团**

**全国人大常委会副委员长乌兰夫在北京会见利比亚总人民代表大会总秘书处秘书长穆罕默德·扎鲁克·拉加卜**

**国务院副总理谷牧在北京会见美国福陆公司的领导人**

他说，能源开发和交通运输都是我国工业发展的重点。在煤炭方面，有对老矿的改造，也有对新矿的开发。他对中国煤炭开发总公司同福陆公司签订的有关抚顺西露天矿改造设计咨询合同给予积极评价。

**解放军总政治部向全军各部队发出关于认真学习和讨论宪法修改草案的通知**

通知指出，参加学习和讨论宪法修改草案，这是我国人民政治生活中的一件大事，是人民参与管理国家的一种重要形式。全军各部队要通过对宪法草案的学习、讨论,对干部战士进行一次宪法教育,使全军同志充分认识宪法的重要性,修改宪法的必要性,了解宪法草案的基本内容,增强国家主人翁的责任感,更加自觉地坚持四项基本原则,模范地遵守宪法和法律。通知要求部队各级党委和政治机关要把这一学习和讨论当作一件大事来抓,切实加强领导,要组织干部战士逐条、逐句地讨论,在领会宪法修改草案精神的基础上,充分发扬民主,各抒己见,积极提出修改意见。

全军各部队党委和政治机关分别对所属部队的学习讨论作出了具体安排。福州部队党委要求所属各部队分三步组织学习讨论。第一,抓好团以上党委和政治机关的学习,要求他们认真领会修改宪法的意义和指导思想,了解宪法草案的基本内容;第二,抓好试点,各单位的主要领导干部要深入部队调查研究,分别抓好一个连队的学习、讨论,通过试点取得经验;第三,全面展开学习和讨论,采取各种形式把学习和讨论活动搞得扎扎实实。成都部队政治部发出通知,要求所属部队大力开展宣传工作,使宪法修改草案的基本内容家喻户晓,人人皆知。特别要加强对边远和分散单位的领导,保证每个干部战士都能参加学习和讨论。

全军各部队的党委对宪法修改草案的学习抓得很紧,积极带头。总参谋部、总政治部、总后勤部和空军、海军、北京、昆明、南京、济南、武汉、乌鲁木齐等部队的党委,分别召开了党委会、党委扩大会和各种座谈会,组织大家进行认真学习和热烈讨论。沈阳、广州、兰州等部队的领导同志,在抓好自身学习的同时,还深入基层同干部战士一起学习讨论,帮助指战员加深对宪法修改草案基本精神的理解。

**中国第一所新型的社会主义开放性大学——中华社会大学在北京成立**

这是一所由全国科学社会主义学会(筹委会)和北京科学社会主义学会主办的集体所有制的民办大学。目前,学校一共设有文、理、工、医、艺术几科的15个系,每系还分为三部,即:半工半读部、函授部和科学研究部。半工半读部的学制为2年至4年,现有近30个专业。实行走读。招生对象主要是具有高中毕业文化程度的待业青年,经过考试,择优录取。学生入学后,实行半工半读。学习期满后,考试合格者,发给毕业证书,学校向有关用人部门推荐,不包分配。待将来在各省设立分校后,招生范围可扩大到全国。

函授部面向全国招生。学生入学不要考试,也不受文化程度、年龄、性别、职业的限制,只需缴少量注册费即可成为该校学生。学校负责提供教材,并用刊物、录像、录音进行讲授辅导,解答疑难问题。学生参加各地自学考试,成绩合格的发给毕业证书,但不管分配。

**国务院副总理万里就中国民航266号客机失事的善后处理问题召集有关部门负责人召开会议**

国务院秘书长杜星垣、副秘书长陈楚,中国民航总局副局长郭浩,旅游总局局长韩克华和其他有关部门的负责人参加了会议。

万里副总理详细询问了飞机失事的情况。据报告,遇难的104名乘客中,有香港同胞52人,内地旅客45人,华侨和外籍华人5人,美国人2人。机组人员8人也全部遇难。飞机失事的原因正在调查中。

万里对不幸遇难的旅客和机组人员表示深切的悼念,对他们的家属表示诚挚的慰问。他要求有关部门认真查明情况,妥善做好善后工作,总结经验教训,改善管理,防止今后发生类似的事故。

**何思源逝世**

全国政协第五届委员会委员、中国国民党革命委员会第五届中央委员会委员何思源同志,因病医治无效,于4月28日在北京逝世,享年87岁。

何思源同志是山东省菏泽县人,早年毕业于北京大学,留学美、德、法等国。解放前曾任中山大学教授、法学院院长,国民党山东省政府教育厅长、省政府主席,北平市市长等职。1949年北平解放前夕,他被华北七省、市参议会推选为和平谈判首席代表。

解放后,何思源同志历任中国人民政治协商会议第二、三、四届全国委员会委员,中国国民党革命委员会中央委员会委员等职。

## 4月29日

**《人民日报》发表社论《全民动员讨论宪法草案》**

《中华人民共和国宪法修改草案》的公布并交付全民讨论,是我国人民政治生活中的一件大事。全国各族人民要立即行动起来,积极投入全民讨论宪法修改草案的工作。

党的十一届三中全会以来,经过拨乱反正,党中央制定了一系列正确的方针政策,积极稳妥地进行政治体制、经济体制的改革,我国的政治、经济形势有了很大的变化和发展,全国出现了安定团结、生动活泼的政治局面。1978年的宪法已经不能适应形势发展的需要,有必要也有条件对它进行全面的修改。现在的这部宪法修改草案,就是宪法修改委员会根据五届人大三次会议关于修改宪法和成立宪法修改委员会的决议,经过一年半的工作,深入调查研究,广泛听取中央和地方各部门、各方面的意见,以《关于建国以来党的若干历史问题的决议》为指导,总结了我国30多年来社会主义革命和建设的经验拟定出来的。这是一部符合我国实际的比较完善的宪法修改草案。

这部宪法修改草案，经过全国各族人民广泛深入的讨论，提请第五届全国人民代表大会第五次会议审议通过之后，将成为我国新的历史时期的国家根本大法，成为全国各族人民、一切国家机关和人民武装力量、各政党和各社会团体、各企业事业单位的活动准则，成为实现我国社会主义民主的制度化和进行社会主义法制建设的基础。中央和地方的党、政、军组织、人民团体以及城市和农村的各基层单位，要充分认识这次讨论宪法修改草案的重大意义，把这项工作摆到重要日程上来。

我国是工人阶级领导的、以工农联盟为基础的人民民主专政的社会主义国家，一切权力属于人民。动员全民讨论宪法草案，广泛吸收人民的意见进行修改补充，才能使宪法草案更充分地体现人民的意志。同时，全体人民参加关系自己切身利益的国家根本大法的讨论，能够增强主人翁的责任感，从而自觉地执行和遵守宪法的有关规定，加强对各级政府的监督，积极地同一切违反宪法的行为作斗争。这样，就能保证宪法的贯彻和实施，发挥根本大法的作用。

动员全国各族人民开展宪法修改草案的讨论，也是对全体人民进行社会主义民主和法制教育的一次极好机会。要建设现代化的社会主义强国，必须发扬社会主义民主，健全社会主义法制。发扬社会主义民主，才能调动广大人民进行现代化建设的积极性和主动性；健全社会主义法制，才能保证国家的各项工作沿着正常的轨道进行，巩固和发展安定团结的政治局面。我们党已经总结了建国以来的历史经验，全国人民代表大会已经采取许多立法措施，国家行政系统也进行了许多改革。我国的社会主义民主和社会主义法制走上了健康发展的道路。当前正在进行的机构改革以及政治体制、经济体制和领导体制的改革，将使我们国家的各项根本制度更加完备、更加健全，保证我国沿着社会主义道路向前发展，保证社会主义现代化建设的顺利进行。这次交付全民讨论的宪法修改草案，记载了三中全会以来各项改革的成果，肯定了继续改革的方向。在这种情况下，通过全民讨论宪法修改草案，必将进一步提高人民对社会主义民主重要性的认识，进一步增强人民的法制观念。宪法修改草案中规定："人民有权依照法律规定，通过各种途径和形式，管理国家事务，管理经济和文化事业，管理社会事务。"讨论宪法修改草案就是人民行使这种权利的一种途径和方式。通过讨论，全体人民会更加懂得，我国的宪法和法律是工人阶级领导全体人民，通过自己的权力机关——全国人民代表大会制定的，它们是广大人民的意志和利益的集中表现。任何组织或者个人，都不得有超越宪法和法律的特权。可以说，这次全民讨论宪法草案，既是人民行使当家做主的权利，又是人民学习社会主义民主和法制的一次很好的实践。它必将为今后进一步发扬社会主义民主，加强社会主义法制打下良好的基础，因此，搞好这次讨论的意义是非常重大的。

各级党委和全党同志要高度重视宪法修改草案的讨论，切实加强领导，带头参加讨论。党委要同各有关方面密切配合，动员组织各宣传舆论部门，对宪法修改草案的基本精神和基本内容，它的指导思想以及关于公民的基本权利和义务、国家政治经济制度的重要规定等作通俗易懂的讲解介绍，务使家喻户晓，人人明白。讨论要充分发扬民主，使各族各界人民群众都能各抒己见，畅所欲言。这次讨论要进行四个月，各个地方、各个单位应从实际出发，妥善安排这项工作，把这个讨论同其他工作互相结合起来，互相促进。

全民讨论宪法修改草案，是社会主义民主的生动体现。我们相信，通过这次讨论，我们一定能够顺利地完成宪法修改工作，使我国的宪法符合新的历史时期的要求，指引我国人民夺取社会主义建设的新胜利！

**国家统计局发布1981年国民经济计划执行结果的公报**

国家统计局宣布，1981年我国工农业总产值按1980年不变价格计算为7490亿元，比上年增长4.5%；国民收入初步计算为3880亿元，比上年增长3%。

国家统计局发表的关于1981年国民经济计划执行结果的公报说，在生产发展的基础上，国内外贸易日益发展，人民生活继续有所改善。

公报指出，1981年我国财政收支实现基本平衡，市场物价基本稳定，国民经济主要比例关系继续改善，生产建设进一步发展。公报说，这是我国各族人民在中国共产党和人民政府领导下贯彻执行进一步调整国民经济的方针，经过积极努力而取得的显著成果。

公报指出，国民经济中存在的问题主要是：财政收支的基本平衡还不巩固，物价在争取基本稳定的过程中仍有部分商品价格上涨，大多数部门和企业的经济效益差，能源生产略有下降，消费品生产的增长同社会购买力的增长不相适应。

**国务院副总理姬鹏飞在北京会见阿扎尼亚泛非主义者大会主席约翰·尼亚提·波凯拉一行**

**外经贸部部长陈慕华在中南海会见由副主席诺伯尔·鲍威尔率领的加拿大国际发展署代表团**

**解放军总参谋部 总政治部 总后勤部发出通知要**

**求全军做爱护文物古迹的模范**

通知指出,我国历史悠久,文化遗产极为丰富。保存在地面地下的历史文物和革命文物,是国家和人民十分珍贵的文化遗产。广大指战员,曾为保护国家文物古迹作出了贡献。

为了使部队更好地贯彻执行党和国家有关保护文物古迹的政策和规定,切实抓好落实,通知要求:

一、要组织部队认真学习国务院有关加强古建筑和文物古迹保护管理工作的指示,了解和熟悉国家有关保护文物古迹的政策和规定,自觉遵守,做爱护文物古迹的模范。

二、驻在国家重点保护的古建筑内的部队,要按照有关规定,积极创造条件迁出来。驻在历史文化名城的部队,在营区规划、军事设施建设等方面,要严格遵守有关规定。驻在文物古迹区附近和名胜风景区的部队,凡有"三废"、噪声、恶臭污染的,必须尽快设法治理。

三、经有关部门审核可以继续使用古建筑的部队,要严格按《文物保护管理暂行条例》的规定,制定防火、防盗、防霉烂、防损坏的措施。

四、今后各单位在进行营建和构筑军事设施时,应尽量避开古建筑和名胜风景区,严禁乱拆、乱挖、乱建。

五、部队在施工、营建、生产中,若发现古墓、古城遗址或其他历史文物,必须严加保护,并立即报告上级和文物管理部门。

六、凡部队人员到古建筑内和名胜风景区执行任务或游览,应严格遵守有关规定,爱护文物古迹,不准采花折木,不准乱涂乱画。

## 4月30日

**首都工人和各界群众在人民大会堂举行联欢晚会庆祝"五一"国际劳动节**

党和国家领导人、在京的一些外国朋友和来宾同群众一起出席联欢晚会。

中共中央副主席、国务院总理赵紫阳出席了联欢晚会,并在会上亲切会见了黄文欢同志和9个外国代表团的团长,他们是:西班牙共产党中央执委西蒙·桑切斯·蒙特罗;朝鲜民主妇女同盟中央委员会副委员长李秀月;赞比亚联合民族独立党中央委员坎卡萨夫人;朝鲜职业总同盟副委员长禹钟学;巴勒斯坦工人总联合会宣传书记哈立德·阿卜杜勒·加尼;印度劳工协会总书记瓦希斯特;西班牙工人委员会工会联合会国际关系书记刷拉芬·阿列格;委内瑞拉工人联合会执行委员伊斯马里奥·冈萨雷斯和哥伦比亚全国司机工会主席坦克雷多·埃朗·梅西亚。

参加联欢晚会的还有在京的华侨、港澳同胞、台湾同胞、外籍华人。

彭真、王震、韦国清、乌兰夫、方毅、余秋里、张廷发、耿飚、倪志福、彭冲、陈慕华、万里、习仲勋、王任重、谷牧、杨得志、姚依林、廖承志、许德珩、杨尚昆、班禅额尔德尼·确吉坚赞、康世恩、薄一波、姬鹏飞、杨静仁、黄华、江华、韩先楚、王平、刘澜涛、陆定一、康克清、王首道、胡子昂、王昆仑、何长工、萧克、周培源、钱昌照、董其武,出席了联欢晚会。

联欢晚会是由全国总工会、文化部、人民解放军总政治部和北京市人民政府联合举办的。

**全国人大常委会委员长叶剑英会见在京的华侨港澳同胞 台湾同胞 外籍华人知名人士同他们一起共庆"五一"国际劳动节**

叶剑英同客人们谈起了当前正在进行的机构改革工作。他说,我们有大批为人民的事业奋斗了几十年、半个多世纪的老干部,现在他们由于年龄、身体的关系,再担任第一线的领导工作比较困难了。在国家机构改革工作中,这些老同志自动要求从领导岗位上退下来,做些力所能及的工作。所以,这次的机构改革和领导班子配备工作进行得很顺利,这是十分可喜的。

叶剑英说,大家从海外来到北京,都关心着祖国的事业,都有着一颗火热的心,这是非常可贵的。大家希望把祖国建设好,现在我们有条件把祖国建设好,也一定能建设好。当前国家正在进行的机构改革,要先把领导班子配备好,这个问题解决好了,国家建设的步伐就会更快些。搞好领导班子的工作,要靠老干部和新干部共同努力,还要靠科学文化知识,要靠学习。

参加会见的有费彝民和夫人、梅文鼎和夫人、梅子强、黄文钦、吴永泰、黄世楷、高武义、黄来水、郑绍隆、林达光、袁晓园、杨孟东和夫人、陈宣远和夫人、陈宣响和夫人、李海安、李菊生。

全国人大常委会副委员长廖承志等会见时在座。

**中共中央副主席华国锋在北京医院同医护人员一起庆祝"五一"国际劳动节**

**国防工业战线劳动模范代表全国国防工业战线广大职工看望中央军委副主席聂荣臻**

聂荣臻同志在家里接待了这些正在北京参加全国劳模代表座谈会的劳模们。他说:我们是长征的战士,新的长征靠你们。"四化"建设是新的长征,任务很重,也很艰苦。你们都是解放后培养起来的骨干力量。技术改革,技术革新,带青年人,这些任务都落在你们身上。他说:"我相信你们一定能为国防现代化建设作出更大贡献！

聂荣臻同志说：我们现在实行对外开放政策，引进先进技术，这是很必要的。但是，不要认为什么东西都是外国的好。我们要注意自力更生，要自己研制一些东西。

看望聂荣臻同志的劳动模范李临庄、赖爱光、陈火金、张荣祥、王汉礼、陈钟盛，有的是为国防工业作出了重要贡献的工程技术人员，有的是“铁人式工人”。他们向聂荣臻汇报了我国国防工业所取得的成就。

劳模代表向聂荣臻表示，一定不辜负老前辈的殷切期望，回去后要更好地发挥带头作用、模范作用和桥梁作用，把工作做好，努力为国防工业现代化贡献更大的力量。陪同国防工业战线劳模代表去看望聂荣臻同志的还有中华全国总工会主席倪志福、中华全国总工会候补书记王申详。

**民革中央副主席朱学范就宪法修改草案交付全国各族人民讨论向新华社记者发表谈话**

朱学范说，宪法修改草案中规定了坚持四项基本原则，建设一个具有现代化工业、现代化农业、现代化国防和现代化科学技术的，高度民主的，高度文明的社会主义国家。这是指引全国各族人民前进的方向和目标。他说，在序言中把这些肯定下来，全国人民就有了行动的指导思想，国家的建设航程就有了灯塔。

朱学范指出，宪法修改草案规定台湾是中华人民共和国的神圣领土的一部分。完成统一祖国的大业是包括台湾同胞在内的全中国人民的神圣职责。这体现了全国人民的共同愿望和要求。宪法修改草案的序言中有关统一战线的规定，将大大鼓舞全国各阶层人民的政治热情和战斗意志。

朱学范说，宪法修改草案在总纲中再次肯定了工人阶级在国家中的领导地位，把职工有权按照法律规定通过职工代表大会和其他形式参加企业管理正式列入宪法条文，这就使职工群众的主人翁地位得到了进一步的巩固和加强。这次修改草案中关于公民的基本权利，根据社会主义民主和社会主义法制的原则作了切实的、明确的规定。公民的权利和义务是不可分离的。任何公民享有宪法和法律规定的广泛的权利，同时有遵守宪法和法律的义务。我们要通过这次宪法修改草案的讨论，进行一次普遍的社会主义民主和社会主义法制的教育，形成一个人人遵纪守法、崇尚社会公德的优良风气，振奋人们的精神面貌，促进社会主义建设的顺利发展。

朱学范说：“让我们以主人翁态度积极投入宪法修改草案的讨论，满腔热情地迎接新宪法的诞生！”

**民盟中央主席史良就宪法修改草案交付全国各族人民讨论发表谈话**

史良说，全国各民族各阶层人民广泛深入地讨论宪法修改草案，对于深入总结新中国成立以来社会主义革命和建设的经验，大力发扬社会主义民主和健全社会主义法制，巩固和发展我国安定团结的政治局面，有着十分重要的意义。

史良说，完备立法是加强社会主义法制的重要内容。新中国成立后，我有十年时间任职司法工作。在这段时间里，我亲眼见到许多社会主义法律规范被制定出来，这些法规是我们做好司法工作的根据。而这些法规，又都是以1954年通过的宪法为依据的（在1954年的宪法通过前是依据《共同纲领》）。1954年的宪法是新中国第一部总结人民民主革命成果，真正反映人民利益的根本大法，它对促进我国社会主义革命和建设的发展起了巨大作用。她表示相信，经过对这次公布的宪法修改草案的全民讨论，必然会产生一部符合新的历史时期要求的根本大法，从而大大促进我国社会主义法制的建设。

她说，作为国家的根本大法，宪法修改草案在序言中肯定了坚持四项基本原则。这是我国近代历史基本经验的总结，也是把我国建设成为具有现代工业、现代农业、现代国防和现代科学技术的，高度民主的，高度文明的社会主义强国的保证。

史良说，民盟盟员绝大多数是知识分子。党和国家对知识分子的重视，在宪法修改草案中得到了体现。我国知识分子绝大多数已经属于工人阶级的一部分。总纲第一条关于国体的规定，指出“以工农联盟为基础”，就包括了知识分子；第二十一条还有对知识分子的专门规定，提出“充分发挥知识分子在社会主义现代化建设中的作用”，这就在国家根本大法中确立了知识分子的地位和作用。这些规定，必将激发广大知识分子更加努力为建设社会主义物质文明和精神文明贡献力量。

史良在谈话中要求中国民主同盟的各级组织和全体盟员积极参加宪法修改草案的讨论，以国家主人翁的姿态，各抒己见，畅所欲言，认真提出修改意见，使我国这部新时期的根本大法更加完备。

**农工党中央主席季方就宪法修改草案交付全国各族人民讨论向新华社记者发表谈话**

季方指出，全国人大常委会公布宪法修改草案交付全国各族人民讨论，是我们国家和民族兴旺发达的标志。他要求农工民主党的全体成员认真参加讨论。

季方说，宪法修改草案实事求是地、简明地记录了我国近代革命斗争成果，是我国革命事业和建设事业的经验结晶。他说,我从参加辛亥革命至今的亲身经历中,深切地体会到宪法修改草案序言中强调坚持四项基本原则的重要性和必要性,体会到只有中国共产党才能领导中国的革命和建设事业,只有社会主义才能救中国,其他各种形形色色的道路都是走不通的。今后,我们仍然要坚定不移地坚持四项基本原则,保证我国沿着社会主义的康庄大道胜利前进。

季方说,宪法是国家的根本大法,是全国人民的最高行动准则。全国人民通过对宪法修改草案的讨论,将会提高当家做主的责任感和荣誉感,提高遵法守纪、依法办事的自觉性,明确一个公民享有的权利和应尽的义务,树立建设精神文明的荣辱感,做一个讲文明、懂礼貌、守纪律的公民。总之,通过对宪法修改草案的讨论,会使我们在思想、作风、精神、品德各方面有一个提高,焕发出积极性和创造性,扎实地做好各项工作。

他说:宪法修改草案明确指出:“由中国共产党领导的,有各民主党派和各人民团体参加的,包括全体社会主义劳动者、拥护社会主义的爱国者和拥护祖国统一的爱国者的广泛的统一战线,这个统一战线将继续巩固和扩大”。中国农工民主党是这个统一战线中的一员,全体成员都要努力发挥才智和专长,广泛地联系有关人士,积极开展工作,为社会主义祖国的“四化”建设,为完成祖国的统一大业,尽心尽力,献计献策,努力作出贡献。

季方说,新中国成立以来,我多次参加了宪法的修改。这次宪法修改草案的公布,和交付全国人民讨论,使我深切地体会到党的光荣传统正在得到恢复和发扬。自宪法修改委员会提出修改稿以来,经过各方面的多次讨论研究,充分发扬民主,集思广益,博采众议,形成了现在公布的宪法修改草案,这充分体现了群众路线的工作方法和民主集中制的原则。我相信,只要全国人民群策群力,殚思竭虑,各抒己见,宪法草案的修改工作必能顺利进行,也一定能修改出一部比较完善、符合我国国情、民情的社会主义宪法。

**全国人大常委会副委员长朱学范在人民大会堂会见乔治·弗雷什市长率领的法国蒙彼利埃市代表团**

**全国人大常委会副委员长廖承志在北京会见日中协会理事长野田毅**

**外经贸部部长陈慕华在人民大会堂会见卢森堡副首相兼外交 外贸和合作大臣科勒特·弗勒施女士**

宾主对中卢两国近年来贸易和经济合作情况表示满意。双方还探讨了今后扩大交往和合作的可能性。

**解放军副总参谋长迟浩田在北京会见并宴请由国防学院顾问蒙果·坦雅西里少将率领的泰国国防学院友好访华团**

**全国人大常委会副委员长廖承志在人民大会堂会见由阿曼逊夫人率领的美国洛杉矶市友好访华团**

**中国代表团副团长沈韦良在第三届联合国海洋法会议第十一次闭幕会上发言**

沈韦良说,公约是会议经过多年谈判和协商所取得的成果,绝大多数国家、特别是广大发展中国家为此作出了重要贡献。但是,他指出,公约还只是建立新的海洋法律秩序的第一步,它的不少条款规定是不完善的,甚至是有严重缺陷的。他认为,广大发展中国家为维护公约的宗旨和原则,捍卫本国的正当权益,还需要继续不断作出努力。

沈韦良指出,在国际海底制度方面的有些规定,对少数工业大国作了过多照顾是不恰当的。他说,为了维护人类共同继承财产的原则和公约的规定,任何国家都不应制定有关深海开发的单方立法,任何单方面立法活动都是非法的和无效的。

关于军舰通过领海的制度问题,沈韦良重申中国政府的立场:即沿海国家有权按本国法律和规章,要求外国军舰通过领海事先须经该国批准或通知该国。对大陆架的定义以及相向和相邻国家间海域参界问题,他也重申了中国的一贯立场。

**华罗庚被选为美国国家科学院外籍院士**

我国数学家华罗庚于被美国国家科学院选举为外籍院士。在美国国家科学院的这次选举中,当选的共有8个国家的12位外籍院士。

**我国迄今年代最早的骨雕人头像在陕西发现**

考古工作者今年在陕南西乡县何家湾新石器时代遗址中,发现了我国迄今发现年代最早的骨雕人头像,其高2.5厘米,头顶直径1.6厘米。面部的横眉粗壮,眼睛大而圆,鼻梁高高隆起,嘴巴凸起。

## 5月1日

**《人民日报》发表社论《充分发扬工人阶级的主人翁精神》**

“山光物态弄春晖”。在80年代第三个“五一”国际劳动节来到的时候，我们高兴地看到，全国政治局面安定，农业生产持续增长，轻工业和日用工业品发展很快，重工业也开始回升，人民生活有了明显的改善，社会风气开始好转。特别令人高兴的是，今年以来进行的机构改革和打击严重经济犯罪的斗争，得到全国人民的拥护，取得了可喜的进展。

我们国家的这些成就，是我国工人阶级和各族人民在共产党领导下，辛勤劳动，努力工作的结果。富有光荣革命传统的中国工人阶级，坚持四项基本原则，在社会主义大道上奋勇前进。许多劳动模范、先进工作者在各自的岗位上，发扬主人翁精神，作出了卓越的贡献，受到人们的尊敬。

工人阶级是我国的领导阶级。工人阶级的主人翁责任感，来自对本阶级历史使命的正确认识，是具有崇高的革命理想和政治觉悟的表现。树立了革命理想，提高了政治觉悟，就会认识到自己所处的主人翁地位，增强主人翁责任感。有了革命理想，对待国家大事、生产劳动、社会风气、人与人之间的关系以及恋爱、婚姻、家庭等问题，就会有正确的态度。没有革命理想，就不能成为工人阶级先进的一分子。解放以前，从“二七”罢工、“五卅”运动、省港罢工、上海工人三次武装起义，直到八年抗战、三年解放战争，老一辈工人阶级的先进分子，英勇奋斗，前仆后继，不怕牺牲，就在于他们以推翻“三座大山”、建立社会主义新中国为自己的革命理想。今天，我们在新的历史条件下建设社会主义，遇到许多新情况，要解决许多新问题。如何帮助和教育广大职工树立革命理想，就是摆在各级党委、工会组织面前的一个重要课题。

马克思主义告诉我们，工人不可能自发地产生社会主义意识。只有经过教育和灌输，接受了科学社会主义思想，工人阶级才能由自在阶级变成自为阶级。几年以来，各行各业新职工增加很多，青年职工已占职工总数一半以上。他们是工人阶级的新鲜血液，富有朝气，爱好学习，接受新事物快，是大有希望的一代，其中许多人已成为生产建设的主力。但是，也有不少青年工人，对工人阶级的优良传统，工人阶级肩负的历史使命了解甚少。有的人还没有确立为人民服务的人生观，有的人还不了解自己所处的国家主人翁地位，对国家大事往往采取旁观的态度，不明白应以新的态度对待新的劳动的道理。这就向我们提出了一项重要任务：根据不同的历史条件，根据各部分工人的特点，进行生动活泼的政治思想工作，组织广大职工特别是青年职工学习马列主义、毛泽东思想，学习近代历史和共产党党史，帮助他们确立共产主义的人生观。必须指出，我们在企业担任领导工作的干部，还应该注意用现实生活对工人进行这种教育。诸如领导干部以身作则用主人翁精神进行工作；认真开好职工代表大会，切实保障工人当家做主管理企业的权利；在力所能及的范围内，尽最大努力解决工人劳动、生活方面存在的实际困难问题，等等。这样把政治思想教育和现实生活的教育紧密结合起来，使广大职工不仅从理论上，而且从现实生活中，进一步亲身感受到自己是国家和企业的主人，增强主人翁责任感的教育就会收到实效。

开展学先进、争当先进的活动，是进行革命理想教育，增强职工主人翁责任感的一种有效方式。在社会主义条件下，工人阶级的先进性，表现在他们能够站在社会主义建设的最前线，勇于创造先进的劳动定额和优异的工作成绩；能够带头实践和传播共产主义思想，坚决抵制资本主义思想、封建残余思想和其他腐朽思想的侵蚀；做建设社会主义物质文明和精神文明的先锋和模范。先进工作者和劳动模范是工人阶级的优秀分子，他们继承和发扬工人阶级的革命传统和优良品质，爱厂如家，忘我劳动，以主人翁态度勇挑重担。特别是三中全会以来，他们坚决贯彻党的路线、方针、政策，在物质文明和精神文明建设中，贡献自己全部的才能和智慧。向先进工作者和劳动模范学习，学习他们的主人翁责任感，像他们那样以主人翁态度为社会主义劳动，以主人翁精神对待国家大事，以主人翁思想处理各种问题，这对广大职工来说，是很生动、很实际的教育。现在有些单位存在一种极不正常的现象：先进人物受到讽刺、压制、打击，以致有些先进人物怕登报、怕表扬、怕奖励。这是摧残先进的歪风邪气。这种好的不香、坏的不臭、正不压邪的现象，必须坚决纠正。

组织职工进行“怎样做一个合格的工人”的讨论，发动职工自觉地制定和遵守职工守则，也是增强职工主人翁责任感、提高职工队伍的政治素质的有效形式。近年来，上海、天津、辽宁等地不少工矿企业这样做了，收到了良好的效果。职工守则是职工群众进行自我教育的公约，是职工共同遵守的基本思想规范和基本行动准则。要从实际出发，针对实际存在的问题，有的放矢地组织职工讨论和制定职工守则，以免流于形式。贯彻执行职工守则，要同加强群众政治思想工作结合起来，把执行守则变成职工自觉的行动，努力把自己培养成为一个有理想、有道德、守纪律、有文化的好工人。工会是职工群众的组织，在这方面应该发挥更大的作用。

现在,形势一年比一年好,尽管在前进道路上还有许多困难尚待克服,还有许多问题尚待解决,但是,中国工人阶级和广大劳动人民对祖国的未来充满信心。我们一定能把我们的国家逐步建设成一个现代化的、高度民主的、高度文明的社会主义强国。

**全国总工会主席倪志福就宪法修改草案向新华社记者发表谈话**

倪志福说,全国人大常委会公布的宪法修改草案是符合我国国情的,它体现了我国工人阶级和全国人民的共同意志和根本利益。

倪志福说,这一宪法修改草案总结了新中国成立以来社会主义革命和社会主义建设的历史经验,肯定了坚持四项基本原则,特别是坚持中国共产党的领导和社会主义制度。它确定了工人阶级在国家中的领导地位,规定了建设社会主义的物质文明和精神文明的任务,规定了人民当家做主的权利和义务,把职工有权依照法律规定通过职工代表大会和其他形式参加企业管理第一次列为宪法条文,使职工的主人翁地位得到了进一步体现。草案对国家机构作了一些新的规定,扩大了全国人大常委会的职权和加强它的组织,恢复设立国家主席,实行总理负责制,设立中央军事委员会,规定中央和地方适当分权,加强民族区域自治。这些规定体现了国家体制的重要改革和发展,将使国家体制更加健全,有力地保证社会主义建设的顺利进行。

倪志福说,工人阶级是国家的领导阶级,全国职工要以主人翁的态度,积极地、认真地参加宪法修改草案的讨论,通过学习和讨论,进一步增强对社会主义民主重要性的认识,增强法制观念,更加懂得和学会怎样依照法律的规定,通过各种途径和形式,充分行使自己的民主权利,自觉遵守宪法,同一切违法乱纪的行为作斗争,维护宪法的权威和尊严。他要求各级工会组织,把组织职工讨论宪法修改草案作为当前的重要工作,摆到重要日程上来,集中精力抓好。各级工会组织要大张旗鼓地进行宣传,进一步激发广大职工的主人翁责任感,振奋革命精神,继续搞好两个高度文明的建设。

**全国妇联主席康克清就宪法修改草案向新华社记者发表谈话**

康克清指出,宪法是国家的根本大法,每一个公民都有遵守宪法的义务;同时,每一个公民都要同一切违反宪法的行为作斗争,维护宪法的尊严。这是我们的神圣职责。她说,宪法修改草案第四十六条规定,中华人民共和国妇女在政治的、经济的、文化的、社会的和家庭的生活等各方面享有同男子平等的权利。男女同工同酬。婚姻、家庭、母亲和儿童受国家的保护。子女有赡养父母的义务。禁止破坏婚姻自由,禁止虐待老人、妇女和儿童。这是我国社会主义政治制度优越性的体现,我们要珍惜这些权利,把这些规定变成生活中的现实。我们各族妇女要继续发奋努力,成为有理想、有道德、有文化、守纪律的人,在建设社会主义物质文明和精神文明中作出更大的贡献。

康克清要求各级妇联高度重视讨论宪法修改草案的工作。首先要组织妇联各级干部认真进行讨论,还要在城市、农村基层妇代会和妇女群众中进行深入的宣传,对宪法修改草案的基本精神、基本内容,对公民的权利与义务,以及有关国家政治、经济制度的规定,作通俗易懂的解释。

要动员广大妇女以国家主人翁的态度积极参加对宪法修改草案的讨论。这是国家赋予全国妇女的权利,也是全国妇女应尽的义务。妇女讨论宪法修改草案,提出修改意见,就是行使公民的权利,就是各族妇女管理国家大事的具体体现。

**中国南海石油联合服务总公司正式成立**

中国南海石油联合服务总公司是广东省人民政府和石油工业部联合经营的、具有法人资格的经济实体,实行对内联合,对外合作的经营方针,承担南海石油勘探、开发的后勤服务工作,包括基地建设和提供直升机、海上船舶、潜水救助、物资、通信、劳务、生产维修、生活服务等项目。根据业务开展需要,总公司将设立若干专业公司和基地服务公司。总公司并根据实际需要将与省内外有关部门、企业进行联合经营,也将与国外工商企业合作或合资经营。总公司和各专业公司、基地服务公司都实行独立经营、单独核算盈亏,按股分配的办法,人财物统一管理、调度。总公司实行董事会领导下的总经理负责制。

**中国参加在美国举办的世界博览会**

中国馆展出了中国人民根据本国特点在新能源利用方面取得的一些成就,其中包括太阳热水器、太阳灶、太阳能航标灯、太阳能电围栏、沼气利用等。还展出了闻名于世的中国万里长城的城砖以及具有中国民族特色的各类工艺品。

**中国古代传统技术展览在加拿大多伦多安大略科学中心举办**

这是中国第一次在国外举办的多种学科的传统科学技术的大型展览。

展览用大量文物、模型和图片介绍了中国在造纸、印刷、火药、指南针等12个方面的古代科技成就,而且还有17位优秀的中国工艺专家在现场表演古代造纸、提花织锦、青铜冶炼和铸造等多种仿古传统技艺。

## 5月2日

**中共中央副主席邓小平在人民大会堂会见卢森堡大公国首相皮埃尔·维尔纳一行**

邓小平说，中卢两国关系的基础是两国对国际局势中许多问题的看法相同或接近。中卢两国的友好合作关系是向前发展的。在谈到欧洲联合问题时，他说，维尔纳首相对促进欧洲联合做了许多事情，我本人也是欧洲联合的一个热心支持者。

邓小平还向卢森堡贵宾介绍了中国国内的情况。维尔纳对中国正在进行的经济调整表示钦佩。他认为，经过努力，中国将能在国际舞台上发挥一个大国应起的作用。

**全国政协副主席 中国伊斯兰教协会名誉主任包尔汉就宪法修改草案向新华社记者发表谈话**

89岁高龄的包尔汉热情赞扬了这一修改草案的基本原则。他特别谈到了这一草案对民族问题的重视。他说，宪法修改草案中扩大了民族自治地方的自治权，规定自治区主席、自治州州长、自治县县长由实行区域自治的民族人员担任；在国家计划指导下，民族自治地方的自治机关自主地管理地方性的经济建设事业，教育、科学、文化、卫生、体育事业。国家在民族自治地方开发资源、建设企业的时候，应当照顾民族自治地方的利益。草案还规定，国家帮助民族自治地方从当地各民族中大量培养各级干部、各种专业人才和技术工人，从财政、物资、技术等方面帮助各少数民族加速发展经济、文化建设事业等等。我认为，这些规定对促进全国各族人民在社会主义基础之上的大团结，动员各族人民共同进行社会主义现代化建设事业，具有深远的意义。以大力培养民族干部来说，民族干部由于与当地人民有更紧密的联系，更加了解民族自治地方的文化、风俗和人民的心理等等，因此，只要他们树立全心全意为人民服务的思想，就有可能更好地为当地人民服务，把各项工作做得更好。

包尔汉在谈到关于宗教的问题时说，宪法修改草案恢复和发展了1954年宪法中的有关条文，规定每一个公民有信仰和不信仰宗教的自由，这是马列主义对待这一问题的一贯态度。我国的宗教界人士绝大多数都是爱国的。实践证明，国家尊重公民的宗教信仰自由，有利于调动他们的积极因素，共同建设好我们的国家。

包尔汉说，现在，宪法修改草案已经公布，交付全国人民讨论。我相信，经过全国人民的集体智慧，宪法修改草案一定会变得更加完善。

**全国电力工作会议在北京召开**

会议要求电力部门每个职工都算电力工业本身的经济效益账，算电力工业为保证国民经济发展的社会经济效益账，让有限的电力发挥最大的社会经济效益。

在电力生产方面，目前不少单位存在着煤耗高、线损率高的问题，致使近年来出现售电成本上升，利润率下降的情况。1981年，原电力部所属企业售电成本每千度比1980年上升6角3分，资金利润率降低了1.4%。全国的线路损失率1981年高达8.91%，比工业先进国家线损率高1.5%左右。农村用电的线损率更大。1981年，有9个省农村用电的平均线损率为17%，高的达50%以上。全国火力发电厂平均每供一度电的煤耗虽然近几年来连年下降，目前已降到442克，但还有潜力可挖。与会同志认为造成线损率和煤耗高虽然有客观因素，但经营管理不善是主要原因。

在电力行业的基本建设方面，普遍存在着工期长、造价高等问题。一个大、中型水电工程的建设工期，在50年代至60年代中期一般只需3年到4年，现在需要5年到10年。平均每千瓦综合投资也从那时的1024元上升到现在的1400元以上。电力是国民经济的动力。会议希望各地电力部门协助地方有关单位把计划用电、节约用电和择优供电尽量组织得好一些。

**全国城镇储蓄大幅度增加**

据《人民日报》报道，中国人民银行的最新统计，今年第一季度我国城镇储蓄存款余额达383.96亿元，比去年年底增加29.82亿元，比去年同期多增加8.53亿元。

据悉，从1979年到1981年的3年间，全国城镇储蓄共增加199亿元，而1949年到1978年的30年间只增加154.9亿元，3年超过30年；按全国城镇全民所有制和集体所有制职工总数计算，1978年平均每个职工储蓄163元，而1981年每个职工平均储蓄达到320多元。

**全国人大常委会副委员长彭冲在人民大会堂会见南斯拉夫联邦检察长乌科·柯泽·古切蒂卡博一行**

**对外友协会长王炳南在北京设宴欢迎由草月会理事长敕使河原宏率领的日本草月会访华团**

**《人民日报》发表江平 黄铸的文章《关于当前民族工作的若干问题》**

三中全会以来，党中央对民族问题和民族工作给予高度的重视,恢复并且发展了党的行之有效的民族政策,各级党委和人民政府也做了大量的工作,民族关系有了显著的改善,民族团结的基础日益巩固。这是事情的本质和主流。

党的民族工作的总方针是,帮助各少数民族达到政治、经济和文化的全面发展,沿着社会主义道路不断前进,逐步实现各民族事实上的平等。在这里,我们想就民族工作的几个问题谈谈自己的看法。

一、民族平等和民族区域自治问题

民族平等是民族团结的基础。我们共产党人是反对民族压迫,主张民族平等的。这是我们对民族问题的一个基本观点。中华人民共和国的创立和社会主义制度的确立,推翻了民族压迫制度,铲除了民族间互相猜疑、歧视、对立的根源,从根本上保障了各民族一律平等。但是,历史上长期形成的民族歧视、民族间不信任的心理,不可能一下子消除。1958年以来在民族问题上的某些"左"倾错误,特别是林彪、江青反革命集团的破坏,更助长了这种心理。我们必须坚决反对一切破坏民族团结和民族平等的言论和行为,巩固和发展我们新型的社会主义民族关系。

但是,我们也不应当不适当地夸大民族不平等的现象,把什么问题都说成民族不平等的问题。比如,汉族和少数民族之间,以及各个少数民族之间,都还存在事实上的不平等。这是历史上遗留下来的,主要由于社会生产力发展不平衡而造成的,各民族在享用各项平等权利方面事实上的不平等,这同法律上政治上的民族不平等,完全是另一回事,决不能混为一谈。我们的社会主义制度为消灭这种事实上的不平等开辟了途径,但是完全消除这种不平等,不是短期内所能做到的。列宁说:"大民族要以对待自己的不平等来抵偿生活上实际形成的不平等。"我们党和国家正是采取这种态度的,并且在不少方面已经这样做了,如少数民族考生降低录取分数线、国家对少数民族地区的大量财政贴补等,都贯穿着这种精神。

民族区域自治是我们党正确解决我国民族问题的基本政策。每个民族自治地方都是祖国不可分割的部分。每个自治机关都是中央人民政府统一领导下的一级地方政权。同时,它又享有自治权利,这就是按照宪法和法律的规定,按照民主集中制的原则,遵循党的路线方针政策,根据当地的民族特点和地区特点,自主地解决当地政治、经济、文化事业中的问题,并且可以制定各项单行条例。对于中央或上级机关规定的方针政策,若有不适合当地情况的,可以不执行,或者变通执行,但重要问题要事先请示,一般问题也要事后报告。这也就是《关于建国以来党的若干历史问题的决议》所说的"保障各少数民族地区根据本地实际情况贯彻执行党和国家政策的自主权"。在我们这样一个统一的多民族的大国,如果没有民族区域自治,没有充分的自治权利,就不利于充分调动各族人民的积极性,不利于照顾多种多样的民族特点和地区特点,也不利于保障少数民族的平等权利,巩固和发展民族团结和国家的统一。

但是,目前对于党的民族区域自治政策的认识,也有一些问题需要适当加以澄清,以利于民族区域自治的健康发展。首先,我们的民族区域自治是中央统一领导下的自治;自治权利是中央统一领导下,根据宪法和法律,遵循党的方针政策的自治权或自主权,而不是摆脱中央领导和党的方针政策的所谓"民族主权"。第二,我们的民族区域自治,是以少数民族聚居区为基础实行的区域自治,而不是脱离一定地域的所谓"民族自治"(这种所谓民族自治是马克思主义历来反对的),因此,任何一个民族都不能脱离整个民族自治地方的经济建设和全国"四化"建设,要"独立自主"地搞什么"民族经济体系"。第三,我国民族关系的基本特点是,汉族人口九亿多,少数民族人口只有几千万,但分布在广大的地区,绝大多数与汉族插花聚居,少数民族之间也多半是互相插花聚居或杂居。所以,我们的民族区域自治不是单纯地以人口比例为依据。人口较多的民族可以自治,人口较少的民族也可以自治。而不是只有一个少数民族占多数的地方才能实行自治。第四,既然一个自治地方内包含几个少数民族和汉族,那么,要搞好民族区域自治,就不仅要正确处理上下关系,而且必须适当处理自治地方内部的民族关系,既要适当处理少数民族和汉族的关系,又要适当处理少数民族之间的关系。正确的做法应当是,汉族要积极热情地帮助少数民族搞好自治,少数民族和汉族之间互相尊重,团结互助;各个少数民族之间要互相协商,统筹兼顾。只有这样,才有利于各民族团结起来,共同发展,共同繁荣。

大力培养一支忠实地执行党的方针政策、密切联系民族群众、有现代科学文化知识和各种业务工作能力的民族干部队伍,使民族干部在干部总数中所占的比例大体与当地少数民族人口比例相当,这是完善民族区域自治、使少数民族真正能在自治地方当家做主的关键所在。现在还应当逐步增加民族干部的数量;同时采取有力的措施,大力培训现有的民族干部。要把其中德才兼备、为群众所拥护的优秀中青年干部提拔到党政群各级领导岗位上来,并使他们有职有权有责。中心的问题,是要使干部民族化和共产主义化统一起来,要在发展少数民族干部队伍的同时,认真加强对他们的共产主义教育。

新中国成立以后党和政府先后派了大批汉族干部

和技术人才到少数民族地区工作。他们中的绝大多数长期诚心诚意为各族人民服务，同少数民族人民建立了亲密的联系，并且培养了大批少数民族干部。今后也还需要一定数量的汉族干部，特别是科学技术人员和其他专家到少数民族地区工作，才有利于改变民族地区的落后面貌。中央强调指出：在少数民族地区，汉族干部要确立这样一个正确观点，即离开了少数民族干部，各项工作就搞不好；少数民族干部也要确立这样一个正确观点，即离开了汉族干部，各项工作也搞不好。这是一个极其重要的精神，我们务必要深刻领会，坚决贯彻执行。

二、发展民族经济问题

经济是基础。我们少数民族地区当然要以经济建设为重点，努力把经济搞上去。我们希望各少数民族地区，经过扎扎实实的工作，力争尽快基本改变穷困的面貌，为以后的发展奠定基础；并争取有一两个自治区和民族省进入全国中等发展水平。赵紫阳总理在五届人大四次会议上的政府工作报告中特别指出："我国是一个统一的多民族的国家。以上讲的十条经济建设方针，原则上都适用于各少数民族地区，在贯彻执行中又应该从本地区的特点出发，同本地区的具体实际结合起来。""去年，我们特别重申了要尊重少数民族的民族区域自治权利，允许各民族自治地方采取适合各自经济条件和民族特点的具体政策，这对于促进少数民族地区经济的发展已经起了良好的作用，必须继续坚持。"

下面我们就发展民族经济问题提出一些参考意见。

(一)继续放宽政策，做好落实和完善经济责任制的工作。少数民族地区，大多数生产力发展水平比较低，政策应当放得更宽一些，有些十分落后的地区更应当采取特殊的灵活的政策。今后要按照各地实际情况和群众的意愿逐步完善和稳定联产计酬的生产责任制。少数民族基本上是农牧民，把农牧业责任制搞好，把农牧业搞上去，少数民族地区的工作就好做了。

(二)从各民族地区的实际出发，确定生产建设的总方针。少数民族大多地处边疆、山区、草原，发展粮食的条件有限，而其他资源则十分丰富。所以一定要扬长避短，发展多种经营。在那些粮食生产相当困难的地方，还应适当减免公购粮，并在一定范围内允许用经济作物交换粮食，以免他们继续毁林开荒。

(三)中央的方针，今后扩大工业再生产主要靠技术改造，充分发挥现有企业的作用。过去多年中，少数民族地区也建设了不少工厂，而这些工厂的经济效益一般说来比全国平均水平低得多，比先进地区更低。所以，今后更是要抓紧抓好现有企业的改造，使之提高经济效益。同时由于少数民族地区工业基础一般比较薄弱，在力所能及的条件下适当建设一些新厂，发展加工工业，也是必要的。中央规定调拨的原料，应当保证完成，但是一定要逐步改变少数民族地区停留在原料产地的状况。有的原料可以经过初步加工再调出去，对不属于调拨范围的原料，更应积极发展加工工业。

(四)走联合之路。少数民族地区没有先进地区的帮助，是不行的。过去几年，在中央号召之下，先进地区对一些少数民族地区实行对口支援收到了相当的效果。此外，还联合举办一些工厂，或者在完成国家调拨任务后，由少数民族地区提供原料让先进地区加工销售，利润双方分成。少数民族地区有许多资源上的优势，如与先进地区的技术结合起来，可以取得很好的经济效果；同时还应当在国家统一安排下尽可能通过适当的形式利用外资，引进技术。

(五)认真执行中共中央和国务院《关于加强职工教育工作的决定》，有计划有步骤地重新培训职工。对农牧民也可根据需要和可能，组织一些推广农牧业先进技术的短期轮训。

(六)国家开发少数民族地区的资源，要把国家利益和少数民族的切身利益结合起来。过去，在这方面注意不够，指导思想不够明确，以致同当地少数民族发生不少矛盾，今后一定要切实解决这个问题。

(七)发展少数民族经济，要实行国家帮助和自力更生相结合。国家要从财力物力人力等各方面大力支援少数民族地区。各少数民族地区也应当艰苦奋斗，积累和节省建设资金。

应当说，国家给少数民族地区的钱是不算少的，但是，其中有些钱用得不很得当，经济效益不大。今后对补助、支援少数民族的各项专款包括支援不发达地区资金用于少数民族的份额，应建立一套专管、专用、监督的有效办法，以利管好用好这笔钱，并真正用到少数民族身上。

(八)在国家统一领导和统一计划下，赋予民族自治地方调整、改革某些财政经济体制和按照实际情况决定某些财政经济政策的自主权。

(九)采取有力措施，帮助十分贫困的民族地区和一些人数很少的民族。三中全会以来，少数民族地区经济情况逐年好转，但是至今仍有一部分地区和民族没有明显的好转。对此，我们建议各地，像云南、广西派综合工作队系统解决问题那样，采取有效的措施，逐步加以解决。

(十)民委对少数民族地区的经济建设要努力做好以下工作：(1)学习经济理论、经济知识、党的经济政策、经济战略；(2)深入调查研究民族地区的经济情况，发现问题，提出意见；(3)及时向中央和党委反映有关的情况;(4)会同有关部门,研究民族地区农、牧、工、商各行各业的方针政策问题,召开必要的会议;(5)根据党和国家赋予的权限,掌握、监督民族专款,并注意检查使用效果。

三、发展民族文化教育问题

发展少数民族文化、教育、科学、卫生事业,已经成为十分尖锐的问题。

少数民族的文化教育发展很不平衡。有几个民族大体同汉族相近。大部分少数民族则文化教育十分落后,这是长期的历史原因造成的。

中央十分关心帮助少数民族发展文化教育的问题。1980年中共中央和国务院《关于普及小学教育若干问题的决定》规定:"国家对少数民族地区的教育事业应给以大力扶植。对文化教育十分落后的一些少数民族,更须采取一些特殊措施;最贫困的地区要由国家包下来,实行免费教育。"其后中央和国务院领导同志又批准了教育部和国家民委《关于加强民族教育工作的意见》,这个文件提出了一套适合民族地区情况的发展民族教育的方针、政策和措施。

特别值得注意的是,少数民族文化教育落后的问题,至今还没有引起足够的重视。有些地方不但不肯多拿出一点钱来办教育,反而千方百计挤占挪用教育经费。或者一听说经济重要,就以为可以忽视文化教育。这种情况是改变少数民族文化教育落后状况的重要障碍。必须认识,我们关心、帮助少数民族,最有远见的一个方面,就是要大力帮助他们发展文化教育科学事业。

发展民族文化教育,要重视民族语言文字的教学、翻译、出版、报刊、广播以至电影的配音等。在那些不通晓汉语的中小学生中必须用民族语文教学。同时,也要提倡学习汉语汉文以至外国语文。学校中采取什么语言进行教学,也要看对传授知识是否有利。在那些已经通行汉语汉文的学生中,就没有必要勉强用民族语文进行教学,否则老师不会讲,学生听不懂。在一些高等学校中,如果缺乏能用民族语文讲课的教师,缺乏必要的民族语文的教材和参考书,甚至学生中有许多人听不懂民族语言,更不必勉强用民族语文进行教学。决不能因为这一点就把这些学校排除于民族教育之外。

四、民族团结教育问题

我们伟大的中华民族(包括全国各民族在内)有长期的光辉的历史。从秦汉起,我国就形成中央集权的统一的多民族国家,尽管历史上存在阶级压迫和民族压迫,但是我们各民族之间经过长期历史的锻炼,形成了具有强大的内聚力的中华民族。到了近代,帝国主义的侵略使我国各民族遭受外来压迫的共同命运,激起了各族人民反抗帝国主义的共同斗争。特别是在新民主主义革命时期,我国各族人民在中国共产党的领导下,团结起来,进行反对帝国主义、封建主义和官僚资本主义的革命战争,终于取得了人民革命的胜利,建立了统一的中华人民共和国。我国《共同纲领》和《宪法》都明确规定:中华人民共和国是统一的多民族的国家,各民族一律平等,实行民族区域自治,各民族自治地方都是中华人民共和国不可分割的部分。这都是经过各民族的代表人物充分讨论一致同意的,是各民族自由意志的表现。这也就是我们中国各民族具有世界历史意义的民族自决。

新中国成立以后,为了贯彻党的民族政策,加强民族团结,曾经经常进行民族政策的教育。可惜这个进程以后被"左"倾错误打断了。粉碎"四人帮",特别是三中全会以后,党中央十分重视民族团结、党的民族政策和马克思主义关于民族和民族问题的基本观点的教育,全国各地也做了许多工作。但还不够广泛,不够深入。

赵紫阳总理在五届人大四次会议上的政府工作报告也提出:"我们要在各族人民和干部中认真地、反复地进行民族政策的教育,改善和发展社会主义的民族关系,加强各民族间的团结互助"。我们一定要采取各种形式,在各族人民中继续进行广泛深入的教育。

马克思主义关于民族和民族问题的基本观点的教育,是民族政策、民族团结教育的基础。在各族干部中,尤其是各族党员和党员干部中,应当采取有效的措施搞好这个教育。在民族地区,这也是党的基本建设之一。

进行民族政策的教育,即要注意克服和防止大汉族主义,也要注意克服和防止地方民族主义。在一个地区居于主要地位的少数民族,在对其他少数民族的关系上,也要注意克服和防止大民族主义。总结过去的经验教训,可以归纳为以下几条。(1)既要反对大汉族主义,也要反对地方民族主义。(2)关键是要注意克服和防止大汉族主义,只有这样,才有利于克服和防止地方民族主义。至于具体时间、具体地点哪个倾向是主要的,那要从实际出发,具体分析。(3)不论是大汉族主义,还是地方民族主义,都作为人民内部矛盾来处理,重在教育,采取学习的方法,批评自我批评的方法,疏导的方法来解决。(4)不划大汉族主义分子,也不划地方民族主义分子。至于犯法行为,则依法处理,在法律面前人人平等。任何民族,都不应对本民族的犯法分子护短,而应积极起来同这些犯法分子作斗争。(5)注意划清正当的民族感情、代表本民族的正当利益的意见同民族主义的界限。(6)不采取搞群众政治运动的方式。

五、加强和改善党的领导问题

为了改善和发展社会主义的民族关系，加强民族团结，应当加强和改善党对民族工作的领导。

在我国，民族问题是一个关系祖国统一、国防巩固、安定团结，“四化”建设的十分重要的问题。各级党委特别是民族地区的党委，要把民族工作作为一个重大的问题，加强和改善党对这方面的领导，把四项基本原则和民族特点结合起来，并继续贯彻执行慎重稳进的方针，这是做好民族工作的保障。

在民族地区，建设一个坚持四项基本原则、密切联系各族人民群众、团结一致、富有战斗力的党组织，具有决定的意义。党是不分民族的，不能把党分为这个民族的党、那个民族的党，党的领导机关和领导人不能只由某个民族来选举。党是无产阶级的先锋队，一切共产党员都要有党性。对那些把民族主义放在党性之上的人，要加强教育，使之切实改正过来。对于历史问题和因历史问题发生的不团结，要本着历史问题宜粗不宜细、团结起来向前看的精神，通过批评自我批评，互谅互让，加以解决。我们希望少数民族地区的党组织能发扬延安的传统，充分吸取自身的历史经验，把自己建设成为带领各民族人民团结一致进行社会主义的现代化建设的坚强的核心和堡垒。

## 5月3日

**《人民日报》发表社论《当代青年的历史使命》**

伟大的五四运动已经过去了大半个世纪。五四时期迸发出来的爱国热情，依然在一代又一代青年的胸中燃烧。63年前，青年们喊出“外争主权，内惩国贼”的口号，震撼祖国大地。今天，“团结起来，振兴中华”的口号，激励着亿万青年的心。新一代的青年正在奋起，他们接过前辈点燃的火炬，向着高度民主、高度文明的社会主义现代化强国的伟大目标前进。

五四运动揭开了中国人民民主革命的序幕，它又是中国青年运动的伟大新开端。五四运动在思想上和组织上为中国共产党的诞生做了准备。中国共产党成立以后，我国青年总是作为党所领导的一支最积极最勇敢的突击力量，出现在人民斗争的最前列。60多年的历史证明，青年运动是我国人民革命运动不可分割的一部分；青年只有坚定地跟着党走，才能为人民创建丰功伟绩。十年动乱从反面证明：没有党的正确领导，也就没有青年的正确政治方向。今天，老一辈无产阶级革命家和全国人民，更加热切地期望青年一代在党的领导下更快地成长起来，期望他们进一步发扬五四光荣传统，更加自觉地肩负起继往开来的伟大历史使命。

当代青年肩负的历史使命是光荣而艰巨的。在人类漫长的历程中，社会主义还是仅有数十年历史的事业。社会主义在实践中。如何在十亿人口的东方大国建设社会主义，更是史无前例。三十多年的奋斗，前辈人已经奠定了很好的基础。展望伟大前程，我们的社会主义事业正如旭日东升。这一代青年要深刻了解前辈人艰苦创业的历史，激励自己，愈益自觉地用自己的双手创造更美好的未来。新一代的青年应该是富于理想和创造精神的。这理想是建立在科学世界观基础上的共产主义理想，这创造是把马列主义基本原理与中国社会主义实践结合起来的创造。

我国青年是在世界已经进入20世纪80年代，科学技术已有突飞猛进的历史条件下，肩负振兴中华的历史使命的。列宁曾经反复指出，在落后国家建设社会主义，必须要善于利用资本主义所创造的一切有用的东西。今天，我们的现代化建设，就要利用两种资源——国内资源和国外资源，打开两个市场——国内市场和国际市场，学会两套本领——组织国内建设的本领和发展对外经济关系的本领。对外开放的新的历史条件，为这一代青年提供了更广阔的天地去打开局面，为社会主义创业。同时，这又使这一代青年面临着前所未有的复杂环境。这就是社会主义制度和资本主义制度两种制度、社会主义思想和资本主义思想两种思想争夺青年的斗争。我们不要忘记，国际垄断资本的代表早就预言，要把“和平演变”的希望寄托在我国第三代、第四代青年身上。究竟是鹰还是鸡，我国社会主义大有希望的新一代，就要在这样的斗争中锻炼成长，对此作出响亮的回答，使那些老爷们的预言彻底破产。五四时期，一方面十月革命炮声送来了马克思主义；另一方面资产阶级的实用主义、社会改良主义和无政府主义等各种思想杂陈于青年面前。当时的先进青年通过学习、思考、辩论，终于找到了正确的方向，掀起了以马列主义为主导的新文化运动，为我们民族的精神文明作出了贡献。今天的青年，同样面对着纷繁的思潮和使人眼花缭乱的西方物质文明。思想僵化是不行的，鼠目寸光成不了大业，拜倒在洋人脚下更是没有出息。这一代青年要发扬五四的革命传统，既善于学习一切对我们有用的东西，又善于批判和抵制一切腐朽的东西。我国青年要有志气创造胜过资本主义的高度物质文明和高度精神文明。正像毛泽东同志早就指出的那样，中国是拥有世界上最多人口的大国，“中国应当对于人类有较大的贡献”。

怎样看这一代青年，人们有不同的议论。我们不是自发论的崇拜者，以为青年只要“自己设计自己”就可以成为建国之才。我们更不是把青年看得一无是处的悲观主义者，我们坚信“青出于蓝而胜于蓝”。

社会在前进。如果我们不看到社会历史条件的变化,不看到青年特点的变化,不加分析地照搬50年代的标准来看待80年代的青年,往往难以正确看待今天青年的本质和主流。近几年来,党和政府在青年的求学、就业、成才等方面办了许多好事,这是广大青年都能感受到的。一切有觉悟的青年已经从党的三中全会以来的方针政策中,看到了青年的根本利益和前途希望之所在,从而更加坚定了跟党走的信心和勇气。广大青年拥护党的三中全会以来的路线方针政策,愿把美丽的青春献给祖国的"四化"大业,这就是当前青年一代的本质和主流。当然,青年也有先进的、中间的、后进的。我们应该坚决大胆地依靠青年中的先进分子,以他们的榜样作用来带动中间,促进后进转化,使全体青年共同携手奔向共产主义的大目标。我们当然不能忽视目前青年中存在的问题。重要的是要分析出现这些问题的社会历史原因,进行正确的引导和教育。既要坚持方向,又要讲究方法。随着经济条件的改善,文化水平的提高,社会交往的增多,青年的视野开阔了,兴趣广泛了,爱好发展了。我们必须根据这些变化了的新情况、新特点,有针对性地对青年进行生动有效的教育,不能简单化。要不倦地以共产主义精神去教育青年,反对资本主义思想的腐蚀,培养青年成为有理想、有道德、有文化、有纪律、有强健体魄的新一代。这不仅是学校和共青团的责任,而且要靠所有家庭和整个社会的共同努力。这里,作为灵魂工程师的文艺家们的劳动,往往起着不可估量的作用。每个精神产品的生产者,都要有高度的责任感,检验一下自己为青年提供的,究竟是奶,是水,还是毒汁。不要把用共产主义精神教育青年理解为理论脱离实际的说教。共产主义教育的实质,是要引导青年正确认识自己的历史使命,从而把自己的智慧和才能献给人民和社会的公共事业。列宁指出:"只有在这样的工作过程中,青年男女才能培养成真正的共产主义者。只有当他们在这种工作中取得实际的成绩时,他们才会成为共产主义者。"因此,我们整个社会还要继续帮助青年创造更多地为社会主义事业贡献自己才智的条件和机会,广开学路,广开才路,广开就业门路,广开各种事业的道路。总之,要为一代新人成长开辟广阔的天地。

我们党历来把共青团看成是自己亲密的助手。共青团在团结、教育和带领亿万青少年肩负起自己历史使命上,起着特殊重要的作用。胡耀邦同志在同团中央干部谈话时,语重心长地勉励共青团干部"政治上要坚强,行动上做榜样"。这两句话指明了共青团的光荣职责和基本工作方法。现在党的大政方针已经定了。作为党的亲密助手,共青团就要在自己的全部工作中坚定地贯彻执行党的路线方针政策,多组织适合青年特点的活动,坚持用共产主义精神教育青年,坚决同资本主义思想和一切毒害腐蚀青少年的思想进行斗争。共青团不是通过发号施令,主要是通过带领,通过自己以身作则的榜样,去团结教育青年的。共青团必须有这样的好作风、好传统。共青团干部要十分珍惜自己年纪轻的优势,努力使自己成为刻苦工作的模范,勤奋学习的模范,实干社会主义的模范。各级党组织要加强对团的领导,充分发挥共青团的主动精神和创造性。

我们伟大祖国的社会主义事业方兴未艾,未来属于继往开来的青年一代。

**中共中央书记处转发全国总工会党组 共青团中央 全国妇联党组《关于发挥先进人物作用推动学赶先进活动的报告》**

中央书记处着重指出,各条战线的先进模范人物,是走在时代前列的光荣战士,他们的先进思想和模范行动是推进我国社会主义现代化事业不断发展的动力,引导和推动越来越多的人尊重和学习先进模范人物,广泛、深入、持久地开展群众性的学先进赶先进的活动,是建设社会主义物质文明和精神文明的一项重要内容。必须注意的是,任何模范人物和先进典型都不可能是十全十美的。因此,宣传先进模范人物,推广先进经验,开展学赶先进的活动,一定要坚持实事求是,坚持群众路线,坚持一分为二的观点,反对脱离实际,反对生搬硬套,反对形式主义。要鼓励和指导先进模范人物谦虚谨慎,刻苦学习,联系群众,不断前进。要关心和帮助他们解决实际困难。要努力改变目前有些地方存在的先进模范人物受孤立、受打击、受干扰的不正常现象。

**民建中央主任委员胡厥文就宪法修改草案向新华社记者发表谈话**

胡厥说,宪法修改草案关于坚持四项基本原则的规定,关于我国人民在新的历史时期的任务的规定,关于继续发扬社会主义民主、加强社会主义法制的规定等等,完全表达了我们的共同心愿。这一草案在五届人大五次会议通过之后,必将成为全国人民一切思想、言论和行动的共同准则,指导我们更好的前进。

胡厥要求中国民主建国会的全体成员,要以国家主人翁的态度,知无不言,言无不尽,积极投入这场全民讨论,并要把这次讨论的过程,作为对自己进一步发扬民主、加强社会主义法制的学习和锻炼。

**全国工商联主任委员胡子昂就宪法修改草案向新**

**华社记者发表谈话**

胡子昂说，宪法修改草案旗帜鲜明地规定了坚持四项基本原则，并把四项基本原则的精神贯穿到整个宪法修改草案的各个方面，有着极为重要的意义。因为，坚持四项基本原则是中国历史发展的要求，是中华民族繁荣昌盛的必由之路，是把我国建设成为现代化的、高度民主的、高度文明的社会主义强国的根本保障。

胡子昂说，宪法修改草案确切地反映了我国的国情和阶级状况。草案中对于统一战线的规定，必将进一步加强全国各民族、各阶层人民的大团结；有利于调动一切积极因素，保证社会主义建设的顺利进行，也有利于包括台湾人民在内的全国人民早日实现统一祖国的愿望。

胡子昂谈到，这次的宪法修改草案对公民的基本权利作了许多具体的规定，使人民的民主权利更加扩大了。他接着指出，现在宪法修改草案交付全民讨论，既是人民行使民主权利的体现，也是对全体人民普遍进行一次社会主义民主和社会主义法制的教育。经过讨论不仅能够广泛地吸收人民的意见，对宪法草案进行修改、补充，使它更充分地体现人民的意志，同时，也会使人民群众提高当家做主的责任感和光荣感，提高遵纪守法的自觉性，使大家都来维护宪法的尊严，保证宪法的实施。

胡子昂要求工商联的全体成员积极参加讨论，为修改出一部更加完善的社会主义根本大法，作出积极贡献。

**中日经济知识交流会第二次年会在北京举行**

国务院副总理谷牧参加会议。中国社会科学院副院长马洪首先介绍了我国"六五"计划的基本设想。他说，从我国当前的经济情况出发，考虑到今后经济的长远发展，我们确定"六五"计划的主要任务，是继续实行调整、改革、整顿、提高的方针，稳定经济，提高效益，争取财政经济情况的根本好转，并为"七五"计划的发展做必要的准备。也就是说，在"六五"期间，我们着眼于打好基础，积蓄力量，为今后经济的健康发展准备条件。

我国经济学家薛暮桥在会上作了题为《计划经济和市场调节》的发言。他说，我国的经济体制改革，包括对外实行开放，对内把经济搞活，这个政策现在没有改变，将来也是不会改变的。

国家计划委员会委员廖季立也作了题为《再谈计划经济和市场》发言。

日本经济专家大来佐武郎对马洪副院长的发言表示赞成。他认为，中国"六五"计划的一些基本设想是脚踏实地的设想。他还介绍了日本在战后发展经济的一些经验教训。与会的其他日本经济专家也作了发言。

**中央书记处书记彭冲在北京会见以中央书记处书记西蒙·桑切斯·蒙特罗为团长的西班牙共产党考察团**

**中国贸促会在北京举行招待会庆祝贸促会成立三十周年**

中国国际贸易促进委员会主任王耀庭在会上宣布，贸促会在继续促进对外贸易的发展和引进先进技术的同时，将积极促进利用外资和各种形式的中外经济技术交流与合作。

全国人大常委会副委员长廖承志，国务院副总理谷牧，国务院副总理兼对外经济贸易部部长陈慕华，外交部副部长章文晋，中国国际信托投资公司副董事长雷任民，对外经济贸易部顾问卢绪章等出席招待会。各国经济贸易团体和企业的驻京代表，各国驻华使馆商务参赞处的代表，联合国开发计划署的驻京代表，在京的各国朋友和外国专家等，也应邀出席了招待会。

**中国历代货币展览在北京历史博物馆开幕**

**中国选手在第十四届加拿大国际跳水锦标赛决赛中获得4项冠军**

刘恒林和李艺花分别获得男子跳台和女子跳板跳水冠军，李孔政和陈肖霞分别夺得男子跳板和女子跳台跳水两项冠军。至此，本届锦标赛四个项目的冠军全部为中国选手夺得。

## 5月4日

**五届全国人大常委会二十三次会议在北京闭幕**

闭幕会上通过决议，由万里、姚依林继续任国务院副总理；任命余秋里、耿飚、方毅、谷牧、康世恩、陈慕华、薄一波、姬鹏飞、黄华、张劲夫为国务委员。会上还通过了《关于国务院部委机构改革实施方案的决议》；任命了国务院一些部、委的部长、主任。

国务院原有部、委52个，根据今天通过的《关于国务院部委机构改革实施方案的决议》，现在减缩为39个，加上五届人大常委会第二十二次会议批准设立的国家经济体制改革委员会和这次会议批准设立的广播电视部，国务院共有部、委41个。五届人大常委会第二十二次会议已经批准任命了国家经济体制改革委员会主任和水利电力部、商业部、对外经济贸易部、化学工业部、煤炭工业部、纺织工业部6个部的部长，今天的会议上又通过任命了国务院秘书长和34个部、委的部长、主任。至此，国务院各部、委机构的组建和新的领导人员配备已基本完成。

会议还通过了《关于批准1982年经济和社会发展计划的决议》《关于批准1982年国家预算的决议》《关于设置最高人民法院顾问、最高人民检察院顾问的决议》，原则批准了《国家建设征用土地条例》，通过了其他任免事项。

会议由杨尚昆副委员长主持，彭真、乌兰夫、韦国清、谭震林、彭冲、廖承志、阿沛·阿旺晋美、许德珩、萧劲光、史良、习仲勋、班禅额尔德尼·确吉坚赞、朱学范副委员长出席了会议。

薄一波、黄火青和各省、自治区、直辖市人大常委会负责人，列席了会议。

**全国人大常委会关于决定任免国务院副总理 国务委员的决议**

（1982年5月4日第五届全国人民代表大会常务委员会第二十三次会议通过）

第五届全国人民代表大会常务委员会第二十三次会议同意国务院总理赵紫阳的提议，由万里、姚依林继续任国务院副总理，并就国务院副总理、国务委员的任免决定如下：

一、任命余秋里、耿飚、方毅、谷牧、康世恩、陈慕华（女）、薄一波、姬鹏飞、黄华、张劲夫为国务委员。

二、免去余秋里、耿飚、方毅、谷牧、康世恩、陈慕华（女）、薄一波、姬鹏飞、杨静仁、张爱萍、黄华的国务院副总理职务。

**全国人大常委会关于国务院部委机构改革实施方案的决议**

（1982年5月4日第五届全国人民代表大会常务委员会第二十三次会议通过）

第五届全国人民代表大会常务委员会第二十三次会议，审议了国务院部委机构改革实施方案和赵紫阳总理关于国务院机构改革进展情况和三项议案的说明，对国务院机构改革工作表示满意，并决定如下：

一、将国家经济委员会、国家农业委员会、国家机械工业委员会、国家能源委员会、建筑材料工业部、国家标准总局、国家计量总局、专利局合并，设立国家经济委员会。

二、将农业部、农垦部、国家水产总局合并，设立农牧渔业部。

三、将国家基本建设委员会、国家城市建设总局、国家建筑工程总局、国家测绘总局合并，设立城乡建设环境保护部。

四、将地质部改名为地质矿产部。

五、将第一机械工业部、农业机械部、国家仪器仪表工业总局、国家机械设备成套总局合并，设立机械工业部。

六、将第二机械工业部改名为核工业部。

七、将第三机械工业部改名为航空工业部。

八、将第四机械工业部、国家广播电视工业总局、国家电子计算机工业总局合并，设立电子工业部。

九、将第五机械工业部改名为兵器工业部。

十、将第七机械工业部改名为航天工业部。

十一、将国家劳动总局、国家人事局、国务院科学技术干部局、国家编制委员会合并，设立劳动人事部。

十二、将文化部、对外文化联络委员会、国家出版事业管理局、国家文物事业管理局、外文出版发行事业局合并，设立文化部。

十三、设立广播电视部，撤销中央广播事业局。

十四、撤销第六机械工业部。

**全国人大常委会关于决定任免的决议**

（1982年5月4日第五届全国人民代表大会常务委员会第二十三次会议通过）

第五届全国人民代表大会常务委员会第二十三次会议同意国务院总理赵紫阳的提议，由姚依林继续兼任国家计划委员会主任，耿飚继续兼任国防部部长，方毅继续兼任国家科学技术委员会主任，黄华继续兼任外交部部长，杜星垣继续任国务院秘书长，王丙乾继续任财政部部长，赵苍璧继续任公安部部长，孙大光继续任地质矿产部部长，文敏生继续任邮电部部长，莫文祥继续任航空工业部部长，李梦华继续任国家体育运动委员会主任，杨静仁继续任国家民族事务委员会主任。

对国务院其他有关各部部长、各委员会主任和中国人民银行行长决定任免如下：

一、任命张劲夫兼任国家经济委员会主任。

免去万里的国家农业委员会主任职务、袁宝华的国家经济委员会主任职务、薄一波的国家机械工业委员会主任职务、余秋里的国家能源委员会主任职务、宋养初的建筑材料工业部部长职务。

二、任命崔乃夫为民政部部长。

免去程子华的民政部部长职务。

三、任命刘复之为司法部部长。

免去魏文伯的司法部部长职务。

四、任命吕培俭为中国人民银行行长。

免去李葆华的中国人民银行行长职务。

五、任命林乎加为农牧渔业部部长。

免去林乎加的农业部部长职务、高扬的农垦部部长职务。

六、任命杨钟为林业部部长。

免去雍文涛的林业部部长职务。

七、任命李锡铭为城乡建设环境保护部部长。

免去韩光的国家基本建设委员会主任职务。

八、任命李东冶为冶金工业部部长。

免去唐克的冶金工业部部长职务。

九、任命周建南为机械工业部部长。

免去饶斌的第一机械工业部部长职务、杨立功的农业机械部部长职务。

十、任命张忱(女)为核工业部部长。

免去刘伟的第二机械工业部部长职务。

十一、任命张挺为电子工业部部长。

免去钱敏的第四机械工业部部长职务。

十二、任命于一为兵器工业部部长。

免去张珍的第五机械工业部部长职务。

十三、任命张钧为航天工业部部长。

免去郑天翔的第七机械工业部部长职务。

十四、任命唐克为石油工业部部长。

免去康世恩的石油工业部部长职务。

十五、任命杨波为轻工业部部长。

免去宋季文的轻工业部部长职务。

十六、任命陈璞如为铁道部部长。

免去刘建章的铁道部部长职务。

十七、任命李清为交通部部长。

免去彭德清的交通部部长职务。

十八、任命赵守一为劳动人事部部长。

十九、任命朱穆之为文化部部长。

免去黄镇的对外文化联络委员会主任职务。

二十、任命吴冷西为广播电视部部长。

二十一、任命何东昌为教育部部长。

免去蒋南翔的教育部部长职务。

二十二、任命崔月犁为卫生部部长。

免去钱信忠的卫生部部长职务。

二十三、任命钱信忠为国家计划生育委员会主任。

免去陈慕华(女)的国家计划生育委员会主任职务。

二十四、免去安志文的第六机械工业部部长职务。

**国务院各部各委员会名单**

外交部、国防部、国家计划委员会、国家经济委员会、国家经济体制改革委员会、国家科学技术委员会、国家民族事务委员会、公安部、民政部、司法部、财政部、中国人民银行、商业部、对外经济贸易部、农牧渔业部、林业部、水利电力部、城乡建设环境保护部、地质矿产部、冶金工业部、机械工业部、核工业部、航空工业部、电子工业部、兵器工业部、航天工业部、煤炭工业部、石油工业部、化学工业部、纺织工业部、轻工业部、铁道部、交通部、邮电部、劳动人事部、文化部、广播电视部、教育部、卫生部、国家体育运动委员会、国家计划生育委员会。

**全国人大常委会关于批准1982年经济和社会发展计划的决议**

(1982年5月4日第五届全国人民代表大会常务委员会第二十三次会议通过)

第五届全国人民代表大会常务委员会第二十三次会议,根据第五届全国人民代表大会第四次会议的有关决议,听取了国务院副总理兼国家计划委员会主任姚依林代表国务院所作的关于1982年经济和社会发展计划草案的报告,审查了国务院提出的1982年经济和社会发展计划草案。会议认为,从今年第一季度生产、建设和各项事业发展的情况来看,1982年经济和社会发展计划总的是适当的,可行的,决定予以批准。计划执行中的一些具体问题,授权国务院根据实际情况及时予以解决。

会议号召全国各族人民,在中国共产党和人民政府的领导下,进一步贯彻五届人大四次会议的精神,采取积极有效的措施,巩固和发展1981年稳定经济的成果,坚持计划经济为主、市场调节为辅和全国一盘棋的原则,继续搞好国民经济的调整、改革、整顿、提高的工作,努力提高各方面的经济效益,促使国民经济稳定地、健康地发展,完成和超额完成1982年计划规定的各项任务。

**全国人大常委会关于批准1982年国家预算的决议**

(1982年5月4日第五届全国人民代表大会常务委员会第二十三次会议通过)

第五届全国人民代表大会常务委员会第二十三次会议,根据第五届全国人民代表大会第四次会议的有关决议,听取了财政部部长王丙乾代表国务院所作的关于1982年国家预算草案的报告,审查了1982年国家预算草案。

国务院提出的1982年国家预算,总收入为1104.0亿元,总支出为1134.5亿元,收支相抵,支大于收30亿元。同第五届全国人民代表大会第四次会议审议通过的1982年国家预算收支指标比较,收入和支出各增加五亿元,项目之间略有调整,变动很小。会议认为,1982年国家预算的安排是适当的,决定予以批准。

为了完成和超额完成1982年国家预算,会议号召全国各族人民,在中国共产党和人民政府的领导下,充分认识当前的大好形势,克服前进中的困难,按照国家确定的方针、政策和计划,努力增加生产,提高经济效益，加强财政管理，控制财政开支，确保国家财政收支的基本平衡，为稳步发展国民经济，逐步实现财政经济状况的根本好转而努力奋斗！

**全国人大常委会关于批准《国家建设征用土地条例》的决议**

（1982年5月4日第五届全国人民代表大会常务委员会第二十三次会议通过）

第五届全国人民代表大会常务委员会第二十三次会议决定：原则批准《国家建设征用土地条例》，由国务院公布施行。

**全国人大常委会关于任免的决议**

（1982年5月4日第五届全国人民代表大会常务委员会第二十三次会议通过）

第五届全国人民代表大会常务委员会第二十三次会议审议了最高人民法院、最高人民检察院、法制委员会的报告，同意曾汉周、王怀安、王战平继续任最高人民法院副院长，李士英、江文继续任最高人民检察院副检察长，并通过任免事项如下：

任命事项

一、最高人民法院副院长、顾问

副院长　林　准

顾问　何兰阶　宋　光

二、最高人民检察院副检察长、顾问

副检察长　冯锦汶

顾问　王　甫　郗占元　关山复

免职事项

一、免去何兰阶的最高人民法院副院长职务，宋光的最高人民法院副院长兼经济审判庭庭长职务，王维纲、郑绍文的最高人民法院副院长、审判委员会委员职务。

二、免去喻屏、张苏、王甫、陈养山、郗占元、关山复的最高人民检察院副检察长职务。

三、免去刘复之、邹瑜的法制委员会副主任职务，朱剑明的法制委员会委员职务。

**国务院任命名单**

1982年5月4日国务院常务会议通过，任命：

一、吴学谦、宫达非、章文晋、韩叙、钱其琛、温业湛为外交部副部长。

二、宋平、陈先、房维中、甘子玉、顾秀莲（女）、黄毅诚、金熙英、吕克白、赵东宛（兼）、何康（兼）为国家计划委员会副主任。

三、吕东、袁宝华、王磊、李瑞山、彭敏、马仪为国家经济委员会副主任。

四、薄一波（兼）、杜星垣（兼）、安志文、周太和、童大林为国家经济体制改革委员会副主任。

五、赵东宛、杨浚为国家科学技术委员会副主任。

六、邹恩同、杨琛（女）为民政部副部长。

七、邹瑜、朱剑明、郑希文为司法部副部长。

八、李朋、田一农、陈如龙、迟海滨为财政部副部长。

九、刘鸿儒、李飞、朱田顺、邱晴（女）、陈立为中国人民银行副行长。

十、朱荣、何康、肖鹏为农牧渔业部副部长。

十一、刘琨、王殿文、董智勇为林业部副部长。

十二、谢北一、肖桐、戴念慈为城乡建设环境保护部副部长。

十三、朱训、夏国治、张同钰为地质矿产部副部长。

十四、黎明、戚元靖、林华、周传典为冶金工业部副部长。

十五、杨铿、何光远、沈烈初、赵明生为机械工业部副部长。

十六、刘书林、蒋心雄、赵宏为核工业部副部长。

十七、王其恭、崔光炜、高镇宁、何文治为航空工业部副部长。

十八、江泽民、魏鸣一、张学东为电子工业部副部长。

十九、唐仲文、来金烈、李立青、庞天仪为兵器工业部副部长。

二十、李绪鄂、芮杏文、宋健、程连昌为航天工业部副部长。

二十一、李敬、李天相为石油工业部副部长。

二十二、季龙、王文哲、贺志华为轻工业部副部长。

二十三、李森茂、李轩、李克非为铁道部副部长。

二十四、钱永昌、子刚、王展意为交通部副部长。

二十五、杨泰芳、朱高峰、李玉奎、成安玉为邮电部副部长。

二十六、李云川、严忠勤、焦善民为劳动人事部副部长。

二十七、周巍峙、吕志先、丁峤为文化部副部长。

二十八、郝平南、马庆雄、徐崇华为广播电视部副部长。

二十九、黄辛白、张文松、彭珮云（女）为教育部副部长。

三十、王伟、郭子恒、谭云鹤为卫生部副部长。

三十一、徐寅生、路金栋、陈先、徐才为国家体育运动委员会副主任。

三十二、王伟（兼）、周伯萍为国家计划生育委员会副主任。

上列同志，除现任职务外，原任职务同时免除。上述单位原任副主任、副部长的职务一律免除。

**全国人大常委会关于设置最高人民法院顾问最高人民检察院顾问的决议**

（1982年5月4日第五届全国人民代表大会常务委员会第二十三次会议通过）

第五届全国人民代表大会常务委员会第二十三次会议，审议并同意最高人民法院、最高人民检察院关于设置顾问的建议，决定最高人民法院顾问、最高人民检察院顾问，由最高人民法院院长、最高人民检察院检察长提议，全国人民代表大会常务委员会任免。

**全国人大常委会批准任免的名单**

（1982年5月4日第五届全国人民代表大会常务委员会第二十三次会议通过）任免事项

任命于健为黑龙江省人民检察院检察长。

免去杨子蔚的青海省人民检察院检察长职务。

**国家经济体制改革委员会正式成立**

赵紫阳兼任国家经济体制改革委员会(简称国家体改委)主任。任命薄一波(兼)、杜星垣(兼)、安志文、周太和、童大林同志为国家经济体制改革委员会副主任。其任务主要是负责制定改革的总体规划，加强对全国经济体制改革的指导和协调工作。

**民进中央在北京就宪法修改草案召开常委扩大会议**

民进中央主席周建人在发言中说，中共十一届三中全会以来，我们国家在政治体制和经济制度上有许多重大的改革，确定了许多新的政策，现在宪法修改草案包括了这些新的内容。这样，我们进行社会主义现代化建设就有了法律上的依据和保证。

周建人说，统一战线是实现社会主义现代化建设的一大法宝，宪法修改草案中规定要继续巩固和扩大包括各民主党派在内的统一战线，进一步发挥人民政协的重要作用。这些规定充分说明了国家对统一战线和民主党派的重视。

他说，宪法修改草案规定要充分发挥知识分子在社会主义现代化建设中的作用。民进会员绝大多数是知识分子，对宪法修改草案的这些规定感到十分鼓舞，我们要努力发挥自己的智慧和专长，为建设社会主义物质文明和精神文明作出新的贡献。

民进中央副主席叶圣陶指出，这次宪法修改草案是经过宪法修改委员会多次修改，又经过人大常委会的讨论才公布交付全民讨论的。它要比前三部宪法完善。他说，宪法修改草案为社会主义精神文明和物质文明的建设，对把中国建成为一个现代化的社会主义强国，提供了保障。

民进中央副主席雷洁琼说，宪法修改草案把我国近几年来在政治、经济、文化领域里发生的深刻变化和取得的重大成果，用法律形式固定下来，明文写进宪法里。这反映了我们国家加强法治的精神。她认为，草案中有关扩大全国人大常委会职权的规定，符合我国的实际情况。

民进中央副主席徐伯昕以及其他领导成员葛志成、徐楚波、吴文藻、王宝初、王鸿祯、马克强等也在座谈会上发言。民进中央副主席谢冰心作了书面发言。他们号召民进成员积极参加宪法修改草案的讨论，认真提出修改意见，为制定出一部完备的宪法贡献自己的力量。

**于光远在国家经济体制改革委员会和国务院经济研究中心召开的座谈会上发表题为《开展经济体制改革理论问题的讨论和经济社会协调发展的专题讨论》的讲话摘要**

（一）

今天国家经济体制改革委员会和国务院经济研究中心开会动员首都经济学研究机构和经济学团体开展对我国经济体制改革理论问题的讨论。我认为这样做是十分必要的。

大家知道，为了做好社会主义经济体制改革工作，需要解决的理论问题很多，而且这些问题的难度不小。因此，不在理论研究上下功夫是不行的。理论要起指导作用，就要走在前面。关于经济体制改革理论问题的研究，近一年多来不像1979年、1980年那么热烈。这次动员之后，可能出现研究讨论这个问题的新热潮。理论研究不但对制订改革方案、改革措施会起很重要的作用，而且实施改革的一个必要条件，就是大家对这个问题在理论上有比较深刻的认识。这是一个涉及许许多多的人的问题，许许多多的人关心这个问题，会有各式各样的看法和意见，应该让他们讲出来。当前虽然还不到广泛发动群众讨论这个问题的时候，但是应在比较多的人中间开展这个问题的研究和讨论。

（二）

社会主义经济体制改革是当代世界历史中的一件大事。在第二次世界大战后，几乎所有社会主义国家都先后提出了这个问题。实行经济体制改革这件事，在社会主义国家的经济政治生活中发生了重大的影响。可以把这件事情看作是社会主义国家在实现对生产资料私有制的社会主义改造以后的又一次生产关系方面的具有重大历史意义的变革。这件事是在社会主义国家里进行的，理所当然地会受到社会主义国家中广大干部和群众的高度重视。但是关心这件事情的，不限于社会主义国家里的人们。资本主义国家里的学者注视和研究它。资本主义国家里的政治家也利用这件事情做他们的文章。这是不足为怪的。因为社会主义经济体制改革的成败,不仅关系到社会主义国家的命运,也将对包括资本主义国家在内的整个世界的历史进程发生重大的影响。

对我国来说,社会主义经济体制改革,是关系到把我国建设成为现代化的、高度民主的、高度文明的社会主义强国的一件大事。当前强调经济调整的重要性是必要的,但是决不能把改革的地位放低了。在这次开展关于经济体制改革理论问题的讨论中,应该首先明确体制改革的重要历史地位。

（三）

要明确我们所要研究讨论的问题的范围和性质。

我认为应该区别两个不同的概念:一个是社会主义的基本经济制度;一个是社会主义的经济体制。社会主义的基本经济制度指的是一切社会主义国家在整个社会主义历史时期都是这样的一种经济制度,那就是生产资料归社会公共所有,实行按劳分配,存在社会主义的商品。社会主义经济体制,是在不同的社会主义国家中,或者在同一个社会主义国家的不同时期中,是各不相同的,但都是建立在社会主义基本经济制度基础上的具体的经济关系。因此,在社会主义国家中,社会主义的基本经济制度只有坚持和完善的问题,没有改革的问题。而社会主义经济体制,则是可以而且必须根据需要进行改革,使它合理化。社会主义经济体制改革,就是要去寻找、去实施、去巩固、去发展与社会主义一定历史阶段中生产力发展水平相适应的一整套具体的社会主义生产关系。它对于社会主义的基本经济制度的巩固和完善起着促进的作用。

社会主义经济体制改革在我国包括两方面的内容:一是社会主义国营经济内部管理体制的改革;一是社会主义所有制结构的改革。在今天我国的历史条件下,还必须允许某些非社会主义的经济成分存在,使之为社会主义经济发展服务。这不属于社会主义经济体制改革的范围。经济体制改革是社会主义生产关系范围内的事情。社会主义所有制结构,是指在经济体制中存在一些什么样的社会主义所有制形式以及它们之间的关系如何。在我国社会主义所有制诸形式中,社会主义国有制居绝对优势,它的规模非常之大。在国家、企业与个人之间,在地方与地方之间,在部门与部门之间,内部关系非常复杂。因此社会主义国营经济管理体制问题,应该单独成为社会经济改革中最为重要的内容。在社会主义国家所有制经济内部管理体制改革问题研究的内容,是要客观地考察社会主义国营经济内部的经济问题,也要研究改革后国营经济体制应是怎样的。

（四）

研究社会主义经济体制改革的理论,也就是对社会主义经济建设历史经验中有关经济体制方面的问题,进行理论上的概括。从世界范围来说,十月革命以来所有的经验都是研究社会主义经济体制理论问题时所需要考察的背景材料。从 50 年代初南斯拉夫开始实行工人自治后 30 多年各社会主义国家的经验,则是研究经济体制改革问题更为直接的材料。这是就全世界来说有 60 多年和 30 多年这两类材料。从我们中国来说,就是新中国成立以来的 30 多年和 1978 年提出体制改革后四年这样两类材料。

研究历史经验的重要性,不用多说。我们特别想说的是这种研究并不那么容易,因为要把历史上人们所采取的活动及其收到的效果摆到当时当地的历史环境中去研究,才能得出正确的结论。比如第一个五年计划期间我国经济发展比较顺利,这是大家一致的看法。但能不能说那时我国的经济体制就是最好的呢?

我认为在像有关社会主义经济体制改革这样重大的理论和实践问题上,在这么多研究这个问题的学者当中,有一些不同的看法和认识是不可避免的,甚至会出现有些观点是非马克思主义的和反马克思主义的。即使在马克思主义者的队伍中,在社会主义经济体制改革理论问题上的观点也不会完全一致。有些问题没有研究清楚,对有些问题的看法在一定意义上可以说还相当混乱。我认为在这种情况下,说哪些观点是马克思主义的,说哪些观点是反马克思主义的,应该持慎重态度。总之,要让各种意见发表出来展开讨论,通过讨论来作出结论,有的还要让事实来作出结论。

（五）

当前要研究的问题之一,就是如何坚持社会主义的基本经济制度。社会主义的基本经济制度决定社会经济生活(包括生产、分配、交换、消费等方面)具有社会主义的基本特征。我们要坚持这些基本特征并使之不断完善。

举例来说,社会主义国家实行的是计划经济。计划性就是社会主义经济的基本特征。社会主义经济体制改革就应当提高计划性而不能削弱或者降低计划性。现在的问题是如何提高计划性?计划性是使国民经济的运动和发展按照预定的计划进行。要做到这一点,首先当然要求计划本身具有科学性,同时要有一套保证计划性、提高计划性的方法。下达指令性的计划,或者事实上下达指令性的计划,然后用行政的、法律的方法来保证,这是方法之一。用经过仔细计划的物价政策、税收政策、信贷政策、劳动工资政策等经济杠杆来引导人们的行为符合计划的要求,是第二种方法。

按照提高计划性的目的来使用社会主义国家所掌握的经济力量,在市场上与各种不利于社会主义建设的、破坏计划经济的力量作斗争,是第三种方法。搜集与分析经济与技术的情报,作各种统计和预测,对国家国土资源及其他经济资源进行调查和研究,并把这些东西作为“计划资料”提供给各部门、各地区、各有关单位制订计划,这是第四种方法。如此等等。这些都需要根据历史经验和实际情况加以研究和选择,但是保持和尽可能提高计划性,则是在实行体制改革时必须遵循的原则。我们讲的这种计划性指的是与客观实际相吻合的计划性。我们要从实际经济生活中的计划性程度的高低去衡量我们计划经济的发展水平。

我们把要进行的经济体制改革称之为社会主义经济体制改革,它包括这样的两个意思:(一)它是对社会主义国家中的经济体制进行改革;(二)它是在坚持社会主义基本经济制度下进行的经济体制改革。

(六)

社会主义经济体制改革的目的是发展生产,提高劳动生产率,使人力资源、国土资源和其他经济资源得到充分利用。经济体制改革的中心问题是“改”这个字。为什么要改?就是因为现行的经济体制中有不适合生产力的发挥和生产力的发展的东西,而且这样的东西还不少。所以改革中,第一件要做的事,就是对现行经济体制认真地、全面地进行分析,而且发动比较多的人来进行这种分析工作,分析其中有哪些是好的,应该保留,哪些是不好的,应该去掉,或者哪些虽然是好的,但还有更好的东西可以用来代替它。不做好这样的工作,就不知道该改什么。不做好这样的工作,大家的认识不一致,就不能齐心协力。

分析现行经济体制的工作做得越深入,改革中要解决的方向性问题也就越明确。但是也还有一些问题,并不能因为我们进行了对现行经济体制的分析,就自然而然地可以得到解决。对于新问题需要不断地进行探讨和反复试验。关于社会主义经济体制改革理论问题的讨论也是非常重要的,经过讨论,集思广益,会有一些关于经济体制改革的很好思想和意见产生出来。1980年夏天我写过一篇题为《在决心改革之后》的文章。在那篇文章中,我曾列举了若干我认为在讨论社会主义经济改革中要讨论的理论问题。其中有一个“社会主义经济中生产出来的产品的商品性和市场对生产和消费的调节作用”的问题。我提出要研究“生产资料是否应该商品化,生产资料商品化的范围和程度应该如何,社会主义市场的性质和特点”这个问题。两年来对计划和市场的问题大家都很重视。这是经济体制改革中的重要问题。近几年来,对这个问题大致有六种提法:(1)“计划经济与市场经济相结合”;(2)“计划调节与市场调节相结合,以计划调节为主”;(3)“计划调节与市场调节相结合”;(4)“实行计划经济,同时发挥市场调节的辅助作用”;(5)“计划经济为主,市场调节为辅”;(6)“国家在社会主义公有制基础上实行计划经济。国家通过经济计划的综合平衡和市场调节的辅助作用,保证国民经济按比例地协调发展”。最后一个提法是写在宪法修改草案上的。计划与市场既然是经济体制改革中的重要问题,就应该从理论上进一步加以研究。

(七)

今天我就讲以上的6个问题,讲6点意见。在这6个问题之外,还想说一点,那就是我认为永远不可能有一劳永逸的社会主义经济体制改革。今天我们要去研究和实现的改革是根据现阶段中国的具体实际提出来的,这是今天应该和可以解决的问题。社会主义经济体制改革中比较长远的、比较重大的问题,我们可以称之为体制改革的战略问题。还有一些比较短期的或者比较小的问题,我们可以称之为体制改革的战术问题。战略性质的问题要解决,但所需的时间(不论研究的时间和实施的时间)会比较长。我们对在中国这样一个大国中实现社会主义经济体制改革这件事情的深度和广度,要有充分的估计。它决不是短时间内所能解决的。对此要有必要的精神准备。但是体制改革又是一个迫切的问题,对于当前我国经济工作又是有很大影响的。某些不合理的体制,我们必须在比较短的时间内予以改变。我认为这些战术性质的体制改革不应该放松,应该抓紧解决一些问题。成熟一个解决一个,不成熟的可以进行试点。不论是战略性质或战术性质的体制改革,都有许多理论问题,我希望这些问题都能为我们经济学工作者所注意。

**全国妇联主席康克清在北京会见并宴请由布隆迪全国妇联总书记康代凯·厄弗拉齐率领的布隆迪妇女代表团**

**国务委员兼国家科委主任方毅在北京会见澳大利亚科学与技术部南极局局长麦丘**

**卫生部副部长郭子恒在日内瓦举行的第三十五届世界卫生大会全体会议上发表谈话**

郭子恒对世界卫生组织和其他联合国有关机构在卫生方面同中国所进行的合作表示满意。

郭子恒说,中国和世界卫生组织之间的合作已经取得了成果。他举例说,世界卫生组织在中国建立了3个医疗保健合作中心;今年6月,世界卫生组织、联合国开发计划署、联合国儿童基金会和世界银行将在中国山东省掖县举办地区性医疗保健讨论会。

他简要地介绍了中国逐步建立农村医疗卫生网的情况。他说，在过去两年里，中国有300个县的医疗卫生机构进行了整顿和建设，在技术和管理方面得到了改善。到1985年，将完成700多个县的整顿建设工作。他说，中国的目标就是要提高8亿农民的医疗卫生水平。

**中国作协主席巴金在北京会见瑞典著名诗人作家克杰尔·埃斯普马克**

## 5月5日

**《人民日报》发表社论《良好的开端 深刻的革命》**

五届人大常委会第二十三次会议，通过了关于国务院部委机构改革实施方案等三项议案。为全国人民所关注的国家机关各部委机构组建工作，至此已经完成。与此同时，党中央和军委领导机构的改革也在顺利进行。这是一个良好的开端。它预示着机构改革这场深刻的革命，会比原来的设想进行得更顺利，取得更大的成效。

国家机构问题，如同列宁所说，“这是个老问题，也永远是个新问题”。1922年，列宁得知中央和莫斯科的苏维埃机关膨胀了一倍有余，曾经极其深刻地指出，这“往往不是为我们工作而是反对我们”。他在这一年写的一些通信中，多次大声疾呼：“污浊的官僚主义使我们陷入滥发文件、空谈法令、乱写指示的境地，而生动活泼的工作却淹没在这浩如烟海的公文中了”。“我们所有经济机关的一切工作中最大的毛病就是官僚主义。共产党员成了官僚主义者。如果说有什么东西会把我们毁掉的话，那就是这个。”列宁的这些话，今天读起来，对我们仍然有着振聋发聩的作用。

32年来，我国党政机关逐渐膨胀起来。其中固然有工作发展了，需要设置相应机构的因素；但是更主要的是，我们对列宁所说的这个“往往不是为我们工作而是反对我们”的机构膨胀问题，缺乏深切的认识。我们自己建起了一座座“大雄宝殿”，摆设了“八百罗汉”，以为分工细了，人手多了，事情就能办好。结果恰恰相反，部门林立，机构重叠，层次繁多，公文旅行，人浮于事，热衷于无效劳动等等，都已成为我们建设现代化的社会主义强国的严重障碍。

这次，党中央下决心进行机构改革，以后还要全面进行体制改革，确实是一场深刻的革命。当然，这场革命的对象不是人，而是机构、体制、制度和作风。我们要通过这场革命，实现反对官僚主义、提高工作效率的目的，使上层建筑更好地为经济基础服务。我们所说的良好的开端，既是指这次机构改革本身有了一个好的开始，也是指它为今后包括政治体制、经济体制在内的全面的体制改革，迈出了可喜的第一步。这一步，考验了改革的决心，探索了改革的途径，对以后整个改革的进程，是有重大意义的。两个多月以前，对这次机构改革能不能顺利进行，有些同志持怀疑态度。现在事实证明，怀疑的论调，悲观的论调，都是没有根据的。只要我们有决心，只要我们做的事情顺乎潮流，合乎民意，我们就一定能取得成功。

在这次国务院各部委机构组建工作中，我们欣喜地看到，大批曾经为创建新中国立下丰功伟绩的老同志胸怀广阔，深明大义，又立新功。他们荐贤让能、提携后进，为干部队伍的新旧更替作出了重要的贡献。人民将像尊敬他们昨天的历史功绩一样，尊敬他们今天的现实功绩。同时，我们也欣喜地看到，一批比较年轻的、德才兼备的干部进入了中央各部委的领导班子。他们精力充沛，有较高的政治觉悟和较多的专业知识。人民希望他们在新的领导岗位上，在老同志的帮助下，更快地把担子挑起来。

开端尽管是良好的，毕竟只是开端。就中央机关的机构改革来说，下一步还有四项工作要做：明确职责范围，提高工作效率；做好老干部的安排工作；切实抓紧干部轮训；保证完成精简编制的任务。如果我们不把这些工作做好，就不能说机构改革的工作已经做好了，更不能说机构改革的成果已经巩固了。至于从中央的机构改革到地方的机构改革，从行政领导机关的改革到企业事业单位的改革，从组织机构的改革到政治体制和经济体制的改革，还是一个长期的任务。我们还要本着革命的精神，把这些工作切实做好。要不断研究新情况，解决新问题，寻找新办法，制定新制度，使整个国家的各种体制越来越完善，保证社会主义现代化建设事业不断胜利发展。

**中共中央副主席邓小平在北京会见国际奥委会前主席基拉宁勋爵**

**国务院发出《关于国家计划委员会、国家经济委员会、国家科学技术委员会分工的通知》**

最近国务院常务会议讨论确定了国家计委、经委、科委的分工，现通知如下：

一、关于国家计委与国家经委的分工

（一）国家计委负责全国经济和社会发展的中长期计划和年度计划的编制，国家经委负责组织年度计划的执行和协调。在编制计划、进行综合平衡时，国家经委参加。国家计委和经委共同对计划执行情况进行监督和检查。

(二)年度计划要留有一定的机动(如资金、物资、外汇的当年准备等),以便国家经委在组织执行中进行必要的调剂。如果在执行中需要对地方的和重要企业的计划进行调整时,由国家经委与计委共同研究解决;关系全国性指标的重大调整,由两委研究,报国务院决定。

(三)国家物资局是国务院统管物资工作的部门,由国家经委代管。国家物资局按照国家计委的要求,编制物资平衡分配计划,对国家计委负责;物资的供应、调度,对国家经委负责。订货会议由国家物资局组织,国家经委、计委参加。

(四)科技发展计划及重点科技攻关项目,由国家计委为主,会同科委、经委编制,由经委、科委分别组织实施。科技成果推广计划由国家经委为主编制,由国家计委综合平衡后纳入国民经济计划。

(五)技术改造、设备更新(包括银行贷款部分)计划,由各级计委为主,会同各级经委制订,与基本建设统一纳入固定资产投资计划。

各地方、各部门的技术改造、设备更新计划,由国家计委会同国家经委审批。

基本建设方面,国家计委负责确定建设规模、投资的使用方向和大中型建设项目,负责大中型建设项目的论证,有关项目之间的衔接平衡和可行性研究报告及设计计划任务书的审批,负责组织资源勘探规划、区域规划、流域规划、路网航道规划、农业经济区划的编制工作。国家经委负责组织和审查项目的设计、施工和建设管理,调配建设物资,组织生产准备、竣工验收和基本建设方面的标准规范以及立法等。

(六)国防工业、国防科技计划由国家计委会同国防科学技术工业委员会和国家经委编制。机械工业的调整、改组、改造工作,由国家经委负责。

(七)国际收支平衡计划由国家计委负责。利用外资、引进技术和成套设备的计划,由国家计委为主,会同国家经委和有关部门制订和审核。其中限额以上项目由国家计委为主,会同经委、科委组织有关方面进行论证,由国家计委审批;限额以下项目由有关部门和有关省、自治区、直辖市计委会同经委在计划规定的额度内审批,并报国家计委和国家经委备案,以防止盲目、重复引进。引进技术的消化推广由国家经委组织有关部门进行。

(八)对于重大的经济政策问题,国家计委和经委要共同研究协商解决,报请国务院备案或者批准。

(九)两委在日常工作中要加强联系,紧密协作,互相配合,并建立定期联合办公的制度。

二、关于国家计委、经委、科委在科学技术工作方面的分工

(一)关于制订科学技术计划和重点攻关项目

1. 科学技术计划(包括中、长期的和年度的计划)和重点攻关项目,由各级计委为主,会同各级科委、经委负责制订,分别纳入全国、部门、省、自治区、直辖市的经济和社会发展计划,使科学技术发展同经济、社会发展紧密结合起来。

2. 确定科学技术计划和重点攻关项目时,同时确定各项目的经费、投资、物资,按经济体制和渠道,分别纳入国家、部门和省、自治区、直辖市的财务、基本建设和物资计划。

3. 由国家科委一位负责同志兼任国家计委副主任。

4. 为协同做好科技计划,由国家科委组织各方面力量,积极抓好科学技术发展的预测和咨询论证工作,调查研究世界和我国的科技现状与发展,提出科学技术发展方向、优先发展的领域和重大课题。为进行上述工作必要的经费,由国家科委掌握安排使用。

(二)关于实施科学技术计划和攻关项目

1. 国家科技计划和重点攻关项目中,开拓性的、较长期的、新兴技术的项目,由国家科委组织协调实施并督促检查;较短期的、为当前国民经济建设服务的科技攻关项目由国家经委组织协调实施并督促检查。

2. 国家科技计划、国家重点攻关项目所需经费、投资、物资,随着项目走,按经济体制、渠道,由国家经委、科委分别按项目管理执行。

3. 为集中使用必要的财力物力进行重点科技攻关,要改进现有的科技三项费用(中间试验、新产品试制和重大科研项目补助)的分配、管理。除前已分配给地方、已计入地方财政基数的3亿元之外,大部分经费要按攻关项目分配,并继续执行合同制。

4. 国家科技计划和重点攻关项目在执行过程中,需要进行调整时,由承担的部门、地方、单位提出,由国家经委和科委分别按计划管理程序进行调整、修改、补充。

(三)关于新产品试制、科技成果的鉴定与推广

1. 经国家确定的特别重大的新产品和科技成果,或有争议的重大科技项目成果,由国家科委组织有关方面进行论证、评价、鉴定。

2. 新产品试制和新工艺研究试验以及生产建设方面的科技成果的鉴定、推广与奖励,均由国家经委组织各主管部门负责实施。

3. 科技成果的推广应用计划,以国家经委为主,会同国家科委制订,经国家计委综合平衡后纳入国民经济计划。所需经费、物资及措施,按经济体制及渠道,纳入各部门、各地方的计划;其中重大科技成果的推

广,国家应给予专项补助。

4.科技成果的推广应用计划,由国家经委为主,组织有关部门和地方予以实施。

(四)关于科研机构的调整与新设科研机构的审批工作

1.为合理安排科研机构布局,严格掌握增设新的科研机构,国务院各部门及省、自治区、直辖市新设立的独立科研机构,应由国家科委会同国家经委及有关部委审批,特别重大的应报国务院审批。

2.现有科研机构的调整、整顿,由国家科委会同国家经委及有关部门统一组织进行。

(五)三委在日常工作中要加强联系,紧密协作,互相配合,定期协商。

**全国政协副主席乌兰夫等党和国家领导人在北京会见边疆少数民族青年参观团**

乌兰夫请各族青年到内地看看祖国各条战线的大好形势,把内地"四化"建设的好经验带回去,结合边疆民族地区的特点,尽快地把少数民族地区的经济建设搞上去。他希望各族青年通过参观学习,进一步加强内地和边疆的联系,把民族团结作为精神文明建设的一项重要内容,认真做好这方面的工作,为进一步巩固和发展全国各族人民的大团结作出贡献。

参加会见的还有王首道、胡子昂、何长工、萧克、包尔汉、钱昌照。

**全国人大常委会副委员长廖承志在北京会见来京参加"五一"国际劳动节庆祝活动的台湾同胞**

廖承志说,现在国内外的形势很好。台湾回归、祖国统一大业一定要实现,一定能够实现,我们也一定要努力促其实现。

他说,尽管有些人想阻挡祖国统一大业的实现,但历史车轮是抗拒不了的。

廖承志说,最近公布的宪法修改草案第三十条规定,国家必要时得设立特别行政区,在特别行政区内实行的制度按照具体情况由法律规定。台湾回归祖国之后,我们一定按九条规定的方针政策办事。他说,总有那么一天,很可能是80年代,大家一定能返回自己的家乡同亲人团聚。

廖承志希望各级政府都要关心台胞的工作和生活,特别要认真落实对台胞的各项政策。

出席联欢会的30多名台湾同胞,来自全国28个省、自治区、直辖市。联欢会由北京市台联举办。有关方面负责人汪锋、李贵、林丽韫、蔡啸、叶子龙等参加了联欢会。

**全国职工教育管理委员会在北京召开工作汇报会**

全国职工教育管理委员会主任袁宝华就在新形势下,如何打开职工教育工作的新局面的问题在会上讲了话。他强调,要适应当前形势的需要,抓紧进行干部轮训工作。袁宝华说,轮训干部是进行智力投资,积蓄力量,准备发展的一件具有战略意义的大事。各部委要充分认识干部教育工作面临的新形势,特别是要适应机构改革的要求,妥善安排好编制定额后的干部轮训工作。

袁宝华指出,要继续深入地宣传中共中央、国务院关于加强职工教育工作的决定,切实加强对职工教育工作的领导。他说,职工教育任务繁重,只能加强,不能削弱。中央和国务院领导同志在研究国家经委机构改革方案时明确指出,全国职工教育管理委员会办事机构的设置和编制不变,仍由国家经委代管。

袁宝华说,青工补课涉及几千万人,又有时间要求,任务十分艰巨,各部委一定要切实加强对这一工作的领导,认真把它做好。要提出补课的规划要求,定期布置检查,努力改善师资教材、校舍等办学条件,并主动与地方加强联系,配合协作;各单位的补课组织工作要从实际出发,保证实效。

袁宝华还说,要结合整顿企业,开展全员轮训。他指出,整顿企业是今年的一项重要工作。各部委、各地区要注意结合整顿企业,加强职工教育,开展全员培训;要把搞好全员培训,作为评比"六好"企业的一项重要条件。

商业部、化工部、冶金部、铁道部分管职工教育工作的负责人,在会上发言。他们指出,轮训干部、培训工人的任务十分繁重。因此,职工教育工作需要进一步加强。商业部和化工部的同志在发言中,还介绍了这方面的情况。新的商业部是由3个部门合成的,现在有一名副部长主管职工教育,部教育局下设的干部培训处和职工教育处都得到了加强。化工部在机构改革中,对职工教育十分重视,他们准备进一步充实这项工作的领导和职工教育的骨干力量。

**民革中央在厦门召开工作会议**

会议于5月5日至12日召开。会议由民革中央副主席贾亦斌主持。参加会议的有来自24个省、市的民革地方组织负责人。会议期间,大家交流了各地民革组织为"四化"建设服务和促进祖国和平统一的工作经验,并就如何进一步活跃民革工作,更好地为巩固安定团结的政治局面、进行社会主义现代化建设以及和平统一祖国作出贡献等问题,进行了讨论。

**外交部部长黄华就阿尔及利亚外长穆罕默德·本·叶**

**海亚不幸遇难致电阿尔及利亚外交部秘书长穆罕默德·萨拉赫·顿布里表示沉痛的哀悼**

电报说："惊悉穆罕默德·本·叶海亚外长因飞机失事不幸遇难，至深悲痛。本·叶海亚外长为增进中阿两国友好合作作出了可贵的贡献。他的逝世使我失去了一位诚挚的朋友。我谨向阁下致以沉痛的哀悼，并向本·叶海亚外长以及其他遇难者的家属表示深切的慰问。"

**外交部就国务委员的职位及其在对外事务中的作用问题照会各国驻华外交代表机关和联合国系统组织代表机构**

照会说，国务委员是根据中华人民共和国全国人民代表大会常务委员会1982年3月8日通过的关于国务院机构改革问题的决议而设立的。国务委员的职位相当于国务院副总理级，是国务院常务会议的组成人员；在对外事务中，国务委员作为国务院领导成员，可代表政府进行各项外事工作，并经总理委托代表总理进行重要活动。

**中宣部顾问周扬等在北京参加文化部文艺理论学习班座谈会**

学习班结合文艺界实际，主要学习了毛泽东同志《在延安文艺座谈会上的讲话》(以下简称《讲话》)，同时学习了马恩列斯和毛泽东同志的有关文艺的论述和近年来党中央领导同志关于文艺工作的重要讲话。

周扬指出：一定要抓好文艺干部的理论学习，这对文艺队伍的建设有很大意义。要真正掌握毛泽东同志有关文艺论著的精华，不结合内容十分丰富而又复杂的现实生活是学不好的，不研究新的问题、新的情况，就没有新的创造和发展。

周扬说，对于《讲话》，过去我们大都只是做了一些宣传、解说的工作，联系历史和现状，真正深入研究做得很不够，可以称得上有科学价值的学术著作更是很少。有的解说还存在着简单化的毛病。当然，宣传解说工作是必要的，今后还要做。因为马克思主义本身就是不断发展的科学。要想学好，就得坚持和运用发展的观点。不是自己主观愿望随心所欲地去发展，而是沿着现实和历史的客观发展的脉络，按照艺术历史本身发展的规律去创造和发展。文化部副部长周巍峙，文化部顾问林默涵、陈荒煤先后到文艺理论学习班作了专题报告。

**中国女篮在日本举行的第九届亚洲女篮锦标赛中获得亚军**

这是中国女篮首次获得参加世锦赛资格。

**新疆卡拉麦里山区有蹄类野生动物自然保护区正式设立**

拉麦里自然保护区是中国最大的自然保护区，也是在新疆设立的第九个自然保护区。该保护区地跨奇台、吉木萨尔、富蕴、青河4个县，面积1.4万平方公里。保护区的主要保护对象是濒于灭绝的珍稀动物野马、赛加羚羊以及野驴、盘羊(大头羊)、鹅喉羚(黄羊)等。

## 5月6日

**中共中央副主席邓小平在人民大会堂会见利比里亚国家元首塞缪尔·卡尼翁·多伊**

邓小平说，中国正在一心一意搞建设，我们力争建设发展得快一些。中国经济发展了，我们也可以用更多的力量帮助第三世界。

邓小平说，我们搞建设的一条主要经验是自力更生。自力更生可以激发人们奋发图强的精神，使整个国家和人民的精神振奋起来，团结一致搞好建设。他说，中国以自力更生为主，并不排除争取外援。我们依然执行对外经济开放政策，并且已经取得了一些成果。但是，事实告诉我们，取得外援是不容易的，我们必须坚持以自力更生为主。

多伊说，我在访问期间同中国领导人就共同关心的问题进行了认真的讨论，我希望这次访问有助于进一步巩固利中两国之间的关系。他说，利比里亚很高兴同中国保持良好关系。

**毛泽东文艺思想讨论会在北京举行**

讨论会于5月6日至12日召开，由中国文学艺术联合会、中国社会科学院文学研究所联合举办。参加讨论会的有在京的部分文艺理论和评论工作者、高等院校文艺理论教师、专业作家共80余人。

中宣部顾问、中国文联主席周扬到会讲话。中宣部副部长贺敬之、文化部副部长周巍峙、文化部顾问林默涵出席了会议。陈荒煤、冯牧、许觉民主持了讨论会。

到会同志阅读了胡乔木同志最近在《文艺报》重新发表的《当前思想战线的若干问题》一文，就如何科学评价、正确对待毛泽东文艺思想问题，展开了热烈的讨论。

正确对待毛泽东文艺思想

到会同志一致指出，毛泽东文艺思想是毛泽东思想的重要组成部分。《在延安文艺座谈会上的讲话》(以下简称《讲话》)以及毛泽东同志其他的文艺论著，总结了"五四"以来革命文艺运动的基本经验，指明了文艺为人民服务，首先是为工农兵服务的方向，阐明了文艺工作者和新时代群众相结合的思想，提出了“百花齐放，百家争鸣”的方针，分析了文艺与人民、文艺与生活、文艺与革命、普及与提高、源与流、继承与借鉴以及文艺运动中党内与党外等等关系，解决了发展我国无产阶级文艺的一系列理论、方针、政策问题。它的根本精神过去、现在和今后都是引导我国革命文学艺术事业前进的指针。不少同志进一步指出：对毛泽东文艺思想，要采取科学的态度。要学习它、运用它，既要坚持，又要发展。不坚持就谈不上发展，不发展也不能达到真正的坚持。目前，还要继续正本清源，分清哪些是属于经过实践证明是正确的普遍原理，哪些是属于阐述或执行中产生的偏差，特别要把“左”倾思潮对毛泽东文艺思想的曲解与毛泽东文艺思想的本来面目区别开来。

“为人民服务，为社会主义服务”是对毛泽东文艺思想的一个重要发展

与会同志指出，党的十一届三中全会以来，毛泽东文艺思想和整个毛泽东思想的科学原理正在文艺领域得到恢复和发展，党中央对文艺工作的指导思想是正确的，卓有成效的。对于这一点，必须有明确的认识。与此同时，目前在文艺界和社会上存在着两种不可忽视的错误倾向：一种倾向是企图否定毛泽东文艺思想的根本精神，不承认它的伟大理论贡献和对当前文艺事业的巨大指导作用。这是资产阶级自由化思潮在文艺理论领域的表现；另一种倾向则是无视历史，回避现实，继续采取形而上学和教条主义的态度，盲目地坚持“句句是真理”，否定毛泽东文艺思想在新的历史条件下有不断发展、继续前进的必要性。因此，为了前进，我们必须展开两条战线的斗争。他们指出，今天的现实条件和四十年前《讲话》发表时已经大不相同了，特别是当前新时期的实践提出了许多新问题，我们应当根据马克思列宁主义、毛泽东思想的立场、观点、方法来总结历史经验，研究新情况，回答新问题，不断丰富和发展马克思主义的文艺理论。

到会同志就文艺与政治的关系问题展开热烈讨论。许多同志指出，文艺不能脱离政治，这是不言而喻的。革命文艺的职能包括通过艺术形象的力量来促进社会主义政治的发展和完善，但是判定一切文艺都从属于政治和一定的政治路线，是不符合文艺的历史实践的，在理论上也是不够科学的。文艺和政治同属于上层建筑，彼此间相互影响，归根结蒂，都要受经济基础的支配。政治和文艺都不是目的，到头来，都要为最广大的人民群众服务，帮助人民推动历史前进。三中全会以来，我们党调整了文艺政策，提出“为人民服务，为社会主义服务”作为新时期文艺工作的总口号，这是对毛泽东文艺思想的一个重要发展。

文艺应当成为用共产主义思想引导人们前进的强大精神力量

同志们认为，毛泽东同志提出的文艺为人民，首先为工农兵，文艺工作者必须和新时代群众相结合的思想理论，已经被长期的实践证明是完全正确的，我们必须在新的历史条件下发扬光大。文艺和最广大的人民群众相结合，是体现文艺“为人民服务，为社会主义服务”方向的根本途径，是繁荣社会主义文艺创作的必由之路。粉碎“四人帮”以来，我国文艺创作的初步繁荣，正是文艺工作者密切和群众相结合的结果。当前，有些创作出现了脱离生活胡编乱造的现象，少数同志宣扬文艺要单纯地表现自我，以及文艺工作中的自由化、商品化倾向的产生，这是和某些文艺工作者的严重脱离群众有着直接的关系。我们应当努力克服这类偏向。不少同志认为，文艺家深入生活既要注意改造主观世界，也要注意吸取创作原料，二者不可偏废，应该统一起来。一般说来，文艺家主观世界的改造，既包括思想感情的内容，又包括正确处理主客观关系、不断提高认识能力的内容。党中央明确指出，我国知识分子的绝大多数已经成为劳动人民的一部分，他们和工人农民一样，都是革命事业的依靠对象。把文艺工作者的思想改造和劳动人民的自我改造割裂开来，看成阶级性质不同的两码事，是错误的。人人都要在改造客观世界的过程中不断改造主观世界，作为人类灵魂工程师的文艺工作者更要注意这种改造。文艺工作者应当努力学习马克思主义，学习社会，自觉地在深入群众斗争生活的过程中端正立场，抵制资产阶级和其他腐朽思想的腐蚀，进一步确立和巩固马克思主义的世界观。要正确地认识新时代，正确地表现新时代，努力塑造社会主义新人形象，用崇高的思想境界和完美的艺术形式相结合的优秀作品，去鼓舞人民进行社会主义现代化建设。文艺应当开社会风气之先，成为用共产主义思想引导人们前进的强大精神力量。我们的创作既不能夸大矛盾，把生活写得一片灰暗，也不能回避矛盾，搞无冲突论。要勇于反映生活中的矛盾冲突，歌颂和肯定生活中的新人新事新思想，揭露和批判一切阻碍社会主义现代化的旧思想、旧习惯、旧势力。不论歌颂还是批判，都要从生活出发，使人感到真实可信，有助于人们奋发上进。

“双百”方针要求通过斗争和竞赛来发展社会主义文艺

到会的许多同志指出，“百花齐放，百家争鸣”方针的提出，是毛泽东文艺思想在社会主义时期的重大发展。三中全会以来，党中央重新贯彻这一方针，大大促进了新时期文学艺术的繁荣。由于十年内乱留下的后遗症，也由于对外开放政策不可避免地会带来资

产阶级思想的某种程度的侵蚀，使目前贯彻执行这一方针不能不遇到种种复杂的问题。“双百”方针是要求通过斗争和竞赛来发展社会主义文艺的。如果放弃党的领导，放弃必要的思想斗争，就要犯右的错误，就会导致资产阶级自由化泛滥。如果用简单粗暴的方法来进行思想斗争，如果因为出现了错误的东西就怀疑这一方针的正确性，而不再坚持这一方针，就会重蹈“左”的错误的覆辙。不少同志指出，要鼓励文艺工作者们继续解放思想，在“为人民服务，为社会主义服务”的统一目标下，勇于进行艺术创新和理论探索，允许人们在创新和探索的过程中犯错误，并用正确的方法帮助他们改正错误。要切实保障批评和反批评的自由，对于违反四项基本原则的东西，要旗帜鲜明地进行批评，对于一般的艺术或学术问题，不能把它和政治问题等同起来。

到会的不少同志指出，应当加强文艺理论批评及其队伍的建设。他们说，毛泽东同志说过“文艺批评应该发展”。一个民族不能没有理论思维，文艺工作不能没有正确理论的指导。粉碎“四人帮”以来，文艺理论工作者在拨乱反正、正本清源中发挥了重要的作用。但是和蓬勃发展的文艺创作相比起来，理论批评明显地落后了。与会的同志殷切期望文艺领导部门和各级党委要进一步重视文艺理论批评工作，切实把发展文艺理论批评摆到重要议事日程上来。为坚持和发展毛泽东文艺思想作出新的努力。

陈荒煤代表会议举办单位讲了话。他说，这次讨论会开得严肃认真、生动活泼，几代人同聚一堂，各抒己见，共同切磋。大家发表了不同的见解，而在一些基本问题上又取得了一致的看法。这表明认真研究《讲话》和毛泽东文艺思想是很必要的，有利于统一认识，明确方向，加强团结，提高执行党的文艺方针政策的自觉性，为建设社会主义精神文明作出贡献。

**中宣部顾问 中国文联主席周扬在毛泽东文艺思想讨论会上发表题为《一要坚持 二要发展》的讲话**

为纪念《在延安文艺座谈会上的讲话》发表40周年，在京文艺界的同志举行了“毛泽东文艺思想讨论会”。这次讨论会开得很好。

关于文艺问题有不少分歧意见，这不是坏事，而是好事，这说明我们的思想活跃。我们不要求在一切问题上都完全一致，那是不可能的，但在原则问题上，在领导思想上却必须力求一致。党中央关于文艺问题的方针，邓小平同志在第四次文代会上的祝词已经作了阐述。胡耀邦同志也先后有过多次讲话。最近，胡乔木同志重新发表了在思想战线问题座谈会上的讲话，其中也谈到了文艺问题。这些都很重要。

这次座谈会上，大家一致的意见都认为，对毛泽东文艺思想，一要坚持；二要发展。

要坚持毛泽东文艺思想，就要正确地宣传、解说毛泽东文艺思想。在从事这项工作的人中，我也可以算是一个。1946年在张家口时，我曾出过一本小册子，叫作《表现新的群众的时代》，序言中我表示愿意做毛泽东思想的“宣传者、解说者、应用者”。30多年过去了，我的这个任务却没有完成得很好。虽然我对毛泽东思想历来是忠诚的，但忠诚并不等于正确。所以，宣传、解说的工作，也就是马克思主义通俗化的工作，并不容易。一方面，不应该违背原意；另一方面，也不应该变成照本宣科，而应有所发挥，有所建树。毛泽东同志多次提倡唯陈言之务去，但我们讲话和文章中的陈言还是不少。要准确完整而又结合实际地解说毛泽东思想，也很不容易啊。

为了正确理解和评价毛泽东文艺思想，我想有这样几点值得注意。

第一，不要把毛泽东思想与马克思列宁主义割裂开来。毛泽东思想是马克思列宁主义在中国的发展，是马列主义与中国革命实践相结合的产物。我记得毛泽东同志曾经很形象地说过：“马列主义是一棵大树，而我们只是一些枝叶。”当然，这体现了毛泽东同志的谦虚，但不止是谦虚，也是真理，因为确实是从马列主义这棵大树上长出来的繁茂枝叶。马克思主义是社会科学的伟大革命，列宁把它发展了，以后毛泽东同志把它应用到中国革命中，又进一步发展了。发展的方面、发展的深度和广度各有不同，但都是创造性的发展。马列主义这棵大树在中国这块富饶的土地上是充满生命力的。五千年的文化历史传统，十亿人口的大国，丰富无比的革命历史经验，在这样的土壤上，马克思列宁主义这棵大树难道不应该根深叶茂，地久天长，万古长青吗？

第二，不要把毛泽东文艺思想与整个毛泽东思想割裂开来。毛泽东文艺思想，是整个毛泽东思想的组成部分，只有对毛泽东思想有完整、准确的了解，才能很好地了解毛泽东文艺思想。这是部分和整体的关系。在整个毛泽东思想中，最有普遍意义，也是最根本的，是毛泽东哲学思想。哲学思想的代表著作当然是大家所熟知的《实践论》《矛盾论》等，但几乎在他所有重要著作中都闪耀着哲学思想的光辉。毛泽东同志在他的军事著作中把唯物辩证法运用得最突出，最丰富，也最有特色。《讲话》本身也充满了唯物辩证法。

第三，不要把毛泽东文艺思想同我国几千年来的文化传统与“五四”文学革命传统割裂开来。刚才有的同志讲话提到这个问题，好像毛泽东同志在《讲话》中对“五四”新文学讲得比较少，这是事实。但了解毛泽东文艺思想，不能只限于《讲话》;《新民主主义论》《反对党八股》《关于正确处理人民内部矛盾的问题》《同音乐工作者的谈话》等文章，也都是非常重要的。毛泽东同志关于文艺问题的讲话，包括和个别文艺工作者的谈话，总是十分亲切，深入浅出，使人心悦诚服，永志不忘。还有毛泽东同志本人的文学作品，也不可忽视。他没有因为自己擅长旧诗词而有所偏爱，仍然提倡要以发展新诗为主。他对以鲁迅为主帅的“五四”新文化运动曾作过很高的评价。他有一次在和我谈话中突然问我对鲁迅的作风如何看法，我还没有来得及回答，他就说鲁迅的作风就是断制和谦虚的结合。这也就是毛泽东同志本人所一贯提倡的革命精神和实事求是的精神。毛泽东同志在高度评价“五四”功绩的时候，也严正地指出过它的形式主义的错误。“五四”新文学运动响亮的口号之一，就是打倒“桐城谬种，选学妖孽”，这在当时是很革命的口号。但认为好就一切都好，坏就一切都坏，就是犯了形式主义的毛病。毛泽东同志本人受过桐城派古文和《文选》的不小影响。桐城派统治的时间很长，一百多年；后来曾国藩当政，桐城派又再度复兴，起码有一二百年统治中国文坛。桐城派的古文有个优点，比较简洁，不能说都是谬种。《昭明文选》是我国古代韵文的精华，毛泽东同志青年时代是熟读过的，也不能说是妖孽。所以我想，毛泽东同志的文风可不可说是桐城派古文的简洁和“文选”的华丽文采两者的结合。这是个不成熟的意见，提出来和大家研究。“五四”运动是彻底革命的，它在初起的时候，不能不对统治千百年之久的旧文化传统采取打倒一切的态度。30年代我们有些同志也曾一度对“五四”运动时期的白话文加以贬低，认为是非驴非马，甚至比文言文还坏。从革命历史的过程来看，革命往往伴随着某种简单、粗暴的现象，面对比自己强大千百倍的旧文化传统势力，似乎非此不足以廓清它的影响。这也要以历史观点来看。总的来说，研究毛泽东文艺思想和学习《在延安文艺座谈会上的讲话》，都要有历史观点，不能割断历史。

《讲话》是重要的历史文献，经得起考验，过去是、现在还是指导我们文艺运动的指针。这也就是说，对毛泽东文艺思想一定要坚持。这是毫无疑义的。

问题在怎样坚持。坚持不等于原封不动，一切照搬。那样，就变成“句句是真理”了。我们讲的坚持，是在发展中坚持。马克思主义本身就是一种发展的学说。根本不要坚持，那就无所谓发展；根本不发展，也不可能坚持。列宁对马克思主义就是又坚持又发展。如果列宁句句照搬马克思，不提出社会主义革命有可能在一国首先取得胜利的论点，那就没有列宁主义，没有十月革命，因而也就不可能坚持马克思主义。中国革命是走十月革命的道路，但中国革命也不是照抄十月革命。如果照抄十月革命，不走农村包围城市的道路，那就没有毛泽东思想，也不会有中国革命的胜利，从而也不可能在中国坚持马列主义。我们党的十一届三中全会抛弃了“两个凡是”的观点，解放思想，实事求是，从而才真正坚持了毛泽东思想。我们对待毛泽东文艺思想，也应该这样。

应该看到，从《讲话》到现在，国内外起了空前巨大的变化。首先是历史时代的变化，阶级关系的变化。那个时候我国还没有进入社会主义，也没有社会主义现代化建设，主要是进行民族民主解放斗争，驱逐日本侵略者，推翻旧制度。我们要看到这个变化。现在我们讲和新的群众时代相结合，就要具体看一看，什么样的群众，什么样的时代?《讲话》讲为人民服务。人民这个概念，当时主要包括四种人，除了工农兵以外，还包括城市小资产阶级劳动群众和知识分子在内——那时是把知识分子的多数列入小资产阶级范畴的，但一般都是提“为工农兵服务”，似乎知识分子不包括在内。后来，主要是在1957年以后，又把多数知识分子看作是资产阶级知识分子。这样一来，多数知识分子就只是改造对象，而不是服务对象了。现在，知识分子已经是劳动人民的一部分，工人阶级的一部分，用过去那种眼光去看待他们就不对了。1962年，在纪念《讲话》发表20周年的时候，《人民日报》发表过一篇社论，题目是《为最广大的人民群众服务》。社论提出：“人民民主统一战线内的以工农兵为主体的全体人民都应当是我们的文艺服务的对象和工作的对象。”尽管这篇社论在“文化大革命”中遭到了批判，现在看来，这个提法还是对的。至于为社会主义，40年前没有这么提，因为那时还只有作为指导思想的社会主义，而没有社会主义的实际。我们的有些同志只是拘泥于旧口号，有一点不同都不行，这样跟不上时代的前进步伐，就有落后于时代的危险。

大家谈论比较多的，是文艺与政治的关系问题。这个问题，邓小平同志说过，今后不再提“文艺从属于政治”，因为这种提法不完全符合文艺和社会生活的历史，而且容易产生流弊。按照马克思主义的观点，社会发展中起决定作用的最后是经济。物质生活条件即社会生产方式制约着精神生活、政治生活、社会生活。这是历史唯物主义最基本的公式。文艺与政治同属上层建筑。上层建筑各种因素之中影响有大小、强弱、久暂的不同，但起最后决定作用的还是经济基础。说文艺从属于政治，既否认了经济基础的最后决定作用，也否认了上层建筑各因素之间的相互作用，以及文艺在长期历史发展过程中所形成的相对的独立性。我们过去批判把这种独立性看成是绝对的，那是批判得对的，但由此而连相对的独立性也不承认，那就不对了。研究这种相对独立性的历史联系及其发展，正是文学史应该探索的问题。

政治作为上层建筑之一，不是任何时候都是正确的，也会有不正确的时候。即使是正确的，它也不能强使意识形态都从属于它。不再提文艺从属于政治，这并不是说文艺与政治无关，可以脱离政治。我们有党的四项基本原则。共产党员还有党性和党的纪律的约束。文艺的党性原则是自觉自愿的。在今天，文艺为人民服务，就要为社会主义服务，因为社会主义是人民的根本利益所在。三中全会以来，文艺的主流是好的，必须肯定，但是也有错误、也有支流。随着对外开放和对内搞活经济的巨大政策转变而来的思想战线上的资产阶级自由化倾向，就是不容忽视的支流。强调文艺为社会主义服务，就要反对这种倾向。

大家对深入生活谈论得很多。作家要深入生活，这是天经地义。所谓深入生活，就是不做旁观者，要做当事人，我看这一点最要紧。做当事人，就会感到与你所描写、所反映的生活血肉相连，利害与共。毛泽东同志说，感情的变化是最主要的。立场、观点、方法都以感情的变化为标志，感情变了，对事物的观察和体会就会不相同。因此，所谓深入生活，不是纯粹学院式的问题，而是生活实践和艺术实践的问题。

文艺评论工作十分重要，这几年有发展，也有成就，但和创作相比，就显得逊色一些。评论工作问题很多，现在谈得比较多的是人性论、人道主义等问题。我觉得有一种误解，以为共产党人、革命者不能讲人道，不能讲重视人。其实毛泽东同志早就讲过，人是一切事物中最宝贵的。人的价值、人的尊严，不应当被轻视、贬低，应当被重视、尊重，而人的价值和尊严都不是抽象的，不能离开历史的阶级的分析。

现在谈得比较多的还有一个“异化”问题。这个问题，1963年我在中国科学院社会科学学部大会也讲过。我认为这个问题是重要的。我当时说：“根据唯物主义的观点来解释异化，按照事物总是一分为二、走到自己的反面这个辩证的规律来理解异化，……就应当承认，异化是自然界和人类社会的一种普遍现象，而异化的形式是各种各样的”。现在我还是这样看。由于“异化”这个概念不好懂，常常产生一些误解。我曾想过，是否可以用“作茧自缚”这个成语来形象地说明“异化”呢？（当然，从生物学上说，蚕吐丝作茧是为了保护自己。不过我们这里是按照“作茧自缚”这个中国成语的意义来了解的，就是自己的产物束缚了自己。）马克思本人也有这样的比喻。社会异化，无论经济异化，思想异化，或政治异化，都是一种很复杂现象，需要作专门的研究。是否到共产主义社会，阶级消灭了，异化现象就没有了？但至少现在还有。至少有阶级或阶级残余的存在，异化现象就不会消逝。宗教就是异化，人的头脑想象出一个神，这个神反过来统治了人。这和“作茧自缚”不是一样吗？不但人的头脑的产物会成为一种异己的力量，反过来束缚人、支配人，人的双手的产物也一样。在资本主义社会里，工人用双手生产出来的商品或财富，也成为一种神秘的、异己的、奴役人的力量。换句话说，是物统治了人。马克思把这种现象称之为“商品拜物教”或“货币拜物教”。现在我们社会里有一些人迷信金钱万能，一切朝钱看，这是不是异化啊？这个问题，当然还可以研究。

社会现象、自然现象，都非常复杂，我们要研究这些现象。青年人特别喜欢探索，热心于探索，我们不要去反对。我们只有鼓励他们探索的义务，而无阻碍他们探索的权利。在这里，最需要的是正确的引导，是循循善诱，是严于律己、宽以待人。如果他们在探索中出了差错，领导人该负责的就负责，该批评的就批评，批评也还要采取保护的态度。我们是社会主义国家，新中国成立30多年了，好多青年都是社会主义制度下培养出来的，他们走错了路，我们年纪大一些的人都负有一份责任。我们一方面要高度重视他们对新鲜事物的敏锐感觉，在这点上要向他们学习。另一方面也要帮助他们学习社会、学习历史、学习马列主义。这是我们义不容辞的责任。

总之，不要孤立地、片面地、静止地理解毛泽东思想。马列主义如何在中国得到发展，就看它和中国的历史、现状结合的程度如何。如果结合得好就发展得快，结合不好就发展得慢。这也是马克思讲的话：“理论在一个国家的实现程度，决定于理论满足这个国家的需要的程度。”你的理论不能满足社会和人民的需要，那这个理论就是不行的。我们努力的目标，就是要使马克思列宁主义、毛泽东思想最大限度地满足社会和人民的需要。

**《人民日报》发表新华社评论员文章《振奋精神开创“五讲四美”活动的新局面》**

根据党中央的指示，中共中央宣传部、共青团中央最近联合召开了“全民文明礼貌月”活动总结座谈会，总结了我国第一个“全民文明礼貌月”活动的成果和经验。

作为社会主义精神文明建设的重要组成部分的五讲四美活动，已在我国城乡开展一年多了。这一活动之所以从一开始就受到人民群众的欢迎，是由于它符合我国社会主义现代化建设的需要，反映了我国人民的利益和愿望。人民群众对十年内乱所造成的社会道德水准下降十分不满，对普遍存在的“脏、乱、差”问题迫切要求改变。因此，当党中央、国务院发出开展“全民文明礼貌月”活动号召的时候，广大人民群众很快就自觉行动起来，迸发出了高度的社会主义积极性、创造性和共产主义精神，使这一活动取得了比预料更好的效果。这一事实又一次告诉我们，顺乎民心的事业，只要坚持不懈地抓下去，一定会取得成功。

党中央多次强调提出，为了建设现代化的社会主义强国，我们要一手抓社会主义物质文明建设，一手抓社会主义精神文明建设。两个文明建设，相辅相成，互相促进，不可偏废。一年多来的实践证明，五讲四美活动不仅是社会主义精神文明建设的重要内容，也是建设社会主义物质文明的必要条件，它对保证经济建设的社会主义方向，促进物质文明建设的发展，起着十分重要的作用。良好的社会秩序，优美的工作环境，和谐的同志关系，崇高的共产主义思想和道德风尚，可以激发人们劳动和工作的热情，提高人们的思想境界，使精神力量、道德力量在实践中转化为巨大的物质力量。由此可见，坚定地确立“两个文明一起抓”的指导思想，是抓好“五讲四美”活动的关键。

今年三月开展的我国第一个文明礼貌月活动，是在一年多来群众性“五讲四美”活动的基础上开展起来的，其声势规模之大，社会效果之好，群众影响之深，都是多年来少有的。文明礼貌月活动和一年多来的“五讲四美”活动之所以取得成就，从根本上说，就是我们旗帜鲜明而又不脱离实际地在人民群众中进行了共产主义思想和共产主义道德的教育。

坚持向人民群众进行共产主义思想教育，是我们党的光荣传统，是党的事业不断取得胜利的重要保证。毛泽东同志在新民主主义革命阶段，就强调提出要扩大共产主义思想的宣传。在红军创建时期，在延安时期，尽管那时物质条件极端困难，由于坚持进行共产主义思想教育，抓了党风，使我们的党一直保持着旺盛的战斗力，打败了强大的敌人。新中国成立后，50年代的物质基础也远不如今天这样坚厚，但是由于坚持了共产主义思想教育，我们党的优良传统得到继续发扬，那时良好的社会风气至今为人们所乐道。今天，我们开展“五讲四美”活动，是我们党在新的历史条件下，集中群众的智慧，找到的一个用共产主义思想教育、培养、训练一代社会主义新人的好方法。这里需要指出，进行共产主义思想的宣传和执行现阶段的方针、政策，既有区别，又有联系，是相辅相成的。那种认为在社会主义阶段只能讲按劳分配，进行共产主义思想教育是“超越历史阶段”的看法，是不对的。至于某些人鼓吹追求离开社会、离开集体的所谓“个人价值”，不加分析、不加批判地盲目宣扬西方资产阶级的某些思潮，都只会削弱、否定共产主义思想的宣传教育，带来思想混乱和消极后果，这是必须坚决克服和防止的。我们还应清醒地看到，虽然我国剥削阶级作为完整的阶级已经消灭，但阶级斗争还将在一定范围内长期存在。当前正在进行的打击经济领域严重犯罪活动的斗争，就是一个突出的表现。坚持长期进行反对资本主义思想腐蚀的斗争，是建设社会主义精神文明、开展“五讲四美”活动的一个重要方面。我们要教育党员和党的干部保持共产主义思想的纯洁性，教育人民特别是青少年提高民族自尊心、自信心，努力做到“拒腐蚀，永不沾”，使我们的人民成为有理想、有道德、有文化、守纪律的人民。

现在，第一个“全民文明礼貌月”活动已经过去，我们的任务是不失时机地把群众参加文明礼貌月活动的积极性引导到深入持久地开展“五讲四美”活动上来，并把这一活动更好地落实到基层，开创新的局面。做到这一点，在很大程度上取决于领导干部认识水平的高低，精神是否振作，以及能否亲自带头实践，率先垂范，因势利导。最近中央领导同志强调指出，思想政治工作，首先是说服教育干部的工作，干部思想通了，水平提高了，群众就好办。思想政治工作的基本点是对人的教育工作、说服工作。教育者必须先受教育，作出榜样。在这次文明礼貌月活动中，广大群众看到各级领导干部亲自动手，带头实干，受到很大鼓舞，进一步增强了搞好“五讲四美”、建设精神文明的信心。群众高兴地说：照这样干下去，再有三五年，我们国家肯定要大变样！我们的各级领导干部一定不要辜负人民群众的期望，认真履行历史赋予我们的责任，把“五讲四美”活动深入持久地开展下去。

**国务院发出《关于抓紧做好货币回笼工作和严格控制货币投放的通知》**

通知提出了5条要求：

一、积极扩大商品回笼。要根据城乡购买力增长和人民群众对消费品需求的变化情况，多增产一些符合社会需要的日用消费品和农业生产资料，增加商品供应。各地要把组织工业品下乡当作一项重要工作来抓，进一步疏通城乡商品流通渠道，大力组织农村货币回笼。有些商品在城市滞销，在农村可能畅销，就要设法调到农村去销售。在商品分配上，要切实贯彻城乡都需要的工业品，优先供应农村的原则。特别是农村迫切需要的建房材料和日用工业品，要组织有关部门协同配合，采取多种形式，使更多的工业品投入农村市场。对一些紧俏商品，要克服惜售思想，抓紧销售。

二、严格控制信贷投放。各级银行要根据国家确定的信贷计划，有控制地发放各项流动资金贷款和中短期设备贷款。各种贷款都要讲求经济效益，应支持企业生产和销售符合社会需要的产品。要压缩和减少滞销商品的生产和收购，对生产无销路的产品不能给予贷款，销路不好的产品要减少贷款，减少收购。

三、加强对收购农副产品的信贷、结算监督。要支持农副产品收购工作，对于按照国家计划实行统购、派购的，要根据实际需要供应资金。对于不按国家规定，随意扩大农副产品议价范围，或自行降低农副产品统购基数、减少派购任务而加价收购的，银行可不予贷款。

四、进一步办好城乡储蓄。要搞好储蓄网点建设，同时改善劳动组织，以方便群众存取。

五、切实加强奖金管理。

**中国船舶工业总公司在北京正式成立**

这是我国第一个打破部门和地区界限，按行业实行联合和改组的专业公司。与此同时，经五届人大常委会第二十三次会议批准，原来主管造船工业的第六机械工业部即行撤销。这是我国进行经济管理体制改革、用经济组织替代行政机构进行经营管理的一个重大突破，是党中央、国务院为加快发展船舶工业而作出的一项重要决策。

总公司的董事长为柴树藩，总经理为冯直。

**中国与利比亚两国政府在北京签订文化协定**

这一协定是为加强两国间的友好关系和促进两国在文化领域的交流而缔结的。双方将根据平等互利的原则，在文化、教育、科学、卫生、体育、出版和新闻广播等方面进行交流和合作。

**国务委员姬鹏飞在北京会见由卫生部部长马马杜·卡巴率领的几内亚卫生代表团**

**国务委员兼外交部部长黄华在人民大会堂会见并宴请柬埔寨诺罗敦·西哈努克亲王**

**中华职业教育社在全国政协礼堂举行集会纪念立社65周年**

全国人大常委会副委员长、中华职业教育社代理事长胡厥文主持会议。他说，65年前，黄炎培联合当时教育界和工商界的有识之士，发起成立了中华职业教育社。解放前，中华职业教育社为改革近代学制，为推动爱国民主运动，为促进社会进步起过积极作用；解放后，中华职业教育社又为社会主义革命和社会主义建设作出了贡献。他说，发展职业教育已经写入了宪法修改草案。中华职业教育社应当发挥自己的作用。

中共中央统战部顾问平杰三在致辞中说，建设社会主义现代化强国需要各种专业技术人才，但我国的教育事业还不发达，每年还有许多青年不能升入高一等的学校。现在各条战线上的许多青年，文化水平较低，所以必须提倡自学，提倡职业教育。中华职业教育社在这方面有丰富的经验，希望中华职业教育社在党的教育方针指引下，扎扎实实地办好职业教育，为“四化”建设服务。

全国政协副主席刘澜涛、胡子昂，教育部的臧伯平，著名教育家叶圣陶以及中华职业教育社老校友方知达先后在集会上发言。全国政协副主席李维汉作了书面发言。他们一致赞扬中华职业教育社在兴办职业教育、函授教育、业余教育、培养人才、进行社会联系所作的贡献，预祝中华职业教育社在培养各种专门人才方面发挥更大的作用。

中华职业教育社负责人孙起孟、王艮仲、李文杰也出席了集会。

**山东沂源发现猿人化石**

据《人民日报》报道，山东沂源县骑子鞍山的1个石灰岩裂隙中发现了距今40万至50万年的猿人化石，包括1块头盖骨、6颗牙齿、1块肱骨、1块股骨、1块肋骨、2块眉骨。专家们认为，这是我国古人类考古的又一重大发现。这一发现不仅填补了我国猿人地理分布的空白，而且对了解北京猿人、安徽和县猿人同东北古人类之间的关系提供了珍贵的实物资料。同时，对于研究第四纪哺乳动物群的分布和古地理、古气候也有重要意义。

## 5月7日

**《人民日报》发表社论《经济体制改革的重要尝试》**

为了精简行政机构，提高工作效率，克服官僚主义，国务院最近将原来的52个部、委，改组为39个。合并、撤销了一些部、委，第六机械工业部就是其中的一个。精简行政机构，一种办法是合并或撤销；另一种办法是将政府中管工业的行政部门，改为企业性质的经济实体。撤销第六机械工业部组建中国船舶工业总公司，是工业改组和联合的重大突破，也是我国经济体制改革的一次重要尝试。除了船舶工业总公司而外，还有其他工业总公司成立，如汽车工业总公司，等等。这些工业总公司的成立，有利于克服“官办企业”的缺点，提高经济效益，把企业办得更好。

作为机械工业的一个重要行业——船舶工业，现在先走了一步。以全国主要造修船厂、配套厂和科研设计单位为主组建的中国船舶工业总公司，是改变现行行政管理体制,打破地区、部门界限,实行权利、责任、利益三者统一的经济组织。船舶工业总公司把工业同贸易、军用品同民用品、造船同修理、科研同生产紧密结合起来,使一个政府部门改为一个企业组织,对下实行统一领导,分级管理。这样做有利于运用经济办法开展生产经营活动,提高经济效益;有利于统筹安排各项任务,更好地为用户服务;有利于进一步扩大船舶出口。

经过30多年的建设,我国船舶工业从科研、设计、配套到总装,已经形成比较完整的体系。船舶工业除了完成国内需要的船舶任务外,还有能力建造远洋船舶出口。大连造船厂今年第一季度交付的两艘2.7万吨出口远洋货轮,船舶质量受到国外航运界、造船界一致的好评,说明我国制造的船舶质量是高的,是可以进入国际市场的。但是,在管理体制上存在着不合理现象:部门分割,管理分散,造成重复生产、重复建设,以及"大而全"、"小而全"的不合理结构,在产品出口上也遇到了困难。党中央、国务院经过反复考虑,认为要解决这些问题,机械工业必须按行业实行改组联合,生产部门与使用部门建立合同和订货关系,从管理体制上进行改革。一句话,就是要走联合之路。当然,这一改革不可能一蹴而就,要有步骤地进行,不断积累经验,在一个相当长的期间内完成。

交通运输是国民经济中的薄弱环节,水路运输又是交通运输中的薄弱环节,大力发展水路运输就需要大量的船舶。因此,我国船舶工业有广阔的前途。我国内河和沿海航运的自然条件十分优越。我国大规模的海洋石油勘探开发即将开始,承造各种海上石油开发设备,也是船舶工业的重大任务。

为了使船舶工业更好地适应经济发展的需要,船舶工业总公司要围绕提高经济效益,不断采用新工艺、新技术、新材料,有重点有步骤地进行技术改造和设备更新,组织专业化协作,扩大大型船舶的建造能力,提高船舶工业的技术水平、管理水平和配套设备国产化水平。目前出口的船舶还有许多配套部件是进口的,要逐步做到国产化。

总公司一定要坚持统一规划,对方针政策、布点、重大基本建设和技术改造、重要的对外贸易以及全国性的专业化协作等等,都必须统一规划。在统一规划和统一对外的原则下,提倡各地区公司之间、各企业之间进行竞争。在质量、工期、价格和服务水平上,大家来个比赛,以激发生产积极性,取得更大的经济效益。

国民经济各部门是有机的整体,船舶生产部门要很好地为使用部门服务,使用部门也要大力支持生产部门的工作。为了国防的需要,军用品生产应放在首要地位。为了航运的正常进行,要把船舶修理工作放在重要的位置上。军需、民用,造船、修船都要实行经济合同制。

船舶工业要坚持自力更生立足于国内的原则,同时要引进先进技术和进口必要的设备、材料,保证船舶出口完全符合国际航运标准。许多国家对本国船舶工业实行保护和扶植政策。我国在实行对外开放政策的同时,也应对我国民族工业包括船舶工业实行扶植的政策,以保护民族工业的发展。

船舶工业打破地区、部门界限,走联合、改革之路,是从管理制度到管理方法的大变化,人们的思想认识和工作方法,要适应这个大变化。组建中国船舶工业总公司是一个新事物,我们还缺乏经验,今后不可避免地会出现这样那样的问题,会遇到这样那样的困难,国家各有关部门和地方要给予支持和帮助,使它不断完善和发展。希望船舶工业广大职工,奋发图强,艰苦努力,不断提高生产管理水平,提高经济效益,为我国经济体制改革提供有益的经验。

**九三学社中央主席许德珩就宪法修改草案交付全民讨论发表谈话**

许德珩说,宪法修改草案是在党中央的关心和领导下,从全国人民的根本利益出发,经过广泛调查研究,征集各方面的意见,又经过讨论,逐条进行审议和修改,才议决公布的。他要求九三学社社员积极认真地投入这场讨论。

许德珩说,宪法修改草案总结了一百多年来,特别是本世纪以来我国历史的根本经验,记载了中国新民主主义革命、社会主义革命和社会主义建设过程中全国人民长期奋斗的成果。它以坚持四项基本原则为总的指导思想,以根本法的形式确定了今后全国人民的根本任务是把我国建设成为现代化的、高度民主的、高度文明的社会主义国家。草案根据历史的经验,并从实际出发,规定了国家的根本的政治制度、经济制度和发展文化、建设精神文明的方针,充实了关于公民的基本权利和义务的内容。草案根据民主集中制的原则和新的历史时期的需要,注意加强各级国家机关的建设,对国家机构作出了若干重要的新规定。

许德珩说,九三学社的全体社员,在宪法修改草案的讨论中,要知无不言,言无不尽,和全国人民一道,共同把这一根本大法修改好、制定好。

**民盟中央委员和候补中央委员在全国政协礼堂举行座谈会讨论《中华人民共和国宪法修改草案》**

民盟中央主席史良主持座谈会并讲了话。她说,积极参加讨论宪法修改草案的工作,这既是行使我们的民主权利,也是为健全法制应尽的义务。在座的同志都有几十年政治生活的经验，大家在一起座谈，进行深入探讨，这对进一步修改、完善宪法草案是有益的。

中国政治学会副会长杜任之、经济学家千家驹、农业出版社副总编辑罗涵先、中央美术学院教授常任侠、铁道科学研究院顾问张乔啬、全国侨联副主席洪丝丝、民盟中央副主席闻家驷、社会科学院世界史研究所所长刘思慕、中国科学院声学研究所副所长马大猷、人大常委会法制委员会委员林亨元、北京师范大学教授黄药眠等先后发言。他们谈到，这部宪法草案吸取和发展了1954年宪法的优点，扬弃了1975年宪法中“左”的东西和1978年宪法中某些“左”的影响，是比较完善的。全国人大常委会将它公布并交付各族人民讨论，这是我国政治生活中的一件大事。这部宪法修改草案记载了我国人民艰苦奋斗的革命成果，集中反映了我国人民的意志和利益，是我国30多年来社会主义革命和建设经验的总结，特别是中国共产党十一届三中全会以来路线、方针、政策实践经验的概括和总结。大家指出，全民讨论宪法修改草案，是我国社会主义民主的体现，是各族人民行使当家做主的权利的一次生动的实践，对深入总结历史经验，健全社会主义法制，使我国的国家体制更加完备，推动我国的社会主义现代化建设，都具有非常重大的意义。大家在发言中还就宪法草案的某些条文和词句提出了修改意见。

民盟中央副主席楚图南在总结发言中说，民盟成员和所联系的群众中绝大多数是知识分子，我们应当充分体会党和国家对知识分子的期望，在宪法草案的讨论中和社会主义现代化建设中，以高度的主人翁责任感，充分发挥自己的积极性。

民盟中央副主席彭迪先、萨空了、李文宜等40多人参加了座谈。

**台盟总部在北京召开理事会议讨论宪法修改草案**

台盟总部主席、宪法修改委员会委员蔡啸说，全国人大常委会决定把宪法草案交付全民讨论，这是我国人民政治生活中的一件大事，具有深远的历史意义和重要的现实意义。他说，根据中国共产党十一届三中全会以来国家工作的发展，以《关于建国以来党的若干历史问题的决议》为指导修改的这个宪法草案，总结了我国30多年来社会主义革命和社会主义建设的经验。这是一部适合我国国情的比较完整的宪法草案。他指出，宪法草案第三十条规定国家在必要时得设立特别行政区，在特别行政区内实行的制度按照具体情况由法律规定。台湾回归祖国后，我们一定会按方针、政策办事。

蔡啸在发言中要求台盟各地方支部(筹备组)，要在当地党委的领导下，把组织、推动全体盟员认真讨论宪法草案作为这段时期的重要盟务抓紧抓好。他希望全体盟员迅速行动起来，以国家主人翁的姿态，积极参加讨论，深刻领会其重要性和必要性，弄清其基本精神和主要内容，并提出修改意见，为制定一部完善的宪法作出自己的贡献。

台盟总部副主席、宪法修改委员会委员苏子蘅说，宪法修改委员会有两位台籍同胞参加，这充分表明了祖国人民对台湾同胞的信任和关怀。宪法草案中规定全国人民代表大会可以行使决定特别行政区的设立及其制度的职权，这是过去的宪法中所没有的。这些规定，对促进祖国统一大业是有重大作用的。

台盟总部副主席李纯青说，宪法草案序言中明确规定完成统一祖国的大业是包括台湾同胞在内的全国人民的神圣职责。这说明了统一祖国不仅是台湾同胞的愿望，而且是台湾同胞的神圣职责。

在会上发言的还有田富达、徐萌山、陈炳基、魏正明、陈木森、王万得、吴克泰等。

**全国侨联法律顾问委员会在北京成立**

全国人大常委会法制委员会副主任、社会科学院副院长张友渔被聘请为主任，李铁铮、林亨元、张思之、张楚琨为副主任。

委员会的主要任务是，为保护归侨、侨眷的正当权益提供法律依据，对严重侵犯归侨、侨眷正当权益的重大案件的处理提供法律帮助，解答归侨、侨眷的法律咨询等。

全国政协副主席、全国侨联主席庄希泉出席会议并讲了话。国务院侨务办公室副主任林一心也在会上讲话。

**中国汽车工业公司在北京成立**

继昨日我国第一家打破地区和部门界限，按行业实行联合和改组的专业公司——中国船舶工业总公司成立后，第二个跨行业跨地区的专业公司——中国汽车工业公司又宣告成立。

国务委员薄一波在公司第一次董事会上的讲话中指出：中国汽车工业公司的成立是我国经济体制改革的又一个重要突破，是件大喜事。饶斌被选为董事长。

**国务委员兼外交部部长黄华同美国副总统乔治·布什在人民大会堂举行会谈**

双方坦率地、开诚布公地讨论了台湾问题，特别是美国向台湾出售武器问题。

**国务委员姬鹏飞 全国政协副主席萧克在北京分别会见由泰国外交部新闻司长吉·素乍里军率领的泰**

国新闻代表团

**全国农村青年学科学用科学经验交流会在山西夏县召开**

会议由共青团中央和原国家农委共同筹备，于5月7日至13日召开。

全国29个省、自治区、直辖市的农村青年学科学用科学先进集体代表和先进标兵共208人参加了会议。国家计委副主任、农牧渔业部副部长何康、山西省委书记王庭栋、中国科协书记处书记王文达、沈其益等参加了会议并讲了话。

团中央第一书记韩英和书记处书记李海峰在讲话中指出，今后县、社两级团委要和农业科技部门建立必要的协作机构，实行例会制，以相互协调工作。公社和大队团组织要明确分工，专人负责抓青年学科学用科学活动。团组织要和农业科技部门一道，对青年学科学、用科学活动定期布置、检查、总结、表彰。

会议总结和交流了共青团十大以来农村青年学科学用科学活动的经验，研究了农业实行生产责任制以后开展这一活动的方针和方法，进一步动员亿万农村青年学习、应用科学技术，为加快农业现代化建设贡献智慧和力量。

会上表彰了山西省夏县青年农民业余技术学会、共青团福建省龙海县委员会、共青团广东省新会县委员会、共青团辽宁省北镇县闾阳公社委员会等50个全国学科学用科学先进青年集体，表彰了山西省太原市南郊区董茹大队科研组长雷安军、北京市海淀区农科所蔬菜助理技术员李春玲、山东省掖县后邓大队农科队长李登海、内蒙古自治区通辽县新艾力大队配种员图门白乙等100名全国学科学用科学青年标兵，并向他们颁发了奖状、奖品。

**少数民族文物在天安门内端门城楼展出**

展览由中国历史博物馆举办。展出的45个少数民族的500多件文物，生动地再现了在半封建半殖民地的旧中国各兄弟民族不同的社会发展状况。

## 5月8日

**中共中央副主席邓小平在北京会见美国副总统乔治·布什**

邓小平说："你作为中国的老朋友，我们衷心欢迎你。我们希望通过你这次到北京来，能够把两国之间存在的一些阴影、一些云雾一扫而光。"

布什说："我们感到美中两国关系是非常重要的，里根总统对此有强烈的表示。我希望在我离开贵国时，我们双方能够更深入地理解这种关系的根本性质。"

**《人民日报》发表评论员文章《对走上领导岗位的中青年干部提几点希望》**

中央一级的机构改革，进展很快。国务院各部、委机构的组建工作已经完成，新的领导人员已经确定。党中央各部门新的领导班子也基本上配备好了。一大批优秀的中青年干部被提拔到部、委和司、局级领导岗位上来，使这两级领导班子向年轻化、知识化和专业化迈出了可喜的一步。人们从这里看到我们党和国家确实有一个巨大的人才宝库，我们的社会主义事业后继有人，大有希望。

久经考验的老干部和朝气蓬勃的中青年干部紧密团结，组成各部门各单位坚强有力的领导核心，是保持党和政府的正确领导的连续性、稳定性的重要保证。党和人民欢迎优秀的中青年干部在各种岗位上挑起继往开来的重担，对他们寄予殷切的期望。我们在向这些同志表示热烈祝贺之际，也提几点希望。

第一，希望你们不要接受捧场。一个干部在职务提升以后，首先会遇到的，就是有些人出来对他捧场，为他吹喇叭、抬轿子。这一套在我们国家还颇有市场，就是有那么一种人，对雪中送炭的事毫无兴趣，对锦上添花却异常热心。走上领导岗位的中青年干部，要保持清醒头脑，不要接受捧场。邓颖超同志说得好：当别人吹捧你的时候，不要觉得美滋滋的，不要发昏；抬轿子，轿子送上来，不上，他有什么办法？问题的关键在于我们坐不坐轿子。确实，人贵有自知之明。有一位新上任的部长表示，他觉得自己无论是思想水平、工作能力或知识经验都与这一职务的要求有很大差距。因此，要努力学习——学习党的方针政策，学习经济管理，学习科学知识，依靠集体领导，依靠退出第一线的老同志和广大干部、专家、群众，完成党和政府交给的任务。这种谦虚谨慎的态度，是值得称道的。相信广大中青年领导干部都有这样的心情，觉得担子不轻，任务艰巨，不会因为某些人的阿谀奉承而陷入盲目性。

第二，希望你们坚持原则，不徇私情。一个干部提升了，也会有一些亲友找上门来要求帮助解决这样那样的问题。目前党内和社会上还存在着许多不正之风，拉关系、走后门等现象还相当普遍。我们只有全心全意为人民大众谋利益的义务，而绝没有利用职权谋取个人私利或小团体利益的权利。因此，一定要坚持原则，不徇私情；要讲真理，不讲面子。不管是自己的亲属、朋友、同乡、同学、老首长还是他们的子女，凡属不合理不合法的要求，或严词拒绝，或婉言规劝，总之，要挡回去。有人说，自己的亲属还好办，唯有"人情关"难过。这有一定的道理。但是，作为领导干部，只能按原则办事，而决不能牺牲原则讲人情。这不仅关系到领导者本人的威信，而且关系到在他们负责的单位和部门树立一种什么样的风气。当前开展打击经济领域严重犯罪活动斗争的时候，不徇私情尤其重要。

第三，希望你们勇挑重担，多做调查，努力钻研。你们是在机构改革这场具有深远意义的革命中被选拔上来的。机构改革的根本目的是反对官僚主义，提高工作效率。在你们身上应当充分体现这种革命精神。要敢于挑担子，敢于打开工作的新局面。这首先要求振奋精神，大胆工作，有一股干劲、闯劲。同时要求花力气、下苦功做调查研究。现在许多方面，一般化领导太多，老框框太多，就是因为缺乏调查研究。回顾我们这几年的工作，凡是打开了局面，收效显著的，都是由于提出的方针政策和具体措施切合实际；有些方面没有打开局面，则是因为情况摸得不太准，底数不太清楚。所以，我们要想把工作局面打开，就要抓住重点，真正研究清楚几个问题。当前不论农业、工业、财贸、交通，也不论经济、政法、文教等等，都有许多新问题要解决，不作深入的调查研究，就提不出真知灼见。中青年领导干部，大都有比较丰富的专业知识和一定的实践经验。但是，在新情况新问题面前，谁都不能说自己的知识和经验够用了。我们应该努力钻研，刻苦学习，不断提高自己的领导水平。

机构改革之后，党和人民对于新的领导班子期望很高。走上领导岗位的中青年干部，任重而道远。我们要以自己的行动，证明自己无愧于党和人民的重托。不久以前，胡耀邦同志说过这样一番话：“我们这些人干得究竟怎么样，若干年后，比如说20年后，我们的后代就将作出一定的评价。我看这里无非是三种可能：第一种，肯定我们这些人确实是一些坚定的、清醒的、有所作为的人。第二种，说我们这些人无能，庸庸碌碌，是平庸之辈。第三种，说是昏庸腐朽，昏聩之徒。”今天上台的中青年干部，当然也会接受这样的考验，就是后人将如何评价自己。我们相信，在党中央的正确领导下，广大中青年干部，兢兢业业，努力工作，虚心学习，始终保持同群众的密切联系，一定会成为大有作为的人！

**国务委员姬鹏飞在北京会见并宴请委内瑞拉基督教社会党副总书记阿里斯迪德斯·卡尔瓦尼**

**国务委员兼外经贸部部长陈慕华在中南海紫光阁会见日本外务省顾问有贺美智子一行**

**第十二届全国摄影艺术展在北京开幕**

**中国防痨协会 中华医学会在上海举行纪念罗伯特·科赫发现结核杆菌100周年大会**

罗伯特·科赫(1843—1910)，是德国伟大的医学科学家。1882年他首次公布发现了结核杆菌，明确了结核病的病因，从而推动了对这一疾病的预防和治疗。1905年，科赫因此而获得诺贝尔奖金。

纪念大会由中国防痨协会理事长、中华医学会副会长黄鼎臣主持。卫生部顾问黄树则、上海市副市长杨士法、中华医学会副会长欧阳竞在会上讲了话。中国科协顾问兼常委、细菌学家高士其在纪念会上作了书面讲话。中国医学科学家谢少文、裘祖源分别作了专题报告。正在上海举行的1982年全国结核病防治学术会议的各地代表以及上海卫生系统的医务、科研人员参加了大会。

## 5月9日

**《人民日报》发表社论《多种经营要有一个更大的发展》**

近几年，各地逐步调整了农业生产结构和农作物布局，突破了生产单一化的局面，粮食产量逐年增长，多种经营发展很快。现在，从全国范围讲，粮食播种面积要稳定下来，今后发展多种经营不要再占用粮田。在这种情况下，多种经营还能不能有更大的发展？

回答是肯定的。

去年3月，党中央、国务院转发了国家农委《关于积极发展农村多种经营的报告》。一年多来，很多地区的多种经营出现了欣欣向荣的景象，涌现出了一大批先进典型，积累了经验。农村基层干部和社员从中得到了实惠，积极性很高。大力发展多种经营有广泛的群众基础。

我国农业的基本特点之一是，每人平均占有耕地少，可垦荒地不多，这是一个很重要的制约因素。但是，我国有大面积的山地和丘陵，有众多的江河湖泊和塘堰，有广阔的草原、海域和滩涂。这些丰富的自然资源大多数没有利用或没有充分利用。“七山一水”是发展多种经营的一个很大优势。大量农作物秸秆、饼粕本来可作饲料或工副业原料，现在有些作了燃料、肥料，有些被废弃烂掉。这些自然资源如果得到合理开发和利用，大力种树种草，发展畜禽鱼等草食动物，将会获得大量的财富。发展多种经营不只促进农村富裕，而且是实现生态平衡和良性循环所必需。随着各地农业资源调查和农业区划工作的开展，逐步摸清资源情况，为合理开发、利用这些自然资源创造了有利的条件。如果生聚有方，使之各有所用，各尽其利，农林牧副渔工将会得到全面发展。

农副产品的加工业更是大有发展的余地。有些农副产品一经加工,"身价"倍增。据了解,由于这项工作跟不上,许多经济作物,如苎麻,原料在仓库"卖不掉",而苎麻织品在市场"买不到";大量集中上市的产品,如水果,每年烂掉很多;有些自然资源,如猕猴桃,近年虽然有所利用,但大部分仍然在山里"一岁一枯荣",自生自灭。如果调动起各方面的积极性,走一种二养三加工的路子,就能够克服耕地少的劣势,发挥自然资源和劳力资源丰富的优势,使更多的东西"变无用为有用,变小用为大用,变一用为多用"。

棉油糖等经济作物,这几年发展很快,但各地在单位面积产量方面和产品质量方面,差距很大。差距就是潜力。今后发展经济作物不能只在扩大种植面积上打主意,而应在提高单产、提高劳动效率和提高产品质量上下功夫,改变广种薄收,实行精耕细作,集约经营,改造中产、低产田,使之逐步赶上高产田的生产水平。一些地方的实践证明,这方面的潜力很大,采取先进的科学措施,往往能以最少的投资获得最大的收益。

总之,我们只要把视线从有限的耕地上扩展到广阔的天地里,多种经营发展的前景是美好的。

把美好的前景变成现实,要做扎扎实实的工作。多种经营,综合发展,是繁荣我国农村经济的战略措施,将在整个农业生产中愈来愈显示它的重要性。"务五谷则食足,养桑麻育六畜则民富。"发展多种经营是农民由穷变富的必由之路。有关领导机关和领导干部决不能动摇发展多种经营的决心,要坚定不移地执行"决不放松粮食生产,积极开展多种经营"的方针。目前,多种经营产品,无论数量或是品种,都远远不够,需要有一个更大的发展。

发展多种经营至关重要的问题是落实党的政策。各地条件千差万别,经营项目繁多,所有制形式和经营方式也多种多样。因此,必须按照中共中央批转的《全国农村工作会议纪要》的精神,实行集体、个人一起上,宜于社员家庭经营的,由社员分户经营;宜于集体经营的,由集体统一经营。《纪要》提出:"生产队要因地制宜制定全面发展农、林、牧、副、渔、工、商的规划,有计划地做好劳动力的安排,并选择相应的生产责任制形式。即使在那些目前基本上实行分户经营的生产队,也应逐步量力而行地从事一些多种经营项目,如林场、茶场、果园、养殖场等,逐步发展专业分工和专业承包"。照这样做下去,既积极发展社员家庭副业,又发展集体经营项目,多种经营一定能够迅速发展起来。

发展多种经营,可以容纳多学科的科学技术成就。目前,有些领导干部知识不足,是发展多种经营的一大问题。由于缺乏科学知识和商品知识,很多自然资源和农副产品得不到合理利用,或有材不用,或大材小用。农村多种经营项目很多,各有特点,要真正把它们发展起来,比单纯抓粮食要复杂得多。各级领导要带头勤奋学习,刻苦钻研,立志攻破农业生产的这个重要课题,使自己变成这方面的内行。知识广博了,眼界宽阔了,并逐步使广大群众掌握起来,大量的财富就在面前。农村从事种植业、养殖业、工副业和家庭副业的能工巧匠多得很。有些地方普遍进行人才调查,因业、因人制宜,发挥各种人才的作用,并组织能人教众人,众人学能人,既解决了人才不足的困难,又能广开多种经营门路。这些经验值得重视。

继续发展多种经营,要自觉接受国家计划的指导。立足于原料有来源,生产有技术,着眼于产品有销路,经营有效益,确定适宜当地情况的项目,把多种经营的发展建立在坚实的基础上。有些地方从一个队、一个社、一个地区的局部出发,不了解全局的要求和商品供求的状况,看到什么有利就发展什么,有一定的盲目性。对待这些问题,有关领导要善于引导:一是要使发挥局部优势服从全局的合理安排;二是要把自然条件和经济条件综合起来考虑。比如发展经济作物,要考虑本地气候、土壤是否适宜,还要考虑国家、市场是否需要,考虑粮食交售任务和群众口粮有无保证,考虑运输、加工以及仓储能力是否适应,等等。否则,就可能因为生产安排不当而导致不应有的损失。同时,还要经常向从事多种经营的单位和个人提供产销信息,帮助他们生产适销对路的产品。

随着多种经营的发展,农副产品越来越多,要及早采取措施,根据农村多种经营小宗分散的特点,做好储藏、运输工作,疏通和开辟多种流通渠道,减少中间环节。国营商业和供销社是主渠道,应打破地区封锁,按照经济区域组织商品流通;对统购派购的产品,要确定合理的基数或购留比例,并通过合同固定下来。同时,要发挥集体商业和个体商户的积极性,逐步实现多成分、多渠道、少环节,以确保货畅其流,更好地支持农村多种经营蓬勃发展。

**新成立的城乡建设环境保护部负责同志向《人民日报》记者发表谈话**

这位负责同志说:新建立的城乡建设环境保护部,是国务院主管城乡建设、环境保护、建筑业和测绘工作的职能部门。它的主要任务是,按照党中央、国务院的有关方针、政策和国家的社会、经济发展计划,组织指导全国城市、乡村的规划和建设,防治环境的污染和破坏,为城乡人民创造良好的生产生活环境。

32 年来,我国城乡建设事业有了很大发展。现在已有 230 多个城市、3200 多个镇和县城,还有许多农村集镇和村庄。三中全会以来,城市建设有了新的发展,乡村建设进展很快。全国城镇住宅工程量平均每年1.4亿平方米,农村平均每年约有4.6亿平方米,规划、设计、建设任务十分繁重,迫切需要有个统一领导机构。

长期以来,由于经济建设中存在着偏重工业建设、忽略城乡建设的倾向,不少城市盲目发展,不按规划建设,“骨头”和“肉”的比例失调,市政公用设施存在问题很多。量大而面广的乡村建设,没有专门管理机构,长期缺乏指导,结果造成我国城乡发展很不协调,大批集镇、村庄建设无规划,布局混乱,滥占耕地等现象十分严重。新组建的城乡建设环境保护部,将承担起统一管理全国城市和乡村的规划和建设任务。这是党中央、国务院总结30多年来我国经济建设的经验教训之后作出的一个重要决策。它不仅有利于加强城乡建设领导,而且有利于把经济建设与城市建设、乡村建设结合起来,综合制定我国大中小城市、县镇、农村集镇和村庄的发展方针、建设规划以及实施政策。

负责同志说,全国环境保护工作是城乡建设环境保护部的一项重要任务。今后,将加强对环境保护工作的指导、监督和检查,要把城乡发展同工业建设、环境保护结合起来,实行城乡、工业和环境的统一规划。要狠抓各种污染的防治工作,采取有效措施来保护水质、大气、自然环境,保持生态平衡。还要重点抓好一些历史文化名城,以及古典园林、古建筑、自然风景区的保护和污染防治工作等。工程抗震和人防工作仍要继续抓好。

为了把我国城乡建设好,必须充分发挥建筑业的作用。中央领导同志多次指出,要重视建筑业,要想办法把建筑业搞活。新中国成立以来,我国建筑业发展很快,但几百万人的建筑队伍,缺乏统一的指导和管理。城乡建设环境保护部主管建筑业,一定要遵照中央领导同志的指示,认真研究解决建筑业发展中的有关问题,抓好队伍建设,逐步把建筑业搞活。

测绘工作是为国家建设服务的一项重要工作,需要继续加强。当前,资源调查、农业区划和城市规划等方面对测绘工作提出的要求日益增多。首先要抓好全国测绘生产任务的计划安排和业务指导;抓紧研究拟定全国性的测绘法规、条例和技术标准。

这位负责同志最后说,城乡建设环境保护部任务涉及面比较广,具有较强的综合性。许多工作需要同有关部门加强协作。要充分发挥地方的积极性,凡是应由地方政府管的事情,都要依靠地方去办。部机关工作效率应当有个较大的提高。

**国务院副总理万里在北京会见由扎伊尔农业农村发展部农业发展国务秘书穆卡拉率领的扎伊尔农业代表团**

**中国选手获美国国际跳水邀请赛3项冠军**

中国选手李宏平、李孔政和陈肖霞在美国佛罗里达州的劳德代尔举行的国际跳水邀请赛决赛中,分别获得男子跳台、跳板跳水和女子跳台跳水冠军。

**《人民日报》发表曲格平文章《在发展中解决环境问题》**

随着人口的急剧增加和经济开发的大规模进行,自然环境受到的破坏越来越大,严重的环境问题摆在了人类面前。

1972年6月,联合国在斯德哥尔摩召开了“人类环境会议”,这是第一次在世界范围内回顾、总结和展望人类环境的会议。会议通过的《人类环境宣言》指出了环境问题产生的根源和解决的途径,这对提高人们的认识并采取防治环境污染、破坏的措施是有很大贡献的。

十年来,我国的环境保护事业有了很大发展。1973年召开全国第一次环境保护会议以来,各级人民政府都设立了环境管理机构,建立了制度,开展了城市、江河和工业污染的治理,取得了很大成绩。1979年国家颁发了环境保护法,从而把环境保护事业推进到一个新的时期。一个保护植被,植树造林,绿化祖国的活动正在全国广泛开展。但是,我国在环境保护方面的问题还很多,许多城市、江河的污染还在发展,自然环境的破坏也未完全被控制住,环境问题还是我国重大的社会和经济问题之一。我国社会主义经济发展的目的,是为了满足人民不断增长着的物质和文化需要。这与那种为追求剩余价值而不惜损害人民群众利益和破坏环境的资本主义制度是有着本质区别的。那么,为什么环境问题却得不到有效控制和适当解决呢?

一、认识水平的限制。对客观经济规律和自然规律认识不深刻,不全面,在利用自然发展生产的过程中,往往只看到眼前的利益而忽视长远利益,或者只顾到局部利益而忽视全局利益。比如,在新中国成立初期,许多火力发电厂的建设沿江河布局,认为将灰渣冲到江河是简便而又合理的事情。结果严重污染了水质,淤塞了河道,妨害了渔业、航运和排洪,实践证明这是错误的做法。总结这个教训,在建设火电厂时推行综合利用或修筑堆灰场的做法,即可解除灰渣对江河的污染危害。类似火电厂不合理布局的问题,在工业建设上是普遍存在的,这就是我国工业污染严重的重要原因之一。认识上的片面性,在农业生产上也有惨痛的教训。比如,单纯发展粮食生产,盲目毁林垦荒、毁草原垦荒、填湖造田等等,扰乱以致破坏了生态平衡,使农、林、牧、渔业生产遭到了很大损害,形成愈垦愈穷,愈穷愈垦的恶性循环。近年来,总结了这方面经验教训，许多地方认真开展农业资源调查和区划工作，按照因地制宜和自然规律办事。在不放松粮食生产的同时，积极发展农、林、牧、副、渔业的多种经营，不仅使食品生产构成多样化，而且也使粮食生产稳步增长，同时，自然环境也开始向良性循环的方向发展。

二、经济水平的限制。环境保护状况是经济发展状况的反映，离开经济条件，环境的保护和改善，就是无源之水，无本之木。比如，煤气化是改变目前城镇大气污染的有效办法，但是，由于投资很大，在城镇全面推广，当前国家财力还难以办到，只能先从少数城市开始。要想加快煤气化速度，就必须加速发展经济，使国家的积累增多，才有能力来办这种事。在工业上采用低害或无害技术，是控制工业污染的有效措施。但是，当前要求所有工矿企业都采用世界上这种最先进的技术，也是经济能力不允许的，只能分期分批地改造。因此，要有效地保护和改善环境，就要积极发展经济，在发展中相应地解决环境问题。摆在我们面前的首要任务，是实现四个现代化，使国家繁荣富强起来，这是十亿人民的根本利益所在，也是保护和改善环境的根本保证。

三、环境管理不善。当前我国存在的许多环境问题，有些并不是由于经济能力和技术能力不够产生的，而是管理不善造成的。为保护环境，从中央政府到地方政府陆续颁发了一些条例、规定和标准，认真执行这些规定是可以维护一个较好的生活环境和自然环境的。但是，这些规定并没有被有效的执行，有法不依或执法不严的情况是相当普遍存在的。比如，工业生产“三废”超标准排放、工业建设的不合理布局和不严格执行“三同时”规定等；在自然环境方面的乱砍滥伐树木，盲目垦荒，破坏植被、滥捕乱猎鸟兽等。这种状况反映出一些企业、事业单位的负责人的法制观念淡薄，同时也暴露出环境管理上存在的问题。政府给了监督管理权，但却不能切实有效地使用这种权力，说明环境管理是相当软弱无力的。要有效地保护和改善环境，就必须从强化法制这个基本环节入手，向违犯环境法规的行为作坚决斗争，真正做到有法必依、执法必严、违法必究，把我国的环境保护搞好。

## 5月10日

**中共中央任命国家经济体制改革委员会党组组成人员**

党组书记薄一波，党组副书记安志文、周太和，党组成员童大林、薛暮桥、廖季立、陶力。

**中宣部理论局在山东青岛召开干部理论教育工作座谈会**

座谈会于5月10日至19日召开。参加座谈会的有各省、自治区、直辖市党委宣传部的部长、副部长，理论处处长、副处长，中共中央直属机关、中央国家机关和人民解放军总政治部等有关部门分管理论教育工作的同志。

中宣部副部长王惠德出席座谈会并讲话。

座谈会围绕对干部进行系统的马克思主义理论教育的问题，进行了充分的讨论。会议认为，马克思列宁主义、毛泽东思想是指导我们思想和行动的理论基础，是我们党制定方针、政策的指南，是党的每一个干部必须掌握的思想武器。尤其是国家进入社会主义现代化建设的新时期以后，有许多新情况需要用马克思主义理论加以研究，许多新问题需要用马克思主义理论给予解答，因而组织党的干部系统地学习马克思主义的任务更加迫切。目前，我们的干部理论教育工作和社会主义现代化建设的要求很不适应，干部的理论准备和所担负的工作很不适应。据辽宁、黑龙江、内蒙古、陕西、江苏、山东、福建、广西、湖南、四川10个省和自治区对151个地、市、县和省级机关共163955名干部的调查，比较系统地了解马克思主义基本理论的约占18%；部分了解马克思主义基本理论的约占56%；对马克思主义理论基本不了解的约占26%。这些数字表明：80%左右的干部缺乏系统的马克思主义基础知识。出现这种现象的原因，一是50年代后期我们放松了对干部进行系统的马克思主义理论教育的工作；二是林彪、“四人帮”的干扰破坏，特别是林彪推行的实用主义那一套，对干部的理论教育起了严重的破坏作用。党的十一届三中全会以后，干部的理论教育工作得到了恢复和发展，对实际工作也起了良好的作用。但是，这项工作还没有系统化、制度化。因此，出席座谈会的同志认为，建立对干部进行系统的马克思主义理论教育的制度，是适应社会主义现代化建设需要的一项战略任务。

座谈会在讨论干部理论教育的内容和方法时认为，对干部进行理论教育，要根据干部的工作性质和工作岗位，参照他们的理论水平和文化水平，提出不同的要求，不搞“一锅煮”。有的干部可以学习马克思主义的基本知识和中国革命史；有的干部可以学习马克思主义的哲学、政治经济学、科学社会主义和中国革命史这四门课程；学完上述四门课程的，可自选学习内容。文化知识不到初中毕业水平的，应该首先学习文化。大家认为，对干部进行系统的理论教育，要和机构改革以后的轮训干部以及干部的业务学习、文化学习作统筹安排，多渠道进行。干部可以到党校、干校学习，也可以进大专院校办的干部班学习，也可以在原单位采用适当方式组织学习。大家在讨论中还认为，为了搞好对干部的理论教育工作，还必须努力创造学习条件，比如增加学习场所，建立教学队伍，编写好教材等。

在座谈会上，大家还就建立干部理论学习的考核制度提出了一些具体建议。他们认为，干部每学完一门课程都要进行考试，不合格的要补考，补考不及格的要重修。大家还建议，要把学习的成绩和对干部的使用、选拔结合起来，要建立学习档案，作为考察、选拔、使用干部和干部晋级的重要依据之一。大家还建议明确规定担负各级领导职务所必须具备的学力，并要求干部通过学习，争取在若干年内逐步达到。这次座谈会还讨论了机构改革以后的干部轮训问题以及今年下半年在职干部的学习安排等问题。

**全国妇联四届六次常委会决定郭力文任妇联第一书记**

全国妇联书记处由原来的12人减为9人。第一书记为郭力文，书记为黄甘英、董边、吴全衡、王云、胡德华、张洁珣、于淑琴、王立威。

**全国总工会主席倪志福就深入开展学赶先进活动问题发表谈话**

据《工人日报》报道：工人日报记者访问中华全国总工会主席倪志福同志。他指出：在目前，引导和推动越来越多的人们尊重和学习先进、模范人物，造成人人都为两个文明建设争先进、比贡献的生动局面，是摆在各级工会组织面前的一项重大任务。

引导和推动更多人尊重学习先进模范人物

倪志福同志说，我们的党和政府历来十分重视发挥先进、模范人物的作用，重视在职工群众中开展学赶先进的活动。刘少奇同志曾经指出，先进生产者是人类经济生活向前发展的先驱，也是人类社会历史向前发展的先驱。千百万劳动者在先进生产者带动下为消除落后而斗争，这是社会主义社会不断前进的一种动力。引导和推动越来越多的人们尊重和学习先进、模范人物，广泛、深入、持久地开展群众性的学先进、赶先进的活动，是建设社会主义物质文明和精神文明的一项重要内容。同时，也是教育干部和群众抵制资本主义思想腐蚀的一条有力措施，是我们的国家和民族蓬勃向上、不断进步的一个重要标志。

倪志福同志说，在我们社会主义国家里，能不能自觉地尊敬、爱护、支持、学习先进模范人物的先进思想和模范行动，是衡量每一个职工有没有共产主义思想觉悟和积极进取精神的重要尺度。党的十一届三中全会以来，随着全国各地学赶先进活动的恢复和发展，各条战线的先进、模范人物大量涌现。广大职工对先进、模范人物的认识和态度是正确的，对于参加学赶先进的活动是积极的。但是，由于十年动乱的影响和现实生活中的种种复杂情况，在某些地方和单位的部分职工中，还存在着嫉妒、讽刺、孤立、打击先进、模范人物，抵制、破坏学赶先进活动的不正常现象。江西南昌手表厂工人张杰锋搞革新遭受打击、歧视和刁难的事件，就是其中的一例。这种情况如果任其发展下去，就会妨碍我国的社会主义现代化建设，有损国家和人民的利益，这是不能允许的。

工会要向广大职工进行实际的共产主义教育

倪志福同志提出，工人阶级一定要带好头，在全国人民中树立争当先进光荣、打击先进可耻的好的社会风尚，要造成人人都为两个文明建设争先进、比贡献的生动局面。在群众性的学赶先进活动中，各级工会组织特别是基层工会的重大责任，就是要发挥工会作为共产主义学校的作用。就是说要通过学赶先进的活动，向广大职工进行实际的共产主义教育，提高职工的阶级觉悟。倪志福同志要求各级工会组织，第一，要选拔、树立好先进榜样。这些榜样要确实对职工群众能够起到树立共产主义思想、具备共产主义道德、发扬共产主义风格的教育作用。

第二，要扶正祛邪，大造学赶先进光荣的舆论，排除各种妨碍学赶先进的干扰。在社会主义社会里，仍然有先进与落后的矛盾，但是这种矛盾不是对抗性的矛盾。要在学赶先进的活动中，善于解决这种矛盾。这就需要教育先进者为普及自己的先进技术而努力。先进人物不仅要保持自己的先进性，不断地争取更加先进，而且必须用一切方法帮助后进的赶上先进。作为工会组织，要教育先进人物不断地学习，并为他们的继续前进创造有利条件；同时要大力总结和推广先进思想和先进经验，以利于帮助后进的赶上先进。要耐心地热诚地帮助后进的改变对先进的态度，吸引和推广他们参加学赶先进的活动。对少数觉悟很低自甘落后，用种种借口打击报复、污蔑陷害先进人物的人，对学赶先进活动设置障碍的人，要严肃对待。

第三，要在学赶先进的活动中，进一步发挥广大工会积极分子的作用，壮大积极分子队伍，依靠他们去组织、团结和联系广大职工群众。

第四，工会要在学赶先进的活动中向职工群众进行共产主义教育，工会干部本身必须受共产主义教育，要旗帜鲜明地支持先进、扶植先进，敢于代表职工群众讲话，向各种歪风邪气作斗争。

**《人民日报》发表评论员文章《打击经济犯罪 办好社队企业》**

江苏省吴江县红旗大队服装厂采购员陈德元，打着社队企业的招牌,贿赂干部,投机倒卖,牟取暴利,被依法判处七年有期徒刑。对这类混进社队企业进行犯罪活动、严重损害国家和集体利益的人,给予法律制裁是完全必要的。

最近,各地揭露出来的一些经济犯罪活动,有不少和社队企业有牵连。这是一个值得注意的问题。这几年,社队企业发展很快,成绩很大。去年,全国社队企业已发展到130多万个,从业人员近3000万人,占农村劳力的10%左右;社队工业总产值达540多亿元,约占全国工业总产值的10%左右。社队企业的壮大,为发展国民经济,繁荣市场,改善人民生活,作出重要贡献。在发展农业方面所起的作用尤为显著。但是,当前有一个值得注意的现象,即不少社队企业存在不同程度的不正之风。有些坏人乘虚而入,钻进社队企业内部,利用社队集体经济的名义,大干种种违法勾当,或投机倒卖,或贪污盗窃,或贿赂干部,或蒙骗取利。红旗大队服装厂就是一个例子。这个厂在犯罪分子陈德元的实际把持下,完全背离了社队企业的正确方向,不发展正当生产,却大批套购各种纺织品,加价倒卖。仅此一项,不到一年就获非法利润近18万元,陈德元从中捞取了1.7万余元。这种经济犯罪行为,扰乱了社会经济秩序,助长了社会上的不正之风,也损害了社队企业本身。依法惩处这种犯罪分子,也是社队企业干部和广大社员的共同要求。

有些人担心,打击社队企业里的严重经济犯罪活动,会不会搞坏社队企业的名声,影响它的发展?这种担心是不必要的。一些调查材料说明,大多数社队企业的经济活动是正常的或基本正常的,在经济活动中暴露出来的不正之风,将在企业整顿中去解决。中共中央、国务院《关于打击经济领域中严重犯罪活动的决定》中说:“关于农村社队企业和城市工商企业关系中的不正之风,除了少数已经构成严重犯罪的重大问题以外,一般也要在整顿社队企业、加强工商管理和物资管理的过程中解决。”至于极少数有严重违法活动的人,正是他们败坏了社队企业的名声。听任他们继续以集体经济的招牌作掩护进行违法活动,正是对社队企业的真正祸害。打击经济领域中的严重犯罪活动,是为了扫除障碍,促进工农业生产的发展,加快“四化”建设的步伐。社队企业经过惩处严重犯罪活动,纠正不正之风,必将得到人民的进一步信赖。

社队企业中出现的经济犯罪行为和不正之风,乃是十年动乱的恶果在经济领域的反映,也是和社会上的不良风气密切联系的。某些社队企业的不正之风,同它本身存在一些实际困难和管理不严密有关系。对此,我们必须作具体分析,最重要的是划清经济犯罪活动和不正之风的界限。有些人对社队企业的情况缺乏了解,分不清问题的性质、主流和支流,一发现问题,就把板子打在社队企业身上,甚至因此否定社队企业,这是不公正、不正确的。

社队企业对我国国民经济的发展,作出了并且还在继续作出重大贡献。在我国的具体条件下,社队企业不是可办可不办,而是必须把它办好,并且要有新的健康的发展。为了办好社队企业,我们一方面要打击严重的经济犯罪活动,纠正不正之风,同时又要切实帮助解决一些迫切需要解决的实际问题。例如,把社队企业的产、供、销、运尽可能多地纳入各级的计划轨道,使社队企业的原料有来源,生产有计划,产品能运销。正当的路子通了,邪门歪道就没有市场了。有些拥有物资和一定权力的单位,常常对社队企业进行敲诈勒索,这种现象要坚决纠正。干部力量薄弱,财务管理等制度不健全,漏洞多,是社队企业相当普遍地存在的一个问题。这是少数坏人得以利用的空隙。领导机关应当帮助这些企业,迅速建立健全严格的财务制度,培训一批原则性强、业务熟悉的财会人员队伍。对那些问题较多的企业,要组织力量,清理账目,清理物资,发现一个问题就解决一个问题,坚决不搞群众运动,但要走群众路线,调查研究,把问题查清。

我们的社队企业,经过打击经济犯罪活动,纠正不正之风,一定能够有一个新的更加健康的进展。

**国家经委分期分批在北京就首都钢铁公司实行经济责任制的经验举办座谈会**

参加第一期学习的人员,有来自8个省、市的经委领导干部,22个企业的领导干部和生产、计划、财务、劳动工资等科室的负责人,以及北京市有关经济院校、党校从事教学、研究工作的人员。首钢的领导干部在座谈会上介绍了他们实行经济责任制的经验,还分别作了关于做好生产调度、计划管理、财务管理、劳动工资和思想政治工作等的专题报告。参加座谈会的同志一边学习,一边联系自己地区、企业的现状和问题,对照比较,总结经验,找出差距。参加座谈会的同志普遍反映得益很大,找到了进一步完善经济责任制,提高企业管理水平的门径。

国家经委强调,学习首钢经验一定要实事求是,一定要从各自的实际出发,不能照搬硬套,不要搞“一刀切”。要取首钢之长,补自己之短;要总结本单位的经验,发扬自己的长处,要学中有创,创中有超,这样,才能把首钢实行经济责任制的经验真正学到手。

**《人民日报》发表李智盛的文章《正确处理集权与分权的关系——谈经济体制改革中的一个重要问题》**

党的十一届三中全会以来,中央提出改革经济管理体制的问题。在这以前,我国经济管理体制的弊端主要是集中太多,统得太死。经过近年来的改革,扩大了地方权力和生产单位的自主权,过分集中统一的弊病有所克服。当然,这方面也还有不少问题需要继续解决。但是,不能不看到,在实践中已经发生了另外一种值得注意的倾向,这就是赵紫阳总理在不久前召开的全国工业交通工作会议上指出的本位主义、分散主义以及自由化。这种倾向主要表现在:有些地方和单位,不服从国家的统一计划,损大公肥小公,甚至损公肥私;在处理地方同地方、企业同企业的关系上,不照顾左邻右舍,甚至以邻为壑,损人利己;不执行统一对外、联合对外的政策,自相倾轧,肥水流入外人田,等等。很明显,这种不服从国家统一计划、统一领导的本位主义、分散主义,对于社会主义建设很不利,对于体制改革也很不利。

社会主义经济是计划经济。国家掌握着国民经济命脉,不论是从整个社会的生产、流通、分配、消费来说,还是从关系国计民生的基本建设来说,都需要各个地方、各个部门、各个环节的紧密配合协作,要有集中统一的领导、指挥和协调,以及与此相适应的统一政策法令和规章制度。但是,当前在这方面存在的问题很多、很突出。国家计委、国家经委和国家物资总局最近指出,1982年国家统一分配的钢材、木材、水泥,一些企业截留、自销、自营出口或地方留用增多,致使分配物资减少,供需矛盾更为突出。在农产品收购方面,有些地方、有些生产单位不完成国家计划任务,派购比重显著下降,不少紧缺农副产品的调拨数量大幅度减少,而自销部分则不断扩大。在完成国家种植计划方面,一些地方、一些生产单位任意减少粮食种植面积,扩大烟叶、油菜籽等经济作物的种植面积。总之,应该由国家掌握的计划内的产品在逐步减少,而计划外的部分则不断扩大,这就造成市场调节冲击了计划经济。

坚持计划经济为主、市场调节为辅的原则,就是国家要对重要的工农业产品以及重要产品的主要部分实行计划生产和分配。具体说,国民经济的骨干企业和关系国计民生的主要产品,按照国家指令性计划生产;分散由许多小企业和个体劳动者生产的品种繁多的小商品,按照市场变化在国家许可范围内生产。当然,市场调节的部分也要接受国家计划的指导,发挥市场调节的作用,也要加强国家计划的管理。计划经济与市场调节的关系,实际上也就是我们通常所说的大计划、小自由,大集中、小分散。由此,处理好计划经济与市场调节的关系,是正确处理经济建设中集中统一与分散自主关系的一个重要的问题。

为什么我们有些同志不能正确地处理集中统一与分散自主的关系,而往往不是过分的集中,就是过分的分散;或是在纠正一种偏向时,又发生另外一种偏向呢?一个重要的原因,就是思想认识上有片面性。即在重视和强调集中统一时,忽视甚至忘记了分散自主的必要性;同样,在重视和强调分散自主的必要性时,又忽视甚至忘记了集中统一的必要性。这种片面性曾使我们吃过不少苦头。今后在处理集中统一与分散自主的关系时,必须克服片面性,防止在纠正一种偏向时,发生另一种偏向。

正确处理集权与分权的关系、整体利益与局部利益的关系,是体制改革中一个极其重要的问题。可以说,任何一项体制改革的措施,只有照应和协调好集权与分权、整体利益与局部利益的关系,才能充分调动各方面的积极性,保证社会主义建设的顺利发展。30多年来,我们尽管在处理集权与分权的关系方面也有一些有益的经验,但是,总的来说,经验还是很不足的、很不成熟的。特别是在处理国家与企业的关系方面,经验更为缺乏。因此,我们必须在体制改革的实践中,不断摸索、不断总结新的经验,以便逐步地从管理制度上真正解决这个问题。

**外交部部长黄华在北京设宴欢迎泰国外长西提·沙卫西拉并举行座谈**

黄华说:"为了维护东南亚地区的和平,遏制侵略扩张,使我们各自国家发展经济建设、提高人民物质生活和文化水平的崇高事业不致被迫中断,中国政府愿意继续同泰国和东盟国家加强磋商,增进合作。"

黄华指出:"越南继续侵柬战争,不断对泰国进行武装挑衅,加剧东南亚地区的紧张局势。"他说,当前形势的发展,需要一切主持正义的国家坚持原则,继续努力,迫使越南执行联大决议,从柬埔寨撤军,为柬埔寨问题公正合理的解决创造条件。

西提外长说,泰、中两国都认为,"目前干扰着东南亚地区和平与稳定的问题是柬埔寨问题,虽然通向和平解决这一问题的道路还很曲折,但是我们还殷切期望,国际社会能紧密合作,为政治解决柬埔寨问题而努力,要求越南军队从柬埔寨全部撤出,让柬埔寨人民最终能够自己决定自己的命运。"

**国务院副总理姚依林在北京会见联合国世界知识产权组织总干事阿帕德·鲍格胥博士及其一行**

**全国人大常委会副委员长 中日友协会长廖承志在北京会见日本泛亚细亚文化交流中心会长江上波夫一行**

**国务委员姬鹏飞在人民大会堂会见以庭野日敬为**

团长的“世界宗教者和平会议和平使节团”全体成员

姬鹏飞强调中国政府主张全面禁止、彻底销毁核武器、从而真正消灭战争威胁的一贯立场。

姬鹏飞说:“保卫世界和平在当前是非常重要的事情。现在世界很不安宁,超级大国谈裁军、核平衡实际上是假的。他们越谈核武器越多,杀伤力越大。”他说,中国发展核武器完全是为了自卫,是为了打破核大国的核垄断,最终彻底销毁核武器。1964年中国爆炸第一颗原子弹时,就宣布不论在任何时候、任何情况下,中国都不首先使用核武器,并保证无条件地不对无核国家和无核区使用和威胁使用核武器。目前,中国是唯一承担了这种义务的核国家。他说,一下子就彻底销毁核武器可能还做不到,但是不首先使用核武器这一点,应该争取。

庭野日敬团长说:“日本是世界上唯一受过原子弹轰炸的国家。我希望日本将是世界上经受此害的最后一个国家。”

“世界宗教者和平会议”主席费尔南德斯说,中国政府代表和宗教人士会见我们,使我们对自己的努力充满了信心。

**中国经贸代表团团长王耀庭在维也纳参加加强与中国经济关系的国际讲座开幕式**

加强与中国经济关系的国际讲座是由多瑙欧洲研究所主办的。参加这一讲座的有来自12个国家和地区的大约150名公司和银行代表。

王耀庭和中国对外经济贸易部及中国银行的代表向与会者介绍了中国与外国经济合作的方针政策、中国的对外贸易现状和发展前景以及金融政策。北京市和山西省的代表向与会者介绍了他们扩大外贸、加强北京市和山西省同外商的经济合作的设想,具体合作项目将在讲座期间分别同有关公司洽谈。中国代表将同有关公司和银行代表举行234次洽谈。

奥地利工商部部长施塔里巴赫和中国驻奥地利大使王殊出席了开幕式。

**中国古代传统技术展览在加拿大渥太华展出**

**解放军海军在北京举行首次军事科学学术报告会**

报告会于从5月10日至18日举行。会上交流的350多篇学术论文,展示了人民海军围绕加强现代化、正规化建设开展军事科学研究取得的新成果。

参加这次学术报告会的,有海军高、中级领导干部,也有基层指挥员,有为建设新中国海军作出过贡献的老专家、老教授,也有青年科技工作者。会议自始至终充满浓厚的研究空气。大家充分发扬学术民主,共同探讨海军现代化建设面临的一些新课题。

著名科学家钱学森在会上作了关于运用现代科学的新发展,建设强大的人民海军的专题学术报告;解放军军事学院院长萧克作了关于加强军事科学研究与发展军事技术关系的报告,使大家开阔了视野,启迪了思路,增长了知识。

我国的人民海军现在已经发展成为以电子技术、导弹武器等装备起来的水面舰艇、潜艇、航空兵、岸防部队组成的合成军种,拥有一支包括教授、专家的专业科技干部队伍。党的十一届三中全会以来,他们怀着“钻研国防现代化科学技术,为振兴中华出力”的豪情壮志,解放思想,积极投入军事科学研究,取得了600多项科研成果,其中有200多项获得国家或全军的科技成果奖。

人民解放军各总部负责人张震、华楠、贺彪到会讲话,希望全军发扬这种研究军事科学的好风气,为我们强大的陆、海、空军插上现代科学技术的翅膀。

**教育部 共青团中央联合发出通知要求进一步做好1982届高等学校毕业生思想政治教育工作**

通知说,这届毕业生在德、智、体各方面都取得了显著的进步,他们热爱社会主义祖国,愿意为社会主义现代化贡献力量,主流是好的。但是对待国家分配问题上,有的学生缺乏正确态度。为此,必须重视和加强毕业生的思想政治教育工作。

通知强调说,今年的毕业生思想政治教育工作,要继续进行坚持四项基本原则的教育,并把形势任务教育、革命理想教育、革命传统教育、社会主义精神文明教育与服从分配教育很好结合起来;要坚持实事求是的原则,根据今年国家确定的分配方针和重点,以及不同科类的特点和分配去向,联系毕业生的思想实际,有针对性地进行思想教育工作;在解决毕业生的实际问题时,要坚持思想领先,把思想教育贯穿到经常工作中去;要坚持正面教育和疏导方针,把平时教育与毕业前的集中教育结合起来,注意多做深入细致的工作,讲求实效。通过教育,使毕业生认清我们国家的光明前途和自己肩负的历史重任;要求他们成为有理想、有道德、有知识、有体力的新一代青年,做建设社会主义精神文明的模范;发扬“祖国利益高于一切”的爱国主义精神,继承革命前辈艰苦奋斗的光荣传统,自觉地服从组织分配,到祖国最需要、最艰苦的地方去工作,为人民、为祖国、为人类贡献自己的青春和才智。

通知要求,各地主管高教(教育)部门、主管毕业生调配部门、各级团委接此通知后,要在党委领导下抓紧这项工作。各高等学校,要加强对这项工作的领导,配备有经验的干部，并注意发挥教师的积极作用。要做好党、团员和学生干部的工作，教育他们起模范带头作用。要做好家长工作，取得他们的支持和配合。要宣传和表扬毕业生中的好人好事以及已毕业的在事业上有显著贡献和艰苦创业的典型，造成服从国家分配光荣的风气，把今年毕业生的思想政治教育工作提高一步。

**中宣部出版局在洛阳召开通俗政治理论读物出版工作座谈会**

会议指出，向广大群众灌输马列主义是共产党人的职责；编写通俗政治理论读物，既是重大的政治任务，又是重大的理论任务。

来自中央和部分省、自治区、直辖市党委宣传部门以及出版社的同志，在会上回顾了通俗政治理论读物出版工作取得的成绩，加深了对这一工作重要性的理解。参加会议的同志认识到，深入研究中国实现四个现代化进程中出现的新情况、新问题，根据丰富的事实对于马列主义的基本观点作出新的有充分说服力的论证，这是编辑出版政治理论读物的新课题。

参加座谈会的同志指出，那种认为“通俗政治理论读物不登大雅之堂”的说法是不对的。作为解决人们立场、观点、方法的政治理论读物，是加强政治思想工作的重要工具，不仅要登大雅之堂，而且要在其中占重要地位。大家在座谈中进一步明确了编写通俗政治理论读物的范围，并提出了一批新的选题。会议要求当前着重编写出版一批马列主义基础知识读物，各门社会科学基础知识，干部理论学习辅导读物，工矿、农村进行政治理论教育的基本读物。

通过交流编写出版通俗政治理论读物的经验，大家认识到，要把这门创造性的科学工作做好，必须在理论联系实际等方面下功夫，还要逐步培养一批有一定政治理论造诣、有文采并热心这项工作的作者和专门家。

**马寅初逝世**

我国著名经济学家、教育家马寅初，因病于5月10日下午5时在北京医院逝世，享年101岁。

马寅初生前任第五届全国人民代表大会常务委员会委员、中国人民政治协商会议第五届全国委员会常务委员、北京大学名誉校长、中国人口学会名誉会长和中国银行常务董事等职。

## 5月11日

**《人民日报》发表评论员文章《必须严肃党的纪律》**

程占彪身为老干部，竟利欲熏心，丧失人格，支持和纵容女儿出走香港，给资本家当小老婆。这虽是极为个别的事件，但它说明资本主义思想对某些党员干部的腐蚀，已经到了令人触目惊心的程度。对这种自甘堕落的人，必须按照党纪从严惩处。为了严肃党的纪律，保持我们党的纯洁，中共云南省委决定开除程占彪的党籍，是完全必要的、正确的。

程占彪入党虽然近50年，但是由于长期不重视思想改造，终于成了资本主义腐朽思想的俘虏。他利令智昏，贪图钱财，追求资产阶级腐朽生活方式，到了不择手段的地步。在程占彪的头脑里，什么党的纪律，什么道德观念，什么党性原则，早已荡然无存。他的所作所为表明，他已经完全蜕化变质，丧失了共产党员的条件。

共产党员是无产阶级的先进分子，应当无条件地忠诚于无产阶级的革命事业，具有崇高的共产主义思想、品质和风格。共产党员的立身行事，随时随地都应当注意保持自己的共产主义纯洁性；任何党员如果同旧社会的腐朽思想和行为同流合污，就丧失了做共产党员的起码条件。无论在过去革命战争的年代，还是在今天和平建设的时期，都应当对党员作这样的要求。这是我们党的无产阶级性质所决定的。因此，每个党员都应当加强党性锻炼，力求使自己的思想和作为符合党章、符合《关于党内政治生活的若干准则》的规定，坚决同一切不良的思想和行为作斗争，争取做一名合格的共产党员。

中共中央、国务院《关于打击经济领域中严重犯罪活动的决定》指出：“在新的历史条件下，在坚持四项基本原则、对腐化变质的长期斗争中，我们的许多党员和干部，将要反复经受严峻考验。”最近时期揭发出来的大量事实说明，确有一些共产党员（其中有的是老党员老干部）经不起这种考验，他们和社会上的犯罪分子相勾结，进行极为严重的走私贩私、贪污受贿、投机诈骗、盗窃公共财产等犯罪活动，已经在政治上垮掉了。程占彪所犯错误的情节虽然和前者有所不同，但其根源都是个人主义恶性膨胀的结果，其性质都是在政治上背叛无产阶级革命事业。各级党组织要下决心同这种腐化变质行为作坚决的斗争，对那些严重犯罪、腐化变质的分子，必须一律清除出党。执行党的纪律，对所有党员都应一样，不管他的资格多老，职务多高，都不能例外。老党员、老干部受党教育的时间长，许多人又担负着重要职务，犯错误所造成的后果更严重，影响更坏，对他们的要求应该更严格。我们决不能自毁长城，决不能姑息养奸，决不能听任我们的干部队伍被腐蚀。

**全国妇联在北京召开四届四次执委扩大会议**

会议于 5 月 11 日至 17 日召开。全国妇联主席康克清主持了会议。

中共中央书记处书记习仲勋在会上指出,广大妇女在各条战线上、各行各业中都作出了重要贡献,显示了妇女“半边天”的重大作用。他希望全体从事妇女工作的同志振奋精神,发扬妇女工作的光荣传统,在建设社会主义物质文明和精神文明中作出自己的贡献。

习仲勋说,在各级妇联组织和全体从事妇女工作的同志努力下,妇女工作出现了新的局面。要积极培养、选拔妇女干部,特别要把年富力强、有社会主义觉悟、有专业知识的妇女干部提拔到各级领导岗位上来。值得注意的是,现在各级领导班子中的女干部有下降的趋势。各级妇联要善于发现、挑选、培养优秀的中、青年干部,主动向当地党委和政府推荐,使各级党政组织中的妇女领导干部能有所增加。

习仲勋说,全国妇联应把抚育、培养、教育 3 亿以上的儿童和少年作为自己工作的重点。要从当地的实际情况出发,因地制宜,采取多种形式,把抚育、培养、教育儿童和少年的工作向前推进一步。

他强调,要切实保障妇女、儿童的合法权益。各级妇联组织要调查研究,及时向党和政府反映情况,并同这种行为作斗争。妇联还要配合有关部门,维护法律尊严,打击那些残酷迫害妇女、儿童的犯罪分子,同时要做好思想政治工作。在这个问题上放任不管,那就是失职。

习仲勋说,妇联要配合工会做好女职工和职工家属的工作。现在女职工占整个职工人数的 30%,这 1/3 的工作做不好,就要影响到 2/3。因此,工会要欢迎妇联的同志来做这方面的工作。这方面的工作,应该发挥工会和妇联这两方面的积极性。

习仲勋讲到实行妇联组织群众化的时候指出,全国妇联和省、自治区、直辖市两级妇联要克服机关化的现象。要密切联系群众,逐步实行群众团体群众化,更好地成为党联系妇女群众的纽带。妇联组织要深入基层,深入群众,搞好调查研究。各级妇联都要关心妇女的疾苦,倾听妇女的呼声,使妇联真正成为妇女群众的代言人,妇女利益的重要代表者,真正成为妇女之家。

习仲勋要求各级妇联组织妇女群众积极参加宪法修改草案的讨论,特别要讨论有关尊重和保障妇女权益的部分,以提高妇女的自尊心和责任感。

参加会议的还有,倪志福、罗琼、雷洁琼、曾宪植、顾大椿、林默涵、裴丽生、黄甘英、阿沛·才旦卓嘎、林勃民、林丽韫、郭力文、关建、玛依努尔、李海峰等。

**中国社科院副院长 法学家张友渔就宪法修改草案答新华社记者问**

张友渔指出,五届人大常委会第二十三次会议议决公布交付全民讨论的《中华人民共和国宪法修改草案》,是一部从实际出发的、符合中国国情的社会主义的宪法草案,它的基本原则,完全符合我国人民的根本利益。

问:请问这一宪法修改草案有何特点?

答:我参加修改宪法的工作,觉得这部宪法修改草案坚持了社会主义,坚持了人民民主专政,坚持了马列主义、毛泽东思想,坚持了党的领导,并在这四项基本原则的基础上,规定了中国人民今后的根本任务,是一部指引全国人民集中力量进行社会主义现代化建设,为中国绝大多数人民的利益服务的社会主义的宪法草案。

具体地说,这部宪法修改草案具有三个特点:一是总结了我国 30 多年来社会主义革命和建设的经验;二是符合我国今天的实际情况;三是照顾到了我国将来的发展。这三个特点,就保证了这一宪法修改草案经过全民讨论、修改并经全国人民代表大会会议审议、通过成为正式的宪法之后,具有长期性和稳定性。

这一宪法修改草案,是在总结新中国成立 30 多年来正反两方面经验的基础上,参照我国过去的三部宪法而制定的。我国从 1954 年制定第一部宪法到现在,已经 28 年了。在这以前,有《共同纲领》。在这些年的革命和建设事业中,我们的实践经验是极其丰富的,其中包括十年内乱的教训。宪法修改草案根据中共中央《关于建国以来党的若干历史问题的决议》的精神,把这些经验教训在条文里体现了出来。例如,针对“文化大革命”中有人利用公民的自由、权利妨碍别人的自由、权利的情况,现在这部宪法修改草案在它的条文里有两个规定:第一是规定“公民的权利和义务不可分离。任何公民享有宪法和法律规定的权利,同时有遵守宪法和法律的义务”;第二是规定“公民在行使自由和权利的时候,不得损害国家的、社会的、集体的利益和其他公民的合法的自由和权利。”

这一宪法修改草案的许多规定,都是国家把工作重点转移到“四化”建设上来以后实行的并且已被实践证明为有效的政策和措施,因此,它完全符合我们国家当前的实际情况。例如,《总纲》中规定,“在法律规定范围内的城乡劳动者个体经济,是社会主义公有制经济的补充。国家保护个体经济的合法的权利和利益”;“允许外国的企业和其他经济组织或者个人依照中华人民共和国法律的规定在中国投资,同中国的企业或者其他经济组织进行各种形式的经济合作”;“国营企业在服从国家的统一领导和全面完成国家计划的前提下,在法律规定的范围内,有经营管理的自主权”，“集体经济组织在接受国家计划的指导，遵守有关法律的前提下，有独立进行经济活动的自主权”等等。由于有了这样的一些规定，这部宪法修改草案就有了鲜明的时代特点。如果用文学家的语言来说，即具有强烈的时代精神。

在考虑到将来的发展方面，宪法修改草案的主要表现是：对可以预计到的，最近或者将来需要和可能实现的，或者现在已部分实现还需继续努力的事作出了相应的规定，其目的是为将来的实现或全部实现准备条件。如《总纲》中关于普及初级教育的规定和《公民的基本权利和义务》中关于国家通过各种途径创造劳动条件的规定，就属于这一类。这些规定有的现在尚未实现或者尚未完全实现，但从长远来说国家终将付之全部实现，现在也在为此而进行努力。总之，我们在宪法中不能对那些无法做到的事作出规定，但应当对可以预计到的并且需要和可能实现的事作出规定。这样，人民就有了奋斗的目标，宪法也就更加完善。

问：这部宪法修改草案对人大常委会权力扩大了哪些，目的是什么？

答：先谈谈我们当初的一些考虑。我国有10亿人口，2000多个县。人大代表的人数不可能太少，少了不容易反映群众意见，不便于与群众联系。但代表人数过多也有许多不便。首先是不便经常开会，其次是不便讨论问题。特别是国家需要大量立法的时候，所有立法都要由全国人民代表大会来讨论、制定就很困难。对如何解决这个问题，曾考虑过一些方法，但一些方法往往顾此失彼。比方说，把代表人数减少吧，为了使代表有广泛代表性，太少了不行，应当有多少代表，如何产生？多少人产生一个？代表同他所代表的选举单位和选区如何联系？这些问题都很难解决。

正是出于以上的考虑，为了让人大常委会能够做更多的工作，发挥更大的作用，以弥补人民代表大会人数多、开会时间短、不便讨论的缺点，这次宪法修改草案将人大常委会的权力适当扩大。过去，人大常委会只能制定法令，不能制定法律；只能经人民代表大会授权，在人民代表大会闭幕期间，在有的法律迫切需要修改或补充的情况下，才可以修改法律或对法律作补充。现在的规定和过去不同了，把人民代表大会的一部分立法权分给了人大常委会。在行使立法权这方面，人民代表大会和人大常委会基本上处在同等的位置上，都是行使国家立法权，只是在立法范围方面两者有所分工：人民代表大会的立法权是修改宪法，制定和修改刑事、民事、国家机构的和其他的基本法律；而人大常委会则制定和修改除应由全国人民代表大会制定的法律以外的其他法律。它还可以在人民代表大会闭会期间，对全国人民代表大会制定的基本法律进行部分的修改和补充。此外，根据宪法修改草案的规定，人大常委会还有其他一些职权，如在全国人民代表大会闭会期间，根据国务院总理的提名，决定各部部长、各委员会主任、审计长、国务院秘书长的任免，决定全国总动员或局部动员，决定全国或者个别省、自治区、直辖市的戒严，等等。

从以上这些规定可以看出，人大常委会的权力是比过去扩大了，它的权力仅次于人民代表大会，类似外国经常工作的议会。这样会不会妨碍人民通过代表大会行使自己的权利呢？我们的回答是：不仅不会，而且实际上更保证了这些权利的行使。道理很简单，就是因为人大常委会是人民代表大会的一部分，是人民代表大会的常设机关，它所通过的决议和处置的问题，同人民代表大会一样，都是以广泛的民主为前提的，都是要符合全国人民的根本利益的。

这里还要指出两点：一是宪法修改草案中规定，人大常委会的组成人员不得担任国家行政机关、审判机关和检察机关的职务，这就是说，人大常委会委员大多数将是专职。这个规定很重要，说明常委会的本身加强了。委员们没有其他工作的牵挂，就可以到各地进行调查研究，可以专心致志地讨论、审议人大常委会职权范围内的工作。二是宪法修改草案规定全国人民代表大会设立一些专门委员会。有了各种专门委员会，在人民代表大会闭幕期间，就可以协助人大常委会对有关的事情进行调查研究、审议，并提出处置的方案，使人大常委会更加有效地进行工作。

综上所述，我们认为，扩大人大常委会的权力，不仅在实践上需要，而且在理论上也是成立的。宪法修改草案中有关这方面的规定，是我国完善人民代表大会制度的一个重要发展。

问：宪法修改草案为什么要交付全民讨论？

答：我们首先回顾一下1954年宪法草案的讨论情况。那次讨论，从宪法草案公布到全国讨论结束一共进行了3个月。据当时的29个省、市统计，有739万多名报告员、宣传员和群众积极分子，在千百万次的报告会和各种集会上，向广大城乡人民作了关于宪法草案的报告。许多地区听报告和参加讨论的人数达到当地成年人口的70%，个别城市和地区达到90%以上。全国人民所提出的修改和补充的意见、问题共有118万多条。

为什么要进行如此规模巨大的讨论？我认为主要有三点：

第一，全民讨论，是人民管理国家大事的一种途径和形式。宪法是国家的根本大法，是关系到国家的性质、前途和命运的法律。对宪法的修改是全国人民政治生活中的大事。按过去的宪法和现在的宪法修改草案规定，中华人民共和国的一切权力属于人民。因此，人民有权、也应该参加宪法的修改，并通过修改草案的讨论，行使自己作为国家主人翁的权利。

第二，全民讨论，可以保证宪法的完善性。我国过去制定的三部宪法中，1954 年的宪法比较完善，直到今天还有许多条文和规定被吸收到这次的宪法修改草案中，而 1975 年和 1978 年的两部宪法，则限于当时的历史条件，都很不完善。1954 年的宪法之所以比较完善，除了制定时的历史条件这个原因外，一个重要因素就是经过了全民的讨论，做到了集思广益。毛泽东同志在 1954 年 6 月 14 日谈到当时的宪法草案所以得人心，理由之一，就是起草宪法采取了领导机关的意见和广大群众的意见相结合的方法。

第三，全民讨论，也是一次有关社会主义法制的普及教育。通过讨论，可以使大家了解国家的根本大法是个什么样的法律，国家的性质是什么，今后的奋斗目标是什么，公民应该有哪些基本权利和义务等等，从而为今后宪法的公布、执行打下基础，使人民群众自觉地树立起遵守宪法的观念。

**《人民日报》转载 1982 年第 4 期《经济学文摘》董辅礽的文章《进一步开展对我国经济发展战略的研究》**

自从去年于光远同志发起对我国的经济、社会发展战略开展研究以来，已经整整一年了。一年来的讨论是有成绩的。

赵紫阳同志在五届人大四次会议上所作的政府工作报告中提出了经济建设的十条方针，这对我们研究我国的经济发展战略是具有指导意义的。十条方针的提出标志着我国经济发展战略的转变。在我看来，主要有四个转变。这就是：(1)从以速度为主要目标的发展战略到以满足人民的基本需要为主要目标的发展战略的转变；(2)从重点突出的发展战略到平衡的发展战略的转变；(3)从闭关自守的发展战略到对外开放的发展战略的转变；(4)从粗放为主的发展战略到集约为主的发展战略的转变。

如果上面对我国经济发展战略的四个主要方面的转变的概括是大致可以的，那么，结合十条方针，其中每一个方面的转变，都有许多问题值得我们研究。

就第一个方面的转变来说，以增长的高速度作为主要目标的发展战略起过好的作用，也产生过许多弊端，这是大家都看到的。转向以满足人民的基本需要为主要目标的发展战略，就是为了避免这些弊端，使人民能够从经济增长中得到实惠，人民的基本需要能够得到逐步满足。为了更好地实行这种转变，首先要研究人民的基本需要。基本需要不单是由人的生理要求决定的，而且是由特定的社会历史条件决定的。基本需要包括些什么内容，还不很清楚。不管怎样划分，要根据我国的生产水平、民族习惯和历史传统、社会生产关系等因素，确定基本需要的内容及其在各个阶段所能够达到和应该达到的水平。要确定基本需要，还要开展对我国消费模式的研究。消费的模式问题，依我看，应该主要包括消费的水平、消费的构成和消费的方式三个方面。我们在研究消费模式中，要研究在一定的收入水平下怎样才能使人民的基本需要得到最好的满足，以便指导人民的消费和生产。发展的主要目标从经济的增长速度转变到满足人民的基本需要，是要使社会生产以人民的需要为出发点和归宿。人民的需要有近期的和长远的。我们显然不能只考虑近期的而忽视长远的，或者反过来。所以，在发展战略的主要目标发生转变以后，仍然存在着国民收入用于消费和积累的比例如何妥善安排的问题。但是，由于发展战略的主要目标发生了变化，对问题的考虑的出发点和归宿也不同了，这样就会有新的结论。

再就第二个方面的转变来说，重点突出的发展战略是我们长期实行的，这种发展战略在我国取得过成功，但也有不少弊病。平衡的发展战略当然不是说各部门要等速发展，没有重点。今后也不排斥在一段时间内通过重点发展某个部门来带动其他部门发展的情况。但这同作为一种发展战略仍有区别。

在实行平衡的发展战略中，生产资料的优先增长问题仍旧是一个没有研究得很清楚的问题。过去那种长期地片面突出发展重工业以带动国民经济的发展战略，造成很大的不良后果。目前，实行经济调整，就同这密切相关。在调整中，重工业生产的增长放慢了。那么，在比例关系协调后是否仍然应该使重工业优先增长呢？如果在以机器生产代替手工劳动的技术进步下仍是这样，那么，从平衡的发展战略来考虑，重工业的优先增长应该同其他部门的发展如何结合好，才不致重新回到原有的经济发展战略去，还是值得研究的。

我国农业的发展，由于自然条件和人口的原因，长期以来成为我国经济发展的一个限制因素，农业中潜在的过剩人口问题，同城市中青年待业问题相比，从长远看是更重要和更难解决的问题。我国经济的平衡发展，应该是在农业人口逐渐转向工业和其他部门的基础上的平衡发展。没有这种劳动力的转移，我国经济落后的面貌是不能根本改变的。怎样实现这种转移，是一项严重的课题。

农业本身也有一个从重点突出的发展战略到平衡的发展战略转变的问题。从重点突出发展粮食的发展战略转变到农业全面的平衡发展战略，是一件困难的事，因为在人多地少的条件下，粮食生产对农业的全面平衡发展起着限制的作用。我们目前遇到经济作物稍有发展，粮食面积就不适当减少的问题，不过是从另一个侧面暴露出这种情况而已。看来，要在农业中实行这种发展战略的转变，还有许多问题要解决。

再讲第三方面的转变的问题。闭关自守的含意是大体清楚的。对外开放的含意则只能说部分清楚，还有许多不清楚的地方。我想，至少在最近时期，我国的对外开放还只能从相当有限的意义上来理解。我国的对外开放发展战略同一些国家的外向发展战略虽有某些共同的地方，但应该说还存在很大差异。内向发展和外向发展各自的利弊是比较清楚的。我们在实行对外开放中，这种对外开放是逐步走上外向发展，还是始终保持内向发展的基础呢？是否存在介　乎内向发展和外向发展之间的发展战略呢？

我们实行的对外开放的发展战略，同一些国家实行的出口替代发展战略有些什么不同的地方？出口替代发展战略是要逐步地用加工品的出口代替初级产品的出口。我们要发展加工品的出口，这不应该成为问题，但是否用以逐步代替初级产品的出口呢？我们应该把初级产品的出口放在什么地位？我们的出口产品是否长期应以劳动密集的产品为主，还是也应该像某些国家那样，逐步向资金密集、技能密集、知识密集的产品方向过渡呢？

我们在对外经济关系中，长期奉行的是为买而卖的政策，出口和进口是为了互通有无。在实行对外开放以后，外贸中是否仍限于互通有无呢？是否应该向着为卖而买、进口是为了出口的方向发展呢？

国内市场对外开放到什么程度，也是一个大问题。这里有一个如何看待保护国内生产的问题。既然实行对外开放，那么是否应继续奉行“凡是国内能生产的就少进口或不进口”的原则，还是逐渐转向奉行“凡是国内生产不合算的就进口”的原则呢？或者奉行某种介乎二者之间的原则呢？这涉及对国内生产的保护是否应该有个限度的问题。如果保护应有限度，这个限度何在？

第四个方面，过去我国经济的发展带有明显的粗放发展的特征。十条建设方针把提高经济效益作为中心，意味着逐步向集约为主的发展战略转变。这是发展途径的着重点的转变。粗放的发展和集约的发展总是结合进行的，难以截然分开。粗放的发展始终是不可缺少的，但确实又必须逐步向集约为主的发展战略转变。实行这个转变有许多困难，劳动就业是其中之一。依我看，解决就业问题的根本出路在于实行集约化生产，提高劳动生产率，因为只有这样，才能在增加收入的同时提供更多的剩余产品，用于增加新的生产资料，吸收更多的劳动力就业。但是，在近期内，因为每个劳动力的资金装备率高，却又会限制劳动力的更多就业。粗放的发展正好相反。所以，从粗放为主的发展战略到集约为主的发展战略，只能逐步实行，需要有一个长的过程，在各个时期都有一个粗放的发展和集约的发展如何结合得好的问题。同时，集约化程度的提高也必须循序渐进，为此，要研究技术政策的选择问题。

为了提高经济效益，研究规模经济，找出各行各业企业的最优规模，也成为一个重要问题。这是一个我们研究得很弱的问题。

除了上述四个方面的问题以外，我想还有一个重要问题需要结合经济发展战略进行研究，这就是经济体制与经济发展战略的关系问题。要使我国的经济发展战略得以顺利地进行上述转变，必须相应地改革我国的经济体制。因为一种经济发展战略要求有相应的经济体制同它相适应，并保证其实行。

例如，高度集权的经济体制比较适合重点突出的发展战略，因为在这种体制下便于把有限的资金、物资和技术力量集中地用于重点突出发展的部门，而分权的经济体制则不便于这样做。又如，我们实行以满足人民的基本需要为主要目标的发展战略，要求在社会主义计划经济中发挥市场的调节作用，使得消费品的生产，能够在统一计划下利用市场的作用，更灵敏地对人民的需要的变化作出反应。这样，在计划体制、企业管理体制和商业体制等方面都要作出相应的改革。又如，在实行以增长速度为主要目标、以粗放为主的发展战略的情况下，价值规律的要求往往被置于次要的地位，为了达到高的增长速度，常常不计经济效果。在逐步转向以集约为主的发展战略时，提高经济效益的意义突出起来，这就需要更好地发挥价值规律在促进技术进步和节约劳动中的作用，而要使价值规律能发挥这种作用，则需要有相应的经济体制。最后，在实行闭关自守的发展战略时，国际竞争被拒于国门之外，国内的生产和流通无须对瞬息万变的国际市场作出迅速灵敏的反应，原有经济体制还显不出多大问题。在实行对外开放后，国际市场的竞争或多或少地被引进来了，尽管目前我国对外开放还只是开始，还很有限，但已暴露出原有的经济体制是不适应对外开放的。所以，经济体制的改革，不能不把实行对外开放作为一个重要因素认真考虑进去。

**引滦入津工程在河北遵化举行开工典礼**

引滦入津工程指挥部指挥、天津市副市长李瑞环在开工典礼上首先宣布工程前期的各项准备工作已经胜利完成，全线已经开工。

水利电力部部长钱正英说，党中央、国务院对引滦入津工程非常重视。引滦入津工程是解决天津城市的用水问题。天津工业的发展对全国的经济发展起着非常重要的作用。正是从这个全局出发，尽管国家目前财政有困难，中央仍然决定尽快兴建引滦入津工程。她说，引滦入津工程是造福子孙后代的百年大计，中央反复强调的是质量第一，要在保证质量的前提下，加快速度，厉行节约。

中共河北省委书记、省长李尔重在大会上说，我们一定要遵照党中央和国务院的指示和要求，努力做好工作，创造条件，积极配合天津市和参加施工的兄弟单位，保证这项工程的顺利进行。

中共天津市委第一书记陈伟达代表天津市党政军民向各有关部门和有关单位表示最诚挚的谢意。

天津市市长胡启立也参加了典礼。

**全国人大常委会在人民大会堂设宴欢迎由朝鲜劳动党中央书记许贞淑率领的朝鲜最高人民会议友好代表团**

中共中央政治局委员、全国人大常委会副委员长乌兰夫主持宴会。乌兰夫和许贞淑先后在宴会上发表了讲话。

乌兰夫说，朝鲜人民在自己的伟大领袖金日成主席和朝鲜劳动党的正确领导下，开展思想、技术、文化三大革命，在执行第二个七年计划的斗争中，取得了光辉的成就。朝鲜民主主义人民共和国欣欣向荣，国际威望不断提高。

他说，多年来，朝鲜劳动党和政府为实现国家统一，提出了一系列合理的主张和建议，作出了真诚的不懈的努力。金日成主席提出的建立高丽民主联邦共和国的统一方案，为实现国家统一指明了方向，得到全体朝鲜人民的支持，在国际上得到广泛的赞赏。

乌兰夫重申，中国政府和人民坚定地站在朝鲜人民一边，坚决支持朝鲜人民争取祖国自主和平统一、反对制造“两个朝鲜”的正义斗争。美国应该把它的军队立即全部撤出南朝鲜，全斗焕集团应停止扼杀民主、阻挠统一的罪恶行径。

许贞淑说，朝鲜人民将一如既往，为发展同中国人民的友谊和团结而竭尽一切努力。

**全国人大常委会副委员长廖承志在北京会见澳大利亚联邦议会参众两院联合外交与国防委员会主席罗杰·弗朗西斯·希普顿**

**外经贸部部长陈慕华在北京会见日本三菱商事株式会社社长三村庸平一行**

## 5月12日

**全国人大常委会委员长叶剑英在北京会见由朝鲜劳动党中央书记许贞淑率领的朝鲜最高人民会议友好代表团**

叶剑英说，中朝两国人民是邻居。两党两国和两国人民之间有着深厚的友谊。两国人民将一代一代友好下去。

许贞淑说，代表团的这次访问将为进一步发展朝中两党两国的友好关系作出贡献。她还向叶剑英介绍了朝鲜人民在金日成主席的领导下取得的成就。

叶剑英说，中国人民对朝鲜人民的每一项成就都感到十分高兴。我们坚决支持你们争取祖国自主和平统一的正义斗争。

**《人民日报》发表社论《整顿可以出财力》**

整顿可以出财力。向整顿要财力，这是经济调整中不可忽视的一个重要方面。最近，国务院决定用两三年时间对国营企业进行全面整顿，不论工业、商业、交通业，不论大、中、小型企业，都要把整顿财务会计工作放在重要的位置上，作为整顿企业的一个重要内容抓好。

企业财务会计管理是企业经营管理的重要组成部分。较高的管理水平和较好的经济效益，是同健全的财务会计工作密切相关的。长期以来，我们的经济管理所以落后，除了客观因素外，从主观上讲，同我们有些部门重生产、轻财务的指导思想有关。“情况不明决心大，心中无数点子多”，经济管理上的这种盲目性，就是轻视财务会计工作的具体反映。我们经济工作中出现的某些失误或失算，经济效益很差，在很大程度上是缺乏算账的观念，不重视经济核算和效益比较造成的。新中国成立30多年来，正反两面的经验深切地教育我们，在经济建设中，财务会计工作不是可以削弱，而是应当加强；会计师和财会人员不是可以轻视，而是必须同工程师、工程技术人员一样受到充分的重视。我们如果不下功夫把企业财务会计工作整顿好，所谓改善经营管理，提高经济效益，就会成为空话。

近几年来，国家在努力调整经济，改革财务制度的同时，重新颁发了《会计人员职权条例》，采取了一系列加强财务会计工作的措施。但是，许多企业财务会计工作，目前仍然是经济管理中的一个薄弱环节。账目不清，家底不明，成本不实，经济效益不高等现象，还比较普遍；违反财经纪律，弄虚作假，营私舞弊，偷漏税款，截留上交利润等不正之风，在不少地区和企业甚至有所滋长。这种管理落后，纪律松弛，监督不力的状况，不仅使国家财政收入大量流失，而且给贪污盗窃、投机倒把以及浪费资财开了方便之门，给国民经济的发展造成了严重损害。因此，下功夫整顿企业财务会计工作，对于开展反对资本主义思想腐蚀的斗争，打击经济领域里的违法犯罪活动，具有十分重要的意义。

改革财务体制，赋予企业一定的经营权限，给企业和职工一定的经济利益，使权、责、利更好地结合起来，是完全必要的。但是，企业一定要履行对国家承担的经济责任和应尽的义务。企业要树立全局观念，严格按照国家的计划和规定办事，及时、足额地交纳税收和利润，坚决杜绝利用各种邪门歪道损害国家利益的行为。

加强财务会计工作，搞好财务会计工作的整顿，是树立勤俭节约风尚，反浪费、拒腐蚀的一个重要方面。要做到这一点，除了财务会计人员敢于坚持原则，同一切违反制度和违法乱纪的行为进行坚决的斗争外，还必须实行财务民主，接受广大群众的监督。

在社会主义建设中，我们必须实行经济核算，尽可能充分地利用人力和设备，尽可能改善劳动组织，改善经营管理，节约一切可以节约的人力和物力，以求逐年降低成本，增加国家财政积累和企业、个人的收入。一句话，就是要讲求经济效益。讲求经济效益，就要学会算账，善于精打细算，以便更有成效地建设我们的社会主义事业。

**华东七省市在南京召开党史资料征集工作会议**

会议于5月12日至17日召开。

福建、浙江、上海、江西、山东、安徽、江苏各地的征集工作者170余人出席了会议。

谭震林、陆定一等30多位老同志，应邀参加了会议。

谢筱迺同志就召开这次会议的目的讲了话。冯文彬同志作了关于党史资料征集工作的报告。他在报告中肯定了两年多来党史资料征集工作所取得的成绩，并且指出了当前党史资料征集工作中存在的问题和解决的办法。他再次强调立好、立准党史资料是关系到千秋万代的事情。谈到回忆录时，他说回忆录还是要写的，但是，不要普遍提倡。他还说，写回忆录不是目的，它是我们征集党史资料的一种形式。因此，写回忆录要体现党的组织、党的领导的作用；要体现群众是真正的英雄，体现集体智慧的作用；要写出时代背景和历史过程；要体现英雄人物是在党的哺育下成长的，不能写成个人奋斗史。

会议期间，陆定一同志就党史问题作了重要报告。他引用大量历史事实，结合自己的亲身经历，理论联系实际地叙述了我党历史上的一些重要活动及经验教训。薛暮桥同志作了关于经济建设问题的重要讲话。

会上，各省市的同志汇报了去年8月全国党史资料征集工作会议以来的工作进展情况，交流了经验，共同研究了如何加强领导，做好规划，搞好协作等问题。

谭震林同志就党史问题作了重要讲话。革命老同志李世焱、刘瑞龙、汪大铭、韦永义等向中共中央党史资料征集委员会献交了珍贵文献和文物。

**国务委员薄一波在人民大会堂会见由美国回国定居的王怀明先生**

王怀明是原国民党山西省教育厅厅长、山西大学校长、山西省参议会议长。抗日战争初期，他曾同薄一波共事，对中国共产党在山西开展抗日民族统一战线工作是支持的。

王怀明说，他没有什么功劳，却受到政府的热情接待。薄一波说，我们党就是这样，对支持过我们的、对爱国的老朋友是不会忘记的。

**全国供销合作总社在北京召开第一次理事会**

中华全国供销合作总社是群众性的组织。会议确定：理事会的主要任务是，代表中国供销合作社同各国合作社组织建立和发展友好往来，开展技术、经验等交流活动，定期组织理事调查研究农村供销合作社的改革和企业民主管理等问题，提出加强和改进工作的意见。

会议由理事会主任王厚德主持。出席会议的有副主任王卓如、安法乾和理事们。

**外交部就美国有关人员无理检查中国外交人员行李约见美国驻华使馆官员向美国提出强烈抗议**

5月6日上午，中国出席联合国海洋法会议代表团成员在纽约机场办妥行李托运手续，正等候乘中国民航班机返回北京时，十多名美方人员竟在中国旅客不在场的情况下，私下打开甚至用刀挑开中国代表团人员及一些中国旅客的行李施加检查。中国海洋法代表团得知后，当即向美方提出了口头抗议，要求停止检查。美方人员无理辩解，态度蛮横。在中国代表团坚决抗议下，美方才停止检查。由于美方的上述行径，使中国民航班机延误起飞约两个小时。

中国外交部在抗议中指出了这一事件的严重性质。对于美方违反国际法和国际惯例，粗暴侵犯外交人员特权的行径，中国外交部强烈要求美方立即进行调查，作出负责的答复，并保证今后不再发生类似事件，否则美方需承担由此而产生的一切后果。

**外经贸部部长陈慕华在人民大会堂会见由穆罕默德·纳瓦兹·汗董事长率领的巴基斯坦国民银行代**

表团

陈慕华对巴基斯坦国民银行北京代表处的设立表示祝贺。她说，近年来，中巴两国合作关系很好，两国金融界的业务合作也不断得到发展。她指出，加强南南合作，也包括金融界之间的合作。

纳瓦兹·汗表示，巴基斯坦国民银行将继续努力，为巴中两国经济、贸易关系的发展作出贡献。

**中联部部长乔石在北京会见委内瑞拉基督教社会党副总书记阿里斯迪德斯·卡尔瓦尼**

**中国古今货币展览在波恩开幕**

中国古今货币展览在波恩莱茵州博物馆开幕，西德各界大约200名中国问题专家和知名人士出席了开幕式。

展览会上展出了中国各个历史时期发行的货币约300件，其中包括公元前16世纪使用的货币、公元前3世纪的铜钱、明朝末年农民运动领袖张献忠和李自成发行的铜钱以及中华人民共和国成立前后发行的各种货币。

**中国第三批医疗队离开塔那那利佛回国**

医疗队在马达加斯加完成了为期两年多的工作任务。马达加斯加卫生部部长让—雅克·塞拉芬代表总统授给医疗队队长、副队长和3个小组长勋章。

**国际乒联理事会会议在杭州举行**

出席这次会议的有国际乒联主席罗伊·伊万斯，第一副主席荻村伊智朗，名誉司库梅尔西埃，以及来自亚洲、非洲、拉丁美洲、欧洲、北美、大洋洲的副主席、理事，理事会下设的各委员会主席等。国际乒联亚洲区副主席、我国乒协主席徐寅生也出席了会议。

**政协教育组和中华职业教育社在北京举行座谈会**

会议提出，由各民主党派和人民团体举办业余职业学校或补习学校是利国利民的好事。上海中华职业补习学校和昆明中华业余学校在会上介绍了办学经验。

与会者认为，我国教育事业还不发达，不能适应现代化建设的需要。最近公布的宪法修改草案写上了发展职业教育的条文，各民主党派和人民团体应当发挥自己的作用，根据社会需要办一些业余职业学校或补校，为发展我国的职业教育事业作出贡献。

**岳美中逝世**

我国著名老中医岳美中教授于5月12日在京病逝，享年83岁。

## 5月13日

**中共中央副主席邓小平在北京会见泰国外长西提·沙卫西拉一行**

邓小平说，中国支持柬埔寨三方爱国力量尽早地联合起来。

他指出："这个联合必须有利于加强对越南侵略者的斗争，不能削弱当前处于第一线的抗越斗争力量，这是一条最根本、最重要的政治原则。"

邓小平说："中国愿意为促进柬埔寨三个方面实现这个联合继续努力做工作，但我们不能强加于人，不能对他们的内部事务进行干涉。不干涉他国的内政是我们建国以来一贯坚持的原则。"他指出："实现稳定的联合，终究要由他们三方自己通过协商达成协议，并共同遵守。"

邓小平赞扬了泰国和其他东盟国家为促进柬埔寨三方力量的联合所作出的努力。

**中国佛教协会主席赵朴初就宪法修改草案向新华社记者发表谈话**

赵朴初指出，这次宪法修改草案有关宗教信仰问题的规定，有利于宗教信仰自由的政策的贯彻落实，有利于人民内部教徒与非教徒的团结和各民族的团结，有利于调动信教群众的积极性。

赵朴初说，宪法修改草案第三十五条重申"中华人民共和国公民有宗教信仰的自由"，规定"任何国家机关、社会团体和个人不得强制公民信仰宗教或者不信仰宗教，不得歧视信仰宗教的公民和不信仰宗教的公民"。同时还明确规定"国家保护正常的宗教活动"。这些规定的实施，将使各宗教正常的宗教活动及进行宗教活动的场所受到宪法的充分保障。

赵朴初指出，在我国，不论信教的公民还是不信教的公民，在政治上都必须爱国和拥护社会主义。中国的宗教理应由中国的宗教信徒自传、自治、自养，不容许外国进行干涉。因此，宪法修改草案明确规定"任何人不得利用宗教进行反革命活动，或者进行破坏社会秩序、损害公民身体健康、妨碍国家教育制度的活动"，"宗教不受外国的支配"，这是非常必要的，定会受到宗教界人士和广大教徒的赞同。

**《人民日报》发表评论员文章《对外开放与打击经济犯罪活动》**

随着打击经济犯罪活动的斗争向纵深发展，许多触目惊心的犯罪事实，使有些同志对实行对外开放政策的正确性产生了怀疑；也有些同志担心，这场斗争的发展是否会影响对外开放政策的实行？《中共中央、国务院关于打击经济领域中严重犯罪活动的决定》，对这个问题作了精辟的论述。认真学习和坚决执行这一《决定》，对于坚持对外开放政策，对于保证我国社会主义现代化建设事业的发展，是极为重要的。

在经济上实行对外开放政策，以增强我国自力更生的能力，是党的十一届三中全会的重要决策之一，是五届人大四次会议肯定下来的建设国民经济的十条重要方针之一。几年来的实践表明，实行这条方针，方向是完全正确的，成绩也是主要的。

在当今世界上，凡是经济发达的国家，没有一个是在闭关锁国的情况下实现现代化的。我国要尽快实现“四化”，也必须学会利用两种资源——国内资源和国外资源，打开两个市场——国内市场和国际市场，学会两套本领——组织国内建设的本领和发展对外经济关系的本领，使自力更生、对外开放有机地结合起来。

实行对外开放政策以来，我们引进了一批外资，对于加强国民经济薄弱环节的建设和促进老企业的技术改造，发挥了积极作用；兴办了一批中外合资、中外合作经营的企业，在合作开发石油资源方面取得了进展；引进适用于我国的先进技术和先进的经营管理经验的工作，很有成效；对外承包工程和技术劳务出口有了良好的起步。对外开放也促进了我国出口贸易事业的发展。1981年，世界出口贸易比上一年度只有微小增长，而我国出口贸易增长较大，出口商品结构也有了变化，工业制成品所占比重超过了初级产品所占比重。这些，都是不容忽视的。

当然，事情也有另外的一面。由于缺乏经验，引进了一些不该引进的设备；由于不会做生意，成交了一些不合算的买卖。这些，也是不应该忽视的，要不断总结经验，加以改进。再就是随着对外开放政策的实行，走私贩私、贪污行贿、投机诈骗等违法犯罪活动确实增多了。忽视这后一个问题的存在，不仅将损害大量国家经济利益，而且会使资本主义思想泛滥，毁掉一批干部，甚至造成更严重的后果。

资本主义思想腐蚀和社会主义思想反腐蚀的斗争，是长期的。我们是在林彪、“四人帮”造成的党风不正，纪律松弛，思想上、政治上、组织上和作风上问题很多的情况下进入实行对外开放、对内搞活经济的新的历史时期的，这使反腐蚀斗争就更加艰巨。毛泽东同志在开国之前就说过，敌人的武力没有征服我们，资产阶级的糖衣炮弹却可能征服我们队伍中的意志薄弱者。在当前腐蚀与反腐蚀的斗争中，被糖衣炮弹打倒的干部，有些是属于跟随林彪、江青一伙“造反”起家的，但是也确有极少数老同志。这些老同志过去没有被敌人的武力征服，也没有被“四人帮”的镇压征服，党外反革命的暴力、党内反革命的暴力都没有把他们征服。但是在近几年同国际资本的交往当中，却被资本主义的糖衣炮弹打倒了，这难道还不发人猛醒吗？

党中央下了大决心，坚决打击经济领域的犯罪活动，这就可以挽救许多人，可以及时清除党和国家肌体上的腐化变质部分，保持党的纯洁性，使我们党的事业的胜利发展获得强有力的保证，使对外开放的本来目的真正实现。在这方面，历史的经验值得借鉴。

俄国十月革命后，曾经实行租让制。所谓租让，从经济关系来看，是一种国家资本主义，是苏维埃政权同外国资本家订立的一种合同。根据这种合同，苏维埃政权把一定数量的工厂、原料、矿山等生产资料交给资本家，资本家则以合同的一方或租借人的资格，利用社会主义的生产资料从事生产，以其资本赚取利润，并把一部分产品交给苏维埃国家。列宁一方面指出：“如果我们不善于实行租让政策，不善于把外国资本吸收到租让企业中来，那就根本谈不上采取重大的、实际的措施来改善我们的经济状况”；另一方面又强调：“毫无疑问，每一次租让都是一种新的战争，不过这是在另一个领域内即在经济领域内进行的战争”。列宁还说：“租让并不是和平，它也是战争，不过是另外一种对我们更加有利的战争。”按照列宁的观点，为了促进苏维埃国家的社会主义经济建设，同国际资本交往是完全必要的，但这种交往同时包含着严重的斗争。

我们今天仍然要按照列宁主义的观点办事。一方面，孤立奋斗，拒绝同国际资本交往的思想，是错误的；另一方面，在同国际资本的交往当中，任何忽视和放弃必要的斗争的观点和行为，也是错误的。一句话，既要交往，又要斗争。

当然，在对外交往与反腐蚀斗争中，对于我们与之交往的国际资本和港澳工商业者，要作具体分析。任何一个资本家都要谋求利润，这一点是没有疑问的。问题在于，要区别两种不同的情况。一种是以正当手段来同我们做生意。对于这种情况，无论生意是否做得成，条件是否谈得拢，我们一律采取欢迎态度，待之以礼，并且对于任何能够同我们合作的资本家，一律实行平等互利的政策原则。这里只有一个我们是否会做生意的问题，而并不发生抵制和反对腐蚀的问题。但是另外一种，如果是以走私、贩毒、行贿、欺骗等不正当的手段，来侵害中国人民的权利和利益，那就理应受到中国人民的坚决抵制。

在坚持对外开放的情况下打击经济领域中的严重犯罪活动，坚持反腐蚀斗争，这是一项十分艰巨、十分复杂的任务。这就要求我们的同志，大大提高思想水平、政策水平和领导水平，既要深刻理解经济上对外开放的战略意义，敢于跳到更广阔的天地里去打开局面；又要精心地注意我们在对外开放条件下所面临的新的环境的极端复杂性，善于学会新的本领，及时发现和克服各种严重危害我们事业的消极现象，首先是党内特别是党的干部当中的各种消极现象。这样两个方面是缺一不可的，都要做好，否则就会贻误我们的工作，甚至败坏我们的事业。

我国的社会主义现代化建设，正处在一个极关紧要的时期。能不能在最近这几年内，在建设工作的各方面，包括对外经济关系方面，真正打开新的局面，对于今后十几、二十年的发展，具有决定的意义。我们相信，在党中央的正确领导下，我国人民一定能够解决历史提出的新课题，使我国的现代化建设事业沿着社会主义方向不断前进。

**青年社会科学工作者座谈会在北京召开**

会议于5月13日至18日召开。由中国社会科学院《中国社会科学》杂志社举办。中央书记处书记胡乔木指出：解决人民群众中的思想问题，如同解决社会进步中的理论问题一样，要依靠社会科学。他勉励青年社会科学工作者对当前社会上，特别是一部分青年中存在的一些思想上的疑难和迷惘，不管是国产的还是外来的，要从理论上作令人信服的深刻的解剖，帮助渴望求知的读者明辨是非，使马克思主义的社会科学成为建设社会主义精神文明的有力武器。

胡乔木说，我国的社会科学研究事业是整个社会主义建设事业的一个重要方面，近几年来这一事业得到了迅速的恢复和发展。虽然“四人帮”的破坏使我们应该取得的成就推迟了，但是“野火烧不尽，春风吹又生”。理论战线新起的力量，成长得比预料的还快。只要大家继续保持谦虚谨慎和勤奋勇敢的态度，就一定可以期望得到更大的进步。

来自北京、上海、云南、甘肃、广东、福建等13个省、市的43名青年社会科学工作者出席了座谈会。大家认为，现在我国社会科学战线青黄不接的情况相当严重，必须一方面努力为老学者从事研究、著述和传授专长提供便利条件；另一方面努力鼓励中青年社会科学家的工作，帮助他们克服进行工作和发表成果的困难。

著名学者周扬、于光远同志也到会讲了话。

**章乃器骨灰移放八宝山革命公墓**

原中国民主建国会副主任委员、中华全国工商业联合会副主任委员、粮食部部长章乃器同志于1977年5月13日病故。

章乃器同志早年参加民主运动，是“七君子”之一；新中国成立后，曾任中央人民政府政务院政务委员、中央财政经济委员会委员，并曾当选为全国人大代表和全国政协常务委员。他在1957年被错划为右派分子的问题，已在1980年7月得到改正。

## 5月14日

**中共中央作出《关于处理建国前党员脱党期间党籍、党龄问题的几点补充规定》**

新中国成立以来，对在历史上曾经脱过党的同志的党籍、党龄问题，多数都做过结论，现在有一些同志提出申诉或要求复议。鉴于建国以前党组织多数处于秘密状态，斗争非常艰苦，环境十分复杂，一些同志的脱党原因不尽相同，脱党后的经历和表现各有差别，且距离现在的时间已经很久，因此，各级党委在处理这类问题时，要本着实事求是，严肃认真，具体分析，区别对待的精神，首先把这些同志脱党的原因、脱党后的表现等情况搞清楚，然后再考虑其党籍应该不应该恢复。应该恢复的要抓紧审批，予以恢复；不应该恢复的，也要耐心地做好说服工作。为了妥善地做好这项工作，除重申按照1949年11月《中共中央关于对脱党分子的党籍和工作的处理和计算党龄问题的指示》的基本原则办理外，特作如下补充规定。

（一）关于脱党期间党籍、党龄问题的处理原则：

1. 党员被迫脱党后，积极设法找党，因客观条件限制，未能找到党组织，但仍继续进行革命活动，其历史经过严格审查，每段都有可靠证明，确无问题的，其脱党期间的党籍可予以恢复，党龄连续计算。

2. 党员被迫脱党，后又回到革命队伍，过去审查时，因客观原因，脱党期间的情况无人证明而暂按重新入党处理的，现已查清其脱党期间曾积极找党，继续进行革命活动，每段都有可靠证明的，可以改为恢复党籍，党龄连续计算。

3. 党员被迫脱党后，曾有短时间（如一年以内）政治上一度表现消沉，但不久即转为积极找党，为党工作，表现好或工作有成绩，很快又被重新接收为党员的，其脱党期间的党籍可予恢复，党龄连续计算。

4. 党员被迫脱党后，有的有条件找党而没有找党，有的虽曾找过党，但行动上不积极，致使脱党时间较长（三年以上）的；或入党时间很短，脱党时间较长的，这些同志在脱党期间尽管有过某些进步活动，他们的党籍也不能恢复。

5. 党员虽系被迫脱党，脱党后政治上有过动摇，或有其他政治错误，革命形势好转后才回到革命队伍又重新入党的，其脱党期间的党籍不能恢复，党龄应从重新入党之日算起。但有的同志归队后,已将自己的问题如实向组织交代清楚,过去审查已经作了恢复党籍处理的,现在也没有发现新的重大问题,也可不再变动。

6. 有的同志虽系被迫脱党,但由于脱党期间的历史比较复杂,过去没有审查清楚,一直没有解决党籍问题。现在本人全部历史已经审查清楚,虽然不符合恢复党籍的条件,但也没有发现其脱党期间有损害党或革命利益行为,目前本人基本具备党员条件的,可以重新入党,不要预备期。重新入党的时间,可根据审查结果,由省级以上党组织酌情研究决定。

7. 凡过去自行脱党,后又参加革命工作和重新入党,现在要求恢复其脱党期间党籍并连续计算党龄的,一律不予解决。

(二)有的同志被迫脱党,后来回到革命队伍,当时党组织对其脱党的情况未作全面审查,即予接上组织关系。如现在已将其脱党期间的情况审查清楚,可根据各人的实际情况,参照本规定上列有关条款的精神,有的可以恢复其脱党期间的党籍,连续计算党龄;有的可将其接上组织关系的时间,确定为重新入党的时间。

(三)在地下工作环境中,有些同志曾经加入过党,但因本人并不很明确或因组织上的原因,未承认其党籍的,现经查证,本人一直在革命队伍里工作,三年以内又重新入了党,并有两名以上党员能证明其在这以前确实曾入过党,这段党籍可予以恢复,党龄从第一次入党时算起。

(四)对于已经逝世多年的党员,其家属子女要求恢复其过去脱党期间的党籍并连续计算党龄的,如果没有切实可靠的证明材料又不能提供证明人线索,一般不予复查,但属于历史上的冤假错案,涉及党籍党龄的,则应予复查。对不再复查的,也要向其遗属耐心做好说服工作。

(五)审批手续问题:

1. 要求恢复建党初期和第一次国内革命战争时期(1927 年 7 月底以前)的党籍并连续计算党龄的和中央管理干部的党籍、党龄的更改,由省、自治区、直辖市党委或中直机关党委、国家机关党委审理后,报中央审批。

2. 要求恢复第二次国内革命战争时期(1927 年 8 月至 1937 年 7 月 6 日)的党籍并连续计算党龄的和省、自治区、直辖市或中央和国家机关部委一级党委管理干部的党籍、党龄的更改,应报省、自治区、直辖市党委或中直机关党委、国家机关党委审批。

3. 其他党员,应由县或相当于县一级党委审理后,报地(市)委审批。

4. 军队干部的党籍、党龄更改的审批手续,由总政治部作相应的规定。

(六)复查处理脱党人员的党籍、党龄问题,主要是依据切实可靠的证明材料。本人要忠实地提供历史情况和证明人线索。组织上在调查取证时,应该要求证明人本着对党负责的态度,提供符合历史事实的证明。如果发现证明人有改变或更正过去屡次证明的事实时,证明人应说明改变或更正事实的充分理由,组织上要对这些证明材料进行认真的审核鉴别。

处理党籍、党龄问题是一项严肃的政治工作。要注意防止两种倾向:一种是不认真负责地考虑申诉人的意见,而多方强调客观困难,对申诉敷衍应付,甚至一推了之,该复查的不予复查,该改变结论的不予改变结论;另一种是不注意查清事实,不仔细研究调查证明材料,不按党的原则和有关规定办事,随意作出迎合申诉人意愿的不恰当的结论。

(七)凡过去的结论基本符合本规定精神而本人现在要求不合理的,或过去已作过结论,现在没有新的可靠的证据和其他理由足以改变原结论的,不再改动。但应耐心做好说服教育工作。

**附:中共中央关于对脱党分子的党籍和工作的处理和计算党龄问题的指示(1949 年 11 月 20 日)**

(一)对脱党分子的党籍和工作的处理问题在全国胜利的形势下,过去脱党的分子现在来找我党要求解决党籍及工作问题者,日益增多,情况亦甚复杂。自 1949 年 6 月以来,经各地介绍或本人直接来信,或径赴北京找中央组织部及中央各负责同志者已达百余人。其中大多数为大革命时期及内战时期入党,而在内战时期白色恐怖严重的情况下脱党者。脱党原因有被迫与个人错误之别。脱党后的表现亦各有不同:或消沉,长期未作革命工作;或一度为反革命工作;或中间有一段做过一些革命活动的。目前对此类问题的处理,除按照"中央关于新解放城市中对脱党、自首、叛变分子的处理的指示"及"中央组织部关于归俘人员党籍问题的处理方法"的精神外,并根据具体情况,采取了并采取着以下办法:

甲、凡党员过去被迫脱党后,继续进行革命活动,并设法找党,但因客观困难终未能找到者,其历史经省委或市委严格审查,每段均获有可靠证明,确无问题者,可准予恢复党籍,并分配以适当的工作。

乙、凡党员过去自由脱党,旋又自行悔悟,重新参加革命工作,设法找党不获,现在恳切要求入党者,经审查后有确实证明时,可准予重新入党,并分配其工作。

丙、凡党员不论其过去系自由或被迫脱党,凡有以下情节之一者,均须加以长期考察,不应即予考虑其党籍问题。

1. 长期未作革命工作，虽未发现有反党行为者。

2. 曾有损害革命之行为或嫌疑者。

3. 曾为敌人服务后又为我工作者。

4. 本人历史复杂一时无法获得证明者。

为了保持党的纯洁性和照顾党内外的影响，对脱党分子在政治上尚不能完全信赖时，不应分配在党的系统或军政重要领导机关和带有机密性之部门工作，且不宜任以负责职位。至于历史不清或有政治嫌疑者，除其具有专长，需要慎重加以使用外，其余一般地应送学校学习，在学习中继续考察，不宜马上分配其工作。

由于此类问题今后必然增多，为了更易于搜集材料，解决问题，并节省人力物力起见，各地组织凡遇此类问题，应依照中央指示自行照规处理。一般地不应径送中央。本人自行来中央者，如其问题中央易于解决者应即处理，如其问题地方较为熟悉者，应转由地方处理。

（二）关于计算党员党龄中是否可以扣除中间一段党龄的问题七大以前，关于处理党员党籍办法中，有因党员脱党后较长时期未继续为党工作，或脱党时期某段情况一时无人证明，或因有其他不好表现者，采取扣除党龄的办法，即恢复其党籍，但中间一段不算党龄，予以保留或作为处分。

七大以后，中央组织部在处理此种问题时，没有采取中间扣除党龄的办法，因为此种办法有割断历史的缺点。如党员系被迫脱党、确无法找到组织，且因能力限制及缺乏社会关系，不能作出显著工作成绩，而当其一有机会即又继续找党者，其党籍应予全部恢复。若党员脱党后，无反党行为，只一度消沉，未及时积极找党和为党工作，但为时不久旋即觉悟，转为积极，工作表现有成绩，因而又回到组织者，亦应全部恢复，中间表现消沉的一段应以错误论，不扣党籍，只酌情给以适当处分，或给以批评，并在结论中指出。

如党员在脱党期间一段无人证明，应分别情况或暂准重新入党，或暂不解决其党籍问题，俟获有确切证明后再行处理。

如党员在脱党后长期未积极找党，亦未做革命工作，现在环境一好又来找党者，其党籍不能恢复，自无扣除党龄问题。如果以后在长期工作中表现其成绩和进步，因而可以重新入党者，其过去的党龄，因其自行脱党，自应取消，不能再算。

如党员在脱党后失去党员气节，或叛卖党和阶级者，即使过去功劳很大，或失节后又复坚定起来。其过去党籍应予以开除，今后若各方面具备一个党员条件时，可考虑其重新入党，不能扣除其中间一段，恢复其前后两段。

在这个问题上，党内处理的办法是很不一致的，现在需要一个统一的规定，故指示如上。

**中共中央委员会致电希腊共产党（国内派）中央委员会祝贺其第三次代表大会召开**

贺电全文如下：

希腊共产党（国内派）第三次代表大会亲爱的同志们：

值此希腊共产党（国内派）第三次代表大会之际，中国共产党中央委员会谨向大会致以热烈的祝贺。

希腊共产党（国内派）为捍卫民族独立、反对垄断资本和维护劳动人民利益、争取民主和社会主义，进行坚持不懈的斗争，并为反对帝国主义、霸权主义和维护世界和平作出自己的贡献。希腊共产党（国内派）一贯坚持独立自主，努力探索符合希腊具体情况的走向社会主义的道路。中国共产党对于你们取得的成就感到由衷的高兴。

中国共产党珍视同希腊共产党（国内派）的友好关系，并且相信，我们两党的关系在独立自主、完全平等、互相尊重、互不干涉内部事务的基础上必将得到进一步的巩固和发展。

祝大会圆满成功，祝你们党在今后的斗争中取得新的成就。

中国共产党中央委员会

1982 年 5 月 14 日

**《人民日报》发表社论《轮训干部是具有战略意义的重大建设》**

在精简机构的同时，必须切实抓好干部的轮训工作。这是进行智力投资，提高整个干部队伍素质的一项具有战略意义的重大建设，是改革干部制度的一个重要方面。

我国社会主义建设的新形势、新任务对各级干部最基本的要求是什么呢？1980 年 1 月，邓小平同志在《目前的形势和任务》的报告中，突出地强调了两条：一条是坚持社会主义道路，一条是要有一定的专业知识和能力。他说："我们选拔干部，必须要注意了解他是不是坚持社会主义道路。不符合这个条件的干部，要加强教育，必要时要调动。""无论在什么岗位上，都要有一定的专业知识和专业能力，没有的要学，有的要继续学，实在不能学、不愿学的要调整。"我们的干部是建设社会主义高度物质文明和高度精神文明的具体组织者、领导者，是亿万群众奔向光辉灿烂的未来的带头人。他们能不能坚持社会主义道路，对事业的成败至关重要。同时，党和国家的干部都在各行各业的具体岗位上承担着一定的工作任务，如果他们不具备必需的专业知识和能力，就不能真正坚持和推进社会主义建设事业。所以，建设一支革命化、年轻化、知识化、专业化的干部队伍，是党在新的历史时期必须完成的一项战略任务。在精简机构的同时建立轮训干部制度，正是为了进一步落实这项建设任务。

党的十一届三中全会以来，中央各部委和各级党委都很重视干部培训工作。据统计，近三年来，通过各种轮训班、短训班，全国已训练了各级各类干部近500万人。接受培训的同志在正确理解党在新时期的各项方针政策，掌握本行业务和科学技术知识等方面，都有不同程度的收获。这不仅有助于他们个人履行自己的岗位职责，而且对于改进机关工作，提高工作效率和工作质量，起了良好的作用。但是，从总的方面看，全国现有干部的文化程度还不高，仅有初中和初中以下文化水平的干部占干部总数的40%以上；具有高中或中专以上文化程度的干部虽然超过一半，但真正精通本行专业的人才与实际工作的需要还有不小距离。何况事业在前进，科学技术在发展，新事物新问题不断出现。如果党的各级组织不下很大的决心，花很大的力量，将干部轮训工作持久地抓下去，使之进一步制度化、正规化，而只是忙于现有人员的调配任免，那么，党和人民所希望的在各级各部门建立高质量、高效率的工作机构，仍然会因为干部质量没有普遍提高，而不能成为现实。

在这次自上而下改革机构的过程中，全国各级各类干部将有几百万人陆续参加轮训。他们的年龄大多数在30岁至50岁左右，有的学习一年，有的学习两三年。在学习期间，他们仍属原单位的干部，工资福利和其他待遇同在工作岗位上的干部一样对待。轮训期间，除学习政治理论外，主要学业务、学文化、学管理、学科学技术。学习期满，要进行考核或考试，成绩放入本人档案，作为今后选拔和使用的一个重要依据。这次大规模轮训干部，任务是艰巨的。诸如学校领导班子和教师的配备、校舍的建设、教材的选择、经费和物资的筹集等，都需要作出安排，一项一项落实。在过去相当长的一段时间里，我们对培训在职干部没有足够重视，耽误了一大批干部学习专业知识的时机，使我们干部队伍的专业化、知识化水平与目前的新形势不相适应。改变这种状况的确是刻不容缓了。我们必须像精简机构那样，下很大的决心解决在职干部轮训问题，建立经常的轮训制度，作为改革干部制度的一个重要措施和步骤。正在精简的党中央、国家机关各部门要带头办好这件事，新成立的领导班子要把干部轮训摆在重要议事日程上；地方各级各部门也要采取措施，积极加强这方面的工作。

粉碎"四人帮"以来，拨乱反正的工作任务很紧张，很多干部，特别是有些领导干部，渴望有一个学习提高的机会。现在，有了这样一个好机会，他们从内心深处感谢党的关心和爱护，并且准备一旦组织上决定自己参加轮训，立即投入学习。对干部中这种非常可贵的学习积极性，党组织要切实爱护。有些部门确定机构改革方案时，上报有多少多少干部可以首批参加轮训，到了具体落实时，却抽不出人来了。这是不正常的，反映了某些领导同志对轮训干部还缺少应有的重视。也有少数干部对参加轮训有顾虑，怕参加轮训后被列为编外人员。这是一种误解。应当说明，今后党政机关和企业事业单位的干部，只要有条件学习的，都要参加学习。工作一段时间后离职学习，学习一段再工作，将是培养提高干部的正常制度。这次精简，各部门编制只定额不定人，不定谁在编内、谁在编外，就是为了有计划地抽出干部去学习。只要领导上做好思想工作，把轮训的意义和办法说清楚，人们是会消除疑虑，振作精神，积极参加学习的。

我们强调通过各种学校培训干部，也不忽视通过基层工作实践锻炼和在职学习来提高干部。这两方面是相辅相成，缺一不可的。对于那些从学校出来直接进入机关、特别是进入领导机关的青年同志来说，取得一个公社或一个工厂、一个学校，以至一个县的领导经验，就更为重要。过去，在组织干部上学校和深入基层方面，有经验，也有教训。我们应当认真加以总结，努力使这方面的工作做得更好些。

现在，有些同志对他们所领导的干部往往使用多培养少，越是"顺手"的业务骨干，越是舍不得给他们提供离职学习深造和锻炼提高的机会。这是干部工作上缺乏远见的一种表现。"磨刀不误砍柴工"，这句话是有道理的。而且干部中的骨干，都是相对而言的，原有的骨干不学习提高，就难以适应工作发展的需要；只靠眼前几个"顺手"的骨干，不造成"后浪推前浪"的形势，工作同样不会有大的起色。领导者应该用辩证唯物主义的观点看待这个问题，把提高老的业务骨干和造就更多的新的业务骨干这两方面的工作更好地抓起来。

**新华社发表评论员文章《正告台湾特务机关》**

正当全国各族人民为完成统一祖国的伟业尽心尽力，台湾海峡出现了和缓气氛的时候，人们注意到，台湾特务机关仍然置民族大义于不顾，扮演着很不光彩的角色。他们制造种种谣言，竭尽挑拨离间之能事，煽动策划反革命活动，妄图在祖国大陆制造动乱。例如，1980年10月间北京火车站发生反革命爆炸案以后，台湾特务机关就曾幸灾乐祸，叫嚣什么要"发动炸弹攻击"，"炸毁火车、汽车"，公然唆使极少数反革命分子和唯恐天下不乱的人去干那些伤天害理、残害人民的勾当。更有甚者，他们还直接向祖国大陆派遣特务，从事颠覆和破坏活动，危害国家和社会公众的安全。

对此我们必须加以认真对待。

应当严正指出，台湾特务机关的这种罪恶行径，很不得人心。台湾回归祖国，实现和平统一，是全国各族人民的共同意愿。1981年9月30日，全国人大常委会委员长叶剑英向新华社记者发表谈话，接着，中共中央主席胡耀邦又在首都各界纪念辛亥革命70周年大会上发表讲话，进一步阐明了关于台湾回归祖国、实现和平统一的方针政策。这个重大决策完全符合全国各族人民包括台湾同胞、港澳同胞以及国外侨胞的根本利益。对于祖国的和平统一事业，我们始终如一，坚持不渝。最近，全国人大常委会决定宽大释放全部在押的原国民党县团以下党政军特人员，就是从统一祖国的大局出发所采取的又一重要步骤。我们共产党人光明磊落，不做任何不利于祖国统一大业的事情。对于台湾方面出现的有利于和平统一祖国的气氛，我们都表示欢迎；对于台湾当局坚持分裂、反共拒和的言行，我们虽然感到痛心，但一直采取克制态度。我们热忱欢迎台湾各界人士回祖国大陆探亲访友，旅游参观。即使是特务机关的人，只要不是到大陆来从事危害国家安全的特务间谍破坏活动，我们也同样热情接待，不念旧恶，不算旧账，来去自由，保证安全。我们向来以民族大义为重，这是有目共睹的事实。但是，我们决不能容许台湾特务机关向大陆派遣特务，搞什么勾连策反、窃取机密、杀人放火的勾当，以及通过电台广播等渠道，进行煽动和破坏。在这里，我们要正告台湾当局：靠特务活动是成不了什么气候的。远的不说，新中国成立以后，你们派来的特务难道还少吗？他们的结局又如何呢？殷鉴不远，应当自重。时至今日，如果你们再要给祖国大陆送来新的政治垃圾，梦想颠覆、破坏伟大祖国的人民民主政权和社会主义事业，阻挠祖国的和平统一，其结局也注定是不妙的。

我国刑法规定，凡是以推翻无产阶级专政的政权和社会主义制度为目的的、危害中华人民共和国的行为，包括接受台湾特务机关和国外敌对势力的唆使，进行杀人、放火、爆炸和其他特务活动的，都是反革命行为，都要按反革命罪惩处。我们对特务、反革命分子，历来实行惩办与宽大相结合的政策。对于主动坦白自首的分子，我们依法从轻、减轻或免予刑事处罚；有立功表现的，还给以奖励。对于执迷不悟、有现行犯罪活动的分子，我们坚决依法处理，严惩不贷。任何妄图制造动乱，破坏国家安定团结的特务、反革命分子和其他刑事犯罪分子，都逃脱不了国家法律的制裁。自从我们党的十一届三中全会以来，经过拨乱反正，祖国大陆出现了空前安定团结的政治局面。全国各族人民正在同心同德地为把我国建设成为现代化的、高度民主的、高度文明的社会主义强国而奋斗。广大青少年热爱中国共产党，热爱社会主义祖国，朝气蓬勃，积极向上。他们努力学习，遵纪守法，自觉维护安定团结的政治局面和良好的社会秩序。他们代表了国家的前途，民族的希望。台湾特务机关要想在我们年轻一代的身上打主意，纯粹是痴心妄想。我们社会主义祖国的每一个公民，既充分享有宪法和法律所保障的民主权利，也有同危害祖国安全、荣誉和利益的犯罪行为作斗争的义务。他们将不断提高革命警惕，明辨是非，同台湾特务机关和国外敌对势力的诱骗、腐蚀作坚持不懈的斗争。

祖国大陆安定团结的局面不容破坏，我们国家的社会主义法制不容侵犯。台湾特务机关如果冥顽不灵，一意孤行，一切特务间谍、反革命分子如果胆敢以身试法，必将在全国各族人民筑成的钢铁长城面前碰得粉碎！

**国务院发布《国家建设征用土地条例》**

（1982年5月4日全国人民代表大会常务委员会第二十三次会议原则批准，1982年5月14日国务院公布，1982年5月14日起施行）

第一条　根据中华人民共和国宪法，为合理使用土地资源，保证国家建设必需的土地，并妥善安置被征地单位群众的生产和生活，特制定本条例。

第二条　国家进行经济、文化、国防建设以及兴办社会公共事业，需要征用集体所有的土地时，必须按照本条例办理。禁止任何单位直接向农村社队购地、租地或变相购地、租地。农村社队不得以土地入股的形式参与任何企业、事业的经营。

第三条　节约土地是我国的国策。一切建设工程，都必须遵循经济合理的原则，提高土地利用率。凡有荒地可以利用的，不得占用耕地；凡有劣地可以利用的，不得占用良田，尤其不得占用菜地、园地、精养鱼塘等经济效益高的土地。

各地区特别是大城市近郊和人口密集地区，都应当按照土地利用规划，对各项建设用地严格加以控制。

在城市规划区范围内进行建设，必须符合城市规划的要求，并同改造旧城区结合起来，以减少新占土地。

第四条　国家建设征用土地，凡符合本条例规定的，被征地社队的干部和群众应当服从国家需要，不得妨碍和阻挠。

第五条　征用的土地，所有权属于国家，用地单位只有使用权。

第六条　各项工程使用土地必须符合国家有关土地管理、环境保护、水土保持等法规的要求，防止土地沙化、水土流失、水源枯竭、泥石流、盐碱化、洪涝灾害和环境污染。因此造成损失的，用地单位必须进行整治或支付整治费用，并对受害者给予相应的补偿。整治的要求和整治费、补偿费的标准，由用地单位、受害单位和有关单位在当地县、市土地管理机关主持下协商决定。达不成协议的，由县、市人民政府决定；县、市人民政府决定不了的，报上一级政府决定。不能恢复耕种的土地作为征地处理，按本条例规定的审批权限，由县、市以上人民政府安排使用。

被征用土地内有与工农业生产和群众生活密切相关的水源、渠道、涵闸、管道、道路、电缆等设施的，用地单位和施工单位应当在当地人民政府组织下，会同有关部门妥善处理，不得擅自阻断或破坏；发生阻断或破坏的，应加以修复或建设相应的工程设施。

第七条　征用土地的程度：

一、申请选址。用地单位持经批准的建设项目设计计划任务书或上级主管机关的有关证明文件，向拟征地所在地的县、市土地管理机关申请，经县、市人民政府审查同意后，进行选址。在城市规划区范围内选址，还应当取得城市规划管理部门同意。

二、协商征地数量和补偿、安置方案。建设地址选定后，由所在地的县、市土地管理机关组织用地单位、被征地单位以及有关单位，商定预计征用的土地面积和补偿、安置方案，签订初步协议。

三、核定用地面积。建设项目的初步设计经批准后，用地单位持有关批准文件和总平面布置图或建设用地图，向所在地的县、市土地管理机关正式申报建设用地面积，按本条例规定的权限经县、市以上人民政府审批核定后，在土地管理机关主持下，由用地单位与被征地单位签订协议。

四、划拨土地。征地申请经批准后，由所在地的县、市土地管理机关根据计划建设进度一次或分期划拨土地，并督促被征地单位按时移交土地。

第八条　征用土地的审批权限：

征用耕地、园地一千亩以上，其他土地一万亩以上，由国务院批准；征用直辖市郊区的土地，由直辖市人民政府批准；征用50万人口以上城市郊区的土地，由所在市人民政府审查，报省、自治区人民政府批准；征用其他地区耕地、园地三亩以上，林地、草地十亩以上，其他土地二十亩以上，由所在县、市人民政府审查，报省、自治区人民政府批准，在上述限额以下的，由县、市人民政府批准。

省、自治区、直辖市人民政府可以根据本地区实际情况，适当放宽或缩小县、市人民政府审批征地数额的权限。

一个建设项目所需土地，应当根据总体设计一次报批，不得化整为零。分期建设的工程应当分期征地，不得早征迟用。铁路、公路干线所需土地，可以分段报批和办理征地手续。

第九条　征用土地应当由用地单位支付补偿费。

各项补偿费的标准：

一、土地补偿费。征用耕地(包括菜地)的补偿标准，为该耕地年产值的3—6倍，年产值按被征用前三年的平均年产量和国家规定的价格计算。各类耕地的具体补偿标准，由省、自治区、直辖市人民政府在此范围内制定。征用园地、鱼塘、藕塘、苇塘、宅基地、林地、牧场、草原等的补偿标准，由省、自治区、直辖市人民政府制定。征用无收益的土地，不予补偿。

二、青苗补偿费和被征用土地上的房屋、水井、树木等附着物补偿费的标准，由省、自治区、直辖市人民政府制定。但是在开始协商征地方案后抢种的作物、树木和抢建的设施，一律不予补偿。

征用城市郊区的菜地，还应当按照有关规定向国家缴纳新菜地开发建设基金，具体办法另订。

第十条　为了妥善安排被征地单位的生产和群众生活，用地单位除付给补偿费外，还应当付给安置补助费。

安置补助费的标准：

一、征用耕地(包括菜地)的，每一个农业人口的安置补助费标准，为该耕地每亩年产值的2—3倍，需要安置的农业人口数按被征地单位征地前农业人口(按农业户口计算，不包括开始协商征地方案后迁入的户口)和耕地面积的比例及征地数量计算。年产值按被征用前三年的平均年产量和国家规定的价格计算。但是，每亩耕地的安置补助费，最高不得超过其年产值的10倍。

二、征用园地、鱼塘、藕塘、林地、牧场、草原等土地的，安置补助费标准由省、自治区、直辖市人民政府参照一般耕地的安置补助费标准制定。

三、征用宅基地的，不付给安置补助费。

个别特殊情况，按照上述补偿和安置补助标准，尚不能保证维持群众原有生产和生活水平的，经省、自治区、直辖市人民政府审查批准，可以适当增加安置补助费，但土地补偿费和安置补助费的总和不得超过被征土地年产值的20倍。

第十一条　用地单位支付的各项补偿费和安置补助费，除被征用土地上的附着物中产权确属个人的其补偿费应当付给本人，集体种植的土地上的青苗补偿费可以纳入当年集体收益分配外，都应当由被征地单位用于发展生产和安排因土地被征用而出现的多余劳动力的就业和不能就业人员的生活补助，不得移作他用。有关领导机关和其他单位不得以任何借口占用。

第十二条　因征地造成的农业剩余劳动力由县、

市土地管理机关组织被征地单位、用地单位和有关单位分别负责安置。

安置的主要途径有：

一、发展农业生产。改良土壤，兴修水利，改善耕作条件；在可能和合理的条件下，经县、市土地管理机关批准，适当开荒，扩大耕地面积；也可以由用地单位结合工程施工帮助造地，但要按造地数量相应扣除安置补助费。

二、发展社队工副业生产。在符合国家有关规定的条件下，因地制宜，兴办对国计民生有利的工副业和服务性事业。

三、迁队或并队。土地已被征完或基本征完的生产队，在有条件的地方，可以组织迁队；也可以按照自愿互利的原则，与附近生产队合并。

按照上述途径确实安置不完的剩余劳动力，经省、自治区、直辖市人民政府批准，在劳动计划范围内，符合条件的可以安排到集体所有制单位就业，并将相应的安置补助费转拨给吸收劳动力的单位；用地单位如有招工指标，经省、自治区、直辖市人民政府同意，也可以选招其中符合条件的当工人，并相应核减被征地单位的安置补助费。

生产队的土地已被征完，又不具备迁队、并队条件的，本队原有的农业户口，经省、自治区、直辖市人民政府审查批准，可转为非农业户口或城镇户口。原有的集体所有的财产和所得的补偿费、安置补助费，由县、市以上人民政府与有关社队商定处理，用于组织生产和不能就业人员的生活补助，不准私分。

第十三条　经批准安排被征地单位人员就业的，农业户口转为非农业户口或城镇户口的，相应的粮食供应指标以及不能就业人员的生活安置工作，分别由当地劳动、公安、粮食、民政部门负责办理。

第十四条　征用土地拆迁集体的和社员的房屋时，由生产队或房屋所有者按照社队的统一安排进行重建。

第十五条　被征地单位用补偿费和安置补助费兴建生产生活设施所需建设物资，社队能够解决的，由社队自行解决；社队不能解决的，由当地政府协助解决；地方无法解决的少数统配部管物资，经县、市土地管理机关审查核实后，由用地单位随同建设项目向国家有关部门申请分配。物资价款由被征地单位支付。

第十六条　大中型水利、水电工程建设的移民安置办法，由国家水利电力部门会同国家土地管理机关参照本条例另行制定。

第十七条　被征地单位不得在本条例规定的补偿、补助范围以外，提出额外要求或附加条件。

第十八条　在工程项目施工过程中，需要建设材料堆场、运输通路和其他临时设施的，应当尽量在征地范围内安排。确实需要另行增加临时用地的，由建设单位向原批准工程项目用地的主管机关提出临时用地数量和期限的申请，经批准后，同生产队签订临时用地协议，并按生产队土地前三年平均年产值逐年给予补偿。在临时用地上不得修建永久性建筑。使用期满，用地单位应当负责恢复土地的耕种条件，及时归还生产队，或按恢复工作量向生产队支付费用。

架设地上线路、铺设地下管线、建设其他地下工程以及地质勘探等部门进行野外工作需要临时使用土地的，按照上述原则办理。使用期限在一年以内的，由所在县、市人民政府批准。

建设单位为选择建设地址而需要对土地进行勘测时，应当征得当地县、市人民政府同意；造成损失的，应当按照实际情况给予补偿。

第十九条　遇到抢险或紧急的军事需要等特殊情况急需用地时，属于临时用地的可以先使用，并立即报告所在地县、市人民政府；属于永久用地的，经县、市以上人民政府同意，可以先使用，并按照规定的审批权限，补办征地手续。

第二十条　已征用的土地上有青苗的，在不影响工程正常进行的情况下，应当等待农民收获，不得铲毁；凡在当地一个耕种收获期内尚不需使用的土地，建设单位应当与生产队签订协议，允许农民耕种。

第二十一条　已征用两年还不使用的土地，除经原批准征地的机关同意延期使用的土地外，当地县、市人民政府有权收回，并报原批准机关备案。原用地单位不得擅自处理，其他单位和个人不得侵占。收回的土地，可作如下处理：

（一）按本条例规定的审批权限，有偿拨给其他符合征地条件的单位使用。其费用按原用地单位实际支付的各项补偿费、安置补助费计算，交原用地单位按国家有关规定处理。

（二）借给生产队耕种。生产队在耕种期间，不准在土地上兴建任何建筑物和种植多年生作物。国家建设需要使用时，生产队必须立即交还，不得再提出补偿、安置的要求；有青苗的，用地单位应当酌情付给青苗补偿费。

铁路沿线以及因安全防护等特殊需要，符合国家规定的留用土地，不得视为征而未用的土地。

第二十二条　被征用土地上的坟墓，由用地单位报请当地人民政府公告坟主迁移，并支付迁坟费。无主坟墓，由用地单位代迁或深埋。

在征用的土地内发现文物古迹或无主财物，用地单位和施工单位应当负责保护，并报县、市以上人民政府处理。

第二十三条　跨县的工程，征地工作由省、自治区、直辖市人民政府土地管理机关统一组织。

第二十四条　各级人民政府的土地管理机关和用地单位的上级主管部门，应当对已征用土地的使用情况和安置方案的落实情况及时进行监督检查。

第二十五条　对违反本条例的，分别情况给予经济制裁、行政处分，直至追究刑事责任。

一、采取非法手段骗取批准征用土地的，超越审批权限批准征用土地的，征地协议无效；情节严重的，对主管人员和直接责任人员给予行政处分，可以并处罚款。

二、侵占集体土地的，占用临时用地期满不归还的，责令退还土地，并赔偿所造成的经济损失；情节严重的，对主管人员和直接责任人员给予行政处分，可以并处罚款。

三、买卖、租赁或变相买卖、租赁土地的，违法转让土地的，没收其非法所得，在非法占用的土地上建造的建筑物予以没收或拆除；情节严重的，对主管人员和直接责任人员处以罚款，并可以给予行政处分。

四、对批准征用的土地，一方当事人坚持无理要求，拒不签订征地协议的，由土地管理机关裁决。当事人任何一方不执行征地协议，致使对方遭受经济损失的，责令赔偿；情节严重的，对主管人员和直接责任人员处以罚款。

五、挪用或占用补偿费和安置补助费的，责令退赔；情节严重的，对主管人员和直接责任人员给予行政处分，可以并处罚款。侵占招工、转户指标的，招工、转户无效；情节严重的，对主管人员和直接责任人员给予行政处分，可以并处罚款。

上列各项，行政处分由土地管理机关提出意见，报请县级以上人民政府批准，责令所在单位或其上级主管机关决定和执行。经济制裁由土地管理机关决定并限期执行；当事人不服的，可以在期满前向人民法院起诉；期满不起诉又不履行的，由土地管理机关提请人民法院依照民事诉讼程序强制执行。

在征地过程中，煽动群众闹事，阻挠国家建设，贪污、盗窃国家和集体财物，行贿、受贿，敲诈勒索，以及其他违法犯罪行为，构成犯罪的，由司法机关依法追究刑事责任；情节轻微、不构成犯罪的，分别给以治安管理处罚或经济制裁、行政处分。

第二十六条　对个人罚款数额，最低为人民币30元，最高不超过本人6个月的收入。

全民所有制企业、事业单位和行政机关支付的经济赔偿，应从该单位的企业基金、利润留成、经费包干结余等资金中支付，不得列入生产成本或摊入基本建设投资。

第二十七条　在本条例公布以前，征用土地已按国家有关规定达成协议的，仍按照原协议执行。

第二十八条　全民所有制单位同农村社队联合投资建设的项目，需要使用农村社队集体所有土地的，视同国家建设征用土地，按照本条例的规定办理。

第二十九条　城镇集体所有制单位进行建设或同农村社队联合投资建设的项目，需要使用农村社队集体所有土地的，比照本条例的规定办理。

第三十条　农村人民公社和生产大队进行建设，需要使用生产队土地的，也应当给予补偿并对农民进行妥善安置，具体办法和补偿、安置标准由省、自治区、直辖市人民政府参照本条例制定。

第三十一条　国家建设使用国有荒山、荒地、滩涂以及其他单位使用的国有土地，按照本条例规定的程序和审批权限无偿划拨；收回社队长期耕种的国有土地，根据具体情况给予社队适当补助。使用河滩地，还必须经水利、水产和交通部门批准。

第三十二条　各省、自治区、直辖市人民政府可以根据本条例，结合当地具体情况，制定实施办法。

第三十三条　本条例自公布之日起施行。1958年1月6日国务院公布的《国家建设征用土地办法》即行废止。

**新华社发表评论员文章《农民劳动致富同经济犯罪活动不容混淆》**

文章指出，目前在少数地区出现了把农民劳动致富同经济犯罪活动混淆起来的苗头。例如，有的社队割"鸡"(机)尾巴，把社员集资买的小型农业机械宣布为"不法财产"；有的基层干部声称，劳动致富只能靠手工劳动不能靠机器劳动，只能靠集体劳动不能靠个人劳动，只能靠大田劳动不能靠工副业劳动；有的已经领了营业执照的社员家庭加工业、修配业被停办了。甚至还发生了这样的怪事：有的农民由于劳动致富去年秋天领奖状，今年春天却挨了批。这些虽然还是个别现象，但如果不立即加以制止，任其发展下去，刚刚活跃起来的农村经济就会再次被窒息。

评论说，党中央和国务院的政策很明确：打击经济领域中的严重犯罪活动，主要是打击那些走私贩私、贪污受贿、投机诈骗、盗窃国家和集体财产等严重违法分子。对劳动致富的农民，对发展同国家、集体、个人有利的农村工副业，不论是社队办的，还是社员个人或几户联合举办、承包的，不仅不能打击或限制，而且应当积极保护和支持。

近几年来，在搞活农村经济活动中确实发生过一些违法乱纪事件和不正之风，扰乱了国家计划管理和经济秩序，对此是需要查处和解决的。但是，在查处和解决时一定要严格掌握政策，划清经济上的不正之风同违法犯罪的界限，划清实行搞活经济中由于某些制度、办法不完善而发生的问题同违法犯罪的界限。对于违法犯罪者必须追究法律责任，而对于其他的问题，一般则以进行教育和改进管理制度为主，决不能把这场斗争的范围任意扩大到劳动致富的农民中去。

评论说，现在有些干部看到打击经济犯罪活动，就误认为党在农村的政策又要“变”了。这是“左”的思想影响还未肃清的反映。因此，在坚决打击经济领域里的犯罪活动的同时，要警惕“左”的思想的干扰，要加强思想政治工作。

评论着重指出，中央关于允许并且鼓励社员个人或者几户联合发展正当工副业的政策是不会变的，也是变不得的。中央关于允许一部分农民先富裕起来的政策是完全正确的，也是不会变的。一部分农民发挥自己劳动力和技术上的优势，通过劳动致富，为社会创造了更多的财富，对国家、对集体都有利而无害。目前，我国城乡人民吃的肉、禽、蛋等副食品，很大一部分就是社员的家庭生产的。况且，现在那些所谓富裕起来的农民，就其富裕水平来说还是相当低的，也可以说离真正的“富”还差得远哩！

**解放军总参谋长杨得志在人民大会堂设宴欢迎葡萄牙武装力量总参谋长梅洛·伊芝迪上将**

杨得志在讲话中说，中葡两国虽然社会制度不同，但是有着许多共同点。反对霸权主义、维护世界和平是我们两国共同的战略利益，发展两国军队之间的友好合作关系，不仅符合两国人民的利益，也有利于维护世界和平与安全。

他指出，当前世界的困难局面就是由于某些超级大国欲望而造成的。中葡两国虽然政治制度不同，相距也很遥远，可是两国都致力于确保世界和平。

伊芝迪上将说：“我非常了解中国领导人关心两件事：一、国内的发展；二、维护世界和平。”他认为，中国正在正确的道路上前进，尽管在前进的道路上会很自然地遇到困难。

**国务院副总理姚依林在人民大会堂会见意大利外贸部副部长巴尔达萨莱·阿尔玛多**

**国务委员姬鹏飞在人民大会堂会见由布隆迪全国妇联总书记康代凯·厄弗拉齐率领的布隆迪妇女代表团**

**国务委员姬鹏飞在人民大会堂会见以朴正善副委员长为团长的朝鲜社会主义劳动青年同盟代表团**

**电影《阿Q正传》首次参加戛纳电影节评比**

第三十五届戛纳电影节在法国戛纳开幕。中国彩色故事片《阿Q正传》第一次参加这一重要国际电影节的正式评比。

**中国佛教协会在北京举行四届常务理事会二次会议**

会议于5月14日至21日举行。会议主要研究、讨论了中国佛教协会的工作，强调要认真贯彻党和国家的宗教信仰自由政策，加强对佛教徒的爱国守法教育和社会主义教育，调动一切积极因素，为社会主义现代化建设事业服务。

会议期间，国务院宗教事务局局长乔连升传达了中共中央有关重要文件的精神，学习了国务院和国务院宗教事务局为贯彻落实宗教政策而制定的两个重要文件。中共中央统战部副部长江平在会上作了有关宗教政策问题的讲话。经过学习讨论，大家感到深受教益，加深了对党和国家的宗教信仰自由政策的理解，坚定了协助政府贯彻落实好这一重要政策的信心。

会议听取了中国佛教协会会长赵朴初所作的《关于中国佛教协会一年多来的工作情况和今年年内的工作安排的报告》。中国佛教协会名誉会长班禅额尔德尼·确吉坚赞到会讲了话。

会议还研究了有关贯彻宗教政策的一些具体问题，并且提出了许多有益的意见。

## 5月15日

**中共中央主席胡耀邦在中南海会见赞比亚联合民族独立党中央委员坎卡萨夫人率领的赞比亚妇女代表团和布隆迪民族统一进步党政治局委员康代凯·厄弗拉齐夫人率领的布隆迪妇女代表团**

胡耀邦对两个国家的客人说，我们都是第三世界国家，第三世界国家人民相互访问、往来，这是相互信任、相互支持的一种表示，也显示了一种团结的力量。我们第三世界国家的历史命运是一样的，未来的命运也一样。我们当前的共同任务，就是团结起来，维护自己国家的独立，保卫世界和平，反对帝国主义、殖民主义、霸权主义。同时积极发展本国的民族经济，使已经取得的民族独立更好地得到物质保证。妇女在这一斗争中是一支伟大的力量。

坎卡萨夫人和厄弗拉齐夫人分别谈了她们这次访问中国取得的友好印象。她们说，中国人民正在勇敢坚决地争取进步，我们这次访问加强了相互间的友谊和了解。坎卡萨夫人和厄弗拉齐夫人分别转达了卡翁达总统和巴加扎总统对胡耀邦主席的问候。

**中共中央副主席邓小平在人民大会堂会见佛得角非洲独立党总书记 佛得角总统阿里斯蒂德斯·马里亚·佩雷拉**

邓小平说，中佛两国之间没有任何矛盾。两国领导人可以加强往来、增进了解，使两国友好合作关系不断向前发展。他还向贵宾们介绍了我国的政治经济情况。

佩雷拉说，中国是我们的友好国家。中国人民是我们最信赖的朋友。对在中国发生的一切，我们都很关心。

**中直机关机构改革配备领导班子进展顺利**

据《人民日报》报道，中共中央直属机关机构改革、配备领导班子的工作，由于领导决心大，群众路线走得比较好，老同志发挥了很好的作用，进展顺利。经过几个月的努力，已初见成效。

中共中央共有30个直属单位，这些单位的工作任务和职权范围基本清楚，但也存在着机构重叠、人浮于事的现象；各级领导班子人员过多、年龄老化的现象也比较普遍。为了改变这种状况，各单位认真按照中央关于机构改革的指示，经过定任务、定机构、定编制，局级机构减少了11%；处级机构减少了10%；总编制减少了17.3%，其中行政人员编制减少了37%。部委级的领导班子除了需要经过选举产生和一些单位正在酝酿研究外，正、副职都严格按3—5人配备，共减少15.7%，平均年龄由原来的64岁降到60岁。局级机构正、副职一般设2—3人，减少了14%，平均年龄由原来的58岁降到54岁。新选拔的中、青年干部在新配备的领导班子中，部级占13%，局级占16%。部局两级领导班子的文化水平都有了提高。人浮于事、班子老化的现象，有了初步改变，向着革命化、年轻化、知识化和专业化迈出了可喜的一步。制订精简方案、配备领导班子，对于整个机构改革来说，只是一个比较好的开端，还有大量的工作要做。

（一）切实安排好退出第一线离休退休的老干部。要按照中央关于"基本政治待遇不变，生活待遇略为从优"的原则和有关具体规定，安排照顾好这些老同志。要组织他们总结几十年来宝贵的革命经验，有些老同志如身体条件好，提倡他们经常到基层单位做些力所能及的群众工作或搞些社会调查，很好地发挥他们的作用。各单位都要结合自己的实际情况，订出周到、可行的具体办法，付诸实施。

（二）为了落实精简方案，切实提高干部政治思想、文化业务水平，以适应新形势下的工作需要，要有计划地组织干部轮训学习。各部委领导和组织部门对于这项带有战略性的措施要认真抓好，要把学习成绩作为考核干部的一项重要内容。

（三）进一步实现领导班子革命化和机关革命化，克服官僚主义，提高工作效率，加强和改善党的领导。新的领导班子都要在总结经验的基础上，认真改进工作制度、工作方法和工作作风；所有机关的工作人员都要在"三定"（定任务、定机构、定编制）的基础上，普遍建立岗位责任制，提高工作效率，提高工作质量，真正做到卓有成效地为中央和地方服务，为实现四个现代化服务，为人民群众服务。新领导班子中的中青年干部，应当深刻理解党和人民对自己所寄予的殷切期望，要注意谦虚谨慎，联系群众，不接受捧场；要坚持原则，办事公道，不徇私情；要大胆工作，勇挑重担，多做调查研究，努力钻研问题。老同志要热诚地支持和帮助中青年干部工作，搞好传、帮、带。总之，新的领导班子在工作上、党风上都要有一个新的气象，进一步加强和改善党的领导。

**中共中央任命中直机关部分领导干部**

新华社报道，中共中央最近任命了中共中央直属机关部分单位的领导干部，名单公布如下：

中央办公厅

主任　胡启立

副主任　杨德中　康一民　高登榜

中央宣传部

部长　邓力群

副部长　郁　文　王惠德　贺敬之

中央统战部

部长　杨静仁

副部长　李　贵　江　平　李　定

中央对外联络部

部长　乔　石

副部长　钱李仁　朱　良　李淑铮(女)

中央党校

校长　王　震

副校长　冯文彬

教育长　宋振庭

中央书记处研究室

主任　邓力群(兼)

副主任　林涧青　梅　行

中央书记处农村政策研究室

主任　杜润生

副主任　谢　华　刘　堪　翁永曦

中央文献研究室

主任　李　琦

副主任　龚育之

中央党史研究室

主任　胡　绳

副主任　冯文彬(兼)　华楠(兼)　李　新(兼)　廖盖隆

中央党史资料征集委员会

主任委员　冯文彬(兼)

副主任委员　童小鹏(兼)　华　楠(兼)

廖盖隆(兼)　谢筱迺　马齐彬(兼)　王明哲(兼)

人民日报社

社长　胡绩伟

总编辑　秦　川

副总编辑　李　庄　王若水　谭文瑞

红旗杂志社

总编辑　熊　复

副总编辑　王忍之　马仲扬

中央编译局

局长　宋书声

副局长　林基洲　顾锦屏　容子青(女)

**外经贸部负责人透露中国对外经济贸易取得很大进展**

这位负责人在一次会议上说，我国对外经济贸易工作遵循对外开放的方针，取得很大进展，现在需要总结经验，继续前进。

这位负责人说，今年第一季度，在机构改革的同时，我国对外经济贸易仍然保持着比较快的发展速度。按出口量来说，比去年同期增长14.9%，继续以高于国民经济发展的速度在增长。

他说，我们党提出对外开放政策三年多来，我们在对外经济贸易体制、政策上都作了一些改革和试点。在利用外资，利用外汇贷款等方面，也进行了大量的工作，取得了明显的成绩。现在需要总结经验，把我们的成绩肯定下来，继续前进；把立法、管理制度不完善的地方逐步完善起来，以期更好地执行对外开放政策，健康地发展我国对外经济贸易关系。

这位负责人指出，总的来说，现在我们国家的贸易额很小，同现代化建设发展的需要还有差距。这里有一个很重要的问题就是如何学会使用外汇，使外汇资金得以充分利用，加快周转，在国家建设中发挥更大的作用。我们使用外汇资金不仅要看到眼前，而且要看到将来；不仅要吃饭，而且要建设；不仅是维持简单再生产，而且要扩大再生产。这是当前对外经济贸易工作中非常重要的一个问题。

对外经济贸易部负责人还谈到利用外资问题。他认为，当前国际形势对我们利用外资很有利，渠道也很多，如来料加工装配、补偿贸易、外汇贷款等等。特别是低息贷款，我们应当充分利用。但是最重要的是吸收外商的直接投资，举办中外合营企业。吸引外资到中国来办企业，这不仅可以引进先进的技术设备，还可以学会先进的管理方法。我们总结经验，也要总结如何办好合营企业的经验。看哪一类的项目要多搞合营，哪一类项目可用其他形式。合营企业要立些什么法，要建立些什么制度，要解决些什么困难。如果在利用外资方面，能够总结出一些好的经验，近年内，搞出一批成功的合营企业，我们对外经济贸易工作就可以为“四化”建设作出更大的贡献。

**全国美国经济研究会第二届年会在合肥举行**

年会由全国美国经济研究会和安徽省哲学社会科学联合会经济学会主办。

年会就美国近期的经济形势和80年代的经济展望，中、美经济关系，美国国家垄断资本主义问题展开了热烈的讨论。南开大学校长滕维藻教授作了关于美国当前经济形势和科学研究活动的考察报告，许多学者对美国经济问题谈了自己的看法。大家认为，在中、美关系发展的现阶段，很需要加强对美国问题尤其是对美国经济问题的研究。

**中国和佛得角共和国文化协定在北京签字**

这项为期五年的协定规定，中、佛两国根据平等互利的原则发展两国在文化、教育、科学、卫生、体育、出版和新闻广播等方面的交流和合作。

**全国人大常委会副委员长廖承志在人民大会堂会见日中友好议员联盟名誉顾问 前会长滨野清吾一行**

**国防部部长耿飚在人民大会堂会见葡萄牙武装力量总参谋长梅洛·伊芝迪上将一行**

耿飚同贵宾们进行了友好的谈话。耿飚说，1979年中葡建交后，两国关系有了发展。今后我们要增加来往，进一步促进两国之间的了解和友谊。

伊芝迪上将说，葡中两国军方人士的互访，不仅对发展两国军队之间的友谊来说是很重要的，而且对促进两国和两国人民之间的友好合作关系也很重要。

**中国 加拿大签订交换白求恩生平文献副本议定书**

中国国家档案局和加拿大公共档案馆签订一项关于交换诺尔曼·白求恩大夫生平文献副本的议定书。

国务院副总理万里出席了议定书签字仪式。

这项议定书是中加双方本着保护和丰富白求恩大夫生平业绩文献，加强两国人民的友谊而商定的。

中国国家档案局副局长李凤楼、加拿大公共档案馆馆长史密斯博士在议定书上签字，并交换了部分文献资料。

**北京煤炭管理干部学院在北京举行建院典礼**

此学院是我国煤炭工业为培养管理干部而举办的第一所正规大学。它的任务是,通过有计划、有系统的正规教学方法,为各地煤炭企业培养既有实践经验,又有理论知识的基层煤矿的领导干部;并轮训大、中型煤炭企业的在职干部和部分专业干部,以适应煤炭工业现代化建设的需要。

学院的学生毕业后由煤炭部统一分配。

**香港书法家和画家佘雪曼作品展览在北京中国美术馆开幕**

中国美术家协会主席江丰为开幕式剪了彩。对外友协副会长林林,以及著名书法家、画家和书画爱好者300多人出席了开幕式,并观看了展出的87幅书画作品和一些书籍、画册、字帖。

佘雪曼教授是香港雪曼艺文院院长。他在几十年中研究了历代中国书法家的各种流派,创造了自己的新体“莲体”。他还擅长画莲花。

**李宏平在墨西哥举行的国际跳水邀请赛中获得男子10米跳台跳水冠军**

**中国男队获第十六届“南斯拉夫杯”国际排球邀请赛冠军**

在萨格勒布市举行的第十六届“南斯拉夫杯”国际排球邀请赛中,中国男子排球队在战胜苏联乌克兰队和匈牙利队之后,以3:0战胜曾获奥运会第六名和欧洲第三名的南斯拉夫队,从而以三战三胜的成绩获得冠军。

## 5月16日

**全国人大常委会委员长叶剑英致电祝贺拉伊夫·迪兹达雷维奇就任南斯拉夫联邦议会主席**

贺电全文如下:

贝尔格莱德南斯拉夫社会主义联邦共和国议会主席拉伊夫·迪兹达雷维奇同志:

在你就任南斯拉夫社会主义联邦共和国议会主席的时候,我谨代表中华人民共和国全国人民代表大会常务委员会并以我个人的名义向你致以最衷心的祝贺和最良好的祝愿。祝南斯拉夫人民在建设社会主义和维护世界和平的事业中取得更大成就。祝你在履行这一重要职务中取得新的成绩。

我愿借此机会表示相信,我们两国人民之间的友好合作关系将不断发展。

中华人民共和国全国人民代表大会常务委员会

委员长 叶剑英

1982年5月16日于北京

**全国人大常委会副委员长班禅额尔德尼·确吉坚赞就全民讨论宪法修改草案向新华社记者发表谈话**

班禅说,宪法修改草案交付全国各族人民讨论,是全国各族人民参与管理国家大事,行使民主政治权利的一件大喜事。他说,他在宪法修改委员会和人大常委会的会议上,以积极慎重的态度参加了这个草案的讨论,也希望全国各族人民在讨论中都能认真地提出自己的意见。

班禅说,宪法修改草案总结了历史的经验,明确指出我国社会主义的民族关系是平等、团结、互助。这符合于我国的现实情况。只有各民族间完全平等,才能形成真正的民族大团结;有了这样坚固的基础,才能实现各民族间的真诚互助,更好地完成使我们这个统一的、多民族的国家日益强盛,永远不衰的历史使命。

他说,我希望各族人民积极参加修改宪法的讨论,发扬社会主义民主,各抒己见,畅所欲言,认真提出修改意见,使我国这部新宪法更加完备起来,成为有权威、有尊严的根本大法。

**全国人大常委会副委员长习仲勋在北京会见葡萄牙武装力量总参谋长梅洛·伊芝迪上将**

**中国网球运动员在1982年香港硬地网球邀请赛中获4项冠军**

中国队选手夺得男子单打、女子单打、女子双打和男子双打(并列)全部四项冠军。

刘树华战胜泰国的梭巴特获得男子单打第一名。

女子单打和双打决赛都在中国队运动员之间进行。胡娜战胜陈娟取得女子单打第一名。胡娜和李心意配对,战胜的队友陈娟和段丽兰获得女子双打第一名。

男子双打决赛,刘树华和尤伟出战泰国的梭巴特和帕侬谷恩。双方以6:4的同样比分各胜一盘。第三盘比赛由于电力供应发生问题不得不中断,裁判决定双方并列这个项目的第一名。

## 5月17日

**中共中央副主席邓小平在北京会见日中友好议员联盟名誉顾问 前会长滨野清吾一行**

**《人民日报》发表社论《大大加强农村教育事业》**

加强农村教育事业，是一项迫切而重大的任务。党和政府对发展农村教育事业历来十分关切。党的三中全会以来，中央为此发出许多指示。最近人大常委会通过公布的宪法修改草案，赋予教育问题十分重要的地位。宪法草案规定，公民有受教育的权利和义务，国家举办并鼓励社会力量举办各种学校，扫除文盲，普及初级教育，发展中等教育、职业教育和高等教育。宪法草案的讨论、通过和实行，对于发展我国的教育特别是农村教育事业，必将发挥有力的推动作用。

我国农村教育事业，虽有很大成绩，但仍很落后。目前，大部分农村地区小学教育尚未普及。实行农业生产责任制后，有些地区没有及时解决工作中出现的新问题，以致适龄儿童入学率一度下降。成年农民中还有为数众多的文盲，扫盲工作和业余文化技术教育在不少地区尚未有效地开展起来。中等和高等农业教育，在整个教育体系中所占比例很低，同我们这个十亿人口、八亿农民的大国极不相称。农村教育这种落后状态，同现代化建设的矛盾越来越突出了。

建设社会主义物质文明与精神文明，必须在一定的文化教育基础上进行。如果不大大发展教育事业，要把我国建设成为现代化的、高度民主、高度文明的社会主义强国，不过是一种美好的愿望而已。

可惜，很多同志至今还没有解决好对教育的认识问题。有些同志嘴上说发展农业靠科学，却没有认识到发展科学靠教育。其实，农业科学技术落后，其根源就在于教育落后。教育是发展科学技术的基础。我们决不能设想不识字的人，和仅仅识字而没有受过一定农业技术教育的人，能够掌握现代农业的科学技术和科学管理知识。有些同志也想抓精神文明的建设，却不重视教育事业，而教育事业的发展规模和发展水平，恰恰是社会文明程度的一个重要标志。我们在农村建设精神文明，要做的工作很多，如加强思想政治工作，健全社会主义民主和法制，提高农民的科学文化水平等等。文盲众多，文化很低，就不可能摆脱愚昧落后状态。总之，加强农村教育事业，对于建设物质文明和精神文明，都是非常必要的。

加强农村教育事业，当前主要应抓好以下几项工作：一、坚持在农村实行普及教育的方针。适龄儿童要入小学，不要中途退学。1980年，党中央、国务院发布《关于普及小学教育若干问题的决定》，提出"在80年代，全国应基本实现普及小学教育的历史任务，有条件的地区还可以进而普及初中教育"，并规定了实现这一历史任务的政策和措施。对此，一定要保证实现。二、努力办好农民教育，广泛采取夜校、冬学等多种为农民欢迎的形式，在成年农民中扫除文盲和进行文化技术补课。三、有计划地发展农业职业教育和中等农业技术教育，包括农业中学、农业技术学校、农业中等专科学校，并在普通中学设置农业课程。四，高等院校要多为农村培养农、林、医、师范等各种专门人才。这些院校要逐步多招收农民子女入学，毕业后回到农村去。

这里着重谈谈普及小学教育问题。在农村普及小学教育，是整个农村教育事业的基础。现在农业发展很快，大多数农民和社、队收入增加，农民学文化、学科学、办教育的愿望更加迫切。这是很有利于普及小学教育，很有利于发展农村其他各种教育事业的。有些地区的教育工作已经出现了新的发展趋势。我们一定要充分认识这种有利形势，大力推进普及教育的工作。对于实行生产责任制以后普及教育工作中出现的新问题，比如，民办教师的报酬如何落实？教师的教学工作和从事农业劳动的矛盾如何解决？兴办校舍、改善办学条件的资金如何筹集？有些农民让子女从事辅助劳动，不愿送他们上学，等等，都应该深入进行调查研究，妥善加以解决。不少地区已经有了解决这些问题的成功经验。云南陆良县群众集资大规模兴建小学校舍，景谷县采取灵活多样的教学体制发展农村教育，湖北广济县实行文盲、科盲一起扫，上海崇明县竖河公社建立适应农村发展需要的教育网等等，都是加强农村教育事业的有效措施。

由于各地情况不同，采取的措施要因地制宜，但原则必须是：保证教师的收入随着农民收入的提高而有所提高；保证教师能集中精力做好教学工作，不能因从事农业劳动而受到影响；保证逐步增加对教育的投资，改善办学的条件；说服农民做到眼前利益服从长远利益，积极送子女上学，制止中途退学；对上全日制小学确有困难的一部分儿童，采取半日制、巡回制、早午晚班、送教上门等多种形式，解决他们的困难，使他们获得受教育的机会。诚然，在我们这样一个大国的农村中普及教育，需要经过一段时间、一些步骤。在经济、文化特别落后的地区，还应采取某些变通的办法。但是，首先必须确定普及教育的决心，坚持普及教育的方针。虽有困难，也不能在方针上动摇，也不能放松这方面的努力。在这个前提下，积极地找出适合当前农村情况的普及教育的措施，就能稳步前进，达到80年代在全国实现普及小学教育，有条件的地区普及初中教育这个目的。

大大加强农村教育事业，已经到时候了，已经有可能了。我们应该对此抱有信心。希望全党全社会都能为此努力奋进！

**《人民日报》发表张友渔 许崇德的文章《新宪法**

草案的基本精神》

《中华人民共和国宪法修改草案》总结了我国长期的历史经验和教训，肯定了社会主义革命和社会主义建设的成就，特别是党的十一届三中全会以来的伟大变革和国家生活民主化、国家机构体制改革等重大进展；反映了全国人民对于继续发展民主、加强法制的要求。草案在理论上清理了十年动乱遗留下来的“左”的思想影响，纠正了表现在现行宪法中的不恰当的和过时的政治理论观点。草案明确地宣告了我国社会主义现代化建设的根本任务，动员人民为实现这一伟大目标而艰苦奋斗。

坚持四项基本原则

坚持社会主义道路，坚持人民民主专政，坚持共产党的领导，坚持马列主义、毛泽东思想，是贯穿在宪法草案中的基本精神。

四项基本原则一直是我国普通立法的指导原则，现在载入宪法修改草案，提到根本法的高度，其意义非同一般。而且，草案对于这个问题的表述也至为贴切恰当。宪法序言的内容是统管全局的。把坚持四项基本原则放在草案序言中，较之把它简单地制成条文，更觉自然有力。

宪法草案在确认我国的政治制度、经济制度和其他的重要制度，规定各种有利于巩固和发展这些重要制度的条件，以及在此基础上正确处理诸如阶级关系，党派关系，民族关系，中央与地方的关系，国家、集体、个人的关系，公民的基本权利和义务的时候，都严格地遵循四项基本原则。以公民的民主权利来说，宪法草案所确认的人民群众管理国家、管理社会和其他的权利是极其广泛的。但是，人民行使这些权利的目的，是为了加强人民民主专政，建设社会主义。

促进社会主义现代化建设

宪法草案指出，中国人民今后的根本任务，是集中力量逐步把我国建设成为工业、农业、国防和科学技术现代化的，高度民主的，高度文明的社会主义国家。我国经济制度的基础是社会主义公有制，即生产资料的全民所有制和集体所有制；国家实行按劳分配的社会主义原则，不容许剥削制度的存在。在生产资料的社会主义公有制方面，土地的公有制是一项极其重要的内容。新中国成立以来，关于这一点缺乏统一的明确的法律规定。随着现代化建设的发展，工业用地与生活用地数量激增，土地问题越来越显得突出。假若这个问题不适时地予以解决，势必影响国家建设的发展和工农联盟的巩固。为此，宪法草案第一次明确地规定土地存在国家所有和集体所有两种所有制形式，规定除国家依法征用外，任何组织或个人都不得买卖和租赁土地，更不得非法侵占土地。

草案根据新的经验，确认社会主义经济组织实行民主管理、责任制和自主权；确认农村集体经济的各种形式和城镇中多种行业的多种集体经济形式；确认城乡存在的劳动者个体经济是社会主义公有制经济的补充，并规定了国家对于个体经济的基本政策，对于在中国境内的外资、中外合资经营企业的基本政策。这一系列新的规范，反映了近年来我国经济蓬勃发展的新情况。它有利于国营经济和城乡集体经济的巩固和发展，有利于加强中外经济合作，并调动各方面的积极因素，推动社会主义现代化建设。此外，草案还具体地规定了发展生产的手段和目的，同时指出改善人民的物质生活和文化生活必须在发展生产的基础上，在兼顾国家、集体、个人利益的前提下逐步地实现。这些规范对于促进我国现代化建设，具有重大的意义。

农村人民公社今后作为经济组织，仍将继续存在并发挥其作用。但是，人民公社不再同时又是政权机关了。20多年的实践表明，“政社合一”并不适宜。事实是政社合一之后，一方面由于公社集中注意力于管理生产，往往忽视了政权工作，因此不利于在农村加强人民民主专政；另一方面，又由于公社本身就是政权，容易过多地通过行政命令去管理生产和生活，助长了诸如瞎指挥、强迫命令等官僚主义的发生，不利于生产的发展。宪法草案在总结经验的基础上，及时地改变了政社合一的制度，是完全正确的。但政社分开是重大的变革，在实际做法上必须有领导、有步骤地进行，以避免因草率从事而造成损失。

社会主义现代化建设是经济、政治、文化的全面的建设。草案除经济建设外，一是强调思想道德教育，提倡爱祖国、爱人民、爱劳动、爱科学、爱社会主义；规定劳动者要以主人翁态度对待工作和劳动；规定尊重社会公德是公民的基本义务；提高公民的思想道德水平；二是强调有计划地发展教育、科学、文化事业；扫除文盲，普及初级教育、发展中等以上的教育和成人教育；培养和扩大知识分子队伍，提高全民族的文化水平；在全国推行普通话；三是健全人民代表大会制度，吸引人民直接管理国家事务和社会事务；发扬高度的社会主义民主，加强对人民群众的民主实践和民主训练。以上三个方面的实现，将大大有助于促进整个社会主义现代化建设的进行。

改善国家机关

宪法草案规定，中华人民共和国的一切权力属于人民。全国人民代表大会和它的常务委员会是代表全国人民行使国家权力的机关，改革和改善最高国家权力机关，对于民主集中制的加强具有重大的意义。

宪法草案规定，全国人大增设若干常设性的专门委员会，协助全国人大及其常务委员会开展工作；还规定,全国人大代表不仅享有立法提案权、质询权、参与决议权和人身的特别保护,而且在全国人大各种会议上的发言和表决不受法律的追究。此类新的条款表明了我国最高国家权力机关的进一步民主化。

在草案中,最高国家权力机关的最重大的改革是,全国人大常务委员会权力得到扩大。根据草案的规定,全国人大和全国人大常务委员会行使立法权。具体地说,全国人大只是修改宪法,制定和修改刑事、民事、国家机构的和其他的基本法律;除了应由全国人大制定的法律以外的其他法律,则均由全国人大常务委员会制定和修改。此外,草案还规定,在全国人大闭会期间,常务委员会对于全国人大制定的基本法律也有权作部分的修改和补充。根据草案的规定,在全国人大闭会期间,常务委员会有权审查和批准国民经济和社会发展计划、国家预算在执行过程中所必须作的部分调整方案。在全国人大闭会期间,常务委员会有权根据国务院总理的提名,决定各部部长、各委员会主任、审计长、国务院秘书长的任免。

鉴于全国人大的代表人数过多,每年只举行一次会议,会期又很短,事实上不可能经常工作;而常务委员会也是代表着各方面的,人数又比较适当,便于经常开会,而且常务委员会的成员实际上就是全国人大的常务代表。因此,扩大常务委员会的权力,把原来属于全国人大的一部分职权交由它去行使,以解决充分发挥最高国家权力机关的作用的问题,很有必要。

草案增写了主席一节。新中国成立以来,我国就有主席。它的存在长达25年之久。1975年宪法不设主席,那是在不正常的历史情况下的做法。现在重新恢复主席职位,显示了我国国家生活的正常化和政治上的稳定。中国是个大国,国际交往非常频繁,需要设主席以便代表国家从事对外活动。过去此类工作往往由国务院总理和常委会委员长负担。今后设置主席,由主席承担大量的程序性和礼仪性的工作,将有利于总理和委员长集中精力和时间,分别主持好国务院和常务委员会的工作。在对内方面也需要设置主席代表国家行使公布命令等权力。根据宪法草案的规定,主席的职权同1954年宪法相比,有了若干变化,这是从我国的实际情况出发的。

国务院在管理国家行政工作,特别是在组织和领导现代化建设事业中发挥着极其重要的作用。因此,进一步提高国务院的功能和工作效率乃是当务之急。草案改变了国务院的组成和领导体制,减少副总理人数,设国务委员,并且在一定程度上扩大了国务院的职权,这一切反映了目前正在进行的政府机构改革的成果。草案突出了总理领导国务院工作的责任,明确地规定国务院实行总理负责制。这是因为国务院作为最高国家行政机关,统一领导着各部、各委员会和地方各级人民政府的工作,全面领导着经济、文化、外交、国防等管理工作,任务繁重,工作复杂,有必要强调总理的责任,赋予他集中处理行政事务的权力。草案规定国务院有常务会议与全体会议两种形式,这表明总理负责制是同发挥集体的作用相结合着的。

草案还增写了中央军事委员会一节。按照马克思主义的观点,军队是国家政权的重要组成部分,草案明确规定,"中华人民共和国的武装力量属于人民",这是对我国军队的根本性质的表述。中央军委是全国武装力量的最高领导机关,军委主席由全国人大选举和罢免,向全国人大及其常务委员会负责。

草案规定,国家维护社会主义法制的统一和尊严,任何组织或者个人都不得有超越宪法和法律的特权;各级国家机关必须严格实行工作责任制。草案又规定,全国人大常务委员会的组成人员不担任国家行政机关、审判机关和检察机关的职务;国家主席、副主席,全国人大常务委员会委员长、副委员长,国务院总理、副总理、国务委员,中央军委主席,最高人民法院院长和最高人民检察院检察长,连续任职一律不得超过两届(10年),从而改变了我国在事实上存在的领导干部的职务终身制。草案所作的以上种种新的规定,加强了民主集中制,加强了国家机关实现人民民主专政的国家职能的效率。

巩固民族团结

我国境内除汉族外,还有50多个少数民族。各族人民世世代代劳动生息在祖国的土地上,创造了灿烂的文化;长期以来,各族人民共同战斗,推翻了三大敌人,建立了新中国,接着又继续取得了社会主义革命和社会主义建设的共同胜利。宪法草案反映了这个历史事实,肯定了"中华人民共和国是全国各民族共同缔造的统一的多民族国家"。

民族平等是民族团结的重要前提。草案重申国内各民族一律平等的原则,再次确认了各民族人民平等地管理国家事务的权利。事实上,在历届全国人大的组成中,少数民族代表所占的比重从来都较大地超过了少数民族的总人数在全国人口总数中所占的比重。根据草案的精神,这种状况今后仍将继续下去。

民族区域自治是党和国家解决国内民族问题的基本政策。它保证了国家的统一、民族的团结,保证了聚居的少数民族当家做主管理地方性事务的权利,因而是在我国具体条件下最符合各民族共同利益的重要制度。民族自治地方的自治机关不仅行使与一般的地方政权机关同等的职权,而且享有自治权。这些自治权在新宪法草案中较前扩大了:一方面,草案恢复了1954年宪法规定过的管理财政、组织公安部队、制定自治条例和单行条例的自治权；另一方面，草案又扩增了若干新的规范，诸如(1)自治区主席、自治州州长、自治县县长均应由实行区域自治的民族人员担任。(2)自治机关有根据本地方的实际情况贯彻执行国家的法律和政策的自治权。(3)自治机关在国家计划的指导下自主地管理地方性的经济建设。(4)自治机关自主地管理本地方的教育、科学、文化、卫生、体育事业。自治权的扩大，标志着民族区域自治制度的健全和发展。

新宪法草案继承并发展了1954年宪法的原则精神和主要内容，同时又吸收了后来两部宪法中可取的东西，特别是根据现实的发展，对现行宪法作了系统的修改，在正式通过之后将具有更大的稳定性。至于草案规范的严谨和文字的准确程度，亦超过了现行的宪法。当然，它目前毕竟还是草案，尚有待于广泛听取群众意见，反复修改，以便日臻完美。

**湖北省农业科学院农业测试中心在武汉举行落成仪式**

这是我国第一个现代化农业测试中心。它的建成，对改善湖北省和我国农业科研条件，加强农业科研的综合研究能力，提高农业科研水平，更好地为农业生产服务创造了条件。

测试中心已承担了国家及湖北省5个科研课题，和南方水稻、湖北省小麦区域测试及稻麦品种资源蛋白质含量的测试任务。

**外交部部长黄华在人民大会堂设宴欢迎奥地利外交部部长维利巴尔德·帕尔博**

黄华在宴会上讲话说，中奥两国都十分关心维护世界和平、维护各国独立主权与安全的事业。他说，我们双方对一些问题可能有这样或那样不同的看法，但这不妨碍我们发展互利的双边交往与合作，并在维护世界和平的事业中增进合作。

黄华说，我们两国间的友好往来在日益增多，双方正在为开拓在经济领域里新的合作途径积极努力。

帕尔外长说，奥中建交以来，两国关系一直在向前发展，各个方面的合作在不断加强。帕尔说，目前国际局势充满着紧张和各种问题，因而我们认为，不管社会制度如何不同，加强奥中两国的友谊和合作具有十分重要的意义。

**中国 联邦德国经济混合委员会会议在波恩开幕**

会议于5月17日至5月19日召开。双方一致认为，两国的经济合作和贸易具有广阔的发展前景。

中国政府经济贸易代表团团长、国务委员兼对外经济贸易部部长陈慕华和联邦经济部长兰姆斯多夫在开幕会上就两国的贸易和经济合作的现状和发展前景作了发言。

双方分析了两国经济贸易合作可以加强的有利因素，并提出了具体的建设性的意见。其中包括：加强两国地区性的合作和中小企业合作；扩大两国在第三国的劳务和销售方面的合作范围；争取早日签订两国间的促进和保护投资的协定；在两国能源和原料合作方面作出新的努力。

双方表示深信，两国的经济贸易合作将进一步得到加强，两国政府和人民之间的友好关系将进一步得到发展。

**中印官员第二轮会谈在新德里海得拉巴宫举行**

中国政府特使、代表团团长符浩在发言中肯定了去年在北京举行的第一轮会谈所取得的积极成果。他表示希望从这一良好开端继续前进。

印度代表团表示热烈欢迎中国代表团，并且也希望这一轮会谈取得积极成果。

除了边界问题外，两国有关官员开始认真研究增进文化、贸易和科学交流的途径和措施。

**中国工艺品展览会在曼谷闭幕**

由中国工艺品进出口总公司和泰国的泰华报人公益基金会联合举办的中国工艺品展览会经过1个月的展出，17日闭幕，观众达25万人次。展览会共展出1700多个品种、12000多件中国传统和创新工艺品。

**宋庆龄上海故居发现一批毛泽东 周恩来 刘少奇等领导同志的信函手稿珍贵文物**

**文化部和中国剧协在首都剧场举办首次(1980-1981年)优秀剧本评奖授奖大会**

共有72个剧本获奖，获奖名单如下：

话剧共27个，它们是：《陈毅市长》(沙叶新)；《彭大将军》(王德英、靳洪)；《北上》(李伯钊、树元、李滨、杨绍明)；《平津决战》(刘佳、王颖、胡朋、陈群)；《孙中山》(宋平、王旭)；《谁是强者》(梁秉堃)；《血，总是热的》(宗福先、贺国甫)；《灰色王国的黎明》(中杰英)；《左邻右舍》(苏叔阳)；《初春》(邹维之)；《为了幸福，干杯》(水远宪)；《分忧》(李景诚)；《张灯结彩》(宋凤仪、孟瑾)；《高粱红了》(李杰)；《赵钱孙李》(栗粟、李佩、庞家声)；《落凤台》(房纯如、杨舒慧)；《天山深处》(李斌奎、唐栋)；《战犯》(王永志、刘汉、单戈)；《金子》(田芬)；《寒丹鸟的秘密》(风眠)；《路灯下的宝贝》(王辉荃、姚明德)；《我肯嫁给他》(杨欣、洪晖)；《阿Q正传》(原著：鲁迅、编剧：陈白尘)；《秦王李世民》(颜海平);《唐太宗与魏征》(李民生、杨志平);《松赞干布》(黄志龙、次仁多吉、洛桑次仁);《詹天佑》(濮思温、刘振烝)。

戏曲共25个,它们是:《四姑娘》(魏明伦)(川剧);《八品官》(甘征文)(花鼓戏);《母与子》(吴海燕、徐根生)(淮剧);《红柳绿柳》(张彭、王其德、纪根垠)(莱芜梆子);《终身大事》(俞南道、黄光椿)(越剧);《张王李赵》(赵象焜)(吕剧);《民警家的"贼"》(刘炎、相源臻、周一仆)(评剧);《野马》(薛恩厚、刘敏庚)(评剧);《牛多喜坐轿》(陈芜)(花鼓戏);《喜事》(韦壮凡)(采调);《月难圆》(张福先、张惠文)(评剧);《桔乡情》(张林、杜青海)(花灯剧);《徐九经升官记》(郭大宇、彭志淦)(京剧);《正气歌》(马少波)(京剧);《状元与乞丐》(莆田县编剧小组整理改编　姚清水、祁宗灯执笔)(莆仙戏);《皇亲国戚》(王毅)(龙江戏);《汉宫怨》(顾锡东)(越剧);《易胆大》(魏明伦)(川剧);《点状元》(汪隆重)(川剧);《失刑斩》(刘云程)(黄梅戏);《新亭泪》(郑怀兴)(莆仙戏);《唐太宗》(陆兼之、方家骥)(昆剧);《海瑞驯"虎"》(薛德元、刘克明、杨智)(秦腔);《望夫云》(杨明等)(白剧);《三脱状元袍》(陈自强)(粤剧)。

歌剧共5个,它们是:《同心结》(田川、任萍);《艾力甫——赛乃姆》(艾力·艾则孜);《晋水咽》(寒声);《帕丽扎特》(邱祁、井频);《曼苏尔》(张宗灿)。

小话剧和小戏曲共15个,它们是:《屋外有热流》(马中骏、贾鸿源、瞿新华);《第二小组》(梁星明);《八月十五月儿明》(刘田增);《我们的连长》(陆志坚);《九华里防线》(于宪东);《这里有多好的天空》(石丹);《买电视》(马千里执笔);《老虎和熊的故事》(曹起志、赵清);《王显能》(冯延飞);《陈毅打场》(马同秀);《月照新人》(鲁子荣);《十里香》(薛傅文、刘钟、陈华);《万家富》(黄克忠);《打碗记》(姜邦彦、乐民);《包公赶驴》(王肯)。

前来大会祝贺的邓力群、朱穆之、周扬、夏衍、阳翰笙、贺敬之、周巍峙、刘白羽、张光年、李伯钊、张庚、吴雪、冯牧、马彦祥等同志向72个剧本的作者颁发了奖状。

周巍峙、阳翰笙在授奖大会上讲话。他们勉励剧作家树立新的戏剧道德观念,要成为社会主义精神文明建设的积极参加者,成为社会主义精神文明建设的忠诚赞美者,以自己的作品去鼓舞正在为实现"四化"而努力奋战的人们。

剧作者颜海平代表获奖作者表示决不辜负党和人民的希望,更深入地生活,更深沉地思索,更勤奋地写作,将更多、更好的作品,献给养育我们的人民。

**蒋彝遗作展览在北京开幕**

已故的美籍学者、国际知名画家、作家、诗人蒋彝的作品展览在中国美术馆开幕。

蒋彝遗作展览是中国美术家协会为纪念蒋彝诞辰80周年而举办的。展出的作品是蒋先生的中国画、书法作品、艺术论著、诗和儿童文学作品中的一部分。

中国美协副主席华君武主持开幕式,对外友协副会长侯桐致开幕词。全国人大常委会副委员长许德珩在讲话中说,从蒋彝的作品中可以看出他是一个很爱国的,很有志气的人。

## 5月18日

**南方畜牧工作会议在湖南城步召开**

会议由农牧渔业部主持召开。参加会议的有来自20个省、自治区、直辖市的代表,会议认为,党的十一届三中全会以来,各类畜禽产品都有较大幅度的增长,但是,供求矛盾还相当突出。

会议认为,当前最重要的是落实草山草坡使用权,发挥国家、集体、个人三者的积极性,把草山草坡管护好、建设好、利用好。有条件的地方,可以划给社员一定数量的自留山、自留坡,鼓励种草养畜,归其长期使用,但不准出卖、租赁或转让。会议强调必须切实抓好饲料、良种、防疫体系的建设和发展加工业,推广科学饲养方法,不断提高经济效益。

**国务委员兼国防部部长耿飚在人民大会堂会见朝鲜人民武装力量部副部长朴重国中将率领的朝鲜人民军友好代表团**

耿飚和朴重国在交谈中都高度评价中朝两国军队和人民在战争年代和社会主义建设时期所结成的革命友谊和战斗团结。耿飚还向朝鲜战友介绍了我国当前的政治和经济情况。

**外交部部长黄华同奥地利外长维利巴尔德·帕尔在北京举行会谈**

黄华和帕尔分别介绍了各自对亚洲形势和欧洲形势的看法,并阐述了各自国家的对外政策。双方还就当前共同关心的一些重大问题交换了看法。

## 5月19日

**中共中央主席胡耀邦在中南海会见以朝鲜劳动党中央书记许贞淑为团长的朝鲜最高人民会议友好代表团**

胡耀邦说,我们之间的关系,是互相信赖、互相依靠、互相支持的关系。胡耀邦祝愿朝鲜人民在朝鲜劳动党和金日成主席的领导下，在社会主义革命和建设中取得更大的成就。他表示相信，中朝两党、两国、两国人民之间的友谊和团结将世世代代发展下去，而且这种友谊和团结将对世界人民的进步事业发挥越来越大的作用。

许贞淑说，中国在社会主义革命和建设中战胜了很多困难和风浪，我们相信，有中国共产党的领导，中国人民建设社会主义现代化强国的努力一定能实现。她说，朝中两国人民的利害关系是一致的。这次访问使我们亲身感受到两国人民之间的友谊是非常亲切而真诚的。朝鲜人民十分珍视这种友谊，并决心为促进这种友谊继续向前发展而努力。

**国家经委负责人在工交部门企业整顿经验交流会上发表讲话**

国家经委负责人指出：当前工交部门要认真地、扎扎实实地抓好第一批重点企业的全面整顿工作。

国家经委负责人说，这批1200多个企业的产值约占预算内国营企业总产值的1/3，上交利润约占2/3，在国民经济中具有举足轻重的地位。整顿好这些企业，对提高经济效益，增加国家的财政收入，加快"四化"建设有极其重要的意义。

对于如何抓好第一批企业的整顿工作，国家经委负责人谈了六点意见：

——加强思想领导，首先明确企业整顿的指导思想，弄清楚为什么要整顿、能不能整顿好、如何进行整顿等问题。企业整顿要紧紧围绕提高经济效益来进行。要以党中央、国务院有关整顿的文件精神来统一认识，开展工作。

——企业整顿要从实际出发，抓住企业的主要矛盾，选准整顿工作的突破口。有的可以从学习首钢经验、整顿和完善经济责任制入手；有的可以从整顿领导班子入手；有的可以从经济形势教育入手；有的可以从财务检查、打击经济领域犯罪活动入手等等。还要注意把企业整顿同生产、改善经营管理、企业的调整改革等项工作结合起来，把企业的各项工作纳入企业的全面整顿中去。

——各部门都要根据各自的特点，制定"三项建设"（通过全面整顿，逐步地建设起一种又有民主、又有集中的领导体制，一支又红又专的职工队伍，一套科学文明的管理制度）和"六好企业"（三者兼顾好、产品质量好、经济效益好、劳动纪律好、文明生产好、政治工做好）的具体标准和要求。有了这些具体标准和要求，企业整顿就有了明确的目标；而且这些标准和要求也是考核企业是否整顿好的依据。

——在整顿中要注意加强企业管理，健全各项基础工作，逐步建立起一套科学的管理制度。各企业特别要注意做好原始记录、严格计量和检验、定额管理等原始基础工作，这些是提高经济效益所必须具备的条件。

——要在学习首钢和其他先进单位经验的基础上，认真总结本企业、本行业、本系统的先进经验。只有认真总结了自身的经验，才能更好地吸收外单位的先进经验，才能对外国经验作出取舍的正确判断。

——在抓好第一批企业整顿工作的同时，要注意以点带面，点面兼顾，把点上的经验迅速推广到面上去。

**国务委员薄一波在人民大会堂会见美国前财政部部长威廉·米勒**

**中日合作普查勘探鄂尔多斯盆地北部石油和天然气协议书在北京签字**

国务委员方毅会见了以日本石油公团副总裁亘理彰为团长的日本石油公团代表团并出席了签字仪式。

地质矿产部副部长夏国治和亘理彰副总裁在协议书上签字。地质矿产部长孙大光参加会见和签字仪式。

**国务委员兼国防部部长耿飚在北京会见巴基斯坦陆军副参谋长萨瓦尔·汗上将**

耿飚说，中巴两国政府、军队和人民之间有着亲密关系。两国的友好关系一直在不断向前发展。

萨瓦尔·汗上将说，中国一贯理解巴基斯坦所面临的问题，并给予积极的支持。他表示，巴基斯坦政府、军队和人民非常珍视同中国的友谊，决心为发展这一友谊继续作出努力。

双方还讨论了苏联占领阿富汗之后给这一地区所带来的严重威胁。耿飚表示，中国人民坚决支持阿富汗人民反对苏联占领军的斗争，并赞赏巴基斯坦在这个问题上所采取的立场。萨瓦尔·汗上将说，苏联侵占阿富汗，对巴基斯坦构成了直接威胁。巴基斯坦希望阿富汗人民能把这一斗争坚持到底。

**解放军总参谋长杨得志在人民大会堂设宴欢迎巴基斯坦陆军副参谋长萨瓦尔·汗上将**

杨得志在讲话中说，中巴两国人民和军队在建设和保卫自己的国家以及维护本地区和世界和平与稳定的共同事业中，一贯相互同情、相互支持、相互帮助。他说："我们之间的这种深厚友谊，经受了历史的考验，今后不管国际风云如何变幻莫测，在维护民族独立和国家主权，反对外来侵略和干涉的正义斗争中，我们坚信，这种友谊将继续经得起考验，并不断向前发展。”

萨瓦尔上将在讲话中指出，巴中友谊有利于我们这一地区的和平。他说：“巴基斯坦和中国是友好的邻邦，对相互的情况都十分关心。巴中两国人民、政府和军队之间的友谊和合作，经受了时间的考验，并随着时间的推移不断得到发展。”

**全军管理教育工作会议在北京召开**

会议于5月19至29日，由解放军总参谋部和总政治部联合召开。会议提出，全军各部队要认真做好新形势下的管理教育工作，按照条令、条例和规章制度对部队实行科学管理，推动我军的革命化、现代化、正规化建设。

会议期间，中央军委负责同志杨尚昆、耿飚、韦国清、杨得志等到会讲了话，勉励部队各级领导干部要认真研究军队建设的新情况，解决新问题，努力学习文化、科学知识，学习现代军队的管理教育方法，把我军的管理教育工作提高到一个新的水平。

会议，认真分析了全军管理教育工作的情况，总结交流了经验，研究提出了今后管理教育工作的任务和措施。会议认为，近几年来，我军的管理教育工作一年比一年好。特别是在邓小平同志提出必须把我军建设成为一支强大的现代化、正规化革命军队以后，全军普遍开展了正规化教育训练，部队建设出现了可喜的形势。

会议指出，管理教育工作是加强我军革命化、现代化、正规化建设的重要内容之一，是各项工作的基础。管理教育既是行政工作，又是政治思想工作，要管好人，管好物，首先要管好人的思想。要把严格管理同耐心说服教育结合起来，同建设精神文明结合起来，帮助干部战士树立远大的革命理想和全心全意为人民服务的思想，自觉地用革命军人的职业道德规范自己的言行，做有理想、讲道德、守纪律、有文化的革命军人。要增强干部的革命事业心，提高干部在新形势下带兵的能力。要坚持治军从严的原则，严格按照条令、条例的要求科学管理部队，建立严格的岗位责任制和正规化的工作秩序。

会上，总参、总政通令表彰了管理教育工作成绩显著的83个先进单位和30个先进个人，并向他们发了奖。

## 5月20日

**1982年第5期《瞭望》杂志刊登宪法修改委员会副主任委员彭真谈全民讨论宪法修改草案访问记**

彭真首先从宪法修改草案公布以后所收到的初步反应说起。他列举了海内外对我们这个宪法修改草案的一些具体的评论——有说是“具有划时代意义”的，有说是“里程碑”的，有说是“集一系列现行政策之大成”的，有说是“全面删除了‘文革’遗留物”的……接着，他小结了一下说：“这些反应说明，国内外的人们大都看到了，这部宪法修改草案是我们30多年奋斗成果的总结，是正反两方面经验教训的总结——没有‘文化大革命’的经验教训，这个修改草案许多条文是写不出来的。这部宪法修改草案把我们长期革命斗争的成果、长期斗争的经验集大成地巩固下来了，以根本大法的形式固定下来了。看来，我们这个宪法修改草案是可以站得住的。当然，这个草案完善不完善，要做些什么修改，还要请全国人民来讨论。”

“这个修改草案的最大特点是什么呢？”彭真同志接着说道：“那就是从中国的实际情况出发。中国960万平方公里加海域，10亿人口，各地政治、经济、文化、风俗习惯等各方面的情况很不相同，发展很不平衡。要从这个实际出发，吸收我国历史的和外国的经验教训——吸收符合我们当前实际情况、适合我国当前需要的有益的东西。”

彭真同志指出：“这个宪法修改草案从头到尾贯穿了一个根本原则：为最大多数人民的最大利益服务。我们所有的人都要为这个服务。我在人大常委会上就宪法修改草案所作的说明，讲了8个问题，都强调了这个根本原则。”

他说：“宪法主要是从当前的实际出发，同时也要照顾到将来。第一着重现实；第二面向未来。要使这部宪法能稳定一个时期，因为宪法是我们社会主义民主和法制的基础。基础是不能随便动的。因此，我们要充分考虑到宪法的稳定性。”

从为最大多数人民的最大利益出发，宪法修改草案体现了四项基本原则；规定了中国人民在新的历史时期的根本任务是集中力量进行社会主义现代化的建设；对完善社会主义的经济制度和政治制度作了许多新的规定；体现了社会主义民主和社会主义法制的高度结合；强调了切实保障少数民族的合法权利和利益；规定了建设社会主义精神文明的一系列原则……所有这些，都是为了中国最大多数人民的最大利益。

宪法的修改草案在发扬民主和完备法制这两个方面都大大前进了一步。彭真同志说：“这次的宪法修改草案发展了人民民主——注意了对公民的基本权利作出切实的、具体的规定，加强和发展了人民代表大会制度，注意了国家机构的合理分权……”

彭真同志接着指出：“这次宪法的修改就充分发扬了民主——是在党中央领导下修改的，又是大家出主意、大家来修改的，整个修改过程是党的意见和人民意见的统一。”

现在公布的宪法修改草案是广泛征求了各方面的意见，经过一年半的工作而产生出来的。

1980年9月，全国五届人大三次会议通过决议，决定成立中华人民共和国宪法修改委员会主持修改1978年的宪法。宪法修改委员会由叶剑英任主任委员，宋庆龄、彭真任副主任委员。随后，宪法修改委员会设立了秘书处，由胡乔木任秘书长。

秘书处征集了中共中央、国务院各部门、人民解放军、全国政协、各民主党派、各人民团体和各省、自治区、直辖市的意见，研究了全国人大代表们有关修改宪法的提案和人民群众修改宪法的大量建议，邀请北京和外地的法学、政治学、经济学等方面的学者和熟悉各方面工作的专家举行了10多次座谈会，研究了新中国的三部宪法及其他有关文件，也研究了旧中国的历次宪法，研究了世界各国的现行宪法和某些国家的过去的宪法。在这个基础上，秘书处着手起草宪法修改草案。

1982年2月提出的宪法修改草案讨论稿，是集中了全国各地方、各部门、各方面的意见而草拟的。这个讨论稿是经过中共中央书记处详细讨论并作过修改，然后又经政治局原则批准的。在宪法修改委员会第二次全体会议讨论、审议这个讨论稿的期间，中央各部门和军队领导机关，各省、自治区、直辖市也作了讨论，提出了很多修改意见。宪法修改委员会仔细研究了多方面的意见，对草案的讨论稿又作了大量的内容和文字上的修改，提出了草案的修改稿。修改稿经中央书记处原则批准，提交宪法修改委员会第三次全体会议审议。宪法修改委员会对修改稿的讨论是非常仔细认真的，不但是逐章逐条，而且是逐句逐字进行了推敲、斟酌的。

彭真同志向记者介绍这次修改宪法的过程，意在说明：我们党领导人民制定宪法和法律，也领导人民遵守宪法和法律。

他指出：“宪法是我国10亿人民办事的章程，全体人民都要遵守。既然要全体人民来遵守，就非得切实发扬社会主义民主、交付全民讨论不可。

“全民讨论的过程，就是全体人民反复商议的过程，也就是党和群众反复商议的过程。这决不是走走形式、走走过场。我们党的意见是不是充分集中了人民群众的意见，只有同他们商议和经过实践的检验才能知道。

“全民讨论也是统一全国人民意见的很好的形式。党和人民的意见要统一，全国人民的意见要统一，不发扬民主，不经过大家的充分讨论，怎么行呢？我们提出的四个坚持，是我国近代历史基本经验的总结，是经过实践检验的真理。它在宪法修改草案中就像一间房子的四根柱子，如果连这个都没有个一致的认识，房子怎么盖呀！在宪法修改草案里，明确写上四个坚持，这是符合我国人民的根本利益和要求的。我相信，经过全民讨论，人民群众对于这个问题的重要性的认识，一定会进一步提高。

“全民讨论也是10亿人民直接参加国家管理的一种重要形式。宪法是国家的根本法。人民参加宪法修改的讨论，就是自己参加拟定和学习掌握宪法这个法制武器，就是管理国家大事。”

“所以”，彭真同志强调说，“组织全民讨论宪法修改草案，是一件很大的事情。经过讨论和修改，宪法肯定会比现在更完备。”

**国务院决定对烟草行业实行集中统一管理**

据《经济参考》报道：国务院在批转国家计委等部门关于对计划外烟厂调整意见的报告的文件中说，对烟草行业，国家已决定实行集中统一管理。

文件说，各地要认真执行国家下达的卷烟生产计划、烟叶收购计划和烟叶、卷烟调拨计划。要以提高经济效益为中心，努力提高烟叶质量和卷烟质量，增加名牌和适销对路产品的生产，改善市场卷烟供应，满足人民需要，增加国家财政收入。对在国家计划之外办的小烟厂，要认真进行整顿，大部分要予以关、停、并、转，并做好善后处理工作。对城乡居民手工卷烟生产坚决予以取缔。

国家计委、国家经委、轻工部、财政部、人民银行在报告中，根据国务院对烟草行业实行集中统一管理的精神，提出了如下意见：

一、对地、县、市办的小烟厂，由有关省、自治区、直辖市从严审查提出个别保留名单，经烟草公司和轻工部审查批准后纳入国家计划。凡不具备条件，或上报后未经批准的小烟厂，一律立即停止生产，工商行政管理部门对已发营业执照的要予以吊销，对未发营业执照的不得登记，正在扩建的一律停止扩建施工。二、对公社和生产队办的小烟厂和城乡居民手工卷烟生产，一律予以取缔。三、对制造卷烟机械设备的企业，今后凡未经轻工业部统一安排生产的，要一律停止卷烟机械设备生产。四、关停的小烟厂的卷烟专用设备和原材料，由省轻工业厅或烟草公司，按质论价，统一调剂给计划内烟厂。五、今后原则上不建新烟厂，更不得随意办小烟厂。对违反上述规定的，要追究责任。

**国务院副总理万里在中南海会见奥地利外交部部长维利巴尔德·帕尔**

万里指出，中奥建交以来两国关系一直良好。两国的经济贸易等各个方面的合作在不断加强。他说，中国政府赞赏奥地利政府对维护和平作出的努力。中国正在积极发展经济、改善人民生活，需要一个和平的国际环境。中国奉行加强同第三世界国家团结合作、反对霸权主义、维护世界和平的对外政策。他希望中奥两国在平等互利的基础上进一步发展经济贸易技术合作。

帕尔外长说，奥中两国政治关系的发展是积极的。通过这次访问，我们相信，奥中两国友好关系不仅要继续下去，而且要得到加强。我们希望奥中两国关系更加密切起来。他谈到在北京期间同中国经济部门进行广泛接触的情况。他说，我们认为，加强两国经济合作具有积极的前景。

**全国人大常委会副委员长朱学范在人民大会堂会见以南斯拉夫社会主义青年联盟主席团成员弗拉特科·博亚杰斯基为团长的南斯拉夫社会主义青年联盟代表团**

**全国人大常委会副委员长廖承志在北京会见日中经济协会常任顾问冈崎嘉平太一行**

**解放军北京部队召开建设社会主义精神文明先进代表大会**

会议于5月20日至29日召开。中央军委领导同志杨尚昆、韦国清、杨得志到会祝贺并讲话。三总部负责人何正文、梁必业、甘渭汉、史进前、华楠、胥光义等也参加了大会。

杨尚昆在讲话中赞扬了北京部队在建设社会主义精神文明中取得的成果。他说，北京部队在不长的时间里就取得这样的成果，主要是认真执行了党中央的指示。这种认真的作风，就是过硬的作风。全军各级领导都要认真地抓好精神文明建设，一定要坚持下去，抓出成绩来。

韦国清、杨得志指出，建设高度的社会主义精神文明，是坚持四项基本原则、实现“四化”的根本保证之一，也是我们建设现代化、正规化革命军队必须坚持的坚定正确的政治方向，是一项长期的战略任务。他们希望北京部队再接再厉，不断前进，把精神文明建设提高到新的水平，培养出更多的建设精神文明先进连队和个人，为全军的精神文明建设不断提供新的经验，作出新的贡献。

会议认真总结了深入开展精神文明建设的经验。与会的1100多名代表一致认为，部队建设精神文明，关键是引导干部战士树立共产主义思想。会议强调，要着重从三个方面抓紧共产主义思想教育工作：一是要深入地进行树立共产主义信念的教育，认真组织学习马列主义、毛泽东思想；二是要切实搞好党的路线方针政策的学习，提高广大干部战士的政策观念；三是要引导干部战士在工作和生活实践中加强磨炼，抓好世界观的改造。

大会表彰了170多个先进集体和个人，给6个先进集体和个人授予荣誉称号，并树立了38个精神文明标兵。北京部队领导同志秦基伟、袁升平、傅崇碧等参加会议并讲话。

**詹天佑墓迁移仪式在北京青龙桥火车站举行**

詹天佑墓原在北京海淀区万泉庄。铁道部顾问刘建章主持仪式。他说，詹天佑先生的爱国主义精神，对工程技术刻苦钻研、精益求精的精神，值得我们很好学习。

詹天佑先生的儿子，83岁的詹文耀在仪式上讲话说，党和人民给了先父很高评价，他的荣誉属于祖国，属于人民。

出席迁墓仪式的有中共北京市委第二书记、市长焦若愚、中国科协副主席裴丽生和铁道部、北方交大、北京铁路局等方面代表。

## 5月21日

**中共中央副主席邓小平在人民大会堂会见香港知名人士霍英东和夫人**

**天津市第九届人大常委会第十八次会议任命李瑞环为天津市代市长**

**《人民日报》发表评论员文章《为儿童提供物美价廉的生活用品》**

去年年初，党中央提出，把3亿以上儿童和少年培养成为有共产主义远大理想、有道德、有知识、有体力、勤劳勇敢的一代新人，是全党全社会的共同责任。根据中央的精神，建立了全国儿童生活用品委员会，同有关部门协作，统筹规划，研究解决有关儿童食品、服装、玩具、用品等方面的问题，经过大量的工作，这方面的生产开始出现新的局面。以儿童玩具为例，去年的产值比前年增长了近26%。

我国儿童人数众多，随着职工和农民的收入逐渐增加，购买力逐渐提高，特别是因为提倡一对夫妇只生一个孩子，家长对孩子倍加喜爱，在养育儿童方面更加用心，也愿为此多花些钱。因此，市场上的儿童生活用品，就显得更加不能满足需要。如乳品、代乳品、鲜奶，仅能满足很少一部分两岁以下婴幼儿需要；小学生穿的平跟女鞋和儿童皮鞋非常短缺；启发智力、锻炼体力，培养学文化、爱科学兴趣的智力玩具、科教玩具、电子玩具很少，质量也不高，等等。总之，儿童生活用品的数量不足，款式陈旧，花色品种单调，许多产品也不符合技术和卫生标准。这种状况，既不能适应儿童的需要，也无法满足爸爸妈妈们的愿望。

儿童是国家、民族的未来和希望。陈云同志曾经说过，关心下一代、关心少年儿童，就是关心我们祖国的伟大前程。孩子们的健康成长需要有精神文明的教育，也需要有日益丰富的物品供应。大力发展儿童生活用品的生产，为儿童提供吃、穿、用、玩等方面的消费品，既是重要的经济工作，也是培养后代的社会任务。儿童生活用品，对儿童在体格、智慧、心灵、道德品行等方面的成长，起着不可估量的巨大作用。有关的部门应当重视儿童生活用品的生产和供应工作，把这项工作列入议事日程，提到应有的位置上来。要对儿童消费品的生产、供应和市场需求，进行必要的调查研究，摸清原料、税收、价格、工商利润分配、科技力量等方面存在的问题，提出有效的解决办法。

生产儿童生活用品的工厂，多数是集体所有制企业。不少企业生产条件差，生产能力不足；有的产品缺乏足够的原料；有的行业技术力量薄弱；特别是因为生产儿童用品产值较低，利润较少，甚至容易造成亏损，影响企业的生产积极性。为了尽快改变这种状况，要认真地分析研究，从原料材料、税收、价格、投资、贷款等方面采取适当的措施，给予必要的扶持，使企业能够获得合理的利润。当然，生产和经营单位也要端正重大轻小的思想，不要总想在儿童用品方面多赚钱。目前有些儿童玩具和服装质次价高，就值得注意。一定要努力改善经营管理，节约原材料，降低成本，尽可能为儿童提供更多的物美价廉的生活用品。

儿童生活用品，无论吃的、穿的、用的、玩的，都要有利于儿童智力和体格的发育。儿童玩具应向智力玩具、科教玩具、运动玩具方面发展。儿童食品要研究新的乳制品、代乳食品、辅助食品以及含有多种营养添加剂的强化食品，并要严格遵守卫生标准。儿童服装要改进设计，既要款式新颖，又要美观大方，穿着舒适方便。儿童用品的设计、制作，应该注意符合精神文明的要求，适合我们的民族特点和生活习惯，适合我国人民当前的消费水平。有些企业生产儿童服装盲目追求“洋化”，把孩子打扮得中不中、洋不洋，这种做法实在不可取。儿童生长发育快，服装鞋帽往往没有穿破用坏，就因为孩子大了需要更换，独生子女又没有弟妹接替使用。因此，在原料材料的选用上，不宜过分要求质高耐久。一般说来，目前花色新颖、品种多样的中、低档的儿童用品，仍然为广大的消费者所需要，那种认为现在生活水平提高了，只重视高档产品，忽视中、低档产品的看法是不全面的。生产部门要妥善安排高、中、低档产品的比例，做到物美价廉，这是各方面用户的共同要求。

发展儿童生活用品，工业和商业部门责无旁贷，物资、科研、财政、运输、教育等部门也要积极配合，妇联、工会、青年、艺术等群众团体都要支持和帮助。建议领导机关检查过问这件关系亿万儿童的大事。总之，要动员和组织社会上各方面的力量，为发展儿童用品伸出援助之手。现在，全国儿童生活用品委员会倡议和主办了全国儿童生活用品展销会，这是一个良好的开端，我们希望有利发展儿童生活用品的各种活动开展起来。

**国务院批转财政部《关于开展企业财务检查情况和今后意见的报告》并发出通知**

通知要求各地区、各部门加强领导，把企业财务检查工作继续抓好。对于已经查出的各种违反财经纪律的问题，都必须按照有关规定严肃处理。

通知说，开展企业财务检查，是整顿企业，严肃财经纪律，维护国家财政收入，促进企业提高经济效益，保证经济改革健康发展的一项重要措施。同时，对于端正党风党纪，反对资本主义思想腐蚀也具有重要作用。

通知指出，这次检查工作已经取得了很大成绩。但是，发展还很不平衡。通知要求，凡是没有进行自查的企业，应由企业主管部门和财政部门派人去检查。已查出的各种违反财政纪律的问题，都必须按照《财政部关于企业财务检查中处理财务问题的若干规定》严肃处理。

通知要求各地区、各部门，对检查中暴露出来的问题，要结合企业整顿，总结经验教训，加强管理，堵塞漏洞，巩固检查的成果。

财政部的报告说，据统计，截至目前，各地区、各部门查出违反财经纪律的金额达35亿元，可补交的估计有16亿元，已经入库11亿元，对平衡财政收支起了一定作用。

报告对继续搞好企业财务检查提出了6条意见：一、进一步提高对企业财务检查的认识。各地区各部门的领导同志要亲自抓，要把财务检查同整顿企业、打击经济违法犯罪活动等工作紧密结合起来，抓到底；二、搞好财务检查的复查工作；三、抓好中央企业的财务检查工作；四、对查出来的问题一定要严肃处理，该上交国家的收入要如数上交，该纠正的问题，要坚决纠正。要注意保护财会人员和揭发问题的人员，严禁打击报复；五、结合企业整顿，加强财会工作，对于确定进行整顿的企业，要把整顿财经纪律、健全财会制度、加强财会机构，作为整顿企业的一项重要内容；六、加强财政监督，抓紧建立、健全企业财务法规。

**全国物资局长会议在北京召开**

代表们一致称赞物资部门和化工部门紧密配合，对轮胎的生产、分配、销售实行计划管理和行政干预的办法好。大家认为，这个控制滞销产品盲目生产的好经验，值得推广。

轮胎历来是国家控制的重点化工产品。由于它的产值大、利润高，前些年盲目建了不少小轮胎厂。到1980年，轮胎就出现了供过于求的情况。许多生产轮胎的工厂为了推销产品，自行降价或变相降价。1980年，国家计划生产轮胎900万套，实际却生产了1146万套。物资部门和生产企业的轮胎库存量，从年初的197万套上升到年末的300万套，由于一些企业竞相降价，加上地区封锁等原因，出现了小厂挤大厂、落后挤先进的局面，一些技术和设备都比较好的大厂面临停产的威胁。同时，国家一年因此少收税金和利润6亿多元。

为了改变这种状况，1981年年初，国家计委、国家经委、财政部、国家物价总局、物资总局和化工部联合发出了《关于严格控制轮胎产量和不实行浮动价格的联合通知》，并采取了一些切实有效的措施。1981年，全国实际生产轮胎714.5万套，比1980年实际产量减少了431.5万套；生产企业和物资部门库存的轮胎也从年初的300万套下降到年末的210万套。

今年，国家物资总局和化工部决定进一步加强对轮胎的产销管理，坚持按社会需要组织生产。凡未列入国家计划而继续生产轮胎的工厂，由当地银行冻结其资金和销售收入。

**国务委员姬鹏飞在北京会见坦桑尼亚革命党代表团**

**中国农科院成功育成“吉林白水貂”**

农业科学院特产研究所经过15年的努力，培育成功一种经济价值较高的白水貂，经专家们鉴定，命名为“吉林白水貂”。

吉林白水貂属彩色貂类，适应我国北方寒冷的气候，具有体型大、耐粗饲、繁殖率高、抗病力强等优点。这种水貂全身被毛洁白均匀，毛绒丰厚美观。

**全国职工短篇小说 独幕话剧征文优秀作品发奖大会在北京举行**

倪志福、朱穆之、贺敬之、周巍峙、赵寻、李伯钊、草明、顾大椿、王崇伦、宋侃夫等同志向获奖作者颁发了奖金、证书和纪念册。

获奖的短篇小说共28篇，它们是：《一品香》（罗锐）；《道口》（孙占山）；《有来头的车间主任》（姚勋）；《不眠夜》（晋其炎）；《调动》（王云汉）；《百灵啊，百灵》（何苦）；《女车夫和爬山猴》（何筑光）；《站上有个孙猴子》（杜显骅）；《新开刃的剥皮刀》（耿书杰）；《葛梅》（王治花）；《铜山情》（魏绍根）；《鹊桥仙》（尹平）；《团长夫人》（吴明华）；《前奏曲》（赵和琪）；《我的嫂嫂》（蒋昭芒）；《露脸》（李成才、辛汝忠）；《盐滩上有个绿坨子》（唐云富）；《我和师傅》（蔡凤城）；《一个过路的人》（郭全）；《太阳石》（唐金波）；《分房》（张虎）；《大海为怀》（林礼明）；《憨妹姐》（谭良洲）；《回声》（张作寒）；《他和她的故事》（林仕谋）；《大高个杨凯》（余伯良）；《母子情》（张庆春）；《旋转的魅力》（刘锡荣）。

获奖的独幕话剧12个，它们是：《新来的经理》（于起）；《第二小组》（梁星明）；《买电视》（北京市朝阳区工人俱乐部话剧队集体创作，马千里执笔）；《桔子红了》（戴慕仁）；《风波》（吴英杰）；《风向杜鹃吹来》（高恩国、钱涂）；《婚事》（白世均）；《向往》（王学让）；《最后一次》（张力）；《春风春雨》（张杰）；《在悬崖上》（周震骅）；《马头山下》（王庆林）。

朱穆之、贺敬之、周巍峙、王崇伦在发奖大会上讲了话。他们勉励业余作者要努力反映工人阶级在物质文明和精神文明建设中的功绩，反映他们的共产主义精神和优秀品质，以自己的优秀作品来丰富工人群众的文化生活。

获奖者代表何筑光在会上表示，一定要加倍努力，不仅要搞好本职工作，而且要加紧学习马列主义、毛泽东思想，学习文艺理论和写作技巧，不断准确而又艺术地把我们的社会主义新人表现出来，把我们所处的轰轰烈烈的时代表现出来，把工人阶级的主人翁精神表现出来。

**中国羽毛球队夺得第十二届国际羽毛球锦标赛（汤姆斯杯）冠军**

中国羽毛球队在伦敦以5∶4战胜七次世界冠军获得者印度尼西亚队，夺得冠军。这是中国羽毛球队第一次参加汤姆斯杯比赛。

## 5月22日

**《人民日报》发表评论员文章《赞“百村调查”》**

近年来，在党中央、国务院领导同志的带动下，注重调查研究的传统作风，进一步得到恢复和发扬，这是非常可喜的。

原国家农委为了深入了解当前农村生产关系和经营方式变革过程中的情况和问题，组织了155个家在农村的大学生，利用寒假到家乡进行社会调查，提供了157份有事实有分析的材料。“百村调查”告诉我们：这几年农业生产确实发展了，农民生活确实提高了；同时，目前农村也确实存在不少需要解决的问题。为了保持和继续发展农村的好形势，就要切切实实做好工作，解决存在的问题。这好比做文章，党的十一届三中全会后，落实各项农村经济政策，推行农业生产责任制，调整农业内部结构，等等，在农业改革方面的第一篇文章，我们是做得好的，人民是满意的。现在的问题是，下一篇文章怎么办？看来，为了做好下一篇文章，重要的是扎扎实实继续搞好农村调查研究。

我们党历来重视调查研究，早在1941年，党中央就作了关于调查研究的决定。经过延安整风，调查研究在我们党内逐渐形成了风气，把调查研究作为认识论的组成部分，提高到世界观和方法论的高度，在干部中普遍推广。这是我们党的创举。可惜，这种实事求是的作风，在50年代后期开始的一段长时间里，逐渐被忽视了，在农业合作化基本完成以后，我们在巨大的胜利面前开始不谨慎了，不少问题没有经过认真的调查，没有经过深思熟虑，情况若明若暗，就仓促地作出了决策，结果造成了严重的失误。事实证明，当我们坚持实事求是原则，注意调查研究的时候，我们就能正确分析形势，制定比较符合客观实际和广大人民群众利益的方针、政策；相反，就会产生唯心主义，在政策上发生偏差，在工作上造成不可估量的损失。

调查研究，作为一门科学，必须有严格的科学态度和科学方法，其中最重要的一点，就是要尊重客观实际。无论是对既定政策的执行情况进行总结，还是为制定新的方针、政策、计划提供根据，都必须以充分的确凿的事实为依据。尤其要力争掌握尽可能丰富、准确的第一手材料，在这个基础上进行分析，而不能满足于已经几易其手的间接材料。“百村调查”的可贵之处，就是都经过走村串户，面对面地向农民作调查，据此写出的调查报告，质量就比较高些。

过去有些同志也搞农村调查，可是他们的调查往往不从客观存在的事实出发，而是从某个领导人的眼色出发，领导人喜爱什么就报告什么，对得上这种口径的材料就要，对不上口径的材料就不要；或者从各种“关系”出发，虽然调查了，却不敢直言真情，怕影响各方面的“关系”，只好报喜不报忧。曾经有一个相当长的时期，调查研究经常受到外界舆论和政治气候的干扰，使不少农村调查偏离了马列主义的科学轨道。例如，在合作化运动后期和人民公社化运动中，以及十年动乱中，农村体制的改革本来已经超越了客观条件的许可，由于受到生产关系决定论、主观能动性万能论的影响，还要不断搜集材料证明党内存在着所谓“右倾”。显然，这样的唯心主义的“调查研究”，必然和闭门造车一样，甚至更糟。

调查的目的只有一个，就是解决问题。怎样达到目的，可以有复杂的情况。同是调查研究，有的可以现场研究，就地拍板；有的要反复调查，积累资料，深入研究，而不能要求“立竿见影”。尤其是一些涉及全局的、长期形成的复杂问题，更要听取各方面的意见、看法，掌握充分的数据和例证；有时一件事已经调查清楚了，但涉及这件事的一些有关因素还不具备解决的条件，那么，这件事的调查材料就需要暂时积存起来，留待各种因素都调查清楚，具备解决条件时，才能解决问题。这就是说，很多事物和事物的发展过程是很复杂的，我们的调查研究必须是全面的、周密的和系统的，有时还要求进行长期的反复的调查，不能仓促作出决策。由于调查研究的不全面、不系统，过去我们吃过大亏，必须引以为戒。

一批年轻的朝气蓬勃的大学生，深入农村第一线作调查，给调查研究工作引来一股新鲜空气，这个做法好。我们期待着有更多立志献身于建设社会主义新农村的青年同志，投身到这项有意义的事业中来。

**国务院副总理姚依林在人民大会堂会见由工商部部长阿尔贝·穆甘加率领的布隆迪政府贸易代表团**

**中国出口商品展览会在墨西哥城闭幕**

中国贸易代表团已同墨西哥方面签订了价值130万美元的出口合同。

**社会各界向中国儿童少年活动中心首次赠礼仪式在北京官园举行**

全国人大常委会副委员长朱学范和有关方面负责人张友渔、荣高棠、袁晋修、王崇伦、裴丽生、王顺桐、林伯民、周鹏程、吴全衡、胡德华和各界代表、少年儿童共400多人参加了赠礼仪式。

社会各界向活动中心捐赠的礼品有邓颖超同志转赠的黑龙江省日本孤儿赴日省亲团送给她的樱花，有康克清同志转赠的日本朋友赠送的录音机、收音机、计算器，有全国妇联、总工会、团中央、文化艺术、出版、新闻、体育、大专院校、工厂等二十几个部门、单位和个人赠送的电影放映机、电影片、录像设备、科技仪器、乐器、工艺品等礼品200余件和部分图书。

中国儿童少年活动中心筹建委员会主任荣高棠首先讲话。他向社会各界关心下一代的盛情表示感谢，并深信在党中央和广大人民的支持下，活动中心的筹备会进行得更快、更好。赠礼单位代表、北京市汽车工业总公司团委副书记刘晓茂说，他们公司8000多名共青团员组织捐车活动，是想让少年儿童更多地沐浴到社会主义祖国的温暖，使他们从小树立爱祖国、爱人民的好品德，把祖国的未来建设得更美好。少先队代表沙莎告诉来宾，她代表首都少年儿童表示，要把人民的关怀铭记在心头，好好学习，天天向上，迎接未来，奔向未来，把未来建设得更幸福。

**中国男女排球队在布鲁塞尔1982年世界中学生排球锦标赛决赛中分别夺得冠军**

## 5月23日

**《人民日报》发表毛泽东同志给文艺界人士的十五封信（1939年—1949年）**

给肖三的信

（一九三九年六月十七日）

子暲同志：

（一）大作[1]看了，感觉在战斗，现在需要战斗的作品，现在的生活也全部是战斗，盼望你更多作些。

（二）高尔基晚会如无故障当来参加，惟这几天较忙一些。

（三）马，待查问一下看，这事倒不很容易。如你在边区范围内行动，那我可以拿我的马给你用一下；如往外边，就得另想法了。

敬复。

毛泽东

六月十七日

给周文的信

（一九四〇年十一月三十日）

周文同志：

群众报及《大众习作》[2]第二期都看了，你的工作是有意义有成绩的，我们都非常高兴。

《大众习作》封面写得不好，请改换一个如何？

敬礼！

毛泽东

十一月三十日

给雪苇的信

（一九四一年七月十五日）

雪苇同志：

来信及提纲[3]收读。虽然我提不出什么意见，但是赞成你写这本书。此复。致以

敬礼！

毛泽东

七月十五日

给肖军的信

（一九四一年八月二日）

肖军同志：

两次来示都阅悉，要的书已付上。我因过去同你少接触，缺乏了解，有些意见想同你说，又怕交浅言深，无益于你，反引起隔阂，故没有即说。延安有无数的坏现象，你对我说的，都值得注意，都应改正。但我劝你同时注意自己方面的某些毛病，不要绝对的看问题，要有耐心，要注意调理人我关系，要故意的强制的省察自己的弱点，方有出路，方能“安心立命”。否则天天不安心，痛苦甚大。你是极坦白豪爽的人，我觉得我同你谈得来，故提议如上。如得你同意，愿同你再谈一回。

敬问近好！

毛泽东

八月二日

给欧阳山、草明的信[4]

（一九四二年四月十三日）

欧阳山 草明 二同志：

前日我们所谈关于文艺方针诸问题，拟请代我搜集反面的意见，如有所得，祈随时赐示为盼！

毛泽东

四月十三日

给罗烽的信

（一九四二年六月十二日）

罗烽同志：

你的文章[5]读过了，今付还。

我觉得关于高尔基的一篇是好的，这篇使我读后得到很大的益处。但其余的文章，和这一篇的观点不大调和，我虽只看一遍，但觉有些是不明朗化，有些则论点似乎有毛病。我希望你用马克思主义的观点将自己的作品检查一番，对于你的前进是有益的。未知当否，请加考虑为盼！

敬礼！

毛泽东

六月十二日

给欧阳山尊、朱丹、成荫的信

（一九四二年十一月二十三日）

欧阳山尊 朱丹同志：

成荫

你们的信收到了，感谢你们！你们的剧[6]我以为是好的，延安及边区正需看反映敌后斗争生活的戏剧，希望多演一些这类的戏。

敬礼！

毛泽东

十一月二十三日

给杨绍萱、齐燕铭的信[7]

(一九四四年一月九日)

绍萱、燕铭同志:

看了你们的戏[8],你们做了很好的工作,我向你们致谢,并请代向演员同志们致谢!历史是人民创造的,但在旧戏舞台上(在一切离开人民的旧文学旧艺术上)人民却成了渣滓,由老爷太太少爷小姐们统治着舞台,这种历史的颠倒,现在由你们再颠倒过来,恢复了历史的面目,从此旧剧开了新生面,所以值得庆贺。郭沫若在历史话剧方面做了很好的工作,你们则在旧剧方面做了此种工作。你们这个开端将是旧剧革命的划时期的开端,我想到这一点就十分高兴,希望你们多编多演,蔚成风气,推向全国去!

敬礼!

毛泽东

一月九日夜

给周扬的信

(一九四四年四月二日)

周扬同志:

此篇[9]看了,写得很好。你把文艺理论上几个主要问题作了一个简明的历史叙述,借以证实我们今天的方针是正确的,这一点很有益处,对我也是上一课。只是把我那篇讲话[10]配在马、恩、列、斯……之林觉得不称,我的话是不能这样配的。此外,第十页上“艺术应该将群众的感情、思想、意志联合起来”[11],似乎不但是指创作时“集中”起来,而且是指拿这些创作到群众中去,使那些被经济的、政治的、地域的、民族的原因而分散了的(社会主义国家没有了政治原因,但其他原因仍在)“群众的感情、思想、意志”,能借文艺的传播而“联合起来”,或者列宁这话的主要意思是在这里,这就是普及工作。然后在这个基础上“把他们提高起来”。是否可以作这样解释,请再斟酌一下,或同懂俄文的同志商量一下加以酌定。其余没有意见。

敬礼!

毛泽东

四月二日

给胡乔木的信

(一九四四年五月二十七日)

乔木:

此文[12]写得很切实、生动,反映了与具体解决了年来秧歌剧的情况和问题,除报上发表外,可印成小册,可起教本的作用。最好把文尾附注移至文前,并稍为扩充几句,请与作者商酌。

毛泽东

五月二十七日

给丁玲、欧阳山的信

(一九四四年七月一日)

丁玲 欧阳山 二同志:

快要天亮了,你们的文章[13]引得我在洗澡后睡觉前一口气读完,我替中国人民庆祝,替你们两位的新写作作风庆祝!合作社会议要我讲一次话,毫无材料,不知从何讲起,除了谢谢你们的文章之外,我还想多知道一点,如果可能的话,今天下午或傍晚拟请你们来我处一叙,不知是否可以?

敬礼!

毛泽东

七月一日早

给郭沫若的信

(一九四四年十一月二十一日)

沫若兄:

大示读悉。奖饰过分,十分不敢当;但当努力学习,以副故人期望。武昌分手后,成天在工作堆里,没有读书钻研机会,故对于你的成就,觉得羡慕。你的《甲申三百年祭》,我们把它当作整风文件看待。小胜即骄傲,大胜更骄傲,一次又一次吃亏,如何避免此种毛病,实在值得注意。倘能经过大手笔写一篇太平军经验,会是很有益的;但不敢作正式提议,恐怕太累你。最近看了《反正前后》[14],和我那时在湖南经历的,几乎一模一样,不成熟的资产阶级革命,那样的结局是不可避免的。此次抗日战争应该是成熟了的罢,国际条件是很好的,国内靠我们努力。我虽然兢兢业业,生怕出岔子,但说不定岔子从什么地方跑来;你看到了什么错误缺点,希望随时示知。你的史论、史剧有大益于中国人民,只嫌其少,不嫌其多,精神决不会白费的,希望继续努力。恩来同志到后,此间近情当已获悉,兹不一一。我们大家都想和你见面,不知有此机会否!

谨祝

健康、愉快与精神焕发!

毛泽东上

一九四四年十一月二十一日,于延安。

给肖三的信

(一九四五年二月二十二日)

肖三同志:

你的《第一步》[15],写得很好。你的态度,大不同于初到延安那几年了,文章诚实,恳切,生动有力。当然,从前你的文章也是好的,但是现在更好了,我读这些文章,很得益处。

为着使延安文艺工作同志们多参加群众性的集会,须关照高岗、贾拓夫、谭政、罗迈、李富春、彭真几位同志,遇有这类会议不要忘记组织文艺同志们去参加。此事请你访他们去谈谈,我有机会也将告诉他们。今年全边区性的大会少开，但地方性的，延市、延安县和延属分区的，必有许多，同县、市、分区的负责同志及宣传部讲通此事，也很必要，可否也请你去谈一下？

同志的敬礼！

毛泽东

二月二十二日

给柳亚子的信

（一九四五年十月四日）

亚子先生吾兄道席：

诗及大示诵悉，深感勤勤恳恳诲人不倦之意。柳夫人清恙有起色否？处此严重情况，只有亲属能理解其痛苦，因而引起自己的痛苦，自非“气短”之说所可解释。时局方面，承询各项，目前均未至具体解决时期。报上云云，大都不足置信。前曾奉告二语：前途是光明的，道路是曲折的。吾辈多从曲折（即困难）二字着想，庶几反映了现实，免至失望时发生许多苦恼。而困难之克服，决不是那么容易的事情。此点深望先生引为同调。有些可谈的，容后面告，此处不复一一。先生诗慨当以慷，卑视陆游陈亮，读之使人感发兴起。可惜我只能读，不能做。但是万千读者中多我一个读者，也不算辱没先生，我又引以自豪了。敬颂

兴居安吉！

毛泽东

十月四日

给沈雁冰的信

（一九四九年九月二十三日）

雁冰兄：

示悉。写了一句话[16]，作为题词，未知可用否？封面宜由兄写，或请沫若兄写，不宜要我写。

毛泽东

九月二十三日

注释：

〔1〕指肖三写的一本诗稿。其中一部分诗后来收入1952年人民文学出版社出版的他的《和平之路》诗集以及1960年人民文学出版社和1981年湖南人民出版社出版的《肖三诗选》。

〔2〕群众报，即《边区群众报》，是面向工农群众的报纸。《大众习作》，主要是帮助通讯员和初学写作者提高写作能力的刊物。它们是延安大众读物社先后于1940年3月和8月创办的。周文当时是大众读物社负责人。

〔3〕提纲，指雪苇写的中国新文学史讲授提纲。作者原拟按这个提纲写一本中国新文学史，后来缩写为他的《论文学的工农兵方向》一书的首章（《新文学的历史说明什么》）。该书于1948年5月在大连光华书店出版。

〔4〕毛泽东在同一天还给文艺界其他同志如肖军、罗烽写了同样内容的信。4月17日，毛泽东又给欧阳山、草明写信说：“如果你们在搜集材料，那很好，正反两面都盼搜集，最好能给我一个简明的说明书”。

〔5〕指罗烽1941年3月到延安后写的几篇文章。其中《高尔基论艺术与思想》一文，发表在1941年7月1日延安《文艺月报》第七期上。

〔6〕指成荫等创作的反映敌后斗争生活的《晋察冀的乡村》《荒村之夜》《虎列拉》《自家人认自家人》《求雨》等剧。1942年冬，八路军一二〇师战斗剧社在延安演出过这些剧。欧阳山尊、朱丹（后改名为朱丹西）、成荫当时是该剧社负责人。

〔7〕此信曾在1967年5月25日《人民日报》上发表过，信中“郭沫若在历史话剧方面做了很好的工作，你们则在旧剧方面做了此种工作”一句被删掉。这次全文发表。

〔8〕指由杨绍萱、齐燕铭编导，延安中央党校演出的京剧（当时称为平剧）《逼上梁山》。

〔9〕指周扬为他编的《马克思主义与文艺》一书写的序言，后来发表在1944年4月8日延安《解放日报》上。《马克思主义与文艺》一书，选辑了马克思、恩格斯、普列汉诺夫、列宁、斯大林、高尔基、鲁迅及毛泽东关于文艺的论述。

〔10〕指毛泽东《在延安文艺座谈会上的讲话》。

〔11〕见蔡特金写的列宁回忆录。在1944年周扬为《马克思主义与文艺》写的编者序言中，有关列宁这句话的那段译文是：“艺术是属于人民的。它的最深的根源，应该是出自广大劳动群众的最底层。它应该是为这些群众所了解和为他们所挚爱的。它应该将这些群众的感情、思想和意志联合起来，并把他们提高起来。”在1957年人民出版社出版的蔡特金《回忆列宁》中，这段译文改为：“艺术是属于人民的。它必须在广大劳动群众的底层有其最深厚的根基。它必须为这些群众所了解和爱好。它必须结合这些群众的感情、思想和意志，并提高它们。”

〔12〕指艾青写的《秧歌剧的形式》一文，后来发表在1944年6月28日延安《解放日报》上。

〔13〕指丁玲写的《田保霖》和欧阳山写的《活在新社会里》两篇文章，发表在1944年6月30日延安《解放日报》上。文章介绍了陕甘宁边区合作社工作中的两个模范人物。

〔14〕《反正前后》是郭沫若1929年写的反映自己1910年至1911年生活经历的作品，1929年8月由上海现代书局出版。后收入1947年上海海燕书店出版的《少年时代》（《沫若自传》第一卷），1958年又收入人民文学出版社出版的《沫若文集》第六卷。

〔15〕《第一步》是1944年冬肖三参加陕甘宁边区参议会及劳模大会后写的一篇文章，主要是谈文艺工作者深入工农兵的问题，发表在1945年2月20日延安《解放日报》上。

〔16〕指毛泽东为《人民文学》创刊所写的题词："希望有更多好作品出世"。

**《人民日报》发表评论员文章《坚持和发展毛泽东文艺思想》**

毛泽东同志的《在延安文艺座谈会上的讲话》发表已经40周年了。文艺界的同志正怀着亲切的感情，重新学习和认真研究这一重要著作以及整个毛泽东文艺思想。这对于促进社会主义新时期文艺事业的更大繁荣，具有重要的现实意义。

毛泽东同志生前一直热情关注革命文艺事业。民主革命时期，他写了《新民主主义论》《在延安文艺座谈会上的讲话》等著作，总结了"五四"以来新文化运动的经验，规定了新文化的民族的、科学的、大众的性质，指明了文艺为人民群众、首先是为工农兵服务的方向，阐述了文艺工作者和新时代的群众相结合的光辉思想。新中国成立以来，他陆续写下《同音乐工作者的谈话》《关于正确处理人民内部矛盾的问题》等著作，提出了"百花齐放、百家争鸣"，"古为今用、洋为中用"、"推陈出新"等正确方针，发展了《讲话》所提出的思想。毛泽东同志的文艺论著和他的其他论著一样，不能不受到一定的历史局限，特别是在晚年，他也发表过某些不正确、有偏颇的文艺见解，但他整个文艺思想的基本精神是正确的。毛泽东同志的文艺思想哺育了我国几代的革命文艺工作者，照亮了我国革命文艺的前进航程，指导了我国数十年来的革命文艺运动。它不但在历史上起过巨大的作用，在今天也仍然是我们文艺工作的指针。

粉碎"四人帮"后，特别是党的十一届三中全会以来，在党中央的领导下，各条战线正本清源、拨乱反正，批判了极"左"思潮，恢复了马列主义的本来面目。毛泽东文艺思想的科学原理也在文艺领域里得到了恢复和发展，文艺战线出现了令人鼓舞的新局面。文艺工作者面向生活，面向人民，倾听人民的呼声，反映人民的愿望，创作了大量表现党和人民的斗争历程、充满时代精神、富有艺术感染力的文艺作品。文艺和人民群众的联系更加密切了，"双百"方针真正得到贯彻执行，革命现实主义的传统日益得到恢复和发展。正如党的十一届六中全会所指出的："三中全会以来，毛泽东思想的科学原理和党的正确政策在新的条件下得到了恢复和发展，党和国家的各项工作重新蒸蒸日上。"这是我们首先应当看到的主流。同时也要看到，对待毛泽东文艺思想，也存在着某些不正确的态度。少数同志对毛泽东文艺思想的基本精神产生怀疑，甚至把种种文艺领域的极"左"现象不公正地归咎于毛泽东文艺思想，归咎于《在延安文艺座谈会上的讲话》，以致走向否定毛泽东文艺思想。文艺领域资产阶级"自由化"思潮和"商品化"倾向的产生，原因是多方面的，但和背离马克思主义的世界观、文艺观也有密切的联系。某些文艺创作的脱离生活、脱离群众、胡编臆造、热衷于单纯的自我表现，则远远离开了毛泽东文艺思想的科学原则。另一方面，有些同志仍然对毛泽东同志的文艺言论采取句句照办、不准发展的态度，甚至仍然坚持某些已被实践证明是不够确切的论断。与此相联系，则表现为文艺创作中的公式化、概念化、无冲突论。上述现象虽然不是主流，也要引起我们足够的重视。

如何正确对待《讲话》和整个毛泽东文艺思想，是思想理论建设中一个重要原则问题。党的十一届六中全会通过的《关于建国以来党的若干历史问题的决议》指出："我们必须继续坚持毛泽东思想，认真学习和运用它的立场、观点和方法来研究实践中出现的新情况，解决新问题。"这是对待毛泽东思想(包括《讲话》)所应持有的正确态度。毛泽东文艺思想是科学，我们应当采取科学的态度去对待它。所谓科学的态度，就是实事求是，就是理论密切联系实际，也就是说，既要坚持，又要发展。不坚持它的科学原理，就会走到邪路上去；不根据新的历史条件去发展它，也就不可能在新的历史条件下坚持它。我们要把对毛泽东文艺思想的"左"倾的曲解和毛泽东文艺思想的本来面目区别开来，把毛泽东文艺思想的科学原理同毛泽东同志文艺言论中的个别偏颇之见区别开来，坚持它的基本精神，克服和修正个别不够科学的提法、结论。我们要运用毛泽东文艺思想来指导当前的文艺实践，总结文艺史上丰富的经验，研究当前的新情况，回答当前所面临的各种新问题，使马克思主义的文艺理论和社会主义的文艺实践不断得到发展。马克思主义就是不断发展的，毛泽东文艺思想也是不断发展的。"双百"方针的提出，就是毛泽东文艺思想在社会主义阶段的重大发展。三中全会以来，党中央调整了文艺政策，提出"为人民服务、为社会主义服务"的文艺工作总口号，总结贯彻"双百"方针的历史经验，重新贯彻执行这一方针，这也是对毛泽东文艺思想的发展。毛泽东同志说："马克思主义一定要向前发展，要随着实践的发展而发展，不能停滞不前。停止了，老是那么一套，它就没有生命了。但是，马克思主义的基本原则又是不能违背的，违背了就要犯错误。"(《毛泽东选集》第5卷，第417页)否定毛泽东文艺思想的科学原则，否定它的根本精神，拒绝它对当前文艺实践的指导，这是错误的。句句照办，采取教条主义的态度去对待它，也是错误的。

毛泽东同志十分强调文艺工作者深入群众的斗争生活，和新时代的群众相结合，认为这是繁荣革命文艺创作的一条必由之路。今天，我们应当在新的历史条件下把这个精神发扬光大。粉碎“四人帮”以来，我们的文艺创作出现了初步的繁荣，原因在哪里呢？很重要的一条，就是文艺家和群众的关系更密切了。十年内乱中，林彪、“四人帮”把大批文艺工作者赶到最艰苦的底层去，这从一定意义上讲，是坏事变好事。许多作家艺术家和群众同甘苦、共命运，正是在这个基础上，粉碎“四人帮”之后，他们写出许多饱含生活气息，倾吐人民心声的佳作。近几年来，不少作家保持了密切联系群众的优良传统，但是要看到，也有一些同志与群众的联系却淡薄了，一旦成为专业作家之后，就不再注意深入生活、深入群众了。有些人靠主观编造敷衍成篇，少数人甚至热衷于单纯的自我表现，不承认人民的斗争生活是文艺最广阔最丰富的源泉。针对这种状况，端正对于深入生活的认识，认真地实践文艺工作者的深入生活，是很重要、很迫切的。作家投身到群众的斗争生活中去，既是个积累创作素材的过程，也是个改造主观世界的过程。我们不赞成在今天对大多数文艺工作者普遍实行那种“脱胎换骨”、彻底“转变立场”式的“思想改造”，那样做是否定多年来文艺队伍的进步和变化。但是，这不等于说，我们可以放弃对文艺工作者改造主观世界的要求。人人都要在改造客观世界中不断地改造主观世界，思想改造就是要使主观不断地符合客观，不断地随着时代的前进而向前发展。“人民是文艺工作者的母亲”，我们一刻也不能忘记这一点。文艺家应当永远和群众在思想感情上息息相通，永远做群众忠实的代言人，努力站在人民大众和无产阶级的立场上来观察和表现生活，真实地、历史地揭示生活中的矛盾冲突，塑造社会主义新人，歌颂人民群众献身于社会主义现代化事业的斗争业绩，批判那些阻碍社会主义现代化前进的形形色色的旧思想、旧习惯、旧势力，抵制资产阶级思想的腐蚀，用共产主义思想教育人，鼓舞人。而要做到这一点，文艺工作者必须在深入生活的同时，努力学习马列主义、毛泽东思想，学习社会，不断地改造自己的主观世界。

毛泽东同志强调“百花齐放、百家争鸣”是发展社会主义文艺的长期、基本的方针。今天，我们应当在新的历史条件下更好地应用和贯彻这一方针。十年内乱留下的后遗症，对外开放带来的许多新情况，使我们在贯彻这一方针的时候不能不遇到种种复杂的新问题。不管情况多么错综复杂，我们一定要坚定不移地贯彻执行这一方针。“百花齐放、百家争鸣”是要在竞赛和斗争中发展社会主义文艺。如果在放的过程中取消马克思主义的指导，取消必要的思想斗争，认为贯彻这一方针就是一放了之，把这一方针等同于放任自流，这就要犯右的错误，就要使那些资产阶级自由化的东西泛滥起来；如果因为出现了错误的东西就不敢坚持这一方针，就怀疑这一方针的正确性，如果采取简单粗暴的办法来进行思想斗争，依靠强制性的手段来解决纯属精神领域的问题，这就要重犯“左”的错误。贯彻“双百”方针，一定要继续解放思想，保障两个自由，艺术上的自由创造和学术上的自由争论。有批评的自由，也有反批评的自由。批评和斗争是“双百”方针的应有之义，不能把正常的批评和简单粗暴等同起来。三中全会以来，我们重新贯彻“双百”方针，已经收到显著的成效，后果主要是积极的。由于对这一方针还存在着某种不正确的理解，由于我们还不能完全适应新的历史情况，在贯彻这一方针中也出现过这样那样的问题。现在需要进一步总结经验，学会在新的历史情况下更好地贯彻执行这一方针。毛泽东同志说，贯彻“双百”方针不是会削弱，而是能够加强马克思主义在思想文化领域的领导地位。我们一定要坚信这一点。

今天，我们面临着和《讲话》发表的时候很不相同的历史条件，新的历史情况向文艺工作提出种种新问题。《讲话》发表40年以来，文艺工作经受了种种考验，积累了丰富的正反两个方面的经验。我们需要应用马克思列宁主义、毛泽东思想的立场、观点、方法，来总结丰富的历史经验，研究新情况，回答现实生活中提出的种种新问题。我们不能仅仅局限于宣传解释毛泽东文艺思想。要坚持毛泽东文艺思想，也要发展毛泽东文艺思想。建设高度的精神文明，要求文艺理论有一个大的发展。理论工作只有科学地回答了文艺实践中提出的新问题，才能真正肩负起指导文艺实践的历史使命。

**《人民日报》发表陈云文章《关于党的文艺工作者的两个倾向问题》并配发中宣部按语**

中共中央宣传部按：最近我国文艺界正在纪念延安文艺座谈会40周年，经中央书记处批准，并征得陈云同志的同意，现将陈云同志1943年3月的一篇讲话全文发表。

陈云同志在这篇讲话中，提出了一个十分重要的原则问题：党的文艺工作者，应该首先把自己看成是一个普通党员，而不应该首先把自己看成是一个文化人。既然是共产党的一分子，就必须不断提高共产主义觉悟，增强党性，端正作风，严守党纪，准确、完善地执行党的路线、方针、政策。现在我们党的文艺工作者，绝大多数是符合或基本符合上述要求的。但也有极少数人，党性很差。个别党员作家，甚至沾染邪气，不像一个共产党员。把自己改造、提高成为一个真正符合党员标准的文艺工作者，这是全体从事文艺工作的党员当前和长远的根本任务。我们希望，通过学习，通过批评和自我批评，使所有党的文艺工作者，增强党性，去掉邪气。我们也希望所有非党的文艺工作者，学鲁迅的榜样，把自己锻炼成为共产主义的坚强战士。我们党的和非党的文艺工作者只要这样做了，那么，我国社会主义文艺事业的兴旺就得到了基本的保障。

同志们！现在大家要下去做工作，我来讲几句话送行。我们党的文艺工作者，在十几年来做了很多很好的工作，对于中国革命和中国文化，有了很重大的贡献。这是不能够否认，也不应该否认的。但是我今天不打算讲这方面的事情，我想讲讲我们做文艺工作的同志们中的两个倾向，或者说两个缺点，请同志们考虑一下讲得是否对。两个什么缺点呢？一个是特殊，一个是自大。这两样东西我看都是不好的，都是应该去掉的。从积极方面说，也就是希望大家不要特殊，不要自大。

先讲不要特殊。在我们做文艺工作的同志里面，或者说宽些，在我们做文化工作的同志里面，有没有人感觉我是一个文化人，和旁的党员不能相比，对党的关系也要与众不同呢？我看这种人是有的，不但他们自以为特殊，旁的同志也把他们当作是特殊。这种现象，应不应该在党内存在？为要答复这个问题，先得弄清楚文化人是以什么资格做党员的。可以有两种看法：第一种是，基本上是文化人，附带是党员。这种党员是以文化人资格入党，而不是以千千万万普通党员中一分子的资格入党的。第二种是，基本上是党员，文化工作只是党内的分工。也许还有第三种，文化人和党员各半。不过，这只是过渡形式，是一定要向第一种看法或第二种看法发展的。党对这两种看法的态度怎么样？毫无疑问，党是要求确立第二种看法，反对第一种看法的。因为只有这样党才能成为统一的、无产阶级的、战斗的党，要是不然，你以文化人资格入党，我以军人资格入党，他又以农民资格入党，党就成了什么样子呢？党就不成其为党，成了"各界联合会"。这是一个原则争论，原则区别。党是不是像共产党？党员是不是像共产党员？原则区别就在这里。可否来一个妥协？妥协就是帮助"各界联合会"的成立。所以，妥协的路是没有的。

那么，党员中间是不是还有分别？有分别。分工就是分别，但是分工并不能作为特殊化的根据。在我们中国共产党的五十三条党章里面，一条也没有讲起党员分工以后怎么样，党员就都是党员。要说分工，个个党员都分了工，我们党内就没有一个不担任任何具体工作的"单纯党员"。是不是文化工作比别的工作高一等？这是"天子重英豪，文章教尔曹，万般皆下品，唯有读书高"的士大夫观点，而不是我们的观点。我们认为凡是对群众、对革命有必要的工作，都同样有价值，做好了都同样有功劳。一定要问什么工作最必要，那么，只有说劳动最必要。这才合乎历史的实际。而劳动者恰恰就没有向党向社会要求过什么特殊化。如果一定要求特殊，这个要求是前进的还是后退的？这是后退的要求，这是要使先锋队的党员向党外老百姓看齐，使党向"各界联合会"看齐。我希望我们所有的同志，都不要有这种落后的要求。

同志们或者还要问，那么党为什么又说要照顾做文化工作的同志呢？我想，这不外是两个用意：一个是因为分工的特点。每种分工都有它的特点，用做文化工作的方法去做军事工作不行，用做军事工作的方法去做文化工作也不行。文化工作中个人活动要多一点，这在列宁的《党的组织与党的文学》里面说得很好，如果不照顾到这一点是错的。还有一个用意是因为一部分文化工作同志现在存在着弱点。做文化工作的同志们过去大都是分散工作，受党的教育比较少，和工农兵的结合也很差，因此在思想意识上不免产生一些弱点。在这种意义上，我们要人家长期照顾，到处对人家讲，我有缺点你们要照顾呀！这就并不漂亮了。这是我要说的关于不要特殊的第一层。

这一层弄清楚了，接着就好解决两个问题。

第一个问题是，要不要遵守纪律？这个问题在大多数党员是容易解决的；在文化工作的同志中，过去就曾有过一些麻烦。但是如果我们的党员不是请客似的请来帮忙的，——这种客是请不得的，请来也是越帮越忙的，——那么，就要毫无例外地实行我们的党章第四十四条："严格的遵守党的纪律为所有党员及各级党部之最高责任"。可否不要纪律呢？如果不要也可以，那就是毛主席讲的六个字："亡党亡国亡头"，就一定不可避免。我们的党是一个战斗的党，我们在斗争中依靠的武器，唯一的就是纪律。你说机关枪也是我们的武器，但是我们的机关枪又是哪里来的？是由有纪律的党领导群众斗争得来的。并且越是有了机关枪，就愈要依靠纪律。一连人作战的时候，我要向这里冲，你要向那里冲，大家都不听连长的指挥，怎么能不打败仗呢？如果我们的党没有纪律，大家争论没有一个止境，我们怎么能有政治上组织上行动上的一致，怎么能不亡党亡国亡头呢！纪律有没有束缚性？我们的纪律基本上是自觉执行的，但是假如有一回有一个党员偏不自觉，那怎么办？那就得来一点束缚。是不是这一下就把我们的天才束缚住了？我说不会。我们的纪律只束缚那些非无产阶级的妨害革命的东西，就像游泳术对于游泳的人只束缚他不要淹死一样。真正的游泳家在水里是自由的，真正的革命家，在有纪律的革命工作中，也是自由的。如果我们一定要革命，又一定要施展一些妨害革命的"天才"，那么对不起，就得束缚一些；如果不是这样，就决不会感到这是束缚。马克思、恩格斯、列宁、斯大林以及毛泽东同志，这些人我们都承认有天才，但是他们都是遵守纪律的模范。所以同志们对于这一条完全可以放心。

同志们过去对于纪律生活既然不很习惯，现在又要到前方到乡下去工作，那么，在遵守纪律的问题上有什么是需要特别注意的呢？我以为要特别注意真心的遵守和具体的遵守。所谓真心的遵守，就是要心口一致，言行一致。口头上说要遵守纪律并不难，我们要求的是会场上这样说，散了会私下里也是这样说，不但这样说，而且这样做。所谓具体的遵守，就是要在各种具体的情形下面来遵守。我们说要服从真理，服从革命，赞成的人一定是很多的；说要服从无产阶级，服从共产党，赞成的人也不少；再说要服从党中央，服从毛主席，这也还比较容易；但是说要服从支部，服从直接的上级，这就发生了困难。为什么？因为这种人只能抽象的遵守纪律，不能具体的遵守纪律。具体的遵守纪律，就一定要服从支部，服从直接的上级，即使上级的人比你弱，你也一定要服从。做不到这一步，我们的党就要垮台，因为假如谁都是觉得自己的本领强，自己的意见对，没有一个约束，结果就谁都服从自己，不服从别人，而党的统一就完全没有可能了。

第二个问题，文化工作同志要不要学习马克思列宁主义，学习实际的政治？这个问题对大多数党员是不成问题的。做社会科学工作的同志，在纠正了教条主义倾向以后，一般也不成问题。而做文艺工作的同志中间，就一直有些不同的议论。有的说，做文艺工作可以不学这两项。有的说，学了反而妨碍文艺。也有的并不发议论，就是不学。但是我们的文艺工作，不是叫作革命的文艺工作吗？要判断我们的文艺工作究竟是不是革命的，合不合群众的需要，除了学习革命的理论和革命的实际，还有什么旁的办法？严格地说，任何文艺工作都是脱离不了政治的。譬如怎么写光明写黑暗的问题，就是一个政治性质的问题，也是文艺上的一个重要问题。不把这一类问题搞通，我们写出来的作品怎么能代表一个时代，怎么能代表这个时代的群众？这个道理，毛主席在去年文艺座谈会上曾经详细说过，我现在不多重复。我只补充一点，就是学习政治不但于作品有好处，于作家为人也有好处。政治可以使我们放开眼界，放大胸襟，可以使我们去一些小气，少一些伤感。我们有些同志，一高兴就是灵感，一不高兴就是伤感，这叫作感情用事。这样，事情固然搞不好，自己也很吃亏。我们是干人类解放的大事业的人，就算二十岁加入共产党，活到六十岁不过四十年，还要为一点小事情烦恼，不是太划不来了吗？现在同志们到实际工作里面去，这一点，关系更大。为要把工作做好，为要和一起工作的同志团结得好，都需要大家努力注意学习政治。

以上是讲不要特殊。现在再讲不要自大。这与前面讲的问题是有联系的。所以要特殊，就因为自大，要反对特殊，就要进一步反对自大。我不是说文艺工作同志都自大，但是确有一部分同志有这个毛病。毛病是从两处来的，一是对整个文艺工作有了不合事实的估计，一是对个人成就、才能有了不合事实的估计。这里要分别研究一下。

有些同志觉得自己过去写过很多文章，画过很多画，作过很多曲，演过很多戏，因此很值得骄傲一番。这是不是值得骄傲？我说丝毫值不得骄傲。如果做文艺工作是一个人的分工，那么他这门工作做得好，是他尽了分内应尽的责任，做得不好，就是失职，就是不及格。文艺工作的内容，无非是群众的生活和斗争，这些事情本身都是旁人做的，作家不过是将它们用文艺的形式表现出来，要是旁人不做，作家也就没有什么可表现。为什么表现实际，硬比实际做得更值得骄傲呢？而且天下的事情真是多得很，大得很，譬如革命，就是要使全人类翻一个身的大事，文艺家就是能把这件大事完全表现出来，他对于人类历史的作用也还是不能和革命本身相提并论，何况文艺家所表现的又只是很小的一部分。有些同志又觉得自己有许多读者，有许多群众，因此值得骄傲。这个想法适当不适当？我看也可以考虑。群众为什么欢迎一个作家？主要是因为他的作品能够反映他们的感情，所以一个革命的作家，一个和革命群众在一起的作家，自然就能够得到革命群众的欢迎。如果有人把这种关系绝对化，以为自己无论拿出什么作品来总是会有群众的，这就是一个很大的误解。不要说一个和群众走反对方向的作家，就是走同一方向，但是自己走慢了，落到群众后面去了，也会被群众所遗忘的。并且我们还要计算一下，现在我们多数文艺工作同志究竟有多少群众？应该承认，我们的读者还只是群众里的一个很小的部分，离开与广大群众相结合这一步还远得很。在这个时候就忙着骄傲自己有群众，这就更加有害了。

我们不要把文艺的地位一般的估计过高，同时对个人在文艺上的地位更不要估计过高。我们的文艺工作同志，是否都能很客观的估计自己呢？我看有些同志不见得能够如此。我们有些同志喜欢做"家"，人家恭维他们是“家”,他们不推,人家不恭维,还要急于抢着自称为“家”,久而久之,也就弄假成真起来,俨然有了个架子。这个架子是很不妙的,这是一个“包袱”,一个负担,背着它就不好往前进。我们的这些同志忽略了一个简单的真理:“小菜煮在锅里,味道闻在外面”。一个人的成就,要靠群众的判断和历史的考验,不是靠自称的。我们要口称不如上秤称,看自己的知识够了没有?没有呢!我们的年纪还轻,知识还少得很呢!我们名为共产党员,但是对于党的知识就不多。工人工作是怎样一回事,农民搞土地革命、搞农业生产是怎样一回事,现在八路军、新四军打仗又是怎样一回事,许多人都不十分了解。不但革命的知识,就是社会的知识也很少。我们同志有住在上海的,是不是知道上海呢?大家知道上海有交易所,但是证券交易所也好,纱布交易所也好,究竟是个什么情形,知道的人就少了。我听说茅盾写《子夜》,就跑了好久的交易所。但是许多同志不但不知道什么是交易所,就连在上海吃的大米是哪里来的,拉的大便是哪里去的,住了七八年都不知道。所以我们的知识实在是很少的。同志们现在都很年轻,知识少,不能成“家”,这不奇怪,不可怕,可怕的就是现在不学习,不深入群众,自以为差不多,到了四五十岁以后,还是现在这个样子,没有充分的知识,没有真正成熟的内容丰富的作品。这种自大的人,就因为不知道这个危险,所以自己不求进步,也不求旁人的帮助。他们最主张批评,最喜欢批评旁人,偏生最不喜欢旁人批评自己。表面上说几句“欢迎批评”的话有没有呢?是有的。每逢演戏,演前都有人出来说:“我们这个剧排演时间仓促,技术上比较差,希望同志们批评。”但是这类话是真的还是假的?我说有的是假的。你要真的批评起来,那就成了仇人。他们心里是只许人家说好的。这样,使人家觉得多一事不如少一事。真正同志式的“是则是,非则非”的态度,既然没法拿出来,不如敬而远之了。我们现在就要提倡这种同志的态度,就要提倡自我批评。有些同志想,实行自我批评,这不要丧失自己的身份吗?恰恰相反,最不能实行自我批评的人,最自大的人,就最容易丧失自己的身份,自己的架子搭得越高,跌下来就越痛。斯大林说:“使布尔什维克有声有色的,不是骄傲而是谦逊。”我们共产党是一个照实际办事的党,是一个说老实话的党。我们做文艺工作的同志也应该照实际办事,能够说老实话,听老实话。这对于同志们自己,对于党,对于整个新文艺运动,都是有好处的,都是必要的。

我今天就讲这两点,因为是专讲缺点,又是实行同志态度,讲的话也许不很好听。但是我的意思是为同志们好,还是为同志们坏?这是大家一定能够弄清楚的。我讲的缺点也只是一部分同志的缺点,就是这部分同志,也有很多优点。头一条就是他们拥护光明,反对黑暗;拥护工农兵,反对侵略者,这是任何不革命或反革命的人所不能比拟的。他们的缺点也只是革命中的缺点,从旧社会带来的暂时的缺点,在革命队伍中一定能够很快克服的。我们的同志都是很聪明的人,这一回经过了整风,现在又到群众中去做实际工作,进步一定很快。如果我今天的话能够对同志们的进步有所帮助,那就是我最大的快乐了。

**商业部发出公告重申禁止对消费者搭配滞销商品**

商业部发出公告,坚决制止对消费者搭配滞销商品,以维护群众利益。

公告提出了以下几条:

一、为了维护社会主义商业信誉,保护人民群众的利益,一切国营零售商店和基层供销社,必须牢固树立全心全意为人民服务的思想,切实做到秤平尺足、价格公道,严格执行规定的商品供应政策和分配办法。

二、对群众销售商品,除计划分配商品和上级有分品种供应比例规定的按计划组织供应外,其他商品都要坚持由消费者自由选购的原则。凡以紧俏商品搭配滞销商品强迫群众购买的,群众有权拒绝搭配部分。如果因此而发生拒绝销售紧俏商品时,一经群众检举并查明属实,扣发企业决策人员当月奖金,取消决策单位当年或当季的评优资格。

三、各级商业行政部门,凡遇有人民群众检举告发商品搭配的,均应向销售单位查明情况,加以纠正,并按第二条的规定,进行适当处理,情节严重的应追究行政责任。

四、商业库存积压的冷背呆滞商品,应千方百计地通过扩大推销和方便购买等办法打开销路,有些则应按照政策和权限规定,依质论价销售。

**国务院副总理姚依林在人民大会堂会见由建设部部长海达尔·阿布·巴克尔·阿塔斯率领的也门民主人民共和国政府代表团**

**中国电影“百花奖”和“金鸡奖”授奖大会在西安举行**

本届“百花奖”和中国电影家协会举办的第二届中国电影“金鸡奖”授奖大会在西安举行。

“百花奖”评选的结果是:

最佳故事片为《喜盈门》《乡情》《白蛇传》,最佳男演员是王心刚(北京电影制片厂所摄故事片《知音》中蔡锷的扮演者),最佳女演员是李秀明(北京电影制片厂所摄故事片《许茂和他的女儿们》中许秀云的扮演者)。

"金鸡奖"评选结果是：

故事片《喜盈门》(上海电影制片厂)获得荣誉奖。

各项最佳奖的名单是：最佳故事片奖——《邻居》(青年电影制片厂)；最佳纪录片奖——《先驱者之歌》《莫让年华付水流》(中央新闻纪录电影制片厂，两片并列)；最佳科教片奖——《蜜蜂王国》(上海科学教育电影制片厂)；最佳编剧奖——张弦(峨嵋电影制片厂《被爱情遗忘的角落》)；最佳导演奖——成荫(西安电影制片厂《西安事变》)；最佳男主角奖张雁(上海电影制片厂《月亮湾的笑声》中饰江冒富)；最佳女主角奖——李秀明(北京电影制片厂《许茂和他的女儿们》中饰四姑娘)；最佳男配角奖——孙飞虎(《西安事变》中饰蒋介石)；最佳女配角奖——贺小书(《被爱情遗忘的角落》中饰菱花)；最佳摄影奖——邹积勋(北京电影制片厂《伤逝》《许茂和他的女儿们》)；最佳美术奖——韩尚义、瞿然馨、李华忠(上海电影制片厂《子夜》)；最佳音乐奖——杨绍梠(《喜盈门》)；最佳录音奖——张瑞坤(青年电影制片厂《沙鸥》)；最佳剪辑奖——傅正义(北京电影制片厂《伤逝》《知音》)；最佳特技奖——戈永良、陈继章、周浩斐(上海电影制片厂《李慧娘》)；最佳服装奖——曹颖平(上海电影制片厂《南昌起义》《阿Q正传》)；最佳化装奖——王希钟、李恩德(《西安事变》)；最佳道具奖——刘清标(《邻居》)。

最佳戏曲片奖、最佳美术片奖两项为空缺。另外，授予新闻纪录片《钢铁长城》(八一电影制片厂)、故事片《沙鸥》导演张暖忻(青年电影制片厂)特别奖。

中国电影家协会副主席袁文殊在授奖大会上讲话说，今年的电影"金鸡奖"和"百花奖"授奖大会，正好在毛泽东同志的《在延安文艺座谈会上的讲话》发表四十周年之际举行，因此今天是个双重喜庆的日子。去年一年完成故事片105部，是新中国成立以来摄制故事片最多的一年，还出现了像《喜盈门》《邻居》《乡情》《西安事变》《沙鸥》《白蛇传》《被爱情遗忘的角落》等一批深受广大群众喜爱的影片。这些影片的共同特点是不回避矛盾，敢于正视现实生活中存在的问题，并给予正确的反映。这是我们社会主义文艺的优良传统，应该大大提倡和发扬。此外，大型纪录片《先驱者之歌》《莫让年华付水流》《钢铁长城》和科教片《蜜蜂王国》等，也都是比较出色的作品。在此同时，一批年青的编剧、导演、演员以及其他艺术、技术人员正在成长起来。

袁文殊勉励广大电影工作者做建设社会主义精神文明中的表率，努力学习马列主义、毛泽东思想，深入生活，用共产主义思想指导创作；积极开展批评与自我批评，特别要欢迎来自广大观众的监督和批评。

中共陕西省委第一书记马文瑞和文化部顾问陈荒煤，向获奖者颁发了"金鸡"和"花神"雕像以及获奖证书。王心刚代表获奖人员致了答词。

## 5月24日

**《人民日报》发表社论《坚持四项基本原则是修改宪法的总的指导思想》**

全国各族人民正在热烈展开对宪法修改草案的讨论。在讨论中，有必要首先弄清这次修改宪法所遵循的总的原则或指导思想。宪法修改草案总的指导思想是什么？就是坚持社会主义道路，坚持人民民主专政，坚持党的领导和坚持马列主义、毛泽东思想这四项基本原则。党中央提出的这四项基本原则，总结了我国基本历史经验，是经过实践长期检验的真理。它反映了不以人的意志为转移的历史发展规律，是中国亿万人民在长期奋斗中所作出的决定性选择。在国家根本法的序言中记载和肯定这个基本历史经验，并明确规定，中国人民将继续坚持四项基本原则，为实现新时期的根本任务而奋斗，是非常必要和重要的。这样，就为我国各项政治经济制度的建立和完善规定了总的原则，为我国今后的发展指明了正确的方向。

只有社会主义能够救中国，只有社会主义才能够使我国实现现代化，实现高度民主和高度文明。坚持社会主义道路，就是要坚持社会主义的各项经济政治制度，沿着社会主义方向继续进行社会改造和经济文化建设，创造社会主义的高度的物质文明和精神文明。这是工人阶级和全国人民意志和利益的集中表现。要坚持社会主义道路，没有人民民主专政的国家制度是不可能的。工人阶级领导的、以工农联盟为基础的人民民主专政，是我国的国家制度。第一，我们的国家是工人阶级领导的，因为工人阶级是历史上最先进的、最有远大前途的阶级，只有按照工人阶级的立场和意志才能使国家坚定不移地走社会主义道路。第二，我们国家的基础是工人阶级和广大农民的联盟。由于我国80%的人口是农民，其他非农业的劳动者也属于工农联盟的范围，知识分子绝大部分已经是劳动人民的知识分子，并且由于我国已经消灭了剥削阶级，所以这个联盟是极其广泛的联盟，人民民主专政的基础是极其广泛和雄厚的。第三，人民民主专政的国家在人民内部实行广泛的民主，全体人民是国家的主人，国家机关是执行人民意志的工具。第四，因为阶级斗争还在一定范围内长期存在，除了保卫祖国、反对外来侵略以外，还必须同敌视、破坏社会主义势力的残余敌人作坚决斗争，所以专政的职能不能削弱。只有对极少数敌人实行专政，才能保卫人民的国家和人民的权利，这是一件事的两面。总之,人民民主专政的国家制度既是我国社会主义制度的一个重要组成部分,又是我国坚持社会主义道路的必要条件。

社会主义制度和人民民主专政是我国的根本制度,所以宪法修改草案不仅在序言中加以肯定,而且把它贯串于全部条文之中,成为规定其他一切具体制度的基础。草案在总纲第一条就规定:“中华人民共和国是工人阶级领导的、以工农联盟为基础的人民民主专政的社会主义国家。社会主义制度是中华人民共和国的根本制度。禁止任何人以任何形式破坏社会主义制度。”在总纲和其他部分的条文中,对于我国社会主义的经济制度、政治制度以及如何维护、健全和完善这些制度,都作了具体规定。

社会主义制度是崭新的社会制度,是在实践中发展和完善的。必须根据我国的实际情况和三十多年来正反两方面的经验,对社会主义的经济体制、政治体制和国家领导体制进行改革,使之有利于生产的发展和人民物质、文化生活水平的提高,有利于物质文明和精神文明的建设。这样才能正确地和真正地坚持社会主义道路。党的十一届三中全会以来,我们就是这样做的。宪法修改草案的各项规定中,从原则上记录了三中全会以来各方面改革的积极成果,肯定了继续改革的方向。这样,在新的宪法正式通过以后,就可以把坚持社会主义道路和坚持人民民主专政的政治原则进一步具体化、制度化和法律化,形成对全国各族人民和一切国家机关、政党、人民团体都具有约束力的制度和法律。宪法修改草案的这些规定,对于保证我国沿着社会主义道路发展具有重大意义。

共产党的领导,是社会主义事业取得胜利的根本保证。党的领导地位是历史形成的。在中国,没有共产党的领导,不可能坚持社会主义道路;而党领导得好不好,党的领导能不能得到广大人民的拥护,取决于党能否正确地领导人民坚持社会主义道路。所以,宪法修改草案在序言中对党的领导同样作了明确的肯定。

党是工人阶级的先锋队,除了全国广大人民的利益,自己没有任何特殊的利益。党过去领导人民为夺取政权而斗争,现在领导人民为巩固政权、建设新生活而斗争,始终是全心全意为人民服务,为人民实现自己当家做主的权利而奋斗的。党的领导与一切权力属于人民,不仅不矛盾,而且正是实现它的保证。党对国家的领导,不应当通过行政命令的方法,而主要是依靠马列主义、毛泽东思想的指导,根据实事求是的思想路线,通过提出正确的符合客观实际和人民利益的方针政策来实现的;同时,也是通过自己的党员、干部在国家机构和其他组织中的积极作用和模范行动,通过各级党组织对广大群众的思想政治教育和与群众的密切联系来实现的。当党提出的主张和方针、政策为国家权力机关所接受,形成国家的制度和法律以后,所有的党员和干部就要在各自的岗位上为维护这些制度和法律而斗争,并且带头遵守这些制度和法律;还要广泛联系人民群众,教育和引导群众遵守这些制度和法律。从这个意义上说,遵守国家的宪法和法律就是坚持党的领导,反之,则会损害党的领导。在宪法修改草案条文中除了规定“各政党”(当然包括中国共产党在内)都必须遵守宪法和法律,也就是说必须在宪法和法律范围内进行活动以外,没有对党的领导作其他具体规定。这就是因为党的性质和职能根本不同于国家权力机关和行政机关,它的领导的实现不能依靠宪法条文的规定。

我们常说,加强党的领导,必须改善党的领导。改善党的领导要做多方面的工作。正确认识党的性质,正确认识党和国家的关系以及党实现对国家生活的领导的方法,是改善党的领导的重要内容之一。过去有一些党政不分、把党的领导与国家权力机关的作用混同起来的做法,并不利于加强党的领导,反而有损于党的正确领导。宪法修改草案正确地总结了这方面的历史经验,必将更有利于加强党对国家生活的领导。

中国共产党所以能够成为全国人民进行社会主义建设的核心力量,因为它是以马列主义、毛泽东思想武装起来的无产阶级先锋队。用马列主义、毛泽东思想的科学理论作为观察国家命运、指导革命和建设的工具,就可以引导我们的国家和人民在社会主义道路上顺利前进,克服任何艰难险阻直到最后胜利。中华人民共和国的公民,既然拥护社会主义道路,承认共产党的领导,也就必然要承认马列主义、毛泽东思想在国家生活中的指导作用。宪法修改草案的全部内容就是马列主义、毛泽东思想的基本原理和中国当前实际相结合的产物。

总之,宪法修改草案不仅在序言中肯定了坚持四项基本原则,而且在全部内容和条文中都体现了四项基本原则。我们应当通过对宪法草案的全民讨论,使全党和全国人民更好地认识四项基本原则是我们国家的四根支柱,是我们的立国之本。只要始终不渝地、正确地坚持四项基本原则,我们就一定能把我国建设成为高度民主、高度文明的社会主义现代化强国!

**铁道部在北京召开全国铁路电话会议**

会议决定6月份在全路开展“人民铁路为人民”活动并对这项活动进行了部署。

铁道部部长陈璞如在电话会议上讲话,要求全国铁路职工大力发扬好路风,全心全意为人民服务。各铁路沿线车站一定要在6月份解决好旅客列车上的用水问题,保证每趟客车到站都能上满水。各有关单位对乘车证要严格管理,坚决改变目前滥开滥用免票乘车等混乱现象,查堵无票乘车及货物超重,保证运输收入。全路职工要模范地遵守国家法令和铁路的规章制度。在乘车中,要当文明乘客,礼貌谦让,不越席,不超重,不带违禁品。客货运输部门职工要主动热情、有礼貌地为旅客和货主服务,坚决杜绝语言粗野、打骂旅客、刁难货主等恶劣作风。要彻底纠正违章装卸、违章调车和损坏货物的现象。陈璞如强调说,要进一步整顿铁路治安秩序。

**国务委员姬鹏飞在人民大会堂会见由尼泊尔记者协会主席曼珠·拉特纳·萨基亚率领的尼泊尔新闻代表团**

**全国人大常委会副委员长廖承志在人民大会堂会见美国芳地电影制片公司经理乔安妮·格兰特一行**

**国务委员姬鹏飞在人民大会堂会见由主席维塔·巴拉率领的刚果与各国人民友好协会代表团**

**中国生物进化理论研究获重要成果**

据《人民日报》报道,中国对于生物进化理论的研究获得了重要成果:著名科学家郑作新对判定鸟起源地问题,提出了与传统看法截然相反的新观点。曾呈奎在分类学上建立了原绿藻门并在西沙群岛发现了具有重大研究价值的原绿藻;一些古生物学家,系统整理了晚第三纪的标准化石三趾马的资料,并新发现了八个三趾马种。这些都为生物进化理论,提供了珍贵的科学和实物依据。

**共青团中央授予5名少年"优秀少先队员"光荣称号**

共青团中央作出决定,授予黄淑华、张新龙、魏世俊、罗从林、王玉梅以"优秀少先队员"的光荣称号。

团中央的决定指出,黄淑华、张新龙、魏世俊、罗从林、王玉梅等5名少先队员,是在党的哺育下,在"学雷锋、树新风"、"五讲四美"活动中涌现出来的优秀少年。他们那种热爱集体、热爱人民、热爱祖国、牢记"人民的利益高于一切"的崇高思想,临危不惧、舍己救人的英雄行为,勤奋学习、热爱劳动、文明礼貌、乐于助人的共产主义品德,是全国少年儿童学习的榜样。团中央号召全国各族少年儿童向他们学习,立志成为有理想、有道德、有知识、有体力的新一代。

## 5月25日

**全国人大常委会副委员长邓颖超在人民大会堂参加首都儿童工作者庆祝"六一"报告会并发表讲话**

报告会由全国儿童和少年工作协调委员会举办。由全国儿童和少年工作协调委员会主任、全国妇联主席康克清主持。中共中央政治局委员、全国人大常委会副委员长、全国妇联名誉主席邓颖超到会讲话。

中国儿童艺术剧院副院长罗英在发言中说,人们都喜爱春天,因为春天是万物生长的季节。儿童时代是人生的春天,少年儿童是祖国的春天,我们为少年儿童演戏,感到一年四季好像都生活在春光明媚的日子里。我们由衷热爱自己所从事的儿童戏剧事业,愿意把自己的一生献给孩子们。

朱穆之、何东昌、韩英、华楠、邱纯甫、罗琼、焦若愚、高登榜、王磊、林默涵、郭力文、季龙、顾秀莲、张文松、乌兰、周鹏程、林渤民、白介夫、严文井、吴全衡、胡德华、张淑义、董念黎、徐光,出席了报告会。

**全国人大常委会副委员长邓颖超在首都儿童工作者庆祝"六一"报告会上的讲话**

同志们,朋友们:

我算是一个广义的儿童工作者。因为我的心是和你们连在一起的,老年还愿发余热,也可以算是你们的同行。今天,能够参加隆重庆祝"六一"国际儿童节的报告大会,我感到非常愉快和高兴。

让我怀着感激的心情,向所有为儿童少年健康成长付出辛勤劳动和作出贡献的同志们,致以崇高的敬意和亲切的慰问!

刚才三位同志的发言,内容很生动,很丰富,很感人,使我也受到益处。特别是他们在儿童少年工作上不怕累,不怕苦,勇于克服困难,几十年坚持不懈地努力献身的精神,是值得我们学习的。

去年上半年,党中央号召全党全社会重视和关心儿童少年的健康成长,引起各级党委和社会各方面的进一步重视,也极大地鼓励和支持了儿童少年工作者。由于党和政府的关怀,由于社会各方面的共同努力和协调工作,我们的儿童少年工作已经出现了新气象。我相信,儿童少年工作的前景,一定会越来越美好。这的确是我国社会主义现代化建设中一项大有作为和大有发展前途的事业。

为了把儿童少年工作做得更好,我提出几点意见,供大家参考。

一、持续广泛而深入地宣传党中央的号召,宣传全党全社会都来重视和关心儿童少年健康成长的必要性和重大意义。

要提高全社会和每个家庭对儿童少年工作的认识。做好儿童少年工作是百年树人的起点，也是建设物质文明和社会主义精神文明、培养一代新人的起点。这是我们建设社会主义，为共产主义奋斗的伟大里程中最重要的一步。要把它提高到战略的地位充分给予重视。

为什么我提两个起点和战略意义呢？因为，儿童少年是一生的基础。儿童少年时期受到什么样的教育，培养得好还是坏，直接影响他们以后的成长。在儿童少年时期，他们是纯真的，模仿性强，有好奇心，求知欲旺盛，对各种各样的事物都很有兴趣。因此会近朱者赤，近墨者黑。如果在儿童少年时期，我们就积极自觉地采取切实办法使他们养成爱祖国、爱社会主义、爱科学、爱劳动、爱公共财物，助人为乐的优良品质，使他们勤奋好学，有理想、有道德、守纪律，从小培养他们“五讲四美”，我们的事业就大有前途。要是从小不注意，听任他们接受不好的思想、作风的影响，要想等长大了再来纠正，就很困难了。而且这势必给社会主义事业带来不可弥补的损失。

培养好孩子是不容易的。有的人总觉得这没什么了不起，是件很容易的事情，不大看得起儿童少年工作，这是不对的。培养孩子看起来是琐碎平凡的事，其实，这是一件很艰巨很不平凡的光荣任务。教育儿童少年，是一门包含着心理学、生理学、教育学、伦理学、医学科学以及社会科学等多种学科的塑造人的综合性的科学。没有很强的责任心、坚忍的意志、勤奋好学的精神，没有埋头苦干、兢兢业业的精神，就很难把握它的规律，很难作出成绩。要尊重儿童少年工作者，努力解决他们的各种实际困难。在儿童少年工作上作出成绩的同志，应该给予鼓舞、支持、表扬、奖励。对于那些轻视这一工作的同志，应该进行耐心的教育和批评。对于摧残和迫害儿童少年以致犯有严重罪行的人，必须给予应有的法律制裁。决不允许含含糊糊，听之任之，放纵姑息。中华人民共和国宪法修改草案第四十六条，已经明确规定要保护儿童的权利。我们要认真执行宪法条款，为保障儿童少年身心健康，为保障他们享有合法权利，进行不懈的努力和斗争。

二、儿童少年工作者要善于学习，不断提高自己的业务水平。

要做好儿童少年工作，需要有广博的知识。我希望所有儿童少年工作者，都要在马列主义指导下，掌握同本职有关的专业本领，不断提高自己的业务水平，丰富自己的知识，开阔自己的眼界。我还希望同志们不仅要向书本学习，而且要向同行学习，向社会学习，也包括向你们的工作对象——儿童少年们学习。只有了解孩子们，才能更好地为孩子们服务，当好他们的老师。

三、在党的领导下，学校、家庭、社会三方面要各尽其责，又要密切合作。

培养和造就一代新人，光靠哪一个方面是不行的，必须由学校、社会、家庭三个方面共同努力。我们要求三个方面主动的各尽其责。希望保教队员和教师们能积极地创造性地用自己的智慧和毅力把儿童少年抚育、教育、培养好；希望家长们能懂得家庭教育的重要意义和科学的教育方法；希望各部门主动关心和积极丰富儿童少年的校外生活，为他们提供活动场所和物质的精神的营养。我们更要求三方面主动地自觉地密切合作，协调一致。希望各级协调机构努力做好这项工作，使学校、社会、家庭三方面互相交流情况，逐步统一认识，统一行动，使我们的儿童少年工作进行得更顺利，取得更好的成就。只有这样，才能担负起党和国家交给我们的战略任务，为“四化”建设培养人才，适应“四化”建设的需要。

四、你们既是儿童少年工作者，又是儿童少年工作的宣传者。

要做好儿童少年工作，不但你们自己要在实践中不断加深认识，提高本领，还需要你们向全社会宣传儿童少年工作的重大战略意义，宣传正确的教育思想和教育方法。我们一定要使党的教育方针，使科学的抚育、教育、培养的方法，为越来越多的人所知道，形成巨大的社会力量，形成社会的新风尚。为什么要你们来宣传呢？因为你们在工作中有深刻的体会，由你们来宣传是最有说服力的。希望同志们通过座谈、广播、写文章等各种方式进行宣传，不但作一个优秀的儿童工作者，也作一个优秀的儿童少年工作的宣传者。

从广义来说，我和你们是同行，但我却不敢同你们有专业本领的同志相比。我讲的一些意见，不妥的地方，希望你们提出和进行批评。

我们今天在这里高高兴兴聚会的时候，更加怀念一生关怀儿童少年健康成长的宋庆龄同志。让我们永远纪念她，学习她。

最后，我衷心地祝愿所有的儿童少年工作者和亲爱的孩子们节日愉快，健康成长！

**对外友协在北京举行集会纪念约瑟普·布罗兹·铁托诞辰90周年**

中共中央书记处书记、国务院副总理万里出席了纪念会。

对外友协会长王炳南和南斯拉夫驻中国大使奥斯托依奇在纪念会上讲话。

王炳南说，铁托同志关怀和同情中国人民的革命斗争,以极大的热忱维护和发展了中南两国人民的友谊。他说,铁托同志政治上的远见卓识、为真理而斗争的献身精神以及他的共产主义的高尚品德,深深地为中国人民所敬仰。

奥斯托依奇强调指出:南斯拉夫只有在铁托领导下所建立起来的基础和获得的成果上才可以生存下去和正常发展。对我国来讲没有别的路,只有加强我国的独立、加强不结盟的外交政策和发展我国社会主义自治制度。

他说,我国各族人民感激铁托在逝世前把我们同伟大的中国人民联系在一起。今天,南斯拉夫以极大的注意力关注着中国为了现代化所做的一切和所采取的一切。我们为你们的每一个成就感到由衷的高兴并祝你们取得更大的成就。

出席纪念会的还有中联部副部长李淑铮,外交部副部长钱其琛,中国人民解放军总政治部副主任华楠,对外经济贸易部部长代表陈洁,以及全国总工会、共青团中央、全国妇联、社会科学院、北京市政府的负责人。

奥斯托依奇大使的夫人,大使馆外交官员,以及在京的南斯拉夫专家和留学生也出席了纪念会。

**联合国粮农组织决定在中国设立代表处的协定在人民大会堂签字**

国务院副总理万里出席了签字仪式。我国农牧渔业部部长林乎加和联合国粮农组织总干事爱德华·萨乌马博士在协定上签了字。

**北京农业大学授予联合国粮食及农业组织总干事爱德华·萨乌马博士名誉教授**

**中联部部长乔石在人民大会堂会见由主席吕多·马顿斯和中央委员帕特里克·德博塞尔率领的比利时劳动党中央代表团**

**优秀《护士之歌》发奖大会在北京解放军总医院举行**

参加大会的有北京市的优秀护士、在京各医疗单位的护士代表及有关方面负责人。

卫生部副部长郭子恒、解放军总后勤部副部长张汝光、解放军总后勤部卫生部部长张祥、中华护理学会理事长陈坤惕出席了发奖大会,并向评选出的10首优秀《护士之歌》的词、曲作者颁发了奖状、奖品。

**香港摄影家水禾田在北京举办摄影展览**

香港摄影家水禾田拍摄的"台湾风光"摄影作品,开始在中国美术馆展出。呈现在观众面前的100多幅彩色照片,是水禾田1980年到台湾旅行时拍摄的。它记录了祖国宝岛上秀丽的山川风貌,反映了台湾省的民情风俗。水禾田摄影手法朴实、生动的特色,从他的这些作品中得以充分体现。

全国政协副主席钱昌照、民革中央副主席屈武、全国台胞联谊会会长林丽韫、台盟总部秘书长徐萌山以及摄影界吴印咸、吴寅伯、敖恩洪等500余人今天参观了展览。

"台湾风光"影展由中国摄影家协会主办。

## 5月26日

**民革中央在人民大会堂举行纪念爱国将领戴安澜殉国40周年座谈会**

全国政协副主席萧克在会上赞扬戴安澜是一位民族英雄。他说:"我们纪念他的最好方式就是实现祖国统一,实现祖国的四个现代化,把中国建设成为社会主义的现代化强国。"

座谈会由民革中央副主席屈武主持。戴安澜将军的旧友、民革中央副主席郑洞国在会上介绍了戴安澜将军的英勇事迹。他说:戴安澜将军早年毕业于黄埔军校,曾参加过北伐战争。在抗日战争中,他任国民党军队师长,在台儿庄、昆仑关等战役中为保卫祖国立下战功。1942年3月,戴安澜率部赴缅甸抗击日军,于5月26日牺牲在战场上。戴安澜牺牲后,毛泽东同志曾题诗悼念,周恩来同志称他为"黄埔之英,民族之雄",朱德、彭德怀、邓颖超等同志也赠送了挽联、挽词。解放后,中央人民政府内务部于1956年9月追认他为革命烈士。

郑洞国希望在台湾的黄埔校友学习戴安澜的爱国主义精神,以民族大义为重,为和平统一祖国作出贡献。

侯镜如、覃异之、郑庭笈以及戴安澜将军的儿子戴覆东,戴安澜将军的生前友好、北京长城饭店董事长杨孟东先后在会上发言。

参加今天座谈会的还有:民革中央副主席钱昌照、甘祠森、吴茂荪、孙越崎;

中共中央统战部副部长李定、全国政协副秘书长彭友今;

各民主党派负责人高天、孙起孟、孙晓村、严信民、孙承佩、徐伯昕、伍禅、李纯青,知名人士缪云台、赵君迈、黄维等。

戴安澜将军的子女戴藩篱、戴靖东、戴澄东也出席了座谈会。

**新的国家经委在北京举行成立大会**

国务委员、国家经委主任张劲夫在大会上提出5

项主要任务和当前工作6个重点。

张劲夫说，根据党中央、国务院领导同志多次指示的精神，国家经委的主要任务是：

一、贯彻执行党中央、国务院关于经济工作的路线、方针、政策；对重大经济问题进行调查研究，总结交流经验；及时向国务院反映情况，提出建议。

二、参与制订和督促检查各部门、各地区执行国民经济年度计划，协调解决农业、工业、基本建设、交通运输、财政金融、内外贸易等各部门当年经济技术活动中的重大问题。

三、组织实施国家当年的经济体制改革工作。

四、组织、协调较短期的、为当前国民经济建设服务的科技攻关项目，参与审查技术引进项目，管理设备进口工作，统筹协调设计、施工力量，组织拟订综合性经济法规，对能源节约、机械工业调整改组、企业管理、质量管理、新技术推广、干部教育等工作进行抓点。

五、督促检查各部门、各地区执行中央财经领导小组、国务院常务会议对经济工作的有关决定；承办党中央、国务院委托事项。

张劲夫说，这些任务是光荣而艰巨的。新中国成立以来，国家经委的机构、任务进行过多次调整，但任务从来没有这么重。在党中央、国务院领导下，只要机关全体同志共同努力，就一定能够顺利地完成任务，在"四化"建设中作出应有的成绩。

张劲夫说，为了完成上述任务，除了抓好日常工作之外，还要抓大事。要围绕一定时期党中央、国务院提出的经济工作方针，有目的、有计划、有领导地组织调查研究，抓住几个带有全局性的、战略意义的大问题开展工作，由易到难，由点到面，一项一项地抓，扎扎实实地抓出成效来。

张劲夫说，新经委要注重调查研究，提高工作效率，努力完成党中央、国务院赋予的任务。

张劲夫说，党中央领导同志要求新经委在工作中多掌握第一手材料，多听取各方面对一些重大问题的意见。国务院领导同志强调经济工作部门要以提高经济效益为出发点，不断提高工作效率，并指出新经委应该做到人员精干，信息灵敏，处理问题快，办事效率高。张劲夫说，这些指示应该成为新经委工作的准则；而要做到这些，单纯依靠改革机构还不能奏效，还必须有良好的工作作风和适当的工作方法。

张劲夫说，新经委要在国务院的领导下，对各部门、各地区执行国民经济年度计划进行组织、协调、督促、检查。要发挥各部门、各地区的积极性，不能包办代替；同时，凡是应该由国家经委解决的问题，决不推诿，要主动做好服务工作。进行工作的时候，要多采取集体办公的方法，少搞、不搞"公文旅行"。

张劲夫强调，新经委要把当前的工作和长远的工作结合起来。工作要有预见性，要考虑工作的连续性，把战役计划和战略目标结合好，做到"干一看二想三"，看三步棋，考虑三年的安排。

张劲夫又说，新经委组织各项工作时，都要力求做到：一有目标，二有规划，三有措施，四有实施步骤，五有专人负责。要做到这些，使我们的工作符合实际，取得成效，就不能成天忙于开会、起草文件和处理门市工作，而是要深入实际调查研究，并要善于向第一线的同志学习，向各地学习，向实际学习。张劲夫还提出要加强经委机关内部的建设，努力做到有新气象、新作风，作出新成绩。

**国家计委、国家统计局发出《关于沿海和内地划分问题的通知》**

《通知》规定沿海地区的范围，包括辽宁、河北、北京、天津、山东、江苏、上海、浙江、福建、广东、广西11个省、自治区、直辖市(台湾省回归祖国后也应包括在内)，其余18个省和自治区则称为内地。

**国家统计局统计资料表明全国商业网点和从业人员显著增加**

据统计从党的三中全会以来，全国商业网点和人员有了较多增加，对发展经济、活跃市场、方便群众起了积极作用。

据统计，到1981年年末，全国各种经济类型的商业、饮食业、服务业网点达到3299000个，比1978年增长1.5倍；从业人员达到16243000人，比1978年增长73.2%。城乡集市贸易场所恢复和发展到43000个，比1978年增长29.2%。在这些网点中，零售商业网点2023000个，饮食业网点477000个，服务业网点438000个，分别比1978年增长93%、3.1倍和3.9倍。三年来，新增的商业、饮食业、服务业网点有70%左右是设在人口密度较大的居民区，不少地区居民买东西难、吃饭难、理发难、修理难等状况，已有所改善。

国家统计局认为，继续发展商业、饮食业、服务业，增加网点，合理布局；适当充实人员，并妥善地安排人力，更好地满足人民物质和文化生活需要，这仍然是国民经济调整时期需要解决的一个重要问题。

**全国农作物种子标准化技术委员会在北京成立**

全国农作物种子标准化技术委员会由全国各地从事种子工作的科研、生产、检验、经营、农业院校以及使用部门的代表组成。它的任务是，提出有关农作物种子标准化的方针政策、技术措施、国家质量标准、科学研究课题等各项建议。

农业种子标准化，是现代化农业为提高种子播种质量、促进农业增产的有机组成部分。

**国务委员姬鹏飞在北京会见由赞比亚联合民族独立党中央委员青年团执行书记卡普鲁率领的赞比亚青年代表团**

**1980—1981年全国优秀少儿读物授奖大会在北京举行**

许德珩、康克清、邓力群、朱穆之、林默涵和著名儿童文学作家高士其、严文井、陈伯吹、金近、余心言等，同1000多名少先队员、少年儿童工作者一道出席了大会。

大会向获得优秀读物一等奖和优秀读物奖的64个作品的作者、责任编辑和出版社代表，颁发了奖证和纪念品。

全国人大常委会副委员长许德珩在讲话中说，我们同时不能忘记广大出版工作者，正是你们和作者的精诚合作，为我国千千万万少年儿童提供了丰富的、健康的精神食粮。我们的民族、我们的人民都会感谢你们的。要使我们的事业进一步发扬光大，使我们中华民族进一步富强起来，就一定要造就千千万万志向远大、体魄健全、无私无畏、具有科学文化知识的接班人。

全国儿童和少年工作协调委员会主任康克清在讲话中勉励大家，以对儿童负责的精神创作、出版更多、更好的儿童读物。

少先队员代表赞扬获奖作者说：你们写的书是我们最好的朋友。可是我们还不满足，还要求更多的好作品诞生，要结交更新、更美的朋友和我们一起去认识大地、海洋和天空。

获奖名单如下：

优秀读物一等奖共19个，它们是：《周总理的美德》（严振国），《少年彭德怀》（丁隆炎），《我爱爸爸》（任远远等），《英雄少年时》（余心言），《少年鲁迅的故事》（何启治），《在一个夏令营里》（苏进），《针眼里逃出的生命》（李凤杰），《蓝色象鼻湖》（张昆华），《红宝石》（张微），《在法国的日子里》（阎纯德），《365夜》（鲁兵主编），《三国故事（中国历史故事集之一）》（林汉达、边继石），《神奇的黄山》（张子仪、方君默），《云彩上的人家》（陆茂林），《数学花园漫游记》（马希文），《白头叶猴追寻记》（聂波、王育英），《泥娃娃》（岫石、张怡庄），《中国神话》（肖伍、张世明等），《七十二变》（苏刚）。

优秀读物奖共45个，它们是：《赵一曼》（张麟、何家栋），《不落的星》（李前），《怎样才能学习好》（孟吉平），《少年爆炸队》（王一地），《荒漠奇踪》（严阵），《冰雪花》（田毅），《拳师和他的孙子》（黄同甫），《云海探奇》（刘先平），《忆怪集》（谢璞），《我的老师》（罗辰生），《海滨的营火》（赵惠中），《他保卫了什么》（《儿童时代》社编），《长胡子的娃娃》（李少白），《幸福的后代》（伊斯堪代尔赛普拉），《我不是猎人》（霍达），《寓言百篇》（金江），《得意的狐狸》（伍宣超等），《哈萨克童话选》（乌拉孜别克、再奴拉），《九眼泉》（黄英），《珍珠泉》（费林整理），《聂局桑布的故事》（西藏人民出版社编），《孙悟空科学世界历险记》（郭以实、尤异、冰子），《狮身人面石像的"消瘦"》（陈伟新、姚惠祺），《猪八戒逛星城》（郭治），《蹦蹦娃探宝记》（蔡字征），《上下五千年（二）（三）（四）》（二——林汉达、曹余章，三、四——曹余章），《作文入门》（刘朏、高原），《阿基米德的故事》（赵学元），《无畏的探索者》（周行、杜学钊），《探索生命奥秘的人》（周文斌、林玉树），《森林骄子》（乌热尔图、黄国光），《美丽的青海湖》（周竞），《动物趣谈》（姚大均），《美妙的色彩世界》（郭廉夫、刘江鸿），《神奇的器官》（司有和、吴孝慎），《奇怪的墓碑》（李凌、晓叶），《捕捉太阳能》（孟文），《少年电工》（《少年电工》编写组），《你喜欢谁》（方铁群、曾佑瑄），《拍手唱个卫生歌》（常健、温泉源），《儿童科学画库——〈骄傲的0〉、〈瓜果谣〉》（《骄傲的0》——鲁克、张福春，《瓜果谣》——圣野、乐小英），《一年四季》（唐鲁峰、陈慧莲、何艳荣），《小妹夜游动物园》（傅毅远、蒋文青、励国仪），《借尾巴》（叶永烈、姜成安、吴带生），《老虎外婆》（鲁兵、詹同）。

## 5月27日

**公安部发出紧急通报要求各地制止重大火灾事故的发生**

今年1月至5月中旬，全国发生的重大火灾事故与去年同期相比，次数上升1倍，损失上升62%。最近，公安部为此发出《关于制止重大火灾事故的紧急通报》。

通报指出：值得注意的是，在当前的"安全月"活动中，火灾事故有增无已。各地公安机关要立即做好三项工作：

一、对于消防保卫重点单位，要在"安全月"活动的基础上，报请省、市人民政府或防火安全委员会，组织有关部门，开展一次全面的防火安全检查，或重点抽查。

二、为了制止重大火灾的上升趋势，争取治安情况明显好转，对于去年以来，尤其是近期发生的重大火灾，要认真查明原因，并总结经验教训。构成犯罪的，还应依法追究刑事责任。

在当前深入开展打击经济领域犯罪活动的斗争中，还应高度警惕犯罪分子的放火破坏活动，一经发现就要侦破，及时予以打击。

三、对于公安消防部门的分级管理制度和保重点措施的落实情况，也要进行一次检查。凡是漏管的，应该迅速列入管理范围；管理措施不全或不落实的，要限期补上并落实；灭火作战计划欠妥或没有制订的，要尽快补订或修订，并加强实地演练和执勤备战工作。今后凡因公安机关工作失职而造成重大火灾事故的，也应严肃追究责任。

**国务院批准海关对34种商品征收出口关税**

海关总署发布消息：经国务院批准，从1982年6月1日起，中国海关对34种出口商品征收出口关税。

对少数商品征收出口关税，新中国成立初期就有规定并实行过。1951年5月，前政务院批准公布的《海关进出口税则》曾规定：对花生油、花生、猪鬃、桐油、薄荷油、薄荷脑6种商品征收出口关税。后来，由于国际市场和国内情况的变化，先后予以停征。这次对若干商品征收出口关税，是在新的情况下，进一步发挥税收的经济杠杆作用，以贯彻实行计划经济为主、市场调节为辅和统一对外方针所采取的重要经济措施。

这次制定的出口关税税率，除煤炭从量征税，每吨征收人民币40元外，其余实行从价征税，税率自10%—60%，共分6级，品种和税率如下：栗子、锰铁、铬铁、钒铁、钛、其他铁合金6种，税率10%；大米、大豆、糖、桐油、松节油、兔毛、淡水鱼、海蜇、杏仁、山羊板皮、生铁、钨铁、钼铁13种，税率20%；对虾、生漆、松香、钨砂、锑、硅铁、珍珠7种，税率30%；鲱鱼子、枸杞子、锡3种，税率40%；桂皮、当归2种，税率50%；鳗鱼苗、黄芪2种，税率60%。

**全国人大常委会副委员长廖承志在人民大会堂会见以木村周正为团长奥山忠为名誉团长的日本东京青年会议所访华团**

**对外友协会长王炳南在北京会见并宴请以青年体育艺术文化部长加斯东·冈波尔为团长的中非友好人士代表团**

**中央军委发布命令授予解放军空军航空兵某师独立大队以“飞行安全红旗独立大队”荣誉称号**

这个大队长期以来重视加强政治思想工作，坚持以飞行训练为中心，年年完成和超额完成上级规定的飞行时间和任务指标，还12次圆满完成了国防科研试验任务。在执行训练和战备任务中，他们讲究科学，认真贯彻条令、条例和各项规章制度，严格实行岗位责任制。飞行人员严格训练，技术基础扎实，能处置各种复杂情况，化险为夷。机务人员认真负责，一丝不苟，严格按照维护规程检查飞机。由于狠抓了安全工作，全大队连续27年保证了飞机安全。

中央军委在命令中号召全军指战员向他们学习，努力做好政治思想工作，建设社会主义精神文明，坚持进行反对资产阶级自由化和资本主义思想腐蚀的斗争，永远保持无产阶级军队的政治本色，加强教育训练，认真贯彻落实各种条令、条例和规章制度，积极预防事故，保证安全，为把我军建设成为现代化、正规化的革命军队作出更大的贡献。

**全国妇联负责人和全国政协部分女常委在北京分别到幼儿园和托儿所看望儿童**

全国妇联第一书记郭力文、书记吴全衡等，看望了化工部和平里幼儿园和缎库胡同托儿所。她们了解了这里的工作情况和孩子们的生活情况，并且向小朋友们赠送了玩具。郭力文希望幼教工作者们认真学习专业知识，把幼儿园和托儿所办得更好。

全国妇联书记董边、胡德华、王立威等看望了三里屯街道幸福二村西居委会哺乳室和南磨房幼儿园，书记张洁珣等看望了西城区绒线胡同幼儿园和果子市幼儿园。

全国政协常务委员、全国妇联副主席罗琼和全国政协常务委员关瑞梧等，看望了牛街回民幼儿园。

**《纪念宋庆龄同志》画册出版**

为纪念中华人民共和国名誉主席宋庆龄逝世一周年，文物出版社出版了画册《纪念宋庆龄同志》。

画册《纪念宋庆龄同志》中刊有361幅与宋庆龄同志有关的照片，并发表了《前言》和《宋庆龄大事年表》。361幅照片按照6个历史阶段排列，这6个历史阶段是：1883年1月——1925年3月，1925年4月——1931年6月，1931年7月——1937年7月，1937年8月——1945年10月，1945年11月——1949年8月，1949年9月——1981年5月。画册内容丰富，生动地反映了她为中国人民和中国革命所作出的不可磨灭的重大贡献。

**童非在意大利国际体操大联欢赛中获四项冠军**

童非以58.55分的总成绩获男子全能冠军。

童非还以9.90分的成绩获男子自由体操第一名，以9.70分的成绩与马库茨和具志坚幸司并列鞍马第一名，以9.75分和具志坚幸司并列双杠第一名。

## 5 月 28 日

**中共中央转发“全民文明礼貌月”活动总结会议纪要并发出通知**

通知指出，建设高度的社会主义精神文明，是社会主义制度的一个必不可少的、极其重要的特征。“五讲四美”活动，以及“全民文明礼貌月”活动，学雷锋，义务劳动，军队的“四有、三讲、两不怕”等，都是我国人民在建设社会主义精神文明中创造的具体方法和形式，要充分肯定，不断充实和提高。这些活动本身也要逐步做到经常化、制度化，长期坚持下去。

**《人民日报》发表社论《抓好教育农村干部这件大事》**

在广大农村中，一些自然条件相差不多的社队，同样在中央的路线、方针、政策指引下，哪里有一个好的党委或支部，有几名作风正、事业心强、团结一致而又比较精明能干的干部，那里党的方针、政策就能够得到正确的贯彻执行，生产就能够比较快地发展，社会风气就比较好，群众就会越干越起劲，物质生活和文化生活就会逐步提高。反之，如果干部作风不正，领导班子涣散，甚至处于瘫痪、半瘫痪状态，那里的工作就不可能做好。

这就是说，有了正确的路线、方针、政策之后，就要全力抓教育干部的工作。

在推行和完善生产责任制的过程中，凡是对训练社队干部和建立干部岗位责任制这两件事抓得比较好的地方，各项工作就主动；没有抓好这两项工作的地方，就往往陷于被动，甚至出现某些混乱。

我们的大多数农村干部是好的和比较好的。长期以来，他们团结广大农民群众战斗在革命和生产建设的第一线，艰苦奋斗，作出了很大的成绩。同时，我们清醒地看到，有一部分干部不同程度地脱离群众，沾染了各种不正之风，极少数人甚至贪赃枉法，走上了犯罪的道路。对于违法犯罪分子要依法惩办；对于有不正之风的干部，要教育他们坚决纠正；对于绝大多数有这样那样缺点错误的农村基层干部，主要是教育问题。至于过去年代里在工作中所犯的一些错误，如强迫命令、瞎指挥、乱批乱斗等等，上级领导应负更多责任，应当主动承担责任，不要过多地责备下边的同志。

对于农村基层干部的思想教育，当前要集中解决两个问题：一个是极少数人不愿干的问题，一个是比较多数的人不会干的问题。

一部分社队干部、特别是大队和生产队的干部不愿干，有多方面的原因。有的是怕犯错误，怕挨批评，怕得罪人；有的认为当干部工作辛苦，收入少，吃亏；还有一些人对党的现行政策不很理解，甚至有抵触，这除了思想没有转过弯来以外，也往往是因为与个人利益发生了矛盾，……所有这些，归根到底都是由于没有摆正个人利益和党的利益、人民的利益的关系。根本办法是要提高全心全意为人民服务的觉悟。对于共产党员和党的干部来说，不管形势和任务发生了什么样的变化，永远不能忘记全心全意为人民服务这个根本宗旨，永远不能忘记个人利益要服从党的利益、服从人民的利益这一根本原则。对大多数群众有利的事，就要坚定地去干，即使个人遭受牺牲损失，也在所不计。实行农业生产责任制以后，大队、生产队的党员和干部当然要努力参加劳动，搞好自己承包的生产任务。但光做到这一点是不够的，还必须胸怀全局，为党的事业而献身。心，首先要扑在人民的事业上；眼睛，首先要盯在全大队、全生产队的生产和工作上；算盘，首先要为国家打，为集体打，为绝大多数人民群众的利益打。决不能只顾自己的小家庭，而不顾国家、集体这个大家庭。

为人民服务的观点加强了，愿干了，还要会干。

农村工作进入了一个大转变的新时期：在经营管理方式上，由过去的全国一个模式，高度集中统一，吃“大锅饭”，转变为因地制宜实行多种形式的生产责任制，“统”、“包”结合，按劳分配；在生产结构上，由过去孤立地抓粮食，搞单一经营，转变为同时大抓多种经营，从各地的实际情况出发，在保证完成国家计划任务、保证粮食生产稳步增长的前提下，广开生产门路，使农、林、牧、副、渔、工、商，互相促进，全面发展等等。在转变的过程中，面临着许多新情况、新问题、新任务，不仅要解决认识问题，还须解决一系列的实际问题。许多同志都深感自己的思想、知识和经验难以适应，“老办法不能用，新办法不会用”。大家都必须开动机器，多想办法，接受实践的再教育，发愤学习，提高思想理论水平、政策水平、文化科学水平和管理水平，改进工作方法，学会走群众路线，按经济规律和自然规律办事。要鼓励干部勇于从实际出发，勇于探索，勇于创造。实践本身就是伟大的学校。投身于实践，才能长知识，出才干。

要有计划地整顿基层组织和培训干部。现在大部分地区都办了训练班，要坚持下去。此外，建立干部岗位责任制，定期总结评比，严明奖惩，这对激励干部振作精神，奋发图强，克服懒散作风，很起作用，应该普遍推广，不断完善。

对基层干部生活上的困难应当关心，尽可能帮助解决，但不可片面地强调经济上的照顾，而忽视政治上的关心和帮助。对大队、生产队的干部给予一定的补贴是必要的,但补贴的人数不能过多,补贴的标准要规定得适当,一切要以群众拥护、不脱离群众为原则。

在大转变的新时期,到处都有保持和发扬党的优良传统和作风的好党员、好干部。他们克己奉公,关心群众胜于关心自己,肯于钻研,善于把党的政策同当地的实际情况结合起来,在工作中富于创造性。要广泛深入地宣传他们的先进思想和先进事迹,作为大家学习的榜样。

农村的党员、干部同志们,在新的历史时期内,要更加振奋精神,增强信心,虚心学习,为社会主义现代化建设事业作出新的更大的贡献!

**全国人口普查电话会议在北京召开**

国务院人口普查领导小组副组长郑思远在电话会议上要求各地抓紧做好人口普查的最后准备工作,保证胜利实现党中央、国务院关于高质量地完成普查任务的要求。

郑思远指出,现在离正式开始全国人口普查登记的时间只有一个月零几天了。省、市、地、县各级人口普查领导小组组长、办公室主任,从现在起,都要把主要精力集中在抓普查工作上,加强具体领导,及时发现问题、解决问题,具体指导各项普查工作。各级普查办公室的干部都要认真学习有关人口普查的指示、办法、细则和参考教材等,切实学懂、学会,要做到准确地、不走样地按照统一规定指导各项普查工作。少数县、市对普查工作重视不够的,或有些公社、大队等基层单位工作不大落实的,省、自治区、直辖市政府或者专员公署应采取措施尽快解决。

郑思远提出,在人口普查中要实行质量责任制,建立质量控制小组。各级人口普查领导小组组长,是普查工作质量的全面负责人,各级普查办公室主任,是质量控制工作实际执行的负责人。要自始至终抓质量。为了落实质量控制工作,省、地、县、市人口普查办公室都要设立质量控制小组,负责了解和反映质量情况,发现问题,及时解决。对质量优良的单位和个人,应给予表扬和鼓励。凡是未达到规定质量标准的,要返工重做。

郑思远强调要抓紧选调和培训好普查人员。他说,普查员和普查指导员,一定要坚持按条件选调,不能滥竽充数,不合格的要坚决退回。选调普查员的数量,城市一般每500人口配备1名;农村每三四百人口配备1名。普查员的训练,要按照参考教材规定的内容、时间和方法进行,不要随便减少训练内容和降低训练标准。普查指导员的培训,希望各地按照规定,由县、市一级统一组织进行,不要下放到公社、街道去办,以保证培训质量。普查员必须对工作认真负责,要树立一丝不苟、严格按照规定办事的严谨作风。在普查登记中,向申报人提问时要讲究文明礼貌。

郑思远希望各地切实抓好人口普查宣传月活动。他要求各企业、事业、机关、学校的负责人亲自对本单位全体职工进行宣讲,除注意宣传人口普查的意义外,还要针对群众中存在的某些思想顾虑,做好宣传解释工作,特别是做好各户申报人的思想工作。

郑思远还谈到,普查前应当有重点地核实一次户口、复查地址编码、把好普查登记和编码质量关、节约办普查等问题。各省、自治区、直辖市人口普查领导小组组长、办公室主任等参加了电话会议。

**国务院批准深圳经济特区成立股份有限公司筹资建设赤湾港计划**

这是我国经济改革中一项有意义的尝试。

由香港招商局、深圳特区发展公司、南海油田东部公司、香港中国银行、香港华润公司等单位,以及部分外资企业联合组成中国南山开发股份有限公司,由公司负责筹措建港资金和承担建港任务,以及南山半岛划定地区的土地开发工作等。这个公司的董事会最近即将宣告成立。

赤湾港的兴建在经济上具有重要的意义。这个港位于珠江口东侧,靠近南山半岛,左岸有狮山,右岸有虎山,是当年林则徐扼守珠江口虎门要塞的第一道防线。这里有长达两公里的深水海岸线,适合建设深水码头。从这里走水路到香港中区只有20海里,距广州约80海里。赤湾港的兴建,将为珠江口油田的勘探、开发提供良好的后勤基地,为深圳特区建立国内外海上航线提供港口,同时将为华南两广地区发展对外贸易提供新的口岸。

**全国冶金系统电话会议在北京召开**

李东冶说冶金企业要从提高综合经济效益出发,按时按质按量完成合同任务。

李东冶在电话会议上通报了4个月来冶金工业在生产、基建、科研、整顿企业等方面取得的成绩之后指出,当前存在的问题主要是:钢材合同完成得不够好,钢厂钢材库存有所上升,部分企业产品质量有所下降,有些消耗指标和可比产品成本有所上升。因此,今后8个月首先要从提高综合经济效益出发,按时按质按品种按量完成合同任务。

李东冶说,对冶金企业来说,讲求经济效益,关键在于要以较少的能耗和金属料消耗生产出质量优良、适销对路的产品。现在多数企业注意了这个问题,但也有一些企业对本单位的局部利益考虑多,从国家整体利益出发来考虑综合经济效益不够。比如,有的企业不用保温帽而用敞口模浇注8寸镇静钢,明知不能保证质量,却仍继续生产。有的企业明明有生产能力,却不愿接受国家急需、但利润低的产品的生产任务。这样做,即使企业利润有所增加,但从全局来看是不足取的。

李东冶说,质量不好,品种不对路,就谈不上经济效益的提高。在生产形势好转、产品供不应求时,更要重视产品质量。要根据用户需要,进一步修订产品标准,搞好服务工作。各单位都要对今年以来的生产情况作一次全面分析,特别要检查一下完成国家计划、产品质量方面存在的问题,订出措施,加以改进。

李东冶说,实现今年利润计划,要设法降低成本。要在不增加煤、电和钢厂钢材库存的条件下,努力增产市场需要的产品,实现增产增收;要注意节支增收,把工作重点放在降低成本上。在这方面,已有一批重点企业和地方骨干企业取得了较好成绩,但成本超支的企业还为数不少。这些单位要逐项分析成本超支的原因,采取措施把成本降下来。

**国务委员姬鹏飞在人民大会堂会见以朝鲜文学艺术总同盟中央委员会副委员长赵灵出为团长的朝鲜文学艺术总同盟代表团**

**中办 国办发出紧急通知要求全国各剧场电影院影剧院和礼堂俱乐部6月1日免费向孩子们开放**

这一紧急通知是根据陈云同志建议发出的。

通知说,少年儿童是党、国家的未来和希望,各级党委、人民政府、机关企业、团体,今后都要重视对少年儿童的培养教育工作,采取各种有效措施,切实地、逐步地解决少年儿童的文化活动的场所,丰富活动的内容和形式,以带动全党和整个社会都来关心少年儿童的健康成长。通知要求,"六一"期间要切实组织好文艺演出和电影放映工作。

**林业部教育部联合发出的《关于东北、吉林、内蒙古林学院试行面向林区招生的通知》**

通知指出,上述三所林学院的林业专业今年试行面向林区招收部分林业职工及其子女的办法。为了从根本上提高林区中小学教育质量,东北林学院师范部所设各专业,也应在黑龙江、吉林、内蒙古林区招生。这些学生参加全国统一考试,如按当地规定的录取分数线完不成招生计划时,可适当降低一到两个分数段,择优录取。学生毕业后,一般回原林区工作。

**1981年好新闻照片评选在北京揭晓**

评选结果是:有7幅(组)作品和5个报纸刊用照片版面获奖,8幅(组)作品受表扬。在去年首都新闻摄影展览中获奖的21幅1981年的作品,这次获得荣誉奖。

获奖和受表扬的作品,是从全国52个单位送来的336名作者的400余幅稿件中遴选评定的。

7幅获奖作品是:《胡耀邦和叶剑英同志在纪念中国共产党六十周年大会上》(吕相友摄)、《祖国母亲欢迎你们》(舒野摄)、《华北某地军事演习中受阅的导弹方队》(柳成行摄)、《当大雾弥漫的时候》(一组,俞新宝摄)、《我们的老师像妈妈》(李军摄)、《穿着新制校服进校门》(王瑶摄)、《卡特在中国》(一组,李生南摄)。

5个获奖的报纸照片版面是:《人民日报》1981年11月9日头版头条《鲁西北地区棉花大丰收》《中国青年报》1981年10月13日头版《英雄奋战宝成线,抗灾抢险创奇迹》《北京日报》1981年11月17日头版《我女排夺得世界冠军》《中国日报》1981年9月22日头版《龙羊峡水电站在洪水中继续施工》《解放军报》1981年12月12日《向"爱国拥军模范"赵趁妮学习》。

这次评选活动,是由中华全国新闻工作者协会、北京新闻学会和《新闻战线》编辑部联合举办的。

## 5月29日

**中共中央 全国人大常委会 国务院在北京举行仪式纪念宋庆龄逝世一周年**

纪念仪式在宋庆龄名誉主席故居的庭园里举行。

邓颖超、全国人大常委会副委员长乌兰夫、余秋里、彭冲、陈慕华、万里、习仲勋、王任重、胡乔木、廖承志、阿沛·阿旺晋美、许德珩、史良、杨尚昆、班禅额尔德尼·确吉坚赞、朱学范等党和国家领导人,以及各方面的人士共600多人,出席纪念仪式并参观了宋庆龄故居和在故居陈列的宋庆龄同志事迹展览。

全国人大常委会副委员长廖承志在纪念仪式上讲话。

邓颖超为"中华人民共和国名誉主席宋庆龄同志故居"横匾揭幕。

**全国人大常委会副委员长廖承志在纪念宋庆龄同志逝世一周年仪式上的讲话**

全文如下:

中华人民共和国名誉主席,举世闻名的爱国主义、民主主义、国际主义、共产主义的伟大战士宋庆龄同志,与世长辞已经一年了。宋庆龄同志伟大的革命精神,崇高的道德情操,为国家为人民立下的丰功伟绩,永远镌刻在我们的心中。今天,我们以对她无限崇敬和怀念的心情，在这里隆重集会，举行宋庆龄同志故居揭幕典礼。

1949年9月，宋庆龄同志接受中共中央的邀请，从上海抵达北京，共商建国大计。自此以后，她经常在这里居住，勤奋地工作、学习和生活，进行了大量推动我国社会主义建设事业和促进世界和平的卓有成效的工作。一处小小的居处，把宋庆龄同志同中国各族人民、同世界各国人民紧紧地联系在一起。在这里，她孜孜不倦地工作了20多年，直至生命的最后一息。她的心脏是在这里停止跳动的。这里的大量文物，是宋庆龄同志献身伟大革命事业的真实记录，其中许多是中国近代和现代革命历史的有力见证。为了使宋庆龄同志的伟大革命精神更加发扬光大，让人民世世代代纪念她，学习她，把这里命名为"中华人民共和国名誉主席宋庆龄同志故居"。

在宋庆龄同志故居揭幕的庄严时刻，我们更加怀念海峡对岸的台湾骨肉同胞。宋庆龄同志生前一贯热切盼望完成祖国统一大业，并为此做了许多有益的工作。我们高兴地看到，叶剑英委员长提出的九条方针，在台湾的1800万同胞中发生了越来越深远的影响。完成统一祖国的大业是包括台湾同胞在内的全中国各族人民的共同愿望和神圣职责。我们相信，这是一定能够实现的。我们热烈欢迎在港澳、台湾和在国外的孙中山先生的亲朋故旧、宋庆龄同志的生前友好以及盼望祖国统一、强盛的一切有识之士和各国朋友们，都有机会来到这里瞻仰宋庆龄同志的革命事迹，和我们一起纪念和缅怀宋庆龄同志。

宋庆龄同志生前热烈期待着我们社会主义祖国更加繁荣昌盛。现在我们可以告慰于敬爱的宋庆龄同志的是，党的十一届三中全会以来的路线、方针、政策和十一届六中全会的决议，正在得到进一步的贯彻实施，我国的社会主义现代化建设事业，在不断地取得新的胜利。让我们紧密地团结在党中央的周围，为完成统一祖国的神圣大业，为把我国建设成为高度民主、高度文明的社会主义现代化强国，奋勇前进！

**宋庆龄基金会在北京成立**

基金会由邓小平同志任名誉主席，康克清同志任主席，廖承志同志任顾问，汪志敏同志任秘书长。基金会办公地点设在宋庆龄同志北京故居。

**中国交通运输协会在北京成立**

国务委员兼经委主任张劲夫、副主任袁宝华出席成立大会并讲话。

出席大会的100多名理事，一致选举国家经委顾问郭洪涛为协会会长，叶林、赵文普、钱永昌、岳志坚为副会长，特聘请马洪、梅行为顾问。

经国家委批准成立的交通运输协会，是组织交通运输的理论研究和交流推广实践经验的群众团体。它将组织运输行业的有关部门、企事业单位，研究有关发展交通运输业的具体方针、政策和重大措施，促进各种运输方式的综合发展和合理利用，并为交通运输企事业单位提供咨询服务。

**国务院副总理姚依林在人民大会堂会见墨西哥公共教育部部长费尔南多·索拉纳·莫拉莱斯**

姚依林对中墨两国友好合作关系在政治、教育、文化等领域的发展表示满意。他赞扬墨西哥政府为培养中国留学生所做的努力。索拉纳说，墨中两国在教育方面的合作是富有成果的。他表示，墨西哥愿意为中国培养更多的留学生。

**电子工业部一四四八研究所研制中文输入计算机获得成功**

据《人民日报》报道，这种中文输入计算机在键盘设计上使用汉字偏旁部首编码法，只用98个偏旁部首键盘和17个控制键，就可将4164个常用汉字输入计算机处理，简单易学，有一般文化程度的非专业人员都可以操作。长沙市科委最近主持召开的技术鉴定会认为，这套中文信息处理系统操作简单方便，有广泛使用价值。

**国务院学位委员会在北京召开硕士学位授予工作座谈会**

座谈会要求指导教师坚持标准，严格把关，把硕士学位授予工作做得更好。

**纪念《中国日报》创刊一周年茶会在北京举行**

中共中央宣传部副部长郁文在茶会上讲话。他说，《中国日报》创刊以来受到各方面的好评，说明出版这张报纸是适应了客观的要求，满足了广大读者的需要。他希望《中国日报》的工作同志百尺竿头更进一步。

**国务院副总理万里在中南海紫光阁会见荣获第十二届国际羽毛球锦标赛(汤姆斯杯)冠军胜利归来的中国羽毛球队全体成员**

万里同志说，这次你们夺得汤姆斯杯，第一次在汤姆斯杯上刻上了中国的名字，这是80年代我国体育战线的又一次重大胜利，全国人民都很高兴。体育比赛关系到国家的声誉，不论什么项目的运动员在国际比赛中都要为国争光。

万里同志对王文教、陈福寿、侯加昌等同志说，你们是50年代和60年代先后从印度尼西亚回国的华侨，是我国最早的一批羽毛球运动员，在国际上曾赢得很高声誉。现在你们都当教练了，培养出了新人才。这次中国羽毛球队夺得世界冠军也有你们的功劳。万里同志还谈到我国羽毛球女队，说她们也很了不起。

万里同志最后勉励大家说，印尼是羽毛球大国，在羽毛球运动方面是我们的老大哥，你们要向他们学习；还要向丹麦、马来西亚等国运动员学习。你们要继续努力，刻苦训练，争取今年在印度举行的亚运会上取得好成绩，保持世界冠军的荣誉。

## 5月30日

**全国人大常委会副委员长乌兰夫 国务院副总理万里等党和国家领导人在人民大会堂同京津少儿代表座谈**

乌兰夫、万里、习仲勋、谷牧、杨得志、胡乔木、姚依林、薄一波、康克清等领导同志在人民大会堂亲切会见北京、天津300名少年儿童代表，并同他们举行座谈，一道欢庆“六一”国际儿童节。

胡乔木同志说：“你们年纪这样小，就懂得了要为人民服务，做了很多很好的事情。你们不愧是我们国家和社会的小主人翁。我们国家和社会有了像你们这样的小主人翁，前途就是无限光明的。全国的少年儿童应该向你们学习，全国的大人包括我们在内也要向你们学习。我们应该担负起这样的责任：保证你们健康地成长。”

薄一波同志在讲话中希望小朋友要自幼就培养起爱国主义和国际主义的情感；要培养起好的品德，勤劳动，守纪律，爱集体，助人为乐；要爱文化，爱科学，肯学习，善钻研，做有知识、有本领的革命事业接班人；要注意锻炼身体，讲究卫生，使自己能健康成长。他说：“儿童是祖国的花朵，希望你们把祖国的大花园装点得更美丽、更好看。儿童是祖国的未来，希望你们把明天建设得更美好、更壮观。”

杨得志和乌兰夫同志在讲话中希望小朋友们继续努力，巩固和发展已有的成绩，前进、再前进！

北京市崇文小学学生刘禹代表全体少年儿童向党中央表示：请伟大的党和亲爱的祖国放心，我们一定听党的话，永远跟党走，好好学习，天天向上，做共产主义的接班人。

座谈会由中共中央办公厅主任胡启立主持。有关部门和北京市、天津市负责人荣高棠、韩英、周鹏程、郭力文、胡德华、张承先、张文松、白介夫、郭春原出席了座谈会。

**国务院成立水土保持工作协调小组**

工作协调小组由水电部、国家计委、国家经委、农牧渔业部、林业部的负责人组成，钱正英任组长。协调小组办公室设在水电部，负责日常工作。协调小组的主要任务是：研究和贯彻水土保持工作的方针、政策；督促各地执行水土保持工作的有关法规、条例；组织交流防治水土流失的经验；协调较大范围的水土保持勘查、规划和科学研究；定期研究解决水土保持工作中的重大问题。

国务院办公厅在发出成立全国水土保持工作协调小组的通知中说，农业、林业、畜牧、农垦、水利电力、铁道、交通、科学研究等有关部门，要把各自应该承担的水土保持任务列入职责范围，明确主管单位，切实做好工作。各级　政府要加强对水土保持工作的领导，现有水土保持机构不能削弱，以保证水土保持工作的顺利开展。

**工商行政管理总局有关负责人就继续发展城镇个体工商业满足社会需要向记者发表谈话**

工商行政管理总局有关负责人对新华社记者说，我国城镇个体工商业还需要继续扶持和发展。今后应该大力发展个体手工业、修理业、服务业和具有地方风味的饮食业，以满足社会各方面的需要。

这位负责人说，党的三中全会以来，我国城镇个体工商业得到了恢复和发展。到1981年年底，全国城镇已有83万户、101万人从事个体手工业、商业、饮食业、服务业、房屋修缮业和交通运输业，这个数字相当于1978年的6.2倍。他们在沟通商品流通、活跃市场、方便人民生活等方面发挥了积极作用。在这些个体工商业中，待业青年的比重增加，去年全国有20多万待业青年从事个体工商业。

工商行政管理总局有关负责人说，目前在发展个体工商业中，存在一些问题，如经营场地得不到保证，有关部门向个体户收费的较多，而且比较乱，影响了个体工商业者的经营积极性，也有的地方对个体工商业的正当经营支持、保护得不够，今后要努力解决这些问题，同时加强领导和管理，促进个体工商业的健康发展。

**渤海油田中日合作区第一口详探井获得高产油流**

这口详探井是在渤海南部BZ28—1构造上钻探的。这口详探井于去年12月8日开钻，今年4月6日完钻，井深3990米。经过对3131米至3170米井段进行测试，折算日产原油390吨、天然气70800立方米。

**辽宁发现一大型铁矿**

据《人民日报》报道,辽宁发现一大型铁矿,矿石储量达1.5亿多吨,矿体分布集中,便于开采,矿石含铁量比较高,属于容易进行选矿的磁铁矿。新发现的大型铁矿床位于我国钢都鞍山东北58公里的灯塔县棉花堡一带。

**全国妇联主席康克清在人民大会堂会见以斯里兰卡议会议员兰努卡·赫拉特夫人为团长的斯里兰卡妇女代表团**

**我国首次贝雕画 石雕产品评比活动在江苏连云港结束**

大连、青岛、连云港贝雕厂分别获得贝雕画评比总分前三名,8幅贝雕画和8件石雕作品获得优秀创作设计奖和优秀作品奖。

来自全国16个省、自治区、直辖市的600多件作品参加了评比。连云港市贝雕厂制成的贝雕画《双面异色贝雕屏》获优秀创作设计奖。

**中国最大的肿瘤科研医疗教学中心在北京建成**

中国医学科学院肿瘤研究所、肿瘤医院将成为我国最大的肿瘤科研、医疗和教学中心,着重开展病因癌变机制的研究,努力提高肿瘤诊断治疗水平,以及培养研究生、进修生等。在占地面积约91000多平方米的这片建筑群中,15层的科研楼设有12个基础理论研究室,以及专业图书馆、情报室和电子计算机室。旁边是12层的病房楼,有600张病床。这里的手术室可同时容纳14位患者进行手术治疗。在医疗区内还有同位素楼、放射楼和门诊楼。另外还有试验动物楼和解剖楼。

## 5月31日

**全国人大常委会委员长叶剑英在北京会见李汉魂吴菊芳夫妇**

叶剑英和李汉魂是第一次国内革命战争时期同在革命军中共过事的老相识。叶剑英在询问了李汉魂先生的健康状况和家庭情况后说,你们远道而来,使人兴奋。我们几十年没有见面了,现在相会,感到特别愉快,希望你们今后再来。

**全国政协主席邓小平在人民大会堂会见李汉魂吴菊芳夫妇一行**

邓小平说,您这样高龄还回国来看看,我们表示热烈欢迎,也欢迎你们全家成员都回来看一看。李汉魂夫妇对邓小平会见他们表示感谢。

**国务院副总理万里在北京参加中纪委会议并发表讲话**

万里说,中共中央各直属机关和中央国家机关各部委的机构改革工作已经大体完成,各单位现在要把打击经济领域里严重犯罪活动的斗争认真开展起来,以改进党风、政风,保证社会主义现代化建设事业的顺利进行。

万里指出,党中央和国务院今年以来抓的几项主要工作,包括机构改革,打击经济领域里的严重犯罪活动,开展“五讲四美”活动、搞好社会主义精神文明建设和整党,都是为了一个目的,即把我国建设成为一个高度民主的、高度文明的现代化的社会主义国家。前一段,中央各机关因为忙于进行机构改革,没有来得及把打击经济领域严重犯罪活动的斗争很好开展起来。从现在起,中央各机关都要重新学习《中共中央、国务院关于打击经济领域中严重犯罪活动的决定》,提高对开展这场斗争的重要意义的认识。要检查一下在这方面已经做了哪些工作,还有哪些没有做,今后怎样把它抓紧抓好。要认真做好思想教育工作,严肃对待大案要案,善于总结经验,健全各项制度,堵塞漏洞。

万里说,要有力地开展这一斗争,关键是各个单位的党委、党组一定要看到资本主义思想腐蚀对我们党所造成的危害,看到经济犯罪活动对我们正确执行对外开放、对内搞活经济政策,顺利进行社会主义现代化建设所造成的危害。要态度坚定,认真纠正某些党组织的软弱涣散状态。他要求中央机关的所有共产党员,都要经常想一想是否保持了共产党员的共产主义纯洁性;是否在全心全意地为人民服务;人民给我们的权力,我们是用到了为人民谋利益上,还是用到了为个人谋私利上。他指出,有个别人利用人民给的权力来营私舞弊、贪赃枉法,那是党纪国法所不允许的。

万里强调要通过这一斗争来认真端正党风、政风。他还要求中央各机关的新的党委、党组坚持民主集中制的原则,努力恢复和发扬党的理论联系实际、密切联系群众、批评与自我批评的三大作风,把一切为了人民的利益作为衡量是非、处理问题的唯一标准,扎扎实实地推动社会主义现代化建设事业不断向前发展。

中共中央纪委副书记王鹤寿主持了这次会议。

**第一次全国邮政优秀投递员表彰大会在北京开幕**

会议由邮电部和中国邮电工会全国委员会联合召开。出席这次大会的有全国邮政部门评选出的优秀投递员104人,以及各地邮电管理局和邮电工会的负责人、首都报纸杂志负责人等共900多人。

邮电部副部长成安玉主持开幕式。邮电部部长文敏生、中宣部顾问廖井丹和邮电工会主席鲁文出席会议,并先后在会上讲话,向出席大会的104名优秀投递员表示热烈祝贺,向全国邮电职工致以亲切慰问。

文敏生在讲话中指出,城乡投递工作是与人民群众接触最多的一个工种,现在群众反映短报缺刊、积压延误邮件的问题相当普遍;少数职工不遵守通信纪律和劳动纪律,使报刊收订不上来,信报投递不出去;极少数人违法乱纪,给用户造成严重损害。他要求邮电部门职工向这次评选出来的"优秀投递员"学习,学习他们全心全意为用户着想、一切从方便用户出发的好思想、好作风。他提出,各级邮电部门要把改善邮电通信服务工作提高到关系两个文明建设的高度来认识,要发扬为人民服务、对人民负责的精神,要努力提高邮电职工的文化业务技术水平,要全面整顿企业。

廖井丹称赞这次评选优秀投递员的活动,认为这是发动群众帮助、督促邮电部门搞好工作,通过选模范、树标兵,激励人人向上的一个好办法。他说,党的十一届三中全会以来,邮电部的成绩是有目共睹的,工作是得到人民群众尊重的,但是也要看到,我国的邮电通信设备还很落后,仍然是国民经济中的薄弱环节;在全国城乡邮电服务工作中也有不少问题需要改进。他希望邮电部门广大职工,认真学习马列主义、毛泽东思想,认真学习中央指示,努力学习科学文化和业务知识,深入持久地开展五讲四美活动,提高共产主义思想觉悟和业务水平,更好地为人民群众办好邮电事业。

会上,哈尔滨市道里支局刘福明、新疆维吾尔自治区塔什库尔干邮局阿克拉莫、辽宁省盖县小石硼子支局赵吉祥、南京市邮政局禹正秋和河南省柘城县邮电局余永才五位优秀投递员先后介绍了他们做好投递工作的先进思想和先进经验。

**四川泸州长江大桥合龙**

据《工人日报》报道,泸州长江大桥是中国目前最长的公路大桥,主桥全长1255.6米,共12墩两台,是预应力钢筋混凝土"T"字形结构。3个主桥孔跨度为170米。南北两岸引道长近7公里。这座桥是按长江百年一遇的特大洪水设计的,主桥高出最枯水位45米,在最大洪水期,桥下可通行7000吨位的轮船。

**农牧渔业部发出《全国农作物品种审定试行条例》**

农牧渔业部为了加强农作物品种管理,加速利用育种新成果,有计划地推广优良品种,促进农业生产发展,特制定《全国农作物品种审定试行条例》,于今年5月颁发实行。

试行条例中的规定摘要如下:

——国家和省、自治区、直辖市分别设农作物品种审定委员会。地、县可根据需要设农作物品种审查小组。

农作物品种审定委员会由农业行政部门、种子推广部门(种子站、种子公司)、农业科学研究单位、农业院校、农民育种家和粮食、纺织、标准等有关单位的代表组成。

——农作物品种审定委员会的任务:1.制定有关农作物品种审定工作的规章、制度、办法。2.审定新品种包括其经济效益、适应地区以及相应的栽培技术。3.领导和组织品种区域试验、生产试验工作。4.对已推广的品种和新品种的示范、繁育、推广工作提出建议。

——全国农作物品种审定委员会负责审定跨省推广的新品种。省、自治区、直辖市审定委员会负责审定本省、自治区、直辖市育成或引进的新品种。

——农作物品种区域试验和生产试验应按自然区域布点进行。

——全国农作物品种审定委员会审定的品种,由主持全国区域试验和生产试验单位推荐。经审定通过为可以推广的品种,由全国农作物品种审定委员会发给品种审定合格证书。由农牧渔业部正式公布。各省、自治区、直辖市审定通过为可推广的新品种,由省、自治区、直辖市农业厅(局)公布,并报全国农作物品种审定委员会备案。

经审定推广的新品种,在生产上有显著增产效果,对其选育(引种)、区域试验和生产试验、繁育推广工作作出显著成绩的单位或个人,由农作物品种审定委员会向有关部门推荐,给予奖励。

——未经审定或审定未通过的品种,不得推广,不得申请报奖,不得在报刊、电台宣传。擅自推广,在生产上造成损失者,申报材料弄虚作假者和窃取成果者,酌情予以惩处。

**全国人大常委会在人民大会堂设宴欢迎美国参议院多数党领袖小霍华德·贝克**

廖承志说:"中美关系的发展不仅符合两国人民的根本利益,而且有利于亚洲和全世界的和平与稳定。正因为如此,中美建交受到了两国人民的热烈欢迎。"

他指出:"现在,中美关系的发展受到严重阻碍,两国人民对此深为关切。我们相信,只要国际关系准则得到切实的遵守,两国间存在的严重分歧就不难得到解决。"

贝克参议员在讲话中希望他的这次访问能对加强美中之间的联系起到作用。他说:"尽管美中之间现在还存在着分歧，但我相信，只要我们双方互相谅解并具有决心，这些分歧是能够得到圆满解决的。”

贝克说：“作为美国参议院多数党的领袖，我可以向你们保证，我的大多数同事都强烈支持我们两国继续发展友好关系。”

**国务委员姬鹏飞在北京会见中非共和国青年体育艺术文化部长加斯东·冈波尔**

**全国人大常委会副委员长班禅额尔德尼·确吉坚赞在北京会见由奈良市前市长 市政治经济研究会名誉会长键田忠三郎率领的日本奈良市亚洲政治经济研究会友好访华团**

**北京邮电学院聘请美籍学者郑钧为名誉教授**

副院长王锡祥在仪式上致辞，并将北京邮电学院名誉教授证书和校徽授予郑钧博士。邮电部副部长成安玉等出席了受聘仪式。

郑钧博士祖籍江苏宜兴，于1938年在上海交通大学获电机工程学士学位，1943年赴美求学，相继在哈佛大学获得科学硕士和博士学位，1948年至今为美国锡腊丘斯大学电器和计算机工程系教授。

郑钧博士在电磁场理论、天线、通信和信号处理系统等方面造诣很深，先后发表论文百余篇，研究报告60余篇，曾七次获得美国电器与电子工程师协会最佳论文奖和中国工程师学会成果奖等。

**国内外儿童图书展览在北京开幕**

展览共展出国内外中外文儿童图书3000多种。其中包括23个省、自治区、直辖市提供的1800多种优秀的儿童图书，香港提供的300多种图书，以及日本、英国、西德、法国、美国和瑞士等国人士和单位提供的1300多种。这次展览由全国少年儿童文化艺术委员会、中国图书进出口总公司和中国美术馆联合举办。

**卫生部在北京召开全国学生口腔保健工作座谈会**

龋齿和牙周病是儿童少年常见病，对儿童少年的发育和健康有很大影响。座谈会提出：第一，必须广泛开展口腔卫生宣传教育，普及口腔卫生知识，家庭、学校、社会要共同培养学生良好的口腔卫生习惯。第二，强调“预防为主”，采取各种措施降低口腔病的发病率。第三，实行防治结合，力争中小学生每1—2年普查普治一次。第四，加强领导，充实力量。

**杨联康徒步全程考察黄河到达黄河入海口**

地学工作者杨联康历时315天，于5月31日上午10时胜利到达黄河入海口。杨联康自去年7月19日从北京到了河源地带，21日开始顺流而下，进行徒步考察，历经9个省和自治区的108个县，行程1.1万里。

## 6月1日

**首都少年儿童和在京的外国小朋友在人民大会堂欢度“六一”儿童节**

党和国家领导人乌兰夫、张廷发、耿飚、倪志福、彭冲、陈慕华、赛福鼎、王任重、谭震林、李井泉、阿沛·阿旺晋美、许德珩、胡厥文、史良、杨尚昆、班禅额尔德尼·确吉坚赞、朱学范、姬鹏飞，同小朋友们一起联欢。

乌兰夫在会上讲话，希望中国小朋友们好好学习、天天向上，争做三好学生。

中共中央军委常委韩先楚，全国政协副主席刘澜涛、康克清、胡愈之、王昆仑、何长工、萧克、程子华、杨秀峰、包尔汉、钱昌照、董其武，有关方面负责人何东昌、韩英、段君毅、焦若愚、贾庭三、刘导生、白介夫、雷洁琼等，也同中外小朋友们一起联欢。

**《人民日报》发表社论《培养关怀儿童少年的社会主义美德》**

今天是“六一”国际儿童节。我们祝全国各族儿童少年节日快乐，并向精心培育祖国花朵的园丁们，向为下一代健康成长而操劳出力、倾注心血的同志们，致亲切的慰问。

自从去年上半年党中央发出加强儿童少年工作的指示和今年开展社会主义精神文明建设的活动以来，儿童少年工作出现了前所未有的好局面。做好这一工作的重大意义，已经为更多的人们所认识。广大儿童少年工作者精神振奋，更加热爱本职工作。全国妇联把抚育、培养、教育3亿以上的儿童少年，作为自己的工作重点，为发展托幼事业，普及科学育儿知识，并在协调有关单位共同做好儿童少年工作等方面，作出了富有成效的努力。不少单位、团体和个人出钱出力为孩子们切切实实办了很多好事。有关儿童少年工作的部门、团体间的协作加强了，孩子们需要的物质和精神产品有了较大幅度的增长。学校、社会、家庭三结合，共同关怀儿童少年。一些离休退休或退居第二线的老干部、老战士、老教师、老工人，一些优秀的共产党员、共青团员，积极投身到培育儿童少年的队伍中来，为下一代的健康成长贡献力量。由于各方面的努力，广大儿童少年的道德风貌有了可喜的变化。在今年3月的全国第一次文明礼貌月中，亿万儿童少年学雷锋，做好事，刻苦学习文化知识，打扫街道里弄，宣传卫生知识，植树种草，美化环境，呈现出一派蓬勃向上的景象。我们充分肯定一年来所取得的成绩，同时也看到，工作进展还很不平衡，问题还不少，要形成整个国家、整个社会都关怀儿童少年健康成长的优良风尚，还需要以更大的努力，克服困难，再接再厉，乘胜前进。

我们党、我们民族和国家的前途，在很大程度上取决于儿童少年的成长情况。他们现在是建设社会主义和共产主义的预备队员，将来是建设社会主义、共产主义的突击队员和先锋队员。在德、智、体各方面给儿童少年打下良好的基础，他们才能成长为合格的接班人。每一个父母都希望自己的孩子健康成长。儿童少年工作做得好不好，关系到千家万户，牵动着亿万父母的心。人们称赞这项工作做得好的单位和地区是“抓好了一代人，三代人都高兴”。我们一定要响应党的号召，把下一代培养成为有理想、有道德、有知识、有体力，立志为人民、为祖国、为人类做贡献的新人，使共产主义事业后继有人，代代相传。

各级党委要加强对儿童少年工作的领导，把抚育、培养、教育儿童少年作为建设社会主义物质文明和精神文明的基础工作来抓。要进一步动员和组织各机关、企业、群众团体、城镇街道和农村社队，从各自的岗位做好这项工作。在城镇，要大力发展托幼事业，解决“入托难”问题，培训保教人员，改善托幼园所的条件，增办儿童校外活动场所。在农村，要发展方便群众的各种形式的托幼组织，教育家长送学龄儿童入学，制止中途退学。对边远地区特别是少数民族地区儿童的保健和教育，要给予更多的关怀。文化、出版部门要为儿童少年多提供丰富有益的精神食粮。工、商部门要为儿童少年生产和提供更多廉价优质的生活用品。重视儿童少年工作，不能停留在会议上和口头上，也不能节日来了抓一阵子，节日过去了就放松。要有扎扎实实的行动，一件件地办实事。要舍得为下一代费力气，花本钱。我们的财经还有困难，但只要各方面通力协作，还是能够挤出一些人力、物力和财力，本着勤俭办事的原则，为儿童少年多办几件好事的。

要正确理解并进行早期教育。许多做父母的都想早一些对孩子进行教育，但缺少儿童心理学和生理学方面的知识。有的偏重智育，忽视德育和体育。有的只注意孩子的身体健康，不注意孩子的德育、智育，以为等孩子长大了再教育不迟。因此，要采取多种方式，包括运用现代化的宣传工具，广泛宣传如何对儿童进行早期教育，帮助家长学一点有关知识。教育、卫生工作者和科研人员，要加强研究工作，多编写对儿童进行正确的抚养、管理、教育的通俗读物。

毛泽东同志早就要求我们：“好生保育儿童”，“为教育新后代而努力”。现在，党中央又一再号召全党全社会重视儿童少年的健康成长。关怀下一代是社会主义的美德，是建设社会主义精神文明的一项重要任务。我们一定要切实保障儿童少年的合法权益，大力表彰全心全意为下一代服务的好人好事，把为孩子办好事的做法坚持下去，形成制度，形成整个国家、整个社会都关怀儿童少年健康成长的优良风尚。

**《人民日报》发表胡耀邦1959年10月18日在庆祝北京市建立少年先锋队10周年大会上题为《预备队的光荣任务》的讲话**

亲爱的少先队员们：

在你们庆祝建立少年先锋队10周年的大会上，我代表共青团中央向你们问好！

十年前，你们有的还在妈妈的怀里。现在，你们戴上了红领巾，成了一名光荣的少先队员，成了祖国和毛主席的好孩子，这的确是一件值得庆贺的事情。

你们知道，摆在我国人民面前的是一个极其伟大的事业，这就是建设社会主义和共产主义。为了实现这个事业，要有坚强的战士，要把队伍组织起来，要把人训练好。

你们又知道，我们的国家有建设社会主义和共产主义的各种各样的队伍。我在这里只讲这样三支队伍：第一支是伟大而光荣的中国共产党。这是领导我国人民建设社会主义和共产主义的先锋队。第二支是我们战斗的共产主义青年团。这应该是一支不知疲倦、不怕任何困难，为建设社会主义和共产主义而英勇奋斗的突击队。第三支就是你们的少年先锋队。你们这支队伍，我想应该是一支为建设社会主义和共产主义而积极进行准备的预备队。

为什么说你们是建设社会主义和共产主义的预备队呢？这是因为你们现在年龄还小。但是，我希望你们不要因为年龄小而小看自己。你们应该这样想：现在，我是小孩，不久我就会成长为大人；今天，我是建设社会主义和共产主义的预备队员，明天，我应该成为建设社会主义和共产主义的突击队员，后天，我还应该成为建设社会主义和共产主义的先锋队员。

为了不小看自己，我希望你们都要了解你们现时的任务。什么是你们现时的任务呢？这就是党和毛主席所号召你们的：好好学习，天天向上。

怎样才算好好地学习呢？应当好好地学习些什么东西呢？我认为：第一，应当学习知识。第二，应当学习劳动。第三，应当学习为人民服务的共产主义精神。

建设社会主义和共产主义，既然是人类历史上空前伟大的事业，也必然是人类历史上空前艰巨复杂的工程。有什么办法能够在这个艰巨复杂的工程中贡献自己的力量呢？最重要的办法就是从系统的读书中去获取知识。我们这一辈的许多人，因为小时候被旧社会剥夺了读书的机会，所以现在在参加社会主义建设中就遇到了知识不足的困难。你们就不同了。我们的党和国家，已经为你们创造了一个非常好的学习条件，你们都可以上学校读书。我们国家现在有8600万少年儿童在学校里读书。希望你们不要辜负党和国家的期望，从小就用功读书，从小就养成读书的习惯，用丰富的知识把自己的头脑武装起来。

光有知识还不够，还要有为建设社会主义和共产主义而劳动的意愿和决心。你们知道吧，全世界共产主义的导师马克思、恩格斯、列宁、斯大林和我们的毛主席，都主张一个人从小就参加一些轻微的短时间的劳动，以便自幼养成劳动习惯，促进身心发育。几年来，特别是这两年来，你们响应党和毛主席的号召，做了一些自我服务的劳动，帮助家庭做了一些家务劳动，参加了学校里小工厂、小农场的劳动，还做了一些力所能及的社会公益劳动。由于你们参加了这样一些劳动，我们的敌人很不高兴，他们讥笑说，新中国的儿童还要劳动哩。我们应该怎么回答他们呢？我们应该这样来回答他们：是的，我们从小就参加了劳动，在我们看来，这是一件光荣的事情！你们这些帝国主义分子，你们这些地主和资本家，是不劳动的，你们专靠侵略别人过活，专靠剥削别人过活，你们一点也不体面，你们是一些可耻的寄生虫。我们还要这样回答他们：我们新中国的少年儿童永远热爱劳动，我们一定要努力准备好勤劳和灵巧的双手，跟着父兄和接替父兄，把我们的社会主义和共产主义事业不断地推向前进。

光用功读书和热爱劳动还不够，还要有为人民服务的共产主义精神。我们都记得，当祖国第一个五年计划开始的时候，你们积极地开展了小五年计划活动。当第二个五年计划开始的时候，你们又积极地开展了种植、除四害和学习普通话的三项活动。我们都晓得，你们少年先锋队有一句最响亮的口号，这就是要经常不断地为祖国为人民做好事。不是成天为自己着想，而是常常为祖国为人民着想；不是斤斤计较个人利益，而是时时关心祖国和人民的利益。这就是伟大的共产主义思想，这就是伟大的共产主义精神。我们希望每个少先队员努力培养这种思想，努力培养这种最高尚的感情，成为我国人民伟大事业的最可靠的接班人。

在党和毛主席的领导下，我们的祖国，正在胜利前进。一个无限美好的未来，在向我们招手。亲爱的少先队员们，在结束我的讲话的时候，我要用你们的呼号问你们是否有决心，有信心，有志气：

准备着，为共产主义事业而奋斗！

**中共中央副主席邓小平在北京会见美国参议院多数党领袖小霍华德·贝克**

邓小平说，中国希望继续同美国建立友谊。他指出，只有中美双方本着既维护自身的国家利益、又尊重对方的国家利益的精神来处理所面临的问题,两国才能建立良好的关系,并使这种关系继续得到发展,而不受到损害。

邓小平重申了中国在台湾问题上的原则立场。他希望里根政府能够采取明智的立场,尽早地处理好这个问题。

贝克参议员表示,他本人将继续努力来发展美中两国的友好关系。

**庆祝恢复新疆生产建设兵团大会在乌鲁木齐举行**

中共中央政治局委员、中央军委常委王震出席大会,并代表党中央、全国人大常委会、国务院、中央军委,向新疆生产建设兵团的广大干部、农垦职工表示亲切的问候和热烈的祝贺。

庆祝大会由新疆生产建设兵团政委、兵团党委常务书记阳焕生主持。新疆维吾尔自治区党委第一书记、乌鲁木齐部队第一政委王恩茂首先在会上宣读了中共中央、国务院、中央军委关于恢复新疆生产建设兵团的决定。

王震发表了讲话。他回顾了人民解放军1949年进军新疆以后,发扬延安精神,继续艰苦奋斗,在新疆兴修水利、垦荒造田和兴办工矿企业的战斗历程。他高度赞扬了1954年生产建设兵团成立以后,在担负生产队、战斗队、工作队光荣职责方面取得的巨大成绩。

王震对新疆生产建设兵团今后的工作提出了几点意见:第一,新疆生产建设兵团是一支产业大军,是国防军的一支有组织、有训练的强大的警备新疆的后备力量。要坚决贯彻"劳武结合、屯垦戍边"的方针。第二,要继续保持和发扬艰苦创业的光荣传统,为恢复和发展农垦事业、繁荣新疆的经济、文化而努力奋斗。第三,要坚定不移地坚持四项基本原则,坚决服从自治区和农牧渔业部的领导,加强思想政治工作,搞好社会主义精神文明和物质文明建设。第四,要严格贯彻执行党的民族政策,与新疆各族人民团结一致,共同建设和保卫边疆。第五,广大复员军人、转业军人、知识青年和技术人员,要树雄心、立壮志,把自己的年华献给新疆的建设事业。

王恩茂也在会上讲话。新疆维吾尔自治区党委第二书记、新疆生产建设兵团第一政委谷景生在会上发表了书面讲话。自治区党委书记、自治区主席司马义·艾买提,自治区党委书记、自治区人大常委会主任铁木尔·达瓦买提,人民解放军乌鲁木齐部队司令员肖全夫都在会上讲话,对恢复新疆生产建设兵团表示热烈的祝贺。

新疆生产建设兵团司令员陈实在会上讲话的时候,代表兵团广大干部、职工和他们的家属表示,一定要在自治区党委、自治区人民政府、农牧渔业部和乌鲁木齐部队的领导下,发扬我党我军的光荣传统,坚决执行党的民族政策,加强民族团结,为取得各条战线的长足进步而努力奋斗。

自治区副主席、新疆生产建设兵团第一副司令员谢高忠在会上宣读了农牧渔业部的贺电。

自治区直属机关、乌鲁木齐部队和乌鲁木齐市的各族干部,新疆生产建设兵团各师的代表和直属单位代表共1000多人参加了大会。

**上海市手帕进出口公司正式挂照营业**

美国、日本、法国、意大利、荷兰、比利时、澳大利亚、新加坡以及中国港、澳等40多个国家和地区的50多位客商专程赶到上海祝贺。

手帕是我国出口的重要传统小商品。上海市手帕进出口公司是工贸合一的企业机构,统一管理现有手帕厂的生产和进出口业务,也接受外省市生产的手帕出口或代理出口业务,同时兼顾内销市场需要。

**外联部部长乔石在人民大会堂会见并设宴招待以朝鲜劳动党中央委员朴容锡为团长的朝鲜劳动党友好参观团**

**解放军总参谋长杨得志在人民大会堂设宴欢迎罗马尼亚国防部第一副部长瓦西里·米列亚上将**

杨得志高度评价中罗两国人民和军队之间的深厚战斗友谊。他说,中罗两军密切交往,互相学习,互相帮助,促进了两军之间友谊的发展。

米列亚说,他这次访问是罗中两国军队之间友好关系不断发展的一个生动体现。

**中国和欧洲经济共同体合办的南京节能技术培训中心第一期研究学习班开学**

这是我国第一次同外国合作举办的全国性的节能技术培训班。

参加这次研究学习班的学员,主要是国家经委和国务院有关部、局和华东、东北地区各省市负责节能工作的领导干部及工程技术人员,共100人。他们将在学习班上系统地学习能源合理利用和提高能源利用效率的基本知识,掌握工业企业能源系统分析的基本方法,研究各种节能措施的经济评价方法和进一步提高能源科学管理水平的主要措施,学习时间为40天。

**中国伊斯兰教协会在北京设宴欢迎由穆罕默德·艾哈默德·谢里夫率领的利比亚宣教协会代表团**

## 6月2日

**中共中央副主席邓小平在人民大会堂会见香港大学校长黄丽松**

**国务院副总理万里在北京会见美国参议院多数党领袖小霍华德·贝克**

**国务委员姬鹏飞在北京会见以阿曼教育部青年事务司司长阿卜杜拉·哈迈德为团长的青年代表团**

**教育部发出《关于1982年高等学校招生工作的补充通知》**

《关于1982年高等学校招生工作的补充通知》(以下简称《补充通知》)指出,其他林业院校在今年的招生中,也应参照林业部、教育部联合通知的精神,必要时适当降低分数要求,注意多从林区招收林业职工及其子女入学。

《补充通知》还指出,各省、自治区、直辖市所属农、医、师范院校,特别是省、自治区、直辖市所属专区、自治州领导的农、医、师范专科学校,要结合将来毕业生分配去向,注意招收农村、山区、牧区的学生,必要时可适当降低分数要求,择优录取。

《补充通知》说,全国绝大多数省、自治区、直辖市都已确定在农林、水利、矿业、石油、地质院校试行新的录取新生办法,即凡第一志愿报考上述院校,考分达到当地规定的分数线的,各地招生办公室将档案材料一次投放,非第一志愿的,按正常顺序及时投放档案,由有关院校从高分到低分德智体全面考核、择优录取,也要注意录取本系统的在职职工及其子女。

《补充通知》强调,各省、自治区、直辖市在试行过程中,要加强领导,注意总结经验,为逐步改进录取新生工作提供新的经验。

**《文艺研究》和《电视文艺》编辑部在北京召开电视剧问题座谈会**

座谈会邀请在京的部分电视剧工作者、电影电视剧评论研究工作者、作家、艺术家以及有关方面领导就繁荣电视剧创作、提高电视剧质量和电视剧艺术特征等问题进行了广泛讨论。

广播电视部部长吴冷西、文化部部长朱穆之先后到会讲了话。吴冷西说,电视剧在我国是近两年发展起来的一门年轻艺术,现在每年有100多部电视剧与观众见面。电视剧作为宣传教育、文化娱乐的有力工具,它已深入到千家万户,影响着千百万人的生活。他说,80年代将是电视文艺蓬勃发展的时代。他指出,电视剧的发展,一要繁荣电视剧的创作;二要加强电视剧的评论。朱穆之在讲话中强调,电视文艺要走自己的道路,走民族化的道路。他说,学习、借鉴外国电视文艺是为了更好地发展自己的电视文艺。朱穆之还提出,要充分发挥社会主义制度有计划和互相协作的优越性,从各个方面支持电视事业的发展;文艺的各个部门也要充分利用电视这个新兴的艺术手段来发展自己。

金山、赵寻、苏一平、吴祖光、侯宝林、李准、洪民生、汪小为、戈扬、蓝天野、孟伟哉、蔡骧等都在会上发了言。

**首都部分文学艺术工作者就党员文艺工作者职责等问题进行座谈**

中国作协副主席冯牧主持了座谈会。他说,文艺界正在重新学习、深入研究《在延安文艺座谈会上的讲话》。最近,发表了毛泽东同志给文艺界人士的15封信和陈云同志《关于党的文艺工作者的两个倾向问题》的讲话,以及中共中央宣传部为此而写的按语,这对文学艺术战线有着非常重要的意义。认真领会其中的精神,能加深对党的文艺方针、政策的理解,使党的和非党的文艺工作者,把自己的精力、智慧用于"四化",为建设社会主义物质文明和精神文明作出更大的贡献。

要经常问自己:我是否符合一个共产党员的条件

参加座谈会的同志联系学习毛主席的15封信和陈云同志讲话,畅谈了自己的心得体会。他们说,党员文艺工作者首先应该把自己看成是一个普通共产党员,而不应该首先把自己看成是一个文化人。座谈会在肯定文艺界近几年取得的重大成绩的同时,围绕着如何加强党的观念这一议题,展开讨论。

要祛邪扶正,批评错误的,赞扬正确的

参加座谈会的同志特别提到:要增强党性,端正作风,关键是要积极开展批评与自我批评。通过批评和自我批评,纠正缺点错误,明辨是非,统一到正确的思想路线上来。大家指出,文艺界也要祛邪扶正,批评错误的,赞扬正确的。

要学习马列主义、毛泽东思想,才能正确地分析、判断新事物

参加座谈会的同志认为,学习马列主义、毛泽东思想,是党员文艺工作者提高政治觉悟和思想水平的根本途径。党的文艺工作者,应该是马列主义者。

与会者呼吁,要注意文艺家的职业道德,并建议,按照党对文艺工作的要求和指导思想,请有关方面在调查研究的基础上,制定出文艺工作者守则。

这次座谈会由《文艺报》主办。参加会议的有夏衍、李凌、华君武、刘开渠、孔罗荪、姚雪垠、赵寻、凤子、吴祖光、李准、谢铁骊、李瑛、谌容、梁秉堃、陈建功等。

**中央绿化委员会在北京召开座谈会**

中央绿化委员会邀请部分省、自治区、直辖市、部队和重点市、县的同志进行座谈，对全国义务植树运动的进展情况作了分析研究，同时，部署了当前和今后一段时间的工作，要求把义务植树运动深入持久地开展下去。

座谈会认为，自去年 12 月五届人大四次会议通过《关于开展全民义务植树运动的决议》到现在，全国各行各业各个地方都已行动起来，义务植树运动发动得较为广泛，起步比较扎实，特别是今年春季义务植树和造林绿化取得了可喜的成绩，初步形成了一个全民性的运动。但这仅仅是个开端。工作中还存在不少问题。这些问题归纳起来主要有：一是有些地方、有些同志对这个运动的重要意义认识不足，思想发动不够深入细致；二是准备工作不够充分；三是林木的管护工作跟不上，新植的苗木有一部分受到破坏；四是有少数地方和单位，图形式、不讲实效的做法还时而发生。

为巩固和发展义务植树出现的好势头，当前和今后一段时间，中央绿化委员会准备抓好以下几件事：

一、抓发动。要继续大造舆论，动员群众，为雨季造林作充分的思想准备。

二、抓管护。各地都应从实际出发，制定管理细则和法规，建立严格的责任制，切实做到栽一棵活一棵，栽一片成一片。

三、抓育苗。各地一定要下力量把苗圃经营管理好，确保今年育苗计划的完成。要搞好科学育苗，注意品种多样化，努力提高育苗质量。

四、抓计划。根据国务院《关于开展全民义务植树运动的实施办法》的要求，本着因地制宜，实事求是，突出重点，合理布局的精神，制定义务植树的近期规划。

五、抓培训。要趁雨季造林未到的空隙，抓紧技术培训工作。

六、抓点，用重点市、县的经验指导面上运动的开展。

七、抓检查。

## 6月3日

**中共中央副主席邓小平在钓鱼台宾馆会见并宴请柬埔寨诺罗敦·西哈努克亲王和夫人**

**《人民日报》发表社论《公民的权利和义务不可分离》**

在讨论宪法修改草案的过程中，人们十分关心有关公民的基本权利和义务的规定。草案根据社会主义民主和社会主义法制的原则，总结了新中国成立以来正反两方面的经验，对公民的基本权利和义务作了更加完备、明确的规定。同新中国成立后的前三部宪法相比较，宪法修改草案的这部分内容有许多重要的修改。

1975 年宪法是在“文化大革命”那种很不正常的条件下制定出来的，内容很不完善，把很多需要认真规定的东西写得过于草率，关于公民的基本权利和义务只写了四条，而且义务放在前面，权利放在后面。1978 年宪法把这部分条款增加到十六条，但是仍然带有明显的“文化大革命”的印记，例如还保留关于“大鸣、大放、大辩论、大字报”的规定等。比较起来，还是 1954 年的宪法比较完善。这部宪法关于公民的基本权利和义务共有十九条，规定得比较切实、全面。尽管如此，这部宪法毕竟是 27 年前制定的。现在我国已经确立了社会主义制度，社会主义建设的发展，有可能使公民享有各项权利的物质基础日益雄厚；粉碎“四人帮”以后，特别是党的十一届三中全会以来，国家的民主化又有了很大的进展。我们有必要也有可能在宪法中对公民的基本权利作出更完备、更切实的规定。

这次宪法修改草案关于公民的基本权利和义务的规定，增加到二十二条。从内容上看，除恢复了 1954 年宪法关于公民在法律面前一律平等这一重要规定外，还扩大了公民在政治、经济、文化教育等各方面的权利。对公民监督国家机关和国家工作人员的权力、宗教信仰自由、劳动权、获得物质帮助权等方面，比起以往几部宪法规定得更加具体和完善。鉴于“文化大革命”的惨痛教训，新增加了不少保障公民人身自由、人格尊严和人身安全的内容，如“禁止非法拘禁或者以其他方法非法剥夺或者限制公民的人身自由，禁止非法搜查公民的身体”，“禁止用任何方法对公民进行侮辱和诽谤”，“禁止非法搜查或者非法侵入公民的住宅”等。我国公民所享有的任何一项权利和自由都是来之不易的，我们完全应当在新宪法中把这些充分肯定下来，并且应当在实践中像保护自己的眼睛一样来珍惜它、捍卫它。

这次宪法修改草案的一个显著特点，是强调了公民的权利和义务不可分离的原则。草案明确规定：“公民的权利和义务不可分离。任何公民享有宪法和法律规定的权利，同时有遵守宪法和法律的义务。”草案中一切有关公民的基本权利和义务的规定，都贯穿着这一原则。

马克思1864年在为国际工人协会起草的临时章程中指出:“没有无义务的权利,也没有无权利的义务。”在资本主义国家,由于存在着剥削制度,剥削者和被剥削者,统治阶级和劳动人民,不可能享有同等的权利,也不会同等地尽义务,因此,在那里不可能实行公民的权利和义务不可分离的原则。我们国家是社会主义国家,在我国已经消灭了人剥削人的制度,人民成了国家的主人,这就使我们能够真正实现这个原则。

公民的权利和义务不可分离,反映了国家利益与人民利益的根本一致性。我们国家是人民当家做主的国家,国家与人民是个休戚与共的整体,国家的利益与人民的利益是不可分的。国家一切活动的目的,都是保障和扩大人民作为主人翁的权利,不断提高人民的物质和文化生活水平。公民履行自己对国家和社会的各项义务,则是为了更好地把我国建设成为现代化的社会主义强国。国家切实保障公民享有宪法和法律规定的一切权利,公民认真履行宪法和法律规定的一切义务,这样,就可以做到国泰民安,民富国强。

公民的权利和义务是互相制约、互相促进的。公民享有的各方面的权利越广泛、越有保障,公民越能感受到社会主义制度的优越性,从而更加提高思想觉悟和劳动热情,更自觉更忠实地履行自己的义务。公民积极地履行义务,也就是为更好地享受权利创造条件。马克思曾经指出过:“权利永远不能超出社会的经济结构以及由经济结构所制约的社会的文化发展。”公民的权利是受物质、文化条件制约的。公民只有认真履行自己的义务,加速国家的经济建设和文化建设,才能使自己享有的各种权利不断扩大并得到更可靠的保证。

坚持公民的权利和义务不可分离的原则,必须同两种错误思想和行为作斗争。其一是,少数干部的特权思想。有些干部认为宪法和法律确认的公民的义务只是为老百姓规定的,而自己只应当享受权利,甚至可以享有法律规定之外的特权。其二是,社会上一部分人的无政府主义思想。这些人认为既然公民有言论、出版、集会、结社、游行、示威的自由,自己就可以为所欲为,如果受到批评、干涉,就是“违反人权”。针对这种情况,草案特别增写了如下条款:“任何组织或者个人都不得有超越宪法和法律的特权”,“公民在行使自由和权利的时候,不得损害国家的、社会的、集体的利益和其他公民的合法的自由和权利”,“公民有维护祖国的安全、荣誉和利益的义务,不得有危害祖国的安全、荣誉和利益的行为”。这是完全必要的。

关于公民的基本权利和义务的条款,是宪法的极其重要的内容。公民依法行使自己的权利和履行自己的义务,既是国家的根本利益之所在,又是公民的根本利益之所在。我们一定要认真参加宪法修改草案的讨论,搞清楚权利和义务不可分离的原则,以便在新宪法通过以后,更好地行使公民的权利,更自觉地履行公民的义务。

**全国辩证唯物主义讨论会在北京结束**

会议于6月3日至12日召开。来自全国哲学界的100多名科学工作者参加了讨论会。会上大家学习了中共中央宣传部部长邓力群最近在一次理论座谈会上的讲话《我们的旗帜是共产主义》。

会议强调指出,我们的哲学工作要从理论上很好地回答和解决群众中,特别是部分青年头脑中存在的问题,做好在意识形态领域内疏导青年的工作。目前,有极少数青年对西方流行的思潮,如“存在主义”等有一种盲目崇拜的情绪。这个问题应当引起哲学工作者的重视。代表们分析说,有的青年想学一点东西,确实是在用脑筋探索。但那些对“存在主义”津津乐道的人,未必对“存在主义”有什么研究。“存在主义”是用哲学语言遮盖起来的极端个人主义,它所宣扬的观点,对我们的人民,特别是青年会起腐蚀作用。我们必须对西方思潮进行认真研究,并运用马克思主义的真理去说服这些人,解决他们的思想上的疑难,引导青年自觉抵制各种错误思潮的侵袭。

会议期间,代表们就物质论,特别是对自然科学的最新发展怎样丰富和深化了辩证唯物主义的物质观这个问题作了探讨;对哲学的基本问题、物质文明与精神文明的关系等理论问题进行了学术交流。大家表示,对这些在社会主义建设事业中有重大影响的理论问题,今后还要结合新的实践经验和科学成果深入进行研究,力求运用马列主义、毛泽东思想予以解决。

会议认为,当前摆在哲学工作者面前的任务很艰巨,需要做的事很多。这就要进一步振奋精神,继续解放思想,使我们马克思主义的哲学工作更具有时代气息,更富有创造性、战斗性,能为人民群众、特别是青年所喜闻乐见。

讨论会是中国社会科学院哲学研究所、中央党校哲学教研室、中国人民解放军政治学院、北京大学哲学系、中国人民大学哲学系、北京师范大学哲学系、《哲学研究》编辑部、《自然辩证法研究通讯》编辑部联合召开的。会后成立了中国辩证唯物主义研究会。会员们经过酝酿、协商,推选肖前、赵凤岐、韩树英为执行会长,冯定为顾问。

**全国总工会 共青团中央 全国妇联联合发出《关于动员群众积极参加第三次全国人口普查的通知》**

通知说,中共中央、国务院决定今年7月1日进行第三次全国人口普查，并且发布了《关于认真做好第三次全国人口普查工作的指示》和《第三次全国人口普查办法》。为此，通知要求各级工会、共青团、妇联做到：

（一）要积极向干部、群众宣传中共中央、国务院关于认真做好第三次全国人口普查的指示，宣传国务院发布的第三次全国人口普查办法，宣传省、自治区、直辖市党委、人民政府下达的有关文件。务使广大群众真正领会人口普查的目的、意义和人口普查的主要内容。要了解人民群众对人口普查的疑问和顾虑，有针对性地进行宣传解释工作，帮助他们提高认识。

（二）要积极开展多种形式的宣传活动，如：报告会、座谈会、地头会、车间、班组会以及文艺宣传等。争取每个成年人和在校学生都能听到一次人口普查报告。对生病、生孩子、家务重、孩子多的群众要上门宣传，做到家喻户晓，人人皆知。

（三）要发动群众积极参加人口普查登记，如实申报情况。人口普查要做到高度的准确性。普查登记前，要动员群众做好必要的准备，根据普查项目的要求，把本户人口的有关情况核对清楚。登记时，一定要如实申报，做到不重、不漏、不错。

（四）对于积极参加人口普查，如实申报情况的好人好事，要利用墙报、黑板报、广播等形式，及时给予表扬；对于有意隐瞒、虚报、假报情况的要进行帮助教育。在整个人口普查过程中，都要发扬实事求是精神，树立正气。如有个别坏人进行造谣破坏的，要及时向领导反映，进行揭露斗争，以保证人口普查工作胜利完成。

**全国邮政优秀投递员授奖大会在人民大会堂举行**

邮电部部长文敏生主持大会，副部长成安玉在会上宣读了邮电部关于授予隗有民等 104 名同志为优秀投递员称号的决定，向他们分别颁发了优秀投递员奖状。

邮电部的老部长、人大常委会副委员长朱学范在大会上发表了热情洋溢的讲话。

优秀投递员代表隗有民在会上宣读了出席全国邮政优秀投递员表彰大会的全体代表致全国邮政投递员的《倡议书》和《投递员守则》。守则共八条，内容包括坚持"迅速、准确、安全、方便"的服务方针，确保通信质量，做好邮件、报刊发行工作，维护邮电信誉；礼貌待人，服务热情、周到，仪表整洁，虚心接受群众监督；遵纪守法，服从指挥调度，执行规章制度，保守通信秘密，注意安全生产等。

出席大会的有中央有关部门和群众团体的负责人倪志福、邓力群、袁宝华、韩英、刘维明、王立威等。

首都 160 多家报刊社的负责人以及邮电职工共 4000 人，也参加了授奖大会。

**参加全国邮政优秀投递员表彰大会的全体代表向全国投递员发出倡议**

一、发扬邮电工人光荣的革命传统，努力学习马列主义、毛泽东思想，提高政治觉悟，热爱党、热爱社会主义祖国、热爱人民、热爱邮政投递工作，遵纪守法，自觉抵制资产阶级思想的腐蚀，向一切不良倾向进行斗争；人人争当献身邮电事业的模范，做名副其实的传播社会主义精神文明的前哨兵。

二、树立全心全意为人民服务的思想，想人民所想，急群众所急，不畏艰险，不怕麻烦，千方百计地做好投递工作，让人民满意，让人民放心。

三、刻苦钻研业务技术，自觉遵守《投递员守则》，认真执行规章制度和操作规程，迅速、准确、安全地投递每一件邮件、每一份报刊，努力提高投递质量。

四、积极参加"五讲四美"活动，服务主动热情，耐心宣传解释邮政、报刊发行业务，在确保通信质量的前提下，积极为群众办好事，努力实现"文明生产，礼貌待人，方便用户，维护信誉"的要求。

**全国建筑材料工业工作会议在北京举行**

会议于 6 月 3 日至 11 日举行。

会议提出，全国建材工业要努力开创出一个经济效益好，发展速度快的新局面，以适应国民经济发展和广大人民群众对建筑材料的迫切需要。

会议期间，国家经济委员会主要负责同志听取了国家建筑材料工业局负责人关于会议情况的汇报，并对进一步加快建材工业的发展提出了意见。

国务委员、国家经委主任张劲夫说，建筑材料工业要成为国民经济中名副其实的先行部门，必须调动各方面的积极性，主要是中央和地方、建材部门和非建材部门的积极性，特别要注意发挥地方的和群众集资办建材企业的积极性。发展建材工业要采取灵活的政策，不搞"一刀切"，不能抠得太死，要兼顾国家的利益，也要适当照顾地方和企业的利益。他还说，对地方建材工业企业要加强领导，各省、自治区、直辖市的建材局只能加强，不能削弱。

这次全国建材工业工作会议是国务院机构改革后召开的第一次全国性建材工业工作会议。会议着重讨论了建材工业如何开创新局面的问题。

会议对建材企业的基本建设工作也作了具体部署，决定首先抓好预计在年内建成投产的 7 个项目。正在建设的冀东、淮海、宁国 3 个大型水泥厂，要加快施工，力求缩短周期，提高投资效益。

**中国成本研究会第三次理论讨论会在湖北宜昌举行**

降低成本与提高经济效益的关系

代表们认为，降低成本是提高经济效益的必由之路。我们进行生产，固然是为了不断满足广大人民的需要，但又必须节约活劳动和物化劳动的消耗，为社会提供越来越多的剩余产品，这样才能实现扩大再生产和不断改善人民生活。

有的同志提出，成本与效益是一种反比关系，在商品总量不变的情况下，成本越大，则经济效益越小。有的同志提出，降低成本是提高经济效益的必要条件之一。但是只有在产品符合社会需要的条件下，降低成本才能提高经济效益。如果产品不适销对路，产品生产出来以后卖不出去，即使降低了成本，也不可能获得经济效益。所以降低成本并不是提高经济效益的唯一条件。只有把降低成本和生产符合社会需要的产品这两件事一起抓，才能全面提高经济效益。

如何降低成本

代表们一致认为，当前企业存在着降低成本的巨大潜力。许多企业固定资产占用多，利用率低；流动资金占用多，周转缓慢；原材料、能源消耗高，浪费大；产品质量不稳定，废品损失多；各项费用开支大；等等。这一切使许多产品的单位成本比历史较好水平高很多。代表们认为，降低成本的关键在于：(1)提高生产水平，即生产更多更好的符合社会需要的产品；(2)提高技术水平，以改进产品结构，提高产品质量，降低原材料和能源消耗；(3)提高管理水平，切实整顿和改善企业的各项管理工作；(4)提高思想水平和业务水平。

代表们认为，降低成本，从宏观看，要搞好生产力合理布局，妥善安排经济结构(包括技术结构、地区结构、产品结构、消费和积累结构)，提高基建效果(进度、质量、造价、效益)，组织专业化生产，搞好体制(包括物资体制、价格体制、流通体制)改革，加强财政、银行的监督，加强法制建设。

从微观看，要改善经营管理，在产品设计、试制、设备更新和技术改造、工艺方法、原材料和能源的综合利用等方面下功夫。要学习首钢经验，加强经济责任制，把成本指标层层分解，落实到人。要充分发挥会计的控制职能和参谋作用，加强对成本的预测、控制、核算、分析、考核。

关于成本补偿问题

与会代表认为，足额的成本补偿是保证生产正常进行的必要条件。成本补偿不实，包括补偿不足和补偿过头，会导致对国力估计的差错，影响宏观经济的正确决策，不利于正确处理积累和消费的比例关系。

不少同志提出，从宏观看，成本补偿不足是我国经济中的一个突出问题。例如固定资产折旧率低；某些新产品的试制费由财政拨款，未摊入成本；矿藏、水资源的普查、勘探费，土地的勘察规划费，环境的监测、保护费，由财政拨款，企业不负担；物价补贴在财政支出中比重很大，没有在职工工资中体现；等等。成本补偿必须同成本的经济内容保持一致，否则必将给社会生产和生活带来不利影响。

许多同志指出，当前企业成本补偿中的随意性应当引起注意。有些利润增长较快的企业，在达到奖金发放要求后就乱挤成本，而有些利润增长较慢的企业又少计成本，虚报利润，以期多得利润留成，增发奖金，这种情况必须坚决制止。

关于改革与健全成本管理体系

代表们认为，我国成本管理体系的主要问题是只抓事后的成本核算和分析，忽视成本决策、成本预测、成本控制；只限于对生产过程发生的成本进行计划、核算和分析，不抓企业经济活动全过程的成本管理；只有少数财会人员管成本，不是全员的成本管理。因此，改革成本管理体系的方向应是建立生产经营全过程的、全员的、事先事中事后相结合的全面成本管理体系。

**国务委员姬鹏飞在北京会见美联社报纸主编协会访华团**

**中国向乌干达提供一笔优惠贷款的协定在乌干达农林部签订**

乌干达农林部部长穆格维萨和中国驻乌干达大使馆临时代办萧青分别代表各自的政府签署了协定。

根据协定，乌干达将用这笔贷款进口中国60万把锄头。

**中共中央政治局委员耿飚在人民大会堂会见以朝鲜劳动党中央委员朴容锡为团长的朝鲜劳动党友好参观团**

**国务委员陈慕华在中南海紫光阁会见以澳大利亚科学院院长贝尔奇教授为团长的联合国教科文组织专家代表团**

**全国人大常委会副委员长乌兰夫在人民大会堂会见由艾哈默德·谢里夫率领的利比亚宣教协会代表团**

**南方昆剧会演在江苏苏州闭幕**

在为期10天的会演期间，举行了各种座谈会，交流经验，对演出剧目进行评议，并开展了一些专题性的艺术探讨。文化部向参加演出的两省一市昆剧团体发了继承革新奖,给16位"传"字辈老艺人发了荣誉奖,表彰他们为昆剧事业的继承发展作出的贡献。

**著名小提琴家谭抒真获旧金山音乐学院名誉音乐博士学位**

我国著名小提琴家、上海音乐学院副院长谭抒真教授最近获得美国旧金山音乐学院名誉音乐博士学位。

在上海音乐学院举行了学位授予仪式。旧金山—上海友好城市委员会文化小组主席、旧金山音乐学院董事长阿尔伯特夫人,代表旧金山音乐学院董事会和院长向谭抒真授予名誉音乐博士学位证书。

**中国运动员在雅加达举行的第六届亚洲乒乓球锦标赛中获得7项冠军**

中国男队、女队战胜日本男队、女队,双双蝉联团体冠军。

5个单项冠军如下:男子单打:蔡振华,女子单打:曹燕华,男子双打:郭跃华和谢赛克,女子双打:曹燕华和黄俊群,混合双打:江嘉良和童玲。

## 6月4日

**《人民日报》发表评论员文章《认真做好人口普查的准备工作》**

第三次人口普查的准备工作正在全国范围内紧张地进行。现在,各地正在抓干部训练,抓地、县试点,抓宣传工作,抓户口整顿的扫尾工作,抓电子计算机的安装、调试和试点资料处理以及文件表格的印制,等等。许多地区在提高工作质量方面,创造了很好的经验。

领导重视,班子得力,准备周密,工作过细,是高质量地完成人口普查任务的基本要求。领导重视又是做好各项工作的前提。从目前情况看,领导重视不够,班子不够得力的问题还是有的,必须认真解决。但就全国大多数地区来说,关键是如何充实骨干力量,特别是要把干部训练和地、县试点工作做好。各地要进一步领会党中央、国务院关于高质量地完成普查任务的要求,切实掌握和解决这次人口普查各个环节中的主要问题,认真做好人口普查的各项准备工作。

有人认为,"前两次人口普查都搞过了,这次人口普查项目虽然多一些,也用不着花大的力气。"有这种想法的同志没有看到这次人口普查的复杂性和艰巨性。这次人口普查的内容增加了,普查项目从上次的9个增加为19个,其中的职业、行业、妇女生育状况、人口的户口登记状况,等等,都是情况比较复杂、调查比较困难的项目。因此,对干部的训练和对群众的宣传工作要做得更加细致深入。这次人口普查要用电子计算机来处理大量资料,我们还缺乏这方面的经验,必须认真学习,努力掌握。现在,有少数试点单位对普查员训练不认真,对群众宣传不深入。有的同志想"以量胜质",随意扩大普查员、编码员、数据录入人员占总人口的比例,认为只要人员多、突击一下就能完成任务。还有的同志想赶时间、走过场,随意改变事先安排的工作进度和操作程序。这不仅浪费人力、财力,而且会降低工作质量。一定要避免这种大轰大嗡的做法,严格按照有关规定办事。

"经过省级普查试点,已经掌握了这次人口普查的经验,地、县试点和全面普查照样办一办就行了。"这是另一种模糊认识。诚然,省级试点取得了经验,但从客观要求看,还是很不够的。省级试点是在去年进行的,这以后国务院正式颁布了人口普查办法,有关单位制定了各项工作的实施细则,规定了各个工作环节的衔接办法和各个部门的具体分工,还制定了新的行业分类标准和职业分类标准,以及电子计算机汇总表格等等。认真地学习和实行这些细则、规定,是当前干部训练和地、县试点必须达到的新的要求。多数地方正在按这个新的要求认真去做,并且对试点各个环节的问题仔细进行研究总结,把试点工作提高到了一个新的水平。但有个别地方对这些文件没有认真学习,也没有在试点中认真落实,那里的地、县试点只是去年省级试点的简单重复,甚至还不如去年的省级试点。这种现象应当赶快改变。

还有的人说:"现在生产这样忙,工作这样多,哪有时间进行人口普查准备工作。"是的,在农忙季节,各级政府有许多事情要做。这就要求我们更好地运用"弹钢琴"的艺术,统筹安排,兼顾各方面的工作,做到生产、普查和其他工作都不耽误。而对人口普查来说,最重要的是按照规定的步骤和要求,扎扎实实地进行准备,井然有序地开展工作。如果因为生产忙,工作多,对人口普查的准备工作潦草从事,势必影响质量,扩大误差,甚至要返工,这样反而会耽误时间,影响生产和其他工作。

中共中央、国务院发布的《关于认真做好第三次全国人口普查工作的指示》中指出:"各级人民政府要根据全国人口普查工作总的部署和要求,做好周密的安排,围绕提高人口普查资料的准确程度这个中心,做好各个环节的工作。"现在离7月1日正式调查登记的时间不到一个月了。希望各地按照党中央、国务院上述指示的精神和要求,认真地检查一下人口普查的各项准备工作、特别是试点工作,对存在的问题认真加以解决。中央指示,6月份为人口普查宣传月。希望各地开展人口普查宣传活动,迎接第三次全国人口普查的到来。

**国务院发布《中华人民共和国进出口动植物检疫条例》**

**第一章 总 则**

第一条 为了保护我国农、林、牧、渔业生产和人民身体健康，维护对外贸易信誉，履行国际间的义务，防止危害动植物的病、虫、杂草及其他有害生物由国外传入和由国内传出，加强进出口动植物检疫工作，特制定本条例。

第二条 进出中华人民共和国国境和过境的贸易性、非贸易性的动植物、动植物产品及其运载工具均属本条例受检范围，具体包括：

(一)动物：家畜、家禽、野生动物、蜜蜂、鱼、蚕等。

(二)动物产品：生的皮张、毛类、肉类、脏器、油脂、血液、蛋类、精液、骨、蹄、角等。

(三)植物：栽培植物、野生植物及其种子、苗木、繁殖材料等。

(四)植物产品：粮食、豆类、棉花、油类、麻类、烟草、籽仁、干果、鲜果、蔬菜、生药材、原木、饲料等。

(五)运载动植物、动植物产品的车、船、飞机以及包装、铺垫材料、饲养工具等。

对于可能带有检疫对象的其他货物和运载工具，也应进行检疫。

第三条 应实施检疫的动物传染病、寄生虫和植物危险性病、虫、杂草以及其他有害生物(统称病虫)，分为检疫对象和应检病虫。

(一)检疫对象，是指国家规定不准入境的病虫。检疫对象名单，由中华人民共和国农牧渔业部公布。

(二)应检病虫，是指对外签订的有关协定、协议、贸易合同中规定检疫的和出口单位申请检疫的病虫。

第四条 在中华人民共和国的国际通航港口、机场以及陆地边境、国界江河的口岸设立的动物、植物检疫所和在有关省会、自治区首府设立的动物、植物检疫站(统称口岸动植物检疫机关)，是代表国家执行进出口动植物检疫任务的机关。

第五条 进出口的动植物、动植物产品及其运载工具等，经检疫合格，方准进出口。

**第二章 进口检疫**

第六条 进口动物、动物产品，应事先征得农牧渔业部同意。但进口野生动物及其产品应事先征得林业部同意。

进口种子、苗木、繁殖材料，进口部门应填报《引进种子、苗木检疫审批单》，属于国务院有关部门进口的，按业务分工分别经农牧渔业部或林业部审批同意；属于各省、自治区、直辖市有关部门进口的，经省、自治区、直辖市农业(林业、农垦)厅(局)审批同意。

第七条 进口动植物、动植物产品，应在贸易合同或科技合作、赠送、交换、援助等协议中订明国家规定的检疫要求或两国政府达成的检疫条款，并订明必须附有输出国政府授权机关出具的检疫证书。

第八条 进口动植物、动植物产品必须经口岸动植物检疫机关检疫。

(一)在货物到达口岸前或到达时，收货单位或其代理人应填具报检单(或凭货运单)，连同输出国检疫证书等单证，向口岸动植物检疫机关报检。

(二)口岸动植物检疫机关对入境火车、汽车结合联检登车执行检疫任务，对入境船舶在联检后登轮执行检疫任务，对入境飞机在卸货现场执行检疫任务。

第九条 进口动植物、动植物产品，经检疫未发现检疫对象、应检病虫的，签发《检疫放行通知单》，或在货运单上加盖检疫放行章，准许进口。

第十条 进口动物、动物产品，经检疫发现有检疫对象、应检病虫的，应根据不同情况，签发《检疫处理通知单》，通知报检人分别作如下处理：

(一)患有严重传染病的动物及其同群动物，全群退回或全群扑杀并销毁尸体。

(二)患有一般传染病的动物，退回或扑杀并销毁尸体；同群动物，在动物检疫隔离场或指定地点隔离观察。

(三)患有非传染病的动物，进行治疗。

(四)动物产品，进行消毒或退回、销毁。

前款第(二)项隔离观察的和第(三)项进行治疗的动物，经检疫未发现有病的，第(四)项动物产品消毒后经检疫合格的，准许进口。

第十一条 进口植物、植物产品，经检疫发现有检疫对象、应检病虫的，应根据不同情况签发《检疫处理通知单》，通知报检人分别作熏蒸、消毒、控制使用。退回或销毁处理。熏蒸、消毒等除害处理后，经检查合格的，准许进口。

第十二条 进口动植物、动植物产品的检疫和处理，应在进口口岸执行。

因口岸条件限制或其他原因，必须运往内地指定地点进行处理的，须经农牧渔业部批准。在运输、装卸过程中应采取防止疫情扩散的严密措施，并通知当地检疫部门监督执行。

第十三条 被检疫对象、应检病虫污染的场地、仓库、运载工具、铺垫材料、饲养工具等，报检人或收货单位应按口岸动植物检疫机关提出的要求处理。

第十四条 进口动植物、动植物产品经检疫发现有检疫对象、应检病虫的，口岸动植物检疫机关可根据情况出具检疫证书。

第十五条　禁止下列各物进口：

(一)生活害虫、动植物病原微生物(包括菌种、毒种、生物制品)及其他有害生物。

(二)疫情严重流行的国家或地区的有关动物、种子、苗木、繁殖材料以及易感染的动植物产品。

(三)土壤。

前款所列禁止进口各物的名单由农牧渔业部公布。其中因科学研究确需进口的,必须事先提出申请,经农牧渔业部特许批准。

**第三章　出口检疫**

第十六条　出口动植物、植物产品、非贸易性动物产品,凡有检疫要求的,出口单位或其代理人应事先填具报检单,提交产地检疫证明书,向口岸动植物检疫机关报检。经检疫合格,签发检疫证书放行。

贸易性动物产品的出口检疫,由进出口商品检验机关办理。

第十七条　出口动植物、动植物产品,经检疫发现有应检病虫的,不准出口,或经除害处理后出口。

第十八条　被污染的场地、仓库、运载工具、铺垫材料、饲养工具等,按本条例第十三条的规定处理。

**第四章　旅客携带物检疫**

第十九条　入境旅客、交通员工携带或托运的动植物、动植物产品,应在口岸进行现场检疫。经检疫未发现检疫对象的,放行;发现有检疫对象的,不准入境,或经消毒处理后放行。在现场不能得出检疫结果的,截留检疫,待得出检疫结果后,将处理情况通知物主。

第二十条　入境旅客、交通员工携带或托运的生肉类,进行防疫处理后,方准入境。

第二十一条　出境旅客、交通员工携带或托运的动植物、动植物产品,可视情况实施检疫和出具证书。

**第五章　国际邮包检疫**

第二十二条　邮寄入境的植物、植物产品,必须经口岸动植物检疫机关检疫。经检疫未发现检疫对象的,在邮包外加盖邮寄检疫章后放行。发现有检疫对象的,进行检疫处理后,签发《检疫处理通知单》,随同邮包由邮局投交收件人;不能进行检疫处理的,在邮包外加贴退包标签,交邮局退回寄件人;必须销毁的,签发《检疫处理通知单》,由邮局转交寄件人。

禁止生的动物产品邮寄入境(少量样品除外)。

第二十三条　邮寄出境的植物、动植物产品,可视情况实施检疫和出具证书。

第二十四条　从国外邮寄入境生活害虫、动植物病原微生物(包括菌种、毒种、生物制品)及其他有害生物和病虫害天敌,必须有农牧渔业部签发的许可证。

**第六章　过境检疫**

第二十五条　过境动植物、动植物产品,由押运人或承运人填具报检单(或凭货运单),连同输出国检疫证书,在入境口岸向口岸动植物检疫机关报检。出境口岸不再检疫。

第二十六条　火车、汽车、飞机装运过境的植物、动植物产品,在我国口岸换车的,在换车过程中检查包装外表;原车过境的,检查车辆外表。经检疫未发现检疫对象的,签发《检疫放行通知单》或在货运单上加盖检疫放行章,准许过境;发现有检疫对象的,全部退回。被污染的场地、工具等,按本条例第十三条的规定处理。

第二十七条　过境动物,经检疫未发现检疫对象的,准许过境;发现有检疫对象的,全群退回。被污染的场地、工具等,按本条例第十三条的规定处理。

过境途中动物的饲料、粪便、垫草、污物、尸体等应在指定地点处理,不得随意抛弃。

发现过境动物的饲料有检疫对象时,通知押运人另换饲料,原饲料应就地消毒处理。

**第七章　惩　处**

第二十八条　违反本条例规定的,应分别情况,给予批评教育、行政处分或处以罚款。情节严重的,由司法机关依法惩处。

**第八章　附　则**

第二十九条　口岸动植物检疫机关在港口、机场、车站、邮局、仓库等场所执行任务时,有关单位应给予必要的协助。

口岸动植物检疫机关执行现场检疫,必要时,报检人应到场办理搬移、开拆、恢复包装等事宜。

口岸动植物检疫机关拣取样品,应出具取样证明。

第三十条　对外签订的协定、协议和贸易合同中有关检疫条款,主管部门应及时通知有关的口岸动植物检疫机关。

第三十一条　口岸动植物检疫人员在对外执行检疫任务时,应穿着检疫制服和佩戴检疫标志。

第三十二条　口岸动植物检疫机关执行检疫得收取检疫费,具体办法由农牧渔业部制定。

第三十三条　本条例的实施细则由农牧渔业部会同林业部制定。

第三十四条　本条例自发布之日起施行。

## 外经贸部负责人就出口商品征收关税问题答记者问

中国海关决定从 1982 年 6 月 1 日起对 34 种出口商品征收出口关税,为此,对外经济贸易部有关方面负责人回答了新华社记者提出的问题。

问:为什么要对若干出口商品开征关税?

答:对若干出口商品征收出口关税,是为了发挥税收的经济杠杆作用,适当调节出口商品,从而有利于贯彻实行以计划经济为主、市场调节为辅的方针,有利于国家计划的贯彻实施。

问:对这些商品开征出口关税后,会不会影响6月1日以前签订的有关出口合同?

答:我国在对外贸易业务工作中,一向“重合同、守信用”。这些商品虽然已开征出口关税,但是我国外贸各公司6月1日之前对外已签的合约将照常履行,不会因此而提价或毁约。所以,这些商品已签合同不会受到影响。

问:今后,这34种商品的出口价格会不会上涨?

答:我国出口商品价格一向是根据国际市场价格和供求情况确定的,今后这些商品的价格仍将按照国际市场的价格来确定,与征税无直接关系。

**全国人大常委会副委员长邓颖超在北京看望柬埔寨西哈努克亲王和夫人**

**国务委员姬鹏飞在北京会见并宴请荷兰共产党主席亨克·胡克斯特拉和夫人**

姬鹏飞说:“荷兰同志的这次访问对发展我们两党的关系具有十分重要的意义。我们两党可以借此机会对当前国际形势和国际共运中的许多问题进行深入的探讨。”

胡克斯特拉说,荷兰共产党将继续发展同中国共产党的关系。我们两党的关系虽然曾遇到过一些困难,但没有中断过。我们一直没有忘记两党之间存在着传统的战斗友谊。

**中央书记处书记习仲勋在人民大会堂会见由坦桑尼亚革命党全国执行委员会委员马卡洛率领的坦桑尼亚革命党代表团**

**国务委员兼国防部部长耿飚在人民大会堂会见斯里兰卡空军司令迪克·佩雷拉少将**

耿飚在介绍国内情况时说,当前我国全军上下正共同努力,为实现国防现代化打下坚实的基础。他希望中斯两国军队互相学习,加强合作。

佩雷拉热情赞扬斯中两国人民之间深厚的传统友谊。他说,我深信,我们两国人民和军队之间的友好合作关系今后将不断发展。

**国务委员姬鹏飞在北京会见印度人民院议员苏布拉马尼亚姆·斯瓦米**

斯瓦米说,自从他1978年访问中国以来,印中两国关系有了发展。两国的人员交往和贸易都有增加。他希望两国政府继续进行接触,寻求两国边界问题的解决办法。

姬鹏飞说,中印两国人民和政府都希望两国关系能够不断发展。两国政府都在为此进行努力。总的来说,两国关系一天比一天好。两国应在互谅、互让的原则指导下解决它们之间存在的问题。

**中国代表团团长 国务委员兼外交部部长黄华在第二届裁军特别联大发表讲话重申中国政府关于裁军的原则立场**

黄华指出,从1978年召开第一届裁军特别联大以来,世界局势一直处于持续紧张之中。“其主要原因是霸权主义的扩张侵略,两个超级大国加剧军备竞赛和它们之间的激烈争夺。一个超级大国步步进逼,力图扩大势力范围;另一个超级大国不甘示弱,力图重振实力,重整霸业。双方争夺的目的都是为了世界霸权。它们的争夺遍及全球,威胁到广大中小国家的独立、主权和国际和平与安全,使世界上出现了许多新的热点,加剧了已经很紧张的国际局势。”

他说:四年来裁军问题没有什么实质的进展。“其根本原因是两个超级大国毫无裁军诚意,仍在加紧扩军。双方展开了新一轮的军备竞赛,力求在战略武器和战区核武器方面提高质量,更新换代,确立优势,压倒对方。同时,发展常规军备,控制战略要地,加强战争准备。”

黄华说:“近年来,欧洲、日本、美国和其他国家的人民,掀起了反对两个超级大国核军备竞赛和要求防止核战争的群众运动。我们充分理解和同情他们维护和平、防止战争的愿望。”

他说:“随着军备竞赛的加剧和战争威胁的增长,第三世界和广大中小国家更加强烈地要求推动裁军的工作,希望本届大会取得成果,这是完全正当的。因为两个超级大国的争夺和霸权主义的侵略扩张,首当其冲的是第三世界和中小国家。”

黄华谈到两个超级大国作出的裁军姿态和抛出的各种建议和方案时说,现在它们“一个强调先冻结,一个强调先削减,表面上都说要保持军备均势,实际上是都想争夺优势,在新的一轮军备竞赛中加强自己争霸全球的实力地位。”

黄华强调指出:在这方面,一个超级大国所作的姿态特别值得注意。它左一个建议,右一个方案,花样年年翻新。可是,它并没有采取什么实际行动。

“人们不能不提出这样的疑问:

“是谁在上届裁军特别联大上发誓,他们‘从来没有发动过战争,永远也不会这样做’。而一年之后,却动用10万军队侵占了阿富汗?难道他们不是去打仗而是去旅游的吗？

"为什么这个超级大国大谈禁止使用核武器，却从来也不肯宣布自己对无核国家保证无条件地'不使用核武器'呢？

"如果他们真正愿意在亚洲实行所谓的'信任措施'，为什么不立即无条件地从阿富汗撤军，并停止对侵略柬埔寨的支持，以取信于人呢？

"既然这个超级大国把'缓和'说得那么美妙，为什么恰恰在他们所说的'缓和的十年'中，他们的核武器和常规军备却大大增长了？究竟他们是用扩军来推行'缓和'，还是用'缓和'来掩盖扩军呢？"

他说："人们只要对这个超级大国的言论和行动稍稍加以对照，就不难从中得出应有的结论。"这个超级大国的裁军姿态"只不过是为了掩盖事实真相，愚弄世界人民，转移裁军目标，以便继续推行核扩军、核讹诈和准备核战争的霸权主义政策"。

黄华说："中国政府和中国人民一向主张实行真正的裁军，并为谋求裁军问题的进展作出积极的努力。从60年代以来，我国政府多次提出过有关裁军和加强国际安全的主张与建议。我们历来反对军备竞赛，反对在国际关系中使用武力或以武力相威胁，反对任何国家利用军事优势进行侵略扩张。我们赞成苏美两国进行核会谈，希望它们以严肃负责的态度，使谈判能够达成真正有助于限制核军备竞赛、防止核战争威胁的协议，而不要重蹈过去的覆辙，不但未能削减它们的核军备，反而为进一步改进和发展它们的核武器预留下很大的余地。"

接着，黄华重申了中国政府关于裁军的基本原则，并且代表中国政府向大会提出以下几点关于立即停止军备竞赛和进行裁军的主要措施。

他说，这些措施的中心内容是："所有核国家应就不使用核武器达成协议。在此之前，核国家各自保证无条件地不对无核国家和无核区使用核武器，并且保证在任何时候和任何情况下彼此也不首先使用核武器。"

"苏美两国停止试验、停止改进、停止生产核武器，并将其各种类型的核武器和运载工具削减50%。"

"在此之后，所有核国家都停止试验、改进和生产核武器，并按商定的比例和程序削减各自的核武库。"

"在进行核裁军的同时，应结合进行常规军备的裁减。作为第一步，各国承担义务，不以常规军备对别国进行武装干涉、侵略和军事占领。"

黄华在解释这些措施时说，作为核裁军的第一步，应当先从禁止使用着手，接着逐步进行裁减直至销毁。"只要核国家对无核国家不进行核威胁，并承担无条件地不对无核国家使用核武器的义务，无核国家也就没有必要拥有核武器或者寻求外国的核保护伞。作为一个核国家，如果它首先不问一问自己是不是威胁无核国家，倒反而责怪无核国，并要求无核国保证不威胁有核国，这岂不是本末倒置，为情理所不容吗？"

他还说："我们的建议包含了核裁军和常规裁军结合进行的主张。"因为，核战争有可能在两种情况下发生：一种是核大国之间一开始就打核战争；另一种是它们先打常规战争，再升级为核战争。如果我们只注意防止核战争，而忽略对常规战争的警惕，就可能给核战争的爆发留下了缺口。他又说，现在超级大国拥有的常规军备经常被用来作为侵略扩张的工具。

他说：两个超级大国应该首先大幅度裁减核军备和常规军备。既然国家有大有小，军备有强有弱，那么就应当削减强者的军备以确保弱者的安全，而不应不分强弱，不分先后。

黄华说："我们的这些主张，体现了中国准备承担的裁军义务。事实上，我国政府早已向全世界多次作出保证：中国在任何时候和在任何情况下决不首先使用核武器，并且无条件地不对无核国家使用核武器。这充分表明了中国政府对裁军的诚意。我愿在此声明，如果两个超级大国率先停止试验、改进、生产核武器，并把它们的核武器裁减50%，中国政府愿意与所有核国家一起承担义务，停止发展和生产核武器并进一步裁减直至完全销毁核武器。"

黄华说："中国政府关于裁军的基本原则和上述关于裁军主要措施，是从中国的和平外交政策产生的。""中国对外政策的基本方针，是团结第三世界和所有爱好和平的国家，反对霸权主义，维护世界和平。""为了在本世纪内实现四个现代化的宏伟目标，中国需要有一个稳定的、长时期的国际和平环境。""我们的经济建设，只能在和平中进行；我们的人民的需要，只有在和平中得到满足。"

他说："中国的社会制度和根本利益，决定了我们必然奉行和平政策。我们不需要战争，坚决反对新的世界大战。中国的军备，包括核力量在内，完全是为了自卫和防止外来侵略。""中国在国外没有一兵一卒，从不谋求任何外国基地。也没有任何的领土野心。事实证明，只有在别人把侵略战争强加到我们头上时，我们才被迫起而自卫。我们反对任何外来的侵略和威胁，也从不威胁任何人。"

黄华最后说："裁军问题归根到底就是如何防止战争和维护和平的问题，它必然要受到全世界人民的注意和关切。只要世界各国人民团结起来，为反对侵略战争而坚持不懈地斗争，世界和平的局面就有可能保持下去。人民的斗争，是推动裁军和维护世界和平的强大动力。我们的任务就是要顺应世界人民的愿望，为实现真正的裁军而共同努力。”

**中国将释放被俘的越南武装人员侬文甘等12人**

外交部第一亚洲司副司长张德维约见越南驻华大使馆临时代办陈曰河，受权通知他，中国将在6月16日释放被俘的越南武装人员侬文甘等12人。

张德维说，越南武装人员侬文甘、王光平非法侵入中国云南省境内进行破坏活动，被中国边防部队俘获；阮青创等10人侵入中国西沙群岛海域进行侦察活动，被中国海军部队俘获。经中国有关部门审查，他们供认，他们侵犯中国领土和领海进行敌视中国的非法活动，都是受越南当局的指示。他们对此表示认错。中国政府本着人道主义精神，决定释放上述12人。

张德维通知越南方面，中国广西凭祥友谊关边防检查站的代表将于6月16日北京时间11时，将上述被俘人员送到中国的友谊关口零公里处，让他们出境回国。他建议越南方面派人在上述时间、地点办理接收手续。

**中国科学家在法国参加第一届国际赤眼蜂学术讨论会**

据《人民日报》报道，中国利用赤眼蜂防治害虫的研究和应用，成绩显著，在某些方面已经处于国际领先地位。广东省科学院昆虫研究所副所长李丽英被推选为国际赤眼蜂工作委员会理事。李丽英和武汉大学生物系教师高镒光在会上分别作了题为《中国赤眼蜂研究和应用》《中国赤眼蜂休外培育研究》等学术报告，引起各国学者的重视。

## 6月5日

**农牧渔业部 卫生部发出《农药安全使用规定》**

施用化学农药，防治病、虫、草、鼠害，是夺取农业丰收的重要措施。如果使用不当，亦会污染环境和农畜产品，造成人、畜中毒或死亡。为了保证安全生产，特作如下规定：

一、农药分类

根据目前农业生产上常用农药(原药)的毒性综合评价(急性口服、经皮毒性、慢性毒性等)，分为高毒、中等毒、低毒三类。

1. 高毒农药：有3911、苏化203、1605、甲基1605、1059、杀螟威、久效磷、磷胺、甲胺磷、异丙磷、三硫磷、氧化乐果、磷化锌、磷化铝、氰化物、呋喃丹、氟乙酰胺、砒霜、杀虫脒、西力生、赛力散、溃疡净、氯化苦、五氯酚、二溴氯丙烷、401等。

2. 中等毒农药：有杀螟松、乐果、稻丰散、乙硫磷、亚胺硫磷、皮蝇磷、六六六、高丙体六六六、毒杀芬、氯丹、滴滴涕、西维因、害扑威、叶蝉散、速灭威、混灭威、抗蚜威、倍硫磷、敌敌畏、拟除虫菊酯类、克瘟散、稻瘟净、敌克松、402、福美砷、稻脚青、退菌特、代森铵、代森环、2，4—滴、燕麦敌、毒草胺等。

3. 低毒农药：有敌百虫、马拉松、乙酰甲胺磷、辛硫磷、三氯杀螨醇、多菌灵、托布津、克菌丹、代森锌、福美双、萎锈灵、异稻瘟净、乙磷铝、百菌清、除草醚、敌稗、阿特拉津、去草胺、拉索、杀草丹、二甲四氯、绿麦隆、敌草隆、氟乐灵、苯达松、茅草枯、草甘膦等。

高毒农药只要接触极少量就会引起中毒或死亡。中、低毒农药虽较高毒农药的毒性为低，但接触多，抢救不及时也会造成死亡。因此，使用农药必须注意经济和安全。

二、农药使用范围

凡已订出“农药安全使用标准”的品种，均按照“标准”的要求执行。尚未制定“标准”的品种，执行下列规定：

1. 高毒农药：不准用于蔬菜、茶叶、果树、中药材等作物，不准用于防治卫生害虫与人、畜皮肤病。除杀鼠剂外，也不准用于毒鼠。氟乙酰胺禁止在农作物上使用，不准做杀鼠剂。“3911”乳油只准用于拌种，严禁喷雾使用。呋喃丹颗粒剂只准用于拌种、用工具沟施或戴手套撒毒土，不准浸水后喷雾。

2. 高残留农药：六六六、滴滴涕、氯丹，不准在果树、蔬菜、茶树、中药材、烟草、咖啡、胡椒、香茅等作物上使用。氯丹只准用于拌种，防治地下害虫。

3. 杀虫脒：可用于防治棉花红蜘蛛、水稻螟虫等。根据杀虫脒毒性的研究结果，应控制使用。在水稻整个生长期内，只准使用一次。每亩用25%水剂二两，距收割期不得少于40天，每亩用25%水剂四两，距收割期不得少于70天。禁止在其他粮食、油料、蔬菜、果树、药材、茶叶、烟草、甘蔗、甜菜等作物上使用。在防治棉花害虫时，亦应尽量控制使用次数和用量。喷雾时，要避免人身直接接触药液。

4. 禁止用农药毒鱼、虾、青蛙和有益的鸟兽。

三、农药的购买、运输和保管

1. 农药由使用单位指定专人凭证购买。买农药时必须注意农药的包装，防止破漏。注意农药的品名、有效成分含量、出厂日期、使用说明等，鉴别不清和质量失效的农药不准使用。

2. 运输农药时，应先检查包装是否完整，发现有渗漏、破裂的，应用规定的材料重新包装后运输，并及时妥善处理被污染的地面、运输工具和包装材料。搬运农药时要轻拿轻放。

3. 农药不得与粮食、蔬菜、瓜果、食品、日用品等混载、混放。

4. 农药应集中在生产队、作业组或专业队设专用库、专用柜和专人保管,不能分户保存。门窗要牢固,通风条件要好,门、柜要加锁。

5. 农药进出仓库应建立登记手续,不准随意存取。

四、农药使用中的注意事项

1. 配药时,配药人员要戴胶皮手套,必须用量具按照规定的剂量称取药液或药粉,不得任意增加用量。严禁用手拌药。

2. 拌种要用工具搅拌,用多少,拌多少,拌过药的种子应尽量用机具播种。如手撒或点种时,必须戴防护手套,以防皮肤吸收中毒。剩余的毒种应销毁,不准用作口粮或饲料。

3. 配药和拌种应选择远离饮用水源、居民点的安全地方,要有专人看管,严防农药、毒种丢失或被人、畜、家禽误食。

4. 使用手动喷雾器喷药时应隔行喷。手动和机动药械均不能左右两边同时喷。大风和中午高温时应停止喷药。药桶内药液不能装得过满,以免晃出桶外,污染施药人员的身体。

5. 喷药前应仔细检查药械的开关、接头、喷头等处螺丝是否拧紧,药桶有无渗漏,以免漏药污染。喷药过程中如发生堵塞时,应先用清水冲洗后再排除故障。绝对禁止用嘴吹吸喷头和滤网。

6. 施用过高毒农药的地方要竖立标志,在一定时间内禁止放牧、割草、挖野菜,以防人、畜中毒。

7. 用药工作结束后,要及时将喷雾器清洗干净,连同剩余药剂一起交回仓库保管,不得带回家去。清洗药械的污水应选择安全地点妥善处理,不准随地泼洒,防止污染饮用水源和养鱼池塘。盛过农药的包装物品,不准用于盛粮食、油、酒、水等食品和饲料。装过农药的空箱、瓶、袋等要集中处理。浸种用过的水缸要洗净集中保管。

五、施药人员的选择和个人防护

1. 施药人员由生产队选拔工作认真负责,身体健康的青壮年担任,并应经过一定的技术培训。

2. 凡体弱多病者,患皮肤病和农药中毒及其他疾病尚未恢复健康者,哺乳期、孕期、经期的妇女,皮肤损伤未愈者,不得喷药或暂停喷药。喷药时不准带小孩到作业地点。

3. 施药人员在打药期间不得饮酒。

4. 施药人员打药时必须戴防毒口罩,穿长袖上衣,长裤和鞋、袜。在操作时禁止吸烟、喝水、吃东西,不能用手擦嘴、脸、眼睛,绝对不准互相喷射嬉闹。每日工作后喝水、抽烟、吃东西之前要用肥皂彻底清洗手、脸和漱口。有条件的应洗澡。被农药污染的工作服要及时换洗。

5. 施药人员每天喷药时间一般不得超过六小时。使用背负式机动药械,要两人轮换操作。连续施药三天至五天后应停休一天。

6. 操作人员如有头痛、头昏、恶心、呕吐等症状时,应立即离开施药现场,脱去污染的衣服,漱口,擦洗手、脸和皮肤等暴露部位,及时送医院治疗。

**国际友人路易·艾黎参加兰州石油技工学校40年校庆**

学校原名叫培黎工艺学校,是1942年由路易·艾黎为首的一些同情和支持中国革命事业的国际友人创办的。艾黎同志是第一任校长。当时的校址在陕西省凤县双石铺,1944年学校迁至甘肃省山丹县,1953年迁到兰州,艾黎同志把学校完整地移交给了人民政府。在中国抗日战争最艰难的岁月,艾黎等国际友人受中国共产党的委托,招收一些流落街头的孤儿和穷孩子入学,一面劳动,一面学习。这所学校先后为中国革命和建设事业输送了4000余名技术人才。

原山丹培黎工艺学校医院院长、新西兰外科医生鲍勃·斯潘塞夫妇,应邀参加了校庆活动。

**中央军委发布命令分别给空军航空兵某团和某航空学校记集体一等功**

空军航空兵某团重视飞行安全工作,制度健全,组织严密,近三十年保证了飞行安全。他们从实战需要出发,严格训练部队,培养英勇顽强的战斗作风,造就了一大批又红又专的技术骨干,先后圆满完成了国土防空、国庆受阅、科研试飞、军事演习和战备训练等任务。

空军某航空学校地处西北边疆戈壁滩,环境艰苦。全校人员发扬"抗大"精神,艰苦奋斗,克服困难,边训练,边建设,不仅改变了学校的面貌,而且为部队培养出一大批飞行员。他们连续十四年零六个月保证了飞行安全,是空军航空兵师、航空学校中保证飞行安全时间最长的单位。

**李逸民逝世**

中国共产党优秀党员、第五届全国政协委员、中国人民解放军总参谋部政治部顾问李逸民因病医治无效,于6月5日在北京逝世,享年78岁。

## 6月6日

**《人民日报》发表社论《中日两国要发展长期稳定的友好合作关系》**

我国国务院总理赵紫阳应日本国内阁总理大臣铃

木善幸和日本政府的邀请，对日本进行了为时6天的正式访问，昨天，满载日本人民的深情厚谊回到北京。赵紫阳总理在访日期间同铃木总理大臣举行了深入的会谈。双方就共同关心的国际形势和双边关系诚挚地、建设性地交换了意见。双方在许多重大问题上意见是一致的。会谈中赵紫阳总理提出了和平友好、平等互利、长期稳定地发展两国经济关系的三项原则，得到铃木总理和日本政府的积极响应。这对今后十年乃至更长的时间进一步巩固和发展中日友好合作关系具有深远的意义。

两国领导人认为，当前的国际形势更加紧张，更加动荡。双方就亚洲形势，柬埔寨、阿富汗问题，对美、对苏关系，七国首脑会议和南北关系等交换了意见。两国领导人对中日两国在国际事务中所起的作用感到满意。并且确认，中日两国要从各自的立场出发，与其他爱好和平的国家一起，继续为维护亚洲及世界的和平与稳定作出努力。双方一致认为，在动荡、多变的国际形势中，巩固、发展中日两国的友好合作关系具有特殊的重要意义。

两国领导人满意地回顾了过去十年所取得的重大成果，对于今后巩固和发展两国友好合作关系充满信心。赵总理讲到，中日两国发展友好合作关系具有天时、地利、人和的特殊优越条件，得到日本政府领导人和各界人士的广泛理解和热烈欢迎。赵总理介绍了我国的国内形势，说明我国的路线是正确的，社会是安定的，政策是稳定的，领导核心是团结的。我国经济经过调整，已经走上稳步发展的轨道；实现第六个五年计划以后，在第七个五年计划时期国民经济的发展速度将会加快，到本世纪的最后十年有可能出现一个新的振兴时期；我们现在执行的对外开放政策是不会改变的，而且要长期保持它的稳定性和连续性。铃木总理表示，日本欢迎中国实行四个现代化的政策，对中国的经济建设将继续提供合作。日本政府和有关人士从日本的需要出发，都认为进一步发展两国的友好关系和经济合作前景远大。两国领导人都认为根据上述三项原则，经过双方努力，中日两国之间建立起一个长期稳定的经济合作体制，不仅符合两国人民的根本利益，而且有助于维护亚洲和世界和平。

中日两国有着两千年的传统友谊，在两国人民欢庆中日邦交正常化十周年的时候，赵总理此次访问受到日本朝野各界的盛情接待，取得了圆满的成果。我们热烈期待着铃木总理秋天来访。我们深信，通过两国总理的互访，必将把中日友好合作事业推向一个新的高峰。

**商业部发出通知要求各地商业部门认真做好旺季蔬菜供应工作**

通知说，今年蔬菜种植面积比去年增加，上市数量增多，加上这外季节气温高，蔬菜易于腐烂变质。为此，通知提出四点要求以减少烂菜损失。

一、加强调查研究，认真做好旺季蔬菜上市的预报工作。要在排开上市方面下功夫，尽量避免大量集中上市，力争上市的蔬菜和市场需要基本适应。

二、增设临时售菜网点和流动售菜车，方便群众买菜。要主动向有关部门说明蔬菜旺季增设网点的重要意义，积极争取有关部门的支持。要对收购站、菜场、零售商店做好旺季的动员工作，还可以报请当地领导部门试行经济措施，使售货员的经营与奖金挂起钩来，充分调动营业人员的积极性。对某些一时过多的品种，在销售比较困难时，宁可让群众以低廉的价格多吃些蔬菜，也不能使蔬菜变质，使之损失烂掉。

三、切实抓好旺季的蔬菜数量和品种的平衡调拨，力争减少此区积压、彼区脱销，甲店积压、乙店脱销的矛盾。

四、认真安排好8、9月份蔬菜淡季的市场供应。各地要抓紧落实淡季蔬菜的种植计划，并协助社队做好病虫害的防治等工作。

**大中型水泥企业竞赛成效显著**

据《人民日报》报道，全国大中型水泥企业开展质量管理、设备管理、矿山管理、除尘管理和回转窑管理的“五比”竞赛，取得显著效果。5年来，全国水泥熟料平均标号由581号提高到654号(硬练标准)；出厂水泥合格率由99.96%提高到99.99%。今年第一季度，水泥生产又超额完成了任务，实际完成年度国家计划的25.1%。

全国大中型水泥企业的“五比”竞赛，是在粉碎“四人帮”之后，拨乱反正，加强企业技术管理时开始的。

经过五年的竞赛，对各企业的生产技术管理起了推动作用。

1981年度全国大中型水泥企业“五比”总评会议于4月份结束，全国有48个大中型水泥厂参加了评比。获得5项综合前6名的是工源、华新、抚顺、重庆、渡口、琉璃河水泥厂。

**优秀革命音乐家麦新牺牲35周年纪念活动在内蒙古哲里木盟举行**

中国音乐家协会等单位为优秀的革命音乐家麦新牺牲35周年举办的纪念活动于6月6日至8日举行。

麦新烈士是著名的《大刀进行曲》的作者。他30年代在上海从事救亡音乐运动，是左翼音乐队伍中的优秀战士。40年代，他从延安来到东北抗日前线。1947年6月6日他在内蒙古哲里木盟开鲁县牺牲，当时年仅33岁。

中国音乐家协会主席吕骥等音乐工作者代表120多人，在科尔沁草原的烈士墓前举行了纪念仪式。

**中国运动员在法国大学生田径赛中获得7项冠军**

张楠在男子铅球比赛中以15米49的成绩获得冠军；李元贞以73米38的成绩获得男子标枪第一名；在三级跳远比赛中，周建国以16米和15米47的成绩夺得第一；刘云鹏和蔡舒在男子跳高比赛中，都以2米15的成绩并列第一名；何宝栋在男子400米赛跑中，以47秒5的成绩赢得第一名；在女子项目比赛中，葛萍赢得跳高第一名，成绩是1米86。

**黄玉斌在荷兰体操邀请赛中获4枚金牌**

黄玉斌在男子跳马、鞍马、吊环和双杠比赛中战胜了所有的对手夺冠。

## 6月7日

**中共中央主席胡耀邦在北京会见荷兰共产党主席亨克·胡克斯特拉**

胡耀邦说，我们赞成“独立自主、完全平等、互相尊重、互不干涉内部事务”这四项原则。

胡耀邦说，中国共产党愿意进一步活跃同荷兰共产党的关系。他欢迎胡克斯特拉同志和夫人来中国同我党就国际形势、国际共运和两党关系等问题交换意见，并对我党的情况进行考察和提出建议。

胡克斯特拉说，我们完全同意胡耀邦同志谈到的关于发展党与党之间关系的原则。荷兰共产党坚决反对一个党干涉另一个党的内部事务。各个共产党在不同的条件下工作，我们应该加强党与党之间的合作，为国际共运的发展作出贡献。

**民进六届二中全会在北京召开**

会议于6月7日至16日召开。民进中央副主席徐伯昕在会上宣布：中国民主促进会自1979年10月第四次全国代表大会以来，各地有1，034名会员被评为劳动模范、特级教师和先进工作者，吸收新会员近3000人，各级组织的工作有了新的起色。

民进中央主席周建人在会上说，这次中央全会要在全国统战工作会议的思想指导下，审议中常会的工作报告，讨论宪法修改草案，讨论1982年至1985年的工作规划纲要，在总结过去工作经验的基础上，动员和团结全体会员和所联系的知识分子，为建设社会主义物质文明和精神文明作出新的贡献。

徐伯昕代表民进中常会在会上作了工作报告。他回顾了民进在过去两年里主动积极开展各项工作所取得的成绩，对民进今后一个时期的工作提出了要求。他希望全体会员在党的领导下，坚定信心，团结一致，为实现“四化”、完成祖国统一大业、保卫世界和平而努力奋斗。

会议通过决议，号召广大会员认真学习讨论《宪法修改草案》和贯彻全国统战工作会议精神，为培养“四化”建设人才积极工作，为促进教育、科学、文化、出版、医疗卫生等事业的发展作出新的贡献。

会议指出，《宪法修改草案》以坚持四项基本原则为指导思想，总结了新中国成立以来的历史经验，反映了新时期进行社会主义现代化建设的特点。与会同志以国家主人翁的责任感，提出了修改意见，并对保证宪法的实施，提出了积极的建议。会议号召广大民进会员对《宪法修改草案》要认真学习，广泛宣传，严格遵守，为维护宪法的尊严和保证宪法的实施，履行自己的光荣职责。

会议认为，随着全国统战工作会议精神的宣传贯彻，统一战线的重要性和作用将日益显示出来。各级民进组织要遵循“长期共存、互相监督”的方针，进一步主动积极、独立负责地开展各项工作。

全会认为，知识分子是建设社会主义物质文明和精神文明的依靠力量，在社会主义建设中具有重要的地位和作用。各级民进组织要继续协助党政有关部门，切实地把党的知识分子政策落到实处，从而更好地调动广大会员和所联系的知识分子的积极性，在建设社会主义精神文明中发挥更大的作用。

出席会议的民进中委、候补中委89人，民进各省、自治区、直辖市委员会和民进中央各部门负责人，列席了会议。

民进中央主席周建人、副主席叶圣陶、徐伯昕、赵朴初、雷洁琼、吴若安出席了闭幕式、副主席谢冰心作了书面发言。

**《人民日报》发表李成瑞文章《第三次人口普查与我国统计工作的现代化》**

第三次人口普查是我国统计工作向现代化进军中的一个重要步骤

步骤人口统计是一项十分重要的统计，也是一项历史最长的统计。我国是世界上对人口进行调查统计最早的国家之一，也是古代人口统计资料最丰富的国家之一。但是，不论是中国或外国，在奴隶制和封建制时代，都不可能对人口状况进行全面的、精确的统计。

资本主义制度兴起以后，资产阶级国家对人口统计提出了更高的要求,同时,也具备了实现这些要求的条件。从美国1790年人口普查开始,出现了近代的人口普查。这一时期的人口普查在实践中逐步形成以下的基本特征:(一)全面进行的——对全国所有人口进行调查;(二)逐人进行的——按人各别调查;(三)有时点标准的——对一个特定时点的人口状态进行调查;(四)同一内容的——按统一规定的项目进行调查;(五)系统整理的——对普查资料按统一的表格进行整理,并予以公布。这种近代的人口普查,从少数资本主义国家逐步发展到世界上大多数国家。

第二次世界大战以后,随着社会经济和科学技术的发展,人口普查在上述基本特征的基础上,又出现了新的发展趋势:(一)调查项目大为丰富;(二)有严格细致的分类标准,特别是行业分类和职业分类更为详细;(三)普查与抽样调查相结合;(四)使用电子计算机,从而使资料的收集量和处理量大大增加,处理的准确性进一步提高,处理的时间大大缩短。具有这些特点的战后人口普查,也被称作现代化的人口普查。

我国在1953年和1964年进行过两次人口普查。这两次普查具备了近代人口普查的基本特征。目前正在准备进行的第三次人口普查,可以说是一次比较现代化的人口普查。这表现在:

(一)普查内容比较丰富、比较系统。根据当前"四化"建设的需要与调查的可能条件,把普查项目由第二次普查的9个增加到19个,新增了若干重要的属于经济特征、社会特征和妇女生育状况的指标,使这次人口普查进一步成为一种大规模的国情调查。

(二)有了详细的分类标准,特别是有了包括15个大类、62个中类、222个小类的行业分类标准,有了包括8个大类、64个中类、301个小类的职业分类标准。这些分类标准的设计,是以马克思主义关于区分物质生产和非物质生产的理论为基础的,是从我们实际情况出发的,同时考虑到同西方分类标准的可比性。

(三)普查与抽样调查相结合。普查登记的质量检查和普查资料的提前汇总,都采用抽样方法。

(四)使用电子计算机汇总整理。在把10亿人口的调查数据全部录入电子计算机的基础上,对全国人口的地理分布、性别、民族、文化程度、行业、职业、婚姻状况、妇女生育状况等,进行详细的专项分组和交叉分组,整理出总量达几万页的丰富资料。

(五)制定了一系列较为详细周密的文件,对于这次人口普查的任务、内容、标准、程序、方法、技术、后勤保障等各种问题作了明确的规定。这就有助于把这次普查组织工作的严密性和调查资料的准确性提高到一个新的水平。

人口统计是整个统计工作的一个重要组成部分。人口统计的发展历史在一定程度上也反映了整个统计工作的发展历史。统计工作的现代化推动了人口统计的现代化,人口统计的现代化又有助于统计工作的现代化。

我国的社会主义统计工作,是新中国成立以后建立并逐步发展起来的。我们建立了工业、农业、交通、基建、财金、商业、物价、外贸、物资、人口、劳动、科学、文化、教育、卫生等各项专业统计,初步开展了综合平衡统计,为我国有计划地进行社会主义建设提供了大量统计资料。我国是社会主义国家,生产资料是公有的,经济活动是有计划的。我国的统计工作具有自己的特点和优点,在某些方面,如全国统计制度的统一性、全面报表的及时性以及统计工作的广泛群众基础等,是资本主义国家所不能比拟的。但是,我国的经济还不发达,我们的统计工作还有许多不足之处,如统计指标的体系不够完整,各部门的统计分类标准不够协调一致,统计方法比较单一,现代计算技术的应用方在开始,等等。提高我国的统计工作水平,逐步向统计现代化前进,是客观形势对统计工作的要求。第三次人口普查则是我国统计工作向现代化迈出的重要一步,它对于整个统计工作向现代化进军将会起到一定的促进作用。

第三次人口普查以我国的经验为基础,吸收了外国的经验

第三次人口普查工作的一系列做法,是以我国前两次人口普查的经验为基础,并且根据新的情况加以发展而形成的。前两次普查的一条根本经验是依靠各级党委和人民政府的统一领导。由于有了党政的统一领导,各有关部门、各基层单位和各群众组织就能够共同努力,相互协作,在普查高潮的一段时间里把它作为中心任务而组织进行。这与那种单凭人口普查专业人员孤军奋战的做法是大不相同的。另一条根本经验是广泛的群众路线。这就是在人口普查与广大群众根本利益一致的基础上,经过广泛的宣传教育,取得群众的积极支持合作,并且发动上千万的积极分子协助普查员去完成普查登记和复查工作。可以说,党的领导,群众路线,是保证我国人口普查资料质量的最重要的条件。第三条重要经验是层层试点。先全国试点,后省、地、县试点。通过试点,检验普查办法,积累组织实施的经验,培训大批干部,为普查的全面展开提供良好的条件。第四条经验是在较短时间内组织和培训一支"普查大军"。这就是依靠各级党委和政府的坚强领导和各部门的积极支持,迅速地从机关、团体、企业、社队等单位,按照规定的条件,抽调大批人员,经过必要的业务培训,经测试合格,迅速投入战斗。这次人口普查的队伍,包括400多万名普查员和100万名普查指导

员(工作半个多月),大约10万名编码员(工作两个月),4000名电子计算机录入员(工作一年半)。这样大规模的组织训练工作在世界上是罕见的。第五条经验是运用户口管理制度和经常性的人口统计提供的有利基础(在人口普查前进行户口整顿),而又不受户口登记的限制。第三次人口普查办法中专门对户口登记的各种不同情况作了规定,以保证没有在户口册上登记的人在普查时同样能够登记。

所有这些在中国土壤上产生的经验,生动地反映出我国社会主义制度的优越性,也反映出我们党的传统的优良作风。这些经验使我国的人口普查工作显示出自己的特点。

第三次人口普查工作也吸收了外国的有益的经验。比如,按照我国的实际情况,运用系统工程的原理和统筹学的方法,制定了比较周密的工作规划。整个普查工作,分为3个阶段、24项工作、91个细目,并且绘制了《人口普查工作进度图》《人口普查工作统筹示意图》和《人口普查各主要环节工作流程图》,以便使普查工作中的各个工程、各个工序都能相互衔接,井然有序地进行。又如,这次人口普查中,除了先用手工汇总普查的主要数字(总人口、性别、民族、文化程度等)以外,对于人口普查的全部资料,用电子计算机进行整理。从普查方案的制订、普查登记表式和汇总表式的设计、组织工作和人员训练的安排等方面,都考虑到电子计算机处理的特点和要求。外国用电子计算机处理普查资料一般都是集中进行的。我国则由于人口众多,幅员辽阔,采取分散的处理办法,即分别由省、自治区、直辖市电子计算站负责处理,然后全国汇总。为此,用我国自己购置的和联合国提供的电子计算机建立了28个省、自治区、直辖市的电子计算站(西藏暂缓建立)。又比如,在普查工作中,不仅事后进行质量检查,而且对各个工作环节都实行质量控制,逐级负责,层层把关,以保证普查资料的高质量。所有这些,都吸收了外国的经验,但不是照搬,而是通过反复试点,根据我国实际情况,加以改造、变通或发展。

这次人口普查,目前还在紧张地进行准备,它的全部完成还有待于今后的努力。它的成就如何,要到工作全部结束时才能作出最后的评价。但从两年来的普查试点中,从已经制定的一系列文件中,可以大体看出这次普查的轮廓和特点。有些统计干部参加了人口普查试点和准备工作,亲眼看到中国统计现代化的前景,增强了统计现代化的信心。他们说,"如果每项调查统计都像这次人口普查试点组织得这样严密,那么,整个统计工作的水平就可以提高一步。"

### 为逐步地实现我国统计工作的现代化而努力

关于我国统计现代化的路子,还需要大家研究、探索。这里提出几个具体目标。

(一)完善统计内容。要根据我国社会主义现代化建设的需要,以国民经济综合平衡核算体系为中心,加强各个经济部门的专业统计,并且建立和健全人口社会统计体系。

(二)统一统计标准。要进一步做到统计分类和统计制度的标准化,使统计核算、会计核算、业务核算协调一致,密切配合。

(三)改进统计方法。要在依靠和发动群众的基础上,在进一步搞好定期全面报表的同时,注意采用普查、抽样调查、重点调查、典型调查等多种方法,以便以较少的人力财力取得更多的统计资料,并且进一步提高统计数字的准确程度。要防止滥发报表,避免浪费人力。

(四)广泛运用电子计算机,对统计资料进行整理;并且运用现代数学方法,进行统计分析和统计预测。

(五)加强统计法治。要健全统计立法,进一步明确规定统计机关和企事业单位、公民在统计上的权利义务,用法律形式保证统计工作的顺利进行,保证统计数字的真实性。

(六)加强统计机构和统计队伍。建立和健全集中统一的统计系统,包括政府统计部门、各个专业统计部门和基层单位的统计机构和人员。积极开展统计科研工作,大力培训统计干部,提高统计人员的政治水平和业务水平。

实现统计的现代化是一个相当长期的过程。要根据需要与可能,稳步地前进。第三次全国人口普查可以提供一些重要经验,但它毕竟只是整个统计中的一个项目。全部经济和社会统计中有许多复杂的问题需要逐步研究解决。我们统计干部要学习政治经济学、社会学、统计学,学习使用电子计算机的知识。要总结我国的经验,也要吸收国际上统计科学的最新成果。这是提高统计工作水平、走向现代化的必要条件。

我国的统计工作在"文化大革命"中遭受到严重破坏。粉碎"四人帮"以来,特别是党的三中全会以来,统计工作得到了恢复,并且有所发展。这几年,在丰富统计内容、改进统计制度和统计方法,建立健全统计机构等方面开始迈出了新的步伐,而这次人口普查是其中重要的一步。如果说,通过这次人口普查,我国人口统计将会提高到一个新的水平,那么,可否设想,今后根据需要与可能,结合我国现行的统计年报制度,分期进行工业普查、建筑业普查、农业普查、商业普查、非物质生产领域普查,通过这些工作,进一步查清基本的国情国力,并且把工、建、农、商业和社会统计工作提高到一个新的水平。

我国统计史上蔚为壮观的10亿人口的普查,任务是艰巨的。我们相信,在党中央、国务院的领导下,经过广大干部和群众的努力,这个任务是一定能够完成的。

**国务院批转商业部《关于夏季粮油征购安排意见的报告》并发出通知**

通知说,夏粮、油菜籽在全年粮食、油料收购中占有相当的比重,认真做好夏粮、油菜籽的收割打场和征购入库工作,对于安排城乡人民生活,保证国家建设的需要,具有重要意义。夏粮、油菜籽主产区各级人民政府,要切实加强领导,集中力量,集中时间,把征购工作抓紧抓好,并力争多购一些夏粮。要做好资金供应、运输安排和工业品下乡等工作,保证夏季粮油征购的顺利进行。同时,对于夏季受灾较重的地区,要注意安排好人民生活。

通知说,商业部关于夏季粮油征购安排的意见,同样适用于春麦和早稻征购。希望春麦和早稻主产省、市、区按照上述精神,及早做好征购的准备工作。

商业部《关于夏季粮油征购安排意见的报告》中说,为了做好今年的夏季粮油征购工作,要求各地认真抓好以下几点:

一、加强思想政治工作,坚持"三兼顾"的原则,力争多购一些夏粮。要向广大农民加强"三兼顾"教育,正确处理国家、集体和个人的关系,把多交粮、交好粮作为自己的光荣义务。北方各主产省,要在丰收地区多购一些夏粮;南方稻麦主产省,要在不影响大米征购的前提下,适当多购一点夏粮,积极完成和超额完成夏粮征购任务。油菜籽的收购,在已经实行收料不收油的地区应继续实行;目前仍然实行料油兼收的地区,应尽可能多收料,少收油。

二、进一步完善夏季粮食超购加价款的结算办法。今年对于生产队和社员超额完成夏粮征购基数的部分,可以预付部分加价款,全年统算;也可以继续实行分季加价、分季结算的办法,但必须保证全年粮食征购基数的完成。要严格结算手续,堵塞漏洞。

三、在征购期间,要加强市场管理。凡是没有完成夏粮征购任务的,夏粮不准上集市,粮食部门也不得议购。对于完成征购任务后仍有余粮的生产队和社员,要动员他们继续卖超购粮,以丰补歉;同时按照随行就市,略低于市价的原则,积极开展议购。应当重申:粮油由粮食部门统一经营,其他部门和单位不准插手,未经许可,不准到农村生产队和集市采购粮油。

四、加强领导,做好接收入库工作。夏季粮油征购时间短,季节性强,工作量大。建议各地进一步加强领导,把粮油征购入库工作切实抓紧抓好。要合理设置收购网点,做好人员培训、仓库和物资准备以及资金调度工作,有计划地组织好群众交售。要坚持质量标准,依质论价,不得提级提价,也不得压级压价。今年油菜籽收购量增加较多,要想方设法克服困难,尽可能避免出现"卖油难"的问题。

**外经贸部和联合国工业发展组织共同举办的中国投资促进会议在广州举行**

会议于6月7日至10日举办。与会的23个国家和地区的300多家企业、公司和银行的代表,将在会议期间同我国130个项目的代表洽谈投资合作事宜。

国务委员兼对外经济贸易部部长陈慕华在开幕式上致辞时强调,在平等互利、互通有无的基础上,按照国际通常的做法,引进先进适用的技术和设备,吸收外资,是我国对外开放政策的具体体现。她指出,今后,我们要对现有企业进行技术改造,同时要适当集中力量进行能源和交通运输等方面的重点建设。在这两方面,我们都需要引进适当的先进技术和设备,继续吸收和利用外资。我们提出的130个项目就是在这个前提下确定的。她还说,在利用外资方面,我们不仅要使我国的建设能够顺利进行,而且也要使外国投资者能够得到他们应得的、合理的利益。

联合国工业发展组织执行主任阿卜德—拉赫曼·凯恩博士和联合国驻华业务活动协调员奈西姆·夏龙先生先后致辞,认为这次会议是一次意义重大的尝试,希望洽谈双方签订尽可能多的协议。对外经济贸易部副部长魏玉明在讲话中强调我国在利用外资方面,近期最重要方式是吸收直接投资。他还比较详细地阐述了我国有关吸收直接投资的一些具体政策和办法。出席开幕式的还有广东省省长刘田夫,广州市市长梁灵光等。意大利副外长科尔蒂及一些国家驻华使节和商务官员也参加了开幕式。

联合国工业发展组织投资合作方案处主任贝格卜斯在闭幕式上说,这次会议是联合国工发组织举办过的类似会议中规模最大、人数最多的一次。他指出,中国政府的开放政策和人民的友好合作态度,使会议取得了令人满意的成果。会议秘书长、中国对外经济贸易部办公厅顾问罗抱一在讲话中赞扬这是一次友好、合作的会议,并已取得了预期的效果。

会议期间,有47个项目由我国有关方面同来自法国、美国、意大利、联邦德国、奥地利、日本、印度和港澳等国家和地区的投资者签署了意向书、备忘录等文件。

**中央军委副主席徐向前在人民大会堂会见以朝鲜人民武装力量部副部长朴重国中将为团长的朝鲜人民军友好参观团**

**国务委员姬鹏飞在人民大会堂会见由罗共中央委员吉帕·娜塔丽亚率领的罗马尼亚共产党党的工作者友好访问团**

**外经贸部部长陈慕华在广州会见联合国工业发展组织执行主任阿卜德—拉赫曼·凯恩博士**

**国际交流协会会长李一氓在北京会见并宴请阿根廷激进党全国委员会委员伊里戈延和夫人**

**解放军总政治部发出通知推广南京部队某军办好连队俱乐部的经验**

通知指出，这个军在文化工作中着眼于加强基层政治工作，促进社会主义精神文明的建设，普遍办好连队俱乐部，组织干部战士开展健康有益的文化体育活动，推动了连队建设。这个军的连队俱乐部活动形式多样。俱乐部备有电视机、组合音箱、图书报刊、各种乐器、棋类、球类等。在室内还辟有连史、英雄谱、战士书画、文学习作等专栏和文化知识学习园地。有的还组织了业余杂技队、歌咏队、摔跤队等，开展各种竞赛和表演活动，使连队的文娱体育活动和科学文化学习搞得丰富多彩，政治思想工作日益活跃。干部战士称赞俱乐部是“娱乐身心的场所，增长知识的课堂，竞献技艺的中心，陶冶情操的园地”。

通知说，这个军办好连队俱乐部的经验，首先是领导重视，各个部门通力合作，积极支持，统筹解决连队办好俱乐部的场地、设施和经费。其次是充分发挥团俱乐部的作用，加强具体的组织指导。团俱乐部为连队培养骨干，组织连队之间开展竞赛、表演，指导连队按照战士的兴趣、爱好、特长组织活动，教育培养战士争做“四有三讲两不怕”的一代新人，在做好本职工作的前提下学习一些文化知识和专业技能。同时，机关和连队注意科学安排教育训练和其他各项工作，并充分利用节假日，使连队俱乐部活动的时间得到保证。

通知要求全军各部队和机关、院校都像这个军那样，重视研究在新的历史条件下如何加强基层文化工作问题，把普遍办好基层俱乐部作为加强基层政治工作，建设社会主义精神文明，全面提高部队军政素质的一个重要方面。要因地制宜，创造条件，加强指导，合理组织，真正把具有不同特长、爱好的干部战士组织到各种活动中去，教育帮助他们多学点本领，在解放军这个大学校里锻炼成为军队和地方都能用得上的人才，为保卫祖国尽义务，为建设“四化”献力量。

**中国选手在里尔举行的第五届世界中学生运动会上共获得9枚金牌**

获得男女团体冠军和男女个人全能冠军后，体操单项比赛中又获6枚金牌，分别是：赖卫明获得男子跳马和吊环两项冠军；王一兵获得单杠冠军；匡树伦获得男子自由体操冠军；俞波获鞍马冠军；黄秀芳夺得高低杠比赛的金牌。

在田径比赛中，周天华在女子铅球比赛中以17.70米打破17.18米的运动会纪录，并获得了这个项目的第一。辛小丽在女子标枪比赛中以48.88米的成绩打破46.26米的运动会纪录，并获得这个项目的金牌。郑美英以43.38米的成绩荣获女子铁饼第一名。

## 6月8日

**中共中央主席胡耀邦在北京会见菲律宾共和国总统夫人 安置部长伊梅尔达·罗穆亚尔德斯·马科斯**

胡耀邦说，中国和菲律宾之间没有根本的利害冲突，只存在着友好感情。我们希望东盟国家和睦相处，以便对外对付霸权主义的欺侮，对内发展本国的民族经济。中国永远不会搞霸权主义。

胡耀邦在向马科斯总统夫人谈到中国的建设经验时说，中国的建设有成功的经验，也有挫折。有一条经验很重要，那就是我们在建设中注意协调各阶层、各人群的利益，使人们的生活水平每年有所提高。他还向客人介绍了当前我国经济建设中的一些情况，指出，中国经济实行对外开放政策，但我们的基础仍然是自力更生。

**中共中央副主席邓小平在北京会见菲律宾总统夫人 安置部部长伊梅尔达·罗穆亚尔德斯·马科斯**

**全国妇联主席康克清在北京会见由几内亚国民议会副议长哈佳·索巴·凯拉夫人率领的几内亚妇女代表团**

**中美法学讨论会在北京举行**

由中国社会科学院和美国福特基金会共同举办的中美法学讨论会，6月8日至13日在北京举行，有30多位中美法学家参加了讨论会。

中美法学家们提交讨论会的15篇论文，从不同的角度对法律在各自国家中的政治、经济、行政等方面的作用和影响进行了探讨。

中国社会科学院副院长宦乡主持了开幕式，并在13日举行酒会招待与会的中美法学家们，祝贺讨论会的圆满结束。

## 6月9日

**《人民日报》发表评论员文章《实际有效的整党整风措施》**

当前,打击经济犯罪的斗争正在全国展开。摆在各级党委纪律检查部门面前的一项重要任务,就是在党的统一领导下,和公安、检察、法院等有关部门密切配合,有重点地抓住大案要案,以事实为依据,以法律为准绳,严厉制裁那些违法犯罪分子,保证社会主义建设的顺利进行。

打击经济领域中的严重犯罪活动,是阶级斗争在新的历史条件下的重要表现,是我们共产党员坚持共产主义纯洁性反对腐化变质的一场重大斗争。这场斗争的意义,实际上远远超出了经济的范围。从党的建设角度来看,打击经济领域中的严重犯罪活动,就是在当前条件下实际、有效的整党整风措施之一。对这一点,各级党委和纪委必须有足够的认识,在抓紧查处大案要案的过程中,着重整顿党的组织和干部作风。

从各地揭露出来的严重经济犯罪案件来看,在犯罪分子中,有些是林彪、江青反革命集团的残渣余孽,有些是有前科劣迹的人。同时,也确有一些是经不起资本主义思想腐蚀而腐化变质的党员干部。他们在新形势下经不起考验,个人主义恶性膨胀,贪图享乐,利令智昏,以至于抛弃共产主义理想,进行各种犯罪活动,破坏社会主义建设事业。对这些进行严重经济犯罪活动的党员干部,不管党龄长短,地位高低,都应坚决撤销他们的职务,并将他们清除出党,以保证党组织的纯洁性。对极少数思想、政治和组织都严重不纯的党组织,要有领导有计划地坚决进行整顿。对极个别确实已经烂掉的党组织,要由上级党委查明情况,予以改组或解散,并做好重新组建的工作。这样做了,党的肌体将更加健康,党的面貌将为之一新,党和群众的联系将更加密切,党的战斗力将更加坚强。

当前这场打击经济领域严重犯罪活动的斗争,为对党员和干部进行思想政治教育提供了许多有利条件。我们要紧密联系这场斗争的实际,教育广大党员充分认识反对资本主义思想腐蚀的重要性、长期性和复杂性,教育广大党员自觉地保持共产主义的纯洁性,不论在任何时候、任何环境,党都决不允许降低共产党员的标准,更不允许共产党员腐化变质。通过结合现实斗争的思想政治教育,广大党员的政治水平将普遍得到提高,在资本主义腐朽思想侵蚀面前保持清醒头脑,那些徘徊在腐化变质的危险边缘上的党员和干部,也会得到挽救。

有些党员,虽然问题还没严重到必须依法追究刑事责任的程度,但犯有违反党纪、违反《准则》等严重错误,应该依据其错误的情况,给以适当的党纪处分,这也是对这些党员的教育和挽救。

**全国正在新建扩建17座大中型水泥厂**

据《人民日报》报道,我国水泥供应紧张的状况可望在最近几年内有所缓和。目前全国正在新建、扩建17座大中型水泥厂。这批水泥厂在1985年前陆续建成投产以后,共可增加年产900多万吨水泥的生产能力。加上原有企业挖掘内部潜力及各地自筹资金建设的水泥厂增产的水泥,到1985年,全国水泥产量有可能达到1亿吨,比1981年增加1500多万吨。

正在建设的17座水泥厂,主要分布在河北、安徽、河南、新疆、山西、浙江、山东、广西、四川、黑龙江、吉林、云南等省和自治区,其中8座是在老厂基础上进行扩建,9座是新建。

**国务院副总理万里在人民大会堂会见美国洛克菲勒大学教授 著名数理逻辑学家王浩和夫人陈幼石**

**国务委员兼国防部部长耿飚在人民大会堂会见以武装部队总参谋长夏尔·卡扎萨为团长的布隆迪军事代表团**

**国务委员姬鹏飞在北京会见由泰国大理院副院长巴博·威猜率领的泰中友协教育文化委员会代表团**

**解放军全军超额完成今年植树造林任务**

到5月底全军已超额完成今年植树造林任务。中央绿化委员会对军队义务植树作了高度的评价,指出:人民解放军积极参加义务植树,为全国人民树立了榜样。据统计,全军已完成营区四旁植树3600多万株,为今年计划的176%,成片造林15.5万多亩,支援地方义务植树3500多万株。

## 6月10日

**中国商业经济学会在武汉举行第一次会议**

会议集中讨论了如何提高商业经济效益问题。

大家认为,当前努力提高商业经济效益,是贯彻国民经济调整方针的一个核心问题。商业经济效益,同工农业生产或其他经济部门比较,有它自己的特点。一是,商业劳动是“中介”性劳动,商业的经济效益主要表现在商品价值和使用价值的实现上,购销任务的完成上。在合理满足消费需要的情况下,买卖过程越迅速,商品流通越畅通,商业经济效益就越大。

二是，在保证市场正常需要的前提下，合理使用流动资金，资金周转速度越快，所需的资金就越少，商业经济效益就越好。三是，商业活劳动的占用和消耗比重较大，商业部门目前多数行业属于劳动密集型，主要是手工劳动，合理地组织劳动和实行科学管理，商业劳动效率就高，经济效益就好。四是，商业企业的经营成果和商业利润的多少，往往受客观因素的影响较大，并不完全决定于主观努力程度。大家认为，在讲究和提高商业经济效益时，要根据上述特点对商业经济效益进行综合分析。同时在评价商业指标时，要注意指标体系的完整性，不仅要考核进销额、利润和利润率，而且要考核资金占用和使用效果、劳动效率、服务质量、流通费用和费用率等，才能全面反映企业的经营状况和管理水平。

大家认为，当前商业战线需要着重抓好以下几个问题。一、大力促进工农业生产的发展。主动协调农商之间的关系，提高农副产品的商品率；积极帮助工业部门调整生产结构，做到产品适销对路。二、要扩大商品推销，加速商品周转，降低流通费用，改进服务态度，提高服务质量。三、积极开展打击经济领域中违法犯罪活动的斗争。在斗争中结合企业整顿和机构改革，建立和健全各项规章制度，堵塞漏洞，改进企业管理水平。

会议还对今后商业经济理论需要研究的新课题，提出了一些设想。

### 国家经委在河南郑州召开全国地方铁路发展政策座谈会

会议认为，今后地方铁路的建设，要继续贯彻发挥中央和地方两个积极性的方针，以地方修建为主，或与国家合资修建。建设投资主要由地方政府自筹解决，为工矿企业服务的线路，有关企业单位和其主管部门应给予适当资助。国家每年给地方铁路以一定的投资补助。国家铁路每年更换下来的钢轨、器材可以无偿或以低价调拨给地方，用于地方铁路建设。

会议提出，铁道部对地方铁路应给予支持和加强领导，同时要健全地方铁路的管理机构。为了巩固和发展地方铁路，地方铁路可实行利润分成的办法，纳入地方财政，近期内留成比例还不宜过低。

会议建议各地地方铁路搞好企业整顿，管好用好现有设备，降低成本，提高运输服务质量，争取承担更多的客货运输任务。

出席这次会议的有中央有关部门和15个省、自治区、直辖市的计委、经委、财政、地方铁路局的代表共100多人。

### 中国吸收外国及港澳直接投资收到效果

据《人民日报》报道，自从党的十一届三中全会以来，我国实行对外开放政策，吸收外国及港澳地区的直接投资，已经初步打开局面，开始收到效果。

吸收外国及港澳地区直接投资，有合资经营和合作经营企业(或项目)、合作开发资源、补偿贸易等方式。据统计，到1981年年底止，合资经营在国内的已签订合同40个，总投资额为1.89亿多美元，合同规定其中外国及港澳地区合营者投资额约为8750万美元。合作经营合同已签订390多个，合同规定外国及港澳地区合作者投资额为18亿多美元。石油开发除与美、日、英、法、意等13个国家的48家石油公司签订了南海、南黄海的9个地球物理勘探协议，并已完成地质普查工作外，还分别与日本石油公团及法国的两家石油公司签订了渤海、北部湾部分海域的4个石油勘探开发合同，投资额达8.39亿美元，合同规定外国投资者投资4.98亿美元。补偿贸易已签订合同590个，合同规定其中外国及港澳地区投资者提供的设备价款为4.6亿美元。

各地在吸收海外直接投资中，还注意尽可能利用老企业进行技术革新和改造，以收到投资少、见效快、收益大的效果。我国已经签订合同的在国内的40个合资企业中，有23个是利用原有企业改建、扩建的。

### 江南造船厂为香港建造的“世沪”号命名交船仪式在上海举行

上海江南造船厂为香港环球航运集团建造的27000吨散装货轮“世沪”号，今天上午在江南造船厂举行命名交船典礼。

菲律宾总统夫人伊梅尔达·马科斯应邀主持仪式并亲自为这艘货轮命名。

香港环球航运集团主席包玉刚和上海市市长汪道涵、外交部顾问韩念龙、中国船舶工业总公司董事长柴树藩等出席了命名交船典礼。

交船签字仪式在上海宴会厅举行。包玉刚和柴树藩分别代表双方在交接文件上签字。

### 中央军委授予空军航空兵某师独立大队“飞行安全红旗独立大队”荣誉称号的命名大会在山东济南举行

空军副司令员吴富善受中央军委委托，在会上宣读了中央军委的命令，并向“飞行安全红旗独立大队”授了锦旗。

中共山东省委书记、省长苏毅然，济南部队副司令员熊作芳到会祝贺。

济南部队空军政治委员张雍耿，在会上宣读了空军党委关于向空军航空兵某师独立大队学习的决定。济南部队空军司令员王子祥在讲话中要求所属部队要热烈响应中央军委的号召，虚心向“飞行安全红旗独立大队”学习，为加速空军的革命化、现代化、正规化建设作出贡献。

“飞行安全红旗独立大队”大队长祖光远在讲话中表示，要把荣誉作为前进的动力，更加奋发努力，把我们大队建设成为有理想、讲道德、守纪律、作风好、战斗力强的部队，在安全上保持红旗，在作战训练中当尖兵。

**包兆龙图书馆奠基典礼在上海举行**

由包玉刚先生赠建的“包兆龙图书馆”奠基典礼在上海交通大学举行。马科斯总统夫人、包玉刚先生出席了奠基典礼，并发表了热情友好的讲话。图书馆将于1985年竣工。

**全国人大常委会副委员长廖承志在人民大会堂会见香港宝莲寺迎请大藏经代表团的全体成员**

**中国佛教协会赠送香港宝莲寺大藏经法会在北京广济寺举行**

这部大藏经共7173卷，是清朝时期的刻本，原保存在苏州西园寺。中国佛教协会会长赵朴初，副会长巨赞法师、正果法师，以及100多名在京僧众，参加了法会。

**铁道部就193次旅客快车在沈山线兴隆店车站发生颠覆重大事故向国务院作关于事故的情况和处理结果的报告**

5月28日16时05分，由济南开往佳木斯的193次旅客快车，行驶至沈山线锦州铁路局管内的兴隆店车站(距沈阳43公里)时，发生颠覆重大事故，造成3名旅客死亡，143名旅客和4名列车乘务人员受伤，报废机车1台、客车4辆、守车1辆，损坏机车1台、客车5辆、货车1辆和部分线路、道岔等设备，沈山下行正线中断运输近20小时，直接经济损失达170余万元。

事故发生后，东北铁路办事处和锦州、沈阳铁路局负责同志立即随救援列车或救护车赶赴事故现场，组织抢救、抢修工作。当地驻军、地方党政领导同志和部分社员、学生也投入抢救工作。辽宁省、沈阳市的领导同志及沈阳军区、辽宁省军区有关负责同志先后赶到现场，组织抢救伤员，疏运旅客。我部李克非副部长率安监室和运输、机务、车辆、工务、电务、公安各局负责同志也于当日连夜赶赴现场，指挥抢修工作，调查分析事故原因，慰问伤员，并对省市党政领导和部队表示感谢。在省市的领导和驻军的大力支持下，伤员的抢救和治疗工作安排得比较周密，受伤的旅客和列车乘务人员，除少数送入就近的新民县医院抢救外，其余的均由沈阳市和军队、铁路医疗部门派车接到沈阳，及时得到了抢救和治疗。

经调查分析，造成这次事故的直接原因，是锦州铁路局大虎山工务段兴隆店养路工区工人在该处做无缝线路补修作业时，违反劳动纪律和操作规程，将起道机立放在钢轨内侧，擅离岗位，到附近的道口看守房去吃冰棍，当193次快车通过时，撞上起道机，引起列车脱轨颠覆事故。

这次事故是发生在旅客列车上的一次严重事故，又是发生在全国开展的“安全月”活动中，使国家和人民生命财产蒙受了巨大的损失，在政治上造成了极坏的影响，性质是非常严重的，我们心情十分沉痛。这次事故的发生和最近一个时期安全工作不稳定的状况，说明了我们铁路基础工作薄弱，管理不善，思想政治工作不落实，反映了我们作风不扎实，对安全工作抓得不力，在安全生产中管理不严，职工纪律松弛的问题长期没得到解决。

为了使全路职工从这起严重事故中吸取教训，我们于5月31日召开了有各铁路局、铁路分局、全路各工务段负责同志参加的紧急电话会议，通报了这次事故，提出了搞好安全生产的紧急措施。要求铁路各部门、各单位必须把安全工作放在第一位，各级领导干部要树立安全第一的思想，并向全体职工进行安全教育，使每个职工都牢固地树立起对国家、对人民极端负责的观念，认真落实岗位责任制，严格遵守劳动纪律，一丝不苟地执行规章制度和操作规程；各单位要针对近年来新工人比重不断增加的情况，加强对新工人的教育和考核工作，各行车和涉及安全生产的主要工种不经考试合格不得单独作业；对各种行车设备要进行一次认真检查，发现问题立即解决；同时，各单位要切实解决职工生活中，应该而且可以解决的具体问题，解除职工的“后顾之忧”；动员广大职工干部迅速行动起来，以这次事故为教训，采取措施，堵塞漏洞，保证行车安全。

我们在6月份开展的“人民铁路为人民”活动中，要把搞好安全生产作为重点，并在今后当作长期的根本任务来抓。党、政、工、团各部门要从不同的角度抓好安全工作，迅速改变目前安全生产不好的被动局面。

锦州铁路局对这次事故的主要责任者，已按照法律程序提出起诉，追究刑事责任；对与事故有关的分局、工务段领导也作了严肃的、正确的处理。铁道部决定对锦州铁路局局长董庭恒同志和党委书记李克基同志给予行政记过处分。这次事故虽然发生在下边，我们负有重要的领导责任,为接受教训,教育全路职工,恳请国务院给我们以处分。

## 6月11日

### 山西省处理不服从组织调动的干部

去年11月,中共山西省委纪委和组织部联合发出《关于干部任免、调动中几项纪律制度的通知》(以下简称《通知》),要求每个干部自觉服从组织的分配和调动。《通知》规定:接到调令的干部,应按时报到上班;不服从调动者,要给予必要的纪律处分。传达贯彻《通知》后,原来长期不到职工作的361名干部(其中省管干部45名),至今年2月底,已有288名到职上班。

山西省各地党委和组织部门给不服从调动的干部一个一个地传达省委纪委和组织部的文件,做思想工作。运城地区直属机关10名不服从调动的干部,在传达《通知》和谈话后,有8名上了班,两名确实有病的办了病假手续。雁北地委原组织部一个干部,不服从调动,3年不到职工作,看到通知后,立即办了手续到职工作。运城地委和忻县地区五寨县,对不服从调动的干部作了严肃处理,按《通知》规定扣发了工资。

目前,山西省还有极少数人不接受组织的分配。为了进一步贯彻《通知》精神,整顿党风党纪,省委组织部提出对这些人,要按干部管理权限,分别进行严肃处理。

### 《人民日报》发表评论员文章《坚决纠正干部调动中的不正之风》

山西省严肃处理不服从组织调动的干部的报道说明,只要党委态度鲜明,执法得力,少数干部在工作安排调动上只要组织照顾、不要组织纪律的问题是可以解决的。

粉碎"四人帮"以来,我们党内的不正之风,包括人事调配方面的不正之风,确实有了明显的转变。但是,不服从组织决定,坚持个人意见第一的现象,至今在一些地方仍然存在。这些同志往往以"地区不适"、"岗位不当"、"身体不好"作为借口,或者以这个困难那个困难为托辞,同组织讨价还价。其实,在这些"理由"的后面,却是"生活艰苦的地方不去,工作困难多的部门不去,不称心的岗位不去"。有的干部对组织上的安排调动,除了要本人满意外,还必须爱人和子女都满意才肯接受,否则就默许或纵容家属无理取闹。达不到目的,就赖在家里,数月、一年乃至几年不报到、不上班。这种不正之风,破坏组织纪律,败坏机关风气,削弱了党的战斗力。

怎样才能纠正这种不正之风呢?

第一,要理直气壮地讲纪律。党的干部,不论其资历深浅、功劳大小和职位高低,到什么地方或单位,做什么工作,担任什么职务,都应由党组织按照民主集中制的原则、根据事业的需要和本人的德才条件作出决定,个人必须无条件服从。当然,这决不意味着党组织可以不听取本人意见,不照顾干部的专长和困难。但是,任何人要想借此使极端个人主义合法化,在工作安排调动方面不顾大局、坚持个人利益第一,那是错误的,是组织纪律所不能允许的。

第二,要制定出切实可行的规章制度。无论办什么事,"不以规矩,不能成方圆"。各地要根据我们党的传统规矩,从当地的实际情况出发,制定出有关干部的调动安排的规章制度,明文公布,使全体干部都知道。这种规章制度不仅包括对干部个人的要求,还应当包括对组织的要求。例如,党组织在决定干部工作调动前要调查研究,走群众路线,听取和采纳本人的合理意见,特别要注意发挥专业技术干部的特长。干部确有实际困难的,可以如实反映,组织上应帮助解决,但伸手要官的一律不给,无理取闹的要严肃批评,坚持错误的要给予纪律处分。下级党组织接到上级对干部调动的命令后,应及时宣布,负责执行,对既不执行又不报告原因的要加以追究。党委决定某个干部的工作安排调动后,任何个人都无权更改,有意见可向党委或上级反映,但不能在私下向被调动者许愿、讨好。规章制度一时不完善也不要紧,可以先试行,在实践中逐步完善。

第三,要铁面无私地刹歪风。党委领导同志和组织部门的同志具有这种风格和品德,纠正干部调动中的不正之风才有可能。有的干部明明表现不好,或者犯了严重错误,不宜在某地某单位工作,当他无理拒绝组织的安排调动时,往往有人出面替他说情,或者通过各种关系阻挠主管部门执行党委的集体决定。在这些人当中,不仅有"老熟人"、"老同事"、"老朋友",甚至还有"老首长"或"顶头上司"。这种干预,常常形成一种压力,使那些坚持原则的党委领导同志和干部工作者感到为难和苦恼。要从这种为难和苦恼中解脱出来,唯一正确的办法,就是"要讲真理、不要讲面子",坚持党的原则,打破庸俗关系学的羁绊,维护正确的决定。也许,这样做会给坚持原则的同志招来一些麻烦。但是,把问题想透,无非是"得罪"几个人,丢几张选票,或是穿一双"小鞋",但得到的却是党风的好转和党组织战斗力的提高。作为党的干部,特别是组织、人事部门的干部,为维护党的原则和干部工作纪律而付出一点代价,是完全应该的。何况在今天,任何人要想肆无忌惮地抵制端正党风的历史潮流,已经不可能了。在干部工作中,即使遇到这种"难题",我们也应当这么想、这么做，否则怎么能谈得上做一个坚定的、清醒的、有作为的马克思主义者呢！干部调动中的不正之风又怎么能纠正得了呢！

**公安部 铁道部发出通报要求各地认真整顿铁路沿线秩序**

公安部和铁道部就旅客列车在运行中经常遭到沿线少数人和顽劣儿童击打的严重情况，通报各省、自治区、直辖市公安厅、局，铁道部各铁路局、工程局，要求公安机关与铁路部门密切配合，认真整顿铁路沿线治安秩序。

通报中指出，1981年发生多起击打列车事件。今年第一季度，情况又有发展。击打旅客列车事件比较多的是齐齐哈尔、哈尔滨、吉林、沈阳、北京、上海、武汉、成都、兰州9个铁路局的管区。突出的是黑龙江省境内的加格达奇至嫩江间、绥化至朗乡间，甘肃省境内的天水至兰州间，以及湖北省境内的张家集附近。这些事件的发生，严重危及铁路运输和旅客的安全。

通报分析了击打旅客列车事件，认为一是铁路沿线城镇、社队少年儿童和中小学生玩耍打闹、击车取乐或比赛打准所为。二是少数人无票乘车，对铁路补票不满，击打列车泄愤。三是少数列车工作人员服务态度不好，或工作方法不当，导致旅客不满，进行报复。

为了维护铁路治安秩序，保障旅客人身安全和铁路运输安全，有效地制止击打列车事件的发生，通报要求各地公安机关和铁路部门认真做好以下工作。

各级公安部门要依靠地方各级人民政府，深入贯彻党中央、国务院关于整顿铁路治安的指示精神，对铁路沿线社队群众和少年儿童、中小学生加强社会主义法制和护路爱车的教育，积极开展“五讲四美”活动。

铁路和地方密切配合，整顿铁路沿线治安秩序。对无票乘车或扒乘货车的社员群众要进行劝阻。治安秩序较乱的重点车站和列车，要组织力量进行整顿，坚决制止扒车和无票乘车。对在车站出售农副产品和食品的商贩，要加强教育和管理，不准无证摊贩围车叫卖。

要教育铁路职工，树立全心全意为人民服务的思想，端正服务态度，处理问题要讲政策，讲方法，讲礼貌，纠正不正之风。

各地对本地区所发生的击打列车事件，要认真查明情况，严肃处理。对学生、少年儿童击打列车的，要责令家长严加管教，情节严重的要追究家长的责任，赔偿损失；对社员群众击打列车的，不仅要赔偿损失，还要根据情节，给予警告、罚款或拘留等治安行政处罚；对蓄意击打列车进行破坏活动的，要依法追究刑事责任。

**全国人大常委会副委员长阿沛·阿旺晋美在钓鱼台国宾馆会见哥伦比亚参议院议长古斯塔沃·达赫尔和夫人一行**

**国务委员兼国防部部长耿飚在人民大会堂会见由国防参谋长维托里奥·圣蒂尼中将率领的意大利军事代表团**

**挪威新任驻中国大使阿尔内森在北京向全国人大常委会副委员长乌兰夫递交国书**

**中国和马里文化协定1982—1983年度执行计划的签字仪式在巴马科举行**

**国务院科技干部局政策研究室答复河南睢县建委宋德安来信**

科技人员业余时间可否承担设计任务？

我县有几个从设计院调回的土建工程师、助理工程师，虽然仍做技术工作，但因为地区建委不让我们成立设计室，他们就失去了搞设计的机会。这不仅使这方面的业务不能开展，而且也浪费人才。有些单位聘请他们搞工程设计，并给一定的报酬，但地区建委认为，这是搞非法设计，接受报酬是贪污受贿。而地区建委设计室又不能及时完成某些设计任务，有些工艺设计，地区设计室也设计不了。因此请问：

一、这些工程师、助理工程师能不能在业余时间为某些聘请单位搞设计？是否合法？

二、设计人员能不能接受报酬？这算不算贪污受贿？

对宋德安同志来信所询问的问题，我们提出如下意见，供参考。

一、根据国家建筑系统的现有规定，凡承担土建工程设计，必须持有设计证书，这主要是为了按设计标准保证工程质量。但正式设计部门不一定承担全部设计任务，特别是一些小项目和临时维修项目，设计工作往往无着落。因此，许多中小企事业单位便聘请一些具有工程设计能力的科技人员或科技服务团体承担工程设计任务。这样，就出现一个他们搞工程设计是否合法的问题。我们认为，从国家经济建设需要和实际情况出发，在保证工程质量的前提下，应当充分发挥那些不在设计部门工作而又具备工程设计能力的科技人员的作用，并采取一些灵活的办法加以合理解决。例如，一些具备工程设计条件的单位或科技服务团体，可以通过正式渠道，向同级或上一级建委提出申请，经审查批准后发给设计许可证书；或由各级建委正式规定范围，哪些工程项目或工艺设计可由非正式设计部门承担，哪些工程项目设计后要报正式设计部门审核。同时，对于那些具有建筑工程专业知识的科技人员，还可以组织他们为企事业单位的工程项目做些咨询性的工作，如方案论证、可行性研究等。

二、关于科技人员劳动报酬问题，在我局颁布的兼职、交流两个暂行办法中已有规定。这里要强调一点：科技人员经本单位同意参加外单位科技工作，应以服务为主。科技人员在承担工程项目设计任务时，必须由双方单位签订技术经济合同，明确双方承担的技术经济责任，以及计算协作报酬和提取适当比例奖励科技人员的具体办法。因此，科技人员不要以个人名义与聘请单位签订合同，以避免发生其他问题。

**北京人民艺术剧院在首都剧场举行建院30周年纪念会**

邓颖超、乌兰夫、万里、习仲勋、谷牧、邓力群、周巍峙、李伯钊、阳翰笙、周而复、段君毅、焦若愚，以及首都文艺界、戏剧界的老前辈、知名人士等共600多人前来祝贺。

邓颖超同志在会上说，从人艺成立起，她就是观众。她认为，这几年的话剧水平比过去大大提高了，老中青演员的水平都提高了。这是戏剧界在毛主席百花齐放、百家争鸣方针指引下取得的成绩。她表示相信，通过学习毛主席在延安文艺座谈会上的讲话和党中央对文艺的方针、政策，通过批评和自我批评，文艺界一定会取得新的成绩。

中共中央书记处书记习仲勋在讲话时说，北京人民艺术剧院30年来在艺术上作出了很多成绩，有些剧可能有这样那样的问题，但一般都是健康的。不管是历史剧、外国剧或现代戏，在贯彻执行毛主席的百花齐放、推陈出新的方针，在体现古为今用、洋为中用方面都做得比较好。这个成绩今后要发扬光大。他祝北京人艺的同志们以自己的优良作风和表演艺术，继续为人民服务，为社会主义服务。

中国戏剧家协会副主席赵寻代表全国文联和中国戏剧家协会讲话。他指出，30年来，北京人民艺术剧院创造了被广大观众承认的艺术风格，在中国话剧史上立下了丰碑。

**西藏自治区民族关系改善民族团结加强**

据《人民日报》报道，彻中央对西藏工作的指示两年来，采取一系列措施调整与改善民族关系，深入细致地做好加强民族团结的工作，使全区出现了各族干部群众同心协力建设新西藏的良好局面。

两年来自治区党委做好民族团结工作的主要情况和体会是：

一、在民族工作的指导思想上大力拨乱反正，肃清民族问题上的"左"的思想影响，反复宣传马列主义关于民族问题的理论，进行民族政策的再教育。两年来区党委多次召开扩大会议，由负责同志反复阐明西藏在民主改革完成以后，民族关系已变成劳动人民之间的关系的道理，号召各族人民在新的基础上进一步加强团结。

自治区党委进一步贯彻党的民族区域自治政策，重申了少数民族人民对管理本民族事务的权利。两年来有大批少数民族干部走上领导岗位，几百名爱国人士得到了妥善安排。在贯彻中央的各项方针政策时，自治区党委都强调要结合西藏的特点。按照宪法规定的原则，自治区人大常委会加强了地方立法工作。各级政府处理各种事务，也都考虑到西藏的特殊情况，尽量照顾藏族群众的利益和愿望。这样，就使广大藏族群众感到自己真正是祖国大家庭中平等的一员，认识到党的民族政策是真诚的和一贯的，增强了对党的信任和感情，更加自觉地维护祖国的统一和各民族的团结。

二、调整经济政策，大力发展生产，改善人民生活，为搞好民族团结奠定物质基础。自治区农牧业已连续两年获得丰收，多种经营和城乡手工业蓬勃发展，90%以上的人已经解决了温饱问题，去年全区平均每人分配收入达200元。藏族农牧民普遍反映：日子从来没有过得像现在这样好。广大群众从自己生活的迅速变化中深深体会到党和国家对少数民族的关怀，更加热爱社会主义祖国。

三、自治区党委领导核心的团结一致，带动了各级党组织和各族干部的团结。自治区党委强调，各级领导班子的团结，尤其是区党委常委的团结一致，是团结各族人民、坚决贯彻中央指示的组织保证。区党委常委带头做团结的模范。遇到重大问题都坚持集体讨论，统一认识，然后再统一下边的思想。每个季度，区党委常委都开一次组织生活会，对照《关于党内政治生活的若干准则》，开展批评与自我批评。在自治区党委的带动下，大多数地、市、县委以及各族干部，在工作中都能互相支持、互相谅解，生活上互相关心，团结有了很大加强。

自治区党委负责同志指出，在新的历史条件下，民族关系问题一般都是劳动人民之间的问题。对待这类问题，一是平时要加强教育，把工作做在前头，尽量防止发生不协调的情况；二是一旦出现不协调的情况，一定要分清问题的性质和产生的原因，一般采取批评与自我批评的方法，慎重妥善地处理；三是事后要认真总结经验教训，提高大家的认识，在新的基础上实现新的团结。西藏自治区这几年就是这样做的，结果有效地改善了民族关系。

## 6月12日

**中共中央副主席邓小平在人民大会堂会见扎伊尔共和国总统蒙博托·塞塞·塞科**

邓小平说："自从1972年中扎两国关系正常化以来，我们两国领导人建立了相互信任的关系。这是因为我们两国有共同的经历，都亲身受到帝国主义、殖民主义和霸权主义欺侮。"

蒙博托说，扎中两国之间确实存在着相互信任的关系。他感谢中国给予扎伊尔的援助，并对扎中之间的合作表示满意。

邓小平向蒙博托扼要介绍了中国当前国内的情况。他说："现在我们国内有了真正的安定团结的政治局面。体制改革的第一步很成功，就是一个明证。现在全国上下可以安下心来搞建设了。"

蒙博托表示，扎伊尔作为中国的朋友十分关注中国形势的发展。

**《人民日报》发表新华社评论员文章《评越南外交部白皮书》**

越南外交部不久前又发表了一份关于西沙、南沙群岛问题的白皮书。早在1979年9月，越南外交部曾公布过一份白皮书，妄图为越南当局非法侵占中国南沙群岛部分岛屿并对中国西沙、南沙群岛提出领土要求寻找依据。中国外交部1980年1月30日发表的文件，以大量而确凿的史实记载和官方文件，揭穿和驳斥了越南当局编造的谎言。时过两年，越南外交部才发表这份白皮书，想必是对中国外交部文件作出的答复。

越南外交部的白皮书，对中国提出的西沙、南沙群岛属于中国的论据，或者采取回避态度，缄口不谈；或者歪曲材料，强词狡辩。它一口咬定越南"很久以来就连续地"对西沙、南沙群岛"行使了自己的主权"。但是，它所罗列的"法理依据"依然是重复早已被中国外交部文件批驳得体无完肤的那些所谓"古籍资料"。对这种无理的纠缠，本文无需浪费笔墨。但白皮书中另一些荒谬论点却理应予以驳斥。

白皮书说，法国在侵占越南以后，"以越南国家的名义"对西沙、南沙群岛行使"主权"。白皮书这里说的是法国30年代对这两个群岛的非法占领。这种占领纯属老殖民主义的侵略，侵略行为不能产生主权，这是国际法所公认的。法国殖民主义者早就觊觎过西沙、南沙群岛。本世纪30年代，它们乘中国忙于对付日本侵略的机会，以越南为跳板，先后侵占了这两个群岛的部分岛屿。但是必须指出，西沙、南沙群岛是中国最早发现、最早开发、最早实行管辖的，30年代初期以前，只有中国政府对西沙、南沙群岛行使了国家权力，其他任何国家都未曾有过此类行为。正如中国外交部文件所指出的，法国内阁总理兼外长白里安1921年承认，"我们现在对这些岛屿提出要求是不可能的。"法国驻印支署理总督1929年也承认，"根据多方报告，帕拉塞尔群岛(按：即西沙群岛)应认为属于中国所有。"现在，越南当局闭口不谈当时法国政府承认西沙群岛属于中国这一历史事实，却把法国后来的殖民主义侵略行径说成是"以越南国家的名义"行使"主权"，是极为荒谬的。按照这种逻辑，第二次世界大战期间德、意、日法西斯曾侵占过别国的大片领土，这难道就可以成为对那些被侵略国家提出领土要求的法理依据了吗?

至于越南当局列举1956年以后西贡吴庭艳、阮文绍政权侵占中国西沙、南沙群岛的材料，来作为越南对这两个群岛拥有"主权"的依据同样是荒唐可笑、站不住脚的。既然任何侵略行为都不能产生主权，对侵占得来的别国领土的所谓"继承"当然也是非法的、无效的。

越南外交部的白皮书引述前保大"政府"的代表团团长陈文友1951年9月7日在签订对日和约的旧金山会议上发表的对西沙、南沙群岛提出主权要求的声明，并煞有介事地说："上述声明没有遇到与会的五十一国代表的任何反对或保留意见。"这完全是一个弥天大谎。第一，中国作为战胜日本侵略者的主要国家，当时却被非法排斥在旧金山会议之外。但是，在旧金山对日和约签订前夕，中国总理兼外长周恩来于1951年8月15日就对日和约草案和旧金山会议发表声明，严正指出西沙群岛、南沙群岛和东沙、中沙群岛一样，"向为中国领土"，"在日本帝国主义发动侵略战争时虽曾一度沦陷，但日本投降后已为当时中国政府全部接收"，中国对西沙群岛、南沙群岛的主权，不论"美英对日和约草案有无规定和如何规定，均不受任何影响"。第二，1951年旧金山和会规定日本应放弃西沙群岛和南沙群岛。参加这次会议的苏联代表团团长葛罗米柯曾发言明确指出：西沙群岛和南沙群岛等岛屿是中国的"不可分割的领土"。第三，虽然美英起草的对日和约没有提及西沙、南沙群岛在日本放弃后归谁所有，但是就在签署和约的第二年，当时的日本外务大臣冈崎胜男亲笔签字推荐的《标准世界地图集》第十五图《东南亚图》就把和约规定日本必须放弃的西沙、南沙群岛和东沙、中沙群岛明确标绘属于中国。请问越南当局：你们在白皮书中为什么对这些确凿的历史事实只字不提，反而睁眼说瞎话呢?

中国对西沙、南沙群岛的主权是得到国际上普遍承认的。特别要指出的是，中越双方过去在这两个群岛的归属问题上本来并无争议。在1974年以前一个相当长的时期内,越南的官方声明、照会以及报刊、地图和教科书都正式承认西沙、南沙群岛是中国的领土。例如,1956年6月15日越南副外长雍文谦向中国驻越南大使馆临时代办郑重表示:“根据越南方面的资料,从历史上看,西沙群岛和南沙群岛应当属于中国领土。”当时的越南外交部亚洲司代司长也说:“从历史上看,西沙群岛和南沙群岛早在宋朝时就已经属于中国了。”又如,中国政府于1958年9月4日发表声明宣布,中国领海宽度为12海里,这项规定适用于包括西沙、南沙群岛在内的一切中国领土。同年9月14日,越南政府总理范文同照会中国国务院总理周恩来,明确表示:越南政府“承认和赞同”中国政府的声明,“尊重”这项决定。再如,越南政府1965年5月9日发表的声明再次确认西沙群岛是中华人民共和国的领土。越南官方报刊、地图和教科书也都明白无误地承认西沙、南沙群岛是中国的领土。此类事实,不胜枚举。越南当局既已明确承认中国对西沙、南沙群岛的主权,按照国际法和国际惯例,它就没有任何理由出尔反尔地对中国对这两个群岛的主权提出争议,更加没有任何理由侵占中国这两个群岛的任何一个岛屿。越南当局理亏心虚,无法对此作出任何解释,所以在白皮书中只好再次采用鸵鸟式的对策——一声不吭。

越南当局为了实现扩张领土的野心,竟篡改历史,编造谎言;背信弃义,自食其言;甚至借助于老殖民主义的侵略衣钵。越南当局的这种行为,无疑是枉费心机,丝毫也不能改变西沙、南沙群岛自古以来为中国所有的历史事实和法理根据。

**国务委员姬鹏飞在北京会见并宴请以朝鲜劳动党中央委员朴容锡为团长的朝鲜劳动党友好参观团**

**全国人大常委会副委员长彭冲在人民大会堂会见以联邦德国联邦议院劳动和社会秩序委员会副主席奥托·青克为团长的联邦议院议员团**

**中国联合国教科文组织全国委员会在全国政协礼堂举行报告会**

联合国教科文组织国际教育局理事会主席、瑞士常驻联合国教科文组织大使衔代表夏尔·于梅尔向首都教育界人士介绍了国际教育的发展情况。

中国联合国教科文组织全国委员会副秘书长贾学谦主持报告会。

于梅尔先生在报告中说,教育与生产劳动的内在联系问题,已引起世界各国教育界的关注。现在世界上有不少国家,为了努力消除体力劳动和脑力劳动之间的差别,使理论和实践相结合,正在试验把生产劳动真正纳入教育和教学活动之中,把生产劳动同对学生的职业教育紧密结合起来。

于梅尔说,在当今世界各国的教育中,还存在着许多不平等的现象:如城乡之间,男女之间在受教育的权利上,仍存在着实际上的不平等;又如在亚洲、拉丁美洲和非洲的许多国家,都存在着不重视普及和加强小学教育的问题。于梅尔强调指出,因缺乏教育经费和教师等种种原因,现在全世界还有不少学龄儿童不能入学,有8亿多人是文盲。这是摆在各国政府和教育工作者面前的一个亟待解决的重大问题。

在报告会上,于梅尔先生还回答了首都教育界的专家和教育工作者,向他提出的一些教育方面问题。

**中央统战部在民族文化宫举行茶话会祝贺以慧广法师为名誉团长 圣一法师为团长的香港宝莲寺迎请大藏经代表团在北京迎请大藏经圆满成功**

全国人大常委会副委员长班禅额尔德尼·确吉坚赞,中国佛教协会会长赵朴初、副会长巨赞法师和正果法师,应邀出席了茶话会。

中共中央统战部部长杨静仁、副部长李定、顾问刘澜涛、平杰三,国务院宗教事务局负责人乔连升出席了茶话会。

## 6月13日

**国务院副总理姚依林针对第三次全国人口普查发表题为《全国各族人民都来积极参加人口复查》的电视广播讲话**

同志们:

第三次全国人口普查,从今年7月1日起就要开始登记了。

现在,我受赵紫阳总理的委托,代表国务院,号召全国各族人民、全体共产党员、共青团员、各级干部,积极行动起来,参加具有历史意义的第三次全国人口普查。

为什么要进行第三次全国人口普查呢?大家知道,进行社会主义经济建设,必须从我国国情出发。什么是我国的国情呢?人口的情况是我国最基本的国情。我国是社会主义国家,人民群众是国家的主人。我们生产的目的,是在技术不断提高,生产不断增长的基础上,为了满足人民群众日益增长的物质和文化生活的需要。人口普查是调查全国人口许多方面的情况,因此,人口普查在一定意义上讲,是一次大规模的国情调查。

这次人口普查,有19个普查项目,工作任务繁重,质量要求高，花费的力量比较大，持续的时间比较长。但是，只要我们认真地、切切实实地去做辛勤的工作，将换来丰硕的成果。通过这次普查，我们将得到全国人口的总数，人口的地理分布、性别、年龄、民族、文化程度、行业、职业、婚姻状况和妇女生育状况等各方面的资料，并根据这些资料进行交叉比较和演算，取得大量的数据。这些数据，对于我们了解国情、省情、县情，具有非常重要的意义。举一个简单的例子来说，通过普查，我们就可以取得1982年7月1日零时有多少一周岁孩子的资料，从而还可以预测出：到若干年后有多少孩子要上小学，有多少人上中学、上大学；有多少人要就业，要结婚、要生育，等等。根据这些资料，我国政府的有关部门可以考虑如何合理地举办各种各样的学校、妥善安排就业等问题。总之，人口普查所取得的人口资料是十分宝贵的。它可以为从我国国情出发，调整国民经济，有计划地进行社会主义现代化建设提供重要依据；可以为妥善安排人民的物质和文化生活提供重要依据；可以为正确制定人口政策和规划提供重要依据。进行这次人口普查，是全国各族人民的一件大事。其次，联合国1974年召开的世界人口会议，建议世界各国在1975年至1985年进行一次新的人口普查。我国是联合国成员国，我国人口占世界人口接近四分之一。因此，我国这次人口普查，不仅是我国人民所关心的一件大事，而且也是世界人民所注目的一件大事。

党中央、国务院对这次人口普查十分重视，先后作出决定，发出指示，全面部署了普查工作。各地党政领导机关和各级普查机构坚决贯彻中央的决定和指示的精神，做了大量细致的普查准备工作，层层建立了普查机构，进行了中央一级和省、市、地、县一级的普查试点，培训了普查骨干，整顿了户口，安装调试了29台用于人口普查的电子计算机，电子计算机技术人员经过培训和处理试点资料，基本掌握了使用电子计算机处理人口普查数据的技术，为普查登记创造了良好的条件。在此，我代表国务院，向积极努力为第三次全国人口普查准备工作作出贡献的各级领导干部，全体普查工作人员和广大人民群众表示感谢。

我国于1953年和1964年分别进行了第一次和第二次全国人口普查，都取得了很大成绩。今年7月1日开始的第三次全国人口普查比前两次普查的规模大，项目多，又是第一次使用电子计算机。正因为这次普查的难度大，要求严，任务艰巨，党中央和国务院要求高质量地完成这次人口普查工作。现在，我代表国务院提出如下要求：

各级人民政府一定要加强对人口普查工作的领导，要把人口普查列入重要议事日程，特别是在普查登记的半个月左右时间里，更要作为一件大事来抓，把普查和生产这两件大事安排好，做到普查、生产两不误，普查、生产双丰收。

各级普查机构和数百万普查工作人员，一定要热爱人口普查工作，要严格按照人口普查的办法办事，做到不重复登记，不漏登，不错登，做到各项普查工作准确无误。希望你们争当优秀的普查工作人员，为搞好第三次全国人口普查作出贡献。

6月份是人口普查宣传月，各宣传部门，文化部门，工、青、妇群众团体，各单位、各部门，都要积极配合普查机构，开展深入细致的人口普查宣传活动，使人口普查家喻户晓、深入人心，动员本单位职工和广大人民群众，积极参加人口普查。

积极参加人口普查，如实申报每个项目，是每个公民的光荣义务。全国各族人民的大力支持是搞好人口普查的根本保证。我国各族人民是有很高觉悟的人民。我们热烈希望各族人民积极参加人口普查，按照普查办法规定，实事求是地申报普查项目。这次人口普查的某些项目的规定和现行的政策规定有所不同，普查不影响现行政策的执行，也不影响公民的权利和义务。希望每个家庭的申报人，要熟悉全家每个人的情况，以便协助普查员，准确地登记好每个普查项目。

同志们！在将近占全世界人口四分之一的伟大的中华人民共和国进行人口普查，是一件伟大的工作，同时也是一个艰巨的工作。我坚决相信，在党中央、国务院的领导下，经过广大干部和群众的共同努力，这次人口普查任务一定能够胜利完成。预祝第三次全国人口普查圆满成功！谢谢同志们，再见。

**民建和全国工商联部分成员呼吁改进进口设备工作保护国内工业发展**

民主建国会、全国工商联部分有专长的成员，呼吁有关部门重视解决进口设备工作中存在的问题，以保护和促进我国工业的发展。他们指出，近几年来，各地区和部门从国外进口了各类成套和单机设备，对生产和技术的提高起了一定的作用，但是，也出现了不少值得注意的问题。

进口设备缺乏统一管理和全国规划，各部门各自为政，重复进口的事也时有发生。在进口设备的使用和维修、操作技术力量的培训方面也存在一些问题，影响进口设备效能的发挥。

针对上述问题，他们提出了以下改进的建议：

一、全国统一管理各地区、各部门的进口设备，进行综合平衡和最后审批。审批手续要简化、迅速，要有内行人员参加。审批要符合国情，讲究经济效益。能进口单机或关键部件的，就不要成套进口，有的可进口样机。

二、申请进口的单位，事前应做周密的调查研究，对需要进口的设备进行经济、技术的可行性分析。对上级业务部门调拨来的生产上不需要的进口设备，应允许有关企业拒绝接受。

三、对已进口的设备，首先是高、精、稀设备的情况，进行一次普查，摸清家底。

四、各进口单位、科研单位要打破国内"自我封锁"，互通情报，相互配合，进行技术研究、攻关。组织有关单位负责进口设备的维修和备品配件的供应。此外要加强对进口设备的管理、维修和操作人员的培训工作，科学地管理、维护和使用进口设备。

**上海生化所研制成功一种乙型肝炎病毒基因组无性繁殖**

中国科学院上海生物化学研究所在世界上首次成功地把主要分布于亚洲的一种乙型肝炎病毒——ADR亚型基因组转移到细菌中无性繁殖。这一成功，对于深入研究乙型肝炎的发病机理，特别是最终用遗传工程方法研制乙型肝炎疫苗以及控制乙型肝炎传播，有十分重要的意义。

ADR亚型肝炎病毒基因组无性繁殖成功，为我国今后独立自主地用遗传工程手段进一步研制乙型肝炎病毒表面抗原，进而生产乙型肝炎疫苗，打下了良好的基础，同时也为研究我国主要亚型的乙型肝炎病毒的脱氧核糖核酸顺序分析、基因结构、基因表达，以及研究乙型肝炎和肝癌的诊断与防治等，创造了必要的条件。

这一重要的科学成果，是由我国自己培养的一些中青年科学工作者在老科学家指导下获得的。

**国际初级卫生保健区间讨论会在山东掖县召开**

会议于6月13日至26日举行。讨论会是在我国卫生部积极支持下由世界卫生组织、联合国开发计划署、联合国儿童基金会和世界银行共同举办的。

卫生部副部长郭子恒介绍了中国农村卫生工作的基本经验。

郭子恒说，山东掖县在中国农村的2100多个县中，属于中等偏上水平，她不仅在经济、文化、教育的发展方面有代表性，在卫生工作发展方面也具有代表性，在这里可以看到中国农村卫生工作的缩影。

郭子恒谈到中国农村卫生工作的6条基本经验是：首先，政府要有一个明确的政策，这就是把卫生工作的重点放到农村，为占全国人口80%的农民提供医疗服务；第二，随着经济的发展建立基层卫生组织，改变几千年来我国农村贫穷落后和不卫生状态；第三，采取国家、集体、群众三结合的办法，各部门协调，多渠道筹集资金，多种途径培训卫生人员，以解决农村广泛建立基层卫生组织所需要的大量卫生人员和经费；第四，发展农村基层卫生组织，要因地制宜，从实际出发，适合农村经济发展水平和群众需要；第五，必须做好城市对农村的支援，如城市派巡回医疗队到农村，城市医院帮助农村培训卫生人员，或到基层会诊、开设专题讲座和接受农村进修生等；第六，搞好农村卫生，必须坚持群众路线，要把防病治病的卫生知识教给群众，发动群众用自己的力量改变自己不卫生的状况和习惯，同时注意总结推广群众的实践经验。

会上播放了世界卫生组织总干事哈·马勒博士对讨论会的祝辞的录音。

卫生部部长崔月犁在讨论会第二阶段——部长级会议上作关于中国农村基层卫生工作的报告

崔月犁在向与会的15个发展中国家的卫生部部长、计划部部长、卫生总监们介绍我国农村基层卫生工作情况时说，当前我们已有农村专业卫生技术人员157.6万人、赤脚医生139.6万人、卫生员和接生员259.1万人。1981年同1949年相比，全国农村医院病床由2万张上升到121万多张，增加了近60倍。这就基本上改变了旧中国农村缺医少药、农民得不到卫生保健的状况，使医药卫生科学技术能够造福于绝大多数人。

崔月犁说，现在我国人口的死亡率已从解放前的25‰下降到6.2‰，农村婴儿死亡率已从解放前200‰左右下降到20‰—30‰左右；平均寿命已延长到68岁左右。

崔月犁认为，这些成绩的取得，同我国农村卫生事业的迅速发展和基层卫生保健工作的普及分不开。同时，我国坚持预防为主的方针，相信和依靠人民群众的力量和智慧，根据我国的实际情况和经济发展水平，自力更生，发展农村卫生事业。他指出，发展农村卫生事业，关键在于培养卫生人员。农村中现有各种高、中级专业卫生技术人员都是解放后培养的。他说，对赤脚医生除了技术教育外，还应包括思想教育，也就是为人民服务的思想教育。

崔月犁说，我国已逐步建立了以县级医疗卫生机构为中心，同公社卫生院和大队卫生所联合组成的三级医疗卫生网。为提高这三级医疗卫生机构的水平，卫生部决定对全国2100多个县分期分批进行整顿建设。1980年开始，第一步整顿建设的300多个县已收到效果，1983年开始将进行第二步的400个县的整顿建设工作。力求在本世纪末完成或基本完成这项工作。

崔月犁最后说，世界卫生组织提出的2000年人人享有卫生保健的全球目标，同我国发展卫生事业，加强农村基层卫生工作的目标是一致的。

会议讨论并一致通过一份总结性文件，重申搞好初级卫生保健工作是各国政府、人民以及国际组织和整个社会做到2000年人人享有卫生保健的关键。文件认为，这次会议是“国与国之间开展和执行技术合作的一种最实际的做法”。

参加会议的，还有世界卫生组织西太区主任中岛宏博士、联合国儿童基金会执行主任杰姆斯·格兰特、联合国开发计划署驻华副代表德桑、世界银行代表伊文·阿·赛尔根。

**四川凉山发现珍稀树种——黄杉**

新华社报道：黄杉属松科，多年生常绿乔木，木质坚韧，纹理细腻，是建筑、家具及工业用材优质林木。世界上只有北美西部和日本南部有少量分布。近年来在我国的西南、中南地区有少量发现，是十分珍贵的稀有树种。

这次在泸山发现的黄杉生长在海拔1800多米的泸山观音阁附近的山坡上，共15株，其中有两株已经长成大树。据初步考证：两株长成的黄杉约有100多岁。

## 6月14日

**《人民日报》发表肖蔚云文的文章《我国人民代表大会制度的新发展》**

我们国家的政权是由人民掌握的。认真地改善和发展人民代表大会制度，是关系到人民是否能真正当家做主的重大问题。这次公布的《中华人民共和国宪法修改草案》，对我国人民代表大会制度作了许多重要的改革。这是符合六中全会《决议》关于新中国成立以来我们没有重视“逐步建设高度民主的社会主义政治制度”，今后必须“使各级人民代表大会及其常设机构成为有权威的人民权力机关”的精神的。

首先，宪法修改草案大大加强了全国人大常委会，几乎全面地扩大了全国人大常委会的职权。1954年宪法规定全国人大常委会的职权为19项，1975年宪法改为7项，大大削减了全国人大常委会的职权，并把全国人大及其常委会领导的专门委员会也取消了；1978年宪法将全国人大常委会的职权改为13项，但仍未恢复1954年宪法规定的全部职权。这次宪法修改草案把全国人大常委会的职权扩大为22项，增加了许多重要职权。根据1954年、1978年宪法，全国人大常委会的职权主要是：(一)解释法律，制定法令；(二)决定和任免国家机关有关工作人员；(三)监督国务院、最高人民法院和最高人民检察院的工作；(四)其他职权。这次宪法修改草案扩大的全国人大常委会的职权是：(一)全国人大常委会也行使国家立法权，制定法律，制定和修改除应由全国人大制定的法律以外的其他法律，在全国人大闭会期间，对全国人大制定的基本法律，可以进行部分的修改和补充。这样，全国人大常委会也就成为立法机关，提高了法律地位；(二)在全国人大闭会期间，审查和批准国民经济和社会发展计划、国家预算在执行过程中所必须作的部分调整方案，这就增加了全国人大常委会对国务院的监督权；(三)在全国人大闭会期间，根据国务院总理的提名，决定各部部长、各委员会主任、审计长、国务院秘书长的任免，根据中央军事委员会主席的提名，决定中央军事委员会主席以外的其他组成人员的任免，这就增大了全国人大常委会决定和任免国家机关工作人员的权力。从这三点来看，全国人大常委会的职权几乎是全面地扩大了。

宪法修改草案还加强了全国人大常委会的组织。草案规定，全国人大常委会的组成人员不得担任国家行政机关、审判机关和检察机关的职务。这就是说，全国人大常委会的大多数委员将是专职的。上述国家机关工作人员不担任常委会委员的职务，也有利于加强全国人大常委会对这些机关的监督。过去，全国人大常委会只有少数专门委员会。现在草案规定，在全国人大设立各种专门委员会，这些专门委员会在全国人大及其常委会的领导下审议和拟订有关议案。草案规定，全国人大常委会委员长、副委员长、秘书长组成委员长会议，处理全国人大常委会的重要日常工作。这些规定无疑会加强全国人大常委会。省、自治区、直辖市人大常委会主任或者副主任一人参加全国人大常委会会议，有利于加强全国人大常委会同地方和人民群众的联系。

由于我国的实际情况，全国人大代表人数较多，不便于经常进行工作、行使职权。曾经设想减少代表人数，但实际上又有困难。而许多法律又急需制定，许多重大问题又急需决定，那怎么办呢？经过认真考虑，宪法修改草案规定将原来属于全国人大的一部分职权交由它的常委会行使。全国人大常委会委员实际上是常务代表，他们由全国人大选出，代表各个方面，人数又比较适当，经常开会比较方便。宪法修改草案规定将原来属于全国人大的一部分职权交由它的常委会行使，这是否会削弱全国人大的作用呢？当然不会。因为，它仍然保留了必须和应当由全国人大行使的下列职权：(一)修改宪法，制定和修改刑事、民事、国家机构的和其他的基本法律；(二)选举中华人民共和国主席、副主席，中央军事委员会主席，最高人民法院院长，最高人民检察院检察长，决定国务院总理及国务院其他组成人员的人选,决定中央军事委员会其他组成人员的人选;(三)审查和批准国民经济和社会发展计划和计划执行情况的报告、国家的预算和预算执行情况的报告;(四)决定战争和和平等重大问题。这些职权只能由全国人大行使,而人大常委会不能行使。可见,全国人大常委会的职权虽然扩大了,但它并没有超越全国人大的职权。宪法修改草案关于全国人大职权的规定,可以使全国人大集中力量处理好必须由它处理的重大问题,可以更好地发挥它的作用,而不会降低或削弱它的作用。过去的事实已经说明,如果将全国人大不便于经常行使的那一部分职权仍然保留于全国人大,不交由全国人大常委会行使,则全国人大和全国人大常委会的工作都会受到影响。

关于对全国人大代表的权利和保障方面,除了1954年宪法、1978年宪法规定全国人大代表有质询权、不受逮捕权和受原选举单位监督外,这次宪法修改草案又增写了以下几项:(一)全国人大代表和全国人大常委会委员,有权依照法律规定的程序提出属于全国人大及其常委会职权范围内的立法性议案;(二)全国人大代表在全国人大各种会议上的发言和表决,不受法律追究;(三)全国人大代表同原选举单位和人民保持密切联系,听取和反映人民的意见和要求,协助宪法和法律的实施。这就对全国人大代表的权利、保障和要求作了更加明确的规定,使代表能更好地发挥作用。

宪法修改草案不但着重加强了全国人大常委会的作用,而且注意加强和发挥地方各级人民代表大会的作用。草案规定:(一)县级以上的地方各级人大设立常委会,这就加强了县级以上地方各级人大的作用及其对本级人民政府、法院和检察院的监督;(二)省、直辖市人大和它们的常务委员会可以制定和颁布地方性法规,这就扩大了省、直辖市国家权力机关的职权;(三)把直接选举扩大到县一级,将县级国家权力机关直接置于人民的有效监督之下;(四)乡和农村人民公社分开,设立乡人民代表大会,农村人民公社只作为一种集体经济组织,这既有利于加强乡政权工作,也有利于集体经济组织的发展。

建立在民主集中制基础上的人民代表大会制度,是我国人民民主专政的组织形式。它不仅包括各级人民代表大会,而且包括由它产生和对它负责的一整套国家机构,如行政机关、审判机关、检察机关。各级人大必须依靠行政机关进行大量的行政工作,依靠审判机关、检察机关分别进行审理案件、法律监督工作,才能充分发挥各级人大的作用。为此,宪法修改草案第三条明确规定了各级人民代表大会和人民的关系,其他国家机关和各级人民代表大会的关系。这些法律关系是:人民是国家的主人,全国人大和地方各级人大都由民主选举产生,对人民负责,受人民监督;人民代表大会是国家权力机关,而国家行政机关、审判机关、检察机关都由国家权力机关产生,对它负责,受它监督。这次宪法修改草案不仅加强了各级国家权力机关,而且改革和重新设置了其他国家机构。如重新设立国家主席,以示国家生活更加正常化,以便对内对外代表国家,使全国人大常委会委员长和国务院总理能集中精力于本职工作。为了提高国务院的行政工作效率,国务院实行总理负责制,各部、各委员会实行部长、主任负责制,副总理减为二至四人,设立国务委员,扩大国务院的职权。设立中央军事委员会,领导全国武装力量,明确了军队在国家体制中的地位。扩大了地方行政机关的职权,如管理本行政区域的城乡建设事业,培训、考核和奖惩行政工作人员等等。改革和重新设置其他国家机关,也是为了加强和发展整个人民代表大会制度。如果只加强各级国家权力机关,而不改革其他国家机关,国家权力机关也就不能得到真正的加强。正如彭真同志在宪法修改草案说明中所指出的:“这样,国家权力的合理分工和有效行使,将使我们的国家比过去更能经得起风险,更能保障社会主义事业的发展。同时,从中央到基层,各级国家权力机关、行政机关职权的划分更加合理、清楚,有利于实行严格的工作责任制,提高工作效率,克服官僚主义。”

### 中央三个部门资助北京氧气厂发展生产提高社会经济效益避免重复建设

据《人民日报》报道,电子工业部、邮电部和中国科学院打破“部门所有制”的藩篱,联合投资支持北京氧气厂进行技术改造,扩大生产能力。6月初,氧气厂新安装的生产设备一次试车成功,正式投产,生产的高纯气体基本上满足了这些部门所属在京单位研制和生产大规模集成电路的需要。

### 大连仓储联合总公司正式成立

我国第一个跨部门的仓储公司——大连仓储联合总公司最近成立。联合总公司的成立,将改变过去由于分散管理造成的库场利用率很低的状况。

### 中国南山开发股份有限公司在深圳成立

中国南山开发股份有限公司是由香港招商局轮船股份有限公司、深圳特区发展公司、南海油田东部公司、中国建设财务(香港)有限公司、华润公司、黄振辉投资有限公司集股组成的,具有法人资格。

**中共中央政治局委员王震在北京会见罗马尼亚国防部第一副部长瓦西里·米列亚上将**

**解放军总参谋长杨得志在人民大会堂会见并宴请由集团军司令杜米特鲁·罗舒少将率领的罗马尼亚军官休假组**

**外经贸部部长陈慕华在钓鱼台宾馆会见欧洲共同体委员会副主席艾·达维浓一行**

陈慕华在会见时说,近几年来,中国同欧洲共同体国家的贸易有良好的发展。中国愿同欧洲共同体各国继续发展这一关系。她指出,只要双方增加接触,加深了解,中国同欧洲共同体的经济合作和贸易往来的前景是好的。

达维浓说,欧洲共同体委员会希望同中国的合作进一步得到发展。他提出,最好的合作是符合双方利益的合作。

**1982年度日方提供的关于建设中日友好医院赠款的换文在人民大会堂举行签字仪式**

这项换文提出,日本国政府将在1982年6月14日至1983年3月31日期间向中华人民共和国政府提供限额为64.8亿日元的赠款。

卫生部副部长谭云鹤,日本驻中国大使鹿取泰卫分别代表本国政府在换文上签字。

卫生部顾问钱信忠等参加了签字仪式。

**高等和中等财经学校培训在职干部**

据《人民日报》报道,全国财政系统所属高等和中等学校,采取各种形式培训在职财政干部,使一大批财政干部提高了业务水平。

中央财政金融学院,湖北、辽宁和江西财经学院,近三年来,采取举办训练班的办法,培训了地、市、县财政局长、税务局长、建设银行行长1800多人。湖北、辽宁、上海和江西财经学院除举办轮训班外,还开办了函授教育和夜大学。函授教育的在校生有4400人,夜大学的在校生有1500人。一些中等财经专业学校也积极承担培训任务。广西壮族自治区财经学校两年来已办过4期培训班,为全自治区财政系统培训了8个专业的540多名基层干部。青海省财经学校两年来办了8期培训班,培训了450多名财政干部。3年来全国财政系统共培训了14.4万名干部,占应培训干部总数的62%。其中培训县局级、行长以上的领导干部1万多名。

一批经过培训的干部在工作中充分发挥了财政监督的重要作用。武汉市江汉区财政局,过去由于干部的业务水平上不去,对一些大企业的会计报表难于进行分析,经过培训,改变了这种状况。去年,他们对某航运公司1980年度的会计报表进行了检查和分析,发现这个公司及其所属企业在生产经营和财务管理上存在不少问题。他们将分析结果上报有关部门,不仅回收应交利润200多万元,还促进了这个公司改善经营管理。

## 6月15日

**中共中央副主席邓小平在人民大会堂会见部分来京的港澳人士**

参加会见的有费彝民、王宽诚、汤秉达、李子诵、李侠文、杨光、梁培、陈复礼、陈紘、徐四民、苏务滋、吴康民。

**全国政协就宪法修改草案邀集有关委员在全国政协礼堂举行第一次座谈会**

座谈会讨论宪法修改草案中关于统一战线和人民政协的规定。座谈会由全国政协副主席刘澜涛主持。

参加座谈会的人士认为,这部国家根本大法的修改草案,把统一战线和人民政协组织载入它的序言,阐明了人民政协的性质、地位和作用,指出了人民政协今后工作的方向,这对巩固和扩大爱国统一战线,调动一切积极因素去完成我国人民面临的伟大历史任务,具有十分重要的意义。

*草案序言有关统一战线的规定是历史经验的总结*

全国政协常务委员、民革中央副主席屈武在发言中指出,宪法修改草案序言中有关统一战线的规定,是历史经验的总结。他希望台湾当局以民族大义为重,走国共两党第三次合作的道路,参加到统一战线的行列中来,与全国人民一道,为国家"四化"建设的实现及祖国统一大业的完成而共同努力。

全国政协常务委员、民建中央副主任委员孙晓村说,人民政协及其成员有几个特点:一、有广泛的代表性。它的成员总共有28个方面,还有特邀代表。就人数而论,现在全国委员会和各级地方委员会的委员总数达17.3万多人,这说明人民政协团结的面极为广泛。二、人民政协成员中不少人有较高的文化科学知识和丰富的实践经验。全国政协已有15个专业工作组,这些工作组的活动都同社会主义的物质文明和精神文明的建设密切联系,发挥了咨询服务作用。三、不少政协成员同台湾同胞、港澳同胞、海外华侨和国际友人有比较广泛的关系,这对扩大爱国统一战线,实现祖国的统一大业,是有利的。

*宪法草案体现了对知识分子、华侨、科学工作者的*

关怀

全国政协委员、民进中央常务委员柯灵说，宪法修改草案反映了新时期的历史特点，适应我国社会主义现代化建设的需要。它明确规定，要继续巩固和扩大包括各民主党派在内的爱国统一战线，进一步发挥人民政协的重要作用；要充分发挥知识分子在社会主义现代化建设中的作用，并订立了相应的具体条文。

全国政协常务委员、致公党中央常务委员许志猛说，宪法修改草案对保护华侨的正当的权利和利益、保护归侨和侨眷的合法的权利和利益的规定，体现了国家对广大华侨、归侨和侨眷的关怀。宪法修改草案的这些规定，有利于巩固和扩大爱国的统一战线，团结广大侨胞为祖国的"四化"建设和统一大业作出新的贡献。

全国政协委员、九三学社中央委员薛愚说，我国实现社会主义四个现代化的关键是科学技术现代化，科学技术现代化的基础则是科学技术教育。这次修改草案的第二十条、二十一条、二十二条以及彭真同志说明的第六点，都特别重视提高全体人民的文化、科学技术水平。

全国政协常务委员、民盟中央常务委员兼副秘书长叶笃义是这次宪法修改委员会的副秘书长。他就宪法修改草案产生过程所表现的民主精神作了发言。全国政协常务委员兼副秘书长、台盟总部主席蔡啸在会上作了书面发言。

**国务院对铁道部关于193次旅客快车发生重大颠覆事故的报告作出批示**

批示全文如下：

这次重大事故，使国家和人民生命财产遭受了巨大损失，政治上造成了很坏影响，它反映了铁道部领导对铁路系统长期存在的管理不严、纪律松弛的问题，没有引起应有的重视，更没有采取得力措施认真加以解决。如果不进行严格整顿，从根本上解决这方面的问题，就谈不上从这次严重事故中真正吸取教训，就不可能保证安全行车，"安全月"活动也就会流于形式。

铁道部6月10日的报告中提出，"要求铁路各部门、各单位必须把安全工作放在第一位，各级领导干部要树立安全第一的思想，并向全体职工进行安全教育，使每个职工都牢固地树立起对国家、对人民极端负责的观念，认真落实岗位责任制，严格遵守劳动纪律，一丝不苟地执行规章制度和操作规程"。这些都对，问题是要切实做到。

铁路系统本来有一套行之有效的规章制度和操作规程，但是，由于"十年动乱"中"四人帮"的干扰破坏，加之近几年新工人比重增加，培训工作没有跟上，铁路管理的基础工作薄弱，而铁道部又领导不力，致使铁路系统过去那种严格遵章守纪的好传统、好作风没有及时得到恢复和发扬，某些歪风邪气不但没有纠正，反而有所滋长。现在已到了非彻底整顿不可的时候了。

这次重大事故的主要责任者，不是一般的违反劳动纪律和操作规程，而是擅离岗位，玩忽职守。这是绝对不能允许的，必须依法追究刑事责任，严加惩处；对与事故有关的锦州铁路局、锦州铁路分局、大虎山工务段和兴隆店养路工区的有关领导人，要分别给予严肃、正确的处理。铁道部领导自请处分也是应当的，鉴于事故发生在新的部领导班子接任不久，故免予处分，以观后效。

国务院的批示和铁道部的报告，要迅速向全国铁路职工传达，做到家喻户晓，人人明白。要发动全路职工，揭露管理不严、纪律松弛的严重现象，并充分认识其危害性。在此基础上，重申或健全各项规章制度，严格岗位责任制，认真执行奖惩条例。各级干部、共产党员、共青团员，要以身作则，起模范带头作用，迅速改变目前铁路安全生产不好的状况，切实做到安全正点。

**国务院批准武汉 合肥 南宁城市规划**

国务院批准武汉、合肥、南宁3个城市的总体规划，原则同意这3个规划中所提出的城市性质、规模和布局。

国务院在批准武汉市城市总体规划的复函中指出：武汉是湖北省的政治、经济、文化中心，又是我国重要的水陆交通枢纽和工业城市，已经形成一个特大城市。今后必须严格控制城市人口和用地规模，不再在市区或近郊安排新建、扩建项目。要重视对长江航运优势的开发利用，加强天然湖泊水体保护，以利调节地面径流和生态环境的平衡。东湖自然风景区要划定范围，任何单位不得占用陆域和水面，切实防治水质污染。

国务院在批准合肥市和南宁市的城市总体规划的复函中指出：合肥市要按照批准的总体规划进行合理的改造和建设，不要再发展需水量大、对城市污染严重的工业。在老城内不要集中过多的大型公共建筑，以改善市中心交通拥挤的状况。南宁市的建设要力求体现民族特点。工业发展应根据当地资源条件，在现有基础上进行调整、挖潜、改造，不在市区内进行大的新建、扩建。城市总体布局要根据现状和地形情况，注意分片紧凑发展，搞好城市的基础设施。

国务院还要求这3个城市都十分重视城市防洪。要采取积极措施，治理工业污染，搞好城市环境保护。3个市都要抓紧编制近期建设的详细规划，根据地方财力，量力而行，安排好近期建设，并加强对城市建设的管理。

**全国城乡建设环境保护工作会议在北京举行**

会议于6月15日至22日召开。

李锡铭部长代表城乡建设环境保护部向本系统的干部、职工提出了职业道德的四项内容,并把它作为完成各项工作任务的重要保证。

这四项内容是:一、自觉树立为人民服务、对人民负责的观点。二、坚定树立为发展生产、为各行各业服务的观点。三、牢固树立百年大计的观点。四、明确树立经济效益、社会效益和环境效益统一的观点。

会议认为,当前城市建设的首要任务是要做好规划工作。要采取有效的措施,使城市规划和国家计划紧密结合起来,同时要加强对规划的管理,保证规划的实施。对市政公用设施的建设,一方面要不欠新账;另一方面应加强对原有设施的维修、保养和管理,使它发挥更大的作用。要做好城市绿化工作,加强市容管理,搞好环境卫生,争取在三五年内,使我国城市卫生状况和环境面貌有一个明显的改善。

会议要求各地尽可能多地利用地方机动财力和企业的自有资金建造住宅。同时要继续推行集资统建、集资合建、私建公助等多种形式,把个人的和集体的资金尽可能地集中起来,多建住宅。还要积极搞好住宅出售的试点工作和研究制定住宅的分配政策和分配标准。

关于乡村建设,会议认为,当前农民建房的积极性空前高涨,必须加强指导。当务之急是要坚决刹住乱占耕地的歪风,把农民建房与村镇规划结合起来,逐步把我国现在还比较落后的村镇,建设成为具有现代文明的社会主义新村镇。

为了制止环境的继续污染和恶化,会议要求各地环境保护部门认真贯彻《环境保护法》和国务院的有关规定,抓紧制定和完善各项具体法规;推动工业企业通过技术改造、综合利用、加强管理、调整改组等途径,有效地治理和减少工业污染。

会议强调,提高建筑业的地位和做好测绘工作,对搞好城乡建设和环境保护工作有着重要的作用。与会代表经过认真讨论,提出了搞活建筑业的具体措施,以及加强测绘工作的一些办法。会议还要求把建筑业、测绘事业同城乡建设有机地结合起来,以取得最佳经济效果和社会效果,为人们提供良好的工作和生活环境。

参加会议的有:各省、自治区、直辖市基本建设委员会和城市建设、建筑工程、环境保护、测绘部门的负责人,以及国务院有关部门的代表共350人。

**对外友协在北京民族文化宫集会纪念季米特洛夫诞辰100周年**

**中央军委副主席徐向前在人民大会堂会见罗马尼亚国防部第一副部长瓦西里·米列亚上将一行**

徐向前说:米列亚总长的访问,增进了中罗两党、两军和两国人民之间的兄弟般的友好合作关系。为了我们共同的事业,中罗两国需要进一步相互学习、相互帮助。

米列亚上将说:同我4年前第一次来访的情况相比较,我看到在这4年中,中国取得了很大的进步,人们对未来、对党的领导、对生活,充满了乐观主义的精神。

**外交部部长黄华在波恩同联邦德国副总理兼外长根舍举行会谈**

根舍赞扬了两国友好的双边关系,对两国在科学技术方面的合作感到满意,并希望这种合作在平等基础上继续下去。

黄华强调说,中国将坚持不渝地反对霸权主义,维护世界和平,并把同联邦德国的合作放在重要的位置上。他表示相信,两国的合作关系具有持久、广阔的前景。

**中国和挪威长期贸易协定在挪威首都奥斯陆签订**

**解放军总后勤部各级党委组织团以上干部轮训**

据《人民日报》报道,人民解放军总后勤部各级党委,从1980年开始,对团以上干部和师以上单位的机关干部进行了轮训。轮训的同志联系思想和工作,较系统地学习了马克思主义的经济理论,提高了执行党的政策的自觉性,促进了后勤工作。

**王崇生在第十一届昂蒂布国际体操赛中获得男子单杠冠军**

## 6月16日

**铁道部在北京召开全路电话会议**

会议传达国务院就铁道部关于193次旅客快车发生重大颠覆事故的报告的批示,以及国务院领导同志关于这次事故的批评意见,要求全路职工认真吸取教训,迅速改变当前铁路运输安全生产不好的状况,切实做到安全正点。

铁道部部长陈璞如在电话会议上作了自我批评。他说,铁道部领导干部对安全生产领导不力,态度不坚决,要求不严格,作风不深入,对最近连续发生的严重事故负有重要责任。特别是发生了像锦州铁路局这样的使旅客快车颠覆的重大事故,我们感到是铁路部门的耻辱。这次事故在国内外造成很坏的影响,在经济上造成巨大的损失,我个人尤其应该负严重责任。现在国务院虽然对我免予处分,以观后效,但不能丝毫减轻我的责任。

铁道部副部长李克非也在会上讲了话。他代表铁道部领导向全路职工提出如下要求:(一)要认真传达和学习国务院的批示和国务院领导同志对铁路安全工作的指示,做到家喻户晓,人人明白,使每个职工都牢固树立安全第一的思想。(二)从铁道部部长、局长起,一直到各个基层站、段的调度员、值班员,都必须建立严格的岗位责任制和安全责任制,以确保每个运输环节的安全。并按照责任制所规定的范围进行检查,好的表扬,发生事故的要严肃处理。(三)要大张旗鼓地发动群众开展安全大清理、大讨论、大检查。从部到基层站、段,都要从最近发生的几件典型事故中吸取教训,查出隐患,采取措施,真正做到人人想安全,人人为安全生产作出贡献。(四)切实整顿劳动纪律,加强思想政治工作。各级领导一定要克服软弱涣散的状况,对违反劳动纪律、违章作业的要及时批评教育;对一贯违反劳动纪律和操作规程而造成事故的,要给予经济制裁或行政处分,严重的要依法追究刑事责任。(五)关心职工生活,千方百计地解决职工生活中的实际困难。要办好乘务员公寓、待班室、单身宿舍和食堂,保证乘务人员吃好、休息好。

**第一次利用世界银行贷款为中国大学进口教学设备国际性招标在北京开标**

中国和12个国家与地区的近200家厂商派代表参加开标活动。在这之前,负责招标工作的中国技术进口总公司收到了投标厂商寄来的500多份标书。

据教育部负责人说,利用世界银行贷款通过招标方式进口教学设备和仪器,目的是增强我国现代化教学手段,满足我国高等院校的教学需要。这次招标的设备共258个品目,今天开标的有物理和电子设备、生物和化学设备、工程设备、微型电脑及其外围设备等248个品目。这些设备将用来装备北京大学、清华大学、上海交通大学、中国科技大学、北京医学院、北京农业大学等26所高等院校。

**我国第一部农业检测车试制成功**

据《人民日报》报道,我国试制成功的第一部农业检测车,车内装有分光光度计、数字电子天平、数字显示离子计、微波水分测定仪等仪器,可到田间准确、快速测定土壤中的土、肥、水和植株的有关理化分析指标,适合农业技术推广部门和生产单位的需要。

**中国选手在法国奥尔良举行的国际体操锦标赛上获得4项冠军**

在男子比赛中,王崇生以56.05分赢得男子全能冠军后,在单项比赛时,他分别以19.50分和19.20分夺得单杠和鞍马的冠军。在女子比赛中,许叶梅以19.45分赢得平衡木冠军。

**我国第一座斜拉桥——上海泖港公路大桥正式通车**

该桥位于上海市松江县黄浦江上游支流泖港上,桥长391.8米,只有1孔,跨径达200米,桥面宽12米。

## 6月17日

**全国政协在全国政协礼堂举行宪法修改草案第二次专题座谈会**

座谈会由全国政协副主席荣毅仁、钱昌照主持。到会委员着重讨论了宪法修改草案中有关我国社会主义经济制度和现代化建设的规定。

各尽所能按劳分配原则有利于兴利除弊

全国政协常务委员、全国工商联副主任委员张敬礼谈到了宪法修改草案中有关我国实行各尽所能、按劳分配原则的规定。他认为,这一规定十分正确,十分重要。他说,我国经济生活中存在的所谓"大锅饭"、"铁饭碗"的问题,并不是社会主义制度本身所带来的。这些问题的产生,除了它的历史原因外,主要是由于缺乏社会主义经济建设的经验,以及经济体制有不尽合理的地方,只要举国上下同心合力,兴利除弊,这个弊病是能够克服的。他认为,宪法修改草案规定国营企业在服从国家的统一领导和全面完成国家计划的前提下,在法律规定的范围内,有经营管理的自主权,这是打破"大锅饭"的重要措施。

宪法草案较好地体现了计划经济的基本特征

全国政协委员、北京师范大学经济系主任、教授陶大镛认为,宪法修改草案较好地体现了计划经济这个社会主义经济的基本特征。他说,计划经济是作为无组织、无政府状态的资本主义经济的对立物而产生的。用社会主义公有制替代资本主义私有制,用计划经济替代无政府状态的市场经济,这是不以人们意志为转移的历史发展趋势。他指出,由于我国计划管理水平还不够高,市场预测工作尚未充分开展,经济信息也不够灵敏,因此宪法修改草案上特别提到"市场调节的辅助作用",这也是很有必要的。

表达了八亿农民的心愿

全国政协委员、民建中央秘书长、商业部顾问黄凉尘就宪法修改草案有关所有制问题的规定，从商业方面谈了自己的理解。他说，第七条提出国营经济是国民经济中的主导力量，国家保障国营经济的巩固和发展，这是完全正确的。第一，社会主义国家的商业，必须以国营商业为主体，才能保证计划经济为主、市场调节为辅的原则的实现；第二，社会主义市场是多成分的，但要有主有从，国营商业要负责统一安排城乡市场，协调各种经济成分的商业活动；第三，社会主义市场是统一的、不可分割的，要有统一的政策，只要属于经营商业范畴，都应执行统一的政策，服从统一的管理，使商品流通有组织地健康发展。

全国政协委员、《红旗》杂志经济部主任苏星说，宪法修改草案规定，中华人民共和国的社会主义经济制度的基础是生产资料的社会主义公有制，即全民所有制和劳动群众的集体所有制。这样，就把中共中央关于我国农业必须坚持社会主义集体化道路的方针，用宪法的形式巩固下来了。这个规定，表达了八亿农民的心愿。

全国政协委员田一明认为，宪法修改草案第十六条的规定，是搞好“四化”建设的根本途径。他说，完善经济管理体制和企业经营管理制度是发展生产力的关键。现在要逐步地迅速地制定各种必要的法律、制度，以堵塞可能被犯罪分子利用的漏洞，避免由此而造成的损失。

把提高经济效益载入宪法具有重要意义

全国政协常务委员吴波认为，把提高经济效益载入宪法修改草案，这是我国立宪工作的一个新发展。在发展生产方面明确地提出提高经济效益问题，不仅在当前有着特殊意义，对今后也有重要的意义。

全国政协委员、中国人民大学教授吴大琨就宪法修改草案中关于允许外国企业和其他经济组织或者个人在中国投资，同中国的企业或者其他经济组织进行各种形式的经济合作问题，谈了自己的看法。他说，宪法修改草案第十二条的规定非常必要。他说，利用外资引进技术，以促进本国的经济发展，这是当代各国普遍采用的一种手段。这样的规定，有利于不断扩大和加强同一切愿意与我们在互利的基础上进行经济交往的人士的联系和合作，加快我国的社会主义建设。

**全国党校第三届哲学年会在无锡召开**

年会主要围绕毛泽东同志的《实践论》《矛盾论》《中国革命战争的战略问题》《抗日游击战争的战略问题》《论持久战》《战争和战略问题》《新民主主义论》《论联合政府》8篇著作的教学问题进行了讨论，交流了经验。与会者认为，学习8篇著作重点在学习毛泽东怎样运用辩证唯物主义与历史唯物主义的原理，分析和解决中国革命的实际问题；学习马克思主义的立场、观点、方法，掌握正确的思想路线，提高执行三中全会以来党的路线、方针、政策的自觉性。学习这8篇著作要同“四化”建设的具体实践密切结合起来，研究新情况，解决新问题，找出新办法，开创新局面。此外，还要结合学习马列的有关著作，学点近代史、党史。

年会还就我国社会主义生产力与生产关系的特点和当前农村生产责任制的问题进行了讨论。

**国务院发出《关于疏通城乡商品流通渠道扩大工业品下乡的决定》**

党的十一届三中全会以来，我国农村经济形势很好。在农业生产迅速发展和农村购买力大幅度提高的新形势下，如何进一步疏通城乡商品流通渠道，组织好工业品下乡，扩大城乡物资交流，满足农民日益增长的需要，是发展农村大好形势，实现经济调整方针的一个重要方面。近年来，在工业品下乡和开展农村销售方面，是做了不少工作的，农村市场也有了一定的改善。但是，必须看到工业品下乡还很不够，物资交流还存在着不通畅的情况。有些紧俏商品层层扣留，影响下乡；有许多商品，商业批发仓库积压，农民却又见不到。为了支持工农业生产的持续发展，改善农村市场的供应状况，对进一步疏通城乡商品流通渠道、扩大工业品下乡问题，作如下决定：

一、改变过去工业品流通按城乡分工的体制为商品分工、城乡通开的新体制。我国过去实行的城乡分工的流通体制，是在建国初期适应对私改造的一定历史条件下形成的。现在情况已经发生了很大变化，城乡分工的流通体制已经不能适应工农业生产发展的需要，必须根据新的情况，按商品分工、城乡统管的原则加以改变，由主管的国营批发公司全面负责，统筹安排全国城乡市场，打破地区封锁，按经济合理的原则组织商品流通。

二、继续发挥基层供销社的作用。基层供销社是城乡经济交流的一条主要渠道。国营批发公司应当积极支持和辅助基层供销社经营，依靠他们做好农村生产资料和日用工业品的供应工作，满足广大农民在生产、生活方面不断增长的需要。同时，要继续发挥各种集体、个体商业以及其他商业渠道的作用，帮助他们在国家规定的范围内，采取灵活多样的经营形式，从事购销活动。

三、继续贯彻执行城乡都需要的工业品优先供应农村，城乡都需要的副食品优先供应城市的原则。在日用工业品分配上，对关系人民生活的一些重要计划商品，要从上到下按照政策规定，分别下达城市和农村的销售指标。在做好日用工业品供应工作的同时，要进一步做好农业生产资料的供应工作。钢材、水泥、玻璃等建房材料，有关部门也要根据上述精神，作出具体规定，采取多种形式，切实搞好对农村的供应。

四、积极开拓扩大工业品下乡的新途径。在有利于工业品下乡的前提下，国营批发公司要继续坚持公开库存、公开货源、降低批发起点、下乡流动销货等行之有效的做法，同时又要开拓工业品下乡的新途径。在县以下重点集镇，县公司或附近的二级站可同基层供销社根据自愿互利的原则，组织百货、副食品、土产杂品等批零兼营的联营店，充分利用基层社的设备和人员，把大量的适合农民需要的商品放到重点集镇同农民见面。县城的国营百货、纺织品、副食品、土产杂品等零售商店，一般要实行独立核算。县批发公司要集中力量扩大批发业务，更好地为零售服务。国营批发公司要办好现有下伸点，并在需要和有条件的地方继续试办直接下伸机构，以批发为主，批零兼营。基层供销社在生产队、生产大队建立的代购代销店，如代购代销员有要求，并经社队同意，可以改为向生产队承包的自营店。自营店可直接向联营的批发商店和就近的国营商业批发部进货，享受批发价待遇，主要经营农民日常生活需要的煤油、火柴、食盐、肥皂和小百杂货等，以方便群众生活和扩大商品推销。自营店要照章纳税，执行国家的价格政策，接受基层供销社的指导和工商行政管理部门的管理。

五、把工业品流通由城乡分工改为商品分工、城乡通开的新体制，是商业体制上的一项重大改革，各省、自治区、直辖市人民政府要当作一项重要工作抓紧抓好。要责成一位副省长(副市长、副主席)亲自主持，研究解决问题，真正抓出成效。要根据本决定的精神，结合本地区情况作出具体规定。在今年 9 月底以前，要把城乡商品流通渠道疏通好，迎接农村购销旺季的到来。具体安排落实情况，请于今年 9 月底前报告国务院。

**全国人大常委会副委员长 中日友协会长廖承志在北京会见由众议员下平正一率领的日本社会党日中特别委员会友好访华团和社会党众议员武藤山治**

**国务院副总理万里在人民大会堂会见参加北京国际田径邀请赛的 10 个国家的代表队**

这些代表队是捷克斯洛伐克队、芬兰队、民主德国队、印度队、日本队、罗马尼亚队、泰国队、特立尼达和多巴哥队、苏联队和中国队。

应邀前来观看这次邀请赛的国际业余田径联合会秘书长霍尔特和夫人也参加了会见。

**许闻天逝世**

中国人民政治协商会议第五届全国委员会委员、中国国民党革命委员会第五届中央委员会常务委员、组织部部长许闻天同志，因病医治无效，于 6 月 17 日在北京逝世，享年 80 岁。

许闻天同志是江苏溧阳县人，是“孙文主义革命同盟”的主要发起人和负责人，为瓦解国民党反动政权、迎接解放，积极进行工作。历任政务院参事，第一、二、三届全国人民代表大会代表，中国国民党革命委员会中央委员会委员、常务委员、副秘书长、组织部副部长等职。

## 6 月 18 日

**全国水土保持工作小组在北京举行第一次会议**

协调小组组长、水利电力部部长钱正英主持会议，国家计委副主任吕克白、国家经委副主任李瑞山和农牧渔业部、林业部负责人等出席了会议。

会议研究确定，当前要着重抓好以下三个方面的工作：一、大力宣传水土流失的危害和水土保持的重要意义；二、坚决保护好现有的森林、草原、荒地等，使之不再遭到破坏；三、对水土流失地区应有重点地进行分期分批治理，各级有关部门要抓好自己的重点。会议还决定，在国务院颁布水土保持工作条例之后，将及时召开全国水土保持工作会议。

**中国兴办大批出口商品基地一年为国家提供 90 多亿元出口货源**

据《人民日报》报道，为扩大出口商品的货源，提高出口商品质量，我国陆续兴办了大批出口商品基地。其中有 24 个地区和市一级的出口商品生产综合基地；有 90 个品种的单项出口商品生产基地以及 94 个专门生产出口产品的厂、矿。据统计，1981 年这些基地和专厂、专矿共提供了 92.5 亿元的出口货源，占当年外贸收购总额的 22%。

这些出口商品生产基地是 1972 年开始兴办，十一届三中全会以后迅速发展起来的。经过国家在经济上的大力扶持，技术上的积极指导，使这些基地的出口产品产量不断增加，质量提高，而且做到了稳定供应、均衡交货。24 个综合基地分布在广东、江苏、山东、浙江、辽宁、河北等 12 个省、自治区，它们去年提供的出口商品中，有 15 个品种占全国同类出口商品收购额的 40% 以上。

**黄淮海平原农业学术讨论会在济南开幕**

会议于6月18日至27日召开。国务院副总理姚依林、全国政协副主席王首道出席会议并讲话。

姚依林在讲话中指出,黄淮海平原的综合治理,是全国农业发展规划的重要部分。他说,像黄淮海这样一个平原要进行多学科综合治理,应该强调多学科的协作。他希望参加这次会议的学者、科学家共同抱定一个目标,搞好调查研究,并且把自然科学跟经济科学结合起来研究,提出黄淮海平原的综合治理规划。

会上,30多个学科的专家、科技工作者和领导干部,交流论文,资料430多篇,并划分了5个专题组,深入进行了讨论,提出了黄淮海平原农业发展的战略目标,调整生产结构和作物布局,加快平原造林速度和牧业发展步伐,搞好治水改土和扩大综合治理试验区,以及当前发展生产的技术措施等重要建议,供国家和省市有关部门选择采纳。生态学者与专业科技工作者认为,目前这个地区农业生产的主攻方向,应该是大力提高占全区2/3的中、低产耕地的产量,科技工作者同主管农业生产的干部认为,应该使试验区的工作尽早开花结果。经济理论工作者与自然科技工作者认为,黄淮海地区既要发挥本地区适于经济作物发展的优势,又要重视粮食生产。总之,要切切实实把黄淮海平原建成一个以农为主,农林牧副渔综合发展的商品粮、棉、油、豆、果及畜牧业生产基地。

**国务院副总理万里在北京会见埃及新闻代表团**

万里说,我国的中心任务已转到经济建设方面。我国实行的对外开放政策是不会改变的。我们遵循以下一些原则:

——坚持以自力更生为主的方针。我们引进外国的先进技术是为了增强我国自力更生的能力,发展我们的经济。

——我们主张在平等互利的基础上同外国发展经济、贸易、科技等方面的合作关系。

——对于不适合我国国情和社会道德风尚的外来影响,我们要着重在群众中进行教育,提高认识,进行抵制。

万里表示,中埃两国都是发展中国家。两国虽然相距遥远,但两国间存在着良好的合作关系。他说,我们热烈地期待着穆巴拉克总统来我国访问。他希望两国人民和新闻工作者加强交流,为发展中埃友谊作出贡献。

万里说,中国同发达国家开展了一些经济技术合作活动。我们更愿意在平等互利的基础上加强同发展中国家在经济贸易方面的友好合作。

**国务委员谷牧在人民大会堂会见阿迦·汗基金会主管旅游业的阿迦·汗穆罕默德·阿明王子一行**

**外经贸部部长陈慕华在北京会见联合国儿童基金会执行主任詹姆斯·格兰特**

双方对中国同联合国儿童基金会间的良好合作表示满意,并希望双方的合作方案顺利付诸实施。陈慕华说,中国政府对儿童事业十分重视。我们正在为使后代生活得更好,智力、体力得到良好发展而作出努力。她表示积极支持联合国儿童基金会所开展的工作。

格兰特赞赏中国在儿童工作方面所取得的成绩,特别是在促使儿童死亡率下降方面所取得的进展。他表示联合国儿童基金会愿意向中国提供帮助,并学习中国的好经验。

**民政部发出通知要求各级民政部门在纪念中国人民解放军建军55周年期间深入开展拥军优属活动**

通知要求各地在"八一"期间,运用各种形式,宣传55年来人民解放军为中国人民的革命和建设事业作出的巨大贡献,向人民群众进行热爱中国共产党、热爱社会主义祖国、热爱人民军队的爱国主义教育,进一步恢复和发扬拥军优属的光荣传统,增强军政、军民团结。

通知要求节日期间,凡有驻军的地方,应由当地党委和政府领导同志出面,对驻军进行走访、慰问活动,征求他们对地方工作的意见,帮助解决那些应该解决而又可能解决的问题。各地也可以组织当地机关、学校、厂矿、企业与驻军进行联欢活动,对驻军进行慰问。有条件的地方,也可以请军队的老同志、英雄、模范人物和离休老红军给学校学生作报告,向青少年进行爱国主义和革命英雄主义教育。

民政部要求各地在节日前后组织力量普遍检查一次农村优待烈军属的工作和退伍军人安置工作,切实解决存在的问题。同时认真开展表彰优抚对象先进个人和拥军优属、优抚工作先进单位的活动,以促进拥军优属和优抚工作的开展,调动广大优抚对象建设社会主义物质文明和精神文明的积极性。

**中国三项石油机械产品达到国际先进水平**

这三项产品是:南阳第二石油机械厂、江汉石油机械制造公司生产的采油设备——26B、37B游梁式抽油机,宝鸡石油机械厂生产的油田钻井专用工具——吊环。

这三项产品在我国已批量生产,其中26B游梁式抽油机已向美国出口225台。

**全国图书发行体制改革座谈会在北京结束**

座谈会由文化部主办，就现行图书发行体制实行初步改革，提出了一些具体措施和办法。

文化部部长朱穆之到会讲话。他强调指出：我们的一切文化工作，包括出版发行，都应该为建设“两个文明”服务，也就是为“四化”服务，为培养一代新人服务。出版发行事业的改革必须有利于实现这一任务。他希望大家加强调查研究，总结经验，为便利群众买书，繁荣出版发行事业创出一条新路子。

文化部出版局局长边春光在会上提出，今后在全国将组成一个以国营新华书店为主体的，多种经济成分，多条流通渠道，多种购销形式，少流转环节的图书发行网，最大限度地满足读者的需要。

座谈会上交流了体制改革的经验。确定今后在不改变现行征订包销形式的情况下，将大力支持出版社自办发行，允许出版社开设自办的与合办的图书门市部，设立特约经销处，以及开展邮购和流动供应图书的服务工作。对现行的购销形式，经过试验作适当改变，如改包销为寄销等。在发展集体书店的同时，积极扶持个体经营的书店、书摊，以方便读者购书。

**中国选手在墨西哥城举行的第五届“圣地亚哥·中泽”国际青年田径赛中获得8枚金牌**

龚义田以17.03米的成绩夺得男子铅球冠军；

刘永军获得女子跳高第一名，成绩是1.86米；

女子跳远比赛中李惠荣以6.25米的成绩取得冠军；

郑敏儿获得女子100米跨栏第一名，成绩是13秒88；

王文祥以63.12米的成绩获得男子标枪冠军；

龚义田夺得男子铁饼的第一名，成绩为48.38米；

冼国屏以2分12秒65的成绩夺得女子800米赛跑冠军；

周元香获得女子标枪第一名，成绩是50.14米。

## 6月19日

**中共中央决定组建中国人民武装警察部队**

中共中央决定将中国人民解放军担负内卫执勤任务的部队，同实行义务兵役制的武装、边防、消防警察统一组建为中国人民武装警察部队。中国人民武装警察部队作为国家武装力量的组成部分，受中共中央、中央军委统一领导。

**《人民日报》发表社论《我国国家体制的重要改革和新的发展》**

这次宪法修改草案关于《国家机构》一章，同前三部宪法相比，增加了不少新的规定。这些规定，体现了我国国家体制的重要改革和新的发展，是我们在组织广大干部和群众讨论时应该予以注意的。

宪法修改草案扩大了全国人大常委会的职权，加强了人民代表大会制度，具有重要的意义。

人民代表大会制度是我们国家的根本政治制度。“一切权力属于人民”，主要是通过人民代表大会制度实现的。这个制度已有二十八年的历史，在我国民主化方面发挥了巨大的作用。但是，我国的人民代表大会制度还有不够完善的地方。我们国家大，人口多，有五十多个民族，两千多个县，作为最高国家权力机关的全国人大，代表人数少了不行，多了又不便于经常进行工作、行使职权。这是一个矛盾。为了解决这个矛盾，宪法修改草案从实际出发，在全国人民代表大会传统的、现有的基础上，扩大了全国人大的常设机关全国人大常委会的权力。

最高权力机关表现它的权力的一个重要方面就是立法。前三部宪法只规定全国人民代表大会行使国家立法权。现在，草案规定：“全国人民代表大会和全国人民代表大会常务委员会行使国家立法权，制定法律和法令。”修改宪法，制定和修改刑事、民事、国家机构的和其他的基本法律的权力，归全国人民代表大会行使。全国人大常委会有权制定和修改除应由全国人民代表大会制定的法律以外的其他法律；在全国人民代表大会闭会期间，对全国人民代表大会制定的基本法律，进行部分的修改和补充。这样，原来要由全国人民代表大会完成的大量立法工作，有很大一部分可以由全国人大常委会来进行。现在，我国的立法任务很重，这样规定，对于健全社会主义法制是必要的。

以往几部宪法都规定，监督宪法实施的权力由全国人民代表大会执行，实际上，全国人大不能经常开会，难于执行这个权力。现在，草案规定，监督宪法实施的权力由全国人大常委会来担负。由于全国人大常委会是常设机关，它完全可以切实地行使这方面的权力。

此外，草案在组织上也为扩大全国人大常委会的权力作了切实的规定。例如：全国人大增设了一些专门委员会，审议和拟订有关议案，这些专门委员会在全国人大闭会期间受全国人大常委会领导；全国人大常委会委员长、副委员长、秘书长组成委员长会议，处理全国人大常委会的重要日常工作；常务委员“不得担任国家行政机关、审判机关和检察机关的职务”，这样实际上多数常务委员可以是专职的，他们将专门担负立法性工作和人大常委会的其他职责。

所有这些规定,使全国人大常委会能够享有仅次于全国人民代表大会的广泛的权力。由于人大常委会可以比较经常地开会,这样,就可以弥补一般每年只开一次会的全国人民代表大会行使职权不便的缺点,及时解决国家生活中急待解决的重大问题,更好地发挥全国人民代表大会这个最高国家权力机关的作用。

宪法修改草案恢复设立国家主席,规定设立国家的中央军事委员会,也是具有重大意义的。

1954年宪法规定设立国家主席,一直到1966年都是这样做的。在"文化大革命"那种不正常的情况下,取消、剥夺了国家主席的权力。以后在修改宪法的时候,又取消了设立国家主席的规定。现在,我国各方面的工作和制度都走上了正轨,恢复设立国家主席,既是国家生活正常化和继续保持稳定的表现,也符合我国各族人民的习惯和愿望。从健全国家体制上说,设立国家主席,可以使国家机构之间的分工更趋于合理。

中国人民解放军是中国共产党缔造和领导的人民军队,在中华人民共和国成立以后,它也就是国家的军队。

宪法作为国家的根本大法,对军队在国家体制中的地位应当有所规定。现行宪法没有明确规定军队同全国人大和国务院的关系,从国家体制看是有缺陷的,因为军队的地位当然不是在国家机构以外。这次宪法修改草案明确规定国家设立中央军事委员会,这是有关国家体制和军队领导体制的一项重大决策。国家设立中央军事委员会,把军队领导体制纳入国家领导体制,这就便于运用国家权力,加强军队各方面的工作,加强军队的革命化、现代化、正规化建设,也便于军队在必要时迅速转入战时领导体制,应付可能发生的侵略战争。中国共产党在整个国家生活中起领导作用,当然继续对军队起领导的作用。这是没有疑问的。

宪法修改草案还作出了扩大国务院职权的规定,为了提高国务院的行政工作效率,加强集中统一领导,草案明确规定,国务院实行总理负责制,各部、各委员会实行部长、主任负责制。草案第一次规定,国务院设立审计机关,对各级政府和它们所属的财政金融机构、企业事业组织的财政、财务收支活动进行审计监督。审计机关依照法律规定独立行使审计监督权,不受其他行政机关、团体和个人的干涉。这对于维护财经纪律,纠正不正之风,提高经济效益,促进"四化"建设,很有必要。

宪法修改草案关于全国人大和全国人大常委会、中华人民共和国主席、国务院、中央军事委员会以及最高人民法院、最高人民检察院等国家机构的设置及其职权划分的规定,使我们国家的领导体制更健全、更完善了。草案还规定,国家主席和副主席,全国人大常委会的委员长和副委员长,国务院的总理、副总理和国务委员,中央军事委员会主席,最高人民法院院长,最高人民检察院检察长,每届任期五年,连选得连任,但是连续任职不得超过两届,这就废除了事实上存在的国家领导干部职务的终身制。这些规定,对于加强社会主义民主和社会主义法制,具有深远的意义。

《关于建国以来党的若干历史问题的决议》指出:"逐步建设高度民主的社会主义政治制度,是社会主义革命的根本任务之一。建国以来没有重视这一任务,成了'文化大革命'得以发生的一个重要条件,这是一个沉痛教训。"我们党深刻地总结了这一沉痛教训。党的十一届三中全会以来,社会主义民主和社会主义法制得到恢复和加强,党和国家的领导制度进行了一系列重大改革,取得了明显的效果。把改革、完善国家机构的重要成果和经验,用宪法的形式肯定下来,既是对这些成功的经验的最好总结,也为将来进一步改善国家领导体制提供了最主要的法律根据。

宪法修改草案关于国家机构的规定,加强和发展了人民代表大会制度。国家政治体制的改革,将使社会主义制度的优越性得到更充分的发挥,加速现代化建设事业的发展。

**企业整顿经验交流会在北京召开**

由国务院有关部门参加的企业整顿经验交流会上,国家经委负责人指出:企业整顿工作在全面展开以后,当前特别要注意坚持高标准,严要求,防止低标准,瓜菜代,千万不能走过场。

国家经委负责人在听了会上介绍的一些省、市的有关情况和经验以后作了讲话。他说,这次企业整顿内容多,要求高,是富有建设性的整顿。当前在整顿工作向深入发展的时候,特别要强调注重实效,坚持高标准。各部门、各地区领导企业整顿工作的同志,在指导思想上一定要非常明确这个问题。同时,要抓紧制定企业整顿和创"六好企业"的具体标准。企业整顿工作在时间上要抓紧,但时间要服从质量,一定要按中央的要求,把企业整顿好。

国家经委负责人还说,企业在进行全面整顿期间,要以整顿为中心,各项工作都要纳入整顿工作中去。现在各部门都往下布置工作,都强调自己的工作重要,上面千条线,下面一根针,企业很难办。所以企业一定要以整顿工作为中心。

国家经委负责人在会上宣布,为了进一步加强对企业整顿工作的领导,国务院批准成立全国企业整顿领导小组,它将统一研究企业整顿的规划,总结、交流整顿工作的经验和研究解决整顿中遇到的重大问题和政策问题。

**中国政府提供100万美元援助巴解组织支持巴勒斯坦人民抗击以色列侵略的斗争**

外交部副部长温业湛约见巴勒斯坦解放组织驻京办事处主任塔依布·马哈茂德,通知我国政府决定向巴勒斯坦解放组织提供金额为100万美元的紧急现汇援助。

温业湛表示,中国政府和人民密切注视黎巴嫩局势的发展,深切同情巴勒斯坦人民遭受的苦难和牺牲;重申巴勒斯坦的民族权利必须得到尊重;坚决支持巴勒斯坦人民和阿拉伯各国人民抗击以色列侵略和捍卫民族权利的正义斗争。

马哈茂德主任感谢中国政府和人民对巴勒斯坦革命斗争和阿拉伯正义事业的支持。

**中国文联四届全委会二次会议在人民大会堂举行**

会议于6月19日至25日召开。与会同志将认真学习中央有关精神,着重讨论以总结文艺工作经验为主要内容的《关于文艺工作的若干意见(草稿)》。

中国文联副主席夏衍在致开幕词。

中共中央书记处书记王任重在会上作题为《团结起来,谱写更多更好的共产主义的凯歌》的讲话。他说,我们提倡歌颂新人新事、先进人物、先进集体,并不反对写历史人物,不反对揭露坏人坏事。但是我们认为,歌颂先进人物,先进集体,歌颂新人新事,这是文艺为人民服务,为社会主义服务的方向对我们的要求,也是时代对我们的要求。王任重说,现在是各条战线英雄辈出的时代。新事物、新思想必然战胜旧事物、旧思想。共产主义思想必然越来越为更多的群众所接受,逐渐成为统治我们社会的意识形态。王任重指出,具有共产主义思想、道德的先进人物,是在学习和斗争中逐步成长起来的。王任重在谈到共产主义道德标准时,他说,我们应该怎样对待自己和党的关系,自己和人民的关系呢?怎样对待我们的社会主义建设事业呢?应当像党和人民所希望的那样,奋发图强,艰苦奋斗!不为名不为利、不怕苦不怕死、一心一意为人民!

王任重在讲话中希望文艺工作者加强学习,一是向书本学习;一是向社会学习。

王任重在讲话中还希望文艺界增强在马列主义、毛泽东思想基础上的团结,在四项基本原则指导下的团结,在坚决执行党的路线、方针和政策的基础上的团结。

中国文联主席周扬要求,第一,要总结经验,总结党和国家以及文艺团体怎样领导和管理文艺工作的经验;第二,要正确地调动文艺工作者的积极性;第三,要密切联系群众,深入生活,这个问题解决得好,文艺就会繁荣发展,如果和群众的联系削弱了,文艺工作就会出问题;第四,要高举共产主义的旗帜,用共产主义思想武装我们的头脑。

中国文联副主席傅钟在会议上发表题为《学习·团结·深入生活》的闭幕词。

会议通过阳翰笙代表主席团所作的关于中国文联会务工作的报告、关于增补全国委员会委员的决议、关于设立中国文联书记处的决议和文艺工作者公约。

**中国文联副主席夏衍在文联四届全委会第二次会议上致开幕词**

同志们:

中国文学艺术界联合会第四届全国委员会第二次会议,现在开幕。

这次会议,本来是准备在去年召开的。由于这两年来,文艺界正处在一种好的意味的“多事之秋”,开了不少重要的专业会议,包括在中央直接关怀下召开的剧本创作座谈会,特别是六中全会通过的《关于建国以来党的若干历史问题的决议》的学习,去年5月中央召开的思想战线问题座谈会,和9月间召开的鲁迅诞辰一百周年纪念会等,在京和外地的全国委员都担负着领导、传达和学习的任务,因此全会不得不一再延期。

但是,全会在现在开会,也可以说是一个很适当的时机。不久前邓小平同志作了重要讲话,胡耀邦同志就思想政治工作问题也作了重要讲话,5月23日,发表了毛泽东同志给文艺界人士的15封信,和陈云同志《关于党的文艺工作者的两个倾向问题》的讲话。这些都对我们当前和今后的文艺工作有重要的指导意义,因此,重温和学习了上述指示和文件之后,再召开这次全会,进一步理解国内外当前形势,开阔眼界,增强信心,联系我们文艺界实际,以倍加的激情和信心,团结一心,来总结过去,策划将来,我认为对我们的事业来说,是适时而恰当的。

这次会议是一次回顾过去、总结经验的会议。这和第四次文代大会以前的几次会议不同,它是在广大文艺工作者经历了十年内乱,拨乱反正,继往开来的时候召开的,我们是在没有乌云、没有霜冻,而且是在风和日丽的日子里召开的。不知是不是可以说,文艺界也有一个类似生态平衡的问题。长期以来,文苑里的花木被砍伐、被污染得太过分了,我们要植树,我们要栽花,而今天,我们已经幸运地获得了一个在安定团结、不再有急风暴雨的环境下树木树人的时代。反面教育有时比正面教育更加深刻,而总结和接受教训的目的,总是为了更好地前进,我们这样做了,我们已看到了灿烂的明天。四次文代会之后,我国的文艺形势发展得很好,各个文艺部门出现了大批的新人,大批的新作，我们的文艺作品的质量，有了显著的提高，文艺评论也比以前更加活跃。作家和艺术家增强了作为国家主人公的责任感。一个理论活跃、创作繁荣、队伍壮大的局面正在形成。当然，我们不想讳言，这两年间的工作中也还有不少的错误和缺点。放火烧山，乱砍花木，是非常容易的，可是要在亿万人民心中牢固地树立起维护生态平衡，有计划、有保证地增加覆盖面积的比例，则就比较困难和需要时间了。我们的工作有缺点、有错误，都有主客观两方面的原因，砍伐过苛，当然应该反对，但我们也要看到“上山打柴”已经成了我们民族的习惯这一事实。要反对“左”的习惯势力，要耐心地进行教育，也要制定一些必要的奖惩办法，但更重要的则是积极地植树造林，开辟和扩大能源。经济学上有一条教训，叫作“劣币会驱逐优币”，庸俗低级的作品也常常会有较高的上座价值。因此，我们一定要努力提高文艺作品的质量。我们要有胆略，出次品当然应该批评，但我们不要怕出次品。因为消灭低档品的最好办法，就是生产大量物美价廉的高档品，而要在全国范围内，使各行各业都出“价廉物美、老少咸宜”的产品，除了有计划的关、停、并、转之外，我以为最最重要的事情还是加强政治思想教育。加强党的领导，同时要改善党的领导，要说两句话，单说一句话不行。要有一定的时间，要有一点耐性，这一点上，精神生产和物质生产很不一样，急躁、粗暴是有害的。除此之外，我们还要看到一个问题，就是我们国家已经实行了对外开放政策，物质文明方面有洋设备，有洋技术、洋资本要进来，精神文明方面也不例外。资产阶级自由化，这并不是新货色。那是自从旧中国沦为半殖民地的时候就进口了，不过在今天，我们要特别注意到新的环境和条件。这两年来，西方世界正用各种手法，向我们推销他们的所谓“自由”与“民主”，推销他们的唯利是图的个人主义。但是，对这种事，我们党是有经验的，也是两句话，一是不怕，二是斗争，不过这种斗争是说理的文斗，而不是辱骂和上纲上线。

为了比较全面地总结文艺工作的经验，会议根据广大文艺工作者的要求，起草了一个《关于文艺工作的若干意见》的草稿，现在发给各位，这仅仅是个草稿，还不完善，我们希望与会委员和列席的同志加以讨论，进行修改，然后发给省、自治区、直辖市文联和文艺团体，发动群众，认真讨论和提出修改意见。我们的无产阶级社会主义文艺，从“五四”算起，已经有六十多年的历史，全国解放至今也有三十多年了。不管中间遇到过多少失误和挫折，但是我们的确也从这些失误和挫折中接受了教训，从而我们已经懂得用自己的头脑来思考，用自己脚步走出一条比较适应我们国情的道路了。我们的对外开放政策不变，我们“洋为中用”的方针不变。我们要把文艺搞活，但也不能把文艺搞乱。我们一定要坚持四项基本原则，我们坚信在坚持这些原则的前提下，一定能在文艺界创造出无愧于我们这个伟大民族的事业。

同志们，我们的事业是光荣的，但在我们前面也还有不少困难。无产阶级执政从十月革命到今天，还只有六十几年的历史，而资产阶级从产业革命到掌握政权，高度发展生产，则花了两三百年。我们经验不足，走过弯路，但这丝毫没有自馁的理由。我们吃了一大堑，也长了一大智，我们懂得了要在中国这样一个近十亿人口的产业落后国家，建立一个有高度物质文明和高度精神文明的社会主义强国，我们一定得用自己的——也就是用中国人的头脑来思考问题，一定要用中国人自己的双腿，走出一条适合中国国情的建设社会主义的道路。本世纪初的全盘西化不行，解放初期的全盘照搬别的国家的模式也不行，我们要坚持社会主义共产主义的目标，但是，我们一定要使马列主义的原理切实地而不是形式地和中国的现实相结合。我们必须记住，20世纪80年代是个科学昌明、人类开始真正认识自己、必然王国日益缩小的时代，科学在变，在发展，体制在变，在发展，人的思想和文化也在变，在发展。这里所说的变和发展，都是在力求使正确的理论和正在变化中的实际相结合。在这样一个时代，保守不行，冒进也不行，我们一定要有信心：要相信我们这个有几千年文化，有近十亿勤劳、勇敢、智慧的人民的祖国；我们要相信三中全会以来逐步完善的党的方针政策。没有前者，就会感到低人一等，就会受欺挨打；没有后者，就会迷失方向，再犯错误而不自觉。让我们团结起来，鼓足干劲，少讲空话，多做实事，踏踏实实地苦干十年，我们一定能取得巨大的胜利。

**中国文联副主席阳翰笙在文联四届全委会二次会议上作会务工作报告**

报告指出，坚持党对文艺的指导思想、贯彻执行党的文艺方针政策，这是贯穿三年来文联所有工作的一个基本点。按照这一要求，他回顾、总结了文联工作的成绩和不足，并提出今后努力的目标。

报告指出，四次文代会后，文联对继续干扰文艺发展的残存的“左”的思想影响，进行过批评以至斗争，但还不够得力；同时，对文艺界在历史大变动时期，受错误的社会思潮影响，已成为当前必须注意的资产阶级自由化倾向，曾经认识不足。对文艺界某些同志违背四项原则的言论和有严重错误的作品，没有及时开展理直气壮的批评。邓小平同志关于思想战线问题的重要讲话指出了文艺界在这方面存在的问题后，文联和协会组织了学习，领会精神，并对刊物和出版工作进行了检查。使文艺工作者从政治上提高了辨别是非的能力。并更清醒地意识到文艺家的职责。

对毛泽东文艺思想进行认真的讨论和深入的科学研究，是文联重视并已着手的一项工作。今年5月，文联和社会科学院文学研究所联合召开了毛泽东文艺思想讨论会，对重新学习和深入研究毛泽东文艺思想进行了探讨，对于否定毛泽东文艺思想的根本精神，或不承认它在新的历史条件下必然和应有的发展这两种错误思想倾向，给予了批评，并强调对待毛泽东文艺思想的正确态度是"一要坚持，二要发展"。这一工作，为今后文艺界开展进一步的学习和研究，提供了有益的经验。

1980年2月在党中央关怀下召开的剧本创作座谈会，是文联工作的一项重要内容。胡耀邦同志在这次会上的讲话，对新时期文艺提出了一系列带根本性的意见。会议创造了实行"双百"方针，加强和改善党对文艺领导的好经验，影响是大的，但在贯彻中还存在着缺陷，如没有联系当前创作上的实际问题继续开展讨论，没有注意运用并发展这个可贵"开端"的经验，去解决在这以后文艺创作上出现的新问题。

三年来，文联的中心任务，即促进创作和评论的发展，是取得了成绩的。报告介绍了已进行的一系列工作：提倡作家要着重反映新时代的新面貌，塑造社会主义新人形象；协同有关部门召开了多次关于文艺创作和文艺评论工作的会议，如关于写工业题材和农业题材的会议，关于发展儿童文学创作的会议以及作协和总政文化部共同召开的军事题材文学创作座谈会。为推动创作和研究创作中出现的问题，还举办过一些专业讨论会；通过评选各种优秀文学艺术作品，指出文艺界扶植和引导的方向；组织文艺评论专业队伍，有计划地调查研究文艺情况和进行文艺理论研究；等等。

报告指出文联工作的目标，应该是使"文艺团体成为作家、艺术家之家，成为他们联系人民群众的纽带，成为他们自我改造、自我教育和互相交往、互相切磋的场所。"　阳翰笙认为文联在这方面的工作还存在不少缺点，今后应该从以下几个方面加强工作。

为完成党在新的历史时期交托给文艺工作者的崇高使命，首先，要求文艺工作者，尤其是文艺界的党员和各部门的负责干部，在重新学习、深入研究《在延安文艺座谈会上的讲话》、学习毛泽东同志给文艺界人士的15封信和陈云同志《关于党的文艺工作者的两个倾向问题》的讲话，以及中央宣传部为此而写的按语的同时，开展批评和自我批评，提高对自己的职责和义务的认识。"十年动乱"破坏了我们学习马列主义、毛泽东思想的优良传统，现在，要在文艺界形成一股积极学习马克思主义的风气，帮助文艺工作者确立马克思主义世界观、文艺观，抵制种种错误思想的侵蚀，做到在政治上和党中央保持一致，用正确的立场、观点、方法来观察和反映新的社会生活。

文联工作必须继续坚持贯彻党的文艺方针、政策。文联、协会的领导要继续克服并改变涣散软弱状态，联系三年来实践中的经验教训，更加坚定有力地在更高水平上贯彻中央对文艺工作的指导精神。对文艺战线中还残存的"左"的指导思想，对严重危害社会主义文艺事业的资产阶级自由化思潮以及文艺商品化、庸俗化的现象，进行正确的必要的两条战线的斗争。

帮助作家、艺术家密切联系群众和深入实际生活，是文联的重要任务，这项工作必须落到实处，要鼓励作家把创作活动的重点转向反映当前的生活和斗争，要有必要的制度、措施和条件，组织和保证文艺工作者经常深入到人民群众中去。

阳翰笙在报告中强调，要用极大的力量来发展文艺评论，并加强文艺评论队伍，以推动文艺事业沿着社会主义轨道正确发展。当前，先要把各个刊物的评论、理论工作人员有计划地组织起来，充实文联和协会的理论研究力量，并加强对这项工作的领导。

阳翰笙在报告中还提到，为了实现共同目标，要巩固和发展文艺界的团结，文联和各协会机关要提倡全心全意为文艺界服务的思想，要注意保障文艺工作者的正当权益，要继续做好国际文化艺术交流工作，要调整、精简机构，大力改进领导作风和工作的方式方法。

阳翰笙说，到目前为止，文联全国性协会已有会员16194人，各分会会员也在逐年增加。文联和协会的国际文艺交流活动近年有了很大的发展。应邀出访的我国文艺家代表团计有79个。

阳翰笙还向文联、协会和各分会的领导同志提出一个要求：物色和培养参加文联、协会日常领导工作的懂业务、有组织能力、思想品质好的更年轻的文艺工作干部，以使我们的队伍永葆青春的活力。

**中国文联第四届全委会第二次会议通过文艺工作者公约**

一、热爱祖国，忠于人民，坚持四项基本原则，全心全意为人民服务，为社会主义服务，正确地贯彻"百花齐放，百家争鸣"方针，为建设社会主义精神文明多做贡献。

二、认真学习马克思列宁主义、毛泽东思想，深入新时期人民群众的斗争生活，不断提高思想觉悟和社会责任感，和广大的人民群众相结合。

三、加强艺术修养，磨炼艺术技巧，批判地学习中外文化遗产，用人类创造的知识成果丰富自己的头脑，不断提高为人民服务的专业水平。

四、解放思想，实事求是，勇于探索，勇于创新，精心地从事艺术创造，力戒粗制滥造，努力用具有高度思想艺术质量和鲜明民族特色的精神食粮满足人民的文化需要。

五、正确对待文艺批评，虚心听取群众意见，要敢于坚持真理，也要勇于修正错误。

六、注重职业道德，端正思想作风。提倡谦虚谨慎，反对骄傲自满。自觉抵制资产阶级思想、封建残余思想和各种不正之风的侵蚀，做一个有理想、讲道德、守纪律、勤恳朴实、品格高尚的文艺工作者。

七、加强文艺队伍的团结。积极开展批评和自我批评。开阔胸襟，顾全大局。反对极端个人主义，反对自由主义，反对派性，反对门户之见。提倡文人相亲，反对文人相轻。老、中、青三代人都要互相尊重，互相爱护，互相学习，互相帮助。

八、扶植新生力量，鼓励后来居上，做壮大和发展社会主义文艺队伍的促进派。

**中国文联增补全委会委员设立书记处**

中国文联第四届全委会第二次会议决定增补朱穆之、吴冷西、舒同、胡风、沈从文、布赫、夏川、吴伯箫、郑奕奏为中国文联全国委员会委员，并将提请下次文代大会予以批准。

第二次全委会同时决定设立中国文联书记处。主席团任命赵寻、华君武、李凌、张颖、延泽民、陆石、李庚、江晓天为书记处书记，赵寻任常务书记。

**中国选手在沃思堡举行的美国国际体操邀请赛中夺得九枚金牌**

**孙照寰因病逝世**

中国科学技术协会党组成员、书记处书记孙照寰同志，因患癌症，不幸于6月19日晨在北京逝世，终年66岁。

## 6月20日

**国务院正式批准我国第一个部分利用世界银行无息贷款的农业建设项目——华北平原农业项目**

这个项目包括，治理山东齐河、陵县、禹城、河南商丘、宁陵、民权、安徽涡阳、濉溪、蒙城9个县的约300万亩盐碱、易涝地，共投资3.5亿元。其中世界银行——国际开发协会提供无息贷款占全部投资34%，其余由省、地、县的地方资金及社队的劳务投资解决。

**全国儿童生活用品展销会在北京举行**

展销会于5月20日至6月20举行。这是新中国成立以来第一次举办的全国儿童生活用品展销会。

展销会场地达2万多平方米，设有儿童玩具、食品、服装鞋帽和日用品4个展销馆。

截至6月20日，即销售了1400万元的各种儿童生活用品。

展销会的负责人介绍，这次展销会的收获是巨大的，它不仅满足了广大少年儿童对生活用品的部分需要，而且为进一步发展儿童生活用品的生产提供了信息，明确了努力的方向。他希望展销会能成为为儿童着想的一个良好开端。他相信，经过儿童生活用品生产和销售部门广大职工的共同努力，儿童生活用品的生产、供应一定会出现一个繁荣发展的新局面。

**我国第一个采用全套国产设备的气流纺纱实验工场在上海第二十二棉纺织厂建成投产**

这是我国纺织行业的一项重大科技成果。经纺织工业部验收报告确认，这套气流纺纱设备在经济效益、产品质量和工人劳动条件等方面，都达到国际同类型设备的水平。

**山东淄博的刻瓷作品在联邦德国慕尼黑第三十四届手工艺品国际博览会上获金质奖章**

这是我国陶瓷工艺品自解放以来在国际博览会上获得的第一枚金牌。

刻瓷作品的作者是38岁的刻瓷艺术家李梓源。

**对外友协会长王炳南在北京会见以文化国务秘书庇钮为团长葡萄牙知名人士代表团**

**著名美籍物理学家杨振宁在纽约州立大学石溪分校向中国学生提出四点治学建议**

杨振宁说，一般来说，中国留美学生学习都很勤奋、刻苦，大多数学生在学习上取得了良好的成绩，尤其是考试成绩优异。但是，他认为，对学生来说，研究能力比考试成绩更为重要。

杨振宁在这次聚会上，向中国学生提出了四点治学建议：

一、尽量多读参考书，博览群书，扩大知识面。他指出，只要时间和能力许可，一般来说，读书越多肯定对学习越有好处。有些事物和学问并非一开始人们就能够懂得和理解，但是只要持之以恒，知识丰富了，终能发现其奥秘。

二、在学习和研究上不要死钻牛角尖。他说，对于一个研究课题，经过长时间的钻研，如果仍然解答不了,不妨暂时搁一搁,换一个新的题目。经过了一段时间,有了新的启发,原来解答不了的难题便可能迎刃而解。

三、建议采用“渗透性”学习方法。他说,有两种学习方法,一种叫作“渗透法”;另一种叫作“按部就班”。知识是互相渗透和扩展的,知识的积累更是如此。知识往往在你不知不觉、似懂非懂中积累和丰富起来。不要害怕打破那种“按部就班”的常规。

四、主张学生和做研究的人一定要有独创的精神和独到的见解。他认为独创性是科学工作者最重要的素质。他说,在具备了一定的条件后,就要敢于独立思考,提出独创性见解。老跟在前人或别人后面走,是一辈子也搞不出重大发明和创造来的。

**北京国际田径邀请赛结束我国运动员夺得5金**

分别是:刘玉煌7.94米夺得男子跳远冠军;袁国强以10秒57的成绩夺得男子100米冠军;黄洛涛在男子800米比赛中以1分50秒47的成绩夺得第一名;普布次仁以79米82获男子标枪冠军;邹振先以16米72获男子三级跳远冠军。

**朱建华在全国田径冠军赛中以2米31获得男子跳高冠军并创造亚洲最好成绩**

## 6月21日

**《人民日报》转载6月21日《市场报》社论《渠道通市场才能活》**

社论说,蚌埠肉厂猪肉一度涨库,现在,又有两地的生猪调运不出去,吁请有关部门协助解决。怎么看这个问题?《安徽日报》上的一篇文章提供消息说,该省食品公司的行家认为,并非猪肉多得成了灾,全省的生猪存栏量并不富裕,群众吃肉水平也不高,一些地方出现猪肉多、卖猪难,主要是购销工作安排不当引起的。这种看法可能是切合实际的,说明商品流通渠道还不畅通,还有一些问题亟待解决。

我国幅员辽阔,此丰彼歉是经常发生的;在正常年景下,各地也有许多工业品和土特产品需要互相交换;城乡之间,工业品和农副产品更需要及时对流。因此,就像一个人需要全身血管畅通一样,商品流通渠道要在全国范围内畅通无阻。目前,渠道堵塞的情况却屡屡出现,不但全国畅通没有保证,局部地区也常常调剂不灵。城市积压的一些工业品,农村供销社却无货供应,是一个例子。这里肉多,那里肉缺,却不能及时互通有无,又是一个例子。类似的事情还有不少。

渠道通,市场才能活,商品才能丰富。商品流转不畅,原因是渠道太少,而且肩负流通重任的批发部门环节过多,关卡过多。人们主张多渠道流通,也希望批发部门这条主渠道减少环节。流水七拐八弯,总不如直流来得欢畅,何况商品流通渠道上的某些环节,实际上已成为阻碍流通的闸门。在流通领域的环节设置上,有关部门是否应该考虑:怎样才能加速商品的流转?

**国务院副总理万里在人民大会堂会见前来参加农业教育研讨会的中外学者**

万里说,大家在会上交流经验,相互学习,取长补短,这对于改革我国的农业教育是有益的。我们必须对我国的农业教育工作进行总结和探讨,不断改革,逐步找出一条符合中国国情的农业教育的路子。

**外经贸部部长陈慕华在中南海会见由菲律宾中央银行行长拉亚率领的菲律宾政府财经友好访华团**

**外经贸部部长陈慕华在中南海会见由约翰·默菲执行副总裁率领的美国德莱赛工业公司代表团**

陈慕华说,我国在引进外资方面持严肃谨慎的态度,其原则是:要有可能的合作对象和投资者;要平等互利;要用得好;要还得起。我们实行这个政策已有三年了。在这期间,我们也在不断积累经验,今后引进外资还要继续进行。

默菲说,我在相隔6年之后再次访问中国,我发现中国发生了很大的变化。中国的对外开放政策是非常有起色和有远见的。

**中国代表团在第二届裁军特别联大上提交《关于立即停止军备竞赛和进行裁军的主要措施的建议》**

中国代表团建议立即采取下述措施:“禁止把核武器作为军事手段并合理裁减核武器和常规武器,以减缓战争威胁和维护世界和平。这些措施是相互联系、不可分割的一个整体。”

中国代表团建议,裁减军备应遵循以下六项基本原则:

“(一)争取裁军和维护国际安全是不可分割的。争取实现裁军应同维护世界和平与安全的努力相结合。

“(二)拥有最大武库的国家应率先进行裁军。

“(三)进行核裁军的同时,应裁减常规军备,才有助于减少战争危险。

“(四)各项裁军措施的进行,不得损害和威胁任何国家的独立、主权和安全。

“(五)裁军协定应规定严格有效的国际核查措施。

“(六)各国有权以平等地位参加裁军问题的审议、

谈判和解决。”

中国代表团在建议中提出的四条裁军措施是：

“一、所有核国家就不使用核武器达成协议。在此以前，核国家各自保证无条件地不对无核国家和无核区使用或威胁使用核武器，并保证在任何时候和任何情况下彼此也不首先使用核武器。

“二、苏联和美国停止一切核试验，停止对它们的核武器作任何质量上的改进，停止生产任何种类的核武器，并将其现有的核武库，包括各种类型的洲际、中程和其他战术核武器及其运载工具削减50%。在这之后，所有核国家即应承担义务，停止一切核试验，停止从质量上改进它们的核武器和停止生产核武器，并按照商定的合理比例和程序削减其各自的核武器及其运载工具。

“三、各国庄严承担不以常规军事力量对任何国家进行武装干涉、侵略和军事占领的义务。作为裁减常规军备的第一步，立即撤回一切外国占领军；同时，苏联和美国着手大量裁减其重型和新式常规武器装备，特别是进攻性的武器装备。在苏联和美国大幅度裁减后，其他军事上重要的国家也应按照商定的合理比例和程序同它们一起削减各自的常规军备。

“四、禁止化学武器和其他大规模毁灭性武器。”

关于核查问题，中国代表团建议：“成立由所有核国家和无核国家代表组成的核查机构，对裁军的实施情况进行有效核查。”“国际核查机构每年并视情况需要随时向联合国大会提出核查报告。”

关于谈判问题，中国代表团建议：“核国家和无核国家在平等的基础上，共同参加审定有关停止军备竞赛和进行裁军的所有措施。”

**中国民间剪纸和年画展览在上沃尔特举行**

中国民间剪纸、邮票、图片和四川年画展览，6月21日至26日在上沃尔特首都瓦加杜古举行。

上沃尔特国民教育和文化部部长、卫生部部长、社会事务和妇女地位部部长，各阶层人士以及各国驻上沃尔特的外交官员共1000多人参观了这个展览。

**甘肃天光电工厂研制成功50种先进集成电路新产品**

这批集成电路新产品共有50个品种，包括ECL超高速集成电路系列的22个品种和LSTTL高速低功耗集成电路系列的28个品种。这两个系列的产品都是国民经济和国防建设所急需的，可广泛应用于大型高速电子计算机、宇航、卫星、雷达、数字通信系统、数据传输、工业自动控制以及仪器仪表等方面。原来我国不能制造，都要靠进口。

天光电工厂研制的这50种集成电路新产品，都采用了国外先进的技术标准，在设计上吸收了国外同类产品的优点，因而起点高，质量好，性能可靠。经对LSTTL系列电路产品进行试验，1000块电路工作1万个小时，损坏的器件不超过1块，而且28个品种中，有23种能在摄氏零下55度至零上125度的范围内正常工作。

**谷德振逝世**

著名地质学家谷德振因病医治无效，于6月21日在北京逝世，享年68岁。

谷德振同志是中国科学院学部委员、地学部常委，共产党员，是我国水文地质、工程地质的奠基人之一。

## 6月22日

**《人民日报》发表社论《改革流通体制 扩大工业品下乡》**

国务院《关于疏通城乡商品流通渠道扩大工业品下乡的决定》，是改革商品流通体制，促进工农业生产，发展社会主义商品经济，繁荣城乡市场的重要决策。

三中全会以来，工农业生产有了很大发展，农副业产品越来越多，工业产品的数量和品种大大增加。在农业和工业增产的形势下，如何疏通城乡商品流通渠道，使更多的农副产品进城，更多的工业品下乡，切实做到货畅其流，是各级政府和商业部门的重要任务。由于现行流通体制存在一些弊病，加上经营管理方面的官商作风，商品流通中问题甚多。因此，改革流通体制，疏通流通渠道势在必行。

搞活商品流通，当前要突出地抓好工业品下乡的工作。近年来，各地商业部门特别是基层商业职工做了很多工作，在这方面取得了一定的成绩。然而，农村这个广阔的市场，还没有得到很好的开拓，这对国民经济的发展是不利的。农业生产发展了，农村购买力提高了，工业品供应跟不上，农民的购买力不能实现，对进一步调动农民生产积极性不利；工业产品销售不扩大，对发展工业生产不利；商品积压，对繁荣市场、增加国家收入也不利。

疏通城乡流通渠道，扩大工业品下乡，当务之急是改革现行的商品流通体制，把按城乡分工的体制改为按商品分工、城乡通开的体制。多年以来，县城以上的工业品经营由国营商业公司负责，县以下的集镇和农村由基层供销社负责，这种体制是在50年代的特定历史条件下确立的，已经不适应发展社会主义商品经济的需要。城乡分工的流通体制，把城乡市场分割开来，使城乡脱节，商品流通不畅。国营商业公司和基层供销社在紧俏商品、利大商品和滞销商品、利小商品的分配上往往发生矛盾；有些工业品基层供销社无力经营或不愿经营，国营商业又不能下乡推销。改变按城乡分工的流通体制为按商品分工、城乡通开的流通体制，很有利于解决城乡商业之间的矛盾，有利于工业品下乡。

实行按商品分工、城乡通开的新体制，国营商业公司要兼顾城乡两头，同时搞好城市、农村工业品的供应。专业公司在农村重点集镇可以同基层供销社搞批发零售联营店，使国营商业和基层供销社的经济利益得以兼顾。有需要和有条件的地方，国营批发公司可以直接下伸，批发、零售兼营。为了更好地发挥农村商业网点的作用，生产队和生产大队的代购代销店，有要求并经社队同意的可以改为向生产队承包的自营店。国营商业公司和基层供销社应大力通过展销、赶集、流动售货等形式，使更多的工业品直接同农民见面。

实行新的商品流通体制以后，要继续贯彻执行城乡都需要的副食品优先供应城市，城乡都需要的工业品优先供应农村的原则。对重要的计划供应商品，要分别下达城乡销售指标，供应农村的部分，任何单位和个人都不准利用职权擅自挪用。对农村需要的一般工业品，专业公司要公开库存，公开货源，降低批发起点，便利基层商店选购。

改变商品流通体制，疏通城乡流通渠道，需要国营商业公司和基层供销社密切配合，加强协作，共同搞好。省、自治区、直辖市人民政府要加强领导，及时解决改革中的问题，切实把这项工作抓好。

**国务院批准成立“老龄问题世界大会中国委员会”**

据《人民日报》报道，国务院最近批准正式成立“老龄问题世界大会中国委员会”。该委员会后改名为中国老龄问题全国委员会。

**全国政协章程修改委员会第二次全体会议在全国政协礼堂举行**

会议于6月22日至29日召开。全国政协主席、政协章程修改委员会主任委员邓小平主持会议并致开会词。他说，从1980年9月29日举行第一次全体会议以来，已经一年零九个月了。在这期间，政协章程修改委员会秘书处做了大量工作，通过发函、召开座谈会和派出调查组等方式，广泛地征求了政协全国委员会全体委员和政协地方委员会的意见。根据提出的意见以及1982年4月26日五届人大常委会议决公布的宪法修改草案的精神，秘书处进行了认真的研究和讨论，拟出了《中国人民政治协商会议章程修改草案》(讨论稿)。现在将这个讨论稿提请第二次全体会议审定。

邓小平说，政协章程修改草案(讨论稿)经这次会议审定以后，还要提请全国政协常务委员会作出决定，交付政协全国委员会全体委员和人民政协各级地方委员会进行讨论。根据讨论中提出的意见，政协章程修改委员会将再作进一步的修改，最后提请政协第五届全国委员会第五次全体会议审议。

《中国人民政治协商会议章程》是1978年3月政协第五届全国委员会第一次会议通过的。这个章程对于恢复、重建人民政协的工作，起了积极的作用。但是限于当时的历史条件，章程有些内容有明显的错误，有些内容已不能适应新形势发展的需要。鉴于这种情况，1980年9月12日，政协第五届全国委员会第三次会议通过了关于修改政协章程的决议，成立了政协章程修改委员会。同年9月29日，政协章程修改委员会举行了第一次会议。

会上，政协章程修改委员会秘书长刘宁一就秘书处一年多来的工作向委员们作了汇报，并对章程修改草案作了一些说明。他说，一年多来，政协章程修改委员会秘书处进行的工作，大体可以分为两个阶段：从1980年9月到1981年2月，是章程修改工作的第一阶段。在这一阶段中，除编印各种必要的参考资料外，主要是广泛地征求各有关方面对政协章程的修改意见。从1981年3月到现在，是章程修改工作的第二阶段。这一阶段的工作是根据中国共产党的六中全会通过的《关于建国以来党的若干历史问题的决议》和邓小平主任委员对修改章程的意见以及宪法修改草案，结合总结政协的历史经验，对各方面提出的修改意见作了多次研究，并在此基础上进行政协章程修改草案的起草工作。起草过程中，秘书处对政协的性质、任务和作用等比较重大的问题进行了反复的讨论和研究，拟定了现在提请审议的修改草案。

会议审议通过了《中国人民政治协商会议章程修改草案》。

修改委员会秘书长刘宁一就参加这次会议的委员们审议章程修改草案的情况作了说明。他说，委员们对政协章程修改草案(讨论稿)进行了3天的分组讨论，同意讨论稿的基本内容，并提出了不少修改意见。修改委员会秘书处根据大家的意见，对政协章程修改草案(讨论稿)又进行了修改。

会议建议全国政协常务委员会作出决定，将这次会议通过的《中国人民政治协商会议章程修改草案》，交付全国政协委员和政协各级地方委员会进行讨论，广泛征求意见。

**全国政协举行第三次宪法修改草案专题座谈会**

全国政协副主席王首道、董其武主持了座谈。

全国人大法制委员会委员谭惕吾指出：关于公民在法律面前一律平等的问题，我国1954年宪法有规定，但后来的两部宪法删去了，这次修改宪法时又恢复了，这是十分重要的，它适应了发扬社会主义民主，健全社会主义法制的需要。

董其武同志进一步分析说：我们国家是人民当家做主，健全法制就要保障人民有权依照法律条文，制约一切违法之人。

全国人大法制委员会委员张苏认为：任何公民享有宪法和法律规定的权利，同时有遵守的义务。不能把民主权利理解为谁想干什么就干什么，谁愿意怎么干就怎么干。任何公民在行使自己的民主权利时不得侵犯其他公民的合法权利，损害国家的、社会的、集体的利益。

最高人民检察院法纪厅厅长侯政说：决不允许压制民主，更不允许侵犯公民民主权利的事情发生，一旦发生了就要认真处理。

民建中央常委邓季惺说：在社会主义制度下，国家如何保障人民的民主权利不被侵犯，人民群众如何正确行使自己的民主权利，都不是容易的事。必须全力以赴地把国家纳入法治的轨道，事事有章可循。要教育人民懂得把权利和义务结合起来，使人人知道遵守法律，维护法律的重要意义。更为重要的，还在于执行法律的干部，特别是领导干部，他们手中有权，必须认真依法办事。

全国政协法制组组长韩幽桐说：宪法修改草案规定任何组织或者个人都不得有超越宪法和法律的特权。反对特权，不允许特权存在，是健全社会主义法制的关键所在。为了贯彻这项规定，首先必须坚决执行公民在法律面前一律平等的原则，因为这项原则的本身就是从法律上对任何特权现象的彻底否定。任何公民，不论其职位多高，只要触犯了国家刑律，就要依法处理，这样，才能确保公民在适用法律上一律平等，杜绝特权现象的发生。

全国政协常委李运昌在联系到当前打击经济领域内的犯罪活动时说：凡是触犯刑律的，不论干部、群众要一律送司法机关依法问罪，不能只用没收、罚款等经济手段处理，也不能只用党纪、政纪处理。这些处理都不能代替法律制裁，更不能为犯罪分子开脱罪责，说什么“是思想认识问题”、“为公犯罪”，等等。那种有罪不判，或重罪轻判，使犯罪分子逍遥法外的做法是错误的，是枉法徇私，要追究责任。有的委员还说，现在有些案件为什么不了了之，有些罪犯为什么得到了宽恕，其中一个原因就是没有做到在法律面前人人平等。

在会上发言的还有林亨元、雷洁琼等。

**东南沿海三省第三次打击走私工作会议在北京举行**

会议于6月22日至7月1日举行。会议在总结反走私斗争经验的基础上，重点研究了在新的形势下如何发挥各级政府有关职能部门的作用，进一步加强缉私工作等问题。

会议谈到，自从去年3月东南沿海3省第一次打击走私工作会议以来，特别是今年1月中央发出《紧急通知》以来，东南沿海3省和其他省、自治区、直辖市在反走私方面取得了可喜的成绩。现在，东南沿海大规模的海上走私活动基本上堵住了；公开贩卖走私物品的市场基本上取缔了；一些企业、事业单位大量购销私货的活动基本上停止了；广大干部、群众提高了觉悟，积极抵制和揭露走私贩私活动；走私贩私分子开始分化瓦解。

与会同志指出，当前海上大宗的走私案件虽然减少了，但分散的、少量多次的走私案件却有所增加；陆上的私货买卖出现了由明变暗、化整为零的现象；进出口货运主要是来料加工装配中的走私活动突出起来了；私货的品种，不仅有日用消费品，还有不少淫秽色情的印刷品、录像带、录音带等。

中共中央书记处书记、国务委员谷牧主持了这次会议，并在会上讲话。

中共中央纪律检查委员会副书记王从吾也在会上讲了话。他指出，走私贩私活动对基层组织的腐蚀和对社会风气的污染是严重的。

他说，经济领域中发生的违法犯罪活动与党风不正有直接的关系，许多犯罪活动就是不正之风发展的结果。因此，要把打击经济领域中严重犯罪活动的斗争同整顿党风和整顿企业结合起来，通过斗争端正党风，提高党组织的战斗力。他说，只要我们每个党组织都是一个坚强的战斗堡垒，每个党员都能发挥先锋模范作用，我们就能有效地反对和抵制资本主义思想的腐蚀，就能从根本上解决经济领域中的犯罪问题。

**中共中央书记处书记谷牧在东南沿海三省第三次打击走私工作会议上发表讲话**

谷牧强调，各地对当前反走私斗争的形势要有一个正确的估计，要采取各种有力措施，把这场斗争进行到底。

谷牧说，当前的反走私斗争是我国在新的历史条件下阶级斗争的重要表现。这场斗争关系到我们在利用国外市场、资源、资金和技术的同时能否保持共产主义纯洁性的问题，关系到我国社会主义现代化建设的成败和国家前途命运的问题。如果听任走私贩私活动泛滥,那么,不但国家的经济利益要受到严重损害,而且人们的思想要受到严重污染,干部队伍要受到严重侵蚀,这就必然会妨碍对外开放和对内搞活经济政策的正确贯彻执行。

他指出,要搞好这场斗争,必须认真地全面地贯彻执行《中共中央、国务院关于打击经济领域中严重犯罪活动的决定》,要在干部和群众中进行坚持四项基本原则,反对资本主义思想腐蚀的教育,要抓大案、要案的检查处理,要整顿问题严重的基层组织,要进一步建立和加强缉私专业队伍,要建立和健全各项管理制度等等。接着,他着重谈了以下几个需要解决的问题:

——近两年,从广东、福建、浙江3省走私进口的工业消费品数量很大,当地和内地的一些单位和不法分子把走私进口的大量物品非法贩运到内地各省、自治区、直辖市销售,严重地妨碍了国内一些工业生产的发展,扰乱了市场秩序,污染了社会风气。因此,要刹住走私贩私歪风,既要加强海上和陆上的缉私力量,堵住私货来源,又要采取必要的措施,坚决切断进口私货内流的渠道。这是巩固发展反走私斗争胜利成果的重要保证。

——为了适应长期反走私斗争的需要,必须进一步加强海陆缉私力量的建设。要加强沿海的治安管理,打击海上走私活动,维护生产秩序和海防安全。同时,还必须把沿海船舶、港口管理好。根据当前新的情况,要建立与健全行之有效的船舶、港口管理制度,教育我方渔民、船民不下海走私,也不参与贩私。坚决堵住海上走私渠道,切断海上私货来源。

——两年来,对外加工装配发展很快,很有成绩,但也存在不少问题。有些外商和我企业内部的人员互相串通,采取进口原料以多报少,出口成品以少报多,以及夹藏、伪装等手段,进行走私活动。有些企业违反规定,将运进的材料或加工后的制成品擅自内销,偷漏了关税,扰乱了国内生产和市场秩序。今后必须加强监督管理,保证对外加工装配的原材料、元器件全部加工,成品全部出口,不得转为内销,也不准外商在国内提货。如有特殊原因非转内销不可的,必须办理许可进口和纳税的手续。对于违反国家规定的要以走私论处。

——许多华侨、港澳同胞出于他们爱祖国、爱故乡的愿望,自愿捐赠外汇、物资和设备,帮助家乡发展工农业生产、科学技术、文化教育、医疗卫生等事业,兴办各种公益福利事业,这是好事,我们是欢迎的。但是近两年也发现了一些问题,主要是有的地方和单位的负责人,不顾党的政策和影响,巧立名目,伸手向侨胞要钱要物。甚至有的单位在同外商、侨商和港澳商人的经济贸易往来中,假借捐赠名义,价购、交换物资进口,套取国家外汇,骗取海关免税,进行走私牟利。应当再次强调,华侨和港澳同胞捐赠,必须是自愿的,严禁任何机关、团体、学校、企事业单位、人民公社、生产队向他们劝募,严禁假借捐赠名义,截留侨汇进口物资进行倒卖牟利或内外勾结将贸易往来的物资从捐赠渠道进口,进行套汇逃税活动。如有违反,必须坚决制止,并根据情节,严肃处理。

——近两年,银行在国民经济建设中做了许多工作,取得了很大成绩,但是也有些单位制度不够健全,监督管理不严,给了走私贩私分子以可乘之机。有的被犯罪分子冒名开了账户,骗走了现金;有的单位没有营业执照也能从银行搞到贷款。因此,必须加强金融监督管理。要把好信贷管理关,严格贷款审批制度;把好开户关,严格账户管理;把好转账结算关,严格审查收支款项的用途,等等,真正做到使银行成为经济犯罪分子不可逾越的关卡。

谷牧要求进一步发动广大干部和群众,调动各方面的积极性,继续深入开展反走私斗争,以便更好地贯彻执行对外开放和对内搞活经济的方针,使我们的社会主义现代化建设事业更顺利、更健康地向前发展。

**《人民日报》发表李成瑞的文章《人口普查工作一定要达到高质量》**

第三次全国人口普查是一项有关国情国力的大规模的社会调查。它的目的在于取得我国人口分布及其经济、社会构成的资料,作为制订国民经济发展计划、安排人民的物质和文化生活、制定人口政策和规划的依据。要达到这个目的,必须使人口普查资料具有足够的可靠性和准确性,或者说,人口普查必须达到高质量的要求。质量问题是人口普查工作的核心问题。中共中央、国务院在《关于认真做好第三次全国人口普查工作的指示》中指出:"各项工作必须保证质量";"各级人民政府要根据全国人口普查工作总的部署和要求,做好周密的安排,围绕提高人口普查资料的准确程度这个中心,做好各个环节的工作。"那么,在人口普查工作中,有哪些方面可能发生差错?怎样实行质量控制?怎样以提高质量为中心做好各个环节的工作?这是每个人口普查工作者需要认真研究和解决的问题,也是各方人士所关心的问题。根据各地人口普查试点经验,对这个问题提出一些意见,供大家参考。

一

我们要求提高人口普查资料的准确程度,也就是要求千方百计降低人口普查资料的差错率。要做到这一点,就需要先考察一下人口普查各个阶段工作中差错发生的可能性和它们之间的相互关系。人口普查工作总的说来分为两个大的段落：第一是普查登记，即普查资料的搜集；第二是数据处理，即通过手工计算和电子计算机的运算，对普查资料进行整理，得出人口普查的结果。

普查登记是整个工作的基础。登记的内容准确，才有可能使最后的资料准确。如果普查登记差错很多，不论数据整理工作做得多么准确，也不可能得出正确的结果。我们把登记中的差错叫作原生性的差错。消灭原生性差错是人口普查中最重要的一项任务。我们必须动员广大群众和广大干部做最大的努力来完成这个任务。

在普查数据整理过程中，也会发生一些新的差错。我们把这些差错叫作再生性差错。数据整理又包括四个阶段：一、对人口普查的主要数字（人口总数、性别、民族、文化程度等）用手工方法进行汇总；二、对人口普查的全部登记资料进行编码，即把普查登记中的全部信息转换为电子计算机可以“认识”的代码；三、把这些代码录入电子计算机；四、用电子计算机对录入的资料进行逻辑检查，并进行运算和制表。在数据整理的这四个阶段中，每个阶段都可能发生一些差错。减少这些再生性差错，比之减少原生性差错，相对说来是比较容易些，因为对数据的整理是依靠专业人员集中在室内作业，不像普查登记那样是一个涉及千家万户的广泛的社会活动。但是，我们对于编码、录入和电子计算机运算这样一些工作还缺乏经验，而且这些工作集中到县和省进行，工作量很大，环节较多，因而产生差错的可能性也较多。有些地方试点中编码和录入的差错不少，有的地方编码的差错率超过了登记的差错率。因此，如何减少再生性差错，是我们必须认真学习和掌握的一个重要的新课题。

我们弄清了人口普查各阶段的差错发生的情况，就能够有针对性地采取措施，降低各阶段工作的差错率，提高各阶段工作的质量。

## 二

要保证人口普查的高质量，必须对各阶段的工作实行严格的质量控制。

根据各地试点的经验，人口普查的质量控制，要按照“依靠群众，明确责任，步步把关，短线反馈”的原则来进行。

（一）建立质量控制岗位责任制。各级人民政府人口普查领导小组组长，应当是本地区人口普查工作质量的全面负责人。各级人口普查领导小组办公室主任，应当是本地区人口普查质量控制工作实际执行的负责人。各级人口普查办公室应当成立质量控制组，协助领导抓好质量控制的各项业务工作。在各级人口普查机构的领导下，要使得全国400多万名普查员，100多万名普查指导员，10万多名编码员，4000多名录入员，1000多名电子计算机工作人员，都能明确自己在质量要求方面应负的责任，都来积极参加质量控制工作，各负其责，一丝不苟，力争把差错消灭在基层和工作现场。

（二）建立各个阶段工作的复查制度。一个普查区的普查登记完毕后，普查指导员应当及时地组织普查员进行复查，包括自查、议查、互查。首先，由普查员进行自查。其次，可以请当地的老住户，群众积极分子一起，对户数、人数、性别等进行议查。最后，普查指导员还要组织普查员按专项分组，对登记表进行复查（如有的组专门负责查有无漏填或重圈，有的组专门负责查性别、年龄、婚姻状况、生育状况是否有矛盾）。在复查中，要运用事前规定的人工逻辑检查规则，进行检查，发现差错，经过核实，予以改正。手工汇总、编码、数据录入等工作，同样要采取必要的方法进行复查。根据试点材料，经过复查可以消灭本阶段工作差错的50%—85%。这说明复查工作对于降低差错率具有非常重要的作用。

（三）建立各个阶段工作的验收制度。每个阶段的工作复查完毕后，要在上级干部的主持下，按照规定的质量标准（允许差错率的最高限度）和简易可行的方法，进行验收。经验收合格，才能将资料交付下一阶段进行继续处理。质量验收的标准，应当既是严格的、先进的，又是经过努力可以达到的；既考虑到使用资料者的需要，又考虑到普查工作力量的可能。验收工作应当集中力量放在基层普查区（生产大队、居民委员会），发现登记质量不合格的，要重新进行核查校正，必要时返工重做，直至达到规定的标准。这样及时发现差错、及时改正差错的方法，符合短线反馈的原则，有利于把差错消灭在基层和工作现场。有了层层验收的制度，就可以把质量责任制落到实处。

（四）充分发挥电子计算机的功能来减少差错。在数据录入过程中，可以利用录入设备所具有的“智能终端”的功能，对某些项目的录入实行质量把关（如对不合要求的录入数据自动发出警号等）。在录入完毕后，要利用电子计算机按照逻辑检查规则（如配偶双方性别必须相反，填行业、职业的人口不同时填未在业）和严密的编辑程序进行一次全面的检查和校正。这里的重要问题，在于如何规定科学的、符合我国实际情况的逻辑检查规则和机器校正方法。我国这次人口普查中初步拟订的逻辑检查规则，已经经过试点作了若干改进。今年年底，还要经过较大范围的试用，证明它的高度合理性以后，再正式投入全面使用。

这里还要说明，对于普查登记工作，除了在登记过程中实行质量控制以外，还要在登记完毕以后，由各省人口普查机构，按照科学的方法抽出少量样本，由县级以上机构派出水平较高的、经过专门训练的人员，深入样本的现场进行调查核对，以便对全国和各省、自治区、直辖市普查登记的质量作出评价。

三

要保证人口普查的高质量，必须以提高人口普查资料的准确程度为中心，做好各个环节的工作。

(一)滚雪球式的层层试点。首先由国务院人口普查办公室主持，在江苏省无锡市和无锡县进行试点；然后由29个省、自治区、直辖市分别进行试点；再由200多个地区级单位和2000多个县级单位进行试点。通过四级试点，不仅检验了人口普查办法(在办法公布前进行的全国性试点和省级试点)，而且取得了人口普查各阶段工作的实践经验，锻炼了大批干部，使他们学会了普查工作的本领(包括运用电子计算机处理普查数据的本领)。这就为提高人口普查质量提供了良好条件。在四级试点中，每一级试点完毕后，都要总结经验，检查质量，分析发生差错的原因，提出减少差错的措施，实行质量反馈，从而使下一轮试点把质量进一步提高。最后，把县级试点保证质量的经验推广到全面普查中去。

(二)普遍整顿户口。我国的户口管理制度，是经常性人口统计的基础，也是人口普查的基础。为了高质量完成这次人口普查，各省、自治区、直辖市对户口管理进行了一次全面的整顿，基本上摸清了当地居住人口的状况。在整顿户口的基础上，编制了各个普查区的分户普查底册，这就为人口普查登记提供了良好的条件。同时我们又强调在普查登记中必须逐户逐人逐项询问，户口本只能作为参考，不能照抄，以使普查资料更加准确。

以上两项工作，都是人口普查的先行步骤，是保证普查质量的重要条件。

(三)全面发动群众。要取得可靠的人口普查资料，必须进行广泛深入的宣传动员，使10亿人民都能了解人口普查是同他们的根本利益一致的，从而自觉地如实申报。对于各户的申报人还要着重地进行宣传教育，使他们具体了解申报内容，做好申报准备，以保证申报的准确性。

(四)组织、训练和管理好普查的专业队伍。要在各级党政的统一领导下，在短时间内组织起普查、编码、录入三支队伍。这三支队伍的成员，要按照规定的条件严格挑选，认真训练。在工作期间要抓紧思想教育、业务指导和管理工作，使他们能以高度的责任心，集中精力，高质量地完成自己的任务。

(五)认真做好普查登记和数据整理工作。不论普查登记、手工汇总、编码、数据的录入和处理工作，都要按照“稳、准、全”的要求办事。有了稳，才能准，才能全。在准和全的基础上适当求快。如果片面求快，就会欲速不达。

(六)做好后勤保障工作。要在保证完成普查任务和节约办普查的原则下，做好各项后勤工作。诸如人口普查经费的拨付，普查文件和表格的印刷、分发和回收，包装物料和装订材料的购置和分配，表格的运送、存放和管理，资料库的建设和编码录入场所的提供，所有这些工作都必须及时做好。任何一个环节上的疏忽，都可能影响普查的质量。一定要保证普查资料的安全，决不能使千辛万苦得来的资料遭受损失。

党政加强领导是保证人口普查达到高质量的关键。我国的人口普查，不是单纯依靠少数专业人员孤军奋战，必须在各级党委和人民政府的统一领导下动员各方面的力量通力合作。我们要把广大群众的力量和专业人员的力量结合起来，把广泛的政治动员和严密的组织工作结合起来。鉴于人口普查是一个多工种、多工序、相互平行和交叉的复杂的工作，各级人口普查机构要运用系统工程的原理，结合实际情况，制定出科学的工作规划和工作流程图，使各方面的工作能够有计划有秩序地、协调一致地进行，以保证高质量地按时完成人口普查的任务。

**中国煤炭进出口总公司在北京成立**

公司是煤炭工业部直属的国营企业，实行独立经营，自负盈亏，具有经济法人资格，有权对外商谈和签订贸易协议合同。

中国煤炭进出口总公司董事长由孔勋担任，李路任总经理。

**商业部规定15种工业品的农村供应指标**

商业部决定今年对15种同农村人民生活关系密切的重要商品，在计划中从上到下单列供应农村的指标，以便进一步扩大对农村工业品的供应，保证农村市场的需要。这是商业部贯彻国务院《关于疏通城乡商品流通渠道、扩大工业品下乡的决定》所采取的一项具体措施。

规定农村供应指标的15种工业品是：自行车、缝纫机、手表、火柴、肥皂、铁锅、饭碗、棉布、涤棉布、毛线、煤油、铁丝、圆钉、食糖、丙级和丙级以下卷烟。商业部对这15种商品的分配比例都分别作了具体规定，普遍提高了供应农村的比重。如手表，以1980年统计数字为基数，今年商业批发货源的增加部分，80%分配给农村。

商业部要求各级商业部门和供销社都要按季、按年定期检查分配计划执行情况，发现问题，及时解决。

对适销农村和供应紧缺的商品，一定要按计划给够，少给的要限期补足。同时要坚决抵制和纠正商品分配中的不正之风，不准层层扣留和批条子供应。基层供销社一定要把商品真正供应到农民手里，特别是对一些紧缺商品的分配，要认真接受群众的监督。

**小规模农业机械化国际讨论会在杭州举行**

讨论会由日本国家综合开发研究所、日本国际交流中心、美国农业发展基金会和中国农业机械学会联合主办，于6月22日至26日在浙江杭州举行。

参加这次国际讨论会的有联合国粮农组织、世界银行、国际水稻研究所、国际半干旱热带地区作物研究所、西德科技合作社5个国际性组织和学术团体，以及美国、日本、西德、澳大利亚、印度、泰国、孟加拉国、菲律宾和中国9个国家的50多位农业经济和农业机械方面的专家、学者。会上，中外专家学者介绍和交流了各国在小规模农业机械化发展中的经验，对有关小规模农业机械化的社会、经济和技术方面的问题进行了广泛的研究和探讨。

**国务委员姬鹏飞在人民大会堂会见以贝宁人民革命党中央委员特拉奥雷·阿里·穆萨为团长的贝宁与各国人民团结委员会代表团**

**全国人大常委会副委员长廖承志在北京会见世界卫生组织顾问加拿大不列颠—哥伦比亚大学教授林宗义以及加拿大维多利亚大学历史学教授肖欣义**

**国务院副总理姚依林在中南海会见由菲律宾中央银行行长拉亚率领的菲律宾政府财经友好访华团**

**国务委员姬鹏飞在北京会见以文化国务秘书庇钮为团长的葡萄牙知名人士代表团**

**山西太原首次发现北齐墓葬大幅壁画**

据《人民日报》报道，山西省考古研究所与太原市文管会在太原市南郊王郭村，发掘出一座距今1400多年前的北齐墓葬，墓中保存有近200平方米面积的壁画。这一发现，填补了我国美术史上南北朝时期资料的空白。这座墓葬的死者是北齐东安郡王娄叡。墓中壁画内容，表现了当时统治阶级的豪华生活，也反映了当时我国汉族、鲜卑族以及西域各民族之间文化交流和经济往来的情景。

墓葬中还出土了600多件文物，计有陶俑、瓷器、料珠、石狮，还有一些金饰残片。特别是三彩小瓷盂、彩饰陶牛、瓷灯、贴花瓶等物皆属罕见。

## 6月23日

**《工人日报》发表薄一波的文章《培养有理想、有道德、有知识的人才》**

当前，我们正处在新干部接替老干部这么一个重要历史时期。机构改革的工作，中央正在顺利进行，并已取得初步成效；随后，地方、厂矿企业也统统要进行改革。在这个时候，我想趁今天这个劳模座谈会之机，对工会工作者、劳动模范和先进人物提出六个字的希望，就是：人才、理想、团结。

首先，讲人才。大家肩负的一项任务，就是要选拔最好的人才，把他们输送到各级领导机关去。在选拔最好的人才这个问题上，我们要挺身而出，敢于执言。据我了解，在有些地方，尽管模范工作者努力在那里把工作做好，却常常受到人们的奚落和嘲讽，这是很不正常的，很不应该的。选择什么样的人到领导机关？我所说的领导机关，包括各层的领导机构都在内。选择应该有个标准，标准就是有理想、有道德、有能力这样一种人。中国有句古话，叫作“选贤任能”。我们中央已经这样做了，它已建设了一个很好的领导核心。今后仍然要坚持这样做，而且要做得更好一些。要打破老框框，不拘一格地“选贤任能”。当然，我们必须特别警惕，不能让那三种人，即林彪、“四人帮”的帮派骨干、打砸抢分子、造反起家的人上来。看到这样的人上来了，就要敢于说话。在选择人才问题上，你们要起桥梁作用，起带动作用嘛！我看我们工会工作有这个责任。当然啦，工会是在党的直接领导下进行工作的，这也是党的任务嘛！“选贤任能”的“贤”和“能”，形象化地说就是有理想、有道德、有能力。对这一点我们早就有标准了。按照今天的情况说，就是四项基本原则是不是遵守？三中全会的路线是否真正执行？执行三中全会路线这不是一句空洞的口号，而是要切切实实地做起来。光有这点还不够，还必须具有强烈的事业心，有才干。这是讲的第一个，人才。

第二个，讲一下理想。现在我们的青年人，由于“文化大革命”中林彪、“四人帮”的干扰破坏，使他们在理想这个问题上受到了很大的伤害。现在，有许多青年人不知道自己该向哪里奔，没有理想。有些年轻人盲目地不加选择地觉得外来的东西都是好的，不知道资本主义的丑恶的一方面常常会腐蚀我们。当然，也不是说全都没有理想。但确实很多人在这方面不健康。我说的理想是指要有共产主义理想，并且把共产主义理想同自己能够做到的具体事情结合起来。有些人会说，我们是有理想的嘛，我们都愿意加入共产党，就是共产党还不要我们，等等。应当说，要求加入共产党的人当然总的方面说是好的，我们欢迎，但其中也有各种各样的目的和不同的想法。有不少人加入共产党是追求光明，追求马克思主义理想，是为了更好地为党工作；而有的人是把入党作为升官发财的阶梯。后者就不能叫作理想。小平同志说，要把我们的人民培养成为有理想、有道德、有文化、守纪律的人民。青年人必须要有理想。一个人没有理想、没有精神，生活起来就没有活力。一个人要活下去，有意义地活下去，必须要有点精神，这个精神不简单。从“文化大革命”以后，我个人和其他许多同志都把这一点当作一条经验总结。许多老同志和革命群众在“文化大革命”中惨遭迫害，为什么精神还那样好，顶得住？就是因为脑子里有一股子气，是一股子正气，有一股子坚定的革命信念，他们坚信共产主义，坚信中国共产党是正确的，是一定能够成功的。至于我们党犯的那些错误，哪怕错十年八年，也只是暂时的。人有了这么一股子精神，就能够克服一切困难。度过这些困难就是靠这种精神，而不是单靠物质。这是我讲的第二个，理想。

第三点，讲团结。团结不是我们早就讲了吗？比如开大会，就说开成团结的大会，胜利的大会。我们也经常讲，团结就是力量，团结就是胜利。团结不是讲得很多了吗？我现在要讲的意思就是说，我们的工作人员，特别是领导人员，搞没搞好团结的最主要标准，就是看你能不能把你周围的人，一个工厂的人，一个学校的人，把他们团结在一个目标之下来工作。每个人都要有这个本事，去团结更多的人，而不是只管自己好了就行，反正我自己不错就行了。保持自己不错，或者自己确确实实搞好了，这当然很好，但这样还不够。能不能团结更多的人，也是一个群众观点的问题，要关心人，要发挥集体的力量。我们团结的人愈多，我们的事业就愈兴旺发达。

我是把“人才、理想、团结”这六个字结合起来讲的。它们是互相联系的。这是每一个领导者的任务，工会也应该注意这个工作。我有这么点想法，给同志们做个参考吧！

**农工党八届二中全会在北京召开**

农工党中央主席季方致辞，号召全体成员坚持四项基本原则，认真学习、讨论《宪法修改草案》，进一步贯彻全国统战工作会议精神，增强团结，发扬优势，改进作风，开创新的工作局面，为统一祖国和“四化”建设作出新的贡献。

农工民主党中央副主席周谷城、沈其震、刘树勋、严信民、徐彬如参加了会议。

沈其震在会上作了工作报告。他回顾了两年多来农工党在参与协商国家大事，广大成员在医药卫生、科学技术和文化教育等方面作出的贡献，以及在思想建设和组织发展等方面所取得的成绩。他说，农工党八大至今，两年多来恢复和新建了 594 个基层组织，已发展新成员近 2800 人。新成员大都是医药卫生、科学技术和文化教育界的业务骨干，平均年龄低于老成员平均年龄 10.3 岁，使农工党组织增加了新鲜血液。

农工党中央委员、候补中央委员 66 人出席了会议。各省、自治区、直辖市委员会，各直属支部和中央各部门的负责人列席了会议。

会议通过决议，号召各级组织认真学习和贯彻全国统战工作会议精神，加强团结，振奋精神，进一步调动广大知识分子为“四化”建设服务的积极性，为祖国的富强作出新的贡献。

会议指出，落实知识分子政策是我们的一项重要任务。知识分子是我国社会主义现代化建设的依靠力量，在社会主义物质文明和精神文明的建设中有着重要的作用。农工党的各级组织要认真协助中国共产党和有关部门做好这项工作。

会议强调，农工党有着爱国、反帝、反封建的光荣历史，有着同中国共产党长期合作、真诚接受中国共产党领导的革命传统。自邓演达烈士创建这个组织以来，已有 50 多年。全体成员要继承发扬过去的传统，更加紧密地团结在中国共产党的周围，在新的历史时期，为“四化”建设、统一祖国和保卫世界和平而努力奋斗。

会议还要求全体成员认真参加宪法修改草案的讨论，以国家主人翁的态度提出修改意见。会议期间，与会人员还讨论了《中国人民政治协商会议章程修改草案》。

**中国翻译工作者协会成立大会在人民大会堂举行**

王震、乌兰夫、阿沛·阿旺晋美、薄一波、杨静仁、王惠德等出席成立大会。

王震在大会上讲话指出：我国的翻译工作担负着繁荣社会主义经济和科学文化事业的光荣任务，广大翻译工作者要在党的领导下，坚持四项基本原则，加强对这项工作的研究，广泛开展学术交流活动，不断提高业务水平。

乌兰夫在讲话中强调：进一步做好少数民族语言文字的翻译工作，对促进民族地区科学文化、教育事业的发展，丰富少数民族群众的精神生活，培养少数民族翻译人才都是十分重要的。

薄一波在讲话中对翻译工作者提出殷切希望。他说：我们党实行开放政策，在国家经济、文化、外交活动中，翻译工作者应当首先是爱国主义者、马克思主义者和国际主义者，要努力成为社会主义新时代的翻译家。

中国翻译工作者协会的任务是，以马列主义、毛泽东思想为指导，团结和组织全国翻译工作者，为社会主义现代化服务。

成立大会由梅益主持。大会通过了中国翻译工作者协会章程。

**安徽巢县发现猿人化石**

据《人民日报》报道，中国科学院古脊椎动物与古人类研究所和安徽省文物工作队科研人员在安徽省巢县银屏区岱山公社银山村调查发掘时，发现一块40万年前的猿人化石。

这是继1980年10月在安徽省和县发现猿人化石之后的又一重要发现。

巢县猿人化石为一块枕骨。与北京猿人及和县猿人的枕骨相比较，巢县猿人的这块枕骨骨壁较薄，枕骨圆枕较弱，曲角较大；在发现巢县猿人化石的同一石灰岩溶洞中，还发现有中国鬣狗、肿骨鹿等更新世中期的代表性动物化石。据古人类学家鉴定，巢县猿人生活的时代，大致与北京猿人及和县猿人的时代相当，为更新世中期，距今40万年以上。

在巢县猿人化石层位之下的地层中，还发现有三趾马、剑齿虎、乳齿象、剑齿象等距今100多万年的更新世初期的动物化石。

## 6月24日

**中共中央副主席邓小平在北京会见民主柬埔寨负责外交事务的副总理英萨利一行**

**全国政协召开第四次专题会议讨论《宪法修改草案》**

座谈会由全国政协副主席陆定一、杨秀峰主持。

*国家离不开知识分子*

《宪法修改草案》对知识分子有专门条文的规定，这在过去的几个宪法里是没有的。

*存在的问题不容忽视*

委员们认为，要充分发挥知识分子的作用，就要从政治上、工作上、生活上进一步关心他们。

*几点建议*

委员们就如何修改宪法，当前需要解决哪些问题，提出了建议。

华君武提出："双百"方针十分重要，1978年的宪法有规定，这次修改时删去了，许多人不理解，至少有人担心这种删去，对那些不喜欢双百方针的观点是一种心理支持。他们会说，宪法上都删去了，你们还搞什么！我希望宪法修改委员会就这个问题给予考虑或作明确的解释。

王艮仲提出：社会力量举办教育事业应纳入国家教育计划，并且制定鼓励社会力量举办各种学校的文件，其中包括退休人员办学，在职教师受聘兼课，正规学校出租教室给业余学校，规定适当条件以批准建校及承认毕业生学历等。

中国文字改革委员会主任董纯才提出：在培养新人中，除了教授科技文化知识外，要注意体育方面，使受教育者有健康的体质和卫生的习惯。

不少委员还提出国家要增加教育、文化经费，同时逐步改善知识分子的生活待遇。

**21种糖果荣获"轻工业部优质产品"称号**

全国轻工业系统糖果质量评比揭晓，21种糖果荣获"轻工业部优质产品"称号。

这些优质产品是从24个省、自治区、直辖市选送来的硬糖、夹心糖、充气糖果、奶糖、乳脂糖、凝胶糖果、抛光糖果、胶基糖果和巧克力制品共9大类71种产品中评选出来的。它们是：广东省广州雄鹰糖果厂的珠江牌小水果片糖；黑龙江省佳木斯食品厂的水仙牌双喜硬糖；上海天山回民食品厂的天山牌奶油话梅糖；天津起士林食品厂的五环牌一号咖啡糖；广东省文昌县食品厂的珠江桥牌椰子硬糖；北京义利食品厂的义利牌大咖啡糖；上海华山糖果厂的光明牌花生牛轧糖；上海益民食品五厂的白兔牌ABC米老鼠奶糖；上海天明糖果厂的天明牌结连奶糖；天津友谊罐头厂的友谊牌友谊奶糖；北京义利食品厂的义利牌北京奶糖；北京第一食品厂的双跃牌蛋香奶糖和奶油太妃；福建省厦门食品厂的双灯牌果汁软糖；湖北省武汉食品厂的燕牌仙桃软糖；黑龙江省阿城县食品厂的红梅牌黑加仑子卷糖；广西柳州市糖果一厂的鱼峰牌桂圆软糖；湖北省武汉食品厂的长江大桥牌马蹄软糖；广东佛山糖果厂的珠江桥牌葡萄软糖；北京第一食品厂的丰收牌玫瑰牛奶朱古力；上海益民食品一厂的光明牌巧克力威化。

**国务委员姬鹏飞在北京分别会见津巴布韦共和国首任驻华大使加布里埃尔·菲尼亚斯·奇塞塞和乍得共和国新任驻华大使乔纳·戈洛·马伊·里加扎**

**国家计委教育部劳动人事部对分配去西藏工作的高等学校毕业生和毕业研究生作出新的政策规定**

规定指出，从1982年起，去西藏的高等学校毕业生和毕业研究生，在西藏连续工作满8年以上，如本人申请回内地时，由西藏自治区人事部门联系原籍或其爱人所在地区安排工作，有关省、自治区、直辖市应予接收，并把他们的工作安排好。

规定指出，1980年以后分配去西藏的高等学校毕业生，也可参照这一规定办理，年限从去西藏报到之日算起。1980年以前去西藏的高等学校毕业生，可按中央1980年有关文件的规定执行。

## 6月25日

### 《人民日报》发表社论《开展学先进赶先进活动》

今年以来，上海、北京、天津、广州、武汉和湖南、河北、山西、内蒙古、河南、陕西、黑龙江等省区市，先后举行了劳动模范、先进集体、先进生产者会议。与此同时，煤炭部、邮电部、铁道部和建筑部门已经召开或准备召开劳动模范或先进工作者会议。各地区、各部门正在兴起学先进、赶先进的好风气。

我国各条战线上涌现了大批先进、模范人物。其中有山西西山矿务局白家庄煤矿傅昌旺，有大连造船厂高级工程师陈火金，有吉林化学工业公司工人工程师侯德武，有北京的张秉贵、陈爱武、崔跃；还有北京首都钢铁公司、河北邯郸第二建筑公司等先进集体。这些先进个人和先进集体是各个方面最有生气的力量，他们代表着我们事业前进的方向。全国职工要向先进学习，开创“四化”建设的新局面。

任何生产部门，总是由少数比较先进的生产者，采取比较先进的生产技术，创造比较先进的定额。随后，越来越多的人学习他们的技术，达到他们的定额，使少数人的生产水平变成社会的生产水平。社会生产就是这样不断向前发展的。我们党历来重视先进、模范人物的作用。毛泽东同志称赞陕甘宁边区的劳动英雄是“人民的领袖”。刘少奇同志赞扬先进生产者是“人类经济活动向前发展的先驱”。五六十年代，我国多次召开劳动模范、先进生产者“群英会”，形成了先进光荣的良好社会风尚，对完成国民经济计划，引导职工群众进取向上，起了很好的作用。

对待先进要实事求是。先进、模范人物是从群众中涌现出来的。他们是在某个地区、某个行业或某项任务中干得好，走在群众前面的一员。因此，不能把先进、模范人物说得高不可攀，神秘莫测。先进、模范人物是从现实生活中产生的，不是靠领导机关“总结”出来的，不能拔高，不能言过其实。也不要把许多人的先进事迹，移植到某一个人身上，脱离实际地树立某个先进典型。

任何先进、模范人物都不会是十全十美的。只要在某一个方面有着突出的表现，作出了显著的成绩，就值得表扬，就值得其他人学习。对先进、模范人物的缺点，也不要护短。既然每个人都有缺点，也就不应该要求先进、模范人物没有缺点。一旦成了先进，只许说好，不许说差，这是一种形而上学的观点。

对待先进要持正确态度。不能要求先进、模范人物事事都好。只要他们在某些方面确实先进，就应该承认，就应该虚心向他们学习。不要不服气，不能吹毛求疵，更不能嫉贤妒能。抓住某些缺点，全盘否定，妄加非议、非难、讽刺、打击，更是错误的。“怠者不修，而忌者畏人修。”那种胸无大志，安于现状，自己不图进取，又不让别人奋发有为的思想情绪，是小生产者落后意识的表现，与工人阶级的意识是格格不入的。香的不香，臭的不臭，是非不分，荣辱颠倒，是不正之风。这种风气不改变，不利于开展学先进、赶先进活动。

先进、模范人物要正确对待自己。认识自己成为先进，离不开党的培养和群众的帮助。山外青山楼外楼，先进面前有先进。成了先进以后，要继续努力，百尺竿头更进一步，在新的情况下，经得住新的考验。

开展学先进、赶先进活动，必须讲求实效，不搞形式主义。学先进、赶先进活动有没有实际效果，主要表现在人们政治思想觉悟的提高，经济效益的增加，社会风气的好转。而不是看开了多少大会，组织多少人次参观。学习先进经验要结合自己的实际情况，切忌生搬硬套。推广先进经验，要因时因地制宜。

开展学先进、赶先进活动，要发扬奋发向上、积极进取的精神。领导干部首先要有这种精神状态。现在不少同志有点气不饱满，劲不充足；思想不清醒，对正气不敢支持，对邪气不敢制止。这种现象不改变，学先进、赶先进的活动难于开展起来。各企业的领导干部要加强思想政治工作，善于发现先进，理直气壮地支持先进。对先进、模范人物，要做到政治上关心，工作上支持，生活上帮助。对后进单位和人物，要加强教育，做好转化工作。所有先进、模范人物，都要发扬创新精神，进行创造性的劳动。要有赶超世界先进水平的大志，要有把我国工业农业技术水平搞上去的信心。从当前来说，要力争提高经济效益，全面完成今年的国家计划。我们希望各地区、各部门把学先进、赶先进活动广泛深入地开展起来，为“四化”建设不断地开创新的局面。

### 中央国家机关第五次党代会在北京举行

中国共产党中央国家机关第五次代表大会6月25日至30日在北京举行。会议号召中央国家机关全体共产党员和工作人员，恢复、发扬党和国家机关的优良传统，做一个积极向上的，有理想、有道德、有文化、守纪律的模范工作人员，使中央国家机关真正成为建设社会主义物质文明和精神文明的表率。

会议期间，中央书记处书记、国务院副总理万里到会讲了话。他说，这次大会，是中央国家机关政治生活中的一件很重要的事情。会议开得是好的。万里同志全面阐述了国内政治、经济的好形势和我们面临的任务。他着重指出，中央国家机关的机构改革取得了很大的成绩，但是还有大量的工作要做。机构改革的目的是要克服官僚主义，改进工作作风，提高工作效率和工作质量。他要求国家机关各级党组织要着重于管好党，做好党的思想政治工作。要旗帜鲜明，敢于表扬，敢于批评。机关党委要加强。机关工作的好坏，决定于党员特别是党的负责干部。要进一步端正党风，认真恢复和发扬党的优良传统，振奋精神，讲真理不讲面子，敢于和善于领导，以保证党的路线、方针、政策的贯彻执行。每个党员特别是党的高级干部，要提高为人民服务、做人民公仆的思想觉悟，要谋公利，不要谋私利，要起模范带头作用，使中央国家机关真正成为全国的表率。

中央国家机关临时党委书记宋一平代表临时党委向大会作了题为《加强共产主义思想教育，提高机关党组织的战斗力，更好地发挥中央国家机关的表率作用》的工作报告。

宋一平在报告中回顾说，中央国家机关临时党委成立后，经过两年的工作，现在中央国家机关各部门党的组织生活比较健全，广大党员的政治思想水平有了提高，组织纪律性有了加强，不正之风得到了一定程度的克服，党的优良传统得到恢复和发扬。机关工作经过初步整顿，效率也有所提高。中央国家机关的面貌正在发生可喜的变化，机关党组织的工作也有新的起色。

宋一平说，中央国家机关各级党组织今后一个时期的中心任务，就是坚定不移地贯彻执行党的十一届三中全会以来的路线、方针、政策，加强和改善机关党组织的领导，加强思想政治工作，把中央国家机关党的组织建设成为坚强的工人阶级先锋队伍，在完成党中央和国务院交给各项工作任务中更好地发挥保证监督作用。他强调说，凡是在中央国家机关工作的共产党员，不管做什么工作，不管职位高低，党龄长短，首先都应想到自己是一个普通的共产党员，在党的组织面前，不能有任何特殊，只能规规矩矩地按照党章和《关于党内政治生活的若干准则》办事，老老实实地接受党的组织和群众的监督，切切实实地按照党员标准严格要求自己。

宋一平要求国家机关各级党组织继续做好机构改革中的思想政治工作，保证将中央国家机关的机构改革和体制改革进行到底。

在谈到坚决打击经济领域中的严重犯罪活动时，宋一平说，对于共产党员中的严重经济犯罪分子，不论是哪个单位的，发生在什么人身上，都要铁面无私，严肃处理，坚决地把那些变质分子清除出党，以保持我们党的组织和政府首脑机关的纯洁性。他说，我们正面临着一场资本主义思想腐蚀和社会主义思想反腐蚀的严重斗争。我们要在国家机关的干部中进行反对资本主义思想腐蚀，坚持共产主义思想的教育。教育他们自觉地注意世界观的改造，牢固地树立起共产主义的人生观、道德观，牢记党的全心全意为人民服务的根本宗旨，牢记党的实现共产主义远大理想这个最终目的，牢记我们党作为工人阶级先锋队这个根本性质，永远保持共产党人的共产主义纯洁性。

宋一平最后说，国家机关党组织的责任是通过思想政治工作，对所有的党员，包括各级行政领导干部进行考察和监督；监督他们的思想、作风、道德品质，以及执行制度、遵守法纪、联系群众等方面的情况，以便协助行政领导克服官僚主义，提高工作效率。

会议选举了中央国家机关出席中国共产党第十二次全国代表大会的代表，选举了中国共产党中央国家机关第五届委员会。

**全国棉麻收购检验加工工作会议在北京召开**

会议发布消息：到5月底止，1981年度(从1981年9月至1982年8月)的棉花收购任务已完成5750万担，比1980年度多收购400万担，创造了新中国成立以来棉花收购量的最高纪录。

**食糖产量5年增长近1倍**

据轻工业部统计，1981年至1982年榨季，全国生产食糖340万吨，比1976年至1977年榨季的食糖产量增长了将近一倍。5年间食糖产量增加160万吨，而1949年到1977年的28年间只增长了154万吨，5年超过了28年。

这是党中央、国务院调整农村经济政策，实行因地制宜地发展经济作物的结果。

**中国科技大学和东京大学工学院间学术合作的规定在北京签字**

中国科技大学副校长马西林和东京大学工学院院长南云仁一在该规定上签字。

根据该项规定，中国科技大学和东京大学工学院将在精密机械工学、材料工学、物理工学、情报工学及科学管理等专业领域进行学术合作，并互派研究人员。

**解放军总参谋部 总政治部通报表扬参加粤北地区抗洪抢险的部队**

通报说，5月9日至14日，广东省韶关、肇庆地区部分县市遭受特大洪涝灾害。为抢救国家和人民生命财产，驻粤陆海空部队迅速投入抢险救灾工作，抢救遇险群众 1 万多人；抢出粮食、化肥 40 多万斤，贵重物品 15 万件；装卸、运输救灾物资 160 多万斤，空投救济品 23000 多斤；为群众看病、治病 36000 多人次。通报表彰了在这次抗洪抢险中表现英勇、作出突出贡献的领导干部和战士。

**国务院批准国家计委教育部劳动人事部《关于 1982 年全国毕业研究生和高等学校毕业生分配问题的报告》**

国务院强调，各部门和各省、自治区、直辖市要加强对毕业生分配工作的领导。教育部门、高等学校以及社会方面要协同做好应届毕业生的政治思想教育工作。各有关单位要互相配合、密切协作，共同把这一工作搞好。

国家计委、教育部、劳动人事部在《关于 1982 年全国毕业研究生和高等学校毕业生分配问题的报告》(以下简称《报告》)中，要求各部门和省、自治区、直辖市对今年毕业生的分配，要结合本部门和本地区的实际情况，通盘考虑，全面安排。

《报告》指出，由于过去分配毕业生已把教学与科研作为重点，这方面有了一定的基础，今年应着重提高质量，充实某些急需和比较薄弱的专业；对于生产，特别是农业和轻纺工业等方面，以往分配毕业生较少，技术力量和专业人才比较缺乏，今年在分配毕业生时要把这些方面放在更加突出的地位，并注意补充新建大型项目和中小企业所需要的人才。要动员和鼓励青年学生到生产第一线去，到广阔天地去发挥自己的聪明才智。

《报告》指出，要注意安排好农村生产、建设需要的科技力量和专业人才。农科、林科、医科、师范等科类和有关专业的毕业生，主要应分配到县和县以下基层单位，为发展农林科学技术和农村教育、文化、卫生事业服务。师范毕业生，要重点加强农村中学和农(职)业技术学校师资。医科毕业生，要着重补充县的医疗卫生单位和中心公社卫生院的技术力量。农科、林科和其他有关专业的毕业生，要按照中央农村工作会议纪要的精神，充实县和县以下科学技术推广部门或公社技术工作。对分配到县以下基层单位的毕业生，要在政治上和生活上关心他们。

对边远地区、少数民族地区和经济文化发展较慢的地区需要的科技力量，要积极给予支援，要多分配一些毕业生。对从边疆和少数民族地区到内地学校学习的毕业生，如所学专业为原地区需要的，一般应分配回原省区去工作。动员和鼓励内地学校毕业生去边疆和少数民族地区，并坚持按计划进行调配派遣。凡从内地志愿去西藏、青海、新疆、宁夏等边远地区的毕业生，经这些地区同意的，可以不受计划的限制。

今年还要继续根据需要分配一定数量的毕业生到集体所有制单位去，重申对分配到集体所有制单位去的毕业生，按国家干部待遇，由人事部门管理，全民所有制单位需要时也可调出。各地区要注意总结经验，采取措施，使今后能有更多的毕业生分配到集体所有制单位去工作。

《报告》明确规定：师范毕业生原则上都应当分配到教育战线，包括各业务部门举办的教育事业单位，从事教学和教育工作。还要根据需要分配一些其他科类的毕业生，去中等专业学校、普通中学、农(职)业学校和各类业余学校，以及在职人员培训学校。

各部门和省、自治区、直辖市对今年暂时需要不多的专业的毕业生，要进行具体分析，妥善安排，尽可能分配与本专业相近的工作。有的专业，如近几年确实需要不多的，可区别情况，采取归口安排，或经短期培训后从事有关行业的管理工作。

《报告》强调，各部门和省、自治区、直辖市对大城市所属单位分配毕业生要从严掌握。在毕业生分配工作中要严明法纪，制止走后门等不正之风，情节严重的要严肃处理。

## 6 月 26 日

**中共中央致电祝贺南斯拉夫共产主义者联盟第十二次代表大会召开**

贺电全文如下：

南斯拉夫共产主义者联盟第十二次代表大会亲爱的同志们：

中国共产党中央委员会代表中国共产党全体党员和全中国各族人民最热烈地祝贺南斯拉夫共产主义者联盟第十二次代表大会的胜利召开，并通过大会，向光荣的南斯拉夫共产主义者和英雄的南斯拉夫人民致以最崇高的敬意。

南斯拉夫共产主义者联盟走过了 60 多年的光辉战斗历程。以伟大的马克思主义者约瑟普·布罗兹·铁托同志为自己杰出领袖的南共联盟，用马克思主义的锐利武器武装了自己的队伍，经过艰苦卓绝的斗争，赢得了南斯拉夫革命和社会主义事业的伟大胜利。

在第二次世界大战期间，南斯拉夫共产党领导全国各族人民，在极端困难的条件下，战胜了不可一世的德、意法西斯侵略者，使南斯拉夫人民以英雄的人民闻名于世界。南斯拉夫从此获得了解放，并走上了社会主义的发展道路。南共联盟本着对本国工人阶级和人民负责的精神，从南斯拉夫的实际情况出发，创造性地运用马克思主义，创立了社会主义自治制度，使社会主义建设事业获得了辉煌的成就。今天，南斯拉夫已经作为一个崭新的、独立的、各族人民团结友爱和繁荣的社会主义国家，巍然屹立于亚得里亚海之滨。

南共联盟一贯高举民族独立，反帝、反殖、反霸和保卫世界和平的旗帜，在国内，创建了强大的全民防御和社会自卫体系，战胜了国内外各种敌对势力的破坏和颠覆，有力地捍卫着国家的独立、主权和领土完整；在国际上，坚定不移地奉行不结盟政策，致力于捍卫不结盟运动的原则，加强不结盟运动的团结，积极支持被压迫民族和被压迫人民的解放斗争，始终不渝地站在争取和维护民族独立、反对外来侵略的各国人民一边；在国际共产主义运动中，不畏强权，不怕高压，为勇敢捍卫各国共产党和工人党独立自主、完全平等的基本准则进行了不可调和的斗争，从而对促进国际共产主义运动和工人运动的健康发展作出了卓越的贡献，提供了良好的范例。

两年来，南斯拉夫各族人民在南共联盟的正确领导下，坚定不移地继承铁托同志的遗志，满怀信心地沿着铁托同志生前指明的道路胜利前进。我们坚信，这次代表大会之后，南共联盟在思想上、组织上和行动上一定能够得到进一步的加强；南斯拉夫在为更加完善和发展社会主义自治制度、维护和加强各民族团结、坚持不结盟政策和为争取各国平等的政治经济关系的斗争中，一定能够克服前进道路上的各种困难和阻力，取得新的更大的胜利。

中南两党有着共同的理想，有过共同的历史遭遇，都是在革命烈火中成长壮大的；胜利以后，都坚持独立自主地进行革命和建设的方针。在发展中南两党的关系中，我们都坚决遵循独立自主、完全平等、互相尊重、互不干涉内部事务的基本准则。我们十分高兴地看到，近几年来，中南两党、两国和两国人民之间的相互了解不断加深，友好情谊不断增进，合作关系不断发展。我们之间的这种友谊和合作关系，不但完全符合中南两国人民的愿望和利益，而且有利于人类进步和世界和平的事业。我们深信，在今后的共同斗争中，中南两党、两国和两国人民灿烂的革命友谊之花，必将结出更加喜人的累累硕果。

祝南斯拉夫共产主义者联盟第十二次代表大会圆满成功！

祝南斯拉夫各族人民在社会主义建设事业中取得新的伟大胜利！

祝中南两党、两国和两国人民之间的友谊万古长青！

中国共产党中央委员会
1982年6月26日于北京

**中组部在北京召开整顿党的基层组织工作座谈会**

参加这次座谈会的，有北京、辽宁、吉林、黑龙江、上海、山东、湖南、广东、四川、云南、青海11个省、市党委组织部和部分地、市、县委、基层党委的负责同志。大家学习了党中央有关整顿党的基层组织，加强政治思想工作的指示，交流了一些地方进行这一工作的情况和经验，并对今后整顿党的基层组织的工作做了研究。

会议分析了党的基层组织的基本状况，指出，工业、农业、财贸、文教等战线的党的基层组织大多数是好的和比较好的，是坚强有力的。他们团结、带领广大党员和非党群众，认真执行党的三中全会以来的路线、方针、政策，保证了社会主义现代化建设的顺利进行。会议同时指出，各条战线都有少数党的基层组织存在着许多问题。有的基层组织严重不纯；有的软弱涣散、战斗力不强，甚至瘫痪、半瘫痪；也有的经不起新的历史条件下阶级斗争的考验，在资本主义思想的进攻面前被腐蚀了，烂掉了。这种状况，应当引起我们的严重警惕。

会议指出，整顿党的基层组织，要在党委的统一领导下结合中心工作进行。具体工作由有关部门共同负责，相互配合，组织实施。各地的经验证明，凡是上级党委重视，经过妥善安排，认真进行了整顿的党的基层组织，理论联系实际、密切联系群众、批评与自我批评的三大作风都得到了发扬，政治上、思想上、组织上都更加纯洁，战斗力普遍有了增强。

会议强调，整顿党的基层组织，要坚持以思想整顿为主。要把思想教育作为整顿工作的中心环节来抓，把整顿的过程，作为对党员进行一次深入普遍的马列主义、毛泽东思想教育的过程。要对党员进行共产主义理想的教育，党的路线、方针、政治的教育，党的基本知识的教育，特别要联系实际进行反对资本主义思想腐蚀的教育，使党员提高觉悟，增强党性。要使每个党员都牢记实现共产主义是我们党的最终目的，全心全意为人民服务是我们党的根本宗旨，忠实地履行自己入党时的庄严誓言，坚持四项基本原则，终身为共产主义事业奋斗。

整顿党的基层组织的关键，是整顿和建设好基层党委、总支和支部的领导班子。只有把党的基层组织的领导班子整顿好，其他方面的整顿才有可靠的保证。在整顿中，对组织处理应取慎重态度。要根据犯错误同志的错误性质、情节轻重、态度好坏和一贯表现，全面衡量，区别对待。要把“文化大革命”中犯有错误的同“三种人”区别开来；把有不正之风问题的同搞经济犯罪活动的区别开来；把有一般生活作风错误的同蜕化变质、腐化堕落的区别开来。处理时，要尊重党员的权利，充分听取本人的意见，允许说明情况和进行申辩,对每一个党员的处理都要做到事实清楚,证据确凿,定性准确,处理恰当,经得起历史的检验。整顿的方法、步骤要从各地的实际情况出发。要紧密结合生产、工作,分期、分批地进行。

中共中央组织部副部长杨士杰主持座谈会并讲话。

### 全国工商总局局长任中林就《中华人民共和国经济合同法》的施行以及如何加强经济合同的统一管理答新华社记者问

问:施行经济合同法的意义何在?

答:经济合同法的施行,是我国经济生活中的一件大事。它对贯彻以计划经济为主、市场调节为辅的方针,保证国民经济计划的执行,提高经济效益,纠正经济领域里的不正之风,查处违法活动,加强社会主义法制,都有着十分重要的意义。

党的十一届三中全会以来,我国在经济建设上贯彻执行对外开放和对内搞活经济的政策,商品生产和商品流通不断扩大,企业与国家,企业与企业,企业与事业单位、社会团体等法人之间以及法人与个体经营户、农村社员之间的经济往来大量增加。各种经济往来,在国家计划的指导下,除采取必要的行政办法外,大量的要靠签订经济合同来实现。而签订合同各方的利益和具体要求不尽相同,在签订、履行合同过程中,需要有一个共同遵守的准则。同时,经济司法机关和管理机关在管理经济合同和处理纠纷时,也需要有一个统一的法律准则作为依据,经济合同法就是这个法律准则。因此,实施经济合同法是发展社会主义经济和完善社会主义法制的需要。

问:为什么要加强对经济合同的管理?

答:这是因为:一、我国经济是建立在生产资料公有制基础上的计划经济。各种经济往来,需要通过经济合同,使之纳入国家经济管理的轨道。经济合同履行的好坏,直接影响到国家和企业的利益,影响到合同各方的利益。这就需要对经济合同实行国家的行政监督。二、我国正处于健全法制的过程中,国家有责任、有必要进行关于经济合同法的教育,并通过行政管理,对经济合同的签订和履行加强辅导和检查工作。三、目前还有一些经济违法犯罪案件是利用经济合同这种形式来进行倒卖私货、买空卖空、转包渔利和投机诈骗的。要保障经济合同法的实施,就必须运用行政手段严肃查处这类案件。

问:怎样统一管理经济合同?

答:根据经济合同法和国务院的决定,国家正在拟订《经济合同管理条例》和《经济合同调解仲裁条例》。当前工商行政管理部门应当着重抓好以下几项工作:

第一,要继续学习、宣传经济合同法,大力推广经济合同制度。要教育广大干部和群众正确认识实行经济合同制度的必要性和重要性,提高法制观念,遵守合同纪律。

第二,对监督、检查工作,需要进行调查研究,抓典型,总结经验,在这个基础上建立必要的检查和统计报告制度,把有关国计民生的重要经济合同的履行情况掌握起来。要采取定期检查、重点抽查、会同有关业务部门联合检查等办法督促企业认真履约并协助解决存在的问题。当前检查的重点应当放在国家统配产品、市场畅销紧缺的工业品和重要农副产品的购销合同上,以保证国家产销计划的完成。

第三,对调解仲裁工作,需要建立机构,配备必要的人员,积极培训,制定工作制度。调解仲裁案件要以事实为根据,以法律为准绳,实行着重调解的原则。各经济部门内部的经济合同纠纷,应当由各业务主管机关或上级领导机关根据不损害国家利益和依法办事的原则实行调解。如果调解不服,可以申请仲裁或者起诉。

第四,查处违法的经济合同是工商行政管理部门的职责之一,只有向违法行为进行不懈的斗争,才能保护合法经营,取缔非法活动,维护社会经济秩序。这一工作要同市场管理工作结合起来进行。

作为经济合同的统一管理机关,工商行政管理部门应当与司法部门和有关业务主管部门密切配合,加强协作,并督促业务主管部门管好本系统的经验合同。

### 梅山炼铁基地一期工程正式投产

我国又一个炼铁基地——梅山炼铁基地一期工程竣工正式投产。

梅山炼铁基地位于南京市西郊,整个工程包括两座容积各为1060立方米的高炉,年产生铁110万吨;一座平均含铁量为42.8%的铁矿和一套年设计能力为250万吨的选矿系统,这是一项从采矿、选矿到冶炼配套齐全的重点建设工程。梅山炼铁基地是上海冶金工业用铁的主要原料基地,生产的生铁全部供应上海,约占上海生铁总用量的1/3。

### 中国建筑工程总公司在北京成立

### 盒式录音机磁头装配生产线在成都建成投产

### 外交部照会越南驻华大使馆抗议越南武装船袭击中国渔船

照会说,6月16日,中国广西壮族自治区钦州县龙门公社北村大队的渔船正在北部湾白苏岩以南中国海面进行正常捕捞作业时,其中一艘1353号渔船于6时10分在北纬21°20'15''、东经108°11'45''处突然遭到越南武装船只袭击,并被越南武装船劫走。这艘渔船上有渔民林瑞锋等3人。

照会指出:"越南当局竟置国际公法于不顾,近来一再袭击中国渔船,破坏中国渔民的正常生产活动,肆意劫走中国渔船、渔民,这是不可容忍的野蛮行径。"

照会最后说:"中国政府对此向越南当局提出强烈抗议,并且严正警告越南当局,必须立即停止对中国渔船的一切袭击、骚扰活动,交还报有被劫走的中国渔民和渔船,并赔偿一切损失。"

**国务委员姬鹏飞在北京会见以突尼斯社会主义宪政青年组织总书记穆罕默德·本·萨阿德为团长的突尼斯青年代表团**

**解放军测绘部队测绘出西藏第一代地形图**

我国最后一个无图区——西藏自治区有了自己测绘的高精度的第一代地形图。

被称为"世界屋脊"的西藏高原,从来没有全面、准确地测绘过。过去使用的西藏地形图,都是根据历史资料和零星观测成果编绘的,与实地误差很大,人们称作"神仙图"。从60年代初到去年年底,这个测绘大队一直参加了西藏高原的测绘工作。20年来,他们辗转于雪山冰川之间,迎着多变的气候,攀登跋涉,风餐露宿,凭着对祖国人民的赤胆忠心,战胜了许许多多难以想象的困难。

**著名美籍物理学家吴健雄在北京作学术报告**

著名美籍物理学家吴健雄博士,在北京科学会堂作题为《宇称不守恒之发现》的学术报告,受到我国300多名科学家、教授和研究生的热烈欢迎。

报告会是由中国科技大学研究生院举办的,中国科学院副院长钱三强主持。

吴健雄教授是世界著名的实验原子核物理学家。

**全国中医电脑学术会议在北京召开**

电子计算机辅助中医辨证论治,是祖国医学与计算机科学技术互相结合、渗透的产物,对于促进使用现代化的科技手段研究中医、中药,继承和发扬著名老中医的宝贵经验,发展计算机人工智能的科研工作都有重大意义。

近几年来,我国医学工作者和计算机科学技术工作者协作攻关,取得了一些引起国内外关注的成果。在这次学术会议上,发表了30篇论文,涉及有:1.计算机在中医内、外、妇、儿、针灸各科某些疾病辨证论治的程序;2.计算机的中医专家系统的程序设计;3.中医典籍与医案的计算机程序;4.中医方药的计算机处理研究;5.数字模型与软件设计方法的研究与应用;6.中医药学数据检索系统的专用计算机语言等。

## 6月27日

**《人民日报》发表评论员文章《重视对党的基层组织的整顿工作》**

我们党是一个有3900多万党员、200多万个基层组织的执政党。我们党的各个基层组织,生活在群众中,同群众有着密切的联系;党的路线、方针、政策,通过党的基层组织贯彻、落实到群众中去;广大党员和人民群众的意见、要求、呼声,通过它们反映到党的领导机关来。党的基层组织,是组成我们党的肌体的一个个细胞。正如只有每一个细胞都充满活力,整个肌体的健康才有可靠的保证一样,我们党的基层组织工作的好坏、战斗力的强弱,对我们整个党的工作,有着直接的影响。

我们党历来重视对基层组织的整顿和建设。粉碎"四人帮"后,特别是党的三中全会以来,我们在党的建设上进行了一系列拨乱反正的工作,使党的基层组织的状况发生了很大变化。现在,大多数党的基层组织,能够认真执行党的路线、方针、政策,团结和带领群众为建设高度民主、高度文明的现代化社会主义强国而奋斗。但是,也要清醒地看到,由于林彪、"四人帮"对我们党的严重破坏,由于资本主义腐朽思想、封建主义残余思想对我们党的队伍的侵蚀、影响,加上我们工作上的某些缺点,有一部分党的基层组织软弱涣散,战斗力不强;少数党的基层组织处于瘫痪半瘫痪状态;个别党的基层组织经受不住资产阶级糖衣炮弹的袭击,已经腐化了、烂掉了。像这样的基层组织,从全党来说,虽然只是少数,但它们损害了我们党的形象,削弱了党的战斗力。我们正处在一个新的历史时期,新的形势、新的任务对党的基层组织提出了更高的要求。我们必须对党的基层组织进行整顿,加强建设,使那些软弱涣散、瘫痪半瘫痪的基层组织坚强起来,进一步健全我们党的肌体,提高党的战斗力。

近几年来,不少地方党的领导部门,结合生产、工作,对一些党的基层组织进行了整顿,取得了一定的效果。但是,仍有一些地方的党的领导机关,对整顿党的基层组织的必要性、迫切性认识不足,有的担心整顿基层组织影响生产和工作,因而没有采取积极的态度。各地进行试点的经验已经证明:在农村围绕总结和完善生产责任制的工作,及时整顿那些问题多而严重的党的基层组织，就能改变那里的落后状态，促进工作的进步和生产的发展。工业企业在分期、分批全面整顿中，认真整顿好党的基层组织，就能推动企业的全面整顿，巩固企业整顿的成果。

我们强调党要管党。加强党的基层组织的整顿和建设，就是党管党的一个重要方面。我们决不能听任有的党的基层组织瘫痪甚至烂掉；决不能眼看着党的肌体上有病毒在蔓延，给党带来严重的危害。我们一定要以高度负责的精神和严肃的态度，积极主动地去抓好这项工作。

整顿党的基层组织，要坚持思想整顿为主，重在对党员的教育、提高。当然，也要进行必要的组织整顿。要重点抓好基层党委、总支和支部领导班子的整顿。只要各级党委重视这项工作，把它列入日程，加强领导，并且采取正确的方法，我们就一定能把党的基层组织整顿好、建设好。

**全国印花布优秀图案设计评比在大连揭晓**

评比会上，共有 142 种印花布图案获奖，由辽宁熊岳印染厂工程师王大顺设计的大花哔叽“锦上添花”获得特等奖。纺织工业部向获奖的作者发了奖状和奖金。

**国务院副总理万里在人民大会堂会见参加国际初级卫生保健区间讨论会的外国客人**

参加会见的有世界卫生组织西太区主任中岛宏博士，世界卫生组织助理总干事塔哈达博士，联合国儿童基金会执行主任杰姆斯·格兰特，世界银行代表伊文·阿·赛尔根，津巴布韦卫生部部长奥·蒙亚拉齐，冈比亚卫生部部长穆·贾洛，坦桑尼亚计划部部长贾斯丁·梅达，苏丹卫生部部长阿·穆·法德勒教授，南斯拉夫联邦劳动、卫生和社会保障委员会主席乔·亚科夫列维奇教授，马尔代夫卫生部部长穆·侯赛因，泰国卫生部部长森·屏蓬乔，尼泊尔地方发展和卫生大臣纳·拉·苏贝迪和国家计划委员会委员乌彭德拉·曼·马拉，菲律宾卫生部部长赫苏斯·阿苏林，瓦努阿图卫生部部长威利·科里萨等 30 多人。

**中国作家协会工作会议在北京召开**

会议于 6 月 27 日至 30 日召开。30 个作协分会的负责人在会上对作家深入生活的问题作了探讨。

扎扎实实地植根于生活，是作家在创作上取得成功的基础。与会者列举事实说明，不少作家长年生活在基层，长期的生活积累使他们写出了成功的作品。这一经验揭示了生活与创作不可分割的关系。

作协副主席张光年在会议的总结发言中说：深入生活，就是要深入群众、深入人心。作家只有真正了解人民的愿望、要求、烦恼与欢乐，他的作品才能感染群众。老作家康濯说，当年赵树理从不用“体验生活”这个词，他的论点是：下去，就是工作，要与农村干部一样。许多有创作实践经验、目前从事作协工作的同志都以亲身体会谈到，作家不应当是生活的旁观者，你去从事群众工作，体察、解决生活中的各种难题，久而久之，就会和群众建立感情，并且在深入生活中逐步树立起正确的文艺观和世界观。他们说，当前，作家要把注意力转向反映“四化”建设和新的斗争，同社会主义各条战线上的各种人物保持联系，参与到这场伟大的变革，创作生命才会永远旺盛。

中青年作家说，不少中青年作家重视深入生活，认识到在狭窄的天地里难以施展才华。但也有一些中青年作家不愿下功夫去学习做基层工作，也有个别中青年作家，对于深入生活还持有怀疑态度。与会同志以为，作协和各分会有责任帮助中青年作家认识深入生活的重要性和长远的意义。

会上由作协书记处书记朱子奇作工作汇报。会议还讨论了培养青年作家、改进文学评奖工作等问题。在此以前召开的作协主席团会议上，增选冯牧为中国作家协会书记处常务书记。

**中国曲艺家协会第二届理事会第二次会议召开**

会议于 6 月 27 日至 7 月 2 日召开。与会者一致认为，在建设社会主义精神文明中，曲艺工作者担负着光荣而艰巨的历史使命，各地的曲种有 400 多个，曲艺工作者有 10 万多人，每天都联系着千百万群众，对广大人民群众的精神面貌起着潜移默化的作用。与会者表示：一定要团结一致、奋发图强，创作和演出更多表现新的时代、新的人物的优秀曲艺作品，同时认真整理和演出更多更好的传统书(曲)目，并加强曲艺评论工作，争取社会主义曲艺更大的繁荣。

会议认真学习了中央关于思想文化工作的指示精神，学习了陈云同志关于党的文艺工作者的两个倾向问题和他对评弹工作的若干重要意见，提高了对当前文艺工作、曲艺工作的形势和任务的认识，进一步增强了前进的信心。会议还讨论了中国曲艺家协会会务工作，并通过了相应的决议。通过了关于赞同《文艺工作者公约》，并要求中国曲艺家协会全体会员和广大曲艺工作者争做履行《文艺工作者公约》的模范的决议。通过了关于设立中国曲艺家协会书记处的决议等。

## 6 月 28 日

**全国人大常委会委员长叶剑英在北京会见联合国**

**儿童基金会执行主任詹姆斯·格兰特**

**扬子江轮船股份有限公司正式营业**

中国扬子江轮船股份有限公司是交通部部长江航运管理局、上海海运管理局与中国国际信托公司三家联合组建的，是长江上第一个由中央直属企业联合经营外贸物资运输的轮船公司。公司主要经营长江南京以上沿江各省外贸货物进出口运输，还办理经长江港口中转的其他省的外贸运输业务。

**龙羊峡水电站拦河大坝开始浇筑**

设计高为175米的我国第一高坝——龙羊峡水电站拦河大坝，开始浇筑混凝土。中共青海省委第一书记梁步庭为大坝基坑浇筑剪了彩。

这座大坝筑成后，这里将出现我国最大的人工湖，湖的面积为383平方公里，总库容达247亿立方。

**全国妇联主席康克清在北京会见全印柯棣华大夫纪念委员会秘书长丹尼尔·拉蒂菲**

**解放军总参谋长杨得志在人民大会堂会见由国防部后勤部参谋长特拉扬·达菲内斯库少将率领的罗马尼亚军队后勤代表团**

**国务委员姬鹏飞在人民大会堂会见以易卜拉易马·盖伊副总书记为团长的塞内加尔全国工人联合会代表团**

**教育部 财政部在山东泰安召开全国中小学校舍修建工作经验交流会**

交流会于6月28日至7月5日召开。交流会指出，各地应当教育广大干部和群众，分清支持教育和"一平二调"的界限，坚持因地制宜、量力而行和群众自愿的原则，大力推广"三股劲拧成一股绳"的经验；力求通过国家、集体、群众的共同努力，使中小学的办学条件有一个较大的改善，为亿万中小学生创造一个较好的学习环境。

这次会议，是新中国成立以来第一次专门研究中小学校舍修建问题的全国性会议。来自全国各省、自治区、直辖市教育和财政部门的200多名代表，在会上总结交流了这方面的经验。

会议介绍的典型经验表明，要特别重视调动几个方面的积极性：一是地方的积极性。一些省、自治区、直辖市，除从正常的教育事业费中调剂外，还从地方财政机动财力中挤出一部分专款，用于中小学校舍的修建和课桌凳的购置。二是集体和群众的积极性。在这方面潜力是很大的。三是学校的积极性。

## 6月29日

**中共中央副主席邓小平在人民大会堂会见马耳他共和国总理多米尼克·明托夫一行**

邓小平说，在国际事务中，中国永远站在第三世界国家一边。我们要同第三世界国家以及一切爱好和平的国家团结合作，共同反对超级大国的霸权主义。

**中共中央批转中宣部 中央文献研究室《关于毛、刘、周、朱和现任中央常委著作的出版、发表及审核办法的请示报告》**

**民革中央在全国政协礼堂举行纪念程潜邵力子诞辰100周年大会**

中共中央政治局委员、中共中央书记处书记、全国人大常委会副委员长彭冲在会上讲话，对程潜、邵力子表示深切的怀念和衷心的敬意。中共中央政治局委员、全国人大常委会副委员长、全国政协副主席乌兰夫，全国政协副主席刘澜涛，中共中央统战部部长杨静仁，各民主党派和全国工商联的负责人，出席纪念大会。

大会由民革中央副主席、全国人大常委会副委员长朱学范主持。

彭冲在讲话中指出，程潜将军和邵力子先生，都是对中国人民革命事业作出过重要贡献的著名爱国人士，是中国共产党的真诚朋友。程潜将军在青年时代即投身于民主革命的洪流。他追随中国伟大的革命先行者孙中山先生，积极参加辛亥革命和讨袁、护法、讨伐陈炯明的革命活动。1926年北伐时，程潜将军任国民革命军第六军军长，林伯渠同志任党代表，他们协调一致，为北伐立下了战功。"七·七"事变后，中国共产党号召团结抗日，倡导组织抗日民族统一战线。解放战争后期，他不顾顽固派的非议和反对，同国民党第一兵团司令陈明仁将军一起，于1949年8月4日在长沙宣布起义，投身到人民革命的行列。

邵力子先生在青年时代从事新闻事业，曾参与创办《神州日报》《民主报》和《民国日报》，反对封建势力和帝国主义，积极传播民主主义思想。他是著名的国民党元老，多次参加国共两党谈判，坚持并推动了国共两党的合作。1945年重庆谈判期间，他作为国民党的谈判代表之一，对达成《双十协定》起了重要作用。1949年，南京国民党政府濒临全面崩溃，邵力子先生和张治中先生等一起作为"和平商谈代表团"的代表，前来北京进行和谈，商定了"国内和平协定(草案)"。南京政府拒绝签字，和谈遭到失败，他们毅然不再南返,走上了同中国共产党进一步合作的新的道路。

彭冲说,中华人民共和国成立前后,程潜将军和邵力子先生积极参加了中国人民政治协商会议第一届全体会议,参与了中央人民政府的建立。他们分别在政府、军事、人大和政协等方面担任了重要职务,程潜将军还被选为全国人大常委会副委员长。新中国成立以来,这两位爱国老人同中国共产党真诚合作,对人民的事业表现出很高的热忱和负责精神。他们为祖国的社会主义革命和社会主义建设,为巩固和发展我国的统一战线,作出了重要贡献,受到了人民的尊敬。

彭冲说,程潜将军和邵力子先生都是中国国民党革命委员会的卓越领导人。他们对于巩固、发展中国共产党同民主党派的团结、合作,起了重要的作用。今天,当我们纪念程潜将军和邵力子先生诞辰100周年的时候,我们伟大的祖国已经进入了一个新的历史时期。我们要加强中国共产党同各民主党派的团结合作,同党外朋友真正建立起肝胆相照、荣辱与共的关系,发展当前的大好形势,共同为把我国建设成为高度民主、高度文明的现代化的社会主义强国贡献力量!

彭冲最后说,程潜将军和邵力子先生曾为第一、第二两次国共合作作出了贡献。他们生前对祖国的统一事业十分关切,并且作出了不懈的努力。对于为我们伟大民族的统一和团结作出过贡献的人,我们都要纪念他,称赞他。实现祖国统一的大业,是我们每个中国人,包括海外一切仁人志士,包括国民党当局在内的义不容辞的神圣使命。我们愿与大家一道,共同努力,为促进祖国统一的早日实现,为加速社会主义现代化建设,造福后代,为创造中华民族光辉灿烂的新历史,而共同奋斗。

民革中央副主席屈武在讲话说,回顾程潜、邵力子两位老人漫长经历的一生,我们可以从中总结出不少有益的东西。其中,我以为最主要、最可贵的,就是他们共同具有的那种赤诚热爱祖国,为了祖国的和平、富强、统一而努力进取的精神。我们纪念程潜、邵力子同志,要发扬爱国主义精神,广大民革同志要更紧密地团结在党中央的周围,同心同德,在各自的岗位上为创造更多的物质财富和建设高度的精神文明作出新的努力。

屈武说,争取台湾回归、实现祖国统一大业是全国人民,包括台湾人民的共同心愿。纪念程潜、邵力子同志,我们希望台湾和海外的国民党军政人员,以他们的爱国精神为榜样,热烈响应叶剑英委员长宣布的关于台湾回归祖国、实现和平统一的方针、政策,推动尽早解决通邮、通航、通商和经济、科学、文化等方面的交流问题。

屈武说,程潜、邵力子这两位老人还有一个共同的美德,就是一生活到老,学到老,不断进步,与时俱进。为了完成新时期赋予我们的历史使命,我们要努力学习党的统一战线各项方针政策,提高对统战工作的认识,研究在新形势下如何更好地完成工作任务。学习并贯彻好"长期共存,互相监督"的方针,同心同德,披肝沥胆,努力工作,协助党打开一个统一战线工作的新局面。

全国政协副主席董其武讲话说,纪念程潜、邵力子两先生诞辰100周年,推崇前贤、激励后人,意义很重大。我们要发扬程、邵二位先生的爱国主义精神,为祖国的"四化"建设努力奋斗;要发扬程、邵二位先生坚持国共合作的主张,促成第三次国共合作,以使台湾回归祖国,完成祖国统一的神圣事业。

邵力子夫人傅学文代表在座的程潜夫人郭翼青和她本人在会上讲了话。她说,今天的大会使我们受到深刻的教育,使我们体会到:第一,我们的祖国需要和平统一,凡是对和平统一做过有益工作的人,祖国就不会忘记他。第二,我们的人民需要那些真心实意为他们服务的人,凡是对人民做过一些好事的人,人民就会纪念他。

她说,现在,实现"四化"、振兴中华的伟大任务历史地落在我们这一代人的肩上,祖国比以往更迫切需要实现和平统一,而和平统一也已形成不可抗拒的历史潮流。继承程潜、邵力子同志的遗愿,更积极地为祖国的和平统一而奋斗,是我们和我们的儿孙们的神圣职责。我们更恳挚地期望程潜、邵力子在台湾的老同事、老朋友们,以民族大义为重,和我们一道为实现祖国的和平统一大业作出贡献。

出席大会的还有民革中央主席王昆仑,副主席钱昌照、郑洞国、甘祠森、吴茂荪、贾亦斌、侯镜如、孙越崎。

有关方面和各民主党派、全国工商联负责人彭友今、李定、楚图南、王光英、叶圣陶、周谷城、黄鼎臣、孙承佩、蔡啸、张敬礼,应邀参加了纪念大会。

**国务院副总理万里在北京会见美国广播公司总经理埃尔顿·鲁尔一行**

**外经贸部部长陈慕华在北京会见澳大利亚贸易资源部副秘书长巴拉特率领的澳大利亚贸易代表团**

**国务委员兼国家经委主任张劲夫在人民大会堂会见美国强生公司董事会主席团执行委员弗兰克·迪·安吉利和公司中国业务总代表余恒生博士**

**《人民日报》发表评论员文章《文艺要用共产主义**

思想教育人民》

在最近召开的中国文联第四届全委会二次会议上，同志们热烈响应党的号召：文艺要用共产主义思想教育人民。这个问题确实非常重要，应该引起全体文艺工作者的重视。

毛泽东同志说过："马克思主义的哲学认为十分重要的问题，不在于懂得了客观世界的规律性，因而能够解释世界，而在于拿了这种对于客观规律性的认识去能动地改造世界。"（《实践论》）作为观念形态的文艺也是这样。我们的文艺不仅要正确地反映社会生活，而且还必须回到社会生活中去，发挥它影响生活、改造生活的巨大作用。也就是说，我们的社会主义文艺，要通过有血有肉、生动感人的艺术形象，真实地反映丰富的社会生活，反映人们在各种社会关系中的本质，表现时代前进的要求和历史发展的趋势，并努力用社会主义、共产主义思想教育人民，给他们以积极进取、奋发图强的鼓舞力量。

社会主义文艺为什么要强调用共产主义思想教育人民呢？一方面，这是由我们党所领导的革命的奋斗目标和社会主义文艺的性质所决定的。我们党的最终目标，是在全世界实现共产主义。目前我们党所领导的、全体党员参加的，已经不是一般意义上的共产主义运动，而是已经进入社会主义，即已经进入共产主义初级阶段的共产主义运动。现阶段，我们的政策仍然是社会主义性质的，但作为宣传的方针来说，我们要进行共产主义教育，要在全国各族人民中，首先是党员和干部中，提倡共产主义道德，树立共产主义理想。这是从我们的革命目标，从党的需要这一方面来讲的。另一方面，从社会主义文艺的性质来讲，我们的文艺是为人民服务，为社会主义服务的。用共产主义思想教育人民，正是文艺为人民服务，为社会主义服务的主要内容，也是发挥文艺认识作用、教育作用功能的重要方面，是我们党的文艺工作者的光荣职责。

我们提出文艺要用共产主义思想教育人民，目前也有迫切的现实意义。林彪、"四人帮"制造的"十年动乱"，把我们的国家糟蹋得不像样子，社会主义制度、党的形象受到了损害，人们的精神、道德也受到不同程度的污染。在这种情况下，有一部分没有马克思主义理论准备，又不大了解我们的党和国家斗争历史的青年，看到一些困难、一些问题就对共产主义前途、对共产主义的思想体系发生了动摇。由于对外开放，资本主义思想的腐蚀，也反映到了少数党员和干部中，思想上产生了不少混乱。这种混乱在一些文艺作品中也有所表现。例如，有少数文艺作品不是在宣传共产主义思想，而是在宣扬资本主义思想，宣扬资产阶级的极端个人主义和利己主义，甚至宣扬皈依宗教等等错误思潮，这是值得我们注意的。它从反面提醒我们，必须鲜明地提出，我们的旗帜是共产主义，我们必须用共产主义思想教育人民。我们要通过政治思想教育，精神文明的教育，包括文艺作品的影响，使我们的全体共产党员和全国各族人民成为有理想，有道德，有文化，守纪律的人，懂得在新的历史时期中一定要继续保持崇高的革命信念和旺盛的革命斗争，把伟大的社会主义革命和社会主义建设进行到底。

文艺用共产主义思想教育人民，必须通过艺术本身的手段去实现。文艺同哲学、历史、法律、道德伦理等意识形态不同，就在于它是要通过活生生的艺术形象，给人们以美的感受，来达到潜移默化的教育作用的。这就是说，我们强调文艺要用共产主义思想教育人民，是要求我们的作家、艺术家在共产主义思想指导下，用马克思主义的立场、观点和方法去观察、评价和反映生活，努力发掘生活中的社会主义、共产主义的先进事物，歌颂人民群众中的社会主义、共产主义的思想面貌、精神境界和道德情操。在文艺作品中宣扬这些先进事物、先进思想，必须通过艺术手段去完成，而不是在作品中生硬地塞进一些标语口号，如马克思所批评的，把人物"变成时代精神的单纯的传声筒"。

我们的国家进入了伟大的历史新时期，新的事物、具有共产主义思想、品质的新人正在不断涌现。我们的作家、艺术家要用自己的文艺作品对人民进行共产主义思想教育，首先要求我们到群众中去，向人民学习。因此，我们还是要强调深入生活，在人民群众中汲取创作的营养和了解群众的需要。只有这样，才能使自己的作品真正有效地对群众进行共产主义思想的教育。

## 6月30日

**中共中央主席胡耀邦致电米特亚·里比契奇祝贺其当选南斯拉夫共产主义者联盟中央主席团主席**

电报全文如下：

尊敬的米特亚·里比契奇同志：

在你当选为南共联盟中央主席团主席的时候，我代表中国共产党中央委员会，向你，并通过你向新选出的南共联盟中央委员会及其主席团，致以最衷心的祝贺。祝愿你和你的同志们，在实现南共联盟第十二次代表大会确定的各项战斗任务中，取得新的胜利。

祝中南两党两国和两国人民之间的友谊和合作关系不断发展！

中国共产党中央委员会主席　胡耀邦

1982年6月30日

**全国人大常委会委员长叶剑英在北京会见日本友**

好人士日本亚洲交流协会理事长北村博昭

**中办等6单位在人民大会堂举行老干部联欢会庆祝中国共产党成立61周年**

**国务院发布《水土保持工作条例》**

**第一章 总 则**

第一条 防治水土流失,保护和合理利用水土资源,是改变山区、丘陵区、风沙区面貌,治理江河,减少水、旱、风沙灾害,建立良好生态环境,发展农业生产的一项根本措施,是国土整治的一项重要内容。为了做好水土保持工作,特制定本条例。

第二条 水土保持工作的方针是:防治并重,治管结合,因地制宜,全面规划,综合治理,除害兴利。

第三条 全国水土保持工作由水利电力部主管。并成立以水利电力部为主,有国家计划委员会、国家经济委员会、农牧渔业部、林业部参加的全国水土保持工作协调小组,以加强有关部门之间的联系,定期研究解决水土保持工作中的重大问题,做好水土保持工作。有防治水土流失工作任务的地方各级人民政府,应根据具体情况设立必要的水土保持工作机构。

水土保持工作机构的任务是:贯彻执行国家有关水土保持的方针、政策、法令;进行水土保持查勘,编制水土保持规划,并组织实施;督促检查有关部门的水土保持工作;组织开展有关水土保持的科学研究、人才培养和宣传工作;管好用好水土保持经费和物资。

各江河流域机构应负责本流域的水土保持查勘、规划、科学研究工作,协助和推动流域内各省、自治区、直辖市水土保持工作部门做好水土保持工作。

水土保持站、农业技术推广站、林业站、水利站、农机站、土肥站、草原站等都有责任帮助当地社队做好水土保持工作。

第四条 山区、丘陵区、风沙区的各级人民政府必须把水土保持工作列入计划,加强领导,统一规划,组织协调,进行宣传教育,发动群众做好这项工作。水利、农业、林业、畜牧、农垦、环保、铁道、交通、工矿、电力、科学研究等部门,必须密切协作,分工负责,做好与本部门有关的水土保持工作;宣传、出版部门应有计划地开展水土保持宣传工作,普及水土保持科学知识,提高干部和群众对水土流失危害和水土保持重要性的认识。

第五条 农村社队和国营农、林、牧场,应在当地人民政府制定的水土保持整体规划指导下,根据当地自然条件和群众生产、生活的实际需要,制订具体的水土保持计划,组织实施。

第六条 防治水土流失,要动员社会力量,依靠群众自力更生。国家在经费、物资方面给予必要的扶持,对重点地区应给予较多的援助。

各级计划部门,应将水土保持工作列入国民经济年度计划。国家安排的水土保持经费,应专款专用,不得挪作他用。各级水土保持工作部门和财政部门应加强对经费的管理,注重投资效果。

**第二章 水土流失的预防**

第七条 二十五度以上的陡坡地,禁止开荒种植农作物。省、自治区、直辖市人民政府可以根据当地地形地貌、土壤、耕地和人口密度等情况,规定低于二十五度的禁垦坡度。

第八条 风沙危害严重地区,崩山、滑坡危险区,易产生泥石流地区,铁路、公路、河流、渠道两侧的山坡,水库淹没区周围,自然保护区,风景区,名胜古迹和重要历史文化遗产区,禁止开荒、挖沙和开山炸石。

第九条 黄土高原地区的黄土丘陵沟壑区和高原沟壑区,禁止开荒。有关省、自治区应根据具体情况规定禁垦的区域。

第十条 严禁毁林开荒、烧山开荒和在牧坡牧场开荒。

第十一条 任何单位和个人在禁垦坡度以下的坡地上开荒,必须经县级人民政府批准,并须采取水土保持措施。违者,责令退耕造林种草。

国营农场在禁垦坡度以下的坡地上开荒,必须按国家有关规定报批。在报批的开荒计划中必须包括水土保持实施方案,实施方案应在计划批准前征求水土保持工作部门的意见,批准后由水土保持工作部门监督实施。

第十二条 严禁滥伐林木破坏水土保持。凡按国家规定采伐森林,在报批的采伐计划中必须包括采伐迹地更新和防止水土流失的实施方案,实施方案应在计划批准前征求水土保持工作部门的意见,批准后由水土保持工作部门监督实施。

第十三条 在坡地上整地造林、幼林的中耕除草和油茶、油桐等经济林木的垦复,必须采取水土保持措施,防止造成水土流失。

第十四条 水利、铁道、交通、工矿、电力等部门,在山区、丘陵区、风沙区兴建工程和进行生产时,应尽量减少破坏地貌和植被;开采土、石、沙料,可能导致水土流失的,必须采取水土保持措施;废弃的土、石、沙料和矿渣、尾沙必须妥善处理,不准倒入江河、水库;工程竣工时,取土场、开挖面等范围内的裸露土地,由施工单位负责采取植物措施和必要的工程措施,保护水土资源。

各部门在报批的工程规划设计和生产计划中,必须包括防治水土流失的实施方案,实施方案应在计划批准前征求水土保持工作部门的意见,批准后由水土保持工作部门监督实施。已造成水土流失的,限期治理。治理水土流失所需要的经费,基本建设单位从基本建设投资中列支,生产企业单位从企业更新改造资金或生产发展基金中列支。

第十五条 山区、丘陵区、风沙区县级人民政府应根据当地情况,组织农村社队和国营农、林、牧场有计划地进行封山固沙、育林育草,轮封轮牧,积极发展薪炭林和饲草、绿肥植物,改变铲草皮、挖树兜、滥樵、滥牧等习惯,保护植被。

第十六条 山区、丘陵区、风沙区县级人民政府对于农村社队和国营农、林、牧场等单位以及个人从事的挖种药材、养柞蚕、培育木耳香菇、烧木炭、烧砖瓦、挖矿、开石等副业生产,必须结合生产规划和水土保持要求,制定具体办法,有组织有领导地进行,防止乱挖乱倒土石和破坏植被,造成水土流失。

**第三章 水土流失的治理**

第十七条 在山区、丘陵区治理水土流失,应按照当地自然条件,以小流域为单元,实行全面规划,综合治理,集中治理,连续治理,植物措施与工程措施相结合,坡面治理与沟道治理相结合,田间工程与蓄水保土耕作措施相结合,治理与生产利用相结合,当前利益与长远利益相结合,讲求实效。

第十八条 现有的坡耕地,在禁垦坡度以上的,应根据不同情况,区别对待:人少地多的社队,应在平地和缓坡地积极建设基本农田、提高单位面积产量,将坡耕地退耕造林种草;人多地少的社队,退耕确有困难的,应按照坡度大小,规定期限,修成梯田或者采取其他水土保持措施。现有的坡耕地,在禁垦坡度以下的,应采取等高耕种、等高沟垄种植、草田轮作、修梯田等水土保持措施,防治水土流失。

第十九条 当地人民政府应结合实行农业生产责任制情况,因地制宜,采取适当形式,组织社队群众力量,落实治理水土流失任务。

水土流失治理任务大的社队,需要协作治理的,应贯彻自愿互利、等价交换、合理负担的原则。治理后的管理任务、收益分配和新增耕地的使用,由参加治理的单位共同商定。原土地所有权不变。

第二十条 为解决治理所需树草苗木种子,农村社队和有关单位应积极建立必要的苗圃、种子基地。

第二十一条 任何单位和个人因开荒、搞副业、挖矿、筑路、兴修水利水电、采伐森林和其他生产建设活动造成水土流失的,应负责治理。当地人民政府有权督促检查,限期治理。

第二十二条 各地对水土保持设施(包括工程和树草)必须落实管理责任,加强管理养护,扩大效益,充分发挥保水保土的作用。

农村社队应根据水土保持设施的情况,落实管理养护责任;对有些水土保持设施还可制定管理养护公约,建立必要的管理养护组织。水利、铁道、交通、工矿等部门和国营农、林、牧场对所属范围以内的水土保持设施,应建立管理养护组织或确定专人管理养护。

第二十三条 对于水土保持设施和水土保持试验场地、仪器设备,任何单位和个人不得侵占和破坏。

第二十四条 东北、华北、西北风沙区,在国家统一规划下,由当地人民政府组织农村社队和国营农、林、牧场营造防护林,集中连片种草,防风固沙。其他风沙区,当地人民政府应有计划地采取有效措施,控制风沙危害。

第二十五条 对沙化、退化的草原和草山草坡,应根据草场的载畜能力有计划地调整载畜量,轮封轮牧,播种牧草,营造防护林,恢复植被,改良牧场。水土流失严重地区,应积极发展人工种植饲草,提倡圈养,改变野外放牧习惯,以恢复植被。

第二十六条 在有倒山轮种、刀耕火种习惯的地区,当地人民政府应加强宣传教育,帮助建设基本农田,推行农业科学技术,从各方面创造条件,逐步改变耕作习惯,以利保持水土。

对轮歇的坡地,应及时种植牧草或绿肥植物,以增加地面植被。

**第四章 教育与科学研究**

第二十七条 教育、水利、农业、林业等部门应在有关高等院校设置水土保持专业或课程,水土流失严重的省、自治区可设立中等水土保持学校或在水利、农业、林业等中等专业学校设置水土保持专业或课程,大力培养水土保持科学技术人才。中小学的有关课程应有水土保持内容。

第二十八条 中国科学院和水利、农业、林业科学研究部门,省、自治区、直辖市水土保持工作部门和流域机构,应对所属与水土保持有关的科学研究单位加强领导,认真开展水土保持科学研究,及时总结推广水土保持科学研究成果。

水土保持科学研究工作必须紧密联系实际,为防治水土流失和发展生产服务。应在重点研究水土保持应用技术的同时,加强基础理论和有关社会经济方面的研究,为防治水土流失提供科学依据。

**第五章 奖励与惩罚**

第二十九条 有下列先进事迹之一的单位和个人,按照成绩大小,由各级人民政府给予表彰和奖励。

(一)预防水土流失或管理养护水土保持设施成绩突出的。

(二)长期坚持治理水土流失,速度快,质量高,保持水土和经济效益显著的。

(三)积极改变广种薄收习惯,保持水土,发展农、林、牧业生产有显著成效的。

(四)对水土保持科学技术有较大发明、创造、革新或其他较大贡献的。

(五)在水土保持科学研究、教育、宣传推广和管理工作中取得显著成就的。

(六)坚决同破坏水土保持的行为作斗争立有功绩的。

(七)在基层从事水土保持工作十五年以上,热爱本职工作,表现突出的。

第三十条　违反本条例规定,有下列行为之一的单位和个人,应负责赔偿损失。对肇事单位的负责人或肇事人应给予行政处分。触犯刑律的,追究刑事责任。

(一)违反第七、八、九、十、十一条规定开荒或在允许开垦的坡地上开荒拒不采取水土保持措施,造成严重后果的。

(二)违反第十二、十三条规定,拒不进行迹地更新或采取防止水土流失措施,造成严重水土流失的。

(三)违反第十四条规定,拒不采取水土保持措施,造成水土流失灾害的。

(四)从事副业生产乱挖乱倒土石或破坏植被,造成水土流失灾害的。

(五)违反第二十三条规定,侵占或破坏水土保持设施、水土保持试验场地或仪器设备的。

第三十一条　对违反本条例的行为,任何单位和个人都有权检举、控告。被检举、控告的单位和个人,不得打击报复,违者依法惩处。

**第六章　附　则**

第三十二条　各省、自治区、直辖市人民政府可以根据本条例,制定实施细则。

第三十三条　本条例自发布之日起施行。

**全国人大常委会委员长叶剑英委托朱学范副委员长代表他在人民大会堂接受哥伦比亚众议院授勋**

哥伦比亚众议院代表团团长、众议院议员萨米尔·爱德华多·席尔瓦·阿明,受议长伊拉戈里·奥尔马萨的委托,把特级大十字民主勋章和证书交给了朱学范副委员长。众议员费萨尔·穆斯塔法·巴尔沃萨宣读了众议院授勋决议。决议说,叶剑英委员长在中华人民共和国国家生活中,以国家民主生活的推动者之一而著称,为民主生活贡献出其聪明才智。决议指出,鉴于叶剑英委员长的功绩和他长时期为祖国服务的历史,以及他为不断增进哥中两国的友谊所作出的贡献,哥伦比亚众议院决定授予他特级大十字民主勋章。

朱学范副委员长代表叶剑英委员长致答词。他说:"叶剑英委员长委托我对哥伦比亚众议院给予他的这一崇高荣誉,表示最衷心的感谢。他认为,这不仅是给他个人的荣誉,也是哥伦比亚人民对中国人民真挚友情的珍贵表示和中、哥两国人民兄弟情谊的永恒象征。"

朱学范副委员长请哥伦比亚贵宾回国后转达叶剑英委员长和中国人大常委会以及中国人民对图尔瓦伊总统、哥伦比亚众议院议长和人民的亲切问候和良好祝愿。

**外经贸部部长陈慕华在北京会见联合国人口活动基金执行主任拉斐尔·萨拉斯和助理执行主任纳菲斯沙迪克**

陈慕华对萨拉斯专程前来观看我国第三次全国人口普查表示热烈欢迎,并对联合国人口活动基金和其他机构对我国人口普查作出的努力表示感谢。谈话中,宾主对我国同联合国人口活动基金这一组织之间富有成效的合作表示满意。

**国务委员姬鹏飞在人民大会堂会见巴基斯坦文化体育和旅游部秘书马苏德·纳比·努尔**

**中国社会学第一届年会在武汉举行**

来自全国29个省、自治区、直辖市的350多名社会学工作者出席年会。会上收到学术论文、社会调查84篇,文章从多方面探讨、研究了我国社会主义建设中的社会生活和社会问题。

会议在交流学术成果和工作经验的基础上,着重就我国社会主义建设对社会学所提出的大量课题交换了意见。会议认为,我们的社会学必须从科学地调查中国社会入手,反映中国的社会实际,为社会主义建设服务。会议初步确定建立马克思主义社会学理论和城市、农村、工业、教育、医学、家庭婚姻、老年人、宗教及教学10个研究组。大家认为,当前的迫切任务是采取多种办法培养一批有马克思主义理论基础、有实际调查经验的理论工作者和实际工作者来充实社会学队伍。

会议决定将中国社会学研究会改名为中国社会学会。

## 7月1日

**《人民日报》发表社论《山高人更高——庆祝中国共产党成立六十一周年》**

今天是中国共产党成立六十一周年纪念日。一年前，党中央召开了具有重大历史意义的十一届六中全会，科学地总结了新中国成立以来党的历史经验，重申了坚持社会主义道路，坚持人民民主专政，坚持共产党的领导，坚持马列主义、毛泽东思想四项基本原则。如同我们党的历史上正确地而不是错误地总结经验所产生的效果一样，这次正确地总结历史经验，极大地提高了全党的思想，增强了全党、全军和全国各族人民的团结。一年来，我们的各项工作都取得了新的可喜的进展，国民经济经过调整开始走上了健康发展的轨道，全国安定团结的政治局面得到显著的发展。

四项基本原则是密切联系不可分割的。其中最重要的是两条：一条是坚持社会主义道路；一条是坚持党的领导。要坚持社会主义道路，没有党的领导，是根本不可能的。一方面，在中国，没有任何其他政治力量，能够取代中国共产党，团结和领导全国各族人民走社会主义道路，这是早已被中国革命的历史反复验证过的真理。另一方面，党的领导是正确的还是错误的，是坚强的还是软弱的，从根本上说，就看党能不能领导全国人民坚持社会主义道路。离开了社会主义道路，也就谈不上坚持党的领导。

一年来的实践经验证明，实现建设社会主义现代化强国的伟大目标，还需要有几个方面的政治保证，从几个方面去做切切实实的工作：

一要进行机构改革，以后还要全面进行体制改革，以克服官僚主义，提高工作效率。现在，中央一级党政机关机构改革第一阶段的工作已经基本完成，精干的、比较起来可以说是年富力强的新的领导班子已经组成。中央关于机构改革的决策，深得党内外广大干部和群众的拥护，进展比预期的要顺利得多。下一阶段，中央一级党政机关的改革工作任务还很重，还要继续抓紧；各省、自治区、直辖市党政机关的机构改革，也将在下半年或明年分批进行。当前一项重要工作，就是要有计划地建立对干部进行正规化轮训的制度，提高整个干部队伍的文化水平、专业水平和管理水平，适应现代化建设的需要。以后还要进行政治体制、经济体制等方面的改革。这些改革的总的目的，是为了发展生产力，为了革除不利于实现四个现代化的各种弊端。这种改革，现在要进行，以后还要继续进行。不进行这种改革，让官僚主义、文牍主义、人浮于事、互相扯皮和班子老化等病症缠住我们，那么，党和国家的方针政策无论怎样正确，也不可能得到有力的贯彻执行，我们建设社会主义现代化强国的事业不可能不受到严重影响。

二要打击经济领域的严重犯罪活动，以保卫社会主义建设事业顺利进行。一方面，发展社会主义经济，必须要有两手：一手是坚持对外开放、对内搞活经济的政策；一手是坚决打击经济领域的严重犯罪活动。我们实行的对外开放、对内搞活经济的政策，已经被实践证明是正确的，今后要长期坚持下去。在执行这一政策的过程中，有这样那样的缺点和不足之处，是难以完全避免的，也是不难改进的。如果因为在一个时期内经济领域的犯罪活动猖獗，就怀疑甚至否定这个政策的正确性，这是完全错误的。但是，另一方面，我们也要看到，近一两年中经济领域的犯罪活动确实发展到相当严重的程度。这种现象的发生，有其国际、国内的原因。这就要求我们保持清醒的头脑，长期地、坚持不懈地抓好打击经济领域犯罪活动的斗争。这是我国社会主义社会中新的历史条件下阶级斗争在经济领域内的重要表现。我们一定要牢记过去阶级斗争扩大化的教训，但是又决不能够听任资本主义腐朽思想来腐蚀我们的党、政府、企业和军队。我们必须遵循党的方针政策和有关规定，以法律为准绳，以事实为根据，把这场斗争进行到底。如果没有这一手，对外开放、对内搞活经济的政策就不能正确执行，我们的经济事业肯定要偏离社会主义方向，现代化建设也不可能搞好。

三要发展社会主义的精神文明，以保证物质文明的建设。我们要建设的社会主义国家，不但要有高度的物质文明，而且要有高度的精神文明。社会主义是共产主义的初期阶段，又是向共产主义前进的运动。这个运动不是仅仅靠物质财富的增长就可以前进的。物质财富可以使人幸福，也可以使人堕落。我们要在集中力量建设现代化的物质文明的同时，大力发展社会主义的精神文明，努力使全国各族人民，首先是共产党员、共青团员和党的干部，成为有理想、有道德、有文化、守纪律的人。社会主义精神文明的核心，是共产主义的理想、信念和道德。对各种损人利己、损公肥私的逆流，对于“一切向钱看”和“人为财死，鸟为食亡”一类错误思想和做法，必须保持高度警惕，必须批判和纠正。建设社会主义精神文明的过程，同时也是扶正祛邪的过程。现在已经开展起来的“五讲四美”活动、“文明礼貌月”活动、学雷锋活动以及军队中的“四有三讲两不怕”活动，要做到经常化、制度化，长期搞下去，搞出实效来。

四要有计划有步骤地整顿党，改善和加强党的领导。党的领导必须坚持。任何削弱党的领导的现象，都是不利于我们的事业的。要坚持和加强党的领导，必须改善党的领导。由于十年内乱,党内思想不纯、组织不纯、作风不纯的状况相当严重。这种状况如果不从根本上改善,党的领导何以加强?为此,中央多次提出整党问题。实际上,这项工作一直在做。粉碎“四人帮”以后的清查,是整党的一个步骤。这次惩治经济领域的严重犯罪分子,也是整党的一个步骤。三中全会以后全面进行的拨乱反正,更是一场深刻的政治、思想和组织上的整顿。经过这一系列的工作,党的状况正在改善,党的战斗力正在恢复。但是,尽管如此,我们仍然应该清醒地看到,党内思想不纯、组织不纯、作风不纯的问题还有待于进一步解决。我们必须坚持毛泽东同志历来强调的实事求是的思想路线,排除“左”的和右的干扰,克服一切脱离群众、脱离实际的主观主义、官僚主义现象;必须坚持党的组织性、纪律性,克服各种涣散软弱状态;必须坚持艰苦奋斗的作风,反对特殊化和腐化现象。今年下半年,将召开党的第十二次代表大会。这次大会必将在党的历史上揭开新一页。十二大以后,将按照新党章的要求,在全党普遍地深入地进行关于马克思列宁主义、毛泽东思想基本知识,共产主义理想和党中央的路线方针政策的教育,关于党的组织纪律的教育,采取多种形式,组织全体党员认真学习,开展批评自我批评,看自己是不是合乎共产党员的标准,哪些方面合格,哪些方面不合格,不合格的以后怎么改正。在思想教育的基础上,要采取适当的步骤,进一步整顿党的组织,使我们党永远保持共产主义的纯洁性,永远保持旺盛的战斗力。

一年前,胡耀邦同志在庆祝中国共产党成立60周年大会上,曾经用登泰山作比喻,勉励我们征服“十八盘”,登上“南天门”,到达“玉皇顶”,然后再向新的高峰前进。到过玉皇顶的同志,就会看到山石上刻的一行小字:“山高人更高。”是啊!泰山虽高,人登峰顶,怎比得人高?同样的,中国共产党领导中国人民建设社会主义现代化强国,还要走一段相当长的艰难的路程,但是中国共产党和中国人民一定能以“山高人更高”的英雄气概,能用各种切实的努力,战胜各种艰难险阻,实现我们的宏伟目标!

**全国人口普查正式开始**

全国500万人口普查人员在29个省、自治区、直辖市开始人口普查登记。这是世界历史上一次规模最大的人口普查。

**中共中央政治局常委陈云就知识分子生活工作问题致信其他政治局常委**

陈云看过两份反映中年知识分子生活、工作负担重,但工资收入低的材料后,给中共中央政治局常委各同志写信提出:这是国家的一个大问题,确实要下大的决心,在今明两年内着手解决,不能再按部就班地搞。应该向人民讲清楚,脑力劳动和体力劳动不一样,脑力劳动者比体力劳动者、受教育程度高的人比受教育程度低的人在工资收入上高一些,这是合乎社会主义经济规律的,也是合乎人民长远利益的。不这样做,我们的科学技术不可能上去,生产力也不可能上去。

**全国政协第六次专题讨论宪法修改草案中有关宗教信仰问题的规定**

全国政协中的佛教、伊斯兰教、基督教、天主教等人士畅谈宪法修改草案。

不变的政策

解放以来,我国的几部宪法在宗教信仰自由问题上,有着不同的版本。中国佛教协会会长赵朴初介绍说:1954年宪法虽然只有一句话——公民有宗教信仰的自由,含义清楚,即公民有信教与不信教的自由;有信这种教或那种教的自由;有在同一宗教里,信这个教派或那个教派的自由;有过去不信教而现在信教或过去信教而现在不信教的自由,体现了公民可以做主,自愿选择。它曾对动员宗教界人士和信教群众反帝爱国,消除封建剥削压迫,参加社会主义建设,起过很好的作用。“文化大革命”中,爱国宗教组织被搞垮,教徒成为“专政对象”。1975年的宪法正式增加了公民有不信仰宗教、宣传无神论的自由,加之极“左”思潮的影响,流传一种解释是宗教信仰自由就是公民可以信神,这就为禁止宗教活动提供了根据。这次修改宪法时,又删去了1975年宪法所加的那段话。这对保障公民宗教信仰自由权利,促进国家的安定团结,将会产生良好的影响。

中国佛教协会副会长正果说:我们是共产党人——马列主义无神论者执政的国家,宣传无神论名正言顺,但如果专门在宪法的宗教条文里强调宣传无神论,容易引起误解。这次宪法的修改,表明了党和国家在宗教问题上的政策不变,使信教的群众消除了疑虑,有利于增强人民内部的团结。

中国天主教爱国会副主席杨高坚说:在我国,因为信教与不信教的公民在政治上有个共同基础:接受党的领导,走社会主义道路,热爱祖国,所以宪法修改草案所规定的宗教信仰自由,决不是权宜之计,而是长期的政策。

不强制,不歧视

我国是一个多宗教的国家,宗教信仰及其思想文化在群众中有影响;我们又是社会主义国家,对群众要进行共产主义思想教育。因此,委员们认为,宪法修改草案所增加的不得强制公民信教或不信教,不得歧视信教与不信教的公民的条文，很有必要。

中国基督教协会副会长阎迦勒说：我国目前信教的人只有2000万左右，但宪法修改草案中规定的不强制、不歧视的政策，是在政治上把我们与其他公民平等相待，一视同仁。就基督教而言，这几年恢复得很快，特别令人高兴的是培养出一批能带领信徒走爱国爱教道路的传道人员。

杨高坚说：这几年，在各级政府支持下，各地陆续修复开放了200多处天主教堂，许多神长教友过着正常的宗教生活。

正果说：我们佛教的教务工作，近几年有比较顺利的开展，对内对外有很好的影响。我们既爱教，但更爱国。许多信教的人确实是把热爱祖国作为自己的神圣职责。有些人往往对我们有些误解，如《人民日报》6月28日发表的一篇来信，认为老和尚就是“堕落”，是“遁入佛门的邪路”，我们这些人从感情上就难以接受。

*不得进行违法活动，不受外国支配*

赵朴初说：要使宗教活动正常发展，宗教界人士和教徒要遵守法律，分清正常与不正常的宗教活动界限，警惕和反对一切违法活动。

阎迦勒说：宪法修改草案规定，国家保护正常的宗教活动。但任何人不得利用宗教进行反革命活动，或者进行破坏社会秩序、损害公民身体健康、妨碍国家教育制度的活动。强调这一点很重要。宗教信仰只是个人的私事，但是我们作为一个社会主义国家的公民，必须遵守社会主义的根本大法，只有注意揭露和打击反革命分子或不法分子利用宗教进行的违法犯罪活动，才能保障正常的宗教活动。

杨高坚说：宪法修改草案规定“宗教不受外国的支配”，体现了国家尊严和宗教徒的志气。我们天主教会在新中国成立后，摆脱了罗马教廷的控制，制定了独立自主自办教会的方针。当前中国天主教，在前进道路上依然面临着两种考验：一种是来自国外教会中某些敌对势力的干扰，他们仍在采取各种手段，对我国教会横加干涉破坏，妄图重新控制、干涉、支配我独立自主自办的教会。这是绝对不能容许的；另一种是国内极少数披着宗教外衣进行反革命破坏活动的反革命分子，他们到处招摇撞骗，与国外势力相互勾搭，挑起事端，破坏社会治安。这已经完全超出宗教问题范围，必须依法制裁。

国家民委副主任文正一、中国社会科学院民族研究所研究员翁独健，还就各民族的平等、团结、互助问题发表了意见。

全国政协副主席包尔汉主持讨论会。

**《人民日报》发表王震文章《加强干部轮训教育，提高干部队伍素质——为庆祝中国共产党成立六十一周年而作》**

今天是中国共产党诞生61周年。每逢党的生日，我们总要回顾过去，想想现在，展望未来，这已经是共产党员的传统习惯。作为一个老党员，这种思想感情尤为突出。纪念今年党的生日，我觉得当前摆在我们面前的一项重要任务，就是要按照中央的部署，切实加强干部、特别是中青年干部的轮训教育，提高干部队伍的素质。

61年来，我们党领导全国各族人民，冲破无数艰难险阻，历经多次重大挫折，终于战胜了国内外强大的敌人，赢得了全国革命的胜利，并取得了社会主义革命和社会主义建设的伟大成就。在长期的革命斗争和建设实践中，我们党培育和造就了大批治党、治军、治国的优秀干部，形成了今天的包括老中青几代人在内的一支干部大军。其中，老一辈无产阶级革命家和革命老干部，千锤百炼，久经考验，具有高度的共产主义觉悟、坚强的党性和丰富的斗争经验，是党和国家的中流砥柱；新中国成立前后成长起来的中年干部，年富力强，承先启后，已经成为各条战线的骨干；广大青年干部在党的哺育下，朝气蓬勃，正在健康成长，是党和祖国未来的依靠。这支干部队伍，是党和国家的最宝贵的财富，是社会主义现代化建设的希望所在。

但是，应该清醒地看到，我们这支干部队伍，同社会主义现代化建设的需要还很不适应。这主要是由于从50年代后期开始，削弱了对干部的培训工作。特别是十年内乱中，林彪、江青这两个反革命集团颠倒是非，混淆黑白，把所谓“头上长角、身上长刺”的小丑捧为“英雄”，把勤奋好学、刻苦钻研业务的干部斥为“白专道路”，疯狂迫害广大干部，使那些打砸抢分子，造反派头头，夺取了一些部门和地方的领导权，从根本上破坏了党的干部政策，打乱了新老干部的正常交替，严重摧残了党的干部教育事业、国民教育事业。时至今日，在干部问题上形成了这样两个突出的问题，一个是领导班子的老化；一个是相当多的干部缺乏现代化的专业知识，影响社会主义现代化建设的进程。这是必须正视的问题，我们要着力加以解决。

党的十一届三中全会以来，党中央领导全党进行全面的拨乱反正，重新确立了党的马克思列宁主义路线，胜利实现了党的工作着重点的战略转移。今年年初开始进行的中央党政机关的机构改革，开始使领导班子老化的现象发生变化，第二、第三代的中青年干部正在逐步担当起重要的责任。这是我们采取的一项高瞻远瞩、具有深远意义的措施。为了提高中青年干部的思想水平和业务能力，以适应现代化建设的需要，党中央要求我们立即着手教育、训练干部，并把这个工作经常化、制度化、正规化，使干部能较快、较好地掌握马列主义的理论武器和现代科学技术的知识。这样，经过几年的努力，党和人民所期待的干部队伍的革命化、年轻化、知识化、专业化，就会见到显著成效，我们的国家将会更加充满活力，我们党的事业将会更加蒸蒸日上、兴旺发达。

现在，中央已经明确规定：凡在中央和国家机关工作的干部，在今后5年左右的时间内，最低要达到高中文化水平、中等专业水平。按照中央的这个规定，各地区、各部门、各单位都应结合自己的实际情况，作出轮训规划，就是大学专科的毕业生，也要轮训。今后，每个干部在工作一段时间后就离职学习，学习一段再去工作，使之成为正常的制度。将来选拔、使用干部，必须加上一条，看他学习的成绩怎么样。

轮训干部，要把学习专业知识和学习社会主义的管理科学提到重要地位上来。所有干部，特别是在各级领导和党政部门工作的干部，都要学习马列主义、毛泽东思想的基本理论，学习党的路线、方针、政策。没有这一条，干部队伍的革命化就会落空，实现四项基本原则就没有保证。但是，从干部队伍的现状来看，需要特别重视专业知识和管理科学的学习。如果我们的干部不努力提高专业知识水平和管理能力，就无法适应现代化的要求，在对内对外事务中都将会遇到极大的困难。

轮训干部，必须运用一切可以运用的力量。党校、干部学校、高等院校、中等专业学校都要积极承担这项任务。要采取多种形式，住校、走读、函授、电视、广播等形式都可采用。除了有计划、有组织地脱产轮训以外，应提倡、鼓励在职业余自学，并尽可能给他们创造学习的条件。总之，我们各级党政部门要千方百计加强对干部的教育和训练，以提高干部队伍的素质。

大规模地轮训干部，是时代的要求。全党同志，全体干部，都应怀着对党的事业的高度责任感，对实现"四化"的紧迫感，以只争朝夕的精神，积极做好轮训干部的工作。

我们的老干部在革命战争年代，艰苦奋斗，功勋卓著；在社会主义革命和建设事业中，又为党和人民立了新功。教育、训练干部，要充分依靠这些老同志。经过机构改革还留在领导岗位上的老同志，对轮训干部自然是义不容辞，责无旁贷。已经退出第一线的老同志，也应十分关心中青年干部的成长，特别是要认真总结自己的丰富经验，让后来者从中得到教益。所有老同志都要对中青年干部搞好传、帮、带，这是对党、对人民应尽的责任。

我们的中年干部，大都经历过新旧两个社会，对党对社会主义事业有深厚的感情，工作上挑着重担，生活上比较艰苦。党和人民都在关怀着他们，希望他们努力提高自己，把继往开来、振兴中华的历史责任勇敢地担当起来。

我们广大的青年干部，积极上进，勇于探索，是大有希望的一代。由于十年内乱，耽误了一些宝贵光阴。但是，现在党中央已经开辟了一条光明大道。我国青年要一往无前，努力工作，刻苦学习，尽快把自己锻炼成合格的"四化"建设的人才。

我们党所犯的错误，是由我们党自己发现、自己纠正和克服的。这表明我们党具有不可战胜的强大生命力。我们干部队伍目前存在的同"四化"建设不相适应的状况，在党的领导下，经过全体老中青干部的共同努力，一定会得到解决。现在，党中央发出的轮训干部的号召，已经得到各级党组织和广大干部的热烈响应。让我们同心协力，为祖国的社会主义现代化建设造就大批的优秀人才。

在纪念中国共产党成立61周年的光荣节日时，我们深切地怀念毛泽东同志等老一辈伟大的无产阶级革命家，深切怀念为革命英勇牺牲的先烈们。我们要为完成他们开创的伟大事业继续努力奋斗！

**《人民日报》发表孙起孟的文章《实行两种性质不同的监督》**

为了保证我国各族人民在安定团结的基础上顺利进行社会主义现代化建设，必须坚持社会主义道路，坚持人民民主专政，坚持共产党的领导，坚持马克思列宁主义、毛泽东思想。这是中国人民不可须臾离开的立国之本。

中国人民还从自己的亲身经历中深刻地认识到，在四项基本原则中共产党的领导是核心。党的十一届六中全会通过的《关于建国以来党的若干历史问题的决议》传达了中国人民的心声："没有中国共产党就没有新中国，同样，没有中国共产党也就不会有现代化的社会主义中国。"

我们的党是伟大的，但这不等于说，我们党没有犯过错误，或者不会再犯错误。胡耀邦同志在去年庆祝党成立60周年大会上讲的一段话对这一点作了很有说服力的概括："党之所以具有伟大力量，并不在于它能保证党内绝对不会发生这样那样的消极现象，而在于它能够自己起来克服缺点，纠正错误，战胜一切异己力量的破坏。"党中央总结我们党几十年来的经验教训，明确了一条极为重要的方针，这就是，为了坚持党的领导，必须改善党的领导。当然，就坚持党的领导和改善党的领导这两方面的关系而言，前者是目的，是第一位的，可是如果不实行后者，前者也是做不好的。坚持和改善党的领导，这是党中央关于党的建设的一个重要的战略思想。

怎样改善党的领导？需要从党的内部和外部进行工作。从外部说，群众的监督具有极大的必要性和重要性。这样的观点，毛泽东同志在40年代就提出来了。他说："我们不怕说出自己的毛病，我们一定要改正自己的毛病。我们要加强党内教育来清除这些毛病，我们还要经过和党外人士实行民主合作来清除这些毛病。这样的内外夹攻，才能把我们的毛病治好，才能把国事真正办好起来。"（《在陕甘宁边区参议会的演说》）1945年，黄炎培先生到延安访问。他曾向毛泽东同志提出一个大问题：中共怎样找出一条新路来跳出"其兴也勃焉"、"其亡也忽焉"这个周期率的支配。毛泽东同志答复说："党已经找到新路，能跳出这个周期率。这条新路就是民主。只有让人民来监督，政府才不敢松懈。"（黄炎培：《延安归来》）1957年，毛泽东同志提出共产党和民主党派"长期共存，互相监督"的方针。他在《关于正确处理人民内部矛盾的问题》一书中说："为什么要让民主党派监督共产党呢？这是因为一个党同一个人一样，耳边很需要听到不同的声音。大家知道，主要监督共产党的是劳动人民和党员群众，但是有了民主党派，对我们更为有益。"现在，我国社会的阶级状况已经发生了根本变化。民主党派已经成为各自所联系的一部分社会主义劳动者和拥护社会主义的爱国者的政治联盟，他们从共同的根本利益出发向共产党提意见、作批评，实行监督。这对于居于领导地位的共产党说来，益处自然更大。

接受群众的监督，并适当地加大其广度和深度，是使共产党的领导和人民政府的领导克服缺点，纠正错误，战胜一切异己力量的破坏，立于不败之地的重要保证。

我国的宪法一再强调一切国家机关和国家工作人员必须接受人民监督的原则。最近公布的宪法修改草案对于我国公民和人民代表大会的监督权，作出了明文的规定，如经全国各族人民讨论同意并经全国人民代表大会通过，就将成为我们国家根本大法的重要组成部分。这是一种属于行使宪法规定的权利、行使国家权力性质的监督。

根据我国30余年来的经验，我们还有另一种性质的监督。上述的共产党和民主党派之间的相互提意见、作批评，就是这种监督。它可以发挥重要的作用，但没有法律的约束力。叶剑英同志在1978年《关于修改宪法的报告》中谈到"监督宪法和法律的实施"时，首先明确指出，这是全国人民代表大会的重要职权之一。地方各级人民代表大会也要在本行政区域内"保证宪法、法律、法令的遵守和执行"。接着他又指出，在这方面，我们还要充分发挥工会、共青团、妇联和其他人民团体的作用，也要发挥人民政协的重要作用。我以为，这里提出了两种不同性质的监督的思想，这是一个很好的政治见解。

全国人民代表大会是我国最高国家权力机关。它所拥有的监督权，是人民政协、工会、共青团、妇联以及其他人民团体所没有也不应有的。这一点，必须明确。同时，按照我国人民的政治实践经验看来，实行两种性质不同的监督，比只有一种监督，可能好处会多一些。这里所说的两种性质不同的监督，一种指的是人民代表大会行使国家权力的监督，另一种是政协和人民团体的没有法律约束力的监督。人们用民主监督这样一个词来表述后一种监督；以资与前一种监督在性质上区别开来。人民政协实行民主监督的基本方式是批评、建议。毫无疑问，这种批评、建议必须以坚持四项基本原则为前提，同时还应以调查研究为基础。有人以为这种监督没有法律约束力，起不了多大作用，事实表明不是这样。问题不在于有无这种约束力，而在于批评、建议本身的质量，是否切合实际，是否真能解决问题。人民政协的委员包括经验丰富的政治活动家、社会活动家以及科学技术界、社会科学界、经济界、教育界、体育界、文艺界、新闻出版界、医药卫生界等各条战线上的专家学者和先进工作者。据不完全的统计，五届全国政协委员中有研究员、副研究员106人，教授、副教授415人，总工程师、副总工程师、工程师167人，研究所所长、副所长55人，高等院校正副院校长48人，等等。当前和今后，我国人民的根本任务是集中力量进行社会主义现代化建设，人民政协委员更可以运用其专业知识和丰富经验，对社会主义现代化建设各个领域的工作，在调查研究的基础上提出中肯的批评和有益的建议。这种批评和建议一定会得到政府机关和有关部门的欢迎和重视，并在国家的社会主义建设中产生积极的效果。有这样一种性质的监督和国家权力机关的监督适当配合，相辅相成，必将大大有利于改善和加强党和政府的领导，使我国高度民主的社会主义政治制度逐步健全和完善起来。

**江苏连云港造纸厂生产的熊猫牌卫生纸荣获1982年轻工业部全国出口卫生纸质量评比第一名**

**中国和巴基斯坦签订1982年和1983年文化交流执行计划**

文化部副部长吕志先和巴基斯坦文化、体育和旅游部秘书马苏德·纳比·努尔，分别代表各自的政府签了字。

**中央书记处书记胡乔木到北京师范学院看望李燕杰**

李燕杰是北京市劳动模范、北京师范学院讲师。胡乔木同志肯定了李燕杰热心做青年工作的成果,鼓励他坚持下去。胡乔木同志说,希望有更多的同志来关心青年、做青年思想工作。他建议有关部门培养更多的"青年之友",和青年交朋友,做青年的知心人和患难迷惘中的引路人。胡乔木同志说,应当给青年多讲共产主义。有些青年感到共产主义很"渺茫",说要实现了共产主义社会才有共产主义思想。其实,共产主义运动从一开始就是共产主义思想的产物,在世界上已存在135年,在中国也存在六十一二年了(中国共产党的前身中国社会主义青年团在1920年就成立了)。中国革命的胜利就是共产主义运动和共产主义思想的胜利。没有共产主义的思想,怎么能有红军?怎么能有人民抗日战争和人民解放战争?怎么能有中华人民共和国和今天欣欣向荣的社会主义事业?现实生活中各条战线上许多积极分子的光辉思想都是共产主义思想。所以认为共产主义很渺茫的想法完全是误解,我们就是要消除许多群众中的这种误解。作为社会制度,社会主义是共产主义的低级阶段,每前进一步,就是向共产主义接近一步。我们的党从共产主义小组发展成为十亿人民大国的有近4000万党员的执政党,这就是共产主义的伟大实践。要增强广大青年对共产主义的信念。应当让青年们懂得,共产主义并不是可望而不可即的。有些青年是从教科书上来接受共产主义的,但更多的青年需要看到活生生的共产主义,而这种活生生的共产主义是在到处存在着,斗争着,前进着。

最后,胡乔木同志勉励李燕杰同志更好地学习马列主义,不要忽视专业,还要注意身体健康,不能有求必应,青年思想工作的全副重担不是任何一个人所能承担的。

**戚惊萱获得南斯拉夫国际象棋公开赛冠军**

经过11轮的激烈比赛,戚惊萱同冰岛国际大师彼得松,南斯拉夫国际大师西米奇,南斯拉夫棋联大师尼科拉茨,南斯拉夫棋联大师科瓦切维奇,南斯拉夫候补棋联大师托希奇等6人均以8.5的积分,并列第一名。

**伊尔哈里逝世**

全国人民代表大会代表、全国人大民族委员会副主任、新疆维吾尔自治区人大常委会副主任伊尔哈里同志因病医治无效,于7月1日逝世,享年56岁。

## 7月2日

**全国政协五届常委会十九次会议在北京举行**

会议的主要议程是,讨论《中国人民政治协商会议章程修改草案》,通过将这个章程修改草案交付全国政协委员和政协各级地方委员会广泛征求意见的决议。

全国政协副主席乌兰夫主持会议。政协章程修改委员会秘书长刘宁一受章程修改委员会的委托,向大会报告了政协章程修改委员会一年多来的工作情况,并对章程修改草案作了一些说明。

全国政协办公厅就组织政协委员参观视察和进行专题调查的情况提出了书面报告,政协提案审查委员会提出了关于政协五届四次会议以来提案工作情况的书面报告。

全国政协副主席刘澜涛、陆定一、许德珩、康克清、季方、王首道、周建人、胡子昂、荣毅仁、胡愈之、王昆仑、何长工、杨秀峰、周培源、钱昌照、董其武出席了会议。中共中央、国务院有关部门和政协各省、自治区、直辖市委员会的负责人列席了会议。

**《人民日报》发表费孝通的文章《平等、团结、互助的民族关系 大家都来讨论宪法修改草案》**

我国是一个统一的多民族国家。要实现各民族的真正平等,重要的措施是加速少数民族地区的经济、文化建设,逐步消灭历史上遗留下来的民族间事实上的不平等。各民族经济文化上如果存在着很大的差距,事实上的民族平等也就难于实现。所以,中共十一届三中全会以来,许多少数民族地区已经出现了要求技术、要求文化的热情,宪法修改草案有关民族问题的条文规定,表达了他们的心愿。

宪法修改草案规定国家要坚持不懈地帮助各少数民族地区加速经济和文化的发展。国家用来帮助各少数民族的人力物力,实际上是取自人数多、文化和经济比较先进的汉族。汉族应当把帮助少数民族作为自己的义务,少数民族也要积极地接受国家的帮助,争取早日实现各民族的共同繁荣。

宪法修改草案把平等、团结、互助并列为社会主义民族关系的主要内容。这里的"互助"一词强调了民族间帮助的相互性,就是说在社会主义建设中,不仅有汉族帮助少数民族的一面,也有少数民族帮助汉族的一面。忽略任何一面都是片面的。有些汉族同胞对于少数民族帮助汉族的一面还看得不够,所以宪法修改草案中用了"互助"二字十分重要。我们要发挥各民族取长补短,互相帮助的作用,充分认识各民族之间的相互依赖关系，确立汉族离不开少数民族，少数民族离不开汉族的信念。这是巩固民族团结，克服大民族主义和地方民族主义的思想基础。

**《人民日报》发表王任重的文章《共产党员要坚持共产主义克服个人主义》**

中国共产党成立六十一周年了。从1921年以来，我们党高举共产主义的旗帜，为民族解放、人民民主和社会主义事业，进行了震撼世界的斗争，取得了一个又一个具有历史意义的伟大胜利。今天，我们党正在领导全国各族人民沿着十一届三中全会以来开辟的航道，为建设现代化的、高度文明的、高度民主的社会主义强国而奋斗，更需要在全党大力提倡和发扬共产主义精神。

我们党的队伍，从赤手空拳的几十个人的共产主义小组，发展成为今天将近四千万人的大党，领导着近十亿人口的大国，是什么力量把我们结成一支打不垮、拆不散，总是顽强地前进的大军呢？不是别的，就是共产主义理想。所有的党员从他入党那天起，就要信守党的为共产主义奋斗的纲领、信守贯串着共产主义原则的章程。如果不是用这种崇高的共产主义理想、纲领、纪律把党组织起来，我们党就经受不住挫折和失败，也经受不住成功和胜利。

几十年来，亿万中国人民为什么始终跟随我们党百折不挠地前进呢？为什么对我们党无限信赖呢？不是别的，正是广大人民群众从我们党的全部言行中看明白了，中国共产党不是一个谋取私利的党，从她领导人民进行的两个革命——新民主主义革命、社会主义革命看，她是一个谋求中国人民解放的党，是一个立志要中国繁荣富强的党；她的千千万万党员前仆后继，流血牺牲，无私无畏，全心全意为人民服务。一句话，中国共产党身上闪耀着人类最美好的共产主义精神，感动了人民，教育了人民，把人民紧紧地团结到了自己的周围。

今天，为什么又重提坚持共产主义的问题呢？这是因为它受到了新的挑战。第一，林彪、江青反革命集团肆虐十年，唯权是夺，唯利是争，为了反革命集团的私利，任意污辱人，陷害人，残杀人，用他们那套阴谋家、野心家的丑恶言行破坏共产主义思想。他们散布的极端个人主义思想的流毒很深，至今还影响着党内和社会上某些人的思想和作风。第二，我们实行对外经济开放、对内搞活经济的政策，是完全必要的、正确的。但是必须看来，国际的、国内的资本主义腐朽思想趁机到处向我们侵蚀，其核心就是“一切向钱看”。唯利是图的资本主义腐朽思想正在同共产主义思想较量。在以上两种暗流的影响下，我们党内存在着相当严重的不正之风，经过斗争虽然已经有所好转，但还没有根本好转。我们有决心有信心再经过几年的努力，通过整党整风，一定可以使我们的党风有一个根本的好转。这是因为我们有一个团结一致的坚强的党中央，中央为我们制定了一整套符合实际的正确的路线、方针、政策。同时应当看到，我们的大多数党员是好的和比较好的，其中有大批先进分子，不愧为优秀的共产主义战士。他们，特别是那些经过战火和铁窗考验的同志，保持和发扬党的光荣传统，不论是在什么情况下，都用忘我的精神对待战斗和工作，正确处理个人和组织、个人和群众、个人和同志的关系，受到了广大群众的衷心敬佩。但是，也不能不指出，个人主义思想在一部分党员中抬头和滋长了；有极少数共产党员在资本主义思想腐蚀面前打了败仗，腐化变质了，成了可耻的犯罪分子；有少数党组织丧失了战斗堡垒的作用。这是当前妨碍我们党率领人民群众顺利开展社会主义现代化建设的一个严重问题，我们必须认真加以解决。

党内存在的个人主义有哪些表现呢？可以列举如下十种：

一、党的观念淡薄，个人主义发展，不关心党、国家和人民的利益，热衷追求个人的安逸舒适和名誉地位。

二、把个人同组织对立起来，不是无条件地服从党和人民的利益，而是讨价还价，对个人利益斤斤计较，唯恐自己吃亏。

三、骄傲自满，自以为是，不学习，不调查，个人意见第一；对党的决议、指示稍不如意，便指手画脚，拒绝服从，或者阳奉阴违，另搞一套。

四、公开向党伸手要这要那，争权力，争地位，争名誉，争待遇，达不到目的就闹情绪，不做工作，或者到处诉说，寻找同情，拿着不是当理说，不以为耻，反以为荣。

五、利用职权谋取私利，长工资自己先上，有好房子自己先挑，有好位子先把自己的子女安排，拉关系，走后门，丝毫不顾党的威信，不顾群众影响。

六、坚持派性观点，拉拉扯扯，搞小圈子，任人唯亲，在党内培植私人势力，拉帮结伙搞山头。

七、为了本单位的、小团体的利益，不顾整体的利益，挖别人的墙脚，敲国家的竹杠，损害党和国家的利益。这种本位主义，实际上是一种放大了的个人主义。

八、不分是非，不讲原则，对坏人坏事和各种不良倾向，不敢挺身而出，开展必要的批评和斗争，信奉“明哲保身”的自由主义，对于犯了错误或者违法乱纪的“朋友”、“部下”同情包庇，丧失了共产党员的战斗作用。

九、私字当头，蝇利必争，一切向钱看，只要对自己有利，不惜违反党纪、政纪，搞歪门邪道，损害国家和人民的利益，甚至贪污受贿，走上犯罪的道路。

十、在资产阶级糖弹面前解除武装，一味追求个人的物质享受，迷恋资本主义生活方式，以至腐化堕落，丧失国格、人格。

个人主义是剥削者阶级和小私有者阶级思想影响在我们队伍内的反映，是和共产主义水火不能相容的，是一种危害极大的腐蚀剂。如果听任它在党内蔓延，党风就不可能根本好转。党风不好，又会严重影响整个社会风气。

资产阶级、小资产阶级个人主义是一切不正之风的思想根源，是向资本主义侵蚀敞开的门窗，小个人主义膨胀起来，变成大个人主义，必定成为社会主义事业的大敌。过去，在党内生活中经常开展批评与自我批评，有一个重要内容就是同某些党员的各种个人主义表现作斗争。我们的广大党员也正是在这种锤炼中促进了自己世界观的改造。可是，如今竟有一些党组织、一些同志对个人主义的危害性认识不足，简直不把它当一回事，听之任之，甚至加以同情和姑息。开展文明礼貌活动，打扫环境卫生是很必要的，而清除人们头脑里的污垢则更为重要。一个党员的个人主义思想增多了，共产主义思想就减少了。让个人主义塞满了自己的头脑，共产主义思想就没有了，这就是蜕化变质了。

有人说："自私是人的本性，大公无私只是一种不能实现的'理想境界'，在现实生活中是做不到的，真正大公无私的人是不存在的。"这种人实际上是把剥削阶级的"人不为己，天诛地灭"的处世哲学作为自己的人生观，这种个人利己主义不仅和共产主义思想水火不相容，而且是对于共产主义运动的历史的歪曲，是对于为共产主义奋斗的先烈们和英雄们的极端诬蔑，违背了最基本的历史事实。

在我们党所领导的长期的革命斗争中，无数革命先烈，抛头颅、洒热血，舍生取义，难道不正是充分体现了大公无私的共产主义精神境界吗？这里面有什么私心杂念呢？我们这些幸存的人可以作证：那时一切有共产主义觉悟的同志，除了谋求革命的胜利以外，谁也没有想到过封妻荫子，住好房子，坐小汽车，当这样那样的官。今天，继承这种传统，一心为公，把群众的幸福摆在个人幸福之上的先进人物，不是每天都在大量涌现出来吗？各条战线都有闪耀着共产主义光辉的人和事。比如：不怕牺牲，挺身而出同坏人斗争的曹振贤；把巨额遗产捐献给国家的杜芸芸；身怀六甲，毅然跳水救人的陈燕飞；不为高薪招聘所动，坚持在为人民服务岗位上的北京古城修建队的19位退休工人；人民解放军新涌现的"雷锋式的好干部"李俊甲；反走私斗争的坚强战士庄惜英；忍着癌症剧痛，为发展祖国建设事业战斗到生命最后一息的优秀知识分子栾茀；二十三年坚持隐姓埋名助人为乐的云南京剧团关肃霜等同志，等等。社会主义现代化事业正是以这样成千上万的先进模范人物作脊梁，而不断向前发展壮大的。在社会上，在党内，是有严重自私自利的人，但是他们的所作所为，是为群众所不齿的。只有全心全意为人民服务的精神才是人民的向导，才是我们的时代精神。

持"人是自私的"观点的同志为什么对这些事实视而不见、听而不闻呢？就是因为他们对人的本性是怎么回事，没有弄明白。"自私"并不是人的本性，而是人类社会出现私有制以后产生的一种社会属性。人类已有两三百万年的历史，而人类社会产生私有制以及同私有制相联系的自私观念，只不过几千年。将来全世界进入共产主义社会，那个时代的人类子孙也将不知财产的私有和"自私"为何物。说"自私是人的本性"的同志，是把私有制基础上的剥削者阶级和小私有者阶级的世界观，错误地当作了普遍的人性，从而也把它错误地当作了社会主义时代的人的本性。他们根本不懂得"人们的社会存在决定人们的思想意识"这条历史唯物主义的基本原理。

有人认为，提倡大公无私，反对个人主义，是超越现实的"左"的口号，这样势必要"压抑大多数人的合理的个人利益"。持这种看法的同志没有用心思想清楚什么是右，什么是"左"，对于个人主义、不正之风，根本是不能应用"左"或右的概念的。我们提倡的大公无私，是要求人们不要有自私自利之心，不要干损人利己、损公肥私、唯利是图的事情，决不是否定和取消个人的正当利益。恰恰相反，党和国家一直十分关心和维护全体人民的正当的个人利益。党同样承认和照顾党员的个人利益，发展党员的个性和特长，因为这是同党和人民的利益完全一致的。只有当党员的个人利益同党的利益发生矛盾的时候，才要求党员无条件地服从党的利益。共产党员理所当然地要把党和人民的利益放在第一位，把自己的一切献给人类最壮丽的共产主义事业。这是党性的集中表现，这同"左"的思想是毫不相干的。

有人相信所谓"主观为自我，客观为别人"的人生观。其实，这是乔装打扮了的个人主义，是"自私是人的本性"这个错误观念的另一种说法。在他们看来，为别人的行为必须达到为自我的目的，否则，拔一毛而利天下不为也。具有这种观点的人，是不可能真正为别人的。"为自我"和"为人民"是两种根本不同的人生观，不可能走到一起。"主观为自我"的人，一味发展下去，不可能不损害别人，损害集体。这早已不是一个理论认识的问题了。看看社会上那些一心"为自我"

的人，不是一个一个地走上损人利己、直至犯罪的道路了吗？

目前在少数人中间还流行一种糊涂观念，以为我们正在进行社会主义现代化建设，实行“各尽所能、按劳分配”，似乎就不应该提倡共产主义思想和共产主义劳动态度。这种看法也是不对的。

这里有两个不同范畴的问题。一个是劳动者之间分配劳动产品的政策原则；一个是用什么思想体系教育劳动者。我们党的政策是在共产主义思想指导下，适应目前历史发展阶段的情况制定出来的，它既要解决当前的各种实际问题，又是同实现共产主义远大理想这个根本目标相联系的。我们在工作中必须坚决贯彻“各尽所能、按劳分配”的原则，同时又要教育工人阶级看到按劳分配的局限性，突破由它所形成的狭隘眼界，把为社会、为集体的劳动摆在第一位，积极从事不计较报酬的自觉自愿的劳动。作为一个共产党员，决不能降低对自己的要求，只讲按劳分配，更不能不顾国家和集体利益，只讲个人劳动发家致富，去斤斤计较个人的私利，而应该发扬大公无私，不计较报酬，为国家多做贡献，为人民利益甘愿作出牺牲的共产主义精神。我们既不能把共产主义思想教育同社会主义现阶段的政策混为一谈，也不能把两者对立起来。不能说讲按劳分配，就不能提倡不计较报酬的共产主义劳动态度。我们就是要提倡义务劳动，搞义务植树，各种形式的服务队、代耕组，学雷锋小组，无代价地为人民做好事。通过这些实践，改造社会风气，提高人们的革命觉悟和道德品质。我们大力表彰“三八红旗手”、“青年突击手”、劳动模范、三好学生，以及各条战线上涌现出来的先进人物、先进集体，是非常重要的。具有共产主义思想和道德的人越多，我们建设事业的发展越快，每个人能够享受的物质文化福利就会越多。资产阶级是把个人利益建立在损人利己的基础上，我们无产阶级是把个人利益同国家和集体利益统一起来的，这是两种不同的社会制度决定的。在生产资料公有制的社会主义社会，一味追求个人利益，必然和公共利益产生冲突，轻者到处碰钉子，重者则会违法犯罪。

共产党员对社会主义、共产主义事业决不能讲“等价交换”，讲“按酬付劳”，而应该把全部精力都倾注到这个伟大的事业中去。无数革命先烈就是这样做的。在革命战争年代当兵打仗，人们有什么报酬？无数共产党员不仅付出了辛勤的劳动，流血流汗，甚至牺牲了自己的生命。他们图的什么？不是个人小家庭的利益，而是民族的独立，阶级的解放，祖国的新生。对一个共产党员来说，人生最大的乐趣就在于此。1979年有个外国记者曾经问过我：“在‘文化大革命’中横遭摧残的时候，阁下最大的痛苦是什么？”我回答说：“最大的痛苦就是被剥夺了工作权利，不能为人民服务。”这是当时我们很多受迫害的共产党员的共同心声。

列宁曾经提出：“做事就是为了拿钱，——这是资本主义世界的道德。”有的人鼓吹这种资本主义世界的道德，甚至把它说成是符合马克思主义的。这是荒诞不经的。我们主张使人们从物质利益上关心自己的劳动成果，是要发展社会生产，提高经济效益，把个人利益同社会利益紧密结合起来，这决不意味着要鼓励人们“向钱看”，不择手段地谋取个人和小团体的私利。如果让“向钱看”的思想泛滥起来，主宰一切，我们这支宏大的社会主义现代化建设队伍就会被一个个、一群群追逐私利者所分裂，社会主义的“各尽所能、按劳分配”的原则就会遭到破坏，最终使全体人民蒙受其害。要反对斤斤计较报酬而在劳动中却不认真、不出力、不负责任、不守纪律的现象。这些都是对于工人阶级道德的败坏。我们不是“雇佣劳动者”，而是新社会的主人。决不能做金钱的奴隶。

我们必须清醒地看到，由于剥削制度的历史长久并且在今天的世界上仍然在很广泛的范围内存在，资产阶级“唯利是图”的思想仍然具有很大的诱惑性和腐蚀性。不少人正是因为迷恋“金钱万能”这个资本主义的信条，而走上了堕落犯罪的道路和痛苦毁灭的深渊的。生活里面这样的警告还少吗？我们怎么可以无动于衷呢？一切真正的共产党人都必须同拜金主义作不调和的斗争。我们要继续发扬艰苦奋斗的优良传统，以吃苦耐劳为荣，反对个人享乐主义。只有共产主义思想才是抵制和反对资产阶级思想侵蚀的最有力的武器。

共产党人决不是为着个人的私利而是为着整个阶级的和人类的幸福而生活、战斗的，随时准备着用自己的生命去殉我们的共产主义事业。正因为这样，真正的共产党人能够做到“先天下之忧而忧，后天下之乐而乐”，吃苦在前，享受在后。革命烈士方志敏有一段感人肺腑的话：“为着阶级和民族的解放，为着党的事业的成功，我毫不稀罕那华丽的大厦，却宁愿居住在卑陋潮湿的茅棚；不稀罕美味的西餐大菜，宁愿吞嚼刺口的苞粟和菜根；不稀罕舒服柔软的钢丝床，宁愿睡在猪栏狗窠似的住所！”这就是无产阶级的苦乐观和幸福观。当前，“四化”建设的胜利发展是我们各族人民的根本利益之所在，它应该是共产党员忧乐之所在。

有些人也希望尽快改变祖国贫困落后的面貌，希望尽快解决生活中的各种困难，向往过美好幸福的生活，但是不愿意艰苦奋斗，不愿意承担改造现实、创造未来的崇高责任。这种态度是错误的。只“乘凉”，不

“栽树”，幸福生活从何而来？我们今天的幸福生活是靠革命先辈艰苦奋斗、流血牺牲换来的，是我们昨天的艰苦劳动换来的；我们明天更幸福的生活，还要靠我们的辛勤劳动。美好的生活不能靠等待，不能靠空谈，不能靠它从天下掉下来，也不能靠别人赐予。唯一的办法就是依靠我们以社会主义主人翁的态度，脚踏实地的艰苦奋斗。党的三中全会以来，国家用了很大的力量，花了1,400多亿元改善人民的生活。有2,800万人就了业，城乡有千千万万的人住上了新房。当然，需要解决的问题还很多，多年来积累下的问题要一下子都解决是不可能的，只能逐步解决。这就要靠更努力的劳动，为社会创造更多的物质财富。除此之外，不可能有别的捷径可寻。

作为一个共产党员，应该做到不要同别人计较享受的优劣，而要同别人比较贡献的大小和奋发图强的精神；决不能遇到一点生活上的困难就牢骚满腹，怨天尤人；更不能遇到有利的事，先替自己打算，比如提工资级别呀，分配住房呀，安排子女就业呀，自己处处占先。殊不知正是这些“小意思”坏了大事情，使自己和群众拉开了距离，给党身上蒙了灰尘和耻辱。总之，是把自己的全部精力用在工作上、事业上，还是用在操办个人生活上，用在追求个人享受上，这反映了共产主义者和个人主义者的根本对立的人生观。

我们一定要为保持党的共产主义纯洁性，反对资本主义思想腐蚀而斗争。毛泽东同志说：“共产党员无论何时何地都不应以个人利益放在第一位，而应以个人利益服从于民族的和人民群众的利益。因此，自私自利，消极怠工，贪污腐化，风头主义等等，是最可鄙的；而大公无私，积极努力，克己奉公，埋头苦干的精神，才是可尊敬的。”

克服个人主义思想，树立共产主义的新思想、新道德、新风尚，是一个需要经常不懈地长期进行下去的重大任务。在建设社会主义精神文明的事业中，共产党员必须坚持用共产主义思想克服个人主义思想，不仅在党内而且在一切比较先进的群众中树立共产主义的道德风尚。随着社会主义、共产主义事业的发展，使共产主义思想和道德逐步成为我国社会占统治地位的意识形态。这是应该的，也是可能的。每个共产党员都应该用更高的标准要求自己，不但要以身作则，而且要敢于挺身而出、敢于向各种损害国家和人民利益的思想行为作斗争。我们这样做是代表了大多数人的最大利益，终究会得到群众的理解和赞助。公道自在人心，我们应该充满必胜的信心。

坚持共产主义，克服个人主义，最根本的是必须加强马列主义、毛泽东思想的理论修养，加强无产阶级的党性锻炼，坚持在改造客观世界的同时改造自己的主观世界。这点“老生常谈”，有大加强调的必要。刘少奇同志《论共产党员的修养》，我们应当重新学习。它的中心内容是要求共产党员坚持共产主义，克服个人主义；要求共产党员“用无产阶级的、人民的、党的利益高于一切的原则去同自己的个人主义思想进行斗争”。今天，有些共产党员恰恰是把它丢到脑后了。他们不学习马克思列宁主义，不开展批评与自我批评，不自觉地改造世界观，有意无意地让个人主义思想膨胀起来，这是很危险的。一个共产党员如果不努力学习马列主义的理论并用以指导自己的思想和行动，他要在革命和建设中坚持无产阶级的立场，体现无产阶级的思想，是根本不可能的。我们应该重温毛泽东同志《关于纠正党内的错误思想》《反对自由主义》《中国共产党在民族战争中的地位》以及党的其他领袖们的有关著作，认真学习马克思主义有关党的建设的著作和有关社会主义伦理学的著作，不断从中汲取教益和力量，经常运用批评与自我批评的武器，同自己的或党内的个人主义思想进行斗争，牢牢树立起共产主义世界观，为社会主义现代化建设贡献自己的全部力量。只有这样，才能无愧于共产党员的光荣称号。

### 商业部在山西临猗召开全国果品干菜加工会议

会议提出，果品、干菜经营部门要改变单一经营的思想，充分利用我国极为丰富的果品资源，使果品、干菜的加工利用在短时期内有个较大的发展。

会议提供的材料表明，新中国成立以来，我国果品、干菜、调料加工虽然有了一定的发展，但总的看来仍然重视不够。由于加工能力低，全国每年约有100多万吨残次、风落果得不到加工利用；在流通环节上，由于长途运输和储藏条件不足，每年约有30多万吨水果白白烂掉；同时，还有储量相当丰富的野生资源，如猕猴桃、野山楂、山葡萄等营养价值和经济价值很高的野果，没有得到充分的加工和利用。

会议要求果品、干菜经营部门改变单一经营思想，因地制宜，因品种制宜，走收购——鲜销——储藏——加工的路子，大力开展加工利用。首先要对残次果、风落果、急销果、滞销果和野生果开展加工利用。其次在保证完成出口、调拨、轻工原料计划的前提下，对等内果品也要有计划地开展加工，以调节淡旺季市场和满足出口的需要。最后要抓好干菜、调料的原料生产，恢复和发展具有特色的干菜、调料食品。

会议要求各地加强领导，调动各方面的积极因素，在充分挖掘现有企业潜力的同时，努力增加新的果品加工能力。在今后三五年内，各地水果主产县和大中城市果品经营部门都要建立一个不同类型的综合利用加工厂。建厂形式可以灵活多样，果品经营部门可以单独办，也可以实行多种形式的联营。

会议认为，开展果品、干菜、调料加工，必须坚持综合利用，以生产大众化食品为主，适当发展高档产品和方便食品，大力恢复和扶持传统名牌产品，充分利用下脚料和残次品进行加工，以提高经济效益。

会议要求各地不断提高产品质量，增加花色品种，搞好食品卫生，加强技术培训和科学研究，安排好原料的供应，以保证果品、干菜加工工作的开展。

**国务院批转国家经委《关于全国第五次“质量月”活动安排意见的报告》并发出通知**

通知指出，今年的“质量月”活动，必须紧密联系当前工业部门职工在对待产品品种、质量问题上的思想实际和工作实际，开展得更加广泛深入、扎实有效。

通知要求，各级计委、经委，必须把品种、质量问题牢牢抓住，切切不可掉以轻心，要把它摆在工作的首要地位，并经常注意纠正那种实际存在的忽视社会需要、忽视产品质量的错误倾向。要着手研究制定一个长远的奋斗目标，用三五年或者更多一点时间，使品种、质量的面貌有一个较大的改变，以基本适应社会需要。还要采取若干有力的政策措施和制定一些必要的规章制度，并下苦功夫把科学技术工作搞上去，把各项基础工作搞好。总之，把品种、质量摆在第一位是我们党和国家的长远方针，我们必须贯彻落实这条方针，为使我国经济工作转移到提高经济效益为核心的轨道上来，作坚持不懈的奋斗。

国家经委在给国务院的报告中，针对我国当前工业产品质量中存在的问题，提出今年的“质量月”必须紧紧围绕提高经济效益这个中心课题，广泛开展“求实际效益、让用户满意”的活动，以促进各部门、各地区提高对质量问题重要性的认识，大力加强质量管理，提高产品质量，增加产品品种，改善服务态度。

从现在起，所有企业都要逐步对企业产品的质量状况和产品适销对路情况进行全面检查；要广泛开展访问用户的活动，并根据用户意见，制定切实可行的质量整改措施；要检查执行“四不”(不合用的原材料不投产，不合用的半成品不使用，不合格的成品不能按合格品出厂，不合格的产品不计算产值、产量)、“三包”(包修、包换、包退)原则和开展技术服务工作的情况。企业要将上述检查结果向职工代表大会作出报告。

**国务院副总理姚依林在人民大会堂会见由众议员萨米尔·爱德华多·席尔瓦·阿明率领的哥伦比亚众议院代表团**

姚依林向客人们介绍了中国对拉美国家的政策。他说：“中国和拉美国家都是第三世界国家。我们都有共同的经历，因此能够彼此理解、相互支持。中国希望密切同拉美国家的关系。我们支持他们的政治独立，尊重他们的国家主权，希望他们的民族经济得到发展，并且关心着同拉美国家之间在政治、经济等方面的友好合作关系的发展。”

姚依林还谈到了中国农村情况和客人们关心的其他一些问题。

**新疆歌舞团首次参加伊斯坦布尔文艺节**

由阿巴索夫率领的中国新疆歌舞团首次应邀参加了在土耳其伊斯坦布尔举行的第十届国际伊斯坦布尔文艺节，受到热烈欢迎。

**中国代表在布拉格举行的第七次世界面包和谷物大会上谈关于蚕蛹蛋白利用问题**

第七次世界面包和谷物大会在布拉格闭幕。来自无锡轻工业学院的中国代表林少雯宣读了他的导师沈学源教授和他本人合写的论文，题目是《用挤压工艺由谷类、大豆、蚕蛹和棉籽蛋白制造廉价优质婴儿食品》。文中指出，在婴儿食品配方中添加一定数量的脱脂、脱嗅、脱味的蚕蛹蛋白，可以提高营养价值。论文博得了与会者的热烈掌声。论文中提到的关于蚕蛹蛋白的利用问题，引起一些专家的兴趣。他们认为，用廉价的蚕蛹蛋白改善谷类食品的营养价值，为寻求新的食品蛋白资源提供了线索。对蚕蛹蛋白用于食用目的的系统分析和研究，这在世界上还是第一次。专题报告会主持人指出，中国蚕蛹资源丰富，这项研究具有实际意义。

**2BY—24型压轮式谷物联合播种机在黑龙江哈尔滨农业机械厂研制成功**

来自全国23个单位的37位专家认为，这种农业机械适应性强，使用可靠，在主要结构设计和技术性能上接近或达到了世界同类产品的先进水平。

这种播种机，考虑了与我国农机具配套作业的特点，适于平原、干旱地区国营农场和人民公社大面积条播小麦，兼播大豆、高粱、谷子、玉米等作物。它与现在国内大批生产的24行、48行播种机相比，作业速度由每小时5—7公里提高到8—12公里，每小时可播种43.2亩至53.3亩，提高效率一倍以上。

## 7月3日

**中共中央书记处书记胡乔木在北京视察由待业青年创办的前门茶点综合服务社**

**全国人大常委会副委员长 中国佛教协会名誉会长班禅额尔德尼·确吉坚赞到拉萨视察**

班禅受到了西藏自治区党政负责人阴法唐、热地、宋子元、张向明、帕巴拉·格列朗杰等和拉萨市各族群众的欢迎。班禅说：这次我来到西藏，要亲眼看看西藏各族人民在自治区党委和人民政府领导下，贯彻中央关于西藏工作的重要指示，在各方面所取得的成就和发生的巨大变化。同时，我愿在加强藏汉民族的团结，建设新西藏，巩固国防，维护祖国的统一等方面作一些力所能及的、有益的事情。他还强调说："党中央号召我们团结起来向前看，我们要加强团结，携手并肩，把西藏的工作做得更好。"

**国务院采取四条经济措施扶植小煤窑**

煤炭工业部部长高扬文在广西钦州县了解小煤窑生产建设情况时说：地方办的小煤窑在我国煤炭生产中占有举足轻重的地位，产量占全国原煤产量的 44% 以上。所以，扶植小煤窑应是我国开发能源的一项重要政策。

高扬文说，前几年我国煤炭生产上不去，除调整各方面的比例关系外，很重要的一个原因就是小煤窑产量降下来了。所以，国务院对小煤窑规定了几条政策，从经济上给以扶植：一、各地要适当提高小窑煤的销售价格；二、适当减免税收；三、增加基建投资和技术改造资金；四、提高简单再生产费用。凡是执行这几项政策的地方小煤窑生产都在上升。现在还没有实行这些政策的省、区，希望尽快实行，特别是缺煤省、区更要千方百计多产煤。对江南七省、区煤炭供应的基本方针是力争本省、区多产煤，做到基本自给，同时进行品种调剂，缺额补充。缺煤的省份，只要能开发的煤矿，不管大小都应开发。广西缺煤，不论规模大小的煤矿，只要具备了开发条件的，可以采取"三包"、"三保"的办法，加速开发。所谓"三包"、"三保"：就是建设单位包投资、包工期、包达产期，煤炭局代表煤炭部保资金、保国家控制的设备、保国家控制的材料。按矿井实行"三包"、"三保"的办法，是为了防止撒"芝麻盐"，没有责任制，花了钱井也建不起来。要有奖有罚。

高扬文在钦州地区时，发现从山西大同调一吨煤到钦州要花 90 元，其中运费 60 元。因此，尽管钦州大垌、上思昌墩煤矿开采成本要比山西大同煤高得多，但比较起来还是划算的。高扬文在听了钦州地区负责同志关于开采上思、钦州大垌小煤矿的情况汇报后，希望地方赶快把设计搞出来，用"三包"、"三保"办法建设。

**国土整治战略问题讨论会在北京召开**

会议于 7 月 3 日至 7 日召开。讨论会由国家计委国土局委托中国自然资源研究会筹备组、中国环境科学学会、中国生态学会、中国地理学会、中国国土经济学研究会 5 个全国性学术团体共同举办。

科学工作者提出：我国的国土整治，必须从我国国情和全局利益、长远利益出发，由各部门、各地区综合、协调地进行。他们的这个建议，是在最近召开的国土整治战略问题讨论会上提出来的。到会的科学工作者讨论了到 2000 年我国国土整治的战略基本目标，并对国家中长期国土整治规划中的一些重大战略性项目提出了咨询和建议。

黄秉维、马世骏、侯学煜、周立三、吴传钧、吴中伦、宋达泉、王战、刘建康、刘培桐、谢家泽、石衡等 40 多位专家、学者和科学工作者在会上各抒己见，畅所欲言，对我国国土整治问题和战略目标展开了热烈讨论。大家提出，国土整治既是当务之急，又是长远之计，必须改变过去部门、地区、学科各自为政和头痛医头、脚痛医脚的现象，从我国的全局和子孙万代的利益出发，防止和减少盲目性、片面性和随意性。有的同志提出：国土整治目前首先应该抓跨部门、跨地区和综合性、战略性的问题；同时也要抓长远的问题，要搞一个全国的经济区划，还要抓好全国的生产布局、重点地区自然资源的合理开发利用和治理保护，对重大工程建设项目、大型生产基地的建立，要进行多部门、多学科的综合科学论证。还有的同志建议：国土整治要有统一的规划，要加强与国土整治有关的各种立法，还要加强国土整治的领导工作。

与会科学工作者对黄淮海平原洪涝旱碱的治理、黄河中游水土保持、南水北调、农牧交错地区沙化的治理、南方山地开发利用、海南岛开发等重大国土整治项目进行了认真讨论，并且提出了一些具体建议。著名地理学家黄秉维等指出：黄淮海洪涝旱碱的治理，必须与黄河中游的水土保持结合起来进行。著名植物生态学家侯学煜从生态学的角度，论述了南方农业各个方面必须注意的一些重大关系问题，还提出了南方山区应以林为主的观点。

国家计委副主任吕克白也在会上发了言。

**《人民日报》发表评论员文章《管好用好现有农田水利工程》**

农村普遍实行生产责任制以后，特别是实行包产到户和包干到户的地方，农田用水由原来以生产队为单位，大多变成了以千家万户为对象。在这一新的情况下，把现有水利工程管好、用好，充分发挥灌溉效益，是保证农业生产顺利进行的一项重要工作。

水利是发展农业的重要生产条件。解放以来，我国农田水利事业有很大发展，灌溉面积达到 7 亿亩。

这些农田水利设施对农业增产发挥了重大作用，在普遍实行责任制后的农村，更成为农民直接关心和积极利用的生产手段。管得好，用得好，现有的水利工程就能够充分发挥效益；管不好，用不好，不仅发挥不了效益，还会出现水利纠纷，影响生产，挫伤农民的积极性。现在，有些地方放松了对现有水利的管理，有的水利工程长期失修，有的未能继续配套，有的闲置不用甚至遭到破坏，有的管理制度废弛，以致蓄水不及时，供水效率低，用水矛盾多。广大农民迫切要求采取切实办法加以改进。

统一领导、统一管理是搞好水利管理的首要问题。我国现有的水利设施，除社员自办自用的浅井、水窖、小蓄水池外，大部分工程的受益范围，少则一个队，大则一社、一县或几个县，用水时间又集中在同一农事季节内。这就需要统一领导和统一管理，否则，不但会降低水利设施的使用效益，造成水资源的浪费，而且容易引起水利纠纷，影响农业生产的稳定发展。只有统一领导、统一管理，才能兼顾上下游用水，左邻右舍用水，保证千家万户受益；即使在一个生产队内，也要实行"一把锄头放水"，才能渠通水畅，水尽其利。因此，不管采取哪种农业生产责任制形式，都要坚持水利设施的公有性质，保持水利灌排设施的完整体系，不能私分变卖或任意侵占，更不允许任何破坏。每个水库，每处井站，每一灌排渠系，都要有统一管理的机构、人员和健全的规章制度，认真保护水利设施的完整，促使水利效益的发挥。

水利实行统一管理，要建立相应的管理责任制，并把它作为农业生产责任制的一项重要内容。这是充分发挥水利设施效益的关键措施，也是把水利工作的重点转移到管理上来的"突破口"。种庄稼吃"大锅饭"不行，搞水利"喝大锅水"也不行。要建立水利管理责任制，实行专业承包方式，对水利管理人员定职责、定权限、定报酬，使他们有责有权有利，有奖有惩，把他们的积极性引导到维护工程安全、讲求灌溉效益、综合利用水利资源等方面来。同时，对于用水单位和农户，定时间，定水量，定水费，并按受益面积定必要的维修任务。这样，就能群策群力，把现有水利切实管好、用好。

现在，各地实行的农田水利管理责任制形式多种多样，对于跨县、跨社、跨队的较大的水利工程和灌区，实行分级管理，由上一级成立管理机构和建立岗位责任制；对于一社一队的水利设施，实行综合承包、专业承包、单项承包、大包干等等形式。各种不同的管理责任制形式，各有适用范围，如综合承包，多用于小型水库、较大的扬水站以及一些经营项目较多的工程设施；专业承包多用于不设专管机构的小型水利工程。各地的农业生产责任制的形式不同，水利设施不一样，水利管理责任制的形式也不能一个模式，要提倡因地制宜，多种形式，灵活运用，以方便生产。各地都要认真调查研究，从实际出发，实行有利于当地农业生产发展的水利管理责任制，并采用签订合同的方式，把责任制固定下来，保证及时进行维修、清淤、蓄水、放水，实现科学用水、节约用水。

加强基层水利队伍的建设，是管好水利的一个重要环节。我国基层水利队伍很不适应水利管理工作的要求。据统计，全国还有50%以上的公社没有水利站，不少水利设施仍处于"地县有人管，公社断了线"的状态。全国只有公社水利员11万人，平均每个公社不到两人。不少水利管理人员的科学技术水平不高，不能胜任工作，不少人因工作和生活条件较差，不安心工作。因此，要迅速建立和健全公社水利站，配齐水利员，抓好培训工作，提高他们的业务水平，改善他们的工作条件，关心他们生活中的一些实际困难。农村基层水利队伍充实和提高了，就会使水利管理真正落到实处，使水利事业越办越好。

**经国务院批准外经贸部决定对每年两次的中国出口商品交易会工作作出调整**

对外经济贸易部有关负责人说，今年春季中国出口商品交易会试行了改革，规模有所缩小，会期由一个月缩短为20天。改革后，节省了洽谈时间，提高了工作效率。但是，交易会规模缩小，每个交易团一年只能参加一次交易会，因而不少客商特别是兼营多种商品的中小商人，在会上只能买到要买的部分商品，感到不便。同时，今年上半年我国一些外贸公司和一些省、市举办专业性的和地方综合性的出口商品交易会，比去年同期有所增加，一些客商反映，这使他们在时间、人力、费用的安排上也感到不方便。考虑到以上情况，为了更便于国外客商同我方洽谈贸易，对外经济贸易部经报请国务院批准，从今年秋季交易会开始，对出口商品交易会的工作再做一些改进。除20天会期不变外，交易会的规模要适当扩大。

这位负责人说，对于今后各外贸公司和省、自治区、直辖市举办的专业性的和地方综合性的出口商品交易会，对外经济贸易部将加强管理。专业性的出口商品交易会，均由各专业进出口总公司统一组织，举办的地点只限于广州、上海、天津、北京4个口岸。各省、自治区、直辖市不再举办地方综合性的出口商品交易会。原定今年下半年举办两个专业性的出口商品交易会：即呢绒交易会和中药材交易会，仍按原计划进行。

**全国妇联副主席雷洁琼在北京设宴招待印度大学妇女协会联合会主席奇特拉·戈什夫人和由她率领的印度大学妇女协会联合会代表团**

**外交学会会长郝德青在人民大会堂会见以省议会主席安德烈·瓦赞为团长的法国安德尔一卢瓦尔省议员团**

**我国首批硕士学位授予工作结束 8562 人荣获硕士学位**

依靠我们自己的力量培养大批硕士,在我国历史上还是第一次。

这批硕士中,高等学校培养的有6992人,科研机构培养的有1570人。他们中,哲学、经济学、法学、教育学、文学、历史学硕士占13%;理学硕士占28%;工学硕士占45%以上;农学硕士占2.3%;医学硕士占11%以上。

**中央领导同志已批准中国美术家协会《关于在全国重点城市进行雕塑建设的建议》并责成有关部门实施**

城市雕塑是一代文化的象征,既可以歌颂革命业绩,纪念历史人物,反映时代精神,潜移默化地教育和鼓舞群众,又可以美化生活环境,装饰城市面貌,对日益增多的国际交往和发展旅游事业也大有好处。

为了抓好这项工作,充分发挥雕塑艺术的作用,最近中国美术家协会经过研究,提出了两项具体措施:一、建议由国家城市建设总局、文化部和中国美术家协会共同领导这项工作,成立城市雕塑规划小组,研究制订规划和计划,审查设计方案并组织实施;二、希望国家每年为建设城市雕塑拨给专款,各省、市亦可视本地情况自筹经费。这些建议得到批准后,目前正在组织力量落实。

**新疆大力发展少数民族文教事业**

据《人民日报》报道,新疆维吾尔自治区党委和人民政府近两年来采取切实措施,大力发展少数民族的文化教育事业,取得了显著成绩。

自治区把十年动乱中停办或合并的少数民族中、小学一一恢复,又新建了一批用维吾尔文、哈萨克文、蒙古文和柯尔克孜文教学的中、小学。从1980年起,免收南疆农村少数民族贫困社队和边境县少数民族学生的学杂费,免费供应小学课本。今年,自治区又筹集2,800万元专款、调拨建材维修中、小学校舍。

自治区各大专院校和中等专业学校,自1980年起,在录取少数民族新生中,都采取适当降低分数线的办法,使入学的少数民族学生占新生人数的54%以上。全区已有各种业余大、中学校436所,参加学习的各族职工达42000多人。维吾尔族聚居的喀什地区,近两年兴办起农民夜校、扫盲识字班和农民技术学习班1200多个,先后有38000多名维吾尔族农村干部和社员群众参加学习。

## 7月4日

**中央军委主席邓小平在军委座谈会上谈人才选拔问题**

邓小平在讲体制改革问题时强调:重要的是选拔人才,要使好的比较年轻的干部早点上来,好接班。这件事要放在我们经常的日程中间。不解决选拔人才的问题,我们交不了班。

**深圳经济特区进入大规模建设**

据《人民日报》报道,广东深圳经济特区进入大规模的全面建设。6万多名建筑工人活跃在特区260多个工程项目的工地上,施工总面积达150多万平方米。早期动工兴建的蛇口、上步、沙河工业区和罗湖商业区已初具规模,一批高层楼宇和工厂,以及高级商场、宾馆等先后建成,开始呈现出现代城市的雏形。

**中国种植橡胶树北移成功**

据《人民日报》报道,经过30年的艰苦奋斗,辛勤经营,现在已建成了以海南岛、西双版纳为主的天然橡胶生产基地。这两个橡胶生产基地有胶园341万多亩,占全国胶园总面积的53%,年产胶8万多吨。另外在接近北纬25度的广西、福建一些经过选择的地区,也植胶成功。现在,全国国营胶园面积有531万多亩,并拥有一批天然橡胶加工厂。集体经营的橡胶树,也有100多万亩。去年全国橡胶总产量达12.8万吨,比上年增长13.3%。我国天然橡胶的面积已占世界第四位,产量占第六位,并且已初步建立了具有我国特色的橡胶科学技术体系,总结出一套适应我国热带地区自然条件的橡胶栽培管理的科学方法。

**国务院副总理万里在北京会见美国霍普金斯大学教授钱致榕**

**1982年中国国际男排邀请赛在上海闭幕**

中国队七战七捷夺得冠军,巴西队和美国队分别获得第二、第三名。

**中国选手在中国 联邦德国 美国体操友谊赛中夺得13项冠军**

## 7月5日

**全国政协五届常委会十九次会议在北京举行全体会议**

会议讨论了《政协章程修改草案》,决定将这个修改草案交付全国政协委员和政协各级地方委员会讨论。

各组代表汇报了分组讨论《政协章程修改草案》时提出的建议和意见。各组对这个修改草案较为满意,认为可以作为进一步修改的基础,建议交付全国政协委员和政协各级地方委员会讨论。随后,委员们一致通过了关于将政协章程修改草案交付全国政协委员和政协各级地方委员会讨论的决议。决议要求,全国政协委员提出的修改意见,于今年9月底以前送政协章程修改委员会秘书处,各级地方委员会提出的修改意见,由各省、自治区、直辖市委员会汇总后,于今年9月底以前送政协章程修改委员会秘书处,以便修改委员会作进一步修改。

会议由胡子昂副主席主持,副主席刘澜涛、陆定一、许德珩、王首道、周建人、荣毅仁、胡愈之、王昆仑、何长工、杨秀峰、周培源、钱昌照、董其武出席了会议。

中央有关部门负责人,政协各省、自治区、直辖市委员会的负责人,列席了会议。

**华北五省区市在太原举行党史资料征集工作会议**

会议于7月5日至9日召开。薄一波、程子华等20多位老同志应邀出席了会议。他们结合自己的亲身经历,讲述了党在华北地区各个历史时期的活动情况及其经验教训。薄一波着重介绍了抗日战争前后山西统一战线形势,牺盟会、抗日决死队成长和壮大过程,以及在党的领导下我军击退国民党第一次反共高潮的历史事实。程子华讲述了1936年红军东渡黄河进入山西的经过。

天津、河北、山西党史资料征集委员会向会议献交了近期新发现的有关党史的重要文献资料和实物。

到会同志对党史编写研究工作进行了热烈讨论,对协作编写晋察冀、晋冀鲁豫、晋绥等抗日根据地的历史作出了计划。

会议要求各地进一步加强领导,提高对党史资料征集工作的紧迫性、重要性的认识,抓紧抓好这项工作。要全面规划,统筹安排,根据党在本地区各个时期革命斗争的重大事件,有计划、有步骤地开展党史资料征集工作,特别是有关跨省、跨地区的革命斗争历史资料的征集,更应搞好协作。

中共中央党史资料征集委员会副主任委员谢筱迺就今后如何开展党史资料征集工作讲了话。

中共山西省委负责同志霍士廉、罗贵波出席了会议。

**中央党史资料征集委员会中央档案馆征集到革命历史文件资料万余件**

据《人民日报》报道,党的十一届三中全会后在全国范围内进行的征集党史资料和革命历史文件的工作,取得了显著成果。到目前为止,中共中央党史资料征集委员会、中央档案馆征集到的革命历史文件资料已达1万多件。

在征集到的历史文件中,有毛泽东、周恩来、刘少奇、朱德等老一辈无产阶级革命家的书信、起草文件的手稿和日记等2000多件。其中有不久前征集到的周恩来同志1921年1月30日自法国巴黎写给他表兄陈式周的信。周恩来在信中说:“若在吾国则积弊既深,似非效法俄式之革命,不易收改革之效”,鲜明地提出中国革命要走俄国十月革命的道路。党史研究人员认为,这封信是迄今为止收集到的中国共产党创建时期最珍贵的历史文献之一。此外,毛泽东同志1923为国共合作时期给孙中山先生的信、1942年12月为党中央起草的《中央关于反对自由主义的指示》的原件,周恩来同志抗日战争时期写给阎锡山的希望他坚持国共合作、共同抗击日本侵略者的亲笔信,徐特立同志研究毛泽东思想形成、发展等问题的两本笔记,王若飞同志1922年在中共旅欧总支部写的书信,王稼祥同志1924年至1928年写的15封亲笔信等等,都是珍贵的历史文件。

征集到的文件中还有邓小平、陈云等同志的手稿、信件。其中邓小平同志1948年在鄂豫陕干部会议上的报告的记录稿,当年曾经他亲笔修改过。在报告中,邓小平同志分析了解放战争的形势,提出要敢于胜利,敢于吃苦,对革命要坚定,对困难不能屈服。

征集党史资料和革命历史文件过程中,在中央和地方工作的很多老同志,有的把在战争时期冒着生命危险保存下来的革命历史资料献了出来,一些老同志的亲属也献出了珍藏多年的老一辈无产阶级革命家的手稿、书信。邓颖超同志得知中央档案馆征集周恩来同志文稿的消息后,和秘书一起整理出周恩来同志的手稿100多件,编好目录送给了中央档案馆。老共产党员刘瑞龙同志在战争岁月广为搜集并保存了一批革命历史文件资料,他先后交给了中央档案馆近200件,其中有陈望道翻译的1920年出版的《共产党宣言》,有刘少奇、恽代英同志的手稿、书信。谢觉哉同志的夫人王定国献出的毛泽东同志1941年至1944年给谢老的14封信,内容是中央对陕甘宁边区政府的指示。续范亭同志的女儿续磊同志献出了十余封毛泽东同志致续老的亲笔信。

这批珍贵的历史文献的原件将作为党和国家的历史财富永久保存,复制件有的将送交中央文献研究室编辑老一辈无产阶级革命家的选集、传记;有的将供给党史研究部门研究编写党史资料;有的将公开出版,作为向群众进行革命传统教育的教材。

**中共中央书记处书记胡乔木给北京前门茶点综合服务社张占英 蔺同禄和服务社全体同志的信**

同禄、占英同志,前门茶点综合服务社的全体党员、团员和全体工作同志们!

前天到你们社座谈,了解了许多情况,很感谢你们的接待和介绍,尤其感谢你们为北京市待业青年自己组织起来解决就业问题作出了一个榜样。这当然同党和政府对你们的支持分不开,但也是你们每个同志(包括几位热心参加你们工作的老同志)克服重重困难和阻力,团结奋斗的结果。

在你们今后前进的道路上还会遇到各种困难,但我相信,这些困难既然过去不曾把你们压倒,将来也一定不会把你们压倒。最重要的,是希望你们珍惜已经获得的荣誉,永远保持你们创业时的那股勇往直前的干劲和勤俭起家的本色,永不骄傲自满,永远在坚持四项基本原则和五讲四美的基础上团结一致,坚持不懈地学习再学习,不断地提高自己的政治觉悟和业务文化知识,永远走在时代的前列,永不沾染社会上一部分人的坏习气,并且同这些坏习气斗争到底!祝愿你们在创造社会主义物质文明和创造社会主义精神文明的道路上不断取得新的胜利!

胡乔木

1982年7月5日

**煤炭工业部和交通部商定在枝城港建专用煤炭装船码头**

煤炭工业部和交通部正式签订了一项协议:在长江的枝城港建设一座专用煤炭装船码头和一支年运煤量为120万吨的拖驳船队。

枝城港专用煤炭装船码头到1985年全部建成,年运煤可达150万吨。从此,在我国长江上就有了运煤的专用船队,这对缓和华东地区运煤紧张状况将起到积极作用。

**国务院副总理万里在人民大会堂会见日本《读卖新闻》社社长小林与三次一行**

**全国妇联主席康克清在北京会见以艾丽斯·旺吉夫人为团长的肯尼亚妇女代表团**

**全国人大常委会副委员长乌兰夫在人民大会堂会见以省议会主席安德烈·瓦赞为团长的法国安德尔—卢瓦尔省议员团**

**教育部 北京市人民政府在首都体育馆举行首都高等学校应届毕业生大会**

中共中央书记处书记、国务院副总理姚依林在会上讲话。

姚依林在向大家介绍我国社会主义建设的发展趋势时说,你们今年20多岁,有的30多岁,到1990年以后,在座的同学中必定有很多人是我国各方面的骨干。他说,到本世纪末,我们国家的经济将从一个新的起点向前发展;再经过10年、20年或更多一点的时间,就可以达到经济最发达国家的水平。他指出,实现这个奋斗目标,一定会碰到许多困难,但最重要的,是要求我们每一个人都必须自觉地为达到这个目标付出一定的牺牲。

姚依林说,以毛泽东、周恩来、刘少奇、朱德同志为代表的老一辈无产阶级革命家,为中华民族的解放和中国的社会主义建设,付出了巨大的牺牲。现在的老干部这一代人,也付出了巨大的牺牲。在座的同学们这一代人,也是要付出牺牲的一代。振兴中华、赶上世界先进国家这一宏伟壮丽的事业。没有几代人的艰苦奋斗,是不可能实现的。他指出,自觉地认识到这种客观的实际,自觉地投身到这个伟大的事业中去,以为了祖国和人民的利益不惜牺牲自己的个人利益为光荣,这就是政治觉悟。他说,社会主义建设事业需要大量的知识分子。我们的党对青年同志们是信任的,对在座的同学们是信任的,相信你们中间的大多数人,在经过一番锻炼之后,会成为中国革命和建设事业的合格的接班人。

姚依林强调指出,今年在毕业生分配时提出了一个口号,即希望同学们服从分配,"到基层去,到艰苦的地方去,到祖国需要的地方去"。有一些同学认为,今年正赶上国家机构精简,不可能把许多人分在北京,因此要到外地去,这是没有赶上好时机。他说,这种看法是不全面的。他强调,提出这样一个口号,主要的理由是由于我国的建设事业正在开展,我们的建设事业分布在全国各个地区,我们从今年起要加强各地现有工厂的技术改造,因此,今后北京的大学生,将会越来越多地分配到外地。不仅对学理工科的同学是这样,就是学管理、经济、财贸、教育等其他各方面的同学,全国各地也很需要。对于同学们自己来说,到基层和到艰苦的地方去磨炼,将会更好地得到锻炼和成长。这就需要同学们有高度的政治觉悟和有为祖国献身的英雄气概。

毕业生代表、清华大学水利工程系顾弼生和北京师范大学数学系王聪华在会上发言。

教育部党组书记张承先主持大会。北京市市长焦若愚,中宣部副部长曾德林,教育部、劳动人事部、北京市有关方面的负责人和首都高等学校的领导同志出席了大会。首都高等院校应届毕业大学生、研究生和教职工代表共17000多人参加了大会。

**全国年画工作座谈会在北京召开**

文化部、中国美术家协会于7月5日至10日联合召开了全国年画工作座谈会。年画家、年画出版和发行工作者、年画教学和研究工作者、文化部、中国美协和美协各分会、中宣部等部门有关负责同志100余人参加座谈会。

这次座谈会是新中国成立30多年来举行的第一次全国性年画工作会议。

与会者在发言中强调,年画工作一定要坚持为人民服务、为社会主义服务的方向,坚持百花齐放、推陈出新的方针。提倡爱国的、革命的、健康的年画,要克服商品化的影响。

许多同志认为,现实题材、传统题材、历史题材、欣赏题材,是年画作者驰骋的天地,但当前需要大量提倡现实题材的年画创作,鼓励作者努力创作富于时代气息又有年画特色的现实题材的好年画,歌颂"四化"建设中的新人、新事、新风尚。与会同志希望,各种题材的年画都要坚持质量第一、健康有益、吸引农民的原则。

座谈会上,不少同志呼吁有关领导要重视面向8亿农民的美术普及工作,要重视年画创作、出版、发行工作,为年画作者深入生活,提高思想和艺术素养创造有利条件。

会议期间,朱穆之、贺敬之、周巍峙等到会讲话。

## 7月6日

**全国政协五届常委会十九次会议在北京闭幕**

刘澜涛副主席兼秘书长主持会议并作关于全国政协机构调整和人事任免问题的说明,周培源副主席汇报全国政协代表团今年5月中旬访问日本的情况。

刘澜涛说,全国政协机关自五届一次会议以来,做了许多重要工作,是政协33年中工作做得比较好的一个时期。我们的委员人数由四届的1199人,增加到现在的2054人,几乎增加了一倍,各项工作都有很大发展,这生动地表明了我国爱国统一战线的更加巩固和扩大。

刘澜涛说,全国政协机关的组织机构主要有三个问题,一是干部老化;二是领导干部中党员人数过多;三是机构松散。他说,全国政协秘书长是大会选举的,所以要待六届政协全体会议时改选;副秘书长是由常委会任命的,准备进行调整。对副秘书长的调整,必须根据党中央提出的精简原则和革命化、年轻化、知识化、专业化的要求,同时也要充分考虑政协这个统一战线组织的特点。全国政协是在中国共产党领导下,由中国共产党、8个民主党派、全国工商联、无党派民主人士、人民团体、各界的代表等,共28个方面的代表和特邀人士组成的。这个特点,在领导班子中应得到反映。

周培源在汇报中说,这次全国政协由9人组成的访日代表团,包括了科技、文教、工商、新闻、华侨等界的代表人士,其中有6个党派的负责人。这是应日中协会的邀请,全国政协首次派代表团访日,日本政府、国会和友好团体都非常重视。他说,访问中,代表团宣传了我国的统一战线政策,介绍了人民政协的性质、作用以及各民主党派参与协商讨论国家大事的情况。他强调,这次访问进一步巩固和发展了中日两国的友好关系。

今年以来,全国政协组织在京委员在本地参观了国防建设和科学技术方面的成就,并先后组织代表团分别赴唐山参观了新唐山的建设情况,赴辽宁了解了经济调整、提高工业经济效益的情况,赴四川了解了落实原国民党起义投诚人员政策的情况,赴福建、广东了解了落实对侨胞、侨眷、港澳同胞、台湾同胞以及去台人员亲属政策的情况。全国政协办公厅向这次会议提出了上述活动的书面总结报告,并提出了政协五届四次会议以来提案工作情况的书面报告。会议对这些书面报告比较满意。会议认为,组织委员们赴各地调查研究、了解情况,不但对政协组织本身的建设有很大作用,而且对促进一些地方的工作、推动有关部门落实政策,也起到了很好的作用。

会议同意刘澜涛所作的说明和周培源的汇报,决定任命杨拯民、罗涵先、程思远、方荣欣、张敬礼、王炎堂为全国政协副秘书长;任命罗涵先兼全国政协办公厅主任。

乌兰夫、许德珩、康克清、季方、王首道、胡子昂、荣毅仁、胡愈之、王昆仑、何长工、萧克、杨秀峰、包尔汉、钱昌照、董其武副主席出席了会议。

中央和国家机关有关部门负责人,政协各省、自治区、直辖市委员会的负责人,列席了会议。

**全国政协五届常委会十九次会议审议《中国人民**

**政治协商会议章程修改草案》的《总纲》**

中国人民在长期的革命和建设进程中，结成了由中国共产党领导的，有各民主党派、无党派民主人士和人民团体参加的，包括全体社会主义劳动者、拥护社会主义的爱国者和拥护祖国统一的爱国者的广泛的统一战线。

中国人民政治协商会议是中国人民统一战线的重要组织。1949年9月，中国人民政治协商会议第一届全体会议执行全国人民代表大会的职权，代表全国人民的意志，宣告中华人民共和国的成立，发挥了重要的历史作用。1954年第一届全国人民代表大会召开后，中国人民政治协商会议继续在国家的政治生活和社会生活中进行了许多重大的工作，作出了重要的贡献。今后在社会主义现代化建设、维护国家的团结和统一以及保卫世界和平的斗争中，中国人民政治协商会议将进一步发挥它的重要作用。

我国各族人民，经过30多年的奋斗，消灭了剥削制度，建立了社会主义制度。我国社会阶级状况发生了根本的变化。工农联盟更加巩固。知识分子的绝大多数已经是工人阶级的一部分，同工人、农民一样成为社会主义事业的依靠力量。作为阶级的地主阶级、富农阶级已被消灭；资本家阶级不再存在；原来属于剥削阶级的人，绝大多数已经改造成为自食其力的劳动者。在人民革命和建设事业中作出重要贡献的各民主党派，已经各自成为所联系的一部分社会主义劳动者和拥护社会主义的爱国者的政治联盟。全国各民族已经形成平等、团结、互助的社会主义民族关系。宗教界的爱国人士有了很大的进步。台湾同胞、港澳同胞和国外侨胞热爱祖国，拥护祖国统一，支援祖国建设事业。在新的历史时期，我国的统一战线更加巩固，更加发展，它仍然具有强大的生命力，仍然是中国人民团结战斗，建设祖国的一个重要法宝。

在我国，剥削阶级被消灭以后，由于国内和国际的条件，阶级斗争还将在一定范围内长期存在，中国人民对国内外的敌对势力和敌对分子的斗争是长期的。但阶级斗争已经不是我国社会的主要矛盾。我国所要解决的主要矛盾是人民日益增长的物质文化需要同落后的社会生产之间的矛盾。因此，我国各族人民的根本任务是集中力量把我国建设成为具有现代化工业、现代化农业、现代化国防和现代化科学技术的，高度民主的，高度文明的社会主义国家。中国人民政治协商会议要在热爱中华人民共和国、拥护中国共产党的领导和拥护社会主义事业的政治基础上，进一步发展爱国统一战线，调动一切积极因素，团结一切可能团结的人，同心同德，群策群力，维护和发展安定团结的政治局面，为实现我国各族人民的根本任务而奋斗。为着实现这个奋斗目标，中国人民政治协商会议坚持中国共产党和各民主党派长期共存、互相监督的方针，对国家的大政方针和社会主义现代化建设以及群众生活等重要问题进行政治协商，并通过批评和建议发挥民主监督作用。中国人民政治协商会议的一切活动以中华人民共和国宪法为根本的准则。

**民盟中央在北京举行专题会议**

会议于7月6日至13日在北京举行。民盟中央副主席楚图南在讲话中强调：协助党和政府做好贯彻落实知识分子政策工作，是今年全盟工作的重点。副主席胡愈之、华罗庚、萨空了、李文宜、费孝通、闻家驷等出席会议。来自各地的教育、科技、文艺等界的老一辈知识分子和一部分民盟地方组织的负责人，交流和总结了前段知识分子工作的情况，对全面落实知识分子政策提出了建设性的意见。

会议还特邀一些中年知识分子参加，并就中年知识分子问题进行了讨论。与会的老专家、老教授发出“抢救”中年知识分子的呼吁。目前，改善中年知识分子的工作、生活条件，已成为落实知识分子政策中的一个紧迫问题。与会同志建议，在工资制度全面改革以前，应尽早采取积极有效措施，改变他们工资过低的状况，并改善他们的住房条件，解决他们当中夫妻两地分居的问题。

**《人民日报》发表评论员文章《大胆选拔使用能够打开新局面的干部》**

按照革命化、年轻化、知识化、专业化的要求，大胆选拔能够打开新局面的干部，让他们把各级各部门的领导重任担当起来，这是党中央在精简机构、调整领导班子中提出的一个非常重要的指导思想。牢牢掌握这个指导思想，就能更好地贯彻执行党在新时期的组织路线，使领导班子的状况同伟大转折时期的政治任务相适应，这样，我们的社会主义现代化建设才有成功的希望。

开创新局面要有一大批能打开局面的干部

我们所说的能够打开新局面的干部，不是盲目蛮干的鲁莽家，也不是不务实事的空谈家，而是那些坚定的、清醒的、有作为的马克思主义者，那些能够创造性地执行党的路线方针政策，在一个地区、部门或单位作出显著成绩的优秀领导者。强调选拔这样的同志，正是坚持用实践来检验干部，坚持德才兼备原则与干部个人具体实际的统一。

强调选拔重用能够打开新局面的干部，是党的事业的需要，也是历史经验的启迪。我们党是为实现社会主义、共产主义的崇高理想而不断除旧布新的党。

它要克服前进道路上的重重困难,一步一步达到预期的目的。没有正确的路线方针政策不行;只有好的路线方针政策,没有能打开局面的好干部去付诸实施也不行。每当我们的事业开始了历史性的大转折,这个问题就显得更加重要,更加突出。1937年抗日战争爆发前后,我们党处在团结全国各族人民抗击日本侵略者的革命大转变关头,毛泽东同志强调指出:“指导伟大的革命,要有伟大的党,要有许多最好的干部。”这样的干部应当“懂得马克思列宁主义,有政治远见,有工作能力,富于牺牲精神,能独立解决问题,在困难中不动摇,忠心耿耿地为民族、为阶级、为党而工作。”纵观党的历史,我们经历过的每一次重大转折,无一不是依靠这样的好干部挑重担,创局面,把党的路线变成广大群众的意志和行动,才最终胜利实现的。

现在,我国已经进入历史发展的新时期。党的目标是动员和组织全国人民,把中国建设成为具有高度物质文明、精神文明和高度民主的现代化的社会主义强国。进行这样一次伟大的转折,无论从党所担负的任务,还是从已经和将要遇到的新情况、新问题来说,无疑要比以往的任何转折复杂得多,困难得多,因而需要有更多的能够创局面的干部。用“四化”(革命化、年轻化、知识化、专业化)的干部去建设“四化”(农业现代化、工业现代化、国防现代化、科学技术现代化)的国家这个问题,就是从这里产生的。选拔一大批符合条件的优秀中青年干部进入各级领导班子这个战略任务,也是从这里提出来的。

十一届三中全会以来,我们党通过坚决地全面地拨乱反正,已经确立了一条在中国进行社会主义现代化建设的马克思主义路线,制定了一系列正确的方针和政策,作出了发展经济、政治、文化等各项事业的科学布局,现在的关键,就是要有一大批有胆有识有真本领的组织者、指挥者去尽快落实。所以,各级党委和组织部门要抓紧工作,把符合选拔条件、实践证明能打开新局面的干部,选拔到适当的领导岗位去,让他们在社会主义现代化建设的各种大小舞台上,演出一幕幕威武雄壮的活剧来。

*丢掉错误思想好干部就会站在面前*

我们党现在有近两千万名干部,他们大多数是好的和比较好的,是十亿人民进行新长征的组织者和领导者,也是社会主义现代化建设的创业者。能够在伟大的历史转折时期挑重担、创局面的优秀干部,就蕴藏在这个丰富的人才宝库当中。这里有一大批久经考验、屡建功勋的老干部;还有一大批经过锻炼考验的优秀中青年干部,其中一些人已经在近几年被选拔到便于施展其才能的领导岗位上来。可惜,还有不少优秀人才未被发现和重用。伟大的历史转折,还会源源不断地造就和涌现出一大批推动历史前进的英雄人物,同时也一定会暴露和淘汰一些相形见绌的以及跟历史潮流相悖而行的分子。各级党委和组织部门要善于从广大的创业者当中选拔使用能够打开新局面的干部,避免误用不适当的人,防止打砸抢分子、造反起家的人、帮派思想严重的人以及近几年在政治上严重破坏党内生活准则、在经济上严重违法乱纪的人混进领导班子。能不能做到这一点,对于我们的组织工作、干部工作将是一次很重要的检验。

一些地方和单位明明有能够打开局面的干部,就是发现和选拔不出来。问题在哪里呢?还是邓小平同志1980年指出过的:“是现行制度和为数不少的干部的思想方法,不利于选拔和使用四个现代化所急需的人才。”

因为某些制度不合时宜而压抑、埋没人才的问题,是非解决不可的。近几年来,中央为改革干部制度已经采取了一些措施,并且带了好头。然而事实告诉我们,由于一些同志思想方法不对头,不仅使有些地方和部门在推行中央明确肯定的干部制度改革时遇到阻力,而且直接妨碍了优秀人才的发现和选拔工作。

前两年,各级党委为肃清用人方面的“左”的流毒、论资排辈观念以及嫉贤妒能等落后意识,做了不少工作,取得了一定效果。但是一些地方和单位没有把这种工作同选拔人才的具体活动结合起来,没有认真触动上述错误思想赖以存在的世界观方面的根源。其结果常常是:一方面说要大胆选拔优秀人才;一方面在具体确定选拔对象时,又摆不脱主观片面地、孤立静止地看待事物的思想方法的羁绊。一般地说,能打开局面的干部都有一定的真才实学,比较实事求是,不轻易放弃自己经过认真思考的意见,可是在有的问题上可能不善与人同,这就很容易被人不加分析地扣上“骄傲自大”的帽子。能打开局面的干部具有高度的革命事业心和责任心,勇于创新,敢于独立负责地解决问题,同时工作中也难免出现失误,这就很容易被人当成“辫子”,抓住不放。能打开局面的干部党性比较强,厌恶剥削阶级的腐朽思想和作风,爱当反对违法乱纪行为和各种歪风邪气的“出头鸟”,这就不免得罪一些人,招致某些人的不满。任何一个能打开局面的干部,都不是完人。他们有长处,也有短处,而且,长处与短处又常常联系在一起。但是,必须看到这些同志的长处,看到他们对于社会主义现代化建设的坚强意志、出色的领导才能和奋不顾身的实干精神,正是党和人民的事业最需要和最可贵的东西。党组织的责任,就在于扬其长而弃其短。古人尚且懂得不可“以二卵弃干城之将”(注),我们为什么要甘受唯心主义和形而上学观点的驱使,去压抑和埋没“四化”建设所急需的人才呢！

采取有力措施加快选拔人才的步伐

选拔优秀中青年干部，把那些能够打开局面的人才及早推到第一线领导岗位上来，让他们在实践中继续锻炼成长，同时在实践中获得广泛的群众基础，这仍然是当前组织战线上的主要任务。各级党组织都要从实际出发，认真总结这两年的经验，采取切实有效的措施，加快步伐，以适应形势迅速发展的要求。

中央、国家机关精简机构的经验证明，结合机构改革，按照革命化、年轻化、知识化、专业化的要求，“三位一体”地调整和组建领导班子，是加快选拔优秀中青年干部最有效的一项措施。地方各级机关的精简工作，将要遵照中央的统一部署分期分批开始，但是机构改革方案，对优秀中青年干部的考核，物色能打开局面的干部等准备工作，必须从现在起就加紧进行。有的地方和部门的领导班子，急需配备年富力强的、能打开局面的干部，又有合适的选拔对象，现在就可以提上来，不要拖到机构改革开始后才去解决。

选拔年富力强、能打开局面的干部，调整领导班子，要自上而下，一级抓一级。各级党委主要领导同志应亲自动手，加强经常的督促检查，及时解决思想问题和实际问题。每个领导成员，在研究选拔对象时，要出以公心，敢于坚持原则，替好干部讲公道话。对同一个干部有不同意见，双方都要用经过调查核实的材料说话，进行具体分析，不要受没有事实根据的舆论所左右，不要一两个人说了算，也不要因为一两个人持不同意见就“搁浅”了事。

对每一个选拔对象进行考核，都必须充分走群众路线。要在党委领导下，实行群众推荐、民意测验和组织部门考核相结合，废止过去那种神秘化和手工业式的做法。任何人都可以推荐优秀干部，但都必须经过组织考核。要坚决排除派性干扰，及时发现和制止一切非组织活动。

凡实践证明确实是能打开局面的干部，就要敢于大胆提拔。这不是说提升干部可以不要台阶，可以重复“文化大革命”中那种被称为“坐火箭”、“坐直升机”的做法，而是要打破关于台阶的旧观念，创造一些适合新形势新任务需要的台阶。挑选干部不能只限于从现行党政干部的区、县、地、省等台阶中去一级一级地找，还要从各行各业的不同职务和不同职称的干部中去找；不能单纯凭资历用人，而要根据德才兼备的原则，着重看干部在实践中指挥工作、解决问题、开创局面的实绩。各级党委和组织部门要为年富力强、能打开局面的干部进入领导班子多做搭桥铺路的工作，坚决改变在选拔干部方面说得多、做得少的状况。

（注）《纲鉴易知录》·《周纪》载：子思言苟变于卫侯曰：“其材可将五百乘。”公曰：“吾知其可将，然变尝为吏，赋于民，而食人二鸡子，故弗用也。”子思曰：“夫圣人之官人，犹匠之用木也，取其所长，弃其所短，故杞梓连抱而有数尺之朽，良工不弃。今君处战国之世，选爪牙之士，而以二卵弃干城之将，此不可使闻于邻国也。”

**中央统战部部长杨静仁在北京会见由台湾回大陆定居的孙德湘教授**

**国务院副总理万里在人民大会堂会见日中友好议员联盟副会长小林进和日中友好议员联盟事务局长上村幸生**

**中宣部在中南海召开少年儿童思想品德教育座谈会**

座谈会由王惠德主持。中共中央书记处书记王任重，中共中央宣传部部长邓力群、副部长王惠德，先后在座谈会上讲了话。中共中央、国务院、首都新闻界和文学艺术、出版方面30个有关部门的负责人出席了座谈会。

教育部副部长彭珮云向大家介绍了一年来在小学开设思想品德课的简要情况。她指出，我们初步总结，开好这门课的基本经验有四条：一、必须充分认识在小学开设思想品德课是建设社会主义精神文明，全面贯彻党的教育方针，造就一代新人的重要措施，是一件具有战略意义的大事。要下决心、用功夫把这一门课开好；二、必须从小学生的思想实际出发，有的放矢，有针对性；三、在教学方法上必须适合小学生的年龄特征，运用各种形式，特别是直观的形象的手段，深入浅出地进行教育；四、学校内的各种阵地要互相配合，学校、家庭和社会要互相配合。

王任重同志作了重要讲话。他说，对少年儿童教育的好坏，关系到我们国家的兴衰，党中央对这一工作很重视。大家对这件事情很积极，讲了很多很好的意见。他指出，当前我们已经有了许多做好少年儿童思想品德教育的经验，关键是要把这些经验加以推广。他要求，各级党委、各级政府、妇联、共青团、工会等组织都要重视和加强这一工作；宣传战线、文艺界、广播电视、说唱团等文艺团体，要真正搞一些有利于少年儿童思想品德健康成长的精神食粮；要认真把加强少年儿童的思想教育工作开展起来，中央宣传部既然把这件事情管起来，就要坚持管到底！

王任重说，要抓好少年儿童的思想品德教育，首先要抓好对大人的教育，当爷爷奶奶的、当父母的、做教师的，如果自己的思想作风不好，就会在孩子眼中造成很不好的影响，因此，教育人者首先要自己受教育，以身作则，自觉做少年儿童的表率。

王任重强调，对少年儿童开展思想品德教育要以共产主义思想作为中心内容。他提出，那种认为“共产主义理想是可望而不可即的”、“是将来的事情”的说法，是不对的。他说，我们共产党人在新民主主义革命时期，就是用共产主义思想教育人民的，就是为这个事业奋斗的；现在我们搞社会主义建设，就是在向着共产主义这个远大目标的道路上一步一步前进！我们各行各业、每个人天天所从事的社会主义建设工作，就是共产主义建设事业的一部分，就是在一步一步实现共产主义的理想。

他指出，要上好小学思想品德课，教师要有教材，有全国统一的基本教材，也可以有本地区的补充教材，内容要形象、生动，讲解要引人入胜。要像北京师范学院讲师李燕杰那样，善于做思想教育工作。要培养一批善于教少年儿童思想品德课的教师。

王任重说，对我们的孩子们应该是两个要求：一个是身体健康成长；一个是思想健康成长。在这两个健康成长的条件下，去增长知识。教师和家长对孩子进行教育时，要善于启发诱导，要科学育人。

邓力群同志在座谈会上说，这次《光明日报》要进行关于小学生思想品德教育的讨论，所谓讨论就是希望大家来发表意见，对思想品德教育大纲进行补充修改。《光明日报》要搞，其他报纸刊物也要搞，其他的宣传部门也要搞；并且要去做点采访，把这方面好的单位、先进人物、好的事情、好的经验在报刊加以报道、推荐、介绍。使这个讨论更全面，内容更充实。

出席座谈会的还有中宣部副部长郁文、曾德林，以及全国总工会、中国教育工会、中共中央书记处研究室、中直党委、中国人民解放军总政治部宣传部、全国科协、音乐家协会、美术家协会、人民日报社、光明日报社、新华社、儿童电影制片厂、美术出版社、人民文学出版社、中国少年报社、《辅导员》杂志、人民教育出版社、中国社会科学院青少年研究所等有关方面的负责人。

## 7月7日

**国务院发布《国务院工作人员守则》**

一、拥护中国共产党的领导，努力学习马克思列宁主义、毛泽东思想，坚持人民民主专政，坚持社会主义道路，全心全意为人民服务。

二、模范执行国家的宪法、法律、法令和行政法规，严格遵守纪律，廉洁奉公，不徇私情，勇于同不良倾向作斗争，特别要同官僚主义作斗争。

三、注重调查研究，一切从实际出发，实事求是地反映情况和处理问题。

四、办事认真、负责、准确、迅速，注重质量，讲究效率。自己职责内的事或上级交办的事，要按规定的时限完成；紧急的事，及时处理。

五、坚持民主集中制，服从组织领导，密切联系群众，虚心倾听人民群众和下级机关的意见和建议。

六、树立全局观念，同兄弟单位主动配合，团结协作，不扯皮，不推诿，共同搞好有关工作。

七、努力学习文化科学知识，积极钻研业务，不断提高知识水平和工作能力。

八、生活艰苦朴素，遵守社会公德，讲究文明礼貌。

九、谦虚谨慎，不骄不躁，坚持真理，修正错误，经常开展批评与自我批评。

十、提高革命警惕，严守国家秘密，维护祖国的尊严和荣誉。

**1982年上半年全国完成工业总产值2729.3亿元**

国家统计局发布消息，截至6月底止，达到全年计划的51%，比去年同期增长10.1%。

我国工业生产今年起步高，增长快，日产水平逐月提高，和去年同期比较，今年上半年有三个可喜的特点：

一是各类工业品普遍增长。全国100种主要工业产品的产量，完成全年计划一半以上的有86种，绝大部分比去年同期增产。

二是29个省、自治区、直辖市个个增产。少的增产7%，多的增产10%以上到20%；原来工业生产比较困难的贵州、云南、青海、宁夏等偏远省、区，也大步赶上来了。

三是轻重工业全面上升。一年前因国民经济调整生产比较被动的冶金、机械、化工等重工业产品，如今总的生产势头都比较好。

去年我国工业生产上半年比较差，下半年增产多，所以今年上半年增长速度显得快，下半年不可能继续保持这样快的速度。当前值得注意的是需要进一步提高经济效益，解决某些轻工业品因质量差、消耗高、货不对路，继续增产遇到困难的问题。同时，重工业生产因为能源供应不足，交通运输紧张，继续发展也受到了限制。根据新的情况，国家最近决定今年工业生产“保四争五”的计划不变，并且采取措施适当控制耗能高的工业品的增长，进一步扶持轻工业的发展，防止一些地方盲目追求产值，忽视经济效益的提高。这就要求工业部门的广大职工更好地把工作的重点放在提高经济效益上。

**国务院副总理万里在中南海会见由尼日利亚计划**

**部部长奥雅格博拉夫人率领的尼日利亚政府经济技术代表团**

**外经贸部部长陈慕华在北京会见并宴请由尼日利亚计划部部长奥雅格博拉夫人率领的尼日利亚政府经济技术代表团**

**中联部部长乔石在北京会见并宴请朝鲜劳动党中央委员党中央国际事业部副部长玄峻极一行**

**刘玉煌在米兰举行的第十三届米兰国际田径邀请赛中以 7 米 93 获得跳远冠军**

**中央统战部 国家民委 北京市民委在北京联合举行茶话会欢送北京第四批赴西藏医疗队**

北京市第四批赴西藏医疗队是应西藏自治区的要求,经中央有关部门批准各地派往西藏的 15 个医疗队之一。医疗队的 11 名成员是从北京市各医院挑选的,其中 9 名是副主任医师、主治医师和医师,具有一定的教学、科研和临床工作能力。他们将同其他地区的 14 个陆续赴西藏医疗队一起,帮助西藏自治区培养藏族和其他民族的医疗卫生干部,发展西藏的医疗卫生事业,提高西藏人民的健康水平。

卫生部部长崔月犁、中央统战部副部长江平等勉励医疗队成员,发扬白求恩精神,为提高西藏人民的健康水平作出贡献。赴西藏医疗队队员纷纷表示,决不辜负组织的期望,努力工作,好好为西藏人民服务,为增进民族团结贡献一份力量。

**金山逝世**

人民艺术家、中国共产党党员金山,因脑溢血于 7 月 7 日凌晨 4 时在北京逝世,享年 71 岁。

金山是中国文联全国委员会委员、中国戏剧家协会副主席、中央戏剧学院院长、广播电视部艺术委员会主任、全国政协委员。

## 7 月 8 日

**《人民日报》发表社论《保持水土 造福万代》**

国务院制定、公布的《水土保持工作条例》(以下简称《条例》),对于防治水土流失,保护和合理利用水土资源,从根本上减少我国的水旱灾害,发展农业和其他生产建设事业,具有极为重要的意义。广泛、深入地宣传这个条例,使之深入人心,家喻户晓,把水土保持看作关系国家民族命运的大事,人人自觉执行,是当前的一项紧迫任务,是造福子孙万代的一项根本大计。

自然资源和生态环境是人类赖以生存的基础,随着社会的进化和发展,人们索取自然资源的强度与日俱增,地球上有些资源越来越少,许多国家都十分重视自然资源的保护和再生。我国人口众多,面临的自然资源和生态环境问题更为尖锐。按人口平均,我国一些自然资源的占有量显著低于世界平均水平,耕地为世界人均数的 1/3,草原为 1/2,水资源为 1/4,森林资源仅 1/8。耕地在我国尤为珍贵。土壤的形成是非常缓慢的,往往需要几个世纪的风化发育过程,一旦流失,岩石裸露,滴水不渗,寸草不生。有土才有粮,土如不存,人将安附?珍惜每一寸土地,是我们长远的国策。对于一个 10 亿人口的国家,要吃饭,要建设,就要把保护土壤这件大事认真办好。

我国山区、丘陵、风沙区域非常广阔,占国土面积的 2/3 以上。水土的流失,沙漠的侵袭,环境生态的恶化,都是历史上掠夺自然资源的灾难后果。黄河中游丘陵沟壑区多年平均土壤流失量,每平方公里达 5000 吨以上,严重的地方高达每平方公里 2 万余吨。新中国成立 30 余年来,在党和政府领导下,做了大量的水土保持工作,涌现出数以千计的成功的水土保持典型;但是,由于“左”的干扰,十年内乱的破坏,加上对保持水土的重要性认识不足,治理水土流失的进度非常缓慢。有的地方边治边破坏,甚至破坏大于治理,至今依然是千里沃土滚滚东流,每年有数 10 亿吨的土壤,或填入水库,或淤积河道,或送入东海。这种状况再也不能听任继续下去了。

30 余年来,我国江河治理的成绩是很大的。为了抗御水旱灾害,保证工农业生产和城市供水,在江河的中下游修建一些水库是必要的。但与此同时,更需要把上中游河源区的水土保持当作治理江河、减少水旱风沙灾害、建立良好生态环境、改善国土的根本措施。穷山不治,恶水难驯,没有青山常在,哪会有碧水长流?各级政府,特别是领导同志,一定要从思想上认识建设山区,改善大地植被,保持水土的深远意义。水利、农业、林业、工矿交通和科研部门,应密切配合,同心协力做好这项工作。

搞好水土保持,必须坚持治理与保护并重,把边治理边破坏的现象扭转过来。能否有效地制止破坏水土保持的现象,是关系治理成败的关键。当前,要下决心刹住乱砍滥伐、毁林毁草开荒、任意破坏水土保持设施的歪风,严格执行《条例》中有关奖惩的条款,保护水土有功者奖,破坏水土者罚。要抓住一些典型事例,认真调查落实,严肃处理。政法部门要作保护水土的坚强后盾。

搞好水土保持,必须坚持为发展当地生产、繁荣山区经济服务的方向。只有当地人民在水土保持中得到真实的利益，才能真正调动起广大群众搞好水土保持的积极性。因此，一定要强调实事求是，因地制宜，树立大农业思想，促进农林牧副业集约经营；靠政策，靠科学，在统一规划的指导下，依靠群众，动员群众，加速治理的步伐。

水土保持是一项艰苦细致、综合性很强的工作，它涉及广泛的自然科学知识，又涉及各种社会经济问题。真正把一个地区、一个流域治理好，不是一件容易的事情，要有一大批忠诚祖国水保事业的人才。目前战斗在治山治水前线的一批领导干部和技术骨干，是水土保持事业赖以兴旺发达的基础力量，但数量上远远不能满足需要，而且面临后继乏人的问题。一定要有计划有步骤地扩大这支队伍，特别是培养技术骨干；要打破鄙薄水土保持业务、轻视水土保持人员的偏见，通过一系列的政策措施，提高水保队伍的社会地位，吸引更多的人自觉地献身水土保持事业。

**煤炭部中国科协在北京召开两淮煤炭开发论证报告会**

会议于7月8日至10日召开，由著名科学家华罗庚带队的中国科协专家考察论证组，向会议提出了加快两淮煤炭开发及配套工程的论证报告和规划统筹图，加强两淮煤炭基地开发工作的科学性，减少盲目性。

两淮煤炭基地包括淮南矿区和淮北矿区，它的开发关系到整个华东地区的经济发展。今年3月，煤炭工业部部长高扬文写信给华罗庚教授，要求对两淮煤炭15年开发规划、建井顺序、外部配套工程等问题给予咨询。中国科协党组认为这是组织科技人员到生产实践中找课题，为经济建设服务的好机会，特聘请优选法、统筹法、煤炭、电机、铁道、航海、通信、能源等学会的20多位年富力强的科技人员组成专家组，由华罗庚同志带队，于4月至6月间，两次到安徽省淮南市进行考察研究。在安徽省和各有关部门积极配合下，考察论证工作已取得成果。各有关部委听取专家组的报告后，一致对专家们的咨询活动和工作精神表示满意，并准备协商选用最佳方案。按照专家组提出的各方案，20多对矿井的建井速度都可以比原来计划快，经济效益可以提高。

参加这次论证报告会的有国家计委、经委、煤炭部、中国科协以及安徽省的一些领导同志和科学技术人员。华罗庚、高扬文以及中国科协副主席裴丽生、安徽省副省长杨纪珂等在会上讲了话。

**文化部在人民大会堂举行仪式向朝鲜赠书15万册**

这批书籍是文化部根据中共中央主席胡耀邦、副主席邓小平的意见赠送给朝鲜的。金日成主席和朝鲜劳动党中央派国际事业部副部长玄峻极专程来华接受赠书并出席赠书仪式。

**全国总工会主席倪志福在北京会见南斯拉夫工会代表团**

**国务委员谷牧在北京会见美国梅里尔·林奇公司董事长伯克一行**

**对外友协 中朝友协在北京举行招待会庆祝中朝友好合作互助条约签订21周年**

**中国和联邦德国合作研制成功的汉字电脑打字机开始成批生产**

据新华社报道，打字机是由上海仪器仪表研究所、上海仪表厂和联邦德国和国奥林匹亚公司研制成功的。它采用了上海仪器仪表研究所总工程师支秉彝博士发明的“见字识码”编码方法和奥林匹亚公司的喷墨印字和微计算机技术。

打字机能将字形复杂、数量繁多的汉字进行处理、存贮和直接显示汉字。打字机的汉字文库容量为7000字，每分钟可打字70个至120个，还可以处理汉文、外文和中外文混合编制的文件，并具有对文本进行增字、删字、改字和复印等编辑功能，可以作为政府机关、科学研究、通信、文化、新闻、出版等单位进行中文文字信息处理的重要手段。

## 7月9日

**商业部在北京举行“五讲四美”工作座谈会**

16个省市的商业部门负责人在会上介绍了他们的经验。座谈会决定，今后要把开展“五讲四美”活动，列入各级商业部门党组、党委的议事日程，定期研究，各级商业部门还要作出全省、全市、全县商业活动规划，并落实这些规划，有领导、有组织地把点上的先进经验逐步推广到面上去，使“五讲四美”活动持续地开展下去。

**国务委员姬鹏飞在北京会见朝鲜劳动党中央委员党中央国际事业部副部长玄峻极一行**

**中共中央转发解放军总政治部《关于纪念中国人民解放军建军55周年的意见》**

号召在今年建军节期间，对全国军民、特别是青少年，进行一次以热爱中国共产党、热爱社会主义祖国、热爱人民军队为内容的爱国主义教育。

中共中央指出，伟大的中国人民解放军建军五十五年来，在中国共产党的领导下，为中国人民的革命和建设事业作出了巨大的贡献。毛泽东、周恩来、刘少奇、朱德等老一辈无产阶级革命家为人民军队的创建和发展建立了不朽的功勋。在今年建军节期间，各地可举行一定规模的纪念活动，对全国军民、特别是青少年，进行一次以热爱中国共产党、热爱社会主义祖国、热爱人民军队为内容的爱国主义教育。军队要教育干部战士拥护政府、爱护人民，要做保卫社会主义祖国的钢铁长城，建设社会主义精神文明的光荣标兵。通过纪念活动，使全国人民和广大指战员振奋革命精神，进一步增强军政团结、军民团结，抵制和反对资本主义思想的腐蚀，同经济领域中的违法犯罪活动作坚决的斗争，努力搞好社会主义物质文明和精神文明的建设，为加强我军现代化、正规化的建设，为保卫祖国、保卫世界和平，实现祖国统一的神圣大业作出新的贡献。

总政治部在关于纪念中国人民解放军建军55周年的意见中说，粉碎"四人帮"以来，特别是邓小平同志主持军委工作以来，军队各方面的工作都有新的重大进步。纪念八一建军节，要继续深入学习《关于建国以来党的若干历史问题的决议》，认真学习领会、贯彻执行《中共中央、国务院关于打击经济领域中严重犯罪活动的决定》以及中央有关加强思想领域中反腐蚀斗争的文件，抓好以有理想、讲道德、守纪律为中心内容的社会主义精神文明建设，坚决打击经济领域中的严重犯罪活动，使广大干部战士发扬艰苦奋斗的光荣传统，增强抵制资本主义思想腐蚀的能力，振奋革命精神，促进各项工作落实，加强基层建设。

总政治部的"意见"要求全军各级党委、政治机关认真抓好节日教育，组织广大指战员学习我军的光辉历史和光荣传统，宣扬老一辈无产阶级革命家的丰功伟绩，使干部战士了解我军在中国人民革命和建设事业中的地位、作用和光荣使命，自觉地坚持四项基本原则，认真贯彻执行党的路线、方针、政策，努力学习马列主义、毛泽东思想，争当建设社会主义精神文明的光荣标兵，为建设一支现代化、正规化的革命军队，为保卫"四化"、建设"四化"做贡献。

总政治部的"意见"要求全军努力做好拥政爱民工作，有计划、有组织地开展为人民群众做好事的活动。要运用人民群众拥军优属的典型事例教育干部战士。各级领导和政治机关，要广泛诚恳地征求当地党政机关和人民群众对部队的意见，认真检查部队执行政策、纪律的情况。边海防部队要加强与民兵、群众的战斗团结，进一步搞好军民联防。驻少数民族地区的部队，要认真检查执行民族政策的情况，进一步加强民族团结。

总政治部的"意见"还建议地方各级党政机关，有条件的可组织报告会，请军队或地方的老同志、英雄模范人物介绍军队的历史和光荣传统。

**解放军军乐团在北京举行建团30周年纪念大会**

**全国商业职工教育进展较大**

据《人民日报》报道，近几年全国商业部门的职工教育获得较大发展。据统计，目前全国已有高等商业院校10所，中等专业学校和技工学校348所，此外还有许多商业职工电视大学、业余大学、函授大学、高中班、初中班等。在干部教育方面，地区以上商业部门举办的干部学校有689所，全国已有60多万人经过培训。

**中国队在第二届平壤国际乒乓球邀请赛中获得5项冠军**

获得男、女团体冠军之后，又获得男、女单打和女子双打冠军。

**中国青年手球队在意大利特拉莫进行的第十届英特拉姆尼亚杯邀请赛中分获男女冠军**

## 7月10日

**全国政法工作会议在北京举行**

中共中央政法委员会召开的全国政法工作会议，7月10日至24日在北京举行。会议强调指出，新时期政法工作的主要任务是健全社会主义民主和社会主义法制，加强人民民主专政，保卫和促进以经济建设为中心的社会主义现代化建设。会议要求各级政法部门和全体干警在党的领导下，振奋革命精神，为争取实现社会风气和社会治安的根本好转，推进社会主义物质文明和精神文明建设，作出新的贡献。

会议由中共中央政治局委员彭真、彭冲主持。

彭真同志在会上作了总结讲话。他说，政法工作的根本任务是为社会主义经济基础服务，这虽然是老生常谈，但紧紧抓住这一条，对明确工作任务和工作方向都是十分必要的。当前政法工作的突出任务是要坚决打击各种经济犯罪活动。对各种严重经济犯罪活动，必须严厉惩处，特别是对一些大案要案，要像打击其他严重刑事犯罪一样，在查清犯罪事实的基础上，坚决依法从重从快惩处，刹住这股歪风。同时，还要同危害社会主义精神文明建设的犯罪活动作坚决斗争。对失足青少年，要像父母对待调皮孩子、老师对待调皮学生、医生对待传染病人一样，耐心地、满腔热情地进行感化、教育、挽救工作。他说，做好政法工作、把治安整顿好，要加强基层党组织的领导，要重视恢复、健全基层政权组织和群众自治组织。街道居民委员会、村民委员会(生产大队)、调解委员会、治保会等都是好形式，要大力提倡和重视，充分发挥它们的作用。

彭真在讲话中还强调政法队伍要搞好自身建设。除学好业务知识外，还要努力学习哲学，学习历史唯物主义和辩证唯物主义，以提高政法队伍的思想理论水平。

这次会议是新中国成立以来规模最大的一次政法会议。会议讨论和研究了政法工作的许多重要问题。各省、自治区、直辖市党委、政法委员会和公安、检察、法院、司法、民政部门的负责人，18个城市党委的负责人，人民解放军各总部、各军兵种、各大军区党委和保卫、检察、法院等部门的负责人，中央政法部门和有关部门的负责人，共400多人参加了会议。

会议指出，经过党的十一届三中全会和六中全会，我们党已经实现了以清除“文化大革命”消极后果为中心的拨乱反正，完成了历史性的伟大转变，党的工作重心已经转移到以经济建设为中心的社会主义现代化建设上来。社会主义的历史经验和我国当前的现实情况表明，在建设高度的社会主义物质文明的同时，一定要建设高度的社会主义精神文明。而无论建设物质文明还是精神文明，都必须加强社会主义的政治建设，依靠巩固和加强人民民主专政来保证。在社会主义政治建设中，一面要坚决加强和发展社会主义民主；一面要坚决加强对反对社会主义的敌对分子的打击。因此，新时期政法工作的任务不是减轻了，而是加重了；政法部门的职能必须进一步加强。

会议指出，政法部门是人民民主专政的工具。一方面，它要切实保障人民的民主、安全和合法权利，防止人民内部矛盾的激化和转化；另一方面，它必须对反社会主义的敌对分子实行专政。新时期的政法工作，必须在加强维护人民民主职能的同时，坚持和加强专政的职能。今天，在剥削阶级作为阶级已经消灭以后，我国社会存在的矛盾大多数不具有阶级斗争的性质，阶级斗争已经不是主要矛盾，政法工作必须适应发展社会主义高度民主这个新形势。但是，也要同时看到，由于国内的因素和国际的影响，阶级斗争还将在一定范围内长期存在，在某种条件下还有可能激化；我国社会上还存在着极少数颠覆社会主义制度的反革命分子和特务间谍分子，我们还不可能完全杜绝各种敌对分子的产生；而外部的反动势力又在对我们进行各种破坏活动。因此，全党必须在政治、经济、文化、社会生活各个领域中，做好同各种敌对分子作长期斗争的精神准备。必须坚持人民民主专政国家的专政职能，坚持用马克思主义的阶级斗争观点和阶级分析的方法，观察和处理当前我国的某些社会现象和社会矛盾。既要防止把阶级斗争扩大化，也要看到，认为阶级斗争已经熄灭的观点是十分有害的。

会议强调要十分谨慎地区别敌我矛盾和人民内部矛盾。对于人民内部的违法犯罪分子也要依法制裁，但决不能当作敌我矛盾来对待。要努力防止人民内部矛盾由小到大，激化为敌我矛盾。凡两类矛盾一时区分不清的，一般应当先按人民内部矛盾来处理。但同时必须正视社会生活中仍然存在着某些敌我矛盾，不要麻痹大意。

关于我国的治安形势，会议认为，近两年来，在党中央、国务院的正确领导下，在全党全军全国人民的共同努力下，经过实行“综合治理”，整顿社会治安特别是整顿城市治安已经取得成效，整个社会风气和社会治安有明显好转，总的情况是发案率下降，破案率提高，社会稳定感进一步增强，群众的安全感增多了。但是，由于种种原因，工作发展不平衡，治安情况还有波动，有些地方的有些治安问题时起时伏，因此，对整顿治安的工作必须坚持不懈地继续抓下去。在抓紧整顿城市治安的同时，要大力加强整顿农村治安。8亿人口的农村的安定，是全国社会安定的基础。城市和农村的整顿治安，都必须继续实行“综合治理”。要在党委统一领导下，充分发挥政法部门的作用，发动各部门、各单位都来做好治安保卫工作，把治安保卫责任制和安全岗位责任制纳入本部门本单位的生产、工作责任制之内，把各方面的力量组织起来，把广大群众发动起来，采取多种措施，改变社会风气，维护社会治安。

会议讨论了严惩严重破坏经济的罪犯的问题，认为打击经济领域中的严重犯罪活动，是当前也是今后长时期全党的重大任务，决不能把经济领域中的严重犯罪活动仅仅看成是一般的刑事犯罪活动、一般的反社会活动，而应看成是在对外开放、对内搞活经济这种新的历史条件下阶级斗争的重要表现。只有在坚定地执行党的各项经济政策的同时，坚决打击严重破坏经济的罪犯，才能保证现代化建设沿着社会主义的轨道不断前进，才能使对外实行开放和对内搞活经济的方针得到正确执行。在这场斗争中，属于党纪、政纪、军纪的问题，由党的纪委或行政部门处理；触犯刑法的，一律由司法机关依照法律程序处理。要抓紧判处大案要案，以教育广大干部和群众。

会议研究了加强法制建设和法制宣传的问题。会议认为，要围绕经济建设这个中心任务，进一步加强立法工作。要根据客观需要，从实际出发，加速制定一些新的法规，特别是经济法规，并要在总结实践经验的基础上，对现行法律适时进行必要的修改或补充。立法机关还要加强对法律的解释工作。在加强法制建设中，要开展各级司法行政部门的工作，扩大各种类型的法律教育，加强法制宣传，健全律师、公证制度，做好调解工作，努力完善我国的司法制度。会议要求公安、检察、法院、司法部门一定要执法如山，刚直不阿，严格依法办事，善于运用法律武器保护人民，打击敌人，惩罚犯罪，维护秩序。各级党委和政府都要积极抓好法制方面的宣传教育，宣传、教育、文化、广播电视等部门，要把法制宣传当作自己的一项重要任务。

会议认为，民政部门的主要任务是促进社会安定。除了抓好救灾、救济、优抚安置、收容遣送等工作外，要把加强基层政权的建设，特别是农村基层政权的建设列为自己重要的任务。

会议要求进一步健全人民解放军的法制建设。人民解放军是保卫祖国、保卫社会主义现代化建设的钢铁长城，是维护城乡治安的强大后盾。在新的历史时期，健全和加强军队的法制建设，是革命化、现代化军队建设的一项重要内容。军队应当成为遵守和执行国家法律的模范。军队的保卫部门、检察院、法院都要依照国家的司法程序办事，要为纯洁和巩固队伍，提高部队战斗力，保卫社会主义现代化建设，作出积极贡献。

**全国企业整顿工作座谈会在北京开幕**

会议于7月10日至17日召开。国务委员、国家经委主任张劲夫发表讲话。会议期间，来自各地及中央有关部、委的负责人以及部分企业负责人交流了企业整顿工作的经验，分析了当前的形势和存在的问题，部署了下半年的企业整顿工作。

**国务委员兼国家经委主任张劲夫在全国企业整顿工作座谈会上发表讲话**

张劲夫说，今年上半年，生产、流通、基本建设、财政金融总的形势是好的。工业生产稳步上升，1—6月份完成的总产值，为年计划的51.2%，比去年同期增长10.1%。交通运输月月完成国家计划，铁路货运量和交通部直属船舶货运量分别比去年同期增长8%和10%。商品购销都有增长。1—5月份，商品收购总额和社会商品零售额比去年同期增长10.4%和9.2%。上半年出口商品总额比去年同期增长14.4%。财政金融情况良好。1—6月份，财政收入比去年同期增长4.8%，支出增长12.7%。收支相抵，收大于支。货币回笼、城乡储蓄比去年同期都有增加。基本建设投资总额上半年完成数比去年同期增长30%，重点工程建设进度有所加快。农业生产，夏粮因自然灾害可能与去年持平或略有下降。

他说，当前经济形势之所以比较好，主要是由于这几年贯彻执行国民经济“调整、改革、整顿、提高”的方针见了成效。我们的经济工作进一步走向扎实、细致；我们的经济情况已经度过了最困难的时期，开始走上稳步、健康发展的轨道。但是，必须看到，要实现国民经济状况的根本好转，还要做长期的、艰巨的努力。

张劲夫说，今年“保四争五”的目标不变，要继续把工作重点放在提高经济效益上。他指出，今年上半年工业总产值增长速度比较快，但对上半年工业生产的增长速度需要作具体分析。去年上半年基数很低，一季度下降0.2%，二季度只增长1.7%，因而与去年同期相比，今年上半年的速度就显得高一些。同时，今年上半年的增长速度是在能源和运输十分紧张的情况下实现的。煤炭超产、电力超发、铁路超运，许多地区已经吃了煤炭库存。有些地方和企业由于片面追求产值、速度，产品质量下降，物资消耗上升，某些产品已经出现了滞销积压现象。考虑到上述情况，今年全国应当继续维持“保四争五”的目标，不予调高。我们应当把工作重点放在提高经济效益上，坚持速度与效益的统一，在提高产品质量、增加花色品种、降低物资消耗、产品适销对路的基础上，扎扎实实地求得一个稳定的、健康的、持续的发展速度，避免可能发生今年高明年低的情况。

张劲夫说，要继续大力发展消费品生产，进一步调整重工业的服务方向。重工业生产从去年第四季度开始回升，今年头5个月继续保持上升的势头。5月份出现了重工业增长速度超过轻工业的新情况。轻重工业结构也发生了一些变化，6月份重工业的比重为51%，轻工业则为49%。由于重工业回升幅度较大，也带来了一些新问题，进一步加剧了能源和铁路运输的紧张状况。有些地方又继续生产了一些耗能高、老型号的设备。有的地方在原材料、电力分配和铁路运输方面挤了轻工业。针对这些新情况，今后要继续坚持对轻工业实行“六个优先”，保证消费品生产的持续增长，安排好市场。要继续调整重工业的服务方向，扩大服务领域。各级工业部门和企业必须进一步扭转片面追求产值、速度，不讲社会经济效益的倾向。一定要按计划、按合同组织生产，做到产品适销对路，避免造成新的积压。限产、减产的长线产品，必须严格执行国家计划，不能突破。耗能高的产品，要控制生产。为了减产长线产品，增产短线产品，对国家年度计划要作一次必要的适当的调整。

张劲夫说，要采取积极措施，努力缓和煤、电、运的紧张状况。他指出，今年以来，煤炭、电力生产和交通运输的形势都很好，但仍然不适应工农业生产发展的需要，供需之间矛盾很大。东北、华东、京津唐地区因常年缺煤缺电，生产能力不能充分发挥。京广、京沈、津浦、陇海、浙赣等主要铁路干线上，限制口不断增加。缓和煤、电、运的紧张状况，从长远来说，要加快建设速度，增加新的能力，确实做到煤、电、运同步配套建设。从当前工作来说，需要采取一些措施调动地方和煤矿多产煤多调煤的积极性。要搞好煤、电、运的地区平衡，按照煤炭供应和运输的可能组织工业生产。特别要注意电网的经济安全运行，提高发电质量，不能拼设备。继续抓好节能工作。他强调说，我国经济要上去，必须靠节能。要广泛开展节能活动，建立起高效低耗的经济结构。在更新改造锅炉、变压器、风机、水泵等耗能高的设备方面，步子要迈得更大一些。同时要普遍安装电表、水表、煤气表，实行计量收费，坚决取消包费制。继续搞好企业的调整，对生产技术落后、能源消耗高、经济效益差以及同先进企业争原料的企业，坚决实行关停并转。对社队企业要加以引导。

张劲夫说，要加强工商衔接和协作，把市场安排得更好一些。他指出，当前市场比较繁荣，商品比较丰富，是建国以来少有的景象。有些地方出现了群众由“储币待购”变为“储币选购”。目前，市场情况变化较大，一些过去紧缺的商品已经可以敞开供应；一些花色品种对路、质量好的商品仍然比较紧缺；一些去年还是适销的商品今年已变为滞销。今年1—5月份，商业购销虽然全面增长，但是，不适销商品的库存继续增多。商品流动资金的周转比去年同期延缓了20天。他说，在市场信息灵敏度差、经济杠杆作用有限的情况下，凡是大量滞销积压的商品，应当从两个方面去解决：一是商业部门要积极疏通流通渠道，扩大推销；二是工业部门必须同时限制生产。要抓两头，不能只抓一头。下半年各地区、各部门都要做艰巨工作，搞清哪些产品是盲目生产的问题，哪些产品是流通环节的问题，哪些产品是由于市场需求变化而滞销积压的，从而分别情况采取措施加以解决。银行对企业流动资金和商业收购资金，要进行监督。

张劲夫说，要严格控制财政、信贷支出，保证实现“两平一稳”的任务。他指出，由于工农业生产的增长，预计今年财政收入可以略为超收一点，货币回笼的预定目标有可能实现。但是，5、6月份出现了支大于收的情况。要保证实现今年“两平一稳”的任务，关键在于严格控制支出。中央的开支要控制，地方的开支也要控制。现在就要抓，不要到第四季度再来采取不得已的措施。对信贷资金要加强管理。对不讲社会经济效益、盲目生产的企业，应当停止贷款。对所产成品大量积压，流动资金占用过多的企业，要控制贷款。同时，要积极处理库存积压，搞好清仓利库工作。对预算外资金的使用，必须进行指导和监督。

张劲夫说，要围绕产品升级换代，搞好技术改造和技术引进。他指出，我国工业产品落后、质量差是个老问题。只重产值、产量，忽视品种、质量的问题，至今没有很好解决。机电产品现有2万多个品种，性能落后、急需更新或淘汰的约占60%。轻工产品70%以上是五六十年代的水平，20%左右还是三四十年代的水平。大多数企业的工艺和技术装备也很落后。要改变这种状况，必须在思想上、工作上坚持把品种、质量放在第一位。在管理制度和管理办法上也要做一些改进。要把产品品种、质量搞上去，必须抓紧现有企业的技术改造和技术引进。技术改造的步子还应当迈得大一些。机械工业的技术改造要先行一步，把科研攻关、技术引进、调整改组和技术改造结合起来，组织成“一条龙”，一抓到底。技术改造要同利用外资、引进技术结合起来，同加强科研和新技术推广工作结合起来。

张劲夫最后说，要下决心把企业整顿好。他强调指出，整顿好现有企业，对提高经济效益，增加财政收入，实现国民经济情况的根本好转，关系极大，而且也是为将来的经济振兴打好基础，积蓄力量。实践表明，通过整顿企业，可以出效益、出速度。在整顿企业的同时，还要搞好调整工作。要围绕提高经济效益和节约能源，对产品结构、企业组织结构进行调整，有的就是要实行关停并转。他说，这次企业整顿，同前几年的恢复性整顿相比，内容不同，要求更高，是建设性的全面整顿和综合治理。整顿工作既要抓紧，又要注重实效，整顿时间要服从整顿质量。近两三年内，企业各项工作都要纳入到整顿中去，由企业统筹安排，结合起来进行。

**全国人口普查电话会议在北京召开**

国务院人口普查领导小组副组长郑思远在会议上说，全国人口普查登记工作今天可告基本结束，但今后各个环节的工作还很繁重，各省、自治区、直辖市人民政府人口普查领导小组要继续加强领导，再接再厉，善始善终，夺取人口普查工作的全胜。

郑思远说，截至7月8日，全国已有9.5亿人进行了申报登记。他强调指出，目前的当务之急是抓紧时间、集中精力搞好普查登记的复查工作，千方百计地把差错消灭在基层；并且认真做好登记质量的验收工作，不合格的要返工重做。以后各个环节的工作，都要严格按有关工作细则的规定去办，不能片面地追求速度，降低要求。

国务院人口普查领导小组副组长兼办公室主任李成瑞在会上说，在人口普查登记以后，还有14项待完成的任务，由于这些工作的专业性很强，大部分工作是我们所不大熟悉的，又需要各部门的协作，这就要求在下一段工作中，进一步提高组织水平、业务水平、技术水平，进一步提高工作的科学性、准确性、严密性。

**中国代表团副团长康矛召在第二届裁军特别联大闭幕会议上发表谈话**

康矛召说："从本届大会的一般性辩论和各个工作组的反复协商中，可以看出一种倾向，就是越来越多的国家，比过去更加强调拥有最大武器库的国家在裁军方面的特殊责任，要求它们承担率先大规模裁军的义务。可是，事与愿违。人们看到的是，这些拥有最大武库的国家，在会内会外以种种方式来回避自己的义务，并且以节外生枝的手法来妨碍达成必要的共同协议。有人明明热衷于空前规模的军备竞赛，却力图使人相信这种军备竞赛是多么必要，多么有理；有人非常敏感地不愿别人在文件中提到侵略、干涉和占领的字眼，尽管他们的这种行动是无法否认的。他们为了掩饰自己的行动甚至连他们过去同意过了的文件中的观点和提法也要竭力回避。这就是为什么裁军问题难以进展，本届大会未能取得实质性成果的根本原因。"

他指出："本届大会的最后结果，再次证明裁军与国际安全是不可分割的。从第一届裁军特别联大以来，军备竞赛加剧了，世界局势恶化了，核战争的危险增长了，不止一起的常规侵略战争发生了。国际局势的这种变化，必然会影响到裁军，并形成为裁军的阻力。过去几年，我们常常听到究竟是裁军促进安全，还是国际安全推动裁军的类似鸡生蛋还是蛋生鸡的争论，现在应该清楚了：在国际安全不断遭到破坏、霸权主义者不肯放弃霸权、侵略者无意停止侵略的情况下，要想谋求裁军的进展，是很难实现的。"

他说，中国是一个核国家。但是，中国在18年前就宣布决不首先使用核武器。并且无条件地不对无核国家使用核武器。"我们主张拥有最大核武库的国家率先进行核裁军，我国也愿意同其他核国家通过谈判承担相应的义务。不管国际裁军会议的成败如何，我国的裁军意愿和立场是始终如一的。"

他表示："世界裁军的任务虽然十分艰巨，但是，我们愿意同世界各国政府和人民一道，朝着这个目标继续不断地努力。"

**外交部部长黄华在钓鱼台国宾馆设宴欢迎几内亚人民革命共和国外交部部长阿卜杜拉耶·杜尔**

黄华重申，巩固和发展同第三世界的团结，是中国政府外交政策的根本立足点。中国政府和人民将永远坚定地站在第三世界国家和人民的正义斗争一边。

阿卜杜拉耶·杜尔在讲话中说，几中两国建交20多年来，在国际舞台上一直互相坚决支持，互相信任和互相尊重。两国之间的这种关系，是两国杰出的领导人缔造的。

**中国与巴基斯坦1982年边境贸易换文在吉尔吉特签字**

中国边境贸易代表团团长和巴基斯坦北部地区专员分别代表本国政府在换文上签了字。

这项换文规定每一方的易货额各为410万卢比，比去年增加约5%。巴基斯坦主要出口的是棉花、纺织品、干果、草药等，中国出口的是印花布、毛毯、农具等。

由哈吉耶夫率领的中国边境贸易代表团13人是在6月24日通过红其拉甫山口抵达巴基斯坦北部地区的，现已离开吉尔吉特返回新疆。

**中国儿童少年活动中心徽标评选揭晓**

经中国儿童少年活动中心筹委会评定，福建省医药工业公司包装设计室的黄维获一等奖。北京的黄德昌、唐宇，陕西的吴宏获二等奖，安徽的牛中勤、倪镜兴，北京的杨谷昌、陈明友，上海的陈亮平，青岛的王兆相获三等奖。

**中国4部影片参加法国拉罗歇尔电影节**

参加这次电影节的中国影片有：《林家铺子》《锦上添花》《六号门》和《新儿女英雄传》。这4部均由谢添导演的影片受到了观众的好评。

**徐楚波逝世**

中国共产党的挚友、著名的人民教育家徐楚波同志，因病于7月10日在北京逝世，享年86岁。

## 7月11日

**铁道兵28年建路13000多公里**

据《人民日报》报道，铁道兵部队积极参加祖国社会主义建设，28年建成铁路13000多公里，相当于全国解放以来新建铁路总长的1/3。人们赞誉他们是"祖国铁路建设的突击队"。

铁道兵从1954年开始投入大规模的铁路建设。广大指战员以高度的劳动热情，哪里困难哪里去，哪里需要就把铁路修到哪里。从大小兴安岭到云贵高原，从天山南北到东海之滨，到处留下了筑路战士的业绩。他们所担负的新建铁路，大都在边疆、山区，地形、地质复杂。有的沿线有高山深谷和戈壁沙漠，有的沿线是渺无人烟的原始森林，还有的穿越空气稀薄的雪山草原和盐湖、永冻层地段。广大指战员在气候恶劣、环境艰苦的条件下，发扬我军艰苦奋斗的精神，以"红军不怕远征难，万水千山只等闲"的英雄气概，逢山凿路，遇水架桥，把铁路铺设到祖国四面八方。

**中国尼日利亚联合委员会第一次会议会谈纪要在人民大会堂签字**

会谈纪要说，中尼双方重申了对加强和扩大两国间合作领域的兴趣。

国务委员兼对外经济贸易部部长陈慕华和尼日利亚计划部部长奥雅格博拉夫人分别在会谈纪要上签字。

**中国利用国际通信卫星进行国内卫星通信试验获得初步成功**

据《人民日报》报道，邮电部在国际卫星通信组织的支持下，利用印度洋上空的国际通信卫星空余转发器进行国内通信试验取得初步成功。从今年6月5日开始，我国在国内进行包括电话、电报、传真、电视等各种功能的传输试验。参加试验的有北京、上海、呼和浩特、乌鲁木齐等10个卫星通信地面站，其中有7个地面站的设备是我国自己研制的。经过一个半月的试验，这7个地面站设备的技术性能指标均符合国际卫星通信组织的要求。7月11日，呼和浩特市部分干部、群众第一次看上由卫星转播的世界杯足球赛决赛的实况节目。而过去，由于北京到这里没有建立微波线路，群众收看到的电视新闻录像已是3天前的了。

这次利用国际卫星进行国内通信试验获得初步成功，为建立我国国内卫星通信系统打下了良好的技术基础。

**中国摄影家协会理事扩大会在北京召开**

中国摄影家协会于7月11日至15日在北京召开第三届第二次理事扩大会。来自全国的理事及分会负责人共118人出席了会议。

与会代表学习了毛泽东同志给文艺界人士的15封信和陈云同志《关于党的文艺工作者的两个倾向问题》的重要讲话，还学习了其他中央领导同志的有关重要讲话，听了胡乔木同志在文联四届二次全委会茶会上的讲话录音。通过学习，大家受到了很大的教育和鼓舞。

代表们一致表示，今后要积极组织摄影工作者深入农村、工矿、连队等基层，努力反映新的时代风貌和当代新人，通过摄影艺术形象，用共产主义思想去教育和鼓舞人民为"四化"建设作出贡献。

会议还一致通过了关于贯彻执行《文艺工作者公约》的决议。

**清朝北洋水师"济远"号沉舰大炮在旅顺博物馆展出**

"济远"舰的后主炮炮身长5.2米，座高1.12米，口径150毫米。2400吨的"济远"舰是北洋水师的重要战舰，甲午海战中曾重创敌舰。北洋水师战败后，"济远"舰和其他10多艘北洋水师的战舰一起在威海被日军掠去。1904年日俄战争爆发，日军令"济远"舰参战，同年11月30日，在旅顺港外羊头洼海域触雷沉没。

**中国运动员在第一届香港国际跳水锦标赛中获全部冠军**

**卫生部 工商行政管理总局 商业部联合发出通知要求加强食品卫生监督管理**

通知指出，夏秋季节，气温较高，微生物繁殖快，食物易腐败，是发生食物中毒的高峰时期。因此，做好食品卫生监督管理、预防食物中毒是当前的一项重要任务。

通知要求做好以下工作：

一、加强城乡集市的食品卫生管理。各级工商行政管理部门要把食品卫生工作作为市场管理的重要内容之一。卫生部门负责对食品的监督检验工作。严禁出售霉烂腐败变质或毒死、病死的畜禽类等不符合卫生要求和卫生标准的食品。

二、推行发放食品卫生许可证制度。在夏秋季节对冷饮、饮食等容易发生食物中毒的行业和个体摊贩加强卫生监督。

三、各级卫生监督、工商行政管理和商业部门与有关部门配合进行一次夏季食品卫生监督检查。对未经审核批准或制售不符合卫生要求的冷饮、食品令其停止制售，并采取有效措施，切实改进，必须做到检验合格方可出厂出售。

四、加强预防食物中毒的卫生宣传工作，加强法制教育。食品企业的管理和从业人员都要熟知本岗位业务范围内的食品卫生知识和有关食品卫生的法规、管理办法及卫生标准。

五、严格执行食物中毒报告制度。

## 7月12日

**中共中央副主席邓小平在北京会见几内亚外长阿卜杜拉耶·杜尔**

邓小平谴责以色列的侵略罪行，他说，以色列入侵黎巴嫩，进攻贝鲁特，这是赤裸裸的侵略行径，其目的是要消灭巴勒斯坦人民的正义事业，控制黎巴嫩，破坏阿卜拉伯国家的团结。他指出，这件事情的教训，就是阿拉伯世界必须加强团结，不要把期望寄托在超级大国身上。

邓小平说，目前中几两国来往密切，友谊在加深，两国在国际事务中对许多重大问题的观点一致。他请阿杜拉耶·杜尔外长转达对杜尔总统的良好祝愿。

邓小平说，从历史经验看，第三世界国家必须靠自力更生，靠自己的力量，使自己发展起来，才能受到人家的尊重。他强调第三世界国家之间要加强联合和团结，并指出"南南合作"是第三世界国家之间加强联合促进发展的一个重要方式，中国很重视"南南合作"。

在谈到非洲形势时，邓小平表示希望非洲国家按照非洲统一组织宪章精神加强团结和合作，警惕帝国主义、殖民主义、霸权主义分裂第三世界国家队伍。

阿卜杜拉耶·杜尔说，几内亚对中国经济建设所取得的成就给予十分关注，中国的建设是在牢固的基础上进行的。他表示，几内亚人民一贯支持阿拉伯和巴勒斯坦人民的正义斗争。

**全国政协常委兼副秘书长萨空了在全国政协副主席办公会上汇报关于中年知识分子的情况调查**

萨空了说，中共十一届三中全会以来，知识分子政策正在逐步得到落实，但当前的一个严重问题是中年知识分子的工作和生活条件差，这种情况如不改变，必将贻误我们的事业。

为了调查了解知识分子政策的落实情况，全国政协于今年5月中旬，派出常务委员萨空了、吴亮平、杨放之、沈其震、钱伟长，委员单士元、郑孝燮和城建组副组长佟铮，组成调查组赴上海、浙江、江苏、山东作了为期一个半月的调查。

萨空了说，通过在三省一市的调查，总的印象是，三中全会以来，知识分子政策逐步在贯彻落实，一般地说，老年知识分子的问题相对地解决得好些，但中年知识分子的工作和生活条件还是不好。目前有四个问题比较突出：第一，工资偏低。中年知识分子大体是年龄四五十岁，工资六七十元。他们多是上有老、下有小，经济负担重，许多地方大多数中年知识分子的家庭平均收入低于城市其他居民的平均收入。上海不少大学生每月伙食费加零用钱达三四十元，而许多中年教师达不到这个水平。第二，居住条件差。上海、南京、杭州一些高等院校、科研单位的许多中年知识分子住房很挤，多是夫妇和孩子合用一张桌子，不少人是等妻子儿女睡后才开始备课，有的晚上跑到办公室里去加班，这就影响了他们的健康和工作。第三，健康状况普遍不良。第四，缺乏进修机会，业务难以提高。中年知识分子一般是50年代末、60年代初的大专毕业生，由于他们都在工作岗位上顶班，缺乏进修和学习的机会，一般都靠在学生时代学的"老本"吃饭。

萨空了说，上海市现有在职知识分子35万人，其中中年人23万，占70%，其他省市的比例也大体如此。这些人多是在戴红领巾的年龄迎接解放，在红旗下长大，也是在党风最好的年代中由我们自己培养教育出来的。他们对共产党、对社会主义怀有深厚的感情，在业务上、技术上学得比较系统、扎实，他们中的绝大多数人已是各条战线的骨干。他举例说，据上海几个大学统计，中年教师承担了全校70%以上的教学、科研任务；重大科研成果有80%左右是他们创造的；系、教研室的党政领导职务90%由他们担任。上海药物所近三年获得37项重大科研成果奖，这些成果90%是靠中年科技人员取得的。上海柴油机厂1981年发展新产品67种，生产总值增长2倍半，技术人员对此作出了重要贡献，而全厂的536名工程技术人员，90%以上是中年人。

萨空了认为，要进一步落实知识分子政策，特别是解决中年知识分子的困难，必须继续克服在对待知识分子问题上的"左"的影响，适当改善中年知识分子的工作条件和生活条件；还要适当改变干部的"单位所有制"，促进人才交流。

参加调查组的吴亮平、杨放之、钱伟长在会上作了补充发言。

出席会议的副主席刘澜涛、陆定一、许德珩、康克清、季方、周建人、胡子昂、萧克、钱昌照、董其武在座谈中认为，在我国长期的革命和建设事业中，知识分子发挥了重要作用，今后的社会主义现代化建设事业更需要大量的知识分子。我国的知识分子不是多了，而是太少了。目前，我国中年知识分子面临着"三重一低"的情况：教学、科研任务重，基层党政工作担子重，经济负担、家务劳动重，工资收入、生活水平低。

他们认为，不解决中年知识分子现在存在的困难问题，将会影响我们当前和今后事业的发展。有的说，中年知识分子是我们的宝贵财富，解决好中年知识分子的问题是最急需的人才投资，是基本建设中的基本建设，尽管当前我国还穷，但也要在条件许可的范围内，努力为中年知识分子逐步解决一些问题。

**中宣部部长邓力群听取《工人日报》关于宣传赵春娥先进事迹的汇报**

赵春娥是河南省洛阳市煤炭公司老集煤场的女工。她在煤场工作十多年如一日，兢兢业业，勤奋工作，鞠躬尽瘁，死而后已，被群众誉为"为人民服务的老黄牛"。

邓力群指出：赵春娥同志的事迹很平凡，但她的共产主义思想和劳动态度十分感人。宣传赵春娥，就要很好地宣传她的共产主义思想，认真地组织群众学习。现在，各条战线都有一批先进人物，他们的工作岗位不同，所起的作用也不同，但是有一点是和赵春娥同志相同的，他们都具有高尚的共产主义思想，体现了我们时代的精神。

邓力群强调指出：对赵春娥的进一步宣传，一要挖掘，二要扎根。挖掘就是要进一步发掘她的先进思想和先进事迹。过去宣传焦裕禄、雷锋、王进喜等英雄人物，就是这样做的。由于挖掘比较深，不仅宣传了他们的感人事迹，而且还宣传了一些他们的带哲理性的语言，给人以很大的启发，产生了深刻的影响。赵春娥同志也许文化程度低，不一定会留下许多文字材料，但是她的共产主义思想、道德、情操，总会体现在她的全部活动中。她总是要讲一些话，哪怕言语不多，也能反映她的思想。我们就是要在进一步发掘她的先进事迹时发掘她的先进思想。当然，发掘，一定要实事求是，不要夸大，也不能拔高。扎根，就是要把已经发掘出来的和将来发掘的赵春娥同志的宝贵精神财富在群众中扎根，这就需要把学习赵春娥的组织工作做好。如果组织工作跟不上，再好的先进典型也推广不开。首先要在本单位、本地区、本行业把组织工作抓好，使赵春娥这个先进典型深入人心，扎下根来，群众发自内心地敬仰她，就会自觉地向她学习。组织和宣传工作做好了，然后，推而广之，使她的先进思想被全国广大职工所接受，才能收到预期的效果。

邓力群还指出：宣传和学习赵春娥的先进思想和先进事迹，要作较长时间的工作，要逐步深入。在宣传和学习过程中，一定会涌现出更多的赵春娥式的先进人物来，我们要注意发现、培养、宣传，使先进队伍不断壮大。

中宣部副部长郁文、王惠德、贺敬之、曾德林等同志参加了会议，并对如何搞好赵春娥的宣传提出了意见。

**外交部部长黄华在北京同以阿拉伯也门共和国外交部部长阿里·卢图夫·绍尔为团长的阿拉伯国家联盟代表团举行会谈**

黄华重申，中国政府和人民坚定不移地支持巴勒斯坦、黎巴嫩和叙利亚人民抗击以色列侵略的斗争，坚决支持巴勒斯坦人民在巴勒斯坦解放组织领导下，为实现自己的民族权利，包括民族自决、返回家园、建立自己国家的正义斗争。

黄华指出，巴勒斯坦抵抗运动的兴起和发展，反映了巴勒斯坦人民的根本要求，是不可抗拒的历史潮流。他表示相信，只要巴勒斯坦解放组织加强内部团结，加强同黎巴嫩和其他阿拉伯国家的团结，坚持斗争，坚持原则，坚持正确的政策和策略，在各国人民的同情和支持下，一定能克服困难，最终实现自己的民族权利。

绍尔说，阿拉伯各国人民坚决支持巴勒斯坦人民的正义事业，坚决维护黎巴嫩的国家主权和领土完整。他们高度警惕美国对阿拉伯国家的威胁。绍尔感谢中国政府和人民一贯支持巴勒斯坦人民和阿拉伯各国人民的正义斗争。

**国务委员姬鹏飞在北京会见由意大利共产党中央委员罗马诺·莱达率领的意共访华团**

**外经贸部部长陈慕华在北京会见美国斯坦福国际咨询与研究所常务副所长韦尔登·吉布森博士和他率领的代表团全体成员**

**亚太地区小水电高级专家会议在杭州开幕**

会议于7月12日至17日召开。与会者认为，为了积极地开发和利用农村能源和可再生能源，在亚太地区建立小水电网十分必要。会议建议，初期以中国杭州亚太地区小水电研究培训中心为主，积极推动建网工作，并加强与世界各国，特别是与亚太地区各成员国间的联系合作。

会议还建议1983年在杭州举办小水电高级技术培训班，1984年举办中级培训班，以推动各国小水电事业的开展。专家们还就这些培训班的教材提纲进行了讨论。

会议交流了各自国家小水电的开发和使用情况，并参观了正在紧张施工的杭州小水电中心工程。联合国官员和代表们对这项工程进展较快表示赞赏。

会议由联合国开发计划署、联合国工业发展组织、亚太经济社会委员会和中国联合召开的。参加这次会议的有孟加拉、斐济、印度、马来西亚、尼泊尔、巴基斯坦、菲律宾、斯里兰卡、泰国和中国等国家和联合国技术合作发展部、拉美能源开发组织的代表和观察员共30多人。

**全国自然科学评奖会议北京开幕**

会议于7月12日至18日召开，由国家科委自然科学奖励委员会评选出122项我国自然科学方面的重要成果。对这些获奖的单位或个人，国家科委将按照等级发给荣誉证书、奖章和奖金。

这是继1956年我国首次颁发自然科学奖以来，第二次全国性的自然科学成果评奖活动。评奖会议评定为一等奖的有6项，二等奖的有40项，三等奖的有49项，四等奖的有27项。

**1981年全国好新闻评选在北京揭晓**

共评出好新闻作品158篇(幅)，其中受奖作品81件(消息16篇，通讯26篇，评论16篇，来信11组；新闻照片7幅，照片版面5个)；受表扬作品56件(消息

22 篇，通讯 9 篇，评论 13 篇，来信 4 组，新闻照片 8 幅）；此外，入选的新闻照片中还从去年首都新闻照片展览中评出荣誉奖 21 幅。

**中国运动员在贝尔格莱德国际跳水邀请赛中获全部四项冠军**

**黑龙江城市卫生管理现场经验交流会在哈尔滨召开**

北京、上海等 15 个大中城市的副市长以及 24 个省、自治区、直辖市爱国卫生运动委员会办公室负责人应邀出席了于 7 月 12 日至 15 日在哈尔滨举行的经验交流会。哈尔滨市市长王化成介绍了全市开展爱国卫生工作的经验。

爱卫会负责人杨寿山希望全国各省、自治区、直辖市学习并推广哈尔滨市以及其他城市的卫生管理经验，巩固“全民文明礼貌月”活动中取得的卫生工作成果，进一步解决城市卫生工作中存在着的脏、乱、差问题。杨寿讲话说，我们建设社会主义精神文明，要以清洁卫生为突破口，抓好经常性的卫生宣传教育，克服“差不多”情绪和“一阵风”倾向，树立讲卫生、爱清洁的新风尚。

## 7 月 13 日

**中国政治学会在北京就《宪法修改草案》召开座谈会**

从事政治学和法学研究的专家们认真研究了宪法修改草案，并积极提出了修改意见。

座谈会认为，这次宪法修改草案规定由全国人民代表大会常务委员会“监督宪法的实施”，这比 1954 年宪法规定由全国人民代表大会行使这项职权进了一步。为了保证将来宪法更好地实施，与会的同志建议，可增加专门一章，集中规定关于宪法实施的监督办法。

参加这次座谈会的有中国政治学会名誉会长钱端升，顾问李铁铮、师哲、吴其玉、郑思远、曾炳钧，会长张友渔，副会长杜任之、李正文，常务理事龚祥瑞、杜汝楫、云光、于浩成、吴家麟、邱国栋、骆静兰等，共 50 多人。

**全国人大常委会副委员长邓颖超在人民大会堂会见由台湾回大陆定居的范寿康教授**

86 岁的范寿康曾是国民党军事委员会政治部第三厅副厅长、台湾省行政长官公署教育处处长、台湾大学文学院哲学系教授，今年 4 月由台湾经美国回来定居。

邓颖超对范寿康教授说，你怀着热爱祖国的心情，跋涉重洋，回到大陆，我们很高兴，今后在祖国建设方面，请你多指教。

**致公党在北京召开七届三中全会扩大会议**

会议于 7 月 13 日至 18 日召开。会议由致公党中央委员会副主席伍觉天主持。

会议要求与会成员认真总结工作，交流经验，武装思想，提高认识，努力开创工作的新局面，并号召各地组织和成员进一步发挥社会主义的积极性，为“四化”建设作出更大的贡献。

致公党中央委员会主席黄鼎臣在会上作了工作报告。他在报告中回顾了一年多来在中国共产党的路线、方针、政策指引下，致公党成员加强思想政治工作、为“四化”建设服务和联系团结华侨、港澳同胞和台湾同胞等方面作出的成绩。他说，致公党自 1978 年恢复活动以来共发展新成员 700 余人，同时在一些侨区和中上层归侨侨眷比较集中的地方新建了一批组织机构。新吸收的成员有两个特点，一是知识分子占的比重大大增加；二是平均年龄逐渐降低。

黄鼎臣在报告中强调全体成员当前要继续深入学习讨论《宪法修改草案》和贯彻全国统战工作会议精神，做好对港澳和国外亲友以及海外人士的联络、宣传、接待工作，坚持四项基本原则，发扬爱国主义精神，为“四化”建设、完成祖国统一大业作出贡献。

会议通过决议，号召各地组织和全体成员发扬爱国主义精神和社会主义积极性，协助党和政府在归侨侨眷中落实知识分子政策和侨务政策，进一步做好对港澳、台湾和国外亲友以及海外侨胞的联系团结和接待工作。

致公党中央委员会副主席伍禅和中央委员、候补中央委员以及各地方组织的代表，共 71 人参加了会议。

**中国垒球协会负责人就国际垒联秘书长波特等人肆意利用第五届世界女子垒球锦标赛制造“两个中国”的行径向新华社记者发表谈话**

中国垒协负责人说：我会曾多次指出，根据国际垒联和国际奥委会关于中国台北问题的决议，在第五届世界女子垒球锦标赛上不得以任何方式使用台湾的所谓“国旗”、“国歌”。但是国际垒联秘书长波特等人始终拒绝就此作出明确的书面承诺。现在，第五届世界女子垒球锦标赛已经收场。来自台北的大量报道证明，有人利用这次锦标赛猖狂制造“两个中国”。这不能不引起中国人民和运动员的强烈愤慨。

这位负责人指出，不仅如此，国际垒联秘书长波特等人竟然还指控中国垒协及其他看穿他们的政治阴谋而不去台北参加比赛的协会是“搞政治”，扬言要“采取制裁措施”，真是岂有此理。利用这次体育比赛搞政治阴谋的不是别人，正是他们自己。应该受到谴责的恰恰就是他们自己。

中国垒球协会负责人对国际垒联秘书长波特等人这种破坏国际奥委会和国际垒联决议，制造“两个中国”的行径，表示强烈的抗议。他表示，所有真正关心世界体育运动健康发展的人都可以从这一丑剧中取得有益的结论。

这位负责人指出，任何妄图制造“两个中国”、阻挠台湾回归祖国，破坏中国人民统一大业的活动都是注定要失败的。

**外交部部长黄华在钓鱼台设宴欢迎缅甸外交部部长吴漆兰一行**

黄华在宴会上讲话时赞扬缅甸政府和人民在自力更生的基础上，努力发展国家经济和文化所取得的重要成就，赞扬缅甸政府在国际事务中，主持正义，反对侵略扩张的立场。

他说，中国和缅甸为了致力于各自国家的建设事业，都需要一个和平安定的国际环境。霸权主义的侵略、扩张造成了亚洲地区的紧张局势，严重威胁着各国的独立与安全。他指出，面对这一形势，本地区一切爱好和平的国家需要从各自立场出发，加强团结，加强合作，共同维护和平、遏制侵略。在这一正义的事业中，中国政府和人民将坚决同亚洲各国站在一起，作出共同的努力。

黄华说，中缅两国的友谊是由两国领导人精心培植起来的，是经历了时间考验的。中国政府和人民十分珍视中缅友谊，并将为进一步加强两国的友好合作关系继续作出真诚的努力。

吴漆兰外长在宴会上说，缅中两国长期以来就是亲密邻邦。我们两国人民本着真诚、友好、互相谅解、互相同情和互相帮助的精神，圆满地解决了我们之间发生的一切大小问题。所以，我们坚信，今后缅中友好必将进一步得到巩固和发展。缅甸决心为进一步巩固和发展我们之间业已存在的这种友谊而作出最大努力。

他说，为了不断加强我们的传统友谊，两国领导人以及其他各种代表团互相进行了友好访问。我们高兴地看到，我们党的主席吴奈温在1980年担任总统期间访问了中华人民共和国；赵紫阳总理也在1981年访问了缅甸。我们相信通过互相友好访问，两国的友谊会更加巩固。

**中国代表田进在联合国经社理事会夏季会议上发表谈话**

田进指出，改善南北关系的最紧迫任务是“尽快发动联合国主持下的全球谈判”。

田进说：“必须把解决发展中国家当前紧迫问题同建立新的国际经济秩序这一根本目标正确地、密切地结合起来。”他说，目前迫切的问题是，帮助发展中国家筹集基金，以便弥补它们的国际收支逆差和满足它们的发展需要，同时取消对发展中国家实行的贸易保护主义。

他强调说，国际经济继续恶化的“最根本原因是不合理的、旧的国际经济关系的存在”。他指出，“当前国际经济关系的基本格局仍然是发达国家居于垄断地位，而广大发展中国家继续遭受着种种控制、束缚、垄断和剥削。”因此，“发展中国家强烈要求改革这种旧的国际经济关系，建立公正合理的、新的国际经济秩序。这是完全正义的、合理的”。

他指责某些发达国家向发展中国家转嫁经济困难，推行贸易保护主义和削减对发展中国家的援助。

田进在发言中还重申了中国支持发展中国家要求建立国际经济新秩序的一贯立场。

## 7月14日

**邓小平 叶剑英等党和国家领导人为纪念建军55周年分别为大型革命回忆录《星火燎原》题词**

中共中央军委主席邓小平，副主席叶剑英、徐向前、聂荣臻为纪念中国人民解放军建军55周年，最近分别为《星火燎原》题词，勉励全军指战员继承和发扬革命传统，加速现代化、正规化革命军队的建设。

邓小平同志的题词是：“继承和发扬人民军队的光荣传统。”

叶剑英同志的题词是：“革命精神代代传。”

徐向前同志的题词是：“发扬革命精神为建设现代化的人民军队而奋斗！”

聂荣臻同志的题词是：“用我军的光辉历程和革命传统教育全军指战员。”

大型革命回忆录《星火燎原》是我军战斗历程和革命传统的教科书。它从1956年发起征文以来，陆续收到我党我军的革命老战士撰写的记述人民军队各个历史时期重大事件和战斗生活的文章1万多篇，其中不少已经编入《星火燎原》选集。这些文章描述的大量生动事例，充分体现了我军全心全意为人民服务的建军宗旨和人民军队官兵一致、军民一致、艰苦奋斗、不怕牺牲的光荣传统。

这部大型革命回忆录是由人民解放军战士出版社《星火燎原》编辑部编辑出版的。“八一”前夕，《星火燎原》选集1—10集全部出齐。《星火燎原》杂志还将出版纪念建军55周年专刊。

**国务院批转中国人民银行《关于中国人民银行的中央银行职能及其与专业银行的关系问题的请示》**

请示的主要内容提出：中国人民银行是中国的中央银行，是在国务院领导下统一管理全国金融的国家机关，中国农业银行、中国银行和中国人民建设银行，都是总局级经济单位，各专业银行在5个方面受人民银行总行的领导。

**中国最大跨径的济南黄河公路大桥建成通车**

它坐落在济南北郊，是中国自己设计建成的一座预应力混凝土斜拉桥。该桥总长2023.44米，全宽19.5米。主桥长488米，最大跨径220米。可以并行通过4辆卡车，桥面能够通过218吨的大型平板车。

**两会组织经济咨询服务工作经验交流会在北京召开**

会议于7月14日至27日召开。会议决定，把经济咨询服务作为民建、全国工商联(以下简称两会组织)当前和今后长期的中心任务。

全国工商联主任委员胡子昂主持大会，民主建国会主任委员胡厥文致开幕词。

国务委员、国家经委主任张劲夫同志讲话指出，咨询服务是经济工作的智力库、智囊团。我们要把经济工作做好，一定要善于运用各方面的智力库、智囊团的作用。

张劲夫同志在分析了当前经济形势、号召大家重视新情况、研究新问题之后，对两会的经济咨询服务工作作出充分肯定，高度评价咨询服务是经济工作的智力库和智囊团，希望两会身体好的老年同志，积极参加到咨询服务工作中来，有知识出知识，有经验出经验，有技术出技术。

张劲夫同志在讲话中指出，不少老工商业者有很高的爱国心，很强的事业心，他们有许多经验很宝贵，要加以总结，发挥自己的长处，把经济咨询服务工作进一步开展起来，为振兴我们的经济、实现四个现代化作出贡献。

张劲夫表示，要搞好我们的国民经济，应当借鉴外国的经验，但我们民族有很好的经验，更应当总结和学习。我们各级经济部门要重视大家的经验和体会。大家有什么困难就提出来，帮助大家解决问题是责无旁贷的，因为我们的目标是一致的：为“四化”共同奋斗。

**全国职工教育管理委员会和国家经委在北京联合举行全国职工教育管理干部研究班结业典礼**

全国职工教育管理委员会主任、国家经委副主任袁宝华在结业典礼会上讲话。

这一期研究班的正式学员共有121人，参加旁听的有50多人。在为期一个半月的学习期间，大家重温了中共中央、国务院《关于加强职工教育工作的决定》；学习了教育学、心理学的基础知识；总结交流了办好职工教育的经验，研究了职工教育的理论问题和实际问题；于光远、顾大椿、房维中、赵荫华、张健、费孝通和沙洪等19位领导同志、专家、教授、学者为研究班讲课或作了报告。

袁宝华在总结了这一期研究班的主要收获后说，职工教育是关系“四化”建设成败的大事；是开发智力，促进科学技术发展的基础；是加速改变干部队伍结构的重要途径；是建设社会主义物质文明和精神文明的重要组成部分。

袁宝华说，要搞好职工教育，当前必须抓好五项工作。一、要按照职工教育的特点和规律开展职工教育工作。二、要结合企业整顿，积极创造条件建立培训中心。三、要进一步健全职工教育的专职机构，充实调配专职人员。四、要积极开展职工教育的理论研究工作。五、要发现、培养职工教育的先进典型，总结推广先进经验。

国家经委副主任吕东主持结业典礼。

**全国政协副主席办公会议就关于保护历史文物名胜古迹问题进行座谈讨论**

全国政协副主席办公会议，在听取了调查组关于历史文化名城保护问题的调查汇报后，大家指出，当前许多地方的文物古迹、风景名胜仍在遭到严重破坏，各地各界人士要义不容辞地继续为保护祖国的珍贵文化遗产作出努力。

近几年来，各界人士不断为保护历史文物、名胜古迹而发出呼吁。为此，全国政协多次派出调查组赴各地调查，与各地有关部门共同研究保护文物古迹、风景名胜的问题。今年5、6月间，萨空了、吴亮平、杨放之、沈其震、钱伟长、单士元、郑孝燮、佟铮等八人组成的调查组，在赴华东调查中年知识分子问题时，还就杭州、绍兴、南京、苏州、扬州、曲阜6个历史文化名城的保护问题作了调查了解。

萨空了代表调查组汇报情况时说，党中央、国务院十分重视对历史文物、风景名胜的保护工作，1981年国务院又发布了全国24个历史文化名城名单，把保护历史文物、发扬文化传统以及风景名胜的保护结合起来，使文物保护从个体发展为整个城市的保护，使文物保护工作提高到了一个新水平。但是，当前许多地方对于文物古迹、风景名胜的破坏仍然是严重的,这个问题应当引起各级各地有关部门和各界人士的严重注意。

萨空了在汇报了杭州、苏州、南京、曲阜等城市的文物古迹、风景名胜遭到不同程度的破坏情况后说,城市人口膨胀、挤占蚕食风景名胜区、滥拓乱建之风蔓延、环境污染严重,是这些城市文物风景遭到破坏的几个主要方面。前一时期,我们前往承德、开封、郑州、洛阳、西安、太原、大同等城市调查时,上述情况也不同程度地存在。

萨空了说,面对这种情况,调查组的同志有几点想法和建议:第一,要端正人们的思想认识,根据不同城市的特点确定本市的性质,制定城建方针,不应要求所有城市都搞综合性工业。第二,采取坚决措施,防止继续破坏,要特别防止和制止一些缺乏规划和严格管理的单位,对风景城市的景观和环境的污染;占用风景区和文物保护单位的部门,应尽快搬出去。第三,抓好城市建设总体规划,注意保护文物、古建、风景区的环境。第四,给历史文化名城以优惠待遇。第五,健全文物管理体制,避免文物、城建、旅游、园林、宗教等部门各行其是。他们还建议各地各单位要向干部群众进行保护文物、风景、名胜的教育,对那些倒卖文物、破坏名胜古迹的不法分子要予以坚决制裁。会上,杨放之、吴亮平、钱伟长作了补充发言。

出席会议的乌兰夫、刘澜涛、胡子昂、荣毅仁、钱昌照、董其武副主席在座谈讨论时指出,我们中华民族具有悠久的历史,我们的前人创造了灿烂的文化,对人类文明作出了宝贵贡献。现在我国的文物古迹、风景名胜,是我们的祖先用自己的聪明智慧在锦绣河山上给我们留下的极其宝贵的财富,值得我们引为自豪。这些遗产对于我们进行物质文明和精神文明建设、进行爱国主义教育,具有十分重要的作用。每个有爱国之心的公民都应珍视这些遗产,保护这些遗产,同损害、破坏这些遗产的不良现象和不法分子作坚决斗争。

**全国人大常委会委员刘大年致郑成功收复台湾三百二十周年学术讨论会的信**

福建郑成功研究会邀集各地有关学者,隆重集会,纪念郑成功收复台湾三百二十周年,很有意义。我因事不克出席,谨代表中国史学会常务理事会并以我个人的名义,预祝讨论会成功,并等待着捧读各位的宏文杰著。

郑成功收复台湾今年届满三百二十周年。1683年康熙重新统一台湾,明年正好是三百年整。郑成功从西方殖民主义者手里解放台湾,康熙则把台湾同祖国大陆重新统一起来。他们彼此立场不同,但对中国所作的伟大建树,正合着两句成语:相反相成,殊途同归。今天,在我们讨论、纪念郑成功的时候,自然地就想到明年是否也讨论、纪念康熙统一台湾的不朽功烈问题。

光是这样提到一下,难免叫人莫名所以。我想就两条主要理由,试作一点陈述。

第一,康熙对统一台湾所作的重大贡献,应当得到恰当评价。郑成功从西方殖民主义者手里解放台湾是完成了事情的一半,康熙把台湾同祖国大陆统一起来,则是完成了事情的另一半。而且可以认为,后面这一半意义更为长远。因为台湾孤悬海外,必须有大陆政治、军事、经济、文化的全面支援,才能安定发展。否则形单势弱,极容易受到像潮水一样不时汹涌而来的西方殖民势力的侵袭。当时统兵入台的清军主将施琅就正确地指出过这一点。他认为红毛无时不在涎贪此地,其人性情狡黠,船只制作精坚,无敌于海外。必须加强台湾政治、军事、经济建设,防止红毛重来侵扰。康熙的对内和对外的斗争,都为中国留下了足壮观瞻的篇章。重新统一台湾是其中重要的一页。历史是人民群众创造的。康熙统治时期,中国所形成的疆域辽阔、民族众多的封建国家的强盛统一,人民群众的力量起着最后的作用。康熙作为一位杰出的封建君主,也知道他个人的作用有一定限度。1681年,即重新统一台湾的前两年,平定了"三藩"。群臣争着歌颂康熙的功德,几次请上尊号,康熙坚决不许。一位叫何嘉祐的湖广道御史请上尊号的奏疏说:天下荡平,皆由于皇上一个人的功德。康熙回答说,这样讲,令他惶惶不安,"此奏无益"。台湾平定,群臣又一次请上尊号,他仍然拒绝,反对借此矜夸粉饰。康熙统一台湾,正是代表着那个时期历史前进的动向,反映了人民群众的活动和要求。我们坚持历史唯物主义,摒弃历史唯心主义,研究它,纪念它,不但是为了客观地评定康熙的功绩,也是为了说明人民群众如何创造历史。

第二,历史的经验应当总结。近三百余年间,台湾地区经历的道路是曲折的,又是对我们非常富有启发性的。第一次,它受到西方殖民势力的霸占蹂躏,郑成功把殖民主义者驱逐出去,表现出中国人民决不会容忍外部势力侵略、损害中国的领土和主权。第二次,郑氏政权与大陆相对立,康熙统一台湾,加上其他对内对外斗争,国力蒸蒸日上。大陆人民和台湾人民长期生活安定,深受其赐。第三次,中国进入近代,遭到帝国主义的野蛮侵略,沦为半封建半殖民地,台湾并有半个世纪沦为日本军国主义的殖民地。包括台湾在内的中国人民,并不甘心接受那种命运,英勇顽强,反复斗争,最后一一战胜强大的敌人,取得了民族独立。台湾别来无恙,依然是祖国的海上屏藩,东南一省。长江大河有支流，有主流。台湾近三百余年间，三次被分割、分裂，而又很快收复、统一起来，说明被分割、分裂是暂时的，是大河的支流，与大陆政治上的统一是常规状态，是大河的主流。中华民族是一个最富于凝聚力量的民族。台湾与大陆的统一，是由一千七百年的政治、经济、文化传统紧密联结在一起的。过去、现在和将来，都没有任何力量能够改变中华民族的强大凝聚力，改变历史形成的中国河山统一、各族人民团结前进的道路。研究这段历史，总结经验，它的现实意义是不言而喻的。台湾与大陆目前仍处在人为的分裂状态之中。中华各族人民，炎黄子孙，强烈希望台湾回到伟大祖国的怀抱，加速我国的四个现代化进程！去年国庆节前夕叶剑英委员长郑重宣布，然后又由我们党的主席胡耀邦在首都各界纪念辛亥革命七十周年大会上重申的关于台湾回归祖国、实现和平统一的方针政策，反响热烈，大得人心。大陆与台湾学术界的接触，事实上已经开端。今年 4 月间，大陆学者以胡绳同志为首、台湾学者以秦孝仪先生为首，一同出席美国亚洲问题研究协会举办的关于辛亥革命的学术讨论。台湾报纸或发社论，或长篇报道。虽然会后秦孝仪先生发表谈话，说同大陆学者一道谈论历史，“无聊透顶”。但是据说他仍向台湾当局建议：今后遇有这类学术会议，还是应当参加。可见不论谁想要把大陆与台湾隔绝起来，于今已经办不到了。总结康熙统一台湾的历史经验，明辨人心之所归，历史潮流之所向，对于促进祖国统一，早日实现民族大团结，无疑地将重有裨益。

从上面说的这一些可以看出，中国历史上与台湾有关的重要纪念日里面，郑成功收复台湾，康熙把台湾与大陆统一起来，都值得纪念，都需要重视。1945 年日本投降，归还台湾，也是很重要的。不过它与抗日战争的胜利是同一件事，毋须乎单独对待。至于 1983 年康熙统一台湾三百周年，我们需要和可能做些什么，要各位研究者共同来出主意。中国史学会常务理事会到时也可以议论一下这个题目。

我国古人很早就懂得，从就近的历史中，探索辨别有关事件的是非成败，用以匡正自己的行动。所谓“殷鉴不远，在夏后之世”，就是这个意思。马克思主义的历史研究，是要阐发人类社会历史进程的内在矛盾和规律，引导人们更自觉地创造、推进历史。鉴古观今，评定事件的价值和人物的是非功过，也就在其中了。我们反对篡改、涂抹历史来解说现实，反对如“四人帮”那样，以谈说历史为名，行政治阴谋之实。那都是资产阶级实用主义，是唯心论，必须奋力扫除之。我们也反对因袭陈旧观点，看待学术与政治、学术与现实的关系。那种观点以为学术似乎是象牙之塔里的东西，研究历史与现实的联系越少越好。即使有联系，也必须是“浩然中立”，“无偏无党”的。人对社会历史领域种种现象的认识，永远不会完结，无数的奥秘等待着去揭开。但是这种研究工作与现实的关系毫无神秘的地方。古往今来的所谓“学术”、“学理”、“学说”等，无非是不同时代，带着不同阶级烙印的人们对社会历史、社会生活中各种现象所作的解说，就像人至今还不能脱离地球和它的卫星一样，那些解说也不能脱离时代环境、阶级土壤，反映出现实的某种需要。区别在于有的联系现实旗帜鲜明，有的千方百计加以掩饰；有的讲真理，有的讲假理；有的联系直接，有的间接；有的告诉人事物的状况或逻辑是甲，或被认为是甲，结果反而告诉了人事物的状况或逻辑是乙，或者实际是乙。事情异常复杂，我们应该注意的，是避免简单狭隘地看待这个问题。研究历史，联系现实，任何时候都可以进行，并不需要逢什么纪念日，多少周年。不过临到那种有意义的日子，回顾先代光荣业绩，总结以往，启发人们的思想认识，推进当前的斗争，只要我们采取科学态度，严肃对待，就有可取，而且是历史研究者无可旁贷的职责。郑成功收复台湾三百二十周年和康熙统一台湾三百周年，我想应该属于这一类。前面说的预祝各位集会讨论成功，理由也就在这里。

同志们评价郑成功，我主要讲了讨论、纪念康熙统一台湾的问题，希望不算是跑题太远。因为我们把中国历史上关于台湾的几个重要日子联系起来考察，对郑成功收复台湾的意义会了解得更加完整。刍荛之议，质诸高明，不知以为怎样？

1982 年 7 月 14 日

**国务委员姬鹏飞在北京会见以艾丽斯·旺吉夫人为团长的肯尼亚妇女代表团**

**国务委员薄一波在北京会见美国国际商业机器公司高级副总裁兼美洲一远东分公司董事长拉尔夫·埃·费佛尔和日本分公司总裁椎名武雄**

**外交学会会长郝德青在北京会见并宴请英国下议院国防委员会副主席约翰·吉尔伯特率领的访华团**

**《刘伯承用兵录》出版发行**

《刘伯承用兵录》一书已在由战士出版社编辑出版，全国新华书店发行。

此书由长期跟随刘伯承同志战斗的耿飚、李德生、陈锡联、李达、杨国宇等同志撰稿，反映了刘伯承同志的指挥艺术和兵法谋略。

刘伯承同志长期与邓小平同志在一起共同指挥作战，因此，《刘伯承用兵录》中自然包含着邓小平同志的作战思想和军事指挥艺术。书中记录的许多用兵经验,可以说是刘伯承和邓小平同志共同的智慧结晶。

**马晓春夺得第二届围棋“国手战”冠军**

**袁国强在洛桑举行的洛桑国际田径赛中创造男子100米赛跑全国纪录**

袁国强的成绩是10秒52,并赢得了这个项目的第三名。

## 7月15日

**我国农业干部教育网初步形成**

据《人民日报》报道,来自29个省、自治区、直辖市的803名县级以上领导干部经过近半年的专业培训,已经陆续从农牧渔业部委托的北京农业大学等9处干部培训班结业,返回工作岗位。至此,全国已有4000多名县以上各级领导干部(包括省农业厅长、地区专员、农业局长和县委正副书记、正副县长)在高等农业院校受到了专业培训,一个从中央到省、地、县包括一部分区、社的农业干部教育网正在初步形成。

**中国第二个国产电子计算机六十四路自动转报系统在石家庄电信局正式投入使用**

此系统比人工转报传输质量和传递速度分别提高了9倍和10倍以上,大大缓和了华北地区电报通讯的紧张状况。

**中国首次中东学术讨论会在昆明举行**

会议于7月15日至19日召开。会议决定成立中国中东学会,并选举我国知名学者宦乡同志为名誉会长,廖盖隆同志为会长。

中东学术讨论会是由中国社会科学院西亚非洲研究所、西北大学、云南大学等单位发起召开的,来自全国各地近百名中东问题研究工作者参加了会议。

会议就海湾形势和中东石油问题进行了专题讨论,并对我国学术界对中东问题的研究作了一定的协调工作。

**中国书协在北京举行第五次常务理事扩大会**

会议于7月12日至13日举行。会议总结了中国书法家协会成立一年多来的工作,号召书法家争做履行《文艺工作者公约》的模范,在建设社会主义精神文明和振兴中华的伟大事业中作出积极贡献。中国书协借书法界名流集会之机举办了这次书法艺术交流活动。

**周仁李家治张福康研究得出中国瓷器发明不迟于东汉的结论**

这是中国科学院上海硅酸盐研究所已故前所长周仁,科学工作者李家治、张福康等人,对我国古代陶器和瓷器工艺的发展过程进行了长期研究后得出的结论。

## 7月16日

**中共中央副主席邓小平在人民大会堂会见缅甸外交部部长吴漆兰一行**

邓小平谈到当前国际形势。他说:“现在世界上事情越来越多,大仗虽然没有打起来,但危险存在,小仗小乱却是不断。”他说:“亚洲局势同样也不稳定。我们这个地区所有主持正义的国家应该加强团结和磋商,共同为维护亚洲和太平洋地区的和平与安全尽自己的国际义务。”

谈到中缅双边关系。邓小平说:中国和缅甸长期以来有着友好的关系,我们双方都把这种友好关系称为“胞波”情谊。我希望我们两国关系不论在双边合作方面还是在国际问题上的合作方面,都不断向前发展。

吴漆兰外长说,缅甸和中国的关系一直很好。现在也是这样。缅甸愿意同邻国和睦相处。他说,通过这次访问,他对中国为了加强世界和平与国际合作所做的努力有了进一步的了解。

**《人民日报》发表评论员文章《严禁在民主选举中搞非组织活动》**

河北省肥乡县少数人暗中纠集,破坏党代会选举,打击排挤坚持党的路线、工作上取得明显成绩的县委领导同志,制造了一起严重的政治事件。这种非组织活动并非绝无仅有,只此一例。

据了解,少数地方在党代会或人代会选举中出现的那些非组织活动,虽然背景和具体情节不同,却有相似之处:其一,搞非组织活动的主要人物,多是一些“文化大革命”中有严重问题未受到应有处理的人,对粉碎“四人帮”后自己被撤职、降职心怀不满的人,帮派思想严重至今没有醒悟的人,近几年利欲熏心、违法乱纪的人。这些人在“文化大革命”期间并不都是同“派”,但因臭味相投,利害一致,在新形势下为了各自的需要搞到一起了。其二,他们所用的手法,都是打着要“民主”的旗号来破坏社会主义民主。他们沿用“文化大革命”中使用的伎俩,当面一套,背后一套,秘密串连,拉帮结伙;散发传单,张贴大字报,颠倒黑白,蛊惑人心;鼓吹狭隘的地域观念,利用宗族情绪或民族情绪，掩盖少数人极端自私自利的派别活动；投寄匿名信，对他们所反对的干部进行咒骂；用“钱作马”、“酒为军”和“封官许愿”等手段诱人上钩，给自己拉选票，甚至非法开列“组阁”名单，强迫代表在选票上画圈。其三，他们的目的，都是向党和人民争夺权力，企图把大多数干部和群众所拥戴的好同志搞臭、赶走，而把能为他们谋私利的人捧上台。

很明显，这是一种同全党全国人民建设社会主义高度政治民主的伟大潮流相悖而行的歪风。它出现在哪里，那里的正常民主生活就遭到破坏，党内外干部、群众及其代表的选举权与被选举权就受到践踏，好干部、好同志就被搞非组织活动的势力所压抑和排挤；造反起家的人，帮派思想严重的人，打砸抢分子以及近几年在政治上、经济上严重违法乱纪的人则神气活现，弹冠相庆。事情既然如此，我们怎么能对非组织活动失去警惕、熟视无睹、妥协退让，而不及早预防、坚决抵制、严加禁止呢！

在选举中搞非组织活动的人所标榜的“民主”，同我们党坚持倡导的党内民主和人民民主是根本不同的。党内外群众依法享有的民主选举权利，理应受到尊重和保障，但是，对少数人借发扬民主之名、行搞非组织活动之实，必须坚决反对。为此，在酝酿候选人和组织选举中，都要加强党的领导，坚持民主集中制，充分发扬社会主义民主，大胆走群众路线，把选举中的问题摆在桌面上来解决，以防止居心不良的人钻空子破坏民主选举。

把深入细致的思想政治工作，贯穿在酝酿和组织选举的整个过程，也是极为重要的。要按照党章、《准则》和选举法的有关规定，旗帜鲜明地讲清楚什么允许做，什么不允许做，引导选举工作沿着正确的轨道健康发展。那种单纯埋头于具体人选，轻视思想政治工作，因而使选举遭到挫折的教训今后不应该重复了。

还要特别注意及时发现、果断制止一切破坏民主选举的违法乱纪行为。从酝酿准备到正式选举，各级领导都要敢于做工作。软弱涣散，放弃领导，就会给非组织活动以可乘之机。领导者看出了问题，却不及时解决，缺少原则上的坚定性，势必使事情发展到严重的地步。今后，对刚露头的非组织活动，就要立即查明，公开揭露，严加批评。对事件的策划者、指挥者和积极参与者，应按情节分别给以必要的党纪、政纪制裁，直至追究其法律责任。如果是证据确凿的造反起家的人、打砸抢分子、帮派思想严重的人，或者是近几年在政治上、经济上严重违法乱纪的人，要从严处理。当然，对一些一时迷途、犯了错误的同志，还是要着眼于教育，用批评和自我批评、总结经验教训等方式解决问题。只要各级党组织理直气壮地扶正祛邪，就能有效地提高广大党内外群众维护社会主义民主和社会主义法制的积极性。

**全国人大常委会副委员长 宪法修改委员会副主任委员彭真发表谈话号召台湾同胞港澳同胞国外侨胞深入讨论《中华人民共和国宪法修改草案》**

谈话全文如下：

全国人民代表大会常务委员会公布了《中华人民共和国宪法修改草案》(以下简称《宪法修改草案》)，交付全国各族人民讨论。两个多月来，台湾同胞、港澳同胞、国外侨胞同祖国大陆同胞一道，以主人翁的态度关心宪法的修改和制定，积极参加讨论，发表意见。

宪法是国家的根本大法，规定了国家的性质和前途。制定一部总结全国各族人民长期奋斗成果、充分反映人民意志的宪法，对于保证我们伟大祖国的统一和繁荣富强具有极为重要的意义。这不仅是祖国大陆各族人民的根本利益所在，同样是台湾同胞、港澳同胞、国外侨胞的根本利益所在。

在拟定《宪法修改草案》时，我们尊重历史、尊重现实，展望未来。《宪法修改草案》第三十条规定：“国家在必要时得设立特别行政区。在特别行政区内实行的制度按照具体情况由法律规定。”这是把叶剑英委员长去年9月宣布的9条方针政策的基本内容法律化，为祖国的和平统一确立了法律的依据。《宪法修改草案》还规定：“中华人民共和国保护华侨的正当的权利和利益，保护归侨和侨眷的合法的权利和利益。”这比过去宪法提得更明确完备了，这必将保证广大侨胞同祖国10亿人民共享民族荣誉。

人民利益高于一切。一切权力属于人民。台湾同胞、港澳同胞、国外侨胞都是中华民族大家庭的成员，都是国家的主人。我们十分珍视台湾同胞、港澳同胞、国外侨胞的意见。我们殷切希望大家行使自己的神圣权利，采取多种形式，通过各种渠道，同祖国大陆各族人民一起深入讨论《宪法修改草案》，共商国是。我们深信，经过全体中国人民的共同努力，一定能够使《宪法修改草案》修改得更完备，制定出一部既符合我国现实、又适应远大发展前景的宪法，一定能够促进中华民族大统一的早日实现。

**全国联合运输会议在上海召开**

会议于7月16日至21日召开，由国家经委，中国交通运输协会共同举办。会议指出，当前交通运输仍是国民经济发展中十分突出的薄弱环节，大力开展联合运输是挖掘现有运输设备潜力，加快车、船和库、场货位周转，节约能源，提高经济效益的有效措施。

根据会议提供的情况，开展联合运输有多方面的好处：

——可以加速车、船和库、场货位的周转，提高运输效率。青岛港坚持按日、按旬、按月组织好车、船、货的计划平衡和衔接，保证了站、港畅通。今年上半年和去年同期相比，港口吞吐量增长14.6%；外贸船舶平均在港停留时间减少一半，港存物资积压的情况大大减少。

——能够加速物资流通和资金周转，提高经济效益。江苏省的镇江市是全省南北水陆交通的枢纽。过去省内一些县、市的物资运到这里集散换装需要七八天时间，去年成立联运服务公司以后，现在只需三四天时间就办妥了。

——大大节约了能源。

**地质矿产部部长孙大光就保护矿产资源问题答《人民日报》记者问**

问：地质部改为地质矿产部，工作任务有什么变化？

答：国务院决定将地质部改为地质矿产部，是总结了新中国成立以来矿产资源普查勘探、开发利用的经验，认真研究了现状而作出的。这对加强我国矿产资源的统一管理，合理开发、利用与保护矿产资源有重要意义。我部的工作范围扩大了，责任加重了。地质矿产部不仅要继续管理本部直属地质队伍，还要作为即将公布的《矿产资源法》的监督执行部门，对全国矿产资源和地下水资源的合理开发、综合利用和保护进行监督、检查，对国内外矿产资源形势进行系统分析预测，研究制定矿产资源的有关方针政策。此外，为了加强全国地质工作统一计划，进行综合探矿，避免重复浪费，也相应增加了一些任务。

问：当前矿产资源的开发、保护方面存在什么问题，其主要表现是什么？

答：经过多年的工作，我国矿产资源的勘探开发已经取得了很大的成绩。这对保证国家经济建设和国防建设的顺利进行起了重要作用。在矿产资源保护方面也做了一定的工作。但还存在问题。一些地区矿产资源遭受破坏以及浪费的情况十分严重。主要表现在：

矿山生产回采率低，采矿贫化率高，采富弃贫、采易弃难、大材小用、优质劣用等现象相当普遍。特别是一些地方和集体企业办的小矿山，由于思想上、制度上、管理上的工作没有跟上，矿产资源回收率更低。少数地区的矿山资源的管理处于无政府状态，任意乱挖滥采，进行掠夺性的采掘，甚至强行哄抢国家矿产，投机倒卖矿石，对矿产资源的破坏很大，损失十分惊人。

一些共生矿的综合开采、综合利用很不够，有的采主弃副，有的甚至是采副弃主，大大降低了矿产的经济价值。

矿产品在开采、堆放、运输、储存和利用过程中，管理不善，流失和浪费也很大，既损失了资源，又污染了环境。

问：地质矿产部怎样发挥对保护矿产资源的监督作用？

答：对矿产资源保护工作进行监督，是国家赋予我部的一项新的职责，需要开展的工作不少，涉及的面比较广，要积极而又稳妥地进行，边做边取得经验。当前最突出的，是要尽快解决矿产资源的乱挖滥采这类破坏性最大的问题。初步打算是：

(1)大力加强保护矿产资源的宣传教育工作。矿产资源是国家的宝贵财富。我国矿产资源的储量及品种是丰富的，但是绝大多数矿产是不可再生的资源，在一定的技术经济条件下，开发利用能力是有限的。我国人口众多，珍惜矿产资源，有计划地、合理地加以开发利用是一项关系千秋功业、关系子孙万代的重要国策。这个道理一定要让全体干部和广大群众认识、理解。我国宪法规定，矿藏属国家所有。要教育干部和群众，树立全局观念，正确对待和处理国家利益、局部利益和个人利益的关系，长远利益和眼前利益的关系，认识到任意侵占和破坏矿产资源的行为是极端错误的，甚至是一种犯罪。

(2)协同有关方面健全保矿法规。在《矿产资源法》颁布后，地质矿产部作为监督执行部门，要协同有关部门和司法部门积极贯彻执行，对破坏矿产资源的行为，要视其情节，依法处理。同时要依靠舆论力量，把保矿工作置于社会监督之下。《人民日报》在这方面曾发表一些文章和评论，起了很好的作用，希望报纸继续予以支持。

(3)会同有关部门，加强对矿产资源综合利用的科学研究，对重大项目，要配合攻关。

(4)会同有关部门，采取有效措施，充实加强各级矿山地质工作机构，行使保矿及监督的权力。

(5)在地质矿产部和各省、自治区、直辖市地质矿产局两级，设置矿产开发管理机构，统一监督、管理矿产资源的合理开发，合理利用，以使矿产资源最大限度地发挥效益，为人类造福。同时，陆续充实全国和各省、自治区、直辖市矿产储量委员会，强化保矿方面的职能。

问：在保护矿产资源方面，地方各级党委和政府应负什么责任？

答：希望地方各级党委和政府加强对矿山生产及矿山保护工作的领导，促进合理开发、合理利用祖国的矿产资源。各级地质矿山部门要紧紧依靠地方党政领导，加强部门之间的协作，做好资源保护工作。当前，在矿山企业的整顿工作中,应强调提高管理水平,维护矿山生产秩序。各地县、社办的小矿,对开发矿产,有不可忽视的作用,这是应当肯定的。但是,开采矿山资源要规定必要的、科学的条例、制度,加强管理,严格批准手续。同时要采取有效措施,帮助这些小矿进行技术改造,提高资源回收率和利用率。在协调国家矿山和民办矿的关系时,希望教育某些干部增强整体观念,切不可迁就少数人的地方观念和落后意识,切实纠正侵犯国家利益的乱开滥采矿产资源现象,制止哄抢矿产品的不法行为。

**林业部负责人就搞好雨季造林问题发表谈话**

谈话如下:

目前,我国有较大范围的地区进入雨季植树造林季节。凡有条件进行雨季造林的地区,都应该抓住这个季节大力造林。

开展雨季造林需要做好以下几项工作:

(一)大力开展植树造林的宣传活动。要利用各种宣传工具,采取多种形式,深入宣传全国人大关于开展全民义务植树运动的决议,大讲加速植树造林,绿化荒地荒山的重要意义,宣传雨季造林的科学知识,动员广大人民群众积极投入雨季造林活动。

(二)雨季造林时间短,需要抓住有利时机突击完成任务,因此,必须加强组织领导。要在落实山林权属的基础上,做好造林规划设计,把造林任务和造林树种落实到山头地块;同时做好劳力安排,建立联系造林成果计酬的生产责任制。提倡各级领导带头参加植树造林活动,并及时从中发现问题,解决问题。

(三)实行科学造林,保证造林质量。要根据各地土壤、气候等不同条件,做到适地、适树、适法。在雨季造林要特别注意严格把好造林质量关,认真贯彻造林技术规程,做好检查验收工作。在时间上,要及时掌握雨情,选择好栽种时机。

(四)抓好其他营林活动。不适合雨季造林或雨季造林任务已完成的地区要利用农闲间隙和趁雨后土软,工效较高的有利时机,积极开展为今冬明春造林提前整地和抚育新造幼林,垦复油茶、油桐等经济林的工作。同时,还要普遍注意做好苗圃的田间管理和种子的采收等工作,为今后开展植树造林打下物质基础。

**国务委员张劲夫在北京会见日本三菱银行行长山田春率领的三菱银行访华团**

**中国与意大利在罗马签订1982—1984年财政技术合作计划会谈纪要**

中国政府经济代表团团长、对外经济贸易部副部长魏玉明和意大利政府代表团团长、外交部副部长帕莱斯基分别代表两国政府在纪要上签字。

根据上述合作计划,意大利政府将以贷款和赠款等方式,对双方商定的一批合作发展项目提供部分资助。

**故宫博物院展览在东京开幕**

展览是西武美术馆、大阪市立美术馆、福冈市美术馆、名古屋市博物馆和朝日新闻社等单位为纪念日中邦交正常化十周年而举办的。

日本首相铃木善幸为这次展览在东京开幕发表书面祝辞。

**国务院批转教育部 公安部 外交部 劳动人事部《关于自费出国留学的规定》**

《关于自费出国留学的规定》(以下简称《规定》)指出,自费出国留学,是培养人才的一条渠道。自费出国留学,必须有定居国外的可靠亲友或国内亲属提供全部的学习和生活费用(包括通过定居国外的可靠亲友取得国外学习期间的全部资助或奖学金的),办好入学许可证件,到国外上大学本科、大专(含入大学前的外语补习学校)或者当研究生以及到国外进修的,才能申请,并按公安部有关规定办理。申请自费出国留学,必须呈报国外定居亲友经过公证和认证或国内亲属经过公证的全部经费保证书。

《规定》说,自费出国留学人员,到国外上大学或者当研究生的,年龄不得超过35周岁;到国外进修的人员,年龄不得超过45周岁,并应选学国家建设需要的专业。申请自费出国留学,必须持有高中、大学毕业证书,或经学校出具的同等学力证件。如需要向所去国家提供成绩单、体格检查表的,有关单位应协助办理。

《规定》强调,为保证国家培养人才计划的完成,高等学校的在校本科生、专科生以及高等学校(含科研机构)的在校研究生(包括在职研究生),不准自费出国留学;高等学校毕业生,必须服从国家统一分配,工作两年后,经批准,才能对外联系自费出国留学。属于国外华侨、港澳同胞、外籍华人和归国华侨在国内和内地的子女、亲兄弟姐妹及其子女(含配偶),具备自费出国留学条件的,可不受在校生不准自费出国留学、高等学校毕业后工作两年的限制。在校学生,本人要求保留学籍的,可以保留学籍一年。

《规定》还指出,自费出国留学人员,在取得我公安部门核发的护照和出境签证后,可委托中国旅行社总社签证代办处,或由本人前往外国驻华使、领馆,办理入境签证。自费出国留学人员出国留学的一切费用,包括衣、食、住、学费、医疗费、往返旅费等,均由本人自理。如需出国旅杂费外汇的，可凭公安部门的出境证件和前往国的入境签证，自备人民币向中国银行申请兑换。自费到国外留学的在职职工，不实行退职的办法；从出境的下一个月开始停发工资，留学期间不计算工龄；回国工作后，连同原工作年限一并计算工龄。

自费留学人员到国外后，须在一个月内亲自或写信向我驻外使(领)馆报到，并接受领导。自费留学人员学习结束回国时，其携带入境的物品数额，凭国外学习单位的证明，按海关规定与国家选派的出国留学人员相同。

自费出国留学人员学习结束回国后，持有学历证件，国家承认他们在国外的学历和学位。他们的工作，由本人出国前所在省、自治区、直辖市(或国务院各部门)人事部门量才录用，负责安排工作。工资待遇，按公费出国留学人员的有关规定办理。

《规定》还明确指出，数学、科技、业务骨干(如：助理研究员、讲师、工程师、主治医师、优秀运动员、文艺骨干、机关工作业务骨干等)和研究生毕业的人员，到国外高等学校或科研机构进修、攻读博士学位的，不属于自费出国留学的范围。这些人员中，有要求申请出国留学的，事前必须经所在工作单位批准，才能对外联系，在取得国外学习的全部经费保证后，一律按教育部有关国家选派出国留学人员的办法办理。

《规定》最后说，本规定自 1982 年 7 月 16 日发布之日起施行，国务院 1981 年 1 月 14 日批转教育部等 7 个部门《关于自费出国留学的暂行规定》同时废止。

**1977—1980 年全国优秀摄影作品授奖大会在北京举行**

评奖活动由中国摄影家协会主办。

获奖名单如下：

金牌奖 3 个：鹁场(张荫曾)、假日是这样度过的(许志刚)、我的手最干净(王曙)。

银牌奖 14 个：得救(胡仪、许根顺)、哈萨克族的晚餐(朱宪民)、国际男篮友好邀请赛(官天一)、聂荣臻副委员长会见美穗子(刘铁生)、性格赞(张桐胜)、追踪(马春玉)、惜别——释放越俘(宋佑民)、攻占谅山(李永安)、在考场上(翁乃强)、遗臭万年(罗震)、生命在于运动(利麟)、友爱、(叶健强、蔡俊荣)、乡情(杨绍明)、稻子与稗子(李英杰)。

54 幅作品获得铜牌奖，39 幅作品获得鼓励奖。

## 7 月 17 日

**全国人大常委会副委员长 中国佛教协会名誉会长班禅额尔德尼·确吉坚赞在拉萨参加干部大会**

全国人大常委会副委员长、西藏自治区主席阿沛·阿旺晋美，西藏自治区党政军负责人阴法唐、杨岭多吉、热地、帕巴拉·格列朗杰、王汉亭，国家民委负责人薛剑华和自治区、拉萨市的 1，000 多名干部参加了大会。班禅副委员长在会上发表讲话。

班禅额尔德尼·确吉坚赞强调，维护祖国统一和加强民族团结特别是汉藏民族的团结，是藏族兴旺发达，西藏社会繁荣进步，西藏人民幸福安乐的根本保证，是做好西藏一切工作的前提条件。

他说，中共西藏自治区委员会两年来坚决贯彻中央指示，领导全区各族干部和各族人民认真落实各项政策，做了大量工作，使西藏各方面都发生了令人高兴的变化。他说，目前西藏的政治、经济形势都使人深受鼓舞。

班禅额尔德尼·确吉坚赞强调了维护祖国统一、加强民族团结特别是汉藏民族团结的重大意义。他说，西藏是中国领土不可分割的一部分，藏族是中国这个多民族国家中的一个重要成员；西藏的前途和命运，同祖国的前途和命运紧密地联结在一起。1951 年西藏和平解放后，西藏人民在祖国大家庭中充分享受到民族平等和区域自治的权利。这是我们西藏民族由衰败走向兴旺，由落后走向先进，由分裂走向团结，由黑暗走向光明的历史性的重要转折。30 多年来，在中国共产党、中央人民政府的正确领导和亲切关怀下，西藏发生了天翻地覆的伟大变化。黑暗落后的旧西藏，变成了光明进步、初步繁荣的新西藏。历史的回顾表明，西藏只有统一在中国共产党领导下的社会主义祖国大家庭中才有光辉灿烂的前途，才有民族的兴旺发达，西藏人民才有真正幸福美满的未来。因此，我们一定要像保护自己的眼珠一样来维护祖国的统一。

班禅额尔德尼·确吉坚赞在谈到落实中国共产党的宗教信仰自由政策时指出，宗教信仰自由，就是说，每个公民既有信仰宗教的自由，也有不信仰宗教的自由，有信仰这种宗教的自由，也有信仰那种宗教的自由，在同一宗教里面，有信仰这个教派的自由，也有信仰那个教派的自由。有过去不信教而现在信教的自由，也有过去信教而现在不信教的自由，信教的人和不信教的人要求大同，存小异。维护祖国统一，加强民族团结，同心同德搞“四化”，使我们的祖国富裕强大起来，这是全体人民共同的根本利益，是大同，这是我们团结的基础。信仰宗教或不信仰宗教，这是个人的事情，是小异。

班禅副委员长在讲话中强调了汉族干部在西藏的作用。他说，在我国各民族长期的历史发展过程中，汉族在政治、经济、文化各方面都处于比较先进的地位，中国革命是首先并主要是在汉族人民中发展起来的。我国各少数民族的革命和建设事业的发展,离不开汉族人民、汉族干部的帮助。这一点在我们西藏更加重要。没有中国共产党的领导,没有汉族人民和汉族干部的帮助,西藏人民至今还会在封建农奴制度那个人间地狱中受苦。进藏汉族干部同西藏人民之间建立了血肉相连的兄弟情谊。他们在西藏革命和建设事业中立下的巨大功劳,西藏人民是永远不忘的。今后西藏的各项工作和建设事业,还必须有相当数量的汉族干部参加,西藏人民始终欢迎汉族同志来西藏工作。汉族干部离不开藏族干部,藏族干部离不开汉族干部,这是三十多年的无数事实反复证明了的。今后藏汉族干部更要互相支持,互相尊重,互相帮助,互谅互让,从思想上到行动上拧成一股绳,发挥更大的力量。

班禅额尔德尼·确吉坚赞说,驻藏人民解放军在西藏工作中始终起着特殊重要的作用。他们不仅担负着保卫边疆,巩固国防,守卫祖国西南大门的繁重任务,并积极参加地方建设。他们以自己的模范行动,赢得了西藏人民的衷心拥护和爱戴。在西藏的革命和建设中,人民解放军建立了不朽的功勋。他希望人民解放军驻藏部队发扬我军的优良传统作风,在保卫边疆,建设团结、富裕、文明的新西藏这个具有深远历史意义的伟大事业中,作出更大的贡献。

班禅额尔德尼·确吉坚赞对达赖喇嘛和流落国外的藏族同胞表示十分关切。他说,今天我们在这里欢聚一堂的时候,自然地想到达赖喇嘛和在国外的藏族同胞。他们远离故土,流落异国,脱离祖国,离别同胞,这是任何有爱国之心、有爱民族之心的人所不堪的。作为同一民族的同胞兄弟,我对他们的这种处境历来十分关切。特别是对于达赖喇嘛本人,由于他和我同是佛门弟子,同是历史上形成的佛主宗喀巴衣钵的传承人,是很好的教友,我对他就更为关切。

中国共产党的向前看的主张对他以及在国外的藏族同胞们同样适用。在我们西藏民族正以坚定的步伐,同各兄弟民族一道阔步前进的今天,达赖喇嘛和在国外的藏族同胞们若是回归祖国,同样能为自己的民族和宗教事业效力。

班禅副委员长说:藏族是伟大的中华人民共和国各民族大家庭的成员,爱自己的民族,为自己民族的进步和繁荣效力,只有在国内才能起到真正有益的作用。祖国的大门对于爱国的人们从来是敞开着的,而且来去自由,保证安全。我衷心希望达赖喇嘛作出正确的抉择,热烈欢迎他回归祖国。

**全国台联在北京就宪法修改草案召开座谈会**

中华全国台湾同胞联谊会响应彭真副委员长的号召,召开部分台胞座谈会,深入讨论《中华人民共和国宪法修改草案》(以下简称《宪法修改法案》)。

全国台联会会长林丽韫说,彭真副委员长发表谈话,号召台湾同胞、港澳同胞、国外侨胞深入讨论《宪法修改草案》,充分体现了祖国政府对台湾同胞的关怀和重视,也是祖国政府"寄希望于台湾人民,寄希望于台湾当局"方针政策的具体体现。祖国政府赋予我们台湾人民充分的民主权利,对我们台湾人民寄予殷切的希望,我们要很好地行使这个神圣权利,和国内外台胞、侨胞、港澳同胞一起,认真讨论宪法修改草案,共商国是,为我国制定一部真正反映人民意志和愿望的根本大法贡献智慧和力量。我们台联会愿意把国内外台胞通过各种渠道反映出来的宝贵意见向宪法修改委员会反映,发挥桥梁和纽带作用。

北京市台联会副会长叶纪东说,国家的根本大法充分反映了人民的意志和愿望,代表了包括台湾人民在内的全国各族人民的根本利益。祖国政府把它交给10亿人民讨论、修改,珍视人民当家做主的民主权利,表明我们祖国目前的形势空前安定团结。

50年代初期从日本回国,现在北京儿童医院工作的台胞老医生黄文哲说,《宪法修改草案》序言和第三十条,把叶委员长提出的和平统一祖国九条方针政策用法律形式固定下来,这说明祖国政府和平统一祖国的诚意,说明祖国政府说话是算数的。

全国台联会副会长郑坚、新近从美国回来在中国社会科学院工作的台湾同胞吴庭华等也在会上发了言。

全国台联会还向全国各地台联会发出通知,希望台湾同胞认真响应彭真副委员长的号召,进一步深入讨论《宪法修改草案》。

**中共中央国务院作出《关于严格制止外汇方面违法乱纪行为的决定》**

我国实行对外开放政策以来,对外经济贸易关系迅速扩大,外汇收支额日益增加。为了适应新形势发展的需要,加强外汇管理工作,1979年3月成立了国家外汇管理总局,1980年12月国务院发布了《中华人民共和国外汇管理暂行条例》。这对于维护国家权益,促进对外经济贸易的发展,起了重要作用。

近年来的事实证明,在外汇收支活动中,不但同样存在着腐蚀与反腐蚀的斗争,而且斗争更为复杂、严重。主要是一些地方和部门,不断滋长资本主义经营思想,不顾整体利益,随意违反国家的外汇管理法令和规定,进行逃汇、套汇、截留和挪用国家外汇,滥用留成外汇,甚至从事倒卖外汇的活动。若干企业单位以至管理机关,有的不把收入的外汇及时交售给中国银行,而留作私用，或者私自卖给其他单位；有的高价倒卖外汇，从中牟利；有的擅自把外汇存放在国外或港澳地区，逃避国家的管理和监督；有的违反规定，在国内买卖商品以外汇计价结算，等等。问题的严重性在于，有些领导机关和领导干部对于上述种种违法行为，不但不予制止，反而予以支持，甚至带头违法。个别领导机关和担负外汇管理监督的部门，执法犯法，监守自盗，也从事或参与某些违法活动。所有这些违反国家外汇管理法令的行为，给经济犯罪分子大开方便之门，产生了恶劣的后果：扰乱市场，破坏金融，败坏党风，腐蚀干部，严重危害国家的社会主义建设事业，并且使社会主义祖国的声誉受到难以弥补的损害。为了煞住这股歪风，中共中央、国务院现作如下决定；

(一)在我国境内，严禁外币流通、使用，严禁以任何方式私自买卖和高价倒卖外汇，决不允许私自进行借贷、质押、转让外汇。有的单位留成外汇有余，需要调剂给其他单位时，一律通过中国银行按有关规定办理。

(二)任何地方和部门，都不得以任何方式逃汇、套汇，或截留、挪用国家的外汇；不得违反规定将外汇存放在国外或港澳地区，已经私自存放的要立即上报和调回，交售给中国银行。

(三)在国内买卖商品，除个别特殊情况由国家另作规定者以外，一律用人民币计价结算。按规定允许用外汇计价结算的，销货单位收入的外汇，应视同出口收汇，全部交售给中国银行。

(四)对违反国家外汇管理法令和规定的单位和个人，要严肃处理。凡近两年来买卖外汇超过国家规定价格的非法收入，一律没收，上交国库，具体办法由财政部规定；对从事违法活动的直接责任者，情节严重的应通报批评，情节恶劣的应给予纪律处分；对贪污受贿者必须追究法律责任。凡在本决定下达后仍从事违法活动的，除没收其外汇以外，一律加重处分，乃至追究法律责任。财政、金融和外汇管理部门，要忠于职守，严于律己，加强监督，坚决同违法乱纪活动作斗争。

中共中央和国务院要求：凡有外汇收支业务的部门和单位，都要根据本决定和国务院1982年3月25日通知的精神，对近两年来的外汇收支活动，认真进行一次检查清理，并将检查清理的结果于9月30日前逐级上报财政部门和外汇管理部门，最后由财政部和中国人民银行审核汇总，联合报告中央和国务院。有违法活动的部门和单位，要如实报告违法的情节、过程、当事人和直接责任者，认真进行批评与自我批评，并提出处理意见。有违法活动而在限期内隐瞒不报告，一经查出，必须从严处理。

**16个大中型项目和单项工程投产**

据《人民日报》报道，我国基本建设部门缩短工程建设工期的工作初见成效。今年上半年，全国有16个大中型工程项目和单项工程建成投产。

这16个建成投产的工程项目是：年产13000吨帘子布的河南平顶山帘子布厂，年产90万吨原煤的邯郸矿区陶庄二号井，年采矿石150万吨、选矿石100万吨的上海梅山炼铁基地一期工程，发电机组容量为20万千瓦的富拉尔基第二电厂一号机，葛洲坝水利枢纽工程水电站三号机组，安庆石油化工总厂，白马山水泥厂，佛山棉纺厂，以及广东春湾和新兴、四川丰都、云南太平、广西灵山陆屋五个制糖厂等。

今年年初，国家计划委员会和原国家基本建设委员会联合决定按合理工期进行建设的50个对国民经济发展有重大作用的大中型项目，进展也比较顺利。其中，秦皇岛和石臼所两个港口的建设工程，都已完成了上半年的施工任务。

**全国唐代文学学会第一次学术讨论会在西安举行**

会议期间，代表们就我国唐代文学的教学和研究等问题，进行广泛深入的学术讨论。会上成立了唐代文学学会，并选出了第一届理事会。

**文艺评论工作座谈会在河北涿县举行**

座谈会于7月17日至24日举行。中宣部副部长贺敬之在座谈会上发表了讲话。

由中宣部召开的这次座谈会，旨在贯彻中央关于加强理论队伍建设的指示精神，使文艺评论工作在党的四项基本原则和文艺方针指引下，更加健全，有效地发展起来。中央直属文艺部门、研究单位、文艺报刊、部队和部分省市的评论工作者、编辑人员共70余人参加了会议。

贺敬之同志在讲话中说，每一个担负文艺领导的党的工作者，尤其要保持清醒的头脑，警惕在工作中可能出现的偏差。他还谈到，要做有作为的评论家，必须有坚实的理论基础、哲学基础，此外，还要有生活基础。文艺评论家们也应该和作家、艺术家一样，走出书斋，去了解社会，了解群众。因为社会主义文艺评论是群众的事业。

贺敬之还强调评论家们必须具备马克思主义的作风，有批评和自我批评精神，这样才能不怕挫折，勇于进取。他希望正在形成的这支马克思主义文艺评论家队伍，能总结经验，向新的胜利前进！

会上，还对《关于文艺工作的若干意见》的进一步修改，提出了建议。先后在大组会上讲话并发言的有陈冰夷、陈涌、王昊、钟惦棐、冯牧、陈荒煤。

**国家医药管理局 国家物价总局发出通报制止议价买卖四川石柱黄连**

据《人民日报》报道，河北省安国县北方药材贸易货栈等单位与四川省石柱县“黄连联合企业公司”，以每公斤44元至52元高价签订黄连购销合同36300公斤。重庆工商行政管理局查扣了这批黄连的一部分。

国家医药管理局、国家物价总局联合发出通报，重申黄连是国家统一管理的二类和贵重药材，石柱黄连应由石柱县药材公司统一经营，其他单位不得插手。通报还建议，对安国县北方药材贸易货栈等非法高价购销黄连的错误行为，河北省有关部门应认真查处。

## 7月18日

**《人民日报》发表评论员文章《一项重要的思想教育工作》**

党中央批转的《全国农村工作会议纪要》指出：“我国人多地少，控制人口、保护耕地是我们的重大国策。”控制人口和保护耕地的工作做得如何，与农村今后的发展前途密切相关，对我们国家整个“四化”建设的进程，也将产生深刻影响。认真抓好这两项工作，是摆在农村各级领导面前的一项重要任务。

目前，不少地方已经开始注意加强控制人口和保护耕地的工作。但是，有些地方还重视不够；有的虽然抓了，却还停留在一般号召上；有的地方虽然已经行动起来，但仍缺乏深入细致的思想教育工作，对工作过程中出现的问题，单纯依靠行政手段和经济措施“硬纠”，往往造成干群关系的紧张，影响工作的实际效果。浙江省金华市开化大队在落实控制人口、保护耕地的工作中，既有切实可行的规划，又深入细致地做好思想教育工作，把计划生育规划和住房建设规划的落实，建立在搞好思想教育的基础上。这个经验值得各地借鉴。

近两三年来，农村建立责任制以后，有些农民出于种种考虑，不愿意接受计划生育的指导；有些农民在改善居住条件时，总想把房子盖得又宽又大，甚至去占用耕地。出现这种情况的原因是多方面的，其中一条重要原因，是农民往往只知“家情”，不知“国情”，不能从全国这个大局来认识和处理问题。开化大队从当地实际情况出发，运用群众熟悉的算账对比方法，使农民看到不抓计划生育和计划盖房，已经和将要给当地和给国家带来什么严重后果，因此开阔了眼界，从“家情”看到“国情”，懂得了国家实行控制人口、保护耕地的国策的正确性和紧迫性。他们在社员中深入进行了这样的教育以后，就较好地克服了在生育和占地盖房问题上的盲目性，顺利地制定和落实了人口规划和住房建设规划，促进了农业生产的发展。

开化大队的实践说明，农民群众是通情达理的，是有社会主义觉悟的，只要我们在控制人口、保护耕地的工作中，坚持摆事实、讲道理，进行细致的思想教育，把道理说清楚，农民是会乐意地接受国家指导的。这两项工作做好了，我们的广大乡村，就一定会建设得更加美好。

**国务委员张劲夫在北京会见日本计算机服务公司董事长大川功和夫人一行**

**我国桥梁力学专家李国豪教授提出桥梁实用空间分析理论**

李国豪教授提出的桥梁实用空间分析理论，已应用于九江长江大桥、广西西江大桥及其他桥梁的设计，都取得显著效果。国内桥梁专家认为，这一理论具有国际上最先进水平。

李国豪创建的这一科学理论的主要内容在《中国科学》发表后，引起了国内外桥梁专家的重视和赞赏。

**伍辉文逝世**

政协第五届全国委员会委员、中共中央党校顾问伍辉文，因病于7月18日在北京逝世，享年68岁。

伍辉文同志是湖北省麻城县人。他1930年参加工农红军，1931年加入共产主义青年团，1933年转为中共党员，历任连政治指导员、军区后勤部政委；1951年，伍辉文曾任中央高级党校党委副书记。1977年中央党校复校后，又先后任党委常委、校务部主任等职。

## 7月19日

**《人民日报》发表评论员文章《积极行使国家主人的神圣权利》**

自从全国人民代表大会常务委员会公布《中华人民共和国宪法修改草案》交付全国人民讨论以后，两个多月来，广大台湾同胞、港澳同胞、国外侨胞同祖国大陆各族人民一道，以各种方式积极参加讨论，发表意见。这是中华儿女充分行使国家主人的权利的表现。全国人大常委会对同胞们的意见十分珍视。为了把我国的宪法修改得既能符合我国的现实，又能适应远大发展前景的需要，7月16日，全国人大常委会副委员长、宪法修改委员会副主任委员彭真发表重要谈话，号召台湾同胞、港澳同胞、国外侨胞进一步深入讨论宪法修改草案，表达了全国人民的心愿。

宪法是国家的根本大法。它规定国家的性质、前途、公民的权利和义务，等等，同全国人民每一个人都有关系。新的宪法修改草案，是在总结了我国30多年经验的基础上制定的。它的公布、通过和实施，是我国包括台湾同胞、港澳同胞和国外侨胞在内的10亿人民长期共同奋斗的成果，反映了全体人民的共同意志。它是我们国家经济发展、政治稳定和法制日益完备的鲜明标志。

台湾同胞、港澳同胞和国外侨胞有热爱祖国、关心国家大事的光荣传统。但是，在新中国成立以前，他们却享受不到国家主人翁的权利。

台湾长期在帝国主义奴役下，新中国成立后，又被人为地与祖国大陆隔绝30多年，广大台湾同胞的民主权利得不到法律保护，更没有参与管理国家大事的机会。去年9月叶剑英委员长宣布了和平统一的九条建议，其中提出，国家实现统一后，台湾可作为特别行政区，等等。《宪法修改草案》第三十条规定："国家在必要时得设立特别行政区。在特别行政区内实行的制度按照具体情况由法律规定。"这就把九条方针政策的基本内容用法律的形式确立下来，使祖国的和平统一有了法律依据，体现了祖国大陆和台湾人民的根本利益。

广大华侨过去受尽了歧视。新中国成立后，中华民族在国际上的地位越来越重要，华侨扬眉吐气。但是，在十年动乱中，华侨、归侨、侨眷的合法权益得不到保护。现在，"保护华侨的正当的权利和利益，保护归侨和侨眷的合法的权利和利益"，写进了宪法草案，这比过去的宪法提得更明确完备了，必将保证广大侨胞同祖国十亿人民共享民族荣誉。

台湾同胞、港澳同胞和国外侨胞是中华民族大家庭的成员，是国家的主人。在宪法修改委员会里，有台湾同胞、港澳同胞和归国华侨的代表参加宪法的修改和制定。现在，彭真副委员长又发表谈话，殷切期望广大台湾同胞、港澳同胞、国外华侨深入讨论《宪法修改草案》，这更加表明祖国人民对他们的无限信任。我们深信，广大台湾同胞、港澳同胞和国外华侨会更加珍视自己的神圣权利，进一步积极参加讨论《宪法修改草案》，为制定出一部更加完备的宪法，贡献聪明才智。

**国务院副总理万里在人民大会堂会见美国波士顿学院化学系教授潘毓刚**

**全国妇联主席康克清在北京会见由莱奥娜尔达·恩·卡玛昭夫人率领的菲律宾大马尼拉市妇女理事会代表团**

## 7月20日

**香港中华总商会常务董事在香港就《宪法修改草案》举行座谈会**

座谈会热烈响应彭真副委员长的号召，表示要珍惜自己的神圣权利，积极深入讨论宪法修改草案，发挥桥梁作用，为祖国早日统一贡献力量。

王宽诚说，彭真副委员长号召我们深入讨论宪法修改草案，表明祖国重视我们港澳各界的意见。他说，中国人是热爱祖国的，是赞成并支持祖国统一的，但也有一些人担心台湾回归祖国后一时不能适应大陆的社会制度。现在《宪法修改草案》把叶剑英委员长提出的九点方针政策的基本内容法律化，即台湾现行的社会、经济制度和生活方式不变；同外国的经济、文化关系不变；私人财产、房屋、土地、企业所有权、合法继承权和外国投资不受侵犯，这就保证一些人的私有利益，解除不少人的顾虑，这对统一祖国大业是有利的。我们港澳同胞热爱祖国、关心祖国，要响应祖国的号召，在统一祖国的大业中贡献力量。

庄世平说，新宪法适应新的历史时期的需要。把民主讨论《宪法修改草案》扩大到海外，征集更广泛的民意，将使新宪法更有基础。他说，《宪法修改草案》把叶委员长的九点方针政策的基本内容写进去，昭之于民，昭之于全世界，就更令人信赖，更有利于祖国的统一大业。

马璧魂说，我们热切盼望祖国早日统一，只有这样才能使祖国繁荣富强。他说，现在大陆已把统一国家的方针政策纳入宪法，希望台湾当局能够有所行动。

在会上发言的还有江绍淹、黄佩球、赵霭华、何世柱等。

**中国最大合金钢大型筒在山西侯马国营风雷机械厂研制成功**

**国务院副总理万里在人民大会堂同民主柬埔寨主席诺罗敦·西哈努克亲王举行会谈**

万里首先对民主柬埔寨联合政府的成立表示热烈祝贺。他说，联合政府的建立，同西哈努克亲王的努力是分不开的。他表示相信，联合政府在西哈努克亲王领导下，在人民的大力支持下，一定会取得抗越斗争的胜利，建设一个独立、中立、不结盟和繁荣的柬埔寨。这不仅符合柬埔寨人民的利益，而且有利于东南亚地区的和平与稳定。

万里还揭露了越南的"部分撤军"阴谋。他说，这完全是一个烟幕，目的是要对抗联合国关于柬埔寨问题的决议。

万里重申,中国政府和人民坚决支持柬埔寨人民争取民族独立和国家主权的正义斗争,直到取得彻底胜利。

西哈努克介绍了柬埔寨的情况。他说,现在,越来越多的柬埔寨人认识到,越南军队侵占柬埔寨,是要使柬埔寨沦为它的殖民地。他说,我们的抗越斗争有着广泛的群众基础。联合政府决心同全国人民团结一致,把抗越斗争进行到底,彻底解放柬埔寨,建设一个独立、中立和不结盟的国家。

**全国妇联主席康克清在北京会见以英国妇女理事会主席威尼弗雷德·库尔逊夫人为首的英国妇女代表团**

**全国总工会主席倪志福在北京会见以对外关系负责人萨德拉·阿蒂亚·侯赛因为团长的伊拉克工人工会总联合会代表团**

**外经贸部部长陈慕华在北京会见由农业部首席副部长阿巴斯阿里·扎利率领的伊朗政府经济代表团**

**《人民日报》发表费孝通文章《建立我国社会学的一些意见》**

社会学在我国恢复已经3年多了。但是,恢复社会学这门学科在中国社会科学里的地位,并不等于恢复这门学科旧有的内容。就这门学科的内容来说,还有待于努力创建,使之成为一门以马克思主义为指导的、密切结合中国实际的、为社会主义建设服务的社会学。这是在本质上有别于中国旧时代的社会学和西方各国的社会学的。

我们说在中国社会学作为一门学科已经停顿了近30年,并不是说我国对中国社会进行科学的认识的工作已经中断了这样长的时期。相反的,真正科学地了解中国社会,是在中国共产党领导下进行的社会调查开始的。理论结合实际的社会调查一直是党的优良传统,毛泽东同志亲自作出了榜样。这是我国社会学最宝贵的基础。在长期的革命和建设过程中,在我国培养造就了大批理论工作者和实际工作干部。这样一批既有理论又有实践经验的队伍,是今后我国社会学赖以开展的主力和骨干。

对于西方社会学和旧中国的社会学,我们也要认真地研究,不仅对它积累的大量知识要认真研究,就是对它使用的方法也要认真研究。这不妨碍在研究后经过深思熟虑,进行一种马克思主义的批判。现在的问题是我们不知道或知道得太少。只有认真地研究,才能有分析、有批判地吸取对我们有用的东西。我国具有几千年的优秀文化,其中包含了丰富的社会学思想,有待于我们用马克思主义观点加以批判继承。总之,我们要用马克思主义作指导,在党的优良传统的基础上,贯彻双百方针,古为今用,洋为中用,要为建立我国社会学而努力利用一切可能利用的条件。

我们所以要建立这个学科,乃是出于当前我国社会经济发展的需要。为了有计划地进行社会主义现代化建设,对我国社会经济的实际情况作出系统的科学认识,我国先后设立了许多社会科学学科。各种学科分别就其各自专业领域承担了研究任务。但有些对国计民生有关的社会现象和社会问题,特别是一些带综合性的问题,却缺乏相应的学科进行研究。而社会学正是一门综合性较强的学科,它把社会作为一个整体,综合研究社会现象各方面的关系及其发展变化。

我国的社会学既以结合中国社会实际、为建设社会主义现代化国家服务为其目标,这就决定了我们的社会学必须在我们自己的国土上成长起来。社会科学是在一定历史条件下的一定社会的上层建筑,构成社会科学的种种概念是发生和应用于一定具体的社会实际的。当前世界上还存在着不同性质的社会和不同文化的民族,各国的社会学都不可避免地具有它们各自的特点。我国的社会学必须反映具有社会主义性质和中华民族特点的中国社会。我们必须以立足于当前中国社会实际为主,通过实践的考验逐步发展我国自己的社会学。这是一项艰巨的任务,需要几代人的努力才能实现。但是千里之行,始于足下。我们有马列主义、毛泽东思想的指导,我们有社会主义制度的保证,我们的目标一定能够实现。

要实现上述的目标,必须有一个能为此努力工作的队伍。科学工作是老老实实的细致的专业性工作,没有具备科学训练的队伍,不经过长期的艰苦劳动,是不可能取得成就的。而我国由于高等学校多年来没有培养社会学工作者,过去学过社会学的人为数不多,而且多已年老,业务荒疏,知识老化,所以在开展社会学的事业上,首先遇到的困难是人力不足。

我们不得不把培养新的一代社会学者作为当前建设这门学科的首要任务。为了争取时间,除了从大学进行培养外,我们还必须打破常规,采取边学边教的办法。那就是吸收有马克思主义修养的其他学科的中年教师和有社会工作经验的各有关部门的干部,对社会学进行短期的学习,然后组织他们进行社会调查和编写社会学各门课程的教材,在实践中培养他们成为各机关的社会学研究人员及各学校的社会学教师。

建立我国的社会学,必须坚持理论联系实际、教学联系科研的原则。自然科学离不开实验,社会科学离不开社会调查。社会调查是对社会现象有目的的和有系统的观察，为探索社会运动规律提供资料。人生活在社会中，不可能对社会毫无知识。但是这样从生活实践中得到的知识不仅是局部和片面的，而且常常是知其然而不知其所以然。要取得对社会的科学的知识，必须针对一定的问题，在一定的范围内，进行系统的观察，经过分析整理，提高到理论的认识。因之，立足于中国社会实际的社会学，必须从科学地调查中国社会入手。

提倡社会调查是我党的优良传统。在早年战时环境里，主要是采取选择典型、进行短时间的、面对面的直接谈话的方式进行社会调查，即所谓“解剖麻雀”的方法，也可以称为重点社会调查。这是科学的社会调查最基本的方式方法，也是行之有效取得辉煌成果的方式方法。

这种重点社会调查固然是行之有效的方式方法，我们应当坚持下去并发扬光大，但是也应当看到它的局限性。这种方式方法不适用于范围较广、面积较大的研究对象。它可以通过解剖一个“麻雀”，检视一个社会类型的各方面的内容，作出细致的描述，取得定性的效果，但是不容易正确地用数量来表明属于这种性质的类型在较大范围里的地位和比重。因此，进一步发展我国的社会调查，还得以适用于较大面积的调查方法加以补充，就是要做到点面结合。面上的调查方法一般是从一定的问题出发，采用一系列能用数量来衡量的指标，编成问卷，按被调查者的情况按表填写，据此进行统计，取得定量的效果。采取这种方法，被调查者的数量可以很大，不受调查者个人能力的限制，尤其是由于现代计算工具的改进，巨大的数字都能处理，这是过去手工业方式所不可能想象的。这种调查方法能否做到如实反映社会实际，决定于怎样制定调查的问题和衡量的指标，编定问卷；问卷编定后怎样抽样发放和填写；最后经过统计怎样对数量进行解释。要能正确地解决这些问题以符合科学的要求，必须依赖事前的重点调查和事后的重点核查。所以点与面必须结合，定性与定量必须结合，它们并不矛盾，而是互为补充的。

点上和面上的社会调查都需要扎实的基本训练。重点调查必须深入群众，参与他们的生活，不仅要访问、观察，而且要能通过共同的生活实践才能体会他们的思想态度。要善于与群众相处，善于观察分析，能在纷纭杂陈的具体生活中理出脉络，看出其间的关系，综合比较，提高到理论高度。把这种调查研究工作看成简单易行的走马观花是不对的。必须有充分准备和基本训练，而且还得不怕苦，不怕累，不怕麻烦，从实践中锲而不舍地锻炼自己，才能真正成为一个名副其实的社会调查者。面上的社会调查也并不是随意编写问卷，拿回来统计一下就可以完成的。对要调查的问题没有深入的理解，就不可能作出恰当的问卷。至于怎样抽样才能正确反映全面，怎样使被调查者如实地填写问卷，这些问题都必须因地制宜予以解决。汇集问卷后进行分析统计，就得采取各种计算的工具和方法。对于统计所得的数字，更必须联系有关情况加以反复研究才能明白它们的意义。为了做好调查研究，我们切不可忽视了基本训练。

社会的变动有它的历史过程，我们要了解今天的社会，必须和昨天的社会相比较。所以对一个地区的社会调查最好能经常进行观察，至少要能在相隔不久的时期反复调查，观察它的变动。我们过去的社会调查，常常配合一定的政治任务，运动一过，这些调查资料就被丢弃了，很少能把对一个地区的历次调查积累起来，进行比较研究，看出其中变动的规律。而且由于没有积累资料，即使在同一地区进行调查，常常要从基本情况重新开始。这样做法不易使调查做得深入，而且还要耗费许多不必要的精力。因此，我们今后的社会调查应当更有计划地在已经调查过而且掌握了基本情况的地区，反复进行，使得历次调查能相互比较，以观察社会变动；使不同方面的调查能相互补充，观察它们之间的联系。这样进行反复调查的地区，我们称之为社会调查基地，也就是社会的科学观察站。可以设想：在全国不同类型的地区设立了许多可以经常观察的社会调查基地，当我们需要了解国家的某些社会情况时，就能在较短时期内取得较正确的资料，比起西方某些国家所进行的“民意测验”，在科学性上可以高得多。目前来说，这仅仅是一种设想，离开实现还有一段距离。

调查研究的课题应当与当前社会主义经济发展的实际情况和问题密切结合起来。不仅要着眼于当前社会上关心的一些社会病态问题，比如青少年犯罪等；也许更需要我们去研究一些较基本的现象，比如当前的城乡关系，家庭结构，城市规划，人口质量，工厂管理，等等。当前我国社会的上层建筑和意识形态里存在着许多问题，需要社会学工作者去进行社会调查，供给决策者系统的有分析的可靠材料。我们要实事求是地对过去的和外国的各种社会学成果进行去伪存真的批判接受，首先要学懂国外社会学，然后再进行批判。社会学也需要成为社会学研究的对象。这包括用历史唯物主义去分析各时期各国的社会学理论的历史背景，检视它们对当时社会起了什么作用，还要研究它们对我们当前社会主义建设有什么用处。这项研究我们也应当开始了。为了培养下一代，我们也要有一门介绍西方社会学的课程。比较现实的办法是在西方社会学家中选择一些有代表性的人物，一个人一个人地进行研究。

另外，还要继续开展与国外的学术交流。过去三年中我们已经和日本、美国、加拿大、澳大利亚、英国、西德、南斯拉夫、法国等国家的社会学组织或个人建立了关系，进行了交流。我们是一个开放的国家，闭关自守的时期已经过去。为了互相学习，社团之间及个人之间的互访是相互促进的有益行动。尽管我们和一些国家社会制度不同，但是友好地交流是必要的。

## 7月21日

**国务院发出《关于加强领导，防止企业发生重大伤亡事故的通知》**

国务院向各省、自治区、直辖市人民政府，国务院各部委、各直属机构发出紧急通知，要求加强领导，采取有力措施，迅速改变当前伤亡事故严重的状况，保护职工在生产中的安全健康，促进生产建设事业的顺利发展。

通知说，今年1月至5月，工交企业的生产稳步发展，形势是好的。但是，有些部门、地区和企业的安全生产情况不好，事故大量增加。各级人民政府和领导同志必须高度重视。

通知指出，发生各种事故的原因，大都是由于企业管理混乱，有些领导干部玩忽职守，违章指挥作业造成的；或者明知隐患严重，但领导上熟视无睹，麻木不仁，长期凑合生产造成的。也有少数事故是工人缺乏科学知识和无知蛮干造成的。这些事故反映了我们某些经济领导部门和企业主管部门对党中央、国务院有关安全生产的规定、指示，并没有认真地贯彻执行。一些领导干部长期存在的只抓生产、不顾安全的片面观点并没有得到改正；对管理不严、纪律松弛的问题没有引起应有的重视，更没有采取得力措施认真加以解决；对工人缺乏认真的、经常的安全技术和劳动纪律的教育。总之，安全第一的思想，在相当一部分领导干部和工人中还没有牢固地树立起来。这种状况必须坚决改变。

通知对怎样防止企业继续发生重大伤亡事故，提出了以下要求：

一、各级人民政府、企业主管部门和各级领导干部，必须认真贯彻执行党的安全生产方针，牢固树立“安全第一”的思想。要坚决改变企业管理混乱、制度不严、工作不负责任和对工人安全漠不关心的现象。各级经委和工交、基建企业主管部门在抓生产的同时必须抓安全，要把安全工作渗透到生产管理各个环节中去，实现“生产必须安全，安全促进生产”的要求。

二、加强领导，有组织、有重点地进行安全大检查。各地区、各部门要在贯彻矿山、锅炉压力容器《条例》和开展“安全月”活动的基础上，由领导干部带头，组织工程技术人员和安全技术干部，对问题多、发生事故危害大的重点企业、车间和岗位，再进行一次深入细致的安全大检查。特别是要发动群众重点检查煤炭、铁路、交通等部门的所属企业和集体所有制企业。要认真揭露问题，严格进行整顿，从根本上解决问题，切不可搞形式，走过场。对隐患严重，劳动条件恶劣，发生事故危害重大的企业或生产车间，该停产的要停产，需改善劳动条件或进行技术改造的，要投资改善劳动条件或进行技术改造，决不可掉以轻心，凑合生产。

现在暑期和大雨季节已经到来，各厂矿企业还要加强检查防暑、防洪和防汛工作，避免发生事故。

三、加强对广大职工的安全教育和安全技术训练工作。各厂矿企业及主管部门都要制订计划，在短期内对现有的职工普遍地分期分批地进行一次有针对性的安全知识和安全技术教育，特别是对新工人，必须坚持进行入厂、车间、岗位“三级教育”，经考试合格后才准上岗位操作。在易燃易爆的单位，对职工还要进行应急措施教育和组织模拟事故抢救演习教育。没有进行过“三级教育”的必须重新补课。对特殊工种的工人，要进行轮训，提高其生产技术水平和安全知识，经考试合格后发给操作合格证，否则一律不允许上岗位操作。

各企业主管部门，要把安全生产作为考核企业成绩、考评职工工作情况和实施奖惩的重要条件之一，要做到经常化、制度化。

四、各地区、各部门对重大、特大的伤亡事故，必须及时处理；凡过去发生至今未处理的，应即组织力量抓紧研究处理；对酿成事故有关的领导干部，该处分的要处分，不能姑息迁就。要通过对典型事故的处理，大张旗鼓地教育广大干部和工人群众，接受教训，遵章守纪，消除隐患，防止伤亡事故的发生。

五、各级劳动部门要认真履行职责，加强监督检查工作。同时要注意总结和推广先进经验，督促企业改变落后面貌，在安全生产、文明生产中多做贡献。

**交通部石油部海洋水下工程科学研究院与江苏省靖江打捞工程公司成立水下工程联合服务公司**

**国务院副总理万里在北京会见由执行主席路易·巴赞教授率领的法中友协领导人访华团**

**中国最大的冷泉疗养区——五大连池工人疗养院落成**

疗养院由全国总工会和黑龙江省总工会联合

兴建。

疗养院总面积达1.2万多平方米,由水疗、理疗等4座医疗楼组成,有600张床位。现在,五大连池已建有54座、7000多张床位的矿泉疗养院所,成为我国最大的冷泉疗养区。

## 7月22日

**中共中央副主席邓小平在北京会见民主柬埔寨主席诺罗敦·西哈努克亲王**

邓小平说,中国支持柬埔寨三派爱国力量联合,不是一时的策略性行动。他说,在柬埔寨人民取得抗越斗争的彻底胜利以后,仍然需要三派联合,共同建设一个和平、中立和不结盟的柬埔寨。

西哈努克再次感谢中国政府和人民对柬埔寨人民正义事业的支持。

**《人民日报》发表评论员文章《牢固树立"安全第一"的思想》**

近几个月来,一些工交企业接连发生重大伤亡事故。这个问题必须引起各部门、各地区的高度重视,立即采取有力措施,搞好安全工作,迅速改变事故频繁的状况。

从今年已发生的事故看,一个突出的问题是领导忽视安全。正如国务院《关于加强领导,防止企业继续发生重大伤亡事故的紧急通知》所指出的,事故"大都是由于企业管理混乱,有些领导干部玩忽职守,违章指挥作业造成的"。有的领导明知隐患严重,却熟视无睹,麻木不仁;有的单纯抢生产速度,不顾生产安全;有的明知故犯,冒险蛮干,等等,致使本来可以避免的事故未能避免,同类事故重复发生,甚至发生了新中国成立以来未曾有过的重大恶性事故。

重视保护劳动者在生产岗位上的安全和健康,是经济部门各级领导干部义不容辞的责任。这是我们党和国家的性质决定了的。在资本主义国家,资本家为了攫取最大利润,不顾劳动者死活,强制工人生产劳动。我们是社会主义国家,各级干部应当成为广大劳动群众利益的忠实代表者。保障职工在生产中的安全健康,是我们国家的一项重要政策,是社会主义企业管理的一项基本原则。但是,有些干部对这个问题的重要性认识不足,有的甚至认为事故难以避免,拒不采取有效措施。这是完全错误的。许多地区、部门都有连续安全生产10年、20年以至30年的好典型。他们的实践证明,只要工交企业领导重视安全工作,采取有效防护措施,安全生产是可以做到的,起码可以避免那些重大恶性事故。

安全生产是一切经济部门和生产企业的头等大事。"生产必须安全,安全促进生产。"各级人民政府、经济部门和企业的各级领导干部,必须认真执行党的安全生产方针,牢固树立"安全第一"的思想,把安全工作做到生产管理的各个环节中去,坚决纠正长期存在的那种只抓生产、不顾安全的错误观点,坚决克服企业管理混乱、制度不严、工作不负责任的现象,对工人认真地、经常地进行安全技术和劳动纪律教育,实现安全生产。

对于已经发生的事故要进行严肃处理。不惩前不能毖后。过去事故所以频繁发生,一个重要因素,就是没有认真对事故进行严肃处理,从中吸取教训。今后,必须对事故及时处理,特别是要通过处理典型事故,大张旗鼓地教育干部和群众。对事故有关人员,要分清责任,该处分的处分,触犯法律的应绳之以法,决不能姑息迁就。只有这样,才能使安全第一的思想逐步深入人心。

**中央纪委派出154名司局级以上干部直接参与大案要案的调查处理工作**

据《人民日报》报道,中共中央纪律检查委员会派出154名司局级以上干部,分赴各地充实、加强打击经济领域严重犯罪活动的办案力量,直接参与大案、要案的调查处理工作。

这154名干部,是在中共中央书记处的直接关怀下,大部分是从党中央和国务院各部委已退居二线、三线的干部中抽调的,也有一些是现职干部。其中副部长级干部有27名。这些干部有丰富的斗争经验,身体也比较健康。有5名副部长级干部和25名司局级干部,已在前一时期到广东、福建、河北帮助办案,其余干部将于最近分赴北京、上海、广东、福建、浙江、江西、黑龙江、云南、四川、湖北、陕西、河北等省、市。

中共中央纪律检查委员会副书记王鹤寿、赵毅敏21日向即将出发的干部介绍了当前全国开展打击严重经济犯罪活动的情况,并对这些干部下去后的工作提出了要求。

**中国法学会成立大会在北京举行**

大会7月22日至27日举行。中共中央政治局委员彭真在会上讲话时,希望中国法学会坚持四项基本原则,为发展社会主义民主、健全社会主义法制作出贡献。

中国法学会筹委会主任杨秀峰在会上发表讲话。

会议选出学会的第一届理事会,并推选杨秀峰为名誉会长。在第一届理事会第一次全体会议上,武新宇当选为学会会长。

会议经过认真讨论，原则通过了《中国法学会章程》。章程规定，中国法学会为全国群众性的法学学术团体。它的宗旨是，团结我国法律工作者和法律教学、研究工作者，坚持四项基本原则，贯彻执行“百花齐放，百家争鸣”的方针，开展马克思主义法学和我国社会主义法制理论与实践问题的研究活动，为发扬社会主义民主、健全社会主义法制，为建设社会主义物质文明和精神文明作出贡献。章程还规定，学会要发展我国同各国法学界的学术交流，加强对国外法律、法学的研究，并联合各国法律工作者、法学家，为反对帝国主义、霸权主义、殖民主义，维护世界和平、争取人类进步事业而共同奋斗。

当选为学会副会长的有张友渔、王一夫、梁文英、王汉斌、朱剑明、项淳、甘重斗、钱端升、宦乡、陈守一、王叔文。

到会祝贺的还中共中央政治局委员、中央书记处书记彭冲，最高人民检察院检察长黄火青，公安部部长赵苍璧，中央政法委员会秘书长、司法部部长刘复之，最高人民法院副院长王战平，人大常委会法制委员会副主任王汉斌，人民解放军总政治部副主任史进前等。

**中共中央政治局委员彭真在中国法学会成立大会上发表题为《发展社会主义民主，健全社会主义法制》的讲话**

我来参加会，是为了祝贺中国法学会的成立。杨老（杨秀峰同志）要我讲话，讲什么？

一、希望法学会按杨老讲的，坚持四项基本原则，为发展社会主义民主、健全社会主义法制作出贡献。

坚持四项基本原则，说起来没问题，实际上并不是大家认识都一致的。四项基本原则是不是只是一种学说，只是“百家争鸣”中一家的主张？不是。四项基本原则是中共中央提出的，但它不是凭空的设想，而是我国二十世纪以来历史经验的总结，是我国历史自己总结出来的基本原则，是社会实践检验过的真理。远的不说，二十世纪以来，中国至少发生了四件翻天覆地的大事。第一件，孙中山先生领导辛亥革命，推翻了封建帝制，建立了中华民国。但是，革命成果被反动势力篡夺了。第二件，推翻了压在中国人民头上的三座大山，建立了中华人民共和国。这件事是什么人领导完成的？是资产阶级？开明士绅？还是其他什么英雄？都不是。是在以毛泽东同志为首的中国共产党领导下，是工人阶级领导全国人民取得的。第三件，废除了剥削制度。建国初期，没收了官僚资本，解决了资本主义中的80%。经过土地改革，消灭了封建剥削制度。后来进行生产资料所有制的社会主义三大改造，废除了几千年人吃人的剥削制度。第四件，建立起独立的、比较完整的、社会主义的工业基础和国民经济体系。解放前，我国是农业国，是供应殖民主义、帝国主义国家原料的产地和资本主义商品的销售市场。当时，一辆汽车也不能造，石油只有20多万吨、煤只有四千几百万吨，不能制造精密、大型机床，这就是当时的工业基础。三十几年来，不管我们经过多少曲折，现在不但可以制造汽车、飞机，而且生产了导弹、原子弹。现在年产石油1亿吨、煤6亿吨，有品种比较齐全的280多万台机床，与世界各国比，不算少。这说明什么呢？三十几年来我们艰苦奋斗的结果，有了可以自己装备自己的坚实的工业基础。这几件大事，不是那个学派的什么主张，而是铁的事实。事实最雄辩，最有说服力。历史实践证明，必须坚持四项基本原则。不坚持这四项基本原则，中国向哪里去？！坚持四项基本原则，我们的道路就会是光明的、坚定的，越走越宽广，不管遇到什么困难都一定能克服，就一定能实现社会主义的四个现代化。

杨老说，要对发扬社会主义民主、健全社会主义法制作出贡献。发扬社会主义民主，当然不是资本主义民主；健全社会主义法制，当然不是搞资本主义法制；更不是法家那一套。法家、儒家都是封建的。我们要的是中国的社会主义法制。什么是社会主义？废除剥削制度，建立社会主义公有制，实行按劳分配，实行计划经济，建设社会主义精神文明。废除剥削制度是根本的标志。当然，我国还有经济犯罪，还有变相剥削，走私贩私、贪污受贿和各种经济犯罪实质上都是变相剥削，但在我国剥削制度已经废除了。走私贩私、贪污受贿等，在我们的国家是犯罪行为，不是经济制度。

法学会的工作主要的就是坚持四项基本原则，为发展社会主义民主、健全社会主义法制作出贡献。

二、理论必须联系实际。社会科学和法学不联系实际干什么？个人爱好，只要对人民无害，研究什么都可以。但是，法学会的研究工作应当联系实际。什么是联系实际？就是从中国的实际情况出发，总结自己的经验教训，找出中国自己社会的发展规律。同时，又反过来用于实际。

现在的研究工作是不是都联系实际呢？不见得。有的从希腊、罗马出发，从欧洲的文艺复兴时期和启蒙时期的观点出发，从书本出发，从概念出发。每个国家有每个国家的统治的意识形态，每个人有每个人的想法，但客观实际只有一个。社会实践是检验真理的唯一标准。从实际出发，用实践检验，就容易辨别个人的想法对不对。这样，就有了客观的标准，大家从实际出发，大家用社会实践检验，法学界的思想就容易统一。

三、要吸收古今中外的有益的经验教训，这一点很重要。中国是大国，夜郎不要自大，大国自大也不好。

建国初期,所有帝国主义都对我国封锁,怎么办?关起门来打扫屋子,把三大敌人的残余打扫干净。就是在那个时期,我们也研究世界各国的经验。1954年制定宪法时,就研究了世界各国的宪法。现在情况变了,我们同120多国家和地区建立了外交关系,互相往来。研究法学必须吸收古今中外的有益的经验。不要以为中国几千年封建社会,法学上没什么东西。我国古代法有丰富的经验,从春秋战国到明、清,法很多,不过是封建的经验,要加以研究,去其糟粕,吸收有用的精华。研究中国过去的、外国的法干什么?是跟着它跑?不是。要"古为今用"、"洋为中用",要为中国社会主义民主、社会主义法制服务。对中国社会主义有益的就吸收,对糟粕、毒素要抛弃,要批判。这和实用主义不同,我们有四项基本原则,以历史发展的客观规律为标准。法学会要研究古今中外的法律,不管进步的、中间的、反动的,不管是奴隶主的、封建的、还是资本主义的,都要研究,取其有用的精华,去其糟粕和毒素。

四、法学是什么?是上层建筑。它是由经济基础决定的,又要反过来为经济基础服务。社会发展了,经济基础发展了,法要随着发展。资本主义社会进入社会主义社会,法也要随着变化发展。但法学又有自己独立的体系,自己的逻辑。立法要从实际出发,但也要有自己法的体系,前后、左右不能自相矛盾。不能灵机一动想搞什么法就草率地搞什么法。

这两者好像是两个东西。如果两者不一致怎么办?对此,法学界的思想恐怕也并不完全一致。是法服从实际情况,还是实际情况服从法?谁是母亲,谁是子女?实际是母亲。实际产生法律。法律、法理是儿子。法要有自己的独立的体系,有自己的逻辑,但要从社会实际出发,受社会实践检验。如果法与实际和社会主义发展需要不适应了,就要研究修改。宪法修改草案就是从实际来的,是我国三十几年来正反两方面经验的总结,也吸收了外国的经验,但又有自己的体系和逻辑,不能互相矛盾。是否这样认识?请同志们考虑。

今天,我在中国法学会成立大会上抛一块砖,希望引出你们的玉来。

**中国法学会筹委会主任杨秀峰在中国法学会成立大会上的讲话**

中国法学会成立大会是在新的中华人民共和国宪法即将制定,法制建设进入了新的发展阶段的时候召开的。成立中国法学会是我国政法战线上的一件大事,党中央非常关心,中央领导同志彭真、彭冲和政法战线其他领导同志到会并讲话,参加全国政法工作会议的同志也参加了我们今天的大会,对我们是一个很大的鼓舞。我作为政法战线上的一名老兵,感到非常高兴。

这次成立大会的议程是讨论、通过中国法学会章程,选举学会理事会,推选名誉会长,宣告中国法学会的成立。法学会成立后,在广泛团结全国法学工作者,积极开展法学研究工作,开展国内和国际法学界学术交流活动方面,必将为我国社会主义法制建设和社会主义法学理论研究作出应有的贡献。

中国法学会的筹备经过,已由王一夫同志在大会预备会上汇报过了,我现在就法学会的工作讲些意见。

回顾历史,我国社会主义法学的发展,经历了一条曲折前进的道路。

建国以来,我们在党的领导下,废除了国民党的反动法统,以马克思列宁主义、毛泽东思想为指针,批判了剥削阶级的旧法观点,结合我国实际,初步创建了我国的社会主义法学,建立了一支法学研究队伍,培养了一批新的法学人才,这对于加强社会主义法制,巩固人民民主专政,保障社会主义革命和社会主义建设的顺利进行,发挥了积极作用。但是自五十年代末期以后,由于受"左"的错误的影响,法学研究没有能够得到正常的开展。特别在十年内乱中,由于林彪、江青反革命集团的破坏,法制被摧毁,法学被践踏,一系列重大法学理论和党的政法工作政策,被黑白颠倒,是非混淆。

党的十一届三中全会是建国以来我们党和国家历史上具有深远意义的伟大转折。三中全会重新确立了马克思主义的思想路线、政治路线和组织路线,作出了把工作重点转移到社会主义现代化建设上来的战略决策,提出了发展社会主义民主、健全社会主义法制的历史任务。六中全会通过的《关于建国以来党的若干历史问题的决议》,总结了建国以来的历史经验,完成了党在指导思想上的拨乱反正。在三中全会以来党的路线、方针、政策指引下,一些被歪曲、颠倒了的法学理论和法制原则逐步得到了澄清,法学工作者的冤假错案得到了平反,一些历史遗留问题得到了合理的解决,全党和全国人民从历史经验中愈来愈深切地认识到加强社会主义法制的重要性。在短短的三年多的时间里,随着我国法制建设的加强,法学研究工作也得到了恢复和发展;不少原法学工作者纷纷归队,并增加了不少新鲜血液;被林彪、"四人帮"破坏的政法院校多数得到了恢复,不少大学增设了法律系,不少省、市还开办了法律业余大学,中国政法大学正在筹建;法学与法制工作方面的报刊、著作、译著显著增加;法学工作者积极参加了立法、司法和法制宣传等工作;一些省、自治区、直辖市陆续建立了法学会并开展了法学研究活动;与国际法学界的学术交流逐步开展;我国法学界出现了前所未有的新景象。但是,必须承认,当前我国法制建设还远不能适应党和人民的要求,而法学理论研究又远远落后于法制建设的需要。我们的法学研究的现状与建设一个具有高度物质文明和高度精神文明的现代化的社会主义强国的要求还有很大差距。

中国法学会是全国性的群众性的法学团体。学会的任务是：在党的领导下，团结全国法学工作者，坚持四项基本原则，遵循党的方针、政策，积极开展法学研究活动和国内、国际学术交流，为发展马克思主义的中国社会主义法学理论，发展社会主义民主，健全社会主义法制，建设社会主义物质文明和精神文明作出贡献。

根据这一任务，对于法学会的活动我提出以下几点建议，供大家讨论。

一、积极推动理论与实际相结合的法学研究工作的开展，这应是学会的中心工作。我们要动员法学界各方面的力量，密切结合我国立法、司法和法制宣传教育工作的实际，积极主动地、有计划地开展各种形式的法学研究。我们的研究方向是：(一)研究当前法制建设和司法实践中迫切需要解决的重大理论问题和实际问题。《关于建国以来党的若干历史问题的决议》指出："必须巩固人民民主专政，完善国家的宪法和法律并使之成为任何人都必须严格遵守的不可侵犯的力量，使社会主义法制成为维护人民权利，保障生产秩序、工作秩序、生活秩序，制裁犯罪行为，打击阶级敌人破坏活动的强大武器。决不能让类似'文化大革命'的混乱局面在任何范围内重演。"我们的研究工作首先必须紧紧围绕我国社会主义法制建设的任务来开展。当前，全国人民正在讨论《宪法修改草案》；民法正在制定；相当一批经济法规正在草拟之中；已经公布实施的法律，也需要总结实践经验，使之更加完善，这些都需要我们发挥积极的作用。(二)研究我国革命法制建设的实践经验，从理论上加以总结。我们的党和国家在政法工作方面有相当丰富的正反两方面的经验。我们的不少法制实践具有创造性的成功经验，如民主与专政相结合，民主与法制相结合，惩办与宽大相结合，党委领导下的群众路线，专门机关工作与依靠群众相结合，通过劳动和教育把罪犯改造成为新人，巡回审判，就地办案，通过调解解决民间纠纷，等等，都是符合我国国情、具有自己特色、在实际工作中取得了很好的效果，而且已日益为国际法学界所重视的好经验。我们法学工作者有责任把这些经验用马克思列宁主义、毛泽东思想加以总结，使之系统化、理论化，用以指导实践。(三)进行马克思主义法学理论的研究。这对提高我们的法学理论水平，完善国家法制建设，是十分重要、必不可少的基本建设。由于在十年动乱中，法学研究工作的中断，这方面现在还是一个薄弱的环节，需要加倍努力。(四)研究我国历史上的和外国的法学理论与实践。我们不能闭目塞听，需要借鉴历史的和外国的有益的经验。当然，这种研究必须以马克思列宁主义、毛泽东思想为指针，立足我国当前的实际，取其精华，去其糟粕，做到"古为今用"，"洋为中用"，不能崇洋复古，生搬硬套。

二、开展同各国法学界的学术交流和友好往来。几年来，我国同各国法学界的交往日渐增多。中国法学会的成立，将为我国法学界同国际法学界的学术交流和友好往来提供新的渠道。在国际交往中，我们要认真执行我国对外关系的路线和政策，结合我国法制建设和法学研究的需要，了解、研究外国法律制度和法学研究的情况和动态，吸取对我国有益的东西；同时积极地实事求是地介绍我国社会主义法制和社会主义法学的情况和实践中的经验，以利于增进互相了解和友谊，促进我国法学工作的发展。要团结各国法学工作者为反对帝国主义、霸权主义、殖民主义、种族主义，保卫世界和平，支持第三世界各国人民的正义斗争和人类进步事业而共同奋斗。

三、做好法学方面的编辑出版工作和图书资料工作。当前，我国的法学编辑、出版工作有了一个良好开端，但是，法学期刊、报纸、学报和书籍出版还远远满足不了需要，有待于我们共同努力，进一步开展这方面的工作。图书资料的搜集和整理，是进行研究工作的基础，亟须加强。我们希望，经过努力，逐步建立一个藏书充实、能供法学界共同使用的专业图书服务机构。

四、加强各个法学组织间的联系和协作。现在，全国已有半数以上的省、自治区、直辖市先后建立了本地区的法学会，另有一些地区的法学会正在积极筹建之中。我们的任务是共同的，加强我们各个组织间的工作联系和协作，加强我们与各个会员间的经常联系，是我们事业的共同需要。这次成立大会以后，我们期望，今后在工作规划、研究活动上能够经常互通信息，通过各种形式进行学术交流和协作。我们热烈欢迎大家对本会工作随时提出建议，给予支持。

以上几个方面的工作当然不能包括法学会的全部工作，其他工作在这里就不一一列举了。

为了发展和繁荣我国的社会主义法学，我想再讲一讲我们在法学研究活动中应注意的问题，请大家考虑。

第一，自觉地坚持四项基本原则，在政治上同党中央保持一致。四项基本原则是全党和全国人民团结的共同的政治基础，是社会主义现代化建设事业顺利进行的根本保证，也是进行法学研究的根本指针。世界上有各种各样的法学理论派别，我们是人民民主专政的社会主义国家，我们所要建立和发展的法学只能是社会主义的法学。因此，我们的法学研究工作必须以四项基本原则为根本指针，这是使我们的研究工作沿着正确的道路健康发展的根本保证。否则，就会犯错误。任何离开四项基本原则,离开政治经济形势和党的任务,把法律同党的方针、政策对立起来,把依法办事同党的领导对立起来的倾向,必须反对和防止。我们既要继续清理"左"的错误思想影响,又要注意反对资产阶级自由化思想。资产阶级自由化和"左"的错误思想,两者都危害我们的社会主义事业。必须进行两条战线的斗争,有"左"反"左",有右反右,实事求是,使我们的法学研究工作沿着正确的方向胜利发展。

第二,一定要理论联系实际,加强调查研究。理论联系实际是马克思主义的学风,是我们从事法学研究必须遵守的原则。脱离实际的法学研究是不会有生命力的,是对于建设社会主义现代化的强国不但无益、而且有害的。我们必须面向实际、调查研究,把法学研究和立法、司法实践紧密结合起来,和社会主义现代化建设的实际紧密结合起来;从事理论研究工作和从事实际工作的同志要紧密协作,互相学习,取长补短。这样,我们的研究工作一定会取得显著的成果。

第三,贯彻"百花齐放,百家争鸣"的方针。在学术研究上,不同见解可以自由争论,以便有所比较,有所鉴别,集思广益,群策群力。我们应该认真贯彻"双百"方针,使我们的研究、探讨的气氛更活跃一些。当然,贯彻"双百"方针决不应与坚持四项基本原则相对立,而必须以坚持四项基本原则为前提。贯彻"双百"方针也是与学术上的正确开展批评与自我批评相一致的。法学理论与党的政策、国家法制工作关系密切。对于党和国家已经作了决定的政策和法律,如有不同意见,可以保留,但在行动上必须坚决执行,不允许公开发表与党的政策、国家法律相抵触的言论、文章。学术问题,立法过程中正在讨论的问题,允许并提倡不同意见的争论,但这种讨论必须摆事实讲道理,以理服人,坚持实践是检验真理的唯一标准,坚持真理,修正错误。只有这样,才能避免学术问题上的简单化、盲目性,有利于社会主义法学的发展和繁荣。

同志们!建设社会主义的物质文明和精神文明是我国人民极其伟大的事业。我们法学战线上的任务是艰巨而光荣的。我期望,经过一段时期的努力奋斗,在我国能涌现出更多的优秀的马克思主义的法学家,建设一支坚强的法学理论队伍。我们这些老人,在余生之年,当然还要做一些力所能及的工作,但毕竟已是心有余而力不足了。中年同志是我们队伍的主力,承担着继往开来的重任;青年同志是我们的未来。希望中青年同志们树雄心,立壮志,紧密团结在党中央周围,同心同德,振奋精神,为发展我国社会主义法学作出为后人所称道的成果而努力奋斗!

**铁道部 煤炭工业部在江苏徐州联合召开路矿协作会议**

会议强调树立"路矿是一家,团结为国家"的整体观念,通过协作挖掘运输潜力,千方百计多运煤炭。

会议总结和交流了20多年来各地开展路矿协作的经验,会议强调,铁路要树立为煤矿生产服务、为用户服务的思想,煤矿要为铁路运输创造条件,共同为完成煤炭的生产和运输任务而努力。

会议要求各地铁路和煤炭生产部门加强对路矿协作工作的领导。有煤炭运输任务的各铁路局、分局和车站,都要同相应的各级煤矿建立联合办公机构,委派得力的干部负责这项工作,并制定和健全各项规章制度。

**中国交通运输协会联运专业委员会在上海成立**

全国联合运输专业委员会是在国家经委和中国交通运输协会领导下的群众团体。

**外经贸部部长陈慕华在人民大会堂会见日中经济协会理事长井上猛一行**

**国家科委 浙江科委组织专家考察潮汐电站**

据《人民日报》报道,为进一步研究我国海洋能源开发利用的前景,国家科委海洋专业组和浙江省科委组织有关科技工作者、专家和教授,对浙江沿海地区不同类型的潮汐电站进行了实地考察和研究。

通过考察,专家们认为,建立潮汐电站,利用海水涨落的能量发电,没有污染,不受洪水或枯水的影响,不淹没农田,也不用迁移人口,具有多方面的优越性。我国海岸线长,潮汐能资源丰富,在沿海、特别是能源短缺的边远海岛,因地制宜发展潮汐电站,是大有可为的。

**陈中凡逝世**

全国政协委员、民盟中央委员、老教育家陈中凡,7月22日在南京病逝,享年94岁。

陈中凡1917年毕业于北京大学后,65年来先后执教于北京大学、中山大学、南京大学等高等学校,为祖国培养了大批人才。

## 7月23日

**邓小平 彭真等党和国家领导人在人民大会堂会见政法界代表**

邓小平、彭真、韦国清、彭冲、万里、习仲勋、杨尚昆在人民大会堂分别会见参加正在举行的全国政法工作会议和中国法学会成立大会的全体同志。黄火青、程子华、杨秀峰参加了会见。

**全国电子元器件工作会议在北京闭幕**

电子元器件是电子工业的基础，是发展新一代电子整机的关键。可是长期以来，我国电子元器件工业存在着技术水平低、质量差、价格高等问题。国务院领导同志十分重视电子元器件工业的发展，多次提出要把抓好元器件作为改变我国电子工业落后面貌的突破口，开创电子工业的新局面。

会议提出，要改变我国电子元器件的落后状况，生产和科研单位必须从片面追求产值、产量转到重点抓品种、质量、提高水平上来，从满足于获得某些较高技术性能的样品转到注重工业性生产和技术经济效果上来。会议要求各地电子工业部门把科研工作放到重要地位，组织较强的研究所、工厂和高等院校联合攻克关键技术和关键产品，特别是那些对国防建设、国民经济建设影响大、为重点整机配套所急需、在技术上有带头作用的，以及突破后能取得较大技术经济效益的科研项目。要努力提高产品质量和可靠性，力争在五六年内使通用量大的电子元器件都能按国际标准生产。要逐步形成一批进行大批量生产的具有较高工艺技术水平的电子元器件骨干企业，并以这些企业为基础，进行产品定点生产和逐步实行改组、联合，使电子元器件的生产沿着专业化生产的方向发展。

会议认为，电子工业还必须适当引进一些国外的先进技术，并做好消化吸收工作，以尽快缩小与国外技术水平的差距。

**中日友协副会长夏衍就日本文部省篡改教科书一事对新华社记者发表谈话**

夏衍说，日本文部省审定的教科书在日本侵略中国的记述中把“侵略”篡改为“进出”，美化日本军国主义，引起了中日两国人民的强烈不满。

他说，教科书只有反映客观事实，还历史的本来面目，才能使本国人民受到真正的教育。任何对历史的篡改、歪曲，不仅违反科学态度，而且对教育本身也是有害的。

夏衍说，过去，日本军国主义发动侵华战争，使千百万中国人民蒙受灾难，付出巨大牺牲。同样，广大日本人民也是军国主义的受害者。中国人民一向把一小撮日本军国主义者和广大日本人民严格地区别开来，对日本人民遭受祸害怀着深厚的同情。

夏衍指出，现在日本文部省在教科书中篡改日本军国主义侵略中国的历史，这对中日两国人民建立真正的友好关系是极其有害的。

他说，1972年中日邦交正常化以来，中日两国人民的友谊得到了很大的发展。我们应该珍视这种友谊，使两国人民世世代代友好下去。

**中国教育学会会长董纯才就日本文部省篡改教科书一事向新华社记者发表谈话**

董纯才说：“日本文部省最近在教科书中篡改日本侵略中国的历史，在他们审定教科书时，竟将对中国的侵略，说成是对中国的‘进出’。对于日本文部省的这一行为，中国广大教育工作者和我本人，都表示极大的愤慨和强烈的抗议。”

他说，“日本过去侵华的历史，中国人民、特别是在中、老年人中都有着深刻记忆。这些血腥的罪恶史实，是任何人都抹杀不了的。中国共产党领导下的新中国，本着实现中日两国人民之间友好相处的真诚愿望，经常教育自己的人民和后代，不把日本法西斯主义者欠下中国人民的血债记到日本人民头上，这是中华人民共和国的一贯正义立场”。

董纯才表示相信：一切正直的日本人民、政治家和教育界的同行，也会感到日本过去的侵华历史是极端可耻的。他们也认识到，日本必须把这些史实告知自己的后代，才会真正取得中国人民的谅解和友谊，才会真正在中日两国之间建立起牢固的睦邻关系。

他指出：“日本文部省篡改日本侵华历史的行为，不只是对中国人民的挑战，也是对广大日本人民的欺骗。这样做是完全不得人心的，是极端愚蠢和徒劳的。我们强烈要求日本文部省以中日友好事业为重，改弦易辙。”

**全国学生联合会主席林炎志就日本文部省篡改教科书一事向新华社记者发表谈话**

林炎志强烈要求日本文部省从有利于发展中日两国之间和两国人民之间的友谊出发，尊重历史事实，在中小学教科书中恢复历史的本来面目。

林炎志说，日本军国主义发动侵华战争，给中国人民带来了极大的灾难。九·一八事变，七·七事变，南京大屠杀，等等，都是日本军国主义侵略中国的历史事实，这是任何人篡改不了的。

林炎志说，日本的中小学生代表着日本的未来，为了使中日两国人民之间的友谊世代相传，有必要让他们知道日本军国主义侵华的历史，使他们更加珍惜中日两国人民今天的友谊。可是，日本文部省的某些人不顾历史事实，恣意伤害中国人民的感情，美化日本军国主义，把“侵略”改成“进出”，毒害日本中小学生，这对发展中日友谊是极为有害的。

### 全国青年联合会代主席刘维明就日本文部省篡改教科书一事向新华社记者发表谈话

刘维明说,“日本文部省在中小学教科书中篡改日本军国主义的侵华历史,是违背中国和日本两国人民和两国青年的意愿的。它严重地伤害了中国人民和青年的感情,我们对此十分愤慨”。

刘维明说,目前,中日两国青年的交往日益增多,中日两国青年的友谊日益发展。在我们和日本青年的友好交往中,许多日本青年都谴责当年日本军国主义侵略中国的罪行。珍惜中日人民友谊的两国青年认为,日本军国主义发动侵华战争,既使中国人民遭受重大灾难,也使日本人民身受其害。为了发展中日人民的友谊,我们应当向前看。但是,“前事不忘,后事之师”。只有牢记过去这段惨痛的历史教训,才能使我们更加珍惜今天中日两国人民之间的友谊。

刘维明说,历史是任何人也篡改不了的。在日本侵华战争中,无数的中国人民被杀害,许多日本青年也被驱赶作为炮灰。这是日本军国主义对日中两国人民犯下的罪行。这决不是日本文部省某些人能够掩盖得了的历史事实。刘维明代表中国青年强烈要求日本文部省不要做有损于中日人民友好的事。

### 全军青年工作会议在北京召开

会议于7月23日至8月3日召开。

会议强调,当前部队青年教育中最重要的是共产主义理想教育。广大青年战士一旦树立起共产主义理想,奋斗有方向,前进有动力,全面落实“四有、三讲、两不怕”的要求就有了牢固的思想基础。

与会同志在发言中一致认为,共产主义是人类社会最美好最先进的社会制度,也是最科学最革命的思想体系。要使广大青年战士扬起理想的风帆,必须经常地反复地对他们进行共产主义思想理论的灌输。组织他们学习马列主义和毛泽东思想,学习社会发展史,从人类社会发展的必然规律上坚定共产主义信念。

许多单位的经验说明,革命理想只有同现实斗争结合起来,才能真正扎根。目前,就是要引导青年战士把为实现共产主义而奋斗的理想,具体落实到热爱党、热爱社会主义祖国、热爱人民军队的实际行动上,把为祖国做贡献,为人民尽义务,努力做好本职工作作为实现共产主义崇高理想的实际步骤。

与会者在发言中指出,在新的形势下,要注意引导青年战士自觉抵制资本主义思想的腐蚀。只有不断地清除资本主义的精神污染,才能使他们保持共产主义理想的纯洁性。会上介绍的典型经验说明,广大青年只有发扬革命正气和艰苦奋斗的光荣传统,树立起革命的人生观、苦乐观、荣辱观,才能自觉地拒腐防变,才能树雄心,立壮志,为创造物质文明贡献力量。

会议要求,部队共青团组织要很好地适应青年特点,生动活泼地开展多种形式的教育活动,帮助青年不仅从书本上学习共产主义,更重要的是从平常的工作、劳动中来培育共产主义思想。

会议检查了去年全军青年工作会议以来部队的青年工作,总结交流了经验,并研究在建设精神文明先进连队和先进个人的活动中,充分发挥共青团组织的助手作用和广大团员青年的先锋作用,进一步加强部队青年工作的问题。

总政治部副主任梁必业、黄玉昆在会上讲了话。

总政治部主任韦国清、副主任颜金生、华楠等参加了会议。

### 中国世界时系统保持国际水平

据《人民日报》报道,我国独立自主地建立世界时系统以来,始终保持了国际先进水平。这是全国6个天文台站共100多位科学工作者,长年累月共同精心观测取得的一项具有重大应用价值的科研成果。

世界时是以地球自转运动为基准,用天文观测而得到的准确时间。是研究地球自转、反映地球内部结构变化和演化的直接资料。

参加我国世界时研究工作的6个天文台站是:上海天文台、紫金山天文台、北京天文台、陕西天文台、中国科学院武昌时辰站、云南天文台。

### 北京 新疆 宁夏 甘肃各地穆斯林欢度开斋节

## 7月24日

### 中共中央主席胡耀邦在内蒙古昭乌达盟视察

胡耀邦赞扬赤峰县打粮沟门奶山羊乳粉厂办得好。他说,这个小乳粉厂投资不多,见效快,社队可以自己管。像这样的小厂,可以逐步地在广大农村牧区普遍发展。

胡耀邦同志在视察期间,还就如何把分散在农牧民中的一些零星的畜产品集中起来进行粗加工的问题,同昭乌达盟的同志进行了讨论。他指出:我们放宽政策以后,农村牧区的牲畜发展都比较快。除国家统一收购调拨的外,仍有相当一部分畜产品分散在农牧民家里。如果能在使农牧民比较方便的范围内,用少量的资金搞些土的、半土半洋的粗加工,除有利于城市供应外,可以较大幅度地增加农牧民的收入。这样做,又反过来促进农林牧副渔各业的发展,我国8亿多农民就可能富得更快一些。

**全国人大常委会副委员长廖承志致信蒋经国先生**

全文如下：

经国吾弟：

咫尺之隔，竟成海天之遥。南京匆匆一晤，瞬逾三十六载。幼时同袍，苏京把晤，往事历历在目。惟长年未通音问，此诚憾事。近闻政躬违和，深为悬念。人过七旬，多有病痛，至盼善自珍摄。

三年以来，我党一再倡议贵我两党举行谈判，同捐前嫌，共竟祖国统一大业。惟弟一再声言“不接触，不谈判，不妥协”，余期期以为不可。世交深情，于公于私，理当进言，敬希诠察。

祖国和平统一，乃千秋功业。台湾终必回归祖国，早日解决对各方有利。台湾同胞可安居乐业，两岸各族人民可解骨肉分离之痛，在台诸前辈及大陆去台人员亦可各得其所，且有利于亚太地区局势稳定和世界和平。吾弟尝以“计利当计天下利，求名应求万世名”自勉，倘能于吾弟手中成此伟业，必为举国尊敬，世人推崇，功在国家，名留青史。所谓“罪人”之说，实相悖谬。局促东隅，终非久计。明若吾弟，自当了然。如迁延不决，或委之异日，不仅徒生困扰，吾弟亦将难辞其咎。再者，和平统一纯属内政。外人巧言令色，意在图我台湾，此世人所共知者。当断不断，必受其乱。愿弟慎思。

孙先生手创之中国国民党，历尽艰辛，无数先烈前仆后继，终于推翻帝制，建立民国。光辉业迹，已成定论。国共两度合作，均对国家民族作出巨大贡献。首次合作，孙先生领导，吾辈虽幼，亦知一二。再次合作，老先生主其事，吾辈身在其中，应知梗概。事虽经纬万端，但纵观全局，合则对国家有利，分则必伤民族元气。今日吾弟在台主政，三次合作，大责难谢。双方领导，同窗挚友，彼此相知，谈之更易。所谓“投降”、“屈事”、“吃亏”、“上当”之说，实难苟同。评价历史，展望未来，应天下为公，以国家民族利益为最高准则，何发党私之论！至于“以三民主义统一中国”云云，识者皆以为太不现实，未免自欺欺人。三民主义之真谛，吾辈深知，毋须争辩。所谓台湾“经济繁荣，社会民主，民生乐利”等等，在台诸公，心中有数，亦毋庸赘言。试为贵党计，如能依时顺势，负起历史责任，毅然和谈，达成国家统一，则两党长期共存，互相监督，共图振兴中华之大业。否则，偏安之局，焉能自保。有识之士，虑已及此。事关国民党兴亡绝续，望弟再思。

近读大作，有“切望父灵能回到家园与先人同在”之语，不胜感慨系之。今老先生仍厝于慈湖，统一之后，即当迁安故土，或奉化，或南京，或庐山，以了吾弟孝心。吾弟近曾有言：“要把孝顺的心，扩大为民族感情，去敬爱民族，奉献于国家。”旨哉斯言，盍不实践于统一大业！就国家民族而论，蒋氏两代对历史有所交代；就吾弟个人而言，可谓忠孝两全。否则，吾弟身后事何以自了。尚望三思。

吾弟一生坎坷，决非命运安排，一切操之在己。千秋功罪，系于一念之间。当今国际风云变幻莫测，台湾上下众议纷纭。岁月不居，来日苦短，夜长梦多，时不我与。盼弟善为抉择，未雨绸缪。“寥廓海天，不归何待？”

人到高年，愈加怀旧，如弟方便，余当束装就道，前往台北探望，并面聆诸长辈教益。“度尽劫波兄弟在，相逢一笑泯恩仇”。遥望南天，不禁神驰，书不尽言，诸希珍重，伫候复音。

老夫人前请代为问安。方良、纬国及诸侄不一。

顺祝近祺！

廖承志

1982年7月24日

**九三学社知识分子调查研究组会议在北京召开**

九三学社中央主席许德珩在讲话中说，胡耀邦同志在今年年初召开的全国统战工作会议上提出，在新的历史时期，共产党要同党外朋友真正建立起肝胆相照、荣辱与共的关系。这对我们是很大的鼓舞。我们要本着这种精神，用一切力量做好工作。

座谈会上，来自首都高等院校、科技单位和医院的一些教授、专家和有关方面负责人，列举大量事实说明知识分子对国家的贡献，阐述了知识分子在“四化”建设中的重要作用，并且对落实知识分子政策提出了许多很好的建议。

与会者谈到，要有计划地帮助中年知识分子提高业务水平，鼓励“冒尖”；要知人善任，做到人尽其才。目前有些大城市、大单位人浮于事，积压了许多人才。要鼓励中、青年知识分子到中小城市、中小单位去，在那里是大有可为的。现在一些中等城市从大城市招聘技术人员的成功经验，已证明了这一点。大家提出，落实知识分子政策工作应当包括对高等学校、科技单位、医院等部门的领导体制、管理体制和干部管理制度进行必要的改革。

**《人民日报》发表记者述评《个体商贩的作用不能忽视》**

当前，在搞活市场问题上，出现了一个值得注意的动向：有些同志认为市场已经“活过了头”，个体经济发展“饱和了”；有的人甚至认为国营商业处在集体和个体经济的“包围”之中，慨叹“形势大好，生意难做”。在这种思想情绪影响下，一些地方以强调计划经济和打击经济领域的犯罪活动为借口，对许多进行正当活动的个体商贩加以限制、刁难：或不准摆摊设点，或停止供应货源，或无故收缴他们的牌照等，以致在不少地方出现了个体商贩从业人员急剧减少的趋势。这一动向及其严重后果是不容忽视的。

个体商贩的发展是不是已经到了“饱和”的程度呢？当然不是。经过几年的恢复和发展，现在全国城镇和农村的个体商贩，加在一起不过200万人左右，他们在整个国民经济中的比重是微乎其微的。以发展较快的辽宁省为例，到去年年末，这个省的个体商贩已经发展到10.4万人，尽管如此，销售额仍然远未达到历史最好的水平。发展个体商贩有利于安排城镇待业青年和城镇闲散人员，有利于促进商品流通，活跃市场，有利于增加零售服务网点，方便群众生活，也有利于开展竞争和提高国营及集体商业的经营管理水平。就全局而言，个体商贩在当前不是多了，而是不足，在有些地方同需要相比，还差得很远。限制个体商贩的发展，必然会使刚刚开始通畅的渠道重新堵塞起来，这是同党中央致力于把经济搞活的方针相违背的。

发展个体商贩，也面临着一些新的情况需要正确对待。例如许多地方开放市场初期，产销直接见面的比例很大，一般占市场交易总额的70%以上。随着商品生产的日益发展，生产、贩运、销售，逐步形成了自然的社会分工，这种情况使产销直接见面的比重明显下降，通过城乡贩运在市场销售的比重迅速上升(在沈阳市的农贸市场，后者比重上升到70%—80%)。这种生产、贩运、销售的自然分工是合乎经济发展规律的。像加工制作粉条，历来是辽宁省锦西县高桥公社万家大队社员的重要家庭副业。当地市场粉条价格每斤7角，如果生产者自己运到集市出售，就要耽误很多工，在经济上很不合算，因此，他们宁愿让出一角钱的利，卖给商贩，或由专门的行商直接上门来收购。辽中县于洪区有200多户个体专业养鸡户，他们自己也不跑集，而是把产品卖给商贩，然后再由商贩运到集市销售。这样不但可以节省生产者许多时间和费用，而且由于贩运者有一定的经营技术，减少商品破损，有利消费。恢复市场上的传统商品也少不了商贩运销。黑山县姜屯公社是高粱米的重要产区，有一批专门经营高粱米的商贩从这里收购运到沈阳、抚顺等地农贸市场销售，城市人民吃上了多年来吃不到的高粱米水饭，非常高兴。这些情况都说明，商品经济发展了，流通领域扩大了，没有中间环节是不行的，特别是国营商业无力经营的一些零星、分散的品种，如小杂粮、计划收购以外的果品、水产品、金属以及其他三类土副产品，靠商贩运销，就可以把市场搞得更加丰富多彩。反之，没有这些商贩从事贩运、销售，市场的货物就不易聚集起来，市场价格反而不易稳定。只允许产销直接见面，不允许搞贩运的做法既不符合客观实际，也是行不通的。

现在有些人把搞运销的个体商贩不加区别地一律说成问题很多，甚至把他们与投机倒把画等号，这显然是不妥当的。对待搞贩运的商贩，只要他们的活动是政策允许的，就不应当歧视，更不应打击。根据一些地区的典型调查，在城乡、地区间进行贩运活动的个体商贩，一般都是本小利微，赚取地区差价，只有少数商贩收入略高，但这些人往往有一定经营技术，他们起早贪黑，精心加工，长途运销，付出了相当的劳动，收入高一些也是正当的、合理的。当然，对于收入过高的应当按照税法规定收取营业所得税。

当然也要看到，个体商贩经营活动，也不可避免地会出现一些违法行为。例如，套购国营零售企业商品转手倒卖从中牟利，到产地抬价抢购物资，破坏国家收购计划，欺行霸市、扰乱市场秩序，故意哄抬物价，掺杂使假、短斤缺两等，对这些不法行为，应当坚决采取行政的和经济的手段予以取缔。但这些现象毕竟不是主流，我们不能因此把个体商贩的一般违法活动同经济领域的犯罪活动相提并论，更不能作为限制个体商贩发展的根据。

个体经济是长在石头缝里的、生命力旺盛的小草。它的经济地位决定了它只能起到拾遗补缺的作用，而不可能左右整个的国民经济。如果我们对个体商贩统统加以限制、取缔甚至打击，势必重犯过去的错误。

**兰州东方红玻璃厂大型扩建工程动工建设**

经国家计委批准，被列入1982年国家基本建设计划的兰州东方红玻璃厂大型扩建工程动工建设。

兰州东方红玻璃厂是西北地区唯一较大的平板玻璃生产企业，产品主要供西北五省(区)和西藏地区，原设计能力为年产平板玻璃75万标准箱，1980年实际生产能力已达到104万标准箱玻璃，超过设计能力38.6%。但是，随着经济的发展和人民生活水平的提高，住房建设越来越多，平板玻璃的产需矛盾越来越大，目前仅能满足需要量的40%左右。

经国家建材局和甘肃省、青海省三方协商同意，利用兰州东方红玻璃厂现有的基础和条件，联合投资扩建一条九机有槽引上法平板玻璃生产工艺线，设计能力为年产平板玻璃150万标准箱。全工程计划三年建成。建成投产后该厂总的生产水平为250万标准箱。这样，将对西北地区玻璃供应紧张情况有很大的缓和。

**中共中央书记处书记习仲勋在人民大会堂会见以副总编辑金锡来为团长的朝鲜劳动党机关报《劳动新闻》代表团**

**外经贸部部长陈慕华在人民大会堂会见阿伦·奥森州长率领的美国北达科他州贸易代表团**

**人民外交学会秘书长谢黎在北京会见并宴请美国参议院议员助理全体成员**

**中共中央军委副主席聂荣臻就建军55周年接受《解放军报》记者采访**

聂荣臻回顾了南昌起义的光辉历程。他说："五十五年前的青年人，现在都白发苍苍了。当年起义的领导人和参加者许多都已不在人世。但是，他们毕生为之奋斗的革命事业，已经结出丰硕的果实。"

聂荣臻接着回忆当年他在周恩来同志领导的中央军委工作，在蒋介石、汪精卫背叛革命屠杀工农的危急时刻，周恩来同志派他从武汉到九江筹划南昌起义，把受到我党的影响的两个步兵团，从张发奎控制下拉了出来开向南昌，参加武装暴动的经过。他还讲述了起义部队失利后，周恩来、叶挺同志和他在陆丰附近的甲子港乘一叶扁舟，在惊涛骇浪中，历经艰险，随后又参加和组织广州起义的情景。他说，南昌起义，向国民党反动派打响了第一枪，这是我党领导的用武装革命反对武装反革命的开始。方向是正确的，但也有许多教训。在这期间，所有的伟大的起义，南昌起义、秋收起义、广州起义和其他许多地区的起义创建了中国工农红军。我党从正反两方面汲取和总结了经验，逐步形成了伟大的毛泽东思想，制定和执行了使革命由惨重失败转为伟大胜利的总战略和各项政策。经过土地革命战争，抗日战争，解放战争，经过艰难曲折，艰苦奋斗，终于推翻了"三座大山"，解放了全中国。解放以后，全国军民又战胜了无数的困难，取得了社会主义革命和建设的辉煌胜利。党在五十多年的战斗中虽然犯过一些错误，但成绩是伟大的，是应该充分肯定的。人们从实践中进一步地认识到我们党的光荣、正确、伟大。

聂荣臻说，今年纪念"八一"建军节，中共中央转发了总政的文件，要以热爱党、热爱社会主义祖国、热爱人民军队为内容，对全国军民进行一次爱国主义教育。这一号召非常正确，非常必要。现在有些青年就是不了解我们党的历史、国家的历史和人民军队的历史。一句话就是不了解我们民族是如何从苦难的深渊中解救出来，不了解旧中国和新中国的本质不同。他们没有比较，也就不懂得鉴别，以至产生一些糊涂的认识。所以要树立这三个"热爱"的思想，就应当组织他们学习中国革命史，学习我党我军的光辉历史和优良传统，从老一辈无产阶级革命家的革命生涯中学习他们的革命精神。这样就会从中懂得创业维艰，革命胜利的成果来之不易，从而增强热爱党、热爱祖国、热爱人民军队的热忱，自觉地执行党的路线、方针、政策。

他指出，影响树立三个"热爱"思想还有一个重要问题，就是资产阶级思想的腐蚀。对干部战士要加强马列主义、毛泽东思想的教育，加强社会主义精神文明的建设，坚持四项基本原则，坚决反对资产阶级自由化及其他错误思想。要发扬革命正气和艰苦奋斗的光荣传统，树立革命人生观、苦乐观、荣辱观。树雄心，立壮志，自力更生地，创造我们的一切物质文明。这样，就能抵制资产阶级思想腐蚀，更加热爱党、热爱祖国、热爱人民军队。

在谈到建设社会主义精神文明时，聂荣臻说，总政根据中央精神结合军队的实际，提出"四有、三讲、两不怕"的口号，是提得对的，提得好的。部队建设精神文明中，要突出有理想、讲道德、守纪律。要进一步增强军政和军民的团结。还要认真学习和执行条令条例，特别是内务条令和纪律条令。这些条令条例，体现社会主义精神文明的要求。

谈到今后军队建设时，聂荣臻说：我们的目标很明确，就是邓小平同志讲过的，把我军建设成强大的现代化、正规化的革命军队。这是我全军指战员新时期的光荣使命。调整和改革后，经过一段时间的努力，我们军队将成为一支革命化现代化的精兵。我们要大力组织指战员学习毛泽东军事思想，学习专业知识，学习现代军事科学和指挥艺术，努力提高科学技术文化水平。要加强诸军兵种合成训练，加强科研，改善武器装备，搞好预备役制度，不断提高我军的战斗力。他还说，搞好建设，我们必须充分发挥知识分子的作用。军队也一样要贯彻执行党的知识分子的政策。少数单位有不重视知识分子的现象，必须纠正。这也是有关我军现代化建设的重要问题。

聂副主席亲切寄语老干部老同志：老同志为革命奋战了大半辈子。历史的责任要求我们把班交好带好。这关系到共产主义的千秋大业。即使退下来，不在其位也可谋其政。年岁大了，身体差了，脑子总还可以用吧！看到什么，想到什么有益的意见，可以跟党说，向党建议，这也是贡献嘛！共产党员身子离休退休，思想决不离休退休，只要活着，就要为党做事，为共产主义事业奋斗！

最后，聂副主席勉励部队说：人民解放军是保卫祖国的钢铁长城，不管国际形势怎样变化，我们永远保持高度警惕。居安思危，紧握手中枪，保卫我国人民的和平劳动，保卫社会主义现代化建设。

**《人民日报》发表评论员文章《坚决制止破坏水土**

**保持的行为》**

山西中阳县郝家岭大队在陡坡毁林毁草开荒的情景,令人触目惊心。在50年代中期,中阳县曾是治理水土流失的先进单位,20多年后的今天,这个县的某些大队竟如此严重地破坏水土保持,使多年苦心经营的成果毁于一旦。郝家岭大队的事实告诉我们,对于目前不少地方都存在的破坏植被的现象,再也不能无动于衷了。为了眼前的一点利益,破坏自己赖以生存的生态环境,这是杀鸡取卵,饮鸩止渴。我们必须采取坚决措施,制止这种破坏水土保持的行为,保护和改善现有植被。

破坏大地植被会带来严重的后果,现在已是许多人都知道的常识。早在100多年前,恩格斯就明确指出:"美索不达米亚、希腊、小亚细亚以及其他各地的居民,为了想得到耕地,把森林都砍完了,但是他们梦想不到,这些地方今天竟因此成为荒芜不毛之地,因为他们使这些地方失去了森林,也失去了积聚和贮存水分的中心。"今天,我们正在进行包括农业现代化的"四化"建设,需要有一个良好的生态环境,如果听任养育万物的土地继续遭到破坏,那还有什么现代化可言?

加强水土保持,严禁陡坡开荒、毁林毁草开荒和滥伐林木,国务院在最近公布的《水土保持工作条例》(以下简称《条例》)中已有明确规定。认真贯彻落实《条例》,深入进行宣传教育,提高广大干部、群众对水土流失危害性和水土保持重要性的认识,是目前各级领导机关、特别是山区领导机关一项极为重要的工作。对现有水土保持设施,如何加强保护,防止破坏,各地要迅速制定实施细则和乡规民约。要采取正确的政策和办法,调动广大干部和群众的积极性,凡是积极保护森林植被、合理运用水保设施发展生产的单位和个人,都应受到鼓励和支持,并让他们得到实实在在的经济利益。凡是只顾个人或局部的眼前利益,对水保设施造成损害者,应当在经济上受到制裁。要严明法纪,对那些明知故犯、屡教不改、严重破坏水土保持的不法分子,必须严肃处理。对易于引起水土流失的陡坡地,必须坚决停止耕种,由开荒者补植林草,保证成活。要用事实告诫人们,通过破坏水土谋求发财的路子,有害无益,是行不通的。

为了搞好水土保持,从根本上消除山区开荒破坏生态环境的事件,我们要对山区农业经济结构继续进行改革,从全局着眼,合理安排粮食生产,不要盲目发展。山区过去历来出山货,吃平原的粮食,这种历史上形成的交换关系,现在不少地方中断了。目前,许多山区居民要自己解决粮食问题,就在山上种粮食作物,有些地方坡度很大,引起水土严重流失;而在有些适宜种粮食的平原地区,又在不断减少粮田面积,扩种经济作物。产粮的地方不能提供更多的粮食,不适宜种粮的山区便不得不开荒种粮。这种不合理的状况,要从全局出发,积极而有步骤地加以改变,发扬山区和产粮区各自的优势,真正因地制宜地发展农业和多种经营,实现生产上和生态上的良性循环。

## 7月25日

**全国人大常委会委员长叶剑英致电祝贺吉亚尼·宰尔·辛格就任印度总统**

电报全文如下:

新德里印度共和国总统吉亚尼·宰尔·辛格先生阁下:

在阁下就任印度总统之际,我谨代表中国人民,并以我个人的名义向阁下表示热烈的祝贺。祝中印两国关系和两国人民之间的友谊不断发展。

中华人民共和国全国人民代表大会

常务委员会委员长　叶剑英

1982年7月25日于北京

**中央统战部 国家民委在人民大会堂举行茶话会**

茶话会招待出席中国民主建国会、中华全国工商业联合会经济咨询服务工作经验交流会的全体同志。中央统战部、国家民委负责人杨静仁、平杰三、江平、李定、陈欣和胡嘉宾、谢鹤筹、任英、洛布桑等同志出席了茶话会。

平杰三同志在会上讲了话。他代表统战部和国家民委热烈祝贺民建、工商联在经济咨询服务工作中取得的成就,指出这是民建、工商联各级组织和全体成员在当地党委领导和有关部门的支持下进行艰苦工作的结果。他希望大家积极地、主动地、坚持不懈地进行工作,为进一步开展经济咨询服务工作的新局面、为社会主义现代化建设和祖国统一作出新的更大的贡献。

全国工商联主任委员胡子昂同志代表民建、工商联,向中央统战部和国家民委为他们举行茶话会表示深切的感谢。他说,经济咨询服务工作尽管取得了一定的成绩和经验,但仅仅是处于初创阶段,今后要不断地学习,不断地摸索,使经济咨询服务工作更上一层楼。

民建和工商联负责人胡厥文、孙晓村、浦洁修、王光英、汤元炳、荣毅仁、吴雪之、罗叔章、古耕虞、刘念智、姜培禄、熊应栋、张敬礼等同志应邀参加了茶话会。

**全国妇联向几内亚妇女革命联盟赠送卡车和水泵交接仪式在科纳克里人民宫举行**

**国家体委等单位在山东烟台召开体育道德专题讨**

论会

讨论会由国家体委、中华全国体育总会、中国体育科学学会共同举办。

在讨论中，与会者从人类社会发展、体育理论、体育道德、学校体育等方面，阐述体育对精神文明建设的作用。大家认为，随着社会的进步和文明的发展，体育正以过去所没有过的活力，全面进入人们的生活领域，发挥独特的社会影响作用。我国体育事业的蓬勃发展，提高了人民的健康水平，不少项目进入了世界之强的行列。我国运动员为攀登体育运动高峰，为祖国争取光荣，在赛场上表现出胜不骄败不馁的顽强拼搏精神，显示了中华民族的精神风貌。

与会者认为，我国发展体育运动，不仅要增加人民体质，提高运动技术水平，而且要把体育作为对人们特别是青少年进行共产主义思想教育的一个重要手段。体育教师、教练员既要传授体育技术知识，又要在体育活动和训练中培养青少年学生和运动员的优良思想品质和道德作风。运动场上不服从裁判，粗言秽语，打架斗殴，这是社会主义体育所不容的。体育和教育领导部门要切实加强教练员队伍、体育教师队伍的思想政治工作，使他们成为精神文明的带头人。

讨论中，大家还谈到，体育受到广大群众的普遍爱好，参加体育活动的人越来越多，成为一项影响广泛的社会活动。运动员在赛场上的表演，对观众起着无声的宣传教育作用。他们精湛技艺是人们娱乐享受，他们积极进取、顽强奋斗、团结互助的意志品质和集体主义精神，又激励观众，陶冶人们的心灵。运动员应该加强思想道德修养，既要技术精，又要思想境界高，把自己锻炼成为社会主义精神文明的榜样。

国家体委顾问黄中、副主任徐才，体总主席钟师统参加了讨论会。

**国家体委通报批评中国希望足球队**

中国希望足球队在突尼斯的一次比赛中，不服从裁判，中断比赛，严重违反体育道德和纪律。对于希望足球队的这一严重错误，国家体委训练局作出决定，分别给予领队和主教练员以行政警告和记过处分，对有关人员进行了批评教育。国家体委批准了训练局的这个决定，并通报全国体育系统。

国家体委在通报中指出，中国希望足球队发生的错误决不是偶然的，暴露了体育队伍思想政治工作薄弱，对运动队伍管理不严，对一些不良倾向和歪风邪气纠正不力。今年以来，在国内体育比赛中已经多次发生打人骂人、不服从裁判以及秩序混乱等事故，必须引起各级体委、运动队和整个体育系统的重视，都要从这一事件中吸取教训，采取措施，改变这种状况。各级体委要把运动队伍的教育和精神文明建设放在十分重要的位置，抓紧抓好。

**中国民航人员粉碎一起严重劫持飞机事件**

中国民航从西安飞往上海的2505班机，上午9时59分飞临无锡上空时，机上的5名歹徒突然采用暴力手段劫持飞机。飞行人员临危不惧，在旅客的协助下，同歹徒进行了机智勇敢的搏斗，战胜了劫持者。12时54分，这架班机和机上的全部中外旅客、机组人员安全抵达上海虹桥机场。5名歹徒全部被抓获。

## 7月26日

**中共中央副主席邓小平同国家计委负责人谈“六五”计划和长期规划问题**

邓小平指出：集中使用资金势在必行。社会主义同资本主义比较，它的优越性就在于能做到全国一盘棋，集中力量，保证重点。缺点在于市场运用得不好，经济搞得不活。计划与市场的关系问题如何解决？解决得好，对经济的发展就很有利，解决不好，就会糟。苏联在这方面也没有解决好。集中力量办大事这个决心要下，明年就要开始。现在资金太散。我们历来解决困难，最后落实到集中统一。要真想搞建设，就要搞点骨干项目，没有骨干项目不行。邓小平在谈到科学技术工作和人才培养使用工作时指出：我看最难的是这一条。没有一套办法，怎么能把几百万知识分子骨干用起来？人才，只有大胆使用，才能培养起来。说缺乏经验，只有使用他，才能使他积累经验。体制改革，中心应当抓住两条：一条是建立起管理体制、责任制，制定出规章制度、定额等等；第二条是解决好领导班子，选出“明白人”组成领导班子。这一条可能比第一条更重要。没有“明白人”出来当家，一个单位搞不出什么成绩出来。现在是应该把这个问题讲得更明白的时候了。衡量一个单位改革是否见效，不仅看它定了什么规章制度，更重要的是看它选的人好不好，这是问题的核心，20年规划能否实现，关键就在这里。现在要聚精会神把长远规划搞好。长远规划搞好的关键，是前10年为后10年做好准备。

**《人民日报》发表评论员文章《检查知识分子工作要认真解决问题》**

根据党中央的要求，最近一段时期，各级党委已经或正在检查本地区、本部门的知识分子工作，研究制定改进措施。由党的各级领导机构广泛检查知识分子工作，这是新中国成立以来第一次。它生动地表明，我们党正在从各个方面继续贯彻三中全会以来的路线、方针、政策,卓有成效地领导和推进社会主义现代化建设事业的发展。必须清醒地看到,知识分子工作已经提到重要议事日程上来,再也不能掉以轻心了。

对这次检查,很多党组织态度认真,工作细致。不少领导同志利用这次机会对干部进行知识分子政策的教育,同知识分子促膝谈心,鼓励他们更好地工作,了解他们的苦衷,听取批评和建议,密切了党和知识分子的关系。也有不少地区和单位马虎潦草,敷衍塞责,满足于走过场。事实证明,检查和不检查,检查得认真和不认真,是大不一样的。现在,就全国来说,检查工作正处于汇集情况和着重解决问题的重要阶段。按照中央要求作了认真检查的单位,要切实认真地研究和解决问题;走过场的地区和单位需要一丝不苟地认真补课,发现问题,解决问题。总之,要特别强调“认真”。

要解决问题,必须提高各行各业干部和群众对知识分子工作的认识。有些同志认为,三中全会以来知识分子政策已经落实得够了,知识分子的地位已经抬得很高了;如果说还有什么知识分子问题的话,那就是“老九”又翘尾巴了,是需要“敲打敲打”的时候了。通过认真的检查,可以看到,这些年落实知识分子政策虽然做了大量工作,但是仍然留了不少“尾巴”,有些还有不小的差距。特别是数以百万计的中年知识分子骨干,任务之繁重,工作之艰苦,生活之困难,体质之下降,如果高高在上,闭起眼睛,是难以想象的。而这些问题所以长期存在,中央一再提醒而未能解决,重要原因之一,正是因为还有一些同志、特别是担负一定领导职务的同志的思想,至今没有从忽视甚至歧视知识分子的偏见中解放出来。他们没有把知识分子当作社会主义革命和建设的一支重要依靠力量,不懂得知识分子的历史作用,不懂得《关于建国以来党的若干历史问题的决议》所指出的“没有文化和知识分子是不可能建设社会主义的”这样一个简单的道理。要纠正这种偏见,还需要做很多工作,有效办法之一,就是认真检查,听听反映,看看事实。

知识分子工作中存在的问题,知识分子的困难和要求,是多种多样的。比如说,冤假错案是平反了,但你了解这些同志平反后的心情吗?知识分子并不仅仅满足于不被专政、不受屈辱,他们有事业心,渴望着能够有所作为,而我们给予他们足够的信任,为他们创造了环境、提供了条件吗?他们之中,有些人还在为档案袋里可能残留点什么忧心忡忡;有些人为用非所长而苦恼,为被“单位所有制”长期“储备”而愤懑;有些人有兼职过多、力不从心之苦;有些人又有怀才不遇、报国无门之忧;如此等等。每个地区、每个部门、每个单位、每个人的具体情况、具体要求很不一样,只有逐个认真检查,才能深入了解,有针对性地给予合理解决。

知识分子工作中存在的问题,是长期积累下来的,牵涉到社会的各个方面。该解决的问题一定要解决。但是要有个轻重缓急,有些问题,现在国家的财力、物力还不具备完全解决的条件,只能积极创造条件,逐步求得解决。在党的多年教育下成长起来的广大知识分子,是通情达理的,是体谅国家的困难的。他们几十年来不计报酬、忘我工作,为我国社会主义事业作出了巨大贡献。只要把道理说透,切实从工作、思想、生活等各方面给他们以关心和支持,他们一定会继续充分发挥自己的积极性。特别是工资低、住房挤等,难度较大,要靠统一部署,逐步改善。当然,就是在处理工资、住房等问题时,也有一个在现有条件下,解决得是否公正合理的问题,比如是否考虑到了脑力劳动的特点及按劳分配必须体现复杂劳动和简单劳动的区别,等等。还有一些事情,是不需要花钱,或者花钱不多,就能为知识分子解除后顾之忧,使他们腾出更多时间和精力投入工作的;也有一些难题,可以由本地区在政策规定的范围之内解决。有些地区在这次检查工作的过程中,已经有重点地给业务骨干实事求是地、尽量多地提供晋升机会,给有特殊需要的同志尽可能地腾点房子,不开“大锅饭”,不搞“一刀切”。即使有些问题一时难以解决,他们也都耐心地做了解释,提出了解决问题的切合实际的规划,不论对人还是对事,件件有交代。这些地区的领导同志是很善于做知识分子工作的,他们在反反复复的实践中掌握了一些成功的经验。他们中有的是和知识分子谈心交心、肝胆相照的挚友,有的是有胆有识、破格用人的“伯乐”,有的是解决吃饭难、乘车难、孩子入托难的好后勤。那些工作不认真、动辄叫苦伸手,而不去反躬自问的同志,实在应该向这些同志学习。通过认真检查,把好的经验总结起来,对于改进知识分子工作,是大有好处的。

最近,中央领导同志再次强调解决中年知识分子骨干的工作和生活困难问题的迫切性、重要性。中年知识分子是今天我们各条战线上的骨干力量,肩负着承前启后的重任。尽管我们国家现在还很穷,要办的事很多,但好钢要用在刀刃上。为了改善中年知识分子骨干的工作条件和生活条件,使他们能够更好地发挥作用,花点钱是值得的。这是国家的根本利益和人民的长远利益之所在。我们应该本着这种切实解决问题的精神,认真搞好这次检查,做到善始善终,把广大知识分子团结在党的周围,为祖国的社会主义现代化事业作出更大的贡献。

**台盟总部在京理事就廖承志致蒋经国先生的信召开座谈会**

大家认为,这封入情入理的信,对促进和谈,实现国家统一具有重大意义和深刻影响。

台盟总部主席蔡啸在发言中说,廖承志致蒋经国先生的信从私情开始,讲到国情、政情,充分摆事实、讲道理,凡是有识之士都会表示赞成。当今国际风云变幻莫测,台湾只有依靠祖国才有前途和希望。我们希望蒋经国先生接受廖承志信中的劝告,早下决心,同中国共产党谈判,为国家的统一,为民族的团结,为海峡两岸亲人早日团聚,作出抉择。

田富达、徐萌山、陈炳基、陈木森、王万得、吴克泰等也先后在会上发言,表示要为促进和谈,早日实现国家统一大业作出自己的贡献。

**国务委员兼国防部部长耿飚在人民大会堂会见由乌干达民族解放军司令蒂托·奥凯洛少将率领的乌干达军事代表团**

**外交部第一亚洲司司长肖向前就日本文部省篡改教科书一事约见日本驻华公使渡边幸治**

肖向前表明中国政府的立场,要求日方纠正文部省审定的课本中的错误。

肖向前指出,日本文部省在审定中、小学历史课本中篡改了日本军国主义侵略中国的历史,把"侵略华北"改成"进入华北",把"对中国的全面侵略"改成"对中国的全面进攻",甚至把南京大屠杀的起因说成是"由于中国军队的激烈抵抗,日军蒙受很大损失,激愤而起的日军杀害了许多中国军民"。这种做法很明显是歪曲历史事实的真相,是不能同意的。

肖向前说,中国政府一向认为,日本侵略中国的战争是由日本军国主义分子发动的。这场侵略战争,给中国人民带来了巨大的灾难,广大日本人民也深受其害。我们应当永远汲取这个历史教训,使这段历史不再重演。这才符合两国人民的根本利益,也是两国政府的职责。日方在中日联合声明中也强调,"痛感日本国过去由于战争给中国人民造成的重大损害的责任,表示深刻的反省"。我们认为只有如实说明这段历史,才有助于教育我们的子孙后代永远牢记这个历史教训,使中日两国人民世世代代友好下去。

肖向前说,日本文部省在这次审定课本中所采取的态度是极不严肃的,动机何在是令人怀疑的。鉴于此事背离《中日联合声明》和《中日和平友好条约》的精神,不利于两国和平友好关系的巩固和发展,也将伤害中国人民的感情,中国政府不能不表示极大的关切。中国政府希望日本政府注意到中国政府的上述立场,纠正文部省审定的课本中的错误。

**中国代表团团长于光汉在维也纳出席联合国老龄问题世界大会并发言**

于光汉指出,敬老、爱老、养老是中华民族的优良传统。他谈到中国在解决老龄问题方面所采取的各种措施,并表示愿向其他国家吸取经验。

他说,目前,中国人口结构还比较年轻。据不完全统计,中国60岁和60岁以上的老年人,1953年约有4000多万人,占总人口的7%,1980年根据部分地区调查推算,约有8000万人,约占8%。

他说:"中国是个具有几千年文明历史的国家,敬老、爱老、养老是中华民族的优良传统。新中国成立以来,随着社会主义制度的建立,物质和精神文明的建设,这种优良传统进一步得到发扬。在我国,今天的老年人,绝大多数就是昨天的劳动者。他们对社会的发展,都作出过自己的贡献,也积累了丰富的经验。通过他们对青年一代的'传、帮、带',对现代以至将来的物质和精神文明建设,都将继续发挥作用。而且,今天的青年,就是明天的老人。因此,敬老、爱老、养老,是完全应该的,也是我们应尽的义务;老年人在家庭里和社会上受到尊敬、爱护和赡养,是受之无愧的,也是他们应有的权利。"

于光汉在介绍了中国在保障城乡老年人的生活、健康方面采取的一些措施之后说:"由于生活有保障,体质不断增强,我国健康长寿的越来越多,人的平均寿命逐步提高。据统计,百岁以上的老人,1953年有3384人,1978年有7000人。据全国若干地区的调查,人的平均寿命,1957年为57岁,1980年为69岁。"

他说:"如何发挥老年人的作用,使他们继续为社会发展作出贡献,是老龄问题的一个重要方面。"他接着谈到农村中的年老社员、企事业单位的退休职工、中央和地方机关中的老干部如何以不同的方式为社会作出贡献。

他指出:"老龄问题是个重大的社会问题,它的涉及面广,需要有关部门通力协作,共同努力,采取行动。配合今年老龄问题世界大会的召开,我国已建立了由20个单位组成的全国委员会,由有关的政府部门、科研单位、群众团体和新闻宣传机构的司局级以上领导干部担任委员,在全国范围内组织协调有关活动。目前已制订出老龄问题的活动计划要点,从行政措施、科学研究、宣传教育和群众工作等方面,通过参加委员会的有关单位,分别制订具体行动计划,逐步开展活动。"

他说:"解决老龄问题,开展有关活动,各国应从本国情况出发,以自力更生为主,同时,进行双边或多边的技术合作和技术援助,也是必要的。我们建议,联合国有关机构在组织这些技术合作和技术援助时,特别对发展中国家给予更多的关注。"

**中国市场出版公司在人民大会堂举行庆祝成立一周年招待会**

胡厥文、薄一波、胡子昂、杨静仁以及经济、新闻、出版等方面的知名人士,共300多人出席了招待会。

公司董事长王光英在会上讲话。他说,中国市场出版公司向海外出版发行中文、英文、西班牙文杂志《中国之船》已经一周年;英文、中文对照的《中国市场》杂志本月份在香港创刊;《中国贸易新闻》也出版了两期;由黄炎培、邹韬奋先生所办的在国际上很有影响的《展望》杂志,正在积极筹备复刊。中国市场出版公司副董事长兼总经理安岗主持招待会。

## 7月27日

**《人民日报》发表评论员文章《既要大胆工作 又要严守纪律》**

中共中央纪律检查委员会根据广大党员的意见,在进一步核实材料后,对杨义邦等同志在对外经济工作中的严重错误,作出了处分决定:给杨义邦同志留党察看两年和撤销原任党内一切职务的处分,并建议撤销他在党外原任的各种职务,另行分配工作;给肖秧同志党内严重警告和行政记过的处分。这个案件的进一步处理,体现了党中央端正党风、严肃党纪的决心,是完全正确的。这不仅是对犯错误的干部而且是对全体干部的一次深刻的纪律教育。

党的十一届三中全会以来,我国实行了对外开放政策,对外经济交往有了迅速的发展。通过国际间平等互利的交换,发展各种形式的国际经济技术合作,可以增强我国自力更生的能力。我们要坚定不移地继续贯彻执行对外开放政策,积极扩大和发展对外贸易,引进先进技术和科学管理经验,利用国外资金,不断扩大国际经济交流,以加速我们的"四化"建设。一切从事对外经济工作的干部,都要积极主动地大胆工作,开创对外经济工作的新局面,为发展我国的社会主义经济作出新的贡献。

对外经济交往,我们还缺乏经验,许多同志还没有很好掌握与国际资本交往的本领,在这种情况下,一些干部在工作中犯这样那样的错误,甚至上当受骗,有时是难免的。对于这种事情,我们应当总结经验,从中吸取教训,吃一堑、长一智,提高思想水平和业务工作能力,更加振奋精神,把工作做好。

应当看到,从事对外经济工作的大多数干部是好的,他们积极工作,认真调查研究,虚心听取国内外行家的意见,踏踏实实处理各种复杂的问题,因而在工作中既能大胆开拓新的局面,又善于总结经验,从而不断取得新的成绩。这样的干部是很可贵的,要充分发挥他们的聪明才智。

有的干部也能积极大胆工作,但由于缺乏经验和必要的知识,又不善于研究新问题,总结新经验,以致在对外交往中吃亏上当,造成工作上的失误。对于这样的同志,我们要严肃指出他们的错误,帮助他们总结经验,提高本领,继续发挥他们大胆工作和敢于负责的积极性、主动性。

还有少数干部,既无经验,也缺乏知识,更不听别人的意见,为了本地区、本部门、本单位的局部利益,甚至贪图个人的小便宜,不惜损害国家的尊严和利益,违法乱纪,给国家造成严重的损失。杨义邦等同志就是这样。他们在对外经济交往中,借口要创一条新路,不听从有关领导的提示和有关单位的劝告,不顾国家的信誉和利益,一意孤行,坚持错误,听从外商的摆布,屈从外商的要求,一再违犯党纪、政纪,给国家在政治和经济上造成了重大损失。他们的所作所为不但没有创出什么新路,反而被投机商人牵着鼻子走上了邪路。任何党员和干部,特别是像杨义邦同志这样的高级干部,犯了这样的错误,都是不能宽恕的。他们受到党纪、政纪的处分是理所当然的。中纪委的决定指出:"根据'惩前毖后,治病救人'的方针,一方面是对他们的错误进行严肃处理,另一方面又要继续给他们以热诚的关怀和帮助,希望他们能虚心接受教训,提高自己的思想水平,增强党性锻炼,在今后的工作中作出新的努力和贡献。"

从杨义邦等同志的错误中,我们应该吸取的教训很多,其中最重要的一条是:我们从事 切工作,特别是外事工作,一定要严格地遵守纪律。纪律是实现党的路线、方针、政策的保证之一。任何人都不能借口创新而破坏纪律。违背了纪律,就会妨碍方针政策的实施,使国家的利益受到损害。大胆工作和严格遵守纪律是一致的,只有大胆工作才能开展新局面,只有严格遵守纪律,才能维护国家利益,两者都是为了促进我国社会主义经济的发展。

值得注意的是,我们实行对外开放政策以来,有一些同志,由于思想上因循守旧,在新的形势面前,或者束手束脚,无所作为;或者指手画脚,挑剔指责,这种精神状态是完全不可取的,应当迅速改变过来。还有少数人,利用对外开放的时机,进行经济犯罪活动。对于这样的人,必须坚决打击,情节严重的,要依法惩处。这样做了,就可以保证对外经济活动的健康发展。

既要大胆工作,又要严守纪律,这是党对一切从事对外交往工作同志的基本要求,我们一定要努力做到。

**民盟中央 全国台联 农工党在北京就廖承志致蒋**

经国先生的信分别举行座谈会

民盟中央副主席胡愈之说,廖承志致蒋经国先生的信再一次表明了中国共产党对祖国和平统一的热情与诚意。副主席闻家驷说,祖国和平统一,台湾回归祖国,是潮流所向,大势所趋,凡属炎黄子孙,无不人同此心,心同此理。

全国台联会会长林丽韫说,廖承志的信从民族大义、祖国兴旺、人民幸福出发,表达了海峡两岸人民的共同心声。我们台湾同胞殷切期望蒋经国能顺应民意,接受和谈,促使祖国早日和平统一,共图振兴中华。

农工民主党主席季方说,“合则对国家有利,分则必伤民族元气”乃是至理名言。他说,蒋经国先生应该深明民族大义,努力完成祖国和平统一的千秋功业。季方在谈到蒋经国曾以“计利当计天下利,求名应求万世名”自勉,又有“要把孝顺的心,扩大为民族感情,去敬爱民族,奉献于国家”之语时说,蒋经国果能践言,则应毅然和谈,达成国家统一,所谓“切望父灵能回到家园与先人同在”必将实现,此对蒋经国先生乃忠孝两全,何乐而不为?

**全国侨联主席庄希泉就廖承志致蒋经国先生信发表书面谈话**

全文如下:

廖承志同志7月24日写信给蒋经国先生,对他的健康表示关切,并根据历史与现实,为国家民族与蒋先生个人前途,剖析利害得失,义正情殷,表达了全国爱国同胞一个恳切的期望,就是在蒋先生主持台政期间,祖国能够实现和平统一。相信爱国的台湾同胞、港澳同胞、海外侨胞,都人同此心,心同此理,希望蒋先生不要辜负爱国同胞的殷切希望。

我过去加入了同盟会,在孙中山先生领导下参加革命工作,与国民党有历史关系。我又经历了共产党和国民党两次合作的时期,深切体会到两党每一次合作都在重要的历史关头起了极大作用,给国家民族带来很大的希望。第一次合作有利于打倒北洋军阀,第二次合作有利于全民抗战。现在我这个九十五岁的老人,非常急切地盼望能够看到两党第三次合作,完成祖国统一大业。

回忆我在辛亥革命时期到海外向侨胞筹募革命经费,得到广大侨胞热烈赞助,深知侨胞振兴中华的爱国愿望。我的父辈住过台湾,我又为了爱国和革命事业,在台湾坐过日本帝国主义的监牢,因此也深知台湾同胞从来就一心向往祖国,长期希望回归祖国的怀抱。我也曾多次奔走于港澳,深知港澳同胞也富有爱国的热情。我深信,蒋经国先生如果毅然接受廖承志同志苦口婆心的劝告,为国家的和平统一贡献力量,这个千秋功业必然为台湾同胞、港澳同胞、海外侨胞以至全国人民所钦佩。如果不走这一条正确的道路,而空喊不切实际的口号,企图负隅偏安,则辜负众望,丧失人心,终非长久之计。

台湾终究要回归祖国怀抱,祖国必将实现大统一,这是大势所趋,人心所向,也是不可违抗的历史规律,决不是任何人的主观愿望所能阻挠的。早统一总比晚统一好,和平统一总比其他方式的统一好。希望蒋经国先生以民族大义为重,以国家利益为重,顺应历史潮流,毅然进行和谈,为国家的和平统一建立不朽的功绩!

蒋经国先生以“求名应求万世名”自勉。我以为所谓“万世名”有截然不同的两种:一种是芳名,就是流芳千古;另一种则相反,不言自明。文天祥的诗说:“人生自古谁无死,留取丹心照汗青。”这说明留在青史上的最好是光辉的名字,不要为后世所诟病。蒋先生为个人千古的声誉着想,也应该抓紧时机,作出有利于国家和平统一的抉择,为国家民族建立一个大功,在青史上留个芳名。

**国务委员姬鹏飞在北京会见并宴请哥伦比亚人民团结阵线领导人海梅·彼德拉伊塔一行**

**外经贸易部长陈慕华在人民大会堂设宴欢迎由合作贸易和供应部长法鲁克·易卜拉欣·马格布勒率领的苏丹政府贸易代表团**

**解放军总参谋长杨得志就建军五十五周年向新华社记者发表谈话**

杨得志说,今年8月1日,是中国人民解放军建军55周年。在纪念这个光辉节日的时候,我怀着激动的心情,向全军指战员,向全体民兵,向为国防建设作出积极贡献的同志们,致以崇高的敬意和亲切的慰问!

杨得志讲述了55年来我军在中国共产党的领导下,为夺取人民革命战争的胜利,巩固人民民主专政,保卫和参加社会主义革命和建设,所发挥的极其重要的作用和作出的巨大贡献以后,着重指出,自1927年人民军队诞生到1949年中华人民共和国成立的22年里,中国革命的胜利与我们党领导下的武装斗争是分不开的。正如毛泽东同志指出的:“没有一个人民的军队,便没有人民的一切。”“在中国,离开了武装斗争,就没有无产阶级的地位,就没有人民的地位,就没有共产党的地位。”

杨得志说,人民解放军在长期斗争中,为我国革命和建设事业作出贡献的同时,也发展壮大和锻炼了自己,军队建设取得了伟大成就。我军从初创时期分散的各自为战的游击部队，发展成为高度集中统一的正规部队；从过去的单一兵种，发展成为包括由陆、海、空军和各兵种组成的军队；从过去的小米加步枪，发展到拥有飞机、坦克、舰艇和原子弹、氢弹、导弹等比较现代化的武器装备。我军经过长期的革命战争，积累了丰富的实践经验，造就了一大批优秀干部。毛泽东同志把马克思主义的普遍真理与中国革命战争的具体实践相结合，集中全党全军的智慧，继承和吸取古代的和外域的军事理论精华，提出了建设人民军队和进行人民战争的一整套理论、方针和原则，形成了毛泽东思想的重要组成部分——毛泽东军事思想。这是毛泽东同志对马克思列宁主义军事理论的极为杰出的贡献。这一宝贵的思想财富，过去、现在和将来都是我军胜利的指南。

杨得志说，粉碎“四人帮”以来，特别是党的十一届三中全会和邓小平同志主持军委工作以来，军队建设有了新的重大进步。全军紧跟党中央的部署，坚决执行党的路线、方针、政策，认真纠正“左”的指导思想的影响，清除林彪、“四人帮”的流毒，为建设现代化、正规化革命军队而努力奋斗；坚持四项基本原则，用《关于建国以来党的若干历史问题的决议》统一部队的思想行动，政治思想工作出现了新面貌。全军热烈拥护和积极执行党和国家关于调整经济、改革机构、打击经济领域的犯罪活动、建设社会主义精神文明等重大决策。我军的官兵一致、军民一致和艰苦奋斗的优良传统大为发扬，军政军民团结进一步加强。干部队伍的建设取得了新的成绩。经过军事院校培训的各级指挥干部和专业技术人员一批批补充到部队；有计划地妥善地安排了一部分干部转业和一些老同志离休退休；作战部队团以下干部年轻化的问题基本解决，其他领导干部的平均年龄比前有所下降。近几年来，我们把教育训练摆在战略地位，全军部队和院校的训练工作有了显著进步。陆、海、空军都组织了高中级干部的战役集训和首长机关演习，认真学习毛泽东军事思想和积极防御的理论，研究现代条件下的作战和训练问题；部队技术战术水平提高较快，加速了战斗力的成长。去年秋季在华北地区举行的有陆军各兵种、空军航空兵、空降兵参加的大规模协同作战演习和盛大的阅兵，标志着我军现代化、正规化建设迈出了新的步伐。

杨得志强调指出，通过历史的回顾，我们深深感到，人民军队的发展壮大和创建的业绩，都是来之不易的。它是在伟大的中国共产党领导下，在毛泽东思想指引下，在广大人民群众和人民政府的大力支持下，经过长期艰苦卓绝的斗争，千千万万革命战士和群众前仆后继、流血牺牲得来的。我军55年的斗争经验说明：只要坚持中国共产党的领导，坚持毛泽东同志关于人民军队、人民战争思想和战略战术，依靠人民群众的支持，我们就能无往而不胜。

杨得志说，在新的历史时期中，我国人民的中心任务是集中力量进行社会主义现代化建设。而这个建设是在霸权主义、帝国主义严重威胁，世界局势紧张动荡的国际条件下进行的。作为我国武装力量的最重要的组成部分人民解放军，其根本任务就是巩固国防，抵抗侵略，保卫祖国，保卫“四化”，参加国家建设，全心全意为人民服务。为胜利完成这一光荣使命，我军必须保持高度警惕，加强战备，加强教育训练和军事科学研究，改善武器装备，不断提高战斗力，逐步把自己建设成为一支强大的现代化、正规化革命军队。

要坚持党对军队的绝对领导，坚决贯彻执行党的路线、方针、政策。这是在新的历史时期加强军队建设必须坚持的根本原则。人民军队是党创建、培育起来的。没有共产党，就没有人民军队。我军自创建之日起，就是“一个执行革命的政治任务的武装集团”，为实现党的奋斗目标而英勇战斗。这就决定了我军必须置于党的绝对领导之下。不论过去、现在和今后，我军都要始终不渝地坚持这个原则。为此，我们要有计划有步骤地对党的组织和党的作风进行整顿，加强党的建设，改善党的领导，发扬党的优良作风，提高党组织的战斗力，使军队各级党组织真正成为坚强的领导核心。还要通过党的强有力的思想政治工作，提高全军指战员的政治觉悟，为实现党在新时期的任务而努力奋斗。

要加强科研工作，发展新型武器装备，不断提高武器装备的现代化水平。这是实现我国国防现代化的一项重要任务。同时，仍然要发挥我军的光荣传统，立足于以劣势装备战胜优势装备的敌人。

要始终把教育训练放在战略地位来抓。这是全军平时工作的中心。要努力加强军事训练、后勤训练、政治教育和科学文化学习，解决好人和武器的结合问题，提高部队的军政素质。现代条件下的人民战争，发挥人的勇敢、觉悟和牺牲精神仍然是决定的因素；但随着科学技术的发展，武器装备日益现代化，提高人的文化科学知识和技术水平，是增强人的决定因素的一个重要方面。要重视这方面的学习和训练。还要加强干部训练，加强合成军队的协同训练，提高各级指挥员组织指挥水平。

要用革命的精神，改革军队的编制体制，逐步实现干部队伍的革命化、年轻化、知识化、专业化，把我军建成一支机构精干、指挥灵便、反应快速、效率很高、战斗力很强的精锐之师。这是我军现代化、正规化建设的一个重要方面。要建立健全动员体制和预备役制度，整顿民兵组织，加强民兵训练，搞好后备力量的建设。

要深入开展“四有、三讲、两不怕”活动，大大建设社会主义精神文明。全体指战员都要用“四有、三讲、两不怕”来规范言行，努力使自己成为有社会主义和共产主义理想、有崇高的道德风尚、有丰富文化科学知识、有高度组织纪律的革命战士。要把建设精神文明与做好本职工作紧密结合起来，圆满完成保卫祖国、战备训练、施工、生产、科研等各项任务。要把建设精神文明与拥政爱民紧密结合起来，全心全意为人民服务，积极参加社会主义建设和各种公益活动，增强军政军民团结。要继续学雷锋，学英模，树新风，大力表彰在建设精神文明中的先进单位和个人，推动这一活动不断向新的高度发展。

杨得志最后说，五十五年来，我军在中国共产党的领导下，走过了光辉的历程，创造了伟大的业绩，赢得了很高的声誉。在新的历史时期，我们要进一步发扬优良传统，紧密团结在党中央周围，高举马列主义、毛泽东思想伟大旗帜，为把我国建设成为现代化的、高度民主的、高度文明的社会主义强国，为把我军建设成为一支强大的革命化、现代化、正规化军队，为保卫祖国、保卫世界和平，实现祖国统一的神圣大业，作出新的贡献。

## 7月28日

**民革 九三学社在北京就廖承志致蒋经国先生信分别举行座谈会**

民革中央委员会主席王昆仑在一份书面发言中说，纵览我国数千年历史，民族团结、国家统一，为不可抗拒的历史潮流。国共合作与分裂交织贯穿着我国民族民主革命的进程。历史已经反复证明：国共合作，对国家民族有利，对国民党也有利；国共分裂，大伤民族元气，于国民党也有百害而无一利。我们衷心期望国共两党重新携手，实现第三次合作，共图振兴中华之大业，书写中华民族历史的新篇章。

九三学社中央副主席茅以升说，廖承志给蒋经国的信动之以情，晓之以理，看了很受感动。人非草木，孰能无情，希望蒋经国先生不要无动于衷。北方交通大学教授王竹亭在发言中还寄语他的故旧台湾的孙运璇，希望他做有利于后代子孙的事。

**全国人大常委会副委员长班禅额尔德尼·确吉坚赞看望驻藏部队**

班禅额尔德尼·确吉坚赞高度赞扬驻藏人民解放军在西藏的革命和建设事业中建立了不朽的功勋。

班禅副委员长还会见了西藏军区的领导同志，并专程到拥政爱民先进单位某团一连看望指战员。这个连队曾为抢救落水的藏族儿童，荣立集体二等功。班禅赞扬了连队在各项工作中所作出的成绩，并且勉励指战员们要进一步发扬拥政爱民光荣传统，在保卫边疆，建设团结、富裕、文明的新西藏中，作出更大的贡献。

**全国建筑工程质量安全会议在北京召开**

会议于7月28日至8月3日召开。城乡建设环境保护部要求各地加强领导，严格管理，尊重科学，努力提高建筑工程质量，确保安全。

会议分析了城乡建设的新形势，总结了近两年建筑工业的经验教训，着重研究讨论了加强对城乡集体建筑企业管理和提高建筑队伍技术水平的问题。会议强调指出，要坚决制止不顾客观条件，不讲基建程序，乱设计、乱施工和瞎指挥的现象。凡是未经有关部门审查的单位和个人，不准承担设计任务；没有营业执照的，不准单独承包施工任务，各级城乡建设主管部门对县社建筑企业要实行归口管理。

会议要求建筑业的各级领导和职工，必须把人民生命和国家财产的安全放在首位，牢固树立质量第一、安全第一的思想，反对“见活就揽，有利就干”的恶劣做法。对违反基本建设程序和设计、施工程序，蛮干胡来或因瞎指挥酿成事故的，要严肃处理。

**《人民日报》发表郭洪涛文章《我国交通运输现状与近期发展的展望》**

经过32年的建设，特别是近几年的努力，我国已初步形成了以铁路、公路、水运、民用航空和管道五种运输方式组成的综合运输网。到1981年为止，全国水陆空运输线总长度达125万公里，比解放初增加了6.7倍。这是我国交通运输的基本力量，也是今后发展交通事业的物质基础。

三个突出问题及其形成原因

交通运输工作虽然取得很大成就，但仍然是当前国民经济中突出的薄弱环节，主要表现在三个方面：一是以山西为主，包括河南、内蒙古、宁夏的煤炭外运能力严重不足；二是以沿海港口为枢纽的吞吐能力很不适应外贸进出口运输和国内运输需要；三是不能适应急剧增长的旅客运输需要。

所以会出现以上三方面的问题，主要是多年来交通建设与国民经济的发展相比，相对地落后。特别是三中全会以来，我国实行了对外开放、对内搞活经济的方针，推动了工农业生产发展，促进了物资交流，需要与运力的矛盾更加突出，这是前进中的问题。此外，我国的资源分布与工业布局不平衡，也是重要的原因。例如，煤炭是我国的主要能源，铁路所承运货物中，有将近40%是煤炭。目前华北地区煤炭产量占全国1/3，大量煤炭要运往华东及东北，必然造成西煤东调，北煤南运，晋煤出关的长距离运输局面。这种情况，在今后相当长的时间内还将存在。

我国对外贸易90%以上通过沿海港口，进出口物资的集中和疏运也大都集中在沿海省、区、市。由于近几年外贸发展迅速，港口泊位不足，压船问题一直未能彻底解决。1981年压船最多时，在港船只达356艘。1981年5月以后，由于加强了外贸运输的计划平衡和有关部门的协作配合，以及改善了货物的集散工作，缓和了港口压船局面，但港口泊位不足这一根本矛盾并未彻底解决。目前的情况是，平均有一条船在港口进行装卸，就有一条船在港外等待装卸。

在客运方面，随着城乡经济进一步搞活和人民生活的改善，近几年，旅客流量急剧增加。由于我国人口分布主要集中在东部沿海地区，特别是京广、京沪、陇海、京沈、浙赣和胶济等铁路线，旅客高度集中。而以上各铁路线，又是煤炭和外贸运输最紧张最繁忙的线路。沿海和长江干线的客轮不足。公路长途客车也十分紧张。客运能力与需要很不适应。这样一来，就使得以上三个突出问题相互影响，客货相挤，矛盾愈来愈尖锐。

除上述客观原因外，运输组织工作和经营管理不够完善，也加剧了交通运输的紧张状况。为了解决交通运输问题，近年来，国家计委、国家经委、铁道部、交通部和民航总局经过反复研究，提出了一系列有力措施。

治本的八项措施

鉴于我国海岸线长，江河湖泊多，因此，考虑交通运输发展规划的指导思想应该是：海运、水运建设要同铁路建设统筹考虑，不能各搞各的。特别要注意充分利用海运水运，并要相应安排好与之相通的铁路建设，重点是建设东西向铁路运煤线，使之与港口密切联结起来。

一、加快铁路主要运煤干线的技术改造和新线建设。这包括：加快北京至秦皇岛的复线加电气化建设，加快丰台、沙城至大同线和北同蒲线的电气化建设速度，加快石(家庄)太(原)线的电气化工程和石(家庄)德(州)线的复线和南同蒲部分复线建设工程，同时抓紧胶济线的复线建设和兰(村)烟(台)支线的单线改造；陇海铁路郑州至兰州段要逐步实现全线电气化，郑州至徐州段要进行复线建设，徐州至连云港段则要进行单线改造；京广线衡阳至广州段的铁路复线要抓紧建设；要修建河南新乡至山东菏泽、兖州到石臼所新线，修建湖北大冶至江西九江的铁路分流线。为了适应山西煤炭外运的需要，“六五”、“七五”期间，要考虑在山西再建一两条运输效能更高的运煤线。这些老线改造和新线建设准备分期分批进行，分期形成能力，使之及时发挥运输效益。

二、大力发展远洋、沿海和长江运输。1981年年底，交通部直属沿海港口，有大小泊位330个，其中，万吨级深水泊位147个，这与日益增长的内外贸运输，显然很不适应。“六五”期间，除按原计划修建秦皇岛、石臼所、青岛、连云港四个煤港，天津、秦皇岛木材码头和天津、黄埔、湛江的集装箱码头外，长江则要重点建设南京、镇江两港的万吨级码头，扩建武汉港，新建枝城港。吸收部分晋南、豫西煤炭南下长江再转运华东，以减轻铁路压力。在交通专业部门按大、中、小并举的方针建设港口的同时，还要提倡货主自建码头。靠海、沿江的大中型厂矿、企业和物资仓储部门，可以修建专用码头，自建、自管、自用。但要执行统一的港口管理规章制度。交通部门给予技术指导。为了大力发展和充分利用水运，要积极发展远洋船队。沿海沿江省市也要发展船队，交通专业部门应积极扶持其发展。

三、开发建设西南交通通道。西南地区资源丰富，有待开发。目前六盘水的煤炭和云贵的磷矿石不能及时外运。为此，一要逐步建设贵昆、湘黔、川黔线的电气化工程，使之多运煤炭；二是对柳黎、黎(塘)湛(江)铁路进行技术改造，扩大其通过能力；三是开发西江，建设贵县港，整治东平水道。

四、整治京杭大运河。今年开始，重点整治京杭大运河济宁至杭州段，该段全长834公里，可以全年全线通航。苏北段运河平均水深在2米以上，航运条件优越，经过疏浚航道，增建双线船闸和扩建港口等措施，可以通过千吨级船队。苏北段运输能力可达4000万吨；江南段运河经过整治，第一期可通行300吨级船队。

五、铁路运输要向重载方向发展。我国现有铁路机车77%为蒸汽机车，其中1/3是30多年以前的产品。近年来，一些工业发达国家都在积极采用电力或内燃牵引和重载列车运输大宗散装货物，如煤炭、矿石等，效果显著。他们的经验，值得我们重视。不少专家建议，根据我国现有铁路的具体条件，采用重载列车运输煤炭的方案是可行的。但要解决大型货车、缓冲器、转向架、车钩及制动装置等技术。同时，要结合对60公斤的大型钢轨，进行技术攻关。还要制造各种散装车、冷藏车等。

六、汽车运输要向大型化、专业化发展。我国现有民用载货汽车90%以上都是载重四五吨的通用中型汽油车，载量小，油耗高。为此，必须有计划、有步骤地用大型柴油车逐步取代之，并根据工业生产日趋专业化的特点，大力生产专用车，如冷藏车、集装箱车等。

七、提高洗煤选矿比例，减少无效运输。运输洗精煤比运输原煤，可以节省1/5的铁路运力。我国煤炭入洗比重，目前仅占煤炭产量的18%，国外一般占90%左右。如果能把统配矿的入洗比例提高到30%，一年就可减少运输量5000万吨。铁矿、磷矿的运输，也要采取措施多进行选矿，提高品率，运输精矿，减少运力浪费。

八、发挥民航优势，挖掘空运潜力。我国民用航空客机平均日飞行小时为3.1小时，仅为国外平均飞行率的30%—40%。如果能将日飞行小时增加一倍。同时再将客座利用率由目前的62%提高到80%，每年就可多运长途旅客550万人次，可以缓和某些长途客运铁路干线的压力。要达此目的，还要在一些空港逐步解决机场跑道、夜航设施、购置或制造维修飞机的零配件等问题。

治标的几项办法

在努力实现上述治本措施的同时，还应根据当前交通运输存在的实际情况，改进运输组织工作和改善运输经营管理，以解决运输紧张状况。

积极组织货物分流。过去交通建设中，忽视了利用水运以及运价不合理等各种因素，致使本应利用水运的未利用。目前，铁路承运的货物中，运输距离不足100公里的约占1/4，而货运汽车的实载率仅有55%，空驶浪费严重。沿海海运和长江航运以及民用航空都还可以承担更多的运输任务。

扩大列车编组，挖掘客运潜力。目前，我国的铁路长途客运列车，一般由13辆车组成，根据客观条件，适当扩大列车编组数是可能的。如果平均每列车由13辆增至15辆，每年可增运几千万人次。铁路货车编组适当增加车辆数，这是花钱少见效快的重要措施。

积极推广水上过驳作业。它大致可分为：一是港区过驳，包括大船减载外档过驳和浮筒、锚地作业，有条件的港口都可以搞；二是内河长途的中转驳运；三是利用驳船和一些废、旧船当水上仓库。上海港1981年有1/3的货物是通过水上过驳作业完成的，他们的经验应当在其他港口推广。

增加装卸船舶的作业舱口数。目前每艘船的开工作业舱口，平均不足2.5个，如果装卸船舶的开工作业舱口平均达到3个，装卸效率至少可以提高15%。

积极开展铁路、公路、水路和民用航空的联运。几年来，全国已有20多个大中城市建立了联运服务公司。在客运方面，有的地区已经开办了客票联售，一条龙运输服务等项目。

大力抓好集装化运输与散装化运输。集装箱运输已在我国开始兴起。但集装箱运输在我国所占比重仍然十分微小，必须切实解决集装箱运输发展中的方针政策、箱型标准和运费问题。大宗货物如水泥、粮食、化肥等的散装运输，具有节省包装，降低成本的优点，应当进一步推广。

交通运输部门既是生产部门，又是联系千家万户的服务部门，在搞好物质文明建设的同时，还应特别重视精神文明建设，做到文明礼貌，保证客货运输的安全和质量，为“四化”建设作出更大贡献。

**香港六个学生团体前往日本驻港领事馆就日本文部省篡改教科书递交抗议信**

学生团体在抗议信中指出，日本文部省的做法“是企图美化日本对中国人民所犯下的弥天大罪行，而把战争的责任加在中国人民身上，这是对中国人民的侮辱”。信中对此表示强烈抗议，并要求日本政府作出澄清。

抗议信还说，日本文部省“这样掩饰历史，令中国人民怀疑军国主义残余势力又在蠢蠢欲动，重温‘东亚共荣圈’之美梦，这样只会损害中日人民的友谊。我们相信中日人民的友谊只能在尊重历史，吸收历史教训的前提下才能发展起来”。

送抗议信的六个学生团体是：香港专上学生联会、香港中文大学学生会、香港中文大学国是学会、香港大学学生会时事委员会、香港理工学院学生会中国事务委员会和《岭南人》(岭南学院学生报)。

**全国人大常委会副委员长彭冲在人民大会堂会见意大利总工会总书记卢奇亚诺·拉马夫妇和副总书记阿哥斯蒂诺·马利亚内蒂夫妇**

**中苏国境铁路联合委员会例会在齐齐哈尔举行并签订议定书**

**中国和毛里求斯经济技术合作协定延期五年的换文签字仪式在毛里求斯路易港举行**

毛里求斯总理阿内罗德·贾格纳特和中国驻毛里求斯大使王若杰分别代表本国政府在换文上签了字。

**中国文化部长朱穆之在墨西哥城举行的第二次世界文化政策大会上发表讲话**

朱穆之介绍了当前中国文化发展的情况和正在广泛、深入、持久地开展的社会主义精神文明的建设。他说：“精神文明的建设，一方面要求教育、科学、文化、艺术、卫生、体育等事业的不断发展和不断提高水平；另一方面要求不断提高人们的思想觉悟水平，树立高尚的道德情操。”

他在谈到文化民主的问题时说：“我们所从事的文

化发展事业，要反映大多数人的愿望，代表大多数人的意志，符合大多数人的利益，并为大多数人所享受，这才是真正的民主。”“因此，在制定和实行文化政策中，应该保证社会所有成员——不分种族、性别、语言、宗教信仰和经济条件的差别，都能够平等地、自由地参与文化活动，接受文化教育以及分享科学技术进步和文化发展成果的权利。”

他说：“对于文化发展，我们主张在文艺创作上提倡不同形式和风格的自由发展，在学术理论上提倡不同观点和学派的自由讨论。”“这是民主的方针，也是保护一切文化工作者有进行自由研究和创作活动权利的方针。我国根据自己的情况所实行的‘百花齐放，百家争鸣’，就是这样的方针。”

朱穆之在介绍了新中国成立后在发展民族文化方面实行“古为今用”、“洋为中用”和“推陈出新”的方针以后说，中国在保护和发展民族文化的同时，将坚持实行开放政策，在经济上、文化上不断发展国际间的交流和合作。

他最后说，中国代表团是怀着寻求友谊、交流经验、发展合作的真诚愿望来参加这次会议的。“尽管各国社会制度、意识形态有所不同，但人类的文化成果应为人类所共享。只要我们大家本着求大同、存小异的精神，在友好、平等的基础上探讨问题，一定会寻找到互相交流合作，共同促进世界各国文化发展的正确道路。”

## 7月29日

**中共中央副主席邓小平召集会议就日本文部省修改教科书一事进行专门研究**

邓小平召集胡乔木、廖承志、姬鹏飞、黄华、邓力群，就日本文部省修改教科书，把日本对中国的侵略改为“进入”，篡改侵华历史的问题进行研究。邓小平指出：在我们宣传报道中要发消息、登文章，批驳他们篡改侵华历史这件事以及他们的观点。在文章中，要点出这是少数军国主义分子企图复活日本军国主义的一种活动，是为了将来搞扩张所做的舆论准备。我们的史学界应当写些文章，法学界包括国际法专家也要写。可根据国际法和二次大战后审判法西斯罪犯的情况，证明日本确实是侵华的，篡改侵华史是违反历史和国际法的。我们所写的文章都要针对他们所说的所谓修改教科书、篡改侵华史是什么“内政”，“别国不得干涉”，围绕这一点进行批驳。所谓“内政”的说法，其目的就是把过去的活动说成不是侵略。要把他们的这个观点驳倒。要及时报道、转载日本各界包括教育界发表的不赞成日本文部省以及军国主义分子篡改历史的谈话、文章。今年八·一五，《人民日报》要写纪念社论。强调中日友好及其历史渊源，中间要有日本侵华的一段。在中日友好的历史中，只有一段短暂时间不愉快。问题是对这段历史要有个正确的认识和对待，不能也不允许进行歪曲。只有如此，中日两国关系才能按正常轨道前进，中日两国友好的愿望才能真正实现。

**司法部部长刘复之就充分发挥司法行政工作在社会主义法制建设中的重大作用答新华社记者问**

问：国家为什么要重建司法部和各级司法行政机构？

答：司法部和所属各级司法行政机构，与公安、检察院、法院一样，都是我国法律规定的缺一不可的司法机关。司法行政工作是法制建设的一个重要组成部分。新中国成立后，我国设立了司法部和各级司法行政机构，但这些机构后来一度撤销了。粉碎“四人帮”后，特别是党的十一届三中全会以来，实现了拨乱反正，我国进入了以经济建设为中心的社会主义现代化建设的历史新时期。党和国家总结了历史经验，1979年国务院重新建立了司法部和各级司法行政机构，开展了司法行政业务。国家公布实施《刑法》《刑事诉讼法》以来，实践证明，在加强社会主义民主和健全社会主义法制的进程中，通过开展培养训练干部，普及宣传法制，调解民间纠纷，律师辩护中不枉不纵，公证工作调整经济关系和民事关系等业务，司法行政工作的作用已越来越显示出来。因此，加强司法行政工作是社会主义民主和法制建设的需要，是“四化”建设的需要，是人民群众的需要。

问：司法部的主要任务是什么？

答：司法部是国务院领导司法行政工作的职能部门。司法部的主要任务是在四项基本原则指导下，通过司法行政工作，发展社会主义民主，健全社会主义法制，巩固人民民主专政，保障社会主义现代化建设的顺利进行。

问：司法部的职责是什么？

答：党中央、国务院批准司法部的主要职责有八项：(一)领导和管理轮训法院、检察院、司法行政部门的在职领导干部和律师、公证处负责人员的工作；指导各省、自治区、直辖市司法行政部门轮训上述部门在职干部的工作；领导直属的政法院校，对大专院校法律系和各类学校的法制教育实行指导；有计划地向全国法院、检察院、公安、民政、司法行政部门输送法律专业人才。(二)领导和管理法制宣传教育工作，宣传国家法制建设的方针、政策，普及法制知识，提高人们的法制观念；管理《中国法制报》和法制书籍的出版工作。(三)领导和管理律师工作。(四)领导和管理国内公证和涉外公证工作。(五)领导人民调解委员会的组织建设和业务建设,正确调解人民内部的纠纷。(六)管理司法方面的外事工作,组织参加国际上的有关司法活动。(七)调查和研究司法行政工作的政策、理论问题,调查和研究犯罪问题,特别是青少年犯罪问题。(八)指导各级司法行政机关的工作,协助考察省、自治区、直辖市司法厅(局)的领导干部。

**民进在京部分中央委员和成员就廖承志致蒋经国的信举行座谈**

民进中央主席周建人在书面发言中回顾了国共两次合作的历史后说,廖公此函,情挚意诚。蒋经国先生取舍依违,攸关成败,三思而行,不容闲视。他说,“天意怜幽草,人间重晚晴”。大陆台湾,山水相连,民心斯应。望在台旧友以及党政官员,能向当局晋言,务必勿失良机,从速进行三次合作。更希广大台湾同胞,审时度势,通过各种途径,力促其成。

民进中央副主席叶圣陶在书面发言中说,全国必然统一,台湾必然回归祖国,这是任何势力不能阻挠的。蒋经国已经是高年了,如果顺着必然的趋势而行动,就将是名垂青史的人物,我期望他能有这样的前途。

民进中央副主席谢冰心在书面发言中说,廖承志的信,不但替国家民族想,而且替蒋家两代人对中国历史如何有所交代想,想得十分周到!信里的话既亲切又严正,说之以理,动之以情。她说,廖承志同志最后引了鲁迅的两句诗:“度尽劫波兄弟在,相逢一笑泯恩仇。”我希望蒋经国先生读到这一封披肝沥胆的信,能够使通信两方有“相逢一笑”的机缘,把长期以来的“前嫌”,消失于握手谈笑之顷,那么,隔海相望的10亿中国人民也会同声欢笑的。

在座谈会上,葛志成、严幼芝、陈慧、柳无非、马克强、吴廷劢、余和鸾、陈璧子等都发了言。

**《人民日报》发表评论员文章《大包干是一种很优越的生产责任制》**

“大包干只能治穷,不能致富。”事实否定了这种怀疑。

“大包干只能个人致富,不能集体致富。”事实又否定了这种怀疑。

“大包干只能致富,不能抗灾。”这种怀疑也被事实否定了。

“大包干把人心搞散了,许多工作难做了。”事实证明,大包干使人心更团结、更振奋了,许多工作都比较顺利了。今天本报刊登的江西赣州地区的消息,十分有力地答复了这个问题。

赣南地区的生产队实行了大包干,去年农、林、牧、副、渔各业全面发展,粮油猪等主要农副产品征购派购任务全面完成,集体积累按合同兑现,人均收入比前年增长1/3。

其他工作是不是难做了呢?比如说,农田水利建设、科学种田、教育、征兵工作是不是难做了呢?事实正好相反。

很多人认为计划生育工作是很难办的事,他们断定大包干以后计划生育一定是办不好的。但是,赣南的事实证明,这项工作也进行得比较顺利。

对大包干还有没有其他怀疑呢?有些同志可能还有,那也只能让事实去答复了。

和其他不少地区一样,江西大包干能全面铺开,并显示这样大的优越性,是很不容易的。三、四年来,大包干经受了种种怀疑、反对甚至压制,但限不住,堵不住,难不住,压不住,终于势不可当地变成了主要的责任制,变成了很受欢迎、效果很显著的责任制。

事实证明,大包干不仅不是最危险的责任制,也不是最低级的责任制,恰恰相反,它是一种很优越的生产责任制。

当然,不是说大包干就十全十美,也不是说大包干在一切条件下都是最适宜的责任制。只不过是,在全国很多地区,经过广大农民比较来比较去,终于认定大包干是一种比较合理而又简便易行的、有效的责任制,所以很多地区已经达到70%以上,不少地区甚至达到90%以上。这是群众的伟大创造,是群众最公正的鉴定。

大包干责任制既然不是唯一好的责任制,当然不能勉强地在全国一切地区推广、照搬。它既然不是十全十美,当然应当继续健全,继续完善。但是,广大农民和干部当前最大的顾虑是怕变,生怕刚刚好了又改变,要求肯定它。因此,健全和完善要在肯定的前提下进行,健全和完善的目的是为了使大包干责任制更加稳定,更加发挥它的优越性。而不是损害它的优越性,不是强行把它改变为另一种责任制,或人为地“提高”到什么“更高级”的责任制。这点,是十分重要的。

大包干的优越性最主要的是社员真正做了主人,真正有了生产和经营的自主权。我们就要尊重这种自主权,如何进一步健全,如何进一步完善,只能尊重农民的意愿。那种总是按老框框想问题,总想按老路子办事的办法,那种好心好意的强迫命令和主观随意性的东西,千万不能再搞了。

三中全会以来,党中央一系列的农村政策得到全国农民的热烈拥护,极大地调动了广大农民发展生产、争取生产自主权的积极性和创造性。大包干就是广大农民贯彻执行三中全会政策的一个伟大创造。各级干部认真贯彻党中央的方针、政策，就必须坚定不移地支持那些选定大包干的广大农民，很好地领导他们搞好大包干责任制，使它更健全、更完善。

**国务院副总理万里在人民大会堂会见由合作贸易和供应部长法鲁克·易卜拉欣·马格布勒率领的苏丹政府贸易代表团**

**全国妇联主席康克清在北京会见由岩井登代率领的日中农业农民交流协会妇女代表团**

**国防科学技术工业委员会在北京正式成立**

陈彬任主任。原中国人民解放军国防科学技术委员会、国务院国防工业办公室即行撤销。

**全国人大常委会副委员长邓颖超在人民大会堂会见参加建军五十五周年纪念活动的拥军模范代表**

这些代表是：河南省“拥军模范”段兰英，云南省“模范军属”马瑶芝，空军航空兵某部“模范家属”熊禄英，海军航空兵某部“模范家属”曲春娟，北京部队先进集体、某部家属委员会代表吕巧秀。

邓颖超同志和代表们亲切交谈，勉励大家在各自的岗位上努力工作，促进军民团结，为祖国的“四化”建设贡献力量，为支援人民军队的建设作出新成绩。

总政治部副主任颜金生参加了会见。

**1982年度全国退伍军人安置工作基本完成**

**中国首次研制成功石英自动记录钟**

天津市第二钟表厂生产的这种石英自动记录钟，不用上弦，换一次电池可以连续自动记录3个月，时间误差每月只有正负15秒。把它与气象、水利、地质等部门使用的自动化仪器配套，可以用来观测雨量，空气的温度、湿度，地震和水位等。

**中国选手在赫尔辛基举行的第十六届世界田径运动会上获三项冠军**

邹振先、刘玉煌和戴建华比赛中分别获得三级跳远(16.56米)、男子跳远(7.85米)和女子100米栏(13秒92)3项第一名。

**第五届全运会会徽公布**

会徽图案由上海市轻工业专科学校讲师陈培荣设计。

## 7月30日

**中共中央在北京召开政治局扩大会议**

邓小平和陈云分别作《设顾问委员会是废除领导职务终身制的过渡办法》和《干部队伍的交接班问题是党的一件大事》的讲话。邓小平在讲话中指出，设顾问委员会是个过渡，这个过渡得比较顺利。在过渡阶段，必须认真使干部队伍年轻化，为退休制度的建立和领导职务终身制的废除创造条件。陈云在讲话中指出，党的干部交接班问题历来是党的一件大事。他对提拔青年干部讲了两点意见：一方面，必须成千上万地提拔，决不是提拔几个或几十个；另一方面，在提拔中青年干部时，必须对“三种人”保持警惕，决不能提拔造反起家的人、帮派思想严重的人、打砸抢分子，对这些人一个也不能提拔，必须坚决撤下来。

**全国总工会九届四次执委会决议在北京召开**

会议于7月30日至8月4日召开。会议通过决议，批准16位副主席、书记处书记和候补书记辞去职务；批准组成全国总工会新的领导班子，主持日常工作。

领导班子的成员有：中华全国总工会主席倪志福，副主席顾大椿、王崇伦、章瑞英(女)；书记处书记王家宠、蒋毅、刘实，候补书记王申详、王珣。

副主席韩荣华带职到地方工作。

决定全国性的产业工会和全总机关的工作部门由原来的37个减为21个。这些产业工会和工作部门的领导干部由原来的106人，减为65人。

中共中央书记处书记习仲勋到会并讲话。他说，机构改革是中央作出的一项重大战略决策。这是适应历史发展的客观要求，合乎人民心愿的一场深刻革命。对于工会这样的群众团体来说，进行机构改革还有它的特殊重要性。工会要通过机构改革，更好地实现群众组织的群众化，使工会真正成为职工群众自己的组织。

习仲勋对今后工会工作提出了三项任务：第一，动员和组织职工群众积极参加企业整顿工作，在搞好当前生产、提高经济效益中作出贡献；第二，加强职工队伍建设，特别是要把做好青年职工的工作放在重要位置上；第三，党在工会中的工作要加强，使工会成为联结党同工人群众的强大纽带，在思想教育、企业管理和改善职工生活等方面切实发挥重要的作用。

出席会议的有145名执行委员和65名候补执行委员。各省、自治区、直辖市总工会和各产业工会的负责人也列席了会议。会议审议和通过了倪志福同志作的关于全国总工会机关机构改革工作的报告，讨论了明年召开中国工会第十次代表大会的问题,还学习讨论了宪法修改草案。

**全国总工会九届执行委员会第四次会议决议中国工会第十次全国代表大会定于1983年下半年召开**

决议确定工会“十大”的主要议程是:(一)讨论和通过中华全国总工会第九届执行委员会的工作报告;(二)讨论和通过《中国工会章程》;(三)审议和批准中华全国总工会财务工作报告和经费审查委员会关于工会经费的审查报告;(四)选举中华全国总工会第十届执行委员会和经费审查委员会。

工会“九大”以后,各级工会组织认真贯彻执行党的十一届三中全会以来的路线、方针、政策和党中央对工会工作的指示,逐步明确了新时期我国工会的作用和任务,使整个工会工作发生了很大变化,并取得了一定的经验。全总九届四次执委会希望各级工会要认真进行调查研究,系统地总结经验,积极做好各项准备工作,并动员广大会员群众用搞好生产、工作的实际行动,迎接工会“十大”的召开。

**国务院发出《关于对各地和各部门在港澳地区新建企业进行清理整顿的通知》**

**商业部 卫生部等5个部局发出通知要求各地加强对白酒的质量管理**

商业部、轻工业部、国家标准局、卫生部、工商行政管理总局联合向各省、自治区、直辖市所属部门发出通知,要求各地注意加强对白酒的质量管理,坚持卫生标准,保障人民身体健康。

联合通知说,近两年,各地发展瓶装白酒较多,这对增加花色品种,丰富市场供应,起了一定作用。但由于生产部门多,未严格履行登记、注册手续和实行卫生检验,致使很多不符合国家食品卫生标准的酒流入市场,直接损害人民身体健康。今年,北京市卫生局、工商行政管理总局、供销合作社、第二商业局对外埠调进的978种瓶装白酒进行了检验,不符合国家食品卫生标准的有230种,这些酒有的含甲醇和杂醇油过高,有的含铅量严重超过标准。

通知要求各地对商业现有库存的各种酒进行一次全面卫生质量检查,凡不符合规定标准的,酒厂要停止生产,商业停止收购,并严禁在市场上出售。同时,要求各地抓好以下工作:

一、对那些使用薯类等做原料的所谓“曲酒”、“粮食酒”,责令生产厂迅速纠正,不能再欺骗消费者。

二、对今后所有出厂的白酒,必须严格出厂前的检查工作。检测手段差的生产厂,限期责令加强,若短期办不到,可委托有条件厂或卫生监督部门进行检测。

三、对本地生产的白酒,要组织力量进行卫生标准的监督检测,杜绝不合格的产品出厂。

四、确实不符合卫生标准的酒,生产厂要停止生产,已出厂的可向酒厂退货,由生产厂负责处理。无法处理为合格饮料酒的,可蒸馏酒精,不作食用。对不具备生产合格酒条件的厂,要立即责令停产整顿。

**外交部部长黄华在钓鱼台国宾馆设宴欢迎法国对外关系部部长克洛德·谢松**

黄华说,中法建交18年来,两国关系在各方面都获得了可喜的发展。尽管两国的社会制度和处境不同,对某些问题的看法和做法有这样或那样的差异,但这不应当影响两国在相互尊重、平等互利的基础上致力于发展关系。

黄华说,中国赞赏法国奉行的独立外交政策,重视法国在国际舞台上所起的重要作用。“我们为在许多重大国际事务中与法国保持良好的合作关系而感到高兴,并真诚地希望通过双方的努力,使这种合作能够不断地加强和扩大。”

谢松说,和平只能建立在尊重下列不可触犯的根本原则基础之上:各国人民在不受任何人干涉的情况下自由地确定自身命运的权利;国家主权;以正义、公正和安全为基础的国际新秩序。

他说,法中两国之间的合作存在着广泛的可能性。“我们应该利用这些可能性,使我们的团结关系更加具体,更加紧密。”

**国务委员兼国防部部长耿飚在人民大会堂会见泰国武装部队最高第一副司令操·沙瓦滴颂堪上将一行**

**中国援建20口装配井的移交仪式在塞内加尔首都达喀尔举行**

塞内加尔水利部城市和农村水利局局长博卡尔·西塞和中国驻塞内加尔大使馆经济参赞李宫萍,分别代表本国政府在移交证书上签了字。

这20口装配井可向20万居民和40万头牲畜提供用水。

**中国儿基会第二次理事会在北京举行**

中国儿童少年基金会会长康克清在给捐赠者的纪念证上写下:“你给小苗浇上泉水,为了鲜花早盛开。待到满园飘起芳香,花儿会记住你的关怀。”

理事会讨论了基金会的工作,并增补了10名理事。

**青藏高原气象科学实验学术讨论会在昆明召开**

会议宣布，中国首次青藏高原气象科学实验已取得丰硕成果。

中国气象工作者经过3年的努力，取得了高原最新的地面辐射的观测资料，设计了适合于高原地区地面辐射平衡和热平衡中各个分量的计算方法，并绘制出1979年5月至8月逐旬、各月地面辐射和热平衡图集。这个图集是目前有关高原夏季地面辐射平衡和热平衡的比较全面的资料，对于高山或高原气候的研究很有价值。

## 7月31日

**《人民日报》发表社论《热爱人民军队 巩固钢铁长城》**

明天，是伟大的中国人民解放军建军55周年。我们和全国各族人民一起，谨向战斗在保卫祖国、保卫“四化”光荣岗位上的全军指战员，表示亲切的慰问，致以热烈的祝贺！

55年来，中国人民解放军在中国共产党的领导下，为中国人民的革命和建设事业作出了巨大的贡献。毛泽东、周恩来、刘少奇、朱德等老一辈无产阶级革命家为人民军队的创建和发展建立了不朽的功勋。《关于建国以来党的若干历史问题的决议》指出：“中国革命的胜利，主要是依靠我们党所领导的完全新型的与人民血肉相连的人民军队，通过长期人民战争战胜强大敌人取得的。没有这样一支人民的军队，就不可能有人民的解放和国家的独立。”建国之后，“在保卫和参加社会主义革命和社会主义建设中，人民解放军发挥了人民民主专政的坚强柱石作用。”半个多世纪的历史证明，“没有一个人民的军队，便没有人民的一切”，这是颠扑不破的真理。

粉碎“四人帮”以来，特别是邓小平同志主持军委工作以来，军队各方面工作都有新的重大进步。随着全党工作的着重点转移到“四化”建设上来，军队工作的着重点也转移到建设一支强大的现代化正规化革命军队上来。全军广大指战员自觉地坚持四项基本原则，坚决拥护和执行党的十一届三中全会以来的路线、方针、政策，响应党中央的各项号召，坚持和发扬了人民军队的优良传统；积极履行保卫祖国的神圣职责，取得了对越自卫还击作战的伟大胜利，粉碎了侵略者一次又一次挑衅；努力加强教育、加强训练，军政素质大为提高，去年在华北地区成功地进行了军事演习和盛大阅兵，在军事指挥、政治工作、后勤保障等各方面都获得丰收。参加祖国社会主义建设，人民解放军屡建新功，特别是在抢险救灾中，全力以赴，奋不顾身，赢得了人民群众的高度赞扬。建设社会主义精神文明，人民解放军走在前头，通过开展“四有三讲两不怕”活动，全军出现一片新气象，涌现出一大批有理想、讲道德、守纪律的先进集体和先进个人。经过几年的拨乱反正，“文化大革命”中被林彪、“四人帮”歪曲和玷污过的人民解放军形象，正在逐步恢复过来。看到人民解放军前进的步伐，党高兴，全国各族人民都高兴。

党中央号召，在今年建军节期间，要对全国军民特别是青少年，进行一次以热爱中国共产党、热爱社会主义祖国、热爱人民军队为内容的爱国主义教育。对军队来说，就是要教育干部战士听党的话，拥护政府，爱护人民，做保卫社会主义祖国的钢铁长城，建设社会主义精神文明的光荣标兵。爱国主义是我军的光荣传统。打开人民军队的辉煌史册，哪一页没有浸透着革命战士对祖国、对人民、对党的赤胆忠心和挚爱之情呢？坚定不移地接受党的领导，全心全意地为中国各族人民服务，这就是我军战无不胜的力量源泉，这就是我军革命英雄主义的最重要的表现。在新的历史条件下，我军正在进一步发扬爱国主义精神，加强共产主义思想教育，作为加速我军现代化、正规化建设的强大动力，作为加强军民团结、军政团结的坚实基础。党中央要求军队带头建设社会主义精神文明，具有重大意义。战争年代、解放初期，人民群众就是通过党领导的军队了解党、认识党的。军风既是党风的一个重要方面，又对民风有重要影响。好的军风，对整个社会风气的改造会起很大的推动作用。因此，军队当好建设精神文明的光荣标兵，将产生深远的影响。

对广大人民群众，特别是青少年进行爱国主义教育，一个重要内容就是热爱人民军队。热爱人民军队同热爱共产党、热爱社会主义祖国是完全一致的。现在的青少年，许多人对中国革命的历史不大了解，对我军的光荣历史，对我军在中国人民革命和建设事业中的重要地位与作用也不大了解。在对他们进行近代史、现代史教育的时候，介绍人民军队的光辉历程和众多英雄人物可歌可泣的事迹，非常必要。在过去，大力宣传董存瑞、黄继光、邱少云、罗盛教、杜凤瑞、安业民、雷锋、王杰等英雄人物，对一代青少年树立远大理想曾经起了很大的作用。当前，应当继续以人民军队历史上和现在的英雄人物为教材，对青少年进行生动具体的爱国主义教育，生动具体的热爱人民军队的教育。要使热爱解放军、学习解放军，在广大青少年中成为风尚。

一切从事地方工作的同志，都应当讲团结、顾大局，自觉维护解放军的威信，积极支持、热情帮助军队的建设。驻守陆海边防的部队，战斗和生活条件艰苦，更要多关心、多帮助。我们部队的基层干部、战士大多数来自农村,当前各级政府特别应当注意研究农村实行各种形式的生产责任制以后出现的新情况、新问题,有的放矢地把优抚工作做得更好。要大力表彰河南的赵趁妮、河北的七里涧大队那样的爱国拥军的先进典型,号召大家向他们学习。要努力把安置军队转业干部和退伍战士的工作做好。做好了这些工作,就为巩固保卫祖国的钢铁长城,作出了贡献。

中国人民解放军的 55 年,22 年是在民族解放战争和人民解放战争中度过的,33 年是在社会主义建设中度过的。但是,33 年中,无论是 50 年代、60 年代还是 70 年代,都进行过保卫祖国,反对侵略的英勇战斗。进入 80 年代以来,祖国南大门的枪炮声也一直没有停息过。霸权主义对我国的威胁依然存在。当今的世界很不太平,战争的烽烟此伏彼起,帝国主义、霸权主义到处侵略、扩张。我们必须居安思危,提高警惕,发扬革命传统,加强军政、军民团结,提高我军的战斗力,把我军建设成为一支强大的现代化正规化革命军队。

全国军民携起手来,为巩固我们祖国伟大的钢铁长城而共同奋斗!

**国防部在人民大会堂举行招待会庆祝人民解放军建军 55 周年**

中共中央主席胡耀邦,中共中央副主席、国务院总理赵紫阳,中共中央副主席李先念,出席了招待会,同 700 多名党、政、军各方面人士和外国来宾共同欢庆这一光辉节日。

国务委员兼国防部部长耿飚在热烈的掌声中致祝酒词。他首先代表国务院、中央军委,向出席招待会的同志们、朋友们表示热烈的欢迎和衷心的感谢;向全军指战员、离休退休的老战友、转业复员军人、民兵和烈属、军属致以热烈的节日祝贺和亲切的慰问;向创建我军的老一辈的无产阶级革命家和为我军现代化建设作出贡献的同志们表示崇高的敬意;向我军的英雄模范和守卫祖国边疆的勇士们致以战斗的敬礼!

耿飚说,55 年来,我军在中国共产党的领导下,为中国人民的革命和建设事业作出了巨大的贡献。在新的历史时期,我们要继续沿着马列主义、毛泽东思想的轨道,加速我们这支革命军队的现代化、正规化建设,坚决保卫和参加祖国的社会主义建设,同全国人民一起,发扬自力更生、艰苦创业的革命精神,为把我国建设成具有高度物质文明、精神文明和高度民主的现代化社会主义强国而努力奋斗。

他说,我们要坚持四项基本原则,贯彻执行党的路线、方针、政策,改革体制、精简机构,加强军政训练、后勤建设和国防科研工作,努力改善我军装备,把我军的战斗力提高到一个新水平。要发扬我军的优良传统,抓好以有理想、讲道德、守纪律为中心内容的社会主义精神文明建设,进一步提高干部战士的爱国主义和共产主义觉悟,抵制和反对资本主义思想的腐蚀。要进一步增强军政团结、军民团结,做好民兵工作,积极参加国家经济建设,向人民群众学习。要同全国人民一道,争取台湾早日回归祖国,实现祖国统一的神圣大业。

耿飚最后说,在当前激烈动荡的国际形势下,我们要提高警惕,加强战备,随时准备打击任何敢于来犯的侵略者,为保卫祖国的独立和安全,反对霸权主义,维护亚洲和世界和平,作出新的贡献。

正在北京访问的泰国武装部队最高第一副司令操·沙瓦滴颂堪上将、乌干达民族解放军司令蒂托·奥凯洛少将;各国驻华使节、大使馆正副武官、国际组织驻京代表以及他们的夫人,应邀出席了招待会。

党和国家其他领导人韦国清、张廷发、杨得志、杨尚昆、黄华;中央军委常委韩先楚、王平、陈锡联;中央军委顾问李达、李志民、李聚奎;全国政协副主席萧克、董其武,出席了招待会。

出席招待会的还有:

中国人民解放军各总部、国防科工委、各军兵种、军事院校、北京部队、北京卫戍区等方面的负责人张震、伍修权、何正文、刘华清、迟浩田、徐信、韩怀智、刘凯、孔原、孙毅、江文、梁必业、傅钟、甘渭汉、黄玉昆、颜金生、朱云谦、史进前、华楠、洪学智、胥光义、张令彬、张贤约、贺彪、李元、张汝光、范子瑜、王政柱、李真、白相国、陈熉、周文龙、万毅、肖洪达、刘有光、陈彬、邹家华、郑汉涛、宋时轮、相炜、叶飞、李耀文、高厚良、曹里怀、宋承志、欧阳毅、李水清、陈鹤桥、黄新廷、莫文骅、谭善和、王六生、陈再道、吕正操、旷伏兆、李人林、黎光、王平水、陶汉章、林浩、唐亮、谢有法、杨秀山、曹思明、秦基伟、袁升平、潘焱、吴烈、李钟玄等;

中共中央和国务院有关部委、北京市人民政府和对外友协负责人杨德中、高登榜、钱李仁、宫达非、章文晋、韩叙、钱其琛、温业湛、何英、符浩、魏玉明、杨琛、吕志先、楚图南、焦若愚;

在北京休息的、已离休的部分老同志,前国民党起义人员的代表,部队新老英模代表和地方拥军模范代表,首都民兵、烈属、军属代表。

**全国妇联在北京召开座谈会**

全国妇联主席康克清说,廖承志致蒋经国先生的信,表达了对国共两党和谈、促进实现第三次合作的诚意和热望,说出了我国各族、各界妇女姐妹热爱祖国、渴望台湾回归祖国的心情。

应邀参加座谈会的各界妇女,一致表示热烈拥护廖承志致蒋经国先生的信。全国人大法制委员会委员、原国民党立法委员谭惕吾说,廖承志致蒋经国先生的信,完全出自爱国、爱友至诚。如果蒋经国先生在有生之年能促进和平统一大业,必将受到举国的尊敬,世人的推崇。台湾妇女界也有不少有识之士,相信他们一定会发扬爱国精神,为国共两党和谈作出贡献。

全国政协委员邓惇悝说,我们大陆妇女深深怀念台湾姐妹。对于有亲人在大陆,至今不能团聚的同胞尤为同情。我们呼吁蒋经国先生,接受廖承志的劝告,尽快作出抉择,让海峡两岸亲人早日团聚,共叙天伦之乐。

全国妇联执行委员、已故民革中央副主席张治中的女儿张素我说,只有统一中国,国共两党长期共存,互相监督,才能共振中华大业。蒋经国先生应以国家民族利益为重,当机立断,积极响应和谈,实现国共第三次合作。

全国政协委员钟复光、郭秀仪,北京市政协委员冯弗伐等也先后在座谈会上发言。

**民建和全国工商联的负责人就廖承志致蒋经国的信举行座谈会**

民建中央主任委员胡厥文在会上指出,祖国统一,蒋经国大责难谢,如果坐失良机,将遗恨千古,希望蒋经国先生作出有功于国的抉择。

全国工商联主任委员胡子昂在会上说,每个有爱国心的人,都无不为廖承志的这封信所感动。海峡两岸人民盼望统一,这是大势所趋。我们都是炎黄子孙,具有不可抗拒的凝聚力。台湾工商界人士与祖国大陆工商界人士一样,急切盼望祖国和平统一,以携手共图民族振兴,希望蒋经国先生切不可违背人民的心愿。

民建中央副主任委员孙晓村说,推崇孙中山先生"天下为公"这句话的蒋经国先生应该懂得,民族的利益、国家的利益高于党派利益,千秋功罪在此一念,希望蒋经国能依时顺势,敛党私之论,做有利于国家民族的事。

发言的还有荣毅仁、吴雪之、古耕虞、刘念智、张敬礼、黄凉尘、资耀华、樊陶斋、冯和法、吴羹梅、经叔平等。

**外交部部长黄华同法国对外关系部部长克洛德·谢松在钓鱼台国宾馆举行会谈**

两国外长在会谈中就当前国际形势中的一些重大问题和发展双边关系问题,广泛地交换了意见。

黄华说,在动荡不安的世界形势下,进一步发展中法两国在政治和经济领域的友好合作,不断协调两国在重大国际事务中的行动,具有更大的现实意义。因此,中国重视加强同法国的关系。他相信,只要双方共同努力,遵照相互尊重、平等互利的原则,中法两国之间的合作关系一定会有良好的发展前景。他还表达了进一步加强同欧洲经济共同体之间的合作关系的愿望。

谢松谈了法国对欧洲、东南亚形势和东西方关系等问题的看法。在谈到阿富汗问题时,他说,法国不能容忍外国军队对阿富汗的占领。他说,法国反对对柬埔寨的占领,我们要求外国军队从柬埔寨撤出去,并希望柬埔寨人民能自己解决自己的问题。他希望法中两国在各方面的关系不断发展。

**解放军总参谋长杨得志在人民大会堂会见泰国武装部队最高第一副司令操·沙瓦滴颂堪上将一行**

**全国总工会主席倪志福在北京会见以总书记孔博·恩东加·博凯为团长的扎伊尔全国职工联合会代表团**

**对外友协会长王炳南在北京会见并宴请由弗朗索瓦兹·弗朗克为团长的卢森堡知名人士代表团和卢中友协主席阿道尔·弗朗克**

**国务院中央军委批准运七飞机设计定型小批生产**

国务院、中央军委正式批准国产中短程客机——运七飞机设计定型,并命名为运输七型飞机,简称运七飞机。同意该机投入小批生产。

运七飞机是为了满足国内航空支线运输发展的需要,由我国航空工业部门首次研制成功的旅客运输机。这种飞机装有两台发动机,可载旅客48名。它的巡航速度为每小时478公里,最大航程为1900公里,最大商载4.7吨。运七飞机除客机型外,还可改装成货机或客货混合型飞机。

运七飞机研制以来,做了大量试飞试验工作。迄今为止共试飞了1600多小时,飞机的操纵性、安全性,高原、高温起动性能、单台发动机起降性能都达到了设计要求。

**航空工业部和中国民用航空局联合发出通知为胜利完成国产运七飞机两次单台发动机起降试飞的有功人员记功授奖**

民航八大队飞行员、运七飞机单发试飞机长张云、程远勇,西安飞机制造公司工程师、试飞技术组组长张钦良3位同志荣立一等功。此外,记二等功的10人,三等功的36人。

**国家科委发明评选委员会审查批准35项发明**

现公告如下：

一等奖：

高产抗病甘薯品种“徐薯18”(江苏省徐州地区农业科学研究所盛家廉、袁宝忠、朱崇文)。

二等奖：

早熟、硬粒、大穗型玉米自交系“原武02”(山东省农科院原子能农业应用研究所胡世昌、王增贵、王长明、杨爱珠)；

离心选矿机(云南锡业公司中心试验所李季等)；

共轭回转式电火花精密加工新工艺系统(江南光学仪器厂孙昌树、杜仁昌、濮业柏等)；

安全、节能、低噪声的木工电磁振动刨床和木材的电磁振动刨削工艺(新疆生产建设兵团21团曹培生，北京市木材工业研究所秦骏伦，中国科技大学张景中)。

三等奖：

用蜡裂解烯烃合成聚α——烯烃降凝剂新工艺(石油部石油化工科学研究院，抚顺石油二厂)；

胶面雨鞋彩色印花技术(上海胶鞋九厂冒文珠、汪致华、孙其生、赵翼南、陆智民)；

柳铬雾剂F—53反其制备(中国科学院上海有机化学研究所黄维垣等)；

3CCM型硅磁敏晶体管(黑龙江大学物理系黄得星)；

硅高频中、小功率晶体管芯柱镀镍加特殊处理代镀金技术(电子工业部七四六厂张沅高、袁直、甘海水；吴文铼、苏鸿德、何良福、吴永新、黄筱英、裘美瑾等)；

快速走丝线切割技术(上海电表厂张维良)；

DRN78—1型单瓦楞板热粘合机组(上海市木材供应公司扈响亮等及该项目研究小组)；

大缸自动滚压成型生产线(山东淄川陶瓷厂邵厚举、张启武、王济生)；

压缩机气阀弹簧钢丝的强韧化热处理新技术(天津大学朱磊、苏德达、龚方岳、范雄、张梦熊、张义，北京第一通用机械厂樊堆仓，太原气体压缩机厂卫国玉)；

浮动舌形塔板(兰州石油机械研究所)；

热风炉自身预热助燃空气法(山东省冶金厅吕鲁平，济南铁厂池俊富、张保怀等)；

超纯氢净化用新钯合金材料(宝鸡有色金属研究所李景臻、王栋、陈亮、杨国芬、李玉广)；

ZKG—1型自动空心阴极光源(冶金部钢铁研究总院周开亿、黄强，沈阳冶炼厂吴锦瑛，一四四六研究所郑燕燕，沈阳市分析仪器厂刘岩)；

超细羰基镍粉的制取及装置(冶金部钢铁研究总院滕荣厚、俞夑廷、陈利民、赵顺义、高维国、徐教仁、邓开见、罗天祐、彭先奇，西南金属制品厂，上海金属材料加工厂周宝嵘、胡家栋)。

四等奖：

泥浆处理剂—聚丙烯酸钙的制造新工艺(辽河石油勘探局陈乐亮、张彦彪、綦文荣等)；

抗高烯烃的蒸汽转化制氢催化剂57—40(四川石油管理局天然气研究所第三研究室，齐鲁石化总公司研究所第一研究室)；

无规硅质高效GPC填料(吉林化学工业公司研究院许德成、林晶华等)；

7701复合酸化缓蚀剂(华中工学院郑家燊、张琼玖、丁诗健、叶康民等，四川石油管理局刘世磊等)；

改进型抗干扰(铀)荧光试剂(核工业部北京第三研究所张延安、李清贞)；

新型米蛋白发泡粉(上海市粮食科学研究所黄玄、徐一纯、张健仪、黄学民等，上海酿造六厂胡定安等)；

虹吸式射流自动灌装器(江苏省南通醋酸化工厂刘建)；

M—5型森林航空化学灭火喷洒设备(民航沈阳管理局李长佳)；

日用陶缸类制品金属模成型气电脱模(江苏省宜兴陶瓷公司中缸专业会战组)；

立井机械化掘进中的坐钩式自动翻矸装置(东北工学院王明恕、郑雨天，华北冶金矿山建设公司机电安装公司吉求、张文选)；

铁镍锰热磁合金(东北工学院精密合金教研室刘桂兰、艾录、沈阳一一九厂姜瑛琳)；

连铸中间包用镁铬质涂料(洛阳耐火材料研究所李再耕、陶新霞、汤贤文等，武汉钢铁公司吴炳华、洪声、曹琦、曹荣才、杨焕祥等)；

无定型钢粒的新制造方法(武汉钢铁公司刘文夫、袁雷等)；

提高高铬铸铁耐磨性的新工艺(西安交通大学余滋璋、王小同、周庆德、陆文华、饶启昌，建材部建筑材料科学研究院赵焕彬、廉英孝，西安电力机械厂唐秉壮、陈正华)；

低压电阻板式连续热处理炉(冶金部钢铁研究总院孟庆连、庞书栊，广州第三轧钢厂赵贵玉、洪加尚、梁振煊)；

RSL—180型氮气发生器(中国科学院山西煤炭化学研究所李家宗、程岩法、邹国雄、赵晨等)。

**八一电影制片厂庆祝建厂30周年**

**纪录片《美在运动中》在第三十五届国际科蒂纳电影节上获得贝卢诺省特别奖**

**中国儿基会办公室负责人就捐款使用问题发表谈话**

中国儿童少年基金会章程规定，捐款将“直接用于儿童和少年必需的设施和活动，并尊重捐赠者的意愿。”根据这个原则，中国儿童和少年基金会办公室研究确定将捐款集中使用到儿童的集体事业上。

一、准备给中国儿童少年活动中心拨款100万元，添置文化、科技、体育活动用品。

二、为祖国边疆少数民族地区开展儿童少年文化科技活动提供经费100万元。已拨款10万元给了吉林延边自治州少年宫，补助必需的经费开支。拟再拨90万元给广西、云南、贵州、四川(少数民族地区)和西藏、新疆、青海、甘肃、宁夏、内蒙古等10个省、区，特别要照顾这些地区的农村和山区儿童少年工作的需要。

三、尚余150万元，目前不再动用，将进一步研究如何使这些基金发挥更大作用。

## 8月1日

**《人民日报》发表朱德同志1962年6月同陈奇涵杨至诚等同志题为《从南昌起义到上井冈山》的谈话纪要**

一

谈南昌起义，要先回溯一下第一次国内革命战争的历史。

1923年，党的第三次代表大会决定了我们党同国民党合作。1924年，孙中山的国民党，在我们党和共产国际以及苏联共产党的帮助下，规定了联俄、联共和扶助农工的革命政策，实行改组，成为各民主阶级的联盟。这样，就形成了第一次国共合作，掀起了大革命。那时，国民党仅有的一点点家底被搞得差不多了，需要重新建立，因此需要同我们合作，取得我们的帮助。

大革命时期，我们党中央就组织了军委，苏联给中国派来了军事顾问。国民党在我们党的支持下，创办了黄埔军官学校，建立了国民革命军，改造旧军队。在北伐战争开始时，国民革命军已有六个军[1]。大批的共产党员被派到军校和军队中去做政治工作，有的部队从连到军都有共产党员担任党代表。这就是说，我们党从那个时候起，就开始注意军事工作，就开始在军队中建立革命的政治工作，就开始注意到了武力和人民相结合、革命的武装斗争和群众斗争相结合。正因为如此，才有了北伐战争的迅猛发展和巨大胜利。这不是偶然的，是由于我们党有马克思列宁主义的理论指导和有当时的苏联红军做榜样。虽然那时党对掌握革命武装还没有经验，还没有引起足够的重视，但是这个问题事实上已经接触到了，这件事已经着手做了。因此研究党的军史时，应当从这个老根上研究起。

二

1927年4月，蒋介石利用了我党右倾机会主义领导的错误，在策划了一系列阴谋事变之后，终于公开背叛了革命，对人民进行大屠杀，许多工人、农民和共产党员被屠杀了。7月，汪精卫又公开反共，同样对人民进行了大屠杀。国共合作全面破裂。北伐军中的大批共产党员被清洗出来了，不能立足。为了挽救革命，也是由于形势所迫，再不起义不行了，党才决定8月1日在南昌举行起义。当时，从决定起义到实现起义的时间是很短促的。现在看，决定要起义的时间是晚了一点。

南昌起义后，起义军全部南下，目的是想去广东汕头找外援，结果在广东潮汕地区遭受失败。失败的主要教训，就是起义军没有和江西的农民运动相结合，而去了广东。假如当时能够利用军阀内部相互之间的矛盾，就在江西各地开展农民运动，解决土地问题，建立革命根据地，同时也改造起义军本身，那是完全可以站得住脚的。

起义军进到广东后分成两路：主力进至汕头、揭阳地区；另一部分在三河坝，由我指挥。当听到潮汕方面我军遭敌攻击时，我们即由三河坝南下接应，行至饶平，接上了由潮汕地区撤出的一部分部队约二百人，才知道我军战斗失利，已经散失。我们加上这一部分部队共约二千余人，又折转北上，在武平旧城和敌人一个师打了一仗，然后转到江西安远县的天心圩。这时部队更涣散了，由三部分集拢在一起，有周士第的一部分，有潮汕撤出的一部分和我原来指挥的一部分，七零八落，没有组织。有些人中途跑掉了，留下的人也还有继续要求走的。根据这种情况，我们就在天心圩进行了初步整顿，召集军人大会，说明革命形势和任务，指出最后胜利一定是我们的，以鼓舞情绪和坚定信心。经过这次动员整顿之后，我们又继续西进，经信丰，于10月底到了大庾，对部队进行整编。首先，整顿党、团组织，成立党支部。同时，把所有的人合编为一个纵队，下属三个队。以后我们又转到崇义县上堡。

南昌起义留下来的这支队伍，真正开始新的整训还是在上堡。我们从南昌起义后，经过三个月的行军和作战，直至转到上堡后，才算稳住了脚。我们利用这一时机进行了整训。首先是整顿纪律，那时就规定了募款和缴获的物资要全部归公。其次是进行军事训练，每隔一两天上一次大课，小课则保持天天上。为了适应客观要求，当时已经提出了新战术问题，主要是怎样从打大仗转变为打小仗，也就是打游击战的问题，以及把一线式战斗队形改为“人”字战斗队形等。当然这仅是萌芽，关于游击战术以至整个战略问题，还是后来由毛主席系统地、完善地解决的。

我们经过这次整训，部队走向统一团结了，纪律性加强了，战斗力也提高了。

当时，毛主席直接领导的工农革命军的一个营，由伍中豪率领，曾经和我们会合在一起参加了我们的整训。

三

南昌起义前，驻在湘南的范石生第十六军同我党保持着统一战线关系，该军内仍然有我们党的组织，范石生也有同我们联合一起进入广东之意。南昌起义后，部队南下时，恩来同志就给我们写了组织介绍信，以备可能同范石生部发生联系时用。范石生同我也有旧关系，我们在云南陆军讲武堂时是同学，并且一起参加过辛亥革命。当我们进至上堡后，范石生就主动派在他部队中工作的共产党员韦伯萃来同我们联系，希望同我们合作。我们经过党组织的讨论和批准，同意同他合作,就签订了协议。然后,我们的队伍就开到湘南的汝城,同范石生部实行合作,我们用了他一个团的番号伪装起来。

我们同范石生部合作是有条件的。谈判时就先讲好了:我们是共产党的队伍,党什么时候调我们走,我们就什么时候走;他给我们的物资补充,完全由我们自己支配;我们的内部组织和训练工作等,完全按照我们的决定办,他不得进行干涉。事实上也是这样执行的。例如,我们进到广东仁化时,还是照旧打土豪,杀了几个地主恶霸。又如,为准备湘南暴动,我们就在汝城召开了衡阳所属各县县委书记会议进行讨论和布置。再如,黄绍竑要进攻范部时,范要我们担任后卫,我们因而得到了范部遗留下来的大批物资,补充了自己。所有这些,都说明我们的行动是自主的,不受限制的。

当时同范石生合作,对我们来说是有好处的。第一,可以暂时隐蔽目标(我当时化名为王楷),求得休整的机会,待机行动。第二,可以得到物资补充。合作时,他给我们发了两个月的军饷,补充了被服弹药等,我们临走时,他又给了我们几万元现洋作为路费。1927年12月,我们接受了党的指示,去支援广州起义,行至途中,听说起义已经失败,我们就在韶关停下来。不久,我们脱离范部转入湘南,组织湘南暴动。我们临走时,范石生还给我们写了一封信,表示他的诚意。我记得大意是:一、"孰能一之?不嗜杀人者能一之"[2];二、为了避免部队遭受损失,你们还是要走大路,不要走小路;三、最后胜利是你们的,现在我是爱莫能助。

四

我们脱离范部,从韶关北上,计划去湘南找一块根据地。这时,龚楚[3]已来到我们部队,便由他引路带我们到了宜章县的杨家寨子。宜章县农会主席杨子达,当时就住在杨家寨子,他对我们进驻这个寨子也起了重要作用。

我们进到杨家寨子后,就决定首先组织宜章暴动。当地有一个人叫胡少海,原在程潜部任过营长,当地劣绅们都知道他。1928年1月中旬的一天,我们就通过胡少海,把队伍伪装成国民革命军,开进宜章城。果然,劣绅们听到胡少海带队伍回来了,都出城来迎接,把我们的队伍接进城去,并请我们吃饭。正在吃饭的时候,我们就把劣绅和官吏全部抓了起来,举行了宜章暴动。暴动之后,我们很快地成立了宜章县苏维埃政府,成立了工农革命军第一师,打响了湘南暴动的第一炮。

宜章暴动后,马日事变的刽子手许克祥率部由坪石来进攻我们。我们的同志和广大群众对许克祥是恨之入骨的,听说打许克祥,士气空前高昂,个个争先恐后。许克祥把他的六个团摆成一条长蛇阵,这就便于我们各个击破。所以,战斗一打响,我们很快就把他先头的一个团打垮,紧跟着追击下去,一路走,一路打,把他的六个团一个一个地都打烂了。我们追到坪石时,敌人已溃不成军,乱作一团。坪石是一条峡谷,且无交叉道路,敌人只能沿这条峡谷逃窜,我们就一直追下去,追到乐昌河边,再不能追了才停止下来。这一仗打得很好,我们抓了很多俘虏,其中有一部分补充了我们的部队。特别是在坪石,把许克祥的后方仓库全部缴获了,补充和武装了自己,不仅得到了机关枪,而且得到了迫击炮和大炮。可以说,许克祥帮助我们起了家。

歼灭许克祥部的胜利消息迅速传遍湘南。湘南各县的地方党组织就来和我们联系,要求建立地方武装。我们支持他们。首先是帮助宜章县组织一个地方团;我们攻下郴州后,又帮助郴州组织了一个团。之后,我们相继攻下耒阳、资兴、永兴、桂东、汝城等县城,茶陵、安仁、酃县也举行了暴动。共有十一个县的群众行动起来了,并且组织了自己的地方武装,在地方党的领导下,打倒土豪劣绅,推翻反动政权,建立苏维埃政府。这就是1928年年初的湘南暴动(当时称年关暴动)。

湘南暴动之时,正好军阀白崇禧和唐生智之间发生战争,形势对我们是很有利的。如果政策路线对头,是有可能继续扩大胜利,有条件在某些地方稳得住脚的。但是由于当时"左"倾盲动路线的错误,脱离了群众,孤立了自己,使革命力量在暴动之后不久,不得不退出了湘南。

五

1928年4月28日,我们南昌起义留下来的这部分队伍和湘南地方武装,在宁冈县的砻市同毛主席直接领导的工农革命军胜利会师了,于5月4日在砻市召开了庆祝会师大会,宣布成立了工农革命军第四军(以后改称红四军)。从此在毛主席的直接领导下,我们这支工农红军的主力就日益发展、壮大和坚强起来了,在巩固和发展井冈山革命根据地的斗争中,取得了许多重大的胜利。

会师后的第一个胜仗,就是1928年5月上旬红四军一部出黄坳,歼敌27师杨如轩部的一个营,继之在五斗江战斗中又打垮该敌一个团,然后乘胜追击,首次进占永新城。是役共歼灭和击溃敌人三个团。

大约是5月下旬,敌军杨如轩部由永新来进攻。我们28团去接应派到湖南茶陵取报纸的一个营,尚未返回井冈山,闻敌人进攻后,即以急行军返回距永新城15里的草市坳,从敌人背后打下去,消灭了该部79团的一个营,团长刘胡子当场被击毙。敌人垮下去了,我们乘胜追击到永新城。据说,这时杨如轩正在听留声机,我们的部队冲进永新城后,打死了他的洋狗,他自己跳城墙逃跑,被流弹打伤。我们二次攻占了永新城。这次缴获甚多,仅银洋就有5万多元。次晨,我军主动撤出了永新县城。

1928年6月，蒋介石组织的湘赣敌军近十个团兵力，对井冈山进行围攻。敌人以杨如轩部的三个团担任主攻，向我老七溪岭阵地进攻；杨池生的两个团为助攻，向我新七溪岭阵地进攻。我军的部署是：29团和31团一营守新七溪岭，28团守老七溪岭。战斗于1928年6月22日(正是端午节)拂晓打起，一直打到天黑。当打到中午的时候，我据守老七溪岭的28团首先压下去，打垮了敌人担任主攻的三个团，残敌向永新城窜逃。就在这时，据守新七溪岭的我29团和31团一营也发起反击；把敌人打垮下去，敌人企图经龙源口逃窜，但我28团已包抄到龙源口，截断了敌之退路，敌人大部被歼。我军跟踪追击到永新，第三次占领了永新城，敌之围攻被我彻底粉碎。这就是有名的七溪岭战斗和龙源口大捷。

注释

〔1〕国民革命军在1926年年初有6个军，1926年7月从广东出师北伐时已有8个军。

〔2〕参见《孟子·梁惠王上》。这里的“一”是统一天下的意思。

〔3〕龚楚(1901—？)，广东乐昌人。1925年加入中国共产党。1935年5月逃离革命队伍，后叛变投敌。

**城乡建设环保部发出通知要求各级园林部门做好公园游览安全工作**

通知强调指出，各级园林部门必须把公园游览安全工作提到重要议事日程。要对全体职工进行安全教育，建立健全各项规章制度，明确岗位责任制，加强安全管理，并立即对公园的游览安全工作进行一次检查。对各种游乐设施，如登月火箭、宇宙飞船、儿童飞机、儿童火车、高速滑车、水上载客游船等，要定期检查，加强维修保养，配备专人操作、驾驶，按定员乘坐，严禁超载。对公园、游览地的各项工程设施，如山石、桥梁、管道等，要加强管理，及时维护。公园开展娱乐活动时，一定要认真维持游园秩序，严格控制游人数量，防止人流拥挤。动物笼舍及防护围墙应牢靠，严防猛兽伤人。

**教育部外事局局长李滔约见日本驻中国大使馆公使渡边幸治通知日文部大臣目前不宜访华**

通知日方说，鉴于目前事态发展，日本文部大臣小川平二访华是不适宜的。

李滔说，应小川平二大臣的要求，中国教育部部长何东昌曾邀请小川大臣访华。遗憾的是，直至7月29日，日本文部省初等中等教育局长铃木勋仍然在为日本文部省在审定中小学历史教科书中篡改日本当年侵略中国的历史辩解，推卸文部省的责任。事实上，日本文部省对此负有直接的责任。这件事已引起中国人民和教育工作者的强烈不满。

李滔说，中国教育部认为，在这个问题没有解决之前，接待小川平二大臣访华是不适宜的。

**全国中小学勤工俭学工作会议在北京召开**

由教育部、国家计委、国家经委和财政部联合召开的新中国成立以来第一次全国中、小学勤工俭学工作会议会议于8月1日至10日召开。

教育部党组书记张承先在全国中小学勤工俭学会议的开幕大会上强调，实践证明：中小学开展勤工俭学是坚持马克思主义的教育思想，全面贯彻党的教育方针，加强对学生的劳动观点教育和劳动技能训练，提高教育和教学质量，培养全面发展的社会主义一代新人的重要途径。通过勤工俭学，师生自己动手改善办学条件，也是自力更生、多快好省地发展教育事业的一个有效措施。开展勤工俭学，对当前正在进行的教育结构改革，还具有重要意义。我们一定要把这项工作搞得更好。

教育部部长何东昌指出，目前我国中小学的勤工俭学工作已经取得了一定的成绩，并且正在健康地向前发展。他说，我们希望在巩固成绩的基础上，今后在广度上能够更加广泛的展开，在深度上要向更高的水平发展，把勤工俭学的工作搞得更好。

会议期间，代表们总结交流了各地勤工俭学的经验，讨论、制定了《中小学勤工俭学工作条例(试行)》和《普通中学开设劳动技术教育课的试行意见》，还研究了如何加强勤工俭学的领导和管理问题。

教育部党组书记张承先，教育部副部长张文松，国家计委副主任甘子玉，国家经委委员、副秘书长张彦宁，财政部副部长田一农先后在会上讲话。

会议给417个全国勤工俭学先进单位和24名先进个人颁发了奖状。

**全军美术和摄影作品展在中国人民革命军事博物馆和北京劳动人民文化宫展出**

**朱德故居纪念馆正式开馆**

中共中央副主席邓小平亲笔为纪念馆写了馆名。

建在朱德同志故乡——四川省仪陇县马鞍公社朱家大湾的《朱德同志故居纪念馆》，建筑面积1800多平方米，共有5个展室。展出170多件实物和近200幅图片，比较全面地介绍了朱德同志青少年时代在四川、云南的革命活动和他战斗一生的光辉业绩。展览室还展出了宋庆龄、郭沫若、徐向前、聂荣臻等党和国家领导人的题词。

## 8月2日

**中共中央副主席邓小平在人民大会堂会见法国对外关系部部长克洛德·谢松一行**

邓小平同谢松就加强中法双边关系和共同关心的其他问题，进行了友好的交谈。双方认为，两国的经济技术合作的领域是广阔的。

**《解放军报》发表评论员文章《警惕军国主义的逻辑》**

文章指出："日本文部省在审定历史教科书时，强行删去对中国侵略的字样而改为'进入'，这不是一个小问题，这是日本军国主义企图复活的重要信号"。这篇题为《警惕军国主义的逻辑》的评论员文章说："对于这个问题，日本的教育界和舆论界，日本的一切主张中日友好和尊重历史事实的人士，对日本文部省进行强烈的批评，是日本人民真正爱国的表现，因为他们不愿意再让日本人民遭受1937年至1945年的悲剧。至于中国政府和中国人民的抗议，更是直接受过侵略的国家的神圣不可侵犯的权利。"

文章批驳了日本内阁中支持文部省篡改侵略历史的一些长官和大臣的言论。文章引述一位长官的话说："日本在'进入'外国的当时，并没有使用侵略一词。如果把'进入'说成是侵略，就是歪曲事实。孩子们就会说(日本的)祖先们干了坏事，不尊重他们了。"他还说："(别国)可以批评(历史的)记述不同，但若要更改教科书的写法，那就是干涉内政了。"文章指出：按照这个长官的逻辑，"世界历史上本来就根本不存在什么侵略的事实。因为历来的侵略者，连同在世界第二次大战中与日本结盟的德国的希特勒、意大利的墨索里尼在内，从来在'进入'外国的当时，一概'并没有使用侵略一词'。看来，不但日本的历史教科书应该修改，而且德国、意大利的历史教科书也应该修改，凡是'侵略'都应该改为'进入'。否则'就是歪曲事实'。而且德国、意大利的孩子们就会说，他们的'祖先干了坏事，不尊重他们了'。"

文章还批驳了"历史必须根据史实客观、公正地记述"、"进入"是个"不包含价值判断的客观词汇"的论点。文章说："据此，不但在德国、意大利的历史教科书中，而且全世界一切国家的一切教科书、一切书籍、一切辞书中，都应该将不客观、不公正的'侵略'一词永远消灭，而一律代以不包含价值判断的'进入'。这样做了以后，不但人类历史将一概变得客观公正，而且所有国家都可以自由地'进入'和'被进入'，而不致引起任何价值判断的纷扰。"

文章指出："可惜的是，世界上的大多数人还不能接受日本的这些长官和大臣们的奥妙的学理。他们竟不以受'进入'为光荣，或对于受'进入'采取超然的客观公正的态度，而偏要执迷于价值判断。他们坚持认为：侵略就是侵略，根本不是什么'进入'。这是迄今为止世界人类国际关系的公认准则，不是任何一国'内政'所能否认的；谁要否认这种国际关系的准则，他的行为也就超出了一国的'内政'的范围，就不能不引起有关国家的抗议。奇怪的是，反对'价值判断'的长官和大臣们，这时却不那么客观公正了，他们也搬出了价值判断。他们甚至推翻了自己的逻辑，并不考虑别国在提出抗议的当时，并没有使用干涉内政一词，公然'歪曲事实'，硬说这是'干涉内政'。"

文章说，这些人的逻辑是何等专横霸道，何等自相矛盾！"按照这些长官们的逻辑，世界上的国家必须分为两类：一类享有天赋的自由向别国'进入'的权利，另一类却注定只有受'进入'的义务。这才是毫不'歪曲'的事实的真相啊！受这种'客观公正'教育的日本孩子们，将要受到怎样可怕的价值判断的毒害啊！"

"对日本长官和大臣们非常不幸的是，就在日本国内，全国的舆论界、知识界首先在'干涉'或'进入'自己的'内政'。日本的大多数人民并不领会日本的长官和大臣们的奇智和洪恩。相反，他们深知，这一切不过是要使日本重新走上军国主义的道路。走上这条道路，不但日本的一切邻国要遭殃，首先日本本国的人民要遭殃。历史究竟是客观的，事实究竟是不能歪曲的，要欺骗日本的孩子究竟是不容易的。"

文章最后说："作为深受日本侵略的苦难的中国人民，在迎接即将到来的中日建交十周年之际，不能不感谢日本的文部省和那些支持文部省的长官和大臣。因为他们以他们的言论和行为，告诉中国人民，在两国关系的发展中，原来还存在着另一面，即企图复活军国主义的逆流。中日两国和两国人民当然是要友好的，而且要世世代代地友好下去。因为这是两国人民的共同利益所在，是不可抗拒的历史潮流。但是为了这个目的，两国人民就必须共同努力，对一切企图复活军国主义的逆流加以毫不含糊的痛击！"

**九三学社中央主席许德珩就日本文部省篡改教科书一事向新华社记者发表谈话**

许德珩说，从上个世纪末到本世纪的40年代，日本军国主义曾多次对中国进行野蛮的侵略。这是中国人民不能忘记的。我这个93岁老人的亲身经历，就是历史的见证。远的不说，仅日本军国主义1931年开始发动的侵华战争，就给中国人民带来了深重灾难。"九·一八"事变，"七·七"事迹，南京大屠杀等等，都是日本军国主义侵略中国的罪恶史实。可是，日本文部省的某些人竟置事实于不顾，把日军侵略中国改成对中国的"进入"，甚至把1937年日军对南京人民进行惨无人道的大屠杀的责任，推到抵抗侵略的中国军队的身上，把侵略者的罪责一笔勾销。

许德珩说，日本文部省这种悖于常理的行为，不仅是欺骗日本年轻的一代，也是对中国人民的极大侮辱！"前事不忘，后事之师"。只有牢牢地记住历史的教训，才能使人倍觉发展中日两国友好关系之可贵。我们坚信，广大的日本人民，以及日本政府中的有识之士，是决不容许某些人抱着军国主义的阴魂不放的。中日两国人民要世世代代友好下去，这是谁也无法阻挡的历史潮流。

**中央书记处书记胡乔木在十一届七中全会预备会议小组会上发表题为《关于共产主义思想的实践》的讲话**

关于共产主义的实践问题，1978年讨论实践是检验真理的唯一标准的时候，有些同志提出这么一个论点：共产主义是真理，共产主义还没有经过实践的检验，可见真理不一定都要经过实践检验，实践不是检验真理的唯一标准。这个话是不对的，但到现在为止，我还没有看到有同志写文章反驳。这里想要答复一下这个重要问题。

十二大报告当然不是为了答复这个问题的，可是它在关于社会主义精神文明部分的论述中，已经说明了一个基本的观点，就是共产主义的思想和运动，无论过去、现在和将来，都是在实践中前进的。共产主义运动既然已经有了一个半世纪的实践，当然不能说它还没有经过实践的检验。

共产主义是指什么呢？它有两方面的含义：一方面是指将来要实现的一种社会制度，一方面是指关于为什么要和怎样才能实现这种社会制度的思想(通常也称为科学共产主义理论或科学社会主义理论，也就是马克思主义理论；因为马克思对社会主义和共产主义并未像列宁后来那样地加以区别，只在晚年才提出共产主义社会的初级阶段和高级阶段的论点，所以科学共产主义理论和科学社会主义理论的名称的区别并没有什么意义)，以及为实现这种思想而进行的实践，即共产主义运动。有人问，这样说来，共产主义不是有了制度、思想、运动的三种含义吗？这样分也不是完全没有理由。不过我们认为，思想和实践或运动是不可分的，没有思想就没有相应的实践或运动，没有实践或运动也无从表现一种群众性的思想，所以这里还是说它有两种含义。严格说来，这两种含义也不能完全分开。运动和运动的目的怎能完全分开呢？但在实际应用上为了防避某些混淆，还是需要有一定的区别。总之，自有共产主义运动以来，共产主义一直在实践中前进，并且得到了巨大的发展和胜利。由此可见，那些认为共产主义还没有经过实践检验，以及与此相关的认为共产主义是"渺茫的空想"一类思想，是完全错误的。

共产主义运动的发展从来不是靠空谈，而是靠实践。自有科学社会主义以来，指导我们运动的是什么？是共产主义。我们为什么叫共产党？因为我们奋斗的最终目标是实现共产主义社会，干的就是共产主义运动。共产主义运动是一个很长的历史过程，它包括从世界上有共产党成立到全世界最后实现共产主义的整个历史过程。有人说，我说共产主义渺茫不是说共产主义运动渺茫，是说共产主义的最终目标渺茫。这种说法仍然是完全错误的。因为共产主义运动的着着前进，就证明了马克思主义关于社会发展的规律是正确的，证明了我们达到最后目标的理论和方法是正确的，证明了这最后目标是能够达到的。比方登泰山顶吧，既然我们已经走到上泰山的中途，当然可以证明这泰山是确实存在的，因而泰山顶也可以预料是确实存在的；尽管没有到泰山顶，还不能预先测定它的具体形状，但是决不能说它是虚无缥缈的，因为人们爬山的实践已经证明凡山都有山顶，而我们登上泰山中途的实际经验，又已经使我们有相当根据对泰山顶的情况作某些粗略的想象，虽然这些想象究竟是否符合泰山顶的实际，仍然有待于将来的实践的检验。无论如何，我们已经根据科学共产主义理论胜利地建立了社会主义社会，即共产主义的初级阶段，这就是共产主义理论的正确性的一个最有力的客观证明。

既然共产主义运动是指从有共产党到共产主义最后实现的整个过程，那么，不仅我们在今天社会主义社会阶段所做的一切工作是共产主义运动的一部分；就是在没有建立社会主义社会以前，在党成立以后，在新民主主义革命阶段，我们所有的共产党员、共青团员，团结在党周围的革命群众所进行的斗争和工作，也都是共产主义运动的一部分。尽管当时和现在的运动的任务都不是实现共产主义社会制度，而是打倒帝国主义和封建军阀的统治，土地革命，抗日，推翻蒋介石的反动政府，建立人民共和国，进行社会主义改造和社会主义建设，但是，这些斗争都是共产党按照共产主义理论领导的。敌人也都把这些叫作共产主义运动(当然他们是故意用共产主义来吓唬那些不了解共产主义真相的群众的)，不管我们在每个时期实际上执行的任务性质上同实现共产主义制度有多大的不同。我们没有取得国家政权而建立了革命根据地，他们就说这是"共产党地区"，我们取得了国家政权，他们就说这是

“共产党国家”，根本不管我们实行的是新民主主义还是社会主义。我们的军队从来都被他们称为“共军”。说“共军”，我认为这也没有大错，我们的军队就是共产党用共产主义思想缔造发展起来的革命军队。如果不是共产主义的思想领导我们的斗争，怎么能有八一南昌起义、建立井冈山和其他许多革命根据地，粉碎敌人的多次“围剿”、实行二万五千里长征、进行抗日战争和解放战争这一系列的伟大胜利？所有这些斗争的直接目的并不是实现共产主义，但这些都是共产党领导取得胜利的，都是我们共产党员在那里带头干的，所以也都是共产主义的实践。所有的忠诚的共产党员，他们每一天的革命实践，都是共产主义的实践，革命的一举一动，都是共产主义运动的一部分。我们今天在这里开会，也是共产主义运动的一部分。共产党在今天的任务，当然决不是要实现共产主义的社会制度，而是继续完善和巩固社会主义的社会制度，对于这个界限必须完全划清，不允许有任何混淆。但是无论如何，这也就是共产主义运动在今天的任务。

宣传和实践共产主义的思想，这并不是什么新鲜事，而是从我们党一成立就开始这样做的。这同我们党成立以来在各个时期的具体任务是既相区别又相联系的。还在抗日战争时期，毛泽东同志在《新民主主义论》中就说：“中国的民主革命，没有共产主义去指导是决不能成功的，更不必说革命的后一阶段了。”马克思、恩格斯从来没有把共产主义仅仅看成是一种社会制度。马克思、恩格斯在开始从事共产主义活动时，就成立一个组织——共产主义者同盟，并为它写了著名的《共产党宣言》，但是他们从没有认为，他们当时的任务是实现共产主义的社会制度。恩格斯写的《共产主义原理》，马克思、恩格斯合写的《共产党宣言》，对共产党执政以后，都没有设想过可以立即把生产资料全部收归公有，相反，他们明确地说，“不能一下子就把私有制废除”，而只能“逐步改造现社会”。被马克思、恩格斯高度重视的世界上第一个无产阶级专政的政权，被列宁在《国家与革命》一书中称为“无产阶级社会主义共和国”的巴黎公社，也没有实现社会主义。所以，共产党夺取了政权，并不等于实现共产主义制度。1917年俄国社会主义革命以来的国际社会主义经验，无一例外地证明了这一真理。这些都表明，共产主义运动并不等于共产主义的社会制度，后者只是前者的终极目标。但是共产党人领导的任何性质的斗争，都不能离开共产主义思想的指导，因而都是共产主义运动的一个步骤，正如登泰山所走的每一步，包括在各种迂回道路上所走的每一步，都是登泰山这个整个运动过程中的一步一样。

既然世界上自有共产党起，就有共产主义运动，就有共产主义的实践，所以，说什么共产主义没有经过实践的检验，完全是无稽之谈。如果没有经过实践，我们每次开会总结经验干什么？我们总结经验，就是总结我们实践共产主义运动的经验，无论这个经验是为了推翻反动统治，还是为了完善社会主义农业的生产责任制和社会主义工业中的经济责任制。我们的实践已经非常丰富。从共产主义小组到成立现在拥有十亿人口的社会主义的中华人民共和国，这还不是人类历史上的最伟大的实践之一吗？如果这种实践还不是共产主义思想的实践，那它是什么实践？这种实践如果没有共产主义思想和共产主义政党的领导，就是根本不可思议的了。

所以，我们对共产主义抱有坚强的信心，因为我们不仅从理论上，而且从实践上都已经证明共产主义运动是正确的。要不然，共产主义小组怎么能够发展，取得胜利，建立中华人民共和国？虽然共产党人的革命事业经历了那么多的曲折，那么多的艰险，我们不但坚持下来了，而且继续胜利发展。至于将来的共产主义社会制度，我们还没有实践，我们现在不可能也不必要来讨论将来的共产主义社会制度究竟会是怎么样的。马克思、恩格斯从来不愿意对将来的共产主义社会作详细的描绘，像过去的许多空想社会主义者所曾做过的那样，这正表明他们是多么严格的科学家。他们把自己的任务限于发现人类社会必将发展为共产主义社会的历史必然性。他们有时也作过一些很简单的设想，这些设想正确到什么程度，将来能否照所预料的那样实现，这当然需要实践的检验，如同任何科学假说都需要实验来证明或修改一样。就连我们现在已经着手建设的社会主义制度怎样一步一步地向前发展，也要经过实践的不断检验。可是，我们党从事的全部革命运动，一直是共产主义思想的实践，是向共产主义的终极目标的前进，这一点是不能怀疑的。

在这里有一个问题一定要彻底弄清楚。我们现在大力提倡共产主义思想的宣传和实践，决不是说我们现在又要刮什么“共产风”，不让发展集体所有制以至个体所有制，不让彻底实现真正的按劳分配。我们现在是在建设社会主义社会，完善社会主义的各项生产关系和它们的各项“上层建筑”，我们决不允许采取任何超越社会发展阶段所允许的主观主义的、空想主义的和冒险主义的政策，如果那样做，那就只能破坏我们的社会主义制度，也就是破坏我们的共产主义事业，从而必然招致失败。那种失败的苦头我们已经尝够了，我们已经学习得聪明多了，决不会再去干过去曾经干过的那些蠢事。但是，同样必须弄清楚的是，我们不能因为这一切就忘记了自己是共产主义者，就忘记了只有科学共产主义的思想才能指导我们建设好社会主义社会。我们决不能放松共产主义思想的宣传和教育，尤其决不能忘记我们每个共产党员的天职就是为共产主义的终极目标而奋斗终生，是全心全意地为最大多数人民的最大利益而献出自己的一切。这就是说，无论何时何地，我们都必须永远保持共产主义思想、共产主义精神、共产主义道德、共产主义的劳动态度。我们决不是为了拿薪水来革命，为了按劳分配来革命的。自有共产党起，没有哪一个真诚的共产党员，是为了取得报酬甚至为了升官发财来革命的(如果有这样的人，我们就要把他清除出党)。这还不是共产主义精神？无论担任什么革命工作，我们都不是为了报酬(这不是说社会主义社会不应该给予我们以适当的报酬以维持我们的生活，那是另一个问题)，完全是为了实现我们的共产主义的远大理想；这个理想绝对不是空想，相反，它已经成为一个一步一步胜利前进的伟大的群众运动。在这个问题上，我们需要在全党统一认识。我们要坚决地反对任何把共产主义说成是“没有经过实践检验”的“渺茫的空想”的误解和谬论。在我们每天的生活里面都有共产主义的因素，不然怎么会有那么多的忘我劳动的英雄模范，有那么多为了共产主义理想而奋不顾身、牺牲一切的人？这些人难道是空想家？不是的，他们是脚踏实地的共产主义的实干家。我们决不是空想家，我们的思想是经过实践检验的，所以，我们对共产主义的信念是坚定的，而且越来越坚定。为什么越来越坚定？因为实践证明，我们所做的一切正确的工作推动了社会物质生活和精神生活的进步，合乎人民的利益而得到人民的拥护，而且正在一步一步接近未来的共产主义理想。

这个问题，十二大报告里虽不可能详细说，但是主要之点已经说了。我们希望通过十二大，全党在这个问题上要认识一致，行动一致。所有的党员在坚持共产主义思想、共产主义精神、共产主义道德、共产主义劳动态度这个根本问题上丝毫都不能含糊。如果有一点含糊，我们就会在群众里造成思想混乱，就会在群众里歪曲我们党的形象，削弱我们党的威信。要抵抗资本主义思想的侵蚀，单靠社会主义的按劳分配原则是不够的，因为我们的国家大而穷，人口多，就在工农业总产值翻两番、居于世界前列以后，每人的平均收入还是要比发达的资本主义国家的人均收入低。主要要靠共产主义思想才能抵抗资本主义思想的侵蚀，因为共产主义所一定能够实现的人人都享有高度的物质幸福和精神文明的伟大理想，是同任何剥削制度水火不相容的，任何剥削阶级永远不会这样想，也永远不能这样做。为共产主义的事业，其中包括为社会主义事业而奋斗牺牲的所有的共产党员、青年团员，从刘胡兰、黄继光、雷锋、焦裕禄、栾茀、赵春娥到无数同样奋斗牺牲的老年人、中年人、青年人、男人、女人、非党员、非团员，他们能够这样做，是为了什么？是为了共产主义。在法卡山扣林山牺牲的人，在抗洪抢险斗争中牺牲的人，在社会主义事业的一切工作岗位上“生命不息、战斗不止”的人，他们是为了什么？是为了共产主义。没有共产主义精神，哪来的这种革命行动？我们在座的同志成天从早忙到晚究竟为了什么？假如只是为了自己的儿子、房子，那么我们的党和全国人民的社会主义事业早就完了。我们就是为了共产主义，不但为将来的共产主义社会，而且首先是为我们现在干的共产主义事业。共产主义的事业不等于共产主义的社会制度。(陆定一同志：有各种各样的“社会主义”。光有社会主义不行，一定要有共产主义。)我们的社会主义社会制度只是共产主义社会制度的第一步，离开了共产主义思想就没有社会主义。十二大报告提出要整党，这就必须要靠共产主义思想。没有共产主义思想，我们就没有力量说服党里面那些一味“按酬付劳”甚至“多酬少劳”的人；对那些严重违法乱纪的人，也就不好说你们背叛了共产主义，你们不配做共产党员(当然他们也背叛了社会主义，也不配做进步的公民)。我们为什么要在新党章里给共产党员提出那样高的标准？我在前面已经反复说过，我们共产党员不是将来才为共产主义奋斗，过去就早已为共产主义奋斗了，何况现在！自有共产党起，我们就是靠共产主义思想同各种敌人斗争的，但在实现社会主义改造以前，还不能讲建设社会主义精神文明。我们现在已经建立了社会主义社会，正在把社会主义事业推向前进，因此就必须在共产主义思想指导之下，在全社会建设社会主义的精神文明。

**中国国际共产主义运动史学会在北京成立**

学会会员将以马克思列宁主义、毛泽东思想为指导，研究国际共产主义运动的历史和现状，总结国际共产主义运动的经验教训，探讨当前国际共产主义运动中的重大理论与实践问题，为我国的社会主义现代化建设和在国际上反帝反霸斗争服务。

成立大会通过了学会章程。王惠德任会长，副会长和顾问各9人。

**全国学联第十九届委员会第二次全体会议在太原召开**

会议回顾了1979年5月全国学联第十九届代表大会以来，特别是去年各高等院校开展精神文明活动以来的工作情况，研究了新时期学联工作的特点。全国学联要求各高等院校学生会组织进一步把高等院校的社会主义精神文明活动引向深入。会议指出，当前少数大学生中间仍然存在着一些值得注意的错误倾向。各级学联、学生会组织要继续采取各种形式，对学生进行热爱党，热爱祖国，热爱社会主义的思想教育，帮助他们分清大是大非，抵制资本主义思想的侵蚀，反对资产阶级自由化倾向，逐步树立共产主义的人生观，使我国大学生都能自觉地肩负起“振兴中华，建设‘四化’”的历史重任，让共产主义思想成为这一代大学生的本质特征。

**解放军总政治部决定设立“中国人民解放军文艺奖”**

决定说：为繁荣社会主义文艺，鼓励优秀的军事题材文艺作品和艺术创造，总政治部决定设立“中国人民解放军文艺奖”。

一、全国军内外优秀军事题材文艺作品和艺术创造，均可参加“中国人民解放军文艺奖”的评奖。获奖创作在全国有重大影响、受到军内外广大群众好评的文艺创作中产生。

二、“中国人民解放军文艺奖”每3年评选颁发一次。第一届授奖预定1983年8月举行。

三、获“中国人民解放军文艺奖”的文艺作品和艺术创造，由中国人民解放军总政治部采取领导、群众、专家相结合的方法评选确定。

四、凡获得“中国人民解放军文艺奖”者，均颁发奖状、荣誉奖品和奖金。

**石油职工业余摄影艺术展览在北京展出**

由石油工业部、中国石油工会、中国摄影家协会联合举办的石油职工业余摄影艺术展览，在北京中国美术馆正式展出，同时举行了获奖摄影作品发奖仪式。这次展出的303幅摄影作品，是从全国石油战线39个单位的184名作者送来的近1,500幅作品中评选出来的。

评选委员会从应选作品中评选出30幅获奖作品，其中一等奖5幅、二等奖10幅、三等奖15幅。

**朱建华在上海举行的“金雀杯”田径对抗赛中以2.32米的成绩打破全国和亚洲纪录**

## 8月3日

**《人民日报》发表社论《政法工作要更加自觉地为“四化”建设服务》**

最近，中共中央政法委员会召开的全国政法工作会议，总结了历史经验，肯定了党的十一届三中全会以来政法工作取得的成绩，分析了当前政法工作面临的新形势，确定了新时期政法工作的根本任务。这次会议是建国以来规模最大的一次政法会议，具有重要的意义。

政法工作属于上层建筑。随着党和国家的工作重心转移到社会主义现代化建设上来，政法工作要更加自觉地、更加明确地为保卫和促进社会主义现代化建设服务。这是政法工作的根本任务。

当前，政法工作为社会主义现代化建设服务的一个重要方面，就是坚决地打击经济领域里的严重犯罪分子。我们决不能把经济领域里的严重犯罪活动，仅仅看成是一般的刑事犯罪活动，这是在对外开放、对内搞活经济这种新的历史条件下阶级斗争的重要表现。对于严重破坏社会主义经济的走私套汇、投机倒把、盗窃公共财物、盗卖珍贵文物和索贿受贿等罪犯，必须坚决贯彻党中央、国务院的决定，在查清事实的基础上，依法从重从快惩处。只有在坚定地执行现行各项经济政策的同时，坚决打击严重破坏经济的罪犯，才能保证现代化建设沿着社会主义轨道前进，才能保障对外实行开放和对内搞活经济的政策得以正确执行。

政法部门是人民民主专政的工具，具有保护人民、打击敌人两方面的职能。在新的历史时期，剥削阶级作为阶级已经消灭，阶级斗争已经不是我国的主要矛盾，建设社会主义的民主政治，正确处理人民内部矛盾的任务，相对地说是愈加突出和繁重了。政法部门要为发展社会主义民主，健全社会主义法制，作出自己的贡献。由于国内的因素和国际的影响，阶级斗争还将在一定范围内长期存在，在某种条件下还有可能激化。除了经济领域里的严重犯罪分子外，我国社会上还存在着极少数反对社会主义制度的反革命分子和特务间谍分子，一些地方的反动会道门也死灰复燃，利用迷信进行反革命活动和诈骗活动，外部的反动势力也在加紧对我国进行渗透和破坏活动。这些说明，在我国社会里，阶级斗争并没有熄灭，全党必须做好在政治、经济、文化、社会生活各个领域中同各种敌对分子作长期斗争的精神准备。

近两年来，社会治安特别是城市治安有了明显好转，发案率下降，破案率提高，社会的稳定感增多了，群众的安全感增多了，敢于同犯罪分子作斗争的人增多了。但是，治安工作的发展是不平衡的。城市治安还有许多不安定因素，农村治安又出现了大量的新问题，这些都迫切需要认真加以解决。我们必须清醒地认识到，整顿社会治安是一项长期的、复杂的、艰巨的任务，要争取社会风气和社会治安根本好转，还必须做许多艰苦的工作。

对于社会治安，必须实行“综合治理”。也就是说，要在党委统一领导下，在充分发挥政法部门职能作用的同时，把各方面的力量组织起来，把广大群众发动起来，各部门明确分工，普遍建立治安保卫责任制和岗位安全责任制，各司其职，从政治、经济、思想文化、管理制度等各个方面，采取切实有效的措施。加强对青少年的教育，是“综合治理”的重点。全社会都要关心青少年的健康成长。工会、共青团和妇联要把它作为自己的一项重要任务。文艺、宣传、出版、文化教育等部门，要为青少年提供丰富、高尚的精神食粮。要持久地开展精神文明建设活动，把青少年培养成有理想、有道德、有文化、守纪律的社会主义、共产主义新人。同时，也要正确对待有轻微违法行为的青少年，满腔热情地教育、感化、改造他们，使他们成为对国家有用之才。

“综合治理”的基础，是加强基层组织和基层工作。要整顿农村基层党支部，克服一部分社队存在的领导软弱无力以至瘫痪的状态。要建立和健全村民委员会、居民委员会，发动群众制定“居民公约”、“乡规民约”，教育群众自觉遵守国家法律和社会公德。要恢复和健全城乡基层调解委员会和治保会，加强城市公安派出所，建立农村公安派出所，配齐司法助理员和民政助理员，并相应地增设一部分人民法庭。厂矿、机关、学校、商店都要加强和健全保卫组织，做好保卫工作。加强党的领导，是做好政法工作的根本保证。政法各部门要自觉地置于党的领导之下。党委对政法部门的领导，主要是管方针、政策，管依法办事，管干部，管政治思想工作。党委要保障法院、检察院依法独立行使审判权、检察权，要支持政法部门积极主动地独立开展业务活动。要完成新的历史时期赋予政法工作的繁重任务，关键是要建设一支忠于党忠于人民，有高度政治觉悟和业务水平的政法队伍。近几年来，政法部门的队伍得到了加强和扩大。现在，需要认真抓好队伍的整顿工作，边整顿，边训练，边扩大，边提高，使政法队伍更好地适应“四化”建设的需要。

**我国首次试行向 84 家生产低压电器产品的工厂颁发生产许可证**

全国 84 家工厂生产的 15 个系列的 318 个规格的低压电器产品，通过了机械工业部严格的技术审核，首批获得生产许可证。

对质量达到标准的工业产品颁发生产许可证是一项具有技术立法性质的措施，在我国还是首次试行。采取这种办法，可以从根本上促使工业企业提高生产技术水平，改进产品质量，制止目前某些产品重复生产、粗制滥造的现象。

根据机械工业部规定，获得生产许可证的低压电器产品，今后出厂时全部要在铭牌上注明许可证号码或标记；经过审核而没有获得许可证的低压电器产品，有关工厂不能继续进行生产和销售。违反这一规定的，要追究生产厂和用户双方的责任。

**外国及港澳地区 418 家企业常驻代表机构在中国登记开业**

工商行政管理总局宣布，我国从 1980 年年底开始对外国及港澳地区企业常驻代表机构办理登记以来，目前已有 26 个国家和地区的 418 家企业和其他经济组织，经工商行政管理总局核准登记，领取了登记证书，正式开展了业务。

这些企业的常驻代表机构，除 305 家设在北京外，其余分别设在广东、上海、天津等重要对外开放城市。他们主要从事进出口贸易、石油、金融等方面的联络、谈判、咨询服务活动。

**《人民日报》发表陶大镛文章《坚持计划经济，发挥市场作用，大家都来讨论〈宪法修改草案〉》**

《宪法修改草案》规定：“国家在社会主义公有制基础上实行计划经济。国家通过经济计划的综合平衡和市场调节的辅助作用，保证国民经济按比例地协调发展。”这对社会主义建设来说，是纲领性的规定。

实行计划经济，这是由社会主义的经济基础所决定的。按照计划经济的要求，对有关国计民生的全局性问题都要制订各种计划，由国家控制，使整个社会的人力、物力和财力得到最有效的利用，在发展生产的基础上最大限度地满足人民日益增长的物质和文化生活的需要。

在实行计划经济的过程中，必须充分地利用市场的辅助作用，很好地利用商品货币关系，自觉地利用价值规律的作用来管理经济，并且善于运用价格、信贷、税收等经济杠杆来保证计划的实现。由于我国计划管理水平还不够高，市场预测工作尚未充分开展，经济信息不够灵敏，要实现计划所规定的各项目标并不容易，还必须更好地发挥经济手段的作用。

这里，我还想提出两点修改意见：第一，“国家通过经济计划的综合平衡”这一句，虽很扼要，但在语气上似应更明确些。第二，“和市场调节的辅助作用”一句，最好不跟“经济计划的综合平衡”并列，因为在计划与市场的相互关系中，我们是以计划经济为主，市场调节为辅，如果用一个“和”字把两者联结起来，容易被理解成等量齐观。可否把这一条的全文改为：“国家在社会主义公有制基础上实行计划经济。政府通过经济计划，实现综合平衡，并利用市场的辅助作用，以保证国民经济按比例地协调发展。”

**国务委员姬鹏飞在北京会见以卢森堡—中国协会**

主席阿道夫·弗朗克为团长的卢森堡知名人士代表团

## 8月4日

《人民日报》发表社论《重在提高质量增加品种》

今年上半年,我国工交生产稳步上升,形势很好。经过近几年的努力,恢复性的质量整顿已基本完成。我国工业产品的质量、品种基本上恢复了原有的水平,有的方面有所提高和发展。这对于改善人民生活,改善国民经济一些部门的技术装备状况,活跃市场,扩大出口,增加财政收入,都起了重要作用。同时,我们应当看到,忽视产品质量和社会需要,片面追求产值、速度,不讲社会经济效益的现象仍然大量存在,必须引起各级经济管理部门和企业领导的重视。

提高产品质量,增加产品品种,是"四化"建设、人民生活、国家信誉的根本利益所在,也是社会主义物质文明和精神文明的重要体现。产品质量不好,品种适销不对路,人民群众的利益就会受到损害,提高社会经济效益将会落空,没有水分的发展速度不可能实现,振兴工业、建设"四化"也就没有多少指望。各级领导干部和广大职工对此必须有足够的认识,一定要在思想上、工作上切实把提高产品质量,增加产品品种摆在首位。

我国工业现有产品质量不高,品种不齐,新产品的发展相当缓慢,不能适应社会主义建设的发展和人民生活的需求。去冬今春以来,许多产品质量时有波动,不很稳定;部分产品质量呈现下降趋势。据28个省区市对1,892种产品的质量考核统计,今年一季度与去年同期相比,稳定、提高的占77%,下降的占23%。4月份和5月份,有些省、区的产品质量继续下降。更值得注意的是,有些名牌、优质产品和技术条件较好的老厂的产品,由于质量下降,退货和索赔事件屡有发生。此外,建筑工程质量低、不配套,交通运输质量差、装卸储存损失大,邮电、商业服务质量不高,至今尚无显著改变。可见提高质量,发展品种,确已成为当前经济工作中的一项十分紧迫的、头等重要的任务。

要使质量不高、品种不全的面貌有个显著改观,首要的一条在于端正指导思想。把经济工作转移到提高经济效益的轨道上来,是经济建设工作的战略转变。为什么在重工业生产回升、轻工业生产保持较高发展速度的好形势下,不少企业"重数量、轻质量"的思想又抬头了?为什么有些企业已经建立起来的质量管理制度又开始松弛,服务不如过去热情了?根本原因是,以提高经济效益为中心的指导思想,还没有在所有经济工作者,特别是某些领导同志的头脑里牢固地树立起来。有些同志口头上也讲提高经济效益,"质量第一",实际上仍在片面追求产值、速度以至奖金。应当指出,提高产品质量、发展适销对路产品,是提高社会经济效益的基础。离开质量、品种来讲提高经济效益,不过是不切实际的侈谈。一定要把数量和质量的关系摆正,在创优基础上求数量,从适应社会需要和用户满意中加快发展速度。坚决克服那些"产值产量是硬指标,质量品种是软指标"、"只要有人要就是好产品"等糊涂观念。要把提高社会经济效益、满足国家和人民的需要作为组织生产的出发点和归宿点,坚持"质量第一"、"品种第一",真正做到"求实际效益,让用户满意"。

提高产品质量,不只是保证达到原有质量标准,而是要使产品不断更新换代,提高水平。这不是权宜之计,而是长期的重要任务。我国机电产品现有2万多个品种,性能落后、急需更新或淘汰的约占60%。轻工业产品70%以上是五六十年代的水平,20%还是三四十年代的水平。现行质量标准许多指标低于国际水准。要改变这种状况,需要具有愚公移山的精神,作长期的艰苦努力。要认真地全面地分析质量、品种的现状,弄清楚社会需要与本地区、本部门、本企业生产之间的差距,研究制定提高质量、发展品种的规划。认真把"三个一代",即改进当前的一代、研制新的一代、预研新的一代,落到实处,争取在不太长的时间内,使产品质量、品种状况有个较大的改变。

千里之行,始于足下。各地区、各部门、各企业要对产品质量和质量管理,进行一次全面的检查。根据国家计划和用户要求,查一查产品质量是否合乎标准?品种是否适销对路?从指导思想上,查一查是否牢固地树立了"以提高经济效益为中心"、"质量第一"、"对人民负责"的思想?从管理工作上,查一查规章制度是否健全和严格执行?是否真正做到了不合用的原材料不投产,不合用的半成品不使用,不合格的成品不出厂,不合格的产品不计算产值产量?查,要认真、严格,不能草率从事,走走形式。查,既要自己主动地查,也要欢迎别人来检查。要把问题公诸于众,把检查结果和整改方案,向职工代表大会作报告,组织群众审议,取得群众监督。同时,要征求和听取用户意见,充分发挥社会舆论对提高质量、发展品种的监督作用。无论是一般产品还是名牌产品、获奖产品,凡有质量问题的都要限期解决。限期改进不了、质量严重下降的获奖产品,要坚决撤销其优质产品的荣誉称号。

少数企业沾染资本主义恶习,为了追求产值、奖金,采取偷工减料,以次充好,甚至弄虚作假,骗取优质产品荣誉,这在我们社会主义制度下是不能容许的。今后发现这类问题,应当抓住不放,进行严肃处理。轻者批评教育,重者追究领导人员的责任,切不可姑息迁就,甚至纵容包庇。

目前,不少企业管理混乱,规章制度不健全,贯彻执行又不力,劳动纪律、工艺纪律松弛,设备常年失修,检验不认真,把关不严格,以致产品质量下降。各个企业要从本企业的实际情况出发,结合企业整顿,从管理、技术、组织等方面采取有力措施,扎扎实实地做好各项基础工作,全面加强质量管理,改善服务态度,并且下苦功夫把科学技术工作搞上去,努力把产品质量和品种提高到一个新的水平。

**国务委员谷牧在人民大会堂会见美国商务部副部长彼得·麦科伊一行**

**对外友协会长王炳南在北京会见以泰国朱拉隆功大学政治系主任甲蒙·通探玛查教授为团长的泰国学者代表团**

**中国文化代表团副团长陈辛仁在墨西哥城举行的第二次世界文化政策大会上发表谈话**

陈辛仁时指出,加强国际间的文化交流,对于各国人民彼此学习和借鉴经验,对于促进各民族文化的发展,对于促进人类的进步和维护世界和平,具有十分重要的意义。

他指出:"我国在对外文化交往中,坚持的原则是:尊重主权、平等互利,反对强加于人;取其精华,去其糟粕,抵制腐朽文化的渗透、影响;真诚的援助和合作,不附加任何条件。"

他在谈到一些代表团提出的关于文化为和平裁军服务的问题时指出,文化艺术的创造必须有利于维护世界和平。中国主张禁止使用、逐渐裁减以至完全销毁核武器,主张核裁军和常规裁军结合进行。他说:"我们反对那种口头上高喊和平裁军,但实际上又坚持霸权主义扩张和军备竞赛的人。我们深切同情并支持各国人民,特别是第三世界国家的政府和人民迫切要求核裁军及常规裁军的愿望。"陈辛仁在发言中还建议采取更多的具体措施来促进国际文化的交流和合作,特别是帮助发展中国家发展自己的文化事业。

**民政部副部长邹恩同杨琛看望应邀来北京参加建军55周年纪念活动的地方拥军模范代表**

这些代表是河南省"拥军模范"段兰英,云南省"模范军属"马瑶芝,河北省"拥军模范"七里涧大队的代表以及民兵英雄等。

邹恩同、杨琛勉励代表们要进一步发扬拥军优属的光荣传统,更加关心和体贴人民子弟兵,支持部队建设,促进军政军民团结。

## 8月5日

**外交部副部长吴学谦就日本文部省篡改教科书一事约见日本驻华大使鹿取泰卫**

吴学谦再次要求日方采取必要的措施,纠正文部省审定的教科书中的错误。

吴学谦说,7月26日中国政府就日本文部省在审定教科书的过程中篡改日本军国主义侵华历史一事提出交涉后,日本政府向我方作了答复。但文部省在说明中回避了审定教科书过程中的错误和日方应该采取的纠正措施,而是作了种种辩解,企图推脱责任。这种态度是极不严肃的,中国方面不能不重申我们的反对意见。

中国政府认为,承认还是不承认日本军国主义对中国侵略的历史,这是发展中日关系的一个重大原则问题。中日邦交正常化之际,中日两国政府经过谈判在联合声明中就此问题作了明确的记载。只有严肃承认历史事实,从中汲取历史的教训,并以此正确地教育我们的子孙后代,中日关系才能不断地、持久地向前发展。

吴学谦指出,日本政府对审定教科书中出现的问题,负有不可推卸的责任。遗憾的是,从上次交涉后,至今未能得到令人满意的答复,日本政府一些高级官员且有公然违背事实,背离中日联合声明,甚至反而指责中国提出交涉是"干涉内政"的言论。我方在上次交涉中就指明,日方在审定教科书的过程中出现的有关问题,都是涉及违反历史事实、背离中日联合声明的原则、损害中日友好基础的。这不能说是日本一国的内政问题。作为侵略战争的受害一方,对篡改被侵略的历史的错误表明自己的态度、要求予以纠正,这是理所当然的,是我们的正当权利。企图用"干涉内政"的指责来混淆是非,不仅掩盖不了篡改历史的错误,还会激起中国人民更加强烈的反对。

吴学谦说,为了忠于历史事实,维护中日联合声明的原则,并从维护和发展中日两国和两国人民的友谊出发,我们再次重申,中国政府要求日本政府采取必要的措施,纠正日本文部省在审定修改教科书中的错误。

**国务委员方毅在人民大会堂会见美国费米国家加速器实验室邓昌黎教授**

**中国代表团团长田进在日内瓦裁军谈判委员会夏季会议上发表谈话**

田进阐明了中国在防止外层空间军备竞赛问题上的立场。

田进指出:“外空武器的发展对世界和平与安全所造成的威胁,引起国际社会越来越大的不安。两个超级大国耗费巨资发展外空军事技术,正逐步把它们之间的军备竞赛扩展到外层空间。大家都知道,当前只有它们两家拥有在外空试验、部署和使用武器的能力。它们理应对防止外空的军备竞赛承担责任。人们应该警惕那种口头上高唱‘和平利用’外空,而实际上却在加紧发展各种外空武器的行径。”

田进说:“中国坚决主张外层空间应该用于和平目的,为全人类的福利服务,强烈反对在外空进行危害和平与安全的军备竞赛,主张禁止一切外空武器,包括反卫星武器”。

他说:“我们认为应该谈判一项全面禁止外空武器的条约。”

田进在谈到刚刚结束的第二届裁军特别联大时指出:“会议的进程清楚地表明,拥有最大武器库的超级大国缺乏裁军的诚意,用各种方法和借口来推卸它们对裁军应负的特殊责任。这是导致会议失败的根本原因。”

在谈到停止核军备竞赛和核裁军问题时,田进说:“必须首先要求两个拥有最大核武库的国家立即停止军备竞赛,并大量裁减其核武器。”他接着援引了在第二届裁军特别联大上中国代表所提出的一项建议说:“苏美两国停止试验、改进和生产核武器,并将其各种类型的核武器和运载工具削减50%。在此之后,所有核国家都停止试验、改进和生产核武器,并按商定的比例和程序削减各自的核武库。”他说:“两个拥有最大核武库的国家实行我们所简称的‘三停一减’,是当前推进裁军的关键所在。”

他指出:“在两个超级大国实行‘三停一减’,缩小了同其他核国家的差距后,中国愿意与所有核国家一起承担义务,停止试验、发展和生产核武器并进一步裁减直至完全销毁核武器。”

田进在发言中还阐明了中国在禁止化学武器、对无核国家的安全保证、“综合裁军方案”等问题上的原则立场。

**中国有限元计算法科研居世界先进行列**

这种计算方法,是以中国科学院计算中心冯康教授为首的我国科学工作者和美国以及西欧工程界共同创始的。把理论和实践紧密结合起来,进行了四年多的艰苦探索,创立了系统化的标准有限元计算法,并且先于西方奠定了数学理论基础,同时编制出计算机程序,及时解决了国防和经济建设中提出的一些重大计算课题。

**中国儿童少年活动中心正式开放仪式在北京官园举行**

党和国家领导人邓颖超、方毅、倪志福、万里、习仲勋、胡乔木和首都500名小朋友一起参加了开幕式。

邓颖超在开幕式上讲话时,代表党中央、国务院热烈祝贺中国儿童少年活动中心正式开放,并且希望这个活动中心越办越好。

邓颖超指出,做好对儿童少年的培养、教育工作,是关系着“四化”前途的大业。她说,这是一件关连到许多方面的复杂细致的工作,需要依靠全党和全社会各方面的共同努力才能做好。我们这个活动中心就是有关部门和社会各界通力协作的产物。希望全国的幼儿园、学校、少先队、家庭和社会各方面积极主动地紧密配合,充分发挥自己的作用。不仅要抓好对孩子们的校内教育,还要搞好课余生活的指导,丰富他们的校外生活,使他们养成活泼勇敢的性格,具有主人翁的思想和创造精神。

邓颖超说,亲爱的小朋友们,这个活动中心是我们建国以来创建的一个新事物。它是党中央送给你们的礼物。

中国儿童少年活动中心筹建委员会主任荣高棠致开幕词。他说,这个活动中心在筹建过程中得到了党、政府和全国儿童少年工作协调委员会的关怀,得到了热心儿童事业的机关、团体和个人的赞助,得到了二十多个省、市有关单位的支持。他代表筹建委员会向大家表示衷心的感谢。

有关方面负责人康克清、胡启立、邓力群、冯文彬、韩英、何东昌、李梦华、段君毅、焦若愚、吕志先,各界知名人士华罗庚、茅以升、高士其、华君武、戴爱莲、孙敬修等,也参加了开幕式。

## 8月6日

**中国共产党第十一届中央委员会第七次全体会议发表公报**

中国共产党第十一届中央委员会第七次全体会议,1982年8月6日在北京举行。

全会决定,今年9月1日召开中国共产党第十二次全国代表大会。

全会审议并通过了中央委员会向党的第十二次全国代表大会的报告;审议并通过了《中国共产党章程(修改草案)》,一致决定将这两个文件提交党的第十二次全国代表大会审议。

全会还讨论并通过了分别给刘伯承同志、蔡畅同志的致敬信。刘伯承同志、蔡畅同志是我们党老一辈的无产阶级革命家,他们在长期的革命和建设事业中对党和人民作出了巨大贡献，七中全会决定在他们因年高久病，不再担任领导职务之际，以全会的名义表达全党同志对他们的亲切问候和崇高敬意。

全会正式会议前开了六天的预备会议，就上述议题进行了充分的酝酿和认真的讨论。

出席这次会议的，有中央委员185人，候补中央委员112人，列席的21人。中央政治局常委胡耀邦同志、叶剑英同志、邓小平同志、赵紫阳同志、李先念同志、陈云同志、华国锋同志，主持了这次会议。

**中国共产党十一届七中全会给刘伯承同志的致敬信**

敬爱的刘伯承同志：

我们，正在举行中国共产党第十一届中央委员会第七次全体会议的同志，谨以全会的名义，向您致以亲切的问候和崇高的敬意！

从1945年在延安召开党的第七次全国代表大会以来，您是历次党代表大会的代表，都当选为中央委员会委员。由于年龄和健康状况，您不能再参加即将召开的党的第十二次全国代表大会，也不能再继续担任党和国家的领导职务。您对中国革命的贡献和崇高的品德，将为我们全党所永远怀念和敬佩。

您在青年时代就投身于辛亥革命和反对北洋军阀的战争，就是一位英勇善战的爱国军人。在党的领导下，您发动四川泸(州)顺(庆)起义，又参与发动和领导南昌起义，您是中国人民解放军的缔造者之一。土地革命战争时期，在反“围剿”战争和二万五千里长征中，您作为中央军委总参谋长，迭挫强敌，战功卓著，并同张国焘的分裂活动进行了坚决斗争。抗日战争时期，您转战华北敌后，发展人民游击战争，是创建晋冀鲁豫根据地主要领导人之一。解放战争时期，您正确执行党中央的军事部署，在1947年率领十万大军渡过黄河，挺进中原，构成了我军战略反攻的光辉篇章。您在一系列重要战役中，特别是在上党、平汉、淮海、渡江战役中，在进军解放西南战役中，表现出了卓越的军事才能。您为战胜日本帝国主义，打败国民党反动派，创建中华人民共和国，建立了不朽功勋。建国以后，您为培养我军的高级指挥干部付出了辛勤劳动，为建设现代化、正规化的革命军队作出了新的重大贡献。您的指挥艺术和作战谋略是毛泽东军事思想的重要组成部分。您不愧是身经百战的元帅，马克思主义的军事理论家，坚强的无产阶级革命家。

您忠于祖国，忠于人民，忠于共产主义事业。十年内乱期间，您身患重病，仍关心党和国家安危。您勤奋学习，严守纪律，从不居功自傲。您艰苦奋斗，廉洁奉公，先天下之忧而忧，后天下之乐而乐，与人民群众和士兵同呼吸，共命运。您的高尚品德，在党内外深孚众望。全党、全军和全国各族人民一定永远铭记您的功绩，您永远是我们的学习榜样。

我们党即将举行的第十二次全国代表大会将在马克思列宁主义和毛泽东思想指导下，总结经验，制定实现新时期任务的方针和措施；通过新的党章；选举新的中央委员会，使我们党中央成为更加朝气蓬勃的战斗指挥部，领导全国人民为全面开创社会主义现代化建设的新局面而努力奋斗。毫无疑问，老一辈无产阶级革命家艰难缔造的事业必将得到新的发展。这是我们可以向您保证和告慰的。

衷心祝愿您长寿！

中国共产党第十一届中央委员会第七次全体会议

1982年8月6日

**中国共产党十一届七中全会给蔡畅的致敬信**

敬爱的蔡畅同志：

我们，正在举行中国共产党第十一届中央委员会第七次全体会议的同志，谨以全会的名义，向您致以亲切的问候和崇高的敬意！

您从1919年就投身革命，是我国妇女运动的杰出领导者和国际进步妇女运动的著名活动家。您在我国革命的各个历史时期，总是站在斗争的前列，特别致力于党领导下的妇女解放事业，坚持妇女运动的正确方向。全国解放以前，您为了发动和组织妇女推翻帝国主义、封建主义、官僚资本主义“三座大山”，使我国人民特别是妇女从重重压迫下解放出来，出生入死，奋不顾身。您带领妇女群众建设革命根据地，发展生产，支援战争，作出了巨大的贡献。建国以后，您长期担任全国妇女联合会的主要领导职务，为发动和组织妇女参加社会主义的革命和建设，为维护妇女儿童的切身利益，付出了全部的心力。中国人民特别是中国妇女，将永远铭记您的历史功绩。

您身上表现出的无产阶级革命家的优秀品质，长期以来受到人们的尊敬。无论是在国民党反动派的白色恐怖下，在二万五千里长征的艰难险阻中，在革命根据地的艰苦环境里，您都坚贞不渝。建国以后，尽管您处于高级领导岗位，但始终保持了人民公仆的本色。您的崇高品德教育着千千万万的党员和人民。

您是我们党最早的党员之一，多次党代表大会的代表，多届中央委员会的委员。由于年龄和健康状况，您不能再参加即将召开的党的第十二次全国代表大会，也不能继续担任党和国家的领导职务。您的光辉的革命业绩，您的崇高的革命品德，将激励全党广大党员和干部，提高自己的历史责任感，同心同德，奋发图强，为共产主义的远大理想而努力奋斗！

衷心祝愿您长寿!

中国共产党第十一届中央委员会第七次全体会议

1982 年 8 月 6 日

**中共中央副主席邓小平在人民大会堂会见澳大利亚总理马尔科姆·弗雷泽**

邓小平向弗雷泽介绍了近几年来我国国内情况所发生的可喜变化。他说,最近两年半的实践证明,中共十一届三中全会以来所制定的政策是正确的。中国农村形势变化最大。农民的收入普遍增加,农村空前安定,广大农民的积极性调动起来了。把占中国人口 80%的农民的事情做好了,这说明我国的政策在很大范围内见效了。其次,我国在工业、商业等方面搞了"调整、改革、整顿、提高"八字方针,也取得了好的效果。这是实事求是,一切从实际情况出发政策的胜利。

邓小平指出,我国发展经济主要靠自力更生,同时也要对外实行开放政策,同外国开展互利的经济技术合作。

弗雷泽总理对邓小平副主席的介绍很感兴趣。他对这次访问中国所取得的成果表示满意。

**国务院发出《物价管理暂行条例》**

(一九八二年七月七日国务院常务会议通过,一九八二年八月六日国务院发布)

物价管理暂行条例

**第一章 总 则**

第一条 为了贯彻执行市场物价基本稳定的方针,有计划地逐步合理调整价格,加强物价管理,促进生产发展,扩大商品流通,安定人民生活,保证社会主义建设事业顺利进行,特制定本条例。

第二条 物价管理,必须在维护国家整体利益的前提下,兼顾生产者、经营者和消费者的经济利益,正确处理中央与地方的关系和部门之间、地区之间等方面的关系。

第三条 遵循在社会主义公有制基础上实行计划经济,同时发挥市场调节的辅助作用的原则,按照商品对国计民生影响的大小不同,分别采取国家定价、国家规定范围内的企业定价和集市贸易价。国家定价是主要形式。

第四条 国务院设国家物价局,管理和监督全国物价工作。地方各级人民政府设物价部门,管理和监督本地区的物价工作。各级有关业务主管部门和企业、事业单位,设与工作任务相适应的物价机构或物价人员,负责本系统、本单位的物价管理和监督。

第五条 国家对物价工作实行统一领导、分级管理的原则。

国家的物价方针和政策、物价法规和物价计划,由国务院制定和批准。

重要的工农业品价格、重要的交通运输价格、重要的非商品收费和物资管理费,由国家物价局和国务院有关业务主管部门管理。

比较重要的工农业品价格、交通运输价格和非商品收费,由地方各级人民政府物价部门和有关业务主管部门管理。

其他工农业品价格和非商品收费,工商企业在国家政策规定的范围内有定价权。

各级物价部门要会同有关部门,根据以上原则,制定或修订工农业品价格、交通运输价格和非商品收费的分工管理目录,作为物价分工管理的具体依据。

第六条 各地区、各部门和企业、事业单位,制定与调整工农业品价格、交通运输价格、非商品收费标准和物资管理费标准,必须按照规定的权限办理,并以正式文件为准。

第七条 各地区、各部门和企业、事业单位,制定与调整商品价格,必须执行按质论价、分等定价的原则,优质优价,低质低价,不同规格质量的商品,应当保持合理的差价。

地区之间要保持必要的合理的地区差价,部分商品要有合理的季节差价。

第八条 各地区、各部门、企业、事业单位、公社、生产队和个体劳动者,除国家有特别规定的以外,都应遵守本条例。

**第二章 物价管理职权的划分**

第九条 国家物价局的职权是:

1. 对国家的物价方针和政策、物价法规、物价计划,在制订过程中,负责提出建议和方案。经过国务院批准颁布后,负责在全国范围内贯彻执行并进行监督。

2. 负责全国物价的管理和综合平衡工作。会同有关部门,编制物价长期、中期和年度计划草案,经国家计委综合平衡,纳入国家的国民经济和社会发展计划。按照物价管理权限,规定作价原则和作价办法,制定与调整工农业品价格、物资管理费标准、交通运输价格和非商品收费标准。制定与调整对国计民生影响重大的商品价格、运价和收费,要经国务院批准。

3. 按照物价管理权限,审定国务院业务主管部门提出的重要商品的购销差价、批零差价、地区差价、规格质量差价、季节差价、调拨价、供应价的作价原则。

4. 负责指导国务院业务主管部门和省、自治区、直辖市的物价工作。监督检查物价政策和规定的执行,对违反物价方针、政策和物价纪律的行为,有权纠正,并依照法律和有关规定处理或协助有关部门处理。

5. 处理国务院业务主管部门之间,省、自治区、直

辖市之间,以及国务院业务主管部门与省、自治区、直辖市之间的价格争议

6. 国务院授予的其他职权。

第十条　省、自治区、直辖市物价部门的职权是:

1. 对国家的物价方针和政策、物价法规,负责在本地区贯彻执行并进行监督。对国务院和国家物价局下达的定价、调价方案,负责安排实施。对国务院业务主管部门下达的定价、调价方案,督促有关部门实施。

2. 负责本地区的物价管理和综合平衡工作。会同有关部门,编制本地区的物价计划草案,经同级计委综合平衡,纳入地方的国民经济和社会发展计划。按照物价管理权限,规定作价原则和作价办法,制定与调整工农业品价格、交通运输价格和非商品收费标准。制定与调整影响较大的

商品价格、运价和收费,要经省、自治区、直辖市人民政府批准。定价与调价文件报国家物价局和国务院有关业务主管部门备案。

3. 按照物价管理权限,根据作价原则和作价办法,安排或审定商品的购销差价、批零差价、地区差价、规格质量差价、季节差价和主要商品的调拨价、供应价。

4. 负责指导同级业务主管部门和下级物价部门的物价工作。监督检查物价政策和规定的执行,对违反物价方针、政策和物价纪律的行为,有权纠正,并依照法律和有关规定进行处理。

5. 处理同级业务主管部门之间、地区之间、同级业务主管部门与地区之间的价格争议。

6. 省、自治区、直辖市人民政府授予的其他职权。

第十一条　国务院和省、自治区、直辖市业务主管部门管理物价的职权是:

1. 对国家的物价方针和政策、物价法规,负责在本系统贯彻执行并进行监督。对上级和同级物价部门下达的定价、调价方案,负责安排实施。

2. 负责本系统的物价管理工作。按照物价管理权限,规定作价原则和作价办法,平衡协调同类商品地区之间的价格水平,制定与调整工农业品价格、交通运输价格和非商品收费标准。定价与调价文件,报同级物价部门备案。属于上级和同级物价部门审批的,负责提出制订计划的建议和定价、调价方案。

3. 按照物价管理权限,根据规定的作价原则和作价办法,安排商品的各种差价和调拨价、供应价。

4. 负责指导本系统的物价工作。监督检查物价政策和规定的执行,对违反物价方针、政策和物价纪律的行为,负责纠正,并依照法律和有关规定进行处理。

5. 上级授予的其他职权。

第十二条　地区、自治州、市、县、自治县、市辖区的物价部门和业务主管部门管理物价的职权,由省、自治区、直辖市人民政府参照本条例规定。

第十三条　企业、事业单位,在管理物价方面的职责是:执行物价方针和政策,遵守物价纪律;根据物价部门和业务主管部门的定价与调价通知,按照规定的时间和价格准确地执行;向物价部门和业务主管部门提供生产成本、流通费用、商品产销、盈亏情况等有关资料,报告价格执行情况。

第十四条　工商企业的定价权限是:

1. 对实行浮动价格的商品,按照规定的品种和浮动幅度,制定商品的具体价格。

2. 对议购议销的农副产品,按照国务院批准的管理办法,议定价格。

3. 对三类轻纺工业品中的小商品和手工业品中的小商品,按照规定的品种和作价原则,协商定价。

4. 根据物价部门规定的权限,制定新产品的试销价格。

5. 对专业化协作产品,按照规定,制定企业内部的协作价格。

6. 制定国家不定价的商品价格、非商品收费和工艺协作收费。

7. 根据业务主管部门规定的权限,确定残损废次商品的处理价格。

8. 根据业务主管部门规定的饮食业毛利率,制定没有统一定价的食品价格。

**第三章　工农业品价格的管理**

第十五条　一、二类农副产品,必须执行国家规定的购销价格。超购加价和价外补贴的品种与幅度,必须执行国务院的规定,各地区、各部门不得擅自改变。(注解:国务院决定一九八五年起改革农副产品统购派购制度,现按一九八五年一月一日《中共中央、国务院关于进一步活跃农村经济的十项政策》的有关规定执行)

农副产品议购议销的品种范围、作价原则和价格管理办法,按国务院批准的管理办法执行。各地区、各部门和企业,不得自行扩大议价品种范围和哄抬议价。

第十六条　省、自治区、直辖市之间的接壤地区,农副产品收购价格高低不一致的,双方应进行协商,使收购价大体摆平。

接壤地区对同一种农副产品的等级规格,应当统一标准。等级规格标准不能统一的,双方应进行协商,根据比质比价的原则,合理规定规格质量差价。

毗邻地区的县和县以上物价部门与有关业务主管部门,要定期召开价格衔接会议,经过协商,平衡接壤地区之间的农副产品收购价格。

第十七条　城乡集市贸易的农副产品价格,在国家政策、法令允许的范围内,由买卖双方议定。商业部

门应当有计划地吞吐物资，平抑集市价格。工商行政管理部门要加强对城乡集市贸易的价格管理。

第十八条　凡国家定价的重工业品，不论计划内生产的、计划外生产的或超产的，一律执行国家规定的价格，不准议价。一些品种需要制定临时出厂价、地区出厂价和协作价的，个别品种需要实行超产加价的，均按国务院批准的规定执行。（注解：根据一九八五年九月十一日《国务院批转国家经委、国家体改委关于增强大中型国营工业企业活力若干问题的暂行规定的通知》等有关规定，计划外生产和超产的产品由市场调节）

第十九条　凡国家定价的轻纺工业品和手工业品，不论计划内生产的、计划外生产的或超产的，一律执行国家规定的价格，不准议价。三类轻纺工业品中的小商品和手工业品中的小商品，由省、自治区、直辖市人民政府规定允许协商定价的品种目录，工商企业按照规定的品种和作价原则，协商定价。

第二十条　工业品实行浮动价格，必须按照物价管理权限，由物价部门或业务主管部门规定允许实行浮动价格的品种和浮动幅度，企业要按照规定执行。需要增减品种或变动浮动幅度，必须按照物价管理权限，经物价部门或业务主管部门批准。

第二十一条　新产品的价格，要有利于新产品生产的发展和推广使用。新产品试销期间，由企业根据成本，参照同类产品价格，制定试销价格，报物价部门和业务主管部门备案。重要的新产品试销价格，要经省、自治区、直辖市物价部门批准。试销期一般为一年，最多不超过二年。试销期满，按照物价管理权限，由物价部门或业务主管部门，根据正常生产成本，参照同类产品价格，制定正式价格。

新产品要按分级管理的原则，根据其重要程度和技术水平等情况，分别由中央与省、自治区、直辖市的经委、科委和主管部局等部门组织鉴定确认。未经以上部门鉴定确认的，一律不得以新产品定价。

第二十二条　按照规定，允许工业企业自销的商品，凡由国家规定价格的，应区别不同销售对象，分别执行国家规定的出厂价、批发价、供应价和零售价。

第二十三条　物价部门或业务主管部门按照物价管理权限，对边远地区、山区和少数民族地区某些农副产品的收购价格，可规定最低保护价；对某些工业品的销售价格，可规定最高限价。

第二十四条　个体劳动者从国营工商企业和集体企业购进的商品，按国家规定的零售价格出售。使用物资部门供应的原材料生产的产品，可参照国营企业同类产品价格，按质论价出售。经营议价农副产品、三类轻纺工业品中的小商品和手工业品中的小商品，按照国家有关规定，可自行定价出售。

第二十五条　业务主管部门要按照商品价格分工管理目录，对工农业品价格实行归口管理。工业企业、商业企业跨行业生产和经营的商品，价格管理由业务主管部门归口负责，兼营单位应执行主管单位制定的价格。各部门的物资供销单位，应执行物资部门的物资供应价格和管理费收费标准。

对贸易货栈、信托公司、农工商联合企业、知青商店、街道商店、厂办商店、军人服务社等单位和个体劳动者的价格管理，由物价部门统一领导，国营专业公司归口管理。

工商企业和事业单位不分隶属关系，都要服从当地物价部门和归口业务主管部门的价格管理和监督。

第二十六条　进出口商品价格的管理，中外合资企业和外资企业的商品价格管理，对外国人、华侨、港澳同胞供应的商品价格管理，除国家另有规定者外，都按本条例执行。

**第四章　交通运输价格和非商品收费的管理**

第二十七条　铁路和民航客货运价，管道运价，交通部直属企业的水运客货运价和港口费，以及邮电资费，必须按照物价管理权限，执行国务院、国家物价局或国务院业务主管部门的规定，各地区、各部门和企业、事业单位不得自行变动价格和收费标准，不得加成收费。

以上运价和邮电资费的对外价格，要按照物价管理权限，由国家物价局或国务院业务主管部门根据国家政策，参照国际价格变动情况，及时适当调整。

地方铁路和地方水运客货运价，汽车客货运价，市内公共电车和汽车票价，装卸搬运费，以及农村电话基本资费，必须执行省、自治区、直辖市物价部门或业务主管部门的规定。各地区在制定或调整地方运价时，必须同国务院、国家物价局或国务院业务主管部门规定的运价及毗邻地区的运价，保持合理比价。

第二十八条　旅游收费，民用房租费，旅店、宾馆、招待所客房收费，医疗收费，中小学校学杂费，公园和电影票价，洗澡、理发、照相收费，以及其他同人民生活有关的修理、服务收费，必须按照物价管理权限规定收费标准。各地区、各部门和企业、事业单位，都要执行规定的收费标准，不得越权变动收费标准或另立收费项目，不得降低服务质量。

第二十九条　个体劳动者经营的服务业、修理业和非机动工具的运输业，收费标准可由个体劳动者协会评议规定，或由供需双方自行商定。

**第五章　物价监督**

第三十条　各级物价部门，应当将物价检查作为一项主要任务。县以上（不含县）各级物价部门，设物价检查机构。

第三十一条 工业、商业、对外贸易、物资供应、交通邮电、修理服务、文教卫生、旅游等各级业务主管部门和企业、事业单位,应当将物价检查作为一项主要任务。

对企业缺斤短尺、以次充好的行为,业务主管部门和工商行政管理部门要加强教育和检查,负责纠正处理。

国营专业公司,按照价格归口管理的原则,对贸易货栈、信托公司、农工商联合企业、知青商店、街道商店、厂办商店、军人服务社等单位和个体劳动者,有权进行物价检查和监督,依照法律和有关规定处理违反物价方针、政策和物价纪律的案件。

企业和事业单位要定期进行物价检查。企业和事业单位的物价员,对本单位执行物价政策和规定负责监督,对违反物价方针、政策和物价纪律的行为,有权抵制和越级检举控告。

第三十二条 市、县人民政府,可以邀请干部、工人、退休人员、街道积极分子和社员,担任义务物价检查员。义务物价检查员在指定区域内,检查企业、事业单位和个体劳动者的商品价格和非商品收费执行政策规定的情况。地方人民政府和物价部门还可以采取其他形式,依靠人民群

众对物价进行监督。

第三十三条 各级人民政府要组织有关方面的力量,定期或不定期地进行物价检查和整顿工作,每年检查几次。可以邀请人大代表、政协委员和工会、妇联等方面的代表,参加物价检查工作,认真听取他们的意见。

第三十四条 物价检查员和义务物价检查员,必须执行政策,严守纪律,秉公执法,不徇私情。被检查单位要接受检查,如实反映情况和提供资料。

第三十五条 各级物价部门、业务主管部门和企业、事业单位,要建立健全物价管理制度,如岗位责任制、检查制度、统计报告制度、台账制度、明码标价制度、保密制度、奖惩制度、处理违纪案件立案制度,并要严格执行。

**第六章 奖励与惩罚**

第三十六条 凡有下列成绩之一的单位和个人,给予奖励:

1. 认真执行本条例,事迹突出的;

2. 积极从事物价工作,努力钻研业务,出色地完成任务的;

3. 对违反物价方针、政策和物价纪律的行为,坚决抵制,积极检举揭发,敢于斗争,有显著功绩的。

各地区、各部门和企业、事业单位,应当将所属单位和人员遵守物价方针、政策和物价纪律的事迹,作为考核其成绩、给予奖励的一项重要条件。

第三十七条 凡有下列行为之一的单位和个人,给予必要的行政处分和经济制裁:

1. 越权制定、调整商品价格、运价和收费标准的;

2. 拒不执行国家规定的商品价格、运价和收费标准,擅自提级提价、压级压价或滥收费用的;

3. 自行扩大农副产品议购议销品种,哄抬议价的;

4. 有意提前、推后或不执行调价通知,增加用户负担或给国家造成重大损失的;

5. 违反规定,擅自削价处理商品,或低于零售价格给职工私分商品的;

6. 采取以次充好、降低服务质量等手段,变相涨价,牟取非法利润的;

7. 各级领导干部拒不执行物价政策、规定和物价管理权限,擅自决定提价或降价的;

8. 对违反物价方针、政策和物价纪律的单位或个人,包庇纵容的;

9. 对认真执行物价方针、政策或检举揭发违反物价纪律的人员,进行打击报复的;

10. 泄露物价机密,造成损失的。

凡有上列行为的单位和个体劳动者,其非法收入应当如数退还用户,无法退还的予以没收,有的还应处以罚款。情节严重的,由工商行政管理部门勒令停业整顿,或吊销营业执照。

第三十八条 奖励和行政处分以及经济制裁的具体办法,按照国务院发布的《企业职工奖惩条例》和国家的其他有关规定办理。

第三十九条 凡有下列行为之一的人员,加重行政处分和经济制裁;构成犯罪的,由司法机关依法追究刑事责任:

1. 泄露物价机密,造成重大损失的;

2. 采取抬价压价、变相涨价等非法手段,从中贪污的;

3. 违反物价纪律,并对抵制、揭发或控告其违纪行为的人员,进行报复陷害,造成严重后果的。

**第七章 附 则**

第四十条 国务院有关部门和省、自治区、直辖市人民政府,可根据本条例的规定,制定补充规定或实施细则。

各级人民政府、各部门、各企业和事业单位现行的物价管理规定与本条例有抵触者,以本条例为准。

第四十一条 本条例自发布之日起施行。

**全国总工会发出通知号召全国广大职工向赵春娥同志学习**

通知说,全国商业特级劳动模范、河南省劳动模

范、模范共产党员、洛阳市老集煤场工人赵春娥，是一位普通工人，在平凡的工作岗位上，作出了很不平凡的事迹。她是工人阶级的优秀代表，是全国职工学习的榜样。

通知强调指出，赵春娥同志的精神，体现了我们时代的精神——共产主义精神。学习赵春娥同志，要学习她把崇高的革命理想和实干精神结合起来，干一行，爱一行，不为名，不为利，不怕累，不怕脏，工作不分分内分外，全心全意为人民服务的共产主义劳动态度；学习她关心别人比关心自己为重，走到哪里把好事做到哪里，一切为了群众，一辈子做好事的共产主义风格；学习她艰苦奋斗，勤俭节约，珍惜国家财物，把国家、集体利益看得高于一切的主人翁责任感；学习她培育青年工人，以身作则，热诚相待，寓教育于帮助之中，把工人阶级的本色和光荣传统传给青年一代的高尚品德；学习她生命不息、战斗不止的献身精神。

通知说，开展学习赵春娥同志的活动，实质上是一次生动的共产主义思想教育，对于抵制资本主义思想和各种非无产阶级思想的侵蚀，保持和发扬工人阶级本色和光荣传统，更加深入地开展"五讲四美"活动，把职工队伍建设成为一支具有革命理想、革命道德、革命纪律、掌握现代文化技术、团结协作的工人阶级队伍，保证社会主义物质文明建设的顺利发展，将起着重大的激励作用。

通知说，开展学习赵春娥同志的活动，可以更有力地促进当前正在各地、各企业中蓬勃发展的学先进、赶先进的群众活动。通知要求各级工会组织结合自己的具体情况，动员和组织广大职工群众以实际行动向赵春娥同志学习。学习活动一定要扎扎实实地开展，切不要一哄而起，徒有虚名。

**世界最大电渣重熔炉在上海建成**

我国重工业生产取得一项重大突破，上海重型机器厂和北京钢铁学院通力协作，经过近十年艰苦不懈的努力，建成一座目前世界上最大的200吨级大型电渣重熔炉，并于去年10月和今年5月，熔炼出重127吨和85吨的两个大型电渣钢锭。用这两个钢锭锻压成的锻件，由国家经委主持，在上海通过鉴定，证明内在质量和机械性能良好，符合使用要求。

大型电渣重熔炉的建成，为我国独立自主地生产特大型优质锻件开辟了新的途径，表明我国的电渣重熔技术已居于世界先进水平。

**国务院副总理万里在钓鱼台养源斋会见澳大利亚总理马尔科姆·弗雷泽一行**

**国务委员张劲夫在人民大会堂会见日本国际贸易促进协会理事长森田尧丸一行**

会见时，张劲夫对日本国际贸易促进协会二十多年来为促进中日友好和发展两国的经济贸易关系所作出的努力表示赞赏。他指出，中日经济合作的前景是扩大的趋势。

森田尧丸表示，日本国际贸易促进协会愿为长期稳定地发展日中两国的经济贸易关系而继续努力。

**中国古代钱币展览会在新加坡世界贸易中心开幕**

## 8月7日

**《人民日报》发表社论《用实际行动迎接十二大的召开》**

党的十一届七中全会作出决议：中国共产党第十二次全国代表大会于今年9月1日召开。

这一重大决定，符合全党工作和我国社会主义现代化建设的要求，也反映了全党同志和全国各族人民的共同心愿。

党的十一大是1977年8月召开的，到现在正好五年。过去的五年，特别是十一届三中全会以来的将近四年，是我们党的历史上极为重要的年代。

经过三中全会，我们实现了建国以来党的历史上的伟大转折。从三中全会到六中全会，我们完成了指导思想上拨乱反正的历史任务，重申和确立了马克思主义的思想路线、政治路线、组织路线，制定和执行了对内对外一系列正确的方针政策，在各方面取得了重大的成绩和显著的进步。党内生活逐步正常化。党的优良传统和作风得到恢复。党和人民群众的关系日益密切。社会主义民主和社会主义法制越来越健全。物质文明和社会主义精神文明的建设齐头并进。城乡人民的生活有了较大的改善。全党全国各族人民心齐，气顺，感到有奔头，有希望。

经过清算林彪、江青反革命集团的罪恶和他们的流毒，经过批评"左"倾指导思想和"两个凡是"的错误，我们党正在卓有成效地领导社会主义现代化建设事业顺利发展。我国的经济、政治、文化各项事业都走上了健康的轨道。我们真正进入了一个中兴时期。我们党在短短几年时间内，和全国各族人民同心协力，共同奋斗，使形势转变成现在这样好是很不容易的。这是党和人民的伟大的历史性胜利。

几年来的实践证明，三中全会以来党的路线、方针是正确的。党中央坚持四项基本原则，坚持马列主义和中国情况相结合，提出社会主义现代化建设的四项政治保证，在党内生活中坚持集体领导和民主集中制，表现出政治上的成熟和领导的坚强。事实充分说明，我们党有强大的生命力，它能够而且正在有效地医治自己肌体上所受的严重创伤，纠正工作中的失误，开拓新的工作局面，生机勃勃、一往无前地继续前进。

五年来，党的十一届中央委员会对我国的社会主义革命和建设事业作出了重大贡献，胜利地完成了自己的历史任务。党的十二大就要召开了。十二大将在马列主义、毛泽东思想指导下，对十一大以来，特别是三中全会以来的丰富经验进行总结，制定我们党今后一个时期的奋斗纲领、奋斗目标，使全党同志、全国各族人民思想更加一致，目标更加明确地推进社会主义现代化建设事业。十二大还将通过新的党章，把党的建设提到一个更高的水平，以适应新的历史时期的特点和需要。十二大还要选出新的中央委员会，并选出中央顾问委员会和中央纪律检查委员会。由全国代表大会选举产生这样三个委员会，这在党的历史上是一个创举。毫无疑问，十二大将是一个开创社会主义现代化建设的伟大的新局面的大会。它在党的历史上将写下非常光辉的新篇章。

在十二大临近的时候，全党同志心情激动。全国各族人民也十分关注、热烈期待党的这次代表大会的召开。让我们在各自的岗位上，用实际行动，用建设物质文明和社会主义精神文明的新成就，迎接十二大的胜利召开！

**共青团中央发出通知要求在青少年中深入开展“三热爱”教育活动**

为迎接党的十二大召开，共青团中央发出了在青少年中深入开展“三热爱”教育的通知。通知要求各级团组织 8、9、10 月份，以迎接党的十二大和学习贯彻党的十二大精神为中心，在全国青少年中集中开展一次“学历史，爱祖国，做党的好儿女，当振兴中华的突击队”的教育活动。通知要求各级团组织在这次教育活动中着重抓好四件事：(一)开展中国近代史、现代史、党史的宣讲活动。(二)注重运用当地史料和乡土教材教育青年。(三)组织青年进行社会调查。(四)教育青年以“我为祖国添光彩”的实际行动，建设两个“文明”。

**商业部在河南洛阳举行大会追授赵春娥为全国商业特级劳动模范**

参加大会的有洛阳市各条战线代表和出席河南商业“五讲四美”经验交流会的同志共 1100 多人。商业部党组成员、办公厅主任王厚德代表商业部宣读了商业部《关于追授赵春娥同志为全国商业特级劳动模范和在商业部门广泛深入开展学习赵春娥同志活动的决定》，由洛阳市老集煤场和赵春娥的亲属光荣地领了商业部颁发给赵春娥同志的特级劳动模范证书。

商业部在决定中高度评价了赵春娥崇高的精神品质，号召全国商业部门广大干部和职工，在建设社会主义物质文明和精神文明中，紧密联系实际，认真学习赵春娥全心全意为人民服务的献身精神；艰苦奋斗、勤俭节约的优良作风；热爱集体，关心群众，关心他人比关心自己为重的共产主义风格。

**全国制定国家标准经验交流和表彰先进大会在北京闭幕**

国家经委负责人指出：标准化是一项综合性的基础工作，对于提高产品质量，组织专业化生产，节约原材料，保障安全等方面都有重要作用。当前，我国的标准化工作一定要围绕提高经济效益这个目标进行。

国家经委负责人说：标准化水平是衡量一个国家生产技术水平和管理水平的尺度，是现代化的一个重要标志。国外一些工业发达国家由国家发布的标准一般都在一万个以上，而我国只有 3500 个，而且水平低，大部分国家标准只相当于国际上五六十年代的水平。即使如此，有些企业仍然不严格按标准进行生产和检验，粗制滥造，以次充好，欺骗国家和用户。这种状况很不适应国民经济发展的需要，现在已到了非抓不可的时候了。

在谈到如何提高我国现有国家标准水平的问题时，这位负责同志说：随着科学技术、经济的发展和国际贸易的扩大，现在采用国际标准已成为世界的发展趋势。采用国际标准和国外先进标准是我国当前一项重要的技术经济政策，各部门都要对照国际标准和国外先进标准对我国现行的产品标准进行全面的整顿和修订。特别要抓好造船、重要机电产品、重要原材料以及基础件、元器件等技术标准的制定和修订工作。从 1983 年开始，各行业要从满足外贸出口需要入手，先选择一批急需产品，按国际标准或国外先进标准组织生产。用三五年或更多一点时间，使我国产品品种、质量面貌有一个较大的改变。

会上 100 项在执行中取得良好经济效益的国家标准受到表彰和奖励。

在这批获奖的国家标准中，棉纱、布、印染布的标准和造船用结构钢标准获得一等奖，小麦标准和染料检验方法等八项标准获得二等奖，其他 90 项标准分别获得三等奖和四等奖。它们是从 1978 年到 1980 年制定的 500 多项、1000 多个国家标准中评选出来的。

**外经贸部部长陈慕华在人民大会堂设宴欢迎由外贸部部长萨罗蒙·蒙关贝率领的莫桑比克政府外贸代**

表团

## 8月8日

**全国12片贫困地区社员收入稳步上升**

国家统计局发布消息，全国12片低产缺粮的贫困地区，党的十一届三中全会以来社员收入水平稳步上升。按照1978年这12片的农村基本核算单位分配时的统一口径计算，1978年这12片的社员集体分配收入为51元5角，1979年提高到55元，1980年上升为65元，1981年达到82元6角。1981年比1978年增长了60.4%。据对其中23个县的949户社员家庭收支情况调查，1981年平均每人纯收入达到177元8角7分(包括农业、副业收入和通过再分配得到的收入)，比1978年增加77元4角8分，增长77%。

这12片是：晋西北、鲁西北、豫东、豫西、鄂西、陕北、陕南和四川边远地区，贵州边远地区、云南边远地区、甘肃中部地区、宁夏西(吉)海(原)固(原)地区，共241个县。这些地区由于土地贫瘠，灾害频繁，交通不便，生产技术落后，商品经济很不发达，人口负担较重，再加上过去一些年“左”的政策束缚了农民的手脚，妨碍了他们的生产积极性的发挥，造成了在相当长的一个时期农业生产提不高，群众生活得不到改善。三中全会以后，党中央调整了农村经济政策，束缚农村经济发展的人为因素得到了改变。这些地方都先后实行了包产到户、包干到户的生产责任制，因地制宜地调整了作物布局，发扬了当地的优势，鼓励社员劳动致富，再加上国家调整了部分农副产品收购价格，农村经济活起来了。劳动者生产积极性的提高，增强了克服客观条件困难的力量，使农村的各项生产在生产条件没有大改变的情况下，仍然得到了稳步的提高。1981年这12片地区的粮食播种面积比1978年减少6.9%，但是粮食总产量反而比1978年增加1.8%。实际可能还要多一点，因为现在是各户报产量，留有余地。1981年棉花播种面积比1978年增加46%，总产量却增长了3倍。1981年油料播种面积比1978年增加36.4%，总产量增长了1.2倍。1978年这241个县中每人平均从集体分得收入在100元以上的县只有一个，现在由于生产的发展，按过去集体分配的统一口径计算，每人平均达到150元以上的县，已有23个。

据对其中23个县的949户社员家庭的调查，在收入增加以后，现在这些贫困地区社员的生活消费结构也开始发生变化，1981年每人在食品消费上花的钱达到93元7角，比1978年增加30.6%。但是它在整个消费中占的比重却从72.7%下降到65.6%。这反映人们在穿和用的消费上开始有较大的改善。

这12片中，三年来生产发展最快，人们生活改善最大的是鲁西北、豫东和贵州边远地区。甘肃中部地区和宁夏西海固地区由于自然条件太差，在目前条件下难以立即改变，去年又遇到较大的自然灾害，粮食比1978年减产，群众生活仍然没有太大的改善。但是就是在这两片地区，在落实了农村经济政策以后，也开始出现了一大批开动脑筋，利用当地资源发展多种经营好的户，使这些地方长期处于自种自食的单一经济局面开始有了转变。

**我国农轻重比例关系逐步得到改善三者开始相互促进协调发展**

据《人民日报》报道，经过三年经济调整，我国农轻重之间比例关系失调的状况取得显著改善。目前，我国农业方兴未艾，轻工业持续增长，重工业不断改进服务方向，由去年的下降转为回升。国民经济这三大部门之间长期比例失调的状况正在改变，开始互相促进，协调发展。

这是党的十一届三中全会以来，全国人民贯彻执行国民经济调整方针出现的新局面。

在全国解放以后的相当长的一个时期，特别是1958年开始的“大跃进”和十年动乱期间，我国在发展国民经济中片面强调重工业优先增长，农、轻、重之间的比例关系严重失调，影响了国民经济的正常发展。从1979年起，党中央、国务院为了改变这种不正常的状况，采取了一系列政策措施，大力发展农业、轻工业，适当放慢重工业的发展速度，收到了明显的成效：

——在发展速度上，三年间农业、轻工业的年平均增长率是建国以来最高的，其中农业平均每年递增5.6%，轻工业递增14%，都远远超过了同一期间重工业平均每年递增1.4%的速度。

——在比例关系上，农业、轻工业在工农业总产值中所占的比重，由1978年的57.4%上升到1981年的63.5%，而重工业所占的比重则相应地由42.6%下降到36.5%。

——在产品结构上，轻工业、重工业适销对路的产品连年增产。农业进步更快。三年间，粮食生产稳步增长；棉花、油料、糖料、蚕茧、家禽和猪牛羊肉的增长幅度更大一些，总产量分别提高三分之一到将近一倍。林牧副渔在农业总产值中的比重，由32.2%上升到35.9%。

农、轻、重关系的改善，给我国经济生活带来的一个突出变化是：农业、轻工业为广大城乡市场提供了日益丰富的食品和日用工业品。各地市场上许多生活必需品由凭票供应变为敞开供应。当前市场繁荣为建国三十多年来所少见。

农、轻、重关系的改善,也使这三大部门开始出现互相促进、协调发展的新形势。最近三年间,以农副产品为原料的轻工业就增产了48.3%。随着轻工业的发展,也加快了国家建设资金的积累。近几年,国家把重工业生产适当降一下,有的同志曾经担心会对国民经济带来不利的影响。实践证明,今年前7个月,我国重工业一改去年生产下降的被动局面,总产值增长了9.7%,就雄辩地说明了这一点。

**川东气田成为我国目前最大天然气田**

据《人民日报》报道,四川川东气田严格用科学态度开发天然气,近三年来天然气产量平均每年递增25%,去年产量达到20亿立方米,比1978年翻了一番,已成为我国目前最大的天然气田。

## 8月9日

**国务院发布《工商企业登记管理条例》并发出通知**

通知说:工商企业登记管理,是国家对工商企业进行行政管理的一项重要措施。它对贯彻以计划经济为主,市场调节为辅的方针,保障企业从事合法经营,取缔非法活动,维护社会主义经济秩序,促进社会主义建设,都有重要作用。望各级人民政府重视并加强对这一工作的领导。各有关部门也要积极配合工商行政管理部门,共同做好企业登记管理工作。工商行政管理部门要通过企业登记,全面建立起工商企业登记档案制度,为社会主义经济建设提供有关的准确数据和资料,并对企业生产经营活动进行有效的监督管理。

**工商企业登记管理条例**

(1982年7月7日国务院常务会议通过)

第一条 为加强对工商企业的管理,保障合法经营,取缔非法活动,维护社会主义经济秩序,促进社会主义建设,特制定本条例。

第二条 下列工业、交通运输业、建筑业、商业、外贸业、饮食业、服务业、旅游业、手工业、修理业的生产、经营单位(以下统称工商企业),都应当依照本条例的规定,办理登记:

(一)国营工商企业;

(二)合作社营和其他集体所有制的工商企业;

(三)联营、合营的工商企业;

(四)铁道、民航、邮电通信部门及其他公用事业单位所属的工商企业。

省、自治区、直辖市人民政府认为有必要办理登记的其他工商企业。

第三条 工商企业登记主管机关,在中央是国家工商行政管理局,在地方是省、自治区、直辖市和市、县工商行政管理局。

工商企业除全国性公司外,一律在所在市、县工商行政管理局办理登记。

第四条 申请登记的工商企业,应当是直接从事生产经营并实行独立核算的单位。工商企业所属的非独立核算的分支机构,由该工商企业统一申请登记。

第五条 工商企业应当登记的主要事项:企业名称、地址、负责人姓名、筹建或者开业日期、经济性质、生产经营范围、生产经营方式、资金总额、职工人数或者从业人数。

第六条 工商企业只准登记和使用一个名称。在同一市、县境内,不得使用已登记的同行业工商企业的名称。

第七条 开办工商企业,需要进行基本建设的,应于建设项目批准后30日内,向市、县工商行政管理局申请筹建登记。工商企业建成后,应于投产或者开业前30日内,向市、县工商行政管理局申请开业登记。

第八条 开办工商企业,不需要进行基本建设的,不办理筹建登记,直接申请开业登记。申请开业登记,应于开办企业批准后30日内,向市、县工商行政管理局办理。

第九条 工商企业申请筹建或者开业登记时,应当根据国家规定开办工商企业审批程序及有关规定,分别不同情况,提交下列文件副本:

(一)开办企业申请报告及主管部门批准文件;

(二)县以上计划部门或者人民政府批准文件;

(三)其他有关文件。

外贸企业,联营、合营工商企业,合作社营及其他集体所有制工商企业,申请筹建或者开业登记,除提交前款规定的文件副本外,还应当提交企业章程。

第十条 市、县工商行政管理局,对工商企业筹建或者开业的申请登记,经过审查认为符合本条例规定的,应当核准登记,发给筹建许可证或者营业执照。工商企业凭具筹建许可证或者营业执照,到银行开立账户,进行筹建或者生产经营活动。

未经核准登记的工商企业,一律不准筹建或者开业,不得刻制公章、签订合同、注册商标、刊登广告,银行不予开立账户。

第十一条 工商企业改变企业名称、经济性质、生产经营范围、生产经营方式,应当按照有关规定于批准后30日内,向市、县工商行政管理局办理变更登记。

其他登记事项如有变更,应当在年终向市、县工商行政管理局书面报告。

第十二条 工商企业歇业时,应当按照有关规定经批准后30日内,向市、县工商行政管理局办理注销手续,缴销营业执照。

工商企业停产或者停业在一年以上的,视同歇业,应当办理注销手续,缴销营业执照。

第十三条 工商企业合并、分立、转业或者迁移时,应当按照有关规定于批准后30日内,分别不同情况,办理开业登记、变更登记或者歇业注销手续。

第十四条 工商企业在办理登记时,应当交纳登记费。登记费金额由国家工商行政管理局规定。

第十五条 各级工商行政管理局对于工商企业的申请登记,经审查符合本条例有关规定,应予及时办理,不得无故拖延。

第十六条 工商行政管理局应对工商企业的登记资料和其他有关资料建立企业登记档案,按照专业档案进行管理。

第十七条 工商企业必须按照国家的政策、法令和核定的登记事项从事生产经营。各级工商行政管理局有权对所管辖地区内的工商企业进行监督检查,工商企业应当提供检查所需要的文件、账册、表报及其他有关资料。

第十八条 工商企业违反本条例规定有下列情形之一的,工商行政管理局应当根据不同情况,给予批评教育;情节严重的,给予警告、罚款、通知银行冻结其存款或者撤销其银行账户、勒令停办或者停业、吊销筹建许可证或者营业执照的处分:

(一)未经登记擅自筹建或者开业的;

(二)违反核定登记事项进行生产经营不接受劝告或者不按照规定期限改正的;

(三)登记中隐瞒真实情况、弄虚作假的;

(四)伪造、涂改、转让筹建许可证或者营业执照的。

工商企业利用营业执照为合法形式从事非法经营的,其非法所得,应予没收。

第十九条 中外合资经营企业及外国企业常驻中国代表机构的登记管理办法,按照有关规定执行。

在中华人民共和国境内的外国企业的登记管理办法,参照有关规定执行。

第二十条 个体经营户的登记管理办法,按照有关规定执行。

第二十一条 本条例的施行细则,由国家工商行政管理局制定。

第二十二条 本条例自公布之日起施行。1962年12月30日国务院发布的《工商企业登记管理试行办法》同时废止。

**《人民日报》发表评论员文章《加强标准化工作》**

标准化工作是国民经济的一项综合性基础工作。整顿企业,提高经济效益,首先遇到的一个问题,就是要加强标准化工作。我们要认真把这项工作抓紧抓好,争取尽快地取得成效。

近几年,全国的标准化工作取得了很大成绩。党的三中全会以来,围绕国民经济调整这个中心,重点抓了消费品、节约能源、机电产品和外贸产品等方面的标准化工作,加快了国家标准的制定、修订速度。到去年年底,国家标准的总数已达到3500个左右,其中有一批是适合我国情况、具有国际水平的。这次在全国制定、修订国家标准经验交流和表彰先进大会上受奖的100项国家标准,就是优秀的代表。制定和执行这些标准,对提高产品质量和生产效率,扩大外贸出口,提高经济效益,都起了积极的作用。

应当看到,我国的标准化工作还比较落后,这主要表现在:一是国家标准数量少,目前有些工业发达国家一般都在1万个以上,我们的差距较大;二是标准水平低,大部分国家标准仅相当于国际上五六十年代的水平。此外,标准的统一性差,贯彻执行情况也不够好。这种状况很不利于技术水平和产品质量的提高,不适应国民经济发展的需要。因此,加强标准化工作,是当前一项迫切的任务,否则就会贻误时机,影响“四化”建设的进展。

标准化是组织现代化生产的重要手段,是科学管理的重要组成部分,也是联系科研、设计、生产、流通和使用等方面的技术纽带。搞好标准化,对提高产品质量,组织专业化生产、节约原材料、保障安全和卫生等,都有重要作用。它花钱少,见效快,收益大。有些同志,包括有些做经济工作和企业管理工作的领导同志,对标准化的重要性还缺乏足够的认识,甚至把它看成是可有可无的事情。这是错误的,有害的。我们有些产品的质量为什么老是上不去,为什么缺乏竞争力?症结就在标准水平低。没有高水平的标准,不可能有高质量的产品。企业要进行技术改造,要有标准为依据;要提高管理水平,也要有标准为基础。标准化给企业的技术改造、设备更新提出方向和目标,提高技术装备和管理水平,才能生产出物美价廉、有竞争力的产品。加强标准化工作不是可有可无的事情,而是关系到全面提高企业的经济效益的大事,是决不能等闲视之的。

为尽快建立起一个具有一定水平和一定数量的标准体系,以适应国民经济发展的需要,这就要求我国经济部门、技术部门、研究单位和工厂企业共同努力。所有从事经济工作和管理工作的同志,尤其是领导同志,应该把标准化工作作为提高经济效益的重要基础工作,认真抓起来。从现在起,经五、六年的工作,如果能够使我国的国家标准达到一万个左右,将会基本上满足国民经济发展的需要。

加强我国的标准化工作,还必须积极采用国际标准和国外先进标准。这实质上是一种技术引进,是我国当前的一项重要技术经济政策。要提高我国产品的质量,扩大外贸出口,不采用国际标准和国外先进标准是没有出路的,赶超国际水平也是一句空话。我们应当认真研究,积极而又有区别地采用国际上科学研究的综合成果,缩短摸索过程,加快我国标准的制定、修订速度,提高标准的水平。只要我们把各方面的科技力量组织起来,充分调动他们的积极性,扎扎实实地一项一项地去攻克技术关键,逐步创造条件,一定能够达到预期的目的。

**国务院副总理万里 中央书记处书记胡乔木在人民大会堂同全国农村优秀教师赴京参观团进行座谈并发表讲话**

万里、胡乔木同志在座谈会上首先代表党中央、国务院和全国人民向全体农村优秀的中小学教师表示热烈的欢迎和感谢。

胡乔木同志高兴地说,你们为人民做了大量艰苦的有价值的工作,为人民的教育事业,为农村的教育事业积累了丰富的经验。你们许多同志不怕各种艰难险阻,长期在边远山区巡回教学,有许多同志只身在深山奔波,冒着与野兽搏斗的危险,可是始终坚持在自己神圣的岗位上,这是一种共产主义精神,这是一种为人民服务而奋不顾身的精神。胡乔木强调,大家的工作很艰苦,但是这种工作是十分光荣的,是值得全国人民感谢和尊敬的。我们要求全国所有在农村进行教育工作的同志都向你们学习,以便使得全国的农村教育工作能够大大向前发展一步。

胡乔木指出,党中央、国务院一向坚持要在全国农村实行普及教育的方针。普及教育的关键是在农村。全国农村优秀教师参观团的经验表明:在全国实现普及小学教育不但完全需要,而且是完全可能的。我们一定要努力按照中共中央、国务院在1980年12月所通过的决定,争取在1990年在全国普及初等教育。我们要求全国各省、自治区、直辖市、各地县,都要为实现这个目标努力奋斗。他说,只要我们有决心,只要全国的教育工作者都能向你们学习,只要全国各级党政机关能够坚决地充分地支持大家的工作,这个目标是完全可以达到的,有困难也是可以克服的。我们希望全国所有在农村从事教育工作的同志们都来共同为实现这一目标而奋斗!

胡乔木说,为了发展农村教育,不但要普及初级教育,而且要发展农业中学,这是在全国广大农村实现"四化"必不可少的条件,是建设社会主义物质文明和精神文明的基本工作,也是对建设社会主义新农村的巨大的贡献。

胡乔木还指出,总的来说,现在全国农村的教育形势很好,但也有一些地方农村的教育工作受到一些不应有的损失。比如学生流动的程度增加了,教师的待遇没有得到合理的保证,学校的校舍也没有得到应有的维修和改善。类似这样的问题,都要逐步进行解决,这是我们党和政府应尽的责任!

万里在讲话中指出,农村在实行生产责任制以后,生产正在向广度和深度发展,这就迫切需要科学和文化,因此农民对自己子女的教育问题特别关心。这就给教育战线带来了一个光荣的任务,一定要把农村教育工作搞好。有少数同志忽视农村的教育工作,这完全是一种短视,必须加以坚决纠正。

河北省兴隆县东八叶小学教师周玉梅、江苏盱眙县龙山农中副校长朱国祥、安徽砀山县陈寨中学教导主任段华庭、湖北天门县张港中学班主任宋国京、山西省壶关县石河沐公社黑山背学校教师杨太忠、福建泰宁县陈坑小学校长黄盛祥先后在座谈会上发言。

参观团的教师来自29个省、自治区、直辖市,总共有88人,包括汉、藏、维吾尔、哈萨克、回、壮、苗、朝鲜等8个民族。教师们听取了教育部党组书记张承先所作的题为《改革农村教育,更好地为社会主义建设服务》的报告,座谈了农村教育问题,总结交流了农村教育工作的经验。

**国务院副总理万里 中央书记处书记胡乔木在人民大会堂会见参加全国中小学勤工俭学工作会议的全体代表并进行座谈**

万里在讲话中指出,教育必须与生产劳动密切结合,这个方针一定要坚持下去,这是实现四个现代化的需要,希望各地各级党政领导加强对勤工俭学工作的领导和支持,使学校培养出来的人才更适合"四化"的需要。

胡乔木在会上说,勤工俭学是整个教育的一个重要方针。我们的教育是为了培养社会主义事业的劳动者,不是为了培养不劳而获的吃闲饭的人,无论从事什么样的劳动都是劳动者。每个学生从他上学开始,到以后无论上哪一级学校,都应当抱有学习是为了劳动的坚定信念。在农村学习的学生,任务就是要建设社会主义新农村。不但在农村学习的同学应有这样的志气,就是在城市学习的许多同学也应下决心到农村去,帮助农民建设社会主义新农村,因为农村是中国的主体。而勤工俭学是培养学生劳动观念的最好办法。

胡乔木指出,勤工俭学的头一个目的就是为了贯彻党的教育方针。党的教育方针是要求学生德智体全面发展,成为有文化有社会主义觉悟的劳动者。假如培养的学生不爱劳动,轻视劳动者,不愿为劳动人民服务，那他就是没有受到应有的德育。劳动教育首先是德育，同时也是智育和体育，因为在劳动中能培养智慧，提高技能，同时在劳动中也锻炼了身体。所以，劳动教育贯穿了德育、智育、体育三个方面。

胡乔木说，劳动教育是教育的重要内容。这次教育部召开的中小学勤工俭学工作会议，表明勤工俭学在全国中小学已经取得良好的成就。将来高等学校也要适合各种不同专业的需要和可能，逐步发展和推广勤工俭学。教育与生产劳动相结合的方针是正确的，虽然过去曾经发生过过火的偏向，特别在“十年内乱”中“四人帮”破坏教育，在教育领域中提出了一些非常荒谬的口号，采取了一些荒谬的措施，使得一部分人对教育与生产劳动结合发生怀疑。我们要坚决纠正错误，但并不是要放弃教育与生产劳动结合的正确方针。教育怎能不为社会主义建设服务呢？任何脑力劳动怎能不和适当的体力劳动结合呢？社会主义的教育怎么能培养不但不懂得劳动的意义，而且看不起劳动人民的人呢？那就表明教育是走到错误路上去了。我们的国家是劳动人民的国家，教育就是培养在各条战线上为劳动人民服务的劳动者，他们的劳动一般总是脑力劳动和体力劳动的结合。从事体力劳动的同时也进行脑力劳动，从事脑力劳动的同时也要进行体力劳动，把脑力劳动和体力劳动完全分开是不可能的。马克思主义的教育理想就是要打破脑力劳动和体力劳动的界线，社会经济发展的趋势也是如此。现在这方面的工作还刚开始恢复，我们要把大家创造的经验推广到全国去。我们要把脑力劳动和体力劳动正确结合起来，使学校训练出来的学生既能从事脑力劳动，又能从事与他的脑力劳动不可分开的体力劳动。决不允许学校中那种看不起劳动，看不起体力劳动，幻想在社会主义国家吃闲饭，幻想不劳而获，害怕艰苦奋斗，一心贪图一些资本主义国家消费生活方面的享受等错误的倾向发展。如果发现学生中有这样的错误倾向，我们就要用适当的有效的方法去纠正，而勤工俭学就是重要的有效方法之一。

**全国妇联主席康克清在北京会见由坤仁奥拉旺·夫德叻军主席率领的泰国全国妇女理事会代表团**

康克清说，中泰两国是友好的近邻。近年来两国的传统友谊有了进一步发展。我们在许多重大国际问题上有着共同语言。她指出，中泰两国妇女的交往在不断加强，两国人民的友谊越来越密切。

坤仁奥拉旺说，我们是为增进泰中友谊、促进亚洲地区的和平而来的。泰中两国妇女面临着共同的任务，都在为发展和建设自己的国家而努力。

**中国和莫桑比克人民共和国贸易协定在北京签订**

这是中莫两国建立外交关系以来签订的第一个政府间贸易协定。国务委员兼对外经济贸易部部长陈慕华和莫桑比克外贸部部长萨罗蒙·蒙关贝分别代表本国政府在协定上签字。

**国务院副总理姚依林在人民大会堂会见由外贸部部长萨罗蒙·蒙关贝率领的莫桑比克政府外贸代表团**

**外交部部长黄华在北京会见莫桑比克外贸部部长萨罗蒙·蒙关贝**

**长沙和布拉柴维尔结为友好城市**

**中国成为国际第四纪研究联合会成员**

国际第四纪研究联合会第十一届代表大会于8月1日至9日在莫斯科大学举行。大会正式接受中国为这一联合会的成员。与会者是来自世界50个国家的955名学者。以中国科学院地学部学部委员、中国第四纪研究委员会主席刘东生教授为首的中国代表团一行24人，应邀出席。

中国代表团向大会提供了24份报告。

刘东生教授所作的题为《中国第四纪研究的新进展》的报告，受到与会者的欢迎和赞扬。

大会推选法国的富尔教授为本届联合会的主席，刘东生教授为副主席。

大会还选出世界上有重大贡献的12名科学家为该联合会的荣誉会员，其中包括中国著名的古人类学家、周口店北京猿人发现者裴文中。

**全国广播电视大学物理竞赛在河北承德结束**

全国16省、自治区、直辖市广播电视大学学生物理竞赛中，获得一等奖的有：周金(北京)，杨宇翔(湖南)沈建军(北京)，陈跃华(湖南)，黄建国(江苏)。

## 8月10日

**中共中央副主席邓小平 全国人大常委会副委员长邓颖超在北京会见正在中国讲学访问的外籍科学家**

这些科学家是：邓昌黎教授和夫人黄乃申、陈树柏教授和夫人林若星，牛满江教授和夫人张葆英，葛守仁教授和夫人周碧天，聂华桐教授，陈惠开教授，林本铭教授，洪儒珍教授和夫人林颖美，吴镇远教授和夫人吴美英等。

邓小平、邓颖超同这些科学家进行了亲切交谈，仔细倾听了他们对我国发展科学、教育事业的建议，并欢迎他们对我国“四化”建设作出贡献。

邓小平在介绍我国国内情况时说：我们已经取得了安定团结的局面。现在，我国的政治、经济情况都比预期的要好。我们打算到本世纪末把我们国家建设成一个小康社会。现在，我们对实现这个目标更有把握、更有信心。

在谈到祖国统一问题时，邓颖超说，最近廖承志致蒋经国先生的信再一次表明，我们方面真心诚意希望祖国能尽早统一起来。

**国家经委发出通知要求加强节能工作领导**

通知要求各级经济部门的领导进一步提高对节约能源重要性的认识，增强对节能的责任感和紧迫感，加强对这项工作的领导，广泛动员群众，千方百计确保今年节能计划的完成。

通知指出，能源问题是关系国民经济发展速度的重大问题。我国经济要上去，除了进行力所能及的能源开发以外，还必须依靠节能。特别在近期能源供需紧张的情况下，更要在节约能源上想办法，从节能中求增产，从节能中求速度，从节能中求效益。

为加强节能工作，开展好第四次“节能月”活动，通知提出了如下措施：一、加强对节能工作的领导，建立健全节能机构；二、加强对能源的科学管理，做好基础工作；三、以节能为中心，搞好技术改造和设备更新；四、逐步建立节能技术服务中心，积极推广节能的新技术、新工艺、新设备。

通知说，今年的“节能月”活动，重点是总结和检查节能工作的进展情况，针对薄弱环节，研究改进措施。各地区、各部门从现在起就应抓紧和加强这项工作。要在检查今年上半年节能计划完成情况的基础上，切实把下半年的计划安排好，做到指标、资金、措施三落实，保证完成今年节能计划，并为明年节能工作的开展准备条件。“节能月”期间，要广泛开展宣传工作，造成人人关心节能的社会风气。对认真贯彻节能指令和节能措施，节能管理、技术改造搞得好，节能效果和经济效益显著的单位，应给予表彰，搞得不好的单位，要限期改进。

**对外友协会长王炳南设宴欢迎以吉布提国民议会常设委员会主席艾哈迈德·布拉勒赫·巴莱赫为团长的吉布提友好代表团**

**国务委员姬鹏飞在人民大会堂会见以总书记孔博·恩东加·博凯为团长的扎伊尔全国职工联合会代表团**

**国务委员姬鹏飞在人民大会堂会见由总书记雷韦加西拉率领的坦桑尼亚工人工会代表团**

**全国妇联主席康克清在北京会见联合国助理秘书长联合国社会发展和人道事务中心负责人沙哈尼夫人**

**中国三部影片在意大利吉福尼国际儿童电影节获得最佳荣誉奖**

《四个小伙伴》《我的朋友小海豚》和《老狼请客》3部儿童影片受到观众的热烈欢迎，电影节授予最佳荣誉奖——共和国总统银质奖章。

**第一届全国大学生运动会在北京举行**

2255名大学生运动员参加了田径、竞技体操、艺术体操和乒乓球4个项目的比赛。运动会上有2人达到运动健将标准，106人达到一级运动员标准。大会还评出一批“五讲四美”运动队和运动员。

**全国计划生育工作会议在北京开幕**

会议于8月10日至16日召开。国家计划生育委员会主任钱信忠在会议上强调指出，计划生育工作是关系到我国社会主义现代化建设成败的大事，是关系到中华民族子孙后代长远利益的大事。当前，必须要加强领导，把我国的计划生育工作提高到一个新的水平。

在分析今年以来计划生育的形势时，钱信忠说，各级党委和政府认真贯彻执行《中共中央、国务院关于进一步做好计划生育工作的指示》后，收效很快，成绩显著，对控制今年人口回升的趋势起了重要作用。据有关方面统计，今年上半年我国出生的新生儿中，二胎率和多胎率都比去年同期有所下降。据预测，只要继续做好工作，做到不突破今年的人口计划是可能的。

我们有没有可能实现到2000年把人口控制在12亿以内呢？钱信忠说，从近几年来的实践和中央指示贯彻执行的情况来看，从许多先进地区的经验来分析，只要我们能够全面、深入地贯彻中央精神，各项措施跟上，这一奋斗目标是完全可以实现的。

钱信忠指出，当前的关键是抓好第六个五年计划期间的计划生育工作，不断提高广大干部和群众计划生育的自觉性。为此，一定要抓好下列各项工作。一、加强计划生育的宣传教育工作。把八亿多农民的工作做好了，控制人口战略目标的实现就有了最有力的保证。二、全面正确地落实好党的计划生育政策。三、根据农民的要求和生产的需要，进一步完善和提高各种不同形式的计划生育责任制。四、深入调查研究，根据不同地区的不同情况，对计划生育工作实行分类指导。

五、加强计划生育科研，搞好避孕药具的生产、供应工作。六、加强节育技术指导，提高手术质量。七、加强和健全各级计划生育机构。

国家计划生育委员会副主任王伟要求各级党委要以中共中央、国务院关于进一步做好计划生育工作的指示为武器，动员一切力量，做好计划生育的宣传工作。他说，宣传工作是开展计划生育打基础的工作。宣传教育要普及到户、普及到人，灵活多样，通俗易懂，特别要为广大农民所接受。还要建立起一支由领导干部、科技人员和群众积极分子组成的党性强、干劲大、懂政策、有科学知识的宣传队伍。

王伟希望计划生育部门各级领导跟上形势的发展，要做"明白人"，不当"糊涂官"。他说，各级领导至少要明白以下四个方面的问题：人口发展的历史、现状和趋势；人口和社会经济建设的关系；计划生育工作中的经验、问题和今后的打算；党中央关于人口问题的方针政策。

王伟强调，要不断建立、健全和完善各种计划生育责任制，并加强计划生育的经常性工作。

会议期间，来自全国29个省、自治区、直辖市和人民解放军计划生育部门的负责人和部分先进地区、县及公社的代表，总结交流了开展计划生育的经验，并讨论了第六个五年计划我国的人口规划。

## 8月11日

### 我国工业企业在提高经济效益方面有了5个进步

据《人民日报》报道，据国家统计局提供的资料表明，党的十一届三中全会以来，随着国民经济的调整，经济结构的改善，我国工业企业在提高经济效益方面有了五个进步：

一、能源消耗有了减少。1981年同1980年相比，每亿元工业产值消耗的能源折合成标准煤减少了5300吨，全年共节约标准煤2,650万吨。其中，86%是靠调整轻重工业生产比例和部分产品生产结构而取得的，14%是靠加强能源管理和降低消耗定额而节约下来的。

二、多数主要产品质量有所提高。在重点企业78项主要产品质量指标中，1981年比1978年提高的有67项，占85.9%。钢铁、原煤、水泥、平板玻璃、棉纱、棉布、机制纸及纸板等主要产品质量都有了提高。

三、流动资金周转速度逐步加快。全民所有制工业企业每百元工业产值占用的流动资金，由1978年的32元减少到1981年的30.2元。流动资金的周转次数增加，周转时间1981年比1978年加快了9天。

四、为国家提供的财政收入有了增加。1978年工业为国家提供的财政收入为843.1亿元，1981年增加为850.9亿元。

五、劳动生产率有了提高。全民所有制工业企业全员劳动生产率，1981年达到11,815元，比1978年提高了730元。1979年到1981年劳动生产率平均每年递增2.2%。

国家统计局的材料指出，经过三年的调整，我国工业的经济效益虽然有所提高，但潜力仍然很大。工业部门的各级领导和广大职工要再接再厉，使工业企业的经济效益在较短时间内有一个较大的提高。

### 国务院发出《关于节约工业锅炉用煤的指令》

指令说，要限期更新改造低效锅炉，逾期不更新改造的，停止供应燃料。各用户要加强对锅炉用煤的管理，提高用热设备的热能利用率，节约蒸汽，逐步做到用汽有计划、有计量、有考核。

指令要求严格限制盲目扩大锅炉容量。凡新增和更新、改造锅炉，要扩大锅炉蒸发量的，必须事先由当地节能部门会同燃料供应部门和用户主管部门审核同意，办理锅炉增容手续，否则不供应煤炭。

指令要求锅炉更新改造同有重点地发展集中供热、热电联产结合起来安排。

国务院的指令对工业锅炉的煤炭定点供应、提高用热设备的热效率，把蒸汽取暖改为热水取暖、锅炉操作人员技术培养等分别作出了具体规定。

### 国务院批转财政部《关于加强国营企业财务会计工作的报告》

报告说，近几年来，国家在推行经济责任制，督促企业改善经营管理的同时，采取了多种措施，使企业财务会计工作有所改进和提高。但是，从各地开展企业财务检查的情况来看，这方面作得比较好的，还只是少数企业。多数企业程度不同地存在着财务管理水平低，会计账目不清楚，财产、资金、成本核算不准确，以及财政纪律松弛等问题。还有少数企业，财务管理混乱，损失浪费严重，违法乱纪问题不断出现。

报告要求各地区、各部门，在企业整顿中，要以提高经济效益为中心，认真整顿和加强财务会计工作，力争在两三年内使这方面的管理水平有一个显著的提高。

财政部报告就加强国营企业财务会计工作提出了九条要求，九条要求的主要内容是：

一、所有企业必须对财务会计工作进行一次彻底的整顿，并限期达到以下要求：(1)有一套健全经济核算的基础工作和财务会计制度；(2)正确贯彻执行国家政策、法令，遵守财经纪律；(3)及时足额地上缴税款和利润；(4)有一套保护国家财产完整无损的切实可行的有效措施；(5)建立依靠群众管家理财的制度，勤俭办企业；(6)有健全的财会机构和同工作任务相适应的财会人员。

二、建立和健全经济核算的基础工作和财务会计制度。

三、认真执行国家的分配政策和有关规定。企业利润的上交、留用办法，成本开支范围，各项专用基金的提取标准等，都是国家分配政策的具体体现，必须统一由国务院批准下达，或者由国务院授权财政部制定。任何地区、部门和单位，都不得自行其是，同国家的统一规定相抵触。

四、保护国家财产完整无损，不受侵犯。各项财产都应当有完整的账目记载，有明确的使用和保管的责任制。对关停企业，必须指定专人负责财产的保管、维护和处理。对于盗窃、侵吞、哄抢和破坏国家财产的犯罪分子，则必须依法惩处。

五、加强成本(费用)核算，如实反映企业经营成果。不准打埋伏，造假账，谎报成本。

六、及时足额地上交利润，不得截留、挪用或者拖欠国家收入。一切自销、试销、展销产品的利润，进出口产品的利润，经销议价产品的利润，贸易公司(货栈)的利润，地方信托投资公司的利润，高级宾馆和旅游企业的利润，以及各种手续费和业务收入等，都不允许擅自留用，化大公为小公，化全民为集体。

七、加强各项专用基金的管理，发挥资金使用效果。企业用于挖潜、革新、改造方面的专用资金，要符合上级批准的技术改造规划和提高经济效益的要求，做到材料、设备、资金、施工力量四落实，防止拉长基建战线。发放奖金，必须严格按照国务院的统一规定执行，不许突破国家规定的范围、标准和限额。

八、健全财会机构，培训财会人员。

九、加强群众和专业人员的财务监督。企业职工和财会人员揭发违法行为，受国家法律保护，严禁打击报复。财会人员知法犯法、损害国家利益的，则要加重处分。

**国务院作出决定撤销杨义邦化工部副部长职务**

决定指出，化学工业部副部长杨义邦同志，在1978年下半年和1979年，在对外经济工作和外事活动中，不作认真的调查研究，不顾有关部门多次提供的材料和提出的劝告，在国外活动不通过我国的有关驻外机构，一再违反纪律，听从外商的摆布，屈从外商的要求，变相受贿索贿，违反国家保密规定，给国家的信誉和经济利益造成了重大损失。

国务院的决定指出，杨义邦同志的错误是严重的。鉴于他多年来做过有益的工作，是有成绩的，对错误作了检查，有了一定认识，根据"惩前毖后，治病救人"的精神和中共中央纪律检查委员会的建议，国务院决定给予杨义邦同志撤销化学工业部副部长职务的处分。杨义邦同志应从这次错误中吸取教训，增强党性锻炼，提高思想水平，并望在今后工作中作出新的成绩。

**外交部部长黄华在北京会见主管"方案和计划协调"的联合国助理秘书长彼得·汉森**

**国务委员谷牧在人民大会堂会见日中经济协会常任顾问冈崎嘉平太一行**

**中国代表团团长章文晋在第二次联合国探索及和平利用外层空间大会上发表谈话**

章文晋说："我国的一贯立场是，对外层空间的探索和利用必须服务于和平目的；必须有利于发展各国的经济、科学和文化事业，增进各国间的平等友好合作；必须照顾到各国的利益，特别是发展中国家的利益。"

章文晋在回顾第一次外空大会以来的十四年期间，空间科学和技术取得的迅速进展以后说："随着空间科学技术的发展，也出现了一些令人关切甚至焦虑的问题。我们认为，认真考虑和解决这些问题，促使和平利用外空的活动朝着正确的方向发展，这是本届外空大会所面临的重要课题。"

章文晋说："空间科学技术是人类整个科学技术的一个组成部分，是人类的共同财富，理应为各国人民所共享。但是，当前现实情况是，发达国家在人类科学技术领域中占据了垄断地位。所有研究与发展项目中，占全世界人口70%以上的发展中国家仅占5%。在空间科技领域里，这种差距尤为悬殊。例如到1981年年底为止，全世界共发射了2700多颗卫星和飞行器，而两个超级空间大国就占90%以上。空间科技的这种巨大的差距，带来了各国在权利和利益分享上的不平等。当前，空间科技的应用日益广泛和带来的实际利益越来越多，而发展中国家却不能合理享受人类开拓外空所带来的成果。这是一个值得重视的问题。但是由于历史的和其他的原因，发展中国家在解决这一问题方面还存在着相当大的困难。因此，需要国际社会作出共同的努力。在这方面，联合国及其专门机构应当发挥更多的作用。而技术先进的发达国家，特别是超级空间大国应当承担更大的责任。"

章文晋在发言中还指出："这些年来，国际局势动荡不安，霸权主义加紧扩军备战。在宁静的外层空间也笼罩着剧烈争夺和进行军备竞赛的阴影。外层空间是人类的共有环境，为了确保其用于和平目的，有必要采取切实有效措施，使外空不致成为新的军备竞赛场所。因此，本届大会在探讨和平利用外空的重要问题时，不能不同时涉及制止外空军备竞赛问题。必须采取措施阻止和扭转这一危险趋势，这是全世界爱好和平的人民的共同愿望。”

章文晋最后说：“中国是一个发展中的社会主义国家。我国在国际事务中一贯奉行和平的外交政策。这些年来，我国在致力于发展经济的同时，对外层空间的探索和利用，作出了一定的努力。目前我国从事外空事业的力量还是有限的，但我们愿意为和平利用外空、使空间科技为全人类谋福利，以及开展国际合作包括发展中国家的合作方面，作出我们力所能及的贡献。我们愿意同与会各国代表一道，为平等协商解决本届大会面临的问题而竭尽自己的力量。”

**中国和孟加拉国在达卡签订第六个贸易议定书**

中国贸易代表团团长、中国对外经济贸易部副部长贾石和孟加拉国工商部负责商业的秘书埃赫桑·卡比尔分别代表本国政府在议定书上签字。根据这项议定书，中国将向孟加拉国提供煤、生铁、钢坯、机械设备等工业品，孟加拉国将向中国出口黄麻、皮革、化肥等商品。

**解放军海军第一次建设社会主义精神文明先进代表大会在北京召开**

大会于8月11日至18日召开。

中央军委秘书长杨尚昆在会上强调指出，建设社会主义精神文明，是把我军建设成一支强大的现代化、正规化革命军队的一项重要内容和保证。这是从根本上解决人的政治觉悟、道德品质、作风纪律和科学文化问题，提高部队的战斗力。

杨尚昆说，海军是科学技术复杂的合成军种，守卫在祖国海防第一线，许多部队又处在较多受到资本主义思想侵袭的前沿地区。建设社会主义精神文明，抵制资本主义思想和其他错误思想的侵蚀，使干部战士有理想、讲道德、守纪律，提高科学文化水平，熟练掌握现代化武器装备，这对提高海军战斗力来说具有特别重要的意义。他说，建设社会主义精神文明，核心是要有共产主义理想。海军提出和实行的：“立志为海军事业献身，一切服从革命需要”，“爱舰、爱岛、爱海洋”等等，都是共产主义理想在实践中的生动体现，我们应当加以宣传和推广。

中央军委负责人韦国清，人民解放军各总部负责人何正文、梁必业、甘渭汉、黄玉昆、史进前、胥光义等出席了大会。

大会着重研究了如何在海军部队搞好共产主义思想教育的问题。参加会议的600多名代表，决心在建设精神文明活动中发挥模范作用、骨干作用和桥梁作用，促进海军的革命化、现代化、正规化建设。

与会代表通过认真讨论和总结交流经验，一致认为，部队开展共产主义理想教育要着重做好五个方面的工作：一是认真组织学习马列主义、毛泽东思想，使干部战士懂得共产主义原理，懂得共产主义必然代替资本主义的社会发展规律。这是确立共产主义理想的根本途径；二是搞好革命传统教育，进行党史、军史、中国革命史和社会发展史教育，激发干部战士爱党、爱祖国、爱军队的热情；三是坚持不懈地把反对资产阶级自由化和资本主义思想腐蚀的斗争抓下去，保持共产主义的纯洁性；四是引导干部战士把共产主义理想和革命实践紧密结合起来，树立革命理想，做好本职工作；五是继续开展学雷锋、学英模活动，使干部战士树立共产主义的理想，行动有效法的榜样。

海军党委表彰了120个建设精神文明先进集体和个人，树立了24个建设精神文明标兵。

海军部队负责同志叶飞、李耀文、刘道生等参加会议并讲话。

**单机单镜头立体电影摄影装置研制成功**

宁波市立体显示技术研究所，经过一年的努力，在北影、上影等单位的大力支持下，完成了省科委下达的课题，研制成功了我国第一台单机单镜头立体电影摄影装置。

经浙江大学和北京、上海电影制片厂等近20个单位工程技术人员的联合鉴定，认为这台装置的试制是成功的，它能拍摄宽银幕立体影片，具有每秒48幅的摄影频率，结构轻巧，洗印、剪接也很方便。但这台装置在镜头焦距调节及拆卸等方面还不够方便，尚需改进。

**陈昌金在合肥举行的F3A无线电遥控水上模型飞机封闭速度的飞行测验中打破航模世界纪录**

## 8月12日

**《人民日报》发表社论《开创建材工业的新局面》**

在人们衣食住行的物质生活中，“住”和“行”两件事，与建筑材料关系最密切。行，要修道路、桥梁和港口，需要建材，尤其需要水泥。住，要建房屋，也需要各种建筑材料。近几年，我国的建筑材料，特别是水泥、平板玻璃、卫生陶瓷、黏土砖瓦、防水材料、保温材料，等等，都有了不同程度的发展，但仍然不能满足日益增产的需要。

摆在全国建材工业战线面前的一项重要任务，就是要努力开创建材工业的新局面，力争在较短的时间内，使建材工业的各个门类能够协调地发展，把建材主要产品搞上去，改变长期处于短线的局面。

加快建材工业的发展速度，必须坚持两条腿走路，充分调动各方面的积极性，包括地方和中央各有关部门的积极性。建材工业的地方性和专业性很强，按照目前国家体制的规定，要条块结合，以块块为主，更多地调动地方的积极性，包括农民的积极性。要从实际出发，研究和制定具体政策，把建材工业搞活，对不同行业、不同产品，要采取不同的办法，不要“一刀切”。由于建筑材料供不应求，现在各方面对办建材很有积极性，并且创造出一些筹集资金和联合办厂的新形式。我们要调查研究，总结经验，因势利导，存利去弊，把有用的东西加以肯定，不足之处予以改进，使之不断提高、完善。特别是要研究制定集资政策、产品分配政策，兼顾各方面的利益，采取联营、补偿贸易、预付款等多种形式，使建筑材料生产能较快地发展。

建材的大多数产品是短线。长期以来，我们主要考虑数量，对产品质量的要求重视不够。随着人民生活水平的提高和现代化建设的发展，对产品质量和花色品种的要求会越来越高。目前，我国许多建材产品质量低，高档品少，花色品种单调，与社会需要不相适应；与世界先进水平相比，差距很大。要把提高建材产品质量作为一项重要工作来抓，一方面要努力提高老产品的质量，严格执行质量标准，做到质地优良；另一方面，为了适应现代化建设和工农业生产的需要，要努力发展新花色、新品种，继承和创造具有民族传统特色的名牌产品。各地建材部门要选择一些有条件的厂，生产一部分高档产品，既能满足国内需要，又能增强在国际市场上的竞争能力。经过几年努力，使我国建材产品质量有一个大的提高，真正做到产品质量好，品种齐全配套，丰富多彩，能逐步满足国家建设和人民生活多方面的需要。

要加强对建材工业的领导。在最近国务院部门的机构改革中，原建筑材料工业部并入国家经济委员会，设立国家建材工业局，建材部门的隶属关系、组织机构和管理体制，发生了较大的变化，这样更有利于解决建材工业发展中的许多具体问题。机构改革是为了更好地提高效率，不能因为机构改革，放松当前的建材生产和基本建设。国家建材工业局承担原建材部的工作任务和管理范围，领导和管理全国建筑材料和非金属矿工业。省、自治区、直辖市建材局要管理好本省、市、区范围内的建材和非金属矿工业，对整个建材工业(包括社队建材企业和其他系统的建材企业)的有关规划、政策和技术等工作要全面管起来。

**国务院电贺河南 山东军民战胜1958年以来最大洪水**

从7月底到8月初，黄河中游连降暴雨和大暴雨。黄河花园口洪峰流量达15300立方米每秒，出现了新中国成立以来仅次于1958年的最大洪水。沿河的群众和人民解放军日夜防守堤防，并及时使用东平湖滞洪区滞洪，保证了洪水安全泄入渤海。在抗洪斗争中，河南、山东的省委、省政府和当地驻军的领导干部亲临前线，坐镇指挥；沿黄河的地、县负责人同广大干部群众和民兵，日夜战斗在黄河大堤上；人民解放军广大指战员以最快的速度奔赴抗洪前线，不分昼夜，连续作战，加固堤防，屡建功勋。国务院在电报中，向参加抗洪抢险的全体干部、广大群众和人民解放军指战员以及常年战斗在黄河沿线的职工们，致以亲切的慰问和诚挚的敬意。电报指出，黄河汛期尚未结束，河道水位还比较高，希望沿河各地再接再厉，提高警惕，加强防守，夺取今年黄河抗洪斗争的全面胜利。

**国务院向胜利粉碎劫机事件的民航杨继海机组颁发嘉奖令**

嘉奖令全文如下：

中国民航兰州管理局第八飞行大队杨继海机组，1982年7月25日驾驶民航伊尔十八220号机执行西安至上海2505航班任务，在飞临上海附近上空时，机上5名歹徒突然采用暴力手段劫持飞机。杨继海机组怀着高度的爱国主义精神和保证旅客安全的责任感，临危不惧，坚定沉着，配合有方，在地面正确指挥和机上旅客的协助下，与歹徒进行了机智勇敢的搏斗，终于战胜歹徒，飞机载着全部中外旅客在上海虹桥机场安全着陆。他们在当地人民政府和驻军的配合下，粉碎了一起劫机的严重事件，谱写了我国民航反劫机的一曲胜利凯歌。

杨继海机组的英雄事迹，体现了他们热爱党，热爱社会主义祖国的坚定立场，体现了他们为确保旅客安全，为维护祖国声誉而英勇顽强、不怕牺牲的革命英雄主义高尚品德。他们为国家和人民争了光。为表彰这一英雄事迹，国务院决定授予杨继海机组中国民航英雄机组的称号。给机长杨继海记特等功一次，授予反劫机英雄称号；给副驾驶阎文华、机械员刘兆贤、报务员苗学仁、领航员黄振江、乘务分队长许克敏各记特等功一次；给乘务员盖生兰、贾志梅各记大功一次；给杨继海机组8位同志各晋升一级，并分别给予奖金奖励。

国务院号召民航全体空勤人员和广大职工向英雄的杨继海机组学习，兢兢业业，戒骄戒躁，提高警惕，做好工作，确保飞行安全，全心全意为中国人民和世界人民服务，为我国的社会主义现代化建设作出贡献。

**外交部部长黄华在北京会见联合国助理秘书长联合国社会发展和人道事务中心负责人沙哈尼夫人**

**中国向尼日尔派遣第四批医疗队议定书签字仪式在尼日尔首都尼亚美举行**

中国驻尼日尔大使馆临时代办张光和尼日尔外交和合作部秘书长桑迪·雅库巴，分别代表本国政府在议定书上签字。

**解放军空军建设社会主义精神文明先进代表大会在北京召开**

会议于8月12日至18日召开。大会向空军广大指战员发出倡议：胸怀革命理想，做好本职工作，开创一个学先进、赶先进、创先进的新局面，让精神文明之花开遍机场和各个营区，以更加优异的成绩迎接党的十二大胜利召开。

中央军委负责人杨尚昆、韦国清，人民解放军各总部负责人刘华清、梁必业、甘渭汉、黄玉昆、史进前、华楠、胥光义等，出席了大会。

杨尚昆在讲话中，代表中央军委和各总部高度赞扬并祝贺空军开展精神文明活动以来取得的丰硕成果，勉励广大指战员再接再厉，在精神文明建设中作出新成绩。他说，空军去年开展"讲礼貌、讲军容、讲纪律"的活动，行动很快，在全军起了很好的推动作用。空军党委带领广大指战员坚持四项基本原则，认真执行党的十一届三中全会以来的路线方针政策和中央军委、总部的指示，部队面貌发生了深刻变化。

杨尚昆对部队今后怎样深入持久地开展建设精神文明活动，提出了四点要求：一是提高认识。搞好精神文明建设，是一项长期的战略任务，中心就是用共产主义思想教育干部战士；二是加强学习。努力学习和掌握马列主义、毛泽东思想的基本理论，自觉改造世界观，保持共产主义的纯洁性，抵制资本主义思想的侵蚀和资产阶级自由化的影响；三是埋头实干。"胸怀革命理想，做好本职工作"很好，搞精神文明建设，同做任何工作一样，需要认认真真地干，脚踏实地地干；四是领导带头。空军有个好的作风，就是强调上至司令员、政委等空军领导同志起，下至基层干部，都要当好"排头兵"，这是很对的。建设精神文明，同样要从各级领导做起。

来自空军各条战线的800多名代表，代表着空军部队在一年多来社会主义精神文明建设中涌现出的2400多个先进单位、4.5万多名先进个人。代表们在一起认真学习党的十一届七中全会公报，回顾在党的三中全会以来路线、方针、政策指引下取得的成绩，总结交流经验，决心把空军的精神文明建设提高到一个新水平。会上，空军党委给121个先进单位和个人分别授予荣誉称号、树立为标兵和先进典型。

空军司令员张廷发、政治委员高厚良参加大会并讲话。

**中央军委发布命令授予海军西沙中建岛守备队以"爱国爱岛天涯哨兵"荣誉称号**

命令说，海军西沙中建岛守备队自1978年1月组建以来，日夜守卫在被称为"南海戈壁"的小岛上。在气候酷热，交通和供应十分困难的条件下，全队同志发扬爱国主义和革命英雄主义精神，把爱岛同爱国联系起来，以苦为荣，以岛为家，团结战斗，常备不懈，出色地完成了守卫海岛等各项任务。他们以百折不挠的坚强毅力，战胜重重困难，改变了环境，把一片沙滩建设成有树荫、有菜畦的"海上家园"。他们以"人在岛在国旗在"的英雄气概，对入侵之敌高度警惕。

中央军委号召全军同志，特别是驻守边防、海岛的同志，都要向中建岛守备队的同志学习。像他们那样，努力学习马列主义、毛泽东思想，自觉改造世界观，牢固树立共产主义理想。像他们那样，发扬我军爱国主义和革命英雄主义的光荣传统，同心同德，建设边疆，保卫边疆。像他们那样，保持和发扬我军不怕艰难困苦、不怕流血牺牲的革命精神，为祖国乐于吃苦，为人民勇于牺牲，为保卫和建设社会主义祖国，贡献自己的全部力量。

**第一届科学创造发明比赛和科学讨论会在上海开幕**

活动由全国青少年科技活动领导小组举办。包括汉、回、蒙古、朝鲜、壮、彝、维吾尔等10个民族，此外还有台湾籍学生。经各省、自治区、直辖市评选推荐参加比赛的作品中，小发明有223件，小论文70篇。

本届青少年科学创造发明比赛和科学讨论会评选委员会主任、上海市科协主席、同济大学校长李国豪致开幕词。

全国政协副主席、全国儿童和少年工作协调委员会主任、全国妇联主席康克清，中国科协副主席茅以升，中国科协顾问高士其分别给大会发了贺信。

## 8月13日

**中共中央主席胡耀邦到黑龙江 内蒙古调研**

8月13日至月21日，胡耀邦先后到工厂、煤矿、牧区、科研单位和生产大队，同工人、干部、科技人员和社员进行交谈，访问了农业专业承包户，听取了省、市、地(盟)、县领导同志的汇报。

在大庆，胡耀邦参观油井和正在建设中的30万吨乙烯联合化工厂等建设工程，访问了钻井队，并向油田的1800多名干部发表讲话。

胡耀邦同志在讲话中指出：二十多年来，大庆的干部和工人为国家生产了6.1亿吨原油，创造了570多亿元的财富，是全国贡献最大的企业。对此，党和人民是不会忘记的，我们的子孙后代也不应该忘记。更重要的是，大庆是一个榜样，证明中国人民有志气、有智慧、有能力把自己的祖国建设成为强大的社会主义现代化国家。为建设大庆献出生命的王铁人等同志，党和人民将永远记住他们、怀念他们；为建设大庆出过力、做过贡献的同志，不论已经退休还是仍在工作岗位上的，党和人民也同样记住他们、尊敬他们。

胡耀邦同志指出，历史记载了大庆人的功勋，但是大庆职工当然不会躺在光荣历史上睡大觉。他殷切期望大庆职工今后要出色地完成三大战斗任务：第一，要继续向国家作高水平的贡献，保证原油产量持续稳定高产，同时努力扩大二次勘探范围，增加后备储量，并且搞好原油深度加工，建设好30万吨乙烯联合化工厂，建设好以石油化工为主，农业、轻工业综合发展的工矿区。第二，要发扬大庆的优良传统，要比60年代、70年代有更高的觉悟，更高的科学技术水平，更好的组织纪律性，长更大的志气。第三，要使整个大庆变成一个环境清洁优美、生活安定方便的工业基地，使职工收入在发展生产、自己动手开辟多种生产门路的条件下，有较快的增长。

胡耀邦同志在各地调查时谈到了如何加快发展农牧业生产。他指出，要打开视野，因地制宜，在抓紧粮食生产的同时，从发展林、牧、副、渔业和加工工业上多打主意。黑龙江、内蒙古有辽阔丰美的草原，要充分利用这个资源优势，把发展畜牧业提到更高的地位上来。特别要多养奶牛，相应发展小型的、星罗棋布的乳品加工工业，这样做并不需要很多投资，却可以使农牧民更快地富裕起来；不仅不会妨害粮食生产，而且随着畜牧业的发展和人民食物构成的逐步改变，口粮消费量还会逐步下降。胡耀邦同志十分赞赏专业承包责任制。他在齐齐哈尔听到奶牛专业承包户有疑虑，怕"割尾巴"时，就鼓励他们说："放手大胆地干吧！"他在呼伦贝尔盟看到那里地域广大、农牧民居住分散，他说，这样的地区还应当发展流动购销专业户，这种专业户经过许可，既能代购零星分散的土产、畜产品，又能代销农牧民需要的各种工业品，有利于活跃商品经济，为当地农牧业生产和农牧民生活服务。

胡耀邦同志在会见黑龙江省、哈尔滨市、松花江地委和驻军领导干部时，在同吉林省、白城地区和这个地区所属九个市、县的领导干部谈话时，在伊敏河和霍林河煤矿区现场，反复强调了下到第一线搞调查研究的极端重要性。他说，只有掌握丰富的感性知识，特别是到第一线去直接占有大量的第一手材料，才有可能形成科学的合乎实际的理性认识，作出正确的决定。不调查不研究，坐在屋子里听汇报，粗枝大叶，似是而非，要么没完没了地扯皮，要么作出的决定是错误的，这是当前党风不正的一个突出表现。

胡耀邦同志还谈到了提拔中青年干部的问题。他说，除了领导干部要下去，还要支持年轻优秀干部上来。这两条搞好了，我们的事业才能兴旺发达。老干部要把支持年轻的优秀干部上台当成最大最光荣的历史任务。老干部的功绩是不会被抹杀的，对他们一定要安排好、照顾好。年轻干部任何时候都要紧密地团结和依靠群众，并且虚心诚恳地向那些公正无私的老同志学习。

## 中央纪委第四次全体会议在北京举行

会议于8月13日至17日举行。出席会议的委员们认真讨论和审议了《中央纪律检查委员会向党的第十二次全国代表大会的工作报告》。

中央纪委常务书记黄克诚主持了这次会议。副书记王鹤寿在会议开始时就第四次全会的准备过程、议程和开法作了说明。在今天的闭幕会上，黄克诚、王鹤寿分别讲了话。

中央纪委副书记王从吾、刘顺元、张启龙、袁任远、马国瑞、张策、赵毅敏和委员共74人出席了会议。各省、自治区、直辖市党委纪委的负责同志和铁道部党委纪委的负责同志列席了会议。

## 重点水电工程—红水河梯级电站建设逐步展开

红水河位于珠江干流西江水系的上游，西起南盘江的天生桥，东到黔江的大藤峡，全长1050公里，跨越贵州、广西两省、区。这条河水量丰富，落差集中，适于建设梯级水电站。

规划建设的梯级水电站是天生桥高坝、天生桥低坝、平班、龙滩、岩滩、大化、百龙滩、恶滩、桥巩和大藤峡等10个。这10个电站总装机容量1112万千瓦，保证出力549万千瓦，平均年发电量603亿度。全部开发出来后，相当于建设12个年产300万吨的煤矿和1000万千瓦容量的火力发电站。10个水电站中，天生桥高坝、天生桥低坝、龙滩、岩滩、大化、大藤峡等6个主要电站，装机容量940万千瓦，可望于2000年以前基本完工。

开发红水河水电资源，将有力地促进广西、贵州两省的经济发展，并且可以西电东送广州、香港，解决华南地区当前和今后一个时期缺电问题，同时也可以提高下游的防洪能力，改善航运条件。

**全国人大常委会副委员长邓颖超在北京会见由坤仁奥拉旺·夫德叻军主席率领的泰国全国妇女理事会代表团**

**中美新的纺织品贸易协议第一轮谈判在北京举行**

中美新的纺织品贸易协议第一轮谈判于8月13日至16日在北京举行。由于美方在谈判中提出了极不公正的建议，对中国向美国出口的纺织品采取歧视性的严厉限制，中方已经拒绝了美方的建议，并阐明了自己对新协议的原则立场，要求美方加以考虑。

在这一轮谈判中，美方代表提出要扩大对中国纺织品对美出口的限制范围，压低限额水平，取消某些灵活条款，把年增长率降到平均不到1%，并要求修改协商条款，使美方拥有任意行动的自由。

中方认为，美方的这些建议完全违背了中美贸易关系协定的基本原则，理应予以拒绝。

中国代表团团长、对外经济贸易部对外贸易管理局副局长李登山在谈判中用中国纺织品对美出口的实际情况批驳了美方论点。

李登山说，中国对美纺织品出口的增长，是从几乎近于零的起点开始的，1981年中国对美的全部纺织品出口金额，按中国的统计，为4.2亿美元，即使按美国的统计，也不到6亿美元，与一些主要供应者的出口金额相比，差距很大。中国出口的产品中相当大的部分是坯布，供美印染、服装业做原料用，对美工业有益。如果只计算中国服装的对美出口，则其出口额在美纺织品总进口额中只占3.1%。同时，中国对美纺织品出口类别和产品范围也有限。1981年中国对美出口只有54个类别，只占美国全部进口类别的一半。

他指出，美国有些舆论把中国对美纺织品出口情况加以不恰当的描绘，说什么中国纺织品出口给美国纺织工业生产和就业造成了困难，干扰了市场等等，这是不符合事实的。

李登山说，在纺织品贸易中，中国作为美国市场的新参加者，其应享受的公正待遇完全没有得到充分的考虑。中国对现行协议中受到的待遇有强烈的不满。他说，中国对美纺织品出口不是按照贸易的实际需要与可能来发展，而是处于不公平的严格控制之下。现行协议的特定限额水平不但不能反映协议缔结时中国出口已达到的水平，反而低于这个水平。增长率也大大低于国际上公认的对新出口者应给予的合理增长率。在受配额限制的类别方面，中国对美纺织品的出口也失去了合理发展的可能性。在签订新协议时，中国享受的待遇，应该有明显的改善。

他强调指出，第一个中美纺织品贸易协议生效后，美方就无节制地使用协商条款，扩大限制范围，任意压低限额水平，甚至拖延协商时间，单方面限制进口，严重地影响了中国纺织品对美的出口，损害了中国的经济利益。

李登山说，中美贸易不平衡，中美纺织品贸易也不平衡，中国有大量的贸易逆差。中国增加对美纺织品出口正体现了力争双方经济利益平衡的精神。

新的中美纺织品贸易协议的第二轮谈判将在美国进行。中国代表团认为，美方必须认真考虑中美贸易严重不平衡的状况，依照中美贸易关系协定的各项原则，给中国纺织品输美以公平合理的、不受歧视的待遇。只有在这样的基础上，双方才能成功地进行下一轮的谈判。

**中国和孟加拉人民共和国文化合作协定1982年和1983年执行计划在北京签字**

文化部副部长吕志先和孟加拉国驻中国大使礼萨·卡里姆代表两国政府在执行计划书上签字。

文化部顾问陈辛仁出席了签字仪式。

**第一届全国儿童剧观摩演出（北方片）在长春开幕**

观摩演出由文化部主办。参加北方片演出的有中国儿童艺术剧院，中国福利会儿童艺术剧院，山西、河北、山东、甘肃、新疆、宁夏、辽宁、陕西和吉林九省区的16个艺术团体。他们将以话剧、歌剧、歌舞剧和京剧、吉剧、豫剧等艺术形式，分别演出17个剧目。

文化部副部长周巍峙在开幕式上讲话。他说，我国儿童剧在30年代，在抗日战争、解放战争时期，以及在解放后，就创作出不少好的剧目，形成了自己的传统。但是，儿童剧在我国社会主义艺术园地里还是一株幼苗。文化部举行这次观摩演出，就是以期得到社会各界进一步的帮助和支持。

在会上讲话的还有中共吉林省委书记于林，中国戏剧家协会秘书长刘厚生，著名儿童文学作家、翻译家叶君健，著名儿童剧演员方掬芬。

**赖润明在圣保罗举行的1982年世界青年举重锦标赛中获得56公斤级抓举金牌**

**中国伊斯兰教协会第四届第二次委员会议在北京闭幕**

会议于8月13日至20日召开。会议号召中国穆斯林在党和人民政府的领导下,发扬伊斯兰教的优良传统,做到爱国爱教,和全国人民团结一致,为“四化”建设,为实现台湾回归祖国,完成祖国统一大业,作出自己的贡献。

中国伊斯兰教协会主任张杰向大会作了工作报告。委员们在讨论时指出,伊斯兰教协会的主要工作仍然是协助政府宣传贯彻宗教信仰自由政策,加强对广大穆斯林的爱国主义和社会主义教育,增强爱国守法观念,促进民族团结,在党和政府的领导下,共同为社会主义“四化”建设服务。

会议期间,中共中央统战部部长、国家民委主任杨静仁,国务院宗教局局长乔连升,以及有关方面负责人到会表示祝贺。

## 8月14日

**国务院副总理万里 国务委员耿飚 国务院秘书长杜星垣在中南海紫光阁会见民航杨继海机组的全体成员**

杨继海机组的全体成员有:机长杨继海、副驾驶员阎文华、机械员刘兆贤、报务员苗学仁、领航员黄振江、乘务分队长许克敏、乘务员盖生兰、贾志梅。

万里说:“紫光阁在清朝是接见打了胜仗的将军们的地方,你们也是打了胜仗的将军!”你们胜利粉碎劫机事件,没有高度的热爱党、热爱祖国、热爱社会主义的觉悟是不可能做到的。希望你们今后不要骄傲,要继续为人民作出贡献。

耿飚说,你们的英雄行为确实给大家作出了榜样,因为劫持飞机的事件在我国还是第一次发生,而这第一次就被你们粉碎了。耿飚说,在这场斗争中,共产党员、共青团员起了模范带头作用,特别是旅客中的党、团员挺身而出,帮助机组人员同歹徒搏斗,这在国内外都产生了非常好的影响。会见中,机长杨继海和乘务分队长许克敏详细汇报了他们在飞机上同歹徒进行斗争的情况。他们代表机组成员表示,一定要戒骄戒躁,努力工作,继续为祖国的民航事业贡献力量。

中国民航总局局长沈图参加了会见。

**共青团中央作出决定授予贾志梅盖生兰“全国新长征突击手”称号**

决定说,贾志梅、盖生兰同志在1982年7月25日粉碎劫机阴谋的斗争中,勇敢机智,坚定沉着,与机组全体同志、广大乘客一道,同劫机歹徒进行了英勇顽强的搏斗,表现了高度的爱国主义和革命英雄主义精神,为取得反劫持斗争的胜利作出了贡献。

决定号召全国共青团员和广大青年要学习贾志梅、盖生兰同志在紧急关头临危不惧、奋不顾身、机智勇敢的革命英雄主义精神和热爱祖国、忠于人民、恪尽职守的主人翁责任感,在建设“四化”、保卫“四化”的伟大事业中贡献青春!

**全国人大常委会副委员长彭冲在北京会见斯里兰卡司法部部长尼桑克·帕拉克拉马·维杰耶拉特纳和夫人**

**中国青年足球队在新加坡举行的第二十三届亚洲青年足球锦标赛中夺得东亚区冠军**

## 8月15日

**《人民日报》发表社论《前事不忘,后事之师》**

日本在1945年8月15日正式宣告无条件投降,从而结束了第二次世界大战,到今天已经整整三十七年了。

三十七年来,世界形势发生了巨大的变化。曾经长期遭受西方帝国主义、特别是东方的日本帝国主义侵略的中国,已经从一个半封建、半殖民地的国家变成独立自主、初步繁荣昌盛的社会主义国家。许多曾经同样遭受日本或其他帝国主义侵略、占领的亚洲国家都摆脱了殖民统治,取得了独立。日本战后在宪法上确定永远放弃战争,并且从战败国和平地发展成为世界上的经济大国。中日两国由于两国人民和政府的共同努力,在日本政府对侵华战争进行反省的基础上实现了邦交正常化。中日两国的友好合作关系正在进入一个新的发展阶段。实践证明,中日友好关系的巩固和发展,是两国人民的共同愿望,完全符合两国人民的利益,也是维护亚洲、太平洋地区和世界和平的重要因素。今年9月29日是中日两国邦交正常化十周年,两国政府和人民为了庆祝这个有意义的日子,已经和正在准备进行各种隆重的活动。

然而,日本某些人却在这个时候采取一系列值得注意的步骤,企图使日本人民、特别是年轻的一代忘掉日本侵略中国和其他亚洲、太平洋地区国家的历史,把他们再次引上军国主义的老路。日本文部省在修订教科书中篡改日本侵略中国、朝鲜和东南亚各国的历史,美化日本军国主义,就是其中的一个特别令人不能容忍的步骤。因此,今天重新回顾日本侵略亚洲和太平洋地区各国、特别是侵略中国的历史,得出必要的教训,对于中日友好的巩固和发展,具有极其重要的意义。

日本军国主义的产生不是偶然的,它是日本资本主义发展的必然结果。19世纪60年代明治维新之后,日本资本主义迅速发展，逐步走上侵略扩张的道路。邻近日本的朝鲜和中国就成为日本帝国主义的最先的受害者。1894 年，日本发动侵略中国的战争，强迫清政府签订《马关条约》，霸占了中国领土台湾及其附属岛屿和澎湖列岛。1905 年，日本在日俄战争结束以后取代沙俄，在中国东北攫取了大量的殖民特权。1910 年，日本吞并了朝鲜。第一次世界大战期间，日本乘机夺取了德国在中国的殖民利益和德国在太平洋上所占领的岛屿。1927 年，日本首相田中义一确定了武力侵占中国东北的方针，并提出了“欲征服中国，必先征服满蒙；欲征服世界，必先征服中国”的臭名昭著的“田中奏折”。

1929 年，资本主义世界爆发空前规模的经济危机，日本统治集团企图从侵略扩张中寻找出路。1931 年，日本帝国主义发动“九一八事变”，侵占了中国东北。1937 年 7 月 7 日，日本制造“芦沟桥事变”，发动全面侵华战争，侵占了中国沿海到腹地的半壁河山，首先点燃了第二次世界大战远东战场的战火。1941 年 12 月，日本袭击珍珠港，发动太平洋战争，入侵东南亚等地区。日本侵略军以极其野蛮残暴的手段，在其所到之处任意虐杀手无寸铁的和平居民，制造了惨绝人寰的南京大屠杀、新加坡大屠杀、菲律宾大屠杀、哈尔滨平房细菌武器实验工厂和许许多多类似的大惨案，向亚洲、太平洋地区国家欠下了累累血债，使这些国家的人民遭受了深重的灾难。

日本侵略中国的着着成功，从中国方面来说，是由于当时中国先后在清王朝、北洋军阀和国民党的反动统治下，人民处于无权的地位。清王朝腐败无能。辛亥革命以后军阀割据，内战不息，帝国主义列强乘机在中国划分势力范围。1927 年以后，国民党政府实行“攘外必先安内”的反动政策，镇压人民的抗日要求，节节退让，使日本帝国主义的气焰越来越嚣张。1937 年以后，历史形势发生了变化。中国共产党人肩负着民族的希望和历史的责任，提出建立抗日民族统一战线的主张，实行第二次国共合作，坚持持久抗战，毅然走上抗日前线，深入敌后，发动群众进行广泛的抗日游击战争，建立敌后抗日根据地。中国共产党领导下的八路军、新四军给了日本侵略军沉重的打击，使它陷入了人民战争的汪洋大海。中国人民在全世界反法西斯力量的配合支援下，终于打败了日本帝国主义，迫使它在 1945 年 8 月 15 日无条件投降。中国人民由被侵略到取得反侵略的伟大胜利的历史过程证明，人民的团结是防止侵略和反侵略胜利的根本保证，中国共产党是团结全国人民为争取民族的生存而斗争的领导力量。

我们今天之所以重新提起日本侵略中国、朝鲜和东南亚的历史，并不是为了算旧账。从日本侵略军肆意侵略中国、屠杀中国人民的悲惨年代一直到今天，我们始终认为，中国和日本是近邻，具有两千年以上的友好历史，在这悠久的历史中，日本对中国的侵略只是短暂的一页。而且，在谈到日本的侵略时，我们总是把广大日本人民同极少数军国主义分子严格区分开来。应负侵略罪责的只是一小撮日本军国主义分子，日本人民是无辜的，他们也是日本军国主义和侵略战争的受害者。由于大批日本青壮年被军国主义者驱使走上战场，仅在战争的最后三年中战死的日军官兵就达 260 万人。日本每两家有一人被拉去当兵，每四家就有一人死在战场。200 万日本妇女在战争中失去了丈夫，几百万日本儿童成为孤儿。觉悟的日本人民为了反对军国主义者给他们造成的灾难，也曾同中国抗日军民一起共同进行反战斗争。中国人民对遭受战争祸害的日本人民抱着深切的同情。旧账可以不算，但是不允许遗忘，更不允许歪曲。我们认为，中日两国人民应该团结起来，以过去的历史作为教训，共同防止日本军国主义的复活，使今天中日两国之间来之不易的友好关系得以巩固和发展。日本文部省企图通过修改教科书，使日本人民忘记日本军国主义的侵略行径给日本人民造成的灾难，这是对日本人民的愚弄，是对中国、亚洲太平洋地区各国人民的挑衅和威胁。因此，这一行动受到了日本人民、日本在野党、中国人民和中国政府的强烈反对。日本执政党内的有识之士，也希望日本政府迅速下定决心，采取适当步骤，改变对于教科书的修改，而不要拖延不决，以利于两国关系的良好进展。

日本侵略中国、朝鲜、东南亚和太平洋地区国家，是客观存在的历史事实，它在被侵略的各国人民的记忆中至今仍然创巨痛深。二次大战和战后的一系列国际重要文件，都确定日本的罪行是侵略。例如：1943 年 12 月 1 日中美英三国《开罗宣言》指出，“我三大盟国此次进行战争之目的，在于制止及惩罚日本之侵略。”

1945 年 7 月 26 日《中美英三国促令日本投降之波茨坦公告》第六款规定，“欺骗及错误领导日本人民使其妄欲征服世界之威权及势力，必须永久剔除。”第八款规定，“开罗宣言之条件必将实施”。

1945 年 9 月 2 日日本签署的《日本投降书》明确表示接受《波茨坦公告》，声称“忠实履行波茨坦宣言之条款……”。

1948 年 11 月 4 日远东国际军事法庭宣判日本首要战犯犯有“破坏和平罪”。

按照 1946 年《远东国际军事法庭宪章》第五条甲款，“破坏和平罪”是“指策划、准备、发动或执行一种经宣战或不经宣战之侵略战争……”。对日本首要战犯的起诉书所列 55 项罪状中，一半以上涉及“破坏和平罪”。起诉书所列的第一项罪状是：全体被告共同策划和阴谋为日本取得对东亚、太平洋和印度洋地区的军事、政治和经济的控制地位，并为此目的进行侵略战争。起诉书所列第二、三、四、六、十九、二十七、二十八项罪状是：全体被告阴谋、策划、侵占中国东北各省和控制中国，以及为达到此目的，准备和发动对中国的侵略战争。军事法庭的判决书认定了日本上述各项罪状，明确指出日本对中国进行了侵略战争。

1945年的《联合国宪章》也肯定了日本以及德国、意大利等在二次大战中进行的战争的侵略性质，规定要防止这些国家“再施其侵略政策”。

以上国际文件都说明，国际社会普遍认定日本对中国进行了侵略战争，而且日本在签署《日本投降书》以后，也不止一次地承认了这一点。1972年中日联合声明中，日本政府对日本国过去由于战争给中国人民造成重大损害的责任表示深刻的反省，同时表示坚持遵循《波茨坦公告》的立场。1978年的中日和平友好条约重申了中日联合声明中的各项原则。现在日本文部省企图通过修改教科书为日本军国主义的侵略罪行翻案，岂不是无视《开罗宣言》《波茨坦公告》《日本投降书》、远东国际军事法庭判决书和《联合国宪章》等一系列庄严的国际文件，同时也背离了中日联合声明和中日和平友好条约的原则吗？这难道能说成只是日本一国的“内政”吗？

大家都知道，第二次世界大战是由日本侵略中国开始的。后来同日本一起制造了人类历史上这场空前惨祸的德国和意大利，在战败投降以后，也都曾同日本一样承担了战争责任，两国的教科书无不承认纳粹分子和法西斯分子犯了侵略罪行。现在日本文部省居然以修改教科书来翻历史的铁案，这难道不是一个十分危险的迹象，应该引起世人的警惕吗？

日本文部省篡改侵略历史，美化军国主义，根本不是日本人民的意愿，而是完全违反日本人民的意愿。日本人民积极主张同中国世世代代地真诚地友好下去。近十年来，日本政府人士也曾多次这样地声言。只要两国朝野从过去的历史中正确地吸取教训，两国人民之间的友谊和两国的和平友好关系就能够在坚实的条件下健康发展。战后三十多年来，日本各阶层人民和友好人士，包括政界、文化教育界、舆论界、经济界的许多有识之士，不断为促进中日友好而积极努力，对推动中日邦交正常化和两国和平友好条约的签订作出了可贵的贡献。中日邦交正常化以后，日本各界友好人士在发展两国的经济合作、文化交流中发挥了巨大的作用。他们对于日本文部省在修订教科书中篡改历史，表示了极大的愤慨，反映了日本广大人民反对复活军国主义的坚强意志。

最近在日本出现的一股反对中日友好的势力，并非突然而来，也不会忽然而去。三十多年来，日本重新崛起成为资本主义经济大国，并随着国际形势的发展进而力求在国际政治中发挥更大的作用。这就使一部分从不接受侵略战争教训并力图美化侵略战争的军国主义分子认为时机已到，又图重温“大东亚共荣圈”的旧梦。在教科书中篡改历史，拍摄歌颂军国主义的《大日本帝国》一类反动电影，正式参拜供奉有军国主义分子牌位的靖国神社，策划修改宪法，企图同我国领土台湾建立官方关系等等，都是值得人们严重注意的动向。这些人错误地估计形势，把中国人民重视中日友好合作关系的发展，看作是中国有求于日本，以为不管他们如何篡改侵略历史，侮辱中国人民的民族感情和尊严，中国人民都将委曲求全，逆来顺受。日本的这些势力在中日两国关系中虽然不是主流，但是这是一种非常危险的动向，如果听其发展，对中日友好关系将极其有害。

中日邦交正常化和中日友好关系的发展，是中日两国人民长期共同努力的结果，也是日本政府对过去侵略行为作了反省的结果。周恩来总理在1972年中日邦交正常化的时候曾经说过：“自从1894年以来的半个世纪中，由于日本军国主义者侵略中国，使得中国人民遭受重大灾难，日本人民也深受其害。前事不忘，后事之师，这样的经验教训，我们应该牢牢记住。”中日联合声明发表已经十年，中日和平友好条约签订已经四年，中日两国纪念中日邦交正常化十周年的日子即将到来。赵紫阳总理在今年5月访问日本时，曾经提出中日经济关系三原则，即“和平友好、平等互利、长期稳定”。这表明中国是向前看的，是真诚地希望同日本世世代代友好相处的。但是要使这种愿望成为现实，中国人民和日本人民就都不能忘记在三十七年前结束的那场侵略与反侵略战争给两国人民带来的灾难和痛苦，决不能让这段不幸的历史重演。为了中日两国人民的根本利益，为了亚洲和世界的和平，让我们携起手来，共同努力，坚决反对一切使历史倒退的企图，使中日两国关系和两国人民的友谊在巩固的基础上不断地前进。

**中央教育行政学院在北京举行开学典礼**

中央教育行政学院是我国教育行政领导干部的培训基地。它担负着培训各省、自治区、直辖市和地区教育行政领导干部，高等学校校、系两级领导干部，重点中等专业学校和重点中学主要领导干部，以及轮训教育部干部的任务。它的办学目标是培养懂得马克思主义基本原理和党在新时期的路线、方针、政策，坚持四项基本原则，忠诚党的教育事业，掌握教育科学理论，擅长科学教育管理，富于艰苦创业精神的又红又专的教育干部。参加第一期中央教育行政学院进修班学习的有高等学校现任正副院校长、正副党委书记，有各省、自治区、直辖市高教厅(局)的正副厅(局)长，共近200人。学习时间为半年，学习的内容有马列主义基础理论、教育理论以及如何做好高等学校的领导和管理工作等。

教育部党组书记张承先在开学典礼会上讲话强调，大规模地轮训干部，是时代的要求，是“四化”的需要；参加轮训的同志要充分认识这次学习的重要意义，要以只争朝夕的精神，努力学好。

**全国搪瓷制品保温瓶玻璃器皿新产品展销会在北京开幕**

展销会由轻工部主办。来自25个省、自治区、直辖市的170多个企业。搪瓷制品有厨房用具、卫生用具、家用器皿、家具和建筑装饰等5类400多种；保温器具4类200多种；玻璃器皿13类600多种。

**解放军海军北海舰队一〇五舰被海军领导机关树为建设社会会议精神文明标兵单位**

海军有关部门发布消息：我国自行设计制造的第一艘新型导弹驱逐舰——海军北海舰队一〇五舰，在加速人民海军现代化、正规化建设中作出了突出贡献，最近被海军领导机关树为建设社会主义精神文明标兵单位。

一〇五舰下水以后，担负着发展新型舰艇装备武器的科学实验任务，安全航行5万多海里，同科研、生产部门密切合作，圆满完成了1000多项试验任务，其中有几十个是在我国首次进行的重大的高难度项目。

进行的一系列试验的成果，为研制新型舰艇提供了科学依据。他们在科研和工作实践中，逐步编写出适合现代化导弹驱逐舰需要的280多种条令、条例和规章制度，向科研单位和部队有关部门提出了1000多项合理化改革建议，有800多项被采用，并先后为其他军舰输送了200多名技术骨干。

**戴爱莲当选为国际舞蹈委员会副主席**

## 8月16日

**《人民日报》发表于光远1982年在香港一次题为《关于中国经济社会发展战略问题的科学研究》的讲演稿**

在社会主义国家中，经济社会发展战略是由领导这个国家的马克思主义政党、管理这个国家的中央政府制定并组织实施的。直到现在，似乎没有一个国家曾用一个专门的文件来公布它所制定的经济社会发展战略。但是这样的战略在这个国家的计划和为了实现这个计划而采取的各项重大措施中被具体化，并且在党和政府的重要文件中得到某种阐明和发展。中国的情况也是这样。

研究和制定一国的经济社会发展战略是一个巨大而复杂的科学工作。科学家们(包括经济学家、社会学家和自然科学家们)运用自己的学识和才能，就有关战略的各个重要方面搜集资料、开展研究、进行讨论、发表意见，为党和政府提供科学成果，是他们应尽的社会责任。

中国的科学家们这一年多来正是这样做的。他们思考了这方面的问题，介绍国内外有关资料，提出了使人得到启发的问题，发表了一些有价值的意见。这方面的研究工作是无止境的，但是一年多来的研究，在科学家中间也明确了若干观点，为今后的研究打下了一个初步基础。

现在我国多数学者主张使用“经济社会发展战略”这样的术语。对此也有人提出疑问，认为经济生活是整个社会生活的一个部分，不应把经济和社会并列。这个说法是有道理的。然而，如果因此把“经济社会发展战略”改为“社会发展战略”，就不能突出经济发展的地位。如果因此改为“经济发展战略”，又会使经济以外的社会问题得不到应有的重视。“经济社会”这样的用语，其实不过是“经济”和“经济以外其他社会生活、社会关系”的简称，并非把“经济”置于“社会”之外。这样的表达方式不论在中文和西方文字中都是允许的。

当然“经济发展战略”这个用语应该得到肯定，但它的含义要窄一点，它只是“经济社会发展战略”的一个部分，然而是主要的部分。这一部分可以成为专门研究的对象，而不是用来替代“经济社会发展战略”。

中国科学家正在研究的，主要不是一般的关于发展战略的理论和原则，而是当前中国的发展战略。因此遇到的第一个问题就是要明确中国发展战略的基本特点。

很明显，中国所需要的“经济社会发展战略”是与资本主义国家的发展战略有原则区别的。它必须符合社会主义的本性，适合于发展社会主义的要求。它是社会主义性质的发展战略。因此这样的战略具备以下几个基本特点：(1)这个战略必须以改善劳动者的生活、增进他们的幸福为目标。这是社会主义制度的本性决定的。资产阶级的学者和政治家们虽然也常在口头上说这样的话。这或者出于善良的愿望，或者出于某种政治上的需要。资本主义制度的本性决定了口头上所说的"为了满足人民的需要"等等战略目标,不可能是真实的。资本主义制度统治者实行的战略,其目标始终是为了本阶级的利益。只有在社会主义制度下,发展目标才可能真正是为了劳动人民的幸福。(2)这个战略所规定的发展目标,必须有利于社会主义经济、政治基本制度的巩固,同时又包括对经济体制、政治体制、行政体制进行改革的内容。因为在现行体制中会有一些不再合乎发挥现有生产力和进一步发展生产力的东西,如果不对其进行改革,就不利于社会问题更好解决。而这些改革是具有重要意义的。(3)这个战略的实施必须依靠社会主义制度的优越性,要作出切实的努力把这种社会主义制度的优越性真正发挥出来。只有这样,一个社会主义国家的经济社会生活才能以较快的速度健康地向前发展。(4)实施这个战略的主体是社会主义制度下的劳动者。集中代表他们的利益和意志的,就是马克思主义的党和党领导下的政府。因此党的领导作用的加强,劳动者的政治觉悟和文化教育程度的提高,在管理国家、管理企业中劳动者作用的提高,国家和社会生活向高度民主的发展,是战略得以实现的根本保证。教育、科学、文化对一个国家经济社会发展的作用,在资本主义国家里也是非常强调的,而在社会主义国家中,这又因劳动者是国家和社会的主人而有了更多一层意义。

中国所需要的"经济社会发展战略"当然是适合中国国情的发展战略。中国是一个社会主义国家,这是中国国情中最根本的一条。这一点我们已经讲过。但是在中国国情这个概念中还包括其他方面的内容。如果说为了明确中国发展战略的社会主义性质,科学家们要做的工作只是明确和坚持科学社会主义的理论原则,那么为了使中国发展战略适合中国各方面的国情,科学家们所要做的工作乃是从大量有关中国情况的材料中,概括出对制定中国发展战略起决定作用的若干特点,并从中得出相应的结论。

把中国决定发展战略的国情的特点概括得准确和完全,并不是很容易的。因此可以从不同的角度来分析这个问题,而且要区分哪些是最重要的,哪些是比较次要的。要明确哪些是中国的特点,还要与外国作比较的研究。但这并不特别困难,困难的是从在实践上作出应有的结论。对于这些问题需要作更多的研究,在这里我只想从经济的角度讲讲中国发展战略研究中遇到的一些特殊问题。

第一,中国是一个拥有10亿人口,即世界上人口最多的国家。一个特别大的国家的经济社会发展战略,当然与一个中等大的和一个比较小的国家的经济社会发展战略有很多不同的地方。由于国家特别大而带来的发展战略的特点是多方面的。举例来说,两个生产力水平(可以用每人平均占有的机床数、发电量、运输能力等劳动资料以及劳动者的平均技术和文化水平来衡量)差不多的国家,大国的国力比小国就大得多,因而抗拒灾害、克服困难方面的能力也就大得多,当需要集中巨大的人力物力兴办某一事业的时候,也比小国优越。另一方面在一个大国普遍进行一项改革或者贯彻一个政策、一种措施,却又因从中央到基层之间层次较多和各地区情况的差异等原因,比中小国家要花更多的时间。也因为国家特别大,在这样的国家中,发展进出口贸易虽然是必要的,但对生产来说,国内市场的地位显然比中小国家要重要得多,社会需要也应该设法大都由本国的生产来解决。在这样大的国家中建立起包括所有部门的独立完整的国民经济体系的必要性是没有任何疑问的。

第二,中国的国土可以分为两部分,西部和东部西部包括西北干旱地区和青藏高寒地区,占大陆面积的52%,而人口只有全国人口的6%。东部是季节风地区,面积占大陆面积的48%,而人口却占全国人口的94%。东部地区由于经济比较发展、人均国民生产总值比较高,这个地区的国民生产总值在全国所占的比重更大于其人口在全国的比重。这种情况决定了我们要从两个方面来考虑问题。

(一)既然人口密度高的东部地区的经济发展对全国经济发展起决定性作用,我们就要首先依靠这个地区把国民经济搞上去。因而就需要根据这个地区人口多、土地少(特别是耕地少)、经济文化水平高的特点来考虑经济发展的战略问题。由此而应该得出的结论正在一个一个地明确。例如:要在这个地区充分利用每一寸土地,包括更好地利用山地、水面以及零星土地,生产出更多的食物和工业原料,并大力发展土地产品的加工业和农业服务业;要发展劳动密集型的工业和农业,发展知识密集型的各种行业;要重视发展各种服务业;要进一步提高这个地区的经济、技术和文化水平;等等。

(二)既然中国西部有如此辽阔的国土尚未开发,既然在那里有如此丰富的自然资源(特别是矿产资源)还没有被利用,那么我们就应该看到,这样一块待开发地区的存在,对于中国经济的发展,特别是长期的发展,具有非常重要的战略意义。当前,我们就要研究在充分发挥东部地区作用的同时,很好地研究对西部地区的开发,研究如何使东部和西部的建设结合起来。

第三,中国各地区之间,经济上技术上显著地不平衡。这种不平衡存在于比较发达的地区与比较不发达的地区,也存在于上海等若干沿海地区的特大城市与内地大中城市之间,存在于内地大中城市与本地区中小市镇之间,存在于城市与农村之间。这种情况决定了经济协作与技术转移的战略意义。把这个潜力利用发挥起来,将使不发达地区的经济,从而使整个中国获得一个很大的发展。在这里也包含进一步提高先进地区的经济技术水平的伟大意义,因为只有这样,才能使后进地区不断地获得从先进地区转移来的技术的利益。还由于城市是周围地区的中心(当然许多大城市的作用是超出地区性的),从提高广大农村的经济文化水平来讲,城市建设有极其重要的作用。

第四,中国十亿人口中,八亿居住在农村。农村居民经济生活——包括生产、分配、交换和消费——的变化,对整个中国社会主义经济建设有举足轻重的影响。农村作为食品等工业原料的农产品供应基地,它在经济上的发展是中国整个工业城市发展的保证。在这方面,今天有很大的潜力。中国的工人、农民和科学工作者,根据他们长期积累的经验和知识,创造出许多充分利用土地取得更多产品的有效的方法和措施。更多的方法还在不断探求中。但是,仅仅采取已经可以作出决定要采取的那些措施,就可以大大增加这个方面的社会财富。同时,农村是中国工业品的最大市场。八亿农村居民,每人每月平均增加一元收入,每年就增加96亿元购买力。因此要发展我国的国民经济,就要特别重视农村经济的发展,在社会主义建设中,就要特别重视农村的建设。每一个能够普遍增加农村居民收入的生产措施,都应该受到极大的重视。

第五,总的来说,中国和发达的国家相比,技术水平上存在着相当大的距离。运用一种现成的技能比从头发明创造它,不知要节省多少劳动和时间。马克思讲过,牛顿发现二项式定理不知花了他多少时间,现在初中学生只要上一堂课,就把它学会了,二者相差不知道多远。中国技术与外国技术的这种差距使中国有可能运用外国最先进技术来发展本国经济。水平落后于外国,这是我国的一个弱点,从另外一个方面,又可以看作是发展中国经济的一个有利条件。同时,当前的国际形势也有利于中国引进国外先进技术。坚持对外开放政策是中国发展战略的重要组成部分。当然作为社会主义大国,中国必须坚持独立自主、自力更生的根本精神。自力更生与对外开放政策并非互不相容。正如赵紫阳总理在题为《当前的经济形势和今后经济建设的方针》的政府工作报告中指出的那样,“我们要利用两种资源,首先是国内资源,其次是国际资源;开拓两个市场,首先是国内市场,其次是国际市场;学会两套本领,一是管理国内经济的本领,二是开展对外经济贸易的本领”。报告中所提出的要求就是从我国经济社会发展战略中包括实行对外开放政策同时坚持自力更生的方针这一条中产生的。

以上只是从经济的角度作了一些讨论,关于经济以外的社会主义生活与社会关系的发展,包括的内容十分丰富,其中也有带有战略意义的。例如社会主义精神文明的建设,既是社会主义建设的一个重要方面,也是经济社会发展战略中所要考虑的一个重要方面。大家知道,精神文明既包括教育、科学、文化、艺术、卫生、体育事业的发展规模和发展水平。又包括社会政治思想和伦理的发展方向和发展水平。物质文明的建设是精神文明的基础,但是精神文明的建设对物质文明的建设起强大的反作用。关于精神文明建设例如关于教育、科学等发展的战略意义,经过近几年一再强调,人们的认识有了很大的提高。但这仍是一个需要继续进行研究、继续阐明、继续强调的观点。在这里我说的“教育”,既包括一般的文化程度、知识水平的提高,也包括社会主义的思想觉悟、道德水平的提高。在这里我说的“科学”,既包括数学、物理学、化学、生物学和工、农、医等各个科学部门,也包括经济科学、政治科学、管理科学等社会科学部门,而坚持、发展、普及马克思主义更是建设社会主义精神文明的核心。像我们这样提出精神文明问题,在世界历史上是一个创举。我认为,把精神文明问题看作是社会主义发展战略中的一个重要问题,是发展战略研究中的一个崭新的思想。

在“经济社会发展战略”这个概念中,包括战略目标、战略方针和实现战略目标实应采取的步骤等等。因此,今天我们在研究中国式的社会主义的经济社会发展战略的时候,不能不研究今天——本世纪80年代初——中国经济所处的发展阶段和面临着的任务。在今后一定的时间内我们还要继续实行调整、改革、整顿、提高的八字方针。对于当前的经济形势和经济建设的方向,赵紫阳总理在去年五届人大第四次会议上所作的政府工作报告中已经作了详尽的阐述,而更为具体的步骤将在中国第六个五年计划中作出规定。

战略在这里无非是指重大的带全局性的甚至决定全局的谋划。由于不同的范围各有自己的“全局”,因此也就有不同范围内的战略。我们在这里所说的“经济社会发展战略”指的是一个国家总的战略。各部门、各地区还可以而且应该有自己的战略。例如属于部门的,有工业发展战略、农业发展战略、科学技术发展战略、对外经济关系发展战略等等;属于地区的,有某个区域、某一个省、某一个市的发展战略。这些对于某个部门、某个地区来说是全局的问题,因而被称之为战略问题是可以的。但是对于部门和地区来说是全局性的东西,对于全国来说又成为局部的东西,它们只是全国性的经济社会发展战略下的各个局部,它们是在这个总的战略思想指导下的局部性的战略。当然整体总是局部构成的，离开了各个局部也就没有了整体。整个经济社会发展战略，要以这样许多局部性的战略来具体化，来作为补充，所以在讨论一国经济社会发展战略的时候，常常延伸到这类局部性的战略问题是很自然的事。不过在这里我们就不去涉及它们了。

**九三学社六届二中全会在北京举行**

会议于8月16日至22日召开。九三学社中央主席许德珩致开幕词，号召九三学社社员和所联系的群众要以“春蚕到死丝不断”的精神，兢兢业业埋头苦干，用自己的知识和专长为社会主义现代化建设服务，以实际行动迎接中共十二大的召开。

九三学社中央副主席周培源在会上作了工作报告，总结了九三学社六届一中全会以来的工作，要求全体社员振奋精神，迎难而上，扎扎实实地工作，为建设高度民主、高度文明的社会主义现代化强国作出更大的贡献。

九三学社中央副主席潘菽、茅以升、严济慈、卢于道、柯召、孙承佩，九三学社中委、候补中委，九三学社中央机关部门和地方组织的负责人，共117人出席了会议。

会议讨论了《中华人民共和国宪法修改草案》，审议了九三学社中央准备向党和政府提出的《关于进一步落实知识分子政策的几点建议》，增选了中央常务委员。

九三学社中央副主席茅以升代表社中央致闭幕词。他号召九三学社各地组织和成员，以实际行动来迎接中国共产党十二大的召开。

**全国妇联授予民航杨继海机组乘务组“三八”红旗集体称号**

全国妇联书记处作出决定，授予民航杨继海机组乘务组许克敏、盖生兰、贾志梅全国“三八”红旗集体的光荣称号，并给她们颁发了奖章、锦旗。决定说，她们不愧是新时代的“空中女英雄”，光荣的女将，她们英勇顽强的斗争事迹，赢得了党和人民的称赞，这是我们中国妇女的光荣和骄傲。

决定号召全国广大妇女要学习她们，视社会主义祖国的荣誉高于一切的爱国主义思想；学习她们无私无畏、忠于职守的高度责任感；学习她们临危不惧、不怕牺牲、顽强搏斗的革命英雄主义精神。

**国务院副总理万里在北京会见联合国粮农组织理事会独立主席国际水稻研究所所长斯瓦米纳森博士**

**激光科学研究不断涌现出新成果**

据《人民日报》报道，我国激光科学研究近几年来不断涌现出新的成果。其中有代表我国高功率固体激光器技术水平的六路高功率钕玻璃激光系统，已经通过鉴定并已用于激光等离子体实验，它在国际上占有一定地位。我国自行研制的两种高稳定氦氖激光器经过国际比对，其频率稳定度和复现性已达到国际先进水平。最近通过鉴定的环形染料激光器填补了国内的空白，达到了相当高的水平。目前，我国研制的横向流动电激励二氧化碳激光器，连续输出功率已能较长时间稳定地达到二千瓦。在这同时，我国还研制成功了多种形式的超短脉冲激光器，为激光的应用开辟了新的领域。

**全国第四次水土保持工作会议在北京开幕**

会议于8月16日至22日召开。由全国水土保持工作协调小组召开。

国务院副总理万里讲话指出：各地要不折不扣地贯彻执行国务院颁布的《水土保持工作条例》，坚决制止破坏水土资源的行为。

万里同志说，搞好水土保持工作关键问题是要加强领导。各省、自治区、直辖市都要有一名负责干部抓水土保持、环境保护和国土整治工作。

万里同志要求各地加强调查研究，总结经验教训，搞好全面规划。要重点治理那些对国民经济和人民生活危害最大的地区。全国每一个省、自治区、直辖市，每一个地区，每一个县和企业，都要有自己的治理重点。公社、生产大队、生产队也应该有自己的重点。

万里同志特别强调，对于那些破坏水土资源的，一定要给予惩处，破坏严重的要追究领导责任。对于那些治理好的典型，要表扬推广。

会议着重讨论研究了贯彻执行《水土保持工作条例》，切实防止水土流失的问题。会议认为，水土保持是山区建设的生命线，是治理江河的重要措施，是国土整治的重要内容，它是关系到子孙后代的大事。

会议还研究了有关政策，制定了措施，并在全国范围内确定了8个治理重点，它们是黄河流域的无定河、皇甫川、三川河，甘肃省的定西县，辽河流域的柳河，海河流域的永定河上游，江西省的兴国县和长江葛洲坝水利枢纽工程的库区。

**全国人口自然增长率控制在12‰以下**

据《健康报》报道，党的三中全会以来，尽管全国婚龄、育龄妇女人数猛增，农村实行生产责任制后，在计划生育方面出现若干新情况新问题，人口出生面临回升趋势，但经过全国上下一致努力，人口自然增长率始终控制在12‰以下。今年上半年独生子女领证率比去年同期提高6.43%;计划生育率提高4.15%;一胎率上升4.1%;多胎率有所下降;全国有1亿多对育龄夫妇实行避孕节育。

计划生育工作能取得显著成绩的重要原因:一是各级党委和政府的重视,建立了一些切实可行的制度;二是开展扎扎实实的宣传教育工作,使计划生育成为群众的自觉行动。

## 8月17日

**中国对外合作开采海洋石油资源的第一轮招标报价工作结束**

中国海洋石油总公司共收到33家外国石油公司的报价书。据熟悉国际石油工业的人士谈,这种踊跃投标合作开采石油资源的情况,是近几年世界上少有的。

**全国人大常委会副委员长邓颖超在北京会见日本京都府知事林田悠纪夫一行**

**中美两国就分步骤直到最后彻底解决美国向台湾出售武器问题发表《中华人民共和国和美利坚合众国联合公报》**

(1982年8月17日)

一、在中华人民共和国政府和美利坚合众国政府发表的1979年1月1日建立外交关系的联合公报中,美利坚合众国承认中华人民共和国政府是中国的唯一合法政府,并承认中国的立场,即只有一个中国,台湾是中国的一部分。在此范围内,双方同意,美国人民将同台湾人民继续保持文化、商务和其他非官方关系。在此基础上,中美两国关系实现了正常化。

二、美国向台湾出售武器的问题在两国谈判建交的过程中没有得到解决。双方的立场不一致,中方声明在正常化以后将再次提出这个问题。双方认识到这一问题将会严重妨碍中美关系的发展,因而在赵紫阳总理与罗纳德·里根总统以及黄华副总理兼外长与亚历山大·黑格国务卿于1981年10月会见时以及在此以后,双方进一步就此进行了讨论。

三、互相尊重主权和领土完整、互不干涉内政是指导中美关系的根本原则。1972年2月28日的上海公报确认了这些原则。1979年1月1日生效的建交公报又重申了这些原则。双方强调声明,这些原则仍是指导双方关系所有方面的原则。

四、中国政府重申,台湾问题是中国的内政。1979年1月1日中国发表的告台湾同胞书宣布了争取和平统一祖国的大政方针。1981年9月30日中国提出的9点方针是按照这一大政方针争取和平解决台湾问题的进一步重大努力。

五、美国政府非常重视它与中国的关系,并重申,它无意侵犯中国的主权和领土完整,无意干涉中国的内政,也无意执行“两个中国”或“一中一台”的政策。美国政府理解并欣赏1979年1月1日中国发表的告台湾同胞书和1981年9月30日中国提出的九点方针中所表明的中国争取和平解决台湾问题的政策。台湾问题上出现的新形势也为解决中美两国在美国售台武器问题上的分歧提供了有利的条件。

六、考虑到双方的上述声明,美国政府声明,它不寻求执行一项长期向台湾出售武器的政策,它向台湾出售的武器在性能和数量上将不超过中美建交后近几年供应的水平,它准备逐步减少它对台湾的武器出售,并经过一段时间导致最后的解决。在作这样的声明时,美国承认中国关于彻底解决这一问题的一贯立场。

七、为了使美国售台武器这个历史遗留的问题,经过一段时间最终得到解决,两国政府将尽一切努力,采取措施,创造条件,以利于彻底解决这个问题。

八、中美关系的发展不仅符合两国人民的利益,而且也有利于世界和平与稳定。双方决心本着平等互利的原则,加强经济、文化、教育、科技和其他方面的联系,为继续发展中美两国政府和人民之间的关系共同作出重大努力。

九、为了使中美关系健康发展和维护世界和平、反对侵略扩张,两国政府重申上海公报和建交公报中双方一致同意的各项原则。双方将就共同关心的双边问题和国际问题保持接触并进行适当的磋商。

**外交部发言人就解决美国向台湾出售武器问题的联合公报发表声明《关于中美发表联合公报的声明》**

(1982年8月17日)

一、中华人民共和国政府和美利坚合众国政府经过商谈,已就美国向台湾出售武器问题达成协议。双方在今天同时发表了联合公报。

美国向台湾出售武器,是关系到中国主权的问题。早在1978年中美两国谈判建交期间,中国政府就明确表示反对美国向台湾出售武器。由于这个问题当时没有能够解决,中国方面提出双方在建交后继续进行商谈。事情很明显,这个问题如果不解决,势必严重损害两国之间的关系。

为了维护我国的主权和排除两国关系发展中的障碍,赵紫阳总理于1981年10月在墨西哥的坎昆会议期间同里根总统就这个问题进行了会谈。黄华副总理兼外长也随后在华盛顿同黑格国务卿继续进行了会谈。从1981年12月起双方通过外交途径在北京进入具体会谈。其间，美国副总统布什受里根总统的委托，于1982年5月访问我国，同我国领导人也进行了商谈。双方今天发表的联合公报是中美双方十个月来反复谈判的结果，它为解决美国向台湾出售武器问题规定了所应依据的原则和步骤。

二、公报重申了中美上海公报和建交公报关于互相尊重主权和领土完整、互不干涉内政的原则。双方并强调声明，这些仍是指导双方关系所有方面的原则。这就是说，在解决美国售台武器的问题上，必须以这些原则为依据。无须说明，只有严格遵循这些原则，处理两国间存在的或新出现的问题，两国关系才有可能健康地发展。

三、根据上述指导两国关系的原则，美国售台武器本来早就应该完全停止。由于考虑到这是一个历史遗留的问题，中国政府在坚持原则的基础上，同意分步骤予以解决。美国方面承诺售台武器首先在性能和数量上不超过两国建交以来近几年的水平，逐步减少，并经过一段时间最后解决这个问题。这里所说的最后解决，其含义当然是指美国售台武器经过一段时间必须完全停止。也只有彻底解决了这个问题，才能排除发展两国关系中的障碍。

四、在公报中中国政府明确重申了“台湾问题是中国内政”的立场。美国方面也表示了，它无意侵犯中国的主权和领土完整，无意干涉中国的内政，也无意执行“两个中国”或“一中一台”的政策。中国方面在公报中提及关于争取和平统一祖国的大政方针，是为了进一步表明我国政府和人民争取和平解决台湾问题的诚意。在这个纯属中国内政的问题上，不容许有任何曲解或外来干涉。

五、需要指出，本公报是以两国建交公报的原则和国际关系基本准则为依据的，与美国单方面制定的《与台湾关系法》毫无关系。《与台湾关系法》严重违背了两国建交公报的原则，是中国政府一贯反对的。任何试图把本公报同《与台湾关系法》相联系的解释，都是违背本公报的精神和实质的，都是不可接受的。

六、中美两国政府就美国售台武器问题达成的这个协议，只是解决问题的一个开端。重要的是，公报的有关规定能得到认真履行，以早日彻底解决美国售台武器问题。这对保持和发展中美关系是必不可少的。

**国务委员兼国家经委主任张劲夫在北京会见由俱乐部主席希尔卡·贡纳斯率领的芬兰经济编辑俱乐部访华团**

**外经贸部部长陈慕华在北京会见美国埃索勘探公司总裁汉伯尔一行**

**中国向几内亚比绍提供贷款协议签字仪式在比绍举行**

中国驻几内亚比绍大使刘英仙和几内亚比绍贸易和手工业部部长卡洛斯·科雷亚分别代表本国政府在协议上签字。

卡洛斯·科雷亚表示感谢中国政府提供的这项贷款。

**中央军委发布命令授予范生文同志“全心全意为人民服务的好干部”荣誉称号**

命令说，范生文同志入伍三十多年来，时刻把党的利益放在第一位，党叫干啥就干啥，全心全意为人民服务。1957年以来，他先后六次调动工作，都是在山区或施工、生产等临时单位，条件艰苦，但每次都愉快服从，通知下达后即去报到。他到职后，兢兢业业地工作，吃苦在前，享受在后，廉洁奉公，艰苦奋斗，出色地完成了任务。1967年他调北大荒部队农场后，主动要求在那里多干几年。他严格要求自己，处处以身作则，团结带领干部、战士艰苦奋斗十四年，使农场的面貌发生了很大的变化。1979年他得了冠心病，但仍奋不顾身，忘我工作。1981年5月3日，他病情加重，几乎晕倒在劳动现场。4日，他以顽强的毅力，抱病为团员、青年讲课。5日，在干部、战士的再三催促下，他才到医院检查，医院要他立即住院治疗。他想正值春播季节，农场领导干部只他一人在家，坚持要回场安排工作。6日，他又忍着胸部剧痛，召开干部会布置工作。当他离开会议室还不到10分钟，心脏就停止了跳动，为党的事业战斗到生命的最后一息。

命令说，范生文同志是在党和毛泽东思想培育下成长起来的好党员、好干部，是全心全意为人民服务的好榜样。中央军委号召全军广大指战员，特别是党员和干部，都要以范生文同志为榜样，认真学习马列主义、毛泽东思想，加强无产阶级党性锻炼，坚持在改造客观世界的同时改造自己的主观世界，经常运用批评与自我批评的武器，同个人主义思想进行斗争，牢固树立共产主义世界观，进一步振奋革命精神，努力争当建设社会主义精神文明的光荣标兵，为建设强大的现代化、正规化的革命军队，为建设和保卫社会主义祖国，贡献自己的全部力量。

**第十五届国际汉藏语言学会议在北京开幕**

本届会议由中国社会科学院语言研究所和北京大学共同主办。

180多位中外学者出席了开幕式，其中中国学者83

人，澳大利亚、英国、加拿大、丹麦、西德、法国、印度、日本、挪威、泰国、瑞典、美国和香港地区的学者近百人。

会议组织委员会主席、中国著名语言学家吕叔湘致开幕词。

**中国社科院院长胡乔木在人民大会堂举行招待会欢迎参加第十五届国际汉藏语言学会议的各国学者**

胡乔木在讲话中说，研究汉藏语对中国语言学家来说有着重要的意义。他指出，这次会议使中外学者有机会共聚一堂，互相切磋，一定会对中国今后的汉藏语研究产生积极的、有益的影响，并将促进国际文化交流。

## 8月18日

**《人民日报》发表社论《严守协议 排除障碍》**

中美两国政府17日发表联合公报，宣布双方达成了分步骤直到最后彻底解决美国向台湾出售武器问题的协议。近几个月来一直威胁着中美关系的危机由此得到缓解。这是值得人们欢迎的。

中美建交以来，两国关系得到了为两国人民所欢迎的发展。但是，两国关系始终笼罩着一层浓厚的乌云。众所周知，中美关系正常化的一个重要原则是，美国承认只有一个中国，台湾是中国的一部分，中华人民共和国政府是中国的唯一合法政府。但是，中美建交后，美国竟制定了一个《与台湾关系法》，把台湾作为一个独立的政治实体来对待，并坚持继续向台湾出售武器。这种公然侵犯中国主权，干涉中国内政的做法，理所当然地遭到我国政府和人民的坚决反对。中国政府不止一次表明自己的明确立场，要求美国停止向台湾出售武器。在这样一个关系到国家主权的问题上，中国政府和人民绝对不可能无原则地退让。如果这个问题得不到妥善解决，中美关系就不仅不能维持和巩固，而且完全有倒退的可能。

现在，中美双方经过磋商和谈判，终于达成了协议。双方在联合公报中首先重申了上海公报和中美建交公报所确立的指导中美关系的根本原则，这就是“互相尊重主权和领土完整、互不干涉内政”，并且强调声明，这些原则仍是指导双方关系所有方面的原则。这毫无疑问包括美国向台湾出售武器问题在内。这不仅抓住了问题的关键，而且指出了解决问题的正确途径。中美两国是平等的主权国家，两国关系应当建立在和平共处五项原则的基础上。五项原则中的“互相尊重主权和领土完整、互不干涉内政”，不能只是一句空话，而需要真正成为双方在实际行动中遵循的准则。美国一再表白，愿意尊重中国的主权和领土完整，无意干涉中国的内政。现在的问题是，美国要做到言行一致，采取切实的步骤解决它向台湾出售武器的问题。

对待美国向台湾出售武器的问题，中国的一贯立场十分清楚，这就是：美国向台湾出售武器是侵犯中国主权的行为，我们坚决反对；同时我们也考虑到历史的因素，从实际出发，同意美国在切实尊重中国主权的前提下，逐步减少直至最后终止向台湾出售武器。在联合公报中，美国方面作出了三点承诺：一是它向台湾出售的武器在性能和数量上将不超过美中建交后近几年的水平，二是它准备逐步减少它对台湾的武器出售，三是经过一段时间使这个问题得到最后解决。美国并且声明：“它不寻求执行一项长期向台湾出售武器的政策”，“美国承认中国关于彻底解决这一问题的一贯立场”。所有这些，都是美国起码应当做到的。

台湾是中国的领土，用什么方式解决台湾问题纯粹是中国的内政。美国无权要求中国就解决台湾问题的方式向它承担任何义务，更不能把中国以和平方式解决台湾问题作为它停止向台湾提供武器的前提条件，否则就是对中国内政的干涉。中国力争以和平解决的方式使台湾回归祖国。近年来，我们为了实现祖国的和平统一进行了重大努力。美国政府对于中国争取和平解决台湾问题的政策也表示理解和欣赏。既然如此，美国就应当尽快停止向台湾出售武器，不再阻挠中国和平解决台湾问题。

中美联合公报的发表，打开了两国在美国向台湾出售武器问题上的僵局，但是这并不意味着问题已经完全解决。笼罩在中美关系上的乌云还没有全部扫除。美国作出了几点承诺，它今后究竟怎样行动，还有待观察。我们希望美国政府切实履行自己的诺言，实实在在而不是敷敷衍衍地减少对台湾的武器出售，并且像美国自己所承诺的那样，尽一切努力，采取措施，创造条件，以使这个问题早日彻底解决，而不是以任何借口使这个问题拖延不决。

还必须指出，使中美关系的发展受到干扰的根本障碍还是美国的那个《与台湾关系法》。所谓《与台湾关系法》是完全违背中美建交公报的原则的。如果华盛顿的决策者硬要根据美国的这个国内法处理两国的关系，中美关系将不但不能发展，而且必将再次面临严重的危机。

中美两国的关系经过了曲折的道路才实现了正常化，也可以说是得来不易。中国政府和人民希望中美关系能够进一步发展，并且一贯为此作出努力，因为我们认为，这种关系不仅符合中美两国的根本利益，而且有利于维护世界的和平与稳定。但是，中美关系的维持、巩固和发展，不能只靠中国单方面的努力。如果美国真正珍视中美关系,就应当拿出实际行动来,恪守中美建交公报的原则,履行它在17日发表的联合公报中所作的承诺。

**《人民日报》发表评论员文章《维护经济秩序的重要措施》**

国务院发布的《工商企业登记管理条例》,是建国以来的一个比较完善的工商企业登记管理法规。

对工商企业为什么要实行登记?它有什么作用?不少人是不大清楚的。特别是对全民所有制企业进行登记管理,更有人感到不好理解,甚至认为是"多此一举"。这显然是一种误解。这些同志把企业主管部门和计划部门对企业的批准开办,同工商行政管理部门对企业的核准登记混淆了。批准企业的开办和核准企业的登记,是履行不同的法定程序和产生不同的法律效力的两回事。前者批准企业的开办主要是从社会需要,有无开办可能,布局是否合理,条件是否具备的角度去考虑;后者是国家授权工商行政管理部门代表政府履行法律程序。一旦核准登记,企业就取得合法权利和受到法律保护的依据。按照《工商企业登记管理条例》规定,工商企业经核准登记,取得筹建许可证或者营业执照以后,才能到银行开立账户,进行筹建或开展生产经营活动,并享有企业名称专用权。否则一律不准筹建或者开业,不得刻制公章、签订合同、注册商标、刊登广告,银行也不予开立账户。可见,登记与不登记是有明显的法律界限的。

加强对工商企业的登记管理,是维护社会主义经济秩序的重要措施。现在一些地方,小型企业重复建厂,盲目生产,冲击国家计划的情况比较普遍。有的地方还出现了无厂房、无设备、无资金、无固定人员的"四无"工厂或"皮包"公司,进行投机和非法经营活动,扰乱正常的经济秩序。工商管理部门把好审批和登记关,就可以从法律上制止它们的违法活动。应当指出,目前全国各地都还有一些未经核准登记的无照经营户,应当按照《工商企业登记管理条例》的规定,限期补办登记。对于未经核准登记或者利用核准登记的合法形式进行非法经营的,应当坚决制止或予以取缔。

登记是对企业进行监督管理的一种行政手段。任何企业都有责任维护《工商企业登记管理条例》的严肃性,自觉地接受监督和管理。有些同志把这项工作仅仅看成是登记,发照,不愿意接受监督管理,是不对的。登记和管理是一个不可分割的整体,只登记不管理,登记就失去了意义。登记与管理归根到底是对企业实行政策监督。工商行政管理机构和其他有关部门在监督管理中要划清"活"与"乱"的界限,划清正常的转产或改变生产经营范围与违反政策进行非法经营的界限,加强登记管理工作,在这个环节上堵塞经济领域里有可能产生违法犯罪活动的漏洞,维护正常的经济秩序,把企业的经济活动纳入党的方针政策和国家计划轨道,促进企业沿着社会主义方向健康发展。

**中国第一艘36000吨级出口货轮"东星"号在上海沪东造船厂命名下水**

这是我国最大的出口船舶,也是国内建造的最大散装货轮。该船安装12000马力低速柴油机,一次加油可到达世界上任何港口。

巴西总统菲格雷多的夫人杜尔塞·菲格雷多应邀为这艘货轮命名,香港环球航运集团主席包玉刚和上海市副市长韩哲一等出席了命名下水典礼。

**国务院副总理万里在人民大会堂会见由副议长路易吉·阿杜克率领的苏丹人民议会代表团**

**国务院副总理姚依林在北京会见由理事会主席杰弗里·布雷尼率领的澳大利亚—中国理事会代表团**

**中国经济贸易展览会在爱尔兰首都都柏林开幕**

这是中国在爱尔兰举行的第一个大型商品展览会。展出面积达2000多平方米,展品包括电子与航空技术产品、机械设备、轻纺产品、工艺和土畜产品以及书刊、邮票等,共2600多件。

**动画片《猴子捞月》在第六届渥太华国际动画片电影节上获得儿童片一等奖**

**各级环保部门和工业主管部门认真贯彻环保法治理环境污染取得成绩**

据中央人民广播电台报道,党的十一届三中全会以来,各级环境保护部门和工业主管部门,认真贯彻《环境保护法》和国务院《关于在国民经济调整时期加强环境保护工作的决定》取得了比较好的成绩。北京、上海、沈阳等一些城市的严重工业污染有所缓和,西湖、漓江、松花江等部分江河湖泊水域的污染有所减轻,渤海、黄海的大面积石油污染基本上得到控制。

近几年来,各地大中型基本建设项目,执行主体工程和防止污染设施"三同时"的规定,同时设计、同时施工、同时投产。1979年,执行"三同时"规定的只占全国大中型基建项目的39%,去年上升到66%。北京、山东等省、市去年投产的大中型基本建设上都执行了"三同时"的规定。

各地对于污染严重的工矿企业的治理也抓得比较

紧,1978年,国家下达的限期治理污染的167个工矿企业,到去年年底,已经完成了66%,地方人民政府公布的限期治理的企业,大部分也已经治理完毕。

## 8月19日

**中共中央副主席邓小平在人民大会堂会见利比亚总人民委员会秘书贾达拉·阿祖兹·塔勒希**

邓小平介绍了中国对外政策的基本点:加强同第三世界国家的团结与合作,反对霸权主义,维护世界和平。邓小平指出,第三世界国家是霸权主义的主要受害者,也是反对霸权主义和维护世界和平的主力。他说:我们很欣赏“南南合作”这个口号,第三世界国家之间有着广阔的合作领域。

塔勒希说,利比亚和中国都属于第三世界,我们很愿意同中国发展友好合作关系,我们也很重视同其他第三世界国家的合作。他说,在当前的国际形势下,第三世界国家必须加强相互间的了解与合作,才有可能摆脱落后状态,改变不合理的国际经济秩序。

**五届全国人大常委会二十四次会议在北京开幕**

杨尚昆副委员长兼秘书长作关于召开五届全国人大五次会议的决定草案的说明。

财政部部长王丙乾受国务院委托,向会议作了《关于一九八一年国家决算的报告》。

会议听取了城乡建设环境保护部部长李锡铭关于《中华人民共和国海洋环境保护法(草案)》的说明;工商行政管理总局局长任中林关于《中华人民共和国商标法(草案)》的说明;外交部副部长章文晋关于建议我国加入《关于难民地位的公约》和《关于难民地位的议定书》的说明,以及关于中国南斯拉夫领事条约的说明。

杨尚昆主持了下午的全体会议。副委员长邓颖超、乌兰夫、韦国清、彭冲、许德珩、胡厥文、史良、习仲勋、朱学范出席了会议。

列席会议的有:国务委员谷牧,最高人民法院和最高人民检察院的负责人,各省、自治区、直辖市人大常委会负责人,在京的政协全国委员会常务委员。会议从20日起进行分组讨论。

**财政部部长王丙乾在五届全国人大常委会二十四次会议上作《关于一九八一年国家决算的报告》**

名位委员:

在今年4月召开的第五届全国人民代表大会常务委员会第二十三次会议上,我们曾经向各位委员报告了1981年国家决算的初步汇总的数字,当时向常务委员会建议,待国家决算正式编成后,再报请审查批准。现在,1981年国家决算已经正式编成,我受国务院的委托,向会议作国家决算的报告,请予审查。

1981年是我国国民经济在调整中取得重大进展的一年,也是国家财政从连年发生较大的赤字转变为收支基本平衡的一年。这一年,在中共中央和国务院的领导下,各地区、各部门认真贯彻执行在经济上实行进一步调整、在政治上实现进一步安定的方针,同时,在财政经济工作中采取了一系列富有成效的调整和改革措施。经过全国人民的紧张努力,这一年的生产建设和其他各项事业有了新的发展,国家财政赤字由上年的一百二十七亿元减少到二十五亿元,实现了收支基本平衡,为争取我国财政经济状况的根本好转创造了一个良好的开端。

根据现在正式编成的国家决算,1981年国家决算总收入为一千零八十九亿四千六百万元,完成概算的百分之一百零三点一;国家决算总支出为一千一百一十四亿九千七百万元,完成概算的百分之一百零五点五;收入和支出相抵,财政赤字为二十五亿五千一百万元。同我们向常务委员会第二十三次会议报告的初步汇总数字比较,总收入增加二十五亿一千六百万元,总支出增加二十五亿二千七百万元,财政赤字基本未变。

在1981年国家决算总收入中,国内财政收入为一千零一十六亿三千八百万元,完成概算的百分之一百零四点一;国外借款收入为七十三亿零八百万元,完成概算的百分之九十一点四。国内财政收入中,企业收入为三百五十三亿六千八百万元,完成概算的百分之九十四点七;各项税收为六百二十九亿八千九百万元,完成概算的百分之一百零八点五。各项税收超额完成,主要是由于这一年消费品生产增长较快,来自这方面的税收增加了;同时,国家加强了税收管理,通过清理偷税、漏税和欠税,补收了一部分税款。企业收入短收,主要是因为国家继续安排了一批待业青年就业,增加了企业的工资支出;农副产品的价格补贴增加,也相应地减少了一些收入。

在1981年国家决算总支出中,用国内资金支付的财政支出为一千零四十一亿八千九百万元,完成概算的百分之一百零六点七;利用国外借款支付的基本建设拨款为七十三亿零八百万元,完成概算的百分之九十一点四。在上述用国内资金支付的财政支出中,基本建设拨款为二百五十七亿五千五百万元,完成概算的百分之一百零五点九;企业挖潜改造资金和新产品试制费为六十五亿三千万元,完成概算的百分之一百二十九点八;增拨企业流动资金为二十二亿八千四百万元,完成概算的百分之九十五点二;支援农村人民公社支出和各项农业事业费为七十三亿六千八百万元，完成概算的百分之九十九点四；文教卫生科学事业费为一百七十一亿三千六百万元，完成概算的百分之一百零七点四；国防战备费为一百六十七亿九千七百万元，完成概算的百分之一百点八；行政管理费为七十亿八千八百万元，完成概算的百分之一百一十八点七。

1981年国家概算执行情况良好，做到了财政收支基本平衡，这是全国各族人民作出巨大努力所取得的成果。这一年的国家财政，配合经济的调整和改革，采取了若干重大措施，经过各地区、各部门的共同努力，获得了显著的成效。

第一，根据量力而行的方针，紧缩了财政开支。1981年的基本建设总规模，由上年的五百三十九亿元，压缩到四百二十八亿元，减少了一百一十一亿元。从国家直接安排的基本建设拨款来看，比上年减少了八十八亿元。在压缩基本建设规模的过程中，国家把某些不具备建设条件和建成后不具备生产条件的建设项目停了下来；同时，对那些同现有企业争原料、燃料、动力的重复建设的项目，实行停建或者缓建。这样，不仅腾出了一部分资金和物资，用于重点建设和急需的建设项目，加快了工程进度，而且也有利于财政收支平衡。除基本建设投资外，1981年的国防战备费由上年的一百九十三亿八千四百万元，缩减到一百六十七亿九千七百万元，减少了二十五亿八千七百万元。这一年，人民解放军在大力加强军队现代化、正规化建设的同时，从全局出发，节约支出，为国家分担困难，对平衡财政收支作出了很大贡献。回顾1981年的财政支出情况，可以看得很清楚：实事求是，量力而行，是我们处理经济问题的一条方针，是一条积极的方针，也是在国家财政困难的情况下必须坚持的重要方针。

第二，大力发展农业和轻工业，扩大消费品的生产，增加财政收入。农业是国民经济的基础，消费品的生产是保障人民生活需要的基本条件。发展农业和扩大消费品生产，不仅有利于调整经济结构，协调各方面的比例关系，而且也有利于保证市场的稳定，增加财政收入。由于农村进一步落实了党和政府的各项经济政策，实行各种生产责任制，再加上国家提高了农副产品的收购价格，增加了农民的收益，广大农民群众的生产积极性大大提高，农业生产形势越来越好，农村中出现了多年来少有的繁荣景象。1981年尽管自然灾害严重，全国农业总产值仍比上年增长百分之五点七。在发展轻纺工业生产方面，国家在原材料、动力、运输和资金等各方面，采取了优先安排和供应的措施，轻纺工业产值比上年增长了百分之十四点一。因此，尽管这一年的重工业生产在经济调整的过程中暂时下降，但由于轻纺工业上得快，全国工业总产值仍比上年增长了百分之四点一。1981年日用消费品的产量显著增加，不仅活跃了市场，繁荣了经济，保障了城乡人民的需要，而且对于回笼货币、平衡财政收支，也起了重要作用。国内市场的商品零售物价上升指数，已由上年的百分之六下降为百分之二点四。

第三，在紧缩财政支出的同时，国家仍然适当增加了文教、科学、卫生事业费等支出，继续安排了城镇待业青年就业，调整了部分职工的工资，使城乡人民的生活继续有所改善。1981年文教、卫生、科学事业费支出，由上年的一百五十六亿二千六百万元，增加到一百七十一亿三千六百万元，增加了十五亿一千万元，增长百分之九点七。其中，教育事业费增长百分之八点八，卫生事业费增长百分之十点一，科学事业费增长百分之二十三点七，都超过了工农业生产增长的幅度。这一年国家继续采取多种形式，安排城镇待业青年和其他人员就业，加上国家统一分配的大中专应届毕业生，共达八百二十万人；城镇新建的住宅竣工面积达到九千七百多万平方米，比上年增加百分之五点五。为了逐步解决没有实行奖金制度的国家机关、科学文教卫生等部门中工作人员的工资问题，1981年第四季度对中小学教师、体育工作者和一部分医务工作人员提高了工资。还要说到的是，这几年在提高农副产品收购价格的同时，为了稳定市场物价，国家对关系到人民生活的基本必需品一直采取了价格补贴的办法。1981年国家用于各种价格补贴的支出，共达三百二十多亿元。其中，直接由国家财政拨付的粮、棉、油价格补贴和超购加价款，共有一百六十三亿零九百万元，比上年增加四十三亿五千一百万元。这些补贴和开支的增加，也直接和间接地使城乡人民得到了实惠。

第四，整顿财政管理，加强财政监督，堵塞各方面的漏洞。为了消除目前财政收支中的"跑、冒、滴、漏"现象，制止和纠正违法乱纪行为，国家在1981年采取了若干措施。年初，国务院颁发了《关于平衡财政收支、严格财政管理的决定》；5月间，又批准发布了《关于清查偷税、漏税和欠税的通告》，后来又多次组织了企业财务检查。在各级党委和政府的领导下，经过这一年的努力，财政管理偏松、监督不严的状况有了一定程度的改进，并且清理收回了一部分财政收入，节约了一部分财政支出。据各地报告统计，1981年清理收回的税款和补交入库的企业利润，合计十八亿元。这不仅有助于整顿财经秩序，有助于实现财政收支的基本平衡，而且对于纠正某些不正之风，打击经济领域里的违法犯罪活动，也起了积极作用。

在1981年短短的一年之内，国家把较大的财政赤字坚决压缩下来，使财政状况出现了转折性的变化，这同各地区、各部门、各单位从全局出发，同心协力，承担困难，是分不开的。这一年，为了适当筹集社会闲散资金，计划发行国库券四十亿到五十亿元，在各方面大力支持下，实际完成四十八亿六千六百万元。发行国库券的收入，已按照原定用途，用于弥补1980年的财政赤字，但它对于1981年信贷收支的基本平衡和控制货币投放，起了积极的作用。

1981年国家概算执行的结果表明：在国家财政相当困难和国民经济进行大幅度调整的情况下，1981年实现了财政收支基本平衡，工农业生产保持了一定的增长速度，市场物价基本稳定，城乡人民生活进一步有所改善，这是很不容易的。我们一定要巩固这一成果，并且要在今后进一步发展与扩大已经取得的成果。

当然，也要看到，1981年财政收支的基本平衡，主要是在大幅度紧缩支出的条件下实现的，因而还是不巩固的。国民经济中潜在的危险虽然有了缓和，但还没有根本消除。在一些地方、部门和单位里，损失浪费严重、经济效益差的情况，还没有多大改变。由于财政管理不严，漏洞还不少。经济中的违法犯罪活动和严重违反财经纪律的现象，在一些单位里尚有待认真检查处理。这说明要保持财政收支的基本平衡，今后还需要做大量的工作，并且要继续坚持在建设物质文明的同时建设社会主义精神文明。总之，我们必须继续解决目前存在的问题，发展大好形势，决不能掉以轻心。

1982年已经过去七个多月了。从1—7月国家预算的执行情况看，全国的财政经济状况继续朝着好转的方向发展，但是也还存在一些问题，主要是财政支出增加较猛。为了继续保持财政收支的基本平衡，国务院已通知各地区、各部门，一定要抓紧今后几个月的经济工作和财政工作，围绕提高经济效益这个核心，进一步开展增产节约活动，切实讲究生财、聚财、用财之道，大力组织收入，严格控制和节约支出，加强财务检查与监督，坚决反对铺张浪费，打击经济犯罪活动。我们相信，尽管我们的面前还有不少困难，但是，只要各行各业认真地执行国务院的各项工作部署，振奋精神，实事求是，团结一致，抓紧工作，今年的国家预算一定可以顺利实现。

**城乡建设环境保护部部长李锡铭向五届全国人大常委会二十四次会议作关于《中华人民共和国海洋环境保护法(草案)》的说明**

李锡铭指出，我国大陆海岸线有18000多公里(不含岛屿岸线)，海域辽阔，岛屿众多，陆架宽广，拥有丰富的海洋生物和水产资源、矿藏资源、海洋能源、海滨风景游览资源和优良的交通航运条件，开发、利用和保护海洋环境及资源，是社会主义现代化建设的一项重要任务。

他说，目前我国海洋环境已经受到了不同程度的污染和损害，在一些入海河口海区、港湾、内海和沿岸局部区域，环境污染相当严重。随着海洋事业的发展，进入我国管辖海域从事航行、石油勘探开发等活动的外国船舶、外国企业公司日益增多。因此，必须加强对外国船舶、平台、航空器等排污和倾废的监督管理，以维护我国权益。

李锡铭说，近年来，我国在保护海洋环境方面做了一定工作。对渤海、黄海海区的石油污染进行了治理，收到初步效果，对海洋环境状况进行了调查，并开展了一些监测工作。这些都为进一步加强管理提供了初步基础。但是，就全局来看，我国海洋环境保护工作还是一个很薄弱的环节。因此，制定我国的保护海洋环境的法律，是十分必要和迫切的。

他说，《海洋环境保护法(草案)》主要对防止海洋污染损害从法律上作了规定。一是防止海岸工程对海洋环境的损害，主要指在海岸建造港口、油码头和兴建入海口水利工程等。二是防止海洋石油勘探开发对海洋环境的污染，主要指爆破勘探、钻井、试油、输油等。三是防止陆源污染物对海洋环境的污染，主要指向海洋排放污染物，在海岸滩涂设置废弃物堆放处理场等。四是防止船舶对海洋环境的污染，主要指各类船舶排放污染物对海洋环境的污染。五是防止倾倒废弃物对海洋环境的污染。此外，在法律责任一章，作出了对违反这个法律的行为追究行政责任、赔偿责任和刑事责任的规定。李锡铭说，《海洋环境保护法》不仅对我国的一切单位和个人具有约束力，而且也涉及对外籍船舶、海上石油勘探和开发以及外国企业公司在海上活动的监督管理，因此，在起草过程中注意了与有关国际公约和惯例相协调。

李锡铭在谈到海洋环境保护监督管理的分工时说，国务院确定由城乡建设环境保护部主管全国海洋环境保护工作，并组织国家海洋局、中华人民共和国港务监督、渔政渔港监督管理机构、部队环境保护机构和沿海省、自治区、直辖市环境保护机构分工管理。

**工商行政管理总局局长任中林向全国人大常委会第二十四次会议作关于《中华人民共和国商标法(草案)》的说明**

任中林说，建国以来，我国在商标方面的法规，前后有两个条例，一个是1950年7月颁布的《商标注册暂行条例》，一个是1963年4月修订颁布的《商标管理条例》。后一个条例一直沿用到现在。从近几年来的实践看，1963年颁布的《商标管理条例》，已经不能适应新的历史时期的要求，有若干具体条款，需要加以增订、修改或补充。为此,我们从有利于发展社会主义商品经济和健全社会主义法制出发,本着立足于国内同时兼顾国际惯例的精神,经过广泛调查研究,并征求了各部门、各地方和有关方面的意见,起草了《中华人民共和国商标法(草案)》。

他说,保护商标专用权,制止侵权行为,是健全商标法制的重要环节。我们在商标法草案中把保护商标专用权提到了重要位置。企业申请商标注册并经核准注册以后,即取得商标专用权,任何人都不得侵犯。同时,对什么是商标侵权行为以及对侵权行为的处理也作了规定,明确了处理程序,划分了行政管理机关和司法机关的职责。

任中林说,全面注册,实际上就是强制注册,即使用商标必须申请注册。随着社会主义商品经济的发展,经济体制的改革,企业自主权的扩大,日益明显地表明这种用行政手段强制所有商标都要注册的"一刀切"的做法,不利于调动企业内在的积极性,提高经济效益,发展商品生产。而且,有些社队或者街道办的小企业往往是生产不稳定,产品不定型,所生产的一些地产地销的小商品,临时使用一个商标,硬要它们申请注册也是不必要的。考虑到上述情况,商标法草案改变了全面注册的办法。今后,主要通过宣传教育,促使企业根据专用的需要,自动提出申请注册,以取得商标专用权。同时,对于与国计民生关系密切的少数商品(如药品等),仍然规定了必须使用商标并申请注册。

他说,商品质量是商标信誉的基础,与消费者的利益密切相关。商标法草案对通过商标管理,监督商品质量做了规定,把制止欺骗消费者的行为,作为商标管理工作的一项重要任务。这是我国商标法的一个显著的特点。商标法草案对无论是使用注册商标,或者是使用未注册商标,凡有粗制滥造、以次充好、欺骗消费者行为的,都规定了处理办法。

任中林说,商标法草案对外国商标申请注册,规定按申请人所属国同我国签订的协议或共同参加的条约办理,或者按对等原则办理。

**中国民用航空总局在北京召开反劫机胜利庆功授奖大会**

民航总局局长沈图宣读了国务院给杨继海机组的嘉奖令,并把绣着"中国民航英雄机组"和"反劫机英雄"字样的两面锦旗,分别授予杨继海机组和杨继海同志。同时,分别给全体立功同志颁发了证明书、奖状和奖金。副局长王亚民代表民航总局党委宣布授予杨继海、阎文华、刘兆贤、苗学仁、黄振江五名共产党员以"优秀共产党员"的光荣称号。

王亚民副局长还代表民航总局,向配合机组反劫机有功的李胜佑等13名旅客,颁发了奖状和奖金。

**中国第一台气刀剥树皮机投入生产**

安装在济南火柴厂的我国第一台气刀剥树皮机最近正式投产。

这台机器是武汉轻工机械厂制造的,经过鉴定,机器运转性能稳定,操作简便,剥皮质量好,效率高,同时大大减轻了工人的劳动强度。

**外交部部长黄华在北京会见阿根廷外交部主管国际经济事务的副部长费利克斯·培尼亚一行**

**中美两国关于修改中美民航协定的议定书在北京签字**

议定书规定,第二条航线是北京(限于货运)——广州——上海——东京或日本境内另一地点——檀香山或西雅图——洛杉矶——旧金山——芝加哥。由于美国单方面享有日本业务权,中国民航的航班在美国的通航地点之间享有上下客货的中途分程的权利。代表双方政府在议定书上签字的中国方面是中国政府民航代表团团长李树藩,美国方面是美国政府民航代表团团长马休·斯科科扎。

## 8月20日

**中国共产党第十二次全国代表大会的代表和候补代表全部选出**

根据1980年2月下旬党的十一届五中全会关于召开中国共产党第十二次全国代表大会的有关规定,中国共产党第十二次全国代表大会的代表名额为1600名,并按照代表总数十分之一的比例选出候补代表。经过两年多来的工作,到1982年7月底,出席党的十二大的代表和候补代表的选举工作已经完成。

各级党组织十分重视十二大代表的选举工作。各省、自治区、直辖市(包括台湾省),中共中央直属机关、中央国家机关和人民解放军各总部、各部队的党组织,分别召开了党员代表大会或代表会议,隆重地进行了选举。选举过程中认真贯彻了民主集中制的原则,充分地发扬了民主。代表候选人是经过几上几下的酝酿,最后根据多数人的意见确定,并且采取了差额选举、无记名投票的方法才选出了代表和候补代表,这就较好地体现了选举人的意志。有的地方还把酝酿十二大代表候选人与选拔优秀中青年干部结合起来,注意发掘人才,把政治上强、有专长、年富力强的优秀中青年干部选为十二大代表。

这次选出的十二大代表、候补代表,绝大多数是在各地区、各个方面、各民族中比较有威望、有贡献、能够联系群众的优秀分子。代表中，中青年占将近五分之二，女党员占14%，各少数民族的以及各方面的专业人员、专家也占相当比例。

### 《人民日报》发表评论员文章《走了第一步之后》

中央党政机关的机构改革工作，前一阶段取得了很大的成绩，进展是顺利的。但这只是走了第一步，机构改革的任务还没有完成，还有许多工作要做。各单位除了继续做好老干部的安排、紧缩人员编制、轮训干部的工作外，还必须把改进工作制度、工作方法、工作作风作为机构改革的一个重要内容，切切实实抓好。

机构改革的目的，是克服官僚主义，提高工作效率。现在机构精简了，领导班子比较精干了，这为我们克服官僚主义，提高工作效率创造了有利的条件。但是，不能认为只要机构一精简，官僚主义就不存在了。要看到，人多固然容易产生官僚主义，人少也还是可以搞官僚主义。所以，机构合并精简以后，适应新的形势，各单位要制定和完善工作制度，明确职责范围，改进工作方法，转变工作作风。这样，才能真正克服官僚主义，提高工作效率。

现在有些单位已经这样抓了。比如水利电力部，在机构改革后的第一次党组会上，就明确指出，提高工作效率先要从领导做起，每个领导者要亲自抓方针、政策，抓调查研究，要独立工作，各负其责，会议要精简，文件要精简，解决问题要有紧迫感，要有规定期限。又如煤炭工业部，在今年3月初机构改革工作基本完成后，随之讨论制定了司局、处室的职责范围，制定了从部长到普通工作人员的岗位责任制，开始改变了过去那种职责不分明，工作不协调，办事"踢皮球"的状况。他们这样抓，抓到了点子上，开了个好头。我们不但要有新的机构，新的班子，而且要有新的作风，新的面貌，把领导机关的工作效率大大提高一步。现在有的单位对改进工作制度、方法、作风抓得还不紧起色不大，这是需要提请注意的。机构改革这件事，也如同逆水行舟一样，不进则退。如果松下来，不仅不能扩大成果，原有成果也巩固不住，还可能走回头路。所以一定要继续前进，不能半途而废。

这次机构改革，是在政治体制、特别是经济体制没有全面改革的情况下进行的，因而不可能是很彻底的，并且势必带来一些新的矛盾。已经改革了的机构，不仅会同多年的已经与新情况不相适应的老习惯、老作风发生矛盾，而且也会同尚未全面改革的现行政治体制和经济体制发生很多矛盾。现在我们面临着这样一个问题：已经改革的机构是向前推动政治体制和经济体制的改革，还是因为没有进行全面的体制改革，难免会遭到许多困难而后退，又走回头路呢？在这个问题上，是存在着两种可能性的。所以，要切实抓好走了第一步之后的工作，相应地从工作制度、方法、作风等一系列方面加以改进。比如，国务院和各部委的领导干部减少了，机构精简了，就要考虑把权力下放一些，不要过于集中，以发挥各级各部门的积极性、主动性和职能作用。在领导思想上必须明确，今后遇到矛盾，遇到困难，只能前进，不能后退。概括起来，就是两句话：我们是在政治体制和经济体制没有全面改革以前先进行机构改革的，因而是不彻底的；但应利用这个改革，去促进政治体制和经济体制许多方面的改革，为今后的全面改革创造条件。

### 全国经济干部教育工作取得显著成绩

据《人民日报》报道，党的十一届三中全会以来，在各地区、各级党委领导下，经济部门的干部教育工作取得很大成绩。全国农林、工业、交通、基建、财政、金融、商业系统已轮训干部370万名。

这几年的经济干部教育工作，有以下显著特点：

着重抓了领导干部的轮训。农业系统公社以上领导干部已轮训38%。原国家农委还同中央组织部联合举办了有主管农业的省委书记、副书记、副省长和国务院副部长参加的高级领导干部研究班；工业交通系统县属以上企业领导干部已轮训64%，省、自治区、直辖市经委和重点城市的经委主任、副主任已轮训80%以上；商业系统中心商店主任、基层供销社主任和粮管所长以上领导干部已轮训60%；财税和建设银行系统县局、行长以上领导干部已轮训53%；人民银行系统中心支行行长和处级以上领导干部已轮训59.1%；基建系统省、自治区、直辖市厅局级和部分地(市)级领导干部已轮训50%。

加强了优秀中青年干部的培训。1981年各地区、各部门委托高等院校培训的中青年干部约有7000名，今年仅据冶金、石油、铁道、机械、纺织、化工等6个工业部门统计，在高等院校和中等专业学校学习的中青年干部就达6000多名。

既学政治理论又学管理知识。参加学习的干部除了学习马克思主义政治、经济理论和党的方针、政策外，还加强了科学技术和管理知识的学习。在这方面，不仅学习了传统的科学管理，还有分析地学习了外国的现代化管理知识和方法。

三年多来的干部培训事实证明，效果是好的，表现在以下几方面：

一、提高了贯彻执行党的三中全会制定的路线、方针、政策的自觉性。各经济部门结合实践是检验真理的唯一标准的讨论，组织广大干部学习了马克思主义认识论；结合按经济规律办事，学习了马克思主义的社会主义经济理论，并总结建国以来正反两方面的经验。这对于在政治上同党中央保持一致，起了很好的作用。

二、对提高管理水平起了促进作用。许多农业领导干部学习农业科学技术和农业经济管理后，改变了凭老经验办事的做法。如山西武乡县副县长祝志堂学习后，根据全县草坡资源丰富的特点，一手抓作物布局和耕作改革，一手抓畜牧业的发展，改变了单打一搞粮食的被动局面。工交系统不少领导干部反映，过去天天讲企业管理，却不清楚什么是企业管理，天天讲降低成本，却不知道成本包括哪些项目，经过培训，增加了管理知识，提高了管理水平。如辽宁省锦州市女儿河造纸厂，过去企业管理混乱，经过培训干部，这个厂已成为锦州地区的企业管理先进单位。

三、由于加强干部培训工作，为调整充实领导班子，改善干部队伍结构提供了条件。首都钢铁公司培训优秀中青年干部411名，已有275名提拔到各级领导岗位上来。黑龙江省粮食干校第一期优秀中青年干部培训班毕业的学员，有72%被提拔到各级领导岗位上来。

今年以来，经济干部教育工作又有新的发展。一些地区已开始在普及轮训的基础上向系统的专业培训发展，即按照领导干部的分工，分别举办生产管理、经营管理、劳动工资管理以及思想政治工作等专业培训班。

**国务委员薄一波在北京会见由意中友协主席团成员朱·雷吉斯率领的意大利知名人士访华团**

**国务委员姬鹏飞在北京会见以吉布提议会常设委员会主席艾哈迈德·布拉勒赫·巴莱赫为团长的吉布提友好代表团**

**外交部部长黄华在人民大会堂设宴欢迎联合国秘书长佩雷斯·德奎利亚尔并举行座谈**

双方就柬埔寨、阿富汗、中东、纳米比亚和全球谈判等问题交换了意见。

黄华在会谈中重申了中国政府的外交总方针。他说，我们外交政策的基本点是团结第三世界国家和人民、联合爱好和平与主持正义的国家和人民，反对霸权主义，维护世界和平，不管这种霸权主义来自何方。中国不会依附任何一个超级大国，中国不会打“美国牌”去对付苏联，不会打“苏联牌”去对付美国，也决不允许任何人玩“中国牌”。

黄华指出，中国愿意在和平共处五项原则的基础上同任何国家发展关系。中国决不会在取得独立以后，把自己长期受欺侮的痛苦经历强加给别的国家。中国庄严宣布不称霸，就是在自己强大以后也不称霸。

黄华还阐述了中国政府关于解决柬埔寨问题的立场。他说，民主柬埔寨三方联合政府的建立标志柬埔寨人民的抗越斗争进入了一个新的阶段。目前，有人希望柬埔寨问题得到政治解决。但是，在越南军队撤出柬埔寨以前不具备政治解决的条件。最近东盟国家揭露了越南关于部分撤军的骗局，拒绝了它召开关于东南亚问题国际会议的建议。我们希望本届联大讨论柬埔寨问题时能通过好的决议，继续向越南施加压力，迫使其全部撤军。黄华还指出，解决阿富汗问题的关键是苏联首先撤军。

在谈到联合国的作用时，黄华说，第三世界国家是一支重要的政治力量。这一力量是联合国的支柱。联合国应该多为第三世界国家的合理要求着想，维护第三世界国家的正当权益。他表示，中国将进一步加强同联合国的合作。

佩雷斯·德奎利亚尔说，我们应该进一步作出努力，使联合国真正起到防患于未然的作用。他说，令人遗憾的是有些大国的行为是背离联合国宪章精神的。

在谈到柬埔寨、阿富汗问题时，佩雷斯·德奎利亚尔要求越南和苏联尊重联合国大会通过的有关决议，从柬埔寨、阿富汗撤军。

关于中东问题，德奎利亚尔认为，巴勒斯坦解放组织撤离贝鲁特西区并不意味中东问题就得到了解决。他希望有一个全面的解决办法，而联合国是讨论解决这个问题的场所。关于巴勒斯坦解放组织和外国军队撤离黎巴嫩以后那里的形势，他说，如果黎巴嫩爆发内战，以色列会加以利用。

佩雷斯·德奎利亚尔感谢中国政府对联合国工作的支持。他说，中国和其他第三世界国家在联合国事务中起着越来越重要的作用。

**邹振先在西柏林举行的国际田径赛中获得男子三级跳远冠军**

**李钟琪在西德威士巴顿市举行的射击比赛中追平手枪速射60发世界纪录并打破全国纪录**

**全国医疗卫生系统向卫生部上报科技成果1459项**

据《人民日报》报道，党的十一届三中全会以来，全国医疗卫生系统向卫生部上报的科技成果有1459项，评选出部级成果有175项。

这些成果中，有些对科技进展和提高经济效果具有较大意义。如新抗疟药青蒿素，是从中药青蒿中分离出的有效单体，其分子结构是与现在已知抗疟药完全不同的新型化合物,在救治脑型疟和抗氯喹恶性疟方面达到了国际先进水平。

**全国工业系统防治污染经验交流会在北京闭幕**

交流会提出:防治工业污染是企业应尽的社会责任,要把发展生产和保护环境紧密地结合起来,积极开展污染防治工作,争取在较短时间内,使我国的环境状况有明显的改善。

据会议提供的材料,我国的环境污染主要是工业排放“三废”(废水、废气、废渣)造成的。

党的十一届三中全会以来,党中央和国务院对环境保护工作十分关心和重视,采取了一些保护环境的措施。根据鞍钢、首钢、沈阳冶炼厂、南京化工厂、招远化工厂、内蒙古第一机械厂、胶南水泥厂、上海市轻工局、北京市环保局等14个单位在会上介绍的经验看,当前比较切实可行的保护环境、防治污染的办法主要是,通过技术改造,最大限度地把“三废”消除在生产过程之中;大搞综合利用,把工业“三废”转变成有用的资源;结合企业整顿,把环境保护纳入企业经济责任制;进行净化处理,使“三废”达到排放标准。

## 8月21日

**中共中央副主席邓小平在北京会见联合国秘书长佩雷斯·德奎利亚尔一行**

邓小平说,中国人口多,发展水平低,但有两条是信得过的:一是坚持原则;二是说话算数,不搞政治游戏,不搞语言游戏,也不打什么“牌”。中国是第三世界的一员,将加强同其他第三世界国家的团结和合作,共同反对霸权主义,维护世界和平。

邓小平指出,超级大国搞霸权主义,受害者首先是第三世界国家。第二次世界大战以来,大战没有,小战不断,实际上没有什么和平可言,其根源就是超级大国在挑拨,在插手,在相互争夺霸权。第三世界国家作为反对霸权主义的主力,在国际政治中的分量越来越大,这是任何人也不能忽视的。超级大国主宰世界人民命运的时代已经过去了。

邓小平对佩雷斯·德奎利亚尔就任联合国秘书长以来为维护世界和平与促进国际合作所做的努力表示赞赏。邓小平说,联合国的组成已经发生了很大的变化,希望联合国能比过去发挥更大的作用。

佩雷斯·德奎利亚尔说,中国是联合国的重要成员,它在联合国安理会的席位是第三世界的席位。中国在安理会的行动表明,它能捍卫第三世界的利益。中国忠于联合国的和平政策,遵循联合国宪章的原则,这使我们感到有信心。他说,我们面临紧张的国际形势,主要原因是一些成员国无视联合国宪章,不执行联合国有关决议。

**全国妇联追授赵春娥为全国“三八”红旗手**

**国务院副总理万里在北京接见全国第四次水土保持工作会议的代表**

万里说,经过我们这一代和下一代人的不懈努力,搞好国土整治工作,使我们生产和生活的环境得到改善,这是一项伟大的事业。

万里同志从国土资源和环境保护这个大的方面提请大家注意。他说,搞好水、土、生物、矿藏、海洋等的资源保护,以及防止大气污染等的环境保护,不仅是人类生存和生活所必须解决的,也是我们进行现代化建设的基础条件。但是,有些部门和地区对保护资源和环境是重视不够的,致使不少资源和环境遭到破坏,有的至今有加无已。

万里同志指出,在保护好国土资源的基础上,充分利用和开发这些资源,是我国的基本国策。因此,在这次国家政府机构改革中,我们加强了这方面的机构。国务院新设立了城乡建设环境保护部,在国家计委内增设了国土局,为了加强对矿产的保护和合理使用,新组建了地质矿产部,保留并加强了国家海洋局。

万里同志强调要加强宣传教育,提高全民族对保护国土、保护环境重要意义的认识。他说,不仅报刊、广播、电视等要有计划地加强对资源和环境保护科学知识的宣传,广泛教育人民群众,还应把有关的科学知识编入中小学教科书中,使下一代人从小就懂得这些道理。他要求各级领导干部要带头学习,学习自然辩证法,学习资源保护和合理利用等科学知识,以使自己主管的工作,更好地纳入按自然规律和经济规律办事的轨道。

万里副总理要求各有关部门通力合作,组织各方面的专家,采用各种科学手段,进行充分论证,早日作出国土整治和环境保护的全国规划、区域规划和地区规划。

**全国城市雕塑规划学术会议在北京闭幕**

会议向人们展示了一幅美好前景:经过十年八年之后,我国一些重点城市的街头、广场、园林和建筑物上将出现一批各具特色的雕塑艺术,使我国的城市建设放射出新的异彩。

与会同志在学习、讨论党中央、国务院有关批示时,都热情献计献策,决心为搞好我国城市雕塑事业、建设高度的社会主义精神文明作出贡献。

经过代表们认真讨论,会议确定在北京、上海、天津、浙江、陕西、广东、四川、江苏、安徽、湖北、福建、黑龙江等省市先进行试点。其他城市亦可根据条件,开展工作。会议强调,对城市雕塑建设一定要采取积极、稳步进行的方针,严格规划,先行试点,取得经验,逐步展开。新建的城市雕塑要具有健康的内容,人民喜闻乐见的民族形式,多样化的艺术风格,精湛的艺术技巧,反映时代精神。要坚持"百年大计、质量第一"的原则。会议希望,各省、自治区、直辖市有关部门重视城市雕塑建设,加强领导,组织雕塑家、建筑师、园林专家和城市建设规划部门通力合作,共同搞好这一工作。

**全国城市雕塑规划组在北京成立**

组长刘开渠,副组长曹大澄、李刚、王克庆。同时还成立了由著名雕塑家、建筑家、园林家组成的全国城市雕塑艺术委员会。主任委员刘开渠,副主任委员王朝闻、吴良镛、曹竹韶,秘书长傅天仇。

## 8月22日

**我国落实知识分子政策取得可喜进展**

据《人民日报》报道,党的十一届三中全会以来,落实知识分子政策的工作取得了可喜的进展。广大知识分子在工农业生产、教育、科学、文化、卫生、体育等各条战线上尽心竭力地工作,把自已的聪明才智献给祖国社会主义现代化建设事业。

党中央近几年在落实知识分子政策方面做了大量工作。首先是对知识分子在社会主义社会中的地位和作用作出了马克思主义的估价。在三中全会前举行的科学大会上,中央领导同志就重申了1956年党中央提出的我国绝大多数知识分子已是工人阶级一部分的论断。1981年,党中央在《关于建国以来党的若干历史问题的决议》中,又肯定"知识分子同工人、农民一样是社会主义事业的依靠力量"。党中央并强调,落实知识分子政策,要真正做到对知识分子"政治上一视同仁,工作上放手使用,生活上关心照顾"。今年上半年全党对知识分子工作的检查,就是党为改善对知识分子的工作而采取的一项重要措施。各级党委认真复查了"文化大革命"中知识分子的冤假错案,实事求是地予以平反昭雪,还对"文化大革命"前的错案作了改正。这就使那些蒙受冤屈的知识分子卸掉了政治包袱,心情舒畅地投身于建设社会主义的各项事业。

党在三中全会以后更加重视了把优秀知识分子吸收入党的工作。三年多来,又有一大批具备党员条件的知识分子参加了党的组织。据1981年年底的统计,在各类专业干部中,共产党员已占22.4%。

三年多来,全国各地提拔了大批德才兼备、有组织领导能力的知识分子充实和加强了各级领导班子。据9个省、自治区、直辖市和中央机关25个部、委、局的不完全统计,这期间就有9.22万多名知识分子被提拔到各级领导岗位。恢复、评定和晋升业务技术职称的工作近年来也取得了很大进展。截至1981年年底,全国获得讲师、助理研究员、主治医师、工程师、会计师等高、中级职称的就有100多万人。各级组织、人事部门在这三年多里还给近20万名专业不对口的科技人员调整了工作,给3.4万多名闲散在社会上的科技人员安排了工作。根据《中华人民共和国学位条例》,各地给第一批研究生授了博士、硕士学位,这在我国历史上还是第一次。科研、教学等部门还积极创造条件,使科技人员得到进修提高的机会。

国家在国民经济进行调整的情况下,注意了逐步改善知识分子的生活待遇和工作条件。

目前,全国各地落实知识分子政策工作的发展很不平衡,在对待知识分子问题上的"左"的思想影响还有待继续肃清,许多实际问题也需要进一步解决。但是,广大知识分子从自已的亲身经历中,深切感受到了三中全会以来短短几年间发生的深刻、巨大变化,对社会主义现代化建设事业更加充满了信心,正在各条战线上大显身手。

**卫生部和利比亚卫生总人民委员会关于中国派遣医疗队赴利比亚工作的协定在北京签订**

**中国全权代表新疆维吾尔自治区主席司马义·艾买提和巴基斯坦克什米尔事务和北部地区事务部长贾迈勒·达尔·汗在伊斯兰堡签署关于开放红其拉甫山口的议定书**

议定书说,为了进一步发展两国人民之间的传统友谊,便于处理边境的日常事务,中巴两国同意开放红其拉甫山口,并建立各自的边境站,以利于两国边境贸易、官方联系和民间来往。

## 8月23日

**中共中央发出《关于为潘汉年同志平反昭雪、恢复名誉的通知》**

1955年4月3日,潘汉年因"内奸"问题被逮捕关押受审查;后来又被定罪判刑,开除党籍;1977年病故。通知宣布:撤销党内对潘汉年同志的原审查结论,并提请最高人民法院依法撤销原判,为潘汉年同志平反昭雪,恢复党籍;追认潘汉年同志的历史功绩,公开为他恢复名誉。凡因"潘案"而受牵连被错误处理的同志,应由有关机关实事求是地进行复查,定性错了的应予平反，并将他们的政治待遇、工作安排和生活困难等善后问题，切实处理好。

**中共中央主席胡耀邦在北京会见亨利·毕雅社长率领的法新社代表团**

胡耀邦说："我国的政治局面一定能够比较长时期地稳定下去。"

他说，中共十一届三中全会以来的实践证明我们的这个看法是有根据的。其根据有两条：一、绝大多数中国人民从动乱不安中接受了必要的教训；二、我们的国家是由共产党领导的。现在我们的党恢复了民主集中制，中央领导机构实现了集体领导的原则，并有健全的组织机构，这就从组织上保证了我国政治局面的长期稳定。

在谈到中国经济情况时，胡耀邦说，一方面，新中国的经济同旧中国比，发生了根本的变化；三中全会之后的这四年的经济，同三中全会之前十二年比，起了重大的变化。另一方面，我国目前的经济同世界上经济发达的国家比，还非常落后。我们国家要进入经济先进国家的行列，还需要几十年的努力。

他说，我们有信心在本世纪末把我们国家建设成为一个小康的社会。我们的步骤是，1990年之前打好基础，后十年经济发展速度要快一点。要达到这个奋斗目标，我们要抓农业，包括畜牧业；要抓人才建设；要建设一批骨干工程，主要是能源和交通运输项目，为后十年的发展打下基础；还要在平等互利的基础上坚定不移地执行对外开放政策。

胡耀邦指出，中国的外交政策完全是独立自主的。我们的外交政策有两条基本原则：一、在和平共处五项原则基础上，同世界上所有国家发展友好关系，特别是同第三世界国家加强团结和合作；二、反对霸权主义，维护世界和平。这两条原则不可分割，是我国的基本国策。

他说，中国是第三世界国家，中国永远不搞霸权主义。中国坚信马克思主义的一条原则，即压迫别的民族的民族，是不自由的。

胡耀邦还谈到了中法关系。他指出，两国的政治关系是很好的，双方应该作出努力来进一步推进经济技术合作，以便使两国经济关系同良好的政治关系相适应。

**五届全国人大常委会二十四次会议在北京闭幕**

会议决定五届全国人大五次会议于1982年11月在北京召开，拟定这次大会的主要议程是：审议中华人民共和国宪法修改草案，听取国务院总理赵紫阳关于政府工作的报告。

会议通过了关于召开五届全国人大五次会议的决定、关于1981年国家决算的决议，通过了《中华人民共和国海洋环境保护法》和《中华人民共和国商标法》，还通过了关于我国加入《关于难民地位的公约》和《关于难民地位的议定书》的决定、关于批准《中华人民共和国和南斯拉夫社会主义联邦共和国领事条约》的决定。

这次会议期间，国务院提出了关于提请审议批准国务院直属机构改革实施方案的议案和关于国务院直属机构调整情况的书面说明。根据书面说明，国务院直属机构原有的41个单位，经过调整后现在保留15个，其余26个并入有关部委。今天的全体会议通过了关于国务院直属机构改革实施方案的决议，批准了这个方案。

会议通过了决定任免中国科学院院长、中国社会科学院院长的名单。

根据国务院总理赵紫阳的提请，今天的全体会议作出了关于将新华通讯社作为国务院的组成部门的决议和关于设立国防科学技术工业委员会的决议。同时，任命了这两个单位的负责人。

会议还通过了其他任免事项。

会议期间，国务委员兼外交部部长黄华，向委员们作了关于中美联合公报谈判情况的报告。

会议由彭真副委员长主持，邓颖超、乌兰夫、韦国清、彭冲、许德珩、胡厥文、萧劲光、史良、习仲勋、杨尚昆、朱学范副委员长出席了会议。

国务委员谷牧，最高人民法院和最高人民检察院的负责人，各省、自治区、直辖市人大常委会的负责人，列席会议。

**全国人大常委会委员长叶剑英签署第9号令发布《中华人民共和国海洋环境保护法》**

《中华人民共和国海洋环境保护法》已由中华人民共和国第五届全国人民代表大会常务委员会第二十四次会议于1982年8月23日通过，现予公布，自1983年3月1日起施行。

委员长　叶剑英

1982年8月23日

**中华人民共和国海洋环境保护法**

**第一章　总　则**

第一条　为了保护海洋环境及资源，防止污染损害，保护生态平衡，保障人体健康，促进海洋事业的发展，特制定本法。

第二条　本法适用于中华人民共和国的内海、领海以及中华人民共和国管辖的一切其他海域。

在中华人民共和国管辖海域内从事航行、勘探、开发、生产、科学研究及其他活动的任何船舶、平台、航空器、潜水器、企业事业单位和个人,都必须遵守本法。

在中华人民共和国管辖海域以外,排放有害物质,倾倒废弃物,造成中华人民共和国管辖海域污染损害的,也适用于本法。

第三条　进入中华人民共和国管辖海域的一切单位和个人,都有责任保护海洋环境,并有义务对污染损害海洋环境的行为进行监督和检举。

第四条　国务院有关部门和沿海省、自治区、直辖市人民政府,可以根据海洋环境保护的需要,划出海洋特别保护区、海上自然保护区和海滨风景游览区,并采取相应的保护措施。海洋特别保护区、海上自然保护区的确定,须经国务院批准。

第五条　国务院环境保护部门主管全国海洋环境保护工作。

国家海洋管理部门负责组织海洋环境的调查、监测、监视,开展科学研究,并主管防止海洋石油勘探开发和海洋倾废污染损害的环境保护工作。

中华人民共和国港务监督负责船舶排污的监督和调查处理,以及港区水域的监视,并主管防止船舶污染损害的环境保护工作。

国家渔政渔港监督管理机构负责渔港船舶排污的监督和渔业港区水域的监视。

军队环境保护部门负责军用船舶排污的监督和军港水域的监视。

沿海省、自治区、直辖市环境保护部门负责组织协调、监督检查本行政区域的海洋环境保护工作,并主管防止海岸工程和陆源污染物污染损害的环境保护工作。

## 第二章　防止海岸工程对海洋环境的污染损害

第六条　海岸工程建设项目的主管单位,必须在编报计划任务书前,对海洋环境进行科学调查,根据自然条件和社会条件,合理选址,并按照国家有关规定,编报环境影响报告书。

第七条　建造港口、油码头,兴建入海河口水利和潮汐发电工程,必须采取措施,保护水产资源。在鱼蟹回游通道筑坝,要建造相应的过鱼设施。

第八条　港口和油码头应当设置残油、废油、含油污水和废弃物的接收和处理设施,配备必要的防污器材和监视、报警装置。

第九条　海涂的开发利用应当全面规划,加强管理。对围海造地或其他围海工程,以及采挖砂石,应当严格控制。确需进行的,必须在调查研究和经济效果对比的基础上,提出工程的环境影响报告书,报省、自治区、直辖市环境保护部门审批,大型围海工程并须报国务院环境保护部门审批。

禁止毁坏海岸防护林、风景林、风景石和红树林、珊瑚礁。

## 第三章　防止海洋石油勘探开发对海洋环境的污染损害

第十条　开发海洋石油的企业或其主管单位,在编报计划任务书前,应当提出海洋环境影响报告书,包括防止污染损害海洋环境的有效措施,并报国务院环境保护部门审批。

第十一条　海洋石油勘探和其他海上活动需要爆破作业时,应当采取有效措施,保护渔业资源。

第十二条　对勘探开发过程中使用的油料,应当加强管理,防止发生漏油事故。残油、废油应当予以回收,不准排放入海。

第十三条　海洋石油钻井船、钻井平台和采油平台的含油污水和油性混合物,不得直接排放;经回收处理后排放的,其含油量不得超过国家规定的标准。

第十四条　海洋石油钻井船、钻井平台和采油平台不得向海域处置含油的工业垃圾。处置其他工业垃圾不得对渔业水域、航道造成污染损害。

第十五条　海上试油时,油和油性混合物不得排放入海,并应当确保油气充分燃烧,防止污染海洋。

第十六条　海上输油管线,储油设施,应当符合防渗、防漏、防腐蚀的要求,经常保持良好状态,防止漏油事故。

第十七条　勘探开发海洋石油,必须配备相应的防污设施和器材,采取有效的技术措施,防止井喷和漏油事故的发生。

发生井喷、漏油事故的,应当立即向国家海洋管理部门报告,并采取有效措施,控制和消除油污染,接受国家海洋管理部门的调查处理。

## 第四章　防止陆源污染物对海洋环境的污染损害

第十八条　沿海单位向海域排放有害物质,必须严格执行国家或省、自治区、直辖市人民政府颁布的排放标准和有关规定。

在海上自然保护区、水产养殖场、海滨风景游览区内,不得新建排污口。本法公布前已有的排污口排放污染物不符合国家排放标准的,应当限期治理。

第十九条　含强放射性物质的废水,禁止向海域排放。

含弱放射性物质的废水,确需向海域排放的,必须执行国家放射防护的规定和标准。

第二十条　含传染病原体的医疗污水和工业废水,必须经过处理和严格消毒,消灭病原体后,方能排入海域。

第二十一条　含有机物和营养物质的工业废水、生活污水,应当控制向海湾、半封闭海及其他自净能力较差的海域排放,防止海水富营养化。

第二十二条　向海域排放含热废水,应当采取措施,保证邻近的渔业水域的水温符合国家水质标准,避免热污染对水产资源的危害。

第二十三条　沿海农田施用化学农药,应当执行国家农药安全使用的规定和标准。

第二十四条　任何单位不经沿海省、自治区、直辖市环境保护部门批准,不得在岸滩弃置、堆放尾矿、矿渣、煤灰渣、垃圾和其他废弃物。依法被批准在岸滩设置废弃物堆放场和处理场的,应当建造防护堤,防止废弃物流失入海。

第二十五条　沿海省、自治区、直辖市环境保护部门和水系管理部门,应当加强入海河流的管理,防治污染,使入海河口处的水质处于良好状态。

**第五章　防止船舶对海洋环境的污染损害**

第二十六条　在中华人民共和国管辖海域,禁止任何船舶违反本法规定排放油类、油性混合物、废弃物和其他有害物质。

第二十七条　150总吨以上的油轮和400总吨以上的非油轮,应当设有相应的防污设备和器材。

不足150总吨的油轮和不足400总吨的非油轮,应当设有专用容器,回收残油、废油。

第二十八条　150总吨以上的油轮和400总吨以上的非油轮,应当备有油类记录簿。

载运2000吨以上的散装货油的船舶,应当持有有效的《油污损害民事责任保险或其他财务保证证书》,或《油污损害民事责任信用证书》,或提供其他财务信用保证。

第二十九条　150总吨以上的油轮和400总吨以上的非油轮,排放含油污水,必须按照国家有关船舶污水的排放标准和规定进行,并如实地记入油类记录簿。

第三十条　载运有毒、含腐蚀性货物的船舶,排放洗仓水和其他残余物,必须按照国家有关船舶污水排放的规定进行,并如实地记入航海日志。

第三十一条　核动力船舶和载运放射性物质的船舶,排放放射性物质,必须遵守本法第十九条的规定。

第三十二条　船舶进行加油和装卸油作业时,必须遵守操作规程,采取有效的预防措施,防止发生漏油事故。

第三十三条　造船、修船、拆船和打捞船单位,均应备有防止污染器材和设备。进行作业时,应当采取预防措施,防止油类、油性混合物和废弃物污染海域。

第三十四条　船舶非正常排放油类、油性混合物和其他有害物质,或有毒、含腐蚀性货物落水造成污染时,应当立即采取措施,控制和消除污染,并向就近的港务监督报告,接受调查处理。

第三十五条　船舶发生海损事故造成或者可能造成海洋环境重大污染损害的,中华人民共和国港务监督有权强制采取避免或减少这种污染损害的措施。

第三十六条　所有船舶均有监视海上污染的义务,如发现违章行为和污染情事,应当立即向就近的港务监督报告,渔船也可以向就近的渔政渔港监督管理机构报告。

第三十七条　在中华人民共和国管辖海域航行、停泊和作业的船舶,发生污染情事的,由中华人民共和国港务监督登轮检查处理。经港务监督授权的政府有关机关的公务人员也可以登轮检查,并将检查结果报告港务监督处理。

**第六章　防止倾倒废弃物对海洋环境的污染损害**

第三十八条　任何单位未经国家海洋管理部门批准,不得向中华人民共和国管辖海域倾倒任何废弃物。

需要倾倒废弃物的单位,必须向国家海洋管理部门提出申请,经国家海洋管理部门审批,发给许可证后,方可倾倒。

第三十九条　获准倾倒废弃物的单位,应当按许可证注明的期限及条件,到指定的区域进行倾倒。废弃物装载之后,批准部门应予核实。利用船舶倾倒废弃物的,由驶出港的港务监督核实。

第四十条　获准倾倒废弃物的单位,应当详细记录倾倒的情况,并在倾倒后向批准部门作出书面报告。倾倒废弃物的船舶须向驶出港的港务监督作出书面报告。

**第七章　法律责任**

第四十一条　凡违反本法,造成或者可能造成海洋环境污染损害的,本法第五条规定的有关主管部门可以责令限期治理,缴纳排污费,支付消除污染费用,赔偿国家损失;并可以给予警告或者罚款。当事人不服的,可以在收到决定书之日起十五日内,向人民法院起诉;期满不起诉又不履行的,由有关主管部门申请人民法院强制执行。

第四十二条　因海洋环境污染受到损害的单位和个人,有权要求造成污染损害的一方赔偿损失。赔偿责任和赔偿金额纠纷,可以由有关主管部门处理,当事人不服的,依照《中华人民共和国民事诉讼法(试行)》规定的程序解决;也可以直接向人民法院起诉。

第四十三条　完全属于下列情形之一,经过及时采取合理措施仍然不能避免对海洋环境造成污染损害的,免予承担赔偿责任:

(1)战争行为;

(2)不可抗拒的自然灾害;

(3)负责灯塔或者其他助航设备的主管部门在执行职责时的疏忽或者其他过失行为。

完全是由于第三者的故意或者过失造成污染损害海洋环境的，由第三者承担赔偿责任。

第四十四条　凡违反本法，污染损害海洋环境，造成公私财产重大损失或者致人伤亡的，对直接责任人员可以由司法机关依法追究刑事责任。

**第八章　附　则**

第四十五条　本法中下列用语的含义是：

（一）"海洋环境污染损害"是指直接或间接地把物质或能量引入海洋环境，产生损害海洋生物资源、危害人体健康、妨碍渔业和海上其他合法活动、损坏海水使用素质和减损环境质量等有害影响。

（二）"渔业水域"是指鱼虾类的产卵场、索饵场、越冬场、回游通道和鱼虾贝藻类的养殖场。

（三）"油类"是指任何类型的油及其炼制品。

（四）"油性混合物"是指任何含有油分的混合物。

（五）"排放"是指把污染物排入海洋的行为，包括泵出、溢出、泄出、喷出和倒出。

（六）"倾倒"是指通过船舶、航空器、平台或其他载运工具，向海洋处置废弃物或其他有害物质的行为，包括弃置船舶、航空器、平台和其他浮动工具的行为。

第四十六条　现行的有关海洋环境保护的规定，凡与本法抵触的，均以本法为准。

第四十七条　国务院环境保护部门可根据本法制定实施细则，报国务院批准施行。

国务院有关部门和沿海省、自治区、直辖市人民代表大会常务委员会、人民政府可根据本法，结合本部门、本地区的实际，制定具体实施办法。

第四十八条　本法自一九八三年三月一日起生效。

**全国人大常委会委员长叶剑英签署第 10 号令发布《中华人民共和国商标法》**

《中华人民共和国商标法》已由中华人民共和国第五届全国人民代表大会常务委员会第二十四次会议于 1982 年 8 月 23 日通过，现予公布，自 1983 年 3 月 1 日起施行。

委员长　叶剑英

1982 年 8 月 23 日

**中华人民共和国商标法**

**第一章　总　则**

第一条　为了加强商标管理，保护商标专用权，促使生产者保证商品质量和维护商标信誉，以保障消费者的利益，促进社会主义商品经济的发展，特制定本法。

第二条　国务院工商行政管理部门商标局主管全国商标注册和管理的工作。

第三条　经商标局核准注册的商标为注册商标，商标注册人享有商标专用权，受法律保护。

第四条　企业、事业单位和个体工商业者，对其生产、制造、加工、拣选或者经销的商品，需要取得商标专用权的，应当向商标局申请注册。

第五条　国家规定必须使用注册商标的商品，必须申请商标注册，未经核准注册的，不得在市场销售。

第六条　商标使用人应当对其使用商标的商品质量负责。各级工商行政管理部门应当通过商标管理，监督商品质量，制止欺骗消费者的行为。

第七条　商标使用的文字、图形或者其组合，应当有显著特征，便于识别。使用注册商标的，并应当标明"注册商标"或者注册标记。

第八条　商标不得使用下列文字、图形：

（1）同中华人民共和国的国家名称、国旗、国徽、军旗、勋章相同或者近似的；

（2）同外国的国家名称、国旗、国徽、军旗相同或者近似的；

（3）同政府间国际组织的旗帜、徽记、名称相同或者近似的；

（4）同"红十字"、"红新月"的标志、名称相同或者近似的；

（5）本商品的通用名称和图形；

（6）直接表示商品的质量、主要原料、功能、用途、重量、数量及其他特点的；

（7）带有民族歧视性的；

（8）夸大宣传并带有欺骗性的；

（9）有害于社会主义道德风尚或者有其他不良影响的。

第九条　外国人或者外国企业在中国申请商标注册的，应当按其所属国和中华人民共和国签订的协议或者共同参加的国际条约办理，或者按对等原则办理。

第十条　外国人或者外国企业在中国申请商标注册和办理其他商标事宜的，应当委托国家指定的组织代理。

**第二章　商标注册的申请**

第十一条　申请商标注册的，应当按规定的商品分类表填报使用商标的商品类别和商品名称。

第十二条　同一申请人在不同类别的商品上使用同一商标的，应当按商品分类表分别提出注册申请。

第十三条　注册商标需要在同一类的其他商品上使用的，应当另行提出注册申请。

第十四条　注册商标需要改变文字、图形的，应当重新提出注册申请。

第十五条　注册商标需要变更注册人的名义、地址或者其他注册事项的，应当提出变更申请。

## 第三章　商标注册的审查和核准

第十六条　申请注册的商标，凡符合本法有关规定的，由商标局初步审定，予以公告。

第十七条　申请注册的商标，凡不符合本法有关规定或者同他人在同一种商品或者类似商品上已经注册的或者初步审定的商标相同或者近似的，由商标局驳回申请，不予公告。

第十八条　两个或者两个以上的申请人，在同一种商品或者类似商品上，以相同或者近似的商标申请注册的，初步审定并公告申请在先的商标；同一天申请的，初步审定并公告使用在先的商标，驳回其他人的申请，不予公告。

第十九条　对初步审定的商标，自公告之日起三个月内，任何人均可以提出异议。无异议或者经裁定异议不能成立的，始予核准注册，发给商标注册证，并予公告；经裁定异议成立的，不予核准注册。

第二十条　国务院工商行政管理部门设立商标评审委员会，负责处理商标争议事宜。

第二十一条　对驳回申请、不予公告的商标，商标局应当书面通知申请人。申请人不服的，可以在收到通知十五天内申请复审，由商标评审委员会作出终局决定，并书面通知申请人。

第二十二条　对初步审定、予以公告的商标提出异议的，商标局应当听取异议人和申请人陈述事实和理由，经调查核实后，作出裁定。当事人不服的，可以在收到通知十五天内申请复审，由商标评审委员会作出终局裁定，并书面通知异议人和申请人。

## 第四章　注册商标的续展、转让和使用许可

第二十三条　注册商标的有效期为十年，自核准注册之日起计算。

第二十四条　注册商标有效期满，需要继续使用的，应当在期满前六个月内申请续展注册；在此期间未能提出申请的，可以给予六个月的宽展期。宽展期满仍未提出申请的，注销其注册商标。

每次续展注册的有效期为十年。

续展注册经核准后，予以公告。

第二十五条　转让注册商标的，转让人和受让人应当共同向商标局提出申请。受让人应当保证使用该注册商标的商品质量。

转让注册商标经核准后，予以公告。

第二十六条　商标注册人可以通过签订商标使用许可合同，许可他人使用其注册商标。许可人应当监督被许可人使用其注册商标的商品质量。被许可人应当保证使用该注册商标的商品质量。

商标使用许可合同应当报商标局备案。

## 第五章　注册商标争议的裁定

第二十七条　对已经注册的商标有争议的，可以自该商标经核准注册之日起一年内，向商标评审委员会申请裁定。

商标评审委员会收到裁定申请后，应当通知有关当事人，并限期提出答辩。

第二十八条　对核准注册前已经提出异议并经裁定的商标，不得再以相同的事实和理由申请裁定。

第二十九条　商标评审委员会作出维持或者撤销有争议的注册商标的终局裁定后，应当书面通知有关当事人。

## 第六章　商标使用的管理

第三十条　使用注册商标，有下列行为之一的，由商标局责令限期改正或者撤销其注册商标：

(1)自行改变注册商标的文字、图形或者其组合的；

(2)自行改变注册商标的注册人名义、地址或者其他注册事项的；

(3)自行转让注册商标的；

(4)连续三年停止使用的。

第三十一条　使用注册商标，其商品粗制滥造，以次充好，欺骗消费者的，由各级工商行政管理部门分别不同情况，责令限期改正，并可以予以通报或者处以罚款，或者由商标局撤销其注册商标。

第三十二条　注册商标被撤销的或者期满不再续展的，自撤销或者注销之日起一年内，商标局对与该商标相同或者近似的商标注册申请，不予核准。

第三十三条　违反本法第五条规定的，由地方工商行政管理部门责令限期申请注册，可以并处罚款。

第三十四条　使用未注册商标，有下列行为之一的，由地方工商行政管理部门予以制止，限期改正，并可以予以通报或者处以罚款：

(1)冒充注册商标的；

(2)违反本法第八条规定的；

(3)粗制滥造，以次充好，欺骗消费者的。

第三十五条　对商标局撤销注册商标的决定，当事人不服的，可以在收到通知十五天内申请复审，由商标评审委员会作出终局决定，并书面通知申请人。

第三十六条　对工商行政管理部门根据本法第三十一条、第三十三条、第三十四条的规定作出的罚款决定，当事人不服的，可以在收到通知十五天内，向人民法院起诉；期满不起诉又不履行的，由有关工商行政管理部门申请人民法院强制执行。

## 第七章　注册商标专用权的保护

第三十七条　注册商标的专用权，以核准注册的商标和核定使用的商品为限。

第三十八条　有下列行为之一的，均属侵犯注册商标专用权：

(1)未经注册商标所有人的许可，在同一种商品或者类似商品上使用与其注册商标相同或者近似的商标的；

(2)擅自制造或者销售他人注册商标标识的；

(3)给他人的注册商标专用权造成其他损害的。

第三十九条　有本法第三十八条所列侵犯注册商标专用权行为之一的，被侵权人可以向侵权人所在地的县级以上工商行政管理部门要求处理。有关工商行政管理部门有权责令侵权人立即停止侵权行为，赔偿被侵权人的损失，赔偿额为侵权人在侵权期间因侵权所获得的利润或者被侵权人在被侵权期间因被侵权所受到的损失；对情节严重的，可以并处罚款。当事人不服的，可以在收到通知十五天内，向人民法院起诉；期满不起诉又不履行的，由有关工商行政管理部门申请人民法院强制执行。

对侵犯注册商标专用权的，被侵权人也可以直接向人民法院起诉。

第四十条　假冒他人注册商标，包括擅自制造或者销售他人注册商标标识的，除赔偿被侵权人的损失，可以并处罚款外，对直接责任人员由司法机关依法追究刑事责任。

**第八章　附　则**

第四十一条　申请商标注册和办理其他商标事宜的，应当缴纳费用，具体收费标准另定。

第四十二条　本法的实施细则，由国务院工商行政管理部门制定，报国务院批准施行。

第四十三条　本法自1983年3月1日起施行。1963年4月10日国务院公布的《商标管理条例》同时废止；其他有关商标管理的规定，凡与本法抵触的，同时失效。

本法施行以前已经注册的商标继续有效。

**全国人大常委会关于召开第五届全国人民代表大会第五次会议的决定**

(1982年8月23日通过)

第五届全国人民代表大会常务委员会第二十四次会议决定：中华人民共和国第五届全国人民代表大会第五次会议于1982年11月在北京召开；拟定会议的主要议程是：审议中华人民共和国宪法修改草案、听取国务院总理赵紫阳关于政府工作的报告等。开会日期另行通知。

**全国人大常委会关于批准国务院直属机构改革实施方案的决议**

(1982年8月23日通过)

第五届全国人民代表大会常务委员会第二十四次会议，审议了国务院直属机构改革实施方案，决定如下：

一、批准国务院保留下列直属机构：国家物资局、国家物价局、国家统计局、国家工商行政管理局、海关总署、国家气象局、中国民用航空局、国家海洋局、国家地震局、国家旅游局、中国文字改革委员会、国务院宗教事务局、国家档案局、国务院参事室、国务院机关事务管理局。

二、批准将国家有色金属工业管理总局、国家医药管理总局、国家外汇管理总局、国务院外国专家局、中国农业银行、中国人民建设银行、进出口商品检验总局、毛主席纪念堂管理局并入有关部门，不再作为国务院直属机构。

**全国人大常委会关于设立国防科学技术工业委员会的决议**

(1982年8月23日通过)

第五届全国人民代表大会常务委员会第二十四次会议决定：将国务院国防工业办公室与中国人民解放军国防科学技术委员会、中央军委科学技术装备委员会办公室合并，设立国防科学技术工业委员会，在国务院、中央军委领导下，统一管理国防科技和国防工业工作。

**全国人大常委会关于将新华通讯社作为国务院的组成部门的决议**

(1982年8月23日通过)

第五届全国人民代表大会常务委员会第二十四次会议决定：将新华通讯社作为国务院的组成部门，是国家集中统一的新闻发布机关。

**全国人大常委会决定任免名单**

(1982年8月23日第五届全国人民代表大会常务委员会第二十四次会议通过)

(一)

一、任命卢嘉锡为中国科学院院长。

免去方毅的中国科学院院长职务。

二、任命马洪为中国社会科学院院长。

免去胡乔木的中国社会科学院院长职务。

(二)

任命事项

一、刘继光为中国人民解放军军事法院院长

二、周忠为中国人民解放军军事法院副院长

免职事项

免去田家的中国人民解放军军事法院院长职务。

(三)

一、任命穆青为新华通讯社社长。

二、任命陈彬为国防科学技术工业委员会主任。

**全国人大常委会关于我国加入《关于难民地位的公约》和《关于难民地位的议定书》的决定**

（1982年8月23日通过）

第五届全国人民代表大会常务委员会第二十四次会议决定：中华人民共和国加入《关于难民地位的公约》和《关于难民地位的议定书》，并同时声明对下列条款予以保留：

一、《公约》第十四条后半部分，即“他在任何其他缔约国领土内，应给以他经常居住国家的国民所享有的同样保护”；

二、《公约》第十六条第（三）款；

三、《议定书》第四条。

（新华社编者注：《关于难民地位的公约》第十六条第（三）款是：“难民在其经常居住的国家以外的其他国家内，就第（二）款所述事项，应给以他经常居住国家的国民所享有的待遇。”《关于难民地位的议定书》第四条是：“本议定书缔约国间关于议定书解释或执行的争端，如不能以其他方法解决，应依争端任何一方当事国的请求，提交国际法院。”）

**全国人大常委会关于批准《中华人民共和国和南斯拉夫社会主义联邦共和国领事条约》的决定**

（1982年8月23日通过）

第五届全国人民代表大会常务委员会第二十四次会议决定：批准1982年2月4日国务院副总理兼外交部部长黄华代表中华人民共和国在北京签署的《中华人民共和国和南斯拉夫社会主义联邦共和国领事条约》。

**全国人民代表大会常务委员会关于批准1981年国家决算的决议**

（1982年8月23日通过）

第五届全国人民代表大会常务委员会第二十四次会议，根据第五届全国人民代表大会第四次会议的有关决议，听取了财政部部长王丙乾代表国务院所作的关于1981年国家决算的报告，审查了1981年国家决算。会议决定批准1981年国家决算。

**《人民日报》发表社论《严格控制人口增长》**

今年2月，中共中央、国务院发出关于进一步做好计划生育工作的指示，指出控制人口增长的问题，是我国社会主义现代化建设中的一个重大战略问题，要求各级党委和政府加强对计划生育工作的领导。半年来，全国认真贯彻执行中央的指示，广大党员、团员、干部、职工、社员热烈响应“一对夫妇只生育一个孩子”的号召，计划生育工作作出了新的成绩。

现在，全国有1500多万对夫妇领了独生子女证，有一亿多对育龄夫妇自觉地采取综合避孕措施，实行节育。据上半年统计，新生儿中一胎率达到60%，比去年同期提高了4%，二胎率和多胎率又有下降。下半年，只要我们继续抓紧，预计可以完成今年的人口控制计划。在当前新婚人数大量增加，人口高峰已经到来的情况下，计划生育能够取得这样显著的成绩，充分显示了中央指示的威力，体现了我国人民为实现“四化”自觉晚婚少生的社会主义觉悟。

当然，我们同时看到，计划生育工作还存在不少问题和困难。我国的计划生育工作是在十亿人口八亿农民中进行的。农村实行各种形式的生产责任制后，随着经济生活的好转，一些农民多生孩子的愿望增强了。几千年遗留下来的传统习惯势力，如多子多福、传宗接代、重男轻女的思想，以及当前还存在的养儿防老的实际问题，阻碍着计划生育工作的深入开展。我国的人口基数大，年龄构成比较年青，人口增长速度快，这些特点，决定了计划生育工作的迫切性、长期性、艰巨性。据统计，解放后出生的人口占全国人口总数的63%，到本世纪末，将有2.4亿多对青年陆续进入婚育期。从现在起，人口高峰要持续十多年，即使按照“六五”期间人口规划平均增长率降至13‰，一胎率提高到58%；“七五”期间人口平均增长率降至11‰，一胎率提高到63%，多胎率降至5%以下的要求，在1990年前，每年也还要出生1900万左右的婴儿。若稍有放松，人口增加更多，必然会阻碍国民经济的发展和人民生活的改善，也会阻碍教育、卫生事业的发展，影响人口素质的提高。我们一定要深谋远虑，清醒地看到我国面临着的严重人口问题。现在有些同志对控制人口增长的迫切性仍然认识不足，抓得不力，少数人甚至对待这一重大国策麻木不仁，不予重视，致使有的地方人口增长失去控制。希望这些同志把思想统一到中央指示的精神上来，高度重视控制人口这个重大战略问题，切实把这项工作抓紧抓好。

控制人口是我们国家的基本国策，是一项长期的战略任务。五届人大四次会议通过的《政府工作报告》，规定我国人口在本世纪末不超过12亿的奋斗目标必须实现。我们必须坚持实行“限制人口数量，提高人口素质”的政策，坚持提倡晚婚、晚育、少生、优生，特别是要继续普遍提倡“一对夫妇只生育一个孩子”。尽管有人对这个要求还不理解，但是，只要我们把工作做好了，他们是会逐步理解的。我们要坚定地抓紧这项工作，把工作做深、做细、做透，妥善解决由此而产生的一些问题，防止和纠正违反政策、违法乱纪行为。

宣传教育工作是搞好计划生育的基础工作，必须把它放在首位来抓。各地宣传、新闻、文化、艺术、教育、卫生等部门和妇联、工会、共青团各团体，都应利用各种宣传工具和宣传形式，广泛深入、坚持不懈地向人民群众进行宣传教育。有些地方在计划生育中做到了“三个为主”(宣传教育与经济措施，以宣传教育为主；避孕节育与人流引产，以避孕节育为主；经常工作与突击工作，以经常工作为主)；在宣传教育中做到了“三个普及”(人口理论、节育知识、优生知识普及)，是很好的经验，值得总结推广。我们一定要通过持久、有效的宣传教育活动，做到家喻户晓，人人明白，使计划生育真正成为群众的自觉行动。

农村是计划生育工作的重点，要抓紧做好。当前特别要注意在总结、完善农业生产责任制的同时，建立和健全各种形式的计划生育责任制，使计划生育更好地适应农业生产责任制实行以后的新情况。目前有些地方实行的生产、生育“双包合同制”，把生育计划和节育措施真正落实到户、到人；有些地方把计划生育工作列为基层干部岗位责任制的一项重要内容，充分调动了农村社队干部搞好计划生育工作的积极性。这些经验，应该总结推广。

为了进一步做好计划生育工作，各地还要根据国家确定的人口政策和“六五”人口规划，抓紧制定和落实好本地区的人口规划。规划要结合本地情况，加以具体化，使之既能有效地控制人口，又切实可行。要加强科学研究和技术指导，做好避孕药具的生产供应，提高手术质量，保证受术者的安全。卫生、科研部门还应该加强优生学的研究、普及工作，尽早地在各地开设优生咨询和做好婚前、产前检查等工作，使我们的下一代普遍地更加健康、聪明。

计划生育工作是利国益民、造福后代的伟大事业。全国数以百万计的直接、间接从事这项工作的同志为之付出了辛勤的劳动。许多党团员和干部在计划生育中起模范作用，做群众的表率。我们祝愿各地的同志们，巩固和发展成绩，克服缺点，在党中央、国务院领导下，团结全国人民，为实现“四化”，振兴中华，完成控制人口增长的重大战略任务作出新的贡献！

**共青团中央在北京召开“优秀共青团员”钟铧命名表彰大会**

钟铧是北京市长辛店铁路中学的学生，今年18岁。两年前，她不幸患了白血病。她始终保持着革命乐观主义精神，对祖国、对人民无比热爱，对生活、对未来充满信心，以惊人的毅力同疾病进行顽强的斗争。她说：“今天活着就要为明天而奋斗。”钟铧的事迹在报刊上发表后，在全国特别是中学生中引起了强烈的反响。

团中央书记周鹏程在会上宣读了《共青团中央关于授予钟铧同学“优秀共青团员”称号的决定》。《决定》说，钟铧同学的精神，反映了80年代我国青少年的革命风貌；钟铧同学的事迹，闪耀着共产主义的光辉。广大共青团员和青少年都要向钟铧同学学习。各地团组织要把向钟铧学习的活动同组织青少年以实际行动迎接党的十二大召开结合起来，同全国青少年中开展的“学历史、爱祖国、做党的好儿女，当振兴中华的突击队”的活动结合起来，引导青少年正确认识人生的意义和目标，努力培养有理想、有道德、有文化、守纪律的新一代。

团中央书记陈昊苏在大会上讲话。他希望能有更多的团员和青少年向钟铧学习，在以共产主义思想为核心的社会主义精神文明建设中作出贡献。

国务委员薄一波、团中央第一书记韩英、北京市副市长白介夫等和首都中学生代表1200多人参加了命名表彰大会。会上，团中央负责同志向钟铧发了奖状和奖品。

**中国国际工程咨询公司正式成立**

该公司由我国17家专业工程咨询公司联合组成，包括冶金、化工、煤矿、机械、电力、民航、公路、林产加工、轻工业、制冷等工业部门，拥有多类工程的专家、工程师及经济师，是全国性的工程咨询权威机构。它既对外服务，又对内服务，目前以为国内利用外资企业提供工程咨询服务为主，同时走向国际市场，接受国外委托，开展咨询业务。

工程咨询在我国是项新的事业。它接受有关方面的委托，在深入调查研究的基础上，对工程进行技术经济论证和方案的选择比较，提出可行性研究报告，选出最佳建设方案，供投资者决策。开展工程咨询业务，可以避免建设上的盲目性，取得较好的投资效果。

中国城乡建设研究所所长、国务院技术经济研究中心顾问薛葆鼎当选董事长。国务委员薄一波到会讲话。

**国务委员姬鹏飞在北京会见葡萄牙社会民主中心党中央政治局常委鲁伊·加尔西亚·德奥利维拉率领的葡萄牙青年代表团**

**国务委员姬鹏飞在北京会见由主席兰德尔·蒂格率领的美国青年政治领袖理事会代表团**

**圭亚那—中国友好协会在圭亚那首都乔治敦成立**

圭亚那合作部长约翰逊、圭亚那工会大会主席沃克、圭亚那争取团结与和平委员会主席詹姆斯以及各界知名人士约100人出席了这个组织的成立仪式。

詹姆斯在讲话中表示希望，随着圭—中友协的成立，中圭两国的友好关系能进一步得到加强。

中国驻圭亚那大使王言昌在讲话中热烈祝贺圭—中友协的成立。他宣读了中国人民对外友好协会会长王炳南的贺电。

圭—中友协主席是国民议会议员阿伦·金，副主席是圭亚那大学校长佩里·马尔斯博士。

## 8月24日

**中央党校5年培训干部1.7万多人**

据《人民日报》报道，中共中央党校自1977年复校以来，坚持贯彻用马克思主义的基本原理武装干部的头脑、提高党的高、中级干部的马列主义、毛泽东思想水平的教育方针，已经轮训、培训党的高中级干部、中青年干部和宣传理论干部17883人，为"文化大革命"以前18年轮训、培训干部总数的2.6倍。

根据中央的决定，中央党校五年来先后举办了7期党的高中级干部轮训班，5期理论班和2期中青年干部培训班；还配合中共中央直属机关、中央国家机关、人民解放军和北京市委举办了3期校外轮训班。绝大多数学员经过党校学习后，在完整地、准确地掌握马列主义、毛泽东思想科学体系、自觉执行三中全会以来党的路线、方针、政策，在党性锻炼，端正思想作风等方面，都有不同程度的进步和提高。在大规模地培训干部的同时，中央党校的理论工作也空前活跃，为理论战线上的拨乱反正作出了重要贡献。

中共中央党校教学的一个重要特点就是要求学员完整地、准确地掌握马列主义、毛泽东思想的科学体系。党校针对林彪、"四人帮"歪曲和篡改马列主义、毛泽东思想的情况，选编、重译了约100万字的《马列著作毛泽东著作选读》作为教材，要求大家弄懂马克思主义的基本原理。

**《人民日报》发表陆定一在一次会议上题为《关于批评与自我批评》的讲话**

*这是陆定一同志在一次会议上的发言。现征得本人同意，摘登在这里。*

*——编者*

党员、干部之间有了意见，及时地相互开展批评和自我批评，问题就可以解决得好。去年开党的六中全会，一致通过历史问题的决议，对毛主席的错误也作批评，对他的功过是非作出正确的评价，就很好嘛。这是正确地开展批评和自我批评的榜样。

批评与自我批评，有两种方法，或者说有两条路线。

一种方法是"残酷斗争，无情打击"。这是王明、康生从苏联搬来的。在王明路线统治时期，在延安"抢救运动"中，在"文化大革命"中，都用了这种方法。其共同特点，是把同志间的批评，搞成对敌人的打击，随意陷害，无限上纲。王明捏造了许多"路线"。"抢救运动"捏造出许多"特务"。"文化大革命"捏造出许多"走资派"。对同志的自我批评，总是说"不彻底"、"不彻底"、"不彻底"。谁作自我批评，谁就倒霉。这样搞的结果：第一是党内民主没有了，民主集中制被破坏了，第二是造成肃反扩大化，第三是搞个人崇拜，第四是坏人掌权，第五是党的变质。

这种错误的方法，"一棍子打死"，初看起来很"痛快"，"彻底"，"过瘾"，但实际上会亡党亡国。

另外一种方法，是1942年延安整风时，毛主席提出的整风的方法。通过学习，开展批评和自我批评，弄清思想，分清是非，团结同志。

对同志的批评，要以同志的态度，讲道理，实事求是。反对捏造罪名和无限上纲。允许答辩。

对于同志的自我批评，要抱欢迎的态度。还要耐心等待。还要思想批判从严，组织处理从宽。是"治病救人"而不是"治病杀人"。是"从团结的愿望出发，经过批评与自我批评，达到在新的基础上的团结"。

延安整风的方法，初看起来很不"痛快"，不"彻底"，不"过瘾"。但事实证明它很成功，它使党空前团结。七大之后四年就取得全国胜利，快得出乎意料。

整风使王明完全孤立，只剩下他和他老婆两个人不肯承认错误。博古同志后来成了"四八烈士"。张闻天同志以后是跟毛主席合作的。在庐山会议上，他的意见是对的。"文革"中遭受严重迫害。王稼祥同志的功劳更大一些，在遵义会议上支持了毛主席。他当中央联络部部长时的工作没有错误，在"文革"前就说他搞"三和一少"，被撤职了，这是冤枉的。这几位同志都有出于真心的自我批评，以后也有行动上的表现。总的看，原来受米夫、王明欺骗的人，整风之后都表现不坏。

我还要特别说到的是，周恩来同志是自我批评的模范，有了错误就检讨、就痛改，有的问题不是他的责任，他也担到自己身上。他不但在党内，而且对党外人士也多次地作过自我批评。这没有损害恩来同志的崇高威信，反而因为他赤诚相见，推心置腹，提高了他的威信。

当时，连向来反对王明路线的同志，也作自我批评，认为自己还有缺点错误，有对共产国际的迷信等等，要向毛主席学习，学习调查研究，实事求是。

这样,党就空前地团结起来了。

斯大林在中国革命问题上也犯过错误,但因为他作了自我批评,而且表现于行动,他在中国仍有很高的威信。

"人谁无过,过而能改,善莫大焉。"这是真理。

毛主席在延安整风时,提出"思想批判从严,组织处理从宽",这是正确的。严到什么程度呢?要把所犯的错误,揭露无余,使他大吃一惊,然后加以医治。宽到什么程度呢?宽到在七大和八大上劝说代表们把王明选为中央委员。事实证明,这对党的事业毫无损失。七大、八大是我们党的"黄金时期"。

"文革"的情况当然与王明路线不尽相同。有犯错误的同志,又有林彪、江青等反革命分子。处理的方法更加复杂些。邓颖超同志说"文革"是反革命惩革命。这是对的。中央指出,"三种人"不能用,凡是用了的必须清除出去,这也是对的。虽然有困难,有阻碍,必须坚决做到。

现在,有的同志不敢批评,也不敢作自我批评。这不能全怪这些同志。这种现象,是"文革"以后出现的一种"反动",是会消失的。我们要促其消失。我们的党是需要批评和自我批评的,如果大家都来个"一团和气",党的生活庸俗化,就没有希望。

毛主席同张国焘的错误路线进行斗争,也是贯彻了"弄清思想,团结同志"的方针,最后张国焘孤立得只剩下一个人逃跑,连个勤务兵都不肯跟他走。他的老婆是我们后来送出去的。清算张国焘的错误时,曾把许世友等同志关押起来。毛主席说,张国焘是中央派到四方面军去的,下面同志听他的话,不能怪下面的同志,责任在中央。毛主席还曾亲自去看许世友同志,问他以后想怎么办。许世友同志表示,要回老家去革命。毛主席说,那就不如留下来一起继续干革命吧。就这样,许世友同志留下来了,以后立下了不少功勋。

现在党准备在十二大之后,进行整风。一定要用1942年的方法,不用"残酷斗争,无情打击"的方法,达到全党的空前团结。

**全国人大常委会副委员长 中国佛教协会名誉会长班禅额尔德尼·确吉坚赞在拉萨向新华社记者发表谈话**

班禅副委员长说,他在西藏50多天的视察访问中,亲眼看到自治区党委和人民政府遵照中央指示,领导西藏各族人民认真贯彻党的各项政策,治穷致富,使西藏发生了令人信服的变化。这些变化证明,中央对西藏工作的指示完全符合西藏的实际和西藏各族人民的根本利益,是非常正确的。

班禅额尔德尼·确吉坚赞谈到视察中的感受时说,现在的西藏确实政治安定,社会秩序良好,民族关系得到改善,民族团结进一步加强,各方面的政策得到了落实。他说,西藏的农牧业生产和民族手工业发展是比较快的,群众收入增加,生活有了明显提高。目前全区政治、经济形势越来越好,祖国西南边疆更加巩固。

他在谈到民族政策时说,总的说来,西藏执行民族区域自治政策的情况是好的。到目前为止,全自治区一个市、70个县、一个市辖区、2050个公社,普遍进行了直接选举。自治区各级党政机关的主要领导职务,大多数已由藏族干部担任。自治区人大常委会根据西藏的实际情况,先后制定了十个地方性法规,起草了《西藏自治区自治条例》。这些法规和条例实施后,必将把西藏的民族区域自治工作大大推向前进。

班禅副委员长说,西藏和平解放以来,已培养起一大批有共产主义觉悟的、有文化的藏族干部,这是个了不起的成就。从1980年贯彻中央对西藏工作的重要指示以来,自治区党委在培养民族干部方面又做了大量工作,取得了很大成绩。他说,我看到大批藏族干部不仅担任了各级主要领导职务,而且不少人胜任愉快地挑起了工作担子,工作做得很出色。我希望藏族干部要继续提高马列主义、毛泽东思想水平,特别要下苦功夫学习科学文化和专业技术知识,全心全意地为群众服务。我希望藏、汉族干部要进一步加强团结,互相尊重、互相学习、互相帮助、互相谅解、取长补短,遇到问题多做自我批评,团结一致,共同把西藏的事情办好。

班禅额尔德尼·确吉坚赞说,在视察中我感到西藏统战政策落实得很好,成绩突出。我接触了不少爱国人士,他们一致称赞现在党的政策好。从贯彻中央指示以来,党的宗教信仰自由政策也正在逐步落实。

在谈到农牧区形势时,班禅副委员长说:西藏农村牧区经过拨乱反正,放宽各项经济政策,生产恢复、发展很快。我实地深入群众家中视察之后,给我留下最深刻的印象之一,就是在大部分地区和绝大多数群众中,温饱问题已基本得到解决。我专门到多年来一直比较贫困的日喀则县纳唐生产队,访问了好多户群众家庭,我发现他们的吃饭问题基本解决了。过去在青黄不接时全村多数人没粮吃,现在没有断粮户,社员们从内心里欢迎和拥护中国共产党的政策。我还看到一些非常富裕的社队,如日喀则附近的扎西吉彩公社五队,社员家家有余粮,有一个叫卡莎的农户,全家10口人,现在存粮足有1万多斤,连屋檐下也堆着粮食。这说明,党在西藏农村牧区放宽各项经济政策已收到显著效果,一部分农牧民群众开始富裕起来,一批穷县穷队也开始翻身。这真是一件了不起的事情,是令人高兴的巨大变化。

**全国人大常委会副委员长彭真在人民大会堂会见由副议长路易吉·阿杜克率领的苏丹人民议会代表团**

**国务院副总理万里在北京会见民主柬埔寨主席诺罗敦·西哈努克亲王**

**国际交流协会会长李一氓在北京会见德意志联邦共和国社会民主党联邦理事会主席团成员埃贡·巴尔及其一行**

**中国驻美大使柴泽民就中美联合公报答美国记者问**

中国驻美国大使柴泽民在美国哥伦比亚广播公司电视台说：中美两国政府就解决美国向台湾出售武器问题发表的联合公报是解决这一问题的第一步，今后的问题是要认真贯彻执行公报的各项原则和承诺。

柴泽民大使是在接受哥伦比亚广播公司电视台记者的采访时这样说的。他对记者说："中美联合公报的发表是一件好事；但这并不等于问题已完全解决，公报达成协议仅仅是问题解决的第一步。今后的问题是要认真贯彻执行联合公报中规定的各项原则和承诺。"他强调说，"只有这些原则和承诺得到彻底的实现，中美两国的关系才能顺利发展，这将会对世界的和平与稳定产生积极的作用。"

柴泽民大使在回答记者关于中国解决台湾问题的方式的提问时说："我们在1979年发表了告台湾同胞书，去年又提出了和平解决台湾问题的九点方针。这是完全出于我们的诚意。但是，我们不能对任何国家承担和平解决台湾问题的义务。我们认为，台湾问题是中国的内政问题。如何解决这个问题是我们自己的事情。"

**国家科委主任方毅在国家科委全体干部大会上发表讲话**

方毅指出，我国科技工作已经出现了空前活跃的局面。他说，科技战线面临着繁重的任务，全体干部要振奋精神，团结一致，提高效率，搞好工作，以实际行动迎接党的"十二大"召开。

方毅说，党的三中全会以来的经济建设新局面，使科学技术大有用武之地。经济发展同科技发展相互依靠、相互促进的生动情景，开始得到了鲜明的体现。在党中央和国务院确定的我国当前科学技术发展的总方针指导下，我国科技工作出现了空前活跃的局面。归纳起来，有5个特点：

一、新方针受到全党、全国广泛的热烈的欢迎，科学技术在现代化建设中的重要作用正在被更多同志所认识。

二、科技部门工作的同志加强了对经济工作的了解，重视研究经济活动。

三、许多经济部门和企业对采用和发展新技术表现了很大的热情。他们主动找科技部门和研究机构联系，要求协作，转让科研成果或提供各种各样的技术咨询和服务。

四、各地方创造了许多生动活泼的方法、方式，促进科技成果的转移，促进科学技术与经济、社会的协调发展。

五、各地涌现了一批有价值的重大科技成果，在国民经济的技术改造和增产节约中发挥了重大的作用，产生了很好的经济效益。

方毅说，为了更好地加强科技工作，更好地促进科技与经济的结合，今年上半年，国家科委机关根据党中央和国务院的指示进行了机构改革，现在已经告一段落。通过这次改革，科委工作的重点突出了，政策性更强了，对管理工作的要求更高更深入了，科技计划与经济计划有可能结合得更好了，推广科技成果的责任更加明确了。今后一个时期国家科委面临的繁重任务是：1. 迅速动手，组织重大科技项目攻关。国家第一批攻关项目已经确定，现在要组织论证和课题分解。研究课题要落实到基层，避免不必要的重复和遗漏。组织攻关项目，在方向、课题选准之后，一是要有一股坚忍不拔的精神，检查、督促，总结经验，不要松懈，一抓到底。二是要踏踏实实地耐心细致地组织好各方面的大协作。我们既要抓好当前的攻关项目，又要想到10年、15年、20年以后的需要。否则，科委也是要失职的。2. 做好编制长期规划的工作。3. 研究科学技术政策，特别是重视研究技术政策。4. 调整整顿科研机构。5. 加强科技领域的基础性综合性工作。

方毅在最后谈了科委机关的工作作风问题。他说，要发扬团结的精神，培养起浓厚的学习风气，具有高度的工作效率，要使团结、学习和效率成为科委作风的特色。要建立明确的责任制。每个同志都要对革命事业抱有高度的责任心，精通自己主管的工作，勇于负责，自觉地从严要求自己。

**5单位联合举办全国新歌征歌活动**

文汇报、中国音乐家协会、中国音乐家协会上海分会、上海人民广播电台、上海电视台，联合举办1982年新歌征歌活动。主办单位即将向全国作曲家、各音乐院校作曲系师生、各文艺团体的专业和业余歌曲作者，以及广大业余歌曲作者发出征稿信，希望大家踊跃投稿。

## 8月25日

**《人民日报》发表评论员文章《发展农村商品生产的好形式》**

农村实行生产责任制以后,农村经济日益繁荣,一批专业户、重点户应运而生,发展很快。南京市郊区农村,一年多时间已发展到9300多户。这些农户虽然只占市郊农户总数的2%,但今年上半年向市场提供产品的产值却占市郊多种经营总产值的9.7%,平均每个专业户、重点户上市的商品数量是普通农户的4.5倍。在"两户"出现较早、领导重视的一些地区,如山西晋东南,已占总农户的百分之十几。"两户"的出现,大体上有两种情况,一是集体的某一多种经营项目包给社员经营的;一是在社员家庭副业的基础上发展起来的。从各地的实践可以清楚地看到,这种经营方式有如下特点:

打破了农村"小而全"的生产方式,使传统的家庭副业发展为家庭工场式的集约经营。在这些农户里,过去那种老太太养几只鸡,家庭辅助劳力喂一两头猪的分散落后的生产方式改变了;代之而起的是明亮的鸡舍,整洁的猪栏,优良的畜种、禽种和混合饲料,以及科学的饲养方法。一户养鸡少则百余只,多则千余只;一户养猪少则几十头,多则几百头,商品率很高。我国农村商品经济非常落后,需要有一个大发展。一个集体,一个农户,在一个生产周期里为社会提供的商品多少,是生产水平高低的重要标志。农民要富裕起来,也只有在商品生产大发展的基础上才能实现。在目前我国生产力水平的条件下,专业户、重点户是发展社会主义商品的一种较好的形式。

专业户、重点户的出现,在农村发现和造就了一大批专业人才。过去,由于"左"的错误影响,对社员搞家庭副业,动不动就给扣上"自发户"、"暴发户"的帽子,搞什么"割资本主义尾巴"。这不仅严重影响了农村家庭副业的发展,也埋没了一大批有技术、会经营的人才。党的三中全会以后,政策一放宽,很快就出现了新情况,使有技术的人,会经营的人有了用武之地。他们大多是有手艺的能工巧匠,或者是有文化、肯钻研、接受新鲜事物快的农村知识青年。只要充分尊重他们的自主权,给以必要的指导和扶持,用较少的人力和物力,就会获得较大的成果。这种经营方式,吸引着千家万户,农村中各种专业人才愈来愈多。我们要重视这些人才,重视那些会经营的人,采取适当的方式,把他们的积极性真正地调动起来。我国农村有大量的劳动力资源和人才资源,这是一支巨大的潜在力量。把这些力量很好地组织起来,开发我国富饶的自然资源,就会创造出大量社会需要的商品。

"两户"的出现,还促进了农业科学技术水平的提高。从事专业经营的人,大都具有一定的科技知识。他们总是千方百计地把先进的科学技术用于生产实践,增加产量,提高质量,降低成本,加快资金周转,以获得最大的经济效益。这些农户运用科学技术的经验,在农民中起了示范作用,既有利于科技知识的普及,又利于科技水平的提高,必将推动农民更加广泛深入地开展学科学、用科学的活动。

专业户、重点户是我国农业专业化商品生产的雏形,使人们看到了农业走向专业化、社会化的途径。这些农户有些已经开始从农业和种植业中分离出来,从事猪、羊、鸡、鸭、兔等饲养业;将来农副产品多了,还会出现各种各样的食品加工专业。专业户的生产不断发展,经营的各业还会出现更细的分工。如饲养业,有的从事繁育,有的从事防疫,有的从事包销产品等。专业化本身要求社会化,你为他服务,他为你服务,产生出许多新的服务形式。同时,户与户、户与集体、户与国家,在自愿互利的原则下实行必要的协作和联合,其中包括跨社队、跨地区的协作和联合。这些,都会促使农村商品生产走向专业化、社会化。

专业户、重点户是最近两年出现的新事物,应当引起各级有关部门高度重视,认真调查研究,不断总结经验。要在生产资料、资金和技术上给以大力扶持;并采取一些具体措施,促进生产的发展。例如,通过产销合同,使专业户、重点户的商品生产接受国家的计划指导,实现多产畅销,避免生产性浪费,等等。同任何新事物一样,专业户、重点户也不会一出现就十全十美,对待其发展过程中出现的一些问题,要多研究,多分析,不要采取"戴帽子"、"割尾巴",甚至简单取缔的办法。过去群众批评有些干部不懂商品经济,"搞死有方,搞活无术",影响了商品生产的发展。我们应该认真地吸取教训,避免再犯那样的错误。要加强领导,因势利导,存利去弊,善于从群众的实践中发现创造性的好经验,引导专业户、重点户这一新的经营方式健康地发展。

**全国加强企业财务管理提高经济效益工作会议在北京结束**

国务委员、国家经委主任张劲夫在讲话中指出,在整顿企业中,一定要把整顿财务会计工作摆在重要位置上。他说,整顿企业财务会计工作,是企业全面整顿的五项内容之一。随着企业由生产型转向生产经营型,财会工作的地位和作用更加重要了。

张劲夫在讲话中提出,在整顿企业中要做到:各地区、各部门整顿企业领导小组要有财政部门的同志参加；整顿企业要有整顿财会工作的内容；第一批整顿的重点企业，同级财政部门要派人参加；中央各个主管部门不仅要抓好直属企业的财务整顿，而且要帮助地方抓好本行业地方企业的财务整顿工作；财会工作没有整顿好的，企业整顿不能结束。

张劲夫在讲话中指出，整顿企业的财务会计工作，要下苦功夫、真功夫，不要搞花架子，要扎扎实实地把记账、核算、经济活动分析等基础工作搞好。基础工作搞好了，改善经营管理，提高经济效益，才有保证。要把整顿财经纪律，同整顿财务会计工作结合起来，同财务大检查结合起来。财务大检查中发现的问题，要通过企业整顿认真解决。企业领导人要树立全局观念和法制观念，正确处理国家、企业和职工三者关系。财政部门要把整顿和加强财会工作，作为今后几年的中心工作。要舍得拿出骨干力量，用 90% 的精力去抓这件事。企业整顿好了，经济效益提高了，财政日子就好过了，工作就主动了。各地财政部门、企业主管部门和基层企业，都要采用各种形式，培训财会人员，提高他们的思想素质和业务水平。

张劲夫要求广大财政干部和财务会计人员深入实际，调查研究，实事求是，了解新情况，研究和解决新问题，进一步调动各方面积极性，继续发展已经取得的经济成果。

**全国交通工作座谈会在北京结束**

会议由国家经济委员会召开。国务委员兼国家经委主任张劲夫在听取会议情况汇报时指出，交通部门职工要为国民经济的全局勇挑重担，一方面承认现状，本着实事求是的原则安排好运输工作；另一方面必须千方百计多运物资。

与会代表一致认为，当前我国交通运输紧张主要表现在山西以及河南、内蒙古、宁夏的煤炭外运和以沿海港口为枢纽的内外贸运输方面。因此，今后 3 年在加快交通运输基本建设的同时，必须对这些地区的现有铁路和沿海港口进行技术改造和增建配套设施；要采取紧急措施，抢建一些必要的铁路运煤线、分流线和联络线；要改造和扩大一些港口的泊位，建造一批轮驳船；还要充分利用水运，做好运输的分流工作。

**庆祝中日邦交正常化十周年中日民间友好联欢会在北京举行**

王炳南、楚图南、孙平化、王笑一、符浩和由日本泛亚细亚文化交流中心访华团团长江上波夫等参加了联欢会。

联欢会是由对外友协和对外友协北京市分会主办的。

**外交部就越南外交部提出的所谓在两国国庆期间双方在边境地区停止敌对行动的建议复照越南驻华大使馆**

复照指出："今年以来，越南当局仍然不断对中国边境地区进行武装挑衅和入侵活动。越南军队经常向中国境内开枪开炮，袭击和绑架中国边境和平居民，破坏生产。越南军用飞机多次侵犯中国领空进行侦察和挑衅活动。越南舰艇悍然在公海上袭击并劫走中国渔船和渔民，至今不肯交还。"

复照说："事实说明，中越两国边境地区的紧张局势，完全是越南当局推行反华政策、蓄意对中国边境制造种种事端所造成的。中国方面一贯认为，只要越南方面停止推行反华政策和对中国边境地区的武装挑衅和入侵活动，中越两国边境地区局势就会缓和，两国边民就能够过和平、安定的生活。"

**解放军总政治部就深入开展建设社会主义精神文明先进单位和先进个人活动的若干问题向全军发出指示**

指示说，今年 1 月全军政工会议提出在部队开展建设社会主义精神文明先进单位和先进个人的群众性活动(简称"双先"活动)以来，全军一个群众性的学先进、赶先进、创先进的局面正在形成。部队的政治觉悟、道德风尚、作风纪律，都有新的可喜的进步，有力地促进了各项任务的完成，推动着现代化、正规化革命军队的建设。

指示阐述了军队建设社会主义精神文明的目的和意义以后说，建设高度的社会主义精神文明，是坚持四项基本原则，实现四个现代化的根本保证之一，也是建设现代化、正规化革命军队，提高部队战斗力的重要内容和根本保证。建设社会主义精神文明，概括起来，主要是有理想、讲道德、守纪律。核心是有理想。这就要求用马列主义、毛泽东思想的科学理论，共产主义思想来武装广大干部战士的头脑，提高政治觉悟，树立共产主义世界观，坚定实现共产主义的信念，培养共产主义道德，加强革命纪律，抵制资本主义思想的腐蚀，保证我军建设的坚定正确的政治方向，保证我军无产阶级性质和人民军队本色，同时，要提高干部战士的文化、科学、技术、战术和健康水平，有效地掌握和运用现代化的武器装备。根据党中央关于建设社会主义精神文明的指示精神，结合我军特点提出的"有理想、有道德、有知识、有体力，讲军容、讲礼貌、讲纪律，不怕艰难困苦、不怕流血牺牲"，即"四有三讲两不怕"的口号，充分体现了我军的优良传统和新的历史时期军队建设的需要。

指示说，"双先"活动是推动部队建设社会主义精神文明的群众性活动，是使部队建设社会主义精神文明经常化、制度化的重要措施，是激发干部战士学先进、赶先进、创先进的政治热情的有效形式。

关于开展“双先”活动的基本内容、评定条件和评定办法，指示说，开展“双先”活动的基本内容和评定条件是“四有三讲两不怕”。为使它和部队的实际情况更好地结合起来，师、团可根据本部队的教育训练、战备和工作任务、重大活动，以及要解决的主要问题，有所侧重地提出若干具体落实和评定的要求。“双先”活动目前先在连和相当于连以下的基层单位和个人中进行。

指示强调指出，部队各级党委和政治机关要切实加强“双先”活动的领导。

**近三年来我国农业科研取得丰硕成果**

据《人民日报》报道，党的十一届三中全会后的三年，我国农业科研取得丰硕成果，获得国家颁发的发明奖的有8项，自然科学奖的有2项，技术改进奖的有146项；有3000多项获得了各省、自治区、直辖市颁发的技术改进奖。这些农业科研成果推广应用后，大大促进了农业生产的发展。

三年来，党和政府明确提出：农业一靠政策，二靠科学。为此，还制定了关于农业科研的政策，健全了管理农业科研的机构。国务院颁发了《关于发布修订〈发明奖励条例〉的通知》，国家经委、国家科委等单位颁布了《关于重新印发1963年国务院发布的〈技术改进奖励条例〉的通知》，原农业部成立了审定科研成果的科学技术委员会。为了使农业科研成果迅速应用于农业生产，国家还设立了“农业技术推广奖”。

党和政府对农业科研采取的这些政策和措施，促使农村出现了“学科学、用科学”的热潮，激发了广大农业科研人员的积极性。许多长期严重影响农业生产的科技问题，被列为重要研究课题，许多重大科研成果被迅速推广应用。获得1981年国家科委颁发的特等发明奖的杂交水稻，去年推广了7000多万亩，由此增产粮食70亿斤；获得1980年原农业部颁发的一等技术改进奖的“徐薯18”新品种，抗病性和丰产性都超过以前我国普遍种植的“胜利百号”，去年全国推广了1300万亩，平均每亩比“胜利百号”增产鲜薯500斤，折粮100斤，增产率为40%，仅这一年就相当于增产粮食13亿斤；柞蚕饰腹寄蝇，是一种毁灭性的害虫，60年代“柞蚕之乡”辽宁省平均受害率达到65%。获得1980年原农业部颁发的一等技术改进奖的“灭蚕蝇一号”和“灭蚕蝇三号”药剂，有效地控制住了这种虫害，去年辽宁省的产茧量占全国柞蚕茧生产量的80%。在维护自然生态平衡、植物保护、土壤肥料、栽培新技术和林业副业等方面的科研，3年来都取得了累累硕果。

**高校4年输送人才近60万名**

据《人民日报》报道，我国高等教育事业已经走上了健康发展的轨道，最近4年为国家输送各种建设人才近60万名。

经过几年的认真整顿，我国的高等教育事业摆脱了“四人帮”造成的混乱状态。在党的关怀下，一批学校得以恢复重建、整顿提高，同时新建了一批院校。到1981年年底，我国普通高等学校已经达到704所，比“文化大革命”前1965年的434所，增加270所。到1981年年底，全国普通高等学校在校本科和专科学生达到128万人，比1965年的在校学生增加了60.6万人。

培养研究生的工作近几年更取得了可喜的成绩。1981年年底在校研究生已达到1.7万多人。

**中华全国集邮联合会在北京召开第一次代表大会**

大会于8月25日至29日在召开。大会讨论通过了会章，选举产生了理事会，成安玉当选为会长，朱学范为名誉会长。

大会为台湾代表预留了理事和常务理事的名额，并发出《致台湾集邮界同仁书》。

## 8月26日

**中央纪委发出《坚决纠正分配住房中的不正之风》的通报**

通报强调纠正分配住房中的不正之风，是维护党纪、端正党风中的一个重要方面的工作，各级纪委对这方面的突出问题，要认真地加以检查处理。

通报说，我们收到一些省、市的群众来信，反映在分配住房这个与群众切身利益直接相关的工作中，很多单位单凭领导人批条、点名，采取突击分房、个别通知的手法，从中照顾亲戚、朋友和“关系户”，搞不正当交易。有的领导干部，本来住房已经比较宽敞，仍千方百计地为自己的子女亲属多要房，要好房。有些掌管住房分配权的干部，在分房中弄虚作假，欺上瞒下，以权谋私，甚至进行敲诈勒索。这些完全不顾党的影响，利用职权谋私利的丑恶行为，是党纪、政纪甚至国法所不允许的，是同共产党员的品质和共产党的党风背道而驰的。

通报指出，合理分配住房，不仅是日常生活管理中的一项重要工作，而且是一个关系广大群众切身利益的大问题。因此，必须保持和发扬党的优良传统和作

风,坚持按《准则》办事,坚决纠正某些党员干部在分配住房中的不正之风和违法乱纪行为。通报要求:

一、管房部门的干部,要严格遵守住房分配的政策规定,坚持原则,秉公办事。不准利用职权,徇私舞弊,索礼受贿。违者要从严处理。

二、绝对不允许领导干部和少数人私分或变相私分住房。各级领导干部的用房标准,要严格按照中央、国务院的有关规定执行。已工作的子女住房,一般应由所在工作单位解决,领导干部不要插手干预。凡利用职权,在分配住房中搞不正之风的,要追究责任。如有人利用分配住房的权力,进行违法乱纪的,要给予党纪或政纪处分;情节特别恶劣的应当开除党籍。

三、分配住房必须走群众路线。这类事情,在党委或行政部门统一领导下,对申请住房者要进行细致的调查研究,摸底排队,然后制订合理的分配原则和分配方案,交给群众广泛讨论,征求意见,力求做到分配合理。

四、各级领导部门,都要十分关心群众的生活,特别对本单位职工住房分配情况要经常进行检查,总结经验,表扬好人好事。发现有不正之风,应根据这个通报的精神严肃处理。

**《人民日报》发表社论《开拓广阔的农村市场》**

8亿农民的中国农村是一个巨大的市场。进一步开拓这个广阔的市场,组织更多、更好的工业品下乡,满足农民日益增长的需要,是各级政府和经济部门极为重要的任务。

党中央、国务院作出把消费品生产放到重要地位的决策后,我国消费品生产发展很快。过去紧缺的一些商品已能敞开供应;原来适销的一些商品已经变为滞销;一些花色品种对路、质量好的商品,特别是名牌商品,目前仍然紧缺。这种情况在农村市场尤为突出。

供应农村更多更好适销对路的工业品,根本的问题是工业、商业部门按照农民的需要组织生产和供应。有些商品不适应农村需要,主要原因是工商企业缺乏深入细致的调查,对广大农民的要求和消费水平了解不够,听说不少农民富起来了,就盲目生产和供应高、中档商品,结果货不对路,甚至造成积压。我们必须深入农村市场,下一番苦功夫,对农村购买力的状况和发展变化的趋势进行具体分析。我国是一个大国,国情复杂。在考虑市场供应时,要研究生产力规模和市场规模的适应问题,根据市场的规模来考虑生产的规模。一般说,目前农民家底还比较薄,能买得起中、高档商品的只是少数比较富裕的农民。近两三年农民收入虽然有了显著增加,但是,他们首先要把钱用于盖新房和购置生产资料,在购买日用消费品方面还是以经济实惠、耐穿耐用、价格低廉的商品为主;质量差的或花色、款式陈旧的产品不受欢迎。我们要努力生产和供应农民喜爱的商品,这是开拓农村市场首要的一条。

社会主义生产的目的是为了更好地满足人民的需要。当前有些企业片面地追求产值和利润,两眼盯着适合城市需要的中、高档商品,而不愿意生产农村需要的价廉物美的商品,特别是各种日用小商品。其实,只要真正面向农村市场,生产价廉物美的商品,薄利可以多销,多销可以增收。当然,我们也应该分析商品利润和盈亏变化的情况,研究各类档次产品的比价,对产值、利润予以调整,从这一方面使企业获得合理的利润。

最近,国务院作出《关于疏通城乡商品流通渠道扩大工业品下乡的决定》,这是繁荣城乡市场的重要决策。商业部门要积极组织各级批发、零售企业,运用多种形式,开展一个面向8亿农民的推销活动。今年货源比较充足,上半年商业库存继续增多,部分商品还有积压,只要在深入调查研究的基础上,对一些商品进行调剂,积极推销,大有生意可做。我国幅员辽阔,各地农牧民的经济水平差异很大,风俗习惯各不相同,对工业品的品种、花色、款式各有爱好,不少商品此处积压,彼处脱销;城市不需要,农村很欢迎。许多工业品不能及时同农民见面,主要是流通渠道不畅。货畅其流,必须解决两个问题:一是商业企业要端正经营思想,克服利大大干,利小小干,无利不干的思想。当前,火柴、煤油和针头线脑等小商品,在一些农村经常脱销,有生产不足的问题,也有渠道不畅的问题。小商品关系国计民生,商业部门一定要切实抓好这项工作。我们还应当按照国家政策,逐步开放小商品市场,其价格应该根据市场供求情况适当浮动,这对人民生活影响不大,却有利于调动工商企业生产和经营小商品的积极性。国营商业应当克服独家经营思想,坚持多种经济成分、多种流通渠道,有利于扩大工业品下乡。我们还要充分发挥供销社在生产大队、生产队代购代销店的作用。山东省诸城县原有800多个代购代销店,在自愿原则下逐步改成独立经营、自负盈亏的队办商店,购销两旺,对发展农村商品经济,方便社员群众生活起了很大作用。

当前,扩大工业品下乡的另一条措施是,通过展销、赶集、流动售货等形式扩大销售。工业企业对按政策可以自销的产品,可以通过展销、试销、订货会、大篷车送货下乡等形式,让更多的工业品尽快地同农民直接见面。轻工业部不久前召开的全国轻工业品下乡看样订货会议,成交额达10亿多元。其中很多城市积压产品,如化纤服装等,在会上成为畅销货。

工业和商业部门在组织工业品下乡活动中,要互相配合,密切协作,克服本位主义。社会主义工商企业,是互相支援,互相依存的关系。工业企业生产过程中创造出来的价值,是通过流通过程实现的。商业企业经营的好坏,直接影响到工业企业生产任务的安排落实、原料供应和产品销售。工业生产如果不发展,商业也就成为无源之水。因此,工商要携起手来,为开拓农村市场作出新的贡献。

**中国共产党十二大筹备组对代表住宿交通工具和各种会务活动作出规定**

中共中央办公厅发布消息:中国共产党第十二次全国代表大会,将发扬党的艰苦朴素的传统作风,本着厉行节约的精神安排代表的住宿、交通工具和各种会务活动。

会议筹备组规定,会议期间,不组织代表参观游览;代表看戏看电影一律收费。各住地的小卖部,不为代表设专柜供应新产品和紧缺商品。北京的百货商店不为代表增辟专门营业时间。同时,会议筹备组要求各地不要以献礼名义向代表提供新产品。

会议筹备组对这次大会的工作人员作了尽量压缩。会议规定,除年老有病、行动不便的老同志经过批准可以带一名随员外,其余一律不准带随员。据初步统计,大会工作人员比原计划将减少1/3,随员将减少2/3。会议筹备组还规定,大会期间代表集体乘车参加活动。中央党政机关、人民解放军驻京领导机关的代表,除年老体弱行动不便者外,一律在自己所在的代表团居住,并和其他代表一起乘大轿车参加会议。

**傅传作逝世**

人民解放军空军原政治委员傅传作因患癌症,医治无效,于8月26日在北京逝世,享年68岁。

傅传作同志是湖北省石首县人,1930年参加中国工农红军,1931年加入中国共产党,历任连长、营长、团长、旅长、师长、军区空军司令员等职。在革命战争年代,他参加过五次反“围剿”斗争和举世闻名的二万五千里长征,参加过百团大战、太原战役、解放大西南等许多重大战役和战斗。他坚决贯彻执行党中央的政治路线、军事路线和斗争策略,立场坚定,作战勇敢,为中国人民的解放事业作出了贡献。全国解放后,傅传作同志担任了军区空军和空军的主要领导职务。他努力学习马列主义、毛泽东思想,团结同志,联系群众,生活艰苦朴素,工作兢兢业业,为空军建设作出了重要贡献。

## 8月27日

**国家经委就开展全国第五次“质量月”活动在北京召开电话会议**

国务委员兼国家经委主任张劲夫在会上讲话。他说,目前,全国的经济形势总的来说是好的,今年保四争五的目标可以实现。但是,由于过去长时期在经济建设的指导思想上受“左”的错误的干扰,片面追求产量、产值和速度,忽视品种、质量和经济效益的现象,至今未能克服。这是我们在前进中必须认真解决的一个突出问题,也是巩固和发展大好形势的一个重要关键。

他指出,当前,在工业产品的品种和质量上有三个问题值得高度重视:一是产品技术水平不能适应国民经济发展需要;二是有些产品不适销对路,库存积压继续增加;三是在现有的产品中,无论是生产资料还是生活资料,都有不少产品的质量有时有些波动,少数产品质量还出现下降现象。在交通运输、商业等行业中,也存在着类似的问题。这些问题,不仅给国家造成很大的经济损失,而且影响了我国的国际声誉,政治上的损失也是不可低估的。

他还说,发展品种,提高质量,是从根本上改善经济效益和财政状况的重要途径。国务院要求各地区、各部门联系自己当前的思想实际和工作实际,在第五次“质量月”活动中,对发展产品品种、提高产品质量的工作进行一次全面的检查和总结。要检查总结一下30多年来,特别是最近几年来,我们的方针、政策、决定和法规以及具体工作的指导思想,看哪些是有利于增加品种、提高质量,促进了科学技术进步,推动了生产力发展的,哪些阻碍了新产品的发展和质量的提高,从而限制了生产力的发展。他希望大家就这些问题进行广泛的讨论,制定必要的政策,修改、完善有关的规章制度,改革管理体制,以促进产品品种的发展和质量的提高。

**《人民日报》发表林子力文章《论“标准产量”—联产承包责任制的分配形式》**

联产承包责任制的多种形式,作为中国农民的伟大创造,经历了实践的选择、锤炼和不断演变,已经趋于成熟,走上稳定发展的轨道。在这个过程中,联产承包的纯粹和典型的形式即大包干所占的比例不断扩大,目前已达到近70%而成为一种普遍的形式。然而,对于大包干的经济性质,特别是分配形式的说明,仍然作为一个难题摆在人们的面前。当人们谈到大包干的分配特点时,常常只是引用流行的“三句话”,即“交够国家的,留足集体的,剩下是自己的”。这当然是对现象的恰当描述。但这个描述没有指出交、留、剩的数量是以什么为依据，是由什么决定的，因此不能表现这种分配的实质。还有不少同志说，大包干的分配是“按合同分配”，但合同又是根据什么来规定各方面分配所得的量，同样没有得到说明。因此，包干到户的分配过程的独特形式及其实质，至今未被充分揭示和论证。

下面我想对这个问题试作一些探讨。

“联产计酬”与“劳动日”

过去，人们曾经把按劳动日、即按工分分配当作农村集体经济分配制度的固定模式。然而，多年的实践证明，这个模式一般地说并不适合我国大多数农村的情况。这里，我们可以先听一听农民对此是如何谈论的。笔者在最近一次农村调查中，同基层干部和群众专门讨论过工分的问题，他们一致认为这是一个很不成功的制度。“我们搞过的花样多了，固定工分，死分活评，定额工分，大寨工分，没有一样搞得好的。”“工分工分，男十女八姑娘七，姑娘一出嫁，七分变八分。”“死分活评，评到半夜，不欢而散；你们干部评工资还闹矛盾哩，何况我们农民？”“我是生产队长，对于工分这件事，就不能认真，太认真了，将来我家死了人，也没人来管。”“定额工分，我搞过，花了很大气力。干什么活，干多少，得多少工分，一项一项规定。如犁地，有用壮牛，有用弱牛，还有用中等牛的，各不一样；同样的牛，地又不同；同样的地，下雨和干旱又不同……项目之多，无穷无尽，印成书也有厚厚的一本，烦琐哲学，农民不感兴趣，还是行不通。”“那些弯老子、叫鸡公，你不给他满分不行；老实巴交的农民，分少了也不闹，但是干活的心劲就提不起来了。”“工出了，分评了，七除八扣，分值怎么出来的你也搞不清，最后钱粮到个人手里，就没有多少了。”

本来，不同种的、特别是不同质的即不同复杂程度和熟练程度的劳动直接衡量和比较，就是很困难的。需要寻找一个客观的尺度。“劳动日”是劳动时间的概念，它本身不能表现实际提供的劳动量，尤其不能表现劳动的质。事实上它并没有起到尺度的作用，而只是一种“筹码”。要知道实际劳动量和劳动的质，还要依靠人们来“评”，或者依靠定额。而多年的经验又证明，评是很难评好的。由于农业劳动基本上还是手工劳动、劳动条件复杂多变等特殊性，合理的定额也难以制定。农民限于文化水平，过于复杂的东西他们不易弄清，难以搞好。因此，如果说集中劳动，简单协作，特别是在干部的经营管理水平较低的情况下，容易产生瞎指挥和“大呼隆”，那么与这种劳动方式相适应的评工记分制度则容易造成“大锅饭”。再者，因为劳动日只是筹码，农民干活只知道得多少工分，而不知道工分的实值，到了年终算账，生产经营上的浪费，一些干部的多吃多占，都可以成为劳动日值的扣除。这些，都对农民的积极性发生严重的影响，使我国的农业生产长时间缺少内在的动力。

社会主义生产关系并不存在一套固定的模式，我们的任务是要根据我国生产力发展的要求，在每一个阶段上创造出与之相适应和便于继续前进的生产关系的具体形式。劳动日制度既然已被实践证明并不适合我国农业的情况，那么就需要创造出新的形式来代替它。新的形式已经被广大农民创造出来，这就是“联产计酬”。联产承包制的基本特征之一，就是以联产计酬取代劳动日制度。几年来的事实充分说明，联产计酬的实行，克服了“大锅饭”等弊病，引起了农村经济内在生机的焕发。对于我国大多数农村来说，联产计酬确实要比评工记分优越得多。

什么是“联产计酬”的“产”

对于“联产计酬”的“产”，迄今为止，一般的解释只限于，“产”即“产品”，或曰“最终产品”。就是说，按劳动力分配是以劳动的潜在形态为尺度；按劳动日分配是以劳动的流动形态为依据；而联“产”计酬则是按照劳动的凝结形态，即物化形态来分配。由于农业生产的特点，日常农活的质量不易检验，只有最终形成了产品，才能证明付出劳动的有效性。所以，“产”的含义就在于它是“产品”，是“物”。应该肯定，以上说明是有意义的。但是，它仅仅指出了“产”的质的方面，却没有揭示其量的方面。而任何分配，没有量的规定，都无法进行，在这里，量的规定性是更具重要意义的。因此，仅仅把“产”说成“产品”，还远远不够。那么，把“产”解释为“产量”或“产值”是否就有量的界限了呢？仍然没有。因为产量又可以有多种意思，是实际产量或产值，是计划产量或产值，还是别的什么，仍然不清楚。广大农民在实践中创造了联产承包制，其中的“产”，实际上是一种特定的“产”，具有特定的含义，他们还不可能对其作出科学的规定，形成精确的概念，这是理论工作者和农业领导工作者的任务。

联产计酬的“产”，不是实际产量，也不是计划产量。可以把它叫作“标准产量”。笔者在调查中，曾向基层干部提出“标准产量”这个概念，征求他们的意见。意外地发现他们非常容易懂得和容易接受，这因为与他们的实践相吻合。下面对这一概念作些说明。

(一)标准产量依据不同的承包地亩在正常状况下过去3年的平均实际产量加可靠的增产潜力作出规定。如湖北省洪湖县的一些生产队即按照3年平均产量加5%来规定。

(二)标准产量的实质，是在一个集体内耕种承包地亩必须付出的平均劳动量。这是由联产承包制的特殊条件所决定的。这些条件是:(1)土地的承包，或按人口，或按劳力，或按人劳比例，都要均等，谁也不能多占。(2)耕牛犁耙(或者还可以包括手扶拖拉机)等普通农具，作为固定资产，或折价保值，或折价收款，都是集体保有这些东西的价值，而实物就归户了。贵州有位农民讲得精辟："耕牛犁耙，就算私有吧，我们大家吃饭，还都得有一双筷子哩。"意思是说，这些耕者必备之物，家家户户都有，而且相差无几，从中体现不了多大的占有差别。事实确是如此。我们的农业发展到今天，能够产生显著增产效果，带来土地级差收益的，基本上已经不是这些东西了，而主要是像大型水利设施、良种(如杂交水稻)、复合化肥等。而大型水利设施、良种培育等，一般由集体掌握，或者集中经营，或者专业承包，而不能是归个人占有或垄断。(3)可用以购买种子、化肥等投入土地的流动资金，各承包户拥有的量是有差别的，而且差别可能还会逐渐明显。但是，拥有量和投入土地的量是两个不同的概念。在农业技术没有发生质的变化的条件下，流动资金投入土地的量是有限度的，超过合理的限度效果就会降低，甚至会是无效果的。一般说来，一个合理限度的投入，各承包户都能做到，如果有少数或个别困难户做不到的，集体可以通过信贷、扶贫等措施予以解决。还有一种办法，即由集体规定每亩地流动资金的平均投入量，并由集体提供实物或货币。湖北应城等县就有采取这种办法的。结果各承包户在流动资金投入上的差异可能带来的级差收益就更有限了。(农户所拥有的资金，也包括固定资金，凡用以从事承包以外的经济活动，如用拖拉机进行营业性运输等，都不属于责任制即承包经济的范围。非承包经济即自营经济的问题，另行考察。)所以，各承包户之间，在土地的承包和资金在土地上的投放上，都可以看作是均等的。这样，就可以把土地和资金对于产量的影响排除，而把劳动当作决定产量的唯一因素。虽然这并不完全准确，但基本上可以这样肯定。所以，标准产量可以视为耕种承包地亩所需付出的平均劳动量。

(三)标准产量和"劳动日"不同。前面分析过，劳动日实际上不能起到衡量劳动的尺度的作用，它只是一个筹码。而标准产量本身就是一个客观的尺度，既不用"评"，也不用定额，用它本身就可以直接衡量，并且非常简便。例如：

标准产量乘上集体提留的百分比，即是集体提留的量。

标准产量扣去集体提留量，再减农业税，即等于承包者额内劳动的报酬；如果他超产，加上超产数，亦即超额劳动的报酬量，就等于他的全部承包收入；如果他欠产，减去欠产数，就是他的全部承包收入。

标准产量规定下来之后，不仅集体提留和社员承包收入的量由其衡量决定，而且集体义务的承担和其他一些分配项目，也以它为依据，如湖北应城、洪湖等县，大量的非承包用工，就是这样分摊的。

(四)标准产量是联产承包责任制分配形式的中心环节。如果说在过去集体经济中是按劳动日即工分分配，那么实行联产承包以后则是按标准产量分配，标准产量既然是衡量劳动的尺度，按标准产量分配也就是按劳分配。

诚然，在当代社会主义的实践中，按劳分配原则的实现，还不可能是充分的、完全的，而只能是近似的。国营经济中况且是这样，联产承包责任制的按标准产量分配自然也只能这样。不过有一点是可以肯定的：比之过去按劳动日即按工分分配的制度来，按标准产量分配，其近似于按劳分配的程度要高得多。

关于"联产计酬"的分配形式的独特性

以上主要是说明了联产承包制，特别是包干到户的分配关系的实质，下面还需要对分配过程在形式上的独特性作些分析。

一般说来，集体经济中的分配，总是表现为集体先占有产品，然后分配给个人。可是包干到户后却反过来表现为个人先占有产品，然后向集体交纳。这种形式的独特，是由于劳动过程的分散所引起。按照联产承包制，生产过程开始之前，就要把标准产量定下来，把集体提留比例定下来，这两者一定，承包户的收入除超产附加或欠产扣减之外，也定下来了，这些都表现在承包合同中。可以说，分配过程是伴随着合同的制定而预先进行的，到生产周期终了，作物收获时，只有合同的执行这件事了，是极其简单的。由于承包经济的劳动过程由一家一户分散独立进行，过程终了时产品就自然而然先到了承包户的手里。如果为执行合同，承包户要先把全部产品交给集体，由集体按合同规定的比例提留，再把剩下的部分分给承包户，那完全是悖理的。把这个过程一简化，(就像你交给我1000斤粮食，我留下200斤，再把剩下的800斤分给你这个过程，完全可以简化为你交给我200斤粮食一样，)只由承包户交纳集体提留，就变成合理的了。所以，和生产过程的特殊形式相适应，分配过程的独特形式是必然的。联产承包制的生产过程表现着统和分的统一，分配过程也同样如此。先是集体统一制定标准产量和提留比例，后则表现为各承包户按合同分别交纳。

既然标准产量一定，提留比例一定，承包户的标准报酬量也就定下来了，那么，有的联产承包形式，如联产到劳，为什么在有了标准产量的情况下，还要保留工分呢？农村中有的干部和社员认为，可能有这样的问题：(一)在一些同志的观念中，仍然把工分制度看作社会主义农业的固定模式，因而保留着工分，似乎就还算社会主义正道,名声上好听;(二)保留着工分,分配上还拐个弯,某些平均主义和干部多吃多占就仍有残留的机会。显然,这两点都算不上合理的根据,是站不住脚的。然而除此之外,还有一个情况值得考虑。由于工农业产品比价以及各类农产品比价的不尽合理,从事各业生产的社员,其所得收入的多少,是包含着一部分价格因素的。这一非劳动的因素,在进行分配时,当然应予剔除。用标准产量定承包总收入,然后结合价格因素定提留量,价高利大的承包项目多提留,如工副业;价低利小的项目少提留,如种粮食。这样做,一般地说,也能达到利益平衡的目的。不过,在某些各业收入差别很明显的地方,特别是那些农业成本很高,工副业利润很大,前者在相当大的程度上依赖后者补贴的社队,保留工分这一计量的"筹码",对于更方便地平衡各业报酬,可能还是一个手段。在这样的场合,工分起一个类似"内部价格"的作用。若就这点来讲,保留工分是有意义的。目前不通过工分而直来直去的责任制形式越来越普遍,而且,即使保留着工分,只要实行联产承包,决定收入的就还是产量,即标准产量,而非其他。只不过,如果出于有利平衡各业收入等因素,当地干部群众确实感到工分留着更好、更习惯,那当然就不必取消。仅仅作为一种具体的计算手段,工分的有无对联产承包制的实质,是不发生什么决定性影响的。

**全国有色金属工业产量持续增长质量稳步提高**

据《人民日报》报道,近两年来,我国有色金属工业在调整中不断前进,铜、铝、铅、锌、镍、锡、锑、汞、镁、钛10种常用有色金属的产量持续增长,质量稳步提高。

长期以来,我国有色金属是国民经济中的短线,不论是数量和质量都满足不了各部门日益增长的需要。在10种常用有色金属中,铜、铝等不能自给,生产日用器皿的铝薄板,生产糖果、香烟包装用的铝箔,生产电池用的锌板等供不应求;我国传统出口产品钨、锡、锑、汞等在国际市场上的比重也不断下降。

近两年,10种有色金属产品平均增长速度达到5.95%,其中铜、铝分别增长9.3%和3.9%,铜、铅的一级品率达到100%。为轻工产品提供的有色金属不断增多,重点有色金属加工企业为消费品生产服务的比重已由过去的20%增加到80%。

许多有色金属冶炼、加工企业,积极调整服务方向,改变产品结构,为民用消费品生产提供多种有色金属材料,大大缓和了各部门对有色金属的需要,活跃了市场。近两年来,除钨、锡、锑、汞等传统的出口产品外,还增加了20多种出口新产品,有色金属去年的换汇额创历史最好水平。

**亚太地区青年工作指导者讨论会在北京开幕**

讨论会由联合国亚洲及太平洋经济社会委员会和中华全国青年联合会共同举办。

参加讨论会的有孟加拉、印度、日本、马来西亚、尼泊尔、巴布亚新几内亚、菲律宾、新加坡、斯里兰卡、泰国和中国的23名代表。

**国务院副总理万里在人民大会堂会见参加联合国亚洲及太平洋经济社会委员会青年工作指导者讨论会的各国代表**

万里说,青年是国家的希望,代表国家的未来,因此,搞好对青年的教育和训练对国家建设十分重要。万里说,亚太地区各国有许多共同点,各国青年之间加强往来,增进了解和友谊,交流经验,这对各国更好地开展青年工作是非常有益的。

会见时,联合国亚太经社会官员拉里·谢代表参加讨论会的各国代表,对中国政府和青年组织为讨论会召开所作的周到安排表示感谢。

**全国人大常委会副委员长胡厥文在北京会见日本山形县知事 县日中友协会长板垣清一郎率领的日本山形县自治体联盟日中友好之翼访华团**

**中国与巴基斯坦交界的红其拉甫山口正式开放**

根据中国、巴基斯坦两国政府签订的一项议定书,中巴交界的红其拉甫山口正式开放,并在红其拉甫山口举行了隆重的开放仪式。

中国代表团团长、新疆维吾尔自治区人民政府主席司马义·艾买提和巴基斯坦代表团团长、交通部部长毛希丁·俾路支出席了仪式并发表讲话。他们高度赞扬中巴两国政府和人民的友好合作及伟大友谊,并为红其拉甫山口开放仪式剪彩,为红其拉甫山口开放纪念碑揭幕。

红其拉甫山口位于帕米尔和喀喇昆仑山连接处,是古代我国通往西方的交通孔道之一。

**哈尔滨市粮食研究所从芝麻粕中提取浓缩蛋白质获得成功**

榨油后的芝麻粕中,含有高达31%—43%至的蛋白质。过去一直被当作饲料和肥料,没有得到合理利用。哈尔滨市粮食研究所经过反复研究试验,已成功地从每百公斤芝麻粕中提出了纯度为56.25%的浓缩蛋白质33公斤。经科学测定,浓缩蛋白质中除含有脂肪、碳水化合物、纤维和水分等成分外,还含有高达0.92%的维生素E。

芝麻浓缩蛋白质呈棕褐色粉状,可制成奶茶型固体热饮料，与动物奶同时喷雾干燥后，可代替可可粉制成各种可可型饮料和食品，不但营养价值高，而且产品成本也可大大降低。

**自今日起全国施行新的《国家体育锻炼标准》**

经国务院批准，自今日起全国施行新《国家体育锻炼标准》。国家体委还同时公布新《标准》的测验规则和测验成绩评分表(试行)。

原《标准》是1975年开始施行的，至今已经7年。新《标准》在原《标准》的基础上进行了修改，加强了科学性、实用性和适应性，更加切合实际、简便易行。新《标准》的发布施行，体现了党和政府一贯重视人民群众的身体健康，关怀青少年和儿童的成长。

**卫生部在北京召开全国化学药品淘汰品种审定会**

专家们对解热镇痛、抗寄生虫、消化系统、抗生素、磺胺类、中枢神经系统、血液系统、脏器制剂、营养滋补以及其他抗感染等各类药物共163个品种，逐个进行了评价，决定淘汰127种化学药品。一批疗效差或疗效不确切，毒副反应大的药品如非那西汀片、必得宁片、磺胺甲氧哒嗪片、婴儿胺等，分别被疗效好、毒副反应小的新品种所代替。

## 8月28日

**中国民用航空总局在北京为安全飞行先进单位和先进个人举行授奖大会**

国务委员耿飚、张劲夫，全国总工会主席倪志福，国务院秘书长杜星垣到会祝贺。他们把总局命名的“中国民航安全飞行红旗单位”的锦旗和奖杯，分别授予第一飞行总队、第五飞行大队、第十五飞行大队和民航飞行专科学校二分校的代表。接着，有关领导同志给授予“全国民航安全飞行模范”称号的11名飞行人员发了奖状；对10个长期保证飞行安全的先进单位发了奖杯和奖状；对166名飞行人员发了一级安全飞行奖章、奖章证书和奖金。

耿飚同志在授奖会上指出，今后民航工作要保证安全飞行，做好空中安全工作，以及正确处理好安全与生产、安全与飞行正常、安全与服务质量的关系。

**长江葛洲坝二江电站4号机组并网发电**

机组的容量为12.5万千瓦。4号机组投产后，使葛洲坝二江电站的装机容量达到59万千瓦。

**外交部副部长吴学谦就日本内阁官房长官宫泽喜一关于日本教科书问题的谈话在北京约见日本驻华大使鹿取泰卫**

吴副外长说，8月26日，日本政府向中国方面通报了日本内阁官房长官宫泽喜一谈话的内容，并作了有关的说明。中国政府进行研究后认为，尽管日本政府表示要充分听取批评，负责纠正教科书的有关记述，但是并没有提出能够令人满意的、明确而具体的纠正措施，同中方要求相距甚远，不能不令人感到失望，中国政府对此不能表示同意，中国人民也是无法接受的。

吴副外长表示，中方已经多次指出，承认还是不承认日本军国主义侵略中国的历史是一个重大的原则问题，是不容含糊其辞的。中国政府的态度是明确的、一贯的。我们不能同意日本政府以所谓维护教科书审定制度为理由，而不采取果断措施，纠正审定教科书中的错误。中国政府再次要求日本政府采取切实有效的措施，尽快纠正文部省在审定教科书中的错误，以使这个问题得到令人满意的解决，并有利于中日两国关系的发展。对此，鹿取泰卫大使表示，将立即如实地报告日本政府。

**外交部部长黄华在北京同巴巴多斯外交部部长路易斯·兰德尔·塔尔举行会谈**

据悉，会谈在诚挚友好的气氛中进行。两位外长一致认为，中巴两国虽然在地理上相距遥远，但都是第三世界国家，面临着发展经济、建设国家的共同任务。双方都热爱和平，对许多重大国际问题持有一致或相似的观点。

**外经贸部部长陈慕华在中南海紫光阁会见日中农业农民交流协会会长八百板正等日本客人**

**对外友协会长王炳南在北京会见由国民议会皮埃尔·达松维尔率领的法国市长访华团**

**中央军委授予范生文以“全心全意为人民服务的好干部”荣誉称号命名大会在沈阳举行**

范生文是人民解放军沈阳部队空军某农场原政委。山西平顺人。1947年参加中国人民解放军。同年加入中国共产党。曾在第二野战军任副班长。参加了淮海、渡江、西南等战役。新中国成立后，任空军仓库协理员、场站政治处主任、农场政委。工作勤奋，认真负责。先后八次立功受奖。1967年到北大荒克山农场工作。带领全场职工艰苦创业，经14年努力，使农场基本实现生产机械化，粮食产量翻一番。场里主要干部一两年轮换一次，他总是要求留下，并把家从城市搬到农场落户。长期抱病工作，直至以身殉职。

沈阳部队空军司令员王毓淮在会上宣读了中央军

委的命令,并把中央军委颁发的奖状、奖章、证书送给了范生文的妻子王来花。会上宣读了空军政治部关于贯彻中央军委命令,向范生文同志学习的通知。

**严顺开在第二届国际喜剧电影节上获最佳男演员奖**

## 8月29日

**全国人大常委会委员长叶剑英在北京会见法国国民议会议长路易·梅尔马兹**

叶剑英说,中法两国的友好关系具有良好的基础。我们党和国家许多领导人,包括已故的和健在的,在青年时代曾在法国工作和学习过。中国一贯重视发展同法国的友好关系。他说,近年来,我国人民代表大会和法国国民议会之间的来往不断增多,这是一件令人高兴的事情。

梅尔马兹说,法中两国有着历史悠久的关系,这是符合两国人民的利益和世界和平的利益的。

**全国人大常委会 全国政协在人民大会堂举行大会缅怀廖仲恺先生纪念何香凝先生逝世10周年**

在大会主席台上就座的有:

党和国家领导人邓小平、李先念、彭真、邓颖超、王震、乌兰夫、彭冲、习仲勋、胡乔木、廖承志、阿沛·阿旺晋美、许德珩、胡厥文、史良、杨尚昆、班禅额尔德尼·确吉坚赞、朱学范;

全国政协委员会副主席刘澜涛、康克清、季方、庄希泉、胡子昂、王昆仑、钱昌照、董其武;

廖仲恺、何香凝的生前友好宫崎世民和夫人宫崎千代,黑田寿男及其长子黑田明男;

廖仲恺、何香凝先生的子女、亲属和生前友好廖梦醒、经普椿、何贤、马万祺、邓广殷、黄苑芬、胡兰畦、刘天素;

中共中央统战部部长杨静仁,中共中央宣传部部长邓力群,民革中央副主席屈武。

缅怀、纪念大会由中共中央政治局委员、全国人大常委会副委员长彭真主持。

中共中央政治局委员、全国人大常委会副委员长邓颖超在会上讲了话。

全国政协副主席、民革中央主席王昆仑在讲话中详细介绍了廖仲恺、何香凝先生的生平业绩。她说,廖仲恺、何香凝先生是孙中山三大政策的忠实执行者,是中国国民党革命派的光辉旗帜。值得欣慰的是,廖仲恺、何香凝等革命先烈抛头颅洒热血为之奋斗的革命事业,在中国共产党的领导下开始了新纪元。社会主义事业欣欣向荣,人民安定团结,祖国建设所具有的规模和速度都大大超越了孙中山先生的理想。王昆仑说,廖仲恺先生致力于第一次国共合作,建树了伟大的功绩,何香凝先生为第一次和第二次国共合作作出了独特的贡献。纵观我国几千年的历史,民族团结,国家统一,为不可抗拒之历史潮流。历史反复证明:国共合作,对国家民族有利,对国民党也有利;国共分裂,大伤民族元气。我们衷心期望国共两党重新携手,共图振兴中华之大业,书写中华民族历史的新篇章。

全国人大常委会副委员长、民盟中央主席史良在讲话中追述了廖仲恺、何香凝生前的革命活动和功绩。他说,何香凝一贯热爱中国共产党,热爱社会主义祖国,十分关心祖国统一的伟大事业。她在生前常常怀念原国民党在台友人,盼望有识之士为祖国统一作出贡献。史良说,不久以前,廖承志同志致函蒋经国先生,以旧日同袍的身份,恳切寄语,情词感人。信中以大义相责,大勇相激,仲恺、香凝虽已不在人间,但音容犹在,义理相贯。当我们在这里缅怀仲恺先生、纪念香凝同志的时候,不能不念及于此,希望台湾同胞,共同奋起,为祖国统一作出贡献。

全国政协副主席、全国妇联主席康克清在讲话中指出,何香凝同志是我国近代史上的一位卓越的女革命家,是中国妇女运动的先驱,是一位女中豪杰,是中国妇女和中国人民的骄傲。她在讲话中全面介绍和高度赞扬了何香凝对妇女运动和妇女工作所作出的贡献。她说,全国解放后,何香凝同志一直担任全国妇联名誉主席,在她去世的十年间,我们的国家经受了严峻的考验,发生了巨大的变化。党的十一届三中全会以后,我国的国家生活重新走上正轨,社会主义事业取得了重大胜利。她希望台湾同胞、港澳同胞、海外侨胞和祖国大陆同胞一起,敦促台湾国民党当局,以民族大义为重,早日完成祖国统一的神圣使命;希望广大妇女为振兴中华,统一祖国,进行不懈的奋斗。

部分在京的全国人大常委会委员、全国政协常务委员,各民主党派和全国工商联的负责人,全国妇联、全国侨联、中国美协负责人,民革在京的中央委员和民革北京市委员会委员,及其他各界人士,出席了大会。

**全国人大常委会副委员长邓颖超在缅怀廖仲恺先生 纪念何香凝先生逝世10周年大会上的讲话**

同志们、朋友们:

今天我们在这里隆重集会,缅怀廖仲恺先生、纪念何香凝先生逝世10周年。谨向廖仲恺、何香凝先生表示深切的怀念和崇高的敬意。

廖仲恺、何香凝先生,是中国民主革命的先驱,中国国民党左派的光辉旗帜,伟大的爱国主义者,杰出的政治活动家,一贯支持我们党的党外亲密战友。他们为了追求民族独立和祖国富强，贡献了毕生精力。他们的丰功伟绩，将永垂史册。

本世纪初叶，廖仲恺、何香凝先生为了寻求救国救民的真理，东渡日本，参加了孙中山先生创建的中国同盟会。廖仲恺先生担任了该会的领导工作，多次奉孙中山先生之命回国秘密进行革命活动。他还翻译和撰写了一些关于社会主义的文章，是最早参与了从理论上介绍和探索社会主义问题的中国人之一。何香凝先生是同盟会的第一位女会员。她热情洋溢，凡是有益于革命的工作，都不辞劳苦，坚决完成，深受孙中山先生及其他革命同志的信赖和倚重。他们积极协助孙中山先生进行推翻清朝封建帝制、建立民国的辛亥革命，并且同盗窃革命果实的军阀势力进行了不懈的斗争。

“五四”运动和中国共产党诞生以后，孙中山先生在共产国际和中国共产党的帮助下，改组国民党，制定“联俄、联共、扶助农工”的三大革命政策，实现了第一次国共合作。在这个过程中，廖仲恺、何香凝先生始终是孙中山先生的得力助手。他们全力协助孙中山先生制定和推行三大革命政策。他们热情歌颂列宁领导的社会主义革命事业；坚信中国共产党人参加国民党，是使国民党复兴的“一个新生命”，并真诚同共产党人合作，积极推动工农群众运动。

孙中山先生逝世以后，廖仲恺、何香凝先生高举孙中山的旗帜，不顾右派势力的诽谤和攻击，坚持三大革命政策，领导国民党左派继续进行国民革命。深受人民群众爱戴的民族英雄廖仲恺先生，不幸被帝国主义、国民党右派杀害后，何香凝先生坚信真理与正义必将胜利，以大无畏的英雄气概宣称：“苟利于国，则吾举家以殉，亦所不惜。”廖仲恺先生遇害，使我党痛失良友。周恩来同志热诚地赞佩廖先生是国民党之重心、“工农运动和反帝国主义运动的积极领袖”，高度评价他“一生苦斗，革命为党，牺牲为国”的崇高革命精神和卓著的革命功勋。

何香凝先生继承和发展了孙中山、廖仲恺先生未竟的革命事业。北伐战争时期，她大力推进妇女解放运动，支援北伐战争，是我国妇女运动的卓越领袖之一。1927年“四一二”事变后，汪精卫于“七一五”与蒋介石合流，实行宁汉合作，反共反人民，她毅然辞去国民党的一切职务，为坚决维护孙中山先生的三大革命政策进行不妥协的斗争。“九一八”事变后，日军相继侵占我东北三省。1935年日本帝国主义又加紧在我华北地区进行侵略活动。这年，中共中央发表了号召全国人民团结起来，停止内战，一致抗日的《八一宣言》。何香凝先生和宋庆龄同志等率先响应。抗日战争时期，她积极从事抗日救亡运动，与宋庆龄同志等一道组织“保卫中国大同盟”，向海外侨胞和同情中国抗日战争的国外人士进行募捐，支持抗日力量，揭露国民党反动派对日妥协投降、对内反共反人民的政策。皖南事变发生后，她和宋庆龄、柳亚子、彭泽民等人严厉谴责国民党政府的倒行逆施，为“坚持抗战、反对投降”，“坚持团结、反对分裂”，“坚持进步、反对倒退”，进行了不懈的斗争，对中国人民的抗日民族解放运动作出了重要贡献。解放战争时期，她对国民党政府卖国、独裁、分裂的反动政策，深恶痛绝；积极拥护中国共产党提出的停止内战，建立联合政府的主张；热烈支持蓬勃发展的爱国民主运动，团结组织各方面的力量，联络爱国民主人士，组成中国国民党民主促进会，并在香港团结国民党内各个民主派别和民主力量，同李济深先生等发起组织中国国民党革命委员会。她积极响应中国共产党关于召开新政治协商会议的号召，出席了中国人民政治协商会议第一届全体会议，参加了中华人民共和国的开国工作。中华人民共和国建立以后，她被选为中央人民政府委员会委员，曾担任全国人民代表大会常务委员会副委员长、全国政协副主席、中国国民党革命委员会主席、中华全国妇女联合会名誉主席、华侨事务委员会主任、中国美术家协会主席等许多重要领导职务，是我国德高望重的领导人之一。

何香凝先生不仅是一位革命家，而且还是一位杰出的美术家。她的美术作品充满斗争激情，洋溢着浩然正气。她一生中曾多次卖画筹款支援革命。她的艺术创作与革命活动紧密相连，在国内外享有盛誉。

何香凝先生是共产党人的老战友，是同中国共产党真诚合作的典范。无论是在我们党遭遇困难挫折的时候，还是顺利发展的时候，她总是始终如一地相信我们党，支持我们党所领导的革命事业。她跟随历史前进的脚步，毕生为实现孙中山先生的革命三民主义，进而为社会主义奋斗不息。她这种不断革命的精神是非常可贵的。毛泽东、周恩来、刘少奇、朱德等同志，一直把她当作可以信赖、可以共商国家大事的亲密的朋友。早在1937年，毛泽东主席就高度评价何香凝先生“继承孙先生革命传统，苦斗不屈，为中华民族树立模范”。她以自己的革命业绩和高尚情操，受到了全国各族人民包括台湾同胞、港澳同胞和海外侨胞的衷心尊敬与爱戴。

廖仲恺、何香凝先生一生为中国革命事业鞠躬尽瘁，建树了光辉的业绩。他们坚持原则，威武不屈，贫贱不移，廉洁奉公，不断进步，勇于牺牲的革命精神和高尚品德，永远值得我们尊敬和学习。

同志们、朋友们：

从廖仲恺、何香凝先生追随孙中山先生进行辛亥革命到现在，70多年过去了。我们祖国发生了天翻地覆的变化,备受欺凌的"东亚病夫",奋起抗击帝国主义的侵略和压迫,争得了民族独立和国家主权的完整,中国人民永远站起来了。孙中山先生三民主义的理想,不仅成为现实,而且大大前进了。现在,举国上下正在满怀信心地以更稳健更强劲的步伐,向着现代化工业、现代化农业、现代化国防和现代化科学技术的、高度文明、高度民主的社会主义强国这一宏伟目标前进。

在我国长期的革命和建设过程中,已经结成由中国共产党领导的,有各民主党派和人民团体参加的,包括全体社会主义劳动者、拥护社会主义的爱国者和拥护祖国统一的爱国者广泛的统一战线。新民主主义革命时期,统一战线是我们取得伟大胜利的三大法宝之一。今天,在实现80年代的三大任务中,在整个建设现代化的社会主义强国的新的历史时期中,统一战线仍然是我们党的一大法宝,而且只要阶级还没有最后消灭,共产党还存在,就要坚持统一战线,坚持党与非党的合作。我们要认真贯彻中国共产党同民主党派长期共存、互相监督的方针,切实尊重各民主党派的独立自主,积极支持和帮助它们在工作中开创新局面,在国家政治生活中充分发挥它们的重大作用,为巩固和发展我国各政党长期合作的政治制度,把我国建设成现代化的社会主义强国而共同努力。

完成祖国统一的大业,实行国共第三次合作,是历史赋予中国各族人民的神圣使命。国共两党之间曾经有过两次合作,共度时艰,共御外侮,推动了中国历史的向前发展。现在祖国统一的历史责任,骨肉团聚的民族大义,迫切要求实现第三次国共合作。1979年元旦全国人民代表大会常务委员会发表了《告台湾同胞书》;去年国庆前夕,叶剑英委员长发表了和平统一祖国的九点建议;在纪念辛亥革命70周年大会上,胡耀邦主席以共产党负责人的名义向蒋经国等先生发出邀请。最近,廖承志同志又致函蒋经国先生,期待蒋先生捐弃前嫌,负起历史责任,奉献于国家,实现第三次国共合作,共图振兴中华大业。所有这些,都表明了中国共产党和平统一祖国的真诚愿望。

中国要统一,这是不可抗拒的历史潮流,是大陆与台湾人民的共同心愿。谁为祖国统一作出贡献,人民就会感谢谁,历史就会铭记谁。千秋功过,自有后人评说。我们热切期望早年追随孙中山先生、曾与宋庆龄、廖仲恺、何香凝先生共事的故旧亲朋,以民族大义为重,为实现祖国统一大业,创造中华民族光辉灿烂的未来,造福子孙后代而同我们携手奋斗!

**《人民日报》发表评论员文章《在"包"字上多做文章》**

联产承包责任制是经过长期选择发展起来的,是我国农民新的创造。它既避免了过去那种集中劳动中产生的瞎指挥和"大呼隆",又避免了那种纠缠于评工记分所造成的"大锅饭"。它十分适应我国农业生产的实际要求:一方面是分散的独立劳动;另一方面是国家和集体对于生产过程的统一管理。就是一方面是"分";另一方面是"统",而作为联产承包的核心的"包",正是分和统的结合体,包把分和统很好地联结起来,所以它是一种很优越的责任制。大包干是联产承包的比较受欢迎的典型形式,它的优越性表现得更显著。现在,广大农民普遍要求稳定党在农村的政策,要求继续发挥大包干的优越性,它的潜力还很大,需要在"包"字上多做文章,更大地发挥它的优越性。

安徽省滁县地区是实行联产承包责任制很早、坚持得很好的地区。但是,安徽省委和滁县地委很注意鼓励和保护其他形式的生产责任制,他们甚至有意识地培养一些其他形式责任制的典型。经过反复比较,那些实行小段包工、联产到组等责任制的典型单位,也采用大包干了。

大包干的优越性是在不断发展中表现出来的,是在比较中表现得更明显的。那些机械化、水利化程度比较高,经营管理一向比较好,人均收入在二三百元的生产队,为什么也热烈要求采用大包干这种联产承包责任制呢?在这里,包与不包大不一样,包了以后,生产的数量和质量也都显著提高。多年来我们提出改造低产田,收效不大;大包干恰恰是改造低产田的有效办法。低产田包给谁,谁就一定把它改造成高产田。多年来,人们常常说:"什么时候能把大田种得像自留地那样好就美了。"而现在,大包干以后,家家户户都把自己承包的大田,像自留地那样精耕细作,实行科学种田,大田的庄稼真正长得像自留地庄稼那样好了。大包干以后,原来的高产队也大幅度地增产,这是远远出乎人们意料之外的稀奇事。

其实,这并不奇怪。认真研究一下,一个很重要的原因,就是农民真正有了自主权,民主了,在生产时间和业余时间的支配上自由了,真正把男女老少的积极性都调动起来了。广大农村妇女更是欢迎大包干。过去在吃"大锅饭"的长时期里,妇女成天捆在田里,干得再好也是七八分,累了一天,家里还有一大堆家务活等着,连回娘家请假也得看队长的脸色。现在大包干,妇女一般干精细活,重活累活都是男的抢着干了,一家人有忙有闲,田里活家里活都安排得好,一家大小都舒心了。农民说:"现在活没少干,粮没少收,集没少赶,戏没少看。"

大包干的优越性不只表现在大田作业上,还表现在以一家一户为单位的多种经营上,农民的副业收入也猛然增加。滁县地区大多数农民家庭都养几十只、上百只鹅、鸭、鸡，平均每天收蛋几十个，农民说的“开门五元钱”已经很普遍了，单此一项，一年收入就在千元左右。

大包干的优越性还表现在其他很多事情上。拖拉机过去归队里，司机干好干坏一个样，不利于机械的维护和效力的发挥。现在，拖拉机包给一户或者折价卖给一户，由他负责耕种土地和承包运输任务，社员交纳一定费用，就能保质保量完成；机器也保管得很好，更能发挥作用了。把浇水任务包给管水员，把治理病虫害的任务包给技术员，每亩地收三五元，就能承担有关业务。有些社队企业长期亏损，包给一户或几户社员，很快就转亏为盈。

大包干的优越性潜力还很大，需要继续发挥。当然，并不是说大包干责任制就十全十美。就是在滁县地区，真正全面实行也才两年，当然还有很多需要完善的地方。比如，大包干的合同，往往只规定社员一方要如何如何，而没有规定生产队一方应该如何如何，要把签订合同双方的权利和义务都规定明白才好。其他如干部岗位责任制、整顿社队财务、减少非生产开支，以及包林业、包水面、包社队企业等方面，都有很多地方值得改进。就是说，大包干责任制还有待完善。

完善大包干责任制，是为了更好地发挥它的优越性，为了使它更健康地发展，而决不是回到“大呼隆”和“大锅饭”的老路上去。广大农民和干部热烈拥护现在的政策，但又有点担心，怕变；希望不要乱出新点子，希望联产承包责任制稳定和完善。

**全国人大常委会副委员长彭冲在北京同法国国民议会议长路易·梅尔马兹举行会谈**

## 8月30日

**中国共产党第十二次全国代表大会在北京举行预备会议**

会议通过了中国共产党第十二次全国代表大会的议题：

(一)审议通过中央委员会的报告；

(二)审议通过中国共产党章程；

(三)审议通过中央纪律检查委员会的工作报告；

(四)选举中央领导机构。

会议选出了由252人组成的中国共产党第十二次全国代表大会主席团，选举赵紫阳同志为大会秘书长。

会议由中共中央主席胡耀邦主持。他说，我们党的第十二次全国代表大会，将对粉碎“四人帮”以后6年来、特别是三中全会以来实现的伟大历史性转折作出胜利的总结，同时将确定党在新的历史时期的宏伟目标和战斗任务，使我们党能够以新的面貌和坚强的战斗力，率领全国各族人民为开创社会主义现代化建设的新局面而奋斗。

他说，全党、全军、全国各族人民对我们这次大会寄予殷切的期望。我们全体代表和工作人员，要集中精力开好这次大会，要在大会主席团的领导下，发扬党的优良传统，坚持民主集中制原则，同心同德，集思广益，把大会开得生气勃勃，取得圆满成功！

会议通过了由29人组成的代表资格审查委员会，宋任穷任主任，程子华、甘渭汉任副主任。

会议还通过了《关于确认十一届三中、四中全会增补中央委员的决定的决议》。

**中国共产党第十二次全国代表大会主席团举行会议**

大会秘书长赵紫阳主持了会议。会议选出了由31人组成的主席团常务委员会，他们是：胡耀邦、叶剑英、邓小平、赵紫阳、李先念、陈云、华国锋、徐向前、聂荣臻、彭真、邓颖超、王震、韦国清、乌兰夫、方毅、许世友、李德生、余秋里、张廷发、耿飚、倪志福、彭冲、陈慕华、万里、习仲勋、王任重、谷牧、宋任穷、杨得志、胡乔木、姚依林。

会议通过了大会副秘书长名单，他们是：胡乔木、习仲勋、杨尚昆、邓力群、胡启立。

代表资格审查委员会主任宋任穷在会上作了关于代表资格的审查报告。报告说，据1981年年底的统计，全国共有党员39657212人，其中预备党员1043831人。根据中国共产党第十一届五中全会的决定，全国共选出正式代表1600名，候补代表149名。

报告说，各选举单位在选举过程中，从提名酝酿代表候选人到正式进行选举，认真按照民主集中制原则，充分发扬民主，广泛听取各方面的意见，需要调整的及时进行了调整，最后根据多数选举人的意见确定代表候选人。选举中普遍采用无记名投票办法，较好地体现了选举人的意志。

报告指出，在酝酿选举代表过程中，有些老同志诚恳地向组织上要求不要选他们当十二大代表，把名额让给符合要求的中青年干部。他们这种精神，体现了老同志以党的事业为重的共产主义胸怀，受到了广大党员的赞扬。

报告说，这次选出的代表、候补代表，绝大多数是在各地区、各方面、各民族中有威望、有贡献、能够联系群众的优秀党员，包括从建党初期、北伐战争时期、土地革命战争时期、抗日战争时期、解放战争时期，以及新中国成立以后各个时期入党的党员。中、青年占将近五分之二，各方面专业人员、专家也占相当比重。代表中有极少数在“文化大革命”以来曾经犯过错误，但也曾经为党做过贡献的同志。这次选出的代表具有广泛的代表性。

报告说，代表资格审查委员会认为，各选举单位十二大代表、候补代表的选举是符合中央关于选举十二大代表的有关规定的，代表资格是有效的。

主席团会议通过了宋任穷代表十二大代表资格审查委员会所作的审查报告。

会议通过了大会的日程，大会将如期在9月1日召开。会议还通过了关于大会秘书处的工作任务和机构设置的报告。

**中国共产党第十二次全国代表大会主席团名单（共252名）**

于 一　于光远　于素梅（女）　万 达　万 里
万 毅（满族）　马 信（回族）　马文瑞　马兴元
习仲勋　王 平　王 猛　王 震　王 磊　王从吾
王世泰　王任重　王国权　王首道　王恩茂　王崇伦
王朝文（苗族）　王鹤寿　天 宝（藏族）
韦国清（壮族）　尤太忠　毛致用　乌兰夫（蒙古族）
文敏生　方 毅　方志纯　尹林平　孔 原　邓力群
邓小平　邓颖超（女）　邓稼先　甘渭汉　卢嘉锡
叶 飞　叶剑英　白如冰　白栋材　冯文彬　冯纪新
司马义·艾买提（维吾尔族）　成仿吾　吕正操　朱光亚
朱穆之　廷 懋（蒙古族）　乔 石　乔晓光　伍修权
伍精华（彝族）　任仲夷　华国锋　向和友（土家族）
刘 达　刘 杰　刘 震　刘田夫　刘华清　刘志坚
刘建章　刘明辉　刘复之　刘澜涛　江 华（瑶族）
江渭清　池必卿　安平生　许世友　许家屯　许梦侠
孙大光　孙晋芳（女）　阴法唐　苏 钢　苏毅然
杜义德　杜星垣　李 达　李 昌　李 强　李 鹏
李一氓　李井泉　李丰平　李东冶　李成芳　李先念
李志民　李作成　李坚真（女）　李学智　李维汉
李维康（女）　李葆华　李植南（白族）　李瑞环
李德生　李耀文　杨 勇　杨文贵（黎族）　杨成武
杨易辰　杨尚昆　杨秀山　杨秀峰　杨得志
杨静仁（回族）　萧 华　萧 克　肖全夫　萧劲光
肖望东　吴 波　吴克华　吴学谦　余秋里　谷 牧
谷景生　汪 锋　汪道涵　宋 平　宋一平　宋任穷
宋时轮　宋养初　张 震　张才千　张平化　张廷发
张劲夫　张启龙　张承先　张爱萍　张铚秀　张富贵
陆定一　陈 云　陈 雷　陈火金　陈丕显　陈伟达
陈再道　陈国栋　陈野苹　陈锡联　陈慕华（女）
陈璞如　陈鹤桥　林 铁　林乎加　林丽韫（女）
罗青长　罗贵波　周 扬　周 惠　周子健　周建南
郑天翔　郑拓彬　项南　赵文甫　赵守一　赵苍璧
赵辛初　赵南起（朝鲜族）　赵健民　赵紫阳
郝建秀（女）　荣高棠　胡乔木　胡启立　胡绩伟
胡耀邦　段君毅　饶守坤　洪学智　姚依林　秦仲达
秦基伟　袁升平　耿 飚　聂凤智　聂荣臻
贾那布尔（哈萨克族）　顾大椿　顾卓新
热 地（藏族）　钱之光　钱正英（女）　钱学森
钱信忠　铁 瑛　倪志福　徐立清　徐向前　徐健生
高 扬　高扬文　高厚良　郭 峰　郭林祥　姬鹏飞
黄 华　黄 镇　黄火青　黄克诚　黄新廷　康世恩
康克清（女）　章 蕴（女）　梁必业　梁步庭
彭 冲　彭 真　彭士禄　彭德清　董 边（女）
蒋南翔　韩 光　韩 英　韩天石　韩宁夫　韩先楚
韩念龙　覃应机（壮族）　惠浴宇　粟 裕　程子华
傅奎清　焦若愚　鲁大东　曾 生　曾 志（女）
强晓初　雍文涛　廖汉生　廖志高　廖承志
赛福鼎（维吾尔族）　谭友林　谭启龙　谭善和
谭震林　薛 明（女）　薄一波　霍士廉
穆 青（回族）

**中国共产党第十二次全国代表大会代表资格审查委员会名单**

主 任　宋任穷
副主任　程子华　甘渭汉
委 员　马文瑞　王从吾　王恩茂　王鹤寿　冯文彬
任仲夷　李 昌　李 锐　李丰平　李启明　宋一平
杨易辰　杨静仁　陈丕显　陈伟达　陈野苹　苏毅然
洪学智　胡立教　段君毅　高 扬　郭 峰
康克清（女）　韩 光　蒋南翔　谭启龙

**中国共产党第十二次全国代表大会预备会议通过《关于确认十一届三中、四中全会增补中央委员的决定的决议》**

党的十一届三中全会和四中全会考虑到十一大以来党的生活的实际变化，为了充分发挥一些久经考验的老同志在党和国家政治生活中的重要作用，充实党中央的领导力量，以适应新的形势和任务的需要，先后决定增补黄克诚、宋任穷、胡乔木、习仲勋、王任重、黄火青、陈再道、韩光、周惠、王鹤寿、刘澜波、刘澜涛、安子文、李昌、杨尚昆、周扬、陆定一、洪学智、彭真、蒋南翔、薄一波21位同志为十一届中央委员会委员，并请求党的第十二次全国代表大会对这一决定予以确认。当时采取这一措施是完全必要的，因为党的第十一次代表大会召开的时候，历史上的大批冤假错案尚未平反，上述应当选入中央委员会的同志没有可能参加这次大会。实践证明，十一届三中、四中全会的这一措施是完全正确的。大会一致同意对十一届三中、四中全会增补中央委员的决定，予以确认。

**中国共产党第十二次全国代表大会新闻发言人朱穆之在北京就十二大召开答记者问**

朱穆之宣布，中国共产党第十二次全国代表大会将对粉碎江青反革命集团以来的伟大胜利进行总结，充实和发展十一届三中全会以来的正确路线，制定党今后一个时期的奋斗纲领。

他说，可以预期十二大将为中国开创一个社会主义现代化建设的伟大新局面，在党的历史上写下光辉的新篇章。

朱穆之在人民大会堂向100多名中外记者介绍了十二大的议程和有关情况。他说，将于9月1日开幕的十二大预计进行10天左右。

朱穆之说，自从1977年8月召开党的第十一次全国代表大会，特别是1978年12月召开十一届三中全会以来，党全面清理了多年来的“左”倾错误思想，重新确立了马克思主义的思想路线、政治路线和组织路线。这样，党就完成了指导思想上拨乱反正的历史任务，并经过全国各族人民的努力，在各方面的实际工作中取得了拨乱反正的重大的胜利。

他说，现在我国已实现了安定团结、生动活泼的政治局面，是新中国成立以来最好的时期之一。党和国家的各级领导班子正在进行调整、整顿，已基本上掌握在忠于党和人民的干部手中。我国经济已经走上稳定发展的健康轨道。十二大就是在实现了这一历史性的伟大转变的情况下召开的。

朱穆之简要地介绍了大会即将审议和通过的新党章。他说，十一大通过的党章中的“左”的错误当然将得到清除。新党章将对党员和党的干部的要求，对改善党的中央和地方的组织制度等，作出许多新的规定。

朱穆之说，许多德才兼备、年富力强的优秀党员将被吸收参加党的中央领导机构。如果新党章草案得到大会通过，大会除选举中央委员会外，还将选举中央顾问委员会，中央纪律检查委员会。中央顾问委员会将作为中央委员会的政治上的助手和参谋。这样，就可以有步骤地实现党的领导干部的新老交替。

朱穆之指出，新时期奋斗纲领的确定，党的新的领导机关的建立，新老领导干部的合作和顺利交替，将有力地保证我国政治局面的长期稳定，保证党的路线、方针、政策的连续性。

朱穆之说，这次大会的代表共有1600人，全部由各地经过充分讨论、用无记名投票方式选举产生。这些代表中有6%以上是劳动模范和战斗英雄，各方面的专家、技术人员占17%。他说，按照惯例，不邀请外国党的代表团或外国代表参加中国共产党的代表大会。

**廖仲恺何香凝纪念馆在广州揭幕**

中共中央政治局委员王震、全国人大常委会副委员长廖承志、全国政协副主席康克清参加了揭幕仪式。

前来参加揭幕仪式的还有日本友人宫崎世民及其夫人，黑田寿男及其长子黑田明男。

广东省副省长杨康华主持了揭幕式，省长刘田夫在揭幕仪式上讲话。

廖承志同志也在揭幕式上讲话。

参加今天揭幕式的还有全国人大、全国政协、中共中央统战部和民革中央的负责人屈武、吴茂荪、孔原、杨拯民、李定，文化部文物局负责人马济川；广东省和各方面负责人任仲夷、李坚真、尹林平、陈越平、刘昌毅、姜林东以及廖仲恺、何香凝的亲属、生前友好和知名人士廖梦醒、经普椿、何贤、马万祺、邓广殷、黄苑芬、胡兰畦、刘天素、翁会巧、柳无非等600多人。

**全国人大常委会副委员长廖承志在廖仲恺何香凝纪念馆揭幕仪式上的讲话**

同志们：我今天想讲的只有两点。

第一，感谢党中央，感谢王震同志，感谢广东省，感谢省委，感谢筹办这个纪念馆的所有同志所做的努力。我代表廖仲恺、何香凝的亲属表示我诚恳的感谢。

第二，最近看报纸，发现了这么一个问题：台湾也进行纪念廖仲恺的活动。还有一些台湾的知名人士写了文章，他们的结论是什么呢？说廖仲恺是反共的。廖仲恺的死，是鲍罗廷和中国共产党搞的。那么，照他们的逻辑，就可以说孙中山先生也是共产党毒死的，邓演达先生也是共产党害死的，杨虎城将军也是共产党杀害的，闻一多、李公朴就更是共产党杀害的了。

这是荒天下的大唐的事，真是岂有此理！对于这个问题，我今天不得不严肃地讲几句话。大家都知道，1925年8月20日，暗杀我父亲廖仲恺的元凶，是胡汉民、吴铁城、邓泽如，其他名字，我不一一提了。请诸位有空的时候，看看为纪念我母亲编刊的一部小册子，叫作《回忆与怀念》，里面有我母亲亲笔写的《我的回忆》，这篇文章把“廖案”的来龙去脉说得清清楚楚。现在，台湾的国民党反过来倒打一耙，说廖仲恺是中国共产党害死的。世界上的颠倒黑白，无耻荒唐，恐怕没有超过这个事情的了。所以我在这个纪念馆的揭幕仪式上，必须郑重地揭破台湾一帮人关于纪念廖仲恺所说的这类无耻谰言。那么这个问题，是不是同我们的三次国共合作、和平统一的事业相违背呢？我看没有。这是两个事情。第一个是历史问题；第二个是政策问题。我们姓廖的这一家人，从来没有想过算这笔账，对这一帮人，一一报仇雪恨。固然，我17岁在我父亲死的那个时候,我就决心要找共产党了。这是另外一个事情。大家想一想,从第一次国共合作失败到第二次国共合作,我们共产党党员,我们的工人、农民,死了多少?真的是千千万万!但是我们党,还是和平解决了西安事变,为扩大抗日民族统一战线作出了贡献,并且推动了对日本侵略者的全面抵抗。第二次国共合作以后,在三年解放战争期间,国民党在国内战争中,在监狱集中营中,杀了多少人呢?被杀害的共产党员、工人、农民,又是千千万万!但是今天我们提的还是国共第三次合作,还希望同他们在一个桌子上面和平谈判,解决这么一个台湾归回祖国的问题。虽然有这一件极不愉快的事,但是我作为共产党员,必须服从党中央的政策。目前,首先重要的问题,是推进国共第三次合作,促进这个和谈。但是这么一个历史问题,就不能够像台湾那一些人那样颠倒黑白,混淆是非。这个问题不说清楚,对于后代的教育,也没有什么好处的。原来这个纪念馆里面,有意把这一段不提了,现在我看嘛,这个纪念馆恐怕还要增加这一段。然后历史眉目才可以清楚,黑白才会分明。刚才刘田夫省长讲了,我们希望第三次合作可以实现,我们希望和平谈判能够早日开始。我也是心同此理。但是这么一个历史问题,我看必须要弄清楚。原来我不准备讲这个问题,但是在这三四天里,看见这么一些报纸,看见这么一些言论,恐怕不讲是不行了,因此我就补充这么几句话。

**全国人大常委会副委员长邓颖超在北京会见法国国民议会议长路易·梅尔马兹和夫人以及由议长率领的法国国民议会执行局代表团**

邓颖超说,在当前动荡不安的国际形势下,我认为,加深中法两国人民间的了解,加强中国人大和法国议会间的往来,加强两国在国际事务中的合作,这是非常重要的,不仅有利于两国人民,而且有利于世界和平事业。

梅尔马兹说,中国对法国来讲是十分重要的国家。密特朗总统重视发展法中友好关系。我们代表团中大多数人是第一次访问中国。我们相信通过这次访问和同中国方面的会谈,将进一步推动两国关系的发展。他说,我们希望法中两国间业已存在的友好关系牢固地持久地发展下去。

**国务院副总理万里在人民大会堂会见巴巴多斯外交部部长路易斯·兰德尔·塔尔一行**

万里说,自建交以来,两国之间的关系发展得很好,两国领导人的互访增进了相互了解和友谊。

塔尔说,我这次来访是巴中两国政府和人民之间友好关系的体现。

他说,我们两国都属于第三世界,两国都执行独立的有原则性的外交政策。巴巴多斯期待着同中国进一步发展关系。

**中国第一次研制成功一本立体视觉检查图**

这项技术可以准确地检测人的立体视觉功能,诊断"立体盲"。最近,来自各地的40名眼科学、视觉生理学专家、教授在北京对此进行了鉴定,认为这一成果填补了我国眼科检查手段的一项空白,对眼科临床、教学、特别是对检查和选拔特种兵及精密工种人员,具有重要价值。

这项成果是海军总医院的眼科主治军医颜少明和中国科学院生物物理研究所的副研究员郑竺英花了五年时间研制成功的。

## 8月31日

**中共中央主席胡耀邦在北京会见法国国民议会议长路易·梅尔马兹和夫人以及由议长率领的法国国民议会执行局代表团**

胡耀邦说,法国是欧洲最早同中国建立外交关系的国家之一。这些年来中法两国关系发展不错,我相信我们两国的友好关系将不断向前发展。

胡耀邦说,中国经济不发达,力量有限,但中国在国际舞台上取得了一定的成绩,主要是因为我们奉行了三条原则,那就是:一是我们胆子大,任何时候在强敌面前从不低头;二是我们讲原则,我们反对霸权主义、维护世界和平、加强同第三世界国家的团结合作,我们从不动摇;三是说话算数,做不到不说,说了要算数。

梅尔马兹说,法中两国尽管各自对一些国际问题的分析不同,但法国对中国是很关心的。

**中共中央副主席邓小平在北京会见法国国民议会议长路易·梅尔马兹**

**国家经委在北京举行设备管理报告会**

纺织工业部部长郝建秀、中国机械工程学会维修学会副理事长郑爽西分别作了题为《依靠科学技术发展纺织工业生产》《试论设备管理工作在"四化"建设中的作用及其当务之急》的报告。

报告会由国家经委副主任袁宝华主持。人大常委会副委员长胡厥文,全国政协副主席胡子昂,国务院工交各部门和北京、天津主管设备的领导干部以及两市部分重点企业的负责人共2000人参加了报告会。

国务委员、国家经委主任张劲夫在会上讲了话。他说,充分发挥现有企业的作用,这是我们经济建设中必须注意的重要问题。新中国成立以后,经过30多年的建设,我国已拥有38万个工业企业,4000多亿元的固定资产,这是进行“四化”建设的重要物质基础。但是,由于“十年动乱”的破坏,目前我国不少企业设备失修状况比较严重,设备管理工作还存在不少问题,要紧密结合当前企业整顿,切实加以解决。

张劲夫就今后如何加强设备管理和维修工作,提出了六点要求:第一,要加强领导,摆正设备管理工作在生产活动中的地位。处理好生产和维修的关系,切实改变过去重生产轻维修、重使用轻管理的错误做法。国务院工交部门和各省、自治区、直辖市经委,都要加强设备管理机构,要有主要领导同志负责这方面的工作。第二,设备维修工作要坚持“以预防为主、维护保养和计划检修并重”的方针。建立严格的责任制和一整套基础管理工作制度,以保证设备经常处于良好的技术状态。第三,有计划有步骤地结合设备检修进行技术改造和设备更新,提高设备的技术性能和生产效率。第四,设备制造部门要搞好技术服务,进一步把维修备品配件的生产和供应工作搞活。第五,要管好用好大修理基金。第六,在认真总结我国设备管理工作经验的基础上,学习和研究国外设备管理工作的先进经验,尽快搞出一套适合我国情况的设备管理制度和办法。

报告会上,还印发了中国人民大学工业经济系关于《设备综合工程学与我国设备管理的改革》和鞍山钢铁公司设备管理情况的书面报告。

**国务委员谷牧在人民大会堂会见由水野清委员长率领的日本众议院递信委员会代表团**

**张世良逝世**

中国共产党党员、第五届全国政协委员、原商业部物价局副局长张世良同志因病医治无效,于8月31日在北京逝世,享年72岁。

## 9月1日

### 中国共产党第十二次全国代表大会开幕

出席大会的正式代表有1545人,候补代表有145人。中共中央副主席、中国共产党第十二次全国代表大会执行主席邓小平宣布大会开幕并致开幕词。

胡耀邦同志代表第十一届中央委员会向大会作了题为《全面开创社会主义现代化建设的新局面》的报告。报告分六个部分:一、历史性的转变和新的伟大任务;二、促进社会主义经济的全面高涨;三、努力建设高度的社会主义精神文明;四、努力建设高度的社会主义民主;五、坚持独立自主的对外政策;六、把党建设成为领导社会主义现代化事业的坚强核心。

大会执行主席是李先念。

会议的其他执行主席是:叶剑英、赵紫阳、李先念、陈云、华国锋、徐向前、聂荣臻、彭真、邓颖超。下午会议的其他执行主席是:王震、韦国清、乌兰夫、方毅、许世友、万里、习仲勋、王任重。

各民主党派负责人,无党派民主人士,各界知名人士,以及党内一些老同志和负责同志,应邀列席旁听大会。

### 邓小平在中国共产党第十二次全国代表大会上致开幕词

同志们:

中国共产党第十二次全国代表大会现在开幕。

我们这次代表大会的主要议程有三项:(一)审议第十一届中央委员会的报告,确定党为全面开创社会主义现代化建设新局面而奋斗的纲领;(二)审议和通过新的《中国共产党章程》;(三)按照新的党章的规定,选举新的中央委员会、中央顾问委员会和中央纪律检查委员会。

完成这次代表大会的任务,我们党对于社会主义现代化建设的指导思想就会更加明确,党的建设就能够更加适合新的历史时期的需要,党的最高领导层就能够实现新老合作和交替,成为更加朝气蓬勃的战斗指挥部。

回顾党的历史,这次代表大会将是党的第七次全国代表大会以来的一次最重要的会议。

1945年在毛泽东同志主持下召开的党的第七次全国代表大会,是建党以后民主革命时期我们党最重要的一次代表大会。那次大会总结了我国民主革命二十多年曲折发展的历史经验,制定了正确的纲领和策略,克服了党内的错误思想,使全党的认识在马克思列宁主义、毛泽东思想的基础上统一起来,达到了全党的空前团结。那次代表大会,为新民主主义革命在全国的胜利奠定了基础。

1956年召开的党的第八次全国代表大会,分析了生产资料私有制的社会主义改造基本完成以后的形势,提出了全面开展社会主义建设的任务。"八大"的路线是正确的。但是,由于当时党对于全面建设社会主义的思想准备不足,"八大"提出的路线和许多正确意见没有能够在实践中坚持下去。"八大"以后,我们取得了社会主义建设的许多成就,同时也遭到了严重挫折。

现在这次代表大会和"八大"时的情况有了很大的不同。正如"七大"以前,民主革命二十多年的曲折发展,教育全党掌握了我国民主革命的规律一样,"八大"以后社会主义革命和建设二十多年的曲折发展也深刻地教育了全党。从十一届三中全会以来,我们党在经济、政治、文化等各方面的工作中恢复了正确的政策。并且研究新情况、新经验,制定了一系列新的正确政策。和"八大"的时候比较,现在我们党对我国社会主义建设规律的认识深刻得多了,经验丰富得多了,贯彻执行我们的正确方针的自觉性和坚定性大大加强了。我们有充分的根据相信,这次代表大会制定的正确的纲领,一定能够全面开创社会主义现代化建设的新局面,使我们党兴旺发达,使我们的社会主义事业兴旺发达,使我们的国家和各民族兴旺发达。

我们的现代化建设,必须从中国的实际出发。无论是革命还是建设,都要注意学习和借鉴外国经验。但是,照抄照搬别国经验、别国模式,从来不能得到成功。这方面我们有过不少教训。把马克思主义的普遍真理同我国的具体实际结合起来,走自己的道路,建设有中国特色的社会主义,这就是我们总结长期历史经验得出的基本结论。

中国的事情要按照中国的情况来办,要依靠中国人自己的力量来办。独立自主,自力更生,无论过去、现在和将来,都是我们的立足点。中国人民珍惜同其他国家和人民的友谊和合作,更加珍惜自己经过长期奋斗而得来的独立自主权利。任何外国不要指望中国做他们的附庸,不要指望中国会吞下损害我国利益的苦果。我们坚定不移地实行对外开放政策,在平等互利的基础上积极扩大对外交流。同时,我们保持清醒的头脑,坚决抵制外来腐朽思想的侵蚀,决不允许资产阶级生活方式在我国泛滥。中国人民有自己的民族自尊心和自豪感,以热爱祖国、贡献全部力量建设社会主义祖国为最大光荣,以损害社会主义祖国利益、尊严和荣誉为最大耻辱。

八十年代是我们党和国家历史发展上的重要年代。加紧社会主义现代化建设,争取实现包括台湾在内的祖国统一,反对霸权主义、维护世界和平,是我国人民在八十年代的三大任务。这三大任务中,核心是经济建设,它是解决国际国内问题的基础。今后一个长时期,至少是到本世纪末的近二十年内,我们要抓紧四件工作:进行机构改革和经济体制改革,实现干部队伍的革命化、年轻化、知识化、专业化;建设社会主义精神文明;打击经济领域和其他领域内破坏社会主义的犯罪活动;在认真学习新党章的基础上,整顿党的作风和组织。这是我们坚持社会主义道路,集中力量进行现代化建设的最重要的保证。

我们党现在已经是一个拥有三千九百万党员、领导着全国政权的大党。但在全国人民中,共产党员始终只占少数。我们党提出的各项重大任务,没有一项不是依靠广大人民的艰苦努力来完成的。在这里,我代表我们党,向在社会主义现代化建设中辛勤劳动的全国工人、农民和知识分子,致以崇高的敬意。向保卫祖国安全和社会主义建设的钢铁长城中国人民解放军,致以崇高的敬意。

我国各民主党派在民主革命时期同我们党共同奋斗,在社会主义时期同我们党一道前进,一道经受考验。在今后的建设中,我们党还要同所有的爱国民主党派和爱国民主人士长期合作。在这里,我代表我们党,向各民主党派和无党派的朋友们,表示衷心的感谢。

我们党的事业得到了全世界进步人士和友好国家的支持和援助。在这里,我代表我们党,向他们表示衷心的感谢。

我们一定要兢兢业业地做好自己的工作,加强同全国各族人民的团结,加强同全世界人民的团结,为把我国建设成为现代化的,高度文明、高度民主的社会主义国家,为反对霸权主义,维护世界和平,推进人类进步事业,而努力奋斗。

**胡耀邦代表第十一届中央委员会在中国共产党第十二次全国代表大会上作题为《全面开创社会主义现代化建设的新局面》的报告**

同志们:

现在,我代表中国共产党第十一届中央委员会,向党的第十二次全国代表大会作报告。

一、历史性的转变和新的伟大任务

自从一九七六年十月粉碎江青反革命集团以来,特别是党的十一届三中全会以来,经过全党全军全国各族人民的艰苦努力,我们已经在指导思想上完成了拨乱反正的艰巨任务,在各条战线的实际工作中取得了拨乱反正的重大胜利,实现了历史性的伟大转变。

这次代表大会的使命,就是要通过对过去六年历史性胜利的总结,为进一步肃清十年内乱所遗留的消极后果,全面开创社会主义现代化建设的新局面,确定继续前进的正确道路、战略步骤和方针政策。党中央坚决相信,这次代表大会一定能够把这个历史的重任担当起来。

历史性伟大转变的胜利实现,有哪些主要标志呢?

我们在思想上坚决冲破长期存在的教条主义和个人崇拜的严重束缚,重新确立马克思主义的实事求是的思想路线,使各个工作领域获得了生气勃勃的创造力量。我们恢复了毛泽东思想的本来面目,在新的历史条件下坚持和发展了毛泽东思想。

我们结束了长时期的社会动乱,实现了安定团结、生动活泼的政治局面。社会主义的民主和法制正在逐步健全,各民族的平等团结关系重新获得加强,爱国统一战线有了进一步的扩大。由于出现了这样的政治局面,现在是建国以来最好的历史时期之一。

我们党和国家的各级领导班子逐步得到了调整、整顿和加强。从总体上看,党和国家各级组织的领导权已经基本上掌握在忠于党和人民的干部手中。

我们果断地把党和国家的工作重点转到了经济建设上来,坚决清除经济工作中长期存在的“左”倾错误,认真贯彻执行调整、改革、整顿、提高的正确方针。现在我国经济已经渡过最困难的时期,走上了稳步发展的健康轨道。

我们的教育科学文化工作正在走上正轨并得到一定的发展,呈现出初步的繁荣景象。党同知识分子的关系,比以前有了很大的改善。工人、农民和知识分子这三支基本社会力量相互间的团结状况,现在也比较良好。

我们为建设现代化、正规化的革命军队作了重大的努力。人民解放军在加强军事训练和思想政治工作方面,在改进军政军民关系方面,在守卫边境、保卫祖国安全和参加社会主义建设方面,都取得了显著成就。军队的军事素质和政治素质在新的历史条件下有了新的提高。

我们党在领导人民完成历史性伟大转变的过程中,本身也经受了考验和改造。党为端正党风做了大量工作,逐步恢复优良传统,正在斗争中锻炼得更加成熟和坚强。

回顾过去六年的战斗历程,我们走过的不是一条平坦的道路。十年内乱给党和国家带来了极其严重的创伤。胜利是来之不易的,是党中央领导全党和全国各族人民克服了种种巨大困难以后才取得的。

“文化大革命”和它以前的“左”倾错误,影响很深广,危害很严重。在深入揭发批判林彪、江青这两个反革命集团的同时，必须对“文化大革命”和它以前的“左”倾错误进行全面清理。这就不能不涉及毛泽东同志晚年所犯的错误。毛泽东同志对中国革命作出了不朽的伟大贡献，因而他在党和人民中长期享有并且今后仍将享有崇高的威望。对于我们党的错误，包括毛泽东同志所犯的错误在内，有没有马克思主义的勇气进行自我批评，能不能历史地、正确地进行这种自我批评，是能否拨乱反正的关键问题。刚刚粉碎江青反革命集团的时候，我们党对全面清理“左”倾错误的思想准备还很不够，加上当时党中央主要负责同志在一系列重大问题上继续犯着“左”的错误，这就使得十一届三中全会前的两年间，党的指导思想上的是非没有得到应有的澄清，拨乱反正呈现徘徊局面。党的第十一次全国代表大会宣告“文化大革命”结束，重申建设社会主义现代化强国的任务，这对于动员群众起了积极作用。但是，这次大会的政治报告仍然肯定“文化大革命”的错误理论、政策和口号，这就起了严重阻挠拨乱反正的消极作用。十一届三中全会的伟大历史功绩，就在于从根本上冲破了长期“左”倾错误的严重束缚，端正了党的指导思想，重新确立了马克思主义的思想路线、政治路线和组织路线。此后，党从各个方面深入总结历史经验，科学地阐述了许多从实践中提出的有关建设社会主义的理论和政策问题。十一届六中全会通过的《关于建国以来党的若干历史问题的决议》，标志着党胜利地完成了指导思想上的拨乱反正。党依靠广大干部和群众的集体智慧，既对多年来的“左”倾错误和毛泽东同志晚年的错误作了科学的分析和批判，又坚决地维护了党在长期斗争中形成的优良传统，维护了毛泽东思想的科学真理和毛泽东同志的历史地位。这样做的结果，既分清了是非，又加强了团结，为各项革命和建设事业的健康发展提供了根本保证。

十一届三中全会以后，党在制定和实施一系列方针政策的过程中，力求符合客观实际，防止在注意一种错误倾向的时候忽视另一种错误倾向。在历史大转变的时刻，由于旧思想、旧习惯的严重影响，由于对新事物缺乏经验，加上其他社会政治因素的作用，人们思想上的片面性是很容易发生的。近几年来，对党的解放思想的方针，对毛泽东同志和毛泽东思想的评价，对社会主义现阶段阶级斗争形势的估计等重大原则问题，在一部分党员和党的干部中出现过不同倾向的错误认识。有些同志不能完全摆脱过去“左”倾错误的影响，有意无意地要回到“以阶级斗争为纲”的老路上去。另外一些同志则偏离马克思主义的轨道，发展到了怀疑甚至否定党的领导和社会主义道路的地步。党在这些重大原则问题上，始终保持坚定的立场，及时地正确地开展了反对“左”和右的倾向的两条战线的思想斗争。党中央一方面系统地清理了“文化大革命”期间提出的“无产阶级专政下继续革命”即还要实行所谓“一个阶级推翻一个阶级的革命”的错误理论，防止导致阶级斗争扩大化的错误继续发生，大力推进社会主义民主和社会主义法制的建设，恢复和发展党的统一战线工作；另一方面，重申以坚持党的领导为中心的四项基本原则，批评和制止资产阶级自由化倾向，并对破坏社会主义建设的各种犯罪活动进行坚决的打击。在处理许多实际问题的时候，都尽力按马克思主义的科学性和全面性的要求办事。因此，我们才能够在较短的时间内，把许多相当复杂的思想问题和社会政治矛盾处理得比较妥善。

在经历了十年内乱之后，积累的问题非常之多，应兴应革的事项头绪纷繁，新的工作的开展又不可避免地要遇到新的问题。这就要求党分别轻重缓急，有秩序地进行工作，逐步解决各种问题。拿经济工作来说，十一届三中全会首先抓住农业这一环，着重克服过去指导上长期存在的“左”倾错误，恢复和扩大农村社队的自主权，恢复自留地、家庭副业、集体副业和集市贸易，逐步实行各种形式联产计酬的生产责任制，同时提高了粮食和其他部分农产品的收购价格，随后又解决了多种经营的方针问题，从而使农业面貌很快发生显著变化，由原来的停滞不前变得欣欣向荣。广大农民多年来没有像今天这样高兴过。这对于带动整个经济形势以至政治形势的好转，都起了重大作用。随着农业状况的改善，又在调整工业结构中着重解决轻重工业的比例失调问题，调整重工业的服务方向，使轻工业得到迅速发展。在这同时，还调整了积累和消费的比例，压缩了过大的基本建设规模。这样就既改善了国民经济的内部比例，也改善了人民生活。解决别的方面的问题，基本上也是采取这种抓住中心环节以带动其他的方法。

党所以能取得上述许多方面的胜利，归根到底，是由于坚持了马克思主义的理论和实际相结合的科学原理，坚持了马克思主义的人民创造历史的科学原理。事实不正是这样的吗？党坚决相信人民，依靠人民，顺应了人民的要求和历史发展的潮流。在粉碎江青反革命集团之后，人民对党寄以很高的希望。人民要求拨乱反正，要求安定团结，要求集中力量进行社会主义现代化建设，要求社会主义物质文明和精神文明的提高。党正是集中了人民的意志，制定了正确的路线、方针和政策，才把祖国的社会主义事业重新引上康庄大道。人民对党的信任和支持，是我们的事业能够不断取得胜利的关键所在。

当我们回顾过去六年的战斗历程的时候，很自然地会想起党领导中国民主革命期间发生过的两次历史性转变,一次是由北伐战争的失败到土地革命战争的兴起;一次是由第五次反“围剿”的失败到抗日战争的兴起。在那两次转变中,当党和人民的力量遭到惨重损失,革命陷于危机的时候,国内外敌人都曾认定我们必将彻底失败,我们自己队伍里也曾有不少人动摇悲观。但是,党并没有被巨大的困难所压倒。在毛泽东同志为代表的一大批杰出人物领导下,党以超乎寻常的革命胆略和革命毅力,顽强地继续战斗,独创性地寻求适合中国特点的革命道路,终于扭转危险的形势,使革命事业获得新生,开创了胜利发展的新局面。

这一次转变,与过去那两次相比,历史条件有了很大的不同。我们党已经是全国政权的领导核心,我们国家已经经过长时期的社会主义革命和建设。人民的力量比过去革命战争时期强大得多。社会主义事业虽然由于“文化大革命”而受到巨大损失,但仍具有不可战胜的强大生命力。我们虽然失去了毛泽东同志、周恩来同志、刘少奇同志、朱德同志等老一辈无产阶级革命家,但是还有同他们并肩战斗过的许多老革命家作为中流砥柱,还有受过革命战争考验的许多老同志和建国以后锻炼成长的大批中青年同志作为中坚力量。在党中央领导下,经过全党上下的紧张努力,经过全党同志同全国亿万人民的团结战斗,我们终于实现了又一次历史性的伟大转变。

同志们!我们在过去六年中取得的伟大胜利是有目共睹的。但是,我们不仅不能满足于已经取得的胜利,而且必须看到,我们党的工作还有不少缺点,还有很多困难,还有种种不如人意的地方。我们一定要进一步振奋革命精神,埋头苦干,为夺取新的更大胜利而努力奋斗。

中国共产党在新的历史时期的总任务是:团结全国各族人民,自力更生,艰苦奋斗,逐步实现工业、农业、国防和科学技术现代化,把我国建设成为高度文明、高度民主的社会主义国家。从这次代表大会到下次代表大会的五年间,我们要根据上述总任务的要求,从当前实际出发,大力推进社会主义物质文明和精神文明的建设,继续健全社会主义民主和法制,认真整顿党的作风和组织,争取实现国家财政经济状况的根本好转,实现社会风气的根本好转,实现党风的根本好转。在这同时,我们要同包括台湾同胞、港澳同胞和国外侨胞在内的全体爱国人民一道,努力促进祖国统一的大业。我们还要同全世界人民一道,继续为反对帝国主义、霸权主义和维护世界和平而斗争。这就是摆在我们面前的全面开创新局面的伟大任务。

## 二、促进社会主义经济的全面高涨

在全面开创新局面的各项任务中,首要的任务是把社会主义现代化经济建设继续推向前进。为此,党实事求是地确定了我国经济建设的战略目标、战略重点、战略步骤和一系列正确方针。

从一九八一年到本世纪末的二十年,我国经济建设总的奋斗目标是,在不断提高经济效益的前提下,力争使全国工农业的年总产值翻两番,即由一九八〇年的七千一百亿元增加到二〇〇〇年的二万八千亿元左右。实现了这个目标,我国国民收入总额和主要工农业产品的产量将居于世界前列,整个国民经济的现代化过程将取得重大进展,城乡人民的收入将成倍增长,人民的物质文化生活可以达到小康水平。到那个时候,我国按人口平均的国民收入还比较低,但同现在相比,经济实力和国防实力将大为增强。只要我们积极奋斗,扎扎实实地做好工作,进一步发挥社会主义制度的优越性,这个宏伟的战略目标是能够达到的。

通观全局,为实现上述经济发展目标,最重要的是要解决好农业问题,能源、交通问题和教育、科学问题。

农业是我国国民经济的基础,只要农业上去了,其他事情就比较好办了。目前我国农业的劳动生产率和商品率都比较低,抗御自然灾害的能力还很薄弱,特别是人多耕地少的矛盾将越来越突出。今后必须在坚决控制人口增长、坚决保护各种农业资源、保持生态平衡的同时,加强农业基本建设,改善农业生产条件,实行科学种田,在有限的耕地上生产出更多的粮食和经济作物,并且全面发展林、牧、副、渔各业,以满足工业发展和人民生活提高的需要。

当前能源和交通的紧张是制约我国经济发展的一个重要因素。这几年,我国能源生产的发展放慢了一些,而能源的浪费仍然十分严重。交通运输的能力同运输量增长的需要很不适应,邮电通讯设施也很落后。要保证国民经济以一定的速度向前发展,必须加强能源开发,大力节约能源消耗,同时大力加强交通运输和邮电通讯的建设。

四个现代化的关键是科学技术的现代化。目前我国许多企业生产技术和经营管理落后,大批职工缺乏必要的科学文化知识和操作技能,熟练工人和科学技术人员严重不足。今后必须有计划地推进大规模的技术改造,推广各种已有的经济效益好的技术成果,积极采用新技术、新设备、新工艺、新材料;必须加强应用科学的研究,重视基础科学的研究,并组织各方面的力量对关键性的科研项目进行“攻关”;必须加强经济科学和管理科学的研究和应用,不断提高国民经济的计划、管理水平和企业事业的经营管理水平;必须大力普及初等教育,加强中等职业教育和高等教育,发展包括干部教育、职工教育、农民教育、扫除文盲在内的城乡各级各类教育事业,培养各种专业人才,提高全民族的科学文化水平。

总之,在今后二十年内,一定要牢牢抓住农业、能源和交通、教育和科学这几个根本环节,把它们作为经济发展的战略重点。在综合平衡的基础上,把这些方面的问题解决好了,就可以促进消费品生产的较快增长,带动整个工业和其他各项生产建设事业的发展,保障人民生活的改善。

在我国经济和社会的发展中,人口问题始终是极为重要的问题。实行计划生育,是我国的一项基本国策。到本世纪末,必须力争把我国人口控制在十二亿以内。我国人口现在正值生育高峰,人口增长过快,不但将影响人均收入的提高,而且粮食和住宅的供应、教育和劳动就业需要的满足,都将成为严重的问题,甚至可能影响社会的安定。所以计划生育工作千万不能放松,特别是在农村。对农民要进行深入细致的思想教育。只要我们的工作做好了,控制人口的目的是能够达到的。

为了实现二十年的奋斗目标,在战略部署上要分两步走:前十年主要是打好基础,积蓄力量,创造条件,后十年要进入一个新的经济振兴时期。这是党中央全面分析了我国经济情况和发展趋势之后作出的重要决策。

这几年来,国民经济在调整中仍然持续增长,成绩是很大的。但是,许多方面的经济效益还很差,生产、建设、流通领域中的浪费现象还十分惊人。单位社会产品所消耗的物资、工业企业的资金利润率、大中型项目的建设周期、工商企业流动资金的周转速度等,都还没有达到历史上的最好纪录。其原因除了某些不可比的客观因素以外,主要是过去"左"倾错误所导致的企业盲目发展、经济结构不合理、经济管理体制和分配制度有缺陷、经营管理混乱和生产技术落后。一九八二年由于强调经济效益,情况开始有某些好转。但是,长期积累的这许多问题,不可能在短期间完全得到解决。在确定经济发展的战略部署的时候,必须考虑到这种基本性的状况。

在一九八一年到一九八五年的第六个五年计划期间,要继续坚定不移地贯彻执行调整、改革、整顿、提高的方针,厉行节约,反对浪费,把全部经济工作转到以提高经济效益为中心的轨道上来。要集中主要力量进行各方面经济结构的调整,进行现有企业的整顿、改组和联合,有重点地开展企业的技术改造,同时要巩固和完善经济管理体制方面已经实行的初步改革,抓紧制订改革的总体方案和实施步骤。在一九八六年到一九九〇年的第七个五年计划期间,要广泛进行企业的技术改造,逐步展开经济管理体制的改革,同时继续完成企业组织结构和各方面经济结构的合理化。在八十年代,还必须在能源、交通等方面进行一系列必要的基本建设,和一系列重大科技项目的"攻关"。因此,国民经济的发展不可能很快。但是,只要我们切实做好上述各项工作,就可以把历史遗留的问题解决好,并且为后十年的经济增长打下比较坚实的基础。九十年代我国经济将全面高涨,发展速度肯定会比八十年代高得多。把这样的战略部署向人民群众进行充分的宣传解释,人民就会更加看清楚我们的光明前途,鼓起更大的干劲去迎接新的经济振兴时期的到来。

从这次代表大会到下次代表大会的五年间,我们将完成第六个五年计划,开始执行第七个五年计划。我们说在这个期间要争取实现财政经济状况的根本好转,就是要按照上述战略部署,做到显著提高经济效益,巩固地保持财政基本平衡、信贷基本平衡和物价基本稳定。很明显,做好这五年的经济工作,对于我国经济的长远发展,将具有十分重大的意义。

为了促进社会主义经济的全面高涨,在全部经济工作中,必须继续贯彻执行五届人大四次会议批准的十条经济建设方针,特别要注意解决以下几个重要原则问题。

首先,关于集中资金进行重点建设和继续改善人民生活的问题。

要实现今后二十年的战略目标,必须由国家集中必要的资金,分清轻重缓急,进行重点建设。为此,必须调动各方面的积极性,努力发展生产,提高经济效益,使国民收入有较快的增长,同时要改变资金过于分散的现象。近几年来,一方面,国家的财政收入有所减少,亟须进行的重点建设缺乏资金;另一方面,地方、企业自有资金增加较多,用来进行了不少就当地看来是急需的建设,但是这样就势必难以完全符合全国范围的整体需要,也难以防止和克服建设中的盲目性。应当看到,如果国家的重点建设得不到保证,能源、交通等基础设施上不去,国民经济的全局活不了,各个局部的发展就必然受到很大限制,即使一时一地有某些发展,也难以实现供产销的平衡,因而不能持久。我们必须牢固树立"全国一盘棋"的思想。在继续执行现行财政体制和保障企业应有自主权的同时,要根据不同地区、不同行业的实际情况,适当调整中央、地方财政收入的分配比例和企业利润留成的比例,还要鼓励地方、部门、企业把资金用到国家急需的建设项目上来。当然,在集中资金的过程中,仍然要照顾地方、企业的需要。地方、企业拥有一定的机动财力,有利于发挥它们的积极性,去办那些适宜于地方举办的事情,特别是进行现有企业的技术改造。我国劳动力资源非常丰富,必须十分重视扩大劳动积累。在农村要利用众多的劳动力因地制宜地、有效地进行农业基本建设,在矿山、交通和其他建设中也要重视劳动积累的作用。

不断满足人民日益增长的物质文化需要是社会主义生产和建设的根本目的。"一要吃饭,二要建设",是指导我国经济工作的一项基本原则。这几年,党和政府做了很大的努力,使人民生活有了显著改善。但总的说来,人民的生活水平还是比较低的。在农村中的一部分低产地区和受灾地区,农民还很贫困,要积极扶助他们发展生产,增加收入。城镇居民中,在工资、就业、住宅和公用设施等方面都还有许多问题需要解决。对在生产建设和各项工作中起骨干作用的中年知识分子,国家已经决定采取切实措施,使他们的生活待遇和工作条件陆续地、分批地得到改善。无论如何,城乡人民生活水平的提高都只能靠努力发展生产,而不能靠减少国家必不可少的建设资金,否则将损害人民的根本利益和长远利益。具体地说,农民收入的增加不能再主要靠提高农产品价格,不能再靠降低征购派购基数和扩大议价范围。职工平均收入增长的幅度,只能低于劳动生产率提高的幅度。不顾生产和利润的实际情况而滥发奖金和各种津贴的现象,必须制止。事实上,只要全国工人、农民进一步提高认识,为不断提高劳动生产率、降低各种消耗、消灭各种浪费作出坚持不懈的努力,人民生活是可以得到不断改善的。至于那些不需要花很多钱甚至不花钱就能解决的群众日常生活中的种种问题,各级领导更必须积极采取措施,努力解决。关心群众生活是我们党的优良传统,任何时候也不应当忽视。

其次,关于坚持国营经济的主导地位和发展多种经济形式的问题。

社会主义国营经济在整个国民经济中居于主导地位。巩固和发展国营经济,是保障劳动群众集体所有制经济沿着社会主义方向前进,并且保障个体经济为社会主义服务的决定性条件。由于我国生产力发展水平总的说来还比较低,又很不平衡,在很长时期内需要多种经济形式的同时并存。在农村,劳动人民集体所有制的合作经济是主要经济形式。城镇手工业、工业、建筑业、运输业、商业和服务业,现在都不应当也不可能由国营经济包办,有相当部分应当由集体举办。城镇青年和其他居民集资经营的合作经济,近几年在许多地方发展了起来,起了很好的作用。党和政府应当给以支持和指导,决不允许任何方面对它们排挤和打击。在农村和城市,都要鼓励劳动者个体经济在国家规定的范围内和工商行政管理下适当发展,作为公有制经济的必要的、有益的补充。只有多种经济形式的合理配置和发展,才能繁荣城乡经济,方便人民生活。

为了发挥企业和劳动者的积极性,无论在国营企业或集体企业中,都必须认真实行经营管理上的责任制。近几年在农村建立的多种形式的生产责任制,进一步解放了生产力,必须长期坚持下去,只能在总结群众实践经验的基础上逐步加以完善,决不能违背群众的意愿轻率变动,更不能走回头路。随着农业生产的发展和农民经营管理能力的提高,必然会提出新的各种联合经营的要求。我们要真正按照有利生产和自愿互利的原则,促进多种形式的经济联合。可以预料,我国农村在不太遥远的将来,一定会出现有利于因地制宜地发扬优势,有利于大规模采用先进生产措施,形式多样的更加完善的合作经济。在工商企业中最近开始推行的经济责任制,也取得了一定的效果。工商业同农业有很大不同,但是实行经济责任制,包括对一部分国营企业实行盈亏责任制,同样有利于贯彻马克思主义的物质利益原则,增强劳动者的主人翁责任感,推动生产的发展。我们应当采取积极的态度,认真总结经验,寻找和创造出一套适合工商企业特点的、既能保证国家统一领导又能发挥企业和职工积极性的具体制度和办法。

生产资料公有制是我国经济的基本制度,决不允许破坏。目前,在某些农村出现的毁坏农田水利设施、乱砍滥伐森林、取消集体提留等现象,在某些国营工商企业中出现的违反国家统一计划、擅自扣留统配物资、截留上缴利润、偷税漏税、随意涨价、互相封锁等现象,这些虽然是少数人的问题,但都严重地破坏着公有制经济,损害国家和人民的利益,必须坚决纠正。

再次,关于正确贯彻计划经济为主、市场调节为辅原则的问题。

我国在公有制基础上实行计划经济。有计划的生产和流通,是我国国民经济的主体。同时,允许对于部分产品的生产和流通不作计划,由市场来调节,也就是说,根据不同时期的具体情况,由国家统一计划划出一定的范围,由价值规律自发地起调节作用。这一部分是有计划生产和流通的补充,是从属的、次要的,但又是必要的、有益的。国家通过经济计划的综合平衡和市场调节的辅助作用,保证国民经济按比例地协调发展。这几年我们对经济体制实行了一些改革,扩大了企业在计划管理方面的权限,注意发挥市场调节的作用,方向是正确的,收效也很明显。但是,由于有些改革措施不配套,相应的管理工作没有跟上,因而削弱和妨害国家统一计划的现象有所滋长。这是不利于国民经济正常发展的。今后,要继续注意发挥市场调节的作用,但决不能忽视和放松国家计划的统一领导。

为了使经济的发展既是集中统一的又是灵活多样的,在计划管理上需要根据不同情况采取不同的形式。对于国营经济中关系国计民生的生产资料和消费资料的生产和分配,尤其是对于关系经济全局的骨干企业,必须实行指令性计划,这是我国社会主义全民所有制在生产的组织和管理上的重要体现。对于集体所有制经济也应当根据需要下达一些具有指令性的指标,如对粮食和其他重要农副产品的征购派购。由于我国还存在着多种经济形式,由于对社会的各种复杂需求和大量企业的生产能力难以作出精确计算等原因,除了指令性计划之外,对许多产品和企业要实行主要运用经济杠杆以保证其实现的指导性计划。无论是实行指令性计划还是指导性计划,都要力求符合客观实际,经常研究市场供需状况的变化,自觉利用价值规律,运用价格、税收、信贷等经济杠杆引导企业实现国家计划的要求,给企业以不同程度的机动权,这样才能使计划在执行中及时得到必要的补充和完善。至于各种各样的小商品,产值小,品种多,生产、供应的时间性和地域性一般很强,国家不必要也不可能用计划把它们都管起来。这类小商品,可以让企业根据市场供求的变化灵活地自行安排生产,国家应当通过政策法令和工商行政工作加强管理,并协助它们解决某些重要原材料的供应。

正确贯彻计划经济为主、市场调节为辅的原则,是经济体制改革中的一个根本性问题。我们要正确划分指令性计划、指导性计划和市场调节各自的范围和界限,在保持物价基本稳定的前提下有步骤地改革价格体系和价格管理办法,改革劳动制度和工资制度,建立起符合我国情况的经济管理体制,以保证国民经济的健康发展。

商业工作的好坏直接影响工农业生产和人民生活,这个问题在我国经济发展中的重要性已经越来越明显地显示出来。目前商业网点和设施严重不足,中转环节过多,市场预测薄弱,在经营思想和管理方面都有许多问题需要解决。我们必须在充分了解情况、认真总结经验的基础上,切实改进商业工作,大力疏通、扩大和增加流通渠道,做到货畅其流,物尽其用,充分发挥商业在促进生产、引导生产、保障供应、繁荣经济中的作用。

最后,关于坚持自力更生和扩大对外经济技术交流的问题。

实行对外开放,按照平等互利的原则扩大对外经济技术交流,是我国坚定不移的战略方针。我们要促进国内产品进入国际市场,大力扩展对外贸易。要尽可能地多利用一些可以利用的外国资金进行建设,为此必须做好各种必要的准备工作,安排好必不可少的国内资金和各种配套措施。要积极引进一些适合我国情况的先进技术,特别是有助于企业技术改造的先进技术,努力加以消化和发展,以促进我国的生产建设事业。

我们进行社会主义现代化建设,必须立足于自力更生,主要靠自己艰苦奋斗。这是绝对不能动摇的。扩大对外经济技术交流,目的是增强自力更生的能力,促进民族经济的发展,而决不能损害民族经济。国内能够制造和供应的设备特别是日用消费品,不要盲目进口。要在统一计划、统一政策和联合对外的前提下,发挥地方、部门和企业开展对外经济活动的积极性,同时反对任何损害国家民族利益的行为。我们千万不要忘记,资本主义国家和资本主义企业决不会因为同我们进行经济技术交流,就改变它们的资本主义本性。我们在坚持实行对外开放政策的过程中,一定要坚决警惕和抵制资本主义思想的侵蚀,反对任何崇洋媚外的意识和行为。

同志们!列宁说过,生气勃勃的创造性的社会主义是人民群众自己创造的。[①]毫无疑义,没有亿万群众的高昂的劳动热忱,没有成千上万个生产单位的首创精神,没有各地方、各部门的积极奋斗,社会主义建设事业的蓬勃发展是不可能的。我们的全部经济工作,我们的一切方针、政策、计划、措施,都必须立足于统筹安排,兼顾国家、集体、个人三者利益,把中央、地方、部门、企业和劳动者的积极性都充分调动起来,科学地组织起来,使之发挥出最有效的作用。这是促进社会主义经济全面高涨的最重要的途径。我们相信,全国各族人民必定能够万众一心,奋发图强,努力实现我国经济发展的宏伟目标。

### 三、努力建设高度的社会主义精神文明

在全党把工作重点转移到现代化经济建设上来以后,党中央曾多次郑重提出:我们在建设高度物质文明的同时,一定要努力建设高度的社会主义精神文明。这是建设社会主义的一个战略方针问题。社会主义的历史经验和我国当前的现实情况都告诉我们,是否坚持这样的方针,将关系到社会主义的兴衰和成败。

精神文明和物质文明在社会主义建设中的关系是十分密切的。马克思说过:在改造世界的生产活动中,"生产者也改变着,炼出新的品质,通过生产而发展和改造着自身,造成新的力量和新的观念,造成新的交往方式,新的需要和新的语言"。[②]毛泽东同志也指出,无产阶级和革命人民改造世界的斗争有两个方面的任务:"改造客观世界,也改造自己的主观世界"。[③]客观世界包括自然界和社会。改造社会的成果是新的生产关系和新的社会政治制度的建立和发展。改造自然界的物质成果就是物质文明,它表现为人们物质生产的进步和物质生活的改善。在改造客观世界的同时,人们的主观世界也得到改造,社会的精神生产和精神生活得到发展,这方面的成果就是精神文明,它表现为教育、科学、文化知识的发达和人们思想、政治、道德水平的提高。社会的改造,社会制度的进步,最终都将表

现为物质文明和精神文明的发展。我国的社会主义社会现在还处在初级发展阶段,物质文明还不发达。但是,如同有了一定程度发展的现代经济,有了当代最先进的阶级——工人阶级及其先锋队共产党,社会主义革命就有可能成功一样,在建立起了社会主义制度以后,我们就能够在建设物质文明的同时,建立起高度的社会主义精神文明。物质文明的建设是社会主义精神文明的建设不可缺少的基础。社会主义精神文明对物质文明的建设不但起巨大的推动作用,而且保证它的正确的发展方向。两种文明的建设,互为条件,又互为目的。

社会主义精神文明是社会主义的重要特征,是社会主义制度优越性的重要表现。过去在讲到社会主义特征的时候,人们往往强调剥削制度的消灭和生产资料的公有,按劳分配,国民经济有计划按比例的发展,以及工人阶级和劳动人民的政权。人们还强调,高度发达的生产力和比资本主义更高的劳动生产率,作为社会主义发展的必然要求和最终结果,也是它的特征。这些无疑都是正确的,但是还不足以完全包括社会主义的特征。社会主义还必须有一个特征,就是以共产主义思想为核心的社会主义精神文明。没有这种精神文明,就不可能建设社会主义。

共产主义作为社会制度,在我国得到完全的实现,还需要经过若干代人的长时期的努力奋斗。但是,共产主义首先是一种运动。马克思、恩格斯说过:“我们所称为共产主义的是那种消灭现存状况的现实的运动。”④这种运动的最终目的是实现共产主义的社会制度。在我国,共产主义思想的传播,人们为最终实现共产主义理想而进行的运动,早在中国共产党成立和领导进行新民主主义革命的时候就开始了。现在这个运动在我国已经发展到建立起作为共产主义社会初级阶段的社会主义社会。毛泽东同志在民主革命时期就说过:中国共产党关于社会制度的主张分为现在和将来两部分,“在现在,新民主主义,在将来,社会主义,这是有机构成的两部分,而为整个共产主义思想体系所指导的”。还说过:“共产主义是无产阶级的整个思想体系,同时又是一种新的社会制度。”“中国的民主革命,没有共产主义去指导是决不能成功的,更不必说革命的后一阶段了。”⑤因此,共产主义的思想和共产主义的实践早已存在于我们的现实生活中。那种认为“共产主义是渺茫的幻想”、“共产主义没有经过实践检验”的观点,是完全错误的。我们每天的生活都包含着共产主义,都离不了共产主义。我们党内和党外的那么多英雄模范,那么多为了革命理想而奋不顾身、牺牲一切的人,难道他们的奋斗是为了换取社会给他们的报酬吗?指导他们行动的难道不就是伟大的共产主义精神吗?社会主义社会是向着未来共产主义高级阶段的目标不断前进的,这个进程不能仅仅依靠物质财富的增长,还必须依靠人们共产主义思想觉悟的不断提高和革命精神的不断发扬。当然,在现阶段,我们必须在经济和社会生活中坚持按劳分配制度和其他各项社会主义制度,我们当然不能要求每一个社会成员都成为共产主义者,但必须用共产主义思想要求共产党员、共青团员和一切先进分子,并且通过他们去教育和影响广大群众。如果忽视在共产主义思想指导下在全社会建设社会主义精神文明这个伟大的任务,人们对社会主义的理解就会陷入片面性,就会使人们的注意力仅仅限于物质文明的建设,甚至仅仅限于物质利益的追求。那样,我们的现代化建设就不能保证社会主义的方向,我们的社会主义社会就会失去理想和目标,失去精神的动力和战斗的意志,就不能抵制各种腐化因素的侵袭,甚至会走上畸形发展和变质的邪路。同志们,这决不是危言耸听,而是从当前国内外活生生的事实中得出的结论。我们必须从这样的理论高度和政治高度来认识建设社会主义精神文明的意义和作用,并且下定决心,保证尽一切努力,同时进行物质文明和精神文明的建设,使我们的社会主义事业永葆革命的青春和活力。

社会主义精神文明的建设大体可以分为文化建设和思想建设两个方面。这两方面又是互相渗透和互相促进的。

文化建设指的是教育、科学、文学艺术、新闻出版、广播电视、卫生体育、图书馆、博物馆等各项文化事业的发展和人民群众知识水平的提高,它既是建设物质文明的重要条件,也是提高人民群众思想觉悟和道德水平的重要条件。文化建设也应当包括健康、愉快、生动活泼、丰富多彩的群众性娱乐活动,使人民在紧张劳动后的休息中,得到有高尚趣味的精神上的享受。一切文化建设当然也要在共产主义思想指导之下发展。过去由于“左”倾思想和小生产观念的束缚,在我们党内相当普遍、相当长期地存在着轻视教育科学文化和歧视知识分子的错误观念。它严重地妨碍我国物质文明和精神文明的建设。近几年来,我们努力清除这种错误观念,决心逐步加强文化建设,逐步改变文化同经济发展不相适应的状况。我们努力落实党的知识分子政策,使全党和全社会认识知识分子同工人、农民一样是我们建设社会主义的依靠力量,并且决心尽可能创造条件,使广大知识分子能够心情舒畅、精神振奋地为人民贡献自己的力量。这方面还需要坚持做许多细致的思想工作和切实的组织工作。普及教育是建设物质文明和精神文明的重要前提,关于这一点,党中央和国务院在一九八〇年就已经作出决定:全国要在一九九

○年以前以多种形式基本实现初等教育的普及，经济比较发达、教育基础较好的地区，要争取提早实现。这个任务对全国广大农村是比较艰巨的，然而为了农业和农村的发展，又是必须完成的；经过坚持不懈的努力，也是能够完成的。各级学校教师，特别是全国农村的小学教师，他们的工作十分艰苦，又十分崇高，他们的努力将决定我们下一代公民在德、智、体各方面的成长。我们必须使全社会普遍尊敬和大力支持他们的光荣劳动。其他各项文化事业，也都应当分别作出发展规划，提出最近五年到十年的奋斗目标。

思想建设决定着我们的精神文明的社会主义性质。它的主要内容，是工人阶级的、马克思主义的世界观和科学理论，是共产主义的思想、信念和道德，是同社会主义公有制相适应的主人翁思想和集体主义思想，是同社会主义政治制度相适应的权利义务观念和组织纪律观念，是为人民服务的献身精神和共产主义的劳动态度，是社会主义的爱国主义和国际主义，等等。概括起来说，最重要的就是革命的理想、道德和纪律。我们全党和全社会的先进分子，一定要不断地传播先进思想，在实际行动中发挥模范作用，带动越来越多的社会成员成为有理想、有道德、有文化、守纪律的劳动者。

我们不仅要努力提高每一个社会成员的精神境界，而且要在全社会建立和发展体现社会主义精神文明的新型社会关系。这就是国内各民族之间、工人农民知识分子之间、干部群众之间、军民军政之间以至全体人民内部的团结一致、友爱互助、共同奋斗、共同前进的关系。列宁曾经指出，建立新形式的人与人的社会关系，需要做几十年的工作，这是最高尚不过的工作。[⑥]我们可以满怀信心地说，依靠长期的革命传统，依靠这方面已经奠定的基础，我们一定能够进一步建设和发展这种新型的社会关系。

建设社会主义精神文明，是全党的任务，是各条战线的共同任务。党的思想建设是全社会精神文明建设的支柱，共产党员应当首先在思想道德方面起模范作用。思想政治工作者、各种文化和科学工作者、从幼儿园到研究生院的各级各类学校的教育工作者，在建设社会主义精神文明中担负着特别重要的责任。尤其是他们中间的共产党员，一定要统一认识，统一步调，以便组织起有战斗力、有说服力、有吸引力的思想工作的宏大队伍。要在广大人民群众中，首先是干部和青年中，加强马克思列宁主义、毛泽东思想的教育，加强祖国历史特别是近代史的教育，加强党的纲领、党的历史和党的革命传统的教育，加强宪法和公民权利、公民义务、公民道德的教育，在各行各业加强职业责任、职业道德、职业纪律的教育。这些教育要联系当前的实际，采取生动活泼的形式，运用多种多样的手段。经济战线的各级领导干部，在制定和执行政策中，在进行一切工作中，都不仅要考虑生产的发展，而且要考虑到社会主义精神文明的建设。我们在生产建设中不仅需要创造更多更好的物质产品，而且需要培育一代又一代的社会主义新人。我们决不容许任何方面的政策和工作妨碍以至破坏社会主义精神文明的建设。最近一两年，在全国人民和人民解放军中广泛开展了建设精神文明的群众性活动，学校制定学生守则，企业制定职工守则，城市制定文明公约，农村制定乡规民约，各行各业制定职业公约，已经开始取得可喜的成效。我们要求全国每个地区、每个部门都努力把这些工作发展起来，坚持下去。在今后五年内，要通过一切可能的途径，采取一切有效的方法，努力实现理想教育、道德教育、纪律教育在全国人民中首先是全国青少年中的普及。这是争取在五年内使社会风气根本好转的一项基本措施。今后，党中央和各级党委检查一个地区、一个部门、一个单位的工作，除了检查物质文明建设的情况以外，一定要检查精神文明建设的情况。每一个公民都应当遵守公民义务、社会公德和职业道德，每一个劳动者都应当是社会主义精神文明的建设者。

建设社会主义精神文明不是一件轻而易举的事，在今天尤其是这样。革命战争年代和建国初期，物质生活虽然比现在艰难得多，但是党和人民的精神状态很好。十年内乱把人们的是非善恶美丑的标准搞乱了，消除它在精神方面造成的严重后果，比消除它在物质方面造成的后果要艰难得多。加上其他种种现实原因，当前社会风气中还存在着许多严重问题。党中央下决心要在今后五年内实现社会风气的根本好转，主要是做到社会秩序明显改善，人们的劳动态度、工作态度和服务态度普遍改进，社会刑事犯罪事件显著减少，各种损人利己、损公肥私、好逸恶劳、“一切向钱看”、不择手段地追求享受、孤立和打击先进分子的歪风邪气受到有效的制止和普遍的鄙视，并且坚决消灭那些在新中国早已绝迹而目前又重新出现的丑恶现象。我们一定要用最大的努力，适应建设时期的新的条件和情况，把建设社会主义精神文明的工作认真做好，用革命的思想和革命的精神振奋起广大群众建设社会主义的巨大热情。

### 四、努力建设高度的社会主义民主

社会主义的物质文明和精神文明建设，都要靠继续发展社会主义民主来保证和支持。建设高度的社会主义民主，是我们的根本目标和根本任务之一。

我们的国家制度是人民民主专政制度。这种制度，一方面保证占人口绝大多数的劳动人民当家做主；另一方面保证对极少数破坏社会主义的敌对分子实行专政。社会主义事业是全体人民的事业。只有建设高度的社会主义民主,才能使各项事业的发展符合人民的意志、利益和需要,使人民增强主人翁的责任感,充分发挥主动性和积极性,也才能对极少数敌对分子实行有效的专政,保障社会主义建设的顺利进行。

社会主义民主是资产阶级民主所无法比拟的。社会主义民主制度和民主生活的建设需要进行长期的、大量的工作,过去我们做得还很不够,在"文化大革命"中又遭到严重破坏。近几年来,我国社会主义民主得到了恢复和发展。我们一定要按照民主集中制的原则,继续改革和完善国家的政治体制和领导体制,使人民能够更好地行使国家权力,使国家机关能够更有效地领导和组织社会主义建设。社会主义民主要扩展到政治生活、经济生活、文化生活和社会生活的各个方面,发展各个企业事业单位的民主管理,发展基层社会生活的群众自治。民主应当成为人民群众进行自我教育的方法。应当根据社会主义民主的原则,建立人与人之间的平等关系和个人与社会之间的正确关系。国家和社会保障公民正当的自由和权利,公民履行对国家和社会应尽的义务。公民在行使自己的自由和权利的时候,不得损害国家的、社会的、集体的利益以及他人的自由和权利。我们在努力发展社会主义民主的过程中,所采取的一切措施都必须有利于社会主义制度的巩固,有利于促进社会生产和其他建设事业的发展,而决不给危害社会主义的敌对分子以进行破坏活动的自由。

社会主义民主的建设必须同社会主义法制的建设紧密地结合起来,使社会主义民主制度化、法律化。几年来,我国法制建设的成就是显著的。在党的领导下,国家相继制定了刑法、刑事诉讼法、民事诉讼法试行草案、新的婚姻法等一系列重要法律。特别是不久即将提交全国人民代表大会通过的新宪法草案,根据党的十一届三中全会以来我国民主建设所取得的成就和已经确定的方针,作出了许多具有重大意义的新规定。这部宪法的通过,将使我国社会主义民主的发展和法制建设进入一个新的阶段。现在的问题是,不但有相当数量的群众,而且有相当数量的党员,包括一些负责干部,对法制建设的重要性还认识不足,有法不依、执法不严的现象在一些方面仍然存在,已经制定的法律还没有得到充分的遵守和执行。这种状况必须加以坚决改变。今后,我们党要领导人民继续制定和完备各种法律,加强党对政法工作的领导,从各方面保证政法部门严格执行法律。在这同时,要在全体人民中间反复进行法制的宣传教育,从小学起各级学校都要设置有关法制教育的课程,努力使每个公民都知法守法。特别要教育和监督广大党员带头遵守宪法和法律。新党章关于"党必须在宪法和法律的范围内活动"的规定,是一项极其重要的原则。从中央到基层,一切党组织和党员的活动都不能同国家的宪法和法律相抵触。党是人民的一部分。党领导人民制定宪法和法律,一经国家权力机关通过,全党必须严格遵守。

进一步发展国内各民族之间平等、团结、互助的社会主义民族关系,是我国社会主义民主建设的一项重要内容。过去几年中,党中央在民族问题上作出一系列重要决定,纠正"文化大革命"和它以前的"左"倾错误,恢复良好的民族关系,取得了显著的成效。根据新的历史时期的条件和各民族的具体情况,党中央还分别确定了许多有利于各少数民族地区经济和文化发展,有利于实现各少数民族区域自治权利,有利于加强各民族团结的政策,这些政策要进一步完善和发展。民族团结、民族平等和各民族的共同繁荣,对于我们这个多民族的国家来说,是一个关系到国家命运的重大问题。我们一定要提高全党对民族问题的认识,反对大民族主义主要是大汉族主义,同时反对地方民族主义,教育全党努力完成党在民族工作中的任务。

在民主革命时期,统一战线是使我国革命得到胜利的一个重要"法宝";在社会主义建设时期,它仍然发挥着十分重大的作用。我们党要继续坚持"长期共存,互相监督","肝胆相照,荣辱与共"的方针,加强同各民主党派、无党派民主人士、少数民族人士和宗教界爱国人士的合作。必须尽一切努力,进一步巩固和加强由全体社会主义劳动者、拥护社会主义的爱国者和拥护祖国统一的爱国者组成的,包括台湾同胞、港澳同胞和国外侨胞在内的最广泛的爱国统一战线。

正确认识和处理我国当前仍然存在的阶级斗争,是保障最广大人民的民主权利,对极少数敌对分子实行有效专政的一个关键。现在,还有形形色色的敌对分子从经济上、政治上、思想文化上、社会生活上进行着蓄意破坏和推翻社会主义制度的活动。我国现阶段的阶级斗争,主要表现为人民同这些敌对分子的斗争。党中央反复指出:在剥削阶级作为阶级消灭以后,我国社会存在的矛盾大多数不具有阶级斗争的性质,阶级斗争已经不再是我国社会的主要矛盾。在剥削制度和剥削阶级已经消灭的社会主义社会,提出和实行"以阶级斗争为纲"的方针,是错误的。我们必须十分谨慎地区别和处理敌我矛盾和人民内部矛盾,防止重犯阶级斗争扩大化的错误。但是,阶级斗争还将在我国社会的一定范围内长期存在,并且在某种条件下还有可能激化。这不但因为历史上的剥削制度和剥削阶级在各方面的遗毒不可能在短时间内消除干净,而且因为我们祖国的统一大业还没有最后完成,因为我们还处在复杂的国际环境中,资本主义势力以及某些敌视我国社会主义事业的势力还会对我国进行侵蚀和破坏。我国经济和文化还比较落后，年轻的社会主义制度还有许多不完善的地方，还不可能完全防止某些社会成员以及我们党的某些党员发生腐化变质的现象，不可能杜绝极少数剥削分子和各种敌对分子的产生。因此，我们必须做好长期斗争的精神准备，坚持人民民主专政国家的专政职能，坚持用马克思主义的阶级观点处理当前我国带有阶级斗争性质的社会矛盾和社会现象。这就是党中央关于我国现阶段阶级斗争问题的基本方针。

现在我们正在深入进行打击经济领域中严重犯罪活动的斗争。进行这种犯罪活动的，除了社会上的不法分子，还有党内、政府和军队内部的极少数被资本主义思想腐蚀的腐化变质分子。他们在经济领域里严重破坏我们的建设事业，扰乱社会安定，污染社会风气，腐蚀人们的思想和生活，像白蚁似地危害着社会主义的大厦。在政治领域和文化领域中也存在着同类性质的破坏活动。我们决不能把这些活动仅仅看成是一般的犯罪，一般的反社会行为，它们是在我国实行对外开放、对内搞活经济这种新的历史条件下阶级斗争的重要表现。对这些破坏分子必须依法给予严厉的惩处。这场斗争已经取得初步的成绩。我们全党一定要进一步提高认识，站稳立场，毫不动摇地把这场斗争进行到底。这是我们坚持社会主义道路的一项重要保证。

我们在发展社会主义事业的新时期，从思想上到行动上一定要坚持两手：一手是坚持对外开放、对内搞活经济的政策；另一手是坚决打击经济领域和政治文化领域中危害社会主义的严重犯罪活动。只注意后一手而怀疑前一手是错误的，只强调前一手而忽视后一手是危险的。对这样的方针，全党同志必须十分明确，不应当有丝毫含糊。

我国的社会主义建设，是在世界还很不安宁、我国安全还受到严重威胁的形势下进行的。因此，我们决不能放松警惕，必须在大力发展经济建设的基础上加强国防建设。我们要努力加强人民解放军的建设，把我军建成一支强大的现代化、正规化的革命军队，进一步提高我军在现代战争条件下的自卫能力。我们要继续保持和发扬人民军队的优良传统，加强和改进军队的思想政治工作，使我军的每个成员都能具有高度的自我牺牲精神、严格的组织纪律性和革命的作风，使我们的军队不仅成为保卫社会主义祖国的钢铁长城，而且成为建设社会主义物质文明和精神文明的重要力量。要继续加强民兵建设。中国人民解放军是中国共产党缔造和领导的人民军队。在新宪法草案提交全国人民代表大会讨论通过之后，党中央将经过国家的中央军事委员会继续对我国武装力量实行领导。党领导军队的长期行之有效的各项制度必须继续坚持。这是符合全国人民的最高利益的。我们坚信，在党中央领导下，经过全军指战员和全国各族人民的努力，我国国防将更加巩固，全国人民专心致志地进行社会主义建设将有更加可靠的保障。

五、坚持独立自主的对外政策

中国的前途同世界的前途是息息相关的。中国革命和建设的胜利对于世界走向进步和光明是有力的支持，而中国革命和建设之所以能够取得胜利，又是同争取世界光明前途的各国人民的奋斗分不开的。中国得到过别的国家和人民的帮助，也帮助过别的国家和人民。早在新中国成立初期，毛泽东同志就指出："我们的总任务是：团结全国人民，争取一切国际朋友的支援，为了建设一个伟大的社会主义国家而奋斗，为了保卫国际和平与发展人类进步事业而奋斗。"⑦把爱国主义和国际主义结合起来，从来是我们处理对外关系的根本出发点。

我们是爱国主义者，决不容忍中国的民族尊严和民族利益受到任何侵犯。我们是国际主义者，深深懂得中国民族利益的充分实现不能离开全人类的总体利益。我们坚持执行独立自主的对外政策，同我们履行维护世界和平、促进人类进步的崇高的国际义务是一致的。新中国成立三十三年来，我们以实际行动向全世界表明：中国决不依附于任何大国或者国家集团，决不屈服于任何大国的压力。中国的对外政策是以马克思列宁主义、毛泽东思想的科学理论为基础的，是从中国人民和世界人民的根本利益出发的。它有长远的、全局的战略依据，决不迁就一时的事变，不受任何人的唆使和挑动。正因为我们坚定地执行了毛泽东同志和周恩来同志制定的我国对外政策的基本原则，社会主义的新中国在世界上赢得了信誉，赢得了朋友，保持了自己在国际交往中的尊严形象。

中国用以指导自己同各国发展关系的一贯原则，是"互相尊重主权和领土完整、互不侵犯、互不干涉内政、平等互利、和平共处"五项原则。我们的国家有一百多年被侵略、被压迫的苦难经历，中国人民决不愿再回到过去的屈辱地位，也决不会把任何其他民族置于我们过去那样的屈辱地位。中华人民共和国的成立，既消灭了我国屈从外国侵略的社会根源，也消灭了我国对外侵略的社会根源。恩格斯说过，"任何民族当它还在压迫别的民族时，不能成为自由的民族。"⑧这是颠扑不破的真理。我们马克思列宁主义者相信共产主义最后一定会在全世界实现，但是革命决不能输出，它只能是各国人民自己选择的结果。正是基于这样的认识，我们始终坚持和平共处的五项原则。我们没有在任何外国留驻一兵一卒，没有侵占任何外国一寸领土，没有侵犯过任何外国的主权，没有以不平等关系强加于任何外国。在任何情况下，我们永远不称霸。

和平共处五项原则，适用于我们同包括社会主义国家在内的一切国家的关系。三十三年来，我们在这些原则的基础上同世界上一百二十五个国家建立了外交关系。我们和朝鲜、罗马尼亚、南斯拉夫等友好的社会主义国家亲密合作，不断地巩固和发展着团结和友谊。我们和亚洲、非洲、拉丁美洲的许多发展中国家，互相同情，互相支援，发展了各方面的合作。中国同许多西方国家虽然社会制度不同，但是都有维护世界和平的共同愿望，在开展经济文化合作方面有共同的利益和巨大的潜力，多年来保持着良好的关系。同东欧各国的关系，近年来也有所发展。

日本是中国的近邻，中日两国人民自古以来就有密切的交往和深厚的友谊。近百年来，日本军国主义者一再对中国发动侵略战争，给中国人民造成了深重灾难，日本人民也深受其害。经过中日两国人民长期共同努力，两国终于在十年前实现了邦交正常化。中日两国发展和平友好、平等互利、长期稳定的关系，符合两国人民的长远利益，有利于亚洲和太平洋地区的和平与稳定。现在日本有些势力还在美化过去侵略中国和东亚其他国家的史实，并且进行种种活动，妄图复活日本军国主义。这些危险情况，不能不引起中日两国人民和其他国家人民的严重警惕。我们要同日本人民和日本朝野有识之士一起，排除一切妨害两国关系的因素，使中日两国人民世世代代友好下去。

中美两国自从一九七九年建交以来，发展了符合两国人民利益的关系。我们一贯希望把这种关系发展下去，认为这对两国人民和世界和平都是有益的。可是两国关系中一直存在着阴影。这是因为，美国虽然承认中华人民共和国政府是中国唯一的合法政府，只有一个中国，台湾是中国的一部分，但是又通过了一个违反两国建交公报原则的“与台湾关系法”，继续向台湾出售武器，把台湾作为一个独立的政治实体对待。中国政府多次声明，这是侵犯中国主权、干涉中国内政的行为。中美两国政府经过将近一年的谈判，不久前发表联合公报，对美国向台湾出售武器问题作出了分步骤直到最后彻底解决的规定。我们希望这些规定将得到切实履行。中美两国关系只有真正遵守互相尊重主权和领土完整、互不干涉内政的原则，才能继续取得健康的发展。

中苏两国关系在相当长一段时期内是友好的。中苏关系演变到今天这样的局面，是由于苏联执行了霸权主义政策。近二十年来，苏联一直在中苏边境和中蒙边境派驻重兵。它支持越南侵占柬埔寨，在印度支那和东南亚进行扩张，不断对我国边境进行挑衅。它还武装侵占中国的邻邦阿富汗。这些都造成对亚洲和平与中国安全的严重威胁。我们注意到苏联领导人一再表示愿意改善同中国的关系。但是，重要的不是言辞而是行动。如果苏联当局确有诚意改善同中国的关系，并采取实际步骤解除对我国安全的威胁，中苏两国关系就有走向正常化的可能。中国人民同苏联人民具有悠久的友谊，无论中苏之间的国家关系还处于什么状况，我们都将努力维护和发展这种友谊。

当今威胁世界各国和平共处的主要力量是帝国主义、霸权主义和殖民主义。诚然，旧的殖民主义体系已经由于近百个前殖民地、半殖民地国家先后取得独立而瓦解了，但是它的残余还远远没有扫除干净。实行霸权主义的超级大国，又构成了对世界人民新的威胁。超级大国出于独霸全球的目的，以远远超过其他任何国家的军事实力，在世界范围内展开争夺，形成世界不安和动乱的主要根源。

反对霸权主义、维护世界和平，是今天世界人民最重要的任务。世界大战的危险由于超级大国的争夺而越来越严重。但是，经验也表明，世界人民能够以坚持不懈的斗争打乱它们的战略部署。如果全世界人民真正团结一致，同霸权主义、扩张主义的一切表现进行坚决的斗争，世界和平是有可能维护的。我们一贯坚决反对超级大国的军备竞赛，主张禁止使用和彻底销毁核武器，要求超级大国首先大规模地裁减核武器和常规武器。我们不但反对超级大国所准备的世界战争，而且反对它们所挑起或支持的一切局部性的侵略战争。我们一贯坚决支持一切受侵略的国家和人民的反侵略斗争。我们支持朝鲜人民争取祖国统一的斗争。我们支持柬埔寨人民在民主柬埔寨联合政府领导下反对越南侵略的斗争，支持阿富汗人民反对苏联侵略的斗争，支持非洲人民反对南非的种族主义和扩张主义的斗争。我们强烈谴责以色列对巴勒斯坦人民和黎巴嫩人民的穷凶极恶的侵略暴行。以色列在美国霸权主义的支持和庇护下，蛮横地侵占巴勒斯坦，再三地武装侵略阿拉伯国家，构成对中东和世界和平的严重威胁。我们继续坚决支持巴勒斯坦人民重返家园、建立自己国家的斗争，坚决支持阿拉伯各国人民反对以色列扩张主义的斗争。

社会主义中国属于第三世界。中国同大多数第三世界国家具有相似的苦难经历，面临共同的问题和任务。中国把坚决同第三世界其他国家一起为反对帝国主义、霸权主义、殖民主义而斗争，看作自己神圣的国际义务。

第三世界在战后国际舞台上的崛起是我们时代的头等大事。第三世界改变了联合国仅仅是受某些大国操纵的一架表决机器的情况，使帝国主义、霸权主义、扩张主义经常在这里受到正义的谴责。拉丁美洲国家发起的反对超级大国海洋霸权的斗争,石油输出国和其他原料生产国争取对自己的自然资源享有和行使永久主权的斗争,不结盟国家反对强权政治和集团政治的斗争,所有发展中国家为建立国际经济新秩序而进行的斗争,这一切形成了当代强大的正义潮流,大大改变了超级大国可以任意摆布世界命运的局面。

第三世界各国面临的共同任务首先是维护民族独立和国家主权,积极发展民族经济,以经济独立来巩固已经取得的政治独立。在这方面,第三世界各国之间的相互援助具有特别重要的意义。第三世界各国有广大的土地,众多的人口,丰富的资源,广阔的市场。我们中间有的国家积累了相当数量的资金,许多国家拥有各具特色的技术,在发展民族经济方面也大都有自己的经验可供别国借鉴。我们之间的经济合作,也就是通常所说的"南南合作",就一部分技术和设备的适用对路而言,其成效往往不亚于同发达国家的合作。这种合作有助于冲破现存不平等的国际经济关系和建立国际经济新秩序,具有伟大的战略意义。

中国还是一个发展中国家,但是我们一贯尽力援助与我们共命运、同呼吸的第三世界国家。中国人民向来鄙视那种嫌贫爱富、欺软怕硬的意识和行为。我们对待第三世界国家的友谊是真诚的。无论是进行互利合作还是提供援助,我们都严格尊重对方的主权,从不附带任何条件,不要求任何特权。今后,随着我国经济建设的发展,我们将不断扩大同第三世界国家和人民的友好合作。

我们对第三世界某些国家间发生不和甚至武装冲突,深感不安。这些争端往往使双方蒙受重大的损失,有时还使霸权主义坐享其利。我们历来为加强第三世界的团结而努力,一贯希望有争端的第三世界国家通过协商解决分歧,避免发生使亲者痛、仇者快的事件。

在这里,还要着重讲一下中国共产党同外国共产党的关系问题。我们党坚持在马克思主义的基础上,按照独立自主、完全平等、互相尊重、互不干涉内部事务的原则,发展同各国共产党和其他工人阶级政党的关系。

一个国家革命成功,要靠这个国家本身条件的成熟,要靠这个国家共产党路线和政策受到本国广大人民的拥护。各国党之间当然也要互相帮助,但决不允许任何外来的强制和包办代替。把自己的观点强加于人,干涉别国党的内部事务,都只能使别国的革命事业受到挫折和失败。至于强迫别国党的政策为本党本国的政策服务,甚至对别国进行武装干涉,那就只能是对国际共产主义运动的根本破坏。

世界各国的共产党是一律平等的。不论是大党还是小党,历史长的党还是历史短的党,执政的党还是没有执政的党,都不能有尊卑上下之分。我们党吃过自封的老子党企图控制我们的苦头。众所周知,我们独立自主的对外政策的胜利,就是抵制了这种控制的结果。

我们坚持各国党应当互相尊重。各国党都有长处和短处。由于处境不同,各国党对形势和任务的看法不可能完全一致,这种意见分歧只能通过友好协商和互相等待来逐步解决。我们赞成各国党都从别国党成功的经验和失败的教训中学习,这有利于国际共产主义运动的兴旺发达。

本着上述原则,我们党同世界上许多共产党保持着友好的联系。我们衷心感谢它们给我们的支持和援助,并且认真向它们学习对于我国革命和建设有益的经验。我们也期望同更多的进步政党和组织建立这种联系。中国人民十分重视同世界各国人民的友谊,同各国人民发展了广泛的联系。归根到底,只有世界各国人民不断加强了解和合作,世界走向光明和进步才有根本的保证。

我国是有十亿人口的大国,应当对世界有较大的贡献,人们也理所当然地对我们抱有期望。但是我们已经做的比我们应当做的还差得很远。我们要作出更大的努力,加强自己的建设,以便为维护世界和平、促进人类进步发挥应有的作用。

六、把党建设成为领导社会主义现代化事业的坚强核心

在社会主义现代化建设的宏伟事业中,历史把重大的责任交给了我们党。为了加强新时期党的建设,我们对十一大党章作了许多有根本意义的修改。修改党章的总的原则是,适应新的历史时期的特点和需要,对党员提出更严格的要求,提高党组织的战斗力,坚持和改善党的领导。我们一定要按照新党章的要求,努力把党建设成为领导社会主义现代化事业的坚强核心。

现在提交大会审议的党章修改草案,清除了十一大党章中"左"的错误,继承和发展了党的七大和八大党章的优点。新党章在总纲中,对党的性质和党的指导思想,对现阶段我国社会的主要矛盾和党的总任务,对党在国家生活中如何正确地发挥领导作用,都作了马克思主义的规定。新党章对党员和党的干部在思想上、政治上和组织上的要求,比过去历次党章的规定都更加严格。它对党员的义务,写了绝对不得假公济私、损公利私,坚决反对派性,勇于支持好人好事,反对坏人坏事等内容;对各级领导干部的基本条件,写了要正确执行党的路线、方针和政策,反对党内外错误倾向,有胜任领导工作的专业知识和组织能力,坚持党的原

则,同任何滥用职权、谋求私利的行为作斗争等内容,这大都是过去的党章所没有的。根据历史的经验和教训,新党章强调从中央到基层的各级组织都必须严格遵守民主集中制和集体领导的原则,明确规定“禁止任何形式的个人崇拜”。新党章对改善党的中央和地方组织的体制,对加强党的纪律和纪律检查机关,对加强基层组织的建设,都作了许多新的规定。新党章规定,党中央不设主席只设总书记,总书记负责召集中央政治局、政治局常委会议和主持中央书记处的工作;中央和省一级设顾问委员会,以发挥许多富有政治经验的老同志对党的事业的参谋作用;党的各级纪律检查委员会由同级党的代表大会选举产生,并对中央以下的同级党委及其成员实行党章规定范围内的监督,对中央委员会成员违犯党纪的行为可以向中央委员会检举;党的各级组织都必须重视党的建设,经常讨论和检查党的宣传工作、教育工作、组织工作、纪律检查工作、群众工作和统一战线工作。所有这些规定,都将有利于加强党的集体领导、提高党的战斗力和加强党与群众的联系。应当说,现在的党章修改草案,比我们党过去的党章更加充实和完善。它是党的历史经验和集体智慧的宝贵结晶,是在新的历史时期把我们党建设得更加坚强的重要保证。

新党章经过这次代表大会通过之后,必须在全党进行普遍教育,严格执行。每一个党员是否真正符合党章所规定的条件,能否充分履行党员的义务,将成为他是不是一个合格的党员的根本标准。在这次党章修改之前,我们党曾经制定了《关于党内政治生活的若干准则》,在党的实际生活中起了很好的作用。这个准则今后作为党章的重要补充,将继续保持它的全部效力。根据党的现状和新党章的精神,当前我们在党的建设上必须着重解决好以下几个问题。

第一,健全党的民主集中制,使党内政治生活进一步正常化。

回顾党的历史,从建党以来到新中国成立初期,除了在党陷入严重的右倾错误和“左”倾错误的少数年代以外,我们党在大部分时间里比较好地执行了民主集中制原则,政治生活是比较生动活泼的。可是,从五十年代后期开始,个人崇拜现象逐步发展,党和国家的政治生活特别是党中央的政治生活越来越不正常,终于导致十年内乱。历史的严重曲折告诉我们,党内政治生活是否正常,首先是党中央和各级领导机构的政治生活是否正常,确实是关系党和国家命运的根本问题。

现在,党中央可以用欣慰的心情向大会报告,经过十一届三中全会以来的努力,我们党内的政治生活首先是党中央的政治生活,已经由过去长期不正常的严重状态逐步恢复到马克思主义的正确轨道上来。总的说来,中央委员会、中央政治局、政治局常委会和中央书记处,在工作中都能遵循民主集中制和集体领导的原则,“一言堂”或各行其是的现象再不允许存在了。有了重要的不同意见,通过充分说理,开展批评和自我批评,就能够达到统一认识和统一行动。现在的党中央,是团结的和谐的领导集体,是能够驾驭复杂局势的坚强核心。与此同时,许多地方党组织的政治生活也有了明显的改进。

在肯定这一重大进步的同时,还必须看到,就全党说,在党的许多组织中,不民主现象、家长制作风还没有清除,分散主义、自由主义现象也比较严重。这些都妨碍着党的路线、方针和政策的贯彻执行,削弱了党的战斗力。要使全党政治生活都进一步正常化,必须坚决克服这些不良现象。全党特别是各级领导干部要牢固确立民主集中制观念,首先在各级党委建立和加强集体领导,努力发展党内民主,同时保证在民主基础上的集中统一。

为了健全民主集中制,必须加强党的纪律。现在,在不少组织中,纪律松弛,是非不分,赏罚不明,该批评的不敢批评,该处分的不敢处分,是相当严重的现象。这种现象过去就有,经过十年内乱更为严重,目前在有的地方还没有得到明显的改变。中央和地方党委以及各级党的纪律检查委员会,这几年为维护党纪和端正党风做了大量工作,取得了显著成绩,但工作中还遇到不少阻力,有些情况是令人触目惊心的。如果听任这种现象滋长,党还能有什么战斗力!全党各级组织和全体党员必须动员起来,为维护党纪进行坚决的斗争。我们相信,在这次代表大会以后,全党上下齐心协力,不要太长时间,我们就一定能够在全党范围内充分恢复党的纪律的严肃性,从而取得全国人民的高度信任。

第二,改革领导机构和干部制度,实现干部队伍的革命化、年轻化、知识化、专业化。

党和国家领导体制、领导机构的改革,主要是消除权力过分集中、兼职副职过多、机构重叠、职责不明、人浮于事、党政不分等种种弊端,克服官僚主义,提高工作效率。中央一级党政机构改革的第一步已经基本完成,各省、自治区、直辖市准备在今年下半年或明年展开。这是顺利进行现代化建设、坚持社会主义道路的一项重要政治保证,意义是非常深远的。

正确解决党对政府机构的领导和对企业事业单位的领导问题,是机构改革中一个很重要的问题。党的工作和政府的工作,企业事业单位中党的工作和行政、生产工作,必须适当分工。党不是向群众发号施令的权力组织,也不是行政组织和生产组织。党当然要对各方面的工作和各项生产建设事业进行领导,而这种领导要充分有效,就必须熟悉业务,结合业务进行。但是,党的领导主要是思想政治和方针政策的领导,是对于干部的选拔、分配、考核和监督,不应当等同于政府和企业的行政工作和生产指挥。党不应当包办代替它们的工作。只有这样,党才能保证政府和企业独立地、有效地进行工作,自己也才能集中精力研究制定重要的政策,检查政策的执行,加强对党内外干部和群众的思想政治工作。由于长期的历史原因,现在有些做党委工作的同志认为不管具体行政事务似乎就无事可做了,这种错误观念使党的建设遭到损害,使党的领导作用受到削弱。今后,各级党委要经常讨论和研究党对社会主义建设事业的重大的政策方针,讨论和研究干部、党员、群众中的思想问题和教育问题,干部的倾向问题和纪律问题,党的组织的改善和发展问题,等等。当然,在强调党政分工的时候,有关政府工作和经济工作的重大问题仍然必须由党作出决策,一切在政府机关和企业事业单位工作的共产党员都必须坚决服从党的领导和执行党的政策。

实现干部队伍的革命化、年轻化、知识化、专业化,是党中央早就确定了的方针。在机构改革中,要使许多年事已高的老干部既能解脱第一线工作的繁重负担,又能以他们丰富的领导工作经验在党、国家和社会生活中继续发挥作用;使大批德才兼备、年富力强的中青年干部能够及时选拔到领导岗位上来,在新老合作和交替的过程中得到更多的实际有效的锻炼,并且使各级领导层不断吸收新的活力和智慧,保持旺盛的生机。至于那些造反起家的人,帮派思想严重的人,打砸抢分子,反对三中全会以来中央路线的人,以及有各种严重违法乱纪行为的人,现在还在领导岗位上的必须坚决撤下去,凡是触犯刑律的都必须依法查处,这些人当然决不能成为选拔的对象。新老干部的合作和交替问题是关系社会主义事业后继有人的大事,相信全党同志特别是我们的老同志必定会以高度的革命责任心来完成这个历史任务。

为了造就社会主义现代化建设的大批专门人才,必须大力加强干部的教育和训练工作。今后使用和提拔干部必须把学历、学习成绩同工作经历、工作成绩一样作为重要依据。各级党校,政府和企业的干部学校,以及被指定的某些高等院校和中等专业学校,都要按照社会主义现代化事业的需要和各自的分工,修订教学计划,担负起对干部进行正规化培训的任务。所有在编制内的工作人员,都要分批分期参加轮训。轮训以后,根据结合实际的考核,可以对他们的工作作相应的调整。普遍轮训干部是提高干部素质的一项重要的战略措施。全党同志和全体干部,都要充分认识现代化建设的需要,积极参加学习。

第三,加强党在工人、农民、知识分子中的工作,密切党同群众的联系。

我们党之所以有力量,就因为党代表着最广大人民的利益。党在国家生活中的领导地位,决定了党的活动同广大人民的利害得失关系极大,而这种地位又很容易使党员特别是党的干部产生脱离群众的危险。这就要求我们更加自觉地去保持和发扬党的群众路线的优良传统,切实加强党同各阶层人民的密切联系。

我们党是工人阶级的政党,必须注意依靠本阶级的群众。我国工人阶级队伍的构成,近年来发生了新老更替的很大变化。由于大批老工人党员退休,大量青年进入工人阶级队伍,加上一些工人党员不断被抽调到管理部门,形成了生产第一线党员减少,而且越是艰苦劳动的岗位党员越少的严重情况。这削弱了党同产业工人的直接联系。从现在起,必须大大加强党在生产第一线的工作,动员符合条件的党员到生产第一线,同时吸收具备党员条件的优秀工人入党。必须大大加强党在工会中的工作,使工会成为联结党和工人群众的强大纽带。必须认真实行职工代表大会制度,使它和工会都能在思想教育、企业管理和工人生活的改善中发挥重要作用。做好党在八亿农民中的工作,是实现现代化建设目标的重要条件。目前在一部分农村,出现了一些党员只顾自己生产、不关心党和群众的利益,一些党支部放弃对群众的领导的情况。对这种不良倾向,必须切实加以纠正。各级党委要适应当前的新情况,进一步健全农村党的基层组织以及经济、行政、群众团体的基层组织,加强对不同地区、不同年龄的农民的思想教育,使农村的政治、经济、文化生活都能沿着社会主义方向健康发展。我们要全面开创社会主义现代化建设的新局面,必须特别重视充分发挥知识分子的作用,并针对他们的特点改善对他们的思想政治教育,注意在他们当中积极吸收具备入党条件的人入党。

我国现在有两亿青年,他们是各项建设事业中最活跃的力量。尽管“文化大革命”使他们的成长受到很大损害,但是绝大部分青年的政治本质是好的,近几年的进步是明显的,少部分青年中的消极现象经过教育是可以改变的。现在的问题是,青年工作的状况还落后于现实生活的要求。各级党团组织要更多地同广大的青年接近,做他们的知心朋友,从政治、思想、工作、学习、生活上关心和帮助他们。党要细心发现、培养和吸收符合条件的先进青年入党,使他们成为输入党的肌体的新鲜血液。党要进一步加强对共青团的领导,支持它按照青年的特点进行工作,使它充分发挥党的助手和后备军作用,真正成为广大青年在实践中学习共产主义的学校。

妇女不仅是我国经济建设中的重要力量，而且在社会主义精神文明建设中具有特殊重要的作用。由于传统的偏见，许多妇女还常常得不到应有的重视、保护和教育。党一定要加强妇女工作，关心她们的特殊利益，重视培养、选拔女干部，领导和支持各级妇女联合会执行自己的任务。妇联应当成为代表妇女利益，保护和教育妇女，保护和教育儿童的有权威的群众团体。

第四，有计划有步骤地进行整党，使党风根本好转。

我们党是经过马克思列宁主义、毛泽东思想长期教育，在成功和失败的反复锻炼中成长起来的工人阶级先锋队。在我们党内集合了中国工人阶级和中国人民的优秀分子。即使遭受了"文化大革命"的严重伤害，我们党的队伍的主流仍然是纯洁和强有力的。经过这几年的恢复和整顿，党的状况有了很大的改善，党的威信正在恢复和提高。几年来，各条战线的优秀共产党员带领广大群众为执行党的路线、方针和政策，艰苦奋战，创造了层出不穷的英雄业绩。在劳动和工作岗位上，在保卫祖国安全和抗灾抢险的战斗里，在同不正之风和犯罪活动的斗争中，到处都有共产党员用自己的模范行动谱写出壮丽动人的共产主义凯歌。党和人民的一切光辉成就，正是在党的这些优秀骨干带动下创造出来的。这是我们党的状况的主导方面。谁要是看不到甚至有意抹杀这个方面，谁就犯了严重的错误。

但是，由于十年内乱的流毒至今还没有完全肃清，也由于在新的情况下各种剥削阶级思想的腐蚀作用有所增长，目前我们党确实存在思想不纯、作风不纯和组织不纯的问题，党风还没有根本好转。一些党组织领导工作中的软弱涣散现象还严重存在。一些基层组织缺乏应有的战斗力，甚至陷于瘫痪状态。有少数党员和干部，或者对工作极不负责，官僚主义严重；或者生活特殊化，利用职权谋取私利；或者闹无政府主义、极端个人主义，破坏党的组织纪律；或者顽固地进行派性活动，严重损害党的利益。个别党员和干部甚至堕落到贪污腐化，营私舞弊，进行严重的经济犯罪活动。还有林彪、江青反革命集团的极少数残余分子窃据着某些领导职位，伺机兴风作浪。这些现象严重地损害了党的威信。我们决不允许夸大但也决不害怕揭露党的这些阴暗面。因为我们党是坚强的，我们拥有足够的健康力量同这些阴暗面作不调和的斗争，并且相信必定能够在这一斗争中取得胜利。

党风问题是关系执政党生死存亡的问题。为了使党风根本好转，中央决定从明年下半年开始，用三年时间分期分批对党的作风和党的组织进行一次全面整顿。这无疑是我们党的一件头等大事，必须十分慎重地对待，十分周到地准备，有计划、有步骤地进行。做好这项工作的中心一环，是在党内普遍地深入地进行一次思想教育。要结合学习和执行十二大报告和新党章，学习《关于建国以来党的若干历史问题的决议》和《关于党内政治生活的若干准则》，对全党进行关于马克思列宁主义、毛泽东思想基本理论的教育，关于共产主义理想和党的路线方针政策的教育，关于党的基本知识和共产党员标准的教育。要着重使每一个党员认清党的性质、地位和作用，认清一切党员都只有勤勤恳恳为人民服务的义务，而没有任何利用职权占国家领导的"便宜"和群众的"便宜"的权利。在组织领导方面，要由领导机关和领导干部带头，自上而下地整顿好各级领导班子，然后再领导下级组织和基层组织进行整顿。决不容许坏人利用机会诬陷好人和打击好人。要继承和发扬延安整风的精神，本着"惩前毖后，治病救人"和"既要弄清思想又要团结同志"的方针，开展认真的批评和自我批评，并采取适当方式听取党外群众的意见。最后，要进行党员登记，严格按照新党章的规定，把那些经过教育仍然不合格的党员开除出党或者劝其退党。同时，还要切实改进各级党组织的领导状况，提出加强和改善党的领导的具体办法。

我们要通过这次整党，使党内政治生活进一步正常化，切实纠正不正之风，大大加强党同群众的密切联系。这样，我们就一定能够实现党风的根本好转。

同志们！我们的中央委员会，已经向大会说明了全党面临的各项战斗任务。我们已经提出，要在今后五年内，实现财政经济状况的根本好转，实现社会风气的根本好转，实现党风的根本好转。能不能实现这些任务呢？中央相信，我们的代表大会将一致回答：这些任务一定要实现，也一定能够实现！

这次大会即将确定的方针任务，都是党的十一届三中全会以来正确路线的充实和发展。它们的内容更加丰富，更加切合实际，一定能够更有说服力地统一全党和全国各族人民的思想，成为指导我们行动的更加精确的指南。

这里需要着重指出：我们党还面临一项重大的历史任务，就是要同全体爱国同胞携手合作，为完成祖国统一的神圣使命而努力奋斗。台湾是祖国的神圣领土，台湾人民是我们的骨肉同胞。台湾回到有五千年历史、十亿人口、九百六十万平方公里面积的不可分割的伟大祖国的怀抱，是全国同胞的共同要求，是历史发展的必然归宿，任何党派和个人都无法抗拒。这是中国的内政，任何外国无权干预。我们希望台湾同胞、港澳同胞和国外侨胞督促国民党当局，审时度势，以国家前途民族大义为重，不要执迷不悟，及早举行国共两党的谈判，共同促进祖国和平统一大业的实现。

社会主义现代化建设事业，代表了全国各族人民的共同意志和根本利益。从上世纪的鸦片战争起，在一百多年中，中华民族吃了多少苦，受了多少难！长时期的历史经验，必然使我们的党心、军心、民心，集中到在社会主义基础上实现国家的富强，实现包括台湾在内的祖国统一这个基本要求上来。社会主义中国的政局是稳定的，前途是“四化”必胜，统一必成。这是人心所向，大势所趋。只要我们坚定地相信和依靠群众的绝大多数，始终保持同人民群众的紧密联系，自觉地为人民谋福利，我们的事业就无往而不胜。

当然，我们清醒地知道，在社会主义现代化建设进程中，还有种种障碍和困难。当前迫切需要解决的主要问题，是在于“文化大革命”遗留下来的党风不正和社会风气不正，在于破坏社会主义经济、政治、文化的严重犯罪活动还继续存在，在于各级领导机构的臃肿庞大、效率不高和经济体制不能充分适应生产力发展的需要。因此，前面已经先后说到，在今后一个时期内，必须有系统地完成机构改革和经济体制改革，必须大力建设社会主义精神文明，必须坚决打击破坏社会主义经济和其他破坏社会主义制度的严重犯罪活动，必须整顿党的作风和党的组织。这四件大事，是坚持社会主义制度、实现社会主义现代化的重要保证。全党特别是各级党委，一定要高度重视，坚持不懈地认真做好。

我们的同志，应当正确地对待困难。谁要是只看光明一面，不看困难一面，甚至把主观愿望当成客观事实，盲目冒进，那是完全错误的。这使我们吃过许多亏，要经常记取这种教训。但是另一方面，谁要是害怕困难，被困难吓倒，不相信党和群众的力量，甚至在中央已经正确分析了形势、确定了方针任务的时候，还是徘徊观望，退缩不前，那也是完全错误的。同我们党在历史上曾经遭到的某些巨大困难相比，今天的情况是大不相同了。既然红军被迫长征时期，敌我力量对比那样悬殊的困难，都被我们战胜了，既然“文化大革命”时期，林彪、江青反革命集团横行霸道那样混乱的局面，都被我们扭转了，难道今天还有什么困难是不可克服的吗？满腔热情地投身到社会主义现代化建设的伟大实践中去，在深入群众和深入实际的基础上振奋精神，开拓前进，坚忍不拔，奋斗不息，这才是马克思主义者对待困难的正确态度，这才是共产党人在斗争中创造新局面的革命风格。

同志们！党的六十多年的历史经验告诉我们，党之所以能够领导中国人民取得一个又一个的伟大胜利，根本上就在于把马克思主义的普遍真理同中国革命的具体实际结合起来。毛泽东同志和其他老一辈无产阶级革命家的最伟大的历史功勋，就在于他们成功地实现了这个结合。在新的历史时期中，要把中国这样原来经济文化落后的国家建设成为现代化的社会主义强国，是人类历史上最伟大的创造性工程之一。这个事业的许多课题，是以前的马克思主义者没有也不可能提出和解决的。在这个事业中，我们队伍内部可能出现思想上、政治上和工作上这样那样的偏差，这是不足为怪的，也是难以完全避免的。重要的是，全党特别是各级党委，一定要坚持四项基本原则，坚持十一届三中全会以来的正确路线，既要反对那种企图回到“文化大革命”和它以前的错误理论、错误政策上去的“左”的倾向，又要反对那种怀疑和否定四项基本原则的资产阶级自由化的右的倾向。我们一定要坚定地继承和学习马克思列宁主义、毛泽东思想的立场、观点和方法，深入各个领域的实际，有系统地进行调查研究，并且善于针对错误倾向，正确地进行批评教育和必要的斗争。我们长期地坚持这样做，就一定能够在新的历史条件下，在新的伟大实践中，积累新的经验，创造新的理论，把马克思列宁主义、毛泽东思想推向前进。

同志们！从本世纪二十年代起，几十年来，中国共产主义的先驱者们，中国人民的数以百万计的光荣革命战士和先烈们，流血牺牲，英勇奋斗，奠定了今天中国的局面。在新时期中，让我们继承先烈的遗志，在祖国的辽阔大地上，干出一番前人从来没有做过的伟大事业来吧！

我们党的干部队伍，从斗争经历来说，已经有了分别在建党初期、土地革命时期、抗日战争和解放战争时期、建国以后参加革命的四代人。这说明我们的事业源远流长。我们党的队伍，将有如万里长江，滔滔不尽，永远向前。我们的代表大会，将作为在政治上确定党在新时期的方针任务，在组织上实现新老合作和交替的大会，作为全面开创社会主义现代化建设新局面的大会，载入党的史册。

让我们全党在马克思列宁主义、毛泽东思想的伟大旗帜下更加紧密地团结起来，让我们党同全国各族人民更加紧密地团结起来，同各民主党派和国内外全体爱国同胞更加紧密地团结起来，同世界上一切支持我们事业的各国进步力量和友好人士更加紧密地团结起来，同心同德，不屈不挠地奋勇前进！任何力量都不能阻挡我们。胜利一定是属于我们的！

注释：

①列宁：《全俄中央执行委员会会议》，《列宁全集》第26卷，第269页。

②马克思：《经济学手稿(1857—1858年)》，《马克思恩格斯全集》第46卷上册，第494页。

③毛泽东：《实践论》，《毛泽东选集》第1卷，第285页。

④马克思和恩格斯：《德意志意识形态》，《马克思恩格斯全集》第3卷，第40页。

⑤毛泽东:《新民主主义论》,《毛泽东选集》第2卷,第679—680页。

⑥列宁:《从破坏历来的旧制度到创造新制度》,《列宁全集》第30卷,第476页。

⑦毛泽东:《为建设一个伟大的社会主义国家而奋斗》,《毛泽东选集》第5卷,第133页。

⑧恩格斯:《论波兰》,《马克思恩格斯全集》第4卷,第410页。

**《人民日报》发表社论《历史性的转变 历史性的会议》**

全党同志、全国各族人民衷心期待的中国共产党第十二次全国代表大会,今天在北京隆重开幕。

十二大是在粉碎江青反革命集团以后六年,在十一大以后五年,在十一届三中全会以后四年举行的。六年来,特别是三中全会以来,我们党已经在指导思想上完成了拨乱反正的艰巨任务,并且在各条战线的实际工作中取得了拨乱反正的重大胜利,实现了历史性的伟大转变。社会主义现代化的壮丽前景,正在我们面前展开。在这个重要时刻召开的十二大,必将成为我党历史上又一次具有重大意义和深远影响的会议。

历史是一部最有说服力的教科书。六年并不算长,但是却以大量无法否认的事实启示着人们、教育着人们,使人们愈来愈深切地认识到,中国共产党不愧是经过马列主义、毛泽东思想的长期教育,在成功和失败的反复锻炼中成长起来的、成熟的和完全可以信赖的无产阶级先锋队。六年前刚刚粉碎江青反革命集团的时候,百业俱废,冤案遍地,是非颠倒,问题成山,多少人感叹"剪不断,理还乱"。五年前召开十一大,宣告"文化大革命"结束,重申建设社会主义现代化强国的任务,对于动员群众起了积极作用,但是大会仍然肯定"文化大革命"的错误理论,加上当时党中央主要负责同志坚持"两个凡是",多少人徘徊于真理与谬误之间,"足将进而趑趄,口将言而嗫嚅"。许多同志都没有想到,从十一届三中全会开始,仅仅四年的时间,我们就分清了一系列理论上、方针上、政策上的是非,对毛泽东同志的功过和毛泽东思想的历史地位作出了科学的结论,平反了"文化大革命"和以前遗留下来的大量冤假错案,实现了中国各族人民梦寐以求的安定团结的政治局面。中国经济已经度过了最困难的时期,走上了稳步发展的健康轨道,广大人民群众的生活开始有所改善。一个近十亿人口的大国,能够这么快地重新崛起,走上中兴之道,这是中国共产党和中国各族人民的一个伟大胜利。

类似这种历史性的转变,在中国共产党领导新民主主义革命时期,也曾有过两次。一次是由北伐战争的失败转变为土地革命战争的兴起,一次是由第五次反"围剿"的失败转变为抗日战争的兴起。在那两次历史性的转变中,当革命受到严重挫折,党和人民的力量遭到惨重损失时,不仅敌人认为我们的失败已经注定,党内也有人悲观、动摇,甚至叛变。但是,我们的党并没有被巨大的困难所压倒,而是在毛泽东同志为代表的许多杰出人物的领导下,以革命的胆略、革命的毅力、正确的战略战术,顽强地进行斗争,扭转失败的形势,开创了革命事业胜利发展的新局面。这一次的转变与过去两次相比,尽管历史条件有很大的不同,但它又一次雄辩地证明,中国共产党所领导的社会主义——共产主义事业符合历史规律和广大人民群众的意愿,具有不可战胜的强大生命力;又一次证明,中国共产党在失去了毛泽东同志、周恩来同志、刘少奇同志、朱德同志等一大批杰出的领袖人物之后,仍然不愧为能够制服各种艰难险阻,驾驭各种复杂局面,领导中国各族人民不断走向新的胜利的坚强核心。

十二大将通过对过去六年历史性胜利的总结,确定继续前进的正确道路、战略步骤和方针政策,全面开创社会主义现代化建设的新局面。从一定的意义上说,十二大对于我国社会主义现代化事业的发展,如同七大对于我国新民主主义革命事业的胜利一样,将是具有历史意义的。中国共产党取得对新民主主义革命的正确的、全面的认识,历经曲折,费时二十多年。1928年召开的党的六大,对中国革命的性质和任务,也曾提出了正确的主张,但是并没有能形成全党的统一认识和在各项工作中把它具体化,以致六大以后仍然出现了立三路线的"左"倾错误,然后是为时四年多的王明路线的统治,几乎使党濒于绝境。一直到遵义会议挽救了革命,经过延安整风,最后在1945年召开七大,才对新民主主义革命的经验作了全面的总结,对新民主主义革命的路线、方针、政策作了科学的阐述,使全党的认识提到一个新的高度,为新民主主义革命的完全胜利奠定了基础。在社会主义革命和建设时期,从1956年召开八大,到这次召开十二大,中国共产党也经历了二十多年的曲折发展。现在,有了"文化大革命"这样惨痛的教训,又有了三中全会以来的成功经验,我们党对于社会主义革命和建设事业的认识已经趋于成熟了。十二大一定能肩负起历史的重任,通过总结正反两方面的经验,丰富和发展三中全会以来的路线、方针、政策,进一步统一全党和全国各族人民的认识,迎接社会主义现代化建设事业的新胜利。

从六大到七大,从八大到十二大,都可以看到,正确的路线、方针、政策的形成和确定,要经过实践、认识、再实践、再认识的多次反复,其中包括从成功中吸取经验,也包括从失败中吸取教训。对一个革命者来说，从失败中得到的教育可能更深刻。我们今天能够取得对中国社会主义现代化建设事业的正确认识，是付出了巨大代价的。当然，即便在今天，我们仍然不能说，全党已经完全掌握了在中国这样一个原来经济落后的大国进行社会主义现代化建设的规律，迫切的任务仍然在于学习。但是，就主要的方面来说，我们进行社会主义现代化建设事业的路线、方针、政策，已经被实践证明是正确的。“中国的路子走对了”，这是一切有识之士的定评。我们党和政府的工作和各项事业中，仍然有一些问题亟待解决，我们一些同志的思想上和工作上仍然可能出现这样那样的偏差。作为一个成熟的马克思主义的政党，我们要像过去几年一样，坚持四项基本原则，坚持三中全会以来的正确路线，善于发现某些工作和某些组织中的各种错误倾向，及时进行严肃的批评教育和必要的斗争，注意一种倾向掩盖另一种倾向。

十二大将审议中央委员会的报告，确定全党和全国人民迈向二十一世纪的宏伟目标和战略重点；将适应新的历史时期的特点和需要，通过新的党章；将选举新的中央领导机构。可以相信，通过这次选举，将有大批德才兼备、年富力强的中青年同志参加中央委员会的工作，也将有一部分德高望重、年迈体弱的老同志退居第二线，担负起支持和帮助中央委员会的重任。因此，十二大不仅是一个在政治上具有重要意义的大会，而且在组织上也将是一个实现新老结合和交替的大会。我们预祝这次大会完满成功！

**全国刑事案件发案率下降**

据《人民日报》报道，党的三中全会以来，随着全国政治经济形势的好转，社会主义法制的健全，综合治理措施的逐步落实，打击经济犯罪和意识形态领域内反腐蚀斗争的深入开展，在全党全军全国各族人民的共同努力下，今年以来，全国整顿社会治安收到明显成效。

全国整顿社会治安取得明显效果的主要表现是：全国刑事案件的发案率下降，破案率提高，敢于同犯罪分子作斗争的人增多了。

今年上半年，全国发生的刑事案件比去年同期下降16.7%，比去年下半年下降13.9%。其中，重大、特大刑事案件比去年同期下降4.6%，比去年下半年下降7.1%。其中，天津、福建、上海、贵州等省、市下降30%以上，河北、吉林、安徽、山东、湖北、广东、宁夏等省、自治区和铁路系统下降20%以上。上海、贵州、宁夏等省、自治区、直辖市和交通系统的重大、特大案件下降30%以上。今年上半年，全国刑事案件的破案率比去年同期提高6.1%，重大、特大刑事案件的破案率为87.5%，比去年同期提高3.2%。

**中国和芬兰在赫尔辛基签署1982—1984年度两国文化交流计划**

中国驻芬兰大使馆临时代办顾亟和芬兰教育部国际司司长卡莱尔沃·西卡拉分别代表各自政府在这一计划上签了字。

**季寿山逝世**

中国共产党优秀党员、国际主义战士、国家计量局中国计量科学研究院离休干部季寿山同志，因病医治无效，于9月1日在北京逝世，享年86岁。

季寿山同志是山东平度县人，1918年在苏联参加赤卫队，1924年加入苏联共产党(布)，他在苏联的国内战争、卫国战争和战后的建设中，曾多次立功受奖。他无限热爱祖国，1954年回国，参加祖国社会主义建设，曾任国家科委计量局专家工作室主任、翻译、局办公室副主任等职，为发展我国计量事业作出了积极的贡献。

## 9月2日

**中国共产党第十二次代表大会分组讨论邓小平的开幕词和胡耀邦的报告**

**解放军代表在分组会上讨论邓小平的开幕词和胡耀邦的报告**

军事学院院长兼第一政委萧克说，我参加了“七大”、“八大”，那两次大会开得很好。从“七大”到“八大”的十多年中，我们党赶走了日本侵略者，打败了蒋介石军队，建立了新中国，并在三年经济恢复时期和第一个五年计划期间取得了辉煌的成就。这次“十二大”也是在一个伟大的历史转折关头召开的，只要我们把大会确定的方针、纲领坚持下去，到本世纪末，我们一定会取得更大的胜利。

副总参谋长杨勇说，我们的军队打过胜仗，也打过败仗，我们的党也如此，有成功也有挫折。打败仗给人的教训最深刻。三中全会以来，我们党全面总结了经验教训。这次大会之后，我们的事业一定会兴旺发达。

沈阳部队司令员李德生说，我党历时61年，开了11次，现在正在开“十二大”。以往的11次代表大会，印象最深刻的是“七大”，那次大会弄清了是非、团结了同志。这次“十二大”将是“七大”以来的最重要的大会，它一定会对我国的革命和建设产生巨大的影响。

总参谋长杨得志说，邓小平同志的开幕词和胡耀邦同志的报告为我们指明了奋斗的目标。只要我们大家同心同德,共同努力,我们的事业一定会像“七大”之后一样,取得很大的胜利,或者说取得更大的胜利。

国务委员兼国防部部长耿飚在小组会上说,小平同志的开幕词把我党的经验教训扼要地总结起来了。十年内乱严重损害了我国的经济建设、科学文化事业和国防建设。但是反过来说,十年内乱,把“左”的思想的危害性充分暴露了,使我们党和人民抛弃了错误的东西,统一了思想认识,加强了团结。他说,听了耀邦同志的报告,大家信心百倍,任何力量都不能阻挡我们前进的步伐。

**第一次全国经济法制工作经验交流会在北京举行**

会议于9月2日至9日召开。会议总结交流了近几年来经济法制工作的经验,讨论研究了经济立法的五年规划,探讨了经济法的有关理论问题。

会议期间,中共中央政治局委员、全国人大常委会副委员长彭真同志到会讲了话。彭真同志指出:经济法是一系列法规中极为重要的法规,是直接反映经济基础的,是调整经济关系的。形势要求我们尽快地抓紧制定各种经济法规。要成熟一个搞一个,能制定一部分的先制定出一部分。不成熟的,先搞大纲、草案,逐步完备起来。

据会议上反映的材料,党的十一届三中全会以来,我国经济法制工作逐步走上正轨,进展很快。从1979年到现在,全国人大和全国人大常委会已通过颁布了中华人民共和国的《经济合同法》《中外合资经营企业法》《外国企业所得税法》《个人所得税法》等11个法律和法令。国务院颁布和批准颁布的有《工商企业登记管理条例》《物价管理暂行条例》《对外合作开采海洋石油资源条例》等80多个经济法规。另外,各省、自治区、直辖市人民政府、国务院各部门还直接颁布了一大批经济法规。这些法规实施后,已收到了初步的成效。在加强经济立法的同时,经济司法工作也在逐步展开,经济司法机构逐步建立起来。据最高人民法院统计,到1981年年底,最高人民法院,各省、自治区、直辖市高级人民法院和293个中级人民法院,按照人民法院组织法的规定,都建立了经济审判庭。各级经济检察机构也在逐步建立和完善。

为了分别轻重缓急,集中力量,有计划、有步骤地制定一批重要的经济法规,以适应“四化”建设的需要,与会同志充分讨论研究了《1982—1986年经济立法规划(草案)》。会议提出,下一步应搞好地方立法的规划工作。

代表们还讨论了有关经济法理论以及经济法人才的培养、经济法的宣传、出版等方面的问题。

会议是由国务院经济法规研究中心主持召开的。来自28个省、自治区、直辖市和国务院各部、委以及司法部门、法学研究等单位的200多名代表出席了会议。

**交通部门采取五项措施加速晋煤外运保证生产建设需要**

据《人民日报》报道,为把更多的晋煤运到急需煤炭的华东、东北等地,交通部门正在采取五项有力措施。随着这些措施的逐步实现,预计1985年的晋煤外运数量将由今年的8000多万吨增加到1.1亿多吨。

交通部门今后三年为增运晋煤采取的措施主要靠对现有设备的改造、挖潜。这五项措施是:

——对现有运煤干线进行电气化改造。丰台——沙城——大同线电气化工程已于今年6月开工,要求到1984年上半年建成。实行电气化后,这条铁路的运输能力将从每年4000多万吨增加到6000多万吨。石家庄——太原线阳泉至太原段的电气化工程将于今年10月建成。太原——焦作线月山至晋城段的电气化工程将于1985年完成。此外,准备进行电气化工程的还有北同蒲线。

——对运输困难的铁路区段,将由单机牵引逐步改成双机牵引,以扩大运输能力。

——增大列车运行密度,多开列车。

——改造和新建秦皇岛港煤炭专用码头。秦皇岛港是山西煤炭从海上运往华东、广东以及出口的主要港口,目前,改造和建设工程进展迅速。到1985年年底,这个港口外运煤炭的能力将从现在的1700万吨增加到4800万吨。

——加紧建设运煤专用线、分流线和联络线等。主要运晋煤的专用铁路北京到秦皇岛的京秦线现已动工兴建,预计1985年开始运煤。另外,还准备在一些运力紧张的区段增建复线。

**国务院负责人就中国银行的地位问题向新华社记者发表谈话**

五届全国人大常委会第二十四次会议,通过了关于批准国务院直属机构改革实施方案的决议后,新华社记者就中国银行的地位问题,走访国务院负责人,承发表谈话如下:

中国银行是社会主义国营企业,是中华人民共和国的国家外汇专业银行。根据1980年9月22日国务院批准的《中国银行章程》,它的任务是:组织、运用、积累和管理外汇资金,经营一切外汇业务,从事国际金融活动,为社会主义现代化建设服务。中国银行除经营本身业务外,还可以根据国家的授权和委托,代表国家办理信贷业务。机构改革后,中国银行行使的各项任务并无改变，仍然根据国家的授权和委托，代表国家办理信贷业务，过去代表国家对外签订的一切贷款协议，仍由国家负责，不受机构改革的影响。

**党和国家领导人乌兰夫 万里 阿沛·阿旺晋美在内蒙古呼和浩特会见参加全国少数民族传统体育运动会的各民族运动员各民族代表以及工作人员和中外记者**

**中国专家在法国里昂参加第七届国际显微科学会议**

中国专家提交了6篇论文，其中上海市第六人民医院骨科主任于仲嘉的《再造手》论文得到各国专家的高度评价。同时还放映了《再造手》的影片，这部影片荣获首奖。专家们认为通过影片亲眼看到了中国在这方面的高超技术。

## 9月3日

**中共中央主席胡耀邦在人民大会堂会见德国社会民主党联邦理事会主席团成员埃贡·巴尔一行**

胡耀邦在谈到正在召开的中国共产党第十二次代表大会时指出，这是一次非常重要的会议。大会将总结过去的经验，提出今后若干年的奋斗目标，并制定实现这一目标的战略思想、战略措施。这将更好地动员全党和全国人民为实现这一目标而奋斗。

胡耀邦还介绍了中国对外政策的基本思想：在和平共处五项原则指导下，同一切国家发展政治、经济、文化等方面的关系，特别要加强同第三世界国家的团结与合作；坚定不移地反对霸权主义，维护世界和平。

在谈到两国关系时，双方一致希望中国同德意志联邦共和国之间的友好合作关系不断发展。

**各民主党派负责人和知名人士座谈讨论中共十二大邓小平的开幕词和胡耀邦的报告**

列席旁听中国共产党第十二次全国代表大会的各民主党派负责人、无党派民主人士和各界知名人士70多人，分组举行座谈，讨论邓小平同志在“十二大”上的开幕词和胡耀邦同志代表党中央所作的报告。

民革中央副主席朱学范在座谈中说，中国共产党这样重视民主党派，使我们感到鼓舞。我们民主党派要加强责任感，在共产党的领导下，发挥民主党派的作用。

民建中央副主任委员孙晓村在发言中用“承前启后、继往开来”来形容中国共产党“十二大”召开的意义。他说，三中全会以后，共产党的统一战线的政策得到落实，我们民主党派身上的包袱没有了，我们要考虑的是怎样为人民、为“四化”贡献力量。我相信，党的“十二大”召开之后，将更有力地鼓舞和促进我们民主党派和爱国人士为“四化”建设尽力。

民盟中央副主席闻家驷说，三中全会以来，党中央贯彻了一系列正确的方针、政策，在短短三年中，取得了重大的胜利，扭转了那种“剪不断，理还乱”的局面，这又一次有力地证明中国共产党不愧为经过马列主义、毛泽东思想长期教育，在成功和失败的反复锻炼中成长起来的成熟的和完全可以信赖的党。

中国基督教爱国会主席丁光训说，我们宗教界人士对三中全会以来党的方针、政策，特别是落实宗教政策，感到十分亲切和满意。我们当中有些人曾经担心中国共产党的宗教政策是否稳定，现在听了胡耀邦同志的报告，我们可以放心了。

民革中央副主席贾亦斌在谈到胡耀邦同志报告中关于共同促进祖国和平统一大业的实现的问题时，发表意见说，今年我到10个省进行了调查，发现台湾与大陆通信的人越来越多，台湾与大陆通汇的越来越多，台湾到大陆来探亲的越来越多，台湾到大陆定居的越来越多。他说，我完全相信胡耀邦同志在报告中的断言：社会主义中国的前途“‘四化’必胜，统一必成”！

全国政协委员马璧说，以前没有中国共产党的领导，中国人民不可能推翻“三座大山”；同样，今后没有中国共产党的领导，中国人民不可能很好地建设一个现代化的社会主义国家。我希望中国共产党的政策更深入、更全面、更切合实际，希望中国共产党强大，再强大！

农工民主党中央副主席徐彬如说，中国共产党的“十二大”提出要全面开创社会主义现代化建设的新局面，我更感到党迎来了自己的中兴时期，前途无限光明。我虽然老了，但我要尽余生之精力，协助党多做一些有益的工作。

民进中央副主席叶圣陶说，中国共产党的“十二大”发出了全面开创社会主义现代化建设新局面的号召，这是“为万世，开太平”的伟大任务。我们党外人士要同全国人民一道，肩负起这个伟大的历史使命。

在座谈会上发言的还有钱昌照、苏步青、华罗庚、胡厥文、周谷城、茅以升、黄鼎臣、苏子蘅、胡子昂、吴茂荪、孙越崎、费孝通、周士观、雷洁琼、严信民、程思远、赵宗燠等。

**全国人大常委会 国务院致电祝贺延边自治州成立30周年**

**中日合拍的第一部故事片《一盘没有下完的棋》首映式在北京展览馆剧场举行**

## 9月4日

**中央党校校长王震在北京参加中央党校1982年下半年开学大会并致开幕词**

王震希望全体学员和教职工坚决按照党的十二大精神，坚持贯彻理论联系实际的教学方针，共同努力、争取更好地完成党中央交给我们的学习任务。

中央党校第一副校长蒋南翔在开学大会上讲话，要求党校学员和教职工要很好地学习、贯彻党的十二大精神，要做继承和发扬党的优良作风的表率。教育长宋振庭在会上就教学计划作了说明。

中央党校副校长冯文彬，顾问杨献珍、成仿吾、范若愚出席了大会。

**全国人大常委会副委员长胡厥文在人民大会堂会见由长崎县知事高田勇率领的日中友好九州青年之船访华团的部分成员**

**中国科学院副院长严东生 顾问谷羽接受《人民日报》记者采访**

两位负责人谈到，参加国民经济重大项目的科学技术攻关，要放在中国科学院当前工作中的一个十分重要位置上。这两位负责同志说，国家给科学院的任务主要有三项，即为解决国家建设中重大的、综合性的、关键的科技课题服务，以及从事基础研究和自然科学资料的积累。在谈到组织科学技术攻关的问题时两位负责同志说，中国科学院自建院以来，始终把这项任务放在重要位置上。通过科学研究实践，我们培养了一支有一定攻坚能力的包括多学科、多兵种的科学研究队伍，积累了相当的科学技术知识和研究手段。因此，科学院有必要，也有能力集中更大的力量，参加国民经济重大项目的科技攻坚战。

在谈到当前组织科技攻关工作的进展时，两位负责人说，半年多来，我们做了下述几方面的工作：

一、加强了科技攻关的组织和领导。明确由常务业务副院长和一名副秘书长负责主持这方面的组织领导工作。院里还召开了攻关会议，由各学部、委员会、研究所提出并逐步集中为包括农业、能源、环境保护、国土整治、新技术、新材料、计算机、人口、科学管理等方面43个项目107个课题。这使我院的一批重要研究课题相对集中并系统化了。

二、加强同上下左右各部门的联系。我们多次找国家计委、经委、科委汇报，把拟定的题目同国家确定的攻关项目协调起来。同时，我们邀请许多部门的代表来介绍经济发展情况，出题目。比如，化学部分别请石油、化工、轻工、冶金等部门介绍情况。然后，他们又组织了催化、化工、高分子、精细有机合成4个调查组，经过两个月的调查，落实了部分课题。对于各研究所原有的课题，我们本着抓战略性的大题目，组织多学科、大兵团作战，解决国家重大问题的原则，作了适当的调整。目前，全院已经确定了37个项目列入攻关的研究计划。

三、深入生产第一线，调查研究，确定课题。我们派出了两个大型的调研团，由院领导同志率队，抽调有关的科研人员参加，到生产第一线找课题，一个到山西，调查山西能源基地开发的攻关问题；另一个到冀、鲁、豫三省，调查黄淮海平原的综合治理及合理开发的科研问题。这种调研，不仅有利于确定许多具体课题，而且打开了思路，使大家具体而深切地感受到，发展国民经济离不开科学技术，而科学技术必须纳入经济计划才能产生效益。

四、充分发挥科技工作者，特别是发挥学部委员和有经验的科学家的作用。科学工作者对参加攻关的积极性很高，化学部化工组开会时，全体学部委员都参加了。科研人员的积极性，表现了对国家经济建设的高度责任心，我们全力支持。

中国科学院的科技攻关是按调查研究、拟定计划、专家评审论证、组织实施四个阶段进行的。目前，我们正进行到第二个阶段。估计年底前可完成评审论证工作，组织好队伍，明年大干。为了做好科技攻关，中国科学院负责人说，有几个问题要进一步解决，比如，组织攻关需要强有力的指挥和措施，条件要跟上，攻关是多兵种、多学科的密切协作，需要进一步打破部门界限，需要加强思想政治工作，把思想工作做到业务工作中去。

## 9月5日

**中国共产党第十二次全国代表大会举行主席团会议**

会议由大会秘书长赵紫阳主持。

大会副秘书长胡乔木在会上就代表们在分组讨论中对十一届中央委员会报告和《中国共产党章程》草案所提出的建议和意见以及据此对报告和党章草案进行修改的情况作了说明。会议决定把修改后的党章草案提请大会通过。

会议通过了关于十一届中央委员会报告的决议草案和关于《中国共产党章程》的决议草案，并决定将这两个决议案提请大会通过。

会议决定将主席团提出的中央委员会、中央顾问委员会和中央纪律检查委员会候选人酝酿名单，提交全体代表讨论。

会议通过关于中央3个委员会的选举办法,并提交大会审议。

**中共十二大代表审议新党章修改草案**

出席党的第十二次全国代表大会的代表对《中国共产党章程》(修改草案)进行了认真的审议工作。代表们普遍认为,这个党章修改草案总结了我党几十年特别是成为执政党以来党的建设正反两方面的经验,反映了新的历史时期的特点和要求,体现了3900万党员的共同意志。这个草案在通过之后,必将使我党更加富有战斗力,更加兴旺发达,使我们党在社会主义现代化建设的事业中更好地发挥核心领导作用。

代表们在审议中说,三中全会以来,广大党员深切感到十一大通过的党章,包含着许多"左"的错误,妨碍着拨乱反正和社会主义现代化建设的顺利进行,早就希望加以修改。

代表们还强调指出,党员标准和干部条件的问题,在党领导全国政权以后特别重要。以前当党员、干革命,要多吃苦,要随时准备牺牲自己的生命,现在有人却觉得当党员可以从中捞到好处。因此,这次党章修改草案对党员和党员干部提出了比过去历次党章更严格的要求。这是十分必要的。

为了使这次大会通过的新党章内容完备,文字表达准确,代表们在审议过程中逐章逐条地讨论,字斟句酌地研究,提出了许多修改意见,其中不少意见已被采纳。

**有关方面同志就党章修改草案向新华社记者发表谈话**

有关方面的同志说,党的十一大以后,特别是十一届三中全会以来,我们党和国家的政治生活发生了巨大变化,新的历史时期对党的建设提出了新的要求。十一大通过的党章在许多重要方面承袭了过去的"左"的错误,早已不能适应新时期的情况和要求,同我们党重新确立的马克思主义的思想路线、政治路线和组织路线很不相称,必须加以修改。1979年年底,在党中央的直接领导下,由中央有关部门的同志组成专门工作小组,开始进行修改党章的工作。这次修改党章,总的指导思想和基本要求是:总结建国以来党的建设的经验教训,适应社会主义现代化建设新时期的特点和需要,认真解决好提高党员标准,提高党组织的战斗力,坚持和改善党的领导,对党员干部提出更严格的要求,以期在新的历史条件下,把我们党的建设提高到一个新的水平。

有关方面的同志说,从1979年年底到现在的两年半时间里,对十一大通过的党章作过多次修改。开始时是举行座谈会广泛征求意见,并派出相当多的同志到许多地方和基层单位调查研究有关的问题。经过这些工作,1980年2月初形成了一个草案。这个草案经中央政治局讨论同意后,提请党的十一届五中全会审议。在这次全会上,到会的中央委员和候补委员进行了认真的讨论,提出了570多条修改意见。根据这些意见,工作小组又进行了一次修改,形成了《中国共产党章程》(1980年4月修改草案),并由中央印发给全党讨论。

在为期半年的讨论中,党的各级组织和广大共产党员提出了大量的修改意见。同时,党的领导机关还邀请各民主党派的负责人、无党派民主人士和一些非党员的负责同志,座谈讨论了这个党章修改草案,征求了他们的意见。1980年9月底,各省、自治区、直辖市的党委和中央党政军机关的党组织,都向中央作了讨论情况和修改意见的报告。在此期间,还有许多共产党员、非党群众和知名人士写信给党中央,对修改党章提出了自己的意见。

据有关方面的同志说,根据十一届五中全会以来全党讨论中提出的意见和其他方面的意见,以及中央关于加强党的建设、坚持和改善党的领导方面的新精神,今年5、6月间,工作小组对党章修改草案又作了第二次比较大的修改。经中央政治局常委和中央书记处审阅后,中央又将这个修改本印发各省、自治区、直辖市和各大军区党委,中央党政军各部门的党组织和十二大代表,再次征求意见。以后根据各地方、各部门党组织报送的修改意见,又做了修改,才提请党的十一届七中全会审议。经全会讨论修改和一致通过后,才形成了提请十二大审议通过的党章草案。这个草案和原来的相比,对党章的总纲、党的组织制度、党的中央和地方组织、党的基层组织、党的干部、党的纪律和纪律检查机关等章节,都作了许多重要的补充。经过这次修改,全党讨论中提出的正确的合理的意见都已被采纳。

总之,这次修改党章的工作,是在充分发扬民主、广泛征求意见、反复酝酿研究的基础上进行的。提请十二大审议的党章修改草案,恢复、发展了党的七大和八大党章的优点,彻底清除了十一大党章中"左"的错误,规定了新的历史时期加强党的建设的方向和措施。这个党章修改草案在总纲中对党的性质、任务、指导思想和党在国家政治生活中如何正确地发挥领导作用,都作了马克思主义的规定;对党员和党的干部提出了更严格的要求;对党的各级组织必须严格遵守民主集中制原则和加强集体领导,对改善党的中央和地方组织的体制,对加强党的纪律和纪律检查机关、加强基层组织的建设,都作了许多新的规定。它比我们党过去的历次党章都更加充实和完善。这个党章修改草案经过十二大审议通过后,将是在新的历史条件下加强党的建设的纲领,对把我们党建设成为领导社会主义现代化事业的坚强核心,将发挥巨大的作用。

**十二大代表就如何把党建设成为领导社会主义现代化事业的坚强核心问题发表意见**

整党整风是党的建设的一条成功的经验

十二大代表、南京部队政委杜平在小组会上代表聂凤智、郭林祥、向守志、张明、孙克骥、李宝奇、罗晴涛、魏金山、杨映雪、李光善作了联合发言。他指出,胡耀邦同志在报告中把全面整顿党的作风和党的组织列为党的建设的头等大事,十分正确。整党整风,从党的历史来看,是加强党的建设的一条成功的宝贵的经验。我们党在民主革命时期和夺取全国胜利之后,进行过多次整风,其中最成功、最有效的一次是七大以前,1942年开始的整风运动。现在,我们将在十二大精神的指引下,按照新党章的要求,进行一次新的整党整风,这必将使全党更加紧密地团结在新的党中央周围,夺取新的更加伟大的胜利。

杜平说,整党整风,从当前党担负的重任来看,是我们坚持社会主义道路,集中力量进行现代化建设的最重要的政治保证和组织保证。我们党现在已经是一个拥有3900万党员、领导着全国政权的大党,在社会主义现代化建设事业中,历史把重大责任交给了我们党。新时期的新任务,对我们党提出了更高、更严的要求。但是,当前我们党的一些组织和一部分党员与这些要求还很不适应。因此,没有一次全面的整党整风是不行的。只有通过整党整风,把各级党组织的领导班子整顿好、建设好,把党风搞好,使各级党组织真正成为坚强的领导核心,使我们的党员个个都成为符合党章要求的合格党员,那么我们党就能愉快地担当历史的重任,领导全国人民开创社会主义现代化建设的新局面。

他说,整党整风,从我们的实践经验看,确实是提高党的战斗力的有效措施。党的三中全会以来,人民解放军南京部队各级党组织,几乎年年都进行整顿,使党的建设一年比一年有进步。特别是今年,我们以党的六中全会决议和《关于党内政治生活的若干准则》为思想武器,根据全军政治工作会议的精神,对团以上党委普遍进行了一次整顿,通过整顿振奋了革命精神,增强了党委的团结,提高了党的战斗力和贯彻执行党的路线、方针、政策的自觉性。因此,部队的精神面貌越来越好,各项工作都有新的起色,也有不少新的创造,涌现了许多好人好事。在这次大会以后,我们决心在全部队中掀起学习、宣传、贯彻十二大精神的热潮,为将来开展整党整风做好充分的思想准备和组织准备。我们一定要根据中央的部署,运用过去的实践经验,按照新党章的要求,把南京部队的整党整风搞好。

杜平说,我们坚信,在党的十二大精神指引下,以新的党章为指导,有新的党中央的坚强领导,我们光荣伟大正确的党经过三年时间有计划有步骤分期分批的整党,我们的党风一定能够根本好转,各级党组织的民主集中制一定会更加健全,全党的团结将会大大加强,党的威望将会大大提高。我们的党一定会以崇高的形象、崭新的面貌出现在全国人民面前。

争取党风根本好转的关键在于各级领导班子

十二大代表、中央纪律检查委员会副书记刘顺元说,胡耀邦同志在报告中提出的用三年时间对党的作风和党的组织进行一次全面整顿是一个庄严的声明,它回答了人们长久以来的热烈期待。

他说,怎样看待现在的党风?现在的党风问题,与延安时期的党风问题有很大的不同。延安时期,我们还没有取得全国政权,而现在我们党已经是执政党,搞好党风,比以前任何一个历史时期都重要。全国解放后,我们党经历了长期"左"的错误,经历了十年内乱,又经历了一度的资产阶级自由化影响,这些都给我们这个有极其优良的革命传统的党带来了损害,使我们党内出现了不正之风。这种不正之风很复杂,很严重,我们对此必须保持清醒的认识。

刘顺元说,如何使党风得以根本好转?胡耀邦同志在报告中说,做好这项工作的中心一环,是在党内进行思想教育。我认为,这种思想教育的内容,第一,进行"党风问题是关系执政党生死存亡的问题"的宣传,唤起人们的警觉,让大家都晓得问题的严重性,这是十分重要的党风教育。第二,要切实开展批评与自我批评,欢迎群众的监督。尤其要在报纸上开展批评。第三,党员违犯党纪国法,要真正实行党纪国法面前人人平等的原则,而且职位越高,执法应该越严。第四,要争取党风的根本好转,关键在各级领导班子,首先在中央各部和各省市委的领导班子。党的十一届三中全会以来,党风年年有好转,但是未能取得根本好转,问题就在于一些领导班子在党风党纪问题上软弱无力,在于有些领导成员自身言行不够一致,不能以身作则,因而缺乏应有的威信。

他还谈到了反对派性的问题。他说,现在的派性是十年内乱的一种后遗症。派性进入了领导班子,它就会排挤党性,排挤原则性。这种班子也就难于同党中央保持一致,人们经常说的贯彻执行中央的路线、方针、政策中的阻力,往往是由此发生的。

刘顺元说,不能说受派性感染的同志几年来没有做过有益的工作,但是,派性是一种很坏的党风,是不安定、不团结的因素。十二大以后的党,应当在更高的水平上团结起来,不会再容忍派性继续存在,尤其不应当让它毒害中青年接班人。领导班子中的派性,对有计划有步骤地进行整党,使党风根本好转,是一个极大的障碍,对这样的领导班子要进一步地和严格地加以整顿和调整。

*整顿党风就是要恢复和发扬党的三大作风*

十二大代表、中央党校教育长宋振庭说,党风问题是党内党外都非常关心的一个问题。这是因为共产党是整个社会主义社会的中坚,党风的好坏直接影响着社会的风气。我们党的党风素来是以它的优良传统著称于世的。这个传统就是有名的理论联系实际、紧密联系群众、批评和自我批评的三大作风。正因为有了这三条,我们党才不断从胜利走向胜利。

宋振庭说,胡耀邦同志在十二大上的报告和即将通过的新党章,一个最根本的要求就是下决心恢复我党的三大作风,不但完全彻底地恢复、发扬,还要进一步树立新风。他说,这几年一些好的或比较好的党员、干部和党组织这样做了,已经取得了很好的成绩,但是也有一些党员、干部和党组织转变不大。对此,应有坚决措施,使之尽快改变局面。

他说,我们党的党风所以遭到破坏,罪魁祸首是林彪、江青两个反革命集团。但是也不能忽视我党当前所处的社会历史条件,所处的内外环境,不能忽视在新形势下可能会带来的若干新问题。我认为党风的根本好转应该包括两方面的含义,一方面是继承和发扬光大我党的好传统、好作风,使这些好的党风代代相传、发扬开来。另一方面要根据新的环境、新的情况的要求,使三大作风有新的内容、新的发展,树立一代新风。

*搞好整党是坚持和改善党的领导的重要保证*

十二大代表、黑龙江省委第一书记杨易辰说,党的十二大提出要有计划有步骤地进行整党、加强新时期党的建设,这是符合实际情况的重要决策。

杨易辰说,黑龙江省连续进行了三年整党的试点,今年一些单位又结合对企业的全面整顿、综合治理进行了整党。从1979年起到目前为止,全省有258个党委、5947个党总支和党支部经过了整顿,参加过整党的党员共10万多人,占全省党员总数的8.2%。在整党中,首先是学习马列著作和毛主席著作,学习《关于党内政治生活的若干准则》《关于建国以来党的若干历史问题的决议》等文件,然后组织党员对照检查,开展批评和自我批评,把整党的过程变成进行马克思主义、毛泽东思想教育的过程。通过整党,党员的觉悟显著提高,能够起先锋模范作用的党员达到百分之八九十,经过教育仍不合格而要开除或劝退的党员只是极少数。经过整顿的党组织战斗力普遍增强,领导班子涣散软弱和不团结的状况有了显著改变,党风迅速好转。在那些单位里,党的威信大大提高,群众对我们党更加信赖。事实说明,搞好整党工作,是坚持和改善党的领导,把我们党建设成为领导社会主义现代化建设事业坚强核心的重要保证。

杨易辰说,现在党的十二大对整顿党的组织、加强党的建设作出了明确规定,提出了相应的部署和要求,我们一定坚决贯彻执行。在前几年试点的基础上,目前黑龙江省正在更大的范围内,包括在十一个省属厅、局开展整党工作。我们决心根据这次大会的精神进一步总结经验,加强领导,争取用三年左右的时间分期分批地把全省的党组织整顿好,使各级党组织朝气蓬勃地带动广大群众去开创社会主义现代化建设的新局面。

**中国会计学会1982年专题学术讨论会在四川乐山举行**

会议就经济责任制、审计问题、《会计法》草案进行了专题讨论。

与会同志认为,目前会计的作用发挥得很不够,远远不能适应经济责任制对会计提出的要求。要发挥会计应有的作用,必须:(1)整顿会计工作,健全会计机构,配备适量的会计人员;(2)做好基础工作,加强成本管理,搞好成本预测与分析;(3)建立健全企业内部稽核制度;(4)加强培训工作,尽快提高会计人员业务水平和解决会计队伍人员不足的问题;(5)尽快颁布《会计法》。

在讨论中,对于审计的范围、目的、职能和作用有一些不同的看法。一部分同志认为:审计就是查账,它是会计监督与会计检查的发展,是对会计活动进行事后监督,不具有参与经济决策的职能,只能起检查错误、揭露弊端的作用。另一部分同志认为:现代审计的对象和范围应当扩大到监督企业经营管理的整个过程和社会主义经济活动的各个方面,查账只是其中的一部分,审计不仅是事后审计,也是事前审计和事中审计,它具有检查监督、参与决策的职能,还起着加强经营管理的作用。还有的同志认为:审计是会计的一部分,审计的本质应与会计的本质相同,审计监督是会计监督职能的深化和延伸。会上,代表们对《会计法》草案中有关会计工作的原则、任务、管理体制、机构设置和人员配备等问题进行了讨论,提出了许多有益的意见。

## 9月6日

**中国共产党第十二次全国代表大会在人民大会堂举行全体会议**

大会执行主席胡耀邦主持大会。出席大会的有正式代表1559人,候补代表144人。

叶剑英、陈云同志在大会上讲话。

大会通过关于十一届中央委员会报告的决议。决议批准胡耀邦同志代表十一届中央委员会所作的报告。决议说:大会认为,十一届三中全会以来的路线、方针和政策是正确的,工作是卓有成效的。报告提出的全面开创社会主义现代化建设新局面的正确纲领和一系列方针政策,应当成为今后党的各项工作的基本依据。

大会通过十一届中央委员会提出的《中国共产党章程》和关于这个章程的决议,决定这一新党章自通过之日起生效。

大会执行主席还有:叶剑英、陈云、李德生、余秋里、张廷发、谷牧、宋任穷、胡乔木。

各民主党派负责人,无党派民主人士,各界知名人士,以及党内一些老同志和负责同志,应邀列席旁听大会。

**叶剑英在中国共产党第十二次全国代表大会全体会议上的讲话**

同志们:

我们这次大会,准备得好,开得也很好。我完全同意小平同志作的开幕词。耀邦同志代表党中央,作了个很重要的报告,党章也修改得很好。我完全赞成。

我们的党是一个生机勃勃的党。经过这次大会,将有一批年富力强的同志,走上中央的领导岗位和其他领导岗位,这是党的事业兴旺发达的重要标志。我们老一辈的同志,看到这种情况,由衷地感到喜悦。

唐朝诗人李商隐曾经用“雏凤清于老凤声”的诗句,称赞他的后辈的诗才。意思是说,后来者居上,年轻的会超过年老的。可以说,这是历史发展和社会进步的一个基本规律。希望新上来工作的年轻同志,同老同志亲密合作,挑起重担,奋勇前进。人类的认识能力是无限的,但是,个人的认识是有限的,这就要善于学习。我们相信,同志们只要努力用共产主义思想,用党的历史经验,用现代科学知识,武装自己,并且团结群众,艰苦奋斗,知人善任,从善如流,就一定能够把领导工作做得有声有色,一定能够在现代化建设的征途上,作出无愧于伟大时代的光荣业绩。

这次大会以后,将有许多老同志从领导岗位上退下来,这是党的事业发展的需要。这些老同志勤勤恳恳奋斗几十年,他们是革命的功臣。他们的功绩,党和人民是不会忘记的。退下来的老同志思想不能退,要用实际行动写好自己晚年的历史,时时处处为党和人民的利益着想,继续做一些力所能及的工作。

我今年85岁了,年老多病,做事已力不从心,从党的事业着想,我曾多次要求退出领导岗位。在中央没有决定我退出之前,当尽力而为,“鞠躬尽瘁,死而后已”。

十二大以后,要全面开创社会主义现代化事业的新局面,任务很艰巨。我们的新的中央委员会,一定要更好地坚持民主集中制,坚持集体领导原则。集中群众的智慧和力量,事情就好办了,就可以化难为易,化险为夷,可以减少工作中的失误。党的历史经验反复证明了这一点。这几年以来,中央政治局、书记处在这方面做得比较好,取得了显著成效。今后,从中央到地方各级党委,都要这样做,以保证党的正常生活和正确领导,实现国家的长治久安。希望大家把这个治党治国的根本原则,坚持下去,一代一代传下去。

我今天就讲这些。祝大会圆满成功。

**陈云在中国共产党第十二次全国代表大会全体会议上的讲话**

各位代表,同志们:

我完全同意胡耀邦同志代表中央委员会向这次大会作的报告,完全同意党章修改草案,完全同意邓小平同志的开幕词,完全同意叶剑英同志的讲话。

粉碎“四人帮”以后,我们党经过十一届三中全会拨正了航向,又经过十一届四中、五中、六中全会,使国家的政治生活和社会主义建设逐步走上了正确的、健康发展的轨道。

但是,应当清醒地看到,由于种种原因,我们党的干部队伍相当长时间以来就存在程度不同的老化问题,存在青黄不接的问题。这个问题现在不解决,或者解决得不好,共产主义事业在中国就有可能出现曲折。每一个同志,尤其是每一个老同志,都应当认识到这个问题的严重性和迫切性。

因此,解决好干部队伍的交接班问题,是摆在全党面前的一个重要任务。

要解决这个问题,首先是老干部要陆续从领导班子中退出。

在不久以前进行的党中央和国务院的机构改革中,一些老同志退出了第一线领导岗位。在最近召开的十一届七中全会上,又有许多老同志表示要退出中央委员会和其他一些领导岗位。这说明,我们的老干部是有高度革命责任感的。

老干部退出了第一线，革命是不是就到头了呢？并没有。无论是退到第二线做自己力所能及的工作，还是离休退休，都要支持中青年干部的工作，担负起对中青年干部传帮带的任务。老干部只有完成了这项任务，才算对党和革命事业尽了最后一把力。

另外，既然是干部队伍青黄不接，老同志就不可能一下子都从领导班子中退出。根据实际情况的需要，有些老同志暂时还要留在第一线。但是，对于这些同志来说，主要的精力也不应当再用来处理日常的繁重工作，而应当用来搞好传帮带，在重大问题上出出主意，把把关。

要解决干部队伍交接班的问题，就要提拔中青年干部进入各级领导班子。

对于这个问题，我要讲两句话。

一句话是：必须成千上万地提拔，而不能只提拔几十个、几百个。

为什么必须成千上万地提拔呢？这是因为，只有这样，才能使各级领导班子中退出的大批老干部的工作都能有人接替；只有这样，才能使我们有较大的选择余地，以便把班交给确实可靠的人；只有这样，才能使“文化大革命”中提拔起来的那些兴风作浪的分子在今后闹不起大乱子。

为了做到成千上万地提拔中青年干部，我们必须用发展的观点看待他们，不要只看到他们现在还缺乏经验。当然，中青年干部没有老干部那样丰富的工作经验，但是，我们应该问一问，经验是从哪里来的？还不是从实际工作中锻炼出来的。把中青年干部放到负责岗位上去，让他们挑担子，锻炼三年五载，十年八年，他们就一定可以取得经验，逐步成熟。另外，多设一些类似“助理”那样的职务，这样就可以减少提拔中青年干部到正式领导岗位上可能遇到的阻力，同时也便于党组织在正式任命他们之前，对他们的领导能力和组织才干有一个实际的考察。

关于提拔中青年干部问题，我要说的另一句话是：在“文化大革命”期间跟随林彪、江青一伙造反起家的人，帮派思想严重的人，打砸抢分子，这“三种人”一个也不能提拔，已经提拔的，必须坚决从领导班子中清除出去。

为什么一个也不能提拔呢？因为这“三种人”如果进到领导班子中，若干年后，到了气候适宜的时候，党内有什么风浪的时候，他们就会跳出来兴风作浪，再次为害国家，为害人民。

当然，我们要看到，“文化大革命”期间犯有错误的中青年中，属于“三种人”的只是少数，多数是跟着跑的。对于跟着跑的人，只要他们真正认识了自己的错误，与“三种人”坚决划清了界限，而且在粉碎“四人帮”以后表现一直好，党就应该信任和使用他们，并在工作中对他们继续加以考察和帮助。

我们还要看到，在“文化大革命”期间，表现好的和基本好的中青年有的是，我们在提拔中青年干部时，应当主要从他们中间挑选。

除了这“三种人”以外，还有两种人也不能提拔，这就是反对三中全会以后党中央路线的人，以及在经济领域内和其他方面严重违法乱纪的人。

总之，一方面要大胆提拔，加快提拔中青年干部；一方面又要严格把好政治标准这一关。德才相比，我们要更注重于德，就是说，要确实提拔那些党性强，作风正派，敢于坚持原则的人。

我相信，只要把干部队伍的交接班问题解决好，我们党的事业就一定会后继有人。

**中国共产党第十二次全国代表大会关于十一届中央委员会报告的决议**

（一九八二年九月六日通过）

中国共产党第十二次全国代表大会决定，批准胡耀邦同志代表党的十一届中央委员会所作的报告。大会认为，十一届三中全会以来的路线、方针和政策是正确的，工作是卓有成效的。大会认为，报告提出的全面开创社会主义现代化建设新局面的正确纲领和一系列方针政策，应当成为今后党的各项工作的基本依据。

从党的这次代表大会到下次代表大会的五年间，全党要力争实现国家财政经济状况的根本好转，社会风气的根本好转，党风的根本好转。为此，必须采取一系列重要措施，特别是要进行机构改革和经济体制改革，实现干部的革命化、年轻化、知识化、专业化；在建设社会主义物质文明的同时，建设社会主义精神文明，发展社会主义民主和加强社会主义法制；打击经济领域和其他领域的一切严重犯罪活动；整顿党的作风和党的组织。大会号召，全党同志在十二届中央委员会的领导下，团结全国各族人民，高举马克思列宁主义、毛泽东思想的伟大旗帜，振奋精神，坚忍不拔，为全面开创社会主义现代化建设的新局面而努力奋斗！

**中国共产党第十二次全国代表大会关于《中国共产党章程》的决议**

（一九八二年九月六日通过）

中国共产党第十二次全国代表大会通过十一届中央委员会提出的《中国共产党章程》，决定这一新党章自通过之日起生效。

大会决定全党各级党委和每个党组织都要认真组织对于新党章的学习，努力使全体党员认真理解党章总纲和党章的各项规定。在学习中，要密切联系实际，展开同志式的批评和自我批评,使所有党员特别是所有干部党员的认识都能够得到提高,以便为全面整顿党的作风和党的组织,把党建设成为领导社会主义现代化事业的坚强核心,做好充分的准备。

**中国共产党章程**

(中国共产党第十二次全国代表大会一九八二年九月六日通过)

**总 纲**

中国共产党是中国工人阶级的先锋队,是中国各族人民利益的忠实代表,是中国社会主义事业的领导核心。党的最终目标,是实现共产主义的社会制度。

中国共产党以马克思列宁主义、毛泽东思想作为自己的行动指南。

马克思和恩格斯运用辩证唯物主义和历史唯物主义,分析资本主义社会的发展规律,创立了科学社会主义理论。按照这个理论,经过无产阶级革命斗争的胜利,资产阶级专政必然为无产阶级专政所代替,资本主义社会必然被改造为生产资料公有、消灭剥削、各尽所能、按劳分配的社会主义社会;社会主义社会经过生产力的巨大发展和思想、政治、文化的巨大进步,最后必然发展为各尽所能、按需分配的共产主义社会。进入二十世纪以后,列宁指出,资本主义已经发展到帝国主义阶段,无产阶级的解放斗争必然同世界被压迫民族的解放斗争联合起来,社会主义革命在帝国主义统治的薄弱环节有可能首先取得胜利。半个多世纪以来世界历史的进程,特别是社会主义制度在一些国家的建立和发展,证明了科学社会主义理论是正确的。

社会主义制度的发展和完善是一个长期的历史过程。从根本上说,社会主义制度消除了资本主义制度本身无法克服的固有矛盾,具有资本主义制度不可比拟的优越性。社会主义使人民真正成为国家的主人,日益摆脱剥削制度和生产资料私有制度形成的旧思想旧习惯,日益提高共产主义觉悟,日益形成共同的理想、共同的道德和共同的纪律。社会主义充分发挥人民的积极性、创造性,有计划、按比例、高速度地发展社会生产力,满足社会成员日益增长的物质文化生活的需要。社会主义事业正在向前发展,并且必将通过各国人民自愿选择的、适合本国特点的道路,逐步在全世界取得胜利。

以毛泽东同志为主要代表的中国共产党人,把马克思列宁主义的普遍原理同中国革命的具体实践结合起来,创立了毛泽东思想。毛泽东思想是马克思列宁主义在中国的运用和发展,是被实践证明了的关于中国革命和建设的正确的理论原则和经验总结,是中国共产党集体智慧的结晶。

中国共产党领导全国各族人民,经过长期的反对帝国主义、封建主义、官僚资本主义的革命斗争,取得了新民主主义革命的胜利,建立了人民民主专政的中华人民共和国;并且在建国以后,顺利地进行了社会主义改造,完成了从新民主主义到社会主义的过渡,确立了社会主义制度,发展了社会主义的经济、政治和文化。

在剥削阶级作为阶级消灭以后,我国社会存在的矛盾大多数不具有阶级斗争的性质,阶级斗争已经不是主要矛盾。由于国内的因素和国际的影响,阶级斗争还在一定范围内长期存在,在某种条件下还有可能激化。我国社会的主要矛盾是人民日益增长的物质文化需要同落后的社会生产之间的矛盾。其他矛盾应当在解决这个主要矛盾的同时加以解决。要严格区分和正确处理敌我矛盾和人民内部矛盾这两类不同性质的矛盾。

中国共产党在现阶段的总任务是:团结全国各族人民,自力更生,艰苦奋斗,逐步实现工业、农业、国防和科学技术现代化,把我国建设成为高度文明、高度民主的社会主义国家。

中国共产党工作的重点,是领导全国各族人民进行社会主义现代化经济建设。应当大力发展社会生产力,并且按照生产力的实际水平和发展要求,逐步完善社会主义的生产关系。应当在生产发展和社会财富增长的基础上,逐步提高城乡人民的物质文化生活水平。

中国共产党领导人民在建设高度物质文明的同时,建设高度的社会主义精神文明。应当大力发展教育、科学、文化事业,用共产主义思想教育党员和人民群众,抵制和克服资本主义腐朽思想、封建主义残余思想和其他非无产阶级思想,努力使我国人民成为有理想、有道德、有文化、有纪律的人民。

中国共产党领导人民发展社会主义民主,健全社会主义法制,巩固人民民主专政。应当切实保障人民管理国家事务和社会事务、管理经济和文化事业的权利,坚决打击蓄意破坏我国社会主义制度的敌对分子和严重危害社会安全的分子。必须努力加强人民解放军的建设,巩固国防,随时准备抗击和歼灭入侵之敌。

中国共产党维护和发展国内各民族的平等、团结、互助关系,坚持实行民族区域自治政策,帮助各少数民族地区发展经济文化,积极培养、选拔少数民族干部。

中国共产党同全国各民族工人、农民、知识分子团结在一起,同各民主党派、无党派民主人士、各民族的爱国力量团结在一起,进一步发展和壮大由全体社会主义劳动者、拥护社会主义的爱国者、拥护祖国统一的爱国者组成的最广泛的爱国统一战线。要同全国人民包括台湾同胞、港澳同胞和国外侨胞一起,完成祖国统一的大业。

中国共产党对国际事务的基本立场是：坚持无产阶级国际主义，坚持同全世界无产阶级、被压迫民族、被压迫人民，以及一切爱好和平、主持正义的组织和人士的团结，共同反对帝国主义、霸权主义、殖民主义，维护世界和平，促进人类进步。在互相尊重主权和领土完整、互不侵犯、互不干涉内政、平等互利、和平共处五项原则的基础上，发展我国同世界各国的关系。在马克思主义基础上，按照独立自主、完全平等、互相尊重、互不干涉内部事务的原则，发展我党同各国共产党和其他工人阶级政党的关系。

中国共产党要领导全国各族人民实现社会主义现代化的宏伟目标，必须加强党的建设，发扬党的优良传统，提高党的战斗力，坚决实现以下三项基本要求：

第一，思想上政治上的高度一致。中国共产党以实现共产主义为最高纲领，所有共产党员都必须为此而奋斗终生。在现阶段，坚持社会主义道路，坚持人民民主专政，坚持党的领导，坚持马克思列宁主义、毛泽东思想，集中力量进行社会主义现代化建设，是全党团结统一的政治基础。党的思想路线是一切从实际出发，理论联系实际，实事求是，在实践中检验真理和发展真理。全党必须依据这条思想路线，科学地总结历史经验，调查研究现实情况，解决国内和国际事务中提出的新问题，反对一切"左"的和右的错误倾向。

第二，全心全意为人民服务。党除了工人阶级和最广大人民群众的利益，没有自己特殊的利益。党的纲领和政策，正是工人阶级和最广大人民群众的根本利益的科学表现。党在领导群众为实现共产主义理想而奋斗的全部过程中，始终同群众同甘共苦，保持最密切的联系，不允许任何党员脱离群众，凌驾于群众之上。党坚持用共产主义思想教育群众，并在自己的工作中实行群众路线，一切为了群众，一切依靠群众，把党的正确主张变为群众的自觉行动。

第三，坚持民主集中制。党内充分发扬民主，在民主的基础上实行高度的集中，加强组织性纪律性，保证全党行动的一致，保证党的决定得到迅速有效的贯彻执行。党在自己的政治生活中正确地开展批评和自我批评，在原则问题上进行思想斗争，坚持真理，修正错误。实行在党的纪律面前人人平等的原则，给违反纪律的党员以应有的批评或处分，把坚持反对党、危害党的分子清除出党。

党的领导主要是政治、思想和组织的领导。党必须制定和执行正确的路线、方针和政策，做好党的组织工作和宣传教育工作，发挥全体党员在一切工作和社会生活中的先锋模范作用。党必须在宪法和法律的范围内活动。党必须保证国家的立法、司法、行政机关，经济、文化组织和人民团体积极主动地、独立负责地、协调一致地工作。党必须加强对工会、共产主义青年团、妇女联合会等群众组织的领导，充分发挥它们的作用。共产党员只占全国人口中的少数，必须同党外群众亲密合作，共同促进社会主义祖国日益繁荣富强，直至最后实现共产主义。

**第一章　党　员**

第一条　年满十八周岁的中国工人、农民、军人、知识分子和其他革命分子，承认党的纲领和章程，愿意参加党的一个组织并在其中积极工作、执行党的决议和按期交纳党费的，可以申请加入中国共产党。

第二条　中国共产党党员是中国工人阶级的有共产主义觉悟的先锋战士。

中国共产党党员必须全心全意为人民服务，不惜牺牲个人的一切，为实现共产主义奋斗终生。

中国共产党党员永远是劳动人民的普通一员。除了制度和政策规定范围内的个人利益和工作职权以外，所有共产党员都不得谋求任何私利和特权。

第三条　党员必须履行下列义务：

（一）认真学习马克思列宁主义、毛泽东思想，学习党的基本知识和党的路线、方针、政策和决议，学习科学、文化和业务。

（二）坚持党和人民的利益高于一切，个人利益服从党和人民的利益，吃苦在前，享受在后，克己奉公，绝对不得假公济私，损公利私。

（三）百折不挠地执行党的决定，服从组织分配，积极完成党的任务，自觉遵守党的纪律和国家的法律，严格保守党和国家的秘密，坚决保卫党和国家的利益。

（四）维护党的团结和统一，坚决反对派性，反对一切派别组织和小集团活动，反对阳奉阴违的两面派行为和一切阴谋诡计。

（五）对党忠诚老实，言行一致，不隐瞒自己的政治观点，不歪曲事实真相；切实开展批评和自我批评，勇于揭露和纠正工作中的缺点、错误，支持好人好事，反对坏人坏事。

（六）密切联系群众，向群众宣传党的主张，遇事同群众商量，虚心听取并及时向党反映群众的意见和要求，帮助群众提高觉悟，维护群众的正当权利和利益。

（七）在生产、工作、学习和社会生活中起先锋模范作用，带头维护社会秩序，发扬社会主义新风尚，提倡共产主义道德。

（八）为了保卫祖国和人民的利益，在一切困难和危险的时刻挺身而出，英勇斗争，发扬一不怕苦、二不怕死的精神。

第四条　党员享有下列权利：

（一）参加党的有关会议，阅读党的有关文件，接受党的培养和训练。

（二）在党的会议上和党报党刊上，参加关于党的政策问题的讨论。

（三）对党的工作提出建议和倡议。

（四）在党的会议上有根据地批评党的任何组织和任何党员，向党负责地揭发、检举党的任何组织和任何党员违法乱纪的事实，要求处分违法乱纪的党员，要求罢免或撤换不称职的干部。

（五）行使表决权、选举权，有被选举权。

（六）在党组织讨论决定对党员的党纪处分或作出鉴定时，本人有权参加和进行申辩，其他党员可以为他作证和辩护。

（七）对党的决议和政策如有不同意见，在坚决执行的前提下，可以声明保留，并且可以把自己的意见向党的上级组织直至中央提出。

（八）向党的上级组织直至中央提出请求、申诉和控告，并要求有关组织给以负责的答复。

党的任何一级组织直至中央都无权剥夺党员的上述权利。

第五条　发展党员，必须经过党的支部，坚持个别吸收的原则。既不允许用任何方式把不符合党员条件的人拉入党内，也不要把符合党员条件的人拒于党外。

申请入党的人，要填写入党志愿书，要有两名正式党员做介绍人，要经过支部大会通过和上级党组织批准，并且经过预备期的考察，才能成为正式党员。

介绍人要认真了解申请人的思想、品质和经历，向他解释党的纲领和党的章程，说明党员的条件、义务和权利，并向党组织作出负责的报告。

党的支部委员会对申请入党的人，要注意征求党内外有关群众的意见，进行严格的审查，认为合格后再提交支部大会讨论。

上级党组织在批准申请人入党以前，要派人同他谈话，作进一步的了解，并帮助他提高对党的认识。

在特殊情况下，党的中央和省、自治区、直辖市委员会有权直接接收党员。

第六条　预备党员必须面向党旗进行入党宣誓。誓词如下：我志愿加入中国共产党，拥护党的纲领，遵守党的章程，履行党员义务，执行党的决定，严守党的纪律，保守党的秘密，对党忠诚，积极工作，为共产主义奋斗终生，随时准备为党和人民牺牲一切，永不叛党。

第七条　预备党员的预备期为一年。党组织对预备党员应当认真教育和考察。

预备党员的义务同正式党员一样。预备党员的权利，除了没有表决权、选举权和被选举权以外，也同正式党员一样。

预备党员预备期满，党的支部应当及时讨论他能否转为正式党员。认真履行党员义务，具备党员条件的，应当按期转为正式党员；需要继续考察和教育的，可以延长预备期，但不能超过一年；不履行党员义务，确实不具备党员条件的，应当取消预备党员资格。预备党员转为正式党员，或延长预备期，或取消预备党员资格，都应当经支部大会讨论通过和上级党组织批准。

预备党员的预备期，从支部大会通过他为预备党员之日算起。党员的党龄，从预备期满转为正式党员之日算起。

第八条　每个党员，不论职务高低，都必须编入党的一个支部、小组或其他特定组织，参加党的组织生活，接受党内外群众的监督。不允许有任何不参加党的组织生活、不接受党内外群众监督的特殊党员。

第九条　党员有退党的自由。党员要求退党，应当经支部大会讨论后宣布除名，并报上级党组织备案。

党员缺乏革命意志，不履行党员义务，不符合党员条件，经多次教育仍无转变的，应当劝他退党。劝党员退党，应当经支部大会讨论决定，并报上级党组织批准。如被劝告退党的党员坚持不退，应当提交支部大会讨论，决定让他限期改正错误，或宣布把他除名，并报上级党组织批准。

党员如果没有正当理由，连续六个月不参加党的组织生活，或不交纳党费，或不做党所分配的工作，就被认为是自行脱党。支部大会应当决定把这样的党员除名，并报上级党组织批准。

**第二章　党的组织制度**

第十条　党是根据自己的纲领和章程，按照民主集中制组织起来的统一整体。它在高度民主的基础上实行高度的集中。党的民主集中制的基本原则是：

（一）党员个人服从党的组织，少数服从多数，下级组织服从上级组织，全党各个组织和全体党员服从党的全国代表大会和中央委员会。

（二）党的各级领导机关，除它们派出的代表机关和在非党组织中的党组外，都由选举产生。

（三）党的最高领导机关，是党的全国代表大会和它所产生的中央委员会。党的地方各级领导机关，是党的地方各级代表大会和它们所产生的委员会。党的各级委员会向同级的代表大会负责并报告工作。

（四）党的上级组织要经常听取下级组织和党员群众的意见，及时解决他们提出的问题。党的下级组织既要向上级组织请示和报告工作，又要独立负责地解决自己职责范围内的问题。上下级组织之间要互通情报、互相支持和互相监督。

（五）党的各级委员会实行集体领导和个人分工负责相结合的制度。凡属重大问题都要由党的委员会民主讨论，作出决定。

（六）党禁止任何形式的个人崇拜。要保证党的领导人的活动处于党和人民的监督之下，同时维护一切代表党和人民利益的领导人的威信。

第十一条　党的各级代表大会的代表和委员会的产生，要体现选举人的意志。选举采用无记名投票的方式。候选人名单要由党组织和选举人充分酝酿讨论。可以经过预选产生候选人名单，然后进行正式选举。也可以不经过预选，采用候选人数多于应选人数的办法进行选举。选举人有了解候选人情况、要求改变候选人、不选任何一个候选人和另选他人的权利。任何组织和个人不得以任何方式强迫选举人选举或不选举某个人。

党的地方各级代表大会的选举，如果发生违反党章的情况，上一级党的委员会在调查核实后，应作出选举无效和采取相应措施的决定，并报再上一级党的委员会审查批准，正式宣布执行。

第十二条　党的县级和县级以上委员会在必要时可以召集代表会议，讨论和决定需要及时解决的重大问题。代表会议代表的名额和产生办法，由召集代表会议的委员会决定。

第十三条　凡是成立党的新组织，或是撤销党的原有组织，必须由上级党组织决定。

党的县级和县级以上委员会可以派出代表机关。

在党的地方各级代表大会闭会期间，上级党的组织认为有必要时，可以调动或者指派下级党组织的负责人。

第十四条　党的各级领导机关，对同下级组织有关的重要问题作出决定时，在通常情况下，要征求下级组织的意见。要保证下级组织能够正常行使他们的职权。凡属应由下级组织处理的问题，如无特殊情况，上级领导机关不要干预。

第十五条　有关全国性的重大政策问题，只有党中央有权作出决定，各部门、各地方的党组织可以向中央提出建议，但不得擅自作出决定和对外发表主张。

党的下级组织必须坚决执行上级组织的决定。下级组织如果认为上级组织的决定不符合本地区、本部门的实际情况，可以请求改变；如果上级组织坚持原决定，下级组织必须执行，并不得公开发表不同意见，但有权向再上一级报告。

党的各级组织的报刊和其他宣传工具，必须宣传党的路线、方针、政策和决议。

第十六条　党组织讨论决定问题，必须执行少数服从多数的原则。对于少数人的不同意见，应当认真考虑。如对重要问题发生争论，双方人数接近，除了在紧急情况下必须按多数意见执行外，应当暂缓作出决定，进一步调查研究，交换意见，下次再议。如仍不能作出决定，应将争论情况向上级组织报告，请求裁决。

党员个人代表党组织发表重要主张，如果超出党已有决定的范围，必须提交所在的党组织讨论决定，或向上级党组织请示。任何党员不论职务高低，都不能个人决定重大问题；如遇紧急情况，必须由个人作出决定时，事后要迅速向党组织报告。不允许任何领导人实行个人专断和把个人凌驾于组织之上。

第十七条　党的中央、地方和基层组织，都必须重视党的建设，经常讨论和检查党的宣传工作、教育工作、组织工作、纪律检查工作、群众工作、统一战线工作等，注意研究党内外的思想政治状况。

**第三章　党的中央组织**

第十八条　党的全国代表大会每五年举行一次，由中央委员会召集。中央委员会认为有必要，或者有三分之一以上的省一级组织提出要求，全国代表大会可以提前举行；如无非常情况，不得延期举行。

全国代表大会代表的名额和选举办法，由中央委员会决定。

第十九条　党的全国代表大会的职权是：

（一）听取和审查中央委员会的报告；

（二）听取和审查中央顾问委员会、中央纪律检查委员会的报告；

（三）讨论并决定党的重大问题；

（四）修改党的章程；

（五）选举中央委员会；

（六）选举中央顾问委员会和中央纪律检查委员会。

第二十条　党的中央委员会每届任期五年。全国代表大会如提前或延期举行，它的任期相应地改变。中央委员会委员和候补委员必须有五年以上的党龄。中央委员会委员和候补委员的名额，由全国代表大会决定。中央委员会委员出缺，由中央委员会候补委员按照得票多少依次递补。

中央委员会全体会议由中央政治局召集，每年至少举行一次。

在全国代表大会闭会期间，中央委员会执行全国代表大会的决议，领导党的全部工作，对外代表中国共产党。

第二十一条　党的中央政治局、中央政治局常务委员会、中央书记处和中央委员会总书记，由中央委员会全体会议选举。中央委员会总书记必须从中央政治局常务委员会委员中产生。

中央政治局和它的常务委员会在中央委员会全体会议闭会期间，行使中央委员会的职权。

中央书记处在中央政治局和它的常务委员会领导下，处理中央日常工作。

中央委员会总书记负责召集中央政治局会议和中央政治局常务委员会会议，并主持中央书记处的工作。

党的中央军事委员会组成人员由中央委员会决定。中央军事委员会主席，必须从中央政治局常务委员会委员中产生。

每届中央委员会产生的中央领导机构和中央领导人，在下届全国代表大会开会期间，继续主持党的经常工作，直到下届中央委员会产生新的中央领导机构和中央领导人为止。

第二十二条　党的中央顾问委员会是中央委员会的政治上的助手和参谋。中央顾问委员会委员必须具有四十年以上的党龄，对党有过较大贡献，有较丰富的领导工作经验，在党内外有较高声望。

中央顾问委员会每届任期和中央委员会相同。它的常务委员会和主任、副主任，由中央顾问委员会全体会议选举，并报中央委员会批准。中央顾问委员会主任必须从中央政治局常务委员会委员中产生。中央顾问委员会委员可以列席中央委员会全体会议；它的副主任可以列席中央政治局全体会议；在中央政治局认为必要的时候，中央顾问委员会的常务委员也可以列席中央政治局全体会议。

中央顾问委员会在中央委员会领导下进行工作，对党的方针、政策的制定和执行提出建议，接受咨询；协助中央委员会调查处理某些重要问题；在党内外宣传党的重大方针、政策；承担中央委员会委托的其他任务。

第二十三条　中国人民解放军的党组织，根据中央委员会的指示进行工作。中国人民解放军总政治部是中央军事委员会的政治工作机关，负责管理军队中党的工作和政治工作。军队中党的组织体制和机构，由中央军事委员会作出规定。

**第四章　党的地方组织**

第二十四条　党的省、自治区、直辖市、设区的市和自治州的代表大会，每五年举行一次。

党的县(旗)、自治县、不设区的市和市辖区的代表大会，每三年举行一次。

党的地方各级代表大会由同级党的委员会召集。在特殊情况下，经上一级委员会批准，可以提前或延期举行。

党的地方各级代表大会代表的名额和选举办法，由同级党的委员会决定，并报上一级党的委员会批准。

第二十五条　党的地方各级代表大会的职权是：

(一)听取和审查同级委员会的报告；

(二)听取和审查同级纪律检查委员会的报告；

(三)讨论本地区范围内的重大问题并作出决议；

(四)选举同级党的委员会，选举同级党的纪律检查委员会，选举出席上级党的代表大会的代表。

党的省、自治区、直辖市代表大会选举本级党的顾问委员会，并听取和审查它的报告。

第二十六条　党的省、自治区、直辖市、设区的市和自治州的委员会，每届任期五年。这些委员会的委员和候补委员必须有五年以上的党龄。

党的县(旗)、自治县、不设区的市和市辖区的委员会，每届任期三年。这些委员会的委员和候补委员必须有三年以上的党龄。

党的地方各级代表大会如提前或延期举行，由它选举的委员会的任期相应地改变。

党的地方各级委员会的委员和候补委员的名额，分别由上一级委员会决定。党的地方各级委员会委员出缺，由候补委员按照得票多少依次递补。

党的地方各级委员会全体会议，每年至少召开一次。

党的地方各级委员会在代表大会闭会期间，执行上级党组织的指示和同级党代表大会的决议，领导本地方的工作，定期向上级党的委员会报告工作。

第二十七条　党的地方各级委员会全体会议，选举常务委员会和书记、副书记，并分别报上级党的委员会批准。党的地方各级常务委员会，在委员会全体会议闭会期间，行使委员会职权；在下届代表大会开会期间，继续主持经常工作，直到新的常务委员会产生为止。

第二十八条　党的省、自治区、直辖市顾问委员会是同级党的委员会的政治上的助手和参谋，在同级党的委员会领导下，参照本章程第二十二条的有关规定进行工作。它的成员的条件，参照本章程第二十二条的有关规定，并根据本地实际情况，由同级党的委员会作出规定。它的每届任期和同级党的委员会相同。

省、自治区、直辖市顾问委员会的常务委员会和主任、副主任由它的全体会议选举，经同级党的委员会通过，报中央委员会批准。它的成员可以列席同级党的委员会全体会议，主任、副主任可以列席同级党的常务委员会会议。

第二十九条　党的地区委员会和相当于地区委员会的组织，是党的省、自治区委员会在几个县、自治县、市范围内派出的代表机关。它根据省、自治区委员会的授权，领导本地区的工作。

**第五章　党的基层组织**

第三十条　工厂、商店、学校、机关、街道、人民公社、合作社、农场、乡、镇、人民解放军连队和其他基层单位，凡是有正式党员三人以上的，都应当成立党的基层组织。

党的基层组织，根据工作需要和党员人数，经上级党组织批准,分别设立党的基层委员会、总支部委员会、支部委员会。基层委员会由党员大会或代表大会选举产生,总支部委员会和支部委员会由党员大会选举产生。

第三十一条　设立委员会的基层组织的党员大会或代表大会,一般每年召开一次。总支部党员大会,一般每年召开两次。支部党员大会,一般每三个月召开一次。

基层委员会每届任期三年,总支部委员会、支部委员会每届任期两年。基层委员会、总支部委员会、支部委员会选出的书记、副书记,应报上级党组织批准。

第三十二条　党的基层组织是党在社会基层组织中的战斗堡垒。它的基本任务是:

(一)宣传和执行党的路线、方针、政策,宣传和执行党中央、上级组织和本组织的决议,充分发挥党员的先锋模范作用,团结、组织党内外的干部和群众,努力完成本单位所担负的任务。

(二)组织党员认真学习马克思列宁主义、毛泽东思想,学习党的基本知识和党的路线、方针、政策,学习科学、文化和业务。

(三)对党员进行教育和管理,严格党的组织生活,监督党员切实履行义务,遵守纪律,保障党员的权利不受侵犯。

(四)密切联系群众,经常了解群众对党员、党的工作的批评和意见,尊重群众和专家的知识和合理化建议,维护群众的正当权利和利益,关心和帮助他们改善物质文化生活,做好群众的思想政治工作,提高他们的觉悟。对于群众中的错误意见和不良风气,要用适当的方法加以纠正;对于群众中的矛盾,要妥善地加以处理。

(五)充分发挥党员和群众的积极性创造性,发现他们中间的先进分子以及其他为社会主义事业所需要的人才,鼓励和支持他们改进工作,进行革新和创造。

(六)吸收党员,收缴党费,审查和鉴定党员,表扬党员中的模范事迹,维护和执行党的纪律。

(七)开展批评和自我批评,揭露、改正工作中的缺点和错误。教育和监督党员干部和其他任何工作人员严格遵守国法政纪,严格遵守国家的财政经济纪律和人事制度,不得侵占国家、集体和群众的利益。监督本单位财务会计人员和各种执法的专业人员不得执法犯法,同时保证他们依法独立行使他们的职权,不受侵犯和打击报复。

(八)教育党员和群众提高革命警惕,坚决同反革命分子和其他破坏分子的犯罪活动作斗争。

第三十三条　企业事业单位中党的基层委员会,和不设基层委员会的总支部委员会或支部委员会,领导本单位的工作。这些基层党组织应对重大原则问题进行讨论和作出决定,同时保证行政负责人充分行使自己的职权,不要包办代替他们的工作。基层委员会领导下的总支部委员会和支部委员会,除特殊情况外,只对本单位生产任务和业务工作的正确完成起保证监督作用。

各级党政机关中党的基层组织,不领导本单位的业务工作。它应当对包括行政负责人在内的每个党员在执行党的路线、方针、政策,遵纪守法,联系群众,以及他们的思想、作风、道德品质等方面的情况进行监督,协助行政领导改进工作,提高效率,克服官僚主义,并把了解到的机关工作的缺点、问题通知行政负责人或报告党的上级组织。

## 第六章　党的干部

第三十四条　党的干部是党的事业的骨干,是人民的公仆。党按照德才兼备的原则选拔干部,坚持任人唯贤,反对任人唯亲,并且要求努力实现干部队伍的革命化、年轻化、知识化、专业化。

党的干部必须接受党的培训,接受党的考察和考核。

党应当重视培养、选拔女干部和少数民族干部。

第三十五条　党的各级领导干部必须模范地履行本章程第三条所规定的党员的各项义务,并且必须具备以下的基本条件:

(一)有一定的马克思列宁主义、毛泽东思想的理论政策水平,能够坚持社会主义道路,同破坏社会主义的敌对势力作斗争,同党内外各种错误倾向作斗争。((2)(3))

(二)在自己的领导工作中,认真调查研究,坚持从实际出发,正确地执行党的路线、方针和政策。

(三)有强烈的革命事业心和政治责任感,有胜任领导工作的组织能力、文化水平和专业知识。

(四)具有民主作风,密切联系群众,正确地执行党的群众路线,自觉地接受党和群众的批评和监督,反对官僚主义。

(五)正确运用自己的职权,遵守和维护党和国家的制度,同任何滥用职权、谋求私利的行为作斗争。

(六)在坚持党的原则的基础上,善于广泛地团结同志,包括团结同自己有不同意见的同志一道工作。

第三十六条　党员干部要善于同非党干部合作共事,尊重他们,虚心学习他们的长处。

党的各级组织要善于发现和推荐有真才实学的非党干部担任领导工作,保证他们有职有权,充分发挥他们的作用。

第三十七条　党的各级领导干部,无论是由民主选举产生的,或是由领导机关任命的,他们的职务都不是终身的,都可以变动或解除。

年龄和健康状况不适宜于继续担任工作的干部,应当按照国家的规定,或者离职休养,或者退休。

## 第七章 党的纪律

第三十八条 共产党员必须自觉接受党的纪律的约束。

党组织对违犯党的纪律的党员,应当本着惩前毖后、治病救人的精神,按照错误性质和情节轻重,给以批评教育直至纪律处分。

违犯政纪国法的党员,必须受到行政机关或司法机关依据政纪或法律的处理。严重触犯刑律的党员必须开除党籍。

第三十九条 党的纪律处分有五种:警告、严重警告、撤销党内职务和向党外组织建议撤销党外职务、留党察看、开除党籍。

留党察看最长不超过两年。党员在留党察看期间没有表决权、选举权和被选举权。党员经过留党察看,确已改正错误的,应当恢复其党员的权利;坚持错误不改的,应当开除党籍。

开除党籍是党内的最高处分。各级党组织在决定或批准开除党员党籍的时候,应当全面研究有关的材料和意见,采取十分慎重的态度。

党内严格禁止用违反党章和国家法律的手段对待党员,严格禁止打击报复和诬告陷害。违反这些规定的组织或个人必须受到党的纪律和国家法律的追究。

第四十条 对党员的纪律处分,必须经过支部大会讨论决定,报党的基层委员会批准;如果涉及的问题比较重要或复杂,或给党员以开除党籍的处分,应分别不同情况,报县级或县级以上党的纪律检查委员会审查批准。在特殊情况下,县级和县级以上各级党的委员会和纪律检查委员会有权直接决定给党员以纪律处分。

对党的中央委员会和地方各级委员会的委员、候补委员,给以撤销党内职务、留党察看或开除党籍的处分,必须由本人所在的委员会全体会议三分之二以上的多数决定。对地方各级委员会委员和候补委员的上述处分,必须经过上级党的委员会批准。

严重触犯刑律的中央委员会委员、候补委员,由中央政治局决定开除其党籍;严重触犯刑律的地方各级委员会委员、候补委员,由同级委员会常务委员会决定开除其党籍。

第四十一条 党组织对党员作出处分决定,应当实事求是地查清事实。所要作出的处分决定和所依据的事实材料必须同本人见面,听取他说明情况和申辩。决定后如果本人不服,可以提出申诉,有关党组织必须负责处理或者迅速转递,不得扣压。对于确属坚持错误意见和无理要求的人,要给以批评教育。

第四十二条 坚决维护党的纪律,是党的每个组织的重要责任。党组织如果在维护党的纪律方面失职,必须受到追究。

对于严重违犯党的纪律、本身又不能纠正的党组织,上一级党的委员会在查明核实后,应根据情节严重的程度,作出进行改组或予以解散的决定,并报再上一级党的委员会审查批准,正式宣布执行。

## 第八章 党的纪律检查机关

第四十三条 党的中央纪律检查委员会在党的中央委员会领导下进行工作。党的地方各级纪律检查委员会在同级党的委员会和上级纪律检查委员会的双重领导下进行工作。

党的中央和地方各级纪律检查委员会每届任期和同级党的委员会相同。

党的中央纪律检查委员会全体会议,选举常务委员会和书记、副书记,并报党的中央委员会批准。党的地方各级纪律检查委员会全体会议,选举常务委员会和书记、副书记,并由同级党的委员会通过,报上级党的委员会批准。党的中央纪律检查委员会的第一书记必须从中央政治局常务委员会委员中产生。党的基层委员会是设立纪律检查委员会,还是设立纪律检查委员,由它的上一级党组织根据具体情况决定。党的总支部委员会和支部委员会设纪律检查委员。

党的中央纪律检查委员会根据工作需要,可以向中央一级党和国家机关派驻党的纪律检查组或纪律检查员。纪律检查组组长或纪律检查员可以列席该机关党的领导组织的有关会议。他们的工作必须受到该机关党的领导组织的支持。

第四十四条 党的中央和地方各级纪律检查委员会的主要任务是:维护党的章程和其他重要的规章制度,协助党的委员会整顿党风,检查党的路线、方针、政策和决议的执行情况。

中央和地方各级纪律检查委员会,要经常对党员进行遵守纪律的教育,作出关于维护党纪的决定;检查和处理党的组织和党员违反党章党纪和国家法律法令的比较重要或复杂的案件,决定或取消对这些案件中的党员的处分;受理党员的控告和申诉。

中央和地方各级纪律检查委员会,要把处理特别重要或复杂的案件中的问题和处理的结果,向同级党的委员会报告。党的地方各级纪律检查委员会要同时向上级纪律检查委员会报告。

中央纪律检查委员会发现中央委员会成员有违犯党的纪律的行为,可以向中央委员会检举,中央委员会应即受理。

第四十五条 上级纪律检查委员会有权检查下级

纪律检查委员会的工作,并且有权批准和改变下级纪律检查委员会对于案件所作的决定。如果所要改变的该下级纪律检查委员会的决定,已经得到它的同级党的委员会的批准,这种改变必须经过它的上一级党的委员会批准。

党的地方各级纪律检查委员会,如果对同级党的委员会处理案件的决定有不同意见,可以请求上一级纪律检查委员会予以复查;如果发现同级党的委员会或它的成员有违犯党的纪律和国家法律法令的情况,在同级党的委员会不给予解决或不给予正确解决的时候,有权向上级纪律检查委员会提出申诉,请求协助处理。

**第九章 党 组**

第四十六条 在中央和地方国家机关、人民团体、经济组织、文化组织或其他非党组织的领导机关中成立党组。党组的任务,主要是负责实现党的方针政策,团结非党干部和群众,完成党和国家交给的任务,指导机关党组织的工作。

第四十七条 党组的成员,由批准成立党组的党的委员会指定。党组设书记、副书记。

党组必须服从批准它成立的党的委员会领导。

第四十八条 在需要对下属单位实行高度集中统一领导的国家工作部门中,党组的职权和工作任务,以及是否把这些部门的党组改为党的委员会,由中央另行规定。

**第十章 党和共产主义青年团的关系**

第四十九条 中国共产主义青年团是中国共产党领导的先进青年的群众组织,是广大青年在实践中学习共产主义的学校,是党的助手和后备军。共青团中央委员会受党中央委员会领导。共青团的地方各级组织受同级党的委员会领导,同时受共青团上级组织领导。

第五十条 党的各级委员会要加强对共青团的领导,注意团的干部的选拔和培训。党要坚决支持共青团根据广大青年的特点和需要,生动活泼地、富于创造性地进行工作,充分发挥团的突击队作用和联系广大青年的桥梁作用。

团的县级和县级以下各级委员会书记,企业事业单位的团委员会书记,是党员的,可以列席同级党的委员会和常务委员会的会议。

**中国北方少数民族哲学及社会思想史学会在内蒙古海拉尔召开首届学术年会**

与会代表认为,中华民族的历史是中国各族人民共同缔造的,少数民族哲学及社会思想史的研究,不仅是填补中国哲学及社会思想史的空白,而且是要寻求中国各族人民接近、聚合、达到统一的内在规律。这是繁荣民族、促进"四化"建设、增进民族团结的重要方面。代表们指出,少数民族哲学及社会思想史不仅有其本身的特点,而且也与汉族的哲学及社会思想史有密切的联系。在研究中既要重视人数多的民族对发现和认识真理的贡献,又要注意人数少的民族也有一些重要的贡献。当前,在研究工作中尤其要注意和抓紧对资料的搜集、发掘和整理,还要注意翻译、考辨、注释的工作。

**第一次全国少数民族用品轻纺产品和中药材展销会在北京民族文化宫开幕**

展销会于9月6日至10月23日举行。由国家民委、轻工业部、纺织工业部、国家医药管理局联合举办。

国务院副总理万里在开幕式上说,对少数民族用品的生产和供应,要大力支持,要做到品种齐全,物美价廉,应有尽有,适销对路。

展销期间,少数民族地区的产品销售额占销售总额的50%以上,其中四川、内蒙古和新疆的销售额分别居于前三位。各地同志在展销会上还开展了技术和企业管理等方面的经验交流活动。

**外交部部长黄华在北京会见委内瑞拉外交部副部长奥斯瓦尔多·派斯·普马尔**

**国务委员姬鹏飞在北京会见以内政部次长披讪·汶拉沙撒通为团长的泰国府尹代表团**

**中联部部长乔石设宴欢迎以中央委员 内政部长哈巴纳巴基泽·托马为团长的卢旺达全国发展革命运动干部代表团**

**外交部副部长吴学谦就教科书问题接受日本驻华大使鹿取泰卫约见**

鹿取泰卫奉日本政府之命表示,日本政府根据铃木首相早日解决教科书问题的指示,对教科书问题的解决办法再次作了研究,决定采取进一步的措施。日本政府将负责纠正教科书中存在的问题,通过修改教科书审定标准,从本年度起可望纠正教科书中关于中方特别指出的有关问题的表述;关于已经审定的教科书,将通过发表文部大臣见解,刊登《文部公报》下达,在教学中实际上满足中方的要求;今年9月召开教科书审定调查审议会,11月底以前作出修改教科书审定标准的结论,11月底前后,发表文部大臣见解,在明年4月教科书使用前贯彻落实。鹿取大使对日方的措施还作了一些补充说明。

## 9月7日

**中国共产党第十二次全国代表大会就叶剑英陈云在全体会议上的讲话以及关于选举党的中央领导机构问题举行分组会议**

各个小组的代表在讨论中普遍认为，叶剑英同志和陈云同志的讲话语重心长，表现了老一辈无产阶级革命家对党的事业的深切关怀和崇高责任感。讲话充分肯定了老干部的历史功绩，热情欢迎年富力强的同志后来居上，对党的领导机构胜利地实现新老干部合作和交替，提出了殷切的希望。大家表示，一定要把干部队伍的交接班问题解决好，使我们党的事业后继有人，兴旺发达；使我们的国家长治久安，蒸蒸日上。

代表们还对大会主席团提出的中央委员会、中央顾问委员会和中央纪律检查委员会候选人酝酿名单，进行了讨论。

**外交部部长黄华在人民大会堂设宴欢迎美国前总统理查德·尼克松**

黄华说：由于两国政府和人民的共同努力，中美关系取得了进展。不久前，两国政府又就解决美国向台湾出售武器问题发表了联合公报。为解决两国关系中的这一严重障碍规定了所应遵循的原则和采取的步骤。我们期待公报的有关规定得到认真履行，美国向台湾出售武器问题早日彻底解决，使中美关系能够健康地发展。这不仅符合两国人民的利益，而且有利于亚洲与世界的和平与稳定。

尼克松说，对我们两国来说，十年前打开关系标志着同过去的重大决裂。我们同过去决裂是因为当我们观察世界和互相观察时，我们看到这样做明显地符合我们两国的切身利益。

尼克松说，在经济方面，我们所取得的进展不像我在十年前曾希望过的——我想周恩来也曾这样希望过——那么大。然而，中国经济现代化的进展将为日益增长的合作创造更多的机会。由此看来，我们双方在许多方面可以发展关系，经过十年之后，我们现在已奠定了发展关系的坚实基础。以长远的观点看问题，对我们来说是至关重要的，我们发展关系不仅是为了明年，而是为了下一个世纪。

**国务委员薄一波在人民大会堂会见由卫生和福利部长莫尼克·贝让率领的加拿大卫生代表团**

**全国妇联主席康克清 国务委员陈慕华在北京分别会见以社会发展大臣伊纳姆·穆弗蒂为团长的约旦妇女代表团**

**国务委员谷牧在北京会见以克洛德·得古拉尔为团长的比利时新闻代表团**

**国际油田开发技术会议在大庆举行**

会议于9月7日至11日召开。参加会议的有23个国家的石油学者和专家以及阿拉伯石油输出国组织联合国技术合作促进发展部的专家。

**中国出口商品展览会在阿根廷首都布宜诺斯艾利斯开幕**

展览会于9月7日至20日举行。阿根廷贸易国务秘书阿方索·弗拉吉奥和负责国际经济关系的外交部副部长费利克斯·培尼亚，以及阿根廷各界人士应邀出席开幕式。中国国际贸易促进会副主任李永亭、中国赴阿根廷展览团团长李兆离和中国驻阿根廷大使馆临时代办鲁晋参加了开幕式。

展览会占地面积2000平方米，共展出2600种产品，包括农机、建筑机械、电器、纺织品和手工艺品。

## 9月8日

**中国共产党第十二次全国代表大会在人民大会堂举行全体会议**

会议对中央三个委员会进行预选。出席大会的正式代表有1560人。

会议首先通过了中国共产党第十二次全国代表大会选举办法。

根据大会通过的选举办法，中国共产党第十二届中央委员会和中央顾问委员会、中央纪律检查委员会的选举，由大会主席团提出候选人酝酿名单，经过预选产生候选人名单，然后进行正式选举。三个委员会的选举分两次进行：先选举中央委员会的正式委员和中央顾问委员会委员，然后选举中央委员会的候补委员和中央纪律检查委员会委员。大会选举以无记名投票方式进行。

大会执行主席赵紫阳主持会议。

执行主席还有：华国锋、徐向前、耿飚、倪志福、彭冲、陈慕华、杨得志、姚依林。

**中共中央主席胡耀邦在人民大会堂会见美国前总统理查德·尼克松**

**中共中央副主席邓小平在人民大会堂会见美国前总统尼克松**

**外交部副部长吴学谦就教科书问题再次约见日本驻华大使鹿取泰卫**

吴学谦代表中国政府，对日本政府提出的关于解决教科书问题的进一步措施，作了答复。吴副外长对日方这次提出的纠正错误的具体措施给予评价，指出，尽管还有一些含糊不清、不能令人满意之处，但同过去所作的说明相比，是前进了一步。

吴副外长说，中国政府一贯认为，承认还是不承认日本军国主义侵华的历史，是中日关系中的一个重大原则问题。日方在审定教科书的过程中篡改这个史实，中国政府和中国人民理所当然要表示坚决反对。

吴副外长说，我们注意到，日本政府重申，愿意遵循中日联合声明的精神，痛感日本过去由于战争给中国人民造成的重大损害的责任，表示深刻反省，并表示日本政府要充分倾听中方对教科书表述的批评，由政府负责纠正。今年9月召开教科书审定调查审议会，11月底前作出修改作为制定教科书指导思想的教科书审定标准的结论。根据新的审定标准，从本年度起，可望对教科书中关于“侵略”、“南京大屠杀”等部分的表述作出纠正。关于已经审定的教科书，将由文部大臣在11月底前后发表见解，刊登《文部公报》，下达到所有中小学和各级教育委员会。这样，中方的要求实际上将得到满足。

吴副外长指出，日方这次提出的纠正错误的具体措施，尽管还有一些含糊不清、不能令人满意之处，但同过去所作的说明相比，是前进了一步。对此，我们给予评价。对于铃木首相表达的维护中日友好关系的愿望和由日本政府负责纠正这个问题的决心，表示赞赏。

吴副外长说，必须强调指出，日方在审定教科书中的错误能不能切实得到纠正，我们还要看今后采取的具体行动及其所产生的效果。我们对此保留评论的权利。我们希望日本政府继续作出努力，尊重历史事实，履行诺言，以利于中日两国关系的继续发展。

**解放军总参谋部党委召开学习十二大精神教育准备会**

会议于9月8日至23日召开。会议以邓小平同志的开幕词为指导思想，按照胡耀邦同志报告的六个部分，逐项学习。在深入学习，领会文件精神实质的基础上，联系本单位的工作和思想实际，着重讨论弄清三个问题：(一)伟大的历史性转折和新的历史任务；(二)社会主义经济建设的战略目标、战略重点和战略步骤，以及一系列正确方针政策；(三)坚持社会主义制度、实现社会主义四个现代化的思想政治保证。

**大陆地震活动和地震预报国际学术讨论会在北京召开**

来自全世界25个国家和地区的共100多名专家和学者参加会议。

讨论会由中国地震学会，联合国教科文组织、救灾署、环境署，国际地震学和地震内部物理协会等组织联合发起。美国、日本、苏联、英国、新西兰、澳大利亚、奥地利、加拿大、巴西、德意志民主共和国、法国、希腊、伊拉克、墨西哥、荷兰、罗马尼亚、南斯拉夫、朝鲜、印度、泰国、土耳其、意大利、菲律宾、中国以及中国香港的科学家参加。

**全国妇联主席康克清在北京会见以妇女团体联盟主席艾芙丽娜·福格尔巴赫—施坦佩为团长的瑞士妇女团体联盟代表团**

**全国少数民族传统体育运动会在内蒙古呼和浩特闭幕**

运动会于9月2日至8日举行。这是新中国成立后第一次举行的全国少数民族传统体育盛会。

来自全国29个省、自治区、直辖市的55个少数民族的1000多名运动员和代表身穿艳丽的民族服装，满怀激情地步入体育场，参加这次体现各民族大团结的体育盛会。

党和国家领导人乌兰夫、万里、阿沛·阿旺晋美，国家民委主任杨静仁，国家体委主任李梦华，内蒙古自治区党委第一书记周惠，各省、自治区、直辖市负责同志，参加开幕式。

闭幕会上向获得摔跤、射箭比赛前六名的运动员发了奖，向参加表演的各省、自治区、直辖市代表团发了奖旗，向55个少数民族的代表发了表演奖品和蒙古刀。

国家体委主任李梦华致闭幕词，他说，这次运动会开得隆重热烈，生动活泼。各族运动员欢聚一堂，和衷共济，交流了经验，提高了技艺水平，增进了各民族之间的了解和友谊。这次运动会开创了我国民族体育的新局面。从这次运动会可以看出，我国的少数民族传统体育已开始走上更加丰富多彩，高尚健康，科学文明的轨道。这对进一步繁荣民族文化，加强社会主义精神文明建设，将产生积极的影响。

**1982年全国田径锦标赛在江苏南京闭幕**

比赛中一共打破7项全国纪录，其中有两项超过亚洲纪录。

23岁的福建男子跳远选手刘玉煌奋力一跃，以8.14米打破由他本人保持的8.11米的全国纪录和亚洲纪录。两名浙江女将叶佩素和叶联英分别以5625

分、5516分打破女子7项全能5445分的全国纪录，同时也都超过了亚洲纪录。破纪录的另外5个项目是：男子400米，江苏谭红海以47秒44打破47秒94的全国纪录，北京郭顺起也打破了这个项目的全国纪录；女子1500米，有3名选手打破4分22秒4的全国纪录，成绩最好的是内蒙古陶海棠的4分19秒88；在女子3000米比赛中，前6名都打破了9分25秒2的全国纪录，成绩最好的是山东崔云美的9分18秒09；男子10000米，云南张国伟把全国纪录提高11秒多，达到29分7秒68；男子10公里竞走(田径场)，辽宁王春堂以43分36秒7打破44分26秒8的全国纪录。

## 9月9日

**中国共产党第十二次全国代表大会举行主席团会议**

胡耀邦同志主持会议。

会议根据中央委员会、中央顾问委员会、中央纪律检查委员会的预选结果，确定了这三个委员会的候选人正式名单。候选人名单将提请各代表团分组审议。

会议通过了关于中央纪律检查委员会工作报告的决议(草案)，提请大会通过。会议还通过了监票人和总监票人名单，名单将提请各代表团通过。

**中国共产党第十二次全国代表大会举行分组会议**

会议审议大会主席团根据预选结果提出的中央委员会、中央顾问委员会、中央纪律检查委员会的候选人的正式名单。

叶剑英、聂荣臻同志出席了解放军代表团的会议，并在会上讲话。

他们勉励代表们努力学习，在党的领导下搞好新老干部的交替和合作，把部队的各项工作做得更好。

各代表团的分组会议还通过了主席团会议提出的监票人和总监票人名单。

**商业部发出通知要求各地对部分工业品开展"提前付货、分期收款"业务**

通知说，为了扩大工业品销售，满足城乡人民需要，特别是一些收入较低的消费者的需要，决定对一部分价格较高的日用工业品开展"提前付货、分期收款"的业务。实行这一办法的品种，主要是一部分价格较高的耐用消费品，如电视机、收录音机、高档收音机、高档乐器、高档照相机、洗衣机、电冰箱。

关于收款办法通知中规定，凡实行"提前付货、分期收款"办法的商品，在付货时应首先一次收取相当于售价30%左右的货款，其余部分再采取按月平均、分月收款的办法。分期收款的期限，一般可定为半年或一年，有些价格过高的品种，如彩色电视机、大规格电冰箱等，可以适当放长一些。

销售对象，主要是机关、团体、厂矿、企业、事业、部队、学校有固定工资收入的职工。由本人所在单位或工会出面组织，并负责按期代收货款。商业企业可以给组织购货的单位一定的手续费，在商品流通费中开支。实行这一办法的商品价格均按现行零售价出售。

在分期收款期间遇到统一调整商品零售价时，属于提价商品，仍应维持原价不变。属于降价商品，降价前按原价，降价后未交款部分按新价折算。

**全国人大常委会副委员长乌兰夫在北京会见由加中友协联合会主席艾丽斯·格里菲斯夫人率领的加拿大知名人士访华团**

**国务委员姬鹏飞在北京会见由法国里尔市副市长皮埃尔·达松维尔率领的法国市长访华团**

**我国用"长征二号丙"运载火箭又成功地发射了一颗科学试验卫星**

卫星准确入轨，运行情况良好。卫星上的各种仪器工作正常。卫星于14日按计划准确地返回预定的回收区。

**中国共产党第十二次全国代表大会主席团致电祝贺科学试验卫星发射成功**

贺电全文如下：

国防科学技术工业委员会转参加我国科学试验卫星发射工作的全体同志们：

正当党的第十二次全国代表大会召开之际，获悉你们发射卫星成功，这是贯彻执行党的独立自主、自力更生方针的又一胜利。特向参加研制、试验、跟踪、测控及技术保障的全体科学技术人员、工人、干部、解放军指战员致以热烈的祝贺。希望你们认真总结经验，再接再厉，努力奋斗，为我国科学技术攀登新的高峰、为实现四个现代化作出新的贡献！

中国共产党第十二次全国代表大会主席团

1982年9月9日

**中国男子排球队在巴黎举行的国际排球友好邀请赛中获得冠军**

中国队以3∶1战胜法国队，从而以六战六胜的总成绩获得这次邀请赛的冠军。中国队对法国队四局的比分是：15∶5、6∶15、15∶12、16∶14。

## 9月10日

**《人民日报》发表社论《把党建设成为领导社会主义现代化事业的坚强核心》**

党的十二大审议通过了新的《中国共产党章程》。新党章是党的历史经验和集体智慧的宝贵结晶，是在新的历史时期把我们党建设得更加坚强的重要保证。正像许多代表同志所说的：新党章广泛吸收全党同志的意见，总结我党多年来正反两方面的经验，特别是“文化大革命”的反面经验，继承和发展了七大党章和八大党章的优点，是我们党建党以来最好的一个党章。

十一届三中全会以来，越来越多的同志看到，十一大通过的党章是有严重缺陷的，它没有能够清除“左”倾错误的影响，早已不能适应新时期的情况和需要，必须做许多带有根本意义的修改。这次修改党章的总的原则是，适应社会主义现代化建设新时期的特点和需要，对党员提出更严格的要求，提高党组织的战斗力，坚持和改善党的领导。

新党章首先有一个内容比较完备的总纲，简明扼要地概括了党的纲领。列宁指出：“纲领对于政党的团结一致、始终一贯的活动有重大的意义。”新党章在总纲中，对党的性质和党的指导思想，对科学社会主义的理论和实践，对现阶段我国社会的主要矛盾和党的总任务，对加强党的建设的基本要求，对党在国家生活中如何正确地发挥领导作用，都作了概括的鲜明的马克思主义的表述。同十一大党章比较，总纲的改动最大。它不可置疑地表明，我们党已经同所谓“无产阶级专政下继续革命的理论”彻底决裂，把自己的纲领建立在马克思列宁主义、毛泽东思想的科学基础之上。这对于我们党的健康发展，具有决定性的意义。

新党章的一个重要特点，是对党员、党的干部以及党的基层组织分别提出了比过去历次党章更严格的要求。这不仅因为我们党已经成为领导全国政权的大党，同取得全国政权以前的情况有很大的不同，而且因为我们党肩负着领导社会主义现代化建设的重大责任，必须提高党员和干部的素质，才能挑起这副历史的重担。新党章对党员的要求，集中到一点，就是必须全心全意为人民服务，不惜牺牲个人的一切，为实现共产主义奋斗终生。它根据新的情况，强调中国共产党党员永远是劳动人民的普通一员，除了制度和政策规定范围内的个人利益和工作职权以外，所有共产党员都不得谋求任何私利和特权。新党章保证党员的正当权利，同时规定了党员必须履行的8条义务，包括百折不挠地执行党的决定，服从组织分配，积极完成党的任务；在生产、工作、学习和社会生活中起先锋模范作用；绝对不得假公济私，损公利私；坚决反对派性；勇于支持好人好事，反对坏人坏事等。新党章对党的干部的要求更进一步。党的各级领导干部除了必须模范地履行党员的义务外，还应当具备六个基本条件，包括能够坚持社会主义道路，同破坏社会主义的敌对势力和党内外各种错误倾向作斗争；坚持从实际出发，正确执行党的路线、方针和政策；有强烈的革命事业心和政治责任感，有胜任领导工作的知识和能力；具有民主作风，自觉地接受党和群众的批评和监督；遵守和维护党和国家的制度，同任何滥用职权、谋求私利的行为作斗争等。新党章对基层组织的任务，作了比过去更为详尽的规定。基层组织的重要任务，就是教育并监督党员和党的干部切实履行党章规定的义务，发挥自己应有的作用。新党章明确规定基层组织要教育和监督党员干部和其他任何工作人员严格遵守国法政纪，不得侵占国家、集体和群众的利益。

所有这些规定，都有很强的针对性。它表明我们党要求党员做合格的党员，党的干部做合格的干部，要求党组织在这方面发挥重大作用。党员和党的干部合格不合格，关系到党是否有战斗力，党在群众中有没有威信，党能不能正确地实现领导。坚持党员标准和干部条件，在今天特别重要。做合格的党员、合格的干部，就是要合乎党章的规定，就要搞共产主义，要有坚定的共产主义理想和信念，有共产主义的献身精神，有共产主义的道德品质，能够在任何情况下保持共产主义的纯洁性。新党章对党员和党的干部的要求，确实比历次党章都高。但是只要我们真正忠于共产主义事业，就完全应该做到，而且完全能够做到。

新党章对党的组织制度做了一些比较重要的改变。党中央不设主席，只设总书记。在中央和省、自治区、直辖市这两级，由各自的代表大会选出同级党的委员会、顾问委员会和纪律检查委员会。两级的顾问委员会，分别作为中央和省一级党的委员会在政治上的助手和参谋。这样做，不但可以更好地实现新老干部的合作和交替，而且有利于加强党的团结。中央和地方各级纪律检查委员会对中央以下的同级党委及其成员实行党章规定范围内的监督，对中央委员会成员违犯党纪的行为可以向中央委员会检举。下级纪律检查委员会除了受本级党委会领导以外，同时也受上级纪律检查委员会的领导。这样，纪律检查委员会这个组织，从上到下有了它的完整的系统，它的权限比过去有了很大的加强。

对党的民主集中制和党的纪律，新党章都作了更为充分、更为具体的规定。它对民主集中制的基本原则表述得比过去更加系统和全面，增写了“党禁止任何形式的个人崇拜”等内容。对于中央和地方、上级和下级组织的职责权限和相互关系,对于党员个人和组织的关系,都作了许多相应的规定,使得党的民主集中制有了比较严格的保证。新党章把加强党的纪律放在极其重要的地位,明确规定实行在党的纪律面前人人平等的原则,强调不允许有任何不参加党的组织生活、不接受党内外群众监督的特殊党员,对违犯党的纪律的党员要给以应有的批评或处分,违犯政纪国法的还必须受到政纪或法律的处理,同时规定在执行纪律时要遵守党章、尊重党员权利。新党章关于民主集中制和党的纪律的许多新规定,是历史经验教训的总结,对于健全党内民主,保证党内政治生活正常化,巩固党的团结和统一,提高党的战斗力,十分必要。

历史证明,没有中国共产党的领导,中国革命不可能胜利;没有党的领导,中国的社会主义事业同样不可能胜利。我们坚持四项基本原则,最中心的是坚持党的领导。谈到坚持党的领导,一些党员总认为这是对党外广大群众说的。这种看法是不全面的。坚持党的领导,首先是对我们党来说的。如果党的路线、方针、政策不正确,如果党本身没有政治上思想上的高度一致,如果党的组织松松垮垮、软弱无力,如果党没有一个好的作风,没有严明的纪律,如果党员不能发挥先锋模范作用,怎么能坚持领导呢?党所以能够领导,不是靠发号施令,而是靠正确、靠坚强。坚持党的领导,必须改善党的领导。因此,在伟大的历史转折时期,为着全面开创社会主义现代化建设事业的新局面,我们必须以极大的努力,把党的建设提高到一个新的水平,使党真正成为领导"四化"大业的坚强核心。

新党章正是适应新的历史时期的特点和需要而制定的。它高举共产主义的旗帜,用共产主义思想体系解决党在思想、政治、组织方面面临的新问题新任务,对党的生活中一系列重大问题作了正确的规定,是保证我们党胜利前进的光辉指针。现在,这个最根本的党规党法已经由党的全国代表大会通过。全体共产党员,特别是党员干部都要结合学习胡耀邦同志在十二大的报告,认真地深入地学习新党章,并且付诸实践。我们相信,全党上下坚决按照新党章办事,我们的党风就能实现根本的好转,党的战斗力就能大大加强,我们党的面貌就能焕然一新,党所领导的社会主义现代化事业必能出现一个前所未有的蓬蓬勃勃的新局面!

**中国共产党第十二次全国代表大会在人民大会堂举行全体会议**

会议进行中央委员会正式委员、中央顾问委员会委员的选举。

大会选出第十二届中央委员会的正式委员210名和中央顾问委员会委员172名。

出席大会的正式代表有1573人。

执行主席赵紫阳主持大会。

大会首先通过了第十二届中央委员会、中央顾问委员会和中央纪律检查委员会的候选人名单,通过了总监票人和监票人的名单。总监票人是程子华、甘渭汉。

大会的执行主席还有:胡耀邦、邓小平、聂荣臻、彭真、邓颖超、王震、万里、习仲勋。

**十二届中央委员会正式委员名单(共210人,按姓氏笔画为序)**

于明涛　于洪恩　万　达　万　里　万海峰　马文瑞
马兴元　习仲勋　王　芳　王　猛　王　震　王丙乾
王汉斌　王光中　王光宇　王兆国　王全国　王任重
王克文　王诚汉　王恩茂　王崇伦　王朝文(苗族)
王鹤寿　韦国清(壮族)　尤太忠　毛致用
乌兰夫(蒙古族)　方　毅　巴　桑(女,藏族)　邓力群
邓小平　邓颖超(女)　邓稼先　布　赫(蒙古族)
叶　飞　叶剑英　田纪云　白栋材
司马义·艾买提(维吾尔族)　邢燕子(女)　吕培俭
朱云谦　朱光亚　朱穆之　乔　石　乔晓光
伍精华(彝族)　任仲夷　华国锋　向守志　刘　震
刘正威　刘华清　刘志坚　刘复之　刘振华　江泽民
江拥辉　池必卿　安平生　许家屯　孙大光　阴法唐
严东生　苏　钢　苏毅然　李　锐　李　鹏　李力安
李子奇　李立功　李东冶　李先念　李启明　李学智
李梦华　李绪鄂　李森茂　李瑞环　李锡铭　李溪溥
李德生　李耀文　杨　波　杨　勇　杨　堤　杨成武
杨汝岱　杨易辰　杨尚昆　杨得志　杨静仁(回族)
杨德中　肖　寒　肖全夫　吴全清　吴学谦　何　康
何东昌　余秋里　谷　牧　沈　图　沈因洛　宋　平
宋任穷　张　寿　张　震　张廷发　张再旺　张劲夫
张爱萍　张铚秀　张曙光　陈　云　陈　彬　陈　雷
陈仁洪　陈丕显　陈伟达　陈希同　陈国栋　陈福汉
陈慕华(女)　陈璞如　林　若　林乎加
林丽韫(女)　罗青长　周　惠　周子健　周世忠
周建南　郑三生　郑拓彬　项　南　赵守一　赵兴元
赵志坚　赵苍璧　赵南起(朝鲜族)　赵海峰　赵紫阳
郝建秀(女)　胡　宏　胡　绳　胡立教　胡乔木
胡启立　胡耀邦　柳　林　饶兴礼　洪学智　姚　广
姚依林　贺进恒　贺敬之　秦　川　秦仲达　秦基伟
袁宝华　聂荣臻　莫文祥　热　地(藏族)
顾秀莲(女)　钱正英(女)　钱永昌　铁　瑛
铁木尔·达瓦买提(维吾尔族)　傀志福　徐少甫
徐向前　殷　渊　高扬文　郭力文(女)　唐　克

萧 华　黄 华　黄知真　黄新廷　崔乃夫　崔月犁
康世恩　康克清(女)　章 泽　梁必业　梁灵光
梁步庭　彭 冲　彭 真　蒋南翔　韩先楚　韩培信
覃应机(壮族)　傅奎清　焦林义　鲁大东
谢希德(女)　谢振华　强晓初　解 峰　廖汉生
廖承志　赛福鼎(维吾尔族)　谭友林　谭启龙
谭善和　薛 驹　穆 青(回族)　戴苏理

**中央顾问委员会委员名单(共172人,按姓氏笔画为序)**

于光远　万 毅(满族)　王 平　王一平　王子纲
王世泰　王幼平　王必成　王尚荣　王首道　王新亭
天 宝(藏族)　韦 杰(壮族)　区梦觉(女)
方 强　方志纯　尹林平　孔 原　孔石泉　邓小平
甘渭汉　平杰三　帅孟奇(女)　白如冰　冯 铉
冯文彬　冯纪新　冯基平　成 钧　成仿吾　吕正操
廷 懋(蒙古族)　伍修权　任白戈　任质斌　刘 杰
刘 晓　刘田夫　刘转连　刘建章　刘顺元　刘俊秀
刘道生　刘景范　刘澜涛　江 华(瑶族)　江一真
江渭清　许世友　孙冶方　杜 平　杜义德　李 达
李 贞(女)　李 强　李一氓　李丰平　李井泉
李任之　李成芳　李志民　李运昌　李坚真(女)
李卓然　李维汉　李葆华　李颉伯　李楚离　李聚奎
杨尚奎　杨献珍　肖望东　吴 德　吴克华　吴亮平
吴富善　旷伏兆　何长工　汪 锋　宋 黎　宋时轮
宋侃夫　张 策　张才千　张平化　张令彬　张达志
张光年　张仲良　张邦英　张秀山　张启龙　张维桢
张稼夫　陆定一　陈再道　陈野苹　陈锡联　陈漫远
武新宇　范式人　林 铁　欧阳山　罗玉川　罗贵波
金 明　周 扬　周 里　周 林　周仁杰　郑天翔
赵 林　赵辛初　赵武成　赵健民　赵毅敏　钟子云
钟汉华　钟期光　段君毅　贺 彪　贺晋年　袁升平
袁任远　耿 飚　聂凤智　栗又文　夏 衍
夏之栩(女)　夏世厚　夏征农　顾卓新　钱之光
徐立清　高 扬　高克林　郭 峰　郭化若　郭述申
郭洪涛　唐 亮　姬鹏飞　黄 镇　黄火青　黄欧东
曹 瑛　曹里怀　常黎夫　萧 克　萧劲光
章 蕴(女)　阎达开　阎揆要　彭嘉庆　彭德清
韩念龙　惠浴宇　粟 裕　程子华　程世才　傅 钟
舒 同　曾 三　曾 生　曾 志(女)　詹才芳
雍文涛　廖志高　谭震林　薄一波　霍士廉　魏金水

**《人民日报》发表评论员文章《希望日本政府言必信,行必果》**

日本政府就纠正日本文部省在审定教科书中篡改侵略历史的错误提出了较为具体的解决措施,这些措施尽管仍有某些含糊不清、不能令人满意的地方,但较过去的政府说明有了进步。中国人民对此给予评价,并对铃木首相及其他有关人士所做的努力表示赞赏。至此教科书问题总算暂时告一段落。

教科书问题从提出到初步解决,历经两个多月的时间,这完全是由于日本政府中某些人士对这个问题的严重性认识不足。我们一贯认为,承认不承认日本军国主义侵华的历史,是中日关系中的一个重大原则问题。中国人民和中国政府提出教科书问题,完全是为了维护中日两国的友好合作关系和两国人民的友谊。日本的教科书的审定制度是日本的内政,中国无意干涉。但是,日本文部省在审定教科书中篡改日本侵略中国和南京大屠杀等历史事实,美化军国主义,伤害了中国人民的民族感情,背离了日本政府在中日联合声明以及中日和平友好条约中所表明的基本原则,即日本政府对日本过去由于战争给中国人民造成的重大损害表示深刻反省,这就成了国际关系问题,中国人民对此不能不闻不问。中国人民不能听任中日两国人民经过多年努力辛苦建筑起来的友谊大厦被少数敌视中日友好的势力所破坏。中国人民一贯认为,在中日两国友好交往的两千年中,不愉快的历史只是短暂的一段。它是日本军国主义分子一手造成的,日本人民同中国人民一样,也是日本军国主义的受害者。只要日本人民不忘记这段历史,永远引以为训,并且能以真实的历史教育青少年一代,就可能阻止日本军国主义东山再起、再次危害日本人民和亚洲邻国,从而有利于维护中日两国人民之间的传统友谊和发展中日两国之间和平友好、平等互利、长期稳定的友好合作关系。日本文部省的做法恰恰相反,它用篡改教科书来使日本年轻一代忘记日本侵略中国和其他亚太地区国家的历史,为军国主义招魂,这种毒害日本青少年的心灵,破坏中日友好关系的行径,不能不引起中国广大人民的极大愤慨,并要求日本政府尽快对文部省修改教科书中的错误加以纠正。我们这样做,既是为了中日两国人民的根本利益,也是为了维护亚洲和世界的和平。日本某些政界人士攻击中国"干涉日本内政","逼人太甚"等,是毫无道理的。

现在,日本政府经过有关部门的协调,提出了解决问题的具体措施。这表明日本政府是愿意维护和发展中日友好合作关系的。但是,仅仅提出解决办法是不够的,重要的还在于今后的行动。中国有句古语,叫作"言必信,行必果"。我们希望日本政府不是到此为止,而是拿出实际行动来,尽快落实各项具体措施,以取信于中国人民、日本人民和亚太各国人民。这对于日本今后在亚太地区能否取得各国人民的信任,关系至为重大。

从教科书问题可以看出,在滚滚向前的中日友好合作主流中,还存在着一股逆主流而动的潜流。这股潜流一有机会,就要兴风作浪,给中日友好合作关系的发展制造障碍。中日两国人民对此不能不严重关注,必须保持高度的警惕,随时予以揭露和抨击。这件事情也说明,中日两国应该成为互相坦诚相见的诤友,对于有损两国友谊和世界和平的事情,决不含糊从事,讳疾忌医。只有这样,才能不断排除障碍,使两国的友谊得以健康地发展。

今年是中日邦交正常化10周年,铃木首相应我国赵紫阳总理的邀请,将前来我国进行正式友好访问。我们相信,经过这一场风雨的洗涤,中日两国人民的友谊将更加纯洁,相互之间将更加了解,我们预期铃木首相的访问取得成功,中日两国的友好合作关系得到进一步的发展。

**关于中国向乌干达派遣医疗队的议定书在恩德培的乌干达卫生部总部签署**

中国驻乌干达大使李石和乌干达卫生部部长恩夸西布韦分别代表各自的政府在议定书上签字。

这是中国第一次向乌干达派遣医疗队。

**著名哲学家冯友兰获得美国哥伦比亚大学名誉文学博士学位**

正在美国访问的中国著名的哲学家冯友兰,被美国哥伦比亚大学授予名誉文学博士学位。

1923年冯友兰曾在哥伦比亚大学获得过哲学博士学位。

他在授奖仪式上说:“我的母校给予我的荣誉不仅是给我个人的荣誉,也是美国学术界对中国学术成就的评价。”

## 9月11日

**中国共产党第十二次全国代表大会在北京闭幕**

大会选举了第十二届中央委员会候补委员和中央纪律检查委员会委员。当选的候补中央委员有138人,中央纪律检查委员会委员有132人。

出席大会的正式代表有1574人。参加投票的正式代表有1576人。

大会执行主席胡耀邦主持大会。李先念同志在会上致闭幕词。

大会通过关于中央纪律检查委员会工作报告的决议。决议对中央纪律检查委员会自十一届三中全会选举成立以来所进行的大量工作表示满意。

大会的执行主席还有:叶剑英、邓小平、赵紫阳、李先念、陈云、华国锋、徐向前、聂荣臻、彭真、邓颖超。

147名候补代表参加大会。

各民主党派负责人,无党派民主人士,各界知名人士,以及党内一些老同志和负责同志,应邀列席旁听大会。

**李先念在中国共产党第十二次全国代表大会闭幕会上致闭幕词**

(1982年9月11日)

同志们:

我们党的第十二次全国代表大会,经过全体代表的共同努力,现在已经胜利地完成了这次会议的历史使命。

这次代表大会,经过充分民主的讨论,一致同意胡耀邦同志代表党的第十一届中央委员会所作的报告,并通过了相应的决议。党中央的报告,运用马克思列宁主义、毛泽东思想的基本原理,总结了六年来特别是十一届三中全会以来我国各条战线拨乱反正所取得的伟大胜利,分析了我国当前的政治和经济形势,提出了全面开创社会主义现代化建设新局面的方针任务。我们相信,坚定地沿着十二大指引的方向前进,我们党所领导的中国人民的社会主义事业,必将取得新的伟大胜利。

这次代表大会,经过全体代表的认真审议,一致通过了新党章。这个党章清除了十一大党章中“左”的错误,继承和发展了党的七大和八大党章的优点。它是党的历史经验和集体智慧的结晶,是在新的历史时期加强党的思想建设和组织建设的强大武器。应当指出,制定新党章还是比较容易的,严格地将它在全党贯彻执行就不是那么容易了。我们必须进行严肃认真的思想教育工作和组织工作,坚决按照党章的要求在全党整顿党的作风和党的组织,并且同一切违反党章的言论和行动作斗争,使共产党员真正成为人民群众的表率,把我们的党真正建设成为领导社会主义现代化事业的坚强核心。

这次代表大会,经过充分的酝酿和民主选举,产生了新的中央委员会。同时,选出了中央顾问委员会和中央纪律检查委员会。这样,十二大提出的方针任务的实现,就有了组织上的重要保证。在新的中央委员会中,既有久经考验的老同志,又充实了一大批比较年轻的同志。他们必将能够紧密团结,亲密合作,使新的党中央成为更加坚强的战斗指挥部。新设立的中央顾问委员会是由许多德高望重的老同志组成的,它一定会在政治上成为党中央的很好的助手和参谋,并在党的事业中发挥传帮带的作用。中央纪律检查委员会由党的全国代表大会选举产生,它的责任更加重大了。

它对贯彻执行新党章,维护党的纪律,保持党的共产主义纯洁性,都要起到重要的作用。在这里,我还要代表大会主席团特别是老同志,向新选进中央领导机构的中青年同志表示热烈欢迎。希望他们戒骄戒躁,谦虚谨慎,刻苦学习,勇敢地把党交给自己的任务担当起来,并且在工作中作出优异的成绩。

同志们!从这次代表大会到下次代表大会的五年间,我们党的工作做得怎么样,这对于新时期总任务的实现,将发生关键性的作用。这次大会提出,在这五年间要实现三个根本好转,就是财政经济状况的根本好转,社会风气的根本好转,党风的根本好转。同时,我们还要同台湾同胞、港澳同胞和国外侨胞一起,促进祖国统一大业。要同全世界人民一起,为维护世界和平而斗争。这是十分严肃十分艰巨的伟大的战斗任务,我们决不能有丝毫的松懈。这次大会结束后,我们一定要紧张地动员起来,在全党和全国各族人民中广泛深入地宣传十二大精神,组织全体共产党员、共青团员、工人、农民、知识分子、解放军指战员、干部和一切爱国公民认真学习十二大报告和新党章,认真学习邓小平同志的开幕词和叶剑英同志、陈云同志的重要讲话,使大会提出的方针任务家喻户晓,深入人心,同时要结合各地方、各部门的具体情况,采取切实有效的措施,扎扎实实地贯彻执行。

同志们!在我们为实现十二大提出的各项战斗任务而努力奋斗的过程中,我们一定要进一步加强全党的大团结,进一步加强全国各族人民的大团结。我们的伟大的社会主义事业,正在沿着马克思主义的正确航道胜利前进。我们相信,只要我们紧密地团结在党中央委员会的周围,振奋精神,埋头苦干,就一定能够驾驶我国革命和建设的巨轮,一步一步地达到我们伟大的目标。

在我们这次代表大会召开期间,所有为大会服务的同志们,包括做秘书、总务、警卫、医务和生活服务工作的同志,做文件起草、文件翻译、宣传报道、通讯联络和印刷工作的同志,都日夜操劳,辛勤工作,北京市人民为大会的顺利进行也作出了贡献。在这里,我代表大会主席团向他们表示衷心的感谢。

现在,我宣布:中国共产党第十二次全国代表大会胜利闭幕!

**中国共产党第十二次全国代表大会关于中纪委工作报告的决议**

(1982 年 9 月 11 日通过)

中国共产党第十二次全国代表大会批准中央纪律检查委员会的工作报告,并对中央纪律检查委员会自十一届三中全会选举成立以来所进行的大量工作表示满意。

大会要求,中央和地方各级纪律检查委员会按照新党章的规定和胡耀邦同志在大会上的报告,进一步加强纪律检查工作,并且要求各级党委和全体党员进一步加强党的纪律,整顿党的作风和党的组织,一致行动起来,为实现党风的根本好转而奋斗。

**中央纪委向党的第十二次全国代表大会作工作报告**

报告回顾了三年多来的主要工作情况、基本经验,并对今后工作提出了建议。

报告说,中央纪律检查委员会成立三年多来,在党中央的领导下,紧紧围绕端正党风这个中心,主要做了五个方面的工作:

一、制定和贯彻《关于党内政治生活的若干准则》,端正党风。

三年来的实践证明,这个《准则》起了教育党员,纠正党组织和党员中违背党的组织原则的作用,成为端正党风的强有力的武器。中纪委和许多地方的纪委,都针对一些倾向性问题,根据《准则》的精神,严肃处理了一批严重破坏党风、违反党纪案件。

中纪委还起草了《关于高级干部生活待遇的若干规定》,经中央批准后执行。这对促进党风的好转,改善党和群众的关系,起了良好作用。

二、坚决维护四项基本原则,促进全党在政治上同中央保持一致。

1979 年和 1980 年,各级纪委着重对抵制落实干部政策,反对经济调整,反对三中全会路线、方针、政策的案件,进行了检查和处理。1981 年,各级纪委主要是协助党委,保证中央关于经济上进一步调整,政治上进一步安定的方针的贯彻。在党的十一届六中全会前后,同反对三中全会以来的党中央路线的错误言行,进行了两条战线斗争。

三、平反冤假错案,落实干部政策。

中纪委在党中央领导下,坚持实事求是的方针,对几件在全党全国有重大影响的案件,进行了复查。如对刘少奇同志、瞿秋白同志、潘汉年同志的重大冤案先后进行了平反;对 1959 年一批同志被错定为右倾机会主义分子或被错定为犯右倾错误的问题,做了平反、改正工作;还对"文化大革命"中的其他大量冤假错案和以前遗留的问题进行了复查。

四、参与审查林彪、江青两个反革命集团案件。

在党中央领导下,中纪委和各级纪委会同有关部门,审查了林彪、江青两个反革命集团有牵连人员的案件,进一步清算了林彪、江青一伙在十年内乱中的罪行,对同两个反革命集团有牵连的重要人员逐个作出结论。

五、纠正经济领域中的不正之风，打击严重经济犯罪活动。

中纪委从1979年下半年起，开始提出纠正经济领域中的不正之风的问题。1981年，又把它列为端正党风的重点工作之一。1982年1月，中央就打击经济领域里的犯罪活动发出《紧急通知》以后，各级纪委作为党委领导这场斗争的办事机构，全力以赴地抓这项工作，初步打击了严重破坏经济的犯罪活动，使歪风邪气有所收敛，广大干部和群众受到了实际的反腐蚀斗争的教育。

总的来说，各级纪律检查委员会三年多来做了大量工作，对于促进拨乱反正，恢复和发扬党的优良传统和作风，加强党的建设，保证党的路线的贯彻执行，都起了作用。

报告总结了纪律检查工作的基本经验。报告说，经过三年多的实践，我们认为以下几个问题是很重要的：

一、执政党的党风问题是有关党的生死存亡的问题。

执政党的党风问题，说到底，就是我们党能否坚持工人阶级先锋队的性质，保持党和群众的密切联系。党风不正，最大的危险就是脱离群众。十一届三中全会以来，经过全党努力，党风已经有了好转，党的威信有了提高。现在党的队伍的主流仍然是好的，党风正在向好的方向继续发展。

但是，必须清醒地看到，目前我们党确实存在思想不纯、作风不纯和组织不纯的问题，党风还没有根本好转，在少数党员和干部中，不正之风和违法乱纪行为还相当严重。全党同志必须提高认识，坚决对这些严重现象加以制止和克服。

二、同中央保持一致是党的政治纪律。

要实现社会主义现代化的伟大历史任务，关键是坚持党的领导。十一届三中全会确定了马克思主义路线，三年多的实践证明，党中央的领导和路线、方针、政策是正确的，现在的问题是，要保证全党在政治上同中央保持一致，坚决贯彻执行中央的路线、方针、政策，决不允许各行其是。所有共产党员，尤其是各级领导干部，必须坚定地在政治上同中央保持一致，这是一条最重要的政治纪律。违反政治纪律，抵制和反对党的路线、方针、政策的贯彻执行，这是危害最大的违犯党纪的现象。保证全党在政治上同中央保持一致，首先要求在坚持四项基本原则这个根本问题上，全党必须完全一致。对资产阶级自由化思潮的危害，和坚持“左”倾错误的危害，都不能低估。对于严重违反党的政治纪律的现象，我们作为党的纪律检查部门，今后必须认真地去抓。

三、反腐蚀斗争是整党的重要步骤。

资本主义思想腐蚀和社会主义思想反腐蚀的斗争，在我国社会主义发展阶段，将不可避免地要长期进行下去。在新的历史条件下，如何防止我们党员在资本主义思想腐蚀影响下腐化变质，已经成为我们执政党建设的重大课题。每个共产党员，特别是党的领导干部，一定要坚持不懈地把反腐蚀斗争进行到底。

中央纪律检查委员会的工作报告，还对今后工作提出了建议。报告说，十二大以后，各级纪委的中心任务是，在进行新党章和十二大报告教育的基础上，在党委统一领导下，整顿党的作风和组织，严肃党纪，同党内各种不正之风和违法乱纪行为作斗争。

维护党的政治纪律，坚持四项基本原则，努力进行以共产主义思想为中心的社会主义精神文明建设，保证全党在政治上同中央保持一致，是实现党风根本好转的首要问题。各级纪委必须以此作为工作的重点。

打击经济领域中严重犯罪活动，是党在今后一个长时期的斗争任务。各级纪委要总结斗争经验，协同有关部门，加强力量，采取有力措施，排除干扰和阻力，继续把这场斗争进行到底。

在党委统一领导下，做好整党工作，这不但是纪委今后五年的中心任务，也是今后长期的中心任务。

报告还着重说明了今后各级纪委如何严格根据新党章的规定，具体地解决加强对纪律检查工作的领导和进一步提高纪律检查队伍的战斗力的问题。

**中央纪律检查委员会委员名单（共132人，以姓氏笔画为序）**

马国瑞　王　凌(女)　王　铁　王　焰　王又新
王从吾　王尧山　王众音　王秉祥　王宗槐　王战平
王晓光　王福庆　王鹤寿　王鹤峰　云世英(蒙古族)
毛　铎　文　力(回族)　文正一(朝鲜族)　石生荣
石新山　史　敏　白治民　包玉山(蒙古族)　朱绍清
乔　青　任志恒　多吉才让(藏族)　刘　英(女)
刘　昆　刘汉生　刘自德　刘丽英(女)　刘鸣九
刘家栋　刘茹影(女)　刘新权　刘鹤孔　许梦侠
孙彤辉(女)　严佑民　严克伦　李　庄　李　坚
李　昌　李　涛(满族)　李　耀　李之琏　李正亭
李兴旺　李君彦　李哲夫　李健民　李振海　杨　克
杨　珏　杨子谦　杨西林　杨攸箴　杨蕴玉(女)
吴信泉　余达佳(壮族)　余述生　余建亭　狄子才
邹　衍　宋　诚　宋洁涵　张　矛(女)　张　凯
张　顺　张力行　张传栋　张海峰
阿木冬·尼牙孜(维吾尔族)　陈　云　陈　坦　陈达之
陈如龙　邵井蛙　范希贤　范朝利　林　晓　林一心

林维先　金　风　金　石　金昭典　庞　然　赵重德
赵起扬　段　云　饶正锡　徐其孝　徐深吉　高　峻
高新华　郭　建(女)　郭春原　唐延杰
浦安修(女)　晏福生　黄　中　黄　凯　黄乃一
黄民伟　黄立清　黄克诚　曹广化　曹幼民
曹冠群(女)　曹达诺夫(维吾尔族)　戚元靖
崔　健　康　迪　章　林　梁茂成　彭　儒(女)
彭清云　韩　光　韩天石　焦若愚　焦善民　谢邦治
詹大南　蔡顺礼　谭开云　谭申平　薛　坦　薛凤霄
蹇先任(女)　蹇先佛(女)

**十二届中央委员会候补委员名单(共138人,按得票多少为序)**

杨泰芳　郎大忠(傣族)　尉健行　蒋民宽
尹长民(女)　罗尚才(布依族)　周光召
郑光迪(女)　姜燮生　彭士禄　尹　俊(白族)
年得祥(回族)　李　刚　陈素芝(女,满族)　胡　平
胡锦涛　袁芳烈　格桑多杰(藏族)　蒋心雄　杨析综
金宝生(瑶族)　赵宗鼐　唐仲文　潘荣文(女)
朱　训　刘树生(回族)　李　冰(女)　吴文英(女)
张序登　陆懋曾　陈　煐　林殷才　梁栋材　熊清泉
魏鸣一　于振武　于鸿礼　卢良恕　朱厚泽　乔学亭
邹竞蒙　张辛泰　宫本言　黎　明　王　群
李慧芬(女)　杨岭多吉(藏族)　周阿庆　黄德懋
刘贵谦　孙维本　栗寿山　钱其琛　董继昌
马思忠(回族)　王越丰(黎族)
巴图巴根(蒙古族)　卢功勋　田世兴　刘鸿儒
张万年　梁成业(壮族)　王忍之　王林鹤
刘玉洁(女)　刘国光　许　勤
贾那布尔(哈萨克族)　黑伯理(回族)
丁凤英(女)　韩　叙　谢　非　魏金山　孙国治
李铁映　李淑铮(女)　吴祖强　何光远　张　祥
聂奎聚　高德占　黄　枢　马忠臣　王学珍　邢崇智
刘友法　刘明辉　汪家镠(女)　张伯祥　韩瑞阶
邢至康(女)　刘　毅　董占林　王建功　张万欣
安志文　李　锋　吴蔚然　何竹康　陈作霖　宋　健
林涧青　邹家华　罗　干　马卫华　李化民
黄甘英(女)　赵东宛　吴向必(苗族)　高厚良
杨正午(土家族)　严　政　刘维明　钱学森　杨海波
马　洪　房维中　王　蒙　李际均　徐　信　高占祥
叶选平　刘海清　马　明　王六生　李昌安　张健民
任　荣　杨永良　王扶之　张根生　吴冷西　袁　俊
王金山　李瑞山　王　谦　于　桑　汪东兴

**中国共产党第十二次全国代表大会新闻发言人朱穆之就党的十二大选举中央领导机构情况举行记者招待会**

朱穆之介绍了中央委员会、中央顾问委员会和中央纪律检查委员会的选举结果,并引用了李先念同志在大会闭幕词中说的一句话:大会胜利完成了它的历史使命。

朱穆之说:“这届中央委员会应该说是遵循着革命化、年轻化、知识化、专业化的要求选出的。”

他说,这届中央委员会的组成体现了新老的合作交替,将保持十一届三中全会以来正确路线的连续性,将进一步巩固和发展全党的团结和全国安定团结的政治局面,成为领导全党和全国各族人民为全面开创社会主义现代化建设新局面而奋斗的坚强的战斗司令部。

朱穆之强调了这次大会的重大历史意义。他说,大会明确提出了党经过长期斗争得出的基本结论,就是把马克思主义普遍真理同我国的具体实际结合起来,走自己的道路,建设有中国特色的社会主义。大会规定了全面开创社会主义现代化建设新局面的方针任务;制定了在新的历史时期如何把党建设成为社会主义现代化事业的坚强核心的党章。这对中国今后的历史进程将会产生巨大的影响。

**致公党在北京集会祝贺中共十二大胜利闭幕**

致公党中央主席黄鼎臣说,中共十二大是一次具有重大意义和深远影响的会议。会议以后,一定能够全面开创社会主义现代化建设的新局面,使中国共产党兴旺发达,使我们的社会主义事业兴旺发达,使我们的国家和各民族兴旺发达。他要求本党同志和全国人民一起,为实现中共十二大提出的宏伟目标和战斗任务而共同努力。

致公党中央副主席伍禅说,邓小平同志在开幕词中再次高度评价了民主党派的作用,并代表共产党向民主党派表示感谢,使我这个民主党派的成员,增强了责任感和光荣感。他决心在中国共产党的领导下,和本党同志一道,为全面开创社会主义现代化建设的新局面做贡献。

其他在京中央委员和北京市委员也相继发言,畅谈了对中共十二大胜利召开的感想和体会,并就本党如何学习、宣传和贯彻十二大的精神发表了意见,提出了建议。会上还通过了致中共中央的贺信。

**1982年我国早稻产量创历史新纪录**

据有关部门提供的材料,今年我国早稻在栽插面积比去年减少170万亩的情况下,总产量预计比去年增加30亿斤,甚至略多一点,创历史新纪录。其中增产较多的有广西、广东、湖北、湖南等省区;安徽、上海也有不同程度的增产;浙江、云南同去年持平;江苏、

江西、福建、四川、贵州因自然灾害较重,略有减产。

**国务院副总理姚依林在北京会见挪威能源石油大臣维德坤·维丁一行**

**国务委员姬鹏飞在北京会见以卫生部副部长阿哈迈德为团长的索马里卫生代表团**

**国务委员姬鹏飞在北京会见日本社会党副委员长田边诚一行**

**对外友协会长王炳南在北京会见并宴请哥伦比亚中国友好协会名誉主席何塞·玛丽亚·戈麦斯和夫人一行**

**中国挪威在北京签订成立合资经营公司—中国奇科地球物理公司的协议**

石油工业部部长唐克、中国海洋石油总公司总经理秦文彩和挪威石油能源大臣维德坤·维丁及挪威驻中国大使阿·阿内森出席了签字仪式。

**中国作家协会山西分会在太原举行赵树理学术讨论会**

**中国运动员在伦敦举行的第五届世界技巧锦标赛中获得男子4人比赛冠军**

中国运动员梁建坤、陈铁、何继东和林远向在男子4人第一套动作的比赛中,以19.53分的成绩,同苏联运动员并列男子4人比赛的冠军。

## 9月12日

**中国共产党第十二届中央委员会第一次全体会议公报(第一号)**

中国共产党第十二届中央委员会第一次全体会议,1982年9月12日起在北京举行。会议由胡耀邦、赵紫阳同志主持。到会的中央委员210人,中央候补委员138人。中央顾问委员会委员149人和黄克诚同志列席了会议。全会第一天选举产生了中央政治局委员和中央政治局候补委员、中央政治局常务委员会委员、中央委员会总书记、中央书记处书记和候补书记,决定了中央军事委员会主席、副主席。

名单如下:

一、中央政治局委员、候补委员

(一)中央政治局委员(按姓氏笔画为序)

万 里 习仲勋 王 震 韦国清(壮族) 乌兰夫(蒙古族) 方 毅 邓小平 邓颖超(女) 叶剑英 李先念 李德生 杨尚昆 杨得志 余秋里 宋任穷 张廷发 陈 云 赵紫阳 胡乔木 胡耀邦 聂荣臻 倪志福 徐向前 彭 真 廖承志

(二)中央政治局候补委员(按得票多少为序)

姚依林 秦基伟 陈慕华(女)

二、中央政治局常务委员会委员

胡耀邦 叶剑英 邓小平 赵紫阳 李先念 陈 云

三、中央委员会总书记

胡耀邦

四、中央书记处书记、候补书记

(一)书记(按姓氏笔画为序)

万 里 习仲勋 邓力群 杨 勇 余秋里 谷 牧 陈丕显 胡启立 姚依林

(二)候补书记(按得票多少为序)

乔 石 郝建秀(女)

五、中央军事委员会主席、副主席

主席:邓小平

副主席:叶剑英 徐向前 聂荣臻

杨尚昆(常务副主席)

**民革第五届中央常委会第十九次会议在北京举行**

会议由民革中央副主席屈武主持。民革中央主席王昆仑,在发言中说,中国共产党十二大是中国共产党历史上的一座光辉的里程碑,也是全国人民政治生活中的大事,十二大提出了正确的纲领和一系列方针政策;选举产生了中央委员会、中央顾问委员会和中央纪律检查委员会,搞好新老干部的合作交替。所有这一切,反映了中国共产党的兴旺发达,保证了我国社会主义事业的蒸蒸日上。

王昆仑说,胡耀邦同志在报告中提出要继续坚持“长期共存,互相监督”,“肝胆相照,荣辱与共”的方针,加强同各民主党派的合作,进一步巩固和加强爱国统一战线。这也是我们民革工作的指针。

民革中央副主席贾亦斌、侯镜如,民革中央常务委员张克明、邵恒秋、覃异之等先后在会上发了言。

会议通过了民革中央关于学习、宣传和贯彻中国共产党第十二次全国代表大会文件精神的决议。决议说,台湾回归祖国,完成统一大业,是全国同胞的共同要求,是历史发展的必然归宿。决议号召全体成员要加强与台湾同胞、港澳同胞、国外侨胞中与国民党有历史关系人士的联系,共同敦促台湾国民党当局审时度势,及早举行国共两党的谈判,从各方面促进祖国和平统一大业的实现。

出席会议的还有民革中央副主席朱学范、郑洞国、甘祠森、吴茂荪、孙越崎及在京的民革中央常务委员等30余人。

**中国基本建设优化研究会在哈尔滨召开学术交流会**

代表们认为,基本建设要取得最好的经济效益,必须大力开展基本建设优化研究,选择最佳的基本建设投资规模和投资分配结构,合理地进行建设项目的地区布局,遵守基本建设的科学程序。

代表们认为,基本建设从安排计划到设计和施工,都应把提高经济效益放在首位。历史的经验是,由于计划安排不当,宏观决策失误,造成的损失最大。据有关部门统计,近三十年的基本建设投资中,有四分之一左右没有发挥应有的作用。因此,搞好基本建设的综合平衡十分重要。当前,国家计划外投资项目过多,主要建筑材料可能供应量与建设项目需要量的差距仍然较大,必须严格控制基本建设规模,把那些产品生产方向不明、建设条件差、经济效果说不清楚的建设项目,下决心停下来。

**国防部部长耿飚在人民大会堂举行招待会欢迎前来我国参加国际军体第二十三届射击锦标赛的各国代表**

**外交部就越南派遣军用飞机入侵我国领空的行动照会越南驻华大使**

照会指出,9月10日上午11时46分至48分,越南空军米格21型飞机两架,侵入中国广西壮族自治区宁明县和凭祥市上空,进行侦察活动。照会说:"这是越南当局蓄意制造的严重挑衅事件。这再次说明,越南外交部8月14日提出所谓在中越两国国庆期间在边境地区停止敌对行动的建议是虚伪的,完全是为了掩盖越南当局在中越边境地区加紧制造紧张局势而施放的烟幕。"照会说:"中国政府对越南当局派遣空军飞机入侵中国领空的行动提出强烈抗议,并严正要求越南方面立即停止一切对中国边境地区的挑衅和入侵活动。否则,由此而引起的一切后果,必须由越南当局承担全部责任。"

**国务院副总理万里在北京会见日本农林水产大臣田泽吉郎一行**

**西班牙葡萄牙拉丁美洲文学研究会第一届年会在天津举行**

年会就拉丁美洲文学史的分期、拉美新小说、魔幻现实主义、新古典主义、西班牙社会现实主义小说和二十世纪西班牙诗歌、葡萄牙主要作家及作品等问题进行了广泛的学术交流,并对如何运用马克思主义的辩证唯物主义观点进一步开展西、葡、拉美文学研究和评论工作的问题作了探讨。

**国际军事体育理事会第二十三届射击锦标赛在北京举行**

来自阿尔及利亚、联邦德国、阿根廷、奥地利、孟加拉国、比利时、智利、埃及、阿拉伯联合酋长国、西班牙、美国、芬兰、法国、伊拉克、意大利、科威特、利比亚、尼日利亚、挪威、阿曼、巴基斯坦、荷兰、秘鲁、葡萄牙、罗马尼亚、瑞典、瑞士、泰国、委内瑞拉、扎伊尔和中国等国家的运动员参加比赛。

解放军副总参谋长张震等向获得5个项目团体和个人前三名的运动队、运动员,以及最佳运动队、最佳射手发了奖。中国队得了三个奖杯、两块金牌。

**解放军总政治部向全军发出《关于学习、宣传和贯彻执行党的十二大文件的通知》**

通知要求广大指战员要以共产主义思想为指导,认真学习十二大文件,把自己的思想和行动统一到十二大文件的精神上来,为实现十二大提出的宏伟目标和战斗任务而奋斗。

通知要求各部队在初步传达学习的基础上,深入学习邓小平同志的开幕词、胡耀邦同志的报告、新党章、叶剑英同志和陈云同志的讲话、李先念同志的闭幕词。团以上领导干部可根据情况,分别采取党委扩大会、短期集训等形式,进行深入学习。营以下基层单位的干部和战士(包括职工、家属),按照中宣部编写的十二大报告和新党章宣传提要,有步骤地进行教育。团以上干部要向部队进行宣讲。各单位党委,特别是主要负责同志,要带头学好文件,带头宣讲,并模范地贯彻执行。

通知要求各院校要集中一段时间组织学员认真学习十二大文件,并在此基础上制订出在各门政治理论教学中深入贯彻十二大精神的具体方案。

通知要求各部队要分期分批轮训党员,深入进行十二大精神和新党章的教育,为明年整党作思想准备。

通知指出,学习十二大文件要紧密联系实际,用十二大精神指导和推动部队更好地完成各项任务。当前要着重把精简整编、建设社会主义精神文明、战备训练、打击经济领域和其他领域里破坏社会主义的犯罪活动、党的建设等各项工作搞好。

## 9月13日

**中国共产党第十二届中央委员会第一次全体会议**

**公报(第二号)**

中国共产党第十二届中央委员会第一次全体会议,1982年9月13日在北京继续举行。到会中央委员209人,中央候补委员138人。中央顾问委员会委员156人,中央纪律检查委员会委员128人,列席了会议。

全会批准了中央顾问委员会全体会议选举产生的主任、副主任和常务委员会委员人选,批准了中央纪律检查委员会全体会议选举产生的书记和常务委员会委员人选。

在会议结束前,胡耀邦同志代表新产生的中央书记处,对党的当前和明年的工作部署作了重要讲话。

**中共中央总书记胡耀邦在十二届一中全会上的讲话**

同志们:

我们这次全会的唯一议题,就是选举中央领导机构,批准中央顾问委员会、中央纪律检查委员会领导成员的选举结果。现在,这次全会的任务,已经完成了。

因为今冬明春不准备再开中央全会或中央工作会议,所以我想借这个机会,对今后工作主要是明年工作,代表书记处提出一点意见,请同志们考虑。

第一,要认真组织全党学习十二大文件。十二大文件,包括中央委员会的报告,新党章,小平同志的开幕词,剑英同志、陈云同志的讲话,先念同志的闭幕词。中央委员会的报告和新党章,都是党的集体创作,是集体智慧的结晶。认真组织好十二大文件的学习,对今后工作有巨大的意义,中央已经转发了中宣部的安排意见。过去党内传达文件,往往有个毛病,就是一层一层地等上面布置,一些地方和部门还往往抛开文件本身,另外搞个提纲,讲许多他们那里的工作问题。书记处认为这种做法应当改变一下,要求全党各级组织,自动地组织学习十二大文件,而不要等上面布置。当然,上面也应当给以及时的和有力的指导和帮助。在学习中,首先要努力掌握文件的基本精神,结合学习马克思、列宁和毛泽东同志的一些有关基本理论,统一思想;在此基础上,尽可能地联系本地区、本部门、本单位的实际,解决一些能够解决的问题。从现在起,到明年上半年,时间有半年多,认真抓一下,这对于广大党员首先是干部党员提高对党的奋斗纲领的认识,提高思想觉悟,提高对我们事业的信心,必将发生重大的教育和动员作用。同时,通过学习,对于某些同十二大文件精神不相符合的错误思想和不正之风,也会有所克服。因此,务必把这件事当作十二大闭幕后的第一件大事来抓,力求抓好,并且进一步树立起良好的学习风气。

第二,要抓好机构改革的工作。十二大和我们这次全会对中央领导机构的选举结果,广义地说,也是机构改革,而且是最重要的机构改革。至于党中央机关和国务院各部门的机构改革,就部和直属局的领导班子和组织机构的调整来说,已经基本结束,看来工作进展是比较顺利,也是比较成功的。当然,干部的轮训以及各部门的权责的确定,各部门相互关系中一些问题的解决,和其他有关机构改革任务的彻底完成,还有待于下一步的努力。我们同各省、自治区、直辖市同志们交换意见,大家都认为,省、自治区、直辖市的机构改革,大体上也可以参照中央部门的经验来办。明年五月或六月要开六届全国人大,明年3、4、5月份各地就要把六届人大代表选好,这个工作也很紧。因此,省、自治区、直辖市和地、市两级的机构改革,宜前不宜后,宜早不宜迟。因为已经有了经验,不会出什么大的乱子,拖下去反倒不利。如果今冬开始,明年上半年完成,明年下半年各省、区、市党委和地、市党委就可以依靠自己的力量,把县、社两级的机构改革,在明冬后春搞好。这样,我们全国的机构改革,作为整个体制改革的第一个组成部分,后年春季就能全部完成。做到这一步,我们的工作就更加主动了。小平同志说过,这件事也是一场革命。这件事抓好了,就可以达到调整和加强各级领导核心,精简庞大臃肿的机构,选拔大批优秀年轻干部,轮训广大在职干部,大大提高工作效能,进一步克服官僚主义的目的。做好这件事,主要是靠各省、自治区、直辖市领导同志亲自抓。我们也曾经向许多省、区、市同志们提出,派点人去帮助帮助,他们很赞成,认为这有两个便利:一是便利于他们下决心,有些话他们不好说,中央派去的同志可以帮助说;二是更便利于广泛听取意见,走群众路线。书记处考虑,从中央委员、中央顾问委员和中央纪委委员当中,以及一部分退下来的副部长级干部当中,抽调一些同志去。这也有利于这些同志开阔眼界,增长新的经验。

第三,要认真考虑如何抓好整党。十二大提出整党,国内外反应强烈,深得人心。这是一件大事,既然宣布了就要做,而且一定要做好。当然,抓好十二大文件的学习,特别是认真地逐条学习新党章,抓好机构改革和干部调整,再加上继续坚决打击经济犯罪、及时处理好一批已经在审查的大案要案等,对于转变党风都会有很大推动,但这毕竟不能代替整党。鉴于我们这样一个大党,工作范围这样广,积累问题这样多,而在整党问题上,我们历史上既有正面经验,又有反面教训,书记处认为,明年开始的新的整党,必须精心地和细致地加以准备、指导和组织。中央和省、区、市都需要从今冬或明春开始,搞几个试点。在这个基础上,着手起草一个较好的整党文件。估计到明年五六月全国人大结束以后,至迟明年秋天,可能把文件拿出来,作为十二届二中全会的中心议题之一。二中全会之后,再分期分批地展开，争取从明年秋天起，三年内在全国范围完成整党。

第四，经济工作任何时候都不能放松。三中全会以来，经济工作有很大起色，进行了许多改革，促进了经济的发展。今年的经济形势相当好，无论经济效益还是发展速度，都很可能超过原来的预计。当然，经济部门和省、区、市的同志们都感到，问题还很多，任务还很繁重。以工交战线来说，潜力确实很大。但是一些部门，相互扯皮和不敢负责的现象没有根本扭转。其原因，归根到底是由于对许多问题没有钻进去，特别是没有到第一线彻底弄清情况，也没有拿出魄力，切实解决问题。这种状况，看来已经到了非下决心根本改变不可的时候了。工交企业应当继续大力进行整顿，认真推广经济责任制，为进一步提高经济效益而努力。商业企业也应当积极推广各种形式的经济责任制，进一步打通城乡交流的渠道，努力开拓广阔的社会主义统一市场。农业方面，几年来确有很大的发展和进步。许多原来落后的地方和社队，一年、二年产值就翻了一番，即使原来基础较好的地方，三年、四年产值翻番的，也不在少数。尤其令人高兴的是，许多县、社队，这两年增长更快。这主要是因为，这些地方狠抓了经济责任制的落实，同时在抓紧粮食生产的基础上，积极发展了多种经营。当前问题是，还有不少地方，思想解放得不够，需要进一步扩展眼界。书记处认为，农业战线各级党组织，要放手发动和指导农民群众在保证完成粮食生产任务的前提下，广开生产门路，更快一些地富裕起来。这应当作为各级领导同志，特别是从事农村工作的领导同志的一个中心思想提出来。八亿农民更快地劳动致富，农业供应工业的原材料就会更多，工业品的销售市场就会更大，建设资金和国家财政收入也就会更快增长，这就必然能够成为推动工业发展的最强大的动力之一。无论工业和农业，都要要求干部引导群众，重视技术改造。总之，只要善于调查研究和切实地解决经济工作中的问题，经济的发展，肯定可以一年比一年更好一些。这方面，如果明年、后年进一步理出头绪，中央和省、区、市就有可能从后年即1984年起，腾出主要精力，来研究和逐步进行教育、劳动、工资、物价制度等方面的全面改革。这样，加上整党的全面展开和社会风气、社会治安的综合治理，到1986年，即粉碎“四人帮”十周年，就有可能在经济和社会生活各方面，接近于实现十二大提出的三个根本好转的目标。这就好比“十年河西，十年河东”：“文革”十年，每况愈下，不堪回首；“文革”后的十年，乾坤再造，前程似锦。

最后，我还要着重强调一点，就是从现在起，今后五年内，党和国家的命运，是同我们这个新的中央领导集体，新的战斗指挥部，息息相关的。我想我们这个领导集体的每一位成员，都会意识到自己肩上的历史重任。能不能担当起如此重大的责任呢？我们具备许多有利的条件。第一，我们已经有了更多的领导经验，特别是十一届三中全会以来中央领导集体亲密和谐，坚决按民主集中制原则办事的成功经验。领导班子的调整和机构的改革，增强了各级组织的战斗力。第二，几位老革命家健在，为我们掌舵。第三，新成立了中央顾问委员会，一定能够在政治上成为中央很好的助手和参谋；中央纪律检查委员会有了新的加强，也一定能够在维护党纪、端正党风上起更大的作用。有了这三条，我们这一届中央领导集体，不但可以担当起重大的历史责任，而且应当比上一届中央领导集体，做得更好一些。今天在座的，许多同志是新当选中委的；也有些同志的工作，经过选举，有所变动。有进有出，有上有下，这也是党内生活的一种正常情况，在我们党的事业急剧发展的情况下，更是这样。无论各人情况如何，只要大家都能向前看，都能时时想到人民的需要和自己的不足，那就一定能够不断前进，作出新的贡献。我们还衷心地希望，新上来的比较年轻的同志，一定要珍视党和人民的重托，刻苦学习，谦虚谨慎，兢兢业业，振奋精神，好自为之。我们大家都坚信这么一条真理：公道自在人心。让党心，军心，民心，对我们每个人作再一次的鉴定吧。

**中央顾问委员会第一次全体会议公报**

中国共产党中央顾问委员会第一次全体会议，1982年9月13日在北京举行。到会中央顾问委员会委员158人。会议由薄一波、程子华同志主持。邓小平同志在会上就顾问委员会的性质和任务作了重要讲话。

全会选举产生了中央顾问委员会主任、副主任和常务委员会委员，名单如下：

主　任：邓小平

副主任：薄一波　许世友　谭震林　李维汉

常务委员(按姓氏笔画为序)：

王　平　王首道　邓小平　伍修权　刘澜涛　江　华
许世友　李井泉　李维汉　何长工　宋时轮　陆定一
陈锡联　段君毅　耿　飚　姬鹏飞　黄火青　萧　克
萧劲光　粟　裕　程子华　傅　钟　谭震林　薄一波

**中央纪律检查委员会第一次全体会议公报**

中国共产党中央纪律检查委员会第一次全体会议，1982年9月13日在北京举行。到会中央纪律检查委员会委员129人。会议由王鹤寿、韩光同志主持。陈云同志在会上就当前加强党的纪律检查工作问题作了重要讲话。

全会选举产生了中央纪律检查委员会书记和常务委员会委员，名单如下：

第一书记：陈　云

第二书记：黄克诚

常务书记：王鹤寿

书记：王从吾　韩　光　李　昌　马国瑞　韩天石

常务委员(按姓氏笔画为序)：

马国瑞　王从吾　王鹤寿　李　昌　李之琏　李正亭　陈　云　黄克诚　韩　光　韩天石　蔡顺礼

**中共中央转发中宣部《关于学习、宣传党的十二大文件的安排》的通知**

通知说：邓小平同志在党的十二大的开幕词中，对十二大的历史地位和大会提出的任务，十二大文件的精神，作了概括的阐述。各级党委要以开幕词作为总的指导思想，把十二大文件的学习、宣传切实抓好，认真组织贯彻执行。各级党委的主要负责同志要带头参加学习、领导学习，带头宣讲文件，模范地贯彻执行。党委要组织好理论、宣传队伍，充分发挥他们的作用，务必使各条战线的党员、干部和广大群众，对于十二大提出的各项任务和主要精神，有全面的理解，用以指导自己的行动，使各项工作在十二大确定的轨道上向前发展。

中共中央宣传部《关于学习、宣传党的十二大文件的安排》的主要内容是：在各级党委统一领导下，各级宣传部门今后一段时间的中心任务是，组织十二大文件的学习和宣传，结合本地区、本部门、本单位思想和工作的实际情况，发挥十二大文件巨大的动员和组织作用，使全体党员、全体干部和全国各族人民振奋精神，同心同德、艰苦努力，扎实工作，为完满实现十二大所确定的各项战斗任务而奋斗。

十二大文件的学习和宣传，先安排到明年6月底，分为两个阶段。第一阶段要着重领会和掌握文件的精神，提高认识，统一思想；第二阶段要把对文件精神的深入理解和各条战线的工作实际结合起来，自觉地在工作中贯彻执行十二大所确定的各项方针政策。

第一阶段的学习。要有步骤地把文件精神传达到全体党员和全体干部。有阅读能力的要通读文件，逐段认真讨论。对文化水平较低的，要有专人辅导。要结合本地区、本部门、本单位的思想实际，通过同志间的商榷、讨论、争论以至必要的批评自我批评，正确理解文件的基本精神，使全体党员和干部的思想认识统一到十二大所确定的方针政策上来。各级党委及宣传部门的负责同志，要认真参加学习、领导学习，亲自宣讲文件，并且要亲自了解学习情况和解答学习中提出的各种问题。各级宣传部门要在各级党委统一领导下，抽调一部分理论工作者和有一定理论水平的党员干部，进行培训，作为宣讲员，向广大人民群众(包括高中和同级各类学校的学生)进行宣讲。有条件的地方，宣讲工作可以通过电视、电台进行。要积极组织群众阅读报纸、收听广播。各高等院校，要请当地党政负责同志和学校领导人用形势教育的时间向学生进行宣讲，并由学校党团组织和政治理论教师加以辅导，安排讨论。对于广大群众和高等院校学生的宣讲工作，要讲求实效，有针对性地解决他们思想中实际存在的问题。经过十二大文件的学习、宣传活动，要有计划地恢复、建立和健全在职干部理论学习讲师团和党的各级报告员、宣传员制度。退居二线和离休退休的老干部，如果条件具备、本人自愿，要为他们参加宣讲、辅导工作作出适当的安排。

第二阶段的学习。在前一阶段提高认识、统一思想的基础上，结合本地区、本部门、本单位的工作实际，自觉地把十二大文件的精神贯穿到工作中去，使全党同志行动一致、步调一致。

首先要组织县(包括县)以上领导干部和县以上各级党、政、群单位的干部，继续深入掌握十二大确定的一系列指导思想和方针政策，联系十一届三中全会以来本地区、本部门、本单位工作的实际情况，总结经验教训，研究贯彻执行十二大精神的各项措施和办法。这项工作要采取举办学习班或其他适当集中的方式进行，时间一般以20天至1个月为宜。全体党员都要按照十二大精神和党章的要求，通过学习讨论和正常的组织生活，认真开展批评自我批评，增强党的观念，加强党性修养，克服思想上、作风上的缺点，发扬为共产主义奋斗终生的革命精神，务使各条战线的工作和党风有显著的进步，为将来的整党做好思想准备。对于基层单位的党员，要分期分批举办轮训班，深入进行十二大精神和党章的教育，使他们对党的方针政策有清楚的了解，并懂得怎样做一个合格的共产党员。各级宣传文教战线从事意识形态工作的党员，包括理论工作者、文艺工作者、新闻出版工作者、文化教育工作者等，不仅自己要认真学习十二大文件，联系自己工作的实际，总结经验教训，研究在今后工作中怎样贯彻执行十二大精神和实现党章对于党员的要求，而且要在正确地、有效地宣传和解释十二大精神方面，主动发挥积极的作用。

**中共中央政治局委员胡乔木就党章修改问题答新华社记者问**

问：首先，请您谈谈这次党章的修改过程。

答：这次党章修改的过程很长了，从1979年冬天就已经开始。整个修改工作，是在中央政治局常委领导下进行的。起初,曾经由当时的中央指定中央组织部、中央党校、中央办公厅研究室等单位调集一批干部做准备工作,他们举行过很多次座谈,后来还曾经派出相当多的同志到全国许多地方去进行调查,征求意见,并拟出一个草稿。1980年1月,中央决定正式开始进行修改党章工作。邓小平同志对党章的修改提出了许多重要的指导性的意见,并要求尽快提出一个修改草案。这样,就在中央的领导下组成了党章修改小组,这个小组在原有草稿的基础上进行了紧张的讨论和大量的修改,形成了修改草案第一稿。中央认为,这个草案已经可以作为讨论和进一步修改的基础。1980年2月,它被提交十一届五中全会讨论。修改小组根据讨论意见作了第一次修改,并在4月由新产生的中共中央书记处发给全党讨论,同时也发给了部分党外人士征求意见。根据党内外讨论中提出的意见,1982年5月修改小组作了第二次修改,这次修改的地方比较多。同年6月,又由中共中央书记处发给了各省、自治区、直辖市和各大军区党委、中央党政军各部门的党组织和全体十二大代表征求意见。7月,修改小组根据收集到的意见做了第三次修改,经中央政治局讨论,决定提交8月举行的党的十一届七中全会讨论。七中全会通过了这个修改草案,决定将它提交党的十二大审议。8月31日起,十二大各代表团在预备会议期间和大会正式举行期间对草案进行认真的讨论,提出了很多修改意见。大会秘书处综合这些意见,做了最后的修改。9月5日,大会主席团第三次会议听取了关于修改的说明,决定提交大会表决通过。9月6日,大会全体会议一致通过了这个最后的修改草案,还专门为党的这个新章程通过了一个决议。因此,可以说,新党章是经过广泛而充分的研究讨论的,集中地表达了全党的意见和智慧。

*问:新党章与过去的党章有哪些主要不同?这次修改的主要内容是什么?*

答:这次修改党章的指导思想是:适应社会主义现代化建设新时期的特点和需要,针对党的现状,提出对党员和党的干部的更严格的要求,提高党组织的战斗力,坚持和改善党的领导,把党建设成为领导社会主义建设的坚强核心。新党章总结过去多年来党的建设方面的经验,对上届党代表大会通过的党章作了许多修改。它清除了十一大党章中“左”的错误,继承和发展了七大、八大党章的优点,系统地总结了历史上党的建设的经验和反映了党的现实生活的要求。首先是有了一个内容比较充实的“总纲”(像七大以来的历次党章的“总纲”一样,它实际上是党的最简要的基本纲领),比较完整地、简明扼要地概括了党的性质,党的长远目标,当前目标,党对党员和党组织的基本要求,以及党的领导作用的基本原则。

党章的内容,十一大党章只有五章十九条,已经不能满足党的现实生活的需要,所以现在扩大成为十章五十条。修改的主要内容,集中起来说有三个重要的方面:

一是对全体党员、党的干部和基层组织分别提出了比过去历次党章更严格的要求,规定的党员标准比过去党章的规定都要严格,并且新增加了干部一章,对干部比一般党员提出了更高的要求。

二是对党的组织制度作了一些新的规定。

三是关于党的民主集中制和党的纪律这两个方面都作了比较充分、比较具体的规定。

此外,关于坚持和改善党的领导,也作了一些新的规定。

*问:请您谈谈新党章的“总纲”有些什么特点?*

答:一个无产阶级政党必须有一个建立在马克思主义科学基础上的纲领。因为如列宁所说:“纲领对于政党的团结一致、始终一贯的活动有重大的意义。”如前所说,我们的党章的总纲,实际上就是党的简要纲领。新党章的总纲,按照科学社会主义的理论,对世界历史的发展进程和我国当前所处的历史阶段,对社会主义制度的优越性和必将在全世界逐步取得胜利的前景,作了扼要的论述。它规定了党的为实现共产主义而奋斗的最终目标,规定了党在现阶段的总任务和国内国际方面的基本政策,规定了我们党的无产阶级先锋队的性质、党的指导思想和全党必须实现的三项基本要求,即政治上思想上的高度一致、全心全意为人民服务和坚持民主集中制。总纲在最后一节还规定了党的领导作用的基本原则,说明了党的领导在国家生活和人民生活中的地位(这些说明同宪法修改草案的有关内容基本上一致,即党是国家和人民的领导力量,但它并不凌驾于国家和人民之上,党是在宪法和法律的范围内进行工作的)。这些就是党章总纲的要点。

*问:新党章对党员、党的干部和基层组织提出了哪些更严格的要求?*

答:新党章对党员的要求,是分三个方面讲的:

第一,什么样的人才能申请入党(党章第一条)?

第二,共产党员应该是什么样的人?(党章第二条)这里特别强调共产党员要真正做到不惜牺牲个人的一切,为实现共产主义奋斗终生。并且针对党在成为执政党之后的地位变化,强调共产党员永远是劳动人民的普通一员。党员只能比非党员尽更多的义务,除了制度和政策规定范围内的个人利益和工作职权,决不允许谋求任何私利和特权。

第三,规定了党员的八条义务。这八条规定都是比较严格的,也是每个党员应该做到的。

举例来说，新党章规定党员“坚持党和人民的利益高于一切，个人利益服从党和人民的利益，吃苦在前，享受在后，克己奉公，绝对不得假公济私，损公利私”。为什么作这样的规定呢？因为我们的党领导全国政权之后，有的党员就有可能利用各种机会、各种条件来占便宜，或者是占群众的便宜，别人的便宜，或者是占公家的便宜(包括国家、集体的在内)。要使党风根本好转，就必须严格禁止这类情况的继续发生。新党章还要求党员服从组织分配，自觉遵守党的纪律和国家的法律，严格保守党和国家的秘密，坚决反对派性，切实开展批评和自我批评，勇于揭露和纠正工作中的缺点、错误，支持好人好事，反对坏人坏事，在生产、工作、学习和社会生活中起先锋模范作用，在一切困难和危险的时刻挺身而出，英勇斗争，等等。新党章提出的这些要求，都是应该和能够做到的；但是，也应该承认，要做到也并不容易，这就表明，做一个合格的党员是不容易的。俗话说，常在河边走，哪能不湿鞋？执政党的党员如果要假公济私，行不顾言，的确有许多机会；但是如果允许党员那样做，党在群众里的威信和领导作用就必然会降低，党跟群众的联系就会减弱，甚至于疏远。因此我们必须要求：常在河边走，就是不湿鞋。这次修改党章，邓小平同志一开始就提出来，首先要解决党员要合格的问题。要划清一个界限，合格的才能做党员，不合格的就不能做党员。新党章关于党员义务的规定，就是要划清这个界限。

当然，新党章也充分规定了党员的民主权利，并且着重指出：“党的任何一级组织直至中央都无权剥夺党员的上述权利。”党章还规定：“党内严格禁止用违反党章和国家法律的手段对待党员，严格禁止打击报复和诬告陷害。违反这些规定的组织或个人必须受到党的纪律和国家法律的追究。”这样，十年内乱时期迫害党员的现象和其他给正直的党员“穿小鞋”的现象就不允许再发生，如果在某些组织里仍然发生，就必须受到追究。

新党章还正式规定入党要在党旗面前宣誓，并且规定了誓词的统一的内容。

对干部专门写了一章。对党的干部的要求，比对一般党员的要求，当然要更高。干部要能够正确地执行党的路线、方针、政策；能够同敌对势力作坚决的斗争，反对党内外的错误倾向；能够具有民主作风，自觉地接受党和群众的批评和监督；能够在他工作的范围里正确地、充分地履行职责，而不滥用职权来谋求私利。对干部还提出，在建设社会主义时期要具备一些什么样的本领，什么样的条件。在这一章里，还明确规定了必须重视非党干部和保证充分发挥他们的作用，以及废除过去实际上存在的党的领导干部职务的终身制。

对党的基层组织的任务，也作了比较详细的规定。其中很多的内容都是为了教育、组织和监督党员和党的干部履行义务、发挥应有的作用。这里要特别提一下，在关于基层组织的任务的第七条中，着重规定了要教育和监督党员干部和其他任何工作人员严格遵守国法政纪，严格遵守国家的财政经济纪律和人事制度，监督本单位财务会计人员和各种执法的专业人员不得执法犯法，同时保证他们依法独立行使他们的职权，不受侵犯和打击报复。这样专门的规定不仅对当前实际生活具有鲜明的针对性，而且对打击经济犯罪活动，实现党风和社会风气的根本好转，在整个新的历史时期保证党政机关和企业事业单位坚持社会主义方向，都是具有重要意义的。

严格按照这个党章的规定实行起来，党员、党的干部在群众里面就能够很好地发挥先锋模范作用，党的组织就可以大大提高战斗力。

问：新党章在党的组织制度方面作了哪些新的规定？

答：这个方面的新规定，主要是：

党的全国代表大会在选举中央委员会的同时，还要选出中央顾问委员会和中央纪律检查委员会。中央顾问委员会和纪律检查委员会，都在中央委员会的领导下进行工作。省一级党的代表大会在选举省一级委员会的同时，选出省一级顾问委员会和纪律检查委员会，它们都在省一级党的委员会领导下进行工作。

中央和省一级的顾问委员会，分别是中央委员会和省一级党的委员会在政治上的助手和参谋。这是适应当前时期的情况和需要，发挥老同志的参谋作用，实现新老干部合作交替的重要措施。顾问委员会只设到省一级，省以下各级组织一律不设。

地方各级党组织都设立纪律检查委员会，比较大的基层组织设纪律检查委员会，比较小的基层组织设纪律检查委员。上级纪律检查委员会有权改变下级纪律检查委员会的决定；下级纪律检查委员会除了受本级党的委员会领导以外，同时也受上级的纪律检查委员会领导。这样，纪律检查委员会这个组织从上到下就有了它的完整的系统，同时各级纪律检查委员会的权限也有了重要的加强。

在中央的组织制度里面有一个重要的改变，就是党中央只设总书记，不再设主席、副主席。总书记是中央政治局常务委员会的成员之一，负责召集政治局会议，召集政治局常务委员会会议，主持中央书记处的工作。很明显，召集和主持的作用是不一样的。这样，个人过分集权和个人专断的现象就很难再发生。主席制度和总书记制度如果同时存在，在国内外实践的结果表明,往往或者是总书记有名无实,或者是主席有名无实。因此,同时实行这两种制度是没有必要的;当主席和总书记由一个人兼任时,这样做就更没有理由了。按照新党章(十一届五中全会以来的实际情况也是如此),我们党全部经常工作的领导核心是中央政治局常务委员会。除了总书记是政治局常委外,中央顾问委员会主任、中央纪律检查委员会第一书记和中央军事委员会主席,也都是政治局常委。所有这些规定,都有利于保证党的集体领导和团结统一。

在这里要顺便答复一个问题:党的中央军事委员会和宪法草案中规定的国家的中央军事委员会是什么关系呢?我们党设想,党的中央军事委员会的组成人员,经过党和各民主党派的协商,可以由全国人民代表大会通过,同时成为国家的中央军事委员会的组成人员。人民解放军从一开始就是党所领导的,党继续领导国家的中央军事委员会和人民解放军,是符合全国人民的根本利益的,这一点全国人民很容易理解。这和国家的中央军事委员会向全国人民代表大会和它的常务委员会负责毫不矛盾。按照这种设想,将不会出现两个中央军事委员会。当然,从法律上说,这种设想只有经过全国人民代表大会的决定,才能成为事实。

新党章还规定,每届中央委员会产生的中央领导机构(政治局、政治局常委、书记处)和中央领导人,在下届全国代表大会开会期间,继续主持党的经常工作,直到下届中央委员会产生新的中央领导机构和中央领导人为止。对地方各级党委的常务委员会也作了相应的规定。这是为了从党的章程上保证党对经常工作的领导在任何时候都不致中断。这对于领导一个大国的政权的党是完全必要的,因为党的各级代表大会和它们的主席团都无法处理只有党的领导机构才能处理的大量经常工作。

在党与共青团的关系方面,规定了团的县级和县级以下的委员会书记,企业事业单位的团委书记,是党员的,都可以列席同级党的委员会和常务委员会的会议。这将有利于密切党同共青团的关系,帮助共青团组织领导人的成熟。对于县级以上,没有作同样的规定,因为中央一级和省一级,党委会讨论的问题比较广泛复杂,同级团委书记一般不适宜于参加这种讨论。当然,如果同级团委书记已经是党委常委,或者党委开会讨论青年工作,那就另当别论。

问:关于党的民主集中制和党的纪律方面有哪些新的规定?

答:新党章对党的民主集中制的基本原则规定得比过去更加系统和全面。在总纲中,明确规定党在今后必须做到的三条基本要求,其中第一条是保持“思想上政治上的高度一致”,第三条是“坚持民主集中制”。在党的组织制度一章中,一开头就明确规定我们党是根据自己的纲领和章程,按照民主集中制组织起来的统一整体,它在高度民主的基础上实行高度的集中。在这一章中,新党章以更准确的语言重申了党员个人服从党的组织,少数服从多数,下级组织服从上级组织,全党各个组织和全体党员服从党的全国代表大会和中央委员会的原则和其他过去党章中所规定的类似原则。此外,新党章还吸取了过去的经验教训,规定了党的各级委员会实行集体领导和个人分工负责相结合的制度,禁止任何形式的个人崇拜,要保证党的领导人的活动处于党和人民的监督之下,同时维护一切代表党和人民利益的领导人的威信。新党章明确规定了任何重大问题都不能由任何个人来做决定,必须经过党委民主讨论作出决定。对于中央和地方、上级和下级组织的职责权限和相互关系,对于党员个人和组织的关系,也都作了许多既体现民主又体现集中的规定。比如,党的上级组织在对下级组织有关的重要问题作出决定时,通常要征求下级组织的意见,并且要保证下级组织能够正常行使他们的职权。又如,下级组织如果认为上级组织的决定不符合本地区、本部门的实际情况,可以请求改变;如果上级组织坚持原决定,下级组织必须执行,但有权向再上一级报告。新党章对党组织在讨论决定问题时,既规定了少数服从多数的原则,又规定了对于少数人的意见要认真考虑,并对双方发生争论而人数接近的情况,作了特别审慎的规定。至于涉及党员个人的民主权利,这方面的规定就更为详细。所有这些规定,都将使党内的民主集中制得到比过去更为严格的保证。

在党的纪律方面,也作了比较具体严格的规定。例如,一、实行在党的纪律面前人人平等的原则,不允许有任何不参加党的组织生活、不接受党内外群众监督的特殊党员。二、要求每一个党员除了遵守党纪外,还必须严格遵守政纪国法。党员如果在违犯党纪的同时违犯政纪国法,那就要同时受到政纪国法的制裁。凡是严重触犯刑律的党员,一律开除党籍。三、如果一个党的组织严重违犯了党的纪律,而自己又不能纠正,那么这样的党的组织,可以由它的上一级的组织提出,并且得到再上一级组织批准,加以改组直至解散。此外,新党章还对党的纪律检查委员会的职权作了比过去大为加强的规定,这在前面已经提到了。

问:在坚持和改善党的领导方面,新党章有些什么重要规定?

答:新党章无论是对党员、党的干部和党的基层组织所提出的更严格的要求,无论是在组织制度方面所作的各项规定,无论是在民主集中制和党的纪律方面所作的各项规定,都是为了坚持和改善党的领导。新党章在“总纲”的一开头就指出,中国共产党是中国社会主义事业的领导核心,明确了党在我们国家中的领导地位。党章“总纲”和各章的许多规定,都体现了坚持党的领导的必要性和重要性,同时对坚持和改善党的领导所应遵循的原则和方法也作了一系列重要的规定。

党的领导主要是政治、思想和组织的领导。党一定要通过制定和执行正确的路线、方针和政策,通过细致而有力的思想政治工作和宣传教育工作,通过严密而审慎的组织工作,通过充分发挥党员的先锋模范作用,来实现这种领导。党的组织工作主要是对干部的培养、选拔、使用和监督,其中最重要的一环,是把最恰当的人选派遣到各种领导岗位上去,并依靠党的组织和人民群众对各级党员领导干部实行认真的监督。

实行党政分工的原则,加强党自身的建设。党必须保证国家的立法司法、行政机关、经济文化组织和人民团体积极主动地、独立负责地、协调一致地工作。在企业事业单位中,基层党委应对重大原则问题进行讨论和作出决定,保证行政负责人充分行使职权,不要包办代替他们的工作。这些单位党委领导下的总支、支部,除特殊情况外,只对本单位生产任务和业务工作的完成起保证监督作用。党的中央、地方和基层组织,都必须重视党的建设,经常讨论和检查党的宣传工作、教育工作、组织工作、纪律检查工作、群众工作、统一战线工作等,注意研究党内外的思想政治状况。

党内必须经常地、认真地开展批评和自我批评,在原则问题上坚持开展反对“左”的和右的错误倾向的思想斗争。必须坚持进行机构改革,努力培训干部,逐步实现党的干部队伍的革命化、年轻化、知识化、专业化。必须经常整顿党的作风和党的组织,保持党在思想上和组织上的共产主义纯洁性,加强同广大人民群众的密切联系。所有这些,都是为了使党更好地、更有效地领导人民进行伟大的社会主义现代化建设事业。

党必须在宪法和法律的范围内活动。就是说,从中央到基层,一切党员和党组织的活动都不能同宪法和法律相抵触,不能违犯法律。

以上这些规定,对于加强和改善党的领导都是十分重要的。党代表大会关于党章作为整顿党的作风和党的组织的武器的决议,尤其将使党的领导的坚持和改善,得到最重要的保证。

问:新党章为什么不规定代表实行常任制?

答:在新党章的多次讨论和修改过程中,曾经考虑过代表要实行常任制的意见,1980年2月发出的修改草案中就曾经作过这样的规定。但是经过多方面的考虑,最后还是没有作这样的规定。我们党过去一直没有实行过代表的常任制。八大党章曾作了党的全国代表大会实行常任制的规定,结果只是在1958年开了八大的第二次会议,以后再也没有召集过第三次会议。这就从实践上证明了这个规定是很难行得通的。党的全国代表大会同全国人民代表大会有很大的不同,后者每年需要讨论通过许多年度性的重大议题,而前者的任务主要是确定党在一个阶段内的路线、方针和基本政策,产生比较稳定的领导机构,因而不需要也不可能每年都开会。这样,实行代表常任制就没有什么必要。相反,如果实行代表常任制,对代表应该有什么样的任务和职权,他们同各级党委是什么关系,都很难作出明确具体的规定,甚至会使得各级党委的工作不必要地复杂化。因此,不宜于作出这样的规定。当然,党的各级代表大会代表,不同于普通的党员,他们对党有更高的责任,应该受到党的更多的尊重,这是不言而喻的。

问:新党章为什么不对党的领导人的任期作严格的限制?

答:新党章明确规定了我们党的各级领导干部,无论是选举产生的还是由领导机关任命的,他们的职务都不是终身的,都可以变动或解除。还规定了年龄和健康状况不适宜于继续担任工作的干部,应当按照党和国家的规定离休退休。作这样的规定,有利于党的干部队伍的不断更新,不断补充新的血液,以适应党的事业不断发展的需要。十二大选举的结果,以及在十二大以前和大会期间,一些老同志自动地恳切地请求不当代表和中央领导机构的候选人,并得到党中央和大会的同意,就从事实上说明了这个规定正在开始实现。在这同时,我们也应当考虑到,我们的党是拥有近四千万党员的大党,我们的国家是拥的近十亿人口的大国,党的领导任务十分复杂繁重。因此,在我们党的中央领导核心中,必须有一批经验丰富、见识深广、善于应付各种复杂局势、并由于他们的卓越贡献而在党和人民中享有崇高威信的老同志,这样才能保证党的领导的成熟和稳定,保证老同志对于中青年同志的“传帮带”和新老干部的顺利交接,也才能保证国家的长治久安。这种现实情况,是同我们党建党初期根本不同的。这样的众望所归的熟练的领导人的产生,在我们这样的大党大国中,不经过长期斗争的考验是不可能的。因此,在这次党章修改过程中,经过反复认真地考虑,最后还是决定不对领导人的任期作严格的限制,对各人的工作任期因人因事而异,同时在党的各级组织中实行领导人员的老中青的结合和新老的交替,这样做是更加符合我们党、国家和全国人民的根本利益的。

**九三学社中央常委会第十六次会议在全国政协礼**

堂举行

会议通过决议，号召九三学社全体成员认真学习中国共产党第十二次全国代表大会的重要文件，为实现十二大提出的奋斗目标而努力。

决议赞扬中国共产党第十二次全国代表大会是具有重要历史意义的大会。党的十二大制定的路线和方针、政策，是建设现代化的、高度文明、高度民主的社会主义祖国的新纲领。十二大选出的中共中央领导机构是一个团结全国各族人民全面开创社会主义现代化建设事业新局面的坚强领导核心和战斗指挥部。

九三学社中央委员会主席许德珩主持会议。他说，现在，共产党如此重视民主党派，一方面使我们感到高兴；一方面也使我们感到责任更加重大。

九三学社中央常务委员、昆虫学家朱弘复、核物理学家王淦昌、冶金专家魏寿昆和李薰、能源、环境保护专家陈明绍、药学家薛愚、书法家启功、内科专家邓家栋、印地语言学家金克木以及薛公绰等先后在会上发了言。九三学社中央常务委员、地质学家黄汲清作了书面发言。

**解放军总参谋长杨得志在人民大会堂设宴欢迎巴基斯坦武装部队参谋长联席委员会主席伊克巴尔·汗上将**

**国务院副总理姚依林在中南海会见美国德士古公司董事会主席麦克凯利**

**中国代表团团长李志敏在联合国贸发理事会第二十五届会议上发言**

李志敏在发言中说，目前，发达国家的经济仍处于衰退中，发展中国家的经济处境更为困难。

他说，下届贸发大会“应把解决发展中国家所面临的主要经济问题放在首位”。

他接着指出，只有对现存国际经济制度进行结构改革，才能使发展中国家的经济比较顺利地向前发展。

李志敏在发言中强调了加强发展中国家经济合作的重要意义。他表示，中国愿意继续加强同其他发展中国家的经济合作。

他还表示，实行对外开放的经济政策是中国坚定不移的战略方针。中国将在互相尊重主权和平等互利原则的基础上继续发展同各国的经济贸易关系。

**江丰逝世**

中国美术家协会主席、中央美术学院院长、第五届全国政协委员江丰同志于9月13日突患心肌梗死症，经紧急抢救无效，在首都医院逝世，享年72岁。

江丰同志于1910年出生于上海一个工人家庭。1931年参加上海左翼美术活动，1932年3月加入中国共产党。1938年到延安，历任鲁迅文艺学院美术系主任，陕甘宁边区政府文委委员，八路军后方留守兵团文委委员，当选为陕甘宁边区美术界抗敌协会主席。解放战争中任华北联合大学文艺学院美术系主任，晋察冀边区党委文委委员。新中国成立后先后当选为中国美术家协会副主席、主席，第一届全国人民代表大会代表，第五届全国政协委员；曾任中央美术学院代院长、院长，文化部顾问。

江丰同志是中国革命木刻的开拓者和奠基人之一；是全国最有影响的艺术教育家、艺术理论家之一。

## 9月14日

**《人民日报》发表社论《为全面开创社会主义现代化建设的新局面而奋斗》**

中国共产党第十二次全国代表大会和十二届一中全会圆满完成自己的任务，胜利闭幕了。

全党同志和全国各族人民欣慰地看到，在社会主义现代化建设事业发展的重要时刻，中国共产党开了一个团结的大会，一个显示党的无限生命力的大会，一个给人以信心、希望和巨大鼓舞力量，动员全国人民奋发努力，实现新的伟大目标的大会。经过充分民主的讨论，大会同意胡耀邦同志代表党的十一届中央委员会所作的报告，并通过了相应的决议；在认真审议之后，通过了新党章；经过充分的酝酿和民主选举，产生了新的中央领导机构。经过这次代表大会，我们党对于社会主义现代化建设的指导思想更加明确，党的建设更能适应新的历史时期的需要，党的最高领导层将成为更加朝气蓬勃的战斗指挥部。十二大将作为在政治上确定党在新时期的方针任务，在组织上实现新老合作和交替的大会，作为全面开创社会主义现代化建设新局面的大会，载入党的史册。

“在历史的责任面前，我们决不退缩，决不犹豫，决不无所作为”。这是许多代表满怀激情的誓言。十二大在中国共产党和中国人民面前展现了一条政治上长期稳定、经济上健步发展的坦途，提出了全面开创新局面的各项艰巨任务，其中首要的是把经济建设继续推向前进。我们党领导各族人民开始全面的大规模的社会主义经济建设，已经二十多年了。这期间，我国的经济建设几起几落，付出了很高的代价，直到十一届三中全会开始全面拨乱反正，才逐步清除了经济工作中长期存在的“左”倾错误，从深刻的历史经验教训中找到了符合中国国情的建设社会主义的道路，制定和贯彻了一系列符合客观实际、深得人心的方针政策，使我国经济走上稳步发展的健康轨道。十二大充分肯定并充实和发展了十一届三中全会以来党的路线、方针、政策，提出了到本世纪末工农业的年总产值翻两番的宏伟战略目标和实现这一目标的战略重点、战略步骤。尽管在未来的航程中，还可能有险滩，有暗礁，但是我们已经有了准确的航海图，已经有了丰富的航行经验，我们有充分的理由相信，只要结合各地方、各部门、各单位的实际，坚决地、扎扎实实地贯彻十二大精神，我们一定能够到达胜利的彼岸。在这个问题上，"速胜论"是错误的。我们吃过"高指标"的亏，再也不能心存侥幸，幻想可以不经过切实的努力，不克服一个一个的困难，就能冒出一个现代化来。另一方面，"悲观论"也是错误的。畏首畏尾，得过且过，无所作为，能够争取的不去争取，这种懦夫懒汉的世界观永远打不开新局面。每一个共产党员，都应该振奋精神，满腔热情地投身到社会主义现代化建设的伟大实践中去，当开路的先锋，作铺路的石子，这才是中国共产党员在新的历史时期应有的革命风格。我们党历来是有这种革命风格的。我们希望，十二大以后，这种革命风格能够进一步在全党发扬光大。

十二大把在建设高度物质文明的同时，努力建设以共产主义思想为核心的高度的社会主义精神文明，作为建设社会主义的战略方针提出来，又把建设高度的社会主义民主，作为建设社会主义物质文明和精神文明的保证，作为我们的一个根本目标和根本任务提出来，完全切合我国当前的实际，并具有深远的意义。怎样全面认识社会主义的特征，社会主义国家应该如何正确认识和处理经济和政治的关系，如何正确认识和处理物质文明建设和精神文明建设的关系，这是科学社会主义没有完全解决的一个重要问题，也是我们党二十多年来力求解决而又没有很好解决的一个重要问题。在总结了历史经验和近几年的新鲜经验之后，我们党对这个问题的认识有了很大的进步，达到了一个新的科学高度。这首先是我国社会主义实践得到发展的反映，同时势必在推进它的进一步发展方面，发挥巨大的作用。

我们要坚持把全党工作的重心放在经济建设上，坚持适应社会主义当前发展阶段的一系列经济政策，包括按劳分配政策，对外开放、对内搞活经济的政策等。只有严格从当前实际出发，毫不动摇地坚持以经济建设为中心，坚持三中全会以来的一系列正确政策，才能促进经济建设的巨大发展，建设高度的物质文明，建设现代化的社会主义国家，才谈得到逐步向共产主义过渡。历史经验证明，平均主义在我国一有机会就容易跑出来，并且冒充共产主义来迷惑人。我们一定要继续克服平均主义倾向，决不让它肆虐。但是，作为共产党人，我们又必须清醒地看到，当前的各项方针、政策，是在共产主义思想体系指导下制定的，也只有在共产主义思想体系指导下才能真正得到贯彻执行。社会主义社会是向着未来共产主义高级阶段的目标不断前进的，这个进程不能仅仅依靠物质财富的增长，还必须依靠人们共产主义思想觉悟的不断提高。如果忽视在共产主义思想体系指导下在全社会建设社会主义精神文明这个伟大任务，如果听任资本主义腐朽思想作风和封建主义残余影响侵蚀我们的党和人民，我们的现代化建设就不能保证社会主义的方向。因此，我们既要致力于物质文明建设，又要致力于社会主义精神文明建设，既要坚持社会主义现阶段的经济政策，又要坚持共产主义的思想教育，要善于把共产主义的远大理想同完成当前的斗争任务，同做好自己担负的具体工作紧密地联系起来。

为了保证社会主义的物质文明和精神文明建设，十二大还提出要努力建设高度的社会主义民主，把社会主义民主扩展到政治生活、经济生活、文化生活和社会生活的各个方面去，并且把社会主义民主的建设同社会主义法制的建设紧密地结合起来，使社会主义民主制度化、法律化。这是我们党的无产阶级性质和我们国家的社会主义性质所决定的一项根本任务。社会主义事业是全体人民的事业。只有建设高度的社会主义民主，使我们各项事业的发展符合人民的意志和利益，使人民增强主人翁责任感，充分发挥主动性和积极性，才能开创社会主义现代化事业的新局面。

坚决按照新党章办事，对于坚持和改善党的领导，提高党的战斗力，具有极为重要的意义。十二大决定从明年下半年开始，用三年时间分期分批对党的作风和党的组织进行一次全面整顿，这是全党和全国各族人民衷心拥护的重大决策。党风问题是关系执政党生死存亡的问题。十二大要求全党在这次代表大会到下次代表大会的五年间，力争实现国家财政经济状况的根本好转，社会风气的根本好转，党风的根本好转。这三个根本好转是互相联系的，关键是党风的根本好转。党风有了根本好转，社会风气才能根本好转。党风和社会风气有了根本好转，就能更好地组织和发挥人民群众的积极性，国家财政经济状况的根本好转就不难做到。每个共产党员，无论有怎样的资历、职务，都必须进一步牢固树立全心全意为人民服务的观点，以无愧于共产主义战士的光荣称号，无愧于人民给予我们的信赖。共产党员所以可贵，正在于他们是人民的一部分，是人民中最先进的部分。只要共产党员，特别是担负领导职务的共产党员，严于律己，在工作、劳动、学习中发挥应有的模范带头作用，全国各族人民就一定会和我们一道，同心同德，勇往直前地去夺取新的胜利。

十二大另一个历史性的贡献是，一大批德才兼备、比较年轻的党员第一次参加中央委员会，担负起中央的领导工作，一大批德高望重的老同志从第一线退出，参加了中央顾问委员会的工作，在党的最高领导层进一步实现了新老结合和交替。这是值得全党同志和全国各族人民庆贺的一件大事。领导层的新老交替，在国际共产主义运动中有过严重的教训，在我们党内也有过严重的教训。现在我们能够成功地解决这个问题，并且决心有计划、有步骤地在全党和全国范围内实现干部队伍的革命化、年轻化、知识化、专业化，又一次证明我们党不愧是成熟的、无私的、伟大的工人阶级政党。

十二大提高的全面开创社会主义现代化建设新局面的各项光荣而艰巨的任务，摆在全体共产党员和全国各族人民的面前。让我们在党中央的领导下，在马克思列宁主义、毛泽东思想的伟大旗帜下，更加紧密地团结起来，开创新局面，迎接新胜利。

**中顾委主任邓小平在人民大会堂会见爱国将领冯玉祥先生的子女**

冯玉祥先生的子女有冯弗伐、冯理达、冯洪志、冯颖达、冯洪达。

邓小平说，今天我们在一起纪念冯玉祥先生诞辰100周年。冯玉祥是很值得我们纪念的人物，他一生有相当长的时间为国家和人民做了许多好事，他也是同我们党长期合作的朋友。

冯玉祥先生的子女表示感谢党和国家对他们的关怀。冯玉祥先生的其他亲属罗元铮、吴增菲、余华心，参加了会见。

**全国妇联邀请出席党的十二大的部分女代表在北京举行座谈会**

参加座谈会的十二大女代表有：全国妇联副主席罗琼、李宝光，全国妇联书记处书记董边，以及各省、自治区、直辖市的妇联负责人方兰、孟仲云、徐光、曹瑞武、应宜权、彭艺枫、李晋昭、陈皙、张青芝、白林、吴琳涛、于之一、杨惠云等。

全国妇联主席康克清在会上发言说，胡耀邦同志在十二大的报告中提出了妇女和妇女组织的任务：“妇女不仅是我国经济建设中的重要力量，而且在社会主义精神文明建设中具有特殊重要的作用。”“妇联应当成为代表妇女利益，保护和教育妇女，保护和教育儿童的有权威的群众团体。”我们怎样完成党交给的任务呢？第一，妇女干部要带头认真学习党的十二大文件，带领广大妇女深刻领会文件精神，以此为武器，指导我们的实践；第二，要有实干精神。我们只有通过艰苦劳动，把本职工作和共产主义远大目标联系起来，才能完成党的十二大提出的各项任务。

座谈会由全国妇联书记处第一书记郭力文主持。全国妇联书记处书记黄甘英、吴全衡、王云、胡德华、张洁珣、于淑琴、王立威等参加了座谈会。

**民建 全国工商联在北京集会庆祝中共第十二次代表大会胜利闭幕**

民建中央主任委员胡厥文在会上讲话。他说，党中央十分重视和信任民主党派，党的十二大对民主党派的作用给予高度的评价，并寄予殷切的期望。他表示深信，遵循党的十二大制定的方针、政策，振奋精神，埋头苦干，中华民族必然振兴！我们的国家必然富强！我们的前途必然美好！

全国工商联主任委员胡子昂说，党的十二大提出了党在新的历史时期的总任务，进一步确立了我国社会主义现代化建设的纲领和战略目标。它使我们看到了光明的未来，使我们对祖国的前途充满了信心。

胡厥文、胡子昂在发言中要求两会成员要认真学习、宣传党的十二大重要文件，在调整国民经济中，积极献计献策，为改善经营管理，提高经济效益，增加生产，培养人才，作出更多更好的成绩。

出席会议的还有民建中央、全国工商联副主任委员孙晓村、周士观、浦洁修、吴雪之、张敬礼以及两会机关干部共300余人。

**台盟总部在北京举行常务理事扩大会议**

会议号召全体盟员和所联系台胞，认真学习、积极宣传和坚决贯彻十二大文件，为全面开创社会主义现代化建设的新局面贡献自己的力量。

会议首先通过了关于拥护中共十二大各项重大决定和号召全体盟员学习宣传贯彻十二大文件的决议。决议说，党的十二大制定的全面开创社会主义现代化建设新局面的宏伟蓝图和战略部署，完全符合中国国情。

决议说，十二大号召台湾同胞、港澳同胞和国外侨胞，要督促国民党及早接受和谈，共同促进祖国和平统一大业的实现。台湾民主自治同盟坚决响应，号召全体盟员和全国各族人民一起，为实现和平统一祖国作出应有的努力。

会议由台盟总部主席蔡啸主持。台盟总部副主席李纯青、苏子蘅，秘书长徐萌山，常务理事叶仁寿、林盛中、沈扶等相继在会上发言。他们认为，中共十二大是七大以来最重要的一次代表大会，大会提出的各项战斗任务，完全符合包括台湾同胞在内的全国各族人民的愿望,相信在新选出的中央委员会的领导下,我们的伟大祖国"四化"必胜,统一必成。

理事陈文彬在书面发言中说,这次大会对全面开创我国社会主义现代化建设的新局面,无疑有极其重大的意义。他说,我们为生活在祖国大陆的台籍同胞,实在渴望祖国早日统一,回到家乡和亲人团聚,这是我的毕生大愿。理事王万得并作了《十二大感吟》一首诗明志:"行年八十服灵丹,前景开朗步履安,天下为公行大道,中华古国换新颜。"

**民进中央常委会在北京召开第十六次会议**

会议要求全体民进成员认真学习中共十二大的文件,紧密地团结在中国共产党的周围,为全面开创社会主义现代化建设新局面而奋斗。

民进中央副主席徐伯昕主持会议。民进中央主席周建人在会上作了书面发言。这几年,在共产党的领导下,统一战线已形成生机勃勃的新形势,我们民进的工作有较大的进展,组织也有发展。

民进中央副主席雷洁琼、叶圣陶先后在会上发言。雷洁琼说,十二大把与民主党派"长期共存、互相监督",建立"肝胆相照、荣辱与共"的关系作为共产党的长期方针确定下来,体现了共产党和民主党派的关系越来越密切。叶圣陶说,十二大的文件好比是本书,这本书这么大,可以说是"博大精深"。我们不但要认真地读这本书,还要照书中说的去做。如果能从这本书中得到一些东西,我们就能对社会主义现代化的建设有所贡献。

民进中央常委、北京师范大学小学教研室主任胡梦玉和特级教师、北京实验二小副校长霍懋征,对十二大把教育和农业、能源、交通、科学等一起作为实现经济发展的重要工作来看待感到振奋。

民进中央常委陈慧、黄国光、吴荣、方明、郑效洵、葛志成在会上发言。

**农工党中央在北京召开常委会(扩大)会议**

会议庆祝中国共产党第十二次全国代表大会胜利闭幕,拥护十二大通过的各项决议。会议由农工民主党中央副主席沈其震主持。

农工民主党中央主席季方在书面发言中说,农工民主党的全体成员对报告中给予民主党派的高度重视和深切期望,深受鼓舞。今后,我们一定要继续努力,认真学习和贯彻十二大的精神,并结合农工民主党的特点,发扬优势,自尊自强,为实现新时期的总任务贡献力量。

农工民主党中央副主席严信民、徐彬如,常委方荣欣、丁贡南、王一帆,中委任应秋等在发言中都畅谈了自己的体会。他们一致认为,共产党与民主党派"长期共存,互相监督","肝胆相照,荣辱与共"的十六字方针,反映了我国统一战线的大好形势,反映了共产党对民主党派的重视,对知识分子的重视和对科学文化的重视。

会议讨论通过了农工民主党中央《关于认真学习、宣传党的十二大文件的通知》。

**中共中央政治局委员王震在中南海接受以藤田文知为领队的日本朝日电视公司电视采访组的采访**

王震回答了采访组提出的关于中日关系的一些问题。他说,毛泽东主席和周恩来总理生前一直很关心中日关系问题,多次强调过发展中日关系的重要性。1972年田中首相访华,两国领导人作出决策,实现了中日邦交正常化。这是中日两国人民共同努力的结果,中国人民十分珍惜。在这前后,许多日本朋友为两国邦交正常化做了很多工作,我们是不会忘记的。

在谈到日本文部省在修改教科书中篡改日本侵华史实时,王震说,我们理所当然地坚决反对,要求日方纠正错误。现在,日方表示要负责纠正,我们对铃木首相维护中日友好和由日本政府负责纠正错误的决心表示欣赏。

他指出,中日友好不仅符合两国人民的共同利益,而且也有利于亚洲和世界的和平与稳定。

他说,中日邦交正常化十年来,两国的友好合作关系是有所发展的。赵紫阳总理今年5月访日和9月下旬铃木首相访华,必将促进两国关系的进一步发展。他表示相信,只要中日两国在和平共处五项原则的基础上发展友好合作关系,前景一定是美好的。

**国务委员姬鹏飞在北京会见以孟加拉新闻委员会主席阿塔尔·拉赫曼·汗为团长的孟加拉国中国友好协会代表团**

**全国人大常委会副委员长班禅额尔德尼·确吉坚赞在人民大会堂会见印度知名人士恰布拉**

**国务委员兼国家经委主任张劲夫在人民大会堂会见由局长豪依塞尔率领的联邦德国专利代表团**

**大陆地震活动和地震预报国际学术讨论会在北京结束**

会上,共有23个国家和地区的科学家宣读了72篇论文。中外学者们对大陆地震活动性、大陆地震构造、大陆地震前兆、与地震预报有关的基础研究、大陆地区震害的估计等5个方面的专题,进行了广泛深入的探讨。

与会的专家们认为,人类的主要活动是在大陆,大陆地震散布范围广,震源大多数比较浅,震级有的很大,造成的生命财产的损失也较严重。因此,对于这样一个全球性的自然灾害,不同地区相互对比,有助于对地震活动规律的认识。

会上,来自不同国家的报告都提出,强烈地震发生之前,在其周围地区地震活动有特征性变化或增强的过程,可以为预报提供一定信息;会上展出的活断层图片给与会者留下了印象,认为活断层是认识大陆地震构造的关键。

会上提出的许多论文,还从正反两个方面报告了有关地震前兆的证据。许多报告涉及地下水、气的活动。专家们认为,这是特别值得注意的一类可能的地震前兆。但是同时指出,一个地震在发生之前,不大可能仅有单一的前兆出现,而很可能是多种前兆综合出现,因此应注意到现象的复杂性。

讨论会还专门研究了地震预报问题。提出的报告表明,当前世界各国科学家对地震预报的研究正在深入。

## 9月15日

**中共中央总书记胡耀邦在中南海会见以中央委员内政部长哈巴纳巴基泽·托马为团长的卢旺达全国发展革命运动代表团**

**《人民日报》转载1982年第18期《红旗》杂志评论员文章《开创新局面的正确纲领》**

党的历史经验告诉我们,运用马克思列宁主义的武器,从中国的具体实际出发,认清中国革命的发展规律,正确地解决中国革命中所遇到的问题,不是轻易能够做到的。从不完全的认识到比较完全的认识,从少数人的认识到全党的认识,从原则的认识到产生具体的方针政策并在实践中贯彻执行,都是长时期的过程,这中间还难免由于犯错误而遭到挫折和失败。为了掌握民主革命的规律,党曾用了二十多年的时间。在1927年大革命失败后,1928年召开的党的第六次全国代表大会,对中国革命的性质、任务虽然作出了原则上正确的规定,但既不完备,也没有能具体化。六大以后,中国革命仍然走了艰难曲折的道路。直到抗日战争时期,全党才对中国革命的基本问题逐步有了一致的正确的认识。1945年举行的第七次全国代表大会总结了民主革命的全部经验,在掌握中国民主革命客观规律的基础上,制定了完整的正确的纲领和策略,为新民主主义革命在全国的胜利奠定了基础。

在全国革命胜利后,我们党面临着新的历史任务。从新民主主义转变到社会主义进行得比较顺利,生产资料私有制的社会主义改造进行得比较顺利。在基本上实现了社会主义改造以后,1956年召开了党的第八次全国代表大会。八大对当时形势的分析和它所提出的全面开展社会主义建设的任务都是正确的,但是在那时,党还远不能说已经掌握了中国社会主义革命和建设的发展规律。如同民主革命时期在六大以后一样,八大以后我们的社会主义事业仍然经历了艰难和曲折的历程。我们虽然取得许多成就,但遭到的挫折是极其严重的。党的第十二次全国代表大会在八大以后的二十六年举行,它继承了八大提出过的一些正确的思想,大大地发展和丰富了这些思想。现在,党的成熟程度,党掌握中国社会主义事业规律的程度,都大大地超过了八大。邓小平同志在十二大开幕词中把这次代表大会看作党的七大以来最重要的一次会议。他说,“正如七大以前,民主革命二十多年的曲折发展,教育全党掌握了我国民主革命的规律一样,八大以后社会主义革命和建设二十多年的曲折发展也深刻地教育了全党。”

胡耀邦同志代表十一届中央委员会所作的报告,是在总结三十年来社会主义革命和建设的丰富经验的基础上作出的,这些经验中包括成功的经验和挫折、失败的教训。从过去犯过的错误和遭到过的挫折、失败的经验中学习,具有特别重要的意义,问题在于是否善于从中学习。十一届三中全会以来的实践证明,我们党是有勇气和能力来进行这种学习的。这四年间,党所执行的经济、政治、文化等各方面的政策既恢复了正确的传统,纠正和防止了“左”的和右的各种偏向,又在研究新情况、新经验的基础上有了许多新的创造。没有这四年的实践经验,就不可能产生体现在这个报告中的完整的纲领。这个报告充分反映了我们党对我国社会主义建设的规律已经取得的深刻认识,也反映了我们党能够以高度的自觉性和坚定性来执行我们的正确纲领。全党全国人民共同努力执行十二大通过的这个纲领,就一定能够开创出社会主义现代化建设的新局面。

十二大报告的内容有些什么重要特点呢?

第一,从我国的实际出发,确定了社会主义经济发展的战略目标和方针政策。

邓小平同志在十二大的开幕词中说:“我们的现代化建设,必须从中国的实际出发。无论是革命还是建设,都要注意学习和借鉴外国经验。但是,照抄照搬别国经验、别国模式,从来不能得到成功。这方面我们有过不少教训。把马克思主义的普遍真理同我国的具体实际结合起来,走自己的道路,建设有中国特色的社会主义，这就是我们总结长期历史经验得出的基本结论。”这里所说的现代化建设当然不只是经济建设，但首先是经济建设。

从十一届三中全会以来，我们党坚定地把党和国家的工作重点转移到了经济建设上。四年的实践证明，这样做是完全必要的和正确的。十二大报告指出，开创社会主义现代化建设的新局面，首要的任务就是促进社会主义经济的全面高涨。

1956年党的八大实际上已经提出，要把经济建设作为国家的中心任务。这本来是切合时宜的，应当实行的战略转移。但是现在来回顾从八大以后直到“文化大革命”时期我们党所犯的错误，如同十一届六中全会的历史决议中所说，“归根到底，就是没有坚定不移地实现这个战略转移。”其所以如此，首先是由于经济和政治的关系没有处理好，党对实行这个战略转移的必要性认识不足，还由于在经济工作中执行了一些不切合实际的、违反客观规律的指导方针。六中全会决议在检讨我们过去经济工作中长期存在的“左”倾错误时指出，它的主要表现就是“离开了我国国情，超越了实际的可能性，忽视了生产建设、经营管理的经济效果和各项经济计划、经济政策、经济措施的科学论证，从而造成大量的浪费和损失”。因此，八大以后十年间的经济建设虽然取得了很大成就，但是工作中带着很大的盲目性，预定要达到的目标常常没有完全实现，甚至受到挫折。

现在，我们党经过对过去经验教训的深刻总结，逐步清除长期存在的“左”倾错误，已经制定出一系列符合我国当前实际情况的方针政策，使我国经济经过了最困难时期，走上了稳步发展的健康轨道。

十二大报告规定在本世纪的最后二十年间我国经济建设的战略目标、战略重点、战略步骤，并且说明当前特别要注意解决的几个重要原则问题，形成了一个比较完整的经济纲领。这个纲领要求在不断提高经济效益的基础上，力争使全国工农业的年总产值，由1980年的七千一百亿元增加到2000年的二万八千亿元左右，即翻两番。这是一个宏伟的目标。但是这个纲领并不是片面地追求速度的纲领。在这二十年间的前十年，只要求以可能达到的不高的速度前进。在这十年间，要整顿企业的经营管理，进行企业的调整和改组，要对现有企业进行设备更新、技术改造，还要对经济管理体制和各方面的经济结构进行合理的调整，在这十年间，要在继续改善人民生活的同时，由国家适当地集中资金来进行能源、交通等重点建设。做好这一切工作，就能为后十年的经济建设打好基础，积蓄力量，创造条件。后十年就能够以较高的速度发展，进入一个新的经济振兴时期。在这二十年中，都要牢牢地抓住农业、能源和交通、教育和科学这几个基本环节，促进消费品生产的较快增长，带动整个工业和其他各项生产建设事业的发展，保障人民生活的改善。

在社会主义经济建设方面，固然还有许多新的问题，例如在经济体制改革方面的各项具体问题，还需要我们继续探索。但是，应该承认，十二大报告所提出的经济纲领是在很大程度上反映了我国经济的客观规律的纲领。这个纲领既使是我们不致重复过去脱离实际、盲目冒进的错误，也防止了在需要解决的问题和需要克服的困难面前徘徊观望、踌躇不前。这是一个需要我们进行巨大努力才能实现的纲领，但也是可能实现的纲领。以这样的纲领来保障我们今后坚定不移地把党和国家的工作重心摆在经济建设方面，将使我们稳步地达到本世纪最后二十年经济建设的宏伟目标。

第二，正确地处理了经济与政治的关系，着重地提出了在建设现代化的物质文明的同时，一定要建设高度的社会主义精神文明，并且着重指出了社会主义的物质文明和精神文明的建设都必须有社会主义政治的保证和支持。

在社会主义建设中如何正确地处理经济与政治的关系，或者说，经济工作和思想政治工作的关系，是一个很关紧要的问题。由于没有正确地处理好这种关系，我们过去是吃了不少亏的。

“文化大革命”提出了政治压倒一切、政治冲击一切的口号，这实际上是把政治和经济看成是绝对对立的东西，以为注意了经济工作就会忘记政治，要重视政治就要反对所谓“唯生产力论”，实际上就是反对发展生产、发展经济。当然，“文化大革命”的错误还不只是摆错了经济和政治的关系（这里不涉及林彪、江青集团在“文化大革命”中进行的反革命活动）。它在思想政治上的指导方针，即所谓“以阶级斗争为纲”、“无产阶级专政下的继续革命”，是根本错误的。这在六中全会的决议中已经说清楚了。思想政治上的错误的指导方针当然只能对社会主义经济起损害，甚至破坏作用。

十二大报告提出在今后五年要争取实现三个根本好转，那就是国家财政经济状况的根本好转，社会风气的根本好转，党风的根本好转。这三个根本好转是密切相关的，后面两个好转都属于思想政治范畴。财政经济状况的根本好转有赖于党风的根本好转和社会风气的根本好转的保证。

把经济建设摆在党和国家的中心工作的地位，当然并不是取消或减弱思想政治工作。重要的是，我们的一切政治工作、思想工作，归根到底，都要有利于发扬人民群众在社会主义建设中的积极性和主动性，有利于人民群众有组织地来进行社会主义建设。

社会主义制度不是自发地产生和发展起来的。推动资本主义的经济和社会发展的因素是资本家追逐利润,劳动人民谋求温饱,而资产阶级和无产阶级间的矛盾和对抗,是资本主义制度自己无法解决的。社会主义制度使劳动人民从剥削制度下解放出来,也使他们在精神上得到解放,形成了全社会绝大多数人共同的利益和共同的意志。十二大报告中引用了列宁说过的话:“生气勃勃的创造性的社会主义是人民群众自己创造的。”思想政治工作当然不能代替经济工作,但是社会主义必须靠亿万有政治觉悟的人来建设。群众为社会的集体的公共利益自觉地从事劳动,掌握技术,参加社会主义的各项改革工作,并且自觉地同旧社会的各种残余势力、残余思想和一切破坏社会主义的因素作斗争,社会主义才能一步步地顺利向前发展。

在谈到我国的政治生活的时候,首先必须看到,我国已经建立起社会主义制度,劳动人民处于当家做主的地位,剥削阶级作为阶级已经消灭,这是和历史上的阶级社会有原则区别的。在剥削阶级统治的阶级社会里,社会矛盾主要表现为对抗着的阶级间的斗争,大多数社会矛盾都带有阶级的烙印。劳动者为了争得解放就必须推翻剥削阶级的统治,不承认并破坏剥削阶级国家的法制。而我国现在,阶级斗争已不再是社会的主要矛盾,大多数的社会矛盾也不具有阶级斗争的性质,从根本上说,大多数社会矛盾都可以依据民主的原则来解决。因此我国政治建设的主要任务就是要有秩序、有步骤地发展已经建立起来的社会主义民主,并使民主建设同社会主义法制的建设紧密地结合起来。看不到我国社会和过去阶级社会的区别,要在我国社会里搞什么“一个阶级推翻一个阶级的革命”,当然是完全错误的。看不到人民群众是社会主义的创造者,是国家的主人,因而不重视社会主义民主的建设和社会主义法制的建设,当然也是完全错误的。

另一方面,我们又必须看到,在我们的国家生活中,不能只有民主,没有专政。我国社会还存在而且会继续产生破坏社会主义制度的敌对分子。十二大报告指出:“我国现阶段的阶级斗争,主要表现为人民同这些敌对分子的斗争。”阶级斗争还将在一定范围内长期存在,并且在某种条件下还可能激化,这是同将来阶级斗争完全熄灭的社会主义——共产主义社会不同的。不看到这种不同,因而放弃国家的专政职能,不去警惕地和阶级敌人作斗争,是完全错误的。

十二大报告从我国的人民民主专政的国家制度出发,指明了建设高度的社会主义民主和处理阶级斗争的方针,解决好这些方面的问题对于社会主义建设具有重要的意义。

十二大报告从理论高度和战略高度论述了建设社会主义精神文明的问题。在社会主义社会中物质文明建设是社会主义精神文明建设的不可缺少的基础。如果不去谋求社会物质生产的进步和人们物质生活的改善,那么社会主义精神文明的建设就成为空谈。但是在社会主义制度下,并不是随着物质文明的发达,社会主义精神文明自然而然就会发展起来,也不是只有在物质文明高度发达以后才能有高度的精神文明。我们应当在建设物质文明的同时,为建设高度的精神文明而努力。报告中指出:“社会主义精神文明对物质文明的建设不但起巨大的推动作用,而且保证它的正确的发展方向。”因此我们决不能只顾物质文明的建设而忽略精神文明的建设。以共产主义思想为核心的社会主义精神文明是社会主义必须具备的一个重要特征。没有这种精神文明,社会主义就不可能建设起来,即使物质文明发达了,也会走上邪路。这是总结历史经验得出的极其重要的结论。

社会主义的文化革命,按照马克思列宁主义理论,所指的是批判一切从剥削制度产生的同社会主义不相容的旧思想,并且使文化从为剥削阶级少数人所专有变而为广大劳动人民所掌握。列宁在十月革命后常常在这些意义上提出文化革命的任务。他十分重视用共产主义思想教育群众,十分重视从扫除文盲起的文化普及工作。他还着重指出,社会主义必须吸取和改造两三千年来人类思想和文化发展中一切有价值的东西。十年内乱使文化革命的含义搞得十分混乱,“文化大革命”甚至成了反文化,同列宁所说的文化革命当然毫无相同之处。我们现在用建设社会主义精神文明这个概念来概括共产主义的思想建设和在共产主义思想指导下的文化建设,这里当然包括了马克思列宁主义的文化革命和文化建设的全部内容。

报告中说:“我们全党和全社会的先进分子,一定要不断地传播先进思想,在实际行动中发挥模范作用,带动越来越多的社会成员成为有理想、有道德、有文化、守纪律的劳动者”。这是我们的社会主义建设纲领中的一个重要组成部分。

第三,适应新的历史时期的特点和需要,提出了加强党的建设和改善党的领导的方针。

十二大通过了新的党章。十二大报告中也把党的建设作为一个重要的问题提出来。邓小平同志在1980年1月的一次讲话中已经提出要“坚持党的领导,改善党的领导”。他指出:“我们坚持四项基本原则,就是坚持社会主义,坚持无产阶级专政,坚持马列主义、毛泽东思想,坚持党的领导,这四个坚持的核心,是坚持党的领导。”并且说:“为了坚持党的领导,必须努力改善党的领导。”新党章和十二大报告中关于党的建设的部分都贯穿了努力改善党的领导的精神。

中国共产党的领导是通过长期革命斗争的历史形

成的。没有共产党的领导,就不会有中国革命的胜利,不会有全国人民的团结,不会有社会主义的新中国,也不可能实现四个现代化,使国家走上兴旺发达的前途。如果以为共产党的领导可有可无,无关重要,那当然是错误的。但另一方面,如果以为对我们党来说,坚持党的领导是不成问题的事,问题仅仅在于要求党外群众承认党的领导,这种理解也是片面的。坚持党的领导,固然是全国人民共同承认的原则,但首先这是对我们党提出的一个严肃的要求。怎样才能坚持党的领导,并不是一个简单的问题。如果我们党的主张不是正确的,党不能集中群众中的正确意见,反映群众的根本利益,并且经过宣传教育和实践使正确主张为群众所接受,成为群众自觉的行动,怎么能坚持党的领导呢?如果我们党自己没有思想上、政治上的高度一致和严格的组织性、纪律性,怎么能够团结和领导十亿人民群众共同行动呢?如果共产党员自己没有为共产主义的理想而奋斗终生的精神,不能全心全意为人民服务,所想的只是个人的利益,怎么能谈得上领导建设社会主义精神文明呢?如果我们党对于各项建设事业都是外行,也不善于向各种内行人请教,团结他们一起工作,怎么能领导社会主义建设呢?固然党在历史上犯过错误,今后也不可能在任何事情上都不犯错误。但是犯了错误就要能够纠正。历史证明,党总是有勇气、有能力自己纠正自己的错误的。党之所以能够坚持领导,首先就在于它是正确的,它能够把马克思列宁主义的普遍真理和中国的具体实际相结合,提出正确的纲领和方针、政策,并且带领广大群众去实现这个纲领和方针政策。善于领导,领导得好,才能坚持领导。社会主义建设的新的历史时期向我们党提出了更高的要求,因此我们必须严肃地对待十年内乱给党留下的创伤,认真地改善党的领导,加强党的建设,这样我们就一定能够负担起历史的重任。

这就是为什么新党章要以严格要求党员和干部、提高党组织的战斗力作为总的原则,这就是为什么十二大报告要把争取党风的根本好转当作最迫切的任务之一。报告中提出了在党的建设上必须着重解决好的几个问题,并且提出从明年下半年开始用三年时间分期分批进行一次全面的整顿党的作风和党的组织这样的重大措施。

除了整顿好党风以外,这次大会又特别提出要解决干部队伍的新老合作和交替的问题。陈云同志曾说:“执政党的党风问题,是有关党的生死存亡的问题。”他在这次大会上的讲话中又说:“解决好干部队伍的交接班问题,是摆在全党面前的一个重要任务。”根据大会的精神继续解决好党风问题和干部问题,把我们党建设得更好,对于推进社会主义建设事业是具有决定意义的大事。

第四,以独立自主、自力更生为立足点,处理一切对外关系。

十二大报告在“坚持独立自主的对外政策”的一节中指出:“把爱国主义和国际主义结合起来,从来是我们处理对外关系的根本出发点,”“我们坚持执行独立自主的对外政策,同我们履行维护世界和平、促进人类进步的崇高的国际义务是一致的。”报告的其他部分还提到坚持自力更生和扩大对外经济技术交流的问题。报告指出:“实行对外开放,按照平等互利的原则扩大对外经济技术交流,是我国坚定不移的战略方针。”“扩大对外经济技术交流,目的是增强自力更生的能力,促进民族经济的发展,而决不能损害民族经济。”

中国曾经是一个半殖民地即半独立的国家,那时,中国的事情固然不是由被压迫、被剥削的中国人民做主,也不是由中国的反动统治势力做主,而是由帝国主义列强做主。从晚清政府到国民党政府,不但对外政策仰帝国主义的鼻息,就是对内政策也要看帝国主义的脸色。那时中国的“门户”是帝国主义迫使开放的,开放的结果是中国人民受奴役,中国民族经济遭到摧残。只是在中国人民成为国家的主人以后,中国才成为真正具有独立主权的国家,屹立于世界的东方,才能贯彻执行独立自主的外交政策,中国才能自己管住自己的“门户”,在维护民族利益的基础上实行开放政策。

邓小平同志在十二大开幕词中如下一段话是我们必须牢牢记住的:“独立自主,自力更生,无论过去、现在和将来,都是我们的立足点。中国人民珍惜同其他国家和人民的友谊和合作,更加珍惜自己经过长期奋斗而得来的独立自主权利。任何外国不要指望中国做他们的附庸,不要指望中国会吞下损害我国利益的苦果。我们坚定不移地实行对外开放政策,在平等互利的基础上积极扩大对外交流。同时,我们保持清醒的头脑,坚决抵制外来腐朽思想的侵蚀,决不允许资产阶级生活方式在我国泛滥。中国人民有自己的民族自尊心和自豪感,以热爱祖国、贡献全部力量建设社会主义祖国为最大光荣,以损害社会主义祖国利益、尊严和荣誉为最大耻辱。”

一切有志气的中国人都要抱这样的态度,有这样的精神。我们一定要团结一致,发奋努力,在十二大纲领的指引下建设好我们的国家,对世界作出一个有十亿人口的大国所应当作出的贡献。

**民革中央在全国政协礼堂举行冯玉祥诞辰100周年纪念大会**

党和国家领导人习仲勋、乌兰夫、许德珩、胡厥文,全国政协副主席刘澜涛、康克清、胡子昂,中共中央统战部部长杨静仁,民革中央主席王昆仑,民革中央副主席屈武、朱学范、钱昌照、郑洞国、甘祠森、吴茂荪、贾亦斌、侯镜如、孙越崎,各民主党派负责人楚图南、叶圣陶、沈其震、黄鼎臣、孙承佩、李纯青,有关方面负责人彭友今、李定,冯玉祥将军的子女冯弗伐、冯理达、冯洪志、冯颖达、冯洪达和冯玉祥将军的其他亲属,冯玉祥将军的生前友好、旧部等各界人士共1000多人参加了纪念大会。

中共中央政治局委员、全国人大常委会副委员长乌兰夫在大会上讲话。他说,冯玉祥将军是一位著名的军事家和政治家,中国共产党的真挚朋友。他从一个晚清的士兵、北洋军的军官,经过曲折的历程,终于走上了革命的道路。

乌兰夫说,冯玉祥将军为中国的民主革命特别是新民主主义革命事业,作出了不可磨灭的重要贡献。他的一生是战斗的一生、光荣的一生。他献身于国家、民族的坚强信念,跟着时代脚步前进的革命精神,终于使他走上了同中国共产党合作的道路,成为中国共产党的真挚朋友,为中国共产党领导的人民革命事业作出了贡献,受到了广大群众的赞扬和敬仰。冯玉祥将军所走过的道路是一切爱国志士仁人战胜各种困难,实现自己革命夙愿的道路,也是历史发展的必然趋势。

王昆仑在讲话说,冯玉祥将军是民革创始人之一,冯玉祥将军一贯反对内战,主张全民族团结,共御外侮,建设国家。1946年8月离国赴美之际,内战危机一触即发,他又致书当时国民党的总裁蒋介石,剀切痛陈:“今日大局以和平为天经地义,国际要和,国内更要和。和了一切有办法,打了必有至痛至惨之结局。且打了还是要和,任便打多久,到头还是和。”可是,忠言逆耳,国民党当局一意孤行,发动了全面内战,以致失尽人心,最后不得不从大陆溃退,造成今日台湾与祖国大陆被隔绝的不幸局面。我们希望台湾当局重温冯玉祥将军当年这段金玉良言,响应祖国的号召,实现国共第三次合作,真正做到“敬爱民族,奉献于国家”。冯玉祥将军毕生治军,部属袍泽遍天下。我们也希望在台湾和海外的冯将军故交旧部,从各方面致力,敦促台湾当局接受和谈,共竟祖国统一大业。

全国人大常委会副委员长、九三学社主席许德珩也在会上讲了话

冯玉祥将军的儿子冯洪达代表亲属在会上讲话时说,他的父亲冯玉祥一生最大的愿望就是实现祖国的独立富强,这一愿望现在已经在中国共产党的领导下逐步实现。党的十二大为全面开创社会主义现代化建设新局面所确定的正确道路、战略步骤和方针政策,必将使我们的国家更加日新月异。

纪念大会由屈武主持。

**中国人民银行发行中国熊猫金币**

中国人民银行从今日起,陆续在国外和香港等地发行中国熊猫金币。

中国熊猫金币分1盎司、二分之一盎司、四分之一盎司和十分之一盎司4个品种,成色均为99.9%。金币设计优美、铸造精致。正面图案为北京著名古建筑天坛祈年殿,背面图案为中国珍稀动物熊猫与青竹。

**外经贸部部长陈慕华在北京会见日本通商产业大臣安倍晋太郎一行**

**国务委员谷牧在人民大会堂会见以海外建设协会会长渥美键夫为团长的日本建筑业访华团**

**中国科协在国际科联中恢复中断30多年的席位**

正在英国剑桥举行的国际科联理事会第十九届全体大会一致通过一项决议,同意恢复中国科学技术协会在该理事会中断了30多年的席位。

这项决议的内容包括:承认只有一个中国;台湾是中国的一部分;中国科协是该理事会全国性会员等。

决议通过后,中国科协主席、国际知名物理学家周培源教授率领的中国科协代表团出席了今天的大会,并受到了热烈的欢迎。

周培源教授发表了简短的讲话,表示中国科协将进一步加强与国际科联理事会和各国科学家的合作和交往。

**中央军委下达《军队体制改革精简整编方案》**

决定将军委炮兵、装甲兵、工程兵机关,分别改为总参谋部炮兵部、装甲兵部、工程兵部;军区直属的炮兵、坦克和野战工兵部队,大部分划归陆军领导,提高了部队编成合成水平;各级领导机关进行了精简,其中各军区机关编制人员减少20.6%—30.6%;沿海守备部队压缩机构,实行简编;将担负内卫、守护任务的地方军队从军队中划出,移交公安部门,同公安部门原来实行义务兵役制的武装、边防、消防三个警种同意组建成中国人民武装警察部队;撤销铁道兵,将其并入铁道部;撤销军委基建工程兵,所属部队按系统对口集体专业到国务院有关部或所在地省、自治区、直辖市。

## 9月16日

**中共中央 国务院在人民大会堂设宴欢迎朝鲜民**

**主主义人民共和国主席金日成**

中共中央总书记胡耀邦和金日成主席在宴会上先后讲话。

**中共中央总书记胡耀邦在欢迎金日成主席宴会上的讲话**

尊敬的金日成同志,亲爱的朝鲜同志们,同志们:

今天晚上,我们党中央和国务院的同志,以及我们党、政府、军队等有关部门的同志,在这里举行隆重的宴会,热烈欢迎中国人民亲密的朋友、我们最尊贵的客人——金日成同志。

今年四月,邓小平同志和我,曾经应金日成同志的盛情邀请,访问了你们美丽的国家。那时我们就说过,我们两党领导人像走亲戚一样,经常来往,商量问题,交流情况,互相支持。事情正是这样:今天离我们平壤话别只有四个半月,金日成同志就来到北京,对我国进行国事访问。您是我们党在十二次全国代表大会刚刚胜利结束后迎来的第一位兄弟党领袖和亲密邻邦的国家元首。此时此刻,我们不能不深情地想到,您一生中为中朝两党、两国和两国人民的伟大友谊,所做的不可磨灭的崇高贡献。

金日成同志为了朝鲜的独立和解放,早年就来到灾难深重的中国,率领朝鲜共产主义者,同我国的共产党人和爱国者并肩战斗,反对我们两国的共同敌人,在艰苦卓绝的斗争中,同我国人民结下了深厚的日益亲密的革命情谊。

我们两国解放以后,在共御强敌和争取各自祖国统一的斗争中,在社会主义的建设事业中,金日成同志和毛泽东、周恩来同志等我党老一辈领导人共同奠定了两党、两国在新的历史条件下团结合作的坚实基础。

特别使我们不能忘怀的是,在我们党遭到巨大困难甚至遭受严重挫折的时刻,金日成同志还是坚定地支持我们的党,充分体现出他超乎寻常的观察力和对于我们党的斗争历史深刻理解。

今天,我们可以高兴地向同我们在半个多世纪中风雨同舟的亲密战友金日成同志说,我们党终于实现了拨乱反正的伟大历史转折,开始了为全面开创社会主义现代化建设新局面而奋斗的新的历史时期。正当中国人民满怀信心地贯彻执行十二大提出的宏伟纲领的时候,您的到来无疑是对我们的莫大鼓舞和有力支持。我们深信,您这次来我国访问,必将把我们两党、两国之间的坚强团结和友好合作关系推进到一个新的阶段。在这动荡不安的国际形势下,我们之间的团结合作,也是维护亚洲和世界和平的一个不可低估的重要因素。

尊敬的金日成同志和各位朝鲜同志们:

我们以钦佩的心情,注视着兄弟的朝鲜人民建设社会主义和争取自主和平统一祖国的伟大斗争。

朝鲜停战以来的将近三十年中,你们在祖国仍被分割、南半部还有美国驻军的特殊困难条件下,在一片废墟的基础上,恢复家园,重整山河,把自己的祖国建设成为拥有现代工业、发达农业和强大国防的社会主义国家。我们凡是到过朝鲜的同志,都亲眼看到你们的国家绿树成荫,建筑成群,工厂林立,生活安定;你们的人民勤劳智慧,文明礼貌,具有高度的组织性纪律性,到处呈现一派令人鼓舞的兴旺景象。

金日成同志提出的和平统一祖国的三项原则、五点方针和建立高丽民主联邦共和国的方案,合情合理,符合全体朝鲜人民的根本利益和共同愿望。美国驻军从南朝鲜撤走,实现朝鲜国家的统一,是人心之所向,历史的必然,是任何力量也抗拒不了的,它终将冲破一切障碍,直到最后胜利!

朝鲜劳动党和朝鲜民主主义人民共和国在国际事务中坚持独立自主,反对帝国主义、支配主义和殖民主义,为发展不结盟运动、加强第三世界国家和人民的团结和合作,为保卫世界和平与人类进步的事业,作出了巨大的贡献。

朝鲜人民所取得的每一个胜利,都是在金日成同志和朝鲜劳动党领导下,发挥不屈不挠的革命英雄主义,战胜了无数困难的结果。朝鲜人民这种大无畏的革命气概,赢得了世界广大人民的普遍赞扬和高度尊敬。任何一个民族,不论大小、强弱,只要有了这种不畏强暴、不怕困难、团结战斗、百折不回的精神,这个民族就是不可战胜的。金日成同志在半个多世纪的革命生涯中,把马克思列宁主义的普遍真理创造性地运用于朝鲜的具体实际,领导、组织和鼓舞了朝鲜人民,指引朝鲜人民从胜利走向胜利。他的光辉革命实践,使他成为朝鲜人民敬爱的伟大领袖。我们衷心祝愿朝鲜人民,在金日成同志和朝鲜劳动党的领导下,在贯彻执行朝鲜劳动党六大提出的各项战斗任务中,取得更大的胜利。

不久前,我曾经这样说过,人之相知,贵相知心。个人之间是这样,党与党、国与国之间也是这样。正因为我们的心是相通的,中朝两党、两国和两国人民之间的友谊和团结就有特别深厚的根基。我们相信,我们之间这种亲密无间的友好关系,已经经受了历史的严峻考验,在今后的岁月里,必将经得起新的考验,如日月中天,光照千秋。

在这样洋溢着中朝友好情谊的宴会上,让我们大家举杯,为伟大的中朝友谊,为朝鲜劳动党中央委员会总书记、朝鲜民主主义人民共和国主席金日成同志的健康长寿,为朝鲜民主主义人民共和国的繁荣昌盛,为朝鲜祖国自主和平统一大业的早日实现,为朝鲜贵宾访华的圆满成功,干杯!

**《人民日报》转载 1982 年第 17 期《半月谈》文章《中宣部关于胡耀邦同志在十二大的报告的宣传提要》**

胡耀邦同志代表十一届中央委员会向十二大作的题为《全面开创社会主义现代化建设的新局面》的报告指出,自从粉碎江青反革命集团以来,特别是党的十一届三中全会以来,经过全党全军和全国各族人民的艰苦努力,我们已经在指导思想上完成了拨乱反正的艰巨任务,在各条战线的实际工作中取得了拨乱反正的重大胜利,实现了历史性的伟大转变。十二大的使命,就是要通过对过去六年历史性胜利的总结,为进一步肃清十年内乱所遗留的消极后果,全面开创社会主义现代化建设的新局面,确定继续前进的正确道路、战略步骤和方针政策。

报告的中心内容包括两个方面,一个是经济建设的任务和方针;一个是实现经济建设任务在思想、政治方面的保证。

十一届三中全会后,我们党把工作中心转移到四个现代化建设上来。在这个过程中,逐步确立了关于我国经济建设的战略目标、战略重点和战略步骤。报告对这些重要的指导方针作了概要的说明。我们经济建设的战略目标,是要从 1981 年到本世纪末的二十年,在不断提高经济效益的前提下,力争使全国工农业的年总产值翻两番。农业问题、能源和交通问题、教育和科学问题,是我们经济建设的战略重点。我们经济建设的战略步骤,是二十年分两步走,前十年主要是打好基础,积蓄力量,创造条件;后十年要进入一个新的经济振兴时期。

在集中力量进行经济建设的同时,党中央提出,要努力建设高度的社会主义精神文明,努力建设高度的社会主义民主。这个报告把社会主义精神文明建设作为与物质文明建设紧密相连的根本目标和根本任务突出地提了出来。报告还指出,建设高度的社会主义民主,既是建设社会主义物质文明和精神文明的保证,又是我们的根本目标和根本任务之一。报告根据新的历史时期党的总任务的要求,比较完整地阐述了社会主义的经济建设、思想文化建设和政治建设的基本内容和它们之间的关系。

坚持社会主义道路、进行四个现代化建设,小平同志多次讲,在政治上和思想上必须有四项重要保证:一是进行机构改革和经济体制改革,实现干部队伍的革命化、年轻化、知识化、专业化;二是建设社会主义精神文明;三是打击经济领域和其他领域破坏社会主义的犯罪活动;四是整顿党的作风和党的组织,坚持和改善党的领导。这是我们党把工作中心转移到经济建设上来以后,在政治上思想上必须紧紧抓住的四件大事。这个报告的内容,贯穿了小平同志提出的上述方针的精神。

作为社会主义国家,如何正确认识和处理经济和政治的关系,如何正确认识和处理物质文明建设和精神文明建设的关系,这是科学社会主义理论没有完全解决的一个重要问题,也是我们党二十多年来力求解决而又没有很好解决的一个重要问题。在总结了历史经验和近几年的新鲜经验之后,我们党对这个问题的认识有了很大的进步,达到一个新的科学高度。这个报告对于如何把经济建设作为全党工作的中心,如何按照客观经济规律和我国国情使国民经济稳定地持续地增长,对于政治、思想如何促进经济发展,政治、思想从哪几个方面正确地发挥对经济的保证作用,都作了比较深刻的论述。这是这个报告的重要特色,需要着重地加以宣传。

关于第一部分:历史性的转变和新的伟大任务

这一部分概述了十二大召开时党面临的形势和任务。报告从思想、政治、组织、经济、文化、军事、党的工作等七个方面概括地总结和肯定了党领导人民六年来在拨乱反正过程中所取得的重大胜利,说明我们已经实现了历史性的伟大转变,并且指出我们的胜利来之不易,分析了胜利是如何取得的。从十一届三中全会到六中全会,党以马克思主义的勇气正确地进行自我批评,纠正和克服"文化大革命"及其以前的"左"倾错误,同时以坚定的立场,批评和反对了右的错误倾向,按照科学性全面性的要求,进行了两条战线的斗争。我们采取抓住中心环节以带动其他的方法,有秩序地进行工作。党坚持了马克思主义的理论和实际相结合的科学原理,坚持了马克思主义的人民创造历史的科学原理,坚决相信人民,依靠人民,顺应了人民的要求和历史发展的潮流。人民对我们党的信任和支持,是我们的事业能够不断取得胜利的关键所在。

报告将这次历史性转变与党在民主革命期间发生的两次历史性转变(一次是由北伐战争的失败到土地革命战争的兴起;一次是由反对国民党第五次"围剿"的失败到抗日战争的兴起)作了比较,指出在党中央领导下,经过全党上下的紧张努力,经过全党同志同全国亿万人民的团结战斗,我们终于实现了又一次历史性的伟大转变。

报告指出,我们要根据党在新的历史时期的总任务的要求,从这次代表大会到下次代表大会的五年间,大力推进社会主义物质文明和精神文明的建设,继续健全社会主义民主和法制,认真整顿党的作风和组织,争取实现国家财政经济状况的根本好转,实现社会风气的根本好转,实现党风的根本好转。在这同时,我们要同包括台湾同胞、港澳同胞和国外侨胞在内的全体爱国人民一道，努力促进祖国统一的大业。我们还要同全世界人民一道，继续为反对帝国主义、霸权主义和维护世界和平而斗争。这就是摆在我们面前的全面开创新局面的伟大任务。

要结合这一部分内容，着重宣传这次代表大会在我党历史上的重大意义。与1956年召开党的八大的时候比较，我们党现在对于领导社会主义现代化建设，经验丰富多了，认识深刻多了。八大时，全面开展社会主义建设的形势来得很快，全党在理论上实践上都准备不足。八大提出了党的工作中心向社会主义建设转变的正确的战略方针，但是，当时党实现这一战略转变的指导思想并没有成熟和牢固确立起来，也没有在各项工作中具体化，以致未能防止以后二十年中发生的巨大曲折。历史深刻地教育了全党。经过十一届三中全会到七中全会，党系统地总结了新中国成立以来正反两个方面的历史经验，重新确立了一系列有关建设社会主义的马克思主义的路线、方针和政策，并且在各条战线取得重大的胜利。这次代表大会，就是要肯定这些成果，进一步确立我国社会主义现代化建设和党的建设的纲领，使全党和全国各族人民更加精神振奋、步调一致地向着共同的宏伟目标奋勇前进。党是在政治上思想上比较成熟，比较有准备的情况下召开十二大的。这次代表大会一定会作为我们党的历史上很重要的一次会议而载入史册。

关于第二部分：促进社会主义经济的全面高涨

报告提出，从1981年到本世纪末的二十年，我国经济建设总的奋斗目标是，在不断提高经济效益的前提下，力争使全国工农业的年总产值翻两番，即由7100亿元增加到28000亿元左右。实现了这个目标，我国主要工农业产品的产量和国民收入总额将居于世界前列，整个国民经济的现代化过程将取得重大进展，城乡人民的收入将成倍增长，人民的物质文化生活可以达到小康水平。

报告分析了进一步解决好农业问题，能源、交通问题，教育、科学问题的重要性和迫切性，指出一定要把它们作为今后经济发展的战略重点。在综合平衡的基础上，把这些问题解决好了，就可以促进消费品生产的较快增长，带动整个工业以及其他各项生产建设事业的发展，保障人民生活的改善。报告还讲到，人口问题在我国经济和社会的发展中，始终是极为重要的问题，在本世纪末必须力争控制在12亿以内。

报告提出，今后二十年的经济发展，在战略部署上要分两步走，在前十年，国民经济的发展速度不可能很快。如果解决了历史遗留的问题，在近五年实现了财政经济状况的根本好转，到九十年代，我国经济将全面高涨，发展速度肯定会比八十年代高得多。

为了促进社会主义经济的全面高涨，报告认为必须继续贯彻执行五届人大四次会议批准的十条经济建设方针，特别要注意解决以下几个重要原则问题：(一)关于集中资金进行重点建设和继续改善人民生活的问题；(二)关于坚持国营经济的主导地位和发展多种经济形式的问题；(三)关于正确贯彻计划经济为主、市场调节为辅原则的问题；(四)关于坚持自力更生和扩大对外经济技术交流的问题。

在宣传报告的这一部分内容时，要充分说明，我国经济建设的战略目标是宏伟的、艰巨的，经过努力又是可以实现的。我们在经济工作中已经确立了正确的指导思想和一套方针政策。只要扎扎实实做好各项工作，就一定能够使我国的经济建设取得比过去更加重大的成就。我们的全部经济工作，我们的一切方针、政策、计划、措施，都必须立足于统筹安排，兼顾国家、集体、个人三者利益，把中央、地方、部门、企业和劳动者的积极性都充分调动起来，科学地组织起来，使之发挥出最有效的作用。这是促进社会主义经济全面高涨的最重要的途径。

当前在注意发挥地方、部门的积极性的同时，要强调树立“全国一盘棋”的思想，由国家集中必要的资金保证重点建设。这是关系到后十年的经济振兴能否实现的大问题。如果把资金分散了去进行那些不符合国家整体需要的建设，能源、交通等基础设施上不去，后十年经济振兴就没有希望。因此，必须适当调整中央与地方财政收入的分配比例和企业利润留成的比例。在改善人民生活方面，这几年党和政府已经作了很大的努力，今后还要继续努力。但城乡人民的生活水平都只能在努力发展生产的基础上求得提高，而不能靠减少国家必不可少的建设资金的办法求得解决。这是马克思主义的重要原理，必须遵守，否则将损害人民的根本利益和长远利益。把这些道理充分地解释清楚，地方和部门、干部和群众是完全能够理解的，对党在这方面的政策措施是会赞成和支持的。

关于第三部分：努力建设高度的社会主义精神文明

这一部分论述了社会主义精神文明建设的重要意义、内容和任务。报告解释了什么是物质文明和精神文明以及它们的相互关系，指出：如同有了一定程度发展的现代经济，有了工人阶级及其先锋队共产党，社会主义革命就有可能成功一样，在建立起了社会主义制度以后，我们就能够在建设物质文明的同时，建立起高度的社会主义精神文明。

报告列举社会主义在经济、政治方面的几个重要特征，指出单有这些特征不够，社会主义还必须有一个特征，就是以共产主义思想为核心的社会主义精神文明。没有这种精神文明，就不可能建设社会主义。

报告说，共产主义作为社会制度，在我国得到完全的实现，还需要经过若干代人的长时期的努力奋斗。但是，共产主义首先是一种运动。这种运动的最终目的是实现共产主义的社会制度。在我国，共产主义思想的传播，人们为最终实现共产主义理想而进行的运动，早在中国共产党成立和领导进行新民主主义革命的时候就开始了。现在这个运动在我国已经发展到建立起作为共产主义社会初级阶段的社会主义社会。那种认为“共产主义是渺茫的幻想”、“共产主义没有经过实践检验”的观点，是完全错误的。我们每天的生活都包含着共产主义，都离不了共产主义。社会主义社会是向着未来共产主义高级阶段的目标不断前进的，这个进程不能仅仅依靠物质财富的增长，还必须依靠人们共产主义思想觉悟的不断提高。如果忽视在共产主义思想指导下在全社会建设社会主义精神文明这个伟大任务，人们对社会主义的理解就会陷入片面性，就会使人们的注意力仅仅限于物质文明的建设，甚至仅仅限于物质利益的追求。那样，我们的现代化建设就不能保证社会主义的方向，我们的社会主义社会就会失去理想和目标，失去精神的动力和战斗的意志，就不能抵制各种腐化因素的侵袭，甚至会走上畸形发展和变质的邪路。

报告说明了社会主义精神文明建设中文化建设和思想建设这两个方面的主要内容。思想建设决定着我们的精神文明的社会主义性质。概括起来说，最重要的就是革命的理想、道德和纪律。我们不仅要努力提高每一个社会成员的精神境界，而且要在全社会建立和发展体现社会主义精神文明的新型社会关系。

在宣传报告的这一部分内容时，要注意我们党把建设社会主义精神文明作为一个战略方针提出来，并且从科学社会主义的理论高度和我国社会发展前途的政治高度论述了建设社会主义精神文明的重大意义，这是我们对社会主义的认识的一大进步。报告根据社会主义的历史经验和我国当前的现实情况，对这个问题所作的理论的和历史的论证，是精辟的，有说服力的。它所蕴含的丰富的思想内容，需要在今后的宣传中做充分的解释和发挥。

我们要集中力量进行经济建设，但是，如毛泽东同志所说，不能见物不见人。归根结底，我们发展社会主义经济是为了人，不是为了物，如果人变得不好了，物还有什么意义？物质财富既可以使人们幸福，也可以使人们堕落。这里的关键就在摆正目前和将来的关系，个人和社会的关系，自由和纪律的关系，也可以说，摆正物和人的关系。我们一定要按照报告中所提出的许多措施，把建设社会主义精神文明的工作做好，使越来越多的人成为有理想、有道德、有文化、守纪律的劳动者。

关于第四部分：努力建设高度的社会主义民主

报告扼要地从几个方面讲了我们党建设高度的社会主义民主的根本方针。我们一定要按照民主集中制的原则，继续改革和完善国家的政治体制和领导体制，使人民能够更好地行使国家权力，使国家机关能够更有效地领导和组织社会主义建设。社会主义民主要扩展到政治生活、经济生活、文化生活和社会生活的各个方面。民主应当成为人民群众进行自我教育的方法。应当根据社会主义民主的原则，建立人与人之间的平等关系和个人与社会之间的正确关系。国家和社会保障公民正当的自由和权利，公民履行对国家和社会应尽的义务。公民在行使自己的自由和权利的时候，不得损害国家的、社会的、集体的利益以及他人的自由和权利。我们在努力发展社会主义民主的过程中，所采取的一切措施都必须有利于社会主义制度的巩固，而决不能给危害社会主义的敌对分子以进行破坏活动的自由。要使社会主义民主制度化、法律化。

报告说明了我国社会的阶级斗争现状，指出现在还有形形色色的敌对分子从经济上、政治上、思想文化上、社会生活上进行着蓄意破坏和推翻社会主义制度的活动。我国现阶段的阶级斗争，主要表现为人民同这些敌对分子的斗争。报告分析了阶级斗争还将在我国社会的一定范围内长期存在的原因，指出必须做好长期斗争的精神准备。报告还说，在经济领域里严重破坏我们的建设事业的犯罪活动，在政治领域和文化领域存在的同类性质的破坏活动，都是在新的历史条件下阶级斗争的重要表现，我们决不能把这些活动仅仅看成是一般犯罪。一定要把打击经济领域和政治文化领域中危害社会主义的严重犯罪活动的斗争进行到底。

报告还谈到进一步发展社会主义民族关系的问题，进一步巩固和加强爱国统一战线的问题，加强国防建设的问题。

在宣传报告的这一部分内容时，可联系说到十一届三中全会以来党对我国社会政治矛盾的正确估计，即在剥削阶级作为阶级消灭以后，我国社会存在的矛盾大多数不具有阶级斗争的性质，阶级斗争已经不是主要矛盾。说明在这种历史条件下，建设高度的社会主义民主，发展人民内部的民主就显得更为重要。新中国成立以来在这方面的历史教训是深刻的。同时，也要对现阶段一定范围内存在的阶级斗争保持警惕。我们党现在提出的上述一些根本方针，对于加强我国的社会主义政治建设，对于发展马克思主义的政治科学,都是很有意义的。

我们现在实行对外开放、对内搞活经济的方针,这是完全正确的。但是也要看到,在这个过程中势必带来一些不利于社会主义的东西。资产阶级腐朽思想和种种不正之风会乘机侵袭、滋生,各种破坏社会主义的经济秩序、政治秩序、社会秩序的因素,反对社会主义的思潮也会出现。因此一方面必须坚持党的正确的经济政策;另一方面必须坚决反对各种损人利己、损公肥私的歪风,深入进行打击经济领域和其他领域犯罪活动的斗争。这是决定现行经济政策能否成功的关键,也是坚持社会主义道路的重要保证。

关于第五部分:坚持独立自主的对外政策

报告说,我们处理对外关系的根本出发点是把爱国主义和国际主义结合起来。我们坚持执行独立自主的外交政策同我们坚决履行保卫世界和平、促进人类进步的崇高的国际义务是一致的。

报告重申了中国同各国发展关系的和平共处五项原则。在这些原则的基础上,我们同125个国家建立了外交关系,并且同其中的大多数国家发展了各方面的合作。报告还分别谈到中美关系问题和中苏关系问题,也谈到中日关系问题。

报告对于今天全世界人民反对霸权主义、维护世界和平的重要任务,对于发展中国与第三世界国家和人民的友好合作,都针对当前国际斗争的现实表明了我们的一贯立场。

报告还阐明了中国共产党同外国共产党的关系问题,指出我们党坚持在马克思主义的基础上,按照独立自主,完全平等、互相尊重,互不干涉内部事务的原则,发展同各国共产党和其他工人阶级政党的关系。

在宣传这一部分内容时,可着重宣传对外关系中独立自主精神的意义。只有中国革命胜利、摆脱了过去的屈辱地位以后,才有可能坚持执行独立自主的对外政策。我们今天执行对外开放政策,扩大对外经济技术交流,目的是为了增加自力更生的能力,促进社会主义现代化事业的发展。我们要利用国外一切对我有利的因素,以各国之长补我之短,但必须警惕和抵制资本主义腐朽思想的侵蚀,反对崇洋媚外的意识和行为,一定要保持中国人民的民族自尊心和自信心。

关于第六部分:把党建设成为领导社会主义现代化事业的坚强核心

报告说,在社会主义现代化建设的宏伟事业中,历史把重大的责任交给了我们党。为了加强新时期党的建设,我们对十一大党章作了许多有根本意义的修改。修改党章的总的原则是,适应新的历史时期的特点和需要,对党员提出更严格的要求,提高党组织的战斗力,坚持和改善党的领导。报告扼要地提示了新党章的一些重要规定。新党章清除了十一大党章中"左"的错误,继承和发展了党的七大和八大党章的优点,对党员和党的干部在思想上政治上和组织上的要求比过去历次党章的规定都更加严格,对坚持党的民主集中制,对改善党的中央和地方组织的体制,对加强党的纪律和纪律检查机关,对加强基层组织的建设,都作了许多新的规定。它比我们党过去的党章更加充实和完善。它是党的历史经验和集体智慧的宝贵结晶,是在新的历史时期把我们党建设得更加坚强的重要保证。

报告根据党的现状和新党章的精神,讲了当前在党的建设上必须着重解决好的几个问题:(一)健全党的民主集中制,使党内政治生活进一步正常化。(二)改革领导机构和干部制度,实现干部队伍的革命化、年轻化、知识化、专业化。(三)加强党在工人、农民、知识分子中的工作,密切党同群众的联系。(四)有计划有步骤地进行整党,使党风根本好转。

在宣传这一部分内容时,可结合解释新党章,着重说明,如同民主革命时期党的建设必须同党处理统一战线和武装斗争的任务紧密相连一样,在新的历史时期,党的建设也必须同党处理社会主义现代化建设的任务紧密地联系在一起。社会主义现代化建设的胜利,有赖于党的建设的加强。党也只有在正确实现对现代化事业的领导中,才能得到发展和进步。与过去夺取政权的斗争时期不同,在社会主义时期,党在国家生活中的领导地位,决定了党的活动同广大人民的利害得失关系极大;而这种地位又很容易使党员特别是党的干部产生脱离群众的危险。新中国成立以来,我们党虽然注意到执政党的建设问题,采取了一些改善措施,但是并没有予以系统的有效的解决。这次新党章的通过执行,这次报告中提出的四个方面的问题逐步得到解决,将把我们党的建设提高到一个新的水平。

在宣传干部问题和整党问题时,还可注意以下的精神。

关于新老干部交接班的重要性,中央常委的同志多次强调这个问题。最近陈云同志说,这是党的一件大事,这在国际共产主义运动中有过严重的教训,在中国党内也有过严重的教训。我们现在主动地有意识地来进行这项工作,证明中国共产党已经进一步成长为一个成熟的伟大的党。陈云同志要求老干部要继续担负起对中青年干部传帮带的任务,对中青年干部要成千上万地提拔,大胆地加快提拔,同时又要严格把好政治标准这一关。要确实提拔那些党性强,作风正派,敢于坚持原则的人。

整顿党的作风和党的组织,是我们坚持社会主义道路的一项最重要的政治保证和组织保证,是当前我们党的建设中的头等大事。整党要解决党员是否合格的问题。新党章对党员提出了更严格的要求。为共产主义事业奋斗终生,不惜牺牲个人的一切的人,才有资格成为中国共产党的党员。如果只是为了挣薪水,根本没有共产主义理想,这样的人不配当共产党员。我们党已经处在领导全国政权的地位。这同取得政权以前有一个很大的变化。现在,当了共产党员就可能成为干部,当了干部就有了权力,有的可以利用这个权力来占群众的便宜、集体的便宜、国家的便宜,有的可能从人民的公仆变为人民的老爷。所以党章明确规定,党员仍然是普通劳动者的一员,除了制度、法律所规定的合理的正当的个人利益和工作职权,不准谋取其他的利益或特权。党章对党员义务也作了更严格的规定,同时接受以往的教训,对党员的权利作了切实的保证。只要忠于共产主义事业,所有这些规定都应该而且完全可以做到。对党员干部的要求比一般党员更严格。基层组织的重要任务是管理自己的党员,监督自己的党员,要求本组织的党员严格执行党章的规定。

有同志担心,党员是不是会按照这些规定办事?党章通过以后是束之高阁还是能真正成为我们行动的准则?这是每个党员、特别是每个党员干部必须用自己的实际行动来回答的问题。党员干部,首先是担负领导职务的党员干部要带头,模范地执行党章的规定。要破除错误的想法和做法,好像党章就是对新党员的要求,对一般党员的要求,我是老党员、领导干部,这些不在话下。教育者首先要受教育。身教胜于言教。我们的各级党员干部真正按照党章办事,我们进行教育的时候就有发言权了,腰杆就硬了,广大党员就一定会跟着来。在教育的基础上进行组织整顿,要实行党员重新登记。不是口头上,而是实际行动上合乎条件的,就登记,不合格的,经过教育也不愿改正的,就不能登记,有的要开除,有的要劝退。整党工作做好了,党员、党员干部在群众中的形象就会发生明显的改变,党在全国各族人民中就会有一个新的面貌。只要党风端正了,党的战斗力加强了,党就一定能够胜任和完满地承担起新时期的各项伟大历史使命。

报告最后号召全党团结起来,争取我们伟大事业的新胜利。报告指出,在社会主义现代化建设的过程中,还有种种障碍和困难。只看光明,不看困难,是完全错误的。害怕困难,不相信党和群众的力量,徘徊观望,退缩不前,那也是完全错误的。满腔热情地投身到社会主义现代化建设的伟大实践中去,振奋精神,开拓前进,坚毅不拔,奋斗不息,才是马克思主义者对待困难的正确态度,才是共产党人在斗争中创造新局面的革命风格。报告要求全党坚持四项基本原则,坚持三中全会以来的正确路线,继承和学习马列主义、毛泽东思想的立场、观点和方法,深入各领域的实际,有系统地进行调查研究,并且善于针对错误倾向,正确地进行批评教育和必要的斗争。我们长期地坚持这样做,就一定能够在新的历史条件下,在新的伟大实践中,积累新的经验,创造新的理论,把马列主义、毛泽东思想推向前进。

**全国政协在北京召开各民主党派全国工商联中华职业教育社办学座谈会**

座谈会于9月16日至9月21日举行。

出席座谈会的有各民主党派、工商联和中华职业教育社的领导人和中央统战部、教育部、全国职工教育管理委员会的负责同志以及各办学单位的代表。

座谈会总结交流了民主党派、团体办学的经验。

党的十一届三中全会以来,我国民主党派、工商联和中华职业教育社主办或与其他部门联合举办的各类业余补习学校、专业训练班等已达612所,分布在全国24个省、自治区、直辖市,在校学员10.1万多人。

全国政协副主席刘澜涛讲话。他说,当前,我国正全面开创社会主义现代化建设的新局面,党的十二大提出了要在本世纪末力争使全国工农业的年总产值翻两番的宏伟目标,并且把教育问题肯定为发展国民经济的战略重点之一,指出普及教育是建设物质文明和精神文明的重要前提,教育是直接关系到我国能否建设一个高度文明、高度民主的国家的战略性的问题,各民主党派、团体都来关心这个问题,为发展教育事业贡献力量,无疑是一件大好事。

中共中央统战部副部长李定、教育部部长何东昌、全国职工教育管理委员会副主任浦通修、全国政协副秘书长萨空了讲话。全国政协副主席胡子昂、杨秀峰、钱昌照也出席座谈会。

**全国总工会在北京召开干部座谈会**

全总主席倪志福在发言中说,十二大制定了全面开创社会主义现代化建设新局面的奋斗纲领和一系列方针政策;通过了在新的历史时期加强党的建设、提高党的战斗力的新党章;选举产生了新的中央领导机构,从组织上保证了十二大确定的奋斗纲领和方针任务的实现,并在我们党的最高领导层实现新老合作和交替方面前进了一大步。

与会同志希望全国职工充分认识建设社会主义精神文明的意义和作用。要使我国工人阶级不仅是建设物质文明的主力军,而且是建设社会主义精神文明的带头人。

**《人民日报》发表雷洁琼文章《打开民主党派工作**

的新局面》

当前，全国人民正在认真学习和宣传贯彻党的十二大文件，这是一次全民性的马克思列宁主义和毛泽东思想教育，意义十分重大。在十二大召开的时候，我应邀列席大会，感到十分荣幸，深受鼓舞和教育。

党的十二大确实是具有划时代历史意义的盛会，为我国的社会主义现代化建设进入新阶段树立了百丈丰碑。自从党的十一届三中全会以来，党中央以巨大的魄力，总结了正反两方面的历史经验，拨乱反正，励精图治，终于逐步提出了建设有中国特色的社会主义的正确路线、方针、政策，使中华民族走上中兴之路。而这次党的十二大对新时期历史性的伟大转变，作了胜利总结，进一步充实和发展了三中全会以来的新经验，提出了全面开创社会主义现代化建设新局面的正确纲领。在理论上阐明了共产主义思想体系与现阶段任务和政策的关系，阐明了物质文明建设和精神文明建设的关系。同时根据我国的实际情况，提出了我国经济建设的战略目标、战略重点和战略步骤。这些都非常振奋人心，给人以信心、希望和力量。听了胡耀邦同志的报告，我脑海中呈现出一幅“四化”的宏伟蓝图和壮丽远景。

全面开创社会主义现代化建设的新局面，中国共产党是统帅，全国亿万工人、农民和知识分子是建设大军。我们民主党派也负有共同的责任，要更好地成为党的战友和诤友。

在这次十二大上，党中央把党与民主党派应当建立“肝胆相照，荣辱与共”的关系，同“长期共存，互相监督”相并列，作为一个长期方针确定下来，并邀请各民主党派负责人列席旁听，重申要在建设中加强与各民主党派的长期合作，这些都充分体现了中国共产党对我们的信任，表明了党与民主党派的关系越来越亲密，已经发展成为同志式的关系。党中央的报告还明确指出：“知识分子同工人、农民一样是我们建设社会主义的依靠力量”，强调“必须特别重视充分发挥知识分子的作用”。党把知识分子看成自己人，把民主党派当作一个战壕里的战友，这对我们是最大的鼓舞。既是荣辱与共，目标一致，我们就应当以党的利益、人民的利益为重。把国家的“四化”建设搞好了，是党和民主党派共同的光荣；要是搞不好，也是共同的耻辱。所以，我们一定要与党同心同德，替党分忧，与党肝胆相照，赤诚相见，做到事无不可对党言，共同为振兴中华而无保留地贡献自己的一切力量。

民主党派肩负起全面开创现代化建设新局面的历史使命，也要打开党派工作的新局面。对此，我以为要做到以下几点：

第一，要认真学习党的十二大文件，从理论上认识这条走有中国特色的社会主义道路的客观规律，全面理解文件的精神实质，以此作为今后开展民主党派工作的指针，努力做到自尊、自强、自治，按照在宪法赋予的权利义务范围内的政治自由、组织独立、法律平等地位的原则，大胆放手、独立负责地开展各项工作，充分发挥工作的主动性和创造性，以自己的实际行动和具体成绩，使社会上能有更多的人正确了解民主党派在国家建设中的政治地位和积极作用。

第二，党的十二大明确指出，发展教育和科学是我国经济发展的一个战略重点。要发展各级各类教育事业，培养各种专业人才，提高全民族的科学文化水平。我们民进是以从事文化教育工作为主的一个民主党派，有很多具有丰富的教育和教学经验的老教师，今后要进一步发挥这个优势，运用会员的特长，推动他们全面贯彻党的教育方针，培养合格的建设人才，搞好对中青年教师的传帮带，提高师资质量，并继续为普及初等教育，改革中等教育结构出谋献策，作出新的贡献。

第三，党的十二大还明确指出，建设社会主义精神文明是社会主义的重要特征之一。其核心是共产主义思想建设。这个内容简要地说，就是革命的理想、道德和纪律，就是要努力提高每个公民的精神思想境界，同时要在全社会建立体现社会主义精神文明的新型社会关系。我们民进会员既有文化教育工作者，也有文艺、医卫和体育工作者，对建设社会主义精神文明负有重大的责任。他们是塑造人类灵魂、启迪人们心灵的人，都要通过言传身教，把共产主义的思想道德倾注到各阶层群众，特别是年轻一代的心灵深处，使越来越多的人成为有理想、有道德、有文化、守纪律的一代新人。教育者必先受教育，知识分子作为教育者必须继续改造自己的世界观，努力学习马克思列宁主义和毛泽东思想，只有自己有美的心灵，才能塑造别人的心灵美。因此，作为一个民主党派的组织，仍然要加强对成员的思想政治工作，按照新时期的特点，运用新的工作方法，把促进成员的思想改造，作为党派组织的一项重要任务。

第四，党的十二大妥善地解决了新老干部的交替和合作问题，使党的领导机构充满新的活力，更富有朝气。我以为当前民主党派也同样存在领导层老化、干部老化和成员老化的问题。民主党派的领导人，大多是从民主革命期间就与党长期合作的代表性人士，他们在国内外有较大的政治影响，当然要继续发挥他们的旗帜作用。但是，为适应形势发展的需要，今后应当着重发展中年人，并从中年成员中有意识地选拔有社会影响的代表性成员到领导岗位，培养他们成为党派的接班人，特别是在专职干部中，更要大胆提拔熟悉党派业务的、德才兼备、年富力强的中青年同志。只有这样,才能使民主党派生气勃勃,真正做到长期共存,后继有人,打开民主党派工作的新局面。

**全国政协学习委员会 各民主党派 全国工商联有关负责人在北京讨论并通过关于学习中国共产党第十二次全国代表大会文件的安排意见**

意见要求政协和各民主党派、全国工商联各级组织,从现在起到1983年6月底,把党的十二大文件作为最重要的学习内容。在学习中要紧密结合统战工作、政协工作、民主党派工作,总结经验教训,研究贯彻执行十二大精神的各项措施和办法。

**民盟中央在北京举行常委扩大会议**

会议通过民盟中央关于学习中共十二大文件的通知,要求民盟全体成员认真学习中共十二大文件,在新时期作出更大贡献。

会议由民盟中央副主席楚图南主持。

民盟中央主席史良,副主席胡愈之、萨空了、李文宜、费孝通出席了会议并发了言。史良在发言中说,她希望全体民盟成员认真学习中共十二大文件,在提高认识的基础上,联系民盟的工作,为全面开创社会主义现代化建设的新局面作出贡献。

胡愈之在发言中说,民盟几十年的历史,证明我们和中国共产党是"荣辱与共"的。如今,中共十二大提出了新的奋斗目标,这也应当是我们民盟的目标。

**国务院批转国家物价局等部门《关于逐步放开小商品价格实行市场调节的报告》**

**《人民日报》发表杜润生在十二大小组讨论会上的发言摘要《农村工作的历史性转变》**

十一届三中全会后,党中央胜利地组织了历史性转变,其中也包括农村工作的转变。现在我只就这个问题讲点感受。

胡耀邦同志在报告中指出:拿经济工作来说,十一届三中全会首先抓农业这一环,着重克服过去指导上长期存在的"左"倾错误,从而使农业面貌很快发生显著变化,由原来的停滞不前变得欣欣向荣。这个估计是完全符合事实的。

(一)农业战线上"左"的错误已延续了二十多年,表现在许多问题上。有些问题,大家都已感觉到了,如瞎指挥、高征购、工农产品交换的剪刀差、取消小自由等等,这比较容易取得一致意见。有些问题则不然,如社队的经营管理形式,也即所说的责任制问题,由于长期以来曾把"左"的东西说成正确的,正确的东西反而说成右的,在这些问题上明确区分是非正误是不容易的。在这个问题上彻底纠正"左"的错误,真正打开局面,实际上是近两年多的事。粉碎"四人帮"的头两年,强调的是继续提倡学大寨运动和1980年基本实现农业机械化,把这些当作解决农业问题的根本途径,而建立生产责任制这个关键问题未受到应有的重视。生产责任制分为两大类:一种叫小段包工制;一种叫联产承包制。对联产承包责任制,特别是包产到户,有些人是不赞成的。而从这几年经历的事实来看,责任制问题正是打破农业上"左"的坚冰最有力的一击。

(二)包产到户(现在又演变成包干到户)兴起于群众实践中。在1955年年底至1956年的几个月内,高级社普遍化,又一笔勾销了偿还生产资料价款的诺言,农民是不满的。1957年有的地方自发实行了包产到户,但很快就以资本主义自发势力的罪名把它打回去了。国民经济三年困难时期,群众为了自救,又搞起了包产到户。不同以往,这次群众行动得到一些领导干部的重视,他们经过调查试验,看到包产到户确有增加生产、解决温饱之效,就向中央建议搞责任田即田间管理责任制。但不久,就被说成是单干风,遭到批判。从此"三自一包"成了农村工作上修正主义的同义语。三中全会以后,有些地方在推行包产到组等责任制时,群众喜欢包产到户,感到"联产比不联好,到户比到组好"。这被一些地方的领导所发现,并得到几位中央领导同志支持,先在一些地方试验。哪里试验哪里增产。中央根据群众实践的经验,在1980年10月间制定了文件,提倡推行多种形式的责任制,允许群众自愿选择包产到户(包干到户)。集中了群众正确要求的政策,是最有威力的,最能动员群众进入战斗的政策。多年来受压抑的农民群众生产积极性迸发出来了。过去搞的一批农业基本建设、水利、化肥等等,发挥了更大的效益。农业生产长期停滞的局面,从此改变了。而最主要的是党取得八亿农民的热忱拥护,党在乡村的政治基础得到加强。党中央在这个问题上所表现的彻底的群众路线,彻底的实事求是精神,勇于坚持真理、修正错误的革命胆略,理所当然地受到全党和全国人民的赞扬与信任。

(三)农民为什么拥护联产承包责任制,特别是包干到户?因为这种形式在两个问题上满足了农民的要求。一是照顾到他们个人物质利益,能公私利益相结合,改变吃"大锅饭"的弊病;二是有了自主权,可以直接管理生产与分配,防止由少数人专断包办,瞎指挥,不公正和其他不正之风。上述两个基本要素,产生一种新的经济动力,在发展商品生产、培养各种人才、积累发展资金等方面,发挥重大功能。生产发展,农民收入增加,农民当然高兴。包干到户有待完善,对农民的社会主义的前途教育必须加强,计划经济为主的方针必须坚持,但上述两条决不可丢掉,否则就会走回头路,回头路是走不得的。

(四)两年来的事实证明,联产承包制特别有利于鼓励农民精耕细作,发展多种经营。中国农业走什么路子,也有个眉目了。我国农村人均二亩地左右,不搞精耕细作,是吃不饱的。如能普遍精耕细作,并利用一些适用的科学技术,不但能吃饱,还可以吃好。过去自留地到处都种得很好。联产承包制推动群众用种自留地的精神种集体田,中产、低产田普遍增产,这几年连年大灾,仍能保产或增产,道理就在这里。

多种经营是我国农业的传统,剩余劳力利用,山水资源开发,农业资金积累均有待于此。以往农民想多搞点副业,竟然用割资本主义尾巴的办法加以限制。单一经营结构,引来收入减少,资金短缺,商品率下降的后果。我国城市工业大发展,市场容量大扩充,在这种条件下,农村自给式的自然经济向商品经济转化的过程是必须相应加快,也可以加快的。

现在农民有了自主权,可以有效利用劳动力和农余时间搞家庭副业,其收入占家庭总收入的三分之一至二分之一。在此基础上还出现了大批专业户,经营者都是一些能工巧匠,技术能手,回乡知青,转业军人,离职干部。他们技术上或经营上有专长,周围的群众也信得过他们。以这些人为核心,自愿结成合作体,基本制度是资金、劳力、技术按比例分配收入,新扩大的固定资产属公有。这种专业户和专业联合体,将成为农业走向专业化、社会化的雏形。

(五)当前农民迫切、恳切的呼声是政策稳定下来好好干几年。我们党必须满足他们这个要求。胡耀邦同志的报告中宣布,生产责任制要坚持下去,决不能违背群众意愿轻易变动,更不能走回头路。这将鼓舞农民更放心更用心地去发展生产。

全党在责任制问题上认识的一致,是正确政策的稳定性和连续性的保证。至今还有少数同志对包干到户这种形式抱有疑问,认为它不像社会主义的集体经济。

社会主义的集体经济究竟是什么样子?在马、恩著作中并没有具体描述。他们只是说过:在小农众多、经济落后的国家,在工人阶级取得政权后,可通过合作制的道路引导农民过渡到社会主义;无论如何不能剥夺农民的私有财产,必须坚持自愿原则。国家应当从社会资金中抽拨贷款,购置机器、肥料等等,以便逐步取代旧式生产手段,扩大再生产的规模,用这种实际事例去说服农民。列宁在去世前的著作《论合作制》中还讲过,在俄国无产阶级专政条件下,可利用供销合作社形式引导农民过渡到社会主义,这只能在照顾他们的个人利益基础上实现。

"中国的事情,要按中国的情况来办。"只能如此,也应该如此去做。我国面积这样广大,经济发展又很不平衡,工业与文化水平很差。根据我们已有的历史实践,对农业的社会主义改造必然是一个长期的逐步过渡的过程,必然是一个多种多样的合作形式交替发展的过程。很具体的做法要经过反复实践、探索才能明确。死板地从抽象原则出发,拟定一个模式或从外边搬运一个模式结构,固定不变地应用于全国一切地点,是行不通的,也会失败的。因此,一切利于组织农民走向社会主义的过渡形式,都应当利用而不应排斥。现在的包干到户就是中国式社会主义道路的一个发展阶段。它适应我国大部地区的生产力,并利于推动生产的发展。这是亿万群众实践的产物,它的出现、存在和发展是历史的必然性。

还有的同志担心,包干到户妨碍现代化。对这个看法,我们将进行解释,实践也正在给予回答。包干到户,是以土地公有为基础,各项经营宜统则统,宜分则分,需要统一的都有办法统一管理。这和过去小私有经济是不同的。农业机械化,由于种种原因,目前只能有选择地进行。仍然以手工劳动为主的地方,土地由农户分散使用,这比并在一起,集中劳动会更有效益。摆上一个大生产架子,等待机械化,没有化为大生产,却化为"大锅饭"。这是图虚名而得实祸。将来以户为基础,联合而成大生产,也须以社会生产力进一步发展为前提。人为地拔高是不行的。

农业生产是动植物、微生物等生命物质的再生产。它所依赖的条件像土壤、水分、气候、肥料等,具有复杂的变化态等等。把这些物质组成一个最佳状况的组合,不但要靠体力劳动,还要靠脑力劳动,随时保持敏锐的反应,能随机应变采取措施。因此,经营者和生产者的统一,尽管规模小,却能有好的效益。一个生产组织中,几十几百人甚至上千人,听命于一二人指挥,没有自主自动,肯定会误事的。在这两年水旱灾害中,可以看到实行承包责任制、群策群力的好处。

我国合作化运动已有三十年历史,国家对合作经济的财政支援规模也不断扩大。应该承认,有一部分地区的社队是办得好,有效益的,这些社队选择了其他形式的责任制当然是允许的。让各种形式并存,相互比较,存利去弊,融合、淘汰、完善,这样走下去,可以预料,"在不太遥远的将来,一定会出现有利于因地制宜地发扬优势,有利于大规模采用先进生产措施,形式多样的更加完善的合作经济。"也一定会加速农业的发展,胜利实现党的十二大所规定的任务,在本世纪末进入小康水平。

**有关部门负责人驳斥印方所谓中国边防人员越入印度境内的谣言**

9月7日,印度《甘露市场报》刊登一条来自印官方的消息称,中国士兵在克什米尔的楚舒勒和斗拉特别奥里地之间的国际边界印度一侧的两个地方升起了中国国旗。

该消息并称,鉴于中国和巴基斯坦最近开放了红其拉甫山口这一背景,人们认为这件事具有重要意义。

为澄清事实,本社记者走访了有关部门的负责人。记者被告知,根本不存在所谓中国边防人员越入印度境内的问题,更谈不上在那里插上中国国旗。上述报道纯属捏造。

**全国人大常委会副委员长邓颖超在钓鱼台国宾馆看望朝鲜民主主义人民共和国主席金日成**

## 9月17日

**中共中央总书记胡耀邦同朝鲜民主主义人民共和国主席金日成在人民大会堂举行会谈**

胡耀邦说,金日成主席再次对我国进行正式国事访问,对我们和我们的事业是个巨大的支持和鼓舞。我们两党、两国政府和人民如此唇齿相依,生死与共,两国领导人经常不断地交换意见,将造福于我们子孙后代,也有利于远东和世界的和平。

金日成说,我们两国是唇齿相依的亲密邻邦,我们的战斗友谊是在长期的革命斗争中用鲜血凝成的,我们的心是相通的。我们认为,两党两国的友谊和团结,不仅在我们这一代要进一步巩固和发展,而且要向后一代传下去。

两国党政领导同志通报了各自国家的政治、经济情况,并就共同关心的国际问题交换了意见。

**中顾委主任邓小平在钓鱼台国宾馆看望朝鲜民主主义人民共和国主席金日成**

**中日民间人士会议中国委员会在北京成立**

中日民间人士会议是经过中日双方有关民间人士近两年的酝酿和筹备而确定的。中日民间人士会议中国委员会的成员包括:顾问邓颖超、王震、胡厥文;主任廖承志;副主任荣毅仁、王炳南、宦乡;委员胡愈之、周培源、卢嘉锡、夏衍、楚图南、张香山、刘希文、许涤新、赵朴初、孙平化;秘书长孙平化。

**中国最大的余热发电站在湖北大冶有色金属公司建成并开始发电**

这座余热发电站是利用铜反射炉冶炼过程中的余热发电的,它由一台余热锅炉和两个发电机组组成,装机容量为9000千瓦。

**中共中央 中央军委决定任命余秋里为解放军总政治部主任 免去韦国清总政治部主任职务**

**我国第一家电视制片厂——北京电视制片厂正式成立**

**全国职工体育工作经验交流会在沈阳召开**

会议9月17日至23日举行,由中华全国总工会和国家体委联合召开。会议期间,全体同志学习了党的十二大文件。根据十二大的精神,与会同志提出,职工体育要适应社会主义现代化建设新形势,工会、体委、共青团要研究新情况、新问题,把全国职工体育活动更广泛地开展起来。沈阳市总工会和湖南湘江机器厂工人李临庄等先进集体、个人的代表在会上介绍了经验。会议还表彰、奖励了全国职工体育工作先进集体和个人。

中华全国总工会书记处书记刘实,国家体委副主任路金栋和顾问黄中到会讲了话。刘实同志指出,体育活动能够使职工增强体质、减少疾病,是发展生产、实现“四化”的重要保证。各地工会要从群众的需要出发,开展多种多样的体育活动。做职工体育工作的同志不仅要抓好各项活动和比赛,还要有意识地把共产主义思想教育贯穿在开展体育活动中,使体育活动成为向职工进行共产主义教育的重要手段。

## 9月18日

**中顾委主任邓小平陪同朝鲜劳动党中央总书记金日成赴四川访问**

邓小平在陪同金日成赴四川访问途中,向金日成介绍说:从十一届三中全会到十二大,我们打开了一条一心一意搞建设的新路。并指出:社会主义是共产主义的第一阶段,落后国家建设社会主义,在开始一段很长时间内生产力水平不如发达的资本主义国家,不可能完全消灭贫穷,所以,社会主义必须大力发展生产力,逐步消灭贫穷。

**中共中央书记处书记万里在北京参加国务院直属机关党委召开的党员干部会议**

万里说,每一级党委、每一个党员和党的干部,都要在学习、贯彻党的十二大精神中起模范、带头作用，要发愤图强，勇于革新，开创社会主义现代化建设的新局面。

万里说，要贯彻好十二大精神，首先要认真学习好十二大文件。要联系本单位、本人的实际，对照十二大文件提出的要求，看看还有哪些不足。我们要认识到，我国建设得好不好、快不快，关键要看我们党领导得好不好，因为我们党是执政的党。把党建设好了，一切就有希望。我们的每一级党委，每一个党员和党的干部，对自己都要高标准、严要求，要刻苦学习，领会好文件精神，兢兢业业，按十二大提出的要求，把各项工作真正做好。

万里说，国务院机关的党员、干部在学习、贯彻十二大精神中更应该起模范、带头作用。要联系国务院机关的实际，在联系群众，全心全意为人民服务，提高工作效率，处理问题不出差错等方面，取得显著的成绩。每个同志都要千方百计做好本职工作。

万里还指出，要搞好工作，就要有勇于改革的精神，在十二大精神指引下，为把我国建设成为社会主义的现代化强国而奋斗。

**国家拨专款为高级知识分子建造住宅**

据《人民日报》报道，有关部门发布消息：两年多时间里，国家为解决一批有突出贡献的科技、教学、医疗骨干，以及研究员、助理研究员、名演员等住房十分拥挤的问题，决定采取专项拨款的特殊措施。这笔专项资金是在1979年年底和1980年分两次拨给的，总数为1.3亿元，约可建住宅84万平方米。资金分配给了中国科学院、教育部、卫生部、中国社会科学院、中国文学艺术界联合会等8个部门，集中在高级知识分子较多的北京、上海、天津、广州、武汉、成都、兰州、长春、西安等城市建设住宅，重点是北京和上海，给这两个市的住宅建设资金占这笔专项拨款总数的一半。

由于有关部门和地方领导重视，建筑材料、施工队伍落实情况较好，住宅建设进展较快。据不完全统计，到今年八月份，已建成住宅56万平方米。其中教育部分配到的25万平方米住宅建设任务已全部完成。目前正在施工的住宅还有20万平方米，预计到年底还可建成10万多平方米。

考虑到高级知识分子的工作需要，这批新建的住宅都设有工作室。住宅分一套四室和一套三室两种，大套建筑面积为100平方米，小套为70平方米，还设有可以洗澡的卫生间。

**国务委员薄一波在人民大会堂会见以自民党亚非研究会召集人盐谷一夫为团长的日本自民党亚非研究会访华团**

**国务委员耿飚在北京会见瑞典—中国友联名誉主席扬·米尔达尔**

**解放军总参谋部 总政治部 总后勤部分别召开大会传达党的十二大精神**

在各总部召开的大会上，杨得志、韦国清、洪学智等领导同志在讲话中指出，党的十二大是我党七大以来最重要的一次会议。他们说，大会制定了全面开创社会主义建设新局面的各项战略决策，通过选举，产生了新的中央领导机构，我们坚决拥护，决心奋发努力，贯彻大会精神。各单位负责人还强调指出，学习、贯彻党的十二大精神，是当前和今后长时期的中心任务，各级领导干部一定要带头学习好、贯彻好。机关各级党委要对所有机关干部、离休退休干部、职工、家属，广泛深入地进行传达，使十二大精神家喻户晓、人人皆知。要以邓小平同志在十二大的开幕词为总的指导思想，一个文件一个文件地组织学习，加深理解。政治机关要在抓好自身学习贯彻的同时，及时发现、总结先进经验，指导全军。全军同志都要用十二大精神统一思想、统一行动，联系部队实际，抓好落实，为加速现代化、正规化革命军队建设，为完成十二大赋予我军的各项任务而努力奋斗。

**中央军委发布命令授予乌鲁木齐部队某边防哨卡以“喀喇昆仑钢铁哨卡”荣誉称号**

命令说，乌鲁木齐部队边防某哨卡，位于海拔5380米高度的喀喇昆仑山口，是目前全军驻地最高的哨卡。自1956年建卡以来，守卫这个哨卡的指战员，怀着对党、对祖国的无限忠诚，发扬不怕艰难困苦，不怕流血牺牲的革命精神，在风雪弥漫，高寒缺氧，交通不便，条件十分艰苦的环境中，以坚强的意志，克服重重困难，出色地完成了站岗、巡逻、训练、施工等各项任务。

命令说，这个哨卡的同志们，面对各种高原疾病的威胁，长年累月战斗在雪山冰峰上，以哨卡为家，扎根边防。守卫部队重视发挥党支部的战斗堡垒作用和党员的先锋模范作用。党员和干部，都能自觉地作艰苦奋斗的模范，官兵团结的模范。干部、战士情同手足，互相关心，互相帮助，为保卫社会主义祖国而共同战斗。该哨卡是一个坚强的战斗集体，是建设社会主义精神文明的光荣标兵。命令号召全军同志学习他们为祖国、为人民利益甘愿献身的爱国主义和革命英雄主义精神，落实“四有三讲两不怕”的要求，使我军成为保卫伟大祖国的钢铁长城，成为建设社会主义精神文明的光荣标兵。守卫边防的广大指战员,要以他们为榜样,进一步树立热爱边防,以哨卡为家,艰苦奋斗,长期戍边的思想,建设边疆,保卫边疆,作出新的贡献。

**广播电视部在政协礼堂举行茶话会庆祝中国国际广播电台创办35周年**

中共中央政治局委员胡乔木、中共中央书记处书记、中央宣传部部长邓力群出席茶话会并发表讲话。他们对近几年对外广播工作取得的明显进步表示祝贺,勉励做对外广播工作的同志进一步努力,把工作做得更好。

广播电视部部长吴冷西向中外400多名来宾介绍了我国对外广播事业的发展情况。他说,我们的国家正处于新的历史时期,我国人民为实现“四化”正创造日新月异的成就,我国对外活动和国际地位已越来越重要,这就要求我们进一步把对外广播办得更好。我们要在十二大精神鼓舞下,百倍努力,开创对外广播的新局面。

中国国际广播电台负责人丁一岚宣读了中共中央政治局委员、全国人大常委会副委员长廖承志为对外广播事业创办三十五周年写的贺词。梅益、张香山、温济泽等有关部门负责人讲了话。在国际广播电台工作的日语专家高野广海先生作了演讲。

**中国运动员在澳大利亚墨尔本举行的澳大利亚杯国际体操赛中获得两枚金牌**

中国队夺得男子团体冠军,拳云以57.80分获得男子全能冠军。

**裴文中逝世**

中国猿人第一个头盖骨发现者,我国旧石器考古学和第四纪哺乳动物学的奠基人,我国古人类学的主要创始人。不幸于9月18日在北京病逝,享年79岁。

## 9月19日

**机械工业部门初步制定出技术改造规划**

据《人民日报》报道,国务院《关于对现有企业有重点、有步骤地进行技术改造的决定》下达后,国务院有关部委以及京、津、沪等中心城市机械工业部门在认真讨论和研究的基础上,已初步制定出机械工业技术改造规划。

我国机械工业经过30年的建设,已经具有相当规模,目前存在的主要问题是技术基础较弱,技术水平较低,力量过于分散,经济效益较差。因此,规划提出应该把“打技术基础”、“上技术水平”定为机械工业技术改造的主要奋斗目标。

规划指出,技术改造要从产品的更新换代出发,根据产品需要缺啥改啥,不搞企业的全面改造,一般不建或少建面积。要把科研攻关、技术引进、调整改组、企业整顿和技术改造结合起来,一条龙抓到底。对下列项目要作优先安排:一、机械基础件、电子元器件和基础机械;二、能源、交通运输和轻纺、食品等部门迫切需要的技术装备;三、有利于减少进口、扩大出口的产品;四,可以充分发挥沿海中心城市优势的项目;等等。经过初步论证和平衡,首批改造的重点产品有30类,重点改造100个厂、300个协作厂和科研设计单位。

**我国三年中建设商业冷库428座**

据《人民日报》报道,自1979年加速商业冷库建设以来,全国已建成冷库428座,新增冷藏能力57万吨,相当于过去29年所建冷库总容量的一半以上。这一措施对促进畜牧业发展,增加鲜活商品收购量,改善市场供应,起了很好的作用。

这批新建的大中小型冷库,分别建在各省、自治区、直辖市肉蛋集中产区和销量比较大的城市。建设冷库的投资大部分由国家拨款,其次由地方自筹和银行贷款。

**中日青年友好座谈会在北京举行**

首都各界青年同7个日本青年访华团的朋友们在北京举行座谈会,庆祝中日邦交正常化十周年。

中华全国青年联合会代主席刘维明在座谈会上讲话。他表示:中华全国青年联合会愿意和日本的各党、各派、各界、各友好青年团体和青年友好人士建立和继续发展友好关系。

日本青年团协议会访华团团长、会长城吉信希望两国青年要以真正的历史观来认识日中友好,使两国青年之间的交往进一步扩大。

日中青年研修协会访华团团长冈崎嘉平太、日本友爱青年联盟访华团团长、前外务大臣鸠山威一郎、日本公明党青年访华团团长田端正广、日本总理府青年访华团团长松田和夫、日中友好协会青年访华团团长西园寺一晃、日中农业农民交流协会青年访华团团长田中学分别在会上讲话。

**中共中央政治局委员习仲勋在北京会见前来参加庆祝中日邦交正常化十周年活动的7个日本青年友好访华团**

这7个日本青年友好访华团是:以日中青年研修协会会长冈崎嘉平太为团长的日中青年研修协会访华团;以日本友爱青年联盟会长、参议员、前外务大臣鸠山威一郎为团长的日本友爱青年联盟访华团；以松田和夫教授为团长的日本总理府青年访华团；以田端正广为团长的日本公明党青年访华团；以会长城吉信为团长的日本青年团协议会访华团；以副理事长西园寺一晃为团长的日中友好协会青年访华团；以田中学副教授为团长的日中农业农民交流协会青年访华团。

习仲勋说，发展中日友好不仅对中日两国人民有利，而且对维护亚洲太平洋地区的和平与安全有着很重要的意义。他希望越来越多的青年参加中日友好活动，使中日友好事业后继有人。

**中美合作勘探开发莺歌海石油合同在北京签字**

中国海洋石油总公司与美国阿科中国有限公司、圣太菲矿业(亚洲)有限公司关于在中国南海莺歌海盆地部分海域合作勘探、开发和生产石油和天然气的合同，在京签字。这是我国同美国公司签订的第一个海洋石油勘探、开发和生产合同。莺歌海位于我国海南岛以南，是南海海域的一个组成部分，其盆地面积为6.5万平方公里。通过普查，初步查明莺歌海海域有各种类型的储油储气构造数十个，有较好的开采前景。

**中国基督教三自爱国运动委员会第三届委员会第二次全体会议和中国基督教协会第一届委员会第二次全体会议在北京举行**

会议于9月19日至24日召开。会议通过决议，号召全国基督徒同全国人民一道，投身于开创我国社会主义建设新局面的伟大事业。

会议由中国基督教三自爱国运动委员会主席、中国基督教协会会长丁光训主持。中国基督教三自爱国运动委员会秘书长沈德溶代表两会作了工作报告。报告总结了自1980年10月中国基督教第三届全国会议闭幕以来，两会工作所取得的成绩，号召全国基督徒爱国守法，警惕海外极少数别有用心的人利用宗教进行渗透活动，警惕国内极少数披着基督教外衣的人进行违法活动和反革命活动，办好具有中国特色的教会，为祖国献力。

## 9月20日

**《人民日报》发表社论《有重点有步骤地进行技术改造》**

胡耀邦同志在十二大报告中指出，为了给1990年以后十年的经济增长打下比较坚实的基础，在“六五”期间要有重点地开展企业的技术改造，“七五”期间要广泛进行企业的技术改造。今年，机械工业部门经过几个月的调查研究，确定首批改造30类产品、100个厂、300个协作厂和科研设计单位，整个机械工业的技术改造由此入手，逐步展开。这是向着振兴机械工业进军所采取的第一个重大步骤，对于我国机械工业和整个国民经济的技术改造，对于贯彻十二大精神，把社会主义现代化经济建设推向前进，都具有重要意义。

多年来，我们发展工业生产，往往偏重于新建、扩建，扩大一般加工工业生产能力，忽视现有企业的技术改造，花钱不少，经济效益不高，甚至造成严重浪费。这是一个深刻的教训。发展生产应当建立在技术进步的基础上，不能依靠落后的生产工艺、设备求得必要的经济发展速度。我们争取90年代出现经济振兴，如果企业的面貌不改变，工艺、产品还是老样子，能源和物资消耗还是那么高，那就没有什么希望。各级经济部门的领导同志，要把精力转到技术进步上来，认真克服片面追求产值产量、盲目扩大一般生产能力而不注重企业技术进步的倾向。

有重点有步骤地对现有企业进行技术改造，是完成调整任务、加快工业现代化建设的一项战略措施。机械工业是国民经济的“技术装备部”。机械、仪器、电子产品的技术水平是先进还是落后，直接间接地决定着各行各业技术水平的高低、发展速度的快慢和经济效益的大小。完成国民经济的技术改造，必须立足于国内机械工业，这应当作为我们的一项国策。机械工业技术改造应当先行一步。没有机械工业技术改造的持续先行，我国的工业生产技术水平就不可能持续地提高。

经过30年的建设，我国机械工业已具有相当规模，建立了能为国民经济各部门提供大量技术装备的基础。全国现有企业的设备，85%以上是国内机械工业制造的。看不到或者轻视这个基础，是错误的。但是，也应看到，它是个“虚胖子”。大中型骨干企业只有2000多个，真正顶用的机床不过100万台，技术状况同“四化”建设的要求相比，同世界先进水平相比，差距甚大。目前生产的机械、仪器、电子产品品种不齐全，性能大都比较落后，质量较低。现有企业的技术改造和设备更新，已成为当前经济工作中的一项紧迫任务。

技术改造从何入手？要从产品的更新换代入手，根据提高产品质量、发展新品种的需要，缺啥改啥。进行技术改造，旨在提高产品技术水平、制造工艺水平和企业经营管理水平，加快产品升级换代，提高产品的性能、质量、经济效益和各项技术经济指标。一句话，就是生产质优价廉的产品，以满足发展生产和人民日益增长的物质生活和文化生活需要，减少进口，扩大出口。当然，从产品入手，重视产品升级换代，并不意味着无论什么产品统统来个升级换代，而是要区别不同情况逐步进行。当前，应当把节约能源和原材料的设备更新和技术改造放在重要地位。对机械工业来说，首先要从节能产品、重大成套设备、重点基础件、元器件、基础机械和基础工艺搞起。

技术改造必须成龙配套。一台机器设备是由许多零部件组装起来的，任何一个零部件不合技术要求，都会影响整机甚至成套设备的质量。产品生产的全过程包括许多环节，不论哪个环节"卡壳"，都将阻碍产品技术水平的提高。因此，对重点产品进行技术改造，既要对整机厂进行改造，也要相应地对主要零部件厂、工艺协作厂和科研、设计单位进行改造。过去那种只重视主机而轻视零部件、元器件，偏重生产而忽视科研、设计，只抓主要生产车间而不顾辅助部门的不正常现象，要切实加以改变。

要充分利用国内科研成果。技术改造是要把落后技术改变为先进技术。先进技术来自我们自己科学试验的成功和从国外引进两个方面，前者应当是主要的。对迫切需要的、综合技术经济效益高的、有助于增强自力更生能力的国外先进技术，应当积极引进。机械工业应当注意引进基础件、元器件、关键部件的工艺、制造技术。但这毕竟是少数，而且还得靠自己来消化、掌握和提高。我们的着眼点必须放在国内科技成果的应用和推广上。重点改造项目可以采取一些地方曾经用过的"聚宝"办法，即比较集中地应用国内的科技成果，配套成龙，从而充分发挥综合技术经济效益。

搞好规划，有重点有步骤地分批进行。制定技术改造规划，首先要选定重点产品、重点企业，进行重点方面的改造。重点产品是指那些"四化"建设急需的和出口潜力较大的关键产品；重点企业是指承担这些重点产品生产任务的骨干企业。重点方面的改造，要针对提高质量、增加品种、提高技术水平的薄弱环节，不是进行企业的全面改造。各个行业、企业要认真研究制定本行业和企业的技术改造规划，从自己的实际需要出发，确定技术改造的范围和重点，采取相应的技术措施。规划规模不宜过大，要突出重点，并把科研攻关和技术改造结合起来，一条龙抓到底。

技术改造要靠企业"生财"、"聚财"，合理"用财"。在当前国家财政有困难的情况下，所需的资金主要依靠自力更生。企业自有资金的主要部分应当用于技术改造和设备更新。坚决控制住一般的扩大生产能力，一定把资金转到真正的技术改造上来。通过各种渠道获得的技术改造资金，要适当集中分配，统筹安排，合理使用，力求以同样多的钱，办更多的、效益更大的事。目前，不少地方、企业的自有资金有相当一部分用于基本建设，修盖厂房，扩大一般生产能力，这种倾向必须坚决纠正。

**国务院发出《关于对中外合资、合作项目征税问题的通知》**

主要内容是：

一、《中外合资经营企业所得税法》《外国企业所得税法》公布之前，经国家主管机关批准，在同外商、港商签订合资、合作项目的合同中，列有企业所得税负优惠条款，列明对项目建设过程中所需进口物资给予税负优惠待遇条款的，都按照合同原订条款执行。

二、前项合同，列有对外商、港商取得的专利、版权等特许权使用费收入给予税负优惠待遇条款的，也按照合同原订条款执行。

三、《个人所得税法》公布之前，经国家主管机关批准，在合同中，对个人所得列有给予税负优惠待遇条款的，按照合同原订条款执行。

以上三项，都执行到合同原订期限届满为止。期满之后继续延长合同期限的，统一按照《中外合资经营企业所得税法》《外国企业所得税法》《个人所得税法》规定纳税。望各级财政、税务部门照此执行。执行中的具体问题，由财政部负责解释。

**《人民日报》发表陈慕华文章《打开对外经济贸易的新局面》**

胡耀邦同志在中国共产党第十二次全国代表大会上的报告，向全党和全国人民提出了全面开创社会主义现代化建设的新局面的光荣任务。从 1981 年到本世纪末的二十年，我国经济建设总的奋斗目标是，在不断提高经济效益的前提下，力争全国工农业的年总产值翻两番，使整个国民经济的现代化程度取得重大进展，城乡人民的收入成倍增长，人民的物质文化生活可以达到小康水平。

对外经济贸易是国民经济的一个重要方面。邓小平同志几年以前就指出，对外经济工作是关系我国四个现代化建设的一个战略问题。在这一正确思想的指导下，我国对外经济关系取得了全面的发展，为"四化"建设作出了有益的贡献。党的十二大赋予了我们打开对外经济贸易新局面的历史使命，这是我们全体从事对外经济贸易工作的同志所面临的艰巨而又光荣的任务。

一、发展对外经济贸易的战略意义

马克思主义认为，经济问题决不是一国的现象，必须联系到国际关系来加以考察，而不能同国际关系割裂开来。随着资本主义世界市场的形成，各民族之间经济上的互相往来和互相依赖，逐步取代了原来的闭关自守和自给自足状态。近几十年来，特别是第二次世界大战以后，这种情况又有了空前巨大的发展。这是一个基本的历史事实，也是社会发展的必然趋势。

我国实行对外开放政策，在社会主义现代化建设中利用国内和国外两种资源，打开国内和国际两个市场，学会组织国内建设和发展对外经济关系两种本领，正是我们认识了这种客观发展趋势所采取的正确方针。

生产技术发展到现在的水平，世界上没有哪一个国家能够拥有发展本国经济所需要的全部资源，能够掌握世界所有的先进技术。任何国家都必须与其他国家互通有无。就是世界上最发达的资本主义国家美国，尽管它得天独厚，地域辽阔，资源丰富，但也有许多重要资源必须从国外进口。许多国家和地区，例如日本、新加坡和香港，甚至把对外经济关系放在生死攸关的地位。除了互通有无，还有一个经济效益合理性的问题。每个国家都有自己的优势，也不可避免地有自己的劣势，生产同一种产品所需的劳动时间和成本有很大的差异，需要通过交换取得各自最好的经济效益。所以，世界多数国家发展本国经济，都重视实行对外开放。战后日本、西德的经济复兴和发展，在相当大的程度上靠的是发展外贸、利用外资和引进技术。据资料介绍，日本在技术上如果关门自己摸索研究，可能要多花几十倍的研究经费和更长的时间。可以说，积极发展对外经济关系，是实现现代化的国家走过的共同路子。

我国进行社会主义现代化建设，必须立足于自力更生，因为我国幅员辽阔，资源丰富，劳力众多，人民吃苦耐劳，有可能也有必要靠自己艰苦奋斗。这是绝对不能动摇的。同时，我们坚持对外开放，按照平等互利的原则，扩大对外经济技术交流，促进我国产品进入国际市场，大力扩展对外贸易，尽可能地多利用一些可以利用的外国资金进行建设，积极引进一些适合我国情况的先进技术。这样做的目的，完全是为了增强自力更生的能力，促进民族经济的发展。

党中央制定的对外开放政策，使我们解放了思想，开阔了眼界。我们要深刻地认识发展对外经济关系的战略意义，敢于和善于到更广阔的天地里去打开新的局面。我们一定要精心地注意在对外开放条件下所面临的环境的极端复杂性，高度警惕和坚决抵制资本主义思想的侵蚀，反对任何崇洋媚外的意识和行为，敢于和善于学会新的本领，发展对外经济关系，加速社会主义现代化建设。

二、发展对外经济贸易关系的几个重要问题

对外经济贸易涉及的方面广泛，内容繁多。发展对外贸易，做好对第三世界国家的经济技术援助，加强国际间的多边和双边经济技术合作，利用外资，引进和出口技术，开展国外承包工程和劳务合作，这些都是对外经济贸易的重要方面。也可简单地归结为一个输出，一个输入，或者说一个出，一个进。出和进两方面互相制约，互相依赖，互为条件。正确地处理这两方面的关系，使它们辩证地统一起来，我们的对外经济关系就能得到顺利发展。

对外经济贸易翻两番的主要指标是，到本世纪末，进出口总金额达到 1600 亿美元。这个总金额包括了上面提到的对外经济贸易的各个方面。我们在拟定规划的时候，要进行全面统筹的安排。这个艰巨的任务，不可能随着时间的推延自然而然地达到，需要我们去奋斗，去争取。千里之行，始于足下。现在我们就要未雨绸缪，制定规划，落实措施，立即着手从一个一个项目、一种一种商品具体做起。

关于对外贸易　30 多年来，我国外贸取得了显著成绩，打下了一定的基础。特别是三中全会以来有了大幅度的增长，1981 年进出口总额突破了 400 亿美元。但是，我们的外贸在世界贸易额中占的比重还不大，要力争在不太长的时间内使我们的对外贸易有较大的发展。

发展外贸，一般说来，需要做好“情报、商品、推销”三个方面的工作，处理好进出口、内外销、生产和销售等关系，也要研究和改进外贸体制，使得在权、责、利一致的基础上，发挥地方、部门和单位发展对外贸易的积极性。

对外贸易以国内工作为前提，国际市场为对象。只有知己知彼，才能使出口商品适销对路，为国家增加外汇收入，积累“四化”建设的资金；使进口商品先进适用，物美价廉，适合“四化”建设的需要。因此，做好国际市场供求趋势、价格动态、货币变化、国外产品情况、对我产品反映等信息情报工作，是发展外贸重要的一环，必须引起足够的重视，要有计划、有指导地作为一项经常性的工作来抓，充分运用现有的条件和渠道，调动各种力量，加强调查研究，及时提供准确可靠的商情资料。

出口是对外贸易的基础。出口而后能够进口，同时，进口又能带动和促进出口。发展外贸，就要扩大出口，增加出口商品。我们要根据我国的情况和国际市场的需求，发挥我国的资源优势，出口国际市场需求量大的资源性产品，如煤炭、石油及某些金属和非金属产品；发挥我国自然地理和传统工艺技术的优势，出口各种土特产和工艺品；发挥我国劳动力充足的优势，出口轻工、纺织品和进料加工再出口产品；发挥我国机械工业的潜在优势，发展机电产品出口。我们不仅要扩大传统商品的出口，还要根据市场的变化，发展新的商品。特别要形成一些具有我国特色的“拳头商品”，使其在外贸中发挥支柱的作用。目前我国不少出口商品在国际市场占的比重十分微小，机电仪产品仅占国际市场同类产品出口量的 0.14%，化工产品（不包括石油)只占0.42%,即使是轻纺产品也只占3.46%。这一方面说明,发展这些商品的出口,还大有潜力,前途广阔;另一方面也说明,我们的商品还远不能适应国际市场的要求。因此,改变出口商品结构,发展新的出口商品,发展"拳头商品",发展名牌商品,提高商品质量,增加花色品种,改进包装装潢,使产品不断升级换代,加强出口商品的技术服务和产品服务,适应国际市场的需要,是我们进一步发展对外贸易必须切实做好的基础工作。

有了适销对路和稳定供应的出口商品,还要有能使商品迅速进入国际市场的渠道和手段。现在一年两度的广州出口商品交易会,各种专业交易会,派出商品推销小组,利用驻外机构来推销商品的办法,都是行之有效的外销措施和办法。但还不够,应该同国际上通常做法一样,积极发展商誉可靠的代理商,加强与友好客商的合作,建立健全长期稳定、遍布世界的代理经销关系。多年来,我们已经结交了一大批朋友,随着外贸业务的不断发展和地区的扩大,我们还要欢迎新朋友。我们珍惜长期交往中建立起来的业务联系和合作关系。结交新朋友,不忘老朋友。朋友越多,对发展外贸越有利。有了直接的和代理的经营关系,有了多种多样的贸易方式和渠道,就可以逐步形成稳定的推销网,进一步打开销路,促进外贸迅速发展。

运输在对外贸易中关系重大。运输和外贸两者必须密切配合。目前我国对外贸易主要依靠海洋运输,而海洋运输主要也是运送进出口货物。必须明确海洋运输要为对外贸易服务,而不能妨碍对外贸易的发展。没有现代化的运输手段,商品就不可能及时进入国际市场。失去了时机,就会失去市场,也就会失去经济利益。同样,进口物资如不能及时运回,也会影响"四化"建设。今后随着外贸发展,还要大力增设班轮,积极发展铁路运输、空运和多种交通工具的联运,提高运输效率。

对外贸易要在统一计划、统一政策和联合对外的前提下,发挥地方、部门和企业的积极性。国际市场竞争激烈,对商品的需求瞬息万变。特别是一些国家采取保护主义,限制进口,使竞争更趋复杂尖锐。为了增强自己在竞争中的地位,许多发达国家的企业、厂商都组成各种形式的集团、协会,就是第三世界原材料输出国之间也有一定的组织,以协调相互间的步调,联合一致对外。我们是社会主义国家,以计划经济为主,比资本主义国家更有无比优越的条件,能够做到一致对外。各个地方、部门和单位要避免在对外经济活动中各行其是,应当统一领导,全面规划,克服相互间步调不一、压价竞销、肥水外流、国家吃亏的混乱现象。统一是为了更好地发挥各方面的积极性,不断改善我国在国际市场竞争中的地位。为此,目前我们在维持现有体制不变的情况下,对一些重要商品实行了出口许可证制度,建立了若干商品协调小组,协调同类商品的出口价格和数量。最近国务院又批准在上海、广州、天津、大连四大口岸设立特派员办事处,统筹协调口岸对外经济贸易工作中的问题。这些办法,对某些单位和地方或许会带来某种不便,但从整体来看是必要的,也符合各地方、部门和单位的长远利益。因此,需要增强整体观念,顾全大局,支持这些办法的贯彻执行。

关于利用外资和引进技术　前面已经提到,我们的方针是自力更生为主,争取外援为辅。根据我国的实际需要和可能条件,从资本主义国家和地区吸引资金,引进技术,是有利于我们加快社会主义现代化建设,增强自力更生能力的。当然,利用外资和引进技术也不可能是无条件的。一是要有愿意进行合作的合适对象;二是要平等互利,使合作者和我们都能得到合理的利益;三是要用得好,要用在改造老企业,建设能源、交通等重点项目方面;四是要还得起,不管是国家的还是地方、部门的,在开始考虑利用外资时就要同时考虑偿还的妥善措施。因此,我们既要解放思想,大胆利用,又要周密考虑,谨慎从事。

几年来,我们已经在利用外资和引进技术方面做了许多工作,取得了成绩。但是,还需要进一步统一对利用外资的认识,完善立法,做好引进技术的统筹规划与行业的规划,安排好项目前期工作和国内资金的配套,不断改进作风,提高工作效率。我们要在巩固成绩、总结经验的基础上,进一步开创新的局面。

关于承包工程和劳务合作　这项工作我们刚刚起步,已经有了良好的开端。承包工程和劳务合作的国际市场容量很大,大有发展前途。我国经过30多年建设,国民经济门类齐全,有了一支技术队伍,特别是劳动力资源丰富,具备了进一步发展这项工作的潜力。但是应当看到,我们本领还不大,不熟悉国际行情,需要通过调查研究,积累资料,掌握市场情况。我们还不善于在这个领域里同资本主义企业进行竞争,需要认真学习,摸索规律,逐步开拓。我们还不大了解国外的技术规范和经济法律,需要有一个熟悉的过程。我们国内分工过细,一专多能的人才不多,尤其是既懂专业又懂外语的人才不足,影响了工作的开展,需要有计划地培养。

承包工程和劳务合作,还会带动建筑材料、机电产品的出口,有利于促进我国制造业的发展,积累建设资金。这是一项大有作为的事业,必须大力发展。

关于对外援助　支援第三世界各国人民保卫民族独立、发展民族经济以及他们反对帝国主义、殖民主义和霸权主义的正义斗争,是我们不可推卸的国际主义义务。这是一个带有战略性质的问题,不能掉以轻心。

我们对待第三世界国家的友谊是真诚的。无论是进行互利合作还是提供援助,我们都严格尊重对方的主权,不附带任何条件,不要求任何特权。从对方的需要和我方的可能出发,少花钱、多办事,把他们的事当作我们自己的事来办,积极培养当地人才,使他们逐步走向自力更生。今后,随着我国经济建设的发展,我们将不断扩大同第三世界国家和人民的友好合作。

最近几年来,第三世界国家的经济有了很大的发展,他们都在进行大规模的经济建设。向他们提供帮助的时候,就要考虑情况的变化,采取灵活多样的方式。例如,他们大都拥有丰富的资源,可以根据他们的需要,同他们开展经济技术合作,共同开发,这是大有可为的。我们同他们之间的合作是"南南合作",这种合作发展了,将会改变国际经济秩序。

三、提高经济效益,加强队伍建设

打开对外经济贸易新局面,还要解决两个带有共性的问题:一是提高经济效益;二是加强队伍建设。

对外经济贸易的各个方面,都有一个经济效益问题。要提高经济效益,应该制定适合对外经济贸易工作性质的各种经济考核指标。一要少占资金,加快资金周转;二要提高劳动生产率,确定人员定额,克服盲目进人;三要逐步做到以销定产,增加按订货单生产的比重;四要提高外贸履约率,减少库存积压;五要提高仓储运输管理水平,减少储运费用。

目前四十几万人的对外经济贸易队伍,是一支可贵的力量。事业在发展,要求在不断提高,队伍的素质和客观要求之间还有一定的差距,需要有计划有组织地加强思想教育和业务培训,努力培养出一支具有高度政治觉悟、精通业务、作风优良的队伍来。

对外开放是我们坚定不移的政策。外界的影响可能会使我们队伍中的一部分意志不坚定者受到"污染",甚至垮掉。对此,我们要提高警惕,切实加强政治思想工作,增强对于资本主义腐朽思想的抵御能力;严格各项制度,严肃处理违法乱纪的人和事,增强我们队伍的战斗性。

打开对外经济贸易的新局面,是社会主义建设事业对我们提出的战略任务。在党的正确方针的指引下,有各方面的共同努力,我们的目的一定能够达到。

**国务院各部门企业整顿工作会议在北京召开**

全国企业整顿领导小组和国家经委负责人在会上指出,抓紧整顿和建设企业领导班子,这是当前企业整顿工作深入开展首先要解决的关键问题。他要求今年11月底以前、最迟在年底以前,调整配备好第一批整顿企业的领导班子。

这位负责人在讲话中说,整顿企业领导班子的工作目前正在各地全面展开。各地区、各部门按照干部革命化、年轻化、知识化、专业化的要求,都提出了调整企业领导班子的具体规划和措施。不少地区和部门在党委统一领导下,以组织、人事部门为主,统一研究,一批一批地调整和配备企业的领导班子。

这位负责人说,陈云同志在党的十二大上指出,解决好干部队伍的交接班问题,是摆在全党面前的一个重要任务。各级领导要认真学习、领会十二大精神,从战略高度认识整顿企业领导班子的重要性和紧迫性,态度要坚决,思想要解放,标准要坚持,工作要做细,时间还要抓紧。不仅要大胆选拔"明白人"进领导班子,还要注意配备"明白人"来管干部。

全国企业整顿领导小组和国家经委负责人认为,首先上级主管部门对整顿企业领导班子有大的决心,统一规划,上下结合,组织起来,成批解决,并对调整的企业领导班子在人数、年龄、文化程度等方面作出明确规定,还切实做深入细致的思想工作。这位负责人说,做到了这些,就一定能较快地把企业的领导班子调整和整顿好。

**经国务院批准中国人民银行9月下旬开始在国内市场恢复出售黄金饰品**

**广播电视家用电器电子玩具展销会在北京开幕**

展销会由中国电子器材公司主办,为期25天。参加展销的有电子工业部部分直属企业、南京无线电公司、天津无线电联合公司、重庆电子公司以及部分省、自治区、直辖市属的企业等170多个单位。展出的60多种台式收录机多是近年来试制成功的新产品,音色优美、外观新颖大方;展出的新型号的电视机吸收了国内外先进产品的优点;展出的各种光、电、声遥控电子玩具和电视游戏机,大都是近年来研制成功的。

**国防部部长耿飚在人民大会堂会见巴基斯坦武装部队参谋长联席委员会主席穆罕默德·伊克巴尔·汗上将**

**中共中央政治局委员王震在北京会见日本众议员海部俊树和近藤元次**

**中美化学工程学术会议在北京召开**

中国化工学会和美国化学工程师学会从9月20日到22日,在北京联合召开中美化学工程学术会议。

参加这次会议的两国学会代表共200多人,他们中许多是国际化学工程方面的著名学者和专家。会上,宣读了68篇论文和3篇学术报告,交流了化学工程科学技术的新成就、新动态。我国学者和专家宣读的36篇论文,受到了与会代表的好评。

**中国美国在华盛顿签订1982—1984年度水力发电和水利资源利用合作议定书**

中国水电部和美国商务部的代表在议定书上签了字。

这一议定书是中美两国于1979年8月签订的水力发电议定书的第二个附件。该议定书的第一个附件签订于1980年3月。

附件二主要涉及双方在中国西南红水河流域天生桥水力发电工程中的科技合作,该工程是中国的重要水力发电工程之一。附件二还包括双方继续对龙滩、二滩和三峡等其他有潜力的中国水电工程计划进行共同的研究。

**1982年北京软件工程讨论会在北京开幕**

会议于9月20日至24日举行。国务委员兼国家科委主任方毅,在人民大会堂会见前来我国参加讨论会的各国科学家和教授。

出席会议的有美国、挪威、日本、德意志联邦共和国、丹麦等五国的计算机软件工程著名科学家和教授。

**中国科协二届二次全委会会议在北京举行**

会议于9月20日至25日举行。中共中央政治局委员方毅参加会议并讲话。他说,在20年内实现工农业总产值翻两番的目标中,科技界肩负着光荣而艰巨的责任。只有充分发挥主动精神和创造精神,组织起来加强协作,不断改善管理开辟新路,才能胜利地完成党的十二大赋予中国科技工作者的历史使命。

方毅说,党中央十分重视科学技术在社会主义现代化建设中的地位和作用;强调科学技术现代化是四个现代化的关键;科学技术是经济发展的战略重点之一;加强应用科学,重视基础科学;提高各族人民科学文化水平是精神文明建设的重要部分。科技战线的同志,应当认真地研究怎样实现党中央提出的要求,更好地发挥科学技术在经济、社会发展中的巨大作用。

方毅说,科协作为科学家和科技工作者自己的组织,在实现党的十二大提出的新的历史使命中,有着特殊的作用。他对中国科协今后的工作提出了几点要求:

一、加强自然科学工作者和社会科学工作者的联盟,促进科学技术和经济、社会的结合。各级科协要创造条件,帮助科技工作者学习马列主义、毛泽东思想,掌握党和政府的方针政策,了解经济、社会的发展状况和需要。

二、提高学术活动质量,促进出成果出人才。要创造更多机会使更多的中青年科技工作者在学术活动和有关的组织领导工作中,经受锻炼、增长才干。

三、创造多种形式,促进科技工作者为各方面的建设事业献计献策。各方面的建设事业,不仅需要科学技术提供具体的成果,更重要的是利用科学技术知识,帮助各种经济决策与社会决策符合客观规律,找到最合理最具有科学性的方案。

四、明确地、县一级科协的工作重点,促进农村科学技术知识的宣传普及。各级科协,特别是地、县科协,要利用各种渠道,创造多种形式,开展农村的科学普及工作。这不仅对于提高广大农民,尤其是青壮年农民的“科学务农”水平,具有重要意义,而且也是促进破除迷信,移风易俗,建设社会主义新农村,树立新风尚的不可缺少的环节。

方毅最后说,在全面开创社会主义现代化建设新局面的进程中,科学技术大有用武之地,科技工作者可以大显身手。党和人民期待着你们捷报频传!

会议向全国科技工作者发出倡议书。

倡议书要求广大科技工作者认真学习党的十二大文件,深刻领会十二大精神,把思想统一到十二大确定的纲领和方针政策上来。

倡议书还要求全国科技工作者振奋精神,勤奋工作,作出优异成绩,同时积极发挥集体智慧和主动精神,加强自然科学工作者与社会科学工作者的联系,共同促进科学技术与经济、社会的结合;积极参加重大科学技术课题的攻关、企业的技术改造、企业管理的改善以及重点项目的建设工作,为国民经济的调整改革,为提高劳动生产率和经济效益,为教育和科学事业的发展,积极献计献策;十分地重视科学技术的普及工作,为提高全民族科学文化水平尽到应尽的责任和社会义务;积极培养各种科技人才;加强自身思想建设,自觉坚持四项基本原则,用共产主义思想和全心全意为人民服务的精神指导自己的实践。倡议书希望台湾省和侨居海外的科技工作者同大陆的科技工作者一道,为促进祖国统一大业和国家的繁荣富强而努力。

**中央政治局常委陈云在中南海会见广播剧《真与假》编导刘保毅**

广播剧《真与假》是根据陈云同志关于把弹词《真情假意》移植到其他剧种的建议而创作的。

陈云同志对广播剧做了肯定,认为这个剧本是成功的。陈云同志说:“把弹词《真情假意》改编成讲普通话的广播剧,可以使它广泛流传,教育更多的青年。我为什么要把它推荐给其他剧种,就是因为这部书有时代气息,有现实意义,是适应青年、教育青年的好作品。”

陈云同志对广播剧提出了修改意见。根据陈云同志的意见,中央人民广播电台已经对广播剧《真与假》进行了修改。

**亚洲舞蹈讨论会在北京开幕**

研究和探讨如何保护与发展亚洲民间和传统舞蹈的第一次亚洲舞蹈讨论会,在北京开幕。来自亚洲14个国家的著名舞蹈专家参加会议。

这次讨论会是由联合国教科文组织与中国文化部、中国舞蹈家协会联合举办的。

## 9月21日

**中顾委主任邓小平在成都参加欢迎金日成主席集会并发表讲话**

尊敬的金日成主席同志,亲爱的朝鲜同志们,同志们:

今天,成都市人民在这里举行隆重的群众大会,热烈欢迎金日成主席。我陪同金日成主席来四川访问,有机会同金日成主席一道参加这个大会,感到十分高兴。这个大会充分表达了成都市和四川省人民对兄弟的朝鲜人民的真挚情谊,表达了他们对朝鲜人民的伟大领袖、中国人民的亲密朋友金日成主席的高度尊敬和热爱。这个大会也是全中国人民衷心欢迎金日成主席访问我国的生动体现。刚才,金日成同志发表了一篇非常好的讲话,表达了朝鲜人民对中国人民的深情厚谊,对我们的工作和十二大给了很高的评价和鼓励。让我们热烈鼓掌向他表示感谢。

金日成主席是朝鲜无产阶级革命家的杰出代表。几十年来,他领导朝鲜人民进行艰苦卓绝的斗争,反对外来侵略,争取民族解放,捍卫革命成果,建设社会主义,取得了伟大的胜利和光辉的成就。在国际上,他坚持独立自主,主持正义,反对外来干涉,致力于发展各国人民之间的友好关系,为加强第三世界团结,维护世界和平与安全,作出了重要的贡献。

金日成主席同中国有着特别亲密的关系。早年他曾以自己的革命活动支援了中国的革命。新中国诞生后,他又多次访问我国,同毛泽东主席、周恩来总理以及我们党和国家许多其他领导人,结下了十分珍贵的友谊。我们两国人民在长期共同斗争中建立的友好关系,也是在两党、两国领导人的密切交往中,不断得到巩固和发展的。我们十分感谢金日成主席为发展中朝关系作出的宝贵贡献。

金日成主席多次访华,但来四川还是第一次,这对四川人民来说,是一个莫大的荣誉,也是一个巨大的鼓舞。四川是我国的一个重要省份,十一届三中全会以后认真贯彻党中央的各项政策,较早地实现了安定团结,工农业生产取得了可喜的成绩。因此,我曾不止一次建议金日成主席来这里看一看。金主席这次光临,对四川人民发扬长处,克服缺点,将是一个推动力量。大家知道,朝鲜人民勤劳勇敢,坚毅顽强,富有严格的组织纪律性和不屈不挠的斗争精神,在社会主义建设中取得了很大的成就,得到各国人民的赞赏。我希望四川人民很好地学习朝鲜人民的这些优良品质,充分发挥"天府之国"的优势,在各项工作中争取更上一层楼。

中朝关系不同一般,它有着悠久的传统,深深扎根于两国人民的心坎。多年来,我们在反对共同敌人和建设社会主义的斗争中,一向互相鼓舞,互相学习,互相支援。我们感谢朝鲜人民支持我们争取台湾回归祖国的斗争。中国人民也将一如既往,坚决支持朝鲜人民争取祖国自主和平统一的斗争,支持金日成主席提出的建立高丽民主联邦共和国的统一方案。我们这种战斗的友好关系经受了急风暴雨的考验,是任何力量也破坏不了的。我们深信,金日成主席的这次访问,将为进一步加强和发展两党、两国的关系作出新的贡献。

中朝两党、两国、两国人民用鲜血凝成的伟大友谊和战斗团结万岁!

**全国妇联在天津举行农村基层妇女工作会议**

全国妇联于9月21日到28日在天津召开全国农村基层妇女工作会议。

会议提出,各级妇联要认真学习、贯彻党的十二大精神,进一步加强基层妇女组织的思想建设和组织建设,切实把工作做到广大妇女群众中去,充分发挥亿万妇女在两个文明建设中的巨大作用,努力开创农村基层妇女工作的新局面。

各省、自治区、直辖市妇联主管农村工作的副主任和农村工作部部长,一些县和地区妇联的负责同志共100多人参加了会议。全国妇联还邀请四川省邛崃县、湖南省汉寿县、宁夏回族自治区青铜峡县、河南省偃师县、安徽省六安县的县委书记或副书记参加了会议。

全国妇联书记处书记、十二大代表董边向与会同志传达了十二大精神。中央书记处农村政策研究室主任杜润生在会上就当前农村形势以及中国农业发展问题发了言。全国妇联书记处第一书记郭力文在会上作了加强农村基层妇女工作的报告。全国妇联副主席、书记处书记黄甘英主持会议。

**《人民日报》发表评论员文章《建立更加符合我国情况的计划管理体制》**

在公有制基础上实行计划经济,同时发挥市场调节的辅助作用,或者说,以计划经济为主、市场调节为辅,是我们在组织社会主义经济、指导经济活动中,必须实行并长期坚持的一项重要原则。胡耀邦同志在党的第十二次全国代表大会的报告(以下简称《报告》)中,对于这项原则作了进一步的阐发,并且概述了贯彻这项原则在计划管理上所应采取的不同形式。这是我们改革计划管理体制、建立更加符合我国情况的计划管理制度的基本依据。

一

以国营经济为主导的社会主义公有制经济,在我国早已占据绝对优势的地位,因此不仅有必要而且有可能实行计划经济。事实告诉我们,在我们这样的社会主义国家,决不能实行资本主义的“市场经济”,而必须把包括扩大固定资产的生产以及扩大再生产所需要的重要物资在内的基本的生产和流通,纳入统一的计划,就是说,生产和流通的主体,必须是有计划的。工业也好,农业也好,交通运输业也好,商业也好,都只能在计划的形式上有所不同,而在以计划经济为主这一点上,是不能有什么例外的。特别是基本建设的计划性更应当强一些。根据我国多年的经验,在这方面稍一放松,就会出现盲目的“重复建设”的现象,给国民经济带来很大的浪费。国营经济毫无疑问要以计划经济为主,集体所有制的合作经济(在农村,这是主要的经济形式),从根本上说来,也要以计划经济为主。如果我们不以有计划的生产和流通为主体,就会使得统一的国营经济分裂和瓦解;集体所有制经济脱离全体人民的整体利益和社会主义方向;整个社会经济就会在市场自发力量的支配下盲目活动。

毛泽东同志曾经说过:“人类的发展有了几十万年,在中国这个地方,直到现在方才取得了按照计划发展自己的经济和文化的条件。自从取得了这个条件,我国的面目就将一年一年地起变化。每一个五年将有一个较大的变化,积几个五年将有一个更大的变化。”三十年来,虽然由于决策失误造成几次严重的比例失调,但是,总的看来,我们的国民经济还是发展较快的。因为我们坚持了计划经济,才能够做到把有限的资金尽可能地集中起来,用于国家急需的建设项目上,保证了工农业生产以比旧社会高得多的速度向前发展。正是在这些地方,显示出社会主义计划经济比资本主义市场经济的巨大优越性。在资本主义制度下,市场在很大程度上作为一种异己的力量统治着各个私人生产者。当投到某个部门的社会劳动超过社会的需要,这个部门所生产的商品就要跌价,甚至卖不出去,于是社会劳动就转向情况与此相反的部门;过了一段时间,转到那个部门的社会劳动多了,又由于同样的原因而向别的部门转移。人们这样盲目地随着市场转,尽管也可以保持经济发展所必需的某种比例,但这是通过比例不断遭到破坏,通过经济动荡和危机来实现的。我们实行有计划的生产和分配,事先自觉地安排好各方面的比例关系,以保证国民经济健康发展,优越性是显而易见的。

我们强调计划经济,并不是说现行的计划管理体制和计划工作是完美无缺的。它还有许多弊病。弊病之一就是统得过多,把那些不应纳入计划的也纳入计划了。例如一些小百货、小五金等小商品,产值小,品种多,生产和供应的时间性和地域性都较强,国家不可能也不必要都用计划把它们管起来,而只能由工商企业按照市场需要组织生产和供应。勉强去管,就不仅会造成这些产品产销脱节、供需失调,而且势必使产品的品种、规格减少,质量下降,人民生活越来越单调。这说明,该用计划严格管起来的,不去管,要发生比例失调;不该用计划管起来的,硬去管,也要发生比例失调。所以《报告》提出:“国家通过经济计划的综合平衡和市场调节的辅助作用,保证国民经济按比例地协调发展。”

胡耀邦同志在报告中对计划经济为主、市场调节为辅这个原则的阐发,对于加深我们的理解,统一我们的认识,有很大的意义。《报告》指出,“有计划的生产和流通,是我国国民经济的主体”,这就是对计划经济为主的准确的阐述。《报告》又指出,“同时,允许对于部分产品的生产和流通不作计划,由市场来调节,……由价值规律自发地起调节作用。这一部分是有计划生产和流通的补充,是从属的、次要的,但又是必需的、有益的。”这就是对市场调节为辅的准确的阐述。计划管理分为这样两个部分,是根据我国实际情况,对马克思主义关于社会主义经济有计划发展的理论一个重大的发展。这样做,会不会影响我们的经济是统一的计划经济呢?不会的。由市场调节的产品,品种虽然繁多,但它们的产值在整个社会产品的产值中所占的比重却很小,它们虽然也为生产和生活所必需,但不是关系国计民生的重要产品,因此比起有计划生产和流通的部分,它们仅仅居于次要的地位。它们同有计划生产和流通的部分,不是平行的关系,而是从属于后者,作为后者的补充而存在的。它们的范围多大,是由国家统一计划划定的。因此,应当明确地肯定,总的说来,我们的经济作为总体就是计划经济。对此不应有任何误解。

二

我们所以要对一部分产品的生产和流通不作计划,让它们由市场来调节,最主要的是因为我国还存在着多种经济形式,我们对社会的各种复杂需求和大量企业的生产能力还难以作出精确计算。而这,归根到底又是由我国的生产力发展水平总的说来还比较低、而且很不平衡所决定的。这些原因，同时也决定了有计划生产和流通的部分，也不能只有指令性计划一种形式，除了指令性计划以外，还应该有指导性计划。

指令性计划具有约束力，下达后必须执行。指令性计划决不是像有的同志所断定的那样，只是在国民经济正在调整的特定条件下才是必要的，它对于关系国计民生的产品的生产和分配，对于关系经济全局的骨干企业，在一般条件下也是必要的，必不可少的。事实上，它正是计划经济为主、市场调节为辅这一原则的关键所在，是计划经济的主要的和基本的形式。这不仅是因为实行指令性计划的产品和企业占产值的大部分，而且因为只有对重要的产品和企业实行指令性计划，指导性计划才能有效地发挥作用，市场调节也才能成为有计划生产和流通的部分有益的补充。对于重要产品和重要企业实行指令性计划，就意味着把它们置于国家的直接支配之下。这部分产品和企业按照国家的指令性计划进行生产和经营，才能稳住经济的大局，并且带动实行指导性计划和实行市场调节的那些经济活动，沿着统一计划的轨道向前发展。如果放弃指令性计划，只要指导性计划和市场调节，那就不仅会出现大局不稳的局面，经济杠杆也不会有效地发挥作用。例如，国家不直接支配重要的企业和重要的产品，就没有力量控制住市场，也就无法有计划地通过价格的变化来指导企业的生产和经营；浮动价格和自由价格就会越出计划要求的大框子，就不会有助于计划的实现。总之，只有对重要的产品和企业实行指令性计划，我们的经济，才能成为计划经济。因此，《报告》明确指出："对于国营经济中关系国计民生的生产资料和消费资料的生产和分配，尤其是对于关系经济全局的骨干企业，必须实行指令性计划"，"对于集体所有制经济也应当根据需要下达一些具有指令性的指标，如对粮食和其他重要农副产品的征购派购"。在这里，要对什么产品和企业实行指令性计划，讲得清清楚楚。所以，我们说指令性计划是计划管理主要的、基本的形式，决不意味着不顾需要和可能扩大指令性计划的范围。

《报告》作出的指令性计划"是我国社会主义全民所有制在生产的组织和管理上的重要体现"的论断，含义很深，值得我们认真领会。人们都知道，在生产诸关系中，生产关系是最重要的，它决定交换关系、分配关系和消费关系。分析任何一种生产关系，都要深入它的生产过程，着力分析它的生产关系，如分析资本主义生产关系，首先而且主要是要着力地分析资本的生产过程，即作为资本人格化的资本家，如何支配生产资料和劳动力，生产出剩余价值。如果不是这样，而是把交换或者分配作为基本的东西，那就不可能揭示出这种生产关系的本质，也不能把各种生产关系从根本上区别开来。我们的全民所有制经济和集体所有制经济，都是社会主义公有制经济，相对于各种私有制经济来说，它们的性质是相同的。然而，它们相互比较，在性质上又有区别。二者的区别固然在利润的分配等方面可以得到体现，但最主要的还是体现在对于生产和经营的支配上。如果国家只收取一部分利润，企业如何生产和经营，完全由企业自己做主，那么，全民所有制在生产的组织和管理上就没有得到体现。这样，国家就很难说还是企业的所有者，这种企业也就很难说还是国营企业。国家支配国营企业的生产和经营有多种途径，下达指令性计划就是一种重要的途径。

指令性计划要能很好地发挥它按比例地分配社会劳动、保证国民经济各部门协调发展的作用，计划必须符合客观实际，必须具有科学性。无疑，这是一项艰巨复杂的工作。但是，在我国，已具有必需的条件，从原则上说，应当是可以做到的。我们全民所有制的国营经济，已经是一个统一的整体，作为它的所有者的社会主义国家，当然可以用统一的计划去指导所属各生产单位的经济活动；同时由于重要产品的生产和需要已经建立起直接的联系，作为社会代表的国家，可以有计划地在主要方面安排好社会生产和社会需要。认为按指令性计划生产在任何条件下都必然造成产需脱节、资源浪费、质量品种差、微观效率低等，是没有根据的。造成这种状况，有多种因素，诸如企业缺乏必要的权限和利益，按劳分配没有得到认真贯彻，价格不合理，计划管得过死、不给企业留有机动灵活的余地，等等。这些，有的和指令性计划没有直接关系，有的虽属计划管理体制有缺陷，但决不是所谓"集中计划体制"所固有的，是可以在不放弃指令性计划的条件下在经济体制的改革中加以克服的。事实上，我们在第一个五年计划期间，既坚持了指令性计划，又基本上没有发生上述毛病。至于说实行指令性计划造成了整个经济发展速度的下降趋势，那也缺乏科学根据。经济发展速度在一个时期的下降，也是由多种因素造成的。在这里，不可能对这些因素进行具体分析，但是有一点可以肯定，那就是不能把它归咎于指令性计划。有这样一个反证：资本主义国家并不存在事实上的指令性计划。但是，战后30多年来，各主要资本主义国家的经济发展速度下降趋势却明显地发生了。1971—1980年国民生产总值的年平均增长速度同1961—1970年比较，美国由3.7%下降到3.1%，日本由11.1%下降到5%，西德由4.7%下降到2.8%，英国由2.8%下降到1.8%，法国由5.6%下降到3.7%。可见，经济发展速度的下降和指令性计划，没有必然的联系。

除了指令性计划以外，需要对许多产品和企业实行指导性计划。指导性计划，是主要运用经济杠杆来保证其实现的计划。实行指导性计划,也不排斥国家在必要时进行直接的干预。如果说,实际上不承认市场调节部分存在的必要性是我们过去计划管理体制的一大毛病的话,那么,另一个更大的毛病就是实际上不承认在有计划生产和流通的部分中,有一部分需要实行指导性计划。消除这两个毛病,是今后计划管理体制改革中的重要课题。

和这两个毛病直接联系着的,就是忽视价值规律和经济杠杆的作用,市场运用得不好,经济搞得不活。我们应当清楚地认识到,在今后相当长的历史时期内,都需要大力发展商品生产和商品交换,因此商品生产的基本规律——价值规律,无论在全民所有制的国营经济和集体所有制的合作经济以及个体经济中,都在不同条件下起作用。当然,我们的商品生产和商品交换,从主体来说,是有计划进行的,而不是无政府状态的;价值规律是被自觉地运用,而不是自发地起支配作用。即使是受价值规律自发调节的那部分生产和流通,也不能不受到国家政策法令的约束和国家计划的影响。《报告》明确指出:“无论是实行指令性计划还是指导性计划,都要力求符合客观实际,经常研究市场供需状况的变化,自觉利用价值规律,运用价格、税收、信贷等经济杠杆引导企业实现国家计划的要求。”为了做到这一点,就要给企业以不同程度的机动权和不同程度的利益。如果把企业的手脚捆得死死的,把企业的利润通通收上来,价值规律、经济杠杆就不能发挥应有的作用。给企业以不同程度的权力和利益,会不会妨碍计划的实现呢?不仅不会妨碍,反而会有力地促进计划的实现,并使计划在执行中得到必要补充和完善。

应当指出,运用市场并不等于市场调节。所谓调节,是指调节生产什么、生产多少。实行市场调节那部分生产和流通,就是由市场供求变化引起的价格涨落决定生产什么、生产多少的,从事这部分产品的生产和经营的人们,就是在市场自发力量的支配下进行活动的。与此不同,无论是实行指令性计划还是指导性计划的企业虽然也要受到价格、税收、信贷的变化的影响,但这些经济杠杆都是国家有计划地加以运用的,因此归根到底它们还是受计划的支配,而不是受市场的调节。

三

坚持计划经济为主、市场调节为辅,是我们党一贯的主张,早在生产资料私有制的社会主义改造基本完成的1956年,陈云同志就作为一项重要原则把它提出来了。可惜的是,在“左”的指导方针的影响下,我们长时期以来没有很好地去这样做。党的十一届三中全会以来,在党中央所制定的文件和中央领导同志的讲话中,又多次重新提起这项原则。尽管历次重提的具体说法有所不同,但是基本精神和基本内容是完全一致的。所强调的都是必须坚持计划经济,但计划又不能像过去那样无所不包,统得过多、过死。多年的经验特别是这几年的经验充分证明,这项原则符合马克思主义原理和我国现阶段的实际情况。这次胡耀邦同志对这项原则所作的重要发挥,使它更加充实、更加完满了。可以这样说,关于如何建立更加符合我国情况的计划管理体制,原则更加明确,方向更加清楚了。现在需要做的是,努力把这项原则具体化,特别是正确划分指令性计划、指导性计划和市场调节各自的范围和界限。正确贯彻这项原则,是计划管理体制的一次重大改革,是整个经济体制改革中的一个根本问题。

经济体制任何方面的改革,都不能孤立进行,而必须有其他方面的改革与之相配合。计划管理体制的改革,就需要相适应地改革价格体系和价格管理办法,改革劳动制度和工资制度,等等。通过以计划管理体制为中心的经济体制的全面改革,肯定并改进现行经济体制中适应生产力发展的方面,改掉不适应生产力发展的方面,以保证国民经济的健康发展,四个现代化的顺利实现。改革经济体制是一件极其复杂的事情,应当采取积极而又慎重的态度。《报告》提出,在“六五”期间抓紧制订改革的总体方案和实施步骤,“七五”期间再逐步展开,这样的部署充分体现了上述精神。完全可以相信,只要我们遵循党中央所指出的正确方向,真正从我国的实际情况出发,大胆探索,稳步前进,经过一段时间的努力,一定能够消除我们现行经济体制中的弊端,建立起更加符合我国实际情况的经济体制。

**中国开展对外承包工程和劳务合作**

据《人民日报》报道,近年来,我国在对外经济合作事业中,开展了国际劳务合作和对外承包工程的新业务。据有关部门统计,到今年6月底止,对外签订的承包工程和劳务合作合同,已有600项,累计金额9.4亿多美元。目前,已派出2500多名工程技术人员和职工到世界30多个国家和地区,执行承包工程和劳务合作的合同。

经国务院批准,目前从事这项事业的对外承包公司已有16家。先后承包了国外桥梁、公路、疏浚工程和工业、民用建筑等工程项目;同时派出工程技术人员、管理人员为一些国家提供技术服务,派出技术工人、海员、厨师提供劳务。

**中共中央书记处书记习仲勋在北京会见以津巴布韦非洲民族联盟中央委员莫里斯·尼亚贡布为团长的津巴布韦非洲民族联盟代表团**

习仲勋说,以罗伯特·穆加贝主席为首的津巴布韦非洲民族联盟的同志是中国人民的老朋友,你们为争取民族独立、反对帝国主义、殖民主义经历了长期斗争的考验,取得了伟大的胜利。独立以来,你们大力促进民族和解,维护民族团结,积极恢复和发展民族经济,改善人民生活,取得了可喜的成就。他说,我们两党建立关系以来,彼此关系发展很好。我们两国和人民之间的友谊将不断得到发展。

尼亚贡布感谢中国共产党和中国政府对津巴布韦人民争取民族独立的斗争所给予的支持。

**中国和斯里兰卡在科伦坡签订第七个五年贸易协定**

中国政府贸易代表团团长、中国对外经济贸易部副部长郑拓彬和斯里兰卡贸易和航运部长拉利特·威·阿图拉特穆德利分别代表本国政府在协定上签了字。

**中国测绘部门在世界上第一次成功完成全国地面测量控制网的整体平差工作**

测绘部门精确地计算出5万多个测绘点的地理坐标,建立了我国独立的高精度的新的大地坐标系统。这一重大成果,标志着我国测绘工作在这方面已进入了世界先进行列。

**第二届中国工艺美术品百花奖评选结果揭晓**

全国有7个产品获得金杯奖,13个产品获得银杯奖,57个产品获得创作设计奖,还有38个产品被评为轻工业部优质产品。

获金杯奖的产品有:苏绣精品(江苏省工艺美术工业公司),湘绣精品(湖南省工艺美术工业公司),粤绣精品(广东省工艺美术工业公司),鼓车牌300道丝绒挂毯(河北涿县),门狮牌工艺竹编动物器皿(浙江嵊县),金龙牌漆器屏风(北京),水仙花牌绣衣(广东潮川)。

获银杯奖的产品有:浣花溪牌蜀绣精品(四川),熊猫牌布绒玩具(江苏扬州),红灯牌烟花"星球献宝"(湖南醴陵),京华牌绢花(北京),漆花牌等四种漆器屏风(江苏扬州),百合花牌手工绣衣(浙江宁波),虎头牌烟花"报喜火箭"(广东海南),珍珠牌贝雕画(辽宁大连),金桃牌寿山石雕(福建福州),马踏飞燕牌青田石雕(浙江青田),宫灯牌东阳木雕樟木箱(浙江东阳),门狮牌工艺竹编(浙江东阳),敦煌牌风筝(天津),A字牌绣花工艺鞋(上海)。

## 9月22日

**中共中央总书记胡耀邦陪同朝鲜共和国主席金日成在西安访问**

**第四期农业领导干部学习研究班在北京开课**

研究班由农牧渔业部、中共中央组织部和中央书记处农村政策研究室联合举办。参加学习的60多名学员中,有省委书记、副省长、自治区副主席5人,地委书记、专员、地委副书记55人。

研究班将组织学员学习十二大文件,学习农业通论、农业基础知识、农业经济理论和农业方针政策,以提高领导干部的农业基础知识水平和政策水平,更好地为实现十二大提出的宏伟战略目标而奋斗。

**《人民日报》发表评论员文章《让商办工业兴旺起来》**

商办工业是我国国民经济中的重要组成部分,是商品生产和流通过程中必不可少的一个环节。商办工业包括粮、油、肉、禽、蛋品加工、糕点糖果、乳品饮料、调味品,以及服装鞋帽、商业机械、成品煤加工、生物制药等,门类繁多,同人民生活关系极为密切。俗话说,开门七件事,柴、米、油、盐、酱、醋、茶,大都要通过商办工业加工才能投放市场。长期以来,商办工业的广大职工,为丰富市场供应,满足人民生活需要,做了大量的工作,付出了艰辛的劳动,他们每年向国家提供的积累(税利)十分可观。

但是,目前商办工业的境况和它在国民经济中的重要作用是很不相称的。商办工厂普遍存在着厂房狭小,设备陈旧,工艺落后,资金、技术力量不足等问题,处境艰苦。

振兴商办工业,各级领导和有关部门要充分认识它在国民经济中的重要地位和作用,认真按照党的政策,采取切实有效的办法加以扶植。当前特别要帮助商办工业解决发展生产上的困难,为企业发展创造必要的条件。中央早就明确指出:"要实行财政包干的办法,自己养自己,把这个行业扶植起来。"湖南省津市市和常德地区重视商办工业、扶持糖果糕点厂的经验值得各地学习。但是,至今仍有不少地方没有认真贯彻落实中央关于扶持商办工业的政策,许多人的眼睛只是盯着企业的那一点"利润留成",多方伸手,层层扣留,把商办工业的"油水"挤干。结果由于资金分散,什么事也办不成。古语说:"将欲取之,必先予之。"湖南津市市积极扶植商办工业,尽可能给企业多留点,让企业有更多的自主权,做到休养生息,在短期内办成几件事。这样做,对国家和企业都是有利的。商办工业属于投资少、收效快、积累多的行业,只要采取正确扶植政策,在较短的时间内是能够取得较好的效果的。

振兴商办工业,企业本身要争气。商办工业的广大职工应该有改变企业落后面貌、大干社会主义的志气，不要消极等待，不要单纯向上伸手。我们提倡用自己的汗水和智慧，打开新局面，创造美好的前景。

商办工业的情况是千差万别的，有些企业本身的利润很少，有的甚至有政策性亏损，光靠自己还不能养活自己。对于这部分企业，要按照政策，区别情况，通过国家投资、银行贷款或政策性补贴等办法，予以妥善解决。对商办工业中的小食品，今后在政策上应当更灵活一些，充分发挥经济杠杆的作用，通过市场供求变化，调节产销平衡，这对搞活整个商办工业是有利的。

**外经贸部部长陈慕华在北京会见新西兰贸工部秘书长克拉克率领的新西兰贸易代表团**

**国务委员姬鹏飞在北京会见以坦桑尼亚广播电台主编卡希穆·姆潘达为团长的坦桑尼亚新闻代表团**

**国务委员薄一波在北京会见以日本国际能源政策讨论会主席向坂正男为顾问 京都大学经济研究所所长宫崎义一为团长的日中经济协会调查委员会访华团**

**国务委员薄一波在北京会见由副主席阿尔伯特·尚彭率领的欧洲国际合作中心代表团**

**自今日起中国向国内外播发西北太平洋海域海浪图**

中国国家海洋局海洋预报总台，自今日起每天向国内外传真播发西北太平洋海浪图，以帮助在这个海域的船舶安全航行，安全作业，选择航线，防止海难事故。这是我国首次采取直接、快速的手段为海上工作的国内外用户提供海浪预报服务。

## 9月23日

**《人民日报》发表社论《第一件大事》**

具有伟大历史意义的党的第十二次全国代表大会胜利闭幕以后，全党的任务，就是团结全国各族人民，坚决贯彻十二大精神，为实现大会确定的纲领和目标而努力奋斗。当前的一项十分重要的工作，是认真组织全党学习十二大文件。胡耀邦同志在一中全会上已经指出，各级党委务必把这件事当作十二大闭幕后的第一件大事来抓，力求抓好。

为什么要把学习当作第一件大事来抓呢？因为只有通过学习，才能使全党达到思想一致，保证十二大的方针任务得到贯彻执行。十二大文件是光辉的马克思主义文献，内容非常丰富、非常深刻。邓小平同志的开幕词，提纲挈领地、极其精辟地概括了十二大的历史地位、中国的革命和现代化建设的最基本的经验，以及八十年代的三大任务、今后一个长时期必须抓紧的四件工作。中央委员会报告提出的全面开创社会主义现代化建设新局面的纲领和各项方针政策，充分肯定了十一届三中全会以来的正确路线，而且使它的内容进一步得到丰富和完善。像报告中关于经济建设的战略目标、战略重点、战略步骤和一系列正确方针，关于社会主义精神文明是社会主义的重要特征，建设精神文明和建设物质文明的关系，精神文明建设中文化建设和思想建设的关系等的论述，都反映了我们党对社会主义问题的新的认识。新党章是在深刻总结党的生活正反两方面经验的基础上产生的，不只是恢复了七大、八大党章的优点，而且有重要的发展。叶剑英同志的讲话、陈云同志的讲话、李先念同志的闭幕词，也都阐述了重要的问题。十二大文件，特别是几个主要文件，都是历史经验的总结和集体智慧的结晶。这些文件的产生，表明我们党对中国国情和社会主义建设规律的把握，达到了新的高度；表明我们党在把马克思主义的普遍真理同我国的具体实际相结合方面，达到了新的高度。

党中央已经批转了中央宣传部关于学习、宣传十二大文件的安排。按照这个计划，对十二大文件的学习先安排到明年6月底。一切有阅读能力的同志，首先是党员干部，都要坐下来通读文件，精读文件。要逐段阅读，用心思考，反复研究，不能一读而过，浅尝辄止。对主要文件，读一两遍是不够的，要多读几遍。为了加深对文件的理解，还可以结合学习一些马克思、恩格斯、列宁和毛泽东同志的有关论述，以及十一届三中全会以来的重要文献，包括中央领导同志的一些著作。要适当组织讨论，以促进同志间交流思想、交换意见、相互切磋、取长补短。但是只有在每个同志认真阅读文件的基础上，讨论才能对大家真有帮助。讨论要讲究实效，力戒走过场，防止离开文件海阔天空地漫谈一通了事。

学习文件，必须联系实际。首先是联系思想实际，正确理解文件的基本精神，把思想统一到十二大确定的纲领和方针政策上来。再就是联系工作实际，根据本地区、本部门、本单位的情况，研究贯彻执行十二大精神的各项措施和办法。我们要按照中央的要求，首先掌握文件的基本精神，在这个基础上联系本地区、本部门、本单位的实际，解决工作中的问题。要在全党倡导一种良好的学风，就是认认真真，扎扎实实，在吃透文件的精神上下功夫，真正把思想和工作提高一步。

各级党委都要按照中央的部署，安排和组织这次学习。不但要组织好党员的学习，还要组织好广大人民群众的学习，使十二大精神家喻户晓，人人皆知。当然，重点还是要抓好党员的学习，特别是县以上领导干部的学习。可以根据本地区、本部门的特点,对学习提出一些具体要求,但是不要离开文件本身,另外增加许多东西。各级党组织也不必一层一层地等待上面的布置,而应当发挥主动性,及时地把学习抓起来。

我们强调把学习当作第一件大事来抓,当然不是意味着可以放松其他工作。学习不仅不能代替、而且正是为了卓有成效地促进各项工作健康发展。经济工作任何时候都不能放松。机构改革和体制改革,打击经济领域的重大犯罪活动等项工作,都要更深入地进行下去。认真学习十二大文件,广大干部和群众将大大提高对党的奋斗纲领的认识,提高思想觉悟,提高对我们事业的信心,从而更好地完成当前的各项任务。对于广大党员来说,这次学习,实际上就是为明年下半年开始的整党进行思想准备。

回顾历史,八大的路线是正确的,但是由于当时党对于全面建设社会主义的思想准备不足,党内特别是领导核心对八大路线的认识并不一致,以致八大提出的路线和方针没有能够在实践中坚持下去。十一届三中全会以后,有些地区、有些部门对三中全会精神贯彻不力,或者发生摇摆,重要原因也是没有认真学习和领会三中全会文件。这是一个深刻的教训。这一次,全党首先是党的高中级干部一定要真正理解和掌握十二大的基本精神,高度自觉地、坚定不移地贯彻执行十二大的纲领和方针政策,不为某些表面现象和临时因素所左右,不受任何"左"的和右的错误思潮的干扰,使我们的各项工作始终沿着十二大的轨道前进,真正开创出社会主义现代化建设的新局面。

**全国人大常委会委员长叶剑英致电祝贺阿明·杰马耶勒就任黎巴嫩共和国总统**

**中央军委发布命令授予白春玉以"模范教员"的荣誉称号**

白春玉原是工程兵工程学院军事教研室教员,他1950年入伍,曾先后被评为一级技术能手、先进工作者,两次荣立三等功。他身患肝癌仍坚持工作,于今年3月2日以身殉职,年仅51岁。

命令说,白春玉认真学习马列主义、毛泽东思想,以共产党员的标准严格要求自己。他胸怀远大理想,脚踏实地工作,对本职工作具有强烈的革命事业心和责任感,在平凡的岗位上做出了不平凡的事迹。1965年他曾做了脾切除手术,十几年来,他以"共产党员活着就要拼命干工作"的坚定信念,坚持工作,以惊人的毅力同疾病进行顽强的斗争,表现了一个共产党员的坚强意志。为了争取时间,他不顾病情的不断恶化忘我地工作。在病逝前的3年中,他自己或同别人合作编写、整理了70多万字的教材,对教学工作作出了宝贵的贡献。他大公无私,廉洁奉公,保持了共产党员艰苦奋斗的本色,在临终的遗嘱中,还请求组织上丧事从简,不要为他再花钱。命令指出,白春玉是一位好党员、好干部、好教员。全军同志特别是广大党员和干部,都要向白春玉同志学习。像他那样认真学习马列主义、毛泽东思想,加强党性锻炼,牢固树立共产主义世界观;像他那样忠诚党的事业,为加速我军的革命化、现代化、正规化建设,为实现共产主义理想奋斗终生。

**哈尔滨制氧机厂试制成甜菜渣颗粒机**

颗粒机是以甜菜为原料的糖厂处理废粕(甜菜渣)的设备。哈尔滨制氧机厂为黑龙江糖业公司试制成功KL2型颗粒机,黑龙江省机械局和糖业公司已组织了24个单位作了鉴定。鉴定组认为,该厂试制成的这种颗粒机,造型美观大方,运行稳定,操作、维修方便,性能基本达到了设计要求。

**水稻旱种试验在中国北方一些省市取得成果**

新华社报道,目前,北京、河北、山东、河南、天津、辽宁等省市水稻旱种面积已发展到10多万亩,仅北京市郊区就有8万亩,单产一般在600斤以上,个别地块亩产达900多斤。

## 9月24日

**中顾委主任邓小平在人民大会堂会见英国首相玛格丽特·撒切尔夫人**

两国领导人在友好的气氛中就香港前途问题进行了深入的讨论。双方领导人就此问题阐述了各自的立场。双方本着维持香港的繁荣和稳定的共同目的,同意在这次访问后通过外交途径进行商谈。

邓小平在阐述中国政府对香港问题的基本立场时指出:第一,主权问题不是一个可以讨论的问题,如果中国在1997年,也就是中华人民共和国成立48年后还不把香港收回,任何一个中国领导人和政府都不能向中国人民交代;如果不收回,就意味着中国政府是晚清政府,中国领导人是李鸿章!第二,1997年中国收回香港后,实行适合于香港的政策,继续保持香港繁荣。香港现行的政治、经济制度,甚至大部分法律,都可以保留。香港仍将实行资本主义。第三,中国和英国两国政府要妥善商谈如何使香港从现在到1997年的15年中不出现大的波动。

国务委员兼外交部部长黄华、外交部副部长章文晋、中国驻英国大使柯华会见时在座。

香港总督尤德、首相首席私人秘书巴特勒、英国驻中国大使柯利达参加了会见。

**全国政协五届常委会二十次会议在北京举行**

会议的主要议程是学习、贯彻中国共产党第十二次全国代表大会的精神，决定全国政协五届五次会议的召开日期。

全国政协副主席兼秘书长刘澜涛主持会议。他在会上致开会词后，介绍了党的十二大的盛况，谈了自己参加这次大会的感受。他希望大家认真学习十二大的文件，把学习、贯彻这次大会的精神，作为各级人民政协的第一件大事，为全面开创社会主义现代化建设的新局面贡献自己的力量。

屈武、许德珩、胡子昂、孙晓村、刘良模，在会议上先后发言。他们认为，中共十二大是全面开创社会主义现代化建设新局面的誓师大会，是具有历史意义的盛会，大会提出了建设高度文明、高度民主的社会主义现代化强国的纲领。他们说，通过对这次大会文件的初步学习，深感祖国振兴、富强在望。他们表示，一定要在党中央的领导下，认真学习和贯彻十二大的精神，进一步巩固和发展爱国统一战线，发挥人民政协的作用，沿着党的十二大指引的航向奋勇前进。全国政协副主席陆定一、李维汉、康克清、庄希泉、胡愈之、何长工、杨秀峰、包尔汉、钱昌照，出席了会议。

**全国供电系统提高服务质量表彰大会在北京召开**

有38个电力局、电业局、供电局荣获“全国供电系统为用户服务优秀集体”称号，授予16名供电职工“优秀工作者”称号。

受到表彰的优秀集体有开封、宜昌、渡口、本溪、齐齐哈尔、江苏省灌云县、河南省获嘉县、山西省万荣县电力局、电业局、供电局等38个单位。受到表彰的优秀工作者有鞍山电业局萧万春、天津市电力局邓秋俊、内蒙古自治区昭乌达盟喀喇沁旗乃林供电所穆祥、河北省武安县电力局韩新生、湖北省天门县电力局金保霆等。

大会号召供电系统全体职工认真学习党的十二大文件，贯彻十二大精神，开展以提高服务质量为中心的创优秀集体、优秀工作者的竞赛活动，努力开创供电服务工作的新局面。

全国供电系统提高服务质量表彰大会，是由水利电力部和中国水电工会全国委员会联合召开的

**出席全国供电系统提高服务质量表彰大会的全体代表向全国供电系统职工发出《倡议书》**

《倡议书》说，为了贯彻党的十二大精神，努力建设高度的社会主义物质文明和精神文明，全面恢复和发扬“人民电业为人民”的光荣传统，把为用户服务的质量提高到一个新水平，特提出以下倡议：

（一）认真学好党的十二大文件，提高认识，振奋精神，把改进供电服务作风和提高服务质量作为建设社会主义精神文明的重要内容，扎扎实实地做到“求实际效益，让用户满意”。

（二）认真执行水电部颁发的《供电部门职工服务守则》，做到“四要”、“四不”。“四要”是：要想用户所想，急用户所急，主动为用户服务；要坚持原则，按章办事；要刻苦钻研业务、技术，提高为用户服务的本领；要热情对待用户，文明礼貌待人。“四不”是：不以电权谋私利；不敲诈、刁难用户；不接受用户招待；不开后门照顾关系户。

（三）坚持“安全第一”、“质量第一”的方针，严格执行各项规章制度，不断提高设备完好率，坚决消灭人身死亡、严重损坏设备、大面积停电事故，提高安全运行水平和供电质量，千方百计向用户供好电。

（四）改革用电管理制度，简化报装供电手续，增设营业网点，方便广大用户。

（五）虚心听取用户意见，自觉接受群众监督。建立定期走访、座谈、处理来信、接待用户来访等制度，帮助用户搞好计划用电、节约用电，不断改进服务工作。

（六）每年结合全国开展文明礼貌月和质量月活动，在全国城乡供电系统中集中开展为用户服务的活动，总结交流提高服务质量的经验，评选为用户服务的优秀集体和优秀个人。

《倡议书》提议，全国供电系统职工要团结一致，以党的十二大精神为动力，开展一个创优秀集体和优秀工作者的竞赛活动，为全面开创社会主义现代化建设的新局面作出新贡献。

**海关总署发出《海关奖励查私办法》**

《海关奖励查私办法》(以下简称《办法》)规定，海关对走私案件的告发人和协助破案的农村社队等集体所有制单位，将在给予政治鼓励的同时发给奖励金。对告发走私的海外华侨、港澳同胞、台湾同胞和外国人，海关将酌情发给外币奖励金。海关负责为走私案件告发人严格保守秘密。

《办法》规定，受奖的告发人和单位，在海关发出奖励通知之日起6个月内不来领取的，其奖励金即作为自动放弃，由海关上交国库。在未设海关的地方，由代海关处理走私案件的税务机关执行《海关奖励查私办法》。

《办法》自1982年10月1日起实施，原对外贸易部1979年10月发布的《海关奖励查私办法》即行废止。

**全国人大常委会副委员长邓颖超在人民大会堂会见英国首相玛格丽特·撒切尔夫人**

**国务院副总理万里在人民大会堂会见参加第一次亚洲舞蹈讨论会的中外著名舞蹈专家和国际组织的代表**

万里说，亚洲各国都有古老的文化艺术，讨论会为各国舞蹈家相互学习、共同提高创造了机会。他说，亚洲各国都需要发展本国的民族经济，改善人民的生活，并希望有一个和平的国际环境。我们要通过各方面的交流来加强各国人民之间的友谊和团结，为维护和平而努力。

**中国科学院在北京召开黄淮海平原科研工作会议**

会议于9月24日到28日召开。来自院内外45个单位的100多名科学工作者和省、地、县的领导和科研管理人员，从实际出发，经过反复讨论提出12个综合治理和开发的课题，主要有：黄淮海平原的农业自然条件评价、旱涝成因及其预测、土壤盐碱化的防治、水资源的合理开发和利用、南水北调对生态环境的影响以及为黄河治理进行一些前期的科研工作等。会议决定把遥感、系统工程等新技术运用到科研工作中去，从现在起经过三五年的研究，为国家陆续提供一批科研成果和供农业生产应用的技术成果。

会议总结了过去工作的经验教训，交流了科研成果，初步制定了科研规划和明年计划。

中国科学院院长卢嘉锡在会上勉励科学工作者选准题目，密切合作，联合攻关，为在本世纪末实现我国工农业年总产值翻两番的宏伟目标作出贡献。

**中国美术作品展在卢萨卡闭幕**

赞比亚各界人士约2000人参观了展出的中国国画、剪纸和邮票。观众赞扬这次展览促进了赞、中两国人民之间的了解，并希望两国今后进行更多的文化交流。

**中新社在全国政协礼堂举行茶话会庆祝建社30周年**

乌兰夫、陈慕华、刘澜涛等出席了茶话会，并发表讲话。

邓颖超、廖承志致贺信。

乌兰夫说，30年来，中国新闻社在报道中，始终坚持爱国主义的方针，坚持以介绍新中国的现状为核心，对团结广大爱国侨胞，维护祖国的尊严，作出了贡献，取得了显著的成绩。乌兰夫希望，中国新闻社要为中国的社会主义现代化建设和祖国统一大业作出更多的贡献。

陈慕华说，中国新闻社是一个很有特色的新闻社，30年来，它在宣传报道我们党和国家的政策，介绍社会主义祖国建设成就，维护海外华侨正当权益方面，作出了积极努力，取得了很好的效果。

邓颖超在贺信中说，中国新闻社在宣传报道我国社会主义建设和各族人民生活情况的各个方面做了大量的工作，取得了成绩，发挥了你们独特的作用。希望今后更要把这一工作做得好上加好，继续发挥更大的作用。

廖承志在信中说，中新社要报道国外侨胞喜闻乐见的祖国进步的风貌，要为港澳同胞和广大华裔服务，要为国内归侨和侨眷做好工作，还要为台湾归回祖国，为祖国的大统一作出贡献。

出席茶话会的有党和国家机关有关部门的负责人，首都新闻单位负责人，以及各民主党派和首都各界知名人士，共300多人。

**国家旅游局就改善旅游风景区的卫生设施问题在北京召开全国重点城市旅游点风景区代表会**

会议对改善旅游风景区的卫生设施做了专门部署。会议要求从旅游利润中拿出一部分资金修建一批备有抽水马桶和洗手间的厕所。

## 9月25日

**1982年全国农垦农工商联合企业产品展销会在北京开幕**

中共中央政治局委员王震出席开幕式。

展销会开幕式由农牧渔业部部长林乎加主持。国家计委副主任、农牧渔业部副部长何康，国家经委副主任王磊，轻工业部部长杨波，中央书记处农村政策研究室副主任谢华等出席开幕式。这是农垦农工商联合企业试办以来的第三次展销会。

**中央爱卫会在山西晋城召开现场会**

会议要求，在新的形势下，要把全国农村爱国卫生运动提高到一个新的水平，在建设社会主义精神文明中作出新贡献。

来自全国各省、自治区、直辖市爱卫会、爱卫办的负责同志和有关方面的代表100多人，听取了晋城县和这个县的东四义大队开展爱国卫生运动的经验介绍，并进行了现场参观。

中央爱国卫生运动委员会副主任、卫生部部长崔月犁在会上要求各地因地制宜地积极推广晋城县的经验。他说，当前农村爱国卫生运动出现了新局面，全国已有近3亿农民吃上了比较清洁卫生的水，大量的厕所和畜圈进行了改造,沼气池增加到700万个,约有3000万农村人口用上了沼气,有的地方还出现了一批卫生文明新村。农村卫生面貌的改善,降低了传染病、地方病的发病率,提高了人民的健康水平。

崔月犁指出,今后农村爱国卫生运动必须适应新形势的发展和需要,结合生产责任制,卫生工作也可以分片包干,落实到人,要把爱国卫生运动作为建设精神文明的大事来抓,要认真总结推广农村实行生产责任制以后出现的新的典型经验,把爱国卫生运动提高到一个新的水平;要从实际出发,讲求实效,工作的重点仍然是改水、管粪、改造环境。同时要继续加强对农贸市场食品卫生的管理;要把卫生基本建设纳入农村建设规划,搞好卫生设施;要普及卫生科学知识,提高广大群众爱清洁、讲卫生的自觉性。农村中、小学要开设卫生知识课,使青少年从小养成良好的卫生习惯;要做好卫生科研成果的总结、鉴定和推广工作。

崔月犁希望从事爱国卫生运动工作的同志,要认真贯彻党的十二大精神,在全党全国人民为实现新的历史时期的总任务中,把农村爱国卫生运动推进到一个新的阶段,争取出现更多的卫生先进县和先进社。

## 9月26日

**全国政协五届常委会二十次会议在全国政协礼堂闭会**

会议决定:全国政协五届五次会议于1982年11月在北京召开,拟定会议的主要议程是听取全国政协常务委员会的工作报告,审议中国人民政治协商会议章程修改草案,列席五届全国人大五次会议。

李维汉副主席就人民政协如何学习、贯彻党的十二大精神讲话。王力、马璧、黄维、钱端升,在会上发言,木沙也夫、买合苏德·铁衣波夫作联合发言,程思远、赵朴初、沈其震、林修德、庄田、赵宗燠、谈家桢、覃异之、黎玉、钟惠澜、萨空了、蔡啸、包尔汉、关瑞梧、李伯钊作书面发言。

会议通过全国政协关于学习党的十二大文件、贯彻十二大精神的决议。

全国政协赴黑龙江省参观团做了关于参观黑龙江省社会主义建设情况的书面报告。书面报告说,他们通过今年7月下旬至8月上旬在黑龙江省的参观活动,亲身感受到中共十一届三中全会以来,党的路线、方针、政策受到广大干部群众的热烈拥护和坚决贯彻。

会议通过了全国政协工作机构的调整意见和部分人事任免名单。

康克清副主席主持会议。副主席刘澜涛、许德珩、庄希泉、胡子昂、胡愈之、何长工、杨秀峰、包尔汉、钱昌照出席会议。

**全国政协关于学习中国共产党第十二次全国代表大会文件 贯彻十二大精神的决议**

(1982年9月26日中国人民政治协商会议第五届全国委员会常务委员会第二十次会议通过)

中国共产党第十二次全国代表大会已经胜利闭幕。这次大会是中国共产党第七次全国代表大会以来最重要的一次会议。它总结了粉碎江青反革命集团以来,特别是中共十一届三中全会以来的伟大历史性转折,为进一步清除十年内乱所遗留的消极后果,全面开创社会主义现代化建设的新局面,确定了继续前进的正确道路、战略步骤和方针政策;选举产生了新的中央委员会,同时选出了中央顾问委员会和中央纪律检查委员会,圆满地实现了党的最高领导层的新老结合和交替,使十二大所提出的方针任务和奋斗纲领的实现得到组织上的保证。

中国人民政治协商会议全国委员会常务委员会在中共十二大胜利闭幕以后举行会议,与会委员以极其热烈兴奋的感情欢庆中共十二大的胜利。会议认为中共十二大的举行是我国政治生活中的一个重大事件,是我国社会主义建设道路上的一个新的里程碑。会议经过热烈讨论,一致决议,完全拥护中国共产党十二大的各项文件和决议,完全拥护十二大选举产生的新的中央领导机构和十二届一中全会选举产生的中央领导人。会议号召全国各民族、各民主党派、无党派民主人士、各人民团体和其他各界人士,坚定地在中国共产党的领导下,为实现大会提出的各项任务而奋斗。

当前,要先把十二大的文件学好,要求以邓小平同志的开幕词为指导思想,以胡耀邦同志的报告为中心,结合马克思列宁主义、毛泽东思想的基本理论进行学习,努力领会文件的基本精神,以利于正确地贯彻执行。新时期的总任务是团结全国各族人民,自力更生、艰苦奋斗,逐步实现工业、农业、国防和科学技术现代化,把我国建设成为高度文明、高度民主的社会主义国家。为了实现这个总任务,首要的是把社会主义现代化经济建设继续推向前进,同时要努力建设以共产主义思想为核心的社会主义精神文明,在共产主义思想指导下去进行物质文明的建设。只有这样,才能激励人们为人类最伟大的理想而奋斗。十二大会议要求,在今后五年内争取实现国家财政经济状况的根本好转,实现社会风气的根本好转,实现党风的根本好转。这是十分重大的任务。我们相信,在中国共产党的领导下,经过大家共同努力,这些任务一定能够实现。

团结就是力量。只要全国各族人民包括工人、农民、知识分子和国内外全体爱国同胞,在党的领导下实行紧密团结,坚持四项基本原则,坚决贯彻执行十二大提出的方针任务,就一定能够全面开创社会主义现代化建设的新局面。我们要在十二大确定的“长期共存,互相监督”,“肝胆相照,荣辱与共”的方针指导下,进一步加强同各民主党派、无党派民主人士、少数民族人士和宗教界爱国人士的合作,进一步巩固和加强由全体社会主义劳动者、拥护社会主义的爱国者和拥护祖国统一的爱国者组成的,包括台湾同胞、港澳同胞和国外侨胞在内的最广泛的爱国统一战线。要进一步加强社会主义民主和法制建设,进一步落实统一战线政策和知识分子政策,充分发挥大家的主动性、积极性和创造性,在各条战线上,从实际出发,切实地为社会主义现代化的宏伟事业作出贡献。

台湾回归祖国,实现祖国统一,是全国各族人民的共同意志,任何力量也不能阻挠。这是我国的内政,任何外国都无权干涉。我们要和台湾同胞、港澳同胞、海外侨胞共同努力,督促台湾国民党当局以民族大义为重,早日举行国共两党对等谈判,共同促进祖国和平统一大业的实现。

坚持爱国主义和国际主义相结合,在五项原则基础上发展与世界各国的友好关系,并团结世界人民,反对霸权主义,维护世界和平,是我国在对外关系中的一贯立场。全国政协将继续本此方针,积极开展人民外交活动,为贯彻执行十二大决定的对外政策作出新的贡献。

会议认为,当前国内外形势很好,同时,我们也要看到,前进的道路并不是平坦的,还会有各种困难和阻力,国内外都还有敌对分子对我们的事业蓄意进行破坏,但只要我们坚持四项基本原则,自力更生,奋发图强,坚毅不拔,勇往直前,我们就一定能够在党的十二大指引的道路上,取得新的伟大的胜利,在进一步巩固和发展爱国统一战线,进一步活跃政协工作等方面,开创新的局面!

**全国包装展览会在北京开幕**

这是我国有史以来举办的第一次包装展览会,展览会由中国包装技术协会和中国包装总公司主办。中共中央书记处书记、办公厅主任胡启立参观了展览。国务委员兼国家经委主任张劲夫出席了开幕式并剪彩。国家经委副主任袁宝华讲了话。

全国包装展览共分五个馆。在各省、自治区、直辖市包装样品陈列馆里,共展出采用新材料、新设计、新造型、新装潢进行包装的展品36000多件。它们中有食品、饮料、烟、酒、日用化工、纺织、文化用品、儿童玩具、日用五金、土特产品、医药、工艺美术品等。许多是名牌、优质产品,有的包装由于设计好获得了“优秀包装”的称号。

**中国女排荣获第九届世界锦标赛冠军**

中国女子排球队在利马以3∶0战胜秘鲁队,夺得第九届世界女子排球锦标赛冠军,并取得了参加1984年奥运会排球比赛的当然资格。

**国务院致电祝贺中国女子排球队获得第九届世界女子排球锦标赛冠军**

贺电全文如下:

你们在第九届世界女子排球锦标赛中夺得了冠军,为祖国、为人民争得了荣誉,谨向你们表示热烈的祝贺。

去年你们夺得世界杯冠军,鼓舞了全国人民奋发图强、振兴中华的爱国热忱。这次比赛,你们在党的十二大精神鼓舞下,表现了遇强不惧、百折不挠、团结一致、顽强拼搏的精神,对全国人民又是一个很大的鼓舞。希望全国人民向你们学习,都能以这种精神来为全面开创社会主义现代化建设新局面而努力奋斗。

中华人民共和国国务院

1982年9月26日

**国家体委 中华全国体育总会致电祝贺中国女排夺得第九届世界女子排球锦标赛冠军**

中国女子排球队:

热烈祝贺你们夺得第九届世界女子排球锦标赛冠军。这次胜利来之不易。你们首战失利后,在党中央、国务院和全国人民的关心鼓舞下,毫不气馁,认真总结经验,团结一致,扬长避短,顽强拼搏,终于取得这届世界锦标赛的优胜,为祖国、为人民再次争得了荣誉。

望你们再接再厉,在党的十二大精神鼓舞下,更加严格要求,刻苦训练,不断提高思想觉悟和技术战术水平,为发展我国体育事业,建设社会主义精神文明作出新的贡献。

国家体育运动委员会

中华全国体育总会

1982年9月26日

**1982年北京国际马拉松赛在北京举行**

朝鲜选手李宗亨获得冠军,成绩是2小时14分44秒。27岁的云南选手许亮以2小时19分11秒的成绩获得第12名。

## 9月27日

### 中宣部在北京召开学习宣传十二大及五讲四美总结会

中共中央书记处书记、中宣部部长邓力群主持会议,并就学习、宣传十二大文件,加强社会主义精神文明建设的问题讲话。中宣部顾问廖井丹代表中宣部对今年以来各地的"五讲四美"活动作了总结。共青团中央书记高占祥、全国妇联宣教部部长陈少健、全国总工会宣教部部长韩西雅,先后在会上介绍了各地青年、妇女和职工开展"五讲四美"活动的情况。

会议认为,今年以来各地、各条战线普遍开展的"五讲四美"活动已经取得了很好的效果。城市的卫生面貌比过去好了,社会秩序和服务态度也有了改善,讲文明礼貌已经开始形成风气。各地党委和政府通过这一活动,加深了对两个文明建设一起抓的认识。现在,这一活动继续在深入发展。许多城市制定了文明守则,许多农村制定了乡规民约;各地学雷锋青年服务队的数字成倍增加,"五好家庭"大量涌现,遵守"职工守则"的活动在职工中也日益普及。北京市和福建省三明市等地,由于党委抓得紧,对"五讲四美"活动有布置、有具体要求、有督促检查,效果尤其显著。会议要求各地认真学习这些先进地区的经验,使"五讲四美"活动做到经常化、制度化。

会议认为,胡耀邦同志报告中的这些论述,从理论上深刻阐明了建设社会主义精神文明的重要意义,并且为今后的社会主义精神文明建设指明了方向,对"五讲四美"活动提出了新的奋斗目标,一定要趁这股强劲的东风,把"五讲四美"活动深入持久地开展下去。

会议要求各地、各单位利用各种形式,反复地、深入地、普遍地、有针对性地把十二大文件中关于建设社会主义精神文明的论述宣传好,使全体人民对精神文明建设有进一步的理解,从而促进"五讲四美"活动的深入发展。

会议指出,在开展"五讲四美"活动中,各地区、各行各业都制定了自己的守则、民约,10月份要通过各种方式,普遍检查一次执行的情况。要表扬好的,批评差的。守则、民约如有不够完备的地方,要及时修订、补充,使它完备起来。

各地、各单位还应当大力宣传和表彰本部门、本行业的先进人物、先进集体,号召人们向他们的新思想、新道德、新风尚学习。会议还着重指出,每个共产党员都要认真学习十二大通过的党章。要对照新党章找差距,检查自己的言行是否符合党章规定。党章要求每个党员在生产、工作、学习和社会生活中起先锋模范作用,带头维护社会秩序,发扬社会主义新风尚,提倡共产主义道德。每个共产党员,都应当在建设社会主义精神文明、开展"五讲四美"活动中起模范带头作用。凡是要求群众做到的,党员都要首先做到。

会议指出,今年开展"五讲四美"活动的重点是治理脏、乱、差。要在党委和政府的统一领导下,充分发挥各部门、各单位的力量,继续对脏、乱、差进行综合治理。各级党组织特别是基层组织,要把这一工作作为自己的经常性工作;宣传、思想、理论战线,要把精神文明建设的宣传作为自己的中心任务。

会议相信,建设高度的社会主义精神文明、开展"五讲四美"活动,深受人民群众的热烈欢迎,这一活动是有广泛的群众基础的。只要各级党委和政府把它列入自己的重要议事日程,抓紧抓好,"五讲四美"活动就一定能深入持久地开展下去,取得更大的效果。

参加会议的单位有:全国总工会、全国妇联、共青团中央、人民解放军总政治部、教育部、文化部、公安部、卫生部、中央爱国卫生运动委员会、商业部、林业部、铁道部、交通部、邮电部、国家体委、中国文联、中国民航局、中共北京市委,以及首都各新闻单位。

### 全国第五次质量月授奖大会在人民大会堂举行

国家领导人向1982年度获得国家质量奖的优质产品、优质食品、优质工程项目、优质工程企业和优秀质量管理小组,分别颁发了奖章、奖杯和奖牌。

获得国家金质奖和银质奖的优质工业产品有297项、优质食品9项,获得国家金质奖和银质奖的优质工程项目有28项、优质工程企业3个,有226个优秀质量管理小组获得了奖牌。大会同时向获得第二届中国工艺美术品百花奖的21种工艺美术品颁发了金、银奖杯。

国家经委副主任吕东主持大会。国务委员薄一波,国务委员、国家经委主任张劲夫,全国总工会主席倪志福以及中央有关部门负责人出席大会。

张劲夫在会上讲话。他说,经过30多年来的建设,我国现在拥有38万多个工业企业,4000多亿元的固定资产,已建成了一个门类比较齐全、具有一定技术水平的工业基础,这是我们实现党的十二大提出的宏伟目标的重要物质力量,是我们进一步前进的阵地。认真贯彻十二大精神,我们不只是求数量上的增加,尤其重要的是在产品的品种上有一个大发展,要在产品的质量和技术水平上有一个大提高。

国家经委副主任袁宝华在讲话中对今后工作提出五点意见:

一、要以党的十二大精神为指针,对发展品种、提高质量的工作进行认真的检查、总结。二、要研究制定一个长远的奋斗目标和年度的品种、质量工作计划。三、要大力加强基础工作。四、要继续积极推行全面质量管理。五、要加强政治思想工作，切实抓好社会主义精神文明建设。

**中联部部长乔石在北京会见以党中央计划经济部第一产业发展司司长姆博科·博洛莫拉为团长的刚果劳动党农业干部考察团**

**解放军总政治部主任余秋里参加总政机关阅兵式**

中共中央政治局委员、人民解放军总政治部主任余秋里，在阅兵式上说，认真学习和贯彻十二大的精神，是总政治部当前的头等大事，务必切实抓好。他要求总政全体指战员在十二大精神的指引下，为开创总政工作的新局面而努力。阅兵式开始，余秋里同志乘坐敞篷车检阅了指战员们组成的二十三个方队。

他说，党的十一届三中全会以来，特别是邓小平同志主持军委工作以来，军队的工作取得了很大成绩。只要我们坚决依靠党中央、中央军委的正确领导，坚决依靠集体的聪明才智，坚决贯彻民主集中制，充分发扬民主，集中正确的意见，坚定地走群众路线，我们的工作就一定会做得更好。

余秋里说，现在是我党历史上最好的时期之一，举国上下，意气风发。我们一定要在十二大精神指引下，振奋精神，齐心协力，鼓足干劲，艰苦奋斗，为开创总政工作的新局面，为把我军革命化、现代化、正规化的建设推向一个新的阶段而共同努力。总政其他领导同志也参加了今天的阅兵式。

**全国政协致电祝贺中国女排荣获第九届世界女子排球锦标赛冠军**

贺电说：你们团结一致、不畏艰难、百折不挠、奋勇顽强的战斗精神，是对我国各族人民的巨大鼓舞。希望你们在党的十二大精神指引下，再接再厉，刻苦训练，不断提高思想水平和技术水平，为全面开创我国社会主义现代化建设的新局面作出新的贡献。

**中国选手在意大利国际体操邀请赛中获得两项冠军**

吴文莉以37.50分获得个人全能冠军，姜薇获得个人单项平衡木冠军。

**中国选手在埃及亚历山大举行的和平杯体操赛中获11枚金牌**

在男子项目比赛中，梁达贤获得个人全能的冠军。梁达贤还获得双杠、单杠、跳马、鞍马和自由体操5个单项的冠军。吴保康获得吊环冠军，并与梁达贤并列跳马和双杠冠军。

女选手陈庆华获得跳马和平衡木两个单项的冠军。

**赵志萱逝世**

中国科学院能源委员会副主任、国务院技术经济研究中心顾问，我国一位懂业务、有经验的女干部赵志萱同志，因胃癌医治无效，9月27日在北京逝世，享年67岁。

## 9月28日

**中共中央总书记胡耀邦在北京会见日本内阁总理大臣铃木善幸**

胡耀邦说，中国和日本是东方，也是世界上的两个伟大民族。我在这里要重复中国政府、领导人和中国人民的一个观点，用中国的古语说就是"合则两利，离则两伤"。合则两利是指有利于世界和平，造福于后代子孙。

铃木善幸说，日中两国在已经培育起来的友好关系的基础上，要面向21世纪，使两国友好合作关系得到进一步发展，这是我们的使命。这对两国人民和亚洲的和平繁荣都是有利的。

**中顾委主任邓小平在人民大会堂会见日本内阁总理大臣铃木善幸**

邓小平说，中日关系有许多话可说，概括成一句话就是，中日两国人民要世世代代友好下去。他重申发展同日本的关系是中国的长期国策。

铃木说，日中关系已经进入了成熟的时期，两国在政治、经济和其他广泛领域里需要加强交流和合作。他希望今后通过双方不断对话，以增进相互理解。他指出，加强日中两国友好合作关系，对亚洲和世界的和平与稳定有着重大意义。

**中国第一条复线电气化铁路——石太铁路全线通车**

石太铁路阳泉至太原段的电力机车通车，至此石太线235公里全线实现电气化，我国第一条复线电气化铁路全线通车，年运输能力比使用蒸汽机车成倍提高。这条电气化铁路的全部设备，都是我国自己制造的。机车全部用国产"韶山—1型"电力机车。

**对外友协与中日友协在人民大会堂举行招待会庆祝中日邦交正常化10周年**

日本首相铃木善幸同我国领导人万里、胡厥文、朱学范、姬鹏飞和黄华等参加。

日本六个团体——日中友好协会、日中文化交流协会、日本国际贸易促进协会、日中友好议员联盟、日中经济协会、日中协会——联合组成访华代表团参加招待会。对外友协会长王炳南在会上讲话。

王炳南说，中日关系展现出今天这样一个大好局面，是来之不易的。我们两国人民都必须珍惜这一成果，同时，要警惕和反对那些妄想把中日友好历史车轮倒转的任何企图。

他说，中国人民和日本人民都应该从过去惨痛历史中充分吸取教训，为了不使那段灾难的历史重演，为了中日两国人民世代友好，为了对亚洲和世界和平不断作出新的贡献，而共同奋斗。

王炳南表示相信，只要中日两国始终不渝地认真遵守和贯彻中日联合声明和中日和平友好条约的原则和精神，就一定能够建立起和平友好、平等互利、长期稳定的中日关系，使我们两国人民世世代代友好下去。

井上靖代表日本六团体发表讲话。他说，随着邦交正常化，民间的交流也出现了极其有利的形势。新出现的政府间的交流和已经发展着的民间交流，促使两国的友好形成了一股任何人也阻挡不了的历史潮流。

他强调说对于企图破坏日中友好的基本出发点、违反历史潮流的行径，我们要经常提高警惕，齐心合力，进行坚决斗争。

井上靖说，我们愿同中国朋友紧紧地携起手，进一步巩固日中友好，从而为亚洲的安定和世界的和平贡献一份力量。

铃木首相在招待会上讲话。他说，“我认为今后两国之间建立不可动摇的友好关系的关键，在于日中两国国民间通过丰富多彩的交流，加深相互理解。我也愿意在这方面尽微薄的力量。同时希望各位在发展日中两国关系上发挥越来越大的作用”。

出席招待会的还有全国政协副主席康克清、胡愈之、周培源、董其武和国务院有关部门、北京市人民政府、全国总工会、全国妇联和全国青联的负责人以及首都科学、文化艺术和体育界人士。

日本驻中国大使鹿取泰卫、大使馆外交官员。日本常驻北京机构的代表，在京的日本专家、留学生以及正在北京访问的以市川诚会长为团长的日中工人交流协会代表团和其他日本来宾也应邀出席了招待会。

**亚洲地区保护与发展民间和传统舞蹈讨论会在北京闭幕**

**我国女选手胡晓平在第二十届布达佩斯国际音乐比赛中获歌剧比赛一等奖和特别奖 温燕青获歌剧比赛特别奖**

**中国伊斯兰教协会在北京民族文化宫举行招待会庆祝古尔邦节**

中共中央统战部、人大民委、国家民委、国务院宗教局负责人，伊斯兰教知名人士，以及穆斯林国家驻华使节和在京工作的外国穆斯林专家，共200多人出席了招待会。

中国伊斯兰教协会主任张杰在招待会上讲话。他说，中国各族穆斯林群众正在党的十二大精神鼓舞下，进一步加强同各民族人民的团结，为社会主义现代化建设贡献自己的力量。张杰强烈谴责了以色列当局侵占黎巴嫩首都贝鲁特和野蛮屠杀巴勒斯坦平民的罪行。他表示坚决支持黎巴嫩和巴勒斯坦以及阿拉伯各国的正义斗争。

## 9月29日

**全国经贸计划会议在北京召开**

会议于9月29日至10月20日举行。

会议期间，赵紫阳、万里、方毅、陈慕华、谷牧、薄一波等中央领导同志，听取了对外经济贸易部的汇报。他们对十一届三中全会以来对外经济贸易工作的成就，作了充分肯定，指出在世界经济不景气的情况下，在国民经济调整时期，我国出口贸易额三年增加一倍，外汇收支情况良好，成绩很大。

陈慕华同志代表部党组明确提出了“贯彻十二大精神，开创对外经济贸易新局面”的口号，勾画了二十年发展蓝图。

会议强调，扩大出口是发展对外经济贸易的基础，必须大力抓好。会议要求把出口商品的质量问题提到战略高度认真研究。会议认为，商品质量的提高，不单是生产部门的事，在现有体制下，对外经济贸易部门可以为生产部门提供样品、技术资料、市场信息，反映用户要求；可以帮助生产部门选择和引进先进技术、设备，组织生产部门考察国际市场等。会议还强调，对外经济贸易同国民经济各部门有着千丝万缕的联系，同时，又面临复杂的灵活多变的国际市场，因此，要贯彻“统一计划、统一政策、联合对外”的方针。

**国务委员姬鹏飞在钓鱼台国宾馆设宴欢迎美国前国务卿亨利·基辛格博士**

**中国研制成功有多种用途的红外热电视**

据《人民日报》报道，这种红外热电视经过有关方面技术鉴定和现场使用，最近在北京投入定型生产。

红外热电视是国外70年代开始出现的一种检测物体表面温度的现代技术设备。它在工业、农业、军事等方面具有多种用途和广阔的发展前景。

红外热电视的研究工作是从1979年开始的,参加研制的单位有水电部华北电力试验研究所、电子工业部钟山电子技术研究所、北京光学眼镜工业公司、北京六〇八厂、冶金部有色金属研究院等。

**中国文联在北京举行学习报告会**

中国文联及所属各协会负责人、在京文艺界知名人士一百多人参加了学习报告会。

中央顾问委员会委员、中国文联主席周扬在会上讲话。他强调指出:党的十二大是一次中外瞩目的、成功的大会,它坚持和发展了党的正确路线。我们文艺界一定要认真学习和贯彻十二大精神,在建设以共产主义思想为核心的社会主义精神文明中发挥自己的积极作用。周扬同志还指出:文艺是一项特别需要创造性的事业。我们要坚持四项基本原则,继续贯彻党的"双百"方针,为开创生气勃勃的文艺繁荣的新局面而奋斗。

## 9月30日

**中共中央总书记胡耀邦在中南海会见津巴布韦非洲民族联盟代表团**

**中顾委主任邓小平在人民大会堂会见美国前国务卿亨利·基辛格**

邓小平说,近几年我国农村形势变化最大,农民收入不断增加。城市也有变化,主要是人民的精神面貌变了,对社会主义建设的信心增强了,对党和政府更加信任了,这将对整个国家产生深远的影响。

在谈到中美关系时,邓小平说:十年来中美关系的发展总的说是好的,但近两年发生了一些波折。我们是重视同美国发展关系的,并且认为这种关系必须建立在相互信任的基础上才能向前发展。

**庆祝中华人民共和国成立33周年招待会在人民大会堂举行**

中共中央政治局委员、中共中央书记处书记、国务院副总理万里,中共中央政治局委员胡乔木,中共中央政治局候补委员、国务委员陈慕华,中共中央书记处书记邓力群,中共中央书记处书记、国务委员谷牧,中共中央书记处书记胡启立,中共中央书记处候补书记郝建秀,全国人大常委会副委员长彭冲,国务委员姬鹏飞,党政军有关部门负责人和各界人士,出席了招待会。

应邀出席招待会的有:罗马尼亚党的工作者代表团团长尼古拉·斯特凡,津巴布韦非洲民族联盟代表团团长莫里斯·尼亚贡布,毛里塔尼亚卫生代表团团长代赫,朝鲜人民军政治工作代表团团长尹致镐,南斯拉夫共产主义者联盟中央主席团特别参事特尔切克,意大利共产党领导机构成员布法利尼,美国前国务卿基辛格和夫人,美国黑人运动领导人罗伯特·威廉和夫人,一些正在北京访问的其他外宾,各国驻中国的外交使节和夫人,长期在我国工作的外国专家。

在京的华侨、港澳同胞、台湾同胞、外籍华人的代表也出席了招待会。

国务院总理赵紫阳在招待会上致祝酒词。

**国务院总理赵紫阳在庆祝中华人民共和国成立33周年招待会上的祝酒词**

尊敬的贵宾们,同志们:

正当我国人民热烈庆祝具有伟大历史意义的中国共产党第十二次全国代表大会圆满成功的时候,迎来了中华人民共和国成立三十三周年。今天晚上,各位贵宾的光临,给这个节日增添了光彩。我代表中国政府和中国人民,向诸位表示热烈的欢迎和诚挚的感谢。

中国共产党第十二次全国代表大会,肯定和进一步发展了党的十一届三中全会以来的路线、方针、政策,制定了全面开创社会主义现代化建设新局面的纲领,确定在建设高度物质文明的同时,努力建设高度的社会主义精神文明,提出到本世纪末在经济建设上所要实现的战略目标和实现这一目标的战略重点和战略步骤。所有这些都反映了我国各族人民的意志和愿望,标志着我国社会主义建设发展到了一个新的阶段。尽管我们在前进道路上还会遇到这样那样的障碍和困难,但是,全国各族人民,在中国共产党的领导下,振奋精神,同心同德,埋头苦干,任何困难都是可以战胜的。我们国家的状况越来越好,我们的奋斗目标一定能够达到。

早日实现祖国统一大业,是十亿中国人民坚定不移的共同意志。我们要同台湾同胞、港澳同胞和国外侨胞一起,为此继续进行共同的努力。我借此机会,代表中共中央和国务院向台湾同胞、港澳同胞和国外侨胞致以节日的祝贺。

三十三年来,我国一贯奉行独立自主的对外政策。我们高兴地看到,我国的对外政策在国际上越来越为人们所理解。在这里,我代表中国政府和人民,向同情和支持我国的友好国家和各国朋友,表示衷心的感谢。我们将在和平共处五项原则的基础上,积极发展同世界各国平等互利的友好关系,不断加强同第三世界国家的团结与合作。我们愿意根据平等互利的原则，扩大同各国的经济、技术和文化交流。我们将一如既往，坚定不移地同世界各国人民一道，为反对霸权主义，维护世界和平而努力。中国的前途是大有希望的，世界的前途也是大有希望的。

现在我提议：

为庆祝中华人民共和国成立三十三周年，

为我国的社会主义事业兴旺发达，

为中国人民和各国人民的友谊，

为世界和平，

为出席今晚招待会的贵宾们和同志们的健康，

干杯！

**中共中央宣传部在北京召开马克思逝世100周年纪念活动筹备工作座谈会**

座谈会强调结合学习、宣传党的十二大文件，认真准备和开展纪念马克思的学术活动和宣传活动，使广大干部群众受到一次马克思主义教育。

中宣部副部长王惠德在座谈会上说，在这次纪念活动中，要大力宣传只有马克思主义的科学理论才能指导中国革命和建设取得胜利，只有把马克思主义的普遍真理同中国的具体实际结合起来，才能正确地认识和解决中国革命和建设中的各种问题；要教育广大干部和群众努力学习和认真领会马列主义、毛泽东思想，深入研究新时期的新情况和新问题，去全面开创社会主义现代化建设的新局面，把马列主义、毛泽东思想推向前进。

出席座谈会的同志交流了这次纪念活动的筹备情况。中共中央党校、中国社会科学院、中共中央编译局、文化部、教育部、全国文联、文化部出版局、中国革命博物馆、北京图书馆等十几个单位的有关负责同志40多人参加了座谈会。

**《人民日报》转载1982年第19期《红旗》杂志评论员文章《努力建设高度的社会主义精神文明》**

党的第十二次全国代表大会的一个极其重要的内容，就是把建设社会主义精神文明的任务，提到战略的高度，确定了党在这个问题上的根本的理论观点和行动方针。

自从十一届三中全会决定把全党工作的重点转移到现代化经济建设上来以后，党中央多次郑重地提出了这个问题。就最重要的几次来说，最先，是十一届四中全会通过的庆祝建国30周年的讲话明确地提出：我们社会主义现代化的目标，不限于生产力的发展；我们要在改革和完善社会主义经济制度的同时，改革和完善社会主义政治制度，发展高度的社会主义民主和完备的社会主义法制；我们要在建设高度物质文明的同时，提高全民族的教育科学文化水平和健康水平，树立崇高的革命理想和革命道德风尚，发展高尚的丰富多彩的文化生活，建设高度的社会主义精神文明。1980年12月的中央工作会议把这个问题作为重要议题进行了讨论，并且尖锐地指出：没有精神文明，没有共产主义思想，没有共产主义道德，怎么能建设社会主义？十一届六中全会通过的《关于建国以来党的若干历史问题的决议》，从总结历史的经验教训中进一步确认“社会主义必须有高度的精神文明”，并且把党在新时期的奋斗目标概括为建设“现代化的、高度民主的、高度文明的社会主义强国”。这就是说，高度的社会主义物质文明和高度的社会主义精神文明的统一，社会主义经济建设和社会主义政治、思想、文化建设的统一，构成了我们社会主义现代化的全面建设纲领。党的三中全会以来确立的这个全面建设纲领，现在为党的全国代表大会所肯定，在十二大的文件中得到了系统的展开。

党中央这样地提出问题，不是从抽象的概念出发，而是从现实生活中的新情况、新问题出发的，是从我国和国际社会主义发展的历史经验出发的。从现实和历史上升到理论，十二大报告关于社会主义精神文明的论述，包含了对科学社会主义理论的深刻思索。其中关于社会主义特征的全面概括，关于物质文明、精神文明概念的解释，关于两种文明的辩证关系的说明，关于社会主义精神文明以共产主义思想为核心的观点，都有新的见解。我们应当认真学习和研究这些论述，从理论高度和政治高度来认识建设社会主义精神文明在我们全面建设社会主义的纲领和战略中的意义和作用，以指导我们的思想和行动。

物质文明、精神文明概念的马克思主义的解释

文明、物质文明、精神文明这些概念，特别是文明这个概念，在中外文献和日常生活中是广泛使用的。但是，人们使用这些概念的时候，赋予它们的含义却多样而不统一。在马克思主义文献中文明这个概念也是常用的，含义也不大确定。既然实践已经表明，这些概念应当成为对社会生活进行马克思主义分析的一些基本概念，社会主义精神文明这个概念应当成为科学社会主义理论的一个基本概念，那么，对这些概念作出准确的马克思主义的解释，就是我们理论研究的一项必要的工作。十二大的报告为这种解释提供了基础。

十二大的报告是从人类改造世界的实践活动这个角度来解释这些概念的。这个角度是马克思主义者观察和分析人类社会生活的基本的着眼点。报告引用了马克思和毛泽东的两段话作为立论的由来。这样来解释文明这个概念，应当说，文明作为人类改造世界的成

果，与人类社会而俱来。因为人类正是从改造世界的劳动中开始自己的历史的。

文明分为物质文明和精神文明。“改造自然界的物质成果就是物质文明，它表现为人们物质生产的进步和物质生活的改善。在改造客观世界的同时，人们的主观世界也得到改造，社会的精神生产和精神生活得到发展，这方面的成果就是精神文明，它表现为教育、科学、文化知识的发达和人们思想、政治、道德水平的提高。”报告中的这个解释，展现了精神文明的广阔领域。所谓人们的主观世界的改造，不能理解为只是思想意识的改造，还应当有人们的认识及其能力的发展和改造，人们的情操、意志、美感的发展和改造。精神文明既包括知识文化和思想道德两大方面(或者说，以这两大方面为基本内容的许多方面)，又包括个人和社会两个范围，从个人的文化修养、科学修养、政治修养、道德修养、审美修养、精神境界，到社会的精神生产、精神生活和习俗风尚，一句话，包括人类整个精神世界的发展和改造。

无论物质文明或精神文明，都是物质和精神、客观和主观相互作用的结果。物质生产的工具，是人类智力和科学的物化，体现了精神的内容。精神生产的产品，需要有物质的外壳，教育、科学、文学艺术、新闻出版、广播电视、卫生体育、图书馆、博物馆、文物等各项文化事业，都需要物质的条件和物质的设施。

至于社会的改造，新的生产关系和新的社会政治制度的建立和发展，一方面是由物质文明和精神文明的发展所推进和促成；另一方面又促进物质文明和精神文明的发展，决定它们的性质和方向。社会的进步，最终要以物质文明和精神文明的发展作尺度来衡量。

文明(包括物质文明和精神文明)的性质由社会制度、由生产方式来决定，这是遵循历史唯物主义基本观点必然达到的结论。马克思说过：“从物质生产的一定形式产生，第一，一定的社会结构；第二，人对自然的一定关系。人们的国家制度和人们的精神方式由这两者决定，因而人们的精神生产的性质也由这两者决定。”从这样的观点来看文明的发展，可以说，随着人类物质生活的生产方式的更替，相继出现了原始公社制的文明、奴隶制的文明、封建制的文明、资本主义文明和社会主义文明。社会主义文明是同社会主义的生产方式相联系、相适应的文明。社会主义文明要在社会主义生产关系的基础上，继承和吸取人类文明的全部有价值的物质成果和精神成果，使之为劳动人民所享有，为满足和提高人民的物质生活和精神生活服务，在这个基础上去发展和创造人类最高的、新型的精神文明和物质文明。

我们说社会主义物质文明，是从而且仅仅是从物质文明的成果在社会主义制度下为人民所享有，为人民服务，为社会主义服务这个意义上说的，并不是说物质文明的内容本身有“资本主义的”或“社会主义的”之不同。我们说社会主义精神文明，是从社会主义制度下精神文明的总体的性质来说的。具体分析起来，精神文明的一些方面从观念上反映一定的生产关系和社会关系，它的思想内容有社会主义和资本主义的根本区别；精神文明的另一些方面，例如自然科学知识，一般文化知识，则和物质文明一样，反映了人类认识世界和改造世界的共同成果，说它属于社会主义精神文明，也是从它为人民所享有，为人民服务，为社会主义服务这个意义上说的，并不是说它的内容本身有“资本主义的”和“社会主义的”之不同。这是在使用这些概念的时候必须交代明白的。

*社会主义精神文明是社会主义的重要特征*

报告中关于社会主义的特征，有一段精辟的论述：“社会主义精神文明是社会主义的重要特征，是社会主义制度优越性的重要表现。过去在讲到社会主义特征的时候，人们往往强调剥削制度的消灭和生产资料的公有，按劳分配，国民经济有计划按比例的发展，以及工人阶级和劳动人民的政权。人们还强调，高度发达的生产力和比资本主义更高的劳动生产率，作为社会主义发展的必然要求和最终结果，也是它的特征。这些无疑都是正确的，但是还不足以完全包括社会主义的特征。社会主义还必须有一个特征，就是以共产主义思想为核心的社会主义精神文明。没有这种精神文明，就不可能建设社会主义。”

这里提出的是怎样来概括社会主义特征才是全面的概括这样一个重大的理论和现实问题。

这样提出问题是不是有根据呢？是有根据的。

1886年有人请求恩格斯为他们准备编印的文集《什么是社会主义？》写一篇简短文章。恩格斯回信说：“我们对未来非资本主义社会区别于现代社会的特征的看法，是从历史事实和发展过程中得出的确切结论；脱离这些事实和过程，就没有任何理论价值和实际价值。这些特征的经济方面，我在自己的《欧根·杜林先生在科学中实行的变革》一书中曾试图加以叙述和解释……即使这个无论是政治的还是非经济的社会问题都根本未触及的不全面的概述，我也无法写得更简短。”

恩格斯在《反杜林论》中对社会主义特征所作的叙述，转载于他的小册子《社会主义从空想到科学的发展》。这本被马克思称为科学社会主义入门的小册子，限于分析社会主义特征的经济方面，着重指出的只是：无产阶级将取得社会权力，把生产资料变为公共财产，取代生产者和生产资料的分离；用按照预定计划进行的生产，取代整个社会生产的无政府状态。社会主义特征的其他方面没有论及。这不仅因为著作的篇幅不允许，而且因为当时的需要是首先突出最主要的、起决定作用的方面，即经济方面。马克思、恩格斯的论敌们否认和忽视的正是经济的决定作用这个主要原理。马克思主义的科学社会主义，正是作为从分析客观经济发展过程出发得出的确切结论，而同那些离开客观经济发展过程，单纯从伦理观念出发的空想社会主义相区别。所以，恩格斯这样做是完全正确的。同时，他自己也指出，限于经济方面的叙述，还不是对社会主义特征的全面的概述。

马克思在《哥达纲领批判》中发挥了从资本主义社会到共产主义社会的过渡时期要实行无产阶级的革命专政的思想，这是论到了问题的政治方面；又提出了在共产主义社会第一阶段劳动者从社会领得和他所提供的劳动量相当的一分消费资料的思想，即后来人们称之为按劳分配的思想，以区别于共产主义社会高级阶段上的按需分配，这是进一步揭示了社会主义特征的经济方面。这些都是关于社会主义特征的极重要的论述。但是加上这些，仍然没有构成对社会主义特征的全面概括。当时没有这样的需要，马克思也没有为自己规定这样的任务。

关于未来社会的精神生活，马克思、恩格斯没有集中论述。当然，像社会主义要改变由旧的生产关系和社会关系产生出来的一切观念，要使教育、科学、艺术得到最充分的发展，这类原则性的提示，都是有重要意义的。

列宁领导十月革命胜利，面临着组织人民为建设社会主义而斗争的现实任务，这时的情况把全面概括社会主义特征的问题提到了革命领导者的面前。列宁在论述社会主义特征的时候，除了反复阐明上述各点以外，特别强调发达的生产力和比资本主义更高的劳动生产率。他曾经提出“共产主义就是苏维埃政权加全国电气化”这个公式，并且说过：“共产主义就是利用先进技术的、自愿自觉的、联合起来的工人所创造出来的较资本主义更高的劳动生产率。”列宁以无产阶级革命家的巨大勇气破除了那种认为只有在生产力最发达的资本主义国家才能进行社会主义革命的机械观点，同时，以马克思主义者的清醒头脑，强调取得社会主义革命胜利的生产力不够发达的国家，必须用最大的努力来发展生产力，为社会主义社会建设它应当具有的物质技术基础。列宁强调社会主义的这个特征，是完全正确的，其意义是十分重大的。当然，这个特征还不是社会主义已经具备的，而是它应当具备的，是社会主义发展的必然要求和最终结果。

但是，当人们强调列宁这方面思想的时候，还必须注意，列宁从来没有把发展生产力当作建设社会主义的唯一任务。正是列宁，反复阐明了共产主义教育，共产主义道德，共产主义纪律，共产主义劳动态度的重要意义。他说：“树立新的劳动纪律，建立新形式的人与人的社会联系，创立吸引人们参加劳动的新方式和新方法，——这需要做许多年甚至几十年的工作。”“这是最能收效最高尚不过的工作。”他说：“战胜自身的保守、涣散和小资产阶级的利己主义”，“这是比推翻资产阶级更困难、更重大、更深刻、更有决定意义的变革的升端”，共产党的基本任务“就是帮助培养和教育劳动群众，使他们克服旧制度遗留下来的旧习惯、旧风气，那些在群众中根深蒂固的私有者的习惯和风气”。正是列宁，指出在社会主义的政治变革和社会变革之后，要实现文化变革、文化革命，即普遍提高文化知识和发展物质生产，才能成为完全的社会主义国家；指出必须取得全部科学、技术、知识和艺术，用它来建设社会主义。这就是说，正是列宁，提出了我们现在称之为社会主义精神文明建设的许多方面的任务，虽然还没有形成这样一个集中的概念。

毛泽东根据中国革命在长期的艰苦奋斗中依靠正确的思想指导、依靠广大干部和群众的思想觉悟和献身精神而取得胜利的传统，根据我们党和我们军队思想政治建设的独创的丰富经验，非常重视加强思想政治工作和发扬革命精神在建设社会主义中的重要作用，在这方面也提出过许多正确的、深刻的思想。例如：“政治工作是一切经济工作的生命线”；“思想工作和政治工作是完成经济工作和技术工作的保证”；“要保持过去革命战争时期的那么一股劲，那么一股革命热情，那么一种拼命精神，把革命工作做到底”，等等。

现在我们党中央继承了列宁、毛泽东在这方面的正确思想，又总结了我们在这方面犯错误的教训。这主要是在“左”倾错误下，我们过去未能把工作重点转移到经济建设上来，长期轻视教育科学文化，思想政治工作由于把阶级斗争扩大化、绝对化而弄得是非混淆、范围窄狭、方法非常简单粗暴，在经济建设中还犯过夸大主观意志和革命精神的作用而违背客观经济规律，忽视人民群众物质利益的错误。近几年来我们坚决纠正这些“左”倾错误，同时又研究了工作重点转移到经济建设上来以后在这方面遇到的新问题和取得的新经验，提出了在进行社会主义物质文明建设的同时努力进行社会主义精神文明建设的基本任务，从而确立了我们全面建设社会主义的纲领，形成了我们全面概括社会主义特征的理论。这是从社会主义的历史事实和发展过程中得出的新结论，无疑具有重大的理论价值和现实意义。

社会主义建设中精神文明和物质文明的关系

有这样一种观点：精神文明决定于物质文明，物质文明不高，就谈不上建设高度的精神文明；物质文明发展了，精神文明自然就发展了。这种观点是不正确的。

马克思主义强调生产力在社会发展中的决定作用，这是历史唯物主义的基本原理。这种决定作用，是从归根到底的意义上来说的，是就历史发展的总进程来说的，不应当把它简单化。分析物质文明和精神文明的相互关系，不可以撇开社会制度。从人类历史发展的总进程来说，物质文明的进步，精神文明的进步，社会制度的进步，三者是相互适应、平衡发展的。但是，在各个具体历史阶段上，在各个不同的国度里，这三方面的发展又往往是不平衡的。由于社会制度和其他因素的影响，由于精神文明包括广阔的领域，精神文明的各个不同部分的发展水平同物质文明发展水平之间的平衡和不平衡状况，呈现出错综复杂的景象。

在资本主义制度下，一些国家物质文明十分发达，而另一些国家由于长期遭受别的发达国家的侵略、压迫和掠夺，物质文明十分落后；在那些发达的资本主义国家中，虽然物质文明和科学技术很进步，但仍然是劳动者受剥削，许多人处于贫困状态，同时也存在着精神的野蛮、精神的堕落、精神的空虚。这不正是资本主义制度下最明显的丑恶现象吗？

在社会主义制度下，应当求得物质文明发展和精神文明发展的相互适应和相互促进。但是，不平衡仍然是存在的，只是性质和情况同资本主义制度下有了根本的区别。世界历史发展的具体进程，使社会主义制度不是首先在物质文明最发达的国家建立。这个事实早已驳倒了那种对历史唯物主义关于生产力发展的决定作用的简单化理解。我国建立了社会主义制度，我国的社会主义社会还处在初级发展阶段，物质文明还不发达。但是，我们的社会主义制度使物质文明的成果为全体人民共同享有，使物质文明的发展为人民服务，为社会主义服务，这是和剥削阶级统治的社会不同的。社会主义制度要求并且终将保证我国的物质文明以较快的速度向前发展。经过广大人民的团结奋斗，我们一定能够改变长期历史形成的不发达状况，建设起高度的社会主义物质文明。但是，建设高度的社会主义精神文明却不一定要等到物质文明已经高度发展以后才能进行，就好像社会主义革命不一定首先在生产力最发达的国家中发生一样。报告中说得好："如同有了一定程度发展的现代经济，有了当代最先进的阶级——工人阶级及其先锋队共产党，社会主义革命就有可能成功一样，在建立起了社会主义制度以后，我们就能够在建设物质文明的同时，建立起高度的社会主义精神文明。"

就精神文明建设的不同部分来说，教育、科学、文化事业的发展，需要相应的物质手段和技术手段，它们的规模、数量、技术水平在较大的程度上取决于物质文明的发展水平。但是，人们的思想、政治、道德水平，社会的精神面貌和精神生活、精神产品的思想内容，社会关系和社会风尚，却可以由于社会主义制度的建立，由于广大人民群众在共产党领导下的觉悟和奋斗，在发展经济和科学文化的同时，达到很高尚的境地。这不仅是可能的，而且是理所当然的，是被历史所证明了的。马克思主义的科学和共产主义理想在全社会广大群众中的普及和提高，人和人之间的社会主义的团结互助关系的建立和发展，新的伦理道德观念、新的自觉的纪律、新的社会习俗风尚的形成，这些正是社会主义制度的优越性的最重要、最现实的表现。社会主义制度以及人民群众高度的政治思想觉悟，有力地促进着物质文明的发展，终将创造出比资本主义更高的物质文明，那时，社会主义制度的优越性就将得到全面的体现。

物质文明的建设是社会主义精神文明建设不可缺少的基础，但是，社会主义精神文明不会由于物质文明发展提供的基础而自然发展，必须由共产党领导广大群众凭借这个基础，自觉地、坚持不懈地进行艰巨的工作，才能发展。同时，物质文明的建设还需要社会主义精神文明为它提供精神的动力，并且保证它的正确发展方向。我们说我们的现代化是社会主义的现代化，就是说我们的现代化作为一个社会过程，不仅是物质文明的发展，而且要由社会主义制度和社会主义精神文明来保证这种发展的社会主义方向。建设社会主义精神文明是我们坚持社会主义道路，集中力量进行现代化建设的最重要的保证之一。

报告中说："如果忽视在共产主义思想指导下在全社会建设社会主义精神文明这个伟大的任务，人们对社会主义的理解就会陷入片面性，就会使人们的注意力仅仅限于物质文明的建设，甚至仅仅限于物质利益的追求。那样，我们的现代化建设就不能保证社会主义的方向，我们的社会主义社会就会失去理想和目标，失去精神的动力和战斗的意志，就不能抵制各种腐化因素的侵袭，甚至会走上畸形发展和变质的邪路。"这是一段值得我们反复深思的极重要的论述。

只有这样来理解物质文明和精神文明的辩证关系，才能把精神文明的建设提到社会主义建设的战略目标和战略全局的高度，才能认识到精神文明建设是关系到社会主义的兴衰和成败的重大问题，才会把努力建设高度的社会主义精神文明当作全党的任务，当作各条战线的共同任务，当作每一个干部和每一个公民都有责任参与的光荣任务。在精神文明建设岗位的每一个工作者，都应当意识到自己的庄严职责。他们的全部工作都应当服务于，而不应当脱离开，更不应当有损于对人们的社会主义、共产主义教育。他们还要以自己的工作去帮助和促进物质文明的建设。在物质文明建设岗位的每一个工作者，都应当意识到自己同时担负着建设精神文明的任务。他们不仅要创造更多更好的物质产品，而且要在物质生产的过程中同时培养一代又一代的社会主义新人，决不容许经济政策、措施、工作妨碍以至破坏社会主义精神文明的建设，他们还要从各方面关心和支持文化建设的发展。这样，社会主义精神文明的建设，就成为物质文明建设的巨大动力；物质文明的建设，逐步满足全体人民的物质和文化需要，逐步保证人们精神生活的自由的、全面的、充分的发展。“两种文明的建设，互为条件，又互为目的。”

*社会主义精神文明建设中文化建设和思想建设的关系*

报告中指出，社会主义精神文明建设中文化建设和思想建设这两方面“是互相渗透和互相促进的”。在理论上和实践上，我们都应当强调这两方面的统一，而不应当用一个方面去否定或贬低另一个方面。

文化建设是非常重要的。当我们的任务由革命转向建设以后，它的重要性就更加突出。十一届六中全会通过的历史决议，要求我们“坚决扫除长期间存在而在‘文化大革命’期间登峰造极的那种轻视教育科学文化和歧视知识分子的完全错误的观念”。这次报告又指出，这种观念“过去由于‘左’倾思想和小生产观念的束缚，在我们党内相当普遍、相当长期地存在着”，“严重地妨碍我国物质文明和精神文明的建设”。这就使提高对文化建设的认识和加强这方面的工作，在当前具有特殊的紧迫性。因此，十二大报告特别把发展教育和科学列为经济发展的三大战略重点之一，决心努力逐步改变文化同经济发展不相适应的状况，重申在1990年以前在全国基本实现初等教育普及这一本应早已完成的任务，要求各项文化事业都提出和实现最近五年到十年的奋斗目标。

现在我们党要求广大干部革命化、知识化、专业化，要求全体人民成为有理想、有道德、有文化、守纪律的人民，这些都是强调思想觉悟和知识文化的统一。文化科学知识的提高同思想觉悟的提高是有一定联系的。特别是从掌握马克思主义世界观和科学理论，使人们的觉悟、理想、信念建立在科学的基础上这方面来说，以及从掌握社会主义建设所需要的专业技能，使人们的思想觉悟落实到建设本领上这方面来说，更是如此。当然，我们不能说文化程度高必定思想觉悟高。我们的革命队伍中过去有许多先烈文化程度不高，他们的革命觉悟和牺牲精神永远是我们的楷模，永远引导我们向前。但是，他们的觉悟是在党和军队的革命教育下提高的，就是说，是同一定的革命文化的影响相联系的。即使在当时，革命队伍也要求和帮助它的成员努力学习文化。如果这些先烈活在今天，他们一定会适应时代的需要，响应党的号召，更加努力去提高自己的文化，决不会以文化不高为满足，更不会用文化不高来自豪。

思想建设决定着我们的精神文明的社会主义性质。联系我国和世界的现实，加强马克思主义理论的研究，提高马克思主义理论的水平，扩大马克思主义理论的宣传和教育，是思想建设的根本。一切文化建设要在马克思主义世界观和共产主义思想指导下发展。文艺和科学要在为人民服务、为社会主义服务的方向下，实行百花齐放、百家争鸣，求得繁荣和进步。在群众中要通过一切途径加强共产主义思想教育。这种教育主要是为了帮助越来越多的劳动者树立革命的世界观和人生观，培养全心全意为人民服务的劳动态度和工作态度，把个人利益同集体利益、国家利益结合起来并使个人利益服从集体利益和国家利益，抵制各种损公肥私、损人利己的个人主义思想的腐蚀。这种教育当然必须同在经济生活中坚持按劳分配等社会主义原则相结合，同时，也只有在这样的思想教育下，这些社会主义原则才能得到充分的和正确的贯彻。

由于一些具体的历史情况，强调社会主义精神文明建设中的思想建设这个方面，在当前也具有特殊的紧迫性。回顾我们的历史，在革命战争的年代，在那样困难的物质条件下，我们的革命队伍和革命根据地曾经建立起那样高度的革命觉悟、理想、道德和人与人之间的崭新关系，引起全国人民特别是青年的向往，从一个重要方面保证了革命在全国的胜利。在全国解放以后，在我国社会主义事业的草创时期，我国人民中激发起来的那样高度的学习马克思主义、学习政治的热情，全心全意为人民服务的精神，冲刷掉旧社会污泥浊水而形成的那样焕然一新的社会风尚，曾经有力地推进了我们的社会主义事业，并且使我国的社会主义制度在精神文明方面表现出巨大的优越性，而为全世界革命人民所景仰。“文化大革命”的错误和动乱，把人们的是非善恶美丑的标准搞乱了，不仅耽误和破坏了物质文明的建设，尤其破坏了精神文明的建设，损害了人们对马克思主义思想和共产主义理想的信念，使资产阶级极端个人主义和无政府主义等腐朽思想泛滥起来，后果是极其严重和深远的。粉碎“四人帮”特别是三中全会以来，我们拨乱反正，恢复马克思主义和社会主义的本来面目，肃清林彪、“四人帮”的思想流毒，情况迅速向好的方面发展。但是，清除“文化大革命”在精神方面造成的严重后果是一件很艰难的工作，需要作很长时间的努力。同时，新的形势下也出现了一些新的问题。这几年来，我们强调转移工作中心，改善人民生活,实行按劳分配,实行对外开放和对内搞活经济,提倡一部分人先富裕起来,这些都是正确的,必要的,收到了明显的效果,取得了群众的拥护。但是,由于阶级斗争在一定范围内的继续存在,由于旧的私有者习惯和外来的资本主义腐朽思想的侵袭,由于在转变时期思想政治工作和管理工作一时未能跟上,现在有一些人"一切向钱看",公然宣传"人为财死,鸟为食亡",种种不正之风、邪门歪道乘隙而来,甚至在新中国早已绝迹的一些社会丑恶现象也重新出现了。我们一定要坚持党的各项正确的经济政策,保护群众发展生产劳动致富的积极性,同时一定要警惕精神生活中各种腐朽堕落现象的逆流。经过我们党的反复强调,经过现实生活的教育,全党和广大人民群众提高了对这个问题的重要性的认识。各条战线提倡社会主义精神文明,扶植正气,打击邪气,进行了大量的工作,取得了初步的成效。这次报告提出,要在今后五年内实现社会风气的根本好转,实现党风的根本好转,并且指出:党的思想建设是全社会精神文明建设的支柱;努力实现理想教育、道德教育、纪律教育、法制教育在全国人民首先是全国青少年中的普及是争取社会风气根本好转的一项基本措施。我们一定要从党内做起,从干部党员做起,把这些教育工作认真做好,像报告中所要求的那样,"用革命的思想和革命的精神振奋起广大群众建设社会主义的巨大热情","使我们的社会主义事业永葆革命的青春和活力"。

**全国轻工业技术经济学术讨论会在大连召开**

轻工业技术经济学术讨论会,9月下旬在大连召开。来自轻工业系统的各方面专家100多人参加会议,着重探索、论证轻工业发展的目标、方向、速度、产品等问题。

讨论会是由中国轻工业学会举办。

**外交部新闻司发言人就英国首相撒切尔夫人在香港发表的有关香港问题的言论答新华社记者问**

回答如下:

"香港是中国领土的一部分。过去英国政府同中国清政府签订的有关香港地区的条约是不平等条约,中国人民从来是不接受的。中华人民共和国政府的一贯立场是,不受这些不平等条约的约束,在条件成熟的时候收回整个香港地区。

"中英双方都希望保持香港的繁荣和稳定,为此将通过外交途径进行商谈。"

**国务委员姬鹏飞在北京会见由瑞士记协秘书长汉斯·赛尔霍夫率领的瑞士新闻代表团**

**全国妇联主席康克清在人民大会堂会见以大羽绫子为团长的日中友好妇女代表团**

**中国数学会理事会会议在沈阳召开**

参加会议的数学家提出要大力发展应用数学,为国民经济服务。为加速我国应用数学的发展,中国数学会理事会决定采取以下几条措施:

——成立咨询服务部。近年内它的任务是,每一至二年提出一份我国应用数学发展现状及有关方针、政策、措施的报告,提交国务院有关单位及中国科学院和中国科协;接受经济和国防部门提出的有关应用数学课题的咨询。

——创立"发展应用数学基金会",支持应用数学的发展;设立"发展应用数学奖",鼓励对发展我国的应用数学作出贡献的个人或集体(包括出色的组织领导和杰出的成果)。

——数学会在安排国内外学术交流活动时,适当增加应用数学方面的比例,并创造条件促进从事纯粹数学研究和应用数学研究的人员之间的相互了解、学习和交流,加强与其他科学技术部门的联系。

——建议各高等院校数学系加强力学、物理、计算机科学等课程的教学,使学生具备从事应用数学工作的科学素养。

数学家们还指出,强调发展应用数学,并不是忽视纯粹数学的发展。应用数学有了坚实的理论数学作后盾,就能有效地为国民经济建设服务;应用数学的发展,必将为理论数学的发展提供新的源泉。

**"神剑"摄影美术展览在北京开幕**

第一次集中反映我国国防科学技术、国防工业战线丰硕成果和精神风貌的"神剑"摄影美术作品展览,在北京中国美术馆开幕。

这次展览是由国防科工委政治部、中国摄影家协会、中国美术家协会、国防工业工会联合举办的。倪志福、张爱萍、宋一平等有关方面负责人观看了展出。

**全国儿童剧观摩演出(南方片)在江西南昌举行**

演出于9月30日至10月13日举行,由文化部主办。南方片共演13台戏、17个剧目,剧种有话剧、歌剧、歌舞剧和谐剧。参加演出的有广东、福建、湖北、四川、云南、浙江、广西、江苏、江西9个省、自治区以及中国儿童艺术剧院、中国福利会儿童艺术剧院、辽宁省儿童艺术剧院等13个表演团体。

全国政协副主席邓颖超为观摩演出的会刊写了《祝贺与希望》一文。

## 10月1日

**《人民日报》发表社论《亿万人民群众的事业》**

我们的人民共和国诞生33周年了。今年的国庆，是在中国共产党第十二次全国代表大会刚刚胜利闭幕之后到来的，全国各族人民倍加兴奋，豪情满怀，欢庆自己的光辉节日。

放眼中华大地，今天的祖国，一派生机，同十年内乱时期大不相同了，同十一届三中全会前那一阶段也大不相同了。正像人们所说的那样，我们国家进入了中兴时期。党的十二大，进一步布好了建设社会主义现代化国家的大格局，提出了振奋人心的战略目标和行动纲领，激励着中华儿女为祖国的繁荣富强而自强不息、努力奋斗。光辉灿烂的前景召唤着我们，十亿人民对未来充满了信心。

胡耀邦同志在十二大报告中引用了列宁的一句名言：生气勃勃的创造性的社会主义是人民群众自己创造的。他指出："没有亿万群众的高昂的劳动热忱，没有成千上万个生产单位的首创精神，没有各地方、各部门的积极奋斗，社会主义建设事业的蓬勃发展是不可能的。"这是一个非常重要的观点。这个观点贯穿于整个十二大报告。我们学习十二大报告，贯彻十二大精神，都要紧紧抓住这个历史唯物主义的观点。

人民创造历史，是马克思主义的基本原理。一切为了人民，一切依靠人民，是我们党的本质特征，是我们事业的胜利之本。过去的六年，特别是十一届三中全会以来的四年，我们在各条战线拨乱反正，使满目疮痍、百废待兴的祖国呈现欣欣向荣的景象，就是由于党中央的主张和政策合乎国情，顺乎民心，广大人民群众为我们祖国的富强发挥了巨大的创造性，表现出巨大的积极性和献身精神。十二大提出的全面开创社会主义现代化建设的新局面是一项艰巨的任务，举国上下对完成这个任务充满了信心，从根本上说，也是由于十二大的纲领和方针、政策符合人民的愿望，代表人民的利益，广大人民决心在党的领导下，贡献全部力量，完成这个继往开来的伟业。

我们各级领导机关和领导干部要根据十二大确定的战略目标、战略重点和战略步骤，把社会主义现代化经济建设继续推向前进。搞好经济建设，创造更多的社会财富，不断满足人民物质、文化生活日益增长的需要，是人民群众的根本利益。不关心人民群众的物质利益，调动人民群众的积极性就是一句空话。在大力抓好物质文明建设的同时，还必须努力建设高度的社会主义精神文明，努力建设高度的社会主义民主，坚持共产主义的思想教育，用革命的思想和革命的精神振奋起广大群众建设社会主义的巨大热情。没有这种崇高的精神境界，也不可能有建设社会主义的积极性。我们要极大地发挥工人、农民的积极性，极大地发挥知识分子的积极性。把全体人民群众的社会主义积极性最大限度地调动起来，就能促进各项社会主义事业的更大发展。

在全面开创社会主义现代化建设的新局面的伟大斗争中，各级领导干部要到实际中去，到群众中去，看看人民群众每日每时在用怎样的精神面貌创造着社会主义事业，这对于调动人民群众的积极性，开创本单位的新局面至关重要。那些迟迟打不开局面的地方、部门和单一位，往往是领导的思想脱离实际，落后于群众。不深入实际，不到群众中去，就不知道群众在想什么，就感受不到群众要求开创新局面的强烈愿望，就不能把各方面的积极性科学地组织起来，使之发挥出最有效的作用。应该看到，切实改善领导作风，坚决克服官僚主义，恢复和发扬党的光荣传统，必将大大加强党同群众的密切联系，增强他们的革命信念，激发他们进行现代化建设的热情。

历史已经证明，人民自有回天力。扭转乾坤靠人民，创造美好的未来也要靠人民。相信人民，依靠人民，上下一心，努力奋斗，我们的党一定会兴旺发达，我们的社会主义事业一定会兴旺发达，我们的国家和各民族一定会兴旺发达。

**首都各界群众在人民大会堂举行联欢晚会庆祝中华人民共和国成立33周年**

参加联欢晚会的有：党和国家领导人彭真、万里、习仲勋、韦国清、乌兰夫、杨尚昆、余秋里、宋任穷、张廷发、胡乔木、倪志福、秦基伟、陈慕华、邓力群、谷牧、陈丕显、胡启立、乔石、郝建秀、薄一波、王鹤寿、李井泉、彭冲、许德珩、胡厥文、萧劲光、康世恩、姬鹏飞，最高人民法院院长江华，最高人民检察院检察长黄火青，全国政协副主席刘澜涛、陆定一、康克清、胡子昂、王昆仑、何长工、程子华、杨秀峰、包尔汉、周培源、钱昌照、董其武，中央顾问委员会常委王平、伍修权、段君毅、傅钟，中央纪律检查委员会书记王从吾、韩光、李昌、马国瑞、韩天石，各民主党派、全国工商联负责人和知名爱国人士屈武、萨空了、王光英、雷洁琼、严信民、伍禅、李纯青、张敬礼、马璧等。

**少数民族参观团代表在北京看望叶剑英徐向前谭震林李维汉4位老同志**

来自13个省和自治区的国庆节少数民族参观团的32名代表，分别看望了叶剑英、徐向前、谭震林、李维汉4位老同志，向他们致以节日的祝贺，祝愿他们长寿。

叶剑英说:“少数民族同胞,大部分居住在我们国家的边疆地区,你们回去之后,一定要认真宣传贯彻党的十二大精神,搞好民族地区的建设,特别是经济建设,要把工业、农业、交通运输都搞好。”他强调说,各民族只有搞好团结,经济建设才有基础。会见结束后,叶剑英同志高兴地请少数民族代表合影。

徐向前说:“我们要在少数民族地区大力发展教育。一个国家生产的发达,不仅仅靠政治,而且要靠文化,靠科学技术。”他听了新疆代表的介绍情况后说:“新疆地方很大,是个宝库。”他希望各兄弟民族团结起来,按照十二大的精神,把中华民族这个大家庭建设好。

谭震林说:“党的十二大提出,到本世纪末力争使全国工农业的年总产值翻两番,少数民族地区也要作出贡献。你们要积极宣传贯彻十二大精神,把工作做得更好。”

李维汉说:“我国的各少数民族,大部分居住在边疆,那里资源丰富,幅员辽阔,只有加强各民族团结,‘四化’建设才有保障,经济、文化、科学才能迅速发展起来。”

**中央人民广播电台对台湾广播增办第二套节目**

第二套节目开播后,对台广播全天播音时间将由原来的20小时增至37小时,同时,增加栏目,充实内容。第一套节目全部用普通话广播,第二套节目以闽南话和客家话为主,以满足更多台湾同胞的要求。

**四川泸州长江大桥正式通车**

这座大桥是目前长江上最长的公路大桥,主桥长1252.5米,宽16米,南北两岸引桥长7460米,是解放后兴建的长江上的第六座大桥。

**皖赣铁路建成全线通车**

贯通安徽、江西两省的重要铁路干线——皖赣铁路建成,全线通车。

皖赣铁路北起安徽芜湖,南至江西贵溪,全长551公里。它建成后,将分担沪宁、沪杭、浙赣三条铁路线的部分运输任务,对缓和这三条铁路线的运输紧张状况,改善华东地区交通运输具有积极的作用。

## 10月2日

**《人民日报》发表宋任穷的文章《按照革命化年轻化知识化专业化的方针建设好干部队伍》**

党的第十二次全国代表大会通过的新党章,已经用明确的语言规定:“党按照德才兼备的原则选拔干部,坚持任人唯贤,反对任人唯亲,并且要求努力实现干部队伍的革命化、年轻化、知识化、专业化。”组织工作的核心是干部问题。干部队伍革命化、年轻化、知识化和专业化,是新时期党的干部工作的一个大方针。全党同志都应坚决地无条件地积极宣传、认真贯彻执行这一方针。

这个方针的提出和形成,是经历了一个过程的。党的十一届三中全会确立了党在新时期的思想路线、政治路线以后,1979年7月至8月,小平同志到山东、上海、天津视察,走一路讲一路,反复指出:思想路线、政治路线已经确立了,现在的问题是组织路线问题,是干部问题,特别是选拔接班人问题,必须选懂行的和比较年轻的。同年9月29日,剑英同志在建国30周年庆祝大会上的讲话,提出要注意“干部队伍的逐步年轻化和专业化”,努力“使我们的组织状况同实现四个现代化的政治任务相适应”。1980年5月,耀邦同志在中央组织部召开的选拔优秀中青年干部工作座谈会上进一步说明,所谓理想的领导班子,就是领导班子的成员是坚决执行党的路线、坚持社会主义道路的,具有专业知识和组织领导能力的,年富力强、精力充沛的。这个期间,陈云同志提出,我们选干部,要注意德才兼备。所谓德,最主要的,就是坚持社会主义道路和党的领导。在这个前提下,干部要年轻化、知识化、专业化,并且把这种干部的提拔使用制度化。1981年党的十一届六中全会通过的具有伟大历史意义的决议又明确肯定:“党决定废除干部领导职务实际上存在的终身制,改变权力过分集中的状况,要求在坚持革命化的前提下逐步实现各级领导人员的年轻化、知识化和专业化。”从以上简略的回顾,我们可以看出,干部队伍“四化”的方针,是党中央经过深思熟虑,在反复酝酿、集思广益的基础上制定出来的,是我们党的领导核心集体智慧的结晶,它既符合客观实际,又顺应党心民心。

实现干部队伍革命化、年轻化、知识化和专业化,是我国社会主义事业不断发展的客观进程提出的一个重大课题。以党的十一届三中全会作为里程碑,我们的国家进入了一个崭新的发展时期。在这个时期中,党要肩负起历史赋予的重任,领导全国各族人民把经济、文化落后的中国建设成为社会主义的现代化强国。进行这样一次前所未有的伟大创举,任务是十分艰巨的。尽管国内国际都有许多有利条件,但是困难也不少,而在所有各种各样的困难中,突出的困难还是我们干部队伍的现状不适应新形势的需要。当前主要表现:一、历史遗留下来的各级领导班子的年龄普遍比“文化大革命”前增加15—20岁,比50年代大得更多,“老化”现象严重;二、相当多的干部缺乏文化科学技术知识，受过系统的专业训练、懂得先进科学技术和管理知识的人更少。这种状况，同社会主义现代化建设的要求形成了尖锐矛盾。如果我们无视伟大历史转折的客观进程所提出的干部问题，不能及时而正确地加以解决，那么党的政治路线就难以贯彻执行，更谈不上长期延续下去。这样提出问题决不是危言耸听。国际共产主义运动的实践给我们提供了沉痛的教训，我们党在解决接班人问题和建设干部队伍方面的深刻教训也还记忆犹新。值得庆幸的是，现在我们有一批德高望重、经验丰富的老革命家，他们高瞻远瞩，在实现伟大的历史转折和面临干部新老合作和交替的关键时刻，为党及时地提出了一条妥善解决干部问题的正确方针——在坚持革命化的前提下逐步实现干部队伍年轻化、知识化和专业化。经验告诉我们，只有既善于制定正确的政治路线，又善于制定保证实现政治路线的组织路线，并且使其得到有效实施的党，才够得上是成熟的马克思主义的党。我们的党正是这样的党。

干部队伍“四化”，首先要从各级领导班子“化”起。我们设想，经过五年的努力，到下一次党的全国代表大会召开时，使各级各部门领导班子的政治素质大大提高一步，平均年龄比机构改革前力争下降五岁左右，其中德才兼备的中青年干部占70%左右，具有大专以上文化程度、掌握一定专业知识的占60%到70%，特别是必须有精明能干、可以团结和带领整个班子去开创工作局面的一、二把手。当然，各级各业务部门的任务不同，对领导班子的政治思想水平和年龄、知识构成的要求也应当有所不同，但是，要朝着革命化、年轻化、知识化、专业化的方向迈进，要建设起精干有力、能不断开创新局面的工作班子，则是不能动摇的。上述设想有可能实现吗？今年上半年中央和国务院直属机关各部委进行机构改革的成果，使我们有信心作出肯定的回答。这次改革花了四个多月时间，不仅使中央一级的党政机构和工作人员的编制大大缩减，而且使部委和直属局领导班子的平均年龄普遍下降了四至六岁。据国务院所属38个部委统计，正副部长、主任共减少67%，新提拔的中青年干部已占新班子成员总数的32%，知识水平提高了，熟悉专业的人增多了。在一些尚未进行机构改革的地方、部门和企事业单位，也有不少成功的事例，说明经过努力，上述要求是能够达到的。

事情的关键在于，必须解决好“退”和“进”的问题。“退”，就是要坚决按照中央关于建立老干部退休离休制度的决定和国务院的有关规定，认真地妥善地安排一批年老体弱的同志退居二、三线。中央和国家机关机构改革的实践证明，我们绝大多数老同志有很高的政治觉悟，能够出以公心，荐贤举能，从大局出发，自觉服从革命需要和组织安排，扶持那些资望和经验不及自己的年轻同志上来，自己甘当助手，或者退到二、三线，担当起传帮带的任务。“进”，就是要坚决按照德才兼备的原则，把那些经过考验、确属优秀的中青年干部选进领导班子。用陈云同志的话说，不是提拔几十个或几百个，而是必须成千上万地提拔。当前要特别注意培养和选拔30岁左右、40岁左右的优秀干部。这一进一退，密切相连。退重要，进更重要。谁退，退到哪里，要妥善；谁进，进到什么岗位，要适当，最重要的是把人看准用好。

在“进”的问题上，中央的指导思想很明确，就是：一定要大胆地把德才兼备、年富力强、能打开新局面的干部提拔到领导岗位上来；同时，决不能让“三种人”和近几年在政治上或经济上有严重违法乱纪行为的人混进新的领导班子。把这两方面的事情办好，认真执行党的选拔干部的标准，坚持任人唯贤，反对任人唯亲，是各级党委和组织、人事部门的庄严职责。同时，又必须认真听取各方面和广大群众的意见，改变组织、人事工作的一些不适应现代化建设的做法，开辟发现、培养和使用人才的新渠道。谁是党和人民今天最需要选拔和重用的贤者？前几年，中央强调了三条，这次新党章又规定了各级领导干部必须具备的六个基本条件，精神是一致的。这些条件体现了红与专的辩证统一，是党的德才兼备原则在新的历史条件下的具体化。在掌握这些条件时，要严格把好政治标准这一关，提拔真正是党性强、作风正派、敢坚持原则的同志。不能设想，一个对社会主义、共产主义缺少坚定的信念，对党中央的正确路线和方针政策格格不入，对工作不负责任、精神不振、生活作风腐化堕落、违法乱纪的人，能够挑起领导社会主义建设的重担。但是，只讲德还不够。我们的干部队伍总是要变得年轻些，有知识，懂业务，才能适应新形势新任务的需要。有德无才的人，政治上固然可信，可惜难当大任；有才无德的人，其才适足以济其奸，重用了有很大的危险。当前，要特别警惕跟随林彪、江青一伙造反起家的人，帮派思想严重的人，打砸抢分子，反对党的十一届三中全会以来中央路线的人，以及在经济领域内和在其他方面有严重违法乱纪行为的人，决不能让他们混进领导班子。这几种人一个也不能提拔，已经在领导班子里的，发现一个，清理一个，一个也不能留下。这是关系到保证社会主义现代化建设顺利进行，保证党的马克思主义路线延续下去的极其重要的问题，我们决不能掉以轻心。

识别和选拔各级领导干部，必须严格按照新党章规定的基本条件去办，决不可有丝毫的降低。那么，有没有合格的人才供我们成千上万地选拔呢？不但有，而且基础是雄厚的。这里，不妨对现有干部的年龄、资历(经受的锻炼)、文化和知识构成等情况算几笔大账:一、年龄在36岁至55岁的同志,约有1100万人;二、抗日战争胜利以后到"文化大革命"前参加工作的同志,约有1200多万人;三、具有高中以上文化程度的同志,约有1200万人;四、各类专业技术干部约有830多万人。建国以来,我们自己培养出的大学生有310多万人,高中和中专毕业生有3800多万人;目前在全民所有制和集体所有制单位工作的知识分子,有2500多万人。可见,从我们这个巨大的人才宝库里,好中择优,百里挑一,加快选拔步伐,是完全可以办到的。

近两三年来,中央和各地各部门为实现领导班子的"四化"做了不少工作,是有一定成绩的。然而整个看来,效果还不够理想。这不是说我们没有选出人来,而是选得太少,加上干部年龄的自然增长,以致不少领导班子的平均年龄变化不大,而大批德才兼备、年富力强的同志却未能被提到适当的领导岗位。这当中的问题和困难,正如小平同志指出的:现行的组织制度和为数不少的干部的思想方法,不利于选拔和使用四个现代化所急需的人才。出路何在?小平同志讲:"希望各级党委和组织部门在这个问题上来个大转变,坚决解放思想,克服重重障碍,打破老框框,勇于改革不合时宜的组织制度、人事制度,大力培养、发现和破格使用优秀人才,坚决同一切压制和摧残人才的现象作斗争。"在这方面,我们中央组织部过去是做得不够的,今后我们要同全党同志一起努力按照中央的要求去做。首先要进一步提高认识,在选拔工作中经常注意反对"论资排辈"等封建意识,消除对待知识分子的"左"倾思想的影响,纠正脱离实际地寻找"全才"、"完人"等主观主义的思想方法,把干部工作的立足点,真正转到为实现国家"四化"而促进干部队伍"四化"方面来。

这里还要指出,干部队伍革命化、年轻化、知识化和专业化,是必须在整个新时期中长期执行的方针。如果"化"一阵,停一阵,是永远也"化"不了的。这不仅因为人们的年龄在逐年增加,今天年富力强,若干年后就会年老体弱,而且事业的发展,对革命化、知识化、专业化的要求也在不断提高,何况新选上来的人在实践中究竟能否胜任,也要经受考验,会有变化。所以,我们要以极大的革命韧性和积极稳妥的步骤,来贯彻执行干部队伍"四化"的方针,解决好干部新老合作、新老交替的问题。人们看到,中央和国家机关各部委通过机构改革,把领导班子的"四化"向前推进了一大步,然而毕竟只是第一步。据国务院经济口34个部委的统计,现有正副部长、正副主任137名,平均年龄57.93岁,比机构改革前下降5.7岁,这是一个不小的进步。但是,如果不继续选拔中青年干部,再过两年,他们的平均年龄又将上升到60多岁。这就可以看出,如果我们的工作稍有松懈,或者搞搞停停,就很难从根本上摆脱被动状态。因此,一定要进行干部制度改革,用制度化来保证干部队伍的革命化、年轻化、知识化、专业化。

党的工作重点转移和机构改革、体制改革,要求对干部制度中的不适应部分进行改革,这是历史发展的必然,是彼此相伴而行的。如果我们看不到形势发展的需要,不积极地坚决地对干部制度中改革条件已经成熟的方面和部分进行改革,就会误大事;反过来,把这种改革看得太简单,草率行事,也将事与愿违。当前的干部制度改革,首先要严格执行中央关于老干部离休退休的决定,各级干部的离休退休,都要按照中央规定的年龄杠杠去办,除个别超过离休年龄、经组织决定仍需留在领导班子中的老同志以外,绝大多数应当在做好工作的基础上离休退休。对离休的老干部一定要照顾好,并且要注意发挥他们的作用,在健康条件允许的情况下,让这些同志能继续为党和国家作出力所能及的贡献。经过几年的努力,大家对实行干部离休退休制度逐步形成习惯,正常的新老交替就有了制度上的保证。当然,仅有这项制度还不够,还要结合机构改革,自上而下地建立和完善各级各类干部的岗位责任制,以及与之相适应的干部考核、升降、奖惩等制度;结合健全政治生活,按照党章和宪法规定,进一步完善对干部的民主选举和任免制度。改革干部制度是一件新事情,肯定会遇到不少困难,但是,不坚决进行改革,遇到的困难将会更多、更大。我们希望大家都在这方面下一番功夫,争取经过各级机构改革,为进一步改革干部制度打下一个好的基础。

最后,讲一讲大力加强干部教育和训练的问题。迅速发展的社会主义现代化建设,要求源源不断地培养、造就数量更多和质量更高的革命化、年轻化、知识化、专业化的干部,从根本上提高整个干部队伍的素质。这是一个关系到我们事业成败的战略问题。为了解决这个问题,我们国家正在加强和改革学校教育工作,以期逐步给干部队伍补充新血液。当前和今后一个时期的一项重要工作,就是要立足于普遍提高现有干部。除继续坚持在实践中培养锻炼干部以外,还必须大规模地训练干部。最近,中央已经对轮训在职干部作出了战略性的决策,要求各级党校,政府和企业的干部学校,以及被指定的某些高等院校和中等专业学校,按照各自的分工,把正规化训练干部的任务担当起来。今后使用和提拔干部,都要把正规化学习的学历和学习成绩同工作经历、工作成绩一样作为重要依据,因此,各级各类干部都必须努力使自己具备一定的学历和学识水平。凡在职而又不具备其工作所要求的文化知识水平的干部，都要分批分期参加轮训。培训中要有考核考试，学习成绩将作为调整干部工作的重要依据之一。现在，有些地方和部门不重视干部训练工作，也有些干部不愿意参加学习，这是不对的，应当加以纠正。为了社会主义现代化建设的宏伟事业，我们必须在全国各级干部中，掀起一个持久的学习热潮，学习马克思列宁主义、毛泽东思想，学习文化、科学技术知识和经营管理知识，学习建设社会主义的高度物质文明和高度精神文明所要求于我们的一切东西。近几年来，全国已恢复和新建各级党校、专业干校等8100多所，教学干部队伍也发展到10万人左右；已有130多所高等学校开办了干部专修科；各地各部门和一些大中型企业还办了大量干部培训班，参加轮训和培训的干部已逐年增多。据统计，1979年至1981年全国轮训的县级以上领导干部已达20多万人，占这类干部的一半以上。尽管我们的干部教育和训练工作有些还不够完善，但是总算有了一个好的开端，也积累了一些经验。只要我们再接再厉，坚持不懈，向正规化、制度化的方向继续前进，到下一届党的全国代表大会时，我们整个干部队伍的政治素质和业务素质一定会有较大的进步，革命化、年轻化、知识化和专业化的水平一定会有较大的提高，社会主义的现代化建设事业也一定会取得新的令人鼓舞的成就。

**中国第一座五千吨冷风气调库在大连建成**

这座冷风气调库技术比较先进，并附有一套洗涤打蜡包装自动线。使用这座冷风气调库储藏水果，可以提高出口果品的质量。这座冷风气调库，是中国粮油食品进出口总公司大连分公司利用外资，以补偿贸易方式，与澳大利亚澳斯特绝缘公司合作建成的。

**中日渤海合作区又打成第二口详探井获得高产油气流**

中国海洋石油总公司发布消息：中日渤海合作区在BZ28—Ⅰ构造上又打成功一口详探井，并获得高产油气流。第二口详探井，位于发现井西南2公里，井深3200米。这口井在井深2997米处发现了一个新生代的新油气藏。这个新油气藏试油结果表明：平均日产原油32立方米、凝析油238立方米、天然气62万立方米。

石油行家认为，这口详探井的钻探成功，不仅扩大了BZ28—Ⅰ构造的含油气面积，而且开辟了一个新的寻找油气藏的领域，为今后渤海石油资源勘探工作提供了新的启示。

**国务院副总理万里在北京会见由全国人民大会党中央委员青年团副总书记帕特里克·奥琼率领的塞拉利昂青年代表团**

**中国第一次利用天然二氧化碳制成干冰**

广东省佛山地区二氧化碳研究所首次利用天然二氧化碳制造干冰成功。

这个研究所制成的固体二氧化碳即干冰，是把天然二氧化碳气体经过脱硫净化、压缩、液化、冷冻，精制而成的。利用天然二氧化碳制造干冰，比过去用人工合成的二氧化碳制干冰，工艺简便，制成的干冰纯度高，价格低廉。

目前，这个研究所的天然二氧化碳干冰已投入生产，产品质量达到国际标准，产品已销往国外。干冰有低温杀菌的功效，目前，除用于人工降雨外，还广泛应用于鱼、肉、蔬菜、水果以及航空餐的保鲜。它的保鲜效果比电冰箱更好。

**天津农学院成立**

经国务院批准，天津农学院成立。天津农学院的学制为4年，设置农学、水产、蔬菜、林果4个专业，从明年下半年开始招生。

## 10月3日

**中共中央国务院作出《关于中央党政机关干部教育工作的决定》**

中共中央、国务院于作出关于中央党政机关干部教育工作的决定，规定今后中央党政机关的所有干部都要分期分批参加轮训。决定要求中央党政机关的干部教育工作要经常化、正规化、制度化，力争在三五年内使干部队伍的政治、业务水平得到明显提高，以适应社会主义现代化建设的需要。

干部队伍的素质如何，关系到社会主义事业的成败和党与国家的盛衰兴亡

决定说，在全党工作的着重点转移到社会主义现代化建设以后，中央一再指出，为了适应新形势的需要，必须有步骤地改革领导机构和干部制度，加强干部的教育和训练，实现干部队伍的革命化、年轻化、知识化、专业化。中央党政机关的机构改革，包括裁并重叠的机构，组建领导班子，紧缩人员编制，特别是实行老干部离休退休制度，废除实际存在的领导职务终身制，一大批超过规定年龄界限的老同志退出第一线，许多德才兼备、年富力强的优秀干部走上了各级领导岗位，使领导班子的面貌开始发生变化。这是一个良好开端。当前，要不失时机地抓紧培训干部，把干部教育工作经常化、正规化、制度化，力争在三五年内使中央党政机

关干部队伍的政治、业务水平得到明显的提高。

决定说，政治路线确定之后，干部就是决定的因素。我们党在新的历史时期的总任务是：团结全国各族人民，自力更生，艰苦奋斗，逐步实现工业、农业、国防和科学技术现代化，把我国建设成为高度文明、高度民主的社会主义国家。干部队伍的素质如何，能否适应总任务的要求，关系到社会主义事业的成败，关系到党和国家的盛衰兴亡。因此，有计划地、大规模地培训干部，提高干部队伍的素质，造就社会主义现代化建设的大批专门人才，是现代化建设的需要，是继往开来、保证党的路线连续性的紧迫要求，具有重大战略意义。

决定回顾了我们党重视培养、训练干部的历史传统，指出：现在活跃在各条战线的领导骨干和业务骨干，绝大多数是我们党在革命战争时期和建国初期培养出来的。决定指出，从50年代后期以来，由于党在指导思想上的失误，培训干部的工作逐渐削弱，刻苦学习专业知识的干部受到压抑，特别是十年内乱期间，干部教育和国民教育都受到严重摧残、破坏，贻误了老、中、青几代人的学习与提高，致使目前整个干部队伍的理论水平、知识和专业水平很不适应工作的需要。这是一个极其深刻的历史教训。现在这件大事再也不能耽误了。

决定说，中央党政机关经过这次机构改革，开始消除机构臃肿、人浮于事的现象，对干部的工作效率和工作质量提出了更高的要求，同时通过紧缩编制也为大规模地培训干部提供了条件和可能。机构改革，提高干部队伍素质，是克服官僚主义、提高工作效率和经济效益的两个重要环节。中央党政机关各级领导，要下大决心，花大气力，克服各种困难，立即着手把干部教育工作规划好、组织好，使中央党政机关成为高效能的决策和管理机关，成为培养、造就优秀建设人才的大学校。

全体干部都要成为坚持社会主义道路的、具有专业知识的合格工作人员

决定指出，干部教育工作的基本任务，是使全体干部在马克思主义理论、专业知识、科学文化水平和领导管理能力等方面都得到提高，成为坚持社会主义道路的、具有必备的专业知识的党和国家的合格工作人员。决定要求，中央党政机关的每一个干部，都要学习马克思列宁主义、毛泽东思想的基本理论，学习党的路线、方针、政策。担任处、科以上职务和在意识形态部门做业务工作的干部，要比较系统地学习马克思主义的哲学、政治经济学、科学社会主义、中国近代史和中国革命史几门课程。在学习中要强调贯彻理论联系实际的原则，克服教条主义和实用主义，使干部掌握马克思主义的立场、观点、方法，提高执行党的路线、方针、政策的自觉性。

决定说，从干部队伍的现状来看，需要特别重视业务学习，提高业务水平。中央党政机关的干部，职务高低不同，业务种类繁多，他们的共同特点是在领导机关工作，因此要具有带共同性的业务基础知识，如经济、管理、法律、科学的领导方法和工作方法，等等。这是做好中央党政机关工作必备的基本功，必须认真学好。除了这种共同性的业务基础知识以外，不同层次，不同行业的干部，还应该根据各自的需要学习和掌握各种专业知识和技能。

决定规定，在中央党政机关里，现有文化程度不到初中毕业的干部，年龄在40岁以下的，必须在两三年内经过文化补课达到初中毕业文化程度；现有干部中已具有初中以上文化程度但缺少专业知识的，要在三五年内提高到中专、大专程度。今后调入中央党政机关的干部，最低限度必须具备高中或中专毕业的文化、业务水平，否则不得调入。军队转业干部不具备这个条件的，也要经过培训，考核合格，方能调入。

决定说，中央设想，经过五年左右的努力，中央党政机关的干部，都具有高中或中专毕业以上的文化、业务水平；大专以上程度的干部比例逐年有相当的增长；部委、司局两级领导班子中，大专以上程度的干部占有较大的比重。这样，整个干部队伍在革命化、年轻化、知识化、专业化方面就将有个明显的变化，机关工作就会出现新的面貌。

关于干部教育工作的五项政策和制度

决定说，为着使干部教育工作经常化、制度化、正规化，中央认为，应当明确规定以下各项政策和制度：

一、干部教育应纳入国民教育计划。培训干部要有长远规划和年度计划。教育行政部门和各业务部门要把干部教育工作列入自己的事业计划和管理系统。

二、今后，中央党政机关的所有干部，都要分批分期参加轮训，一般要做到每三年离职学习半年，成为一种制度。按期离职学习，既是每个干部的义务，也是应有的权利。对一部分需要较长时间培训的干部，也可以把两三次离职学习半年的时间集中一次安排。

三、把干部培训和干部任用结合起来。今后使用和提拔干部必须把学历、学习成绩同工作经历、工作成绩一样作为重要依据。为此，要建立干部学习的考核、考试制度，学习成绩记入档案。凡学完规定的必修课程并考试及格的，可获得相应的学历。学习成绩优秀并能在实际工作中应用的干部，在其他条件同别人相似的情况下，应当优先晋职。

四、干部离职学习期间，工资福利和其他待遇，包括工资调级，同在工作岗位上的干部一样对待，由原工作单位负责解决。

五、对具有大专以上程度，但缺乏基层工作经验的年轻干部，要有计划地安排他们到第一线去取得实际工作的经验。

决定说，鉴于培训干部的任务重、规模大、课目多，而现有的干部教育机构、师资、设备又很有限，因此，在具体措施上，要采取多样化的形式，充分利用一切可以利用的力量，实行分散和集中相结合的社会化方法。中央党政机关各部委要对干部现有文化程度、业务和理论水平，进行调查摸底，按照干部的实际情况和不同的业务需要分别组织培训。由中央党政机关各部委，开办干部走读培训班，从机关内部挤出房子作教室，作为对具有初中以上文化程度的干部进行业务和理论培训的主要形式。发挥现有党校、干校的作用，开办学制一、二年的干部培训班和学制半年的干部进修班。发挥教育部和各部委所属高等院校和中等专业学校的作用，开办二、三年制的干部专修科或学制较短的干部培训班，招收比较年轻的干部入校学习。有的高等院校还可招收少数青年干部为本科学生。对初中以下文化程度的干部的文化补课，主要是由各部委单独或联合举办脱产或业余的文化补习学校进行。已有大专以上学历的干部，主要是根据本职业务工作的需要，在工作中提高，并利用离职半年的时间自修或到高等院校、研究单位短期进修，进行知识补缺和更新。

决定指出，实行干部每三年离职学习半年的制度后，仍要加强对干部在职学习的领导。提倡和鼓励干部自学或参加社会上的业余、函授、广播、电视等各种类型学校的学习。

决定指出，加强党对干部教育工作的领导，是提高干部队伍素质的关键。中央党政机关的干部培训工作，主要应由各部委负责做好。为了统筹和协调中央党政机关的干部教育工作，研究和拟订干部教育的方针、政策，决定由中央组织部、中央宣传部、劳动人事部、教育部组成中央党政机关干部教育工作小组办理日常工作，这个小组也负责检查和指导全国干部教育工作。

**外经贸部部长陈慕华在北京会见由罗马尼亚共产党中央委员会政治执行委员会委员保罗·尼古列斯库率领的罗马尼亚消费合作社代表团**

**西藏 青海 四川 甘肃 云南5省区藏族文学座谈会在拉萨举行**

## 10月4日

**《人民日报》发表孙起孟的文章《对“长期共存，互相监督”“肝胆相照，荣辱与共”方针的几点认识》**

胡耀邦同志在党的十二次全国代表大会上的报告中说：“我们党要继续坚持‘长期共存，互相监督’，‘肝胆相照，荣辱与共’的方针，加强同各民主党派、无党派民主人士、少数民族人士和宗教界爱国人士的合作。”对党中央的这一指示，我们应当高度重视和深刻领会。因为，这是党中央关于新的历史时期统一战线问题的根本性指针。对这个方针，我有以下几点认识。

一、“长期共存，互相监督”的方针，是毛泽东同志在1956年4月《论十大关系》一文中提出的。毛泽东同志说，“几个党好。不但过去如此，而且将来也可以如此，就是长期共存，互相监督”。在1957年2月《关于正确处理人民内部矛盾的问题》中，毛泽东同志对这个重要思想又作了进一步阐发。这个方针的提出，是我国政治生活中的一件大事，也是我们党对科学社会主义理论的一个新贡献。

二、“肝胆相照，荣辱与共”，是胡耀邦同志在1982年1月全国统战工作会议上的讲话中提出的。他说：“我认为，我们应当鲜明地向全党提出，同时也告诉党外朋友，在新的历史时期中，我们一定要同党外朋友真正建立起肝胆相照、荣辱与共的关系。”这里，我们要注意耀邦同志指出的“在新的历史时期中”的提法。就是说，这种关系是在新的历史条件下发生和发展起来的。邓小平同志在1979年6月五届政协二次会议的开幕词中告诉我们，“我们的国家进入了以实现四个现代化为中心任务的新的历史时期，我们的革命统一战线也进入了一个新的历史发展阶段”。这个新的历史时期和新的历史发展阶段的主要标志有二：一是全国各族人民和各条战线都要集中力量进行社会主义现代化建设；一是我国的社会阶级状况发生了根本变化，各民主党派都已经成为各自所联系的一部分社会主义劳动者和一部分拥护社会主义的爱国者的政治联盟，都是在中国共产党领导下为社会主义服务的政治力量。这样的历史条件决定了党同非党的新关系的实质，即“肝胆相照，荣辱与共”。

三、胡耀邦同志代表党中央在十二大提出的十六字方针，是我们党关于统一战线的理论和政策在新形势下的深化和发展，也是对于毛泽东思想既坚持又发展的一个范例。我们党的方针、政策是从实际出发制定的。统一战线的发展和壮大，为十六字方针的提出提供了可靠的基础。这里仅举人民政协和民主党派的若干数字为例证。一届全国政协代表662人，选出委员180人，二届一次会议的全国政协委员为559人，三届一次会议时为1041人，四届一次会议时为1199人。粉碎“四人帮”以后的1978年，召开了五届全国政协一次会议，委员增至1988人，至四次会议时达2054人。

截至 1981 年年底止，29 个省、自治区、直辖市的政协委员为 15931 人。全国县级政协委员共约 13 万人。这样，各级人民政协的成员就构成了一支多达约 15 万人而且具有各个方面的广泛代表性的庞大队伍。地方政协组织的发展，三年来也很显著。现在，各省、自治区、直辖市已恢复和新建县(市、区)级政协组织 1604 个，约占全国 2864 个县级单位的 56%。在党的十一届三中全会精神指引下，我国 8 个民主党派近三年来共发展新成员 35000 余人，共有 700 多个地方组织，4000 多个基层支部。据不完全统计，民主党派成员被评为劳动模范、先进工作者、特级教师、三八红旗手以及获得各类科技奖的，共达 1 万余人。正因为党中央在指导思想上完成了拨乱反正的任务，才能根据上述实际情况，在统一战线工作方面提出“长期共存，互相监督”、“肝胆相照，荣辱与共”的十六字战略方针。

四、如上所述，这十六字方针是在不同的历史条件下提出的，现在融为一体，作为一个完整的方针公布于国内国外，这就要求我们对它的精神实质能有正确的理解。

由于历史的和现实的条件，我国实行中国共产党领导下的多党平等合作，这是我国政治体制的一个特点和优点。党的十二大确定，建设高度的社会主义民主，是我们的根本目标和根本任务之一。搞好共产党领导下的多党合作，是建设高度的社会主义民主的一个重要部分。实行并加强共产党与各民主党派的合作，是实现新时期总任务的需要，是实现 80 年代加强现代化经济建设，促进祖国统一，反对霸权主义、维护世界和平的三大任务的需要。这次党的十二大明确要求在五年内争取实现国家财政经济状况的根本好转，实现社会风气的根本好转，实现党风的根本好转。为此，同样必须继续加强同各民主党派和各方面人士的合作。大量的事实表明，各民主党派和各方面的人士在实现上述总任务和具体任务方面，都作出了有目共睹的贡献，甚至起到别的组织和个人起不到的作用。实践的经验和形势的发展使我们愈来愈信服地认识到，共产党同民主党派长期共存的方针，的确是马克思主义的远见卓识。

互相监督，在不同的历史条件下，有着不同的内容和特点。毛泽东同志在《关于正确处理人民内部矛盾的问题》中指出，互相监督的方式就是提意见，作批评，让民主党派监督共产党是因为党需要听到不同的声音。他还指出，主要监督共产党的是劳动人民和党员群众。这样的互相监督，是当时我国社会主义改造基本实现的历史状况的反映。当我国进入新的历史时期之后，互相监督就具有新的内容和特点。最根本的一点就在于党与非党已建立“肝胆相照，荣辱与共”的关系。党与各民主党派有着共同的奋斗目标和共同的根本利益。既然大目标是一致的，自然成则共荣，败则共辱。既然根本利益是一致的，自然彼此之间只有披肝沥胆，分忧分劳。矛盾是会发生的，不同的意见也是存在的，但这些都是在根本利益一致基础上的矛盾和分歧。正确处理这种矛盾，是促进我们共同事业发达进步的一种动力。民主党派对共产党的监督，在新的历史条件下，与他们同共产党的通力合作是一致的，也可以说，监督的目的就是为了加强合作。当前，提意见、作批评，虽然还是互相监督的重要形式，但是越来越多的事实表明，群策群力，一起动手，共同把事情办好，在互相监督的形式中正在逐渐地居于主要的地位。各民主党派近年来发展得很快的各项咨询服务工作和举办各类形式的教育设施，协助安置待业青年，等等，就是生动的例证。民主党派的成员都是国家的主人翁，他们也是劳动人民的一部分，因此，对于监督共产党来说，就无所谓主辅之分。总起来说，新时期的互相监督，是肝胆相照、荣辱与共的监督。这种监督是我国发展社会主义民主、加强党与非党合作的一种有效形式。

《关于建国以来党的若干历史问题的决议》极其正确地指出，“为了坚持党的领导，必须改善党的领导”。这是党从建国以来正反两方面经验中得到的一项基本总结。坚持和改善共产党的领导需要各民主党派的监督，对共产党进行监督的唯一宗旨是为了坚持和改善共产党的领导，任何把对共产党的监督同坚持共产党的领导对立起来的看法和做法都是错误的。

正确地、全面地领会和坚决执行“长期共存，互相监督”、“肝胆相照，荣辱与共”的方针，是我们学习和贯彻党的十二大精神的重要课题和重要任务之一。

**全国财政工作会议在北京召开**

会议于 10 月 4 日至 27 日召开。财政部部长王丙乾在会上说，为了实现党的十二大提出的今后五年内国家财政经济状况根本好转，完成新时期的财政任务，财政工作必须转到以提高经济效益为中心的轨道上来，尽快打开新局面，作出新贡献。

王丙乾说，为了实现工农业年总产值在 20 年内翻两番，使人民生活逐步提高到小康水平，需要各行各业坚持不懈地作出重大努力。就财政部门来说，我们必须会同有关部门竭尽全力逐步解决好当前存在的财政资金不足这一突出的矛盾，以利于把各项建设事业特别是能源、交通建设搞上去。他指出，财政工作起步的条件是比较好的。经过 30 多年来的建设，我们已经有了比较雄厚的家底，积累了 5000 多亿元固定资产和 3000 多亿元流动资金。各方面增加收入、节约支出的潜力是很大的。可以说遍地是黄金。问题就在于如何把潜力变成真正的实力。现在，党中央和各地党委对财政工作都很重视，各行各业都已开始注意抓经济效益，只要我们振奋精神，努力做好工作，是能够解决好资金不足的问题，实现十二大提出的战略目标的。

王丙乾说，实现财政状况根本好转的标志，就是巩固地保持财政的基本平衡，并在此基础上，经过一个时期的努力，达到完全平衡。同时，还要逐步增加财政后备，为今后经济振兴积蓄力量。他说，我们实现财政收支平衡的途径应该从发展生产，提高经济效益入手，讲究生财、聚财、用财之道，从而增加收入，节约支出，保证国家急需的重点建设，并继续改善人民生活。这种平衡是建立在经济发展的稳固的基础上的，因而才是巩固的，也是有后劲的。要做到这一点，财政工作必须来一个大的转变，就是要转到以提高经济效益为中心的轨道上来，集中主要力量促生产，促经营，讲效益，反浪费，协同有关部门提高企业资金收入率、流动资金周转率和基本建设投资回收率。要反对那种动不动就向财政上要钱，躺在国家身上吃“大锅饭”的思想，应该是眼睛向下挖潜力，尽量做到不要钱或少要钱，要了钱就得把事情办好。要合理分配资金和加强管理，把国家各方面的资金进行统筹安排，把钱花在刀刃上。王丙乾强调，要完成新时期的财政任务，必须把财政工作提高到一个新水平。

他说，目前我们国家经济生活中，已经出现了许多新情况、新问题、新经验，而在今后国民经济进一步调整、改革、整顿、提高的过程中，更多的新情况、新问题和新经验将陆续不断地呈现在我们面前。这就要求我们更加系统地学习财政经济理论和党的财经政策，更加深入地研究各项实际问题，逐个地提出正确的答案和处理办法。因此，我们必须在党中央和国务院的领导下，尽快打开财政工作的新局面。

**国务院副总理万里在中南海会见以罗共中央政治执行委员会委员保罗·尼古列斯库为团长的罗马尼亚消费合作社代表团**

**国务委员兼外经贸部部长陈慕华在北京同葡萄牙工业能源和出口部长里卡多·巴尧·奥尔塔在人民大会堂举行会谈**

**中国葡萄牙经济工业技术合作协定在北京签字**

国务委员兼对外经济贸易部长陈慕华和葡萄牙工业、能源和出口部长里卡多·巴尧·奥尔塔分别代表本国政府签署了协定。

**全国妇联主席康克清在人民大会堂会见以希腊妇女联盟前主席卡利奥佩·格·布尔达拉为团长的希腊妇女联盟代表团**

**联合国教科文组织亚太地区扫盲成人教育实地考察座谈会在广州开幕**

座谈会于10月4日至14日召开。座谈会由联合国教科文组织亚太地区教育办事处组织，在中国联合国教科文组织全国委员会和我国教育部共同合作下举办的。座谈会交流、讨论了与会各国的扫盲、成人教育经验；然后，各国代表分别到我国河南、山东两省的一些城市工厂、农村生产大队，对扫盲成人教育工作进行了为期7天的实地考察；最后，座谈会在北京闭幕。

**李平衡逝世**

政协第五届全国委员会委员、民革中央常务委员兼团结委员会主任委员李平衡因病医治无效，于10月4日在北京逝世，享年84岁。

李平衡同志是安徽省怀宁县人，早年留法勤工俭学。1949年他参加了中国国民党革命委员会，并于1952年春从海外归来，参加新中国的建设事业。李平衡回国后，历任中国国际贸易促进委员会研究员，中国国际交流协会理事，政协第二、三、四、五届全国委员会委员。

## 10月5日

**《人民日报》发表社论《集中使用资金保证重点建设》**

党的十二大提出了今后二十年经济建设的宏伟目标。胡耀邦同志在报告中指出：“要实现今后二十年的战略目标，必须由国家集中必要的资金，分清轻重缓急，进行重点建设。为此，必须调动各方面的积极性，努力发展生产，提高经济效益，使国民收入有较快的增长，同时要改变资金过于分散的现象。”我们必须牢固地树立“全国一盘棋”的思想，适当加强集中统一，把资金用到国家急需的建设项目上来。

过去，我们经济管理工作中的一个严重弊病，就是过分强调高度集中，把过多的财力、物力统在中央手里，致使地方和企业没有多少机动力量，影响了地方和企业的积极性，妨碍了整个经济的发展。这几年来，中央采取坚决措施，扩大地方和企业的权限，纠正了过分集中的偏向。但是，由于一些具体措施、办法不够完善，实际工作未能及时跟上，当前又出现了分散多了一些的现象。就基本建设来说，一个突出的问题就是资金使用分散。今年上半年预算内基建投资增长不到

10%，而预算外投资增长超过了50%，预算外投资额已占基建投资总额的55%。预算外基建投资大量增加，不仅造成资金使用分散、盲目建设、重复生产现象难以控制，而且加剧了能源、交通运输以及原材料、设备的供应紧张。这种状况不改变，目前和今后几年的重点项目建设将难于得到有效保证，年度计划、中长期规划的实现将受到严重影响。

集中使用资金势在必行。目前以至今后若干年内，能源、交通运输都比较紧张，制约着国民经济的发展速度。只有集中必要的力量进行重点项目建设，把能源、交通运输这些基础设施搞上去，保证工农业生产有一定的发展速度，全局才能搞活，振兴经济、建设“四化”才有指望。如果把有限的资金、物资分散了，分头去干那些零零碎碎的事情，就谈不上打好基础、积蓄力量，为实现本世纪末的奋斗目标做好准备。

集中使用资金保证重点建设是完全可能的。我们的社会主义制度同资本主义相比，它的优越性的一个重要方面，就在于实行计划经济，能够做到“全国一盘棋”，保证重点项目的建设。第一个五年计划期间，集中力量建设156个重点项目，我们积累了不少成功经验。在目前的新情况下，关键在于统一思想认识，步调协同一致，把发挥地方以及部门的积极性、主动性，同全国的统一性、计划性很好地结合起来。

适当加强集中统一，是不是又走回头路呢？当然不是。扩大地方和企业权限的政策是正确的，今后还要继续贯彻执行，不能改变。适当加强集中统一，是计划经济的客观要求，是贯彻执行调整方针的现实需要。从宏观经济考虑，从当前和长远的经济建设考虑，只有适当加强集中统一，统筹安排，才能解决经济发展中的主要矛盾，才能使国民经济的发展稳步增长，才能坚持以计划经济为主、市场调节为辅的原则，把经济搞活，取得更好的经济效益。我们过去提倡、现在仍然提倡地方和企业都应当在财力物力上有一定的机动，能够因地制宜地解决一些生产建设中迫切需要解决的问题。早在50年代，邓小平同志就指出，因地制宜是在国家计划指导下的因地制宜。第一是国家集中统一，第二是因地制宜和灵活性。否则，就会产生地方主义，不顾大局。

适当加强集中统一，会不会伤害地方和企业的积极性？不会。关键在于正确处理全局和局部、集中和分散的关系。作计划、办事情，既要考虑各地区、部门、企业的发展需要，更要强调局部利益服从全局利益，实行“全国一盘棋”。只有把全局安排好了，各个局部才能真正主动。如果全局安排不好，国家的重点建设得不到保证，能源、交通等基础设施上不去，国民经济的全局活不了，各个局部的发展必然受到很大限制，即使一时一地主动了，也是不能持久的。当然，我们的工作要做细，财政收入分成、利润留成比例都要经过仔细算账，合理确定，以使地方和企业都有机动余地。只要企业积极努力，增产增收，在上缴国家集中的资金之后，企业仍然可以多得，仍然可以举办一些急需办的事情。这样，不仅不会伤害地方和企业的积极性，恰恰相反，还能进一步调动积极性。为国家的重点建设提供资金，是每个企业、事业单位的光荣职责，也是为实现战略目标所做的贡献。众人拾柴火焰高。我们国家大，每个有收入的单位给国家提供一点资金，就能集腋成裘。在学习和贯彻党的十二大精神的过程中，应当把搞好企业生产，增加收入，为国家重点建设集中资金，作为实际行动之一。

解决重点项目建设的资金问题，要靠发展生产，提高经济效益，但不能忽视甚至否定适当加强集中统一。这是因为，现实情况是某些分散现象削弱了计划经济。过去几年，国家预算内的基建投资规模压缩了，地方自筹、银行贷款等各种渠道的基建投资规模却大大膨胀了。现在必须认真压缩计划外的投资规模，克服资金使用分散的现象，适当加强集中统一，以保证重点项目建设计划的实现。也只有适当加强集中统一，继续贯彻调整方针，从各方面挤出资金，搞好重点项目建设，才能理顺比例，提高宏观经济效益。当然，重点项目建设要合理使用资金，讲求投资效益。既要防止不切实际的贪多求大，又要把有限资金用到最急需的能源、交通运输等建设方面。原有项目要努力缩短周期，争取提前完成，新项目一定要搞好前期工作，实行“五定”，避免工期失控，敞口花钱，成为“无底洞”。不然，即使投资增加了，也不一定取得应有的效益。

为了确保重点项目建设顺利进行，各有关部门和各地区，都要坚持“全国一盘棋”思想，从全局出发，通力协作，在国家计划指导下作出各自应有的贡献。

**全国革命根据地史第一次学术讨论会在成都举行**

会议主要讨论土地革命战争时期根据地的历史问题。

中共中央顾问委员会常委、政协全国委员会副主席王首道到会讲了话。他指出，革命根据地的建立、巩固和发展的历史，是以毛泽东同志为主要代表的中国共产党人把马列主义的普遍真理同中国革命实践相结合的典范。研究和编写革命根据地的历史，对整个党史研究工作的开展，对加深理解党的十二大确定的纲领、路线和政策，对教育子孙后代，都具有重要意义。他强调，在编写党史和根据地史时，一定要坚持调查研究，实事求是。

来自全国各地的老同志和党史工作者200多人参

加了会议。一些老同志结合自己的亲身经历,在会上讲述了中央根据地、赣东北根据地、鄂豫皖根据地、川陕根据地、湘鄂西根据地和陕北根据地的情况。

会议希望各地进一步提高对研究和编写革命根据地史的重要性的认识,加强对这项工作的领导,跨省、自治区的革命根据地史的编写工作,应由有关省、自治区搞好协作。

会议由中共党史研究会召开。会议收到各地送来的有关各革命根据地历史方面的论文、专题报告140多篇。

**外交学会会长郝德青在北京会见由美国"太平洋论坛"会长劳埃德·瓦齐率领的美国"太平洋论坛"访华团**

**全国城市科技工作会议在湖北襄樊召开**

会议于10月5日至11日举行。全国81个城市的200多名代表参加会议,许多中小城市介绍科技工作的经验。

国务委员、国家科委主任方毅在会上指出,从中小城市的实际出发,在工作指导上应当突出以下几点:

1.要有各自的特色。各个城市科技工作要针对当地的具体条件,确定优先发展领域。

2.要有纵深的部署。每一个中小城市要保持和发展自己在全国经济中的地位,必须有长远的打算,必须有一定的技术储备。

3.要灵活多样化地发展。在全国的统一计划指导下,充分发挥中小城市灵活机动的能力,加速产品的更新换代、工艺的改革以至企业的技术改造。不要盲目地去同大城市和其他地方争原料、争能源。

4.要大力搞好科学技术的转移。所有城市,特别是中小城市应该善于把国外的和国内大城市、大企业、大学和军工部门的科技成果吸收过来,加以消化,推广应用。

5.要支援农村的建设。

方毅指出,不断提高中小城市的科技能力,必须具备有人才,有经费,加强组织管理和服务工作三个条件。在谈到人才来源时,他说,根据襄樊等一些城市的经验,除了自己培养外,从大城市、大机关和大的科研单位引进人才,是一种好办法。我们要提倡人才的合理"定向流动",即由大城市向中小城市流动,由城市向农村流动,由沿海地区向边远地区流动,而不能相反。这应当是我们的一项政策规定。此外,中小城市还可以引进知识,经常从大城市聘请科技人员来本地传授知识和技术,指导帮助工作。

## 10月6日

**全国哲学社会科学规划问题座谈会在北京举行**

座谈会于10月6日至14日,由中宣部与中国社会科学院联合召开。会议开幕时,中国社会科学院院长马洪在会上作了题为《做好规划工作,开创社会科学研究新局面》的报告;国家计委、中国科学院的负责人在会上作了专题报告。

中共中央政治局委员胡乔木到会并讲话,他说,研究和解决我国社会主义现代化建设中提出的重大理论问题和实际问题,是哲学社会科学工作的根本任务。他鼓励广大社会科学工作者努力探索经济、政治、法律、文化、社会、哲学等领域的发展规律,努力把一切规律性的知识应用到建设社会主义现代化的各个实际部门和单位,并经过各种途径把这些知识向全国人民进行普及教育。

胡乔木说,群众和青年的爱国心和革命理想是靠思想文化教育来培养的。为着开创社会主义现代化建设的新局面,必须在全国人民中深入进行爱国主义和共产主义思想教育。在这方面,社会科学工作者过去几年做了许多有益的工作,帮助了群众思想政治觉悟的提高,这些工作今后需要进一步地扩大,以适应全面开创社会主义现代化新局面的需要。为了提高人民的社会主义精神文明,就需要广泛地开展历史教育、理想教育、道德教育、纪律教育和法制教育,每一方面教育都有丰富的理论内容,例如道德就包括政治道德、经济道德、文化道德、社会道德、家庭道德和个人道德;而社会道德又包括各种职业道德。其他方面的教育也如此,这些都不是三言两语所能奏效的。在开展这些教育的同时,还要加强对各种错误的思潮的科学批判。科学家的责任在于创新,只有详细占有材料和经过深思熟虑的研究,才能提出系统的、有价值的见解。

胡乔木强调指出,社会科学的研究成果,应该也完全能够在社会主义建设的实际工作中起着重要作用。社会科学的每一门学科几乎都有它可以直接应用的方面。为了使各门科学在社会主义现代化建设中充分发挥作用,我们应当努力发展一切可以直接应用的部分,用来推进现代化建设的实际工作,并提高全国人民的马克思主义觉悟和社会科学水平。比如,经济学的研究者就可以同一个企业直至一个部门一个地区合作,共同研究怎样改进企业管理,调动所有职工的积极性,使企业不断提高生产效率,严密财会统计核算工作,合理利用人力物力财力,改善工资劳动奖惩制度,降低成本,减少浪费,增加经济效益。这样的工作已经有了一些开端,希望能逐步扩大规模,并且同自然科学工作者充分合作。这既可以开阔科研视野，又会使各地区各部门得到实际帮助，从而重视社会科学的意义。其他如法学、社会学、历史学、民族学、国际问题研究、文艺学、语言学、考古学等学科的研究，也都能找到各自直接应用的对象。

他说，向群众传播和普及社会科学知识的工作，也应当成为社会科学工作者的一项光荣任务。像自然科学一样，无论基础研究、应用研究、普及工作，都应该成为评奖的对象。

胡乔木重申了在科学文化工作中必须坚持百家争鸣、百花齐放的方针。宪法草案没有采用这个用语只是因为这不是法律语言。至于党的十二大报告，因为篇幅所限，很多一直在执行而且以后还要继续执行的方针都没有说到，这丝毫不意味着这些方针有什么变化。党坚定地要求按照科学艺术发展的规律来领导科学艺术如同要求园丁正确地灌溉、施肥、除草、防治病虫害，而不允许他们践踏社会主义的"百花园"。

中共中央书记处书记、中宣部部长邓力群到会讲话。他谈到，党的十一届三中全会以来，我国的社会科学工作无论从它的发展规模还是发挥的作用来看，都超过了建国以来任何一个时期。广大社会科学工作者在党中央和各级党委领导下，冲破长期以来教条主义、个人迷信的束缚，积极投入理论上拨乱反正的斗争，对社会主义建设中的理论问题与实际问题进行了有益的探索，提出了不少有价值的见解，对党中央和国务院制定有关方针政策发挥了参谋作用。哲学社会科学的学科建设、研究机构和科研队伍也都有所发展，希望这支队伍继续壮大，取得更多的学术成果。

邓力群说，为了开创社会科学研究新局面，必须搞好科研机构和队伍的整顿。最根本的是要加强马克思主义的指导，贯彻理论联系实际的原则，改进学风。一切有志于从事社会科学研究的同志，都要努力掌握马克思主义理论武器。理论知识较丰富而缺少实际经验的同志，要深入到各个领域的实际中去，运用马克思主义立场、观点、方法去分析研究新情况，新问题，作出科学的回答；有实际经验而理论准备不足的同志，一定要结合各自的专业反复钻研马克思主义有关经典著作；青年研究人员尤其要把学习马克思列宁主义、毛泽东思想当作基本功、必修课。

他说，做好科研规划和科研组织工作，是完成新时期社会科学各项科研任务的保证。制定规划时要运用集体智慧，发扬民主精神，吸收各科研单位、教育部门真正有学问的人参加讨论。要向专家、学者们请教，向党政机关、计划部门的领导和实际工作者请教。各地的科研计划要发挥本地优势，具有自己的特色，做到切实可行。

参加座谈会的有中宣部、中国社会科学院、教育部、国家计委、财政部、中国科学院、劳动人事部、文化部出版局和全国 29 个省、自治区、直辖市宣传部门、社会科学研究单位、部分大专院校等的有关负责人和代表共 170 余人。

**财政部负责人就加强对农业支持对新华社记者和《中国财贸报》记者发表谈话**

这位负责人说，各级财政部门要不断提高对支援农业的认识，切实改进和加强这方面的工作。当前和今后一个时期，财政支农工作的中心任务是：不断提高支农资金的使用效果，大力促进农、林、牧、副、渔全面发展，大力支持农业科学研究事业和农业新技术的推广，促进农村经济的进一步繁荣。

这位负责人指出，为完成这些任务，要做好以下四个方面的工作：

第一，切实贯彻"决不放松粮食生产，积极开展多种经营"的方针。各地财政部门今后在积极扶持多种经营的同时，要大力支持粮食生产，使多种经营和粮食生产互相促进，实现农业生产的良性循环。要配合有关部门，采取措施，保证国家计划规定的粮食作物的播种面积；要继续重视商品粮基地的建设；要支持改造低产粮田，努力提高单位面积产量；要积极扶持社队集体和社员个人发展不与粮食争地的多种经营项目。对社队原有的多种经营基地，要配合有关部门进行整顿，促其巩固和发展。

第二，积极支持发展林业，促进农村搞好水土保持工作。各级财政部门要发挥综合部门的职能作用，配合农林、水利、畜牧等部门统一规划，把现有能够用于林业生产的资金统筹安排，管好用好。水土流失严重的地方，要根据需要和可能，同有关部门协商，合理调整支农资金的比例，适当增加水土保持经费。

第三，大力支持农业科学研究和农业新技术推广工作。各级财政部门要积极主动地配合农业科研和技术推广部门，把已经研究成功的科研项目尽快应用到农业生产上去。目前，农民迫切要求国家提供优良的种畜、种禽、苗木和技术服务，各地财政部门要大力给予支持。同时，还要积极支持农业技术责任制的开展，使之更好地为农业生产服务。

第四，用于农业方面的资金，在安排和使用的过程中，要精打细算，注意发挥经济效益，做到少花钱，多办事，办好事，使有限的资金产生最大的经济效果。

**国务院副总理万里在人民大会堂会见由世界卫生组织西太平洋地区主任中岛宏博士率领的世界卫生组织代表团**

**国务院副总理万里在人民大会堂会见葡萄牙工业能源和出口部长里卡多·巴尧·奥尔塔**

**外经贸部部长陈慕华在北京会见由市长约瑟夫·克林斯率领的联邦德国杜伊斯堡市友好代表团**

**全国总工会主席倪志福在北京会见以副会长福井秀政为团长的日本工会同盟第二次访华团**

**中美纺织品贸易协议第二轮谈判在华盛顿结束**

这次于9月27日开始的谈判虽未达成最后协议，但双方对各自的立场有了进一步的了解，有助于双方确定下一轮谈判的现实起点。今年年底到期的中美纺织品贸易协议签署于1980年。这项协议是双方按照中美贸易关系协定的精神，为在平等互利的基础上发展两国贸易而采取的一项重要措施。

美国在会谈中一方面承认中国并不是美国纺织品进口的主要供应国，因此，理应享受非主要供应国的待遇。同时又强调美国纺织、服装业所面临的困难，坚持要求削减中国纺织品对美国的出口水平。中国方面鉴于中美两国目前在贸易方面处于不平衡状态，强调美国应当在限制范围、限额水平和年增长率等方面，以非主要供应国待遇对待中国纺织品。

中美双方在会谈中都表达了尽早达成纺织品贸易新协议的愿望。中国方面还表示，尽管双方目前还存在着分歧，但是如果美方能从现实出发调整其基点，双方的谈判是不难达成协议的。中方希望中美双方的下一轮谈判将通过外交途径商定。

**中国援建科摩罗“人民大厦”合同在莫罗尼签字**

科摩罗装备、环境和城市规划部长穆罕默德·穆米纳和中国驻科摩罗大使馆临时代办张复夏，在莫罗尼分别代表本国政府签署了关于中国援助科摩罗兴建“人民大厦”的合同。

科摩罗代理总统、总理阿里·姆鲁贾，经济和财政部部长阿里·纳索尔和科中两国的专家出席了签字仪式。穆米纳部长和张复夏代办在签字仪式上发表讲话，共祝科中两国之间友好合作关系的不断发展。

**《人民日报》发表评论员文章《创造生气勃勃的文艺繁荣新局面》**

具有伟大历史意义的党的第十二次全国代表大会胜利闭幕以后，全党和全国各族人民在党中央的坚强领导下，正在团结一致，为实现十二大所确定的纲领和目标，全面开创社会主义现代化建设的新局面而奋斗。我国广大文艺工作者精神振奋，决心为建设以共产主义思想为核心的社会主义精神文明，贡献自己的智慧和力量。

胡耀邦同志在十二大所作的报告中，引用列宁说过的一句话来激励我们。他说：“列宁说过，生气勃勃的创造性的社会主义是人民群众自己创造的。毫无疑义，没有亿万群众的高昂的劳动热忱，没有成千上万个生产单位的首创精神，没有各地方、各部门的积极奋斗，社会主义建设事业的蓬勃发展是不可能的。”这些非常富有生气和鼓舞力量的话，画龙点睛地揭示了发展我们正在从事的壮丽事业的关键所在。为了全面开创社会主义现代化建设的新局面，就必须用党的正确的路线、方针和政策，调动亿万群众为共产主义事业而奋斗的积极性、高昂的劳动热忱和首创精神。而这一点，对于在社会主义精神文明建设中肩负重要使命的文艺工作来说尤其显得重要。文艺是一个更需要创造性的事业，没有这种积极性、劳动热忱和创造精神，要开创社会主义文艺繁荣的新局面是不可能的。

粉碎“四人帮”，特别是党的十一届三中全会以后，广大文艺工作者从林彪、江青反革命集团的精神桎梏下解放出来，为社会主义而创作的积极性空前高涨。几年来，文学、戏剧、电影、美术、音乐、舞蹈、曲艺、摄影等，呈现了百花齐放的景象，产生了一批优秀的作品，涌现了一批新的人才。这些成就是十分可喜的，这是我们社会主义文艺的主流。当然，文艺战线在作出巨大成绩的同时，也出现了某些不健康的、错误的文艺观点和作品，出现了某些资产阶级自由化的倾向。在党中央的领导下，这种右的倾向和“左”的倾向一样，都受到批评，正在被克服纠正。文艺战线的形势是好的，令人鼓舞的。

党的十二大重申了党多次郑重提出的任务：我们在建设高度物质文明的同时，一定要努力建设高度的社会主义精神文明。文学艺术是精神文明建设的重要组成部分。优秀的文艺作品，通过生动感人的艺术形象，对人民群众起着潜移默化的教育和陶冶作用。我们的文学艺术不仅要给人们以高尚趣味的精神享受，而且要在传播先进思想，为把我们的社会成员培养成为有理想、有道德、有文化、守纪律的劳动者方面，发挥其特殊的作用。因此，我们应该充分认识，我们的文艺工作在社会主义精神文明建设中担负着光荣而艰巨的任务。

要开创生气勃勃的文艺繁荣的新局面，就要求文艺工作者提高社会责任感，努力创作出能够表现强烈的时代精神的优秀作品，把最好的精神食粮贡献给人民。党的十二大的胜利召开，使我们全党和全国人民目标更加明确了，信心更加增强了。思想的明确和统一，就使我们更加有了发挥创造性和积极性的广阔天地，更加有了放开手脚大干的条件。

为了开创生气勃勃的文艺繁荣的新局面，首要的任务是要加强学习。最近党中央号召我们，要把学好文件当作十二大闭幕后的第一件大事来抓。十二大文件，特别是几个主要文件，都是历史经验的总结和集体智慧的结晶。只有通过学习才能使全党思想达到统一，保证十二大方针任务得到贯彻执行。对于我们文艺工作者来说，只有学好十二大文件，才能使我们真正掌握建设精神文明的武器，才能使我们的文艺创作活动有明确的指导思想。近几年来，少数文艺工作者有忽视学习马克思主义基础理论的情况。少数人创作上出现的种种偏差，与他们的理论修养不够，马克思主义水平不高，不能说是没有关系的。我们要开创生气勃勃的文艺繁荣的新局面，首先要强调加强学习，在思想认识上来一个新的发展，新的提高。

开创生气勃勃的文艺繁荣的新局面，还要求我们很好解决深入生活的问题。随着社会主义现代化建设的全面高涨，社会生活也将发生深刻的变化。现实生活中那些为革命理想而奋斗、而献身的英雄模范人物不断涌现。“十步之内，必有芳草。”我们的作家、艺术家如果不及时地深入到正在变化着的现实生活中去，怎能理解和反映出“新的人物，新的世界”呢？如果不深入到生活的漩流中去，感受时代斗争的脉搏，又怎能捕捉到生活中那些具有共产主义思想闪光的东西呢？只有对正在蓬勃发展着、变化着的现实生活深入了解，才能正确地表现出我们伟大的时代，才能正确地歌颂具有共产主义思想的新人。

我们衷心地祝愿和希望广大文艺工作者在十二大精神鼓舞下，更加团结一致，抖擞精神，群策群力，为创造一个生气勃勃的文艺繁荣新局面作出自己的贡献！

## 10月7日

**杜斌丞殉难35周年 杨明轩逝世15周年纪念大会在全国政协礼堂举行**

杜斌丞、杨明轩同志都是民盟西北地区组织的创建者和领导人。

党和国家领导人习仲勋、乌兰夫、李维汉，全国政协副主席刘澜涛，中共中央统战部部长杨静仁，民盟中央主席史良，民盟中央副主席胡愈之、华罗庚、萨空了、李文宜、闻家驷，民盟中央秘书长高天，各民主党派、全国工商联和全国台联的负责人屈武、胡厥文、叶圣陶、严信民、黄鼎臣、许德珩、蔡啸、胡子昂、林丽韫，杜斌丞的女儿杜瑞兰、杨明轩的儿子杨士仰及其他亲属，有关方面负责人，杜斌丞、杨明轩的生前友好和有关人士，共450多人参加了纪念大会。

中共中央政治局委员、中央书记处书记、全国人大常委会副委员长习仲勋在会上代表中共中央向杜斌丞、杨明轩同志表示崇高的敬意和深切的怀念，向他们的亲属表示诚挚的慰问。

他说，杜斌丞同志和杨明轩同志都是忠诚的共产主义战士，他们是西北教育界和爱国民主运动中最有威信、最有影响的代表人物，特别是在党中央长征到达陕北以后，他们长期战斗在敌人反共反人民的中心——西安，为维护我党领导的抗日民族统一战线，反对国民党的反动统治，保卫陕甘宁边区，立下了卓绝的功勋。

习仲勋说，杜斌丞同志和杨明轩同志都具有不断学习、不断追求真理的精神，从激进的爱国主义、民主主义发展到为共产主义的伟大理想而献身。习仲勋指出，杜斌丞同志和杨明轩同志都是在社会上有地位的知名人士，他们富贵不淫、威武不屈，一心一意为祖国、为人民、为共产主义理想而斗争的英勇气概是十分感人的。两位同志的战斗历程充分说明：我国老一辈革命知识分子走向革命，一般都是以爱国主义、民主主义为起点，经过不断地学习和革命实践，认清了历史发展的必然规律，最终树立了共产主义的世界观。我们新时期的知识分子，仍然应当以杜斌丞、杨明轩等同志为榜样，高举爱国主义的旗帜，高举共产主义的旗帜，不断学习，不断实践，不断前进。杜斌丞、杨明轩同志的革命事迹还说明：对于共产主义和共产党，必须有坚定不移的信念和忠贞不二的情操，必须有为真理而献身的精神。这是革命者的精神支柱。我们在革命时期需要这样的精神支柱，在社会主义建设时期仍然需要这样的精神支柱。

民盟中央主席史良、九三学社中央主席许德珩也在会上讲话。

杜瑞兰代表杜斌丞、杨明轩的家属向参加纪念大会的各界人士表示感谢。她表示，一定要学习和继承两位革命前辈的优秀品质，在党的领导下，响应党的十二大的号召，在各自的岗位上，为“四化”建设贡献力量。

纪念大会由胡愈之主持。

**中央爱卫会 卫生部发出《关于进一步开展爱国卫生运动建设社会主义精神文明的通知》**

通知指出，各级爱卫会和卫生部门要组织广大医药卫生人员深入学习领会十二大精神，充分认识开展爱国卫生运动，做好各项卫生工作在建设社会主义精神文明中的重要性，把从卫生工作做起，从卫生工作突破作为加强社会主义精神文明建设的中心工作，列入议事日程，作出具体安排。

深入开展秋季爱国卫生运动，要继续狠抓治脏，消除不卫生死角。通知强调指出这一问题时说，要紧紧围绕学习、宣传十二大精神，进一步贯彻哈尔滨城市卫生现场会和山西晋城农村卫生现场会精神，首先搞好城市和旅游区的卫生，以此带动农村。在治脏方面，要根据中央爱卫会颁发的《关于“讲卫生”、“环境美”的具体要求》，认真抓好公共场所特别是城乡交界处和背街小巷的卫生保洁和经常性管理工作。在城市要加强治本建设，结合市政规划进行综合治理，解决垃圾粪便的清运销纳和无害化处理；加强卫生法制管理，实行卫生监督，坚持周末和月末卫生日制度。在农村要重点搞好以改水管粪为中心的两管五改工作。

近几年来，全国各地和各级卫生医药部门先后制定颁发了各种卫生法规、条例和医德方面的守则、公约等，收到了良好的效果。要对现有规章制度执行情况进行检查，并加以修订和补充，使之不断完善。卫生部门要做卫生的表率。医院应把治理脏、乱、差为重点的“五讲四美”活动作为政治思想教育和医德教育的重要内容，进一步改善服务态度，提高服务质量。医学院校要继续开展以遵守《卫生部部属医学院校学生守则》为中心的“五讲四美”活动，培养有理想、有道德、有文化、守纪律的一代新型医务工作者。

**公安部授予江苏省仪征县公安局局长沈坚“一级英雄模范”称号**

江苏省公安厅负责同志代表公安部在仪征县向沈坚颁发了一级英模奖章和奖品。

沈坚忠于职守，带领全局干警刻苦钻研业务。在1973年至1978年的五年间，全县大案、要案的侦破率平均每年达到98.8%。沈坚是1949年入党的老党员，他一直按共产党员的标准严格要求自己，从不利用职权谋私利。他全家12口人，除他以外，其余11口人的户口都在农村。组织上多次要把他妻子的户口迁入县城，以便在生活上对他有所照顾，他都婉言谢绝。组织上打算安排他的两个儿子当工人，他也把招工名额让给了别的同志。他长期赡养残废的寡嫂，在邻里中被传为佳话。

**我国水力发电提前完成全年计划**

据《人民日报》报道，到10月7日，全国水力发电550.6亿度，提前85天完成了今年550亿度的国家计划，比去年同时期多发电60亿度。

**外经贸部部长陈慕华在人民大会堂会见秘鲁部长会议主席乌略亚一行**

双方在会见时就中秘两国经济关系问题交换了意见。双方同意采取积极步骤和多种形式，进一步扩大两国之间的经济技术合作和贸易。

**国务委员谷牧在钓鱼台宾馆设宴招待秘鲁部长会议主席乌略亚一行**

**国务委员兼国家经委主任张劲夫在人民大会堂会见日本通商产业省事务次官藤原一郎及其一行**

**国务委员兼国家经委主任张劲夫在北京会见由总经理田渊节也率领的日本野村证券公司访华团**

**第一次中日民间人士会议在东京举行**

会议于10月7日至10日举行。日本各界著名人士、日本委员会的51名委员和以王震为首的中国代表团的20名成员出席了会议。

中国驻日本大使宋之光、大使馆官员以及日本外务省的官员应邀出席了会议。

前外相伊东正义代表日本委员会作基调报告。

伊东说：“面临80年代以至21世纪，为了使两国关系前景光明，发展持久的友好合作关系，在密切政府关系的同时，还必须集中政治、经济、学术、文化等各界、各阶层国民的智慧，坦率地交换意见，进一步加深两国间的相互理解。我们确信，更广泛、更深入、更丰富多彩地加强日中两国间的友好纽带，将有助于亚洲的安全与世界和平。召开民间人士会议的意义正在于此。”

伊东在谈到教科书问题时说：“日中友好的基本格局，是由日中联合声明、日中和平友好条约严格规定了的。只有遵守这个基本原则和精神，才能维持和发展日中两国间长久的和平友好关系。我们对过去日本的侵略行为，痛感有责任，并进行着深刻的反省。”

他说：“在对过去错误进行直率反省的基础上，决不允许再次走上复活军国主义、威胁其他国家的军事大国的道路。”伊东高度评价赵紫阳总理提出的和平友好、平等互利、长期稳定的日中经济关系“三原则”以及中国贯彻对外开放、发展对外关系的政策。他说：“中国实行这一外交政策，将对亚洲的稳定和世界和平作出重大贡献。”

中国代表团团长王震在会上发了言。

王震指出，中日民间的友好交往，在建立和发展两国友好合作关系中，曾经起过特殊重要的作用。他说：“民间渠道的友好交流和合作是两国关系发展的基础和推动力量，而加强两国政府之间的关系又能为发展民间友好交往创造有利条件，二者是相辅相成的关系。”“两国民间应当而且能够继续发挥自己的重要作用。我们两国的民间人士会议也正是肩负着这样重大而光荣的使命。”

王震说：“不久前，因为教科书问题在我们两国关系中，曾经出现一些令人忧虑的情况。其实质，主要是如何对待1894年以后日本军国主义侵略中国的50年历史。是尊重史实，把它作为前车之鉴，还是美化篡改，欺骗子孙后代，为一小部分人企图复活军国主义做舆论准备。这是一个必须认真对待的原则问题。中日友好有着两千多年的悠久历史，50年同2000年相比，只不过是短暂的一瞬。但是，破坏容易建设难。50年侵略战争给中国带来的深重灾难，在中国人民的记忆中至今仍然创巨痛深。同时，也给日本人民带来巨大灾难。像这样惨痛的教训，两国人民怎能忘记！我们的旗帜是中日两国人民世世代代友好下去，温故而知新，接受过去的历史教训，正是为了将来永远不要重现这样的历史悲剧。‘永化干戈为玉帛’，使中日友好的历史长河千秋万载，绵延不断。”

双方同意今后继续举行民间人士的自由讨论，同政府间的关系互为补充，以增进相互理解和确立长期稳定的合作关系。

**全国人大常委会副委员长朱学范在北京会见日本富山县日中友好青年之船访华团团长中冲丰顾问吉田健三**

**中国笔会中心在国际俱乐部举行酒会欢迎国际笔会副会长英国著名作家彼德·艾尔斯托布**

艾尔斯托布向中国笔会会员和中国作家作了关于国际笔会的报告，他特别提到中国作家参加国际笔会的重要性。出席座谈和酒会的有中国笔会副会长艾青、刘白羽、严文井、朱子奇、王蒙及国际交流协会副会长张致祥等。

## 10月8日

**中共中央总书记胡耀邦在人民大会堂会见秘鲁部长会议主席曼努埃尔·乌略亚·埃利亚斯**

胡耀邦说，中秘两国在政治上有许多共同点，在经济上有进行广泛合作的可能。中国与秘鲁和其他拉美国家之间的友好合作的桥梁应该建造得更加坚固、更加宽阔。

胡耀邦在谈到中国共产党同外国党的关系时说，我们愿意同第三世界各国的民族主义政党、共产党建立联系。在建立关系时，我们严格遵循以下原则：独立自主，完全平等，互相尊重，互不干涉内部事务。他说，一个政党只有站在自己民族和人民的立场上才能取得胜利。

乌略亚说，我们两国在经济合作方面有许多事情可做，我们将互派代表团确定两国今后五年的合作规划。

**国务委员姬鹏飞在钓鱼台国宾馆会见苏里南政策中心副主席罗伊·霍尔普和由他率领的苏里南代表团**

**全国人大常委会副委员长朱学范在人民大会堂会见委内瑞拉运输和邮电部部长卡雷拉一行**

**刘适兰成为中国第一位国际象棋特级大师**

国际大师、中国女棋手刘适兰在苏联第比利斯市结束的国际象棋女子世界冠军赛区际赛中，以9分的总成绩获得第三名，取得了参加世界冠军赛决赛的资格。根据国际象棋联合会规定，她的这个成绩已获得了国际象棋特级大师的称号。这样，刘适兰成为我国第一位荣获特级大师称号的棋手。

## 10月9日

**《人民日报》转载《解放军报》评论员文章《科学地认识和处理阶级斗争问题》**

胡耀邦同志在党的第十二次全国代表大会上所作的报告中，对我们党关于我国现阶段阶级斗争问题的基本观点和基本方针作了明确的阐述。这对于进一步清除在这个问题上的“左”的思想影响和其他的错误看法，进一步把全党、全军同志和全国各族人民对阶级斗争现实的认识统一到科学的基础上来，无疑具有重大的指导意义。历史和现实的经验证明，正确地认识和处理我国社会主义社会内部的阶级斗争问题，是我们保持国家生活和社会生活的安定，发展社会主义的民主政治，巩固人民民主专政、加强我军政治建设的重要条件，也是我们进行现代化建设和坚持社会主义道路的一项重要的政治保证。

社会主义社会不能实行“以阶级斗争为纲”的方针

在我国进入社会主义社会以后，我们党在认识和处理阶级斗争的问题上，发生过严重的“左”的错误，教训是极其深刻的。所以发生这种错误，一个很重要的原因，就是没有真正弄清楚社会主义社会的阶级斗争，同过去新民主主义革命时期和社会主义改造时期的阶级斗争的区别。阶级斗争问题，是马克思主义、科学社会主义的一个重大的理论问题和实践问题。

阶级斗争作为一种社会历史现象，并不是自有人类社会就有的，而是伴随阶级的产生而产生的。正如马克思、恩格斯所说的，阶级和阶级斗争的存在“仅仅同生产发展的一定历史阶段相联系"(《马克思恩格斯选集》第4卷第332页)。同其他一切在历史上产生、发展和灭亡的社会现象一样,阶级斗争最终也要在历史上灭亡。无产阶级和革命人民要获得自己的解放,必须经过激烈的阶级斗争,推翻资产阶级和其他剥削阶级的政治统治,建立自己的国家政权,废除剥削制度,实现没有人剥削人、人压迫人的社会主义制度。舍此,没有别的道路。但是,无产阶级进行阶级斗争的最终目的,是从历史上消灭阶级斗争和一切阶级差别,建立共产主义社会。达到这个目的,要通过社会生产力的高度发展和社会的巨大进步,这是一个漫长的历史过程。在这个历史过程中,随着历史阶段、革命任务的转换和历史条件的变化,无产阶级所进行的阶级斗争的内容、形式及其在社会生活中的地位,也不断地发生变化。因此,我们在考察和处理阶级斗争的问题时,必须采取历史的、辩证的分析态度。这是马克思主义阶级斗争理论的根本要求。

在新民主主义革命时期,我国无产阶级和人民大众面临的革命任务是推翻帝国主义、封建主义和官僚资本主义的反动统治,夺取全国政权,因此,无产阶级和人民大众同三大敌人进行的阶级斗争,是当时中国社会生活中的主要矛盾,也是我们全党的中心任务。为了解决这个主要矛盾,取得这一阶级斗争的胜利,我们党根据当时的阶级矛盾、民族矛盾以及经济政治的实际情况和特点,领导人民采取了武装斗争这一阶级斗争的最高形式(同时,还采取了经济、政治、文化斗争的形式)和农村包围城市的正确革命道路,经过二十八年的艰苦奋斗,终于推翻了三座大山,创建了人民民主专政的中华人民共和国。

在社会主义改造时期,我国无产阶级面临的革命任务是废除资本主义的剥削制度和一切生产资料的私有制,建立公有制的社会主义经济制度,因此,无产阶级同资产阶级的阶级斗争成为社会生活的主要矛盾。由于无产阶级已经成为全国政权的领导力量,这个时期的阶级斗争是同发展国家的经济建设、扩大和加强国营经济同时进行的,阶级斗争的形式也发生了变化。在有步骤地对农业、手工业实行社会主义改造的同时,我们党根据中国民族资产阶级具有两面性的特点,采取了和平"赎买"的方针和一整套由低级到高级的合理的改造步骤,胜利地完成了变革资本主义经济的历史使命,同时采取了一系列正确的措施,逐步地有效地把民族资产阶级的绝大多数人由原来的剥削者改造成为自食其力的劳动者,和平地实现了使民族资产阶级作为一个剥削阶级归于消灭的历史使命。尽管这一改造是以和平的斗争形式进行的,但它仍然是全社会范围内的一场大规模的激烈的阶级斗争。社会主义改造的胜利实践,证明了我们党对这个时期的阶级斗争问题的认识和处理是正确的。在社会主义改造基本完成以后,由于社会主义制度的全面确立,由于资产阶级和其他剥削阶级作为阶级已经基本消灭,我国的社会阶级和阶级斗争的状况,发生了根本的变化。党的八大曾经正确地指出:社会主义制度在我国已经基本上建立起来;国内的主要矛盾已经不再是无产阶级和资产阶级的矛盾,而是人民对于经济文化迅速发展的需要同当前经济文化不能满足人民需要的状况之间的矛盾;全国人民的主要任务是集中力量发展社会生产力,逐步满足人民日益增长的物质和文化需要;大规模的急风暴雨式的阶级斗争已经结束,虽然还有阶级斗争,还要加强人民民主专政,但其根本任务已经是在新的生产关系下面保护和发展生产力。当时,毛泽东同志也曾经明确地向全党同志提出过要正确认识和处理两类不同性质的社会矛盾的问题,提出过把党的工作着重点转到经济建设上来。但是,由于种种复杂的社会政治原因,我们党在指导思想上实际上就很快地离开了八大所确定的方针,不但没有能够进一步地对我国社会内部的阶级斗争和其他社会矛盾的实际状况,进行认真的系统的研究,作出科学的具体的分析,相反,却主观主义地提出和愈来愈强调执行"以阶级斗争为纲"的方针。所谓"以阶级斗争为纲",它的基本含义就是不承认我国社会主义改造基本完成以后,社会生活中所要解决的主要矛盾已经发生了变化,而仍然认为无产阶级和资产阶级的矛盾是社会的主要矛盾,并且认为无产阶级和资产阶级之间的阶级斗争在整个社会主义的历史阶段都始终存在着。因此,一切经济、社会的工作都要围绕阶级斗争这个纲、这个中心来进行,并为它服务。在这种理论指导下,就在实践上沿用过去激烈的阶级斗争时期的旧观点,去观察、解释一切社会现象和社会矛盾,在党内和社会上不断地开展政治运动,结果把许多不具有阶级斗争性质的社会矛盾当作阶级斗争的矛盾来处理,把许多人民内部矛盾当作敌我矛盾来处理,造成了阶级斗争的严重扩大化。最后,一直发展到从党内寻找所谓资产阶级,爆发了"文化大革命"这样的所谓一个阶级推翻一个阶级的"大革命"的悲剧,使党和国家的政治生活和整个社会生活陷入长期的动乱之中,给社会主义的事业和人民的利益造成了巨大的损失和灾难。历史已经充分证明,这种在社会主义条件下"以阶级斗争为纲"的理论和实践,完全违背了我国社会阶级斗争的实际,违背了社会主义社会发展的客观规律,违背了全国各族人民要求建设现代化的社会主义国家的强烈愿望。胡耀邦同志在十二大的报告中明确指出:"在剥削制度和剥削阶级已经消灭的社会主义社会,提出和实行'以阶级斗争为纲’的方针，是错误的。我们必须十分谨慎地区别和处理敌我矛盾和人民内部矛盾，防止重犯阶级斗争扩大化的错误。”

历史的教训教育了我们的党和人民。十一届三中全会以后，党中央果断地停止执行“以阶级斗争为纲”的方针，坚决把党和国家的工作重点转移到社会主义现代化建设上来。并且，为纠正“以阶级斗争为纲”的“左”的错误，采取了一系列重要措施，进行了大量的艰巨的工作。通过这些工作，妥善地解决了许多党内和人民内部的矛盾，大大促进了社会政治的安定团结。六中全会通过的《关于建国以来党的若干历史问题的决议》指出：“在剥削阶级作为阶级消灭以后，阶级斗争已经不是主要矛盾。由于国内的因素和国际的影响，阶级斗争还将在一定范围内长期存在，在某种条件下还有可能激化。既要反对把阶级斗争扩大化的观点，又要反对认为阶级斗争已经熄灭的观点。”这是我们党在深刻总结历史经验教训的基础上，科学地得出的关于我国社会主义社会阶级斗争问题的基本结论。这个基本结论得到了党内外广大干部和群众的衷心拥护。当然，还应当看到，在党内和社会上还有一些同志，至今仍未能从“以阶级斗争为纲”的束缚中完全摆脱出来，他们仍然有意无意地用“左”的眼光去观察社会现象和社会矛盾，对纠正“以阶级斗争为纲”的方针不理解，甚至认为这样做是“右”了，是“取消了阶级斗争”。这说明继续清除在阶级斗争问题上的“左”的影响，仍然是一件不可忽视、需要坚持进行的工作。

在我国社会主义社会内部的诸种矛盾中，阶级斗争性质的矛盾只是其中的一部分，大多数经济、政治、思想文化和其他社会矛盾，则不属于阶级斗争的范围。这些不具有阶级斗争性质的社会矛盾，大致又可以分为两类，一类是表现为人民内部在根本利益一致基础上的不同具体利益上的矛盾。例如，个人与国家和社会之间、企业与国家之间、企业与企业之间、先进地区与后进地区之间、各民族人民之间、工人农民知识分子之间、干部群众之间、领导被领导之间、军民之间、较富裕者与较困难者之间，以及各种买方卖方之间、服务者与被服务者之间、生产者与消费者之间在具体利益上的矛盾，等等。这类矛盾在日常社会生活中是大量的、到处可见的。另一类是表现为在总目标一致基础上的思想认识上的先进与落后、正确与错误的矛盾。上述两类矛盾的产生和存在，是同我国社会主义所有制的多种形式和按劳分配原则相联系的；是同历史上遗留下来的劳动分工、首先是工业劳动与农业劳动、体力劳动与脑力劳动分工相联系的；是同我国社会生产力发展不足及各地区经济文化发展不平衡相联系的；是同旧的思想和传统习惯的影响相联系的；是同我国社会主义制度的不完善和领导工作中存在的缺点错误相联系的；也是同人们的文化教育水平、认识条件和认识能力的不同相联系的。对于这些不属于阶级斗争范围的社会矛盾，必须采取不同于阶级斗争的方法，并根据各自的不同情况采取相应的多种多样的形式正确地加以解决

总之，我们在建设社会主义的整个历史过程中，始终要十分注意研究我国社会内部的各种矛盾的发展变化情况，十分注意把阶级斗争性质的矛盾同不具有阶级斗争性质的矛盾严格地区分开来，科学地而不是主观主义地对待各种复杂的社会现象和社会矛盾。这样才能保证我们不重蹈“以阶级斗争为纲”的覆辙，才能准确有效地打击极少数敌人，团结一切可以团结的力量，不断地发展安定团结的政治局面，不断地把社会主义现代化建设推向前进。

### 我国现阶段阶级斗争的内容和特点

胡耀邦同志在十二大的报告中指出：“现在，还有形形色色的敌对分子从经济上、政治上、思想文化上、社会生活上进行着蓄意破坏和推翻社会主义制度的活动。我国现阶段的阶级斗争，主要表现为人民同这些敌对分子的斗争。”这也就是说，人民同各种敌对分子的斗争，是我国现阶段还在一定范围内继续存在的阶级斗争的主要内容。

在我国大陆，随着剥削制度和剥削阶级的消灭，对抗阶级之间的阶级斗争已经消灭，这对于实现从我国社会生活中消灭阶级斗争这种社会现象的历史任务来说，无疑是一个具有决定性意义的重大步骤。但是，这决不意味着已经完成了这个历史任务，同剥削制度和剥削阶级相联系的各种敌对分子还远未消灭，人民同他们之间的斗争仍然尖锐地存在。这些敌对分子主要是：(一)反革命分子、敌特分子。包括旧制度残留下来的老的反革命分子、敌特分子，也包括新生的反革命分子和从外面派遣进来的敌特分子；(二)林彪、江青反革命集团的残余分子；(三)严重破坏社会主义秩序的犯罪分子。这些犯罪分子是社会上的刑事犯罪分子中的一部分，但是他们的活动不同于一般的刑事犯罪活动、一般的反社会行为，而是以破坏我们社会政治的安定团结，破坏社会主义的生产秩序、生活秩序为目的的(正因为有这种区别，所以我们不能把所有的刑事犯罪分子都当作反革命分子来对待)；(四)进行贪污盗窃、投机诈骗、走私贩私的新剥削分子。这些人采取各种非法手段，无偿地侵占社会的劳动成果，实际上是以特殊的形式进行剥削活动；(五)极少数继续进行破坏活动的旧剥削分子，例如农村中没有改造好的地主富农分子，城市中没有改造好的反动资本家。总之，这些敌对分子利用国内外一切有利于他们的条件和机会，

从经济、政治、文化、社会生活等方面进行各种敌视和破坏社会主义制度的罪恶活动。他们的利益同广大人民的利益、社会主义的利益是根本对立的。因此，工人、农民、知识分子同他们的斗争仍然是一种阶级斗争。对于这些敌对分子的破坏活动，我们决不能掉以轻心，必须保持高度的警惕和进行坚决的斗争。鉴于以往的经验教训，进行这种斗争不是采取搞政治运动、群众运动的办法，而应当遵循社会主义法制的原则，在国家法律的范围内，按照法律的程序来进行，正确有效地使用法律武器给予各种敌对分子以有力的打击。当然，这并不是说，打击敌对分子的破坏活动只是政法、公安部门的事。不搞政治运动、群众运动，是说不搞普遍的群众斗争，而不是说在斗争中不要依靠群众，不要走群众路线，不要进行普遍的群众教育。对于坏人坏事，挺身而出，勇于揭露，勇于斗争，是我们每一个热爱社会主义的公民的义不容辞的政治责任和社会责任。

人民内部有没有阶级斗争？在我国大陆，民族资产阶级作为剥削阶级消灭以后，人民内部原来存在的劳动人民同民族资产阶级这种被剥削者与剥削者之间的阶级斗争已经不存在了。但是，还存在着某些带有阶级斗争性质的社会矛盾。在人民中间，经常进行的同封建残余思想和资本主义腐朽思想的影响的斗争，有些就不同程度地带有阶级斗争的性质。例如，最近几年来，在我们的一些同志中，有的人由于受到资本主义思想的侵蚀和影响，产生了资产阶级自由化的倾向。他们羡慕和追求资产阶级的自由，并自觉不自觉地在自己的讲话、作品中加以宣传，想把资产阶级的议会制、两党制、竞选制，资产阶级的言论、出版、集会、结社自由，资产阶级的极端个人主义和无政府主义，资产阶级的金钱崇拜、唯利是图思想，资产阶级的腐朽生活方式，资产阶级的道德标准和审美标准等等，“引进”到我国的社会生活中来。这种思想倾向和行为同社会主义制度，同党对社会主义事业的领导，同全体人民的利益发生矛盾，这种矛盾很显然是一种带有阶级斗争性质的矛盾。但是，一般说来，这种矛盾属于人民内部的矛盾。解决的方法不同于对敌对分子的斗争方法，主要是采取批评的方法、积极的思想斗争的方法，来克服这些错误的思想和行为，使矛盾得到正确有效的解决。反对和克服剥削阶级思想影响的斗争是一件十分复杂的工作，一定要注意区分不同的情况和性质，而不能不加分析地把它们统统纳入阶级斗争的范畴。因为人民中有些同剥削阶级思想影响相联系的错误思想和行为，诸如某些迷信思想、宗族观念、家长作风、官僚主义、轻视妇女的大男子主义等等，这些都是旧社会遗留下来的妨碍我们向高度文明前进的思想包袱，应该通过长期的耐心的教育和帮助，加以克服。

既然我国现阶段的阶级斗争是以人民同各种敌对分子的斗争为主要内容的，因此认真研究和掌握这些敌对分子活动的特点，对于正确处理这种阶级斗争就具有极为重要的意义。那么，他们活动的特点主要有哪些呢？

第一，这些敌对分子的破坏活动，同历史上的阶级斗争相比较，已是一种残余形态的阶级斗争。在我国大陆，由于消灭了剥削制度和剥削阶级，确立了社会主义制度，敌对分子已经失去了以往剥削阶级作为阶级所赖以存在的那种经济、政治和社会基础，他们不可能形成为一个完整的阶级，而只能作为历史上的剥削阶级在经济上、政治上的残余而存在。从总的发展趋势来说，他们的数量和力量也将是逐渐削弱的。因此，我们对于他们的破坏活动，在任何情况下，既不能放松警惕和斗争，也不能主观随意地加以夸大。应当坚信，依靠我国社会生产力的发展，依靠社会主义制度自身的力量，经过坚持不懈的正确有效的斗争，我们一定能够最终彻底消灭这种阶级斗争现象。

第二，这些敌对分子进行活动的社会领域是十分广泛的。有些同志对阶级斗争还将在我国的一定范围内存在发生了误解，以为“一定范围内”就是指的“一定领域内”，例如经济领域内，或者政治领域内。这种理解是不正确的。所谓阶级斗争在一定范围内存在，是说它在我国整个社会生活中已经不占主导地位，不再是社会的主要矛盾，而并不是说它只限于某些社会领域之内。客观存在的大量事实说明，从经济领域到政治领域、思想文化领域和其他各个社会领域，都有敌对分子在进行不同形式的破坏活动(只是有时在这个社会领域表现得比较突出，有时则在另外的社会领域表现得比较突出)。因此，我们在各个社会领域中都必须加强对敌对分子的防范和斗争。

第三，这些敌对分子的活动和构成情况具有相当的复杂性。他们同过去阶级社会里公开存在的剥削阶级不同，他们存在和活动的方式往往是非常隐蔽的，以各种假象伪装自己，这就增加了人们识破他们的困难和复杂程度。同时，他们在社会构成、社会来源上也是很复杂的，他们中间有些人是出身于工人、农民、知识分子和干部家庭，由于腐化变质，而背叛了人民和社会主义事业。这就要求我们必须提高马克思主义的识别能力和分析能力，要求我们在同敌对分子的斗争过程中，不能只看他们的表面现象和社会出身如何，而必须善于透过现象看本质，善于抓住他们犯罪的事实，这样才能准确有效地揭露和打击敌人。

第四，这些敌对分子经常利用我们管理制度上的缺陷和薄弱环节所造成的缝隙，作为自己活动、滋生的基本渠道和场所。这是社会主义条件下,特别是社会主义的初级发展阶段上阶级斗争现象的一个显著特点。所以,努力改革和健全我国经济、政治、文化、社会的各项管理制度,克服现存的缺陷和薄弱环节,是我们发展社会主义现代化事业的重要保证,也是防止各种敌对分子破坏的重要条件。

第五,这些敌对分子的破坏活动不可能在短时间内止息,还会在我国社会长期存在,并且在某种条件下还可能有所发展。这是因为历史上的剥削制度和剥削阶级在各方面的遗毒不可能一下子清除干净,因为我们的国家还没有最后完成统一大业,并将长期处于复杂的国际环境中,资本主义势力以及某些敌视我国社会主义的势力,必然会对我们的社会生活进行侵蚀和破坏,因为我国的经济和文化还比较落后,年轻的社会主义制度还有许多不成熟、不完善的地方,还不可能完全防止某些社会成员以及我们党的某些党员发生腐化变质的现象,不可能杜绝极少数剥削分子和各种敌对分子的产生。因此,我们必须做好长期斗争的精神准备,必须坚持人民民主专政国家的专政职能。

马克思主义的阶级分析方法,是我们研究阶级关系和阶级斗争现象的唯一科学的方法。只要阶级斗争在我国社会生活中还没有最后消失,我们就必须坚持用马克思主义的阶级观点和阶级分析方法,来观察、分析和处理一切带有阶级斗争性质的社会矛盾和社会现象,而决不能离开人的社会性、阶级性,用所谓抽象的"人"的观点去看待社会现实,否则就会丧失应有的阶级斗争的警惕性,就会犯历史性的错误。

目前,打击经济领域中严重犯罪活动的斗争正在全国各地深入展开。这场广大人民群众同走私贩私、贪污受贿、投机诈骗、盗窃国家和集体财产的新剥削分子的严肃斗争,是在对外开放、对内搞活经济这种新的历史条件下阶级斗争在经济领域中的重要表现。这些新剥削分子的犯罪活动,不仅破坏我们的经济建设事业,破坏社会主义的生产关系,而且扰乱社会安定,污染社会风气,腐蚀我们党、国家和社会的肌体,腐蚀人们的思想和生活。如果不给他们的犯罪活动以迎头痛击,任其蔓延滋长,我们的经济事业就有偏离社会主义方向的危险,我们就不能保证对外开放、对内搞活经济的政策和其他现行政策的正确执行,不能保证社会主义现代化建设的顺利前进。因此,我们一定要把打击经济领域以及其他领域中的严重犯罪活动的斗争进行到底。

十二大报告指出:"我们在发展社会主义事业的新时期,从思想上到行动上一定要坚持两手:一手是坚持对外开放、对内搞活经济的政策,另一手是坚决打击经济领域和政治文化领域中危害社会主义的严重犯罪活动。只注意后一手而怀疑前一手是错误的,只强调前一手而忽视后一手是危险的。"这是党中央在认真总结三中全会以来我们进行现代化建设实践的基本经验之后,提出的一项非常重要的方针。对这样的方针,我们每一个同志都要坚定不移地贯彻执行。

历史总是按照自己的辩证法向前发展的。科学地认识和处理好我国现阶段还在一定范围内存在的阶级斗争问题,就能为社会主义物质文明和精神文明的建设扫清道路,而社会主义物质文明和精神文明的高度发展,又将为最终从我国消灭阶级斗争这个社会现象准备条件。我们的社会主义制度一定能在这种辩证运动中不断地走向成熟、走向完善。

**我国政府改进外国人在我国境内旅行的管理办法**

公安部负责人表示:我国政府最近已决定改进外国人在我国境内旅行的管理办法,简化一些审批手续,并于10月9日起开始施行。

公安部负责人说,我国政府确定外国人去29个市、县旅行,不需办理旅行证,不需事先通知。这29个市、县是:北京市、天津市、上海市、秦皇岛市、太原市、沈阳市、长春市、哈尔滨市、南京市、苏州市、无锡市、杭州市、济南市、青岛市、郑州市、开封市、洛阳市、武汉市、长沙市、广州市、佛山市、肇庆市、南宁市、桂林市、西安市、成都市、重庆市、昆明市、路南县(石林)。公安部负责人说,我国政府还规定:外国人在我国境内旅行,北京到天津之间可以乘自备汽车,其他地区不准乘自备交通工具。

**全国政协副主席周培源在北京会见由奥地利联邦青年联合会主席弗朗茨·库伯尔率领的奥地利青年代表团**

**中共中央书记处书记邓力群在北京会见塞内加尔社会党中央政治局委员马拉·迪乌夫**

**郭跃华在第三届世界杯男子单打乒乓球赛中获得冠军**

**谢北一逝世**

城乡建设环境保护部党组副书记、副部长谢北一因患心肌梗死症,于10月9日在办公室猝然逝世,享年62岁。

谢北一同志1920年生于河南省孟县,1937年参加革命,1938年加入中国共产党。在抗日战争、解放战争和社会主义建设事业中作出了卓越的贡献。

## 10月10日

### 《人民日报》发表社论《提高基本建设投资效益》

建设周期的长短，直接影响投资效益的发挥。据粗略估算，全国在建工程的工期缩短一年，基建管理费用就可节约数十亿元，如果加上提前竣工投产后创造的利润和税收，经济效益就更大了。因此，千方百计地缩短建设工期，是基本建设战线的重要任务。

我们进行“四化”建设，固然取决于国家基本建设投资多少，同时也取决于怎样有效地利用投资。在投资总额不变的情况下，利用得较好，效果就较大，经济发展速度也就较快。可是，并不是所有同志都对此认识得很清楚了。只顾上项目、铺摊子，不讲经济效益的现象，还程度不同地存在。特别是在投资使用上，缺乏节约观念、周转观念、时间观念和回收观念，并不是个别单位的问题。胡耀邦同志在党的十二大报告中指出，要把全部经济工作转到以提高经济效益为中心的轨道上来。这一点对基本建设战线来讲尤为重要。基本建设战线担负着大规模建设任务，如果在思想上稍有疏忽，在筹划上稍有失误，在管理上稍有放松，国家建设就会受到严重损失。我们必须从思想上来一个转变，把着眼点真正放在提高投资效益上。

我国第一个五年计划时期，基本建设的建设工期和投资效益都是比较好的。那时建设60万吨以上煤矿，平均工期为29个月。建设像甘肃白银有色金属公司那样规模的企业，工期也只有三年。现在，工业交通等主要行业，同样规模的大中型项目，工期却比第一个五年计划期间长了1倍。应该说，以前已经办到或者别的工程已经办到的事，只要大家动脑筋、想办法，提出和实行改革措施，是完全可以办到的。

前不久，国家经委召开座谈会，总结和交流缩短建设工期、提高投资效益的经验。缩短建设工期，提高投资效益，涉及面较广，需要各方面共同努力。在宏观方面，要有正确的政策和措施，比如建设规模要适当，投资方向和工业布局要合理，建设计划要切合实际，等等。在微观方面，从目前的情况看，必须认真抓好以下几个环节。

要做好建设项目的前期准备工作。今后无论利用外资的项目，还是国内资金的项目，必须改变基本建设不按程序办事的状况，再不要搞那种边勘察、边设计、边施工的事了。过去常是急功近利，舍不得拿钱搞准备工作，结果浪费损失很大。以后，凡是下一个五年要搞的项目，上一个五年一定要把技术论证、可行性研究和勘察设计工作都搞好，不要确定上马或已经上马了，还在那里进行论证。对骨干项目，更要早作准备，列出时间表，什么时候勘探清楚，什么时候拿出设计，要专人负责包干。这样才可以避免临渴掘井，仓促上马，摆脱被动局面，真正做到缩短工期，提高投资效益。

要逐步推行和完善以投资包干为主要内容的经济责任制。这是缩短工期提高效益行之有效的办法。这几年许多地区和部门为了改变基本建设敞口花钱、吃“大锅饭”的现象，实行了各种形式的投资包干办法。商业部有13个冷库工程，实行部与省市商业厅局，商业厅局与建设单位两级包干办法，节约投资5%，建设工期也大大缩短。煤炭部对37处中小型矿井试行包投资、包工期质量等做法，预计平均吨煤投资可由前几年的113元降到104元，平均工期由95个月缩短到38个月。还有许多地方，如常州、西安、唐山等，在民用建筑方面实行住宅小区包干或按平方米包干，都取得了工期短、质量好、投资省的效果。当然，现在实行的包干办法还有不完善的地方，但对于节约投资、加快工程进度都已起到了很好的作用。今后要进一步完善并大力推广，不论是大的项目还是小的项目，不论是新建还是扩建改建，都要积极创造条件，结合各自的特点实行投资包干。

要加强基本建设管理的基础工作。这也是缩短工期提高效益的重要环节。现在这方面的工作相当薄弱。过去行之有效的东西在十年动乱中被冲掉了，尚未完全恢复；现行的某些标准、规范、定额还不能适应变化了的情况，急待修订和补充。这些工作都是保证基本建设顺利进行必不可少的，是计算投资额、工期、物资消耗的依据，也是加强计划管理、勘察设计管理、施工管理、竣工验收和考查经济效果的依据。此外，要安排好主体工程和配套工程的同步建设。否则尽管主体工程一马当先，搞得很快，而配套工程长期跟不上，整个工程建设还是要拖延时间，影响投产。

党的十二大提出了今后二十年的宏伟建设目标。基本建设部门担负着十分艰巨的任务。我们要充分调动广大职工的社会主义积极性，把工作做细做深，扎扎实实，兢兢业业，以最佳的经济效益来开创基本建设的新局面。

### 全国90个厂矿企业荣获“计量先进单位”称号

在全国厂矿企业计量工作座谈会上，国家计量局授予90个厂矿企业“计量先进单位”称号，并向他们颁发了奖状。其中有攀枝花钢铁公司、上海第十二化纤厂、上海耐火材料厂、首都钢铁公司、国营华安机械厂、青岛啤酒厂、国营松陵机械公司、石家庄市第一制药厂、四川省前进机器厂、兰州炼油厂、武汉制漆厂、天津手表厂等。

会上，国家经委副主任袁宝华讲了话。他要求各有关部门和各级经委要重视计量工作，要注意发挥计量部门的作用。

**民革中央主办的《团结报》改版向国内外发行**

《团结报》创刊于1956年，十年动乱中被迫停刊；1980年复刊后，每周出版一期，每期一张，限国内发行。为了满足读者要求，改版后的《团结报》每期增至两张，向国内外发行。

## 10月11日

**全国人大常委会委员长叶剑英在人民大会堂会见联邦德国总统卡尔·卡斯滕斯**

叶剑英说，十年来，我们两国的关系一年比一年好。今后将会有更大的发展。他说，我们两国社会制度不同，但有着共同的任务，那就是维护本国独立和安全、维护世界和平。

卡斯滕斯总统指出，共同为维护世界和平而努力，是两国发展友好合作关系的基础。人大常委会副委员长彭真和夫人张洁清等会见时在座。德意志联邦共和国驻中国大使修德也参加了会见。

**中央纪委发出通报要求各级党组织和全体党员动员起来坚决刹住建房分房中的歪风**

通报说，当前，全国各条战线工作在十二大精神鼓舞下，正在取得新的进展。总的来说，党风也在继续好转。但是，某些地方部分党员和干部中的不正之风仍很严重，建房分房中的歪风刹不住就是一个突出表现。北京市委纪委筹备组最近发出《关于处理分房建房中五起违纪事件的通报》，说明他们重视这方面问题，态度坚决，发现几个典型事件，立即严肃处理，对刹住这股歪风起了推动作用。现将这个通报摘要转发，请各地党委和纪委参照北京市的经验，结合自己的实际，采取果断有力的措施，坚决刹住建房分房中的不正之风。各级纪委要抓紧这方面问题的检查和处理，尤其是对歪风特别严重的地方或单位的问题，要狠抓解决，处理情况要及时上报。各省、自治区、直辖市党委的纪委，要在今年年底，就这方面问题作一个阶段性的总结，报告中纪委。同时，希望北京市各级党组织和全体党员干部，在市委统一领导下，再接再厉，继续开展同不正之风的斗争，使首都在建设社会主义精神文明、争取党风根本好转方面起表率作用。

通报指出，随着国民经济的发展和人民生活的逐步改善，解决住房问题已成为广大群众的迫切要求。根据国家、地方、集体和个人的经济可能逐步修建住房，采取政府和单位建、群众自建、自建公助，或由集体盖新房，分配、出租、出售给群众的办法，都是国家支持和提倡的，应该继续这样做。对住房公平合理地分配，是关系到群众切身利益的大事，必须认真做好。有些党员、干部的住房确有困难，也必须在国家政策和制度规定范围内逐步合理地解决。现在有些党员、干部滥用职权，任意窃取国家和集体财物，动用公共土地和劳力盖私房，或弄虚作假，欺上瞒下，在分配房屋中多占、抢占住房。这种不同群众疾苦，不顾党的影响，唯图私利的不正之风和违法乱纪行为，是与共产党员的品质不相容的，已经引起群众很大不满，严重损害党的威信，危害极大。

通报说，为了防止和纠正建房分房中的不正之风，党中央曾作出《关于高级干部生活待遇的若干规定》，中纪委于1981年8月和今年8月两次发出通报，今年1月国务院批转第二次全国农村房屋建设工作会议纪要的通知，已经一再作了明确规定。但不少党组织对此并没有引起足够重视。有的领导机关软弱无力，执行有关规定不严，查处不彻底，不能有效制止这股歪风。有的领导干部不坚持原则，对这股歪风不敢斗争。有的党员干部自身就不干净，反而对歪风起了推波助澜的作用。这些情况是不能容忍继续下去的。

通报指出，十二大通过的党章明确规定，党员应当“吃苦在前，享受在后，克己奉公，绝对不得假公济私，损公利私”；党的各级领导干部必须“遵守和维护党和国家的制度，同任何滥用职权、谋求私利的行为作斗争”。如果有的党员、干部不能履行党章的规定，那就要考虑他们做一个共产党员是否合格，能不能再当领导干部，党组织要对他们作出相应的处理。

通报说，十二大提出，要在今后五年内争取实现党风的根本好转。这项任务，从现在就要开始抓。像建房分房中那样严重的不正之风，一定要下决心，出现一股就纠正一股，发现一个就处理一个。各级党组织要教育党员严格遵守党章，对于建房分房中犯有错误的党员，该退赔的必须退赔，该处分的必须处分，决不能姑息迁就。所有领导干部都有责任制止这种不正之风，如果发现问题不斗争，不处理，要以失职是问；加以支持、包庇的，要以违犯党纪论处。让我们响应十二大的号召，全党各级组织和全体党员动员起来，为维护党纪进行坚决的斗争。

**中办转发《中共中央组织部关于发挥中央、国家机关离休老干部的作用的意见》**

**解放军总政治部主任余秋里在北京参加铁道兵建设社会主义精神文明先进代表会议并发表讲话**

余秋里指出，全军要认真学习好十二大文件，用十二大确定的纲领和方针政策指导思想、行动，坚决排除“左”的和右的错误倾向的干扰，做到自觉地坚定地与党中央在思想上政治上保持一致，使我军永远置于党的绝对领导之下，完成党和人民赋予我们的一切任务。

他说，学习贯彻好党的十二大精神，是当前全党的第一件大事。我们要用共产主义思想把精神振作起来，学好、贯彻好十二大文件；要认真阅读，反复思考，正确理解文件的基本精神；要联系本单位的思想实际和工作实际，研究贯彻执行十二大精神的措施和办法。

余秋里强调建设社会主义精神文明的重大意义和作用。他说，建设社会主义精神文明，是坚持四项基本原则，实现社会主义现代化建设的根本保证之一，也是建设现代化、正规化革命军队，提高部队战斗力的重要内容和根本保证。建设社会主义精神文明的核心，就是要有共产主义的理想。我们要通过刻苦学习马列主义、毛泽东思想，通过革命斗争的实践，在改造客观世界的同时改造主观世界，确立共产主义的理想；要大力宣传共产主义思想，继续肃清“左”的思想影响，抵制资本主义思想和其他剥削阶级思想的侵蚀；大力加强科学文化和技术知识教育；按照“四有三讲两不怕”的要求，把广大指战员培养成为有理想、有道德、有文化、守纪律，既有高度政治觉悟、又有保卫和建设祖国过硬本领的一代新人。

余秋里说，铁道兵是一支具有优良传统的好部队，是一支为党为人民立下了卓越功勋的部队。他勉励铁道兵部队继续发挥铁路建设突击队的作用，为全面开创社会主义现代化建设的新局面作出新的贡献！

铁道部部长陈璞如代表铁道部向大会祝贺。

铁道兵党委分别给28个先进单位和个人授予荣誉称号或记功，并树立为建设社会主义精神文明标兵。

**全国人大常委会副委员长彭真在人民大会堂同联邦德国总统卡尔·卡斯滕斯举行会谈**

彭真说，中国十分重视德意志联邦共和国在欧洲的地位以及它在国际事务中的重要作用。他指出，中国也十分重视同德意志联邦共和国发展关系。两国在政治、经济贸易、科技、文化等方面可以进行广泛的合作。

在谈到国际问题时，彭真阐述了中国人民反对霸权主义、维护世界和平、发展同其他第三世界国家友好合作关系的立场。

卡斯滕斯说，两国的外交政策都是以维护世界和平为目标的，尊重其他国家的主权、独立和领土完整。联邦德国十分重视同中国的关系，愿意为发展两国在各个领域中的友好合作作出努力。

**全国人大常委会副委员长彭冲在人民大会堂同挪威议会议长佩尔·黑辛—达尔举行会谈**

**中联部部长乔石在人民大会堂会见由罗共登博维察县委书记尼古拉·斯特凡率领的罗马尼亚共产党党的工作者代表团**

**联邦德国向中国赠送一批橡树苗**

为庆祝中国和联邦德国建交十周年，联邦德国政府把一批橡树苗赠送给我国作为两国友好象征。

树苗定植仪式在天坛公园举行。联邦德国总统卡尔·卡斯滕斯和夫人、我国国务委员姬鹏飞和首都群众300多人出席了定植仪式。卡斯滕斯总统和北京市副市长王笑一先后在仪式上致辞。他们说，德国橡树多节，有坚强的抵抗力，同时寿命也很长，有着旺盛的生命力，这正是两国人民友谊的象征。随后，卡斯滕斯总统和夫人同姬鹏飞国务委员一起为树苗培土定植。

**中国第一台太阳能水泵在北京研制成功**

这是国内太阳能利用上取得的一项重要成果。这种小型简易太阳能水泵的基本部件由集热器、冷凝器、隔膜泵和循环泵组成，具有结构简单、成本较低、可自行启动等特点。

## 10月12日

**中共中央办公厅转发中共中央组织部《关于加强在中青年知识分子中发展党员工作的报告》**

**1979年至1981年国家对居民消费补贴628亿元**

据《人民日报》报道，国家计委发布消息，三年中，国家在财政比较困难的情况下，除了采取各种措施增加职工收入外，共拿出了628亿元资金，用于补贴城镇居民生活必需品的物价差额、住房费用和社会福利费。其中仅1981年，国家用于城镇居民生活的各种消费补贴即达250亿元，相当于当年全国职工工资总额的30%，平均每个城镇居民受益164元。

这628亿元的补贴，可以分为三个部分：

第一，用于粮油副食品和相应的工业品价格补贴416亿元。这是国家在提高农副产品收购价格，以发展农业生产，增加农民收入的同时，为了稳定市场物价，安定城镇居民生活而采取的重大措施。其中，粮食、食用植物油补贴为288亿元，国家向居民平均每销售1斤粮食补贴1角，每销售1斤菜籽油补贴8角；肉、鱼、蛋、禽、菜等副食品的补贴80亿元；穿、用、烧等商品因原料涨价，给生产和经营单位补贴了48亿元。

第二,用于住房补贴35亿元。由于我国对城镇居民实行低房租制,全国平均每平方米住房每月只收房租1角,而房屋的折旧、修理、管理费用至少需要3角8分。据此计算,需要补贴35亿元。

第三,用于社会福利费的支出177亿元。据统计,近三年国家用于企事业单位职工及机关干部公费医疗的费用就有117亿元;各单位支出的集体福利费和文体宣传费近60亿元。

有关方面认为,以上这些消费补贴,使城镇居民得到不少实惠。他们减少了支出,等于增加了收入。过去大家对这一点并不十分清楚,现在公布出来,有助于广大群众了解全局和实际工作情况,体谅国家困难,同心同德地为实现十二大提出的全面开创社会主义现代化建设新局面的任务而努力奋斗。

**中联部部长乔石在北京会见朝鲜劳动党平安北道代表团**

**中国丹麦两国关于医学生物学合作计划的协定在北京签字**

卫生部副部长谭云鹤和丹麦驻中国大使托宁·彼得森分别代表本国政府在协定上签字。根据这项协定,中丹两国将合作在北京建立一座医学生物学进修生培训中心。协定有效期至1986年6月30日止。

**外经贸部部长陈慕华在中南海会见由联邦外贸部副部长卓尔杰维奇率领的南斯拉夫政府贸易代表团**

代表团是前来参加中南第五次贸易混合委员会会议的。会议期间,双方交换了1983年各自的进出口建议货单,并于今天签署了会谈纪要。

**中国队在广州举办的第五届亚洲无线电遥控特技航模赛上获得冠军**

由韩中生、范民、刘汉茂组成的中国队获得团体冠军,日本队获第二名,团体第三名是泰国队。

## 10月13日

**中共中央总书记胡耀邦在钓鱼台国宾馆设宴款待联邦德国总统卡尔·卡斯滕斯及其主要随行人员**

**中顾委主任邓小平在人民大会堂会见联邦德国总统卡尔·卡斯滕斯及其主要随行人员**

邓小平重申了中国支持联邦德国人民要求民族统一的正当愿望。他说,所有的国家和民族,现在一分为二的,最终都是要统一的。因为这种分裂是人为的、强制造成的。邓小平说,中国和德意志联邦共和国相互信任的关系正在发展。他希望今后两国在经济领域里的合作不断扩大。

在谈到国际形势时,邓小平再次强调西欧联合的重要性。他说,为了反对霸权主义,西欧各国需要联合起来。任何一个欧洲国家都不能单独对付霸权主义的威胁。他说,我们对国际形势的分析和判断以及反对霸权主义、维护世界和平的方针是一贯的,没有变化。

卡斯滕斯说,欧洲的联合是维护和平与稳定的一个重要因素。西欧各国在保持自己特点的情况下,在政治和经济方面联合起来是很必要的。

**外交部照会越南驻华大使馆强烈抗议越南向中国边境武装挑衅和入侵**

照会指出,从8月27日至10月7日这42天内,越南当局仍继续对中国边境地区进行武装挑衅活动,派遣军用飞机入侵中国领空。根据可以统计的材料,越南当局在此期间制造的边境武装挑衅事件达到109起,其中越南武装人员向中国境内打枪102起,打炮3起,派遣军用飞机入侵中国领空2起,越南武装人员侵入中国境内进行袭击破坏活动2起。在这些事件中,越军共打死中国边民和边防战士3人,打伤11人。

照会说:"以上事实足以说明,越南方面所谓两国国庆期间'停止敌对行动'的建议以及什么'单方面停火'的宣布,完全是虚伪的,纯粹是为了欺骗国内外舆论,以掩盖其蓄意不断在中越两国边境地区制造紧张局势的行动。"照会要求越南方面停止这种武装挑衅和入侵活动,停止推行反华政策。

**中国和联邦德国技术合作协定在人民大会堂签字**

联邦德国总统卡斯滕斯,全国人大常委会副委员长彭真副委员长,国务委员陈慕华等,出席签字仪式。

协定规定,联邦德国方面将派遣专业人员来华工作,为技术合作项目提供必要的物资和设备,并培训中国的专业人员和管理人员。对外经济贸易部副部长贾石,联邦德国外交部国务秘书汉斯·维尔纳·劳滕施拉格,分别代表本国政府在协定上签字。

**对外友协在北京举行招待会庆祝中国同联邦德国建交10周年**

**国务院副总理万里在人民大会堂会见哥伦比亚保守党领导人 参议员阿尔瓦罗·戈麦斯·乌尔塔多**

**中联部部长乔石在钓鱼台国宾馆会见意大利共产党领导机构成员保罗·布法利尼**

**国务委员姬鹏飞在人民大会堂会见以著名作家萨猜·班伦蓬为团长的泰国文艺界代表团**

**外经贸部部长陈慕华在北京会见联邦德国外交部国务部长阿洛伊斯·默特斯和外交部国务秘书汉斯·维尔纳·劳滕施拉格**

## 10月14日

**中共中央总书记胡耀邦在钓鱼台宾馆设宴欢迎以法共总书记乔治·马歇为团长的法共中央代表团**

胡耀邦和乔治·马歇先后在宴会上讲话。

胡耀邦说:“两党之间在某些问题上有不同意见是正常现象。这是因为我们所处的环境不同,历史和经历也不一样。但是,有意见分歧并不妨碍两党同志式的交换意见,互相合作。”

乔治·马歇说,法中两党的关系正处于一个重要的时刻,过去那种不正常的局面将得到纠正。法中两党为了建立新的关系而进行合作,是完全可能的。

**中共中央总书记胡耀邦在欢迎法共中央代表团宴会上的讲话**

尊敬的乔治·马歇总书记同志,尊敬的法共中央代表团的同志们,同志们,朋友们:

今天晚上,我们怀着十分愉快的心情同乔治·马歇总书记率领的法国共产党中央代表团欢聚一堂。马歇同志是来到中国的第一位法共总书记,这使我们感到格外高兴。我代表中共中央、中国共产党全体党员和中国人民对代表团的来访表示热烈的欢迎。

法兰西民族是酷爱自由与进步的伟大民族。法国无产阶级曾经创造了被马克思称为解放人类的伟大社会革命曙光的巴黎公社,在共产主义运动史上留下了不可磨灭的光辉业绩。继承了巴黎公社事业的法国共产党人,曾经在反法西斯抵抗运动中写下英勇的篇章。今天,法国共产党正在为争取和维护劳动人民的权利要求,探索法国色彩的社会主义道路,为反对战争威胁、维护世界和平与争取人类进步事业,进行坚持不懈的努力。法国共产党是具有光荣革命传统和广泛群众基础的党。每当我们想起法国工人阶级和法国共产党人的英勇斗争时,我们心中总是充满了革命的情谊和深深的钦佩。

早在二十年代,中法两党、两国人民就已建立了友谊并在斗争中相互声援。我们党的老一辈无产阶级革命家周恩来等许多同志在青年时代曾在法国生活、学习,寻求革命真理,进行革命活动。四十年代,在反对法西斯占领者、争取祖国独立和自由的斗争中,两党和两国人民互相支持和声援。中华人民共和国建立后,雅克·杜克洛、瓦德克·罗歇等法共领导同志也曾先后到我国进行访问。

虽然在我们两党关系中也一度有过阴影,但这已经成为过去。现在,我们双方都本着向前看的精神,重新携起手来,这是符合我们两党、两国人民的深切愿望和根本利益的。对于今天中法两党关系这一新的重大发展,我们大家都感到由衷的满意和高兴。

今天下午,乔治·马歇总书记率领的法共中央代表团已经开始同我们就共同关心的问题进行会谈。我们深信,通过充分交换意见,进行同志式的讨论,必将增进我们两党之间的相互了解和友谊,有力地推动我们两党关系在独立自主、完全平等、相互尊重、互不干涉内部事务等原则基础上得到顺利的发展。

亲爱的同志们,中国是一个发展中的社会主义国家。新中国成立以来,中国在各方面取得了很大进步,但是我们的经济、文化的发展水平还是不高的。同志们这次远道而来,希望你们能亲自观察一下我们党和人民为建设自己的祖国,为实现我党十二大提出的宏伟目标而努力的实际情况,看一看我们国家的新风貌。

最后,我还想借此机会向伟大的法国人民、法国的工人阶级和全体法共党员表示我们的衷心祝愿,祝愿他们在争取无限美好的未来的斗争中,不断取得新的成就!

现在,我提议大家举杯,

为预祝以乔治·马歇总书记为首的法共中央代表团访华的圆满成功,

为乔治·马歇总书记和夫人的健康,

为法共中央代表团全体同志的健康,

为在座的各位同志和朋友的健康,

为中法两党、两国人民之间的友谊,

干杯!

**中共中央总书记胡耀邦同法共总书记乔治·马歇在北京举行会谈**

10月14日至17日共举行三轮会谈。双方相互介绍了本国的政治、经济和社会情况,本党的历史经验与当前面临的任务,以及为实现这些任务而制定的路线、方针和政策。

双方一致同意,在完全平等、独立自主、互相尊重、互不干涉内部事务等项原则的基础上,正式恢复自1965年以来中断了的两党关系,并使两党之间的友好合作顺利向前发展。双方各自阐明了本党进行社会主义革命和社会主义建设的理论根据,以及在当前国内国际问题上执行的路线、方针和政策。双方还就一般国际形势以及若干重大问题表明了自己的立场并充分交换了意见。

会谈的情况表明，中法两党之间在许多问题上存在着共同点，但由于彼此的处境不同，在某些问题上也存在着分歧。但双方一致认为，这些分歧并不影响中法两党进行同志式的友好合作。

双方同意着手制订一项具体的合作计划。

**中国企业管理协会在北京举行企业管理咨询工作座谈会**

座谈会总结交流了近两年来14个省(市)、134个企业开展管理咨询活动的情况和经验。自1980年以来，中国企业管理协会先后在天津、兰州、合肥、哈尔滨、北京、承德等地举办了为期1—3个月的咨询人员培训班，培养了一批咨询工作人员。他们深入各地调查研究，对企业管理提出了切实可行的改进措施或改革方案，帮助这些企业提高经济效益。北京市企业管理协会和电子仪表工业局在今年3、4月间，组织25名咨询专业人员，对北京自动化控制设备厂集体会诊，积极为企业提高经济效益出谋划策。这个厂注塑班过去产品较长时期合格率低，通过调查分析，对症下药，使产品合格率由69.6%提高到85%，仅这一项全年可节约6万多元。

**香港中华煤气有限公司将公司注册从英国转到香港**

香港注册总署署长在特别仪式中，将一份“香港注册公司证”交给该公司主席利铭泽。

中华煤气公司1862年在英国注册成立，股本以英镑为单位计算，受英国公司法管制；但它的董事都是香港居民，而且它是香港公用事业的主要公司之一，在香港担任重要角色。这次转移经英国议会和香港立法局批准。它转为香港公司后，股本税及其他费用交香港，对本港居民及公司股东都有利。

**中国标准化协会在首都剧场举行纪念世界标准日报告会**

**国务院副总理万里在人民大会堂会见国际劳工局局长弗朗西斯·勃朗夏一行**

## 10月15日

**公安部在山东潍坊召开全国重点劳改单位现场会**

会议于10月15日至25日召开。

参加会议的全国29个省、自治区、直辖市的重点劳改单位，以及有关部门的200多名代表，在会议期间参观了山东省潍坊劳改支队等三个劳改场所，听取了他们的经验介绍。潍坊劳改支队的主要经验是：有一个能够认真贯彻执行党的路线、方针、政策，不断清除“左”的影响的领导班子。他们从管理、教育、生产和生活等方面做了扎实的工作，制定了一套比较严格的劳动、学习、生活制度，对犯人有计划地进行系统的、正规的政治、文化、技术教育。

**国家体改委 国家经委 财政部在北京召开部分省市工业企业经济责任制座谈会**

会议于10月15日至23日召开，11个省、市有关同志参加。

会议指出：我国工业企业经济责任制正在开始走上健康发展的道路。全国大中型工业企业已有80%以上实行经济责任制。工业企业经济责任制，是在党的十一届三中全会以后扩大企业自主权试点的基础上发展起来的。

经过一年多时间的探索、实践，经济责任制有了以下几个方面的发展：一、坚持责权利紧密结合，把企业对国家承担的责任放到了首位。很多企业提出经济责任制要以责为核心，以责定权、以责定利，责权利紧密结合，把全面完成国家计划放在首位，把确保国家多收作为企业的首要责任。二、全面和层层落实经济责任制，使经济责任制的发展不断深入。很多企业把对国家承担的经济责任逐项分解，层层落实到每一个车间、科室、班组和个人。正在向责任指标化，考核数据化方面努力。三、利润留成的形式因地制宜、灵活多样，不搞“一刀切”。各省市从实际出发，寻找不同行业和企业的不同留成形式，以便更好地调动各类企业的积极性。四、实行经济责任制的范围不断扩大。不仅对一线生产工人落实了经济责任制，而且对领导干部、技术人员和辅助工人在明确责任的基础上，逐步建立考核标准和奖惩办法。

座谈会总结和交流了经验，大家认为要以提高全社会经济效益为中心，把工作重点放在企业内部，层层落实经济责任制，正确处理好企业与国家的利益分配关系，把完善经济责任制与企业的技术进步结合起来。

**全国第一次农业生态经济学术讨论会在银川召开**

讨论会提出：要使我国农业持续、健康地发展，必须把生态效益与经济效益统一起来。

讨论会由中国社会科学院农业经济研究所、宁夏农业现代化基地办公室、宁夏社会科学院最近联合在银川市召开的。来自20个省、自治区、直辖市的110位专家、教授和科研人员参加了会议，并就农、林、牧、渔业生态经济问题发表了40篇论文。

与会代表一致认为：由于自然条件和历史的原因，目前我国不少地方水土流失、土地沙化、水库淤积、环境污染加剧，整个农业生态环境恶化的趋势还没有根本转变。

大家提出：今后发展农业，要从我国国情出发，建设中国式的现代化农业，既要生产更多的农产品以满足人民的需要，又要不停顿地保护和维持生态平衡，形成一个适合人们需要、更为合理的生态系统，这样，才能有效地把经济效益与生态效益统一起来，加快农业发展步伐。为此，要重视生态经济学的研究，不断加深对生态规律、技术规律、经济规律及其相互作用的认识。在农业生产过程中，要继承和发扬我国农业中有效的"有机农业"。

**国务院副总理万里在人民大会堂会见由参议员科克伦率领的美国参议院农业委员会代表团**

**国务委员兼国家科委主任方毅在人民大会堂会见由院长伊恩·麦克伦南爵士率领的澳大利亚技术科学院代表团**

**全国人大常委会副委员长彭冲在北京会见美国前司法部长本杰明·西莱蒂一行**

**世界粮食计划署批准对我国水利援建项目**

正在罗马举行的世界粮食计划署属下的粮食援助政策和计划委员会第十四届会议，批准对中国的两个水利援建项目：宁夏回族自治区中卫县南山台子扬水灌溉工程和甘肃省的靖远县堡子川灌溉工程。两个项目总价值为1600万美元。

**中央军委授予白春玉以"模范教员"荣誉称号命名大会在南京举行**

白春玉原是工程兵工程学院的教员。他以"共产党员活着就要拼命干工作"的坚定信念，身患肝癌后仍然顽强地坚持工作，为军队的教育事业作出了宝贵贡献。今年3月2日，他以身殉职。

总参谋长助理韩怀智受中央军委委托，在会上宣读了中央军委的命令。他在讲话中指出，当前我们要学好党的十二大文件，把思想真正统一到十二大精神上来，努力搞好军队院校的体制改革；要像白春玉那样，搞好教学改革，提高教学质量，加速教员队伍和干部队伍革命化、年轻化、知识化、专业化的进程，开创我军院校工作的新局面。

总参政治部主任冯征宣读了总参党委关于向"模范教员"白春玉学习的决定。决定要求所属部队全体指战员积极响应中央军委的号召，掀起学习白春玉同志模范事迹的热潮，推动社会主义精神文明建设的深入开展，培养更多有理想、有道德、有文化、守纪律的革命战士。

**《中国解放区邮票展览》在香港开幕**

由中国邮票总公司和商务印书馆邮票艺术中心联合举办的《中国解放区邮票展览》，在香港开幕。

中国解放区邮票是中国邮票宝库中的瑰宝，收藏和研究这些邮票，可以从侧面了解解放战争的过程，也是研究中国人民邮政的重要史料。这次展览共展出中国解放区邮票380多套，同时还展出部分清代和民国时期的珍邮。

**北京大学举行蔡元培李大钊塑像落成典礼**

## 10月16日

**中共中央作出《关于为贺龙同志彻底平反的决定》**

决定宣布："为贺龙同志彻底平反昭雪，恢复名誉。对林彪、江青和康生一伙强加给贺龙同志的一切诬陷不实之词，全部予以推倒；同时为受贺龙冤案所株连的所有同志彻底平反，消除影响。"1967年，贺龙受林彪、江青一伙的迫害，被诬陷"通敌"、"篡夺军权"，立案审查。1969年6月9日含冤去世。1974年9月29日，中共中央发出《关于为贺龙同志恢复名誉的通知》，对所捏造的"罪状"予以否定，对贺龙予以平反，恢复名誉。但《通知》中仍留有"把贺龙同志的问题搞清楚也是必要的"和贺龙是"病故"的错误说法。1975年，在八宝山革命公墓举行贺龙骨灰安放仪式。1979年，中央指示对贺龙在被迫害到死亡期间的医疗经过情况进行调查。1980年3月24日，由人民解放军总政治部保卫部牵头的联合调查组提出结案报告，指出"贺龙同志完全是被林彪、康生、江青一伙残酷迫害致死的"。中共中央据此再次发出为贺龙彻底平反的决定。

**国家工商行政管理局在武汉召开全国小商品市场现场会推广武汉市汉正街小商品市场经验**

以个体商贩为主的经营日用小商品的汉正街市场，把上海、江苏、浙江、湖南、广东、广西、山西、湖北等13个省区市110多个企业的生产和武汉周围农村、湖北省邻省农村的广大消费者联系起来，形成一个三类日用工业品下乡的流通渠道。汉正街小商品市场因经济花色品种多、进货渠道多、商品适销对路、价格灵活而吸引了大量顾客，在全国影响较大。

**中国向预定海域发射运载火箭成功**

10月7日至16日，我国向预定海域发射运载火箭获得成功，达到预期目的。这一成就标志着我国运载火箭技术又有了新的发展。

**中共中央 国务院 中央军委致电祝贺海上发射运载火箭巨大胜利**

贺电全文如下：

参加我国运载火箭研制和发射试验的同志们：

正当全国军民认真学习、贯彻党的十二大精神之际，你们在海上发射运载火箭获得成功，达到预期目的。这是党的独立自主、自力更生方针的又一胜利。它标志着我国运载火箭技术又有了新的发展。这对全党、全军和全国各族人民，是一个巨大的鼓舞。特向参加研制、发射试验以及各项保障工作的全体科学工作者、工程技术人员、工人、干部、解放军指战员致以热烈的祝贺和亲切的慰问。

希望你们认真总结经验。戒骄戒躁，再接再厉，努力奋斗，进一步提高各自的业务水平，为国防科技、国防工业攀登新的高峰，为实现国防现代化作出新的贡献！

中共中央国务院
中央军委
1982年10月16日

**中国现代文学馆筹建处在北京正式成立**

中国现代文学馆设在北京西郊的万寿寺西院。现代文学馆是巴金同志1980年倡议的。1981年经中共中央宣传部批准，由中国作家协会筹备。中国作家协会主席团会议决定由巴金、谢冰心、曹禺、严文井、唐韬、王瑶、冯牧、孔罗荪、张僖9人组成"中国现代文学馆筹备委员会"，孔罗荪任主任委员。

巴金捐款15万元和大量藏书。

**国务院副总理万里在人民大会堂会见日本海外经济协力基金副总裁青木慎三一行**

**国务委员谷牧会见由千野宜时率领的日本大和证券株式会社访华团**

**中国音协在江西南昌召开音乐美学座谈会**

## 10月17日

**中共中央总书记胡耀邦在北京会见法国记者**

*法新社记者问道，中苏关系现在有何进展，如果有，表现在哪些方面，在哪些问题上分歧最大？*

胡耀邦说，各位是否知道，苏联副外长伊利切夫已经来到中国，同我国外交部副部长钱其琛开始了磋商。由于双方协议磋商的内容不得向外透露，因此，对不起，我不能破坏这项协议。

*另一位记者问道，磋商会继续下去吗？*

胡耀邦说，会继续下去的，而且双方协商好了，协商的地点轮流，先在北京，以后隔一个时期再到莫斯科去。

*《世界报》记者问道，您对苏联实行的内外政策持何看法？*

胡耀邦说："我们一再指出，苏联领导人相当长时期以来奉行了霸权主义政策，我们对他们奉行的这种错误政策是从来不赞成的。至于他们内部的问题，多少年来我们是不发表意见的，也不应该发表意见。"

*法国电视三台的记者问道，您对法国左翼上台及其对中法关系的影响有何看法？*

胡耀邦说："那是法国人民选择的结果。我们非常愿意使两国关系顺利地发展。中法两国在政治、经济、科技、文化方面的合作有广阔的前景。我们对中法建交以来两国的关系总的说来是满意的。我们希望它朝着更好的方向发展。"

*法国电视一台的记者问道，1965年你们同法共中断关系时，曾经谴责法共是依附于苏共的，现在你们怎么看？*

胡耀邦说道："我们中国有句名言，不要纠缠于历史老账，要向前看。处理历史问题宜粗不宜细。我们两党现在十分满意地重新恢复了关系。"

他说："我们相信今后中法两党会根据双方商定的完全平等、独立自主、互相尊重、互不干涉内部事务的原则，使两党的友好合作关系顺利地向前发展。"

*《快报》记者问道，马歇先生前来中国访问，中法两党实现了关系正常化，这是否意味着同苏共保持良好关系的党也可以同中国党建立关系？*

胡耀邦做了个表示肯定的手势，他说："我看可以。因为我们遵循的一条原则是不干涉其他党的内部事务。不论哪一个党，工人党也好，共产党也好，民族主义政党也好，只要愿意同我们友好，我们都愿意同他们建立关系。"

*记者问，中国对待苏美两霸所采取的态度是否有所不同？*

胡耀邦说，我们对世界上一切霸权主义都是坚决反对的，因为霸权主义是破坏世界和平的最主要的表现。哪里有霸权主义，我们都坚决反对。他说，一切霸权主义都不好。

*法新社记者问起中国对波兰形势的看法。*

胡耀邦说："我们党曾多次声明，我们希望波兰能通过自己内部的协商,很好地解决他们自己的问题,反对一切外来干涉。"

最后胡耀邦说:"我想主动同你们谈一个问题。我们粉碎'四人帮'以来已经六年了,经常有某些外国记者提出疑问,中国的政局是否稳定,是否会有动乱。对于这个问题,我们党和国家的领导人每年都要宣布一、二次,我国的政局是安定的、稳定的。我今天在这里还要向法国朋友们说,我敢担保我们国家会一年比一年更加安定,更加稳定。"

他说:"朋友们知道,中国农村现在实行一种承包责任制。我在这里也可以同法国朋友们在中国安定的问题上订一个'承包合同'。"说到这里,胡耀邦从沙发上站了起来,做了一个表示十的手势说:"先包十年。"

胡耀邦说:"我这个意思就是说,中国领导人关于中国政局的'承包',比某些外国记者的猜测,是更客观、更真实、更可靠的。"

**中共中央 国务院批转农牧渔业部《关于加速发展淡水渔业的报告》并发出通知**

通知说,我国人口多耕地少,吃饭是第一位的大问题。必须尽最大努力发展粮食生产,切不可稍有放松。在抓紧粮食生产的同时,要利用广大的山区、丘陵、草地、水面、滩涂和其他资源条件,发展畜牧和水产业,逐步而适度地改变居民的食物构成,这不但是十分必要的,也是完全可能的。今后,应当在努力抓好海洋渔业的同时,积极发展淡水渔业,特别是养殖业,做到国营、集体、个体一起上,并以扶持重点户、专业户为主。这个指导思想,必须认真贯彻落实到水产工作中去。

通知说,在淡水渔业这个领域中,为搞活经济,调动各方面的积极性,提高渔业产品的商品率,有必要继续放宽政策。农牧渔业部在报告中提出的一些办法是可行的,有益的。希望各级党委和政府要像重视耕地一样重视水面的利用,把淡水渔业摆在应有的位置,列入自己的议事日程,一年认真抓几次,并根据当地实际情况,采取有力措施,切实解决一些实际问题。经过十年八年扎扎实实的工作,力争实现全国年产淡水鱼四五百万吨的目标,缓解吃鱼难的矛盾,并配合农、林、牧、副、工等其他各业的发展,使农民尽快地富裕起来。

农牧渔业部在《关于加速发展淡水渔业的报告》中指出,加速发展淡水渔业,必须建立和完善各种形式的生产责任制,实行各种形式的联合经营;必须实行正确的购销政策,以促进生产,提高商品率,活跃水产品市场;还要有切实可行的科学技术措施,抓好淡水渔业技术的普及工作;对各类水面的建设和改造,都要纳入农业基本建设规划,农渔牧结合,统筹安排;各地都要在摸清自然资源和搞好区划的基础上,制定发展规划和实施方案,检查督促,逐步落实;各地还要特别注意维护渔业生产秩序,保障生产者的利益。对严重破坏水产资源、破坏渔业生产的违法犯罪行为,要依法严肃处理。

**《人民日报》发表社论《回答一个问题——翻两番为什么是能够实现的》**

在讨论十二大文件时,争取在从1981年到本世纪末的20年内工农业年总产值实现翻两番的目标,是个最热烈的议题。举国上下,谈翻番,议远景,树雄心,立大志,腾腾热气,令人感奋。

但是,有很少数同志提出:翻两番有没有可能?是不是又是"高指标",是不是又"冒进"了?他们担心,1958年提出"钢产翻番",后来发展成"大跃进",结果造成了三年困难时期;1978年提出在本世纪末石油工业实现"十来个大庆"等一类口号,结果至今也没有得到任何论据,不但没有促进经济的发展,反而给经济调整增添了困难;现在又提出翻两番,会不会重蹈覆辙?

这些同志提出这种疑问是可以理解的。既然有人(哪怕是很少数)提出这样的问题,我们就有责任把为什么1981—2000年的20年间工农业总产值有可能争取实现翻两番的根据讲清楚,使他们懂得十二大所提出的奋斗目标是有可能实现的,而1958年和1978年提出的一些口号是不可能实现的。我们提倡认真学习十二大文件,就是要抓住这些重大问题展开讨论,使大家的思想认识得到提高,使学习一步一步深入。这对于统一全党的认识,齐心协力地贯彻十二大精神,实现我们的战略目标,是很有必要的。

20年翻两番,意味着工农业总产值平均每年增长7.2%,这当然不是很轻松的事情,但决不是不可能达到的"高指标"。事实上,我国从实行第一个五年计划的1953年开始,到1981年,尽管经济发展屡遭破坏,特别是遭到"文化大革命"这样严重的破坏,工农业总产值每年增长的速度仍然达到8.1%。当然,这些年中有些数字有虚假的成分,但是总应该肯定,尽管我国经济的发展遇到很多曲折,速度还是比较快的。再拿1979年至1981年这三年来说,这是我国经济的调整时期,放慢了速度,但是工农业总产值的年增长率仍然达到了6.7%。可见,设想今后到2000年工农业总产值平均每年增长7.2%,不是什么"高指标"。

再从国外的资料看,苏联社会产品总产值从1956到1975年的20年间翻了两番,每年增长速度为7.5%。苏联的经济发展速度被认为不是很快的,我们设想的速度低于苏联达到的速度。日本的经济发展速度被认为是比较快的,从1957年到1970年,只用十多年时间翻了两番,每年增长速度为10.4%。后来由于受到世界资本主义经济危机的影响,速度下降。我们设想的速度也低于日本达到的速度。可见,我们的计划是从我国的实际情况出发的,不是什么"高指标"。

这些比较,是可以说明问题的。在这篇社论里,我们不准备更多地从这方面去论述,而想着重从历史条件的不同这个根本问题,来论证翻两番的现实可能性,供读者在学习和讨论十二大文件时参考。

马克思主义告诉我们,在分析任何一个社会问题时,都必须把它放在一定的历史范围之内。1958年的"大跃进",是当时中央领导工作中"左"倾错误的产物,是被作为1957年整风运动之后必然要出现的"经济建设高潮"提出来的。而正是在这次整风运动中,反右斗争被严重地扩大化了,全国经历了一场猝不及防的大规模的阶级斗争,党和国家的民主集中制已经开始受到破坏。在那种情况下,全党工作的重心实际上并没有放在经济建设上,对国民经济的"跃进"是从政治的推测和政治的需要提出来的,对经济发展规律和我国经济的基本情况的认识很不足。尽管后来动员了全国的人力物力去"大炼钢铁",那也不是认真的经济建设。固然,1958年的"大跃进",在经济上并不是完全没有成绩,许多新的工业基地、工业部门和工业技术确是在"大跃进"中开始产生的,但是究竟不能不承认,像"大炼钢铁"那样的做法,的确是一场包含着很多层层高压和层层虚报的政治运动。1978年年初,提出"组织新的跃进",不经过任何论证,任何测算,就要求搞"十来个大庆",要求钢产量八年翻一番,甚至重提"1980年基本实现农业机械化"等完全不负责任的空想的口号,也是当时中央主要领导同志"左"的指导思想的反映。那时,粉碎"四人帮"才一年多时间,清查工作尚在进行,大量冤假错案还没有平反,一系列理论上和政策上的是非尚未澄清,党的民主集中制还没有恢复,新的个人崇拜正在推行。在这种情况下,经济建设问题并没有被认真地加以研究,人民群众,特别是广大农民,在经过十年浩劫以后,急需休养生息,国家不可能拿出大量资金、也不可能忽然增加那么多出口物资,忽然吸引那么多外资来建设多少个"大型项目"。所幸的是中央及时发现了这个错误,提出对整个国民经济实行"调整、改革、整顿、提高"的方针,才没有在实际工作中造成更大的损失。

同1958年、1978年比较,十二大提出翻两番的历史条件完全不同了。十一届三中全会以后,党开始了全面的、坚决的、深思熟虑的拨乱反正,实现了历史性的伟大转变。这一转变的第一个主要标志,就是我们党在思想上坚决冲破了长期存在的教条主义和个人崇拜的严重束缚,重新确定了马克思主义的实事求是的思想路线,使我们各个工作领域获得了生气勃勃的创造力量。我们党果断而妥善地解决了一大批长期遭到错误处理的重大问题,清除了不利于安定团结的一系列重大因素,使我们国家进入了政治稳定的新时期。

经过必要的组织调整和作风整顿,党内生活渐趋正常化,党的民主集中制基本上得到恢复,集体领导代替了个人专断。全党全国工作的重心,从1979年起就坚决地认真地转移到经济建设上来,从中央到地方各级领导机关的主要精力,愈来愈多地集中于研究和解决经济问题,经济工作中长期存在的"左"倾指导思想开始得到清理,我国经济开始走上了适合国情、循序前进、讲求实效、稳定发展的轨道。特别是我们党总结了长期历史经验,把马克思主义的普遍真理同我国的具体实际结合起来,在走自己的道路,建设有中国特色的社会主义方面,迈出了十分可喜的步伐。正是在这种新的历史条件下,党中央才提出翻两番的设想。这个设想,不是哪个人拍拍脑袋想出来的,而是在总结了历史的经验教训,进行了广泛的调查研究,由中央集体讨论决定的。因此,我们完全有根据说,翻两番不仅不是1958年、1978年两次冒进的重复,而且恰恰是吸取了这两次冒进的教训提出的切合实际的奋斗目标。它不是"高指标",不是"说大话",也不是"放空炮",是有现实的可能性的。

在完全不同的历史条件下提出的不同的发展经济的规划或设想,当然有许多质的不同。拿十二大提出的翻两番,同1958年的"大跃进"、1978年的"十年规划"相比较,我们可以看到所要求的发展速度是完全不一样的。1958年要求钢产量当年翻番,即一年增长100%,这显然是荒谬的。1978年要求工业总产值每年增长10%以上,其中钢产量要求从1978年的3178万吨提高到1985年的6000万吨,石油产量从1978年的1亿吨提高到1985年的2.5亿吨,这也是主观主义,缺乏根据的。十二大提出了翻两番的设想,并没有提出任何没有根据的产品产量的增长指标。例如,原煤、钢等的产量,20年只要求增长一倍左右,每年平均增长3%多一点,不到4%。这些都不能说是高指标,因为这些速度是过去经过正常的努力曾经达到,今后经过正常的努力也可以达到的。

另有一点不同的是,无论1958年或者1978年,都没有按照有计划按比例的规律提出要求,而是孤立地提出一项或几项指标,企图"以纲带目,纲举目张",出现所谓"一马当先,万马奔腾"的奇迹,结果违反了经济规律,不能不受到经济规律的惩罚。现在,计划部门反复进行综合平衡,既不搞"以钢为纲"、"以粮为纲",也不搞"齐头并进"、"件件翻两番"、"处处翻两番",而是按照各个经济部门之间的内在联系和我国各经济部门的实际情况,分别提出了不同的设想。例如,到本世纪末，钢的产量、能源总产量，只设想比1980年增加一倍，多了做不到；机械工业主要产品的产量，则可能增长几倍；电子、信息、核能、石油化工、新型材料等一些新兴工业部门，可能得到迅速的发展。这一点不同，很足以说明翻两番不是随意的、主观的决定，而是按照经济规律和实际情况慎重地提出来的，是有现实的可能性的。

再有一点不同的是，过去提的那些指标，看重账面上的数字，而今天提出的要求，以不断提高经济效益为前提。胡耀邦同志的报告中就明确提出，“力争使全国工农业的年总产值翻两番”，是“在不断提高经济效益的前提下”，这个前提是十分重要的。离开了经济效益来谈发展速度，就不能不带有虚假的成分。产值增长，仓库积压，人民没有得到好处，国家还受到损失，图虚名而得实祸，这样的蠢事我们不会再干了。正因为这样，十二大提出“把全部经济工作转到以提高经济效益为中心的轨道上来”，并提出了相应的措施，这是很重要的。

还有一点不同的是，过去的经济计划，对人民生活的改善考虑得比较少，特别是1958年的“大跃进”，是在不顾人民生活的条件下进行的，它极大地挫伤了群众的积极性，因而不可能实现。现在的计划是根据“一要吃饭，二要建设”的基本原则制订的。十二大把不断满足人民日益增长的物质文化需要，作为社会主义生产和建设的根本目的。从长远看，翻两番的目标实现以后，我国城乡人民的收入将成倍增长，人民的物质文化生活可以达到小康水平。从近况看，随着国家经济的好转，特别是农村经济的迅速恢复和发展，城乡人民的生活都有所改善，并将继续逐步得到改善。广大人民群众越来越深切地感到，社会主义现代化建设是他们自己的事业。这种主人翁的使命感，也是翻两番的现实可能性的重要根据之一。

当然，现在提出的翻两番还不是计划，而只是设想。但是这个设想不是只凭过去的数字推演出来的。时代的条件不同了，基数不同了，质量、品种、效益和分配的要求都不同了，因此，翻两番虽然是可能的，但是要把可能性变为现实性，就必须进行一系列紧张的准备，采取一系列各方面密切配合的措施。十二大报告并不只是简单地提出一个奋斗目标，它还提出了达到这个目标所必须抓住的重点，必须采取的部署，必须解决的原则问题。十二大报告特别着重谈到第六个五年计划期间必须坚定不移地贯彻执行“调整、改革、整顿、提高”的方针，在第七个五年计划期间要广泛进行企业的技术改造，逐步展开经济管理体制的改革，完成企业组织结构和各方面经济结构的合理化，并且在整个80年代在能源、交通等方面进行一系列必要的基本建设，普及初等义务教育和发展各级各类教育事业，进行一系列重大科技项目的“攻关”。由此可见，实现20年内翻两番的宏伟目标，决不是像1958年和1978年那样的空想和胡来，而是以大量的扎扎实实、条理分明的工作为基础的。

我们分析了历史条件的不同，分析了在不同的历史条件下所采取的经济工作方法的质的不同，就可以看到十二大提出的翻两番，同1958年的“大跃进”、同1978年的“新的跃进”等等是绝对不同的两回事。我们不能因为历史上犯过“高指标”的错误，就不敢再提经济发展的远景规划。社会主义制度的优越性之一，就在于它实行计划经济。经济不要计划，计划不要远景规划，那还有什么计划经济，还有什么社会主义制度的优越性？过去的失误的原因，不在于有了规划和计划，正在于根本没有真正的规划和计划。我们要通过认真的学习和讨论，认清翻两番根本不是什么“高指标”，什么“冒进”，而是有科学根据，有现实的可能性的。我们每一个企业，每一个公民，都应该为把这个宏伟的蓝图变为现实而付出辛勤的劳动。毫无疑问，十二大提出的宏伟目标不是空想，但也不是轻易可以实现的。在实现的过程中，不可避免地会遇到这样那样的困难。正因为这样，我们要像十二大所要求的那样，把我们的战略目标和战略部署向广大群众进行充分的宣传解释，使全国各族人民像十二大报告所说的那样，“更加看清楚我们的光明前途，鼓起更大的干劲去迎接新的经济振兴时期的到来”。

**国务院副总理万里在北京会见意大利社会民主党总书记皮埃特罗·隆哥**

万里说，在当今动荡不安的世界中，进一步加强国与国、党与党之间的来往，增加彼此的了解和友谊，对保卫世界和平、反对霸权主义，加强人民之间的友谊是十分有益的，也是全世界人民的共同愿望。

隆哥说，我们两党对国际问题的看法有许多共同点。我党一贯主张同世界各国人民发展友谊，反对霸权主义，保卫世界和平。基于这一目的，我们两国两党应加强友好往来和经济合作。他说，意大利的经济、文化、科学各个领域的合作大门始终是向中国敞开的。

## 10月18日

**交通部直属企业事业单位经济效益座谈会在北京召开**

交通部负责同志说，国家已经确定“六五”计划的后三年重点是加强港口和内河航运建设。要求在大连、秦皇岛、天津、青岛、石臼所、连云港等15个港口，建设133个深水泊位,争取在“六五”期间建成54个,增加吞吐能力1亿吨左右。特别是秦皇岛、石臼港两个煤港和上海、天津、黄埔3个港口的7个集装箱泊位必须按期建成。内河航运,重点是进行长江干线、京杭运河和西江的建设。使长江港口煤炭装船能力提高到3000万吨,京杭运河的运煤能力由1980年的500万吨,增加到1000万吨。

公路建设主要是集中力量新建改建7条干线公路和黄河、松花江、汉江上的4座大桥。

**中联部部长乔石在北京会见南斯拉夫共产主义者联盟中央主席团特别参事文·特尔切克**

**1982年度日本为中国提供贷款的协议在北京签字**

对外经济贸易部副部长魏玉明和日本海外经济协力基金副总裁青木慎三分别代表本国政府在协议上签字。国务委员兼对外经济贸易部部长陈慕华、日本驻中国大使鹿取泰卫出席签字仪式。

**全国妇联主席康克清在北京会见并宴请由主席胡安娜·安赫拉·埃尔南德斯率领的多米尼加妇女联盟代表团**

**中国驻美国大使柴泽民就美高级官员出席台湾机构“双十”招待会一事约见美国代理助理国务卿托马斯·休史密斯**

柴泽民说,据台湾《中国时报》《联合报》和在华盛顿出版的《国府新闻》报道,台湾驻美机构北美事务协调委员会于10月5日举行“双十国庆”招待会,美国总统国家安全事务助理克拉克等高级官员应邀出席,克拉克并代表美国总统里根表示祝贺。

柴泽民指出,这是违反中美两国建交公报和联合公报的严重事件,是实际上制造“两个中国”或“一中一台”的行径。它发生在中美两国发表联合公报之后不久,发生在美方一再声称要以实际行动履行联合公报的时候,中国方面不能不感到严重关切。

柴泽民说,与此同时,最近美国有5个州和9个市宣布10月10日为“中华民国日”,有些州市的官员还参加了纪念“双十”的活动。他指出,这些都不是偶然的,美国国务院对此负有不可推卸的责任。柴泽民要求美国政府切实采取措施,制止今后再发生类似事件。

**第一次仲景学说学术研讨会在河南南阳举行**

研讨会由中华全国中医学会主办,于10月18日至23日召开。参加讨论会的中国学者在会上发表了34篇论文,日本学者发表了11篇论文。中、日两国学者认真地交流了运用仲景学说治疗疾病的经验,从理论上对仲景学说进行了探讨。

**中国女队在马尼拉举行的亚洲青年篮球锦标赛中夺得冠军**

## 10月19日

**中共中央总书记胡耀邦在钓鱼台国宾馆会见巴基斯坦总统齐亚·哈克**

**中顾委主任邓小平同志在人民大会堂会见巴基斯坦总统齐亚·哈克**

邓小平说:中巴关系是相互合作、相互帮助的关系。这种关系经受了时间的考验。我们两国对国际问题的看法有着广泛的一致,今后我们要继续发展这种关系。特别在当前国际风云变幻的情况下,加强中巴合作关系是非常重要的。

哈克说,通过这次访问,他看到巴中两国之间的传统友好关系在各方面都得到了加强。

**中国农村发展研究中心在北京就如何使8亿人口的农村在经济上更加欣欣向荣 政治上更加蒸蒸日上举行座谈会**

中国农村发展研究中心主任杜润生传达党中央领导同志的意见:这几年,农业战线在党的十一届三中全会的路线、方针指引下,带头实现了历史性的转变。今后,在全面开创社会主义现代化建设新局面的伟大任务中,希望继续带头,做到在经济上更加欣欣向荣,政治上更加蒸蒸日上。农业部门的同志和各级领导同志要进一步解放思想,尽快地领导农民富裕起来。

与会同志一致认为,党的十一届三中全会以来,我国农村形势发生了根本性的变化,农村形势一天比一天好,我国农业正在走上一条适合我国国情的社会主义道路。大家围绕着党的十二大提出的战略目标,就国民经济给农业这个战略重点提出的重大任务,以及完成这些任务必须采取的措施、步骤,进行了热烈的探讨。根据国家发展农业的要求,到本世纪末,我国农业将有一个大的发展,广大农民的生活将达到一个小康水平。大家认为,这个目标是鼓舞人心的,任务是艰巨的。要达到这个目标,必须抓好几条战略措施:

——继续解放思想,放宽政策。目前受到亿万农民欢迎的各种形式的生产责任制,只要群众欢迎,就应当稳定下来,不要轻率变动。有少数地方,不敢接受群众要求,改变吃“大锅饭”的状况;也有少数地方,已经实行了责任制,又要扭转回头走老路。这些都是不对的。今后发展农业生产，特别是发展多种经营，应当是国家、集体、个人一齐上，而应以积极扶持专业户为重点。要解除顾虑，让一批农民先富起来，带动多数农户共同富裕起来。要关心扶持贫困户。

——继续贯彻“决不放松粮食生产，积极开展多种经营”的方针，走综合发展的道路。

——积极改善农业生产条件。靠国家投资，更要靠农业本身的积累，去努力改善农业生产条件。发展农田水利，增加化学肥料，发展有机肥，有选择地实行机械化，特别是抓紧交通、仓库等基础建设。

——必须强调提高经济效益。农业是国民经济的基础，是开创新局面的头一个战略重点。各行各业要关心农业，支援农业。农业本身也要努力提高经济效益。

——要疏通商业渠道。大家一致认为，商业问题对农村商品生产和商品交换的进一步发展关系极大，必须提到议事日程上来，解决一系列必须解决的问题。商业部门要认真解决农民卖农副产品难、买工业产品难的问题；农民应当按照国家的需要、市场的需要组织生产。

——没有现代化知识的农民，就没有现代化的农业。要大力发展农业科学研究和农业教育事业，认真落实知识分子政策，普遍提高农民的科学文化水平，用农业科学技术武装农民，支持农民学科学、办科学。

——要把眼光放远点，注意远期的全局的利益。预防各种潜在的危害性的问题。例如：有效地控制农村人口的发展，保持生态平衡和环境保护等。

——加强农村政治思想工作。

**葛洲坝已完成1982年发电计划**

葛洲坝水力发电厂已发电22.5亿度，提前73天完成了全年发电计划。

**中巴成立经济贸易和科学技术合作联合委员会的协定在北京签字**

国务委员兼对外经济贸易部部长陈慕华和巴基斯坦财政部部长伊沙克·汗分别代表本国政府在协定上签字。

**外经贸部部长陈慕华在北京会见由联邦法院法官埃利考特率领的澳大利亚法律理事会代表团**

**外经贸部部长陈慕华在北京会见由第一劝业银行董事长藤森铁雄率领的日本“三金会”访华团**

**国务委员兼国防部部长耿飚和夫人在钓鱼台宾馆看望巴基斯坦总统齐亚·哈克和夫人**

**鲁迅研究学术讨论会在杭州举行**

会议于10月19日至25日，由中国鲁迅研究学会和浙江省鲁迅研究学会联合召开。

会议将讨论两个问题，一是怎样在新的历史时期继承和发扬鲁迅精神；二是鲁迅杂文的思想艺术成就及其在文学史上的地位。这两个问题同当前的社会主义精神文明建设有着紧密关系。

这次会议共收到学术论文49篇。其中有20多篇从不同的角度论述了鲁迅的思想，特别是探讨了鲁迅的共产主义思想。

**《中国文艺年鉴》出版**

这是新中国成立以来第一部反映我国当代文化艺术状况的文献和资料性的工具书。本版年鉴，除详尽无遗地汇集1980年我国文艺界的基本状况外，还收录了新中国成立30年来一些重要文献资料。

在中国艺术研究院主持下，用一年零九个月的时间，完成了这部具有226万字、726幅图片的大型工具书的编纂工作。

## 10月20日

**中共中央 国务院发出《关于制止乱砍滥伐森林的紧急指示》**

(1982年10月20日)

当前，许多地方再次出现了乱砍滥伐森林的歪风，并且，这股风还在继续蔓延扩大。产生这种情况的原因，主要是有关的党、政领导机关，对违法毁林事件的严重性认识不足、打击不力，有的甚至不抓不管，听之任之。必须使同志们明白，当前，森林工作中确实存在一些问题，如增拨抚育基金、控制采伐计划、调整购销价格等问题，有的还没有解决，或没有完全解决，林区群众生活还有一些实际困难，等等，这些都必须有准备、有步骤地一一加以解决。但是，这需要相当的时间。而对当前的违法毁林事件，决不可借口工作中存在缺点就可以有法不行，执法不严。国家制定的有关森林的法律、法令，体现着全国各族人民的根本利益，受到广大群众的拥护，甘愿犯法毁林的只是极少数，姑息放纵这些极少数犯法者，是对人民的犯罪。只有对少数犯法者坚决给以打击，才能有效地刹住这股歪风，鼓励更多的人保护森林，发展林业，否则，百年树木，毁于一旦，将造成无法弥补的损失。为此，特紧急指示如下：

一、中共中央、国务院责成凡有森林地方的县委和县人民政府，负责监督护林法令的执行。望立即采取果断措施,限期制止乱砍滥伐森林事件。无论任何单位或者个人,利用任何手段侵占和破坏国有的和集体所有的山林,都必须彻底追查,依法惩办。对这些犯法者制止不力,就是失职,上级党委和政府必须追究县委书记和县长的领导责任。

二、对于破坏森林的任何单位或者个人,要分别情况,该退赔的必须退赔,该罚款的必须罚款,该判刑的要依法判刑。不管什么人,也不论是哪一级干部,犯法者同罪,不得姑息、包庇,或者借故掩护顶着不办。对当前毁林严重的地方,要抓住几个典型案件,从重从快处理,处理结果,要在报纸上公布,以震慑犯罪分子,教育广大干部、群众。中共中央、国务院决定由中纪委会同林业部等有关部门组成工作组,重点协助一些省、自治区抓好毁林案件的处理工作,和纠正某些党、政机关领导不力的问题。

三、抓紧搞好稳定山权、林权,划定自留山,确定林业生产责任制工作。凡是没有搞完林业“三定”的地方,除国家计划规定的木材生产任务以外,其他采伐暂时一律冻结。“三定”结束的地方,必须切实加强林政管理,普遍制定乡规民约,严格执行木材采伐审批和运输管理制度,没有林业部门发给的证明,不得采伐、运输和销售木材。林区和毗邻地区的木竹自由市场,必须坚决关闭。同时,要认真解决好山林纠纷。在山林纠纷解决之前,任何一方都不准先发山林权证,不准砍伐有争议的林木,不准挑动、制造新的山林纠纷,违者要追究责任,严肃处理。集体所有林,要实行专业承包责任制,不允许按人平分。

四、保护森林、发展林业是我国社会主义建设中的一个重大问题。对森林的保护和管理必须加强,在任何时候都不能有丝毫放松。今后对乱砍滥伐歪风,应当随起随刹,决不能手软。各级党委和人民政府对坚决刹住当前乱砍滥伐森林的歪风,今后如何加强对森林的管理和保护,以及进一步落实林业政策等问题,一定要立即进行一次认真的检查,针对存在的问题,作出具体部署,切实把工作抓好,务求取得成效。

请各省、自治区、直辖市党委、人民政府于今年年底前向中央、国务院写出报告。

**国务院各部门企业整顿工作会议在北京召开**

领导小组组长、国家经委副主任袁宝华强调:要提高经济效益,加快经济建设步伐,必须认真抓好关系国民经济全局的大企业。

袁宝华说,切实抓好大企业,使它们在管理水平、技术进步和经济效益等方面走在前列,这对于实现党的十二大提出的宏伟目标,具有重大的战略意义。抓大企业是我们经济工作的重点,是企业整顿、技术改造以及体制改革的重点。

袁宝华说,抓大企业特别要抓好三件事:一是要抓好大企业的整顿,首先要配备好领导班子,特别是要选配好书记和厂长。要下决心挑选一批优秀的、懂行的、能够打开局面的干部,去担任大企业的书记和厂长。二是要推行和完善经济责任制。要根据大企业的不同特点和管理基础,逐个确定采取不同的利润留成或上缴利润递增包干、以税代利自负盈亏的办法,并要一定若干年不变。三是要抓好大企业的发展规划。袁宝华要求各地区、各部门要首先集中力量抓好一两个大企业,一抓到底,抓出成效。

中共中央组织部副部长曾志在讲话中提出:各部门,各省、自治区、直辖市要切实抓紧企业领导班子的整顿和建设工作,领导亲自动手,组织部门密切配合,力争在今年年底以前把大企业的领导班子配备好。

曾志说,就多数企业来说,老化、臃肿、缺乏专业技术和经营管理知识,仍然是当前企业领导班子较普遍存在的突出问题,解决这些问题的进度还不快。最近,据10个部门列入第一批整顿的300个企业统计,领导班子已经整顿的将近32%,有调整方案的占28%,还有40%的企业目前连领导班子整顿的方案还没有提出来。这主要是因为领导思想畏难和决心不大。由于整顿企业领导班子任务重,时间紧,又势在必行,各级领导干部一定要当作大事来抓,组织部门要把整顿企业领导班子作为重要任务之一。

整顿企业领导班子,不仅要选拔优秀的中青年技术人才,还要选拔一批善于搞经营管理的优秀人才到各级领导岗位上来。对退下来的老干部要妥善安排,继续发挥他们的作用。在企业整顿中,一定要把党政分工搞好,党委书记要管好党的工作,不要包揽行政事务,要把党委和行政两套机构建立和健全起来。

曾志强调,“文化大革命”期间的“三种人”、反对党的十一届三中全会以来中央路线的人,以及各种违法乱纪的人,一个不能留在领导班子里。

曾志还提出,一个企业领导班子是不是整顿好了,最终要由实际来衡量,看企业的面貌改变没有,经济效益提高没有,局面打开没有。但就当前阶段的整顿工作来讲,可以用以下四条来衡量、检查,即领导班子的人数、年龄达到今年中央有关文件和国家经委、中央组织部等5个部门联合通知的要求,克服老化、臃肿现象,人员比较精干;领导班子成员具有的文化水平和专业知识能适应“四化”需要,结构比较合理,专业比较配套;党委领导下的厂长负责制和党委机构都已经建立起来,党政有了明确的分工;领导班子有朝气,干劲大,团结战斗,真正成为领导职工建设社会主义的带头人和实干家,职工比较满意。

**铁道部在北京召开第二次全国铁路公安治保先进集体先进工作者表彰大会**

铁道部、公安部的负责同志和来自全路公安保卫系统的455名优秀代表出席了大会。

表彰大会上，铁道部授予成绩卓著的沈阳铁路局海城车站公安派出所、上海铁路局苏州车站客运车间治保会等10个单位模范集体；授予杨桂芬、金正一等16名同志先进工作者标兵。分别向他们颁发了锦旗、奖状。大会表彰了全路的132个公安保卫先进集体，226名公安保卫先进工作者，46个治保先进集体，27名治保先进工作者。受到表彰的先进集体和先进工作者的共同特点是：认真贯彻执行党的路线、方针、政策，依靠广大群众，在整顿铁路治安秩序，同反革命和其他刑事犯罪的斗争中，以及在同治安灾害事故的斗争中，忠于职守，积极工作，无私无畏，英勇顽强，为保卫铁路运输生产安全，作出了显著成绩。

铁道部在表彰大会上要求全路公安保卫干部、人民警察和治保人员，同人民群众保持血肉般的联系，为保卫铁路运输生产安全、开创社会主义现代化建设的新局面作出新贡献。

**全国商业工作会议在北京召开**

会议于10月20日至11月10日召开。会议认真贯彻党的十二大精神，进一步清除“左”的影响，放宽政策，改革商业体制，打开商业工作的新局面。

工作会议讨论了商业工作的形势，认为十一届三中全会以来，城乡市场活跃、繁荣、稳定，商业的调整和改革开始收到成效。但是，商业工作还存在许多问题，主要是商业领导上“左”的错误思想还没有完全清除，不适应新形势的要求。当前“左”的影响主要表现在以下几个方面：一是对社会主义时期多种经济形式并存的必然性缺乏深刻认识，国营商业独家经营的思想没有彻底解决，对发展集体和个体商业不放手，积极组织、帮助和指导不够；二是对放宽政策，搞活经济的重大意义认识不够，统得多、包得死的问题没有彻底解决，国营商业没有很好地运用市场调节搞活流通；三是对“大锅饭”和平均主义没有大的突破，推行商业经营责任制坚持不力，官商作风和服务质量差的问题没有根本解决；四是对改革商业管理体制思想不解放，有一些老框框还没有冲破，改革进展慢。到会同志认为，必须继续清除“左”的影响，才能打开商业工作的新局面。

会议提出，把“促进商品生产，发展商品流通，繁荣城乡经济，为人民日益增长的物质文化需要和社会主义现代化建设服务”作为新时期商业工作的基本任务。

会议经过研究决定在坚持以计划经济为主和切实完成国家统购派购任务的前提下，进一步放宽政策，把流通领域搞活。具体政策措施是：

——放宽农副产品的购销政策。重要农副产品的统购、派购政策要坚持，但派购的品种要逐步缩小，一、二类农副产品的46种减为22种；三类农副产品和完成统派购任务后允许上市的一、二类农副产品，要把流通搞活，积极开展议购议销业务，议购议销的产品价格允许有涨有落。除粮食以外，其他农副产品要允许多渠道运销，允许基层供销社和货栈出县出省推销，允许生产者长途运销，允许个体行商、流动购销专业户和马帮长途运销。

他们既可以零售，也可以批发。要在城市建立集体、个体经营农副土特产品的网点，扩大农副产品进城的渠道。

——调整工业品的购销政策。适当扩大一些商品的批发和零售差价，先从小商品开始，鼓励基层零售单位扩大经营。对耐用消费品实行提前付货，分期收款的办法。对部分季节性消费品，逐步实行季节差价，对规定由工业部门自销的产品，工业自销有困难时，商业要大力开展代批发代销售业务，并积极开展和工业的联营联销。

——放手发展集体和个体商业、饮食服务业，合理调整国营商业在社会商业中的经营比重。国营商业对工业品的批发量从现在占总批发量的73%，调整到70%左右。国营商业和供销社收购农副产品的比重从现在的80%，调整到70%左右。国营商业和基层供销社零售额的经营比重逐步由80%调整到60%；饮食服务业，在城市，国营的保持30%，农村除供销社外，基本上由集体和个体经营。对集体、个体商业和饮食服务业，国营商业要在货源上给予支持，从业务上加以指导。

会议还讨论了商业体制改革和商业企业整顿的问题，决定加快农村基层供销社的改革步伐，加快批发和零售企业的改革，认真抓企业整顿，抓好商业队伍的思想建设和组织建设。全国推行责任制，在小型零售店、饮食服务店，试行经营承包制。同时要加强商业设施包括冷库、油库、粮库、仓库和加工企业的建设，并注意发挥群众的力量，加强商业网点设施建设。通过这些工作，使商业适应工农业生产发展和人民生活的需要，打开商业工作的新局面。

**第二次企业管理国际讨论会在人民大会堂开幕**

会议的目的是交流企业管理和技术改造的经验，并探索中外企业进行双边合作的可能性。参加会议的外国代表共55名，他们都是企业负责人或管理专家，分别来自西欧、中东等16个国家和地区；中国代表共

59名，主要是企业的厂长、工程师或其他管理人员。

讨论会由中国企业管理协会和欧洲管理论坛联合举办。

**国务委员薄一波在北京会见参加第二次企业管理国际讨论会的欧洲管理论坛代表团**

薄一波说，我们以前做买卖不够平衡，也许对欧洲少了些。现在我们要跟西欧、东欧、日本、美国等都做买卖。总之，我们要在平等互利的基础上，跟大家都做买卖。

他说，我们现在有了一个长远的经济发展初步规划。这个规划是宏伟的，但比较实际。

**全国人大常委会副委员长彭冲在北京会见以乃汶翁·阿目达耶军为团长的泰国自由人民友好访华团**

**国务委员谷牧在北京会见日本国际贸易促进协会关西本部理事长木村一三**

**中国研制成功塑料滴灌成套设备**

一种适于我国农村推广使用的塑料滴灌成套设备已试制成功。

这套塑料滴灌成套设备是水利水电科学研究院水利研究所、辽宁省水利科学研究所、沈阳市塑料公司联合研制的。

**黄继光塑像落成典礼在四川中江举行**

邓小平为塑像题字“特级英雄黄继光”。

塑像是黄继光烈士的家乡——中江县人民为了纪念他在抗美援朝战斗中英勇献身30周年而建立的。

**千年医籍《小品方》重放光彩**

曾被我国历代医学家称道引用、与《伤寒杂病论》媲美的医学名著《小品方》，在亡佚了800余载后，已由天津中医学院31岁的医史研究生高文柱整理辑佚，千年古方书重放光彩。

《小品方》系晋代民间专业医生陈延之所著。书中大量采撷前贤经方，又广搜民间治疗经验，在温病、外科治疗方法、妇幼保健、用药法度等方面都有精辟论述。

## 10月21日

**中共中央总书记胡耀邦在陕西省委负责干部大会上发表重要讲话**

胡耀邦在讲话中，肯定了十一届三中全会以来省委和陕西工作的成绩，同时提出了殷切的希望：思想更加解放一点，改革更加大胆一点。他说，实现四个现代化也好，建设“两个文明”也好，都应该注意这两点。思想更加解放一点，在工农业年总产值翻两番的问题上，就要注意：第一，不能单单靠国家富裕，同时要靠农民富裕，要全国8亿农民家家户户都富裕起来。国家、地方、集体和个人四个方面的积极性要一起调动起来。第二，农民要富裕起来，单单靠粮食是不能富裕的。决不能放松粮食生产，但是只靠粮食生产不能致富，还必须靠多种经营。第三，不能单靠已有的工业，还要努力开发能源，把交通搞上去。第四，不能停留在现有的计划管理、经济管理和科技水平上，必须努力提高水平，创造新的更高的劳动生产率。

**《人民日报》发表社论《当前落实知识分子政策的关键》**

从各地最近检查知识分子工作的情况来看，党的十一届三中全会以来，落实知识分子政策的工作已经取得很大成绩。但是，仍有相当一部分同志没有完全摆脱“左”倾思想和小生产观念的束缚，不同程度地存在着轻视教育科学文化、歧视知识分子的错误观念。这是某些地方、某些部门和单位至今未能认真落实党的知识分子政策的主要原因。在学习十二大文件的过程中，各级党政干部必须进一步认识教育、科学和文化在社会主义现代化建设中的地位和作用，继续清除歧视知识分子的错误观念，这是进一步落实党的知识分子政策的关键。

胡耀邦同志在党的十二大报告中指出：“我们要全面开创社会主义现代化建设的新局面，必须特别重视充分发挥知识分子的作用。”报告中明确宣布：知识分子同工人、农民一样是我们建设社会主义的依靠力量；工人、农民和知识分子是我们国家的三支基本社会力量。在社会主义现代化建设中，无论是物质文明建设，还是精神文明建设，都必须依靠这三支基本力量的团结互助，以利于掌握科学、发展教育和繁荣文化，促进整个社会主义现代化建设事业的发展。知识分子肩负着越来越重要的责任。国家建设需要他们，人民群众需要他们。各级党政领导必须按照党的十一届三中全会以来的一系列正确方针，充分发挥他们的作用。

现在有些同志还没有正确认识知识分子在新时期的地位和作用。他们在谈到党的知识分子政策时，有时还沿用建国初期提出的“团结、教育、改造”知识分子的口号。这是时代的错误。上述口号，在建国初期针对从旧社会来的知识分子说来是正确的。现在，我国的知识分子，基本上是我们党在社会主义制度下培养出来的。从旧社会来的知识分子，已在社会主义制度下生活、工作、学习了几十年，情况发生了很大的变化。在现在的情况下，如果说团结知识分子，那就同团结工人、农民一样；如果说教育知识分子，那就同教育工人、农民一样；如果说改造知识分子，那就同改造工人、农民一样，不应该也不必要在工人、农民之外单独提出对知识分子“团结、教育、改造”的口号。

有些同志说，现在还要提这样的口号，是因为知识分子的世界观还没有改造好。如果这是指从一个阶级到另一个阶级的世界观的改造，那么，这样提出问题本身就是完全错误的。人人都需要改造世界观，世界观的改造是一辈子的事，正如周恩来同志生前所说的，要活到老、学到老、改造到老。谁都不能说自己的世界观已经完全改造好了，不需要再改造了。不是说我们的知识分子的世界观已经不需要再改造了，而是说，对待知识分子的世界观问题，应该同对待工人、农民的世界观问题一样。问题的实质在于，某些同志至今仍然把知识分子当作小资产阶级甚至资产阶级来对待，而不是像党中央那样，把知识分子看作同工人、农民一样，是我们党的依靠力量。至于还有少数同志说什么“知识分子可用而不可信，不能让他们掌大权”、“知识分子入党多了，党会变质”、“没有知识分子，照样搞生产”等等，这就更错误了。

我们要继续同轻视教育科学文化、歧视知识分子的错误观念作斗争，实现胡耀邦同志在党的十二大报告中所提出的：“努力落实党的知识分子政策，使全党和全社会认识知识分子同工人、农民一样是我们建设社会主义的依靠力量，并且决心尽可能创造条件，使广大知识分子能够心情舒畅、精神振奋地为人民贡献自己的力量。”这样，才符合全国各族人民的利益，符合工人阶级的利益，符合党的利益，符合社会主义的利益。

在知识分子问题上，“左”倾思想和小生产观念的影响很久很深，不是搞一、两次检查，进行一、两次教育就能完全消除的。这种思想在不同的人身上，有不同的情况，有的是没有摆脱“四人帮”的影响，中毒不知毒；有的是囿于多年形成的老观念、老框框，思想跟不上发展变化了的客观情况；还有的是没有广泛接触和全面了解知识分子，只看其支流和某些现象，不看其主流和本质；也有的是仅仅从个人情绪出发，求全责备，没有考虑党和国家工作的大局。这就要求我们在学习十二大文件、贯彻十二大精神的过程中，坚持不懈地宣传十一届三中全会以来党中央关于正确对待知识分子的基本观点，有的放矢地做细致的思想工作，帮助那些有不正确认识的同志尽快清醒过来。

清除歧视知识分子的错误观念，进一步落实党的知识分子政策，是全党的任务。各级组织部门和人事部门是在党委领导下管理知识分子工作的部门，对此负有特别重要的责任。为此，在这些部门工作的同志应当带头端正对于知识分子的地位和作用的认识，坚定地正确地执行党的政策，用自己的实际行动和工作效果，说服和影响那些歧视知识分子、对知识分子持有偏见的同志，引导他们把言行转到党的政策的轨道上来。要在政治上、思想上、工作上、生活上全面地关心知识分子。当然，在进行上述工作的时候，也包括注意针对知识分子的特点，改善对他们的思想政治教育，帮助他们认识自己所承担的历史使命，逐步克服自己的弱点。只要做好这些工作，我们就可以把广大知识分子献身社会主义现代化建设的积极性和创造精神充分调动起来，进一步巩固和加强工人、农民、知识分子这三支基本社会力量的亲密团结，为实现我们的共同目标而奋斗。

**全国人大常委会副委员长 中国佛教协会名誉会长班禅额尔德尼·确吉坚赞在阿坝藏族自治州视察**

10月21日至11月11日在阿坝藏族自治州视察。班禅副委员长在四川阿坝藏族自治州职工大会上热情赞扬党的十一届三中全会以来，自治州在各方面所取得的显著成绩，并进一步阐明了党的宗教信仰自由政策。

班禅副委员长说，我们亲眼看到当年中国工农红军长征一步一步走过的茫茫荒原上，如今有了平坦的公路，现代化的工厂和水电站，有了初具规模的新兴小城镇，呈现出一派兴旺景象。这一切生动地说明，只有社会主义能够救中国，只有在中国共产党领导下，坚持社会主义，我们藏族和各民族才能真正兴旺发达。

在谈到全面地正确地贯彻执行党的宗教信仰自由政策时，班禅副委员长说，宗教人员和信教群众应该明确认识到自己首先是共产党领导的中华人民共和国的一个公民，其次才是一个宗教徒，必须首先爱党爱国爱社会主义，成为一个好公民，才是真正爱教的好教徒。因此，所有宗教人员和信教群众的一切宗教活动，要在党的政策和国家宪法允许的范围内进行，要适应社会主义的要求，不能损害国家利益，决不允许恢复已废除的封建压迫、剥削和特权制度。有些回乡的佛教僧徒在当地担任了教师、会计或参加了其他工作，用自己的知识为社会服务多年，已成为自食其力的劳动者，这是很光荣的，应该继续服务下去。所在单位应对他们一视同仁，尊重他们的宗教信仰，允许他们在业余时间或宗教节日进行某些宗教活动。

**全国人大常委会副委员长乌兰夫在北京会见由总**

**书记巴希尔·哈维吉率领的利比亚工人工会总联合会代表团**

**中共中央政治局委员 中日友协会长廖承志在北京会见以日中文化交流协会理事长宫川寅雄为团长的日中文化交流协会代表团**

**中国人民银行和国际货币基金组织联合举办的大型学术讨论会在北京开幕**

讨论会是1980年4月恢复我国在国际货币基金组织合法席位以来第一次由双方联合组织的学术讨论会。参加这次学术讨论会的有国际货币基金组织各部的负责人、我国经济界、金融界的专家和大专院校的代表共400人。

**国家科委发明评选委员会审查批准77项发明**

现公布如下：

一等奖

橡胶树在北纬18°—24°大面积种植技术(全国橡胶科研协作组)；

优良玉米自交系“330”(辽宁省丹东市农业科学研究所景奉文、高兴德、罗登礼、李艳天、周宅林、邱景煜、阎宝印、王文昌、石宝成、张荣辉、曲凤阁)；

二辊斜轧穿孔机斜轧曲线和复合曲线轧辊(太原重型机器厂陈惠波)。

二等奖

EL与RJ系列乳化炸药(冶金部矿冶研究总院汪旭光、章士逊、崔安娜、安纯善、赵中元，冶金部长沙矿山研究院程宏盛、廖荣昌、杨淑珍、谢建华、李秋奎，北京日用化学研究所王明、阎惠超、陈亚利，武汉钢铁公司大冶铁矿吴能贤、杨星明，宣化钢铁公司龙烟铁矿王恩普、张正莲，昆明钢铁公司八街铁矿张秉权)；

BY—2电接触固体薄膜润滑剂(北京邮电学院彭道儒)；

管(棒)材矫正机接触式的矫正辊(太原重型机器厂陈惠波)；

CMC程控脉冲储能弧焊电源(大连造船厂范懋源)；焊后不需热处理薄壁材料(52所才鸿年、薛彩绵、管保书、肖世航，256厂试制组，上钢三厂试制组)；

WB122炮弹(123厂曹孝清、郑兆焱)；

(A—30)保险装置(844厂刘鸿乃、朱宝、朱耀明、李生林、宋玉槐、吴昌德)；

新型高射机枪(9656厂科研所朱德林、周柏璋、刘国良等)；

新型感应加热炉及加热工艺(感应炉研制组)。

三等奖(略)

## 10月22日

**中顾委主任邓小平在北京会见印度社会科学理事会代表团**

邓小平说，现在，中印两国并不存在相互威胁的问题。两国之间存在的问题就是一个边界问题。只要双方采取合情合理的办法，这个问题是不难解决的。即使一时解决不了，可以先放一放，在贸易、经济、文化等各个领域还可以做很多事情，双方合作仍然有广阔的前景。同时指出：改变国际经济秩序，首先是解决南北关系问题，同时要采取新途径加强南南之间的合作。

帕塔萨拉蒂说，进一步发展印中友谊是至关重要的。这不仅符合两国人民的利益，也有利于亚洲和全世界的和平与稳定。我们希望两国关系能恢复到50年代那样好。

**中共中央书记处书记邓力群在北京会见青壮年职工文化技术补课座谈会全体代表**

邓力群说：“职工教育工作具有重大战略意义，是一项很有发展前途的事业，希望所有从事这一工作的同志，始终都能坚守自己的岗位，把搞好职工教育工作作为自己终生奋斗的事业。”

邓力群指出，一年多来，我国职工教育工作已经取得了很大的成绩。如果像现在这样继续抓下去，将取得更大的成绩。他说，实现党的十二大提出的战略部署，要靠提高现有职工、干部的政治思想、文化、技术水平，要靠搞好职工教育工作。各级领导干部一定要充分认识职工教育工作的重要意义，确实重视和加强对职工教育工作的领导。

邓力群强调，为加强职工教育工作，壮大职工教育队伍，我们打算从已经退休、离休，身体还可以的部长、司局长级，乃至一般干部中，寻找一批职工教育事业的热心家，来参加这项工作，或委任他们具体职务，或让他们担任顾问。也可委托他们去进行调查研究，编写教材，讲课，总结经验，等等。这样做，我国职工教育工作的队伍就必将越来越大，越来越强。

全国职工教育管理委员会主任袁宝华主持这次汇报座谈会并讲了话。代表讨论了《关于青壮年职工文化技术补课工作若干问题的意见》。

**公安部在福州召开命名大会授予李俊钗“爱民模范一级英模”称号**

**1982年国库券发行任务超额完成**

财政部统计，到九月底止，全国各地区各部门国库券交款完成41.5亿元,超额4%完成了发行任务。

**外交部新闻司发言人就中国和安哥拉建交谈判发表谈话**

谈话如下:中国和安哥拉已经互相承认。现在,两国政府的代表正在巴黎就两国建交问题进行友好的商谈。中国方面指出,国际上有人散布所谓中国仍在援助争取安哥拉彻底独立全国联盟的说法,这是毫无根据的。在安哥拉人民反对殖民统治时期,中国曾经支援过安哥拉人民解放运动,支援过争取安哥拉彻底独立全国联盟,也支援过安哥拉民族解放阵线。在安哥拉获得独立以后,中国就没有再向这三个组织提供任何援助。我们希望,中安两国正式建交后将按照和平共处五项原则,共同努力发展友好关系。

**国务委员谷牧在北京会见由奥地利前副总理弗利茨·鲍克率领的奥地利多瑙欧洲研究所代表团**

**中共中央政治局委员王震在北京设宴招待日本公明党委员长竹入义胜**

**中国援建塞内加尔60口水井全部竣工**

塞内加尔总理哈比卜·锡亚姆为中国援建的60口水井的最后3口水井举行了竣工仪式。

锡亚姆在仪式上发表讲话,感谢中国政府的援助,并向中国工程技术人员表示敬意。

中国援建60口水井的计划是从1977年6月开始实施的,总共投资10亿非洲法郎。这些水井分别在全国8个区的5个区内,在供水方面改善了农村居民的生活条件。

**戏剧界人士在北京就如何开创戏剧创作新局面举行座谈**

座谈会由中国戏剧家协会,《人民日报》文艺部共同主办。

参加座谈会的同志指出,党的十二大提出了建设社会主义精神文明的战略任务,我们戏剧工作者担负着重大的责任。当前,我们应当振奋精神,大胆创作,写出更多更好的作品,用共产主义思想教育和鼓舞人民,为开创我国的社会主义现代化建设的新局面作出贡献。大家认为,戏剧要努力反映新的时代生活,敢于和善于揭示社会矛盾,并通过矛盾斗争塑造社会主义新人形象。作家要深入生活,熟悉新的生活,新的人物;提高作品的思想水平和艺术质量,将最好的精神食粮献给人民。在座谈会上发言的有赵寻、刘厚生、胡可、舒强、夏淳、魏敏、李桦、漠雁、丁一三、陈颙、林毓熙、王正、顾骧、梁秉堃、王景愚、田芬、钟艺兵、陈丁沙、成志伟等。

**汤显祖剧作学术讨论会在江西南昌举行**

讨论会于10月22日至30日举行,由文化部、中国剧协、江西省文化局、剧协江西分会联合举办。

讨论会收到来自全国各地54篇学术论文(其中有一篇是日本来华进修的一名女研究人员撰写的)。论文的内容涉及汤显祖的哲学思想、政治主张、美学理想、戏剧理论、创作道路和诗词作品,还有对"临川四梦"的探讨。参加这次学术讨论的有来自全国10个省市的160余名代表,其中有教授、学者、戏剧及电影工作者和有关方面人士。与会同志坚持实事求是的科学态度和"双百"方针,认真展开了学术讨论和交流活动。

## 10月23日

**全国人大常委会委员长叶剑英致电祝贺贾亚瓦德纳当选斯里兰卡民主社会主义共和国总统**

电报全文如下:

科伦坡斯里兰卡民主社会主义共和国总统贾亚瓦德纳先生阁下:

在阁下当选斯里兰卡民主社会主义共和国总统的时候,我谨代表中国人民和中国政府并以我个人的名义向阁下表示热烈的祝贺和最良好的祝愿。祝阁下在领导斯里兰卡人民建设自己国家的崇高事业中取得新的成就。

祝中斯两国人民的传统友谊日益巩固和发展。

中华人民共和国全国人民代表大会常务委员会

委员长　叶剑英

1982年10月23日于北京

**全国科学技术奖励大会在人民大会堂开幕**

会议于10月23日至25日召开。党和国家领导人万里、习仲勋、王震、杨得志、宋任穷、邓力群出席了开幕式。出席开幕式的还有政协全国委员会副主席周培源、钱昌照。国家科委副主任赵东宛主持大会。

党和国家领导人给获奖者代表颁发了发明和自然科学奖证书和奖章。

中共中央政治局委员、国务委员、国家科委主任方毅致开幕词。

国家科委评选委员会主任武衡在会上作了发明和自然科学评奖工作报告。他说,这次奖励大会是对我国科学技术成果的一次大检阅。获奖的项目基本上包括了我国近十多年来的重要发明和20多年来的主要自然科学研究成果。这些成果不仅过去在我国经济建设和国防建设中发挥了重要作用,而且对今后实现党的十二大提出的战略目标将继续发挥重大作用,因为这些课题从社会主义建设出发,来自生产实践,密切结合我国实际。

武衡在报告中指出,这批获奖项目绝大多数都是大协作的产物,有的是组织了几个部门、几个地区、几十个单位、数以百计的科技人员协同作战取得的,有的老科学家在评奖过程中,主动提出将自己的研究成果降低奖励等级,或是将荣誉归于别人,这种精神是十分可贵的。

他最后表示,大会以后要努力改进评奖工作,正确地贯彻国务院的两个条例,评选工作要经常化、制度化,为充分调动广大科技人员和群众的积极性、创造性,发挥应有的作用。各有关方面负责人出席了开幕式。

**国家科委主任方毅在全国科学技术奖励大会开幕式上致题为《科学技术工作者的崇高职责》的开幕词**

同志们:

在党中央和国务院的亲切关怀下,全国科学技术奖励大会现在开幕了。在党的十二大胜利结束后不久,就举行这样隆重的大会,对科技工作者的辛勤劳动进行表彰,这生动地表明了党中央和国务院对科技事业是多么关怀和重视,并寄托着多么深厚的期望。在今天的大会上,我们要宣布一批荣获国家自然科学成果奖和发明创造奖的科技工作者的名单,并对他们进行奖励。祖国和人民的奖励是最崇高的奖赏,获得这样的奖赏,是莫大的幸福和光荣。我们怀着欢欣鼓舞的心情,对这些在工作中作出卓越贡献而光荣受奖的科学家、专家、工程师、技术人员,表示热烈的祝贺和衷心的感谢。应该指出,我们还有一大批在经济建设、国防建设的实际工作中作出了卓越贡献的工程技术人员和管理人员,也应该受到表彰。但他们的名字没有包括在现有的受奖人名单中。而且总的说来,在我们社会主义国家,任何成就都包含着集体的智慧和心血,是社会主义大协作的产物。这些受奖的同志正是我国科技战线千千万万无名英雄的代表。通过对他们的奖励,正是表达出党和人民对科技战线的全体同志的表彰和奖励。

当然,举行这样的奖励大会,目的还不仅在于表彰过去,更重要的在于迎接未来。这次大会,既是奖励大会,更是动员大会,誓师大会。要通过这次大会,把全国科技工作者进一步发动起来,组织起来,根据国家的需要,去攀登新的科学技术高峰,为促进我国经济社会的发展作出新的贡献。

同志们,社会主义国家的科学技术事业是人民事业的一部分。它的崇高宗旨,就是为祖国和人民的利益服务。同一切剥削阶级把科学技术攫为私有财产的行径相反,社会主义国家的科学技术是属于人民的。它满足人民的需要,关心人民的幸福,与人民的利益息息相关。社会主义的科技工作者具有全心全意为人民服务的崇高道德风貌和献身精神,这正是我国科技事业充满活力,具有远大前途的根本原因。30多年来,我国的科技事业尽管经历过种种艰难险阻,但没有任何力量能够阻挡它的前进。这是因为,科学代表人民的利益,人民的利益是不能违背的;科学代表真理,真理是不能遏制的,它总要为自己的发展开辟道路。党的十一届三中全会以后,我国的科学技术事业进入了一个新的发展阶段。科技工作受到党和政府的高度重视。党的发展科学技术的各项方针政策得到进一步的落实。科技战线捷报频传,新生事物不断涌现。新一代的科技工作者正在茁壮成长。我国科技事业呈现出欣欣向荣、无限生机的景象。

按照马克思主义的原理,社会的物质生产构成人类社会活动的基本内容。发展经济是我国面临的头等重要的任务。科学技术为人民的利益服务,首先就要为经济建设服务,为现代化建设服务。科学技术应该推动工农业生产的发展,满足人民不断增长的物质和文明生活的需要。在过去一个时期内,科技与经济曾在一定程度上存在着脱节现象。1981年,我国制定的发展科学技术的新方针,就是针对这种情况,根据我国的国情提出来的。这个方针的中心思想,是强调科学技术必须为经济社会发展服务,经济社会发展必须依靠科学技术;强调科学技术与经济、社会协调发展,并把为经济服务当作自己的首要任务。这个方针正确地处理和解决了经济、社会和科学技术的关系,基础研究、应用研究与开发研究的关系,生产技术的开发和技术结构的选择问题,以及正确对待和吸收国外先进科技成就问题,使我国的科技事业建立在牢固的基础之上。两年来,在新方针的指导下,我国的科学技术与经济社会发展进一步密切结合。它得到经济的有力支持,又推动着经济的发展和经济效益的提高。科学技术作为生产力和决策手段的巨大作用,正在越来越明显地表现出来。我国的科学技术事业出现了空前活跃的生动局面。最近,党的第十二次全国代表大会提出了在提高经济效益的前提下,力争在本世纪末使我国工农业年总产值翻两番的宏伟目标。它向科学技术提出了新的、更高的要求,同时也在全国范围内为充分发挥科学技术的潜力提供了广阔的天地。科学技术在为经济服务方面大有英雄用武之地。

同志们!我们党高度重视科学技术,不仅因为它创造物质财富，是建立现代化的物质文明的强大手段；而且因为它创造精神财富，是建设社会主义精神文明的重要内容。科学是艰巨的、诚实的劳动。它启迪人们的智慧，培养人们的艰苦奋斗精神和求实精神。科学是探索未来、创造未来的。它培养人们宏伟的胸襟，宽阔的眼界，探索的勇气和创新的胆识。科学是在同谬误作斗争中发展起来的，它培养人们不畏艰险，不惧挫折，锲而不舍，一往直前地追求真理和捍卫真理的大无畏勇气。科学是人类的共同财富，它同一切投机取巧、唯利是图、自私自利的行径是格格不入的。它陶冶人们的高尚情操，培养人们的献身精神。我们号召广大的科学技术工作者进一步发扬科学精神。我们号召全国人民都来学习科学精神，使它开出更加绚丽的社会主义的精神文明之花。

同志们！十月的北京，秋高气爽，正是收获的季节。党的十一届三中全会以后，我们迎来了科学的春天。春华秋实，现在，我们在继续进行辛勤耕耘的同时，开始在科学园圃里收获第一批果实。这多么令人欢欣鼓舞！它象征着我国的科学技术事业蒸蒸日上，更象征着我们伟大的祖国正在跨进充满希望和阳光的中兴年代。一切有抱负的有远大理想的科学技术工作者，我们要为共产主义的事业、为振兴中华、为人民的科学技术事业耕耘终身。让我们再次对一切为我国科技事业的发展作出过贡献的科学技术工作者、管理工作者和党政工作人员，表示崇高的敬意。光荣、希望和责任都归于你们！

**《人民日报》转载《光明日报》评论员文章《加强群众工作，密切党同群众的联系》**

胡耀邦同志在党的第十二次全国代表大会的报告中，强调指出了在社会主义现代化建设的新的历史时期，加强党的建设，密切党同群众的联系，提高党的战斗力的重要性。他根据党的现状和新党章的精神，提出当前必须“加强党在工人、农民、知识分子中的工作，密切党同群众的联系”的迫切任务。

为什么要把加强群众工作，密切党同人民的联系，作为新时期党的建设的一项迫切任务而加以强调呢？

首先，我们党是一个代表人民、为广大人民谋利益的党，只有密切联系群众，才能实现党的这个根本宗旨。

从《共产党宣言》开始，马克思和恩格斯就向全世界庄严宣告，无产阶级的运动是“为绝大多数人谋利益的独立的运动”，共产党人“没有任何同整个无产阶级的利益不同的利益”。（《马克思恩格斯选集》第1卷第262、264页）无产阶级是先进生产力的代表，是最革命的阶级。随着无产阶级和共产主义运动的发展壮大，愈来愈多地吸引着其他革命阶级的广大群众，参加革命斗争。无产阶级运动因而发展成为更广大的人民运动。代表无产阶级领导这个运动的共产党，也成为广大人民群众利益的当之无愧的代表。中国共产党是中国工人阶级的先锋队。党成立以来六十一年艰苦卓绝、英勇奋斗的历史说明，党除了工人阶级和最广大人民群众的利益，没有自己特殊的利益，党是中国各族人民的忠实代表。党在自己的战斗历程中，为了真正能代表人民，为他们谋利益，始终强调要同广大群众保持密切的联系，倾听他们的呼声和要求，向他们宣传和解释党的主张，使他们认识自己当前和将来的利益，并组织他们为实现这些利益而努力奋斗。始终同群众保持密切的联系，这是党的根本性质所决定的对党的各级组织和一切共产党员的基本要求。

共产党之所以在全世界出现，中国共产党之所以在中国这块土地上出现，只是因为社会的客观发展，工人阶级和广大劳动群众革命和建设的要求，需要共产党这样一个工具去为他们服务。在党与工人阶级、党与人民的关系上，全体共产党员必须自觉地认定自己是为工人阶级和人民大众服务的勤务员，而决不能相反。对于党的干部来说，更应该明确，工人阶级和人民群众是我们国家和社会的主人，自己只是人民的公仆。所有的共产党员都是劳动人民的普通一员，为了党和人民的利益，应该不惜牺牲个人的一切。正是党的这种大公无私的性质，吸引着中国人民的优秀儿女，投身到它的怀抱，为着广大人民群众的利益，忠诚不屈，英勇奋斗，为实现党的理想和任务而献身。正是这种大公无私的革命精神，感动和鼓舞了亿万人民群众。他们从党的身上看到了社会的前途，国家的希望，因而衷心地信赖党，自觉自愿地在党领导下，为实现党的号召积极奋斗。正如胡耀邦同志在这次报告中指出的，“我们党之所以有力量，就因为党代表着最广大人民的利益”，“人民对党的信任和支持，是我们的事业能够不断取得胜利的关键所在”。

有些同志看到党现在领导着各级国家机构和企事业单位，领导着强大的人民解放军，看到大批党员担负着各种领导职务，就错误地认为，党之所以有力量，是因为手中有权，可以拍板定案，发号施令，指挥一切，调动一切。他们没有仔细考察一下，党的这些权力是如何来的？是谁给的？如果党不能代表广大人民群众，为他们谋利益，如果没有他们的拥护和支持，难道能有这些权力吗？

十年内乱期间，“有权就有一切，无权就丧失一切”的论调，曾经不胫而走，风行一时。这是一种完全歪曲和背叛马克思列宁主义国家学说的谬论。这种流毒，至今对我们的党风和社会风气还有相当的影响。有的党员和干部现在还把它看作真理。他们每天孜孜以求的,不是如何为党工作,为人民服务,而是不择手段地追求满足某种私欲,为此可以置群众影响和党的威信于不顾。他们这种背离党的原则,严重脱离群众的行为,是党纪国法所不容的。如果坚持不改,就必然为党和人民所抛弃。全党同志任何时候都决不要忘记毛泽东同志的那个至理名言:“真正的铜墙铁壁是什么?是群众,是千百万真心实意地拥护革命的群众。”(《毛泽东选集》第1卷第125页)

第二,执政党的地位,容易产生脱离群众的危险,更应该自觉地加强同广大群众的联系。

我们党有着密切联系群众的光荣传统,这是在长期革命战争和地下斗争的环境中形成的。那时,整个说来,我们党处于无权的地位,要在战争环境中和敌人的白色恐怖下开展工作,离开群众的支持和保护,就无法打开局面,就寸步难行。残酷的现实,随时都教育和提醒我们,必须和人民保持密切的联系。

民主革命胜利以后,党领导了全国政权,情况发生了很大的变化。一方面,执政党的地位,使党可以通过国家政权机构,通过党和政府领导的各种经济、文化组织和群众组织,在全国范围内直接地联系各阶层的人民群众,更有效地在他们中开展工作。因此,党联系群众的条件比过去好多了。绝大多数共产党员也的确是运用了这个条件,在不同的岗位上,密切联系群众,全心全意为人民服务,领导群众为实现建设社会主义的任务而奋斗。但是,另一方面,党成为执政党后,脱离群众的危险也增加了。这主要是少数觉悟不高、革命意志薄弱的同志,经不起这种转变的考验,不能正确对待党的这种地位的变化,把党与群众的关系弄颠倒了。他们认为,现在我们是执政党,有权就能办事,有没有群众的支持无关紧要。他们把对上级负责和对群众负责对立起来,只顾搞好和上级的关系,而不顾广大群众的要求。他们居功自傲,不但不与群众打成一片,与群众同甘共苦,而且凌驾于群众之上,贪图各种特殊享受。这些人为数虽不多,但是,他们有着共产党员的称号,有的还掌管着一个地方、一个单位的工作,因而在群众中产生很坏的影响。而且,还应看到,我们的社会主义社会是计划性、组织性很强和行政指挥系统很严密的社会,在这种条件下,少数有职有权的干部发生官僚主义、命令主义和违法乱纪的错误行为,对于群众利益造成的危害也就更大。

我们党对于在执政条件下可能产生的脱离群众的危险,一直是保持警惕并注意加以防止和克服的。毛泽东同志从党的七届二中全会开始,就多次提出在取得全国革命胜利以后,全党同志要继续发扬谦虚谨慎、不骄不躁、艰苦奋斗的作风,警惕资产阶级思想的侵蚀,反对脱离群众的官僚主义。党的第八次全国代表大会,总结了建国后七年的经验,提出了党在执政的条件下,必须更加注意加强党同群众的联系的问题。邓小平同志在八大所作的《关于修改党的章程的报告》中尖锐地指出:“由于我们党现在已经是在全国执政的党,脱离群众的危险,比以前大大地增加了,而脱离群众对于人民可能产生的危害,也比以前大大地增加了。”为了克服这种危险,八大党章从总纲到具体条文,作了许多关于实行群众路线,加强党同群众的联系的规定。八大后不久,1957年4月中央决定在全党开展反对官僚主义、宗派主义和主观主义的整风运动,就是为了解决在执政的条件下部分党组织和党员脱离群众的问题而采取的重大步骤。但是,这次整风被反右派斗争的扩大化所中断,加上党在政治、经济、文化等方面“左”的错误的发展,使八大确定的加强党与群众联系的一系列正确决定,没有得到认真的贯彻执行,党与群众关系中存在的一些问题,没有得到应有的解决。毛泽东同志发动“文化大革命”,主观愿望之一是要解决党脱离群众的问题。但是,他对党在执政的条件下出现的某些脱离群众的现象,作出了错误的估计和分析。我们知道,一些党员和党的领导干部脱离群众的问题,除极个别腐化变质、违法乱纪分子外,多数是认识问题,觉悟问题,是党内矛盾、人民内部矛盾,应该通过进行正面教育,批评和自我批评的办法来解决。毛泽东同志当时却认为这种现象的发生,说明“资产阶级”在党内,“走资本主义道路的当权派”已经篡夺了相当大的一个多数单位的领导权,必须用“文化大革命”这种所谓“一个阶级推翻一个阶级”的“政治大革命”来解决。历史已经证明,这场所谓“政治大革命”,既脱离了党的各级组织和广大党员,又脱离了广大人民群众,根本违背了人民群众的意愿和利益。它不但没有改善党与群众的关系,反而严重地损害了党群关系,损害了党在群众中的威信,损害了党风和社会风气。

党的十一届三中全会以后,党的路线已经回到马克思主义的正确轨道上来,经过全面清理“文化大革命”及其以前的“左”倾错误,经过几年的恢复和整顿,党的方针、政策符合实际,符合广大群众的利益,党与群众的关系有了很大的改善。但是,党风不正的问题尚未根本解决,仍然是当前影响党与群众关系的重要问题。少数党员干部利用职权“走后门”,在住宅分配、子女工作安排等涉及广大群众切身利益的问题上搞特殊化,办事推拖,不关心群众疾苦等情况,严重影响党同群众的关系,挫伤了广大群众的积极性。个别党员干部,腐化变质,乘对内搞活经济、对外实行开放的正确政策之机,进行各种违法乱纪的犯罪活动,更是严重损害党在群众中的威望。针对这些情况，胡耀邦同志在十二大的报告中郑重宣布，党中央决定有计划有步骤地进行整党，以实现党风的根本好转。鉴于以往的经验教训，这次整党首先着重对党员进行教育，提高觉悟，然后本着“惩前毖后，治病救人”和“既要弄清思想又要团结同志”的方针，开展认真的批评和自我批评，并采取适当方式听取党外群众的意见。最后，进行党员登记，对那些经过教育仍然不合格的党员进行组织处理。党中央决心在十二大后，集中一段时间整顿党的作风和党的组织，既充分重视了党在执政条件下可能产生的脱离群众的危险，又正确地分析和估计了产生这种危险的原因，提出了克服这种危险的正确方法。这是总结了多年来处理这类矛盾的正反两方面的经验而形成的正确方针。只要我们坚决地认真地贯彻这个方针，当前存在的这些党风不正的问题一定能得到纠正，党和群众的关系一定会进一步密切。

十二大报告在谈到整党中对党员进行关于党的基本知识和共产党员标准的教育时指出：“要着重使每一个党员认清党的性质、地位和作用，认清一切党员都只有勤勤恳恳为人民服务的义务，而没有任何利用职权占国家的‘便宜’和群众的‘便宜’的权利。”新党章关于党员的义务中规定，共产党员必须“坚持党和人民的利益高于一切，个人利益服从党和人民的利益，吃苦在前，享受在后，克己奉公，绝对不得假公济私，损公利私”。少数党员，特别是党员干部，利用职权占国家和群众的“便宜”，这是当前影响党和群众关系的一个主要问题。报告和党章所作的这些规定以及其他有关规定，既表明了党要坚决克服这些严重脱离群众的消极现象的决心，也为各级党组织和广大共产党员向这些消极现象作斗争提供了强大的武器。这些规定为所有的党员和干部树立了一个明确的标准。能做到这些的就是合格的党员，做不到的就不够党员的资格，就必须下决心加以改正。为了党和人民的利益，不怕吃苦，不怕吃亏，不怕牺牲，只有具备这种革命精神，共产党员才会赢得人民的尊敬和信任。如果既想享有中国共产党党员的称号，又不想作出牺牲去尽一个共产党员应尽的义务，这是党所不能容许的，也是热爱党、信任党的广大群众所不能容许的。我们完全相信，沾染了一些脱离群众的坏习，但仍然决心革命的共产党员，当他们经过教育，明白了这些错误如何损害党和人民的利益时，他们是能够加以改正的。至于极少数混进党里的坏人和不可救药的腐化变质分子，党当然会坚决把他们清除出去。尽管目前还存在许多党风不正的问题，但我们党的队伍的主流是纯洁的，是有战斗力的。在广大群众的帮助下，党完全能够克服党内存在的脱离群众的消极现象。

第三，密切党同群众的联系，必须加强群众工作。我们党一向是十分重视在工人、农民、知识分子中进行工作的，在群众工作方面也积累了丰富的经验。过去，在革命战争年代，深入群众进行工作，争取广大群众，争取一切可以争取的人，是我们取得胜利的基础。党成为执政党以后，有些同志却错误地认为，群众已经解放了，他们的命运已经和党的事业不可分割地联系在一起，不再存在什么争取群众、团结群众的问题，因而放松了群众工作。还有些同志，曲解党的领导的含义，习惯于直接向群众发号施令，因而也放松了对群众进行深入细致的思想政治工作和争取团结工作。提高党在群众中的威信，密切党同群众的联系，必须纠正这些现象，恢复党的优良传统，十分重视加强群众工作。群众工作主要依靠扎根在广大群众中的200多万个党的基层组织和广大党员来做。新党章把做好群众工作列为党的基层组织的一项基本任务，并为此作了具体的规定。认真执行这些规定，就能够适应新时期的需要，把党的群众工作提高到一个新的水平。

加强党对群众的工作，首先要发挥广大党员和干部的先锋模范作用。广大群众当然是要从党的方针、政策，从党的全部工作的实践来认识党的。但是，他们更多的是直接从周围党员的实际行动来认识党。他们要从周围的党员是否克己奉公，吃苦在前、享受在后，在困难和危急的时刻，是否能挺身而出、英勇奋斗，来看党是不是真正大公无私，全心全意为人民服务的。他们要从周围的党员是否认真执行党的方针、政策，来看我们党的战斗力，来看党的方针、政策是不是真正代表他们的利益，来决定他们自己是否要认真执行这些方针政策。他们要从周围的党员是否积极劳动，努力工作，来决定自己的劳动态度，等等。现在，有少数党员，特别是个别领导干部，自己不遵守纪律，不执行党的方针、政策，甚至利用职权损公肥私，却在口头上号召群众要遵纪守法，忘我劳动，他们这种言行不一的做法怎么能说服人呢？正人先正己，身教重于言教。我们共产党人要对群众做工作，影响教育群众，必须首先依靠自己的模范作用，要像新党章对党员要求的那样：“在生产、工作、学习和社会生活中起先锋模范作用，带头维护社会秩序，发扬社会主义新风尚，提倡共产主义道德。”

加强党对群众的工作，必须注意倾听群众的意见和呼声，关心群众生活。我们共产党人既然是代表人民，为人民谋利益的，就应该利用各种机会深入人民群众，了解他们的情况、要求和存在的困难，倾听他们对党的方针、政策的意见和建议，倾听他们对本单位党组织的工作和党员的表现的批评和意见，关心他们的生活和其他切身利益，并且组织他们自己动手，在政策和经济力量允许的范围内,尽力加以改善。有些党员和基层党组织认为,方针政策是上面制定的,改善群众生活是行政部门的事,群众有意见向上反映也解决不了问题,因而漠然置之,这是不对的。党的方针政策的制定和执行都是要“从群众中来,到群众中去”的,各级党组织和党员有权利也有义务,及时反映群众对于党的方针政策和党的工作的意见。如果不去这样做,就会使党的工作失去群众的基础和客观的依据。上级领导机关对于基层党组织和党员反映的情况,要及时进行研究、处理和答复,不能采取推拖不管的官僚主义态度。对于群众提出的有关改善生活的要求,有些一时办不到或者不合理的,也应及时给予解释。现在群众日常生活中存在的迫切需要解决的困难,有相当一部分是不需要花很多钱甚至不花钱就能解决的。根据新党章的规定,基层党组织有责任建议行政部门,依靠广大群众共同努力来解决。有些基层党组织这样做了,收到了很好的效果,也因此密切了党同群众的联系。

加强党对群众的工作,必须依靠积极分子,发现和扶植社会主义事业需要的各种人才。积极分子是党联系群众的桥梁,要密切党同群众的联系,必须充分发挥积极分子的作用,不断扩大积极分子的队伍。目前有一些单位存在着孤立、打击积极分子的现象,并且迟迟得不到纠正,究其原因,主要还在于那里党的领导涣散软弱,没有对这种歪风邪气进行批评和斗争,没有旗帜鲜明地对中间和后进群众进行学先进的教育,没有把党员和积极分子的力量组织起来,使他们和广大群众建立起经常的、密切的联系。我们一定要坚决改变这种状况,造成一个尊重积极分子、争学先进的良好风气。青年是整个社会最积极最有生气的力量。今天,在生产第一线和许多部门,青年实际已成为生产和工作的主力。我们一定要克服一些同志中存在的对青年的情况缺乏了解和分析,看缺点多、看优点少的错误倾向,细心发现、耐心培养青年积极分子。要克服旧社会遗留的轻视妇女的偏见,注意发现、培养和保护妇女积极分子。在党的群众工作中,必须充分发挥职工代表大会、工会、共青团和其他群众组织的作用,支持它们按照各自联系的群众的特点,独立负责地开展工作。党要特别注意从这些组织中发现和培养党的积极分子。人才的问题是当前社会主义现代化建设的一个关键问题。人才是分散在、活跃在广大群众中的,因此不能单靠组织部门和人事部门来发现,必须依靠全党,特别是基层党组织和广大党员来发现和培养。为此,新党章特别规定各基层党组织要“尊重群众和专家的知识和合理化建议”,发现“先进分子以及其他为社会主义事业所需要的人才,鼓励和支持他们改进工作,进行革新和创造”。我们一定要做好这项工作,这是新时期密切党同群众联系的意义重大的新内容。

加强党对群众的工作,必须旗帜鲜明地宣传党的主张,用适当的方式批评和纠正群众中存在的错误思想和行为。党的群众工作最根本的任务,是要使群众懂得他们的切身的根本的利益,并组织他们在党的领导下为实现这个利益而积极奋斗。因此,党的群众工作的核心是加强思想政治工作,加强共产主义教育。有的同志把党的群众工作理解为单纯增加同群众的接触,满足于搞一些联欢活动,而不去接触群众的思想实际,言不及义。这是对群众工作的一种误解。这次新党章规定,党员有“向群众宣传党的主张”的义务,党的基层组织“对于群众中的错误意见和不良风气,要用适当的方法加以纠正”。这些都是群众工作的基本的重要的方面,只有做好这些工作,才能真正把广大群众团结在党的周围。现在,少数单位的领导借口关心群众,滥发奖金和各种津贴,截留应该上缴的利润,化大公为小公,等等。这种损害国家利益的行为,是完全错误的。他们这样做,可能是为了迁就、迎合少数落后群众的情绪和要求,还可能得到一部分中间群众的拥护。但是,这不是党的群众路线,而是群众工作中的尾巴主义。共产党人为群众谋利益,是以最广大群众的最大利益为最高标准的。如果为了满足少数群众的错误要求而损害国家和集体的利益,也就是损害了广大群众的利益。事实上,这种化大公为小公、分光吃光的错误做法,虽然可能使少部分群众得到某些暂时的好处,但终归是要违背和损害他们切身的长远利益的。我们做群众工作,就应该向群众讲清楚如何正确处理个人和集体、企业和国家之间的关系,如何正确处理眼前利益和长远利益的关系,引导他们开阔眼界,发挥积极性,多从提高劳动生产率、降低消耗、消除浪费上下功夫,使他们了解只有依靠这种增产节约来创造更多的利润,才是增加企业收入、改善职工生活的根本途径。做好这些宣传解释工作,提高了群众的觉悟,就可以使党和群众的关系更加密切。

党的十二大提出了全面开创社会主义现代化建设的新局面的伟大任务。社会主义是广大人民群众生气勃勃地创造性的事业。我们应该认真学习大会的文件,适应新的时期新的任务的需要,把党的群众工作提高到一个新的水平。经过整党和深入细致的群众工作,我们就一定能够像毛泽东同志在七大闭幕词中讲的那样,感动亿万人民这个创造历史的真正的“上帝”,调动起他们的巨大积极性,胜利实现十二大所提出的伟大任务。

**商业部部长刘毅对《人民日报》记者发表谈话**

刘毅说,党的十二次代表大会向全党和全国人民发出了为全面开创社会主义现代化建设的新局面而奋斗的伟大号召。商业部门在新的历史时期，要进一步清除“左”的错误影响，切实改进商业工作，大力疏通流通渠道，扩大商品流通，繁荣城乡经济，更好地为人民日益增长的物质文化需要和社会主义现代化建设服务。当前，商业战线要着重抓几件事。

第一件，是要充分发挥商业促进生产、引导生产的作用。

刘毅说，“促”和“导”，都是为了推动工农业生产，适应市场的需要。对市场需要的商品，要在“促”字上下功夫，把生产千方百计搞上去；对不适销对路的商品，要在“导”字上下功夫，引导生产部门及时地进行调整。这就要求商业部门研究市场的趋势和动态，加强市场预测，提供经济信息，发挥流通对于生产的反馈作用。

第二件，大力疏通流通渠道。

刘毅说，当前农民买难，卖难，这个问题在一些地方太大了。特别是卖难。我们要千方百计地使农民生产的东西脱手。总之，流通问题已经成了农业生产责任制解决后生产发展的大问题。因此，我们既要坚持国营经济在流通领域的主导地位，又一定要坚定不移地建立多成分、多渠道、开放式的商品流通市场，改革农村商业体制以繁荣城乡经济，方便人民生活。

第三件，要开创商业工作的新局面，必须搞好商业企业以及职工队伍的整顿和建设。

刘毅强调说，要以提高经济效益、提高职工积极性、提高服务质量为中心，分期分批地对商业批发、零售、饮食服务企业进行全面的整顿和改革。全面推行经济责任制，逐步摸索出各种不同类型企业的管理形式。要在小型零售商店、饮食服务业中试行“利改税”、经营承包、固定和浮动工资相结合的办法。要采取有效措施，加强职工的政治思想、文化、业务、技术教育，提高职工的政治、业务素质。

**外交部部长黄华在北京同爱尔兰外长杰勒德·柯林斯举行会谈**

双方在友好的气氛中介绍了各自国家的对外政策并对当前一些重大国际问题交换了看法。

黄华说，中国同爱尔兰在对外政策方面有着许多共同观点。中国希望欧洲强大起来，这有利于欧洲以至世界的和平与稳定。

柯林斯说，爱尔兰的对外政策的原则是坚持同各国发展友好合作关系，努力促进建立和平、公正的国际秩序。爱尔兰反对支配别国关系和干涉别国权利的行径，各国的安全不应受到威胁。

**中国和科摩罗两国第一个合作项目——尼乌马克勒地区引水工程落成**

**中日友好人民公社养鸡场在北京举行投产剪彩仪式**

由北京市市长焦若愚和日本公明党委员长竹入义胜剪彩。中共中央政治局委员王震、中国人民对外友好协会会长王炳南、中日友好协会副会长孙平化、以竹入义胜为首的日本公明党访华团成员、日中技术交流三井代表团成员、日本国驻华使馆公使渡边幸治等参加了剪彩仪式。

**北京图书馆庆祝开馆 70 周年**

中共中央书记处书记邓力群、文化部部长朱穆之到会祝贺。知名学者、图书馆界人士以及离休退休的老馆员 180 人参加大会。

邓力群在讲话中指出，从四个现代化建设的需要和提高全民族科学文化水平的需要来看，我国的图书馆事业还是很落后的。图书馆事业和博物馆事业需要大发展。他希望北京图书馆充分利用现有的条件和力量，为整个图书馆事业的发展作出愈来愈大的贡献。

朱穆之也在会上讲了话。

**第一次最佳首日封邮票评选结果揭晓**

被评为最佳首日封邮票的共有 10 枚。它们是：周恩来同志逝世一周年、中国女排获第三届世界杯冠军、中华人民共和国成立十周年、中国古代建筑桥、辛亥革命五十周年、《红楼梦》——金陵十二钗(小型张)、庚申年、人民英雄纪念碑、齐白石作品选、熊猫。

## 10 月 24 日

**中顾委主任邓小平在北京会见日本公明党委员长竹入义胜一行**

邓小平在谈话中再次强调中日友好的重要性。他说，我们希望中日两国的友好合作关系顺着目前的方向继续发展下去。中日关系中最关键的一句话，就是中日两国人民要世世代代友好下去。

竹入义胜说，发展日中关系一定要坚持日中联合声明和日中和平友好条约的原则精神。公明党将在此基础上为不断加深两国间的相互信任而努力。

**全国科学技术奖励大会在北京召开**

党和国家领导人万里、方毅、余秋里、姚依林、陈慕华、邓力群、薄一波、黄华等出席会议。出席会议的还有政协全国委员会副主席周培源。国务院各有关部门负责人杜星垣、宋平、吕东、马洪、宋一平、袁宝华、赵东宛、武衡等出席大会。全国科学技术奖励大会全体代表、特邀代表以及在京各科技部门的老中青科技工作者等共6000人听取了赵紫阳《经济振兴的一个战略问题》的报告。

**《人民日报》发表孙起孟的文章《对十二大重申的现阶段阶级斗争估量的认识》**

胡耀邦同志在党的十二大的报告中对我国现阶段阶级斗争问题的基本方针作了非常重要的精辟的论述。报告重申党中央反复指出的阶级估量，说：

“在剥削阶级作为阶级消灭以后，我国社会存在的矛盾大多数不具有阶级斗争的性质，阶级斗争已经不再是我国社会的主要矛盾。……但是，阶级斗争还将在我国社会的一定范围内长期存在，并且在某种条件下还有可能激化。”

有这么一种议论，说“一定范围”弹性太大，你说大就大，说小就小，不好掌握。对此，我认为需要作一点分析。

首先，“一定范围”的提法是确定不移的，没有什么弹性的。

第一，说“一定范围”，是对“以阶级斗争为纲”的拨乱反正。建国以来，在相当长的时间里，阶级斗争被看成几乎是无所不在，无时不在，“以阶级斗争为纲”的口号就是这种看法的集中表现。胡耀邦同志指出，“在剥削制度和剥削阶级已经消灭的社会主义社会，提出和实行‘以阶级斗争为纲’的方针，是错误的”。他的这个论断完全符合社会主义中国的历史实际。“一定范围”这个提法的基本点就在于同“以阶级斗争为纲”的理论划清界限。是“一定范围”而不是“为纲”，在这一点上是确定不移的，没有弹性的。

第二，如上所述，在我国现阶段，阶级斗争已经不再是我国社会的主要矛盾。这就告诉我们，阶级斗争的范围有个限度，这个限度就是它在我国社会矛盾中不居于主要的地位。在我国现阶段的社会矛盾中，阶级斗争是非主要的而不是主要的，在这一点上也是确定不移的，没有弹性的。

第三，胡耀邦同志明确指出，“我国社会存在的矛盾大多数不具有阶级斗争的性质”。这就是说，相对地看，属于阶级斗争范围的社会矛盾是少数而不是大多数，是相对的小量而非相对的大量，不能把一定范围看成是很大范围，在这一点上也是确定不移的，没有弹性的。

其次，“一定范围”的提法当然也排除了任何死板的机械的估量，在这个意义上，这个提法是有弹性的。就是说，我国现阶段的阶级斗争的范围在某种条件下可能比较小一些，在另一种条件下又可能比较大一些。为什么不能把范围说死而要采用这样有弹性的表述呢？理由就在于它能比较正确地、全面地反映在发展变化中的阶级斗争的实际情况。这里没有主观随意性，而是按照唯物辩证法去认识我国现阶段阶级斗争的实际。影响我国现阶段阶级斗争的形成和变化的，不仅有国内的条件，而且有国际条件。国内和国际都有敌视我国社会主义制度的敌对分子，他们一有机会，就要兴风作浪，进行破坏活动。他们人数不多，但是破坏的能量不小。他们打算进行多大范围的阶级斗争，我们无法悬断，只能密切注意，调查研究其动态，作出正确的估量，实事求是，是多大范围的阶级斗争就说是多大范围的阶级斗争。这是采用“一定范围”这样有弹性的表述的一方面的理由。另一方面，在主观上，我们能否采取正确的政策和进行有效的工作来处理阶级斗争问题，这也同阶级斗争的范围有关系。经验表明，我们的政策对头，工作做得好，就能够把阶级斗争的范围加以控制以至使之逐步缩小。反之，如果我们的政策有偏差，工作有失误，那么，我们就不能达到这样的要求。基于以上的理由，对我国现阶段的阶级斗争用“一定范围”这样有弹性的表述，不仅在理论上是正确的，在实践上也是有利的，可以使我们在阶级斗争中保持清醒的头脑，更加努力做好调查研究工作。如果主观主义地把阶级斗争的范围说死（无论说得过小或过大），那会导致我们犯错误，违反正确区别和处理敌我矛盾和人民内部矛盾的原则。这对我国社会主义事业的建设和统一祖国大业的完成都是十分有害的。

列宁在《唯物主义和经验批判主义》一书中论述实践标准时说：“这个标准也是这样的‘不确定’，以便不至于使人的知识变成‘绝对’，同时它又是这样的确定，以便同唯心主义和不可知论的一切变种进行无情的斗争。”对于“一定范围”的表述是否有弹性的问题，也应作如是观。

*还有人提出这样的疑问：“说阶级斗争可能激化有什么必要？”*

我的认识是：党的十二大文件中重申我国阶级斗争在某种条件下还有可能激化的论断在理论上是有根据的，在实践上是有必要的。

第一，世界上一切事物总处在发展运动之中，永远不变的情况是不存在的。阶级斗争也是这样。它是怎样运动变化的呢？总的说来，无非向两头变化，一头是走向激化，一头是走向缓和。自然，无论走向哪一头的变化，历程都很曲折，而不是直线发展的。既然承认阶级斗争的存在，它不是向这一头就是向那一头变化，因此，指出它在某种条件下可能激化，这是文中应有之义，根本上不存在什么必要不必要的问题。可能有人要问：既然有向两头变化的可能，那又为什么要强调提出可能激化的问题呢？这是因为在党的领导下，特别是在十一届三中全会以来的路线、方针、政策的指引下，我国的很多社会矛盾包括某些带有阶级斗争性质的社会矛盾，一般地都逐步得到适当的解决，而不是走向激化，这是有目共睹的事实。这样的感性认识多了，就有可能忽视走向激化这一头的可能，而且阶级斗争毕竟不同于对其他社会矛盾的处理，提醒在某种条件下有激化的可能，这对于提高和统一认识，引起必要的警觉，是有重要意义的。

第二，加剧社会矛盾的激化，这从来不是党的方针，对矛盾按照其性质采取正确的方法加以正确处理，这才是马克思主义的战略思想。在处理人民内部矛盾的时候，我们总是采取合乎实际情况的力争缓和的妥善解决的方法。对待敌我矛盾，诚然不免要采取法律手段，经过激烈的斗争去解决，那也不是因为我们有意加剧矛盾的激化，而是因为如果不这样做，矛盾就无法解决，广大人民的利益就得不到保障。指出阶级斗争在某种条件下可能激化，正是为了使大家科学地认识和处理阶级斗争问题，尽可能地避免矛盾的激化，这在实践上是必要的，是有利无害的。

**欧美同学会在全国政协礼堂举行委员会会议**

欧美同学会由爱国留学生组成。会议就开展活动事宜进行了讨论。这是该会停止十多年活动后恢复组织召开的第一次全体委员会会议。会议由同学会代理主任委员茅以升主持。

**中国当代文学研究会在南京举行年会**

会议于10月24日至11月2日召开，与会代表认为，党的十二大提出的在建设高度的社会主义物质文明的同时，建设高度的社会主义精神文明的战略方针，对我国的文学事业来说，既指明了正确的方向，又提出了艰巨的任务。塑造出众多的社会主义新人形象，以共产主义精神来教育人，是社会主义文学区别于封建主义、资本主义文学的具有本质性的特征。它使文学发展的路子更加宽广。提出塑造社会主义的新人形象，决不是要文学去塑造那种高、大、全，假、大、空的“英雄人物”，而是要塑造包括半个世纪以来共产主义实践中我国各个革命历史时期的活生生的、有血有肉的社会主义新人形象。社会主义文学的作用正是要以新人物的形象去培育、造就一代新人。

粉碎“四人帮”以来，特别是党的十一届三中全会以来，新时期的文学是很有成绩的。近两年的文学，无论就内容和形式的创新来说，还是就人物形象的塑造来说，都有了新的开拓，显得更加多样化。这是近两年来文学的主流。同时也应该正视近两年来文学创作中回避现实矛盾冲突的倾向。我们的文学应该坚持两分法，更上一层楼。

年会认为，我们的文学近几年坚持和发展革命现实主义是必要的。但也不应忽视革命浪漫主义，不能忽视革命现实主义与革命浪漫主义相结合的作品，并且容许创作方法的多样化。吸收、借鉴世界上现代派的一些艺术手法和技巧，以丰富和发展革命现实主义，这是符合“洋为中用”的方针的。但是，对于现代派中各个流派的政治的、哲学的理论思想，我们必须保持足够的警觉，决不能放弃必要的设防。

**李宁 童非在第六届世界杯体操赛夺得6项冠军7枚金牌**

李宁获得了个人全能冠军，自由体操、鞍马、吊环、跳马、单杠5个单项的冠军。童非同李宁并列单杠冠军。

## 10月25日

**《人民日报》发表社论《开创新局面要有什么样的精神状态？》**

党的十二大描绘了“四化”建设的宏伟蓝图，提出了全面开创社会主义现代化建设新局面的伟大任务。这个任务是光荣的、有充分客观依据的，又是艰巨的。它反映出中国共产党人和我国各族人民对我国社会主义建设规律的更丰富、更深刻的认识，表现出我们的不可动摇的决心和志气。在学习十二大文件的时候，人们都在考虑一个问题：自己的地区、部门、单位，怎样才能迈出新的步伐，打开新的局面？

开创新局面，要做的事情很多。重要的一条，是使广大干部群众，首先是领导干部，有一个好的精神状态，或者说有一种革命风格。概括地说，就是十二大报告中提到的“振奋精神，开拓前进，坚忍不拔，奋斗不息”。有了这样一种精神状态或革命风格，才能使十二大确定的方针任务得到很好的贯彻执行，在实践中取得更加明显的效果。

我们要继续解放思想，勇于改革，勇于创新。党的十一届三中全会以来，我们在政治、经济、文化各个领域所以能取得巨大的进步，根本原因在于党中央坚持彻底的唯物主义，冲破了长期“左”倾错误的严重束缚，正确开展了两条战线的思想斗争，大大解放了人们的思想，进行了一系列符合国情的深刻的变革。历史性的伟大转变的实现，靠的是解放思想；全面开创新局面的伟大任务的实现，要靠继续解放思想。新局面的出现是同继续进行改革分不开的。改革的目的，就是从中国的实际出发，走出自己的道路，建设有中国特色的社会主义。几年来的经验证明，哪个领域清除“左”的影响比较彻底，能够按照自己的具体情况坚持党中央的路线、方针、政策，哪个领域改革的步子就迈得扎实、迈得大，取得的成绩就显著。经济战线上，农业一马当先，是一个很能说明问题的例子。即使是农业，要更上一层楼，也需要进一步解放思想，扩展眼界，采取更加切合实际的措施。各个领域如此，各个地方也是如此。十一届三中全会以来，有的地方、部门面貌变化很大，有的变化较小。为什么？还是同思想解放不解放、能不能进行切实的改革有关。改革才有出路。各条战线、各个地区、各个单位要打开新的天地，都应当立志改革。要敢于从实际出发，不断研究新情况，解决新问题。党在指导思想上完成了拨乱反正的任务，不等于每个人思想上也完成了拨乱反正的任务；某些方面改革的成功，不等于应兴应革的任务都已大功告成。对于许多同志来说，做一个彻底的唯物主义者，进一步端正思想路线，打破头脑里长期形成的一套束缚我们事业前进的老框框，还是一个需要付出很大努力才能解决的问题。

我们要不怕困难，不怕挫折。古往今来，一切重大改革的实现，一切有历史意义的新局面的出现，都不是一帆风顺、一蹴而就的。我们要开拓前进，全面开创社会主义现代化建设的新局面，必定会遇到种种困难和障碍，甚至走一点弯路。这是题中应有之义，我们要有这种思想准备。在开拓中遇到困难便丧失信心，感到没有出路，没有前途，那不是共产党人应有的品格。在改革中碰到阻力，碰到矛盾，便半途而废，甚至想回到老路上去，也不是共产党人应有的品格。列宁说：“谁害怕社会主义建设中的困难，谁被这些困难吓倒，谁见了这些困难就悲观起来或者惊慌失措起来，谁就不是社会主义者。”中国女排处逆境而不气馁，敢于“碰硬”，顽强拼搏，显示了开创新局面的崇高风格。她们这种坚忍不拔的精神，是很值得学习的。

我们要有创大业、攀高峰的雄心壮志。十一届三中全会以来，我们坚持实事求是，不提浮夸的口号，不搞高指标，是完全正确的。但是，真正的实事求是，本身就必然要求有革命精神、雄心壮志。毛泽东同志很欣赏斯大林的一句话：把革命气概和实际精神结合起来。这几年，党中央总是要求我们既要实事求是，又要振奋精神，有所作为。客观条件不具备的事情，硬要冒冒失失去做，固然不是实事求是；客观条件基本具备，经过努力可以办到的事情，不去争取实现，也不是实事求是。指标过高，脱离实际，固然会挫伤群众的积极性；指标定得低于实际的可能性，不费力气就可以实现，也不足以激励士气，充分发挥广大群众的聪明才智。十二大提出的宏伟目标和各项任务，是有科学根据的，但要实现又不是轻而易举的，必须作出巨大的努力，要有一股革命精神、革命干劲。“一朝被蛇咬，十年怕井绳”的心理，应当加以抛弃。满足现状、不思进取、等待观望、无所作为的精神状态，必须加以改变。处在中兴时期的中国共产党人特别是党的干部，就是要有“不登南天门非好汉”那么一种气概！

胡耀邦同志在十二大报告中指出：“在新的历史时期中，要把中国这样原来经济文化落后的国家建设成为现代化的社会主义强国，是人类历史上最伟大的创造性工程之一。这个事业的许多课题，是以前的马克思主义者没有也不可能提出和解决的。”历史赋予我们重任，人民对我们寄予厚望。从现在起到本世纪末，只有十八年的时间了。时不我待，我们要放开眼光，拿出魄力，以最佳的竞技状态，进行创造性的工作，在祖国的辽阔大地上，干出一番前人从来没有做过的伟大事业。我们的后代回顾二十世纪末叶这段历史时，将会对我们作出评价。无非是三种可能：说我们是“有为之人”，说我们是“平庸之辈”，说我们是“昏聩之徒”。同志，请认真想一想，自己究竟属于哪一种人？

**中顾委主任邓小平在北京会见由乔治·马歇总书记率领的法共中央代表团**

邓小平说，任何外国党对于别国的情况总是比较生疏的，总没有本国同志那样了解自己的问题。即使犯了错误，也要靠本国的同志去总结经验和改正，这才靠得住。我们过去在这个问题上处理得不好，我们总结了这方面的经验。法国党有些事我们是不赞成的。但不赞成是一回事，指手画脚又是一回事。这是个原则问题。在这个原则之下建立党与党之间的关系比较好。

马歇对邓小平提到的党与党之间关系的原则表示同意。他说，党与党之间关系的恶化，我们大家都有责任。我们的经验有两条：一是每个党都应当根据本国的情况建设社会主义，不存在什么“模式”。二是每个党都是独立的，它只对本国工人阶级和人民负责。马歇说，党与党之间有分歧并不妨碍建立良好的关系，可以平心静气地讨论。

**陈云同志对大白菜过冬提出意见**

中央人民广播电台消息北京、天津等城市秋菜即将大量上市，陈云同志就这个问题给中央领导同志写信说：“北京、天津烂菜问题是一个多次发生过的事情。霜降已过，11月8日立冬，今年必须避免烂菜。因此，生产、流通、消费这三个环节必须立即组织好。因为菜烂与不烂只有几个小时的关键时刻。大白菜是北京市民当家菜类，因此必须安排在前。”陈云同志这个意见，中央领导同志马上向有关部门作了传达。北京市委和市政府按照陈云同志意见26日下午召集各区、县、局和有关单位开会，动员大家做好今年秋菜的供应储存工作。

市里成立了秋菜指挥部，统一领导，市委书记王宪任总指挥。市委和市政府要求市、区、县各有关部门，以十二大精神为指针，分工负责，密切配合，搞好秋菜的收贮运销工作，做到快运快销，把损失减少到最低的程度。商业部门要增加供应网点，增加销售人员，做到开票、收款、送菜到户。交通运输部门要全力以赴，抢运大白菜。

**国防科工委和解放军海军举行祝捷大会庆祝潜艇水下发射运载火箭取得圆满成功**

大会宣读了党中央、国务院和中央军委的贺电。

会上，中央军委副秘书长张爱萍受党中央、国务院、中央军委的委托，向全体参试人员表示慰问和祝贺。他说，这次试验取得圆满成功，标志着我国运载火箭有了新的发展，这是全体参加研制、生产、试验的科学工作者、工程技术人员、工人、干部和解放军指战员坚持独立自主、自力更生的方针，经过刻苦攻关，所取得的成果。他希望大家要经得起胜利的考验，在胜利面前决不能沾沾自喜。要认真总结经验，再接再厉，努力提高科学技术水平，做好各自的业务工作，做一个实干、苦干、精心干的实干家，为加速实现国防现代化继续努力。

国防科工委主任陈彬、政委刘有光在讲话中指出，这次试验成功，说明我们国防科研战线上有一支经得起考验的好队伍，相信他们在今后的工作中，一定能够打开新的局面，创造新的成绩。

海军司令员刘华清、政委李耀文在讲话中指出，这次运载火箭试验成功，将大大提高海军在未来反侵略战争中的作战能力。他们说，参加这次试验的海军部队，经受了一次很好的锻炼。他们代表海军党委和领导机关向有关部门的关心和支持表示衷心感谢。同时，勉励海军部队，戒骄戒躁，再接再厉，加速海军建设，为实现国防现代化而努力。

潜艇水下发射运载火箭试验地区的党政军负责同志，以及航天工业部、核工业部、电子工业部、船舶工业总公司、中国科学院等单位的负责同志出席了大会并讲了话。

**1982年全国举重冠军赛结束**

在100公斤级比赛中，上海运动员姜承龙以149公斤的成绩，打破了148.5公斤抓举的全国纪录。

## 10月26日

**刘家峡水电厂提前完成全年发电任务**

截至10月26日，刘家峡水电厂共发电45.0964亿度，提前66天完成了全年发电45亿度的计划。

**中共中央书记处书记胡启立在人民大会堂会见由中央委员阿拉沃·让·迪蒂埃率领的贝宁人民革命党代表团**

**全国总工会主席倪志福在北京会见以马比莱察为团长的博茨瓦纳工会联合会代表团**

**中国人工智能学会第三届全国学术讨论会在北京举行**

会议于10月26日至30日召开。

中共中央政治局委员胡乔木给会议的贺信中说：“我支持人工智能的研究，这在理论和实践上都是很有意义和很有前途的工作。祝愿这一工作能在中国胜利发展。”来自全国各地的130多名专家、教授及专业工作者，就知识表达、自然语言处理、认识科学与人工智能的哲学问题进行了广泛学术交流。

**我国选手在开罗举行的第六届努赛尔国际举重锦标赛中破一项亚洲纪录获5块金牌**

郭伟茹在110公斤级抓举比赛中，成功地举起158公斤，打破了全国纪录和亚洲纪录，并以342.5公斤的总成绩，夺得了这个级别的金牌。

获得金牌的选手还有田宗俊(52公斤级)、赖润明(56公斤级)、刘航远(60公斤级)和周功(67.5公斤级)。

**青藏高原发现哺乳动物化石**

据《人民日报》报道，我国科研人员在青藏高原海拔4200百米的高度上发现了虎、马、犀牛等大型哺乳动物化石。经初步鉴定，这些动物生长在几十万年前的中更新世。其中马、鹿的化石，同在北京周口店发现的同类化石一样。据称，在这样的海拔高度发现此类化石在世界尚属首次。

**陈挽澜逝世**

全国政协第五届委员、中国人民解放军原总参谋部通信部顾问陈挽澜同志于10月26日在北京病逝，享年69岁。

陈挽澜同志是四川省宣汉县人，1933年9月参加中国工农红军，1937年12月加入中国共产党。在近

50年的革命斗争和建设事业中，他忠于党，忠于人民，忠于共产主义事业。战争年代，他不畏艰险，出生入死，跟随党中央转战南北，参加了举世闻名的二万五千里长征，参加了抗日战争、解放战争和抗美援朝战争，经受了严峻考验。他长期从事我军后勤工作，为我军的后勤建设作出了很大的贡献。

## 10月27日

**国家统计局发布关于1982年人口普查主要数字的公报**

(1982年10月27日)

根据中共中央和国务院的决定，我国进行了第三次人口普查。这次普查工作，从1979年年底着手准备，1982年7月1日开始全面登记。在各级党委、政府的统一领导和各族人民的积极支持下，经过广大普查工作人员深入细致的工作，到7月10日，除个别遭受水灾的地区略有推迟外，全部完成了普查登记，并在7月底以前全面进行了复查核实工作。经过事后抽样检查，证明普查登记达到了高质量的要求。这次人口普查的全部资料，正在用电子计算机进行处理。现将手工简易汇总的主要数字公布如下：

一、总人口。全国人口为1031882511人。大陆29个省、自治区、直辖市(不包括福建省的金门、马祖等岛屿，下同)人口和现役军人共1008175288人中，除西藏自治区交通极为困难的个别地方(28601人)是利用行政记录材料进行估算的以外，全部以1982年7月1日0时为标准时间进行了直接调查。

台湾省人口和福建省金门、马祖等岛屿的人口，是按台湾当局公布的数字计算的。

香港、澳门地区同胞的人数，是按香港当局和澳门当局公布的数字推算的。

根据国务院颁发的《第三次全国人口普查办法》的规定，这次普查的对象是“具有中华人民共和国国籍并在中华人民共和国境内居住的人”。所以，没有对国外侨胞的人数进行调查。29个省、自治区、直辖市和现役军人的人口，同第二次全国人口普查的1964年7月1日0时的694581759人相比，十八年间共增加313593529人，增长45.1%，平均每年增加17421863人，年平均增长率为2.1%。

二、性别构成。29个省、自治区、直辖市和现役军人的人口中：男性519433369人，占51.5%；女性488741919人，占48.5%。性比例(以女性为100对男性的比例)为106.3。

三、各民族人口。29个省、自治区、直辖市共有汉族人口936703824人，占93.3%；各少数民族人口67233254人，占6.7%。

同1964年人口普查数字比较，汉族人口增加285407456人，增长43.8%；各少数民族人口增加27309518人，增长68.4%。

29个省、自治区、直辖市的55个少数民族中，人口超过百万的少数民族由1964年人口普查时的10个增加为15个。

四、各种文化程度人口。29个省、自治区、直辖市人口中，具有大学毕业文化程度的4414495人，具有大学肄业文化程度的(包括大学在校生)1602474人，具有高中文化程度的66478028人，具有初中文化程度的178277140人，具有小学文化程度的355160310人。高中、初中、小学文化程度的人，分别包括高中、初中、小学的毕业生、肄业生、在校生。

同1964年人口普查数字比较，每10万人中各种文化程度的人数有如下变化：具有大学文化程度的人，由416人上升为599人；具有高中文化程度的人，由1319人上升为6622人；具有初中文化程度的人，由4680人上升为17758人；具有小学文化程度的人，由28330人上升为35377人。

29个省、自治区、直辖市的文盲和半文盲人口(12周岁以上不识字和识字很少的人)为235820002人。同1964年人口普查数字比较，文盲和半文盲人口占总人口的比例由38.1%下降为23.5%。

五、人口出生率和死亡率。29个省、自治区、直辖市1981年出生人口为20689704人，出生率为20.91‰；1981年死亡人口为6290103人，死亡率为6.36‰；1981年自然增加的人口为14399601人，自然增长率为14.55‰。

六、市镇总人口。29个省、自治区、直辖市中，居住在市(不包括市辖县)、镇的总人口为206588582人。其中236个市的总人口为144679340人；2664个镇的总人口为61909242人。与1964年人口普查数字相比，市镇总人口共增加79485541人，增长62.5%。市镇总人口占全国总人口的比例，由1964年的18.4%上升为20.6%。

七、人口的地区分布。各省、自治区、直辖市人口和现役军人的人口如下：

北京市 9230687人(其中9个市辖县的人口3632715人)

天津市 7764141人(其中5个市辖县的人口2621576人)

河北省 53005875人

山西省 25291389人

内蒙古自治区 19274279人

辽宁省 35721693人

吉林省　22560053 人

黑龙江省　32665546 人

上海市　11859748 人(其中 10 个市辖县的人口 5538876 人)

江苏省　60521114 人

浙江省　38884603 人

安徽省　49665724 人

福建省　25931106 人(其中金门、马祖等岛屿的人口 57847 人)

江西省　33184827 人

山东省　74419054 人

河南省　74422739 人

湖北省　47804150 人

湖南省　54008851 人

广东省　59299220 人(其中东沙群岛、南沙群岛的人口暂缺)

广西壮族自治区　36420960 人

四川省　99713310 人

贵州省　28552997 人

云南省　32553817 人

西藏自治区　1892393 人

陕西省　28904423 人

甘肃省　19569261 人

青海省　3895706 人

宁夏回族自治区　3895578 人

新疆维吾尔自治区　13081681 人

台湾省　18270749 人

香港、澳门地区　5378627 人

中国人民解放军现役军人　4238210 人

八、人口普查登记质量的抽样检查结果。29 个省、自治区、直辖市人口普查登记和复查工作完成后,根据《人口普查登记质量抽样检查细则》的规定,进行了质量抽查,其结果如下:

人口数:重报人口占 0.71‰,漏报人口占 0.56‰,重漏相抵,净差人口占 0.15‰;

性别:误差率为 0.03‰;

年龄:误差率为 6.15‰;

1981 年出生人口,漏报率为 1.83‰;

1981 年死亡人口,漏报率为 4.40‰。

[ * ]台湾省人口,是台湾当局公布的 1982 年 6 月底的数字;福建省金门、马祖等岛屿的人口,是台湾当局公布的 1982 年 5 月底的数字。

香港地区同胞的人数,是按香港当局公布的 1982 年 6 月底的数字推算的。澳门地区同胞的人数,是按澳门当局公布的 1981 年人口普查人数推算的。

**国家统计局局长李成瑞就第三次人口普查答新华社记者问**

国务院人口普查领导小组副组长、国家统计局局长李成瑞,在回答新华社记者就发表人口普查公报提出的问题时说,第三次全国人口普查是一次高质量的普查。

这次普查是世界人口普查中误差率较低的

李成瑞说,在国际上,如果人口数误差率低于 10‰,就被视为质量较好。我国这次普查登记完成后进行的质量抽查结果是:重报人口占 0.71‰,漏报人口占 0.56‰,净差率为 0.15‰。是世界各国人口普查中误差率较低的。

他说,这样高的普查质量,是两年多来各级干部、广大普查人员和积极分子共同努力,经过几个重大步骤最后取得的成果。第一,从去年年初到今年 3 月,全国进行了户口整顿,这实际上是人口普查前一次比较深入的预查。这期间,先后动员了 570 多万名户籍管理人员和其他基层干部,分期分批地对全国城乡户口进行整顿,逐户进行深入调查,查出和纠正了 6.1‰的重登人口和 5.4‰的漏登人口。第二,在人口普查登记正式开始前,广大普查人员提前进入普查区,进一步调查摸底,在逐户访问的基础上进行设站登记,在这个过程中,又发现和纠正了一批差错。第三,普查登记结束后,用 10 天到 20 天时间,对普查登记表逐户逐人进行了全面复查,又发现和纠正了一些差错。在对人口数进行复查的同时,也对登记的性别、年龄、文化程度、职业、行业等项目进行了认真的复查。

全国人口年度统计相当准确

国家统计局局长还向记者谈到,这次人口普查公报中公布的大陆 29 个省、自治区、直辖市 10.0817 亿的总人口数,同我国过去年度统计的人口数字十分接近。他指出,1982 年 4 月 30 日国家统计局公布的 1981 年年底总人口 9.9622 亿人,加上今年上半年人口增长数,再加上 423 万人民解放军,差不多就是这次人口普查得出的大陆总人口数。这说明我国每年统计的人口总数是相当准确的。

严格的质量抽查

李成瑞向记者详细介绍了这次人口普查的质量抽查:在 29 个省、自治区、直辖市人口普查登记和复查工作完成后,根据《人口普查登记质量抽样检查细则》的规定,由省、自治区、直辖市人口普查机构,按照分级、随机、等距、整群抽样的方法,抽取了 972 个生产队和居民小组(普查登记为 18.7362 万人)作为样本;由县以上人口普查机构派出经过专门训练的人员,按照抽中的生产队、居民小组管辖的范围,实地勘察,逐户上门重新调查,与原来普查登记的数字进行核对,找出差别,并经再次核查,才确定是否误差。按照《细则》的规定,原来在这些生产队、居民小组进行普查登记工作的人员,不得担任抽查员;在样本抽出后,即将原来登记的材料封存。这样的做法,保证了质量抽查的可靠性。

全部资料正由电子计算机处理这位统计工作负责人说,今天发表的人口普查公报只是手工简易汇总的主要数字,普查登记表中还有许多重要项目的数字需要用电子计算机汇总。近3亿张普查登记表,经过各省、自治区、直辖市的电子计算站处理,最后由国家统计局电子计算中心汇总。目前,全国两千多个县组织10万多人进行的编码工作不久即可结束;全国各省、自治区、直辖市的4000多名录入人员已培训完毕,正在把编码后的登记表的数据录入电子计算机;1000多名电子计算机技术人员,正在对400万人口普查试点资料数据处理中取得的经验进行总结,迎接正式人口普查数据处理的光荣任务。这次人口普查的全部资料经过电子计算机处理,将得出省、地、县、公社的有关人口状况及其社会经济特征的大量丰富资料。这一繁重的工作,按照国务院规定的计划,将在1984年年底完成。

**全国农村思想政治工作会议在北京召开**

会议于10月27日到11月5日召开。会议由中共中央书记处委托中共中央宣传部和书记处农村政策研究室联合召开的。中共中央宣传部副部长郁文和书记处农村政策研究室主任杜润生主持并讲话。全国29个省、自治区、直辖市主管农村工作的书记、副书记、副省长、副市长和从事农村工作、宣传工作的负责同志,以及部分地、县委负责人参加了会议。中组部、农牧渔业部、全国妇联、共青团中央等有关单位也派人参加了会议。会议期间,中共中央政治局委员、书记处书记万里,中共中央书记处书记、中宣部部长邓力群,到会做了重要讲话。

会议分析了党的十一届三中全会以来农村出现的空前繁荣、活跃,农民心情舒畅的新形势。研究了党的十二大以后,要大力推进社会主义物质文明和精神文明建设的新要求。大家认为,为争取农村在政治上、经济上、文化上、科学技术上更加欣欣向荣,今后在继续放宽政策,搞活经济的同时,必须加强党在农村的思想政治工作。这是农村社会主义精神文明建设的中心环节,是坚持和改善党在农村的领导的重要组成部分。这项工作的根本任务就是要用马列主义、毛泽东思想,用共产主义思想教育农村干部、党员和群众,提高广大农民自觉抵制封建主义、资本主义腐朽思想,反对各种不良社会风气的觉悟,使广大农民逐渐锻炼成为有理想、有道德、有文化、守纪律的新型的劳动者,积极为社会主义现代化建设事业多做贡献,把我国农村建设成为富裕的、文明的、社会主义的新农村。

大家摆出大量事实,说明党的十一届三中全会以来,纠正了过去在农村思想政治工作中那一套"左"的做法,恢复了实事求是,说服教育,从群众中来、到群众中去的好传统。

因而在广泛进行三中全会以来的路线、方针、政策的宣传教育中取得了很大成绩,为党在农村工作中实现历史性的转变开了路。但是现在确有一些地方还存在着忽视思想政治工作的倾向,个别地方的思想政治工作甚至处于涣散软弱的状态。如有一些干部在实行生产责任制后,农民生产积极性日益高涨的新形势下,认为"包产到了户,何必要干部","责任到了田,何必要党员",从而放松了对农民的思想教育,致使各种落后的、反动的思潮、风气,甚至久已绝迹的某些黑暗现象得以传播和复活,一些敌对分子,也乘机施行破坏活动。因此,大家认为各级党组织都必须及时把开展思想政治工作作为一件大事,马上抓起来。

在"四人帮"横行时期的思想政治工作脱离经济工作,脱离群众的生活实践和思想实际,不尊重农民群众,动不动就批、斗、罚、压,以及讲空话、讲大话、讲假话、大搞形式主义等等极端错误做法,曾使党在农村的政治工作,受到极大的损害。必须坚决避免重犯。对农民的教育,要坚持疏导的方针。要进一步恢复群众路线的优良传统。要密切结合群众的生活、生产实践,结合经济工作,采用群众自己创造的生动活泼的方式、方法,把工作做到群众的心里去。更重要的是,必须掌握住共产主义思想教育和执行现行政策的区别和联系,要保证现行政策的完满贯彻执行,决不可再刮"共产风",吃"大锅饭"。

各地带到会上的调查材料表明,从旧社会到新社会,从三中全会以前到三中全会以后,我国的农村,我国的农民发生了深刻的变化。现在的农民已经不同于过去的农民,业已从小私有者变为社会主义合作制的劳动者。三中全会以来,他们主动积极地发挥了社会主义的创造性。有的同志在这种变化面前,感到老的办法不灵,新的办法不会,思想政治工作不好做。大家认为现在教育者必先受教育。各级领导必须自己重新学习,既要向好传统学,更要向现实的实践学,要向群众学。只要兢兢业业,不断了解新情况,研究新问题,总结基层广大群众创造的新经验,就能够走出一条新路子。

农村冬闲时间很快就要到来,大家认为,"村看村,户看户,群众看的是党支部",搞好农村思想政治工作,关键在干部,在党员。因此,当前马上要做的第一件事，就是要利用今冬明春的时间，通过学习十二大文件，下大力抓好广大农村基层干部、党员的培训工作。通过培训，教育干部、党员端正自己的认识和作风，在开创农村思想政治工作的新局面中起骨干作用，起先锋模范作用，使自已取得做好思想政治工作的主动权。这个培训的一个最重要的内容，就是通过现行政策的教育，一方面使他们进一步从过去那套“左”的模式中解脱出来，使他们认识有中国特色的社会主义道路的特点，认清共产主义思想教育和现行政策的关系，消除他们对现行政策的疑虑。另一方面也要使他们认清正确处理好国家、集体、个人三者关系的重要性。然后通过广大干部、党员，依靠群众中的先进分子去逐步开创农村思想政治工作的新局面。

**国务院颁布《关于解决企业社会负担过重问题的若干规定》**

为了解决企业负担过重问题，国务院制定了《关于解决企业社会负担过重问题的若干规定》，并为此发出通知，要求各地区、各部门认真贯彻执行。

国务院的文件作了以下三个方面的规定：

一、对国家或中央主管部门有明文规定的收费，如财产保险、排污收费、公路养路费、人防工程费、人民银行手续费、教育经费，要根据减轻企业社会负担的精神，研究改进原有规定，有的要制定统一办法。

二、对城市维护和建设方面的开支，国家已安排了专项基金。各地财政部门、城建部门要按照中央和国务院的规定，切实把现有的城市维护和建设资金用好、管好，充分发挥现有资金的作用，不准挪作他用。属于不合理的摊派，都应整顿、取消。

三、对于向企业收取的其他不合理摊派，应予取消。

《规定》还提出，各地区、各部门要结合企业的整顿工作，在今年内对企业负担的各种收费项目进行一次认真的清理和整顿。对于国家或省、自治区、直辖市人民政府有收费规定的，严格按规定收费，不得任意提高收费标准；对于一时不能取消的收费项目，要研究妥善办法加以改进，在一两年内，逐步解决；一切不合理的收费要予以取消。今后中央部门或地方规定对企业收费或增加企业负担时，须经国家经委、财政部或省、自治区、直辖市经委和财政厅(局)审查同意，并报请国务院或省、自治区、直辖市人民政府批准。企业对于未经国务院和省、自治区、直辖市人民政府批准的各项摊派，有权拒付。

**全国人大常委会副委员长彭冲在北京会见由素钦·丁素旺厅长率领的泰国检察厅代表团**

**国务委员薄一波在北京会见新日本钢铁公司社长武田丰一行**

**国务委员余秋里在北京会见由日中经济协会理事长井上猛率领的日本经济考察团**

**中国科学院党组发出通知号召全院开展向中年光学专家蒋筑英同志学习的活动**

**1982 年全国武术表演赛在杭州结束**

北京男、女队双双获得男女团体冠军。

**我国选手李月久在匈牙利国际体操赛上获两项冠军**

李月久以 9.95 分的成绩获男子自由体操冠军，以 9.875 分的成绩与苏联的科罗廖夫并列跳马冠军。

## 10 月 28 日

**《人民日报》发表社论《制止毁林 责在领导》**

中共中央、国务院发布《关于制止乱砍滥伐森林的紧急指示》，严肃指出制止毁林的关键在领导，“责成凡有森林地方的县委和县人民政府，负责监督护林法令的执行”，对犯法毁林者制止不力，就是失职，上级党委和政府必须追究县委书记和县长的领导责任。各级党政领导机关必须坚决贯彻执行这一紧急指示，立刻采取有效措施，限期制止乱砍滥伐森林的歪风，雷厉风行地处理违法毁林事件。

1980 年 12 月国务院发出《关于坚决制止乱砍滥伐森林的紧急通知》后，全国乱砍滥伐森林的情况有所好转，但这股歪风在不少地方一直没有刹住，近来且有蔓延发展的趋势。有些地方的大面积国有林被侵占、强砍；有的成千上万亩集体林被瓜分、砍光；有的防护林被砍得支离破碎，有的自然保护区的森林也被砍成残林；有人甚至明目张胆地哄抢正在生产过程中的木材；殴打护林人员的事件不断发生。这些严重的无政府状况和无视国家法律的行为，再也不能继续下去了。

一些地方乱砍滥伐森林的现象制止不住，原因是多方面的，但最根本的是十年内乱中的无政府主义思想流毒没有肃清。有的人借口林业管理体制和某些林业政策问题尚未得到解决，借口木材供需矛盾太大，借口使山区群众尽快富裕起来，说什么乱砍滥伐是不可避免的，甚至有它的合理性。这些思想和观点是极其错误的。保护森林发展林业，是我们各项林业政策的出发点和归宿。当前林业工作中确实存在一些问题有待解决，应该积极创造条件，有准备、有步骤地进行，但决不能借口林业管理体制不够完善，某些具体政策问题未解决，就放任对森林的破坏行为，这是从根本上背离了党的林业政策，违背了群众和国家的根本利益。我们的党、政领导机关和一切干部，是为人民群众谋利益的，决不能只顾群众的眼前利益，不顾他们的长远利益、根本利益。我们要使群众尽快富裕起来，是要引导和教育群众靠自己的劳动致富，决不能靠挤、偷、抢国家财产致富。对于这些大是大非问题，我们必须有清醒的认识，才能全面正确地贯彻执行党的方针政策。

现在许多地方的某些领导干部，对乱砍滥伐森林的严重情况认识不足。有的听而不问，见而不管；有的姑息迁就，大事化小，小事化了；有的犹豫观望，下不了决心，拿不出有力措施；有的对破坏森林的重大案件拖而不办，甚至包庇怂恿。这种领导状态，直接间接地助长了乱砍滥伐森林歪风。党中央、国务院的紧急指示指出，哪个地方的乱砍滥伐森林歪风制止不住，就是那个地方的领导失职，就要追究领导的责任，这是问题的要害。各级党政领导要切实负起责任，公检法等有关部门要紧密配合，对自己管辖地区的乱砍滥伐森林问题，认真进行一次清查，果断地采取切实有力的措施，刹住乱砍滥伐森林的歪风。对重大毁林案件，不管牵涉到什么人，都要严肃处理：该赔偿的赔偿，该罚款的罚款，该判刑的判刑，决不让那些违法乱纪的人逍遥法外。对其中为首分子，要坚决打击。对监守自盗的林业工作人员，要从重处理。不依法办事，就是纵容犯法。要坚决维护国家法律的严肃性。要把制止乱砍滥伐森林歪风，作为一项经常性的工作来抓。要教育广大党员和干部，认真执行党的林业方针政策，以自己的模范行动，带领群众遵纪守法，爱护森林，同破坏森林的现象作坚决斗争。

制止乱砍滥伐森林，打击破坏森林的犯罪行为，代表了广大群众的根本利益和共同愿望。全国各地要广泛深入地宣传讲解中共中央、国务院关于制止乱砍滥伐森林的紧急指示，做到家喻户晓、人人皆知，动员广大干部和群众在党的十二大精神指引下，为保护森林、发展林业而努力。

**中顾委主任邓小平在人民大会堂会见利比亚“九·一”革命领导人穆阿迈尔·卡扎菲**

**国务院发出通知要求认真做好第三次全国人口普查后期工作**

通知说，第三次全国人口普查，已经胜利地完成了普查登记、手工汇总阶段的工作。国家统计局已经发表了《关于1982年人口普查主要数字的公报》。这是各级人民政府、广大普查工作人员和全国各族人民共同努力的结果。

国务院通知指出，公报的发表，并不意味着人口普查工作的结束。普查登记表中尚有许多项目，如年龄、行业、职工、不在业人口状况、婚姻状况和妇女生育状况等，尚未汇总；各个项目的交叉分组和基本的分析性资料还没有计算。所有这些工作，有待下一阶段利用电子计算机来完成。

通知强调说，用电子计算机处理十亿人口的普查资料，不仅要求有较高水平的技术，而且要求有严密的组织工作和必要的后勤保障。任务仍很繁重，经验又很不足。因此，各省、自治区、直辖市人民政府应继续加强领导，保证高质量地、按时做好人口普查后期工作，包括全部普查资料的编码、录入、运算、制表、编印、分析以及与此有关的组织工作和后勤工作。

通知最后说，鉴于人口普查后期工作主要集中在省一级进行，因此，必须切实加强省级普查机构的力量。省级人口普查办公室和电子计算站力量不足的，应当按编制加以充实。

**铁道部制定部机关和部局领导干部改进作风的五条规定**

规定的主要内容是：

一、要求部机关和部、局领导干部办事要讲求效率。对上级的重要紧急文件及部属单位报来的紧急请示，必须当天处理；一般文件不超过3天；答复问题态度要明确，意见要具体。正副部长之间、正副局长之间研究解决问题，要直接会商作出决定，不搞公文旅行。

二、部、局领导干部要经常下去调查研究，解决问题。主管运输的副部长和局长，每半年必须乘坐一次硬席客车，到旅客中，到铁路基层单位直接了解情况。其他业务部门的局级领导干部每年不少于两次到基层单位调查研究，就地解决问题，抓好典型，推动工作。

三、领导干部不搞特殊化，外出工作不讲排场。他们到基层单位检查工作，不要组织迎送；除直接有关人员和工作需要外，不要各级派人陪同；不许吃请、受礼，不得违反制度，不能假工作之名游山玩水。乘坐火车时，必须按规定的席别乘车，以普通旅客身份到餐车就餐。

四、领导干部要经常参加群众活动。要积极参加机关组织的劳动、植树、搞清洁卫生等活动。如到远处参加活动，除特殊情况外，部、局领导干部应和群众同车同行。领导干部还要经常找干部谈心。

五、减少会议，改进会风。各业务部门召开会议要经主管部长或副部长批准。部内召开的一些工作会议，不设主席台，除会议主持人外，出席会议的领导干部要同与会同志坐在一起。领导干部参加各种集会要准时到场，不能让群众等待。

部、局领导干部执行《规定》的情况，将由铁道部纪律检查委员会和机关党委、各局党支部负责监督，每季检查一次。

铁道部机关最近已将上述《规定》印发给部、局领导干部，开始执行。

**塔里木河上建成第一座公路桥**

我国最长的内陆河——新疆塔里木河上，新建起一座1600米长的钢筋混凝土公路桥，从而结束了塔里木河靠舟楫摆渡的历史。

**国务委员薄一波在北京会见由主席斯隆和顾问伯杰率领的英国48家集团代表团**

**中朝科学技术合作委员会第二十二届会议议定书在平壤签字**

委员会中国组主席、林业部副部长董智勇，委员会朝鲜组主席、国家科学技术委员会副委员长金应浩分别代表本国政府在议定书上签字。

议定书规定，双方就机械、化工、农业、林业、水利、建材、医药等方面的项目进行合作。

**中国出版工作者协会为庆祝三联革命出版活动50年在人民大会堂举行纪念会**

党和国家领导人王震、宋任穷、邓力群、许德珩、史良到会热烈祝贺。

邓颖超、胡愈之为纪念会送来贺词。他们高度评价三家出版社对革命事业所做的重要贡献，希望他们在两个文明建设中作出更大的成绩。

邓力群在发言中指出，出版界的领域很宽广，出版事业很有可为。他希望三联书店通过自己的工作，对更多的青年进行爱国主义教育，引导他们走上革命道路。朱穆之、周扬在会上讲了话。

参加纪念活动的有出版界、文化艺术和新闻界的同志，以及在各个不同时期参加过三家出版社工作的同志共600多人。生活书店创始人邹韬奋的夫人沈粹缜出席了纪念会。

## 10月29日

**《人民日报》发表社论《十个方面的根据——为什么说现在是建国以来最好的历史时期之一》**

胡耀邦同志在十二大报告中说："现在是建国以来最好的历史时期之一。"有的同志提出，现在国家还有很多困难，社会上还有很多问题，党内问题也不少，这个判断能够成立吗？在传达、学习、讨论十二大文件的过程中，许多同志就这个问题摆了大量事实，一些领导同志为此作了辅导报告。这个问题直接牵涉到对十一届三中全会以来我们的成就和路线的看法，牵涉到是否能满怀信心地完成十二大提出的任务，确有必要讨论清楚。

十一届三中全会以来只有不到四年的时间。我们说它是建国以来最好的时期之一，主要有以下十个方面的根据：

第一，党的领导权掌握在真正的马克思主义者手中。我们恢复了实事求是的马克思主义的思想路线，在党内生活中恢复了民主集中制。我们对建设社会主义进行了大量的、多方面的、有成效的新的探索。我们开始了机构的改革和干部队伍的革命化、专业化、知识化和年轻化建设。这些都是在党和国家的历史上非常重大的发展。这些发展的意义，现在已经看得很清楚，随着时间的推移，将会越看越清楚。当然，我们承认，在党内、在社会上、在我们国家生活的许多方面，现在还有这样那样没有解决的问题，我们不能够低估它。但是我们也要看到，党和人民已经取得的胜利，不会被这些问题所掩盖。大局已经稳定下来；不是短时间的稳定，而是一年比一年稳定，就其客观趋势来说必将继续保持稳定。总之，领导权改变了，领导方法、工作方法改变了。这些改变，许多方面恢复到建国初期，许多方面超过了建国初期。

第二，全党的工作重心转到了社会主义现代化建设这个轨道上来。我们中国共产党成立，历经艰难，进行60多年的革命，就是为了在取得新民主主义革命的胜利之后，进行社会主义革命和社会主义建设。建国以来30多年，我们在相当长的时间里没有把建设社会主义的工作作为中心。十一届三中全会以后实现的这个战略转变，可以说是付出沉痛代价换来的成果。对于这样的成果决不能看轻了。这就是说，中国革命从此走上了正确的、健康的社会主义建设的发展道路。

第三，我们党在对待教育、科学、文化、知识分子这些问题上面，基本纠正了长期的"左"倾政策和"左"倾看法。

第四，我们的军队转到了革命化、正规化、现代化的轨道，逐步地摆脱了十年内乱期间的流毒。我们进行了对越自卫反击战，举行了华北地区的大演习。我们在现代化武器的试验方面做了大量的工作，最近又向预定海域发射运载火箭获得成功。在十一届三中全会以来的三年多中间，我们部队所做的工作很多，这不过是举几个例子。

第五，政治方面的建设所取得的成就也是非常巨大的。我们恢复了公检法的机构和工作，恢复了人大和政协的正常活动，统一战线工作、民族工作都有了非常显著的发展。特别是我们开始走上真正的社会主义法制的道路，这对于国家的长治久安有非常重大的意义。从1979年以来，全国人民代表大会通过的法律有13个，人大常委会通过的法律或具有法律性质的条例有15个，同时还通过了有关法律的决议12项，又重新公布了在“文化大革命”以前早已颁布过的法律、法令8个，重新公布有关法律的决议、决定7项，并第一次公布了刑法和刑事诉讼法。不久将要召开的五届五次全国人民代表大会，还将通过新的宪法。这些对我们国家的现代化、对我们国家的稳定已经起了并将继续起重大的作用。

从十一届三中全会到现在，整个社会越来越安定。犯罪现象仍然存在，但是，对犯罪的斗争取得的成绩也很大。今年1月到8月刑事犯罪案件的发生数比去年同期减少了15%。这里要说明，现在刑事犯罪统计的数字比较大，要考虑一个因素：过去没有刑法，或者说有了相当的法律，没有能够完全按照法律去执行，所以犯罪的统计数字比较少；现在法律趋向健全，发案的数字统计就会显得增加一些。当然，这并不是说当前社会治安不再是一个重要问题，而是说对现在的社会治安状况，要有一个全面的了解。拿今年1月到8月刑事发案数来推算全年，可能达到万分之七点二。这个数字低于建国以来犯罪率高的年份，同去年相比，是在大幅度下降。因此，从建国以来的历史情况看，现在社会秩序是在逐渐地、逐年地进步。至于同其他国家来比较，很多来自或者到过美国等资本主义国家的朋友，都承认在中国是“最有安全感”的。

第六，平反了大量冤假错案。改正了错划的右派。摘掉了278万人的地主、富农帽子。原为小商小贩、手工业者错划为资本家的，改正了70万人。继宽大释放在押的原国民党县团以上党政军特人员之后，又宽大释放了国民党县团以下党政军特人员4237人。这些问题的妥善解决，使得全国人民政治生活、政治空气大为稳定，人民内部矛盾大为缓和。

第七，党的状况有很大的进步。现在全党有3900多万党员，据1981年年底统计，从建党至解放前入党的占6.8%，建国以后至“文化大革命”以前入党的占38.6%，合起来占45.4%，在“文化大革命”中入党的占40.6%，“文化大革命”以后入党的占14%。“文化大革命”中确实有一批“突击入党”的。但是，我们不能笼统地说“文化大革命”中入党的都是造反派，这里面有很多很好的党员，当然也有犯了错误、甚至严重错误的党员。但是这些错误是在当时的历史条件下所犯的，除了中央已经指出的三种人之外，我们不应该过多追究个人责任。近几年发展党员的标准比较严，新党员的质量比较高，有很多要求入党而表现又的确较好的同志还没有能够入党，就是这样，新党员的比例已经达到14%。可以想见，在十二大以后，申请入党的人会更多，新党员的数量还会增加，质量会更高。全国2000万干部(包括非党干部)，按年龄来说，26岁到55岁的占86%；按文化程度来说，高中以上文化程度的占58.7%；有各种专业知识、专业能力，并担任各种专业工作的占42.2%。干部队伍在年轻化、知识化方面的进步是长久起作用的因素，是不能低估的。至于十一届三中全会以后，党的领导、党的作风、党的纪律各方面的进步，更是有目共睹的。

第八，经济发展。十一届三中全会以来，从1979年到1981年，工农业总产值平均每年增长6.7%。在这中间，解决了2600多万人就业的问题，国民收入增长了870亿元。根据国家统计局的粗略计算，大概是这样：农民增加收入580亿元，工人增加200亿元，企业(集体)增加200亿元，总共980亿元。农民、工人和企业的收入大量增加，使各项开支的总和超过了财政收入，这就使得国家财政不能不发生赤字。在这三年，中央缩短基本建设战线，共减少投资188亿元(可是基本建设战线没有能够完全缩短，因为预算外的基本建设投资大大增加)。在财政这样困难的条件下，国家用于科学、文教、卫生的事业费还是增加了60亿元。在基本建设中，生产性的投资1978年是83%，到1981年下降为59%；非生产性投资，在1978年是17%，而到1981年增加为41%。这说明，三年里在经济上确实发生了非常大的变化。这主要表现在城乡居民的收入增加了，文化、教育、卫生、城市公用事业的投资增加了，地方和企业得到了比较多的机动性，农村的经营正在多样化。由于1981年基本建设的规模缩小，生产资料供应的紧张状况，虽然现在还存在，但比前几年有所缓和。消费品生产大大增加，市场商品琳琅满目，人民群众由持币抢购变成储币待购和持币选购。有些商品供过于求，或者说有过剩的现象，这是建国以来很少有的。当然，这种现象也不能让它持续下去。整个说来，近几年经济的发展是健康的，其中存在某些盲目性，例如用于非生产性投资过多，等等，这些问题已经引起了重视，是可以解决的。而人民的生活确实是改善了，无论是工人，或者农民，都得到了休养生息。这是我们的社会、我们的政治和整个国家越来越稳定并在稳定中健康发展的非常重要的因素。

第九，十一届三中全会以来的经济政策发生了很大的变化，产生了显著的效果。其中特别值得注意的，是在农业中实行多种形式的生产责任制。农业的社会主义化怎样个化法，马克思、恩格斯、列宁都没有提出很明确的很具体的设想。他们的有关著作,特别是列宁晚年写的《论合作制》中所讲的意见,都同后来苏联所实行的集体农庄制度,以及中国从高级农业生产合作社到人民公社的制度,有很大的不同。我们不能抱这样的成见,以为只有以前那样的做法才是社会主义化,现在这样是走回头路。我们现在实行的农业生产责任制是群众的创造。实践证明,这种农业生产责任制是社会主义农业的一种形式。这种形式是多种多样的,而且还要发展。现在农村里开始出现各种各样的非农业人口,工人增加了,做运输工作或其他工作的人也增加了。农村有那么多人口,如果只能做纯粹的农民,就很难富裕起来,整个农村经济也很难发展。所以,农村人口的多样化是一种好现象,是一种很大的进步。

在工业方面,商业方面,劳动就业方面,也开始实行了改革,打破了过去把所有的城市人口包下来那种吃大锅饭的办法,捧铁饭碗的办法。这同样是我们在社会主义道路上的进步,而不是退步。我们发展了多种经济形式。我们在城镇除了进一步发展国营经济,还肯定了集体经济以及一部分个体经济的存在,就使得城市的经济生活活跃了,使得就业的人口增加了。商业(包括服务业)也开始向多种形式转变。产和销直接见面,有集体的,有个体的,有农村里农民直接办起来的。地方的权力和企业的权力增加了,随之而来的是积极性增加了,无论是地方、企业,或者是企业里的劳动者个人,积极性都增加了。把这些方面的积极性加以合理的组织,就能使社会主义经济真正得到迅速的发展。这才是社会主义经济的优越性的表现。

第十,实行对外开放政策。十一届三中全会以来,我们借用和吸收外资,弥补了国家建设资金的不足,促进了能源、交通的建设,使得有些被迫停建缓建的项目得以继续建设,引进了比较先进的技术设备和经营管理方法,这都是必要的。我们的出口贸易在这几年中间得到了很快的发展。全国外贸部门出口商品总额,1978年是168亿元,1981年增到371亿元,平均每年增加30.2%。出口商品的构成有了变化:农产品1978年占27.6%,1981年下降为17.6%;轻工业产品由46.9%降到39%;而各种重工业产品,包括石油原油和初步加工的产品,煤炭,机电产品以及过去没有出口过的如船舶这一类产品,由1978年的25.5%增加到1981年的43.4%。出口采取了多种形式,像进口加工,来料加工,来料装配,合作生产,以及技术出口,劳务出口,等等。进料加工成品出口额,1978年为21.5%,1981年增加到30.7%。对外签订的承包工程和劳务合作合同,到今年6月底,累计已有628项,总金额达到9.4亿美元,目前派出的工程技术人员和职工有25000名,到达30多个国家和地区。出口贸易的扩大对于中国经济的发展起了很大促进作用。天津市1979年、1980年两年新增加的工业产值,有1/3是靠发展出口生产实现的;上海市手工业系统有一半工厂、1/3的职工从事出口商品的生产;山东烟台地区1980年通过出口农副土特产品,使得农村每人平均收入比上一年增加了40元。在对外开放的过程中也出了一些问题,也吃了一些亏,这是很难避免的。我们从这当中也得到了经验,变得比较聪明了。

我们的工作还不能尽如人意,各个方面都还存在一些问题。无论是遗留问题还是前进过程中新出现的问题,都有待于逐步加以解决。但是重要的是必须看到主流,看到我们事业发展的趋势。仅仅上面列举的十个方面已经足以证明,我们在不到四年的时间里,得到这样大的成绩,不仅“文化大革命”的十年根本不能相比,就是“文化大革命”前的十年也不能相比。只有建国以后的七年可以比较。这当然不是抹杀“文化大革命”前十年的成绩;就是“文化大革命”十年中间我们也做了很多的工作,“文化大革命”以后的头两年中间也做了很多工作。问题在于,当时所有的成绩和工作,无论就其涉及的方面或是就其在我国社会主义事业发展历史上的地位来说,都是无法和这三年多所取得的成就相提并论的。而且,这三年多同建国初期的历史背景完全不同。一方面,建国前我们得到了势如破竹的胜利,只用了三年就解放了全中国,因而是在那样一种顺利的情况下开展工作的;另一方面,当时刚开始建设,工作的规模比较小,在各个方面都有许多有利因素。十一届三中全会以后的成绩,却是在“文化大革命”以后造成的非常混乱、非常复杂、非常困难的条件下取得的。把这些因素考虑进去,我们就更加清楚地看到,从十一届三中全会到现在所得到的成绩是多么伟大,这个时期被称为是建国以来最好的时期之一,是完全当之无愧的。

**中央国家机关党委在北京召开各部委学习党的十二大文件情况经验交流会**

会议要求各部委继续加强领导,把学习引向深入。一个多月来,各部委组织干部和职工通读和精读了十二大文件,逐段进行了讨论,目前正在进行专题讨论。多数部委举办了轮训班,分期分批轮训了司局以上领导干部,现已扩展到轮训处科级干部和支部委员,并准备轮训全体干部。各部委这次学习有三个特点:

各级领导干部特别是各部委党组、党委的同志亲自领导学习,带头参加学习,带出了一个上上下下认真学习的好风气;认真领会文件精神,紧密联系实际,树立了良好的学风;提高了认识,为开创工作新局面打下了思想基础。

为了把各部委的学习引向进一步深入,中央国家机关党委向各部委提出了三条要求:

一、各单位的主要领导干部要继续亲自领导学习,用十二大文件的精神统一干部和职工的认识,真正做到在政治上同中央保持一致。各部委要继续对学习紧抓不放,加强督促检查,防止自满和松劲情绪。二、各单位要把前段学习中大家提出的问题梳梳辫子,选出几个带有普遍性、倾向性而又解决得不够深透的重大问题,组织专题讨论,统一大家在一些重大问题上的认识,提高贯彻执行十二大精神的自觉性。三、各单位要检查总结一下前一阶段的学习,找出差距,提出本单位深入学习的要求和安排。要采取相对集中的方式进行学习,提倡举办短期轮训班。各单位要逐步建立灵活多样的政治学习考核制度,并在深入学习的基础上培训宣讲员,开展对职工的宣讲工作,逐步把宣讲队伍即学习辅导队伍建立起来。

中央国家机关党委要求各部委在学习、宣传和贯彻十二大文件方面做全国的表率,在学习领会文件精神、统一思想认识的基础上,联系本单位的实际,努力解决一些能够解决的问题,并制定出本单位切实可行的贯彻落实规划。

**国家经委召开全国第四次"节能月"活动动员电话会议**

会议由国家经委副主任吕东主持。

国务委员薄一波在会上作了重要讲话。薄一波说,要把开展这次"节能月"活动作为贯彻党的十二大战略决策的一项重要措施。过去几年开展"节能月"活动有很大成绩。大力节约能源,是本世纪末实现工农业年总产值翻两番的重要保证。每个干部和职工都要牢固地树立这样一个观点:实现"翻两番"的奋斗目标所需要的能源,一半靠开发,一半靠节约。节约能源,除了加强科学管理以外,重点要放在科学技术进步上。没有先进的设备,不用先进的设备来装备企业,能源消耗是不可能大幅度降下来的。因此,必须大力抓好节能设备的科研、设计和制造工作,把科研、设计、制造三方面的力量组织起来,分工协作。要研究制定鼓励研制和采用先进设备的各项政策措施,制定淘汰陈旧落后设备的具体办法,争取两三年内在这方面有所突破。国家经委副主任袁宝华就进一步开展好全国"节能月"活动,提出了四点要求:第一,深入学习十二大文件,进一步明确节能在国民经济发展中的地位,打好节能工作的思想基础。第二,认真开展好"五检查",边检查,边整改,切实搞好能源的科学管理。第三,总结经验,表彰先进,认真推广先进单位的经验。第四,在"节能月"活动的基础上,制订出明年的节能计划,落实节能措施。

**公安部决定授予周怡全国公安战线"一级英雄模范"称号**

年仅20岁的女共产党员、北京市公安局地铁分局民警周怡,最近在地铁前门站发生的一起蓄谋杀人事件中,奋不顾身地抢救出一名遇险的小学生,她自己却被客车撞成重伤。

北京市公共交通总公司党委也决定授予周怡"舍己救人的模范共产党员"称号,并给予她晋升一级的嘉奖。

**中办 国办转发中共中央书记处农村政策研究室城乡建设环境保护部《关于切实解决滥占耕地建房问题的报告》**

中共中央书记处、国务院指出:近几年来,农村建房滥占耕地的情况十分严重,加上国家建设不可避免地每年都要占用一些土地,这就使得我国人口多、可耕地少的矛盾更为突出,这种情况如不给予高度重视,采取断然措施加以制止,必将产生严重后果。为此,中央书记处、国务院要求:

(一)严格控制占用耕地建房。从现在起,几年内,农村建房不准再占用耕地,只能在现有的宅基地空地内调剂解决。要以村、镇为单位,由县级有关部门派人协助,抓紧时间,在充分地进行调查研究的基础上,制定出村、镇建设的全面规划,经县人民政府审查批准后实行,以利于节约土地。

(二)坚决刹住干部带头占地建房风。各地都要像北京、山西那样,立即对滥占耕地建房问题进行一次检查,抓几件典型案件,严加处理,并在报刊上公布。

今后在宣传报道农村改善居住条件时,应着重宣传和表彰规划合理、节约用地,又改善了居住条件的先进典型,而不要单纯宣扬农民富裕后盖房多、庭院宽敞等不利于节约土地的事例。

**国家经委和机械工业部作出决定淘汰16项落后机电产品推广40项节能新产品**

这项决定,对于节约能源,提高社会经济效益,推动企业的产品更新换代有重要意义。国家经委和机械工业部规定,16项淘汰产品,除JO2及JO3系列小型异步电动机外,都要在1983年1月1日停止生产,在制品不得装机;40项推广产品由指定工厂制造生产,其他厂要生产同一型号规格的节能产品,必须经过机械工业部有关专业局同意;用户原保有淘汰产品所需的维修配件,允许在一定时期内继续供应,但应尽快更新。生产节能产品的工厂要努力提高产品质量,做好宣传推广和技术服务工作。

**全国人大常委会副委员长乌兰夫在北京会见日本长崎县知事高田勇**

**日本向中国提供文化赠款的换文签字仪式在北京举行**

根据换文规定,这项赠款将用于在中国进行日语电视教学。广播电视部部长吴冷西出席了签字仪式。广播电视部副部长徐崇华和日本国驻华大使鹿取泰卫代表本国政府在换文上签字。

**中国 保加利亚科技合作议定书在北京签字**

根据议定书规定,中国和保加利亚两国将互派专家和技术人员进行技术考察。国务委员薄一波出席了议定书的签字仪式。中保科技合作委员会中国组主席、农牧渔业部副部长肖鹏,保加利亚组主席、外贸部副部长格·马德夫分别代表本国签字。

## 10月30日

**中共中央总书记胡耀邦致电祝贺尼雷尔再次当选坦桑尼亚革命党中央执行委员会主席**

电文如下:

在你再次当选为坦桑尼亚革命党中央执行委员会主席的时候,我谨代表中国共产党中央委员会,向你表示最热烈的祝贺。衷心祝愿你在崇高的岗位上,领导坦桑尼亚人民在实现坦桑尼亚革命党这次全国代表大会所确定的各项战斗任务中,取得新的成就。祝中坦两党、两国和两国人民之间的亲密友谊和良好的合作关系不断得到加强和发展!

**党和国家领导人万里 习仲勋 余秋里 宋任穷 彭冲在中南海会见参加第六届世界杯体操赛的体操代表团全体成员**

## 10月31日

**党和国家领导人万里 习仲勋等在北京参加首都"建设精神文明、开展'五讲四美'活动月"活动**

万里、习仲勋、张廷发、倪志福、秦基伟、邓力群、陈丕显、杨得志、余秋里,北京市委第一书记段君毅参加活动。

**政治经济学社会主义部分研究会第二届年会在哈尔滨市召开**

与会代表认为,三中全会以来,政治经济学社会主义部分的理论研究取得了显著的进展,还有许多问题需要继续研究。

在经济管理体制的理论问题上,许多代表认为,社会主义经济体制与社会主义经济制度是两个不同的概念。改革经济体制,并不是要改变社会主义经济制度,而是要寻求一种体现它的更适当的具体形式。只有这样,才能更好地发挥出它的优越性。

有些代表认为,研究经济体制改革,要研究判断经济体制优劣的标准。一个较好的经济体制,首先应该对社会主义根本制度有保护作用,即有利于社会主义公有制的巩固和发展;有利于劳动者在党的领导下实现他们管理经济的权利;有利于合理分配人力物力资源,保证国民经济按比例发展,更好地实现社会主义生产目的;能够保证国家、集体和个人三者利益的结合,充分发挥劳动者的积极性;能够促进劳动生产率和经济效益的不断提高;等等。

关于计划和市场的关系问题,大家一致认为,处理好这两个方面的关系,要正确贯彻计划经济为主、市场调节为辅的原则,在计划管理上需要根据不同情况采取指令性计划、指导性计划和市场调节三种不同的形式。问题在于如何正确划分三者各自的范围和界限,如何运用好价格、税收、信贷等经济杠杆,以保证国民经济健康发展。

关于资金运动和经济增长的关系,许多代表认为,为了实现我国经济建设的战略目标,要重视和加强资金运动的理论研究。代表们探讨了社会主义资金的概念和货币流通规律在社会主义制度下的作用,并对当前我国经济生活中这方面的实际问题进行了讨论。大家一致认为,如何调节好货币流通和组织好资金运动,发挥现有资金的效益,对于整个再生产的顺利进行和国民经济的稳定持续增长非常重要。

会议还对政治经济学(社会主义部分)的理论体系问题交换了意见。

**《人民日报》发表评论员文章《依靠科技进步 建设中小城市》**

近几年来,特别是党的十一届三中全会以来,我国出现了一批主要依靠科技进步而兴盛起来的中小城市。这批中小城市的工业发展速度快,经济效益高。据统计,襄樊、常州、四平、丹东等五十多个城市,1978年到1980年工业总产值平均年增长率超过12%,有的工农业总产值三年间实现了翻一番,有的人均产值已超过万元。还有一部分中小城市工业利税的增长速度大大超过工业产值的增长速度,形势十分喜人。

我国目前有200多座城市，其中绝大多数是中小城市(城区人口在百万以下)。中小城市同大城市一样，目前创造的年工业总产值和工业利税，都分别占全国工业总产值与利税的1/3左右。大城市无论过去、现在和将来，都起着经济中心和科技中心的作用。搞好大城市的建设十分重要。中小城市数量多，潜力大，活动场所广阔，是联系大城市和农村的桥梁和纽带，建设好中小城市，更好地发挥它们的作用，也有重要的意义。

建设好中小城市，必须依靠科学技术。上述一批新兴城市所以取得较好的经济效益，主要是依靠科学技术，建立和发展了大批新兴的具有地方优势的产业，当地工业生产结构获得调整，企业技术改造步伐大大加快，创出了不少“名牌”产品，扩大了对外贸易。据这些城市粗略估算，它们依靠科技进步所创造的工业产值，一般占工业总产值增长量的30%左右，有的达到50%以上。这些事实再次雄辩地说明，科学技术是生产力，是现代化建设的关键。城市建设中的重大问题，比如市政建设，产业的开发和生产布局，能源和资源的合理利用，交通运输建设，生态环境的保护与治理，郊区农业和农村建设，居民住房和社会福利设施，以及精神文明建设，等等，离开科学技术，都难以得到正确、合理的解决。

中小城市的科技工作要有特色，着眼于一个“活”字，大力搞好技术转移，积极支援农村建设，为当地的经济建设和社会建设服务，为城乡人民的生产和生活服务。中小城市科研工作的重点是抓应用研究和开发研究，以开发研究为主，特别要抓好生产技术的开发研究工作。为此必须注意远近结合，以近期为主，兼顾长远；要抓先进的适用技术，不盲目追求“高、精、尖”。

中小城市科技力量一般比较薄弱，要善于把国内外的，特别是国内大城市、大企业、高等院校、科研机构和军工单位的科学技术成果和先进技术吸收过来，加以消化应用。在移植国内先进技术的过程中，要建立社会主义的新型协作关系，要尊重别人的劳动果实，坚决反对以各种借口实行技术封锁。

中小城市的科技力量一般分布在产业部门、高等院校、军工、科研机构几个方面，分别隶属中央、省、市和基层各级。要通过建立联合机构、开展合作研究、进行技术交流和协作、举办技术咨询服务等办法，把这些力量组织起来，形成拳头，为本地的经济和科技发展服务。

中小城市各级科技部门和广大科技人员，让我们热烈响应十二大的号召，积极投身到社会主义现代化的伟大实践中，积极参加工农业生产第一线的活动，为实现“翻两番”作出切实的贡献！

**全国机械工业规划会议在北京结束**

会议提出：机械工业要充分发挥装备部的作用，发展要适当超前，提前若干年为国民经济各部门研制出先进适用的技术装备。

会议提出，在开创社会主义现代化建设新局面中，机械工业担负着提供技术装备的战略任务，如果不能很好地完成这个任务，势必会拖“四化”的后腿。因此，会议认为，机械工业的发展必须有个“超前期”，提前若干年具备先进的生产条件和测试手段，研制出高水平、高质量的技术装备提供给国民经济各部门，才能满足现代化建设的需要。会议确定，今后十年内，机械工业必须在质量、品种和水平上有个较大的突破，要使机电产品的质量达到现行国际通用标准，品种基本达到工业发达国家70年代末、80年代初已经普及的产品技术水平，对量大面广的产品要加速更新换代，争取在90年代前基本上能为国民经济各部门提供有代表性的、适用先进的技术装备。会议指出，要完成战略任务就必须把生产迅速转到新的、先进的技术基础上来。依靠技术进步来改变企业的落后面貌；依靠技术进步生产出高质量、多品种、高水平的产品。

**中国最大的羊奶粉加工厂在陕西富平建成**

全国加工羊奶粉能力最大的乳品厂，在我国最大的奶山羊基地陕西省富平县(目前存栏只数约13万)建成。这个厂基建资金主要由商业部投资，上海市食品设计院负责设计，年产羊奶粉能力为2000吨。

**中国第一次参加世界博览会**

在美国田纳西州诺克斯维尔市举行的1982年世界博览会闭幕。首次参加展出的中国馆受到了观众的欢迎和好评。据统计，在半年展出期间，参观中国馆的达500万人次以上。陈列在馆外的轻便、精致的太阳灶具引起了许多人的注意，而在室内展出的中国传统手工艺品以及字画、出土文物等，更使人们赞叹不已。

**国家科委自然科学奖励委员会发布第1号公告**

国家科委自然科学奖励委员会于1982年7月举行会议，审查了各部门申报的自然科学请奖项目，最后以无记名投票方式，评选出122项我国自然科学方面的获奖项目。现将项目名称和主要作者公布如下：

一等奖(六项)

人工全合成牛胰岛素研究　钮经义、龚岳亭、邹承鲁、杜雨苍(中国科学院上海生物化学研究所)，季爱雪、邢其毅(北京大学化学系)，汪猷、徐杰诚(中国科学院上海有机化学研究所)

大庆油田发现过程中的地球科学工作　李四光、

黄汲清、谢家荣、韩景行、朱大绶、吕华、王懋基、朱夏、关士聪等(地质部),张文昭、杨继良、钟其权、翁文波、余伯良、邱中健、田在艺、胡朝元、赵声振、李德生等(石油部),张文佑、侯德封、顾功叙、顾知微(中国科学院)

配位场理论研究　唐敖庆(吉林大学)及其研究集体:孙家钟、邓从豪、张乾二、江元生、鄢国森、戴树珊、刘若庄、古正、赵景愚、李伯符

反西格马负超子的发现　王淦昌、丁大钊、王祝翔(中国科学院原子能研究所,第二机械工业部与中国科学院双重领导)

中国地质图类及亚洲地质图　王晓青、楚旭春、黄汲清、郭文魁、程裕琪、王日伦(地质部地质研究所),王绍伟(地质部情报研究所),李廷栋、耿树方、李春昱(地质部地质研究所),王鸿祯(武汉地质学院),张宗祜等(地质部水文地质工程研究所)

哥德巴赫猜想研究　陈景润、王元(中国科学院数学研究所),潘承洞(山东大学)

二等奖(四十项)(略)

三等奖(四十九项)(略)

四等奖(二十七项)(略)

**全国改善城市中小学教职员工住房条件经验交流会在湖南长沙召开**

交流会提供的经验表明:目前存在的城市中、小学教师住房一“缺”二“差”的严重状况,只要各级党政领导按照党的十二大精神,在思想上重视,采取适当措施,是可以逐步地、较快地得到改善的。

会议认为:三中全会以来,各地为改善中、小学教师的住房条件作出了很大的努力,取得了一定的成效。但是,教师住房困难的问题在一些地方仍然十分严重。据上海、沈阳、哈尔滨等13个城市的统计,约有53.4%的教职工的居住面积低于市民平均水平。

会上介绍了长沙、淄博、芜湖、无锡等16个市、县改善中、小学教师住房条件的经验。这些市、县的党政领导考虑到中、小学缺乏自筹资金的能力,从国家、地方安排的住宅补助费或地方财力中,给教师住宅建设以适当照顾。

与会代表一致呼吁:各级党政领导要关心中、小学教师的疾苦,努力改善他们的住房条件。

这次会议是由教育部、城乡建设环境保护部和中国教育工会联合主持召开的。

**1983年全国将招收1.5万名研究生**

教育部发布消息:1983年,全国将有338所高等学校和150多个科学研究机构共招收国内攻读硕士学位的研究生1.4万人,出国预备研究生1000人,招生工作将同时进行。

**《中国古代传统技术展览》在加拿大多伦多安大略科学中心闭幕**

展览历时半年,共有115万人参观了展览。

《中国古代传统技术展览》是由中国科技馆筹委会和安大略科学中心联合举办的。这次展览是在北美展出的这类展览中规模最大的一次,也是我国第一次在国外举办介绍我国传统科学技术的展览。

## 11月1日

**全国人大常委会副委员长习仲勋在北京会见由主席简悦强率领的香港贸易发展局代表团**

习仲勋在谈话中指出，这次由香港经济界人士组成的代表团来访，预示着香港与内地的贸易将不断发展。香港同内地经济合作的广泛发展有利于保持香港的稳定与繁荣，同时也有助于促进内地的“四化”建设。他向香港经济界人士介绍了十二大后内地经济建设的情况。他说，我们坚持贯彻执行对外开放、对内搞活经济的政策。

**全国先进施工企业先进集体先进个人代表大会在北京召开**

大会于11月1日至3日举行。大会分别授予32个施工企业和38个集体为“全国先进施工企业”、“全国施工企业先进集体”称号，授予61名先进个人为“全国基建劳动模范”光荣称号并向他们分别颁发了奖章、奖状和劳动模范证书。

荣获全国先进施工企业和先进集体称号的有：邯郸市第二建筑工程公司、北京市第六建筑工程公司、上海市第一建筑工程公司、山东省诸城县建筑公司、石油部第四工程公司、化工部第十二化工建设公司、水电部第八工程局、煤炭部淮北煤炭指挥部三十工程处猛虎掘进队、河南省漯河市东风建筑公司、冶金部华北冶金矿山建设公司马万水工程队等单位。荣获全国基建劳动模范称号的有：北京市第六建筑工程公司抹灰青年突击队队长隋世忠、邯郸市第二建筑工程公司经理朱林生、四川省第八建筑工程公司二处灰砂班长吴培珍、铁道部第二工程局科技研究所工程师许宁、第十三冶金建设公司第六工程公司工程师贾鸿谟、福建省闽江水力发电工程局总工程师马钟珩、大庆石油管理局油建公司二大队电焊工王建民、黑龙江省第一建筑工程公司第二工程处架子班长王经波等。他们的事迹与经验，突出地反映了基本建设战线广大职工自力更生，艰苦奋斗，努力搞好两个文明建设的成果，充分显示了广大职工刻苦学习科学技术和管理知识，努力从事“四化”建设的崭新面貌。

国务院副总理万里、中华全国总工会主席倪志福出席授奖仪式并讲话。万里说，基建战线的广大职工，对国家和人民作出了很大贡献，我代表党中央和国务院对你们取得的成就表示热烈的祝贺。他说，我们搞基本建设，不仅速度要快，更重要的是工程质量要好。百年大计，质量第一，这是必须遵守的原则。如果工程质量低劣，将给生产和使用造成长期的不良后果。因此，对勘察、设计到施工都要坚持高标准、严要求。施工质量不好的，不能验收；工程质量长期达不到国家标准的施工单位，不能让它承担工程任务。

万里说，基建战线广大职工，长年累月露天施工，工作条件和生活环境都比较艰苦，我们各级领导要主动关心他们的生活，积极解决他们的住房、子女升学就业、文化娱乐等问题，使广大职工始终保持旺盛的士气，在两个文明建设中作出更大的贡献。各级领导要鼓励先进、支持先进，先进单位和劳动模范也要不断学习，继续前进。

倪志福说，我们党和政府历来十分重视劳动模范的骨干和桥梁作用。为了实现党的十二大制定的奋斗纲领，劳动模范要做学习和贯彻十二大精神的表率，做开创社会主义现代化建设新局面的排头兵，做建设社会主义精神文明的带头人。

出席大会的全体代表还通过了致全国施工企业全体职工的倡议信，倡议信要求全国施工企业全体职工搞好社会主义精神文明建设，广泛深入地开展创全优工程活动和技术革新活动，迅速掀起比学赶帮超的竞赛热潮，努力开创基本建设新局面。

**全国铁路先进生产者代表大会在人民大会堂举行**

大会于11月1日至5日举行。党和国家领导人万里、余秋里、倪志福等出席了大会，万里同志在会上讲话。

万里同志首先代表党中央、国务院向大会表示祝贺。万里在讲话中说，党中央一向是重视铁路工作的，铁路战线广大职工做了大量的工作，但是还很不适应国民经济发展的需要。他勉励大家进一步贯彻党的十二大精神。他说，要学好两个报告，一个是胡耀邦同志在十二大的报告；一个是赵紫阳同志最近的在全国科学技术奖励大会上的报告《经济振兴的一个战略问题》。要实现十二大提出的宏伟目标，要依靠科学技术进步。铁路部门更是如此。要引用现代化的科学技术，使铁路适应国民经济发展的需要。大家要有责任感，迫切感。通过这次大会，使铁路工作有一个新的变化。

铁道部部长陈璞如在大会上致闭幕词。他说，党的十二大把铁路确定为发展国民经济的战略重点之一，这是党在新的历史时期赋予铁路职工光荣的历史使命。责任重大，任务艰巨，铁路必须加快步伐，以较快的速度发展。我们要以这次大会为新的起点，以战斗姿态迈出新的步伐，使运输生产有新的突破，精神面貌有新的变化，开创出铁路工作的新局面。

大会授予姚福年、许宁、戴根法、马殿峰等448名同志“中华人民共和国全国铁路劳动模范”荣誉称号，授予“毛泽东号”机车组、徐州站运转一车间甲班第四调车组等355个班组、车间、单位“中华人民共和国全国铁路先进集体”荣誉称号,并分别颁发给奖章、奖旗、奖状和劳动模范证书。

出席大会的代表还通过了致全国铁路职工的倡议书。

**国务院副总理万里在人民大会堂会见尼泊尔工业商业和供应大臣巴拉拉姆·加蒂马加尔**

宾主对中尼两国友好合作关系不断发展表示满意,并希望这种关系继续得到加强。在谈到不久将在尼泊尔召开发展中国家工业合作部长级团结会议时,万里表示支持。

**全国人大常委会副委员长乌兰夫在北京会见法国东方汇理苏伊士银行董事长普莱斯考夫一行**

**中国和加拿大大学管理学教育合作会议在渥太华召开**

以天津南开大学校长滕维藻为团长的中国大学管理学教育代表团参加了会议。会议由加拿大大专院校协会举办,加拿大近30个高等院校的80多名校长、系主任、教授出席了会议。

会议期间,双方就企业的经营管理以及管理学教育等学术问题进行了交流,并就如何加强中、加两国大学在这些方面的合作进行了探讨。

**1983年中国与南斯拉夫体育交流议定书在北京签字**

**中共中央政治局委员王震在广州接见驻广州地区部队师以上干部**

王震勉励部队深入学习贯彻十二大精神,进一步清除“左”的思想影响,搞好领导班子的新老合作和交替,努力开创部队建设的新局面。

王震同志说,近几年来,广州部队在广州部队党委的领导下,认真贯彻执行党的十一届三中全会以来的路线、方针、政策,自觉地和党中央保持思想上、政治上的一致,在落实党的政策、边防斗争、军事训练、政治工作、建设社会主义精神文明,以及后勤建设等方面,做了大量的工作,取得了很大的成绩。

王震同志在讲话中讲了党和国家领导体制、领导机构改革和部队精简整编的重要意义。关于领导班子的新老合作和交替问题,王震同志说:老干部是我党我军的宝贵财富,在长期的革命斗争和社会主义建设中,作出了重要贡献。但由于年龄和健康状况的原因,有些同志已经不能继续担负繁重的领导工作。希望退居二、三线的老同志一定要满腔热忱地支持新走上领导岗位的同志,帮助他们努力做好工作。新的领导班子要勇于创新,扎扎实实工作,努力开创部队工作的新局面。要继续深入地学习十二大文件精神,通过学习,进一步肃清“左”的错误思想的流毒和影响,真正做到在思想上、政治上和党中央保持一致;要坚持党的民主集中制,加强党委集体领导,重大问题要经党委集体讨论决定;要坚持党的原则,搞好内部团结,要培养一个好的作风,深入部队,调查研究,认真总结经验,解放思想,敢于创新,充分发挥自己的主观能动性,完成好各项工作任务。

王震同志指出,选干部、配班子要坚定不移地坚持党的任人唯贤的干部路线和德才兼备的标准,一方面要大胆提拔,加快提拔中青年干部;一方面又要严格把好政治标准这一关。对中央指出的那“五种人”,一个也不能选进领导班子,现已在班子里的要坚决撤下来,切实保证领导班子政治上的坚定性和组织上的纯洁性。

**中国人脑恶性胶质瘤体外细胞系培养获得成功**

据《人民日报》报道,在苏州医学院副院长、归国华侨杜子威教授主持下,我国人脑恶性胶质瘤体外细胞系的培养首次获得成功。江苏省科委在苏州组织的全国有关专家鉴定会上肯定了这一成果。人脑恶性胶质瘤发病率约占各类脑肿瘤总数的一半,是严重威胁人民健康的一个大敌。把它的细胞在人体外加以培养并使之纯种繁衍,将为选择抗肿瘤药物、开展临床治疗和各种基础研究提供必不可少的条件。

**赵青舞蹈作品晚会在北京天桥剧场举行**

杨尚昆、周扬、朱穆之、贺敬之等同志出席晚会观看了演出。

赵青从事中国民族舞蹈事业31年。《梁山伯与祝英台》《海之诗》等3个舞蹈和3个小舞剧,是她自己创作的。这些风格各异,又自成流派的舞蹈,是她多年勤勉实践的成果。

**全国计划生育宣传工作会议在北京召开**

会议11月1日至6日召开。会议将着重讨论如何实现党中央提出的在本世纪末力争把我国人口控制在12亿以内的目标。部署从明年元旦到春节期间在全国开展第一个计划生育宣传月的活动。

中央顾问委员会副主任、国务委员薄一波在会上强调说,要把在本世纪末实现工农业的年总产值翻两番同控制人口在12亿以内这二者联系起来,同步进行。他说,计划生育是长期的事,但最近3年即1983年、

1984年、1985年极为重要,务必作出明显的成绩。

薄一波指出,现在我国正值持续15年左右的生育高峰期,这15年与十二大提出的实现经济建设战略目标的时间大体相近。正因为这样,我们把计划生育看作是同战略目标紧密相关的基本国策,要长期坚持下去。

对于深入开展计划生育工作,薄一波提出三点希望:第一,宣传党的十二大精神,要把宣传计划生育作为主要内容之一。目前有些单位在宣传十二大的提纲和辅导材料中,很少甚至没有讲到计划生育,希望赶快补上这部分内容。

第二,各级党委和政府要把计划生育工作列入议事日程,同抓生产建设一样抓计划生育,有布置、有检查、有评比。要做好宣传工作,也要有相应的措施。他指出,计划生育工作的重点在农村,决定性方面在农村。要大造计划生育光荣的舆论。

第三,要积极支持和鼓励基层计划生育干部和积极分子把工作做得更好。薄一波说,这些同志过去作出的成绩,党和人民是不会忘记的。对于歧视和打击基层计划生育工作人员的错误行为,必须制止,情节恶劣、后果严重的,要按违反法纪论处。

国家计划生育委员会副主任周伯萍在闭幕会上作总结发言。

## 11月2日

**国家经委负责人要求学习辽宁经验抓好大型企业的节能工作**

国家经委负责人说,辽宁省在能源供应紧张的情况下,狠抓重点耗能企业的节能工作,加强能源管理,注意发挥科技人员的作用,向科学技术要能源,这些做法值得各地区、各工业部门借鉴。

这位负责人指出,目前,我国年耗能量一万吨标准煤以上的企业有4200个,其中年耗能量5万吨标准煤以上的大型企业约700个,这700个企业的年耗能量约占全国工交企业总耗能量近一半。抓好这些大型骨干企业的节能工作,无论对提高我国能源利用的经济效益,还是对改善企业的经营管理水平,都有很大的推动作用。

这位负责人希望各省、自治区、直辖市和工业部门在第四次"节能月"活动中,结合学习党的十二大文件和企业整顿工作,注意抓好对大型骨干企业节能工作的检查和总结,表彰先进单位,宣传和推广先进经验,把节能水平再提高一步。

**全国人大常委会副委员长习仲勋在北京会见由津巴布韦非洲民族联盟中央青年书记卡敦古雷率领的津巴布韦青年代表团**

**外交部部长黄华在北京会见智利外交部第一副部长塞尔希奥·科瓦鲁维亚斯**

**全国妇联主席康克清在北京会见并宴请以冰岛妇女协会联合会主席玛丽娅·彼得多蒂尔夫人为团长的冰岛妇女代表团**

**1982年全国高校共录取新生30.5万人**

教育部发布消息:全国高等学校已胜利完成了1982年招生计划,共录取新生30.5万人。

今年高校招生的总录取率(指全国录取新生数与参加统考数之比)为16.34%,比去年提高5.41%。入学新生的质量也普遍有所提高。

**文化部主办的全国戏剧创作题材规划座谈会在陕西西安召开**

座谈会于11月2日至13日举行。会议着重讨论怎样使戏剧在社会主义精神文明建设中更好地发挥作用,怎样使戏剧创作质量更上一层楼。全国29个省、自治区、直辖市文化局主管戏剧的领导及戏剧专家80余人参加了座谈会。

文化部副部长周巍峙在大会总结报告中指出:创作者既要教育人,首先应该教育自己,要求自己在政治上、思想上和中央保持一致。剧作家可以通过各种题材、形式描绘为社会主义献身的人物、事迹,同时,也不把其他题材排除在外,还是提倡题材、形式、风格的多样。

周巍峙强调说,要用戏剧作品进行共产主义思想和爱国主义教育,帮助人民树立强烈的革命信念和精神支柱,使戏剧作品在建设社会主义精神文明中发挥更大的作用。

周巍峙说,摆在剧作家面前的任务,是要继续解放思想,攀登高峰;要努力学习、提高思想境界;要深入生活,加强调查研究;要提高创作技巧;要提高知识修养。

周巍峙指出,我们要继续加强和改善对戏剧创作和文艺工作的领导。要进一步落实知识分子政策,为剧作家的创作提供条件,各级领导要与创作人员交朋友,及时地了解情况,解决他们的问题。

中宣部副部长贺敬之在会上讲话。

## 11月3日

**《人民日报》发表社论《整顿企业要敢于碰硬**

问题》

为实现党的十二大提出的到本世纪末工农业年总产值翻两番的宏伟目标，对现有企业进行全面整顿，是十分重要的一个环节。

全面整顿企业，是对企业进行综合性治理，包括多方面的工作。基本精神是要揭露矛盾，解决矛盾，特别是要揭露和解决那些严重妨碍企业提高经济效益的主要矛盾。用职工群众的话来说，就是要碰硬问题。

有哪些硬问题？这要从各企业的实际情况出发，进行具体分析。当前比较普遍存在的是领导班子、劳动组织、经济责任制问题，以及国营企业内部办的集体企业同国营企业职工混岗、吃“大锅饭”问题，等等。解决这些问题，往往涉及企业管理各个方面和每个职工，涉及领导机关和许多管理部门，政策性既强，思想阻力也大。但只要在这些问题上有了突破，取得经验，其他问题也就比较好解决了。

有些同志所以不敢碰硬问题，一个重要原因是精神不振，怕困难，怕得罪人。谁都知道，只要做工作总会碰到困难。对企业进行全面整顿，是从企业的经营指导思想、组织体制到经营管理制度、管理方法的一场深刻的改革，困难无疑会更多一些，来自各方面的阻力也会更大一些。我们决不能因为有困难、有阻力就畏缩不前。毛泽东同志说过：“在共产党面前无困难，就是因为他能够克服困难。”我们应该有这样的决心和气魄。

一些棘手的问题，实际上并不一定都很硬，只要认真对待，问题并不难解决。黑龙江省第一建筑工程公司为了改变劳动组织不合理的状况，决定压缩二、三线和非生产人员，充实一线人员，而被压缩的人员中，有一些是公司各级领导干部、上级机关领导干部和各种所谓“关系户”的子女亲友，因此一开始就遇到来自各方面的干扰：有的打电话，有的批条子，有的登门说情，有的背后要挟。有个施工现场辞退了一个临时工，此人的父亲在一个建设单位管水，竟利用职权将现场用水停了三天。这丝毫没有动摇公司领导的决心。他们约法三章，以身作则，首先动员自己的子女到比较艰苦的生产第一线工作；凡不符合招工条件的，就坚决退回去。在公司领导的带动下，冲破了各种阻力，顺利地调整了劳动组织，使企业出现了新的面貌。

再如按革命化、年轻化、知识化、专业化要求调整领导班子问题，被认为是很硬的问题。但最近鞍山钢铁公司、大同矿务局、平顶山矿务局等一些大型企业的经验表明，只要省、自治区、直辖市和中央各工业部门领导同志下决心，同样是不难解决的。山西省为了简化干部的审批手续，省政府负责同志带领省有关部门和大同市委的负责同志，深入大同矿务局现场联合办公，在矿务局党委、蹲点调查组调查摸底和群众推荐的基础上，仅用10天时间，就审定了局、矿两级干部107人。局级干部由13人减为9人，平均年龄由55.2岁降低到49.3岁，具有大专文化程度的人数由31%提高到56%。

解决企业整顿中遇到的硬问题，不仅要看到不利因素，更重要的是要看到整顿企业是广大干部、职工的迫切要求，是符合群众愿望的事情。有些企业领导班子涣散软弱，不团结，而且人数多，年龄大，不能适应“四化”建设的要求；有些企业机构庞大，人浮于事，劳动生产率低。对于这种状况，广大干部、职工是希望尽快改变的。只要我们决心大，相信群众，依靠群众，加强政治思想工作，严格按照党的方针政策办事，不论什么样的硬问题都是可以解决的。相反，如果前怕狼后怕虎，优柔寡断，犹豫徘徊，阻力就会越来越大，问题越来越难以解决。

企业整顿工作同其他工作一样，一定要抓好典型。各地区、各部门主管工业的领导同志，应该亲自动手，在调查研究的基础上认真解决一些难度大的问题。如果每一个省、自治区、直辖市和中央各工业部门，都能搞出一个或几个像黑龙江省第一建筑工程公司那样的先进典型，企业整顿工作就能够迅速向前发展。

全国列入第一批整顿的工业企业共9155个，其中大中型骨干企业1834个。这批骨干企业的总产值占预算内工业企业总产值的42%，上缴利润占59%，税金占44%。把第一批企业特别是其中的大中型骨干企业整顿好，无论对实现国家经济状况的根本好转，还是对其他企业的整顿工作，都有重大意义。今年只剩下两个月了。时间紧迫，任务艰巨，我们一定要振奋精神，排除干扰，在年底以前认真解决一批硬问题，特别是要集中力量把领导班子调整好。企业的整顿主要依靠企业本身去做，只有建立了过硬的领导班子，才敢于碰硬问题，把企业整顿工作向前推进一步。

**著名哲学家贺麟被批准加入中国共产党**

八十高龄的著名哲学家贺麟以研究黑格尔哲学在中外哲学界久享盛名。多年来，不管在顺利的日子里，还是身处逆境之中，贺麟总是以共产党员的标准严格要求自己，没有动摇过对共产主义的信念。

**外交部部长黄华在北京分别会见喀麦隆新任驻华大使约翰·恩肯贡·莫尼埃和巴西新任驻华大使伊塔洛·扎帕**

**全国第二次医德学术讨论会在大连举行**

讨论会于11月3日至9日召开。会议建议各地党委、卫生和计划生育部门采取有力措施，广泛开展医德教育；高、中等医药院校把医学伦理学列为必修课。

讨论会由《医学与哲学》杂志、中华医学会上海分会、上海自然辩证法研究会和健康报社联合召开。在会上提出论文 127 篇，交流了近一年多来各地开展医德教育的经验。与会代表本着百家争鸣的方针，就医德的时代特点，医务人员的社会责任、医德与法制的关系等问题，展开了热烈的探讨，洋溢着学术民主的良好气氛。

## 11 月 4 日

### 全国政协学习委员会在北京召开学习十二大文件心得交流会

11 月 4 日、5 日，全国政协、各民主党派和全国工商联的同志们，联系实际，交谈了自己学习后的收获和看法。

他们列举许多事例来证明，经济翻两番是有科学根据的。第一，翻两番指的是全国工农业总产值，不是所有的企业、部门和单位都要翻两番。第二，只要每年以 7.2％的增长速度就能实现。1985 年以前保持 5％的速度，以后速度将会逐步提高。第三，党的十一届三中全会以来只用了几年的时间，就扭转了二十多年形成的被动局面。在今后的岁月里，有党中央的正确领导和十二大精神的指引，按照客观经济规律办事，抓住战略重点，走具有中国特色的社会主义道路，这个战略任务是能够完成的。

参加会议的有 200 多人。在会上发言的有：马璧、沈性元、厉以宁、吴觉农、黄鼎臣、王正仪、陶大镛、黄汲清、覃异之、李文杰、钱福星、吴宗济、马克强、黄药眠等。

### 中华人民共和国宪法修改委员会在北京举行第四次全体会议

宪法修改委员会副主任委员彭真主持会议。他说，宪法修改草案从广泛征求各方面意见、起草、讨论、修改到全民讨论和进一步修改，总共经过了 25 个月。现在的修改草案吸收了全民讨论中各方面的许多意见。这次全体会议将对这个草案进行充分的讨论，然后作进一步修改，最后提请五届全国人民代表大会第五次会议审议。

宪法修改委员会副秘书长胡绳对宪法草案修改情况作了说明。他说，自从今年 4 月宪法草案公布后，各地 80％—90％的成年公民参加了讨论。

胡绳说，中共中央各部门、国务院各部委和直属机关、中国人民解放军、各民主党派、各人民团体共 90 多个单位，向宪法修改委员会送来了修改的意见和建议。许多海外华侨和港澳同胞也参加了讨论，并提出了不少宝贵的意见。

他说，通过这次全民讨论，广大人民对草案的指导思想、基本精神和基本内容有了了解，提高了对党和国家的方针政策、社会主义民主和社会主义法制的认识，增强了当家做主的思想，推动了生产和各项工作。

胡绳说，大家普遍认为，草案科学地总结了我国建国 30 多年来社会主义革命和社会主义建设的正反两方面的经验，顺乎民心，合乎国情。它体现了党的十一届三中全会以来的路线、方针、政策，代表了全国人民的根本利益，适合我国社会主义现代化建设的需要。

他说，宪法修改委员会秘书处已把全民讨论中提出的意见汇编成五大册，分发给每个委员，供讨论修改时参考。

### 《人民日报》发表评论员文章《加强新时期党的建设，争取党风的根本好转》

党的十二大提出了全国开创社会主义现代化建设新局面的宏伟任务。我们有一切必要的条件实现这些任务。其中决定性的条件，是党的领导。因此，必须加强新时期的党的建设，争取党风的根本好转，努力把党建设成为领导社会主义现代化事业的坚强核心。

一、新时期党的建设的特点及其重要性

党所以能够承担起领导中国革命和建设的历史责任，成为中国人民求得解放和建设社会主义新生活的核心力量，最根本的原因，在于党的无产阶级先锋队的性质，在于它的先进性。

自从《共产党宣言》发表以来，马克思主义创始人曾多次指出，在现代社会里，无产阶级是最先进的阶级，是革命的领导力量。无产阶级必须在革命斗争中产生自己的战斗司令部，组成自己的独立的政党。这个政党应当是工人阶级中最有觉悟的优秀分子的集合，能够以科学共产主义的世界观武装自己，了解社会发展和革命运动的客观规律。共产主义政党的先进性从根本上说是在于：它没有自己的特殊利益，任何时候都强调和坚持工人阶级和全体人民的整体利益；它在领导革命运动的各个发展阶段上，始终坚持运动的共产主义方向，代表整个运动的利益。

中国共产党就是这样的政党。它是马克思主义同中国工人运动相结合的产物。中国的新民主主义革命，是党所领导的共产主义运动的一个组成部分，是在中国实现社会主义的必要准备。在这个革命中，由于正确的理论和政策，由于无数共产党员的模范作用和牺牲精神，党在人民革命事业中确立了领导地位，并把这个革命引导到全面的胜利。历史证明，我们党是中国社会最先进的政治队伍。党的领导作用和战无不胜的力量,首先在于它的先进性。

在取得新民主主义革命的全国胜利以后,接着进行了社会主义改造,确立了社会主义制度。中国的共产主义运动进入了一个新的时期,即建设共产主义的初级阶段——社会主义社会的时期。对于我们党来说,这种情况带来了两个重大的变化。第一,党过去处于被压迫、被"围剿"的地位,现在则成为领导全国政权的党,成为整个社会主义事业的领导核心。按通常的说法,成为执政的党。第二,过去长时期内,党的中心任务是领导人民进行革命的阶级斗争。首先是推翻反动阶级的统治,接着是消灭剥削制度和剥削阶级。现在党的中心任务则是领导人民建设新社会,进行社会主义现代化建设,发展生产力,提高人民的物质、文化生活水平。

这种变化给党的建设带来新的特点,对于保持和提高党的先进性提出新的要求。主要表现在以下两个方面。第一,党必须根据变化了的条件和情况,学会把马列主义普遍真理和我国社会主义现代化建设的具体实践结合起来,掌握社会主义建设的规律和各项专业知识,学会领导建设事业。如果说,党在过去主要是带领人民群众进行革命的阶级斗争的先锋战士的话,今天则应当主要是领导人民建设社会主义物质文明、精神文明和民主政治的先锋战士。第二,党在成为执政党的情况下,应当使每个党员牢记自己是普通劳动者的一员,时刻警惕脱离群众的危险,永远不忘全心全意为人民服务的宗旨;党在领导经济建设的同时,应当清醒地掌握这种建设的社会主义方向,永远不忘共产主义的目标,保持自己的共产主义纯洁性。

历史证明,党的建设是同党的政治路线密切地联系着的。毛泽东同志在《〈共产党人〉发刊词》一文中曾经对此作过充分的论证。社会主义时期,党的建设与党对经济建设问题和剥削制度消灭以后的阶级斗争与其他社会矛盾问题的理解和处理密切相联系。党的八大曾经正确分析了我国社会主义改造基本完成以后的主要矛盾,提出了全面开展社会主义建设的任务。但是由于当时对这些问题的理解不深,因而没有能够在实践中坚持下去。相反却在阶级斗争和经济建设问题上越来越发展了"左"的错误,直至导致"文化大革命"的十年内乱。这些错误,不能不对党的思想路线、党的民主生活、党与群众的联系、党的组织纪律和党的作风等等造成严重的损害。从另一方面说,这些错误的发生又是同对于执政党的建设缺乏正确和深刻的认识分不开的。八大虽然提出了执政党的建设问题,提出坚持群众路线和反对官僚主义,加强民主集中制、集体领导和反对个人崇拜,等等,但是对这些问题还缺乏足够的深刻的认识,也没有能够在制度上和实践中切实地解决这些问题。后来在党的思想路线和组织制度方面又发生许多错误,个人崇拜现象日益发展,党内政治生活越来越不正常。这种情况又不能不严重地损害党对社会主义事业的正确领导,使党不能及时地和彻底地纠正阶级斗争和经济建设中的错误。

十一届三中全会以来的胜利历史进程表明,认识社会主义建设的规律,制定全面实现社会主义现代化的纲领、路线,与加强党的建设也是同时进行、相互促进的。如果不是一方面端正党的思想路线、正确总结历史经验,另一方面按照民主集中制原则改革和健全党的领导机构和组织制度,我们就不可能这样迅速和顺利地实现历史性的伟大转变,使社会主义建设的各项事业走上正确的道路。

全部中国革命的历史和二十多年社会主义建设的历史都告诉我们,与党的政治路线紧密相连的党的建设,关系到党所领导的革命和建设事业的成败。

二、新时期党的建设的要求

党的十二大不仅确定了社会主义现代化建设的任务和方针,而且确定了新的历史时期党的建设的纲领、制度和各项组织原则,提出了加强党的建设的要求、方针和措施。所有这些,都体现在新党章和大会报告有关党的部分之中。它的中心要求,如果用一句话来概括,就是适应执政党的地位与新的历史时期的任务和特点,进一步提高全党的觉悟性和先进性,从而提高党的领导水平。

坚持党的领导,一方面是指确立和实际贯彻党在国家政治生活和社会主义事业中的领导地位。另一方面,从党自身的建设来说,坚持党的领导,就是要保持和提高党的先进性,并以此去教育、影响和带动整个工人阶级和全国人民。党的领导,无论是政治的、思想的领导还是组织的领导,都必须依靠自己的先进性。这是实现领导的最本质的东西。在社会主义现代化建设事业中,党本身必须是正确的,能够以严肃的科学态度对待建设事业,不仅更多地了解社会主义建设的一般理论和规律,而且能够在实践中集中群众的智慧,探索建设社会主义物质文明、精神文明和民主政治的具体规律,建设具有中国特色的社会主义社会。这样才能带领群众沿着社会主义的正确道路前进。党本身必须有很高的政治素质和文化科学修养,使自己的党员和干部不仅具有共产主义的坚定信念、全心全意为人民服务的精神,而且日益提高自己的文化科学水平,掌握社会主义各项建设事业的精湛知识。在当前,特别要克服轻视教育科学文化和歧视知识分子的错误观念,不仅实现干部队伍的革命化和年轻化,而且要实现干部队伍的知识化和专业化,这样才能以党员和干部的模范行动影响和带动周围的广大群众。党本身必须是坚强团结、朝气蓬勃的，党的各级领导机构和干部队伍能够不断进行新老交替，增长新生力量，各级党的组织不仅具有生动的革命创造精神，而且具有严格的组织性纪律性。这样才能团结和组织全国各族人民为着一个共同的目标而奋斗。十二大正是这样地从各方面提出党的建设的要求。固然，党犯过错误，今后也不可能完全不犯错误。但是为了共产主义事业和人民利益而勇于进行公开的诚恳的自我批评，善于通过从错误中学习而更好地前进，正是党的先进性的重要标志之一。总之，没有先进性就没有党的领导。如果在某个地方和单位，党组织提出的主张是错误的，党员和干部的认识和行为是落后于群众的，党的组织是涣散的，那么，尽管那里形式上还存在党的领导，实际上却不可能有真正的党的领导。现在有一些大搞不正之风、甚至腐化堕落的党员和干部，有极少数陷于瘫痪状态甚至已经变质的基层组织，他们实际上成了资产阶级和其他剥削阶级腐朽思想的俘虏，在那里怎么会有党对群众的真正领导呢？

新党章和十二大报告关于加强党的建设、保持和提高党的先进性，着重提出了三个方面的基本要求，即思想上政治上的高度一致、全心全意为人民服务和坚持民主集中制。这些要求并不是新提出的，我们党从一成立就按这样的要求进行党的建设，并且在长期斗争中形成了体现这种要求的特点和传统。现在的情况是，在经过十年内乱的破坏之后，从这三方面加强党的建设，恢复党的优良传统，成为更加迫切的任务；而执政党的地位和新时期的任务，又给这三项要求增添了新的内容，使党的优良传统得到新的发展。

关于思想上政治上的高度一致。这当然指的是在正确的思想路线、政治路线基础上的一致。历史证明，思想、政治路线不正确，是不可能形成全党一致的。

然而如果有了正确的思想政治路线而没有全党在这个基础上的高度一致，正确路线就不可能得到贯彻，党就不可能有战斗力。现在，完全可以说，我们已经有了实现全党一致的正确的思想政治基础。但是决不是说，这一方面的党的建设的要求已经实现了。第一，正确思想政治路线的确立，是就党中央的领导、就党的整体说的。要使各个部门、各个地区直至每个基层的党组织和全体党员都自觉地接受、理解和在自己的工作中贯彻执行，还是一件艰巨的工程。新民主主义革命时期的经验可以证明这一点：从遵义会议到党的七大，经过十年时间，中间还经过马克思主义的整风运动，才达到全党思想上政治上的高度一致。现在，我们的有些党组织和党的干部，仍然没有学会从实际出发，结合本地情况去实现中央提出的方针、任务，而习惯于上传下达，或者根据局部经验、错误认识，而自行其是。因此尽管中央有很好的政策，在他们那里却没有很好地贯彻。我们还不应低估这样的情况：党内至今有些人对于中央的正确路线抱怀疑态度。有的是从“左”的方面，留恋、坚持“以阶级斗争为纲”等错误认识；有的是从右的方面，欣赏、鼓吹资产阶级自由化思潮。他们时而在这个问题、时而在那个问题上提出对正确路线的怀疑和不满。而且这两种倾向在客观上又往往互相利用、互相补充。这是当前党风不正的重要表现之一。所以，坚持正确路线，在全党实现思想上政治上的高度一致，需要经过艰苦的思想教育工作和开展积极的思想斗争。第二，即使正确的思想、政治路线的制定和实行，也不是一劳永逸的事。坚持从实际出发、实事求是等原则，本身就是作为一个过程贯串于一切工作之中的。把马克思主义普遍真理与中国革命和建设的实际相结合，走具有中国特色的社会主义道路，也是一个过程。虽然它的基本方向和主要点已经明确，但不能说我们对于中国社会主义建设的规律已经完全掌握，还有许多具体的制度和办法要继续探索。而且随着实践的向前推进，还要不断丰富和发展全面进行社会主义现代化建设的路线和政策，防止和克服“左”的和右的错误倾向，保证现行正确路线的连续性和稳定性。因此保持和巩固思想上政治上的高度一致，也是一个不断发展的过程。

关于全心全意为人民服务。这是我们党的一贯宗旨。我们党的全部政策和实践，都以最广大人民的根本利益为出发点和归宿。除了工人阶级和全体人民的利益，没有自己的特殊利益。这就是我们党之所以有力量的根本原因；这就是为什么所有为少数人或自己一党一派谋取私利的政党都相继被淘汰，而唯有我们党获得人民群众最广泛的拥护，在最终完成自己的历史使命以前，都将永远生机勃勃的根本原因。问题在于，自从我们党成为领导全国政权的党以后，在这方面就一直面临更严峻的考验。执政党的地位，使得有的党员和干部有可能骄傲起来，滋长脱离群众的官僚主义；使得他们有可能利用手中的权力和各种机会来占群众和公家的“便宜”，谋求私利和特权；也使得某些动机不纯的投机钻营分子力图钻进党内。这种现象如果不及时防止而任其泛滥开来，就必然会损害党的先进性，使党发生脱离群众的危险，甚至会使党的某些部分和成员腐化变质。由于十年内乱期间党的组织被破坏，这种现象果然在一定程度上泛滥开来，成为目前党风不正的又一个重要表现。因此，必须对党员和党员干部提出更严格的要求，强调共产党员永远是劳动人民的普通一员。他们必须全心全意为人民服务，并且努力学习文化科学和业务知识，掌握为人民服务的本领。他们只能比非党员尽更多的义务，决不允许在合法的个人利益和工作职权之外谋求任何私利和特权，否则就不能做党员。以此为中心，规定严格的界限，提出并在实践中认真解决党员要合格的问题，至关重要。因为这个问题能否正确地解决，不仅关系到党与群众的联系、党在群众中的威信与领导作用，而且将从根本上决定党能否保持自己的无产阶级先进性质。

关于坚持党的民主集中制。党的先进性和领导作用，不仅表现在思想和政治方面，而且要有组织上的保证。必须按照民主集中制把党组织成为行动一致的整体。过去我们党依靠自己严格的组织性和纪律性，率领群众战胜比我们强大得多的敌人。在党成为执政党、担负起领导社会主义建设的任务以后，坚持民主集中制更为重要。复杂而艰巨的建设任务，一方面需要更大地发展党内民主，发挥全体党员、干部的积极性和创造性，并以此在国家政治生活中带动社会主义民主的建设；另一方面，需要在民主基础上实行高度的集中，保持严格的组织性纪律性，以保证全党行动的一致，保证党的决定得到迅速有效的贯彻执行。还应当看到，执政党的地位使党的领导人拥有比过去更大的权力，易于滋长家长制作风和个人崇拜现象；而如果党内民主生活受到破坏，又必然会相应地发生各行其是、自由主义等无组织无纪律现象，损害党的集中领导和行动一致。总结我们党过去犯错误以至发生“文化大革命”的教训，除了思想政治方面的错误以外，最严重的教训就是党的民主集中制、党内正常的政治生活遭到破坏。新党章充分注意和吸取了这一教训，对民主集中制和党的纪律作出了充实而具体的规定。现在，从党中央和许多地方党组织来说，已经逐步实现了政治生活的正常化，贯彻了民主集中制和集体领导的原则。但是“十年内乱”在这方面造成的后果和影响，至今仍然在不少党员、干部和一些党的组织中存在，妨碍着正确路线的贯彻执行。这也是当前党风不正的一个重要表现。所以必须按照新党章的要求和各项规定，努力加强民主集中制的建设，加强党的组织性和纪律性。

按照上述三项基本要求加强党的建设，集中到一点，就是要大大提高全党的政治素质，提高党组织的战斗力，坚持和改善党对社会主义建设事业的领导。

三、为实现党风的根本好转而斗争

新的历史时期对党的建设提出了很高的要求，而目前党风不正的现象还比较普遍、比较严重地存在，这是一个尖锐的矛盾。因此，有计划有步骤地进行整党，争取实现党风的根本好转，就成为今后几年内党的建设的中心环节。

十二大提出在今后五年间争取实现国家财政经济状况的根本好转，社会风气的根本好转和党风的根本好转。这三个好转是有机地联系在一起的。特别是党风的根本好转同社会风气的根本好转有着更加直接的联系和相互影响。一方面，我们不应当把社会风气不正完全归因于党风不正，因为社会上有许多歪风邪气并不是党风不正引起的，相反地是影响党风不正的一个因素；但另一方面，党风不正对社会风气确有很大的影响。只有坚决克服党内的不正之风，把党整顿好，我们党才能够有说服力地教育和团结广大群众，纠正社会上的各种不正之风，以革命思想和革命精神振奋起群众的建设热情，争取社会主义现代化建设的顺利发展和财政经济情况的根本好转。从这个意义说，争取党风根本好转是全面实现十二大任务的一个关键。

党的建设同其他一切工作一样，必须从实际出发。对当前党内状况和党风不正的现象作出正确的分析和估计，是开展整党工作、争取党风好转的出发点。

十二大报告对于当前的党内状况作了正确和深刻的分析：一方面，即使在遭受“文化大革命”的严重损害以后，我们党的队伍的主流仍然是纯洁的和强有力的；经过几年的恢复和整顿，党的状况有了很大改善。这是主导的一面。另一方面，目前我们党确实存在思想不纯、作风不纯和组织不纯的问题，党风还没有根本好转。报告列举了党内不正之风的种种表现，尖锐地指出：“这些现象严重地损害了党的威信。我们决不允许夸大但也决不害怕揭露党的这些阴暗面。”这种分析是科学的、符合实际的。只要我们以客观的态度回顾一下粉碎江青反革命集团以来、特别是十一届三中全会以来党和国家在各方面的巨大变化，就不能不承认党的队伍的主流是纯洁的、强有力的，不能不承认这几年中党风有了显著的进步。当然，只要我们同样地以客观态度观察一下周围的现实，也就不能不承认党内确实存在着阴暗面。许多地方和基层的党组织对于共产党员（包括党员干部）的情况调查也表明：大部分党员是合格或者基本合格的；有少数不大合格或基本不合格，但是经过教育，其中绝大部分可以转变为合格的党员；只有极少数根本不合格，或者简直是腐化变质分子。这也可以从一个侧面证明报告关于党内状况的分析的正确性。

为了理解报告的科学估计以及提出争取党风根本好转的根据，还必须对党内不正之风产生的原因以及它为什么一定会被克服，作深入的分析。

首先，党内产生种种不正之风，有其历史的和社会的原因。这是剥削制度和生产资料私有制度形成的旧思想旧习惯对党的健康机体的侵袭，犹如周围环境中各种病菌对于人们健康机体的侵袭一样。我们党的所有成员，都不是天生就是先进分子的。他们有的曾经生活在旧社会，有的生活在刚刚从旧社会脱胎出来的社会中,不可避免地或多或少带着旧的思想影响进入党内,还不可避免地要不断受到旧思想旧习惯的影响。必须经常自觉地改造自己,注意同这些旧影响作斗争,才能保持自己的先进性。如果党内积极的思想斗争停止了,各种不正之风泛滥开来,党就不能担当起领导革命的任务,而且它本身也会逐渐腐化下去,以至灭亡。所以党风问题是关系党的生死存亡的问题。而加强党自身的建设,抵制各种旧思想的侵袭,克服不正之风,是党所担负的改造中国社会的伟大历史任务中的不可缺少的部分。

实际上,旧制度的思想习惯对于党的影响,党内的不正之风,历来就有。过去,党正是在不断同它作斗争中发展壮大起来。当前党内不正之风在一定程度上的泛滥,是由于十年内乱的恶果没有完全清除,也是新条件下各种剥削阶级思想的重新泛起和它的腐蚀作用有所增长的一种表现。应当看到,在我们现在的国际国内条件下,旧制度的思想习惯的影响还会长期而广泛地存在。而消除十年内乱在党风方面造成的消极后果,比消除它在物质方面造成的后果要艰难得多。所以,我们必须充分认识同不正之风作斗争的艰巨性和长期性,丝毫不能掉以轻心。

但是,上述种种情况和道理也同样可以说明,不正之风在党内是非法的。它与党的无产阶级先进性根本不相容,是党所要改造和清除的对象,也是完全可以克服的。我们党所以能够做到这一点,首先是因为它除了工人阶级和中国人民的利益之外,没有自己的特殊利益。尽管有些党性不纯的党员和干部可能利用各种机会和条件谋取私利,但是这些行为在党内是非法的。从党的宗旨、党的路线和党中央的领导来说,从党的整体来说,没有任何需要和理由去掩盖或保护自己队伍中的各种缺点、错误和不正之风;相反,为了阶级的和人民的利益,党必然会以最大的决心去清除自己队伍里的这些阴暗面。历史已经证明并将继续证明这一点。其次,我们党拥有同自己队伍中不正之风作斗争的最有力的武器,即马克思主义的自我批评的方法。马克思主义的科学理论和无产阶级的先进立场,决定了我们党能够掌握和运用自我批评的武器。列宁说:"过去一切灭亡了的革命政党所以灭亡,就是因为它们骄傲自大,不善于看到自己力量的所在,怕说出自己的弱点。而我们是不会灭亡的,因为我们不怕说出自己的弱点,并且能够学会克服弱点。"我们党正是这样,靠着正确使用自我批评的武器,多次地从克服错误和危难中恢复和壮大起来。十年内乱之后,由于党不仅有自我批评的马克思主义的勇气,而且能够历史地、正确地进行自我批评,因而能迅速地完成拨乱反正的艰巨任务,实现历史性的伟大转变,并使党风有了显著的好转;同样,靠着正确使用自我批评的武器,我们也一定能继续消除自己队伍中的污泥浊水,实现党风的根本好转。

关于党内的不正之风,因为有它产生的社会历史原因,所以要看到同它作斗争的艰巨性和长期性;因为党的无产阶级先进性质和党所拥有的自我批评的武器,所以要看到它被克服的必然性。这就是我们应有的基本认识和基本态度。

为了使党风根本好转,十二大决定从明年下半年起,用三年时间分期分批对党的作风和党的组织进行一次全面整顿。这是基于对党内状况的正确分析提出来的加强党的建设的重要步骤。近几年来,我们党进行的清查林江帮派体系、端正思想路线、落实干部政策、整顿各级领导班子、贯彻党内生活准则等各项工作,直至今年开展的打击经济领域严重犯罪活动的工作,从某种意义上说,都是在整党;或者说都包含着一部分整党的内容。但是,这些都不能代替对党的作风和党的组织的集中全面的整顿。而为了实现党风的根本好转,没有这种集中、全面的整顿是不行的。

整党,是我们党的一种创造,是历史已经证明的加强党的建设的一种行之有效的形式和方法。它的基本内容,包括广泛深入的马克思主义思想政治教育,认真负责的批评与自我批评,既严肃又慎重的组织清理。从延安整风以来,我们党在这方面积累了丰富的成功经验,形成了优良的传统。当然,在犯"左"倾错误的时期,也有过深刻的教训。这次整党,是在遭到十年内乱破坏而又实现了历史性转变以后进行的一次全面整党,是在党面临新时期伟大任务的情况下进行的一次全面整党,因而必然具有重大的作用和深远的意义。我们要注意运用以往的成功经验,吸取过去犯错误的教训,继承和发扬延安整风以来的优良传统,把这项工作做好。这样,就一定能够实现党风的根本好转,把我们党建设成为领导社会主义现代化事业的坚强核心。

**国务院 中央军委发出《关于保护通信线路的规定》**

《关于保护通信线路的规定》(以下简称《规定》)要求各级邮电、铁路、公安等部门和部队密切配合,在地方党委和政府的统一领导下,发动群众向损坏、盗窃通信线路设备的行为进行斗争,以切实保护通信线路设备的安全,确保通信畅通无阻。

通信线路是国家通信网的重要组成部分,担负着传递党政军各级领导机关命令、铁路运输指挥调度和党政军民的国内、国际通信任务,在社会主义现代化建设和巩固国防中起着重要作用。

《规定》说,通信线路设备包括邮电、铁路、军队等部门架空线路的电杆、电线、电缆等,埋设线路的地下、水底、海底、管道电缆等，无线线路的无人值守微波站，无线电收、发信天线，微波和卫星通信地面站的天线等，还包括这些线路的各种附属设备。

《规定》要求各级人民政府加强领导，经常开展保护通信线路的宣传教育工作。各级通信部门要加强对通信线路的维护管理，严格执行岗位责任制和各项规章制度。沿线的机关、厂矿、部队、学校、农村社队和人民群众都有保护通信线路安全的责任。

《规定》不准在危及通信线路安全的范围内进行爆破、堆放易爆易燃品；不准在埋有地下电缆的地面上进行钻探，堆放笨重物品、垃圾、矿渣或倾倒含有酸、碱、盐的液体；不准在设有过江河电缆标志的水域内或在海图上标明的海底电缆位置两侧各2海里水域内抛锚、拖锚、捕鱼及进行其他危及电缆安全的作业；不准在地下电缆两侧各一米范围内建屋搭棚，不准在电缆两侧各3米的范围内挖沙取土和设置厕所、粪池、牲畜圈、沼气池等能引起电缆腐蚀的建筑；不准移动、损坏或攀登电杆、拉线等设备；不准在通信电线上搭挂广播喇叭和收音机、电视机的天线等。各单位和群众如发现有破坏通信线路、危害通信安全的行为，有权制止并及时向当地公安或通信部门报告。

《规定》指出，任何单位和个人造成损坏线路、阻断通信的，应责令其承担修复线路的费用并赔偿阻断通信所造成的经济损失，直至依法追究刑事责任。凡偷盗电杆、电线、电缆等通信线路设备或利用技术手段危害通信安全的，都是犯罪行为。公安、司法机关对反革命分子和其他刑事犯罪分子破坏通信线路的案件，应及时侦破，依法处理。废品回收部门不得收购盗窃分子出售的通信线路器材，并应及时将情况向公安机关或通信部门报告。

《规定》说，对保护通信线路、阻止损坏事故、协助侦破案件、抓获犯罪分子、追回被盗通信器材成绩显著的单位、集体和个人，要给予表彰或奖励。

**内蒙古成为第二大煤炭基地**

煤炭工业部副部长刘辉说，我们准备建设的五大露天煤矿，有四个在内蒙古。到本世纪末，内蒙古将成为我国仅次于山西省的第二大煤炭能源基地。

内蒙古煤炭资源非常丰富，已探明储量达1900多亿吨，仅次于山西，煤的质量也比较好，而且煤层厚、覆盖浅，地质构造简单，宜于露天开采。

**国产计算机首次进入国际市场**

据《人民日报》报道，北京市计算机技术研究所研制成功的BCM—Ⅲ型微型计算机系统，正式通过鉴定，开始投入批量生产，并接受国内外订货。

**民建 农工党 全国工商联共同主办的中药咨询座谈会在北京结束**

来自两个民主党派和工商联组织成员中80多位老中医、中药学专门家和经营管理行家，分析了我国中药业现状，从加强对中药业的领导、实施扶持政策、搞好生产收购和提高中药质量、培训专门人才、加强科学研究、统一管理中药出口业务等6个方面，提出了具体建议。他们认为，必须采取切实有力的措施，大力扶持和发展中药事业，使祖国这一宝贵遗产代代相传。

座谈会开创了各民主党派和人民团体协作配合开展专业咨询服务的先例，是开展咨询工作的一条新路子。与会同志希望政府有关部门重视各民主党派、工商联的各种专门人才，充分发挥他们的专长，为“四化”建设服务。

全国人大常委会副委员长、民建中央主任委员胡厥文，全国政协副主席、全国工商联主任委员胡子昂出席了会议。

## 11月5日

**中顾委主任邓小平在北京设宴祝贺柬埔寨主席诺罗敦·西哈努克亲王六十寿辰**

邓小平说，中柬两国人民的友谊源远流长，我们同亲王的友谊是经过历史考验的。我们将继续支持柬埔寨人民和亲王进行的正义斗争。我们祝愿亲王为柬埔寨各派爱国力量进一步加强团结，巩固联合，把越南侵略者最终赶出自己的国土，建设一个独立、和平、中立和不结盟的柬埔寨，作出更大的贡献。

西哈努克亲王在致答词时，深切感谢中国政府和人民一贯坚决支持柬埔寨人民的正义斗争以及对他本人的深情厚谊。他说，他愿为加强民主柬埔寨联合政府和中国政府之间的友好关系和两国人民的友谊而继续努力。

**《人民日报》发表评论员文章《共产党员要有坚定的信念》**

党的十二大把共产主义的理想、信念和道德，作为思想建设的主要内容之一，指出思想建设决定着我们的精神文明的社会主义性质，要求共产党员首先在思想道德方面起模范作用。这是党在全面开创社会主义现代化建设新局面的伟大斗争中，向3900多万党员发出的庄严召唤。

我们党的绝大多数党员是好的和比较好的。他们有坚定的共产主义信念，有全心全意为人民服务，不惜牺牲个人的一切，为实现共产主义奋斗终生的志愿；有不怕任何困难，百折不挠地执行党的决定，完成工作任务的决心；有密切联系群众，虚心听取群众意见，开展批评和自我批评的品德。正是几千万这样的共产党员，用自己的模范行为，团结和带动亿万群众，把社会主义事业不断地推向前进。

但是，毋庸讳言，也有一些党员很不像样。他们名为"共产党员"，实际上并没有树立或者动摇了对共产主义的信仰。浙江一位女干部给党中央写信反映，一个打过游击的老党员，吃喝受礼讲排场，为子女就业开后门，她说他变了，这个老党员回答说："你还记得'有权的幸福，无权的痛苦'这句话吗？我看共产主义是幻想，谁知将来的社会是怎样的？你何必这样认真呢！"

这位"共产党员"的自白，多么令人痛心啊！可惜，有类似想法的"共产党员"并不是个别的。他们的言行，玷污了党的形象，在群众中造成了极坏的影响。现在，十二大把共产主义的理想、信念、道德提到每个党员面前，要求他们起模范作用，这是完全必要的。

回顾党的历史，可以看到一种带规律性的现象：当革命遭到大的挫折或发生某种重大转折的时候，总会有某些意志不坚定的分子丧失信心，抛弃信仰，离党而去。1927年大革命失败后，有人退伍，有人潜逃，有人颓唐，有人叛变。抗日战争爆发，统一战线成立，我们党内也有极个别的党员以当国民党的官为荣，开了小差。粉碎"四人帮"后，我们面临的困难和问题成山，实行的转折又异常深刻，在这种情况下，又有些党员不信共产主义了。如果这些人爽快地提出退党，事情倒也简单。问题在于，有的人虽然不信共产主义了，但是并不愿意失去作为一个执政党的党员可能带来的"好处"，他们在组织上仍要留在党内。这就增加了对党员进行鉴别和教育的复杂性、艰巨性。对那些实践证明确已背叛共产主义的不可救药的分子，必须坚决清除出党。但是，这样的人终究是极少数。对绝大多数不坚定的党员，要立足于教育，使他们通过反复认真的学习十二大文件，澄清模糊认识，克服错误观念，坚定共产主义信仰。

"共产主义是无产阶级的整个思想体系，同时又是一种新的社会制度。"我们党就是以共产主义思想为指导，以实现共产主义社会为奋斗目标的。在各个不同时期，由于具体形势和任务的不同，党所领导的革命运动划分为不同的阶段，但是它们在本质上都是整个共产主义运动的一部分。正像万里长江分为通天河、金沙江、长江几大段一样，虽然各段具体情况不同、名称不同，但是都是整个长江前后相续、不可分离的一部分。也像万里长江一样，尽管有迂回曲折，滚滚的洪流总是东流入海，不可阻挡的。要教育广大党员，在认清现阶段的历史任务的同时，牢记社会发展的必然趋向；在充分认识面临的各种困难和问题的同时，坚信共产主义一定会实现的光明前景。离开共产主义的奋斗目标，就不成其为共产党。认为共产主义是"渺茫的"，是"幻想"，不坚持共产主义的理想和信念，也就不成其为共产党员。

在社会主义历史阶段，必须实行按劳分配的原则，这个原则对社会上的每一个成员都是适用的，共产党员当然也不例外。但是，如果一个共产党员的思想觉悟仅仅停留在个人能够按劳分配上，那就同一个党员应有的觉悟相距甚远。如果相信"有权不用，过期作废"，那就更没有共产党员的气味。共产党人参加革命，不是为了个人的按劳分配，而是为了先在全社会实现按劳分配，进而实现共产主义制度。按劳分配是社会主义社会的分配原则，现在已基本实现，但还不完善，还要做很多工作才能使之完全实现。共产党员是为实现共产主义社会加入党的。现阶段实行按劳分配的原则，是社会主义制度所必须的，但是不能代替共产主义的根本目标。作为一个共产党员，思想境界总应当比一般群众更高，应当有为中国和世界的绝大多数人谋利益的共产主义思想，有吃苦在前，享受在后，公而忘私，舍己为人的共产主义风格，有不计报酬，全心全意为人民服务的共产主义劳动态度。我们还应当看到，在现实生活中，许多时候劳动的数量和质量，往往难于精确计量，在这种情况下，劳动者的觉悟更有重要的意义。如果共产党员都以共产主义精神对待劳动对待工作，就会给广大群众以巨大的影响，加速社会主义事业的进程。

对共产党员，特别是党员干部来说，讲信仰共产主义，就要做到言行如一、表里如一、始终如一，也就是理论与实践相统一。现在，有一些党员干部，会上讲"共产主义"，会下搞个人主义，占国家的"便宜"，占群众的"便宜"，这样，他们讲的"共产主义"能有多大说服力、吸引力呢？还有极少数党员干部经不住资本主义思想的腐蚀，蜕化变质，背叛了共产主义。像搞走私套汇、投机倒把的王维经，热衷于把自己的女儿送给资本家当姨太太的程占彪，贪污、受贿文物字画的"画霸"孙晓泉，利用职权倒卖曲酒的"酒贩子"李振华，都是参加革命几十年的"老党员"、"老干部"，共产主义的道理他们并不是完全不知道，可是他们偏偏要反其道而行之，理所当然地被党清除出去。前车之覆，后车之鉴。一切决心做名副其实的共产党员的同志，都应当从他们身上吸取教训。

在我们党61年的战斗历程中，产生过成千上万为实现共产主义的远大理想奋斗终生的好党员、好干部。他们犹如灿烂的群星，彪炳史册、光照千秋。为了实现党的十二大提出的全面开创社会主义现代化建设新局面的伟大历史任务，需要更多这样的好党员、好干部，也一定会涌现出更多这样的好党员、好干部！

**中共中央书记处书记陈丕显到医院看望周怡**

陈丕显到北京医院看望舍生忘死抢救儿童的模范共产党员、女民警周怡，称赞她是一个好青年、好党员、好民警。

**中央书记处农村政策研究室 城乡建设环境保护部发出《关于切实解决滥占耕地建房问题的报告》**

报告摘要如下：

报告指出：近两年来，国家三令五申，严禁城乡滥占耕地建房。但是，滥占耕地建房的现象仍在继续发展。当前，除经国家批准的建设征地和建筑工程外，城乡滥占耕地建房，在很大程度上在于我们的党风还没有根本好转，有些共产党员和国家干部，某些国家机关和企事业单位，在刮起滥占耕地的歪风中起了恶劣的带头作用。据山西统计，全省国家干部利用不正当手段建私房的有12000多人，而且其中2/3以上发生在《关于党内政治生活的若干准则》公布之后。北京市清查，自1979年以来，有900多个单位非法占用耕地17000多亩，其中菜地近5000亩。农村基层干部和社队企业利用职权随意占地建房的更不计其数。为此建议：

一、各省、自治区、直辖市，都要像山西、北京那样，立即组织强大力量对滥占耕地建房问题认真地进行一次检查，对于一切违犯《村镇建房用地管理条例》和《国家建设征用土地条例》侵占耕地的行为，必须强行制止。首先要抓住一些单位和干部的严重违法事例，一件一件分级负责，认真处理，并广为宣传，以示令在必行，法不虚立。对一切非法建筑，分别情况，或处以罚款，或限期令其拆除，或予以没收，特别是对党政机关、企事业单位和国家干部、农村基层干部的非法占地建房，必须从严处理，情节恶劣的，坚决予以没收，不得姑息。对于在土地问题上从事敲诈勒索、行贿受贿、非法倒卖者，更应以经济犯罪或破坏社会主义公有财产罪依法论处。有关土地纠纷案件，公安、检察、司法部门必须受理。

二、积极搞好村、镇的建设规划。省、县、公社（乡）都要迅速订出农民建房用地规划。在乡村，以大队或自然村为范围，经过自报公议，反复讨论，作出十年内分批建房规划，按各农户缺房情况安排建房顺序。作为当前紧急措施，一县一社，一村一镇都要规定每年建房用地的总的控制指标。村镇控制指标由县核准，县的控制指标由省、自治区、直辖市核准，严格执行。没有作出规划的一律不准用地建房。要鼓励农民建房不占良田；尽可能利用山坡地、荒地等非耕地建房；要积极设计少占土地、布局合理的住宅方案，多盖楼房。许多地方的事例说明：搞好统一规划，可以节约耕地，并使新村布局合理，群众生产生活方便。要满腔热情地、切实具体地从设计、施工、建材等方面帮助农民解决建房问题，改善居住条件，节约土地，节约木材。

社队企业和城镇机关、企事业单位必须在农村建房的，也要列入计划，尽量利用旧房和空地、荒地，原则上不占用耕地，确需占用耕地的，应经所在的县人民政府同意，并作出安排后，报省、自治区、直辖市人民政府的主管部门批准。

三、用经济手段鼓励建房少用土地。要制定法规，国家对私人宅基地和单位建筑用地，按土地数量和质量规定等级；按不同等级征收使用税。在全国规定统一税率以前，可由各省、自治区、直辖市订出单行条例试行。各省、自治区、直辖市要加速制定本地区宅基地面积标准。今后建房一律不准超过用地限额；对以前所建房屋的宅基地，超过标准的大院，责令原建房人退出超过标准部分的土地，不退者，对超过标准部分累进征收使用税。

四、许多地方的实践表明，有人管，效果就非常显著。这件事，请各省、自治区、直辖市根据当地情况，研究具体办法，分别实施。

五、对国家干部和农村基层干部用地建房要严格审查。今后各级干部在农村建房，除照章向当地土地管理和乡村建设部门办理审批手续外，还须向本单位领导提出报告，说明建房理由和用地、建材、用工等情况。各级干部在建房用地问题上如有严重违法现象，有关单位的领导应及时制止，否则，除对违法建房的干部本人要严肃处理外，同时要追究有关单位领导的责任。

**1982年秋季中国出口商品交易会在广州举行**

交易会于10月17日至11月5日举办。有92个国家和地区的客商22000多人次前来洽谈贸易、还有18个国家的贸易代表团、商会代表团或国营企业贸易公司代表团，参加了这届广交会。这届广交会交易活跃，出口成交以纺织品和粮油食品为最多，其次是土畜产品、轻工业品、化工产品、手工艺品、机电仪器及五金矿产产品。进口成交的主要商品是聚乙烯、聚丙烯等塑料原料，辛醇、丁醇等有机化工原料，以及染料、药品、医疗器械、精密仪器等。

**袁克服逝世**

全国政协第五届常务委员、人民解放军兰州部队顾问袁克服因患肺癌医治无效，于11月5日逝世，终年75岁。

袁克服同志是湖北红安县人，1929年1月加入共青团，同年3月参加游击队，1930年12月转为中国共产党党员，历任鄂豫皖苏区少共省委书记、川陕苏区省委书记、红四方面军独立第一师师长、八路军一二九师政治部民运部副部长、军副政委、总干部部抚保部部长、陕西省军区政委等职。袁克服同志是中国共产党的优秀党员，是我军一位久经考验的政治工作领导干部，早年在创建鄂豫皖、川陕革命根据地的斗争中作出了贡献。

## 11月6日

**《人民日报》发表社论《正确地估量和处理现阶段的阶级斗争》**

阶级斗争，是马克思主义的重大理论问题，也是关系到全局的实践问题。对阶级、阶级矛盾和阶级斗争能否作出科学的估量，决定着党的政治路线正确与否。1956年，党的八大曾对我国阶级、阶级关系的变化作出正确的分析。其后，毛泽东同志在《关于正确处理人民内部矛盾的问题》中也作了正确的论述。但是这些正确的结论没有得到坚持。这以后我们工作中发生的重大失误，其源盖出于对阶级斗争作的唯心的错误的估量。十一届三中全会以来，党中央认真总结了历史的经验，对我国阶级斗争的实际情况作出了科学的估量，妥善地处理了阶级斗争问题，实现和发展了安定团结、生动活泼的政治局面，顺利地把党和国家的工作重点转移到经济建设上来，开创了我国社会主义建设的新阶段。

胡耀邦同志在十二大报告中，重申了我们党对当前阶级、阶级斗争问题的正确估量和基本方针。他说："在剥削阶级作为阶级消灭以后，我国社会存在的矛盾大多数不具有阶级斗争的性质，阶级斗争已经不再是我国社会的主要矛盾。在剥削制度和剥削阶级已经消灭的社会主义社会，提出和实行'以阶级斗争为纲'的方针，是错误的。我们必须十分谨慎地区别和处理敌我矛盾和人民内部矛盾，防止重犯阶级斗争扩大化的错误。但是，阶级斗争还将在我国社会的一定范围内长期存在，并且在某种条件下还有可能激化。"

在学习十二大文件中，有的同志提出：既然剥削阶级作为阶级已经不存在，为什么还有阶级斗争？这个问题，近几年不断有同志提出来，认为是一个很难答复的问题。在剥削阶级作为阶级消灭以后，为什么还有阶级斗争？剥削阶级作为阶级在中华人民共和国是不是已经消灭？我们不能说在中华人民共和国现在还存在着地主阶级、资产阶级。剥削阶级作为阶级消灭了，这是客观事实。由于实行经济开放政策，从国外来的极少数资本家和我们搞合资经营，这是有利于我国社会主义经济建设的。这些资本家不是中华人民共和国的公民，我们可以不计算。但是，我们应该清醒地看到下面所说的几种情况：

首先，剥削阶级只是在中华人民共和国统治的范围里面消灭了。中华人民共和国的领土，还有一部分我们没有收回（香港、澳门），还有一部分没有统一（台湾）。在香港和台湾，当然还有资产阶级。那些地方的资产阶级，难道对我们一点影响也没有？我们一定要收回这些地方，要完成统一祖国的大业。这些地方收回以后，统一以后，根据党的方针，不改变那里的社会制度，就是说，那里的资产阶级仍然存在。那些地方的资产阶级，其中绝大多数是爱国的，希望祖国早日统一，愿意为祖国的"四化"作出贡献；但是也有一些人，不仅用经济的办法，而且用非经济的办法，政治的办法，以及其他乌七八糟的办法，来影响和腐蚀一些不坚定的分子，不爱国的分子。台湾的电台不断地进行反动的宣传，台湾的特务机构进行各种活动，破坏我们的制度，破坏我们的社会主义建设事业。他们是中国人民的敌人。所以，这一方面的阶级斗争是非常明显地存在着的。

其次，在我国大陆上剥削阶级作为阶级是被消灭了，但是，它们的残余分子还存在；如同一支敌人的军队被我们消灭了，但这不等于说不能有、不会有散兵游勇继续对我们打冷枪。坚持反动立场的剥削阶级残余分子是极少数，但不能因为人少就否认他们的存在。他们还在进行破坏活动，他们仍然是我们的敌人，怎么能说这不是阶级斗争呢？有些同志认为剥削阶级作为阶级消灭后还有阶级斗争的说法是不合乎逻辑的；其实相反，剥削阶级消灭了，那些零星的没有投降的剥削阶级残余分子还存在，还跟我们进行斗争，认为这种斗争不是阶级斗争，这才是不合乎逻辑的。这是一种特殊形式的阶级斗争，跟过去那种阶级对阶级的斗争不同，但是它仍然是阶级斗争。不能因为斗争形式发生了变化，就说这不是阶级斗争。

再次，就是还有"四人帮"的帮派残余以及其他蓄意破坏社会主义制度的犯罪分子。他们采取各种各样的反革命手段、敌对的手段来对付我们。这样的斗争当然是阶级斗争。

再有，资本主义国家的人在中国也发生各种不同的影响。除了正常的影响，还有不正常的影响，这就免不了有阶级斗争的成分。外国有些人在中国进行间谍活动，而且在国外对我们派出去的人员也进行间谍活动。这也不能不承认是阶级斗争。

最后，就是我们社会主义社会目前的发展阶段，还不能完全防止有人在生产过程和流通过程中间用各种方法捣鬼。有些人公开鼓吹“人为财死,鸟为食亡”。我们在制度上工作上都有一些漏洞,存在一些薄弱环节,那些财迷心窍的人,就可以利用这些漏洞和薄弱环节进行贪污盗窃、走私贩私等犯罪活动。这些人不通过自己的劳动而无偿地占有别人的劳动成果,这就是对人民的剥削。这种经济犯罪是不是阶级斗争?我们不能说,不管什么性质的犯罪案件都是阶级斗争。但是这种严重破坏社会主义经济的犯罪活动,是一种阶级斗争,是一种具有阶级斗争性质的犯罪行为,而不是普通的刑事犯罪。这种犯罪行为的目的是要破坏社会主义经济制度,我们如果对它熟视无睹,社会主义经济就有变质的危险。总之,在目前的发展阶段,还不能完全消灭剥削阶级分子重新产生的条件。

对于同上面所说的几种人的斗争,都不能不说是阶级斗争。这种阶级斗争不限于经济领域,而且涉及政治文化领域和其他社会生活领域。把这些说成不是阶级斗争,实际上是一种自欺欺人的说法。我们一定要告诉人民:这是一种阶级斗争。阶级斗争还没有停止。我们要保持警惕。

学习十二大文件中,有些同志提出的另外一个问题是,既然还存在阶级斗争,那是不是“文化大革命”中以及“文化大革命”前所说的资本主义在复辟,上上下下都存在着走资本主义道路的当权派,阶级斗争是一切工作的纲等等说法,现在的事实证明还是正确的呢?不能这样说,那些说法是完全错误的,历史已经作出了结论。

第一,现在还存在着上述的阶级斗争,我们一定要重视它,但是不能把这种阶级斗争当作我们全部工作的中心,当作我们一切工作的纲。如果那样做,就恰好中了敌人的计。如果我们现在还承认“以阶级斗争为纲”,就无法贯彻执行集中力量进行社会主义现代化建设的政治路线,那么,得到利益的恰巧就是我们的敌人。他们就是希望我们不要建设社会主义,成天斗来斗去,搞得越乱越好。

第二,这种阶级斗争根本不是什么一个阶级推翻一个阶级的革命。这些敌对分子的活动全部是非法的,他们已经失去了以往剥削阶级赖以存在的那种经济、政治、社会基础,他们根本不能够成为一个阶级,他们根本就没有统治着我们,不需要我们去推翻他们的统治。恰恰相反,是需要我们运用国家政权的力量,运用法律的手段,逮捕他们,镇压他们,处罚他们。所以,根本不能够讲什么一个阶级推翻另一个阶级的“继续革命”。

第三,敌我性质的矛盾只是极少数,决不能同人民内部矛盾相混淆。在我们的社会主义社会内部,绝大多数社会矛盾是各种各样的人民内部矛盾。在过去“以阶级斗争为纲”的时候,不仅混淆了敌我矛盾和人民内部两类不同性质的社会矛盾,而且有些斗争颠倒了是非。有些全心全意为人民服务的人,也变成被打倒的对象。所以,我们现在要进行的一定范围内的阶级斗争,决不能够重复过去那种做法,这跟过去讲的所谓阶级斗争是完全不同的。更不能够再讲什么以思想来划阶级。当然,反动的思想也要反对,但是我们不能够用思想来划分阶级,像在“文化大革命”时期康生那些人所宣传的。

第四,我们正在健全社会主义法制,对于敌对分子的犯罪活动,一定要依法办理。不管他是怎样穷凶极恶的敌人,我们都要依法办理,犯什么罪就判什么罪,不能用法律以外的手段来对付他们。

有的人说,现在所以出现上述这些敌人的各种破坏活动,是因为近几年不搞运动。这种说法是错误的。在过去很长的时期里,运动没有断过。可是,除了假的“敌人”没有断过以外,真的敌人也没有断过,他们没有停止过对我们的斗争,也没有被消灭。即使在“文化大革命”期间,也不得不搞什么“一打三反”。所以,以为搞运动就可以把这些敌人消灭,是错误的。这里丝毫没有否定一切不同性质的运动的意思,而是说对阶级斗争问题,一定要在国家法律的范围内,严格按照法律程序来处理,对敌对分子应该依法惩办。当然,这也要发动群众,要依靠群众。但是,不是像过去那种群众运动的方法,不管三七二十一先打倒了再说。不能采取那种手段。

我们说阶级斗争在一定范围内存在,有同志问,什么叫一定范围?所谓一定范围,就是上面所提到的几种情况这种范围;所谓一定范围,就是说这个范围不是所有的人,不是大部分人,也不是小部分人,只是很少的人。但是,这个范围虽然不大,却不能忽视。如果忽视了,我们的社会主义制度就会遭到破坏。十二大报告里把这些人比作白蚁。他们不很显眼,却可以把一座房子整个地蛀空,所以决不能麻痹大意。这种斗争是长期的,不能指望在一年两年里把它消灭,我们要经常进行这样的斗争。

我们必须保持清醒的头脑,坚持用马克思主义的阶级观点,科学地估量现阶段我国阶级斗争的状况,并妥善地加以处理。这样,我们就能巩固和发展安定团结的政治局面,保证社会主义现代化建设不受干扰地胜利发展。

**国务院副总理万里在人民大会堂会见以小川平四郎为团长的日本亚洲交流协会代表团**

**全国人大常委会副委员长廖承志在人民大会堂会见以日中友协会长宇都宫德马为团长的日中友好协会代表团**

**13项科技成果每年创造价值30亿元**

国家科委发布消息,这13项科技成果每年创造的价值达30亿元。

这些发明是:籼型杂交水稻;橡胶树在北纬18°—24°大面积种植技术;高钛型钒钛磁铁矿的高炉冶炼新技术;鲁棉一号;徐薯18;优良玉米自交系330。以上6项每年所获得的经济效益都在1亿元以上,有的高达七八亿元。此外还有柴油机复合式燃烧系统;高炉喷吹煤粉新工艺;洛阳浮法玻璃工艺;玉米自交系"原武02";伪倾斜柔性掩护支架采煤法;BY—2电接触固体薄膜润滑剂;橡胶防老剂IPP制备新工艺。

**中国体操选手在雅典举行的国际体操邀请赛中夺得10项冠军**

国林红在女子全能、跳马、高低杠和平衡木比赛中获得冠军,许志强获得男子全能、吊环、跳马和单杠4项第一名,国林生获得男子鞍马冠军,并与苏联选手古谢夫并列双杠冠军。

**全国医药科技成果发奖大会在北京举行**

在中西药品、医疗器械科技计划平衡、奖励会议上,国家医药管理局对85项优秀科技成果进行了奖励。国家计委顾问段云、国家经委副主任马仪、国家科委副主任杨浚和国家医药管理局的负责同志出席了发奖仪式。

85项获奖成果基本上都已被推广应用,获得了重大的经济效益,在提高我国中西药品、医疗器械的生产技术水平、更新品种、提高产品质量、降低生产成本、改善劳动条件等方面起了重要作用。如获得一等奖的青霉素菌种选育及发酵工艺研究,是由四川抗菌素工业研究所、江西东风制药厂、华北制药厂、四川制药厂共同研究成功的,这一成果使青霉素的发酵单位提高了60%以上,仅据1980年、1981年在8个生产厂推广的统计,两年共为国家创造利润4440多万元,解决了多年来青霉素供应紧张的局面。由湖南医药器材公司和天津、山西、四川、贵州等省药材公司共同研究成功的"中药材气调养护新技术"这次也获得了一等奖。气调养护技术是采用一种特制装置,在缺氧条件下使害虫和细菌窒息而死。方法简便易行,解决了药材储存和养护过程中长期以来存在的霉变和虫蛀问题,在经济上有重大的意义。据已推广的部分省、自治区、直辖市统计,如果在全国1/3的仓库推广使用,每年即可为国家减少损失2,000多万元。其他在新品种研究、制药设备、医疗器械、中药等方面的获奖成果也都显示了一定的水平,取得了良好的经济效益。

**刘孟纯逝世**

全国政协第五届常务委员、民革中央常务委员刘孟纯同志,因患冠心病于11月6日在北京逝世,享年78岁。

刘孟纯同志是广东省惠州市人,青年时代受孙中山先生革命学说的影响参加北伐战争。解放前他曾长期协助张治中先生致力于坚持和平、坚持国共合作、反对分裂的事业。1949年,张治中先生率国民党政府和谈代表团到北京参加和平谈判,刘孟纯留守新疆,在中国共产党的领导和张治中先生的帮助下,和陶峙岳、包尔汉、屈武等同志在新中国成立前夕共同率领新疆国民党军政机关宣布起义,实现了新疆的和平解放,为人民解放事业作出了重要贡献。新中国成立后,刘孟纯同志历任新疆人民政府委员兼秘书长,政务院参事,政协第二、三、四、五届全国委员会委员、副秘书长,民革中央常务委员兼副秘书长等职。

## 11月7日

**《人民日报》发表社论《做好党在八亿农民中的工作》**

党的十二大刚刚开过不久,全国农村思想政治工作会议就胜利召开了。会议分析了农村的大好形势,总结交流了十一届三中全会以来农村思想政治工作的经验,讨论了新形势下农村思想政治工作的任务、内容和方法,具体安排了今冬明春农村思想政治工作。这是党中央在十二大以后召开的一次十分重要的会议,对于深入贯彻十二大精神,发展农村大好形势,进而解决好农业这个战略重点,都有重大深远的意义。农村各级党组织一定要认真贯彻这次会议的精神,努力开创农村思想政治工作的新局面。

胡耀邦同志在十二大的报告中指出:"做好党在8亿农民中的工作,是实现现代化建设目标的重要条件。"十二大明确提出,从事社会主义现代化建设要两手抓,一手抓物质文明建设,一手抓精神文明建设。两个文明的建设互相依存地发展,完全符合社会主义建设规律。三中全会以后,农村各级党组织认真贯彻落实党中央一系列方针、政策,特别是抓了各种形式的生产责任制的建立、健全、稳定、完善工作,使我国广大农村出现了经济上欣欣向荣、政治上安定团结的大好局面。在这一历史性的伟大转变中,党在农村的思想政治工作也取得了很大成功。但是,和农村物质文明建设的进步相比,农村精神文明建设,在一些地方和一些领导同志的工作中,还没有受到足够的重视。这不仅表现在社会主义、共产主义的思想教育不够有力,在贯彻执行党的方针政策中,一部分干部、农民的思想认识问题解决得不深不透,农村教育、科学、文化水平提高不快,还表现在有些地方赌博、偷盗、打架斗殴、封建迷信、买卖婚姻等消极现象有些滋长。因此,我们在开创农业发展新局面的过程中,一定要十分重视农村思想政治工作,努力搞好农村精神文明建设,使8亿农民进一步提高社会主义觉悟,逐步摆脱文化、教育落后的状态,成为有理想、有道德、有文化、守纪律,爱国家、爱集体、爱社会主义的新农民。

农村思想政治工作的对象,包括农村基层干部在内的广大农民群众。正确地认识80年代农民的思想政治状况,是做好农村思想政治工作的前提条件。过高地或者过低地估计农民的社会主义觉悟,对工作都是不利的。当前的主要倾向,是许多同志对农民的觉悟估计偏低。有少数同志说什么现在的农民"物质上富了,精神上穷了","收入多了,私心重了"。这种说法是不正确的。应该看到,我国现在的农民同解放初期相比,各方面都有了根本的变化:他们已是社会主义合作制下的生产者,社会、经济地位更接近于工人阶级,彼此间利益的一致性更大了,和社会主义祖国的命运更紧密地联结在一起。他们已经突破了小生产者的狭隘限制,眼界大为开阔。十一届三中全会以来,广大农民在党的路线、方针指引下,主动性、积极性得到了充分发挥,他们每时每刻都在创造社会主义新生活,不断地作出新贡献,进行新的创造。这几年农村多种形式生产责任制的实行,各种合乎实际情况的经营管理形式的出现,大多是来自农民群众的创造。党支持和领导了农民的社会主义创造活动,采取了集中起来又坚持下去的方法引导农民一步步地前进。农民从正反两方面的实践中,更加体会到决不能离开党的领导,他们要求党有正确的路线、政策并保持连续性;经过学习十二大文件,他们的劳动热情更高,对党的感情更深了。这是事物的主要方面,必须首先加以肯定。当然,我们也应清醒地看到,今日的农民昨日还是私有者,不少人受到封建主义、资本主义思想风习的污染,十年动乱中林彪、"四人帮"散播的无政府主义、极端个人主义等毒素,对他们还有一定影响,少数农民身上还存在着一些消极现象。例如:他们热烈拥护三中全会以来的政策,但怕"变"的思想顾虑又使他们在劳动致富的路上左顾右盼,放不开手脚,甚至干出一些只顾眼前得利,不顾长远利益的事情来;他们努力生产,向往过好日子,但在处理国家、集体、个人三者关系上,有时又只顾自己这一头;他们在生产上相信科学技术的威力,努力学科学、用科学,但是在生、老、病、死、嫁、娶等事情上,又不能坚决破除封建迷信和陈规陋习,等等。对于一部分农民身上的这些问题,我们既不可忽视它,又不应夸大它。决不能因为这些消极现象的存在,就否认农民几十年来在党的教育下取得的巨大进步,也不能因此而丧失领导农民继续走社会主义道路的信心,更不能因此而怀疑当前农村的大好形势,怀疑十一届三中全会以来农村经济政策的正确性。

今冬明春,全国农村要按照先党团员、后非党团员,先干部、后群众的步骤,在学好十二大文件的基础上,结合进行三个方面的教育。一是进行党的现行政策教育,消除一部分干部、群众对十一届三中全会以来的农村经济政策,特别是在责任制问题上的误解和疑虑,向他们讲清联产承包责任制是社会主义合作经济的新形式,是党领导农民在社会主义实践中的伟大创造,使他们相信包括联产承包责任制在内的一系列方针、政策,是决不会违背群众意愿轻率变动的。二是进行"三兼顾"教育,帮助群众在劳动致富过程中摆正国家、集体、个人三者利益,正确处理好自主权和服从国家计划指导的关系。三是进行关于共产主义的理想、道德、精神、风格的教育,动员群众同赌博、偷盗、封建迷信等歪风邪气作斗争,使党风和社会风气进一步好转。需要特别强调的是,在进行教育的时候,要把党的现行政策和共产主义理想二者之间的联系和区别,正确地全面地加以解释和说明。一方面使农民看到光明前途,树立远大理想,讲共产主义信念、道德和风格,以社会主人翁的态度进行劳动。另一方面,要使他们懂得,党的现行政策是共产主义低级阶段即社会主义历史时期的政策,执行现行政策就是现阶段实现共产主义理想的具体实践;无论如何不能动摇现行政策,不能把将来才实行的东西拿到现在来实行。过去犯过的"左"的错误,如刮共产风,一切归公,实行平均主义的分配制度,收回自留地,关闭农贸市场等,决不允许再犯。

胡耀邦同志在今年4月的一次重要讲话中强调指出,当前所以普遍存在不重视和不会做思想政治工作的现象,原因之一是没有很好地、系统地、深刻地总结思想政治工作的历史经验。我们要开创农村思想政治工作新局面,就要在总结农村思想政治工作历史经验上下一番功夫,并在这个基础上,发扬好传统,研究新情况,创造新经验,走出新路子。鉴于历史的经验教训,我们在新时期的农村思想政治工作中,特别要注意坚持群众路线,时刻不忘我们党全心全意为人民服务的宗旨。要正确对待农民,以完全平等的态度向农民进行宣传,坚持用说服、讨论、商量的办法解决农民的思想问题,禁止使用任何强制手段和压服方法。要实行个别与一般相结合的方法，搞好干部、党员的思想教育，培养大量的积极分子，通过他们去进行工作。要紧密结合当时当地群众的实际需要和切身利益，有重点地解决一个时期的主要思想问题。吹牛皮、说大话，主观主义、教条主义、形式主义那一套，都要坚决摒弃。还要注意把思想教育和文化科学教育结合起来，寓思想政治工作于农民喜闻乐见的各种文化活动之中。要通过制定“乡规民约”、建设“文明村”、评比“五好家庭”等活动，发动广大农民进行自我教育，把思想政治工作做到千家万户。

做好农村思想政治工作是全党的任务，各级党委都要充分重视，把它列入自己的议事日程，定期讨论、检查。要把青年、妇女、民兵等群众组织以及文化、教育、广播、出版、科普、体育、卫生等各方面组织起来，密切配合，分工合作，共同把农村思想政治工作做好。这几年党的政策给农民带来了好处，党在农民中的威信大大提高，农民对党和社会主义事业的向心力大大加强；干群关系有了很大改善；随着物质生活的改善，广播、电视、电影、书籍、报刊进入了农民的日常生活；这些都是我们进一步做好农村思想政治工作的有利条件。只要我们认真地按照这次农村思想政治工作会议的精神，扎扎实实地去做，我们一定可以在建设农村的精神文明方面，开创出一个新局面。

**全国人大常委会副委员长彭冲在人民大会堂会见由泰国报人联盟主席甘亨率领的泰国报人联盟代表团**

**外交学会会长郝德青在北京会见由美国国会众议院司法委员会刑事小组委员会主席威廉·休斯率领的美国国会众议员访华**

**中国参加第二十届圣地亚哥国际博览会**

在博览会期间，约有12万人参观了中国机械馆。许多观众对中国机械，特别是对第一次在南美洲展出的双色对开胶印机颇感兴趣。中国馆的成交额约为12万美元。

**农牧渔业部审评批准1981年52项科技成果技术改进奖**

其中被评为一等奖的有“冬小麦新品种冀麦三号”、“我国西部地区粘虫越冬迁飞规律及预测预报技术研究”、“扬州里下河地区三区改旱技术”和“江苏省地方猪各品种杂交肥育试验及应用”等29个项目；被评为二等奖的有“我国稻纵卷叶螟迁飞规律及其在测报上的应用”和“秦川牛早熟性和肉用性能的研究”等23个项目。

这次得奖的项目，是在征求有关部门意见的基础上，由原农业部科学技术委员会全体委员审评的。最后又邀请原农业部科学技术委员会在京委员和参加全国畜牧学会会议的委员进行了评定，并报农牧渔业部批准。

**《世界经济年鉴》出版发行**

一部系统介绍世界经济基本情况的动态和资料的工具书——《世界经济年鉴》1981年刊，由中国社会科学院世界经济研究所编辑出版。

这是我国首次公开出版发行的一部《世界经济年鉴》。这部年鉴紧密结合我国社会主义建设和国际经济交往的需要，及时反映世界重大经济问题，国际经济组织的活动情况，及各国的经济状况和发展趋势。

**陕西临潼挖出唐代古浴池**

陕西华清池风景区杨贵妃浴池附近，挖掘出一座唐代浴池。专家们认为，这是中国考古学领域的一项重大发现，为深入了解唐代建筑形制和宫廷生活，提供了重要资料。

**中国选手在香港举行的远东和南太平洋地区伤残人运动会上获得6枚金牌**

**张庆松逝世**

著名医学家、医学教育家、首都医院副院长、中国共产党党员张庆松同志，11月7日于北京病逝，享年74岁。

张庆松从医50年，为我国医学事业奉献了毕生精力，贡献卓著。他是我国耳鼻咽喉科的前辈和变态反应科的创始人。他研究总结了有关耳鼻咽喉和变态反应的丰富临床经验，对临床医学水平的提高作出了贡献。在他指导下进行的关于我国花粉症的研究已获得一定成果。

## 11月8日

**青年团第十届中央委员会第四次全体会议发表公报**

中国共产主义青年团第十届中央委员会第四次全体会议，于1982年11月4日至8日在北京举行。出席这次会议的团中央委员176人，候补委员85人，列席33人。

全会决定，今年12月20日召开中国共产主义青年团第十一次全国代表大会。

在全会上，团中央书记处传达了党中央领导同志关于团的工作和开好团十一大的指示，报告了团十一大筹备工作情况。经过认真讨论，全会审议并原则通过了团的十届中央委员会向团的第十一次全国代表大会的工作报告，审议并原则通过了《中国共产主义青年团章程(修改草案)》，一致同意将这两个文件提交团的第十一次全国代表大会审议。

全会在充分酝酿的基础上，通过无记名投票，增选王兆国同志为团十届中央委员会委员，并选举王兆国同志为团中央常务委员会委员、书记处第一书记。这一增选将提请团的第十一次全国代表大会予以追认。

由于工作需要，韩英同志已由党中央另行安排工作。

全会期间，党中央书记处书记胡启立到会作了重要讲话。

全会之前，召开了团中央常委扩大会议，对全会的议题进行了酝酿和讨论。

全会号召各级团组织和全国各族团员青年，认真贯彻党的十二大精神，在各项工作中作出优异成绩，以实际行动迎接共青团第十一次全国代表大会的召开！

**中共中央书记处书记胡启立在北京参加共青团十届四中全会并发表讲话**

胡启立希望全国共青团员、团的干部和广大青年，满怀信心，奋发努力，出色地完成党和人民赋予的历史使命。

胡启立说，共青团的中心任务，就是根据党的十二大提出的奋斗纲领，从全团和全国青年的实际出发，引导、教育、动员、组织青年投身于全面开创社会主义现代化建设新局面的伟大斗争，自觉经受考验和锻炼，从而造就出千百万有理想、有道德、有文化、守纪律的革命接班人。

胡启立说，党中央和老一辈革命家对共青团特别关心和重视，远的不说，从去年10月7日胡耀邦同志同团中央同志谈话，提出如期召开团的十一大以来，这件事就一直成为中央书记处日程上的一件大事，中央和中央领导同志就此作过多次讨论、指示和谈话。

胡启立说，培养一代又一代的革命接班人的问题，是一个十分迫切的问题。要使共产主义事业在我国世世代代永远继承、发展下去，不仅要使中年人能够接好班，更重要的是要使现在的青年一代能够接好班。可以这么说，这一代青年是实现祖国“四化”和使共产主义事业后继有人的最关键的一代。

胡启立在谈到这一代人的状况时指出，从主流和总的发展趋势看，这一代青年是勇于探索、蓬勃向上、大有希望的一代。但同时也不可否认，他们又是饱尝十年内乱苦果的一代。因此，这一代青年人为了完成历史赋予的使命，既要承担和克服物质生活上的暂时困难，又要清除思想上的错误影响，还要补上掌握现代文化科学知识这一课。

胡启立说，在我们党坚定不移地贯彻执行对外开放、对内搞活经济政策的条件下，如何使广大青年坚持四项基本原则，既要把国外的先进科学技术和管理经验学到手，又不断提高自己的共产主义觉悟，不受资本主义思想腐蚀，这是这一代青年面临的新的历史考验和锻炼。

胡启立回顾了四年来共青团的工作。他说，团十大以来的四年，正好是党的十一届三中全会以后的四年。这期间，党和国家在拨乱反正中实现了伟大的历史转变，共青团跟随党在伟大的历史转变中前进。团的工作以“四化”建设为中心逐步活跃起来，“争当新长征突击手”的活动获得了丰硕成果；对青少年的共产主义道德教育不断深入，特别是在“五讲四美”活动中，共青团表现了首创精神，对社会主义精神文明的建设和社会风气的好转起了推动作用；在关心青年的学习、生活、娱乐、休息和青少年活动阵地的建设方面，在团的组织和干部队伍的建设方面，也都逐步打开了局面。总之，共青团跟上了整个历史转变的进程，基本上完成了拨乱反正的任务，为团的工作的更大的发展扫清了前进基地，开拓了广阔前景。

胡启立说，在肯定团的工作成绩的同时，要看到青年工作的状况还落后于现实生活的要求。当前最紧迫的一项任务，是加强适合青年特点的思想政治工作，和各种类型的青年交知心朋友，用爱国主义和共产主义思想，点燃他们心头的火焰，指明他们前进的方向。而要做到这一点，就必须善于根据青年的特点，采用生动活泼的方法去进行工作。

小平同志一贯提倡团的干部要“议大事，管本行”。就是说，要在把党的方针政策落实到团的实际工作中去的同时，必须关心和照顾青年的学习、劳动、就业、恋爱、婚姻等等问题，并在解决这些问题的过程中锻炼和提高团组织的战斗力，开创团的独立活动。

胡启立说，这次团的十届四中全会，是为团的十一大作全面准备的一次重要会议。开好团的十一大，将能够更好地动员和组织全团和全国青年，紧密团结在党中央周围，在全面开创社会主义现代化建设的新局面中打先锋，为实现党的十二大提出的新时期的总任务而奋斗。全党、全军和全国各族人民都十分关心这次大会。参加这次全会的同志们意识到了自己的重大责任，在完成各项准备工作中表现了很高的觉悟，中央领导同志对这次全会的工作是满意的。

胡启立说，通过团的十一大，大批的年轻同志将要加入团中央的新的领导集体；团的第十届中央委员中的多数同志将要从这所大学校“毕业”,分别走上新的工作岗位。这种变动是正常现象,是好事情。它至少说明两点:第一,它说明团作为党的后备军的作用得到了应有的发挥。第二,它说明共青团在实行干部“四化”方面取得了实际进展。

胡启立要求团干部正确对待自己的“转业”问题。他说,不论安排什么工作,担任什么职务,都应当以共产主义者的态度去正确对待。我们是共产党员,“一生交给党安排”,必须也只能听从党的调动。如果确有个别同志的工作安排不当,也要严格要求自己,经受得住考验。要坚信党的事业会越来越兴旺发达,只要自己心在事业心在党,就能够为人民作出贡献。

胡启立说,在座的同志,不论今后是继续留在团内工作,还是走上其他岗位,都要回答一个严肃的问题:在这个继往开来的伟大历史进程中,我们应当怎样写好自己的历史?应当怎样完成党和人民赋予的历史使命?

胡启立强调,至少要做到三点:

第一,要对党的事业和祖国前途充满信心。信心怎样才能牢固地建立起来呢?这里有个信念问题,也有思想方法问题。所谓信念,就是坚信我们的党,坚信党能够领导人民把继往开来、全面开创社会主义现代化建设新局面的历史任务担当起来。这不是盲从、迷信,而是被60多年来中国革命的实践、特别是三中全会以来的实践所证明了的科学结论。这个科学的信念,就是我们的立足点,是我们建立信心的基础。所谓思想方法,就是说在观察和认识形势的时候,一要看全面,不要以点代面,以偏概全;二要看发展,不要固定地僵死地去看,不要形而上学。20年实现工农业年总产值翻两番的问题,争取五年内党风根本好转的问题,我们的青年能不能成为可靠的革命接班人的问题,等等,都应当从全面的分析中,从历史的发展中,从中外对比中,得到科学的答案。要透过各种复杂的社会现象,看到本质和主流,建立起充足的信心,跟随着党的步伐,有计划、有步骤、积极稳妥地把应兴应革的事情办好,把四个现代化的宏伟事业不断推向前进。

第二,要有顽强拼搏的实干精神。中央领导同志最近在同团中央同志谈话时,勉励共青团的干部学习女排的顽强拼搏精神。他说:“没有真刀真枪,练不出中国女排来,没有拼搏精神的不要来(青年团工作)。”这些话,应当成为我们的警钟。清华大学的青年们提出过一个很好的口号,叫作“从我做起,从现在做起”。这个口号体现了自我严格要求和实干的精神。如果我们多多要求自己,苦干实干,深入实际,调查研究,则“十步之内,必有芳草”,现实生活中的希望之光到处都会向我们闪耀,群众的智慧和创造力每时每刻都会给我们巨大的鼓舞。只要我们有了群众,有了力量,就有了主意,有了办法和措施,各种问题都比较容易解决了。

第三,要掌握“四化”建设的真本领,高标准,严要求,勤学苦练基本功。做共青团工作的同志,真功夫要下在接近青年、了解青年、和青年打成一片、真正掌握青年工作的内在规律上。团的干部要把学会如何做好青年的工作当作一门科学来掌握,克服过了时的一般号召和形式主义的工作作风、工作方法,练出吸引青年、引导青年前进的真本领。

胡启立说,共青团在党的领导下,完成了团结教育青年一代、培养和造就千百万革命接班人的任务,就是履行了庄严的历史责任,党和人民就放心了,老一辈革命家就放心了。

**共青团第一书记王兆国在共青团十届四中全会闭幕会议上发表讲话**

王兆国说,各级团组织和团干部要在已经开创的共青团工作的基地上埋头苦干,奋发图强,勇敢地去开创共青团工作的新局面。

王兆国说,要开创共青团工作的新局面,团的各级领导干部首先要有一个敢于开创新局面的精神状态,刻苦学习,勤奋工作,知难而进,勇于创新。要有深入基层、密切联系群众的好作风,脚踏实地,扎扎实实地去做工作。要加强调查研究,准确地掌握情况,抓好典型,总结经验,力争尽快改变青年工作还落后于现实生活要求的状况。

王兆国说,我来团中央工作,深深感到担子很重,责任很大,感到有压力。这是因为党中央对共青团的工作极其关心并寄予很大的期望;全国广大共青团员和青年迫切盼望团的工作更加活跃,更加适合青年的特点;团的干部希望自己能在青年运动的实践中作出贡献,得到锻炼和成长;各级党组织和全国人民都要求我们把青年人的工作做好,使青年在社会生活中、在经济建设中发挥更大的作用。我们的任务是光荣而艰巨的。当前,在我们面前还存在着很多的困难和问题。因为有困难,才更需要我们去艰苦奋斗,勤奋工作。有压力对于我们年轻干部来说并不是坏事,而是好事。井无压力不出油,钢无压力不成材,压力就是一种动力,我们要勇敢地去承担这种压力,自觉地变压力为动力。

王兆国在讲话中分析了当前做好共青团工作的好基础、好条件。他说,我对做好团的工作是充满信心的。我决心向老团干部那样忠诚党的事业,热爱团的工作,热爱中国的青年一代,紧紧跟随党中央的步伐,按照中央领导同志对共青团干部的要求,刻苦学习,勤奋工作,继承和发扬共青团的好作风、好传统,为青年工作作出自己应有的贡献。

王兆国说,当前,共青团作为党的助手,一定要深入学习和贯彻党的十二大精神,做好召开团的第十一次全国代表大会的准备工作,积极主动地去开创共青团工作的新局面。

**国务院批转国家体改委 国家经委 财政部《关于当前完善工业经济责任制的几个问题的报告》**

报告全文如下:

党的十一届三中全会以来,我国经济管理体制进行了初步的改革。工业方面的改革是从扩大企业自主权试点开始的。经济责任制是扩权的继续和发展。1981年,在国营工业企业中普遍推行了各种形式的经济责任制。今年,各地区、各部门,按照中央关于整顿企业的要求,把实行经济责任制作为企业全面整顿的关键环节来抓,同时总结推广了首钢实行经济责任制的经验,使经济责任制又有了新的发展。主要表现在:对经济责任制的认识有了提高;经济责任制的内容和形式有了发展;特别是工作重点转到了建立和健全企业内部的经济责任制上来;从单纯抓生产,转向重视经营和经济效益,并且开始重视新产品开发和技术改造。

经济责任制是在国家计划指导下,以提高社会经济效益为目的,实行责、权、利紧密结合的生产经营管理制度。实践证明,这一改革方向是正确的,效果是显著的。实行经济责任制,使长期以来管理体制过分集中、统得过死的状况有所改变,企业有了一定的经营管理自主权。贯彻物质利益原则,调整了国家、企业、职工三者的利益关系,在一定程度上克服了吃"大锅饭"、平均主义的弊病,调动了企业的积极性,增强了职工的主人翁责任感。许多企业职工的精神面貌和生产技术状况发生了较大的变化,改善了经营管理,提高了经济效益。对于促进国民经济的调整、争取实现财政状况的好转起了积极作用,同时,为工业管理体制的改革探索到一条途径。

工业是社会化的大生产,企业与企业、部门与部门之间互相依存,问题比较复杂,实行经济责任制工作难度比较大。由于时间短,经验不足,改革不配套,在工作中还存在不少问题:实行经济责任制与计划管理还没有结合好;多数企业内部经济责任制还落实得不好;企业应有的经营管理自主权还没有完全实现;分配上的平均主义问题还比较严重;对国家、企业、职工三者利益关系的处理还需要进一步改善,等等。我们必须实事求是地估价成绩和问题,按照党的十二大的精神进一步统一思想和行动,认真总结经验,研究新情况,解决新问题,使经济责任制得到进一步完善和提高。

为了完善工业经济责任制,当前,要着重研究解决下列几个主要问题。

一、认真贯彻计划经济为主、市场调节为辅的原则

党的十二大报告指出:正确贯彻计划经济为主、市场调节为辅的原则,是经济体制改革中的一个根本性问题。并且指出,在计划管理上需要根据不同情况,采取指令性计划、指导性计划和允许企业根据市场的供求变化灵活地自行安排生产等不同形式。完善经济责任制必须在上述原则指导下进行。

实行经济责任制,首先要明确企业对国家的经济责任,并赋予企业一定的自主权限,使企业的经济利益与企业生产经营成果直接联系,把责、权、利三者统一起来。其中责是第一位的。企业的责任,首先是全面完成国家计划。企业要顾全大局,勇于承担任务,不仅要完成国家利润指标,而且要完成产量、质量、品种、消耗、成本等各项技术经济指标。对短线产品要积极增产,对限产产品不准超产。计划管理部门要努力提高计划的科学性,搞好综合平衡,逐步做到各项计划指标互相衔接,由一个部门下达。

根据不同的计划管理形式,企业应有不同程度的计划管理方面的自主权限。对指令性计划要严格执行,发现计划与实际情况不完全符合,或者由于主要原材料、能源供应不足,企业经过努力仍然解决不了时,可以向上级计划部门提出修改计划的建议,经过批准,进行调整。企业在完成国家计划的前提下,有权根据市场需要和能源、原材料的可能,挖掘生产潜力,增产适销对路的产品,弥补计划的不足。在执行指导性计划时,企业有权根据市场的供需情况,制订具体计划,报计划主管部门备案,组织生产。对国家规定市场调节的商品,允许企业根据市场供求变化自行安排生产,但必须遵守国家的政策法令。不论实行哪一种计划管理形式,供产销各部门之间,都要逐步建立合同制,严格按合同办事。

为了把经济搞活,必须给企业一定比例的产品自销权,以利于企业了解市场,及时调整产品结构,主动按照市场需要,生产紧缺产品,开发新产品,更好地满足社会需要。除国家特殊规定不准自销的产品外,包括统配、统购包销和紧缺产品,都要允许企业有一定比例的自销权。自销产品的比例,由有关主管部门按照不同产品,分别研究确定。自销产品的价格,要严格执行国务院关于发布《物价管理暂行条例》的通知(国发〔1982〕106号文)的规定。

各有关领导部门一定要注意研究实践经验,总结出一套既坚持计划经济为主,又能充分调动企业和职工的积极性,提高社会经济效益的办法来。

二、努力搞好企业内部的经济责任制

当前完善经济责任制，要把工作重点放在落实企业内部经济责任制上面。根据一些先进单位的经验，要抓好下列工作：

（一）企业要根据国家宏观计划的要求和对国家承担的经济责任制，制定一个以提高经济效益为中心的奋斗目标。按照责、权、利相结合，责字当头的原则，逐项分解，层层落实到科室、车间、班组直到个人。建立起一套纵横配套、上下结合得比较完整的岗位经济责任制。

（二）切实加强企业的各项基础工作和专业管理工作，特别要健全定额管理、计量检验、原始记录和考核制度。各项定额指标要先进合理，考核要严格认真，坚持按照标准和用数据进行考核。

（三）整顿奖励制度，在严格考核的基础上，克服奖金分配上的平均主义，真正使奖金起到鼓励先进、鞭策落后的作用。要做到限额不突破，单位不拉平，个人能升降。

（四）认真整顿劳动组织。现在不少企业超员太多，要逐步把岗位上多余人员抽出来。从岗位上下来的人，有的可以组织轮训，有的可以通过生活服务公司或劳动服务公司进行安排。各级领导部门和企业要作出计划，逐步实施。

（五）加强民主管理。要依靠广大职工当家做主办好企业。对企业的重大生产经营决策、自有资金的分配和使用、管理体制和规章制度的改革、职工的福利事业等，要发动广大职工讨论，提交职工代表大会审议，由职代会监督执行。

（六）坚持思想领先的原则，做好深入细致的思想政治工作，把严格的经济责任制同高度的政治责任心结合起来。

（七）按照"四化"要求调整好领导班子。这个班子要有革命事业心，有为国家多做贡献，努力提高经济效益的指导思想，能够认真执行党的政策，年富力强，有知识、懂业务、会管理、善经营。这是搞好企业整顿和完善经济责任制的决定性条件。

三、正确处理国家、企业、职工三者利益的关系

在分配上，一定要做到国家多收，保证国家适当集中财力，进行重点建设。企业和职工所得的增长，要通过改善经营管理，挖掘企业内部潜力来实现。

实行利润留成办法已经三年，明年大部分企业原定试点办法已经到期。为了保持政策的稳定性和连续性，1983年要继续执行国务院批转国家经委、国务院体制改革办公室关于实行工业生产经济责任制若干问题意见的通知（国发〔1981〕159号文）和国务院批转关于实行工业生产经济责任制若干问题的暂行规定的通知（国发〔1981〕166号文）规定的利润留成原则和办法。各地区、各部门要在总结经验的基础上，对企业目前实行的利润留成办法、留成比例、包干基数进行一次整顿。凡是不符合国务院规定，包干基数偏低，留成比例过高，重复提取，拿双份钱的，都应加以调整；对于违反财政纪律、截留利润、偷税漏税、乱摊成本，采取不正当手段挤占国家财政收入的，必须加以纠正。未经国家或省、自治区、直辖市批准，任何单位不得向企业摊派费用。通过整顿，既要保证国家财政收入有较多的增加，支持重点建设；又要保护企业正当的利益，使之有条件进行技术改造和改善职工生活，以进一步调动企业的积极性。

利润留成形式，必须从实际出发，不搞"一刀切"。各地区、各部门根据所属企业的实际情况，可以按照国发〔1981〕159号和国发〔1981〕166号文件规定的七种利润留成形式和原则，选择一种办法实行。从各地的初步实践情况看，实行全行业利润留成，有利于明确企业主管部门的责任，调整企业之间的苦乐不均，推动行业内部的技术改造；经过机构改革、取消了工业局的县，也可采取以县经委为单位实行统一利润留成或利润包干的办法，以利于减少管理层次，调剂企业之间盈利的多寡；对于那些生产任务稳定，领导班子强，工作基础好，技术改造符合国家发展需要并纳入国家计划的大型企业，按照国务院文件规定的原则，部分省、自治区、直辖市和主管部门可以选择两三个企业，报请国家经委和财政部批准，试行上交利润递增包干，一定几年不变。但不论采取什么形式，一个单位只能实行一种办法，并且必须保证国家多收。

对企业实行利润留成，要进一步贯彻奖勤罚懒的原则。在国家规定的总的留成水平范围内，各主管部门对那些特别努力、各项主要技术经济指标达到同行业先进水平、经营好、对国家贡献大的企业，利润留成比例可以适当高一些；经营差的企业，留成比例就应低一些。

根据当前财政经济状况，各省、自治区、直辖市要做好工作，使职工的奖金明年继续维持在一九八一年的总水平上，总额不要突破。各级领导部门和企业要努力改进奖金的分配，克服平均主义。

四、把完善经济责任制和企业技术改造结合起来

开创社会主义现代化建设的新局面，实现本世纪末的战略目标，主要应依靠技术进步，依靠对现有企业的设备更新和技术改造。企业实行经济责任制以后，要完成对国家承担的经济责任并实现自己的经济利益，必须积极进行技术改造，提高经济效益。

企业生产发展基金、更新改造资金的使用，应当坚持正确方向，主要用于技术进步、技术改造和新产品

试制。财政、银行要加强对企业资金使用的检查监督。防止盲目扩建和新建，避免重复建设。

在奖励基金中，应有一定份额，专门用于奖励对技术进步作出贡献的职工。

企业主管部门要制定行业技术改造的规划，指导企业合理使用资金，有计划、有重点、分期分批地搞好行业和企业的技术改造。企业要重视开展群众性的合理化建议和发明创造活动。要简化技术改造项目的审批手续，有关主管部门可采取定期联合办公等办法，加快对技术改造项目的审批。在保证国家计划统一领导下，要给主管局和企业一定的灵活机动权。

要实行产品的优质优价，鼓励企业提高产品质量，发展新产品，加快技术进步。

对分散在企业的结余资金，要研究采取适当的方式调剂使用，促进行业内部重点项目的改造。可以由银行设立信托部门，负责这项工作。银行贷款也应优先安排用于技术革新和技术改造。

五、统筹规划，加强领导

实行经济责任制是一项新的工作，我们要充分认识它的艰巨性和复杂性。还要看到，在国民经济调整时期，实行经济责任制受到许多外部条件的制约，工作上的困难会更多一些。我们应当知难而进，采取积极的态度，坚定不移地把工业经济责任制推向前进。

由于工业的门类多，不同行业、不同企业的情况千差万别，各地区、各部门在完善经济责任制工作中要统筹规划，分类指导。按照各类企业在国民经济中的地位和作用，正确地确定它们在生产、流通、分配等环节上的自主权限，提出不同的要求。首先要重点抓好大型企业完善经济责任制的工作，一个一个地研究落实，制定规划，使它们努力改善经营管理，加速技术革新、技术改造，尽快地把潜力发挥出来。同时，对一部分小型企业，可以实行上交所得税、自负盈亏，逐步放开，具体办法由财政部另行规定。

要总结经验，抓好典型。结合本地区本单位的情况，继续学习首钢的经验，同时也要总结推广本地区的经验，以点带面，推动经济责任制向前发展。

形势的发展，要求经济管理部门必须改进自己的工作。各级领导部门要结合行政机构改革，逐步建立管理部门的责任制。要认真帮助企业解决完善经济责任制中的实际问题和困难，各有关部门要互相配合，通力合作，根据实际情况为企业创造必要的外部条件，力争在今后两三年内，使工业经济责任制逐步健全和完善起来。

**中共中央书记处书记邓力群在中南海同出席高等学校共产主义思想教育经验座谈会代表进行座谈**

座谈会于11月8日至13日召开，由教育部主办。

邓力群说，因为你们为党的事业、为社会主义事业、为人民的事业确实作出了社会承认的、青年高兴的业绩。同志们是播种共产主义真理种子的人。

邓力群说，你们在从事播种共产主义真理种子的事业中，已经作出了成绩，找出了道路，找到了规律，你们的工作已经在广大青年学生中起到了很好的作用，你们在历史上的地位一定会得到人民的承认。

邓力群希望所有从事青年思想政治工作的同志，都要向到会的代表学习，都要把自己的智慧、知识和才能充分贡献出来，要千方百计，克服困难，把这项工作做得更好。

四川大学历史系副教授隗瀛涛、北京师范学院中文系讲师李燕杰、陕西师范大学中文系副教授马家骏、北京大学马列教研室副教授沙健孙、大连工学院物理系副教授林均岫、南京大学马列教研室副教授李乾亨、北京医学院马列教研室副教授马模贞先后在座谈会上发言。

中央宣传部副部长曾德林主持座谈会。教育部部长何东昌在会上讲了话，教育部副部长彭珮云在会上汇报了高等学校共产主义思想教育经验座谈会的情况。

出席座谈会的还有四川音乐学院民族音乐研究室副教授冯光钰、四川工艺美术学院工艺美术系讲师崔炎、西安音乐学院音乐资料室负责人马慧玲、徐州师范学院历史系讲师李永田、武汉水运学院哲学教研室副主任邹先松、华中工学院青年工作部副部长刘献君、武汉大学党委宣传部副部长郑永廷、广州医学院内科教研室讲师蔡如森、华南师范大学马列教研室讲师汪荣修、华南农学院德育教研室副主任王宋荣、北京商学院马列教研室副教授潘忠贵、上海机械学院德育教研室副主任缪鸿发、复旦大学国际政治系讲师曹征衡、天津师范大学政教系总支副书记陈家滨、天津纺织工学院马列教研室讲师李柏珩、辽宁大学物理系总支书记何瑞琨。

**第一届中美能源资源环境会议在北京举行**

中国能源研究会顾问、中国科学院主席团执行主席吴仲华教授作了《中国能源问题及依靠科学技术解决的途径》的报告。美国密执安大学教授、前驻华大使伍德科克及美国用于国家需要研究会会长埃格斯博士分别作了《能源、资源和环境有效利用的国际合作》及《美国能源代用品、有关资源与环境问题的综述》的报告。会议中方主席、中国能源研究会理事长林汉雄及美方主席、美国华盛顿大学教授袁绍文在会上致辞。

出席会议的除中美两国代表外，还有来自亚洲、拉丁美洲、欧洲、非洲、北美洲等19个国家和地区学者。

**全国人大常委会副委员长习仲勋在北京会见由朝鲜劳动党中央委员中央广播委员会委员长李容益率领的朝鲜广播电视代表团**

习仲勋说，中朝两党、两国、两国人民在长期斗争中一贯相互支持、相互帮助。他希望中朝两国广播电视工作者进一步相互学习，交流经验，加强合作。

李容益说，朝中两国关系是用鲜血凝成的，朝鲜广播工作者决心为加强两国的友谊和团结而作出一切努力。

**外交部部长黄华在北京会见阿尔及利亚大使阿卜杜勒·克里姆·格拉耶卜**

**对外友协会长王炳南在北京设宴欢迎由曼谷市副次长沙莫摘·普蓬率领的泰国曼谷市友好访华团**

**中国常驻联合国代表凌青在本届联大讨论“东南亚和平、稳定与合作问题”的会议上发言**

凌青说：“当前实现东南亚和平、稳定与合作的最大障碍，是外国对柬埔寨的武装侵略和军事占领。”他指出：“很明显，造成东南亚紧张局势的这一根本原因不消除，就谈不上东南亚的和平与稳定。”

他说：“越南对柬埔寨的军事占领，不仅破坏了柬埔寨的主权和领土完整，而且威胁着东南亚地区的和平与稳定。”

他说，越南军队还不断侵犯泰国领土，把几十万柬埔寨难民驱往泰国境内。“这不仅在军事上威胁着泰国的安全，破坏泰国的领土主权，而且在经济上给泰国造成沉重的负担。”

凌青说，最近，越南领导人甚至公然叫嚣，如果东盟继续支持民柬联合政府，越南准备“与东盟继续对峙5年甚至20年”。越南还说，如“中国威胁”不消除，越南将考虑允许苏联在越南设军事基地。凌青指出：“事实上，越南早已允许这个超级大国使用越、柬境内的军事基地。越南在印度支那的侵略扩张和这个超级大国的南下战略已经紧紧地拴在一起。”

凌青说：“中国一贯奉行和平的外交政策。中国支持东盟关于建立东南亚和平、自由、中立区的主张，支持东南亚各国在平等协商的基础上加强合作关系。”他接着说：“中国支持柬埔寨人民反抗越南侵略的正义斗争，是从维护联合国宪章的基本原则和国际关系准则，从反对霸权主义和维护亚洲及世界和平的立场出发的。”

他说：“越南撤军后，柬埔寨建立何种政治制度，选择什么样的政府，完全是柬埔寨的内政，应由柬埔寨人民自己作出决定。”

他重申：“中国政府希望看到将来的柬埔寨是一个独立、和平、中立和不结盟的国家。中国在柬埔寨问题上决不谋求任何私利，更无意把柬埔寨作为自己的‘势力范围’。中国也希望看到重新获得独立和解放后的柬埔寨能够同包括越南在内的所有邻国保持友好的睦邻关系。”

凌青在谈到中越关系时说：“中国方面不存在什么障碍。中国人民同越南人民有着传统的友谊，我们希望保持和发展这种友好关系。只要越南当局放弃其侵略扩张政策，从柬埔寨撤出其全部军队，改变反华方针，中越两国就可立即实现关系正常化。”

凌青最后说：“如果越南当局真的想恢复东南亚的和平与稳定，那就应该立即执行联合国大会通过的有关柬埔寨问题的决议，从柬埔寨全部撤出它的军队，尊重柬埔寨的独立、主权和领土完整，停止对一切邻国的武装挑衅和入侵。这不仅符合柬埔寨人民和东南亚和平的利益，也符合越南人民自己的利益。”

**中共中央政治局委员 空军党委第一书记张廷发在北京参加空军党委全会并发表讲话**

张廷发提出，各级党委要进一步肃清“左”的思想影响，在坚持政治标准的前提下，把具有大专和高中文化程度以及专业技术水平较高的干部选拔、充实到领导班子中来，努力建设一支革命化、年轻化、知识化、专业化的干部队伍，这是开创部队现代化建设新局面的关键。

张廷发强调说，那种认为搞精神文明建设可以不要文化的观点是非常错误的，那种认为“知识不多能对付，文化不高也能干”的糊涂观念也是十分有害的。对于这些“左”的影响，必须进一步肃清。他说，今后使用和提拔干部，要把学历、学习成绩同工作经历、工作成绩一样作为依据。对那些德才兼备、文化程度高、有培养发展前途的干部，要适时选送入学培养，使经过院校培训的干部成为部队建设的骨干；对现在还不具备工作所要求的文化知识水平的干部，要采取办教导队、在职学习等办法加以培养。

**全国苏轼研究学会在湖北黄州举行第二次学术讨论会**

会议于11月8日至14日召开。18个省、自治区、直辖市的150多名教授、专家及研究工作者参加了会议。会议共收到学术论文90多篇，着重讨论了苏轼黄州时期的思想和创作，以及苏词的思想艺术成就。

**纪念孙思邈逝世1300周年学术会议在西安召开**

与会同志发出倡议，建议全国医药卫生工作者在批判地继承古代医学家医德传统的基础上，加强医学道德教育，为建设社会主义精神文明作出贡献。

他们的倡议书建议：对全国医药卫生工作者认真地、普遍地进行一次医德传统和规范的教育；在适当时候召开各省、自治区、直辖市和全国性的医德优秀分子表彰大会；尽快在各医药院校增设医德教育的内容和课程；在医药院校学生入学或毕业时进行医学道德守则的宣誓。

**国务院批转城乡建设环境保护等部门《关于审定第一批国家重点风景名胜区的请示》**

请示提出，第一批国家重点风景名胜区有八达岭—十三陵区、承德避暑山庄等44个。

## 11月9日

**全国人大常委会委员长叶剑英致电祝贺凯南·埃夫伦当选土耳其共和国总统**

贺电全文如下：

安卡拉土耳其共和国总统凯南·埃夫伦阁下：

我谨代表中国政府和人民并以我个人的名义，对阁下当选土耳其共和国总统表示热烈的祝贺和最好的祝愿。祝土耳其共和国在阁下领导下，在维护国家主权和发展民族经济的事业中取得新的成就。祝贵国繁荣昌盛、人民幸福。祝中、土两国的友好合作关系日益巩固和发展，两国人民的友谊万古长青。

中华人民共和国全国人民代表大会

常务委员会委员长　叶剑英

1982年11月9日于北京

**中顾委主任邓小平在人民大会堂会见以参议院议员宇都宫德马为团长的日本中国友好协会代表团**

**中华人民共和国宪法修改委员会第四次全体会议在人民大会堂闭会**

宪法修改委员会副主任委员彭真主持会议并讲话。他说，这次会议开得很好，大家对宪法修改委员会秘书处根据各地、各方面在全民讨论中所提的意见修改的草案，又从各个角度进行了仔细的考虑和斟酌。秘书处将根据大家的意见，对草案做进一步的修改，提交下次全体会议审议通过，然后提请五届全国人大五次会议审议决定。

彭真同志说，五届人大五次会议通过宪法后，需要有计划有步骤地进行系统的大量的宣传教育工作，这样才能使干部群众自觉地遵守、运用、掌握宪法。人民掌握了宪法，就会变成伟大的物质力量，保障十亿人民的团结和社会主义现代化建设的顺利进行。

他说，要使人民能够掌握宪法，首先必须使人民了解它，做到家喻户晓。这项重大的历史任务，很大一部分要由新闻、出版界来承担。因此，今天邀请了首都主要新闻单位的同志列席会议。他希望各新闻单位在宪法通过后，努力搞好这方面的宣传报道工作。

会上，委员们对宪法修改草案的第三章《国家机构》和第四章《国旗、国徽、首都》进行了讨论审议。孙晓村、周谷城、荣毅仁、赛福鼎、杨秀峰、萧克、钱昌照、黄鼎臣、蔡啸、江华、张友渔、刘念智、伍觉天、孙起孟、彭冲、康克清、习仲勋、乌兰夫、阿沛·阿旺晋美先后发言，对草案中的一些条文提出了具体修改意见。

**民航局在北京举行茶话会纪念原两航起义33周年**

民航局局长沈图在讲话中高度赞扬了原两航起义人员的爱国行动。他说，30多年来，参加两航起义的同志为新中国民航事业的发展作出了贡献，他们无论在胜利或困难的时刻，始终热爱祖国、热爱党、热爱人民、热爱民航事业的精神是值得我们永远学习的。他希望在台湾省和旅居海外的原两航的老同事、老朋友们同我们携起手来，为早日实现台湾省和大陆之间的通航，为完成统一祖国的大业作出应有的贡献。

**外交部部长黄华在人民大会堂会见由民主党众议员众议院司法委员刑事小组委员会主席威廉·休斯率领的美国国会众议员访华团**

**解放军总政治部在北京召开表彰先进电影队和优秀放映员发奖大会**

大会于11月9日至14日举行。总政治部主任余秋里等负责同志出席大会，向受表彰的先进集体和个人发奖。

总政治部副主任华楠代表总政治部讲话。他要求今后全军各级领导和宣传文化部门的同志，一定要非常重视电影工作，把它作为新形势下进行思想政治工作的重要任务来抓。要加强对电影工作的领导，要爱护、培养和提高发行放映队伍，开展群众性电影教育、电影评论活动，使电影在建设“四化”、建设高度的社会主义精神文明中发挥更大的作用。

## 11月10日

**《人民日报》发表社论《党的战斗力在于思想上政治上的高度一致》**

为要全面开创社会主义现代化建设的新局面，必须把在这一伟大事业中居于领导地位的中国共产党建设成为富有战斗力的坚强核心。十二大通过的党章，把思想上政治上的高度一致，作为党的建设三项基本要求的第一项要求。这是对我党60多年来英勇奋斗经验教训的深刻总结，也是在新的历史时期对每一个党组织和每一个党员发出的庄严号召。

在新民主主义革命时期，我们党历经艰难，付出沉重的代价，纠正不止一次出现的“左”倾和右倾错误，终于认识了这样一条真理，并且在事实上实现了全党思想上政治上的一致。遵义会议使中国革命转危为安。延安整风彻底清算了教条主义、经验主义和政治上的冒险主义对党的影响。全党一致认为，以毛泽东同志为主要代表的中国共产党人，把马克思列宁主义的普遍真理同中国革命的具体实践结合起来创立的毛泽东思想，是指导中国革命走向胜利的唯一正确的思想。在这个基础上，党的七大制定了新民主主义革命的正确纲领，使全党认识达到空前的统一。七大以后，革命形势的发展如长江大河，奔腾向前，短短的四年时间，就实现了全国的解放，建立了伟大的中华人民共和国。在社会主义时期，我们党继续对党内的各种错误倾向进行艰巨的斗争，其中有成功的经验，也有挫折的教训，代价是十分沉重的。党的十一届三中全会开始了新的历史转折，六中全会总结了建国32年历史的经验教训，成为胜利地完成党在指导思想上的拨乱反正任务的标志。十二大在肯定三中全会以来党的路线、方针、政策的基础上，进一步把马克思主义的普遍真理同我国的具体实际结合起来，坚持和发展了毛泽东思想，制定了全面开创社会主义现代化建设新局面的正确纲领，为建设有中国特色的社会主义指明了方向。

回顾战斗的历程，我们豪情满怀，信心百倍。正如邓小平同志所指出：“七大把革命引向胜利，十二大将把建设引向胜利。”当前，摆在全党面前的一项重大任务，就是要通过十二大文件的学习，把全党的认识统一到十二大通过的纲领上来，使党的各级组织和所有共产党员都在思想上政治上同中央保持高度的一致。这是一件关系到我们党能不能担负起历史赋予的重任，能不能领导全国各族人民全面开创社会主义现代化建设新局面的大事。

我们党在思想上政治上的高度一致，是由党的阶级性质、党同广大人民群众的密切联系、党的历史使命以及党是以马克思列宁主义作为指导思想等状况所决定的。林彪、江青反革命集团肆虐十年，在思想上、政治上和组织上给党造成了很大破坏。十一届三中全会以来，党中央坚持实事求是，一切从实际出发，以高超的领导艺术，扭转乾坤，拨乱反正，制定和贯彻执行了马克思主义的路线和一系列指导各项工作的方针、政策，使得我们国家的各个方面发生了可喜的巨大变化。事实教育了全党同志，特别是通过广泛开展对《建国以来党的若干历史问题的决议》的学习，大大促进了全党思想上政治上的统一。十二大开得这样好，这样顺利，这样迅速地推动了各项工作的发展，生动地反映了党中央的正确和全党同志的团结。但是也要看到，由于我们正在经历的是伟大的历史性转变，步子迈得大，形势发展快，有一些同志一时还适应不了新的情况，对三中全会以来党的路线、方针、政策还有某种程度的怀疑和糊涂认识，有的人甚至抱着消极抵制的态度。对他们还必须做细致的工作。

有的同志说：“要高度一致，那还能不能提不同意见？”人们从不同的角度观察客观事物，就会产生不同的认识；对事物客观规律的认识有一个过程，认识的统一也需要一个过程。因此，不同意见的探讨和争论是难于避免的；没有这种探讨和争论，党也就不会有生气。但是正如列宁指出的，“党的政治行动必须一致。不论在广泛的集会上，不论在党的会议上或者在党的报刊上，发出任何破坏已经确定的行动的一致的‘号召’都是不能容许的”。近几年来，中央一再强调要发扬党内民主和人民内部的民主，坚决执行不抓辫子、不戴帽子、不打棍子的“三不主义”的方针。党允许而且提倡各种不同意见的争论，特别支持为着解决社会主义现代化建设中的新问题而进行的有益的探索。但是，我们的党是战斗的党，行动的党，是有严格纪律的党，决不能把发扬民主误解为可以使党变成争论不休的政治俱乐部；那样，我们的党就会毫无战斗力。凡是党已经作出结论或者决定的，每一个共产党员必须无条件地坚决执行，可以保留和向上级申述自己的意见，但是不允许随意发表同中央在政治上相抵触的言论，不允许在行动上有任何反对的表现。新党章已经对党的民主集中制的原则做了更加完善的规定，既强调要切实保障党员的民主权利，又强调每个党员要不折不扣地执行党的决定，维护党的团结和统一。认真贯彻执行新党章，是全党思想上政治上高度一致的重要保证。

有的同志说：“思想上高度一致，还要不要解放思想？”回答是肯定的。我们所说的高度一致，是建立在党的实事求是的思想路线上的。不解放思想，就谈不上实事求是，更谈不上检验真理和发展真理。真理的认识没有穷尽，思想解放也就没有止境。我们对中国社会主义建设规律的认识，比过去丰富得多了，深刻得多了，但是要建设有中国特色的社会主义，我们对它的规律的认识，仍然需要在实践中不断地加深和完善。解放思想，就是要在实践中不断地研究新情况，解决新问题，为全面开创社会主义现代化建设新局面做贡献。决不应把解放思想同毫无根据的胡思乱想画等号,更不应把它同共产党员必须遵守党的民主集中制的原则对立起来。认真执行党章的各项规定,用四项基本原则指导自己的言论和行动,不但不会阻碍解放思想,不但不会与党中央在政治上保持一致相矛盾,而且恰恰是解放思想的需要,恰恰是为了实现更高的一致。

要保持全党在思想上政治上的高度一致,最重要的是必须正确地开展反对"左"的和右的倾向的两条战线的思想斗争。由于我国特殊的历史条件,由于种种复杂的原因,在十一届三中全会以前的一段很长的时期里,我们不论在理论上还是在实践上,都受到"左"倾错误的严重影响。虽然经过三中全会以来党中央大力拨乱反正,我们已经冲破了长期存在的教条主义和个人崇拜的严重束缚,重新确立了马克思主义的实事求是的思想路线,但是有些人在"左"的轨道上生活惯了,要他们一下子转到正确的轨道上来,并不是那么容易的。这些同志的思想跟不上发展的现实,习惯于用"左"的眼光看三中全会以来的路线、方针和政策,总感到这也看不惯,那也不理解,甚至认为是右了,倒退了。对这些同志,我们要做耐心的思想工作,帮助他们从"左"的束缚中解脱出来。与此同时,对资产阶级自由化的腐蚀和影响,我们也要有足够的警惕,决不能低估它的危害性和危险性,要坚持不懈地开展必要的斗争。

要保持全党在思想上政治上的高度一致,还必须排除干扰,挖掉破坏性的祸根。阶级斗争并未熄灭,它还在我国社会的一定范围内存在。极少数"四人帮"残余分子还窃据着某些职位,伺机兴风作浪,这是妨碍我们党实现政治上一致的隐患。对在"文化大革命"期间跟随林彪、江青一伙造反起家的人,帮派思想严重的人,打砸抢分子,还有反对十一届三中全会以来党中央路线的人,以及在经济领域和其他方面严重违法乱纪的人,决不能重用,更不能提拔,特别不能让这"五种人"进入领导班子,已经进入的要坚决拉下来。只有这样,思想上政治上的高度一致才有组织上的保证。

把全党的认识统一到十二大通过的纲领上来,实现我们党在思想上政治上高度一致,全面开创社会主义现代化建设的新局面,就有了可靠的保证。我们一定要把组织好十二大文件的学习当作第一件大事抓到底。目前,要把学习引向深入,切实掌握精神实质,提高思想、理论水平。我们相信,通过十二大文件的学习,必将实现全党在思想上政治上的高度一致,并进一步促进全国各族人民的团结和统一,同心同德,共同开创社会主义建设的伟大新局面。

**新疆民族团结先进集体先进个人表彰大会在乌鲁木齐举行**

会议于11月10日至15日召开。中共中央书记处候补书记乔石,中共中央统战部副部长、全国人民代表大会民族委员会副主任委员李贵,国家民委副主任黄光学,代表党中央、国务院参加大会。

自治区党委第一书记王恩茂作了题为《在十二大精神指引下,认真贯彻党的民族政策,全面开创我区民族团结的新局面》的报告。

乔石同志转达了党中央和国务院对大会的亲切关怀和热烈祝贺。他在讲话中指出,这次大会是新疆几年来落实党的民族政策的硕果,是民族团结日益加强的象征,是新疆各族人民的大喜事,是一个很好的创举,它将为全面开创新疆社会主义现代化建设新局面起到极大的推动作用。

李贵同志代表全国人大民委和国家民委在大会上讲话。

央书记处候补书记乔石,中央有关部门负责人李贵、黄光学和王恩茂等领导同志给在民族团结中作出贡献的500多名代表颁发了奖旗、奖状和奖品。

大会通过《新疆维吾尔自治区民族团结先进集体、先进个人表彰大会倡议书》,建议将每年5月定为"新疆民族团结教育月"。

**中共中央书记处候补书记乔石在新疆维吾尔自治区民族团结表彰大会上的讲话**

各位代表!各位同志!

在新疆维吾尔自治区隆重召开民族团结表彰大会的时候,我们的总书记胡耀邦同志和总理赵紫阳同志,派李贵、黄光学同志和我来参加这次大会,向同志们转达党中央和国务院对大会的亲切关怀和热烈祝贺!并预祝大会圆满成功!

胡耀邦同志在党的十二大的报告中指出:"民族团结、民族平等和各民族的共同繁荣,对于我们这个多民族的国家来说,是一个关系到国家命运的重大问题。"新疆是一个民族自治区,有十多个民族共居,又处在西北国防第一线,战略地位十分重要。在新疆,民族团结是各项工作取得胜利的根本保证,是关系到祖国统一和边防巩固,关系到安定团结和"四化"建设的战略性问题。这次大会表彰了全自治区各个民族、各条战线为民族团结和"四化"建设作出卓越贡献的先进集体和先进个人,就是新疆这几年落实党的民族政策的硕果,是民族团结日益加强的象征。这次大会是新疆各族人民的大喜事,是一个很好的创举,它必将对整个新疆工作产生深远的影响,必将为全面开创新疆社会主义现代化建设的新局面起到极大的推动作用。

新疆维吾尔自治区党委忠实执行党的民族政策，十分重视民族团结工作，今年以来，在全区范围内，广泛、深入地进行了一次民族政策和民族团结的教育。与此同时，检查民族政策的执行情况，解决存在的问题，总结经验教训，团结一致向前看。经过教育、检查，进一步提高了各族干部执行民族政策的自觉性，汉族干部注意克服和防止大民族主义倾向，少数民族干部注意克服和防止地方民族主义倾向；汉族干部离不开少数民族干部，少数民族干部也离不开汉族干部的正确思想深入人心；民族关系进一步改善，民族团结、军民团结进一步增强。不断巩固和发展安定团结的政治局面，是新疆各族人民的共同心愿，是进行社会主义现代化建设的基本条件。说维护民族团结的话，做维护民族团结的事，正逐渐形成强大的社会舆论和良好的社会风尚。谁如果说损害民族团结的话，做损害民族团结的事，必定会遭到各族群众和干部的反对。

解放33年来，新疆在社会主义道路上不断前进，发生了天翻地覆的变化。党的十一届三中全会以后，新疆同全国一样，在肃清林彪、江青反革命集团的流毒，清理"左"倾错误思想的影响，从各方面、特别是民族政策和民族关系方面，拨乱反正，都取得很大的成绩。去年10月中央调整和加强了自治区的领导班子，自治区党委领导全区各族人民认真贯彻执行中央的路线、方针、政策和对新疆工作的一系列指示，各方面的工作都做得比较好，成绩也比较大。农牧业生产连续第五年丰收，城乡人民生活显著改善，到处生机勃勃，一派兴旺景象。党中央和国务院对此是高兴的。当然，正如胡耀邦同志所指出的，要"坚持两分法，更上一层楼"，要清醒地看到，我们的工作发展还不平衡，也还会有这样那样的缺点和不足，历史上遗留下来的民族隔阂，十年内乱造成的创伤和留下的种种问题，不可能一下子完全消除或解决。我们要努力发扬成绩，克服缺点，任何时候都高度重视民族团结工作。

我们要在十二大精神的指引下，继续坚持不懈地对各族人民、人民解放军和生产建设兵团进行民族政策和民族团结的教育，更加深入地对党、团员和国家干部进行包括马克思主义民族理论在内的共产主义思想的教育，认真解决历史上遗留的和前进中遇到的各种问题，进一步发展平等、团结、互助的社会主义民族关系，不断加强党的团结、民族团结和军民团结；不仅要不断加强汉族人民和干部同各少数民族人民和干部之间的团结，而且要不断加强各少数民族人民和干部之间的团结。只要各方面的团结工作做好了，我们就必定能够战胜前进道路上的任何困难，夺取一个又一个的新胜利。

新疆进行"四化"建设的条件十分优越，潜力很大。它地域辽阔，资源丰富，是我们伟大祖国未经充分开发的一块宝地，是大有希望的地区，前途不可限量。新疆各族人民是中华民族的优秀儿女，勇敢、勤劳、朴实，有悠久的文化和光荣的革命传统。我们坚决相信，在中国共产党的领导下，坚定地贯彻执行党的十二大的精神和一系列方针、政策，充分调动和发挥各方面的积极因素，依靠全自治区各族人民的团结战斗，加上国家的帮助和全国各族人民的支援，新疆的"四化"建设和各项工作一定能够像新疆各族人民所期望的那样，大踏步地向前发展。我们一定能够把新疆建设成为团结反霸保卫边疆的坚强堡垒，建设成为繁荣富强、文明的社会主义新新疆。

**新疆维吾尔自治区党委第一书记王恩茂在自治区民族团结表彰大会上作题为《在十二大精神指导下，认真贯彻党的民族政策，全面开创我区民族团结的新局面》的报告**

王恩茂强调要坚持宣传、树立马克思主义的民族观。这对于提高执行党的民族政策的自觉性，搞好民族工作，增强民族团结，促进经济、文化建设事业的发展，具有非常重要的意义。

王恩茂说，新疆是多民族地区。各民族干部群众生产、工作、学习、生活在一起，可以说进行每项工作都会接触到民族问题。因此，学习马克思主义民族理论，树立马克思主义民族观，应该成为新疆每个干部的必修课。要使在新疆工作的各民族干部，乃至每一个同志，都懂得什么是马克思主义的民族理论，什么是资产阶级的民族主义；什么是无产阶级的民族观，什么是资产阶级的民族观。只有这样，才能分清是非，自觉地运用马克思主义关于民族问题的立场、观点和方法处理问题，做好工作。全区各级党组织应该很好地总结经验教训，真正地把马克思主义民族理论的学习，当作党的思想建设的一项重要的内容，坚持长期不懈地抓紧抓好。学习马克思主义民族理论，树立马克思主义的民族观，就是要提高全党对民族问题的正确认识，反对大民族主义主要是大汉族主义，同时反对地方民族主义。不论是大汉族主义，还是地方民族主义，都作为人民内部矛盾来处理，重在教育，采取学习的方法、批评和自我批评的方法、疏导的方法来解决。要注意划清正当的民族感情，代表本民族的正当利益，反映本民族群众的意见，同民族主义的界限，切不可混淆起来。至于触犯刑律的犯罪分子，则应依法处理。

王恩茂指出，各族共产党员，特别是党的干部，在学习马克思主义民族理论、树立马克思主义民族观上，要以身作则，起模范作用。党是不分民族的，一切共产党员都要坚持无产阶级党性，增强党的观念，做学习马克思主义民族理论的模范，做执行党的民族政策的模范，做维护民族团结的模范。

王恩茂说，当前摆在我们面前的中心任务就是深入学习、贯彻十二大精神，在现在民族团结大好形势的基础上乘胜前进，更加扎扎实实地做好民族团结工作，全面开创新疆民族团结工作的新局面。

**阜淮铁路提前全线铺通**

阜淮铁路在安徽省境内，是一条连接淮南、淮北煤炭基地的运煤干线。起自淮南站，跨越淮河、西淝河，途经潘集、谢桥等新兴矿区，到达阜阳，全长125公里。两淮煤田是我国黄河以南目前发现的最大煤田。阜淮铁路的修通，不仅对加快两淮煤炭基地建设具有重要意义，而且对于减轻津浦铁路运输压力，改善华东腹地的交通运输也将发挥积极作用。

**国务委员薄一波在人民大会堂会见由总干事阿帕德·鲍格胥率领的世界知识产权组织代表团**

世界知识产权组织是联合国的一个专门机构，我国在1980年加入了这个组织，双方建立了良好的合作关系。

**外交部部长黄华在钓鱼台宾馆会见南斯拉夫驻华大使萨瓦·奥布拉多维奇**

**全国政协副主席王首道在北京会见美中关系全国委员会理事会代表团**

**中国 哥伦比亚在波哥大签署1983—1984年两国政府间的文化合作交流计划**

这项计划是由哥伦比亚外长罗德里戈·略雷达和中国文化部副部长吕志先签署的。

该计划还规定，两国将互派政府文化代表团进行友好访问，举办文化、艺术和手工艺品的展览。此外，双方还将促进在教育、出版、广播、电视和体育方面的交往活动。

**全国农村体育工作会议在福建龙海召开**

会议于11月10日至16日召开。

会议提出：广泛开展农村体育活动，提高广大农民的健康水平，活跃农民业余文化生活，是建设社会主义精神文明的重要内容。

会议强调，开展农村文体工作，一要坚持为人民服务，为社会主义服务的方向。既要积极开展有益于人民身心健康的民族民间的文体活动，又要广泛地开展世界通行的近代各项体育活动。要大力提倡寓教育于活动之中，陶冶人们的情操，提高人民的社会主义觉悟，激发群众的爱国热情。二要坚持因地制宜，业余自愿，小型多样的原则。三要坚持厉行节约的原则，提倡农民自办体育，尽量少花钱多办事。

会议认为，文娱和体育，是农村文化中心的两个支柱。各地公社在全面规划农村建设时，要本着自力更生的精神把文化体育活动阵地建设起来。要有一定的体育活动场所和器材。要广开门路，解决体育经费。开展农村文体活动和建设各种设施，一般都应以群众自筹为主。

会议要求各地在抓好农村中、小学体育的同时，要注意培训和发挥农村文体积极分子的骨干作用。农村初、高中毕业生和复员退伍军人，是体育活动的骨干，要重视发挥他们的作用。

**民盟盟员美展在天津开幕**

26个省、自治区、直辖市盟员美术家240多人送来500多件国画、油画、水彩画、版画、漫画、书法、篆刻展品。国内外知名美术家吴作人、刘海粟、刘开渠、王个、关山月、诸乐三、陈秋草、李骆公、范曾、蒋兆和、万籁鸣、丁聪、傅佐等都有佳作展出。

## 11月11日

**中共中央总书记胡耀邦在中南海会见由朝鲜劳动党中央委员中央广播委员会委员长李容益率领的朝鲜广播电视代表团**

胡耀邦说，中朝两国人民是亲兄弟。我们两国是相互依存的、不可分离的关系。我们两国领导人都说过，两国人民应该世世代代友好下去，也一定能世世代代友好下去。

胡耀邦在谈到我国国内情况时说，十一届三中全会到现在将近四年的时间内中国确实发生了重大变化。从政治方面讲，我们有了一个安定团结的局面。全国的经济情况也有很大好转，主要表现在农业方面，市场上的东西丰富了。我们取得了一些成就，但是我们要告诉全党同志不要太乐观、太自满。

李容益说，我们在访问中深深感到中国共产党和中国人民是多么重视发展朝中两国人民的友谊。他说，我们将继续为加强两国人民用鲜血凝成的战斗团结和友谊而努力，并扩大两国广播电视部门之间的合作和交流。

**全国人大常委会致电苏吊唁勃列日涅夫逝世**

电文如下：

莫斯科苏联最高苏维埃主席团：

苏联最高苏维埃主席团列·伊·勃列日涅夫主席

不幸逝世，谨向你们，并通过你们向他的家属表示深切的哀悼。

中华人民共和国全国人民代表大会常务委员会

1982年11月11日于北京

**农牧渔业部在江西鹰潭召开全国农村省柴灶评比会议**

通过现场测试，评选出14个热效率高、省柴省时间、使用方便、造价低廉、便于推广的优秀省柴灶。

**外交部部长黄华在北京会见马来西亚外交部部长加扎利及其一行**

**习仲勋 杨尚昆等党和国家领导人在北京观看话剧《哨位》**

习仲勋、杨尚昆、余秋里、宋任穷、秦基伟、王首道等中央领导同志同首都警卫战士一起，观看了表现警卫部队现实生活的话剧《哨位》。

由人民解放军北京部队战友话剧团创作演出的6场话剧《哨位》，反映了在新的历史时期我军发扬政治工作光荣传统，建设社会主义精神文明的崭新风貌。

**长江宜昌江段发现中华鲟鱼苗**

中国科学院水生生物研究所的科研人员，在葛洲坝水利枢纽工程大坝以下的宜昌江段，捞获到4尾中华鲟鱼苗和自然繁殖的大量中华鲟鱼卵。这一发现表明，在葛洲坝工程大坝截流之后，中华鲟在大坝以下的宜昌江段不仅能够正常发育，而且可以自然繁殖。

**陈文彬逝世**

台湾省籍著名爱国民主人士陈文彬因病于11月11日在北京逝世，享年79岁。

陈文彬是全国政协委员、台盟总部理事、商务印书馆编审、文字改革委员会研究员、中国语言学会理事。

## 11月12日

**《人民日报》发表社论《职工是企业的主人》**

职工是企业的主人，在我们社会主义国家，似乎是不成问题的。但在一些企业中，这个问题仍然没有真正解决，很有提起注意，议一议的必要。

我们过去干革命，推翻三座大山，改造私营工商业，都是作的一篇文章——改变生产资料的私人占有制，使工人和广大劳动人民成为国家和企业的主人，这一点已经实现。工人和广大劳动人民争得主人的权利后，主人翁责任感和忘我劳动的热情，像火山一样迸发出来，使我们国家迅速恢复了国民经济，走上健康发展的道路。以后由于经济工作上"左"的指导思想的影响，职工的主人翁责任感淡薄了。工人参加管理提了多年，由于多种原因，实际上没有真正实现。"十年动乱"期间，工厂变成了"专政"的阵地，一切都被斗乱，严重破坏了社会主义的生产关系，严重破坏了社会主义生产力的发展。

"社会主义事业是全体人民的事业。"如何引导和保障人民群众当家做主，激发人们建设社会主义的积极性和首创精神，是三中全会以后进行各项改革和制定各项政策的基本出发点。

党中央首先抓住农业这个带动全局的关键环节，纠正长期存在的"左"的指导思想，全面推行各种形式的农业生产责任制。联产承包，特别是大包干责任制，打破了"大锅饭"，尊重农民的物质利益，多劳确实能够多得；在生产经营和分配上，尊重农民自主权，深得农民的拥护。这种责任制迅猛发展起来，妙棋一着牵动全局，农村经济全盘"活"起来了。

农业启发工业，带动了工业。在党中央、国务院直接关怀下，首都钢铁公司勇于探索，开始实行责、权、利相结合的经济责任制。这种责任制包括互相关联的两个方面：一是扩大企业自主权，明确规定企业对国家应承担的经济责任，保证完成国家计划，在企业与国家的关系上实行经济责任制；二是在企业内部，把国家下达的计划、各项技术经济指标、全部业务工作以及上下左右的协作要求，层层分解落实到人，在企业内部实行经济责任制。经济体制的这一重大改革，使首钢发生巨大变化，经济效益明显提高，连续三年实现利润平均每年递增20%以上。目前50项可比技术经济指标，首钢有32项在全国同行业中名列第一，6项达到国际先进水平。

为什么经济责任制有如此大的威力？有的同志总结经济责任制给企业带来了"四个力"：对过去统得过死、管得过多的管理体制进行了初步改革，企业有了自主权，有了"活力"；企业的经营成果、职工的劳动成果与经济利益挂钩，在一定程度上克服了吃"大锅饭"的平均主义，给企业和职工增添了"动力"；企业、职工的责任大了，有了"压力"；激发了主人翁责任感，更好地挖掘了企业的"潜力"。这"四个力"，汇集成企业发展生产、提高经济效益的强大推动力。

这"四个力"，说到底是什么呢？

第一、是扩大了职工民主管理企业的权利，职工感到自己真正成为企业的主人了。

工业经济责任制最根本的一条，是依靠广大职工群众当家做主办好企业。实行经济责任制，职工不但全面参加管理，而且参加决策，参加分配。首钢和其他一些企业,组织全体职工直接参与企业的重大决策,如长远规划、年度计划、经营决策、自有资金(包括生产基金、福利、奖金)的分配和使用,管理制度的修订,等等,事先交全体职工充分酝酿,然后由职工代表大会讨论,正式作出决定,并纳入各部门、各级的经济责任制,由职代会常设主席团及其工作委员会监督执行。职代会真正成为一个有实权的机构。职代会成立住房管理、提案管理、检查考核、规章制度与安全检查、生活福利、技术经济等工作委员会,由工人、管理人员、领导干部组成,具有广泛的群众性和代表性,有自行讨论决定问题的权利。各专业部门还成立由工人、某方面的内行和专家组成的咨询委员会,集思广益地搞好专业管理工作。当然,民主管理还应该包括对领导干部的监督和建议罢免权,以及选举权,等等。首钢和其他企业,将在这些方面进行新的探索。

实行民主管理,是一个实践过程,也是一个学习过程,必须加强党的领导,加强思想政治工作。要清除"左"的影响,排除各种习惯势力的干扰,不断对职工进行主人翁责任感和正确行使民主权利的教育。

第二、是坚定不移地贯彻马克思主义的物质利益原则,打破了长期存在的吃"大锅饭"的弊病,正确处理国家、企业和个人三者的关系,把三者的利益更紧密地联系在一起,产生了新的内在的经济动力。

50年代对私营工商业进行改造是不准剥削,即资本家不能剥削工人。我们现在进行的经济体制改革,是不能吃"大锅饭"。这方面的改革,其意义是深远的。它从两个方面打破了吃"大锅饭":其一,在国家与企业的关系上,国家给企业一定的自主权,包括一定的机动财权和一定比例的产品自销权,以及相应的产品安排权、物资选购权等。这样,就改变了企业手脚被捆住和完全奉命行事的状况,为企业和职工发挥主观能动性,使企业"活"起来,开拓了广阔的前景。企业对国家贡献越大,企业的利润留成越多,企业的生产发展基金、集体福利和个人收入增长幅度越高。反之,完不成国家计划,贡献越小,企业和个人所得就越少。企业有了一定的机动财权,才有可能规划自己的未来,订出技术改造、技术进步的长远规划。企业有了一定比例的产品自销权,才会眼睛盯着市场,关心整个社会的需要,不断生产新品种,改变产品"几十年一贯制"的状况。其二,把职工的经济责任与奖惩联系起来。首钢实行"奖金总额不突破(指国家规定),单位不拉平,个人不封顶",打破了奖金上的"大锅饭"。当然,要完全打破"大锅饭",还要进行劳动、工资制度上的改革。这是一个十分复杂的问题,需要通盘考虑,不是一个企业、一个行业所能解决的。

当前,我国在分配方面,还比较普遍地存在着平均主义。这与在"左"的指导思想下制定的有些规定不当有关,也有历史的和社会的原因。实践证明,在旧社会,平均主义只是小农的幻想;在新社会,平均主义也不能使劳动者摆脱贫困,而只会打击先进,鼓励落后,助长惰性,阻碍科学技术的进步和生产力的发展。我们应该从思想上和政策上,克服平均主义,真正实行"各尽所能,按劳分配"的社会主义原则。

民主权利和物质利益原则,体现着社会主义制度的优越性。责、权、利,责是前提,权是条件,利是动力。责、权、利结合,压力与动力统一,就可以大大激发职工当家做主的自觉性和创造精神。职工当家做主,离开这两条就会变成空话。我们干革命,就是为人民争取民主权利和物质利益。搞"四化"建设,不断提高经济效益,目的也是为了人民日益增长的物质和文化的需要。

工业上实行责、权、利相结合的经济责任制,能最大限度地扩大企业职工的民主权利,推动企业整顿和体制改革。沿着这个方向,就有可能走出一条中国式的办企业的新路子。这种经济责任制是深受职工群众拥护的,是有生命力的。它必将在实践中为自己开辟前进的道路。农业责任制的推行,使整个农村形势发生了历史性的变化。工业比农业复杂得多,搞工业经济责任制不能一哄而起,更不能拿一个模子到处乱套。要按照工业的特点,典型试验,总结经验,以点带面,逐步推广。但是可以预料,工业经济责任制的推行,一定会激发广大职工的主人翁责任感,充分调动他们的社会主义积极性、创造性,使整个工业形势发生有深远影响的变化。对这样一个新生事物,各地区、各部门要加强领导,密切配合,协同动作,使它在实践中不断完善和发展。

**中共中央总书记胡耀邦电贺伊格莱西亚斯当选西共总书记**

电报全文如下:

西班牙共产党中央委员会赫拉尔多·伊格莱西亚斯总书记同志:

热烈祝贺您当选为西班牙共产党中央委员会总书记。祝西共在团结全党为争取西班牙人民的幸福和进步、为实现社会主义的崇高理想的斗争中取得新的进展。祝中西两党的友好关系进一步巩固和加强。

中国共产党中央委员会总书记　胡耀邦

1982年11月12日

**五届全国人大常委会二十五次会议在北京召开**

会议决定,中华人民共和国第五届全国人民代表大会第五次会议于1982年11月26日在北京召开。

会议由彭真副委员长主持。会上通过了关于五届人大五次会议召开日期的决定。

国务院提请本次会议审议批准《中华人民共和国文物保护法(草案)》《中华人民共和国食品卫生法(草案)》和关于长江南通港、张家港对外国籍船舶开放的议案。会上,文化部部长朱穆之、卫生部副部长王伟、国家经委副主任袁宝华受国务院委托,向委员们就文物保护法草案,食品卫生法草案和长江南通港、张家港对外国籍船舶开放的议案,作了说明。

全国人大常委会副委员长邓颖超、乌兰夫、韦国清、赛福鼎、廖承志、阿沛·阿旺晋美、许德珩、胡厥文、萧劲光、史良、习仲勋、杨尚昆、朱学范出席会议。

国务委员方毅,最高人民法院院长江华,最高人民检察院检察长黄火青,列席会议。

**全国人大常委会关于第五届全国人民代表大会第五次会议召开日期的决定**

(1982年11月12日通过)

第五届全国人民代表大会常务委员会第二十五次会议决定:中华人民共和国第五届全国人民代表大会第五次会议于1982年11月26日在北京召开。

**文化部部长朱穆之向五届全国人大常委会二十五次会议作关于《中华人民共和国文物保护法(草案)》的说明**

朱穆之指出,我国是一个历史悠久,富于光荣革命传统和优秀文化遗产的国家。做好文物保护管理工作,对于开展科学研究,向人民群众进行宣传教育,创造社会主义的、民族的新文化,建设社会主义精神文明,都具有十分重要的作用。

他说,《中华人民共和国文物保护法(草案)》的草拟是从1979年开始的。三年来,曾经分发各省、自治区、直辖市文物部门广泛征求意见,在北京还分别约请全国政协委员、知名人士、有关专家和有关部门的同志举行了座谈,征求意见,根据大家的意见,又作了必要的补充和修改。

朱穆之说,保护文物是我们党和国家的一贯政策。新中国成立后,随着经济建设的发展,国家颁发了一系列的保护文物法令和办法。这些法令在当时的历史条件下,起到了非常重要的作用,使我国的文物保护管理工作取得了显著的成绩。但是这些法令,大都是为解决当时文物保护管理工作中出现的具体问题而颁发的。1961年国务院颁发的《文物保护管理暂行条例》虽然比较系统化了,可是就其内容来说,也还是侧重在地上地下不能够移动的文物保护方面,考古发掘和流散文物的条文很少,历史文化名城和馆藏文物则根本没有涉及。所以还不是一个全面的文物保护法令。

朱穆之指出,十年内乱时期,林彪、江青反革命集团严重破坏法制,使祖国文物经历了一场浩劫。粉碎"四人帮"以后,党和国家虽然采取了一些措施,使一些地方文物破坏的情况得到制止,但有的地区文物破坏情况仍在继续发展,有的问题还比较严重。重要原因之一,就是法制不够健全。我们如果不加强法制,制止破坏,迅速改变这种状况,就可能使几千年遗留下来的稀世珍贵遗产在我们这一代人手中毁掉。这是既对不起祖先,也对不起子孙后代的事情。因此,在总结建国以来文物工作中正反两方面经验的基础上,制定一个全面的文物保护法,是非常必要的。

他说,《中华人民共和国文物保护法(草案)》是结合当前文物保护管理工作中出现的新情况、新问题,对1961年国务院颁发的《文物保护管理暂行条例》进行了较大的修改和补充而制定的。比原来《文物保护管理暂行条例》增加了流散文物、馆藏文物和奖励与惩罚等内容。在总则和考古发掘等章节中,也有一些新的规定。

朱穆之接着介绍了文物保护法草案修改和补充的主要内容。他说,草案明确规定了埋藏在地下的文物以及国家机关、部队、全民所有制企业、事业单位收藏的文物和各级文物保护单位,除了国家另有规定的以外,其所有权属于国家。属于集体和私人所有的纪念建筑物、古建筑和传世文物,总则第三条规定了所有权受到国家法律的保护。但是,文物的所有者必须遵守国家有关保护文物的规定。

朱穆之说,关于文物保护单位的管理,草案基本上沿用了原来《文物保护管理暂行条例》中经过实践证明行之有效的原则和办法。草案中规定,根据保护文物的实际需要,经省、自治区、直辖市人民政府批准,可以在文物保护单位周围,划出一定的建设控制地带,在这个地带内修建新建筑和构筑物,不得破坏文物保护单位的环境风貌。

他说,我国有许多历史文化名城,是我国古代政治、经济、文化中心,或者是近代革命运动和发生重大历史事件的重要城市。这些城市的地上地下保存着大量历史文物和革命文物,体现了我国悠久的历史、光荣的革命传统和光辉灿烂的文化。这些名城可以说是我们民族文化的结晶,革命历史的象征。保护这些名城的传统、特点和风貌是十分必要的。因此,草案规定了具有重大历史价值和革命意义的城市,由国务院公布为历史文化名城。

朱穆之说,草案中特别强调了一切考古发掘工作,必须履行报批手续。随着国际文化交流的日益开展,已经有不少外国人要求参加我国的考古发掘工作,在目前的条件下,我们还不宜接待。

他说,目前文物市场的混乱情况相当严重,有的地方投机倒把和文物走私活动猖獗。产生这种情况的一个重要原因是多头经营,互相竞争。因而草案规定了统一收购和严禁倒卖牟利的原则,以利于加强文物市场管理,防止文物走私外流。

朱穆之说,草案对奖励与惩罚作了规定,一切机关、组织和个人都有保护国家文物的义务。这就明确了保护文物是每个人应当承担的光荣义务。他说,为了保证文物保护法的贯彻执行,必须加强社会主义法制,奖惩严明,对保护文物有功者奖,对破坏文物者罚,以教育人民遵纪守法。草案还明确规定对破坏文物的行为,根据情节轻重,要分别给予行政处罚,直至追究刑事责任。

**卫生部副部长王伟向五届全国人大常委会二十五次会议作关于《中华人民共和国食品卫生法(草案)》的说明**

王伟说,食品卫生法草案,是在全国贯彻1979年国务院颁发的《中华人民共和国食品卫生管理条例》以及其他有关食品卫生法规的基础上,总结了30多年来食品卫生监督、管理工作的经验教训和存在问题,并参考了一些国家的食品卫生法规而写成的。

他说,食品卫生法草案自1981年4月开始起草,先后召开各种类型的调查讨论会议共20多次,并印发至各省、自治区、直辖市卫生和有关部门以及国务院有关部委广泛地征求了意见,前后共收到意见1400多条,改稿十多次。普遍认为颁发《食品卫生法》十分必要。1982年11月6日国务院常务会议讨论通过了这个草案。

王伟说,食品卫生法草案分九章45条。主要内容是:对食品,食品添加剂,食品容器、包装材料,食品用工具、设备的管理原则作了比较具体的规定;明确各生产经营部门及其所属单位要负责自己的食品卫生和安全,设置卫生管理、检验机构;规定实行国家食品卫生监督制度和各级食品卫生监督机构、人员的职责;规定了因违反本法造成危害或损失时的法律责任以保障人民的利益。

王伟说,建国以来,食品卫生工作有较大进展,但由于十年内乱对这项工作的严重破坏,加上食品卫生工作未能跟上多种渠道生产经营的形势,以及随着工农业和各项建设事业的发展,食品污染因素和机会也随之增多等原因,以致食品卫生状况不好,有的问题甚至威胁人民健康和生命安全,影响"四化"建设。

他说,建国以来我国发动群众开展爱国卫生运动,在改善食品卫生状况方面起了一定的作用。《食品卫生法》颁发后,仍然需要加强爱国卫生运动,建议今后各级爱国卫生运动委员会,继续抓好发动群众,进行法制、道德和卫生知识方面的宣传教育,组织检查、评比、批评表扬,以促进各有关部门、单位认真贯彻《食品卫生法》。

**国家经委副主任袁宝华向五届人大常委会二十五次会议作关于长江南通港张家港对外国籍船舶开放议案的说明**

袁宝华说,张家港、南通港对外轮开放,江苏省及沿江各省的部分外贸进出口货物可以更多的在两港装卸、中转,这对促进沿江各省外贸的发展和适当分流上海港进出口货物,减轻上海港压力,将起到一定作用。

袁宝华说,张家港距吴淞口78海里(144公里),南通港距吴淞口51海里(96公里),都属于临近河口的内河港口,根据我国的对外开放政策,参照国际上的做法,开放后,外轮在长江航行,必须遵守我国政府的法律、法令,服从我国行政机构的管理、监督、检查、检验,实行强制引航制度。张家港、南通港对外轮开放,必须是承运我国外贸货物或进出我国的旅客。在我规定的长江航道内航行的外轮,不得经营长江各港口之间的运输(包括上海港)。

袁宝华说,由于两港对外轮开放,需要及时处理港口工作中发生的问题,经研究确定,在长江航运体制未改革前,先将南通港、张家港直接隶属于交通部领导管理,实行由交通部和江苏省人民政府双重领导,以交通部为主。具体实施方案,由交通部会同江苏省、上海市人民政府办理。开放港口的各项准备工作,由江苏省人民政府组织各有关部门进行,经过验收后即正式对外宣布开放。

**首都各界人士在中山公园中山堂举行仪式纪念孙中山诞辰116周年**

纪念仪式由民革中央副主席屈武主持。全国人大常委会副委员长许德珩、胡厥文、朱学范,全国政协副主席刘澜涛、康克清、王首道、胡子昂、王昆仑、周培源、钱昌照、董其武等参加了纪念仪式。

**农牧渔业部在全国建立九个培训基地轮训农业领导干部5000多名**

农牧渔业部教育司发布消息:农牧渔业部三年来在全国建立了9个培训基地,对县以上主管农业工作的党政领导干部进行轮流培训,迄今已培训5089名(包括20多个少数民族的干部544名)。

各级农业领导干部经过学习,提高了按经济规律和自然规律办事的认识,领导生产讲究科学性了,出现了一批学科学、用科学的典型。

为了编写出适合农业领导干部学习的教材,北京农大等9所农业院校先后组织了400多名教授、讲师,编写出上千万字的教材。少数民族干部也第一次见到了民族文字的农牧业教材。干部们经培训结业后,离校不离教。各培训基地通过寄发修订教材、学习资料,办《校友通讯》,走出去、请进来等方式,继续帮助他们学习提高。各个培训基地的教师和工作人员还到22个省、市的200多个县、旗进行调查访问,结合当地农业生产的实际问题,实地传授科学技术。这样,就使培训工作由课堂延伸到了社会,促进了教学与生产的结合。

对农业领导干部的培训,加快了科研成果和生产新技术的推广。据统计,各农业院校通过培训班推广科研成果66项,提供农作物优良品种112个,果树新品种苗木2700多株,畜禽新品种2000多只(头)。这些科研成果和良种已在生产中广泛应用。

农牧渔业部根据中央关于干部队伍要知识化、专业化、年轻化的要求,决心把对农业领导干部的培训工作经常地开展下去。

**国家经委 国家计委 外经贸部 中国人民银行召开全国技术改造工作座谈会**

会议选出3791个技术改造项目,从中择优选定第一批下达项目2390个。在这批项目中,提高产品质量的占29.7%,增加品种的占23%。这些项目完工后,经济效益将会有很大提高。此外,还商定了185个技术引进项目。这批项目中大部分采取企业、地方自有资金、银行贷款和国家补助拨款相结合的集资方式,以利于节约使用资金,提高资金使用效果。

会议强调要编好多层次的技术改造规划,防止不讲经济效果,一哄而起、盲目上马、重复建设的偏向。编制多层次的技术改造规划,要根据国民经济的发展规划,首先编好行业的技术改造规划,确定本行业的方向、重点,技术政策,装备政策。在行业规划的指导下编制地区规划、中心城市规划和企业的总体规划。

会议指出,规划要建立在技术进步的基础上,以提高经济效益为中心,实现以内涵为主的扩大再生产。会议还讨论研究了一些鼓励技术进步的政策措施,以便调动企业追求技术进步、搞好技术改造的积极性。

**全国人大常委会副委员长乌兰夫 外交部部长黄华到苏联驻中国大使馆吊唁苏联最高苏维埃主席团主席列·伊·勃列日涅夫逝世**

**全国人大常委会副委员长习仲勋在人民大会堂会见并宴请由主席雷蒙德·谢弗率领的美中关系全国委员会理事会代表团**

**国务委员薄一波在人民大会堂会见由董事长阿特金逊率领的英国造船公司代表团**

**中国—欧洲经济共同体联合贸易委员会在布鲁塞尔举行第四次会议**

11月11日、12日双方回顾了中国和欧洲经济共同体1978年签订贸易协定以来贸易关系的发展,并满意地指出,贸易协定履行顺利,在此期间双方的贸易总额翻了一番,双方贸易关系的前景是光明的。

共同体方面认为,中国的调整政策是正确的,并表示愿意为中国实现四个现代化作出贡献。

中国方面谅解经济衰退给共同体造成的困难,并表示愿意考虑共同体的希望。

**全国护理防痨科普经验交流和表彰大会在长沙召开**

**关肇直逝世**

著名数学家关肇直11月12日在北京病逝,享年63岁。

关肇直是中国科学院系统科学研究所所长、物理学数学部学部委员,他在泛函分析的理论和应用以及现代控制理论等方面有创造性的贡献和较深的造诣。

## 11月13日

**中顾委主任邓小平在人民大会堂会见美国乔治·华盛顿大学袁绍文教授**

**中国人民政治协商会议章程修改委员会在全国政协礼堂举行第三次全体会议**

会议于11月13日至15日召开。全国政协副主席、政协章程修改委员会副主任委员刘澜涛主持会议并致开会词。他说,这次会议的议程,是讨论修改政协章程修改草案和关于政协章程修改草案的说明。

刘澜涛回顾了政协章程修改委员会两年来的工作情况。他说,两年来的工作大致可分为三个阶段;从1980年9月到1981年2月,是调查研究阶段;从1981年3月到今年6月,是政协章程修改草案的起草阶段;从今年7月到现在,是群众性的讨论修改政协章程修改草案的阶段。从7月初到9月底,全国政协委员、各级政协地方委员会和各民主党派、人民团体的各级组织,对政协章程修改草案进行了广泛的讨论,提出了不少建设性的意见。大家认为章程修改草案反映了新的历史发展时期统一战线的基本方针、政策,阐明了人民政协的性质、任务、作用和基本工作的方向,符合我国各族人民开创社会主义现代化建设新局面和实现祖国统一大业的需要,是一部比较全面、比较完善的章程修改草案。

刘澜涛说,现在提交这次会议审议的章程修改草案,是吸收了讨论中提出的许多意见,并根据党的十二大精神做了修改的。这次会议将对修改了的章程修改草案进行讨论,然后再作修改,最后提请政协五届全国委员会五次会议审议。

政协章程修改委员会秘书长刘宁一在会上就章程修改草案的修改情况作了说明。他说,根据各地反映的情况,参加这次章程修改草案讨论的人数之多,范围之广,在中国人民政协的历史上都是空前的。29个省、自治区、直辖市各级政协约有80%—90%的委员参加了讨论。通过这次讨论,委员们对新时期统一战线仍然具有强大的生命力,对人民政协的性质、任务和作用的认识都有了进一步的提高。大家认识到,在实现新时期各项重大任务的斗争中,人民政协的作用十分重要,任务很重,大有可为,从而增强了做好政协工作的信心和决心。

出席会议的委员们和列席会议的同志对章程修改草案进行了认真的讨论,吴亮平、戴爱莲、胡子昂、覃异之、荣毅仁、钱昌照、吴世鹤、丹彤、张敬礼、胡子婴、张含英、萨空了、裴丽生、孙晓村、陈宇、许德珩、严中平、黄鼎臣、武衡、黄凉尘、王福重、董纯才、蔡啸、韩英、方荣欣、雷洁琼、王力、何长工、萧克、吴波先后在会上发言。

政协章程修改委员会副主任委员史良、胡厥文出席会议。

政协章程修改委员会副秘书长孙起孟就章程修改草案的说明作了说明。

**劳动人事部部长赵守一参加中央有关部门及部分企事业单位安置就业经验交流会并发表讲话**

赵守一指出,今后我国城镇劳动就业的方向主要是发展集体经济。

他说,党的十一届三中全会以来,城镇集体经济有所发展。从集体企业职工人数看,1981年年底达到2568万人,占全部职工的23.5%。三年来安置了2600万人,其中集体所有制企业安置了863万人,占安置总数的1/3。

赵守一说,集体经济之所以能够迅速发展,除了党中央方针政策的正确和国营经济的扶持外,从根本上说,在于集体经济本身实行了以盈亏责任制为中心的各种形式的经济责任制。

赵守一指出,当前劳动就业中最主要的问题是党中央关于多种经济形式长期并存的决策在不少地方贯彻不力。他希望各级领导解决工作中的实际问题,大力扶持集体经济的发展。

**横贯天山的高山公路建成通车**

公路宽7米、全长561公里、沥青路面。这是我国第一条横贯天山山脉的高山公路,它北起新疆油城独山子,南到“龟兹古国”库车。这条公路修通,使南北疆来往的运输汽车可以少绕行1000多里路程,在战备和经济上都具有重要意义。

**杨东生逝世**

国家民委副主任、西藏自治区人大常委会主任、全国政协常务委员杨东生同志(藏族),因病医治无效,于11月13日在北京逝世,享年64岁。

杨东生同志是四川省阿坝藏族自治州金川县人,1935年参加革命,1936年加入共青团,1938年8月加入中国共产党。长征时在红五军团工作,抗日战争和解放战争时期先后在新四军四师、华东野战军十二纵队工作;全国解放以后,任中共西藏工委组织部副部长、工委副书记、西藏区党委书记、自治区副主席、自治区政协副主席等职。他曾当选为党的八大代表、十二大候补代表和历届全国人大代表、第五届全国政协常务委员。

## 11月14日

**《人民日报》发表社论《建设社会主义精神文明的战略意义》**

党的十二大把建设社会主义精神文明作为建设社会主义的一个战略方针,提到全党的面前。怎样理解建设社会主义精神文明的战略意义,是当前学习十二大文件的一个重要课题。

社会主义精神文明是我们党依据马克思主义的基本原理,总结我国社会主义建设的经验提出来的。社会主义不仅在于消灭剥削制度和确立生产资料公有制,实现“各尽所能,按劳分配”的原则,组织国民经济有计划按比例地发展,建立工人阶级和劳动人民的政权,而且必须建设以共产主义思想为核心的社会主义精神文明。把建设高度的社会主义精神文明作为我们的战略目标之一,标志着我们党对社会主义基本特征的认识、对社会主义现代化事业的认识大大地前进了。我们提出的实现四个现代化的目标,是深入人心的,但是如果把现代化事业仅仅局限于这四个方面，那是很不全面的。1979年叶剑英同志在庆祝中华人民共和国成立三十周年大会上的讲话说："我们要在改革和完善社会主义经济制度的同时，改革和完善社会主义政治制度，发展高度的社会主义民主和完备的社会主义法制。我们要在建设高度物质文明的同时，提高全民族的教育科学文化水平和健康水平，树立崇高的革命理想和革命道德风尚，发展高尚的丰富多彩的文化生活，建设高度的社会主义精神文明。这些都是我们社会主义现代化的重要目标，也是实现四个现代化的必要条件。"三年来，我们对社会主义精神文明的内涵、它同物质文明建设的关系以及如何着手进行精神文明建设，认识是逐步加深的。自从在全国普遍开展"五讲四美"、在军内开展"四有三讲两不怕"等活动以来，我们建设社会主义精神文明就不仅有了总的目标，而且有了具体的实际的步骤。我们党一方面使社会主义精神文明建设成为人人从我做起、从现在做起的群众性的活动；另一方面又不断地进行理论上的研究。继叶剑英同志讲话以后，1980年12月邓小平同志在中央工作会议的讲话中又论述了这个问题，1981年赵紫阳同志在五届人大四次会议的报告里也着重讲了这个问题。胡耀邦同志在十二大的报告中对这个问题进一步作了系统的阐述。我们一定要反复学习，认真领会，真正从科学社会主义的理论高度并密切结合我国社会主义建设的实际，充分认识建设社会主义精神文明的战略意义。

社会主义精神文明以共产主义思想为核心。有的同志提出，宣传共产主义思想同现行政策之间有没有矛盾？我们说：现行政策正是在共产主义思想指导下科学地分析目前实际的产物，是促进我国社会主义建设最后达到共产主义所必须的，但同时共产党员和先进分子又决不能忘记应该具有崇高的共产主义理想和高尚的共产主义道德，以影响和带动更广大的社会成员提高思想觉悟和道德情操。比如说，在全社会实现按劳分配，这是共产党人在社会主义阶段的奋斗目标。这个目标现在已基本实现，但是还没有完全实现，还很不完善，还需要做很多工作，使它真正能够完善地实现。我们把全社会实现按劳分配制度当作现阶段的奋斗目标，这是一件事情；共产党员是为实现共产主义加入共产党的，不是为个人的按劳分配加入共产党的，这是另一件事情。现阶段全社会实行按劳分配制度，这是社会主义社会所必需的，但不能用它来代替我们共产党员根本的奋斗目标，代替我们的最高理想。按劳分配在资本主义社会是不能实现的，只是一种理想；在社会主义社会，按劳分配才成为现实(尽管现在还不完善)。社会需要不断地进步，社会主义社会也需要不断地进步。我们共产党员是社会进步的先锋。所以，我们一方面必须为使按劳分配制度在现阶段日益完善而努力工作；一方面又不能够满足于按劳分配。如果认为停止在按劳分配阶段就够了，那我们就不是共产主义者了。

有同志问：马克思主义认为社会存在决定社会意识，既然现在是社会主义社会，为什么提倡共产主义思想？提出这个问题的同志，忽略了用唯物辩证法的眼光来看待问题。在资本主义社会，所以产生共产主义思想，是有它的社会存在的根据的。既然在资本主义时代提倡共产主义思想，并且使它成为一种具有世界性的群众运动，发展到这样一种规模，那么，在社会主义的今天，为什么社会存在反而不能够产生、不应该发展共产主义思想呢？这些同志把社会存在和社会意识的关系看得极端的简单了。好像社会存在是一，社会意识也只能照相似的同样是一。事实上不是这样。每个时代有不同的社会存在，就产生不同的社会意识。社会存在和社会意识永远不会是僵滞的、凝固的，而是一种不断前进的客观过程。先进的社会意识反映先进的社会力量的意志和信念。既然这样，为什么社会主义社会的先进分子不应该去宣传共产主义思想呢？

我们还要进一步认识物质文明和社会主义精神文明互为条件、互为目的的关系，牢牢树立同时进行两个文明建设的思想。建设社会主义不仅要建成许多工厂、铁路、矿山，而且要造就社会主义的人与人之间的关系，要造就具有社会主义精神面貌的新人。离开建设社会主义物质文明，就谈不上建设社会主义精神文明。社会主义精神文明建设必然要求不断地发展社会生产力，增长社会物质财富，提高人民的物质水平和文化水平，要求提高人们的精神境界，必然成为建设社会主义物质文明的动力。

社会主义精神文明里面的文化建设、思想建设是互相促进的。我们要不断提高自己的思想觉悟，这种思想觉悟不能靠一种朴素的情感和简单的常识来求得，而需要掌握人类历史发展的知识。不但历史上的知识，而且现在的知识，我们都需要掌握。只有这样，才能使我们所坚持的先进的思想，不致成为一种简单的信仰，而获得科学的根据。只有这样，我们才能够在面对任何复杂问题的时候，都头脑清醒，能够找到解决问题的正确办法。离开了文化建设，离开了丰富的文化知识的学习，孤立地谈思想建设，是不正确的。文化建设必须在共产主义思想指导下发展。我们必须充分重视知识分子的作用。不仅建设社会主义精神文明，而且建设物质文明，都必须像依靠广大工人农民一样地依靠知识分子。我们要在全国普及理想教育、道德教育、纪律教育，以及进行历史教育、法制教育。进行这些教育,知识分子担负着很重要的责任。在工业、农业、国防、科学技术和社会主义现代化建设的所有战线上,知识分子都可以而且应该发挥越来越大的作用。继续坚决同现在仍然存在着的歧视知识分子的偏见作斗争,是全国各族人民利益、工人阶级利益的需要,是社会主义现代化建设事业的需要,是历史发展进程的需要。

在思想建设方面,我们还要进一步弄清系统教育和具体活动之间的关系,把两方面结合起来,不可偏废。要培养人们成为有理想、有道德、有文化、守纪律的人,解决人们的世界观、人生观这样的根本问题,没有系统的共产主义的思想教育,不打好坚实的理论基础,是不行的。这方面的工作现在显得很薄弱,要按照十二大的要求,切实地有计划地加强。另一方面,又要坚持在实践中学习共产主义,培养人们良好的道德情操。要从当前的实际出发,采取群众喜闻乐见的形式,从群众能够直接参加又能很快见到效果的具体活动入手,逐步提高觉悟。近一两年这方面的活动开展得很多,实践证明,效果都很好。要总结经验,坚持下去,不断充实和提高。

建设高度的社会主义精神文明,这个战略方针已定,我们应当积极地行动起来。尤其是共产党员、共青团员和一切先进分子,更要认清自己的历史使命,在建设社会主义精神文明中发挥先锋模范作用。

**中组部中宣部在济南联合召开党员教育工作会议**

会议于11月14日至24日召开,会议强调当前和今后几年内,要在全党加强以新党章为主要内容的党员教育工作,要求全体党员认真学习、坚决执行新党章,努力做符合新党章要求的合格党员,在社会主义物质文明和精神文明建设中发挥先锋模范作用。

中共中央政治局委员、中央组织部部长宋任穷和中央书记处书记、中央宣传部部长邓力群到会作重要讲话。

参加会议的同志认真学习了中央有关文件和中央领导同志的讲话,联系实际,讨论和分析了当前党员队伍的状况和加强党员教育工作的意义,总结和交流了近几年来各地党员教育工作的经验,着重研究了如何加强党员教育,为明年下半年进行整党做好思想准备的问题。

会议指出,我们党是以马克思列宁主义、毛泽东思想武装起来的工人阶级先锋队。目前已拥有3900多万党员,在我们党内集合了中国工人阶级和中国人民的优秀分子。即使遭受了“文化大革命”的严重伤害,我们党的队伍的主流仍然是纯洁和强有力的。经过这几年的恢复和整顿,党的状况有了很大改善,党的优良传统和作风正在发扬,党同群众的联系得到加强,党的威信日益提高。但是由于十年内乱的流毒至今还没有完全肃清,由于在新的情况下,国内外各种剥削阶级思想对我们党的侵蚀,党内确实存在着思想不纯、作风不纯和组织不纯的问题,亟须加强教育和整顿。

党的十一届三中全会以来,各级党组织普遍重视党员教育工作。1980年,以学习党的十一届三中全会的精神、《准则》和党章修改草案为主要内容,轮训党员3209万人;1981年,以学习六中全会《决议》为主要内容,轮训党员3107万人。两年多来,对全国党员的普遍轮训,规模之大,人数之多,是多年没有的。不少地方还建立了经常性的党课教育制度,健全了党的组织生活制度,恢复和新办了2000多所党校,各省、自治区、直辖市的党员教育刊物已发展到33种。通过多种形式的教育,提高了广大党员的认识和觉悟,对政治、思想、组织等各方面的拨乱反正,对保证三中全会以来党的路线、方针、政策的贯彻执行,对国家各项事业的发展,发挥了很好的作用,也为今后进一步加强党的建设创造了条件。

会议强调指出,新党章是建党以来最好的一部党章,党员教育工作要以新党章为主要内容,全体党员要系统地学习,特别要学好关于党员条件和义务的规定,全心全意为人民服务,不惜牺牲个人一切;要努力纠正不正之风,密切党和群众的联系;要确立共产主义世界观,坚定共产主义信念,自觉进行共产主义实践。要把共产主义思想的教育贯串于整个教育过程。

会议强调,学习新党章要理论联系实际,开展批评自我批评,肯定成绩,克服缺点,纠正错误,既要严肃认真,坚持原则,又要和风细雨,讲究方法,做到边学习,边整改,防止形式主义和“走过场”。党员领导干部要以身作则,带头接受教育,带头作自我批评,坚决改变过去那种认为党员教育只限于一般党员,领导干部可以例外的错误观点。党员教育的形式和方法可以多种多样,要把集中轮训和经常性教育相结合,使党员教育逐步正规化、系统化、制度化。

会议认为,加强党员教育是全党的一件大事,要党委负责,全党动手。各级党委都应按照新党章的规定,实行党政分工,加强党的自身建设,改变长期存在的忽视党员教育、党不管党的状况。党委的组织部和宣传部要各司其职,分工合作,向党委提出积极的建议,当好党委的参谋和助手。

中央宣传部顾问廖井丹、中央组织部副部长王照华主持了会议并讲了话。山东省委主要负责同志白如冰、苏毅然也出席了会议。参加会议的有各省、自治区、直辖市党委主管党群工作的书记和组织部、宣传部的负责同志,各地党员教育刊物的主编,中央和国家机关、解放军总政治部的有关负责同志,共250多人。

**外交部部长黄华离京去莫斯科参加苏联最高苏维埃主席团主席勃列日涅夫葬礼行前对新华社记者发表谈话**

谈话如下:

苏联最高苏维埃主席团主席列·伊·勃列日涅夫不幸于11月10日逝世。勃列日涅夫主席是苏联卓越的国务活动家,长期担任苏联最高领导工作。他的逝世,是苏联国家和人民的重大损失。我代表我国领导人以及我本人,对勃列日涅夫主席的逝世表示深切的哀悼,并向苏联政府、苏联人民和勃列日涅夫主席的家属致以衷心的慰问。

中苏两国是世界上两个伟大的国家,并拥有漫长的共同边界。中苏两国人民具有传统的深厚的友谊。中苏两国的和平友好,不仅完全符合两国和两国人民的利益,而且完全符合亚洲和世界和平的利益。两国的关系在50年代初期是良好的;从50年代后期起,两国关系逐渐恶化;到60年代后期以后,这种恶化达到了严重的地步。勃列日涅夫主席在逝世前不久,曾在多次讲话中表示将致力于改善中苏关系。他的这些讲话反映了广大苏联人民要求改善两国关系的迫切愿望。中国政府和中国人民对勃列日涅夫主席的这些讲话表示赞赏。中国人民一向十分珍视同苏联人民的传统友谊,希望两国能在和平共处五项原则的基础上友好相处。中国人民诚心诚意地希望两国关系能够排除障碍,得到真实的改善,并逐步恢复正常化。在这悼念勃列日涅夫主席的时候,我们希望安德罗波夫总书记和苏联党政当局作出新的努力,促使中苏关系得到改善。中国人民真诚地祝愿苏联的建设事业日益发展,苏联人民的物质文化生活继续改善,苏联多民族国家的团结更加巩固。

**外交部部长黄华在莫斯科工会大厦向勃列日涅夫主席遗体默哀并献花圈**

**全国人大常委会副委员长 中日友协会长廖承志在人民大会堂会见日本前国会议员穗积七郎一行**

**中国长度基准的精确度达到国际先进水平**

据《人民日报》报道,我国长度基准的精确度有很大提高,基准米尺和以激光波长表示的长度基准已经达到国际先进水平。其精确度在参加国际比对的澳大利亚、加拿大、美国、日本、英国、德意志民主共和国、苏联、德意志联邦共和国、意大利等十多个国家中居于领先地位。

## 11月15日

**《人民日报》发表社论《把思想政治工作的重点放在党员和干部身上》**

在动员全党、全国各族人民贯彻十二大纲领,全面开创社会主义现代化建设新局面的伟大斗争中,各级党委必须把党的思想政治工作放到重要地位上来。重视思想政治工作,善于进行思想政治工作,是我们党的优良传统。在党的工作重心转移到经济建设上以后,我们不应再提"政治挂帅"的口号,但是这并不意味着思想政治工作不重要了。思想政治工作是经济建设的保证,是一切工作的保证。为了实现十二大提出的宏伟目标和各项任务,我们要认真加强和改进思想政治工作。在这方面有一个问题应当提请各级党委的注意,就是要把思想政治工作的重点放在党员和干部身上。

为什么要强调这一点呢?道理很简单:党的纲领、任务、方针、政策,首先要依靠广大党员和党的干部贯彻执行,并且通过他们在人民群众中的宣传教育工作,通过他们自身的先锋模范作用,动员广大群众为实现党提出的斗争目标而奋斗。我们党历来是这么做的。翻开《毛泽东选集》,可以看得很清楚。毛泽东同志系统地讲思想政治工作的文章,最早的是1929年写的古田会议决议,讲的就是纠正党内的、干部中的错误思想。他在抗战初期作的《上海太原失陷以后抗日战争的形势和任务》《论持久战》等讲演,讲的那些道理,首先是要说服我们党内的干部,用正确的思想观点武装我们党内的干部。为我党新民主主义革命的胜利奠定了思想基础的延安整风,是一次马克思列宁主义的思想教育运动,这个教育运动也是从党的高级干部开始的。但是我们党执政后,一些同志逐渐习惯于用行政命令代替思想政治工作,特别是在"左"的错误影响下,思想政治工作在有些方面一度变成领导者用来对付普通群众的一种方法,效果很坏。在一些干部看来,似乎都是普通老百姓思想不通,自己是通的;似乎提高革命觉悟和认识能力都是普通老百姓的事,自己不需要提高。这是十分错误的。

过去和现在都有大量的事实说明,对党提出的任务,对党的路线和政策,党员首先是党的干部思想通了,他们的认识水平提高了,群众中间的思想问题就比较容易解决。反之,许多工作没有做好,甚至出乱子,受损失,首先是因为我们的干部、党员的思想认识和政治立场有问题,或者作风有问题。不妨回顾一下十一届三中全会以后党的路线的贯彻情况。凡是党员和干部对党的路线的正确性理解得深,执行得很自觉、很坚决的地方,局面便迅速打开,群众的政治热情和工作积极性很高,各项事业进展很快。而那些局面迟迟打不开的地方,并不是群众思想不通,而是“中间梗阻”,是干部的思想有问题。也可以考察一下目前有些地方出现的乱砍滥伐森林、随意占用耕地盖房、滥发奖金、哄抢国家物资等歪风。所以发生这类问题,往往是因为干部不能正确处理国家、集体和个人三者关系,不能正确执行党的政策、国家法令,不能以身作则抵制歪风,甚至起了恶劣的带头作用。由此可见,我们进行思想政治工作,首先要解决干部、党员中的思想问题。只要把干部、党员的思想提高了,错误的东西克服了,就可以带动、影响周围的群众,事情就好办了。

思想政治工作的内容是多方面的,是随着形势和任务的不同而发生变化的。当前党的思想政治工作的主要任务,就是要通过学习十二大文件,提高认识,激发全党和全国各族人民同心同德、奋发图强、艰苦奋斗、不屈不挠地实现十二大提出的目标。对于党员和干部来说,当前要着重解决哪些问题呢?

要增强对我们事业的信心。共产党员、党的干部对共产主义事业有没有信心,对实现党在现阶段的奋斗目标有没有信心,对振兴中华有没有信心,这不是小问题,而是很大的问题,是有关党性和革命坚定性的问题。对我们党、对党的事业、对国家的前途充满信心,就会精神振奋,斗志昂扬,以火一般的热情,积极投身到实现十二大纲领的伟大斗争中去;缺乏信心,或者信心不足,必然精神不振,干劲不大,动动摇摇,趑趄不前,甚至离开革命的大目标,打自己的小算盘。我们要使广大人民群众有信心,首先要使党员和干部具有坚定的信心。要使人家不动摇,首先自己不动摇。党员和干部自己对党的事业充满信心,才能教育和影响群众增强信心。

要提高对党的奋斗纲领的认识。人们对党提出的纲领和方针政策理解得越深刻,贯彻执行起来就越自觉、越坚定。要使干部、党员深刻认识十二大的纲领和方针政策都是十一届三中全会以来正确路线的继续和发展,是马克思主义的普遍真理同我国社会主义建设的实际相结合的产物,是有科学根据、符合我国国情、顺乎民心的。过去有些同志在思想上政治上不能同中央保持一致,在工作中左右摇摆,以一种片面性反对另一种片面性,究其原因,从认识上说,就是对党的正确路线理解得不深刻。帮助干部、党员提高思想认识,他们就会更加自觉地清理“左”的思想影响,防止和克服右的思想影响,坚定不移地贯彻执行党的方针任务,并且更好地带动和团结人民群众沿着十二大的轨道前进。

要以身作则,做群众的表率。这是一个十分重要的问题。党员和干部能不能在各方面充分发挥先锋模范作用,不仅关系到十二大确定的宏伟目标能不能实现,关系到今后五年内争取财政经济状况、社会风气和党风根本好转的任务能不能实现,也关系到党的思想政治工作有没有说服力和号召力。我们的思想政治工作应当确立这样的原则:凡是要求群众做到的事情,党员和干部必须首先做到。如果党员、干部嘴上说的是一套,行动上是另一套,你说的怎么能叫人信服呢?这样的说教不但毫无效力,简直把思想政治工作给糟蹋了、败坏了。这也就是许多地方思想政治工作威信不高,工作很难做的一个重要原因。我们必须坚决纠正这种现象。要把党员、干部严格履行新党章规定的各项义务,在生产、工作、学习和社会生活中起先锋模范作用,作为思想政治工作的经常的重要的内容。

我们强调对党员和干部做好思想政治工作,决不是说可以忽视群众的思想政治工作。无论是对党员、干部还是对群众做思想政治工作,都要从实际出发,善于结合群众的思想实际和切身利益宣传贯彻党的主张。要力戒形式主义和主观片面性,杜绝“假大空”一类的错误做法。做思想工作的同志,要善于同自己的工作对象交朋友,交流思想,促膝谈心,向他们学习,特别是向先进人物学习。

邓小平同志在1980年年底的一次讲话中指出:我们说改善党的领导,其中最主要的,就是加强思想政治工作。加强思想政治工作,要恢复行之有效的好传统,把重点放在党员和干部身上。只要我们真正这样做了,党的整个思想政治工作就会加强起来,活跃起来,出现一个新的面貌。

**国家科委党组在北京召开扩大会议**

国家科委党组决定,立即开始行动,首先抓好编制科技发展长远规划。关于编制1986年至2000年全国科技发展长远规划问题,国家科委拟会同国家计委在今年下半年做好准备,明年着手编制。规划的指导思想是,紧紧围绕提高经济效益,为实现到本世纪末工农业年总产值翻两番的战略目标作出应有的贡献。初步考虑,规划要注意解决以下5个方面的问题。一、明确15年内我国科学技术要达到的基本水平。到公元2000年,我国各主要行业要把发达国家70年代、80年代初已经普遍采用的先进技术移植过来,基本加以普及。二、要根据我国经济、社会发展的需要,提出我国在15年内需要发展的新兴学科和产业。三、要具体提出“四个转移”的长远设想。四、把国家重点建设项目的前期科研工作、建设中的重大科研课题和重点技术改造项目中的科研课题,纳入规划。五、要提出和解决一批基础性的、长期的科技项目,为我国更长远的科技和经济的发展,做必要的科学技术的准备。

同时，国家科委准备组织科学技术工作者，参加编好行业发展规划、地区规划和重点企业技术改造规划。要把科技长远规划和这些规划密切结合、互相渗透、互相衔接。

**中共北京市第五次代表大会第一次会议选举段君毅为市委第一书记**

**国务院副总理万里在北京会见马里农村发展部长卡马克耶·马迪·迪亚洛以及技术顾问谢纳·古利巴里**

**中日两国关于为实行计划生育项目进行技术合作的会谈纪要在北京签字**

根据会谈纪要，日本方面将向中国方面提供进行计划生育宣传教育的一些设备、派遣专家和培训中国技术人员。

国家计划生育委员会办公厅主任梁济民，日本国际协力事业团理事长谷川正男分别代表各自的政府在纪要上签字。国家计划生育委员会副主任季宗权，日本驻华大使馆公使濑木博基出席了签字仪式。

**全国人大常委会副委员长 中日友协会长廖承志在人民大会堂会见日本社会党友好之翼访华团**

**外交部部长黄华在莫斯科会见美国副总统布什和美国国务卿舒尔茨**

**中国运动员在委内瑞拉首都加拉加斯举行的第四十三届世界射击锦标赛中夺得一枚金牌**

由冯梅梅、邵伟萍和巫兰英组成的中国队，在女子双向飞碟比赛中，破两项、平一项世界纪录，并以436靶的成绩夺得冠军。

**章伯钧骨灰移存八宝山革命公墓**

前全国政协第四届委员会常务委员、民主同盟第三届中央常务委员、农工民主党第七届中央委员章伯钧的骨灰，已于11月15日移存八宝山革命公墓。章伯钧委员是1969年5月17日因病在北京逝世的。

## 11月16日

**中顾委主任邓小平 中共中央政治局委员王震在人民大会堂会见日本社会党友好之翼访华团的领导成员**

访华团团长是参议院议员、日本社会党副委员长小柳勇，顾问是众议院议员、日本社会党日中特别委员会委员长下平正一，副团长是众议院议员藤田高敏和久保等。

邓小平说，中日关系在我国对外政策中占有重要地位。在当前国际风云变幻的形势下，继续发展中日友好合作关系，不仅有利于亚太地区的和平与安全，而且有利于维护全世界的和平。

邓小平对日本社会党长期以来为发展中日友好所作的努力表示赞赏。他希望两国民间人士增加交往，共同为促进中日友好作出新的贡献。

**五届全国人大常委会二十五次会议在人民大会堂举行全体会议**

会议听取几个法律修改草案和决议草案的说明。全国人大常委会副委员长邓颖超主持会议。

全国人大常委会副委员长兼法制委员会主任习仲勋在会上作了关于修改《中华人民共和国全国人民代表大会组织法》《中华人民共和国国务院组织法》《中华人民共和国地方各级人民代表大会和地方各级人民政府组织法》和《中华人民共和国全国人民代表大会和地方各级人民代表大会选举法》的说明。

习仲勋说，这四个法是1954年和1979年分别制定和重新修订的。五届全国人大五次会议将审议通过的新宪法，对国家机构有新的重要规定。因此，对有关国家机构的几个法律就要作相应的修改或者重新进行修订。他说，以上四个法律案，请这次会议审议决定，提交五届全国人大五次会议审议。

全国人大常委会副委员长兼秘书长杨尚昆在会上作了关于第六届全国人民代表大会代表名额和选举问题的说明。他说，五届全国人大将于明年2月任期届满，根据选举法的有关规定，这次常委会要提出关于六届全国人大代表名额和选举问题的决议草案，提请五届全国人大五次会议审议决定。接着他就六届全国人大代表总名额、具体分配办法、选举时间等问题作了说明。杨尚昆还就关于五届全国人大五次会议议程草案和各项名单草案作了说明。

民政部副部长邹恩同受全国县级直接选举工作办公室委托，在会上作了关于全国人民公社、镇人民代表大会的任期统一延长到1983年年底的说明。

全国人大常委会副委员长乌兰夫、韦国清、赛福鼎、廖承志、阿沛·阿旺晋美、胡厥文、史良，国务委员薄一波，最高人民法院院长江华，最高人民检察院检察长黄火青列席了会议。

**《人民日报》发表国务院人口普查办公室 国家统计局人口统计司人口分析小组《关于我国人口状况的**

几点分析》

国家统计局于1982年10月27日发表了《关于1982年人口普查主要数字的公报》。这次普查结果，我国人口为1031882511人，大约占世界人口45.6亿多人(注1)的22.6%。其中大陆29个省、自治区、直辖市人口(不包括福建省的金门、马祖等岛屿人口，下同)和现役军人共1008175288人。这次人口普查的内容是很丰富的。人口普查的全部数据，正在利用电子计算机进行处理。现在，根据手工简易汇总的主要数字，结合过去年度人口统计资料，对29个省、自治区、直辖市的人口状况，作几点简要分析。

一、我国人口迅猛增长的势头已经得到控制，但要实现到本世纪末人口控制在12亿以内的目标，还要作很大努力。

29个省、自治区、直辖市和现役军人的人口，同第二次全国人口普查(以1964年7月1日0时为标准时间)的694581759人相比，18年间共增加313593529人，增长45.1%，年增长率为2.1%。这说明18年来我国人口增长的绝对数是很大的，增长率是比较高的。但从各年度的增长情况看，18年中，前后有明显变化。据近两次人口普查和人口统计年报资料，前9年共增加18666万人，平均每年增加2074万人，年增长率达2.68%；后九年共增加12693万人，平均每年增加1410万人，年增长率降低为1.51%。这反映出我国计划生育工作自1973年以来取得了显著成绩。根据这次普查资料，1981年的人口自然增长率为14.55‰。这样的增长率水平，同十二大提出的到本世纪末把我国人口控制在12亿以内的要求相比，还有较大差距。从这次普查到本世纪末，18年半内增加的人口数要控制在19182万人以内，平均每年只能增加1037万人。根据这个目标，要求年人口增长率平均降到0.95%以下。而当前又正值生育高峰，所以任务还是相当艰巨的。

从1964年普查以来的18年间，我国工农业总产值年增长率为9.3%，国民收入年增长率为7.4%，粮食年增长率为3.7%。这说明，尽管遇到十年内乱的严重干扰，这一时期我国国民经济仍然得到了一定的发展。这个事实证明了我国社会主义制度的优越性和强大的生命力。但是，我们应当看到我国人口基数很大，经济基础比较薄弱，劳动生产率不高。如果人口增长过快，势必对经济发展带来压力，并影响居民消费水平的提高。过去18年间新增加人口所需的消费资料，占同一时间增加的消费资料总值的30%；如果人口年增长率降到1%，则这一比例就会下降到14.8%(都按当时的平均消费水平计算)。再以吃粮为例，18年间平均每年增产粮食172亿斤，按每人每年消费粮食520斤计算，每年新增人口所需粮食占增产粮食的52.7%；如果人口年增长率降到1%，则这一比例就会下降到25.1%。这样就可以把更多的物资和粮食用以加快“四化”建设和改善人民生活。这充分说明，十二大提出把实行计划生育作为我国的一项基本国策，是完全必要的。18年中，最近九年人口增长速度比前9年下降44%。拿我国人口最多的四川省来说，人口自然增长率从1972年的27.32‰下降为1981年的10.93‰。看来，只要继续把这一工作切实抓紧，做好深入细致的思想教育工作和其他有关工作，人口自然增长率是可以进一步下降的，控制人口的目标是能够达到的。

二、全国人口密度显著增加，地区之间的人口分布有所变化。

按照这次人口普查的资料，我国每平方公里的人口密度为107人，比1964年普查时每平方公里的74人增加了33人。在29个省、自治区、直辖市中，如果把沿海和内地分别来看，沿海11个省、自治区、直辖市的人口密度，从1964年的每平方公里232.7人增加到这次普查时的320.6人，每平方公里增加87.9人，上升37.8%。内地18个省、自治区的人口密度，从1964年普查时每平方公里47.3人增加到71.4人，每平方公里增加24.1人，上升50.9%(其中人口稀少的西藏、青海、新疆、甘肃、宁夏、内蒙古6个省、自治区从每平方公里7.2人增加到11.8人，上升63.9%)。沿海11个省、自治区、直辖市每平方公里人口密度的情况是：上海从1745人增加到1913人，天津从553人增加到687人，北京从452人增加到549人，江苏从434人增加到590人，山东从363人增加到486人，浙江从278人增加到382人，河北从210人增加到282人，广东从191人增加到280人，辽宁从185人增加到245人，福建从138人增加到213人，广西从101人增加到158人。内地18个省、自治区的情况是：河南从301人增加到446人，安徽从224人增加到356人，湖北从180人增加到255人，湖南从177人增加到257人，江西从126人增加到199人，四川从120人增加到176人，山西从116人增加到162人，陕西从101人增加到141人，贵州从97人增加到162人，吉林从84人增加到120人，云南从52人增加到83人，黑龙江从43人增加到69人，宁夏从32人增加到59人，甘肃从28人增加到43人，内蒙古从10人增加到16人，新疆从5人增加到8人，青海从3人增加到5人，西藏自治区从1人增加到1.6人(按实施普查区域的人口计算的)。人口密度的上述变化，一方面是由于国家有计划地建设战略后方，稠密地区的人口有一些迁到人口稀少地区；一方面由于沿海地区人口自然增长率一般比内地低。在地广人稀、劳力缺乏的地区，人口密度适当增加，对经济发展有一定好处；但我国大多数地区是人稠地窄的地区，人口密度的大幅度增加是应当引起注意的。

三、市镇总人口的控制收到一定成效，但还要继续控制。

从人口的城乡分布看，与1964年人口普查时的数字相比，市镇总人口共增加79485541人(注2)，增长62.5%，高于全国总人口增长45.1%的速度。18年间，我国市镇总人口占全国总人口的比重由1964年的18.4%增至20.6%，仅上升1/10强。这个速度比世界上大多数国家城市人口增长的速度低得多。这在一定程度上减少了由于人口过分集中于大中城市引起的许多问题。这说明我国提倡在农村大力开展多种经营、有计划地在农村发展一些中小型企业、控制市镇人口等一系列政策，是取得了成效的。今后还要继续努力做好这方面的工作。

四、少数民族人口增长的速度高于汉族。

同1964年人口普查数字比较，汉族人口增加285407456人，增长43.8%；各少数民族人口增加27309518人，增长68.4%。少数民族人口占总人口的比例，已由1964年普查时的5.8%上升为6.7%。其原因，主要是党实行了正确的民族政策，实行民族区域自治，在发展经济和文化方面给少数民族以大力支援；同时，国家对少数民族在计划生育上的要求也宽一些。三中全会以来，党的民族政策进一步落实，过去有些少数民族的居民没有填报自己的民族成分，现在做到了如实填报。这也是少数民族人口增加较快的一个原因。

29个省、自治区、直辖市的55个少数民族中，人口超过百万的少数民族15个(1964年为10个)，即壮族、回族、维吾尔族、彝族、苗族、满族、藏族、蒙古族、土家族、布依族、朝鲜族、侗族、瑶族、白族和哈尼族。人口超过十万的少数民族为13个(1964年为10个)，即哈萨克族、傣族、黎族、傈僳族、畲族、拉祜族、佤族、水族、东乡族、纳西族、土族、柯尔克孜族和羌族。人口超过五万的少数民族为7个(1964年为3个)，即达斡尔族、景颇族、仫佬族、锡伯族、撒拉族、布朗族和仡佬族。人口在五万以下的少数民族为20个，即毛南族、塔吉克族、普米族、怒族、阿昌族、鄂温克族、基诺族、乌孜别克族、京族、崩龙族、裕固族、保安族、门巴族、独龙族、鄂伦春族、塔塔尔族、俄罗斯族、珞巴族、高山族和赫哲族。(按实施普查区域的人口计算)有些人口数很少的民族，人口增长更快一些。例如，居住在四川省的羌族，由1964年普查时的49105人增加为102768人，增长109.3%。又如，居住在黑龙江省的赫哲族，由1964年普查时的718人增加为1476人，增长105.6%。

五、我国人民的文化水平有所提高，但仍不能适应“四化”建设的需要。

这次普查的具有各种文化程度的人口，同1964年人口普查时比较：18年间，具有大学文化程度的人增加了3141566人，具有高中文化程度的人增加了57361124人，具有初中文化程度的人增加了145930267人，具有小学文化程度的人增加了159335851人。每十万人中各种文化程度的人数有如下变化：具有大学文化程度的人，由1964年的416人上升为599人；具有高中文化程度的人，由1319人上升为6622人；具有初中文化程度的人，由4680人上升为17758人；具有小学文化程度的人，由28330人上升为35377人。文盲和半文盲人口占总人口的比例，由1964年普查时的38.1%下降为23.5%。这些数字，反映了18年来，尽管有十年内乱的干扰，我国教育事业仍有相当的发展。同时，扫除文盲的工作也取得了一定的成绩。当然，还必须看到，我国教育事业总的说来，还是比较落后的，同四个现代化建设的要求相比是有很大差距的。现在，我国普及小学教育的任务还要继续努力；扫除文盲的工作进展不够快；中等教育的结构不合理，职业(技术)中学和农业中学比重偏低；有些初中或高中毕业生，由于受十年内乱的影响，实际文化水平较低，迫切需要补课；高等教育的发展，同客观的需要更不适应。许多经济发达国家每十万人中大学文化程度的人有几千人，甚至上万人，而我国只有599人。

最后，还要说到，通过这次人口普查，证明我国经常性的人口统计年报数字是比较准确的。这次普查的以1982年7月1日0时为标准时间的29个省、自治区、直辖市和现役军人的总人口100818万人，减去现役军人数424万人(去年年底统计数字中未包括)，再减去1982年上半年的自然增加数约658万人(按1982年仍维持1981年全年自然增长率14.55‰的水平，上半年自然增长率按全年的45%计算)，为99736万人；同国家统计局今年4月30日公布的1981年年底总人口99,622万人相比，相差114万人，只占总人口的1.14‰。我国的户口登记管理制度，从1953年第一次全国人口普查后逐步建立起来，并逐步发展和健全。十年内乱期间曾一度受到干扰，这次人口普查开始前，认真进行了户口整顿，使人口数字和项目更加接近实际。今后，在这次人口普查的基础上，进一步健全户口登记和人口统计制度，尤其是农村地区；并建立对人口变动情况的抽样调查制度，继续为国家提供准确的人口数字，是完全必要的，也是能够做到的。

注1.据联合国人口活动基金的资料，1980年世

界人口为44.1亿多人，年增长率为1.7%，按此推算，1982年世界人口约为45.6亿多人。

注2. 市镇总人口是指居住在市(不包括市辖县)和镇的全部人口，包括居住在市镇的农业人口。

**外交部部长黄华在莫斯科分别会见罗马尼亚总统齐奥塞斯库 南斯拉夫主席团主席斯坦鲍利奇 朝鲜副主席朴成哲和巴基斯坦总统齐亚·哈克**

**中国和厄瓜多尔在基多签订一项文化合作协定**

协定是由中国文化部副部长吕志先和厄瓜多尔外交部代部长罗德里格·巴尔德斯签署的。双方还就1983年和1984年的文化交流项目互换了信件。

**中央军委授予乌鲁木齐部队某边防哨卡“喀喇昆仑钢铁哨卡”荣誉称号命名大会在乌鲁木齐举行**

乌鲁木齐部队司令员肖全夫宣读中央军委命令，并代表中央军委向“喀喇昆仑钢铁哨卡”授旗。

新疆自治区党委第一书记、乌鲁木齐部队第一政治委员王恩茂在讲话中强调，向“喀喇昆仑钢铁哨卡”学习，就要像他们那样，坚定不移地贯彻执行党的路线方针政策，自觉地在思想上政治上同党中央保持一致。在当前，就是要继续深入学习、宣传和贯彻党的十二大精神，把全体指战员的思想和行动统一到十二大确定的纲领和方针政策上来。

**中央军委批准编纂中国第一部《中国军事百科全书》**

编纂《中国军事百科全书》，对于加速实现国防现代化和做好未来反侵略战争的准备，并教育后代，具有重要的意义。这是我军建军史上的一件大事。有关部门将根据我国、我军情况，参考国外的经验，编纂好这部为国防现代化提供知识宝库的巨著。

**纪念郭沫若诞生90周年邮票发行**

**1982年全国《红楼梦》学术讨论会在上海举行**

讨论会是由上海师范学院、中国红楼梦学会、上海红楼梦学会筹委会联合举办的。来自全国26个省、自治区、直辖市科研单位、高等院校、新闻出版单位的108名代表与会，共收到论文70余篇。中共上海市委书记夏征农、市委副书记兼宣传部部长陈沂出席开幕式并讲话。与会代表围绕着《红楼梦》思想艺术、文物版本、研究方法、作者家世生平、移植改编等方面的问题展开了热烈地讨论。

## 11月17日

**国务院任免国家工作人员**

任命胡守鑫为驻德意志联邦共和国大使馆教育参赞；葛守勤为驻大不列颠及北爱尔兰联合王国大使馆教育参赞；成文山为湖南大学校长；季文美为西北工业大学校长，陶秉礼、彭炎午、梁琦为副校长；王福祥为北京外国语学院副院长；李吕辉、辛雨农为大连工学院副院长；刘春为外交学院院长，郑平、石磊为副院长；陈鉴远为北京化工学院院长；厉良辅为郑州工学院院长。

免去段佩明的郑州工学院院长职务。

**全国人大常委会副委员长廖承志在北京会见由总理署高级政务部长李炯才率领的新加坡全国国术总会访华团**

**国务院副总理万里在北京会见意大利外交部副部长帕莱斯基一行**

**解放军总政治部向全军发出指示强调要联系实际深入学习党的十二大文件**

指示提出，1983年上半年，全军干部战士政治教育仍以深入学习、贯彻党的十二大文件为中心内容，进一步用文件精神统一思想、统一行动，振奋革命精神，为实现十二大提出的各项战斗任务，开创部队建设的新局面努力奋斗。指示说，深入学习十二大文件，要抓住重点，比基本理论上加深对文件的理解，掌握文件的基本精神。要强调理论联系实际，通过认真回顾党的十一届三中全会以来逐步端正思想路线的过程，看自己对党中央为拨乱反正所制定的一系列方针政策理解得怎么样；在哪些方面贯彻得比较好，哪些方面还有差距，原因是什么。要认真总结经验教训，具体分析情况，继续清除各种错误思想、特别是“左”的思想影响。要把在思想上政治上同党中央保持一致，贯彻执行党的路线方针政策，提高到一个新的水平，制定出本单位、本部门贯彻落实十二大精神、开创新局面的切实有效的措施。

指示提出，结合学习文件，要在战士中集中进行一次共产主义思想的教育，把宣传共产主义思想和执行现行政策统一起来，和热爱军队，热爱本职工作，完成各项任务结合起来，既要看到我们每天都在进行着共产主义的实践，又要使大家认识到共产主义社会制度的实现，需要经过好多代人的艰苦奋斗。要坚定共产主义的信念，大力宣传和提倡为人民利益的献身精神，舍己为人，大公无私的共产主义风格，以及艰苦奋斗，关心集体，爱护公物等优良品德，使广大战士成为有理想、有道德、有文化、守纪律的一代新人。指示要求全军各级领导干部亲自领导学习，对前一段学习中带普遍性、倾向性的问题，有计划地认真加以解决。

**教育部副部长黄辛白就加速发展高等教育问题答记者问**

问：党的十二大以后，在整个国民经济的发展中居于战略重点地位的教育事业，越来越受到社会各方面的关注。您能就此向读者介绍高等教育的一些基本情况吗？

答：教育是培养人才的部门，高等教育更是直接为经济和文化建设输送高级专门人才的基地。所以教育事业的发展，包括高等教育的发展，对于整个国民经济的发展，对于现代化建设的实现，确实具有举足轻重的意义。党的十二大把教育、科学同农业、能源和交通问题一起，确定为发展国民经济的战略重点，这是非常正确、非常必要的。

新中国成立以来，我们的高等教育事业有了很大发展，全日制高等院校从解放时的205所发展到700多所，在校学生由11.7万发展到目前的114万，增加了8倍多。但是，由于我们国家高等教育的底子很薄，长期以来又受“左”的干扰，特别是“文化大革命”的破坏，高等教育面临着几个突出的问题。一是规模小，学生数量较少。在每一万人口中拥有的在校大学生，目前只达到11人。这不仅比发达国家差的多，就是在发展中国家里也是比较落后的，离四个现代化建设的要求较大。二是质量有待提高。质量指德、智、体各方面。智育也不仅指学生的学习成绩和掌握知识的程度，还包括知识结构、知识更新以及所培养人才的综合性能力。三是高等教育内部科类间的比例不够恰当。财经、管理、政法和文科的比重要调高，工科中轻工、纺织等专业的比重要调高。本科和专科的比例中，专科的比重要调高。

总起来看，目前，我们的高教事业与国民经济的发展，与整个社会的需求是不完全适应的。当前面临着进一步调整、改革、整顿、提高的任务，在数量上要积极稳步地发展，特别要注意质量上的提高。

问：高等教育事业发展的前景如何？

答：我们要立足于我国的国情，根据现代化建设的需要和可能来发展高等教育，逐步建立一个有中国特色的社会主义高等教育体系。在教育内容上要多层次，在办学形式上要多种形式；在办学力量上要依靠多种社会力量。

1981—1990年的前十年，国家的建设主要是打好基础，积蓄力量，创造条件为后十年的经济振兴做好准备。高等教育在这期间的发展速度应该大于经济发展的速度。教育部正在订规划。我们设想，经过努力，全日制大学的招生人数在80年代翻一番。就是说，从1980年招收28万大学生的水平，发展到1985年的40万，1990年的60万以上。在校生由1980年的114万发展到1985年的130万，1990年的200万左右。高等教育的另一条腿，即职工大学、农民大学、函授大学、广播、电视大学等，发展速度将要超过全日制大学的速度。招生数和在校生数都将超过全日制学校的学生数。研究生教育这几年带有恢复和发展性质，因此发展速度将是很快的。1980年因为生源不足只招了3600名新生，今年已经增到11000名，到1985年将发展到招生2万名，到1990年招生数将比1980年的招生数翻了三番以上。所以，高等教育总起来说，前十年的发展将是翻一番或有超过。

至于后十年，还要进一步做预测规划工作，预料进一步的发展也将是比较大的。

问：为了实现上述发展高教事业的目标，这几年准备采取哪些措施？

答：实现上述目标，是一个繁重的任务，国民经济不断发展和进一步重视智力投资是根本条件，还需要在若干相关联的制度如管理体制、人事、劳动、工资制度方面实行改革。扩大高教规模的措施大体有五条：

一、要有计划地新办一些院校和在老院校里增设一批系、专业。特别是在那些短缺严重的学科如财经、管理、政法等方面，要积极搞上去。专科现在比重过小，新校、新系要多办些专科。

二、挖掘现有院校潜力，在提高质量的前提下进一步扩大招生规模。当前影响扩大招生的第一个大问题是学生宿舍紧张。解决的办法除了继续有计划地增建宿舍外，同时要尽可能增招走读生。在市区内的院校增招走读生是可能的。离市区较远的院校也可以考虑在市区和市区边缘办走读的分校、分院、分部。这样，学生走读，教师走教，花钱较少就能多培养一些人才。

三、发展短期职业大学。有些地区和中等城市经济发展很快，迫切需要各种中级以上专门人才。这种人才国家分不来那么多，分来也不一定适合需要，因此就提出本地办高教。这种学校学制一般两年左右；专业设置可以更宽、更实用些；学生就地入学，一般实行走读；毕业后基本不包分配，择优录用。这种学校是近年开始出现的新类型的高等学校，需要的人力物力较少，见效较快，受地方的欢迎，有很强的生命力。如南京的金陵大学，武汉的江汉大学等等，都是近几年发展起来的这类学校。短期职业大学发展起来，就会使我国的高教体系从中央和省、自治区、直辖市两级办学，增加新的城市办学而成为三级办学，使高等教育体系更完善，在各地经济建设中发挥很好的作用。

四、在统一的方针政策规划下，发展其他多种形式的高等教育，包括职工大学、农民大学、函授大学、广播大学、电视大学，还有自学考试等等。广播电视大学现在有学生38.6万人，在社会上影响很大，受到好评，各方面对电大寄予的希望很大。今后，电视大学要把广播、电视、函授结合起来，教育的对象更广，教育的内容更多种多样，质量逐步提高，作出更多贡献。大城市要及早建立教育专用电视频道，增加课程。

五、担负起干部轮训的任务。今后，高等院校还要积极地、有计划地承担机关、企业、团体等委托的干部轮训工作，并且把这项工作纳入高校的正常业务范围。二年制以上的干训班要承认其学历。委托的单位、部门要给学校以必要的条件。

## 11月18日

**中国人民政治协商会议章程修改委员会在北京举行第四次全体会议**

会议审议通过了政协章程修改草案，决定将这个章程修改草案提请政协五届五次会议审议。

政协章程修改委员会副秘书长孙起孟就根据章程修改委员会第三次全体会议的讨论意见，对章程修改草案所作的修改情况作了说明。

政协章程修改委员会副主任委员刘澜涛主持会议，副主任委员史良、胡厥文出席会议。

**中央政法委在北京召开电话会议部署1982年冬1983年春的社会治安工作**

会议要求全国各地在党的十二大精神鼓舞下，在当前社会治安情况有了明显好转的基础上，抓好今冬明春的社会治安工作。

中共中央书记处书记陈丕显在会上讲话。中共中央政法委员会秘书长刘复之主持会议。

今年以来，在各级党委和人民政府的领导下，各地在整顿城乡治安方面做了大量工作，社会治安工作取得了显著成绩。据统计，今年1—9月份，全国发生的刑事案件比去年同期下降了15.7%。为了乘胜前进，实现胡耀邦同志在党的十二大报告中提出的争取五年做到"三个根本好转"的要求，在今冬明春开个好头，中共中央政法委员会召开了这次电话会议。

陈丕显在会上讲话说，党中央和国务院对当前社会治安工作十分关心。今年以来，社会治安情况有了明显好转。但是，我们必须坚持两分法，既要看到我们的工作有进步的一面，又要看到仍然有许多不足的一面。我们必须要认识整顿社会治安的迫切性、艰巨性和长期性。在治安情况比较好的地方，要继续抓紧；在社会治安比较差的地方，更要花大力气来抓。

他说，按照历年的规律，冬春往往是治安问题发生较多的季节。只有扎扎实实地贯彻落实全国政法工作会议的精神，把今冬明春的社会治安工作抓好，才能巩固和发展今年整顿城乡治安的成效，为明年争取治安情况的进一步好转打下坚实的基础。

陈丕显说，抓好今冬明春社会治安工作的关键，在于各级党委、政府高度重视，加强领导。社会治安要"综合治理"，政法部门负有重要责任，但是光靠政法部门是不够的，必须在各级党委、政府的统一领导下，调动各方面的力量，明确各部门、各单位的职责，从上到下建立各种岗位责任制，建立领导干部值班制度，真正做到有布置、有检查、有督促。落实得好的就表扬、鼓励，落实得不好的就批评、教育。各级党委、政府要十分重视研究社会治安的新情况、新动向，不断发现新问题，总结新经验，采取一些新的措施，使我们的工作能够跟上形势的发展。

陈丕显要求各级政法部门和政法干警进一步振奋精神，团结一致，协同动作，为抓好今冬明春社会治安工作努力作出新贡献；要从实际出发，抓住当地社会治安中存在的突出问题，一个一个认真地加以解决；要进一步加强基层工作，切实做好预防犯罪，避免民事案件激化为刑事案件，防止人民内部矛盾转化为敌我矛盾；要积极配合各部门，加强以共产主义思想教育为核心的、有针对性的政治思想工作，加强法制宣传教育，转变社会风气；要发扬民主作风，密切联系群众，充分发动和依靠群众，做好群众工作，形成宏大的治安保卫积极分子队伍；各级政法部门要认真改进作风，深入基层，深入实际，加强调查研究，进行具体指导。

陈丕显最后要求各地为争取今冬明春治安情况的进一步好转，为开创政法工作的新局面，积极地行动起来。

公安部副部长王文同、最高人民检察院副检察长李士英、最高人民法院副院长曾汉周、司法部副部长朱剑明、民政部部长崔乃夫、人民解放军总政治部副主任颜金生，在会上发了言。

在各地参加电话会议的有：各省、自治区、直辖市党委和人民政府的主要负责同志，分管政法工作的书记，政法委员会和公安、检察、法院、司法、民政部门的负责人；人民解放军各大军区负责政法工作的领导同志和保卫、检察、法院方面的负责人。

**外经贸部在上海召开大会向原国民党驻香港贸易**

机构起义人员颁发起义证书

中共中央委员、对外经济贸易部第一副部长郑拓彬，向来自上海、北京、天津、江苏、甘肃、河南、山东、辽宁等地的44位起义人员或已故起义人员的亲属分别颁发起义证书。他在讲话中表彰了起义人员的爱国主义精神，鼓励他们发扬光荣传统，努力为人民服务，为祖国的"四化"建设作出新贡献。

**全国人大常委会副委员长乌兰夫在北京会见由最高法院首席大法官阿古斯丁·奥诺弗雷·弗莱雷·波特斯率领的厄瓜多尔最高法院大法官代表团**

**国务委员谷牧在人民大会堂会见来北京参加日本食品工业展览会的展览团团长 日本国际贸易促进协会关西本部理事长木村一三先生**

**全军后勤工作会议在北京举行**

会议于11月18日至29日举行。总后勤部部长洪学智传达中央军委副主席叶剑英、徐向前、聂荣臻对军队后勤工作的指示，要求全军后勤各级干部努力学习，不断提高业务水平，以适应军队建设和现代战争的需要。

叶剑英、徐向前、聂荣臻在分别听取总后勤部领导人的工作汇报时作这些指示的。他们指出，我军的后勤工作，从战争年代到社会主义建设时期都起到了重大的作用，这是后勤工作的光荣。这几年后勤工作做得也是好的，为部队解决了不少问题。后勤业务是一门科学。现代战争对后勤提出了越来越高的要求。后勤工作的作用将越来越大，地位越来越重要，甚至在一定条件下决定战争的胜败。

叶剑英、徐向前、聂荣臻指出，我军的后勤工作必须加强，关键要抓好后勤的组织体制改革，使之精干、合理、效率高。他们要求各级指挥员都来关心和重视后勤工作，希望后勤战线的干部在党的十二大精神鼓舞下，更加奋发起来，不失时机地扎扎实实做好工作，为国防现代化作出更大的贡献。

中央军委常务副主席杨尚昆到会讲了话。他说，开创军队建设新局面，应该有个具体规划，这样全军上下就有了共同的奋斗目标。希望这次会议能讨论制定出一个开创后勤工作新局面的规划来。

会议以十二大精神为指针，按照中央军委指示，着重研究了如何全面开创后勤工作的新局面。与会同志认为，现代战争和军队建设对后勤提出了新的要求。建设一个什么样的后勤，才能适应现代化正规化革命军队建设的需要，是做后勤工作的同志需要认真研究解决的重大问题。广大后勤干部必须在十二大精神指引下，首先使自己的思想适应这种新的形势，后勤建设才能有所前进。

会议研究制定了开创后勤工作新局面的具体规划和措施。

出席会议的有全军各大单位负责后勤工作的领导干部和部队后勤工作先进单位的代表。

总后勤部部长洪学智、政委王平在会上分别讲话。

**解放军总政治部主任余秋里在北京参加全军后勤工作会议并讲话**

余秋里指出，全军要在全面地系统地领会党的十二大文件精神的基础上，侧重学好加强现代化、正规化革命军队建设的内容，联系部队工作实际，把学习引向深入。

余秋里说，十二大闭幕以来，全军各部队把传达、学习十二大精神作为头等大事。通过学习，广大指战员思想上有提高，作风上有转变，工作上有起色。当前要认真分析前一段的学习情况，找出解决得不够深透的问题，把学习引向深入。他着重从政治工作的角度，阐述了部队深入学习十二大文件的几个问题：

一、要抓好组织体制改革的工作。这是贯彻十二大精神，建设现代化、正规化革命军队的重大措施；

二、要以很大的决心和魄力，解决好领导班子和干部队伍的革命化、年轻化、知识化、专业化。要解放思想，在坚持革命化的前提下，破格选拔中青年干部，同时要广开学路，提高他们的科学文化水平和专业知识水平；

三、搞好军队的精神文明建设，要做好思想建设和文化建设两个方面的工作。在思想建设方面，要大力加强共产主义思想教育，使每个成员都具有高度的自我牺牲精神、严格的组织纪律性和革命的作风。这是建设现代化、正规化革命军队的重要保证；

四、要根据新党章的要求，把军队的各级党组织和党员队伍整顿好、建设好，争取提早实现党风的根本好转。

余秋里强调指出，进一步清理"左"的思想影响是深入学习十二大文件需要解决好的一个重要问题，同时要抵制资产阶级自由化倾向。只有把这个问题解决好，才能更好地贯彻十二大精神，才能真正做到和党中央在思想上、政治上保持高度的一致，才能进一步解放思想，勇于创新，开创军队各项工作的新局面。

**国务委员兼国防部部长张爱萍在北京参加全军后勤工作会议并讲话**

张爱萍说，后勤工作要适应现代战争的需要，开创新的局面，全军后勤战线广大指战员就要奋发图强，努力学习科学文化和专业知识，使自己的知识和能力胜任所担负的工作。这是摆在我们面前一项很紧迫的任务。

他说，自古以来就说“兵马未动，粮草先行”。这话不管军队装备如何发展都是适用的，只是未来战争对这方面提出的任务更重要、更复杂，不但包括人马所需的粮草先行，而且包括武器装备所需的油料、弹药的“粮草”先行。

张爱萍说，随着我国国民经济的发展，我军现代化武器装备的主要特点是：高度机械化、电子化，从而所产生的自动性、快速性、灵敏性和复杂性。这就对后勤保障提出了更加繁重和复杂的任务。后勤保障手段也应该现代化，以适应作战的自动性、灵敏性、快速性、复杂性。

张爱萍说，现代战争需要有现代化的武器装备，还需要有能够掌握和使用这些武器装备的人，这就要提高后勤人员的科学文化知识和专业技术水平。这是需要花很大努力去解决的。我们一方面要靠院校培养人才；另一方面，更重要的是要有计划地在工作中学习，努力提高自己的科学文化水平。武器装备不断发展，我们要不断地学习。

**翦伯赞学术纪念会在北京大学举行**

翦伯赞同志曾任北京大学历史系主任、副校长。几十年来，他为开拓我国马克思主义史学园地，为北大历史系和文科教育的建设，做了卓有成效的工作，献出了毕生的精力。

北京大学校长张龙翔、历史系主任周一良教授和周扬同志在会上讲了话。他们高度赞扬翦伯赞同志始终不渝地坚持马克思主义的史学道路和理论联系实际的优良学风；赞扬翦伯赞在学术上勇于探索、追求真理的精神。

雷洁琼、吴泽、林跃华、邓广铭、宁可也发了言。会上还宣读了侯外庐、翁独健的书面发言。白寿彝、廖沫沙也出席了纪念会。

## 11月19日

**中共中央总书记胡耀邦在中南海会见泰国总理炳·廷素拉暖及其主要随行人员**

胡耀邦说，当前中泰两国应该加强合作，迫使越南从柬埔寨撤军，这不仅关系到东盟五国的安全，关系到中国自身的安全，也关系到整个东南亚的和平与稳定。

他说，中国同柬埔寨没有利害关系，今后对它也没有什么打算。中国之所以坚决支持柬埔寨各派爱国力量联合抗越，是因为越南对柬埔寨的侵略危害了东南亚各国的和平与稳定。他说，“我们是路遇不平，拔刀相助”。

胡耀邦说，中泰两国之间存在着相互信赖的关系。同泰国保持长期睦邻共处、友好合作关系是中国的坚定不移的国策。

炳总理赞扬中国为加强泰中友好合作所作出的贡献。他说，我们应当抱着坦率、诚恳的态度，在互利的基础上发展两国关系。

**五届全国人大常委会二十五次会议在北京闭幕**

会议一致通过五届全国人大五次会议议程草案。

草案的主要内容有：

——听取和审议宪法修改委员会副主任委员彭真关于中华人民共和国宪法修改草案的报告，讨论和审议中华人民共和国宪法修改草案，通过中华人民共和国宪法。

——听取和审议国务院总理赵紫阳关于第六个五年计划的报告，并作出相应的决议。

——听取和审议财政部部长王丙乾关于1982年国家预算执行情况和1983年国家预算草案的报告，并作出相应的决议。

会议审议了国务院提出的文物保护法和食品卫生法草案。委员们认为，制定这两个法律很有必要，并且对两个草案提出了一些修改意见。会议在听取了法制委员会副主任王汉斌作的修改说明后，委员们一致通过了《中华人民共和国文物保护法》和《中华人民共和国食品卫生法(试行)》。会议还作出了关于批准长江南通港、张家港对外国籍船舶开放的决定和关于延长本届人民公社、镇人民代表大会任期的决议；原则通过了人大常委会的工作报告，提请五届全国人大五次会议审议。

会议根据国务院总理赵紫阳的提请，决定任命吴学谦为外交部部长，免去黄华的外交部部长职务；决定任命张爱萍为国务院国务委员兼任国防部部长，免去耿飚的国务院国务委员兼任国防部部长职务。

会议任命王汉斌为全国人大常委会副秘书长。

会议讨论了全国人大组织法、国务院组织法、地方各级人大和地方各级政府组织法、全国人大和地方各级人大选举法的修改草案和决议草案，以及关于六届全国人大代表名额和选举问题的决议草案。会议决定把这几个草案提请五届全国人大五次会议审议。

全国人大常委会副委员长杨尚昆主持会议。全国人大常委会副委员长邓颖超、乌兰夫、韦国清、李井泉、赛福鼎、廖承志、阿沛·阿旺晋美、胡厥文、史良、习仲勋出席会议。

国务委员康世恩、最高人民法院院长江华、最高人民检察院检察长黄火青列席会议。

**全国人大常委会委员长叶剑英签署11号令发布《中华人民共和国文物保护法》**

《中华人民共和国文物保护法》,已由中华人民共和国第五届全国人民代表大会常务委员会第二十五次会议于1982年11月19日通过,现予公布施行。

委员长　叶剑英

1982年11月19日

**中华人民共和国文物保护法**

**第一章　总　则**

第一条　为了加强国家对文物的保护,有利于开展科学研究工作,继承我国优秀的历史文化遗产,进行爱国主义和革命传统教育,建设社会主义精神文明,特制定本法。

第二条　在中华人民共和国境内,下列具有历史、艺术、科学价值的文物,受国家保护:

(一)具有历史、艺术、科学价值的古文化遗址、古墓葬、古建筑、石窟寺和石刻;

(二)与重大历史事件、革命运动和著名人物有关的,具有重要纪念意义、教育意义和史料价值的建筑物、遗址、纪念物;

(三)历史上各时代珍贵的艺术品、工艺美术品;

(四)重要的革命文献资料以及具有历史、艺术、科学价值的手稿、古旧图书资料等;

(五)反映历史上各时代、各民族社会制度、社会生产、社会生活的代表性实物。

文物鉴定的标准和办法由国家文化行政管理部门制定,并报国务院批准。

具有科学价值的古脊椎动物化石和古人类化石同文物一样受国家的保护。

第三条　国家文化行政管理部门主管全国文物工作。

地方各级人民政府保护本行政区域内的文物。各省、自治区、直辖市和文物较多的自治州、县、自治县、市可以设立文物保护管理机构,管理本行政区域内的文物工作。

一切机关、组织和个人都有保护国家文物的义务。

第四条　中华人民共和国境内地下、内水和领海中遗存的一切文物,属于国家所有。

古文化遗址、古墓葬、石窟寺属于国家所有。国家指定保护的纪念建筑物、古建筑、石刻等,除国家另有规定的以外,属于国家所有。

国家机关、部队、全民所有制企业、事业组织收藏的文物,属于国家所有。

第五条　属于集体所有和私人所有的纪念建筑物、古建筑和传世文物,其所有权受国家法律的保护。文物的所有者必须遵守国家有关保护管理文物的规定。

第六条　文物保护管理经费分别列入中央和地方的财政预算。

**第二章　文物保护单位**

第七条　革命遗址、纪念建筑物、古文化遗址、古墓葬、古建筑、古窟寺、石刻等文物,应当根据它们的历史、艺术、科学价值,分别确定为不同级别的文物保护单位。

县、自治县、市级文物保护单位,由县、自治县、市人民政府核定公布,并报省、自治区、直辖市人民政府备案。

省、自治区、直辖市级文物保护单位,由省、自治区、直辖市人民政府核定公布,并报国务院备案。

国家文化行政管理部门在各级文物保护单位中,选择具有重大历史、艺术、科学价值的作为全国重点文物保护单位,或者直接指定全国重点文物保护单位,报国务院核定公布。

第八条　保存文物特别丰富、具有重大历史价值和革命意义的城市,由国家文化行政管理部门会同城乡建设环境保护部门报国务院核定公布为历史文化名城。

第九条　各级文物保护单位,分别由省、自治区、直辖市人民政府和县、自治县、市人民政府划定必要的保护范围,作出标志说明,建立记录档案,并区别情况分别设置专门机构或者专人负责管理。全国重点文物保护单位的保护范围和记录档案,由省、自治区、直辖市文化行政管理部门报国家文化行政管理部门备案。

第十条　各级人民政府制定城乡建设规划时,事先要由城乡规划部门会同文化行政管理部门商定对本行政区域内各级文物保护单位的保护措施,纳入规划。

第十一条　文物保护单位的保护范围内不得进行其他建设工程。如有特殊需要,必须经原公布的人民政府和上一级文化行政管理部门同意。在全国重点文物保护单位范围内进行其他建设工程,必须经省、自治区、直辖市人民政府和国家文化行政管理部门同意。

第十二条　根据保护文物的实际需要,经省、自治区、直辖市人民政府批准,可以在文物保护单位的周围划出一定的建设控制地带。在这个地带内修建新建筑和构筑物,不得破坏文物保护单位的环境风貌。其设计方案须征得文化行政管理部门同意后,报城乡规划部门批准。

第十三条　建设单位在进行选址和工程设计的时候,因建设工程涉及文物保护单位的,应当事先会同省、自治区、直辖市或者县、自治县、市文化行政管理部门确定保护措施,列入设计任务书。

因建设工程特别需要而必须对文物保护单位进行迁移或者拆除的,应根据文物保护单位的级别,经该级人民政府和上一级文化行政管理部门同意。全国重点文物保护单位的迁移或者拆除,由省、自治区、直辖市人民政府报国务院决定。迁移、拆除所需费用和劳动力由建设单位列入投资计划和劳动计划。

第十四条　核定为文物保护单位的革命遗址、纪念建筑物、古墓葬、古建筑、古窟寺、石刻等(包括建筑物的附属物),在进行修缮、保养、迁移的时候,必须遵守不改变文物原状的原则。

第十五条　核定为文物保护单位的属于国家所有的纪念建筑物或者古建筑,除可以建立博物馆、保管所或者辟为参观游览场所外,如果必须作其他用途,应当根据文物保护单位的级别,由当地文化行政管理部门报原公布的人民政府批准。全国重点文物保护单位如果必须作其他用途,应经省、自治区、直辖市人民政府同意,并报国务院批准。这些单位以及专设的博物馆等机构,都必须严格遵守不改变文物原状的原则,负责保护建筑物及附属文物的安全,不得损毁、改建、添建或者拆除。使用纪念建筑物、古建筑的单位,应当负责建筑物的保养和维修。

**第三章　考古发掘**

第十六条　一切考古发掘工作,都必须履行报批手续。地下埋藏的文物,任何单位或者个人都不得私自发掘。出土的文物除根据需要交给科学研究部门研究的以外,由当地文化行政管理部门指定的单位保管,任何单位或者个人不得侵占。为了保证文物安全、进行科学研究和充分发挥文物的作用,省、自治区、直辖市文化行政管理部门,必要时可以报经省、自治区、直辖市人民政府批准,调用本行政区域内的出土文物;国家文化行政管理部门经国务院批准,可以调用全国的重要出土文物。

第十七条　各省、自治区、直辖市文物机构、考古研究机构和高等学校等,为了科学研究进行考古发掘,必须提出发掘计划,报国家文化行政管理部门会同中国社会科学院审查,经国家文化行政管理部门批准后,始得进行发掘。

需要对全国重点文物保护单位进行的考古发掘,由国家文化行政管理部门会同中国社会科学院审核后,报国务院批准。

第十八条　在进行大型基本建设项目的时候,建设单位要事先会同省、自治区、直辖市文化行政管理部门在工程范围内有可能埋藏文物的地方进行文物的调查或者勘探工作。调查、勘探中发现文物,应当共同商定处理办法。遇有重要发现,由省、自治区、直辖市文化行政管理部门及时报国家文化行政管理部门处理。

在进行基本建设工程或者农业生产中,任何单位或者个人发现文物,应立即报告当地文化行政管理部门。遇有重要发现,当地文化行政管理部门必须及时报请上级文化行政管理部门处理。

第十九条　需要配合建设工程进行的考古发掘工作,应由省、自治区、直辖市文化行政管理部门在勘探工作的基础上提出发掘计划,报国家文化行政管理部门会同中国社会科学院审查,由国家文化行政管理部门批准。确因建设工期紧迫或有自然破坏的危险,对古文化遗址、古墓葬急需进行抢救的,可由省、自治区、直辖市文化行政管理部门组织力量进行发掘工作,并同时补办批准手续。

第二十条　凡因进行基本建设和生产建设需要文物勘探、考古发掘的,所需费用和劳动力由建设单位列入投资计划和劳动计划,或者报上级计划部门解决。

第二十一条　非经国家文化行政管理部门报国务院特别许可,任何外国人或者外国团体不得在中华人民共和国境内进行考古调查和发掘。

**第四章　馆藏文物**

第二十二条　全民所有的博物馆、图书馆和其他单位对收藏的文物,必须区分文物等级,设置藏品档案,建立严格的管理制度,并向文化行政管理部门登记。

地方各级文化行政管理部门,应分别建立本行政区域内的馆藏文物档案;国家文化行政管理部门应建立国家一级文物藏品档案。

第二十三条　全民所有的博物馆、图书馆和其他单位的文物藏品禁止出卖。这些单位进行文物藏品的调拨、交换,必须报文化行政管理部门备案;一级文物藏品的调拨、交换,须经国家文化行政管理部门批准。未经批准,任何单位或者个人不得调取文物。

**第五章　私人收藏文物**

第二十四条　私人收藏的文物可以由文化行政管理部门指定的单位收购,其他任何单位或者个人不得经营文物收购业务。

第二十五条　私人收藏的文物,严禁倒卖牟利,严禁私自卖给外国人。

第二十六条　银行、冶炼厂、造纸厂以及废旧物资回收部门,应与文化行政管理部门共同负责拣选出掺杂在金银器和废旧物资中的文物,除供银行研究所必需的历史货币可以由银行留用外,其余移交给文化行政管理部门处理。移交的文物须合理作价。

公安、海关、工商行政管理部门依法没收的重要文物,应当移交给文化行政管理部门。

第六章　文物出境

第二十七条　文物出口和个人携带文物出境,都必须事先向海关申报,经国家文化行政管理部门指定的省、自治区、直辖市文化行政管理部门进行鉴定,并发给许可出口凭证。文物出境必须从指定口岸运出。经鉴定不能出境的文物,国家可以征购。

第二十八条　具有重要历史、艺术、科学价值的文物,除经国务院批准运往国外展览的以外,一律禁止出境。

第七章　奖励与惩罚

第二十九条　有下列事迹的单位或者个人,由国家给予适当的精神鼓励或者物质奖励:

(一)认真执行文物政策法令,保护文物成绩显著的;

(二)为保护文物与违法犯罪行为作坚决斗争的;

(三)将个人收藏的重要文物捐献给国家的;

(四)发现文物及时上报或者上交,使文物得到保护的;

(五)在文物保护科学技术上有重要发明创造或者其他重要贡献的;

(六)在文物面临破坏危险的时候,抢救文物有功的;

(七)长期从事文物工作有显著成绩的。

第三十条　有下列行为的,给予行政处罚:

(一)在地下、内水、领海及其他场所中发现文物隐匿不报,不上交国家的,由公安部门给予警告或者罚款,并追缴其非法所得的文物;

(二)未经文化行政管理部门批准,私自经营文物购销活动的,由工商行政管理部门给予警告或者罚款,并可没收其非法所得或者非法经营的文物;

(三)将私人收藏的文物私自卖给外国人的,由工商行政管理部门罚款,并可没收其文物和非法所得。

第三十一条　有下列行为的,依法追究刑事责任:

(一)贪污或者盗窃国家文物的;

(二)盗运珍贵文物出口或者进行文物投机倒把活动情节严重的;

(三)故意破坏国家保护的珍贵文物或者名胜古迹的;

(四)国家工作人员玩忽职守,造成珍贵文物损毁或者流失,情节严重的。

私自挖掘古文化遗址、古墓葬的,以盗窃论处。

将私人收藏的珍贵文物私自卖给外国人的,以盗运珍贵文物出口论处。

文物工作人员对所管理的文物监守自盗的,依法从重处罚。

第八章　附　则

第三十二条　国家文化行政管理部门根据本法制定实施细则,报国务院批准施行。

文物的复制、拓印、拍摄等管理办法由国家文化行政管理部门制定。

第三十三条　本法自公布之日起施行。1961年国务院颁发的《文物保护管理暂行条例》即行废止。其他有关文物保护管理的规定,凡与本法相抵触的,以本法为准。

## 全国人大常委会委员长叶剑英签署12号令发布《中华人民共和国食品卫生法(试行)》

《中华人民共和国食品卫生法(试行)》,已由中华人民共和国第五届全国人民代表大会常务委员会第二十五次会议于1982年11月19日通过,现予公布,自1983年7月1日起试行。

委员长　叶剑英

1982年11月19日

### 中华人民共和国食品卫生法(试行)

第一章　总　则

第一条　为保证食品卫生,防止食品污染和有害因素对人体的危害,保障人民身体健康,增强各族人民的体质,特制定本法。

第二条　国家实行食品卫生监督制度。

第三条　凡在中华人民共和国领域内从事食品生产经营的,都必须遵守本法。对违反本法的行为,任何人都有权检举和控告。

本法适用于一切食品,食品添加剂,食品容器、包装材料和食品用工具、设备;也适用于食品的生产经营场所、设施和有关环境。

第二章　食品的卫生

第四条　食品应当无毒、无害,符合应当有的营养要求,具有相应的色、香、味等感官性状。

第五条　专供婴幼儿的主、辅食品,必须符合国务院卫生行政部门制定的营养、卫生标准。

第六条　食品生产经营过程必须符合下列卫生要求:

(一)保持内外环境整洁,采取消除苍蝇、老鼠、蟑螂和其他有害昆虫及其孳生条件的措施,与有毒、有害场所保持规定的距离;

(二)食品生产经营企业应当有与产品品种、数量相适应的食品原料处理、加工、包装、贮存等厂房或者场所;

(三)应当有相应的消毒、更衣、盥洗、采光、照明、通风、防腐、防尘、防蝇、防鼠、洗涤、污水排放、存放垃圾和废弃物的设施;

(四)设备布局和工艺流程应当合理,防止生食品与熟食品、原料与成品交叉污染,食品不得接触有毒物、不洁物;

(五)餐具、茶具和盛放直接入口食品的容器,使用前必须洗净、消毒,炊具、用具用后必须洗净,保持清洁;

(六)运输和装卸食品的包装容器、工具、设备和条件必须符合卫生要求,防止食品污染;

(七)直接入口的食品应当有小包装或者使用无毒、清洁的包装材料;

(八)食品生产经营人员应当经常保持个人卫生,生产、销售食品时,必须将手洗净,穿戴清洁的工作衣、帽;销售直接入口食品时,必须使用售货工具;

(九)用水必须分别符合国家规定的城乡生活饮用水卫生标准。

对食品商贩和城乡集市贸易食品经营者在食品生产经营过程中的卫生要求,由省、自治区、直辖市人民代表大会常务委员会参照本条另行规定。

第七条　禁止生产经营下列食品:

(一)腐败变质、油脂酸败、霉变、生虫、污秽不洁、混有异物或者其他感官性状异常,可能对人体健康有害的;

(二)含有毒、有害物质或者被有毒、有害物质污染,可能对人体健康有害的;

(三)含有致病性寄生虫、微生物的,或者微生物毒素含量超过国家限定标准的;

(四)未经兽医卫生检验或者检验不合格的肉类及其制品;

(五)病死、毒死或者死因不明的禽、畜、兽、水产动物等及其制品;

(六)容器包装污秽不洁、严重破损或者运输工具不洁造成污染的;

(七)掺假、掺杂、伪造,影响营养、卫生的;

(八)用非食品原料加工的;

(九)超过保存期限的;

(十)为防病等特殊需要,国务院卫生行政部门或者省、自治区、直辖市人民政府专门规定禁止出售的;

(十一)含有未经国务院卫生行政部门批准使用的添加剂、农药(残留)的;

(十二)其他不符合食品卫生标准、卫生规定的。

第八条　食品不得加入药物。按照传统既是食品又是药品的以及作为调料或者食品强化剂加入的除外。

**第三章　食品添加剂的卫生**

第九条　食品添加剂必须符合质量标准,由国务院和省、自治区、直辖市的化工、轻工、石油、林业、水产、医药等主管部门指定工厂生产。

第十条　生产经营和使用食品添加剂,必须符合食品添加剂使用卫生标准和卫生管理办法的规定;不得经营、使用不合格产品和非指定工厂的产品。

**第四章　食品容器、包装材料和食品用工具、设备的卫生**

第十一条　食品容器、包装材料和食品用工具、设备必须符合卫生标准和卫生管理办法的规定。

第十二条　食品容器、包装材料和食品用工具、设备的生产必须采用符合卫生要求的原料。产品应当便于清洗和消毒。

第十三条　直接接触食品的纸张、塑料、橡胶等制品和涂料应当由生产主管部门负责组织专门生产。

**第五章　食品卫生标准和管理办法的制定**

第十四条　食品,食品添加剂,食品容器、包装材料,食品用工具、设备,用于清洗食品和食品用工具、设备的洗涤剂以及食品中污染物质、放射性物质容许量的国家卫生标准、卫生管理办法和检验规程,由国务院卫生行政部门制定或者批准颁发。

第十五条　国家未制定卫生标准的食品,省、自治区、直辖市人民政府可以制定地方卫生标准,报国务院卫生行政部门备案;食品生产经营主管部门或者食品生产经营企业,经同级卫生行政部门同意,可以在产品质量标准中列入卫生指标。

第十六条　食品添加剂的国家产品质量标准中有卫生学意义的指标,必须经国务院卫生行政部门审定。

农药、化肥等农用化学物质的安全性鉴定结论,必须经国务院卫生行政部门审定。

屠宰畜、禽的兽医卫生检验规程,由国务院有关部门会同卫生行政部门制定。

第十七条　各项卫生标准、卫生管理办法和检验规程,由制定或者颁发的部门根据实际需要及时进行修订或者审定。

**第六章　食品卫生管理**

第十八条　食品生产经营企业的主管部门负责本系统的食品卫生工作,并对执行本法情况进行检查。

第十九条　食品生产经营企业的主管部门和食品生产经营企业必须建立健全本系统、本单位的食品卫生管理、检验机构或者配备专职或者兼职食品卫生管理人员。

第二十条　食品卫生管理、检验机构或者食品卫生管理人员的职责是:

(一)贯彻执行食品卫生法规和有关规章制度,组织培训食品生产经营人员;

(二)对食品和食品生产经营过程进行卫生管理、检验或者检查;

(三)对食品卫生工作进行监督,对违反食品卫生法规的行为进行批评、制止,向上级和食品卫生监督机构反映情况,并提出处理意见。

第二十一条　食品生产经营企业的新建、扩建、改建工程的选址和设计应当符合卫生要求,其设计审查和工程验收必须有食品卫生监督机构参加。

第二十二条　利用新资源生产的食品、食品添加剂的新品种,生产经营企业在投入生产前,必须提出该产品卫生评价和营养评价所需的资料;利用新的原材料生产的食品容器、包装材料和食品用工具、设备的新品种,生产经营企业在投入生产前,必须提出该产品卫生评价所需的资料。上述新品种在投入生产前还需提供样品,并按照规定的食品卫生标准审批程序报请审批。

第二十三条　定型包装食品和食品添加剂,必须有产品说明书或者商品标志,根据不同产品分别按规定标出品名、产地、厂名、生产日期、批号(或者代号)、规格、配方或者主要成分、保存期限、食用或者使用方法等。食品、食品添加剂的产品说明书或者商品标志,不得有夸大或者虚假的宣传内容。

第二十四条　食品生产经营者采购食品,应当按照国家有关规定索取检验合格证或者化验单,销售者应当保证提供。需要索证的范围和种类由省、自治区、直辖市卫生行政部门规定。

第二十五条　食品生产经营人员每年必须进行健康检查;新参加工作和临时参加工作的食品生产经营人员必须进行健康检查,取得健康证后方可参加工作。

凡患有痢疾、伤寒、病毒性肝炎等消化道传染病(包括病原携带者),活动性肺结核,化脓性或者渗出性皮肤病以及其他有碍食品卫生的疾病的,不得参加接触直接入口食品的工作。

第二十六条　食品生产经营企业和食品商贩,必须先取得卫生许可证方可向工商行政管理部门申请登记或者变更登记。

卫生许可证的发放管理办法由省、自治区、直辖市卫生行政部门规定。

第二十七条　城乡集市贸易的食品卫生管理工作和一般食品卫生检查工作,由工商行政管理部门负责,食品卫生监督检验工作由食品卫生监督机构负责,畜、禽兽医卫生检验工作由农牧渔业部门负责。

第二十八条　进口的食品、食品添加剂、食品容器、包装材料和食品用工具及设备,必须符合国家卫生标准和卫生管理办法的规定。

进口上款所列产品,由国境食品卫生监督检验机构进行卫生监督、检验。进口单位在申报检验时,应当提供输出国(地区)所使用的农药、添加剂、熏蒸剂等有关资料和检验报告。

海关凭国境食品卫生监督检验机构的证书放行。

第二十九条　出口食品由国家进出口商品检验部门进行卫生监督、检验。

海关凭国家进出口商品检验部门的证书放行。

**第七章　食品卫生监督**

第三十条　各级卫生行政部门领导食品卫生监督工作。

第三十一条　卫生行政部门所属县以上卫生防疫站或者食品卫生监督检验所为食品卫生监督机构,负责管辖范围内的食品卫生监督工作。

铁道、交通、厂(场)矿卫生防疫站在管辖范围内执行食品卫生监督机构的职责,接受地方食品卫生监督机构的业务指导。

第三十二条　食品卫生监督机构设立食品卫生监督员。食品卫生监督员由合格的专业人员担任,由同级人民政府发给证书。

铁道、交通、厂(场)矿的食品卫生监督员,由其上级主管部门发给证书。

第三十三条　食品卫生监督机构的职责是:

(一)进行食品卫生监测、检验和技术指导;

(二)协助培训食品生产经营人员,监督食品生产经营人员的健康检查;

(三)宣传食品卫生、营养知识,进行食品卫生评价,公布食品卫生情况;

(四)对食品生产经营企业的新建、扩建、改建工程的选址和设计进行卫生审查,并参加工程验收;

(五)对食物中毒和食品污染事故进行调查,并采取控制措施;

(六)进行现场检查和巡回监督,及时处理发现的问题;

(七)对违反本法的行为追查责任,依法进行行政处罚;

(八)负责其他食品卫生监督事项。

第三十四条　食品卫生监督员执行食品卫生监督机构交付的任务。

食品卫生监督员在执行任务时,可以向食品生产经营者了解情况,索取必要的资料,进入生产经营场所检查,按照规定无偿采样。生产经营者不得拒绝或者隐瞒。

食品卫生监督员对生产经营者提供的技术资料有保密的义务。

第三十五条　国务院和省、自治区、直辖市的卫生行政部门,根据需要可以在食品卫生监督机构之外确定具备条件的单位作为食品卫生检验单位,进行食品卫生检验并出具检验报告。

第三十六条　发生食物中毒的单位和接收病人进行治疗的单位,除采取抢救措施外,应当根据国家有关规定,及时向所在地食品卫生监督机构报告。

**第八章　法律责任**

第三十七条　对违反本法情节较重的,食品卫生监督机构可以给予以下行政处罚:

(一)警告并限期改进;

(二)责令追回已售出的禁止生产经营的产品;

(三)没收或者销毁禁止生产经营的食品、食品添加剂;

(四)罚款二十元以上、三万元以下;

(五)责令停业改进;

(六)吊销卫生许可证。

吊销卫生许可证或者罚款五千元以上的,必须经县以上人民政府批准。

各项行政处罚可以单独或者合并适用。

没收的物品由食品卫生监督机构监督处理。

第三十八条　当事人对食品卫生监督机构给予的行政处罚不服的,在接到处罚通知之日起十五天内,可以向人民法院起诉。但是,对食品控制的决定应当立即执行。对罚款的决定不履行又逾期不起诉的,由食品卫生监督机构申请人民法院依照《中华人民共和国民事诉讼法(试行)》规定的程序强制执行。

第三十九条　违反本法,造成食物中毒事故或者其他食源性疾患的,应当负损害赔偿责任。受害人有权要求损害赔偿。

损害赔偿包括医药费、误工工资、生活补助费、丧葬费、遗属抚恤费。

第四十条　损害赔偿要求,由县以上卫生行政部门处理,当事人不服的,可以向人民法院起诉;也可以由受害人或者其代理人直接向人民法院起诉。

损害赔偿要求,应当从受害人或者其代理人知道或者应当知道被损害情况之日起一年内提出,超过期限的,不予受理。

第四十一条　违反本法,造成严重食物中毒事故或者其他严重食源性疾患,致人死亡或者致人残疾因而丧失劳动能力的,根据不同情节,对直接责任人员分别依照《中华人民共和国刑法》第一百八十七条、第一百一十四条或者第一百六十四条的规定,追究刑事责任。情节轻微、依照中华人民共和国刑法规定可以免予刑事处分的,由主管部门酌情给予行政处分。

**第九章　附　则**

第四十二条　国务院卫生行政部门根据本法,制定实施细则,报国务院批准施行。

第四十三条　本法用语定义如下:

食品:指各种供人食用或者饮用的成品和原料以及按照传统既是食品又是药品的物品,但是不包括以治疗为目的的物品。

食品添加剂:指为改善食品品质和色、香、味,以及为防腐和加工工艺的需要而加入食品中的化学合成或者天然物质。

食品强化剂:指为增强营养成分而加入食品中的天然的或者人工合成的属于天然营养素范围的食品添加剂。

食品容器、包装材料:指包装、盛放食品用的纸、竹、木、金属、搪瓷、陶瓷、塑料、橡胶、天然纤维、化学纤维、玻璃等制品和接触食品的涂料。

食品用工具、设备:指食品生产经营过程中接触食品的机械、管道、传送带、容器、用具、餐具等。

食品生产经营:指一切食品的生产(不包括种植业和养殖业)、采集、收购、加工、储存、运输、陈列、供应、销售等活动。

食品生产经营者:指一切从事食品生产经营的单位或者个人,包括职工食堂、食品商贩等。

第四十四条　出口食品的管理办法,由国家进出口商品检验部门会同国务院卫生行政部门和有关生产主管部门另行制定。

第四十五条　本法自1983年7月1日起试行。

自本法试行之日起,《中华人民共和国食品卫生管理条例》即行废止。过去颁布的食品卫生法规与本法抵触的,以本法为准。

**全国人大常委会关于批准长江南通港张家港对外国籍船舶开放的决定**

(1982年11月19日通过)

第五届全国人民代表大会常务委员会第二十五次会议,审议了国务院提出的关于提请批准长江南通港、张家港对外国籍船舶开放的议案。决定:批准将长江南通港、张家港对外国籍船舶开放。

**全国人大常委会于延长本届人民公社镇人民代表大会任期的决议**

(1982年11月19日)

第五届全国人民代表大会常务委员会第二十五次会议决定:从1979年下半年开始试点到1981年年底结束的由选民直接选举产生的人民公社、镇人民代表大会的任期,全国统一延长到1983年年底。

**全国人大常委会决定任免名单**

(1982年11月19日第五届全国人民代表大会常

务委员会第二十五次会议通过)

一、任命吴学谦为外交部部长。

免去黄华的外交部部长职务。

二、任命张爱萍为国务院国务委员兼任国防部部长。

免去耿飚的国务院国务委员兼任国防部部长职务。

**全国人大常委会任命名单**

(1982年11月19日第五届全国人民代表大会常务委员会第二十五次会议通过)

全国人民代表大会常务委员会副秘书长

王汉斌

**全国人民代表大会常务委员会任免名单**

(1982年11月19日第五届全国人民代表大会常务委员会第二十五次会议通过)

任命事项

任命林准、祝铭山、彭树华、孙琬钟、马原(女)、王奇、刘章为最高人民法院审判委员会委员。

免职事项

免去宋光、杨化南、李月波、李荣棣(女)的最高人民法院审判委员会委员职务。

**中国与土耳其经济工业技术合作联合委员会第一次会议在安卡拉草签一份备忘录**

备忘录决定增加两国的贸易,并在水力和火力发电方面加强合作。

根据备忘录规定,土耳其将向中国派出水稻种植、生丝、陶瓷器生产和地震预报考察小组,中国将向土耳其派出研究牛奶工业、畜牧业特别是安哥拉羊和安哥拉兔饲养以及棉花和烟草生产考察小组。两国还同意在向第三国提供承包服务方面进行合作。

## 11月20日

**中顾委主任邓小平在人民大会堂会见泰国总理炳·廷素拉暖**

邓小平说,中泰两国关系是牢固的、自然的,两国在谅解、合作的精神指导下建立和发展关系,没有任何强加于人的状况。他说,中国也愿意同其他东盟国家发展关系,这不是权宜之计,而是长期的战略决策。中国还要同亚太地区的其他第三世界国家发展友好合作关系。

谈到柬埔寨问题,邓小平说,柬埔寨人民抗击越南侵略的斗争是长期的,一时的得失不能决定最后的胜负。我们应当坚定不移地支持柬埔寨三派爱国力量共同抗击越南侵略的斗争。

**全国政协五届常委会二十一次会议在北京召开**

会议决定:全国政协第五届委员会第五次会议11月24日在北京召开。

常委会通过了全国政协第五届第五次会议的议程(草案),讨论了常务委员会向全国政协第五届第五次会议作的工作报告(草案)。委员们就政协一年来的工作和如何开创人民政协工作的新局面,更好地发挥统一战线在新时期的作用,发表了很好的意见。

全国政协副主席刘澜涛主持会议,全国政协副主席康克清、王首道、帕巴拉·格列朗杰、庄希泉、胡子昂、荣毅仁、何长工、杨秀峰、包尔汉、周培源、钱昌照、董其武出席会议。

**全国企业整顿领导小组 国家经委在北京召开国务院企业整顿工作会议**

会议认为,整顿劳动组织是全面整顿企业的一项重要内容。对这个问题不能回避,也不能走过场;在时间上要抓紧,在质量上要保证。如果这个问题解决得不好,企业的整顿就叫没有搞好。

如何进一步把劳动组织整顿好?根据一些企业的经验,会议对各地区、部门、企业提出以下几点意见:

一、各级领导要提高认识,下定决心,知难而进,敢于碰硬。

二、贯彻统筹兼顾的原则,正确处理整顿企业劳动组织与社会劳动就业的关系。

三、做好思想政治工作。要理直气壮地向职工讲清整顿劳动组织的意义,发动和依靠广大职工做好整顿劳动组织,按定员定额组织生产这项工作。

**天津市短短3个月建成商业网点594个**

新华社报道:天津市冲破烦琐制度的束缚,在短短3个月内就建成集体商业网点594个,安置待业青年5000多人,受到群众称赞。党中央、国务院领导同志肯定了天津市的做法,并作出批示,要求在一切部门推广这种工作作风。

**全国人大常委会副委员长邓颖超在人民大会堂会见泰国总理炳·廷素拉暖**

**中共中央政治局委员习仲勋在人民大会堂会见以中央候补委员国际事业部副部长李华善为团长的朝鲜劳动党国际事业部代表团**

**中央军委副主席聂荣臻写信给总后勤部部长洪学智 政治委员王平赞扬总后组织的边防海岛调查**

聂荣臻写道:你们组织这么多干部跋山涉水,行程数千里,去看望我们日夜守卫在祖国海岛边疆的广大指战员,做了一件大好事。

聂荣臻说:守岛戍边的干部战士是很艰苦的。看到他们在那样艰苦的环境中战斗生活,为了祖国的安全,贡献出自己的青春和力量,深受感动。他们是最可爱的人!他说,边防海岛干部战士的困难,我们各级领导应该给予关怀,一定要设法帮他们解决。

**全国第一次生态经济讨论会在江西南昌举行**

与会者认为,生态平衡是经济平衡的客观基础,只有保持生态平衡的资源利用,才谈得上合理利用,才符合长远的经济效益。在生态平衡与经济效益之间,主导的一面是生态平衡,如果生态平衡受到破坏,其造成的损失,必然要落在经济身上。过去,由于指导思想上忽视经济效益与生态效益的统一,造成生态平衡严重失调、环境严重污染,给经济发展带来极严重的损失。现在,十二大政治报告已经提出"坚决保护各种农业资源,保持生态平衡"的要求。因此,加强这方面的科学研究,与有关学科配合,提出符合客观情况的、切实可行的合理化建议,实在是我们义不容辞的任务。

与会者认为,为了实现十二大提出的经济全面高涨的战略目标,在生态平衡上,第一,要提高全党全民对生态经济问题战略意义的认识。三十年来,造成生态破坏的一个重要原因,是对生态平衡的经济意义缺乏认识。加强这方面的普及教育,是一项十分重要的基础工作。只有把生态经济理论变为千百万群众的自觉行动,才能从根本上解决生态问题。要编写通俗教材,采取多种形式,利用各种宣传工具,广为宣传。大家认为,四川省丰都县开展全县生态经济调查规划并且召开学术讨论会的做法是好的,有条件的地方可以推广。

第二,做经济工作的同志要牢固树立生态平衡的观点,并用以指导经济工作。现在,许多同志一提保持生态平衡,往往当成额外负担。他们不明白,治理污染,保持合理的生态,是对资源的合理利用,可以得到更好的经济效益;片面追求经济效益,必然损害全面的、长远的效益,到头来是得不偿失。许多生产和建设事业,花了不少人力物力,却办了蠢事,受到自然界的惩罚。过去的教训应引以为戒。要把生态经济效益的思想引入各项经济工作。每一项开发工程,不但要进行技术经济论证,而且要进行生态经济论证。农业的发展要十分重视生物技术措施,保护各种资源,保持生态平衡。代表们强调,我们的经济政策无不与生态平衡有关,比如商品价格确定不当,就会对生态从而对经济造成严重恶果。

第三,下决心在十年内抓住几个当前危害严重、事关全局长远、治理后又可取得巨大经济效果的生态经济项目,比如综合治理黄河流域、治理大中城市污染、合理开发利用海南岛和西双版纳热带作物资源等,经过充分准备,一抓到底,使问题得到解决。

第四,加强生态经济科学研究,培养生态经济人才。要在经济建设实践经验的基础上,逐步建立我国生态经济学科体系。建议现有的大专院校增设生态经济课程。我国生态经济人才的大量需要在农村,要改变农村中学体制,大量举办农业中学,使学生受到农业专业培养,具备农业生态经济的基本知识。

## 11月21日

**全国政协五届常委会二十一次会议在北京闭幕**

会议通过全国政协第五届常委会将向全国政协五届五次会议作的工作报告。

全国政协五届四次会议提案审查委员会召集人蔡啸,在会上就全国政协五届四次会议以来提案工作情况的书面报告作了说明。会议通过了这一报告。会议还通过了全国政协五届五次会议提案审查委员会名单(草案),通过了全国政协五届五次会议列席人名单,通过全国政协第五届委员增补名单。

全国政协副主席周培源主持会议。全国政协副主席刘澜涛、康克清、王首道、帕巴拉·格列朗杰、胡子昂、荣毅仁、何长工、萧克、杨秀峰、包尔汉、钱昌照、董其武出席会议。

**全国儿童剧部分优秀剧目在北京公演**

11月中旬至12月上旬,文化部调选部分优秀剧目在首都演出,其中有塑造敬爱的宋庆龄同志形象的话剧《宋庆龄和孩子们》(上海中国福利会儿童艺术剧院创作演出);描写孩子们机智勇敢追擒盗窃犯故事的话剧《小侦察》(武汉话剧院创作演出);歌颂当代少年儿童爱国主义精神的话剧《护照的秘密》(江西上饶地区歌舞话剧团创作演出);反映学校现实生活的话剧《闪烁吧,繁星》(中国儿童艺术剧院创作演出);富有强烈民间艺术色彩的神话剧《人参娃娃》(辽宁儿童艺术剧院创作演出);运用卡通式舞蹈手法表现的小歌舞剧《3+2×5=?》(四川内江地区文工团创作演出);表现抗战时期一个流浪儿投入革命集体怀抱故事的话剧《喜哥》(中国儿童艺术剧院创作演出)。

## 11月22日

**中共中央转发《全国哲学社会科学规划座谈会纲要》**

中共中央指出，社会科学工作者要着重研究社会主义现代化建设的理论问题和实际问题，要为建设具有中国特色的社会主义作出自己的贡献。

**《人民日报》发表社论《新党章的时代特点》**

党的十二大通过的新党章引起了全党的普遍重视，许多党外朋友也给予高度的评价。不少同志在学习的时候，根据在党内生活中的切身体会，注意从新党章与过去的几个党章的相互比较中，了解新党章许多新的规定、新的特点，加深对新党章的理解，这种学习态度和学习方法是可取的。但是，如果只注意了解新党章与过去的党章在词句上和具体条文上的不同，是不够的；还应当进一步了解党所处的环境和时代不同了，对党组织和党员的要求更高了，了解新党章是怎样体现这种时代的需要的。这样，才能使广大党员把握新党章的基本精神和时代特点，更自觉地把新党章作为自己的行动准则。

十二大通过的新党章根本不同于九大、十大的党章——那是在"文化大革命"期间党的指导思想发生严重"左"倾错误的情况下制定的；新党章也不同于十一大的党章——那是在"左"的指导思想尚未纠正的情况下制定的；新党章又不同于七大的党章——那是在革命战争年代、我们党尚未取得全国政权的情况下制定的；新党章还不同于八大的党章——那是在党执政只有七年的历史情况下制定的。新党章是在我们党有了三十三年执政经验，纠正了"文化大革命"的错误，端正了指导思想，实现了历史性的伟大转变，又面临着全面开创社会主义现代化建设新局面的伟大历史任务的情况下制定的。因此，它具有鲜明的时代色彩、时代特点。

第一，新党章适应了新时期执政党的需要。我们党的工人阶级先锋队的性质和最终实现共产主义的奋斗目标是始终不变的，但是成为执政党以后所处的地位和面临的任务同执政以前有了很大的变化。这种变化给党的建设带来了新的特点。主要是要善于正确地实现对国家政权的领导，更加注意保持和加强同人民群众的联系，有效地防止脱离群众的危险。这也是全国人民对我们党寄予的希望和要求，新的党章必须充分体现这一点。关于执政党的问题，八大的党章只是涉及一部分。十二大通过的新党章充分考虑到执政党的地位，在这方面作了很多有针对性的规定。新党章首先科学地分析了现阶段我国社会的主要矛盾，确定了党的总任务，同时对于党执政以后如何正确地实现党的领导作出了明确的规定，指出"党的领导主要是政治、思想和组织的领导"。党风问题是关系执政党生死存亡的问题。列宁说过，一个想存在下去的政党，在它存亡的问题上是不能容许有丝毫动摇的。为了防止和纠正脱离群众的各种不正之风，新党章强调"党在领导群众为实现共产主义理想而奋斗的全部过程中，始终同群众同甘共苦，保持最密切的联系，不允许任何党员脱离群众，凌驾于群众之上"。新党章对党员提出了比历次党章更严格的要求，以非常明确的语言指出："中国共产党党员永远是劳动人民的普通一员。除了制度和政策规定范围内的个人利益和工作职权以外，所有共产党员都不得谋求任何私利和特权。"新党章还专门增写了《党的干部》一章，指出党的干部是人民的公仆，对党员干部提出了比一般党员更高的要求。坚定不移地按照新党章的这些要求去做，就能保证我们党在执政条件下永远不会脱离群众，永远不会腐化变质。

第二，新党章适应了党内生活继续拨乱反正的需要。拨乱反正表现在许多方面，首先是思想、政治路线方面。经过几年的努力，这一方面已经从根本上解决了。党章的任务是把它进一步确立和巩固起来。拨乱反正的另一个重要方面，就是在党内生活中贯彻民主集中制。这在新党章里面也表现得非常明显。民主集中制是我们党根本的组织原则。可是，从五十年代后期开始，党内政治生活越来越不正常，集体领导原则和民主集中制受到削弱以至破坏，党内个人专断和个人崇拜现象日益严重，这是"文化大革命"得以发生的重要社会历史原因之一。粉碎"四人帮"以后，特别是十一届三中全会以来，我们党能够迅速、有力地拨乱反正的一个重要原因，就是恢复并坚持了民主集中制的原则。新党章总结了正反两方面的经验，把坚持民主集中制作为党的三项基本要求之一，对民主集中制的基本原则作了比过去的党章更加系统和全面的规定。其中特别把"党禁止任何形式的个人崇拜"作为党的民主集中制的基本原则之一，规定"任何党员不论职务高低，都不能个人决定重大问题"。关于民主集中制的各方面，包括充分的党内民主，在高度民主的基础上实行高度的集中，以及严格的组织纪律，等等，都作了详细的规定。这样就可以有力地防止个人专断，同时防止无组织无纪律现象。

第三，新党章适应了社会主义现代化建设的需要，适应了干部队伍"四化"的需要。新党章指出，在我国阶级斗争虽然还在一定范围内长期存在，但已经不是主要矛盾，主要矛盾是人民日益增长的物质文化需要同落后的社会生产之间的矛盾，因此，“中国共产党工作的重点，是领导全国各族人民进行社会主义现代化经济建设”。社会主义现代化建设的任务，要求把马列主义普遍真理与新时期的具体实践相结合，掌握建设的客观规律。新党章规定了党的思想路线，并且指出：“全党必须依据这条思想路线，科学地总结历史经验，调查研究现实情况，解决国内和国际事务中提出的新问题，反对一切‘左’的和右的错误倾向。”为了保证现代化建设任务得以实现，新党章还对党员、党的干部和党的各级组织提出了相应的要求。在党员的义务中，特别增写了“学习科学、文化和业务”的内容。在《党的干部》一章中，明确规定要“努力实现干部队伍的革命化、年轻化、知识化、专业化”，要求党的各级领导干部必须有强烈的革命事业心和政治责任感，有胜任领导工作的组织能力、文化水平和专业知识。新党章还特别提出，党的干部必须接受党的培训，这是使我们的干部能够胜任现代化建设任务的一项重要规定。干部只有接受训练才能使经验和知识得到总结，得到更新，才能掌握现代的科学知识和现代的管理方法。

第四，新党章适应了建设社会主义精神文明，发展社会主义民主，健全社会主义法制的需要。新党章规定：“中国共产党领导人民在建设高度物质文明的同时，建设高度的社会主义精神文明。”党的思想建设是全社会精神文明建设的支柱，共产党员在思想道德方面起模范作用，就能对社会成员的精神面貌和社会的道德风尚产生积极的影响。新党章在这方面对党员提出了严格的要求。关于党员义务的各项规定，集中起来，就是要求党员具有共产主义觉悟，有革命的理想、道德和纪律。毫无疑问，按新党章的这些要求去做，一定会大大推动整个社会的精神文明建设。新党章又规定：“中国共产党领导人民发展社会主义民主，健全社会主义法制，巩固人民民主专政。”它一方面肯定，党是我国社会主义事业的领导核心；另一方面又规定，党必须在宪法和法律的范围内活动，必须保证国家的立法、司法、行政机关，经济、文化组织和人民团体积极主动地、独立负责地、协调一致地工作。这是过去的党章所没有解决的问题。新党章规定了党的领导作用的基本原则和党在国家生活、人民生活中的恰当地位，明确了党和国家机关、非党组织的关系，避免了党政不分的状况。这对发展社会主义民主，健全社会主义法制将起积极的促进作用。

第五，新党章也适应了争取三个根本好转的需要。党的十二大提出，根据新时期总任务的要求，在今后五年内，要争取实现国家财政经济状况的根本好转，实现社会风气的根本好转，实现党风的根本好转。党风的根本好转是实现三个根本好转的关键。新党章针对目前某些党风不正的问题，对党员和党的干部在政治、思想、组织各方面提出了更严格的要求。关于党员的义务，写了绝对不得假公济私、损公利私，坚决反对派性，勇于支持好人好事，反对坏人坏事等内容；关于各级领导干部的基本条件，写了要坚持党的原则，同任何滥用职权、谋求私利的行为作斗争等内容；关于加强党的纪律和纪律检查机关，新党章也作了重要的规定。这些规定都有非常强的现实性和针对性，是争取实现三个根本好转特别是实现党风根本好转的有力武器。

综合以上五个方面，可以看出，新党章的时代特点，既正确地反映了我们党作为执政党和十一届三中全会以来实现了历史性伟大转变之后党的现实状况，又适应了在新的历史时期提高党员的素质，提高党组织的战斗力，提高党的领导水平，把党建设成为领导社会主义现代化事业的坚强核心的要求。

中国共产党成立61年来，先后产生过十二个党章。其中七个是新民主主义革命时期的，五个是社会主义革命和社会主义建设时期的。固然，每一个党章都是在一定的历史条件下产生的，因而必然带有当时的时代特点，但是，并不等于它们都完全正确地反映了当时社会前进和党的建设的客观要求。七大的党章正确地反映了新民主主义革命时期革命事业发展和党的建设的要求，因而成为那个时期最好的一部党章。十二大通过的新党章正确反映了我们今天时代的特点和党的建设的要求，而且是党的全部历史经验和全党集体智慧的宝贵结晶，因此，完全有理由说，它是社会主义时期最好的一部党章。

制定出一部正确反映时代前进要求的新党章是不容易的，把它完全付诸实践，推动时代前进，更要付出艰巨的努力。全党同志，让我们更好地按照新党章的要求动员起来、武装起来、组织起来，同全国人民一道，为实现党的十二大提出的伟大历史任务而努力奋斗吧！

**经济社会发展战略问题座谈会举行第十一次会议**

会议重点讨论了我国农业经济发展战略问题。

发言的同志认为，从三中全会开始，党在经济工作方面，从优先发展重工业转到优先抓农业，作出了一系列重大的决策，四年大丰收，推动消费品工业发展，重工业回升，使得经济形势大变。面对农业经济发展的新形势，要求工业、商业各个方面的工作都要有新的突破。整个国民经济要走上良性循环的轨道，最根本的是农业，同时工业、商业各行各业都要转移到以农业为基础的轨道上来。讲农业不讲工业、商业不行，否则还是小农业的观点。

为了实现今后20年经济发展的战略目标，农业经济的发展战略也要有一个根本性的转变。

第一,对现代化农业要有明确的观念。现代化农业既包括粮食和经济作物、林牧副渔全面发展的内容,又包括从生产到加工、从工业农业到流通纵深发展的内容。现代化农业是朝着专业化社会化方向发展的农业。要从过去单纯抓粮食的农业观念转变到这样的大农业的概念上来。这种观念的转变,可以改变过去催种催收、报灾报喜的工作方法,可以改变过去用行政办法搞农业的毛病,可以防止过去某些农副产品、农用产品长期短缺的现象发生。

第二,要从过去单纯抓15亿亩耕地转到全国国土的合理开发利用,坚定不移地贯彻决不放松粮食生产、积极发展多种经营的方针。

第三,继续贯彻执行党在农村的各项经济政策,完善和发展各种形式的农业生产责任制。发言的同志强调,以大包干为主要形式的农业生产责任制,开创了农业经济发展的新局面,是农村经济工作的重大突破。经济理论工作者要研究这种变化,要到群众的实践中去总结经验,发现新理论,发展新理论。

第四,综合应用科学技术,加快农业经济发展。农业的持续发展要靠科学。现在,很多农民把科学技术看成"财神爷"。要适应这个形势,建立健全各种农业技术服务体系,建立不同地区的农业技术中心,普及和推广各种适用技术。要建立先进的农业教育体系,培养各个方面的农业技术队伍。要为农业技术人员逐步创造必要的工作条件和生活条件。

第五,发展商品生产,使我国的农业经济由自给自足的状态向专业化社会化的方向发展。从单纯搞原料生产转向农工商综合经营。现在农村流通环节不畅,是一个很大的矛盾。要继续放宽政策,疏通渠道,把农村经济搞活。

第六,保护农业资源,保持生态平衡。目前,这方面的问题相当严重,水土流失,环境污染,资源破坏,生态失调,给农业经济的发展带来了严重的恶果。保护农业资源,包括保持耕地的稳定,建立优化的生态系统,是一项十分迫切的任务。

**解放军总参谋长杨得志在人民大会堂设宴欢迎阿曼苏丹国负责国防和安全事务的副首相法赫尔·本·泰穆尔一行**

**中国帮助斐济开发稻田的议定书在斐济首都苏瓦签字**

议定书规定,中国将援助斐济政府开发大约60公顷稻田,并提供小型农业机械和有关水稻种植的专门技术。

中国驻斐济大使申志伟和斐济农业和渔业部部长乔纳蒂·玛沃阿分别代表两国政府在议定书上签了字。

**以全国人大常委会副委员长彭冲为团长的中国人大代表团在马来西亚议会大厦拜会马哈蒂尔总理**

## 11月23日

**中共中央总书记胡耀邦在北京会见民主柬埔寨联合政府总理宋双及其随行人员**

胡耀邦说,柬埔寨人民正经历着一场非常艰巨而又伟大的斗争。因为这场斗争关系到柬埔寨民族的生死存亡,关系到子孙后代的前途问题,也关系到东南亚地区的和平与稳定。

胡耀邦指出,要取得抗越救国斗争的胜利,需要进行艰巨的努力。他说,在我们看来,要有两个根本的条件:第一个条件就是柬埔寨各爱国力量的亲密团结,英勇奋斗。三派爱国力量要捐弃前嫌,团结起来,一致对敌。第二个根本条件是要争取国际社会的支援,就是要争取世界上绝大多数国家和人民站出来伸张正义,坚决支持柬埔寨人民的斗争。

胡耀邦重申中国人民坚定不移地站在柬埔寨人民一边。

**中国宪法修改委员会在人民大会堂举行第五次全体会议**

会议通过决定,将《中华人民共和国宪法修改草案》和关于宪法修改草案的报告提请五届全国人大五次会议审议。

宪法修改委员会副主任委员彭真主持会议。他说,宪法修改委员会自1980年9月成立以来,已经开过四次全体会议。在第三次会议上通过了一个宪法修改草案,于今年四月提请五届人大常委会公布,交付全国人民讨论。宪法修改委员会秘书处根据各地各方面在全民讨论中的意见,对原草案进行了修改,提请第四次全体会议审议。此后,秘书处又根据委员们在四次全体会议上提出的意见,拟出了现在的修改草案。宪法修改工作从开始征求意见到现在已经两年零两个月了,讨论是相当充分的。

宪法修改委员会副秘书长胡绳在会上就宪法修改草案的最后修改情况作了说明后,委员们一致通过了这个草案和关于草案的说明。

会议还通过了关于提请五届全国人大五次会议审议《中华人民共和国宪法修改草案》的议案。

**全国人大常委会副委员长邓颖超在钓鱼台国宾馆会见以会长井上靖为团长的日本中国文化交流协会代表团**

邓颖超说，中日两国友好合作关系将长期、稳定地发展下去。两国的民间友好交往对发展两国关系起重要作用。她表示希望两国人民的文化交流在现有基础上不断扩大。

井上靖说，我们将继承日中友好事业先行者的遗志，为促进两国人民的友谊而积极工作。

**全国人大常委会副委员长习仲勋在北京设宴欢迎朝鲜劳动党中央书记 最高人民会议常设会议议长黄长烨一行**

**国务委员黄华在钓鱼台国宾馆会见阿曼苏丹国负责国防和安全事务的副首相法赫尔·本·泰穆尔一行**

**外经贸部部长陈慕华同由商工部长乔治·安德烈乌率领的塞浦路斯政府贸易代表团举行会谈**

**中国与孟加拉国1983年科学技术合作议定书在达卡签订**

中国林业部副部长董智勇和孟加拉国财政和计划部对外资源局秘书马菲佐尔·拉赫曼分别代表两国政府在议定书上签字。

**中央军委常务副主席杨尚昆 解放军总参谋长杨得志 总政治部主任余秋里分别参观北京部队举办的农副业生产和连队腌制小菜展览**

11月23日、24日，杨尚昆、杨得志、余秋里称赞北京部队农副业生产搞得好，连队小菜腌制得好。全军要推广北京部队的经验，把连队伙食搞得更好。

在展览厅里，陈列了各种农副业产品和100多种、1000多个小菜样品，琳琅满目。杨尚昆等领导同志边参观，边交谈，还品尝了有酸、甜、咸、辣滋味的小菜，连连称赞说：不错！不错！他们指出，这样搞好处无穷，非搞不可。全军各部队一定要把农副业生产搞好，要普及，要提高，为生活、为训练、为战备服务。

**中国社科院在北京举行第一届院务委员会第三次会议**

会议强调要从实际出发，努力探索社会主义现代化建设的客观规律，建设有中国特色的社会科学。

中国社会科学院秘书长梅益说，社会科学工作者要面向社会主义现代化建设的伟大实践，老老实实，勤勤恳恳地做周密细致的调查研究，提出有价值的见解来供中央决策时参考。哲学社会科学各学科都应该根据自身的特点，加强对现代化建设面临的重大理论问题与实际问题的研究。

会议认为，为了建设具有中国特色的马克思主义的社会科学，适应社会主义现代化建设的需要，必须进一步抓好现有研究机构的改革，加强哲学社会科学队伍的建设。

会议强调，社会科学要现代化，关键之一是提高研究人员的思想素质、业务能力和实现研究队伍的知识更新。我们必须运用马克思主义的基本原理，采用新的研究方法和手段，创造性地去阐明和解答社会主义现代化建设中的各种理论与实际问题。

中国社会科学院院长马洪主持会议。出席这次会议的有副院长夏鼐、钱锺书、汝信，顾问张友渔、许涤新、钱俊瑞等共60多人。会上大家还就建立中国社会科学院学术委员会、《中国社会科学院工作条例》(草案)等进行了讨论。

**全国政协文化组和音协召开继承古曲传统座谈会**

座谈会讨论整理、继承古代歌曲优秀传统问题。

与会者认为，我国的民族音乐遗产非常丰富。整理、继承、发扬民族音乐传统，对于振兴民族精神，建设社会主义精神文明具有重要意义，应引起音乐界和社会的普遍重视。在整理古代歌曲优秀传统中，既要继承又要发展，否认民族传统的观点是错误的，反对发展变化的观点也是错误的。座谈会呼吁要尽快抢救音乐遗产，希望尽快建立一个音响资料馆，把纸上的音乐变成"活音乐"，使后代更好地继承和发扬民族音乐传统。

**《人民文学》《文艺报》编辑部在北京召开座谈会**

中共中央宣传部副部长贺敬之、中国作家协会副主席兼《人民文学》主编张光年到会讲话。他们在讲话中充分肯定了几年来报告文学创作取得的可喜成就。指出，报告文学在拨乱反正的斗争中是走在前头，打了先锋的。许多作家怀着强烈的政治责任感，报喜中之忧，报忧中之喜；颂人民之大喜，分党之大忧，在促进现实生活的发展中起了积极的作用。现在十二大向全国人民提出全面开创社会主义现代化建设新局面，建设高度的社会主义精神文明的伟大任务，希望从事和组织报告文学创作的同志，在这个新的伟大任务面前，很好地总结以往的经验、教训、成败得失，依然像前几年那样抖起威风，迅速开创出一个报告文学创作的新局面来。

与会同志们说，现在十二大胜利闭幕了，一个新的社会主义现代化建设局面将逐步展开，这给报告文学创作提供了极为有利的环境和条件,我们不应稍有懈怠,要以极大的热情投身到现实生活的激流中去,报告我们时代的精神和人民的风貌。同志们还说,文艺既是精神文明的一部分,也是建设社会主义精神文明的重要手段。因之,繁荣和发展报告文学创作,更好地宣传共产主义思想、共产主义精神,光有作家们的热情还是不够的,希望各级党政领导部门给以必要的支持和协助,共同促其不断发展。

在座谈会上发言的有:徐迟、田流、朱子奇、许觉民、刘剑青、唐因、理由、韩少华、李玲修、杨匡满、鲁光、谢大光、王宗仁等。出席的还有孔罗荪、葛洛、戈扬、唐达成等同志。

**朱仄被选举为亚洲羽毛球联合会主席**

## 11月24日

**全国人大常委会委员长叶剑英在北京住所向《人民日报》记者发表谈话**

叶委员长谈到即将召开的全国人民代表大会第五届第五次会议。他说,这次大会将要通过新的宪法。这部新宪法是党领导全国人民广泛讨论和修改后制定的。这是人民自己制定的宪法,人民有责任监督宪法的执行,监督政府按宪法办事。宪法通过以后,全体共产党员,要宣传新宪法,作执行新宪法的模范。

记者问到对青年一代的希望时,叶委员长说:我是老年人了,八十五岁了。中国的未来是青年们的。青年人朝气蓬勃,中国的未来毕竟是他们的。为了未来,青年人要跟老年人合作,保证宪法的实施。

叶委员长对老干部寄予殷切的希望。他说,老干部经历了历史的曲折,走过弯路,革命的时间比较长。他们有丰富的经验,斗争的阅历比较深。我们的高级干部跟着毛主席革命几十年,受过毛主席长期的教育和培养。如果没有毛主席的领导,我们可能还在上海的租界里过生活。老干部应当把自己的回忆作为教材来教育青年,把失败的教训,成功的经验,传授给青年人。这个新宪法就是经过长期斗争,用无数次的成功和失败换来的,要十分珍惜,要把我们党的优良传统发扬光大。

谈到军队的现代化建设时,叶委员长说,军队是国家政权的支柱。我们军队的士气很高,上下也很团结,这是我们进步的地方。工厂的干部和工人制造了先进的武器,我们使用武器的人,要学会掌握这些武器。军队应当执行宪法,捍卫宪法。

**全国政协五届五次会议在北京开幕**

全国政协主席邓小平主持大会开幕式。他说,这次会议是五届全国政协的最后一次会议。五年来,特别是中共十一届三中全会以来,统一战线工作和人民政协工作有了很大发展,出现了生气勃勃的局面,我们的统一战线比过去任何时期更加扩大了,不仅包括全体社会主义劳动者,还包括拥护社会主义的爱国者和拥护祖国统一的爱国者,是最广泛的爱国统一战线,前程远大,大有可为。我们一定要坚持“长期共存,互相监督”、“肝胆相照,荣辱与共”的方针,加强同各民主党派、无党派民主人士和一切爱国的党外朋友们的合作,为开创我国社会主义现代化建设的新局面,为开创爱国统一战线的新局面,为开创人民政协工作的新局面而共同奋斗。

大会通过了五届全国政协五次会议的议程和日程,通过了提案审查委员会名单。

会上,全国政协副主席、政协章程修改委员会副主任委员刘澜涛受主任委员邓小平的委托,作了《关于〈中国人民政治协商会议章程(修改草案)〉的说明》;全国政协副主席胡子昂作了《中国人民政治协商会议第五届全国委员会常务委员会工作报告》。

全国政协五届四次会议提案审查委员会向大会提出了关于全国政协五届四次会议以来提案工作情况的书面报告。

大会主席台就座的有:全国政协副主席乌兰夫、陆定一、李维汉、许德珩、康克清、王首道、帕巴拉·格列朗杰、周建人、庄希泉、荣毅仁、胡愈之、王昆仑、何长工、萧克、程子华、杨秀峰、包尔汉、周培源、钱昌照、董其武,以及全国政协常务委员。

列席今天大会的有中共中央和各省、自治区、直辖市党委统战部门的负责人,国务院参事,文史资料研究委员会专员:全国政协和各省、自治区、直辖市政协的负责人等。

各国驻中国的外交使节和外国驻京记者旁听了大会。

**全国政协副主席刘澜涛在全国政协五届五次会议上作《关于〈中国人民政治协商会议章程(修改草案)〉的说明》**

刘澜涛在受邓小平主任委员委托所作的这个说明中说,中国人民政治协商会议有过1954年和1978年两部章程,现在提请审议的章程修改草案,是中国人民政协的第三部章程。

刘澜涛说,粉碎江青反革命集团特别是中国共产党十一届三中全会以来,随着国家在政治、经济、文化各方面的巨大变化,人民政协的组织和工作也有了很大的发展,统一战线和人民政协的工作进入了一个新的历史发展阶段。这就需要把新的形势和任务在人民政协的章程中反映出来，使政协工作更好地适应新阶段的要求。鉴于上述情况，1980年9月五届全国政协三次会议作出了关于修改政协章程的决议，并成立了政协章程修改委员会，负责进行有关修改章程的工作。

刘澜涛接着介绍了政协章程修改委员会的工作过程。他说，今年7月，全国政协常务委员会将政协章程修改草案交付全国政协委员和地方各级政协以及各民主党派、人民团体提出修改意见。从7月至9月，征求意见的工作在全国各地广泛展开，其参加人数之多，方面之广，在政协历史上是空前的。本月中旬，政协章程修改委员会根据讨论中提出的修改意见，并以党的十二大精神为指导，对章程修改草案作了最后的修改补充。这就是现在提请这次会议审议的章程修改草案。

刘澜涛就章程修改草案中关于人民政协性质的规定作说明时说，国家最高权力必须由全国人民代表大会统一行使，人民政协则是中国人民在中国共产党领导下的统一战线组织。我国的爱国统一战线是在长期的革命和建设进程中形成和发展起来的。在新的历史时期中，统一战线的对象不是越来越少，而是越来越多；统一战线的工作范围不是越来越狭小，而是越来越宽广。统一战线仍将是我国人民团结战斗、建设祖国、统一祖国的一个重要“法宝”，仍然具有强大的生命力。根据长期的历史经验和新时期统一战线的需要，中国人民政治协商会议仍然是巩固和发展爱国统一战线的卓有成效的组织形式。

刘澜涛说，政协章程草案对于人民政协性质的规定同宪法修改草案序言中的有关阐述是完全一致的。关于人民政协的性质、地位和作用在国家的根本大法中得到明文规定，这还是第一次。这对于我国的统一战线和人民政协的工作都具有重要的指导意义和深远的影响。

刘澜涛在说明有关中国人民政协的任务的规定时说，中国共产党第十二次全国代表大会通过的中央委员会的报告指出，党在新的历史时期的总任务是：团结全国各族人民，自力更生，艰苦奋斗，逐步实现工业、农业、国防和科学技术现代化，把我国建设成为高度文明、高度民主的社会主义国家。还指出，要努力促进祖国统一的大业，继续为反对帝国主义、霸权主义和维护世界和平而斗争。今后五年内，要争取实现国家财政经济、社会风气和党风的根本好转。邓小平同志在党的十二大开幕词中指出，今后一个长时期内，要抓紧国家的机构改革和经济体制改革，建设社会主义精神文明，打击经济领域和其他领域内破坏社会主义的犯罪活动，整顿党的作风和组织等四件工作。中国人民政协要尽一切努力，在四项基本原则精神的指导下不断巩固和扩大爱国统一战线，为实现上述各项任务，开创社会主义现代化建设的新局面而奋斗。

刘澜涛说，需要强调的是，关于建设社会主义精神文明，人民政协应当充分认识和运用本身的有利条件，并以极大的积极性和主动性做好这方面的工作。就文化建设来说，政协委员中绝大多数是知识分子，人民政协可以通过各种方式发挥委员们的专长和作用。就思想建设来说，许多委员能够以自身的丰富经历，进行实际的示范教育工作。充分利用这些条件，人民政协就能够对社会主义精神文明的建设作出更多的贡献。

关于章程修改草案中对政治协商和民主监督的规定，刘澜涛说，根据历史经验，人民政协的主要职能是对国家的大政方针和地方重要事务以及群众生活、统一战线内部关系等重要问题进行政治协商，并通过提出建议和批评，发挥民主监督的作用。

他说，统一战线组织内部的政治协商，是中国人民在中国共产党领导下发展社会主义民主的一种重要形式，也是我国政治生活中的一项优良传统。从发展的趋势看，政治协商的渠道将逐渐增多，协商的内容也将益趋丰富。通过认真协商，集思广益，将有助于中国共产党和政府在工作中坚持真理，修正错误；有助于调整好统一战线各方面的关系，充分调动各方面的积极性，同心同德，把国家的事情办好；有助于使国家的政策、法律为群众所掌握，从而转化为社会主义现代化建设的物质力量。

刘澜涛说，人民政协以及各民主党派、人民团体和各界人士就国家事务提意见、作批评，这就是监督。这也是我国政治生活中的一项优良传统。这种监督，不同于人民代表大会的监督。人大运用国家权力实行监督，具有法律的约束力。人民政协的监督不具有国家权力的性质，没有法律约束力，是一种民主监督。人民政协实行民主监督的基本方式是建议和批评；协助国家机关改进工作，提高工作效率，克服官僚主义，则是民主监督的建设性的目的。政协各级组织只要认真地进行调查研究，并在此基础上提出有益的建议和中肯的批评，就一定能够很好地发挥民主监督的积极作用，并且得到国家机关和有关方面的欢迎和支持。

他在谈到章程修改草案中关于学习的自愿原则的规定时说，推动和组织学习，历来是人民政协的一项重要工作。我们需要有丰富的现代的文化科学知识，尤其需要有正确的先进的思想作为指导，才能取得成功，因此我们提倡学习马克思列宁主义、毛泽东思想。但是这种学习一定要坚持自愿的原则，不能强加于人，否则就不能取得实效。要发扬理论联系实际的优良学风，解放思想，实事求是，坚持“百花齐放、百家争鸣”的方针，切实做到“不抓辫子、不戴帽子、不打棍子、不装袋子”。

关于人民政协各级组织的关系，刘澜涛说，以往的章程都规定上级组织对下级组织是指导关系，没有组织上的领导与被领导的关系。章程修改草案对政协上下级组织如何加强联系作出了规定，以发挥上级组织对下级组织的指导作用。这既表明中国人民政协各级组织的政治上的统一性，也有利于各级地方委员会因地制宜，独立负责地进行工作。

他说，为加强对重要日常工作的领导，章程修改草案规定全国委员会和地方委员会的主席主持常务委员会的工作，并由主席、副主席、秘书长组成主席会议，处理常务委员会的重要日常工作，以便更好地发挥集体领导的作用。

刘澜涛在谈到关于地方委员会的设立时说，章程修改草案规定自治州、省辖市、县、自治县和市辖区凡有必要都可设立地方委员会。这比1978年章程的规定，在指导思想上有了很大的发展，符合当前爱国统一战线不断发展的需要，因而是适当的。

刘澜涛说，这个章程修改草案是以中国共产党十一届三中全会以来，特别是党的第十二次全国代表大会确定的路线、方针、政策为指导，并在总结中国人民政协历史经验的基础上，认真研究了各方面提出的修改意见拟定的，因此可以说是党的路线、方针、政策，特别是党的十二大精神和人民政协具体实际相结合的产物，也是统一战线内部集体智慧的结晶。

他说，中国人民政协是毛泽东主席、周恩来主席亲手创建的，并在他们的领导下走过了光辉的历程。毛泽东主席、周恩来主席为人民政协的发展付出了不少的心血，留下了不可磨灭的功绩，永远值得我们怀念和学习。这个章程修改草案经本次全体会议审议通过后，将是中国人民政协的第三部章程。它必将在新的历史时期为开创人民政协工作的新局面发挥重大的作用，为第六届中国人民政协全国委员会第一次会议的胜利召开做好准备。

**全国政协副主席胡子昂向全国政协五届五次会议作《中国人民政治协商会议第五届全国委员会常务委员会工作报告》**

胡子昂说，人民政协进入了新的历史发展阶段，人民政协要在中共十二大路线的指引下，总结过去工作经验，研究新情况，解决新问题，制定开创政协工作新局面的规划和措施。

胡子昂说，中共十一届三中全会以来正确的路线、方针和政策的贯彻执行，使我国各条战线都取得了显著成就。在中国共产党的领导下，五届政协一次会议以来，人民政协的工作也有了很大进展，一年比一年好。人民政协这个最广泛的爱国统一战线组织在国家生活中的地位和作用不断提高和加强，积累了新的经验。这是建国以来工作最好的时期之一。实践证明，我国的统一战线在社会主义时期，仍然发挥着十分重大的作用，人民政协的工作是大有可为的。

胡子昂回顾了五届政协四次会议以来的一年间，政协常委会所进行的六项主要工作：

一、学习和贯彻中国共产党第十二次全国代表大会精神。胡子昂说，从中共十二大召开时起，本会学习委员会所联系的各学习组就开始认真学习有关文件。大会胜利闭幕后，本会组织了大会精神的传达报告会。各民主党派、工商联也立即举行各种会议，学习大会文件，号召各级地方组织和成员坚决贯彻大会的精神。本会常务委员会在10月初又专门举行会议，通过了关于学习、贯彻十二大文件的决议。经过近3个月的学习，委员们初步掌握了文件的基本精神，提高了认识，增强了对实现新的奋斗目标的信心。在学习中，许多委员对社会主义物质文明建设、精神文明建设、社会主义民主和法制建设、党的建设以及实际工作提出了不少好的意见和建议。

二、组织讨论《中华人民共和国宪法修改草案》。胡子昂说，全国人大常委会于今年4月26日通过了关于公布《中华人民共和国宪法修改草案》的决议，将宪法修改草案交付全民讨论。在此之前的3月上旬，本会在京常务委员就宪法修改草案(讨论稿)举行了4次座谈会，提出了不少修改意见。在全国人大常委会通过决议后，本会采取各种形式对宪法修改草案组织了认真的讨论。本会和各民主党派、工商联都逐章逐条进行讨论，共约3个月，提出的修改意见皆报送宪法修改委员会。为了深入讨论，本会又于六、七月举行了7次专题座谈会，就统一战线、社会主义现代化建设、社会主义法制、公民的基本权利和义务、民族和宗教等问题分别进行座谈，发言的委员事先都做了充分准备，提出不少很有见地的看法和建议。通过座谈、讨论，大家一致认为，这个宪法修改草案总结了我国三十多年来社会主义革命和社会主义建设的经验，正确反映了我国形势的重大变化和现实情况，指明了今后的基本任务，符合国情，是一部比较完善的宪法修改草案。

三、组织政协章程修改工作。胡子昂说，一年来，对本会的章程修改草案，经过反复讨论，广泛征求各方面的意见，先后作过14次较大的修改，做了大量认真细致的工作。今年6月又将章程修改草案交付政协全国委员会委员和政协各级地方委员会提出修改意见，同时请各民主党派、人民团体提出意见。通过讨论，提出了许多建设性的修改意见。章程修改委员会根据中共十二大文件的精神，认真研究了这些意见，进一步对章程修改草案作了修改，在本次会议上提请审议。

四、参与国家大事的讨论，进行政治协商，通过多种形式反映意见，发挥民主监督作用，协助有关方面落实各项政策。胡子昂说，本会在京常务委员多次列席全国人大常委会会议，听取和讨论国家的大政方针，增进了对形势和政府工作情况的了解，并对有关工作提出了有益的建议和批评。本会各工作组积极开展活动，发挥各方面委员的专长，举行各种专题座谈会等130余次。委员们就国家的政治生活、经济生活、文化生活和社会生活的各种问题，深入讨论，反映情况，发表意见，提出建议。有些意见受到了有关部门的重视，促进了实际工作的发展。本会组织部分委员到河北、辽宁、黑龙江参观视察工农业生产情况，还多次组织小型专题调查，取得了较为突出的成果。一年来，以落实政策为中心，对中年知识分子问题，历史文化名城保护问题，落实对台湾同胞、港澳同胞、国外侨胞和去台人员亲属政策问题，落实原国民党起义投诚人员政策问题，肝炎防治问题，北京市中小学体育教学问题等进行了较为深入的调查。通过调查，既看到了落实政策和实际工作的重大成绩，也发现了不少有待解决的问题。实践证明，小型专题调查的做法是成功的，是“反映意见，提出建议”的重要手段，便于发挥委员的专长，起到促进社会主义物质文明和精神文明建设的作用。本会还在教育部等单位的支持下，召开了各民主党派、工商联、中华职业教育社办学座谈会。据统计，各民主党派和有关团体办了600多所学校，在校学生10万人。社会办学既能补国家办学之不足，又能适当满足社会之急需，多出人才，快出人才。民主党派办学开辟了民主党派为社会主义现代化建设贡献力量的新领域，便于发挥自己的优势，调动各种积极因素。

五、宣传国家的对外政策，开展人民外交活动。胡子昂说，一年来，本会多次组织有关委员就重要国际问题进行座谈，宣传和支持我国政府的对外政策。今年5月，应日中协会邀请，由周培源副主席率领全国政协代表团赴日本访问，受到日本朝野的隆重接待。今年7月21日，民主柬埔寨国家主席西哈努克亲王来本会讲演。今年9月29日，日本铃木首相在政协发表讲演。一年来，本会各位副主席和有关副秘书长以及部分常委、委员分别接待会晤外国代表团、友好人士和记者50余次。人民外交活动的广泛开展，对增进与各国人民的友谊和联系，加强各国人民对我国的了解，宣传我国统一战线和人民政协的重要作用，都取得了良好效果。

六、进行全国政协机关的机构调整。胡子昂说，今年以来，政协机关的机构改革和人员调整经过几个月的努力，已经基本结束。根据中共中央提出的精简原则和干部革命化、年轻化、知识化、专业化的要求，充分考虑到政协这个统一战线组织的特点，政协首先对副秘书长进行调整，将原有副秘书长18名减为14名。原任副秘书长继续留任的8人，退出的10人，新任的6人。调整后，平均年龄略有下降，中共党员的比例明显减少，民主党派的负责人有所增加。然后，又对全国政协机关的机构设置和司、局一级领导工作人员进行调整，在司局级干部的配备上，增加了一部分民主党派和无党派的同志。这项工作对推进政协机关党与非党同志的合作共事关系，改进机关工作，已经开始产生促进作用。当然，机构改革的任务并没有完成，我们还要为克服官僚主义、提高工作效率、实现新老干部的合作和交替继续进行艰巨的工作。

胡子昂说，除以上六项工作外，一年来，本会还举行了多种形式的纪念活动和其他政治活动，如今年8月29日，全国人大常委会与本会联合召开缅怀廖仲恺先生、纪念何香凝先生逝世十周年大会。一年来，本会收到700多位委员提出的800多件提案，经交付有关部门后，绝大部分已经办理完毕。本会的文史资料工作有了新的进展，共征集各种稿件1400多件、近1400万字，出版和重印各种史料书刊30多本。本会还处理人民来信14000余件，有些来信反映的问题，得到了妥善解决。

胡子昂在谈到政协今后的主要工作时说，这次会议后，我们应当集中力量在政治上和组织上做好六届全国政协的准备工作。要集中一段时间，动员各级人民政协、各民主党派、人民团体和各界人士作出适当安排，认真学习、宣传和贯彻即将通过的新宪法以及政协新章程，并且和学习、贯彻中共十二大文件紧密结合起来，以便切实地遵循十二大精神和以宪法为活动准则，进一步改进和活跃各级人民政协的工作。要根据中共十二大确定的“长期共存，互相监督”，“肝胆相照，荣辱与共”的方针，把调整统一战线内部各方面的合作共事关系、落实政策，作为经常性的重要任务。今后，主要是明年，应当协同有关方面，进行调查研究，狠抓落实政策的工作，特别是落实知识分子政策的工作。要在工作中注意加强同各民主党派、人民团体的联系与配合，以利于各党派、团体独立主动地发挥其在我国政治生活中的积极作用。要密切联系各方面人士，对国家的大政方针和政治、经济、社会生活中的重要问题进行政治协商，通过建议和批评发挥民主监督作用，协助国家机关改进工作，为贯彻实现这次五届人大、政协会议的各项决议、加强社会主义物质文明和精神文明的建设而积极贡献力量。要妥善地组织委员发展各项文化、教育、科技事业，特别要充分发挥科学技术对经济建设的巨大促进作用，进行革命的理想、道德、纪律的宣传教育，推动“五讲四美”活动的广泛开展，促进社会风气的进一步好转。要密切和各方面委员的联系，加强和改善政协机关的服务工作，保证人民政协工作的进一步发展。

胡子昂说，争取实现包括台湾在内的祖国统一大业是我们的神圣职责。人民政协要积极宣传、贯彻执行中国共产党和政府关于统一祖国的方针政策，加强同港澳同胞的联系和团结，努力开展同台湾各界人士的联系，为完成祖国统一大业作出新的贡献。

胡子昂说，人民政协要宣传、贯彻国家的对外政策，主动积极地开展人民外交活动，加强国际间的友好交往，增进各国人民之间的团结和友谊。

胡子昂在谈到要加强对新时期统一战线必要性和重要性的宣传，加强对人民政协工作的宣传时说，根据五届四次会议工作报告提出的要求，要争取早日出版《人民政协报》，着重反映各级人民政协、各民主党派、工商联的工作和经验，反映委员对国家事务和统一战线工作的意见和看法，宣传爱国主义和社会主义思想。

胡子昂说，要根据人民政协的特点，进一步做好文史资料的征集研究工作，提高出版质量，在社会主义精神文明建设中发挥更大作用。

胡子昂还提出，要积极恢复中央社会主义学院，加强政协委员、各民主党派负责人和有关人士的集中学习、研究以及有关机关的干部培训工作。目前，已成立中央社会主义学院筹备组，经过努力，争取在1983年正式开学。

胡子昂最后说，让我们在中国共产党的领导下，同全国各族工人、农民、知识分子团结在一起，同各民主党派、无党派民主人士、少数民族人士、宗教界爱国人士和国内外爱国同胞团结在一起，进一步巩固和扩大由全体社会主义劳动者、拥护社会主义的爱国者和拥护祖国统一的爱国者组成的最广泛的爱国统一战线，为贯彻执行中共十二大提出的方针和任务，为开创人民政协工作的新局面而努力奋斗。

**李健吾逝世**

老戏剧家、翻译家李健吾同志，11月24日偶感风寒，旧病复发，不幸逝世，享年76岁。

李健吾，笔名刘西渭。近代著名作家、戏剧家。从小喜欢戏剧和文学。1930年毕业于清华大学文学院外文系。1931年赴法国巴黎现代语言专修学校学习，1933年回国。历任国立暨南大学文学院教授，上海孔德研究所研究员，上海市戏剧专科学校教授，北大文学研究所、中国科学院外文所研究员。中国文联第四届委员。著有长篇小说《心病》等。译有莫里哀、托尔斯泰、高尔基、屠格涅夫、福楼拜、司汤达、巴尔扎克等名家的作品，并有研究专著问世。

**王雪涛逝世**

画家王雪涛因病于11月24日在北京逝世，享年80岁。

王雪涛同志生前曾任北京画院院长、中国美术家协会理事、中国美协北京分会副主席、北京市第七届人大代表、政协北京市第五届委员会常务委员、中国农工民主党中央联络委员会委员、中国农工民主党北京市委委员。

## 11月25日

**五届全国人大五次会议在人民大会堂举行预备会议**

全国人大常委会副委员长彭真主持会议。他宣布，五届全国人大五次会议的各项准备工作已经就绪。这次会议的主要议题，是审议中华人民共和国宪法修改草案，审议我国发展国民经济的第六个五年计划。他说，宪法是国家的根本大法，是治国安邦总章程，六五国民经济计划是实现“四化”的宏伟目标的行动纲领。这两件事都是全国人民关心的大事，对于实现我国的社会主义四个现代化，把我国建设成为高度文明、高度民主的社会主义国家，动员全国各族人民同心协力为实现这个伟大任务而奋斗，有十分重要的意义。

彭真说，这次会议的会期，预计15天。

会议选举了由253人组成的大会主席团，选举杨尚昆为大会秘书长。

会议通过了五届全国人大五次会议的议程；通过了由罗青长为主任委员的五届全国人大五次会议提案审查委员会人选；增选吴向必(苗族)为五届全国人大民族委员会副主任委员。

出席预备会议的代表共2957人。

五届全国人大五次会议将于11月26日开幕。

**五届全国人大五次会议主席团举行第一次会议**

会议推选了主席团20名常务主席，他们是：叶剑英、彭真、邓颖超、乌兰夫、韦国清、谭震林、李井泉、彭冲、赛福鼎、廖承志、阿沛·阿旺晋美、许德珩、胡厥文、萧劲光、史良、习仲勋、粟裕、杨尚昆、班禅额尔德尼·确吉坚赞、朱学范。

全国人大常委会副委员长兼秘书长杨尚昆主持会议。

由于宪法修改委员会向代表大会提出宪法修改草案后就完成了它的任务，会议决定在这次会议期间，在主席团领导下成立一个宪法工作小组，根据代表们在讨论中提出的意见，对宪法修改草案进行必要的修改，并向主席团提出工作报告。主席团会议决定由胡绳担任这个工作小组的组长。

五届全国人大代表资格审查委员会主任委员宋任穷受代表资格审查委员会委托，在会上作了关于代表情况和补选的代表资格的审查报告。他说，自五届全国人大四次会议以来，代表逝世的有32人，由原选举单位撤销代表资格的有8人；补选代表9人，其中已经逝世的1人。审查结果，确认新补选的代表资格有效。他说，现在五届全国人大共有代表3421人。

会议通过了代表资格审查委员会的这个报告；通过了大会执行主席分组名单；决定习仲勋、彭冲、武新宇、王汉斌、曾涛为五届人大五次会议副秘书长；通过将关于本届全国人大常委会职权的决议草案、关于中华人民共和国国歌的决议草案提请大会审议。

会议通过了本次大会的日程，还通过了本次大会通过宪法和各项议案办法草案，提请大会审议。

会议决定了列席人员名单。

会议还决定12月4日下午6时为代表向本次大会提交提案的截止时间。

这次主席团会议之前，举行了代表资格审查委员会会议。

**五届全国人大五次会议议程**

一、宪法修改委员会副主任委员彭真作关于中华人民共和国宪法修改草案的报告

通过中华人民共和国宪法

二、通过关于中华人民共和国国歌的决议

三、国务院总理赵紫阳作关于第六个五年计划的报告

通过关于第六个五年计划报告的决议

四、财政部部长王丙乾作关于1982年国家预算执行情况和1983年国家预算草案的报告

通过关于1982年国家预算执行情况和1983年国家预算草案报告的决议

五、习仲勋副委员长兼法制委员会主任作关于四个法律案的说明

通过中华人民共和国全国人民代表大会组织法、中华人民共和国国务院组织法、关于修改中华人民共和国地方各级人民代表大会和地方各级人民政府组织法的若干规定的决议、关于修改中华人民共和国全国人民代表大会和地方各级人民代表大会选举法的若干规定的决议

六、杨尚昆副委员长兼秘书长作全国人民代表大会常务委员会工作报告(书面)

通过关于全国人民代表大会常务委员会工作报告的决议

七、江华院长作最高人民法院工作报告(书面)

黄火青检察长作最高人民检察院工作报告(书面)

通过关于最高人民法院工作报告和最高人民检察院工作报告的决议

八、杨尚昆副委员长兼秘书长作关于第六届全国人民代表大会代表名额和选举问题的说明

通过关于第六届全国人民代表大会代表名额和选举问题的决议

九、其他

**五届全国人大五次会议主席团和秘书长名单**

主席团(253名，按姓氏笔画排序)

丁光训　于光远　才旦卓玛(女)　万　达　习仲勋
马文瑞　马青年　马恒昌　马浩谦　王　平　王世泰
王必成　王冶秋　王昆仑　王首道　王恩茂　王　铎
王淦昌　王　谦　王瑞昌　王　震　天　宝　韦国清
扎喜旺徐　区棠亮(女)　尤太忠　贝时璋
毛文书(女)　毛致用　乌兰夫　巴一恺　巴　金
巴　桑(女)　邓小平　邓典桃　邓颖超(女)
玉　荣(女)　甘渭汉　石钟琴(女)
平措汪杰　卢盛和　叶　飞　叶圣陶　叶剑英
叶洪海　田富达　史来贺　史　良(女)　白如冰
白寿彝　冯纪新　朴春子(女)　毕肯(女)　吕叔湘
吕　骥　朱光亚　朱学范　乔晓光　伍　禅　任仲夷
华罗庚　向腊玉(女)　庄希泉　刘田夫　刘志坚
刘芸生(女)　刘　杰　刘明辉　刘念智　刘　斐
关山月　江一真　江渭清　安平生　许　杰　许涤新
许家屯　许德珩　那木拉　廷　懋　阮泊生　阴法唐
严佑民　严　政　严济慈　严家安　芦国俊
克尤木·买提尼牙孜　苏步青　杜心源　李人林
李井泉　李世璋　李亚敏(女)　李　贞(女)
李坚真(女)　李　昌　李　荒　李庭桂　李　强
李瑞山　李福忠　李聚奎　李德生　杨永青(女)
杨成武　杨秀峰　杨尚昆　杨尚奎　杨易辰　杨　勇
杨得志　吴先锋　吴克华　吴若安(女)　吴承清
吴桓兴　汪月霞(女)　汪　锋　宋任穷　张开放
张文裕　张平化　张廷发　张启龙　张秉贵　张金榜
张桂珍(女)　张福财　阿沛·阿旺晋美
阿依吐拉(女)　陈玉娘(女)　陈再道　陈伟达
陈孝顺　陈逸松　陈景润　陈登科　陈福汉　武新宇
范忠志　茅以升　林一山　林巧稚(女)
林兰英(女)　林丽韫(女)　林依平　林　铁
林慧卿(女)　果基木古　罗青长
罗叔章(女)　罗登义　帕巴拉·格列朗杰
季　方　周占鳌　周叔韬　周建人　周海婴　项　南
赵朴初　赵　林　赵忠尧　赵祖康　赵德尊
赵燕侠(女)　郝树才　荣毅仁　胡子昂　胡立教

胡绩伟　胡　绳　胡厥文　胡愈之　胡耀邦　奎　璧
段苏权　段君毅　侯占友　侯宝林　饶守坤　洪丝丝
洪学智　祝星发　费彝民　班禅额尔德尼·确吉坚赞
秦基伟　袁任远　聂荣臻　莫文骅　栗又文　贾庭三
夏茸尕布　　　顾卓新　阎达开　钱三强　钱学森
铁木尔·达瓦买提　　　铁　瑛　倪志福　徐向前
爱新觉罗·溥杰　高厚良　郭兰英(女)　　郭林祥
唐克碧(女)　　浦洁修(女)　　海玉琛　陶峙岳
措　姆(女)　　萧　华　萧劲光　黄克诚　黄秉维
黄欧东　黄　荣　黄菊香(女)　　常香玉(女)
盛　婉(女)　　康克清(女)　　梁必业　梁吉泉
彭　冲　彭迪先　彭　真　董天祯　董其武　韩宁夫
韩权华(女)　　粟　裕　曾　生　曾思玉
谢冰心(女)　　谢　明　谢铁骊　瑞　板　楚图南
裔式娟(女)　　裴昌会　廖汉生　廖志高　廖承志
赛福鼎　谭友林　谭启龙　谭善和　谭震林　缪云台
潘　多(女)　　潘承孝　霍士廉　冀春光　戴念慈
秘书长　杨尚昆

**五届全国人大五次会议副秘书长名单**

习仲勋　彭　冲　武新宇　王汉斌　曾　涛

**五届全国人大五次会议提案审查委员会名单(59人)**

主任委员　罗青长
副主任委员　洪学智　严济慈　李世璋　黄　荣
秦力生　康永和
委员(按姓氏笔画排序)
丁光训　马志杰　马恒昌　扎西拉姆(女)
区棠亮(女)　　方志纯　巴图巴根　　　巴　金
邓力群　申纪兰(女)　　史怀璧　成仿吾　成盛三
任新民　华凤翔　华煜卿　庄明理　刘　毅　李富荣
吴国祯　吴学周　何　贤　张平化　陆榕树
阿衣奴拉·阿皮孜(女)　　林兰英(女)
林佳楣(女)　　金明汉　周　里　周谷城　郑　英
赵发生　赵朴初　赵廷光　赵祖康　赵喜明　郝德青
施嘉明　莫乃群　贾庭三　钱三强　徐伯昕　徐眉生
凌　云　郭棣活　浦洁修(女)　　陶峙岳　彭迪先
惠浴宇　童少生　曾　志(女)　　谢冰心(女)

**全国人大代表在1981年五届全国人大四次会议上提出的提案已全部办理完毕**

在代表们提出的2318件提案中,属于国务院负责办理的有2187件,到11月12日,国务院已将全部提案的办理情况,逐件向全国人大常委会作了书面报告。由全国人大常委会和最高人民法院、最高人民检察院负责办理的131件提案,也全部有了结果。

据有关部门统计,人民代表在提案中提出的问题,已经解决、基本解决或者正在着手解决的约占70%;因条件所限,需要创造条件逐步解决的约占20%,由于各种原因不能采纳的约占10%。

在办理人民代表的提案时,不少单位指定专人负责研究、催办、答复等具体工作。今年3月国务院专门发出通知,要求各部委、各直属机构,各省、自治区、直辖市人民政府对人民代表的提案要充分重视,认真研究,严肃对待,决不能采取官僚主义态度。通知要求在进行机构改革的过程中合并或撤销单位所承办的提案,各有关部门要做好交接工作,防止因机构和人员的变动,发生对人民代表提案无人负责的现象。

**全国政协五届五次会议开始分组讨论**

委员们在发言中畅谈了爱国统一战线和人民政协工作蓬勃发展的大好局面,纷纷表示要在新的历史时期,为开创我国社会主义现代化建设的新局面,为开创爱国统一战线和人民政协工作的新局面而贡献力量。

全国工商联副秘书长、中国国际经济咨询公司总经理、中国国际信托投资公司董事经叔平委员说:我对邓小平主席说的“我们的统一战线比过去任何时期更加扩大了”,“前程远大,大有可为”,印象特别深刻。我最近在国外访问时感到,我们中国的经济发展形势和市场在世界上正处于令人瞩目的地位。我们现在已确定了到2000年的宏伟奋斗目标,要实现它,就需要进一步调动各方面的力量。我们政协委员中,许多同志对经济、科技、教育工作经验较多,现在正是为提高经济效益、培养人才、提高人民科技水平贡献我们力量的最好时期。这几年,我强烈地感到自己正在参加一个富有生命力的事业,而自己又从这个有生命力的事业中,获得了更多的生命力。我要争取活到2000年,不仅是为了要看到实现我们的宏伟目标的幸福情景,更主要的是自己想尽可能为这个宏伟目标的实现多贡献一点力量。

班禅额尔德尼·确吉坚赞常务委员说,在新时期统一战线的对象不是越来越少而是越来越多,统一战线工作的范围也不是越来越窄而是越来越宽广,统一战线仍是我国人民建设社会主义的重要“法宝”,仍有很强的生命力,刘澜涛同志在关于章程修改的说明中的这些话说得很好。我最近访问一些民族地区,看到这些地区这几年在对统战人士落实政策方面做了大量工作。大家都非常感激党中央,相信党的政策,都愿意为维护祖国统一和各民族的团结尽力。我们要贯彻好党提出的“长期共存,互相监督”、“肝胆相照,荣辱与共”的方针,统战工作的任务不是轻了,而是更重了。

这次十二大邀请党外人士列席旁听，就说明党对我们是肝胆相照的。总之，我们国家很有希望。各族人民非常欢迎中共十一届三中全会以来的路线、方针、政策，觉得这样下去就很有奔头。

著名力学家钱伟长常务委员说：今年5月18日到6月30日，我和一些委员一起，先后调查了全国一些历史文化名城的保护问题。我们在江苏发现，有的单位正在天平山风景区开山炸石，使这一名胜古迹受到严重破坏。我们当即将这一情况向中共江苏省委作了反映。省委和省人民政府十分重视，不仅决定予以制止，而且省委第一书记还到现场视察，责成有关单位认真研究和妥善解决这一问题。由此可见，政协工作是大有可为的，只要进行认真调查研究，提出建议和批评，中国共产党和人民政府是非常注意采纳的。

这次新增补的委员、今年4月由台湾经美国回大陆定居的范寿康教授说：我今年88岁了，身体也不怎么好，有几个孩子住在美国，他们都希望我住在那儿。可是，我了解到祖国这些年进步很快，成就很大，就下决心要回来。虽然我报国之心有余，报国之力不足，但能回来看到祖国的中兴，一生的愉快莫过于此了。我回来后，受到国家种种优待，非常感谢，我要为祖国统一大业尽自己的力量。

西藏自治区政协常委、原西藏地方政府藏军总司令拉鲁·才旺多吉委员说，在新的历史时期，统一战线在西藏高原继续发挥了强大的生命力，是团结西藏各阶层爱国人士、各族人民建设祖国、建设新西藏的一个重要“法宝”。现在西藏的广大爱国人士在政治、经济、文化教育等各个方面发挥着越来越大的作用。由于党和国家的政策好，西藏的形势越来越好，人们心情舒畅。我一定要为新西藏的建设贡献自己的力量。

新增补的委员黄植诚在小组讨论会上说：我回到祖国大陆一年多了，共产党和人民政府从生活上无微不至地关怀我，工作上对我作了妥善安置，政治上对我非常信任和重用。今年9月，让我列席了党的十二大，现在又增补为全国政协委员。我觉得，这不仅是我一个人的荣誉，也是党和政府对广大台湾同胞的厚爱，表现了中国共产党和人民政府对和平统一祖国的真诚心愿。我决不辜负党和国家对我的殷切希望，争取做一名合格的委员。

**中共中央政治局委员聂荣臻在北京会见《红旗》杂志总编辑熊复并发表谈话**

聂荣臻说：没有知识分子就不可能有四个现代化，没有知识分子要实现翻两番的宏伟目标也是不行的。

聂荣臻说，现在党对待知识分子的政策是明确的。提交这次全国人民代表大会审议的宪法(修改草案)，在序言里写明，社会主义的建设事业必须依靠工人、农民和知识分子。这就是说，工人、农民和知识分子是我国的三个基本社会力量，也就是我国人民的主体。必须教育我们的广大干部和群众，充分懂得知识分子在社会主义现代化建设中的地位和作用。

聂荣臻同志说，党的十一届三中全会以后，我们党重新审查和确立了党的知识分子政策，认为知识分子是我国工人阶级的组成部分。邓小平同志就这个问题发表了多次讲话。全国知识分子都很高兴，心情舒畅，在各条战线积极工作，并且作出了很大的贡献。

聂荣臻说，现在党的知识分子政策在一些部门和地区没有完全落实。党内党外，阻力还不小。主要原因就是还有“左”的思想影响没有肃清。在许多人特别是一些干部的头脑里，还存在轻视和歧视知识分子的种种偏见。我们的报刊，我们的舆论机关，还要就落实知识分子政策问题大声疾呼，使广大干部和群众都懂得这样一个道理：要搞现代化，振兴经济，进行两个文明的建设，在本世纪末实现翻两番的目标，离不开科学和技术的进步。虽然可以引进一些外国的先进技术，但是用钱买是买不到四个现代化的。从这个意义上说，没有知识分子就不可能有四个现代化，没有知识分子要实现翻两番的宏伟目标也是不行的。

聂荣臻回忆1962年的广州会议时说，对知识分子“脱帽加冕”，我们早在广州会议时就解决了。那个时候，在知识分子政策问题上争论得很厉害。在这次会议上，周恩来总理、陈毅同志和我，还有郭沫若同志，我们一起讨论了好几次。我们在那个时候就认为，我们搞社会主义搞了这么多年了，大多数知识分子都是建国以后我们自己培养出来的，怎么能说他们是资产阶级知识分子呢？我们提出，要给知识分子“脱帽加冕”，脱掉资产阶级知识分子的帽子，宣布他们是劳动人民的知识分子。当时，周总理、陈毅同志和我都讲了话。这个结论本来是已经定了的，后来“文化大革命”一来就把它推翻了。在林彪、“四人帮”的破坏下，知识分子被当作“资产阶级反动权威”和“臭老九”，受到很大的打击和摧残，翻不了身。打倒“四人帮”以后，特别是三中全会以来，党在拨乱反正中，重新确立党的知识分子政策，这才使知识分子有了翻身之日，能够在四个现代化建设中发挥他们的聪明才智。

聂荣臻说，我在不久以前，同《光明日报》记者谈过知识分子问题。在这个问题上，大多数人是同意的，但也得罪了一些人。可是有什么办法呢？为了党和国家的利益，为了全面地落实党的知识分子政策，我们必须进行斗争。轻视和歧视知识分子，本来是愚昧和落后的表现，但是这种偏见，无论在我国社会上，也无论在我们党内，都有很长的历史。而“四人帮”在十年内乱中又把这种偏见推向了极端，这种流毒至今还没有完全肃清。所以，必须对这种偏见进行公开的批评，直至必要的斗争。

聂荣臻同志以极大的关切心情特别谈到中年知识分子问题。他说，现在40岁左右到50岁左右的中年知识分子，是我们各条战线的中坚骨干。进行两个文明的建设，发展现代科学技术，提高全民族的科学文化水平，这个重担就落在他们肩上。他们的工作任务重，家务负担也重。可是党的知识分子政策在他们身上就是不能完全落实，工作条件和生活条件方面的问题在许多部门和地方就是不能很好地解决。这个问题应当引起我们各级领导同志，特别是厂、所的领导同志的注意。聂荣臻同志提到蒋筑英和罗健夫两位中年科技干部的早逝，表示非常痛惜。他说，他们是我国知识分子的优秀代表，不仅有很大贡献，而且本来是很有希望的。像蒋筑英，我国的著名光学家王大珩同志是把他当作接班人来培养的。可是，在他们生前，在他们的工作条件和生活条件方面，我们一些党组织的负责同志没有做到应该做到的一切，就是没有更好地关心他们、爱护他们，这是应当引为教训的。

**中央军委发布命令授予张华以"富于理想勇于献身的优秀大学生"荣誉称号**

张华是人民解放军第四军医大学空军医学系七九级学员，1977年入伍，1979年考入第四军医大学。今年7月，他为抢救掏粪落池的社员，光荣献身。

命令指出，张华的英雄行为和崇高品德，充分体现了共产主义精神，已成为广大青年、干部和党员学习的典范。命令号召全军同志特别是军校学员，要认真向张华学习。学习他热爱党、热爱社会主义祖国、热爱军队、热爱人民，为共产主义事业勇于献身的崇高理想；学习他自觉为祖国"四化"建设"准备好知识和力量"，刻苦学习科学文化和专业技术知识的顽强意志；学习他处处以人民的利益为重，临危不惧，挺身而出，勇于牺牲的高尚品德；学习他公而忘私，助人为乐，走到哪里把好事做到哪里的共产主义风格。全军同志，要在党中央领导下，认真学习和贯彻党的十二大精神，努力建设社会主义精神文明，以张华同志为榜样，胸怀革命理想，扎扎实实，埋头苦干，努力把自己锻炼成"有理想、有道德、有文化、守纪律"的革命军人，为开创我军革命化、现代化、正规化建设的新局面，贡献自己的力量。

**中央军委副主席聂荣臻为《知识分子的优秀代表蒋筑英》题写书名**

聂荣臻同志为光明日报出版社编辑出版的《知识分子的优秀代表蒋筑英》，题写书名。此书收集了有关蒋筑英的通讯、故事、笔记、书信和他的同事、亲友的回忆文章以及照片等，约7万字。

蒋筑英同志是中国科学院长春光学精密机械研究所的副研究员。他为振兴中华奋斗不息，鞠躬尽瘁，是当代知识分子的优秀代表。他的事迹在报上发表后，在广大读者中，特别是在科技界引起了强烈的反响。学习蒋筑英的活动正在全国知识界广泛展开。这本书就是为广大读者提供学习材料而出版的。

**汪承甲从山苍籽中提取化工原料填补化工原料的3项空白**

据《人民日报》报道，汪承甲是湖南益阳油脂化工厂工程师，他经过10多年刻苦钻研，终于从山苍籽核仁油中提取出7种化工原料，研制成11种化工助剂。其中提取的月桂酸、十二烯酸、豆蔻酸，填补了我国空白，受到国家科研领导部门的嘉奖。最近湖南省政府授予他"劳动模范"光荣称号。

汪承甲的科研成果，已创造了800多万元的价值，还为国家换回了一批外汇。

**岳阳楼大修工程开始**

闻名中外的岳阳楼的大修工程已经开始。

国家对大修岳阳楼极为慎重。自1975年始，文物部门就组织文物和古建筑方面的专家，对岳阳楼进行了反复的考察和研究，并绘出了岳阳楼复原施工图。现在，特种木料、琉璃瓦、中国漆、花岗石等都已准备就绪，构件制作、门窗雕刻等工作都已开始。

根据现有施工计划，岳阳楼将于1984年5月完成全部大修工程。

## 11月26日

**《人民日报》发表社论《齐心协力开创新局—祝五届人大和五届政协第五次会议开幕》**

第五届全国人民代表大会第五次会议，今天在北京开幕。会议将讨论并通过新宪法和几个法律，审议赵紫阳总理关于第六个五年计划的报告，并作出相应的决议。两天以前，中国人民政治协商会议第五届全国委员会第五次会议已经开幕。政协会议将讨论并通过新的政协章程，全体政协委员还将列席人大的几次大会，共商国家大事。这是党的十二大以后，在全面开创社会主义现代化建设新局面的进程中，召开的两个极为重要的会议。我们热烈祝贺这两个会议的召开，希望会议取得成功。

胡耀邦同志在十二大的报告中，论述了努力建设高度的社会主义民主问题。他指出:"社会主义的物质文明和精神文明建设,都要靠继续发展社会主义民主来保证和支持","社会主义民主的建设必须同社会主义法制的建设紧密地结合起来,使社会主义民主制度化、法律化",并重申要继续坚持"长期共存,互相监督"、"肝胆相照,荣辱与共"的方针,加强同各民主党派、无党派民主人士、少数民族人士和宗教界爱国人士的合作,扩大爱国统一战线。全国人民代表大会是我国的最高国家权力机关;中国人民政治协商会议是中国人民爱国统一战线的重要组织,也是我国政治生活中发扬社会主义民主的一种重要形式。根据即将通过的新宪法的规定,加强人大和政协的工作,对于建设社会主义民主,健全社会主义法制,团结全国各族各界人民,齐心协力开创社会主义现代化建设的新局面,具有十分重大的意义。

社会主义国家,人民当家做主。人民代表大会制度,就是我国人民当家做主的一项根本政治制度。人民通过人民代表大会行使自己的权力,管理自己的国家。从五届人大第一次会议到这次会议,我们国家经历了一个深刻的拨乱反正的过程,实现了历史性的转变。全国人民代表大会及其常务委员会,在这个过程中做了大量的工作,对于发展社会主义民主、健全社会主义法制,发挥了重大的作用。就立法而言,二次会议通过了刑法、刑事诉讼法等7个法律,三次会议通过了修正的婚姻法、国籍法等四个法律,四次会议通过了经济合同法和外国企业所得税法,并原则批准了民事诉讼法草案。与此同时,人大常委会还通过了环境保护法(试行)、文物保护法、食品卫生法等法律或具有法律性质的条例。所有这些都表明,我们国家已经在健全社会主义民主和法制的道路上迈开了大步。林彪、江青反革命集团作乱时期那种无法无天的状况已经一去不复返了。为了进一步发展社会主义民主,保证人民真正当家做主,人民代表大会制度也在不断地完善。根据二次会议通过的有关法律,县一级的人大代表由选民直接选举,县级和县级以上的人民代表大会设立常务委员会。近年来,省、自治区和直辖市人大常委会负责人都列席全国人大常委会,密切了上下之间的联系。这些都有利于人民代表大会更好地体现人民的意志,反映人民的愿望,行使人民赋予的权力。提交这次会议审议的新宪法,在健全我国的人民民主制度方面,又有新的发展。它对公民的权利和义务,作了更充分、更完备、更切实的规定,它扩大了人大常委会的职权,通过对国家机构的一系列规定,对国家体制作了重要改革。完全可以相信,新宪法得到通过,付诸实施,我国的社会主义民主和社会主义法制会有进一步的发展,国家的长治久安从法律上得到保证。这就为社会主义物质文明和精神文明的建设,为全面开创社会主义现代化建设的新局面,创造了极为重要的条件。

中国人民政治协商会议,是中国人民在长期的革命和建设进程中,结成的爱国统一战线组织。在新民主主义革命时期,统一战线就被毛泽东同志称为革命胜利的三大"法宝"之一;在社会主义建设时期,剥削制度和剥削阶级已经消灭了,统一战线不是可以取消,而是有可能、有必要加以扩大。党的十二大提出,要尽一切努力,进一步巩固和加强由全体社会主义劳动者、拥护社会主义的爱国者和拥护祖国统一的爱国者组成的,包括台湾同胞、港澳同胞和国外侨胞在内的最广泛的爱国统一战线。这对于完成党在新的历史时期的总任务,对于逐步实现四个现代化,对于努力促进祖国统一的大业,仍然是一个不可缺少的"法宝"。五届政协五次会议将据此修改中国人民政治协商会议章程,使之更能反映新时期爱国统一战线的地位和作用,推动人民政协的工作适应新的历史阶段的要求。

中国人民正在党的十二大精神鼓舞下,努力开创社会主义现代化建设的新局面。我们在新的历史时期的总任务已经确定了,我们在本世纪内的经济建设的战略目标也已经确定了。为了实现这个宏伟的战略目标,我们又确定了分两步走的战略部署:前十年主要是打好基础,积蓄力量,创造条件;后十年要进入一个新的经济振兴时期。提交这次人大会议审议的第六个五年计划,就是根据这个战略部署制订的。它是一个继续贯彻执行调整、改革、整顿、提高的方针的计划,是一个进一步解决过去遗留下来的阻碍经济发展的各种问题,解决新的实践中提出的各种重大问题,争取实现财政经济状况根本好转的决定性胜利,并且为第七个五年计划期间的国民经济和社会发展奠定更好的基础,创造更好的条件的计划。要把中国这样一个原来经济文化落后的国家,建设成为具有现代工业、现代农业、现代国防和现代科学技术的高度文明、高度民主的社会主义国家,确实是人类历史上最伟大的创造性工程之一。我们一定要有坚毅不拔的革命精神,要脚踏实地,开拓前进。这就需要通过一个一个五年计划的努力,一个一个年度计划的奋斗,以及一个一个问题的解决,一项一项工作的改进,把我们的事业推向前进。

十二大以后,举国上下充满了信心。我们相信,五届人大和五届政协第五次会议,一定能反映全国各族各界人民的愿望,为全面开创社会主义现代化建设的新局面作出应有的贡献!

**五届全国人大五次会议在人民大会堂开幕**

大会执行主席、全国人大常委会委员长叶剑英宣布大会开幕。

宪法修改委员会副主任委员彭真受叶剑英主任委员的委托,代表宪法修改委员会,在会上作关于宪法修改草案的报告。

主席团将关于中华人民共和国国歌的决议草案提请大会审议。代表资格审查委员会向大会作了关于代表情况和补选的代表资格审查的书面报告。

出席会议的代表共3055人。

大会执行主席还有彭真、邓颖超、乌兰夫、韦国清、谭震林、李井泉、赛福鼎、廖承志、阿沛·阿旺晋美、许德珩、胡厥文、萧劲光、史良、习仲勋、杨尚昆、班禅额尔德尼·确吉坚赞。

参加全国政协五届五次会议的委员们列席会议。

列席会议的还有:国务院组成人员,全国人大各委员会、最高人民法院、最高人民检察院、中共中央直属机关和国务院直属机构的负责人,人民解放军各总部、各军兵种、各军事院校的负责人,在京的我国驻外使节等。

各国驻华使节和外国在京记者旁听了大会。

**宪法修改委员会副主任委员彭真在五届全国人大五次会议上作《关于中华人民共和国宪法修改草案的报告》**

主席团、各位代表:

我受叶剑英主任委员的委托,代表宪法修改委员会,作关于宪法修改草案的报告。

现行宪法是1978年3月第五届全国人民代表大会第一次会议通过的。从那时以来的几年,正是我们国家处在历史性转变的重要时期。1978年12月中国共产党十一届三中全会以后,党和国家领导全国人民全面清理"文化大革命"的错误,深入总结建国以来的历史经验,恢复并根据新情况制定一系列正确的方针和政策,使国家的政治生活、经济生活和文化生活发生了巨大的变化。现行宪法在许多方面已经同现实的情况和国家生活的需要不相适应,有必要对它进行全面的修改。中国共产党去年召开的十一届六中全会通过的《关于建国以来党的若干历史问题的决议》和今年召开的第十二次全国代表大会的文件,得到全国人民的拥护,为宪法修改提供了重要的依据。

这次宪法的修改、讨论工作前后进行了两年之久,是做得相当认真、慎重和周到的。1980年9月10日,第五届全国人民代表大会第三次会议接受中共中央的建议,决定成立宪法修改委员会,主持修改现行宪法。宪法修改委员会和它的秘书处成立以后,经过广泛征集和认真研究各地方、各部门、各方面的意见,于今年2月提出《中华人民共和国宪法修改草案》讨论稿。宪法修改委员会第二次会议,用9天的时间对那个讨论稿进行了讨论和修改。全国人大常委会委员、全国政协常委会部分委员、各民主党派和人民团体领导人,中共中央各部门、国务院各部门、人民解放军各领导机关以及各省、自治区、直辖市的负责人,也都提出了修改意见。4月,宪法修改委员会第三次会议又进行了9天的讨论并通过了宪法修改草案,由全国人大常务委员会公布,交付全国各族人民讨论。

这次全民讨论的规模之大、参加人数之多、影响之广,足以表明全国工人、农民、知识分子和其他各界人士管理国家事务的政治热情的高涨。通过全民讨论,发扬民主,使宪法的修改更好地集中了群众的智慧。这次全民讨论,实际上也是一次全国范围的群众性的法制教育,增强了干部和群众遵守宪法和维护宪法尊严的自觉性。讨论中普遍认为,这个宪法修改草案科学地总结了我国社会主义发展的历史经验,反映了全国各族人民的共同意志和根本利益,是合乎国情,适应社会主义现代化建设的需要的。全民讨论中也提出了大量的各种类型的意见和建议。宪法修改委员会秘书处根据这些意见和建议,对草案又进行了一次修改。许多重要的合理的意见都得到采纳,原来草案的基本内容没有变动,具体规定作了许多补充和修改,总共有近百处,纯属文字的改动还没有计算在内。还有一些意见,虽然是好的,但实施的条件不具备、经验不够成熟,或者宜于写在其他法律和文件中,不需要写进国家的根本大法,因而没有写上。这个草案,经宪法修改委员会第四次会议历时五天逐条讨论,又作了一些修改,于11月23日在宪法修改委员会第五次会议上通过,现在提交全国人民代表大会审议。

这次修改宪法是按照什么指导思想进行的呢?

宪法修改草案的总的指导思想是四项基本原则,这就是坚持社会主义道路,坚持人民民主专政,坚持中国共产党的领导,坚持马克思列宁主义、毛泽东思想。这四项基本原则是全国各族人民团结前进的共同的政治基础,也是社会主义现代化建设顺利进行的根本保证。

宪法修改草案的《序言》回顾了100多年来中国革命的历史。《序言》指出,20世纪中国发生了翻天覆地的伟大历史变革,其中有四件最重大的历史事件。除了1911年的辛亥革命是孙中山先生领导的以外,其他三件都是以毛泽东主席为领袖的中国共产党领导全国人民进行的。这三件大事是:推翻帝国主义、封建主义和官僚资本主义的统治,建立了中华人民共和国;消灭延续几千年的剥削制度,建立了社会主义制度;基本上形成独立的、比较完整的工业体系,发展了社会主义的经济、政治和文化。辛亥革命有重大的历史意义,但那次革命没有完成中国的民族民主革命任务。以后的三件大事,使中国人民的命运,使中国社会和国家的状况,发生了根本的变化。从这些伟大的历史变革中,中国人民得出的最基本的结论是:没有中国共产党就没有新中国,只有社会主义才能救中国。四项基本原则既反映了不以人们的意志为转移的历史发展规律,又是中国亿万人民在长期斗争中作出的决定性选择。

在中国确立社会主义制度以后,历史进入新的发展时期。新时期的基本特点是,剥削阶级作为阶级整体已经消灭,阶级斗争不再是社会的主要矛盾。国家工作的重点和方针,必须适应这个基本特点作出重大的改变。在新的历史条件下坚持四项基本原则,必须把马克思主义的普遍真理同中国社会主义建设的具体实践结合起来,走出一条具有中国特色的社会主义建设的道路。从50年代中期开始,我们寻找这条正确道路,既取得了重大的成就,也犯过许多错误。"文化大革命"的发动和延续,是极严重的错误。我们犯错误,当然不是由于坚持了四项基本原则,而是由于没有正确地执行这些原则。至于"文化大革命"中林彪、江青反革命集团的破坏,那完全是打着这些原则的旗号,根本背叛这些原则。粉碎林彪、江青反革命集团和纠正"文化大革命"的错误,都是四项基本原则的胜利。现在,我们完成了指导思想上的拨乱反正,确立了全面开创社会主义现代化建设新局面的正确纲领。这对于我们国家的兴旺发达,具有非常重大和深远的意义。实现这一历史性转变的过程,就是恢复四项基本原则的本来面目,坚持和发展四项基本原则的过程。四项基本原则在新的历史时期得到了极大的充实,具有更加丰富和新鲜的内容。

拨乱反正的一项重大战略方针,就是把国家的工作重点坚决转移到社会主义现代化经济建设上来。一切工作都要围绕这个重点,为这个重点服务。国家的巩固强盛,社会的安定繁荣,人民物质文化生活的改善提高,最终都取决于生产的发展,取决于现代化建设的成功。今后必须坚定不移地贯彻执行这个战略方针,除非敌人大规模入侵;即使那时,也必须进行为战争所需要和实际可能的经济建设。把这个方针记载在宪法中,是十分必要的。在强调以经济建设作为工作重点的同时,还必须充分重视社会主义精神文明的建设,充分重视发展社会主义民主。宪法修改草案的《序言》明确规定,"今后国家的根本任务是集中力量进行社会主义现代化建设","逐步实现工业、农业、国防和科学技术的现代化,把我国建设成为高度文明、高度民主的社会主义国家"。全国各族人民一定要齐心协力为实现这个伟大任务而奋斗!

中华人民共和国的第一部宪法,即1954年宪法,是一部很好的宪法。但是,那时我国还刚刚开始社会主义改造和社会主义建设。现在我们国家和社会的情况已经有了很大变化,1954年宪法当然不能完全适用于现在。这个宪法修改草案继承和发展了1954年宪法的基本原则,充分注意总结我国社会主义发展的丰富经验,也注意吸取国际的经验;既考虑到当前的现实,又考虑到发展的前景。因此,我们这次代表大会一定能够制定出一部有中国特色的、适应新的历史时期社会主义现代化建设需要的、长期稳定的新宪法。

现在,我就宪法修改草案的基本内容,联系全民讨论中提出的意见和问题,作一些说明。

一、关于我国的人民民主专政制度

宪法修改草案第一条规定:"中华人民共和国是工人阶级领导的、以工农联盟为基础的人民民主专政的社会主义国家。"这是关于我们国家性质的规定,是我国的国体。

我国的人民民主专政实质上就是无产阶级专政。宪法修改草案在《序言》里指明了这一点。无产阶级专政在不同国家可以有不同形式,人民民主专政是中国共产党领导人民所创造的适合我国情况和革命传统的一种形式。在1949年《共同纲领》中,在1954年宪法中,在1956年中国共产党第八次全国代表大会的文件中,我们一直把我国的国家政权称为人民民主专政。现在的宪法修改草案仍然这样规定。工人阶级是我国的领导阶级,它在总人口中是少数,但有广大农民作为巩固的同盟者,并且在长期的革命和建设过程中形成了共产党领导的极其广泛的统一战线。我们国家能够在最广大的人民内部实行民主,专政的对象只是极少数人。人民民主专政的提法,确切地表明我国的这种阶级状况和政权的广泛基础,明白地表示出我们国家政权的民主性质。

对于现在的宪法修改草案规定的人民民主专政,不能理解为只是简单地恢复1954年宪法的提法和内容。中华人民共和国成立的初期,人民民主专政是同过渡时期的情况和任务相适应的。那个时候,国家政权的主要任务是继续完成新民主主义革命,进而实行对生产资料私有制的社会主义改造,实现由新民主主义向社会主义的过渡。在社会主义制度确立以后,我国人民民主专政的国家政权的任务,主要是保卫社会主义制度,领导和组织社会主义建设。组成这个政权的阶级结构,已经发生了明显的变化。工人阶级队伍进一步壮大,人数增长了许多倍,在国家政治生活中的比重进一步增大。广大农民经过社会主义改造,已经从个体农民变成集体农民。知识分子的人数也增长了许多倍,从总体上说,他们已经成为工人阶级的一部分。剥削阶级已经不再存在,原来这些阶级的成员绝大多数已经改造成为自食其力的劳动者。

在建设社会主义的事业中，工人、农民、知识分子是三支基本的社会力量。宪法修改草案根据全民讨论中提出的意见，在《序言》中概括地加写了："社会主义的建设事业必须依靠工人、农民和知识分子，团结一切可以团结的力量。"这里，把知识分子同工人、农民并列，是从劳动方式上讲的。那么，为什么草案第一条不提"工人、农民、知识分子联盟"？这是因为，在社会主义制度下，知识分子和工人、农民的差别并不是阶级的差别，就他们对生产资料的占有状况即阶级性质来说，知识分子并不是工人、农民以外的一个阶级。这一条是规定我国的国家性质即国体，是从阶级关系上讲的。"以工农联盟为基础"，这里就包括了广大的知识分子在内。

人民民主专政的国家性质决定，在我国，人民，只有人民，才是国家和社会的主人。宪法修改草案明确规定："中华人民共和国的一切权力属于人民。"这是我国国家制度的核心内容和根本准则。草案并具体规定："人民行使国家权力的机关是全国人民代表大会和地方各级人民代表大会。""人民依照法律规定，通过各种途径和形式，管理国家事务，管理经济和文化事业，管理社会事务。"十亿人民掌握国家权力，是维护人民的根本利益的可靠保证，也是我们的国家能够经得起各种风险的可靠保证。

宪法修改草案关于公民的基本权利和义务的规定，是《总纲》关于人民民主专政的国家制度和社会主义的社会制度的原则规定的延伸。我们的国家制度和社会制度从法律上和事实上保证我国公民享有广泛的、真实的自由和权利。草案恢复了1954年宪法关于公民在法律面前一律平等的规定。我国的法律是工人阶级领导全国人民制定的，是广大人民的意志和利益的集中表现。在这样的法律面前，在它的实施上，所有公民都是平等的，任何公民都不允许有超越宪法和法律的特权。恢复这项规定是十分必要的。这是保证社会主义民主和社会主义法制实施的一条基本原则。选举权和被选举权，是人民行使国家权力的重要标志。在剥削阶级消灭以后，有选举权和被选举权的人数在总人口中的比重日益扩大。据1981年全国县级直接选举统计，享有这种权利的人占18周岁以上公民人数的99.97%，这充分说明了我国社会主义民主的广泛性。根据历史的经验和"文化大革命"的教训，草案关于公民的各项基本权利的规定，不仅恢复了1954年宪法的内容，而且规定得更加切实和明确，还增加了新的内容。例如关于公民的人格尊严不受侵犯的条文，是新增加的；关于公民的人身自由，宗教信仰自由，公民住宅不受侵犯，通信自由和通信秘密受法律保护，以及公民对于任何国家机关和国家工作人员有提出批评和建议的权利，对于任何国家机关和国家工作人员的违法失职行为有提出申诉、控告或检举的权利，等等，都比过去规定得更加具体。为了保证公民权利的实现和逐步扩大，草案还规定了国家相应的基本政策和措施。

世界上从来不存在什么绝对的、不受任何限制的自由和权利。我们是社会主义国家，国家的、社会的利益同公民个人利益在根本上是一致的。只有广大人民的民主权利和根本利益都得到保障和发展，公民个人的自由和权利才有可能得到切实保障和充分实现。因此宪法修改草案规定："中华人民共和国公民在行使自由和权利的时候，不得损害国家的、社会的、集体的利益和其他公民的合法的自由和权利。"

宪法修改草案规定："任何公民享有宪法和法律规定的权利，同时必须履行宪法和法律规定的义务。"根据这个基本原则，草案规定了公民对于国家和社会应尽的各项义务。大家都遵守和履行公民的这些基本义务，才能保障大家都享受宪法规定的公民权利。

人民民主专政，除了在人民内部实行民主的一面，还有全体人民对于人民的敌人实行专政的一面。在剥削制度和剥削阶级消灭以后，专政的对象已经不是完整的反动阶级，人数也大为减少。但是，由于国内的因素和国际的影响，阶级斗争还将在一定范围内长期存在，并且在某种条件下还有可能激化。我国人民对于敌视和破坏我国社会主义制度的国内外敌对势力和敌对分子，还必须进行斗争。因此，国家的专政职能还不能取消。依照宪法和法律，镇压叛国和其他反革命的活动，打击经济领域和其他领域的蓄意破坏和推翻社会主义制度的严重犯罪分子，都属于国家的专政职能。坚持这种专政的职能，是顺利进行社会主义现代化建设的保障，也是保卫和发展社会主义民主所必需的。

二、关于我国的社会主义经济制度

宪法修改草案正确地反映了社会主义经济制度在我国已经确立起来和正在发展壮大的事实，肯定了生产资料的社会主义公有制是我国社会主义经济制度的基础。

我国的社会主义公有制有全民所有制和劳动群众集体所有制这两种形式。宪法修改草案规定："国营经济是社会主义全民所有制经济，是国民经济中的主导力量。"这是保证劳动群众集体所有制经济沿着社会主义方向前进，保证个体经济为社会主义服务，保证整个国民经济的发展符合于劳动人民的整体利益和长远利益的决定性条件。草案规定，在自然资源中，矿藏、水流完全属于国家所有；森林、山岭、草原、荒地、滩涂等除由法律规定属于集体所有的以外，都属于国家所有。国家所有的某些资源，经国家允许，还可以划出一定范围由集体经济组织以至个人使用。

劳动群众集体所有制是我国农村的主要经济形式,它适合于我国现阶段农业生产力的状况。在农村,除了人民公社的形式以外,还存在和发展着农业生产合作社和其他生产、供销、信用、消费等各种形式的合作经济。在城镇,也不能由国营经济包办一切,无论是在商业和服务业中,还是在手工业、工业、建筑业和运输业等行业中,都有相当的部分适合于发展集体所有制的合作经济。宪法修改草案规定:"国家保护城乡集体经济组织的合法的权利和利益,鼓励、指导和帮助集体经济的发展。"

关于土地的所有权问题,宪法修改草案从我国的现实状况出发,作出了明确规定。城市的土地属于国家所有。农村和城市郊区的土地,除由法律规定属于国家所有的以外,属于集体所有。宅基地和自留地、自留山,归农户长期使用,但是不属于农户私有。对于集体所有的土地,国家为了公共利益的需要,可以依照法律实行征用。"任何组织或者个人不得侵占、买卖、出租或者以其他形式非法转让土地。"这些原则规定,对于保证国家的社会主义经济建设,特别是保证农业经济发展的社会主义方向,具有重大的意义。这里需要说明一下,草案第十条中原来是把镇的土地和农村、城市郊区一律看待的。全民讨论中有人指出,全国各地情况不同,有些地方镇的建制较大,今后还要发展,实际上是小城市。因此删去了有关镇的规定。镇的土地所有权问题,可以根据实际情况分别处理。

在城市和农村,劳动者个体经济在相当长的时期内还有必要存在并有一定程度的发展。宪法修改草案确认,在法律规定范围内的城乡劳动者个体经济,是社会主义公有制经济的补充;国家保护个体经济的合法的权利和利益,并通过行政管理,对个体经济进行指导、帮助和监督。草案还规定:"参加农村集体经济组织的劳动者,有权在法律规定的范围内经营自留地、自留山、家庭副业和饲养自留畜。"

总起来说,国营、集体和个体这三种经济,各在一定范围内有其优越性,虽然它们的地位和作用不同,但都是不可缺少的。个体经济在整个国民经济中所占比重不大,它的存在并不妨碍社会主义公有制是我国经济制度的基础和它的顺利发展。我们要在坚持国营经济占主导地位的前提下,发展多种形式的经济,以利于整个国民经济的繁荣。

社会主义公有制的确立,为消除社会生产的无政府状态,实行计划经济,提供了客观的可能性。计划经济是社会主义经济的基本制度,也是社会主义制度优越于资本主义制度的重要标志。我国的国民经济必须有计划地发展,而计划管理体制又必须适合于我国存在着多种经济形式的具体情况和经济发展的现实水平。宪法修改草案在明确肯定"国家在社会主义公有制基础上实行计划经济"的同时,规定"国家通过经济计划的综合平衡和市场调节的辅助作用,保证国民经济按比例地协调发展"。这就是说,国家应当把基本的生产和流通纳入统一的计划,包括指令性计划和指导性计划;至于在统一计划以外的其他产品,则允许生产这些产品的企业根据市场供求的变化灵活地自行安排生产。为了保证社会经济的正常运行和国家计划的权威性,草案规定:"禁止任何组织或者个人扰乱社会经济秩序,破坏国家经济计划。"

鉴于过去国家在计划管理上存在着统得过多、过死的毛病,除了需要根据不同情况采取多种计划形式以外,还需要把国家计划的统一领导和生产单位的自主性结合起来,给企业以不同范围的自主权。宪法修改草案规定:"国营企业在服从国家的统一领导和全面完成国家计划的前提下,在法律规定的范围内,有经营管理的自主权。""集体经济组织在接受国家计划指导和遵守有关法律的前提下,有独立进行经济活动的自主权。"此外,草案还规定要"实行各种形式的社会主义责任制"。所有这些,对于调动生产单位和劳动者的积极性、主动性,搞活经济,群策群力推进社会主义现代化建设,具有重大的意义。

社会主义公有制的确立,消灭了人剥削人的制度,各尽所能、按劳分配成为社会主义经济的一项基本制度。宪法修改草案再一次把它肯定下来。按劳分配是同各尽所能相联系的。实行按劳分配,应当从思想上要求劳动者并且从物质利益上鼓励劳动者尽其所能地为社会劳动。在社会主义社会中,固然还没有条件使所有人的才能都得到全面的发展,但是同剥削制度的社会相比,劳动的性质已经发生了根本的变化。草案规定:"国营企业和城乡集体经济组织的劳动者都应当以国家主人翁的态度对待自己的劳动。"从社会方面来说,劳动是有计划有组织的,既要使劳动者按照他们劳动的数量和质量取得应得的报酬,又要为劳动者发展他们的才能尽可能地创造条件。

我国经济比较落后,要尽快改变这种状况,把我国建设成为现代化的社会主义国家,必须发挥社会主义制度的优越性,充分动员广大人民,自力更生,艰苦奋斗。同时,我国地域辽阔,各地区、各部门、各企业经济技术文化发展很不平衡。我们的社会主义经济既要有原则性、又要有灵活性,既要是统一的、又要是多样的。这样做有利于在中央的集中统一领导下,充分发挥地方、部门、企业和劳动者的积极性,因地制宜,因时制宜,因事制宜,因人制宜,做到人尽其才,地尽其利,物尽其用,货畅其流。宪法修改草案是本着这样的精神来规定有关经济方面的条文的。当前我国正在进行经济体制的改革，并取得了很大的成绩，今后还要全面、深入地进行下去。草案有关规定为这种改革确定了原则。按照这个方向前进，我们一定能够建设和发展有中国特色的社会主义经济，使我国逐步地富强起来。

三、关于社会主义精神文明

在建设高度物质文明的同时，努力建设高度的社会主义精神文明，是我国人民建设社会主义的一项根本任务。充实了有关社会主义精神文明建设的条款，是这次修改宪法的重要进展之一。

关于社会主义精神文明建设中的文化建设这个方面，这次宪法修改草案的《总纲》，根据全民讨论中提出的意见，将教育、科学、卫生体育、文化各自单列一条。这比原来草案中合为一条，加重了分量，也充实了内容。

教育的发展，一方面要努力普及；一方面要努力提高，以促进工人、农民的知识化和干部队伍的知识化，扩大知识分子队伍，培养各种专业人才。这不仅是整个科学文化发展的基础和人民群众思想觉悟提高的条件，而且是物质文明发展的不可缺少的前提。接受教育，是公民应享的权利，也是公民应尽的义务，包括适龄儿童接受初等教育的义务，还包括成年劳动者接受适当形式的政治、文化、科学、技术、业务教育的义务，以及就业前的公民接受劳动就业训练的义务。我国文化比较落后，为了较快地发展教育，既要靠正规的学校教育，又要靠各种形式的业余教育。国家一定要用足够的力量举办教育事业，同时又要发动各种社会力量，包括集体经济组织、国家企业事业组织、其他社会组织以至经国家批准的私人办学者，采取多种形式和依靠广大群众来举办教育事业。科学技术现代化是四个现代化的关键。发展自然科学和社会科学，发展基础研究、应用研究和普及工作，对于社会主义建设有极大的重要性。卫生和体育事业对于保护人民健康、增强人民体质、提高学习和工作效率的重要性，文学艺术、新闻、出版等各项文化事业对于丰富和提高人民精神生活的重要性，都是很明显的。它们的发展，也不能单靠国家的力量，都需要依靠各种社会力量，需要开展广泛的群众性的活动。这些原则和要求，都已写进了有关条文。

文化建设的条文中没有写“百花齐放、百家争鸣”方针，这是考虑到：第一，作为公民的权利，宪法修改草案已经写了言论、出版自由，写了进行科学研究、文学艺术创作和其他文化活动的自由，就是说，已经用法律的语言，并且从更广的角度，表达了这个方针的内容；第二，科学和文化工作中，除了这项方针以外，还有其他一些基本方针，不必要也不可能一一写入宪法。当然，“百花齐放、百家争鸣”是我们国家指导科学和文化工作的基本方针之一，必须坚定不移地贯彻执行，以促进社会主义的科学文化事业的繁荣，这是没有疑问的。

关于社会主义精神文明建设中的思想建设这个方面，首先应当提到，马克思列宁主义、毛泽东思想是我们的根本指导思想，这已经作为四项基本原则之一写在宪法修改草案的《序言》中。

宪法修改草案第二十四条规定：“国家通过普及理想教育、道德教育、文化教育、纪律和法制教育，通过在城乡不同范围的群众中制定和执行各种守则、公约，加强社会主义精神文明的建设。”这就是要努力使越来越多的公民成为有理想、有道德、有文化、守纪律的公民，从而树立起新的社会道德风尚，形成我们民族的革命的朝气蓬勃的精神面貌。

这一条还规定：“国家提倡爱祖国、爱人民、爱劳动、爱科学、爱社会主义的公德。”这是建国初期的《共同纲领》中关于国民公德的“五爱”要求的发展。《共同纲领》中提出的“五爱”要求，鲜明、朴实，起过很好的教育作用，广大人民对它有深刻的印象。在当时的历史条件下，还没有向全国人民提出“爱社会主义”的要求。现在，提出这样的要求就是理所当然的了，因此原来“五爱”中的“爱护公共财物”现在改为“爱社会主义”。“爱社会主义”不是抽象的，爱护公共财物正是爱社会主义的一项重要内容。

这一条还提出要在人民中进行共产主义的思想教育。共产主义思想是社会主义精神文明的核心。还在新民主主义革命时期，毛泽东同志就明确地指出：“当作国民文化的方针来说，居于指导地位的是共产主义的思想。”现在，我们已经建立了社会主义制度，就应该而且能够在全国范围内和全体规模上加强对干部和群众的共产主义教育，只有这样才能指导我们的现代化建设坚持社会主义的方向，使我们社会的发展保持前进的目标和精神的动力。共产主义的思想教育应该体现在帮助越来越多的公民树立辩证唯物主义和历史唯物主义的世界观，培养全心全意为人民服务的劳动态度和工作态度，把个人利益同集体利益、国家利益结合起来，把目前利益同长远利益结合起来，并使个人的目前的利益服从共同的长远的利益。这种教育当然不是要超越历史发展的阶段去推行只有在生产力高度发展的共产主义高级阶段才能实行的经济和社会制度。相反，这种教育必须同现阶段在经济和社会生活中坚持实行按劳分配和明确的经济责任制等各项社会主义原则相结合，也只有在这样的思想教育的指导下，各项社会主义的原则和政策才能得到充分的和正确的贯彻。

这一条还规定要“反对资本主义的、封建主义的和其他的腐朽思想”，从而提出了思想战线上的斗争任务。由于历史的和现实的原因,由于国内的因素和国际的环境,这个斗争任务是长期的,决不可以稍有松懈。

这里还要说明一点:宪法修改草案中关于公民的基本权利和义务的许多条款,实际上同时包含着建设社会主义精神文明的要求。在我们的社会主义国家里,思想教育、社会舆论、道德要求和法律规定,这几个方面是相互结合的。我们的宪法规定了公民享有的权利,同时要求公民提高自己作为国家和社会主人翁的自觉性,正确地维护和行使自己的各项权利。维护自己的权利和尊重他人的权利不可分离。这就要求每个公民在维护自身权利的同时,维护国家、社会和集体的利益,尊重他人的自由和权利。宪法规定的公民义务,具有法律强制的性质,但更重要的是要求公民提高自己作为主人翁对国家、社会和其他公民的责任感,自觉地履行自己的各项义务,包括维护社会主义制度的义务,维护国家统一和全国各民族团结的义务,维护祖国的安全、荣誉和利益的义务,遵守宪法、法律、纪律和公共秩序的义务,爱护公共财产的义务,等等。提高这样的自觉性和责任感,按照社会主义、集体主义原则来处理公民个人同国家和社会的关系、同其他公民的关系,建立同社会主义政治制度相适应的权利义务观念和组织纪律观念,养成社会主义的公民意识,正是在全社会建设社会主义精神文明的重要内容。

四、关于国家机构

宪法修改草案规定:“中华人民共和国的国家机构实行民主集中制的原则。”根据这一原则和我国30多年来政权建设的经验,草案对国家机构作了许多重要的新规定,主要有以下几个方面。

(一)加强人民代表大会制度。将原来属于全国人大的一部分职权交由它的常委会行使,扩大全国人大常委会的职权和加强它的组织。全国人大和它的常委会行使国家立法权;除基本法律应当由全国人大制定以外,其他法律由全国人大常委会制定。人大常委会委员不得担任国家行政机关、审判机关和检察机关的职务,实际上将有相当数量的委员是专职的。为了加强全国人大的工作,还将增设一些专门委员会,在全国人大和它的常委会领导下,研究、审议和拟订有关议案。

(二)恢复设立国家主席和副主席。建国以来的实践证明,设立国家主席对健全国家体制是必要的,也比较符合我国各族人民的习惯和愿望。

(三)国家设立中央军事委员会,领导全国武装力量。中央军委实行主席负责制。军委主席由全国人大选举,对全国人大和它的常委会负责。中国共产党缔造和领导的人民解放军,在中华人民共和国成立以后,就是国家的军队。宪法修改草案总结了建国以来的历史经验,根据我国现在的实际情况和需要,恰当地规定了军队在国家体制中的地位。在国家的中央军委成立以后,中国共产党对军队的领导并不会改变。《序言》里明确肯定了党在国家生活中的领导作用,当然也包括党对军队的领导。

(四)国务院实行总理负责制;总理、副总理、国务委员和秘书长组成国务院常务会议;总理召集和主持国务院全体会议和国务院常务会议。各部、各委员会实行部长、主任负责制;部长、委员会主任召集和主持部务会议或者委员会会议、委务会议。

为了加强对财政、财务活动的监督,国务院增设审计机关,依照法律规定独立行使审计监督权。地方各级人民政府也相应地设立审计机关。

(五)在中央的统一领导下,加强地方政权的建设。县级以上的地方各级人大设立常委会。省、直辖市的人大和它的常委会有权制定和颁布地方性法规。地方各级人民政府分别实行省长、市长、县长、区长、乡长、镇长负责制。这些规定同样适用于民族自治地方。

(六)改变农村人民公社的政社合一的体制,设立乡政权。人民公社将只是农村集体经济的一种组织形式。这种改变将有利于加强农村基层政权建设,也有利于集体经济的发展。至于政社分开的具体实施,这是一件细致的工作,各地要从实际出发,因地制宜,有领导、有计划、有步骤地进行,不要草率行事。

我国长期行之有效的居民委员会、村民委员会等群众性自治组织的地位和作用,现在列入了宪法。

(七)规定国家主席、副主席,全国人大常委会委员长、副委员长,国务院总理、副总理等国家领导人连续任职不得超过两届。这就取消了实际上存在的领导职务的终身制。

现在,着重说明一下作出这些规定所遵循的方向和所体现的要求。

第一,使全体人民能够更好地行使国家权力。

我们国家政治体制的改革和国家机构的设置,都应当是从政治上和组织上保证全体人民掌握国家权力,真正成为国家的主人。根据这个原则,从中央来说,主要是加强全国人民代表大会。我国国大人多,全国人大代表的人数不宜太少;但是人数多了,又不便于进行经常的工作。全国人大常委会是人大的常设机关,它的组成人员也可以说是人大的常务代表,人数少,可以经常开会,进行繁重的立法工作和其他经常工作。所以适当扩大全国人大常委会的职权是加强人民代表大会制度的有效办法。从地方来说,主要是加强各级地方政权(包括基层政权)的民主基础,同时适当扩大他们的职权,以便各地能够在中央统一领导下因地制宜地发展本地的建设事业。在基层社会生活中,还要加强群众性自治组织的建设,以便发动群众自己管理自己的公共事务和公益事业。实现这些规定,将使我国社会主义民主得到进一步的发展。

全民讨论中,有人提出,在扩大全国人大常委会的职权时,应当充分保证全国人大作为最高权力机关的地位。这个意见是对的。因此,宪法修改草案第六十七条关于全国人大常委会的职权第三项原来规定,在全国人大闭会期间,对全国人大制定的法律进行部分补充和修改,现在加上了"不得同该法律的基本原则相抵触"这样的限制。在第六十二条关于全国人大的职权又加上了第十一项,即"改变或者撤销全国人民代表大会常务委员会不适当的决定"。

第二,使国家机关能够更有效地领导和组织社会主义建设事业。

国家机构的设置和职责权限的规定,要体现这样的精神:在法律的制定和重大问题的决策上,必须由国家权力机关,即全国人大和地方各级人大,充分讨论,民主决定,以求真正集中和代表人民的意志和利益;而在它们的贯彻执行上,必须实行严格的责任制,以求提高工作效率。这种责任制对于发展社会主义民主,保证人民行使国家权力,是不可缺少的。人民通过国家权力机关作出决定以后,只有这些决定得到行政机关的迅速有效的执行,人民的意志才能得到实现。

第三,使各个国家机关更好地分工合作、相互配合。

在社会主义制度下,形成了全体人民根本利益的一致。因此,我们国家可以而且必须由人民代表大会统一地行使国家权力;同时在这个前提下,对于国家的行政权、审判权、检察权和武装力量的领导权,也都有明确的划分,使国家权力机关和行政、审判、检察机关等其他国家机关能够协调一致地工作。国家主席、国务院、中央军委、最高人民法院和最高人民检察院,都由全国人大产生并对它负责,受它监督。全国人大、国家主席和其他国家机关都在他们各自的职权范围内进行工作。国家机构的这种合理分工,既可以避免权力过分集中,又可以使国家的各项工作有效地进行。

当前我国正在进行国家机构的改革,宪法修改草案关于国家机构的规定,反映了这方面改革的方针和成果,并将推动这方面的改革继续前进。

五、关于国家的统一和民族的团结

建国三十多年来的历史表明,我国已经实现的国家统一和民族团结,对于我们社会主义事业的发展,对于整个中华民族的兴旺发达,具有十分重大的意义。正如毛泽东同志所说的:"国家的统一,人民的团结,国内各民族的团结,这是我们的事业必定要胜利的基本保证。"

现在,我们伟大的祖国还有未完成的统一事业,需要我们去努力完成。宪法修改草案的《序言》指出:"台湾是中华人民共和国的神圣领土的一部分。完成统一祖国的大业是包括台湾同胞在内的全中国人民的神圣职责。"近三十多年台湾同祖国的分离,完全是违反我们民族利益和人民要求的。早日结束这种分裂局面,无论对于台湾地方和整个祖国的繁荣富强,对于维护远东和世界和平,都是极为有利的。这是大势所趋,人心所向,任何党派、势力和个人都无法抗拒。这是中国的内政,任何外国都无权干预。去年国庆节前夕,全国人民代表大会常务委员会委员长叶剑英同志发表谈话指出,实现和平统一后,台湾可作为特别行政区,享有高度的自治权。这种自治权,包括台湾现行社会、经济制度不变,生活方式不变,同外国的经济、文化关系不变等等。考虑到这种特殊情况的需要,宪法修改草案第三十一条规定:"国家在必要时得设立特别行政区。在特别行政区内实行的制度按照具体情况由全国人民代表大会以法律规定。"在维护国家的主权、统一和领土完整的原则方面,我们是决不含糊的。同时,在具体政策、措施方面,我们又有很大的灵活性,充分照顾台湾地方的现实情况和台湾人民以及各方面人士的意愿。这是我们处理这类问题的基本立场。

实现各民族平等、团结和共同繁荣,是中国共产党和我们国家奉行的基本原则。建国三十多年来在这方面取得的成就是巨大的。其间也犯过"左"的错误,特别是"文化大革命"中,党和国家的民族政策被歪曲和破坏,许多少数民族干部和群众受到伤害,是一个严重的教训。这次修改宪法,高度重视总结这方面的历史经验,吸取近几年民族工作中拨乱反正的重大成果。

宪法修改草案的《序言》指出:"在维护民族团结的斗争中,要反对大民族主义,主要是大汉族主义,也要反对地方民族主义。"因为它们都是损害民族团结的。反对大民族主义,主要是反对大汉族主义,这是由汉族占全国人口的绝大多数,在全国政治、经济和文化生活中有最大影响这一现实情况所决定的。汉族同志在警惕和克服大汉族主义方面,应当高度自觉和经常注意。反对地方民族主义,和反对大民族主义一样,对于保证国内各民族团结也是必需的。但是在这方面过去有严重扩大化的错误,一是反对了许多并没有犯地方民族主义错误的同志;二是把思想认识的错误当作敌我矛盾来处理。如同大民族主义一样,地方民族主义也是思想认识范围的问题,除了勾结外国势力进行叛乱和分裂活动的以外,都属于人民内部矛盾。反对大民族主义和地方民族主义应当正确地进行,主要靠思想教育和各项必要的政治、经济、文化措施。

民族区域自治制度是经过实践考验适合我国国情

的正确制度。我国是中华各民族共同缔造的统一的多民族国家。解放前共同遭受帝国主义的侵略,使汉族人民与少数民族人民结成了患难相助的紧密联系。建国后在共同的社会主义道路上,各民族在政治、经济、文化方面结成了相互依存、相互帮助的亲密关系。在统一的国家内实行民族区域自治,既能保障各少数民族的合法的权利和利益,加速各少数民族地区经济和文化的发展,又能抵御外来的侵略和颠覆,保障整个国家的独立和繁荣。所以宪法修改草案规定:“各民族自治地方都是中华人民共和国不可分离的部分。”“中华人民共和国公民有维护国家统一和全国各民族团结的义务。”这是完全符合全国各民族的根本利益和共同意志的。

这次修改宪法,关于民族区域自治的规定,不但恢复了1954年宪法中一些重要的原则,而且根据国家情况的变化增加了新的内容。宪法修改草案在《国家机构》的第六节“民族自治地方的自治机关”中规定:民族自治地方的人大常委会中应当有实行区域自治的民族的公民担任主任或者副主任;自治区主席、自治州州长、自治县县长由实行区域自治的民族的公民担任;自治机关在国家计划的指导下,自主地安排和管理地方性的经济建设事业;自治机关自主地管理本地方的教育、科学、文化、卫生、体育事业;国家在民族自治地方开发资源、建设企业的时候,应当照顾民族自治地方的利益;国家从财政、物资、技术等方面帮助各少数民族加速发展经济建设和文化建设事业,国家帮助民族自治地方从当地民族中大量培养各级干部、各种专业人才和技术工人。草案关于民族自治地方自治权的规定,体现了国家充分尊重和保障各少数民族管理本民族内部事务的民主权利的精神。

六、关于独立自主的对外政策

宪法修改草案在《序言》中规定了我国的对外政策的基本原则,这就是独立自主,就是在互相尊重主权和领土完整、互不侵犯、互不干涉内政、平等互利、和平共处的五项原则的基础上发展同各国的外交关系和经济、文化的交流;就是反对帝国主义、霸权主义、殖民主义,加强同世界各国人民的团结,支持被压迫民族和发展中国家争取和维护民族独立、发展民族经济的正义斗争,为维护世界和平与促进人类进步事业而努力。

我国坚持这样的对外政策的原则是由我国的国家和社会性质决定的。中国人民从中华人民共和国成立以前一百年的苦难历程中深深懂得,没有国家的独立,就不可能有人民的民主权利,不可能建设一个富强的国家。中国人民从长期的革命和建设的过程中,又深深懂得,中国人民的命运是同世界人民的命运息息相关的。社会主义制度的建立,从根本上消灭了我国屈服于任何外国压迫的社会根源,也从根本上消除了以任何形式对外实行侵略的社会根源。现在的世界处于剧烈的动荡不安中,今后只要世界上还存在着帝国主义、霸权主义,动荡不安的局面就不会终止。在我国外部无论出现什么情况,我们一定要坚持独立自主的政策,如同邓小平同志在中国共产党第十二次全国代表大会上所说:“任何外国不要指望中国做他们的附庸,不要指望中国会吞下损害我国利益的苦果。”我们也一定要坚持以平等态度对待一切大小国家,始终不渝地同一切被压迫民族和发展中国家以及其他一切维护世界和平的国家和人民站在一起。中国永远不称霸,也决不允许任何霸权主义者压在我们的头上。

在独立自主的原则下对外开放,是我国已经实行并将坚持实行的政策。我国将根据平等互利的原则继续扩大同世界各国的经济、技术和文化交流。外国的经济组织或者个人可以在中国投资,同中国的经济组织进行经济合作,这在宪法修改草案中作了规定。当然,在中国境内的任何外国经济组织都必须遵守中华人民共和国的法律;它们的合法权利和利益也受到中华人民共和国法律的保护。

我国根据国际的通例维护在外国居住的中国籍侨民的正当的权利和利益,同时要求他们遵守所在国的法律,同所在国的人民和睦相处。我国对于居住在中国的外国人的合法的权利和利益给以保护,同时要求他们遵守中华人民共和国的法律。这些也都载明在宪法修改草案中。

中国人民为争得和维护国家的独立自主的权利,进行过长期艰难的斗争。我国的对外政策代表中国人民的根本利益,也是同世界人民的根本利益一致的。宪法修改草案规定,国家要在广大人民中既进行爱国主义的教育,也进行国际主义的教育。我们一定要使中国人民中的爱国主义和国际主义的传统代代相传,这是坚持我国的独立自主的对外政策的根本保证。

各位代表!宪法修改草案经过这次全国人民代表大会审议和正式通过以后,就要作为具有最大权威性和最高法律效力的国家根本大法,付诸实施了。它将成为我国新的历史时期治国安邦的总章程。我们相信,新的宪法必定能够得到严格遵守和贯彻执行。《序言》总结建国以来制定和执行宪法的正反两方面的历史经验,明确指出:“全国各族人民、一切国家机关和武装力量、各政党和各社会团体、各企业事业组织,都必须以宪法为根本的活动准则,并且负有维护宪法尊严、保证宪法实施的职责。”全国人大和它的常委会都有监督宪法实施的职权,地方各级人大在本行政区域内保证宪法的遵守和执行。胡耀邦同志在中国共产党第十二次全国代表大会上的报告中庄严宣告:“特别要教育和监督广大党员带头遵守宪法和法律。新党章关于'党必须在宪法和法律的范围内活动'的规定,是一项极其重要的原则。从中央到基层,一切党组织和党员的活动都不能同国家的宪法和法律相抵触。"中国人民和中国共产党都已经深知,宪法的权威关系到政治的安定和国家的命运,决不容许对宪法根基的任何损害。我们国家的权力属于人民,国家的命运由觉悟了的人民来掌握。中国共产党是代表中国人民利益,执行人民意志的工人阶级政党,除了人民的利益之外,没有自己的特殊利益。中国共产党对这次宪法修改工作十分重视,中共中央政治局和书记处都专门讨论过。中共中央政治局和书记处的成员大都是宪法修改委员会的委员,中共中央的意见已经充分地反映在宪法修改草案中。中国共产党领导中国人民制定了新宪法,中国共产党也将同全国各族人民一道,同各民主党派和各人民团体一道,共同维护宪法尊严和保证宪法实施。宪法通过以后,要采取各种形式广泛地进行宣传,做到家喻户晓。十亿人民养成人人遵守宪法、维护宪法的观念和习惯,同违反和破坏宪法的行为进行斗争,这是一个伟大的力量。体现了人民意志和中国共产党的正确主张的新宪法,又由全体人民和中国共产党的努力来保证它的实施,就一定能够在促进我国社会主义现代化事业的胜利发展中发挥伟大的作用。

**煤炭部部长高扬文 副部长刘辉 顾问邹桐等到内蒙古矿区调研**

高扬文等在呼伦贝尔、哲里木、锡林郭勒盟的扎赉诺尔、宝日希勒、大雁、伊敏河、霍林河、白彦花等矿区召开座谈会,并到生产建设现场、职工食堂、家属宿舍了解情况。新开发的伊敏河、霍林河两大露天煤矿,由于对采用哪一种采煤生产工艺的看法不一致影响了煤矿的设计与施工。高扬文等来到工地现场察看,并同工程技术人员一起分析研究,当即决定这两大露天煤矿都采用先进的大型电铲、轮斗与汽车运输的生产工艺,为正在进行的总体设计和施工明确了方向。并协助霍林河露天煤矿建立了一个符合"四化"要求的比较精干的领导班子,还修正了部里原来暂缓开发准格尔煤田的考虑,为提高经济效益,减轻运输压力,准备早日着手开发。

**外经贸部部长陈慕华在中南海会见即将离任的毛里塔尼亚驻华大使阿布杜拉希**

## 11月27日

**中共中央政治局常委李先念在北京会见出席五届全国人大五次会议湖北代表团部分代表**

李先念同志对大家说,这次会议是党的十二大以后的又一次十分重要的会议,一定要尽全力把会议开好。这次会议不仅要制定一部国家的根本大法,还要讨论决定"六五"计划。

他指出,新宪法草案的起草、讨论花了两年多时间,全民参加了讨论,提了意见,所以它是全国各族人民意志的体现。这个宪法修改草案,总结了我国社会主义革命和建设30多年正反两方面的经验,是符合我国国情,适应"四化"建设需要的、比较完善的一部宪法草案。

李先念说,四项基本原则一定要坚持,这是最基本的。我们的国家一定要发扬民主,加强法制。宪法通过后,还要根据它的精神原则,制定一些其他法律,使我国的法律进一步健全起来。工人、农民、知识分子、干部都要学好新宪法,宣传新宪法,遵守、执行新宪法,维护新宪法。没有规矩不成方圆,新宪法就是我们国家的大规矩。

会见时有的代表讲到,大家感到这次大会确实重要,代表们感到自己能参加通过新宪法和决定六五计划,不仅任务光荣,而且担子很重。李先念说,是应当有这个责任感。

李先念说,现在全国形势很好,特别在农村,实行农业生产责任制是完全正确的。党的十二大提出到本世纪末工农业年总产值翻两番的战略目标,是有根据的,我们是有信心的。他强调说,搞现代化建设很需要安定团结,大家要在党中央领导下,团结一致,齐心协力,把国家建设好。

李先念说,搞建设人们希望高速度,但生产的产品要讲求质量,要适销对路,要强调经济效益。

他还谈到科学技术对发展国民经济的重要性。他说,农业发展靠科学,工业、交通等一切战线的发展都要靠科学。这一点,大家要有充分的认识,要努力发展科学教育事业。当然,搞建设还要正确处理消费和积累的关系,要适当集中一些资金搞重点项目的建设。要勤俭节约,反对铺张浪费。要打击经济犯罪活动。

陈丕显代表对李先念同志说:"你是湖北的代表,大家知道你很关心湖北的工作,今天来向你介绍介绍湖北今年的情况。"大家谈到今年湖北粮食总产量达380亿斤,晚稻产量超过历史最高水平。李先念高兴地说,湖北的渔业也是大有前途的。他希望大家在大好形势下要想到大局,为国家作出更多的贡献。他请大家向湖北省的全体代表问好。

参加会见的湖北代表还有韩宁夫、张秀龙、林木森、朱业奎、刘惠农、夏菊花、王玉珍、胡恒山、栗栖、裘法祖。

**全国政协五届五次会议的委员讨论宪法修改草案以及彭真关于宪法修改草案的报告**

委员们认为，即将通过、实施的新宪法，必将把我国十亿人民的社会主义积极性进一步调动起来，使我国走向兴旺发达。

全国政协副主席包尔汉在分组讨论中说，这部宪法修改草案对我国的人民民主专政制度、我国的社会主义经济制度、社会主义精神文明以及有关民族团结等一系列重大问题，都作了切实和明确的规定。这就为在最广大的人民内部实行民主，为实现各民族平等、团结和共同繁荣，为实现“四化”，提供了最可靠的保证。我相信，有党的领导，有十亿人民的共同努力，即将通过的这部新宪法一定能得到切实的贯彻和执行。

中国科学院学部委员、上海复旦大学副校长谷超豪委员说：我国亿万人民在党的领导下进行艰苦卓绝的奋斗，就是为了早日把我们的国家建成高度文明、高度民主的社会主义现代化强国。现在，宪法修改草案确认和保证各民族、各阶层人民在政治、经济、文化、社会事务等各个方面享有充分的民主权利，这种确认和保证将极为有效地调动全国人民的积极性，使广大人民都以国家主人翁的态度投身到“四化”建设的伟大事业中来。

农工民主党中央常委邓奚明委员说：宪法修改草案中明确规定，中华人民共和国公民在法律面前一律平等。这是十分重要的。中国有句古话：“法之不行，自上犯之。”我们的所有干部特别要自觉地以身作则，做遵守宪法的模范。

杜建时委员说：我在美国念过书，了解一些资本主义国家的法律情况。资产阶级的宪法是维护垄断资产阶级利益的。我们的宪法则是维护广大人民利益的，一切为人民着想，为国家前途着想。

曾被毛泽东同志称为“金笔汤”的上海制笔公司顾问汤蒂因委员说：今天，我作为一个劳动者来参加讨论宪法修改草案，深深感激中国共产党对我们原工商业者的关怀和指引，使我们从理论到实践一步步懂得怎样走社会主义道路，怎样把个人的事业、命运同革命的大业、国家的前途结合起来。

致公党常委、归国华侨许志猛委员说：党和国家对华侨非常重视，这在宪法修改草案中得到充分体现。

**五届全国人大五次会议开始分组审议宪法修改草案**

来自全国各地、各条战线的人大代表以国家主人翁的高度责任感，对宪法修改草案和彭真作的关于宪法修改草案的报告进行了认真的研究、讨论。

*以四项基本原则为指导思想保证了社会主义建设的正确方向*

人大代表、北京市委第一书记段君毅说，即将通过的新宪法，是部很好的宪法，突出表现在：一、把建国以来的历史经验，特别是党的十一届三中全会以来的经验，用法律的形式固定下来，工人、农民、知识分子和各界人士都高兴；二、把坚持四项基本原则写进了宪法，这就可以保证社会主义建设的正确方向；三、强调在建设物质文明的同时，要建设社会主义精神文明，这就使我们的社会主义建设更加全面了。人大代表、北京市人大常委会副主任浦洁修说，从民主革命到现在，革命和建设的胜利，都是在四项基本原则的指导下取得的，今后只要坚持四项基本原则，就从政治上保证了党的十二大提出的宏伟战略目标一定能够实现。

*现代化建设要有治国安邦的总章程*

人大代表、全国总工会副主席王崇伦在分组会上说，宪法修改草案明确规定人民是国家和社会的主人，我们工人阶级深感责任重大，即将通过的新宪法实施后，必将更大地激发全国工人阶级和广大人民群众进行社会主义四个现代化建设的政治热情，国家的政治安定和经济繁荣将更有保证。

修改宪法具有如此广泛的民主性是世界少有的

人大代表、全国政协副主席董其武说，宪法修改草案，前后讨论了五次，征求了各方面、各阶层、各民主党派、群众团体的意见，全国十亿人民都参加了讨论。修改宪法具有如此广泛的民主性，是世界少有的。因此，可以预料，这部宪法肯定具有长时期的稳定性，因为它产生的这个时代是一个真正国泰民安的时代。新宪法的实施，必将保证我们国家今后更加兴旺发达、长治久安。

宪法修改草案体现了党对少数民族的一贯政策

人大代表乌兰夫说，宪法修改草案关于民族问题的规定非常好，它必将调动各少数民族人民的社会主义的生产积极性，培养他们的爱国主义精神，维护民族的团结和国家的统一。

乌兰夫说，民族工作是关系国家现代化建设、关系国家存亡发展的大问题。中央总结了建国以来三十多年的经验，对民族工作特别重视，对少数民族特别关怀。这部宪法草案就体现了中央的这种关心，体现了党对少数民族的一贯政策。制定这部宪法，对少数民族地区的经济、政治和文化发展来说，是一件大事情。

宪法修改草案充分体现了国家对少数民族的关怀

人大代表、宁夏回族自治区人大常委会主任马青年说，宪法修改草案充分体现了国家对少数民族的关怀，是一部促使少数民族繁荣昌盛的好宪法。他说，这次提交大会审议的宪法修改草案贯彻了党和国家关于民族问题的一贯政策，有两个明显的特点，一是规定各民族一律平等,确立了少数民族直接参加管理国家事务的主人地位,保障了各族人民在社会主义大家庭里享有完全平等的权利和合法利益。二是在统一的国家内扩大了民族区域自治的权利,坚持了党和国家处理民族问题所遵循的一贯政策。

台湾同胞热切期待新宪法的诞生

台湾籍人大代表蔡子民说,有关台湾回归的问题,在宪法修改草案的序言里明确提出,“台湾是中华人民共和国的神圣领土的一部分。完成统一祖国的大业是包括台湾同胞在内的全中国人民的神圣职责。”同时,考虑到台湾的特殊情况,草案的第三十一条又作出“国家在必要时得设立特别行政区”的规定。海外广大台胞对这些规定非常满意。蔡子民说,有广泛群众基础的新宪法,必将对推动我国的现代化建设和促进祖国的统一发挥重要作用。

侨胞对宪法修改草案有八大满意

人大代表、全国侨联副主席洪丝丝说,华侨、归侨、侨眷对宪法修改草案有八大满意:一是满意宪法修改草案体现了党的十一届三中全会以来的方针政策,广大华侨最担心的是政策多变。把党的政策体现在宪法中,稳定性就有了保证。二是满意宪法修改草案规定了在建设物质文明的同时要进行精神文明建设。三是满意宪法修改草案贯彻了民主精神。四是满意宪法修改草案贯彻了社会主义的法制精神,规定“在法律面前人人平等”。五是满意即将通过的新宪法规定要实现祖国统一。六是满意宪法修改草案规定了要坚持独立自主的对外政策。爱国华侨支持祖国历次革命的目的就是希望祖国成为独立自主的国家。七是满意宪法修改草案规定了爱国统一战线要继续巩固和发展。八是满意宪法修改草案规定了保护华侨的正当的权利和利益,保护归侨和侨眷的合法的权利和利益。这都反映了华侨的心愿。

**中央纪委在江苏无锡召开华东七省市纪律检查工作座谈会**

中纪委常务书记王鹤寿、书记韩光出席座谈会,并就整顿党风党纪问题,以及全国打击经济领域中严重犯罪活动的形势、政策和经验教训,作总结性的讲话。

王鹤寿同志说,从七省、市汇报的情况看,整顿党风党纪的工作,打击经济领域中严重犯罪活动的斗争,都取得了很大的成绩。据七省、市的初步统计,10个月来共揭露出大大小小的各种经济犯罪活动的案件40000多件。斗争的发展是健康的,是从调查入手,重事实,重证据的,避免了过去那种由于一哄而起常常发生的偏差。这样做的结果,不仅没有影响和妨碍生产,在一定程度上还促进了生产。

王鹤寿同志说,从全国来看,经过10个月的斗争,打击了犯罪分子的嚣张气焰,刹了社会上的歪风,促进了党风和社会风气的好转,保证了党的对外开放、对内搞活经济政策的正确执行;进一步提高了党的威信,密切了党群关系;在党内外进行了一次反腐蚀斗争的教育,起到了初步整顿党的作风的作用。但是,在斗争中也暴露出我们工作中的缺点和问题。例如,在省、地、县直机关和中央在地方的大型企事业单位中,这场斗争还没有认真开展起来,斗争的声势不足,因而没有起到它应有的刹邪气的影响和作用;对工作中的经验教训总结得也很不够。

王鹤寿同志说,目前打击经济领域严重犯罪活动的斗争,到了一个关键时候。这就是说,当前斗争已从普遍揭露转入到集中力量查处大案要案的时候,到了彻底查清省、地、县直机关和中央在地方大型企事业中的严重经济犯罪问题的时候,要认真总结经验,堵塞各项规章制度的漏洞,提出改进措施。这些问题,如不坚决抓住,就失去了这场斗争应有的意义。因此,必须坚持不懈地把这场斗争抓紧、抓好、抓到底。他强调说,搞好这场斗争一定要注意掌握政策。已有的政策规定,要认真贯彻执行;没有政策规定的也要积极研究,提出意见。在处理问题时,凡符合于党在现阶段的路线、方针,实事求是、合情合理,有利于调动积极因素,限制和克服消极面,有利于团结广大群众,促进工作的,就可以办,不要等待。当前特别要掌握两条:一是处理好打击经济领域严重犯罪活动与搞活经济的关系。我们要坚持两手,一手坚决打击经济领域中严重犯罪活动,另一手要坚定不移地坚持对外开放、对内搞活经济的政策。二是要慎重对待社队企业的问题。除了少数已经构成严重犯罪的重大问题以外,一般要在整顿社队企业的过程中解决。

韩光同志在讲话中着重谈了纠正和清查领导干部在建房、分房中的不正之风和支持乱砍滥伐森林的问题。他说,要在明年上半年首先把区和县局以上领导干部建房、分房中的不正之风问题查清楚,抓住典型,大张旗鼓地进行处理,要在整党之前基本上处理完毕。对那些支持乱砍滥伐森林的县委、县政府的领导干部,一定要追究责任,严肃处理。要争取通过半年的努力,在刹住这两股歪风方面取得明显的效果。

座谈会强调了纪检干部要进一步学好党的十二大文件;还围绕着党的十二大提出的五年实现党风根本好转的奋斗目标和明年纪检工作的具体任务进行了讨论。

参加这次座谈会的有华东地区一些省委的有关负责同志和省、市委纪检部门的主要负责同志等。

**农牧渔业部农机化管理局与地方合作推广使用一批经济适用的农业机械**

据《人民日报》报道，1982年下半年农牧渔业部农机化管理局与各省、自治区、直辖市农机局签订协议书，推广使用一批农民急需的农业机具。主要有水稻工厂化育秧、玉米机械精量半精量播种、小型喷灌技术、机械覆盖地膜技术、玉米秸秆粉碎还田，低温烘干仓综合利用、小型机械养鸡、人力提水等机具。这一措施受到了各地区农民的欢迎。

正在推广的这批农业机具，是从各地历年推广的100多种农机具中选出的产品，性能好、耗能低、价格较便宜。如水稻工厂化育秧和插秧机，在吉林省推广试行，有明显的抗低温、防烂秧、早育早插、稳产丰产的效果。这个省今年推广面积已达48万亩，比传统的露地育秧每亩增产稻谷150斤至200斤，黑龙江、江苏、上海、浙江、江西等省也在进行较大面积的试验示范工作。玉米机械精量半精量播种技术已在12个省、市、区推广770多万亩，采用这种播种技术，每亩下种量由8斤减到4斤，还可节省一半间苗工和一半种子田，并使种子分布均匀，有利增产增收。各地农民急需的烘干机，有些因价格高，生产队或农民买不起；现在采用地炕式的低温烘干仓，造价低，能用于烘干粮食、棉花、烟叶等多种农产品，经济适用，正在各地推广使用。

**1982年棉花总产创历史最新纪录**

据《人民日报》报道，1982年我国棉花在连续三年大幅度增产的基础上又获丰收，总产量在6700万担以上，比去年增产700多万担，创历史最新纪录。

今年我国棉花主要产区的15个省、自治区、直辖市中，增产幅度最大的是山东省，棉花总产量预计可达1900万担，比去年增产550万担。增产幅度较大的是河北、新疆，其中河北省比去年增产280万担，新疆比去年增产70万担。此外，江苏省棉花总产量仍保持在1100万担的高水平，陕西、山西、浙江、江西等省比去年都有不同程度增产。

**国务院副总理万里在人民大会堂会见比利时王国发展和合作国务秘书玛昂斯·戈桑斯**

万里感谢比利时政府在为中国培养港口管理人员方面提供的帮助。万里说，加强同比利时和其他欧洲共同体国家的贸易往来和科学技术等方面的合作是中国政府的一贯政策。他希望中比两国能在交通运输方面多进行一些交流。

玛昂斯·戈桑斯表示希望两国合作的步子可以迈得更大一些。

**全国人大常委会副委员长廖承志在人民大会堂会见以会长井上靖为团长的日本中国文化交流协会代表团**

**原子核科学技术应用展览会在成都举行**

展览会由中国核学会与四川省核学会联合主办。

展览会以大量的图片、丰富的实物、精致的模型形象地介绍了原子核科学技术在能源、农业、轻工、建材、地质等各个领域的广泛应用和巨大的技术优势、经济效果。

**中国科学院科技成果展览会在北京民族文化宫开幕**

展出的成果包括农业、能源、资源、工业、计算技术、激光、半导体、遥感、核技术、新材料、科学仪器、基础研究、人民生活、人才培养、图书出版等16个方面共2002项。这些成果绝大部分都是全国科学大会以来取得的，其中不少项目对国民经济发展已发生了重大的作用。

展览会还专门开辟了交流推广馆，负责组织技术咨询，成果转让和洽谈承担中央各部门和各地提出的科研项目。展览刚开始，航天工业部一个科研单位就洽谈成交了码盘自动检验仪等两台套设备。在整个展览会期间，还将组织“金属腐蚀与防腐”、“煤的气化与液化”等18个由著名科学家主讲的科技报告。

**中国舞协四届二次理事会议在北京召开**

会议认为，粉碎“四人帮”以来，特别是三中全会以来，舞蹈、舞剧蓬勃发展，涌现了大量好的和比较好的作品，对丰富社会主义文化生活，满足人民群众的文化需要取得了很大的成绩。但是在创作上有忽视生活，脱离群众，单纯追求形式，讲究华丽，某些创作情调不高，庸俗的艺术趣味的一些现象。为贯彻党的十二大精神，使舞蹈在建设社会主义精神文明中多做贡献，号召舞蹈工作者，努力学习马列主义、毛泽东思想，投身到生活的洪流中去，热情地创作演出歌颂我们新的时代，新的人物的舞蹈作品。

## 11月28日

**《人民日报》发表评论员文章《择优推广农业机械》**

农村实行生产责任制以来，大多数地方连年增产增收。广大农民有着继续扩大再生产的迫切需要，也有了添置生产资料的购买能力，这给农机事业的发展带来了很有利的条件。有选择地推广一批经济适用的农业机械,以适应农民要求,是切实改进农机工作的新起点。

为什么要有选择地推广农业机械?主要是着眼于农机具实地使用的经济效益。我国地域辽阔,各地自然条件和经济条件差异很大。因地制宜地选择一批真正适用的农业机械,向不同地区推广,使农民买得起,用得好,得到实惠,就会受到农民的欢迎,取得农民的信任,迅速打开产品销路,推进农业机械化的发展。长期以来,在"左"的错误思想指导下,盲目提倡大办,盲目限期推广,而且不把农机具作为可供用户自由选择的商品,单靠行政手段自上而下地硬性推广,很少注意制造和使用两方面的经济效益。结果,不少农机具质差价昂,甚至很不适用,给农民造成很大的经济损失;同时自塞销路,积压产品,也打击了农机生产本身。现在,情况大不相同了,农机主管部门总结了经验教训,社队集体和广大农民有了自主权,农机产品的制造、推广工作,必须来一番大的改进。只有择优推广经济适用的农机具,才符合农民的要求和利益,才能够广泛打开销路。

有选择地推广农业机械,要注意农村生产力发展的水平和农民的购买力水平。当前在能源较缺的情况下,要尽可能选择推广消耗能源较少,或者能以人力、风力或太阳能等代替油料、电力的农机具;在分户经营越来越多的形势下,还要选择那些小型多样、使用方便、质优价廉的农机具。因为最佳经济效益的获得,总是以现实的生产条件和经济条件为基础的;否则,农机产品再先进,也会由于农村用不了,或买不起,而不能充分发挥作用。

有选择地推广农业机械,还有利于促进农机生产的技术改革。过去,农机产品由农机销售部门包销,农机厂不讲产品质量,不管使用效益,不愁销售出路,一律照常生产,有的产品还在固守五十年代的技术水平,长期不事改革,不求创新,越来越不适应生产发展的需要。现在用择优推广办法,打破混在一起吃"大锅饭"的状况,哪种产品好,就推广哪种产品;哪家工厂的产品适销对路,哪家工厂的经营收益就多。这必将鼓励进步,鞭策落后,开展竞赛,使农机生产的技术改革大大提高一步。

有选择地在全国推广使用一批经济适用的农业机械,还要进一步加强农机管理、技术服务、能源节约等项工作,特别是对于单户或联户购买农业机械的农民,要及时进行技术培训,合理安排油料分配。这样,才能保证农机产品的顺利推广使用,取得良好的经济效益。

**国务院发出《关于认真做好粮食工作的通知》**

今年全国粮油生产形势很好。夏粮、早稻增产,预计全年粮食总产量将超过历史最高水平。油料在连续三年大增产的基础上,今年又获得了丰收。但由于粮食原定包干方案有较大缺口,加上一些地区受灾,国家粮食收支缺口扩大。现在农村粮食情况比较好,搞好粮食收支平衡,必须立足于国内,解决思想、政策问题。要树立全局观念,丰收地区要多购、多调出一些,歉收地区要打紧安排。为了做好粮油工作,特作如下通知:

一、坚持和完善粮食包干办法。要认真执行今年国务院八号文件的规定,同时根据新的情况加以完善,做到真包干。各省、自治区、直辖市在包干指标以外要求增加调入粮食,一是调给议价粮;二是地区之间自行调剂议价粮;三是中央借给一部分粮食,利息和费用由地方开支。借调的粮食要有借有还,三年统算。歉收省、区按议价调进粮食的,以后丰收了,除完成包干任务和归还欠账外,也可以按议价调出。议价粮用于定量和计划内供应的,仍按牌价销售。应当明确,1982年3月末的国家粮食库存,一律属于中央,地方不得擅自动用。

二、认真整顿粮食统销。近几年来,粮食销量增长很猛,超过了国家粮食和财政负担的可能。必须重申;农业人口转为城镇吃商品粮人口,要严格按政策办事,不得超过下达的指标,不能任意增加农村吃定销粮人口。凡是不按国家计划自行减少粮田增种其他作物的,一律不减少粮食征购任务,不增加粮食统销指标。对因灾缺粮的,可以实行借销,丰收了再还。计划外要求增加用粮的,可以供应议价粮,对于弄虚作假、虚报冒领粮食的应严肃处理。各地要对城乡粮食统销普遍进行一次认真检查和整顿,压缩不合理的销售。不得乱开口子,要求增加粮食开支,一定要征得粮食部门同意。

三、逐步减少奖售粮。近几年,农村粮食情况越来越好,而国家开支的奖售粮却越来越多。对奖售粮应当进行整顿,加强管理,堵塞漏洞,取消不合理的奖售项目,降低过高的奖售标准。凡不需要继续用粮食加奖的,如大肥猪等,可以不加奖,不换购。对需要控制发展的产品,如油菜籽、烟叶、麻类等,可以不奖粮或少奖粮。对与粮食无直接关系的产品,如一些皮毛等,可以不用粮食奖粮。各省、自治区、直辖市要参照上述原则,对现行奖售粮办法加以调整。

四、改进秋季食用油料收购办法。国务院已决定从1983年夏收开始,对农民交售油菜籽,在计划以内的,实行40%按统购价、60%按超购加价付款的办法。现在,根据各地的要求,明年对秋季油料,也参照油菜籽按比例计价的办法,作如下改进:(一)收购花生、芝麻、茶籽,40%按统购价、60%按超购加价付款。(二)对葵花籽,在主要产区,40%按统购价,60%按超购加价;

在分散产区，实行议购议销，(三)对棉籽，各省、自治区、直辖市可在40%之内自行确定加价比例，也可以不加价。(四)对胡麻籽等秋季油料，加价比例不高于60%。(五)为了确保国家需要，各地要制订秋季油料收购计划，并落实到队，组、户、各省、自治区、直辖市应根据以上政策，作出具体规定，在明年春播以前向群众公布。

五、抓好秋季粮油征购工作。目前秋季粮油征购入库已经开始，在丰收的地方，要动员农民向国家多卖余粮，卖好粮，支援“四化”建设。要努力改进工作，切实解决有些地方农民卖粮难的问题。要与农民协商预约交售时间，有计划地组织送交，还要明确宣布；凡是生产队和农民向国家交售余粮，只要质量符合标准，一律不得拒收。要力争多超购、多议购一些粮食，完成和超额完成调出计划和议价收购转平价供应的计划。对储存条件有困难的，上级业务部门要及时组织调运，也可试办生产队、农民代存，并付给合理费用。

我国人口多，耕地少，粮食是个大问题。各级人民政府要切实加强领导，把粮食工作抓紧抓好。要认真贯彻执行“决不放松粮食生产，积极开展多种经营”的方针，稳定粮食播种面积，努力提高单产，使粮食和经济作物协调发展。

**外交部发言人就越南政府宣称的所谓北部湾边界线问题发表声明**

外交部发言人发表声明说：“中华人民共和国政府郑重声明，越南政府宣称的所谓北部湾边界线是非法的、无效的，并再次重申，西沙群岛和南沙群岛是中国神圣领土不可分割的一部分。”

声明说：“1982年11月12日，越南政府在其发表的‘关于越南领海基线的声明’中毫无根据地宣布，1887年中法界约‘规定’了北部湾的海上边界线，并竟然把中国的西沙群岛、南沙群岛作为越南的所属群岛，声称将为其规定领海基线。这是对中越两国历史边界条约的肆意歪曲和对中国领土主权的严重侵犯。”

声明说：“必须指出，1887年中法签订的中越界约根本没有划分过北部湾海域。因此，在北部湾海域从来就不存在什么海上边界线。1973年12月26日，越南政府曾正式向中国政府表示，‘两国在北部湾的海域，由于越南一直处于战争环境，至今未划分’。这就清楚地声明，越南政府本来也认为，中越双方没有划分过北部湾。”

声明强调：“越南政府‘关于越南领海基线的声明’充分暴露了越南当局妄图霸占北部湾广大海域和对中国领土的扩张野心，也是蓄意进一步恶化中越关系的新步骤。越南当局必须对由此而引起的一切严重后果承担全部责任。”

**解放军总参谋长杨得志到钓鱼台宾馆看望孟加拉国部长会议主席侯赛因·穆罕默德·艾尔沙德将军**

**外经贸部部长陈慕华在中南海会见由总裁方基荣率领的朝鲜贸易银行代表团**

**中宣部 国家经委决定编辑出版《中国企业管理百科全书》**

编辑委员会由袁宝华任主任委员，邓力群任顾问，叶林、马洪、房维中、华罗庚、陈宇任副主任委员。

编辑出版这部百科全书，是企业管理工作的一项重要的基本建设，对加强和改善企业管理，提高经济效益，推进“四化”建设，将起到有益的作用。通过系统地整理我国企业管理的历史沿革，总结我国企业管理的经验，介绍国外科学的管理理论、知识和方法，将为企业管理干部和教学、研究人员提供一部比较全面、适用的工具书。

**吴佳妮在东京举行的“中日杯”体操赛中获得女子个人全能冠军**

## 11月29日

**《人民日报》发表社论《学习新党章，做合格的党员》**

党的十二大提出了社会主义现代化建设的纲领，又适应新时期历史任务的要求，提出了党的建设的纲领。要成就中国历史上的这一空前伟大的事业，决定性的条件，就是把党建设好，使每个共产党员成为名副其实的共产党员，以实际行动回答人民和时代的期望。

我们党居于全国领导地位以后，每个共产党员都面临着新的考验。人民赋予我们权力，共产党员是利用这种权力更好地为人民服务，履行为共产主义事业奋斗终生的诺言，还是以权谋私呢？所谓党风不正，所谓党风没有根本好转，所谓思想不纯、作风不纯、组织不纯，大多数问题都与此有关。我们对此必须有充分的估量，同时必须树立实现党风根本好转的坚定信心。新中国成立30多年来，我国社会主义事业历经曲折而取得伟大的成就，特别是十一届三中全会以来的短短几年，我国社会主义事业的各个方面都在拨乱反正中突飞猛进，蒸蒸日上，实现了伟大的历史性转折。离开数千万共产党员的献身精神和英勇奋斗，所有这些都是不能设想的。事实说明我们党的队伍是好的，我们党是有战斗力的。我们的事业在进步，我们的人民在进步,我们的共产党员也在进步。哪里有社会主义的辉煌胜利,哪里就有共产党员在战斗。兰州炼油厂的劳动模范中,共产党员占77.7%。辽宁省庄河县县、社的劳动模范中,共产党员占70%。陕西省抗洪救灾斗争中涌现的265名英雄模范人物中,有共产党员180名,占68%。群众说:“真正好样的,还是共产党员多。”处在“中间状态”的共产党员,虽然未能很好地发挥先进作用,但在党的领导下仍然有所进步。这就是我们面对的基本事实,就是近4000万名党员的主导方面,就是实现党风根本好转的强有力的根据。

就党员教育即党内的思想政治工作来说,这几年也有很大的进步,特别是十一届六中全会《决议》和十二大文件的学习、宣传、贯彻,对于统一全党同志的认识,提高全党同志的觉悟,起了重大作用。但是必须看到,我们党已经制定了实践证明是正确的马克思主义的路线和一系列适应各方面情况的方针、政策。在这种情况下,加强党员教育,实现党风根本好转,使党员的素质同社会主义现代化建设的历史任务相适应,日益显示出重大的意义和紧迫的性质。十二大通过的新党章,是我们党建党以来最好的一部党章。它是我们党历史经验的总结,是加强党的建设的有力武器。各级党组织要以新党章来教育所有党员。每个共产党员都要系统学习新党章,首先要学好其中关于党员条件、义务的规定,懂得共产党员必须不惜牺牲个人的一切为共产主义奋斗终生,必须全心全意为人民服务,永远是劳动人民的普通一员,除了制度和政策规定范围内的个人利益和工作职权,决不允许谋求任何私利和特权。学习新党章是为了执行新党章。每个共产党员都要在自己的岗位上,争做合格的党员。尤其是担负各级领导职务的党员干部,更要严格要求自己,带头学习新党章,带头执行新党章,带头做合格的党员干部。

各级党的组织要把党员教育工作摆上重要的议事日程,改变多年形成的党不管党、党政不分的状况。党组织应该从包揽日常行政事务中解脱出来,切实抓好党员的教育、管理工作。党领导社会主义现代化建设事业,领导我们整个国家各方面的工作,这种领导的实现,除了制定正确的路线、方针、政策,就是教育所有共产党员以身作则,发挥工人阶级先锋队战士应有的模范带头作用。各级党组织只有首先搞好党内的思想政治工作,才能通过党员的实际行动,吸引、团结广大人民群众一道为共产主义事业的胜利而奋斗。

广大党员是好的和基本好的。混进党内的敌对分子和蜕化变质分子是极少数,还有一部分同志程度不同地存在某些缺点、错误,有的甚至不懂得怎样才是一个合格的共产党员。造成这种情况的重要原因之一,是我们党的领导多年来放松了党员教育工作。只要各级党组织切实加强党员教育工作,只要我们的党员干部首先严于律己,我们相信,广大党员一定会逐步提高共产主义觉悟,提高政治自觉性和政治责任感,先进的将更先进,“中间状态”的迎头赶上,那些不合格或基本不合格的也会有所前进。通过普遍开展新党章教育,我们党将更有战斗力,我们党将越加成为领导社会主义现代化建设事业的坚强核心,我们的社会主义现代化建设事业将取得更大的胜利!

**中共中央总书记胡耀邦在人民大会堂会见孟加拉国部长会议主席侯赛因·穆罕默德·艾尔沙德**

胡耀邦说,我们之间的关系是互相信赖和真诚帮助的关系,我们的心是相通的。他表示相信,中孟两国之间的合作领域将越来越宽广。

艾尔沙德说,孟加拉国人民把中国人民看成是自己的好朋友。他希望两国之间的关系继续向前发展。会见时,双方还介绍了各自国家的经济建设情况。

**中共中央总书记胡耀邦答孟加拉国记者问**

胡耀邦对记者说,中孟两国关系很好,艾尔沙德主席这次访问中国,将进一步加强两国间的友好关系。他说,中孟两国的关系,是穷朋友关系,两国互相信赖、互相支持。他希望这一相互信任、相互支持的关系长期发展下去;也希望南亚地区所有国家在和平共处五项原则基础上结成睦邻关系。

关于太平洋地区安全问题,胡耀邦说,太平洋已不太平。我希望太平洋地区和一切爱好和平的国家和人民团结起来,为保卫太平洋和印度洋以至世界的和平而团结奋斗。胡耀邦还说,中国反对任何国家破坏和平的行为。我们对干涉别国内政、甚至出兵干涉别国的行为,都坚决反对,过去反对、现在反对、将来也反对。

记者请胡耀邦谈谈中国国内政治形势。胡耀邦说,中国确实发生了很大变化,但朋友们对这个变化不要估计过高。我们还要经过20年至50年的努力工作,才能建设成为名列前茅的第一流国家。我们把注意力集中在国内建设。我们希望所有国家和平共处,希望发展同其他国家的友好关系。

**中顾委主任邓小平在人民大会堂会见孟加拉国部长会议主席侯赛因·穆罕默德·艾尔沙德**

邓小平说,中孟两国都是发展中国家,穷朋友互相帮助是靠得住的。我们之间的关系是相互信赖、相互支持的关系。我们双方在国际事务中的见解是一致的,两国间的合作要长期发展下去。

邓小平在谈到我国经济发展前景时说,经济调整正在顺利进行,将为我国90年代的经济发展打下比较坚实的基础。正在召开的五届人大五次会议将审议发展国民经济的第六个五年计划。可以相信,我国的经济将稳定协调地向前发展。在当今世界经济不景气的情况下,中国的经济发展是良好的。

**解放军总参谋长杨得志参加五届全国人大五次会议分组会**

解放军总参谋长、解放军代表团团长杨得志说,新宪法中关于设立中华人民共和国中央军事委员会的规定非常重要。新中国成立前,人民解放军在党的领导下,为夺取政权而斗争。新中国成立后,则为保卫和巩固国家政权而斗争。这时,军队是国家机器的重要组成部分。因此,它已属于国家,成为国家的军队。当然,这与党对军队的领导并不矛盾,因为党是领导国家各方面的工作的。宪法修改草案规定,国家设立中央军事委员会,实行主席负责制,并对全国人民代表大会及其常委会负责。这就使军队领导机构在国家体制中的地位得到了明确的规定,因而也便于党和国家对军队实行统一领导。我们一定要在中央军事委员会领导下,加强军队的革命化、现代化、正规化建设,提高我军在现代化条件下的自卫能力,使我军不仅成为保卫社会主义祖国的钢铁长城,而且成为建设社会主义物质文明和社会主义精神文明的重要力量。

**中国与孟加拉国在北京签订一项关于中国向孟加拉国提供贷款的协定**

外交部部长吴学谦,孟加拉国外交部部长沙姆斯·多哈代表各自政府在协定上签字。

这项贷款是根据孟加拉国政府发展民族经济的需要由中国政府提供的,将用于支付两国政府商定的经援成套项目。

## 11月30日

**五届全国人大五次会议在人民大会堂举行全体会议**

大会听取国务院总理赵紫阳代表国务院作关于我国国民经济和社会发展第六个五年计划的报告。

大会由执行主席、全国人大常委会副委员长彭真主持。

大会执行主席还有阿沛·阿旺晋美、杨尚昆、阎达开、李荒、杨尚奎、万达、李庭桂、王世泰、巴桑。

出席全国政协五届五次会议的委员,国务院组成人员,全国人大各委员会、最高人民法院、最高人民检察院、中共中央直属机关、国务院直属机构的负责人,人民解放军各总部、各军兵种、各军事院校的负责人,在京的我国驻外使节,列席了今天的大会。各国驻华使节和外国在京记者旁听了大会。

**国务院总理赵紫阳在全国人大五届五次会议上作《关于第六个五年计划的报告》**

各位代表:

现在,我代表国务院,作关于我国国民经济和社会发展第六个五年计划的报告,请大会审议。

第六个五年计划的基本任务

一九八〇年,也就是第五个五年计划的最后一年,国务院曾拟订出从一九八一年到一九八五年的第六个五年计划的基本轮廓和主要指标。当时,根据中国共产党十一届三中全会的精神,整个国家正在紧张地进行拨乱反正,国民经济正在进一步调整,许多问题有待于在实践中进行深入研究,必要的资料也由于十年动乱的破坏而很不完全,因此还缺乏编制出一个比较完备的五年计划的客观条件。这两年来,国务院在抓紧经济调整的同时,对经济工作进行了认真的调查研究。在五届人大四次会议上,国务院在政府工作报告中提出了以提高经济效益为中心的发展国民经济的十条方针,经大会审议通过。在这之后,国务院又组织各有关方面对第六个五年计划的一些重大问题作了多次的研究和讨论。现在,我国国民经济走上了稳步发展的健康轨道。第六个五年计划的草案已经编制完毕。

中国共产党第十二次全国代表大会,确定了我国经济建设的战略目标、战略重点和战略步骤,要求在不断提高经济效益的前提下,从一九八一年到本世纪末的二十年内力争实现我国工农业年总产值翻两番;要求从一九八三年到一九八七年的五年间争取实现国家财政经济状况的根本好转,也就是说要求全国各行业、各企业普遍显著提高经济效益,在保证经济文化建设费用逐步增加和人民生活逐步改善的条件下,实现财政收支平衡。按照这样的部署,第六个五年计划期间,我们要继续贯彻执行调整、改革、整顿、提高的方针,进一步解决过去遗留下来的阻碍经济发展的各种问题,取得实现财政经济状况根本好转的决定性胜利,并且为第七个五年计划期间国民经济和社会发展奠定更好的基础,创造更好的条件。在这个期间,我国工农业总产值计划增长百分之二十一点七,平均每年递增百分之四。固定资产投资总额计划为三千六百亿元,将兴建一批具有现代水平的新工程,并在部分重点企业中实行重大的技术改造。用于发展教育、科学、文化、卫生事业的经费计划为九百六十七亿元,比第五个五年计划期间的五百七十七亿元增加百分之六十八。城乡居民按人口平均的消费水平计划提高百分之二十二,平均每年递增百分之四点一。这个期间，将保持国家财政、信贷收支的基本平衡和物价的基本稳定。第六个五年计划是在调整中稳步发展的计划，是进一步推进我国现代化建设的计划，是使人民生活继续得到改善的计划。这个计划的实现，同整个国家现代化事业的前途和全国各族人民的利益有极为重要的关系。

第六个五年计划草案已经分送给各位代表。这里，就计划的要点和一些有关问题作以下说明。

一、关于工农业生产的发展速度和经济效益

在提高经济效益的前提下，使工农业生产保持适当的发展速度，是我们制订计划的一项重要原则。第六个五年计划规定，一九八五年工农业总产值达到八千七百一十亿元，比一九八〇年的七千一百五十九亿元增加一千五百五十一亿元。其中，农业总产值由二千一百八十七亿元增加到二千六百六十亿元，工业总产值由四千九百七十二亿元增加到六千零五十亿元，都是平均每年递增百分之四，在执行中争取达到百分之五。在工业总产值中，轻工业产值计划平均每年递增百分之五，重工业产值计划平均每年递增百分之三。到一九八五年，全国粮食产量计划达到三亿六千万吨，比一九八〇年增长百分之十二点三；棉花三百六十万吨，增长百分之三十三；纱三百五十九万吨，增长百分之二十二点八；食糖四百三十万吨，增长百分之六十七点三；原煤七亿吨，增长百分之十二点九；发电量三千六百二十亿度，增长百分之二十点四；钢三千九百万吨，增长百分之五点一。实现了这个计划，农业、轻工业和重工业之间的比例关系将进一步趋于协调。

从一九五三年到一九八〇年的二十八年中，农业总产值平均每年递增的速度是百分之三点四，六五计划期间要求每年递增百分之四到五，这是不低的，是要经过很大的努力才能实现的。六五计划规定的工业增长速度比过去二十八年的平均速度要低，这是因为工业调整的任务还很艰巨复杂，在近期内能源产量不可能有较大的增加，交通运输的紧张状况也不可能有根本的改变。过去二十八年的工业发展速度虽然不低，但是效益很差；而六五计划要求的发展速度虽然低一些，却是以较高的经济效益为前提的。六五计划要求，产品质量要不断改善，花色品种要适应社会需要，单位产品的物资消耗要有较多的降低，这些方面的要求都比过去高得多。着重于提高经济效益，这是六五计划的一个显著特点。从我们的历史经验来看，计划指标经过综合平衡，订得稳妥一些，留有余地，对于保护和发挥劳动人民和生产单位的积极性，保证国民经济按比例地协调发展，都有好处。一九八一年和一九八二两年计划执行的结果，工农业生产的增长，都超过了六五计划规定的年平均递增速度，全国上下都高兴。我们所以没有把后三年计划要求的发展指标调高，也正是基于上述的考虑。经过第六个五年计划的努力，各方面的关系理顺了，整顿工作做好了，又完成了为第七个五年计划准备的一批重点建设项目的建设，实现了一批重大的技术改造和科技攻关，第七个五年的发展速度必将高于第六个五年。只要扎扎实实地做好工作，特别是在人才培养、重点建设和实现社会生产的技术进步方面取得重大进展，第八个五年和第九个五年的发展速度肯定还会再高一些，从而使全国进入新的经济振兴时期。这样，我们就能够按照党的十二大所确定的二十年分两步走的战略部署，到本世纪末争取实现工农业年总产值翻两番的宏伟目标。

二、关于基本建设的规模、重点和企业的技术改造

第六个五年计划期间，全国基本建设投资总额计划安排二千三百亿元，大体保持第五个五年计划期间的水平。五年内施工的大中型建设项目共八百九十个，比第五个五年计划期间少得多。所以作出这样的安排，是吸取了过去基本建设规模过大、战线过长、投资效果不好的教训。六五计划基本建设投资的重点是能源、交通建设，这方面的投资占总投资的百分之三十八点五，比过去有所提高。同时，适当安排了农业、轻纺工业、冶金工业、化学工业以及教育、科学、文化、卫生、城市公用设施、商业、外贸等方面的建设。五年内施工的大中型建设项目，计划在一九八五年年底以前全部建成的四百个，其余将转入第七个五年计划期间继续建设。第六个五年计划期间，用于现有企业设备更新、技术改造的资金为一千三百亿元。从一九五三年到一九八〇年的二十八年中，这方面的投资占整个固定资产投资的百分之二十左右，六五计划把这个比例提高到百分之三十六。这是一个很大的进步。它将使我国工业的生产技术得到提高，并有利于加速整个国民经济的现代化进程。

下面，着重讲一下能源、交通、农业的建设计划和现有企业技术改造的重点。

煤炭工业建设，五年投资一百七十九亿元，重点用于开发山西煤田以及东北和内蒙古东部煤田，同时开发豫西煤田，山东、安徽、江苏煤田和贵州煤田。五年内新建一百万吨以上的大型矿井二十八个，加上中小型矿井的建设，全国煤矿建设总规模将达二亿二千万吨。计划在一九八五年年底前建成投产八千万吨，结转到第七个五年计划期间继续建设的有一亿四千万吨。为了加快煤炭工业的发展，我们的方针是抓两头：一是集中力量开发大露天矿，首先把资源条件好的霍林河、伊敏河、平朔、元宝山、准格尔等五大露天矿以尽可能快的速度建设起来；一是抓紧现有矿井的技术

改造和中小矿井的建设，挖掘潜力。这样投资省，出煤多，见效快，既可以使近几年和十年内煤炭产量有显著增长，又可以为下一个十年煤炭工业的更大发展打下基础。

石油工业建设，五年投资一百五十四亿元，重点勘探东北松辽盆地、渤海湾、河南濮阳地区和内蒙古二连盆地，并适当加强新疆准噶尔、青海柴达木盆地的普查勘探，继续加强东部老油、气区的地质普查勘探，争取探明一批新油田，同时积极开展海上石油的勘探和开发。五年内，新增原油开采能力三千五百万吨，天然气开采能力二十五亿立方米。这样，我们就可以补充原有油井产量由于每年采收形成的自然递减，使五年内石油年产量稳定在一亿吨的水平上。

电力工业建设，五年投资二百零七亿元，重点是继续开发黄河上游、长江中上游和红水河流域的水力资源，建设一批大型水电站，同时在煤炭资源丰富的山西、内蒙古东部、两淮、豫西、渭北、贵州等地以及用电量大的辽宁、上海、江苏、浙江、广东、四川等地区，建设一批坑口电站和火电厂。五年内新建和续建装机容量四十万千瓦以上的水电站十五个，二十万千瓦以上的火电站四十五个，三十万千瓦的核电站一个，加上小型电站的建设，全国电站建设总规模为三千六百六十万千瓦。计划在一九八五年年底前建成投产一千二百九十万千瓦，结转到第七个五年计划期间续建的有二千三百七十万千瓦。这个安排还不能完全适应经济发展对电力的需要，在计划执行中将根据条件的可能，努力加快电站建设，同时大力节约用电。

交通运输和邮电通信建设，五年投资二百九十八亿元，主要用于铁路和港口建设。五年内全国新建铁路铺轨二千公里，建成复线一千七百公里，建成电气化铁路二千五百公里。到一九八五年，山西以及内蒙古西部、宁夏煤炭的外运能力将由一九八〇年的七千二百万吨增加到一亿二千万吨，通往东北的运煤能力将由一九八〇年的一千四百万吨增加到二千九百万吨。在大连、秦皇岛、天津、青岛、石臼所、连云港、上海、黄埔、湛江等十五个港口建设一百三十二个深水泊位，到一九八五年全国沿海港口吞吐能力将由一九八〇年的二亿一千七百万吨增加到三亿一千七百万吨。继续建设长江等内河航运工程。加强公路建设，改善农村交通条件。同时，大力加强邮电通信建设。这些建设任务完成以后，交通运输和邮电通信紧张的状况将有所缓和。

在农业建设方面，重点是加强黄河、长江、淮河、海河的防洪能力；建成河北潘家口水库、大黑汀水库和天津引滦输水工程，缓和京津地区工农业用水的矛盾；继续建设黑龙江三江平原、江西鄱阳湖地区、湖南洞庭湖地区、安徽淠史杭灌区等商品粮基地。逐步建立和健全优良种子的繁育推广体系。继续建设西北、华北、东北地区的防护林体系，以治理黄河中游地区的水土流失和西北地区的风沙化。继续开展全民植树运动，绿化祖国。禁止在少数民族地区的牧区开荒。扩大人工草场面积，计划由一九八〇年的三千二百万亩增加到一九八五年的一亿亩。建设一批畜禽良种场、饲养场和饲料加工厂。五年内扩大淡水养殖面积一千六百万亩，海水养殖面积五十万亩。这些，对于改进农牧渔业生产的条件，将会起积极的作用。

为了保证经济建设的顺利进行，并且为以后的经济发展提供必要的矿产资源和地质资料，六五计划期间要积极加强地质勘探工作，加快找矿和资源评价的进度，同时做好水文、工程和环境地质工作。

第六个五年计划期间现有企业技术改造的重点，是节约能源和原材料，改进产品结构，提高产品性能和质量，增加社会急需而又短缺的某些产品的生产能力。五年中，要对鞍山钢铁公司和包头钢铁公司，长春第一汽车制造厂，哈尔滨、上海动力设备制造基地的所属工厂，大同、开滦、抚顺等大型煤矿，天津、湖北、辽宁、四川、山东的大型碱厂等相当一批重点企业，进行有计划的技术改造，逐步改变这些关系国民经济全局的骨干企业的技术面貌。机械工业是为各个方面提供技术装备的部门，技术改造必须先行一步。第六个五年计划期间，要对生产量大、使用面广的机电产品，特别是耗能多的汽车、拖拉机、内燃机、工业锅炉、水泵、风机、中小型电动机等进行技术改造，促使它们更新换代。要研制一批精密高效机床、仪器仪表等关键设备，抓紧一大批工具、元器件、基础件的升级换代。发展一批农牧渔业和轻纺工业需要的技术水平较高的设备，努力提高发电、轧钢、采掘、洗煤、运输、海上石油勘探和石油化工等方面的大型成套设备的制造技术。实现了这些要求，国民经济的生产技术面貌将会发生可喜的变化。

三、关于教育、科学、文化事业的发展

不断提高全体人民受教育的程度和科技文化水平，既是保证现代化物质文明建设的重要条件，又是加强社会主义精神文明建设的重要内容。第六个五年计划安排教育、科学、文化、卫生、体育事业的经费占国家财政支出总额的百分之十五点九，其中一九八五年将达到百分之十六点八，比第五个五年计划期间的百分之十一有了较大的提高。应该承认，这方面的经费还是比较少的，但是限于财力，目前只能做到这一步。今后随着经济的发展，这方面的经费还要逐步增加。

第六个五年计划规定，到一九八五年全日制高等学校招生数将从一九八〇年的二十八万人增加到四十万人，增长百分之四十二点二；在校学生达到一百三十万人，比一九八〇年增长百分之十三点六。五年内大学毕业生共一百五十万人。在这同时，广播、电视、函授、夜大学等高等教育也将有较大的发展。一九八五年招收研究生二万人，比一九八〇年增长四点五倍，五年内毕业研究生四万五千人。为了提高高等学校的教学水平，国家确定用专款为一批重点高等院校建设比较先进的教学实验设施，新建和扩建一批实验中心。要调整高等院校的专业设置，改进教学方法。过去专业划分过细，学生知识面狭窄，不能适应各项建设工作和继续深造的需要，对于毕业后的就业和转移工作领域也往往造成困难，这种状况必须加以改变。要认真加强对大学生、研究生的系统的马克思主义基本理论教育，加强经常的有针对性的切实有效的思想政治工作。我们培养出来的学生，必须真正是有社会主义觉悟的、有文化和专业知识的劳动者。继续改革中等教育结构，发展各门各类的中等职业学校，特别是农林牧副渔、医护、财贸、政法、文教等方面的职业学校。普通中学也要适当增设职业技术教育课程。要创造必要的条件，把部分农村普通高中改为农业职业中学。要注意发展学龄前教育，加强师范教育。到一九八五年，争取全国大部分县普及或基本普及小学教育，城市普及初中教育。各级各类学校都要努力全面地提高师资水平和教育质量，逐步改善教学条件。普及小学教育和初中教育，扫除青壮年中的文盲，这是全国教育战线的一项十分繁重、艰巨、迫切的任务，全国人民都要动员起来给以大力支持。凡是教育事业发展得好的省、直辖市、自治区以及地、市、县和基层组织，凡是积极为教育事业作了贡献的教师、教育行政人员和其他人员，都要加以表扬；对教育工作不热心的干部，要给以批评；对挪用教育经费、妨碍教师工作甚至侮辱伤害教师的人员，要严加处分。要在全社会造成普遍重视教育工作的风气，使人人都认识这是我国现代化事业的根本基础。

在科学技术方面，第六个五年计划规定，在全国推广农业、轻纺工业、能源、电子、机械、原材料工业、化工和制药、运输和邮电等方面确有成效的四十项重大科技成果。围绕经济和社会发展的需要，对生产建设中带关键性的三十八个科技项目的一百个课题进行攻关，争取其中相当一批项目在第六个五年计划期间取得成果，并推广应用。在着重发展应用研究和开发研究的同时，加强基础研究，使整个科学技术的发展有可靠的指导力量和后备力量。不论是应用研究或基础研究，都应该按照学科特点尽可能地面向经济建设，为生产的发展服务。要把科学研究成果的推广应用提高到同科学研究本身同等重要的地位，它们的成绩应该同样受到表扬和奖励，克服轻视推广应用的倾向。要有计划有步骤地建立省、自治区、直辖市公用的情报中心、分析测试中心、计量中心、计算中心、应用数学咨询服务中心，为科学研究和国民经济的发展提供服务。

在大力发展自然科学的同时，重视发展社会科学，加强政治经济学、部门经济学、管理学、哲学、法学、政治学、教育学、社会学、伦理学、心理学、历史学、民族学、文艺学、语言学、国际关系等的研究。要努力阐明和解决我国社会主义现代化建设提出的重大理论问题和重大实际问题，用创造性的研究成果为建设社会主义物质文明和精神文明服务，为发展和完善社会主义制度服务。要填补空白学科，加强薄弱学科，改善研究工作的条件。

第六个五年计划期间，文学艺术、电影、电视、广播、新闻、出版、图书馆、博物馆、文化馆等各项文化事业和卫生、体育事业都将有相应的发展。电影故事片的摄制，必须在努力提高质量的前提下增加数量，计划由一九八〇年的八十二部增加到一九八五年的一百二十部。积极发展科学教育影片和纪录影片。广播电视要提高节目的思想性、知识性和艺术性，加强节目的制作和传送手段，提高技术质量和人口覆盖率。全国各种报刊、杂志、书籍的出版总量，一九八五年达到四百五十六亿印张，比一九八〇年增长百分之二十二。积极提高造纸、印刷、出版的技术和质量，努力改变目前的落后状况。基本上做到市市有博物馆，县县有图书馆和文化馆，乡乡有文化站。切实改善少数民族地区和边疆地区的文化设施。我们的各种精神产品，虽然大多数也是以商品的形式出现的，但是各级有关领导干部应该充分认识到，发展这些产品的生产首先是为了建设社会主义精神文明。因此，必须注意它们的共产主义的思想内容，注意它们在提高人民科学文化知识水平方面的作用，而不能单纯追求利润。各项文化艺术事业和学术研究，都要坚持为人民服务、为社会主义服务的方向，继续贯彻百花齐放、百家争鸣的方针，继续肃清十年内乱所遗留的错误影响，反对资产阶级自由化，反对封建主义、资本主义堕落腐朽的文化。要继续深入开展群众性的爱国卫生运动，降低各种疾病的发病率，迅速消灭一些还没有最后消灭的烈性传染病。加强海关检疫，以防一些已被消灭的传染病又由国外传入。在卫生工作中，要继续坚持城乡并重、中西医结合的方针，五年内增加卫生专业人员六十万人，新增医院病床二十五万张。大力提高节制生育的技术水平，保证控制人口计划的顺利实现。积极发展城乡体育运动，普遍增强人民体质，努力提高体育运动的技术水平。

四、关于对外经济技术交流的扩大

第六个五年计划期间，我们要继续按照平等互利的原则，按照统一计划、统一政策、联合对外的原则，进一步扩大对外贸易和经济技术交流。计划规定，到一九八五年，进出口贸易总额将达到八百五十五亿元，比一九八〇年增长百分之五十一点八，平均每年递增百分之八点七。其中，出口总额将达到四百零二亿元，平均每年递增百分之八点一，高于工农业总产值的增长速度；进口总额将达到四百五十三亿元，平均每年递增百分之九点二，略高于出口的增长速度，这对加快国内的生产建设是有利的。

积极发展出口商品的生产，努力增加出口，是发展对外经济贸易的基础。要积极扩大轻纺产品、工艺品和各种土特产品的出口，特别是提高机电产品在出口总额中的比重。有计划地组织石油、煤炭和某些资源丰富的稀有金属等产品的出口，对某些消耗能源太多的产品要限制出口。一切出口商品，必须努力适应国际市场的变化，提高竞争能力。这对于促进我国产品质量的提高和成本的降低，都会起积极作用。根据国内建设的需要，改进进口结构，适当提高新技术和关键设备在整个进口中的比重。继续积极有效地利用国外贷款，吸收外商直接投资或同外商合资经营，把对国外资金的利用扩大到适当规模。要特别注意发挥沿海城市在扩大对外经济技术交流中的作用。除广东、福建继续实行特殊政策和灵活措施外，要给上海、天津等沿海城市以更多的自主权，使他们能够利用自己的优势，在引进和消化技术、利用外资、改造老企业和开拓国际市场等方面，发挥更大的主动性和积极性。毫无疑问，我们扩大对外经济技术交流是为了增强自力更生的能力，而绝对不能削弱和损害我国民族经济的发展。这一点任何时候也不能动摇。

五、关于人民生活的改善和控制人口的增长

第六个五年计划期间，要继续提高城乡人民的生活水平。五年内，通过发展国营经济、集体经济和个体经济，将在城镇吸收二千九百万人经过一定训练后就业。全国平均每个农民的纯收入将由一九八〇年的一百九十一元增加到一九八五年的二百五十五元，平均每年递增百分之六，这个速度高于一九五五年至一九八〇年二十六年中平均每年递增百分之四点三的水平。全国职工的工资总额一九八〇年为七百七十三亿元，一九八五年将达到九百八十三亿元，平均每年增加四十二亿元，增长百分之四点九。一九八一年已经提高了教育、卫生、体育战线部分职工的工资，一九八二年和以后的三年将陆续提高其余职工的工资，并积极着手工资制度的改革。中年知识分子多数工资过低，负担又重，他们的工资应该有较多的增加。这样做，相信全国广大工人和干部是会理解的。

随着工农业生产的发展和城乡人民收入的增加，居民的消费水平将有较大的提高。到一九八五年，城乡居民按人口平均的消费水平，将比一九八〇年增长百分之二十二，平均每年递增百分之四点一，高于一九五三年至一九八〇年二十八年平均每年递增百分之二点六的水平。其中，城镇居民的消费水平平均每年递增百分之三点二，农村居民的消费水平平均每年递增百分之四点二。社会商品零售总额一九八五年将达到二千九百亿元，比一九八〇年增长百分之四十，平均每年递增百分之七。

城乡居民的居住条件将继续得到改善。五年内预计农民新建住宅二十五亿平方米，在农村新建公共福利设施三亿平方米。全国城镇全民所有制单位五年合计建成住宅三亿一千万平方米，平均每年六千二百万平方米，等于一九五三年到一九八〇年二十八年中平均每年建成住宅面积的二点六倍。与此同时，还将加强城市公用设施的建设，坚决制止环境污染的加剧，并使重点地区的环境有所改善。

第六个五年计划期间，要严格控制人口增长。根据今年七月一日的普查，我国人口已经超过十亿。今后人口的年自然增长率，必须控制在千分之十三以下。一九八五年二十九个省、自治区、直辖市的总人口，必须控制在十亿六千万左右。这两年，人口净增率有所回升，今后若干年将有更多的男女青年进入婚育期，正值人口增殖高峰，实现人口控制的目标将是一项极端重要而又艰巨的任务，一定要引起全社会的高度重视。必须采取切实可行的措施，普遍提倡晚婚，提倡一对夫妇只生一个孩子，严格控制第二胎，坚决杜绝多胎生育，控制人口增长，否则就将影响国民经济计划的实现和人民生活的改善。必须向全国人民特别是农民进行有说服力的教育，大力破除重男轻女、多子多福的封建习俗，着重保护女婴和生女婴的母亲。只生一个女孩并且把她抚养好、教育好，比只生一个男孩更应该受到表扬、支持和奖励。全社会对于溺害女婴和虐待女婴母亲的犯罪行为都要坚决予以谴责，司法机关要坚决给予法律制裁。

六、关于财政、信贷的基本平衡和物价的基本稳定

第六个五年计划期间，在保障人民收入正常增加和保障企业应有自主权的情况下，要通过发展生产，提高经济效益，开辟财源，使国家财政收入由下降转为上升。要合理安排和控制各项财政开支，加强财政监督，坚决反对浪费，以便把财政赤字压缩到最低限度，同时严格控制货币发行量，确保财政收支和信贷收支基本平衡。

计划规定，五年合计国家财政收入为五千九百五十三亿元，其中一九八五年为一千二百七十四亿元，比一九八〇年增加一百八十九亿元。五年合计

财政支出为六千零九十八亿元，其中一九八五年为一千三百零四亿元，比一九八〇年增加九十二亿元。财政支出的安排首先是保证重点建设，逐步增加教育、科学、文化、卫生、体育事业的开支，同时保证军政费用必不可少的需要，按期偿还国外借款的本息，适当照顾其他方面的开支。帮助少数民族地区和经济不发达地区发展经济文化事业，是党和政府坚定不移的方针。这五年内，除了国家每年增加对这些地区的财政补贴以外，国家财政还将拨出二十五亿元专项资金，用于支援这些地区的建设，比第五个五年计划期间增加二十二亿元。这五年计划安排平均每年有财政赤字三十亿元左右。一九八一年实际执行结果为二十五亿元。今后在年度计划的执行中，也要努力增加收入，严格控制支出，力争财政赤字少于三十亿元。

市场物价是关系千家万户的大事。第六个五年计划期间，要保持市场物价的基本稳定，以保障人民生活的安定。今年以来各地认真执行国务院《关于坚决稳定市场物价的通知》，总的来看情况是好的。国营牌价没有大的变动，有些品种的价格还略有下降，今年一月到九月市场零售物价总水平同去年末持平。今后几年中对少数极不合理的商品价格要作有升有降的必要调整，以利于生产的发展，但这种调整也必须在保持市场物价总水平基本稳定的前提下进行。

各位代表！

第六个五年计划是整个国民经济和社会发展的全面的计划，它既包括建设物质文明，也包括建设精神文明。关于社会主义精神文明的建设，除了上面已经讲到的发展各项文化事业以外，还有许多重要内容，还有很多工作要做。这在党的十二大已经提出了一个总的纲领，今后需要逐步加以落实。这里只着重讲一讲发展职工教育和改变社会风气这两点。

大力提高广大干部、技术人员和工人的思想政治水平和现代科学文化、生产技能的水平，是摆在我们面前的一项战略任务。今后我们要着重举办各种形式的培训各级各类干部和工人的正规学院和正规学校，同时也要举办一些期限较短、课目较少的训练班，使职工教育比较快地走上正规化。除了国家现有的学校要承担职工培训任务以外，各行业和有条件的企业也应该举办学校和训练班。我们还希望共青团、工会、妇联等群众团体都来重视这项工作。正规地进行职工教育，应该有严格的入学标准和考核制度，有一定水平的切合实际需要的教材，有胜任教学工作的合格教师，能够对学员系统地进行马克思主义基本理论和各种专业知识的教育，能够使学员的政治和业务素质在学习以后确实有明显的提高。除了系统教育以外，还要根据广大职工中实际存在的思想认识问题，结合党和政府的各项方针政策和各个时期的任务，对职工进行切实有效的思想政治工作。要寻求和创造新的方式方法，力求使思想教育工作生动活泼，有战斗力、说服力和吸引力。要大力普及社会发展史和中国近代史、革命史的教育，普及共产主义思想、信念、道德的教育，普及共产主义劳动态度和革命纪律的教育，普及职业道德的教育，普及法制教育，普及爱国主义和国际主义的教育，普及高尚的审美观念和社会主义生活方式的教育，使爱祖国、爱人民、爱劳动、爱科学、爱社会主义、立志振兴中华的革命精神得到发扬，使民族自尊心和荣誉感得到提高，使越来越多的职工成为有理想、有道德、有文化、守纪律的劳动者。

积极造就良好的社会风气，是建设社会主义精神文明的一项十分重要的内容。党的第十二次全国代表大会提出，要在今后五年内争取实现社会风气的根本好转。为此，要努力在城市和乡村中普遍改善社会秩序、生产秩序和工作秩序，不断改进人们的劳动态度、工作态度和服务态度，反对各种极端不负责任、“一切向钱看”、闹本位主义和无政府主义、营私舞弊、利用职权“开后门”等不正之风。要使广大干部和群众认识到，在大力发展社会主义商品生产和商品交换的同时，必须全力反对和制止资本主义社会常见的那种连人格、良心、荣誉、人与人之间的关系都商品化的可耻弊端。为了达到这个目的，除了在党内要按新党章所规定的各项标准进行整党以外，在社会上也要普遍采取守则、公约、文明村、文明街、宣传网等各种形式，扶持正气，祛除邪气，对危害社会的不良风气进行综合治理。我们有党的正确的坚强领导，有共产主义思想体系的指导，有以生产资料公有制为基础的社会主义制度，有人民民主专政的强大国家机器和进步的社会舆论，我们应该做到这一点，并且能够在全社会形成抵制各种歪风邪气的强大力量，建立和发展体现社会主义精神文明的互相尊重、互相爱护、互相帮助、友好合作的新型的人与人之间的关系。我们要经过努力，争取第六个五年计划期间在扭转社会风气方面取得显著成效，创造出一个良好的社会环境，保障人民专心致志地心情愉快地进行现代化建设。

各位代表！在提请这次大会审议第六个五年计划的同时，国务院也提出了一九八三年国民经济和社会发展的年度计划草案，请一并审议。

第六个五年计划提出的各项生产建设任务是积极的，也是比较稳妥可靠的，经过努力是可以实现的。在计划编制过程中曾经进行了认真的综合平衡，但有些地方仍然可能考虑得不周到，在执行中将根据实际情况作妥善处理。全国上下，一定要团结一致，扎扎实实地做好工作，努力解决好各种实际问题，保证在执行这个具有重大意义的计划中取得全面的胜利。

六五计划前两年的执行情况

第六个五年计划已经执行了近两年，这里把前两年执行的情况向各位代表作如下的报告。

在第六个五年计划正式提请这次大会审议之前，国务院根据六五计划的初步设想，曾分别制订了一九八一和一九八二两个年度计划，并经人大常委会审议批准。这两个年度计划，执行情况都是良好的。工农业总产值的增长速度，一九八一年计划为百分之三点七，实际达到百分之四点六；一九八二年计划为百分之四，预计可以达到百分之六点四。两年平均每年递增百分之五点五。整个经济形势一年比一年好，出现了令人振奋的变化。

农业生产持续地全面高涨，农村欣欣向荣，这是全国经济形势以至政治形势日益好转的重要基础。农业总产值一九八一年比一九八〇年增长百分之五点七，一九八二年预计比一九八一年增长百分之五，两年平均每年递增百分之五点三。尽管不少地方连年出现了严重的水旱灾害，粮食仍然连年增产，一九八二年预计达到三亿三千五百多万吨，比去年增产一千多万吨，超过了大丰收的一九七九年。一九八二年预计同一九八〇年比较，棉花增长百分之二十一点九，油料增长百分之三十九，糖料增长百分之二十九点二，茶叶增长百分之二十一，猪牛羊肉总产量增长百分之六点八。其他多种经营的发展也比较快。随着生产的发展，农村居民收入大幅度增加。特别可喜的是，许多农业生产比较落后的地区，在一两年或两三年内迅速地大面积地改变了面貌，这是建国以来很少有的。这就最有力地说明，党和政府的农村政策是完全正确的。八亿农民对党和政府更加信赖，对社会主义制度的光明前途充满了信心。

工业消费品生产迅速发展，市场商品供应日益充裕，消费品匮乏的状况有了很大改变。这是我国五十年代后期以来从未有过的新情况。轻工业总产值，一九八一年比一九八〇年增长百分之十四点一，一九八二年预计比一九八一年增长百分之五点一，两年平均每年递增百分之九点六。一九八二年预计同一九八〇年比较，纱增长百分之十三点三，呢绒增长百分之十二，毛线增长百分之四十二，食糖增长百分之三十三，自行车增长百分之七十八，缝纫机增长百分之六十一点七，电视机增长一倍，洗衣机增长九点九倍。许多消费品的质量有了提高，花色品种增多。商业部门在沟通城乡物资交流，增加商业网点，改进服务态度方面，作出了新的成绩。社会商品零售总额，一九八一年比一九八〇年增长百分之九点八，一九八二年预计比一九八一年增长百分之八点九，两年平均每年递增百分之九点四。这两年在人民消费水平显著提高的情况下，吃、穿、用各类商品大多数供应比较充裕，人民有了更多的选择余地。在我们这样一个十亿人口的国家，市场供应情况能够取得如此迅速的改善，确实是一个很大的成就。

重工业在调整中抓紧能源的增产和节约，改进服务方向和产品结构，生产由下降逐渐转为上升。重工业总产值一九八一年比一九八〇年下降百分之四点七，一九八二年预计比一九八一年增长百分之九，两年平均每年增长百分之一点九。重工业改变了过去为自身服务过多的状况，为农业、轻工业提供原材料和装备的部分，为技术改造服务的部分，比重都有所提高。许多重工业企业还直接为市场生产了一批耐用消费品。燃料、动力和一些重要原材料的产量，从前两年的停滞甚至下降转向逐步回升。一九八一年比一九八〇年，原煤增长百分之零点二，原油下降百分之四点五，电力增长百分之二点九，钢材下降百分之一点七，水泥增长百分之三点八。一九八二年预计比一九八一年，原煤增长百分之四点六，原油增长百分之零点五，电力增长百分之五点一，钢材增长百分之一点九，水泥增长百分之八点六。经过调整后重工业生产重新回升，这是我国国民经济健康发展的一个重要标志。交通运输和邮电通信部门，积极为工农业生产和各项建设事业的发展服务，也作出了新的贡献。

财政收入连年下降的趋势开始扭转，这是经济调整工作取得明显成效的综合反映。从一九七九年起，由于调整经济和解决长期以来特别是十年内乱遗留下来的大量问题，国家财政收入连续三年下降。一九八一年国内财政收入比一九七八年减少一百多亿元，减少近百分之十。随着国民经济形势的不断好转和采取了许多增收节支的措施，这种下降局面今年可以结束，预计从明年起国家的财政收入将转向回升。在这同时，我国外汇收支连续两年出现顺差，为今后进一步扩展对外经济技术交流提供了有利条件。

教育、科学、文化事业有了新的发展。全国高等学校由一九八〇年的六百七十五所增加到一九八二年的七百二十九所，招生数由二十八万人增加到三十一万人。高等院校专业设置的调整和中等教育结构的改革，取得了初步的成绩。科学技术成果的推广和应用工作有所加强。这两年取得重大科技成果六千多项，研制成功的新材料有上千种，在经济建设中起着越来越显著的作用。最近潜艇水下发射运载火箭的成功，标志着我国科学技术水平有了新的提高。新闻、出版、广播、电影、电视、文艺、卫生等事业都在继续向前发展，特别是体育战线连续取得了鼓舞人心的新成就。

以上情况表明，经过这几年的调整，积累和消费的比例关系，农业、轻工业和重工业的比例关系，已经基本上趋于协调。我国国民经济的调整工作进入了一个新的更加深入的阶段。现在的调整工作，就是要在统筹安排人民生活和生产建设的前提下，进一步调整农业、工业内部的产业结构和产品结构，调整企业的组织结构，使国民经济在稳定发展中大大提高经济效益。

我国经济这种不断向前发展的好形势，同当前世界经济萧条的状况，形成了鲜明的对照。近年来许多国家的经济先后陷入了不同程度的困境，生产停滞或下降，失业人数增加，债务沉重，通货膨胀。有的国家的失业率和物价上涨指数，达到了第二次世界大战以来的最高峰。不少国家这种经济严重衰退的情况，已经到了难以承受以至影响国内政局的地步。面对这种状况，许多国家苦于找不到出路。在世界经济如此不景气的时候，我国国民经济却在克服种种困难中胜利前进，这充分显示了我国社会主义制度的优越性，证明了我们党十一届三中全会以来路线、方针和政策的正确性。

这几年我国经济形势既然越来越好，为什么国家财政还有一些赤字？为了说清楚这个问题，需要对我国的经济建设作一些历史的分析。从一九五八年到一九七八年的二十年中，特别是在十年动乱期间，我们国家在生产建设上投入了大量资金，但在“左”的思想指导下，经济结构很不合理，经济体制中存在着许多弊端，生产、建设和流通领域中浪费严重，经济效益很差，在人民生活方面积累了大量的问题。在这个时期，职工工资没有进行正常的调整，农副产品同工业品的比价很不合理，城市住房越来越紧张，大量待业青年没有得到安置。党的十一届三中全会以来，党和政府作出极大的努力来解决这方面的问题。从一九七九年到一九八一年，国家用于提高农副产品收购价格的支出四百四十二亿元，用于提高职工工资和实行奖金制度的支出三百亿元，用于安排城镇二千六百万人就业的支出一百零五亿元，用于增加城镇职工住宅的支出一百五十二亿元，加上减免农村税收、增加进口商品价格补贴等方面的支出，共达一千四百多亿元。这样，国家财政增加支出和减少收入的项目很多，而长期造成的经济效益很差的情况，还没有也不可能在短短几年内根本改变，这就造成了财政上入不敷出的困难。五届人大四次会议上，国务院着重提出了提高经济效益的问题，并为此采取了一系列措施，经过一年来的努力，情况正在逐步好转。我们应该在这个基础上为争取实现财政经济状况的根本好转而作出更大的努力。

各位代表！这两年经济形势发展得越来越好，是同加强社会主义精神文明的建设，同坚决打击经济领域中的严重犯罪活动和其他严重刑事犯罪活动分不开的。全国各地广泛开展的“五讲四美”活动收到了良好的效果，新的社会风尚正在发扬，各条战线上不断涌现出闪耀着共产主义思想光芒的先进人物和模范事迹。在党的十二大以后，许多地方开展了热爱祖国、热爱社会主义、热爱党的“三热爱”活动。它与原来的“五讲四美”活动，正在汇合成一个“五讲四美三热爱”的统一的活动。这个活动的深入开展，对于普及新宪法提出的“五爱”社会公德，无疑将起极大的推动作用。这两年通过对社会治安的综合治理，社会秩序明显好转。今年一月至九月，全国刑事犯罪案件的发案数比去年同期下降了百分之十五点七。全国查处的经济违法犯罪案件从今年一月到九月共有十三万六千零二十四件，已经结案处理的四万四千六百六十三件，其中依法判刑的有二万六千二百二十七人。在斗争的震慑和政策的感召下，有四万四千八百七十四人投案自首，坦白交代。在这些经济犯罪案件中，有一批是非法所得数额巨大、情节恶劣的大案要案，其中的主要案犯，也就是人们通常所说的“大老虎”。现在有的人还在说什么“只打苍蝇，不打老虎”，在他们看来似乎只有从高级领导干部中抓出一批经济犯罪分子才叫作打“大老虎”。今年打击经济犯罪的大量实践证明，这种看法是不符合实际的。目前已经揭露出来的十几万经济犯罪案件中，有极少数或多或少牵涉到个别高级领导干部，比如有的官僚主义严重，受了犯罪分子的欺骗；有的对子女管教不严，以致子女堕落为犯罪分子；有的本人也有某些不正之风，等等。对这类问题，已经或正在严肃处理。但是，至今还没有发现高级领导干部本人有严重经济问题。事实证明，我们的绝大多数干部是好的和比较好的，中央和省、自治区、直辖市的领导核心是可以信赖的。前一段打击经济犯罪的斗争规模很大，而斗争的进展是健康的，对案件的处理以事实为根据，以法律为准绳，因此没有引起不利的社会震动，没有影响安定团结的政治局面，没有妨碍对内搞活经济和对外开放政策的贯彻执行，这表明党和政府的领导水平和领导艺术比过去有了很大的提高。通过前一段的斗争，基本上刹住了猖獗一时的公开的走私贩私活动，沉重打击了一批贪污盗窃、行贿受贿、投机诈骗等严重经济犯罪分子，保卫了社会主义经济制度和现代化建设。当然，打击经济以及政治、文化、社会等方面的犯罪活动是一项长期的斗争。为了保障社会主义社会的稳定前进和城乡各界居民的安居乐业，我们对于一切拒绝改恶从善的犯罪分子的斗争，是无论什么时候也不会放松的。

总之，这两年执行第六个五年计划所取得的成绩是很大的。但是，历史上遗留下来的问题还有许多没有解决，这两年的经济工作中又出现了一些新问题，比如消费品现在大大增多，但出现积压滞销现象，如不认真研究，加以解决，就必然会影响今后消费品的生产。我们在工作中还有不少缺点，面临的困难还很多。我们一定要兢兢业业地做好工作，争取在六五计划的后三年作出更大成绩。

全面实现六五计划的主要措施

我们要在今后三年内全面实现第六个五年计划，就其中的经济发展计划来说，关键在于按照去年五届人大四次会议和今年党的十二大的精神，把全部经济工作转到以提高经济效益为中心的轨道上来。为了做到这一点，从当前国民经济的全局来看，必须切实管好用好计划安排的全部固定资产投资，坚决调整和整顿好现有企业，大力促进社会生产的技术进步，继续改革现行的经济体制。只有这四个方面的工作取得显著进展，从事经济工作的各级干部的经营管理能力有显著提高，才能取得实现国家财政经济状况根本好转的决定性胜利，并为七五计划及其以后的经济发展创造出更好的条件。下面我先着重讲一讲这四个问题，最后再专门讲作为我国国民经济基础的农业问题。

第一，严格控制固定资产投资的总规模，切实保证重点建设和企业技术改造按计划完成。

我们要不断扩大社会再生产的能力，必须保持一定规模的固定资产投资，进行新的基本建设和现有企业的技术改造。第六个五年计划在这方面安排了三千六百亿元的投资，把这笔资金管好用好，使计划安排的重点建设项目能够按期建成投产，使现有企业的技术改造取得显著的成效，这对于增强我国的经济实力将起重要的作用。

我国三十多年的经济建设经验反复证明，基本建设投资的规模必须同国力相适应，这是稳定整个国民经济的基本条件。建国以来，在经济建设上发生的几次重大挫折，除了政治上的原因以外，从经济上来说，都是同盲目扩大基本建设规模分不开的。基建规模过大，不仅会造成建筑材料供应紧张，建设周期拉长，而且必然会挤生产，挤维修，挤人民生活，使企业不能保持正常生产，使人民生活不能得到必要的改善。一旦这种局面无法维持下去，就不得不进行经济调整，大批基建工程下马，大量设备积压以至报废，许多为基本建设服务的工厂减产停产，大量施工队伍窝工。这种大上大下所造成的浪费和危害，是我国过去经济建设中最大的浪费和危害。经过调整，一旦形势好了，往往旧病复发，又去盲目扩大基本建设规模。这方面的教训对我们来说实在太深刻了，今后再也不能重犯这种错误了。第六个五年计划对固定资产投资规模的安排是适当的，可是目前又出现了某些固定资产投资增长过猛的现象，许多地方和单位上了不少计划外的建设项目。这种情况必须引起我们的严重注意，并采取坚决果断的措施加以解决。

在严格控制固定资产投资总规模的同时，必须使资金按照正确的方向，得到合理的使用。所谓合理的使用，最重要的就是一要保能源、交通等重点建设，二要保现有企业的技术改造。这两项是实现我国经济振兴的主要依靠。为了确保这两项，就必须下最大的决心把扩大一般加工工业能力的盲目建设压下来。

集中力量搞好以能源、交通为中心的重点建设，使国民经济中这两个最薄弱的部门得到改善和加强，这是使整个国民经济转向主动的重要环节，是关系经济建设全局的大事。这个问题不解决，国民经济的全局活不了，各个局部的发展也必然受到制约，想快也快不了。这几年时机非常重要，我们一定要有所作为，努力从各方面挤出资金、物资，保证能源、交通等重点建设的需要，缩短建设工期，提高投资效果。当前，国家计划内的重点建设项目缺乏资金，而地方、企业的自有资金大幅度上升，计划外的建设项目大大增加。必须采取措施，适当集中财力，保证重点建设。国务院已经决定，所有地方、部门和单位的国家预算外收入，城镇大的集体所有制经济组织纳税后的利润，除少数免于征收的项目外，一律按一定比例向国家交纳能源交通重点建设基金。这是全国各地区、各部门、各单位应尽的义务，大家应该从大局出发，踊跃交纳，支持这件利国利民的大事。在这同时，对于地方、企业和社队的自有资金，必须采取正确的政策和适当的多种形式，引导和组织它们用到国家急需的建设方面来。

为了严格控制投资规模和保证建设资金的合理使用，提高投资效果，国务院作出了以下规定。

一、固定资产投资总规模，包括国家预算内的拨款、自筹资金和银行贷款，都必须由国家计委和省、自治区、直辖市计委进行综合平衡，统一纳入国家计划。不论哪个地区和部门，如果突破固定资产投资的计划，都必须事前按照隶属关系报请上级批准，否则以违反财经纪律论处。

二、大中型基本建设项目，一律由国家计委审批；小型基本建设项目，一律由省、自治区、直辖市计委和国务院有关部门审批。不经过国家计委和省、自治区、直辖市计委综合平衡，任何单位和个人都无权确定基本建设项目。技术改造项目，除国家规定企业有权自行安排的以外，由各级计委会同各级经委，按照规定权限审批。在国家计划外追加大中型建设项目和限额以上的技术改造项目，必须经国家计委综合平衡后，报国务院审批。

三、所有建设项目必须严格按照基本建设程序办事。事前没有进行可行性研究和技术经济论证，没有做好勘察设计等建设前期工作的，一律不得列入年度建设计划，更不准仓促开工。违反这个规定的，必须追究责任。

四、所有确定进行建设的项目，一律实行“五定”，即定建设规模，定投资总额，定建设工期，定投资效果，定外部协作条件，并且实行严格的责任制度。计划部门和主管单位，必须按照合理工期分年拨足投资和保证相应的物资供应。建设单位和施工单位，要对基建投资、工程质量和建设工期，实行各种形式的包干制和责任制。

五、用于基本建设的投资，由建设银行统一管起来，按计划监督使用。建设银行必须严格忠于职守，如有渎职现象，必须依法查究。

控制固定资产投资的规模，确保能源、交通建设，确保现有企业的技术改造，目的都是积极的。在这个问题上，一定要态度坚决，雷厉风行。负责审批基本建设和技术改造项目的有关部委，工作中一定要坚持原则，提高效率。该管的，一定要按照分级管理的原则管好。需要审批的项目，要按照规定程序及时审批，不得徇私武断，不得拖延推诿。至于企业用自有资金进行的节约能源、增加品种、提高质量的设备更新和技术革新措施，应该由企业因地制宜地作出安排，以利于生产的发展。

第二，坚决调整和全面整顿现有企业，努力提高企业的经营管理水平。

我国现有企业的组织结构很不合理，经营管理很落后，这是当前妨碍经济效益提高的一个重要问题，也是长期积累下来的解决起来难度很大的问题。在一九七一年到一九八○年的十年间，我国工业企业由一九七○年的十九万五千多个增加到三十七万七千多个(不包括农村队办企业)，增加近一倍，这固然对经济的发展起了一定的作用，但由于经济工作指导思想上“左”的错误的长期影响，加上不少干部缺乏应有的知识，这种发展当中存在着很大的盲目性。许多企业由于原材料和能源供应不上，开工不足甚至不能开工生产；有的工艺和技术落后，物资消耗高，产品质量差，甚至完全不符合社会需要，大量积压；有的缺乏最基本的经济核算制度，消耗无定额，成本不核算，长期亏损；有的缺乏最必要的规章制度，管理混乱，无人负责，纪律松弛，浪费现象达到了惊人的程度。经过这几年的调整和整顿，情况有所好转，但问题并未根本解决。到现在为止，全国还有相当数量企业的技术经济指标没有达到过去曾经达到过的较好纪录，有近百分之三十独立核算的国营工业企业亏损，今年的亏损额预计达四十多亿元。这种企业组织结构不合理和经营管理落后的状况，一方面使不少先进企业由于能源和原材料被落后企业占用而不能开足马力生产；一方面大量的落后企业却消耗了宝贵的能源和原材料而生产不出合格的产品，这就既加剧了整个社会能源和原材料供应的紧张，又加重了国家财政的负担，严重影响了财政收入的增长。这种状况不改变，整个工业生产的经济效益和发展速度就很难有进一步的提高，国家财政经济状况的根本好转也很难得到实现。这种状况不改变，大批落后企业心安理得地依赖先进企业的劳动成果来维持自己的生存，不仅不利于鼓励先进和改变落后，而且还由于争夺能源、原材料、运输能力和市场，使各种不正之风得以蔓延滋长，破坏社会主义的正常经济秩序和良好社会风气。因此，在调整和整顿企业的问题上，我们的态度必须十分坚决。对于这一点，各级政府和全体经济工作人员必须统一认识，以整个国民经济的全局利益为重，采取坚定有效的措施，毫不动摇地把这个问题解决好，再也不能拖延了。

国务院决定，从现在起立即按照产品分工由归口部门协同地方组成强有力的领导小组，制定行业规划，提出企业调整方案。对以下三类企业，必须首先实行关停并转：一、物资消耗高、产品质量差、经营不善而长期亏损的企业；二、生产供过于求、产品大量积压的企业；三、与先进企业争能源、争原材料、争运输能力、争市场的落后企业，特别是那些盲目发展起来的以劣挤优的企业。各地区和各部门都要制订为期两年的企业关停并转计划，提出关停企业的名单和实施步骤。所有因经营管理不善造成严重亏损的企业都必须限期转亏为盈，做不到的企业一律停产整顿。毫无疑问，这项工作的开展需要克服许多阻力，需要妥善解决必然会出现的种种问题，但是非做不可，并且非做好不可。这项工作由各级经委负责组织落实，并进行督促、检查。关停的国营企业，职工必须服从国家统一调配。一时不能分配固定工作的，也要按照严格的纪律，组织起来学习和进行其他有益的社会劳动。关停企业的财产、物资，要由专人负责维护，决不允许发生哄抢、私分等破坏现象，如果发生，要依法严惩肇事者，并追究工厂和当地主管部门行政负责人的领导责任。开设新厂，必须由工商行政管理部门批准，发给营业执照；没有营业执照的，一律依法取缔。工商行政管理部门依法行使职权，任何部门不得阻挠干预。社会主义制度是迅速发展生产力，提高劳动生产率的先进制度。因此，在我们的社会主义国家里必须鼓励先进，决不能保护落后。目前在税收、价格、信贷等方面存在的许多妨碍先进、保护落后的制度和办法，必须逐步予以修订。

整顿现有企业的工作，步伐要加快，质量要提高。在今后三年内，必须把现有企业整顿一遍。企业整顿的关键是三条。一条是建立起好的领导班子，一条是建立和健全各种管理规章和责任制度，一条是制定出以节约能源、原材料为重点的技术改造规划，确定合理的产品发展方向。企业整顿好的标志，是包括领导干部在内的全体职工都有联系生产成果的明确的责任制，劳动纪律和劳动态度有明显的改善，产品适合社会需要，主要经济技术指标和综合经济效益都显著地高于整顿前的水平。经过整顿的企业，要由上级主管部门组织联合工作组，按照中央规定的标准逐个进行验收，不合格的必须补课。

在对现有企业进行整顿的过程中，必须首先抓好大企业，使它们在提高经营管理水平、技术水平和经济效益方面走在前列。各部门和各省、自治区、直辖市，都要由主要负责同志亲自动手，认真抓几个关系国民经济全局、生产潜力大的大企业，一个一个地进行综合治理。如果各地区、各部门主管经济工作的领导同志不亲自去抓一两个重点企业，不和广大群众一道去取得亲身体验的实际经验，只停留于一般号召，就永远也不可能取得领导现代化建设的必要知识和主动权，就不能继续胜任他们所担负的领导工作。

结合企业的调整和整顿，要认真加强财务管理、物价管理、税收管理和信贷管理，严格财经纪律。凡是侵占、挪用、截留国家收入，违反国家规定乱摊成本、多提利润留成的，一律要加以纠正，并如数追回全部款项。国家规定的产品价格，必须严格执行，不得随意变动。违反物价纪律的，要依法严肃处理。国家制定的税收法令，任何地方和单位无权改变。擅自决定减税免税的，要坚决纠正，如数追回税款。企业偷漏和拖欠的税款，必须限期补交国库，并课以罚款。凡是使用国家资金和财政拨款举办的各种建设事业，其实际效益必须达到计划和设计规定的要求，不得造成损失浪费。坚持信贷管理的集中统一，各级银行不得违反国家计划和政策规定滥发贷款，也不允许任何人强制银行贷款。必须采取坚决有效的措施，纠正一切化大公为小公、损公肥私的违法乱纪行为。宪法已经规定实行审计制度，审计机构有权对国务院各部门和地方各级政府的财政收支，对国家的财政金融机构、企业事业组织的财务收支进行审计监督，任何其他行政机关、社会团体和个人一律不得干预。各级领导干部特别要模范地执行和维护国家的财经纪律。任何人违反财经纪律，都要追究责任，情节严重的要依法惩处。执法犯法的，要加重处分。对于那些坚持原则，敢于同违反财经纪律行为作斗争的同志，要坚决给以支持和鼓励。任何人对他们进行打击报复，必须依法从重惩处。

第三，积极推进技术进步，充分发挥科学技术对经济建设的促进作用。

经济振兴必须依靠科学技术进步，科学技术工作必须面向经济建设，这是一个根本性的原则问题。目前我国的生产技术水平，总的来说大大落后于世界上的先进水平。这是我们的短处，说明我们在这方面有许多艰苦的工作要认真去做。第六个五年计划的全面实现，在很大程度上必须依靠社会生产的技术进步。从更长远的观点来看，我们要到本世纪末实现工农业年总产值翻两番的宏伟目标，进而向更高的水平迈进，更需要充分发挥科学技术的巨大作用。翻两番，决不仅仅是一个量的概念。如果停留在目前落后的技术水平上，翻两番就会落空。要把经济发达国家在七十年代或八十年代初已经普及了的适用于我国的先进技术，逐步在我国国民经济各部门得到比较普遍的采用。每一个企业，每一个产业部门，都应该力争技术进步。在这个极端重要的问题上，必须统一认识。有些同志一说发展生产，往往只是考虑建新厂，铺新摊子，很少考虑现有企业的技术改造和技术进步。这种观点不改变，还是用旧思想、旧方法去指导生产建设，即使建设起一批技术比较先进的新企业，大量的现有企业却面貌依旧，仍然是老设备、老技术、老工艺、老产品，整个国民经济就不可能显著提高效益，不可能缩短同世界发达国家在经济技术方面的差距，甚至还会扩大这种差距。这种情况当然是我们要竭力避免的。

最近，著名经济学家孙冶方同志，在重病中仍然十分关心社会主义建设，并就翻两番必须主要依靠技术改造的问题，写了一篇很好的文章，发表于十一月十九日《人民日报》。他指出，“基数大，速度就低”不是社会生产发展的规律，而主要是忽视对现有企业进行技术改造的结果；只要不再“冻结技术”、“复制古董”，有重点有步骤地把几十万个现有企业的技术改造做好了，生产发展的速度就一定会快起来。他建议，应该逐步提高固定资产折旧率，缩短折旧年限。国务院认为，这些论点是正确的。今后，应该根据国家财力的可能，采取积极的态度，逐步提高折旧率。国务院已责成国家计委、国家经委和财政部共同研究，提出具体实施方案，以便使企业逐步拥有更多的财力来进行设备更新和技术改造。

在推进技术进步的工作中，最重要的是把科学技术人员很好地组织起来，参加规划，参加攻关。国家科委、国家计委和国家经委要会同有关部门，组织各方面的科学技术专家参加，从现在起就抓紧工作，编制行业发展规划，以大中城市为中心的区域发展规划，重点企业的技术改造规划，以及全国科学技术的发展纲要。应该通过规划，制定符合我国实际的技术政策，提出到本世纪末需要和可能达到的技术水平，并且确定逐步淘汰落后技术的具体要求。举例来说，我国发展合金钢特别是低合金钢的元素资源比较丰富，要充分利用这种优势。努力提高合金钢特别是低合金钢在钢产量中的比重,应该作为发展我国冶金工业的一项重要技术政策确定下来。水泥生产的窑外分解法可以节约能源三分之一以上,这也应该作为发展水泥工业的一项重要技术政策。各行各业都要从实际出发,确定切实有效的适合自己特点的技术发展方向,这对于推动我国经济和技术的发展,意义是十分重大的。电子工业在现代化建设中具有特别重大的作用,我们应该非常重视它的发展,并把电子技术逐步应用于国民经济各部门。技术条件较好的沿海和内地的大中城市,要积极帮助和促进少数民族地区和边远地区提高生产技术水平。要根据全国生产发展的需要,围绕着具有重大经济效益的项目,把各种科技课题配起套来,并采取强有力的措施把各方面的科技力量组织起来,发挥他们的专长,分工合作,进行攻关。特别要认真组织有关专家参加重大建设项目的技术经济论证和勘察设计,仔细听取他们的意见,以保证建设前期的工作做得更好。对这方面的事情,国务院将组织有关部门,统一规划,制定落实措施,力争在两三年内打开新的局面。

积极引进先进技术,是促进我国技术进步的重要途径。过去几年在这方面取得了一些成绩,但还很不够。凡是国内迫切需要而又一时解决不了的生产技术,必须在调查研究、统一规划的基础上,进一步简化手续,及时地积极地从国外引进,并且认真组织科学技术人员和广大职工做好消化和推广的工作。国家要在外汇和国内配套资金上给予支持。国家经委已经会同有关部门提出了今后三年引进三千项先进技术的规划,以加强现有企业特别是中小企业的技术改造。要一项一项地加以落实,保证其如期实现。至于国内科学技术和生产力量能够解决的问题,当然要首先充分动员国内的力量来解决,不允许舍近求远。

必须采取行政的和经济的手段,把企业改进技术的积极性充分调动起来。要建立行业的和企业的技术开发中心,发展科研、设计、生产之间的各种形式的联合。国家、地区、部门和各行各业的生产建设计划,既要规定发展新产品的任务,又要有淘汰落后产品的明确要求。今后考核企业,要把是否增加新产品和采用新技术以达到成本低、产量高,作为一项重要标准。现在许多产品的技术标准已经很落后,要由国家经委组织各有关部门,从一九八三年起陆续修订。重要产品要实行国家发给生产许可证的制度,不合标准的不准生产。要坚决实行按质论价的价格政策,制定和施行专利法,建立奖励新产品和技术革新的制度,同时废除那些阻碍技术进步的规章制度。要广泛发动群众,学习先进生产者,提合理化建议,鼓励企业和广大职工把促进技术进步、改善经营管理的活动生气勃勃地开展起来。

最近期间,我国科学界,广大知识分子和人民群众,都在悼念和学习长春光学精密机械研究所中年科学家蒋筑英同志和陕西骊山微电子公司中年工程师罗健夫同志。他们两位在我们国家所急需的科学技术方面作出了具有世界水平或国内先进水平的发明创造,都是模范的共产党员。他们从开始工作的时候起,就呕心沥血、含辛茹苦、废寝忘食地为中国科学技术的发展贡献了全部精力和智慧,直至身患重病,仍然顽强工作。他们遇事都吃苦在前,享受在后,始终把党和国家的利益放在第一位,从不计较个人名利。他们的事迹是人们学习共产主义思想的活教材。我们希望全国科学界、技术界、知识界和各行各业的全体党员、团员、全体爱国青年和全体劳动者,都以他们为榜样。希望一切有知识分子的单位,都能进一步端正对知识分子的认识,认真落实对知识分子的政策,充分信任和保护他们,让他们放手施展建设社会主义祖国的抱负。除了确有组织能力、适宜于担任行政领导职务的以外,要让他们专心致志于自己的专业。这样,我们相信,我国科学技术事业一定会有一个迅速的巨大的发展。

第四,积极稳妥地加快经济体制改革的进程。

改革经济体制,是全面提高经济效益,实现社会主义现代化的重要保证。五十年代对私营工商业的社会主义改造,废除了资本家对工人的剥削。这次的改革是要打破"大锅饭"、"铁饭碗"那一套旧框框,真正实行多劳多得、少劳少得、不劳不得,其意义不下于对私营工商业的改造。近三年来的初步改革,已经取得了积极的效果,积累了有益的经验。随着国民经济的调整,各种重大比例关系正在趋于协调,这就为进一步推进经济体制改革提供了有利条件。经济体制的全面改革,要经过周密的研究,可能试点的还需要经过试点,逐步积累成熟的经验。但在目前情况下已经是必需和可能的改革,应该积极进行。现在整顿企业、调整企业、推进技术改造、控制固定资产投资规模、搞活商品流通等许多工作,都涉及经济体制问题,不改革就很难前进。因此,改革的进程有必要也有可能适当加快。全面的改革,预期可在七五计划期间逐步展开。今后三年内,一方面要抓紧制订经济体制改革的总体方案和实施步骤;另一方面要更积极更深入地进行各项改革的试验。

根据多年来的经验,要保证国民经济稳定地协调发展,必须正确贯彻执行计划经济为主、市场调节为辅的原则,把大的方面用计划管住,小的方面放开,主要通过工商行政管理和运用经济杠杆加以制约。国家必须把主要精力放在做好整个国民经济的综合平衡上,加强对涉及重大比例关系的主要经济活动的集中统一管理,特别是对固定资产投资的规模、方向和重大建设项目,消费基金的增长,必须按计划严格控制。在企业经营管理、商品购销、流通渠道、劳动就业以及社会服务方面,可以根据不同情况,采取多种形式。在工作步骤上,首先要把实行指令性计划的骨干企业和重要工农业产品的生产和分配管好,把实行市场调节的小企业和小商品放活。至于中间那一块,即实行指导性计划的企业和产品的管理办法,由于情况比较复杂,目前各种经济杠杆还没有发挥应有的作用,需要结合价格、税收、信贷等方面的改革,通过更多的试点,摸索经验,逐步解决。

无论实行指令性计划和指导性计划,都要自觉地利用价值规律。为了克服企业不关心社会需要和技术进步的弊端,促进企业提高经济效益,必须根据不同企业和产品的情况,积极发挥各种经济杠杆特别是价格的调节作用。由于长期的历史原因,现在各种商品比价不合理的现象相当普遍,往往使企业向不合理的方向发展,严重阻碍着各项改革的顺利进行,非常有害于国家财政的正常收支,归根到底,对于人民生活的总的改善也是不利的。价格体系的改革势在必行。但这是一个牵动全局的重大问题,必须周密计划,慎重处置,切忌贸然从事。国务院认为,在六五计划后三年,全面改革价格体系的条件尚未成熟。对少数极不合理的商品价格,可在确保市场物价总水平基本稳定的前提下,进行一些有升有降的调整。对企业之间利润率悬殊的矛盾,应该首先通过推行内部价格结算等办法来逐步解决。工业用燃料和部分原材料价格过低,不利于生产和节约,助长了加工工业的盲目发展,应该在适当的时候逐步进行调整。但调整这些价格的目的,是为了促进企业更好地降低消耗,决不允许任何企业借此擅自提价,把负担转嫁给消费者。至于三类小商品的价格,可以分期分批改由工商双方在国家规定的范围内协商定价或企业自行定价,随行就市,上下浮动。从一些地方试点的情况来看,这样做对生产者和消费者都是有利的,不仅起到了鼓励生产、满足供应、方便生活的作用,而且仍然保持了物价总水平的稳定。为了提高商品质量,促进和调节商品流通,必须坚决实行按质论价,并合理规定批零差价、季节差价和地区差价。

今后三年内,在对价格不作大的调整的情况下,应该改革税制,加快以税代利的步伐。这不但可以更好地发挥税收在经济活动中的调节作用,而且将进一步改进国家与企业的关系。过去,对国营企业实行统收统支、吃"大锅饭"的管理办法,严重束缚了生产力的发展。为了改变这种局面,近三年来,在四百多个工业企业中进行了以税代利的试点,其中有的是全市、县的试点,有的是一个城市范围内的全行业试点。总的来看,效果是比较好的。参加试点的全部企业,销售收入的增长明显地高于总产值的增长,特别是实现利润和上交税费的增长,大大高于总产值和销售收入的增长,说明它们的经济效益有了很大提高。而且,在企业实现利润的增长部分中,保证了大部分以税金和资金占用费的形式上缴国家,企业所得也增加了,对国家和企业都有利。因此,把上缴利润改为上缴税金这个方向,应该肯定下来。这项改革需要分别不同情况,有步骤地进行。对国营大中型企业,要分两步走。第一步,实行税利并存,即在企业实现的利润中,先征收一定比例的所得税和地方税,对税后利润采取多种形式在国家和企业之间合理分配。这一步在六五计划期间就开始实施。第二步,在价格体系基本趋于合理的基础上,再根据盈利多少征收累进所得税。对小型国营企业,准备在今后三年内分期分批推行由集体或职工个人承包,租赁等多种经营方式,实行国家征税、资金付费、自负盈亏的制度。同时,要根据经济发展的需要,适当调整部分产品的工商税率,开征一些必要的新税种,进一步发挥税收集聚资金和调节生产、流通和分配的作用。实现了税利制度的这些改革,将使企业的经营管理产生深刻的变化,把实行企业经济责任制和扩大企业自主权的工作推进一步,使企业的利益同企业的经营和发展更好地结合起来。

现在经济生活中城乡分割,条块分割,生产重复,流通堵塞,运输浪费,领导多头,互相牵制等现象,都同行政管理体制和行政机构设置有关。这种情况不改变,许多合理的事情办不通,整个社会的浪费很难减少。解决这个问题,一是要注意发挥行业的作用;二是要注意发挥城市的作用,特别要着重发挥大中城市在组织经济方面的作用。要按照这两条原则,结合企业的改组联合,逐步合理调整企业的隶属关系。全国性的公司和少数大型骨干企业应该由行业主管部门直接管理,大量的企业应该逐步改由城市负责管理。对属于城市管理的企业,行业主管部门要从全局出发,负责抓好发展规划、经济政策、技术政策、技术标准、新技术的推广、新产品的开发等工作。对属于行业主管部门管理的企业,所在城市要负责组织好生产协作等工作。至于在同一个城市范围内的企业,不管属于哪个行业,它们的铸锻、热处理、机修、电镀等部分,以及各种生活服务设施,要由所在城市负责,逐步统一组织专业化生产和社会化服务,独立经营,独立核算。要以经济比较发达的城市为中心,带动周围农村,统一组织生产和流通,逐步形成以城市为依托的各种规模和各种类型的经济区。这是改革的方向,需要有领导、有准备、有步骤地通过试点,积累经验,逐步实施。

为了使行政管理体制和行政机构设置适应于经济

体制改革的要求，最近江苏省政府决定，在即将展开的机构改革中，进行一些试验。主要是：省一级的厅局基本上不直接管理企业，现有的省属企业改由所在城市管理；在经济比较发达的地区，实行地市机构合并，由市领导周围各县；在经济不发达的地区，行政公署作为省政府的代表机关，负责对所属各县的工作进行监督检查，但原由行署管理的企业改由所在市、县管理。广东省清远县试行由县经委统一领导全县企业的经济活动，几年来已取得很好的效果。看来，实行这些改革，不仅有利于精简机构，减少层次，提高效率，而且对促进城乡结合、条块结合，推动企业组织结构和生产力布局的合理化，都大有好处。

现在，进入交换的农副产品和工业消费品都比过去丰富得多了。这是经济形势中的一个新特点。相形之下，商品流通体制已越来越不能适应于形势的要求。现行的流通体制，基本上是从五十年代沿袭下来的。当时实行这种体制，有利于限制和改造私营工商业，有利于在商品不足的情况下控制货源。二十多年来，客观条件已经发生了极大的变化。因此，必须把改革流通体制提到重要议事日程上来。毫无疑问，国营商业应该在商品流通中起主导作用。同时，应该注意发挥集体商业和个体商贩的积极作用，注意发挥生产企业在自销商品方面应有的作用。必须坚决打破地区封锁，克服城乡堵塞，积极开辟各种流通渠道，减少流通环节，真正形成统一的社会主义的商品市场，做到货畅其流。为此，国务院已责成经济体制改革委员会，召集各有关部门，把从事商品流通的实际工作者和理论工作者组织起来，进行研究和论证，从速提出商业流通体制的近期改革方案和必须采取的有效措施。

体制改革，头绪纷繁。今后三年内，除了制订全面改革方案外，在具体工作上，重点是做三件事：一、对国营企业逐步推行以税代利，改进国家和企业的关系；二、发挥中心城市的作用，解决“条条”和“块块”的矛盾；三、改革商业流通体制，促进商品生产和商品交换。通过这三项工作，把整个经济体制改革工作带动起来。

最后，着重讲一讲农业和农村工作问题。

这几年农村形势很好，主要是由于执行了一系列正确的政策，推行了多种形式的生产责任制，充分调动了农民的积极性。群众在实践中创造的大包干，最初出现在贫困边远地区，很快就扩展到经济水平比较高的富裕地区。不仅生产落后、经营单一的队采用了，而且经济发达、专业化程度高的队也陆续推广了这种办法，现在已成为大部分地区责任制的主要形式。在这个过程中，大包干办法本身也不断得到丰富和发展，成为有统有分、统分结合、联产计酬、包干分配的家庭（或小组）承包的责任制形式。联产承包责任制的形式是多种多样的，但都具有共同的特点：利益直接，责任明确，方法简便，保证了农民在生产、经营上的自主权，克服了分配上的平均主义。所以，它具有很大的灵活性和适应性，具有强大的生命力，能够适应各种地区的不同情况，收到良好的效果。据许多地方反映，实行这种责任制以后，推动了生产的发展，干群关系有很大改善，行政上的官僚主义、瞎指挥、贪污浪费等等恶劣现象大大减少。目前联产承包责任制已从少数地区扩展到全国大多数地区，从农村扩展到城镇，从农业扩展到其他领域。它在中国大地上蓬勃兴起，受到群众的欢迎，决不是偶然的。这证明它是现阶段在农村发挥我国社会主义经济制度优越性的一种十分有效的形式。我们的任务是要继续稳定、完善和提高农业生产责任制。对各种形式的责任制都允许存在，在实践中完善、提高。对群众乐意推行的家庭联产承包责任制或其他形式，一律不能去堵，应该积极支持，帮助解决出现的问题。要从实际出发，研究如何适应当地的水平和特点，切实解决好统、分、包的问题。

随着联产承包责任制的推行、专业户、重点户的大批涌现，农村商品生产的日益发展，组织经济联合已开始成为形势的需要和群众的要求。这种联合已不再是过去旧框框里面的联合，而是围绕着发展商品生产的需要，加强生产前和生产后的服务，在技术推广、供销、加工、储存、运输、植物保护、提供信息等方面，进行专业化、社会化的合作。通过多层次、多种形式的联合，通过合同制等办法，把农民家庭或小组承包的经济活动，同国营的社会主义大工业、交通运输业、商业和国营农场、国家科研单位等挂起钩来，建立密切的经济联系。应该看到，在我国社会主义国营经济占绝对优势的情况下，通过这种经济上的联系和合作，将不断加强对农民的计划指导，把他们的主要经济活动更好地纳入国家计划的轨道，成为社会主义经济的有机组成部分。从长远看，在分工分业、专业承包的基础上，发展生产前、生产后各种服务工作的经济联合，将极大地促进农村商品生产的发展和农村经济的繁荣，展现出具有中国特色的社会主义农业发展的正确道路和光辉前景。现在这种联合已经出现了一些雏形，包括专业性的生产联合，产供销联合，以及技术服务性的联合，等等。我们要因势利导，让多种联合形式在实践中发展提高，不断总结经验，不要急于肯定一种形式，否定一种形式。总之，在联合的问题上，要实事求是，坚持自愿互利的原则，尊重群众的首创精神，做到水到渠成，稳步前进。

“决不放松粮食生产，积极发展多种经营”，这是指导我国农业生产的一个完整的方针，对任何一方面稍有忽视都会产生片面性。我国人多地少，吃饭问题始终是第一位的大问题,粮食生产必须抓得很紧很紧。适合种粮食的耕地必须种粮食而不能改种其他作物,这必须作为一个长期的政策定下来,绝对不能动摇。对主要的粮食基地,应该采取一些具体政策,以保证粮区农民有利可得。另一方面,正因为人多地少,我们决不能把劳动力都集中到有限的耕地上,而必须放眼整个辽阔的国土,重视利用山区、丘陵、草原、水面的丰富农业资源。在保证粮食生产稳定增长和保持生态环境不恶化的前提下,放手发展多种经营,这样做不仅有利于容纳更多的劳动力,特别是妇女劳动力和辅助劳动力,充分利用农村资金,合理开发自然资源,而且有利于保护和促进粮食生产,做到人尽其才,地尽其利,物尽其用。

发展农业生产,要十分重视科学技术的作用,尽快建立为农业服务的科技研究、推广体系。要鼓励农民自己举办各种力所能及的科学文化设施,提高自己的科学文化水平。同时要大力改善农业生产条件,提倡农民依靠自己的力量,进行资金积累和劳动积累,因地制宜地举办必要的农业基本建设。国家对农业的投资,主要应该用于那些靠农民自己力量办不到的建设项目上,如大型水利工程、重点林区开发、公路干线、电讯等等。

现在,农村中有两股歪风,一是滥占耕地建房;二是乱砍滥伐森林,后果十分严重。党中央和国务院在这方面已经采取了一些措施,今后还要采取必要的措施,毫不留情地制止这种现象。我们一定要教育干部和农民群众,为全国和子孙后代的幸福着想,不能只顾局部的眼前的利益而破坏全国的长远的利益。

各位代表!

我们要全面完成第六个五年计划,必须坚定不移地贯彻执行社会主义物质文明和精神文明一齐抓的方针,继续加强社会主义政治建设,继续加强思想工作和政治工作。要遵循这次大会通过的新宪法,进一步完善社会主义民主,健全社会主义法制,更好地保障全国各族人民当家做主的权利。要继续打击经济领域和其他领域中的严重犯罪活动,进一步整顿社会治安。在今后三年内,要动员政府各部门和全社会的力量,充分发挥政法机关的职能作用,在争取实现社会风气根本好转方面取得决定性的胜利,使刑事犯罪案件明显减少,坚决打击蓄意破坏社会主义制度的敌对分子的反革命活动,坚决消灭那些危害妇女儿童安全和毒化社会风气的丑恶现象,为第六个五年计划的顺利实施创造良好的生产秩序、工作秩序和社会秩序。我们一定要继续加强国防建设,进一步提高国防科学技术研究水平,改善部队的技术装备,提高人民解放军的军事素质和政治素质,加强民兵工作,增强我国的防御力量,保卫社会主义现代化建设的顺利进行。

在今后三年中,我们还要坚定不移地把政府的机构改革工作继续做好。今年以来,国务院的机构改革,就领导班子和组织机构的调整来说已经基本完成,但距离所要达到的目标还很远,未完成的任务还很艰巨。目前,工作效率低和官僚主义作风,仍然相当严重地存在着。这个问题不解决,不仅不利于干部和群众积极性的发挥,而且还有使前段机构改革成果重新丧失的危险。国务院各部门,一定要建立起各种严格的责任制度,做到人人职责分明,事事有人负责,坚决扫除那种办事拖拉、互相推诿的坏作风。一定要深入群众,深入实际,作系统的调查研究,坚决扫除那种不调查,不研究,主观主义地决定重大问题的坏习气。各省、自治区、直辖市和地市两级的政府机构改革,今年冬天就要开始进行,争取明年上半年完成。县和基层政权两级的机构改革,要求在明年冬季和后年春季做好。这样,全国政府机构的改革在一九八四年春季就能完成。做到了这一步,我们的工作就会更加主动了。

各位代表!

在党的第十二次全国代表大会的精神鼓舞下,全国各族人民正在全面开创社会主义现代化建设的新局面。第六个五年计划和一九八三年的年度计划经过这次全国人民代表大会批准公布之后,将使我国人民近期的奋斗目标更加明确,并且把当前的工作同长远的发展紧密地联系起来,从而鼓舞大家更加坚定地向着本世纪末的宏伟目标迈进。各级政府的工作很繁重,责任很重大。我们要开创新局面,既要大胆地进行创造性的工作,又要勤奋学习,脚踏实地,埋头苦干,循序前进。摆在我们面前的困难还很多,任务十分艰巨,我们一定要把广大体力劳动者和脑力劳动者的积极性都充分发挥出来,大力发扬艰苦创业的革命精神。只要全国各族人民团结一致,努力奋斗,第六个五年计划一定能够完满实现,我们的社会主义事业一定会日新月异地向前发展,我们的伟大祖国一定会一年比一年兴旺发达、繁荣富强起来。

**中顾委主任邓小平同国家计委负责人谈话对重大骨干项目建设和科技队伍的管理问题发表意见**

*一、重大项目勘察设计要落实*

邓小平同志说,到本世纪末,二十年的奋斗目标定了,工农业总产值翻两番。靠不靠得住?十二大说靠得住。相信是靠得住的。但究竟靠不靠得住,还要看今后的工作。起码今后三年要有很好安排。你们在计划施工的建设项目之外,提出一批重大的勘察设计项目,准备提前做好建设的前期工作,要认真落实。到条件具备时,就可以动工兴建。不管怎样困难,也要下决心搞。钱、物资不够，宁可压缩地方上的项目，特别是一般性的加工工业项目。不然，这些小项目上得再多，也顶不了事。

这批重大勘察设计项目包括了各行各业，各个部门都要认真抓，尽快开展前期工作，包括科学技术研究、技术经济论证、勘察设计等，要早点着手进行。要列出进度表，什么时间勘探清楚，什么时间拿出设计，由专人负责包干，充分准备，并且要抓紧。不然，有了钱也动不了。

二十年的时间分为前十年，后十年。前十年为后十年做准备。准备，有个时间问题，要抢时间，不能不认真对待。哪些项目要早上，哪些晚上，要有个安排，能早上的就集中资金早上，早上一年，早得利一年。不然要拖到下个世纪去了。当然，一些很大的项目不能挤到一起，要有个安排。

前期工作，也包括农业。农业的发展一靠政策，二靠科学。靠政策调动积极性很重要，但有个限度，到一定时期，也就“饱和”了。但科学技术的发展和作用是无穷无尽的。一个种子，一个肥料，还有多种经营，潜力是很大的。种子搞好了，在同等条件下，有显著的增产效果。科学施肥潜力很大。淡水养鱼很有前途，至少是湖北，到处是大、小湖泊，经营好淡水渔业，农民很快富裕，也能解决城市供应问题。黑龙江计划养大批菜牛。我们也要搞饲料工业。这也是一个行业。搞种子、饲料，除了需要努力运用和发展有关的科学技术外，还要很好的组织工作。

二、要加强科技队伍的管理

邓小平同志说，要搞好一大批重大项目的前期工作，就得动员大批的科学技术人员去做。还有科技攻关的问题，也是很大的组织工作。我们不是没有人才，问题是能不能很好地把他们组织和使用起来，把他们的积极性调动起来，发挥他们的专长。现在科技人员一方面很缺，另一方面又有很大的窝工浪费，学非所用、用非所长的现象很严重。科技队伍的组织管理问题，要认真考虑，现在的管理形式不行。怎样把全国的科技人员使用起来，并且使用得当，是个很大的问题。科技人员分布在国防部门、民用部门、各种科研单位和高等院校，要想法打破部门、地方界限，合理使用，就要统一管起来，没有一个很强有力的权威机构，搞不动。这个机构既管民用部门的，也能管军队的。过去聂荣臻同志管过，那时管得好，人才可以按需要调动，集中使用。所谓落实二十年的发展规划、落实知识分子政策，第一位的就是落实科技队伍的管理使用问题。这个问题应当抓紧解决。我讲的两点意见中，最迫切的是这个问题，应当尽快解决。

当然，还有个政策问题。像上面说的这些勘察设计项目的规划、设计和审查，要有人负责。每个项目要有几个真正有本事的人做骨干，其他的人由他们去找，他们熟悉，很快可以把人组织起来。要是都由计委去组织，那就慢了。有些项目可以委托大学去搞，相应地要调些科技人员去参加工作。经过实践，真正能干的人就会冒出来，要放手提拔重用。只有大胆使用，才能培养起来。这样，人才不断涌出，我们才有希望。对那些真正有本事的人，在工资级别上可以破格提高。如果长期拿不出成果来，可以调换工作岗位，将待遇降低些。凡是人才(并不是所有知识分子都是人才)，真正行的，要在物质待遇上给予提高。从他们本身来说，应当要求自己好好工作，发挥应有的作用，不计较工资待遇。但是作为组织，我们得全面考虑，该照顾的还得照顾。

邓小平同志最后指出，招聘是个办法。对科技人员如何选用、考核，要搞些制度办法出来。

**胡子婴逝世**

全国政协常委、中华全国工商业联合会副主任委员、全国妇联常委胡子婴同志于 11 月 30 日凌晨在北京逝世，享年 75 岁。

胡子婴同志自学生时期起就积极参加爱国运动。在救亡运动和民主运动中，她做了不少有益的工作。新中国成立后，她先后担任中央财政经济委员会副秘书长、商业部副部长等职务。她贯彻中国共产党的方针政策，在团结、教育原工商业者为社会主义事业服务方面作出了贡献。

## 12月1日

**五届全国人大五次会议在人民大会堂举行全体会议**

财政部部长王丙乾受国务院委托，向大会作了关于1982年国家预算执行情况和1983年国家预算草案的报告。

大会执行主席、全国人大常委会副委员长邓颖超主持会议。

主席团将关于本届全国人大常委会职权的决议草案提请大会审议。

大会执行主席还有韦国清、胡厥文、史良、潘承孝、栗又文、铁瑛、赵林、李坚真、安平生、扎喜旺徐、马青年。

出席全国政协五届五次会议的委员，国务院组成人员，全国人大各委员会、最高人民法院、最高人民检察院、中共中央直属机关、国务院直属机构的负责人，人民解放军各总部、各军兵种、各军事院校的负责人，在京的我国驻外使节，列席了大会。

各国驻华使节和外国在京记者旁听了大会。

**财政部部长王丙乾在五届全国人大五次会议上作《关于1982年国家预算执行情况和1983年国家预算草案的报告》**

各位代表：

我受国务院的委托，现在向大会提出一九八二年国家预算执行情况和一九八三年国家预算草案的报告，请予审查。

一、1982年国家预算执行情况

一九八二年的国家预算，已经执行了十个多月，总的情况是比较好的。年初以来，在国务院的领导下，各地区、各部门进行了一系列富有成效的工作。国民经济的调整和改革进展较快，生产建设和各项事业有了新的发展；中央国家机关的机构调整已基本完成；建设社会主义精神文明和打击经济领域中严重犯罪活动，也取得了很大成绩。在这个基础上，一九八二年的国家预算将超额完成。

按照现在预计的数字，一九八二年财政总收入一千一百零六亿九千万元，为预算的百分之一百点二；财政总支出一千一百三十六亿九千万元，为预算的百分之一百点二；收支相抵，财政赤字可以控制在三十亿元以内，未超过预算所列的数额。

一九八二年国家预算的执行情况表明，继一九八一年之后，一九八二年国家财政继续保持基本平衡。尽管这两个年度在收支基本平衡上是相似的，但两年的情况却有很大不同：去年的基本平衡主要是通过大幅度紧缩支出来达到的，而今年的基本平衡则是在财政支出增加的情况下实现的。今年为了保证国民经济的稳定增长，国家适当地增加了必需的开支；同时，通过发展生产，提高经济效益，加强监督管理，努力增加财政收入。今年财政收支的基本平衡，正是在这个新的情况下实现的。应当说，今年国家预算的实现，是在争取财政经济状况根本好转过程中取得的一个新的胜利。这是全国各族人民在中国共产党和人民政府的领导下，继续贯彻执行在经济上实行进一步调整，在政治上实现进一步安定的方针所取得的成果。

一九八二年国家财政总收入中，各项税收六百七十九亿五千万元，为预算的百分之一百零五点二；企业收入三百一十一亿元，为预算的百分之九十点四；国库券收入四十二亿元，为预算的百分之一百零五。同上年相比，财政总收入的水平由一千零八十九亿五千万元，增加到一千一百零六亿九千万元，扭转了过去三年连年收入下降的状况。

大家知道，从一九七九年到一九八一年，国家为了调整国民经济和解决长期以来特别是十年内乱遗留下来的大量问题，包括提高农副产品收购价格、减免农村税收、安置城镇待业青年就业、增加职工工资、兴建职工住宅、加强城市建设等，通过收入抵拨和支出拨付两个方面拿出了一千四百多亿元资金。因此，影响到财政收入连续三年下降。随着经济形势的不断好转和遗留问题的逐步解决，收入下降的趋势现已停止，预计从明年起，将稳定地转向回升。当然，收入的增长速度暂时还不可能很快。但是从收入下降转为上升，这是一个带有转折性的变化，它标志着国家财政状况开始有了明显的好转，标志着经济调整工作将进入一个新的更加深入的阶段。

一九八二年国家财政状况继续好转，是这一年国民经济在调整中稳步发展的综合反映。一九八二年农业生产，尽管部分地区灾害比较严重，由于各地区坚持执行党和政府的各项农村经济政策，认真落实各种形式的生产责任制，广大农民的生产积极性进一步提高，再加上国家给了必要的支持，全国农业总产值预计比上年增长百分之五，粮食、棉花、油料等主要作物产量都有较大的增长。轻工业在连续三年迅速发展的基础上，今年继续增长。重工业经过两年调整之后，生产开始回升。全国工业总产值预计比上年增长百分之七左右。随着农业和日用消费品生产的发展，市场商品供应日益充裕，物价基本稳定。目前全国经济形势很好，向我们展示着光明的前景，这是令人高兴的。经济是财政的基础，没有国民经济的进一步好转，一九八二年国家预算的顺利实现是不可能的。

一九八二年国家财政状况继续好转，同我们实行正确的财政税收政策，在国营企业中积极推行多种形式的经济责任制，也有密切的关系。这一年，国家为了促进农业生产的发展，加强对农业的支援，继续执行了对农副产品的价格补贴政策和农业税稳定负担、增产不增税的政策。根据现在预计的数字，一九八二年国家财政用于各种价格补贴的支出，总数达三百三十多亿元。仅粮食、棉花、油料的价格补贴和超购加价款等，约有一百七十亿元。这一年，国家为了支持企业的设备更新、技术改造和新产品试制，从预算中拨付了相当数额的资金，加上按规定留给企业的折旧基金和财政上安排的专项贷款，总数近三百亿元。这一年，国家为了保障企业的经营管理自主权，加强经济责任制，继续对企业实行企业基金、利润留成和盈亏包干办法，留给企业支配的这部分财力约有一百七十亿元，企业用来解决了生产发展和职工福利方面的不少问题。此外，为了配合经济的调整，体现税收的奖励和限制政策，一九八二年国家还对少数工业产品的税率，作了有升有降的调整。所有这些措施，效果都是好的，对于经济的发展和财政状况的好转，起了积极作用。

一九八二年财政总支出中，基本建设拨款三百零二亿七千万元，为预算的百分之一百零一点八；企业挖潜改造资金和新产品试制费六十亿七千万元，为预算的百分之一百一十二；增拨企业流动资金二十三亿元，为预算的百分之九十五点八；支援农村人民公社支出和各项农业事业费七十六亿五千万元，为预算的百分之一百点五；文教科学卫生事业费一百九十亿元，为预算的百分之一百零五点六；国防战备费一百七十八亿七千万元，为预算的百分之一百。同上年相比，财政总支出的水平由一千一百一十四亿九千万元，增加到一千一百三十六亿九千万元。

为了加强重点建设，一九八二年适当增加了基本建设投资。国家预算直接拨付的资金，预计比上年增加十六亿元，主要是增加了能源交通等基础设施的投资。这一年，有些骨干工程的建设进度加快，部分建设工程的投资效果有所提高。上海梅山炼铁基地一期工程，湖北葛洲坝水电站三号和四号机组，江苏大屯矿区的大屯洗煤厂，已建成投产。棉纺锭、合成氨、化肥、商业石油库等四种新增生产能力，已提前完成全年计划。

一九八二年继续增加了文教科学卫生事业支出，支持了这些事业的发展。这一年的文教科学卫生事业费，预计比上年增加十八亿六千多万元；这方面经费占国家财政支出的比重，将由上年的百分之十五点四上升到百分之十六点七。在各有关部门的努力下，教育事业有了新的发展，高等学校招生三十一万四千人，比上年增加三万五千人；职业中学、农业中学招生四十九万人，比上年增加二十二万人。科技部门的研究成果增多，推广应用工作有所增强，为生产建设服务的多种科技咨询活动继续展开。卫生、文化和体育部门在防治疾病，增强人民体质，保护人民健康，推行计划生育，以及开展文化、体育活动等方面，都取得了新的成绩。

一九八二年还从财力上保证了继续安排城镇待业青年就业和调整部分职工工资的需要，城乡人民生活继续有所提高。预计全年通过各种形式安排的城镇就业人员，共约五百多万人。建设城市公用事业和城镇职工住宅的工作，也在继续进行。为了逐步解决国家行政机关和事业单位中没有实行奖励制度的职工工资问题，去年第四季度已对中小学教师、部分体育工作者和医务人员提高了工资，今年第四季度还将调整国家行政机关和事业单位部分职工的工资。由于扩大劳动就业和提高部分职工的工资，今年的职工工资总额预计将比上年增长百分之七点六。在前几年提高农副产品收购价格之后，随着生产的增长，以及多种经营的发展，今年农民的收入将继续增加。

总起来说，一九八二年国家预算的执行情况是好的。但是，我们也看到，经济和财政工作中存在的问题仍然不少。目前生产、流通、建设领域中的经济效益还很差，不少企业经营管理混乱的情况没有多大改变，加上财政管理和监督不严，以致财政收入同工业生产不能实现同步增长。还有一个比较突出的问题，就是固定资产投资增加过猛，特别是各方面用自筹资金铺的基建摊子过多，再加上投资的结构不合理，形成投入多、产出少，经济效益不能充分发挥。所有这些问题，反映到国家财政上，就是收入的增长不能适应国民经济和社会发展的需要，财政平衡仍然是一个相当紧张的问题。今后我们必须继续努力，做好各项工作，使国家财政状况得到进一步的好转。

## 二、1983年国家预算草案

胡耀邦同志在党的十二大报告中提出，从一九八一年到本世纪末的二十年，要力争使全国工农业的年总产值翻两番，使人民的物质文化生活达到小康水平。为了实现这一伟大的战略目标，从一九八三年到一九八七年的五年间，要争取实现国家财政经济状况的根本好转。这是一项光荣而艰巨的任务。根据上述要求，一九八三年国家预算收支安排的主要原则是：继续贯彻调整、改革、整顿、提高的方针，支持生产的发展，促进经济效益的提高，开辟财源，增加财政收入；在继续发挥各方面积极性的情况下，适当集中财力，保证能源交通等重点建设；根据需要与可能，合理安排各项支出，支持文教科学卫生事业的发展，继续改善人民生活；通过工作的不断改进，加强综合平衡和预算管理,继续保持财政收支的基本平衡。

现在编制的一九八三年国家预算草案,总收入为一千二百三十二亿元,总支出为一千二百六十二亿元。收支相抵,支出大于收入三十亿元。这个收支差额,要在执行中力争缩小。

一九八三年的预算总收入,比一九八二年预计收入数增加一百二十五亿元,增长百分之十一点三。扣除国外借款和筹集能源交通重点建设资金等不可比因素,收入增加六十一亿一千万元,增长百分之五点八。各项主要收入安排的情况是:各项税收七百二十九亿七千万元,企业收入三百二十三亿九千万元,中央财政集中的企业基本折旧基金二十二亿元,发行国库券收入四十亿元,国外借款收入五十四亿元,筹集能源交通重点建设资金六十亿元。

一九八三年的财政收入比上年增加,这是国家财力逐步扩大的良好开端。现在安排的一九八三年预算总收入,增长的幅度超过了工农业总产值增长的幅度,它将主要依靠发展生产和提高经济效益来实现。一九八三年,国家要求加强整顿企业,狠抓技术改造,切实挖掘潜力,努力降低生产成本和流通费用,扭转企业亏损;同时,要加强财政税收的管理工作,把各种流失的财政收入,包括被一些单位非法占用的收入,予以清理收回。只要这些要求实现了,财政收入就会有一定的增长。在安排收入预算时,对于农副产品收购数量扩大而要增加的价格补贴,继续安排城镇待业青年就业,以及个别行业提高维持简单再生产费用等,需要减少的收入,已作了扣除。总的看来,一九八三年国家预算收入的安排是积极的,经过努力是能够实现的。

关于一九八三年预算收入中所列的筹集能源交通重点建设资金,需要在这里作一点说明。为了加快经济建设的步伐,把全局搞活,国家决定从一九八三年开始,在六五计划的后三年筹集能源交通重点建设资金二百亿元。解决的办法是:由银行增加上交利润和提供长期借款六十亿元;国家财政直接安排支出二十亿元;其余一百二十亿元,则从各地区、各部门、各单位的预算外资金和城镇大的集体所有制经济组织纳税后的利润中,用征集"国家能源交通重点建设基金"的方式来解决。三项合计,每年平均六十多亿元。目前在经济发展中存在着这样的问题:一方面能源供应不足,交通运输紧张,已成为制约我国经济发展的重要因素,需要加快其发展速度,但建设资金不足;另一方面,一些地方、部门和企业用不少预算外资金搞了加工工业,发生了某些重复投资、盲目建设的问题,资金的使用相当分散。现在决定采取上述办法,把过于分散的资金适当集中一部分,用于国家急需的建设,这不仅可以尽快地把能源交通建设搞上去,而且对于调整基本建设投资的结构也是有利的。这次国家征集能源交通重点建设基金,除少数免于征收的项目外,确定按各地区、各部门、各单位预算外资金的百分之十计算征收,百分之九十的预算外资金仍然留给他们自己支配使用。只要加强管理,合理安排,是不会影响其正常开支的。我们相信,国家集中资金进行重点建设的这一措施,一定会得到各方面的积极支持。

在财政收入回升的条件下,一九八三年国家预算的总支出,将比一九八二年预计支出数增加一百二十五亿元,增长百分之十一。扣除利用国外借款安排的基本建设和明年新安排的能源交通重点建设投资等不可比因素,支出增加六十一亿元,增长百分之五点六。各项主要支出安排的情况是:

(一)基本建设拨款三百六十一亿八千万元,比上年预计数增加五十九亿一千万元。其中,国家预算直接安排的基本建设投资为一百九十六亿三千万元,新增能源交通重点建设投资六十五亿元(包括国家财政支出中安排的五亿元在内)。两项合计二百六十一亿三千万元,比上年预计数增加六十五亿三千万元,这将使能源交通等重点建设有较大的发展。此外,明年基建储备资金和地方用机动财力安排的投资等,共为四十六亿五千万元,比上年预计数减少十亿二千万元;利用国外借款安排的投资为五十四亿元,比上年预计数增加四亿元。

(二)企业挖潜改造和新产品试制费六十五亿七千万元。其中用于技术开发和新产品试制的费用,比上年增加九亿元。今后发展生产,提高经济效益,主要依靠认真挖掘现有企业的潜力,加强技术改造,采用先进的科学技术。明年国家用于这方面的资金多增加一点,是完全必要的。

(三)增拨企业流动资金二十二亿五千万元,比上年预计数略有减少。目前国营企业占用资金较多,应当加速周转,减少占用。预算中所列的增拨企业流动资金,主要用于新投产的企业和增加某些物资储备。

(四)支援农村人民公社支出和各项农业事业费七十七亿五千万元,比上年预计数略有增加。农业是发展国民经济的战略重点。农村在贯彻各种形式的生产责任制以后,农业生产和多种经营发展很快,农民的收入也有较多的增长,他们用于农业的投资也会增加,但是国家财政对农业的支援仍然不可缺少。国家支援农业的资金,主要用于发展粮食生产,有重点地支持发展林、牧、渔业,以及进行农业科学研究和农业新技术的推广工作。

(五)文教科学卫生事业费二百零四亿元,比上年预计数增加十四亿元,增长百分之七点四。其中,文化事业费增长百分之九点一,教育事业费增长百分之七点三，科学事业费增长百分之九点三，卫生事业费增长百分之七，都高于财政总收入和总支出的增长幅度。增加智力方面的投资，实现科学技术的现代化，是四个现代化的关键。由于目前国家财政尚有困难，一时还不能拿出很多钱来，只能作适当的增加，今后随着财政经济状况的不断好转，应当进一步增加这方面的支出。

(六)国防战备费一百七十八亿七千万元，同上年预计数持平。在预算中保持一定数额的国防战备开支，是加强国防现代化、正规化建设所必需的。

(七)行政管理费八十五亿元，比上年预计数增加五亿元。增加的支出主要是用于公安、检察、司法等部门的人员经费和业务费用。

(八)抚恤和社会救济费二十四亿元，城镇知识青年安置费三亿八千万元，都与上年预计数持平。

(九)国外借款还本付息支出五十一亿元，比上年预计数增加一亿三千万元。预计到一九八三年年底，国家财政统借的国外借款余额约四十亿美元。

(十)总预备费二十亿元。

一九八三年的国家预算，收支都比上年有明显的增长。预算收支的安排，考虑了经济进一步调整的需要，考虑了国家重点建设的需要，也考虑了文教科学卫生事业发展和人民生活继续改善的需要。同时，对国家财政需要支付的各种价格补贴、留归企业单位支配使用的各种专项基金和留成收入，在核算收支数字时，也都作了安排。应当说，一九八三年的国家预算草案，体现了保证重点、统筹兼顾的要求。但是，这个预算安排得是比较紧的，收入需要经过巨大努力才能实现，支出还要注意控制和节约，任务相当艰巨。我们要看到，目前全国形势很好，有利条件很多，国务院针对当前经济工作中存在的问题，又采取了许多重大措施。因此，实现这个预算也是完全可能的。我们一定要认真落实各项经济和财政措施，努力做好各项工作，积极增加收入，大力节约支出，确保一九八三年国家预算的圆满实现。

三、为实现1983年国家预算，进一步改善财政状况而奋斗

一九八三年是实现六五计划的关键性的一年。为了保证这一年国家预算的圆满实现，进一步改善国家财政状况，并为在今后五年内逐步做到财政收支平衡打下基础，必须着重抓好以下几项工作：

第一，要努力促进生产，挖掘潜力，在此基础上增加财政收入。明年的财政收入要实现一个稳定的增长，关键在于切实把经济工作转到以提高经济效益为中心的轨道上来，把提高经济效益放在我们工作的首位。过去在生产建设上往往偏重于追求产值和速度，忽视经济效益，这是一个很大的缺陷。这两年注意了这个问题，情况有所好转。但是，总的说来，这个问题尚未根本解决。例如，全国国营工业企业每百元固定资产和流动资金所提供的税收和利润，一九六五年为三十元，一九八二年预计只有二十四元一角。全国国营工业企业流动资金的周转天数，一九六五年为七十四点八天，一九八二年预计为一百一十一天。全国基本建设每百元投资交付使用的固定资产，一九六五年为九十三元六角，一九八二年预计为八十元。经济效益差，反映在财政上，就是生产增长了，投资增加了，而收入不能同步增长，或者是生产增长不多，但占用的流动资金却增长很快。这种状况的存在，同目前经济结构不合理、技术落后和经营管理不善有很大的关系。我们一定要通过调整经济结构，进行设备更新和技术改造，采用先进的科学技术，特别是加强经营管理，使各行各业的经济效果有一个明显的提高。在这方面，当前要特别讲求提高综合经济效益。综合经济效益是高还是低，必须认真考核企业的资金收入率、流动资金的周转率和固定资产投资的回收率。这三个"率"是实实在在的，提高这三个"率"，才能使财政收入与工业产值同步增长，或者高于工业产值的增长速度，才能充分发挥各项生产建设资金的效用。同样，在非生产性领域里，也应当加强资金管理，讲求使用效果，努力做到少花钱，多办事，把事情办好。

第二，要结合企业的调整和整顿，切实整顿和加强国营企业的财务管理工作。目前，不少企业经营管理混乱，损失浪费严重。工业企业中处于亏损状况的，约占百分之三十，预计今年亏损四十多亿元。其中很大一部分是由于消耗高、质量低、计划不周和经营管理不善而造成的。商业、外贸等企业，也有不少经营性亏损。工商企业物资积压的情况也相当严重，目前全国库存的钢材还有一千八百多万吨，库存的机电产品五百八十多亿元。企业经营管理的状况好不好，对国家财政的稳定和发展有极大的关系。国务院已决定，用三年时间分期分批地对企业进行整顿，并要求在企业整顿过程中，把财务整顿放在一个重要的位置上。要通过整顿，加强企业财务管理，加强各项基础工作，实行经济核算和经济责任制，把企业财务混乱的状况扭转过来，消除经营性亏损，抓紧处理积压物资，减少损失浪费，提高经济效益。所有的企业都必须切实加强会计、统计、原始记录、计量检验等项工作，建立和健全定员定额制度，并在企业内部把考核指标同经济责任制结合起来，做到有奖有惩。首都钢铁公司在实行经济责任制和整顿财务的过程中，把主要经济指标加以分解，落实到职能部门、车间、班组和个人，并与分配挂钩，做到"人人身上有指标，全厂任务大家挑"，因而增产能增收，甚至减产也能增收。湖南省粮食系

统,这几年每年收购粮食近百亿斤,食油两百万担,在一九七九年大幅度提高农副产品收购价格之后,他们从改进工作和开展多种经营方面增加收入、减少损失浪费,节约仓储和运输费用,除了正常的价格补贴以外,经营性的亏损减少了百分之二十二。这说明整顿企业财务,加强经济责任制,能把潜力挖出来,能给国家创造更多的财富,或者减轻国家的负担,这对平衡财政收支有很大的现实意义。

第三,要坚持量力而行,正确处理国家建设和改善人民生活的关系。不论是搞社会主义建设,还是改善人民生活,我们都必须坚持量力而行,有多少钱办多少事,并注意精打细算,厉行节约。我们要按照“一要吃饭,二要建设”的基本原则办事,做到国家建设和人民生活二者兼顾,不能只顾一头。过去,在相当长的时期内,曾经发生过偏重于建设而忽视生活的情况。近几年来,国家调整了积累和消费的比例关系,人民生活有了显著的改善,这是完全必要的。今后一定要继续处理好国家建设和人民生活两者的关系。一方面,在工农业生产发展和经济效益提高的基础上,国家还将继续有步骤地提高人民的物质文化生活水平,但决不能依靠减少国家建设资金去改善人民生活。否则,势必挤掉国家必要的建设资金,损害人民的根本利益和长远利益。另一方面,现在财政经济情况开始好转,有计划地增加一些建设投资是完全必要的,但也要切实注意量力而行,加强综合平衡,保证重点的需要。要把有限的资金和物资用于国民经济和社会发展迫切需要而又见效较快的项目上,不要盲目上项目、铺摊子,避免以小挤大,重复建设,造成浪费。这个问题不仅在财政经济困难的时候要注意,在财政经济状况好转的时候同样要注意。在一九八三年的国民经济和社会发展计划以及国家预算中,有关基本建设和改善人民生活的问题,都已作了必要的安排。我们应当严格按计划和预算办事,不要离开计划和预算去办那些力所不及的事情。

第四,要积极地稳妥地推进财政税收制度的改革,加强财政立法工作。随着经济调整工作的深入和经济管理体制的改革,财政税收制度的改革必须加快步伐,使二者相互适应。目前财政经济工作中出现了不少新情况和新问题,也需要相应地作出规定。例如,企业基金、利润留成和盈亏包干办法,已试行了几年,总的效果是好的,但也存在一些问题,需要在总结经验的基础上,加以整顿和完善,这将有利于进一步加强企业的经济责任制。税收方面,为了解决现行税制同经济发展某些不相适应的问题,并注意发挥税收调节收入分配的杠杆作用,我们准备有步骤地进行改革。对国营企业逐步实行征收所得税的制度,把目前企业利润的大部分改为用所得税的形式上交,这将是一项重大改革。对于集体所有制经济和劳动者个体经济的征税问题,有的需要修订原来的税法,有的需要制定新的税法。为了促进科学技术的发展,为技术的进步开路,支持产品升级换代与提高质量,财政部门不仅要把新产品试制费的经费来源问题适当地解决好,而且还要迅速制定有利于鼓励技术进步的财政税收政策和有关的制度。此外,我们还要加强其他方面的财政立法工作。经过几年的努力,把财政、税收、财务、会计的基本法规建立和健全起来。

第五,要加强财政管理,严肃财经纪律。这几年,加强了遵守法纪的教育,使过去那种财政管理不严、财经纪律松弛的状况有所好转。但是,目前存在的问题仍然不少。国务院曾在去冬今春对国营企业组织了一次财务大检查,发现不少单位不同程度地存在着财务混乱、账目不实、乱摊成本、乱拉资金、截留和挪用国家收入等问题,情况相当严重。截至今年七月底的统计,共查出最近两年发生的各种违反财经纪律的金额达四十五亿元,其中能够追回的财政收入为二十一亿元,大部分已在去年和今年分别入库。在今年开展的打击经济领域严重犯罪活动中,又发现有的地方、部门和企业,不顾国家政策法令和财经制度,造假账、报假成本、编假决算,转移国家的资金,私设“小钱柜”,非法倒买倒卖外汇,个别的甚至化公为私,用国家的资金进行挥霍浪费,达到了不能容忍的地步。这些情况同社会主义建设是背道而驰的,决不能任其发展下去。一些单位的经验教训说明,财政管理不严,财经纪律松弛,不仅分散和浪费了国家的大量资金,而且给了贪污盗窃、投机倒把、走私犯罪分子以可乘之机。今后一定要把加强财政管理、严肃财经纪律,提高到争取实现财政经济状况的根本好转、实现社会风气的根本好转和实现党风的根本好转的高度来认识。这件事需要各级领导带头抓,督促各方认真办,决不能把它看成只是财政经济部门的事情。为了严肃国家法纪,今后对于侵占、挪用、截留国家收入,违反国家规定乱摊成本、多提利润留成、乱拉乱用资金,或者自行决定减税免税,偷漏拖欠国家税款,任意滥发贷款,或者化大公为小公,化预算内为预算外,化全民为集体的,一定要坚决加以纠正,并如数追回全部款项;情节严重的,要给予必要的处分。对于使用国家资金和财政拨款举办的各种建设事业,经济效果达不到计划规定的要求,或者造成严重损失浪费的,要追究单位领导人的责任。不能只是要钱,不抓使用效果。整顿财经纪律,各级领导机关和领导人员负有重要的责任。领导人员应当模范地执行国家法令,并教育干部遵守财经制度和财经纪律。不许知法犯法,有法不依,不许违法不究,姑息纵容。

各位代表：目前我国的政治经济形势很好，全国人民正在认真贯彻落实党的十二大提出的各项任务，尽管我们在前进中还有这样或那样的困难，但在中国共产党和人民政府的领导下，依靠全国各族人民的共同努力，任何困难都是可以克服的。我们一定要坚持全国一盘棋，上下一条心，鼓足干劲抓工作，为实现一九八三年的国家预算，为争取财政经济状况的根本好转而努力奋斗。

**国务委员薄一波在北京会见由副会长古贺繁一率领的日本国际贸易促进协会访华团**

**国务委员方毅在北京会见由院长梅农教授率领的印度国家科学院代表团**

**国防科工委作出决定要求所属系统开展向优秀科技工作者罗健夫同志学习的活动**

47岁的罗健夫是航天工业部陕西骊山微电子公司工程师，因患淋巴癌于今年6月不幸去世。他生前主持研制成功的图形发生器，为发展大规模集成电路填补了一项关键技术的空白，荣获全国科学大会奖。他顽强地同疾病作斗争，争分夺秒地工作，拼搏到生命的最后一息。航天工业部、陕西省人民政府分别追授他“优秀共产党员”和“特等劳动模范”的光荣称号。

国防科工委的决定，要求所属系统的广大科研人员和职工学习罗健夫同志勤勤恳恳，忘我工作，鞠躬尽瘁，死而后已的共产主义献身精神；学习他不图名利、不计报酬，把方便、实惠、荣誉、地位让给别人的共产主义劳动态度和高尚的职业道德；学习他处处为国家分忧，事事为人民着想，毫不利己，专门利人，艰苦朴素，廉洁奉公的革命情操，保持共产党员的纯洁。

国防科工委的决定，号召国防科技、国防工业战线各级党组织和政治机关，广泛深入地宣传罗健夫同志的光辉思想和模范事迹，积极开展建设社会主义精神文明的活动，为贯彻党的十二大精神，开创国防科技、国防工业的新局面作出更大的贡献！

## 12月2日

**中共中央政治局常委陈云同出席五届全国人大五次会议的上海代表团部分代表举行座谈**

陈云说，这次大会审议的宪法修改草案和赵紫阳同志关于第六个五年计划的报告很好，我完全同意。

陈云还就国家经济建设和上海市的工作提出意见。他说，为了实现今后20年在不断提高经济效益的前提下力争使全国工农业年总产值翻两番的奋斗目标，要分两步走，前十年主要是打好基础，为后十年进入经济振兴时期创造条件。“六五”是前十年的第一个五年，发展速度不能搞得太快。正如紫阳同志报告所说，“六五”计划的主要特点是着重于提高经济效益。只要我们经过“六五”和“七五”两个五年计划的努力，把各方面的关系理顺，并且做好一些大骨干项目的前期工作，后十年的发展速度就可以搞得快一些，翻两番的奋斗目标就可以实现。如果急于求成，把本来应当放在后十年办的事也勉强拿到前十年来办，在“六五”和“七五”两个五年计划期间乱上基本建设，那么，经济又可能出现混乱，翻两番的任务反而有可能完不成。

陈云说，为了给后十年比较快的发展创造条件，由中央适当集中一笔资金，加强能源、交通和科学、教育等薄弱环节，保证重点项目的建设，是完全必要的。这是大革命，大建设，是从全局利益出发的。当然，地方上的小革命、小建设也要搞，但必须以大革命、大建设为主，这也就是局部服从全局。否则，不分大小，齐头并进，国家吃不消。紫阳同志报告中讲，大中型基建项目一律要由计委审批，计划外追加的大中型项目，必须经过计委综合平衡后，报国务院审批。又讲，不论哪个地区和部门，如果突破固定资产投资的计划，都必须按照隶属关系报请上级批准，否则以违反财经纪律论处。这几条都很重要，只有这样，才能保证我们的大革命、大建设取得胜利。只有把国家的大革命、大建设搞好了，各地的小革命、小建设才有切实的保障。

他说，六五计划期间一个重要任务是进行现有企业的技术改造，这也应当是我们今后发展工业的一条新路子。过去一说要增加多少产量，就要新建多少厂，这个办法不一定好。要提高折旧资金，加快设备更新，引进先进技术，进行技术改造，这在多数情况下，比建新厂效益高。上海老企业多，应当特别注意这个问题。现在一些轻纺企业在上海开花，在外地结果，反过来进入上海市场，挤上海的产品。这是好事，不要用行政措施去挡，要接受这个挑战，迎上去和它们竞争。办法就是加强技术改造，提高质量，降低成本。另外，要有若干个大企业，能灵活地搞小批量生产，增加花色品种，使产品迅速适应市场变化的需要。

陈云指出，党的十一届三中全会以来，实行搞活经济的政策，效果显著。现在百货商店里的东西多得很，“卖方市场”正在变成“买方市场”。这么好的形势，很久以来没有见过。今后要继续实行搞活经济的政策，继续发挥市场调节的作用。他同时指出，我们也要防止在搞活经济中，出现摆脱国家计划的倾向。搞活经济是在计划指导下搞活，不是离开计划的指导搞活。他风趣地打比方说，这就像鸟和笼子的关系一样，鸟不能捏在手里,捏在手里会死,要让它飞,但只能让它在笼子里飞,没有笼子,它就飞跑了。如果说鸟是搞活经济的话,那么,笼子就是国家计划。当然,"笼子"大小要适当,该多大就多大,不一定限于一个省,一个地区,也可以跨省跨地区,甚至不一定限于国内,也可以跨国跨洲。另外,"笼子"本身也要经常调整,比如对五年计划进行修改。但无论如何,总得有个"笼子"。就是说,搞活经济、市场调节,这些只能在计划许可的范围以内发挥作用,不能脱离开计划的指导。

参加会见的上海代表还有全国政协副主席、中国国际信托投资公司董事长兼总经理荣毅仁,国家机械工业部顾问沈鸿,民建上海市市委会主任委员刘靖基,上海宝钢总厂党委书记朱尔沛,上海南汇县泥城公社党委书记邵荣宾,上海无线电三厂总工程师周恕,上海格致中学教师高润华,上海港务局第二装卸区工人蒲云开,上海第十百货商店营业员王娟华。

**全国政协副主席 民建副主任胡子昂参加政协工商联小组讨论第六个五年计划报告会**

胡子昂说,实现党的十二大提出的宏伟战略目标,搞好近五年的工作是关键。"六五"计划提出的开创工作新局面的具体规划和措施,是实事求是、切实可行的。我们各条战线、各个方面都应当努力开创自己工作的新局面,为实现这个计划而尽到自己的责任。

胡子昂说,中国共产党的十一届三中全会以来,随着党的工作着重点的转移,民建和工商联的工作也进入了一个新时期。三年来,围绕"尽心竭力为'四化'"这个题目,各地两会充分发挥成员在经营管理和生产技术上的专长,满腔热忱地进行了创造性的工作。从开始推动成员献计献策,到现在有组织地开展经济咨询服务,为国家"四化"建设作出了贡献。我们已经走出了一个适合两会特点的为"四化"服务的路子。

胡子昂提出,要开创两会工作的新局面,关键是要更合理地运用两会有限的力量,并不断发展壮大这支力量。他认为,首先要集中使用力量,把劲用在刀刃上。现在,我们国家百废待兴,百业待举,需要我们做的事很多。但是,在我们为数十万的成员中,退休成员已占80%,其中有一半左右的人由于种种原因,不能直接参加生产经营活动。这就要求我们,一方面要竭尽全力;一方面也要巧用力、用巧力。要看哪里最需要,看我们最适宜在哪里发挥作用。从两会这个整体来看,就多数地区来讲,我认为应当集中到协助发展集体经济和帮助少数民族地区发展经济这两个方面上来。少数民族地区非常缺乏生产技术和经营管理力量。那里生产发展起点低,企业规模不大,当前急需发展商业、饮食服务业、修理业和轻纺、小化肥等小型工业生产,这些正是两会成员的知识经验的用武之地。如果我们相对地集中力量,把支援少数民族的工作着力推动一下,定有事半功倍之效。

胡子昂最后说,工商联是建国后适应党和国家对民族资产阶级团结、教育、改造的方针而成立的。1956年公私合营后,实现了对资本主义工商业的社会主义改造。现在资本家阶级作为阶级已经消灭,他们中的绝大多数人已成为自食其力的社会主义劳动者。应当说,工商联已经完成了它原来确定的历史任务。但是,几年来的实践证明,工商联在今后国家经济建设中仍然可以发挥更多的作用。

**对外友协在人民大会堂举行宴会庆贺国际友人路易·艾黎85岁寿辰**

全国人大常委会副委员长邓颖超、廖承志,国务委员黄华,全国政协副主席胡愈之等出席宴会。

对外友协会长王炳南在宴会上致贺词。

北京市市长焦若愚代表北京市人民政府授予路易·艾黎同志北京市"荣誉市民"的证书和证章。

艾黎同志的好友夏衍、楚图南、章文晋、区棠亮、贺彪、马海德、露丝·史密斯和中共甘肃省委第一书记冯纪新等出席了宴会。

新西兰驻中国大使司马尔应邀出席了宴会。

**国务委员方毅在人民大会堂会见日本金属矿业事业团理事长西家正起**

日本客人是应邀前来参加中日合作项目——安徽省安庆铜矿精密探矿工程开工仪式的。

**中国波兰科学技术合作委员会第十五届会议议定书的签字仪式在北京举行**

国务委员兼对外经济贸易部部长陈慕华出席。中波科学技术合作委员会波方主席安·茹尔和中方主席、煤炭部副部长刘辉分别在议定书上签字。

## 12月3日

**五届全国人大五次会议主席团举行第二次会议**

会议决定将宪法修改草案提请大会通过。

会议由大会主席团党务主席杨尚昆主持。

宪法工作小组组长胡绳在会上作了工作报告。他说,从11月27日下午起,各代表团对宪法修改草案和彭真副主任委员关于宪法修改草案的报告进行了讨论审议,总的说是满意的。代表们在讨论中也提出了对宪法修改草案的补充和修改的各种意见,宪法工作小组详细地研究了这些意见,对宪法修改草案又进行了修改。他接着就修改的情况作了说明。

主席团常务主席彭真就这次修改的基本原则和宪法实施的保证问题讲了话。

主席团成员们在会上进行了讨论。洪丝丝、刘志坚、李人林、关山月、吕骥发了言。会议决定将经过修改的宪法修改草案提请大会通过。

主席团会议还通过了关于本届全国人大常委会职权的决议草案和关于中华人民共和国国歌的决议草案,提请本次大会通过。

主席团决定本次大会用代表无记名投票的办法通过宪法。会议根据各代表团推选的人选,通过了监票人、总监票人名单草案,建议以陈志彬、杜棣华(女)两位代表为总监票人,提请大会通过。

出席会议的主席团常务主席还有乌兰夫、韦国清、李井泉、赛福鼎、廖承志、阿沛·阿旺晋美、许德珩、胡厥文、史良、习仲勋。

**全国政协副主席 中国科协主席周培源参加政协九三学社小组讨论第六个五年计划的报告会**

周培源说,现在是知识分子在祖国"四化"建设中发挥积极作用的黄金时代。

周培源说,赵紫阳总理的报告体现了宪法修改草案提出的知识分子和工人、农民同是社会主义建设事业的依靠力量的规定。报告提出,在发展社会工农业生产中着重要求不断提高经济效益。要提高经济效益,就要提高劳动生产率,提高产品质量和提高企业管理水平。这些艰巨任务,基本上要靠科学技术的进步来完成。因此,在开创社会主义建设事业新局面的时代,知识分子的责任极为重大。

周培源说,解放初期,我国知识分子只有500多万人。30多年来,经过党的培养与教育,知识分子已经从500万增加到2000万。在2000万人中,科学技术人员大约为600万。这个600万在我国10亿人口中所占的比例虽然很小,但是,在党的正确领导下,这600万人团结互助,万众一心,在"四化"建设中是可以发挥出无穷无尽的力量的。

周培源说,我们知识分子必须提高对社会主义建设事业的积极性。我们都要学习知识分子的光辉榜样蒋筑英和罗健夫同志,也要学习我国体育健儿们在第九次亚运会上夺取最多的金牌的拼搏战斗精神,做社会主义建设事业的尖兵。我们必须在赵紫阳总理所提出的企业规划、组织力量攻关、经营管理、人才培养等各个方面服从组织分配,积极贡献出我们的聪明才智。我们要为国家的社会主义事业的各个方面主动提出建议,加速社会主义建设事业的步伐。

**中共中央 国务院批转《当前试办经济特区工作中若干问题的纪要》**

中共中央、国务院原则同意《当前试办经济特区工作中若干问题的纪要》,现转发给你们,请研究执行。

试办经济特区,是我国在新的历史时期贯彻执行对外开放政策的一项重要措施。广东、福建两省和国务院有关部门都要加强对特区工作的指导,不断总结经验,加强协作配合,提高工作效率,及时解决前进中出现的新问题,力求使特区办好。中央书记处和国务院分工由谷牧同志具体负责。中央和国务院有关部门,也都要确定一位负责同志分管本部门与特区有关的工作。

**当前试办经济特区工作中若干问题的纪要**

(1982年11月15日)

1979年7月,中央决定试办深圳、珠海、汕头、厦门四个经济特区。随后,国务院先后批准了它们的位置和区域。1980年8月,全国人大常委会批准《广东省经济特区条例》公布中外。今年以来,这四个特区认真贯彻《中共中央批转〈广东、福建两省座谈会纪要〉的通知》(中发〔1982〕17号文件)精神,按照陈云同志关于"特区第一位的任务是认真总结经验"的批示,总结经验,解决前进中的问题,工作又有新的进展。

我国试办经济特区,是根据对外开放的要求,参考国外经验提出来的。它是我国人民民主政权管辖下的一个行政区域,在政治、思想、文化上坚持社会主义方向,在经济上坚持以社会主义经济为领导,允许多种经济成分存在,在对外经济活动中采取更加开放的方针,吸引外资,引进技术,发展生产,扩大出口,改善人民生活,稳定边境地区秩序。我们的特区,是利用国外资源和国际市场的一条特殊渠道,为实现党的十二大提出的现代化建设宏伟战略目标服务。办好经济特区,对收回香港、促进台湾回归,实现祖国统一大业,也具有重要意义。

我们的四个经济特区,条件是很好的:对外交通方便,深圳、珠海毗邻港澳、汕头、厦门历史上就是我国的外贸口岸;由于地缘和历史的原因,这些地方与港澳同胞、台胞、海外侨胞有着广泛的联系;在土地、劳动力资源方面对外商投资有吸引力;有强大的社会主义经济作为后盾。按照规划目标,深圳、珠海特区要逐步办成兼营工、商、农、牧、住宅、旅游业的综合性特区;厦门、汕头特区则以加工出口为主,同时发展旅游业等。3年来,在中央方针的指导下,在各部门、各地区的技术下,4个特区都做了很多工作,取得了很好的成绩。

一、三年来做的主要工作

(1)在吸收外资上初步打开了局面。

到今年8月底,深圳特区(含蛇口)引进外资项目共728项:其中工业564项,农牧业64项,已投入使用的外资2.4亿多美元。珠海特区对外签订工业、交通、旅游、住宅项目13个,已投入使用的外资1650万美元。到特区投资的外商和港澳商人,前一段主要是中小厂商,现在已有些较大的企业家。

(2)以首先搞好基础设施为重点展开基本建设。

到今年8月底,深圳特区已完成基本建设投资7.3亿元。蛇口工业区(占地1平方公里)的基础设施只用了1年多的时间就全部建成,兴办的23家工厂有9家已经投产,国际微波通信和通航香港等地的港口已投入使用。深圳的罗湖和上步小区,今年年底可以完成"五通一平"。两个小区内的30多座高层商品楼宇、5幢工业大厦,正在抓紧施工。深圳特区与非特区的隔离线,已开始全面施工,明年年底即可基本建成。

珠海特区已完成基本建设投资5800多万元,建设了码头,开辟了通往香港的航线。汕头特区连接市区的公路和输电、供水工程已经完成。厦门特区正在抓特区内的土地平整和道路、水电管线建设。福建省还集中资金,修建厦门机场和东渡港,这对于厦门特区的建设和全省经济的发展,将发挥重要的作用。

这几年深圳已完成的基建投资中,利用外资占37.1%,特区积累占34.2%。珠海完成的基建投资中,利用外资占50.4%,特区积累占42.7%。国家、省、内地有关部门的投资和中国人民银行的贷款,只占少部分。

(3)引进了一些先进的技术和设备。

深圳引进了11000多台(套)设备,有些是比较先进的。如西德的七彩印刷设备、美国的微波通信、日本的照相制版技术、丹麦的"老人牌"船用油漆配方和工艺设备、荷兰的良种奶牛和鲜奶无菌加工设备,等等。这些技术、装备对深圳的生产和出口已经发挥作用。家乐家具厂引进英国技术,制作弹簧床垫,在香港的销量已占同类产品销量的30%。光明农场生产的无菌小包装"维他奶",占领了香港鲜奶市场的60%。有的技术正向内地转移。

(4)较快地发展了工农业生产。

深圳市(包括宝安县)由于试办特区,工业比重迅速增长,经济面貌变化很大。1981年工农业总产值达到3.7亿元,比1978年增长1倍多,其中工业产值增长3倍;财政收入比1987年增长4倍多,地方外汇收入也增长1倍多。珠海市工农业总产值1981年比1978年增长88%,财政收入增长近5倍。

(5)加强社会主义精神文明建设,打击经济领域犯罪活动。

今年两省座谈会后,特区的干部进一步提高了反对资本主义腐蚀的自觉性,努力加强思想和文化建设。深圳市市委规定了特区工作人员十条守则;建立电视转播台,广泛开展健康的职工业余文体活动;举办了外经、财会、旅游管理、外语训练班,加强干部培训。还在干部和群众中深入开展了社会主义、爱国主义、集体主义教育和"五讲四美"活动,清理查封了反动淫秽的书画和录音、录像制品。社会风气日趋好转。

今年以来,打击经济领域内犯罪活动的斗争也取得了进展。深圳立案100宗,有44人有"五一"前投案交代,32宗大案,已结案处理10宗。反对资本主义思想腐蚀,打击经济犯罪活动,是长期的斗争,对经济特区来说更是一个尖锐的问题,时刻不能松懈,必须切实抓紧,深入开展。

(6)改善了人民生活,稳定了边境地区的秩序。

深圳市办特区以来,已安置劳动就业两万多人。城镇职工的收入,1981年比1978年增长90%左右;农村社员集体分配收入人均239元(特区内人均436元),比1978年增长1倍。过去长时期大批偷渡外流的现象已经改变,重新回来定居的340多人,过去因人员外流、人心浮动,撂荒的两万多亩耕地已复耕1万余亩。特区人民衷心拥护党的十一届三中全会以来的路线、方针、政策,衷心拥护中央试办经济特区的决策。

二、试办过程中出现的缺点和问题

社会主义国家办经济特区是个新课题。我们的知识和经验都很缺乏,人才也很少,加上调查研究工作薄弱,实际工作中还存在不少缺点和问题,主要有:

(1)与外商和港澳商人签订的经济合同,有的存在不同程度的缺点和问题,有的不够完善。据深圳统计,效果好的合同占65%;合同是好的、执行上有问题的占25%;合同本身存在缺点和问题的占10%。这些有问题的合同,有的是对国外行情缺乏了解,仓促签约上马,后来产品不能外销;有一些是原材料的进口和产品外销的价格及其渠道,掌握在外商和港澳商人手中;有一些是对外商和港澳商人资信缺乏调查,合同中未规定保证条款,造成我方经济损失后难以追究;有些来料加工、来料种养项目也上得多了一些。这些方面都需要认真总结经验。

(2)在基本建设上,深圳特区摊子铺得大了一些。今年原计划安排基建投资7亿元,材料、资金、运输都出现紧张面面,后来调整为5亿元,预计可以完成。今后应当继续坚持集中力量,开发一片,建成一片,投产获益一片,不能急于求成。

(3)深圳、珠海、汕头、厦门都曾到内地抬价收购工矿、农副产品出口,进口某些高档消费品低价转销内地,还发生了一些走私贩私、偷税漏税问题,影响很坏。《中共中央批转〈广东、福建两省座谈会纪要〉的通知》(中发〔1982〕17号文件)下达后,他们认真做了检查清理,违反政策的事已经基本刹住,打击经济犯罪的斗争正在深入开展。

(4)货币流通比较乱。深圳特区处于两个市场和两种价格体系的交接点上,港币通过各种渠道流入。目前深圳居民手中的港币估计在1亿元以上,暗中与人民币、外汇券同时流通,同一种商品多种价格并存。今年以来深圳采取了一些行政措施,情况有所好转。但不能从根本上解决问题。有人主张在深圳发行一种能自由兑换的特区货币,来制止港币在特区流通。这是个大题目,有关部门要抓紧调查研究,提出方案。

三、当前需要解决的几个问题

最近,陈云同志批示:"特区要办,必须不断总结经验,力求使特区办好。"胡耀邦同志在视察福建时,也看了厦门特区。这对两省和特区的同志鼓舞很大。大家决心振奋精神,加倍努力,把特区的事情办好。

办好经济特区,必须坚决贯彻党中央、国务院发出的有关特区工作的指示,在实践中不断总结经验,扎扎实实地做好工作。同时还需要进一步明确和解决以下问题:

(1)特区要有更多的自主权。特区的经济活动同国际市场联系密切,与外商交往频繁,涉及面宽,政策性强,许多问题需要及时处理。前一段实践表明,沿用我国现行的经济管理体制,中央和省一级有关部门各管一段,层次多,效率低,很不适应。必须逐步建立一套适应特区要求的经济管理体制。四个经济特区的方针政策和总体发展规划,由国务院直接掌管。广东、福建要进一步加强对特区的具体领导,及时解决应由省内解决的问题。在特区内,属于中央统一管理的外事、公安、边防、税收、海关、银行、外汇、邮电、铁路、港口、民航等方面的业务,由国务院主管部门根据特区的实际情况,制定管理办法,报国务院核准后实施。各部门在制定涉及特区的一些规定时,应考虑其特殊情况,不搞"一刀切"。

各特区的党委和特区人民政府(管理委员会),对本特区内各方面的工作实行全面领导,对于不属于中央统一管理的工作,可以根据党和国家有关政策法令的精神,结合自己的实际情况,灵活处置。

为了加强对试办特区工作的指导和帮助,国务院有关部门要指定一位负责同志分管本部门与特区有关的业务。国务院要经常召集这些同志开会,研究解决问题,协调有关方面的工作步调。

(2)各特区的总体发展规划,由国务院审批。各特区根据国家批准的总体发展规划,在综合平衡的基础上统筹安排本特区的基本建设。投资规模在1亿元以上的项目,应报省人民政府审核后转报国务院审批;轻工业3000万元以上、重工业5000万元以上的项目,经省审核后转报国家计委审批;在此限额以下,建设条件和生产条件能够自选平衡的,可以自己安排。

各特区统筹安排本特区的生产计划,特区生产的工业品,应全部外销及供应本区需要,但属于国家要进口的紧缺产品,采用国内原材料、元器件较多的产品,以及外商和港澳商人确实提供了先进技术和设备的产品,可有适当比例内销。销往省内非特区的,由省人民政府批准;销往外省的,经省人民政府报国务院主管部门审查批准。

各特区应在做好国内外情况、特别是国际市场调查研究的基础上,编制国民经济计划报省计委审批。凡需要省内综合平衡的,纳入省计划;凡涉及全国平衡的,由省计委报国家计委核定纳入国家计划。

(3)各特区建设所需物资(特别是国家投资项目、国内贷款项目、基础设施建设、外资项目的配套工程),人民生活必需的商品,国家尽量给以支持。每年由特区报省综合平衡,然后由省提出要求国家调拨支援的数额,报经全国计划会议平衡后,纳入国家计划,分别计入广东、福建两省指标,专项下达。省内调拨部分,由省下达。

除此之外的不足部分,允许从以下四条渠道筹措解决:一是报经对外经济贸易部,从计划出口的商品中拨给一部分,按供应香港价格,以外汇结算。4个特区可直接参加广交会订货。但不得把这些商品组织出口和返销内地。二是按照国家有关规定在省内外组织协作和合作生产。三是发展特区自身生产。四是组织进口,但限于特区自用,严禁转销内地。

(4)各特区本身的进出口贸易,在国家统一政策指导下自主经营。各特区生产的出口商品,一般不能占用国家出口商品的国外配额,如需占用时,由广东、福建在本省分得配额指标中调剂解决;对港澳出口的鲜活商品,应执行经贸规定的配额和管理办法。

各特区内企业进口自用的生产设备和原材料,审批权限要放宽。国家严格控制小汽车车、电视机等17种商品的进口,是完全必要的。但属于特区内使用的,可授权特区人民政府(管理委员会)审查批准,审批时应从严掌握,并且每半年要汇总报国家经委备案。

进出特区的货物、物品,由海关进行监管。特区与非特区的隔离线,要抓紧建成,全线设防,严格管理。

(5)各特区建设发展的资金来源,主要靠吸收利用港澳资金、侨资和外资。为了吸引外商和港澳商人到特区兴办较大项目,应尽快制定特区外汇管理办法。中国银行在特区要改进经营方式,提高服务质量,大力开展金融业务,把工作做活,充分发挥作用。要批准若干个在香港注册的我国资本的银行到特区设立分支机构。经中国人民银行总行批准,还可允许一些外资银行在特区设立代表处。今后视工作发展需要，可有步骤有选择地批准外资银行到特区开业。

(6)特区的各种税收应当实行优惠待遇。特区生产的产品出口，应免征关税，特区进口自用的生产设备、原材料和市场商品，除烟、酒等几种以外，也应免征关税。关于特区的工商税如何征收，经批准的特区与内地之间进出的货物，哪些应征关税，哪些应予减免，财政部和海关总署将分别会同有关部门研究制定相应的规定办法。

(7)珠海、汕头、厦门旧市区老企业利用外资进行技术改造，可享受特区的某些优惠待遇。1981年七月，《中共中央、国务院批转〈广东、福建两省和经济特区工作会议纪要〉的通知》(中发〔1981〕27号文件)规定："厦门、汕头、珠海三市利用外资改造旧市区的老企业，其产品只要是以出口为目标的，在进口生产资料及交纳所得税方面，也可享受特区的优惠待遇。"这是考虑到，这三个特区对外资的吸引力不如深圳，国家和两省现在又拿不出多少投资。采取这一政策，可以吸引外资，引进技术，促进现有企业的改造，发展生产，增加出口，积累财力，支援特区建设。三市应据此提出规划和具体项目，经省人民政府审批后执行。

(8)加速制定和完善经济立法。目前，国家已经正式公布的有关特区的法令。只有《广东省经济特区条例》和4个单行法规，立法不健全，不仅外商心存疑虑，同时发生问题也不好解决。比如，目前深圳对外签订的合同，在执行中有争议的约占26%，但我们还没有适应特区需要的仲裁法和仲裁机构。有关部门应积极帮助特区制定和完善各种必要的法规，以适应特区工作的发展。中央关于特区的各项方针政策，要通过国家立法，保证贯彻落实。

(9)帮助特区解决所需的干部和专业人才。中央组织部已帮助调进一批干部。今后根据工作发展需要，可以采取以下办法解决：一是允许特区在中央组织部安排下，在内地招聘一些专门人才；二是请教育部选几个高等学校设立有关专业，培养一批人才；三是在每年分配大学生时多给特区一些名额；四是有些项目可与内地合办，由内地支援技术人才。但必须注意，特区的干部队伍一定要精干。

(10)各特区一定要坚决贯彻中央的各项方针政策，切实执行国家的各项法令规定，过去曾经出现过的到内地收购工矿、农副产品出口，进口高档消费品向内地转销的错误做法，必须坚决杜绝。一定要深入开展打击走私贩私、投机诈骗、贪污受贿和其他犯罪活动的斗争，并且要针对出现的新情况、新问题，不断拿出新办法。特别要加强党的建设和社会主义精神文明建设。一定要坚决警惕和抵制资本主义思想的腐蚀，反对任何崇洋媚外的意识和损害国家民族利益的行为。特区的干部和广大群众，必须有特别高的觉悟，特别好的风气，特别严的纪律，特别高的工作效率。只有做到这些，我们在特区内采取的一系列特殊政策和做法，才能收到好的效果。

**中联部部长乔石在人民大会堂设宴欢迎由主席罗兰·彼德松率领的瑞典共产党代表团**

**中共中央书记处书记陈丕显在北京参加法学教材编辑工作会议**

陈丕显说，根据党的十二大关于进一步健全社会主义法制的精神，要在各类学校设置有关法制教育的课程，因此，编写好适用于各类培训、教育和宣传对象的教材是必不可少的。

陈丕显说，在党中央关怀下，参加编写法学教材的专家、学者、教授、讲师，在短短两年多时间里，编写出1700多万字的教材，成绩是很大的，为法学教育和法制宣传做了一件好事。他希望在现有基础上，再接再厉，如期地、高质量地完成尚在编写的教材。

陈丕显要求编写法学教材要坚持四项基本原则，要以即将通过的新宪法为依据，把宪法的基本精神和具体规定贯串到教材里去。要注意联系实际，多到实际中去调查研究，从实际出发，从实践中需要解决的问题出发，力求写出更多具有中国特色的法学教材。

座谈会由司法部、教育部法学教材编辑部主办。司法部部长刘复之主持了会议。中国法学会名誉会长杨秀峰，最高人民法院院长江华等出席了会议。法学教材编辑部总编辑王珉灿汇报了当前法学教材编辑工作的情况。在会上发言的有江华，教育部副部长彭珮云，《国际法》主编、北京大学教授王铁崖，《国际关系史》主编、北京第二外国语学院副教授何春超，《宪法学》主编、宁夏大学副校长吴家麟，《刑法学》主编、中国人民大学副教授高铭暄。

**《中国国际法年刊(1982)》出版**

此书由中国国际法学会主编，由中国对外翻译出版公司出版。这是新中国成立后第一本国际法专业年刊。

《中国国际法年刊》是一种专业的学术资料性的工具书。

**中国运动员在新德里举行的第九届亚运会上共获61枚金牌**

第九届亚运会的22个项目的比赛，经过15天的激烈争夺，全部结束。中国运动员比赛中共夺得61枚金牌、51 枚银牌和 41 枚铜牌，在金牌总数上超过了历届亚运会第一名日本队，首次居于第一位。

朱建华以 2.33 米，3 次刷新了由他本人保持的亚洲纪录，同时，还打破男子跳高世界纪录被评为本届亚运会唯一最佳运动员。

**国家体委全国体总分别致电祝贺中国体育代表运动员夺得亚运会金牌总数第一**

电报全文如下：

中国体育代表团：

我国运动员在第九届亚运会中，表现了优良的道德作风，发扬了顽强的拼搏精神，取得了金牌总数第一的优异成绩，增进了同印度及亚洲各国运动员和人民之间的友谊，为祖国为人民赢得了荣誉，特向你们表示热烈的祝贺和慰问。

希望你们认真总结经验，高标准，严要求，更加勤学苦练，为开创我国体育工作的新局面作出更大的贡献。

国家体育运动委员会
中华全国体育总会
1982 年 12 月 3 日

**全国总工会致电祝贺中国体育代表团在第九届亚运会上取得好成绩**

电报说，你们在第九届亚运会上荣获金牌总数第一，为祖国争得了荣誉。你们为振兴中华而奋力拼搏的精神，为各国运动员的友谊而礼貌待人的高尚风格，都是我们学习的榜样。全国职工一定要向你们学习，在党的十二大精神指引下，为建设社会主义物质文明和精神文明，全面开创社会主义现代化建设的新局面，作出新的贡献。

## 12 月 4 日

**五届全国人大五次会议举行全体大会**

五届全国人大有 3421 位代表，出席大会的代表 3040 人。

大会先通过了本次会议通过宪法和各项议案的办法。办法规定，通过宪法采用无记名投票表决的方式，以全体代表的 2/3 以上的多数通过；通过其他各项议案，采用举手表决方式，以全体代表的过半数通过。

中华人民共和国的第四部宪法诞生。

会上宣读了中华人民共和国宪法修改草案全文。宪法修改草案除序言外共分 4 章、138 条。

大会还通过了关于本届全国人大常委会职权的决议。大会关于这个决议的说明指出，新宪法公布生效后，宪法关于国家主席根据全国人大和全国人大常委会的决定行使职权的规定，在六届全国人大一次会议选出国家主席、副主席以前，还不能施行。因此，大会根据主席团的建议，通过决议，规定在这一过渡期间，五届全国人大常委会和全国人大常委会委员长、副委员长继续行使 1978 年宪法规定的职权。

大会通过了关于中华人民共和国国歌的决议，决定恢复《义勇军进行曲》为中华人民共和国国歌，撤销本届全国人大一次会议 1978 年 3 月 5 日通过的关于中华人民共和国国歌的决定。

大会的执行主席还有：彭真、邓颖超、乌兰夫、韦国清、李井泉、彭冲、赛福鼎、廖承志、阿沛·阿旺晋美、许德珩、胡厥文、萧劲光、史良、杨尚昆、班禅额尔德尼·确吉坚赞、廷懋、胡立教、项南、韩宁夫、杜心源、马文瑞、铁木尔·达瓦买提。

参加全国政协五届五次会议的委员，国务院组成人员，全国人大各委员会、最高人民法院、最高人民检察院、中共中央直属机关和国务院直属机构的负责人，人民解放军各总部、各军兵种、各军事院校的负责人，正在北京的我国驻外使节，列席了今天的大会。各国驻华使节和外国在京记者旁听了大会。

**中华人民共和国全国人民代表大会公告**

《中华人民共和国宪法》已由中华人民共和国第五届全国人民代表大会第五次会议于 1982 年 12 月 4 日通过，现予公布施行。

中华人民共和国第五届全国人民代表大会第五次
会议主席团
1982 年 12 月 4 日于北京

**中华人民共和国宪法**

**序　言**

中国是世界上历史最悠久的国家之一。中国各族人民共同创造了光辉灿烂的文化，具有光荣的革命传统。

一八四〇年以后，封建的中国逐渐变成半殖民地、半封建的国家。中国人民为国家独立、民族解放和民主自由进行了前仆后继的英勇奋斗。

二十世纪，中国发生了翻天覆地的伟大历史变革。

一九一一年孙中山先生领导的辛亥革命，废除了封建帝制，创立了中华民国。但是，中国人民反对帝国主义和封建主义的历史任务还没有完成。

一九四九年，以毛泽东主席为领袖的中国共产党领导中国各族人民，在经历了长期的艰难曲折的武装斗争和其他形式的斗争以后，终于推翻了帝国主义、封建主义和官僚资本主义的统治，取得了新民主主义革命的伟大胜利，建立了中华人民共和国。从此，中国人民掌握了国家的权力，成为国家的主人。

中华人民共和国成立以后，我国社会逐步实现了由新民主主义到社会主义的过渡。生产资料私有制的社会主义改造已经完成，人剥削人的制度已经消灭，社会主义制度已经确立。工人阶级领导的、以工农联盟为基础的人民民主专政，实质上即无产阶级专政，得到巩固和发展。中国人民和中国人民解放军战胜了帝国主义、霸权主义的侵略、破坏和武装挑衅，维护了国家的独立和安全，增强了国防。经济建设取得了重大的成就，独立的、比较完整的社会主义工业体系已经基本形成，农业生产显著提高。教育、科学、文化等事业有了很大的发展，社会主义思想教育取得了明显的成效。广大人民的生活有了较大的改善。

中国新民主主义革命的胜利和社会主义事业的成就，都是中国共产党领导中国各族人民，在马克思列宁主义、毛泽东思想的指引下，坚持真理，修正错误，战胜许多艰难险阻而取得的。今后国家的根本任务是集中力量进行社会主义现代化建设。中国各族人民将继续在中国共产党领导下，在马克思列宁主义、毛泽东思想指引下，坚持人民民主专政，坚持社会主义道路，不断完善社会主义的各项制度，发展社会主义民主，健全社会主义法制，自力更生，艰苦奋斗，逐步实现工业、农业、国防和科学技术的现代化，把我国建设成为高度文明、高度民主的社会主义国家。

在我国，剥削阶级作为阶级已经消灭，但是阶级斗争还将在一定范围内长期存在。中国人民对敌视和破坏我国社会主义制度的国内外的敌对势力和敌对分子，必须进行斗争。

台湾是中华人民共和国的神圣领土的一部分。完成统一祖国的大业是包括台湾同胞在内的全中国人民的神圣职责。

社会主义的建设事业必须依靠工人、农民和知识分子，团结一切可以团结的力量。在长期的革命和建设过程中，已经结成由中国共产党领导的，有各民主党派和各人民团体参加的，包括全体社会主义劳动者、拥护社会主义的爱国者和拥护祖国统一的爱国者的广泛的爱国统一战线，这个统一战线将继续巩固和发展。中国人民政治协商会议是有广泛代表性的统一战线组织，过去发挥了重要的历史作用，今后在国家政治生活、社会生活和对外友好活动中，在进行社会主义现代化建设、维护国家的统一和团结的斗争中，将进一步发挥它的重要作用。

中华人民共和国是全国各族人民共同缔造的统一的多民族国家。平等、团结、互助的社会主义民族关系已经确立，并将继续加强。在维护民族团结的斗争中，要反对大民族主义，主要是大汉族主义，也要反对地方民族主义。国家尽一切努力，促进全国各民族的共同繁荣。

中国革命和建设的成就是同世界人民的支持分不开的。中国的前途是同世界的前途紧密地联系在一起的。中国坚持独立自主的对外政策，坚持互相尊重主权和领土完整、互不侵犯、互不干涉内政、平等互利、和平共处的五项原则，发展同各国的外交关系和经济、文化的交流；坚持反对帝国主义、霸权主义、殖民主义，加强同世界各国人民的团结，支持被压迫民族和发展中国家争取和维护民族独立、发展民族经济的正义斗争，为维护世界和平与促进人类进步事业而努力。

本宪法以法律的形式确认了中国各族人民奋斗的成果，规定了国家的根本制度和根本任务，是国家的根本法，具有最高的法律效力。全国各族人民、一切国家机关和武装力量、各政党和各社会团体、各企业事业组织，都必须以宪法为根本的活动准则，并且负有维护宪法尊严、保证宪法实施的职责。

**第一章　总　纲**

第一条　中华人民共和国是工人阶级领导的、以工农联盟为基础的人民民主专政的社会主义国家。

社会主义制度是中华人民共和国的根本制度。禁止任何组织或者个人破坏社会主义制度。

第二条　中华人民共和国的一切权力属于人民。

人民行使国家权力的机关是全国人民代表大会和地方各级人民代表大会。

人民依照法律规定，通过各种途径和形式，管理国家事务，管理经济和文化事业，管理社会事务。

第三条　中华人民共和国的国家机构实行民主集中制的原则。

全国人民代表大会和地方各级人民代表大会都由民主选举产生，对人民负责，受人民监督。

国家行政机关、审判机关、检察机关都由人民代表大会产生，对它负责，受它监督。

中央和地方的国家机构职权的划分，遵循在中央的统一领导下，充分发挥地方的主动性、积极性的原则。

第四条　中华人民共和国各民族一律平等。国家保障各少数民族的合法的权利和利益，维护和发展各民族的平等、团结、互相关系。禁止对任何民族的歧视和压迫，禁止破坏民族团结和制造民族分裂的行为。

国家根据各少数民族的特点和需要，帮助各少数民族地区加速经济和文化的发展。

各少数民族聚居的地方实行区域自治，设立自治机关，行使自治权。各民族自治地方都是中华人民共和国不可分离的部分。

各民族都有使用和发展自己的语言文字的自由，

都有保持或者改革自己的风俗习惯的自由。

第五条 国家维护社会主义法制的统一和尊严。

一切法律、行政法规和地方性法规都不得同宪法相抵触。

一切国家机关和武装力量、各政党和各社会团体、各企业事业组织都必须遵守宪法和法律。一切违反宪法和法律的行为,必须予以追究。

任何组织或者个人都不得有超越宪法和法律的特权。

第六条 中华人民共和国的社会主义经济制度的基础是生产资料的社会主义公有制,即全民所有制和劳动群众集体所有制。

社会主义公有制消灭人剥削人的制度,实行各尽所能,按劳分配的原则。

第七条 国营经济是社会主义全民所有制经济,是国民经济中的主导力量。国家保障国营经济的巩固和发展。

第八条 农村人民公社、农业生产合作社和其他生产、供销、信用、消费等各种形式的合作经济,是社会主义劳动群众集体所有制经济。参加农村集体经济组织的劳动者,有权在法律规定的范围内经营自留地、自留山、家庭副业和饲养自留畜。

城镇中的手工业、工业、建筑业、运输业、商业、服务业等行业的各种形式的合作经济,都是社会主义劳动群众集体所有制经济。

国家保护城乡集体经济组织的合法的权利和利益,鼓励、指导和帮助集体经济的发展。

第九条 矿藏、水流、森林、山岭、草原、荒地、滩涂等自然资源,都属于国家所有,即全民所有;由法律规定属于集体所有的森林和山岭、草原、荒地、滩涂除外。

国家保障自然资源的合理利用,保护珍贵的动物和植物。禁止任何组织或者个人用任何手段侵占或者破坏自然资源。

第十条 城市的土地属于国家所有。

农村和城市郊区的土地,除由法律规定属于国家所有的以外,属于集体所有;宅基地和自留地、自留山,也属于集体所有。

国家为了公共利益的需要,可以依照法律规定对土地实行征用。

任何组织或者个人不得侵占、买卖、出租或者以其他形式非法转让土地。

一切使用土地的组织和个人必须合理地利用土地。

第十一条 在法律规定范围内的城乡劳动者个体经济,是社会主义公有制经济的补充。国家保护个体经济的合法的权利和利益。

国家通过行政管理,指导、帮助和监督个体经济。

第十二条 社会主义的公共财产神圣不可侵犯。

国家保护社会主义的公共财产。禁止任何组织或者个人用任何手段侵占或者破坏国家的和集体的财产。

第十三条 国家保护公民的合法的收入、储蓄、房屋和其他合法财产的所有权。

国家依照法律规定保护公民的私有财产的继承权。

第十四条 国家通过提高劳动者的积极性和技术水平,推广先进的科学技术,完善经济管理体制和企业经营管理制度,实行各种形式的社会主义责任制,改进劳动组织,以不断提高劳动生产率和经济效益,发展社会生产力。

国家厉行节约,反对浪费。

国家合理安排积累和消费,兼顾国家、集体和个人的利益,在发展生产的基础上,逐步改善人民的物质生活和文化生活。

第十五条 国家在社会主义公有制基础上实行计划经济。国家通过经济计划的综合平衡和市场调节的辅助作用,保证国民经济按比例的协调发展。

禁止任何组织或者个人扰乱社会经济秩序,破坏国家经济计划。

第十六条 国营企业在服从国家的统一领导和全面完成国家计划的前提下,在法律规定的范围内,有经营管理的自主权。

国营企业依照法律规定,通过职工代表大会和其他形式,实行民主管理。

第十七条 集体经济组织在接受国家计划指导和遵守有关法律的前提下,有独立进行经济活动的自主权。

集体经济组织依照法律规定实行民主管理,由它的全体劳动者选举和罢免管理人员,决定经营管理的重大问题。

第十八条 中华人民共和国允许外国的企业和其他经济组织或者个人依照中华人民共和国法律的规定在中国投资,同中国的企业或者其他经济组织进行各种形式的经济合作。

在中国境内的外国企业和其他外国经济组织以及中外合资经营的企业,都必须遵守中华人民共和国的法律。它们的合法的权利和利益受中华人民共和国法律的保护。

第十九条 国家发展社会主义的教育事业,提高全国人民的科学文化水平。

国家举办各种学校,普及初等义务教育,发展中等教育、职业教育和高等教育,并且发展学前教育。

国家发展各种教育设施，扫除文盲，对工人、农民、国家工作人员和其他劳动者进行政治、文化、科学、技术、业务的教育，鼓励自学成才。

国家鼓励集体经济组织、国家企业事业组织和其他社会力量依照法律规定举办各种教育事业。

国家推广全国通用的普通话。

第二十条　国家发展自然科学和社会科学事业，普及科学和技术知识，奖励科学研究成果和技术发明创造。

第二十一条　国家发展医疗卫生事业，发展现代医药和我国传统医药，鼓励和支持农村集体经济组织、国家企业事业组织和街道组织举办各种医疗卫生设施，开展群众性的卫生活动；保护人民健康。

国家发展体育事业，开展群众性的体育活动，增强人民体质。

第二十二条　国家发展为人民服务、为社会主义服务的文学艺术事业、新闻广播电视事业、出版发行事业、图书馆博物馆文化馆和其他文化事业，开展群众性的文化活动。

国家保护名胜古迹、珍贵文物和其他重要历史文化遗产。

第二十三条　国家培养为社会主义服务的各种专业人才，扩大知识分子的队伍，创造条件，充分发挥他们在社会主义现代化建设中的作用。

第二十四条　国家通过普及理想教育、道德教育、文化教育、纪律和法制教育，通过在城乡不同范围的群众中制定和执行各种守则、公约，加强社会主义精神文明的建设。

国家提倡爱祖国、爱人民、爱劳动、爱科学、爱社会主义的公德，在人民中进行爱国主义、集体主义和国际主义、共产主义的教育，进行辩证唯物主义和历史唯物主义的教育，反对资本主义的、封建主义的和其他的腐朽思想。

第二十五条　国家推行计划生育，使人口的增长同经济和社会发展计划相适应。

第二十六条　国家保护和改善生活环境和生态环境，防治污染和其他公害。

国家组织和鼓励植树造林，保护林木。

第二十七条　一切国家机关实行精简的原则，实行工作责任制，实行工作人员的培训和考核制度，不断提高工作质量和工作效率，反对官僚主义。

一切国家机关和国家工作人员必须依靠人民的支持，经常保持同人民的密切联系，倾听人民的意见和建议，接受人民的监督，努力为人民服务。

第二十八条　国家维护社会秩序，镇压叛国和其他反革命的活动，制裁危害社会治安、破坏社会主义经济和其他犯罪的活动，惩办和改造犯罪分子。

第二十九条　中华人民共和国的武装力量属于人民。它的任务是巩固国防，抵抗侵略，保卫祖国，保卫人民的和平劳动，参加国家建设事业，努力为人民服务。

国家加强武装力量的革命化、现代化、正规化的建设，增强国防力量。

第三十条　中华人民共和国的行政区域划分如下：

（一）全国分为省、自治区、直辖市；

（二）省、自治区分为自治州、县、自治县、市；

（三）县、自治县分为乡、民族乡、镇。

直辖市和较大的市分为区、县。自治州分为县、自治县、市。

自治区、自治州、自治县都是民族自治地方。

第三十一条　国家在必要时得设立特别行政区。在特别行政区内实行的制度按照具体情况由全国人民代表大会以法律规定。

第三十二条　中华人民共和国保护在中国境内的外国人的合法权利和利益，在中国境内的外国人必须遵守中华人民共和国的法律。

中华人民共和国对于因为政治原因要求避难的外国人，可以给予受庇护的权利。

**第二章　公民的基本权利和义务**

第三十三条　凡具有中华人民共和国国籍的人都是中华人民共和国公民。

中华人民共和国公民在法律面前一律平等。

任何公民享有宪法和法律规定的权利，同时必须履行宪法和法律规定的义务。

第三十四条　中华人民共和国年满十八周岁的公民，不分民族、种族、性别、职业、家庭出身、宗教信仰、教育程度、财产状况、居住期限，都有选举权和被选举权；但是依照法律被剥夺政治权利的人除外。

第三十五条　中华人民共和国公民有言论、出版、集会、结社、游行、示威的自由。

第三十六条　中华人民共和国公民有宗教信仰自由。

任何国家机关、社会团体和个人不得强制公民信仰宗教或者不信仰宗教，不得歧视信仰宗教的公民和不信仰宗教的公民。

国家保护正常的宗教活动。任何人不得利用宗教进行破坏社会秩序、损害公民身体健康、妨碍国家教育制度的活动。

宗教团体和宗教事务不受外国势力的支配。

第三十七条　中华人民共和国公民的人身自由不受侵犯。

任何公民,非经人民检察院批准或者决定或者人民法院决定,并由公安机关执行,不受逮捕。

禁止非法拘禁和以其他方法非法剥夺或者限制公民的人身自由,禁止非法搜查公民的身体。

第三十八条 中华人民共和国公民的人格尊严不受侵犯。禁止用任何方法对公民进行侮辱、诽谤和诬告陷害。

第三十九条 中华人民共和国公民的住宅不受侵犯。禁止非法搜查或者非法侵入公民的住宅。

第四十条 中华人民共和国公民的通信自由和通信秘密受法律的保护。除因国家安全或者追查刑事犯罪的需要,由公安机关或者检察机关依照法律规定的程序对通信进行检查外,任何组织或者个人不得以任何理由侵犯公民的通信自由和通信秘密。

第四十一条 中华人民共和国公民对于任何国家机关和国家工作人员,有提出批评和建议的权利;对于任何国家机关和国家工作人员的违法失职行为,有向有关国家机关提出申诉、控告或者检举的权利,但是不得捏造或者歪曲事实进行诬告陷害。

对于公民的申诉、控告或者检举,有关国家机关必须查清事实,负责处理。任何人不得压制和打击报复。

由于国家机关和国家工作人员侵犯公民权利而受到损失的人,有依照法律规定取得赔偿的权利。

第四十二条 中华人民共和国公民有劳动的权利和义务。

国家通过各种途径,创造劳动就业条件,加强劳动保护,改善劳动条件,并在发展生产的基础上,提高劳动报酬和福利待遇。

劳动是一切有劳动能力的公民的光荣职责。国营企业和城乡集体经济组织的劳动者都应当以国家主人翁的态度对待自己的劳动。国家提倡社会主义劳动竞赛,奖励劳动模范和先进工作者。国家提倡公民从事义务劳动。

国家对就业前的公民进行必要的劳动就业训练。

第四十三条 中华人民共和国劳动者有休息的权利。

国家发展劳动者休息和休养的设施,规定职工的工作时间和休假制度。

第四十四条 国家依照法律规定实行企业事业组织的职工和国家机关工作人员的退休制度。退休人员的生活受到国家和社会的保障。

第四十五条 中华人民共和国公民在年老、疾病或者丧失劳动能力的情况下,有从国家和社会获得物质帮助的权利。国家发展为公民享受这些权利所需要的社会保险、社会救济和医疗卫生事业。

国家和社会保障残废军人的生活,抚恤烈士家属,优待军人家属。

国家和社会帮助安排盲、聋、哑和其他有残疾的公民的劳动、生活和教育。

第四十六条 中华人民共和国公民有受教育的权利和义务。

国家培养青年、少年、儿童在品德、智力、体质等方面全面发展。

第四十七条 中华人民共和国公民有进行科学研究、文学艺术创作和其他文化活动的自由。国家对于从事教育、科学、技术、文学、艺术和其他文化事业的公民的有益于人民的创造性工作,给以鼓励和帮助。

第四十八条 中华人民共和国妇女在政治的、经济的、文化的、社会的和家庭的生活等各方面享有同男子平等的权利。

国家保护妇女的权利和利益,实行男女同工同酬,培养和选拔妇女干部。

第四十九条 婚姻、家庭、母亲和儿童受国家的保护。

夫妻双方有实行计划生育的义务。

父母有抚养教育未成年子女的义务,成年子女有赡养扶助父母的义务。

禁止破坏婚姻自由,禁止虐待老人、妇女和儿童。

第五十条 中华人民共和国保护华侨的正当的权利和利益,保护归侨和侨眷的合法的权利和利益。

第五十一条 中华人民共和国公民在行使自由和权利的时候,不得损害国家的、社会的、集体的利益和其他公民的合法的自由和权利。

第五十二条 中华人民共和国公民有维护国家统一和全国各民族团结的义务。

第五十三条 中华人民共和国公民必须遵守宪法和法律,保守国家秘密,爱护公共财产,遵守劳动纪律,遵守公共秩序,尊重社会公德。

第五十四条 中华人民共和国公民有维护祖国的安全、荣誉和利益的义务,不得有危害祖国的安全、荣誉和利益的行为。

第五十五条 保卫祖国、抵抗侵略是中华人民共和国每一个公民的神圣职责。

依照法律服兵役和参加民兵组织是中华人民共和国公民的光荣义务。

第五十六条 中华人民共和国公民有依照法律纳税的义务。

**第三章 国家机构**

第一节 全国人民代表大会

第五十七条 中华人民共和国全国人民代表大会是最高国家权力机关。它的常设机关是全国人民代表大会常务委员会。

第五十八条　全国人民代表大会和全国人民代表大会常务委员会行使国家立法权。

第五十九条　全国人民代表大会由省、自治区、直辖市和军队选出的代表组成。各少数民族都应当有适当名额的代表。

全国人民代表大会代表的选举由全国人民代表大会常务委员会主持。

全国人民代表大会代表名额和代表产生办法由法律规定。

第六十条　全国人民代表大会每届任期五年。

全国人民代表大会任期届满的两个月以前，全国人民代表大会常务委员会必须完成下届全国人民代表大会代表的选举。如果遇到不能进行选举的非常情况，由全国人民代表大会常务委员会以全体组成人员的三分之二以上的多数通过，可以推迟选举，延长本届全国人民代表大会的任期。在非常情况结束后一年内，必须完成下届全国人民代表大会代表的选举。

第六十一条　全国人民代表大会会议每年举行一次，由全国人民代表大会常务委员会召集。如果全国人民代表大会常务委员会认为必要，或者有五分之一以上的全国人民代表大会代表提议，可以临时召集全国人民代表大会会议。

全国人民代表大会举行会议的时候，选举主席团主持会议。

第六十二条　全国人民代表大会行使下列职权：

(一)修改宪法；

(二)监督宪法的实施；

(三)制定和修改刑事、民事、国家机构的和其他的基本法律；

(四)选举中华人民共和国主席、副主席；

(五)根据中华人民共和国主席的提名，决定国务院总理的人选；根据国务院总理的提名，决定国务院副总理、国务委员、各部部长、各委员会主任、审计长、秘书长的人选；

(六)选举中央军事委员会主席；根据中央军事委员会主席的提名，决定中央军事委员会其他组成人员的人选；

(七)选举最高人民法院院长；

(八)选举最高人民检察院检察长；

(九)审查和批准国民经济和社会发展计划和计划执行情况的报告；

(十)审查和批准国家的预算和预算执行情况的报告；

(十一)改变或者撤销全国人民代表大会常务委员会不适当的决定；

(十二)批准省、自治区和直辖市的建置；

(十三)决定特别行政区的设立及其制度；

(十四)决定战争和和平的问题；

(十五)应当由最高国家权力机关行使的其他职权。

第六十三条　全国人民代表大会有权罢免下列人员：

(一)中华人民共和国主席、副主席；

(二)国务院总理、副总理、国务委员、各部部长、各委员会主任、审计长、秘书长；

(三)中央军事委员会主席和中央军事委员会其他组成人员；

(四)最高人民法院院长；

(五)最高人民检察院检察长。

第六十四条　宪法的修改，由全国人民代表大会常务委员会或者五分之一以上的全国人民代表大会代表提议，并由全国人民代表大会以全体代表的三分之二以上的多数通过。

法律和其他议案由全国人民代表大会以全体代表的过半数通过。

第六十五条　全国人民代表大会常务委员会由下列人员组成：

委员长，

副委员长若干人，

秘书长，

委员若干人。

全国人民代表大会常务委员会组成人员中，应当有适当名额的少数民族代表。

全国人民代表大会选举并有权罢免全国人民代表大会常务委员会的组成人员。

全国人民代表大会常务委员会的组成人员不得担任国家行政机关、审判机关和检察机关的职务。

第六十六条　全国人民代表大会常务委员会每届任期同全国人民代表大会每届任期相同，它行使职权到下届全国人民代表大会选出新的常务委员会为止。

委员长、副委员长连续任职不得超过两届。

第六十七条　全国人民代表大会常务委员会行使下列职权：

(一)解释宪法，监督宪法的实施；

(二)制定和修改除应当由全国人民代表大会制定的法律以外的其他法律；

(三)在全国人民代表大会闭会期间，对全国人民代表大会制定的法律进行部分补充和修改，但是不得同该法律的基本原则相抵触；

(四)解释法律；

(五)在全国人民代表大会闭会期间，审查和批准国民经济和社会发展计划、国家预算在执行过程中所必须作的部分调整方案；

(六)监督国务院、中央军事委员会、最高人民法院和最高人民检察院的工作；

(七)撤销国务院制定的同宪法、法律相抵触的行政法规、决定和命令；

(八)撤销省、自治区、直辖市国家权力机关制定的同宪法、法律和行政法规相抵触的地方性法规和决议；

(九)在全国人民代表大会闭会期间，根据国务院总理的提名，决定部长、委员会主任、审计长、秘书长的人选；

(十)在全国人民代表大会闭会期间，根据中央军事委员会主席的提名，决定中央军事委员会其他组成人员的人选；

(十一)根据最高人民法院院长的提请，任免最高人民法院副院长、审判员、审判委员会委员和军事法院院长；

(十二)根据最高人民检察院检察长的提请，任免最高人民检察院副检察长、检察员、检察委员会委员和军事检察院检察长，并且批准省、自治区、直辖市的人民检察院检察长的任免；

(十三)决定驻外全权代表的任免；

(十四)决定同外国缔结的条约和重要协定的批准和废除；

(十五)规定军人和外交人员的衔级制度和其他专门衔级制度；

(十六)规定和决定授予国家的勋章和荣誉称号；

(十七)决定特赦；

(十八)在全国人民代表大会闭会期间，如果遇到国家遭受武装侵犯或者必须履行国际间共同防止侵略的条约的情况，决定战争状态的宣布；

(十九)决定全国总动员或者局部动员；

(二十)决定全国或者个别省、自治区、直辖市的戒严；

(二十一)全国人民代表大会授予的其他职权。

第六十八条　全国人民代表大会常务委员会委员长主持全国人民代表大会常务委员会的工作，召集全国人民代表大会常务委员会会议。副委员长、秘书长协助委员长工作。

委员长、副委员长、秘书长组成委员长会议，处理全国人民代表大会常务委员会的重要日常工作。

第六十九条　全国人民代表大会常务委员会对全国人民代表大会负责并报告工作。

第七十条　全国人民代表大会设立民族委员会、法律委员会、财政经济委员会、教育科学文化卫生委员会、外事委员会、华侨委员会和其他需要设立的专门委员会。在全国人民代表大会闭会期间，各专门委员会受全国人民代表大会常务委员会的领导。

各专门委员会在全国人民代表大会和全国人民代表大会常务委员会领导下，研究、审议和拟订有关议案。

第七十一条　全国人民代表大会和全国人民代表大会常务委员会认为必要的时候，可以组织关于特定问题的调查委员会，并且根据调查委员会的报告，作出相应的决议。

调查委员会进行调查的时候，一切有关的国家机关、社会团体和公民都有义务向它提供必要的材料。

第七十二条　全国人民代表大会代表和全国人民代表大会常务委员会组成人员，有权依照法律规定的程序分别提出属于全国人民代表大会和全国人民代表大会常务委员会职权范围内的议案。

第七十三条　全国人民代表大会代表在全国人民代表大会开会期间，全国人民代表大会常务委员会组成人员在常务委员会开会期间，有权依照法律规定的程序提出对国务院或者国务院各部、各委员会的质询案。受质询的机关必须负责答复。

第七十四条　全国人民代表大会代表，非经全国人民代表大会会议主席团许可，在全国人民代表大会闭会期间非经全国人民代表大会常务委员会许可，不受逮捕或者刑事审判。

第七十五条　全国人民代表大会代表在全国人民代表大会各种会议上的发言和表决，不受法律追究。

第七十六条　全国人民代表大会代表必须模范地遵守宪法和法律，保守国家秘密，并且在自己参加的生产、工作和社会活动中，协助宪法和法律的实施。

全国人民代表大会代表应当同原选举单位和人民保持密切的联系，听取和反映人民的意见和要求，努力为人民服务。

第七十七条　全国人民代表大会代表受原选举单位的监督。原选举单位有权依照法律规定的程序罢免本单位选出的代表。

第七十八条　全国人民代表大会和全国人民代表大会常务委员会的组织和工作程序由法律规定。

第二节　中华人民共和国主席

第七十九条　中华人民共和国主席、副主席由全国人民代表大会选举。

有选举权和被选举权的年满四十五周岁的中华人民共和国公民可以被选为中华人民共和国主席、副主席。

中华人民共和国主席、副主席每届任期同全国人民代表大会每届任期相同，连续任职不得超过两届。

第八十条　中华人民共和国主席根据全国人民代表大会的决定和全国人民代表大会常务委员会的决

定，公布法律，任免国务院总理、副总理、国务委员、各部部长、各委员会主任、审计长、秘书长，授予国家的勋章和荣誉称号，发布特赦令，发布戒严令，宣布战争状态，发布动员令。

第八十一条　中华人民共和国主席代表中华人民共和国，接受外国使节；根据全国人民代表大会常务委员会的决定，派遣和召回驻外全权代表，批准和废除同外国缔结的条约和重要协定。

第八十二条　中华人民共和国副主席协助主席工作。

中华人民共和国副主席受主席的委托，可以代行主席的部分职权。

第八十三条　中华人民共和国主席、副主席行使职权到下届全国人民代表大会选出的主席、副主席就职为止。

第八十四条　中华人民共和国主席缺位的时候，由副主席继任主席的职位。

中华人民共和国副主席缺位的时候，由全国人民代表大会补选。

中华人民共和国主席、副主席都缺位的时候，由全国人民代表大会补选；在补选以前，由全国人民代表大会常务委员会委员长暂时代理主席职位。

第三节　国务院

第八十五条　中华人民共和国国务院，即中央人民政府，是最高国家权力机关的执行机关，是最高国家行政机关。

第八十六条　国务院由下列人员组成：

总理，

副总理若干人，

国务委员若干人，

各部部长，

各委员会主任，

审计长，

秘书长。

国务院实行总理负责制。各部、各委员会实行部长、主任负责制。

国务院的组织由法律规定。

第八十七条　国务院每届任期同全国人民代表大会每届任期相同。

总理、副总理、国务委员连续任职不得超过两届。

第八十八条　总理领导国务院的工作。副总理、国务委员协助总理工作。

总理、副总理、国务委员、秘书长组成国务院常务会议。

总理召集和主持国务院常务会议和国务院全体会议。

第八十九条　国务院行使下列职权：

（一）根据宪法和法律，规定行政措施，制定行政法规，发布决定和命令；

（二）向全国人民代表大会或者全国人民代表大会常务委员会提出议案；

（三）规定各部和各委员会的任务和职责，统一领导各部和各委员会的工作，并且领导不属于各部和各委员会的全国性的行政工作；

（四）统一领导全国地方各级国家行政机关的工作，规定中央和省、自治区、直辖市的国家行政机关的职权的具体划分；

（五）编制和执行国民经济和社会发展计划和国家预算；

（六）领导和管理经济工作和城乡建设；

（七）领导和管理教育、科学、文化、卫生、体育和计划生育工作；

（八）领导和管理民政、公安、司法行政和监察等工作；

（九）管理对外事务，同外国缔结条约和协定；

（十）领导和管理国防建设事业；

（十一）领导和管理民族事务，保障少数民族的平等权利和民族自治地方的自治权利；

（十二）保护华侨的正当的权利和利益，保护归侨和侨眷的合法的权利和利益；

（十三）改变或者撤销各部、各委员会发布的不适当的命令、指示和规章；

（十四）改变或者撤销地方各级国家行政机关的不适当的决定和命令；

（十五）批准省、自治区、直辖市的区域划分，批准自治州、县、自治县、市的建置和区域划分；

（十六）决定省、自治区、直辖市的范围内部分地区的戒严；

（十七）审定行政机构的编制，依照法律规定任免、培训、考核和奖惩行政人员；

（十八）全国人民代表大会和全国人民代表大会常务委员会授予的其他职权。

第九十条　国务院各部部长、各委员会主任负责本部门的工作；召集和主持部务会议或者委员会会议、委务会议，讨论决定本部门工作的重大问题。

各部、各委员会根据法律和国务院的行政法规、决定、命令，在本部门的权限内，发布命令、指示和规章。

第九十一条　国务院设立审计机关，对国务院各部门和地方各级政府的财政收支，对国家的财政金融机构和企业事业组织的财务收支，进行审计监督。

审计机关在国务院总理领导下，依照法律规定独立行使审计监督权，不受其他行政机关、社会团体和个人的干涉。

第九十二条　国务院对全国人民代表大会负责并报告工作；在全国人民代表大会闭会期间，对全国人民代表大会常务委员会负责并报告工作。

第四节　中央军事委员会

第九十三条　中华人民共和国中央军事委员会领导全国武装力量。

中央军事委员会由下列人员组成：

主席，

副主席若干人，

委员若干人。

中央军事委员会实行主席负责制。

中央军事委员会每届任期同全国人民代表大会每届任期相同。

第九十四条　中央军事委员会主席对全国人民代表大会和全国人民代表大会常务委员会负责。

第五节　地方各级人民代表大会和地方各级人民政府

第九十五条　省、直辖市、县、市、市辖区、乡、民族乡、镇设立人民代表大会和人民政府。

地方各级人民代表大会和地方各级人民政府的组织由法律规定。

自治区、自治州、自治县设立自治机关。自治机关的组织和工作根据宪法第三章第五节、第六节规定的基本原则由法律规定。

第九十六条　地方各级人民代表大会是地方国家权力机关。

县级以上的地方各级人民代表大会设立常务委员会。

第九十七条　省、直辖市、设区的市的人民代表大会代表由下一级的人民代表大会选举；县、不设区的市、市辖区、乡、民族乡、镇的人民代表大会代表由选民直接选举。

地方各级人民代表大会代表名额和代表产生办法由法律规定。

第九十八条　省、直辖市、设区的市的人民代表大会每届任期五年。县、不设区的市、市辖区、乡、民族乡、镇的人民代表大会每届任期三年。

第九十九条　地方各级人民代表大会在本行政区域内，保证宪法、法律、行政法规的遵守和执行；依照法律规定的权限，通过和发布决议，审查和决定地方的经济建设、文化建设和公共事业建设的计划。

县级以上的地方各级人民代表大会审查和批准本行政区域内的国民经济和社会发展计划、预算以及它们的执行情况的报告；有权改变或者撤销本级人民代表大会常务委员会不适当的决定。

民族乡的人民代表大会可以依照法律规定的权限采取适合民族特点的具体措施。

第一百条　省、直辖市的人民代表大会和它们的常务委员会，在不同宪法、法律、行政法规相抵触的前提下，可以制定地方性法规，报全国人民代表大会常务委员会备案。

第一百零一条　地方各级人民代表大会分别选举并且有权罢免本级人民政府的省长和副省长、市长和副市长、县长和副县长、区长和副区长、乡长和副乡长、镇长和副镇长。

县级以上的地方各级人民代表大会选举并且有权罢免本级人民法院院长和本级人民检察院检察长。选出或者罢免人民检察院检察长，须报上级人民检察院检察长提请该级人民代表大会常务委员会批准。

第一百零二条　省、直辖市、设区的市的人民代表大会代表受原选举单位的监督；县、不设区的市、市辖区、乡、民族乡、镇的人民代表大会代表受选民的监督。

地方各级人民代表大会代表的选举单位和选民有权依照法律规定的程序罢免由他们选出的代表。

第一百零三条　县级以上的地方各级人民代表大会常务委员会由主任、副主任若干人和委员若干人组成，对本级人民代表大会负责并报告工作。

县级以上的地方各级人民代表大会选举并有权罢免本级人民代表大会常务委员会的组成人员。

县级以上的地方各级人民代表大会常务委员会的组成人员不得担任国家行政机关、审判机关和检察机关的职务。

第一百零四条　县级以上的地方各级人民代表大会常务委员会讨论、决定本行政区域内各方面工作的重大事项；监督本级人民政府、人民法院和人民检察院的工作；撤销本级人民政府的不适当的决定和命令；撤销下一级人民代表大会的不适当的决议；依照法律规定的权限决定国家机关工作人员的任免；在本级人民代表大会闭会期间，罢免和补选上一级人民代表大会的个别代表。

第一百零五条　地方各级人民政府是地方各级国家权力机关的执行机关，是地方各级国家行政机关。

地方各级人民政府实行省长、市长、县长、区长、乡长、镇长负责制。

第一百零六条　地方各级人民政府每届任期同本级人民代表大会每届任期相同。

第一百零七条　县级以上地方各级人民政府依照法律规定的权限，管理本行政区域内的经济、教育、科学、文化、卫生、体育事业、城乡建设事业和财政、民政、公安、民族事务、司法行政、监察、计划生育等行政工作，发布决定和命令，任免、培训、考核和奖惩行政工作人员。

乡、民族乡、镇的人民政府执行本级人民代表大会的决议和上级国家行政机关的决定和命令,管理本行政区域内的行政工作。

省、直辖市的人民政府决定乡、民族乡、镇的建置和区域划分。

第一百零八条　县级以上的地方各级人民政府领导所属各工作部门和下级人民政府的工作,有权改变或者撤销所属各工作部门和下级人民政府的不适当的决定。

第一百零九条　县级以上的地方各级人民政府设立审计机关。地方各级审计机关依照法律规定独立行使审计监督权,对本级人民政府和上一级审计机关负责。

第一百一十条　地方各级人民政府对本级人民代表大会负责并报告工作。县级以上的地方各级人民政府在本级人民代表大会闭会期间,对本级人民代表大会常务委员会负责并报告工作。

地方各级人民政府对上一级国家行政机关负责并报告工作。全国地方各级人民政府都是国务院统一领导下的国家行政机关,都服从国务院。

第一百一十一条　城市和农村按居民居住地区设立的居民委员会或者村民委员会是基层群众性自治组织。居民委员会、村民委员会的主任、副主任和委员由居民选举。居民委员会、村民委员会同基层政权的相互关系由法律规定。

居民委员会、村民委员会设人民调解、治安保卫、公共卫生等委员会,办理本居住地区的公共事务和公益事业,调解民间纠纷,协助维护社会治安,并且向人民政府反映群众的意见、要求和提出建议。

第六节　民族自治地方的自治机关

第一百一十二条　民族自治地方的自治机关是自治区、自治州、自治县的人民代表大会和人民政府。

第一百一十三条　自治区、自治州、自治县的人民代表大会中,除实行区域自治的民族的代表外,其他居住在本行政区域内的民族也应当有适当名额的代表。

自治区、自治州、自治县的人民代表大会常务委员会中应当有实行区域自治的民族的公民担任主任或者副主任。

第一百一十四条　自治区主席、自治州州长、自治县县长由实行区域自治的民族的公民担任。

第一百一十五条　自治区、自治州、自治县的自治机关行使宪法第三章第五节规定的地方国家机关的职权,同时依照宪法、民族区域自治法和其他法律规定的权限行使自治权,根据本地方实际情况贯彻执行国家的法律、政策。

第一百一十六条　民族自治地方的人民代表大会有权依照当地民族的政治、经济和文化的特点,制定自治条例和单行条例。自治区的自治条例和单行条例,报全国人民代表大会常务委员会批准后生效。自治州、自治县的自治条例和单行条例,报省或者自治区的人民代表大会常务委员会批准后生效,并报全国人民代表大会常务委员会备案。

第一百一十七条　民族自治地方的自治机关有管理地方财政的自治权。凡是依照国家财政体制属于民族自治地方的财政收入,都应当由民族自治地方的自治机关自主地安排使用。

第一百一十八条　民族自治地方的自治机关在国家计划的指导下,自主地安排和管理地方性的经济建设事业。

国家在民族自治地方开发资源、建设企业的时候,应当照顾民族自治地方的利益。

第一百一十九条　民族自治地方的自治机关自主地管理本地方的教育、科学、文化、卫生、体育事业,保护和整理民族的文化遗产,发展和繁荣民族文化。

第一百二十条　民族自治地方的自治机关依照国家的军事制度和当地的实际需要,经国务院批准,可以组织本地方维护社会治安的公安部队。

第一百二十一条　民族自治地方的自治机关在执行职务的时候,依照本民族自治地方自治条例的规定,使用当地通用的一种或者几种语言文字。

第一百二十二条　国家从财政、物资、技术等方面帮助各少数民族加速发展经济建设和文化建设事业。

国家帮助民族自治地方从当地民族中大量培养各级干部、各种专业人才和技术工人。

第七节　人民法院和人民检察院

第一百二十三条　中华人民共和国人民法院是国家的审判机关。

第一百二十四条　中华人民共和国设立最高人民法院、地方各级人民法院和军事法院等专门人民法院。

最高人民法院院长每届任期同全国人民代表大会每届任期相同,连续任职不得超过两届。

人民法院的组织由法律规定。

第一百二十五条　人民法院审理案件,除法律规定的特别情况外,一律公开进行。被告人有权获得辩护。

第一百二十六条　人民法院依照法律规定独立行使审判权,不受行政机关、社会团体和个人的干涉。

第一百二十七条　最高人民法院是最高审判机关。

最高人民法院监督地方各级人民法院和专门人民法院的审判工作,上级人民法院监督下级人民法院的审判工作。

第一百二十八条　最高人民法院对全国人民代表大会和全国人民代表大会常务委员会负责。地方各级人民法院对产生它的国家权力机关负责。

第一百二十九条　中华人民共和国人民检察院是国家的法律监督机关。

第一百三十条　中华人民共和国设立最高人民检察院、地方各级人民检察院和军事检察院等专门人民检察院。

最高人民检察院检察长每届任期同全国人民代表大会每届任期相同，连续任职不得超过两届。

人民检察院的组织由法律规定。

第一百三十一条　人民检察院依照法律规定独立行使检察权，不受行政机关、社会团体和个人的干涉。

第一百三十二条　最高人民检察院是最高检察机关。

最高人民检察院领导地方各级人民检察院和专门人民检察院的工作，上级人民检察院领导下级人民检察院的工作。

第一百三十三条　最高人民检察院对全国人民代表大会和全国人民代表大会常务委员会负责。地方各级人民检察院对产生它的国家权力机关和上级人民检察院负责。

第一百三十四条　各民族公民都有用本民族语言文字进行诉讼的权利。人民法院和人民检察院对于不通晓当地通用的语言文字的诉讼参与人，应当为他们翻译。

在少数民族聚居或者多民族共同居住的地区，应当用当地通用的语言进行审理；起诉书、判决书、布告和其他文书应当根据实际需要使用当地通用的一种或者几种文字。

第一百三十五条　人民法院、人民检察院和公安机关办理刑事案件，应当分工负责，互相配合，互相制约，以保证准确有效地执行法律。

**第四章　国旗、国徽、首都**

第一百三十六条　中华人民共和国国旗是五星红旗。

第一百三十七条　中华人民共和国国徽，中间是五星照耀下的天安门，周围是谷穗和齿轮。

第一百三十八条　中华人民共和国首都是北京。

**五届全国人大五次会议关于本届全国人民代表大会常务委员会职权的决议**

（1982年12月4日通过）

第五届全国人民代表大会第五次会议决定：在第六届全国人民代表大会第一次会议根据本次会议通过的《中华人民共和国宪法》选出中华人民共和国主席、副主席和下届全国人民代表大会常务委员会以前，本届全国人民代表大会常务委员会和全国人民代表大会常务委员会委员长、副委员长继续分别按照1978年本届全国人民代表大会第一次会议通过的《中华人民共和国宪法》第二十五条和第二十六条的规定行使职权。

附：1978年宪法第二十五条和第二十六条的条文

第二十五条　全国人民代表大会常务委员会行使下列职权：

（一）主持全国人民代表大会代表的选举；

（二）召集全国人民代表大会会议；

（三）解释宪法和法律，制定法令；

（四）监督国务院、最高人民法院和最高人民检察院的工作；

（五）改变或者撤销省、自治区、直辖市国家权力机关的不适当的决议；

（六）在全国人民代表大会闭会期间，根据国务院总理的提议，决定任免国务院的个别组成人员；

（七）任免最高人民法院副院长和最高人民检察院副检察长；

（八）决定任免驻外全权代表；

（九）决定批准和废除同外国缔结的条约；

（十）规定和决定授予国家的荣誉称号；

（十一）决定特赦；

（十二）在全国人民代表大会闭会期间，如果遇到国家遭受武装侵犯的情况，决定宣布战争状态；

（十三）全国人民代表大会授予的其他职权。

第二十六条　全国人民代表大会常务委员会委员长主持全国人民代表大会常务委员会的工作，接受外国使节；根据全国人民代表大会或者全国人民代表大会常务委员会的决定，公布法律和法令，派遣和召回驻外全权代表，批准同外国缔结的条约，授予国家的荣誉称号。

全国人民代表大会常务委员会副委员长协助委员长工作，可以代行委员长的部分职权。

**五届全国人大五次会议关于中华人民共和国国歌的决议**

（1982年12月4日通过）

第五届全国人民代表大会第五次会议决定：恢复《义勇军进行曲》为中华人民共和国国歌，撤销本届全国人民代表大会第一次会议1978年3月5日通过的关于中华人民共和国国歌的决定。

**国务院发出《关于改进"划分收支、分级包干"财**

**政管理体制的通知》**

党的十一届三中全会以后,为贯彻落实“调整、改革、整顿、提高”的方针,改变财权集中过多、统得过死的状况,从1980年起实行了“划分收支、分级包干”的财政管理体制。两年多来的实践证明,这个财政体制比较好地体现了地方一级财政责、权、利相结合的原则,加强了各级党委和政府理财的责任心,调动了地方增收节支的积极性。改革的方向是正确的,效果是显著的,应当继续实行。同时,这个财政体制的某些方面,还存在一些缺陷,需要加以改进,使之逐步完善。

根据党的十二大的精神,为了集中必要的资金,保证国家重点建设,并进一步处理好中央财政和地方财政的关系,对现行财政体制需要做一些改进。为此,特通知如下:

(一)从1983年起,除广东、福建两省外,对其他省、自治区一律实行收入按固定比例总额分成的包干办法。各省、自治区、直辖市对所属县、市是否实行分级包干办法,由各省、自治区、直辖市自己确定。

(二)将中央向地方的借款改为调减地方支出包干基数。即以1982年中央向地方的借款数额为基础,进行合理调整,按照调整后的数额调减地方支出包干基数,并相应地调整各省、自治区、直辖市的收入分成比例或补助数额。这样调整后,从1983年起,中央不再向地方借款。

(三)为了配合经济的调整和整顿,合理安排烟、酒生产,限制其盲目发展,从1983年起,将卷烟、酒两种产品的工商税划为中央财政收入。但为了照顾地方的利益和建设事业的需要,仍将1982年以前的税收基数全部返还给地方。从1983年起,对每年烟酒税收增长的部分,实行中央财政和地方财政分成。其分成比例和具体管理办法,由财政部另行规定。

(四)凡是中央投资兴建的大中型企业的收入,包括试车期间的收入、投产后的利润等,应归中央财政收入(可以按规定留给地方一定的比例分成,作为地方财政收入)。中央与地方共同投资兴建的大中型企业的收入,按投资比例分成。这些企业如果下放给地方,相应调增地方收入包干基数。

(五)改进县办工业企业亏损负担办法。从1979年起,国家对县办工业实行了盈利企业的利润对半留成(县财政留用一半,具体比例有高有低,全国平均50%),亏损企业的亏损二八负担(县财政负担20%)的办法。这个办法调动了地方扭亏增盈的积极性,但也助长了一些地区盲目发展和重复建设的倾向,而且各地得益极不平衡,不尽合理。为了适当地解决这个问题,从1983年起,将亏损企业的负担比例改为同盈利企业的留成比例相一致,亦由县财政承担一半,以利于整顿县办企业。

以上规定,望贯彻执行。

国务院

1982年12月4日

**《人民日报》发表评论员文章《重视提高农业用水效率》**

我国消耗水最多的是农业,单是灌溉用水就占全国总用水量的85%左右。据预测,到本世纪末,农业灌溉用水量将比目前增长1/4,甚至更多。这样多的水从哪里来?主要有两条途径:一是开源,继续兴建一些投资少效益大的灌溉设施;二靠节流,充分发挥现有供水工程的潜力,节约用水,合理用水,提高灌溉用水效率。从湖北省漳河水库的情况看,节流潜力很大,能“吹糠见米”,收效最快。

近几年来,水利工程的经济效益问题,已引起各地重视。可是,有的地方和单位,只算兴修水利后农业增产账,算工程收入账;有尾工的,还算工程配套或补套后具有多大的潜力,寄希望于增加投资以提高效益,往往不是把着眼点放在如何充分发挥现有工程管理的潜力上。其实,衡量一项水利工程的效益如何,不能只看农业增产幅度,只看工程收入多少,将来的发展前景怎样,更重要的是要看是否管好了水,用好了水,这是可能取得的最现实的效益。

当前,就全国多数地方而言,用水效率低,水资源浪费大,是带有普遍性的问题。用水不管水,供水吃“大锅饭”,收费一拉平,负担不合理,都会助长用水浪费,使本来就有限的水资源,在开发后利用率很低。许多水利工程经济效益未能充分发挥,其原因就在这里。

不重视水的价值,是用水效率低的又一个原因。“花钱如流水”,把水看作不值钱的东西,就是这种观念的反映。我们使用的水,大都是经过投资投劳换得的,并非纯粹从天而降的自然水。水也是商品,用水也应当算账。因此,用经济手段改革喝“大锅水”的办法,制定和完善灌溉用水制度,合理确定水费,把水同人们的经济利益直接联系起来,谁用水谁负担,多用水多负担,用水者就会千方百计提高水的利用效率;管水者就会把水看成一笔财富,重视工程维修,注意用水调度,在保证安全条件下尽可能多蓄水。

用经济手段改革用水管理,因地制宜地建立和健全多种形式的水利管理责任制,充分调动各方面管好水用好水的积极性,促进科学用水,是当前水利战线一项具有重要意义的工作,也是水利为农业发展开创新局面的一个重要步骤,希望各级水利部门大力给予支持。

**全国妇联主席康克清在人民大会堂会见联合国儿童基金会中东国家代表团**

康克清介绍了中国学龄前教育和儿童保健工作，并强调了第三世界国家之间儿童工作者相互交流经验的重要性。

**全国档案工作会议在北京召开**

会议于12月4日至14日举行。出席会议的有29个省、自治区、直辖市和中央各部门负责档案工作的同志390余人。中共中央书记处书记、中央办公厅主任胡启立到会讲话时指出，档案和档案工作是社会主义现代化建设的必要条件，要大力加强档案工作，更好地为全面开创社会主义现代化建设服务。

**第一届全国自然保护区学术讨论会在福建建阳举行**

与会者讨论如何加强自然保护工作。他们呼吁各条战线都要充分重视并加强对国土、环境和自然资源的保护，防止新的污染和破坏，维护生态平衡，努力开创我国自然保护工作的新局面。

讨论会，集中分析了我国目前自然保护区工作的现状、存在的问题和急需攻关的科研课题。专家们认为，自然保护工作与经济发展和技术进步不应该是矛盾的。保护的目的是使人类能与自然环境和自然资源谐调地永续并存。我国已划定的自然保护区，保护工作还很薄弱，不断地遭到破坏。保护与开发利用，保护与群众的生产生活还存在许多矛盾。特别是管理体制的不合理，投资没有列入国家计划，科技人员不足，影响和削弱了保护区的领导工作。

## 12月5日

**《人民日报》发表社论《新时期治国安邦的总章程》**

第五届全国人民代表大会第五次会议通过了《中华人民共和国宪法》。这是我国政治生活中的一件大事，是全国各族人民的一件大喜讯。在经历了无法无天的十年内乱以后，在完成了拨乱反正的历史任务，全国人民齐心协力开创社会主义现代化建设新局面的时候，这部宪法的通过和实施，对于整个国家的长治久安，对于各族人民的安居乐业，对于实现工业、农业、国防和科学技术的现代化，把我国建设成为高度文明、高度民主的社会主义国家，是不可缺少的法律保证。正如许多代表在人代会上所说的，这部宪法合乎国情、顺乎民意，是一部定乾坤、保安宁的“振兴法”，富国利民的“幸福法”，保障社会主义现代化建设的根本法。

我国是一个有10亿人口的大国，要把国家治理好、建设好，没有法是不行的，没有宪法更是不行的。在国家的整个法律体系中，宪法具有最大的权威性和最高的法律效力。一切法律、行政法规和地方性法规的制定，都要以宪法为依据。宪法是普通法律的“母法”，普通法律是宪法的“子法”。要以法治国，最重要的就是要制定一部反映全国人民的共同意志和根本利益，既考虑当前的现实，又考虑到发展前景的长期稳定的宪法。建国以来，我们有过三部宪法。第一部宪法，即1954年宪法，适应了由新民主主义转变为社会主义的过渡时期的需要，保证了这个历史性变革的顺利进行，是一部公认的很好的宪法。1975年的宪法，产生于十年内乱时期，许多条款是“左”的口号的堆砌。1978年的宪法，由于受当时历史条件的限制，没有能对“左”的指导思想进行全面的清理，早已同国家政治生活、经济生活的巨大变化不相适应。现在通过的这部宪法，继承和发展了1954年宪法的基本原则，吸取了我国历史上法律典籍的精华，参考了大量的外国宪法文献，特别是总结了我国社会主义发展正反两方面的经验，经过两年之久的讨论，包括全民讨论，制定出来的。它用国家根本大法的形式，对我们国家根本的政治制度、经济制度，对今后国家的根本任务，对公民的基本权利和义务，对国家机构的设置和职责范围等最重大的问题，作了明确的规定，确实堪称是我国在新的历史时期治国安邦的总章程。

新宪法一经颁布，就要严肃认真地付诸实施，依法行事。维护宪法尊严，保证宪法实施，关系到政治安定、经济繁荣、人民幸福和国运昌盛。全党、全军和全国各族人民，都要肩负起维护宪法尊严和保证宪法实施的庄严职责。应当承认，在我们国家，包括在我们一些共产党员、甚至一些党的负责干部中，法制观念是比较薄弱的。在长期的封建社会中，“圣旨”就是法。法只代表封建统治阶级的意志，同人民的利益是根本对立的，人民也就无视法的存在。《水浒》上有个鲁智深三拳打死镇关西的故事，反映了人民是通过拳头，而不是通过法制惩办欺压人民的恶霸。国民党的法是镇压人民的。中国共产党不是通过合法斗争，而是通过武装斗争，领导人民推翻国民党统治的。这就在人民中间，包括在一部分共产党员中间造成一种错觉：人民建立了自己的政权以后，似乎法制是可讲可不讲的，法律是可有可无的。十年内乱从反面给我们上了一堂应该说是终生难忘的法制课：无产阶级一旦掌握政权，就要加强法制建设，用法制保证无产阶级和广大人民的利益。不讲法制，有法不依，无法无天，只有利于坏人，而不利于人民。这个沉痛的教训，是我们要永远记取的。

保证宪法的实施，要解决国家机关、各政党和各社会团体与宪法的关系问题，特别是中国共产党与宪法的关系问题。新宪法明确指出，一切国家机关和武装力量、各政党和各社会团体、各企业事业组织，都必须以宪法为根本的活动准则，都负有维护宪法尊严、保证宪法实施的职责。这里说的是“一切”，就是说是毫无例外的。我们党是执政党，在整个国家政治生活中处于领导地位。但在宪法和法律面前，我们党同其他政党、团体、组织是一样的，都必须在宪法和法律的范围内活动。宪法是我们党领导人民制定的，党也要领导人民坚决执行。党的各级组织，都要模范地遵守宪法。中国共产党除了人民的利益之外，没有自己的特殊利益。我们党的来自人民的正确主张和政策，已经反映到宪法的各项规定当中。因此，严格地执行宪法，也就是严格地执行党的政策和主张。那种把执行党的政策与遵守宪法和法律对立起来的思想，是要不得的，应当丢掉。党的十二大制定的新党章，明确规定“党必须在宪法和法律的范围内活动”。胡耀邦同志在党的十二大报告中，明确要求我们党从中央到基层的各级组织的活动，都不能同国家的宪法和法律相抵触。只要我们党这样做了，真正模范地遵守宪法和法律了，各民主党派、各人民团体和全国各族人民，也一定会这样做的。这是保证宪法实施的关键。

保证宪法的实施，也要解决个人和宪法的关系问题、特别是各级党政领导干部和宪法的关系问题。新宪法第五十三条规定：“中华人民共和国公民必须遵守宪法和法律。”第三十三条第三款规定：“任何公民享有宪法和法律规定的权利，同时必须履行宪法和法律规定的义务。”第五条第四款规定：“任何组织或者个人都不得有超越宪法和法律的特权。”这就是说，一切公民、一切个人，不管是工人农民，还是党政领导干部，都有遵守宪法和法律的义务，而没有超越宪法和法律的特权。如果有人认为自己地位高，权力大，不把宪法放在眼里，那他就是藐视宪法，就有可能走上违反宪法的危险道路。以前报纸上讨论过宪法大还是县委大的问题，就是对那种自恃手中有权，可以凌驾于宪法之上的错误观点的一种批判。现在，再也不允许有这种藐视宪法的言行了。任何人，不管地位多高，权力多大，都没有超越于宪法之外或者凌驾于宪法之上的特权，都必须遵守宪法。这是保证宪法实施的重要条件。

保证宪法的实施，还必须大张旗鼓地宣传宪法，组织干部和群众广泛深入地学习宪法，使新宪法家喻户晓，人人皆知。古人说，徒法不足以自行。就是说，法再好，也不会自动执行。它要靠人去遵守，靠人去运用。我国的新宪法的确是一部好宪法，是保证“四化”建设顺利进行的强大武器。但武器是要人去运用的。如果不会运用，只在那里摆着，再好的武器也没有用。我国的新宪法颁布以后，不是为了放在那里做摆设，而是要人人遵守，人人运用的。要做到人人遵守，人人运用，就要人人学习，人人掌握。只要10亿人民都能掌握宪法，学会运用宪法，自己掌握自己和国家的命运，宪法的实施就有了切实的保证。正如彭真副委员长在《关于宪法修改草案的报告》中所说的那样：“10亿人民养成人人遵守宪法、同违反和破坏宪法的行为进行斗争，这是一个伟大的力量。体现了人民意志和中国共产党的正确主张的新宪法，又由全体人民和中国共产党的努力来保证它的实施，就一定能够在促进我国社会主义现代化事业的胜利发展中发挥伟大的作用。”

**中国科协在北京就宪法颁布召开学习讨论会**

中国科协主席周培源主持了学习讨论会。一批科学技术工作者高谈道：新宪法以法律形式肯定了知识分子和科学技术工作在国家政治生活和经济建设中的重要作用和地位，我们科学技术工作者怎么办？中国科协副主席、中国农学会理事长杨显东说：读了新宪法，感到欢欣鼓舞，同时也感到重任在身。我们科学技术工作者必须在思想作风、知识水平、工作效率等方面，对自己提出更高、更严的要求。清华大学副校长张维、著名声学家汪德昭说，中国600万科技工作者有责任学习、宣传、遵守和维护新宪法，同时也应当经常问问自己：是否在经济建设中起到作用？是否为人民作出贡献？许多人在发言中谈到，要向蒋筑英、罗健夫学习，做一个符合时代要求的科学技术工作者。

茅以升、宋健、沈其益、陈敏章、徐联仓等，也在学习讨论会上畅谈了自己的学习体会，高士其写了书面发言。

**第一届全国武术工作会议在北京举行**

## 12月6日

**全国人大五届五次会议举行全体大会**

大会执行主席、全国人大常委会副委员长廖承志主持了会议。

全国人大常委会副委员长兼法制委员会主任习仲勋在会上作了关于四个法律案的说明。

全国人大常委会副委员长兼秘书长杨尚昆受常委会委托，作了关于六届全国人民代表大会代表名额和选举问题的说明。

全国人大常委会、最高人民法院、最高人民检察院分别提出书面工作报，请代表们审议。

大会执行主席还有彭冲、班禅额尔德尼·确吉坚赞、杨得志、阮泊生、赵德尊、顾卓新、刘杰、黄荣、林丽韫。

参加全国政协五届五次会议的委员，国务院组成人员，全国人大各委员会、最高人民法院、最高人民检察院、中共中央直属机关和国务院直属机构的负责人，人民解放军各总部、各军兵种、各军事院校的负责人，正在北京的我国驻外使节，列席了会议。

各国驻华使节和在京的外国记者旁听了大会。

**全国人大常委会副委员长兼法制委员会主任习仲勋在五届全国人大五次会议上作关于四个法律案的说明**

这次全国人大通过的中华人民共和国宪法，为了完善国家的领导体制和政治体制，发展社会主义民主，健全社会主义法制，对国家机构作了一系列新的重要规定。同时，在实践中也出现了一些新的情况和新的问题。因此，需要对同宪法相配合的有关国家机构的几个法律作相应的修改或者重新修订。这次提请大会审议的《全国人民代表大会组织法(草案)》，是在1954年制定的《全国人民代表大会组织法》的基础上，由全国人大常委会办公厅和法制委员会草拟的。《国务院组织法(草案)》，是在1954年制定的《国务院组织法》的基础上，由国务院重新拟订的。《地方各级人民代表大会和地方各级人民政府组织法》和《全国人民代表大会和地方各级人民代表大会选举法》，是1979年修订的，这次由法制委员会拟订了修改决议草案，根据宪法作了一些相应的和必要的修改。同时，为了保持法律的稳定性，可改可不改的都没有改。这几个法律案，在今年10月间，曾分别送请中央各部门和各省、自治区、直辖市征求意见，并根据各方面的意见作了修改，经全国人大常委会第二十五次会议审议决定提请这次大会审议。

现在，我就四个法律案中的主要内容，分别说明如下：

一、关于《全国人民代表大会组织法(草案)》

这次拟订的《全国人民代表大会组织法(草案)》，根据宪法的有关规定，并总结我国建立全国人民代表大会以来的工作经验，对1954年制定的《全国人民代表大会组织法》做了较大的修改和补充，主要是对全国人大和全国人大常委会的组织和工作程序作了一系列的具体的规定。

(一)关于代表资格审查。

过去，全国人大代表资格是在全国人大开会以后，由全国人大代表资格审查委员会进行审查的。现在根据宪法有关规定，草案对此做了修改，规定由主持代表选举的全国人大常委会设立代表资格审查委员会，审查代表资格，并在每届全国人大第一次会议开会以前公布代表名单。这样，在全国人民代表大会开会以前，就完成了代表资格审查工作，工作上比较便利。

(二)关于代表团。

由于全国人大代表人数较多，多年来，全国人大对各项议案的审议，主要是在代表团或者代表小组进行的。草案肯定了这一行之有效的做法，规定了代表团在全国人民代表大会的地位和作用：在全国人大正式会议举行以前，讨论全国人大常委会提出的有关会议的准备事项；在会议期间，对大会各项议案进行审议，并可以由代表团团长或者由代表团推派代表，在主席团会议或者大会全体会议上，就审议的议案发表意见；对主席团提出的由选举产生的国家机构的领导人等候选人人选进行酝酿讨论，提出意见；并可以代表团为单位向大会提出议案、罢免案和质询案。

(三)关于主席团。

多年来，全国人大的各项议案，从提交代表团讨论，到修改、补充和形成相应的决议案，主席团都做了一系列的工作，起了很重要的作用。根据这些实践经验，草案规定，主席团主持全国人大会议；提出由选举产生的国家机构的领导人等候选人人选和确定正式候选人名单；组织各代表团审议列入大会议程的议案；决定对代表团和代表在会议期间提出的议案、罢免案、质询案的审议程序；拟订提交全体会议审议通过的决议草案。这些规定，对保证大会顺利地、有效地进行工作，是需要的。

(四)关于议案。

全国人大审议的议案，一般都是由全国人大常委会、国务院或者其他国家机关经过比较充分的准备提出来的。同时，草案还规定：一个代表团或者三十人以上的代表可以提出议案，由主席团决定是否列入大会议程，或者将议案先交有关的专门委员会审议，提出是否列入大会议程的意见。同时，还规定全国人大常委会委员经过一定程序，也可以向全国人大常委会提出议案。这里规定代表团和代表以及全国人大常委会委员提出议案须经一定程序，是因为全国人大和它的常委会审议通过的议案，都是具有一定的约束力的，有的就是法律。这和过去每次全国人大会议上代表们提出的大量提案是不同的。那些提案主要是对各方面工作提出的建议、批评和意见，涉及的问题很多并不属于全国人大的职权范围，大会不好通过实质性的决议，只能决定转交有关方面研究处理。现在，草案规定，代表向全国人大或者它的常委会提出的对各方面工作的建议、批评和意见，都由人大常委会的办事机构交由有关机关和组织研究处理并负责答复，不再采取大会提案的形式。这样规定，比较符合实际，既简化了工作程序，又可以使代表提出的建议、批评和意见同样能够得到适当的处理和答复。

(五)关于选举和罢免。

草案规定,由大会选举产生的国家机构的领导人等候选人人选,由主席团提名。多年以来,全国人大选举国家领导人,一般都是事先由中共中央同各民主党派协商以后提出建议,经过主席团讨论决定提名的。对主席团的提名,各代表团在讨论时,代表可以提出不同意见,也可以另提候选人,经过各代表团酝酿协商以后,由主席团根据多数代表的意见确定正式候选人名单。草案肯定了这种成功的做法。

关于罢免案,草案规定,三个以上的代表团或者十分之一以上的代表,可以提出对全国人大常委会组成人员,国家主席、副主席,国务院和中央军委的组成人员,最高人民法院院长和最高人民检察院检察长的罢免案,由主席团提请大会审议。这里对提出罢免案规定了比较严格的程序,是考虑到提出罢免案是很严肃的事情,需要慎重对待。

(六)关于质询案。

草案根据宪法关于代表有权对国务院和国务院各部、各委员会提出质询案的规定,对代表提出质询案和被质询机关作出答复的程序作了规定:一个代表团或者代表三十人以上可以提出质询案,由主席团决定交被质询机关书面答复,或者由被质询机关的领导人在主席团会议上、或者有关的专门委员会会议上、或者有关的代表团会议上口头答复。同时,还规定全国人大常委会委员经过一定程序,也可以提出质询案。这样规定,便于代表和全国人大常委会委员行使质询权,并使质询能够顺利地进行,有利于发挥全国人大和它的常委会对国家机关的监督作用,也便于被质询机关作出负责的答复。

多年来,各代表团或者代表在审议议案的过程中常常提出一些不了解或者不理解的问题,要求有关机关予以解释说明,今后仍然需要这样办。因此,草案除规定代表提出质询案的程序以外,还规定代表可以提出询问,由有关机关派人在代表小组或者代表团的会议上进行说明。

(七)关于专门委员会。

草案根据宪法关于全国人大设立专门委员会的规定,相应地规定了各专门委员会共同的职权,主要是:审议全国人大或者它的常委会交付的议案、质询案;起草提请大会审议的有关议案;并对属于全国人大或者它的常委会职权范围内同本委员会有关的问题,进行调查研究。

草案规定,民族委员会除行使各专门委员会共同的职权以外,还可以对加强民族团结问题进行调查研究,提出建议;审议自治区报请全国人大常委会批准的自治区的自治条例和单行条例,向全国人大常委会提出报告。

为了有利于维护法制的统一,避免各项法律互相矛盾、互不衔接,草案规定,法律委员会统一审议向全国人大或者它的常委会提出的法律草案;其他专门委员会就有关的法律草案向法律委员会提出意见和建议。

由于专门委员会是全国人大的组成部分,行使全国人大和它的常委会的部分职权,草案规定:专门委员会的组成人员从全国人大代表中选出。同时,考虑到专门委员会需要一些专家参加工作,草案规定,专门委员会可以由全国人大常委会任命若干不是代表的专家担任兼职顾问或者专职顾问。这些顾问可以列席专门委员会会议,对专门委员会审议的议案发表意见和建议。

此外,草案还规定,全国人大常委会根据工作需要,可以设立工作委员会。这种工作委员会是全国人大常委会的办事机构,根据全国人大常委会的决定进行工作,但不能像专门委员会一样行使国家权力机关的部分职权。也正因为这样,工作委员会的主任、副主任和委员的人选可以不限于全国人大代表。

二、关于《国务院组织法(草案)》

这次拟订的《国务院组织法(草案)》,是根据宪法的有关规定,总结多年来政府工作的实际经验和一年来国务院机构改革的经验,以1954年制定的《国务院组织法》为基础重新修订的。为了进一步健全国务院的组织和各项工作制度,有利于提高国家行政机关的工作效率和工作质量,草案对原组织法做了一些重要的修改和补充,主要有以下几点:

(一)关于国务院的组成、职权和领导制度。原组织法为了避免同宪法条文重复,没有写这方面的内容。这次,为了使国务院组织法完整一些,根据宪法的有关规定和实际需要,对国务院的组成和实行总理负责制、国务委员、秘书长的职责等,作了规定。

根据宪法,草案规定审计长为国务院组成人员。关于审计机关如何具体组织和进行工作,目前还缺乏经验,因此草案未作具体规定。

(二)关于国务院的会议制度。原组织法规定,国务院全体会议每月举行一次;国务院发布的决议和命令,必须经国务院全体会议或者国务院常务会议通过。根据多年来的实践经验,对于国务院会议的期限和内容,在法律上不好作硬性的规定。因此,草案原则规定:“国务院工作中的重大问题,必须经国务院常务会议或者国务院全体会议讨论决定。”

(三)关于部委的设置。原组织法对国务院设置的部委逐一列出。鉴于20多年来部委的设置变动较多,今后随着国家行政管理体制和经济管理体制改革的逐步推行，势必还会有所变化，为了保持法律的稳定性和严肃性，草案没有具体列举部委的名称，只是原则规定："国务院各部、各委员会的设立、撤销或者合并，经总理提出，由全国人民代表大会决定；在全国人民代表大会闭会期间，由全国人民代表大会常务委员会决定。"

（四）关于直属机构的设置。原组织法规定，国务院直属机构的设置，须经全国人大常委会批准。草案改为由国务院决定。这是因为，直属机构的负责人不是国务院组成人员，他们的任免并不经过全国人大常委会批准，因而这些机构的设置可以不报全国人大常委会批准。

（五）关于领导人员的名额。为了巩固政府机构改革的成果，坚持精干的原则，提高工作效率，克服官僚主义，草案规定："各部设部长一人，副部长二至四人。各委员会设主任一人，副主任二至四人，委员五至十人"，每个直属机构"设负责人二至五人"。

（六）关于部委的职权。为了保持政令的统一，防止政出多门，同时适当扩大部委的职权，减少国务院的事务，草案规定："各部、各委员会工作中的方针、政策、计划和重大行政措施，应向国务院请示报告，由国务院决定。根据法律和国务院的决定，主管部、委员会可以在本部门的权限内发布命令、指示和规章。"

三、关于修改《地方各级人民代表大会和地方各级人民政府组织法》的若干规定的决议（草案）

1979年第五届全国人民代表大会第二次会议通过的《地方各级人民代表大会和地方各级人民政府组织法》，经过三年来的实践，总的看来是适用的。修改决议草案大部分条款是根据宪法作相应的修改。同时，根据各地意见和实际需要，对以下三条做了修改和补充：

（一）《地方组织法》原来规定，省、自治区、直辖市的权力机关有权制定地方性法规。不少地方提出，除直辖市外，一些较大的市，政治、经济、文化地位比较重要，也需要因地制宜地制定一些地方性法规。为了适应这些城市的实际需要，又考虑到宪法规定省、自治区、直辖市才有权制定地方性法规，草案补充规定，省、自治区人民政府所在地的市和经国务院批准的较大的市的人大常委会可以拟订本市需要的地方性法规草案，提请省、自治区的人大常委会制定、公布，并报全国人大常委会和国务院备案。

（二）关于地方各级人民政府的秘书长、厅长、局长、主任、科长的任免，《地方组织法》原来规定，由本级人大常委会决定后，报上一级政府批准。不少地方提出，按照这一规定，厅长、局长、主任、科长要报上一级政府批准，而副省长、副市长、副县长由本级人大选举或者人大常委会决定任免后，不需要再报上一级政府批准，相比之下不大合适。同时，本级人大常委会决定任免后，也不好直接报请上一级政府批准，还要经过本级政府报批，程序比较烦琐。草案根据各地意见，将报上一级政府批准改为报上一级政府备案。

（三）关于地方各级人民政府领导人员和人大常委会组成人员、法院院长、检察长的选举办法，"地方组织法"原来规定，候选人名额一般应多于应选人名额。如果所提候选人名额过多，可以进行预选，根据较多数人意见，确定正式候选人名单。有些地方建议，除了规定可以采取差额选举办法以外，还可以采取经过预选产生候选人名单，然后进行选举的办法。这样规定较为灵活，可以适应不同的、复杂的情况。因此，草案改为："选举可以采用候选人数多于应选人数的办法；也可以经过预选产生候选人名单，然后进行选举。"

四、关于修改《全国人民代表大会和地方各级人民代表大会选举法》的若干规定的决议（草案）

1979年第五届全国人民代表大会第二次会议通过的《全国人民代表大会和地方各级人民代表大会选举法》，原则上仍然是适用的，但是也有些具体问题需要补充规定。修改决议草案提出补充、修改的有六条：

（一）《选举法》第六条规定，华侨代表的产生办法另订。实践证明，华侨代表不好单独进行选举，只能在地区选举中，从归侨中产生，不好另订选举办法。因此，草案将这一条改为：全国人民代表大会和归侨人数较多地区的地方人民代表大会，应当有适当名额的归侨代表。

（二）《选举法》第十条规定，县、自治县人民代表大会代表的名额，按照农村每一代表所代表的人口数四倍于镇每一代表所代表的人口数的原则分配。各地反映，有的县辖镇的人口特多，或者不属于县以下人民政府领导的企业事业组织的职工人数在全县总人口中所占比例较大，按上述比例分配给农村的代表名额太少。因此，草案补充规定，对属于上述两种特殊情况的县、自治县，经省、自治区、直辖市的人大常委会决定，农村每一代表所代表的人口数同镇或者企业事业组织职工每一代表所代表的人口数之比可以小于四比一直至一比一。

（三）《选举法》第十六条规定，聚居境内同一少数民族的总人口数不及境内总人口数百分之十的，每一代表所代表的人口数，可以少于当地人民代表大会每一代表所代表的人口数，但不得少于二分之一。这对人口较少的少数民族虽然有所照顾，但还不能完全适应一些民族自治地方的实际需要，而且有的实行区域自治的民族人口特少的自治县，如鄂伦春自治旗、鄂温克族自治旗反映，按照这一规定，实行区域自治的民族分配的代表名额仍然太少。为此，草案将聚居境内同一少数民族的总人口数不及境内总人口数“百分之十的”，改为不及“百分之十五的”；并补充规定，对实行区域自治的民族人口特少的自治县，经省、自治区的人大常委会决定，实行区域自治的民族每一代表所代表的人口数，可以少于当地人民代表大会每一代表所代表的人口数的二分之一。

（四）《选举法》第三十条规定，各党派、团体和选民可以在选举日前用各种形式宣传代表候选人。这是为了使选民能够比较充分地了解候选人的情况。但是在实践中发现这一规定不够严谨，可能产生不同的理解。因此，草案进一步具体规定，选举委员会应当向选民介绍代表候选人的情况，推荐代表候选人的党派、团体或者选民也可以在选民小组会议上介绍所推荐的代表候选人的情况。

（五）《选举法》第三十八条第三款规定，获得过半数选票的当选代表的名额少于应选代表的名额时，对不足的名额，另行选举。在实践中，有的经过第二次选举，获得过半数选票的当选代表的名额仍然不足应选代表的名额，如果再进行补选，工作量很大，选民也感到是个负担。因此，草案补充规定，不足的名额应当在没有当选的代表候选人中另行选举，以得票多的当选，但是得票数不得少于选票的三分之一。

（六）草案对《选举法》第四十二条补充规定，地方各级人民代表大会代表在任期内调离或者迁出本行政区域的，其代表资格自行终止，缺额另行补选。由于这些代表已脱离原地区的工作，不能履行代表的职责，作这样的补充规定是适当的。

以上四个法律案，请大会予以审议。

**全国人大常委会副委员长兼秘书长杨尚昆在五届全国人大五次会议上作《关于第六届全国人民代表大会代表名额和选举问题的说明》**

各位代表：

第五届全国人民代表大会常务委员会第二十五次会议通过的关于第六届全国人民代表大会代表名额和选举问题的决议（草案），提请大会审议。现在，我受常务委员会的委托，向大会作关于第六届全国人民代表大会代表名额和选举问题的说明。

（一）关于第六届全国人民代表大会代表的名额

根据决议（草案）的规定，初步计算，六届全国人大代表的名额约为3000人。

现在规定的这个名额，比五届全国人大代表名额减少约500人。全国人民代表大会是最高国家权力机关，怎样进一步实行民主集中制的原则，充分发挥最高国家权力机关的作用，是全国各族人民都很关心的问题。在全国人民讨论宪法修改草案过程中，许多人，其中包括不少全国人大代表，建议适当减少代表名额。这个意见是可取的。当然，我国是一个地域辽阔、人口众多的多民族的社会主义国家。作为最高国家权力机关的全国人民代表大会，代表人数也不宜太少，太少了不足以体现应有的代表性。因此，经常务委员会研究，建议第六届全国人民代表大会代表名额约为3000人。

（二）关于代表名额的分配

根据《中华人民共和国全国人民代表大会和地方各级人民代表大会选举法》关于“农村每一代表所代表的人口数八倍于城市每一代表所代表的人口数”的规定，各省、自治区、直辖市应选全国人民代表大会代表的名额为：农村按人口每104万人选代表1人，市镇按人口每13万人选代表1人。农村和市镇的人口统计，以1982年7月1日全国人口普查的数字为准。

为了使人口特少的省、自治区在第六届全国人民代表大会中有适当名额的代表，参照以往的做法，在代表名额分配上给以必要的照顾。因此，决议（草案）规定：人口特少的省、自治区，代表名额不得少于15人。这就保证了人口特少的青海省和西藏、宁夏两个自治区都有适当名额的代表。

台湾省暂时按五届全国人大台湾省代表的人数选代表13人，其余按人口比例应选代表的名额予以保留。这体现了全国人民对台湾省同胞在统一的祖国大家庭内，与全国各族人民一起，共同管理国家大事的亲切关怀和衷心期望。

我国的人民武装部队中国人民解放军，是作为一个单位参加人民代表大会的，其代表名额不按人口计算。决议（草案）规定：中国人民解放军应选全国人民代表大会代表265人，比五届的名额有所减少。

我国除汉族外，有55个少数民族。少数民族人口占全国总人口的6.7%，对少数民族的代表名额应有适当的照顾。决议（草案）规定：全国少数民族应选全国人民代表大会代表的名额，应占全国人民代表大会代表总名额的12%左右。这一比例，比少数民族人口占全国总人口的比例提高约1倍。决议（草案）根据《中华人民共和国全国人民代表大会和地方各级人民代表大会选举法》规定：人口特少的民族，至少应选全国人民代表大会代表一人。为此，对人口特少的民族各增加一个代表名额，分配给其所在的省、自治区。这就保证了每一个少数民族在全国人民代表大会中都有自己的代表。这些规定有利于进一步发展我国各民族之间平等、团结、互助的社会主义民族关系，有利于集中全国各族人民的意志，体现了我国社会主义制度的优越性。

归国华侨代表仍保持五届人大的人数，规定为35名，其名额包括在省、自治区、直辖市按人口比例应选代表的名额中。

为了保证人口特少的地区、人口特少的民族和各方面代表人士比较集中的地区都有适当的代表名额，决议(草案)根据《中华人民共和国全国人民代表大会和地方各级人民代表大会选举法》规定：在全国人民代表大会代表总名额中，应有一定的名额由全国人民代表大会常务委员会根据情况分配给有关的省、自治区、直辖市进行选举。这一规定是必要的。

(三)关于选举代表的时间

五届全国人大到1983年2月任期届满，关于六届全国人大代表的选举，考虑到根据这次大会通过的宪法和关于修改选举法、组织法的决议进行选举工作，需要一定的准备时间，决议(草案)规定：第六届全国人民代表大会代表的选举，应在1983年4月底以前完成。这样，各选举单位就可以有必要的时间进行准备，搞好选举工作。因此，五届全国人大的任期，也需相应地延长至六届全国人大一次会议举行为止。

(四)关于选举代表的办法

各省、自治区、直辖市分别召开省、自治区、直辖市人民代表大会进行选举。省、自治区、直辖市本届人民代表大会的任期将在今冬明春届满，为了保持全国和省、自治区、直辖市人民代表大会任期的一致，各省、自治区、直辖市均应在1983年4月底以前召开新的一届人民代表大会，选出第六届全国人民代表大会代表。

台湾省应选的13名代表，仍参照五届人大的做法，由在各省、自治区、直辖市和人民解放军的台湾省籍同胞派代表来北京协商选举产生。

人民解放军按照《中国人民解放军选举全国人民代表大会和地方各级人民代表大会代表的办法》，选举第六届全国人民代表大会代表。

归国华侨中的代表，由有关省、自治区、直辖市人民代表大会选出。

全国各少数民族应选的代表，由各省、自治区、直辖市按照有关规定，在省、自治区、直辖市人民代表大会选出。

对于需要由全国作统一安排的代表候选人，按照以往的做法，仍由中共中央同各民主党派和人民团体共同协商，作为建议，推荐给各省、自治区、直辖市人民代表大会。

各选举单位在选举第六届全国人民代表大会代表时，要注意尽可能地减少代表的兼职，除极少数确有工作需要的以外，全国人民代表大会代表一般不要同时兼任省、自治区、直辖市人民代表大会代表。

各位代表！中国共产党第十二次全国代表大会提出的全面开创社会主义现代化建设新局面的伟大任务、本次会议通过的中华人民共和国宪法和赵紫阳总理关于第六个五年计划的报告，正在和将会鼓舞全国人民胜利前进。做好第六届全国人民代表大会代表的选举工作，对进一步团结全国各族人民，实施新宪法，加强人民代表大会制度，全面开创社会主义现代化建设的新局面，有重要的意义。关于第六届全国人民代表大会代表名额和选举问题的决议(草案)，已经印发给各位代表，请大会连同这个说明一并审议。

**全国人大会常委会副委员长兼秘书长杨尚昆在五届全国人大五次会议上作《中华人民共和国全国人大常务委员会工作报告》**

各位代表：

我受全国人民代表大会常务委员会的委托，向大会报告常务委员会的工作。

五届全国人大四次会议闭幕一年来，常务委员会执行大会决议中提出的“继续抓紧立法工作”的任务，为贯彻我国在经济上实行进一步调整、在政治上实现进一步安定的重大方针，为胜利地实现我国历史性的伟大转变，进行了大量的工作。

继续加强立法工作

发展社会主义民主，健全社会主义法制，使社会主义民主制度化、法律化，是全国人民的共同愿望。因此，加强立法工作，巩固人民民主专政制度，保障社会主义现代化建设事业的顺利进行，是一年来常务委员会工作的重点。

决定公布《中华人民共和国宪法修改草案》，交付全国各族人民讨论。宪法是国家的根本大法，修改宪法是我国各族人民政治生活中的一件大事。今年4月，常务委员会第二十三次会议同意宪法修改委员会的建议，决定公布宪法修改草案。从今年5月至8月，全国各级国家机关、军队、政党组织、人民团体、企业事业部门、学校和街道、农村社队等基层单位，组织广大人民群众对宪法修改草案进行了认真的讨论，提出了许多重要的修改意见和建议。台湾和港澳同胞、国外侨胞，也提出了一些很好的意见。宪法修改委员会根据各方面所提的意见，又作了进一步修改，正式提请本次大会审议。新宪法的通过和实施，将使我国社会主义民主的发展和法制的建设进入一个新的阶段。

这一年还审议、通过了几个基本法律和法令。根据五届全国人大四次会议的有关决议，常务委员会通过并公布了《中华人民共和国民事诉讼法(试行)》，自今年10月1日起试行。它的公布和试行，对于从司法程序方面保障所有的民事法律、经济法律以及有关的行政法律的贯彻实施,对于保护人民权利、维护社会秩序,保障现代化建设,将发挥积极的作用。民事诉讼法在试行中还需要不断总结经验,再作必要的修订,然后提请全国人民代表大会审议通过,公布施行。法律从社会实践中来,又拿到社会实践中去检验,这样制定出来的法律就比较完备。这是我们立法工作的一条重要经验。鉴于经济犯罪活动对社会主义物质文明和精神文明的建设危害严重,常务委员会根据广大人民群众的要求,认为必须对经济领域中的犯罪分子依法给予严厉惩处,及时作出了《关于严惩严重破坏经济的罪犯的决定》,规定犯罪分子凡在一个月以内投案自首的,可以得到从宽处理。决定公布后,受到全国人民的热烈拥护,对经济上犯有罪行的人震动很大。许多地方在经济上有严重违法犯罪活动的人纷纷投案自首,争取从宽处理。现在这场斗争已经取得了初步成绩,斗争正在深入发展。这场斗争必须抓紧、抓到底。这是我们坚持社会主义道路的一项重要保证。

一年来的情况进一步表明,随着社会主义现代化建设事业的发展,经济立法越来越迫切需要。法是上层建筑,它是由经济基础决定的,又要反过来为经济基础服务。社会发展了,经济基础发展了,法也要随着发展。形势要求我们抓紧制定各种经济法规,来直接反映经济基础,调整经济关系。从1979年到现在,由全国人民代表大会和它的常务委员会通过颁布的经济法律、法令已有12个,其中五届全国人大四次会议闭幕一年来,由常务委员会批准通过的有《国家建设征用土地条例》《中华人民共和国海洋环境保护法》《中华人民共和国商标法》《中华人民共和国食品卫生法(试行)》。常务委员会还通过了《中华人民共和国文物保护法》。这些为国家经济、文化建设所急需的法规实施后,有些已经收到了初步成效。当前经济立法的重点,除一些基本性的法规外,是要制定一些保障经济调整任务的顺利实现,巩固经济改革成果方面的法规。根据这一要求,全国人大常委会法制委员会会同国务院有关部门正在拟订一些重要的经济法规。随着经济调整和体制改革工作的进展,随着我国对外经济关系的加强,同外国的经济联系与合作越来越多,我们的经济立法工作,包括同外资合作方面的立法工作,还需要进一步完善和加强。

加强和推动民族立法工作,是我国社会主义法制建设的一个重要方面。全国人民代表大会民族委员会会同国家民族事务委员会等有关部门,继续进行中华人民共和国民族区域自治法的拟订工作。民族委员会还协助一些民族自治地方草拟民族区域自治条例。根据《中华人民共和国婚姻法》的规定,新疆、西藏、宁夏、内蒙古等自治区以及四川、青海两省还根据当地民族婚姻家庭的具体情况和群众的意见,制定了民族自治地方实施婚姻法的补充规定或变通办法。

各省、自治区、直辖市的人民代表大会和它的常务委员会,根据1979年制定的《中华人民共和国地方各级人民代表大会和地方各级人民政府组织法》的规定,制定和颁布了一批地方性法规。从1979年11月到今年9月,报送全国人大常务委员会备案的地方性法规共计355件。实践证明,各省、自治区、直辖市根据法律规定,结合本地区的实际需要,制定地方性法规,有利于各地因地制宜,发挥主动性、积极性,有利于加强法制建设,保障和促进社会主义现代化建设事业。

一年来的实践还说明,最高国家权力机关制定的法律、法令和各省、自治区、直辖市制定的地方性法规的有效执行,对于我国人民民主专政制度的加强,社会风气和社会秩序的好转,社会治安情况的改善,起了重要作用。现在,我们国家开始真正走上社会主义法制轨道,这对于中国共产党第十二次全国代表大会提出的实现高度的社会主义民主的根本任务,对于国家的长治久安都具有重大的意义。当前我们法制建设中存在的一个重要问题是,已经制定的法律还没有得到充分的尊重和执行,存在着有法不依、执法不严的现象。许多委员在常务委员会会议上多次提出过这个问题。我们认为,法律一经制定,就必须严格执行。全国各级国家机关对此要高度重视,坚决做到有法可依、有法必依、执法必严、违法必究,使法律成为任何人都必须遵守的不可侵犯的力量。

一年来,常务委员会在立法工作中,注意了以下几点:

第一,立法要从我国的实际情况出发,按照社会主义法制原则,逐步建立有中国特色的独立的法律体系。就法律体系本身来说,宪法是母法,但归根到底,我国一切法律的依据是拥有10亿人口、960万平方公里土地的中国的实际。实际是立法的根据。我们立法首先要从实际出发,主要是总结我国自己的历史经验和现实经验,从实际中产生法律。常务委员会公布试行的民事诉讼法就把人民调解、巡回审理、就地办案等民事审判的好传统、好经验总结了进去,使这个法具有鲜明的中国特色。我国近代历史总结出来的基本经验,就是必须坚持四项基本原则。我们就把坚持四项基本原则理直气壮地写进宪法修改草案。宪法是如此,其他法律,如刑事、民事、经济等法律也是如此。我们要建设的是社会主义法制,不是资本主义法制,更不是法家那一套。当然,我们立法时也需要借鉴外国立法的经验,但要为中国的社会主义民主和法制服务。

第二,立法要充分走群众路线,要面向10亿人民,为他们的利益服务。法律是要人民群众共同遵守的,这就要求我们立法必须很客观、很民主,把各方面的矛盾、问题、意见都摆出来,多方征求意见,集思广益,在高度民主的基础上尽可能地把正确的意见集中起来,才能真正符合大多数人民的最大利益,才能行得通。常务委员会一年来制定的法律和法令,都是经过了认真调查研究,反复修改的。譬如《中华人民共和国食品卫生法(试行)》,从 1981 年 4 月开始起草,先后召开 20 多次会议进行座谈讨论,并且将初稿两次印发各省、自治区、直辖市反复征求意见。在起草过程中,全国人大常委会法制委员会也进行过多次研究。这样制定出来的法律,才能比较符合社会主义事业和人民群众的利益。

第三,立法要慎重,法律要有稳定性、连续性。我们的立法工作既要积极抓紧,又要严肃谨慎,防止草率烦琐。当前的立法任务、特别是经济立法的任务繁重,我们只能分别轻重缓急,集中力量,有计划、有步骤地首先制定那些当前急需的法规。由于我国正在进行经济体制改革,一些重要改革还在实践检验和积累经验过程中。因此,制定经济法规也只能在总结经验的基础上,成熟多少写多少,不成熟的暂时不写。这一年中,我们制定的《国家建设征用土地条例》等经济法规,都是国家建设中迫切需要的。有些经济法规虽然也搞了较长时间,修改过多遍,但为了使它们更加周密、更加切合实际,宁肯再放一放,从长计议,慎重制定;就是已经公布实施的一些法,也不能说已十分完备了,可以经过一段时间的实践,再补充修改。在修改时,必须注意到法律的稳定性和连续性。

听取国务院的工作报告

一年来,常务委员会在实行监督方面,主要是听取国务院关于国家经济调整和国务院机构改革的报告,并进行审议。

常务委员会先后听取了国务院关于 1982 年经济和社会发展计划草案的报告、关于 1982 年国家预算草案的报告和 1981 年国家决算的报告。委员们对这些报告都进行了认真的讨论。在讨论中,不少委员在肯定工作成绩的同时,就改变资金使用过于分散、反对浪费现象、纠正盲目进口、增加智力投资和继续改善人民生活等方面,提出了许多建设性的意见和建议。国务院对这些意见,有的已经做了答复,有的已经采纳付诸实施,有的正在进行研究。这对于贯彻执行调整、改革、整顿、提高的方针,保证经济工作走上稳步发展的健康轨道,起了很好的促进作用。

机构改革是关系到社会主义现代化建设事业成败的一件大事,是我们坚持社会主义道路的一项重要保证,意义非常深远。为了讨论、决定好这件全国人民都非常关心的事情,常务委员会一年来共开过 3 次会议,着重讨论了这个问题。会议先后听取了国务院总理赵紫阳《关于国务院机构改革问题的报告》《国务院部委机构改革实施方案》和关于机构改革进展情况的说明。委员们对这些报告和方案进行了认真的审议。在审议中,大家认为,国务院在短期内初步解决了一个多年积累下来的很不容易解决的问题,是有成绩的。机构改革的顺利完成对解决党政不分、人浮于事、克服官僚主义、提高工作效率,促进社会主义物质文明和精神文明的建设,将会起到有力的推动作用。同时大家也提出了一些意见和建议,如应当用法律形式把机构改革的成果固定下来,不要变相增加机构,严格坚持退休制度,顾问不宜设置太多,加紧轮训干部等。随着国务院机构改革工作的顺利进行,国务院各部、委的组建和新的领导班子的配备,是必须解决好的重要问题。为此,常务委员会根据干部队伍要实现革命化、年轻化、知识化、专业化的要求,一年来依法任免了一批国家工作人员,使国务院及其所属机构较好地实现了新老干部的合作和交替。

批准国际条约和开展国际议会活动

一年来,常务委员会在国际议会活动和外事工作中,把反对霸权主义、维护世界和平作为重要的任务。常务委员会先后批准了《禁止或限制使用某些可被认为具有过分伤害力或滥杀滥伤作用的常规武器公约》《关于难民地位的公约》和《关于难民地位的议定书》。这些国际性条约,总的说来,反映了第三世界国家的正当愿望和要求,有利于我国同第三世界国家一起反对霸权主义、维护世界和平的斗争。常务委员会还批准了中国和南斯拉夫领事条约,使两国领事关系进入了一个新阶段。

一年来,常务委员会还先后派出分别由习仲勋、彭冲、朱学范副委员长率领的全国人大代表团访问了朝鲜民主主义人民共和国、塞内加尔、阿尔及利亚、突尼斯、摩洛哥、泰国、马来西亚、菲律宾、澳大利亚、新西兰等国;并且接待了来自朝鲜民主主义人民共和国、澳大利亚、苏丹、哥伦比亚、挪威、法国、英国、美国等国的议会代表团或议会领导人。我国全国人民代表大会同第三世界国家议会的友好往来,加深了我国同亚洲、非洲、拉丁美洲的发展中国家的友谊和了解。来自第三世界国家的议会人士说,他们通过访问,进一步认识了一个伟大的国家,找到了一个真诚的朋友,尽管社会制度、风俗习惯、种族和肤色不同,但反帝、反殖、反霸和维护世界和平的共同斗争把中国人民同他们紧紧联系在一起。我们同世界其他国家议会和人民之间的良好关系,在过去一年间也有所发展。随着我国经济建设的发展和对外联系的加强,我国同各国议会之间的友好往来也会越来越多。今后,我们应当加强这方面的工作,进一步扩大和发展与各国议会之间的联系,增进与世界各国人民的了解和友谊。

一年来,常务委员会还在处理代表提案和来信以及加强同地方人大常委会的联系等方面,做了许多工作。五届全国人大四次会议期间,代表提出的2318件提案,已经办理完毕。常务委员会办公厅处理人民群众来信69000多件,并以加强法制和落实政策为重点,检查督促了有关地方和部门对800多件来信的办理情况。

常务委员会一年来历次会议通过的全部议案和任免案,已经印发各位代表,请予审查。

各位代表:

我国现在已经进入了全面开创社会主义现代化建设新局面的新的历史时期。新的历史时期对全国人民代表大会和它的常务委员会的工作提出了新的要求。历史的重任,人民的委托,要求我们振奋精神,开拓前进,在团结全国各族人民,自力更生,艰苦奋斗,逐步实现工业、农业、国防和科技现代化,把我国建设成为高度文明、高度民主的社会主义国家的伟大斗争中,充分发挥最高国家权力机关的作用。

**最高人民法院院长江华在五届全国人大五次会议上作《最高人民法院工作报告》**

各位代表:

我完全同意宪法修改委员会彭真副主任委员《关于中华人民共和国宪法修改草案的报告》和赵紫阳总理《关于第六个五年计划的报告》。

自从第五届全国人民代表大会第四次会议以来,最高人民法院和地方各级人民法院根据这次会议通过的《关于最高人民法院工作报告和最高人民检察院工作报告的决议》,按照国家的方针、政策和法律、法令,审判和处理了大批刑事案件、民事案件和一批经济合同纠纷案件以及大量的申诉案件。

为了进一步加强刑事审判工作,最高人民法院于去年11月召开第三次全国刑事审判工作会议,检查总结了人民法院执行刑法、刑事诉讼法的情况和经验,布置了今后刑事审判工作的任务。这次会议以后,各级人民法院继续认真执行刑法和刑事诉讼法,从1981年10月至1982年9月共审结刑事案件20.3万余件,其中绝大多数案件是在法定审判期限以内结案的。总的看来,通过审判活动,人民法院对反革命犯罪分子和重大现行刑事犯罪分子的打击是及时的,有力的。

一年来,各级人民法院加强了民事和经济审判工作。据统计,从1981年10月至1982年9月,各级人民法院处理民事案件76.73万余件和一批经济合同纠纷案件。通过处理民事案件和经济合同纠纷案件,解决了大量的婚姻家庭纠纷和财产权益纠纷,以及一些企业之间老大难的经济合同纠纷和国民经济调整中新发生的经济合同纠纷。《中华人民共和国经济合同法》和《中华人民共和国民事诉讼法(试行)》公布后,最高人民法院于今年三月发出通知,要求各地人民法院组织干警认真学习、大力宣传这两个法律;加强民事和经济审判力量;清理积案,搞好试点,取得经验,为这两个法律的实施做好准备。几个月来,各地人民法院按照经济合同法和民事诉讼法(试行)的规定,进行试点工作,摸索了一些初步经验。今年7月和9月,最高人民法院分别召开第三次全国民事审判工作会议和部分高级人民法院经济审判庭庭长座谈会,研究了当前民事案件出现的新情况、新问题,进一步提高了对民事审判工作重要性的认识,交流了经济审判工作的情况和经验,并着重讨论了贯彻执行民事诉讼法(试行)的问题。

一年来,各级人民法院把处理信访申诉案件,实行和加强审判监督,作为一项重要工作认真抓紧进行,并取得了比较显著的成效。从1981年10月至1982年9月,地方各级人民法院共处理申诉案件18.06万余件(其中刑事17.32万余件,民事7300余件);最高人民法院处理申诉来信12.42万余件(其中刑事11.2万余件,民事1.22万余件),接待申诉来访3万余人次(其中刑事1.77万余人次,民事1.23万余人次)。通过处理申诉案件,改判纠正了一批冤、错案件。今年四五月间,最高人民法院先后召开了河北等7省和吉林等8省(区)信访申诉工作座谈会,研究解决人民法院系统接待的上访老户的申诉问题,重点是把来京上访老户的申诉案件处理好。会议对多次来京上访的当事人提出的刑事申诉案件进行了研究,提出意见,交给有关的人民法院抓紧处理,或由最高人民法院派人下去共同处理。到9月底为止,在交下去处理的957件中,已妥善处理了538件,从中改判纠正了185件冤、错案件。经过各级人民法院的共同努力,目前刑事申诉来信来访已经有所下降。今年1月至9月与去年同期比较,地方各级人民法院新收的刑事申诉案件下降了24.2%;最高人民法院新收的刑事申诉来信下降了23.7%,来访下降了24.6%。

各级人民法院通过上述各项审判活动,协同有关部门,惩罚了犯罪分子,保护了人民,对于整顿社会治安,维护安定团结,巩固人民民主专政,保障国民经济调整和"四化"建设的顺利进行,起了积极的促进作用。

各位代表,今年年初,中共中央提出开展打击经济领域中严重犯罪活动的斗争,并把它列为全国今年的中心任务之一。3月8日,第五届全国人大常委会第二十二次会议通过《关于严惩严重破坏经济的罪犯的决定》;4月13日,中共中央、国务院作出《关于打击经济领域中严重犯罪活动的决定》。这两个决定,明确规定了打击经济领域中严重犯罪活动的方针政策,具体补充了严惩严重破坏经济的罪犯的法律依据。现在,我着重把全国各级人民法院贯彻执行上述两个《决定》,审判经济犯罪案件的情况,向大会作一汇报。

最高人民法院于3月15日发出关于坚决执行全国人大常委会《决定》的通知,要求各级人民法院认真学习和坚决执行《决定》,把审判经济犯罪案件作为头等重要任务抓紧抓好;在7月召开的全国高级人民法院和专门人民法院院长座谈会上,对打击经济领域中严重犯罪活动的问题,又做了研究部署。各级人民法院审判人员通过学习两个《决定》,提高了对开展这场斗争的必要性和紧迫性的认识,积极地投入了斗争。据统计,今年1月至9月,地方各级人民法院和铁路运输法院共受理经济犯罪案件24636件,截至9月底,已经审结22331件,其中走私贩私186件,贪污5243件,受贿行贿1138件,投机倒把2011件,诈骗公共财物2278件,盗窃公共财物10290件,盗卖珍贵文物32件,其他1153件,依法判处各种刑罚的有26227人。

地方各级人民法院在审判经济犯罪案件中,注意明确重点,分别轻重缓急,尽先办理大案要案。对于现行的、数额巨大的、情节严重的案件,特别是国家机关和企业事业单位内部的干部犯罪案件,包括一些占据重要职位的负责干部犯罪案件,以及他们与社会上不法分子共谋进行的案件,集中力量抓紧审理,在查清事实的基础上依法从重从快判处。据统计,今年1月至9月,地方各级人民法院审判的经济犯罪案件中,犯罪活动总金额10万元以上的250件;罪犯中非法所得万元以上的1062人,原是国家工作人员的3706人(其中县级干部29人)。对大案要案,依照刑法和全国人大常委会《决定》的有关规定从严惩处,一般判处了重刑。

地方各级人民法院在审判经济犯罪案件中,认真执行刑法和全国人大常委会的《决定》,坚持执行打击少数,争取、分化、改造多数的一贯方针,实行惩办与宽大相结合,坦白从宽、抗拒从严的基本政策。对于在《决定》施行之日以前犯罪,而在今年5月1日以前投案自首,或者已被逮捕而如实地坦白承认全部罪行,并如实地检举其他犯罪人员的犯罪事实的,一律按照《决定》施行以前的有关法律规定从宽处理,促使一批经济犯罪分子投案自首,坦白交代了所犯的罪行。对于在今年5月1日以前对所犯罪行继续隐瞒,拒不投案自首,或者拒不坦白承认本人的全部罪行,也不检举其他犯罪人员的犯罪事实的,坚决按照《决定》和刑法的规定从严处理,使少数严重破坏经济的罪犯受到了严厉的惩罚。

地方各级人民法院在审判经济犯罪案件中,认真执行刑事诉讼法,坚持以事实为根据,以法律为准绳,查清事实,核实证据,对情节复杂、牵涉面广的案件,还深入群众进行查对,力求做到事实清楚,证据确凿,定罪准确,量刑适当,程序合法。各地人民法院处理经济犯罪案件,依法实行了公开审理和公开宣判,并协同宣传部门,公布大案要案的审判结果,结合进行法制宣传,有力地打击了经济犯罪分子的嚣张气焰,教育鼓舞了广大干部和群众。有些人民法院还根据经济犯罪案件中反映出来的有关单位工作中存在的问题,向它们提出建议,对这些单位改进工作,健全规章制度,堵塞漏洞,预防犯罪,起了促进的作用。

地方各级人民法院审判经济犯罪案件,在依法定罪量刑的同时,注意追缴赃款赃物,必要时判处罚金、没收财产附加刑。据不完全统计,今年1月至9月,经人民法院追缴赃款赃物和判处罚金、没收财产,为国家挽回经济损失3846.8万余元。

今年5月以来,最高人民法院对各地人民法院审理的一批重大、疑难的经济犯罪案件,在执行政策和适用法律方面及时给以指导。通过逐案分析研究,注意区分经济犯罪行为同工作失误、经济上的不正之风以及违反经济法规行为的界限,在判定罪责时,区分个人贪污同化大公为小公的界限,以防止混淆罪与非罪的界限和量刑畸轻畸重。下半年以来,最高人民法院和部分高级人民法院还选编印发了一些执行政策和适用法律较好的经济犯罪的典型案例,供各地人民法院处理案件时参考。这些工作对地方各级人民法院正确地定罪量刑,提高办案质量,起了一定的指导作用。

总的来说,一年来,全国各级人民法院在审判经济犯罪案件中贯彻执行两个《决定》,是坚决的、积极的、认真的,办案质量基本上是好的。通过审判活动,严厉地惩处了走私贩私、贪污受贿、投机诈骗、盗窃国家和集体财产等严重破坏经济的罪犯,对于保障对外开放、对内搞活经济政策的正确执行,保卫社会主义现代化建设,起了一定的作用。当然,在人民法院处理的经济犯罪案件中,也还有少数案件事实不清、罪证不实,或者混淆了罪与非罪的界限,或者量刑失轻失重。对于这些缺点和问题,我们必须充分注意,切实加以纠正。

坚决打击经济领域中的严重犯罪活动,是一项长期的重大任务。它是我们坚持社会主义道路,进行现代化建设的一项重要保证,也是坚持实行对外开放、对内搞活经济政策的重要措施。当前,这场斗争正在深入发展。全国各级人民法院必须继续贯彻执行两个《决定》,进一步抓好以下几项工作:

(一)抓住打击重点,继续集中力量抓紧处理好大案要案。处理这类案件,一定要铁面无私,执法如山,在查清犯罪事实的基础上，坚决依法严惩，并且公布于众，加强法制宣传。只有这样，才能更有力地打击和震慑犯罪分子，鼓舞和教育广大干部、群众，扩大办案效果。

（二）正确执行政策法律，划清罪与非罪的界限，准确地打击严重破坏经济的犯罪分子。对于触犯刑律已经构成犯罪的，要依法严肃处理；对于尚未构成犯罪的一般违法行为，建议有关部门按照党纪、政纪或有关行政法规处理；对于符合政策法律的正当经济活动，应当坚决予以保护。为了指导下级人民法院更好地执行政策和运用法律，最高人民法院和各高级人民法院要继续做好选编案例的工作。

（三）严格按照司法程序办案。人民法院审判经济犯罪案件，要认真调查研究，做过细的工作，重证据而不轻信口供，据以定案的犯罪事实和证据必须经过认真核实无误，使判决经得起历史的检验。特别是大案要案，更要深入群众核实案情，听取群众对案件的处理意见。经济犯罪案件，情况复杂，牵涉面广，政策性强，处理起来费时费力，因此，审判工作既要抓紧，又要符合诉讼程序，以保证办案质量。

（四）结合办案，进一步开展司法建议活动。犯罪分子往往利用某些机关、企业事业单位在工作和制度方面的漏洞，进行破坏经济的犯罪活动。因此，人民法院不仅要依法处理案件，还要注意分析经济犯罪的特点和原因，根据案件中反映出来的问题，向有关单位提出建议，促使它们加强对干部职工的政治思想教育，建立和健全规章制度，改善经营管理，堵塞漏洞，以预防和减少犯罪的发生。

（五）在打击经济领域严重犯罪活动的斗争中，锻炼和考验人民法院的干警队伍。要在干警中进行坚持共产主义纯洁性、反对资本主义思想腐蚀的教育。对于立场坚定、廉洁奉公、刚直不阿、执法严明的审判人员要予以表彰；对于在斗争中暴露出来的违法犯罪人员，要认真查清事实，严肃处理。

各位代表，这次会议通过了新宪法，这是我们国家在全面开创社会主义现代化建设新局面中的一件大事。这部宪法依据四项基本原则，深刻地总结了我国30多年来社会主义革命和建设的经验，既考虑到当前的现实，又考虑到发展的前景，是一部有中国特色的、适应社会主义现代化建设需要的、长期稳定的新宪法，是我国新的历史时期治国安邦的总章程。这部宪法的通过和实施，将大大加强我国的社会主义民主和社会主义法制建设，进一步促进各族人民政治上的安定团结，推动社会主义现代化建设事业的发展，使我国的人民民主专政制度更加巩固。我们各级人民法院的干警一定要在中共十二大的精神指引下，努力学习新宪法，积极宣传新宪法，严格遵守新宪法，坚决执行新宪法，在宪法和法律的范围内努力做好自己的本职工作，为逐步实现中共十二大确定的社会主义现代化建设的宏伟目标，把我国建设成为高度文明、高度民主的社会主义国家，作出应有的贡献。

以上报告，请各位代表审议指正。

**最高人民检察院检察长黄火青在五届全国人大五次会议上作《最高人民检察院工作报告》**

各位代表：

我完全同意宪法修改委员会副主任委员彭真同志《关于中华人民共和国宪法修改草案的报告》和赵紫阳总理《关于第六个五年计划的报告》。

现在，我就五届人大四次会议以来检察机关的工作情况，向大会作一简要报告，请审查指正。

国家法律赋予检察机关的任务，就是通过行使检察权，镇压一切反革命活动，打击反革命分子和其他刑事犯罪分子，维护人民民主专政制度，维护社会秩序，保护国家和人民的权益，保卫社会主义现代化建设的顺利进行。第五届全国人民代表大会第四次会议以来，各级检察机关紧紧围绕打击经济领域中的严重犯罪活动和整顿城乡社会治安，积极开展各项检察业务工作，为巩固和发展安定团结的政治局面，保卫和促进以经济建设为中心的社会主义现代化建设，进行了紧张而艰巨的斗争。

当前经济领域中的严重犯罪活动，是在我国实行对外开放、对内搞活经济这种新的历史条件下阶级斗争的重要表现，是国内外敌对势力对我们进行破坏腐蚀的反映。这种严重的犯罪活动，已经和正在腐蚀我们的干部队伍，损害我们党、政府、军队的肌体和国家的声誉，毒化人们的思想，污染社会风气，破坏经济建设，影响社会安定，妨碍对外开放、对内搞活经济政策的正确执行。我们能不能把这场斗争长期进行下去，关系到我国社会主义现代化建设的成败，关系到我们党和国家的盛衰兴亡。从今年初中央决定开展打击经济领域严重犯罪活动斗争以来，尤其是在中央、国务院《关于打击经济领域中严重犯罪活动的决定》和人大常委会《关于严惩严重破坏经济的罪犯的决定》公布以后，我们组织广大干警认真学习，提高认识，迅速行动，积极投入了这场斗争。一年来，各级检察机关把打击严重经济犯罪活动作为一项重大任务，集中力量，加强领导，坚决贯彻依法从重从快惩处的方针，协同有关部门抓紧查办大案要案，逮捕和起诉了一批走私贩私、贪污受贿、投机诈骗、盗窃国家和集体财产等严重破坏经济的罪犯。据今年1月至9月的统计，全国检察机关自行立案侦查的严重经济犯罪案件有32605件，其中万元以上的大案2512件，已逮捕12698人。同时向各级人民法院提起公诉的24636件。从已经揭露和查处的案件看，经济领域中的违法犯罪活动相当猖獗，如果不及时坚决地予以打击，我国社会主义现代化建设就会受到更严重的损失和破坏。

在这场斗争中，各级检察机关配合有关部门广泛宣传人大常委会《关于严惩严重破坏经济的罪犯的决定》，号召有违法犯罪行为的人投案自首、坦白交代，争取走从宽处理的道路，收到了很好的效果。据不完全统计，全国投案自首、坦白交代违法犯罪行为的就有44874人，其中向检察机关投案自首、坦白交代的有6959人，充分发挥了政策和法律的威力，争取、挽救了一大批有违法犯罪行为的人，孤立、打击了少数严重犯罪分子。

打击经济领域中的严重犯罪活动，必须按照党的政策和国家法律办事。在这场斗争中，检察机关的职能，就是负责办理触犯刑法，需要追究刑事责任的案件。至于一般违反党纪、政纪并不触犯刑法的案件，概由党的纪律检查部门和政府部门去处理。因此，各级检察机关在办案中，严格区分了罪与非罪的界限，坚持以事实为根据，以法律为准绳，做到事实清楚，证据确凿，定性准确。同时，积极配合有关部门，加强了调查研究，及时解决政策方面的一些问题。总的说，这一段斗争进行得比较稳妥、扎实，办案质量是比较好的，不仅打击了严重经济犯罪活动，也有利于对外开放、对内搞活经济的顺利进行。但是，在执行政策、法律中也出现过一些问题。例如，人大常委会《决定》中规定，在1982年5月1日以前投案自首、坦白交代的人，一律按《决定》实施以前的有关法律处理。但是，在一段时间内，有些地方对这一规定理解有片面性，对一些案情严重应该起诉的也没有起诉，似乎只要主动投案交代罪行的就可不加追究了，以致作免予起诉处理的案件多了一些。我们发现这个问题后，及时通知各级检察院作了纠正。

经过全国各族人民的努力，这场斗争已经取得初步成绩，经济领域中的犯罪活动有所收敛，广大干部、群众受到了实际的反腐蚀斗争的教育。但是，目前有些地方、有些干部对这场斗争的重要意义还认识不足，工作抓得不紧，加上某些方面还有不正之风，以致存在着一些阻力，对某些大案要案的办理比较缓慢，使一些严重经济罪犯没有得到及时的惩罚。一些地方犯罪分子的气焰仍然嚣张，各种经济犯罪案件还不断发生。随着斗争的深入发展，经济犯罪分子的手段也更狡猾、更隐蔽，甚至制造事端，行凶报复。更值得注意的是，林彪、江青反革命集团的一些残余分子，还在兴风作浪，乘机捣乱，破坏社会主义经济。因此，我们必须加强领导，认真总结经验，注意调查研究，掌握经济犯罪分子的动向，不断解决工作中出现的新问题。更加快办理大案要案的速度，提高办案质量，继续依法从重从快打击严重经济犯罪活动。要进一步解决认识问题，深刻认识这场斗争的长期性、艰巨性，克服松劲和畏难情绪，防止右的和“左”的干扰，毫不动摇地把这场斗争进行到底。

五届人大四次会议以来，各级检察机关在打击严重经济犯罪活动的同时，积极配合公安、法院等有关部门，继续整顿社会治安，打击反革命和其他刑事犯罪活动。在各级党委的正确领导下，经过政法机关和全国各族人民的共同努力，社会治安有了明显好转。今年1月至9月，各类刑事案件的发案率，比去年同期下降了15.7%；许多城市、集镇、铁路沿线的公共秩序和交通秩序明显改善；犯罪分子的气焰受到打击，投案自首、坦白检举的越来越多；广大群众的安全感增加了，敢于同犯罪分子作斗争的人日渐增多。这就进一步巩固和发展了安定团结的政治局面。

在整顿社会治安中，各级检察机关积极参加“综合治理”，继续执行依法从重从快惩处的方针，重点打击了一批现行的杀人犯、抢劫犯、强奸犯、放火犯、爆炸犯以及其他严重危害社会的犯罪分子。据今年1月至9月的统计，全国检察机关共批准逮捕各类刑事案犯180086人，决定起诉的案犯184441人(包括上年移转的案件)，出席法庭支持公诉117635件，及时有力地揭露和打击了各种刑事犯罪活动。

当前在各类刑事犯罪案件中，青少年犯罪所占的比重仍然很大，约占50%。因此，在整顿社会治安中，我们坚持了教育、感化、挽救的方针，对失足青少年，除少数严重犯罪分子外，主要是动员社会的力量进行教育改造，并且通过办案，积极协助所在单位、家庭、学校等各方面，满腔热情、耐心细致地教育、感化、改造他们，帮助他们改正错误，走向新生。

劳改犯和劳教人员中的重新犯罪，也是当前危害社会治安的一个突出问题。在整顿社会治安中，各级检察机关坚持了惩办与教育、改造相结合的方针，一方面严厉地打击了重新犯罪和反改造的“尖子”。今年1月至9月，共办理又犯罪案件8449件。另一方面按照中央改进改造工作座谈会精神，同公安机关一道，在监狱、看守所和劳改、劳教场所，搞好文明管理，落实监管措施，进一步提高了改造质量，同时，各级检察机关还对判处管制、缓刑、监外执行、假释的罪犯的执行情况，加强了检察，促进罪犯的改造；对免予起诉的人员，进行了考察教育工作，帮助他们进一步认识和改正错误，做一个遵纪守法的公民。

在整顿社会治安中，不少基层检察院还协同公安、司法等部门，加强基层组织和基层工作，支持广大干部、群众同违法犯罪作斗争。并且广泛开展法制宣传，帮助群众建立治安公约和乡规民约，使干部、群众自觉遵守国家法律和社会公德。各级检察机关还通过办案，对一些机关、企事业单位在管理上存在的漏洞，及时提出建议，帮助发案单位采取措施，健全制度，加强管理，对预防违法犯罪起了一定的作用。

当前社会治安虽然有了明显好转，但是城市治安还有许多不安定的因素，农村治安也有不少新的问题。从当前刑事犯罪的案件看，青少年犯罪的比重很大；刑满释放和解除劳教人员，以及劳改犯逃跑重新犯罪比较突出；人民内部矛盾由于得不到及时正确地处理，而酿成犯罪的案件增多。因此，整顿治安仍然是一项长期而艰巨的任务，必须坚持不懈地抓下去，坚持实行“综合治理”的方针。各级检察机关要在党委统一领导下，紧密配合公安、法院，充分发挥专政机关的作用，对严重危害社会安全的分子，要继续实行依法从重从快惩处的方针。并且要协同有关各方面，发动广大干部、群众，动员全社会力量，共同维持好社会治安，使刑事案件日益减少，力争在今后五年内实现社会治安的根本好转。

加强检察队伍的建设，是做好检察工作，完成各项任务的组织保证。五届人大四次会议以来，各级检察机关还继续加强了检察队伍的整顿、训练工作。总的看，这支检察队伍还是好的，能够认真执行党的方针政策和国家法律，克己奉公，兢兢业业，努力学习和工作，较好地完成了党和国家交给的各项任务。但是，按照形势和任务的要求，这支队伍的政治素质和业务素质还有差距，这就要求我们必须把检察队伍整顿好、训练好，以适应新时期检察工作的需要。

在整顿队伍中，我们首先抓了各级领导班子思想、作风、组织上的整顿，克服软弱涣散的状态；对于跟随林彪、江青一伙造反起家的人，帮派思想严重的人，打砸抢分子，还有反对三中全会以后党中央路线的人，以及在经济领域内和其他方面违法乱纪的人，进行了初步清理；培养和选拔了一批德才兼备的优秀中青年干部，充实到领导岗位上来，使各级领导班子得到了加强。对极少数干部的违法乱纪行为也进行了严肃处理，进一步纯洁了队伍。同时，各级检察机关积极主动，因陋就简，采取多种形式分期分批地轮训干部。通过整顿和训练，干部的思想、政策和业务水平有了进一步提高。特别是在打击严重经济犯罪的斗争中，广大干警经受了锻炼和考验，反对资本主义思想腐蚀的能力大大增强，涌现出了一大批立场坚定，刚直不阿，秉公执法的先进人物。为了保卫人民的利益，有些同志还以身殉职，献出了自己的生命。

今年上半年，最高人民检察院开始了机构改革，调整了领导班子，合并了重叠机构，精减了人员编制。各省、自治区、直辖市今冬明春正在或即将进行机构改革，检察机关要通过这项工作，进一步改进工作作风，克服官僚主义，提高工作效率，把检察工作提高到一个新的水平。今后，我们要按照全国政法工作会议提出的要求，继续搞好检察队伍的整顿和训练，加强社会主义精神文明建设，为实现革命化、年轻化、知识化、专业化，建设一支有理想、有道德、有文化、守纪律的检察队伍而努力。

各位代表！不久前胜利闭幕的中国共产党第十二次全国代表大会，制定了全面开创社会主义现代化建设新局面的宏伟纲领。这次人民代表大会通过的新宪法，标志着我国社会主义民主的发展和法制建设进入了一个新的阶段。我们的国家行将出现一个新的振兴时期。面临新形势、新任务，各级检察机关要紧张地动员起来，坚决贯彻十二大精神，认真学习、执行新宪法，更自觉、更明确地把检察工作的重点转移到保卫和促进以经济建设为中心的社会主义现代化建设上来，努力开创人民检察工作的新局面。要充分发挥检察机关的职能，发展社会主义民主，加强社会主义法制，巩固人民民主专政。要正确地估量和处理现阶段的阶级斗争，更好地运用法律武器，坚决打击经济领域和政治文化领域中危害社会主义的严重犯罪活动，保障社会主义精神文明和物质文明的建设，为全面开创社会主义现代化建设的新局面作出贡献。

**五届全国人大五次会议主席团举行第三次会议**

会议讨论通过了将提请大会表决的有关决议草案和审查报告。

主席团常务主席彭真主持会议。

主席团会议根据各代表团讨论的情况和意见，通过了关于第六个五年计划报告的决议草案，提请大会表决。

五届全国人大预算委员会副主任委员胡子昂代表预算委员会作了关于1982年国家预算执行情况和1983年国家预算草案的审查报告。胡子昂在报告中说，预算委员会在听取了王丙乾部长的报告以后，结合大会代表提出的有关意见，讨论审查了1982年国家预算执行情况和1983年国家预算草案。预算委员会认为，总的说来，1982年国家预算执行情况是良好的，我国的财政状况开始有了明显的好转。

胡子昂说，预算委员会认为，国务院提出的1983年国家预算草案安排得比较适当，总的说来，体现了对国民经济继续进行调整、改革、整顿、提高的要求，体现了在提高经济效益的前提下，巩固地保持财政基本平衡的要求，也体现了国家建设和人民生活两者兼顾，在生产发展的基础上继续改善人民物质文化生活的要求。它是一个既保证了重点,又做到了统筹兼顾的预算。

胡子昂说,预算委员会建议大会批准1983年国家预算,批准关于1982年国家预算执行情况和1983年国家预算草案的报告。

主席团会议在听取了这个报告后,通过了关于1982年国家预算执行情况和1983年国家预算草案报告的决议草案,提请大会表决。

出席会议的主席团常务主席还有乌兰夫、韦国清、彭冲、赛福鼎、廖承志、阿沛·阿旺晋美、许德珩、胡厥文、史良、习仲勋、杨尚昆、班禅额尔德尼·确吉坚赞。

**中共中央总书记胡耀邦在北京会见阿拉伯7方委员会代表团**

**中宣部等9单位发出《贯彻党的十二大精神,进一步控制人口增长的宣传要点》**

摘要如下:

一、实行计划生育,是我国的一项基本国策

党的十二大把实行计划生育确定为我国的一项基本国策,是总结了建国30多年来我国在人口问题上的经验教训而作出的重大战略决策。

建国后相当一个时期,我们片面强调人多好,致使我国人口增长过快,与国民经济的发展不相适应。32年来全国增长了45940万人,相当于两个美国或4个日本的人口。这期间,我国国民经济有了很大发展,1981年,国民收入比1953年增长4.5倍,但按人口平均,国民收入只增长2.2倍。1981年我国粮食总产量比1953年增长94%,而人均占有粮只增长14%。尽管我国粮食总产量超过美国,但人均占有量大大低于美国,也低于世界平均占有粮800斤的水平。从1953年到1981年的28年间,我国消费资金总额(国家用于人民生活的开支)增长了3.9倍,幅度不算小,而人均消费额只增长1.9倍。

现在农村人口增加很多,人均占有耕地面积年年减少,人多耕地少已成为目前农村中的一个十分尖锐的矛盾。农村中人均口粮和收入的水平也都是比较低的。

在城市,居民在住房、交通、教育、就业、卫生等方面也遇到了很大的困难。

按照最近这9年的平均年增长率发展下去,到本世纪末,我国人口将超过13亿。而当前我国人口又正值生育高峰,并将持续15年之久。所以实行计划生育,将是一个长期的、艰巨的任务,党和政府把它作为我国的一项基本国策,是完全正确的。

二、到本世纪末,必须力争把我国人口控制在12亿以内

到本世纪末要实现工农业年总产值翻两番,把全国人口控制在12亿以内,是一个不可缺少的重要条件。如果我们不能有效地把人口增长控制住,那么工农业增产的成果就会被人口增加过快而抵消掉,直接影响到扩大再生产的投资,给“翻两番”增加困难。据全国人口普查的材料,1964年以来的18年间,我国增产的消费资料中,有30%是用于新增加人口;在每年增产的粮食中,有52.7%是用于新增加人口。

到本世纪末要把我国人口控制在12亿以内,在今后的18年内,年人口增长率必须下降到9.5‰以下。而我国现在的实际情况是:人口基数大,特别是年轻人的比例大,21岁以下的占50%,即有5亿。今后平均每年有1100多万对青年男女进入婚育期。因此,必须普遍提倡和推行一对夫妇只生育一个孩子,严格控制二胎,坚决杜绝三胎。对于少数民族,也要提倡计划生育,在要求上,可适当放宽一些。

《婚姻法》规定的婚龄,是指结婚的最低年龄。为了使青年能够更好地工作和学习,以及减慢人口增长速度,提高人口的素质,仍然要提倡晚婚和晚育、少生、优生。实行计划生育要以避孕为主。避孕是男女双方共同的责任,那种把避孕看成只是妇女的事是片面的。近亲结婚害处多,应当坚决避免。要注意对遗传性疾病的检查,使孩子生得好,养得壮、养成才。

三、实行计划生育,是建设社会主义精神文明的大事

实行计划生育,是社会进步和文明的表现,是建设以共产主义思想为核心的社会主义精神文明的一个重要内容。只有树立共产主义的理想、道德观念,与旧思想、旧习惯、旧的传统观念决裂,同时,不断地提高文化水平,普及科学知识和人口理论,才能自觉地实行计划生育。我们每一个人都要努力提高自己的共产主义思想觉悟,克服重男轻女的旧思想,克服“有儿才有后”的陈腐观念。现在有的地方妇女因生了女孩而受到全家的冷遇,个别的甚至受到迫害。这是不能容许的。在我们国家,男女都是平等的。妇女在经济、政治、文化等各个方面的权利都受到法律的保护。应该懂得“时代不同了,男女都一样”的道理,如果生了女孩,同样要把她抚养好。

有的人说,现在是“种自己的田,吃自己的粮,多生孩子自己养”。这种把生孩子只看成是个人的事也是不对的。在我们社会主义国家,抚养一个孩子,不能不依靠国家和集体。比如,孩子的上学、医疗、生活日用品供应,孩子长大以后的劳动就业,等等,都不是靠自己能解决的,多生孩子,就必然会增加国家和集体的负担。

现在农村中有些地方有“要想富起来,就得多生

孩”的说法，也是不对的。一个孩子出生后，最少要到十五六岁才能成为生产者。在这之前主要是消费者。因此，靠多生孩子来致富的想法，是不现实的。当前我们国家人多耕地少的矛盾已经相当尖锐。如果人数再多，每人的平均份额就更少，所以，依靠人口多来致富是不可能的。

四、共产党员、共青团员和各级干部必须带头实行计划生育

每个共产党员、共青团员和干部，一定要树立正确的婚姻、生育观，坚决执行计划生育的方针、政策，带头实行计划生育，并且要教育和督促自己的亲属做到晚婚、节育。同时，要主动了解周围群众的思想，积极地耐心地向群众做宣传，做动员，带领群众共同来实行好计划生育。这是党在计划生育问题上对共产党员、共青团员和各级干部的严肃要求，也是我们能否做好计划生育工作的关键所在。只要全国上下认识一致，共同努力，坚决执行十二大确定的实行计划生育这一基本国策，就一定能实现到本世纪末把全国人口控制在12亿以内的目标！

**中宣部等9单位联合发出《关于开展全国计划生育宣传月活动的通知》**

中宣部、解放军总政治部、国家计划生育委员会、卫生部、文化部、广播电视部、全国总工会、共青团中央和全国妇联，联合发出关于开展全国计划生育宣传月活动的通知。通知指出，为了有效地把明年人口增长的势头控制下来，开创计划生育工作的新局面，从明年元旦到春节期间，将以农村为重点，在全国开展计划生育宣传月活动。

通知说，要实现十二大确定的控制人口的目标，在今后18年内，全国每年净增人口数必须控制在1037万，年平均自然增长率不能超过9.5‰，这将是一个十分艰巨而又必须努力完成的任务。所以，计划生育工作千万不能放松，特别是前十年，尤其是近三年。这是关系到我国建设高度的社会主义物质文明和精神文明的大事。希望各级宣传教育、计划生育、文化卫生、工、青、妇等部门一定要认真抓好计划生育宣传月的活动。

宣传月要根据党的十二大精神，以宣传计划生育是我国的基本国策为中心内容，做到家喻户晓，人人明白，使各级领导干部提高对实行计划生育重大战略意义的认识，真正做到“两种生产一起抓”，“两种责任制”一起建立；使党团员和干部真正做到“三带头”，即带头宣传，带头实行计划生育，带头破除封建思想；使广大群众，特别是农村的每一对育龄夫妇都知道实行计划生育是一项基本国策，懂得避孕、优生等知识，自觉坚持晚婚、晚育、少生、优生，落实节育措施；发现和培养计划生育的新老积极分子，建立一支计划生育的骨干队伍和宣传网点，建立必要的经常性工作制度。

通知要求，在宣传月活动期间，各级党政军主要领导同志要亲自向干部、群众宣讲，报刊、电台、电视台要发表社论、评论、新闻报道以及有关文章，有线广播、电影、电视、幻灯、戏剧、曲艺、音乐等宣传文艺单位，要运用各种宣传形式宣传计划生育。工、青、妇、卫生、教育、铁路、交通、商业、服务业等有关部门，要动员力量，广泛开展宣传教育。同时大力表彰和宣传实行计划生育的先进单位和先进人物。要在做好宣传工作的基础上，落实生育计划和节育措施。要保护女婴，保护生女孩的妇女不受歧视、虐待。

**全国人大常委会副委员长彭冲在北京会见由爱德华·迈尔教授率领的奥地利新闻代表团**

**中国体操选手在东京国际体操邀请赛中获四项冠军**

在男子比赛中，李小平分别以9.9分和9.55分的成绩夺得鞍马和自由体操第一名。

在女子比赛中，吴佳妮取得了平衡木和高低杠两项第一名，成绩分别为9.65分和9.75分。

## 12月7日

**中央纪委在成都 西安分别召开西南 西北各省(区)纪检工作座谈会**

中央纪委书记韩天石先后主持了这两个座谈会，并讲了话。

座谈会着重就西南、西北各省(区)打击经济领域中严重犯罪活动的斗争，党风的状况和争取实现党风的根本好转，交流了情况和经验，讨论了今后一段时期纪委要抓的主要工作。

西南、西北各省(区)贯彻中央指示，开展打击经济领域中严重犯罪活动的斗争取得了很大的成绩，查处了一批案件，有力地打击了严重破坏经济的犯罪分子，使经济犯罪活动有所收敛，挽救了一批干部，对促进党风、民风和社会治安的好转，起了很好的作用，并初步取得了一些斗争的经验。座谈会上，大家对西南、西北地区这场斗争的形势进行分析后认为，虽然取得了很大成绩，但斗争中的后进单位仍还为数不少，特别是省(区)、地、县一些直属单位和中央各部门和省(区)直属的企事业，斗争开展得不够好。当前有两个问题影响着斗争的深入发展，一是部分领导干部对打击经济领域中严重犯罪活动的斗争的重要意义认识不足；二是在一些干部中存在着松劲情绪，如有的认为“差不多

了”等。座谈会强调各级党委要认真组织各级领导干部学习和领会党的十二大精神，认清开展这场斗争的重要性、长期性和紧迫性，切实加强领导，克服各种阻力，集中时间和精力把斗争引向深入。对纠正不正之风，争取党风好转的工作，座谈会也做了研究和安排。

**公安部发出通知号召公安干警认真学习宣传执行新宪法**

通知要求各地公安机关和广大干警，认真学习、宣传、执行新宪法。

通知说，新宪法反映了全国各族人民的共同意志和根本利益，具有最大权威性和最高法律效力。这部宪法的公布实施，标志着我国社会主义民主的发展和法制建设进入一个新的阶段，对于动员全国各族人民，实现党的十二大提出的全面开创社会主义现代化建设新局面的伟大任务，有十分重要的意义。公安机关是执法机关，负有维护宪法尊严、保证宪法实施的神圣职责。每一个公安干警都应当毫无例外地认真学习宪法，宣传宪法，做遵守宪法、执行宪法、维护宪法的模范。

**全国人大民族委员会和国家民委联合召开学习新宪法座谈会**

参加会议的包括蒙古、藏、维吾尔、朝鲜、回等9个民族成分的19位从事民族工作的同志。全国人大常委会副委员长阿沛·阿旺晋美主持会议。他在座谈会开始时说：五届人大五次会议通过的新宪法，贯穿了各民族平等、团结和共同繁荣的基本原则，规定了中华人民共和国公民有维护国家统一和全国各民族团结的义务，这是完全符合全国各民族的根本利益和共同意愿的。

与会同志热情赞扬新宪法是新中国成立以来最好的一部宪法，是新的历史时期团结全国各族人民进行社会主义现代化建设的总章程。人大民委秘书长云北峰(蒙古族)说，30多年来的实践证明，认真贯彻执行民族平等、团结和共同繁荣这条基本原则，我国的民族关系就出现团结、和睦、兴旺的局面，民族工作就取得成就；违背这条基本原则，我国的民族关系就紧张，民族工作就受到挫折。我们要高度重视历史的经验教训，坚决摈弃过去那种“左”的或右的错误做法，坚决地执行新宪法中有关民族问题的规定，开创我国民族工作的新局面。

与会同志一致认为，新宪法关于民族问题的条款，都贯穿了民族平等原则。新宪法《序言》中说，中国悠久的历史文化，是中国各族人民共同创造的，各民族都具有光荣的革命传统。这就肯定了各族人民共同的历史地位。中央民族歌舞团的伊和巴图(蒙古族)说，翻开新宪法，看到这一条，就有一种主人翁的自豪感；同时也感到我们肩负的任务的分量。社会主义四个现代化的建设，要依靠各民族共同去完成。

在谈到关于民族区域自治的规定时，与会同志认为，新宪法不仅恢复了1954年宪法中的一些重要原则，而且根据国家情况的变化增加了新的内容，如规定民族区域自治地方的人大常委会主任或副主任应当由实行区域自治的民族的公民担任；自治区主席、自治州州长、自治县县长要由实行区域自治的民族的公民担任。人大民委副秘书长萨依尔(达斡尔族)说，把少数民族的自主权利写在根本大法里，必将大大激发各族人民的爱国主义思想，进一步调动各族人民建设社会主义的积极性和创造性。

与会同志说，新宪法规定要克服大民族主义，主要是大汉族主义和地方民族主义。中国社会科学院民族研究所副所长照那斯图(蒙古族)说，在防止和反对两种民族主义的倾向中，处于各级领导地位的汉族和少数民族同志起关键作用。

全国人大代表、国家民委顾问费孝通同志说，新宪法不仅规定民族自治地方有权管理本地方的教育、科学、文化等事业，而且规定了国家帮助民族自治地方从当地民族中大量培养各级干部、各种事业人才和技术工人。在实施这些规定的过程中，汉族同胞责任重大。物质文明建设和社会主义精神文明建设，都离不开知识分子，而少数民族的知识分子数量远远不能适应发展经济、文化的要求。这就需要文化较先进的民族的帮助。

与会同志表示，要认真学习新宪法，热情宣传新宪法，坚决执行新宪法。蒙古族同志伊和巴图说，随着新宪法的实施，对我们各族干部提出了更高更严的要求。带头执法、守法，就一定要知法。这就要求我们必须努力学习新宪法。民族出版社副社长李鸿范(蒙古族)说，我们民族文字出版工作者当前的迫切任务，就是要加紧工作，及时地用少数民族文字翻译出版新宪法。

**中国第一座彩色显像管总厂在陕西正式投产**

据《人民日报》报道，陕西咸阳我国第一座彩色显像管总厂，本月初经国家验收批准，已正式投产。年产彩色显像管96万只。试产的彩虹牌彩色显像管，经该厂和国内外整机厂装配测定，证明管子启动迅速，使用方便，安全可靠，寿命可达1.5万小时以上，其亮度、色纯度、对比度和分辨率，特别是柔和逼真的实感性，均达到国外同类产品的先进水平。

**国务委员外经贸部部长陈慕华在人民大会堂分别会见朝鲜贸易部部长崔鼎根 突尼斯外交部部长埃塞卜西**

**马克思美学思想学术讨论会在广西南宁召开**

为纪念马克思逝世100周年,中国社会科学院文学研究所、作协广西分会和广西南宁师范学院,在南宁联合举办马克思美学思想学术讨论会。来自全国15个省、自治区、直辖市的美学工作者70余人出席了会议。

会议贯彻百家争鸣的方针,讨论了马克思主义美学的哲学基础、马克思的《1844年经济学——哲学手稿》的基本评价和美学意义、马克思美学思想的现实意义等问题。

**"'五四'青年文学奖"短篇小说征文评选揭晓**

据《人民日报》报道,《中国青年》杂志举办的"'五四'青年文学奖"短篇小说征文,已于最近评选揭晓。

获优秀奖的有10篇:《飞过蓝天》(韩少功)、《矮的升华》(祖慰)、《庸常之辈》(王安忆)、《瓦灰色的楼房》(晓宫)、《星》(陶正、田增翔)、《红花白花》(谷白)、《直线加方块的韵律》(刘富道)、《设有靶标的小岛》(黄传会)、《蓝旗》(陈村)、《雨夹雪》(金岱)。获鼓励奖的有3篇:《金色的小鹿》(罗阿波)、《走过黑暗》(李逊)、《天葬》(雷建政)。

## 12月8日

**中顾委主任邓小平在北京会见约旦国王侯赛因·伊本·塔拉勒**

邓小平说,中国一贯支持阿拉伯人民的正义事业。中国希望阿拉伯国家团结起来,共同对付霸权主义的挑战,使中东问题早日得到解决。

他说,中国和阿拉伯国家都是发展中国家,有共同的经历。在历史上,中华民族和阿拉伯民族都对世界文化作出过伟大贡献。

侯赛因国王对中国政府和人民一贯支持阿拉伯人民的正义斗争再次表示感谢。他表示要继续致力加强约旦同中国的友好合作关系。

**全国政协五届常委会二十二次会议在北京举行**

会议的主要议程是:讨论通过政协第五届全国委员会第五次会议关于《中国人民政治协商会议章程》的决议(草案)、政协第五届全国委员会第五次会议政治决议(草案)、政协第五届全国委员会第五次会议关于常务委员会工作报告的决议(草案)、政协第五届全国委员会第五次会议提案审查委员会关于提案审查情况的报告和决议(草案),协商通过增选政协第五届全国委员会常务委员的候选人名单。

委员们对几个决议(草案)进行了热烈的讨论。大家还就落实知识分子政策、发挥知识分子作用、加强法制建设、发展教育事业、开创人民政协工作新局面等问题,发表了许多重要的意见。

今天的常委会由政协全国委员会副主席乌兰夫主持。政协全国委员会副主席刘澜涛、李维汉、王首道、帕巴拉·格列朗杰、庄希泉、胡子昂、荣毅仁、何长工、杨秀峰、包尔汉、周培源、钱昌照、董其武,出席了会议。

**国家经委在北京召开生产办公会议**

国家经委副主任吕东在会上说,我们一定要认清经济振兴必须依靠科学技术进步,这是一个根本性的原则问题。到本世纪末实现工农业年总产值翻两番的宏伟目标,决不仅是一个量的概念,而是要向更高水平迈进,如果停留在目前落后的技术水平上,那么翻两番就会落空。因此,无论是从提高经济效益看,还是从经济发展速度看,都必须依靠科学技术的进步。我们要从过去那种重生产、基建,轻技术进步的旧思想、旧方法中解脱出来,使每一个产业部门、每一个企业,都把主要精力放在力争技术进步上,这里有挖掘不尽的巨大潜力,有着光辉灿烂的发展前景。在这个极其重要的问题上,我们必须有一个统一的认识。

吕东要求科技工作者积极为经济建设服务,不能为科研而科研,脱离经济建设的实际。要尽快改变过去那种科研成果出的多、用于工厂成批生产的少,论文多、样品多、能够从实验室转移到工厂批量生产少的状况,把科研和生产紧密结合好。要从科研、设计到建设、生产成龙配套地加以组织,使科技成果尽快转化为生产力。今后,在决定改造或新建一个项目,在组织一项技术进步的具体项目中,应该从科研到生产,从始到终,统筹规划,协调安排。

吕东还强调现有企业一定要把科技工作摆在重要地位,从现在起就要采取有力措施,把各项工作落到实处;强调实现技术进步要依靠技术干部和科技人员。

吕东在谈到推进技术进步工作,首先要制定行业技术政策和技术装备政策的问题时指出,历史经验证明,如果行业没有正确的相对稳定的技术政策和技术装备政策,必然来回折腾,造成很大的损失。他要求各部门认真研究制定本行业的技术政策,以明确技术发展方向,并在此基础上,制定出相应的技术装备政策。

吕东说,制定行业技术政策和技术装备政策的根据,一是到本世纪末全国工农业年总产值要翻两番;二是到本世纪末,要把经济发达国家在70年代或80年代初已经普及了的适用于我国的先进技术,逐步在我国国民经济各部门得到比较普遍的采用。各部门要以此为依据,来制定本世纪各行业分阶段、分步骤要达到的奋斗目标和相应的技术政策。首先把能源、交通、原材料、元器件、基础件等行业的技术政策制定出来。

吕东说,今后我们要一面用新技术装备新建企业,一面用新技术改造现有企业。对新建的重点项目,要加强前期准备的科研工作和设计工作,尽量采用新技术。对于不符合技术政策要求、达不到一定技术水平的,就不允许建设。对其中需要组织科研攻关的课题,要尽快安排落实。要把新技术应用到生产中去,设计工作起着关键的桥梁作用。尽量采用新技术来建设新企业应成为设计工作的一个指导思想。对现有企业,要有计划地推进技术改造。

吕东还提出了技术进步要抓的具体工作。

吕东提出,为了推动技术进步,还要研究制定若干政策条例,比如关于开发新技术、新产品的奖励条例,关于按质论价、优质优价的若干规定等。

吕东最后强调指出,各部门的领导同志要亲自挂帅,把有关机构组织起来,协同作战,这样才能上得快些、好些。

**共青团中央 全国青联 全国学联在北京联合举行学习新宪法座谈会**

会议号召共青团员和青年认真学习新宪法,宣传新宪法,遵守新宪法,维护新宪法。

团中央书记、全国青联副主席周鹏程主持了座谈会。共青团中央、全国青联、全国学联的负责人及首都部分青年代表参加了座谈。

共青团中央第一书记王兆国说,新宪法是我国新时期治国安邦的根本大法。共青团员和青年要认真学习,特别是要学好新宪法中有关公民权利与义务、民主与法制、自由与纪律等内容的条款。团员和青年要争当学习新宪法的模范,贯彻新宪法的模范、维护新宪法的模范。

全国青联代主席刘维明、全国学联主席林炎志说,新宪法明确规定了青年的成长受到国家法律的保护,国家保障青年、少年、儿童德、智、体等方面全面发展。这体现了社会主义制度的优越性。新宪法提出提高全国人民的科技文化水平的任务。在校的大学生要把今天的学习与祖国的"四化"建设联系起来,努力掌握建设祖国的本领。

全国青联委员、北京前门茶点综合服务合作社经理张占英说,看了新宪法,我们那里的青年特别高兴,都说这下安心了。集体所有制经济形式写上了国家的根本大法,我们的权利、地位有宪法保护。

在座谈会上发言的还有刘厚明、廖秋忠、吴学范、董宏。他们一致表示,这部新宪法来之不易,我们一定要像爱护自己的眼睛一样爱护新宪法,保证新宪法的全面实施。

**中央统战部等单位在人民大会堂举行茶话会欢迎少数民族宗教界和港澳台的人大代表和政协委员**

中共中央统战部、全国人大民委、国家民委和国务院宗教事务局联合举行茶话会,欢迎出席五届全国人大五次会议和全国政协五届五次会议的少数民族、宗教界和香港、澳门、台湾的代表、委员们。

中共中央政治局委员、全国人大常委会副委员长、全国政协副主席乌兰夫在茶话会上讲话。他首先对代表、委员们表示热烈的欢迎和亲切的问候。他说,今年是不平凡的一年,这一年我们连续做了几件大事:第一件,我们党胜利召开了十二大,确定了新的历史时期的新纲领和总任务,为全面开创社会主义现代化建设的新局面指明了前进方向;第二件是这次全国人大会议通过了新宪法,这部我国新时期治国安邦总章程的实施,一定会极大地调动全国各族人民的积极性,为在本世纪末使全国工农业年总产值翻两番而努力奋斗;第三件是第六个五年计划的编制完毕,使我国人民近期的奋斗目标更加明确,这必将鼓舞全国各族人民更加坚定地向着本世纪末的宏伟目标迈进。

乌兰夫说,这三件大事都是关系到我们党、国家和全国各族人民兴旺发达的大事,是关系到我们为子孙后代造福创造良好发展基础的大事。他希望各少数民族的代表和委员在大会以后,带动广大少数民族群众,同汉族同志进一步加强团结,同心同德,沿着党的十二大指引的方向前进。

习仲勋、赛福鼎、阿沛·阿旺晋美、班禅额尔德尼·确吉坚赞、刘澜涛、帕巴拉·格列朗杰、胡子昂、包尔汉、周培源、钱昌照、董其武、江华、汪锋、乔连升,有关部门负责人,各省、自治区、直辖市的负责人,出席了茶话会。

茶话会由中共中央统战部部长、国家民委主任杨静仁主持。

**国务院侨办 全国侨联在人民大会堂邀请人大归侨代表政协委员座谈侨务工作**

应国务院侨务办公室、全国侨联的邀请,出席五届人大五次会议、政协五届五次会议的归侨代表和委员就进一步做好侨务工作问题进行了座谈。

全国人大常委会副委员长、国务院侨务办公室主任廖承志出席了座谈会。他在讲话中回顾了新中国成立33年来侨务工作的情况。他说,侨务工作写进了国家的根本法,有着重要的意义。侨务工作大有希望。在新的形势下,我们要同有关部门密切配合,扎扎实实地把侨务工作做好,进一步发挥广大华侨和侨眷的积极性。他勉励侨务工作人员不要图虚名,要多做实际工作,要甘当无名英雄。

全国政协副主席、全国侨联主席庄希泉和有关方面负责人庄明理、洪丝丝、林一心、林修德、连贯、彭光涵、庄炎林、黄鼎臣等出席了今晚的座谈会。

**全国侨联在北京举行二届九次常委扩大会议**

会议通报:除西藏、台湾外,目前全国已有28个省、自治区、直辖市和近400个地、市、县成立了归国华侨联合会。

全国侨联和各地侨联自1978年恢复活动以来,为归侨、侨眷和华侨服务,已成为联结党和归侨、侨眷的纽带,联结祖国和华侨的纽带。全国各级侨联在积极宣传党的方针政策,协助党做好落实侨务政策的工作,维护归侨、侨眷的合法权益方面做了大量的工作。随着侨务政策的落实,党的路线、方针、政策在归侨、侨眷、华侨中更加深入人心,激发了他们的爱国主义热情。近几年,各地侨联还为"四化"建设做了大量工作。全国各地侨联已兴办了430多家集体企业,安置了4万多名待业青年,其中包括归侨、侨眷子女。各地侨联还通过兴办文化补习班和职业学校,积极为"四化"建设培养人才。

**中国马术协会被国际马术联合会接纳为正式成员**

这项决定是该组织在日内瓦举行的一次代表大会上作出的。会议还决定设在台北的马术协会将以"中国台北马术协会"的名义参加该组织,并规定它不得使用原来的旗和歌。

**邹利敏在意大利米兰举行的国际体操邀请赛中获得3项冠军**

邹利敏在单杠比赛中以10分的成绩获得冠军,这是这次比赛唯一的一个满分。他在双杠和自由体操比赛中,分别以9.9分和9.75分获得冠军。

**全国农村敬老院发展到8800多所**

民政部统计,我国农村人民公社和大队举办的敬老院已发展到8800多所,比1978年增加1600多所,有116000多名五保老人在敬老院里安度晚年。

辽宁、吉林、江西、黑龙江、河北、内蒙古、北京、天津、上海、山东、湖北11个省、自治区、直辖市的93个县实现了社社有敬老院。

## 12月9日

**五届全国人大五次会议主席团举行第四次会议**

会议由主席团常务主席彭真主持。

主席团常务主席习仲勋就代表们在审议四个法律案中提出的意见作了说明。

五届人大法案委员会向主席团会议提出了关于四个法律案的审查报告。报告说,出席本次会议的全体代表对全国人民代表大会组织法草案、国务院组织法草案、关于修改地方各级人民代表大会和地方各级人民政府组织法的若干规定的决议草案、关于修改全国人民代表大会和地方各级人民代表大会选举法的若干规定的决议草案四个法律案和关于四个法律案的说明,进行了审议,提出许多很好的意见。法案委员会于12月7日、8日开了三次会议,根据代表们提出的意见,对四个法律案逐条进行了认真的审议,大家认为,这四个法律案是宪法通过后,根据宪法制定的第一批重要的法律案,对于发展社会主义民主,健全社会主义法制,将有重要的作用。

报告说,法案委员会认为这四个法律案总的看来是可行的,同时建议根据代表的意见分别做一些修改,提请大会通过。

会议通过了法案委员会的报告,并决定将全国人民代表大会组织法草案、国务院组织法草案、关于修改地方各级人民代表大会和地方各级人民政府组织法的若干规定的决议草案、关于修改全国人民代表大会和地方各级人民代表大会选举法的若干规定的决议草案,提请大会表决。

主席团会议还通过了关于全国人大常委会工作报告的决议草案、关于最高人民法院工作报告和最高人民检察院工作报告的决议草案、关于六届全国人大代表名额和选举问题的决议草案,提请大会表决。

会议在听取了五届人大五次会议提案审查委员会主任委员罗青长作的关于提案的审查报告后,通过了这个报告,并决定提请大会表决。

出席会议的主席团常务主席还有乌兰夫、韦国清、李井泉、彭冲、赛福鼎、阿沛·阿旺晋美、许德珩、史良、杨尚昆。

**五届全国人大五次会议提案审查委员会主任委员罗青长作关于提案审查的报告**

罗长青说,这些提案都已经提案审查委员会全部审查完毕。这2102件提案中,属于工业交通方面的有744件,属于农业方面的有241件,属于财贸方面的有178件,属于文教科技方面的有417件,属于政法、国防、民族、外事方面的有522件。

罗青长说,这次大会提案,围绕着十二大提出的"四化"建设的战略目标、战略重点和战略部署,提出了许多建设性意见和要求。农业方面,加强商品粮基地建设,兴建和修复各种水利设施,增加林业建设投资,疏通流通渠道,加强城乡物资交流等,共161件,占提案总数的7.8%；能源交通方面，要求修桥修路通航，增加交通运输能力，加强能源开发，重视核能建设等，共185件，占提案总数的8.8%；教育科技方面，要求增加教育科技经费，发挥知识分子的作用，加强职工技术和文化培训，普及农村小学教育，重视边远地区和少数民族地区教育等，共379件，占提案总数的18%；要求加强社会主义法制，发扬社会主义民主等，共129件，占提案总数的6%。他说，提案对劳动就业、物价管理和住房问题也有反映。农村实行责任制后，生产大发展，有些提案要求加强农业科技工作，解决卖粮棉油难和仓库冷库建设问题。

罗青长建议，按照提案审查委员会对各项提案的审查意见，分别交由全国人大常委会、国务院、最高人民法院和最高人民检察院研究办理。

**全国妇联在北京召开学习新宪法座谈会**

全国妇联和出席五届人大、全国政协五届五次会议的部分女代表、女委员一起座谈学习新宪法。

全国妇联副主席黄甘英主持了会议。

全国妇联副主席罗琼强调，把培养和选拔妇女干部写入新宪法，对发挥妇女在“四化”建设中的作用，具有重要意义。

在会上发言的还有关建、邓裕志、林月琴、申纪兰、于兰、秦怡等同志。大家表示，在学习、宣传、实施新宪法的过程中，要把当前开展的“三八红旗手”、“三八红旗集体”、“五好家庭”活动紧密结合起来，开创妇女工作的新局面。

**中国设备管理协会在天津成立**

成立大会由国家经委副主任袁宝华主持。中共中央书记处候补书记郝建秀、全国人大常委会副委员长胡厥文专程到会讲了话，全国副主席胡子昂派代表到会作了书面发言。

中国设备管理协会聘请全国人大常委会副委员长胡厥文担任名誉会长，聘请胡子昂和经济学家马洪担任顾问。协会选举国家经委副主任马仪任会长，徐驰、邹家华、黎明、张彭、李天相、赵明生、关冶山、赵维臣、林宗棠和郑爽西任副会长。

**中国与匈牙利科学技术合作委员会第二十一届会议议定书在北京签字**

委员会中方主席、机械工业部副部长沈烈初，委员会匈方主席、工业部副部长加博尔·安德拉什，分别在议定书上签字。

国务委员兼对外经济贸易部部长陈慕华出席了签字仪式，并在仪式举行前会见了由安德拉什副部长率领的匈牙利科技合作代表团。

**中国政府决定正式签署《联合国海洋法公约》**

出席第三次联合国海洋法最后会议的中国代表团团长、外交部副部长韩叙宣布，中国政府决定正式签署《联合国海洋法公约》。

韩叙在会上发言说：“作为第三世界的一员，中国一贯支持广大第三世界国家反对海洋霸权主义的斗争，主张制定保障各国正当权利的新海洋法公约，并且积极参加了公约的制定工作。”

他指出：“第三世界国家为反对海洋霸权主义，改革不合理、不公平的旧海洋制度，进行了坚持不懈的斗争，提出了许多合理主张和建议，为制定新的海洋法公约提供了良好的基础，对会议的成功作出了重要贡献。”

他说，同旧海洋法比较，“新海洋法公约总的来说有了不少进步”。

他说，新的海洋法公约“对维护人类共同继承财产和各国正当海洋权益，规定了一系列重要法律原则和制度，打破了旧海洋法片面地有利于少数大国的局面”。

但他指出：“公约中还有不少条款的规定是不完善的，甚至是有严重缺陷的。”他说：“我们对公约并不完全满意。”

他说，“公约有关领海无害通过的条款中对军舰通过领海的制度未作明确的规定”。此外，“关于大陆架的定义以及相向和相邻国家间专属经济区和大陆架的划界原则，公约有关条款的规定也是有缺陷的。中国代表团对此曾经表明过自己的原则立场”。

他指出：“会议《关于对多金属结核开辟活动的预备性投资》的决议，对少数工业大国的要求作了过多的照顾。对它们和它们的公司给予了一些特权和优先地位。”他说，“中国认为这是不恰当的。”

韩叙最后强调说，“任何在海洋法公约以外对国际海底开发另搞一套的行为，如单方面立法活动或所谓‘小条约’等，都是非法和无效的。”

**甘祠森逝世**

全国政协常务委员兼副秘书长、中国国民党革命委员会中央委员会副主席兼秘书长甘祠森在京突然发病，经抢救无效，不幸于12月9日凌晨逝世，享年68岁。

甘祠森同志是现代作家、经济学家。他自青年时代起即积极参加进步活动，在抗日救亡运动和民主运动中做过不少有益的工作。新中国成立后，他先后担任政务院人民监察委员会厅长、监察部部长助理、民革中央副秘书长、宣传部副部长等职务，为贯彻中国共产党的方针、政策，为巩固和发展统一战线工作，作出了重要贡献。

## 12 月 10 日

**五届全国人大五次会议在人民大会堂闭幕**

大会号召全国各族人民坚决贯彻执行党的十二大确定的战略部署，积极进取，埋头苦干，为全面实现第六个五年计划、为开创社会主义现代化建设的新局面而奋斗。

大会执行主席、全国人大常委会委员长叶剑英在的会上发表讲话时指出，第五届全国人民代表大会在祖国的伟大历史转变中，没有辜负人民的信任和期望，恪尽职守，做了很多工作，发挥了最高国家权力机关应有的作用。

大会由执行主席、全国人大常委会副委员长杨尚昆主持。

全国人大常委会委员长叶剑英在大会上讲了话。

大会通过决议，批准赵紫阳总理《关于第六个五年计划的报告》，批准《中华人民共和国国民经济和社会发展第六个五年计划》和根据这个五年计划制订的1983年国民经济和社会发展计划。大会在“对《关于第六个五年计划的报告》的决议”中指出，国务院制订的第六个五年计划，是实现从1981年到本世纪末工农业年总产值翻两番这个宏伟目标的一个重大步骤，是当前我国社会主义经济建设的行动纲领，是一个比较完备的计划。

大会通过了“关于批准国务院1982年国家预算执行情况和1983年国家预算报告的决议”。决议指出，1982年的国家预算执行情况是良好的，1983年国家预算草案的安排是适当的。

大会通过了中华人民共和国全国人民代表大会组织法、中华人民共和国国务院组织法、关于修改地方各级人民代表大会和地方各级人民政府组织法的若干规定的决议、关于修改全国人民代表大会和地方各级人民代表大会选举法的若干规定的决议。这四个法律案是新宪法通过后根据宪法制定的第一批重要的法律案，这些法律案的通过，将对发展社会主义民主、健全社会主义法制，起重要作用。

大会还通过了关于全国人大常委会工作报告的决议，关于最高人民法院工作报告和最高人民检察院工作报告的决议。

按照大会通过的关于第六届全国人民代表大会代表名额和选举问题的决议，第五届全国人民代表大会的任期延长到第六届全国人大第一次会议举行为止，第六届全国人民代表大会代表的选举，应在1983年4月底以前完成。

本次会议提案审查委员会关于提案的审查报告，也在会上通过。

大会在通过全国人民代表大会组织法、国务院组织法和提案审查委员会关于提案的审查报告这三个文件时，各有一票弃权；在通过关于修改全国人民代表大会和地方各级人民代表大会选举法的若干规定的决议时，有两票弃权。

出席大会的代表有3040人。

大会执行主席还有彭真、邓颖超、乌兰夫、韦国清、谭震林、李井泉、彭冲、赛福鼎、廖承志、阿沛·阿旺晋美、许德珩、胡厥文、萧劲光、史良、习仲勋、班禅额尔德尼·确吉坚赞。

出席全国政协五届五次会议的委员们，列席了大会。

列席大会的还有：国务院组成人员，全国人大常委会副秘书长、法制委员会组成人员，最高人民法院、最高人民检察院、中共中央直属机关和国务院直属机构的负责人，人民解放军各总部、各军兵种、各军事院校的负责人，正在北京的我国驻外使节。

各国驻华使节和外国在京记者旁听了大会。

**全国人大常委会委员长叶剑英在全国人大五届五次会议闭幕会上的讲话**

各位代表：

我们这次大会很重要，开得很成功，我很高兴。

大会通过的新宪法，是新中国成立以来最好的一部宪法，既总结了30多年来正反两个方面的经验，又集中了全国各族人民的智慧。我深信，新宪法的公布和实施，一定会把我国的社会主义民主和法制的建设推向一个新的阶段，一定会把我国的现代化建设推向一个新的阶段。

赵总理的六五计划报告很好，我完全赞成。这是为实现二十年战略目标而设计的第一个蓝图。目标明确，鼓舞人心，措施得力，切实可行。希望各位代表团结全国人民，同心同德，振奋精神，艰苦奋斗，务求必成。

各位代表：

我们这届代表大会，到明年2月就满期了。这五年，是很不寻常的五年，是拨乱反正、取得重大胜利的五年。我们这届代表大会，在祖国的伟大历史转变中，没有辜负人民的信任和期望，恪尽职守，做了很多工作，发挥了最高国家权力机关应有的作用。

前不久召开的中国共产党第十二次全国代表大会，比较好地实现了新老干部的合作和交替，充分说明了社会主义事业兴旺发达,我们的国家人才辈出。党的十二大在新老合作和交替方面,为我们作出了榜样。根据新宪法的规定,人民代表大会制度要加强,全国人大常委会的职权要扩大,人大常委会是权力机关,也是工作机关。新的更加繁重的任务,摆在我们的面前。我希望大家共同努力,把下一届代表大会的各项筹备工作认真做好。在酝酿新的代表大会及其领导机构的时候,要把那些优秀的中青年干部选到领导岗位上来。新老干部,亲密合作,团结战斗,共同开创新局面。这样,我们这一辈人就由衷欣慰,可以放心了。我的话完了。

**五届全国人大五次会议通过《关于第六个五年计划的报告》的决议**

(1982年12月10日第五届全国人民代表大会第五次会议通过)

中华人民共和国第五届全国人民代表大会第五次会议,审议了赵紫阳总理代表国务院所作的《关于第六个五年计划的报告》,并审议了国务院提出的《国民经济和社会发展第六个五年计划(草案)》和《1983年国民经济和社会发展计划要点(草案)》,决议如下:

一、会议认为,国务院制订的第六个五年计划,是实现从1981年到本世纪末工农业年总产值翻两番这个宏伟目标的一个重大步骤,是当前我国社会主义经济建设的行动纲领,是一个比较完备的计划。赵紫阳总理的报告和六五计划提出的国民经济和社会发展的任务是积极的、可靠的,经过努力是可以实现的;提出的主要措施是符合实际的,是有力的、可行的。实现了六五计划,就可以取得国家财政经济状况根本好转的决定性胜利,就可以为第七个五年计划的经济发展以至1980年以后十年的经济振兴创造更好的条件。会议批准赵紫阳总理《关于第六个五年计划的报告》,批准《中华人民共和国国民经济和社会发展第六个五年计划》和根据这个五年计划制订的1983年国民经济和社会发展计划。对于计划执行中的具体问题,授权国务院根据实际情况及时予以调整和解决。

二、会议认为,第六个五年计划前两年的执行情况是良好的。国民经济走上了健康发展的轨道。农业生产全面高涨,农村经济日益兴旺;轻工业生产迅速增长,重工业的服务方向和产品结构有了改进;财政收支保持基本平衡,市场商品供应日益充裕,物价基本稳定;教育、科学、文化事业有了新的发展。会议对国务院这两年的工作表示满意。会议相信,在六五计划的后三年,只要进一步抓好调整、改革、整顿、提高的工作,继续解决历史上遗留下来的问题和困难,认真研究和解决经济生活中出现的新情况、新问题,国民经济和社会发展就一定会取得更大的成绩。

三、会议号召全国各民族的工人、农民、知识分子和一切拥护社会主义祖国的劳动者、爱国者,坚决贯彻执行中国共产党第十二次全国代表大会确定的战略部署,发扬艰苦创业的革命精神和扎扎实实的工作作风,积极进取,勤奋学习,兢兢业业,埋头苦干,为全面地实现第六个五年计划和1983年计划规定的各项任务,为开创社会主义现代化建设的新局面而奋斗。

**中华人民共和国国民经济和社会发展第六个五年计划(1981—1985)(摘要)**

(1982年12月10日第五届全国人民代表大会第五次会议批准)

**序 言**

中华人民共和国国民经济和社会发展的第六个五年计划(1981—1985),是在认真总结过去长期社会主义建设经验、全面分析当前国民经济和社会发展现状的基础上,按照中共中央提出的到本世纪末经济建设的战略部署制定的。这是继续贯彻执行调整、改革、整顿、提高的方针,使国民经济走上稳步发展的健康轨道的五年计划;是进一步推进我国现代化建设,使人民生活继续得到改善的五年计划;是从我国实际情况出发,走社会主义现代化经济建设新路子的五年计划。

从1981年到本世纪末的20年间,我国经济建设的战略目标,是在不断提高经济效益的前提下,力争使全国工农业的年总产值翻两番,在国民收入总额和主要产品产量方面进入世界的前列,国民经济在现代化过程中取得重大进展,人民的物质文化生活达到小康水平。实现这个目标,要抓住农业、能源交通、教育科学这三个战略重点,带动整个经济的发展。在战略步骤上,要分为两步走:前十年主要是打好基础、积蓄力量、创造条件,后十年开创一个新的经济振兴时期。实现这一部署,是一项十分艰巨的、极其光荣的历史任务。

第六个五年计划的制定和实施,是实现二十年宏伟目标的一个重大步骤。在这五年内,要采取有力的措施,求得经济的稳定并有一定的增长速度,同时为以后经济和社会的更好发展准备条件。

**第一编 基本任务和综合指标**

**第一章 基本任务**

第六个五年计划的基本任务,是继续贯彻执行调整、改革、整顿、提高的方针,进一步解决过去遗留下来的阻碍经济发展的各种问题,取得实现财政经济状况根本好转的决定性胜利,并且为第七个五年计划期间的国民经济和社会发展奠定更好的基础,创造更好的条件。具体要求是:

一、工农业生产，在提高经济效益的前提下，计划平均每年递增4%，在执行中争取达到5%。

二、大力增加适合社会现实需要的农产品、轻纺产品和其他日用工业品的生产，争取消费品供应的数量和质量同社会购买力的增长和消费结构的变化大体相适应，保持市场物价的基本稳定。

三、努力调整重工业的服务方向和产品结构，大力降低物质消耗特别是能源消耗，使生产资料生产同消费资料生产的发展保持大体协调。

四、有计划有重点地对现有企业进行技术改造，广泛地开展以节能为主要目标的技术革新活动，同时集中必要的资金，加强能源、交通等的重点建设，做好与七五计划期间的发展相衔接的工作。

五、统一组织全国的科技力量，进行科技攻关和科技成果的推广应用；努力发展教育、科学和文化事业，促进社会主义物质文明和精神文明的建设。

六、加强国防建设和国防工业建设，研制发展新型常规武器和战略武器，提高军队装备的现代化水平。

七、通过发展生产，提高经济效益和适当集中资金，使国家财政收入由下降转为上升，使经济建设和文化建设的开支逐步有所增加，保证财政收支和信贷收支基本平衡。

八、大力扩展对外贸易，有效利用国外资金，积极引进适合国内需要的先进技术，促进国内经济技术的发展。

九、严格控制人口的增长，妥善安排城镇劳动力的就业，在生产发展和劳动生产率提高的基础上，使城乡人民的物质和文化生活继续得到改善。

十、加强环境保护，制止环境污染的进一步发展，并使一些重点地区的环境状况有所改善。

**第二章　社会总产品、国民收入和经济效益**

一、社会总产品。

1985年包括农业、工业、建筑业、运输业、商业五个部门生产的社会总产品，按照1980年不变价格计算，达到10300亿元，比1980年的8500亿元增加1800亿元，平均每年增长4%。其中：农业总产值2660亿元，比1980年的2187亿元增长21.7%，平均每年增长4%。工业总产值6050亿元，比1980年的4972亿元增长21.7%，平均每年增长4%。

二、国民收入。

1985年国民收入生产额达到4450亿元，比1980年增加783亿元，平均每年增加156亿元，平均每年增长4%，接近或相等于工农业总产值的计划增长速度。

1985年消费基金占国民收入使用额的71%左右，积累基金占国民收入使用额的比重即积累率为29%左右。

三、经济效益。

社会总产品和国民收入的增长速度，以提高经济效益为前提。各项经济技术指标，要求达到以下水平：

(1)工业产品的质量，要符合国家规定的标准，并且努力提高优质产品的比重。由各工业主管部门对现行的产品技术标准进行一次修订，把产品技术标准提高一步。

(2)每亿元工业总产值消耗的能源，由1980年的8.15万吨下降到1985年的6.82万—7.15万吨，平均每年的节能率为2.6%—3.5%。

(3)机械工业系统重点企业的钢材利用率，1985年比1980年提高3%。

(4)国营工业企业的全员劳动生产率，平均每年提高2%。

(5)国营工业企业的可比产品成本，每年降低1%—2%。

(6)国营商业企业的商品流通费用，每年降低1%—2%。

(7)流动资金周转天数，国营工业企业由1980年的114天缩短到1985年的105天；国营商业企业由1980年的165天缩短到1985年的163天。

所有领导机关、经济管理部门和基层经济单位，都要把提高经济效益放在首要地位，根据全国的总要求，明确规定出各自的经济技术指标所必须达到的水平，并且采取有效措施，督促和保证其实现。

**第三章　财政和信贷**

第一节　财政收入

1985年国家财政收入达到1274亿元，比1980年增加189亿元，平均每年增加38亿元，平均每年增长3.3%。五年合计国家财政收入5953亿元。

第二节　财政支出

1985年国家财政支出1304亿元，比1980年增加92亿元。五年合计财政总支出6098亿元，其中国内支出5836亿元，国外借款安排的基建支出262亿元。

财政支出计划，首先是保证重点建设，逐步增加教育、科学、文化、卫生、体育事业的开支，同时保证军政费用必不可少的需要，按期偿还国外借款的本息，适当照顾其他方面的开支，帮助少数民族地区和经济不发达地区发展经济文化事业。在五年合计的财政总支出中，各项主要开支安排如下：

一、基本建设拨款(包括国外借款)1700亿元，平均每年340亿元，占财政总支出的27.9%，比“五五”计划时期的38.1%下降了10.2%。

二、教育、科学、文化、卫生事业费967亿元，平均每年193亿元，占财政总支出的15.9%(其中1985年为16.8%)，比“五五”计划时期的11%提高了4.9%。

三、支援农业支出387亿元,平均每年77亿元,占财政总支出的6.3%,大体保持"五五"计划时期的水平。

四、国防战备费883亿元,平均每年177亿元,占财政总支出的14.5%,比"五五"计划时期的16.5%降低2%。

五、行政管理费408亿元,平均每年82亿元,占财政总支出的6.7%,比"五五"计划时期的4.9%提高1.8%。

六、支援少数民族地区和经济不发达地区资金25亿元,比"五五"计划时期的3亿元增加22亿元。

七、国外借款还本付息243亿元,平均每年49亿元。

八、中央预备费40亿元,地方机动财力和预备费68亿元。

第三节 增收节支的措施

财政收支相抵,五年计划平均每年有财政赤字30亿元左右。1981年实际执行结果为25亿元。今后在年度计划的执行中,也要努力使财政赤字少于30亿元。最根本的措施,是增加生产,提高经济效益。同时,要改变资金过于分散的状况,使国家集中必要的资金,使国家财政收入在国民收入中保持适当的比例,并且保证中央财政的收支平衡。

第四节 信贷收支和货币发行

信贷资金来源增加1925亿元,信贷资金运用增加2170亿元。根据实际需要,增发一部分货币。

存款计划要力争超额完成,贷款要严格按计划使用,以保证信贷收支基本平衡,防止信用膨胀。要切实加强贷款管理,控制货币发行。

**第四章 固定资产投资**

五年内全国全民所有制单位的固定资产投资3600亿元,其中基本建设投资2300亿元,更新改造投资1300亿元。

第一节 基本建设

基本建设投资,重点用于能源及交通运输建设,适当安排了农业、轻纺工业、冶金工业、化学工业、建材工业以及教育、科学、文化、卫生、城市建设、商业外贸等的建设投资。

各个部门的投资分配如下:

燃料动力工业586.3亿元。其中,煤炭工业179.3亿元,石油工业154.7亿元,电力工业207.3亿元,重大节能措施45亿元。

交通运输298.3亿元。其中,铁路172.9亿元,交通96.1亿元,民航5.8亿元,邮电23.5亿元。

农业、林业、水利、气象141.3亿元。

轻纺工业139.8亿元。

森工、建材72.8亿元。

冶金工业175.1亿元。

化学工业114.3亿元。

地质勘探14.9亿元。

机械工业28.9亿元。

其他工业84.6亿元。

科学、教育、文化、卫生、体育94.3亿元。

商业、外贸62.6亿元。

职工住宅、城市建设、环境保护178.8亿元。

唐山和天津震灾恢复、支援不发达地区及其他建设308亿元。

施工的大中型建设项目890个,全部建成400个,其余转到七五计划期间继续建设。

主要工业、交通行业的新增生产能力如下:

煤炭工业,建成101处矿井,新增采煤能力8000万吨。

电力工业,全部建成10个水电站,27个火电厂,加上部分建成的电站(厂),新增发电装机1290万千瓦,其中水电320万千瓦。

石油工业,新增原油开采能力3500万吨。

铁道,新增通车里程2067公里,电气化里程2511公里,复线里程1689公里。

港口,建成54个深水泊位,新增吞吐能力一亿吨。

建材工业,全部建成25个水泥厂,新增水泥生产能力1240万吨。

森林工业,新增原木采运能力320万立方米。

纺织工业,建成12个化纤项目,新增化纤能力38万吨;全部建成6个棉纺厂和6个毛纺厂,新增棉纺锭30万锭(另更新改造新增440万锭)、毛纺锭20万锭(另更新改造新增27万锭)。

轻工业,新增制糖能力50万吨,造纸能力31万吨,制盐能力103万吨。此外,通过更新改造,新增制糖能力138万吨,造纸能力75万吨,制盐能力34万吨。

冶金工业,重点建设宝钢一期工程,1985年高炉点火,初步形成钢铁各300万吨、无缝钢管50万吨的生产能力。

化学工业,新增合成氨生产能力152.5万吨,磷肥生产能力4.6万吨,乙烯生产能力11.5万吨。

为了搞好同长远发展的衔接,六五计划期间选择了279个项目,安排了一定的资金,进行科学研究、技术经济论证和勘察设计等前期工作。

第二节 更新改造

更新改造投资1300亿元,其中:国家财政拨款131亿元,银行贷款385亿元,地方、部门和企业折旧基金和其他自有资金(包括利用外资)784亿元。

更新改造要以节约能源和节约原材料为重点,改进产品结构，提高产品的性能和质量；更新现有企业设备和改进工艺；合理利用资源，治理严重污染；推广行之有效的科技成果；增加轻工业短线产品的生产能力。

第三节 大力提高投资效益

要严格控制固定资产投资规模，保证能源、交通等重点建设，保证现有企业的技术改造，压缩扩大一般加工工业能力的盲目建设。每一个基本建设和更新改造项目，都要以缩短建设周期、降低工程造价为重点，千方百计地提高投资效益。

控制投资规模和提高投资效益的主要措施是：

一、固定资产投资总规模，包括国家预算内的拨款、自筹资金和银行贷款，都必须由国家计委和省、自治区、直辖市计委进行综合平衡，统一纳入国家计划。

二、大中型基本建设项目一律由国家计委审批，小型基本建设项目一律由省、自治区、直辖市计委和国务院有关部门审批；技术改造项目，除国家规定企业有权自行安排的以外，由各级计委会同各级经委按照规定的权限审批。

三、所有建设项目，必须严格按照基本建设程序办事。没有进行可行性研究和技术经济论证，没有做好勘察设计等建设前期工作的，不得列入年度计划，更不得仓促开工。

四、改进设计工作，整顿施工管理。要围绕提高经济效益，修改制定工程建设标准、规范，加强基础工作。全面整顿施工企业，改进经营管理，提高劳动效率，保证工程质量。

五、重新核定固定资产投资概算和预算的合理定额以及取费的合理标准，努力降低工程造价。

六、对计划施工的大中型项目逐步实行"五定"，即定建设规模、定总投资、定建设工期、定投资效益、定外部协作条件。

七、健全竣工投产验收制度。

八、继续推行建设投资有偿使用制度，有步骤地实行建设项目包建制度。

九、用于基本建设的各种投资，要由建设银行统一管起来，按计划监督使用。

**第五章 科学技术发展和人才培养的目标**

通过对经济、社会发展中重大科学技术问题的攻关和科学技术成果的推广应用，使国民经济的薄弱环节，主要是能源的节约和开发、交通运输、农业以及资源综合利用等方面存在的关键技术问题有所突破；对环境保护、城乡建设、医疗卫生、计划生育等社会事业的发展有所促进，并为"七五"计划期间的发展做好科学技术准备。

科技攻关项目，国家主要抓8个方面、38个项目、100个课题。其中最重要的项目是：

一、选育一批水稻、小麦、大豆、玉米、棉花、糖料、油菜、畜禽等优良新品种，并建立完善的繁育体系。

二、研究大规模集成电路生产工艺及其工业化生产技术和装备，以及计算技术的开发。

三、能源开发及节能技术。

四、化纤纺丝工艺及织物染整设备的研究。

五、石油化工深度加工及综合利用研究。

六、金川、攀枝花、包头三大共生矿的综合利用研究；贫红铁矿选矿技术；国防工业、电子工业等方面急需的关键新型材料。

七、研制2050毫米热连轧机、60万千瓦火力发电机组、超高压交流输变电、海上石油钻采等大型成套设备。

以上这些项目，有一部分在六五计划期间完成或取得重大进展。

科技成果推广项目，国家重点抓40项。

在抓好科学技术攻关和科技成果推广、重点加强应用研究和发展研究的同时，使基础研究稳定地开展。

大力加强各种人才的培养工作。在提高教学质量的基础上，发展高等教育和中等专业教育，并做好在职干部的轮训工作。普通高等学校的招生数由1980年的28万人增加到1985年的40万人；在校学生数由1980年的114.4万人增加到130万人。五年内大学毕业生共150万人。参加电视大学、函授大学、夜大学等学习的学员，1985年达到150万人。

1985年计划招收研究生20000人，比1980年增长4.5倍，五年内毕业研究生45000人。

**第六章 人民生活和社会事业发展目标**

人口自然增长率1985年控制在13‰以内。

城镇新安排的就业人数五年内累计为2900万人。

职工工资总额平均每年增长4.9%。

农民平均每人的纯收入平均每年增长6%。

城乡居民的消费水平平均每年增长4.1%。

全国城镇住宅五年建成31000万平方米；农村新建住宅25亿平方米。

医院病床增加25万张，专业卫生人员增加60万人。

文化艺术、广播电视、新闻出版、体育等各项事业，都有较大的发展。

**第二编 各经济部门发展计划**

**第七章 农 业**

第六个五年计划期间，要继续把农业放到重要的战略地位，促进农业经济的进一步高涨。要稳定农村各种形式的生产责任制，并在总结群众实践经验的基础上逐步加以完善、提高。要大力采用和推广农业科技新成果,改善农业生产条件。决不放松粮食生产,积极发展多种经营,争取农业全面增长。

第一节　种植业

1985年,主要农作物的产量指标如下:

粮食36000万吨,比1980年增长12.3%。其中,大豆1150万吨,比1980年增长44.8%。

棉花360万吨,比1980年增长33%。

油料1050万吨,比1980年增长36.5%。

糖料4670万吨,比1980年增长60.4%,其中甘蔗达到3588万吨,甜菜达到1082万吨。

烤烟130万吨,比1980年增长81%。

通过下达主要农产品的种植面积和采购指标,订立收购合同,实行正确的价格政策,指导农民合理安排各项农作物的种植,使农产品的供应同社会的需要大体相适应。粮食播种面积,就全国来说要稳定在17亿亩的水平上,不再减少。在省、自治区内部可以因地制宜地进行适当调整。棉花播种面积全国稳定在8500万亩左右的水平上,在地区之间进行合理调整。控制油菜籽的种植面积。烤烟种植面积控制在800万亩左右。国家对主要农副产品规定征购基数、派购任务和收购数量。超过的,有的实行加价收购,有的实行减价收购,有的不收购,由农民自销。

为了更好地调动粮产区农民的生产积极性,国家将在投资和物资分配上给予照顾。有计划地加强商品粮基地的建设。同时,积极扶持调入粮食的省、自治区发展粮食生产。

在农业的生产技术方面,要积极选育和推广优良品种;增加施肥数量,改善化肥结构和施肥技术;加强农田水利建设;防治病虫害;大力推广和发展农业新技术;保证农业生产所必需的柴油、电力和其他农机具的供应;办好国营农场,进一步提高经营管理水平。

第二节　畜牧业

1985年猪、牛、羊肉产量达到1460万吨,比1980年增长21%。要增加禽蛋和奶的产量,因地制宜地发展各种地方特有的畜、禽、蜂、兔优良品种和饲养水貂、香獐等珍贵动物。

认真落实各项政策,采取国家、集体和个体多种方式经营畜牧业,鼓励发展家庭饲养业和饲养专业户。继续调整畜牧业内部结构,在发展养猪业的同时,抓好以草食为主的牛、羊、兔的生产,改革畜群结构,提高母畜比例,推广当年育肥羔屠宰。加强牧区草原建设,1985年人工草场将由1980年的3200万亩扩大到1亿亩。充分利用糠麸和饼粕等加工副产品,采取联合办厂等多种形式发展饲料工业。在大、中城市郊区和大型工矿区附近,大力发展集体和农民户饲养奶牛、奶羊,改善城市鲜奶供应状况。

第三节　水产业

1985年水产品产量达到510万吨,比1980年增长13%。1985年淡水养殖产品达到160万吨,比1980年增长78%;海水养殖产品达到55万吨,比1980年增长25%。

进一步落实湖泊、塘堰、水库等各种水面和滩涂的使用权,积极发展以专业户、重点户为主的专业承包和社员家庭养殖,提倡各种形式的联合经营。1985年淡水养殖面积达到5900万亩,比1980年扩大1600万亩。海水养殖面积达到250万亩,比1980年增加50万亩。

第四节　农村工副业

农村工副业产值将有较快的增长。对农村现有工副企业要进行调整和整顿,加强经营管理。各地区要根据国家有关法规,按照有利于农业生产,不破坏自然资源,不同大工业争能源、争原料的原则,明确当地农村工副业的发展方向,并帮助它们努力提高经营管理水平,生产适销对路、质量好的产品。

第五节　水利建设

以巩固黄河、长江、淮河、海河等大江大河现有防洪能力为主要目标,确保重要堤段和重要城市的安全。

解决北方重点地区用水问题。力争在1985年前完成潘家口、大黑汀水库和引滦入津工程,达到通水要求,以缓和京、津地区用水矛盾。

进行黑龙江三江平原、江西鄱阳湖地区、湖南洞庭湖地区、安徽淠史杭灌区等重点商品粮产区的水利建设,逐步改善这些地区的排灌条件。

加强地方水利建设。同时,继续动员农民群众扩大劳动积累,进行确有实效的农田水利工程建设。

第六节　气象事业

按照"准确、迅速、经济"的要求,采用必要的新技术和发挥现有的技术潜力,全面运用气象情报、预报、气候资料等多种手段,为国民经济和国防建设趋利避害服务。

**第八章　林　业**

第一节　造林和育林

继续建设西北、华北、东北地区的防护林体系。在平原、河网地区大力营造农田林网,搞好村旁、水旁、路旁、宅旁植树。有重点地营造速生丰产林和经济林。

全国造林29000万亩。保证造林质量,争取到1985年把保存率提高到60%以上,使全国森林覆盖率有所提高。

充分调动各方面的积极性,切实组织好全民义务植树运动。明确和稳定山权林权,建立和完善多种形式的责任制。认真贯彻执行营造与管理并重的方针,加强林木的管理和保护。对于侵犯林权、破坏森林者要依法制裁。

第二节　木材采运

1985年木材产量达到5500万立方米，比1980年增长2.6%，其中国家上调量3100万立方米，比1980年增长1.3%。五年采伐迹地更新造林3910万亩，其中人工更新造林3100万亩。新增加木材生产能力320万立方米。

认真执行国家木材政策，严格控制森林采伐量。不允许把国有森林划分给集体和个人所有，集体也不要把成片的林木划给群众。要采取坚决有力措施，制止乱砍滥伐。严格执行国务院规定的木材生产上调计划，不准超计划采伐，不准截留国家木材。严格实行木材统购统销，关闭木材自由市场，取消木材议价和变相议价。

第三节　林产工业

大力发展以采伐、造材、加工剩余物为原料的人造板生产，继续搞好木材的综合利用，抓好松香、栲胶、紫胶等林化产品的生产。

**第九章　消费品工业**

第一节　纺织工业

棉纺工业。1985年生产纱359万吨，比1980年增长22.8%；布153亿米，比1980年增加18.3亿米。五年内增加棉纺能力470万锭。主要是依托老厂进行扩建改造，同时结合布局的调整，在产棉区适当进行新建。

毛麻工业。1985年全国生产呢绒1.8亿米，比1980年增长78%。五年内新增毛纺能力47万锭；在内蒙古、新疆等羊毛产地和使用进口毛多的上海、北京、天津地区新建扩建毛条生产能力3万吨。五年内增加麻纺能力9万锭。

丝绸工业。发挥丝绸生产的传统技艺，增加特色产品，做到产品多样化。1985年丝的产量4.3万吨，比1980年增长23%；丝织品10亿米，比1980年增长32%。

化纤工业。1985年生产化纤78万吨。五年内，新增化纤生产能力38万吨。到1985年，化纤原料可以基本立足国内。

第二节　造纸工业

调整产品结构，在保证文化出版用纸和工业技术用纸的同时，重点发展各种商品包装纸及纸板，增加高级印刷纸、涂布加工纸的生产。到1985年，纸的产量达到600万吨，比1980年增长12%。五年内，新增造纸能力106万吨。通过扩建改造，增加各种包装纸板能力50万吨。

第三节　食品工业

食糖，1985年达到430万吨，比1980年增长67.3%。五年内增加制糖能力188万吨。

啤酒，五年内新增生产能力150万吨。1985年生产200万吨，比1980年增长近两倍。

卷烟，1985年生产2000万箱，比1980年增长32%。通过整顿企业、集中管理、实行国家专营的办法，严格按计划统一组织生产。

原盐，1985年生产1650万吨。

对饮料、糖果、糕点、乳品、儿童食品、方便食品、罐头、葡萄酒、黄酒、名牌优质白酒等各种食品，以及各种调味品，各地要根据资源条件和市场需要积极加以发展。

第四节　耐用消费品工业

1985年主要产品的生产量为：

自行车3300万辆，比1980年增长1.5倍。

缝纫机1400万架，比1980年增长82%。

表4500万只，比1980年增长98.5%。

洗衣机350万台，比1980年增长13倍。

录音机450万部，比1980年增长5倍。

电视机700万部，比1980年增长1.8倍。

对电风扇、闹钟、木钟、收音机要控制产量，提高质量。

耐用消费品生产的布局和能力的增加，都要严格按照计划规定的要求和布点原则进行，防止一拥而上。

第五节　日用化学工业

重点发展塑料制品、洗涤用品、感光材料和化妆品，并在产品的升级换代上作出显著成绩。

第六节　其他轻工业

积极发展皮革制品、日用陶瓷、日用玻璃制品、五金制品、服装鞋帽、工艺美术品、家具等的生产，积极发展电光源、文教用品、民族用品和各类小商品。

**第十章　能　源**

第一节　能源节约

1985年全国一次能源（煤炭、石油、天然气、水电）生产总量为68290万吨标准煤，比1980年增加4570万吨，平均每年增长1.4%。六五计划期间工业生产平均每年增长4%的速度，主要要靠节约和少用能源来实现。

五年内，全国节约和少用能源要求达到7000万—9000万吨标准煤。节能的重点，是华东、华北以及北京、天津、四川等耗能多的地区，电力、冶金、化工、建材、石油、铁道、交通等耗能多的部门。

五年内国家安排节能措施项目1303个，其中投资1000万元以上的重大技术改造项目195个。

要求1985年比1980年压缩烧油1000万吨左右。为了更换烧油的电站锅炉、增加煤炭供应，五年内安排了专项资金用于建设有关工程。

1985 年实现各种节能措施后，单位工业产值消耗的能源，平均每年下降 2.6％—3.5％。钢、发电量等 17 种主要工业产品的单位能耗五年内分别下降 3％—12％。

第二节　煤炭工业

1985 年全国原煤产量达到 7 亿吨，比 1980 年增加 8000 万吨，平均每年增长 2.5％。其中，统配煤矿生产 3.85 亿吨，比 1980 年增加 4100 万吨。山西煤炭产量达到 1.6 亿吨，比 1980 年增加 4000 万吨，占全国煤炭增加产量的 50％。

增加煤炭生产的主要措施是：加快现有矿井的技术改造，充分发挥生产潜力。力争到 1985 年，抵消衰老、报废矿井减少的产量后，现有矿井净增产量 1800 万吨；如期建成投产一批新矿井，到 1985 年增加煤炭产量 2300 万吨；抓好煤矿企业的整顿工作，要求统配煤矿的全员效率由 1980 年的每工日产 0.912 吨提高到 1985 年的 0.965 吨；积极发展开采、掘进、运输的机械化和坑木代用，1985 年全国统配煤矿采煤机械化水平由 1980 年的 37％提高到 44％。

全国煤炭建设总规模 2.2 亿吨，建成 8000 万吨，结转到“七五”计划期间续建 1.4 亿吨。

几个重点地区的矿井建设总规模是：

华北的山西、河北 9300 万吨，其中山西 7800 万吨，河北 1500 万吨，建成投产 2900 万吨。

东北和内蒙古东部地区 5080 万吨，其中内蒙古东部地区 2500 万吨，辽宁 1140 万吨，建成投产 1650 万吨。

华东地区 5200 万吨，其中山东 2150 万吨，安徽 2140 万吨，建成投产 2200 万吨。

此外，中南、西北、西南地区也安排了适当的建设规模。其中中南地区 1300 万吨，西北地区 820 万吨，西南地区 770 万吨。

第三节　石油工业

1985 年原油产量保持年产 1 亿吨的水平。1985 年天然气产量 100 亿立方米，其中四川气田 50 亿立方米。五年内新增原油开采能力 3500 万吨，天然气开采能力 25 亿立方米。

五年内，石油勘探的重点放在东北松辽盆地、渤海地区、河南濮阳和内蒙古二连盆地，并适当加强新疆准噶尔、青海柴达木盆地的勘探，争取尽快发现一批新油田。天然气的勘探，重点是放在四川地区。积极开展海上石油的对外合作勘探和开发。

第四节　电力工业

1985 年全国发电量达到 3620 亿度，比 1980 年增加 614 亿度，平均每年增长 3.8％，在执行中争取超过。其中，水电 700 亿度，比 1980 年增加 118 亿度，平均每年增长 3.8％。

水电建设重点是继续开发黄河上游、长江中上游干支流和红水河流域，建设一批大型水电站。安排一批离负荷中心较近、淹没较少、工程较小、投资省、见效快的中型水电站。因地制宜地开发东北、华东、广东等缺能地区的小型水电站。火电建设，主要是在煤炭资源丰富的山西、内蒙古东四盟、两淮、渭北等地，结合煤炭开发，建设一批坑口电站，逐步形成一批火电基地。对煤炭资源不足而用电负荷又比较大的辽宁、上海、江苏、浙江、广东、四川等地区，根据运输条件，建设必要的火电厂。建设 30 万千瓦核电站。

五年电站建设总规模 3660 万千瓦，其中水电 1560 万千瓦。竣工投产发电装机 1290 万千瓦，其中水电 320 万千瓦。结转到“七五”计划期间续建的电站规模 2370 万千瓦，其中，水电 1240 万千瓦，火电 1130 万千瓦。

继续加强输变电工程建设。五年内建设 50 万伏超高压输变电工程 5640 公里，建成 2700 公里。

第五节　农村能源

根据因地制宜、多能互补、综合利用、讲求实效的方针，努力搞好农村能源的合理使用和节约。

主要措施是：推广省柴、省煤的炉灶 2500 万个，使全国 1/7 的农户采用这种炉灶。在整顿现有 650 万个沼气池的基础上，稳步发展 350 万个新的沼气池。新造薪炭林 5000 万亩。在有水力资源的农村多发展一些小水电。积极搞好太阳能、风能以及地热的利用。

**第十一章　冶金工业**

第一节　钢铁工业

1985 年钢产量 3900 万吨，比 1980 年增长 5％；生铁产量，适应节约能源、降低铁钢比的要求，安排 3450 万—3510 万吨，比 1980 年下降 7.7％—9.3％；铁矿石的产量为 11700 万吨，比 1980 年增长 3.9％。

1985 年合金钢产量 300 万吨，比 1980 年增长 63.3％；普通低合金钢产量 350 万吨，比 1980 年增长 15.2％。

1985 年，钢材产量 2930 万吨，比 1980 年增长 7.9％；成材率为 80％，比 1980 年提高 3％；钢板、钢管、硅钢片和带钢等短缺品种的产量将达到 1115 万吨，比 1980 年增加 300 万吨，增长 37％。

钢铁工业要努力降低物质消耗，特别要在降低能源消耗方面取得明显进展。严格控制东北、华东等能源紧张地区铁合金等高能耗产品的生产，并逐步把它们转移到水电充足的西北、西南地区。对我国最大的钢铁联合企业鞍钢进行技术改造，使它增加钢材品种，提高产品质量，降低能源消耗，解决开坯能力不足的问题。

五年的建设规模为：钢333万吨，铁337万吨，钢材172万吨。基本建成年产钢、铁各300万吨的上海宝山钢铁总厂一期工程。五年内，铁矿山的建设规模为铁矿石3355万吨。

第二节　有色金属工业

依靠现有基础，优先发展铝，大力增产铅锌，有条件地发展铜，积极安排其他短缺产品的生产，为工农业生产、国防建设和尖端科学技术的需要提供更多更好的原料和新型材料。1985年铜、铝、铅、锌、镍、锡、锑、汞、镁、钛等10种有色金属产量比1980年增长12.7%。

要努力发展黄金和白银的生产，增加稀土金属和稀有金属的生产。

**第十二章　化学工业**

第一节　化肥工业

加快发展磷肥、钾肥，逐步提高磷、钾肥在化肥总产量中的比重。1985年，生产化肥1340万吨，比1980年增长8.8%。其中，磷肥280万吨，增长21.2%；钾肥5万吨，增长150%；氮肥1055万吨，增长5.6%。

五年内，标准磷矿石的建设规模为833万吨，建成投产243万吨；标准硫铁矿的建设规模为369万吨，建成投产290万吨。高效磷肥和复合肥的建设规模为50万吨，新增生产能力4.6万吨。合成氨建设规模为212万吨，新增生产能力152万吨；尿素为287万吨，新增生产能力224万吨。

第二节　农药工业

要努力增加高效低毒低残留农药的生产，减少高残留农药的生产，逐步取代"六六六"。

第三节　基本化学工业

1985年，生产硫酸810万吨，比1980年增长6%；纯碱190万吨，比1980年增长18%；烧碱210万吨，比1980年增长9%。五年内纯碱的建设总规模为139万吨，新增生产能力26万吨。

第四节　石油化学工业

1985年，生产乙烯70万吨，比1980年增长43%；塑料105万吨，比1980年增长17%；合成橡胶17万吨，比1980年增长38%。

石油化工的建设规模为：乙烯101万吨，塑料66万吨，合成橡胶9.5万吨，化纤和化纤原料78万吨。新增生产能力为：乙烯11.5万吨，塑料3.3万吨，合成橡胶9.5万吨。

第五节　精细化学工业

包括染料、涂料、感光材料、磁带以及各种化学试剂、溶剂、催化剂等在内的精细化工产品，要提高质量，增加新的品种，并大力开发新技术，为七五计划期间的进一步发展做好准备。

**第十三章　建筑材料工业**

重点发展水泥、平板玻璃和卫生陶瓷，同时注意开发新型建筑材料和非金属矿。

水泥，1985年生产9800万吨，比1980年增长23%，其中大中型水泥厂生产3200万吨，比1980年增长25%。五年内，建成河北冀东、江苏淮海、安徽宁国等25座大中型水泥厂。有重点地改造和扩建一批大中型水泥厂，对一批条件好的地方小水泥厂进行技术改造。

平板玻璃，1985年生产4200万标准箱，比1980年增长52%。集中力量建设河南洛阳、河北秦皇岛、甘肃兰州等15座大型玻璃厂。

建筑卫生陶瓷，1985年生产450万件，比1980年增长54%。

**第十四章　地质勘探**

积极而有步骤地加强地质勘探工作，加快找矿和资源评价的进度，搞好矿产综合勘探，扩大服务领域，为80年代的生产建设和90年代的经济振兴，准备必要的矿产资源和地质资料。

抓紧能源特别是油、气的地质普查和勘探，增加可供开发的后备储量，五年内新探明煤炭储量480亿吨。适应水电发展的要求，做好水电建设前期的工程地质勘探工作。统筹安排金属和非金属矿产的地质工作，扩大大宗矿产和某些特需矿产的来源，五年内新探明铁矿储量24亿吨、磷矿储量6亿吨、硫铁矿储量1.8亿吨。积极开展水文、工程和环境地质工作。同时，加强基础地质工作，发展地质科学。

**第十五章　机械工业、电子工业**

要把改进质量，发展品种，提高技术水平作为中心任务，加强科学技术攻关和新产品开发研究，引进适用的先进技术，有步骤地改造落后技术。继续调整服务方向，扩大服务领域。积极抓好主要行业、中心城市和工业基地机械、电子企业的改组规划，推进生产工艺和基础产品的专业化。

1985年全国机械、电子工业的总产值比1980年增长25.6%，平均每年增长4.7%。其中，生产用的机电产品增长7.2%，平均每年增长1.4%；居民消费用的机电产品增长84%，平均每年增长13%。

第一节　主要机械行业发展计划

电工机械制造业。抓紧完善已生产的10万千瓦以上火电机组，试制更大型的高效火电机组；生产一批大型水电设备，积极研制大型抽水蓄能机组和高水头发电机组；研制30万千瓦核电站设备。1985年，计划生产发电设备350万千瓦。抓好工业锅炉、小型电动机、中小型变压器、工业电阻炉、小型电弧焊机等量大面广的耗能高的电工产品的更新换代，五年内这五类产品将发展22个系列、171个新品种。

汽车制造业。重点是改进“解放”和“跃进”牌载重车、北京轻型越野车、上海小轿车等老车型，使汽车的大修理里程从目前的10万公里增加到15万—20万公里，油耗在原基础上降低20%左右。到1985年，全国生产汽车20万辆，基本上是改进车型和新车型。

机床和工具制造业。重点是提高产品的精度、效率和成套水平，保持性能稳定可靠。1985年，生产机床10万台。

矿山和通用机械制造业。重点是生产一批煤炭采掘设备、洗煤设备和安全设备；制造小方坯连铸机，大型铝板轧机，以及城市煤气化设备。积极研制海上石油开发设备，大型轧钢设备，大型露天矿成套设备和选矿成套设备。抓紧工业泵、风机、压缩机、制氧机等产量大、耗能高的通用产品的更新换代。五年内，这几类通用机械将增加43个系列、281种新产品。

仪器仪表制造业。重点是为年耗标准煤5万吨以上的近700个企业和工业锅炉、窑炉、加热炉的技术改造，提供能源计量、检测、调节、控制仪表；为各种大型成套设备和项目以及各行业重点企业的技术改造，提供成套仪器仪表装备；为科学技术的发展，提供科学测试仪器。

农业机械制造业。发展农、林、牧、副、渔业所需的机械产品和坚固耐用的“轻、小、简、廉、牢”的机械化和半机械化农具。1985年，生产拖拉机6万台，手扶拖拉机28万台。

建筑机械制造业，民用船舶制造业，轻工、纺织机械制造业，医疗器械制造业，也都安排了各自的发展重点。

第二节 主要电子行业发展计划

电子元器件工业。

努力改进元器件生产技术，扩大品种，提高质量，降低成本。

计算机工业。重点发展微型、小型计算机系列和单板微型机、工业控制计算机，进一步完善系统功能，加快产品升级换代，形成批量生产能力。积极发展大中型计算机系列。加强系统软件和应用软件的开发，发展汉字信息处理系统。

广播电视工业。把全频道的彩色电视机和黑白电视机投入批量生产；开发和推广为各经济部门服务的多种用途的应用电视；发展中高档的、多功能的收音机和录音机，积极研制彩色盒式录像机。

其他民用电子工业。重点研制海上石油开发系统、空中交通管制系统、数字微波通信系统、光缆通信系统、无线有线通信系统等电子设备；发展为农业、工业、科学技术、文教卫生等服务的新型电子产品和设备。

第三节 机械、电子工业的科学技术研究

改进元器件、基础件的生产工艺，加强基础技术的研究和开发。

抓好新产品和成套设备的研制，为各部门提供更多的先进技术装备。

提高技术标准水平，提高产品的设计水平，加强新产品的开发能力。加强对国家科技攻关项目和新产品开发的组织实施工作。

第四节 机械、电子工业的改组和技术改造

目前已经建立起来的汽车、船舶、电子等行业性、地区性联合组织，以及铸造、锻造、热处理、电镀等工艺的专业化协作，要进一步完善和发展。

机械、电子工业的技术改造要先行一步，并从产品入手，着眼于更新换代。要围绕基础元器件、基础机械以及耗能多的产品和有利于扩大出口的重要产品，有步骤地改造一批有关的主机制造厂、协作配套厂和研究、设计单位。

**第十六章 建筑业**

建筑安装工作量计划为2100亿元，共建成各类房屋建筑面积7亿平方米。1985年，竣工房屋面积占施工房屋面积的比例达到55%，比1980年的52.7%提高2.3%。

要改进施工方法，缩短施工周期，提高工程质量。根据我国国情，确定主要行业的设计标准。围绕节约能源、节约原材料、提高工程质量，对现有的构件配件厂有计划地进行改造；对技术陈旧的建筑施工机械设备进行更新和配套，提高综合机械化程度。加强建筑科学技术的研究，努力提高建筑的技术经济效益。

**第十七章 运输和邮电**

第一节 运输量和邮电业务总量

1985年主要交通运输部门的运输量和邮电业务总量指标如下：

铁路货运量12亿吨，比1980年增长10.5%，平均每年增长2%；货物周转量6600亿吨公里，比1980年增长15.6%，平均每年增长2.9%。

轮驳船货运量4.6亿吨，比1980年增长16.4%，平均每年增长3.1%；货物周转量5661亿吨公里，比1980年增长12%，平均每年增长2.3%。

沿海港口吞吐量2.6亿吨，比1980年增长19.6%，平均每年增长3.7%。

公路汽车货运量6.5亿吨，比1980年增长20.8%，平均每年增长3.8%。

民用航空运输总周转量8亿吨公里，比1980年增长86.5%，平均每年增长13.3%。

邮电业务总量23.7亿元，比1980年增长27.4%，平均每年增长5%。

第二节　铁路建设

铁路的技术改造和建设，以增强运煤能力为重点，从以下几个方面展开：

提高晋煤外运和出关铁路的运输能力。完成几条重要干线的电气化工程和复线工程的建设，到1985年，山西、内蒙古西部以及宁夏的煤炭外运能力由1980年的7200万吨增加到1.2亿吨；通往东北的出关运煤能力由1980年的1400万吨增加到2900万吨，可以与晋煤的外运量大体相适应。

增强西南煤炭、磷矿的外运能力。到1935年，云南和贵州经贵昆、湘黔、黔桂线的物资外运能力将达到1200万吨，比1980年增加400万吨。

建成、改建一批复线工程和电气化工程，以缓和东南沿海地区的运输紧张状况，加强东北和西北地区的运输能力。

增加客运设施。五年内，建设上海、新沈阳北站和石家庄等客运站。

全国新建铁路铺轨2067公里，建成复线1689公里，电气化铁路2511公里。新增加机车2350台，其中电力机车300台，内燃机车900台，客车680辆，货车72000辆。

第三节　水运建设

重点是加强港口和内河航运的建设，特别是加强海轮码头的建设和技术改造。

在大连、秦皇岛、天津、青岛、石臼所、连云港、上海、黄埔、湛江等15个港口，建设132个深水泊位，争取建成54个。全国沿海港口的吞吐能力由1980年的2.17亿吨增加到1985年的3.17亿吨。

内河航运，重点进行长江干流、京杭运河和西江的航运建设。通过技术改造，扩建浦口、汉口和枝城港的煤炭转运码头，使长江港口煤炭装船能力由1980年的1570万吨提高到3000万吨。采取疏浚航道、增建复线船闸、扩建煤港等措施，使京杭运河徐州到扬州段的运煤能力由1980年的500万吨增加到1985年的1000万吨。

西江经过疏浚整治，争取七五计划期间使千吨级驳船由广西贵县港直达广州。

五年内，更新和增加沿海船舶150万吨，远洋船舶426万吨，长江轮驳船67万吨；增加客货轮6.1万客位，增加现有航线客轮班次，增辟新的客运班线。

第四节　公路建设

集中力量新建和改建七条干线公路，其中有：加强西南、西北地区干线公路网的青藏公路，新疆天山公路和甘肃兰州到陕西宜川公路；沟通河北与内蒙古东部的平泉到双井子公路；连接苏北与皖东地区的泗县到浦口公路等。

继续实行民工建勤和民办公助的办法，积极修建县、社公路，改善农村交通条件。

第五节　民用航空建设

完成乌鲁木齐机场和首都机场收尾工程；改扩建一批城市及部分地方航线机场，提高技术等级和通过能力。

适当调整或新辟国际、国内航线，增加航班密度。发展为农业和能源开发服务的专业航空。逐步提高飞机的日利用率和载运率，保证飞行安全，提高服务质量。

第六节　邮电通信

重点加强市内电话特别是大城市市内电话的建设，增加长途通信，扩大国际通信能力。五年内，新增市内电话容量70万门、长途通信电缆6200公里，扩建、新建城乡局所2700处。

**第十八章　国内商业**

第一节　市场商品供需平衡

1985年社会商品零售额为2900亿元(未包括农民对非农业居民的零售额)，比1980年增长40%，平均每年增长7%。其中，农村商品零售额平均每年增长7.5%，城镇商品零售额平均每年增长6.3%。

为了保持市场供需平衡和物价基本稳定，商业部门要与生产部门通力合作，在增加生产的基础上，努力扩大货源，组织更多的适销商品供应市场；同时加强对市场的统一领导和计划管理，疏通渠道，减少流通环节，组织合理的供应，加强零售工作。

大力发展商办工业和饮食服务业。1985年计划饮食服务业的营业额为144亿元，比1980年增长43%。

第二节　社会商业结构

在国营商业占优势的条件下，放手发展集体商业和个体商业，逐步形成一个具有多种经济形式、多条流通渠道、少环节的商品流通体系。

1985年，全国城乡零售商业、饮食业、服务业网点达到440万个，比1980年增加238万个，增长1.2倍。全国每千人平均拥有4.3个网点，比1980年增加2.2个。从业人员达到1600万人，比1980年增加673万人，增长73%。

第三节　国营商业的经营管理

各级商业企业，都要推行和完善经营管理责任制。要进一步把商品调拨工作组织好。加强资金管理。按照经济区域组织商品流通。

必须加强对全体职工的政治思想工作，切实改进服务态度。提高商业职工的文化、业务和技术水平。

组织力量进行市场预测，并定期公布商情预报。

**第十九章　对外经济贸易**

第一节　进出口贸易

要坚持统一计划、统一政策、联合对外的原则，发挥地方、部门和企业开展对外贸易的积极性。认真研究国际市场行情的变化,及时调整进出口商品构成,努力改善对外贸易条件,不断提高经济效益。

1985年全国进出口总额达到855亿元,比1980年增长52%,平均每年增长8.7%。其中,进口额453亿元,平均每年增长9.2%,出口额402亿元,平均每年增长8.1%。

在进口方面,根据需要和可能,积极引进一些先进技术和关键设备;确保生产和建设所需短缺物资的进口;组织好国内市场所需物资和以进养出物资的进口。各地区、各部门自行安排进口物资,要统一纳入计划。对我国自己能够制造和供应的设备,特别是日用消费品,不要盲目进口,以保护和促进民族工业的发展。

在出口方面,有关国计民生的重要物资,要严格按照国家计划组织出口;轻纺产品、工艺品,要充分发挥我国传统技艺精湛、劳动力众多的优势,结合以进养出积极扩大出口;机电产品,要大力提高技术水平,积极开拓国际市场;有色金属、稀有金属、非金属矿产品和化工、医药产品等,凡资源丰富、生产有潜力的,要努力组织出口;农副土特畜产品,要按照计划积极搞好收购和出口。对某些消耗能源太多的产品,要限制出口。

第二节　利用国外资金

要根据国家建设的需要和国内配套能力、偿还能力、消化能力,积极稳妥地利用国外资金,以促进我国生产建设的发展。使用外资的重点,放在能源、交通建设,以及现有企业技术改造和设备更新上,把利用外资同技术引进、技术改造很好地结合起来。

第三节　国家外汇收支

积极增加外汇收入,努力节约外汇支出,严格控制非贸易开支,争取外汇收支基本平衡。

第四节　国际经济技术援助和合作

努力做好对外援助的工作。同时,要在坚持平等互利的基础上,发展国际间的经济技术合作。

第五节　经济特区

在广东的深圳、珠海、汕头和福建的厦门试办经济特区。要总结这方面的经验,把特区建设好和管理好。

第六节　旅　游

1985年接待旅游者约200万人,比1980年的116万人增长70%。要适当扩大旅游业设施的建设,进一步开发旅游区,提高服务质量。

第七节　海关和商品检验

在方便进出境的同时,严格查禁走私违法活动。要适时调整关税税率,以鼓励或限制某些商品的出口和进口,做到既有利于扩大对外经济技术交流,又能保护和促进国内生产的发展。加强进出口商品的检验工作。

**第三编　地区经济发展计划**

**第二十章　沿海地区**

积极利用沿海地区的现有经济基础,充分发挥它们的特长,带动内地经济进一步发展。

发挥科研力量、技术水平和管理水平的优势,使工业生产朝着高、精、尖、新的方向发展。要根据社会需要,按照耗能少、耗料少、运量少、"三废"少、技术密集度高、劳动密集度高、出口创汇率高的原则,调整主要工业部门特别是加工工业的生产,改变产品结构。

加强能源开发和节约,并加快港口、铁路的建设和技术改造,逐步缓和能源、交通紧张状况,以有效地发挥社会需要的工业产品的生产能力。

运用有利条件,积极扩展对外经济贸易。充分发挥劳动力多、加工技术较高、外运方便的特点,发展进料加工成品出口。同时,有计划地利用一部分国外资金和引进一批适用的先进技术。

**第二十一章　内陆地区**

加快能源、交通和原材料工业建设,支援沿海地区经济的发展。

对现有机械工业进行调整、改组和配套。

在保证完成棉、毛、麻、丝、糖料和烟叶等外调任务的前提下,根据本地资源的特点,有计划地发展消费品工业,提高日用工业品的自给水平。充分发挥内地的农业生产潜力。

**第二十二章　少数民族地区**

继续积极支持和切实帮助少数民族地区发展生产,繁荣经济。

发挥农牧业优势,努力增产农畜产品。

根据资源的特点,有计划地加强工业建设。

发展民族特需用品生产,改善民族贸易。

继续从财力、物力和技术力量等方面给少数民族地区以扶持。国家定额财政补助每年递增10%;同时,对少数民族地区和经济不发达地区每年拨专款5亿元,作为支援经济发展的资金。

**第二十三章　地区协作**

要在总结经验的基础上,有计划有步骤地开展地区经济技术协作。

地区协作的主要形式,有物资协作、技术协作和经济联合。

开展地区间经济技术协作,必须坚持"全国一盘棋",加强计划管理;认真实行合同制;逐步建立全国的经济协作管理系统;搞好地区间经济技术协作的立法工作。

### 第二十四章　国土开发和整治

编制部分地区国土开发整治规划，首先是编制以上海为中心的长江三角洲的经济区规划，以山西为中心包括内蒙古西部、陕北、宁夏、豫西的煤炭、重化工基地的经济区规划。

开展对重点地区的综合考察和专题研究，进一步搞好农业资源调查和农业区划工作，抓紧一些重点地区的水土保持工作，加强水资源的管理和利用。开展海洋资源的调查和开发，做好测绘工作。

加强国土的立法工作。

## 第四编　科学研究和教育发展计划

### 第二十五章　科学技术

经过五年的努力，争取在科学技术的一些重要和急需方面缩短我国同世界先进水平的差距，使国民经济一些主要行业的生产技术面貌有一定的改观，并为“七五”计划及其以后的长远发展做好必要科学技术储备。

第一节　科学技术成果推广

五年内，国家确定40项重要科技成果，作为重点推广项目。主要是农业增产与农产品加工、储存保鲜技术，轻纺工业新产品、新技术，节能与能源开发技术，机械、电子的新技术，原材料工业及施工技术，化工及制药技术，运输邮电技术。

各部门、各地区、各企业都要围绕降低能源和原材料消耗、增加品种、提高质量、提高劳动生产率，积极采用科技成果。对推广和采用科技成果，要在产品价格、贷款利率等方面，采取必要的鼓励和扶持政策。

第二节　科学技术攻关

根据经济、社会发展的要求，分层次地组织科学技术攻关，尽快突破生产建设中的重大科学技术难关，并努力解决社会发展方面的科学技术问题。五年内国家重点抓八个方面、38个重要科学技术攻关项目。八个方面是：一、农业技术；二、食品、轻纺技术；三、能源开发和节能技术；四、地质和原材料开发技术；五、机械、电子技术；六、交通运输技术；七、光导纤维通信技术、遥感技术、激光技术、超导技术、同位素与辐照技术等新兴技术及基因工程等应用技术；八、其他有关研制新型避孕药物、研究病毒性肝炎和癌症的防治，以及环境保护、污染治理方面的技术问题。

国家科学技术攻关项目，约有3/4是为“六五”、“七五”计划期间的重要建设项目或技术改造项目解决关键设备和技术问题，其中相当一批项目在六五计划期间将取得成果，并应用于生产，对促进经济和社会的发展产生比较显著的效益。

第三节　基础科学研究

基础科学一方面要适应国家科技攻关的要求，加强有关基础理论问题的研究；另一方面要重视和开展数学、物理学、化学、生物学、地学和天文学学科中的重大科学理论问题的研究，为国民经济的长远发展做好基础准备。

第四节　发展科学技术的措施

完善和执行包括农业、能源开发及节能、机械装备、交通运输、资源综合利用、环境保护等方面的重大技术经济政策，各个行业的技术经济政策。

调整科研机构，改革科研体制。除工业试验和农业现代化示范方面建立一些试验中心和试验基地外，独立科研机构一般不再新建。对现有科研机构，进行必要的调整和改组。从事应用研究和开发研究的，要逐步向社会化发展。在调整科研机构中，要大力加强新技术开发工作，建立能源、消费品等行业的技术开发中心。试办各种形式的科研、生产的联合体或“一条龙”，实行科研成果有偿转让制度等，使科学技术与经济、社会发展更紧密地结合起来。

加强科学技术队伍的组织管理。要把现有科学技术人员合理地组织起来，分工合作，积极参加重大科学技术项目的攻关、技术改造和重大勘察设计项目的前期工作，参与科技、经济和社会发展规划的编制。

努力改善科研手段和工作条件。国家选定的重点攻关项目和重点推广项目所需经费，要按具体用途，分别纳入各级科技计划、技术改造计划、基本建设计划和信贷资金计划，专款专用，并落实所需物资。要有计划地引进、搜集、整理、复制和报道国内外科技文献资料，加强国内科技情报交流，逐步建成适应我国科技发展的科技情报系统。

积极开展科学技术知识普及活动。要特别重视对青少年的科学普及教育，培养他们爱科学、学科学。

### 第二十六章　哲学社会科学

哲学社会科学事业要有相应的发展。要进一步组织各方面的哲学社会科学研究力量，加强对马克思主义理论的研究，对中外历史和现状的研究，对社会科学各门学科的研究，特别要加强对我国社会主义现代化建设迫切需要解决的重大理论问题和实际问题的研究，用创造性的研究成果为建设高度文明、高度民主的社会主义国家服务，为全面开创社会主义现代化建设的新局面作出贡献。

在研究工作中，继续坚持以马列主义、毛泽东思想为指导；贯彻执行理论联系实际，“百花齐放、百家争鸣”的方针；提倡实事求是、勇于探索、勇于创新、坚持真理、修正错误的优良学风；积极参加国内和国际的重大思想理论问题的讨论和斗争。

哲学社会科学研究重点分为十二个方面：一、马克思主义基本理论和哲学的研究；二、经济学和现实经济问题的研究；三、政治学和法学的研究；四、社会学的研究；五、民族问题的研究；六、文学艺术的研究；七、语言学的研究；八、史学的研究；九、教育问题的研究；十、宗教问题的研究；十一、国际问题的研究；十二、哲学社会科学教科书、《中国大百科全书》哲学社会科学各卷和各种辞书、工具书的编纂，古籍和历史档案的整理。

此外，军事学、新闻学、图书馆学、档案学、人文地理、社会心理学等，也要加强研究。

社会科学研究机构要进行适当的调整，补充空白学科，加强薄弱学科。要逐步建设一些必要的科研和图书资料情报工作的设施。

**第二十七章 初等教育和中等教育**

积极发展幼儿教育，充实加强小学，整顿提高初中，调整改革高中，大力发展职业技术教育，积极扫除文盲，为提高全民族的科学文化水平打好基础。

1985年，入园的幼儿数从1980年的1151万名增加到1800万名。

到1985年，争取全国绝大部分县普及或基本普及小学教育；其他地区也要积极创造条件，使更多的适龄儿童入学。1985年全国小学在校学生数为13000万人。各省、自治区、直辖市要采取有效措施，努力提高广大农村、边远地区和少数民族聚居地区学龄儿童的入学率，特别要提高入学巩固率。

1985年以前，城市要普及初中教育。高级中学要积极改革内部结构，在改革中稳步发展。到1985年，普通高中招生数为280万人左右，比1980年减少100万人；职业中学和农业中学招生数为140万人，比1980年增加116万人。1985年同1980年相比，职业中学在校学生数增长5.5倍，农业中学在校学生数增长6.1倍。

技工学校，要调整专业设置和培训工种，提高培训质量。招生任务不足的技工学校应当承担培训在职工人的任务，有的可以培训待业青年，不包分配。

**第二十八章 高等和中等专业教育**

第一节 普通高等学校

一、大学本科和专科。

1985年，普通高等学校本科和专科招生40万人；在校学生达到130万人，比1980年的114.4万人增长13.6%。五年大学毕业生共150万人。

切实改进和搞好专门人才的预测，制定十年和二十年的专门人才的预测和培养规划。

调整科类结构、专业布局和专业内容。提高大学专科的比重。试办一批花钱少、见效快、酌收学费、学生尽可能走读、毕业生择优录用的专科学校和短期职业大学。适当扩大急需专业的培养规模，压缩长线专业的招生人数。根据经济与文化建设的需要、科学技术发展的趋势以及学校的具体条件，适当加宽某些专业培养内容，增强学生毕业后对工作的适应性。

加强教学实验设施的建设和管理。国家以7亿元专款，为一批重点院校新建和扩建一批实验中心，包括计算机科学及其应用中心、分析测试中心、电子学实验中心、力学实验中心、生物化学实验中心等。

二、研究生。

1985年招收研究生2万人，比1980年增长4.5倍；在校学生达到5万人，比1980年增加28400人。五年毕业45000人。

研究生的招生制度，要进行必要的改革，逐步提高招收工作两年以上的大学毕业生和具有同等学力的职工的比例。计划部门和教育部门要组织学校、科研单位与用人单位共同制订招生计划和培养计划。要试办研究生院。

三、出国留学生。

争取五年内派出15000人，平均每年派出3000人；五年学成回国的共11000人。出国学习的专业，要以自然科学和工程技术为主，并把重点放在我国目前比较薄弱或者需要开拓的学科和领域上。同时，也要派出一定数量的人员考察和研究外国的政治、经济、法律、教育和语言等。

第二节 中等专业学校

中等专业学校1985年招生50万人，在校学生数达到125万人。五年中专毕业生共230万人。适当扩大财经、政法、管理、轻工、纺织、建筑等专业的招生人数。

第三节 成人高等和中等专业教育

分期分批地组织干部轮训，并逐步形成经常化、正规化的干部轮训制度。机关干部，每三年离职学习半年。逐步发展高等学校的干部专修科，培养训练中青年领导骨干。1985年高等学校干部专修科的招生人数达到15000人。

分期分批地培训具有中等文化程度的职工。五年内，对现有高中或中专毕业程度的工人，要组织他们学习政治，学习文化，学习技术理论、工艺规程和操作技术，使相当一部分人达到大专毕业水平。对企业管理人员，组织他们学习经营管理和专业技术知识，使之逐步成为经济工作的内行。大中型工厂的厂长，要基本达到《国营工厂厂长暂行条例》规定的标准，即具有中等以上文化科学知识，熟悉本行业生产经营业务，懂得有关经济法规，善于经营管理。对工程技术人员，要组织和鼓励他们进修提高，不断掌握国内外先进科学技术，充实专业知识。

发展广播电视大学、函授大学、夜大学、职工大学、农民大学，提倡和鼓励自学成材。参加各类大学和自学的人员，经过国家统一的毕业考试，合格后，承认其相应的学力。

**第五编 社会发展计划**

**第二十九章 人 口**

第一节 严格控制人口的增长

要求1985年大陆人口总数控制在10.6亿人，出生率控制在19‰左右，自然增长率控制在13‰以内。

少数民族聚居的地区，也要实行计划生育，并根据各个地区的经济、自然条件和人口状况，制定计划生育工作规划。

第二节 控制人口增长的措施

做好宣传教育。各级计划生育委员会要与宣传、卫生、民政部门和工会、妇联、共青团组织密切配合，开展深入细致的宣传教育和思想工作。

大力提倡一对夫妇只生一个子女。大力提高一胎率、严格控制二胎，坚决杜绝多胎生育。为实现这一目标，在坚持思想教育为主的同时，辅之以必要的经济措施和组织措施。农村在推行各种形式的生产责任制的同时，必须制定相应的计划生育责任制，把生育计划落实到社队和个人。

加强计划生育的技术指导。加强妇幼保健工作。

健全计划生育工作机构和充实工作人员。

**第三十章 劳 动**

第一节 城镇劳动就业

五年内，在全民所有制单位和城镇集体所有制单位各增加职工1100万人，个体劳动者增加150万人，加上全民和集体所有制单位补充自然减员约550万人，共安排2900万人就业。到1985年年底，全国城镇新成长起来的劳动力，基本上可以得到安置。

不论全民所有制单位，还是县(城市区)以上举办的集体单位，按计划从社会招工时，都要实行公开招工，自愿报名，全面考核，择优录用。严格按照国务院的规定，办理职工退休退职和干部离职休养，不得放宽条件。做好城镇待业青年就业前培训工作；培训后的人员，由用人单位择优录用，国家不包分配。

第二节 加强劳动保护

结合企业整顿和技术改造，认真解决安全技术、劳动卫生方面的突出问题，有效地改善劳动条件，努力防止伤亡事故，并使职业病发病率降到历史最低水平以下。

完善劳保制度，改进劳保福利办法。

**第三十一章 居民收入和消费**

第一节 居民收入

1985年平均每个农民的纯收入约为255元，比1980年的191元增长33.5%，平均每年增长6%；现金收入的比重将有较大幅度的提高。

1985年全国职工工资总额为983亿元，比1980年增加210亿元，平均每年增加42亿元，增长4.9%。五年内，全民所有制职工，除少数级别高的干部以外，大多数将升一级工资。中年知识分子多数工资过低，负担又重，他们的工资将有较多的增加。

第二节 居民消费

1985年城乡居民按人口平均的消费水平将达到277元，比1980年增加50元，平均每年增长4.1%，高于1953—1980年平均每年增长2.6%的速度。其中，城镇居民达到547元，比1980年增加79元。农村居民达到212元，比1980年增加39元。

从消费的实物形态看，城乡居民的消费资料将更加多样化。

**第三十二章 城乡建设和社会福利事业**

第一节 城市和乡村建设

认真执行控制大城市规模，合理发展中等城市，积极发展小城市的方针。新建大中型工业项目，一般不要放在大城市，尽量放到中小城市或郊区。工业技术改造，要和城市规划相结合。特大城市和部分有条件的大城市，要有计划地建设卫星城镇。城镇建设要根据综合开发的原则进行。

全国村镇规划，要在1985年前分期分批地完成。加强村镇建设的管理，严格控制和节约用地。农民住房仍以农民自建为主，集体经济主要辅助建设村镇公用设施。五年内，预计农民新建住宅25亿平方米，新建公共福利设施3亿平方米。

第二节 城镇居民住宅

发挥中央、地方、企业和个人各个方面的积极性，利用多种资金渠道和方式，有计划地进行住宅建设，以进一步改善城镇人民居住状况。五年内计划在城镇共建成住宅3.1亿平方米，平均每年6200万平方米。城镇居民的无房户、特别拥挤户和不方便户的居住条件将会有所改善。

城镇住宅建设必须同城市发展规划协调一致，与市政公用设施配套工程统一规划，统一建设。进行出售住宅的试点工作，鼓励个人买房。

第三节 城市市政公用设施

发挥中央、地方、企业各方面的积极性，分别轻重缓急，分期分批地进行城市各项市政公用工程的改造和建设。

抓紧扩大供水不足城市的供水能力。特别是北京、天津、大连、青岛、西安、沈阳、太原等严重缺水的大城市，要切实安排好供水工程的建设。六五计划后三年建设规模达到日供水1000万吨，平均每年新增日供水能力300万吨。同时，狠抓节约用水工作。

有条件的大城市,要以地方为主,自行安排煤气工程建设。建设总规模为日供气800万立方米左右,新增日供气能力350万立方米左右。

北方城市要根据地方财力、物力的可能,有重点地建设区域性锅炉房,扩大集中供热面积。

各地方政府要适当增拨资金,安排好城市公用设施建设。从工商利润中提取的城市维护费和建设资金,必须专款专用。

第四节 社会福利事业

充分挖掘各方面可利用的潜力,采取多种形式,积极兴办各项社会福利事业。

妥善照顾农村"五保户"和烈军属的生活。

适当发展一批疗养院、休养所,分期分批地安排工人、干部疗养和休息。

国家用于抚恤和社会救济的经费,五年合计126.7亿元。

**第三十三章 文化事业**

第一节 电影、艺术

电影和艺术事业要着重提高作品的思想水平和艺术质量,在此基础上,努力增加作品的数量。五年内,新摄制的电影故事片,由1980年的82部增加到1985年的120部,平均每周有两部新故事片上映。要大力发展科教片,改进和发展纪录片,增加美术片和电视片。同时,努力发展话剧、戏曲、歌剧、舞剧、音乐、舞蹈、曲艺、杂技、木偶、皮影、绘画、雕塑、摄影等方面的创作,丰富艺术表演节目,特别要增加现代题材节目的比重。

第二节 新闻、出版

积极改善新闻出版手段,搞好各种出版印刷发行机构的精简和体制改革,在提高书刊质量的基础上发展数量。1985年出版总印张达到456亿印张,比1980年增加82亿印张。

改进图书发行工作。全国发行网点,1985年达到13000处,比1980年增加1.5倍。

第三节 广播、电视

广播电视事业要有适当的发展,不断提高服务质量,努力完善服务手段,重点是加强节目传送特别是电视节目传送手段,扩大覆盖面。

五年内,在北京建设中央彩色电视中心大楼,在部分省、自治区、直辖市新建电视中心。

第四节 文物、博物馆、图书馆

加强文物保护工作,进一步发展文物事业。到1985年,文物保管所发展到850个。建立和健全文物的科学研究机构,加强文物的科研工作。

充实、提高现有博物馆。目前尚无博物馆的市,要逐步建立博物馆。

加强公共图书馆的建设。认真抓好北京图书馆建设工程。目前尚无公共图书馆的省、市、县,要逐步地建立起来。在大中城市要建立儿童图书馆。

第五节 少数民族地区文化事业和群众文化事业

积极发展少数民族地区特别是边境地区的文化事业,建设和扩充图书馆、文化馆、博物馆、影剧院等文化设施。在没有剧团的县、旗,要建立乌兰牧骑式的演出队。搞好影片的民族语言翻译和磁带录音工作。

做好对少数民族的书刊出版工作,编纂出版少数民族语文工具书,整理出版少数民族的文化遗产。

积极开展群众文化活动,加强群众性文化设施的建设。

第六节 对外文化艺术交流

扩大同外国特别是第三世界国家的文化艺术办人士界和表演团体的互访活动,开展文化艺术交流。

**第三十四章 卫生、体育事业**

第一节 医疗卫生

继续坚持城乡兼顾、中西医结合的方针,加强城乡各级医疗卫生机构的建设,努力发展医疗卫生事业,使人民的医疗卫生条件进一步改善。

五年内增加病床25万张,平均每年增加5万张。重点是增加城市产科、儿科、传染病、肿瘤、精神病等专科病床和中医病床。

五年内增加专业卫生人员60万人,平均每年增加12万人。中西医生五年增加23万人,其中医师增加18万人。到1985年,全国专业卫生人员达到421万人,中西医生达到138万人,其中医师89万人。团结中医、西医、中西结合医三支力量,充分发挥他们的作用。加强赤脚医生、农村卫生员和接生员的培训提高工作。

继续贯彻预防为主的方针,深入持久地开展群众性爱国卫生运动。

第二节 医 药

医药工业必须切实加强科学研究,大力提高产品质量,提高疗效,努力增产一批短线产品。结合企业整顿、改组,坚决关闭不合标准的医药生产企业,淘汰那些损害人民健康的、质量低劣的产品。

第三节 体 育

大力发展城市体育,重点抓好学校体育,积极开展厂矿、企业和农村体育活动。

努力巩固和提高体育运动技术水平,乒乓球、羽毛球、女排、体操、围棋、跳水等项目要保持世界先进水平,其他项目的水平也要有较大幅度提高。

适当加强体育场地建设。

**第三十五章 环境保护**

制止对自然环境的破坏,防止新污染的发展,努力控制生态环境的继续恶化,抓紧解决突出的污染问题,继续改善北京、杭州、苏州和桂林等一批重点风影游览城市的环境状况。

新建工程的防止污染和其他公害的设施,必须坚决按照国务院的规定,与主体工程同时设计、同时施工、同时投入运行;各种有害物质的排放,必须符合国家规定的标准,避免和制止新的污染源的产生。

分期分批地抓好老企业污染的治理,努力提高工业"三废"处理能力和资源综合利用水平。

要加强环境保护的计划指导,合理解决资金渠道。各主管部门都要拟定企业整顿改组、技术改造和控制污染相结合的总体规划。加强环境监测和环境科研工作,争取尽快把全国环境监测总站和64个重点站装备起来,六五计划期间基本建成中国环境科学研究院,并有重点地装备一批地方科研所。搞好环境保护的立法、执法。

**第三十六章　社会秩序**

在城市和农村中保持良好的社会秩序,保障人民一心一意地从事现代化建设。

继续深入开展"五讲四美"活动,广泛推行城乡文明公约、职工守则、学生守则等,使社会风气有一个明显的改善。

进一步整顿社会治安,坚决打击反社会主义的敌对分子和刑事犯罪分子。

坚决打击经济领域中严重犯罪活动,保卫社会主义经济制度和现代化建设。

**中华人民共和国一九八三年国民经济和社会发展计划(要点)**

(一九八二年十二月十日第五届全国人民代表大会第五次会议批准)

国务院根据中国共产党第十二次全国代表大会的精神、第六个五年计划的要求和当前的经济情况,拟订了一九八三年国民经济和社会发展计划。

一、一九八二年计划预计执行情况

一九八二年五月,第五届全国人民代表大会常务委员会第二十三次会议审议批准了一九八二年经济和社会发展计划。经过全国各族人民的共同努力,预计一九八二年计划将完成或超额完成。农业、轻工业持续发展,重工业开始回升,财政收支保持基本平衡,市场商品供应比较充分,物价基本稳定。整个经济形势是相当好的。

1.农业。尽管今年部分地区自然灾害比较严重,但仍然取得较好的收成。粮食预计比去年增产一千多万吨,总产量达到三亿三千五百多万吨,超过大丰收的一九七九年的产量,创造历史最高水平。棉花在连续两年大幅度增产的基础上,预计又比去年增产三十三万两千吨,总产量达到三百三十万吨。油料总产量预计达到一千一百万吨,比去年增加八十万吨。糖料、桑蚕茧、茶叶、猪牛羊肉都将比去年增产。农村的多种经营和社员家庭副业也有较大发展。农业总产值预计比去年增长百分之五。

2.工业。轻工业生产,在连续三年大幅度增长的基础上,今年持续增长。一些耐用消费品的产量继续大幅度上升,自行车预计比去年增长百分之三十二,缝纫机增长百分之十九点五,洗衣机增长一倍多。糖、啤酒、合成洗涤剂、塑料制品等的增长幅度预计也比较大。化学纤维、化纤布、原盐、日用陶瓷、收音机等产品的产量,按计划控制生产,产量比去年减少。整个轻工业产值预计比去年增长百分之五点一。

重工业经过两年调整之后,生产迅速回升。原煤产量预计达到六亿五千万吨,比去年增加两千八百多万吨,增长百分之四点六。原油产量预计为一亿零一百七十万吨,基本保持去年水平。发电量三千二百五十亿度,比去年增加一百五十七亿度,增长百分之五点一。钢材、木材、水泥、玻璃、酸、碱、化肥、塑料、手扶拖拉机、发电设备、汽车、机车、货车、船舶、医疗器械等,预计都比去年增产。整个重工业产值预计比去年增长百分之九。

轻工业产值和重工业产值加在一起,全部工业总产值预计比去年增长百分之七左右。

产品的质量多数稳定或有所提高,消耗有所下降。据十二个工交部门七十五项质量指标一月至九月份的统计,与去年同期比较,提高的有二十五项,持平的有三十二项,下降的有十八项。在一百零五项消耗指标中,四十六项比去年同期下降,二十七项持平,三十二项上升。

交通运输和邮电部门预计都将超额完成计划,基本上保证了重要物资和旅客的运输。

3.财政收支。财政收入预计完成一千一百零七亿元,比去年增加十七亿元。财政支出预计为一千一百三十七亿元,比去年增加二十二亿元。收支相抵,财政赤字为三十亿元。

4.固定资产投资。全国基本建设投资预计达到五百二十五亿元,比去年增加八十二亿元。其中,国家预算内的投资预计为一百九十六亿元,比去年增加十六亿元;地方、部门和企业的自筹投资预计为一百七十八亿元,比去年增加三十七亿元。一些骨干项目的建设进度加快,部分建设工程的投资效果略有提高。全国更新改造投资预计达到二百六十五亿元,比去年增加四十亿元。基建投资和更新改造投资加在一起,全部固定资产投资将达七百九十亿元。

5. 市场供应。社会商品零售总额预计达到二千五百六十亿元，比去年增加二百一十亿元，增长百分之八点九。当前市场上不仅农副产品比较丰富，而且日用消费品的供应状况也大为好转。市场供应情况之好，是近二十多年来所没有的。全国零售物价的总水平，大体可以保持去年年末的水平，略高于去年年平均水平；国营牌价没有大的变动，集市贸易价格有所上升。

6. 对外贸易。进出口总额预计达到五百九十八亿元，完成计划的百分之九十二点六，比去年下降百分之零点六。其中，出口额可以完成计划，比去年增长百分之零点五；进口额由于进口商品结构改变和国际市场价格下跌等原因，预计完成计划的百分之八十五点七，比去年下降百分之一点九。

7. 科学、教育、文化和卫生事业。科研试制计划完成情况良好，科技成果增多，推广应用工作有所增强，为生产建设服务的多种科技咨询活动继续展开。最近潜艇水下发射运载火箭试验成功，表明我国的科学技术水平有了新的提高。

普通高等学校招生三十一万四千人，比去年增加三万五千人。职业中学、农业中学预计招生四十九万人，比去年增加二十二万人。医院病床预计比去年增加四万三千张，医疗卫生条件有所改善。电影、电视、广播、新闻、出版以及其他各项文化事业继续发展。体育战线取得了新的成绩，女排和体操运动员等在世界比赛中又为祖国争得了荣誉。

8. 城乡人民的收入继续有所提高。农民向国营商业和国营工业企业等出售的农副产品总值，预计比去年增加一百亿元。职工工资总额预计达到八百八十亿元，比去年增加六十亿元。截至十月底，全国城乡居民储蓄存款比年初增加一百一十七亿元，累计达到六百四十一亿元。

从以上计划执行的情况可以看出，一九八二年由于进一步贯彻执行调整、改革、整顿、提高的方针，又取得了积极的成果。但是，在国民经济前进过程中，产业结构和产品结构的不合理，经营管理中的弊端和弱点，也日益明显地暴露出来，在生产、建设、流通领域都出现新的问题亟待解决。当前经济中出现的值得注意的问题主要是：

第一，固定资产投资增加得过猛。今年基本建设投资总额计划为三百八十亿元，在执行过程中，经国务院批准调整为四百四十五亿元。预计将比调整后的计划超过八十亿元，主要是自筹投资超过六十亿元，各种贷款安排的建设超过十九亿元。现在已经确定集中一部分资金用于能源、交通等重点建设，如果其他方面的投资，尤其是自筹投资降不下来，就会使基本建设规模更加膨胀，“三材”供应更加紧张，一般挤重点、计划外挤计划内的情况更为严重，结果就会重新拉长基本建设战线，使这几年费了很大力量调整基本建设所取得的成果又丧失掉。更新改造投资比计划超过十五亿元，不少投资并没有真正用于设备更新和技术改造，而是用于扩建、新建，搞了不少不必要的重复建设。

第二，有些轻纺产品出现了滞销积压现象。这反映了有些消费品生产不能适应社会的现实需要和居民消费构成的变化，反映了流通渠道不畅和流转环节过多，反映了一部分消费品价格不合理。这些问题不适当解决，销路就不易打开，农业生产、轻工业生产的发展都会遇到障碍，财政收入也将受到很大影响。

第三，不论是生产、建设或者是流通领域，经济效益都还很差。比如，全民所有制工业企业的资金利税率，预计将由去年的百分之二十五点一下降为百分之二十四点一；固定资产交付使用率，将由去年的百分之八十六点七下降为百分之八十；商业企业流动资金占用率，将由去年的百分之四十七点三上升为百分之四十八点八。由于经济效益差，虽然生产增长了，财政收入没有同步增长。扣除发行国库券增加的收入，今年财政收入只同去年持平。如果不在认真管好用好固定资产投资、全面整顿和进一步调整企业、大力推进企业的技术进步、继续改革经济体制这四个方面作出切实的成效，使经济效益有一个显著的提高，要实现财政经济状况的根本好转是不可能的。

以上情况说明，要保证国民经济继续稳步前进，争取国家财政经济状况的根本好转，还要做大量的艰苦细致的工作。

二、一九八三年计划的任务和主要指标

一九八三年国民经济和社会发展的主要任务是，毫不动摇地继续贯彻执行调整、改革、整顿、提高的方针，真正把提高经济效益放在一切工作的首位，进一步巩固和发展稳定经济的成果，使各项经济和社会事业持续稳步地向前发展。各项具体任务和主要指标安排如下：

(一)保证粮食稳步增产，同时积极开展多种经营，全面发展农林牧副渔各业。

一九八三年计划农业总产值比一九八二年预计增长百分之四。粮食产量三亿四千二百五十万吨，比今年预计增加七百五十万吨。棉花播种面积有所减少，争取努力提高单产，总产量达到三百三十七万吨，比今年预计增加七万吨。油菜籽和烤烟的播种面积要加以控制。烤烟要提高烟叶的质量，产量安排一百二十万吨，比今年预计减少七十三万五千吨。其他经济作物和林、牧、副、渔各业都要有一个新的发展。

为了实现上述要求，要继续贯彻执行中共中央制定的各项农村经济政策,巩固和完善各种形式的农业生产责任制,进一步调动广大农民的生产积极性。全国的粮食播种面积要稳定在十七亿亩,各省、自治区、直辖市可以根据实际情况在地区之间进行合理调整。要增加农业生产资料(包括中小农具)的供应。新增加的化肥、柴油等,优先用于商品粮基地。努力扩大劳动积累,加强农业基本建设,改善农业生产条件。积极推广行之有效的农业科学技术和先进的增产经验,提高农业的劳动生产率。坚决制止乱砍滥伐森林,保护和培育森林资源。

(二)在进一步调整产品结构、努力提高经济效益的基础上,争取工业生产持续稳定增长。

考虑到能源供应和消费品的销路,一九八三年计划工业总产值比一九八二年预计增长百分之四。在执行中,争取增长百分之五。纱的产量三百三十二万吨,比今年预计增长百分之零点三;糖三百七十万吨,增长百分之八点二;自行车、表、洗衣机、照相机等耐用消费品的产量仍将有较大幅度的增长。原煤产量六亿七千万吨,比今年预计增长百分之三点一;其中统配矿三亿五千六百万至三亿六千二百万吨,增长百分之一点七至百分之二点八。原油产量一亿吨,大体保持近两年的生产水平。发电量三千三百八十亿度,增长百分之四。钢产量,由于能源紧张,安排三千五百五十万吨,比今年预计减少一百万吨。化肥一千二百五十五万吨,大体保持今年预计水平。水泥九千二百万吨,增长百分之二点二;木材五千零八十五万立方米,增长百分之一点七。

轻工业,要根据市场需要,分别不同情况,安排好各项产品的生产。需求量大的产品,如畅销的名牌耐用消费品、儿童用品、日用小商品等,要在保证质量、品种的前提下积极增产。产需基本平衡的产品,主要是纺织品和一般日用工业品,要保持稳产。库存积压多的产品,如涤纶混纺布、原盐等,在打开销路前要按计划限制生产。

重工业,要根据生产建设的需要和能源、原材料供应的可能,有计划地组织生产。一九八三年能源需求的压力仍然集中在煤炭上,为了实现工业生产"保四争五"的要求,必须尽可能多增产一些煤炭,特别是统配煤炭。冶金部门要进一步努力节约能源,降低铁钢比,提高成材率,增加钢材品种。机械工业要大力推行全面质量管理,积极增加新产品,淘汰老产品。汽车、内燃机、拖拉机等用油机具的产量,要根据油品供应的可能,严格按计划生产,主要用于更新老产品。国防军工要把新型装备的研制和提高技术水平放在首位。

交通运输,一九八三年铁路货运量计划为十一亿二千万至十一亿四千万吨,比一九八二年预计增加二千万至四千万吨。要重点安排煤炭运输,其中晋煤外运量要求比今年预计增加七百万吨,出关煤运量增加三百万至四百万吨,调往华东煤增加四百万至六百万吨。为了减轻铁路运输的压力,短途运输要尽可能由水运和公路多承担一些。要大力搞好港口接卸和疏运的组织管理,并尽量利用北仑港以及一些中小港口的能力,以保证进口物资的运输。积极发展邮电通信和民用航空事业。

(三)大力增收节支,继续保持财政、信贷收支基本平衡。

一九八三年计划财政收入为一千二百三十二亿元,比一九八二年增加一百二十五亿元。其中,筹集的能源、交通建设资金六十亿元。财政支出为一千二百六十二亿元,比一九八二年增加一百二十五亿元。其中,基本建设投资增加六十五亿元,教育科学文化卫生事业费增加十四亿元,新产品试制费增加九亿元,行政管理费增加五亿元,中央预备费和地方预备费共二十亿元。收支相抵,有赤字三十亿元。

为了保持国家财政收支基本平衡,要认真落实六五计划中规定的各项增收节支和集中资金的措施,使财政收入有稳定的增加。现在各方面增收节支的潜力还是很大的,特别是许多大型企业,只要改善经营管理,厉行增产节约,就可以为国家多上交税利。在努力增加财政收入的同时,要尽可能地节减各项行政事业支出。

为了保持信贷收支基本平衡,要进一步开展企业、事业、机关、团体等单位的存款业务和发展城乡居民的储蓄事业,以增加信贷资金来源;严格控制各项贷款,特别是固定资产投资贷款,既要控制增加额,也要控制发放额,严格按计划安排使用。

(四)严格控制固定资产投资规模,加快能源、交通等重点建设,有重点地推进企业的技术改造。

一九八三年固定资产投资总额计划为七百四十七亿元,比一九八二年预计减少四十三亿元。其中,基本建设投资计划为五百零七亿元,减少十八亿元;更新改造投资计划为二百四十亿元,减少二十五亿元。

在基本建设投资总额中,国家预算内的投资二百六十一亿元,比今年预计增加六十五亿元(主要用于重点建设);自筹投资一百零七亿五千万元,减少七十亿五千万元。按照这个安排,重点建设投资有较大幅度的增加,自筹投资有较大幅度的减少,这是国家的一项重大决策。必须重申国务院的有关规定,切实控制基本建设规模。所有建设项目都要严格按照基建程序办事。对在建项目要认真清理,凡是必须续建而又符合"五定"(即定建设规模、定总投资、定建设工期、定投资效益、定外部协作条件)要求的,优先安排,促其尽快建成投产；建成后所需燃料动力、原材料和运输条件不落实的，要坚决停建、缓建。对新上的大中型项目，必须严格审查，凡是建设前期工作做得不够，不符合"五定"要求的，暂不列入计划，将条件成熟经审批后再补列入计划。自筹基建投资要统一存入建设银行，由建行按国家批准的计划拨付使用。为了确保提高投资效果，一九八三年要采取一些严格的审查、考核和监督的措施，并建立严格的责任制。对任意扩大建设规模、拉长战线、提高造价的，要坚决制止。

在更新改造投资中，中央财政拨款二十三亿元，银行贷款七十四亿元(包括贷款收回再贷出的二十八亿元在内)，企业的折旧基金和其他自筹资金一百四十三亿元。更改资金要着重用于节约能源，节约原材料，降低成本，改革产品结构，提高产品性能和质量，以及提高资源综合利用率和改善环境措施上，真正实现技术进步。

为了保证重点建设，在集中资金的同时，对物资分配也要适当集中一些。一是计划规定的上调任务必须完成，不得截留；二是超产的统配物资，要按规定上交国家统一分配；三是采取经济措施，向地方多调一部分煤炭、水泥等；四是进一步利用库存积压物资，做好调剂工作。适当集中一些物资，不但有利于保证重点建设，而且有利于控制自筹投资和各种贷款安排的建设。

(五)进一步组织好商品流通，努力扩展对外贸易。

一九八三年计划社会商品购买力为二千七百六十亿元，比一九八二年预计增加二百亿元，增长百分之七点八。其中，城镇增加六十八亿元，农村增加一百三十二亿元。商业部门要加强市场预测，千方百计地搞好商品供应。首先要大力搞好粮食购销工作。同时，加强农副土特产品的收购，搞好工业品下乡。要扩大城乡交流渠道，减少商业流通环节，加速商品流转，增加商品销售，促进工农业生产的发展。

对外贸易进出口总额计划为六百八十四亿元，比一九八二年预计增长百分之十四点五。其中，出口额三百二十八亿元，增长百分之四点八；进口额三百五十七亿元，增长百分之二十五点三。要努力增加出口，特别是机电产品的出口。对某些耗能多的产品，要限制出口。根据国内生产建设发展的需要，适当改进进口物资的结构。要继续积极有效地利用国外资金，有计划地引进适合我国需要的，尤其是用于技术改造的先进技术。

(六)加强科学技术研究和科技成果的推广应用，加速人才的培养。

一九八三年要有计划地组织实施六五计划规定的科技"攻关"任务和科技推广任务。要把全国的科技力量组织起来，制定科技长期规划，进行重大课题的"攻关"；参与行业技术改造规划，协助企业解决当前生产中的工艺技术、新产品试制和技术改造问题；进行为长远发展做准备的重大建设项目的科学研究、技术经济论证、科技咨询等工作。要整顿科研机构，研究改革科技管理体制和阻碍技术进步的规章制度。

高等学校要进一步调整科类结构和专业设置，努力提高教学质量。一九八三年计划普通高等学校招生三十四万一千人，比一九八二年预计增加二万七千人。中等专业学校的专业设置也要进行必要的调整，一九八三年计划招生四十三万四千人，比一九八二年预计增加一万八千人。要大力发展各种形式的成人教育，包括广播电视大学、函授大学和夜大学等，同时认真做好干部的培训。

(七)在发展生产的基础上，使城乡人民的物质文化生活继续有所改善。

坚决有力地控制人口特别是农村人口的增长。全国的人口自然增长率，一九八二年预计为千分之十三点五，一九八三年要力争控制在千分之十四以下。要进一步抓好计划生育工作，动员各方面的力量进行宣传教育和思想政治工作，同时采取必要的措施，努力提高一胎率，严格控制两胎，坚决杜绝多胎。要充实各级计划生育科研、医务人员，加强对计划生育的技术指导；并且要健全、充实各级计划生育工作机构和人员。

切实搞好初等教育和中等教育。要积极发展幼儿教育，充实加强小学教育，特别要采取有效措施，努力提高广大农村、边远地区和少数民族聚居地区学龄儿童的入学率以及入学巩固率。要因地制宜地发展中等教育，进一步进行中等教育的结构改革。一九八三年要继续把一部分普通高中改为职(农)业中学和职业学校，并在高中举办职(农)业班。各行各业也要积极创造条件，开办一些职业学校。还要采取多种形式，组织农民、工人学文化、学政治、学科学，提高文化和科学知识水平。

继续安排城镇劳动就业。一九八三年计划安排五百五十万人。其中，全民所有制单位安排二百八十万人，集体所有制单位安排二百三十万人，劳动服务公司安排十万人，从事个体经营三十万人。

进一步增加城乡人民的收入。一九八三年全民所有制单位职工工资总额计划比一九八二年预计增加三十亿元，达到七百四十亿元。农民的收入，在增加农业生产、降低生产成本的基础上也将继续有所增加。

继续改善城市职工的居住条件，大力组织农村建筑材料的生产供应。保护环境，减少污染。加强劳动保护，搞好安全生产。

深入开展群众性的爱国卫生运动，大力降低各种疾病的发病率。一九八三年计划增加医院病床五万张，要提高医疗质量,改进服务态度。积极开展城乡体育活动,努力提高体育运动的技术水平。

进一步发展文学艺术、广播电视、新闻出版等各项文化事业。要繁荣文艺创作,提高作品的思想水平和艺术质量。努力整顿各种出版物,提高编辑水平和书刊质量。

三、努力提高经济效益,完成和超额完成一九八三年计划

保证一九八三年国民经济和社会发展计划的完成或超额完成,关键在于坚决地把全部经济工作转到以提高经济效益为中心的轨道上来。要采取切实有效的措施,努力使生产、建设、流通等各个领域的经济效益都有一个较为明显的提高。所有产品和工程的质量,都要高于今年已经达到的水平。能源消耗量要求节约百分之二点五,各项原材料消耗要求降低百分之一至二。国营工业企业可比产品成本和国营商业流通费用率都要降低百分之二。国营工业企业劳动生产率要提高百分之二以上。为此,在一九八三年经济工作中要着重抓好以下几个方面:

第一,继续整顿和调整现有企业。

把现有企业整顿好,使它们的巨大潜力发挥出来,是提高经济效益最现实的措施。按照预定步骤,一九八三年要对一千多个大中型骨干企业进行整顿。整顿的关键是配备好领导班子。同时,要建立和健全强有力的生产指挥系统和严格的责任制度。经过整顿的企业,主要经济技术指标和综合经济效益都要高于整顿前的水平,实现的利润和上交的利润都要高于产值的增长速度。

在整顿企业的同时,要按产品分工,由归口部门会同地方,在明后两年内制定出行业发展规划,提出企业的改组方案。对那些消耗高、质量差、长期亏损的企业,产品供过于求、大量积压的企业,一九八三年要再关停并转一批。否则,要显著地降低能源和原材料的消耗,提高整个工业生产的经济效益是不可能的。为了取得促进联合的经验,还要抓好石油化工、烟草等几个已有一定工作基础的重点行业,在全国范围内进行改组联合的试点。

第二,进一步推行和完善经济责任制。

要不断总结经验,进一步完善农村各种形式的生产责任制,创造出适合工业、建筑业、商业各自特点的责任制形式,以便更好地调动各方面的积极性,挖掘潜力,提高效益。工商等企业经济责任制的推行,必须全面落实企业对国家、职工对企业应当承担的经济责任,国家也要保证企业和职工应有的合法权利。这就是说,经济责任制要以责为核心,以责定权,以责定利,把责、权、利统一起来,把全面完成国家计划放在首位,严格按国家计划和社会需要发展生产、改善经营,防止片面追求利润而采取损害国家和社会利益的做法。推行经济责任制,要搞好试点,在总结经验的基础上,由点及面,有计划有步骤地进行。

第三,大力推进企业的技术进步。

搞现代化,振兴经济,实现二十年工农业总产值翻两番,一定要依靠科学技术的进步。这个指导思想必须明确起来,并采取有效措施加以落实。不然,要把企业的巨大潜力充分挖掘出来,显著提高经济效益,是办不到的。

搞好现有企业的技术改造规划是一项紧迫的任务。目前的技术改造,由于缺乏总体规划的指导,不能取得应有的社会经济效益。因此,要把计划部门、经济管理部门以及有关科研机构和高等院校等方面的力量组织起来,抓紧制定切实可行的技术改造规划,提出符合我国实际情况的技术政策和要采用的新技术,以及实施的方法和步骤。首先要研究制定全国的和部门的、行业的技术改造规划,然后制定中心城市、重点企业的技术改造规划。规划一定要体现技术进步和经济效益,把重点放在降低消耗、提高产品的质量和性能上,不要盲目追求自动化。

第四、积极改进计划管理。

按照计划经济为主、市场调节为辅的原则,改进和加强计划管理,努力提高计划的科学性,是使国民经济和社会事业按比例地协调发展,提高社会经济效益的有力保证。要完善计划体系,实行长、中、短期计划相结合,经济、科技和社会发展相结合。为了反映社会经济效益,国家计委初步提出了一套经济效益指标,包括计算全社会经济效益的指标、考核各物质生产部门和基层企业经济效益的指标,由各地区、各部门据以编制计划,准备从一九八三年开始执行,在执行中逐步完善。

为了提高社会经济效益,在计划安排中,必须坚持"全国一盘棋",正确处理局部和全局的关系。对于地方和部门的利益,在可能范围内要尽量予以照顾。但是,当局部利益与全局利益发生矛盾时,局部必须服从全局。凡是从局部来看有利,而对全局不利的事,坚决不办。

在抓好上述各项工作的同时,还要认真搞好建设社会主义精神文明的工作。要在城乡进一步广泛深入地开展"五讲四美"活动,大力进行共产主义思想、信念、道德的教育,以及主人翁思想和革命纪律的教育,个人利益服从国家利益、眼前利益服从长远利益的教育,使人们的劳动态度、工作态度、服务态度不断改进,使工人农民知识分子之间和干部群众之间团结互助的新型社会主义关系不断发展,使社会风气不断

改善，振奋起广大群众建设社会主义的巨大热情。这样，一九八三年计划规定的各项任务就一定能够胜利实现。

**五届全国人大五次会议关于批准国务院1982年国家预算执行情况和1983年国家预算报告的决议**

（1982年12月10日第五届全国人民代表大会第五次会议通过）

中华人民共和国第五届全国人民代表大会第五次会议，听取了财政部部长王丙乾代表国务院所作的《关于1982年国家预算执行情况和1983年国家预算草案的报告》。

会议认为，1982年的国家预算执行情况是良好的。这一年，国家财政为促进经济调整和支持生产发展，为发展文教科学卫生事业和继续改善人民生活，做了很大努力，并且继续保持了财政收支的基本平衡。这是全国各族人民在中国共产党和人民政府的领导下，在争取财政经济状况根本好转过程中取得的成果。

会议还审议了1983年的国家预算草案，认为预算中编列的收入和支出都比上年有明显的增长，体现了对国民经济继续进行调整、改革、整顿、提高的要求，体现了在提高经济效益的基础上，集中资金保证国家重点建设的需要和继续改善人民生活的要求，并且保持收支的基本平衡。这样安排是适当的。

会议决定，批准1983年国家预算，批准国务院提出的关于1982年国家预算执行情况和1983年国家预算草案的报告。

会议认为，在国家财政情况开始有了明显好转的情况下，必须兢兢业业地抓紧预算执行的工作，以保持稳步发展的势头，进一步解决好财政问题。大会号召，全国各族人民在中国共产党第十二次全国代表大会精神的指引和鼓舞下，努力发展生产，厉行节约，反对浪费，提高经济效益，以保证做到增加收入，节约支出，为圆满地实现1983年的国家预算，为争取国家财政经济状况的根本好转而努力奋斗。

**全国人民代表大会公告**

中华人民共和国全国人民代表大会组织法已由中华人民共和国第五届全国人民代表大会第五次会议于1982年12月10日通过，现予公布施行。

中华人民共和国第五届全国人民代表大会第五次
会议主席团

1982年12月10日于北京

**中华人民共和国全国人民代表大会组织法**

**第一章　全国人民代表大会会议**

第一条　全国人民代表大会会议，依照中华人民共和国宪法的有关规定召集。

每届全国人民代表大会第一次会议，在本届全国人民代表大会代表选举完成后的两个月内由上届全国人民代表大会常务委员会召集。

第二条　全国人民代表大会常务委员会应当在全国人民代表大会会议举行一个月以前，将开会日期和建议大会讨论的主要事项通知全国人民代表大会代表。

临时召集的全国人民代表大会会议不适用前款的规定。

第三条　全国人民代表大会代表选出后，由全国人民代表大会常务委员会代表资格审查委员会进行审查。

全国人民代表大会常务委员会根据代表资格审查委员会提出的报告，确认代表的资格或者确定个别代表的当选无效，在每届全国人民代表大会第一次会议前公布代表名单。

对补选的全国人民代表大会代表，依照前款规定进行代表资格审查。

第四条　全国人民代表大会代表按照选举单位组成代表团。各代表团分别推选代表团团长、副团长。

代表团在每次全国人民代表大会会议举行前，讨论全国人民代表大会常务委员会提出的关于会议的准备事项；在会议期间，对全国人民代表大会的各项议案进行审议，并可以由代表团团长或者由代表团推派的代表，在主席团会议上或者大会全体会议上，代表代表团对审议的议案发表意见。

第五条　全国人民代表大会每次会议举行预备会议，选举本次会议的主席团和秘书长，通过本次会议的议程和其他准备事项的决定。

预备会议由全国人民代表大会常务委员会主持。每届全国人民代表大会第一次会议的预备会议，由上届全国人民代表大会常务委员会主持。

第六条　主席团主持全国人民代表大会会议。

主席团互推若干人轮流担任会议的执行主席。

主席团推选常务主席若干人，召集并主持主席团会议。

第七条　全国人民代表大会会议设立秘书处，在秘书长领导下工作。

全国人民代表大会会议设副秘书长若干人。副秘书长的人选由主席团决定。

第八条　国务院的组成人员，中央军事委员会的组成人员，最高人民法院院长和最高人民检察院检察长，列席全国人民代表大会会议；其他有关机关、团体的负责人，经主席团决定，可以列席全国人民代表大会会议。

第九条　全国人民代表大会主席团，全国人民代表大会常务委员会，全国人民代表大会各专门委员会，国务院，中央军事委员会，最高人民法院，最高人民检察院，可以向全国人民代表大会提出属于全国人民代表大会职权范围内的议案，由主席团决定交各代表团审议，或者并交有关的专门委员会审议、提出报告，再由主席团审议决定提交大会表决。

第十条　一个代表团或者三十名以上的代表，可以向全国人民代表大会提出属于全国人民代表大会职权范围内的议案，由主席团决定是否列入大会议程，或者先交有关的专门委员会审议、提出是否列入大会议程的意见，再决定是否列入大会议程。

第十一条　向全国人民代表大会提出的议案，在交付大会表决前，提案人要求撤回的，对该议案的审议即行终止。

第十二条　全国人民代表大会会议对于宪法的修改案、法律案和其他议案的通过，依照中华人民共和国宪法的有关规定。

第十三条　全国人民代表大会常务委员会委员长、副委员长、秘书长、委员的人选，中华人民共和国主席、副主席的人选，中央军事委员会主席的人选，最高人民法院院长和最高人民检察院检察长的人选，由主席团提名，经各代表团酝酿协商后，再由主席团根据多数代表的意见确定正式候选人名单。

第十四条　国务院总理和国务院其他组成人员的人选，中央军事委员会除主席以外的其他组成人员的人选，依照宪法的有关规定提名。

第十五条　全国人民代表大会三个以上的代表团或者十分之一以上的代表，可以提出对于全国人民代表大会常务委员会的组成人员，中华人民共和国主席、副主席，国务院和中央军事委员会的组成人员，最高人民法院院长和最高人民检察院检察长的罢免案，由主席团提请大会审议。

第十六条　在全国人民代表大会会议期间，一个代表团或者三十名以上的代表，可以书面提出对国务院和国务院各部、各委员会的质询案，由主席团决定交受质询机关书面答复，或者由受质询机关的领导人在主席团会议上或者有关的专门委员会会议上或者有关的代表团会议上口头答复。在主席团会议或者专门委员会会议上答复的，提质询案的代表团团长或者提质询案的代表可以列席会议，发表意见。

第十七条　在全国人民代表大会审议议案的时候，代表可以向有关国家机关提出询问，由有关机关派人在代表小组或者代表团会议上进行说明。

第十八条　全国人民代表大会会议进行选举和通过议案，由主席团决定采用无记名投票方式或者举手表决方式或者其他方式。

第十九条　全国人民代表大会举行会议的时候，应当为少数民族代表准备必要的翻译。

第二十条　全国人民代表大会会议公开举行；在必要的时候，经主席团和各代表团团长会议决定，可以举行秘密会议。

第二十一条　全国人民代表大会代表向全国人民代表大会或者全国人民代表大会常务委员会提出的对各方面工作的建议、批评和意见，由全国人民代表大会常务委员会的办事机构交由有关机关、组织研究处理并负责答复。

**第二章　全国人民代表大会常务委员会**

第二十二条　全国人民代表大会常务委员会行使中华人民共和国宪法规定的职权。

第二十三条　全国人民代表大会常务委员会由下列人员组成：

委员长，

副委员长若干人，

秘书长，

委员若干人。

常务委员会的组成人员由全国人民代表大会从代表中选出。

常务委员会的组成人员不得担任国家行政机关、审判机关和检察机关的职务；如果担任上述职务，必须向常务委员会辞去常务委员会的职务。

第二十四条　常务委员会委员长主持常务委员会会议和常务委员会的工作。副委员长、秘书长协助委员长工作。副委员长受委员长的委托，可以代行委员长的部分职权。

委员长因为健康情况不能工作或者缺位的时候，由常务委员会在副委员长中推选一人代理委员长的职务，直到委员长恢复健康或者全国人民代表大会选出新的委员长为止。

第二十五条　常务委员会的委员长、副委员长、秘书长组成委员长会议，处理常务委员会的重要日常工作：

（一）决定常务委员会每次会议的会期，拟订会议议程草案；

（二）对向常务委员会提出的议案和质询案，决定交由有关的专门委员会审议或者提请常务委员会全体会议审议；

（三）指导和协调各专门委员会的日常工作；

（四）处理常务委员会其他重要日常工作。

第二十六条　常务委员会设立代表资格审查委员会。

代表资格审查委员会的主任委员、副主任委员和委员的人选，由委员长会议在常务委员会组成人员中提名，常务委员会会议通过。

第二十七条　常务委员会设立办公厅，在秘书长领导下工作。

常务委员会设副秘书长若干人，由委员长提请常务委员会任免。

第二十八条　常务委员会可以根据需要设立工作委员会。

工作委员会的主任、副主任和委员由委员长提请常务委员会任免。

第二十九条　常务委员会会议由委员长召集，一般两个月举行一次。

第三十条　常务委员会举行会议的时候，可以由各省、自治区、直辖市的人民代表大会常务委员会派主任或者副主任一人列席会议，发表意见。

第三十一条　常务委员会审议的法律案和其他议案，由常务委员会以全体组成人员的过半数通过。

第三十二条　全国人民代表大会各专门委员会，国务院，中央军事委员会，最高人民法院，最高人民检察院，可以向常务委员会提出属于常务委员会职权范围内的议案，由委员长会议决定提请常务委员会会议审议，或者先交有关的专门委员会审议、提出报告，再提请常务委员会会议审议。

常务委员会组成人员十人以上可以向常务委员会提出属于常务委员会职权范围内的议案，由委员长会议决定是否提请常务委员会会议审议，或者先交有关的专门委员会审议、提出报告，再决定是否提请常务委员会会议审议。

第三十三条　在常务委员会会议期间，常务委员会组成人员十人以上，可以向常务委员会书面提出对国务院和国务院各部、各委员会的质询案，由委员长会议决定交受质询机关书面答复，或者由受质询机关的领导人在常务委员会会议上或者有关的专门委员会会议上口头答复。在专门委员会会议上答复的，提质询案的常务委员会组成人员可以出席会议，发表意见。

第三十四条　常务委员会在全国人民代表大会每次会议举行的时候，必须向全国人民代表大会提出工作报告。

## 第三章　全国人民代表大会各委员会

第三十五条　全国人民代表大会设立民族委员会、法律委员会、财政经济委员会、教育科学文化卫生委员会、外事委员会、华侨委员会和全国人民代表大会认为需要设立的其他专门委员会。各专门委员会受全国人民代表大会领导；在全国人民代表大会闭会期间，受全国人民代表大会常务委员会领导。

各专门委员会由主任委员、副主任委员若干人和委员若干人组成。

各专门委员会的主任委员、副主任委员和委员的人选，由主席团在代表中提名，大会通过。在大会闭会期间，全国人民代表大会常务委员会可以补充任命专门委员会的个别副主任委员和部分委员，由委员长会议提名，常务委员会会议通过。

第三十六条　各专门委员会主任委员主持委员会会议和委员会的工作。副主任委员协助主任委员工作。

各专门委员会可以根据工作需要，任命专家若干人为顾问；顾问可以列席专门委员会会议，发表意见。

顾问由全国人民代表大会常务委员会任免。

第三十七条　各专门委员会的工作如下：

(一)审议全国人民代表大会主席团或者全国人民代表大会常务委员会交付的议案；

(二)向全国人民代表大会主席团或者全国人民代表大会常务委员会提出属于全国人民代表大会或者全国人民代表大会常务委员会职权范围内同本委员会有关的议案；

(三)审议全国人民代表大会常务委员会交付的被认为同宪法、法律相抵触的国务院的行政法规、决定和命令，国务院各部、各委员会的命令、指示和规章，省、自治区、直辖市的人民代表大会和它的常务委员会的地方性法规和决议，以及省、自治区、直辖市的人民政府的决定、命令和规章，提出报告；

(四)审议全国人民代表大会主席团或者全国人民代表大会常务委员会交付的质询案，听取受质询机关对质询案的答复，必要的时候向全国人民代表大会主席团或者全国人民代表大会常务委员会提出报告；

(五)对属于全国人民代表大会或者全国人民代表大会常务委员会职权范围内同本委员会有关的问题，进行调查研究，提出建议。

民族委员会还可以对加强民族团结问题进行调查研究，提出建议；审议自治区报请全国人民代表大会常务委员会批准的自治区的自治条例和单行条例，向全国人民代表大会常务委员会提出报告。

法律委员会统一审议向全国人民代表大会或者全国人民代表大会常务委员会提出的法律草案；其他专门委员会就有关的法律草案向法律委员会提出意见。

第三十八条　全国人民代表大会或者全国人民代表大会常务委员会可以组织对于特定问题的调查委员会。调查委员会的组织和工作，由全国人民代表大会或者全国人民代表大会常务委员会决定。

## 第四章　全国人民代表大会代表

第三十九条　全国人民代表大会代表每届任期五年，从每届全国人民代表大会举行第一次会议开始，到下届全国人民代表大会举行第一次会议为止。

第四十条　全国人民代表大会代表必须模范地遵守宪法和法律，保守国家秘密，并且在自己参加的生产、工作和社会活动中，协助宪法和法律的实施。

第四十一条　全国人民代表大会代表应当同原选举单位和人民保持密切联系，可以列席原选举单位的人民代表大会会议，听取和反映人民的意见和要求，努力为人民服务。

第四十二条　全国人民代表大会代表在出席全国人民代表大会会议和执行其他属于代表的职务的时候，国家根据实际需要给予适当的补贴和物质上的便利。

第四十三条　全国人民代表大会代表、全国人民代表大会常务委员会的组成人员，在全国人民代表大会和全国人民代表大会常务委员会各种会议上的发言和表决，不受法律追究。

第四十四条　全国人民代表大会代表非经全国人民代表大会主席团许可，在全国人民代表大会闭会期间非经全国人民代表大会常务委员会许可，不受逮捕或者刑事审判。

全国人民代表大会代表如果因为是现行犯被拘留，执行拘留的公安机关应当立即向全国人民代表大会主席团或者全国人民代表大会常务委员会报告。

第四十五条　全国人民代表大会代表受原选举单位的监督。原选举单位有权罢免自己选出的代表。

罢免全国人民代表大会代表，须经原选举单位以全体代表的过半数通过。

省、自治区、直辖市的人民代表大会常务委员会在本级人民代表大会闭会期间，经全体组成人员的过半数通过，可以罢免本级人民代表大会选出的个别全国人民代表大会代表。

被罢免的代表可以出席上述会议或者书面申诉意见。

罢免代表的决议，须报全国人民代表大会常务委员会备案。

第四十六条　全国人民代表大会代表因故出缺的，由原选举单位补选。省、自治区、直辖市的人民代表大会常务委员会在本级人民代表大会闭会期间，可以补选个别出缺的全国人民代表大会代表。

**全国人大常务委员会委员长叶剑英签署第14号令发布《中华人民共和国国务院组织法》**

中华人民共和国国务院组织法已由中华人民共和国第五届全国人民代表大会第五次会议于1982年12月10日通过，现予公布施行。

中华人民共和国全国人民代表大会
常务委员会委员长　叶剑英
1982年12月10日

**中华人民共和国国务院组织法**

第一条　根据中华人民共和国宪法有关国务院的规定，制定本组织法。

第二条　国务院由总理、副总理、国务委员、各部部长、各委员会主任、审计长、秘书长组成。

国务院实行总理负责制。总理领导国务院的工作。副总理、国务委员协助总理工作。

第三条　国务院行使宪法第八十九条规定的职权。

第四条　国务院会议分为国务院全体会议和国务院常务会议。国务院全体会议由国务院全体成员组成。国务院常务会议由总理、副总理、国务委员、秘书长组成。总理召集和主持国务院全体会议和国务院常务会议。国务院工作中的重大问题，必须经国务院常务会议或者国务院全体会议讨论决定。

第五条　国务院发布的决定、命令和行政法规，向全国人民代表大会或者全国人民代表大会常务委员会提出的议案，任免人员，由总理签署。

第六条　国务委员受总理委托，负责某些方面的工作或者专项任务，并且可以代表国务院进行外事活动。

第七条　国务院秘书长在总理领导下，负责处理国务院的日常工作。

国务院设副秘书长若干人，协助秘书长工作。

国务院设立办公厅，由秘书长领导。

第八条　国务院各部、各委员会的设立、撤销或者合并，经总理提出，由全国人民代表大会决定；在全国人民代表大会闭会期间，由全国人民代表大会常务委员会决定。

第九条　各部设部长一人，副部长二至四人。各委员会设主任一人，副主任二至四人，委员五至十人。

各部、各委员会实行部长、主任负责制。各部部长、各委员会主任领导本部门的工作，召集和主持部务会议或者委员会会议、委务会议，签署上报国务院的重要请示、报告和下达的命令、指示。副部长、副主任协助部长、主任工作。

第十条　各部、各委员会工作中的方针、政策、计划和重大行政措施，应向国务院请示报告，由国务院决定。根据法律和国务院的决定，主管部、委员会可以在本部门的权限内发布命令、指示和规章。

第十一条　国务院可以根据工作需要和精简的原则，设立若干直属机构主管各项专门业务，设立若干办事机构协助总理办理专门事项。每个机构设负责人二至五人。

**五届全国人大五次会议关于修改地方各级人大和**

**地方各级人民政府组织法的若干规定的决议**

（1982年12月10日第五届全国人民代表大会第五次会议通过）

中华人民共和国第五届全国人民代表大会第五次会议决定对本届全国人民代表大会第二次会议1979年通过的《中华人民共和国地方各级人民代表大会和地方各级人民政府组织法》做如下修改：

一、条文中的“人民公社”改为“乡、民族乡”；“人民公社管理委员会”改为“乡、民族乡人民政府”；“人民公社主任、副主任和委员若干人”改为“乡长、副乡长”；“人民公社基本核算单位”改为“农村集体经济组织”，并对本法的有关条文做相应的修改。

二、第五条改为：“省、自治区、直辖市、自治州、设区的市的人民代表大会每届任期五年。县、自治县、不设区的市、市辖区、乡、民族乡、镇的人民代表大会每届任期三年。”

第三十四条改为：“省、自治区、直辖市、自治州、设区的市的人民政府每届任期五年。县、自治县、不设区的市、市辖区、乡、民族乡、镇的人民政府每届任期三年。”

三、第十六条第一款改为：“省长、副省长，自治区主席、副主席，市长、副市长，州长、副州长，县长、副县长，区长、副区长，乡长、副乡长，镇长、副镇长，县级以上的地方各级人民代表大会常务委员会的组成人员和人民法院院长、人民检察院检察长的人选，由本级人民代表大会主席团或者代表联合提名。选举可以采用候选人数多于应选人数的办法；也可以经过预选产生候选人名单，然后进行选举。”

四、第二十六条第二款改为：“常务委员会的组成人员不得担任国家行政机关、审判机关和检察机关的职务；如果担任上述职务，必须向常务委员会辞去常务委员会的职务。”

五、第二十七条增加一款，作为第二款：“省、自治区的人民政府所在地的市和经国务院批准的较大的市的人民代表大会常务委员会，可以拟订本市需要的地方性法规草案，提请省、自治区的人民代表大会常务委员会审议制定，并报全国人民代表大会常务委员会和国务院备案。”

六、第二十八条第(八)项改为：“决定本级人民政府秘书长、厅长、局长、主任、科长的任免，报上一级人民政府备案；”

七、第二十九条增加一款，作为第三款：“常务委员会主任、副主任组成主任会议，处理常务委员会的重要日常工作。”

八、第三十五条第(一)项最后增加：“省、自治区、直辖市以及省、自治区的人民政府所在地的市和经国务院批准的较大的市的人民政府，还可以根据法律和国务院的行政法规，制定规章；”

九、第三十七条增加一款，作为第一款：“地方各级人民政府分别实行省长、自治区主席、市长、州长、县长、区长、乡长、镇长负责制。”

原第一款改为第二款。

第五届全国人民代表大会第二次会议通过的《中华人民共和国地方各级人民代表大会和地方各级人民政府组织法》，根据本决议做相应的修正，重新公布。

**中华人民共和国地方各级人民代表大会和地方各级人民政府组织法**

**第一章 总 则**

第一条 省、自治区、直辖市、自治州、县、自治县、市、市辖区、乡、民族乡、镇设立人民代表大会和人民政府。

第二条 县级以上的地方各级人民代表大会设立常务委员会。

**第二章 地方各级人民代表大会**

第三条 地方各级人民代表大会都是地方国家权力机关。

第四条 省、自治区、直辖市、自治州、设区的市的人民代表大会代表由下一级的人民代表大会选举；县、自治县、不设区的市、市辖区、乡、民族乡、镇的人民代表大会代表由选民直接选举。

地方各级人民代表大会代表名额和代表产生办法由选举法规定。各行政区域内的少数民族应当有适当的代表名额。

第五条 省、自治区、直辖市、自治州、设区的市的人民代表大会每届任期五年。县、自治县、不设区的市、市辖区、乡、民族乡、镇的人民代表大会每届任期三年。

第六条 省、自治区、直辖市的人民代表大会根据本行政区域的具体情况和实际需要，在和国家宪法、法律、政策、法令、政令不抵触的前提下，可以制定和颁布地方性法规，并报全国人民代表大会常务委员会和国务院备案。

第七条 县级以上的地方各级人民代表大会行使下列职权：

(一)在本行政区域内，保证宪法、法律、政策、法令、政令和上级人民代表大会决议的遵守和执行，保证国家计划和国家预算的执行；

(二)审查和批准本行政区域的国民经济计划和预算、决算；

(三)讨论、决定本行政区域的政治、经济、文化、教育、卫生、民政、民族工作的重大事项；

(四)选举本级人民代表大会常务委员会的组成人员；

(五)决定省长、副省长,自治区主席、副主席,市长、副市长,州长、副州长,县长、副县长,区长、副区长的人选;

(六)省、自治区、直辖市的人民代表大会选举本级人民法院院长和中级人民法院院长;

自治州、县、自治县、市、市辖区的人民代表大会选举本级人民法院院长;

(七)省、自治区、直辖市的人民代表大会选举本级人民检察院检察长和人民检察院分院检察长;

自治州、县、自治县、市、市辖区的人民代表大会选举本级人民检察院检察长;

选出的人民检察院检察长,须报经上级人民检察院检察长提请该级人民代表大会常务委员会批准;

(八)选举上一级人民代表大会代表;

(九)听取和审查本级人民代表大会常务委员会的工作报告;

(十)听取和审查本级人民政府和人民法院、人民检察院的工作报告;

(十一)改变或者撤销本级人民政府的不适当的决议和命令;

(十二)改变或者撤销下一级人民代表大会的不适当的决议和下一级人民政府的不适当的决议和命令;

(十三)保护社会主义的全民所有的财产和劳动群众集体所有的财产,保护公民私人所有的合法财产,维护社会秩序,保障公民的人身权利、民主权利和其他权利;

(十四)保障农村集体经济组织应有的自主权;

(十五)保障少数民族的权利;

(十六)保障妇女同男子有平等的政治权利、劳动权利、同工同酬和其他权利。

第八条　乡、民族乡、镇的人民代表大会行使下列职权:

(一)在本行政区域内,保证宪法、法律、政策、法令、政令和上级人民代表大会决议的遵守和执行;

(二)在职权范围内通过和发布决议;

(三)根据国家计划,决定本行政区域的经济、文化事业和公共事业的建设计划;

(四)决定本行政区域民政工作的实施计划;

(五)选举乡长、副乡长,镇长、副镇长;

(六)听取和审查乡、民族乡、镇的人民政府的工作报告;

(七)改变或者撤销乡、民族乡、镇的人民政府的不适当的决议和命令;

(八)保护社会主义的全民所有的财产和劳动群众集体所有的财产,保护公民私人所有的合法财产,维护社会秩序,保障公民的人身权利、民主权利和其他权利;

(九)保障农村集体经济组织应有的自主权;

(十)保障少数民族的权利;

(十一)保障妇女同男子有平等的政治权利、劳动权利、同工同酬和其他权利。

少数民族聚居的乡、民族乡、镇的人民代表大会在行使职权的时候,应当采取适合民族特点的具体措施。

第九条　地方各级人民代表大会有权罢免本级人民政府的组成人员。县级以上的地方各级人民代表大会有权罢免本级人民代表大会常务委员会的组成人员和由它选出的人民法院院长、人民检察院检察长。罢免人民检察院检察长,须报经上级人民检察院检察长提请该级人民代表大会常务委员会批准。

第十条　县级以上的地方各级人民代表大会会议由本级人民代表大会常务委员会召集。

乡、民族乡、镇的人民代表大会会议由乡、民族乡、镇的人民政府召集。

第十一条　地方各级人民代表大会会议每年至少举行一次。

经过五分之一代表提议,可以临时召集本级人民代表大会会议。

第十二条　地方各级人民代表大会举行会议的时候,选举主席团主持会议。

县级以上的地方各级人民代表大会会议设秘书长一人,副秘书长若干人。秘书长的人选由人民代表大会会议通过;副秘书长的人选由主席团决定。

第十三条　地方各级人民代表大会举行会议的时候,可以设立代表资格审查委员会、议案审查委员会和其他需要设立的委员会,在主席团领导下进行工作。

第十四条　地方各级人民代表大会举行会议的时候,主席团、常务委员会、本级人民政府和代表(有三人以上附议),都可以提出议案。

向地方各级人民代表大会会议提出的议案,由主席团提请人民代表大会会议讨论,或者交付议案审查委员会审查后提请人民代表大会会议讨论。

第十五条　地方各级人民代表大会进行选举和通过决议,以全体代表的过半数通过。

第十六条　省长、副省长,自治区主席、副主席,市长、副市长,州长、副州长,县长、副县长,区长、副区长,乡长、副乡长,镇长、副镇长,县级以上的地方各级人民代表大会常务委员会的组成人员和人民法院院长、人民检察院检察长的人选,由本级人民代表大会主席团或者代表联合提名。选举可以采用候选人数多于应选人数的办法;也可以经过预选产生候选人名单,然后进行选举。

选举采用无记名投票方式。代表对于确定的候选人,可以投赞成票,可以投反对票,可以另选其他任何选民,也可以弃权。

第十七条 地方各级人民代表大会举行会议的时候,本级人民政府所属各工作部门负责人员和人民法院院长、人民检察院检察长可以列席。

第十八条 地方各级人民代表大会举行会议的时候,代表向本级人民政府和它所属各工作部门以及人民法院、人民检察院提出的质询,经过主席团提交受质询的机关。受质询的机关必须在会议中负责答复。

第十九条 县级以上的地方各级人民代表大会代表,非经本级人民代表大会常务委员会同意,不受逮捕或者审判。如果因为是现行犯被拘留,执行拘留的机关必须立即报请该级人民代表大会常务委员会批准。

第二十条 地方各级人民代表大会代表在出席人民代表大会会议和执行代表职务的时候,国家根据需要给以往返的旅费和必要的物质上的便利或者补贴。

第二十一条 地方各级人民代表大会代表应当和原选举单位或者选民保持密切联系,宣传法律、法令和政策,协助本级人民政府推行工作,并且向人民代表大会和它的常务委员会、人民政府反映群众的意见和要求。

省、自治区、直辖市、自治州、设区的市的人民代表大会代表可以列席原选举单位的人民代表大会会议。

县、自治县、不设区的市、市辖区、乡、民族乡、镇的人民代表大会代表分工联系选民,有代表三人以上的居民地区或者生产单位可以组织代表小组,协助本级人民政府推行工作。

第二十二条 省、自治区、直辖市、自治州、设区的市的人民代表大会代表受原选举单位的监督;县、自治县、不设区的市、市辖区、乡、民族乡、镇的人民代表大会代表受选民的监督。

地方各级人民代表大会代表的选举单位和选民有权随时撤换自己选出的代表。代表的撤换必须由原选举单位以全体代表的过半数通过,或者由原选区以选民的过半数通过。

第二十三条 地方各级人民代表大会代表因故不能担任代表职务的时候,由原选举单位或者由原选区选民补选。

第二十四条 自治区、自治州、自治县的自治机关除行使本法规定的职权外,依照法律规定的权限行使自治权。

**第三章 县级以上的地方各级人民代表大会常务委员会**

第二十五条 省、自治区、直辖市、自治州、县、自治县、市、市辖区的人民代表大会设立常务委员会。

县级以上的地方各级人民代表大会常务委员会是本级人民代表大会的常设机关,对本级人民代表大会负责并报告工作。

第二十六条 县级以上的地方各级人民代表大会常务委员会由本级人民代表大会在代表中选举主任一人、副主任若干人和委员若干人组成。

常务委员会的组成人员不得担任国家行政机关、审判机关和检察机关的职务;如果担任上述职务,必须向常务委员会辞去常务委员会的职务。

常务委员会组成人员的名额:

(一)省、自治区、直辖市三十五人至六十五人,人口特多的省不超过八十五人;

(二)自治州、市十三人至三十五人,人口特多的市不超过四十五人;

(三)县、自治县、市辖区十一人至十九人,人口特多的县、市辖区不超过二十九人。

第二十七条 省、自治区、直辖市的人民代表大会常务委员会在本级人民代表大会闭会期间,根据本行政区域的具体情况和实际需要,在和国家宪法、法律、政策、法令、政令不抵触的前提下,可以制定和颁布地方性法规,并报全国人民代表大会常务委员会和国务院备案。

省、自治区的人民政府所在地的市和经国务院批准的较大的市的人民代表大会常务委员会,可以拟订本市需要的地方性法规草案,提请省、自治区的人民代表大会常务委员会审议制定,并报全国人民代表大会常务委员会和国务院备案。

第二十八条 县级以上的地方各级人民代表大会常务委员会行使下列职权:

(一)领导或者主持本级人民代表大会代表的选举;

(二)召集本级人民代表大会会议;

(三)讨论、决定本行政区域的政治、经济、文化、教育、卫生、民政、民族工作的重大事项;

(四)根据本级人民政府的建议,决定对本行政区域国民经济计划和预算的部分变更;

(五)监督本级人民政府、人民法院和人民检察院的工作,联系本级人民代表大会代表,受理人民群众对上述机关和国家工作人员的申诉和意见;

(六)改变或者撤销下一级人民代表大会的不适当的决议;

(七)在本级人民代表大会闭会期间,决定副省长、自治区副主席、副市长、副州长、副县长、副区长的个别任免;在省长、自治区主席、市长、州长、县长、区长因故不能担任职务的时候,决定代理的人选;

(八)决定本级人民政府秘书长、厅长、局长、主任、科长的任免,报上一级人民政府备案;

(九)按照人民法院组织法和人民检察院组织法的规定,任免人民法院副院长、庭长、副庭长、审判委员会委员、审判员,任免或者批准任免人民检察院副检察长、检察委员会委员、检察员;

(十)在本级人民代表大会闭会期间,补选上一级人民代表大会出缺的代表和撤换个别代表;

(十一)决定授予地方的荣誉称号。

第二十九条　常务委员会会议由主任召集,每两个月至少举行一次。

常务委员会的决议,由常务委员会以全体组成人员的过半数通过。

常务委员会主任、副主任组成主任会议,处理常务委员会的重要日常工作。

第三十条　常务委员会根据工作需要,设立办事机构。

**第四章　地方各级人民政府**

第三十一条　地方各级人民政府,是地方各级人民代表大会的执行机关,是地方各级国家行政机关。

第三十二条　地方各级人民政府都对本级人民代表大会和上一级国家行政机关负责并报告工作。县级以上的地方各级人民政府在本级人民代表大会闭会期间,对本级人民代表大会常务委员会负责并报告工作。

全国地方各级人民政府都是国务院统一领导下的国家行政机关,都服从国务院。

第三十三条　省、自治区、直辖市的人民政府分别由省长、副省长,自治区主席、副主席,市长、副市长和秘书长、厅长、局长、委员会主任等组成。

自治州、县、自治县、市、市辖区的人民政府分别由州长、副州长,县长、副县长,市长、副市长,区长、副区长和局长、科长等组成。

乡、民族乡人民政府设乡长、副乡长。镇人民政府设镇长、副镇长。

第三十四条　省、自治区、直辖市、自治州、设区的市的人民政府每届任期五年。县、自治县、不设区的市、市辖区、乡、民族乡、镇的人民政府每届任期三年。

第三十五条　县级以上的地方各级人民政府行使下列职权:

(一)执行本级人民代表大会和它的常务委员会的决议,以及上级国家行政机关的决议和命令,规定行政措施,发布决议和命令。省、自治区、直辖市以及省、自治区的人民政府所在地的市和经国务院批准的较大的市的人民政府,还可以根据法律和国务院的行政法规,制定规章;

(二)领导所属各工作部门和下级人民政府的工作;

(三)改变或者撤销所属各工作部门的不适当的命令、指示和下级人民政府的不适当的决议、命令;

(四)依照法律的规定任免和奖惩国家机关工作人员;

(五)执行经济计划和预算,管理本行政区域内经济、文化建设和民政、公安等工作;

(六)保护社会主义的全民所有的财产和劳动群众集体所有的财产,保护公民私人所有的合法财产,维护社会秩序,保障公民的人身权利、民主权利和其他权利;

(七)保障农村集体经济组织应有的自主权;

(八)保障少数民族的权利和尊重少数民族的风俗习惯,省人民政府并且帮助本省各少数民族聚居的地方实行区域自治,帮助各少数民族发展政治、经济和文化的建设事业;

(九)保障妇女同男子有平等的政治权利、劳动权利、同工同酬和其他权利;

(十)办理上级国家行政机关交办的其他事项。

第三十六条　乡、民族乡、镇的人民政府行使下列职权:

(一)执行本级人民代表大会的决议和上级国家行政机关的决议和命令,发布决议和命令;

(二)领导本级人民代表大会代表的选举;

(三)召集本级人民代表大会会议;

(四)管理本行政区域内经济、文化建设和民政、公安等工作;

(五)保护社会主义的全民所有的财产和劳动群众集体所有的财产,保护公民私人所有的合法财产,维护社会秩序,保障公民的人身权利、民主权利和其他权利;

(六)保障农村集体经济组织应有的自主权;

(七)保障少数民族的权利和尊重少数民族的风俗习惯;

(八)保障妇女同男子有平等的政治权利、劳动权利、同工同酬和其他权利;

(九)办理上级人民政府交办的其他事项。

第三十七条　地方各级人民政府分别实行省长、自治区主席、市长、州长、县长、区长、乡长、镇长负责制。

省长、自治区主席、市长、州长、县长、区长、乡长、镇长分别主持地方各级人民政府的工作。

第三十八条　地方各级人民政府根据工作需要和精干的原则,设立必要的工作部门。

省、自治区、直辖市的人民政府的厅、局、委员会等工作部门的设立、增加、减少或者合并,由本级人民政府报请国务院批准。

自治州、县、自治县、市、市辖区的人民政府的局、科等工作部门的设立、增加、减少或者合并，由本级人民政府报请上一级人民政府批准。

第三十九条 各厅、局、委员会、科分别设厅长、局长、主任、科长，在必要的时候可以设副职。

办公厅、办公室设主任，在必要的时候可以设副主任。

省、自治区、直辖市、自治州、设区的市的人民政府设秘书长一人，副秘书长若干人。

第四十条 省、自治区、直辖市的人民政府的各工作部门受人民政府统一领导，并且受国务院主管部门的领导或者业务指导。

自治州、县、自治县、市、市辖区的人民政府的各工作部门受人民政府统一领导，并且受上级人民政府主管部门的领导或者业务指导。

第四十一条 省、自治区、直辖市、自治州、县、自治县、市、市辖区的人民政府应当协助设立在本行政区域内不属于自己管理的国家机关、企业、事业单位进行工作，并且监督它们遵守和执行法律、法令和政策。

第四十二条 省、自治区的人民政府在必要的时候，经国务院批准，可以设立若干行政公署，作为它的派出机关。

县、自治县的人民政府在必要的时候，经省、自治区、直辖市的人民政府批准，可以设立若干区公所，作为它的派出机关。

市辖区、不设区的市的人民政府，经上一级人民政府批准，可以设立若干街道办事处，作为它的派出机关。

**五届全国人大五次会议关于修改全国人大和地方各级人大选举法的若干规定的决议**

（1982年12月10日第五届全国人民代表大会第五次会议通过）

中华人民共和国第五届全国人民代表大会第五次会议决定对本届全国人民代表大会第二次会议1979年通过的《中华人民共和国全国人民代表大会和地方各级人民代表大会选举法》做如下修改：

一、条文中的“人民公社”改为“乡、民族乡”；“人民公社管理委员会”改为“乡、民族乡人民政府”。

二、第六条改为：“全国人民代表大会和归侨人数较多地区的地方人民代表大会，应当有适当名额的归侨代表。”

三、第十条增加一款，作为第二款：“县、自治县行政区域内，镇的人口特多的，或者不属于县级以下人民政府领导的企业事业组织的职工人数在全县总人口中所占比例较大的，经省、自治区、直辖市的人民代表大会常务委员会决定，农村每一代表所代表的人口数同镇或者企业事业组织职工每一代表所代表的人口数之比可以小于四比一直至一比一。”

四、第十六条第二款、第三款分别改为：

“聚居境内同一少数民族的总人口数占境内总人口数15%以上的，每一代表所代表的人口数应当相当于当地人民代表大会每一代表所代表的人口数。”

“聚居境内同一少数民族的总人口数不及境内总人口数15%的，每一代表所代表的人口数可以比当地人民代表大会每一代表所代表的人口数少二分之一；实行区域自治的民族人口特少的自治县，经省、自治区的人民代表大会常务委员会决定，可以少于二分之一。人口特少的其他民族，至少应有代表一人。”

五、第三十条改为：“选举委员会应当向选民介绍代表候选人的情况。推荐代表候选人的党派、团体或者选民可以在选民小组会议上介绍所推荐的代表候选人的情况。但是在选举日必须停止对代表候选人的介绍。”

六、第三十八条第三款改为：“获得过半数选票的当选代表的名额少于应选代表的名额时，不足的名额应当在没有当选的代表候选人中另行选举，以得票多的当选，但是得票数不得少于选票的三分之一。”

七、第四十二条增加一款，作为第二款：“地方各级人民代表大会代表在任期内调离或者迁出本行政区域的，其代表资格自行终止，缺额另行补选。”

原第二款改为第三款。

第五届全国人民代表大会第二次会议通过的《中华人民共和国全国人民代表大会和地方各级人民代表大会选举法》，根据本决议做相应的修正，重新公布。

**中华人民共和国全国人民代表大会和地方各级人民代表大会选举法**

**第一章 总 则**

第一条 根据中华人民共和国宪法，制定全国人民代表大会和地方各级人民代表大会选举法。

第二条 全国人民代表大会的代表，省、自治区、直辖市、设区的市、自治州的人民代表大会的代表，由下一级人民代表大会选出。

不设区的市、市辖区、县、自治县、乡、民族乡、镇的人民代表大会的代表，由选民直接选出。

第三条 年满十八周岁的中华人民共和国公民，不分民族、种族、性别、职业、社会出身、宗教信仰、教育程度、财产状况和居住期限，都有选举权和被选举权。

依照法律被剥夺政治权利的人没有选举权和被选举权。

第四条 每一选民在一次选举中只有一个投票权。

第五条 人民解放军单独进行选举，选举办法另定。

第六条 全国人民代表大会和归侨人数较多地区的地方人民代表大会，应当有适当名额的归侨代表。

第七条 全国人民代表大会常务委员会主持全国人民代表大会代表的选举。省、自治区、直辖市、设区的市、自治州的人民代表大会常务委员会主持本级人民代表大会代表的选举。在地方人民代表大会常务委员会成立以前，由地方行政机关主持。

不设区的市、市辖区、县、自治县、乡、民族乡、镇设立选举委员会，主持本级人民代表大会代表的选举。不设区的市、市辖区、县、自治县的选举委员会受本级人民代表大会常务委员会的领导。乡、民族乡、镇的选举委员会受乡、民族乡、镇的人民政府的领导。

第八条 全国人民代表大会和地方各级人民代表大会的选举经费，由国库开支。

**第二章 地方各级人民代表大会代表名额**

第九条 地方各级人民代表大会代表的名额，由各省、自治区、直辖市的人民代表大会常务委员会，按照便于召开会议、讨论问题和解决问题，并且使各民族、各地区、各方面都能有适当数量的代表的原则自行决定，并报全国人民代表大会常务委员会备案。

第十条 自治州、县、自治县人民代表大会代表的名额，由本级人民代表大会常务委员会按照农村每一代表所代表的人口数四倍于镇每一代表所代表的人口数的原则分配。人口特少的乡、民族乡、镇，也应有代表参加。

县、自治县行政区域内，镇的人口特多的，或者不属于县级以下人民政府领导的企业事业组织的职工人数在全县总人口中所占比例较大的，经省、自治区、直辖市的人民代表大会常务委员会决定，农村每一代表所代表的人口数同镇或者企业事业组织职工每一代表所代表的人口数之比可以小于四比一直至一比一。

第十一条 直辖市、市、市辖区的农村每一代表所代表的人口数，应多于市区每一代表所代表的人口数。

第十二条 省、自治区人民代表大会代表的名额，由本级人民代表大会常务委员会按照农村每一代表所代表的人口数五倍于城市每一代表所代表的人口数的原则分配。

**第三章 全国人民代表大会代表名额**

第十三条 全国人民代表大会的代表，由省、自治区、直辖市人民代表大会和人民解放军选举产生。

全国人民代表大会代表的名额不超过三千五百人。名额的分配由全国人民代表大会常务委员会根据情况决定。

第十四条 省、自治区、直辖市应选全国人民代表大会代表的名额，由全国人民代表大会常务委员会按照农村每一代表所代表的人口数八倍于城市每一代表所代表的人口数的原则分配。

第十五条 全国少数民族应选全国人民代表大会代表，由全国人民代表大会常务委员会参照各少数民族的人口数和分布等情况，分配给各省、自治区、直辖市的人民代表大会选出。人口特少的民族，至少也应有代表一人。

**第四章 各少数民族的选举**

第十六条 有少数民族聚居的地方，每一聚居的少数民族都应有代表参加当地的人民代表大会。

聚居境内同一少数民族的总人口数占境内总人口数百分之十五以上的，每一代表所代表的人口数应相当于当地人民代表大会每一代表所代表的人口数。

聚居境内同一少数民族的总人口数不及境内总人口数百分之十五的，每一代表所代表的人口数可以比当地人民代表大会每一代表所代表的人口数少二分之一；实行区域自治的民族人口特少的自治县，经省、自治区的人民代表大会常务委员会决定，可以少于二分之一。人口特少的其他民族，至少应有代表一人。

第十七条 自治区、自治州、自治县和有少数民族聚居的乡、民族乡、镇的人民代表大会，对于聚居在境内的其他少数民族和汉族代表的选举，适用本法第十六条的规定。

第十八条 散居的少数民族应选当地人民代表大会的代表，每一代表所代表的人口数可以少于当地人民代表大会每一代表所代表的人口数。

自治区、自治州、自治县和有少数民族聚居的乡、民族乡、镇的人民代表大会，对于散居在境内的其他少数民族和汉族代表的选举，适用前款的规定。

第十九条 有少数民族聚居在境内的市、市辖区、县、乡、民族乡、镇的人民代表大会代表的产生，按照当地的民族关系和居住状况，各少数民族选民可以单独选举或者联合选举。

自治区、自治州、自治县和有少数民族聚居的乡、民族乡、镇的人民代表大会，对于居住在境内的其他少数民族和汉族代表的选举办法，适用前款的规定。

第二十条 自治区、自治州、自治县制定或者公布的选举文件、选民名单、选民证、代表候选人名单、代表当选证书和选举委员会的印章等，都应当同时使用当地通用的民族文字。

第二十一条 少数民族选举的其他事项，参照本法有关各条的规定办理。

**第五章 选区划分**

第二十二条 不设区的市、市辖区、县、自治县、乡、民族乡、镇的人民代表大会的代表名额分配到选区，按选区进行选举。选区应按生产单位、事业单位、工作单位和居住状况划分。

**第六章 选民登记**

第二十三条 选民登记按选区进行。

无法行使选举权和被选举权的精神病患者，不列入选民名单。

第二十四条 选民名单应在选举日前三十天公布，并发给选民证。

第二十五条 对于公布的选民名单有不同意见的，可以向选举委员会提出申诉。选举委员会对申诉意见，应在三日内作出处理决定。申诉人如果对处理决定不服，可以向人民法院起诉，人民法院的判决为最后决定。

**第七章 代表候选人的提出**

第二十六条 全国和地方各级人民代表大会的代表候选人，按选区或者选举单位提名产生。

中国共产党、各民主党派、各人民团体，可以联合或者单独推荐代表候选人。任何选民或者代表，有三人以上附议，也可以推荐代表候选人。推荐时，应向选举委员会介绍候选人的情况。

第二十七条 全国和地方各级人民代表大会代表候选人的名额，应多于应选代表的名额。

由选民直接选举的代表候选人名额，应多于应选代表名额的二分之一至一倍；由地方各级人民代表大会选举上一级人民代表大会代表候选人的名额，应多于应选代表名额的五分之一至二分之一。

第二十八条 由选民直接选举的人民代表大会代表候选人，由各选区选民和各单位提名推荐。选举委员会汇总各方面推荐的代表候选人名单和各候选人情况，在选举日前二十天公布并由各该选区的选民小组反复讨论、民主协商，如果所提候选人名额过多，可以进行预选，根据较多数选民的意见，确定正式代表候选人名单，并在选举日前五天公布。

县级以上的地方各级人民代表大会在选举上一级人民代表大会代表时，由各该级人民代表大会主席团汇总大会代表和中国共产党、各民主党派、各人民团体提出的代表候选人名单，组织全体代表反复讨论、民主协商，如果所提候选人名额过多，可以进行预选，根据较多数代表的意见，确定正式代表候选人名单。

第二十九条 县级以上的地方各级人民代表大会在选举上一级人民代表大会代表时，代表候选人不限于各该级人民代表大会的代表。

第三十条 选举委员会应当向选民介绍代表候选人的情况。推荐代表候选人的党派、团体或者选民可以在选民小组会议上介绍所推荐的代表候选人的情况。但是在选举日必须停止对代表候选人的介绍。

**第八章 选举程序**

第三十一条 在选民直接选举人民代表大会的代表时，各选区应设立投票站或者召开选举大会进行。投票站或者选举大会由选举委员会主持。

第三十二条 县级以上的地方各级人民代表大会在选举上一级人民代表大会代表时，由各该级人民代表大会主席团主持。

第三十三条 全国和地方各级人民代表大会代表的选举，一律采用无记名投票的方法。

选民如果是文盲或者因残疾不能写选票的，可以委托他信任的人代写。

第三十四条 选举人对于代表候选人可以投赞成票，可以投反对票，可以另选其他任何选民，也可以弃权。

第三十五条 选民如果在选举期间外出的，可以书面委托其他选民代为投票，但事先须经选举委员会认可。

第三十六条 投票结束后，由选民推选的监票、计票人员和选举委员会的人员将投票人数和票数加以核对，作出记录，并由监票人签字。

第三十七条 每次选举所投的票数，多于投票人数的无效，少于投票人数的有效。

每一选票所选的人数，多于规定应选代表人数的作废，少于规定应选代表人数的有效。

第三十八条 各级人民代表大会的代表候选人，获得选区全体选民或者选举单位的代表过半数的选票时，始得当选。

获得过半数选票的代表候选人名额超过应选代表名额时，以得票多的当选。如遇票数相等不能确定当选人时，应当就票数相等的候选人重新投票。

获得过半数选票的当选代表的名额少于应选代表的名额时，不足的名额应当在没有当选的代表候选人中另行选举，以得票多的当选，但是得票数不得少于选票的三分之一。

第三十九条 选举结果由选举委员会或者人民代表大会主席团根据本法确定是否有效，并予以宣布。

**第九章 对代表的监督、罢免和补选**

第四十条 全国和地方各级人民代表大会的代表，受选民和原选举单位的监督。选民或者选举单位都有权罢免自己选出的代表。

罢免代表，由选民直接选出的，须经原选区过半数的选民通过；由各级人民代表大会选出的，须经各该级人民代表大会过半数的代表通过，在代表大会闭会期间，须经常务委员会过半数的委员通过。被罢免的代表可以出席上述会议或者书面申诉意见。罢免的决议，须报送上一级人民代表大会常务委员会备案。

第四十一条　任何公民或者单位对违法乱纪或者严重失职的代表，都可以提出罢免的要求。

公民或者单位要求罢免代表时，可以向各级人民代表大会常务委员会提出。受理机关必须及时组织调查，并应听取被指控代表的申辩。

对代表的指控经查证属实后，提交原选区或者原选举单位罢免。

第四十二条　代表在任期内，因故出缺，由原选区或者原选举单位补选。

地方各级人民代表大会代表在任期内调离或者迁出本行政区域的，其代表资格自行终止，缺额另行补选。

县级以上的地方各级人民代表大会闭会期间，可以由本级人民代表大会常务委员会补选上一级人民代表大会代表。

**第十章　对破坏选举的制裁**

第四十三条　为保障选民自由行使选举权和被选举权，对有下列违法行为的，应当依法给予行政处分或者刑事处分：

(一)用暴力、威胁、欺骗、贿赂等非法手段破坏选举或者妨害选民自由行使选举权和被选举权的；

(二)伪造选举文件、虚报选举票数或者有其他违法行为的；

(三)对于控告、检举选举中违法行为的人，或者对于提出要求罢免代表的人进行压制、报复的。

**第十一章　附　则**

第四十四条　省、自治区、直辖市的人民代表大会常务委员会根据本法可以制定选举实施细则，报全国人民代表大会常务委员会备案。

**五届全国人大五次会议关于人大常委会工作报告的决议**

(1982年12月10日第五届全国人民代表大会第五次会议通过)

中华人民共和国第五届全国人民代表大会第五次会议批准杨尚昆副委员长兼秘书长所作的全国人民代表大会常务委员会工作报告，并对常务委员会的工作表示满意。会议认为，本次会议通过的《中华人民共和国宪法》，赋予常务委员会监督宪法实施等重要职权，常务委员会应当充分发挥最高国家权力机关常设机关的作用，加强社会主义法制，巩固人民民主专政，以保障和促进社会主义现代化建设的顺利进行。

**五届全国人大五次会议关于六届人大代表名额和选举问题的决议**

(1982年12月10日第五届全国人民代表大会第五次会议通过)

第五届全国人民代表大会第五次会议根据《中华人民共和国宪法》《中华人民共和国全国人民代表大会和地方各级人民代表大会选举法》的有关规定，对第六届全国人民代表大会代表名额和选举问题决议如下：

(一)各省、自治区、直辖市应选全国人民代表大会代表的名额，农村按人口每104万人选代表1人，市镇按人口每13万人选代表1人。

人口特少的省、自治区，代表名额不得少于15人。

台湾省暂时选举代表13人，由在各省、自治区、直辖市和中国人民解放军的台湾省籍同胞中选出，其余依法应选的名额予以保留。

(二)中国人民解放军应选全国人民代表大会代表265人。

(三)全国少数民族应选全国人民代表大会代表的名额，应占全国人民代表大会代表总名额的12%左右。

人口特少的民族，至少应选全国人民代表大会代表1人。

(四)华侨应选全国人民代表大会代表35人，由归国华侨中选出。

(五)为了保证人口特少的地区、人口特少的民族和各方面代表人士比较集中的地区都有适当的代表名额，在全国人民代表大会代表总名额中，应有一定的名额由全国人民代表大会常务委员会根据情况分配给有关的省、自治区、直辖市进行选举。

(六)第五届全国人民代表大会的任期到1983年2月届满。关于第六届全国人民代表大会代表的选举，考虑到根据本次会议通过的《中华人民共和国宪法》和关于修改《中华人民共和国全国人民代表大会和地方各级人民代表大会选举法》的若干规定的决议进行选举工作，需要一定的准备时间，第五届全国人民代表大会的任期，延长至第六届全国人民代表大会第一次会议举行为止。第六届全国人民代表大会代表的选举，应在1983年4月底以前完成。各省、自治区、直辖市应在1983年4月底以前召开新的一届人民代表大会，选出第六届全国人民代表大会代表。

**五届全国人大五次会议关于最高人民法院工作报告和最高人民检察院工作报告的决议**

(1982年12月10日第五届全国人民代表大会第五次会议通过)

中华人民共和国第五届全国人民代表大会第五次会议批准江华院长所作的最高人民法院工作报告，批准黄火青检察长所作的最高人民检察院工作报告。会议认为，人民法院和人民检察院应当根据本次会议通过的《中华人民共和国宪法》赋予的职权，充分发挥审判机关和法律监督机关的职能，在工作中坚持有法必依，执法必严，违法必究，保护国家和人民的权益，保障社会主义现代化建设的胜利发展。

**五届全国人大五次会议提案审查委员会关于提案的审查报告**

（1982年12月10日第五届全国人民代表大会第五次会议通过）

第五届全国人民代表大会第五次会议的代表们，在党的十二大提出的"四化"建设的宏伟目标、本次大会通过的新宪法和"六五"计划激励下，以高度的政治热情，充分行使社会主义民主权利，积极为"四化"建设献计献策，向大会提出了各种提案。

截至12月4日下午6时止，共提出提案2102件(用少数民族文字提出的提案68件)。其中：

属于工业交通方面的744件，包括工业生产、能源开发、交通运输、城乡建设和环境保护、物价管理、经济法规、劳动工资等；

属于农业方面的241件，包括农业生产、水利电力建设、林业生产、森林保护、农业政策和立法、气象等；

属于财贸方面的178件，包括财政、金融、商业、工商行政管理、对外经济贸易等；

属于文教科技方面的417件，包括教育、科学、技术、知识分子特别是中年知识分子政策、文化、卫生、计划生育、体育、文物保护、文字改革等：

属于政法、国防、民族、外事方面的522件，包括法制建设、机构改革、干部退离休制度、社会治安、法制教育、行政区划、拥军优抚、少数民族地区经济建设、宗教事务、侨务等。

这次大会提案，围绕着十二大提出的"四化"建设的战略目标、战略重点和战略部署，提出了许多建设性意见和要求。农业方面，加强商品粮基地建设，兴建和修复各种水利设施，增加林业建设投资，疏通流通渠道，加强城乡物资交流等，共161件，占提案总数的7.8%；能源交通方面，要求修桥修路通航，增加交通运输能力，加强能源开发，重视核能建设等，共185件，占提案总数的8.8%；教育科技方面，要求增加教育科技经费，发挥知识分子的作用，加强职工技术和文化培训，普及农村小学教育，重视边远地区和少数民族地区教育等，共379件，占提案总数的18%；要求加强社会主义法制，发扬社会主义民主等，共129件，占提案总数的6%。

提案对劳动就业、物价管理和住房问题也有反映。农村实行责任制后，生产大发展，有些提案要求加强农业科技工作，解决卖粮棉油难和仓库冷库建设问题。

本次会议所提提案，已经提案审查委员会审查完毕。建议按照各项提案的审查意见，分别交由全国人大常委会、国务院、最高人民法院和最高人民检察院研究办理。

以上报告，请大会审议。

**全国政协五届常委会二十二次会议闭幕**

会议通过了《中国人民政治协商会议章程(修改草案)》和政协五届五次会议关于《中国人民政治协商会议章程》的决议(草案)、《中国人民政治协商会议第五届全国委员会第五次会议政治决议(草案)》《中国人民政治协商会议第五届全国委员会第五次会议关于常务委员会工作报告的决议(草案)》《中国人民政治协商会议第五届全国委员会第五次会议提案审查委员会关于提案审查情况的报告(草案)》和决议(草案)，提请政协五届五次会议表决。会议还通过了政协五届五次会议增选常务委员的候选人名单，提请大会表决。

政协全国委员会副秘书长彭友今、孙起孟分别就大会开幕以来委员们分组讨论的情况、章程修改草案和政治决议草案的修改情况，作了汇报和说明。

全国政协副主席乌兰夫主持会议。政协全国委员会副主席刘澜涛、王首道、帕巴拉·格列朗杰、胡子昂、荣毅仁、何长工、萧克、杨秀峰、周培源、钱昌照、董其武出席了会议。

**全国职工技术协作委员会成立暨表彰先进大会在北京举行**

大会于12月10日至12日举行，由中华全国总工会召开。

全国总工会授予127个单位"全国职工技术协作先进集体"、"全国职工技术革新先进集体"称号，授予290名先进个人"全国职工技术协作优秀积极分子"、"全国职工技术革新能手"称号，并向他们分别颁发了奖状和证书。

党和国家领导人彭真、习仲勋、宋任穷、倪志福、郝建秀、黄火青和中国科学院院长卢嘉锡以及国家经委、国家科委等部门的领导人出席了会议。

荣获"全国职工技术协作先进集体"称号的有：北京市技术交流站、天津市技术交流站等84个单位，荣获"全国职工技术革新先进集体"称号的有：淮南矿务局谢家集三矿科研科等43个单位；荣获"全国职工技术协作优秀积极分子"称号的有：哈尔滨制氧机厂技师孙茂松、吉林工学院副院长刘云旭、上海柴油机厂老工人技术攻关队队长蒋长源、武汉汽轮发电机厂党委第二书记马学礼、北京二七机车工厂工人王琨(女)等130人；荣获"全国职工技术革新能手"称号的有：大连造船厂工艺科爆炸加工室高级工程师陈火金、江西南昌手表厂工程师张杰峰、汕头超声仪器研究所所长姚锦钟、重庆钟厂工程师张维成等160人。

中央书记处候补书记郝建秀在会上讲了话。她说，执行“六五”计划以及实现本世纪末工农业年总产值翻两番的宏伟目标，需要广大职工群众同科学技术工作者亲密无间、协调一致地并肩战斗。她在讲话中对今后的职工技术协作活动提出了三条要求：一是职工技术协作队伍要进一步组织好，扩大力量，发挥更大的作用。二是开展技术协作活动，要有明确的方向、重点和课题，要围绕十二大确定的战略重点，因地制宜地开展各种形式的技术攻关、技术交流、技术培训等。三是要正确处理开展技术协作活动和执行政策、遵守规章制度的关系。

全国职工技术协作委员会是我国职工技术协作活动的领导机构。它的职责是：研究、制定全国职工技术协作活动的政策、制度；总结交流经验，表彰先进；指导、协调地方职工技术协作组织的工作；编辑、出版职工技术协作活动成果的资料、书刊；培训从事职工技术协作工作的干部。

中华全国职工技术协作委员会主任是王崇伦。

**石德铁路复线建成全线通车**

晋煤外运的三大通路之一——石德(石家庄至德州)铁路复线已建成并于全线通车。

石德铁路复线西起石家庄，东至德州(八里庄)，全长174公里，其中石家庄至衡水段的复线已于1980年10月建成通车。

石德铁路是山西煤炭运往华东地区的主要通道，也是连接京广、津浦两条铁路干线的纽带。复线建成后，列车通过能力由过去每天28对增加到55对，年货运量由1900万吨增加到3700万吨。

**国办转发农牧渔业部《关于迅速加强农业技术培训工作的报告》并发出通知**

通知指出，迅速加强农业技术培训工作，用科学技术武装广大农村干部和农民群众，是推动农业生产持续增长的一项迫切而有效的措施。国务院要求，各级政府要抓住今冬明春的有利时机，迅速组织农业、教育、科技等方面的力量，把农业技术培训工作广泛开展起来，并认真坚持下去。各地要力争用两年左右的时间，把公社以上的农业干部、农村大队、生产队干部、在乡的初、高中毕业生以及能工巧匠普遍轮训一次，以推动农业新局面的进一步发展。

农牧渔业部《关于迅速加强农业技术培训工作的报告》就如何迅速广泛开展农业技术培训工作提出如下建议：

一、各地要抓住今冬明春的有利时机，下大力量把农业技术培训工作广泛开展起来，并且要制定规划，坚持下去。通过培训，使广大干部能够自觉地按照自然规律、经济规律指导生产，使亿万农民能够尽快地运用科学技术，发展粮食生产，开展多种经营。

二、要继续坚持分级培训和专业对口培训的办法，层层落实培训计划。中央农业部门要继续依托高等农业院校抓好省、地、县主管农业工作的党政领导干部的培训；省地两级要分别承担县、社农业领导干部的培训；县、社两级领导部门要把社队干部和农民技术骨干的培训工作认真抓起来。在抓好各级干部培训的同时，要根据农村中蓬勃出现的分工分业和发展商品生产的新情况，迅速对农民开展技术培训。目前应重点抓好在乡的初高中毕业生、能工巧匠和科技户、重点户、专业户的各种技术训练。

三、要广开学路，采取多种形式传播农业技术知识。可以依托高、中等院校办干训班，搞函授教育，举办各种技术短训班，也可以通过办农民夜校、冬学、专题讲座、技术赶集、科技电影、技术咨询服务站、签订技术合同、现场技术交流等多种办法，广泛开展培训活动。

四、加强领导。农业、教育、科技等部门应通力合作，把搞好农业技术培训工作当作自己义不容辞的职责，在当地党政部门的统一领导下，积极行动起来。请各级政府统筹安排，给予支持，要舍得挤出一笔钱，请一批学有专长、教学有方的教师和科技人员，抽出得力的干部办好这件事。

**《人民日报》发表评论员文章《积极采用国际标准》**

积极采用国际标准或国外先进标准，是我国的一项重要技术经济政策。为此，国家经委、国家科委和国家标准局颁发了《采用国际标准管理办法》(试行)。各行各业以及各个企业，都要积极贯彻执行。

我国现行的国家标准、部颁标准和企业标准，只有20%—30%相当或高于国际标准，70%—80%低于国际标准。由于标准水平不高，即使产品质量100%达到标准的要求，大多数产品质量仍然不高。技术标准是衡量产品质量的技术依据，也是提高产品质量的重要保证，有高水平的技术标准，才会有高质量的产品。要提高产品质量，必须提高标准水平。因此，采用国际标准和国外先进标准，是当前我国经济技术发展中的一项迫切任务。

采用国际标准已成为当前各国技术经济发展的共同趋势。为了消除贸易技术壁垒，国际标准化组织制定的国际标准越来越多，标准增加的速度越来越快，标准化领域越来越广泛。要使我国的产品在国际市场上有竞争能力,扩大对外贸易,我们也应当积极采用国际标准或国外先进标准。采用和不采用国际标准,情况是不一样的。例如,我国生产的船用结构钢,在未采用国际标准以前,进不了国际市场,用这种钢造的船也不能出口。采用国际标准以后,结构钢和用这种钢造的船,都可以出口了,并且已为国家节约和换取了不少外汇。

采用国际标准,有利于全面提高产品质量和经济效益。是不是可以采用两种标准,即外销产品采用国际标准,内销产品采用现行国家标准?这是不行的。采用国际标准的根本目的,是促进我国国民经济技术水平的全面提高,改革和提高外销内销产品的质量。如果采用两种标准,只提高少部分企业的技术,绝大部分企业的技术水平仍然停留在落后状态,那就不仅影响内销产品质量的提高,也不利于外销产品质量的提高。在落后技术的汪洋大海包围中的外销产品,质量即使能够提高,基础也是不巩固的。目前我国有些产品质量较好,但不稳定,这同我国国民经济的整个技术水平和经营管理水平不高是有关系的。我们生产的各种产品,对外要争取在国际市场上有好的信誉,对内要努力向人民提供物美价廉的商品。因此,不论是外销产品还是内销产品,都应该采用一种标准,都应当达到国际标准水平。

对国际标准或国外先进标准,要认真研究,区别对待,积极采用。国际标准的内容和我国的具体情况相同或相似的,可以等效采用;两者条件不尽相同的,可以根据我国的资源情况和经济条件参照采用,但在产品性能和质量指标等方面,要同国际标准相当。这是各国采用国际标准的通用办法。各地区各部门要制定出分期分批采用国际标准的规划,并在有出口任务、技术比较先进、管理水平较高的企业首先采用,争取在“六五”期间抓出成效。原材料工业、电子工业和机械工业要走在前面,以利于为国民经济各部门提供先进技术设备。采用国际标准向各个企业提出了更高的要求,困难是有的,但是,经过努力也是能够达到的,关键在于做好工作。要加强全面质量管理,完善责任制度,制定必要的工作标准、管理标准,建立和健全产品质量保证系统和信息反馈系统等等。我们要努力做到,在一个不很长的时间里,各行各业普遍采用国际标准,逐步地建立一套与国际标准水平相当、适合我国国情的标准体系,使我国国民经济的技术面貌有一个明显的变化。

随着国际标准的采用,对企业的技术改造和设备更新提出了新的要求。进行技术改造、特别是进行重点技术改造的企业,要把采用国际标准纳入计划,力争做到一举两得,避免将来再解决这个问题时,在时间上和经济上造成浪费。此外,对采用国际标准的企业和单位要在资金、原料、能源以及设备等方面优先供应,产品按质论价,鼓励企业采用国际标准和提高产品质量。

采用国际标准涉及国民经济各部门,只靠标准化部门是难以做好的,各级人民政府和主管部门都要加强对标准化工作的领导和支持,以加快这一工作的进程。

**重庆同法国土鲁兹市结为友好城市**

重庆市市长于汉卿和土鲁兹市市长皮埃尔·博迪斯在土鲁兹市签署了两个城市结为友好城市的议定书。

## 12月11日

**中共中央总书记胡耀邦在省区市党委书记座谈会上发表题为《1983年的工作》的讲话**

胡耀邦的讲话指出,1983年是十二大提出的全面开创社会主义现代化建设新局面的头一年,又是实施新宪法,为国家的长治久安而奋斗的头一年。我们的工作计划,要抓住重心,在以下两个问题上取得明显的成绩:(一)完成省、自治区、直辖市和地市两级的机构改革,并开始整党,力求使党风、社会风气和社会治安情况进一步好转;(二)力争国民经济的综合发展水平不低于今年,并切实做好为1984年和今后若干年的继续健康发展的必要准备。

**全国政协五届五次会议在北京闭幕**

全国政协主席邓小平宣布开会,全国政协副主席乌兰夫主持各项议程的进行。

出席大会的委员共1464人。

大会通过了《中国人民政治协商会议章程》和关于政协章程的决议。决议宣布,这部新章程自即日起生效。

大会增选马璧、范寿康为全国政协第五届常务委员。

大会还通过了关于常务委员会工作报告的决议,决议对常委会一年来的工作表示满意;通过了关于提案审查情况的报告和关于这个报告的决议。报告说,从全国政协五届五次会议开幕以来,到12月8日止,委员们共提出提案539件,提出提案的委员有608人,共1446人次。

乌兰夫副主席向大会致了闭幕词。他说,在历时18天的会议期间,委员们以主人翁的高度责任感,对国家大事和政协的重要工作,进行了认真的讨论。会议开得很好,大家知无不言,言无不尽,充分发扬了民主。通过认真讨论,大家的认识进一步提高了,信心进一步增强了。干劲鼓得更足了。委员们豪情满怀地要为大会各项决议的贯彻执行作出贡献。

乌兰夫说,邓小平主席在这次会议开幕时说,我们的爱国统一战线前程远大,大有可为,要求我们开创我国社会主义现代化建设的新局面,开创爱国统一战线的新局面,开创人民政协工作的新局面。这是光荣的任务。我们一定要坚持党的"长期共存,互相监督","肝胆相照,荣辱与共"的方针,团结和动员一切爱国力量,为响应邓小平主席的号召而共同奋斗。

出席大会并在主席台前排就座的有:全国政协副主席刘澜涛、陆定一、李维汉、许德珩、王首道、帕巴拉·格列朗杰、庄希泉、胡子昂、荣毅仁、胡愈之、何长工、程子华、杨秀峰、包尔汉、周培源、钱昌照、董其武。

列席大会的有:中共中央和各省、自治区、直辖市党委统战部门的负责人,国务院参事,文史资料研究委员会专员,全国政协副秘书长及各工作机构负责人,各省、自治区、直辖市政协的负责人等。

外国驻华使节和在北京的外国记者旁听了大会。

**全国政协五届五次会议关于《中国人民政治协商会议章程》的决议**

(1982年12月11日通过)

中国人民政治协商会议第五届全国委员会第五次会议于1982年12月11日举行全体会议,通过《中国人民政治协商会议章程》,自即日起生效。同时废止1978年3月8日五届政协一次会议通过的《中国人民政治协商会议章程》。

会议认为,新章程在总结人民政协成立以来正反两方面经验的基础上,依据中华人民共和国宪法和中国共产党十一届三中全会以来的方针政策以及中共十二大确定的宏伟纲领,对中国人民政协的性质、任务、作用以及工作总则和组织总则等问题作出了正确的规定,是一部比较完善的章程。认真实行章程的规定,并在实行过程中研究新情况,解决新问题,一定能够为开创社会主义现代化建设的新局面作出积极的贡献,把人民政协的工作提高到新的水平。

各级人民政协和参加人民政协的各民主党派、各人民团体都要认真组织委员和各该组织的成员以及工作人员学习新的章程,并且采用各种方式进行广泛的宣传,要求全体政协委员和参加政协的各组织的成员以及工作人员对章程总纲和各章的规定深刻理解,并结合实际,积极主动地、创造性地开展人民政协的工作,在中国共产党的领导下,为不断巩固和发展爱国统一战线,促进我国社会主义现代化建设和统一祖国的大业的实现而奋斗!

**全国政协五届五次会议关于《团结起来,为贯彻实施宪法和全面完成第六个五年计划而奋斗》的政治决议**

(1982年12月11日通过)

中国人民政治协商会议第五届全国委员会第五次会议是在中国共产党第十二次全国代表大会闭幕不久,全国各族人民正在满怀信心地为全面开创社会主义现代化建设新局面奋勇进军的时候召开的。这次会议通过了新的中国人民政治协商会议章程,听取了章程修改委员会刘澜涛副主任委员关于章程修改草案的说明,听取和审议了胡子昂副主席关于常务委员会的工作报告;列席了第五届全国人民代表大会第五次会议,讨论了中华人民共和国宪法修改草案,听取和讨论了宪法修改委员会彭真副主任委员关于宪法修改草案的报告、赵紫阳总理关于第六个五年计划的报告以及其他报告和法律草案。会议一致热烈拥护人代大会通过的宪法、"六五"计划的报告和政协会议通过的章程以及各项报告,并保证坚决贯彻执行。

会议认为,新宪法科学地总结了建国以来正反两方面的经验,完整地体现了中国共产党十一届三中全会以来所确定的路线、方针、政策,符合全国人民最大利益,是新时期治国安邦的根本大法。这部宪法合乎我国的国情,具有中国特色,对建设高度的社会主义民主和社会主义法制具有十分重要的意义。这部宪法为实现中国共产党第十二次全国代表大会确定的宏伟纲领提供了可靠的保证。认真贯彻实施新宪法,必将进一步巩固我国安定团结的政治局面,有力地推动社会主义现代化建设的蓬勃发展。维护宪法的尊严,保证宪法的实施,是全国各族人民的神圣职责。会议认为,宪法是人民政协一切活动的根本准则,各级人民政协、各党派、团体要结合对中国共产党的十二大文件的学习,认真组织自己的成员学习宪法、宣传宪法、贯彻宪法。我们要把学习好宪法、宣传好宪法作为会议闭幕后的第一件大事。每个成员要做执行宪法的表率。要发挥人民政协的民主监督作用,同违反和破坏宪法的行为进行坚决的斗争,为宪法的贯彻实施作出应有的贡献。

会议一致赞同赵紫阳总理关于第六个五年计划的报告。大家高兴地看到,经过中国共产党和人民政府领导全国各族人民团结奋斗,我国国民经济已经走上了稳步发展的健康轨道,国民经济的调整工作进入了一个新的更加深入的阶段,两年来的经济形势一年比一年好,财政状况继续好转,出现了令人振奋的变化。会议认为,第六个五年计划是一个积极的在调整中健康发展的计划，切实完成这个计划，将为本世纪末实现我国工农业年总产值翻两番的战略目标奠定良好的基础。我们有充分的有利条件实现第六个五年计划规定的目标和任务，但是也要看到前进道路上还有不少困难和阻力，实现这个艰巨的任务，必须发扬勤俭建国、艰苦奋斗的革命传统，振奋精神，埋头苦干，厉行节约，反对浪费，才能取得胜利。

会议认为，进行社会主义现代化建设，离不开教育的发展和科学技术的进步。知识分子同工人、农民一样，是社会主义建设事业的依靠力量。必须切实地创造条件，调动知识分子的积极性，充分发挥他们在现代化建设中的作用，这是我们时代的一个重大任务。人民政协要经常关心和了解知识分子，特别是中年知识分子的情况和问题，并以极大的努力推动各方面进一步落实知识分子政策。各级人民政协、各党派、团体的成员，应当积极响应赵紫阳总理在五届人大五次会议上发出的号召，认真学习蒋筑英、罗健夫为建设社会主义祖国的远大理想而献身的革命精神，学习他们把国家利益放在第一位的崇高品质，全心全意地为我国的社会主义建设事业贡献自己的一切力量。

会议强调指出，各级人民政协要重视社会主义精神文明的建设，积极做好宣传教育工作。参加人民政协的成员，包括党派、团体和个人，都要把宪法和政协章程中有关建设社会主义精神文明的要求和规定认真地贯彻到各项工作和自己的行动中去，为促进国家财政经济状况、社会风气和党风的根本好转，保证我国社会主义现代化建设事业健康发展而奋斗。

邓小平主席在本次会议开幕时指出，在伟大祖国的社会主义现代化建设事业中，我们的爱国统一战线前程远大，大有可为。他号召我们要为开创我国社会主义现代化建设的新局面，为开创爱国统一战线的新局面，为开创人民政协工作的新局面而共同奋斗。会议认为，为了响应邓主席的号召，必须认真贯彻执行中国共产党与各民主党派以及无党派人士"长期共存，互相监督"，"肝胆相照，荣辱与共"的方针，巩固和发展我们的爱国统一战线，在人民政协的工作中充分发挥各方面成员的主动性、积极性和创造性。要努力创造条件，采取多种形式，进一步开展政治协商和民主监督的活动，更好地发挥人民政协在物质文明和精神文明建设事业中的重要作用。各级人民政协还应广开言路，广开才路，充分发挥委员和各方面人士的专长，组织他们进行专题调查研究，就社会主义建设事业和群众生活的重要问题提出建议和批评，帮助中国共产党和人民政府改进工作，提高工作效率，共同把国家的事情办好。

中国人民政治协商会议第六届全国委员会第一次会议将于明年举行。全国五届政协五次会议后，常务委员会要集中力量为六届政协一次会议的召开做好准备，系统地总结五届政协的工作，发扬成绩，克服缺点，以便为新的一届全国委员会更好地开展工作创造有利的条件。我们相信，只要我们团结一致，群策群力，切实履行新的政协章程，并在工作中继承和发扬毛泽东主席、周恩来主席培育的优良传统，人民政协的生气勃勃的新局面必然会展现在我们的面前！

## 中国人民政治协商会议章程

（1982年12月11日中国人民政治协商会议第五届全国委员会第五次会议通过）

### 总　纲

中国人民在长期的革命和建设进程中，结成了由中国共产党领导的，有各民主党派、无党派民主人士、人民团体、少数民族人士和各界爱国人士参加的，由全体社会主义劳动者、拥护社会主义的爱国者和拥护祖国统一的爱国者组成的，包括台湾同胞、港澳同胞和国外侨胞在内的最广泛的爱国统一战线。

中国人民政治协商会议是中国人民爱国统一战线的组织。一九四九年九月，中国人民政治协商会议第一届全体会议代行全国人民代表大会的职权，代表全国人民的意志，宣告中华人民共和国的成立，发挥了重要的历史作用。一九五四年第一届全国人民代表大会召开后，中国人民政治协商会议继续在国家的政治生活和社会生活以及对外友好活动中进行了许多工作，作出了重要的贡献。今后在加紧社会主义现代化建设，争取实现包括台湾在内的祖国统一，反对霸权主义、维护世界和平的斗争中，中国人民政治协商会议将进一步发挥它的重要作用。

我国各族人民，在中国共产党的领导下，消灭了剥削制度，建立了社会主义制度。我国社会阶级状况发生了根本的变化。工农联盟更加巩固。知识分子同工人、农民一样是社会主义事业的依靠力量。原来属于剥削阶级的人，绝大多数已经成为自食其力的劳动者。在人民革命和建设事业中同中国共产党一道前进、一道经受考验并作出重要贡献的各民主党派，已经成为各自所联系的一部分社会主义劳动者和拥护社会主义的爱国者的政治联盟，日益发挥其重要作用。全国各民族已经形成平等、团结、互助的社会主义民族关系。宗教界的爱国人士积极参加祖国的社会主义建设。台湾同胞、港澳同胞和国外侨胞热爱祖国，拥护祖国统一，支援祖国建设事业。在新的历史时期，我国的爱国统一战线具有更强大的生命力，仍然是中国人民团结战斗、建设祖国和统一祖国的一个重要"法宝"，它将更加巩固，更加发展。

在剥削阶级作为阶级消灭以后，阶级斗争已经不再是我国社会的主要矛盾。但是由于国内的因素和国际的影响，我国人民同国内外的敌对势力和敌对分子的斗争还将是长期的，阶级斗争还将在一定范围内长期存在。我国面临的主要矛盾是人民日益增长的物质、文化需要同落后的社会生产之间的矛盾。我国各族人民在新的历史时期的总任务是自力更生，艰苦奋斗，逐步实现工业、农业、国防和科学技术现代化，把我国建设成为高度文明、高度民主的社会主义国家。中国人民政治协商会议要在热爱中华人民共和国、拥护中国共产党的领导和拥护社会主义事业的政治基础上，尽一切努力，进一步巩固和发展爱国统一战线，调动一切积极因素，团结一切可能团结的人，同心同德，群策群力，维护和发展安定团结的政治局面，促进社会主义民主和法制的建设，为全面开创社会主义现代化建设的新局面，实现我国各族人民的总任务而奋斗。

中国人民政治协商会议是我国政治生活中发扬社会主义民主的一种重要形式，根据中国共产党同各民主党派和无党派人士“长期共存，互相监督”，“肝胆相照，荣辱与共”的方针，对国家的大政方针和群众生活的重要问题进行政治协商，并通过建议和批评发挥民主监督作用。

中国人民政治协商会议的一切活动以中华人民共和国宪法为根本的准则。

**第一章　工作总则**

第一条　中国人民政治协商会议全国委员会和地方委员会，按照中国人民政治协商会议章程进行工作。

第二条　中国人民政治协商会议全国委员会和地方委员会通过各种形式，参与有关国家事务和地方事务重要问题的讨论。

中国人民政治协商会议全国委员会和地方委员会根据中国共产党或民主党派、人民团体的提议，举行有各党派、团体的负责人和各界爱国人士的代表参加的会议，进行协商。

第三条　中国人民政治协商会议全国委员会和地方委员会宣传和贯彻执行国家的宪法、法律和各项方针、政策，推动社会力量积极参加高度的物质文明和高度的社会主义精神文明的建设事业，协助国家机关打击经济领域和其他领域内破坏社会主义的犯罪活动。

第四条　中国人民政治协商会议全国委员会和地方委员会密切联系各方面人士，反映他们及其所联系的群众的意见和要求，对国家机关和国家工作人员的工作提出建议和批评，协助国家机关进行机构改革和体制改革，改进工作，提高工作效率，克服官僚主义。

第五条　中国人民政治协商会议全国委员会和地方委员会调整和处理统一战线各方面的关系和中国人民政治协商会议内部合作的重要事项。

第六条　中国人民政治协商会议全国委员会和地方委员会通过各种形式，积极传播先进思想，开展爱祖国、爱人民、爱劳动、爱科学、爱社会主义的公德以及革命的理想、道德和纪律的宣传教育工作。

第七条　中国人民政治协商会议全国委员会和地方委员会坚持发展科学、繁荣文化的“百花齐放、百家争鸣”的方针，密切联系国家机关和其他有关组织，在政治、法律、经济、教育、科学技术、文化艺术、医药卫生、体育等方面开展调查研究等活动，广开言路，广开才路，充分发挥委员的专长和作用。

中国人民政治协商会议全国委员会和地方委员会推动和协助社会力量兴办各种有利于社会主义建设的事业。

第八条　中国人民政治协商会议全国委员会和地方委员会组织委员视察、参观和调查，了解情况，就各项事业和群众生活的重要问题进行研究，向国家机关和其他有关组织提出建议和批评。

第九条　中国人民政治协商会议全国委员会和地方委员会组织和推动委员在自愿的基础上学习马克思列宁主义、毛泽东思想，学习时事政治，学习和交流业务和科学技术知识，增强为祖国服务的才能。

第十条　中国人民政治协商会议全国委员会和地方委员会宣传和参与贯彻执行国家关于统一祖国的方针政策，积极开展同台湾同胞和各界人士的联系，促进祖国统一大业的实现。

加强同港澳同胞的联系和团结，鼓励他们为建设祖国和统一祖国作出贡献。

第十一条　中国人民政治协商会议全国委员会和地方委员会宣传和协助贯彻执行国家的知识分子政策，以利于充分发挥知识分子在社会主义现代化建设中的作用。

第十二条　中国人民政治协商会议全国委员会和地方委员会宣传和协助贯彻执行国家的民族政策，反映少数民族的意见和要求，为发展少数民族地区的经济、文化，维护少数民族的合法权利和利益，改善和发展社会主义的民族关系，增进各族人民的大团结和维护祖国的统一贡献力量。

第十三条　中国人民政治协商会议全国委员会和地方委员会宣传和协助贯彻执行国家的宗教政策，团结宗教界爱国人士和宗教信仰者为祖国的建设和统一贡献力量。

第十四条　中国人民政治协商会议全国委员会和地方委员会宣传和协助贯彻执行国家的侨务政策。加强同国外侨胞的联系和团结，鼓励他们为祖国的建设事业和统一祖国的大业作出贡献。

第十五条 中国人民政治协商会议全国委员会和地方委员会宣传和协助贯彻执行国家的外交政策，根据具体情况，积极主动地开展人民外交活动，加强同各国人民的友好往来和合作。

第十六条 中国人民政治协商会议全国委员会和地方委员会根据统一战线组织的特点进行关于中国近代史、现代史资料的征集、研究和出版工作。

第十七条 中国人民政治协商会议全国委员会加强同地方委员会的联系，沟通情况，交流经验，研究地方委员会带共同性的问题。

**第二章 组织总则**

第十八条 中国人民政治协商会议设全国委员会和地方委员会。

第十九条 中国人民政治协商会议全国委员会由中国共产党、各民主党派、无党派民主人士、人民团体、各少数民族和各界的代表，台湾同胞、港澳同胞和归国侨胞的代表以及特别邀请的人士组成。

中国人民政治协商会议地方委员会的组成，根据当地情况，参照全国委员会的组成决定。

第二十条 凡赞成本章程的党派和团体，经中国人民政治协商会议全国委员会常务委员会协商同意，得参加中国人民政治协商会议全国委员会。个人经中国人民政治协商会议全国委员会常务委员会协商邀请，亦得参加中国人民政治协商会议全国委员会。参加地方委员会者，由各级地方委员会按照本条上述规定办理。

第二十一条 参加中国人民政治协商会议全国委员会或地方委员会的单位和个人，都有遵守和履行本章程的义务。

第二十二条 中国人民政治协商会议地方委员会对全国委员会的全国性的决议，下级地方委员会对上级地方委员会的全地区性的决议，都有遵守和履行的义务。

第二十三条 中国人民政治协商会议全国委员会对地方委员会的关系和地方委员会对下一级地方委员会的关系是指导关系。

第二十四条 中国人民政治协商会议全国委员会全体会议的议案，应经全体委员过半数通过。全国委员会常务委员会的议案，应经全体常务委员过半数通过。各参加单位和个人对会议的决议，都有遵守和履行的义务。如有不同意见，在坚决执行的前提下可以声明保留。地方委员会同。

第二十五条 中国人民政治协商会议全国委员会和地方委员会的委员，在本会会议上有表决权、选举权和被选举权；有对本会工作提出批评和建议的权利。

第二十六条 参加中国人民政治协商会议全国委员会和地方委员会的单位和个人，有通过本会会议和组织参加讨论国家大政方针和各该地方重大事务，对国家机关和国家工作人员的工作提出建议和批评的权利。

第二十七条 参加中国人民政治协商会议全国委员会和地方委员会的单位和个人，有声明退出的自由。

第二十八条 参加中国人民政治协商会议全国委员会和地方委员会的单位和个人，如果严重违反中国人民政治协商会议章程或全体会议和常务委员会的决议，由全国委员会常务委员会或地方委员会常务委员会分别依据情节给予警告处分，或撤销其参加中国人民政治协商会议全国委员会或地方委员会的资格。

受警告处分或撤销参加资格的单位或个人，如果不服，可以请求复议。

**第三章 全国委员会**

第二十九条 每届中国人民政治协商会议全国委员会的参加单位、委员名额和人选，由上届全国委员会常务委员会协商决定。

每届全国委员会任期内，有必要增加或者变更参加单位、委员名额和决定人选时，由本届常务委员会协商决定。

第三十条 中国人民政治协商会议全国委员会每届任期五年。如遇非常情况，由常务委员会以全体组成人员的三分之二以上的多数通过，得延长任期。

第三十一条 中国人民政治协商会议全国委员会设主席，副主席若干人和秘书长。

第三十二条 中国人民政治协商会议全国委员会全体会议每年举行一次。常务委员会认为必要时，得临时召集之。

第三十三条 中国人民政治协商会议全国委员会全体会议行使下列职权：

一、修改中国人民政治协商会议章程；

二、选举全国委员会的主席、副主席、秘书长和常务委员；

三、听取和审议常务委员会的工作报告；

四、讨论本会重大工作方针、任务并作出决议；

五、参与对国家大政方针的讨论，提出建议和批评。

第三十四条 中国人民政治协商会议全国委员会设常务委员会主持会务。

常务委员会由全国委员会主席、副主席、秘书长和常务委员组成，其候选人由参加中国人民政治协商会议全国委员会的各党派、团体、各民族和各界人士协商提名，经全国委员会全体会议选举产生。

第三十五条 中国人民政治协商会议全国委员会常务委员会行使下列职权：

一、召集并主持中国人民政治协商会议全国委员会全体会议；每届第一次全体会议由会议选举主席团主持；

二、组织实现中国人民政治协商会议章程规定的任务；

三、执行全国委员会全体会议的决议；

四、全国委员会全体会议闭会期间，审查通过提交全国人民代表大会及其常务委员会或国务院的重要建议案。

五、根据秘书长的提议，任免中国人民政治协商会议全国委员会副秘书长；

六、决定中国人民政治协商会议全国委员会工作机构的设置和变动，并任免其领导成员。

第三十六条　中国人民政治协商会议全国委员会主席主持常务委员会的工作。副主席、秘书长协助主席工作。

主席、副主席、秘书长组成主席会议，处理常务委员会的重要日常工作。

第三十七条　中国人民政治协商会议全国委员会设副秘书长若干人，协助秘书长进行工作。设立办公厅，在秘书长领导下进行工作。

第三十八条　中国人民政治协商会议全国委员会根据工作需要，设立若干工作机构，由常务委员会决定。

**第四章　地方委员会**

第三十九条　省、自治区、直辖市设中国人民政治协商会议的省、自治区、直辖市委员会；自治州、设区的市、县、自治县、不设区的市和市辖区，凡有条件的地方，均可设立中国人民政治协商会议各该地方的地方委员会。

第四十条　每届中国人民政治协商会议地方委员会的参加单位、委员名额和人选，由上届地方委员会常务委员会协商决定。

每届地方委员会任期内，如有必要增加或者变更参加单位、委员名额和决定人选，由本届地方委员会常务委员会协商决定。

第四十一条　中国人民政治协商会议的省、自治区、直辖市、自治州、设区的市的地方委员会每届任期五年。县、自治县、不设区的市和市辖区的地方委员会每届任期三年。

第四十二条　中国人民政治协商会议各级地方委员会设主席，副主席若干人和秘书长。县、自治县、不设区的市和市辖区的地方委员会根据具体情况，也可不设秘书长。

第四十三条　中国人民政治协商会议各级地方委员会的全体会议每年至少举行一次。

第四十四条　中国人民政治协商会议各级地方委员会全体会议行使下列职权：

一、选举地方委员会的主席、副主席、秘书长和常务委员；

二、听取和审议常务委员会的工作报告；

三、讨论并通过有关的决议；

四、参与对国家和地方事务的重要问题的讨论，提出建议和批评。

第四十五条　中国人民政治协商会议各级地方委员会设常务委员会主持会务。

常务委员会由地方委员会主席、副主席、秘书长和常务委员组成，其候选人由参加各该地方委员会的各党派、团体、各民族和各界人士协商提名，经全体会议选举产生。

第四十六条　中国人民政治协商会议地方委员会常务委员会行使下列职权：

一、召集并主持地方委员会全体会议；每届第一次全体会议由会议选举主席团主持；

二、组织实现中国人民政治协商会议章程规定的任务和全国委员会所作的全国性的决议以及上级地方委员会所作的全地区性的决议；

三、执行地方委员会全体会议的决议；

四、地方委员会全体会议闭会期间，审议通过提交同级地方人民代表大会及其常务委员会或人民政府的重要建议案；

五、根据秘书长的提议，任免地方委员会的副秘书长；

六、决定地方委员会工作机构的设置和变动，并任免其领导成员。

第四十七条　中国人民政治协商会议各级地方委员会的主席主持常务委员会的工作。副主席、秘书长协助主席工作。

主席、副主席、秘书长组成主席会议，处理常务委员会的重要日常工作。

第四十八条　中国人民政治协商会议各级地方委员会可以按照需要设副秘书长一人至数人，协助秘书长进行工作。

第四十九条　省、自治区、直辖市的地方委员会设立办公厅，其他工作机构的设置，按照当地实际情况和工作需要，由常务委员会决定。

自治州、设区的市、县、自治县、不设区的市和市辖区的地方委员会的工作机构的设置，按照当地实际情况和工作需要，由常务委员会决定。

**第五章　附　则**

第五十条　本章程经中国人民政治协商会议全国委员会全体会议通过后实行。

**中宣部发出关于宣传新宪法的通知**

通知指出，第五届全国人民代表大会第五次会议通过的《中华人民共和国宪法》，是一部极为重要的历史性文件。新宪法反映了全国各族人民的共同意志和根本利益，具有最大权威性和最高法律效力，是我国新时期安邦治国的总章程，是全国各族人民、一切国家机关和武装力量、各政党和各社会团体、各企业事业组织的根本活动准则。因此，必须高度重视和切实做好宪法的宣传教育工作，并组织全国人民认真学习。要通过宣传教育和组织学习，使广大群众知道宪法的基本精神和各项重要规定，认识宪法在国家政治生活中的重要作用和公民遵守宪法的必要性，逐步养成人人遵守宪法、维护宪法的观念和习惯。特别是广大党员、党的各级干部和各级国家机关的工作人员，要带头学习和宣传宪法，了解宪法的内容，加强法制观念，自觉维护宪法的尊严，在自己的工作中模范地执行宪法和遵守宪法。

通知说，关于宪法的宣传和学习，应以《中华人民共和国宪法》和彭真同志《关于宪法修改草案的报告》为主要文件。同时，要把这种宣传和学习与党的十二大文件的宣传和学习结合起来。宪法是党的正确主张与人民意志、国家意志的统一，它与十二大文件的精神是一致的。党的十二大文件提出的全国人民在新时期的总任务，以及关于社会主义经济建设、社会主义精神文明建设、社会主义民主与法制建设的基本方针，关于党在国家政治生活中的领导作用和党要在宪法和法律的范围内活动的原则，等等，也都体现在宪法中。特别是，宪法将十二大提出的建设高度社会主义民主的根本目标和根本任务制度化、法律化了，将使我国社会主义民主和法制的发展进入一个新的阶段。因此，在宣传和学习中，两者是完全可以结合的。

通知说，对宪法的宣传，应掌握如下一些重点：第一，宪法在国家政治生活中、在社会主义建设中、在社会主义民主和社会主义法制建设中的重要性。第二，宪法的基本内容，包括四项基本原则是宪法的总的指导思想，宪法关于我国政治、经济、文化制度，关于公民的基本权利和义务，关于人民代表大会制度和国家机构的重要规定。第三，全党和全国各族人民都要遵守宪法、维护宪法尊严，并且同一切违反和破坏宪法的行为作斗争，这是宪法实施的根本保障。通过宪法的宣传和学习，要在广大人民中提高国家的一切权力属于人民的观念，使广大人民加强自己作为国家和社会的主人翁的自觉性，加强对于国家事业和社会事业的责任感。

通知指出，在对于宪法的宣传中，要着重抓两个方面。一方面，从政治上和理论上阐述宪法的意义，宪法的主要精神和基本原则，以及它对于社会主义民主和法制建设的重要性，等等。由于前一阶段在宪法修改草案的全民讨论过程中已经进行过比较广泛的宣传，这次应结合十二大文件精神和党内外群众的思想状况，尽可能深入一步。为此，各报刊可组织一些比较有深度、有分量的重点文章。另一方面，结合实际进行宪法知识的宣传，对宪法的基本内容作系统的、具体的、准确的和通俗易懂的解释。要对宪法的各章各节以至每一重要条文逐一进行解释，尽可能做到家喻户晓，使广大群众都明白宪法的各项重要规定。我国人民，包括广大党员和各级干部都比较缺乏法制观念和法律知识，广大青少年尤其如此。十二大报告中提出，“要在全体人民中间反复进行法制的宣传教育”，“加强宪法和公民权利、公民义务、公民道德的教育”。现在应当通过宣传宪法，在全体人民中间进行一次广泛深入的法制教育。除报刊发表文章，还要采取口头宣讲和其他多种宣传形式。有关部门应编写一些通俗解释的小册子，供各个城乡基层组织在群众中宣讲或作学习辅导。

**1982年全国进京进沪旅客快车竞赛评比揭晓**

特快组的北京到上海21—22次列车，直快组的北京到青岛239—240次列车，大连到北京129—130次列车，天津到上海123—124次列车，贵阳到北京149—150次列车，分别获得5个竞赛小组的第一名。7对旅客快车获得第二名，15对旅客快车获得第三名。铁道部将给获得前三名的优胜单位授予流动红旗并给予奖励。

**全国人大常委会副委员长习仲勋在人民大会堂会见由市长布雷德利率领的美国洛杉矶市友好代表团**

**外经贸部部长陈慕华 外交部部长吴学谦在北京分别会见由外交和合作部秘书长西尔凡斯特·拉当加率领的加蓬经济代表团**

**国务委员谷牧在人民大会堂会见由日本合成橡胶股份公司董事会会长胜本信之助率领的日本经济界代表团**

**教育部在北京召开成立全国高等教育考试指导委员会准备工作座谈会**

会议于12月11日至17日召开。

教育部部长何东昌在会上讲话。他说，高等教育自学考试，在当前和今后一个时期必须做好三件事情：

一、要把高等教育自学考试的路子走得更宽一些。

他说，在中学阶段，学校就要加强培养学生自己学习的习惯、风气和能力，为他们今后进行自学打好基础；要逐步编出一套适合于以自学为主的高等教育教材；对进行自学的人员，还要适当给予辅导；学制要长短结合。

二、要把高等教育自学考试委员会的职权、职责范围逐步再扩大一些。教育部准备在最近要正式成立全国高等教育考试指导委员会。这个委员会不仅要管考试，而且可以对某些成人高等学校进行指导和监督，要动员社会各种力量来办学，要用多种层次、多种形式来办学。但对培养人才的规划，办学的方针政策、必要的规章制度和人才的规格等三个方面，必须有统一的要求。

三、要把进行高等教育自学考试的面再扩大一些。他说，从明年起，全国将有更多的省、自治区、直辖市也要像北京、天津、上海、辽宁一样，开展高等教育自学考试的工作。

会议期间，代表们讨论了成立全国高等教育考试指导委员会的有关事项。

**《中华人民共和国宪法》单行本出版发行**

第五届全国人民代表大会第五次会议通过的《中华人民共和国宪法》已由人民出版社出版单行本，在各地新华书店发行。

书中收有彭真《关于中华人民共和国宪法修改草案的报告》。

《中华人民共和国宪法》的蒙古、藏、维吾尔、哈萨克、朝鲜5种文字的版本，将由民族出版社出版发行。

**全国少儿文艺委员会第二次会议在北京举行**

文化部顾问林默涵主持会议。朱穆之、曾德林、周巍峙、张文松同志出席了会议并讲了话。出席会议的还有严文井、胡德华、周鹏程等。

全国少年儿童文化艺术委员会秘书长罗英在会上作了工作报告。她说，近两年来，我国少儿文艺工作各个方面都取得了很大的成绩，出现了新中国成立以来从未有过的大好形势。仅以1981年为例，全国出版的少儿读物，图书有2520种，连环画有1517种，期刊有44种，比1977年增加了11倍；全国共发行图书78674万册，连环画70839万册，期刊16001万册，比1977年增加了3倍多。这一年，全国共拍摄少年儿童故事片9部、美术片32部、纪录片25本。为少年儿童创作、演出的话剧、木偶、皮影、电视、广播节目数量增长很快，质量也有所提高。目前，全国各地专为少年儿童开办的图书馆有150个，阅览室有1367个。

出席会议的有29个省、自治区、直辖市文化局负责同志及有关方面专家100余人。会议总结交流了经验，探讨了目前存在的问题，提出和研究了今后的工作任务。会议还增补和调整了全国少年儿童文化艺术委员会成员。

**1982年全国最佳田径运动员授奖大会在北京举行**

获奖的13名男选手是：朱建华(跳高)；邹振先(三级跳远)；王春堂(50公里竞走)；张国伟(10000米)；翁康强(十项全能)；李伟男(铁饼)；袁国强、何宝栋、余壮辉、王少明(4×100m接力)；刘玉煌(跳远)；蔡舒(跳高)；邱世永(50公里竞走)。6名女选手是：郑达真(跳高)；叶佩素(七项全能)；李梅素(铅球)；李晓惠(铁饼)；廖文芬(跳远)；杨文琴(跳高)。

## 12月12日

**《人民日报》发表社论《前程远大 大有可为——热烈祝贺五届政协五次会议胜利闭幕》**

中国人民政治协商会议第五届全国委员会第五次会议胜利闭幕了。这次会议是在党的十二大精神指引下进行的，与会委员以高度的主人翁责任感，对国家的大政方针和政协的重要问题开展了认真的讨论，充分反映了热爱祖国、热爱社会主义事业的精神。会议开得很好，标志着爱国统一战线和各民族大团结的进一步发展。宣传贯彻会议的各项决定，必将对建设祖国、统一祖国的宏伟事业产生重要的影响，并为开创人民政协工作的新局面开辟宽广的道路。

粉碎江青反革命集团，特别是党的十一届三中全会以来，统一战线工作和人民政协工作有了很大的发展，正如邓小平同志在这次会议开幕时所说：出现了生气勃勃的局面。前程远大，大有可为。我国统一战线的范围越来越大，对象越来越多，已经成为有各民主党派、无党派民主人士、人民团体、少数民族人士和各界爱国人士参加的，包括台湾同胞、港澳同胞和国外侨胞在内的全体社会主义劳动者、拥护社会主义的爱国者和拥护祖国统一的爱国者的广泛的爱国统一战线，它比以往任何时期更加巩固，更加发展，日趋活跃。

在长期的新民主主义革命斗争中，统一战线是我们取得胜利的三大法宝之一。在建设社会主义的新的历史时期，统一战线继续扩大和加强，说明它仍然具有强大的生命力，仍然是我们党的一大法宝。可以这样说：在我们国家，只要中国共产党存在一天，我们党领导的统一战线就会存在一天。因此，做好统一战线工作，就成为我党的一项长期的战略任务；新党章已经把经常讨论和检查统一战线工作，列为党的中央、地方和基层组织的职责之一。统一战线需要共产党的领导，共产党需要统一战线的发展，过去是这样，现在和今后也是这样。对于这一点，所有的干部和群众，特别是共产党员必须认识清楚。

人民政协是在我党领导下的、有广泛代表性的爱国统一战线组织。在党同民主党派和非党人士“长期共存，互相监督”，“肝胆相照，荣辱与共”的方针指引下，政协在工作上和组织上日益发展。现在，从中央到县的政协组织已有1600多个，政协委员增至10余万人。多数政协委员是各党派、人民团体、各民族、各界的代表人士，其中有不少专家、学者，人才济济，并有广泛的社会联系。各级政协重视和运用政治协商、民主监督的职能，重视发挥政协委员的作用和专长，做了大量的工作，对于国家的政治生活、经济生活、文化生活，都产生了积极作用。

统一战线内部的政治协商，是我国人民在党的领导下发扬社会主义民主的一种重要形式，也是我国政治生活中的一项优良传统。通过认真的协商，集思广益，有助于党和政府做好工作，纠正错误；有助于调整好统一战线各方面的关系，充分调动各方面的积极性；有助于使国家的方针、政策为群众所掌握，同心协力，把国家的事情办好。

统一战线内部的民主监督，也是我国政治生活中的一项优良传统。利用各种方式提出建议与批评，是实行民主监督的基本方法；协助国家机关改进工作，提高工作效率，克服官僚主义，是民主监督的目的。近几年来，民主监督的渠道逐渐增多，内容也比以往丰富。人民政协的这种监督没有法律约束力，不同于人民代表大会行使国家权力的监督，但这两种性质不同的监督，对于建设高度的社会主义民主，起到相辅相成的作用。我们希望，人民政协能够系统地总结经验，积极主动地把这些工作推向前进，这对于我国高度的物质文明和高度的社会主义精神文明的建设，一定会进一步产生促进的作用。

审议通过新的政协章程是五届政协五次会议的一项重要成就。这部章程是全国政协以党的十二大精神为指导，总结了新中国成立以来政协工作中的经验教训，清除“文化大革命”中“左”的指导思想影响，经过两年多来广泛征求意见和研究、讨论，制定出来的。这是政协的第三部章程，对政协的性质、地位、任务、作用，都作出了明确规定。它是人民政协在新的历史时期开创新的工作局面的正确纲领。我们相信，所有参加政协的单位和个人，包括共产党员在内，必将认真遵守和履行这部新的章程，做好自己的工作。

人民政协各级组织的工作，理所当然地得到各级党委的积极支持。从当前的情况来说，要进一步加强对新时期统一战线工作和政协工作重要性的宣传。这方面的认识问题，对于不少同志来说，还没有很好解决，对于统一战线工作和政协工作的进一步开展，是一种障碍。因此，很有必要通过对统一战线理论的广泛宣传解释，使这些同志的认识与党中央的理论和政策保持一致。特别是统一战线部门和其他有关部门的同志，更要认真学习三中全会以来党的统一战线的方针、政策，学习毛泽东同志有关统战问题的论述，理论联系实际地加深理解，奠定做好统一战线工作的思想基础。要采取具体措施，使参加政协的各民主党派、人民团体和各界爱国民主人士，在政协工作中充分发挥主动性和积极性，群策群力，为开创统一战线工作和政协工作的新局面共同努力。要继续肃清“左”的影响，防止和克服关门主义的倾向。此外，给各级政协组织提供条件，以利于开展工作，也是很必要的。

人民政协是毛泽东同志和周恩来同志亲手创建的，在他们的领导下走过光辉的历程。在我国进入新的历史时期以后，它在社会主义事业的建设中继续奋发前进。我们相信，人民政协在中国共产党领导下，一定能够结合实际情况，切实履行新的章程，为80年代的三大任务的实现，为新时期总任务的实现，作出更大的贡献！

**民盟中央在北京举行扩大会议**

会议通过《民主同盟关于学习、宣传、执行〈中华人民共和国宪法〉的决议》，号召全体民盟盟员要模范地遵守宪法，维护宪法尊严，对一切违反宪法的行为，都要进行坚决的斗争。史良主席主持会议，胡愈之、楚图南、彭迪先、萨空了、李文宜、费孝通、闻家驷副主席出席。

大家在发言中一致认为，宪法第一次明确规定知识分子和工人、农民一样，是社会主义建设事业的依靠力量，这对我们以知识分子为主要成分的党派是极大的鼓舞和鞭策。中国民主同盟必须以宪法为根本活动原则，并且负有维护宪法尊严，保证宪法实施的职责，要以高度的主人翁责任感执行新宪法。

**民进中央第十八次扩大会议在北京闭幕**

会议发出通知，要求民进各级组织和成员做学习、宣传、遵守、维护新宪法的模范。民进中央主席周建人，副主席叶圣陶、赵朴初、吴贻芳、雷洁琼、吴若安、徐伯昕出席了会议。许多委员表示，新宪法指出知识分子和工人、农民一样，都是建设社会主义的依靠力量，这对知识分子是极大的鼓舞，我们一定竭尽全力，为祖国作出贡献。

**九三学社在北京召开中央常务委员会第十七次**

**(扩大)会议**

会议讨论并通过了《关于号召全社认真学习、宣传、执行新宪法的决议》《关于号召全社努力贯彻执行六五计划的决议》。

九三学社主席许德珩在会上致辞说,维护宪法的尊严,保证宪法的实施,是我们的神圣职责。他号召九三学社的各级组织,要结合对十二大文件的学习,认真组织广大社员学习宪法、宣传宪法,为宪法的实施作出应有的贡献。

九三学社副主席潘菽、严济慈、金善宝、孙承佩等出席了会议。会议由副主席柯召主持。

**洛阳和法国图尔市结成友好城市**

洛阳和法国图尔市结成友好城市的议定书签字仪式,在法国图尔市市府大厅举行。洛阳市市长任普恩和图尔市市长让·鲁瓦耶在议定书上签了字。

## 12月13日

**台盟第二届理事会第三次全体会议在北京举行**

会议于13日至16日举行,号召全体盟员和所联系台胞认真学习、积极宣传并贯彻实施新宪法、"六五"计划和政协新章程,发挥台盟的特点和有利条件,调动各方面积极因素,为开创台盟工作的新局面,为祖国统一和"四化"建设贡献力量。

**国务院常务会议第四次讨论确定建设大亚湾核电站**

核电站的总装机容量将为180万千瓦,选用功率为90万千瓦的两台压水堆机组。电站的建设,主要是为了开辟新的能源出路,并为我国发展核电事业积累经验。

**万里 宋任穷等党和国家领导人在北京参观中国科学院科研成果展览交流会**

万里、宋任穷、王震、韦国清、杨得志、姚依林、张廷发、倪志福、陈慕华、邓力群、胡启立、郝建秀分别于13日和14日参观了在民族文化宫举办的中国科学院科研成果展览交流会。在参观中,他们鼓励科学技术工作者深入工农业生产实际找课题,为科技进步和经济振兴多做贡献。

展览会展出了中国科学院近几年获得的主要科研成果2002项,陈列着丰富多彩的实物和图片。中央领导同志兴致勃勃地听介绍,不断询问一些展品的研究和推广情况。当参观到能够大幅度节电的高压钠灯新产品时,万里同志说:"北京市的路灯每年耗电就很大,这项成果要推广。"

**中共中央政治局委员习仲勋在北京会见由主席罗兰·彼德松率领的瑞典共产党代表团**

**中共中央政治局委员王震在北京会见由罗马尼亚对外文化关系协会秘书长扬·鲍达尔率领的罗中友协代表团**

**中共中央政治局委员王震在北京会见由学院领导委员会执行局成员约尔达卡尔率领的罗共中央乔治乌学院代表团**

**中美联合经济委员会第三次会议在华盛顿举行**

会议于12月13日至15日举行。以财政部部长王丙乾为团长的中国代表团和以财政部部长里甘为团长的美国代表团参加了这次会议。

会议回顾了一年来双方的经济和贸易关系,并讨论了双方进一步合作的领域。

王丙乾在会上说,中美建交以来,两国的贸易额迅速扩大,经济技术领域的合作和其他方面的交往也日益增多。这是双方共同努力的结果。但是,由于在两国的政治关系上还存在着一些阴影,这就对两国的经济合作和贸易发展造成了不利的影响;而且在经济和贸易关系本身,也还存在着一些障碍,如美国对中国实行种种带有歧视性的立法和不合理的限制等等。王丙乾指出,如果排除现存的障碍,中美两国之间的贸易额肯定会比现在大得多,经济技术领域的合作也将广泛得多。

里甘在会上表示,美国政府愿意继续促进同中华人民共和国的经济和贸易关系,并将努力寻求加强这种关系的途径和办法。他表示相信,两国在发展经济合作道路上的障碍是可以通过双方的努力得到排除的。

经过3天的讨论,双方同意采取实际而又有效的步骤和措施,来加强双方的经济、金融、技术和贸易方面的合作,为此,还需要继续磋商和谈判。

**中央军委授予张华"富于理想勇于献身的优秀大学生"荣誉称号命名大会在北京举行**

解放军总后勤部、总参谋部和团中央、教育部、陕西省等有关方面负责人及驻京部队指战员,共2000多人参加了大会。

中央军委副秘书长、总后勤部部长洪学智宣读了中央军委的命令,并向张华的父母和抢救过张华烈士的西安市新城奶牛场工人王宝安分别颁发了奖状和奖品。总后勤部政委王平、张华的父亲张文良、张华烈士生前所在学校第四军医大学政委肖进前分别发表了讲话。王平同志号召全军认真向张华同志学习，加速我军的建设。

## 12 月 14 日

**全国人大常委会委员长叶剑英在北京会见由巴苏大夫率领的全印柯棣华纪念委员会代表团和柯棣华的亲属**

**全国政协主席邓小平在人民大会堂会见全国政协五届五次会议上新增选的全国政协常委马璧 范寿康**

原任台湾《政治评论》月刊社社长的马璧，是去年从台湾回大陆定居的。原任台湾大学教授兼图书馆馆长的范寿康，于今年 4 月从美国回国定居。

邓小平对他们说，台湾总是要回归、祖国总是要统一的。他勉励马璧和范寿康两位教授继续为包括台湾在内的祖国的统一贡献力量。

会见时在座的有全国政协副主席胡愈之、董其武。

**中国法学会在北京召开学习宣传新宪法座谈会**

座谈会于 12 月 14 日和 15 日召开。

全国人大常委会法制委员会委员雷洁琼、中国法学会副会长陈守一等同志说，新宪法不仅在序言中充分肯定了四项基本原则，而且逐章逐条都贯穿了这个精神。四项基本原则既是全国各族人民团结前进的共同政治基础，也是社会主义现代化建设顺利进行的根本保证。只有坚定不移地坚持四项基本原则，我们的法制建设才能得到发展。

司法部顾问王汝琪等同志说，新宪法恢复了 1954 年宪法关于公民在法律面前一律平等的规定，从立法、执法到守法，都作了明确规定，并强调要加强法制教育，是十分必要的。只要我们严格按照新宪法的规定去做，真正做到有法必依，执法必严，违法必究，就可以有力地保障社会主义现代化建设胜利进行。

全国人大常委会法制委员会委员谭惕吾等说，新宪法是以 1954 年宪法为基础，又是 1954 年宪法的发展。最高人民法院民庭顾问杨化南等同志说，关于民主方面的条文，新宪法有许多重要新规定。

中国法学会负责人钱端升等同志表示，作为长期从事宪法教学、研究的人员，应对新宪法努力从法律理论上加以宣传和阐述。法律出版社顾问李波人建议，由法学会组织编写宣传宪法的通俗读物。

座谈会上，许多同志还就如何开创社会主义法学研究的新局面开展了热烈讨论。他们指出，不论是研究和解释我国法制建设中的理论问题和实践问题，还是总结我国的经验，借鉴外国的东西，都必须在马列主义、毛泽东思想指导下才能得出正确的结论。我们法学工作者要充分利用新宪法所提供的有利条件，为发展我国的社会主义法学努力工作。

座谈会由中国法学会名誉会长杨秀峰和中国法学会负责人王仲方分别主持。张友渔、钱端升、王一夫、甘重斗、王叔文、梁文英、陈逸松、林亨元等出席了座谈会。

**国家经济体制改革委员会在北京召开座谈会**

参加座谈会的同志认为，在今后 3 年内，改革重点放在以税代利、发挥中心城市作用、改革商业流通体制这三项工作上面，是抓对了，抓准了。这些方面如果突破了，不但能带动整个经济体制改革，而且会给全国经济形势开创一个崭新的局面。

我们原有的经济体制，存在着不少弊端，到了非改不可的地步了。例如，“大锅饭”、“铁饭碗”这一套旧框框，企业不关心社会需要和技术进步，城乡分割、条块分割，等等，严重地妨碍我国经济的迅速发展。因此，如何在计划经济的范围内，自觉地利用价值规律，积极发挥各种经济杠杆如工资、价格、税收、信贷等方面的作用，就成为经济体制改革的重大课题。在目前价格体系等还难于全面改革的情况下，先加快以税代利的步伐，经济学家们认为是正确的，也是完全能做到的。为此，他们特别强调要培训大量的统计、会计、税收等经济管理人员，并搞好有关的基本资料工作。

经济学家们认为，改革要大胆一点。以经济比较发达的城市为中心，带动周围农村，统一组织生产和流通，逐步形成各种规模和各种类型的经济区；在经济比较发达的地区，实行地、市机构合并，由市领导周围各县；现有的省属企业改由所在城市管理，这些就是大胆改革的范例，其意义重大，必将影响各个经济领域的活动。这个试验如果成功了，一定会大大解放生产力，使我国社会主义生产关系出现新的面貌。

当前，一个兴旺的社会主义市场正在出现，如何使生产、交换、分配、消费真正实现良性循环，中心环节就是搞好城乡的商品流通。从一定意义上说，商业问题已成为当前经济工作的主要矛盾。国家经济体制改革委员会已经按照赵紫阳总理的指示，把有关方面的实际工作者和理论工作者组织起来，研究和论证商业流通体制改革方案。

国家经济体制改革委员会负责同志希望全国经济界的理论工作者和实际工作者，都能积极参加经济体制改革的理论探讨和各种改革试验的实践。经济体制改革是实现十二大提出的战略目标的根本保证之一，迫切需要全国有志改革之士的共同努力。

座谈会由国家经济体制改革委员会副主任安志文同志主持，参加座谈会的有于光远、许涤新、潘遥、杨浚、周太和、童大林、廖季立、吴俊扬、林子力、蒋一苇、何匡、杨培新、王珏、王大明、商宝坤等二十几位同志。

**铁路公路提前完成年运输计划**

据《人民日报》报道，全国铁路系统提前23天完成了1982年的货运量计划。到12月8日止，全路共发送货物10.41亿吨，比去年同期增长了6%。全国20个铁路局中，12个局提前完成了货运计划。

我国公路交通运输已经提前两个月完成了今年的国家计划。与去年同期相比，货运量增长18.8%，客运量增长16%。

**国务院发出《关于保障民用航空安全的通告》**

为保障民用航空的安全，防止劫持、破坏民航飞机和破坏民用航空设施事件的发生，确保公共财产和旅客生命财产安全，特通告如下：

一、乘坐国际、国内民航班机的中、外籍旅客及其携带的行李物品，除经特别准许者外，在登机前都必须接受安全技术检查：旅客须通过安全检查门，携带的行李物品须经仪器检查；也可以进行人身检查和开箱检查。拒绝检查者，不准登机。

二、严禁旅客携带枪支、弹药、凶器和易爆、易燃、剧毒、放射性物品以及其他危害民用航空安全的危险品进入机场和乘坐飞机。

三、严禁攀越机场围墙、界沟、铁丝网等设施。严禁在机场范围内打猎、鸣枪、射击和任意穿行。

四、严禁无关人员和车辆靠近停机坪和客机坪。所有接近飞机的人员必须接受监护人员或警卫人员的管理和检查。

五、严禁未经安全检查的人员进入候机楼隔离区。因工作需要经批准进入隔离区者，也必须接受安全检查。

六、使用暴力或其他手段劫持飞机，使用爆炸或其他手段破坏飞机、民用航空设施的罪犯，由司法机关依法严惩。

七、对阴谋策划劫持飞机和其他破坏民用航空安全的罪犯，任何人都应当向人民政府揭发、检举。对于防范和制止预谋劫持飞机和其他破坏民用航空安全的有功单位和个人，给予表扬和励奖。

**中国和突尼斯政府在北京签订1982年至1984年文化交流执行计划**

这项计划是中突两国政府为促进两国的文化交流和加强两国的友好关系，根据1979年两国的文化合作协定而签订的。计划中包括教育、文化、艺术、新闻和体育等方面的交流项目。

**全国人大常委会副委员长廖承志在北京会见美国林宜狮顾问工程公司董事长林宜狮**

## 12月15日

**中共中央总书记胡耀邦在人民大会堂会见土耳其总统凯南·埃夫伦**

两位领导人回顾了两国历史上的共同遭遇，并就双边关系和国际问题深入地交换了看法。

胡耀邦说，埃夫伦总统同赵紫阳总理的会谈表明，双方在国际问题上存在着广泛的共同点。他说，中、土两国之间有着互相信赖的关系。我们不会欺侮你们，你们也不会欺侮我们，可以长期友好下去。中国也愿意在经济、贸易方面，进一步同土耳其发展友好合作关系。

埃夫伦说，两国领导人应该经常接触，这对增进彼此之间的了解是有益处的。

**中共中央总书记胡耀邦会晤随同埃夫伦总统来访的土耳其记者**

胡耀邦对他们说，中、土两国都是亚洲的文明古国。两国的历史命运有许多相似之处。

胡耀邦说，现在我们两国都面临着维护民族独立、发展民族经济的共同任务。这次埃夫伦总统来访期间，两国领导人本着互相尊重、互相信赖、互相合作的精神，使双方的会谈取得了很好的成果。胡耀邦请土耳其记者把中国领导人和中国人民的良好祝愿带给土耳其人民。

**中顾委主任邓小平在人民大会堂会见土耳其总统凯南·埃夫伦**

邓小平说，我们两国之间没有矛盾，在一些重大国际问题上的观点大多是一致的。过去来往不多，今后应该加强了解、扩大合作。

埃夫伦说，土中两国的关系很好。土耳其希望加强同中国的友好来往并发展同各国的友好关系。

**柯棣华逝世40周年 爱德华逝世25周年纪念大会在北京举行**

会前，中共中央政治局委员聂荣臻会见了巴苏大夫率领的全印柯棣华大夫纪念委员会代表团和柯棣华大夫的亲属、印度驻中国大使文卡特斯瓦兰。聂荣臻说，40多年前，我同柯棣华相处时间虽然不长，但他的工作精神给我留下深刻印象，我一直不能忘怀。爱德华是一位反法西斯战士，他从西班牙战场来到中国，像白求恩那样战斗在抗日前线。他们两位都逝世在中国。

聂荣臻说，中印两国是邻居，两国人民要合作，要世世代代友好。中印两国友好不仅对亚洲而且对全世界都有很大意义。

全国人大常委会副委员长阿沛·阿旺晋美，国务委员黄华，全国政协副主席钱昌照，政府有关部门、中国人民解放军总后勤部、北京部队、全国总工会、全国妇联、共青团中央、对外友协、北京市人民政府的负责人，柯棣华和爱德华生前好友，文卡特斯瓦兰大使和印度驻中国大使馆外交官员出席了大会。

对外友协会长王炳南在大会上首先讲话，王炳南说，柯棣华大夫来到中国抗日前线，与中国人民同甘苦，共患难，并肩作战。他积极追求真理，全心全意为中国抗日军民服务，把中国人民的解放事业当作他自己的事业。他的英雄事迹受到人们普遍的称颂。爱德华大夫工作兢兢业业，竭尽全力为中国抗日军民服务。新中国成立后，他又辛勤致力于印中友好事业。王炳南说，我们今天纪念这两位国际主义战士，是为了更好地学习他们伟大的国际主义精神和他们对工作极端负责和舍己为人的精神，同时也是为了继承他们为之献身的中印友好事业，加强与印度人民的相互支持，相互帮助，使中印两国人民的传统友谊不断巩固和发展。

卫生部部长崔月犁接着讲话。他说，柯棣华、爱德华所具有的国际主义精神和高贵品质，是我们建设社会主义物质文明和精神文明进程中每一个医务工作者学习的榜样。我们要继承他们的精神，增进中印两国医务工作者之间的友好往来。

印度援华医疗队目前唯一健在的队员、代表团团长巴苏大夫在大会上讲话说，印度人民对他们的真正代表的英雄业绩满怀敬慕之情。中国人民也表达了对这两位大夫的尊敬和感激。这两位印度爱国者为印中友好事业所作出的牺牲，进一步加深了两国人民的友谊。让印中友谊的光辉历史年复一年世世代代开放出不败之花。

文卡特斯瓦兰大使和柯棣华的弟弟维·桑·柯棣尼斯也在大会上讲了话。

**民革五届中央委员会第三次全体会议在北京举行**

会议号召民革全体成员认真学习新宪法，宣传新宪法，执行新宪法，维护新宪法。按照政协章程规定的原则和要求，做好工作，为加强和扩大爱国统一战线而努力。

**《人民日报》发表社论《上下一心，实现稳固的财政平衡》**

我国的财政经济状况正在继续向着好转的方向发展。继1981年财政实现基本平衡之后，1982年将继续保持基本平衡。现在，财政性的货币发行已基本上控制住，市场物价基本稳定。为了解决多年来特别是十年动乱中“左”的错误所造成的一系列问题，包括大批城镇青年待业，职工宿舍兴建太少，农副产品收购价过低，职工工资长期未做调整等等，国家采取了许多有效的措施，支出了大量财政资金，因而财政收入出现了连续三年下降的情况。近一两年，随着经济调整取得成就，遗留问题逐步解决，财政收入下降的趋势已经停止，从明年起将可转向回升。从财政收入的连年下降到逐步增长，这是一个带有转折性的变化。

今后五年内我们必须努力争取财政经济状况的根本好转。稳固地保持财政的基本平衡，是实现这个根本好转的主要标志之一。邓小平同志在1954年兼任财政部部长的时候曾经提出，要把国家财政放在经常的、稳固的、可靠的基础上。他说：“立国的政策应放在有力量应付外侮和应付万一。我们现在的财政是不稳固的，说不起大话的，经不起重大考验的，但我们必须做到这一点。要花几年功夫把国家财政放在稳固的基础上，这就要逐步增加后备力量。要在各方面打点底子，逐年补一点，慢慢就足了。”小平同志对财政工作指示的重要意义，在今天看得更加清楚了。实现这一要求，建立一个稳固的、平衡的国家财政，是我们开创社会主义现代化建设新局面的一个必不可少的条件。财政不稳固，不仅会增加货币发行，引起物价波动，也不可能有什么财政后备，为今后经济振兴积蓄力量。

事物总是从量变引起质变。财政收支的完全平衡总是从基本平衡开始的。我们首先要巩固地保持这种基本平衡，才能经过一个时期的努力，达到完全的平衡。我们要看到今后要求实现的基本平衡，同过去两年已经实现的基本平衡是有所不同的，或者说是更高要求的平衡。前两年，在大量处理遗留问题的情况下，我们主要是依靠紧缩支出来平衡财政收支的，因而已经达到的基本平衡是不巩固的。现在我们将主要依靠发展生产，提高经济效益来增加财政收入，同时要节约支出，实现收支基本平衡，并在这个基础上，集中资金保证重点建设的需要，继续改善人民生活。可以说，这是在新情况下的基本平衡，是巩固的，是有后劲的。然后，经过全国上下一致努力，我国财政就有可能做到完全的平衡，并逐步增加后备力量。

财政平衡的途径，从主要依靠紧缩支出到主要依靠增加收入，标志着我们国家财政经济状况进一步向好的方向转变。为了适应这种转变，我们必须尽快地把财政工作提高到一个新的水平，即把财政工作的重点,转到以提高经济效益为中心的轨道上来,集中主要力量促生产,促经营,讲效益,反浪费,协同各个方面提高企业收入水平,加速流动资金周转和基本建设投资回收。特别是要针对当前国民经济中出现的新情况、新问题、新经验,例如经济体制的改革问题,经济结构的进一步调整问题,现有工业企业的技术改造和工业产品升级换代问题,更有效地利用外资问题等,深入地研究这些实际问题,逐个地提出正确答案和处理办法,以利于更好地挖掘增产潜力,克服浪费,提高经济效益,从而实现稳固的财政平衡。

要在今后五年内争取财政经济状况的根本好转,巩固地保持财政的基本平衡,全国各条战线、各个部门都要付出艰苦的努力。随着经济管理体制和企业管理制度的改革,各地方、各部门和基层企业的权限已经扩大,它们的经济责任也加大了。自主权扩大以后,企业更要自觉地遵守有关的政策、法令和制度,并在这个范围内充分发挥积极性,通过提高社会经济效益来增加利润,为国家多做贡献而不能相反。例如,按照政策和法令应当上交国家的收入,不能截留和挪用,或者拖欠不交,也不能乱摊成本,否则,反映在国家财政上,就会出现增产不增收,甚至增产减收的状况。又如,基本建设投资和各项财政开支,必须按计划和预算加以控制,不能任意扩大基建规模,扩大开支范围,否则国家预算就有可能被突破,出现财政收不抵支的情况。国家财政是由中央财政和地方各级财政组成的,财政的基础在于企业财务状况的好坏。没有各级财政的平衡,不可能有全国的平衡;不改善企业财务状况,也不可能做到财政平衡。因此,各地区、各个部门、各个单位要通过整顿,做到善于理财、善于管理,坚持全国一盘棋,上下一条心,共同维护国家的财政平衡,为争取财政经济状况的根本好转而努力。

**国务院发出《关于发行1983年国库券的通知》**

通知说,我国当前财政状况虽有明显好转,但资金不足,财力分散,仍然是经济工作中存在的一个突出问题,解决这个问题的根本出路,在于努力发展生产,厉行节约,提高经济效益;同时,需要采取适当的方式,向各单位和城乡人民筹集一部分资金。近几年来,城乡人民收入有了显著提高,储蓄存款大幅度增加,继续向城乡人民发行一定数量的国库券,是完全有条件的。各地要结合学习和宣传党的十二大和五届人大五次会议的精神,认真做好发行国库券的宣传动员工作,使广大群众进一步认识认购国库券的政治意义和经济意义,把广大群众为实现党的战斗任务的热情,同支援国家建设的实际行动结合起来。

通知强调,发行国库券应当坚持合理分配和自愿认购的原则。各级人民政府应根据本地区的实际情况和城乡人民的经济能力,区别不同情况,进行合理分配。必须在做好思想工作的基础上,坚持自愿购买的原则,不要按人头平分,更不准搞硬性摊派和强行扣款。

通知还要求各地报刊、广播电台、电视台等宣传部门配合国库券的发行,做好宣传动员工作。

**国务委员兼外经贸部部长陈慕华在中南海会见瑞典驻华大使拉尔斯·贝里奎斯特**

**首届茅盾文学奖授奖仪式在人民大会堂举行**

获奖的6部作品是:《许茂和他的女儿们》(周克芹)、《东方》(魏巍)、《李自成》(第二部)(姚雪垠)、《将军吟》(莫应丰)、《冬天里的春天》(李国文)、《芙蓉镇》(古华)。

巴金在病榻上写下了书面发言。

出席大会的有:宋任穷、邓力群、贺敬之、朱穆之、周巍峙、王炳南、李一氓、白介夫、熊复、陶钝、曹禺、丁玲、韦君宜、冯至、冯牧、艾青、刘白羽、张光年、沙汀、陈企霞、陈荒煤、谢永旺等。

**巴金在"茅盾文学奖"首届授奖大会上发表题为《祝贺与希望》的书面讲话**

"茅盾文学奖"发奖大会,我因身体不好,不能前来参加。写下几句话,表示一点我的祝贺的意思。

长篇小说评奖,我们建国以来还是头一回。说明现在创作有雄厚的基础,人才很多,书也出得多。这几年,光是长篇小说就出版了400多部。得奖的6部小说,是从这400多部中间评选出来的。当然好小说不限于这6部。不过我赞成选得严一点,精一点,因为这是向全国人民郑重地推荐;也是鼓励作家写得好一点,更好一点,多拿出一些好的精神产品,满足人民的需要。

作家是人类灵魂的工程师。好作品能够帮助人,鼓舞人前进,激发人们身上美好的东西。作家写出的美好的感情,美好的形象,更是能够潜移默化地影响一代青年的心灵。所以,好作品就是榜样,就是力量。这是作家的光荣,也是崇高的职责。读者从来不嫌好作品多。好作品越多,越能对生活起积极的影响。我们奖励好作品,就是期待作家们在社会主义的精神文明建设中,发挥越来越重要的有益的作用。

长篇小说是一种容量很大的文学形式。照列宁讲的,它可以成为反映时代、认识生活的一面镜子。但是要写得精,写得好,很不容易。

这几年的长篇,我读得不多。就读过的作品来看,我感觉无论是思想内容和艺术表现方面,还是生活的开拓方面,都是有进步的。但是我们不能满足,尤其在质量上不能满足。我觉得要提高长篇小说的质量,潜力还是很大的。我讲两个字,一个是"新";一个是"深"。

第一是新。苏联十月革命以后,文艺作品的题材、主题、人物等等,都有很大的变化和革新。毛主席当年举过法捷耶夫的《毁灭》的例子,它带给人们"新的人物,新的世界",产生了全世界的影响。当然不是一两部作品,而是有一批作品,像《铁流》《被开垦的处女地》《夏伯阳》《钢铁是怎样炼成的》等等。解放后,我们国家的变化也是巨大的,比起旧社会,那是天翻地覆的变化。这几年,尤其是三中全会以来,变化更是十分显著。我说的新,是指有些题材、主题和人物,还没有引起我们作家注意。或者是由于我们长期受"左"的思想影响,思想还不够解放,或者由于作家对生活还不够熟悉,尽管有了400多部,而作品的题材、主题、人物、取材的角度,相对说来还不够丰富,给人"耳目一新"的作品也还不多。

第二是深。我们的作品,可不可以在人物形象的塑造上深一点?生活开掘深一点?思想更有深度一点?通过解剖一个人,一个家庭,一个村庄,一个工厂,一个商店,或者一个小镇的变化,可以反映一个社会、一个时代。一部作品只有写出一定的深度,才能显示一定的广度。我想一部优秀作品的标志,总是能够给读者留下一两个叫人掩卷不忘的人物形象。中外古今的名作,所以能流传久远,就在于它的人物形象以及对当时生活的深刻描写,具有引人入胜的魅力。

长篇评奖虽然是第一次,却有了一个很好的开端,将发生深远的影响。我们的希望寄托在中青年作家身上,当然还有经验丰富的老作家。希望你们在熟悉生活和借鉴前人经验的基础上,创造出无愧于我们这个有悠久文化传统的民族、无愧于我们伟大人民的经得起历史和时间检验的好作品。

祝大会圆满成功。

### 第一届《文心雕龙》学术讨论会在山东济南召开

会议主要讨论了:一、刘勰的思想和《文心雕龙》的总论、理论体系;二、创作论和现实主义;三、批评论、欣赏论和作家论;四、美学思想及其他。

我国研究《文心雕龙》的学者王元化、周振甫、詹锳、徐中玉、王达津、王运熙等100多位同志参加了这次讨论会。

山东省省委、省政府负责同志李子超、王众音同志等参加了开幕式并讲了话。

### 《马克思主义文艺理论研究》出版

## 12月16日

### 农工党中央常务委员会第十次会议在北京召开

会议作出决议,要求农工党各级组织和全体成员,把学习宪法、宣传宪法、执行宪法作为当前第一件大事来抓,使全体成员深刻理解新宪法的全部条文,做执行宪法的表率。

### 致公党第七届中央常委会第九次会议(扩大)在北京开幕

会议号召致公党成员要认真学习和宣传新宪法,把五届人大五次会议和全国政协五届五次会议的精神贯彻到致公党的各项工作中去,开创致公党工作的新局面,为祖国的社会主义现代化建设作出贡献。

### 中宣部 中国社科院组织力量编写大型丛书《当代中国》

中共中央宣传部、中国社会科学院及其所属的中国社会科学出版社,现正准备组织各方面的力量编写出版一套多卷本的、名为《当代中国》的大型丛书。编写出版这套丛书,是由胡乔木同志倡议的。

这套丛书预计有100余卷,每卷约30万字,大致按国务院各部、委的业务范围分卷,如当代中国农业、纺织工业,等等。

《当代中国》编辑委员会由邓力群、马洪担任主编。

### 徐希的中国画《湖上晨曲》荣获里耶卡文化自治利益共同体大奖

此次国际绘画展览是今年秋季在南斯拉夫里耶卡现代艺术博物馆举行的。参加展出的有49个国家和地区的600多件作品,我国是首次应邀参加展出。徐希是本届画展三名大奖获得者之一。

## 12月17日

### 《人民日报》发表社论《加强农村智力开发》

加强农村的智力开发,对促进当前的农业生产有重要作用,对奠定农业长期发展的基础具有战略意义。

智力开发,就是人才的开发。人才是建设之本。党的十一届三中全会以来,农村形势蓬勃发展,对人才的需求十分迫切。由于联产承包责任制等农村经济政策逐步落实,农民生产经营的积极性和主动性空前高涨,农村到处呈现了学科学、用科学的生动局面,而我们现有的农业科技队伍太小,远不能满足生产发展的要求。多种经营的兴旺,专业户、专业组、经济联合体等商品生产雏形的出现,推动农村经济结构向农林牧副渔工商综合发展,并逐步向专业化、社会化生产的方向过渡。继续挖掘当地的人才,充分发挥各种能工巧匠和农村知识青年的作用,将会进一步活跃农村经济;但他们之中的多数人掌握的是传统的生产技艺,难以适应开创农业现代化建设新局面的需要。只有致力于培养大批新的人才,建立一支掌握农林牧副渔工商各业现代化技术的队伍,建立一支掌握现代农业经济管理的队伍,才能促进和保证农业现代化的实现。

重视智力开发,就要增加智力投资。有些地方在生产建设投资上舍得花钱,在智力投资上却舍不得增加费用。结果,往往由于没有人才,缺乏科学技术和科学管理,大量的生产建设投资得不到应有的经济效益,甚至造成严重的浪费。为了发展生产,进行生产建设投资是完全必要的,但智力投资应当同生产建设的投资相协调,同经济发展的要求相适应。智力投资往往不易在短期内见大效,但在大批人才培养出来并发挥作用时,可以使生产建设投资的效果成倍增长。从长期战略观点看,智力投资是最经济、最有效的投资,这已为经济发达国家的经验所证明。我们要有这个远见,把农村智力投资当作开发农村智力、建设社会主义物质文明和精神文明的头等大事。

我们的国家大,人口多,底子薄,农村的智力投资既要靠国家,更要发挥地方和集体经济的力量,做到三者一起上。正规大专院校要为农村培养高级人才,地、县和集体经济培养中初级人才。这样才能加快农村智力开发的速度,满足农村对多种人才的需求。经济比较发达的江苏沙洲县自己出钱,自己设法,培养了一批初级人才和相当于中专水平的人才,初步改善了农副工各业急需人才的情况。他们的经验,可供条件类似的地区参考;条件不如沙洲的地区,可以根据本地的需要和可能,量力而行,能办多少事就办多少事,逐步创造条件,加强农村智力开发。

农村的智力开发,要结合农村的特点去进行。培训农民掌握科学技术,内容方面要充分考虑到他们的生产需要和经济利益,形式要多样,时间要灵活。少数骨干可以轮流脱产学,多数人可以业余学;大忙不学,小忙少学,不忙多学;派出去学,请进来教,等等。农村中那一批初中高中毕业的青壮年,是我们进行智力投资、从中培养专门人才的极好对象。

八亿勤劳的农民,有丰富的传统生产经验和技术,这是一个巨大的智力宝藏,把这个宝藏逐步开发出来,给以现代农业科技和经营管理的培训,必将有效地推动农业现代化建设。地方各级党政机关、农业和教育部门,要大力抓农村教育。省、地、县主要领导干部要加强对农村智力开发的领导,并且要根据当地条件订出规划,分步实施,齐心协力地把这项具有战略意义的工作做好,让我国农村人才辈出!

**中央纪委负责同志就制止乱砍滥伐森林歪风问题对新华社记者发表谈话**

中纪委负责同志指出,中共中央、国务院10月20日发出《关于制止乱砍滥伐森林的紧急指示》之后,经过各省、自治区、直辖市的努力,一些地方乱砍滥伐的歪风开始得到控制,总的情况是好的。但是,目前仍有少数领导对本地区乱砍滥伐森林的严重性估计不足,对制止这股歪风的决心不大,迄今没有认真地贯彻中央的指示。个别地方破坏森林和严重违法乱纪的现象还在继续发生。就是工作搞得比较好的地方,也仅仅是开了个好头,还有大量的工作要做。各地要按照《紧急指示》的要求,认真总结经验,切实加强领导,继续查处毁林案件,把这项工作引向深入。

中央纪委负责同志说,党中央、国务院把监督护林法令的执行、制止毁林歪风的重任交给县委和县人民政府,同时严肃指出,对失职的,"上级党委和政府必须追究县委书记和县长的领导责任"。这是非常正确的。县一级的党、政领导机关既是党中央、国务院方针、政策的直接传达者,又是执行的直接组织和领导者,对贯彻好《紧急指示》起着关键作用。《紧急指示》发出后,不少县委和县政府行动快,决心大,措施得力。例如,湖南省双牌县接到《紧急指示》后,县委和县人民政府立即开会部署,并由县长带领工作组到哄砍国营林场林木的社队,宣讲中央指示精神,采取果断措施,狠刹毁林歪风。广东省信宜县在《紧急指示》发表的当天,就组织全县三级干部学习,并迅速把《紧急指示》印发到所有基层单位和每个农户。县委还迅速派出工作组到毁林严重的社队调查情况,政法部门也加强了办案力量,抓紧查清了一批毁林案件。在执行国家法令和遵守党的纪律中,他们这种令行禁止、雷厉风行的作风,是值得各地学习的。

中央纪委负责同志强调指出,认真查处毁林案件,是刹住毁林歪风的重要环节。事实上,各地都有若干起长期没有处理的重大毁林案件,群众就从这个问题看领导是不是下决心制止毁林歪风。例如,河南省鹤壁矿务局内黄林场的毁林事件,过去虽然几经调查,但由于认识不一致,久拖不决。最近,中共河南省委第一书记刘杰和其他领导同志亲自抓,召集有关部门和单位多次开会讨论,统一了认识。省委、省人民政府已决定对这一毁林事件负有责任的前两任县委书记赵怀亮和田国藩,分别给予撤销党内外一切职务和党内警告的处分,并责成内黄县对毁林的犯罪分子依法处理。又如,安徽省枞阳县今年2月9日至12日,发生了一起严重哄砍山林事件,毁坏国家和集体山林1700多亩。事情发生后,省委、省人民政府极为关注,立即派出工作组进行了全面的调查。查明这次哄砍山林,虽然是少数基层党员干部带头搞起来的,但与当地白云区区委知情不报、不管有关,县委、县政府对此也负有不可推卸的责任。省委和省人民政府严肃处理了这一事件。不久以前,枞阳县委、县政府已向省委、省政府作了认真的检查,撤销了白云区区委书记陈士党内外一切职务,并由司法机关依法判处有期徒刑两年,缓期两年执行,对其他参加哄砍山林的为首分子也都分别作了处理。通过这两个典型案件的处理,说明有的重大毁林案件虽然涉及领导干部,有各种干扰,但只要坚持原则,坚持法律面前人人平等,坚持有法必依、执法必严、违法必究,这些问题是完全可以解决的。当然,贯彻《紧急指示》还有很多工作要做,希望各级党的纪律检查委员会协助党委、政府和林业等有关部门,认真总结经验,加强防范措施,进一步全面地落实《紧急指示》。

中央纪委负责同志最后说,为了保证"四化"建设的顺利进行,各地要通过各种形式,进一步加强对广大干部群众进行国家、集体和个人利益一致性的教育,加强组织性、纪律性的教育,加强爱林护林的宣传教育。只要我们把道理讲清楚,广大群众是会拥护的。凡是滥伐、盗伐林木成风的地方,都应当集中力量刹一刹这股歪风。对于极少数甘愿犯法毁林的人,决不能姑息放纵,必须坚决依法给以打击。只有这样,才能迅速制止乱砍滥伐森林的歪风。

**《人民日报》转载1982年第24期《红旗》杂志中组部部长宋任穷在全国党员教育工作会议上发表的题为《用新党章教育党员,为整党做好思想准备》的讲话**

同志们,我们这次全国党员教育工作会议,是贯彻党的十二大精神,按照新党章要求研究部署党员教育工作,为整党做好准备的一次重要会议。现在,我来讲几点意见。

一、新党章是我们党建党以来最好的一部党章

十二大党章公布以后,在党内外,国内外,都引起了强烈的反应。许多同志认为,新党章"是党的历史经验和全党集体智慧的结晶","是整顿党建设党的武器",新党章把三中全会以来的正确路线,以章程的形式肯定下来,我们的党,我们的事业大有希望。一些国外报刊和通讯社也认为,新党章"调子冷静和实际","体现了刷新党风的决心",确定了一条"中国式的建设社会主义的道路"。

评价一部共产党党章是好的还是不那么好,根据是什么呢?只有一个,那就是看它在马克思列宁主义同本国革命实践相结合的问题上解决得好不好。现在,我就用这样一个标准来分析一下,为什么说十二大党章是建党以来最好的一部党章。

第一,新党章适应了执政党的需要。我们党成为执政党,已经30几年了。八大党章涉及了这个问题。但因那时建国不久,解决这个问题的条件还不够成熟。十二大党章充分考虑到执政党的地位,有针对性地作出了一系列使执政党的各级组织和党员有章可循的具体规定。党章第一次写进了"党必须在宪法和法律的范围内活动"的规定。我们党是执政党,领导着全国政权。党的路线、方针、政策,是全国各族人民共同利益和意志的集中的体现。我们党领导全国人民,通过国家权力机关制定的宪法和法律,也是全国各族人民共同利益和意志的集中体现,并且成为国家意志。因此,在我们的社会主义制度下,人民的意志、国家的意志和党的意志是统一的。作为共产党员,不论担任何种职务,执行宪法,遵守法律,就是执行党的意志。任何把宪法、法律同党的任务对立起来,法纪观念薄弱,有法不依,执法不严的倾向,都会削弱执政党的地位,都是不允许的。大家还记得,前几年曾经发生过这样一件事,群众问我们:"是宪法大,还是县委大?"这是一个朴素的提问,也是一个尖锐的批评。现在,新党章已经对这个问题作出了毫不含混的回答。执政党的地位,不仅对党的活动范围,而且也对党员、党的干部提出了新的要求。十二大党章对党员的权利与义务,党的干部的基本条件,以及党的各级组织的任务,都作出了适应执政党地位的规定。新党章要求党员"永远是劳动人民的普通一员",党的干部"是人民的公仆","除了制度和政策规定范围内的个人利益和工作职权以外,所有共产党员都不得谋求任何私利和特权","党的各级领导干部,无论是由民主选举产生的,或是由领导机关任命的,他们的职务都不是终身的,都可以变动或解除"。这些规定在新党章中出现,标志着我们党已经成为一个成熟的执政党。

第二,新党章适应了拨乱反正的需要。新党章的许多条文,可以说是纠正十年内乱的错误、巩固拨乱反正的成果。新党章对党的思想路线,作出了完整的、科学的概括,即"一切从实际出发,理论联系实际,实事求是,在实践中检验真理和发展真理"。这是对过去长时间党在思想路线上正反两个方面经验的总结,也是今后在各方面继续拨乱反正的思想武器。新党章规定"党禁止任何形式的个人崇拜"。这表明我们的党,已吸取了过去搞个人崇拜的严重教训,决心按照历史唯物主义的观点去确立领袖和党、领袖和群众的正确关系。新党章还规定,"任何党员不论职务高低,都不能个人决定重大问题"。这是我们党一贯的原则,也是针

对党在一个时期出现过的个人独断专行,“一言堂”,使党遭受严重损害的情况而提出来的。

第三,新党章适应了社会主义现代化建设的需要。根据我国社会的主要矛盾,党在现阶段的总任务,以及党的工作重点,新党章突出了社会主义现代化建设。在我们的党章中,把社会主义现代化建设任务摆上这样的重要位置,还是第一次。新党章还规定,“党的领导主要是政治、思想和组织的领导”。这就使我国社会主义建设事业中如何坚持党的领导这样一个重大问题,在原则上得到了解决,避免党政不分、党企不分、工作效率低下的情况,继续影响我国社会主义建设事业的进行。新党章规定党的干部队伍要实行革命化、年轻化、知识化、专业化,党的干部要“接受党的培训,接受党的考察和考核”,规定各级领导干部必须具备六个基本条件。党的干部是社会主义现代化建设事业的骨干,建设一支素质很高的干部队伍,正是我们党为适应新时期需要所作出的一项具有战略意义的规定。

第四,新党章适应了社会主义精神文明建设和社会主义民主建设的需要。提高群众的共产主义觉悟,使人民真正成为国家的主人,是社会主义优越性的体现,也是党所担负的历史任务。新党章在总纲中指出:党“领导人民在建设高度物质文明的同时,建设高度的社会主义精神文明”,要“领导人民发展社会主义民主,健全社会主义法制,巩固人民民主专政”。为此,新党章在党员、党的干部以及党组织的任务的规定上,提出了一系列具体要求。

第五,新党章适应了实现党风根本好转的需要。新党章提出的思想上政治上的高度一致、全心全意为人民服务、坚持民主集中制三项基本要求,集中体现了我们党争取党风根本好转的坚定意志。为了实现党的建设上的三项基本要求,新党章在党员、党的干部、党的组织制度、党的基层组织、党的纪律等各章中,作了一系列规定。

以上讲到的五个“适应”说明,新党章所以是一部最好的党章,其原因就在于它充分地体现了马克思列宁主义同中国革命实践的高度结合,马克思列宁主义关于无产阶级先锋队的学说同党的建设的实践的高度结合。党章的十章、五十条即全部内容,都同我们的奋斗目标,同国家和人民的命运,同摆在我们面前应兴应革的课题息息相关。恩格斯曾经讲过,一个党的代表大会的决议的价值,在于科学性。前面我们讲的新党章所具有的五个“适应”,正是我们这部党章所具有的科学性的显著标志。

恩格斯是《共产党宣言》的著述人之一,一生参与过多次党章、党纲的修改、审定工作。在这方面,他曾经有过一些非常精辟的论述。他讲过这样一个观点:党的历史,是对党章最好的说明。前面,我们从科学性上去评价了我们的十二大党章,现在我们按照恩格斯的这一观点,再从党的历史,从历届党章的沿革上,看一看十二大党章是不是建党以来最好的一部党章。我们建党已经61年了,共制定过12部党纲、党章〔注〕。从建党到1945年七大召开前,24年间有6部党纲、党章,都是在共产国际直接帮助指导下制定的。这是当时国际国内的政治条件造成的。七大的党章,是共产国际解散后,由我们党独立自主制定的第一部党章。它是马克思列宁主义同中国革命实践相结合的典范,是使党兴旺发达,指导革命蓬勃发展,直到夺取全国胜利的一部党章。八大的党章,是我们夺取政权后的第一部党章。它继承了七大党章的优点,对党如何适应执政党的地位,提出了新的要求。特别可贵的是,八大修改党章报告对反对个人崇拜问题作了充分的阐述。八大党章是一部好党章,可惜有一些规定没有得到执行。九大、十大党章,反映了我们党在“文化大革命”中的错误。十一大党章是粉碎“四人帮”之后不久制定的,由于党对全面清理“左”倾错误的思想准备还很不够,这部党章虽然起过一定积极作用,但它还没有摆脱“左”的思想指导。十二大党章,正是吸取了历届党章正反两个方面的经验,在七大、八大党章的基础上发展提高,用了近三年时间,集中全党智慧制定的。从历史的比较来看,十二大党章作为建党以来最好的一部党章,是当之无愧的。

最近有一个材料反映,有的人认为:把十二大党章看成是“我党建党以来最好的一部党章”,会否定历史,而且今后十三大、十四大的党章又如何评价呢?这种看法是不对的。十二大党章是建党以来最好的一部党章,是继往开来嘛!“继往”就不是否定过去,不是否定党的历史,而正是对党的历史作出的科学的肯定。“开来”,就不是说这部党章已经尽善尽美,经过实践检验,如果这部党章哪些地方规定得不适当或者要补充,十三大或者十四大应该而且可能加以修改、充实和发展,使之成为更好的党章。这些同志怕否定党的历史,正说明他们不熟悉党的历史,怕影响评价未来,正说明他们并不真切地了解我们无限光明的未来。

二、一部好的党章,是为了实行的,一定要按照新党章办事

“一步实际运动比一打纲领更重要。”(《马克思恩格斯选集》第三卷第3页)马克思的这一名言告诉我们,不能只注意制定纲领而不去实践。用这句话来说明执行新党章的重要性,是非常确切的。我们党从建党到现在,制定的党章正好是一打。我们革命所取得的胜利,都是同我们党制定了正确的党章,并且认真执行分不开的。

新党章公布以后，得到了党内外、国内外的一致好评。但也有一些人表示担心，怕党章中有些规定实现不了。人们的担心并不是完全没有道理的。八大党章中不少正确的规定就没有得到很好的执行，大会后不久就出现了反右倾，随后又出现了十年“文化大革命”的内乱。那么，这是不是说，可以听任人们的这些担心继续存在下去呢？不是的。我们要做工作，树立起十二大党章一定能实现的信心。要告诉人们，八大党章的执行遭到破坏，是一定历史条件造成的。这些历史条件，一是教条主义和个人崇拜严重地束缚着党的思想；二是“左”的倾向在党内严重存在着；三是党内政治生活特别是高级领导层的政治生活不正常，民主集中制遭到破坏；四是党的工作重点转移虽然提上议程，但由于阶级斗争问题的理论和实践上的“左”的错误而没有能够付诸实行。现在，这些问题都已得到清理和解决。第一，我们在思想上冲破了长期存在的教条主义和个人崇拜的严重束缚，重新确立了马克思主义的思想路线。第二，“文化大革命”和它以前的“左”的错误，已经得到了全面的清理。第三，党内民主生活正在向正常方向发展，在这一点上，党中央率先作出了榜样。第四，“阶级斗争为纲”，以及“文化大革命”中提出的“无产阶级专政下继续革命”的错误理论，已经得到了系统清理，党的工作重点已经胜利地转移到社会主义现代化建设上来。新党章和十二大的其他重要文件，都是党在深刻总结历史经验，充分分析现实情况，估计种种有利条件和不利条件之后制定的。我们对新党章的实行充满信心，是具有科学根据的。我想，把以上的这些道理讲清楚，一些同志对新党章的实行是会从担心变成为有信心的。

至于还有另外一些人，他们不仅对新党章实行没有信心，对我们的整个事业、对共产主义都没有信心。他们用怀疑的眼光看待一切。对于这些人，往往不是光靠讲道理能够说服的。要允许人家看一看，看一年，看几年，然后在事实面前自己纠正自己认识上的错误。但这只限于党外。对于党员，是不允许散布损害新党章严肃性的错误论点的，更不允许任何人以“缺乏信心”为理由不执行党章。这是党的纪律。

新党章的执行，从党章通过之日，也就是1982年9月6日开始。这对于每一个党组织、每一个党员，都是一样。不能等有了信心再开始，也不能等整党的时候开始。现在宣传党章、执行党章，是为明年整党打基础。教育在先，检查在后。到那个时候再去评论一个党员是合格的还是不合格的，去批评他的缺点和不足，他就会心悦诚服。在延安的时候，我们是整风在先，代表大会在后，经过整风，统一了全党思想，制定了正确的路线，七大开成了一次团结的大会，胜利的大会。这一次，我们是十二大在先，整党在后。我们这样一个大党，要整顿好，开了代表大会之后，必须经过一段时间党章的宣传教育，再开展全面整党。我们在这方面的准备工作一定要十分认真，一定要抓得很紧很紧。认为可以留待明年整党的时候去做而放松现在的教育工作，这是不对的，当然在整党时和整党之后，也还要继续学习和宣传新党章。这一点，务必向各级党委，各级党的宣传部门、组织部门、纪律检查部门的同志讲清楚。

三、实行新党章，首先要抓教育

要实行新党章，就要认真抓好党员教育。在关于加强党员教育的文件中，规定了通过党章教育达到的要求，是很全面的，现在的问题是要很好落实。

我们党有3900多万党员，分布在200多万个基层支部中。把组织党员学习新党章、执行新党章的工作抓紧、抓细、抓扎实，是一件非常艰苦的工作。大家知道，我们的思想教育、党员教育工作，还是一个薄弱环节。或者说，我们在这方面的欠账很多。正是因为这样，我们就要花大气力去把这件打基础的工作做好。否则，新党章生效了几个月，半年，一年，一些党员还不知道新党章作了些什么规定，违反党章的事还屡有发生，甚至司空见惯，那实际上就会使一些人增加对实行新党章的怀疑。

中组部、中宣部今年六七月间对19个省区市党员教育状况的联合调查报告，提出了一个发人深思的问题：建国初期，党员与全国人口的比例是1∶100，现在是1∶25，党员的比例大了3倍，为什么作用反而不如那时呢？这个问题，耀邦同志在十二大报告中已经作了回答，就是因为十年内乱的流毒至今还没有完全肃清，在新情况下各种剥削阶级思想的腐蚀作用又有所增长，党内思想不纯、作风不纯、组织不纯的问题仍然存在着。关于加强党员教育的文件指出的三个不纯的具体表现告诉我们，要全面开创社会主义现代化建设的新局面，首先应当在党的建设、党员教育上开创一个新局面。

这里，我向大家推荐一个党员教育搞得好的经验，就是湖南长岭炼油厂开展“做合格党员”教育活动的经验。这个工厂的党委，通过认真调查，摸清了党员队伍中存在的问题。怎么解决这些问题呢？大家分析来分析去，议出了一个突破性的主意，改变过去那种只注意“抓两头”而忽视对处于中间状态那部分人进行教育的做法，着眼于多数处于中间状态的那一部分党员的教育。他们组织党员学习党的建设的文件，系统地给党员讲解党的基本知识，然后每个党员进行对照，看哪些做到了，哪些还没有做到，并且定出努力方向。在学习对照过程中，党委和支部的干部同党员谈心，有意识地帮助那些工作不前不后、作风时好时差、思想时冷时热的党员跟上去，然后进行“做合格党员”的评比活动。经过这次教育活动，全厂处于中间状态的1100名党员，有1000名思想觉悟有明显提高，其中有300名进入了先进党员的行列。中间状态党员的变化，对原来的后进党员震动很大，过去那种“先进孤立”的情况已不复存在，“争当先进”的风气大为发扬。这个厂还把“做合格党员”活动，扩展为包括做“合格干部”、“合格团员”、“合格工人”的“四合格”的教育活动。由于党风的转变，带动了厂风的转变，那种“向钱看”的错误思想，在这里已经逐渐失去了市场。

党员教育要收到效果，就要有针对性，要讲究方法。我们思想政治工作的方法上“左”的残余还不少。耀邦同志在一次讲话中指出，许多地方搞揭批查，用的还是“文化大革命”的老套套。现在，我们有些人想问题的方法，考察人的方法，做思想工作的方法，还有没有老思想老框框呢？我看还有。例如，无限上纲、乱批一气等“左”的做法，有些地方还存在着。当然，一团和气、相安无事的自由主义态度也必须反对。思想政治工作的战斗力在于它的针对性，但针对性是为了有效地激发党员的积极性，而不应当伤害党员的积极性。有的地方在党员教育中，出现了“文革党员”的提法，使一些在“文化大革命”中入党的同志抬不起头来，伤害了感情。“文化大革命”中入党的党员占党员总数的40%。他们中确有一些是突击入党的，但不能笼统地说他们都不合格，更不能笼统地说他们都是造反派。他们中确有很多好的党员。当然也有的犯了错误，甚至犯了严重错误。但是，这些错误是在当时的历史条件下犯的，只要不是“三种人”，就不应该过多追究个人责任。对这些同志，无论是在这次学习新党章的教育活动中，还是在明年的整党中，既要毫不含糊地教育帮助，又要使这些同志感到党组织的温暖，把心同党组织贴得紧紧的。在学习新党章的教育活动中，对于“文化大革命”前入党的党员，要告诉他们：越是受党的教育时间长，越应当带头执行新党章。要使他们懂得：“合格党员”并不是一成不变的，过去的合格党员，现在不努力学习和执行新党章，也会变成新条件下的不合格党员。

### 四、执行新党章的关键在干部

执行新党章的关键在干部，就是说，党员干部特别是各级领导干部，必须重视党员教育，善于进行党员教育，并且能够以身作则带头执行新党章。

忽视思想政治工作的倾向，表现在党的建设上，就是忽视党员教育。有一个材料反映，有的干部看到十二大文件中强调思想政治工作，强调建设社会主义精神文明，强调党员教育，便提出这样的疑问，“是政策的威力大，还是教育的威力大？”意思是说，我们有了对内搞活经济、对外实行开放的政策，有了政治、文化、教育、干部各方面的政策，靠政策去发挥威力就可以了，没有必要强调思想政治工作、党员教育工作了。这种看法当然是不正确的。正确的政策，威力确实很大。但这些政策所以得以执行，要靠思想政治工作去宣传解释。这是第一。第二，思想政治工作还担负着比宣传现行政策更重大的任务，就是培养人们的共产主义思想。毛泽东同志说过，政治工作是一切经济工作的生命线。这里说的政治工作，也就是思想政治工作，它的威力同样是很大的。认为政策威力大就不必做思想政治工作，或者认为思想政治工作威力大就可以不讲政策，都是片面的。过去，这两种片面性的苦头我们都吃过，现在要切忌再搞这种片面性。还有一种论调，说思想政治工作软弱无力，再强调也引不起重视，这实际上是对思想政治工作的误解。周恩来同志对鄙薄思想政治工作的现象曾经作过尖锐的批评，他说：“政治工作之变为空谈，这决不是政治工作的本身错误，而是由于政治工作人员没有实行真正的革命的政治工作。”（《周恩来选集》上卷，第93页）这就给我们提出了一个问题，干部不仅要重视思想政治工作，重视党员教育工作，还要学会善于去做这项工作，把这项工作做得卓有成效。不是说“要拨动人们的心弦”吗？思想政治工作、党员教育工作，能做到“拨动人们的心弦”的程度，就算卓有成效了。

十二大报告提出，建设社会主义精神文明靠四支队伍，即思想政治工作队伍、文化工作队伍、科学工作队伍、教育工作队伍。进行党员教育工作，主要靠思想政治工作队伍。这支队伍，粗略地计算，也有三几百万人。人数并不算少，问题是政治素质不够高。黑龙江省省委负责同志到下面看了看，有些党委书记讲生产一大套，讲政治工作、党员教育，就讲不清楚了，他说这些同志是“真厂长，假书记”。我认为批评得有道理。当然，厂长也要做思想政治工作。“真厂长”不做思想政治工作，那也不行。看来，在什么叫专业化的问题上，人们还有些糊涂观念。本来，提倡专业化，就是要干部变成内行，搞管理的有管理内行，搞农艺的有农艺内行，搞教学的有教学内行，搞思想政治工作的有思想政治工作的内行。党委书记，宣传部部长，组织部部长，如果不懂马克思列宁主义、毛泽东思想的基本理论，不熟悉党史，不懂得党的基本知识，不会同群众谈话，不会讲党课，不会做思想政治工作，就不叫专业化。这一点，今后要在考核条例上作出规定。要逐步形成一种观念：思想政治工作，党员教育工作，这是一门科学，是一门治党、治国的科学，在这个岗位上的几百万干部要努力钻研这个专业，造就大批思想政治工作专家，去完成新时期赋予我们的任务。

执行新党章的关键在于干部,还有一层更重要的含义,即干部要带头遵守新党章,履行新党章。这是一种无声的教育。长期以来,我们一些同志中有一种错误观念,好像一讲思想政治工作,就是怎样教育群众,很少讲领导干部首先要受教育。这一点,耀邦同志在《关于思想政治工作的问题》中已经讲得很清楚了。我们一定要把这种不正确的观念改正过来。东北有个孙吴县,转变党风的事喊了多少年,始终不见效果。后来,是群众的批评,使县委的同志醒悟过来。群众说:你们口头上讲要转变党风,但你们是"喊得凶,抓得松,干叫号,不走道"。根据群众的批评,县委首先整顿自己,把几年来县委领导在动用公款请客、侵占公物、家属的农业户口转为非农业户口等方面的不正之风,一项一项地加以清理和纠正,并把这些情况在全县公布。领导把自己的不正之风和改正的情况毫无隐瞒地告诉群众,请求下级和人民群众监督,这是马克思主义者的胸怀,也是最好的教育方法。他们这样做,事实上是在对自己的下级和人民群众"叫号":我改正了,你们怎么办?不过,这种"叫号"不再是群众批评的那种没有行动的"干叫号"了。这个办法灵得很。现在,孙吴县在党风、民风方面出现了一个崭新的局面。

一些对思想政治工作有研究的同志,讲过这样一个观点:能教育人的道理,一半是讲出来的,一半是做出来的。我认为,这是对的,是同马克思主义的教育者首先受教育的道理相一致的。教育人的人,讲的是一套,做的是一套,在讲台上是你讲人家,下了讲台是人家指着脊梁讲你,你还有什么教育人家的发言权?这里我还要说一下,执行党章的关键在于干部,不只是指做思想政治工作的干部,而是指所有的干部,特别是党的各级领导干部。今年7月,在上海市市委组织部召开的优秀党员座谈会上,著名沪剧演员丁是娥同志讲了一段很感人的话。她说:"首先应该把自己看成是一个党员,而不应当首先把自己看成是一个文化人",才能克服那种特殊、自大的倾向。这里提出了一个尖锐的问题:我们从事理论工作、教育工作、科技工作、文艺工作的共产党员,担任领导职务的共产党员,是首先把自己看成一个共产党员,还是首先把自己看成专家、名人、首长,确实是很值得我们一些同志去认真想一想的。在这次全党进行新党章教育的活动中,要提醒那些不遵守党章、无视党的纪律的同志,"合格党员"的尺度,对任何党员只有一个,党欢迎党员有了错误勇于改正,但不允许坚持不执行党章的特殊党员留在无产阶级先锋队的组织中。

〔注〕一大通过的是《中国共产党纲领》,其余均为党章。

**国务院批转公安部《关于解决有关农村落户问题的请示》**

**全国人大常委会副委员长廖承志在北京会见香港电视广播有限公司总经理陈庆祥一行**

**全军植树造林总结经验表彰先进大会在北京召开**

会议于12月17日至24日举行。中央军委领导同志邓小平、叶剑英、徐向前、聂荣臻、杨尚昆同志为大会题了词,万里、王震、杨尚昆等同志到会讲了话。

这次大会以党的十二大精神为指针,贯彻中央军委关于绿化工作的指示,总结交流全军植树造林经验,表彰绿化先进单位和先进个人,讨论制定开创全军绿化工作新局面的规划和措施,进一步掀起植树造林的新高潮。

万里同志代表国务院和中央绿化委员会向大会致贺词,他高度赞扬人民解放军在建设祖国、保卫祖国中作出了贡献,在绿化祖国中发挥了模范带头作用。杨尚昆同志在讲话中指出:绿化祖国是全军一项长期的战斗任务,全军指战员不仅要绿化营区,带头执行森林法,还要帮助地方搞好绿化,走出营房,营建成片的森林,积极协助政府制止乱砍滥伐森林的现象。

王震、余秋里、杨得志在讲话中勉励大家在植树造林、绿化祖国的伟大事业中作出新贡献。

全军绿化委员会给开展全民义务植树运动第一年涌现出来的30个绿化红旗单位、136个先进集体和25名先进个人,颁发了奖旗、奖状和奖品。

**中央军委领导同志为全军植树造林总结经验表彰先进大会的题词**

邓小平:植树造林,绿化祖国,造福后代。

叶剑英:为实现绿化祖国的宏伟目标而奋斗!

徐向前:把绿化祖国,作为一项建设社会主义的长期战略任务,来抓紧抓好。

聂荣臻:总结经验,发扬成绩,努力开创绿化工作的新局面!

杨尚昆:全军指战员,都要向植树造林的先进单位和先进个人学习,发挥模范带头作用。

**我国自行设计制造的质子直线加速器首次引出能量为1000万电子伏特的质子束流**

中国科学院高能物理研究所建成的我国第一台自行设计、自行制造的质子直线加速器,首次引出能量为1000万电子伏特的质子束流。这台加速器是1978年

8月开始设计研制的。

**中宣部部长邓力群在北京参加全国高等学校图书馆工作委员会第二次全体会议**

邓力群说，建设高度的社会主义物质文明和精神文明离不开图书馆。我国的图书馆事业是很有意义、很有前途的事业，但目前还很落后，要有大的发展。

邓力群指出，无论研究自然科学还是社会科学，所有做学问的人都需要从图书馆得到帮助。图书馆对于干部、群众、青年学生提高文化科学知识是很重要的，人们的求知欲望愈高，愈加感到图书馆对他们不可缺少。这方面要做的事情很多。从事图书馆工作的同志应当发扬韧性的战斗精神，立下志向，一股劲干下去，把工作做好。他说，在高等学校，随着教育、科研水平的提高，对图书馆会提出更高的要求。高校图书馆工作人员要增强信心，克服困难，努力工作，一步一步地把高校图书馆建设好，使它成为学生和教师的良师益友，更好地为教学、科研工作服务。

全国高等学校图书馆工作委员会会议提出，为了开创高校图书馆工作新局面，必须抓好三件事：第一，要稳定现有的干部队伍。通过培训，提高现有图书馆专业人员的素质。有条件的高校可以考虑增加图书馆系，也可以办中专或训练班，多培养一些这方面的人才。第二，改善图书馆设施，建设具有较丰富藏书资料、能够运用现代化技术手段为读者服务的图书馆。第三，实现管理科学化。特别要保护好历史上有价值的馆藏文化典籍和现代优秀文化科技资料，包括珍本书、孤本书等。

**“‘五四’青年文学奖”短篇小说征文授奖大会在人民大会堂举行**

中共中央政治局委员王震出席授奖大会，他勉励青年文学工作者“学习再学习，前进再前进，因为在四个现代化的建设中，在为实现共产主义的奋斗中，文学工作者是一支不可缺少的队伍”。

此活动由《中国青年》杂志社举办。共评选出获奖作品10篇，另有3篇作品获鼓励奖。

10篇获奖作品是：《飞过蓝天》（韩少功）、《矮的升华》（祖慰）、《庸常之辈》（王安忆）、《瓦灰色的楼房》（晓宫）、《星》（陶正、田增翔）、《红花白花》（谷白）、《直线加方块的韵律》（刘富道）、《设有靶标的小岛》（黄传会）、《蓝旗》（陈村）、《雨夹雪》（金岱）；三篇获鼓励奖的作品是：《金色的小鹿》（罗阿波）、《走过黑暗》（李逊）、《天葬》（雷建政）。

中国作协副主席、著名评论家冯牧代表中国作家协会向获奖的作者表示热烈的祝贺。

## 12月18日

**中办 国办 中央军委办公厅转发民政部 解放军总政治部《关于纪念“双拥运动”四十周年，开展春节“双拥”活动的报告》**

中央书记处、国务院、中央军委指出：从1943年起，每年春节前后开展拥军优属、拥政爱民活动，至今已有四十年的历史，形成了我党、政府、人民解放军和我国各族人民的一个优良传统。但是，军政、军民之间的鱼水关系在十年内乱中遭到严重破坏。党的十一届三中全会以来，随着各项方针政策的逐步落实和党政军民的共同努力，军政、军民关系得到了显著的改善。党的十二大制定了全面开创社会主义现代化建设新局面的正确纲领和方针政策，进一步密切军政、军民关系，加强军政、军民团结，是实现十二大提出的宏伟任务的一项重要保证。1983年春节前后，党政军各级领导机关和工会、青年团、妇联、民兵等各级组织，要结合宣传、学习十二大精神，结合本地区、本单位的实际，广泛、深入地向人民群众、干部和人民解放军指战员进行拥军优属、拥政爱民的重要意义和有关的政策、纪律的教育，扎扎实实地解决一些影响军政、军民团结的历史遗留问题。地方各级党政领导机关要积极主动地帮助解决部队建设中需要地方协助解决的问题，教育干部群众要关心、爱护人民解放军，维护人民解放军的声誉。部队要在支持、帮助地方建设方面作出更大努力，如根据需要和可能，对某些建设项目给以技术指导，帮助群众抗灾抢险，支援险要工程等。提倡军政、军民互相学习，互相帮助，互相促进，共同开展建设社会主义精神文明活动，建立和发展体现社会主义精神文明的新型的军政、军民关系，为实现国家财政经济状况、社会风气和党风的根本好转，把我国建设成为现代化的，高度文明、高度民主的社会主义国家而共同奋斗。

民政部、总政治部的《报告》说，1943年春节前后，在党中央领导下，陕甘宁边区政府发出关于开展拥军运动月的指示，留守兵团也开展了拥政爱民运动月，形成了“双拥”热潮，接着各个革命根据地都普遍地、无例外地这样做了，从而促进了党政军民大团结，对于保障对敌斗争和大生产运动的胜利，起了很大作用。1983年春节，恰逢延安兴起的“双拥运动”四十周年。在这期间，全国军民要广泛、深入地开展“双拥”活动，继承和发扬革命传统，建立和发展体现社会主义精神文明的新型的军政、军民关系，促进军政、军民团结出现新的局面。

《报告》要求，在1983年春节的“双拥”活动中，要深入进行拥军爱民教育。组织广大军民认真学习、热情宣传十二大报告中关于“努力建设高度的社会主义精神文明”的论述。联系实际进行热爱中国共产党、热爱社会主义祖国、热爱人民军队的教育，进行拥军优属、拥政爱民的重要意义和光荣传统以及有关的政策、纪律的教育。各级党政领导机关要抓好干部的教育，首先是各级领导干部要充分认识在新形势下进一步密切军政、军民关系，加强军政、军民团结的重大意义，切实纠正部分干部忽视“双拥”工作的思想。

《报告》要求，春节前后，县以上各级人民政府和团以上部队领导机关，可联合举行形式多样、内容丰富的纪念活动。地方党政领导机关要派负责同志走访部队，恳切征求对地方工作的意见，热情帮助当地驻军解决战备、训练、执勤和生活上存在的问题，教育群众维护军事设施的安全，使部队顺利完成各项任务。各地要认真检查落实优抚政策。部队要派负责同志走访地方党政领导机关，检查部队拥政爱民和执行有关政策、纪律的情况。积极支援地方建设和社会公益事业，在技术指导和支援险要工程建设等方面贡献力量。热情协助营区周围群众建设“文明村”、“文明街”、“文明校”等文明点。搞好军民联防，努力为群众办好事。使部队成为当地建设两个文明的重要力量，成为社会安定的可靠保障。地方和军队的各级领导机关要认真分析当地军政、军民团结的状况，总结1982年的“双拥”工作，修订“双拥”公约，研究、制定进一步做好“双拥”工作的措施。

**国家经委 民政部等9部委联合通知要求各地关心群众疾苦扶助农村贫困户**

国家经委、民政部、财政部、中国农业银行、商业部、对外经济贸易部、农牧渔业部、教育部、国家物资局最近联合发出通知，强调要认真做好扶助农村贫困户的工作。

通知指出，近几年来，各地在鼓励一部分农民先富起来的同时，广泛开展了扶贫工作。据24个省、自治区、直辖市不完全统计，被扶助的273万多户中，约有102万多户改变了贫困面貌。这对维护社会安定、发展农村经济、加快物质文明和精神文明的建设起到了积极作用。

通知强调，关心群众疾苦，扶贫助难，是政府各部门和各级干部义不容辞的责任。一定要把扶贫工作列为我们工作的重要任务之一，加强领导，有计划、有组织地从人力、物力、财力上积极帮助贫困户发展生产和解决生活困难，尽快使他们从根本上摆脱贫困。帮助贫困户摆脱贫困，要从各地的实际情况出发，采取多方面的措施，加强思想教育，帮助贫困户树立摆脱贫困、奋发向上的志气，克服单纯依赖救济的思想。要从发展生产入手，千方百计地帮助贫困户种好承包田、自留地，搞好多种经营，广开财路，增加收入，摆脱贫困。扶贫要以社队帮助为主，国家帮助为辅，因地制宜，分期分批进行，力求使扶贫工作在短期内取得明显的效果。

**解放军全军参谋长会议在北京举行**

会议于1982年12月18日至1983年1月3日举行。

中央军委主席邓小平，副主席叶剑英、徐向前、聂荣臻在会前和会议期间就加强军队建设问题作了重要指示。

会议认真学习了军委领导同志的意见，总结了1982年的军事工作，着重研究了新的一年如何开创军事工作的新局面，加强现代化正规化革命军队建设的问题。

中央军委常务副主席杨尚昆在讲话中指出，开创军队建设新局面，就是要全面贯彻落实党的十二大精神，加速我军革命化、现代化、正规化建设，进一步提高我军在现代战争条件下的自卫能力，使我们的军队不仅成为保卫社会主义祖国的钢铁长城，而且成为建设社会主义物质文明和精神文明的重要力量。这就要深入学习十二大和五届人大五次会议精神，认真清除“左”的和右的思想影响，为开创新局面打好思想基础。要提高干部的军政素质和科学文化知识水平，尤其是指挥员不仅要有高度的政治觉悟，有压倒一切敌人的英勇气概，而且要掌握更多的科学文化知识，具有更高的指挥艺术和驾驭现代战争的能力。要加强领导班子的建设。要把政治思想好、年富力强、有革命干劲、有科学文化知识、有工作能力的中青年干部，大胆地提拔到各级领导岗位上来。要认真贯彻党的知识分子政策，造成尊重知识、尊重科学、尊重知识分子的新风气。他强调指出，改进领导作风和工作方法对于开创军队建设新局面非常重要。他要求各级领导干部用主要精力去搞调查研究，发现新情况，解决新问题。

人民解放军总参谋长杨得志在会议总结讲话中强调，开创军事工作新局面，要从思想上和实际工作中继续清除“左”的影响，抵制和反对资产阶级自由化倾向，真正做到在思想上、政治上同党中央保持一致，使军事工作更好地沿着十二大指引的方向前进；要把我军工作的重点切实放在加强现代化、正规化革命军队建设，提高自卫能力上来；要坚持毛泽东建军思想，坚定不移地走自己的建国道路，既要保持我军的优良传统、我军的战略战术思想等特点和长处，又要着眼于现代战争特点，吸取人家对我有益的东西；要树立国防建设服从国家经济建设的全局观念。他要求全军指战员在新的一年里振奋革命精神，为开创军事工作新局面作出更大的贡献。

人民解放军副总参谋长张震代表总参谋部在会上作了题为《认真贯彻党的十二大精神，努力完成1983年的任务，开创军事工作新局面》的报告，提出了开创军事工作新局面的远景规划、今年的任务和具体措施。

余秋里、张爱萍、洪学智等负责同志也在会上讲了话。

**八一队在巴基斯坦举行的第十二届国际军体男子排球锦标赛中获得冠军**

## 12月19日

**全国城市发展战略思想讨论会在北京召开**

讨论会发出呼吁：为顺利完成"六五"计划，实现十二大提出的战略目标，各级决策机关要充分重视和发挥城市在经济和社会发展中的中心地位和作用。

讨论会由中国自然辩证法研究会召开。会上收到论文80多篇。

参加会议的同志指出，城市是一个有机的、综合性的大系统，城市是物质文明和精神文明的中心，它包含着众多的矛盾。由于对城市在国家经济、社会发展中的重要地位长期认识不足，由于对城市发展客观规律缺乏研究，由于没有城市的整体观念，我们已经吃了不少苦头。每个居民都可以感受到的住房、交通、能源、污染、人口等方面的尖锐问题，城市的"超负荷运转"，"市长管厂长、厂长管社会"的体制，"城市规划墙上挂，不如首长一句话"、"挖挖平平平平挖，平平挖挖挖挖平"、"有楼住不进，有线电不通"等等现象，严重地影响着城市的经济效益、社会效益和环境效益，已经到了非从根本上考虑解决办法不可的时候了。

讨论情况表明，我们完全有办法解决城市发展中的问题。关键是各级决策机关在制定规划、组织经济当中充分重视城市的作用，加强城市科学研究。在科学基础上建立城市发展战略，在正确战略指导下制定城市规划、改革城市体制、加强城市立法，当前要特别重视发展小城镇，城市带动农村发展，走出一条中国式的城市发展道路。

会上决定筹组中国城市科学研究会。

**全国健全企业领导制度经验交流会在北京召开**

会议由国家经委、中央组织部和全国总工会联合于12月19日至28日召开。

会议强调指出，"党委集体领导、职工民主管理、厂长行政指挥"是办好社会主义企业的根本原则，全面贯彻执行这一根本原则，建立又有民主又有集中的企业领导制度，是完成党的十二大、五届人大五次会议提出的战略目标的重要保证。

会议着重交流和总结了各地工交企业贯彻执行这三个条例的经验，部署了下一步工作。

参加会议的有各省、自治区、直辖市党委组织部、工交部和经委、总工会的负责人，中央和国务院有关部门的负责人，以及部分工业城市的党政领导干部、部分企业的党政和工会干部共250多人。

中央书记处书记胡启立、候补书记郝建秀、国务委员张劲夫，以及全国总工会主席倪志福、中组部副部长曾志、国家经委副主任袁宝华等，出席了会议的闭幕式。郝建秀、张劲夫分别在会上讲了话。他们强调指出，执行党中央、国务院颁发的三个条例，是我国经济管理体制和机构改革的一个重要组成部分。这三个条例是相辅相成、互相促进的，必须结合起来全面贯彻，并在实践中不断总结新鲜经验，使之进一步完善和发展。

**《人民日报》发表评论员文章《依靠群众的力量进行农业基本建设》**

胡耀邦同志在十二大报告中谈到农业问题时指出："我国劳动力资源非常丰富，必须十分重视扩大劳动积累。在农村要利用众多的劳动力因地制宜地、有效地进行农业基本建设。"冬春农闲时节，是集中进行农业基本建设的好时机，应该不失时机地把这项工作做好。

这几年，我国的农业生产有了迅速恢复和发展。但是，农业的基础总的说还很薄弱，远远没有摆脱"靠天吃饭"的状态。要实现十二大提出的发展经济的宏伟日标，使农业有 个很大的发展，加强农业的各项基本建设，改善生产条件，是必不可少的重要措施。农村实行责任制以后，劳动效率显著提高，劳动力大量剩余。通过扩大劳动积累，加强农业基本建设，有了更有利的条件。

有些同志一听说加强农业基本建设，马上把它和"左"的错误联系起来，认为不该再搞，也不敢多搞了。过去，在农业基本建设方面，确实发生过不从实际出发，不按自然规律办事，不讲求经济效益的问题，搞过形式主义、强迫命令和"一平二调"，办过一些劳民伤财的蠢事，这种蠢事。今后决不能再干了。但是，也应当看到，过去的农业基本建设，成绩还是很大的。试想，如果没有建国以来大量的农田水利建设，我国农业怎能赢得今天这样的成就呢？因此，今后仍然应继续加强农业基本建设，为农业的更快发展打稳基础。特别是近几年，经过休养生息，群众的温饱问题基本解决的地方，更应积蓄力量，逐步从根本上改变农业产量低而不稳的状况，力求更好地治穷致富。

现在，农业生产主要是分户经营，农业基本建设在这种新情况下如何进行,遇到了一些新问题。一些地方的实践说明,只要注意同群众商量,这些问题都不难解决。实行联产承包责任制以后,生产的好坏同农民的利益联系得更加紧密,有了余钱余粮的农民,迫切希望进一步增产增收,更加富裕,愿意向能带给他们经济利益的农业基本建设项目投工投资,要求领导帮助他们解决有关的各种问题。近年来,不少地方出现了农民联户、联队治荒山、搞水利、办基地、修公路的动人事迹,就是最好的证明。

农业基本建设是亿万农民建设社会主义现代农业的群众活动,范围广,工程量大,不可能也不应当全部由国家包下来。国家的投资,只能重点使用于一些大型工程,大量的建设主要依靠群众自己的力量。具体说就是依靠地方的财力,吸收集体经济的和广大群众的资金和劳动积累。要动员农民对承包的土地进行加工,兴修农田水利,改良土壤。要通过同群众协商,规定每户每年有一定数量的劳动日投入公共的农业基本建设。这就需要坚持"谁受益,谁负担"的政策。为了做到每一个建设项目进度快、质量好、受益早,搞好各种形式的责任制是个关键。有些地方采取"专业承包,定额计酬"、"定任务、定质量、定报酬、定奖罚"、"合同到队,任务到户,包干完成"等办法,使"责、权、利"紧密结合,收到了较好的经济效果。

搞好农业基本建设,主要靠广大农民群众的积极性,使它成为与群众利益密切相关的事业,要量力而行,讲求实效,争取搞一处成一处,受益一处。只要群众能得到实惠,就会齐心协力,把这一事业搞得卓有成效。

**全国发电量提前12天完成全年计划**

水利电力部发布消息:在发电燃料供应紧张的情况下,电力工业部门积极加强经济调度,截至12月19日,全国发电量已完成3136亿度,提前12天超额完成了年计划。其中水力发电在提前85天完成年计划以后,仍持续增长,发电量已达702亿度,比原计划多发电152亿度,相当于少用原煤900万吨。今年全国发电量预计比去年增长5.6%。

**《人民日报》转载1982年第24期《红旗》杂志聂荣臻的文章《努力开创我国科技工作的新局面》**

《红旗》杂志编者按:11月25日,聂荣臻同志会见了我社总编辑熊复同志,就努力开创我国科技工作的新局面问题发表了重要谈话。在谈话中,聂荣臻同志谈了他主持科技工作时期的主要经验,特别是着重谈了党在知识分子问题上的历史经验和当前落实知识分子政策应当注意的问题。他指出,要教育广大干部和群众懂得知识分子在社会主义现代化建设中的地位和作用,要造成全社会尊重知识、尊重科学、尊重知识分子的新风气,要努力结成工人、农民、知识分子的兄弟联盟,为此,必须对轻视和歧视知识分子的种种偏见进行斗争。他的这次谈话,在认真地贯彻执行党的有关科技工作的方针和有关知识分子政策的问题上,对于帮助全党提高觉悟,统一认识,有很重要的意义。现特予发表。

党的十二大以后,我国科学家和科技战线广大干部的积极性很高,希望我国的科技工作快点上去。这种心情我是理解的。我虽然很久没有管科技方面的事了,但对科技工作仍然是关心的,支持的,全力支持的。大家很着急,我也很着急。

我看情况是这样的:为了实现二十年的发展规划,全国人民都盼望科技工作快点上去。党中央也正在抓这件事。最近,邓小平同志在一次谈话中,就把组织科技队伍攻关,当作落实二十年发展规划的第一位问题提了出来。问题很清楚:搞四个现代化,振兴经济,进行两个文明的建设,实现翻两番的宏伟目标,都要依靠科学和技术的进步。当前,我国现代化建设的关键就是一定要把科技工作搞上去,并且要在这方面充分发挥知识分子的作用。

拿农业来说,现在农业科技问题就多得很。农业问题不解决,全国怎么实现现代化?农业现代化一点也离不开科技。农业"八字宪法",第一个是土。土是农业生产的基础。中国这么大,各地的土壤情况很不相同,土壤结构及其物理、化学、生物的性质,以及肥力特征等都不相同,要因地制宜,多种经营,必须做大量的土壤普查工作,改良土壤则需要更长的时间。这就需要各方面的专家一道来解决。过去盲目砍树林,造"大寨田",围湖造田,造成严重的水土流失,破坏了自然界的生态平衡。这类违反客观规律的蠢事,再也不能办了。第二个是水。建立灌溉系统,需要水利、地质等方面的专家一道来解决。这也有个因地制宜问题。在北方缺少雨水的地区,就不能盲目发展水浇地。城郊大量使用地下水,也会发生严重的后果,甚至可能造成地面下沉。还有农药、化肥问题。有些农药污染严重,在国外人家已经不用了,我们还在用。要更多地重视利用生物方法除治害虫。化肥用多了,土壤的有机构成会被破坏。这些都离不开科技,需要专家们去研究解决。第三个是种子。优良品种是农业增产的重要途径。只是籼型杂交水稻和鲁棉一号的推广,已经创造了10多亿元的财富。还有密植问题、深耕问题。美国的韩丁就不赞成深耕。这些问题也需要专家们去研究。总之,这些问题都离不开科技,离不开土壤学、水利学、植物学、遗传学、昆虫学等各方面专家的努力。现在党的政策对头了，实行农业生产责任制以后，农民的积极性很高，农业有了比较快的发展。但是，靠政策调动农民的积极性是有一定限度的，到一定的时候会“饱和”。而科技给农业带来的增产潜力，却是无穷无尽的。农民懂得这个道理，尝到科学种田的甜头，他们很想用科学。现在农业技术员在农村已经成了“财神”，农民在抢这个“财神”。这是非常可喜的现象。工业也是这样，也要靠科技的力量。像襄樊、常州、四平等中等城市，那里的干部先懂得了这个道理，那里的工业就发展得比较快，有的产品已超过上海。我们要看到这个发展趋势，迎接我国科技高潮的到来。

现在，科技战线上的广大干部最为关心的问题，是如何开创科技工作的新局面。我讲讲自己的经历。我是1956年开始接替陈毅同志主管科技工作的。我主管科技工作时，周总理、陈毅同志正在领导制定全国科学技术十二年发展规划。那时总的来说，我国科学技术人员少，水平低，条件差。但是，由于党中央的重视，许多重大问题毛主席、周总理直接过问，所以我们在很短的时间里就有了很大的进步。1964年成功地爆炸了原子弹，两年零八个月后又成功地爆炸了氢弹。许多新的工业部门发展起来了，我国科技领域里的许多空白点也填补起来了。

我认为搞好科技工作，第一要自力更生。毛主席讲我国一穷二白，一张白纸可以画出很多很好的图画。我们不怕没有，没有，你尽管画就是了。我们要把自己的国家建设好，画出最好最美的图画，不能依靠别人，只能依靠我们自己，依靠我们的工人、农民和知识分子。我们这个自力更生的方针，应当说是逼出来的。赫鲁晓夫片面撕毁协定，撤退专家，什么东西都不给了，连图纸也不给了。他不给，我们只好靠自己嘛！结果原子弹造出来了，氢弹造出来了，各方面的工作也跟着上去了。逼出来一个自力更生，是一件大好事。我国第一颗原子弹爆炸成功的时候，毛主席风趣地说，应当发给赫鲁晓夫一枚一吨重的大勋章，以示“感谢”。当然，我们讲自力更生，并不是闭关自守。我们要积极地从国外引进新技术、新设备，购买专利。一切对我们有用的东西都要学，拿过来为我们的现代化服务。不过要懂得，我们是不能用钱从外国买来一个现代化的。你买来新技术、新设备，也要从中学习、消化和吸收，然后结合我国的实际情况加以改造和发展。在引进的问题上，我们要保持清醒的头脑。我们想从一些资本主义国家引进先进的技术和设备，但他们公开讲，只能卖给次先进的东西，最先进的东西是不能卖的。有人觉得自己搞进展太慢。我说，有些是慢些，但靠得住，而且从长远看，还是要比单纯依赖进口快得多。过去在那样的困难条件下，我们依靠自己的力量，不是很快就把“两弹”尖端技术堡垒攻下来了吗？今天这样好的条件，就更不成问题了。所以我总讲要自力更生，要着眼于发展自己的民族工业，开发自己的科技事业，提高全民族的科学文化水平。归根到底，搞现代化，要靠我们自己的力量，自力更生是我们的立足点，同时注意引进外国的先进技术。我们搞了几十年，已经有了一定的基础。赵紫阳同志在这次人大会议上的报告，提到技术改造，提到科技工作要面向经济建设，我是同意的。我看靠技术改造、节约能源、新技术的研究、应用和发展，可以使生产提高，使科学进步。不能什么都是进口，一切靠进口，崇洋媚外，怎么行！

第二要制定恰当的科学技术发展规划。有了规划就有了前进的方向，有了攻关的目标。1956年，我们集中几百名科学家和技术人员，前后用了近十个月的时间，制定出十二年科学技术发展规划。明确重点项目，坚持科研先行。这个规划既突出了57项重点项目，又照顾了科技发展的各方面的需要。以后赫鲁晓夫撕毁协定，我们又把重点进一步突出为组织各行各业猛攻喷气技术、原子能技术和电子学等几个主要方面。实践证明，这种科研先行，重点与一般相结合的科技规划，对我国科技事业的发展，起到了良好的组织和推动作用。

第三要组织好队伍。有了规划，然后组织科技队伍去实现这个规划。当时我国的科技队伍没有多少人，底子很薄，任务很重，困难很大。比如对原子能、喷气技术等，就懂得不多，只能从国外买一些资料看看。但这只能了解大致的情况，具体的技术资料人家是保密的，买不到。怎么办？我们按照全国的统一规划，把科学院、高等院校、产业部门、国防科委和地方的科研力量，即所谓五个方面军组织起来，根据各单位的长处，明确规定你负责什么，我负责什么。有了统一规划，就不能你干你的，我干我的，而是大家密切配合，分工协作，共同攻关。这是全国性的大协作，全国一盘棋。那时分配给哪个单位什么任务，大家都很高兴接受，感到很光荣。因为这是全党、全军、全国人民的愿望和嘱托。五个方面军都调动起来了，大家互相支持，只要兄弟单位有需要，不管是技术问题，还是物资供应问题，协作组织之间都可互相照顾，全力支援。没有扯皮、踢皮球的事，更没有互相封锁的事，所以工作效率很高。

当时科技队伍小，需要不断补充“新兵”，扩大力量。我们很重视大学毕业生和归国留学生的分配问题。凡是用非所学，安排不当，分配下去没有任务的，我们都有权调整，重新安排他们的工作，充分发挥他们的作用。因为我们管攻关，了解哪方面需要什么样的人，知道该怎么分配。就像部队的司令员指挥打仗，知道哪个战线需要什么样的队伍、需要多少队伍一样。我们抓了这个人权以后,把管任务和管人结合在一起,就使这些青年知识分子能够用其所长,各得其所,在老专家的带领和指挥下,他们朝气勃勃,冲锋在前,在攻关中起了不小的作用。现在他们已经是各条战线的中坚骨干力量了。

第四要加强集中统一领导。现代科学技术同18、19世纪有很大的不同。那时的科学研究往往是个人独立完成的,一个人一生可以有多种发明创造。今天的情况有了很大的变化。虽然有些基础理论和技术研究,比如某些数学理论的探索,还可以沿袭过去的方式,但是对于运用现代实验手段进行的重大基础理论、重大工程和重大设备等方面的研究和制作,个人和单位,甚至行业和地区的力量都不够了,需要国家的力量才行。我们制造导弹、原子弹、飞机、舰船、计算机等,需要许多新型材料,需要精密的仪器、仪表。当时国内没有,国外也买不到。我们就组织自己的力量下达任务,分工合作,限期完成。当时需要13000多种新材料,都是国内从来没有生产过的,结果在集中统一领导下,大力协同,在短期内陆续试制成功,达到国家规定的质量标准。随着科技工作发展的需要,我们还组织全国力量试制"九大设备",以解决制造特厚、特薄、特宽、特长、特细等特种型号材料的设备。可惜到了"文化大革命",全部废止了,不然我国的工业技术还可以达到一个新的高度。这是科学技术促进工业发展的明显例证。像这样大的任务,科技力量不集中,科技人才不能统一调配,要干什么也干不出来。这样集中一抓,尖端技术产品制造出来了,许多新的工业部门随着发展起来了,许多新的学科也随着建立起来了。大家称这时是我国科技工作的"黄金时代"。这告诉我们一个道理,就是我们的一切工作都要看国家的需要,这是我们考虑和处理问题的出发点。只要国家需要,我们就管起来。不要怕管得太多。我们要人权、财权、物权,是为了国家的需要。要求集中,有统一的规划,把五个方面军调动起来,有矛盾就协调,也是为了国家的需要。这样就使有限的人力、物力和财力发挥了最大的效益,也避免了人力的分散和科研项目的重复。

那时我们把这种集中统一领导进行攻关的方法叫作"任务带学科"。这是发展科学技术的一个好方法。当然,这并不是唯一的方法。现代科学技术是复杂的,要采用多种途径,不能"一刀切"。不应该排斥基础科学的研究。基础科学和应用科学的研究是相辅相成的。我们要看得远一些,不能因为有些基础科学的研究一时看不到经济效果就轻视它。基础科学研究是应用科学研究的基础,只搞应用科学的研究,没有一定的基础科学研究是不行的。我们的方针应该是胡耀邦同志在十二大报告中讲的"加强应用科学的研究,重视基础科学的研究"。这个问题过去周总理讲过,赵紫阳同志最近也讲过多次了。

党的十二大已经制定了社会主义现代化建设的宏伟纲领,第五届全国人民代表大会第五次会议又将审议通过第六个五年计划。社会主义前程似锦。现在的问题是要切实落实知识分子政策。最近邓小平同志讲要落实二十年发展规划,要完成一大批重大骨干项目的建设,要进行科学技术攻关,"第一位的就是落实科技队伍的管理使用问题","要想法打破部门、地方界限,合理使用,就要统一管起来,没有一个很强有力的权威机构,搞不动"。我完全同意这个意见。现在我们有570多万人的科技队伍,技术力量不小了,科研设备有了基础,钱也多了,这些条件比我主管的那个时候强多了。现在加速发展集成电路,特别是发展超大、超快集成电路和新一代计算机,对促进科学技术的发展,具有十分重要的意义。只要我们克服分散主义、本位主义,加强集中统一的领导,不要互相扯皮,不要互相封锁,而是全国一盘棋,统筹规划,合理分工,互相支援,实行全国性的大协作,充分发挥社会主义制度的优越性,就能开创我国科技工作的新局面,出现科技工作的新的"黄金时代"。

四个现代化的关键是科学技术现代化。要实现科学技术现代化,就要依靠掌握现代科学技术的知识分子。没有知识分子就不可能有四个现代化,没有知识分子要实现翻两番的宏伟目标也是不行的。这个道理最近报刊上正在不断地进行宣传。但是有的人还是想不通,甚至认为党在知识分子政策上落实得"过头"了。这种观点是十分错误的,对于社会主义事业是极其有害的。必须教育他们端正认识,用战略眼光看待这个问题。

轻视知识、轻视科学、歧视知识分子的偏见,本来是愚昧和落后的表现,作为旧社会的一种遗产,在我国社会上有很长的历史。这在我们党内也有反映。再加上"左"的思想影响,在我们一些干部的头脑里,就存在着轻视和歧视知识分子的种种偏见。这也有很长的历史了。红军时期,医务人员、搞无线电通信的,都是从国民党军队过来的。这些事工农干部不会,只能用他们。在党的教育下他们很快成了我们的技术干部,建国后有的成了政府的部长,在革命和建设中起了很好的作用。那时他们有薪金,我们司令员、政治委员是供给制,他们的生活比我们还好。可是有人想不通,说怪话。抗日战争时期,我们有了根据地、野战军、边区政府,需要建立医院,办工业,建兵工厂,修造军械,还有无线电通信联络,还要办报纸和广播电台等,需要越来越多的知识分子参加革命队伍。但是还有阻力,知识分子受到歧视。所以1939年党中央才作了《大量吸收知识分子的决定》。从此大批的知识分子来到了解放区。

全国解放以后，这个问题还没有解决，一直有斗争。1956年，党中央召开了全国知识分子问题的会议，周总理作了《关于知识分子问题的报告》。他指出，当时我们党内在知识分子问题上的主要倾向就是宗派主义，就是低估了知识界在政治上和业务上的巨大进步，低估了他们在我国社会主义事业中的重大作用，不认识他们是工人阶级的一部分。周总理着重讲了知识分子在社会主义建设中的地位和作用，他说：我们所以要建设社会主义经济，归根结底，是为了最大限度地满足整个社会经常增长的物质和文化的需要。而为了达到这个目的，就必须不断地发展社会生产力，不断地提高劳动生产率，就必须在高度技术的基础上，使社会主义生产不断地增长，不断地改善。因此，在社会主义时代，比以前任何时代都更加需要充分地提高生产技术，更加需要充分地发展科学和利用科学知识。所以，除了必须依靠工人阶级和广大农民的积极劳动以外，还必须依靠知识分子的积极劳动，也就是说，必须依靠体力劳动和脑力劳动的密切合作，依靠工人、农民、知识分子的兄弟联盟。问题算是得到了初步解决。但是，到1957、1958年又出现了反复。

1962年在广州召开的全国科学规划会议和全国戏剧创作会议上，科学家们和文艺家们又对知识分子政策问题反映了不少意见，于是就在广州会议上增加了关于知识分子问题的讨论。周总理亲自参加。周总理、陈毅同志和我，还有郭沫若同志，我们一起讨论了好几次。我们认为，知识分子不是一个独立的阶级，可以为资产阶级服务，也可以为无产阶级服务。我们搞社会主义搞了这么多年，大多数知识分子都是建国以后我们自己培养出来的，怎么能说他们是资产阶级知识分子呢？我们提出，要给知识分子"脱帽加冕"，脱掉资产阶级知识分子的帽子，宣布他们是劳动人民的知识分子。周总理、陈毅同志和我都讲了话。周总理首先讲了话，他对于我国知识分子队伍的壮大发展，老一代知识分子培养出了新一代知识分子，二者结成了社会主义知识界，他们经过12年的改造和考验，取得了极大的进步，大多数知识分子像工人、农民一样热爱祖国，表示由衷的高兴。他说，你们热爱祖国，使我们很受感动。这是中国知识分子的骄傲！

周总理回京前，要陈毅同志讲话，宣布取消资产阶级知识分子的帽子。陈毅同志首先向参加会议的科学家和文艺家传达周总理的话说，你们是人民的知识分子，是革命知识分子，是为无产阶级服务的脑力劳动者，应该取消资产阶级知识分子的帽子。"工人、农民、知识分子，是我们国家劳动人民中间的三个组成部分，他们是主人翁。"他强调说："不能够经过了十二年的改造、考验，还把资产阶级知识分子这顶帽子戴在所有知识分子的头上。"陈毅同志简直把话说透了，他说："十二年的改造，十二年的考验，……还是不抱怨，还是愿意跟着我们走，还是对共产党不丧失信心，这至少可以看出一个人的心。十年八年还不能考验一个人，十年八年十二年还不能鉴别一个人，共产党也太没有眼光了！""共产党不尊重文化、共产党不尊重知识、共产党不尊重科学这类话，不晓得是马克思讲过？是恩格斯讲过？还是列宁讲过？毛主席讲过？谁也没有讲过这个话。愚昧是个很大的敌人。帝国主义是个敌人，封建势力是个敌人，愚昧——几万万人没有知识，没有科学知识，也是很大的敌人。"

我国广大知识分子在"脱帽加冕"以后，心里感到温暖，高兴了，积极了，科研成果出得快，出得多。这就是我国科技工作出现"黄金时代"的根本原因。

翻翻历史，给知识分子"脱帽加冕"这件事，我们早在1962年广州会议上就做了。肯定知识分子是社会主义劳动者，是工人阶级的组成部分，这个结论早在那个时候就定下来了。但是，"文化大革命"一来，就把这一切都推翻了。在林彪、"四人帮"的破坏下，知识分子又给扣上"资产阶级"、"反动权威"、"臭老九"之类的帽子，受到很大的打击和摧残，翻不了身。作为党的各级领导者，应当积极为科技人员创造良好的工作条件，并从政治上和生活上关心他们。在困难时期，我向海军求援调来点鱼，向北京、广州、新疆等军区求援调来点肉，还从别的地方求援调来点黄豆、食油，照顾一下科学家。本来，他们的劳动是很艰苦的，攻关的任务是很重的，党应当关心他们、爱护他们。可是，"文化大革命"中，是非颠倒了。这些事也统统被当作"修正主义路线"要批"臭"，批什么"科技鱼"、"科技肉"等等。"左"的错误发展到了登峰造极的地步。这不仅仅使知识分子受到很大的摧残，而且使我国的科技事业以致整个社会主义事业受到摧残。50年代后期，我们向科学进军，向半导体、计算机、激光等新兴学科进军，当时一些西方国家也是刚刚起步。20年过去了，我们和国外的差距拉大了，这是大家都看到的事实。所以，从我们党的历史看，不论革命和建设事业都离不开知识分子。什么时候，我们重视了知识分子，对知识分子有一个正确的政策，我们的事业就前进，就发展；什么时候歧视知识分子，对知识分子采取了错误的政策，我们的事业就受到挫折。在社会主义建设时期尤其是这样。

打倒"四人帮"以后，特别是三中全会以来，党在拨乱反正中，重新审查和确立了党的知识分子政策，重新确认从总体来讲，知识分子是我国工人阶级的组成部分。邓小平同志就这个问题发表了多次讲话。这样，全国知识分子才有了翻身之日，都很高兴，心情舒畅，在各条战线上积极工作，作出了很大的贡献。现在党对知识分子的政策是明确的，并且三令五申落实知识分子政策。提交这次全国人民代表大会审议的《中华人民共和国宪法修改草案》，在序言里也写明白了：进行社会主义现代化建设必须依靠工人、农民和知识分子。这就是说，工人、农民和知识分子是我国的三支基本社会力量，也就是我国人民的主体。必须教育我们的广大干部和群众，充分懂得知识分子在社会主义现代化建设中的地位和作用。

有人说"现在对知识分子评价太高了"，知识分子"又翘尾巴了"。这是没有道理的。当前，我们落实党的知识分子政策仅仅是开始，党内党外遇到的阻力还不小，可以说是很顽固的。今年8月，我同《光明日报》的记者谈了一次话，这个谈话登报以后，大多数人是同意的，也有人反对，骂光明日报社的同志站到资产阶级的立场讲话。在这个问题上，我是得罪了一些人的。但是，有什么办法呢？为了党和国家的利益，为了四个现代化，为了全面落实党的知识分子政策，我们必须进行斗争。

在落实知识分子政策的问题上，我们的报刊，我们的舆论机关还要大声疾呼。光是一般地说说不行，必须进行公开的批评。轻轻批评也不行，要尖锐一点。有时甚至要进行必要的斗争。马克思、恩格斯从来没有说过知识分子都是反动的这类话，从来对知识分子都是具体分析，对不同的知识分子给予不同的评价。像牛顿、伽利略、达尔文等伟大科学家对人类进步所做的贡献，马克思、恩格斯都是给予充分的肯定、很高的评价。恩格斯还专门讲过，即使在资本主义制度下，从大学生中也能够产生"一种脑力劳动的无产阶级"，同从事体力劳动的工人兄弟并肩战斗。所以，我们要通过各种方式进行思想教育工作，使广大干部和群众都懂得这样一个道理：要搞现代化，振兴经济，进行两个文明的建设，在本世纪末实现翻两番的目标，离不开科学和技术的进步，离不开知识分子。

今天，我们要特别重视发挥中年知识分子的作用。现在40岁左右到50岁左右的中年知识分子，是在党直接培养下成长起来的一代新知识分子，是承前启后、继往开来的一代。他们热爱祖国、热爱社会主义、热爱党，即使处于逆境都不改变这种初衷。他们的业务基础也比较扎实，在科技领域为我国的现代化建设事业作出了很大的贡献。这些中年知识分子现在是我国各条战线的中坚骨干力量，发展现代科学技术，进行两个文明的建设，提高全民族的科学文化水平，这样一个重担就落在他们肩上，这是历史赋予他们的光荣的使命。他们工作任务重，贡献大，但工资低，困难多。党的知识分子政策在他们身上还没有完全落实。在许多部门和地方，他们还没有受到应有的尊重和爱护，工作条件和生活条件方面的问题就是不能很好地解决。这应当引起我们各级领导同志，特别是厂、所领导同志的注意。知识分子的学衔、职称问题要很好解决，但是还有一个生活待遇问题，也要采取具体措施逐步解决。总之，改善中年知识分子的工作条件和生活条件，已是一个十分紧迫的问题。马克思早就讲过，脑力劳动是复杂劳动，应该得到比较高的报酬。他们的工资应该提得比较多一些。我们要克服自己队伍里的平均主义思想，切实地解决好这个问题。要使知识分子解除后顾之忧，全心全意搞"四化"。

最近，《光明日报》《工人日报》连续宣传的蒋筑英同志和罗健夫同志的先进事迹，是很感人的。这两个共产党员的共产主义精神值得我们大家来学习。他们觉悟很高，对国家很有贡献，本来是很有希望的。蒋筑英同志生前所在的长春光机所的所长王大珩同志，是我国著名的光学家，对我国光学事业有很大贡献。蒋筑英同志正是他的得意门生，他准备把班交给蒋筑英。可是蒋筑英同志正在"攻关"的年华就去世了，这是很可惜的，是国家的损失。蒋筑英、罗健夫这样的知识分子是我国当代知识分子的优秀代表，是党和国家的宝贵财富。我们都为他们的不幸早逝而痛惜，但更重要的是我们各级党政的领导干部，要十分爱护、关心千千万万个活着的蒋筑英、罗健夫。我们应当从这些中年知识分子的早逝得到教训，我们各级党政机关的领导同志是不是没有做到应该做到的一切，就是没有更好地关心和爱护他们呢？要知道，对我国来说，科技人才不是多了，而是太少了。那些政治上热爱祖国、工作上勤勤恳恳、业务上有真才实学的科学家、技术专家，是我们的国宝。当然，知识分子也有弱点，也不是所有的知识分子都是人才。我希望所有的知识分子努力学习，力求进步，克服自身的弱点，提高业务水平，做到又红又专，争取为祖国多做贡献。

在知识分子问题上，"四人帮"把轻视和歧视知识分子的偏见推向了极端。我们一定要肃清"四人帮"那一套"左"的东西，在整个社会树立起尊重知识、尊重科学、尊重知识分子的新道德、新风尚，充分信任他们和爱护他们，充分发挥他们的聪明才智，使他们能够施展远大的抱负。我们还要努力在工人、农民同知识分子之间建立起相互信任、相互尊重、相互支持、相互学习的团结友爱关系，真正实现周总理生前提出的结成工人、农民、知识分子的兄弟联盟的遗愿。这应当成为社会主义精神文明建设的一项重要内容。这是人民利益的根本所在，是我们国家的希望所在，也是开创社会主义现代化建设新局面的关键所在。

**中国乒乓球队在法国斯特拉斯堡举行的第二十九届法国国际乒乓球锦标赛中获得6项冠军**

中国运动员获得男、女团体冠军。

江嘉良以3∶1战胜了瑞典的瓦尔德内尔,获得男子单打冠军。

江嘉良和王保军在男子双打决赛中以2∶1战胜了瑞典的瓦尔德内尔和林德夺得冠军。

齐宝香和耿丽娟以2∶0战胜何智丽和田静,获得女子双打冠军。

王会元和耿丽娟以2∶1战胜波兰的格鲁巴和荷兰的夫里塞科普,获得混合双打冠军。

## 12月20日

**共青团第十一次全国代表大会在人民大会堂开幕**

胡耀邦、邓小平、陈云、邓颖超等同志参加会议。

大会执行主席高占祥主持会议。

中共中央书记处书记胡启立发表题为《殷切的期望》的祝词。

团中央第一书记王兆国接着受共青团第十届中央委员会委托,向大会作了题为《团结全国青年,向社会主义现代化光辉前程进军》的工作报告。

出席今天大会的还有:

党和国家其他领导人万里、习仲勋、王震、韦国清、乌兰夫、方毅、杨尚昆、杨得志、余秋里、宋任穷、张廷发、倪志福、秦基伟、陈慕华、邓力群、陈丕显、乔石、郝建秀、薄一波、谭震林、李维汉、王鹤寿、赛福鼎、阿沛·阿旺晋美、许德珩、胡厥文、班禅额尔德尼·确吉坚赞、朱学范、姬鹏飞、张爱萍、黄华、张劲夫;

最高人民法院院长江华,最高人民检察院检察长黄火青;

全国政协副主席刘澜涛、陆定一、王首道、庄希泉、胡子昂、何长工、萧克、程子华、杨秀峰、包尔汉、周培源、钱昌照、董其武;

中央顾问委员会常委王平、伍修权、宋时轮、陈锡联、段君毅、傅钟,中央纪律检查委员会书记王从吾、韩光;

中共中央和国务院各部门、人民解放军、各群众团体、各民主党派和中共北京市委的负责人;

在京的新中国成立以来历届团中央书记、候补书记冯文彬、蒋南翔、宋一平、区棠亮、胡克实、王宗槐、王伟、李琦涛、王照华、曾德林、张德华、李淑铮、徐惟诚、韩英;

149名团十一大列席代表。

外国驻京记者也旁听了今天的大会。

**中共中央书记处书记胡启立在共青团第十一次全国代表大会上发表题为《殷切的期望》的祝词**

同志们!

中国共产主义青年团第十一次全国代表大会今天开幕了。从团的十大到现在的四年间,在我们国家经历伟大历史转变的过程中,共青团一直作为全国青年的核心和党的亲密助手,战斗在各条战线上。青年的精神面貌,共青团的组织状况,都随着国家建设和改革的前进步伐发生着可喜的变化,共青团的活动越来越成为我国政治生活中的活跃因素。党和人民非常关怀和重视你们这次代表大会。我受党中央的委托,向大会表示热烈的祝贺!向朝气蓬勃地战斗在各条战线上的共青团员、各族青年和青少年工作者,致以亲切的问候!

3个多月以前,我们党举行了将对中国历史进程产生深远影响的第十二次全国代表大会,总结了党在伟大历史转变时期拨乱反正的丰富经验,制定了全面开创社会主义现代化建设新局面的正确纲领,在全国各族人民和青年面前展示出一幅历史新时期的壮丽画卷。刚刚胜利闭幕的五届人大五次会议,又通过了治国安邦的总章程——新的《中华人民共和国宪法》,通过了对实现二十年战略目标有重大意义的第六个五年计划。这样,我们建设现代化的、高度文明、高度民主的社会主义国家,既有了明确的奋斗目标,又有了实现这个目标的政治、思想、组织保证;既有了一条具有中国特色的社会主义建设的正确道路,又有了一套从我国实际出发的方针、政策和方法、步骤。一个经济上更加欣欣向荣、政治上更加团结进步的形势,已经呈现在我们面前。继党的十二大和五届人大五次会议之后,接着召开团的十一大来讨论共青团和青年一代面临的新形势、新任务,这是非常适时的。这表明了党热望青年在新的历史性进军中作出更大的贡献,也表明了共青团对党的事业的忠诚,决心率先奋起,来担负时代赋予青年和共青团的新的重任。

在新的历史条件下,在全国开创社会主义现代化建设新局面的进程中,我们的党和国家比以往任何时期都更加需要青年的觉悟和奋斗,更加需要青年继承和发扬党所培育的青年运动的优良传统。从1919年"五四"运动以来,在60余年的奋斗历程中,我国青年确实留下了数不胜数的、可歌可泣的英雄业绩。我国青年运动的光荣记录上铭刻着两条重要历史结论。第一条,我们党要领导革命和建设取得胜利,一定要唤起青年的觉悟,依靠青年的力量,充分发挥青年在各项事业中的先锋作用和突击作用。第二条,青年要在革命和建设中有所作为，一定要接受党的领导和马列主义的指引，紧紧地同人民站在一起，保持坚定正确的政治方向。坚定正确的政治方向，在不同的历史时期有不同的具体内容。在今天，它就是坚持社会主义道路，坚持人民民主专政，坚持党的领导，坚持马列主义、毛泽东思想。这四项基本原则，是人民意志的集中体现，是历史已经作出的选择，也是无数追求真理的青年总结各自不同的斗争经历所共同得出的科学结论。当今的青年一代，在实现全面开创新局面的伟大任务中，必须大大发扬青年运动的光荣传统，牢牢记住这个历史的结论。

对党和人民事业的坚定的科学的信念，对我们正在建设的社会主义社会和正在实践的共产主义运动的坚定的科学的信念，这是我们每个进步的中国青年不可动摇的和无限丰富的精神动力。有了它，我们的生活就有了意义，我们的胸中就充满希望和光明，我们就能够藐视和战胜前进道路上的一切困难。没有这种不朽的科学的信念，就容易受到形形色色的剥削阶级的思想侵袭，活着也会精神空虚，彷徨无主，甚至误入歧途。有了这种不朽的科学的信念，我们就思想坚定，精神饱满，在无论什么困难挫折面前永远不会动摇，对一切敌人和危险无所畏惧，只要是为了人民的利益，我们就不惜牺牲自己的一切，甚至我们的生命。这不是感情的冲动，更不是宗教的信仰。无数的革命先烈和前辈已经走过这条路，并且已经赢得了今天的伟大胜利，我们将继续高举他们手中的火炬，努力奋斗，去夺取更加伟大的胜利。

同志们！党的十二大和五届人大五次会议，已经给全国青年指明了前进的方向和道路。党提出了努力实现干部队伍的革命化、年轻化、知识化、专业化的伟大号召，这个号召就是告诉我们，在本世纪末工农业年总产值翻两番的宏伟目标能不能实现，以及在实现这个目标以后如何继续前进的巨大责任，已经在很大程度上历史地落在当代青年的身上。青年用什么态度来劳动，用什么态度来学习，以及总体来说，用什么态度来生活，将决定从现在起直到本世纪末及其以后我们伟大祖国的面貌如何的问题；将决定一个工业、农业、国防、科学技术现代化，具有高度物质文明和精神文明并且具有高度民主的伟大社会主义中国，能否在我们手中创造出来的问题。革命的前辈常常说：未来是属于青年的。这个真理从来没有像今天这样具体地、明确地摆在我国青年的面前。共青团的任务，就是团结和带领全国的青年，奋勇前进，以对祖国、对人民高度负责的精神，把这个伟大的历史责任担当起来。

毫无疑问，在这方面，我们已经付出了辛勤的努力，作出了出色的成绩。但是对于一个拥有2.5亿青年的大国来说，我们的工作显然还落后于历史的需要和现实生活的要求。全国的共青团员现在还只有4800万人，不到全国青年总人数的20%。由于我们的工作做得不够和其他社会原因，在现有的团员中，还有相当数量的人没有起到模范带头作用，缺乏应有的先进性。团员在数量和质量上的这种状况，和他们所担负的艰巨任务相比，是不相适应的。在这次团代会以后，共青团的各级组织，要在努力发展新团员的同时，大大加强团的思想建设和组织建设，使共青团组织的群众性和先进性都得到增强，让千百万合格的共青团员源源不断地涌现在全国各地区、各民族和各行各业的战斗岗位上。他们将会像充满生机和青春活力的种子一样，团结和带领全国青年，在祖国大地上到处开花结果，汇合成振兴中华的无敌力量。

共青团要完成团结教育青年的任务，必须从青年的劳动、工作、学习、生活等各方面的实际情况出发，根据青年的特点，以满腔的热情和实事求是、生动活泼的方式方法，开展团的独立活动，力争在一切思想工作和为青年服务的工作中，都收到春风化雨般的良好效果。青年朝气蓬勃，富于进取精神，但他们一般都缺乏社会生活经验和政治斗争经验，在资本主义腐朽思想和其他剥削阶级思想影响、侵蚀下，一些人往往容易上当受骗。共青团要针对青年的这些弱点，大力加强思想政治工作，引导和帮助青年树立共产主义崇高理想，正确认识和处理现实生活中的各种问题，增强抵制各种错误思想的能力。团的各级组织，都应当成为"青年之家"。团的各级干部都要成为"青年之友"。要旗帜鲜明地支持和扶植先进青年；要入情入理地帮助青年解决各种思想认识问题；对部分的后进青年要热情帮助；对少量的失足青少年也要给予真诚的关怀、帮助和开导，要尊重他们，相信他们是可以变好的，帮助他们树立生活的信心，鼓起前进的勇气，"同昨天告别"，跟上队伍前进。少先队员是祖国的花朵，是明天的共青团员，共青团组织要发扬"全团带队"的传统，切实加强对少先队工作的领导。在团结教育青少年的同时，要加强团组织的自身建设，从团中央机关到各基层组织，都要以革命化的精神进行工作。要从团的队伍中培养出一批又一批政治上可靠，思想上过硬，学习上勤奋，工作上能打开新局面的实干家。

同志们！在我们郑重地提出青年一代和共青团的历史使命的时候，我们也充分地意识到了党的领导的重大责任。关心青年的前途，重视共青团的工作，是我们党历来的优良传统。今天，当着我们党要在新老合作和交替中实现新时期总任务的关键时刻，我们希望各级党委都以共产主义者的远见卓识和对党的事业负责到底的精神，切实加强和改善党对共青团工作的领导，尤其要注意加强和改善对农村共青团工作的领导。各级党委应把整顿农村团的基层组织列为全面整党的一项要求，认真加强农村团的组织建设和思想建设。党的各级领导干部都要接近青年，了解青年，亲自做青年的思想工作，从政治上、思想上和生活上关心他们的健康成长，并尽可能帮助他们解决各种实际问题。要注意从青年中发现人才，培养人才，广开青年成才之路。要认真选派优秀的青年党员去做团的工作，及时把符合党员条件的优秀团员吸收到党内来，以充分发挥共青团的后备军作用。

关心青年和共青团的工作，不仅是全党的大事，也是全社会的大事。党和政府的各个部门，各民主党派和人民团体，一切关心祖国未来、热爱青少年的社会人士，特别是各级、各类学校的教师和各企业的思想政治工作人员，都要亲密配合，分工协作，给共青团的工作以实际支持，为青少年的健康成长创造良好的条件，为培养千百万革命事业的接班人竭尽努力。

这样，在我们伟大的社会主义祖国，青年热爱祖国，祖国培育着青年；青年热爱党，党指引着青年走向光明的未来；青年饮水思源，尊重老一辈革命家，老一辈革命家高瞻远瞩，扶植青年后来居上。我们社会生活的动人情景和新型的人与人之间的关系，将使中华民族的伟大凝聚力和创造力得到十倍百倍的加强，从而推动着社会主义现代化事业日新月异地向前发展。

全体共青团员，全国各族青年，振奋精神，努力前进！社会主义祖国的锦绣前程是属于你们的！光荣属于面向共产主义未来的青年一代！

**中共中央 国务院发出《关于征集国家能源交通重点建设基金的通知》**

通知指出，今后三年集中200亿元资金用于能源交通等重点建设，是国家的一项重大决策，是关系全局的一件大事，符合人民的根本利益和长远利益。它既是一项重要的经济任务，也是一项政治任务。

通知说，现在各地区、各部门、各单位的各项预算外资金，一年约有600多亿元，除了地方的农(牧)业税附加、中小学校学杂费收入、国营企业大修理基金、油田维护费和育林基金免予征集以外，其他各项预算外资金，一律按当年实际收入数征集10%，上交中央财政安排使用。广东、福建两省和部队也要按规定征集。这样做，征集面宽一些，征集率低一些，大家都负担一点，数目不大，既可以保持政策的稳定性，又可以保护各方面的积极性。而从全国来说，把分散的资金集中一部分上来，集腋成裘，国家就能够办成几件大事。

通知特别强调，征集国家能源交通重点建设基金，必须按政策办事，坚持依率计征，不得擅自提高或降低。各单位要树立全局观念，提高思想认识和执行政策的自觉性。要遵守财经纪律，如实向征收机关报告情况，及时足额地交纳基金，不得弄虚作假，隐瞒收入。要把交纳能源交通建设基金，看作是自己对开创社会主义现代化建设新局面应当履行的光荣义务和对国家应有的贡献。各级人民政府要加强领导，保证完成征集任务。

**全国工商税收超额完成年计划**

据财政部税务总局统计，到12月20止，全国工商税收入已达580.4亿元，比去年同期增长10.6%，提前11天超额1.5%完成年度计划。

**国务委员兼外经贸部部长陈慕华在北京同朝鲜贸易部部长崔鼎根率领的朝鲜政府贸易代表团举行会谈**

**全国棋类比赛在成都结束**

河北李来群、北京谢思明分获中国象棋男、女冠军，北京刘文哲、四川赵兰分获国际象棋男、女冠军。

## 12月21日

**中共中央总书记胡耀邦在中南海会见美国退休海军上将海曼·里科弗**

**《人民日报》发表评论员文章《振兴经济的一项重大措施》**

为了把经济建设搞上去，必须解决好建设资金问题。当前，在资金分配上必须采取必要的集中措施，把分散的、闲置的资金用在国家最急需的方面，主要是用在加快能源、交通等重点建设方面。

现在有一个十分值得注意的现象，一方面，国家急需进行的重点建设缺乏资金；另一方面，企业自有资金和预算外资金近年来增加较多，其数量已相当于国家预算总收入的一半以下。因此，采取适当的措施集中资金，不仅是必要的，也是可能的。中央作出关于集中必要的资金，保证能源、交通等重点建设的决策，作为振兴经济的一项重大措施，是完全正确的。

集中资金，要从思想上解决好局部利益服从全局利益的问题。首先要求经济工作人员，特别是领导人员提高自觉性，牢固地树立“全国一盘棋”的思想。陈云同志说：“我们搞财经工作的同志，很容易陷于局部观点和本位主义之中，把某些重要问题忽略过去。”他还提醒我们：“要把自己的工作放在全国大范围上来看，如果发现自己的做法与全国的任务不相符，应该立刻觉悟，立刻纠正。”近两年来，国家初步进行了经济管理和企业管理体制的一些改革,扩大了地方、部门、企业的权力和机动财力,这是完全必要的。今后,地方、部门和企业应当在国家统一政策、统一计划范围内,继续行使正当的自主权,争取在挖掘潜力、提高经济效益的基础上,得到更多的合法利益,同时向国家多做贡献。我们决不能只顾局部利益,不顾大局,更不能弄虚作假,挖国家的收入。现在中央决定向一切国营企业、事业单位、机关团体、军队和地方政府征集能源、交通重点建设基金,是个经济问题,也是一个政治问题。这是因为国家筹资的目的,是为今后的经济振兴和实现"两个倍增"计划打基础,是事关大局的一个光荣任务,全国上下都要顾全这个大局,为此作出贡献。

当然,我们既要改变资金分散的状况,适当集中一部分资金,同时要照顾到地方和企业的需要,充分发挥其积极性,使他们有一定的机动财力,去办那些适宜于地方和企业举办的事情,特别是要保证现有企业技术改造的资金。这项工作涉及多少万个单位,政策性很强,一定要严格按照国家的有关规定办事。总之,在财政资金问题上,我们要力争做到聚之合理,分之适度,既能保证国家急需进行的重点建设,又能把各个方面的积极性调动起来。

**全国原煤生产完成全年计划**

据《人民日报》报道,到12月21日为止,全国煤矿已生产原煤6.25亿吨,提前10天完成了今年的国家计划。洗精煤产量和开拓掘进进尺也都分别提前22天和35天完成了计划。9项技术经济指标都创造了历史最好水平。

**全国民航计划会议在北京举行**

会议提供的材料表明:十一届三中全会以来我国民航事业蓬勃发展,航空运输量四年翻了一番多。

现在,民航的国内航线已有173条,通航里程21万多公里,有86个城市通了航班;国际航线已有20条,通航里程为19万多公里,可飞往世界上18个国家和地区的22个城市。近三年多来,航空运输量持续大幅度增长,今年预计完成6.3亿吨公里,与1978年的2.98亿吨公里相比,四年翻了一番多。今年的航空运输总周转量在运力没有增加的情况下,比去年增加近1亿吨公里。专业航空也取得了较大的进展。

**中国和安提瓜和巴布达决定建立大使级外交关系**

双方签署的建交联合公报全文如下:

中华人民共和国政府和安提瓜和巴布达政府,确认各国不分大小均有权切实参加国际事务的决策过程,并根据两国的利益,决定自1983年1月1日起建立大使级外交关系。

两国政府同意,在相互尊重主权和领土完整、互不侵犯、互不干涉内政、平等互利和和平共处的原则基础上,发展两国之间的友好合作关系。

中华人民共和国政府支持安提瓜和巴布达政府维护安提瓜和巴布达的独立和主权的正义事业以及发展国民经济的努力。

安提瓜和巴布达政府承认中华人民共和国政府是中国的唯一合法政府,台湾是中华人民共和国领土不可分割的一部分。

两国政府商定,在平等互利的基础上,根据国际惯例,互相为对方的外交代表履行职务提供协助。

| | |
|---|---|
| 中华人民共和国 | 安提瓜和巴布达 |
| 常驻联合国代表 | 常驻联合国代表 |
| 特命全权大使 | 特命全权大使 |
| 凌　青 | 劳埃德斯通·雅各布斯 |

1982年12月21日于纽约

**中国第一座太阳塔在南京紫金山南麓建成**

这座太阳塔是目前世界上20多座较大的太阳塔之一。专家鉴定,这座太阳塔的各项主要指标都已经达到或超过了设计要求。

## 12月22日

**国务院发出《关于成立上海经济区和山西能源基地规划办公室的通知》**

**中宣部等23个单位发出《关于1983年元旦、春节前后继续深入开展"五讲四美"活动的通知》**

通知指出,"五讲四美"活动是社会主义精神文明建设的重要组成部分,一年必须抓几次。当前,在争取逐步实现社会风气的根本好转中,有几件事情是群众迫切要求改变的。一是干涉婚姻自由,包办子女婚事,借婚姻索取财物,结婚铺张浪费等现象仍然存在;二是溺弃女婴,虐待、摧残生女孩子的妇女等不法行为在一些地区比较严重;三是有些地区占卜求神,相面算命,求仙讨"药",驱鬼治病,祈雨消灾,搞封建迷信活动;四是聚众赌博,设赌抽头。此外,少数地方还存在歧视社会孤寡老人、虐待父母的现象。因此,通知要求各地针对这些情况开展"四提倡、四反对"的宣传教育,以刹住歪风邪气,发扬社会主义新风。

**《宪法学概论》出版**

由肖蔚云、魏定仁、宝音胡日雅克琪编著的《宪法学概论》,已由北京大学出版社出版。该书力求用比较丰富的资料，阐明宪法学的基本原理和基础知识，内容以中国宪法学为主，兼论外国的宪法学，是一部既适于作政法院系宪法学教材，又适于广大干部特别是政法干部学习用的宪法学著作。

## 12月23日

**《人民日报》发表萧华的文章《促进社会文明的伟大力量》**

五届人大五次会议通过的新宪法，科学地总结了我国社会主义发展的历史经验，集中了党的十一届三中全会以来拨乱反正的伟大成果，表达了全国各族人民的共同意志和根本利益，是建国以来最完备、最合乎我国国情的一部宪法。新宪法不仅吸取了1954年宪法的优点，博采世界宪法所长，而且集中我国各族人民长期奋斗的成果，做了许多重要的修改和补充，在建设高度社会主义物质文明的同时，努力建设高度精神文明的一系列条目，就是这次修改宪法的重要进展之一。因此，认真遵守宪法，不仅关系到我们国家的长治久安，也是促进社会文明的伟大力量。

一、宪法在社会文明建设中具有积极的指导作用

宪法是国家的根本大法，是全国人民政治生活的基本准则，是治国安邦的总章程，它不仅具有法律效力，而且对全体公民具有极其重要的指导作用。在新宪法中，精神文明建设的内容极为充实完备。认真学习并全面实施新宪法，必然会全面促进精神文明活动的开展。分析一下宪法的内容，我们就会更清楚地看出这个问题。

首先，新宪法把教育、科学、卫生体育、文化的内容都做了充实，而且把许多原则和要求都写进了有关条文。如国家发展社会主义的教育事业，提高全国人民的科学文化水平；国家举办各种学校，普及初等义务教育，发展中等教育、职业教育和高等教育，并且发展学前教育；国家发展各种教育设施，扫除文盲，对工人、农民、国家工作人员和其他劳动者进行政治、文化、科学、技术、业务的教育，鼓励自学成才。发展教育不仅要靠正规学校，而且要靠各种形式的业余教育。国家鼓励集体经济组织、国家企业事业组织和其他社会力量依照法律规定举办各种教育事业。科学技术现代化是四个现代化的关键，国家发展自然科学和社会科学事业，普及科学和技术知识，奖励科学研究成果和技术发明创造等，从原则到要求，从意义到方法，都规定得十分具体。全国人民认真学习贯彻这些条文，必将进一步明确发展科学文化和教育的重要意义，掌握发展这些事业的科学方法和原则，促进科学、教育、文化事业的发展。

在精神文明的思想建设方面，新宪法同样作了详细具体的规定，如："国家通过普及理想教育、道德教育、文化教育、纪律和法制教育，通过在城乡不同范围的群众中制定和执行各种守则、公约，加强社会主义精神文明的建设。""国家提倡爱祖国、爱人民、爱劳动、爱科学、爱社会主义的公德。"提出共产主义思想是社会主义精神文明的核心，要在人民中进行共产主义思想的教育等等。新宪法这些条文的实施，既会提高各级政府机关抓好共产主义思想教育的自觉性，也会提高广大人民群众努力培养共产主义风尚的自觉性。今年，在全国广泛进行的修改宪法讨论的实践，就生动地说明了这个问题。这次在全国人民中讨论宪法修改草案，是一次全民性的学习，不少群众对照宪法条文，检查自己的思想，较好地提高了共产主义觉悟。个人利益服从集体利益，毫不利己专门利人的高尚风格进一步得到了发扬。今年，我们部队的老战士退伍时，自动提出了"文明退伍"的口号。他们离开部队后，仍然守纪律、讲团结，沿途扶老携幼，为群众端茶倒水，清扫车站、旅馆，受到了人民群众的热情赞扬。这些事实生动地说明，一部好的宪法就是一部好的教材，好的宣言书，可以教育人民自觉遵守社会公德，启迪人民群众的共产主义思想觉悟。

二、宪法能够帮助人民形成文明的习惯和风气

宪法是公民生活和行动的基本准则，把精神文明的内容写进宪法，敦促每一个公民经常对照宪法的条文检查自己的行动，日深月久，潜移默化，就可以使精神文明的内容在全体公民中形成习惯和风气。战争年代，我军开创井冈山革命根据地不久，就规定了三大纪律六项注意，后来又发展成为八项注意，从总司令到每一个士兵，人人都按照这些要求约束自己，自觉抵制旧军队作风和非无产阶级思想的侵蚀，逐步养成了守纪律、讲文明的习惯，成为我军的优良传统。几十年来，我军没有一个战士不懂三大纪律八项注意，我军的纪律和文明行为闻名世界。而宪法具有比纪律更庄严的形式、更权威的号召力。执行宪法中有关精神文明的条文，对养成人民的文明习惯和作风，必然起到更积极的作用。建国初期的共同纲领和1954年的宪法中曾规定了公民有爱祖国，爱人民，爱科学，爱护公共财物，遵守劳动纪律，遵守公共秩序和道德等内容，一度使我国人民形成了"五爱"的风气和传统。50年代和60年代初期，从工矿、企业、农村的工人、农民，到入学不久的小学生，都知道这"五爱"的内容，具有"五爱"的文明行为。可惜，这种好风气在十年内乱中被破坏了。近几年开展的精神文明活动和全民修改宪法的讨论，虽然时间不长，但各种共产主义的风尚、习惯都有了很大的恢复和发扬。

我们部队有个山丹军马场，担负着繁重的军农生产任务。前几年，庄稼收下来，附近有些群众在个别干部的支持下，推着车子扛上麻袋去强收，军马场年年损失很大。今年，社会主义精神文明活动的开展和宪法草案的修改讨论，极大地提高了群众的思想觉悟，“五爱”思想作为一种社会风气正在形成。秋收时节，不但再没有人去抢油菜籽，还有许多群众在地方政府的组织下，主动来军马场帮助部队收、刈、翻晒和看护。这说明，只要我们动员人民遵守新宪法，严格按宪法条文办事，我们就能树立起新的社会道德风尚。

三、宪法在建设社会主义精神文明中具有法律的约束力

宪法是公民行动的法规和依据，它规定的公民的义务具有法律强制的性质。把精神文明建设在国家大法中规定下来，具有重大的现实意义和深远的历史意义。它表明：社会主义精神文明的某些道德规范，是公民必须履行的法律义务，每个公民都应坚决遵守。这就从法制的角度保证了精神文明建设的顺利进行。当然，我们提倡共产主义的思想作风，主要是教育公民提高思想认识，提高作为国家主人翁的责任感。但是思想教育、社会舆论、道德要求和法律规定要相辅相成，相互结合。有许多东西必须采取一定的强制手段才能得到贯彻。如宪法规定：“反对资本主义的、封建主义的和其他的腐朽思想。”这就给思想战线提出了庄严的任务，对于严重沾染这些思想的人要帮助教育，必要时还应给予法纪制裁。再如有关公民的义务和权利的规定，在某些情况下，也必须采取一定的限制手段和约束力才能得到贯彻执行，否则就很难保障公民的权利不受侵犯。马克思说过：“没有无义务的权利，也没有无权利的义务。”义务和权利是对立的统一，无限制的绝对自由是没有的。在任何国家里，自由都只是在宪法和法律范围内的自由，都要受宪法和法律的限制。法国启蒙思想家孟德斯鸠曾说过，“政治自由，并不是愿意做什么就做什么”，“自由是做法律所许可的一切事情的权利；如果一个公民能够做法律所禁止的事情，他就不再有自由了，因为其他的人也同样会有这个权利”。我们要建立的是具有高度民主和健全法制的社会主义国家，所以新宪法规定公民维护自己的权利和尊重他人的权利不可分离。在维护自身权利的同时要维护国家、社会和集体的利益，尊重他人的自由和权利，遵守宪法、法律、纪律和公共道德秩序，维护祖国的安全、荣誉和利益。超越了这些，就要受到法律的制约。通过法律的约束力，促使每个公民按照社会主义、集体主义原则建立同社会主义制度相适应的权利义务观念和组织纪律观念，养成社会主义的公民意识，就能促进精神文明建设的深入发展。

四、部队要做遵守新宪法、建设社会主义精神文明的模范

人民解放军是在党的绝对领导下的人民军队。我们这支军队有铁的纪律，有遵纪守法的光荣传统。在漫长的革命斗争中，正是由于我军坚决贯彻执行党的指示，严格遵守党和政府的法律法令，我们的军队才成了“文明之师”。在雄伟的井冈山，在二万五千里长征中，在革命圣地延安，我们开创了一代新风，建立了新型的人与人之间的关系。大家有着共同的理想，共同的信念，无论条件多么艰苦，环境多么复杂，战争多么残酷，仍能英勇顽强，前仆后继，艰苦奋战而不溃散。这就是最纯洁的心灵美，是我军在艰苦卓绝的战争年代能够从胜利走向胜利的力量源泉。新宪法丰富和充实了精神文明建设的内容，开辟了社会主义精神文明建设的广阔前景。我们一定要认真学习新宪法，带头贯彻执行新宪法，做遵守宪法的模范、建设社会主义精神文明的光荣标兵，培养有理想、有道德、有文化、守纪律的一代共产主义新人，把部队的革命化、现代化、正规化建设推向一个新的阶段。

**中国民航工业航空服务公司在山西太原成立**

**全国最大的现代化全光温室在大庆建成**

这座温室生产面积90亩，年产蔬菜150万斤。其成套设备是从保加利亚引进的，有自动供暖、通风、灌溉（施肥）、土壤消毒、温度调节等装置，室外气温在零下33摄氏度条件下，作物仍能在温室内生长，耕作、管理全部使用机械。

**中联部部长乔石在北京会见法国的马克思列宁主义共产党中央代表团**

**国务委员姬鹏飞在北京分别会见瑞士新任驻中国大使汉斯·穆勒和中非共和国驻中国大使奥古斯特·姆博埃**

**东方歌舞团庆祝建团20周年**

东方歌舞团团长王昆在叙述建团二十年的历程时说，我们通过中国民族民间歌舞的形式，表现生活，给群众以美的享受，帮助人们认识中国悠久的历史和丰富的文化。我们还出访了30多个国家和地区，与亚非拉人民增进了友谊。

万里、周扬、朱穆之在会上讲话，勉励东方歌舞团全体同志发扬爱国主义、国际主义精神，为建设社会主义精神文明和加强国际文化交流作出新的成绩。

参加纪念活动的还有邓颖超、王震、乌兰夫、廖承

志、邓力群、贺敬之、周巍峙、吕志先、赵起扬、王炳南、韩念龙等。

**《中国革命根据地货币》出版**

中国人民银行总行金融研究所和财政部财政科学研究所合编的《中国革命根据地货币》已由国家文物出版社出版。此书汇集了我国新民主主义革命时期(自1927年1月至1949年10月)各革命根据地银行和有关经济部门发行的货币1000多种,银行股票10多种,公债券40多种,等等。

**杨廷宝逝世**

我国著名建筑学家杨廷宝教授12月23日在南京病逝,终年81岁。

杨廷宝20年代在美国学建筑,受到过严格的西方古典建筑学的训练和教育。后来,他对我国古典建筑和民间建筑又有很深的研究。

杨廷宝教授长期担任南京工学院副院长。他在国内外建筑学界享有很高的声望,生前为中国建筑学会理事长,并曾连任两届国际建筑师协会副主席。杨廷宝的卓越贡献受到党和国家的重视。他被选为历届全国人民代表大会代表,中国科学院学部委员。1979年还当选为江苏省副省长。

## 12月24日

**《人民日报》发表社论《人人学习宪法 人人掌握宪法》**

五届人大五次会议通过的宪法,工人满意,农民满意,知识分子满意,各界人士包括海外侨胞都感到满意。

新宪法是新中国成立以来最好的一部宪法。它是中国各族人民在中国共产党的领导下,几十年艰苦奋斗的成果;是党的十一届三中全会以来坚决拨乱反正,彻底消除"左"倾思想的成果。没有"文化大革命",我们写不出这样一部宪法。没有十一届三中全会,我们更写不出这样一部宪法。新宪法是在总结中华人民共和国30多年历史的基础上制定的。作为一部根本大法,中华人民共和国的每一个公民,都应当十分珍惜,切实遵守。

制定新宪法不容易,把新宪法全部付诸实施更不容易。这是人民自己的宪法,只有把宪法交到人民手中,由人民掌握,才能保证它的实施。为此,人民首先要学习宪法,以便了解自己的宪法,熟悉自己的宪法。应当承认,由于历史的原因,我国人民比较缺乏民主的习惯,也不大重视法制。我国经历过漫长的封建时期。封建时代的所有的法和律,从《法经》、秦律、汉律……直到清律,都是"法自君出",旨在"治民"。封建社会的法,是地主阶级压榨和统治人民的工具。人民自然把法视为异己的力量,不断发动反对封建法律的斗争。我国民主革命的先行者孙中山先生终生奋斗,致力三民主义、五权宪法,强调"宪法之所以能有效力,全恃民众之拥护"。但他的愿望没有、也不可能实现。后来国民党政府的《六法全书》,完全是镇压人民的工具。他们的法统与法制理所当然地受到人民的反对。新中国成立后,人民群众成为国家的主人,需要建立自己的法治。1954年制定的第一部宪法,虽然发挥过很好的作用,但是"文化大革命"一来,它就成了一张废纸。传统的习惯和历史的曲折,可能使一些人至今对宪法不大关心,甚至把宪法视为与己无关的官样文书。这当然是不正确的。我们每一个公民都要通过学习宪法,了解它的基本内容,它同治国安邦、实现"四化"的关系,同实现人民当家做主的关系,把自己的命运和宪法密切联系起来,从而增强国家主人翁的责任感,增强法制观念,提高遵守宪法和维护宪法的自觉性。

学习宪法,是为了掌握宪法。掌握宪法,包括两层意思。一是自己要严格遵守宪法,一切按宪法行事,在充分行使自由和权利的同时,切实地、不折不扣地履行公民的各项义务。二是用宪法把自己武装起来,同一切违反宪法的人和事作斗争。1954年刘少奇同志在关于我国第一部宪法的报告中就指出:"在宪法公布以后,违反宪法规定的现象并不会自行消灭,但是宪法给了我们一个有力的武器,使我们能够有效地为消灭这些现象而斗争。"维护宪法的尊严,保证宪法的实施,人人有责。在宪法面前,我国十亿人,没有一个不受监督;除了被剥夺政治权利的以外,也没有一个不监督人。我们决不允许任何人违背宪法,决不允许有破坏宪法而不受惩罚的"特殊公民"。我们要学会并善于运用宪法这个武器,同侵犯公民权利的现象作斗争,同一切违反和破坏宪法的现象作斗争。每个干部处理自己职权范围内的事情,每个公民处理自己和别人的矛盾,也要严格遵守宪法和法律,而不能采取违背宪法和法律的办法。

经历了十年内乱的中国各族人民,饱尝"无法无天"之苦。现在,我们已经制定了一部好宪法。人人掌握宪法,运用宪法赋予的当家做主的权利,就能掌握自己的命运,掌握国家的命运。这样,我们的国家一定能长治久安,我们的人民一定能安居乐业,我们的社会主义事业一定能兴旺发达。

**共青团第十一次全国代表大会在人民大会堂举行全体会议**

大会由执行主席、团中央书记处书记李海峰主持。

会议一致通过了关于第十届中央委员会工作报告的决议。会议号召全体共青团员、广大团干部和全国各族青年，紧密团结在党中央的周围，站在社会主义现代化建设的前列，英勇劳动，勤奋学习，开创新风，努力使自己成为有理想、有道德、有文化、守纪律的接班人，为伟大祖国的繁荣、富强和统一贡献力量。

大会还通过了新的中国共产主义青年团章程。

大会上，国家计委副主任房维中向代表们作了题为《我国经济建设的新格局》的报告。

**中国共产主义青年团章程**

(中国共产主义青年团第十一次全国代表大会1982年12月24日通过)

**总　则**

中国共产主义青年团是中国共产党领导的先进青年的群众组织，是广大青年在实践中学习共产主义的学校，是中国共产党的助手和后备军。

中国共产主义青年团坚决拥护中国共产党的纲领，坚持以马克思列宁主义、毛泽东思想为行动指南，坚持社会主义道路，维护人民民主专政，团结全国各族青年，为逐步实现工业、农业、国防和科学技术现代化，把我国建设成为高度文明、高度民主的社会主义国家，为最终实现共产主义的社会制度而奋斗。

中国共产主义青年团是在中国共产党以及毛泽东同志等老一辈无产阶级革命家的关怀下发展壮大的，始终站在革命斗争的前列，为党输送了大批无产阶级优秀战士，有着光荣的历史。共青团要继续革命前辈开创的事业，发扬优良的传统和作风。

中国共产主义青年团的基本任务是以共产主义精神教育青年，帮助青年用马克思列宁主义、毛泽东思想和现代科学文化知识武装自己，引导青年在社会主义现代化建设的实践中，锻炼成为有理想、有道德、有文化、守纪律的共产主义事业的接班人。

中国共产主义青年团必须加强思想政治工作，经常对青年进行马克思主义基本原理教育、理想教育、道德教育、纪律教育和革命传统教育，帮助他们逐步树立共产主义世界观，抵制和克服资本主义腐朽思想、封建主义残余思想和其他非无产阶级思想的影响，带领青年做建设社会主义物质文明和精神文明的英勇突击队。

中国共产主义青年团要充分发挥党联系青年的桥梁作用，在维护国家和人民利益的同时维护青年的权益，围绕党的中心任务，开展适合青年特点的独立活动，关心青年的全面成长，帮助青年努力做到身体好，学习好，工做好。

中国共产主义青年团的组织原则是民主集中制。在团的生活中，要充分发扬民主，切实保障团员的民主权利，反对任何压制民主的行为；要教育团员和团的干部自觉地遵守团的纪律，执行团的决议，开展批评和自我批评，反对自由主义和无政府主义。

中国共产主义青年团高举爱国主义旗帜，坚决维护和发展全国各族青年之间的友爱团结，加强同台湾青年同胞、港澳青年同胞和国外青年侨胞的团结，共同促进社会主义祖国的繁荣、富强和统一。

中国共产主义青年团坚持无产阶级国际主义，加强同世界各国共产主义青年组织以及一切爱好和平、主持正义的青年组织的团结，支持全世界被压迫民族、被压迫人民和青年的正义斗争，共同反对帝国主义、霸权主义、殖民主义，维护世界和平，促进人类进步。

中国共产主义青年团中央委员会受党中央委员会领导，团的地方组织受同级党的委员会领导，同时受团的上级组织领导。

**第一章　团　员**

第一条　年龄在十四周岁以上，二十八周岁以下的中国青年，承认团的章程，愿意参加团的一个组织并在其中积极工作、执行团的决议和按期交纳团费的，可以申请加入中国共产主义青年团。

团员年满二十八周岁，如果没有担任团内职务，应该办理离团手续。

团员加入共产党在转为正式党员以后，如果没有在团内担任工作，就不再保留团籍。

第二条　团员必须履行下列义务：

(一)努力学习马克思列宁主义、毛泽东思想，学习科学、文化和业务。

(二)宣传、执行党的路线、方针和政策，积极完成团组织交给的任务，在学习、劳动、工作及其他社会活动中起模范作用。

(三)自觉遵守团的纪律和国家的法律，发扬共产主义道德风尚，维护国家和人民的利益，热情支持好人好事，勇于同坏人坏事作斗争。

(四)保持革命警惕，积极履行保卫祖国的职责。

(五)密切联系群众，虚心向群众学习，热心帮助青年进步，及时反映青年的意见和要求。

(六)开展批评和自我批评，坚持真理，修正错误。

第三条　团员享有下列权利：

(一)在团内有选举权、被选举权和表决权。

(二)在团的会议和团的报刊上，参加关于团的工作和青年关心的问题的讨论。

(三)监督、批评团的领导机关和团的工作人员。

(四)对团的决议如有不同意见，在坚决执行的前提下，可以保留，并且可以向团的上级组织提出。

(五)参加团的组织讨论对自己的处分的会议，并且可以申辩。

（六）向团的任何一级组织直至中央委员会提出建议、声明、申诉和控告，并要求有关组织给以负责的答复。

团员应严肃地行使自己的权利，团的任何一级组织或个人都无权剥夺团员的权利。

第四条　接收团员必须严格履行下列手续：

（一）申请入团的青年应有团员二人介绍。

（二）介绍人应负责地向被介绍人说明团章，向团的组织说明被介绍人的思想、表现和经历。

（三）要求入团的青年要向支部委员会提出申请，填写入团志愿书，经支部大会讨论通过和上级委员会批准，才能成为团员。被批准入团的青年从支部大会通过之日起取得团籍。

第五条　新团员必须在团旗下进行入团宣誓。誓词如下：我志愿加入中国共产主义青年团，坚决拥护中国共产党的领导，遵守团的章程，执行团的决议，履行团员义务，严守团的纪律，勤奋学习，积极工作，吃苦在前，享受在后，为共产主义事业而奋斗。

第六条　团员由一个基层组织转移到另一个基层组织，必须及时转移组织关系。

第七条　对于模范履行团员义务、在建设祖国和保卫祖国的事业中有显著成绩的团员，团的组织应当给以奖励。

奖励分为：记光荣簿，通报表扬，授予荣誉称号。

第八条　对于不执行团的决议、违反团章的团员，团的组织应当本着惩前毖后、治病救人的精神，进行批评和帮助，情节严重的，给以纪律处分。

处分分为：警告，严重警告，撤销团内职务，留团察看，开除团籍。

留团察看的时间为六个月或一年。团员在留团察看期间没有选举权、被选举权和表决权，不得作青年入团的介绍人。留团察看期满，改正了错误的，应当及时恢复其团员的权利；坚持错误不改的，应当开除团籍。

第九条　对团员的纪律处分，必须经过支部大会讨论通过，报上级委员会批准。

对团员给以开除团籍的处分，必须经县或相当于县一级的委员会批准。

第十条　团的组织对团员作出处分决定，必须严肃慎重，实事求是。支部大会在讨论决定对团员的处分时，除特殊情况外，应当吸收本人参加，认真听取他的意见。决定后如果本人不服，可以提出申诉，有关团组织必须负责处理或者迅速转递，不得扣压。

第十一条　团员有退团的自由。团员要求退团应向支部委员会递交书面报告，由支部大会通过，宣布除名，并报上级委员会备案。

团员没有正当理由，连续六个月不交纳团费、不过团的组织生活，或连续六个月不做团组织分配的工作，均被认为是自行脱团。团员自行脱团，应由支部大会决定除名，并报上级委员会批准。

**第二章　团的组织制度**

第十二条　中国共产主义青年团是按照民主集中制组织起来的统一整体。团的民主集中制的基本原则是：

（一）团员个人服从组织，少数服从多数，下级组织服从上级组织。

（二）团的全国领导机关，是团的全国代表大会和它产生的中央委员会。地方各级团的领导机关，是同级团的代表大会和它产生的团的委员会。

（三）团的各级领导机关，除它们派出的代表机关外，都由选举产生。

（四）团的各级委员会定期向代表大会或团员大会报告工作。

（五）团的各级领导机关应当经常听取并认真处理下级组织和团员的意见；团的下级组织必须向上级组织如实地反映情况，及时请示、报告工作。

（六）团的各级委员会实行集体领导和个人分工负责相结合的制度。

第十三条　团的各级委员会可以根据工作需要，设立适当的工作部门。团的县级和县级以上各级委员会可以派出代表机关。

在团的各级代表大会闭会期间，同级党的组织和上级团的组织认为有必要时，经过共同研究，可以调动或指派团组织的负责人。

第十四条　团的各级代表大会的代表和委员会的产生，要体现选举人的意志。选举采用无记名投票的方式。候选人名单要充分酝酿讨论。可以经过预选产生候选人名单，然后进行正式选举。也可以不经过预选，采用候选人数多于应选人数的办法进行选举。选举人有了解候选人情况、要求改变候选人、不选任何一个候选人和另选他人的权利。任何组织和个人不得以任何方式强迫选举人选举或不选举某个人。

第十五条　团的中央和省、自治区、直辖市委员会，在两次代表大会之间，认为有必要时可以召集代表会议，讨论和决定需要由代表大会解决的某些重大问题。代表会议代表的名额和产生办法，由召集代表会议的委员会决定。

第十六条　有关全团性的工作，应当由中央委员会作出决定，统一部署。

各级团组织的报刊和其他宣传工具，必须宣传党的路线、方针和政策，宣传团的上级组织和本级组织的决议与工作任务，反映青年的意见和要求。

**第三章 团的中央组织**

第十七条 团的全国代表大会每五年举行一次,由中央委员会召集。在特殊情况下,可以提前或延期举行。

第十八条 全国代表大会的职权是:

(一)审查和批准中央委员会的工作报告;

(二)讨论和决定全团的工作方针和任务;

(三)修改团的章程;

(四)选举中央委员会。

在全国代表大会闭会期间,中央委员会执行全国代表大会的决议,领导团的全部工作。

第十九条 团的中央委员会全体会议选举常务委员若干人,组成常务委员会;选举第一书记一人和书记若干人,组成书记处。在中央委员会全体会议闭会期间,常务委员会和书记处行使中央委员会的职权。

中央委员会全体会议每年召开一次。

**第四章 团的地方和军队中的组织**

第二十条 团的省、自治区、直辖市代表大会每五年举行一次。

团的自治州、县(旗)、自治县、市、市辖区代表大会每三年举行一次。

团的地方各级代表大会由同级团的委员会召集。在特殊情况下,可以提前或延期举行。

第二十一条 团的地方各级代表大会的职权是:

(一)审查和批准同级委员会的工作报告;

(二)讨论和决定本地区团的工作任务;

(三)选举同级委员会;

(四)选举出席上一级团的代表大会的代表。

团的地方各级委员会在代表大会闭会期间,执行上级团组织的指示和同级团的代表大会的决议,领导本地方团的工作,定期向上级团的委员会报告工作。

第二十二条 团的地方各级委员会全体会议选举各该级委员会的常务委员会和书记、副书记。团的地方各级委员会全体会议每年至少召开一次。在委员会全体会议闭会期间,由常务委员会行使委员会的职权。

团的地方各级委员会的组成,必须经同级党的委员会和上级团的委员会批准。

第二十三条 中国人民解放军中团的工作,是军队政治工作的一个重要组成部分。军队中的团的组织在党委员会和政治机关的领导下,根据团中央委员会和中国人民解放军总政治部的规定和指示进行工作。

**第五章 团的基层组织**

第二十四条 工厂、商店、学校、机关、街道、人民公社、合作社、农场、乡、镇、人民解放军连队和其他基层单位,根据工作需要和团员人数,经上级团的委员会批准,建立团的基层组织。

(一)团员在三人以上的单位可以建立支部。

(二)团员在五十人以上的单位,可以建立总支部。如果工作需要,团员在三十人以上的单位也可以建立总支部。

(三)团员在二百人以上的单位,可以建立基层委员会。如果工作需要,团员在一百人以上的单位也可以建立基层委员会。

在基层委员会、总支部下建立支部。如果工作需要,在基层委员会下也可以建立总支部。在一个支部内可以分若干个小组。

团的支部委员会、总支部委员会由团员大会选举产生,每届任期一年。基层委员会由团员大会或代表大会选举产生,每届任期两年。

第二十五条 团的基层组织是团的工作和活动的基本单位,应该充分发挥团结教育青年的核心作用。它的任务是:

(一)组织团员和青年学习马克思列宁主义、毛泽东思想,学习党的路线、方针和政策,学习科学、文化和业务。

(二)宣传、执行党和团组织的指示和决议,充分发挥团员的模范作用,团结、带领青年努力完成党交给的任务。

(三)教育团员和青年向老一辈无产阶级革命家学习,继承党的优良传统,发扬共产主义精神,树立新的风尚。

(四)教育和带领青年坚持走社会主义道路,同一切危害国家和集体利益的不良倾向,以及国内外敌人的破坏活动进行坚决的斗争。

(五)了解和反映团员与青年的思想、要求,维护他们的权益,关心他们的学习、工作、生活和休息,开展文化、娱乐、体育活动。

(六)接收团员,收缴团费,办理超龄团员的离团手续,表彰先进,执行团的纪律,推荐优秀团员做党的发展对象。

(七)对团员进行教育和管理,健全团的组织生活,开展批评和自我批评,监督团员切实履行义务,保障团员的权利不受侵犯。

**第六章 团的干部**

第二十六条 团的干部是团的工作的骨干。共青团要按照德才兼备的原则,大胆选拔年轻干部,保持团干部队伍年轻化的优势,努力实现团干部队伍的革命化、知识化和专业化,在"保留骨干,以资熟手"的同时,不断为党和国家输送年轻干部。

第二十七条 团的各级领导干部要做团员和青年的表率,模范地履行团员的各项义务,努力做到:

(一)政治上要坚强。忠实执行党的路线、方针和政策,有为社会主义现代化建设献身的精神,敢于同各种错误思想和歪风邪气作斗争。

(二)学习要刻苦。带头学习政治、文化、科学技术和专业知识,不断提高马克思主义理论水平和工作能力。

(三)工作要勤奋。有强烈的革命事业心和责任感,勤于思考,勇于创新,自己动手,多干实事,知难而进,积极主动地在青年中开展工作。

(四)作风要扎实。朝气蓬勃,实事求是,敢想敢干,讲究实效,深入基层,调查研究,经常同青年谈心,做青年的知心朋友,不沾染官僚习气。

(五)品德要高尚。克己奉公,助人为乐,团结同志,公道正派,诚实谦虚,有自我批评精神。

第二十八条　团的各级组织负有协助党管理团干部的责任。必须加强对团干部的选拔、培养和训练,建立正规的培训制度,办好各级团校和训练班;建立和健全团干部的考核制度;主动向党委和上级团委提出团干部的任免、调动的建议。

团的各级组织要关心团干部的工作、学习和生活,努力帮助他们解决实际问题。

对工作有显著成绩的团干部,团的组织应当给以表扬和奖励。

第二十九条　按照党章规定参加党的会议的团干部,要认真领会党委意图,主动汇报团的工作,负责地发表意见,积极完成党委交给的任务。

**第七章　团同少年先锋队的关系**

第三十条　中国少年先锋队是中国少年儿童的群众组织,是学习共产主义的学校,是建设社会主义和共产主义的预备队。中国共产主义青年团受中国共产党的委托领导中国少年先锋队的工作。共青团要发扬"全团带队"的传统,全面关心少年儿童的成长,坚持以共产主义精神教育少年儿童,引导他们听党的话,好好学习,天天向上,做共产主义事业的接班人。

第三十一条　团的组织选派优秀团员或者聘请思想进步、作风正派、热爱少年儿童的教师、先进人物以及其他人员,担任少年先锋队的辅导员,并从思想上、工作上、生活上关心他们,帮助他们不断提高政治和业务水平。对有显著成绩的辅导员,应当给以表扬和奖励。

**第八章　团旗、团徽**

第三十二条　中国共产主义青年团团旗旗面为红色,象征革命胜利;左上角缀黄色五角星,周围环绕黄色圆圈,象征中国青年一代紧密团结在中国共产党周围。团的重要会议以及团日活动可以使用团旗。

第三十三条　中国共产主义青年团团徽的内容为团旗,齿轮,麦穗,初升的太阳及其光芒,写有"中国共青团"五字的绶带。它象征着共青团在马克思列宁主义、毛泽东思想的光辉照耀下,团结各族青年,朝着党所指引的方向奋勇前进。团的组织和团员应按规定使用、佩戴团徽。

**全国台联第一届理事会第二次会议在北京召开**

会议于12月24日至28日举行。

全国台联会理事、各省市台联会负责人以及新近回来定居的部分台湾同胞共70多人出席了会议。

会议讨论通过了会长林丽韫代表理事会作的1982年工作总结报告。报告认为,全国台联会成立一年来,广泛联系国内外台湾同胞,局面已初步打开。各地台联会组织有了较大的发展,目前全国已有17个省、市成立了台联会,还有两个省即将成立;各地对台胞政策的落实工作进展较快,成果显著,台湾同胞受到当地政府的关怀和照顾;接待了数百名从海外和台湾岛内回来探亲、旅游、讲学的台胞,向他们介绍了祖国大陆的真实情况,沟通了思想,增进了乡谊;配合有关部门举办《海峡之声音乐会》《台湾爱国怀乡诗画展》以及各种形式的茶话会、座谈会,编写《中国地名词典》(台湾卷),并即将出版面向海外台湾同胞的会刊《台声》杂志。

会议讨论通过了1983年的工作安排,决定更加广泛地联系国内外台湾同胞,协助党和政府进一步落实好对台胞的政策,切实加强对台籍青年的培养教育工作,热情接待从台湾及海外回来探亲、旅游和进行文化学术交流活动的台胞,努力开创台联工作的新局面。

会议还增补陈弘、吴廷华为理事会理事。

**全国原油天然气完成年计划**

据《人民日报》报道,全国原油、天然气分别提前7天和15天完成了今年国家计划。

截至24日,全国共生产原油1亿吨,天然气108亿立方米。完成今年国家计划较好的有大庆、吉林、辽河、华北、胜利、东濮、江苏、新疆、青海、长庆和四川等油气田。

**中央军委发布命令授予成都部队第一测绘大队"丈量世界屋脊的英雄测绘大队"荣誉称号**

**全国少儿图书馆先进集体先进工作者表彰会议在北京举行**

中共中央政治局委员王震,中央书记处书记邓力群,文化部部长朱穆之在这里向出席全国少年儿童图书馆表彰会议的72个先进集体的代表和58名先进工作者颁发了奖状。

王震同志说,你们的工作是非常崇高的,非常有意义的。中国有句古话:"人看幼小,马看蹄爪。"希望把你们的精神带到全国从事这方面工作的同志中去。邓力群同志说,表彰会议是近年来少儿图书馆事业发展的标志,但只是今后工作的起点。我们要在这个起点上继续努力,继续前进。朱穆之同志和著名教育家孙敬修同志也给予代表们热情的鼓励。

有关方面负责人林默涵、王立威、黄庐、边春光、杜克等出席了今天的授奖仪式。

**第一届全国农村读物评选授奖大会在北京举行**

由中国出版工作者协会主办的这次评选授奖活动,是对1979年到1982年专为农村读者编写的初版和重印图书创作、出版工作的一次检阅。

获奖的48种作品是从全国70个出版社推荐的299种书中评选出来的。其中包括政策宣传、思想教育、科学技术、文化教育、文娱演唱五方面内容。

中共中央书记处书记、中央宣传部部长邓力群出席授奖大会。

**《人民日报》评选出1982年中国十大体育新闻**

一、我国体育代表团在第九届亚运会上金牌总数首次超过日本,名列第一。

二、我国女排荣获第九届世界女子排球锦标赛冠军。

三、我国男子羽毛球队战胜印度尼西亚队,首次荣获汤姆斯杯赛冠军。

四、我国19岁的跳高新秀朱建华跳过2.33米,创今年世界男子跳高最好成绩。

五、我国男子体操运动员李宁在第六届世界杯体操比赛中一人独得6枚金牌。

六、新中国成立以来首次全国少数民族传统体育运动会在呼和浩特市举行。

七、我国射击健儿在第四十三届世界射击锦标赛中打破两项世界纪录,荣获一项世界冠军。

八、新中国成立以来第一次全国武术工作会议在北京召开。

九、新中国成立以来首次全国大学生运动会在北京举行。

十、我国足球队在第十二届世界杯足球赛亚大区预选赛决赛中受挫。

## 12月25日

**《人民日报》发表毛泽东1931年4月2日撰写的《总政治部关于调查人口和土地状况的通知》**

这是毛泽东同志以中央革命军事委员会总政治部主任名义发给红军各政治部、地方各级政府的通知。

我们现规定了人口和土地两种调查表格。这两种表格主要的是要统计各阶级土地和人口比例,更具体地以铁的事实来解答我们现在许多问题。

过去许多地方往往忽视实际事实的调查,只凭自己空想去决定工作计划,去指导下级工作,结果计划是行不通的,指导是错了的。

现在这两种表格,我们如能照深刻注意实际的正确的统计填写起来,是能解决我们许多问题的,特别是现在分配土地中的许多实际问题。深望红军政治部每到一处注意填写,地方政权机关逐乡去填写,尤望红军中和政府中每个负责人随时随地做此种调查和统计。

到底如何才能使调查所得的材料真实正确呢?

第一,必须建立对这一工作的深刻认识,看清楚这一工作的重要,才会以大力注意。

第二,调查的人要不怕麻烦。调查这一乡,必须找到他们的分田的人口和土地调查本子,找到这一乡的经手分田的土地委员和熟悉这一乡情形的人,先把每一家人的阶级成分和每一亩田为哪个阶级占有(属于地主、富农、中农、贫农……)分别清楚,再用硬算的办法统计清楚,按照实际数目填写上去。

第三,上级政府派出去指导的同志和政治部负责任的同志,须将两张表格的内容及调查时要注意之点,详细向执行这一工作的同志说清楚。特别是要说清楚:富农标准要是以剥削为他收入的相当部分。那些少量放账或借账的人还是列在中农。那些原是雇农,中间(未革命前)已经租得土地耕种的人还是列入贫农。那些全家不耕田,专靠独立劳动(做裁缝、木匠等)谋生活的才叫独立劳动者。半耕半做手艺的还是按照他的经济地位列入贫农、中农或富农里面去。自由职业者与流氓的分别,是在自由职业者谋相当正业(如医生、教员等),流氓无一定职业,生活行为亦不一定,而且都是做坏的事多。

以上各项,如果调查时不弄清楚,则自己茫无把握,必致把阶级成分弄错了,失了统计的正确价值。

这两张表格——土地表格和人口表格有密切联系,填写时必须同时进行。无论个人或团体,填写好了可封好直接邮寄中央革命军事委员会总政治部收。

我们的口号是:

一、不做调查没有发言权。

二、不做正确的调查同样没有发言权。

**中央书记处书记余秋里在共青团第十一次全国代表大会上发表题为《为国防现代化贡献青春和力量》的报告(摘要)**

共青团十一大,是党的十二大之后,召开的一次非常重要的大会，是全国青年和人民政治生活中的一件大事。这次大会又是在我们党和国家实行新老干部合作和交替的重要历史时刻召开的，它必将大大促进成千上万德才兼备的青年干部的迅速成长，使老一辈举过的胜利红旗，顺利地交给青年一代。我代表中央军委和中国人民解放军全体指战员向大会致以热烈的祝贺！向来自全国各地各条战线和来自部队的所有代表，向正在为社会主义现代化建设努力学习和工作的全国各族青年，表示衷心的祝愿和亲切的慰问！

我国青年既是祖国社会主义建设的突击手，又是祖国安全的英勇保卫者。人民解放军的强大，我国国防的巩固，都离不开青年。广大青年热爱社会主义祖国，非常关心国防现代化建设。在青年们的心目中，国防现代化不仅关系到祖国的安全、尊严和威望，也是振兴中华的重要标志，都满腔热情地愿意为她贡献自己的青春、智慧和力量。

大家知道，在近代中国的历史上，由于反动统治阶级的腐败无能，那时我们的国家有国无防，中国人民长期遭受外国侵略者的欺压和蹂躏，吃尽了苦头。直到有了中国共产党，建立了在党领导下的新型的人民军队，中国人民才真正掌握了自己的命运。经过长期的武装斗争，我们的祖国才得到了独立，民族才得到了解放，中国人民才真正地站起来了！半个多世纪的历史经验证明了一个真理："没有一个人民的军队，便没有人民的一切。"同样，在社会主义条件下，没有强大的人民军队，没有现代化的国防，就不可能保障国家的独立和社会主义现代化建设的顺利进行。

我们要看到，由于帝国主义、霸权主义推行侵略和扩张政策，在世界范围内展开激烈的争夺，80年代仍然是一个动荡不安、充满危机的年代。反对霸权主义、维护世界和平，是今天世界各国人民最重要的任务。我们的社会主义现代化建设，是在世界还很不安宁、我国安全还受到严重威胁的条件下进行的。我们需要一个长期的和平环境来建设自己的国家，在当今世界上，只有充分做好反侵略战争的准备，才能赢得和平。我们必须在大力发展经济建设的基础上，加强国防建设，努力把人民解放军建成一支强大的现代化、正规化的革命军队，进一步提高我军在现代战争条件下的自卫能力。强大的人民解放军是祖国安全和实现社会主义现代化宏伟目标的可靠的保障。我们要大力发扬爱国主义和革命英雄主义精神，增强国防观念，使全国各族人民和广大青年都知道，国家的安危，同每个中国公民的利益是息息相关的，做到居安思危，和平不忘战争，大家都来关心和支持国防现代化建设。

党的十一届三中全会以来，特别是邓小平同志主持军委工作以来，我军革命化、现代化、正规化建设取得了新的重大的进步。全军指战员的政治觉悟、政策水平和军事素质明显提高。武器装备的改进和科研试验都有了新的进展，战备建设和民兵动员工作也都打下了较好的基础。现在军队建设的形势，同全党全国一样，是建国以来最好的时期之一。

胡耀邦同志在党的十二大报告中要求我们军队不仅成为保卫社会主义祖国的钢铁长城，而且成为建设社会主义物质文明和精神文明的重要力量。当前，全军在十二大精神指引下，在党中央、中央军委领导下，正在为开创军队建设的新局面迈出新的步伐。

我们的国防建设同现代的科学技术发展的水平相比，同现代战争的要求相比，还有很大的距离。我们要急起直追，缩短这个距离。国防现代化的核心是要建设一支强大的现代化正规化的革命军队。军队的现代化，从大的方面来讲，主要是三条：第一，要有具有高度的政治觉悟、先进的军事思想和较高的科学文化素养，能够熟练掌握现代化武器装备和作战方法的人；第二，要有精良的现代化武器装备；第三，要有人和武器的合理结合，就是有合理的科学编制和体制，有严格的训练。为此，在当前和今后一个时期要努力解决以下几个关键性问题：

第一，把党的十二大精神的学习不断引向深入。继续清除"左"的错误思想的影响，同时注意警惕和抵制资产阶级自由化倾向，使全军指战员在思想上政治上同党中央保持高度的一致，进一步解放思想，勇于创新，充分发挥自己的积极性、创造性。这是我们开创军队工作的新局面，进行军队现代化、正规化建设的思想政治基础。

第二，根据党中央关于实行体制改革的方针和军委的部署，搞好精简整编，把军队搞精干。这是贯彻十二大精神，建设现代化正规化革命军队、提高部队战斗力的一项重大战略措施。大家将会看到，精简整编之后，再经过一段时间的努力，我们的军队一定能成为一支机构精干、指挥灵便、装备精良、训练有素、反应快速、效率很高、战斗力很强的精兵，是一支精锐之师，捍卫祖国的利剑。

第三，抓紧实现部队干部的革命化、年轻化、知识化、专业化，提高部队的科学文化水平。干部年轻化，这是全党、全军、全国共同要解决的问题，军队尤其迫切。我们现在所处的时代，是一个科学技术日新月异的时代。科学技术的发明和创造，又常常首先应用于军事领域。指挥员组织指挥战役、战斗，没有一定的科学文化知识是不行的。我们正在采取多种措施来提高部队的文化水平。我们还要从地方高等院校吸收大学毕业生到部队里来。我们希望共青团每年都能动员一些优秀的大专院校毕业生参加解放军的行列。

第四，独立自主，自力更生，发展和改善我军的武器装备。我们要建设一支现代化军队，一定要立足于发展本国的国防科学技术和国防工业，我们要有这个雄心壮志。我们的国防科学技术和国防工业已经有了一定的规模和基础，并且建立起比较完整的国防科研和工业体系，培养了一大批科研人员、技术人员、管理人员和熟练的技术工人。在党的十二大精神指引下，在全党、全国各方面的关怀和支持下，随着国民经济的发展，我军武器装备将进一步改善，国防现代化建设将会出现一个崭新的局面。对这个前景，我们充满着信心。

国防现代化取决于工业、农业和科学技术的现代化。因此，它不是一个或几个部门的事，也不只是军队的事，而是全党全国人民的奋斗目标。要在党中央统一领导下，依靠全体军民共同努力，才能实现。在经济建设和科学技术、文化建设各个岗位上的工人、农民、知识分子为社会主义现代化事业所做的努力，都是直接间接地为国防现代化作出贡献。

广大青年在国防现代化建设中，尤其担负着重大的责任。我们现在的青年是跨世纪的一代。社会主义现代化建设的重担，历史地落在这一代青年身上。现在的青年，朝气蓬勃，文化水平比较高，接受新知识、新事物的能力比较强，善于思索，敢于创新，是很有希望、大有作为的一代。青年是社会主义建设的生力军，也是实现国防现代化、保卫祖国的生力军。我军英勇善战的光荣传统需要青年来继承，现代军事科学技术的高峰需要青年去攀登，军队的干部要从优秀青年中选拔，军队的兵员要靠青年源源不断地补充。青年占我军成员的百分之八九十，他们在完成各项任务中发挥了突击队的作用。所以，从一定意义上完全可以说，没有青年的英勇奋斗，就没有国防的现代化。

这里，我讲几点希望：

第一，踊跃参军，争当优秀义务兵

广大青年服兵役，参加人民解放军，是履行宪法规定的神圣义务，也是青年保卫祖国的光荣使命。军队的现代化，需要挑选大批政治思想好、有文化、体魄健壮的青年到部队来。这项工作需要共青团大力协助支持。要通过各种形式的活动，继承和发扬过去长期形成的热爱军队、参军光荣的良好社会风尚。

现在少数青年中有“当解放军吃亏”的思想。对有这种思想的青年，要进行教育，讲清楚服兵役是青年责无旁贷的义务。应当承认，青年服兵役期间，在家庭经济收入和个人升学等方面可能受些影响，但这种牺牲个人某些利益来维护和发展全国人民的根本利益的精神是崇高的、光荣的。党和人民对服兵役的青年不仅给予应有的政治荣誉，而且规定了各种优抚政策。我们不能光算个人的经济利益账，要时时想到作为国家主人翁的历史责任感，时时想到国家、人民和整个社会的利益。有的战士说得好：“我们参军尽义务，保卫了祖国安全，保卫了社会主义现代化建设，同时也就保卫了自己的父母兄弟的幸福和安宁。不能光看我在为别人尽义务，还要看到别人在为我尽更多的义务。”

参军以后，还有个安心服役的问题。青年人来到部队后，同家庭、社会仍有着千丝万缕的联系。战士是否安心服役，情绪稳定，同家庭、社会的影响和工作有密切的关系。一方面，部队的党团组织和干部要加强对青年战士的教育，关心他们的成长；另一方面，地方上的党政机关和共青团组织，战士的亲属，也要协助部队做好青年战士的工作。“子弟兵的好母亲”赵趁妮，在儿子服役期间，家中四位亲人相继去世，生活也遇到了困难，但她为了让儿子安心在部队服役，把悲痛埋在心底，把家庭的重担压在自己的肩上，一直鼓励孩子安心服役，她说过一句很动情的话：“孩子当兵要当个好兵，当娘的就要当个好娘。”赵趁妮的事迹宣传以后，在部队引起很大反响，使广大青年战士受到了很大的鼓舞和教育。

还有些青年担心参军后“学不到东西，会耽误自己”。这说明他们不了解解放军是个革命大熔炉、大学校，这里既可以学政治、学军事、学科学文化技术、学各种实际工作本领，还可以锻炼高度的组织纪律性。过去解放军出过很多文武双全的人才，这是大家都知道的。在战争年代，一个普通的工人、农民、知识青年，来到部队后，经过一段时间的学习和战争锻炼，就成了既懂革命道理，又有打仗本领，还会做各种实际工作的优秀人才。我国实行义务兵役制以后，每年都有大批青年入伍和退伍。不少退伍战士感到在部队几年，各方面收获很大。青年时期是世界观形成的重要时期，是长身体、长知识、长才干的时期，在部队锻炼几年，对自己一生的健康发展有很大好处。有的青年说部队生活太艰苦、太紧张，部队生活确实有艰苦紧张的一面，但正因为艰苦紧张，才能锻炼出人才来。一个人无论是在工业、农业、文教、科研或其他战线上，都要具有坚强的意志，才能有所作为。部队艰苦紧张的生活，能够锻炼人的意志。如果贪图安逸舒适，就经不起风浪。军队是一个有严格的组织纪律和高度集中统一的战斗集体，我们青年同志们能有机会在这个战斗集体里锻炼成长，是很难得的，应该特别珍惜。

近两年来，一些部队在完成军政训练和各项任务的前提下，本着“战士有兴趣，部队有条件，回去用得上”的原则，组织干部战士学科学、学文化、学各种专业技术，培养拿起武器能打仗，脱下军装能建设的军队和地方两用人才，取得了很好的成绩。这是新时期我们部队建设中出现的一个新事物。现在全军各部队正在广泛开展培养两用人才的活动,希望各地共青团组织大力支持这项工作。

第二,进一步加强军政军民团结

军爱民,民拥军,是我党我军的光荣传统。我们军队在执行各项任务中,都得到了地方党政机关、群众团体和人民群众的大力支持。大批干部战士的转业退伍,荣誉残废军人的安置,烈军属的优抚,干部家属子女的随军、上学、就业等等,也都得到了党政机关和群众的关心支持。在地方广大青年中,热爱解放军、支援解放军的动人事例是很多的。

加强军民团结对于巩固国防关系极大。军队要拥政爱民,做遵纪守法的模范,经常接受政府和人民群众的监督,军队有什么缺点,希望地方同志们及时提出批评。"军民团结如一人,试看天下谁能敌。"我们一定要精心地爱护军民团结,用各种实际行动加强这种团结。亿万军民的团结,是真正的长城,是任何力量都打不破的钢铁长城。

第三,加强民兵建设,健全预备役制度

加强民兵建设和预备役制度,是做好反侵略战争准备的重要措施。我国有传统的民兵制度,民兵既是我国武装力量的组成部分,又是预备役的基本组织形式。广大青年要积极参加民兵组织,大力加强我国后备力量建设,以适应现代战争的要求。我们希望各地共青团组织在加强民兵建设和健全预备役制度方面,发挥积极的作用。

第四,大力宣传人民战争思想

未来反侵略战争,是现代条件下的人民战争。根据我国人口众多、幅员辽阔的特点和优良的传统,不管武器怎么发展,现代战争情况如何复杂,当外敌侵犯时,我们还是要打人民战争。这就是要坚定地相信和依靠人民群众,在中国共产党领导下,实行野战军、地方部队和民兵相结合,武装群众与非武装群众相结合,军事斗争同政治、经济、文化等各种斗争相结合,进行一场全民战争。我们要加强国防现代化建设,不断改善武器装备,但是,人民始终是战争的主体,任何新式武器的出现都改变不了人民战争的根本规律。毛泽东同志人民战争的伟大思想,仍然是我们克敌制胜的法宝。当然,随着未来反侵略战争的作战对象变了,武器装备变了,作战形式也变了,我们要研究人民战争的新特点、新问题,不断发展和丰富人民战争的思想,在全国青年和人民中广泛深入地宣传人民战争的思想。

不论是国防建设还是经济建设,都需要我们广大青年和人民群众发扬高度的自我牺牲精神。过去,如果没有一代代有志青年和人民的艰苦奋斗,英勇牺牲,我们的革命就不可能胜利,我们的祖国和人民就不可能获得新生。在历次革命战争中,牺牲的烈士有很多是年轻的共产党员和共青团员。他们在枪林弹雨中,冲锋陷阵,前仆后继;在敌人的刑场上,坚贞不屈,英勇就义。刘胡兰、董存瑞、黄继光就是突出的代表,是我国青年的光荣和骄傲。正是这些青年人,用他们的鲜血灌溉了胜利之花,换来了亿万人民的幸福和社会主义祖国的锦绣前程。

今天,在社会主义建设的道路上,还有种种艰难险阻,我们一定要在广大青年和人民中大力进行共产主义思想教育,提倡和发扬高度的自我牺牲精神。把我国建设成现代化的社会主义强国,是我国历史上伟大艰巨的创造性工程。我们的青年要像革命前辈们那样,勇于为这个伟大事业献身。

当然,提倡高度的自我牺牲精神,决不是说生命和健康不重要,可以轻易地献出自己的生命,更不是鼓励冒险蛮干,作无谓的牺牲,而是说为了祖国,为了共产主义事业,要用这种革命精神去奋斗、去对待困难。在困难面前,要挺身而出,勇于拼搏,吃苦在前,享受在后,忘我地劳动和工作。在个人利益与国家和人民利益发生矛盾时,能自觉地服从国家和人民利益。伟大的共产主义战士雷锋,就是具有高度自我牺牲精神的楷模。在社会主义建设中,只要我们的青年和人民群众中越来越多的人具有这种献身精神,那就没有什么困难不能战胜,没有什么高峰不能攀登。我们每个人都向往美好的生活。但是,美好的生活不是坐等来的,而是要靠我们用勤劳的双手去创造,用流血流汗去奋斗。我们不仅为了自己,而且要为后代造福。只有这样一代一代地奋斗下去,社会才能发展进步,人民才有和平幸福。

在出席团的十一大的代表中,就有许多具有自我牺牲精神的英雄模范人物。这说明共产主义思想和道德对新一代有着巨大的吸引力,我国青年的思想面貌正在发生可喜的变化。共青团就是要大力扶植这样的社会主义正气,通过共产主义思想的教育和宣传,通过生动细致的思想政治工作,培养有理想、有道德、有文化、守纪律的一代新人。

党中央、中央军委的领导同志对青年一代寄予厚望,常常回顾历史,语重心长地教育青年们要懂得革命胜利来之不易,应该更加热爱党、热爱祖国、热爱人民、热爱军队,更加精神奋发地苦干、实干,使我们国家更加强盛。党的十二大向全国人民提出了社会主义现代化建设的宏伟纲领,全国人民和青年正在为实现这个纲领努力奋斗。我们的社会主义现代化建设大有希望,我们的祖国大有希望,我们的青年一代大有希望!

祝共青团第十一次全国代表大会圆满成功!

祝全体代表在各个岗位上取得更大的成绩!

**《毛泽东农村调查文集》出版**

中共中央文献研究室编辑的《毛泽东农村调查文集》已由人民出版社出版，在北京等全国主要城市发行。

《毛泽东农村调查文集》，是在1941年延安出版的、由毛泽东同志亲自编辑的《农村调查》一书基础上增订而成的。全书共收入毛泽东同志从1926年至1941年的17篇著作，约21万字，分别编为两部分，一部分是论述调查研究的文章和讲话；一部分是调查材料和土地法。这次新增补了5篇著作，约85000字，其中《寻乌调查》和《总政治部关于调查人口和土地状况的通知》是第一次公开发表，这次增订，做了一些必要的文字校订。对调查材料中的人名、地名、物名、数字和其他事实，通过查阅文献资料和实地调查，进行了核对。为便于读者理解，做了一些简要注释。

## 12月26日

**《人民日报》发表评论员文章《不做正确的调查研究没有发言权》**

"没有调查，没有发言权"；"必须努力作实际调查，才能洗刷唯心精神"。延安时期，由于毛泽东同志的倡导，各根据地大批领导干部和在领导机关工作的同志到农村去，到基层去，掌握第一手材料，进行分析、综合，有效地贯彻执行了党的方针、政策，使各项工作得以顺利发展。调查研究成为我们党的优良作风之一。当全国各族人民热烈响应十二大的号召，为全面开创社会主义现代化建设的新局面而奋斗的时刻，《毛泽东农村调查文集》的出版，具有重要的意义。

党的十二大指出，我们要走自己的路，建设有中国特色的社会主义。这是一条前人未曾走过的道路，是创新的道路。在这条道路上前进时，我们必然会遇到不少困难和问题，面临一些难以预料的新情况，怎么办？通常说的"情况要明，决心要大，方法要对"，就是解决问题和克服困难的途径。大的决心和正确的方法从哪里来？来自"情况明"，而"情况明"则来自正确的调查研究。我们要大力提倡各级领导干部亲自了解情况，并把有关同志带下去一起调查，一起讨论，准确地掌握真实情况。事情看准了，就能果断地办理，不会顾虑重重，贻误时机。对于改革，也能更大胆一些。到下面去进行调查研究，当然要辛苦一些，但是经过一两年，就能造成一种好的风气，许多人会跟着学，带出一大批有胆有识，敢作敢为的实干家。既做好了工作，又培养了人才。可惜，这个马克思主义的方法论，并没有为全党所了解。所以，有的同志至今还不甚理解三中全会以来党的路线、方针、政策为什么完全正确，为什么得到全国人民的热烈拥护。有的同志至今仍用过时的思想、习惯看问题，办事情，而不肯迈开脚步到群众中去。其实，工厂、农村，学校、基层有大量的新人新事，有无数生动新鲜的经验，有待于我们去学习，从中吸取营养，用以丰富我们的知识，开阔我们的眼界。

毛泽东同志在《关于农村调查》中指出："我们又相信事物是运动的，变化着的，进步着的，因此，我们的调查，也是长期的。今天需要我们调查，将来我们的儿子、孙子，也要作调查，然后，才能不断地认识新的事物，获得新的知识。"这是确定不移的真理。新事物总是不断地在地平线上涌现出来，人们的思想也在不断地变化，任何一个部门，任何一级领导，都要勤奋地、及时地和精心地研究新情况，总结新经验，解决新问题。只要我们经常不断地进行调查研究，就一定能够稳步达到全面开创新局面的目的。

**中央纪委就转发中央纪委调查组《关于浙江省德清县县直机关建房分房中不正之风情况的调查报告》发出通报**

通报说，德清县县直机关一些领导干部，利用职权，违犯财经纪律，挪用事业费和挤占各种资金，占用良田，兴建超标准的职工宿舍；在分配住房中，少数领导干部多分房，分好房，引起了群众的很大不满，损害了党的威信，错误是严重的。对此，浙江省省委十分重视，对犯有严重错误的领导干部，根据他们所犯错误的情节轻重、态度好坏，分别给予原县文教局长、现任县人大常委会党组成员、办公室主任汤寿林撤销党内职务的处分，并建议撤销其行政职务；对主管计划和财经工作的副县长王惠珠予以通报批评。另外，对县卫生、民政、财税、基建、农林等局的某些负责人，也责成他们作出深刻检查，认真改正错误，并视其情节给予适当处理。我们认为浙江省省委这种严肃的态度和果断的做法是正确的，必要的。

通报说，这里需要特别指出的是，为了刹住建房、分房中的歪风，党中央和国务院已多次有明确指示，中央纪委一再发出通报。但是，至今有一些地区、单位的领导干部，仍然置若罔闻，在建房、分房中利用职权弄虚作假，谋取私利；有的领导机关对此放任自流，软弱无力，不采取有力措施予以制止。这种情况是绝对不能允许的。

通报要求各级纪委结合调查报告中揭露的问题，对照本地区、本单位的情况，对领导干部建房、分房中的问题普遍进行调查摸底。重点查清区、县、局以上领导干部在建房分房中有无利用职权谋取私利、行贿受贿等问题；查清建房中资金、"三材"、地基的来源是否正当。对于犯有错误的党员、干部，都要抓住典型，大张旗鼓地严肃处理，决不能姑息迁就。

通报强调，各级纪委在集中力量打击经济领域严重犯罪活动的同时，要把切实纠正建房、分房中的歪风作为一项重要工作来抓。要下决心坚持不懈地抓下去，力争在明年上半年首先把区、县、局以上领导干部中在这方面存在的问题查清楚，刹住这股不正之风，并将检查和处理的情况报告中央纪委。

**天津市第九届人大常委会第四次会议决定任命李瑞环为市长**

**全国整顿企业劳动组织工作座谈会在北京召开**

国家经委负责人在讲话中指出：要把整顿劳动组织作为一项战略任务来抓，真正抓出成效来。

他说，中共中央、国务院决定把整顿劳动组织、按定员定额组织生产，作为企业全面整顿的一项重点工作。这既是从企业建设的长远着眼，又是针对我国企业当前的突出问题提出来的。

这位负责人在讲话中特别强调了整顿企业劳动组织的重要作用。他说，整顿劳动组织是落实党的十二大精神的一项重要任务，是提高经济效益的一个重要途径，也是企业全面整顿不可缺少的重要内容，他还为今后劳动工资制度的全面改革打下基础。

国家经委负责人在谈到整顿劳动组织和提高经济效益的关系时说，据一些省、市和部门的调查，企业人员一般多余10%—15%，有的甚至在30%以上。工时利用率一般只有50%左右，低的甚至不到30%。许多企业劳动定额水平低，还没有达到本企业历史最高水平。这种状况不根本扭转，经济效益怎么能提高呢？他说，在一定的物质、技术条件下，劳动力的合理组织，是发展生产力的最基本的因素。如果在生产中不把劳动者的潜力发挥出来，不但会造成人力的巨大浪费，也必然会带来设备、原材料和能源的巨大浪费。从这个意义上讲，整顿劳动组织、提高定员定额水平，不仅直接节约活劳动消耗，还对节约物化劳动的消耗、提高劳动生产率，起着十分重要的作用。因此，搞好定员定额工作，整顿好劳动组织，是提高经济效益的重要途径。

国家经委负责人还从整顿劳动组织同完善经济责任制，同整顿劳动纪律和加强职工队伍建设，同整顿财经纪律、健全财务管理，以及同劳动工资制度的全面改革的关系等方面，阐述了整顿劳动组织的必要性。

这位负责人指出，在当前各项整顿工作中，整顿劳动组织的工作进展比较迟缓。各地区、各部门一定要把整顿企业劳动组织的工作，列入重要议事日程，主要领导同志一定要亲自动手。国家经委负责人指出，整顿劳动组织和安排就业要统筹兼顾，安排好富余人员，大力发展集体经济、广开就业门路。

**全国第八届收音机 第一届录音机质量评比结果在辽宁大连揭晓**

有25种收音机、4种录音机获得一等奖；有27种收音机、19种录音机分别获得二等奖和三等奖。

在获得一等奖的收音机中，熊猫、海燕、春雷、红灯、牡丹牌收音机仍然保持了名牌产品水平，并涌现出“泳梅2YT-6”、“双喜8201”、“莺歌H201”、“凯歌4B18”、“蝴蝶802”、“海鸥821”、“西湖7B25”、“卫星307”、“世界DS-302”等一批后起之秀。

获得一等奖的录音机是“美多CT6620”、“熊猫SL-21”、“上海L-400”和“熊猫L-04”。

**国务院代总理万里在北京会见由朝鲜民主主义人民共和国贸易部部长崔鼎根率领的朝鲜政府贸易代表团**

万里说，中朝两国政府一向亲密合作，1983年中朝政府互供货物议定书的顺利签订，进一步体现了两国友好互助、团结合作的精神。我们两国无论在反对霸权主义、在经济建设中，都面临着共同的任务会。在共同斗争中，我们将进一步相互支援，加强合作，加深两国人民的传统友谊。

崔鼎根说，朝中两国贸易关系的顺利发展，对增进两国人民的友谊，促进两国的社会主义建设都是有益的。我们将尽一切努力发展两国人民的友谊和两国友好合作关系。

**外经贸部部长陈慕华在北京会见由外贸部副部长格·乌德夫率领的保加利亚政府贸易代表团**

**中国历史唯物主义研究会第一届年会在山东青岛召开**

会议围绕着建设高度的社会主义精神文明、农业生产责任制中的生产力和生产关系、我国现阶段的阶级斗争等问题，从历史唯物主义理论的角度进行了讨论。

与会者认为，社会主义精神文明建设要以共产主义思想为核心，所谓共产主义思想，就是科学共产主义的思想体系，只有以它作指导，社会主义精神文明才能区别于其他社会的精神文明。大家还对文明概念的理解、物质文明和精神文明的相互关系等问题，发表了不同看法。关于农村生产责任制中的生产力和生产关系问题的讨论，涉及生产责任制的必然性、性质、多种形式及发展趋势等。与会者认为，实行农业生产责任制是历史的必然。多年来，由于在农村采取了一套“左”的政策，违背经济发展的客观规律，造成农业生产的徘徊甚至倒退。三中全会以来，实行并推广了多种形式的责任制，使农村出现了生气勃勃的局面，这雄辩地证明了生产责任制的历史必然性。

**民政部发出《关于在农村开展五保户普查工作的通知》**

通知说，党的十一届三中全会以来，随着农村各项方针政策的落实，农村经济有了很大的发展，农民生活有了较大的改善，这为做好五保工作创造了有利条件。新宪法规定：中华人民共和国公民在年老、疾病或者丧失劳动能力的情况下，有从国家和社会获得物质帮助的权利。当前，全国五保户供养工作总的情况是好的。根据党的十二大精神，为了全面改进五保工作，决定在今冬明春对农村基本上没有劳动能力、无依无靠、无生活来源的老人、残废人和孤儿，进行一次普查、登记。

通知要求各地在普查评定后，逐户落实对五保户的供给措施。通知说，不论实行什么样的生产责任制，都要强调集体统筹供养，发放五保供给证；五保户的供养标准，不能低于当地一般社员的实际生活水平。通知还强调对有些五保户当前存在的住房破漏、口粮不足、衣被缺少、疾病无钱治疗、日常生活无人照顾等迫切问题，要立即帮助解决。

## 12月27日

**国务院对报废降价处理库存积压物资和防止新的积压作出规定**

规定指出，凡全民所有制企业事业单位在1980年年底以前积压的机电产品和钢材，都可以按规定进行报废或降价处理。

报废标准：一是粗制滥造，质量低劣，不符合国家、国务院有关部门制定的技术标准的；二是保管不善，严重锈损或超过规定存放期限已不能再使用的；三是技术落后，耗能很高，效率很低，已被淘汰的；四是产品设计不合理，工艺不过关，无法改作他用和无改制经济价值的专用设备或标准设备。需要降价处理的由库存单位根据库存物资的实际情况和按质论价的原则，提出降价处理的方案。

**中国投资银行与世界银行达成贷款协议**

根据中国投资银行与世界银行达成的第一笔贷款协议，世界银行将向中国投资银行提供一笔数额为7000万美元的贷款。

这笔贷款将由中国投资银行以贷款的方式提供给国内企业，主要用于中小型更新改造项目。

## 12月28日

**《人民日报》发表社论《确保粮食生产稳定持续地增长》**

1983年即将来临。年末岁初，是制订生产计划的时候，各地正在规划明年的农业生产。根据我国的具体情况，不论从目前和长远来看，增产粮食的任务很重，正确处理粮食和经济作物生产的关系，是发展农业的一个大问题。我们对这个问题要有明确的认识，一定要确保粮食生产稳定、持续地增长。现在有个别地方，在讨论农业如何翻番的过程中，出现一种苗头，单纯着眼于增加农业产值，过多地扩种某些经济作物，不适当地压缩粮食种植面积。这种情况应当引起注意。

过去，在“左”的指导思想的影响下，我们曾经犯过单一抓粮食生产、忽视农林牧副渔全面发展的错误，这个教训要永远记取。党的十一届三中全会后，各地认真贯彻党中央提出的改革农业结构，调整作物布局的正确方针。特别是农村实行多种形式的联产承包责任制以后，开创了农业生产全面发展的新局面。近几年，我国棉花、油料、糖料等农作物连续大幅度增产。粮食作物在种植面积减少一亿亩左右的情况下，结束了总产量多年增长缓慢的局面，1981年总产量达到6500亿斤，今年可达到6700亿斤以上。粮食生产情况大有好转。但是，总的说还不能保证国民经济全面高涨的需要。决不能对粮食生产盲目乐观，掉以轻心。

解决十亿人口的吃饭问题是头等大事。各地正在努力发展畜牧业和渔业，但近期内还不可能生产大量的肉、奶、蛋、鱼，人们的食物主要还是粮食。随着人口的增长，工业的发展，对粮食的需要将不断增长。确保粮食生产稳定、持续地增长，关系全国人民生活安定和国民经济建设全面高涨的大局。

我们的方针是“决不放松粮食生产，积极发展多种经营”。这两者是相辅相成的。有些地方，一说搞粮食就忽视多种经营；一说搞多种经营又放松粮食生产，这是片面的做法。我国耕地少，是发展农业生产的一个很大制约因素。调整作物布局，有一个前提，首先是把适合种粮食作物的土地坚决种植粮食。不管有多少矛盾，适合种粮的耕地不能改种别的作物，这应当是我们长期的国策。如果把宜粮地改种经济作物，影响粮食产量的增长，这不是因地制宜，也不是合理地利用自然资源。从全局来看，是不利的。

各级领导机关和领导干部，要在这个问题上统一认识，不能片面地从农民眼前可以增加收入来考虑问题，应当从全局出发，从长远出发，做好基层干部和农民的思想教育工作。一些老商品粮基地，过去为满足国家对粮食的需要作出了很大贡献，仍然要继续努力发展粮食生产。原来的一些中产低产地区，包括长期吃返销粮的“三靠”地区，三中全会后逐渐改变面貌，开始向国家交售粮食，今后应当在粮食生产上作出更多的贡献。党中央经常提醒我们，搞建设要全国一盘棋。全面规划农业生产的发展，应当始终贯彻这一指导思想。

强调保证粮食生产稳定、持续地增长，决不是回到单打一抓粮食的老路上去，要求不适合种粮食的地方硬去种粮食。我国自然资源丰富，发展多种经营有很大的潜力，只要放开眼界，措施得宜，不占宜粮地同样可以大量增加农业产值。例如盐碱地种棉花，沙地种花生，就很合算。此外，还有很多山地、荒山荒坡、滩涂和水面。如能坚决落实联产承包责任制，打开合理开发这些资源的路子，发展多种经营的前景是十分可观的。近年来，各地落实农村政策，调整作物布局，经济作物大幅度增长，粮食产量稳定增加。这些事实说明，无论是粮食作物或经济作物，增产的潜力都很大。只要实行精耕细作，讲究科学种田，努力在提高单产上下功夫，就能够在有限的耕地上，生产出更多的粮食和经济作物，满足工业发展和人民生活提高的需要。

**全国出版工作会议在北京举行**

会议由中共中央宣传部、文化部联合召开，于1982年12月28日至1983年1月8日举行。会议总结三中全会以来出版工作的经验，部署开创出版工作新局面的会议。

中共中央书记处书记、宣传部部长邓力群在会议上说，全面开创社会主义现代化建设的新局面，出版工作的地位越来越重要。

邓力群说，在一定意义上讲，做好出版工作对各项事业发展的速度和规模具有关键性的作用。建设社会主义的精神文明和物质文明，都离不开出版工作。出版工作必须有一个更大的发展。要持久地广泛地深入地进行爱国主义的宣传教育，这是出版工作的一项重要任务。要克服轻视知识、轻视知识分子的偏见。要实行改革，开创出版工作新局面。

会议指出，三中全会以来，出版战线冲破“左”的思想的长期束缚，拨乱反正，较快地恢复和发展了出版事业，取得了很大成绩。十年内乱造成的严重书荒已经结束，图书、杂志的品种、门类越来越丰富，图书的种数、印数、印张数和销售额都远远超过历史上的最高水平。但是，出版工作与社会主义现代化建设事业的发展和广大人民的要求还很不适应，存在不少急需解决的问题。

会议认为，实现党的十二大提出的宏伟战略目标，出版战线担负着光荣而艰巨的任务。出版事业作为党的事业的一部分，必须坚持为人民服务、为社会主义服务的根本方针，自觉地用四项基本原则指导自己的工作，科学地、生动地、理论联系实际地宣传共产主义思想，宣传集体主义、爱国主义和国际主义思想；积极介绍和传播科学技术、文化知识，努力培养有理想、有道德、有文化、守纪律的一代新人。

会议认为目前最迫切的工作有三项：一是加速建设一支革命化、年轻化、知识化、专业化的出版队伍，首先是编辑队伍。二是抓紧改变出版事业落后的物质技术条件，改善经营管理。三是切实加强和改善对出版工作的领导。

**宋庆龄基金会在人民大会堂举行第一次在京理事会议**

会议由全国妇联主席康克清主持。会上廖承志讲了话，汪志敏报告了基金会的工作。会议审议通过了基金会的章程，还确定了会徽、捐赠证书和纪念币的式样。

会议推选邓小平为名誉主席，廖承志为顾问，康克清为主席。荣高棠、荣毅仁、高登榜、吴全衡为基金会副主席。

**《美学述林》出版**

《美学述林》是武汉大学出版社出版的普及与提高相结合的美学读物。该刊设有“美学基本理论研究”、“中外美学史研究”、“创作问题探讨”、“艺术欣赏与评论”、“世界美学名著介绍”、“青年与美学”、“美学书评”、“美学信箱”等栏目。

## 12月29日

**中共中央政治局委员王震在北京参加铁道兵离休退休老干部新年茶话会**

王震说，离休退休的老同志要以自身的模范行动，用爱国主义思想和共产主义精神，教育年青一代，把党的光荣传统传下去。

王震说，老同志在革命战争年代和社会主义建设时期，为党为国为民英勇斗争，艰苦奋斗，都有功劳，在革命历史上要写下你们的光荣事迹。现在，同志们年纪大了，离休退休是很光荣的，人民是欢迎你们的。他勉励大家离休退休后，在各个方面做模范，做一个光荣的共产党员和退役军官。他说，我们的国家要开创社会主义建设新局面，我们的军队要实现革命化现代化。

我们这些老同志虽然离休退休了，仍然要搞好传帮带，把党的优良作风传下去；在我们的家庭中，也要对子女儿孙进行共产主义教育，把他们培养成为有革命理想、有科学文化知识、有专业才能的接班人。

铁道兵司令员陈再道、第二政治委员旷伏兆等出席了会议。

**国家经委召开生产办公会议通报1982年工交生产完成情况**

国家经委负责人要求重视在好形势下出现的新情况、新问题，认真总结经验特别是生产第一线创造的新经验，把明年工作抓实，争取有个新进展。

1982年工交生产以提高经济效益为中心，工作抓得早、抓得紧，生产均衡发展，稳步增长。全国工业总产值预计完成5540亿元，比去年增长7%。100种主要产品的产量，除限产产品外，预计都能完成和超额完成国家计划。原煤、电力、钢材、水泥、化肥和铁路货客运量、水运货量等，均创历史最好水平。

1982年工业生产和交通运输工作，有以下几个明显特点：

一、以提高经济效益为中心。二、坚持按需生产。三、重工业在调整中大幅度回升。四、能源生产和交通运输月月超额完成计划。五、技术进步有了好的开端。六、经济效益有所提高。

国务委员、国家经委主任张劲夫在讲话中指出，明年是开创社会主义现代化建设新局面的头一年，务必把各项工作抓实，争取有个新的进展。工交生产也有个“一靠政策，二靠科学”的问题，要进一步发扬党的优良传统，深入实际，实事求是，在调查研究的基础上，采取有力的政策措施，推进技术进步，为开创工交生产新局面作出新贡献。

**嵩山少林寺修复一期二期工程竣工**

## 12月30日

**中共中央发出《关于清理领导班子中“三种人”问题的通知》**

通知指出：在中央提出对追随林彪、江青反革命集团造反起家的人、帮派思想严重的人、打砸抢分子这“三种人”不可重用以后，对“三种人”进行了初步清理。但由于多方面的原因，在少数地方和部门，仍有一些“三种人”留在领导班子中或要害岗位上，继续受到重用，有的还被作为接班人已经提拔或准备提拔。这些人为数不多，活动能力很强，活动范围很广，是一种不安定因素和不可忽视的潜在危险。必须坚决把他们从领导班子中清理出去，调离要害部门和要害岗位。对清理出领导班子的“三种人”，应加强对他们的思想教育工作，给以改正错误、弃旧图新的机会。

**共青团第十一次全国代表大会在北京闭幕**

中共中央总书记胡耀邦等党和国家领导人参加大会。

王兆国宣布会议开始后，全国总工会主席倪志福、全国妇联书记处第一书记郭力文、中国科协书记处书记刘东生、人民解放军总政治部副主任颜金生、全国政协副主席许德珩，分别代表全国总工会、全国妇联、中国科协、人民解放军全体指战员、各民主党派向大会致祝词。

出席今天大会闭幕式的还有：

党和国家其他领导同志万里、习仲勋、王震、韦国清、乌兰夫、方毅、杨尚昆、杨得志、余秋里、宋任穷、张廷发、秦基伟、陈慕华、邓力群、陈丕显、胡启立、乔石、郝建秀、薄一波、王鹤寿、彭冲、赛福鼎、阿沛·阿旺晋美、胡厥文、班禅额尔德尼·确吉坚赞、朱学范、康世恩、姬鹏飞、张爱萍、张劲夫；

最高人民法院院长江华，最高人民检察院检察长黄火青；

中共中央军委副秘书长洪学智；

全国政协副主席刘澜涛、陆定一、康克清、王首道、胡子昂、荣毅仁、王昆仑、萧克、程子华、包尔汉、周培源、钱昌照、董其武；

中央顾问委员会常委王平、伍修权、陈锡联、段君毅、傅钟，中央纪律检查委员会书记王从吾、韩光、韩天石；

中央和国家机关、人民解放军、各人民团体、各民主党派、中共北京市委的负责人和一些担任过共青团领导工作的干部；

148名团十一大的列席代表。

**胡耀邦 邓小平 陈云 徐向前 聂荣臻等在人民大会堂会见出席共青团十一大会议代表并举行座谈会**

老一辈同志叮嘱青年要好好学习，努力工作，为祖国“四化”建设发出青春的光和热；青年同志向老一辈同志表示，一定要把党中央的关怀、期望和这次团代会的精神带回去，带领广大青年做两个文明建设的先锋和模范。来自西藏、内蒙古自治区的藏族和蒙古族代表，向领导同志献了洁白的哈达；新疆维吾尔自治区维吾尔族代表给领导同志戴上了维吾尔族小帽，座谈会上呈现出一派欢乐气氛。陈云同志看到这情景高兴地说：青年们这样好，这是我们的希望所在。

参加会见和座谈的党和国家领导同志还有万里、

习仲勋、王震、韦国清、乌兰夫、方毅、杨尚昆、杨得志、余秋里、宋任穷、张廷发、倪志福、秦基伟、陈慕华、邓力群、陈丕显、胡启立、乔石、郝建秀、薄一波、王鹤寿、彭冲、赛福鼎、阿沛·阿旺晋美、许德珩、胡厥文、班禅额尔德尼·确吉坚赞、朱学范、康世恩、姬鹏飞、张爱萍、张劲夫。

最高人民法院院长江华，最高人民检察院检察长黄火青，中共中央军委副秘书长洪学智，全国政协副主席刘澜涛、陆定一、康克清、王首道、胡子昂、荣毅仁、王昆仑、萧克、程子华、包尔汉、周培源、钱昌照、董其武，中央顾问委员会常委王平、伍修权、陈锡联、段君毅、傅钟，中央纪律检查委员会书记王从吾、韩光、韩天石，参加了会见。

**胡耀邦 邓小平等在人民大会堂会见出席全军参谋长会议的全体同志**

胡耀邦、邓小平、陈云、徐向前、聂荣臻、杨尚昆等党中央和中央军委领导同志出席人民解放军全军参谋长会议。

参加会见的还有党和国家其他领导人万里、习仲勋、王震、韦国清、乌兰夫、方毅、杨得志、余秋里、宋任穷、张廷发、倪志福、秦基伟、陈慕华、邓力群、陈丕显、胡启立、乔石、郝建秀、薄一波、王鹤寿、彭冲、赛福鼎、阿沛·阿旺晋美、许德珩、胡厥文、班禅额尔德尼·确吉坚赞、朱学范、康世恩、姬鹏飞、张爱萍、张劲夫。

中央军委副秘书长洪学智，军委顾问李达，人民解放军副总参谋长张震、何正文、徐信等，也参加了会见。

**中央纪委就机械工业部 劳动人事部组织的锅炉定点复查组接受工厂的宴请和送礼事件发出通知**

机械工业部和劳动人事部组织的锅炉定点复查组，今年5、6月间到河北省承德市锅炉厂和云南省大理工业锅炉厂检查锅炉质量时，接受工厂的宴请和礼品，造成了不良影响。在中共中央纪委的督促下，机械工业部、劳动人事部、河北省、云南省党的纪律检查部门，组织联调查组对这两起事件进行了调查，并对有关人员作了严肃处理。

中纪委就此事件发出通知。

通知要求党的纪律检查部门在新年、春节期间，抓紧向广大党员干部进行一次党风与党纪教育，以发扬党的优良传统，杜绝大吃大喝等不正之风。

通知指出，党中央、国务院曾三令五申，禁止动用公款请客送礼，《关于党内政治生活的若干准则》中也早有明确规定，但“两部”锅炉定点复查组和有关地区、单位的某些领导干部，仍置若罔闻，明知故犯，这是不能容许的。

通知指出，现在，假公济私、拉关系、图私利、挥霍公款、请客送礼的现象在全国各行各业、各个地区仍然不同程度地存在着，它直接腐蚀着党的肌体，严重地损害着党在人民群众中的威信。通知要求每个共产党员，都必须为实现党的十二大提出的争取党风的根本好转而共同奋斗。通知强调，今后如再发现有明知故犯、假公济私、任意挥霍人民财产、大搞请客送礼等不正之风的单位或个人，一律从严查处。

**天津船舶工业公司正式宣告成立**

该公司是中国船舶工业总公司所属的新港船厂、新河船厂、山海关船厂，以及华北物资配套管理处等4个单位组成。它有船坞5座，最大可修10万吨级的船舶。公司实行“工贸结合”，可以直接对外贸易或进行技术合作。

**国务院发布公告责成中国银行清偿收回的美国解冻的美元资产**

国务院为责成中国银行清偿从国外或者港澳地区收回的美国解冻的美元资产，特发布《国务院公告》，作为清偿工作的基本的法规依据。公告全文如下：

1979年9月9日，国务院发布命令，授权中国银行，根据1979年5月11日签订的《中华人民共和国政府和美利坚合众国政府关于解决资产要求的协议》，负责办理被美国政府冻结的各项资产的收回事宜。依据截至目前收回工作的实际执行情况，现责成中国银行对客户的相应美元资产，进行审核、清偿。为此，特公告如下：

第一条　国家机关、国营企业、事业单位，包括团体、学校等，直接从美国、港澳地区或者第三国银行收回的解冻美元资产，由中国银行结付人民币，就地上交中央金库。

第二条　原私营企业存在国外或者港澳地区的美元资产，公私合营时，不论是否列为“待处理资产”、“账外资产”，解冻收回，都视同向公私合营企业的投资，由公私合营时的原行业主管单位负责，一次发给原股东百分之五十的人民币，并给予侨汇优待，其余百分之五十就地上交中央金库。

第三条　原私营企业存在国外或者港澳地区的美元资产，经原行业主管单位证明，已经作过经济处理的，解冻收回，资产全部归原所有人，百分之三十给予外汇留存，百分之七十结付人民币，并给予侨汇优待。

公私合营之前已经工商行政管理部门批准歇业的原私营企业，存在国外或者港澳地区的美元资产，解冻收回，经原所有人提供有效证件，按照前款规定处理。

第四条　本公告第一条所指的机关、企业、事业单位,第二条、第三条所指的原私营企业,存在原私营银行或者解放后存在中国银行被间接冻结的美元资产,解冻收回,分别按照各该条款规定办理。

第五条 原私营企业进口对外开证存入中国银行或者原私营银行的保证金等,解冻收回,其中属于自备外汇部分,分别按照本公告第二条或者第三条第二款的规定办理;属于国家批给的外汇部分,结付人民币,不给予侨汇优待。

第六条 本公告第二条、第三条、第四条、第五条所指的解冻收回美元资产,经查明其所有人对国家负有欠债、欠税的,按照国家有关规定处理。

第七条 居住在国外或者港澳地区的原私营企业的股东,可以按照本公告规定,向原行业主管单位提出申请,经审核确定之后,办理领款手续;其所得外汇留存部分,可以汇出国外,人民币部分,不得汇出国外,可以由中国银行开立专户代为保管。

第八条 私人存在原私营银行或者解放后存在中国银行被间接冻结的美元资产,解冻收回,统一结付人民币,并给予侨汇优待。但是,委托中国银行或者原私营银行直接存在国外的股票、债券,解冻收回,按照实收金额,百分之三十给予外汇留存,百分之七十结付人民币,并给予侨汇优待。

第九条 原私营企业、私人,经中国银行同意,直接从国外或者港澳地区收回的解冻美元资产,都比照本公告的有关规定处理。

第十条 按照本公告清偿的解冻美元资产,中国银行一律依据中国人民银行公布的买入外汇牌价结付。

第十一条 原私营企业存在美国或者港澳地区的美元资产,解冻收回,中国银行从实际收回款项之日起至本公告公布之日止,按年息百分之五计付利息。

私人、原私营企业存在原私营银行或者解放后存在中国银行的美元存款,解冻收回,如果原系定期存款,按原订利率、原订存期计付利息,逾期部分一律不予计息;但是,从一九七九年四月二日起至本公告公布之日止,按年息百分之五计付利息。如果原系活期存款、存入保证金、未解汇款、收妥票据等,从一九五〇年十二月十七日起至一九七九年四月一日止,一律不计利息;但是,从一九七九年四月二日起至本公告公布之日止,按年息百分之五计付利息。

私人、原私营企业的债券、股票等,存在原私营银行,或者直接存在国外,或者解放后存在中国银行,解冻收回的股息和出售的股款,中国银行按照实际收回的数字支付,不另计付利息。

第十二条 原私营企业申请领取解冻资产,应当向公私合营时的原行业主管单位领取申请表,提供有关证件,经该主管单位会同当地工商行政管理局、税务局审核确定,并开列领款人名单,由中国银行按照本公告规定办理。

公私合营之前已经歇业的原私营企业申请领取解冻资产,应当向中国银行领取申请表,提供有关证件,经当地工商行政管理局、税务局审核确定,并开列领款人名单,由中国银行按照本公告规定办理。

私人申请领取解冻资产,应当向中国银行领取申请表,并提供有关凭证,由中国银行按照本公告规定办理。

领款人原始证件遗失,可以由国家公证机关证明其合法持有人身份,也可以由有关单位具函证明,由中国银行核实后支付。

第十三条 原私营企业在国外或者港澳地区的美元资产,解冻收回,原资产所有人已去世,可以由其合法继承人,按照国家有关规定,办理领取手续。

所有人有二人以上的,应当提供产权证明,由中国银行分别支付。

第十四条 已经收回的解冻美元资产,申请领取期限,自本公告公布之日起,至一九八三年十二月三十一日止。逾期没有提出申请的,统一由中国银行就地上交中央金库。

第十五条 本公告公布之后,中国银行从国外或者港澳地区继续收回的解冻美元资产,都按照本公告有关规定处理;其申请领取期限,相应延长。

第十六条 国家机关、国营企业、国营事业单位、原私营企业和私人,未经中国银行同意,都不得自行提取、出售或者转移经美国政府解冻、尚未经中国银行统一收回的美元资产。

**中联部部长乔石在北京同负责国际联络的全国书记雅克·洪辛格和由他率领的法国社会党代表团举行会谈**

**刘海粟先生从艺70年庆祝会在南京举行**

**陈鹤琴逝世**

著名儿童教育家、九三学社中央常委陈鹤琴教授于12月30日在南京病逝,享年91岁。

## 12月31日

**中国共产主义青年团第十一届中央委员会第一次全体会议公报**

中国共产主义青年团第十一届中央委员会第一次全体会议,1982年12月31日在北京举行。会议由王兆国同志主持。到会的团中央委员261人,候补委员51人。全会以无记名投票方式,选举产生了团中央书记处第一书记、书记、候补书记和常务委员会委员。

中共中央总书记胡耀邦,书记处书记胡启立,候补书记乔石、郝建秀接见了出席全会的同志。胡耀邦同志在会上作了题为《你们应当胜过我们》的重要讲话。

全会在进行选举以后,王兆国同志就贯彻团的十一大精神,开创共青团工作新局面的问题讲了话。

全会选举结果如下:

团中央书记处第一书记:王兆国

团中央书记处书记:胡锦涛 刘延东(女) 李海峰(女) 克尤木·巴吾东(维吾尔族) 陈昊苏 何光昕

团中央书记处候补书记:张宝顺

团中央常务委员会委员(按姓氏笔画为序):

王兆国 田宏(女) 刘玉浦 刘延东(女) 杨崇汇 克尤木·巴吾东(维吾尔族) 李至伦 李克强 李学举 李海峰(女) 何光昕 宋德福 张宝顺 陈昊苏 赵喜明 胡锦涛 贾春旺

**中共中央总书记胡耀邦在共青团十一届一中全会上作题为《你们应当胜过我们》的讲话**

胡耀邦同志说,我这里讲的"青年同志",指的不单单是你们314位团中央委员和候补委员,而是包含你们全体团的干部,也包含现在各条战线上的年轻干部,是上千万、至少是500万人以上这么一个范围。我这里讲的"老一辈",指的是老党员、老干部,也包括老一辈的无产阶级革命家。"青年同志应当胜过老一辈",这个口号要变成我们全党的一种舆论。团的干部一定要了解,你们肩负着双重任务:第一重任务,要带领、团结和教育团员、青年,站在"四化"建设的前列,英勇奋斗。还有一重任务,就是要准备接替老一辈,把老一辈开创的伟大事业不断地推向前进。每个年轻的干部,不管你在哪条战线上,都要充分理解这个双重任务。

中国革命和建设事业越来越向高级阶段前进,要想到自己十年二十年后应担负的重担

胡耀邦分三层意思说明这个双层任务。他说,第一层意思,就是青年同志应当胜过老一辈。今天是1982年的最后一天,明天就是1983年了,我们每个人都要加一岁了。老同志、老革命、老一辈,这个"老"的意思,就是终究要消失,要退出历史舞台。这是自然规律,是无法抗拒的。现在我们的干部,60岁以上的人有200多万,处在党和国家各级领导岗位上的主要是这么一批老同志。这些老革命被历史推上了领导岗位。他们行不行呢?又行,又不行。行,就是说他们积累了比较丰富的经验,在党和人民中间建立了一定的政治威望,这是在长期斗争中形成的,是很可宝贵的。说他们不行这一面,指的是:第一,毕竟年纪老了。第二,现代科学文化知识掌握得不够。我们中国革命是从农村起家的,是通过农村包围城市取得胜利的。长时期的战争环境,使我们许多老同志文化程度不够,加上年龄大了,这方面确实是不行了。作为个人总是要从历史上消失的,但是人类是不会消失的。一件工作总有完结的时候,但是我们伟大的事业是不会完结的。比如你们这个第十一次团代会吧,从开幕到闭幕,总有结束的一天。但我们大家为之奋斗的事业,社会主义共产主义事业,那是不会完结的。老一辈开创的事业,中国人民的革命和建设事业,总是越来越发展壮大,越来越向高级阶段前进。

他说,到2000年实现工农业年总产值翻两番,主要是靠现在的中青年干部,靠现在55岁以下的人。实现了翻两番之后,那时建设规模会更大,事情会更复杂,这就更加需要接替老一辈的新人有越来越高的知识水平,越来越高的领导艺术和领导才能。历史向前发展,要求年轻的同志强过我们,胜过我们,这是客观实际的需要。每个年轻的干部都要看清这一点,想到自己的历史责任,想到自己十年、二十年后应该担负的重担。

这一代青年经历了中国社会的大变化,可能学到比任何时候都多的东西

胡耀邦说,第二层意思,就是青年同志能够胜过我们。你们今天学习的条件要比老一代人好。三四十年以前,我们许多同志没有条件上学,自学条件也很差。比如说在延安,那时哪有现在这么多书啊?连工具书也少得很,教员也很少。现在学习的条件就优越得多。又比如,现在党和国家的政治生活很正常,大家可以畅所欲言。这同十年内乱期间的情况大不一样了,那时谁提不同意见,就会成为"死不改悔的走资派"。当然,也可能有一些地方现在没有完全转过来,给"小鞋"穿的情况也会有,但那毕竟是不合法的嘛!

胡耀邦表示不赞成那种把30岁左右的青年叫作"荒废了的一代"的说法。他说,"文化大革命"中许多青年没有读到书,这是事实。从这个意义上讲"荒废",有一定的道理。但这不是全部的事实,也不是全部的道理。近几十年,我们的国家总的来说是处在大变化、大动乱、大发展的时期。首先是40年代末,我国从旧中国变成了新中国,起了翻天覆地的变化。现在三四十岁的人就出生在这个大变化的时期。这一代青年,成长在十年动乱的时期,他们中间许多人被耽误了,这固然可惜,但是如果再想一想,十年动乱使我们的国家、我们的人民、我们的党遭到多么大的灾难,受到多么大的损失,好好体会一下,是可以从中悟出一

点道理来的。这本身就是一堂很好的政治课。经过拨乱反正的伟大转变之后，我们现正处在一个新的大发展的时期。从大变化到大动乱、再到大发展，这就是三四十岁的人经历的历史过程。对于历史上发生的事情，要冷静地对待，不要只想到受摧残的方面，吃苦头的方面。往往有这种情况，那种不愉快的、甚至是痛苦的经历，只要我们回过头来，用正确的态度和观点重新加以认识和体味，从中汲取有益的教训，那么，不好的东西也可能变成很好的东西。所以现在这一代年轻人，二十几岁的人，三十几岁的人，四十岁左右的人，经历了中国社会的大变化，政治局面的大变化，两方面的经验都有，这是很难得的。什么是正确的，什么是错误的，错误的应该怎么防止，正确的应该怎么发扬，这种经验是买不到的，是从书本上学不到的。虽然从读书这个方面讲，“文化大革命”这十年是荒废了，但是就政治经验来说是丰富了。

他说，按照马克思主义的观点，革命实践是一个最伟大的学校。年轻同志经历我国社会的大变化、大动乱、大发展，这本身就是实践，是进了这个伟大的学校。不要以为我们只是吃了苦头。某些青年吃了苦头，犯了错误，也有一定的好处。我们有的同志看到一个青年犯了错误后，从此就认为这个人不好了，这是一种用固定观点看人的缺点。毛泽东同志过去经常告诉我们，犯错误不可怕，打了预防针可以增强免疫力。犯了错误，一旦觉悟了，改正了，可能在政治上更加成熟，可能学到比任何时候都多的东西。我们不要轻视两种经验，一种是正确的经验；一种是错误的经验，尤其应当注意不要轻视错误的经验。

他说，应该使更多的同志理解革命实践是最伟大的学校这个道理。特别是年轻的同志要勇于到实践里面去。只要肯于虚心地体察情况，勤于思考和钻研，就能够在实践中学到很多东西。单有书本上的知识是不行的。理性认识没有感性认识做基础，就不会牢固。从中国的环境来说，今后这几十年，将是中国人民最能够提高自己的水平、增长自己的才干的几十年。你们能够胜过老一辈，这是从自然规律来说的，从历史发展的趋势来说的。我们的党和社会主义制度，在这方面给青年提供了许许多多的有利条件。当然不是说一切条件都好，也有比较差的方面，但终究比过去好得多了。

### 时时刻刻同自己的弱点、缺点作斗争　防止对自己抓不紧，对别人瞧不起

胡耀邦说，第三层意思，青年同志要靠自己发奋努力，真正胜过老一辈。从我们的希望和要求来说，青年同志应该超过老一辈，也可能超过老一辈，但这还不是说你们实际上已经超过了老一辈。从总的方面来说，应当如实地承认，你们现在还不如革命老一辈，而且不一定人人都能够超过我们。在历史的时程中，总会有垃圾、废品、沉渣。我们希望青年中要少出这种渣滓。要努力进取，奋力争取胜过我们这一代。应该怎样奋力争取？你们这次大会已经讲了很多，团章又规定了对团干部的五条要求，即政治要坚强，学习要刻苦，工作要勤奋，作风要扎实，品德要高尚。如果说还要提点希望的话，我就讲一条，就是要时时刻刻地同自己的弱点、缺点作斗争。我们每个同志都有自己的弱点、缺点，甚至错误。但据我看，青年人中有两个带普遍性的弱点，一个叫抓不紧自己；一个叫瞧不起群众。自古以来，就有很多长者、贤者向青年人打这个招呼。“少壮不努力，老大徒伤悲”，就是讲这个事情的。毛泽东同志几十年来也经常向青年人打招呼。但许多人往往是在四五十岁以后，才回头来想自己，觉得年轻的时候耽误了、懈怠了，经常吃这种“后悔药”。青年人有股闯劲，什么都不怕，敢说，敢干，这是好的。但是，一定要防止对自己抓不紧，对别人瞧不起。

他说，世界上全知全能的人是没有的。只要善于团结大家一起工作，善于化消极因素为积极因素，善于同党内外同志合作共事，就可以算是一个比较好的领导人。我们党的历史经验说明，不依靠大家，一个人横冲直撞，是不可能解决问题的。只有靠大家的积极性，靠团结和组织的力量，才能把事情办好。这就要求同志们任何时候都要严格地要求自己，任何时候都要紧密地联系群众。当然，做工作会有困难，大家回去以后工作局面也不一定就打得开。遇到这种情况不要埋怨，首先不要埋怨人家，也不要埋怨环境。总是应该先问问自己想了办法没有？严格要求自己，这样总不会吃亏，不会上当，或者可以少吃亏，少上当。任何时候都要高标准地要求自己，任何时候都要密切地依靠大伙，取长补短，共同前进。我希望共青团员、团的干部都带头这样做。

胡耀邦同志最后说，我们正在提倡精神文明。老一辈把青年人超过自己，当作一生中最大的愉快；而年轻的同志，把学习老一辈、超过老一辈，看作是历史赋予的最大的责任，这就是新老关系中最高尚的一种精神文明。我们要求年轻的同志，不是把这一点挂在嘴上去说，而是要真正地苦干、实干。你们团中央委员也要想办法建立考核制度，每年考核一次嘛。我们的目标这么远大，理想这么崇高，对干部检查检查，考核考核，我看应该。革命就是竞赛。希望同志们在我们这个万马奔腾的时代里，都不要落后。当然总还有落后的人，暂时落后了没有关系，我们不打棍子，赶上来就是。希望同志们不要落后，也相信同志们不会落后。

**李先念 彭真 胡乔木 李德生 姚依林 许世友分别在上海 成都 昆明 沈阳等地同当地干部群众一起欢度新年**

**1982 年我国农业取得全面丰收**

农牧渔业部通告：1982 年我国农业又取得全面的好收成，农业总产值预计比 1981 年增长 5%。粮食、棉花、油料、糖料等主要农产品的产量都超额完成了国家计划指标，创新中国成立以来的最高纪录；其他农副产品也是丰收年景。这是党的十一届三中全会以来，连续取得的第四个农业丰收年。我国农业已经开创了一个全面发展的新局面，开始由自给半自给经济向商品经济转变，由传统的耕作技术向现代的科学技术转变。

**中青年电影导演座谈会在北京召开**

《文艺报》编辑部和中国艺术研究院电影研究所联合召开了中青年电影导演创作座谈会。老中青导演、编剧、评论工作者 40 多人共济一堂，总结了去年中青年导演的部分创作，探讨了如何提高电影质量的问题。到会的中青年导演较客观地分析了自己的探索与不足。

文艺界领导同志夏衍、陈荒煤、冯牧、丁峤、石方禹等到会讲话。

**全国群艺馆馆长讲习会在北京举行**

文化部群众文化局召开全国群众艺术馆馆长讲习会。这次讲习会由部分老馆长将各地的工作经验加以总结、提炼，编成讲稿，进行较深入的探讨和研究。